中国人大年鉴

中国人大年鉴编写组　主编

中国言实出版社

图书在版编目(CIP)数据

中国人大年鉴/《中国人大年鉴》编写组　主编
——北京:中国言实出版社,2009.9
（中华学人文稿）
ISBN7 - 80128 - 842 - 4

Ⅰ.中
Ⅱ.中
Ⅲ.人大年鉴 - 史料 - 中国 - 当代
Ⅳ.H31

中国版本图书馆 CIP 数据核字(2009)第 094475 号

ISBN 7-80128-842-4
9 787801 288424 >

出版发行　中国言实出版社
地　　址　北京市朝阳区北苑路 180 号加利大厦 5 号楼 105 室
邮　　编　100101
经　　销　新华书店
印　　刷　山东旅科印务有限公司
版　　次　2009 年 9 月第 1 版　2009 年 9 月第 1 次印刷
规　　格　850 毫米 1168 毫米　1/16　印张
字　　数　2300 千字
定　　价　498.00 元

中国人大年鉴

中国人大年鉴编写组　主编

中国言实出版社

图书在版编目(CIP)数据

中国人大年鉴/《中国人大年鉴》编写组　主编
——北京:中国言实出版社,2009.9
(中华学人文稿)
ISBN7-80128-842-4

Ⅰ.中
Ⅱ.中
Ⅲ.人大年鉴-史料-中国-当代
Ⅳ.H31

中国版本图书馆 CIP 数据核字(2009)第 094475 号

ISBN 7-80128-842-4
9 787801 288424 >

出版发行　中国言实出版社
地　　址　北京市朝阳区北苑路 180 号加利大厦 5 号楼 105 室
邮　　编　100101
经　　销　新华书店
印　　刷　山东旅科印务有限公司
版　　次　2009 年 9 月第 1 版　2009 年 9 月第 1 次印刷
规　　格　850 毫米 1168 毫米　1/16　印张
字　　数　2300 千字
定　　价　498.00 元

2009年3月5日9时，第十一届全国人民代表大会第二次会议在北京人民大会堂开幕。

2009年3月5日，第十一届全国人民代表大会第二次会议在北京人民大会堂开幕。吴邦国主持会议。

目　　录

代表发言选登

法律法规

委员长讲话

人大大事

重要文件、公报

政策、法律法规解读

人大论坛

工作纪实

代表风采

代表发言选登

分组审议防震减灾法修订草案发言摘登

2008年10月25日下午，十一届全国人大常委会第五次会议举行分组会，审议《中华人民共和国防震减灾法（修订草案）》，发言摘登如下：

王云龙委员说，我们国家是一个地震多发的国家，特别是很多地震带都是在人口稠密地区，历史上地震经常发生，建国以后也有若干次大地震发生，造成了很大的损失，像唐山地震、汶川地震以及海城、云南等地都发生过大的地震，因此制定防震减灾法非常必要。防震减灾法实施十多年来，取得了应有的成效，但随着我国的发展，情况的变化，特别是汶川大地震给我们带来惨痛教训，以及在汶川地震救援中取得的经验，都需要进一步通过修改防震减灾法加以明确。这次四川汶川特大地震，给我们国家造成了很大的损失，是一场很大的灾难。但是党中央、国务院带领着全国人民抗震救灾，渡过了难关，充分体现了我们的党是伟大的党，我们的人民是伟大的人民，我们的军队是伟大的军队，我们的国家是伟大的国家。这次修改把汶川地震宝贵的、用生命换来的经验和教训都归纳进去了。这次防震减灾法的修改量非常大，补充的内容非常多，原来的法律是七章四十八条，现在草案增加到十章九十九条。修改后的草案内容更加全面，一些措施更有针对性，特别是关于防震减灾的预测预报、规划、灾后重建、灾后管理等内容。总的来说我认为这次的修订稿是好的，国家地震局局长所作的说明，我也表示赞成。草案修改稿特别突出了以下几方面：一是更充分地体现了科学发展观，以人为本、统筹安排、突出重点、全面预防、科学发展等内容。二是充分体现了以预防为主。因为地震是不可控的，所以只能在预防上下工夫。国家地震局过去一直有一种说法，“宁可千日不震，不可一日不防”。震的问题我们管不住，但是防的问题一定要抓好。法律的修改内容，把“预防为主”体现得更加充分，比如，防震减灾和国民经济的发展是紧密相关的，包括国家的一些大企业、大工程首先面临一个选址的问题，不仅要根据水源、地理等方面进行选址，还要考虑地震的烈度等问题。再有，包括对地震知识的宣传、地震预防演习等方面，都在草案中得到了充分地体现。过去在这些方面我们可能有一些顾虑，我在地震系统工作了十多年，过去对地震宣传有的地方政府有一些看法。他们认为本来没事，你们非要进行宣传，担心会造成人心恐慌。因此有的地方政府不愿意进行宣传，更不愿搞预防演习。三是防震减灾法修订草案对于震前的监测预防、地震发生时的紧急抢救、应急处置办法以及震后的恢复重建、安置各个阶段都做了全面的要求和规范。应该说这部法在原来的基础上，得到了完善，在量上得到了很大的扩展，在内容上进行了很好的充实。

乔传秀委员说，为了适应新形势发展变化的需要，着力解决防震减灾工作遇到的一些新问题，防御和减轻地震灾害，保护人民的生命和财产安全，很有必要尽快对现行的防震减灾法进行修改。同时，我认为这次提交审议的防震减灾法修订草案，及时地总结了防震减灾工作的实践经验，特别是对5·12抗震救灾的成功做法，予以制度化、法律化，针对性和可操作性都很强，为抗震救灾提供了更加有力的法律保障。对这个草案的主要条款和内容，我个人表示赞成。

黄智权委员说，国务院提交全国人大常委会审议防震减灾法修订草案，非常及时，非常必要，也很重要。听了中国地震局局长陈建民同志作的说明，我认为这次修订很全面，特别是吸取了抗击汶川大地震的经验教训，从指导思想、具体内容到文字上都进行了大量修改，原来的法律是7章48条，增加到现在的10章99条，修改量非常大。我认为，这次修改有两个特点。第一，修改思路非常明确。说明中讲了“一个强化、四个提高”，即：强化地震灾害防御体系建设，提高防震减灾专业队伍的服务水平，提高建设工程的抗震设防水平，提高政府统一领导防震减灾工作的能力，提高民众应对地震灾害的能力，从而达到减少地震灾害造成的损失的目的。第二，涵盖面广。凡是涉及到抗震减灾的内容，都涵盖了，如规划、预报、预防、救援、灾后重建等等问题，内容丰富。我总体上对修订草案表示赞成。

孙文盛委员说，全国人大教科文卫委对防震减灾法做了大量工作，十届时就开始做了，十一届全国人大教育科学文化卫生委员会成立后，马上接着做，特别是发生四川汶川大地震后，又抓紧做这项工作。修订草案对于现行的防震减灾法，从框架结构到具体条文做了大篇幅的、较多的补充和修改，我认为更具现实的针对性和可操作性，所以我都赞成。

王恒勤（全国人大代表）说，这次防震减灾法修订草案比1997年12月29日八届全国人大通过的防震减灾法有很大的进步，及时地在总结防震减灾工作的基础上，按照科学发展观的要求，对法律实施过程中一些有效的制度予以完善，我认为是非常必要的，取得了很大的进步。

达列力汗·马米汗委员说，《防震减灾法》于1997年颁布实施，到现在已经近11年时间。根据新的情况和变化，特别是今年发生汶川特大地震反映出来的许多新的问题，对防震减灾法进行修改，是非常必要的。这次防震减灾法修订草案体现了三个特点：一是对现行法律从框架结构到具体内容都做了大幅度的补充和充实。由原来的7章48条增加到现在的10章99条，条款上都做了大幅度的补充和修改。二是把这次汶川特别重大地震中总结出来的新鲜经验、成功做法都提升为法律规定，这对今后做好防震救灾工作有重要的意义。三是这次修订草案的条款比较全面、具体，操作性比较强。

倪岳峰委员说，汶川地震造成了人民群众生命和财产巨大损失，也提醒我们要高度重视和加强与地震相关的工作。我十分赞成对防震减灾法进行修订，把防震减灾工作中的成功做法法律化。

胡振鹏委员说，修订草案通过吸取汶川地震抗震救灾中的成功经验和成果，在内容上进行了充实和丰富，对于抗震救灾的全过程，包括对灾害的预防、应急、临时安置、灾后重建以及法律责任都有规定，比较全面。因此对这次的修订草案，中国地震局局长陈建民所作的说明以及对教科文卫委的审议报告意见都表示赞成。

江亦曼（全国人大外事委员会委员）说，汶川大地震惨痛的教训给我们积累了很多经验，同时也使我们反思过去整个的减灾救援工作。所以这次修订防震减灾法增加了很多监测预报、规划以及应急救援、灾后重建、监督检查、资金监管等方面的内容，我认为是非常必要的。

范徐丽泰委员说，我认为防震减灾法修订草案写得很全面，我们在四川汶川特大地震中得到了很多的经验，现在是把它们制度化、法律化，将来就可以有系统地规范今后有类似事件再次发生时，可以减低人命的损失。

马福海委员说，防震减灾法修订草案针对实施10年来遇到的新情况、新问题，在修改中认真贯彻落实科学发展观，坚持与时俱进，特别是总结、借鉴了今年5.12汶川特大地震的经验和教训，对地震监测预报、灾害预防、应急救灾三大体系进一步作了完善，而且对原来法里没有规范的内容，如“防震减灾的规划”、“制定灾害过渡性安置”、“灾后恢复重建”分别以第二、六、七章等专门的章节予以明确规定，所以前瞻性和操作性都很强，符合新形势下我国防震减灾工作的需要，建议经过全国人大常委会审议后，尽快颁布实施。

傅勇林（全国人大代表）说，我来自地震灾区四川成都。这次地震造成成都20个区市全部受灾，其中有两个极重灾区——都江堰市和彭州市，有约200多万人受灾，经济损失达到1500多亿。首先，对全国人大、地方各级人大，尤其是各级人大代表对成都抗震救灾工作给予的大力支持和帮助表示感谢！关于今天下午审议的防震减灾法，我想说三个令人高兴的事。第一，这次修订防震减灾法特别将四川汶川抗震救灾中一些好的做法和经验上升为法律，这是令人高兴的。第二，这次修改中做出了较大幅度的修改和补充，由原来的七章48条扩充为十章99条，同时具有较强的针对性和操作性，令人高兴。第三，我们这次初审及早地提出以后可以在更大范围内征求意见，使这部防震减灾法更加符合实际，更加容易操作，以指导整个国家的防震减灾工作，也让人高兴。

张中伟委员说，四川汶川特大地震发生后，在党中央、国务院、中央军委的坚强领导下，经过全国军民的艰苦奋斗，取得了抗震救灾的重大胜利。在这个时候，国务院提请修订防震减灾法，我认为非常及时，确实也非常必要。修订草案认真汲取了抗震救灾中用生命和鲜血换来的经验教训，所修改的内容针对性很强，充分体现了以人为本、预防为主。经过更广泛的征求意见后，把防震减灾法修订好，对于全国防震减灾工作会起到一个更大促进作用，会使防震减灾工作上一个新台阶。我对修订草案表示赞成。

谢克昌委员说，防震减灾法修订草案修改得比较全面，特别是有一个很好的修订思路，贯彻了科学发展观的战略方针，在规划、预报、救援、安置、重建和监管等方面做了重大的修改和完善，我认为修改得不错。

郑功成委员说，在发生汶川地震这么大灾害的背景下审议防震减灾法的修订案，具有很特殊的意义。四川汶川地震救援过程中一些成功的经验上升为法律是很必要的。

周家贵(全国人大代表)说，我们国家是一个灾害多发、比较频发的国家，所以建议把防震减灾法修订好，对我们防震减灾是非常必要的。

陈斯喜委员说，防震减灾法的修订确实下了很大功夫，比原来有很大进步，特别是可操作性更强了，也体现了以人为本，体现了我们政府对防震减灾工作的高度重视。

袁驷委员说，防震减灾法在四川地震后做了目前这样的修改，修改的幅度还是相当大的，把这次四川地震所反映出来的各种问题、因素也都考虑进来了，整体上还是相当不错的。

邹萍委员说，原定防震减灾法是在6月份审议，我们召集了有关部门开了座谈会，收集了一些基层意见，现在看到的修订草案修改了很多内容，原来想提的好多修改意见，现多数都修改好了，作了进一步的完善。我们认为防震减灾法修正案较好地把握了我国防震减灾工作发展的趋势，吸收并反映了近几年我国防震减灾活动的有益经验，特别是这次四川地震的经验。尤其是在群防工作，农村民基和公路设施等抗震管理的制度，应急救援制度工作的细化，以及抗震要求和监管模式的完善，防震减灾行政处罚额度等方面，进一步完善了调整范围，健全了安全保障措施，针对性和可操作性明显增强，对于加快我国防震减灾事业的健康发展，更好的服务于构建社会主义和谐社会必将发挥积极的作用。

朱启委员说，这次对防震减灾法进行修正，有些是新增的内容，有些是修改的内容，是非常必要的，而且这些意见都是十多年来在抗震救灾实践过程中总结的、遇到的问题。我认为修改是完全必要的，我非常赞同。

乌日图委员说，修订防震减灾法非常重要，特别是汶川特大地震之后给了我们很多新的启示，十年前出台的法律很有必要增加新的内容，希望这部法律加快审议通过。

隋明太委员说，防震减灾法修订草案是比较成熟的，具有新、全、实的特点。特别体现在“新”字上，修订草案积极适应新的情况，充分吸纳5·12四川汶川抗震救灾的新鲜经验，增加新的法条，作出新的规定，规范性、适用性、可操作性都是比较强的，我总体上赞成修订草案。

黄燕明委员说，我认为防震减灾法的进一步修订非常必要，尤其是在这次四川汶川特大地震以后。新增加的内容都非常重要，希望能够更加完善，尽快颁布实施。这部法要很好地修订，但是同时，很重要的还是要大力宣传，能够让这部法真正实施。

南振中委员说，十年前颁布施行的防震减灾法，对防御和减轻地震灾害、保护人民生命和财产安全起了积极作用。但在执法实践中，一些问题逐步显现出来。今年5月12日汶川大地震发生后，社会各界要求修订防震减灾法的呼声很高。全国人大常委会对防震减灾法修订草案进行审议，切合实际需要，顺乎民情民意。

郭凤莲委员说，我认为目前的防震减灾法修订草案修改得很好，特别是第39条，是专门讲农村建设的，原来的修订草案中是没有的，现在增加上了。5·12四川汶川特大地震确实给我们敲响了警钟，尤其是在汶川一带的郊区、农村，以及山区的农村，那里震后损失很大，说明农村建设住宅的质量确实有问题。我觉得这次把修订稿提到常委会上来讨论非常及时、非常有必要。

金硕仁委员说，我认为在总则第4条应该增加国家应根据经济发展水平逐年加大投入方面的内容，可以接在“所需经费列入财政预算”这句话的后面，改成“所需经费列入财政预算，并根据经济发展水平逐年加大投入。”我觉得这样更好一些。由于过去受经济发展的制约，国家在地震检测及地震事业投入等方面，特别是对落后偏远地区考虑得少。

陈佳贵委员说，草案第7条规定“各级人民政府应当积极组织开展防震减灾知识的宣传教育和地震应急救援演习，增强公民的防震减灾意识，提高全社会的防震减灾能力”。我认为仅仅这样写不够，还应该特别强调一下对于中小学的教育，现在规定为对公民的教育，概念太宽，没有重点。建议这条中增加学校对防震减灾的教育内容，这样才可以具有持久性。第43条强调了教育、强调了学校教育，最好把这条内容放在总则中讲，加强分量。

严以新委员说，第3条“防震减灾工作，实行预防为主、防御与救助相结合的方针。”建议修改为“防震减灾工作实行以国家为主导，全社会共同参与，预防为主、防御与救助相结合的方针。”

郭凤莲委员说，第11条“国家鼓励、支持防震减灾科学技术研究，推广先进的科学研究成果，提高防震减灾工作水平。”建议在“推广先进的科学研究成果”后面加上“推进先进设备装备”。有一次常委会组织全国人大代表参观北京地震台，代表回来后互相交流，感到我们国家预测和监测地震的设备比较落后。我建议，这次审议修改防震减灾法的时候可否加上“推进先进设备装备”，我们自己研制也好，引进国外技术设备也好，毕竟这是关系人民生命财产的大事，我们应该投这个资，应该把先进设备和装备列入法中。

达列力汗·马米汗委员说，第 8 条，“国家鼓励、支持”后面建议加“引导”两字，改为“国家鼓励、支持、引导社会组织和个人开展地震群测群防活动，并提供必要的条件。”第 11 条第 1 款，“推广先进的科学研究成果”后加“不断总结防震救灾的新鲜成功经验”改为“国家鼓励、支持……推广先进的科学研究成果，不断总结防震减灾的新鲜成功经验……。”

徐荣凯委员说，原来的防震减灾法第 8 条“任何单位和个人都有依法参加防震减灾活动的义务”。在 2007 年 11 月 1 日开始实行的突发事件应对法也规定，“公民、法人和其他组织有义务参与突发事件应对工作”，我建议这里也有这样一条表述，就是“任何单位和个人”或者“公民、法人和其他组织”都有参加防震减灾的义务，这样才能有后面的防震减灾知识课堂教育、对普通公民进行这样的教育和救援培训，以及发生灾害时组织公民、各种组织进行救援工作。

范徐丽泰委员说，第一，第 1 条，“为了防御和减轻地震灾害，保护人民生命和财产安全，促进经济社会的可持续发展，制定本法。”防御和减轻地震灾害是维持经济社会的可持续发展，很难说我们这种防御的工作会促进经济社会的可持续发展，建议用“维持”代替“促进”。第二，对于第 2 条，我有一个疑问。“在中华人民共和国领域和中华人民共和国管辖的其他海域”，这个“海域”当然也是我们的领域，但是我们要特别提出这个“海域”，因为它离开了大陆而是在海中。为什么要写“其他海域”？中华人民共和国管辖的海域就是我们的海域，“其他”两字有没有其他什么含义？第 33 条也是如此，如果没有的话，是不是考虑删除？第三，第 5 条“在国务院的领导下，国务院地震工作主管部门和国务院建设主管部门、民政部门以及其他有关部门，按照职责分工，各负其责，密切配合，……”，每一次发生天灾，尤其像是这次的四川汶川特大地震，灾后有一项很重要的工作，就是防疫，在救援过程中卫生部门也有很大的参与，是不是可以考虑在“民政部门”之后加上“卫生防疫部门”，因为灾区人民的生命健康也是我们必须重视的问题。

傅勇林（全国人大代表）说，我在成都市政府负责教育、卫生工作，也是这次抗震救灾指挥部医疗救治组的组长，从地震开始到现在 5 个多月，可以说是全过程参与其中，所以结合我的工作实际提一些想法，仅供参考。第一，第 2 条的表述建议更加严密一些，在这里列举了“在中华人民共和国领域以及管辖的其他海域从事地震监测预报、地震灾害预防、地震应急救援……活动适用本法”，我们这部法总共 10 章，这一条只列了 6 项，建议将第二章新增加的规划以及第九章法律责任及其相关内容放在第 2 条中，否则规定就不严谨了。第二，第 3 条说防震减灾工作实行预防为主、防御与救助相结合的方针”，预防和防御，我不知道有什么区别，如果没有区别，那么就是同义反复。实际上该法名为防震减灾，我建议改为“防震减灾工作实行预防和减灾为主”，后面的“防御”删去，“救助”改作“政府、社会团体和组织救助以及个人自救相结合的方式”。完全的表述为：“……实行预防和减灾为主，政府、社会团体和组织救助以及个人自救相结合的方针。”这实际上充分考虑了抗震救灾的实际。第三，第 4 条“县级以上人民政府”建议改为“省、自治区、直辖市及中央人民政府应当加强对……的领导”。光领导不够，结合这次抗震救灾的实际，我认为应该改为领导、指挥、统筹和协调。第四，建议在第 5 条第 1 款第 2 行“民政部门”前面加上“卫生部门”。抗震救灾工作至少是在前 1 个月以内，再严格一点在前 2 个月前，医疗卫生和防疫工作是工作重点之一，从工作的分量和重要性来说，卫生部门的工作也很重要。另外在第 5 条第一款、第二款后面建议增加一句话“共同做好防震减灾工作，并接受本级人民政府抗震救灾指挥部的统一领导、指挥和协调”。这样的话，就和第 6 条衔接起来了。

周家贵（全国人大代表）说，法律中要进一步强化防震减灾的财政预算和专项减灾资金。总则第 4 条“县级以上政府应当加强对防震减灾工作的领导，将防震减灾工作纳入本级国民经济和社会发展规划，所需经费列入财政预算。”后边加一句：“根据经济社会发展水平，按比例提取，设立专项减灾资金，用于减灾工作”，这样就有利于操作，有利于执行和监督。

姚建年委员说，第8条“国家鼓励、支持社会组织和个人开展地震群测群防活动”。我认为群测群防意义不大，建议改为“国家鼓励支持相关部门开展地震测防科研活动，并提供必要的条件”。

江亦曼（全国人大外事委员会委员）说，我认为在这次汶川地震中，国家救灾工作的指导思想和原则始终是政府主导、社会参与的原则，这次修订草案中对这个原则反映得不够。比如在总则第8条，“国家鼓励、支持社会组织和个人开展地震群测群防活动，并提供必要的条件。”这里只提到鼓励开展地震的群测群防工作，我认为是不够的。在全国人大通过的突发事件应对法中已经明确规定，公民、法人和其他组织有义务参与突发事件的应对工作。原来的防震减灾法也提出任何单位和个人都有依法参加防震减灾活动的义务。建议后面加上“国家鼓励、支持社会组织参与防震减灾紧急救援与灾后重建工作。”实际上在这次汶川地震中社会力量是不可低估的，特别是红十字会在这次抗震救灾中所做的工作大家是有目共睹的，所以应该在总则中明确国家立法的态度，体现政府主导、社会参与的原则。

杨邦杰委员说，总则第3条，“防震减灾工作，实行预防为主”，可以加一句“国家主导、全社会参与、预防为主、防御与救助相结合的方针”，这样更加符合全社会当前的实际情况。第5条，刚才有的委员也讲了这个意见，要明确执法主体。另外，汶川大地震以后，举办了全国哀悼日，这个哀悼日需不需要在法律里明确一下，以凝聚人心，如果需要的话，建议在总则最后增加这一内容。

南振中委员说，修订草案总则删除了现行法律第8条关于“任何单位和个人都有依法参加防震减灾活动的义务”的规定。从汶川大地震救援工作的实践来看，志愿者赶赴灾区参加抗震救灾活动好处较多，弊端较少。建议把人民群众依法参加防震减灾的实践经验上升为法律条款，在总则部分增加“任何单位和个人都有依法参加防震减灾活动的权利和义务”的规定。

张中伟委员说，草案第8条规定，“国家鼓励、支持社会组织和个人开展地震群测群防活动，并提供必要的条件”，这条非常重要，但是不光是“鼓励、支持”，还要加强指导。群测群防很重要，一定要有组织、有领导地开展工作。因此，我建议将这一条修改为，“国家鼓励、支持社会组织和个人开展地震群测群防活动，并加强指导，提供必要的条件”。

谢克昌委员说，在第50条中讲到了外国救援队伍的问题，在第51条中讲到了我们国家派到其他受灾国家的救援队伍问题，一个是外援，一个是援外。建议在总则中加上一条内容，即“国家主张并支持国际间的抗震减灾救灾合作”，应该明确说明我们中华人民共和国的态度。从1976年唐山大地震到改革开放以后我们经历的几次重大灾难，国际间的救援合作我们已经介入了，而且做得不错，法律上应该结合目前变化了的形势以及已有的做法，增加上述建议内容。

王万宾委员说，建议对第2章和第4章的有关内容再作统筹，核心是处理好防震减灾的规划与城市规划、城乡规划的关系，城市规划和新农村建设的规划总体上要把防震减灾这个事情作为规划里面的基本内容之一，建议进一步作明确表述。要把防震工作作为防震减灾工作的核心。如果防震工作做得不好，一旦出现自然灾害，损失就会很大。这次四川汶川特大地震是以农村为主，1976年的唐山大地震是发生在城市，如果像四川汶川特大地震这样的大地震发生在城市中的话，后果不堪设想。因此，这不是简单的防震减灾规划问题，而是城市规划的问题。首先要界定这个城市是不是处在地震重点检测防御区，如果是重点防御区，作城市规划的时候就不能在原址建设，规划的核心内容就是根据城市所处的地理位置和地质条件，把城市规划做好。不仅是大型场所，老百姓的房子也要按照设防要求进行规划，按照规划对新建、改建的设施（包括居民住宅）统一规定设防标准，分步实施，建设时一次达标。

南振中委员说，修订草案第二章专讲防震减灾规划，但没有关于将规划向社会公布的内容。防震减灾规划关乎社会公共利益和人民群众生命财产安全。为保障人民群众的知情权，便于社会监督，建议增加“组织编制机关应当及时向社会公布经批准的防震减灾规划，任何单位和个人都有权向组织编制机关查询”的内容。同样理由，建议对修订草案第69条涉及重建规划的内容作相应补充。

王云龙委员说，草案第2章增加了关于“防震减灾规划”的内容，这是非常必要的。国务院制定的就是防震减灾规划，因此草案中也是这样的提法。但是我建议，改为“防震减灾工作规划”可能会更贴切。我们规划的是防震减灾工作，通过工作达到防震减灾的目的。草案第13条规定,"编制防震减灾规划,……以震情和震害预测结果为依据",建议把"结果"两字去掉,"即以震情和震害预测为依据"即可。

乔传秀委员说,建议增加防震减灾规划报送审批前听取社会意见的规定,草案第2章规定了防震减灾规划的编制程序、内容和实施,第15条特别规定了"防震减灾规划报送审批前,组织编制机关应当广泛征求有关部门、单位和专家的意见。"我认为这一条规定得很好,有利于增强规划制定的科学性和民主性。但同时又感到仅征求有关部门、单位和专家的意见,范围有点窄,对规划涉及民生的重大公共事项,还应当充分听取和尊重人民群众的意见。为此建议第15条第1款增加一个规定,涉及民生的重大公共事项,应向社会公布,广泛征求社会意见。

黄跃金委员说,最重要的还是在法律规定上应该明确,要立足预防,强调规划先行、合理布局。比如现在有一些地方处在地震活跃区域,或者有的地方是地震带。比如,在产业规划、城市规划,以及恢复重建的规划中,应该强调规划先行,合理布局。第2章、第4章、第7章的章节中都没有规定规划先行和合理布局的条款。因为规划是龙头,这是关键,是体现预防的一项重大措施,应有明确的规定。

达列力汗·马米汗委员说,这次修订草案中防震救灾的规划制订问题已经讲得很详细,但现在实际工作中有一个突出问题,就是城乡规划和防震减灾的规划是不统一,各有各的规划,所以建议把这两部分内容进一步衔接。建议在第12条中增加一款规定:"城乡规划和建设部门编制城市抗震防灾规划时,必须与地震主管部门编制的防震救灾的规划衔接,制定统一的防震救灾的总体规划,城乡规划建设部门在修改城乡规划时,必须先征求地震主管部门的意见和同意。"把防震减灾规划和城乡规划很好的统一起来,防震减灾规划应当成为城乡总体规划中重要组成部分并同步实施。

范徐丽泰委员说,第12条"国务院地震工作主管部门会同国务院其他有关部门组织编制国家防震减灾规划,报国务院批准后组织实施。"可是如果再看一看第10条:"从事防震减灾活动应当遵守国家有关防震减灾标准",这个"标准"就是第12条中所提到的标准,这个标准是不是应该公布?只有公布了大家才能遵守这个标准。第8条也是同样的情况,"国家鼓励、支持社会组织和个人开展群测群防活动,并提供必要的条件。"也就是希望有民众的参与,但是如果民众无从得知国家的规划,又如何参与?可能第12条中已经包含了将防震减灾规划公布的意思,只是没有写出来,那么是否需要增加?如果增加的话,就改为"报国务院批准后予以公布,并组织实施。"第16条第1款"防震减灾的规划一经批准,应当严格执行。"需要有修改时,有一个批准程序,在没有批准之前,是否应按照以前的做法,不能擅自改动?这可能也是立法中已经有了的意思,我只是再提一提。

傅勇林(全国人大代表)说,第二章第13条第1款第2行,建议在"合理布局,全面预防"后增加一句话"尽力减少灾害损失的原则"。在第3行,"并充分考虑人民生命财产安全和经济发展"这里建议改为"并充分考虑国家及",因为这个地方所说的财产既有国家的财产,也有人民财产。另外,建议在"经济发展"之间增加"社会",改为"经济和社会发展"。第14条第2款第2行"地震应急准备"后加一条"减灾措施和手段"。第16条第2款"防震减灾规划未经法定程序",因为前面的规划并没有经过法定程序,建议改为"未经批准,不得擅自修改"。

谢克昌委员说,建议增加"各级人民政府制定城市规划或城市改造时应要设置与人口相适应的紧急避难场所和紧急疏散通道,并设置明显的标志标牌"。上世纪六七十年代,我们曾经建了很多地下防空洞,现在大部分已减弱或失去应有功能。像学校,一旦发生事故,往哪儿去?很多学校单位面积人口密度太大,1000多亩地的学校容纳三四万人,破坏性地震等灾害一旦发生,肯定就是大事故。像这种情况,修订法律的时候应该予以考虑。

杨邦杰委员说,第14条第1款最后一句"以及防震减灾技术、资金等保障措施",建议加上"信息系统"这一内容,如果没有信息系统,防震减灾的难度就非常大,所以要有一个完整的信息保障措施。第15条,规划报送审批前,要征求有关部门单位和专家的意见,还应增加一个内容,即"社会公众的参与"。这次很多内容都放到网上公布了,而且防震减灾涉及到千家万户,所以听听大家的意见都是有好处的,因为有关部门、单位和专家的意见是有限的。

吕薇委员说,关于防震减灾规划的内容和作用,在第14条中提到规划的内容主要是监测网站的建设、预防措施、应急救灾、教育等,但是不包括建设布局的内容。刚才郑委员也说到关于避灾的问题。四川汶川地震损失很大的一个重要原因就是有很多建筑是建在断裂带上的。因此,在防震减灾规划中应增加有关建设布局方面的内容。例如应明确在断裂带或在重点地震常发区可以建设什么,不可以建什么,建设的标准等。其次就是规划的作用。防震减灾的规划应该对城市和地区的发展规划有约束和指导作用。第40条提到地区的发展和建设规划应考虑到抗震救灾的要求。我认为可以把第40条的内容放到第2章的规划中,防震减灾规划对地区发展规划有指导和约束作用。

汪纪戎委员说,我不对文字提具体修改意见,仅谈点看法。地震是自然灾害,我们惹不起可以躲得起,是避震而不是防震。要躲,最要紧的除了建筑物要设防以外,还要不在地震断裂带建房子,要进行合理的区划。我记得这10多年,中国发生7级以上地震大都在原定的6度区的边缘,这次汶川地震区域,其中只有少数县是被划为7度设防区的,且没有一个县的地震加速度为0.15g,多数是6度区。这说明地震裂度区域划不准,要尽快调整,当然这是需要靠科学技术指导的。另外,我们必须尊重自然、顺应自然。

孙文盛委员说,修订草案第26条中提出:“应当根据地震监测信息研究结果,对可能发生地震的地点、时间和震级做出预测。”我认为,在现有条件下,这种预测的难度较大。要保证预测的准确性、可靠性,建议加强这方面的科学研究并勇于创新。同时,对“地震监测预测”应该在附则中有个定位解释。

李连宁委员说,我赞成刚才各位委员的意见,要突出重点,但是哪些是重点?我认为预测、预报也是重点。地震究竟能不能预测预报?预测预报确实有困难,但并不是一个不可攻克的难题。现在舆论宣传地震是不能预报的,某种程度上是为了适当减轻地震部门的压力。实际上在海城地震的时候我国就已经做出了比较准确的预报,建国以来也已经成功地对多次地震进行预测、预报,而且比较准确,不能说因为某一次测不出来,就说地震总是测不出来,我认为这种说法是有问题的。法律草案在防震减灾的规划里,没有把群测群防纳入规划,我认为这是一个很大的不足,反映出在指导思想上,近些年来存在的重专业预测、轻群测群防的倾向。从60年代邢台地震以后,在周恩来总理亲自推动下,建立了一个土洋结合、专群结合、群测群防的地震预测预报体系,我国地震的预测预报是很有特色的,在全世界都处在领先地位。刚才讲的海城地震,就是专业预测和群众群测结合的成功范例。但是从现在来看,对这一点重视得不够,当年农村,包括很多中小学校都有气象小组、地震小组,做了很多工作,现在这个工作已经慢慢地全部荒废掉了。对群测群防究竟如何看?我认为它还是在地震预报预测中的一个不可缺少的力量。因为从我们国家的情况看,幅员辽阔,专业的地震预测台网、台站比较少,群众的群测群防可以弥补专业台网不足的情况,特别是群测群防是最直接的经验,宏观的异常现象在临震前才能感觉到。专业预报是中长期比较有效,临震是群测群防比较有效。这次四川都说是没有临震的宏观异常现象,但实际上还是有很多异常现象,不要说蟾蜍大面积迁徙的情形,四川有一个武警,他是军犬的饲养员,他就感觉到地震前军犬有异常的情况,他就说过不久会地震,结果真的地震了,所以临震预测是完全可以起到预警作用的,我们对群测群防的忽视是这次一个很重要的教训。所以我建议要把这一内容考虑进来。特别是群测群防系统的建立,还有利于提高群众的防震意识,通过群测群防活动慢慢增加人民的防震意识。当然要按规定,不能随便发布。

金硕仁委员说,建议在第26条中写进这样的内容:“建立地震预警监测的群防体系,设立全国统一的预警电话,通过自然征兆补充预测地震发生”的内容。根据历次地震分析,在震前都会有一些自然异常现象发生,这些自然异常现象往往能准确预报地震,但又往往被忽视,而这些自然异常现象又由于存在于人们的日常活动视野中,地震主管部门不能随时掌握。如果建立群防网络,设立预警电话,这些异常的自然现象就会随时反映到地震主管部门,作为地震预测的补充手段。另外,根据历次地震的情况来看,地震发生区的联络往往不及时,如果设立地震预警电话,可以起到积极的作用,使救援工作更加迅速。

王学求(全国人大代表)说,草案第3章有个理念的问题需要改变,现在第3章的标题是“地震监测预报”,但是“预报”是非常困难的,是做不到的,但是这里如果写了“预报”(Forcast),就会给百姓造成错觉,公众可能会认为你能够预报,但是不预报或者是预报出来了不进行发布,因此,汶川地震,老百姓对我们的意见也是很大的。因此建议将草案第3章的标题改为“地震监测与预警”。预警

(Warning)有两层含义,一层含义是这个地方可能发生灾害,我们给大家一个警示,给老百姓一个自由选择的余地。另一方面,在现有的技术条件下,我们能够做到。比如说日本,他们可以提前10秒发布预警,老百姓得到这个信息以后,很大一部分人可以逃生。如海上地震我们可能不能预报,但对地震诱发海啸要几十分钟,甚至十几小时才能波及陆地,所以完全可以发布预警。预警在现阶段是可以做到的,但是预报是做不到的。我建议在法律上应该给公众一个信心,应改为“地震监测和预警”,也是比较科学合理的。草案第29规定,“国家对地震预报实行统一发布制度”,其中的“预报”也应该改为“预警”。这里规定,“全国性的地震长期预报和地震中期预报,由国务院发布”,但是实际上我们是不发布长期预报和中期预报的,发布的是一定时间的地震危险区。比如,我国2007年发布了24个重点防区,11个重点城市是可能发生地震的危险区。因此,建议这些地方也进行更正,不然也会对公众造成混乱。

郭凤莲委员说,第19条第2款,“专用地震监测台网和强震动监测设施的建设资金和运行经费,由建设单位承担。”我认为建设单位承担这两项重点投资工程的项目,压力很重,财政是不是应该给以适当的支持?第23条,“新建、扩建、改建建设工程,应当避免对地震监测设施和地震观测环境造成危害。”我认为这里还应该增加一个内容,即“采掘”,比如在山西挖煤,把地下都挖空了,这样不仅会影响地震监测设施和地震观测环境,也容易造成引发地震的隐患。所以我建议在新建、扩建、改建的后面增加“采掘”。

达列力汗·马米汗委员说,第18条“国家对地震监测台网实行统一规划,分级、分类管理。”汶川特大地震的经验,充分证明了统一规划和统一协调的重要性。因此,我建议台网体制管理应该是国家统一管理,或者是国家和省两级管理。这样做有利于地震监测预报水平不断提高。

方新委员说,加强地震的预测和预报。第29条第2款规定:“任何单位个人不得向社会散布地震预测意见和地震预报意见及其评审结果。”我认为对这一条还要再斟酌。地震预测预报确实是世界性的难题,现在中长期的预测还有可能,中短期特别是临震预报确实比较难。但是不是完全就都不能公布?什么叫“向社会散布”,可否在学术刊物上发文章讨论?例如《灾害》杂志在2005年前后就发表了一篇文章,预测今年5到8月在四川地区会发生地震,这样做违法吗?我认为要把预报和预测分开,个人不能向社会发布预报,但是学术讨论应该允许,现在所有的学术刊物都在网上,网上一报也是散布了,是否允许这种做法?这点可以再斟酌。我建议把预测和预报分开,鼓励开展预测研究,但是临震预报不能随便发布。

范徐丽泰委员说,第29条“省、自治区、直辖市行政区域内的地震长期预报、地震中期预报、地震短期预报和地震临震预报,由省、自治区、直辖市人民政府按照国务院规定的程序及时发布。”发布后是否向国务院备案?

傅勇林(全国人大代表)说,第29条第3款“任何单位和个人不得向社会散布地震预测意见和地震预报意见及其评审结果”,为了呼应第8条,建议增加“群测群防所得结果应按照有关程序报……不得擅自发布”。因为第8条提了“群测群防”所以应该在这里做出相应规定。

陈希明委员说,草案第18条第三款规定“全国地震台网由国家级地震监测台网、省级地震监测台网和市、县级地震监测台网组成,其建设资金和运行经费列入财政预算”,这样的表述不太清晰,建议明确是列入哪一级的财政预算。

袁驷委员说,第29条第3款规定任何单位和个人不得向社会散布地震预测意见和地震预报意见及其评审结果。我个人感觉这一规定太绝对了。不要压制和排斥科研人员在地震预测方面的积极性,做了一番研究,要在学术刊物杂志上发表一些预测,有了这一款,科研人员就不能做这样的事了,我觉得有点过。是不是至少把“地震预测意见”和“地震预报意见”区分开,这一条是说国家对地震预报实行统一发布制度。预测是科研成果,是科研上的见解,是学术上的一种探讨,属于探讨性的,并不属于正式预报,是否就不能在杂志上公开发表了?建议至少把“地震预测意见”几个字去掉,给科研技术人员留有一定探索的空间。

姚建年委员说,第29条讲到了信息发布的问题,就是国家对地震预报实行统一发布制度,这是很好的。“任何单位和个人不得向社会散布地震预测意见和地震预报意见及其评审结果。”这里有一个问题,就是如何把个人发布预测意见和科研成果的发表进行界定,以免产生不必要的后果。

黄镇东委员说,第29条,涉及到地震预报的问题,条款中“省、自治区、直辖市行政区域内的地震长期预报、地震中期预报、地震短期预报和地震临震预报，由省、自治区、直辖市人民政府按照国务院规定的程序及时发布。"临震预报是世界上普遍认为尚未完全掌握的技术，把这四种预报并在一起表述，应慎重，建议把中长期预报、短期预报与临震预报分开表述。

张学忠委员说，草案第18页第29条"任何单位和个人不得向社会散布地震预测意见和地震预报意见及其结果"，我认为这一点很重要。地震信息要及时发布，不及时发布会造成重大灾难，但必须统一发布。如果发布不准确，随意性大的话，也会造成社会不稳定。往往有的信息是媒体"透露"，搞得大家信也不是，不信也不是，造成社会混乱，应该对媒体的报道加以必要的规定。草案对地震群测群防活动讲得不够，地震很难预测，但震前也确实会有各种现象，了解和掌握这些现象，可以帮助我们做出准确地判断，应该进一步做好这方面的工作。

蒲海清委员说，第3条提出了"预防为主、防御与救助相结合的方针"。究竟如何预防？很重要的一个问题就是预测，预测得比较准确就能够减少很多灾害。另外，要加强对地震预防知识的宣传教育。日本和我国台湾有很多经验值得我们学习，地震之前几十秒钟能拉警报，大家就可以有效逃生了。我们在这方面的工作做得不够，总认为地震不可预测。在预防、预测的科研问题上，这次条文中特别提出了要加强这方面的投入。我认为很好，应列入国家计划。

汪恕诚委员说，谈到地震的监测预报问题，这一条写得比较好，地震的预报必须是政府做，地震局提供了数据以后，由政府下决心对外预报，任何个人、任何组织没有权利发布预报，毕竟地震预报与别的预报不一样，造成社会的动荡太厉害了。这里就讲到了预测的问题，作为学术研究可以的，但是他没有发布权，写论文是学术观点，不叫发布，这个发布是指向社会发布，向社会发布有的是通过组织系统以文件的形式发布，作为个人做不到。这里面特别重要的就是新闻机构。说实话，现在社会浮躁作风，科学界也受到了很大影响。有些科学家为了成名，为了一鸣惊人，总喜欢发表一些标新立异的问题等，小报也愿意登这些消息，因为它的销路最好，而这两者一结合就容易炒作某些事情。每个地震发生之前都会有文章说要发生地震，西方所谓的寓言者有的是。作为论文，在杂志上、互联网上发表，问题不太大。但是在预测问题上，要把学术讨论、写论文与有意的散布、发布分开，实际上这种东西多了老百姓也就不信了。

黄智权委员说，草案第4章第34条涉及到建设工程的抗震设防问题，该条第2款"确定抗震设防的要求"和"审定建设工程的地震安全性评价报告"，这两个内容的次序应该颠倒一下，首先是确定建设工程的抗震设防要求，然后对需要进行地震安全性评价的建设工程审定其安全性评价报告。同时，建设工程抗震设防是一个很重要的环节，应该明确制定的标准和层级。

严以新委员说，第四章"地震灾害预防"中第35条，现在没有明确哪个部门制定抗震设防标准，地震裂度已经划分了，建议加上"国家建设部门制定抗震设防的建筑标准"，即把该地区哪个部门、哪个学校提一级还是提两级，由国家建设部门提出标准，由具体的部门落实。第38条，有两个意见：1.这里列举了五项，抗震加固应该明确地把供水、供电、通讯等列举进去。"5·12"也说明了这一点，很多封闭的乡镇得不到供水、供电和通讯，救援时只能依靠空投。如供电，有电对抢险救灾是至关重要的。2.像唐山地震，是在晚上发生的，当时大家都是在家里，是在住宅区里，那么住宅区是不是也要提高抗震等级？但是住宅区的抗震等级一提高，房价是不是也要随之提高？希望考虑。第39条第2款，"国家对农村村民住宅和乡村公共设施的抗震设防给予必要支持。"要不要明确落实到哪个具体的部门？

金硕仁委员说，需要进行地震安全性评价的建设工程的范围不清楚。由于全国各地地震安全性评价的建设工程范围掌握标准不一致，地震行政执法部门与建设单位经常发生矛盾，抗震设防管理不规范，一些重大工程未能按规定开展地震安全性评价，或者是地震动参数符合结果进行抗震设防，一般工程未能达到地震基本烈度区划图或地震动参数区划图规定的抗震设防要求，而且建设工程在抗震措施、施工方面存在问题和不足，建设单位、施工单位和监理单位得不到有效的监督和改正。因此建议在防震减灾法修订草案中应当强化县以上地震行政部门或者机构的行政监管职能规范要求，将建设工程抗震设防要求纳入建设工程可行性研究报告的内容中。具体建议：在第34条里增加以下内容："对未经地震行政管理部门审定抗震设防要求的建设工程项目，发展改革管理部门不得给予立项”。第35条增加以下内容:“必须进行地震安全性评价的建设工程,一定要按照地震安全性评价结果确定抗震设防要求,其他建设工程的抗震设防要求按照国家颁布的地震动参数区划和地震动参数符合,地震小区划结果确定”。在第37条中增加以下内容:“建设工程竣工验收时,建设单位必须申请建设工程所在地地震行政管理部门或机构对抗震设防要求采用情况进行验收,未经验收或验收不合格的,不得交付使用。”

王恒勤(全国人大代表)说,这次修改这部法明确防震减灾工作“实行预防为主,防御与救助相结合的方针”,这部法律在体现方针上、在预防这个环节上重点体现得不到位。尤其是第4章“地震灾害预防”,重点讲了一些新建、扩建、改建工程方面的预防,预防应包括这些工程的预防,也包括对防震科学技术的研发,包括人民群众的防震减灾意识、精神和心理准备,以及人民群众防震减灾的能力,这部法对这些方面涉及得比较少,甚至涉及的很少,应该予以加强。谈点具体的修改意见:第35条第3款,“……应当按照高于当地房屋建筑的抗震设防要求进行设计”,这个“高于”多少算高于,应该量化。第39条第2款“国家对农村村民住宅和乡村公共设施的抗震设防给予必要的支持”,这点只讲到国家,对农村村民的住宅光靠国家恐怕不行,应该包括国家和各级政府,建议加上“各级政府”。

达列力汗·马米汗委员说,第37条最后一段“建设工程的地震安全性评价单位”建议在“建设工程”后加“场地”两个字,改为“建设工程场地的地震安全性评价单位……。”因为地震安全性评价不是对建设工程进行的,而是对建设工程场地的评价。第39条规定了农村抗震设防的管理,提的好。我建议要把农村的抗震设防和社会主义新农村建设规划结合起来。因此在“县级以上地方人民政府应当加强对农村村民住宅和乡村公共设施抗震设防的管理”后加“并列入建设社会主义新农村的规划”内容。第41条第2行,建议改为“在本级财政预算和物资储备中安排专项抗震救灾资金、物资”,加上“专项”两字。第42条,建议“国家鼓励”后加“支持和引导”几个字,改为“国家鼓励支持和引导在建设工程中采用经济实用、符合抗震设防要求的新技术、新工艺、新材料。”

程静(全国人大代表)说,第4章“地震灾害预防”中的第35条“新建、扩建、改建的建筑工程,应当达到抗震设防要求”,我觉得语气应该加大一些,改成“必须达到抗震设防的要求”。本条第3款“对学校、医院、商场、交通枢纽、公共文化设施等人员密集的建设工程,应当按照高于当地房屋建筑的抗震设防要求进行设计”,建议改成“必须按照高于当地房屋建筑的抗震设防要求进行设计”,因为汶川大地震,学校和医院抗震设防的能力是非常低的。在第38条中,对于“已经建成的下列建筑工程,未采取抗震设防措施或者抗震设防措施未达到抗震设防要求的,应当按照国家有关规定进行抗震性能鉴定,并采取必要的抗震加固措施”,这包括了学校、医院、商店等一些人员密集的建筑工程,我认为在这一条的第5项后面应该增加一项,“国家财政对于未采取抗震设防措施或者抗震设防措施未达到抗震设防要求的学校、医院的抗震设防给予必要的支持”。因为在我们国家的整个经济建设中,我们可以看到,行政机关、权力机构的建筑,比学校、医院要好得多。特别是在一些边远的乡村学校,以及职业学院,他们的抗震设防能力是比较低的,我认为在国家财政中给予这些学校、医院一些财力上的支持是必要的,使他们能够达到抗震减灾的水平。

倪岳峰委员说,建议法律做出明确规定,将小学设置为地震应急避难所。一是可以依法直接提高小学建筑的防震等级;二是小学的分布十分适合对防震减灾应急避难的区域性要求;三是在抗震救灾中,社会最关心的小学生群体处于最安全的部位,减轻了抗震救灾的工作难度;四是把小学设置成应急避难所,可以在对其进行规划和建设时,一并提高其防范洪涝、火灾等其他灾害的能力。

江亦曼(全国人大外事委员会委员)说,第43条提到了县级人民政府、乡镇人民政府、街道,提到了新闻媒体、学校,我认为这里还应该有鼓励红十字会等社会团体向公众进行防震减灾及自救、互救知识的宣传和普及工作。因为社会力量具有很强的力量进行群众防灾救险工作的宣传和普及。

宋法棠委员说,第43条“学校应当把地震应急知识教育纳入教学内容”,对学生进行地震知识的宣传教育是非常必要的,汶川地震发生以后,有的学校学生基本上没有伤亡,除了建筑设防比较好以外,很重要的就是平时对学生进行地震知识的宣传和教育,有较好的地震预防知识和能力。但是要把它纳入教学内容,文字上要考虑。建议改为纳入教育方面的内容。如果纳入教学内容就要上课堂。

我建议改为"学校应当对学生进行地震应急知识教育,培养学生的安全意识和自救与互救能力。"这个教育不一定放在课堂上,可以放在课外活动上进行。这样改就活一点。

周玉清委员说,草案第38条,列举了需要进行抗震性能鉴定的五个方面,我建议增加一项,即"(六)其他需要进行抗震性能鉴定的建设工程"。因为列举的五个方面不一定能包括所有的情况。草案第39条第二款,"国家对农村村民住宅和乡村公共设施的抗震设防给予必要支持",容易使人理解为所有农民建房国家都要补钱,需要在"给予必要支持"前加限制词。

马福海委员说,第4章"灾害预防"中关于抗震设防方面的规定,建议对生态移民、灾后重建等由国家投资建设的工程,在抗震设防方面作出强制性的规定。同时对农牧民个人投资建房的,应该通过法制宣传、政府补贴等方式鼓励支持农牧民积极建设符合抗震设防要求的"放心房"。

傅勇林(全国人大代表)说,第35条第3款"对学校、医院……建设工程,应当按照高于……的抗震设防要求……"建议最好有一个具体的标准。第43条第3款"学校应当把地震应急知识教育"建议改为"学校应当把地震应急救援知识纳入教学内容"。

杨邦杰委员说,第39条第2款"国家对农村村民住宅和乡村公共设施的抗震设防给予必要支持。"这一条要有具体的实施内容。现在讲的都是城市的内容,对农村村民住宅和乡镇公共设施只是给予必要的支持,这样城市和农村对比太强烈,前面对于城市写的都是"必须",对于农村只是"给予必要支持",农村公共设施应与城市同等重视。

袁驷委员说,第35条第1款规定新建、扩建、改建建设工程应当达到抗震设防要求,这一款很明确。实际上,如果抗震设防要求规定得都很到位、很具体,第35条只有这一款就可以了。由于第34条中抗震设防要求规定比较笼统,那么就出来了第2款、第3款,特别是第3款规定,"对学校、医院、商场、交通枢纽、公共文化设施等人员密集的建设工程,应该按照高于当地房屋建筑的抗震设防要求进行设计",这款规定的本意是好的,但是表述不够明确,也不易实施,"按照高于…",高于多少就算高于?多加几根钢筋,提高了混凝土标号,就算高于了?这样规定不行,要有标准,要对学校、医院、商场、交通枢纽等建设工程提出更高的抗震设防要求。怎么算"高于"应该体现在抗震设防的要求上,而不是留给工程建设单位去把握。所以是否可以考虑在第34条中对学校、医院、商场等建设工程规定更高的抗震设防要求作更加明确和具体的规定,抗震设防要求提高了,就会体现在工程建设标准里,建设单位按照标准、按照要求去设计、去施工就可以了。

蒋庄德委员说,第43条第1款规定:"县级人民政府及有关部门和乡、镇人民政府、街道办事处应当组织开展地震应急知识的宣传普及活动和必要的地震应急救援演练,提高公民在地震灾害中自救与互救能力。"给人感觉这里只是对县、乡、镇的要求,工厂、机关、居民区、学校等也都应该增加抗震救灾的知识教育,不能只是针对县、乡、镇。第43条第3款规定:"学校应当把地震应急知识教育纳入教学内容,培养学生的安全意识和自救与互救能力。"建议改为"教育部门应当把地震应急知识教育纳入国民教育范畴,增加有关教学内容,培养学生的安全意识和自救与互救能力。"

郝益东委员说,防震减灾法,预防是主要的,减灾是核心。现在地震预报做不到,但是预防我们完全可以做到,所以要把灾害预防的工作做好,增加法律的可操作性。预防工作很重要的手段是地震主管部门要管住建筑,但现状是管不住,地震部门提出的选址意见和设防标准,往往在实践中不被采纳,所以关键问题还是法律要规定得可操作性强。我们现在正处于大建设时期,很多建筑物都是改革开放后建设的,今后建得将会更多,因为我们的经济社会在发展,城镇化在加速,民生在加速改善。在这一过程中,如何做好建筑物的防震工作是这部法律要解决的核心问题。但是现在的草案一共30多页,预防的内容只有3页。做好预防工作,从建筑物的选址、规划、设计、审查以及建筑过程中的监理一直到最后的验收、交付使用全方位都管住了,我认为预防工作就做好了。

李惠东(全国人大内务司法委员会委员)说,防震减灾工作,现在大家都感觉到地震预报,特别是短期预报是世界性难题,预报起来非常困难,准确性也比较差。所以防震减灾很重要的一项工作,就是做好抗震设防工作,特别是提高建筑工程的抗震设防能力,这是减轻地震灾害的根本途径。既然现实情况是这样,所以草案专门有一章(第4章)讲地震灾害的预防,这是非常必要的。但是这一章篇幅比较少,要从根本上提高防震减灾工作的水平，要进一步加大地震预防工作的分量。比如第36条，“国家鼓励城市人民政府组织制定地震小区划图。地震小区划图由国务院地震工作主管部门负责审定。”我觉得这一点非常重要，我国有地震烈度图、地震动参数区划图，但是范围太广。建议这条改为“城市人民政府应当尽早组织制定地震小区划图”，以后新建的建筑物就可以按照更详细、更具体的小区划图来进行抗震设防了。草案中说了很多规划、预报、救援、监管等方面的内容，包括后面的法律责任，但是抗震设防的依据都没有明确，责任也很难落到实处，所以在抗震设防具体工作上，法律草案中部分应该进一步加强。

乌日图委员说，第一，国际上对地震的防和测有两种思路，一种是投入大量的技术手段用在监测，希望能够准确地提前预报；另一种是预防。目前的主流观点是，现在技术水平还达不到准确监测，因此，最主要的、最有效的方法还是预防。现在第4章“地震灾害预防”共有11条内容，我认为这部分内容还应该加强。第二，汶川发生了特大地震灾害，但在我们国家的社会主义制度下，国家财政迅速筹集大量资金，动员社会方方面面的救助力量，成效是显著的，也只有中国能做到，应该充分肯定。但同时我们也应该看到，在市场经济条件下，其实还有一种机制也是很有利于这种自然灾害预防的，这就是很多国家建立的巨灾保险制度。财经委在今年年初的低温雨雪冰冻之后就开始搞这个课题。巨灾主要是指地震、洪水、台风等，这些灾害有别于一般的自然灾害，区别就在于它的规模很大，损失很重。据我们的课题研究，现在世界上一些地震频发的国家和地区，比如美国加州、日本、墨西哥，还有我们国家的台湾地区，都很早就建立了地震保险制度。还有法国、挪威、新西兰等国家，也建立了巨灾保险制度，其中主要是针对地震。外国的地震保险，不仅是解决了受害以后投保的灾民的损失补偿，更多的是起到了促进灾害的预防，是通过市场的机制、保险的机制来促进灾害的预防，同时也有灾后损失的补偿。由于保险制度是运用一般保险的机制，起到了分散风险的作用，同时，也有一套成熟的技术，有利于合理地定损和赔偿，资金的使用效率也高。我认为应该建立和完善地震保险制度，逐步形成政府政策和公共财产收入与市场机制促进的地震防预机制等政府救助和保险补偿相结合的保险机制。但是像地震这样特殊的灾害保险，它不同于一般的保险，应是一种政府支持下建立起来的保险制度，这在很多国家都有现成的、实施多年的经验，希望这部法律在修改过程中再进一步作研究。草案中第44条有一句话：“国家鼓励单位和个人参加地震保险。”目前我们的地震灾害保险是一个什么样的状况呢？商业保险公司经办这种保险，但主要是作为火灾保险的附加险，但这项业务由于保费高，又没有国家的支持，所以出现了萎缩。就在前几天，中国保监会刚刚在北京召开了巨灾保险的国际研讨会，专门研究这个问题，国务院有关部门也很关注建立巨灾保险制度的工作。建议在草案的修改过程中研究这方面的问题，充实这方面的内容。

南振中委员说，建议将第35条条第2款修改为“重大建设工程、可能发生严重次生灾害的建设工程和学校、医院建设工程，应当进行地震安全性评价，并按照经审定的地震安全性评估报告所确定的抗震设防要求，进行抗震设防……”，同时删去第3款中“学校、医院”几个字。

邹萍委员说，建议提高学校、医院等公共场所的设防标准，将县级以上人民医院的新建工程纳入地震安全性评价范围，将学校的设防标准高于同地区一般工业与民用建筑的设防标准，建议加大“三网一员”（即地震宏观监测网、地震灾情速报网、地震知识宣传网和防震减灾助理员）体系建设和经费保障力度，明确提出建立防震减灾工作体系的要求，以解决市、县长期存在机构不健全、机制不完善的问题。

杨邦杰委员说，第38条第4款“学校、医院、商场、交通枢纽、公共文化设施等人员密集的建设工程”，应加上“供水供电设施”。地震中，受损最大的应该是住宅，目前草案没有谈到住宅。根据我们的调查，现在争论最大的也是住宅区的问题，住宅区到底如何防震加固是一个重要的问题，所以公共设施里要增加“供水供电”的内容。

周家贵（全国人大代表）说，根据第35条、37条、39条的规定我归纳了一下，要强化对学校、医院、商场、交通枢纽、公共设施等人员密集建设工程灾前控制，加强地震部门事前和全程的参与。草案第35条第3款中规定上述建筑工程“应按照高于当地房屋建筑的抗震设防要求进行设计，采取有效措施，增强抗震设防能力”，而在第37条中规定，“建设单位对建设工程的抗震设计负全责”，同时在第93条中规定，“建设单位不进行地震安全性评价或者不按照地震安全性评价报告所确定的抗震设防要求进行抗震设防的，由国务院地震工作主管部门或者县级以上地方人民政府负责管理地震工作的部门或者机构责令改正，"还处以罚款，追究行政责任等，但是这些措施都没有地震管理部门参与工程建设中抗震设防要求的监督和检查，没有体现出抗震设防的事前控制性。

姜福堂委员说，在上次会上曾讨论过抗震救灾，但我认为防震的主要问题是建筑问题，其他的问题都应该讲到。地壳变动是正常现象，但是在我们建筑基础上地震，使我们遭受了毁灭性的破坏。因此建筑问题，从建筑理念、建筑材料、建筑方法、建筑地点四个问题都要考虑。建筑既要考虑到住人，也要考虑到地震。另外，人住的地方不是越大越好，足够保证人的生存、生活就很好。我认为建筑材料要改变，不要考虑过去的旧模式。为什么日本地震很多，但抗震好一些？就是因为日本的建筑好。

陈佳贵委员说，对于特殊的地震多发地区和容易产生重大地震的断裂带地区，提出一些特殊要求。日本是一个地震多发国家，他们的防范工作做得非常好。我们虽然不可能使全国都达到他们的标准，但是对于地震多发区应该提出一些有针对性的要求。这次四川汶川特大地震发生以后，有些地方已经在落实这个问题，汉王镇有一个工厂就增加了这样的设施。因此建议对这方面的问题，在草案中加以规定。

吕薇委员说，第37条当中规定了建筑建设过程中的责任，主要是讲建设过程中的责任。我认为应该是全寿命期的责任，应该明确是在寿命期中可追溯的责任。比如，如果是建设过程中偷工减料，造成在地震中不应该出现的倒塌，是不是也应当承担赔偿责任，这一点没有讲清楚。

姚建年委员说，与其把重点放在预报、预测上，不如把重点放在预防上，这也是国际上目前做得比较多的方法。地震预报不了，但是把房子建得牢固，七、八级地震都倒不了，这是目前主要的思路。所以，我们首先要把落脚点放在预防上。第40条规定"国民经济和社会发展规划、城乡规划、土地利用总体规划应当符合防震减灾的需要。城乡规划应当根据地震应急避难的需求，合理确定应急疏散通道和应急避难场所"。日本的地震比较多，日本有明确的法律，把学校、体育馆、医院等场所明确规定为地震避难场所，所以我建议我们也把这一内容明确加在"应急疏散通道和应急避难场所"后面，将"学校、医院、剧场、体育馆等重要建筑物建设成为具有紧急避难功能的场所"，有了具体的内容，实施起来才有保障。

李重庵委员说，第43条第1款，这里讲到了"县级人民政府及其有关部门和乡、镇人民政府、街道办事处应当组织开展地震应急知识的宣传普及活动和必要的地震应急救援演练，提高公民在地震灾害中的自救与互救能力。"可不可以明确要求每年都搞一次宣传教育演练。建议国务院规定以后每年5月12日或者唐山地震的日子，作为"全国防震减灾教育日"，以后每年这个时候都进行防震减灾知识的教育和自救、互救的演练，每年都坚持，若干年以后，才能达到效果。二是对政府和有关部门做这些宣传活动，对象、范围有一个明确的要求，可以规定这个宣传教育要让每一个公民都知道这些基本知识。我建议在第43条第1款中再规定得具体一点，规定每年都进行宣传，另外就是对每个公民都进行宣传教育。

黄跃金委员说，第48条里面讲到"……利用现有资源，按照一队多用、专职与兼职相结合的原则，建立地震灾害紧急救援队伍"，文件中的"一队多用"中的"一队"没有明确是哪一队伍，我认为应该明确专业救灾队伍是哪一个队伍，这样便于在资金、设备、人员配备上考虑到更好地发挥救灾的作用。现在看来，各个行业救灾都有专业队伍，消防有消防队，交通有救援队伍，化学救援现在有救灾队伍。大的建筑工程发生倒塌等事故，也有专业的救灾队伍。相对来说，地震救灾能够发挥作用的主要还是消防队伍。应在资金、设备、人员上提供一些保障，这样就能在救援中发挥骨干作用，这样可以减少损失。

严以新委员说，第48条，提两点意见：1. 以前也多次提出，建议把消防队伍作为抗震救灾的主体，建议在草案中明确规定下来。2. 这里只讲了国务院和省、自治区、直辖市人民政府建立紧急救援队伍，但这支力量远远不够，尤其是在地震频发地区，建议再加上"在地震的频发地区，省级以下地方政府可以根据自身情况需要建立消防队伍。"比如云南经常发生地震，在这类地震高发地区，建议在地、市一级也可以设立防震救灾紧急救援队伍，不要仅限于省、直辖市，否则覆盖面太窄，力量也不够。

陈佳贵委员说，草案第52条规定，"县级以上地方人民政府及其有关部门可以建立由成年志愿者组成的地震灾害救援志愿者队伍，并进行地震应急救援知识培训和演练”。但是从实际情况看，我认为这个规定不全面，只讲了平时，没讲地震发生后到现场的志愿者如何管理。比如这次四川汶川地震发生后，很多人自发到四川加入到救援队伍中，这些人可能没有全部受过教育，但是他们有这样的热情。到现场后如何统一管理，针对这个问题，我认为草案应该增加一条规定，将这些人纳入到统一的管理当中。

方新委员说，要对社会救灾志愿者队伍建设和管理加以规范。从这次抗震救灾可以看到，发生灾害以后，去得最快、去得最多的是志愿者，总体上发挥了很好的作用，有些志愿者确实让人非常感动。草案只在第52条有所规定，即“县级以上地方人民政府及其有关部门可以建立由成年志愿者组成的地震灾害救援志愿者队伍，并进行地震应急救援知识培训和演练，使志愿者掌握必要的地震应急救援技能，增强地震灾害应急救援能力。”这是指政府组建的本地的志愿者队伍，覆盖得不够。对于志愿者队伍的征集、培训、调配和管理，以及对志愿者的行为规范和利益保障都缺乏相应的规定。应当予以完善。

徐荣凯委员说，应急救援中，发生灾害的地方还有一个社会治安的问题，第57条各方面都讲到了，就是没有讲社会治安问题。地震灾害过渡性安置里专门讲了“公安机关要加强社会治安管理”的内容，但是灾害发生现场的社会治安没有讲，比如银行的资金、商店的货物、工厂的设备和很多器材，还有老百姓的资产，是非常需要保护的。这次汶川大地震和其他灾害救援中都涌现出了很多可歌可泣的事迹，但是也不可否认出现了一些坏分子趁火打劫、盗窃财产的现象，所以建议在法律里增加规定加强社会治安、维护国家和老百姓财产的内容。

宋法棠委员说，第54条“一般和较大地震灾害发生后，地震发生地的市、县人民政府抗震救灾指挥部负责组织有关部门启动地震应急预案；重大地震灾害发生后，地震发生地的省、自治区、直辖市人民政府抗震救灾指挥部负责组织有关部门启动地震应急预案；特别重大的地震灾害发生后，国务院抗震救灾指挥部负责组织有关部门启动地震应急预案”，抗震救灾指挥部不是一个常设机构，应当是地震发生以后市、县人民政府启动应急预案，然后马上成立抗震救灾指挥部，不是由抗震救灾指挥部来启动应急预案。而且这也和后面第8章“监督管理”中的第79条矛盾。第79条讲到“县级以上人民政府应当加强对防震减灾规划的编制与实施、地震应急预案的制定与启动……”，第79条讲的是“县级以上人民政府启动”，而第54条是说“指挥部启动”，这本身有矛盾。我建议第54条第2款中“抗震救灾指挥部”几个字都删去。

刘锡荣委员说，地震应急救援方面，第48条也写了，“国务院和省、自治区、直辖市人民政府应当充分利用现有资源，按照一队多用、专职与兼职相结合的原则，建立地震灾害紧急救援队伍。”这句话我觉得应该写得再实一点，明确地提出来把消防队伍作为基础，建立一队多用、专职、兼职相结合的紧急救援队伍。消防队伍经常在倒塌的房子里、烧毁的地区或者遭受重大灾害的地区进行抢险救援，有丰富的经验，所以立功最多的是消防队。现在他们的问题就是没有装备，所以应该给他们装备，如果消防队伍有装备的话，救出来的人就会成倍地翻番。我认为就应该明确，因为在消防法中已经把在地震救援中的抢险救灾任务交给了消防队，为什么这里没有写？应该与这次常委会要通过的消防法相衔接，明确写出来并给他们配备一些必要的救灾设备和机械。

马启智委员说，第48条“国务院和省、自治区、直辖市人民政府应当充分利用现有资源，按照一队多用、专职与兼职相结合的原则，建立地震灾害紧急救援队伍。”“地震灾害紧急救援队伍应当配备相应的装备、器材，组织开展培训和演练，不断提高地震灾害紧急救援能力。”这个规定很好，但是不够具体。根据我们在实践中的经验，必须要有一支长年处于战备状态的应急队伍。但如果再拉一批人，组织这样一支队伍，首先是人员、装备、经费很难解决，而且平时除了训练以外，没有多少事情干，这个队伍很难固定。这个队伍的责任赋予武警消防队伍就行了。我在宁夏的时候，消防队伍就是地震灾害紧急救援队伍。现在消防队伍分布比较广，每个县都有消防中队，他们有交通工具，有装备，有很高的组织化程度，配备他们一些切割机、顶压机、生命探测仪，就可以担当地震救援重任，如果再配备一些中型、大型的吊装设备，就更好了。虽然消防部队有消防救灾的任务，但是火灾也不是天天有，他们基本上处于训练状态，所以，把消防和地震救援结合起来，是一个比较节约、可行的办法。美国就是这样做的。建议把48条改为“国务院和省、自治区、直辖市人民政府应当充分利用现有资源，按照一队多用、专职与兼职相结合的原则，建立以武警消防队伍为主体的地震灾害紧急救援队伍。”

张中伟委员说，草案第52条规定县级以上地方人民政府及其有关部门可以建立由成年志愿者组成的地震灾害救援志愿者队伍”，这一条非常重要，但是志愿者组织不能光靠政府，应该充分发挥工会、共青团、妇联等群众团体的作用。建议在此条规定中体现出来。

谢克昌委员说，第五章“应急救援”，建议考虑加入“乡镇、街道办事处、社区设立救援支援小队”。法律中已经谈到县级以上政府组织，但灾害发生以后，更多的事情是在基层，乡镇、街道、社区这种基层的组织形式能够对救灾发挥最基础的作用。日本在这方面做得不错，他们都已经深入到家庭了。一旦发生大的灾害，我们的很多家庭和个人都束手无策，这与我们的平时的宣传教育不足分不开。我们有预备役的民兵，平时经常组织训练，战时就可以拿出来，我们可以借助于这种形式，组建一支类似于预备役民兵这样的比较专业的队伍。当然因为他们是志愿者，也需要有关部门给予相应支持和待遇保证。

索丽生委员说，提几条意见。第一，抗震救灾中要特别注重两支救援力量，一支是专业队伍，一支是群众队伍。专业队伍，我认为不是要增加队伍的数量，主要是要提高质量，改善装备。同时不应该忽略的是要提高公民的自救、互救能力。根据唐山地震和汶川特大地震的统计，真正从地震当中幸免的、能够生存下来的，90%以上是靠自救、互救，因为他能抢在第一时间。专业救援队伍能救出来的人数相对而言是很少的，但是难度很大。所以对专业队伍，主要是提高能力，但是更要关注的是提高群众的自救和互救能力。建议在第52条或第43条中增加“鼓励组建乡村志愿者队伍，给予基层应急能力建设指导和财力物力的支持”等字样。第二，第50条中关于外国救援队、医疗队救援活动的组织协调中有三个层次，第一层次应该是国务院抗震救灾指挥部，起统筹、调度和安排的作用；第二层次是国务院地震主管部门，起组织协调具体活动的作用；第三层是灾区的各级人民政府要支持配合。第50条的写法上把国务院地震工作主管部门写在第一位，我认为逻辑次序上有点不顺，建议改为“国务院抗震救灾指挥部”放在第一位，它起统筹调度、合理安排的作用，然后再是主管部门，起组织协调具体活动的作用，然后再到灾区人民政府支持配合。第三，关于应急预案启动的权限和时间的问题。刚才宋法棠主任提到启动应急预案应该是地方人民政府，我很同意，因为指挥部是一个临时机构。此外，本法中对什么时候启动应急预案没有明确的说法，第53条“地震临震预报发布后，有关省、自治区、直辖市人民政府可以宣布所预报的区域进入临震应急期”，我认为这实际上已经启动了应急预案，条款中还写到，“应当按照地震应急预案”组织抗震救灾工作，这也说明已经启动了应急预案。第54条写在地震灾害发生后才启动，时间上不顺，应该是在发布地震临震预报时启动，如果还没有发布就已经发生地震了，地震发生后应急预案自然启动。

陈斯喜委员说，关于社会志愿者的问题。四川汶川特大地震发生后，社会志愿组织发挥了很重要的作用，当然主导还是靠政府和军队。但是通过这一事件，至少把社会自愿救援意识、热情、积极性激发出来了，应该很好地总结，更好地体现政府对社会志愿组织的指导、协调、引导作用。草案体现得不太够，应当加强这方面的内容。关于救援措施的问题。地震发生以后的救援措施，现在规定了一些，比如第55条规定，要“迅速抢修毁损的交通、铁路、水利、电力、通信等基础设施”，缺少一项，就是地震发生后秩序的维护，如何防止和处置打、砸、抢等，这方面没有体现。还有，救援的时候必然会采用一些征用的手段，这些也没有得到体现。

汪光焘委员说，地震的专业队伍建设刚才大家讲的比较多，现在专业队伍有几支，国家地震局有一支专业队伍，消防也有一支专业队伍，另外还有建筑部门也有专业队伍。到底以什么样的组织形式加以明确？第48条规定一队多用、专职与兼职相结合的原则，大家都去参与救灾是可以的，但救灾的队伍必须有很多技术性的保证工作，如生命检测仪的检测，而且救灾的时效性往往要求队伍是反应最快的。还应该有装备好的、专业的，而不是泛泛地说人越多越好。要加强专业队伍的建立，同时还要有一些辅助手段。这部法很重要，教科文卫委员会提的几条意见从文件中看确实需要进一步研究、论证，出一些专项的说明，使防震减灾法在实施中更加有效。

雪克来提·扎克尔（全国人大民族委员会委员）说，第一，在第五章的“地震应急救援”中能否增加关于规范募捐工作的内容，即对捐款、捐物工作的规范要求，例如征集募集资金。这次地震灾害发生以后，虽有红十字会、慈善总会以及民政的救灾中心等组织，但是全社会捐款、捐物的热情非常高，我们党政机关、社会团体、民间组织纷纷招募资金，比较零乱，这个问题应该加以规范。这次地震救灾工作之后，各地统计到底捐献了多少资金，往往口径都不一致，甚至中央国家的有些部委的系统也都在各自募捐，各省市横向也在募捐，很多社会团体也出来搞募捐，这个问题应该在“地震应急救援”这一章中专门有一条加以规范，应该明确出现了重大灾害以后由什么部门来募集资金。第二，第五章第48条，“国务院和各省、自治区、直辖市人民政府应当充分利用现有资源，按照一队多用、专职与兼职相结合的原则，建立地震灾害紧急救援队伍。”建议把这一条修改一下，因为地震灾害在个别地方有频发的现象，但是总的来说，地震灾害的周期都是比较长的，如果专门成立一支地震灾害专职队伍，并且在各省都建立，可能会造成浪费。建议改为“建立一支具有地震灾害应对能力的自然灾害应急队伍”，因为每个地方面对的自然灾害不同，有洪水，也有像今年年初发生的冰雪低温灾害，还有沿海地区的台风灾害，以及比较严重的山体滑坡灾害等等，所以每个省都应该有应对自然灾害的专业队伍。本条中的“应当充分利用现有资源”，这句话也不合适，在法律里面讲“现有资源”，而法律适用的周期很长，“现有资源”到底指的是什么？是哪个时期的现有资源？我认为法律不应该表述。第三，第56条，“特别重大地震灾害发生后，国务院抗震救灾指挥部在地震灾区成立现场指挥部……”，建议在这里加上“指挥部统一协调和调度社会志愿者和专门救援队伍以及医疗队伍”。四川汶川特大地震灾害发生以后，全国各省都纷纷派遣救援队伍，社会各界都自愿报名争当志愿者，甚至在灾区形成了大量人员堆积，造成了很大的浪费，包括人员、物力等各方面的浪费。建议国务院成立指挥部，做一些相应的工作，统一组织领导协调抗震救灾工作。比如某个省要派出一支什么队伍，或者由志愿者向指挥部申请做某项工作，增加“由指挥部统一调度救援队伍和召集志愿者”的规定。医疗队伍也是一样，很多医疗队在前线工作得非常辛苦，甚至到达了一些没有交通条件的地方，但是有些医疗队伍就闲置在那儿，没法参与。媒体也报道，汶川地震后大量志愿者滞留在成都、重庆火车站、机场等地。

朱启委员说，我谈两点具体建议。第一，关于抗震救灾指挥部。最核心的就是在第一时间，在最严重的地区建立指挥部，加强组织指挥，提高救灾能力。比如，这次汶川地震，中国人民解放军都动用了陆军、海军、空军、二炮，还有消防，四面八方都组织进入灾区，如果没有现场强有力的一线指挥，就会造成混乱，任务不明确就会“打乱仗”。我认为第5章中一定要把这个问题搞明白。尤其要明确重大地震后国务院和各级地方政府应该迅速地组建一线指挥部，加强一线指挥，最大限度地减少灾害，提高救灾效率。救灾工作，时间就是生命，多一分，多一时，这个人就能救出来，耽误一分，耽误一时，这个人就救不出来。第二，第48条，我看了参阅资料二，国家救援队伍只以北京军区的38集团军工兵团为主，2001年组建的，这支队伍组成以后，编制一个救援中队三个救援支队，主要负责地震灾害现场人员的搜索与营救任务。到目前队伍组建已有7年，到了很多个国家参与救援工作，第一次到阿尔及利亚，第二次到伊朗，第三次到印度尼西亚，然后到了巴基斯坦，这里面作用非常之大。这支队伍这次也到了汶川，第一时间到的，在很短的时间内就救出埋得很深的一大批人员，主要这支救援队伍的装备先进，训练有素。我建议在第48条中，明确强调，“不断提高地震灾害紧急救援队伍装备、器材。”国家应该给予规范，应当大力加强应急专业队伍的建设。

王学求（全国人大代表）说，草案第50条规定了国际救援的问题，我认为现在的规定不够细，可能将来不好操作。比如多大地震可以接受国外救援，国外救援队留下的设备如何处置？包括外国救援队进入一些敏感区、保密地区怎么办？现在都没有详细规定，将来在实际操作中，可能会带来麻烦。

查培新委员说，草案第50条，只规定了外国救援队和医疗队的组织协调，但是对于地震发生后的国际救援规定还不够细。比如这次汶川地震以后，除了国内动员，国际上也动员外国进行捐助。当地震发生后，什么情况下动员国际救援，由谁决定，这在法里是否需要作出规定，恐怕需要进一步明确。这次汶川地震救灾工作中很突出的一点是“一方有难、八方支援”，动员全国的力量，动员各省市的力量对口支援，像这样的做法要不要在法中有所体现，建议考虑。

许振超委员说，汶川地震发生是5月12日，当天晚上到第二天、第三天，人们了解灾区的情况，就是通过电视直播主持人口述的情况来了解，在纸上划几条线几个圈，告诉你这是震中、这是重灾区等等。但是灾区的情况到底怎么样，老百姓也不知道。后面就产生很多问题，实际上部队、武警也到了，救援人员也到了，但是为什么一直迟迟不能迅速地到达灾区？直到了13日、14日，中央电视台才拿出地形图，这时候人们才了解，原来震区是这么样情况。我想，在抗震救灾法中，媒体在向全国人民报告灾情的时候，应该采用当今最先进的技术，及时地向全国人民通报灾害地区地形情况。这对一些抗震救灾方案的出台是有积极作用的。比如12日晚上发生地震，我当天通过互联网一查，这个地方地形太复杂，两天也进不去。上面的地形特征看图非常清楚，救灾难度非常巨大。当时我就想，如果我们能够从水路上进行救援的话，就会比较方便，也比较快。12日发生的地震，结果直到14日，我们的冲锋舟才从水路开过去。我们在汶川地震灾难当中应该吸取的经验，应该比较完整、详细地规定到这部法当中。

黄镇东委员说，第48条，"建立地震灾害紧急救援队伍"，建议不要一种灾害就建一支应急救援队伍，法律上还是要留有余地。每个省、区、市灾害不同，包括地震频发地区确实是需要有一支应救援队伍，甚至到地市，如新疆、南疆和北疆这么远，只在自治区建了，飞到南疆喀什还得一个小时，这种情况就应该在地市也建立。我建议这一条规定要和消防法修订相衔接，消防队伍要成为灾害和事故应急救援专职队伍，要求这支队伍具备地震灾害紧急救援的技术和设备。

唐天标委员说，"紧急救援"一章第59条中讲了地震灾害评估，然后讲了谁来评估；在灾后恢复重建中又讲到要评估，讲了评估什么，两条内容有点重复。如果把两条合在一块儿，就有了必须要评估、评估什么、谁来评估？这样就比较完善。并增加一句这种评估是"为应急救援和灾后重建提供依据"。评估也是一个过程，地震发生后要初步评估灾情，对大致的损失有一个基本的估计，以便开展应急救援活动；然后是比较准确的评估，为灾后重建提供依据。第48条队伍建设问题。不应该每个省市都组建专业或兼职应急救援队伍，只在地震多发区建设就行了，都建就太多了。从这次的抗震救灾来看，军队武警的工程部队、消防部队发挥了很好的作用。应将驻地震多发区的消防部队、工程部队，作为应急救援的队伍来建设，配备救援装备器材，进行必要的训练，做到一兵多用。所以，在附则上要加上一条，即"中国人民解放军、人民武装警察部队，担负地震灾害应急救援任务的，由国务院军委决定。"

吴晓灵委员说，第七章关于灾后重建更多的强调了政府部门的责任。第73条提了一下关于乡村的地震灾害恢复重建时要尊重农民的意愿，以群众自建为主的内容，我认为还是应该改成"城乡居民住宅的地震灾后恢复重建应该尊重居民的意愿，发挥社区的作用"，因为无论是对于城镇还是乡村来说，居民住宅都商品化了，所以建议都强调自建的内容，以体现公平。

王恒勤（全国人大代表）说，第7章"地震灾后恢复重建"只讲了物质重建，通过提供必要的物质生活条件，满足受灾群众的基本物质要求，很少提到"文化重建"以及"心理重建"。"文化重建"包括提供、组织必要的文化生活，满足受灾群众的文化需求。"心理重建"应该通过对受灾群众个体和群体提供心理帮助、抚平心理创伤、恢复心理健康、促进心理和谐，我觉得应该把文化重建和心理重建内容加进去。

胡振鹏委员说，草案第73条规定了农民的房子"以自建为主，政府补助、社会帮扶、对口支援、因地制宜"，而实际上，城镇居民的住房也是"自筹资金为主，政府补助"。因此建议城镇居民与农民的住房重建原则统一起来。

李祖沛委员说，要明确震后恢复重建的规划原则和标准。重建规划应该根据国情、省情，根据灾区的经济社会发展的水平实事求是地进行规划制定，不能脱离实际把恢复重建标准定得太高，所以建议对草案第73条等有关条款再补充一下。另外第73条的文字上"合理确定建设规模和时序"这句话建议增加"标准"两字，即"合理确定建设标准、规模和时序"。

江亦曼（全国人大外事委员会委员）说，第7章地震灾后恢复重建第76条"国家鼓励公民、法人和其他组织为地震灾后恢复重建捐赠款物。捐赠款物的使用应当纳入地震灾后恢复重建规划。"这句话与全国人大通过的公益事业捐赠法有抵触，因为"捐赠款物的使用"容易产生歧义，就是说是不是捐赠款也必须要纳入到国家总体规划，这一条能不能改成"由捐赠款物开展的灾后重建工作应该纳入地震灾后重建规划"，并不是说它的使用，而是由捐赠款物开展的灾后重建工作应该纳入，现在这样写容易产生歧义。实际上有很多社会团体包括国外的团体都提出，由团体来的资金绝对不能够纳入到政府财政的计划中，我觉得这一条是和公益事业捐赠法有冲突的。

范徐丽泰委员说，第63条第2款“过渡性安置用地按临时用地的安排，可以依法先行使用，事后办理有关用地手续”。是不是说如果要转为永久性用地的话就要报有关部门批准，并且对原土地的使用者有所赔偿？我认为占用了别人的地，政府应该对他们有所补偿。第67条，关于地震灾害调查评估，主要是为了重建规划提供依据，可是涉及到的全是硬件。在这次四川汶川特大地震中，其实当地生还的民众受了很大的精神创伤，需要为他们做心理上的辅导或援助。在草案大多是谈硬件，谈到人的时候只是说要提高公民自救与互救能力（第43条），可是在经过这样的一场灾难之后，亲朋好友都死了的时候，他们的心理是有需要的，需要援助、辅导，这也应是在进行重建时的一个重要考虑。一个地方要有硬件，有安全的建筑，要有心理平衡的人民才能创造繁荣。

傅勇林（全国人大代表）说，第67条第2款要求进行地震灾害调查评估，全部谈的是硬件的问题，但是评估应该包括软件。第71条第2行建议在“有计划、分步骤”之间增加“有重点”，因为灾后重建一定要有轻重缓急。第73条第2款，最后提了要求“节约和集约利用土地，保护耕地”，乡村的灾后重建恐怕远远不止这些，还包括软件的问题，建议予以重视。第77条，建议把第1款最后一行“法律服务、公共文化服务等工作”删掉，改为“公共服务等工作”。在第77条第2款后建议增加一款即“政府及社会救助、对口援建地区应尽可能采取措施，帮助灾区恢复生产，帮助灾区群众就业”。这次地震中央非常重视，确立了对口援建的省市来支援灾区，但是这其中有些问题需要思考，既然要对口援建就要投入大量的人力、物力、财力，但有的是请原地建筑公司来实施工程建设，实际上就把灾区推开了，投入的资金以及项目对灾区的恢复生产和救援以及解决就业帮助不大，如果可行的话，建议增加这一条。

刘锡荣委员说，第66条规定“县级以上人民政府有关部门应当在本级人民政府的统一领导下，按照职责分工，密切配合，采取有效措施，共同做好地震灾后恢复重建工作。”我认为这里还要加上“及时”，改成“及时采取有效措施，共同做好地震灾后恢复重建工作。”这次中央对临时安置很重视，给了大批的物资、帐篷，但是如果不及时地把群众从板房和帐篷中迁移出去，问题就大了。因为最大的板房区有1.5万人，集中了许多村子和乡镇干部，与城市不一样，他们离开了自己家乡，近的十几里、几十里，远的一百多里，家里的山、田、猪、牛、羊都没法管，住在这里与原来的生产生活完全隔离了，吃饭要国家拿钱，拿了3个月以后每天要交10块钱，他们说没有生活来源怎么交？早知道如此，我不如回家，反正国家给我点补助，我房子建起来了，生产生活都解决了。这件事做得最好的是绵阳，绵阳及时地提出板房区不能久住。首先经济压力太大，财政开支撑不了；其次，瘟疫很危险，一旦发起病来不得了；第三，就是火灾。如果一旦冬天烤火板房烧起来，“火烧连营”不得了；第四，大家集中在一起，思想非常浮躁，离开了家，生活没有着落，有一点小事就闹起来了，县委县政府、当地的政府全部精力都拿来稳定群众的情绪，精力上吃不消，所以绵阳及时提出来，早一天就好一天，政府补助每户2万块钱，再有6万块贷款，赶快回去，回去之后，二分之一的左右的建材、木头、砖头都有了，今天你帮我建，明天我帮你建，村帮村，户帮户，重建很快。所以要及时返乡回村。有些干部比较怕，怕回去重建了再地震。地震学家讲过，一旦地震以后，能量释放完了，一般的相当长的历史时期不会再发生地震，相对稳定，所以应该可以回乡返村。所以要加上“及时采取措施，返乡回村”。

郑功成委员说，关于灾害发生以后应急救援、过渡性安置、灾后重建分三章写，应急救援和过渡性安置毫无疑问应该是政府买单，市场机制在这两个环节是失灵的，单位和个人也往往没有自我解决的能力，所以应该政府买单。但是灾后重建我不太赞成政府买单，应该分类分责处理，如果灾后重建，政府买单买多了，单位和地方、个人的风险意识就必定淡薄，风险的自我管理能力必然低下。所以灾后的重建，像在全世界来讲，保险公司的赔偿要达到平均损失的36%，发达国家甚至达到80%左右，就是通过买保险，将灾损风险转嫁给保险公司，灾害发生后，保险再赔给你，你再用这个赔偿重建，这样，就把不确定的灾害损失转换成一个相对固定、稳定的成本开支，这样既不会对财政造成很大的冲击，也不会对单位与个人造成重大的损害。在灾后重建中，政府的责任还是应当有限的。灾后重建的原则就是分类分责处理，有的必须政府买单，有的必须是企业自负，有的应当通过市场和保险赔偿解决,有的是个人应该自己解决的。

周家贵(全国人大代表)说,第 64 条规定“过渡性安置点所在地的县级人民政府,应当组织有关部门加强次生灾害、饮用水水质…”,在“有关部门”的后面要加上“和所在地乡镇人民政府”,因为这里涉及到饮用水质、食品卫生等方面,他们对情况比较了解。同时现在一般地震的频发地区都在山区,地广人稀,所以要发挥乡镇政府的作用比较重要。

陈斯喜委员说,关于救助的问题。在四川汶川特大地震救助中,投入了大量人力、物力、财力,尽最大努力为受灾群众提供救助,受到了国内外广泛赞誉。但是救助也要考虑如何体现政府主导,鼓励、引导社会各方面共同参与和群众自救、互救的精神和原则,不必什么都由政府大包大揽。有些政府能做的就尽量做,但是如果把这些工作全部上升为法律责任,执行起来也会带来一些问题。比如第 60 条第 2 款,“政府对投亲靠友等方式自行安置的受灾群众给予适当补助。”要不要把这上升为一种法律责任?毕竟是自然灾害,不是政府过失造成的,所以发生灾害以后,政府有责任提供救助,但公众也有责任进行自助和互助。在这方面政府应该是鼓励的,在财力允许的条件下给予一定的补助也是可以的,但是作为一种法律责任,执行起来就会发生问题,也不利于弘扬“一方有难、八方支援”的传统美德。还有,第 62 条规定,“国家鼓励地震灾区农村居民自行筹建符合安全要求的临时住所,并予以补助。”,政府不能提供住宿的,公众自然会自己想办法,但是这里又加上了“并予以补助,”实际中能不能操作?总之,对地震这样的自然灾害,政府应当承担救助责任,但不是要把所有的责任都包揽过来?这个问题要考虑。

王学求(全国人大代表)说,草案第 72 条,对于地震历史遗迹和文物保护的问题,这里写的不明确。“制定清理保护方案,明确地震遗址、遗迹和文物保护单位以及具有历史价值与民族特色的建筑物、构筑物的保护范围措施”,对地震遗址的保护是比较重视的一件事情,对于各种地震遗址、遗迹都应该保留下来。一个是为科研单位使用,另外可以供学生们参观、学习,因此建议将这条单独列一条进行规定。

黄镇东委员说,第 62 条“国家鼓励地震灾区的农村居民自行筹建符合安全要求的临时住所,并予以补助。”没有涉及到城市。1976 年唐山大地震时城市也是自行筹建的。所以在城市也可以自行筹建临时住所。第 6 章内容是地震灾后过渡性安置问题,我认为过多地谈到了政府补助的内容。投亲靠友也要政府适当补助?需不需要这样的大包大揽?我们国家还处于初级阶段,财政虽然富裕了些,但是我们还是一个有 13 亿人口的大国,底子还是比较薄的,还是要提倡自力更生、艰苦奋斗。

牟本理(全国人大民族委员会副主任委员)说,防震减灾法第 62 条第 2 款“用于过渡性安置的物资和为受灾群众提供的食品、药品应当保证质量安全。少数民族特需品的供应,应当确保受灾群众的基本生活需要。”这里有三个问题,一是叙述层次不清,二是逻辑推理过乱,三是语言表述不准,特别是“少数民族特需品的供应,应当确保受灾群众的基本生活需要”,不是所有的受灾群众都需要少数民族特需品,建议修改为“应该确保受灾群众的基本生活需要和少数民族特需品的供应,用于过渡性安置的物资和为受灾群众提供的食品、药品应当保证质量安全。”

蒲海清委员说,第 63 条第 2 款“过渡性安置用地按临时用地安排,可以依法先行使用,事后办理有关用地手续;到期未转为永久性用地的,应当复垦后交还原土地使用者。”我理解,如果转为永久性用地的,是否需要重新依法按照征地办理手续?这样有利于处理善后的有关问题。

唐天标委员说,对银行的保护应该增加进去。第 74 条涉及到了档案资料,除了档案以外,银行也应该重点保护。群众最重要的东西有两个,一个是生命,一个就是财产,除住房外,普通老百姓把财产都存到银行里去了。

乔传秀委员说,建议强化防震减灾工作接受社会监督的内容。应当说,防震减灾工作监督机制建设十分重要,也是社会关注的焦点问题。草案第 8 章对各级政府以及财政审计监察部门在防震减灾中的监督管理职责,作了一些明确规定。但我个人认为,防震减灾工作需要全方位的监督,除了政府和政府有关部门的监督管理之外,特别重要的一个方面,还要接受社会的监督,尤其是 5·12 抗震救灾工作向社会公开征集社会监督员,监督救灾物管理和发放,增强了公开性和透明度,无疑是一种有效的社会监督形式。当然,社会监督的形式还有多种多样,比如说公示、召开听证会等等。建议草案要总结这方面的实践经验,明确政府监督管理与社会监督相结合的原则,应该增加社会监督方面的有关内容。

江亦曼(全国人大外事委员会委员)说,第8章监督管理中,第85条规定"捐赠款物的使用应当尊重捐款人的意愿,不得挪作他用。"我建议改成"捐赠款物的使用应当尊重捐赠人的意愿,依照相关法律独立自主地使用,不得挪作他用"。第2款不是受赠人应该公开受赠情况,而是接受捐赠的社会团体和机构,应该公开受赠情况和捐赠款物的使用管理情况。比如说一个农户,他也是受赠人,他怎么公开受赠的情况呢?只能是接受捐赠的社会团体和机构来公开。

李祖沛委员说,第一,灾后捐助要有明确的管理办法。震后社会各界踊跃捐款是我国灾害救治工作的优良传统。但是目前灾害捐助工作当中也出现了很多法律上需要加以解决的问题,比如捐赠人对捐款的监督问题,捐赠人如何享受税收政策上的优惠问题。再比如,政府财政扶持与社会捐赠款用途的分工问题等等,这些问题都需要用法律加以明确。像今年四川汶川地震,我们中国侨联也接受了不少海内外侨胞的捐款,他们对我们的捐赠政策十分关注,建议在法律中明确。第76、85条能够再充实一点,建议把这些问题明确起来。第二,明确灾害救助的财物分配管理办法。地震后的应急和救灾工作非常复杂,在应急阶段是以抢救生命为主,之后的救灾工作是一个系统工程,任务非常繁重。所以,要考虑在救灾物资和救灾款的分配过程中各方面利益的平衡问题。比如受灾群众安置中的利益平衡问题,政府救助资金的合理分配问题和全国各地支援的物资、资金等等的合理分配问题,建议在法律相关条文中作出规定。

傅勇林(全国人大代表)说,第83条规定了地震灾区的地方各级人民政府在确定地震应急救援……前,应当先行调查,经民主评议后予以公布,我个人认为这不太可能。那个时候老百姓就等着吃喝,这里还要去调查,还要民主评议,那个时候是救人、救火,是打仗,建议这一条再斟酌一下。另外,在"监督管理"这一章中还有一个问题,我们还是以都江堰市为例,地震后连续几个月当地的政府财政已经没收入了,虽然有中央和各级政府下拨的资金和社会各界的捐赠,但是由于这些资金和款物属于专项资金,只能用于指定的用途,这就有一个问题了,比如我管教育和卫生,我们的教师基本收入递减,医疗卫生人员情况更不好,有这些钱又不能用,因此建议能否有一条规定按照一定的比例赋予地方政府可以弹性使用的资金额度。否则的话,保持队伍稳定就是一个很大的问题,现在老是一个月五六百块钱,教师和医护人员本身也是受灾群众,他们的房子也塌了,亲人也去世了,他们还得工作,但是他们的工资收入锐减,房子还得交按揭款,政府的钱要按指定的用途使用,建议能够在这些款项中安排一些当地政府可以弹性使用的款项。

周家贵(全国人大代表)说,第81条"县级以上人民政府建设、交通运输、铁路、水利、电力、地震等有关部门应当按照职责分工,加强对工程建设强制性标准、抗震设防要求执行情况和地震安全性评价工作的监督检查。"我觉得"监督检查"肯定还不够,在监督检查中要加几个字,"和地震安全评价工作的监督管理和检查验收",最后还要验收,这样才能起到好的作用。

雪克来提·扎克尔(全国人大民族委员会委员)说,第82条,"任何单位和个人不得侵占、截留、挪用地震应急救援、地震灾后过渡性安置和地震灾后恢复重建资金、物资。"建议加上"造成物资、资金严重浪费的,也要追求责任,要加以惩处"。有些地方大量的物资堆积,由于工作不到位等原因造成了物资的大量积压,大量的资金没有用到刀刃上,造成了浪费,因此建议加上这一条的内容。

吕薇委员说,我感觉到这部法律中对建筑环节的监督、管理相对薄弱,只有第8章在监督管理中,第81条提到了,而且写得很含糊,希望在这方面能够加强。

隋明太委员说,根据有关部门统计,在当前查处的基层违纪违法案件中,村官占到案件数量的70%以上,村官腐败引发的群众信访已占农村信访总量的50%。法制日报以位"小权大缺少监督,村官腐败触目惊心"为主要内容作了报道,这个问题发人深省,值得关注。从完善防震减灾法的角度来讲,由于大多数情况下,救灾资金、物资以及倒塌的房屋的修建和分配等等,都要由基层组织落实和经手,因此加强地震灾区的基层组织,包括对村干部的监督也是很有必要的。因此,建议在第8章第53条"地震灾区地方各级人民政府"后边增加"城乡村居委会"的内容,以保障对基层组织包括村干部的监督的落实。

达列力汗·马米汗委员说,第84条建议改为"财政部门应当加强对地震应急救援、地震灾后过渡性安置和地震灾后恢复重建资金的管理,开设专户,并对资金的拨付和使用进行监督。"

李传卿委员说，建议在第5条“在国务院领导下，国务院地震工作主管部门和国务院建设主管部门、民政部门……”，在“民政部门”之后加上“发展和改革部门”。发展和改革部门具有宏观调控能力，有利于从改革和发展角度保障提高防震减灾工作能力，将本法落到实处。

王恒勤（全国人大代表）说，第56条第2款“各级人民政府及政府有关部门和单位，中国人民解放军、中国人民武装警察部队和民兵组织应当按照统一部署……”，这里把公安民警也应该写进去。准确的应当是“中国人民解放军、中国人民武装警察部队、公安民警和民兵组织应该统一部署，分工负责”，因为震后的治安秩序，需要公安民警来维护。

方新委员说，需要进一步理顺防震减灾的领导体制，明确执法主体。防震减灾工作任务繁重，头绪繁多，现在的第5条规定，“在国务院领导下，国务院地震工作主管部门和国务院建设主管部门、民政部门以及其他有关部门，按照职责分工，各负其责，密切配合，共同做好防震减灾工作。”但实际上，在“5·12”灾后也看到，在现行体制下，各部门很难密切协作、高效发挥作用。一是多头管理容易造成部门间的衔接脱节，在管理上形成空档。二是对同一个问题不同部门存在意见分歧的时候难以协调，例如地震局的标准和建设部的标准就有不统一、不一致之处，难以协调。三是仅列这几个部门也不够，到了灾区后看到公安部门、卫生部门和部队都发挥重要作用。总之，抗御大灾需要强有力的统一领导和协调机制，建议在修订法律的同时，要理顺体制，进一步明确执法主体与责任主体。

江亦曼（全国人大外事委员会委员）说，第5章第50条，提到了国务院地震工作主管部门会同有关部门和单位，组织协调外国救援队和医疗队开展活动。首先，这里提到的责任主体，国务院地震工作主管部门，那就是国家地震局，但是从现在国家地震局的职责来看，它不可能承担组织协调外国救援队和医疗队开展紧急救援活动的职责，而这个职责应该是国务院减灾指挥部或者是委员会来组织协调，我觉得这条的责任主体应该予以明确。另外，在国务院破坏性地震应急条例中曾经明确规定，国外红十字会和国际社会通过中国红十字会提供的紧急救援，由中国红十字会负责接收和安排。所以建议在第50条中增加国务院地震抗震指挥部门会同有关部门和单位，以及红十字会等具有救灾职能的国际性组织，组织协调外国救援队和医疗队，因为有些外国的医疗队和救援队并不是通过政府的渠道进来的，是通过其他的渠道进来的。在我们实际抗震救灾工作中，外国的国际组织大量地参与了灾后重建工作，我们完全可以吸收国际的捐赠资金来参与国内的灾后重建工作，所以，第50条应在协调外国救援队和医疗队的后面增加紧急救援活动和灾后重建工作的内容。第56条第2款，“各级人民政府及政府有关部门和单位，中国人民解放军、中国人民武装警察部队、民兵组织”后应增加“及相关的社会团体”的内容。通过这部法律，总的我们希望能够在社会建设的整个布局中，政府的作用、社会团体的作用应该在这部法中逐步强化，而且能够进一步调动社会团体积极参与国家的应急救灾工作。

宋法棠委员说，防震减灾的管理体制到底应该怎么办？现在草案规定“在国务院的领导下，国务院地震工作主管部门和国务院建设主管部门、民政部门以及其他有关部门，按照职责分工，各负其责，密切配合，共同做好防震减灾工作。”现在国务院的主管部门是国家地震局，国家地震局是一个副部级的局，而且是一个事业单位，如何牵头来组织好这方面的工作，如何做到协调高效？当然，地震发生以后要成立一个指挥部，但是在日常的管理、协调中，这个领导机构怎么做，需要进一步研究。

马福海委员说，关于执法主体的主次问题，第1章总则中，第5条第1款，对执法主体将地震主管部门、建设主管部门、民政部门以及其他有关部门规定为并列位置，我认为这样易造成在执行中主次不明，不利于防震减灾工作的依法管理。建议修改为“在国务院的领导下，国务院地震工作主管部门负责对防震减灾工作的组织实施，国务院建设主管部门、民政部门以及其他部门按照职责分工、各负其责，密切配合，共同做好防震减灾工作。”这样做更有利于防震减灾工作的依法管理。同时对该条第2款关于县级以上地方人民政府负责管理地震工作的部门机构的执法主体的主次问题，也应依此类推，予以明确。

郑功成委员说，地方政府的责任需要强化。不论是春季的南方冰冻灾害，还是四川汶川大地震，地方政府的责任是什么？他们的责任我认为需要具体化。比如信息、情报、应急预案以及上级的要求应该非常的明确、及时。在灾害处理过程当中，在冰雪灾害发生时，温家宝总理两到湖南，汶川地震发生后总理四赴灾区，所以我在考虑一个问题，地方政府的责任、职能部门的责任是什么？我们国家是一个多灾的国家，如果形成每遇大灾都要国家主要领导人亲力亲为这样的惯例，并不是恰当的，我感觉地方政府的责任机制在法律上还需要明确。部门之间的配合协调同样至关重要，灾害救援最重要的是部门之间的协调配合。今年发生的两次大的自然灾害暴露了一些问题，总体上来讲，我们赢得了世界的赞誉，包括珍惜生命、举国哀悼等等都带来了一些全新的理念，但是灾难确实给了我们一些教训。

陈斯喜委员说，关于组织指挥体系问题。突发事件应对法是适用于所有突发事件的一部法律，包括地震灾害。突发事件应对法的一个重要精神，就是对各种突发事件采取统一的指挥体系，统一的信息平台和统一的救援组织。防震减灾法如何与突发事件应对法相衔接？草案缺乏统一指挥体系。这里面有两个问题，第一个问题是防震减灾指挥部是在什么阶段出现？从第55条看，是地震发生以后才成立指挥部，这样平时就没有协调机构，会造成各自为政。第二个问题是平时卫生部门、地震部门等职能部门如何分工？如何协调？地震发生以后，指挥系统就应该是统一指挥，职能部门不能再以部门名义开展工作。但草案对这个规定得不清楚。比如第50条规定，“国务院地震工作主管部门会同有关部门和单位，组织协调外国救援队和医疗队在中国开展地震灾害紧急救援活动。抗震救灾指挥部应当成立国际紧急救援协调机构。”那么究竟是抗震救灾指挥部组织协调还是地震部门组织协调？如果是地震部门组织协调，与卫生部门是什么关系？

汪光焘委员说，第6条“抗震救灾指挥部负责统一领导、指挥、协调抗震救灾工作。”什么是指挥部？是哪一级的指挥部？这个临时机构怎么来的，好像也不明确，我觉得要做点界定。

王学求（全国人大代表）说，草案总则第5条规定了各个部门的职责。在各国的法律中，对于职责的规定都非常明确，但是我们在职责规定方面，有点含糊不清，建议加以明确。比如美国在1977年制定的地震灾害减轻法，对各个部门的职责非常明确。联邦紧急事务管理局负责地震灾害减轻计划的制定和救灾；地质调查局负责地震的研究与监测；国家自然科学基金委员会负责地震研究；美国国家技术标准研究院负责地震建筑规范的制定。美国在各方面的职责规定得非常明确，我们现在这样规定，不利于工作的操作，建议规定得更明确一些。

吕薇委员说，有一些管理和职能划分层次上不够清楚，许多条款当中都提到国务院地震主管部门和县以上地方人民政府要负责地震的相关工作。实际上在抗震救灾、防震减灾的各个环节中，地方政府和中央政府的作用是不同的。比如在抗震救灾的时候要多发挥地方政府的作用，但是在监测方面应该多发挥垂直部门的作用。因为地震监测是专业性、技术性很强的一项工作，应该多发挥垂直部门的作用，实行中央部门集中管理与重点地区政府相结合的体制。另外，抗震救灾的恢复重建中，各级政府和各类社会机构以及公民的职责不够明确。刚才四川的同志也讲到了，我们可以借鉴日本的灾害法，这个灾害法对政府、社会团体、公民、甚至对社区这个管理部门都有明确的责任规定。

黄燕明委员说，鉴于地震的突发性和紧急性，有可能地震灾区的国家政权部门伤亡惨重，甚至全军覆没。在这种情况下，为了保证国家政权能够继续运作、指挥抗震救灾工作，是否可以采取战时临时处置方法，由上级有关的部门临时直接行使相关职权。建议在这部法律中增加相关的规定。

唐天标委员说，关于防震减灾工作的领导管理体制问题，草案规定国务院地震工作主管部门及建设、民政等其他有关部门来做防震减灾工作。从草案的行文内容和2000年2月24日国务院办公厅关于成立国务院抗震救灾指挥部和召开联席会议的文件看，中国地震局应该是国务院地震工作主管部门，但是中国地震局是事业单位，没有行政权力，它的行政定位与本法所赋予的职责任务明显不相符，不利于地震局开展工作，希望能解决这个问题。

汪恕诚委员说，现在总则中写了很多内容，但是我认为应该突出发生严重地震灾害以后规定政府应该干什么，企业该干什么，社会各界该干什么，公民该做什么，把志愿者写到这里面去。我们没有必要发生一个灾害就搞一个指挥系统，现在比较成熟的是防洪指挥部，毕竟中国每年都会发生洪涝灾害，所以建一个防洪抗旱指挥部挂在国务院，比较成熟。但是平时发生的应急事件很多，陈斯喜同志也讲了，我们的突发事件应对法中也都规定了，没有必要每出一个事件就建一个机构。有些地方搞得比较成功，比如福州，只要发生了应急事件就由交通局的指挥系统来指挥，效果非常好，现在福州市的防汛系统也接入了这套系统。如果发生重大交通事故,或者化学用品爆炸、火灾,他们就代表政府成为最高指挥机关。这次比较成功的就是,2点28分发生地震,温总理4点多钟就上了飞机,在四川成立了指挥部,迅速开展工作。刚才有同志谈到了地方上的问题,比如绵阳一震,绵阳市派了一个副市长当指挥,迅速组织了一个指挥部,信息系统一联通,马上就开始救援工作,和打仗的时候是一样的。这里要强调地震发生以后,政府应该马上组织指挥部。这次我去现场,最让我感动的是志愿者,而且志愿者发挥的作用很多都是各级政府很难发挥的。志愿者到了现场以后有一个特点,看到什么地方需要人而没有人干他们马上自己就去干了,这太了不起了,没有人做饭他们就去做饭,卫生没有人打扫他就去打扫了,一看全国各地送去的货物没有人卸车了,他们马上就去卸车,火车站、汽车站都是卸车、分货物的。人民群众真是伟大,到了任何一个点,有一张桌子,或者有一个帐篷,上面写了几个字——"志愿者报到处"。很多的北京的孩子要去,家长不放心,不让去。但是我到那里去看了一下马上就放心了,志愿者到了那里以后一到报到处,马上就安排了工作,包括安排住宿和吃饭也都安排了,而且安排者自己也是志愿者,这是很了不起的。我觉得在总则里至少应该写上提倡志愿者,不要怕想象当中的乱,社会主流并不是这个,我们需要的还是大家对灾区的支持。总则中应该把总的原则抓住,政府应该做什么,各部门应该做什么,原则上要有一个说法。

金硕仁委员说,建议加大建设工程抗震设防要求的管理力度。目前工程建设抗震设防要求管理中存在的问题比较突出,一个是执法主体不明确,工程建设抗震设防要求由地震行政主管部门还是建设行政主管部门管理,不清楚。地震部门与建设部门之间经常发生相互扯皮的现象。

傅勇林(全国人大代表)说,第66条第2款建议在下面增加一款,明确各级人民政府应该做什么,从中央、省、市及县以下政府应该做什么,规定清楚一些。第75条第2款要求政府组织受灾群众和企业开展生产自救,建议把"受灾群众和企业"放到和"各级人民政府"同等的地位,改为"地震灾区的地方各级人民政府及受灾群众和企业应当自力更生、艰苦奋斗、勤俭节约,开展生产自救,积极恢复生产。"我感觉到,这次我们的政府以及我们的公民在面对突发自然灾害的时候,各自的责、权、利不清楚。公民应该做什么?公民也应该自力更生。第76条"国家鼓励公民、法人和其他组织"这句话,建议根据通用的第三方援助原则,改为"国家鼓励红十字会、慈善机构、保险公司、国际组织、法人和个人对地震灾区恢复重建捐赠款物"。

达列力汗·马米汗委员说,第9章法律责任中,建议增加一个地震后的问责制条款,以利于加强责任。

范徐丽泰委员说,第93条,降低建筑工程质量造成重大安全事故构成犯罪的,依法追究民事、刑事责任。如果一个公司或者个人违法,除了刑事责任外可不可以也罚他的钱?做这些昧良心的行为肯定是为钱的,应该对他的资产进行没收。

杨邦杰委员说,第93条"违反本法规定,建设单位不进行地震建设安全性评价",我认为这不仅是"建设单位"的问题,包括设计单位、监理单位都要承担一定的责任。从法律调查中看到,对于学校的倒塌,群众情绪很大,如果追究责任的话,建设单位、设计单位、监理单位都有责任。以上是根据我们调查研究的修改建议。

陈希明委员说,草案第96条规定了一些行政处罚,我认为如果要写就写全,不能单列几种,因为这样列举不全面,建议写全或者将"降级、撤职直至开除的"删去。

嘉木样·洛桑久美·图丹却吉尼玛委员说,在地震应急救援期和灾后恢复期,很容易发生人为损害公民合法权益的现象,希望修订草案中强调在救援、重建过程中保护公民合法权益、追究违法行为。

南振中委员说,修订草案第35条第3款规定一般建设工程应按照地震烈度区划图等确定的抗震设防要求,进行抗震设防。为了做到权责匹配,建议在法律责任一章中增加一条:"违反本法规定,建设单位不按照地震烈度区划图或者地震动参数区划图所确定的抗震设防要求,进行抗震设防的,由国务院地震工作主管部门或者县级以上地方人民政府负责管理地震工作的部门或者机构责令改正,处5万以上20万以下的罚款。"修订草案第37条规定了建设单位、设计单位、施工单位、工程监理单位、地震安全评估单位对于建设工程的抗震设防所承担的责任,但未规定违反上述规定应当受到的惩处。建议第9章增加一条:"建设工程不符合抗震设防要求,造成地震中人员死亡、人身伤害或财产损失的,有过错的建设单位、设计单位、施工单位、工程监理单位、地震安全评估单位应承担连带赔偿责任;构成犯罪的,依法追究刑事责任。"

郝益东委员说,如果认为建筑防震是一个重点的话,在责任追究的问题上也要突出。这部法律实施以后,新建的或加固后的建筑物,再在地震灾害中因为建筑质量出现严重问题的,就应该追究有关人员的直接责任和间接责任,这样才能管住。

分组审议食品安全法草案发言摘登

2008 年 10 月 24 日上午,十一届全国人大常委会第五次会议分组审议《中华人民共和国食品安全法(草案)》。发言摘登如下:

南振中委员说,三鹿牌婴儿奶粉事件给数以万计的婴幼儿带来严重伤害,在海内外造成了极为恶劣的影响。这一事件发生后,社会上不少人对我国食品安全状况表示忧虑。人们呼唤进一步健全法制,为食品安全监管提供有用、有效、有力的法律保障,切实防止危害人民群众生命健康的重大食品安全事故的发生。草案三次审议稿总结了三鹿牌婴儿奶粉事件的惨痛教训,从八个方面对草案进行了修改和完善,我赞成做这样的修改。

李连宁委员说,食品安全法草案三审稿针对三鹿奶粉事件从八个方面重点进行了修改,我认为这些修改内容针对性非常强,非常及时、非常必要。从三鹿奶粉事件所造成的恶果来看,绝不仅仅是一个经济账,还有道德账、政治账。除了企业本身垮台,整个奶制品行业也陷入灭顶之灾,甚至食品行业也受到严峻的挑战,我们的政府声誉、国家形象也受到了影响。我们老讲"以人为本",首要的是以人民群众的生命健康为本,如果人民的生命健康都保不住了,还以什么为本?所以我认为这八个方面的修改是非常好的。

范徐丽泰委员说,刚才大家讲的意见我都大致赞成。我收到了一些社会上的意见,想先念一念一位民众来信的第一段:"当前我国的食品安全形势依然非常严峻,小的食品安全问题无处不是,大的事故层出不穷。大米可能是有毒的,白面可能是加了增白剂和溴酸钾等,肉可能加了瘦肉精,酒可能是勾兑的,奶粉可能是引起肾结石的,蔬菜上的残留农药也是致癌的。作为消费者的老百姓,大部分人对食品安全形势极不满意,却又无可奈何。我对于改善食品安全形势还有一点信心,所以提出下面的意见,以供参考。"他提了不少意见,有一部分在修改草案中体现了。在国际上,我们奥运的努力已经被有毒食品事件减了不少分。其实我们的食品出口是很重要的出口,我们的价钱很有竞争力,因此在没事的时候有的国家也要说我们的食品有点问题,现在更是大肆宣传。这并不是单一的事情,而是对我们食品将来的出口造成影响要过很长的时间才能恢复过来。鉴此,我认为,食品安全法要尽快审议、尽快通过,不但是让我们的人民知道我们是严肃对待这种事故,也要让国际上知道,我们是有决心改善这一情况的。本草案比上次修改得更好,很多修改意见已经都被纳入其中了,希望将来尽早再次审议这部法律。

孙文盛委员说,食品安全法很重要,形势又很需要尽快出台食品安全法。今年我国神七上天,奥运会胜利举办在国际上的影响很好!但同时我们自己的牛奶把自己的孩子伤害了,形成了很大的反差。所以这部法经过两次讨论后,法律委员会认真总结了三鹿奶粉事件的教训,对法律进行了修改补充。这次审议之后,应该抓紧再改,尽早通过。

袁驷委员说,食品安全法确实非常重要,在三鹿牌奶粉事件出现之后就显得格外重要。三鹿牌奶粉事件是在常委会修改这部法的过程中间出现的,刚才几位委员和代表都说了,影响太大了,无论是从食品安全、生命安全,还是国际影响、社会影响,乃至到国家的形象、政府的信誉,影响都非常大。范围影响到了全国千家万户,后来把所有的奶制品都牵扯进来了,可以说是影响到家家户户。在学校有校长接待日,我去参加接待,学生就质问我们校方,现在的奶制品有没有安全保障?所以说老百姓对这件事非常关注。影响超出了国界,一下子国人就不买国产的奶制品了,都跑到香港去买奶粉。也影响了经济发展,一个品牌,没人打你,自己就败下来了,国人都不信任了,不买国产的了,而且特别重要的是影响了国家的形象和政府的信誉。所以,我个人感觉,就三鹿事件的严重性和其影响的程度来讲,在某种意义上不亚于非典和禽流感事件。前天看凤凰台报道，联合国世界卫生组织专门对中国的食品安全做了一个考察，提出了一个报告，认为我们国家在食品安全上有一定的法律基础，但是和国际上其他国家对比，不是很健全，对如何健全法律体系和机制提出了一些意见和建议。我觉得在这样一个非常时刻修改这部法律草案，对三鹿事件的经验、教训应该给予足够、充分的吸取，在这个基础上再认真修改，把这部法制定好，取得实效。

阿不都热依木·阿米提委员说，当前，我国食品安全仍处于矛盾凸显期和风险高发期，近年来相继发生的“大头娃娃”、“多宝鱼”、“红心鸭蛋”事件，特别是前段时间发生的三鹿牌婴幼儿奶粉事件，严重损害了群众利益，冲击了社会安定，在国内外造成了极其恶劣的影响，食品安全形势非常严峻，抓紧出台《食品安全法》已成当务之急。

汤小泉委员说，当前老百姓特别关心本次人大常委会会议，其中一个非常重要的原因就是本次人大常委会再次审议食品安全法。在残奥会的进行中出现了“三鹿奶粉事件”，对社会振动很大，对世界振动也很大，因为涉及到4万多孩子，而且还死了一些孩子。食品安全问题实际上是存在已久的，我在康复中心呆过几年，在康复中心履职的过程中，亲眼目睹了一些人就因为食物中毒造成了终生残废，很惨不忍睹的。我印象很深的是一位企业的经理，也就是40出头，我看到他的时候他已经不能走动，眼睛也看不清，他就是喝了点酒，经历了一个星期的抢救，抢救之后生活不能完全自理。还有一个清华大学的学生，因为中毒，造成了全身瘫痪，眼睛失明。这些事件都是食品安全问题造成的。以前社会上出现食品安全问题一下子涉及不了那么多人，所以对社会的震撼没有那么强烈。但是这次涉及几万个孩子，社会的振动非常大。老百姓非常关心食品安全法的出台，我看了以后，特别是这次的修改稿，吸取了“三鹿奶粉事件”的教训后，做了很多充实、也有补充条文，我认为补充条文非常具体，非常好。

郭凤莲委员说，通过三鹿牌婴幼儿奶粉事件的发生，使我们更进一步认识到制定食品安全法的严肃性和重要性，食品安全法直接关系着人民群众的生命保障和身体健康，关系着民族的兴亡和国家的声誉，为此再次审议和修改食品安全法草案非常必要。修改后的食品安全法草案加强了政府及其有关部门的监管职责，加强了食品安全风险监测和评估，明确了制定食品安全标准的基本原则和保护公众身体健康的宗旨，修改得很好，很满意。

达列力汗·马米汗委员说，食品安全法草案这次是三审，从二审稿到三审稿，全国人大常委会法工委会同有关专门委员会和相关部门做了大量的工作。食品安全法草案的内容得到了进一步充实，趋于完善了，我对食品安全法草案的修改表示充分肯定。食品安全是当前社会关注的热点问题。当前食品安全处于矛盾凸显期和风险高发期。近期相继发生的“大头娃娃”、“多宝鱼”、“红心鸡蛋”事件，特别是前段时间发生的“三鹿牌婴幼儿奶粉事件”，严重损害了群众利益，在国内外造成了极其恶劣的影响。党中央、国务院采取了果断措施，处理的效果非常好。食品安全法的出台是势在必行的，越早一点出台越好。我认为提交这次审议的法律草案还需要进一步研究充实。

林强委员说，食品安全关系到广大人民群众的身体健康和生命安全，应该说是以人为本这一理念的最重要一环。同时，食品安全也关系我们的经济发展和社会稳定，以及整个中华民族的健康发展。近几年来，食品安全事件屡有发生，尤其是以近期的奶粉添加三聚氰胺的事件是最具代表性、最突出。食品安全重大事件的发生，不仅严重扰乱了市场秩序，而且也极大地伤害了消费者的权益，已成为当前影响人民群众身体健康的重大隐患，同时也对我们国家和政府的形象造成了负面影响。鉴于此，加强食品安全监督管理是当前我国食品安全工作的当务之急，尽早、尽快地出台一部食品安全法确实是刻不容缓的，是非常必要的。食品安全法三次审议稿在二次审议稿的基础上进行了认真研究，同时作了很好的修改，也增加了一些很有针对性的、很好的内容，我表示赞成。

李传卿委员说，我认为法律委所做的修改情况的汇报很好。第三次审议稿总结了三鹿牌婴幼儿奶粉事件的深刻教训，比较好地体现了中央关于“保障食品安全必须树立全程监管理念，坚持预防为主、源头治理的工作思路”。特别是针对加强地方政府和相关部门的监管职责做了充实和完善，我非常赞成。

杨正午委员说，第一，要尽快通过食品安全法。“三鹿事件”发生以后，全国上下对食品安全非常担忧，也非常关注，急切地盼望有一部好的食品安全法，并且能够尽快地出台。昨天刘锡荣委员报告了二审以后的修改情况，修改得很好，应该说草案已基本上趋于成熟。第二，食品安全法草案的修改要认真吸取“三鹿事件”的教训，着力解决食品安全的监管体制问题。“三鹿事件”的教训很多，我个人认为，其中最值得我们总结的教训是食品安全的监管体制不健全，监管责任不明确，监管主体不到位。食品安全法要解决的问题很多，要特别着力解决的是食品安全的监管体制问题。我国现在对食品安全管理实行的是多头分段管理的体制，应该说这种体制在多年的实践中发挥了应有的作用，这一点应该肯定。但是在这次“三鹿事件”中，这种多头分段管理的体制暴露了很多问题，可以说直到现在，“三鹿事件”到底是哪个方面出了什么问题，是哪个监管单位的责任，还不清楚。尽管对质量技术监督部门实行了问责制，但这并不等于各个监管单位的责任都清楚了，不要因对于某个部门实行了问责制，而掩盖了其他部门的责任。因此，建议食品安全法的修改要认真总结这方面的教训，着力解决监管体制问题。面对现实，在这种实行多年的多头分段管理的体制难以根本改变的情况下，建议从两个方面对这个体制加以完善，加以强化。一是要强化各级政府的监管职能。这里说的各级政府不是指政府部门，而是政府本身，建议从国务院到各级政府都建立食品安全监督管理委员会，对整个食品安全进行全程监督管理，并确定责任人。二是要强化综合协调部门的职能。现在已经明确，国务院卫生行政部门承担食品安全综合协调职责，但是从条文内容来看，综合协调的内容很少。建议强化其职能，比如赋予它督促、检查有关部门履职的职能。

许智宏委员说，食品安全出现问题直接对老百姓的健康造成危害，也对社会稳定造成很大影响。“三鹿奶粉”事件应该引起人们很多的反思。这些年来，我们对食品安全问题不是没有制定相关的规章制度，而食品问题一而再、再而三地发生。这次草案的修改内容，让我们看到了一些希望。“三鹿奶粉”事件，突显了我国在这方面的管理缺失，不同部委和管理机构之间，缺少沟通，一些环节缺少监管，出现问题时不能及时作出反应，导致形成很严重的问题。比如，奶牛养殖由农业部门管，乳品生产质量由食品质量监测部门管，而牛奶收购、运输环节无人监管。这次修改的食品安全法，规定了“县级以上卫生行政、农业行政、质量监督、工商行政管理、食品药品监管部门应当加强沟通，密切配合，按照各自的职责分工，依法行使职权，承担责任。”现在草案中这样的规定应该说是到位的，但是在中国目前的体制下，我有一些担心，到底能不能真正做到这样的监管？在很多情况下，农产品生产和加工中的掺杂，基本上是利益驱使。所以除了加强管理外，我国必须有权威的检测机构。它们必须超越于部门，建立起自己的权威性，而不是追求自己的经济利益。再有，要加强媒体的宣传。中国在食品、保健品的广告宣传特别多，要严格监管，避免对人民群众造成误导。比如说北京“三元”，他们生产的奶口感有些人觉得不如其他的厂家，其实那是因为他们增加有一道加工程序，使奶中的颗粒物质便于吸收。因此，要加强宣传，让老百姓知道，哪类食品是安全的、哪类食品的质量是过关的。这次法律条文修改得很好，希望真正按照法律予以落实。关于食品添加剂的问题，现在不管是食品，保健品还是饲料，很多都加添加剂，我国的添加剂问题很严重，不少没有规定标准，生产也缺少这方面的基本知识。建议有关方面对这个问题尽快作出严格的规定。特别是新型添加剂对人体可能的危害，要加强风险性评估，制定相关的法律法规来对添加剂进行规范和管理。

白克明委员说，食品安全法已经是三审了，我认为这次三审的审议稿比前两稿更加成熟和完善了，我是赞成的，特别是三审稿所作的若干重要修改，我完全赞成。比如，提出了取消食品免检，这具有很大的意义。食品拒绝免检对保护广大人民群众的健康和生命安全非常重要。免检是对企业行为的一种认同和信任，出于此目的才搞免检，现在看来对直接涉及人民群众身体健康的食品搞免检是不行的。这次法律委建议这部法律草案继续审议，这个态度也是慎重的。因为这部法律确实重要，再进行一次审议后，在充分听取各方面意见的基础上进一步修改完善，可能更好一些。

程贻举委员说，食品安全工作是越来越重要了，“三鹿奶粉事件”出来以后，我觉得食品安全法要全面地考虑和审定，希望不要急于通过和出台。因为除了“三鹿奶粉”以外，现在的问题还是比较多。比如我听到炸油条的事情，有的地方添加明矾，有的地方添加洗衣粉，再有做馒头添加滑石粉。还有油反复使用的问题，也有地沟油的问题，用地沟油做餐饮。这些情况屡见不鲜，过去发生了很多，现在很多已经危害到儿童，这次的“三鹿奶粉事件”，原来的“阜阳奶粉”造成“大头娃娃”，都影响到后代。尤其是“三鹿奶粉”在国际上造成的影响非常大，对中国的形象、对中国今后的发展都造成了坏的影响，所以我觉得不要轻视这个问题。希望各级部门，特别是我们人大要高度重视食品安全。

王云龙委员说，我们说"民以食为天"，这次食品安全法的修改，充分体现了以人为本和科学发展观，这么一部涉及到人民生命健康的法律，应该认真地再审一审，再广泛听取一下人民群众的意见，使它更科学、更合理。"三鹿奶粉"事件正是在我们讨论这部法律的过程当中发生的，这更充分说明了制定这部法律的必要性。食品安全问题上，要从生产角度、加工角度、运输角度、销售角度各个环节把好关，切切实实保证食品安全，以预防为主，防止发生事故后进行处理，防止给人民群众造成极大的损失。这次法律草案二审反又从八个方面提出了修改意见，我认为是好的。

黄镇东委员说，这次提交的食品安全法（草案）三次审议稿在八个方面加强了本草案的修改，我认为修改得比较好。委员长会议决定三审以后还要进一步审议，很好。这次三鹿奶粉事件以后，又引起了国内外对我国食品安全的关注，提高审议层次，增加审议程序，对出台食品安全法有好处，我表示赞成。

牟新生委员说，食品安全法草案经过几次修改，对文本本身没有具体意见了。食品安全事件不是现在才发生的，安徽那次奶粉事件，没有这次大，但是影响也坏。这次三鹿奶粉事件确实给我们国家造成了很大的负面影响，正好两个奥运会在北京举办，赢得了声誉，中华人民共和国的国际地位有了很大提高，但是这个事情发生以后，涉及婴幼儿的产品居然掺假、有毒，致使婴儿生病、住院，还有的死亡，这个事情确实太缺德了。我们中华民族本来在人类历史上，在整个国际上是很讲信誉，很讲文明的，结果现在搞成这个样子。尽管是少数人做的，少数企业做的，但是给我们的民族，给我们的共和国带来的影响太坏了。网上说什么话的都有，两个奥运会，好不容易争得了面子，这样一下子面子全没了，都是说怪话、发牢骚的。所以这件事情确实非常重大。这次的法律文本，经过几次会议审议修改以后，基本上成熟了，建议这次会议审议通过，能够颁布，因为百分之百、十全十美也不可能，现在很需要这样一部法律。

张中伟委员说，食品安全，人命关天。全国人大常委会对食品安全法草案进行审议，体现了对食品安全问题的高度重视，标志着食品安全进一步纳入法制轨道，真正做到有法可依、执法必严、违法必究，使广大人民群众能吃上放心的食品。食品安全法草案经过三次修改，有了很大的进步。通过查处"三鹿奶粉"事件，全社会更加关注食品安全。要"从田间到餐桌"，加强对食品安全的标准化全程监管，这不仅有利于保护人民群众的身体健康和生命安全，同时对于促进发展方式的转变具有重要的现实意义。现在的法律条文修改得比较好。

哈斯巴根委员说，关于食品安全法的问题，我认为这是关系到我们13亿人的事，我们的食品大概是向几大洲很多国家出口，比如大白兔奶糖，新加坡就有进口，而且还查出了问题。全国人大对食品安全法草案的审议很慎重，这次已经是第三次审议了，从上一届就开始审议，同时向全社会公开征求意见，征求了1万多条意见，非常慎重。二审稿也是比较慎重的，经过了反复修改，现在二审稿比较成熟，也到出台的时候了。食品安全是大家关注的焦点，特别是这次三鹿奶粉出了问题。其实不光三鹿有问题，经过这么一查，包括液态奶、婴儿奶粉等，涉及面太大了。因此，食品安全问题不重视是不行的。我今天中午看了《今日关注》，从三鹿事件吸取教训，人大法律委员会从八个方面对食品安全法草案进行了补充修改，我认为很好。这样一来，这部法律草案就更加成熟了。

郑功成委员说，对食品安全法，大家都非常关注，我9月份到日本，上个礼拜到台湾，许多人见了我就问三鹿牌婴幼儿奶粉事件，就问中国食品安全的问题，怎么能够忍受得了，你们什么食品都有问题。所以，这不光是我们关注的问题，境外也很关注，甚至比我们关注度更高。中国是一个经济大国、人口大国，在这个方面应该监管从严，管理好是非常必要的。我认为食品安全法草案三审稿有很多新的内容。

马豪辉（全国人大代表）说，这次的食品安全法草案修改稿和前两次修改稿相比，修改得很好，很多很好的意见都被采纳。举两个例子，一是有关食品检验的规定，草案第57条规定"食品安全监督管理部门，对食品不可以实施免检"。二是法律责任，第83条规定如果违反法律规定，情况严重的可以责令停产、停业直至吊销许可证。

蔡素玉（全国人大代表）说，食品安全法的出台是很重要的。食品安全的问题不仅仅是消费者健康问题，也不仅是企业存亡的问题，若不加强管理，就会影响到我们国家的国际形象，会影响到"中国制造"的形象。因此我建议食品安全法尽快出台。

周家贵（全国人大代表）说，食品安全法草案已经过了两审，大的法律框架和主要内容已经有了很全面的涵盖，但由于屡禁不止的食品安全事故的发生和三鹿牌奶粉事故的影响，这部法律的出台更引起全国人民的关注和期盼，是全社会的热点。消费品作为食品消费的安全性，社会影响更大，涉及面更广，把握和控制更难。所以，继续审议、修改、完善这部法律是非常必要的。

李学智（全国人大代表）说，随着我国经济社会发展水平的不断提高，各级政府和人们对食品安全越来越重视。特别是近期发生的"三鹿奶粉事件"，进一步引起了人们对食品安全的高度重视。全国人民都盼望着《食品安全法》早日出台。现行草案也已经充分听取和采纳了有关方面的有益意见，很好。

欧广源（广东省人大常委会副主任）说，全国人大高度重视食品安全法，特别是三鹿奶粉事件以后，马上修改食品安全法，体现出全国人大的政治敏感性非常高，非常以人为本。三鹿奶粉事件不仅影响了人民的身体健康，而且对于国际形象的影响也很大。广东农产品的生产和出口受到了三鹿牌奶粉的影响，我国对外出口的损失非常大。我分管农业十年了，为什么总是出现食品安全的问题，首先，我们整个管理体系不健全，多头管理，有利就抢着管，无利就让着管，这种管理体系，不出问题是不正常的，出问题才是正常，这是体制决定的。现在食品生产的企业唯利是图，为了追求利润，敢于冒风险。现在市场经济大多数企业还是依法经营的，照章纳税，君子爱财，取之有道。但是有些企业为了追逐利益，不择手段。对于这些少数企业，如果不依法规范行为，对它的违法不给予狠狠的打击，它就会熟视无睹。所以这两个环节是很重要的，一个是生产者，一个是整个管理体系、管理手段。全国人大把这个事情提到议事日程，并且修改食品安全法，我觉得非常好。

郑功成委员说，第一，这部法律进一步强化了政府的责任，我完全赞成。因为政府的公共管理责任必须要强化。我也赞成第5条所讲地方政府为主，地方政府、地方官员有责，对在自己管辖范围里的人民要承担责任。在一些食品安全事件中，一些地方政府的官员反应很迟钝，其实是一种不负责任，因此，不管是纵向的管理，还是横向的管理，地方政府对本地人民而言都应该是第一责任人，这是毫无疑问的。所以，我赞成强化地方政府的责任和地方政府官员的责任，在强化责任的同时一定要搞好行政问责制。今年很多官员因安全问题而下台了，这是一个很好的现象，是一个进步。但是到底哪些人应该承担责任？承担什么责任？也有一些议论，因此，我建议在第5条第2款一段后面加上"承担相应的行政责任"，把行政问责制加入到条文中，使问责制建立在法制规范的轨道上，要保证权责的吻合或者权责的结合，法律中应该把这个原则体现出来。第二，强化政府的责任是当然的，但我总在想一个问题，就是政府能不能包办。这部法律草案从头到尾都是讲政府的责任，为什么我们食品中有这么多的问题发生？食品行业的行规在哪里？旧中国每行都会有行规，每个行业都守行规，行规约束着进入这个行业的所有人，违规者不是被政府处罚，而是被行规清除。现在也都有行业协会，但协会行政化了，到底起什么作用？强调发挥行业协会作用，因为只有行业内自己最清楚，消费者好像不清楚，内行盯着内行，行业自律是市场竞争很重要的方面，也是最有效的机制，什么是公平竞争？就是大家都守法、守规，你盯着我，我盯着你，只有把质量搞上去才符合公平竞争的原则。像现在这样，我知道你的产品有问题，我的产品也可以有问题，这是不对的。因此，第7条写得太简单，我建议做一些改动。应增加一些内容，包括食品行业协会应当制定行业的行为规范，加强行业自律，负责落实食品安全的标准，包括抽查、检验食品，都应该有法定的职责。行业协会应该督促食品经营者依法经营，维护整个行业的诚信。在市场经济的条件下，政府的责任强化是必要的，但是政府确实不是万能的，一定要意识到它不是万能的，这么管是管不过来的。政府的责任重在制定行业食品安全的标准，然后对违规、违法者进行处罚，对事故发生后进行紧急处理，最好是利用行业的自律来发挥作用。

任茂东委员说，本草案关于食品安全的监督管理体制，实行的是分段管理的模式，老百姓想得到的是建立一个职权明晰、合理行政、程序得当、高效便民和权责合理的一个监督体制。我的具体建议是：在维持现行的分段管理体制的情况下，在法律上要有一个"无缝链接"的规定，也就是说，在每一个监管环节中不应当存在有漏洞的地方，该监督的地方，必须到位。三鹿奶粉事件很大的一个问题，不是执法部门缺乏监督权力，而是履行监督职权不到位的问题，就是有关部门对奶站监督不力。政府在监督管理中必须保证无缝监督与管理。

宋法棠委员说，食品安全法草案经过二审已经比较成熟，但是难点问题还没有解决好，最大的难点是管理体制问题，从开始起草这部法就有争论。有两种意见，一种意见是建立统一的食品监管体制，国外很多国家是这样的体制。第二种意见，根据我国的情况，统一由哪个部门管很难，所以就是分段管理，现在是五个部门管理。草案采取的是这种管理体制，这个管理体制是去年国务院规定的文件。后来国务院又成立了一个“食品安全领导小组”，负责统一协调食品安全管理问题。十一届人代会以后，国务院机构改革，撤销许多领导小组的时候又把“食品安全领导小组”撤销了，把食品安全的统一协调职能交给卫生部了，就是现在草案的这种管理体制。“三鹿奶粉事件”暴露以后，食品安全管理体制的问题还需要进一步研究。现在草案上的这种管理体制，无法防止再出现“三鹿奶粉事件”，因为“三鹿奶粉事件”问题出在奶站，奶站是属于农业管？还是属于质监部门管？现在奶站是两种情况，一种情况是属于奶制品生产企业的，这种奶站属于质检部门管。还有大量的社会上建起来的奶站，负责给奶制品生产企业供奶，这种奶站不属于质检部门。草案第8章监督管理，只讲了质检、工商、药监应该怎么办，没有讲农业部门怎么监督管理。这个管理体制还是解决不了再出现“三鹿奶粉事件”的问题。所以我的第一个意见是，应该建立一个统一协调的管理体制，这个体制怎么建，认识不一致。我估计，“三鹿奶粉事件”出来以后，这个问题可能好协调一点。所以，我的意见，这部法要写得原则一点，由法规定监管体制的原则，具体的管理办法交给政府，交给国务院。食品安全法制定的时候最难的，一个是监管体制，一个是小作坊、小企业怎么管。现在小作坊、小企业如何管放给省市研究去了，整个监管体制也只规定大原则，具体的管理办法交给政府。提几点具体的修改意见。第4条、第5条合并，只讲两款，第1款“国务院根据实际需要，建立权责明确、管理有效的食品安全监督管理体制”，第2款，“县级以上地方人民政府统一组织协调本行政区域的食品安全监督管理工作，建立健全食品安全监督管理协调机制，对本辖区的食品安全负总责。”这样规定有两个好处，第一，国务院可以根据实际情况研究食品药品的管理体制问题；第二，管理体制上如果发现有什么问题，可以随时调整，如果法规定的很具体，需要调整时就要修法，这就不是三年、五年的事情了。第8章监督管理，根据总则的修改，再重新审定设计。

徐显明委员说，食品安全法草案经过二次审议，现在看来和以前相比有比较大的变化。增加了一些制度设计，理顺了一些责任关系，这些都应充分肯定。那么，我们在观念上能不能再提升一步？大家都非常关注食品安全问题，关注到哪一种程度呢？我认为应当确立这样一种观念：即把“人人享有安全的食品作为公民的基本权利”来对待。当观念上升到这个高度的时候，这部法的制度设计就要进行一些调整。侵害公民基本权利的是谁？今天有人提出了第一责任人的概念，像生产者、销售者都可能是侵害者，这种侵害叫做直接侵害。还有第二类侵害，叫间接侵害。间接侵害的意思就是谁未履行防止侵害的义务。现在大家的认识越来越趋于一致。在防止侵害的问题上，政府应该履行第一责任人的义务。所以这部法尽管加大了对县级以上地方人民政府的责任力度，但是处罚力度以及追究责任的力度，仍然没有体现出来。大家已经注意到了第91条，要追究地方政府的责任，必须同时满足三个条件：一是安全监督管理中未履行职责；这个“未”指的是没有，二是本行政区域一年内多次出现；出现一次两次都不够，三是造成严重社会影响。“较大”不在其列，这三个条件只有同时满足，地方政府的负责人才可以承担本法所规定的责任。现实中这三种情况同时出现的情况，我认为可能是比较少的。所以这个条款的设计实际上很难让地方政府承担责任，到最后即是不承担责任。因此这个条款应当修改。我赞同白克明书记今天对我国行政体制的分析，现在的公共权力分割，导致地方政府最后很难履行职责。从这部法中出现的公共权力的分布来看，纵向的公共权力有五项，再加上横向的一级人民政府，实际上有六大公共权力在管一个食品安全。这么多的条块分割，尤其是条条权力，实行了纵向化的行使以后，地方人民政府很难协调这些只向上负责的权力。这种条块分割的行政体制，使得地方政府难以有效地对纵向权力进行有效的协调，卫生行政部门更难协调各方，这种“无权有责”体制可能会导致本法的立法目的难以达到。尽管本法第5条对食品安全增加了全过程监督这样的设计，这个设计是非常有意义的。而这个设计的权力主要是给地方政府的，但是如果地方政府无权去领导监督、管理其他纵向权力，最终必然会出现权力脱节的现象。所以从设计上来看，如何加快我们行政管理体制改革，我们应该多考虑一些这个法以外的问题。综上有三点意见：第一，要把享有安全的食品作为每个人的基本权利来对待，第二是在制度设计上加大公共权力的责任并能问责，第三是在让公共权力承担责任的时候，要有一个科学配置权力界限的问题。

林强委员说，第5条第3款，“上级人民政府所属部门在下级行政区域设置的机构应当在所在地人民政府的统一组织、协调下，依法做好食品安全监督管理工作。”这一条款在字面上没有任何问题，现在的问题是，从目前我们国家管理工作的实际情况来看，工商、质检、食品药品监督管理都是采用垂直管理，这条规定等于要让这些有关部门接受双重的领导和指挥。从目前的情况看，市县政府很难做好统一组织、协调食品安全监管的工作。建议明确规定如何理顺、如何统一的体制。要贯彻好食品安全法，管理的体制、监管的体制非常重要，如果是一个泛泛的体制、松散的体制、不协调的体制，是难以贯彻、落实好食品安全法的。特别是在基层，像县一级，协调好由省管的工商、质检等这样的一些部门，难度的确很大，有的时候产生相左的、不一致的意见，怎么处理？怎么协调？建议这一条再加以推敲，考虑如何建立一个很好的、理顺的、统一的管理体制。

郭凤莲委员说，提两点建议：1、建议增加食品、药品企业自身的监管职责内容，明确企业设立监管机构，由企业高层管理人员明确分工专职专管，至少由一名副总经理专门负责，这样设定，不仅可以直接保护本企业的产品品牌和信誉，更可以协助政府以及为职能部门提供可靠的信息，把握第一手资料，便于及时整改。2、如何落实源头治理、全程监管工作，建议制定和完善地方政府及职能部门监管细则。比如定期检查等工作目标责任制，这样做，贯彻食品安全法才不会落空，能真正把法律落到实处。对食品企业的监管往往是抓中间丢两头，中间是指生产，哪两头？一个是研制配方，再就是原料供给，如何跟踪监督检查、监控很必要，这就是如何解决源头问题，草案应当进一步充实这方面的内容。

达列力汗·马米汗委员说，现在实际工作中突出的问题是对食品安全进行监督的部门比较多，多头检查，存在部门与部门之间职责划分不明、监管部门内耗严重、相互推诿等问题。这次三审稿中，从国务院到地方政府各主管部门都明确了，但是其职责还需要进一步明确。我建议进一步明确法律主体，比如执法检查的时候由哪个部门牵头。现在一些部门，比如农业部门和卫生部门，从国务院一直到省、地、县都以地方为主的，但是质检、工商管理、药品部门在省以下都是垂直管理，所以当地地方政府协调起来有一定难度。因此，要进一步明确管理部门的职责。总之，我建议对于食品安全问题，从国务院到省、地、县，都应由卫生部门牵头，这一点应当明确起来，相关部门要积极配合。

李传卿委员说，第5条规定“县级以上地方人民政府统一组织、协调本区域内的食品安全监督管理工作”，我的修改意见是在“县级以上地方政府”后加上“负责”两字，修改为“县级以上地方人民政府负责统一组织协调本行政区域的食品安全监督管理工作”。为什么要加上“负责”两字呢？因为2004年国务院作出关于进一步加强食品安全的决定，就提出来县级以上地方人民政府要对本辖区的食品安全监督管理工作负总责。在上次审议时我也提出了这个意见，但是没有被采纳。这次修改后，我仍然觉得在这里加上“负责”两字后，有利于进一步强化地方政府对本辖区内食品安全监督管理负总责，这与2004年9月国务院提出的要求地方政府负总责相一致，比较好地保持了政策的连续性。这几年的实践证明，这样做的效果也是非常好的。所以我认为，在这里加上“负责”两字，文字也不多，但是确实会起到画龙点睛的作用。既要给地方政府权力，也要让地方政府承担相应的责任。

胡振鹏委员说，关于管理体制的问题。这次修改后的草案相对于管理现状有了进步，但是长期以来食品安全管理的症结一直没有得到解决。过去是“铁路警察各管一段”的管理体制，造成中间出现了很多衔接的问题。比如“三鹿奶粉”的问题，起源于饲养奶牛数量不够，形成了奶制品原料不充足，绝大多数奶农并没有在牛奶中加三聚氰胺，而是奶站挤奶后，交到工厂前加进去的。这一环节，农业部门没管，质监部门也没有管。草案仍然没有解决这一问题。卫生部牵头来管这件事，但仍存在监管部门缺位、空白、交叉的现象。在“法律责任”一章中，只是规定了对违法的食品生产、经营者如何进行处罚，但是对于监管部门却没有追究责任的相应条款。建议法律中要规定出现食品安全事故后，有一个责任追究机制。查清问题到底出在哪个环节,这个环节的监管部门就要负责。另外,由卫生部牵头的协调机制一定要进一步强化,形成合力,弥补监管部门缺位问题。

白克明委员说,我完全赞同加强各级地方政府的责任。但是现在有一个问题,质检局、工商局、食品药品监督局都是中央垂直领导的。地方政府特别是的县级政府很难协调各部门。这个矛盾在起草修改食品安全法时就已经提出了,主要是如何理顺条条块块的关系。现在法律草案授予地方政府权力了,出了事也要打地方政府的板子,但是,在地方有些人头脑里认为这些问题是条条管的,不是块块管的,他认为不是他的责任。要解决好这个体制问题。

龚学平委员说,最近几年,食品安全不断发生事故,人民群众对食品安全缺少安全感,前一阶段,社会上流行了很多的顺口溜,即吃肉怕激素、吃菜怕毒素、喝饮料怕色素,现在喝牛奶怕三聚氰胺,到底吃什么,我们心中没数。这样的情况严重地影响了我国食品在国内外的声誉。为什么接连不断地发生食品安全事故?我认为其中一个很重要的原因,是现行的有关食品安全制度和监管体制不完善,监管部门监管不到位,部门之间存在职权和职能的交叉,以及职责不明现象。如果这个问题不解决的话,食品安全法就没有办法执行。现在对食品安全法进行修改是非常必要和及时的,也是顺应民心的,因此同意法律委员会对食品卫生法修改的意见。对于现行的草案规定,提几点意见:第一,整合监管资源,理顺现行的食品安全监管体系。最近发生的“三鹿奶粉”事件,充分暴露出我国现行的分段监管体制的弊病。我认为必须实行或者明确由一个主管部门负责,实行专业化、综合化、成体系,各部门配合监督的监管体系。从这次修改法律来看,我认为从国家层面上解决了这个问题,但是县级以上包括省级政府的问题还没有得到解决。现在的规定从国家层面上,明确讲国务院由卫生部门负责,其他部门予以配合。但是到了下面,又规定为县政府负责,我认为让分管的副县长、副省长负责,是负责不了的,上下应该对应起来,下面也是由卫生部门牵头,其他部门加以配合。因此,建议草案第5条加以修改。现在的草案第5条第2款规定“县级以上地方人民政府依照本法和国务院的规定确定本级卫生行政、农业行政、质量监督、工商行政管理、食品药品监督管理部门的食品安全监督管理职责。”建议修改为“县级以上地方人民政府依照本法和国务院的规定确定本级卫生行政部门承担食品安全综合协调职责,农业行政、质量监督、工商行政管理、食品药品监督管理部门,分别对所分管的食品安全实施监督管理”,后面都不要了,这样使得上下对口。第二,要强调监管体制的专业化问题。现在食品监督比较习惯用“大检查”的办法,这是搞形式,用搞运动的办法来做是不行的,要强调监管体制的专业化,增强执法的技术含量和技术手段,使实验室的检测功能和作用不断地扩大,提供专业的监管人才,一是体制明确,二是监管的技术手段、含量要加强,这样才能使问题得到解决。另外,强化食品生产经营者作为保证食品安全第一责任人的责任,关于这个问题,草案中没有相应的规定。要处罚省长是对的,但罪魁祸首是食品生产经营者,应该把他们作为第一责任人,建立制度,引导经营者在食品生产经营的活动中,重质量、重服务、重信誉、重自律,确保形成食品安全的长效机制。这里有一个很重要的问题,现在的食品生产部门的门槛比较低,主要是解决劳动就业的问题,从事食品生产的人,文化素养比较差,食品安全知识不够。要解决食品安全卫生的问题,必须要加强对食品从业人员的培训工作,经营者必须有这个意识。因此,建议在草案中规定,所有的食品从业人员都要进行上岗或者是在岗期间的食品安全知识培训,没有经过培训,不得上岗,这样来确保食品安全问题。因此,建议对草案第32条加以修改,改为“食品生产经营企业,应当建立健全本单位的食品安全管理制度,加强对职工进行上岗前和在岗期间的安全知识培训”。

陆兵委员说,要完善食品安全的管理体制,建立一个纵向监管到底、横向监管到边的全方位、广覆盖的管理体系。现在我们的食品监管部门很多,跟过去农村市场管理一样,几十个大盖帽管一个烂草帽,还是管不好。现在食品安全监管方面,也是一样,几十个大盖帽去管食品安全,都没有管好。多头管理,形成不好管、管不好、不管好的状况。所以一定要改变这种管理体制,建立全方位、广覆盖的管理体系,才能把食品安全的监管工作搞好。

张中伟委员说,1. 监管要强化。这次草案的修改明确了有关部门的监管职责,规定由卫生部门牵头。现在如何真正做到全程监管,防止中间出现监管不到位的问题。县以上的监管部门的职责比较健全,但基层是个薄弱环节。监管要“从田间到餐桌”,基层的监管很重要。如何整合监督资源,从基层抓起，这是一个很重要的问题。监管也是服务。要全程监管，必须重视基层。2. 机制要完善。草案明确县以上人民政府领导责任，各个监管部门如何形成合力，真正形成快速有效的运行机制，需要进一步完善。不仅要重视事故的查处，更要重视事故的防范。我建议要像抓安全生产一样来抓食品安全。县以上人民政府负主要责任，把各个职责部门组织起来，建立好长效机制，才能进一步加强监管。

牟新生委员说，现在这种体制还是不行，这么多部门管一个食品。争权的时候大家都争，出了问题都推，这样一种体制是不行的。法律写得很具体、很清楚，但是也很难落实。不是说卫生部怎么样，现在这个写法让卫生部很难，我估计卫生部部长和书记很头疼，这样写了，能不能起到作用？实事求是地说，这上面写要给卫生部报告，他好象很难做到。体制不理顺，法律再好，最后还是落实不好。因为大家都负责，结果就是大家都不负责、负不了责，这个事情还是要从根上解决。现在一下子让国务院把体制完全理顺还不太可能，但是这件事情又非常重要，法律颁布以后如果不抓落实的话，可能群众的意见更大。所以在这种非常情况下，建议国务院成立一个食品安全监督管理委员会，应该有一位国务院的领导同志兼任监督委员会的主任，加大力度，经过认真抓以后，如果情况完全好转了，我们再说好转的事。在这同时要研究最终的体制。所以体制问题要下决心最终解决。

汪光焘委员说，具体提三条修改建议：第一，政府职能如何到位？首先做到分工明确、职能明确。国务院这次明确卫生部有综合协调的职责。协调就是协调，这个协调还不具有行政执法权，就是给大家开开会商量商量，现在中央（国家）机关三定方案刚刚下来，不可能改变更多，但是已经有进展了。第5条、第6条，讲的是地方政府和有关部门职责。比如第5条第2款“县级以上地方人民政府依照本法和国务院的规定确定本级卫生行政、农业行政、质量监督、工商行政管理、食品药品监督管理部门的食品安全监督管理职责。”讲穿了，有些部门是中央国家机关的派出机构。在地方政府干过的都知道，地方政府怎么去协调上级部门的派出机构？上级部门的派出机构首先为上级部门服务。让一个县级政府去协调上级派出机构，可能有的还没有派出机构。所以，我觉得从表述上、操作层面上都要认真讨论。第5条第1款“县级以上地方人民政府统一组织、协调本行政区域的食品安全监督管理工作”，我建议是否可以参考行政法的相关规定。多个部门都有职责，可以把食品安全从终端到全部过程，按照现行的行政执行法里面的规定，一个部门可以委托另一个部门或者有关单位去执行，法律上是有规定的，这是我的第一个建议，就是建立委托执法的办法。第二，现在讲企业诚信很重要，讲穿了还是从企业抓起。这次法律里面第7条提出“食品行业协会应当加强行业自律”，我觉得这条提的很对。光提这条我看还是不够，必须充实行业协会自律的有关条款，对行业协会的作用是不是可以多几条规定，尤其我们经济体制改革，发挥行业协会的作用是一个方向，在食品安全里面能不能对这个有所突破。这么多奶粉出事，这么多协会没有一个有所表态。是不是把行业协会的自律和企业的诚信单写一节或者多几个款项，这也是我们经济体制改革的方向。现在第7条太单薄。第三，政府部门的责任和政府工作人员责任的问题。职责不清、责任就不清，这是必然的。第91条写的很原则，既然是分阶段，你就把分阶段责任说清楚，我建议这条还要分解，哪个行政部门不到位，就是哪个行政部门的事，哪个环节出事，谁要负责。流通环节出事，就追究管理流通环节部门责任，生产环节出事，管理生产环节部门就要负责任，把它具体化，这样才能保证政府部门行政责任的落实。

郝益东委员说，法律草案在第二次修改的基础上增加了不少条文，更加全面了。从理念、理论上没有什么问题，关键是实施起来是否有效。所以，我重点从实施的角度提一点个人的意见。第5条主要谈的是组织、领导、部门的职责。我看了一下第二次审议稿的修改意见，对综合主管部门的设置，有20多个委员提出了这个意见，建议明确一个主管部门或成立一个专门委员会管理食品安全。我认为这两种意见需要再斟酌选择。我个人倾向于设立一个专门委员会来管理食品安全，因为食品安全涉及到的行业太多了，生产、加工、流通，流程很长，基本上是以农产品为基础进行的生产加工流通。而且食品的安全和产品的质量是密切联系的，一般讲，农业和工业部门把产品质量管理好了，安全也就好了，所以食品安全问题和产品质量问题，包括加工产品的质量和农产品的质量应当结合起来管理，这样付出的社会成本可能就低，监管的效果就会更好，所以，建议成立一个跨部门的机构进行综合协调。从现在罗列的部门讲，还有一个很重要的部门就是工业部门应加上。农产品在加工过程中,很多加工工艺、产品质量、行业标准都是由工业部门管,把这一块调动起来也是非常有力的。这次处理三鹿奶粉事件的现实经验可以看出,除了一把手外,主管工业的领导也起了很大的作用,所以建议加上"工业部门"。第29条,对小作坊和食品摊贩的监管上次提了很多意见,三审稿基本采纳了大家的意见,但是对具体的表述上还需要做文字上的完善。把有关部门的监管和地方立法要明确划分开,既要让有关部门依照本法进行监管,又要允许各个省、自治区、直辖市人民政府、人民代表大会再另外制定具体的办法。

周玉清委员说,要高度重视监管体制。把监管体制理顺使之有效,比解决任何具体问题都重要,这是这部法律的关键点。法律草案第5条已经把这个体制表述清楚了,看来也只能这样了。但是这种九龙治水的体制是否有效,还要看实践。因为,监管的责任不只是处理具体案件,而是要加强调查研究,及时分析形势,研究解决新情况新问题,采取一些治本的措施。做到这一点,必须有工作机制保证这个体制。卫生部门任务繁重,要发挥牵头作用需要政府高度重视,需要建立起部门联席会议制度或者成立领导小组,但是法律中不宜做这些表述,所以,建议在第6条"应当加强沟通、密切配合"后加一句:"形成有效的工作协调机制。"("加强沟通"包含在"密切配合"之内,可以删除。)"有效的工作协调机制"可以理解为建立部门联席会议制度等。总之,要通过建立工作机制使现在表述的这种监管体制得到加强、落到实处。

刘振伟委员说,关于监督管理体制问题,当前我国食品安全实行按环节管理的体制,分为生产、流程、加工和餐饮。从三鹿"毒奶粉"事件看,这种分段管理体制仍有漏洞,如奶站有龙头企业办的,有奶商办的,也有合作社办的,哪个部门应负起质量安全检测职责?食用农产品市场准入是生产环节,还是流通环节?因此,对生产环节与流通环节的边界,应当划清。

韩寓群委员说,关于食品监督管理机制问题。从现在的法律看,确实让人不放心。我们过去发生的问题,一旦食品或者药品出现问题以后,特别是食品,多个部门都负责任,多个部门都有关系,但是究竟打板子的时候打到哪一个部门身上,确实又都打不到。过去中央电视台也曾经曝光过"牛肉注水"的问题,有的地方有活的牛要送到屠宰场去,把它牵到水塘旁边,弄一个管子插到牛的胃里注水。这个问题处理的时候涉及到9个部门,9个部门都曾经到这个单位检查过、收费过,但是问题到最后谁承担责任又找不着。从目前食品安全法草案来看,我们这个管理体制很容易造成互相扯皮,最终出了问题还是找不着主要负责的单位。我们希望不一定等到出了问题才追查责任,而是在食品生产过程中、销售过程中,就要确保人民群众的安全。我认为管理体制问题值得很好的研究,建议国务院慎重考虑,"法"上只作原则规定。

范徐丽泰委员说,监督管理是谁的责任?刚才有委员提出,地方上有地方保护主义,第4、5条提出国务院全盘管理,县级以上人民政府统一组织、统一领导负责食品安全监督管理的责任。但是如果遇上了有保护主义倾向的地方政府,收到了有食品安全问题的报告后,他们可以用很多手段压制住,会不会暂时不向上报。比如说报告事实不清,还需要更多的查证才能够报上去等等,压一个月、几个月都可以,那么就增加了继续食用这种食品的人的危险。我认为是不是可以考虑"一检两报"的办法?各地的食品监管管理部门、卫生部的管理人员等,一旦查到有关事件,一方面应该向当地政府报告,另一方面通过网络向中央报告。这样一来,地方如果想把这件事情压下去也比较难,而且中央也可以及时采取遏制措施。消费者如何投诉或举报不法生产经营者的违法行为?是不是可以考虑在卫生部或质检总局有一些平台,比如互联网的平台、联络电话等等,或者是在某个城市里面专门设一个地点,人民可以把不安全的食品送过去作为证据。我听住在北京的朋友说过,她到超市买巧克力给儿子吃,结果回去一吃发现里面有一条虫子。她拿着巧克力回超市与他们理论,结果超市职员说这些事情太平常了,在生产过程中总会发生这样的情况,我就赔你一盒巧克力吧。可是消费者还敢再吃这种巧克力吗?我认为这个超市职员的观点有问题。如果是在瑞士,一旦发现问题,马上去查这批巧克力什么时候出的厂,然后厂方马上把整批巧克力召回,不再出售,并且公布事件,公开道歉。我希望有政府部门收回这些不合格的东西,消费者也可以把有问题的食品交给有关部门留作证据。毕竟食品安全关系到人的生命安全问题。我这位朋友对此感到很生气,回到家里打了很多电话,但是每个政府部门都说这些问题并不是属于本部门的责任。建议本法出台以后这些问题能够得到解决,不再将老百姓丢来丢去,丢到最后老百姓太疲倦了,也就不再追究了，但是他心里面还是有抱怨的，最终只能是对政府部门不再有信心。另外，建议消费者举报之后的一段时间，政府应该给予一定的回应，给消费者一个答复。出了事至少应该有人出来道歉，企业可能会担心商誉受损，可是当人民知道这企业虽然出了不安全的食品，立即尽一切努力收回，并且做公开的道歉，大家对这个企业反而有信心。否则，大家会对你的诚信产生很大的怀疑。第10条中“任何组织或者个人有权举报食品生产经营中违反本法的行为”，举报了之后，部门能不能将来给他一个结果？同时我也建议增加以下内容：“有关食品安全监管部门应该责成食品生产经营者进行适当赔偿。”

尹成杰委员说，要进一步理顺体制和机制，明确部门的职责分工，这是加强当前食品质量安全监管的关键。从体制和机制上，一是中央、省、市、县之间的职责关系，二是同级政府内各个部门之间的职责关系。从现在法律草案来看，第一个问题相对比较清楚，但是第二个问题还没有从体制机制上和职责分工上理顺。第二个问题主要表现在两个方面，一是农产品质量安全的监管，二是食品质量安全的监管。从现在的法律草案看，强调把农产品的质量标准和食品标准进行整合，然后进行管理。我认为应该按照农产品质量安全法明确职责和分工，该统一的一定要统一，不能统一的一定要明确分工负责。特别是要考虑到农产品质量安全监管的特殊性和复杂性，继续按照《农产品质量安全法》执行。生产品生产产地、生产环节、农业投入品、动植物疫情的发生都与农产品质量密切相关。我国农产品生产线长面广、生产环节多，生产经营分散。在这种情况下，把农产品的质量监管和食品的质量监管都放在一起，不一定有利于加强对食品质量的监管。因此我建议关于农产品质量监管工作按照《农产品质量安全法》来办，而且这部法从去年颁布以来，实施的情况是好的，食品安全出了问题，主要还是监管部门责任不清，监管不到位，建议按照《农产品质量安全法》对农产品质量安全进一步明确职责。

倪岳峰委员说，这次暴露的问题，不只是个别企业的问题，而是食品行业监管出现了问题，应当下决心解决。必须要改单监管的体制，必须要强化法律的约束，特别是，必须要动员全社会的力量，保证食品的安全，切实恢复人民群众对食品质量的信心，消除国际社会对中国产食品的不良影响。第一，建议改革监管机制。亡羊补牢，未为晚矣。奶制品暴露出目前的监管机制确实对于食品安全形势有不适应的地方。目前的草案对于食品监管体制没有进行大的调整，各部门的责任仍然不是很清晰，责任交叉依然比较突出，这种局面不改变，体制机制不健全，食品的安全状况很难有大的改观。第二，建议强化法律约束，变被动管理为主动监管。目前的草案对于监管问题设置了不少条款，但是有很多仍然是事后监管，达不到源头监管的目的。监管部门应当改变思维的方式，主动分析和了解情况，而不是被动地等待报告。比如说，对奶制品奶含量进行检测的同时，有关部门就应当对可能的造假方式进行分析，并提出相应的对策手段。只有监管部门变被动管理为主动监管，才能够提高监管的有效性。第三，建议动员全社会力量参加到维护食品安全工作中来。目前草案设置了举报制度，但是缺乏操作性。不法企业的不法行为有可能能够逃脱一些监管部门的监管，但是逃脱群众监督就十分困难。所以我建议草案起草部门认真分析，提出几条切实可行的措施，强化群众对食品安全的监督。食品安全涉及到人民群众的利益，只有动员全社会的力量，才能切实维护食品的安全。

何健忠（全国人大代表）说，我们来之前，质检、药品、食品管理监督局的一些具体意见，一个是不能再实行食品产品质量安全分段管理，不光看生产环境，也要看原材料的产出，应该整合一个部门监管。整合的食品安全监管部门实行中央直管，打破地方保护主义。很多部门齐抓共管，最后是谁也不管。另外，不能微观监管。企业是第一责任人，经济欠发达或不发达地区，政府偏重经济发展，帮助企业推卸责任。另外，食品添加剂的标准目录应该越来越少，要有所限制。我们调研的时候也讲，食品添加剂最好越来越少，现在是什么食品中都有添加剂，烂肉发臭了，放食品添加剂，又变好吃了，大米变黑了，面粉变白了，等等，太多了。我们的监管部门要经常性的到市场去，不一定平时都去，比如卫生监管部门一个月要到市场检查几次，要有一个规定。我们事前要做工作，事前做比事后做工作更好。所以我们法律上应规定，各个主管部门每个月应去市场抽检几次。现在在美国超市上都写着“本店没有中国产品”，所以食品安全的问题关系到国家大事，所以要综合监管，不能分段管理。

程静（全国人大代表）说，第5条第2款，“负责本行政区的食品安全监督管理工作”后面增加一句话，即“任何组织和个人不得阻碍食品安全监督管理部门依法履行食品安全监督管理的职责”。理由是：目前一些地方政府把食品安全的监管部门对于企业的正常监管，与优化经济发展环境对立起来，出台一些阻碍正常监管的政策，如到企业的监管要实行报批制，每个月设立 20 至 25 天的企业“临近日”，严重干扰、阻碍了监管部门的履职。

招银英（全国人大代表）说，在第 48 条中提到的食品安全信息统一公布机制，我建议提升信息发布的透明度，构建信息发布的预警机制，及时准确地发报权威的数据，加强官方与媒体的沟通，既体现了对公众知情权的尊重，树立消费者对国家食品、药品监督管理工作的信任与信心，同时透过宣传推广，提醒群众关注食品安全的意识，并在各单位、媒体、网站开辟食品安全信息专栏，定期为公众提供最新的全国食品安全检查情况，此外，发挥媒体的作用，揭露假冒伪劣产品，弥补行政监管不足。

欧广源（广东省人大常委会副主任）说，建议在本法中明确建立食品安全委员会，包括食品安全风险评估和食品安全标准法责任委员会在内的专门专家委员会，为食品安全工作提供专家咨询和技术支撑。现在由卫生部门统起来管，实施起来有难度。国务院应该专门成立食品安全专门委员会，统一起来，多头管理、互相不互通等，对这些都有好处。建议完善草案第 5 条关于食品安全监管体系的规定，理顺监管部门之间的关系，建立统一高效的监管体系，解决当前有关监管部门监管职责相互交叉与职责空白并存的问题。

罗辉（湖北省人大常委会副主任）说，食品安全法第 5 条对县级以上地方人民政府的责任作了明确的要求。我在地方工作过，考虑到条条块块的关系，如果不赋予地方政府明确的权力，而只有责任，就导致没有相应的权力来履行它的责任，这就要求权力和责任相对应。建议在第 5 条“建立健全食品安全监督管理协调机制”前加上“和食品安全监督管理制度”，要把机制与制度结合起来。比如说工商部门是谁管？地方某一个部门，说某个企业在某个环节有问题，在年检的时候要求采取措施，但是现在的法律没有这种依据。地方政府建立产品安全监督管理制度，垂直部门原则上要执行这个制度。当有意见的时候，必须通过上级部门与上级政府来协调。比如一个县级的规定，县级工商部门有意见，县工商局反映到市、州工商局，由市、州工商局和市、州政府来评定下级政府的规定合不合适。否则出了问题，板子打在地方政府屁股上，但是最后追究责任很难。

达列力汗·马米汗委员说，食品安全标准是强制执行的标准，这一提法很好，比起原来的提法有所突破。标准分三类，一是国家标准，国家标准没有问题，就是由国务院卫生主管部门制定并统一公布；二是地方标准，由省一级的政府卫生主管部门制定并统一发布，问题也不大；关键是第三个标准，就是企业标准，很多问题现在就出现在企业标准上。草案第 25 条虽然对制定企业标准有规定，但是有点软。其规定“已有食品安全国家标准或者地方标准的，国家鼓励食品生产经营企业制定严于食品安全国家标准或者地方标准的企业标准。”我认为，如果国家标准、地方标准比较明确，企业就应该严格执行国家标准和地方标准，现在的问题不是“鼓励”的问题，而是要严格按国家和地方标准执行的问题。

李传卿委员说，第 21 条第 1 款规定了“食品安全国家标准由国务院卫生行政部门负责制定、公布，国务院标准化行政部门提供国家标准编号。”我的修改意见是，把前面卫生部负责制定后面的“公布”拿掉，在后面“标准化行政部门提供国家标准编号”后面加一个“联合公布”。把第 1 款改为“食品安全国家标准由国务院卫生行政部门负责制定，国务院标准化行政部门提供国家标准编号、联合公布。”这样做，有利于对国家标准实行统一管理，也有利于与国际标准化组织制定的有关食品安全国际标准相衔接。

侯建国委员说，食品安全关系到人民的身体健康和生命安全，所以，目前对食品安全的监测和评估要从严、从快。第 2 章中有 7 个条款是关于食品安全分析检测和评估体系的，这里面有三个层次，第一层次是国务院卫生行政部门会同国务院其他有关部门，制定全国的食品安全分析检测计划。同时，省、自治区、直辖市人民政府也要制定本地区的食品安全分析与检测方案。第二个层次，根据风险检测方案提供的安全风险检测信息，由国务院卫生行政部门负责组织食品安全风险评估工作，由风险评估专家委员会提出食品安全的风险评估报告，然后再汇总到国务院卫生行政部门并会同国务院有关部门，第三个层次是根据食品安全风险评估结果、食品安全监督管理体系等等进行综合分析，然后再发布食品安全风险警示。从发现有风险，再到评估，到国务院卫生行政部门决定，这个线非常长，中国是一个大国，县或市区涉及到的就是几十万人，所有的风险评估都要由国务院行政部门来承担，这样的过程很难做到快速、有效的监管，所以建议在第2章里增加定期向社会公布风险检测信息和食品安全风险评估报告的内容，这样也可以做一个补充，在没有国务院有关行政部门最后具有行政法规效力的风险警示报告之前，让大众对食品安全进行一些舆论的监督和关注，可能对食品安全的监督有所帮助。

李乾元委员说，我认为食品安全标准应该体现三个层次的内容，第一是制定标准，第二是统一标识，第三是跟进修改。制定标准说得比较清楚，统一标识也是需要明确的。从最近的三鹿奶粉事件看，现在奶粉事件已经搞了这么长时间了，目前仍然振作不起来，什么原因？就是检测的所有的奶制品里面几乎都会有三聚氰胺，国际标准是0.2，我们现在公布的标准是0.25，但产品里中含0.15的，0.1的，都不敢进入市场，这同样是一个误导。应该明确，只要是0.25标准以内的应该是合格，并统一标识。建议第20条第2款改为："其他有关产品国家标准涉及前款所列内容的，应当符合食品安全国家标准，并应统一标识。"建议在第25条之后再加一条，即跟进修改。标准化是随着社会科学技术发展不断变化的一个过程，还会出现新情况、新问题。标准应该不断跟进调整，对那些不适当、有缺陷、不合适的标准及时调整。建议增加"跟进修改"的条款，使标准更完善。

丁仲礼委员说，第23条讲食品安全国家标准评审委员会由医学、食品、营养等方面专家组成，我认为应该加上"环保"专家。发生了三鹿牌婴幼儿奶粉事件是一个很大的事，但从长期影响健康的角度来说，还是环境污染造成大量被污染农产品作为食品原料更严重。什么样的污染水平会对人体造成长期影响，我国还没有真正从环保部门、流行病学的研究相结合进行认真研究。这里特别强调了重金属，但这么多重金属多高含量是有害的，这还是需要研究的。今后环保部门的相关的研究会不断取得研究成果，国家标准中对污染物含量水平的标准也会不断变化，从这个角度来说，食品安全的标准制定，应邀请从事环保工作的专家参加。

黄燕明委员说，第24条，"没有食品安全国家标准的，可以制定食品安全地方标准。"建议将这里的"可以"改为"应当"。地方实际上是食品安全的最前沿，也可以说是第一道防线。因为国家的标准适应范围广，但是有些食品具有地域性，那么地方也应该出台地方标准，这样就加大了地方的责任。

姒健敏委员说，第三章关于食品安全标准和二审稿相比，修改的比较好，但第20条"食品安全标准应该包括下列内容"，我认为第一个标准内容就是食品、食品相关产品目录。像进口食品、国产食品、只有地方标准的食品，那都应该有目录，国家的标准在全国范围内都是可以生产、经营和消费的。如果只有地方标准的食品，就只能在地方生产、流通和消费。进口食品很复杂，很多是地方土特产的，在国外也限制只在旅游区销售，出了旅游区就不能销售了，所以应该有相应的食品目录与相应的食品标准。所以这里建议应该加上"目录"。同理，第22条，"国务院卫生行政部门应当对现行的食用农产品……"建议前面也加上"产品目录"四个字。第24条，"没有食品安全国家标准的，可以制定食品安全地方标准"，建议加上限定条款即"但该食品仅限于本地区生产经营和销售"，没有国家标准的不能在全国生产经营和销售，所以这里要加限制词。同理，第25条，"企业生产的食品没有国家标准或者地方标准应当创立企业标准"，改为"可以制定企业标准，但应该向县以上卫生行政管理部门申请批准后可作为组织生产的依据。

张中伟委员说，现在我国的食品安全进入到了标准化管理阶段，监管的前提是标准要统一。无论是国家制定标准，还是地方制定标准，标准都必须要统一。草案中讲到"要科学合理、安全可靠"，标准制定后，如何按照标准来执行？现在我们讲"从源头抓起"，因此在落实标准、执行标准方面，还要出台相应的政策措施。

郝益东委员说，第2章食品安全风险的检测和评估应该加强，这项工作是一个治本之策。应该明确逐行业、逐产业定期进行监测和评估，同时发现有问题的进行有针对性的评估。对现有的条文也要做一些相应的补充，两种评估不能互相取代。

高洪委员说，在法律草案中，从标准来看，有国标、地标和企标，由于执法主体的不确定性，标准到底由谁来制定？职责不清是必然的。标准管理中存在问题很多，制定和发布过程中有很多矛盾和冲突，造成标准的实际缺口很大。在标准缺口很大的情况下，行标和企标是重要补充，但此稿中没有对行标和企标的效力及生效程序作出规定，只是鼓励制定实施严于国标的企标，并在企业内部运行。第21条第1款规定"国务院卫生行政部门负责制定、公布，国务院标准化行政部门提供国家标准编号”，制定的部门是卫生部，编号是由国务院定。第2款“食品中农药残留、兽药残留的限量规定及其检验方法与规程由国务院卫生行政部门会同国务院农业行政部门制定。”我认为不只是农药残留和兽药残留，还有化学性、生物性和物理性污染对食品造成污染并对人造成危害，所以标准还应包括这三个方面。第3款规定“屠宰畜、禽的检验规程由国务院有关主管部门会同国务院卫生行政部门制定。”关于屠宰的问题不是农业部门来管的，而是商务部门来管的，这中间有一个衔接的问题。实际上，屠宰也有很多的规则和技术在其中，技术含量很高，不是说简单地用眼睛就可以看出问题的。比如说，猪的旋毛虫、猪囊虫、结核等问题，这些检验都是有严格的程序。如果不会同农业部门一起进行检验的话，光是商检部门来做，那么如何管理？

崔雷平（全国人大环境与资源保护委员会委员）说，对食品标准，企标高于国标，这是所有国家好的企业发展过程中重要的自我要求，国标是最低限。对于我们国家应该有一个随着经济和科学技术的发展，不断地提高标准的要求，这个要求要写上去。所以像汽车，欧二、欧三、欧四、欧五，排放标准不断提高，我们简直赶不及，我们也应该有这样的标准。从立法上提出这样的要求，对我们国家的经济发展也十分必要，我们原来有一些标准十年一以贯之，现在我们市场优质油价的问题没有解决，怎么提高我们的标准和产品质量，这是一个国家文明、国家技术和国家竞争力核心的问题，一定要在这方面体现出来，我们的标准一定要不断修订和提高。

任正隆（全国人大农业与农村委员会委员）说，食品安全法第19条、20条规定了食品安全标准，而且规定除了食品安全强制性标准，以外不能有其他强制性标准。不知道其他法中有没有一些强制性的关于食品的标准，应该协调一下。食品安全法中对食品安全的定义，在第93条第2款规定“食品安全是食品无毒、无害，符合应当有的营养要求，对人体健康不会造成任何急性、慢性和潜在的危害”，这个定义非常好，但是在现实中难以掌握。比如现在我们的很多食品，会不会造成慢性的、潜在性的危害，我们是不知道的。我们吃的菜籽油里的一些成分，如芥酸，长期食用会对心脏造成损害，那我们是不是不再用菜籽油了？一些油炸食品也会造成潜在的危害，那是不是不允许出售？所以这个问题还需要一个更细的、更科学的具体标准。因为食品安全问题是非常复杂的，我们对很多食品未来的后果是不可预见的，这需要进一步地做科学的研究，根据最新的科学研究成果对具体的标准进行调整。所以第9条我完全赞成。国家应鼓励食品安全的科学研究，也鼓励团体来做，但是光鼓励是不够的，我认为应加大对食品科研的投入。现在我们对食品安全研究的投入是很少的，什么东西是安全的，什么东西是不安全的，我们不知道，很多情况下是按照我们的常识在进行标准的制定，包括一些搞食品安全的科学工作者制定的一些东西，我认为他们也是按照常识来做的，而不是按照科学的结论来做的，所以要加强科学研究。

招银英（全国人大代表）说，第24条中提到“没有食品安全国家标准的，可以制定食品安全地方标准”。提到应当参照执行本法，我想，先订立国家质量安全标准是首要的，但是我们要鼓励地方和食品生产企业制定和执行比国家标准更严格的标准。因为往往我们看到食品安全出现的问题，在地方的比较多，所以保障食品安全和民众健康要求食品卫生和安全标准要与国家接轨。那么，地方的标准应该是更加严格。

程静（全国人大代表）说，第11条第2款中间一部分建议修改为“由质量监督、工商行政管理和国家食品药品监督管理部门分别组织实施食品生产、流通、餐饮服务环节食品安全风险的监测工作，由国务院卫生行政部门负责综合协调”，理由是与“三定”方案的职能相一致。在第3章的食品安全标准中的第19条，在第18条中对于整个标准修订的原则加得非常好，第19条后面的一段表述，我认为并不是很准确，“除食品安全标准外，不得制定其他的食品强制性标准”，这个表述我认为不是很准确，我建议删除。但是将食品安全标准是强制执行标准的定义，上移到第18条的开头，就是定义食品安全标准是强制性标准，但是对于后面删除的理由是，因为强制性标准不止是安全标准，按照WTO、TBT的规定，在五个方面要建立强制性标准，除了要保护人体健康和安全外，还要保护国家安全、保护环境、保护动植物的生命和安全、防止欺诈行为等等都要制定强制性标准，比如在芝麻油中间加棕榈油，在蜂蜜中加糖浆等等，都应该是在强制性标准中规定加以禁止，但是它又不属于食品安全问题，所以建议将前面的一段话删除。第20条第6项、第7项建议删除。理由是，因为第7项中的通用的食品检验方法和规程不属于安全标准的规范，将它纳入安全标准也不符合国际惯例，因为方法和规程是检测技术，是属于推荐性的，例如在三聚氰胺的检测方法中有液相法，检出限是两个 PPm，气质法，检出限是 0.5 个 PPm，液质法检出限是 0.2 个 PPm，三个方法都供我们选择使用，如果将方法与规程纳入到强制性中，不利于技术进步，也不利于检测技术水准的提高，也不具有强制性标准的唯一性。在第 6 项中与质量安全有关的质量要求不是很清楚，在实际操作中不好界定，而且在本条第 1、2 项中基本概述了与食品安全有关的质量要求。在第 21 条后面有一句话，“国务院标准化行政部门提供国家标准编号”，建议修改为“国务院标准化行政部门负责统一编号，并与国务院卫生部门联合发布”，因为本法的表述应与国务院的“三定”方案一致，“三定”方案中是“食品安全、兽药、环境保护以及农业的转基因等等，都是由国务院行政部门提出立项，并组织制定，由国家标准化管理委员会组织对相关标准的衔接，并统一编号，并与国务院行政管理部门联合发布。”要跟“三定”方案一致起来。第 21 条第 2 款的检验方法与规程不属于安全标准，建议删除。第 22 条中，建议把后面的一句话，在“食品卫生标准、食品质量标准和有关食品的行业标准中强制执行的标准予以整合”中，在标准中加上“涉及食品安全强制执行的标准予以整合”，理由也同上。后面统一发布为国家安全标准，也是建议国务院标准化部门统一编号，并与国务院卫生部门联合发布。第 23 条中有食品安全标准评审委员会的组成，建议添加标准方面专家参与国家食品安全标准的评审委员会的工作。第 24 条，同样，地方的食品安全标准也建议由地方标准化部门统一编号，与卫生部门联合发布。理由同上。

欧广源（广东省人大常委会副主任）说，建议本法第 3 章中明确规定有权制定食品安全标准的机构，应是一个在具体监管部门之上的独立机构，解决当前根据标准法规定有权制定食品标准最高机构国家标准法管理委员会对外不够和重大的问题，避免食品安全标准发生冲突和互相打架。

倪岳峰委员说，建议强化关于食品包装的规定。要求食品是安全的，必须保证包装是安全的。切不可等食品包装出了大问题再来规范。作为食品安全法，对食品包装的安全性要求应当重点加强。建议增加有关条款，对食品包装的设计、包装材料的要求、包装过程的规范等等，都做出明确的规定。

任茂东委员说，在本法相关章节中，应增加一项特殊的规定。对食品广告商和食品的代言人严格管理，如果食品出现问题，应当承担民事责任。广告法中没有对此种情况做出相应的规定，但是在西方许多国家中，名人是不允许代言食品和药品产品的。如果在广告法中没有规定，在食品安全法中做这种特殊的规定也是合适的、合理的，符合我国国情的。也就是说，一旦这种食品出现问题，广告商和广告的代言人应当承担民事责任。

李乾元委员说，我建议总则中应该把第 3 条分成两个问题来写。建议第 3 条的前半段作为一个问题，后半段再作一个问题，前半段加上“食品生产经营者是食品生产经营的第一责任人”。第 3 条的后半段改为第 4 条：即“食品生产经营者要对社会公众负责”，要突出社会责任。食品生产并不是简单的企业经营活动问题，而是涉及到对公众、对社会负责的问题。

陈述涛委员说，我有一点想法，我认为我们的食品加工企业应该延长加工链条，出售食品是终端，应该鼓励企业往初始端去延长。比如牛奶，养奶的是奶农，他有可能把奶卖给奶商，奶商再卖给企业加工出售，分成了三段，一是不好监管，二是不利于企业创造品牌，出了问题不知道是哪个环节，要一个环节一个环节去查。如果企业经营延长到最初始端，企业从草场、水源、食料、奶牛开始，一直到出奶，到加工出售，一条龙链接起来的话，那么企业要对它的品牌负责任，就会从头到尾负责到底。出了问题，就是你一家的责任。我们应该鼓励企业这样去做，不光是奶业，其他的食品也应如此。这样做有利于提高食品质量和安全系数，有利于企业创造品牌，也降低了监管成本。

李建华委员说，第 27 条第 8 项涉及到食品生产经营人员的法律语言，这些提到生产食品人员的卫生标准，作为中华人民共和国的严格法律，有些说的太轻，比如“应当将手洗净”、“穿戴清洁的工作衣、帽”等等。实际上生产人员应该遵循严格的卫生标准，这些标准不要这么低，这么一个大法，让人家觉得中华人民共和国洗了手就可以参加生产了，食品生产、经营都应该严格遵照食品生产的有关法规，这样既原则，另外也好办。洗手的问题不涉及法律追究的问题，有些问题已经有了具体的规定，没有必要在这里做这么细的规定。“洗手”根本不是一个规范的语言，这些问题在法律上应该更严格一些，这样体现法律的严肃性。

南振中委员说，草案第 51 条规定了国家建立食品召回制度，这是一个很大的进步。但草案偏重于食品生产者和经营者两个主体召回责任，而没有突出县级以上质量监督、工商行政管理部门的召回责任。建议将本条最后两行的内容提前，修改为："国家建立食品召回制度。县级以上质量监督部门发现食品检验机构检验的食品不符合食品安全标准的，可以责令食品生产者召回。"以此作为本条第一款。将"食品生产者发现其生产的食品不符合食品安全标准，应当立即停止生产，召回已经上市销售的产品，记录召回情况，并通知相关生产经营者和消费者"作为本条第 2 款。把国家有关机关的召回责任提前，有利于及时应对重大食品安全事件。

韩寓群委员说，关于食品的标识问题。第 41 条"预包装食品的包装上应当有标签。标签应当标明下列事项……"应该加上一句话，"标签，应该放在显著的位置"。最近"三鹿奶粉事件"出来以后，我们山东几家食品厂搞得很好，肉肠的包装，上面有一个明确的位置，打上"请消费者注意，本产品生产的日期是 XX 年 X 月 X 日，保质期至 XX 年 X 月 X 日"。现在相当多的食品、保健品，生产日期 XX 年 X 月 X 日，保质期见"包装封口"，戴着老花眼镜也找不着在什么地方。有的打在瓶底，包装瓶有的是塑料瓶，有的是玻璃瓶，有的是打在瓶盖里面，回家以后还要打开它才能看到，很难找到保质期。从法律上规定，食品标签必须放在明显的位置，让消费者明确地看到所购买的产品有没有过期。这样对消费者是一种负责任的态度。生产经营一章中，对包装场所有所要求了，但是对食品的包装材料也要提出要求。这个问题确实很重要，因为食品包装材料本身就不符合安全要求的话，对食品也会造成危害。希望对食品的包装材料问题需要单独进行规定。现在很多东西买的是包装，买的不是保健品，买的不是食品，买的不是药品，包装费用过高的问题也很严重。

范徐丽泰委员说，这次出现的奶制品含毒，实际上是在食品原料的采购过程中出的问题，建议在目前草案第 2 条第 1 项加上"食品原料采集、收购"，这样就不再单单是食品的生产和加工了，而是从源头抓起。在第 3 条中，在"从事生产经营活动"后面加上"不得收购不安全的食品原料"。食品厂如何知道不安全？买进来的原材料应该随机检查，不能采购来了就直接进加工厂，只有符合标准的才能用，否则就退回。我建议国家监管人员到当地随机抽样调查，这样也能够加大监督力度。

陆兵委员说，第 52 条，"食品广告的内容应当真实合法，不得含有虚假、夸大的内容，不得涉及疾病预防、治疗功能"，我认为这讲得太原则了。为什么国外的商品假货很少，为什么中国的产品到处充斥着假货？我认为广告是最大的问题，对于广告，一定要严格，特别是利用名人搞虚假广告，坑害人民的现状要改变。所以这里要加上，"对利用名人搞虚假广告，造成恶劣影响的，要对食品生产者和充当虚假广告的当事人予以严肃处理"。现在虚假广告很多，假的商品、假的广告问题，应该消除。

张中伟委员说，草案第 53 条规定"地方各级人民政府鼓励食品规模化生产和连锁经营、配送。"从"三鹿奶粉"事件的教训来看，我们在鼓励规模化同时，还要强调标准化。因此，建议第 53 条修改为"地方各级人民政府鼓励食品规模化生产、标准化生产和连锁经营、配送"。

从斌委员说，提两条具体修改意见。一是第 28 条第 2 项，"用非食品原料生产的食品或者添加非食品用化学物质的食品，或者用回收食品作为原料生产的食品"，我建议对这项进行修改。"三鹿奶粉"的问题就出在这一条上，就是"非食品用化学物质"，什么叫"非食品用化学物质"，在实践当中很难界定。"非食品用化学物质"这个界限不分明，一旦出现了问题，还是不好界定，法律责任也不好分清。凡是法定的食品标准没有允许添加的物质，都一律不许添加，不管是食用和非食用的。所以我建议这项应做这样修改，用"非食品原料生产的食品，或者添加法定食品标准未许的其他任何物质"。以后新产生的化学物质还会很多，随着化工工业的发展，说不定又出来什么物质，食品标准未许可的，不管什么物质都不允许加，严格执行食品安全法必须要做到这一点。非法定允许的其他物质都不允许添加入食品。二是与这一条相对应的法律责任这一章，第 81 条第 2 项也是这样，也涉及到一个在食品中添加非食用化学物质问题，我建议把这个也改成"法定食品标准未许的其他任何物质"。

邹萍委员说，食品的检验、产品合格证和出厂日期，应该是生产厂家生产出来以后就打上标签，而在超市里面看到的多数是经营者在贴，他们贴的生产日期准不准确？这也容易误导消费者，万一食品出厂了好几天，还贴上新生产的标签呢？有效期也不一定准确。食品的过度包装问题，那些漂亮的包装对人体的危害也应该进行检验。

李传卿委员说，第35条，建议增加一句话“食品生产企业是食品安全的第一责任人。”并把这句话作为第35条的第1款，把原来的第1、2、3款分别变为第2、3、4款。我认为强调生产企业在整个食品安全链条中的第一责任人的责任，有利于推动食品生产企业切实加强自我约束、自我监管、自我把关，保障食品安全。三鹿牌婴幼儿奶粉事件给我们的教训中，很重要的一条就是食品生产企业没有承担起第一责任人的责任。这既与第3条相呼应，同时，也是对第3条的加强。

王云龙委员说，关于添加剂的问题。过去说食品不安全，有几个问题：一是防止在食品中投毒；二是食品的腐烂；三是农药及其他的残留物的问题；四是细菌问题；五是添加剂。现在来看，我们的管理还是有一定成效的，前四个问题越来越少，但食品添加剂的问题越来越突出。本法在这个问题上，做了大量的规定。草案中涉及添加剂内容的条文共有21条，环节上进行了规范。但是其中有一个问题需要注意，即对新增食品添加剂的审批和进口食品添加剂新品种的审批要慎之又慎，应在法律条文和实际工作中加以体现。草案第43条规定“申请利用新的食品原料从事食品生产或者从事食品添加剂新品种、食品相关产品新品种生产活动的单位或者个人，应当向国务院卫生行政部门提交相关产品的安全性评估材料。国务院卫生行政部门应当自收到申请之日起六十日内组织对相关产品的安全性评估材料进行审查；对符合食品安全要求的，依法决定准予许可并予以公布；对不符合食品安全要求的，决定不予许可并书面说明理由。”另外，草案第60条规定“对首次进口的食品添加剂新品种、食品相关产品新品种，或者首次进口的尚无食品安全国家标准的食品，其进口商应当向国务院卫生行政部门提出申请并提交相关的安全性评估材料。国务院卫生行政部门依照本法第四十三条的规定作出是否准予许可的决定。”仅这样规定还不够。食品添加剂的检测可能当时并没有问题，但是假以时日就可能发现问题。如三聚氰氨，当时检测化验可能发现不了问题，看不出害处，但是，服用较长时间后婴幼儿出现结石，危害极大。但婴幼儿出现结石问题，当时可能检测不出来。因此，对新增食品添加剂的审批，进品新食品添加剂的审批要从严，不要匆忙审批，要留出足够的时间来观察和评价。建议在法律中或者是具体的操作中重视这个问题。

李其宏（全国人大代表）说，提两点具体意见。第一，第51条第2款“食品经营者发现其经营的食品不符合食品安全标准，应当立即停止经营，通知相关生产经营者和消费者，并记录通知情况。食品生产者认为应当召回的，应当立即召回。”51条的规定是对召回制度的进一步完善，针对这一款，我认为应该把“认为应该召回”几个字去掉，以免导致食品生产者随意性过大。基于第1款的考虑，发生不符合食品安全标准的都应当召回。针对第4款，“县级以上质量监督、工商行政管理部门可以责令其召回或者停止经营”，我认为这里的“可以”应该换为“应当”。在执行过程中，如果是“可以”的话，随意性比较大。作为县级以上质量监督、工商行政管理部门，究竟由哪一个部门去做这件事情，应该有明确的职责，以免在实际操作中相互推诿。第二，第52条，“食品广告的内容应当真实合法，不得含有虚假、夸大的内容，不得涉及疾病预防、治疗功能。”实际生活中确实出现了很多的广告含有虚假、夸大的内容，法律责任针对这一条没有明确规定。一部好的法律在执行过程中应该具有可操作性，才能有比较好的实际效果。建议在法律责任里，针对虚假、夸大的广告，应该有相应法律责任的规定。

程静（全国人大代表）说，第42条，国家对于食品添加剂实行生产许可证制度。建议增加除食品添加剂以外，另外食品相关产品也实行生产许可证制度。理由是，食品相关产品的安全性应引起我们的高度重视，食品相关产品如食品包装材料、洗涤和消毒剂，以及食品加工工具等等中化学物质的迁移量问题，如在我们检测中发现的塑料奶瓶中的酸酚A，橡胶垫圈中的邻苯二甲酸氢脂，以及食品包装产品的印刷油墨中的苯、甲苯、二甲苯等等，这些都应引起我们高度的关注，所以应该将食品相关产品纳入到生产许可证的范围。

罗辉（湖北省人大常委会副主任）说，在第27条对食品生产经营提出了很多的要求，是否也应要求食品生产经营具有必要的检验设备。如果没有必要，要检验设备恐怕也不好办。有一个要引导培育和扶持、壮大食品生产企业品牌的问题，我认为这有必要。实施品牌战略，政府要进行引导。一是要有标准，一个品牌不但要符合国家标准、地方标准，还要有更严格的企业标准；二是要引导品牌的生产经营延长食品生产经营的链条,相关部门要对品牌进行定期检查监督,要形成这种机制,逐步使消费者对这个品牌建立信心。不单是国内的消费者要建立信心,慢慢要让国际的消费者对中国的品牌建立信心,这对企业、对国内的消费者,以及对境外的消费者都是有好处的。

任茂东委员说,建议取消出口食品的批批检的规定,出口食品的监管应当由企业来承担,由企业负全责,不应该由政府来承担。按照现行的食品出口监管制度的规定,所有出口的食品都要做到批批检,一是没有做到,二是没有做。由于经济发展非常快,大量食品出口,根本做不到"批批检"。出口的食品境外引发问题,往往导致同类食品出口受到限制,并且影响了我国形象。在国际上,出口食品质量的检验由进口国或地区来负责,出口国不能承担这样的责任。因此,建议将草案第65条修改为"出口食品的质量由企业来承担,由出口企业提供相应的检验报告,向国务院出入境检验检疫部门备案后,由海关放行。"据了解,现在大部分国家在出口、进口食品中的规定是不一样的,一般的国家对进口的食品管理是很严的,但是对出口是不太过问的。"毒饺子"的事件是最明显的一个案例,由于我国实行批批检,也就是政府担保了,本来是企业的责任又推到政府,这样政府非常被动,必须取消出口食品的批批检规定。

李传卿委员说,第65条,建议增加一段话作为这一条的第1款,即增加"出口食品的生产者、出口商应保证其出口食品符合食品安全国家标准,同时,要符合进口国家的标准和要求。"增加这一款,一是与去年7月26日国务院所做的关于加强食品安全监督的特别规定相一致;二是与近期发布的国务院关于乳制品安全监管的规定相一致,三是体现进一步强调生产企业是第一责任人,确保我们出口的产品是安全的。

尹成杰委员说,第61条"境外发生的食品安全事件对我国境内造成影响,或者在进口食品中发现严重食品安全问题的,国家出入境检验检疫部门应当及时采取风险预警或者控制措施,并向国务院卫生行政、工商行政管理和国家食品药品监督管理部门通报"。我认为在通报的这几个部门中,除了卫生部门、工商部门,食品药品监管部门,还应该有农业行政主管部门。因为国外发生的食品安全事件有很大一部分是因为携带动物疫病的产品进入了食品领域,这些的食品进入后不仅会对人的身体健康造成危害,还会对动物疫病的防控造成威胁,所以,建议还需要向农业行政主管部门通报。

郝益东委员说,第五章食品检验,我认为对食品安全检验和产品质量检验关系要搞清楚,能够结合最好,重复检验会增加生产成本,造成浪费。两种检验能结合的同时进行,对企业要按照行业标准和有关法律规定进行检验。另外对市场上的产品要定期进行抽检,不要让企业送检。代表社会和公众对市场上流通的食品进行定期抽检的行为,应该作为有关部门正常的监管职责,并明确规定下来。应该规定一个最低的检验时限。比如每年普遍抽检一次,或者两年普遍抽检一次。

宋法棠委员说,出口食品检验问题,这是一直争论的问题。批批检,是检不过来的,我倾向于对第65条做改动。不要说出口食品由出入境检验检疫局进行监督、检验,改为监管。"监管"就不是都检,是监督管理。

南振中委员说,草案第66条第二款规定,"国家出入境检验检疫部门应当建立进出口食品的进口商、出口商和出口食品生产企业的信誉记录,并予以公布。对有不良记录的进口商、出口商和出口食品生产企业,应当加强对其进口、出口食品的检验检疫"。鉴于国家质监总局2003年颁布的《进出工业产品生产企业分类管理办法》对列入进出境检验检疫目录的出口工业产品生产企业进行分类管理,建议借鉴这一管理办法,在本法中明确规定对食品进口商、生产商和出口食品生产企业建立分类管理制度,采取不同等级的管理措施,改善我国对进出口食品的安全监管。

索丽生委员说,第57条,卫生行政部门在食品检验中除了"资质认定"之外的职责是什么,不太清楚。此外,我们既要加强食品安全、食品检验,但又要防止走向另外一种极端,就是谁都跑去检验,可能弄得商家承受不了。假如卫生行政部门或者它的食品检验机构进行食品检验,质量监督、工商行政管理、食品药品监督管理部门都要进行定期或不定期的抽检查,也就是说谁都可以随时去检验,可能会影响正常的生产或者经营。我认为,这种执法监督或者检验,最好授权或者委托一家单位来进行,否则或者监管不到位,或者搞乱生产经营秩序。

高洪委员说,对于检验的标准问题,我认为应该定期进行修订和补充。这次"三鹿奶粉事件"已充分暴露出国内的蛋白质检验"标准"存在严重的缺陷,只是通过测定奶制品中的"氮"含量计算公式来推定有多少蛋白质的现行检测“标准”存在问题,在市场经济下,奶价不如水价,在卖“奶”不如卖“水”的情况下,必然导致奶农在奶内加水,但奶农为了把“奶”交出去,达到目前检验标准的“氮”含量,有的就在“奶”内加尿素,现发展到加三聚氰胺来提高其“氮”含量,这就充分暴露出我们检验“标准”的弊端,为什么不通过其他检验技术来构筑技术屏障,从技术上防止掺假行为发生?应加强检验检测技术的基础性研究,为监测预报提供技术支撑和技术储备。科技部在网上发布了向全国征集快速诊断三聚氰胺的技术,这也说明,我们前期的储备以及基础性的研究不够,因此才会向社会征集。

程静(全国人大代表)说,第5章食品检验,第54条,“食品检验机构应依法进行资质认定后”,建议恢复成原来第2稿的“经国务院认证认可监督管理部门依法进行资质认定”。理由是,明确认定的主体。第57条,建议在最后“不得收取检验费和其他任何费用”,和“并支付相关费用”后面添加“此类费用的支出列为本级财政预算”,因为食品安全属于社会公共安全的一部分,行政监督执法的检验费用应纳入到各级财政的预算范围,以确保食品安全监督的实施有效。

王学求(全国人大代表)说,看了食品安全法草案,我认为有一项缺失,就是对消费者的权利没有进行规定。只是规定了消费者有举报的权利,而且规定得不够详细。老百姓举报食品安全问题,是非常困难的。因为他们拿不出一定的证据,我认为应该增加老百姓对不安全食品有要求进行检验、赔偿的权利。在食品安全问题上,应该增加对消费者相应的权利规定。河北省“三鹿奶粉”事件中,有一位甘肃农民发现,他的孩子6个月,只吃三鹿奶粉,孩子得了肾结石,他就认为一定是三鹿奶粉出了问题,结果他就找到质检部门要求对奶粉进行检验,但是质检部门让他交2000元钱才能进行检验。像这种情况的出现是不应该的,我们在法律上,对老百姓权利的要求没有给予规定,所以老百姓没有办法进行检验,因为他是一位农民,要拿出2000元钱是非常不容易的,因此对于消费者的权利,法律应该做出明确的规定,消费者要求检验,检验部门不得收取任何的费用。

黄镇东委员说,对保健食品的问题提点审议意见。报告中讲到,“现在保健食品存在很多问题,将保健食品按一般食品管理是不够的,还应该作出更为严格的规定”。我建议这次修改还是要把保健食品的问题列到法律里面去。既然是食品安全法,是食品安全的基本法,保健食品也属于食品中的一部分,能不能国务院出条例?有了条例以后,再加上食品安全法,就可以配合执法了。现在保健食品的量很大,市场销售额已超过1000亿,而且很多都是中小企业生产加工,各方面食品安全的规章制度怎么适用,都不是很明确,法制不完善,对消费者的权益问题、健康问题都不负责。所以建议国务院先出台一个条例,配合食品安全法的实施。

范徐丽泰委员说,我也支持黄镇东主任的意见,市场上的保健品实在太多了,而且有的还可能不是太健康,如果不加以管理,那么就会成为一个大大的漏洞,食品生产经营者纷纷将其产品名为“保健食品”,但却没有适当的监督,这么一来,恐怕形成有此健康食品不但对健康无益,甚至还有害,所以我支持黄镇东主任的意见。

张继禹委员说,我同意法律委的意见。第一,法律委在最后一段写到要重视保健食品的问题,也非常重要。在这部法律中,对此并没有作出明确的法律规定。但在现实中,保健食品已经成为食用品中的一个组成部分。现在保健食品有不少的生产者和从业者,而且有相当的产值和利润,要保护这样一批企业的合法利益,应该作出相应的规定。第二,保健食品就目前来讲,还不可能被淘汰。所以,要促进保健食品的健康发展,应该对保健食品的标准等事项以及企业的责任作出规定,这样才能促进保健食品有序、健康地发展。第三,保健食品也是关系到许多人民群众健康的食品。要让广大人民群众吃到放心的保健食品,也需要法律对此作出规定。

杨邦杰委员说,第69条应急处理措施里,责任定下以后马上就有企业的财产转移、账户封存、停业整顿等很多问题,出了问题后,有债权债务、财产转移的问题。这里涉及到的财产、财务的问题也应该加以规定,也要作为处理措施,以避免公共财政为企业买单。

郝益东委员说,草案里有两条涉及到了信息发布工作,第69条在出现安全事故的时候,有一个信息发布工作的规定。第78条规定了日常信息发布,我认为这两条分开写是比较妥当的。针对安全事故的信息发布,要规范,要经过必要的审批,而且要针对性很强,防止扩大事态,引起恐慌。普通的监测、日常的监督管理发布的信息应是定时的、经常性的，全面的，让大家全面了解我们国家食品安全到底处于什么样的情况。

崔雷平（全国人大环境与资源保护委员会委员）说，食品安全法第10条规定任何组织有权举报不法行为，有权了解情况。了解食品安全的情况不怎么容易，所以，我认为对大众的重要产品应有一个公布的渠道，因为让老百姓到部门去了解情况，在实际生活中我们认为很困难。就公布的情况，刚才那位委员谈到，如再提高粮价是不是能够解决这个问题呢？不能，因为有品牌的问题。如果是好的品牌和坏的品牌都是一样卖低价的话，那他还是要弄虚作假的。如果都卖高价同样还要弄虚作假，不是因为价高了以后就不去弄虚作假了，我们需要有效的手段去监管。公开企业产品的信息，这样本身不但可以形成和维护一些好的的品牌，对我们整个国家的产业改造和提高国际竞争力也会大有益处。

韩德云（全国人大代表）说，对食品安全法草案总则第8条第2款提一点建议：现在生活中，几乎所有违反食品卫生法的事件实际上都首先因为新闻媒体的舆论监督才被发现的。建议对现在这个规定的表述进行修改，第2款第一句"新闻媒体应当开展公益宣传"很好，但是建议后面"并对违反本法行为进行舆论监督"修改为"国家鼓励和支持新闻媒体对违反本法的行为进行舆论监督"。

蔡素玉（全国人大代表）说，第7章中关于食品安全事故通报机制的问题，现在有一个通报的机制，我和陈斯喜委员提出的意见有点相似，建议尽快向中央通报。除了向上面通报以外，如果是牵涉到其他地区的事故，那么也要有很明确的说明，要及时向其他地区通报。如果牵涉到民众的问题，也要及时向民众发布消息，这就牵扯到透明度的问题。希望加强通报机制的透明度。

田玉科委员说，本法律文本总体上过多地偏重了政府的监管和行政处罚，以民事责任手段加强生产经营者的责任意识的规定偏少。在市场经济体制下，企业应该是产品的第一责任人。应该以民事责任手段加强食品生产经营过程中生产经营者的责任感，比如这次三鹿奶粉对人民群众的生命财产造成了重大的损失，赔偿几乎都是政府来买单。企业应该承担什么样的责任？建议充实或加强企业在民事责任方面的相关规定。

赵胜轩委员说，食品安全直接关系到人民的身体健康和生命安全，由于食品的特殊性，仅凭消费者个人的能力，很难发现食品安全问题，很难判断食品是否合格或者是否有害，所以消费者很难通过自身的力量来维护他的权益。在这种情况下，应该加强政府对食品安全监管的责任，有关机构和人员都要切实负起责任。要在理顺管理体制、健全机构、明确职责的基础上，强化责任的落实。相应的，要加大责任追究力度。第90条规定，"违反本法规定，食品检验机构、食品检验人员出具虚假检验报告的"，要追究相适的责任。对此有两点意见希望考虑一下。一是责任主体是不是都全了，其他的人员还负不负什么责任？比如说食品风险评估人员，是不是也要担负一定的责任？第二，对出具虚假的检验报告等这种乱作为规定了处罚办法，对于不作为的，比如说在现有的技术条件下，完全可以证明一些食品对人民群众的生命安全是有危害的，而不去做的，也应该处分。

龚学平委员说，食品卫生安全和老百姓的切身利益关系很大，为什么这么多年食品安全事故不断发生，关键是处罚不力。看了法律条文之后，我感到这方面的规定不够，特别是关系人民生命安危的事不能以罚代法。比如草案第80条，仅仅规定了罚款。我认为应该增加规定"情节严重的，要依法追究刑事责任"。再有草案第85条每一条都危及人民的健康和生命，也应该增加规定"要依法追究刑事责任"的内容，只有把这些人弄得倾家荡产，才能真正地解决问题。国外的一些企业，如果发生了食品安全的问题，整个店就要关掉，老板要吃官司，而我国只是罚款就解决了问题。建议在这方面予以加强，我总的感觉是这部法的制定是非常及时和必要的。

郑功成委员说，我赞成对于在这个领域违法犯罪的人加重惩罚力度，对严重的情形应该有更严厉的处罚措施。现在第81条里列举的确实有的行为是非常恶意、故意的，有的则是过失行为，放在一起不加区分地处罚也是有问题的。对故意的、屡教不改、恶意的行为人，不光是一个经济处罚的问题，也不光是一个吊销营业执照的问题。因为吊销营业执照损害的是这个机构而不一定能能够威慑责任人。现在办一个厂子很容易，门槛很低，这个厂吊销了，明天再办一个厂也是可以的。因此，在食品企业中，对情节严重的、屡犯的责任人应该不光是吊销营业执照的问题，而且应该有禁业的规定，就是禁止责任人从事这个行业，这样才能对责任者个人起到威慑作用。

马福海委员说，食品安全法中还缺少一个内

容，就是未经许可向生产者或经营者提供影响食品安全的添加剂，应该追究提供方的法律责任。我认为这个问题在现有的食品安全法草案中看不到。比如三聚氰胺是谁给企业和奶农提供的？应从源头上解决。对非法向生产者提供不应提供的化学添加剂应从严查处，《食品安全法》在这方面应该有明确的规定，从源头上制止这种现象的发生。

黄燕明委员说，应该加大法律责任的内容，起码也能起到约束的作用。就现在的草案来看，我认为处罚的力度仍然不够，建议加大力度，老百姓肯定是欢迎的。

雷鸣球委员说，食品安全的问题，涉及千家万户，全民高度关注的问题，也涉及我们国家的形象问题。我看这个问题很重要的一环是如何处理的问题，第一，对食品安全问题危害的程度要有明确的界定，危害的程度决定处理的程度和标准。有些是当时就产生影响和危害，有些是小范围的产生影响和危害，有些是大范围的产生影响的和危害，这个问题不明确，处理问题就不好衡量，大而化之。我建议有些该量化的量化，有具体的标准和要求，比如这次“三鹿奶粉事件”的问题，“三鹿奶粉”危害的程度是很大的，涉及到多少儿童？死了多少？全国的影响多大？国际影响多大？在这个问题上，我看影响和危害的结果很大。第二，赔偿的问题，应该是哪个单位发生的问题应由该单位赔偿。“三鹿奶粉事件”，造成的儿童的医疗费用应该由三鹿集团赔偿，不应由其他省市负担。现在由其他单位承担我看不公平。有些食品安全问题造成人的终生残废，怎么赔偿，这些人丧失了劳动能力，家里也背上了包袱，这个处罚不明确。第三，处罚的规定。罚3千、5千不解决问题，我认为不应该有法律空子可钻。要罚得他们心痛。第四，对政府、对领导的处罚也要有具体的明文规定。第五，投诉、举报，要给予奖励，也要有标准。这样可以发动全民都来参与监督、参与管理。现在抓一个逃犯，如果举报奖励5万、10万。对于食品安全的问题，也应该增加奖励的条款。有两个具体意见，对第28条第6项，第81条第6项加一句话“或者有病的”。另外，我看还要加一条，就是把不真实不合法的虚假广告的生产部门新闻媒体部门也要纳入处罚的范围。现在民众对广告的意见很大，营养品、药品、食品出来的一些广告特别离奇，刺激性很大。广告部门要规范和净化广告市场，对造成影响和危害的也要追究经济和法律责任。

严以新委员说，第92条，现在很多事故发生后，当地政府瞒报、隐报时有发生，要对此情况进行遏制。比如这次的三鹿奶粉事件与石家庄政府也是有关系的，当地政府把事件压了一个多月，虽然事发后当地领导都受到了免职、处分等处理，但是也要有一个说法。最后提一点建议，是否应该设置一笔基金？如果出现事故，可以从基金中抽取一部分负责食品安全的赔偿问题。国外就有类似的基金，因为现在事件都比较大，一旦出现食品安全问题，哪怕这个企业破产了，恐怕也很难赔偿所有的损失。

白克明委员说，我完全赞成加大对食品违法制作、生产的惩罚力度。现在的惩罚力度显得轻了一些，比如第81条、第82条、第83条，列举了很多应罚的问题，有的性质很严重，有的是一般的过失，惩罚规定应当有区别，要对那些主观动机明显、造成后果严重的问题加大惩处力度。与此同时，第90条和第91条对行政主管部门、地方政府的处分，应增加触犯刑律的追究刑事责任。

陈斯喜委员说，第9章“法律责任”第80条和第81条规定“……货值金额不足一万元的，并处2000元以上5万元以下罚款”，按照这一规定，最高的处罚幅度是不超过5倍。下面又规定货值金额超过一万元的处5倍以上10倍以下罚款。按照这一规定，处罚起点是5倍，最高是10倍，与前面的规定不平衡。可以不分是1万元以上或以下，都规定为罚5倍至10倍，但最低处罚2000元。4.第91条规定了国家机关的责任。从三鹿奶粉事件看，国家机关不履行职责，放弃监管，是造成食品安全的一个最大隐患。这一条规定的责任，总体看来是可以的，但是第2款中最后一句，规定“其主要负责人应当引咎辞职”，这样的处理太轻了。很多问题都是主要负责人放弃监管责任，所以不能仅仅是简单的“引咎辞职”。建议改为“主要责任人应当引咎辞职，有直接责任的应当撤职或开除。”

李祖沛委员说，我谈两点意见：第一，建议对违法者的处罚力度应加大，加重违法者的违法成本。大家都知道，食品安全违法行为直接危害的是人民的生命权利，对危害人的生命权利的行为，法律必须予以严厉制裁，处罚的力度应大于对危害财产安全的处罚。当前我国食品安全存在的问题不容小视，食品安全事件处置不当，会影响发展稳定的大局。这次三鹿牌婴幼儿奶粉事件闹得全世界都关注，就是一个最典型的例子。建议提高食品安全违法行为的罚款数额，要加重违法者的违法成本，使其得不偿失，甚至使其倾家荡产，犯一次法不仅是吊销营业执照，还让他倾家荡产，这样才能对违法者产生威慑作用。比如第81条的第四到第六项，生产经营不符合标准的婴幼儿食品、腐败变质的食品、病死、毒死的动物食品等等，是十分恶劣的行为，造成的后果十分严重，除了罚款、吊销许可证外，还应追究其刑事责任。再比如第82条、第84条都有类似的感觉，处罚还是太轻了，应重判。第二，对食品安全监管部门违法行为的处罚也显得比较轻。比如第90条、第91条，建议加大处罚的力度。

任茂东委员说，建议在食品安全法中规定实行举证责任倒置的条款，食品安全引发的权利损害赔偿诉讼应当实行举证责任倒置。建议在第92条中增加一款规定："食品安全引发的诉讼举证责任倒置"，举证责任倒置是将因果关系或者过错举证的责任交由事故源的一方来承担。我们国家有如此的规定，比如在我国的医患纠纷中，如果医院一方不能举证证明其医疗行为与患者损害的结果没有根本的因果关系，就必须承担不利的后果。之所以在食品安全法中有这种举证责任倒置的规定，不仅是为了对危害责任中的受害人提供有效的救济渠道和保护措施，而且也能够促使举证责任被倒置的当事人一方采取积极有效的措施，预防、控制损害事故的发生，积极主动地提高食品的质量。在食品安全事故中，如果是当事人来举证是非常难的，可以说是不可能的。在食品事故中，任何一个当事人都不可能知道这个食品有安全问题，必须经过化验分析才能知道。也就是说，让当事人来举证是强人所难，因此在食品安全法中，必须对食品安全事故的举证责任倒置做出明确规定。这样可以使法院高效查出案件的真相，在此基础上做出公正的判断。

林强委员说，法律责任要罚责严明。通过法律责任可以确保这部法律得到执行，真正做到食品安全。在法律责任中第80条到第89条主要是针对从事食品生产经营活动的人员以及他们的行为，第90—91条是针对有关监管人员和有关工作人员违反本法应该承担的法律责任。从第80条到第91条，设置了没收违法所得、罚款，乃至吊销许可证。最后，还有第92条的规定，第92条是一个兜底条款，提到了两个从重处罚的规定，即由此引起的后果要进行损害赔偿，构成犯罪的要依法追究法律责任。作为一般的法律责任来说有轻重之分，罪责轻的应该承担较轻的法律责任，如果罪责重的则承担较重的法律责任。建议对法律责任这部分再进行认真研究。也就是说，食品安全出了问题，就会直接影响到人的生命、危害到人的生命，这里面存在的现实的或者潜在的危险应该被充分估计到，应该让广大的人民群众清醒地认识到，在食品安全问题上，哪怕是一点点的违犯都是不允许的，都是有罪的，很可能对人的生命造成不可挽回的损失和影响。"法律责任"应该让违法者无利可图，让他们知道，谁敢以身试法就会倾家荡产，做到谈虎色变，让任何人都不敢做违反食品安全的事情。只有这样，才能使本法落到实处，也是我们制定这部法律应该收到的法律效果。比如第81条，列举了九种情况，第6项"经营病死、毒死或者死因不明的禽、畜、兽、水产动物肉类，或者生产经营病死、毒死或者死因不明的禽、畜、兽、水产动物肉类的制品；"违反的话应该如何处罚？规定了罚款，情节严重的吊销许可证，还有最后第92条的兜底条款。从字面上说一点没错，但是经营了这种病死、死因不明动物的肉类或肉类制品，怎么可以罚款之后还允许其经营？我认为不能允许其经营了，不能让犯罪的成本太低了，另外也不能给执法者带来执法的难度，现在处罚的空间偏大，食品安全的问题就很难解决，很难堵塞。既然我们制定了食品安全法，就要确保食品安全。现在大家对食品安全的信心度越来越低，买什么东西、吃什么东西都会考虑这种东西到底安不安全。要增强人民群众对食品安全的信任度，我认为非用重典不可，必须加大力度。究竟如何表述，还值得好好研究。如果按照现在这样的追究原则，食品安全这个问题还是很难解决。

王云龙委员说，现在草案的处罚力度轻，包括对于管理部门，应该再加一些相应的处罚规定。法律草案规定，"县以上的卫生行政、农业行政、工商管理等有关行政部门，不履行本法规定的职责，或者滥用职权、玩忽职守、徇私舞弊，依法予以处理。"我认为这个方面少了一个问题，即对贪污腐败、行贿受贿的处罚问题，在食品安全问题方面，不会不存在这方面的问题。像前一段时间，药品监管出现的问题、安全生产的问题，都和腐败、官商勾结有关。在食品安全的各个环节中，也要防止类似的问题，这不单单是玩忽职守、徇私舞弊的问题，还有防止腐败、行贿受贿的问题，对这些问题都要严肃地进行查处。

从斌委员说，提两点原则性意见。关于食品安全问题，是近20年来社会反响强烈，老百姓反映很集中的一个问题。当然，食品安全问题涉及到方方面面，涉及到环境的污染、人口的增加，而食品管理制度上的缺陷，以及食品生产者法律意识淡薄、人性化降低，这些导致食品安全问题在我国屡屡发生，造成了严重的社会后果。尤其是“三鹿奶粉事件”，不单纯是一个影响我国奶业生产的问题，更大程度上是影响了我国的政府形象。向婴幼儿的主食中添加有毒物质，无论从政治角度，还是从人性角度都是不能容忍的。因为婴幼儿奶粉是孩子们吃的粮食，相对的摄入量就比成人多的多，对婴幼儿的损害就更为明显。我就这样的社会问题进行过调查，我认为应该重典治理食品安全问题。我用的这个“典”，是“法典”的“典”，一定要“重典治理”。不然的话，我们的食品安全管理还是轻描淡写，只根据他的违法营业额罚罚款，不解决问题，要罚就要罚他个倾家荡产，让他的企业倒闭。食品安全问题是国计民生的根本问题。

朱永新委员说，我赞成要“乱世用重典”。目前的法律从抓“稳、准”方面来讲很不错，但是处罚太轻。比如草案第83条规定，对已经发生的违法行为，只是“责令立即改正，给予警告”，而不进行相应的处罚。对于拒不改正的，才罚两千元以上二十万元以下的罚款，这样的处罚太轻了。处罚太轻是不起作用的。包括现在的污染问题，也存在这样的问题。因为污染的成本要比治理的成本低很多，所以，企业宁愿先污染再治理。像这样的企业，一定要严加惩罚。让它头破血流，倾家荡产。国外有“黑名单”制度，使这样的企业和个人都要永久退出本行业。比如法律中对于检验人员的处罚是十年之内不得进入该行业，但是我认为，应该终身不得从事该行业。草案中绝大多数的条款规定的处罚力度太轻，因此建议加大力度。现在的草案和《刑法》是配套进行处罚的，有的规定《刑法》中没有，或者是本身处罚得很轻，所以这里也没有办法加重，因此建议《刑法》也做相应的修改，要加大对于食品安全违法行为的处罚力度。

程贻举委员说，关于加重处理的问题，要重罚，要让它倾家荡产。对各级政府以及各个部门都要进行处理。关于赔偿问题，“三鹿奶粉事件”老百姓要求赔偿，我觉得应该赔偿，在食品安全法里面应该增加赔偿的条款，“三鹿奶粉”引起了这么多的问题，该找谁去？现在调查很多的老百姓都要求赔偿，我认为要增加这方面的内容。我希望这个问题能够引起我们的高度重视。希望食品安全法出台以后真正具有可操作性，能够真正地解决食品安全的问题。

陈骏委员说，法律责任不够严格，罚款额度太低。食品安全要出现事情的话，那么就是严重事件，影响非常大，我认为应该让这些不法分子，无论他们多大、多凶，应该让他们倾家荡产、痛不欲生，让任何人不再敢冒这个风险。但是这部法规定的罚款两千元至五万元，或者是造成危害的五倍以下，我认为这个罚款额度太低了。在我国现在这样的转型时期，有很多这样、那样不法的事件发生，这都是正常的。但是为了控制这种情况，就需要规定一部处罚很重的法律。在新加坡的社会秩序为什么非常好，他们就是有重典、用严法在进行控制。这样规定以后，让一般人不敢去犯。比如吐痰，马上要判鞭刑，这个是永久的记忆。只要冒犯了法律，就要付出代价，因此，我认为在这部法中的法律责任规定得不够。另外，关于法律责任追究的问题，法律只追究了领导者的责任，而没有强调执法者、部门的责任，总是把市长、市委书记撤掉，但是真正起作用的应该是质检部门，主要是质检局，也不一定是质检局局长有问题，有时是检验科的工作人员的问题，对他们应该怎样进行处罚？质检部门的作用是很大的，只要他们负起责任，把住关，质量问题就不会发生，因此在这方面应加以规定。

华福周（全国人大农业与农村委员会委员）说，我提两点建议。第一，关于第9章法律责任，从第80条到第92条，现在的法律责任通过这样的修改，虽然体现了保护消费者的权益，对违法的行为、对不良的企业加大了处罚力度，但我总还感觉到目前的处罚力度还是轻了一些，还不够严格。第80、81、82、84、86、87、88条，都涉及到处罚金额的额度问题，我认为这个罚款额度过于宽泛，实际操作起来空间很大，难以掌握。建议在本法的法律责任这一章中，凡是涉及到处罚力度的条款应该是更加严格限制。特别是要进一步加大企业不良行为的违法成本。我国食品安全事件层出不穷、屡禁不止，除了体制上的原因、诚信建设的原因、企业社会责任的原因外，很重要的一点就是违法成本太低。第二，在法律责任方面，要强化各级政府的责任，切实解决目前食品安全监管中多头管理、分段管理的现象，做到部门职责明确、责权利统一，防止把食品安全监管问题变成部门与部门之间的利益分配与利益纷争问题。

安东（全国人大代表）说，草案第81条规定的条款基本都是违法犯罪行为，仅靠行政处罚是不够的，应该加上刑事责任的规定。因此，建议草案第81条第一款后面改为“并处货值金额五倍以上十倍以下的罚款，并吊销许可证；情节严重的，依法追究刑事责任。”这样规定，对于加强食品安全的有效监管，对于违法行为的处罚、打击应是有力的。第83条、第84条后面的违法行为内容与第81条不一样，所以在这里有必要进行强调。第89条第1款“被吊销食品生产、流通或者餐饮服务许可证的单位，其直接负责的主管人员自处罚决定之日起五年内不得从事食品生产经营管理工作。”这个处罚规定太轻，并且没有规定对于单位的主要负责人也应该进行一定的处罚，应该再规定得严格一些。

何健忠（全国人大代表）说，食品安全法草案第81、82、83、84条都有一句话，“情节严重的，追究法律责任”。我认为只要违反本法，生产了不合格的食品，不管情节严重不严重，都应该追究责任。生产企业一年生产很多不合格的产品，如果单纯是罚款，你罚了一次，还有很多次没查到，这就对老百姓造成了危害。只要生产不合格的食品，就吊销你的执照，让你关门。我们很多法都是这样，不仅仅是食品安全法，我们都应该严格追究法律责任。

刘志华（全国人大代表）说，从大家的发言中，我认为一部比较好的法律，关键是如何执行的问题。我认为生产企业应该是第一责任人，那么第二责任人是谁？我认为应该是监管部门。第三责任人应该是政府部门。因为监管部门是在政府的领导下进行工作的，它是不是恪尽职守，认真负责地进行监管？这样责任分清了，下面就是处罚的问题。我们制定了很多法律，但是为什么在执行过程当中往往是执行不好，有时候我觉得处罚还是太轻。如果是经济处罚，就没有处罚到他的痛点？什么叫“痛点”，就是轻描淡写的，处罚之后还可以再挣，把钱一交，该怎么干还是怎么干。我认为应提升到刑法的程度，处罚要重一点，责任重一点，触到痛点。不光是吊销营业执照，甚至是工商局可以根据企业犯错误的情况，在一定时间内不再发放其他的营业执照。如果触犯了刑法，那要毫不留情地执行。比如第一责任人是生产企业，当然他首先要考虑到他进的原料，原料的好坏，首先对他的产品质量有直接的影响，他肯定要把好原材料质量关，把不好原材料关，那成品质量也不会好。此外，还可以采用公示的方式，素质高的都不知道吃什么好不吃什么好，一般农民、老百姓更不知道，那谁来跟他们说。每个县都有电视台，应该在电视台上公布，监管部门的检查要进行公示，每周或十天公示一次，哪个企业生产的食品是信得过的，经过检查符合标准，那么大家都会去买这个企业的产品，这样，好的、绿色的、能够保证大家健康的企业的食品会越卖越好。那公示不符合标准的，大家都不买这个企业生产的产品，那它一是要受到处罚，二是由于大家都不买它的产品，致使它自然倒闭。一部好的法律，一个完善的制度，需要认真地执行，在执行过程中的监管，政府部门的监控都需要认真地去做，如果没有的话，这部法立得再好也是枉然。

周家贵（全国人大代表）说，就第9章法律责任提两条建议。第一，关于法律责任问题从80条到92条，对违反本法规定的生产经营者进行处罚，我觉得都很轻，都处于2000元至5万、至10万的罚款，与违法生产经营者所取得的利润相比是九牛一毛，当前的三鹿牌奶粉事件还没有了结，太湖又有橡胶银鱼，苏州光福镇又出现了用硫黄熏蒸的金黄桂花，食品安全事故一拨连一拨，这说明食品生产经营者付出的违法成本是很低的，正是这种违法的低成本，造成了目前食品行业和食品市场出现的乱世状况，要改变这种乱世状况，必须出重拳重罚，让违法生产经营者付出倾家荡产的违法成本。第二，我认为在法律责任中应该增加一条内容，就是对一定规模或大规模的生产经营企业造成的食品安全事故群体性案件，政府要建立严厉的惩罚性的赔偿制度，由于他们的规模大，造成的影响、波及的层面、造成的危害就更大，一旦发现违法，以他们违法获得利润的数倍惩罚性地重赔，以法律的威严和政府的严管遏制生产企业的违法行为。

招银英（全国人大代表）说，建议完善官员的问责制。从多次的食品安全事故中，部门之间的责任不清是致使食品坏烂的最主要的原因，我们要下决心打破食品监督各自为政的弊端，建立从生产到销售的一条龙负责到底的监管系统，明确哪一个部门为食品监管的主体，也要明确其监督的责任，对食品监督失职行为进行严厉处分。对第80条、第81条等等，我也同意要加大处罚的力度。我国的食品安全问题主要是违法者为了谋取暴利，欺骗消费者而导致的。我建议草案加重对违规企业的刑罚和罚款金额，并且加大执法力度，打击违法行为。

罗辉（湖北省人大常委会副主任）说，我建议提高违法成本。现在有的处罚金额起点才2000元，这个起点太低了。包括这部法律草案和已经生效的一些法律，法律罚款的金额范围很大，这不利于最大限度地减少执法部门的自由裁量权。但是法律本身不可能写得很具体，能否要求法律生效后执法部门要在规定的时间内制定出具体的实施细则。这个细则要报人大备案，要向社会公布，因为要让公民知法，让罚款部门执法有明确的依据。同时，让相关的生产经营者知道他违法到什么程度，要受到什么样的处罚。

分组审议消防法修订草案发言摘登

2008年10月24日上午，十一届全国人大常委会第五次会议举行分组会，审议《中华人民共和国消防法(修订草案)》，发言摘登如下：

任茂东委员说，消防法草案经过两审两改，法律委员会、法工委做了大量卓有成效的工作。根据常委会组成人员的审议意见，法律委员会、法工委进行了专题调研，修改得很好。我赞同这次会议提请表决。

达列力汗·马米汗委员说，关于消防法修订草案，我认为比较成熟，这次的修改很好，操作性也很强。全国人大法律委等有关部门做了大量卓有成效的工作，我赞成本法经此次会议审议修改后提请表决通过。

汪光焘委员说，我比较赞成对消防法修订草案的修改，特别是消防法报告中的第1条修改意见。我在建设部工作期间，就认为这是个问题。设计单位没有责任，审核单位有责任，设计可以不认真设计，将问题留给审查单位，这不利于真正设计单位的设计质量提高和责任的落实。所以，赞成这条修改以及消防法其他的修改意见。我赞成提交这次常委会会议审议通过。

南振中委员说，消防法修订草案三次审议稿经过两次审议，已经比较成熟，赞成法律委员会关于本次会议审议通过的建议。

万凯(全国人大代表)说，消防法的修订，将过去比较单纯地由公安消防机构负责的部门消防转变为由政府、企事业单位、社会各界、公民都参与负责的社会大消防，调动全社会的力量参与消防安全建设，一定会更好地保障我国经济社会更好地发展。我很赞成这部法律。

陈骏委员说，消防法修订草案很好，同意提请表决通过。这里提一个问题。有时候我们出差到山区，有人为了开垦农田而烧山，我们经过那里都会感到担心，害怕火势往山上蔓延。现在在我国，点火是非常随意的，从农村“基改”来看，这不仅是浪费能源、污染环境的问题，从另外一个角度想，农民有没有权利在那里大面积的点火烧秸秆？再有，我国有一些比较传统的习惯，比如烧纸钱等等。因此我想，是不是任何人都有权利任意地点火？对这个问题，必须要有法律来控制。

虞云耀委员说，消防法修订草案修改得很好，针对性很强，赞成本次常委会会议审议修改后提请表决通过。

隋明太委员说，公安部、国务院法制办和全国人大法律委以及相关部门，对搞好这次消防法的修订工作做了大量听取意见及调研论证工作，为修改好消防法奠定了坚实的基础。提交这次会议审议的修订草案，符合国情，符合消防工作规律，符合消防工作实际，规范性、适用性、操作性都是比较强的。我赞成消防法修订草案。

庞丽娟委员说，消防法修订草案三审稿较好地吸纳了常委会组成人员和各方面的意见，总体上看是比较完善的。

符桂花委员说，消防法修订草案经过自上而下、自下而上充分的征求意见，全国人大常委会经过几次审议、修改，国家有关部门，如国务院法制办、公安部等部门也做了大量的调查研究，吸纳了方方面面的修改意见。我也看了我们海南提出的修改意见。这些修改意见都基本吸纳进去，草案已基本成熟，很全面，可操作性也比较强，我完全同意提交本次会议表决通过。

赵可铭委员说，消防法修订草案修改得很好，上一次讨论提出的一些合理意见都得到了采纳，其中对公安消防机构正确行使职权也作了明确规定，对他们有所约束，写得比较好。

杨贵新委员说，这部法律草案经过两次审议修改，我和以上发言委员、代表的认识都是一样的，认为目前的修改已经比较成熟了，完全赞成这次会议通过。消防法修订草案修订得比较全面，消防工作必须贯彻预防为主、防消结合的方针，也就是实行"24字方针"的原则，即"政府统一领导，部门依法监管，单位全面负责，公民积极参与"的责任制，的确要建立健全社会化的消防工作网络，也就是说，消防法颁布实施以后，要在落实上下功夫。比如第6条、第7条，人人都有责，每个部门都有责任，只要在落实上下功夫了，预防火灾和减少火灾危害的工作也就到位了。现在的问题是坚持这"24字方针"的原则没有实行好，怎样做？如何做？有的部门和单位，甚至领导干部都不知道。现在全党在开展学习实践科学发展观活动，只要通过活动的开展，用科学发展观来统领，那么预防火灾和减少火灾危害的工作就会做得很好。

程贻举委员说，我想提一点意见，消防队伍在应急救援方面的作用越来越大。从这次汶川地震可以看出，真正救出被埋人员的、救灾作用发挥最大的还是消防人员，因为他们的装备、器材比较齐全。现在看来，我国的灾情越来越多，是不是把"提高应急救援能力"这个职责赋予消防队伍，这样可以更好地提高他们的应急能力，在装备上，国家应有更多的投入。有关内容在总则中应该有所规定，并可以在第1条或者其他条款进行规定。

万凯（全国人大代表）说，第25条，规定"产品质量监督部门、公安机关消防机构应当按照各自职责加强对消防产品质量的监督检查"，建议增加"工商行政管理部门"，这样扩大了对消防产品的监督检查范围，因为消防产品涉及生产、销售、使用三个领域，如果加上工商行政管理部门，那就把消防产品从三个领域都管住了，扩大消防产品管理的范围。其次对消防产品流通的这三个领域都有了明确规定，也是明确这些部门的责任。火灾事故发生以后，在追究责任过程中，这些部门也就不会再出现很多推诿、扯皮的现象，在生产过程中出现问题，产品质量监督部门要负责任，在销售过程中出现问题，工商管理部门要负责任，在使用过程中出现问题，公安机关消防机构要负责任，这样更会明确各部门的责任。

黄镇东委员说，昨天法律委在作消防法修订草案报告时特别指出了消防队伍"5·12"汶川特大地震抗震救灾成功经验，总结了一些内容，对法律条款作了修改，我认为十分必要。但是我感到修改的力度还不够，还没有完全体现出我国公安消防队伍的双重职能。我理解公安消防队伍应该是双重职能：一是火灾的消防，另一是应急抢险。特别是发生重特大的自然灾害，比如5·12汶川特大地震，消防人员在重灾区的核心地区，因为消防队伍专业性强，装备和工具适应应急抢险需要，成效也比较明显。有一些事故，尽管不是火灾事故，但是涉及应急救险特别需要，比如在高楼上、险要地区等，也都需要去抢救。

分组审议邮政法（修订草案）发言摘登

2008年10月28日上午，十一届全国人大常委会第五次会议分组审议《中华人民共和国邮政法（修订草案）》。发言摘登如下：

达列力汗·马米汗委员说，邮政法的修订是必要的，因为邮政法发布到现在，有了很大的变化。现在快递业务发展得很快，但是快递业务发展中也存在不容忽视的一些问题。一是缺乏必要的市场准入和退出规则，有的企业未经工商管理部门登记注册从事快递业务的情况时有发生，有的是超范围经营，有的管理粗放，无任何规章制度，有的侵犯邮政专营权。部分企业规模很小，注册资金不到5万元，工作人员只有3、4人。二是快递市场主体为牟利快件收寄不验视、不把关，损害国家利益的情况有所发生。三是这些快递企业不重视对员工的培训，服务质量比较差，造成损害消费者利益的情况也有所发生。四是恶意竞争、随意压价情况时有发生。所以，建议在修订邮政法的时候，这些问题都要进行认真的研究。

哈斯巴根委员说，邮政法已经颁布施行20多年了，当时是在计划经济的条件下，而且邮政在政企合一的体制下，制定这部法律。虽然对邮政事业这些年的发展起到促进作用，但是在改革发展这么多年之后,邮政法已经出现了很多不相适应的地方,还需要进一步修改、完善。80年代我们只有邮电局一家,邮政、电信分家以后,电信又分出了几家,过得都很好,但邮政这些年的日子不太好过。前些年在报纸上登了,邮政系统全行业亏损30几个亿,原因是多方面的。所以国务院提出改革方案,对邮政进行改革,改革的同时也需要对邮政法做一些修订,这是完全必要的。

裴怀亮委员说,邮政法施行已经21年,邮政政企分开已有几年,现行邮政法的修改完善是非常紧迫和必要的。从资料显示来看,快递市场总体规模发展很快,每年新增法人企业和业务增长量都在20%以上。民营和外资快递企业占快递市场总收入的50%,发展非常快,所以急需对法律进行修订。

林强委员说,回顾改革开放30年,我国的整个邮政事业在不断发展,但是邮政事业也面临着很多新挑战、新困难和新机遇。如随着电信事业的发展,特别是移动通讯的发展,现在写信的人少了,通过电话把信息沟通一下,都很普遍。随着互联网的发展,通过电子邮件交流更普遍,甚至还有视频。另外,随着数码技术的发展,数码拍照与过去用胶卷相机拍照已经完全不一样了,用胶卷拍照以后还要寄照片,而用网络传递数码照片更加方便,通过邮政寄照片的情况也少多了。整个邮政事业的确面临着很多新的挑战,所以有一段时间邮政事业整体业务和经营呈下降趋势,也出现了亏损情况。二十几年前制定的邮政法需要随着形势的变化进行适当的修改,我表示赞成。

胡振鹏委员说,邮政法这次修改有一个很大的特点,就是普遍邮政服务坚持公益性服务,由国有邮政公司承担,把快递业务推向市场,建立市场机制,这样修改很有意义,我完全赞成。

朱永新委员说,这次邮政法修订草案的内容非常好,明确规定了政企分开后邮政管理部门的监督管理职责,把普遍服务、特殊服务、快递业务等进行了界定与区分。

何健忠(全国人大代表)说,无论制定什么法律,都要根据本国的实际情况来确定,要为国家的安全利益着想。我国地大、地理环境复杂,虽然说我国各方面都在快速发展,但承担邮政普遍服务的邮政企业,由于我国特定的地理环境,以致于虽然现在有30万左右的投递员,但同60年以前的劳动强度是一样的。一封平信,邮资是1.2元,送一封公文、义务兵信件、党报还要跨雪山、过草地、过沙漠,爬铁索翻山越岭,还有水上邮路,相当一部分还是用自行车投递,是很辛苦的。现在寄信越来越少,邮政运输邮件的车辆是每天在全国各地全天准点运转。义务兵平常信函,盲人读物,革命烈士遗物,特定时期的救灾包裹,向灾区汇款,都是免费的。为30万投递人员支撑的还有近7万个网点,邮政储蓄也是在替政府分担工作,如收水电费、代发工资,有些业务专业银行都不办了,只有邮政银行坚持这个业务。邮政普通服务的成本是非常高的,邮政企业克服了种种困难承担这项工作。2002年我到西藏和其他少数民族去了,有的地区就是一个政府和邮政,其他的什么都没有。最近几年中央1号文件都讲到了邮政为三农服务的功能,因为只有邮政的网点全国无处不有。现在邮政人还为农民兄弟送种子、送化肥、送农药、送农资,特别是边远地区和和不发达地区。1998年以前,是用电话资费补邮资的,1998年以后特快业务可以弥补一些。但是这些年,随着特快业务的开放,业务越来越少,邮政是在背着沉重的包袱前进,运营成本加大。目前国内的信函快件业务,我保守的说,已超过50%以上被社会上的快递公司所占领,而他们所经营的场所都是大城市和发达地区。其经营场所很简单,租一间房子,运营成本很低,其安全、保密根本就谈不上。而国外的一些快件公司,经营国际快件业务时,无论是私人还是公家的信件,一样收寄,直接危害了国家的信件安全。所以说,国家开放信函业务时,要慎之又慎。今年的大雪和四川地震的时候,快递公司都关门了,只有我们邮政人奋斗在抗灾第一线,传递信件、报纸和救灾物资,承担着党和国家的责任。鉴于上述情况,建议在修订邮政法的时候,要把邮政现状同国家的利益结合起来,用法律的形式扶持邮政。

周家贵(全国人大代表)说,随着社会经济的持续发展和邮政体制改革的不断深入,邮政部门认真履行普遍服务的义务,积极服务民生,不断加快企业发展,提升邮政服务水平,为国家经济建设和社会发展做出了积极的贡献。但是,随着经济社会的发展和改革的深入,市场的变化,邮政部门特别是县域农村的邮政部门也面临着一些压力和亟待解决的突出问题。这些压力和突出的问题有三个方面。一是由于信函、党报党刊、包裹等普遍服务类的业务利润低,同时还需要维持庞大的邮运网络,由此带来的政策性亏损压力较大。二是邮政网点及服务设施建设滞后，特别是滞后于城市的发展，影响了居民正常通邮及邮政服务水平。三是邮政部门服务中小企业、服务“三农”和参与国家目前提出的“万村千乡市场工程”缺乏配套的扶持政策。

王万宾委员说，建议在总则部分首先阐明什么是邮件、邮政是为人民群众服务的、向人民群众提供什么服务等。要让老百姓看到这部法以后，知道邮政部门可以为自己办点什么事。现在群众不知道快递业务和邮政业务职责上是如何区分的，邮政企业是干什么的？快递企业是干什么的？这一点法律必须作明确规定，要有让老百姓都看得懂的规定。

吴晓灵委员说，关于草案第2条“邮政业是国家重要的社会公用事业，邮政网络是国家重要的基础设施。”我不知道法律上应该怎么说，现在是政企分开了，邮政业指的就是现在的“中国邮政”，但是这种表述方法并不是唯一性的，如果不表述为唯一性的话，就意味着还可以再出现其他的邮政。如果想确定中国邮政唯一性的话，是不是可以说“邮政业是国家特别许可的重要的社会公用事业”。

严以新委员说，对邮政法修订草案提点具体意见。第3条第3款“邮政企业的邮政普遍服务业务和竞争性业务应当逐步实行分业经营”。我认为，我们国家的邮政仅此一家，如果实行分业经营的话，这是内部管理的问题，没有必要由法律规定。刚才有的委员讲到，现在邮政经营不景气，其实这与它的服务有密切关系。记得以前我早上8点前从南京寄封信出去，当天下午4点多就到了上海，到天津也只需要24小时。现在感觉连特快专递都很慢，还不如那时候的一般邮政。

乌日图委员说，谈几点想法。第一，邮政业务与广大人民群众的日常生活工作息息相关，普遍服务更是属于基本服务的公共事业，应该特别强调如何提高服务质量的问题。在第1条中就没有看到类似的字眼，只有“保护通信自由和通信秘密”，当然这也是一方面，但是作为通讯，首先要讲普及、便利和快捷。刚才有的同志也讲了，我们也都有同感，过去寄一封信很快，但是现在说不准了。建议在第1条中有明确的表述。第1条中讲到的“通讯自由”在第4条中也有规定，这是公民的基本权利，有第4条的规定就足够了，不要两处都提及。第二，邮政企业改革以来，过去一家办邮政企业的局势已经被打破，过去的传统业务和现在的竞争性业务在市场上同时存在。这些年来，国有的邮政企业由于历史包袱和国家经费的不足，所以也在经办一些竞争性的邮政业务，比如快递等。但是很明显，国有企业干不过民营企业，无论服务质量还是效率，都干不过。比如快递业务。财经委的一些委员在讨论该修订草案时，不赞成对邮政企业实施亏损补贴的办法。我觉得这样做也不合适，应该把本法所讲的普遍服务（基本服务）和竞争性服务相分开，普遍服务是属于基本的公益事业，国家就应该对这块业务实施补贴，比如过去老百姓贴一张8分钱的邮票寄的平信、包裹，全体国民都普遍能够承受的、最基本、最需要的邮政服务项目，就应该体现国家扶持，不是说亏损了才有补贴，这部分业务就应该是由国家承担的。第3条中规定“邮政企业的邮政普遍服务业务和竞争性业务应当逐步实行分业经营”，建议删除“逐步”，明确规定“普遍服务业务和竞争业务实行分业经营”。当然，经营普遍业务的企业有能力也可以去参与竞争业务，但是业务是一定要分开的，不能混在一起。如果混在一起，即使国家给补贴也没法补，怎么分得清哪块是由于做普遍服务发生的亏损，哪一块是由于竞争以后在市场上造成的亏损？第三，本法还是应该体现鼓励邮政市场的竞争，不应该限制竞争。我隐隐约约感觉这部法是鉴于传统的业务受到了市场的冲击，因此通过设立一些门槛，用财政资金给予一些补贴来保护。实践证明，在任何领域，只有竞争才能改善服务，只有竞争才能提高效率，所以要提倡竞争。

龚学平委员说，对于邮政法修订草案提一点意见。邮政企业还是改为“邮政”或者“邮政事业”比较好。国际上普遍认为，邮政是指国家举办的承担邮政普遍服务业务的公用事业，联合国产品分类代码国际标准当中，邮政服务和其他寄递服务是并列的，而不是相互隶属的关系。邮政服务是专门指国有邮政企业为老百姓提供的服务。在我国，邮政法也讲了，中国邮政企业就是中国邮政集团公司，仅此一家。如果叫邮政企业的话，容易把快递也混在一起。所以，建议在“邮政法”中尽量不用“邮政企业”的概念而用“邮政”“邮政事业”或“邮政服务和其他寄递服务”的表述为好。

朱永新委员说，关于邮政设施，第12条规定在“较大的车站、机场、港口和宾馆应当设置邮政营业场所”，是不是可以加上“高校”？因为大学的人口非常密集，有的甚至几万人，所以，应该作出规定。现在许多高校有不同的校区，有些校区没有邮政营业场所,大学师生的邮件要到总部或其他校区办理。而且每个大学都应该有自己的邮戳,因为有了邮政场所才有邮戳。任何大学都要比宾馆大得多,既然宾馆都有了,大学也应该有。所以,建议第12条加上"高校"。

严以新委员说,关于修订草案第11、12条。第11条谈到了配套的邮政设施,其权属问题应该明确。第12条也谈到了"应当设置接收邮件的信报箱",但信报箱的归属也不明确,一旦发生丢失信件,不知道哪个部门承担责任。建议在第11条后面加上一款"配套设施的所有权归属于管辖的邮政企业。"在第12条第2款建议改为"……城镇居民楼应当设置接收邮件的信报箱,信报箱的所有权归属于管辖的邮政企业。在城镇居民小区的范围内可以由物业公司代管。"一旦发生事故的话,责任也就很明确了。另外,第12条是否需要规定得那么明确,包括"港口和宾馆应当设置邮政营业场所",机场、火车站当然有邮政业务,现在港口已经没什么客运了,再规定上去是否合适?还有宾馆怎么界定?是不是一定要设置?以及"农村地区应当逐步设置……",建议把"逐步"去掉,就应该写"设置",法律上一规定"逐步",拖个五年、十年都有可能了,而农村地区更有必要设置邮政营业场所。

金硕仁委员说,建议在邮政法修订草案里明确邮政企业服务设施建设工作的责权利问题,并通过法律形式明确规定政府或相关部门在特定的工作上,应当给予邮政企业必要的行政支持。邮政企业是代表国家开展人民群众日常邮政服务的重要公用性企业,它的地位很重要。修订草案第二章第11条、第12条规定了邮政企业邮政设施建设的要求,比如纳入规划,配套邮政设施建设,设置营业场所,建设信箱等。但是没有明确责任方的责任及其违反规定后应当承担的后果。建议邮政法修正草案明确上述工作的建设方、配合单位,并明确各方的责权利,来保证群众基本通信权利的实现,并在第八章法律责任中予以体现。同时,草案第二章第14条明确规定了在征收、拆迁邮政营业场地或邮件处理场所时,各级部门应根据邮政企业普遍服务的要求做出妥善的安排。但是没有规定相应的责任划分及后果承担,使得规定的约束力较低。建议修订草案中明确邮政设施的定位,在邮件处理场地、营业网点的选址上,给予邮政企业适当权利,地方政府必须给予一定的支持,并在第八章法律责任中予以体现。另外,建议修订草案中增加在邮件的交通运输方面,给予邮政企业适当支持的内容。

陈佳贵委员说,邮政法修订草案第12条规定"较大的车站、机场、港口和宾馆应当设置邮政营业场所",我同意增加"高校"。另外,后面再增加一句话"尚无条件建立邮政场所的地方,应该采取设立流动邮政车等方式来满足邮政服务的需要。"因为,我在国外进修的时候,去了一些大学,有些大学没有固定的邮政所,但是每天邮政车都会开来,并规定了服务时间,服务完后就开走了。既省地方又节约人力。为什么要增加这一条呢?上一届我参加了邮政法起草组的讨论,当时就讨论了一个问题,现在很多地方搞建设,没有建立邮政场所,邮政公司认为你不提供场所我就不提供邮政服务。为了避免这种扯皮现象,也为了降低成本,我建议增加这条。

范徐丽泰委员说,提点建议。第12条第3款与第67条都提到,邮政设施要撤销的时候,应当事先书面告知邮政管理部门,我相信这可能是现行的方法,告诉邮政管理部门就可以了。但是设施为什么要撤销呢?可能是需求不大、重复设置了,这要有一个道理,是应该告知管理部门,还是应该向管理部门提出要求批准?我认为目前的运行方式并不是一个很科学化的做法。

周家贵(全国人大代表)说,我想对邮政法修订草案提几点建议。第一,支持邮政服务的设施建设,将报刊亭建设作为邮政便利服务工程,纳入政府为民办实事的项目之一。第二,加强邮政信报箱建设和管理,将邮政信报箱建设成为新建居住区配套设施内容,与新建居民住宅楼同步规划、同步设计、同步建设、同步验收。第三,加强农村地区邮政通信建设,在广大的农村地区,要建立村邮站,指定专人负责,并由政府支付一定补贴,将村邮站的建设纳入新农村硬件建设范畴,以解决农村邮政投递的深度和邮件报刊妥投的问题。另外,第11条第二款"地方各级人民政府应当将邮政设施的布局和建设纳入城乡规划,并对邮政设施建设给予必要的支持。""必要的"三个字应该去掉。邮政企业,特别是县域农村的邮政企业,设施方面的压力是很大的。第12条第二款"较大的车站、机场、港口和宾馆应当设置邮政营业场所。"我认为把后面有几个"应当"去掉,第14条"征收、拆迁邮政营业场所或者邮件处理场所的,城乡规划主管部门应当根据保障邮政普遍服务的要求,对邮政营业场所或者邮件处理场所的重新设置做出妥善安排。"这里要强化法律的力度,不要“妥善”,就是“做出安排”。城乡规划主管部门就要根据规划的要求做出安排。

周玉清委员说,邮政法的修改体现了政企分开以后新形势下邮政发展的要求,总体上不错。我提点意见。第25条规定“邮政企业寄递邮件,应当符合国家邮政管理部门规定的寄递时限和服务规范”。对这一条的本身我没有意见,但是我希望能够把“寄递时限”和“服务规范”稍微展开一点,以便于人民群众的选择和监督,也有利于处理此类问题引发的矛盾。因为,在现实生活中,一些因远远超过服务时限而耽误工作所引发的矛盾屡见不鲜。相应地,在第7章监督检查中这方面的内容也应该有所体现。

马福海委员说,第18条“国家对邮政企业提供邮政普遍服务、特殊服务给予补贴。”建议在邮政法修订草案中增加省级邮政主管部门对补贴资金的使用进行监督管理的内容,以保证普遍服务的补贴资金能够落到实处。

杨贵新委员说,邮政法的修改是社会发展的需要,对我们国家来说,发展的速度越快,分工也就越细。邮政法主要考虑的就是怎样以人为本,怎样做好服务?邮政服务的宗旨定位要准确。关于邮政的分工,我们也是这样走过来的,以前想要联系,想要交流,就以信件为主渠道。现在社会发展了,可以说邮件已经不再是主渠道了。从我们做纪检监察工作的角度来说,群众的举报现在更多的还是通过信件举报,网上举报也是渠道之一,但是主渠道还是来源于信件。所以,我认为要强化邮政服务宗旨,必须要适应新形势的发展,全心全意为人民服好务,绝不能片面强调部门的业务和利益。

邹萍委员说,修改后的邮政法明确规定了政企分开后邮政管理部门监督的职责,较为全面的增加了规定保障邮政普遍服务的制度和措施,第18条规定了国家对邮政的提供普遍服务和特殊服务给予补贴。在来开会之前,我们召开了座谈会,邮政局从几方面反映,每一封信的成本是1.1元,而我们云南省是2.4元,我们州是3.3元,因为我们90%是山区,成本费增加了,每年的亏损很厉害。老百姓在座谈中提到,目前邮政企业的服务质量存在着很多问题,比如,过去骑一辆单车送信的服务真好,服务态度、服务质量的好坏与服务成本的增加还是有一定联系的;比如电信分开,电信部门的工资、奖金更高,所以有些影响邮政部门的服务质量和服务的积极性。

金硕仁委员说,修订草案第三章第26条规定“铁路、公路、水路、航空等运输单位对邮件应当优先安排运输。车站、机场、港口应当为邮政企业转运邮件安排装卸场所和出入通道。”第27条第二款规定“带有邮政专用标志的车辆运递邮件,确需通过公安机关交通管理部门划定的禁行路段或者确需在禁止停车的地点停车的,经公安机关交通管理部门同意,在确保安全的前提下,可以通行或者停车。”但是从目前实际运行的情况看,地方的铁路、航空等运输单位在时间、价格及仓位上均对邮政企业提出苛刻的要求,出现不能满足装卸时间、装运其他货物、不留邮件空间、运输价格明显超出合理价格等一些现象,而且邮政普遍服务遍布城市的大街小巷,需要投递的地址很细,因此投递车辆需要在合适的地点停靠,邮政企业在邮件的交通运输方面也面临着很大的成本压力和管理压力。建议将第27条第二款修改为“带有邮政专用标志的车辆运递邮件,确需通过公安机关交通管理部门划定的禁行路段,或者确需在禁止停车的地点停车的,在确保安全的前提下,公安机关交通管理部门应当同意通行或者停车。”同时建议修订草案对过路费问题进行规定,对其中的普遍服务邮件进行核算,并通过法律规定的形式给予过路费的减免,并在第26条当中明确各单位需要承担的责任和义务,以及违反规定所应承担的后果,并在第八章法律责任中予以体现。

哈斯巴根委员说,第19条“国家设立邮政普遍服务基金,具体征收使用管理办法由国务院财政部门会同有关部门研究提出,报国务院批准后公布实行。”建议在“会同”后面加上“国家邮政管理部门及其他”。因为研究的是邮政普遍服务基金,所以与管理部门协商是非常必要的。第20条第2款“邮政企业在交通不便的边远地区和乡镇其他地区每星期的营业时间以及投递邮件的频次,国家邮政部门可以另行规定。”我认为这个“另行规定”也很好。因为边远少数民族地区,尤其是撤乡并镇以后,牧区的一个乡镇的面积有的都达到了几千平方公里,也有个别甚至是上万平方公里,比内地的几个县还要大。过去我们在牧区工作的时候,牧民反映邮件或者是信、报纸、杂志到他们手里,往往成了周报、月报、季报,这样的事情是经常有的,所以“另行规定”要对少数民族边远地区投递邮件等的速度、频次要做出明确的规定。

吴晓灵委员说,第16条“邮政企业经营下列业务”，应该把“邮政储蓄”删掉，过去是有邮政储蓄业务，但是现在邮政体制改革了，邮政储蓄银行出来了，邮政本身就不能办储蓄。集团公司是这样的，集团可以综合经营，邮政集团下面的邮政银行应该是独立法人，必须有金融业经营牌照的，如果邮政企业可以干的话，就意味着邮政企业其他部门也就可以干了，这是两部分，不可混淆。现在一个重要的改革就是把邮政储蓄从邮政里分开了，所以法中必须删去“邮政储蓄”两字。作为企业，可以由下属一个法人企业做这件事情，但并不意味着邮政企业可以做，这是两码事。现在金融业的综合经营，只有集团可以综合，一个法人是不可以综合的，如果一个法人办银行业务就要成立银行，搞证券可以成立投资银行，但是这个投资银行必须是一个独立的法人。邮政体制改革方案，核心就是要把邮政储蓄分出来，过去是拿邮政储蓄的利润去补普通服务，现在是两者分开，普通服务由财政补贴。投资金融企业是所有的企业和个人都具有的权利，而不是邮政企业才具有的权利。

严以新委员说，建议删除第19条。“国家设立邮政普遍服务基金”，设了那么多的基金，也并不都在法律中确定下来，这项基金是不是必须要在法律中规定？第22条和第24条，建议将两条合并。第22条规定“邮政企业收寄邮件和用户交寄邮件，应当遵守法律和行政法规以及国务院和国务院有关部门禁止寄递或者限制寄递物品的规定。”第24条是规定发现禁止寄递的物品怎么处理，这两条有关联性，建议合并为一条。第24条第2款规定“进出境邮件中夹带国家禁止出口或限制出口的物品”，建议把“出口”改为“进出口”。第27条第3款“邮政企业不得利用带有邮政专用标志的车辆从事邮件运递以外的经营性活动”，建议删除“经营性”，毕竟专用车辆是专为邮件服务的，其他的活动都应该被禁止。第33条第3款“邮政企业应当在20日之内将查询结果告知汇款人”，建议增加“书面告知汇款人”，如果因为汇款打官司，口头告知是没用的，要出示证据的时候，书面材料才是强有力的证据。第35条“因国家安全或者追查刑事犯罪的需要，国家安全机关、公安机关可以依法查检、扣留有关邮件。”建议其中加上“检察机关”。第4条规定的是“国家安全机关、公安机关或者检察机关”，而第35条中没有规定“检察机关”，建议与前面的内容保持一致。

裴怀亮委员说，第27条第2款“带有邮政专用标志的车辆运递邮件，确需通过公安机关交通管理部门划定的禁行路段或者确需在禁止停车的地点停车的，经公安机关交通管理部门同意，在确保安全的前提下，可以通行或者停车”。我认为这一段没必要写到法律中。因为运递邮件是一项经常性的工作，既然禁止停车，就是有危险，不能确保安全可靠的。我认为，作为法律写这一条不合适。第25条“邮政企业寄递邮件，应当符合国家邮政管理部门规定的寄递时限和服务规范”，我不知道到哪里去找这个规定。现在交通工具比过去多了，运输的速度也快了，但是我感觉现在的邮递时间并不比过去快。快递件的运送时间也不快。法律对这个问题应该有要求。

范徐丽泰委员说，第27条“邮政企业不得利用带有邮政专用标志的车辆从事邮件运递以外的经营性活动”，那么不做经营性活动，作为私人用途开着这车行吗？我用它做其他的事情可以吗？邮车实际上就是用作送邮件，其他与运递无关的事情都不能做，怎么写我倒没什么大意见，但建议写得要清楚，不能用邮车去做其他无关邮政的事。

林强委员说，感受最深的一点是，一定要通过这部法的修改让广大人民群众体会到，现在的邮政尽管面临着一些新的困难，但它的发展还有很广阔的天地。比如如何提高邮政服务质量？现在一般人寄平信的情况很少，一般都是寄快件，就是因为寄一封平信时间偏长了，所以大家宁可把平信变成快件去寄，一两天就能收到。过去两三天就能收到的信现在得一个礼拜才能收到，所以现在的邮政企业一定要提高服务，让广大老百姓喜欢邮政，喜欢使用邮政，邮政的业务才能发展。另外，邮票的业务也应该是邮政业务的很重要的组成部分，这一点在修订案中也强调了。再有，目前很盛行的就是快递业务，不论是一封平信，还是一些需要寄送的物品、包裹，现在普遍都使用快递的方式，在很快的时间内安全地送到目的地，有的还甚至登门送到收件人家里。此外，信件的安全很重要。比如我们去寄信，到邮局的窗口去，问他们几天能够收到，他们也没有准确的回答，都说不一定，也可能一个礼拜，也可能三五天，没有定数，就只能寄快件或挂号信了，寄挂号信还能够有一个收据，你将来可以凭着收据去查。如果寄普通平信，信件能否寄到目的地还不好说。所以说，在新的形势下，优质服务确实对邮政来说是非常重要的。

李登海（全国人大农业与农村委员会委员）

说，邮政法的第20条我认为应该做出修改。第20条规定了城市中的营业时间是6天，而农村是5天，这不适合当前发展的需要。第一，现在农村的道路，随着国家对农村乡镇的投入，大部分都是水泥路、柏油路，交通条件比较好了。第二，过去邮局是骑着摩托车和自行车送，现在基本上大部分都是用车送，交通条件改变了。第三，现在农村区域有许多企业，这些企业在农村的区域中得不到邮政及时的服务，这就影响了企业的工作。所以，应让农村的企业及时得到邮件或者其他方面的信息情况。第四，按照十七届三中全会的精神，我国逐步实现城乡一体化，此条应该符合十七届三中全会的要求，随着目前城乡道路的改善，交通运输条件的改善，社会和经济发展的需要在邮件投递方面，城乡应该达到一个标准。我有一个体会，我们是一个搞农业科研部委，距县城18公里，报纸有时3天见不到。我们人大的文件，有时候四、五天后我才能收到，因为我们在农村区域，还按照原来的老规定，太不现实了，这样可能会耽误很多事情。不利于社会和经济的发展，所以应当适当考虑第20条的修改，应该与时俱进，要符合社会发展和企业发展的需要，做一下修改。另外，对交通不便的边远地区，可据情另行规定。

朱永新委员说，关于第4章，邮政是国家经营的，定价调整应该采取听证制，邮资调整应该听取意见。我认为凡是国家垄断行业的价格，都应该采取听证制。没有市场竞争机制的前提下，所有的价格都应该采取听证制，包括相对垄断经营的，都应该把听证机制写入法律。所以建议应该把听证制度写上。

崔雷平（全国人大环境与资源保护委员会委员）说，邮政法修订草案第43条"下列邮资凭证不得使用"分为三项，建议后面的一段话不要了，即"从邮资信封、邮资明信片、邮资邮简、邮资信卡上剪下的邮资图案，不得作为邮资凭证使用"。光有邮资图案的就不是邮票，不是邮票就不能用，不光是这几个地方，从任何其他地方剪下的也不能用。

秦绍德（全国人大教育科学文化卫生委员会委员）说，第38条明确规定，报刊的自办发行资费是政府定价。毫无疑问，邮发有报社不可替代的优势，因为网络非常广泛，是跨省市的，而且是到农村的。离开邮政发行，一是政府定价的资费比较高，大概是35%—40%左右，我当时在上海解放日报，党报有优惠，优惠到29%，其他的报纸就受不了。第二个原因，城市里的报刊发行，邮发的时间上不能保证，因为报纸的竞争就是要早发。邮政是多年朝南坐的，不能保证早发。还有就是零售服务很差。这样一来，许多报社纷纷自办发行，增加零售，提早印报，提早分送。当然，大报社自办发行有财力，可以做到，小的报社做不到，他们没有这个财力。所以，报社和邮政的矛盾还是很大的。有不少报纸后来脱离了邮发，由邮政部门分离出来的邮政企业按照市场的规律来帮助报刊的发行，这在一定程度上缓解了前面所说的矛盾。当然，除此以外，还有一些报社自己的发行组织，有一些报纸联合起来发行以避免这个问题。特别是省一级报纸，和邮政方面是难以抗衡的，一级报纸要发到农村最边远的山村，其他的自办发行组织替代不了邮政。第38条的规定不是十分明确，定价好像没有什么监督，就是一句话"政府定价"，在报刊发行市场方面还会产生很多异议和问题，对这条规定，有关部门要有一些说明。

胡振鹏委员说，关于快递业务专营的范围，这几年的争论很激烈，信件的快递由邮政公司专营，其他的快递业务允许社会上其他的企业经营。由邮政公司专营的信件快递界限在邮政法中没有具体规定，在曹康泰主任的"说明"中谈到由国务院另外制定实施细则。为了鼓励更多的市场竞争，对社会上的企业进行快递业务的门槛不要设得太高，也就是说邮政公司专营的信件快递"壁垒"不应太高，应鼓励社会上其他企业在快递业务中进行竞争。按"重量+资费"为原则确立门槛似乎不可取。引进竞争机制的作用之一是降低快递邮寄资费，把资费一划定，市场竞争机制就难以形成。我认为，要创造条件与环境，在快递业务中形成竞争机制，鼓励竞争。

裴怀亮委员说，第51条讲到"申请快递业务经营许可证，应当具备下列条件"，这里面规定了六个条件，其中第六个条件讲的是管理人员最近三年内未受过刑事处罚。我认为这个条件简单化了，时限不是主要的，关键是受刑事处罚的原因。建议不要，或改写为对责任上的要求。

王万宾委员说，要明确邮政和快递企业经营业务在法律上的区分。比如第六章讲到经营快递业务的规定，仅作第54条规定的"不得经营由邮政企业专营的信件寄递业务"是不够的，哪些是邮政企业的业务，哪些是快递企业的业务，应在法律上界定清楚。总之，无论怎么表述，都要体现邮政为民，都要方便公民，方便服务对象。

达列力汗·马米汗委员说，第51条提到快递业务经营实行许可证，但我建议要进一步规范建立快递市场的准入和批准许可制度，严格制定必要的许可条件和进入市场门槛，门槛不要太低，并对现有社会上从事快递业务的企业要进行全面整顿。因为如果按照这个门槛要求，现有很多企业是根本达不到要求，同时要以法律法规的形式对从事快递业务的企业人员素质提出要求，并对作业处理场地及快件损失赔偿等作出明确规定。还要在法律规定中，对未经许可经营快递业务，侵犯信件专营权行为设立处罚条款，强化邮政监管力度，确保市场秩序。

范徐丽泰委员说，第50条第3款解释了什么叫做国内快递业务。既然是定义，为何不在第1款中就说明本条是规范国内快递业务？建议将第3款作为第1款，应该先讲定义，然后讲怎么处理，我认为这样排序在行文上会合理一些。

南振中委员说，草案第52条规定申请快递业务经营许可证时，如属于跨省界经营，应向国家邮政管理部门提出申请；第53条规定经营快递业务的企业设立分支机构的，应向原颁发快递业务经营许可证的邮政管理部门备案。在实践中，有可能出现原来在省、自治区、直辖市范围内经营快递业务的企业，又在其他省、自治区、直辖市设立分支机构的情况。只规定“应当向原颁发快递业务经营许可证的邮政管理部门备案”，容易导致经营快递的企业采取设立分支机构等手段，对第52条相关规定进行规避。建议在第53条中增加防止此类规避的表述，以便与第52条的内容相衔接。

崔雷平（全国人大环境与资源保护委员会委员）说，第59条有关协会组织依照其章程规定，制定快递行业规范，……应当对从事教育、技能培训等等，这一条也没必要规定。因为企业有自律的规定，这种要求到处都可以写，所以没必要在法律中规定。

分组审议刑法修正案（七）草案发言摘登

2008年12月23日上午，十一届全国人大常委会第六次会议分组审议《中华人民共和国刑法修正案（七）（草案）》。发言摘登如下：

陈玉杰委员说，刑法修正案（七）草案在第四次常委会初审的基础上，法律委员会征求各部门的意见之后，提出了这次的修改意见，总体上来讲修改得很好。我觉得刑法修正案（七）有两点比较突出：一是有力地打击了破坏社会主义市场经济秩序的犯罪行为，新增加的条款，特别是对维护资本市场的正常运行秩序，规定得比较具体，也符合当前的情况，对从事证券、基金等业内人士违法行为的处罚，都是从现实的市场经济运作中出现的情况总结出来的，都很有力度。第二，这次修改有利于反腐败，对国家工作人员在这方面的处罚，也有一定力度。

达列力汗·马米汗委员说，刑法修正案（七）草案经过几次讨论，越来越成熟，文字更加规范，内容更加全面。

郭凤莲委员说，看了刑法修正案（七）草案，我感觉修改得非常好，而且内容非常充实，也确实非常符合我们国家惩罚犯罪行为的实际情况。

杨永良委员说，刑法修正案（七）草案修改得很好，没有补充意见，同意提交常委会会议表决通过。

嘎玛（西藏自治区人大常委会副主任）说，刑法修正案（七）草案，适合我国经济发展和社会改革趋势，具有一定的前瞻性、预见性和可操作性，完全符合党的十七大精神和科学发展观要求。新增内容符合当前社会发展进程，能够打击当前刑法未能涉及的犯罪。

郭凤莲委员说，我提一点建议，近些年来，盗窃银行卡的犯罪行为愈发猖獗，这些违法行为已经严重扰乱了金融市场秩序，给社会治安带来了非常混乱的局面，现在老百姓反映很大，也很强烈。大家说没有钱的时候受穷，有了钱了是担心，存款担心，取款时更担心，带着卡是方便一点，但也很担心，总的来讲是担心重重。随着科学技术的不断发展，犯罪者不择手段地钻空子，利用电子计算机盗窃、行骗，我感觉是防不胜防。建议增加盗窃银行卡犯罪行为的处罚条款，列入犯罪的范畴。最近电视台的法制节目经常报道这样的情况，这种局面现在是一发不可收拾，建议在刑法中增加相关的内容。

范徐丽泰委员说，刑法修正案(七)草案，我觉得已经进步了，但还有一些地方需要考虑。第一，第180条和第225条都提到了证券、期货。这次的金融海啸让大家都明白，金融产品不单单是证券、期货那么简单。为了让我们的法律更加完整，我认为，应该加上“其他金融”。第180条第1款，建议改为“证券、期货及其他金融交易内幕消息”。第225条第3项建议改为：“未经国家有关主管部门批准，非法经营证券、期货等金融服务及保险业务的”，这样的法律范围比较符合近代的需要。第二，第151条中谈到了走私珍稀植物，“处五年以下有期徒刑或者拘役”。刑法第42条规定了拘役是为期一个月以上，六个月以下。现在这个写法，会否使人以为拘役也是五年以下，建议在“或者”前加个逗号。第三，第201条，规定纳税人采取欺骗、隐瞒手段进行虚假纳税申请的，建议在“欺骗、隐瞒”后面加上“等”。因为有的情况不一定是明显的欺骗或隐瞒，有可能是在这两者之间，加上“等”就容易把更多的不法行为纳入进来。

刘振伟委员说，刑法修正案(七)草案第3条中，对严重逃避纳税数额较大的，在补缴应纳税款后，不予追究刑事责任，不利于打击严重逃税犯罪。建议该款不适用于严重的、数额巨大的，如数额占应纳税款30%以上的行为。补缴税款后，也不应免除刑事责任，但可以作为从轻或者减轻处罚的情节。

李祖沛委员说，对刑法修正案(七)提几点建议。建议将第一条“走私珍稀植物及其制品等国家禁止进出口的其他货物、物品的”中的“等”字改为“或者”，因为里面还包括其他没有点到的货物、物品。建议将第三条“纳税人采取欺骗、隐瞒手段进行虚假纳税申报或者不申报”，中的“不申报”挪到前面，即“纳税人不申报或者采取欺骗……虚假纳税申报”。建议在第四条中“并按照一定顺序组成层级”后面加上“网络”二字，即“按照一定顺序组成层级网络”。

张少琴委员说，对刑法第180条谈点意见。刑法第180条主要对违规进行内幕交易的从业人员以及监管部门和行业协会的工作人员违反规定的行为规定了处罚。核心是这些人员违规取得了一些内幕消息，然后利用内幕消息进行违规操作，获取巨额利润。这里有一点，就是这些对交易价格有重大影响的信息，往往是来自掌握这些敏感信息的公务员。但是，刑法第180条中没有对违规泄露重大信息并同谋进行违规交易获取不正当巨额利润的公务员规定处罚，建议这里增加一款“对国家公务员违规泄露重大信息，造成股票内幕交易并形成严重后果的依照第一款的规定给予处罚。”

罗范椒芬(全国人大代表)说，第1条的罪状描述逻辑关系不清。其中后一段珍稀植物及其制品是否具有相关性表述非常不清楚。建议在第151条中设一个兜底性条款，这样整个逻辑关系会比较清楚。草案第3条，建议“逃避缴纳税款数额较大，并且占应纳税额百分之十以上的，处三年以下有期徒刑或者拘役”，我完全理解为什么要定一个下限，应该是减轻司法部门、执法工作人员的工作量，可是从理念上来说，如果定一个下限等于是鼓励人瞒税在百分之十以下就可以逃避刑事责任，造成这一点影响不太理想。各地方的法院其实可以在内部量刑，去决定如果瞒税数额不大，可以从宽处理，或者是用行政的方式处罚。

邸瑛琪(全国人大代表)说，第4条采取叙明式罪状，详细描述了非法传销的特点，具有可操作性。但正因为是详细描述，也有消极作用，司法实践中如果不具有其中某些内容就不认为是传销行为。这与实质上打击非法传销行为的立法本意是相悖的。另外这个法条显得比较乱，建议厘清组织领导行为与非法传销行为的区别。同时，建议该罪使用空白罪状，不要使用叙明式罪状，这样可以加大司法实践中的可操作空间。

嘎玛(西藏自治区人大常委会副主任)说，草案第201条“纳税人采取欺骗、隐瞒手段进行虚假纳税申报或者不申报，逃避缴纳税款数额较大并且占应纳税额百分之十以上的，处三年以下有期徒刑或者拘役，并处或者单位罚金；数额巨大并且占应纳税额百分之三十以上的，处三年以上七年以下有期徒刑，并处罚金。”如一个纳税人，应纳税10万元，但逃税2万元，属于逃避缴纳税款数较大并且占应纳税额百分之十以上，处三年以下有期徒刑或者拘役，并处或单处罚金；另一个纳税人，应纳税100万元，但逃税29万元，虽然属于逃避缴纳税额数额巨大，但不符合占应纳税额百分之三十以上，因此不构成犯罪。显失处罚公平，建议将本条款中“并且”修改为“或者”。

任茂东委员说，草案第6条，关于绑架罪增加的对于情节较轻的，“处三年以上十年以下有期徒刑,并处罚金”。我上次会议的时候说过,这次仍然认为这样规定不妥,建议将其修改为“处五年以上十年以下有期徒刑”,更合理些,更符合当前的情况。如果将绑架罪的最低刑降低为三年,法院在审判实践中就有可能对绑架罪做缓刑处理,这样与绑架罪的社会危害不符,如果有关犯罪人员因为缓刑并没有被关押,老百姓绝对不能理解。所以,我建议再次斟酌。

丛斌委员说,第6条规定的量刑,我同意任茂东委员的意见,建议改为讲绑架罪情节较轻的,处五年以上十年以下有期徒刑,理由有两条:第一,现在绑架罪发案率比较高,对社会稳定、对公民的安全造成很大的威胁。第二,如果界定最低刑是三年有期徒刑,有些审判单位可能就要适用缓刑,这样不利于打击犯罪,建议提升为五年以上十年以下有期徒刑。

石秀诗委员说,对刑法修正案草案第6条关于绑架的问题提两点意见:第一,修改以后的条文里,增加了情节较轻的处三年以上十年以下有期徒刑,并处罚金的内容,不知“情节较轻”怎么把握?第二,对绑架罪犯判罪的轻重应看罪犯能否主动释放被绑架人,或保护被绑架人的安全。如果绑架后能够主动释放人质的可以减轻刑罚,建议在第2款之后加一句话,“绑架后主动释放人质的可以减轻处罚。”

李祖沛委员说,第六条绑架罪,“情节较轻的,处三年以上十年以下有期徒刑,并处罚金”。是否可以理解为有的绑架罪情节不太重,原来规定十年以上有期徒刑或无期徒刑太重了,现在放宽一点。但会不会让人感到绑架的情节轻,就只判3年?在客观上容易助长绑架犯罪行为。对绑架行为要严打,如果要写上这句话,最好是至少五年以上,重一点,五年以上可以,不能放宽。

南振中委员说,第253条规定,“国家机关或者金融、电信、交通、教育、医疗等单位的工作人员,违反国家规定,将本单位在履行职责或者提供服务过程中获得的公民个人信息,出售或者非法提供给他人,情节严重的,处三年以下有期徒刑或者拘役,并处或者单处罚金”,还规定“窃取、收买或者以其他方法非法获取上述信息,情节严重的,依照前款的规定处罚”。这两款规定全都是针对工作人员的。在现实生活中,还存在以单位名义向他人出售或者非法提供公民个人信息的情况。2007年年底,女白领姜岩写完死亡博客后自杀,其生前好友发出网络贴文声讨姜岩的出轨丈夫王菲,并刊登了后者的真实信息,引起诉讼。今年12月18日,北京市朝阳区法院对中国“人肉搜索”第一案一审判决,判令被告大旗网赔偿因“人肉搜索”受到伤害的原告精神抚慰金等。这一判决说明,单位侵权行为是存在的。建议在第253条中增加一款:“国家机关或者金融、电信、交通、教育、医疗等单位违反国家规定,将本单位在履行职责或者提供服务过程中获得的公民个人信息,出售或者非法提供给他人,情节严重的,对单位判处罚金,对直接负责的主管人员和直接责任人员,依照前款的规定处罚。”

姜兴长委员说,刚才南振中委员针对刑法修正案(七)草案第7条提出意见,我附议。第253条,增加一款对“单位犯罪”的规定是必要的。对单位犯罪的处理,除对单位判处罚金外,应该对其直接负责的主管人员和其他直接责任人员,依照各该款的规定进行处罚。

达列力汗·马米汗委员说,草案第7项提到单位工作人员侵犯公民权利的问题,现实中非法向他人提供公民个人信息的行为有时候是单位工作人员实施的,有时候却是单位实施的,这一点从“草案的说明”中使用“国家机关和电信、金融等单位”的用词表述上也可以得到印证,因此,对于以单位名义实施上述行为的,也应对单位进行处罚,以防止因为犯罪主体的遗漏而造成司法操作的困难。所以,建议增加一款作为第三款:“单位犯前第一款罪的,对单位判处罚金,并对其直接负责人的主管人员和其他直接人员依照前第一款定罪处罚”。

列确委员说,第253条,规定了个人出售和非法提供信息应当承担的法律责任。我想,这类犯罪除了个人以外,可能还有单位组织实施的,建议加上单位组织企业作为犯罪主体的内容。

黄燕明委员说,1.关于修正案第6条绑架罪。国外大部分刑法对于绑架情节比较轻的,有减刑或者免刑的规定。建议增加一款“绑架后主动释放被绑架人,且没有造成被绑架人人身伤害的,可以减轻或者免除处罚。”2.关于修正案第7条,现在规定的是工作人员违反规定透露个人信息的情形,但是实践中有一些行为属于单位行为,建议增加一款作为第2款:“国家机关或者金融、电信、交通、教育、医疗等单位犯前款罪的,对单位处以罚金,并对其直接负责人员按照前款规定给予处罚。”原来的第2款就作为第3款。3.关于修正案第8条,建议在组织未成年人盗窃、欺骗、抢夺的的规定中增加“残疾人”。因为在实践中,除了组织未成年人犯罪,还有组织残疾人进行盗窃、欺骗、抢夺的,这样规定与刑法第261条的规定一致。因为刑法第261条也有关于残疾人的规定,可以避免法律漏洞。

罗范椒芬(全国人大代表)说,草案第6条,我也同意任委员的意见,应该改为处五年以上十年以下的有期徒刑,其他的条文用的是“情节较严重的”,而不是这里提到的“情节较轻的”,建议修改一致。草案第7条提到国家机关、交通、教育、电信等单位的工作人员,对这些单位的属性没有具体的界定,建议后面加上“等公共事业或服务单位的工作人员违反国家规定,将本单位在履行职责或者是提供服务过程中获得的公民、个人信息”,后面写的是“出售或者非法提供给他人”,我建议改为“使用、透露或者转让给他人”,“出售”的范围太窄。

夏绩恩(全国人大代表)说,关于刑法修正案(七)第8条,“组织未成年人进行盗窃、诈骗、抢夺、敲诈勒索等违反治安管理活动的”,现在实际情况上不仅是组织,而更多是教唆,所以我认为前面应加上“教唆”,然后再是“组织”,因为教唆的危害性可能会更大。

李亚力(天津市人大常委会副主任)说,刑法第253条增加了一条,很有必要,但是也存在问题。我国现在没有个人信息法,如果笼统地说个人信息的话,比较笼统,概念不好界定。因为公民的个人信息范围很广,笼统规定的话,司法实践上有难度。建议对个人信息范围有所限定。

嘎玛(西藏自治区人大常委会副主任)说,草案第253条规定了个人出售和非法提供信息应承担的法律责任,但这类犯罪有可能是单位、组织实施的,建议在增加本条时考虑单位、组织、企业犯罪的问题。

白克明委员说,关于刑法修正案(七)第13条,文字表述上让人看不明白,看得很费劲,什么“国家工作人员的近亲属或者其他与该国家工作人员关系密切的人员,通过该国家工作人员职务上的行为,或者利用该国家工作人员职权或者地位形成的便利条件……”,等等,看了以后不知道这一条罚谁?是罚该国家工作人员?还是罚该国家工作人员的老婆孩子、秘书司机?最后看明白了,是罚国家工作人员的老婆孩子和秘书司机。所以这段话中的“通过其他国家工作人员职务上的行为”这句话可以不要,要了这句更让人看不明白了,建议这一条文字上再修改一下。

李祖沛委员说,第十三条,犯罪主体的表述还是复杂了一些,上次讨论的时候,很多委员都提了这一意见,强烈建议对这一条再推敲一下,要简洁明了,文字上再下点功夫。

南振中委员说,第395条第1款加大了对巨额财产来源不明犯罪的惩处力度,但同人民群众惩治腐败的呼声仍有不小距离。近年来,一些落马贪官对巨额不合法财产的来源拒不交代,虽然不义之财被收缴,但相当一部分巨贪保住了性命。难怪有网民认为巨额财产来源不明罪客观上成为贪官的“避风港”和“免死牌”。对这一条款的审议,应注意在以下四点:一是巨额财产来源不明罪的犯罪主体是国家工作人员中的犯罪分子,不涉及其他社会群体,因而不存在“责众”问题;二是来源不明的巨额财产超过工资、奖金、继承的遗产、接受馈赠捐赠等合法收入,无论是贪污受贿、化公为私而来,还是走私、贩毒、盗窃、诈骗而来,就其性质而言,均属于不合法财产,因而被推定为非法所得合乎情理;三是“行为人”明知其财产不合法而故意占有,案发后又故意不说明财产的真实来源,属于“拒不交代”、“拒不认罪”,不符合“坦白从宽”的条件;四是不能说明来源的财产数额特别巨大,其行为给国家和人民造成重大损失,在社会上造成恶劣影响,后果极为严重。鉴于上述理由,建议在“数额特别巨大的,处五年以上十年以下有期徒刑”之后,增加“情节特别严重的,处十年以上有期徒刑”。

赵可铭委员说,对刑法第388条有关规定提点建议:受贿罪的主体是特定的,是指国家工作人员,现在增加第三款,把离职的国家工作人员也包括在内,这就扩大了受贿罪的主体范围。当然,如果离职的国家工作人员在职的时候为他人谋取利益、收受贿赂,应该追究受贿的责任,那他的身份还是国家工作人员。如果把犯罪主体不适当地扩大适用,受贿罪就失去了职务犯罪的本质属性。第388条当中增加的两款都使用了同国家工作人员“关系密切的人”的概念,哪些是关系密切的人?这不是非常确切的概念。我记得2007年8月“两高”有一个关于受贿罪的司法解释,认为是特定关系人,并界定为国家工作人员的近亲属、情夫妇,以及共同利益关系人。我觉得用“共同利益关系人”比“关系密切的人”更确切一些,离职的国家工作人员和“关系密切的人”如果通过“国家工作人员”犯受贿罪,能不能有一个别的罪名,另列出来。比如有的“关系密切的人”是在国家工作人员不知情的情况下,打着他的旗号办事,这就是诈骗罪。如果已经离职的国家工作人员利用现在在职的国家工作人员犯罪,他们共谋,那么可以追究共犯的责任,不作为职务犯罪的主体。此外,对受贿罪按照贪污的数额进行处罚,五千元以上的构成犯罪,1997年以来就是这样规定的,现在已经十多年了,随着经济的发展,情况发生了很大的变化,今天的五千元和十多年前的五千元差别很大,那时候我们部队一个师职干部的月工资是八百元,现在是三千八百元。如今贪污受贿五千元的社会危害性应该说已经降低了,所以建议提高受贿罪的起点标准,原来的规定,在司法实践中也无法实行,不严肃。另外,贪污受贿十万元以上的处罚,是处十年以上有期徒刑,又可以判无期徒刑或者死刑,和贪污上百万、上千万是一样的,我建议提高判处重刑的门槛,使不同的犯罪有所区别。

列确委员说,第388条,规定国家工作人员谋求不正当利益的。但是现在的情况是不仅仅有在岗的,还有退休以后接受他人财物的情况也是存在的。建议在这一条中明确退休后谋求不正当利益接受他人财物的情况。第395条,本人不能说明来源的差额部分,以非法所得处五年以下有期徒刑或拘役。这里是不是应该加上一句话"没收非法所得,并处罚金"。

黄燕明委员说,我们也征求了一些从事司法实践的同志的意见,对修正案第13条规定的关于国家工作人员的近亲属和其他与国家工作人员"关系密切的人",认为"关系密切的人"在实践中比较难以区分,不好把握,建议删除,就写"关于国家工作人员的近亲属或其他人员"。

邸瑛琪(全国人大代表)说,建议删除第13条。理由:一是现有的刑法及其相关司法解释完全可以调整,不需要再将其扩张。按照共同犯罪的原则可以进行调整。二是犯罪主体范围扩大,由国家机关工作人员扩大到一般公民,关系密切的人在司法实践中非常不容易掌握,极易造成打击面扩大。三是第13条和刑法设置的贪污贿赂罪的犯罪本义相违背。贪污贿赂罪主要打击国家机关工作人员的权钱交易,第13条的设置把它改为"关系密切的人",老百姓会认为这是一种株连式的立法。

罗范椒芬(全国人大代表)说,我对刑法修正案(七)草案提点意见,我曾经担任过香港廉政公署的官员,特别关注刑法第8章有关贪污贿赂罪的条文,现提出一些自己的意见。草案第13条表述的不够清晰,原条例338条犯罪的主体是国家工作人员,收受利益为请托人谋取不正当的利益,修订以后第338条犯罪的主体变成了国家工作人员的近亲属和关系密切的人,而近亲属和关系密切的人在草案中并没有明确说明是包括哪些人,不正当的利益也没有明确界定。香港防止贿赂条例所界定的利益,包括认可的馈赠、贷款费用报酬或者是佣金和其他种类的财产或者财产权益,职位、工作或者是合约。其实利益应该是中性的,不正当的是夺取利益的手段,所以我不太理解在草案中说"谋取不正当利益"是指什么,需要明确。第二,刑法第395条,现在贪污的手法层出不穷,而且很隐蔽,要求官员呈报财产所得,如果发现其生活和收入不相称,是不法所得,这是一个很强有力的条例,香港廉政公署在成立初期曾经利用这条惩治了很多贪污的官员。最近我看到网上报道在南京有一个房产局长被网友揭发,戴着价值10万元的手表,抽1500元一条的香烟,而他的弟弟又被发现是做地产生意的。有钱的人一般都要享受,所以只要多留意国家工作人员的生活习惯,也可以看出一些端倪。另外,国家在研究财产申报制度,对财产应该包括的范围是需要明确的,在当今金融秩序、资金流通非常方便的情况下,财产应该包括海内、海外的资金,还要包括其亲属的财产或者间接拥有的财产,也应该公布财产的来源,要有一个核查的机制。我看到网上最近提到,新疆维吾尔自治区的一个纪检会,制定了官员财产申报制度,值得推崇,希望实验成功,可以得到全面推广。

李亚力(天津市人大常委会副主任)说,第388条"与国家工作人员关系密切的",这里的"关系密切"很难掌握,反过来说,如果"关系不密切"的人谋取了不正当的利益,就不要处罚了吗?建议删除"关系密切"这一词,或者参考联合国反腐败公约的提法,使表述更为准确。

分组审议社会保险法(草案)发言摘登

2008年12月23日下午,十一届全国人大常委会第六次会议分组审议《中华人民共和国社会保险法(草案)》,发言摘登如下:

谢克昌委员说,关于社会保险法,我提两点意见。第一,我认为这部法律很重要,因为社会保障是国家最重要的经济制度之一,是社会稳定和国家长治久安的重要保证。该法律经进一步完善后,应尽快出台。十七大提出2020年我国全面建设小康社会的奋斗目标之一就是要建立覆盖城乡的社会保险体系,人人享有社会保障。这个目标是定在2020年,现在是2008年底,如果我们到2020年再台覆盖城乡的社会保障体系法律,那就太晚了。第二,我们已经经历了30年的社会保险制度的改革实践,这个实践也要求尽快出台这部法律。更主要的是,现在整个社会发展社会保险的任务十分艰巨,如果社会保险法迟迟不出台的话,很多问题不好解决。一是各地区社会保险政策法规不统一,在城乡之间、不同人群之间社会保险制度还存在差异。二是社会保险基金支付压力逐年增大。三是体制改革发展中出现的一些社保问题亟待解决,如进城务工的农民,企业破产、改制新增许多下岗、失业人员,以及各种自由职业人员,等等,这些群体社会保险政策有待进一步完善。四是社会保险基金的管理、监督还不够规范,严重存在着挤占、挪用,资金流失等现象。人口老龄化也将进一步加大,养老金和医疗费用支付压力,城镇化水平的提高将使建立健全城乡衔接的社会保障制度更为迫切。就业形式多样化,将使更多的非公有制经济从业人员和灵活就业人员被纳入社会保障覆盖范围。这些都对我国社会保障制度平稳运行和建立社会保障事业可持续发展的长效机制提出新的要求。因此,应尽快制定社会保险法,明确国家、用人单位和劳动者在社会保险方面的权利和义务,规范社会保险费的征缴、待遇给付、经办机构、基金的管理和运营,确定监督措施和法律责任。

张柏林委员说,我对社会保险法修订草案谈一点个人看法。制定社会保险法是一件非常有意义的事。这部法律是在法律体系中起支架作用的一部法律。草案对我们国家社会保险的目标、主要内容等各方面的权利义务和责任都加以规范,这对于推进社会保险事业的发展、维护当事人的权益、改善民生、保证社会和谐和稳定和国家长治久安具有重要意义。这部法各方面期盼,所以抓紧制定很有必要。对现在的二审草案,我个人认为,从目前来看,虽然还不是很完善,还需要吸纳大家的意见做进一步的修改,但是,总的感到比上一稿更加充实、更加明晰、更加贴近实际。一是,法律框架和基本模式是清楚的。草案对养老、医疗、失业、工伤、生育这五项社会保险都单独成章。上一稿是混在一起写的,这次五个险种每个险种分为一章,并且分别对每一项保险的覆盖面、制度的模式、资金的来源、待遇等问题都做出了规定,同时还分专章对社会保险费的征缴、社会保险基金、社会保险经办和社会保险监督都做出了规定。这样,就由一审稿的8章63条,修改为现在的12章91条,增加了4章28条,这五个险种的基本框架和基本模式就体现出来了。二是,发展方向是明确的。目前,养老保险和医疗保险是草案的一个重点。草案第2章养老保险和第3章医疗保险把各类劳动者和城乡居民分别都纳入到基本养老保险和基本医疗保险覆盖范围,贯彻了党的十七大提出的到2020年基本建立覆盖城乡居民的社会保障体系这一要求,也符合十七大提出的"老有所养、病有所医"的要求。同时,第4章、第5章、第6章又讲到了全体受雇人员都纳入了工伤、失业、生育保险制度,这样的制度设计符合我们国家的国情,也符合总体制度的要求。三是,草案为今后的改革发展留下了空间。我们国家的社会保险制度,虽然建国初期就已经有了,但是社会保险制度的真正改革也就是90年代初的事情,也就是十五、六年的时间。由于改革起步比较晚,有的制度还在建立,有的制度还需要健全,有的制度还在试点探索,有的正在推进,所以草案对那些在社会保险制度改革当中行之有效的制度和中央有明确要求的,都作出了规定;对那些还不成熟,但符合改革发展方向的做法,草案都做了方向性的、原则性的规定;对处于动态当中的一些具体制度,草案采取了授权国务院作出规定的办法。虽然感到授权规定多了一些,我也听到了一些代表和委员提出授权多了一些的意见,但是,在目前的情况下也只能这么做,这样可以为今后社会保险事业的进一步发展、为保险制度的深化改革留下空间和余地。四是,草案回避了一些短时间内难以解决的复杂问题。因为我们国家很大,东西南北中各地发展很不平衡,人员的阶层差别比较大,如果我们用一把尺子去规范,目前行不通,可能东部能够贯彻,而西部就不能贯彻,所以既要考虑发展方向,又要照顾到眼前;既要考虑全局,又要照顾到局部。不能采取一刀切的办法,用一个很死的规定去规范复杂而难以一时解决的问题。因此,社会保险法草案回避了一些问题,但这些问题的回避并不影响整部法律的完整性。比如费率的问题,现行的办法是养老保险这一部分的费率国务院规定了最高限,企业缴纳20%,个人缴纳8%这么一个最高限,由各省根据具体情况来确定。医疗保险规定了一个大致的数额,个人缴纳多少、企业缴纳多少,然后由各省级人民政府来具体确定。失业保险是国务院明确费率,各地执行。工伤保险费率由国务院授权社会保障行政部门会同财政部制定,并报国务院批准。生育保险现在在试点过程当中,由试点地区人民政府自行确定。由于各地统筹层次不一样,人员的构成不同,所以就无法规定得太死。

乔传秀委员说,制定社会保险法符合人民群众的利益需求,有利于经济社会的长足发展。而且社会保险是以劳动权利为基础的,以解除劳动者在年老、疾病、职业伤害、失业等方面的后顾之忧为目标,应当说是促进劳动关系和谐、维护劳动者权益的根本性制度保障。它不仅事关全体劳动者的切身利益,也事关国家与社会的持续、健康、文明发展。法律委员会和法制工作委员会在社会保险法草案的二次修改审议中注重进一步广泛征求和听取各方面的意见,也包括认真听取了全国总工会的有关意见和建议,而且不少得到了很好地吸收,我们很感谢。现在社会保险法草案二次审议稿,在一审的基础上有许多方面的修改和完善,比如按照险种的不同对社会保险制度做了细化的规定,同时还明确基本养老保险关系随本人转移、基本养老保险基金逐步实现全国统筹。加大了政府对社会保险事业的支持,并且明确规定统筹地区的人民政府应当成立社会保险监督委员会。这些规定无疑对推动我国社会保险事业的发展具有重要的意义。由此,我个人总体上表示赞成。

达列力汗·马米汗委员说,社会保险法涉及民生,社会很关注。十届全国人大常委会第三十一次会议审议到现在时间不短,这次草案和以前相比,内容更加充实,条款更加规范,有些方面有新的突破。比如个人跨地区就业的其基本养老保险随着本人转移,由各缴纳地分段计算、退休地统一支付,另外基本养老保险基金逐步实行全国统筹,这些都是新的突破,体现了社会保险法草案的制定是与社会保障水平和目前我国经济社会发展的承受能力相适应的。但是从民生、社会关注的角度来说,社会保险法的总体框架需要进一步充实和完善,虽然草案确立了我国社会保险制度的基本框架,但是这个框架的结构,仅仅停留在对当前五个险种的粗线条规范上,没有新的险种的突破。基本框架应该进一步充实。草案中授权国务院规定的制度规则太多,有15处以上。建议有些大政方针性的规则还是应当通过大法进一步明确。

汤小泉委员说,社会保险法草案修改稿很不错,第一,改的很清楚,把五个保险的险种作为专章规定,每个险种现行有效的做法都纳入到法律草案中,非常清晰,也非常明确,非常好。第二,修改稿给我一个与时俱进的感觉。今年10月份,全国人大进行劳动合同法的专项检查,在检查中发现,在执行劳动合同法中,确实社会保险的缴费问题在基层存在一些矛盾,像广东、深圳、东莞等一些地方,劳动合同法在执行过程中,由于基本养老金不能转移、不能续接,缴纳就存在很多矛盾。这次社会保险法明确了从省级统筹逐步过渡到全国统筹,这个方向提出来我认为是非常好的,解决了劳动合同法中的一个非常大的症结。现在有的省提出可以做省级统筹,将来发展成全国统筹,就解决了流动就业问题。怎么操作?法律也提出来了,第10页提出了,“基本养老金按照退休时各缴费地的基本养老金标准的缴费年限,由各缴费地分段计算、退休地统一支付。”,这也使得各个省积累的保险金、各个省的利益不受影响,分段计算,方向和方法都提出来了,这种政策的出台对于企业缴纳保险和如何缴纳保险、如何操作的问题,都提出了一个比较好的方向和操作的途径。如何做?能不能做?还有待于试点,如果能做到,就可以在全国推广。有利于法的完善,有利于保护企业的利益和职工的权益,也有利于劳动合同法的贯彻,这是社会保险法草案与时俱进的一个表现。第三,汇报中提到了“缴费比例”的问题,希望在修改社会保险法中,把降低缴费费率在修改法律中明确,什么时候明确?怎么明确?是下一步探讨的问题。但是这个问题确实很大,在对劳动合同法进行调研的过程中,我们感到，一些大型的企业，特别是国际型的企业，以前就缴社会保险费，所以他们可以承受，但也反应缴费率太高。对于一些民营企业，特别是第三产业，缴社会保险费用就困难了，比例一高就无法承受了。所以，实际上很多中小企业缴不起费用，尤其是现在面临金融危机，导致很多中小企业不得不关闭，如果考虑在当前的经济形势下，以前一些不缴保险费的企业，一下子缴出来承受不了，可以考虑降低费率的措施，有利于第三产业的发展和中小企业、民营企业的发展。在社会保险法草案中提出了这个问题，我觉得提得非常好。

吴晓灵委员说，这次的社会保险法草案明确了基本养老保险基金实行全国统筹的方向并解决了基本养老保险的接续问题，是重大进步。对其他社会保险提出了省级统筹的方向也是符合当前实际情况的，但今后的方向也应是全国统筹。

蔡昉委员说，社会保险法草案不仅十分必要，而且有特殊的紧迫性。除了基本社会保障是一个长期制度建设之外，社会保障决定了居民的消费行为，也是当前启动消费内需的重要制度保障。过去我们认为社会保障建设是一个长期的问题，对宏观经济的影响也是长期的，其实中国的情况不一样。如果保障水平是高和低的关系，从低到高会逐渐改变人们的消费行为，但目前是有和无的问题，现在以基本养老保障制度来看，城乡覆盖率只有30%多。我们做了一些计量分析发现，在目前低水平保障下，有和没有，人们的消费行为是完全不一样的，因此，通过加快这部法的立法进程，对我们应对金融危机和解决宏观经济问题，会有短期、即时的效果。

庄先委员说，关于社会保险法，这是一部以人为本、促进社会和谐的非常好的法律草案，老百姓迫切需要。这次的社会保险法草案在基本养老保险方面有两个亮点，一是把基本养老保险的接续问题明确写上去了；二是逐步实行全国统筹。这都是十七届三中全会上做出的明确规定。

牟新生委员说，社会保险法草案二审稿与一审稿相比有了很大的进步。社会保险法对于中国来说是一件大事，我们这个有着十三亿人口的国家，现在最滞后的就是社会保障。我们改革开放三十年成就巨大，但是社会保障还不到位，很多问题滞后，产生的社会矛盾也很多，所以社会保险法出台颁布实施以后，确实会对我国的社会和谐和稳定起到很大作用，非常重要。我赞成人大常委会审议出台颁布社会保险法。

华福周（全国人大农业与农村委员会委员）说，制定社会保险法，我认为非常必要，非常适时。从总体看来，草案二审稿是好的，特别是在大方向大框架上，还是比较成熟的。尤其是草案将养老、医疗、工伤、失业、生育单列成章，对每一项的保险的覆盖范围、制度模式、资金来源、待遇水平等都作了比较全面的规定，这就确定了我国社会保险制度的基本框架和基本模式。

安焕晓（山西省人大常委会副主任）说，制定这样一部法律非常必要，正当其时，希望尽快出台。党的十七大、十七届三中全会已经召开，纪念改革开放30周年大会对30年的经验进行了总结，随着国家经济的发展，新兴工业化的推进，建立与社会主义市场经济相适应的全国范围内的社会保障制度，应该说水到渠成应运而生。到农村去看，广大群众感觉到在全国范围内建立社会保障制度非常迫切，可能在一些地方或具体问题上还存在不少问题，解决起来还有一些难度，但并不妨碍在全国范围内、在总体上建立制度的必要性和可能性。所以，希望能够尽快出台社会保险法。

郑洪（重庆市人大常委会副主任）说，社会保险法二次审议稿和以前相比有很大的进步，“跨地区转移”是非常令人关注的问题。一次审议的时候，很多委员和列席同志都提了意见，就是二元结构的问题，在社会保障制度的设计上二元制度还是存在的，党的十七届三中全会提到“要逐步建立城乡经济社会发展一体化的体制机制”，新修订的法律尽量避免维护二元结构。立即达到一体化肯定有困难，要鼓励向着一体化方向努力。

郑功成委员说，各项社会保险制度的覆盖范围，法律里还应进一步明晰。养老保险应该就是职工基本养老保险、公职人员基本养老保险、农民基本养老保险，这些保险需要长期存在。除三大保险外，考虑到总有一部分人由于各种原因漏在这三大养老保险外，根据国际经验、根据国力和一些地区试验性的做法，应有城乡老年津贴或补贴制度，只有三险加上一贴，才能从制度层面上实现“老有所养”的目标。所以这里的覆盖范围还需要在法律里进一步明确，以实现“老有所养”、“病有所医”，制度应尽可能地统一和整合起来。

达列力汗·马米汗委员说，社会保险“广覆盖”的原则体现不多，社会保险覆盖仍然在单位这个侧面上，未对高达8亿农民的社会保险给予必要的法律性保障和规范。所以，这个领域应该拓宽。虽然总体设计考虑到了我国当前社会发展水平的承受力，但是全国各地的发展水平不一样，比如东部和南方一些发达的地区和西部地区发展水平有很大的差异，这部法应该鼓励发达地区更大层次发展，欠发达地区也应该在法律上予以引导。建议这几个方面进一步充实。

郭凤莲委员说，社会保险法是讲国家承担基本责任的制度，是全社会人的一部大法，是解决民生的大事，用老百姓的话来讲，实际上是老百姓的“保险箱”、“保险柜”。看了这部法律以后，我感到农民养老金的问题始终没有提到法律条文中。我国是一个人口大国，是一个农民人口众多的国家，而且还是一个老龄化国家。现在老年人越来越多，农村的老年人也呈现上升的局面。国务院有关部门应尽快出台解决农民养老金问题。现在农村已经普及了新型医疗保险，不管老百姓是出10元也好，20元也好，国家承担大部分，个人承担一小部分，老百姓很满意。

张中伟委员说，社会保险法修订草案坚持以人为本，五个险种体现了老有所养、病有所医，是关系民生的一部重要法律。特别是随着工业化、城镇化和人口老龄化的进程加快，将社会保障制度纳入法制轨道是非常必要的。应当说，草案修改得比较好。从我们国家的实际情况来看，13亿人口中有8亿是农民，有大批农民工流动，这部法应充分体现城乡统筹。我提两点建议：第一，要坚持城乡统筹，总则第3条可改为“社会保险制度坚持城乡统筹，实行广覆盖、保基本、多层次、可持续的方针。”第二，要坚持体制创新，进一步协调好各部门的关系，以适应城乡统筹的需要，使之成为一部具有中国特色的社会保险法律制度。

朱永新委员说，我同意刚才张中伟委员提出的，在社会保险制度中提出坚持城乡统筹，把城乡统筹作为一个原则是非常重要的。同时，如果有可能的话，在“保基本”后增加“重公平”三字。因为广覆盖、保基本，同时还应该有重公平的问题。因为社会保险法是保障、落实社会公平正义的一部非常重要的法律，这部法律很重要的一点是保障弱势群体的，所以城乡统筹在一定意义上是国家多拿一些钱、城市多拿一些钱出来用于支持弱势群体、支持农民、支持农村，支持西部，所以把城乡统筹的观念直接写入法律作为原则，我认为非常重要。

安焕晓（山西省人大常委会副主任）说，社会保险法是起支架作用的法律，是在中国建立社会保障制度母法型的法律。1. 建议在第1条立法宗旨和目的中明确，我国通过立这个法，就是要动员社会各个方面的资源来保证无收入、低收入以及遭受各种意外灾害的公民能够维持生存，保障劳动者在养老、失业、患病、工伤、生育时的基本生活不受影响，而建立一种保障体制。接下来再说为了规范社会保险关系，维护社会保险参加人的合法权益，使公民共享发展成果，促进经济发展、社会和谐稳定，来制定本法的。2. 建议在总则中增加一条，我们要按照城乡统筹或者按照城乡一体化这样的大思路来统筹规划、整体设计。通过建立制度，通过各方面努力不断消除、解决城乡二元化的问题，按照五个统筹，城乡一体化、整体设计、分类指导、分步实施，循序渐进、逐步提高，这是我们应该遵循的总的指导思想和基本方针。3. 在第3条方针之前应该增加原则。一是政府主导，建立全国范围内的社会保障制度应该由政府主导；二是坚持社会公平，这对于保障社会成员的公平，促进社会公平起着很重要的作用；三是共助互济，就是要通过吸纳社会方方面面的资金，来帮助低收入人群或是遭受重大灾害的人民，保证其基本生存权益。把这三点写到第3条前面，然后再说几个方针。

单晓鸣（全国人大代表）说，第一，我赞成这部法立法的主旨和原则，特别是总则中的第2条、第3条、第4条。第2条写的是保障公民在年老、患病、工伤、失业、生育等情况下依法获得物质帮助的权利；第3条写的是广覆盖、保基本、多层次、可持续的方针；第4条规定的主要是用人单位和个人都要依法缴纳社会保险费，个人依法享受社会保险待遇。这几条的主旨和原则都非常好。这个主旨定下来以后，就意味着这部法律管辖的是全体公民，而不仅仅是职工，也就是说是社会保险法而不是职工的社会保险法。广覆盖、保基本、多层次的法律，就说明每一位公民在这一部法律当中都能够找到如何解决自己年老、患病、工伤、失业、生育的情况下，怎样依法获得物质帮助的权利，但是后面的内容在这方面好象不是很完备。比如说第2章主要规定的是基本养老保险，但是基本养老保险当中又主要写的是职工的基本养老保险问题，公民养老保险应包括城镇居民的养老保险、农村居民的养老保险、失地农民的养老保险、事业单位人员和公务人员的养老保险；后面第七章社会保险费的征缴，也多数写的是职工的养老保险费的征缴办法，对其他的情况却没有阐述。第三章写基本医疗保险就很好,第19条规定基本医疗保险包括职工基本医疗保险、城镇居民医疗保险、新型农村合作医疗,这就广覆盖了,对所有的公民都有一个交待。建议在基本养老保险里对所有公民的养老问题都有一个交待。第二,保基本、广覆盖,我认为社会保障体系应该是由政府主导的社会保险和市场化的商业保险共同组成,政府主导的社会保险是低水平、广覆盖,同时是强制性的,保证所有的公民都老有所养,但是如果有条件的,就鼓励参加一些市场化的商业保险,包括企业的年金等等,使得我们这么大一个国家,因为条件的不一样而带来的期望值的不一样,至少可以保一个基本。在保基本的问题上,建议降低缴费的费率,同时也降低享受的待遇,这只是一个很基本的社会保险制度。

张柏林委员说,草案第17条规定"个人跨地区就业的,其基本养老保险关系随本人转移,个人退休时,基本养老金按照退休时各缴费地的基本养老金标准和缴费年限,由各缴费地分段计算、退休地统一支付。"这是针对养老保险金转移持续难而提出来的。这段表述,确实是解决了当前的这个难题,我认为,目前是可行的。但是,有两个问题。一是这么操作起来繁琐,必须各地联网,信息畅通,目前做起来有困难。二是国务院确定2012年基本养老金实现全国统筹,这样就很快了。如果实现了全国统筹以后,个人账户由地方管理,统筹养老金由中央管理,转移难的问题就迎刃而解了。转移流动,个人账户基金随本人转移,个人账户养老金由退休地来发放,统筹养老金由上面统一发放。建议对这一条再推敲一下。

范徐丽泰委员说,社会保险法草案第17条解决了一个大家很关心的问题,这个规定是必要的,使一些农民工从一个地方到另外一个地方就业时不用退保,养老保险可以跟着人走,这是非常好的做法。一部好的法律、好的意愿必须有好的执行办法,第18条也写了"具体办法由国务院规定"。我认为,有必要在具体办法中规定个人应该有权利知道他自己的账户中到底有多少款项,因为他从一个城市到另一个城市,所缴的费用可能是不同的,如果这个费将来要从一个城市到第二个城市,跟着人走的话,这个人就应该知道他的账户里到底有多少钱。建议在具体办法中予以规定,当地不但是用人单位要缴款,收款的机构也要有一笔账,我担心这笔账很久都作不出来,导致当事人不知道自己的账户里有到底多少钱。希望在具体办法中保障个人有知道自己资金数目的权利。

胡振鹏委员说,关于养老保险。养老保险在这部法中最引人注目的是养老保险能够随劳动者的流动而转移。第17条提出的"个人跨地区就业的,其基本养老保险关系随本人转移。个人退休时,基本养老金按照退休时各缴费地的基本养老金标准和缴费年限,由各缴费地分段计算,退休地统一支付"。我感到,做到这一条难度是比较大的。我建议基本养老保险关系和养老金数额,包括个人交纳的与企业交纳的金额放在基本养老保险卡里跟着走。个人退休时,地方出一些,中央财政转移支付解决一部分,统一支付退休者。

蔡昉委员说,关于第10条。讲到基本养老保险是社会统筹与个人账户相结合,这一条说的是现状。90年代中期,世界银行发表了一个报告后,我们基本接受了"三支柱"的理念。社会统筹的部分应该说是解决当前大量存在社会保障历史欠账问题下所能做出的最佳的、唯一的选择。这个意思是"现收现付",它的特点是和人口年龄结构、社会供养能力相关。现在,我们劳动年龄人口占比重比较高,规模比较大,这个时候,"现收现付"是可行的,其他国家也在类似的发展阶段上选择了这个制度。但是我国人口老龄化发展非常快,未来的供养水平就变化了,那个时候我们就要进行选择,是提高税收水平、贡献水平?还是降低保障水平,还是把"现收现付"制度改为个人积累?根据其他国家的经验,他们选择"现收现付"制度往往也是在人口年龄结构比较有利的时期,但是到一定的阶段,即人口老龄化阶段,都提高了个人积累的部分。我们今天的现状是"统账结合",但是在原则上,应该提出符合人口发展规律,具有未雨绸缪理念的规定。同时,因为基本养老保险由用人单位、个人缴费和政府补助组成,至少应该明确规定,要把社会统筹的部分和个人账户部分实现分账管理、分账运营。我们早就建了个人账户,但是长期以来是混账管理的。从2001年辽宁试点做实个人账户,到现在扩大到11个省市,才开始有一点盈余。从个人记账看,累计记账额11万亿中只有7%做实了,也就是基本养老保险的收支余额其实只有七千多亿,主要原因就是混账。如果不能做实个人账户,当现收现付制度不能维持的时候,我们的积累就会太少了。

吕薇委员说,第13条"个人死亡的,个人账户的养老金余额可以继承"。这里表达不清楚,如多长时间、什么方式、多少金额等等。可以作为抚恤金的方式发放，而且应分别未成年和成年没有就业或低收入几类。应该把第13条与第15条衔接起来。第13条中“个人账户的养老金不能提前支取”，现在农民工离开一个地方到另一个地方打工，往往退保，提取账户中养老金。因此，建议加上“一般”不得提前提取。

陈继延(全国人大代表)说，第二章“基本养老保险”的第16条，规定“国家建立基本养老金正常调整机制。根据职工平均工资增长情况、物价上涨情况和基本养老保险基金的承受能力，适时提高基本养老保险待遇水平。”在这部法律当中，既然已经提到在适当的时候可以提高基本养老保险待遇的水平，那么职工的基本养老保险是否会有降低的可能性？或者说法律是否可以表述为无论在任何情况下，都不能降低原有的基本养老保险待遇。建议更加完善。

郑功成委员说，第16条，“国家建立基本养老金正常调整机制。根据职工平均工资增长、物价上涨情况和基本养老保险基金的承受能力，适时提高基本养老保险待遇水平”。一般讲，退休金和工资是很难挂钩的，工资是创造财富的劳动者分享成果的机制，退休金是维护老年人基本养老需求的制度保障，所以我不赞成养老金和工资直接挂钩。因此，建议不提工资挂钩。第18条中，建议加上“城乡居民的老年补贴制度”，因为任何国家，都会有一些人漏在养老保险制度外，总有一些人没有参加或者中断养老保险关系，没有被保险覆盖的老年居民也要给予相应的补贴。

倪岳峰委员说，第一，第19条、第24条等条款涉及到“新型农村合作医疗”，建议修改为“农村合作医疗”。因为“新型”这两个字有阶段性的含义，适合于出现在文件中，而法律则是把农村合作医疗这一模式固定下来，在法律中统一规定为“农村合作医疗”更为合适。第二，第21条第2款，规定享受最低生活保障的人、丧失劳动能力的重度残疾人、低收入家庭六十周岁以上的老年人等所需家庭缴费部分，“由政府给予补助”，我建议改为“由政府承担”，这样使得这部分最困难的群体能够真正得到帮助。

郑功成委员说，第21条“城镇居民基本医疗保险和新型农村合作医疗实行家庭缴费和政府补助相结合”。我建议以个人缴费为主，不应以家庭为单位，而是以个人为单位的。第24条“省、自治区、直辖市人民政府根据实际情况，可以将城镇居民基本医疗保险和新型农村合作医疗统一标准，合并实施。”这是两个制度，制度统一可以，标准统一却要循序渐进，当务之急是应当尽快统一经办机制。因为这两个制度存在的严重问题，就是两个经办机构分别实施，为今后制度的整合埋下了很大的隐患。因此，经办的统一应当立即执行，要由法律通过。不管哪个部门管，只能由一个机构经办，这样符合制度分散风险和提高效率、节约成本的要求。

吴晓灵委员说，我认为医疗险如果是个人投的商业险，是自己增加自己的保障，国家的法定保险是保证你活得了，商业保险是保证你活得好，如果自己花钱做了商业保险，不能因为他有商业保险的补偿，而减少他对国家医疗保险的享受，这两个保险应该加在一起。我认为应该明确一个规则，国家的法定保险是一个人的基本权利，应该享受。基本权利之外，如果个人投了商业保险，是自己花钱买回来的另一份福利，是应该得到享受的。应该鼓励大家投商业保险，因为不光要生存，还要生存得好。商业保险和国家的医疗保险不允许叠加，这个理念是不对的。在保险合同中，应该鼓励社会保险活得了，商业保险活得好，按这个原则来衔接。

汤小泉委员说，第21条，提出了“享受最低生活保障的人、丧失劳动能力的重度残疾人、低收入家庭六十周岁以上的老年人等所需家庭缴费部分，由政府给予补助”，这个提法和政府给予中国残疾人事业的发展政策相比，较为落后。今年3月，中共中央出台了一个7号文件，提出了加强残疾人事业发展的意见。文件出台以后一年的时间内，各地对残疾人事业的支持力度非常大，现在基本上全国各地的政府都做到了，在城镇中对无业残疾人都免除了基本医疗缴费部分，在农村残疾人参加新型合作医疗，也免除了缴费的部分。我想，能不能不要光提“重度残疾人”，建议改为“城镇无业残疾人和农村残疾人……”，这样扩大范围对城镇无业的残疾人非常重要，因为没有工作根本就没有收入，希望扩大这个范围。

陈继延(全国人大代表)说，第21条第2款，“享受最低生活保障的人、丧失劳动能力的重度残疾人、低收入家庭六十周岁以上的老年人等所需家庭缴费部分由政府给予补助。”这一条的制定是非常好的。但是，对低收入家庭的含义没有具体表述。目前我国对于低于收入家庭有具体的定义，建议这里的“低收入家庭”表述上要更清楚。什么是低收入家庭？否则大家都可以提出我是低收入家庭，既然形成了一部法律，表述更清楚可能更好一些。

辜胜阻委员说，社会保险法一审稿中有个授权性条款，即原稿第4条，现在删掉了。原来的授权性条款对基本医疗保险，包括职工的医疗保险、城镇居民的医疗保险和农村合作医疗保险，授权国务院制定相应的条例。我认为这一条一定不能删除。从立法的科学性、前瞻性和常规性的角度来看，鉴于医保的特殊性，建议在社会保险法中对基本医疗保险只作原则性和授权性的规定，为正在改革和发展中的我国新型医疗保障制度能够依法构建，留下立法空间。因为基本医疗保险虽然也是社会保险，但是与其他的社会保险相比，有很大的特殊性和复杂性。首先在主体结构上，基本医疗保险不同于其他的社会保险项目，它不仅包括社会保险基金的支付方、待遇的享受方，还包括医疗服务的提供方，而其他的保险事业只有收和支；医疗保险还涉及到大量的医院，所以在管理内容上，基本医疗保险不仅仅涉及到基金管理，更重要的是要对医疗服务机构实行综合管理，这就需要有很高的专业水平。这种专业水平，光有保险的介入是不行的。从国外的经验看，管理好供方，有效控制医疗费用，是保证基本医疗保险可持续发展、实现医疗保障制度目标、保障公民健康权益的核心。从筹资模式基金的管理和运行上，其他社会保险基金只需要关注基金的保值增值和长期平衡，而基本医疗保险基金则需要最终保障当期参保对象最大限度的效益，减轻医疗费用的负担。所以，初审稿中有这样一条，是非常有道理的，删掉以后后果是无法想象的，因为社保和医保是很不一样的。第二，基本医疗保险体系中的新型农村合作医疗制度具有更大的特殊性，是独具中国特色的、惠及八亿农民的农村公共服务制度。我们五大险种基本上都是在城市，只有一项是涉及到农民，而这一项确实是在改革开放以前就存在，所有国外有关人员研究中国社会问题时，都觉得合作医疗是非常好的制度，我们现在恢复了这个制度，这一项制度不仅仅是一个保险制度，更重要的是有财政的投入。就是让农民享受到公共财政的阳光。这样一个制度和一般的社会保险是不一样的，政府要投很多钱进去。另外，这涉及到农民的切身利益，现在参保人已经超过八亿了，所以具有广泛的社会利益基础和群众基础，对提高生活水平，维护社会稳定都发挥着重要的作用。社会保险的立法要根据基本医疗保险制度的特殊性和当前的情况考虑三点：一是从基本医疗保险制度运行的现状来看，只应在社会保险法中对医保作原则性和授权性的规定，为改革和发展中的新型医疗保障制度的专项立法留下空间。基本医疗保险决定了在社会保险中对医疗保险和其他社会保险在筹资、支付、监督等方面做出统一的规定是不现实的。从典型国家的立法实践来看，大多数根据不同的社会保险险种的特殊性，采取了社会保险分项立法，如英国、德国、日本、法国、俄罗斯、加拿大、印度、泰国、新加坡，所有社会保险制度都是分项立法的，不是都放在一起。根据国际经验，真正放在一起的是比较少的。在基本医疗保险制度当中，又有三大险种，这三大险种也不一样，新型农村合作医疗制度是在2008年实现全面恢复的，制度框架已经形成，积累了一些经验和做法，但还处在改革和完善阶段，在基本医疗保险方面还是比较脆弱的。职工的保险主要是涉及国有企业，覆盖面非常窄，还有城镇居民的保险，需要进一步探索，对现行的制度要认真总结和评估。现在我们国家正在制定新医改方案，能不能做好的关键，在于医疗保险，如果医疗保险做不好的话，新医改方案是很难的，这涉及到千家万户，要原则性规定，统一过多的话，不利于医保。另外，就是授权性规定，现在正在改，如果都规定得过于具体，将来的立法空间就小了。二是社会保险立法，应保持新型农村合作医疗制度的稳定性，在实践和立法过程中，不宜过快与城乡医保进行统一。第24条第2款提出来，“省、自治区、直辖市人民政府根据实际情况，可以将城镇居民基本医疗保险和新型农村合作医疗统一标准、合并实施”，我们现在实行城乡统筹，统筹绝对不等于统一，要把这两种不同制度统一的话，后果将是灾难性的。因为这两个东西不可能统一，现在有些地方已经统一了，为了节省机构编制，农民受到了很大的损失，因为农村医疗制度和城镇的医疗制度是不一样的，两种医疗消费模式完全不一样，消费水平也不一样，我们现在一个市民的消费相当于三个农民的消费，这只是一般意义上的。医疗上的比例还要大，我在一些统一的地方进行过调查，完全是从节省编制的角度来考虑的，但绩效不一样。新型农村合作医疗，是五大保险中唯一一个涉及到农民的险种，我们一定要慎重。我认为坚持城乡统筹不等于统一，新农合不宜和城镇医保统一规定，否则容易损害农民的利益，影响农村的稳定，也会造成新农合实际管理的混乱。在立法中提出新农合和城镇医保统一标准,合并运行是不合时宜的,在我国城乡间社会经济发展极不平衡,城镇医疗和农村医疗水平有很大差异的背景下,强调统一城乡医疗保障的标准,会造成城镇居民水平过高而给农民利益带来穷帮富的情况,产生明显的不公平。建议将这个立法空间写入授权性立法,通过国务院制定行政法规的方式,以促进新农合持续健康发展,保障农民的权益。三是社会保险法立法要为探索最优的基本保险管理体制留有余地。法律选择哪一种管理体制,应以是否有利于提高医保基金的使用效率,有利于城乡居民公平地享受医疗保障服务,有利于城乡居民健康水平的提高为要求。现在世界上各个国家的经验表明,强调医疗保险制度对健康的促进作用,逐步将医疗保险从保大病发展到兼顾小病,近而发展到保障健康,其管理体制也发生了很大的变化。比如说巴西,1988 年开始把社会健康保险制度从社会保障制度中分出来,并入新的卫生部。日本 2001 年把厚生省和劳动省合并厚生劳动省,统一管理卫生和社会保障。德国 2002 年把原来劳动和政策部门的社会保障分支让卫生部负责,组建成新的卫生和社会保障部。世界上 70% 的国家和地区,其医疗服务和基本医疗保险都是由统一的政府部门管理,我们现在是两个部门管理。我们的立法要考虑到当前的状况。医保如果没有医院的积极性,没有对医院的管理,这个市场有效运行是不可想象的。我为什么刚才讲了那么多国家都在管理体制上理顺,比如说有一部分是劳动部门管,有一部分是卫生部门管。从收支的角度来考虑,不从病人的利益,不从医疗成本的角度来考虑,不从医疗配置的角度来考虑,结果是不一样的。所以,我们社会保险的立法也要为探索最优的医疗保险管理体制留有余地,不一定写得太死。

胡振鹏委员说,现在我们基本医疗保险分为三大部分,一是职工基本医疗保险,搞了十多年,有一定成效,多少也存在一些问题。二是城镇居民基本医疗保险,目前还处于探索之中。尚没有形成有效机制。三是农村合作医疗,经过 5 年试点,已经覆盖了 8 亿农民,也存在进一步完善的问题。劳动与社会保障部门和卫生部门都有大量的工作要做。根据本法第 7 条,农村合作医疗由卫生部管理转移到由社会保障部管理,主管单位的变更要特别慎重。农村基本保险点多、面广,乡镇是基础。劳动和社会保障部门在乡镇没有办事机构,管理部门变动,就要增加机构与编制。建议这些在探索过程中的问题,还是像第 18 条一样,由国务院制定规定,进行一定的试点,待条件成熟后再加以法律化。

刘德培委员说,现在的基本医疗保险办法,有城镇职工的基本医疗保险、城镇居民基本医疗保险和新型农村合作医疗为主体的社会保障体系,是在不断发展的,这三项制度有不同的产生背景,管理体制、运行机制不同,发展的水平也不同。具体来说,新型农村合作医疗 2003 年开始试点,现已覆盖了大约 8 亿农民范围,形成了基本的制度框架。城镇居民医疗保险是 2007 年开始的,现在参保的大概达到将近 1 亿人。这两方面管理体制和运行机制差别很大,如何在完善、发展现有制度的基础上,建立覆盖城乡的不同形式、不同层次的医疗保障制度,实现人人享有卫生保障的目标,还处在不断改革之中,还需要进一步改革、探索。根据这个情况,医疗保险的改革和发展,在中国必须要和医院的管理制度以及药品的生产、流通体系结合起来,统筹协调、共同发展,才能保障人人享有医疗卫生服务,实现全民健康水平的目标。因此,从目前基本医疗制度的实践总结和现实的情况来看,社会保险法中不宜将三种制度用一部法固化下来,要为将来制度的发展留下立法的空间。

白克明委员说,关于医疗保险一章我提三点意见。第一,我们目前在医疗保险方面大体上有三块:一是职工的医疗保险,二是城镇居民的医疗保险,三是农村的新农合。严格意义上讲,新农合还不是一种保险制度,它是当时为了解决广大农民就医难、就医贵的问题,而采取的一个医疗保障措施。它更多的不是医疗保险,而是医疗保障。从长远来讲,逐步完善政策,使新农合变成一种保险制度不是不可以。但就目前看,新农合是 2002 年国务院提出的,2003 年全国不到 8000 万农民参合,到今年 2008 年达到了 91% 参合,也就是大体达到了 8 亿人。这个制度的出台是很受广大人民群众,特别是广大农民群众欢迎的。但是这个制度的建立,毕竟时间很短,也就是 4、5 年的时间,很多制度都需要完善。刚开始新农合的时候,国家补助平均每人也就是 10 块钱,西部地区多一点,2008 年达到了 100 块钱,还是低标准的,这个制度需要逐步完善。因此,现在在社会保险法里把新农合规范为一种保险行为,是不是有些操之过急了?我认为要慎重一点,否则会不会影响新农合制度的完善,需要慎重。第二,按照现在社会保险法草案的内容,把这几种医疗保险，包括新农合，全部划到社会保障工作部门来管理了，这和现在的体制也不一样。我们现在的体制是，新农合由卫生部门管理。将来实行统筹管理也是可以的，这是从长远发展看的。但是统筹到谁那里管理，还有一个怎么样对人民群众更加有利，管理更加有效的问题。比如，从国外所了解的情况看，相当多的国家，包括发达国家的绝大部分，都把医疗保障和医疗保险统归卫生系统管理，比如日本的厚生省和美国的卫生部，这样有利于用最少的钱来保证人们得到最好的医疗保障。现在这部法律草案里把医疗保险划归到社会保障部门，是不是也需要慎重？第三，还需要研究的是草案里关于"城市居民的医疗保险可以和新农合医疗保险统一安排、合并实行"的问题，目前我们国家城镇居民医疗保险起步不久，参加医疗保险的人数占整个城镇人口应该参加医疗保险人数的三分之一多一点，也就是说大部分人并没有参加医疗保险，大体上是1亿人参加了。新农合参加了8亿农民。这就带来了一个问题，将来如果这两者合并实行的话，会不会变成了穷帮富，资金搞不好就流向了城市，为少数人服务了，因为城里人口少，医疗消费高。所以合并实行的问题也需要慎重研究。我们国家比较大，经济社会发展水平不一致，在个别的地方可以实行的话，法律上不必去明确。我认为，在社会保险法里关于医疗保险一章有以上三个问题需要慎重研究。

蒋如铭(江西省人大常委会副主任)说，这次提交会议审议的社会保险法草案，相对于去年提交初审的草案有很大的变化。我认为有一个问题应引起重视。这个草案将城镇居民基本医疗保险和新型农村合作医疗制度纳入进来，我认为要慎重，还是初审稿中的表述为妥，"国家逐步建立和完善城镇居民基本医疗保险……新型农村合作医疗制，具体办法由国务院规定。"新型农村合作医疗从2003年试行，到今年全覆盖，参合农民是8.1亿，参合率已达到90%多，但这项工作还需要逐步完善，如果现在就纳入社会保险法，为时早了一些，弄得不好，对现行的新型农村合作医疗制度会产生影响。全国卫生系统对新型农村合作医疗的推行花了相当大的精力，各省也在总结经验，一下转到由社会保险行政部门来抓，值得认真琢磨。

云治厚(全国人大代表)说，对社会保险法第24条谈几点看法。城镇职工医疗保险实行多年，管理已基本成熟。城镇居民医疗保险和新型农村合作医疗这两项要作比较的话，基层的城镇居民医疗保险刚开始，农村合作医疗从2004年开始试点，两者有这么几个不同：一是城镇居民和农村居民收入水平差距较大。二是城镇居民参保和新型农村合作医疗参合的筹资水平差距较大。我们市里新农合是比较高的，到2008年平均达到了90元以上，有的达到了120元。但是城镇居民这一块已经达到了360元，筹资水平差别很大。三是就医环境差距较大。据我掌握的情况，新农合的农民就医，70%多在县乡两级医疗机构，而城镇70%在县级以上医疗机构，所以收费也不一样，支付的差距也很大。我认为现在对两者进行合并规定的条件还不够成熟。如果非要合，受损失的必定是农民，这一点毫无疑问。现在我们报销合作医疗，在我们市里，市级医院、县级医院、乡级医院是现场报销，把你自费那一份付了，报销的就不用再掏了，因为农民自己先期支付这个费用就没有钱，和城里形成了很大的差距。所以建议取消第24条第二款。要写的话，就在"根据实际情况"之后增加一条，"在条件成熟时，可以将城镇居民基本医疗保险和新型农村合作医疗统一标准"。

范徐丽泰委员说，第33条关于工伤保险，"在下列情形之下，导致职工在工作中伤亡的，不认定为工伤："一共有四项。其中第三项是醉酒，建议加上"或服用精神药物"。因为现在很流行，不但是喝酒，还会吃"蓝精灵"之类的精神药物，如果是单单喝酒的话，可能会没有完全包含所有的情形。建议把情形定得宽一点，也是对社会情况的一种反映。与此有关的第38条，"工伤职工有下列情况的，停止享受工伤保险待遇："其中第四项是被判刑正在收监执行的。我想这个写法是考虑到职工在工作的时候因为犯罪引起了工伤，这样就不能享有工伤保险。但是还有一种情况，职工的工伤发生在前，之后他又做了违法的事情，这两件事情不是同时发生，如果没有关系的话，这个犯人是不是也应该有接受治疗的权利？第35条，工伤发生的时候，用人单位要支付治疗费用。在这里列举的支出看来很全面，但是有一种情况，因工伤受伤的人在治疗期间没有能力照顾自己，需要别人来照顾。如果这个人是他的家属，那么家属照顾病人产生的交通、食宿费用，是企业负担，还是工伤员工自己负担？如果员工无法负担又怎办？这个问题还需要进一步考虑。

姒健敏委员说，第32条，关于"职工因工作原因受到事故伤害或者患职业病……享受工伤保险”。应该在“职业病后加上“及其并发症”，因为有些伤害会继发很多疾病，但是目前工伤保险后续是不管的。

汤小泉委员说，第34条，“因工伤发生的下列费用，从工伤保险中支付”，这个提法也比以前有很大的提高，比如安装、配置伤残器具，这是非常需要的，也前进了一步。而且把康复费用单列，也非常好，还需要考虑工伤以后有很多工伤人员的家庭环境需要改造，比如加一个坡道、一个扶手，无障碍环境的改造费用，能不能也在工伤赔偿的范围内。如果加上“安装、配置伤残辅助器具和无障碍环境的改造费用”，这样更合适。北京市去年改造了5000户，今明两年北京市所有的残疾人家庭都要进行这种改造，我指的不是所有的残疾人家庭都进行无障碍的改造，而是工伤的残疾人，否则的话，他在家里都无法行动，就会影响他的生活质量。

唐天标委员说，工伤保险比较复杂，不好简单地表述，但是我觉得有个问题，就是异地发放津贴和补助费的问题。比如一个四川人在深圳打工，后来又回到四川，假如他残疾了，或者丧失劳动能力回四川老家了，或者在异地找到了一些力所能及的工作。按照现在的规定，伤残津贴和生活护理费只能在发生工伤地进行发放，有的要农民工远道去取，领的钱还不够路费钱，这样对农民工来说是不公平的。城市的居民没有这个问题。所以，我建议对第34条像第17、28、48条一样作相应的规定，以维护农民工的利益。即在这一条后面增加一款：“职工伤残后，居住地或者工作地不在伤残时工作地区的，伤残地的社会保险经办机构应该将伤残津贴和生活护理费转到居住地或者工作地的社会保险经办机构，由居住地或者工作地的社会保险经办机构向伤残职工发放。”

安焕晓（山西省人大常委会副主任）说，关于工伤保险，第30条第2款规定“社会保险经办机构根据用人单位工伤保险费使用、工伤发生率和所属行业费率档次等情况，确定用人单位缴费费率。”我认为社会保险经办机构应该依据法律来缴费或收费，不能规定费率由经办机构确定，建议修改为“职能部门”。第37条在表述上应做修改，“职工所在用人单位应该依法缴纳工伤保险费，发生工伤事故的，由用人单位来支付医疗费用”，个人不应受企业、政府是否缴纳工伤保险费的影响。用人单位如果遇到了不可抗拒的因素或不可抗拒的事由和原因，可以减免或可以缓交、免交，这还需要区分不同情况。存在这种情况的，可以从工伤保险经费中先行支付。这一条在表述上需斟酌，“用人单位拒不支付的”，这句话说得不太合适，建议修改。

蒋大国（湖北省人大常委会副主任）说，第30条，建议工伤保险的缴费标准由国家统一制定，不由单位制定，这样更符合各地的实际，以更有利于达到最后国家统一的问题。

李亚力（天津市人大常委会副主任）说，第32条，“职工因工作原因受到事故伤害或者患职业病，且经工伤认定，享受保险待遇，”可直接从工伤保险资金中支付。建议修改为：“职工因为工作原因，受到事故伤害或者患有职业病，经过工伤认定的，享受此待遇。职工所在单位已经参加工伤保险并按时足额缴纳工伤保险费的，所需资金在工伤保险金中支付。”主要理由是按照工伤保险条例，只有参加了工伤保险，并且足额缴纳费用，工伤保险资金才能承担相关费用。

乔传秀委员说，建议完善进城务工的农村居民参加社会保险的相关规定。我在全国总工会工作，直接接触农民工比较多，对于农民工在这方面的诉求和期望，了解得比较具体，所以建议在附则中增加一条规定，即“进城务工的农村居民在城镇有稳定工作的，可以参加城镇居民养老保险和医疗保险。农民工经常在城乡间流动的，可选择城镇居民养老保险和医疗保险，也可选择农村居民养老保险和新型农村合作医疗保险。”因为，我认为现在农民工是我们工人阶级的重要组成部分，农民工现在在整个经济社会发展中所处的地位、所发挥的作用，应当说越来越凸显。党中央、国务院对农民工问题，一直十分重视和关怀。我们对农民工所普遍关心的医疗问题、子女教育问题、劳动收入、社会保险等问题，应当在原有的基础上，进一步从法律、制度、政策的多个层面予以更多的关注、加强和完善。之所以建议增加这样一条规定，主要是认为现阶段农民工的社会保障问题十分令人关注，有些问题还令人担忧。这个问题解决得好与坏，直接关系到农民工的切身利益，也关系着经济发展和社会稳定。建立和完善针对农民工特点的社会保险制度，对维护社会的安定团结，促进经济的健康发展和共建共享和谐社会，真正体现效率与公平，都有着重要的意义。

蔡昉委员说，第89条讲到进城务工的农村居民按照本法规定参加社会保险，这个意思不明确，怎么参加？是在农村参加还是在城市参加？因为城市和农村目前的做法不太一样。我想根据可行的原则，目前可以制定针对农民工的社会保险办法。同时也从机制上设计好，并从原则上指出来，未来怎么并轨。农民工是一个特定发展时期的现象，并不是永久的，随着我们城市化的改革，这部分人的身份会变的，如何把农民工的基本社会保障部分和未来比较稳定的制度接续起来，应该有一个规定。第 90 条，实际上讲的是失地农民可以参加城镇居民基本养老保险和基本医疗保险，其应当缴纳的社会保险费从征地安置补助费中支付。这个话说的不明确，是在征地补助中列出这个项目，还是在原来的补助中支付？建议修改为“其应当缴纳社会保险费列入安置补助费项目。”

李登海（全国人大农业与农村委员会委员）说，目前农民出去打工的越来越多，社会保险入的少、入的晚。在我国社会保险当中，女的 50 岁、男的 60 岁就退休，入保要提前 15 年或补交到 10 年以上，有些农民工或农民 50 岁、60 岁仍在打工，生命还有几十年甚至还有 40 - 50 年以上，以前没有条件入，现在有条件了应该规定放宽入保的年龄，对有条件的，要求进入劳动保险的，应该有所鼓励。特别是养老和医疗保险，这是非常非常重要的，岁数大了以后，对这方面的要求非常迫切，有些独生子女因病或因车祸去世的父母更需入保。所以建议从我们的国情出发，应该对愿意入社会保险的农民适当放宽入保年龄限制，并在法中有所规定。

贺一诚委员说，关于 90 条失地农民保险。现在是要整个村一起买，十分难统一，建议包含在征地费用中。如果这里不写清楚会有问题。因为整个村，不管老少都要统一买，如果少一个人，有一户不同意都不能买。我建议，这个费用还是应该包含在征地费用中，这样才能真正体现对失地农民的保险制度，不然把钱分给他们以后，他们之后很难统一来买保险。

赵可铭委员说，关于失地农民，草案中只是在附则的第 90 条中写明可以参加城镇基本养老保险和基本医疗保险，第 90 条又规定“其应当缴纳的社会保险费，从征地安置补偿费中支付，不足部分由当地人民政府从国有土地有偿使用收入中支出”。作这样规定，不容易落实，起码相当一部分地区是不能落实的。从征地安置补偿费中支付，是今后还是包括以前呢？大家都知道，以前占用农民的土地，有的是无偿占用的，有的是很低的钱，钱早就用完了，管理得好的地方可能还有点钱，管理得不好的地方都没有了。而且，是不是所有地方都有土地出让呢？大部分地区是没有土地出让的。地方政府的财政近一半是来自土地出让费，要解决的问题很多。失地农民的保险，靠这两条，可能很难落实。我们国家工作人员也好，解放军也好，有很大一部分是来自农村的。现在不是工业反哺农业、城市支援农村吗？中央的这一精神在社会保险事业中也应该体现。我们国家工业化、现代化的积累，更大程度上是依靠了农民，靠工农业产品的剪刀差，积累了现代化建设的一些资金，现在剪刀差还存在，同时农民工廉价的劳动力，还有无偿占用农民土地，农民对国家现代化是有巨大贡献的。社会保险法应很好地体现中央对农民的关怀，想办法把经济发展的成果落实到农民身上去。

刘振伟委员说，第 90 条，有两个地方不好操作。一是“土地已被全部征用且未就业”的可以参加城镇居民基本养老保险，“未就业”不好界定，一年中工作三个月算不算就业？上半年就业了，下半年没有工作可做了，这算不算已就业？建议改成“没有稳定生活来源的”。不论是否就业，只要生活没有依靠，土地没有了，就可以参加城镇居民的基本养老保险和基本医疗保险。二是“不足的部分由当地人民政府从国有土地有偿使用收入中支出”，“当地人民政府”是指省级、市级，还是县级？是不是指凡是分享国有土地有偿使用收入的地方人民政府，都应该按照比例拿出一部分？建议再斟酌一下。

朱永新委员说，第 90 条中提到“土地已被全部征用且未就业的农村居民可以参加城镇居民基本养老保险和基本医疗保险，”，我认为应把“可以”改为“应当”。用“可以”，就是可以，也可以不可以。用“应当”更能保障其基本权益，在保障农民、保障失去土地的农民方面起到积极作用。

朱启委员说，第 59 条，建议第二段应该做这样的修改，即“用人单位未按时足额缴纳社会保险费的，社会保险费征收机构经县级以上人民政府社会保险行政部门批准，可以向银行和其他金融机构查询参加社会保险的用人单位的账户账号，银行和其他金融机构应当给予协助”，增加“县级以上人民政府社会保险行政部门的批准”，可以起到监督的作用，明确具体负责人。同时，把“了解”改为“查询”，“查询”的操作性更强，法律含义更明确。第 60 条，建议将“社会保险费征收机构经其主管部门同意”,修改为“社会保险费征收机构经县级以上人民政府社会保险行政部门批准”,税务机关对涉税问题的处理也是这样,这样既兼顾了社会的公共利益,又在一定程度上保证了保险费划拨的公正性。

柏苏宁(江苏省人大常委会副主任)说,第60条规定用人单位逾期不缴纳或者未补足应交纳的社会保险费如何处罚。我认为,现在有的企业在生产经营过程中可能发生一时的困难,在一段时间中经营资金流转不过来,但是从长远看,我们可以支持一下,但是要经过一定的批准程序,等企业缓过来以后再补交,这样让企业继续生产经营下去。对企业发展、社会稳定、职工就业都有好处。昨天几个部委发了一个通知,在最近企业经营十分困难的时候,有关的保险费用可以延期缴纳。我感到非常好。当然,我们还要设定一定的情况、一定的程序和要求。希望把有关的情况很好研究,做出明确的规定。

陈燕萍(全国人大代表)说,社会保险费征缴的问题,在实际审判过程中常常会遇到。第七章第56条规定,用人单位应当自用工之日起三十日内为职工向社会保险机构申请办理社会保险登记。事实上,在最基层的民营企业或者有些用人单位,往往不给劳动者提供养老保险、失业保险、生育保险,他们重视的往往是工伤保险,因为工伤保险出险以后是由保险公司赔偿,对企业是有利可图的,而对于其他的保险都不重视。在社会保险费征缴中,草案第60条有三款规定,如果用人单位没有办理社会保险登记一是责令他限期补足,还有要提供担保,实在不行要求人民法院进行强制执行。在审判实践中,有很大一部分企业欠缴社会保险费,这个问题在企业破产时才会出现。如果不给劳动者进行社会保险,应该受到什么惩处?既然社会保险法作为一个单行法出台,在这方面应该加强惩罚性的条款。

黄燕明委员说,第60条,对于社会保险费的征收机构赋予了一些权限。但是现在社会保险征收机构的性质是什么?是不是已经很确定了?我认为规定得还不是很明确。如果对其性质还没有完全确定,建议明确由政府行政部门执法或授权执法。建议将第60条第2款改为“由社会保险费征收机构申报社会保险行政部门,由社会保险行政部门书面通知……”。第3款规定“社会保险征收机构可以申请人民法院扣押”,改为“社会保险费征收机构报请社会保险行政部门申请人民法院扣押”。

华福周(全国人大农业与农村委员会委员)说,第7章“社会保险费征缴”中的第57条第2款规定“社会保险费的征收机构和征收办法由国务院规定”。建议明确规定由社会保险经办机构负责征收社会保险费。理由是:目前我国征收机构和征收办法不统一,企业缴费和管理带来了很多不方便。现在我国是由两个机构并行征收社会保险费,一个是人力资源和社会保障部的社会保险经办机构,一个是税务部门征收。我认为,作为一部法律,应该规定统一的社会保险费征收机构和征收办法。因为我们国家目前实行的是与收入相关联的、权利义务相对应的保险制度模式。这种制度模式决定了征收和权益密不可分,缴费和待遇支付不可脱节。因此,社会保险经办机构对参保者承担着记录一生、服务一生、管理一生的责任。如果通过税收部门征收,还要多一层委托征收程序,也增加了相互对账的环节,这样也就增加了行政成本。当初为什么确定各省可以自定征收机构,主要是为了提高征收的强制性。社会保险事业发展到今天,社会保险经办机构应该是比较健全、成熟的,应该是有能力的。现在看来,不应考虑哪个机构更强势,应更多地靠法律制度来规范。

郑功成委员说,第一,社会保险费的征收体系和手段,这里依然是回避了,由国务院规定。但这个问题是必须要回答的,不能回避,回避就意味着现在已经埋下的制度隐患和后患会进一步恶化,不仅影响制度整合,而且会陷入日益严重的风险之中。全世界没有一个国家像我们国家这样,社会保险费在不同的地区由两个机构征收,有的地方是税务,有的地方是社会保险机构,同一个城市里可能有两个征收机构,这就完全乱套了,实际上已出现了性质严重的一些问题。我们在中国社会保险战略研究中形成的一个共识,就是社会保险费应该由社会保险经办机构征收,而不是由税务部门征收。我们的社会保险制度是缴费制,而不是缴税制,保险对象是选择性的,而不是国民的普遍性福利,而且还有个人账户属于私有的份额。如果未来上升为全民福利了,把社会保险费改成税也是可以的。更重要的是,社会保险经办机构是负责社会保险费征收的责任单位,哪些单位,哪些人参保及缴费,是由经办机构依法确认并发出通知的,社保经办机构关注的是参保单位的就业情况,必须跟踪劳动者的一生。而税务部门只关注企业的经营状况，不可能跟踪劳动者的流动，更不可能跟踪劳动者一生，由于养老保险是要跟踪劳动者一生的，任何环节错了都会产生利益的损害。现在我们已存在这种很严重的问题，一些地方税务征收能粗放却无法精细，已存在记账不清的风险，如果不解决好，隐患会越来越大。所以我再次希望能够在立法里真正按照制度要求解决好这个问题，就是统一由社会保险经办机构征收，并负责到底，问责到底。同时，现在所谓的征收和过去也不一样，现在很多国家通行的做法是经办机构自己不收钱，而是让参保单位和个人到银行去缴费，社保经办机构开单，银行代收，劳保监察机构监督，这样才是一个理顺的体制，不仅有效率，而且权责清晰，效率上升，对参保人的权益能完整地保护。因此，现在用两个机构把经办的环节人为分成两段，在本应承担征收责任的社保经办机构之外，再在税务部门建一个社会保险费征收局，养一支队伍，不仅浪费，而且严重地扭曲社保制度的完整性，还留下记账不清的风险，我认为这是一个重大的问题，如果这次立法还回避的话，国家必然要为它付出很大的代价。所以我建议草案修改的时候一定要明确，征收体制要与经办机制相统一，不能由于某一个部门的利益而损害整个制度的科学发展。第二，是社会保险基金性质及监管机制要明确。社会保险基金的性质是立法中必须要明确的，实际上是很明确的，它不是财政资金，也不是个人资金，而是所有参保人的公共基金，应该维持它的公共性、独立性，就是要让其自我负责，努力地实现自我平衡，这才符合这一制度的理性发展。我至少调查过十个以上的国家，只有福利国家才把资金和财政结合起来的，只要这笔资金和财政资金紧密地相关，就淡化了参保人权利义务关系。在我们国家，理性地讲，相当长的时期内都不能淡化被保险人的权利义务关系。在世界上，德国养老保险制度建立100多年了，现在还运行平稳，他们的制度就是建立在劳资分责基础之上，政府站在边上，承担支持与监管责任，不让社会保险基金和财政靠得太近。德国100多年来，他们的养老保险缴费率还不到20%，而我们国家是单位20%、个人8%，刚始建就高达28%以上。因此，这个基金一定要把性质弄明白，它不是财政基金，政府只是这个制度的担保人，政府可以支持他，但不能支配它。这样我们就把关系理清了。基于社会保险基金是一个独立的公共基金，就应该有专门的预算。专门的预算应该向立法机关报告，并接受立法机关的监督，因为它不是政府的资金，有企业的，也有个人的。既然不是财政资金，也应该取消财政专户，设立代之以银行专户，要和财政保持适当的距离，这是符合理性的制度安排，也是可以持续发展的。第三，第56条第2款，“国家建立全国统一的个人社会保障号码。个人社会保障号码为公民身份号码”，我建议在前面加上“国家建立全国统一的社会信息系统或者信息平台，实行全国统一的个人社会保障号码”。因为光有号码没有用，而是要有全国统一的信息平台。制度要统一，信息系统必须先统一，否则将来后患无穷。第57条，“社会保险费的征收机构和征收办法由国务院规定”，我建议法律里明确由“社会保险经办机构负责征收，由银行统一收取费用”。与此相对的。后面也应该由“银行代收”，第66条社会保险基金应存入银行专户而不是财政专户。第72条，“全国社会保险信息系统按照国家统一规划，由县级以上人民政府按照分级负责的原则共同建设”，这一条我认为不妥，我们现在就是按照这个原则建设的，但结果是五花八门，县和市不一样，市和省也不一样，全国标准无法统一。我建议取消第72条，放到前面的内容里去，就是中央统一专项投入，建设全国统一的社会保险信息平台。关于社会保险监督，我认为少了两方面的内容，一是立法机关的监督。立法机关监督应该有所表述，就是社会保险资金的收支和预算不是财政收支，各级人大应该有监督职责。现在我们国家一个是财政的预算，一个国有资产的预算，建议加一个社会保险基金的专项预算，这样立法机关就能更全面地履行自己监督之责了。二是司法机关的监督。目前司法机关监督是缺位的，人民法院有关社会保障的案件是不受理的，但是世界上各国家在社会保障上都需要依靠司法监督，司法监督是很有威慑力的监督。比如我到香港社会福利机构去调查，一进大门就会看到报纸贴在墙上，上面有某某某骗取社保待遇者被判刑3年等的消息。而我们现在不是这样办理的，这种情况就是司法机关监督没到位，没有威慑力，这样会因骗取者的行为损害更多人的公共利益。人大监督不到位，司法机关监督不到位，就是社会保险制度监督的不到位。

吴晓灵委员说，第77条，关于统筹地区的人民政府应该成立监督委员会的问题，委员会是虚的还是实的，是常设的还是临时的，活动经费从哪里来。这个问题一直在讨论，我看参阅材料里面也把这个问题提出来了。希望这个问题在这部法律里明确一下，我个人认为不应该是一个常设机构，而是一个有事开会就召集的机构比较好。即使是临时性的机构也得有一个开会的地点，审查报告的时候也会发生费用，这个会议谁来召集？这个委员会和人保部的监督机构是什么关系？能不能代为召集？费用从哪儿出？这些问题希望在第77条中给予明确。

安焕晓（山西省人大常委会副主任）说，关于社会保险监督，即第10章中第77条，关于要建立和组成社会保险监督委员会，在这个委员会中应该有政府的监察审计部门参加，因为它的职能就是监督，还应聘请人大代表、政协委员加入监督委员会。在掌握分析社会保险基金的收支管理和投资运行后，增加对群众的举报和投诉的处理也应该进行监督。建议在第78条第2款最后加上“并且接受社会监督和保险监督委员会的检查和监督”。

许振超委员说，第77条，提到“统筹地区人民政府应当成立由参加社会保险的用人单位代表、个人代表，以及工会代表、法律专家、精算专家等组成的社会保险监督委员会”。应该明确这个监督委员会是什么性质，是官方的，还是民间的？或是中介？另外，应当对委员会的组成人员进行公示，让更多的人知情并监督。第78条，“任何组织或者个人有权对违反社会保险法律、法规的行为进行举报、投诉”，这部分在执行当中往往会出现推诿现象，难以执行。应该有一个常设机构，专人负责，并公布办公地点。

南振中委员说，社会保险法草案二次审议稿进一步完善了关于社会保险基金监管的条款，符合实际，顺乎民意。社会保险基金是参保人员的“保命钱”，基金的安全与完整，关系广大人民群众的切身利益，关系社会的和谐与稳定。“上海社保基金案”暴露出来的政策不完善、管理不规范、监督不到位等问题，应该在社会保险法草案中加以规范。另外，草案存在的一个突出问题是社会保险行政部门的权责不相匹配。在第10章中，对县级以上人民政府社会保险行政部门的监管职责与监管权力作了比较具体的规定，但在“法律责任”一章中只笼统规定国家机关工作人员的责任，连“县级以上人民政府社会保险行政部门”的字样都找不到。建议将草案第86条修改为“县级以上人民政府社会保险行政部门工作人员和国家机关其他工作人员，在社会保险管理、监督工作中滥用职权、玩忽职守、徇私舞弊的，依法给予处分”。这样修改，可以将县级以上人民政府社会保险行政部门应负的法律责任落到实处。

庄先委员说，第62条第3款，“社会保险基金专款专用，任何组织和个人不得侵占或者挪作他用。”什么叫专款专用？保险法第108条规定，保险公司的资金可以银行存款，可以买卖债券、股票、投资不动产等等，我们的社保资金可不可以？这个没有写明确。社保是老百姓的保命钱，不得用于什么，要写进去。因此我建议在第62条第3款后面加一句话，“社会保险基金不得用于买卖债券、股票、证券投资基金份额等有价证券，不得用于投资不动产等。”

赵可铭委员说，社保资金要收支分开，钱帐分管，应该实行劳动保障部管社保业台账和社保待遇支付兑现，财政部门设社保基金专户，管钱，收支两条线，社保收入设财政社保基金专户，劳动保障部门支付社保待遇资金，由财政部门按时拨付，这样互相制约，也能预防腐败现象的发生。

柏苏宁（江苏省人大常委会副主任）说，关于社会保险基金管理的问题。社会保险基金交到社保征收机构后，怎么保障资金的安全？第67条规定“社会保险基金在保证安全的前提下，按照国务院有关规定通过投资运营实现保值增值。”第85条对挪用保险基金规定了处罚措施。为了防止出现问题，还需要更加严厉的规定。这个基金有的是职工、农民养老的钱，有的是为了应付非常困难的情况，比如医疗的费用等等，千万不能出问题。上海就刚刚出现了这样的问题，把30多亿社保基金交给私人去投资交通，这是什么道理？在这部法律当中，征收单位怎么保证资金安全要做明确的严格的设定。第85条的处罚措施，只是按照一般的情况去处理，挪用了的就责令追回，没收违法所得，对直接负责的主管人员和责任人员依法给予处分，第87条也规定“违反本法规定，构成犯罪的，依法追究刑事责任。”我认为，这种犯罪性质恶劣，一般的追回、处分措施还不够，还要有更加严厉的处罚，让你不敢去挪用。现在基层有一些好的经验，扩大一些失业保险基金支出范围，可以在扩大就业方面提供一些经费，在加强失业调控、预防方面，可以采取一些有效的做法。总之，要把失业保险基金用好，基层有好的经验，可以总结一下，归入到法律规定中去。

分组审议统计法(修订草案)发言摘登

2008年12月27日上午,十一届全国人大常委会第六次会议举行分组会,审议《中华人民共和国统计法(修订草案)》,发言摘登如下:

谢克昌委员说,修订统计法非常有必要。因为在统计法颁布以来25年的实施过程中,的确经常发现数据不准确,甚至有不少虚报、瞒报、伪造、篡改的违法行为。科研人员如果出现修改实验数据甚至伪造,得出的结论就根本不是真实的和科学的。国家这么大,如果统计数据不准,领导人很难做出正确的决策,所以这部法律的确非常重要。我认为,这部法律经过修改以后更符合法律规范的制定原则,从整体上看规定得比较具体、完整,无论是统计法的原则、统计机构人员的设置、职责、权利、义务、统计调查、统计资料的管理等,都作了比较详细的规定。对总体框架也作了修改,更符合依法治国和尊重当事人权益的原则。修订草案也更便于统计法律制度的贯彻执行,比如单独把"监督检查"列为一章,细化了"法律责任"一章。总体感觉,修订草案写得不错。

达列力汗·马米汗委员说,统计法1983年颁布实施,到现在已经25年了,对经济社会发展做出了很大的贡献。在当前统计法实施当中存在的问题不容忽视,特别是现在由于统计部门隶属于同级政府来管理,不可避免地出现一些地方的领导进行干预,令地方统计机构处于进退两难的境地,"站得住的顶不住,顶得住的站不住",严重影响了统计数据的真实性、严肃性和权威性。统计机构的设置、人员的配备难以适应新形势下日益繁重的统计工作,统计工作还存在很多薄弱环节、统计行政处罚执行难等等。针对这些问题对统计法进行修改,我认为势在必行。

乌日图委员说,统计法的修订非常必要,这次修订主要是要解决在统计工作中弄虚作假以及行政干预的行为。所以,这次修订的主要内容中增加了有关防止行政干预以及加强对统计资料的审核、对统计工作的监督,强化了对统计人员责任的要求等内容,修改得非常好。

裴怀亮委员说,统计工作在我国的经济建设、社会发展上有着重要的意义。人民群众非常关注量化了的一些数据,因为对一些标志性数据看了以后能一目了然,但现在对有些数据不太相信。统计工作也面临许多新情况。因此对统计法进行修改是必要的。

牟新生委员说,统计法是一部非常重要的法律,对我们执政党和国务院科学民主决策提供依据非常重要。以前我们对统计不太重视,很多事情都靠拍脑袋。改革开放以来,我国的统计工作进步很大,科学性、民主性越来越强,党中央、国务院对统计工作也高度重视,现在每个月国家统计局都会公布一些统计数据,不仅在国内影响很大,在国际上的影响也很大。

黄镇东委员说,现行统计法颁布实施已经20多年了,经济社会发展很快,统计覆盖的范围也越来越广泛,对统计法进行修改更符合当前经济社会发展的需要,所以修改还是很必要的。

陈秀榕委员说,统计法修改很有必要,修订的主要内容突出了全国执法检查中发现的问题,加强了薄弱环节,增加了很多刚性的规定,我认为修订得非常好,我很同意。

朱启委员说,现行统计法从1983年审议通过,一直到1990年做出重要修改,再到2005年启动新一轮的修订工作,在这个过程中,已经经历了20年。修订草案,我感觉到还是比较成熟、比较完善的,我基本同意。

郎胜委员说,要提高我们国家的统计水平,提高统计质量,需要有法律的保障。这次修改统计法也是非常必要的。要保障统计数据客观、真实、准确,基础工作很重要,应当针对当前统计工作中存在的主要问题,加以认真研究,找出切实可行的能够提高我们统计工作质量的办法,对统计体制和工作进行改革。

陈斯喜委员说,我认为统计法的修改很有必要。现在经济社会发展很快,对统计工作提出了更高的要求,同时我们的统计工作也存在不少问题,特别是统计数据不实的问题,各方面反映比较大,对我们的决策也有一定影响。所以,修改统计法,促使统计更加准确、及时,是很有必要的。

吕薇委员说,统计法很重要,因为统计数据对我们判断国民经济发展和宏观决策会起到很大作用,现在我们常常统计不到真实的数据,在这个基础上进行宏观决策和制定政策,往往会有偏差。

杨贵新委员说,社会在进一步发展,人类也在进步,为了更好地反映经济与社会变化发展的情况,修订统计法非常及时、非常必要,也非常重要,因为只有修订后,才能够更加完善、规范,有效保证对各类经济活动进行完整准确统计的目的。

郑功成委员说,统计法是一部非常重要的法律,修订统计法十分必要。在计划经济时代,国家、单位、个人的利益高度一致,没必要做虚假数据,现在市场经济条件下,利益主体是有分歧的,即使政府系统,上下级之间、部门之间也有不同利益,数据和自己利益相关,就会想办法让数据更有利于自己。因此,修订好统计法不仅是社会诚信的问题,更是国家能否健康发展、社会能否公正有序运行的大问题。

唐天标委员说,统计法修改得很好,特别是为了确保统计质量在法律中做出了一系列规定,这对于解决过去统计工作存在的种种弊端,进一步做好统计工作,具有重要的意义。

陈宜瑜委员说,修改统计法很重要。现在一些统计数据很不可靠,不能让人真正相信,上下统计数据对不上,既有统计方法的问题,也有管理方法的问题。修订统计法,使统计数据能更真实的反映情况是必要的。

龚学平委员说,1983 年 12 月 8 日六届全国人大常委会第三次会议通过了统计法,标志着我国统计工作开始进入依法统计的法制轨道。经过 20 多年的发展,我国已经初步建立了以统计法为核心的具有中国特色的统计法律体系,应该说依法统计的局面在中国已经全面打开了,而且取得了显著的成效。但是,随着市场经济的发展和改革开放的深入,实行了 20 多年的统计法到了进一步修改的时候了。

邹萍委员说,就修改统计法,我来开会之前,我们州的人大专门召开了有关部门的座谈会。大家认为修改后的统计法进一步完善了统计机构和人员独立调查、独立报告、独立监督职权不受侵犯的法律制度,进一步规范统计资料的公布和管理,建立部门间统计信息互相提供的法律制度,最大限度实现统计信息的社会共享,进一步加强法律责任,特别是对领导干部干预统计数据的问题提出了切实有效的责任追究制度,以有效惩处和预防在统计上弄虚作假的现象,为提高统计质量提供强有力的法律保障。

马福海委员说,提高统计数据的质量,预防和惩处统计数据作假非常重要,现在伪造、篡改统计数据比较严重,严重影响了经济社会健康发展。修订现行统计法我完全赞同。

李传卿委员说,统计法修订草案在很大程度上对保障统计数据质量、预防和惩处虚报、瞒报、伪造、篡改统计资料的违法行为提供了法律保障,我认为比较好,表示赞成。

张兴凯委员说,统计是科学决策的基础,特别是对宏观决策部门而言,准确的统计信息是正确实施决策的关键。当前科学技术发展很快,而且近几年,我国的经济社会取得了巨大的发展,所以对已经实施 20 多年的统计法再次进行修订是非常必要的,我十分赞同。

陈玉杰委员说,刚才大家都谈得非常好,统计工作确实非常重要,事关我们对国家经济社会发展形势的分析、判断,以至于最后的决策。从近些年来看,我体会到我们的百姓对统计资料也比较关注,每个月、每个季度、半年的统计资料,老百姓还是很关注的,也看得出来统计在整个国民经济发展中所处的重要地位和作用。应该看到,统计法实施以来,在规范统计工作、推动统计工作的真实性和准确性方面,还是发挥了很重要的作用。但是从目前看,统计工作确实也存在着不少新情况、新问题,所以这次修订统计法我认为非常及时,也很重要。

卓新平委员说,对统计法进行修订是非常重要,而且是非常及时的,希望在统计法颁布以后,政府及其有关部门能够及时、准确、权威地实施基本信息的统计和权威发布,这对于我们国家的发展是非常重要的。由于有关信息发布不及时,现在实际上已经出现由民间组织或者境外力量组织对我国相关情况、信息进行统计调查的现象,这种现象容易在社会上造成混乱,形成对中国国情现实状况的一种误解,从这个意义上来讲,统计法的实施是非常重要的,但是统计法的实施要落实在一些重大国情的基本信息的权威统计上来。

罗范椒芬(全国人大代表)说,我觉得一个国家这么大,有这么多决策是在中央做,可依靠的是地区提供的资料,如果这些资料本身不完善或者有误导的话,对整体的政策会产生影响。因此,我觉得这个草案很重要。

姚献平（全国人大代表）说，修订统计法非常重要，因为这对我们国家管理机构了解国情国力、管理国家和服务经济社会发展非常重要。

汤建梅（全国人大代表）说，统计法自1983年颁布实施以来，在了解国情国力、指导国民经济和社会发展中发挥了重要作用。随着我国改革开放30年来发生的巨大变化，统计法现有的部分条款内容已不适应当前的情况，所以，修改统计法十分必要。我来列席常委会会议之前，就统计法的修改征求了十几条建议。看了统计法修订草案以后，我所要提的建议内容大部分都包括进来了。我认为这部法律草案章节上增加了不少，由原来的六章34条增加到7章50条。内容也比较全面，从完善统计机构、规范统计机制、加重对弄虚作假违法行为的惩罚以及完善监督检查制度等方面都做了详细的规定，体现了这次修改统计法的指导思想。我们期盼着这部法律抓紧审议，尽快颁布实施。

嘎玛（西藏自治区人大常委会副主任）说，统计法非常重要，关系我们国家的经济决策。下面确实存在瞒报、虚报的情况，突出表现在两个方面。一是现在领导干部的政绩与统计有直接关系，年初下达的各项指标，比如财政收入指标、农民人均收入指标，如果完不成，要采取很多措施，以争取达到上面的要求。二是发展比较快的地方，存在瞒报的问题，如财政收入超过预计的部分不报，只报预计完成的部分，我们问他们为什么不报，他们说今年一下子报多了，明年如果完不成，领导认为我们的工作没有做好。所以，瞒报的现象比较普遍。还有比较穷的地方，怕领导说没有完成，本来没有那么多数字，到年底的时候有些部门领导和统计部门经常一夜一夜加班调整数字。这些问题都比较普遍。

倪岳峰委员说，建议草案对于统计资料的商业化应用深入进行研究，做出明确的规定。一是要充分地发挥统计资料的作用；二是对于属于国家秘密、涉及商业秘密和个人隐私的资料，要严格保密；三是，要维护国家投资所获统计资料的国家所有权。

乌日图委员说，第一，要强化国家统计机关对各类统计工作的统一监管，包括我刚才讲的民间各类统计机构的监管，我们要发展民间的统计机构，但是要加强国家统计机关对各类统计机构的统一监管。在当前，除了要规范国家正式统计机构的统计工作之外，还要统一协调各部门的统计工作。我们在进行执法检查或者调研中经常会遇到“数出多门”的现象，最基本的数据，比如：企业数、职工人数，没有一个地方可以说准。十届人大以来，我曾多次去广东的东莞调研，只要涉及到有关数据，就总是说不清，道不明。比如有关企业数字和职工人数，有统计部门的数，有工商部门的数，有经济管理部门的数，有工会部门的数，有劳动保障部门的数，还有其他部门的数。每个部门的数都不一样，甚至相差很多。所以，现在出现这种情况：如果你问东莞有多少劳动者，他们会拿出方方面面的数据供你参考，其中还会用当地的用电量、用水量、手机拥有量来测算，说东莞大概有800万或者1000万人，这就是我们现在的统计状况。在这种统计的工作基础上所形成的政策或者决策，就很难保证准确性和严肃性。所以，要加强对各个部门统计资料的统筹协调，要规范其严肃性。第二，我们现在的统计指标体系存在不够系统、不够全面，统计面比较窄的问题。特别是市场经济体制下，我们特别需要尽快地建立起一套系统化的、国际化的、标准化的、可对比的指标体系。当然中国有中国的国情，不一定必须和国外的对口，但是我们至少要有一套可以和国际惯例统计口径相转换、相比较的指标体系，这对于为社会主义市场经济服务是非常必要的。第三，关于统计数据的公开发布和使用范围。现在这部法律当中还没有对现行的统计信息这样一类产品的归属以及服务对象做出规定。目前的统计数据主要是为政府所使用的，还没有把统计信息作为一种公共产品的概念体现出来。统计信息不仅仅是为政府分析国民经济和社会发展需要服务，还要为社会团体、社会公众提供服务。因为国家统计机构是用纳税人的钱并通过社团、法人和公众的参与生产出来的统计产品，所以这些产品就不仅仅是为政府机构服务的，也应该为社会公众服务。我们在国外都看到过，政府部门所有的统计资料都是摆在外面，供所有的公众自由拿取。当然我们现在可能还做不到各部门都免费提供统计资料，但要有一个渠道、一个制度可保证为社会团体、企业事业单位以及各类经济组织和公众提供服务，这不仅仅是增加统计资料的使用效率，另一方面也体现我们的统计工作既要为政府服务的，也要为公众服务。我建议，修订时在总则中或者适当的位置要明确这样的规定。建议表述为“国家机关、社会团体、企业事业单位及其他组织和个人都有权利获得国家统计机关向社会公开的统计资料。”“国家统计机构不得从事以盈利为目的统计资料的营销活动。”

陈骏委员说，提高统计的科学性。进入信息化时代、计算机时代，我们是可以用一些办法来抵制个人不正当行为的，比如国家统计局可以设立专门队伍去研究统计软件，这种标准的软件要求全国统一使用，而且有些统计数字不一定要求地方庞大的统计队伍来做，可以在国家统计局建立一个数据库，由数据库更新统计数据，也就是说，利用科技水平的提高来逐步提高统计的质量。在这方面，我们可以借鉴国外的先进经验。

裴怀亮委员说，第1章第6条提出了“三个不得”，我认为提得很好。但这都是对统计机构、统计人员的“不得”，上级负责人向下级负责人授意提供虚假资料，也应负责任。

乔晓阳委员说，第6条规定，统计机构和统计人员依照本法规独立行使统计调查、统计报告、统计监督职权，不受侵犯。各地方、各部门的负责人不能以任何方式要求统计机构、统计人员篡改统计资料。第22条规定，国务院其他部门统计调查的统计资料，如果和国家统计局调查的统计数据不一致，要协商，协商不一致不能公布。这实际上意味着，国家统计局可以去干预其他部门统计机构、统计人员的统计，这和第6条的规定不符，这里用的是“协商”，实际上就是要求人家改。这两条之间的关系怎样处理，强调一致性不要与本法所确定的原则相矛盾。

黄镇东委员说，这次修改在确保统计数据的质量上，比现行统计法加重了分量。因为统计数据的质量是统计的价值所在，数据必须真实，没有水分。数据失真了，导向就出问题，政策、决定、决策上就会出问题，就会误国误民。所以保证统计数据质量是统计的价值所在，要把这个信念体现在法律上。这次修改把保障统计数据质量作为重点是完全正确的，第6条中对防止行政干预有明确的规定。统计受行政干预这个问题虽然不是很严重，但是确实存在。“干部出数据，数据出干部”，这个话在群众中还是有议论，这也说明行政干预是存在的。

朱启委员说，草案第7条，规定了统计调查对象、范围，应该引起我们的关注。在实际工作当中，有一些境外上市公司以内部资料不能外泄，或需公司总部批准为由，拒绝上报相关报表。我认为，这一条除了国家机关之外，应该对“社会团体、企事业单位、其他组织、个体工商户和个人”，还有涉外团体、组织、外国人是否适用统计法，适用何种管辖、要求等等，都应当清楚，防止有关单位和个人钻空子。

谢克昌委员说，第4条：“对揭发，检举有功的单位和个人依法给予奖励。”什么叫有功？我认为“有功”这个概念不很准确，在实践中较难衡量。建议改成：“揭发检举的统计违法行为，经查证属实的，对揭发、检举的单位和个人给予奖励。”“查证属实”比“有功”这个概念更准确。

达列力汗·马米汗委员说，第1条，“准确性”后加“真实性”改为“准确性，真实性，及时性”；第7条，“不得迟报、”加“虚报、瞒报”改为“不得迟报、虚报、瞒报、拒报”统计资料。

陈斯喜委员说，第一，统计数据要为社会服务，为企业服务，为老百姓服务。我们花很大的力量做统计工作，统计数据应该是公共物品，应该让它产生更大的社会效益。这方面做得确实不够，需要加强。第二，解决统计工作的准确性问题，很重要的一方面是要提高统计工作的科学性，包括统计项目的设定、统计内容的设定、统计手段等，都要科学。比如现在经济状况怎么样，有很多指标可以反映出来，像用电量等等，这都能更准确地反映经济发展的整体状况，而不是非要进行非常微观的统计不可。

吕薇委员说，统计工作不能仅仅靠监督检查统计人员来解决问题，要从根本上解决造假动机问题。建议在总则上增加“保证统计工作和数据使用的独立性”的内容。目前，我们对统计数据或统计工作赋予了很多不属于其范围内的功能。比如，统计数据与干部考核、地方政府和部门的绩效考核挂钩。这样一来，不仅上级政府会干预，被统计对象自己就会根据考核要求来报数据。所以，首先要保证统计数据使用的独立性，主要用于形势分析等经济管理，不能把它和绩效考核直接挂钩，减少弄虚作假动力。

徐显明委员说，在所有的法律中，第一条都要回答为什么要制定这部法，这就是立法目的问题。统计法用了“四性”来概括，“保证统计资料的准确性、及时性、一致性和完整性”，这“四性”的表述尚不能达到我们立法的目的。“准确性”的前提是什么？应当是“真实”。统计资料的准确性应以真实性为基础，缺乏了真实性，就实现不了准确性。所以首先要突出统计资料的“真实性”。因此，我建议在条文的立法目的里要有“真实性”的表述。另外，对“四性”当中的“一致性”我持怀疑态度，如果有“一致性”的要求，必然的结果就是上面的数字就会成为约束下面数字的基础，上面要求一个什么数字，下面都会为服从“一致性”而修改，在一致性要求下真实性就会丧失。所以我建议删掉“一致性”的要求。当真实性得到保证时，一致性只是个数字的加减问题。最后，我建议增加“合法性”内容，这个“合法性”有四层含义，其一是取得合法，其二是使用合法，其三是发布合法，其四是它本身就是国家的“法定数据”。因此，建议在立法目的中增加“真实性”和“合法性”，考虑去掉“一致性”。

侯义斌委员说，第8条规定“统计工作中涉及的国家秘密、商业秘密和个人信息，应当予以保密。”其中的责任主体不明确，建议把“应当予以保密”修改为“统计机构、统计人员和统计工作涉及的其他人员应当予以保密。”

张少琴委员说，统计法的制定将进一步提高统计数据质量，预防和惩处在统计上弄虚作假的违法行为，维护被调查者权益，同时促进统计信息社会共享，建议在第一章总则中列入促进统计信息社会共享的内容。

张兴凯委员说，针对统计信息的安全问题提一点建议。统计信息的安全是十分重要的，在这次修订中应该予以体现。目前的统计很多已经采用了信息化的手段，可以说信息化的手段在统计工作中已经很普遍了，统计的信息往往存储在数据库中。如果做一次全国范围的统计分析，需要很多人付出艰辛的劳动。很多信息对国家、对公民是十分重要的，这些数据一旦丢失，就会造成重大的损失，甚至危及国家的安全和公民的安全与利益。因此，针对重要的统计信息，仅要求保密是不够的，还要确保信息的安全。建议是否考虑在第8条中加一句话，就是在“应当予以保密”后加“并保护统计信息安全”。

谢克昌委员说，统计法修订草案从整体上看，规定的都是行政管理的内容，对调查对象的义务规定得比较多，不管是团体还是个人，但是很少规定调查对象有什么权利，这不符合法律规范权利和义务对等、权利和义务一致的原则。如何保证调查对象的权利？建议增加这方面的内容。比如，能否增加当事人有权查阅、知晓统计公布事项的权利？在统计的过程中尽到义务了，就应当有一定的权利，这不仅仅是统计资料共享的问题，这里存在被调查者和调查人员之间的法律关系。

夏绩恩（全国人大代表）说，第6条“三个不得”标点符号应该是分号。另外，统计法针对的是统计人员和统计机构，建议第六条第二款改为“各地方、各单位的负责人对统计机构和统计人员依法搜集和甄别、整理的统计资料，不得自行修改……”。因此，统计人员对资料的搜集应负有甄别的责任，以确保资料的正确。为使我们的统计资料真实有效，所以一定要从资料的源头抓起，搜集原始资料。

邸瑛琪（全国人大代表）说，建议在总则第1条中增加统计的真实性和客观性。总则第1条写的是准确性、及时性、完整性，但是真实和客观是统计的生命，所以我认为总则规定的制度统计法目的，应该是“真实客观、准确及时、一致完整”，应把真实性和客观性作为首要的任务放在第1条中加以体现。

倪岳峰委员说，草案第15条第2款，涉及到统计标准的制定，其中规定“国家统计标准由国家统计局制定，或者由国家统计局和国务院标准化管理部门共同制定。”对于国家统计局和国务院标准化主管部门之间对于统计标准的职责界定不够清晰，建议草案对需要由国家统计局和国务院标准化管理部门共同制定的统一标准的范围做出明确的规定。

贺铿委员说，关于普查经费。经济普查、农业普查、人口普查是国家统计中很重要的调查方式。但是每次普查经费都成了问题，主要是县市一级的经费得不到保证，特别是贫困地方的县的经费更难以保障。有的县委书记讲我们不需要普查数字，为什么要出经费？我有多少企业、有多少人我都很清楚，为什么要普查？县里本身财政就很困难，在他们不需要做的工作上还要增加财政负担，他们很有意见。我建议，普查经费由中央，最多再加上省，这两级保证，不要再让下面配套经费，因为配套起来非常困难，形成苦乐不均。我不知道法律在修改时这一条怎么就写不清楚？这应该是能做到的，这两年中央财政和省级财政都是比较好的，搞一次普查，经费也是有限的，这一条应在修改时考虑。

吴晓灵委员说，第11条第3款，谈到了部门统计调查项目，这里规定“部门的调查项目如果超出了本部门管辖系统，报国务院统计部门审批”。我认为部门调查统计是必要的，因为有很多专业的数据，特别像金融系统这些统计需要中央银行和监管部门来做。但是现在因为是“一行三会”的格局，在统计工作上难免产生一些矛盾，在修改中央银行法和商业银行法的时候就遇到了这个矛盾。所以,“调查对象超出本部门管辖系统的”,建议改为“调查对象属于多部门管辖的,调查项目由国务院指定部门进行调查,并会同有关部门共同拟定调查制度,报国家统计局备案。”因为有很多统计会涉及到国务院好几个部门。在外资统计上涉及外汇管理局和商务部,不同部门口径不一样,影响了统计的准确性。从这次金融危机看,如果中央银行不了解金融数据,让中央银行最后来买单,道德风险非常大。中央银行应该在金融统计方面起比较重要的作用,但是也会涉及到其他监管部门的职责,由国务院指定一个主要部门,由这个部门会同其他部门共同制定统计方案,有利于统计方案的完善,有利于减少统计数据的不准确性,有利于减轻被检查部门的负担。

达列力汗·马米汗委员说,第一,统计工作中存在的突出问题仍然是经费投入不足,特别是县以下统计部门经费非常困难。第17条规定了县级以上人民政府应当把统计工作所需经费纳入预算管理,县级以上统计经费是予以保证了,但是县以下统计部门经费我看难以保证,而且经费来源都没有明确。总之加大对统计工作的资金投入,是最突出的问题。第二,第11条第2款最后“经常性、一般性的国家统计调查项目,国务院可以授权国家统计局审批”,后面建议加上“并报国务院备案”改为“报国家统计局审批并报国务院备案”,包括第3款最后,“调查对象超出本部门管辖系统的,报国家统计局审批”,后面也建议加上“并报国务院备案”,第4款,由县级人民政府“并报上级人民政府统计部门备案”;第13条最后一句话,建议把“县级以上人民政府统计机构”,改为“审批机关”改为“审批机关,应当依法责令禁止有关调查活动”;第14条第2款,“重大国情国力的普查,需要动员各方面力量进行的,由国务院和地方人民政府统一领导,组织统计机构和有关部门共同实施”,重大国情国力普查应该是由国务院统一领导、统一组织,地方政府的责任应该是在国务院的统一领导和统一组织下积极配合。因此,建议改为“重大国情国力普查,需要动员各方面力量进行的,由国务院统一领导、统一组织,国家和地方统计机构或有关部门共同实施。”第15条第2款,建议加“并报国务院审批”改为“……国务院标准化管理部门共同制定,报国务院审批”;第17条,进一步明确县级以上统计工作所需经费列入财政预算解决,但没有明确县级以下统计工作所需经费及来源,因此建议这一条修改为“县级以上人民政府应当将统计工作所需经费列入财政预算,县级以下基层统计工作所需经费,应予保障”。

杨邦杰委员说,建议第16条增加一款,“统计调查对象可以委托依法成立的从事统计代理业务的中介机构,代理本单位的统计业务,完成政府调查计划。”我建议要有中介机构来做这个事情,比如,土地的变更和粮食的统计,就不是统计部门一家来做的,还有农业部、中国科学院国家气象局等多家部门来做,只有这样才能相互参考,才有相互的比较,做出正确的判断,哪些数据可信,哪些数据只能参考。

郑功成委员说,关于统计标准问题。统计标准是十分重要的、急待规范的问题,但这部法律里淡化了这一内容,只有第15条提到了统计标准,实际上应考虑统计标准的制定以及与行业标准衔接的问题。这个问题太重要了,比如工资统计,我们自己都不知道哪些是工资、哪些不是工资,因为名义工资与实际工资并不一致,即使是名义工资,哪些是可以作为享受社会保障待遇的依据,哪些可以扣除,谁能说的明白?如果统计标准不规范、不明确,它就不仅是社会统计的问题,还会对相关制度造成很严重的损害。如收入统计指标与社会保险制度有着很密切的联系,建议把名义工资和实际工资收入由国家统计局和劳动保障部门进行统一规范。统计标准应当是这一部法律最核心的问题之一,建议进一步突出统计标准,最好单设一章,使统计标准和行业标准的衔接更有可操作性。

邹萍委员说,建议对统计经费保障问题要有明确的规定,比如国家的普查(人口普查、经济普查、农业普查等),属于全民的,应该直接由财政给予保障。

马福海委员说,第14条,“为统计工作提供必要的保障”,修改为“为完成本单位和各级人民政府统计工作提供必要的保障”。

黄镇东委员说,第一,目前有一些统计指标,特别是重要的指标不太符合我国经济社会发展的需要。比如登记失业率,这个指标我们用得很多,特别是国际金融危机影响到我国经济实体各方面的时候,在职工利益的保障上,特别是就业问题上,大家都十分关心。从公布的统计数据上看,登记失业率并不高,但是社会反映很多。为什么呢?因为统计的分子、分母都有一部分就业人员被撇在外面,这就不能反映我们全社会的实际就业情况。对这类指标，建议统计部门要与时俱进，向国际上统计先进的国家学习，也要根据我国流动人口比较多、就业多元化等现实情况做出一些具体规定，不断健全我国的统计体系，为经济社会发展服务，为人民群众服务。第二，有一些统计数据、指标不容易被人民群众理解，专业性太强，比如说到货币政策时，经常直接说 M1、M2，老百姓不知道这是什么？还有居民消费价格指数（CIP），是关系到人民群众切身利益的指标，但是公布时或媒体宣传报导上不用中文，直接用英文缩写，老百姓看不懂、听不懂。这个问题不是立法问题，但统计工作主管部门要引起重视，更好地使统计数据为经济社会发展、为人民服务。

龚学平委员说，第一，要树立政府统计数据的权威性。因为政府统计工作承担着为各级政府和全社会提供科学、准确、及时的经济社会统计数据的职责，政府统计数据作为依法统计的调查结果，必须树立权威性。失去了这种权威性，政府统计数据的科学性就无法保障，统计数据的准确性和及时性也无法实现，所以为了树立政府统计数据的权威性，防止数出多门，必须进一步规范和完善数据公布的规定。这一次修订草案虽然对这方面有一些规定，但是还不够明显、具体。建议在进一步修改的时候能够增加以下三点内容。一是，国家统计局和省级政府统计机构应该建立新闻发言人的制度，负责统计资料的公布。省级以下各级政府统计机构及政府主管部门应指定专人来负责统计资料的公布。二是，上级政府的统计机构有权审查下级政府统计机构公布的统计资料。三是，新闻宣传、出版、网站等单位需要发表尚未公布的国民经济和社会发展统计资料的，必须经国家统计局或者县级以上人民政府统计机构核准，这样可以确保统计资料和数据的权威性。第二，建立政府部门之间统计资料的共享机制。长期以来政府统计系统和部门统计系统在开展统计工作当中发挥了各自优势，为我们的政府决策提供了大量的统计资料，但是由于受到各种条件的影响，政府综合统计系统和部门统计系统各自为政，在统计资料的提供和交流方面关系不顺、渠道不畅，造成了报表过乱、数出多门、重复统计的现象长期得不到解决，加重了基层单位的统计工作量，影响了统计资料的使用效率，造成了统计资源的浪费，制约了统计功能的发挥，损害了政府统计的威信。因此我建议统计法在修改时应增加以下内容，即地方各级人民政府应当积极支持统计系统信息化建设，建立健全政府统计机构与工商、海关、银行、税务、技监、民政等有关单位之间的统计资料共享制度，政府统计机关与其他部门应当在统计资料的利用方面合作配合。

谢克昌委员说，第 21 条，建议增加“除国家规定的需要上级统计机构审核的统计数据外，县级以上地方统计机构调查取得的数据，由同级统计机构公布，并以其公布的数据为准。”的内容。

达列力汗·马米汗委员说，第 22 条规定“国务院有关部门统计调查取得的统计资料，……与国家统计局统计调查取得的统计数据有重复、交叉的，应当与国家统计局协商一致后公布；协商不一致的，不得公布”，没有说最后谁来公布，不一致的时候以哪个部门的数据为准没有说清楚，需要进一步明确，我认为应该以统计部门为准公布。

陈斯喜委员说，第 22 条规定：“国务院有关部门统计调查取得的统计资料……与国家统计局统计调查取得的统计数据有重复、交叉的，应当与国家统计局协商一致后公布”。这个规定要斟酌。国家统计局的统计是一个方面，有关部门从业务角度进行统计也是很有必要的，各有各的优势，可以起到互补作用。现在要求协商一致，那就有可能使真的协商一致到假的数据上。本来统计局的数据是真的，部门的统计是有水分，一协商就都有水分了。如果实践证明统计局的统计更准确，决策部门、社会组织自然就会对统计部门的数据更认同。所以，建议删去有关协商的规定。

金硕仁委员说，针对统计系统对部门资料了解不及时、掌握不全面、采集数据资料有难度等一些问题，第 20 条对部门资料报送制度做出了相关规定，但是标准不明确，过于笼统。建议进一步明确和加强部门资料报送制度，加大部门统计管理的力度。对各部门系统内部的统计报表要求报上一级部门的，同时要报同级统计部门。

周玉清委员说，统计要做到客观真实，要更多地注重制度设计，比如说草案 21 条统计数据公布这个环节，是否展开一点，能够写出一个制度设计来，统计这些基本数据的责任人（局长）以及监督审核这些数据的审核者（诚信度高的人）的姓名，公布在新闻媒体上，并使他们处于公众的监督之下，阳光之下的数据总比暗箱操作要客观、真实一些。

唐天标委员说，统计机构的统计和其他部门统计的关系。统计机构对全国规定的项目进行了统一的统计,其他部门还要搞一些自己需要的、全国统一规定的统计之外的统计,这种统计也是非常必要的,是对统计部门所作的统计的必要补充。这些统计资料也很重要,统计部门也应该掌握,也应该进行分析研究。怎么样把部门的统计资料利用好,在法律当中也应该有所规定,起码应该报统计部门备案,这样统计资料才是比较完整的,既有普遍的,也有特殊的,在为做决策提供咨询意见的时候才能比较准确。

马福海委员说,第 24 条,“为社会公众提供服务”,修改为“为社会公众提供服务,实现信息分享”。同时建议把这条调整到总则最后一条,作为第 10 条比较合适。

南振中委员说,为了防止有人利用统计资料为小团体或者个人谋取私利,建议将草案第 24 条中的“为社会公众提供服务”一句修改为“无偿为社会公众提供服务”。

邸瑛琪(全国人大代表)说,建议增加统计机关应该及时公布不涉及国家机密和其他法律规定不应公布的统计资料的义务,来保证公民的知情权。有一些统计机关不及时公布应公布的统计资料,所以统计法应该把这个义务明确下来。

云治厚(全国人大代表)说,统计完了肯定有信息,这个统计信息能不能共享?比如居民身份证的信息,全国起码公安系统内部应该共享,这样对维护社会治安稳定都有益,任何一个公安部门再不用去调查,就在当地拿身份证一扫描,就可以把资料调过来,做到信息共享。不能对外(社会)公布的,公安系统内部总可以公布吧?每个人都应该有一个身份证,身份证一共享的话,这样超生等问题就都知道了。而且国家公安部控制总数,知道有多少人口。信息共享以后,比如买房子,我们现在存款都实名制了,买房子肯定也要实名制,建设部统一联网了,谁买了几套房子都能知道。我们说信息化带动工业化,信息化技术也应该加快建设,把统计完的信息实现共享。

贺铿委员说,基层统计人员难以保证。本身统计水平、数据技术就得不到保证,现在人员也得不到保证。比如乡一级,农业相关统计都要靠这一级来统计,但是连一个专职的统计人员都得不到保证。法律上说的是“专职或兼职”,修改前也是这么写的,长期以来,大多数乡里连兼职的都没有,得不到保证,没有办法保证这一层面的基层统计人员以及统计数据的准确性。事实上,现在很多乡里有一两百名干部,为什么统计这项工作就不能得到保证呢?这个问题应该得到重视。我建议将“或者兼职”几个字删掉。

龚学平委员说,加强基层统计队伍的建设。大家都说到了,加强基层基础统计队伍的建设,直接关系到政府统计工作的顺利开展,但是目前我们国家统计队伍呈现巨型倒金字塔结构,这种结构的不合理严重制约了政府统计工作的发展。这几年来,尤其是区、县、乡镇、街道对统计机构的设置、统计人员的配备问题一直呼声很高,虽然这次统计法修改对各级统计机构的设置、统计人员的配备也做了一定规定,但是我感到规定比较笼统、原则,下面执行起来有一定的难度。比如在实践中,有些领导往往以需要为由,不设立统计机构,配备统计人员也很随意。比如在每次机构改革的时候,精简的往往是统计机构,有的地方统计能力强的人员被调离到其他单位去,把新来的大学生安排在统计岗位上作为考察使用,把即将退休的人员安排到统计单位上来互动,这些做法都严重影响了统计工作的专业性和权威性。又比如,统计法虽然对县级以上人民政府设立独立的统计机构做出了明确规定,但是实践中地方各级统计部门的设立经常处于动乱之中,时而合并、时而分散,目前上海仍有部分中心区统计局是挂靠在区的发改委,这种现象严重影响了区县政府统计部门的独立性,影响了统计工作的权威性,不利于统计工作的顺利开展。另外统计人员配备也不适应社会经济的发展,目前区县统计局的统计人员明显不足,统计工作量和人员编制不相适应,造成了统计人员兼职太多,一个人要做几个统计专业的报表,经常加班,没有时间进行统计分析。有的区统计局只有一个兼职统计的法制人员,90%的工作量是在做统计报表,根本没有时间和精力开展统计的法制工作。至于乡镇、街道统计机构的设置,统计人员的配备更难以保证。比如乡镇在机构改革当中把统计站撤掉了,统计工作放在乡镇经济管理事务所,乡镇统计人员在开展统计工作时,企业把经济管理事务所当作中介机构,这就严重影响了乡镇政府统计的权威。目前上海大多数乡镇机构往往只有 1—3 个人,而且大多数是兼职,极少数公务员编制,有的是事业编制,还有的是工人编制,由于编制不同、待遇不同,同工不同酬,严重挫伤了统计工作人员的积极性,造成了统计人才的流失,把统计部门挂靠在经济科,统计人员同样存在编制不同、待遇不同、同工不同酬的情况。目前区县一级政府统计机构和乡镇、街道的统计机构，其力量已经很难适应社会经济的快速发展和越来越繁重的统计任务，这些状况如果不用法律的手段加以彻底改变，势必对我们国家政府统计工作的发展形成重大障碍。所以，我建议在这次统计法修改时，对区县、乡镇、街道的统计机构的设置、统计工作的职责、统计人员的配备要做出明确具体的法律规定。我们要抓住这次统计法修改的契机，加强基层基础统计队伍的建设，彻底改变我国统计人员队伍呈倒金字塔的现象，使区县、乡镇、街道的统计工作更适合社会主义市场经济和社会发展的需要。

朱永新委员说，关于发展统计科学和技术的问题。我认为这次法律修订中对这一点强调得不够。法律第32条，只强调要培训人员，强调加强职业道德，但统计是一门科学，是一门技术性非常强的科学，有专门的方法。我们搞社会科学的人在学校中都要学统计方法，现代统计科学发展很快，非常复杂。但现在我们的统计专业人员，真正统计专业毕业的人非常少。统计局长的专业化程度不是很高，所以，建议统计局长专业化应该像法官专业化一样，逐步提上议事日程。以调查取样为例，我们各级都有调查队，调查队如何取样？为什么到你这家不到那一家？不同家庭的收入怎么去调查？实际上这是需要技术的，这是一门科学，我们多少年来对于统计自身的科学性、严谨性重视不够。统计手段随着网络的发展而发展，统计技术本身也在不断地发展。特别是大型的统计，怎样有效地进行，抽样如何更趋合理，这都非常关键，建议在修订这部法律时考虑把发展统计科学和技术作为问题来进行专门的研究。

达列力汗·马米汗委员说，第31条，统计人员依法进行统计调查时，建议加“统计人员依法独立行使职权进行调查”更好一些。

陈斯喜委员说，第25条规定：“县级以上地方人民政府设立独立的统计机构，乡镇人民政府设置专职或兼职统计人员。”乡镇要不要设专职统计人员？现在乡镇的人员已经够庞大了，要不要每一项工作都设置专职的工作人员？因为县里有统计局，它在它统计权限内的工作，需要乡镇提供数据的，有人向你提供就行了，不必非设专职不可。第27条，“县级以上人民政府有关部门根据统计任务的需要设立统计机构，”政府部门还要不要设立统计机构？有一些负责统计的人员就足够了，不需要再专门设立统计机构。

杨邦杰委员说，建议第25条增加一款，“乡镇人民政府和街道办事处应当设立统计机构或者配备专职统计人员完成统计任务，也可以由县级人民政府在乡镇、街道派出统计人员负责所在乡镇和街道的统计工作”。有些乡镇很大，实际上已经有这种派出机构做统计工作，所以要把统计工作往下延伸。

金硕仁委员说，第25条“县级以上地方人民政府设立独立的统计机构，乡、镇人民政府设立专职或兼职统计员”，“乡镇”后应该加上“街道”。因为现在大量的经济活动集中在城市，而城市中街道和社区又承担着大量的统计调查任务。现在街道的概念与过去不一样了，有些街道的经济活动、经济工作总量比乡镇多得多。第26条“县级以上地方人民政府统计机构和乡镇”，后面也应该加上“街道”。

郝益东委员说，我认为统计法有一个职能应该加强，就是对数据进行分析，并提出综合性建议。建立一支庞大的统计调查队伍，获得的数据往往是公布了，工作就完成了，但是我觉得事情还没有做完，应该利用他们掌握的数据，提出供中央和国务院及地方党委政府决策使用的对经济社会发展具有切实指导作用的意见建议，而且我认为统计部门有能力做这些事情。现在每年统计报告也有相关的内容，但是太笼统，太一般化，基本没有针对性，前瞻性很差。比较典型的就是金融危机对我国的影响，我们在简报上看到，有的委员讲，1月份有些指标已经反映出来了，第二季度已经看得非常明确，但是我们人大常委会8月份和10月份听的两次报告非常笼统，给我们的印象是在这场金融危机中，我们可以独善其身。实际上，如果把前瞻性、预警性分析的任务交给统计部门决策就更主动。因为各级宏观部门拿到的统计数据是经过层层分析综合，已经把某些倾向性东西淹没在一般性的东西中了，所以说只有统计部门能够把问题看得更早更准。我建议这个法律在进一步修改过程中，把统计部门的这项职能要明确和细化。对异常情况的发现和反映往往需要基层加强统计调查和直接分析。从7月份以后听到的来自企业方面的信息，感到经济运行可能有一些问题，但是从宏观统计数据分析很难反映出来。

汪光焘委员说，关于法律中对县以下的统计问题应当如何规定。县以下到底是加强县一级的机构来对乡镇进行统计，还是对乡镇配备干部来进行统计，这两个思路是责任的问题。我个人的意见，加强县级统计部门的直接统计责任，减少乡镇进行统计。从事过地方工作的人都知道，乡镇统计是最难处理，最难把握的。

马福海委员说，第25条，“乡镇人民政府设置专职或者兼职统计员”，修改为“乡镇人民政府、街道办事处设置专职统计员，依法管理统计工作，实施统计调查”。第26条，“县级以上地方人民政府统计机构和乡镇统计员的管理体制由国务院规定”，修改为“县级以上地方政府统计机构和乡镇街道办事处统计员的管理体制由国务院规定”，建议加上“街道办事处”。第26条第2款，“地方人民政府统计机构的人员编制由国家统一规定”，修改为“地方各级人民政府统计机构的人员编制由国家统一规定”。第29条，重要职责中增加企业统计机构及人员设置和职责的内容。第30条第3款，“完成统计调查任务”，修改为“完成重大国情国力普查和当地人民政府交给统计机构组织的统计调查任务”。第32条第3款，“县级以上人民政府统计机构和有关部门，应当加强对统计人员的专业培训和职业道德教育”，修改为“县级以上人民政府和统计有关部门加强对统计人员的职业培训和职业道德教育，提高统计人员的专业素质”。同时把这条作为第33条第三款更合适。建议删除第33条“提高统计人员的专业素质，保持统计队伍的稳定性”这一内容。建议删除第34条第二款“但是”两个字。

侯义斌委员说，第4章统计机构和统计人员中，对统计机构的设立有明确规定，但是对统计人员没有定义，也没有岗位的规定。实际上，除了政府机构外，各大企事业单位也都有专职的或者兼职的统计人员，但是在现在的修订草案当中，对这些人员没有明确的法律规定。因此建议在第30条后增加1条，即“国家所有的企事业单位可以设置专职或兼职的统计人员。”

南振中委员说，建议在草案第28条、29条、30条中各增加一项内容，即“对统计、公布材料、数据的真实性和完整性负责”。

朱启委员说，关于统计违法的监督检查问题，修订草案专门增加了一章，进步明显，值得肯定。但是草案第34条的规定，实际上是自己监督自己，自己查处自己，有碍监督、查处的公平性、公正性。我认为应该进一步明确统计机构以及工作人员违法的监督、查处主体，程序、手段和方法方式，比如规定下级的统计违法行为由上一级统计机构监督，单独成立监督查处机构或者引入外部监督查处机制等等方式。

陈斯喜委员说，第36条，“县级以上人民政府统计机构在调查统计违法案件或者核查统计数据时，有权采取下列措施”，其中第4项“进入检查对象的业务场所、货物存放地和统计数据处理信息系统进行检查、核对”，特别是“进入货物存放地”，这个没有必要。我们现在是制定一部法，就规定这个部门的检查权，弄得企业应接不暇。作为统计部门，要通过提高科学性来解决准确性的问题，不能弄得那么微观，不必通过检查货物来核实数据，统计部门不要管那么细的事。

杨邦杰委员说，关于监督的问题，条文里规定国家统计局对下面统计部门进行监督，但是没有说谁来监督国家统计局的结果，我们要有一些独立的信息源进行参考。

许振超委员说，统计数据还有对整体决策提供依据的重要功能，因此，统计系统的各个环节，更不允许弄虚作假，一些地方开人代会，两级政府报告的统计数字互相矛盾，甚至出现连夜修改统计数字的情况。所以，这种情况必须杜绝，统计法修订中加大了监督，关键是怎样实现，这是最重要的。

杨秀华（全国人大代表）说，统计工作非常重要，要做到心中有数，各级政府和各位领导对农村、对基层都想得很周到，但是如果没有基层反映上来的情况，领导了解的情况还是不真实的。没有日积月累的真实情况，就起不到监督的作用，是否应该明确一些人，在其位，谋其责，以免造成“统计统计，全凭估计”。所以，为了实实在在地反映一些实际数字和指标，成立一个组织，明确一些人，对统计工作进行监督。

朱永新委员说，关于统计违法行为处罚的问题。我看了草案，违法处罚好像规定得不够。第38条规定：“违反本法规定，地方、部门、单位负责人有下列行为之一的，由任免机关或者监察机关依法给予处分，并由县级以上人民政府统计机构给予通报批评”，这本身在逻辑上有问题，因为违反规定的本身就是违法的，采取了通报批评，没有依法追究法律责任，事实上，在实际统计过程中，目前的处罚太轻，据广东省的资料，2005年统计部门违法案件是277宗，结案是262宗，通报批评的110宗，罚款是109宗，罚款额是369700元，也就是每一个违法行为的罚款3000元左右。这等于没罚。就在这个月18日，湖南怀化市发了一个文件，对12家违反统计法的单位进行通报批评，其中有拒绝提供数据的，还有瞒报、虚报等各种现象，怎么处分？这种情况只是通报批评一下，我们知道，通报批评是无关痛痒的。所以说，统计法处罚的力度，我认为相对轻了一些。而且，统计造假的处罚要加大行政处分的力度，如降级、撤职等。

裴怀亮委员说，第38条，“违反本法规定，地方、部门、单位的负责人有下列行为之一的，由任免机关或者监察机关依法给予处分，并由县级以上人民政府统计机构给予通报批评；”我认为负责人的这些行为由政府的统计机构给予通报批评，不够有力。这一句可以不要。第41条，“违反本法规定，国家机关、社会团体、企业事业单位或者其他组织等统计调查对象有下列行为之一的，由县级以上人民政府统计机构责令改正，给予通报批评、警告，可以处10万元以下的罚款……。”我认为对政府单位的违法应该追究责任，给予处分。企业自己有钱被罚，但是国家机关怎么有钱被罚？

乔晓阳委员说，第46条规定，“对国家统计局派出的调查机构作出的行政处罚决定不服，申请行政复议的，适用《中华人民共和国行政复议法》第12条第2款的规定”，《行政复议法》第12条第2款的规定是如果不服，向上级行政机关申请复议。国家统计局派出的调查机构的上级是谁？是国家统计局还是国务院？对一个派出机构做出的行政处罚决定不服的，就要上国务院复议？草案46条规定“适用《中华人民共和国行政复议法》第12条第2款的规定”，写得含含糊糊的，看不清到底向谁申请。另外，一个专责统计的派出机构，实际就是调查队，有没有处罚权也值得研究。第45条规定，利用统计调查危害国家安全、损害社会公共利益或者进行欺诈活动的，由统计机构罚50万元、没收等等，这也需要研究。这一条规定的后果是危害国家安全、损害社会公共利益或欺诈，对这几种行为，我们有公安部门、有安全部门，欺诈还有工商部门，都在管，是不是要统计局出来管？仅仅因为利用了统计手段，就由统计局出来处罚的话，又将造成处罚混乱。

郎胜委员说，这次修改在法律责任中，加重了一些行为的法律责任，也是必要的。现实生活中统计失真是很多原因造成的，需要有针对性地进行研究，以取得好的法律效果和社会效果。这部法律草案提到要提高罚款数额，靠这种处罚能否对统计违法行为起到有效的遏制、教育和警戒作用，需要再行斟酌。现在统计对象出问题多的，主要是国家机关、社会团体、企业事业单位，对国家机关罚款，实际上最多的是从财政的这个口袋里拿钱再放到那个口袋里，起不到作用；对国有企业罚几万，十万、二十万，有的甚至罚款几千元也没有什么意义，应考虑加大行政处分的力度。对一些官员违法统计，非法干预统计的违法行为，加大行政处分，给予警告，直至撤职，比罚款的效果要好。法律责任一章许多条文都提到构成犯罪的依法追究刑事责任，是否必要，也需要再斟酌，我认为，对这类非法行为主要还是应以教育、引导，包括辅以必要的行政手段，同时从体制、机制上加以约束来解决。现在的草案还规定了很多刑事处罚条款，实际上可能做不到。比如拒绝提供的、拒绝答复的，提供不真实的数字、擅自隐瞒、修改统计数字的，就追究刑事责任，可能做不到，社会效果也不一定好。建议法律责任部分再做研究，增强可操作性，原则上加重行政处分的力度，减少刑事处罚，最好没有罚款。如果要有罚款，也是有针对性地做出规定。现在罚则中几乎每条都有罚款，实际上国家机关不怕罚款，你也罚不了，大的国有企业也不怕，结果，罚的还是一些中小企业、民营企业。现在能罚款的部门已经很多了，统计局再去罚款，实际效果好不好？应是在体制、机制、工作作风的转变和提高广大干部、群众法律意识上多下功夫。

达列力汗·马米汗委员说，法律责任中，有两个修改建议，第38条，“违反本法规定，地方、部门、单位负责人有下列行为之一的，由任免机关或监察机关依法给予处分”，“依法处分”比较重，但是后面一句话又软了，“给予通报批评”，希望准确一点。第41条第2款，“企业事业单位或者其他组织有前款所列行为之一，情节严重的，依照国家有关规定在信用系统中予以记录”，这个处罚同样轻；第3款对个体户的规定很严。对企事业单位软，对个体户硬，两个层次标准不一样。我认为应该一视同仁。

陈骏委员说，提高违反统计法的处罚力度。现在修订过后的统计法，可能要发挥作用很多年，我刚才看了一下法律责任这一章，感觉力度不是很大，基本上是集体承担责任，根本就没有考虑到个人的违法行为，对个人的处罚很少。这不利于对统计法的遵守。

龚学平委员说，要提高统计调查对象的违法成本。统计法经过多年的宣传和统计执法检查，及时查出了统计当中的违法行为。应该说，统计违法的行为得到了明显遏制，但是目前统计违法行为还时有发生，有时候情节还非常严重。我认为，发生违纪行为的原因有多方面，其中有领导法制意识淡薄的原因，也有企业不重视统计工作的原因，还有统计人员调动频繁、业务素质差的原因，但很重要的一个原因，就是政府统计执法成本比较高，而统计调查对象的统计违法成本过低造成的。以上海为例，上海市统计执法检查大队刚刚成立时，我们曾经处罚过一家企业，这家企业多次发生迟报统计报表的违法行为，当时我们就给这个企业做出罚款1000元，但是这个企业不服处罚，依法向中级人民法院提起了行政诉讼。为了应诉，我们上海市统计局花费了大量的时间、精力，虽然最后这一起行政诉讼是我们胜诉了，但是我们所花的钱大大超过罚款1000元。从实际效果来看，由于统计违法成本过低，没有对屡次迟报统计报表的统计违法行为起到威慑作用，所以我们建议应扩大统计违法行为处罚的涵盖面，加大处罚力度，提高统计调查对象的违法成本。我同意刚才有些同志的意见，现在我们处罚主要强调的是单位、企业、工商个体户，我认为所有参与统计的人员都应该纳入到法律范围中。

马福海委员说，建议在第38条中增加“并处1万元以下罚款”的内容。第39条中建议增加一款，“违反前款一、三、四，可以处以十万元以下罚款，违反前款二、五、六、七、八，可以处以五万元以下罚款”。第41条第4款，“拒绝、推诿或者阻挠统计检查的”，把“统计检查”前面加“统计调查”。第46条，“可以依法申请行政复议”，修改为“可以依法申请行政复议和提请行政诉讼”。

李传卿委员说，第38条，“违反本法规定，地方、部门、单位的负责人有下列行为之一的，由任免机关或者监察机关依法给予处分”，建议在“依法”后加“依纪”两字，除了法律的制裁之外，还要受纪律的约束。

任茂东委员说，不宜增加统计部门对有关单位进行处罚的权力，是否有执法权，执法权给予了以后，有没有执法队伍会权力滥用，统计部门是搞统计的，不是搞执法队伍的。

陈玉杰委员说，在法律责任的处罚部分中有两种情况应该区分处理。对于明显的弄虚作假的这一类，应该从严处罚。对于工作上属于工作不够深入造成失察，与明知故犯、典型弄虚作假的性质不一样，所以在处罚上应该有所区分。

唐世礼委员说，建议对统计工作中的违法行为加重法律责任。但是查处和惩处违法行为的工作如何与倡导实事求是优良传统和作风、建立科学的干部政绩考核体系相结合，需要认真研究和抓好配套，否则，防止行政干预难以落到实处。统计工作是很重要、很严肃的工作，但是现在是上有政策、下有对策，对统计的结果虽然信不过，但是照样用。比如计划生育工作，普遍实行一票否决权，很多人在这个问题面前就敢不实事求是了。我们党提倡实事求是的思想路线，但是要真正做到实事求是是有困难的，有时候为了坚持实事求是需要否定别人，或者是否定自己，但无论是否定别人还是否定自己，都需要勇气和代价，所以需要配套的法律和行政主导结合起来。过去的统计法也有规定不能篡改、虚报、瞒报，但为什么有令不行、不禁不止，这就不仅是法律问题了。

南振中委员说，统计法的这次修订，有一个得民心之举就是明确规定对利用虚假统计资料骗取荣誉称号、物质奖励或晋升职务的行为，由做出有关决定的单位或者其上级单位、监察机关取消其荣誉称号、追缴物质奖励或者撤销晋升的职务。当前，虚假、瞒报、伪造、篡改统计资料的违法行为屡禁不止，此类违法行为已经占全部统计违法行为的60%左右。导致造假现象蔓延的一个重要原因就是部分领导干部试图利用虚假统计资料谋求职务升迁。草案第44条规定，有上述违法行为的，一经发现，就要撤销其晋升的职务，这就从法律上堵住了个别领导干部欺上瞒下、投机取巧、谋求升迁之路。具体修改建议：第一，草案第44条的规定，仅仅限于追回被违法者骗取的各类“果实”，对其欺诈行为本身并没有处罚规定。建议在本条中增加相关的行政处罚措施，同时规定“构成犯罪的，依法追究刑事责任。”第二，草案第39条未规定法律责任主体，仅仅规定了违法人员的行政处罚和民事责任，没有像第38条、第41条那样，明确规定追究刑事责任，造成不同条款之间的不平衡。建议将第39条第1款修改为“违反本法规定，统计机构、统计人员有下列行为之一的，由同级或上一级人民政府统计机构责令改正，给予通报批评；对直接负责的主管人员和其他直接责任人员，由任免机关或者监察机关依法给予处分；造成损害的，依法承担民事责任；构成犯罪的，依法追究刑事责任”。

邸瑛琪（全国人大代表）说，建议增加统计机关公布不真实统计资料的责任追究，同时建议增加统计工作人员由于工作上的严重不负责任，致使统计数据产生重大失误的责任追究。因为这些失误完全有可能是由国家统计局的工作人员在统计工作中严重不负责任导致的。这样对统计工作也是一种要求和规范。第38条规定的地方部门单位负责人的法律责任，要与刑法相衔接，因为这一条在修订草案中明确了："下列行为之一构成犯罪的要追究刑事责任"，但是下列行为刑法中并没有明确规定，虽然特别刑法可以规定，但是这些行为是不是一定要用刑法调整？刑法调整的效果到底怎么样？刑法具有补充性的特点，其他部门法可以调整的，尽量不要动用刑法。第40条，建议增加"或其他法律规定不应泄漏的秘密"，公民或者商业企业的秘密，也应属于法律保护的范畴，所以应为"其他法律规定不应泄漏的秘密"，统计法应予以保护。建议第41条的规定与刑法相衔接，因为该条规定的是单位构成犯罪的，单位犯罪必须有法律明确规定的才应当承担刑事责任，而这些行为在刑法中都没有明确责任，仅仅规定了隐匿材料、毁灭会计材料的行为，这与统计法的要求是不一致的，所以一定要与刑法相衔接，要论证用刑法调整的科学性。

分组审议专利法修正案草案发言摘登

2008年8月27日上午，十一届全国人大常委会第四次会议分组审议《中华人民共和国专利法修正案（草案）》。发言摘登如下：

任茂东委员说，专利制度是我国知识产权制度中十分重要的组成部分，我国现行的专利法自实施以来，分别于1992年、2000年进行了两次比较大的修改，这部法从立法技术上、理念上、条款的设计上应该说还是比较先进的。20多年来专利法的实施取得了明显的成绩，主要是专利制度在我国逐步建立，专利的行政与司法保护得到了加强，全社会成员对专利的意识有了明显的提高。专利申请和授权的数量每年大幅度增长，专利技术的推广、利用明显提高，为了更好地保护专利权人的权利，推动专利技术向现实生产力转化，缩短转化的周期，对专利法进行适当的修改，我认为是十分必要的。

程津培委员说，专利法修改是教科文卫委员会今年立法工作的任务之一。这部法是1984年制定，1985年实施的，1992年和2000年分别进行了两次修订。在那之后，我国的经济社会发展又出现了一些新的变化，包括几年前中央提出的建设创新型国家，走自主创新道路等重大发展以及国际条约的新规定等。因此，这部法有必要进行进一步的修改，以适应新形势发展的需要。田力普局长在说明中对法律修订的主要内容作了介绍，主要是明确了专利法要服务于我国走自主创新的道路，建设创新型国家的目标和鼓励发明创造的宗旨。另外，要符合国际条约的规定，要提高专利管理、受理的效率等等。修正案草案是在国家知识产权局和国务院法制办共同努力下，经过多次调研，反复讨论研究后修改形成的，我赞成草案中的修改意见。

林强委员说，专利制度是知识产权制度重要的组成部分。我国现行的专利法自1985年4月1日起实行，分别在1992年9月和2000年8月进行修订。20多年来，专利法的实施取得了显著成绩，主要体现在专利工作的体系逐步建立和完善；专利的行政保护和司法保护不断得到了加强；民众的专利意识有了明显的提高；专利的申请量和授权量也持续增加；专利技术的实施率也在逐步提高。我国专利制度的建立只有20多年的时间，对专利制度的本质特点和运行规律的认识还处于不断深化的过程中，与建立和完善我国社会主义市场经济体制的要求相比，我国的专利法的确还存在需要进一步完善的地方。今年6月5日，国务院发布了国家知识产权战略纲要，纲要确定完善我国知识产权法律法规体系为健全我国知识产权制度最为重要的战略举措之一。因此，为了更好地适应国际、国内形势发展的需要，及时解决我国专利制度运作中存在的问题，更有效地发挥专利制度的作用，对提高我国自主创新的能力和促进科技进步及经济社会发展，建设创新型国家，具有十分重要的意义。所以，再次，也就是第三次修订我国的专利法已经势在必行。我赞成对专利法进行修改。

陈玉杰委员说，参阅第十届全国人大常委会路甬祥副委员长带队在2006年对专利法执法检查情况的报告，我对照了一下，感觉这次修正案对那次执法检查提出来的问题，都有针对性地做了修正，这次修正非常好。第十届全国人大常委会进行执法检查中，发现了认为需要修正的六个方面的问题，在这次修正案中都一一有了修改意见。比如说在立法宗旨中增加了"提高自主创新能力"、"建设创新型国家"的内容。为了提高我国的专利水平，把原来"相对新颖性标准"改成了"绝对新颖性标准"，进一步提高了专利质量。对申请专利人的保护问题和侵权诉讼等一系列不明确的问题等等，这次修正中都有所体现。所以我认为这次的修正内容对于原来执法过程中发现的不足问题，都有了明确的规定，也有了明确的措施。这说明，一是上次的执法检查很有成效，发现了一些不适应的、需要完善、需要修正的内容；二是修正工作针对性很强，确实解决了专利法在实施过程中存在的问题。所以我同意这次提交专利法修正案草案。

吕薇委员说，专利法是非常重要的法律，对于促进技术进步和创新具有重要的作用。这次修改专利法，也是非常必要的。从国际经验来看，各国都是根据技术进步、企业创新的情况、产业创新的态势等及时对专利法进行修订。比如，日本往往是三、四年就修订一次专利法，我国这一次修改距上次修订已有8年时间，所以这次修改很有必要。专利法本身是一个很成熟的法律，特别是在加入WTO时我们进行了与国际接轨的适应性修改。国家知识产权局在修改专利法方面做了大量工作，准备了两、三年，征求了很多方面的意见。从这次草案的文本来看，文字、逻辑等各方面都是比较严谨的，并且提供了大量的背景材料，对修改的条文又作了很细致的对比，这样使我们审议起来非常清楚，哪些地方进行了修改，都能很清晰地看出来。专利制度本身就是利益平衡的一项制度，很多内容不是对或错的问题，而是利益平衡的问题。在现有发展阶段，哪些条款更适合我们的企业，更适合我们的发展阶段，需要认真研究。

吴启迪委员说，专利法的修订很有必要，因为社会情况发生了很大变化。专利法修改了两次，这次修改增加了一些新的内容，特别是在鼓励创新方面特别突出，建设创新型国家，需要鼓励创新。草案采用了"绝对新颖性标准"，这是非常好的。从根本上说，这次修改下了很大功夫，改得很好。

周声涛委员说，这次对专利法进行修订，是在制度层面上进一步激励和保护自主创新的重要举措，很有必要。修正案在提高专利授权门槛，加大专利保护力度，促进专利推广利用，实现与国际条约接轨等方面，有创新、有突破，修改得很好。

程贻举委员说，对专利法进行修改，很有必要，我很赞成。现在我国有自主知识产权的产品，特别是高科技产品比较少。一方面是科技成果在不断鉴定，另一方面工厂感觉到没有什么新的技术或者产品应用，这就是经济和科技两张皮的问题。这两张皮问题的解决对专利事业就能起到很好的作用，使科技成果得到更好地转化。

朱永新委员说，专利法1984年经全国人大审议通过以后，基本上8年修订一次，经过两次修改，对于鼓励发明创造、保护知识产权起到了积极的作用。但是，目前我们国家的专利还存在不少问题，专利法的法律适用性也面临着新挑战。首先，我们的发明专利太少，真正意义上的发明专利不到20%，大量的是实用、新型和外观专利。我国来自国外申请的发明专利占到86.6%，而我国自己的发明专利不到20%，真正含金量高的专利太少。其次，我们在国外申请的专利太少，只占美国的0.2%，占欧洲的0.1%，这和我们这么大的国家太不相称了。第三，企业专利太少。现在我们国家99%的企业是没有专利，据统计，在高新技术企业密集的中关村地区，14000家企业中，只有10%左右的企业有专利，现在企业还没有成为专利的主体。第四，专利的品质比较差。现在整个中国专利中，中药、饮料、食品占了绝大多数，中药占98%、饮料96%、食品90%。到了高新技术领域，像无线传输、移动通信、半导体的专利非常少，只占7%—10%，和国外无法相比。所以及时修正专利法十分必要。这次专利法新的修正案做了很大调整，我基本赞成。

姚建年委员说，我认为专利法的修正是很有必要的，意义很重大。这次修订，国家专利局有三个目的，一是激励自主创新，二是促进专利技术的推广应用，三是适应国际条约的变化来进行修改。为此，他们做了大量的工作，总体来说效果还是很好的。

朱启委员说，专利法实施到现在整整23年了，之前修改了两次，上次修改是2000年，2000年之后到现在已经8年了，这8年我国的经济社会发展非常快，新情况、新问题非常之多，特别是和国际接轨以后，很多问题都暴露出来。这次修正体现了与时俱进，体现了有效性、针对性，我同意这部修正草案。提点建议：专利的类型很多，价值不一样，特别是重大的专利，价值很大，应当重点保护。对那些影响全局，影响经济发展的专利，给予重点的保护，修改过程中应该给予高度重视。

李登海（全国人大农业与农村委员会委员）说，我认为专利法的修订非常重要，对于提高我国的自主创新能力，建设创新型国家非常重要。目前要建立创新型国家，提高自主创新能力，专利法的修订是非常适时的。专利法修订之后希望尽早通过，尽早实施。在这次修改当中，体现了加强自主创新方面的内容。

秦希燕（全国人大代表）说，从整体上说，我国的专利法是从85年开始实施的，1992年、2000年作了两次修改，为鼓励和保护发明创造，促进科学技术进步和创新起到了很重要的作用，但确确实实，随着社会的进步，有些地方很不相适应，非常有必要进行修改。从这次修改的内容上讲，一是基本上可行，有利于专利技术的推广，并适用了国际的条约。二是从修改的特点上讲，体现了适应新的要求，具有法律的可操作性，同时也具有前瞻性。

李沛霖（全国人大代表）说，这次对专利法的修正，我认为确实非常重要。其实我国在专利保护方面起步比较慢，这和一个国家的经济实力和综合国力等各方面都有关系，同大家对发明创造保护是否重视有关。我国的专利法是1985年制订的，1992年、2000年两次修订，现在中国的发展一日千里，发明创造也与日俱增。在这种情况下，如何进一步保护、鼓励发明创造就显得尤其重要。这次修改的重点有三个方面，一是提高自主创新能力，二是促进相关技术的推广应用，三是如何和国际有关条约相衔接。我认为修改得很到位。我们要鼓励发明创造，法律和政策必须配套。修正案对法律的宗旨也作了修改，相对来说已经比较完善了。

贾春梅（全国人大代表）说，自1984年我国专利法颁布以来，已经过1992年、2000年两次修改，但随着国际国内形势的变化，现行专利法和专利制度仍面临许多亟待解决的新问题。为了更好地应对国际国内形势的发展，更为有效地发挥专利制度的作用，专利法再次修改不仅十分必要，而且时机也已日趋成熟，专利法的再次修改既是国家知识产权战略的重要组成部分，也是落实国家知识产权战略的必要手段，引起国内外的广泛重视和关注。

朱永新委员说，建议总则中加上两句话，一是，"国家鼓励和支持加大知识产权和发明创造的宣传教育力度，增强全社会知识产权意识和知识产权的法制观念。"二是，"国家鼓励和支持产学研结合，促进企业真正成为技术创新的主体。"这两句话可以作为一条规定，作为法律的前提，希望能够明确一下。

倪岳峰委员说，提几点具体修改意见。第一，总则第1条，建议修改为"为了保护专利权，鼓励发明创造，推动发明创造的应用，提高创新能力，促进科学技术进步和经济社会发展，建设创新型国家，制定本法。"第二，修正后草案的第14条，建议把批准权授权给国务院专利行政管理部门，即对国家或者公共利益具有重大意义的需由国务院批准的规定，修改为经国务院专利行政部门批准。同时规定，使用费数额"协商不能够达成协议的，由国务院专利行政部门裁决"。

李沛霖（全国人大代表）说，第1条，总则部分，现在修改为"为了保护专利权，鼓励发明创造，推动发明创造的管理、应用，提高自主创新能力，促进科学技术进步和经济社会发展，建设创新型国家，制定本法。"后面增加了"提高自主创新能力"，还提到要"建设创新型国家"，这是根据现在我国的国情提出来的，很好。但其中"推动发明创造的管理、应用"，我认为表达不太好，管理应该是主动去进行的，不应该是"推动"。假如是推动管理，他不动怎么办？所以我认为应该修改为"鼓励发明创造，加强发明创造的管理，推动发明创造的应用"，这样的表述比较准确。

秦希燕（全国人大代表）说，专利法涉及到许多专有名词，建议文字尽量简洁，对条文解释清楚。有一些能够很简洁说明的就应简洁说明，比如第9条"同样的发明创造只能授予一项专利权"，这个理解是很好理解的，因为后面是"两个以上的申请人分别就同样的发明创造申请专利的，专利权授予最先申请的人"。但是后面却有直接规定是"同一申请人同日对同样的发明创造既申请实用新型专利又申请发明专利，先获得的实用新型专利权尚未终止，且申请人声明放弃该实用新型专利权的，可以授予发明专利权。"我认为可以简洁化规定："申请两个专利的先放弃一个才可申请另一个"。比"专利权尚未终止"这句话更好理解，建议解释要简单。又如，第11条增加了"许诺销售"的内容，建议具体内容表述出来。又如，第15条"普通许可”这些都是专有名词,建议解释清楚。否则,一般人看不懂,无法理解。

马福海委员说,第14条最后一句话“实施单位应当向专利权人支付使用费,使用费数额由双方协商确定。”我认为,关于使用费数额如果不规定一个协商的标准或依据,在实践中可能不利于执行,甚至还会导致纠纷,建议把“由双方协商确定”的意思再进行修改。

李连宁委员说,第15条,在专利权共有的情况下,共有人单独实施或以普通许可方式许可他人实施的收入分配问题。从现在的规定看,如果有约定的按约定,没有约定的,共有人可以选择两种方式,一种是单独实施,一种是以普通许可方式许可他人来实施。但是这里讲了“许可他人实施该专利的时候,收取的使用费应该在共有人之间分配”。但是对共有人单独实施所收取的费用、获得的利益如何分配没有讲。这样就形成了一种情况,作为一个共有人,如果自己实施就可以独享所有的利益,许可他人以普通方式许可方式实施的话,所获利益就要和其他共有人分享,这里分配的规定似乎有缺陷,建议斟酌。

吕薇委员说,第15条,“在共有专利的情况下,没有约定的,共有人可以单独实施或者以普通许可方式许可他人实施该专利”。这一条的用意是为了促进技术的推广和利用,促进专利的实施。但是可能存在一个问题,比如企业和研究机构共同所有的一项专利技术,可能企业有专业策略,特意在几年内不实施,但学校等研究机构把它许可给别人实施,这样可能会影响企业的专利战略。这一段是否可以增加一个“告知”制度会更好一些。

南振中委员说,草案第15条,专利共有人对权利的行使没有约定的,可单独实施或者以普通许可方式许可他人实施该专利。在司法实践中,“普通许可方式”容易产生歧义,建议将“普通许可方式”修改为“非独占许可方式”。国家知识产权战略纲要提出:“正确处理专利保护和公共利益的关系。在依法保护专利权的同时,完善强制许可制度,发挥例外制度作用,研究制定合理的相关政策,保证在发生公共危机时,公众能够及时、充分获得必须的产品和服务”。建议把这一内容上升为法律规定。

邓秀新委员说,对专利法提点建议。现在的第26条,原来的文本和修改的文本均指出,动物、植物品种不授予专利,为什么微生物可以?是不是因为动物、植物的品种都是通过传统的育种方法而来?如果是这个原因,那现在的动植物育种可以通过转基因技术,可以把微生物基因放在植物中去,这样获得的动物、植物品种也不授予专利吗?建议修改时考虑这一新情况,尽可能与国际接轨,促进转基因技术的发展。

谢克昌委员说,提点建议,“绝对新颖性标准”问题。对这一条的修改,在说明的时候讲得很清楚,是为了进一步激励自主创新,有利于国外的一些技术在我国的应用,这有一定的道理。但从另外一面讲,也应该考虑到“绝对新颖性标准”,对国外技术充分运用好的困难和出现司法纠纷的可能。举两个例子,一个是我们国家的煤炭气化技术。改革开放以后,绝大部分都是进口外国的整套技术。比如德国的鲁奇、美国的德士古,一直到现在荷兰的壳牌。华东理工大学发明了一种在原理上与德士谷气化技术基本一样的多喷嘴对置式气化炉。如果用“绝对新颖性标准”衡量,这个炉子就不能成为我们国家的自主创新,但是这个炉子的很多技术都是创新的,性能也是先进的。虽然气化原理相同,但这个炉子应该是我国的自主创新。在煤炭液化领域也存在类似问题。很多工艺和技术原理一样,但工艺技术是新颖的,是否可认为是“绝对新颖”?绝对的程度如何判别?本身有无标准?所以我建议再斟酌一下“绝对新颖性标准”的提法,进一步调查研究,认真考虑“绝对新颖性标准”提法的正面效益大还是负面效益大。

索丽生委员说,专利法修正案草案中,有一点是“提高专利授权标准”,我非常赞成。专利实际上也是一把双刃剑,保护知识产权,但是如果使用不当,也有可能限制一些本来很容易在社会上推广应用的技术,制造了一些障碍。这次修正案特别提到,在国外是现有技术,没有在国内使用,按照原来的专利法是可以申请专利的,现在就不再授予专利,这样就有利于把现有技术更容易、更方便地推广使用。

范徐丽泰委员说,法律草案提高了专利授权的标准,从“相对新颖性标准”提高到“绝对新颖性标准”,但是到底什么程度的发明或新的设计才算是绝对新颖性设计?不应该让“绝对新颖性”被理解成为一个技术或者是一个产品百分之百从头到尾都是新的,因为技术和产品的设计是在现有基础上不断发展的,而我们需要不一定是全新的,并且要有一个客观的标准。比如这个项目能不能取得专利,就是要看它其中创新的含量有多少,这一点是很重要的。我讲一个例子,香港立法会的椅子非常不舒服,议员提出要换一换。我们做了投标,很多标书都来了,我们选了其中又美观又实用又便宜的椅子。在电视上拍了以后,我们就收到一封信。当时一家来投标的德国的公司说我们现在用的椅子侵犯了他们的专利权,要求我们立刻停止使用。我们一看标书,他们的椅子一万多块钱一张,而我们现在的椅子是三千多块钱一张。这到底是专利权的问题还是商业利益的问题?那么我们用的椅子是否真的侵害了他们的专利权?我们请海关给我们鉴定,到现在这件事已经过去大半年了,也没有一个明确的答复。当时就有法律界的人士提出,一张椅子里面有很多的部分,也有不同的技术,而且有的技术已经是大家都使用的,没有什么专利可言,所以要每一方面都要看,每一部分都去查,看看两张椅子是否相同。如果完全相同的话,那可能侵犯了他的专利权。如果其中有很多部分不同,那就可能没有侵犯他们的专利权。专利权的认定其实是很困难的,但是现阶段我们必须要修改专利法,这样才能赶上时代,而且国际上对我国的专利权管理很多微辞,所以一定要加强管理。外国人有一句话,是"不要让'理想'成为'好'的敌人",换句话说,不要为了提高标准,而使得我们本身很好的东西因此蒙受损失。我认为定义要清楚一点,客观的标准也要清楚一点,一部好的法律必须能够落实得好,在执法方面能够令人信服,所以这些问题还需要进一步的考虑。

李登海(全国人大农业与农村委员会委员)说,第26条提到植物新品种不授予专利权,我认为应该把植物新品种在提法上修改一下,体现出国家在保证国家粮食安全和食品安全的过程中,重视植物新品种的创新。提高我国农作物方面的自主创新能力很重要,建议在第26条表述当中,单列一款,即植物新品种按照植物新品种保护条例实施,这样写体现了我国对粮食安全和农作物新品种技术创新的重视。在第25条最后1款,"对前款(四)项所列产品的生产方法,可以依照本法规定授予专利权。"现在我正在考虑一个问题,就是选育杂交种的育种技术方法是否应成为专利的问题,能不能加上一句话,关于育种技术方法。现有的是产品的生产方法,这个简单。而育种的种质创新技术是非常难也是非常重要的,这个应该是专利。

陈温福(全国人大代表)说,专利法第26条,规定动植物新品种不包括在专利中,执行中会出现很多问题。我们国家有13亿人,能吃饱饭关键是靠农业科技进步,而在农业科技进步中,34%的贡献来自于动、植物新品种,特别是植物新品种的发明创造。为了扩大植物新品种的推广和应用,不设在专利里也是可以理解的,符合我国经济发展实际。但是如何给植物和动物新品种及其发明人一个合理、公平、法律上行之有效的地位,这个问题需要探讨。为了弥补这个漏洞,农业部出台了"植物新品种权条例",并将其等同于专利权看待,但是这并不是法。国家发明奖也可以授予植物新品种,既然农业部已经出台了"植物新品种权"条例,而且在操作过程中视同于专利,那么我们在新修订的专利法中就应该有所体现,使其有法可依。建议在附则中提出"动植物新品种权也属于专利范畴,视同专利",这样就使动植物新品种权,有了法律依据,将来在评估、奖励等方面都有法可依。

林强委员说,第七章专门谈到了专利权的保护。我建议,应增加尽可能简化对重复侵权行为处理程序的办法。人民法院或者专利行政管理部门认定侵权行为成立的判决或者决定生效以后,同一侵权人再次做出侵犯同一专利权的类似行为,可由专利行政管理部门直接作出行政处理的决定,并给予行政罚款。也就是说,在处理程序上给予简化,这样做,既有利于专利的保护工作,也可以减少某些专利侵权案久拖不决。

任茂东委员说,专利行政部门所作出的专利权评价报告是人民法院和管理专利工作的部门判断专利权有效性的初步证据,我认为不准确。假定一个专利权人,申请到了专利权证书,到法院诉讼的时候不作为证据,这样就颠倒了关系,我有了证书,到法院打官司,应该作为证据。

南振中委员说,草案规定,当事人之间因专利权引起的纠纷,既可以向人民法院起诉,也可以请求专利管理部门处理。同一类型的纠纷,授权两个部门审理或处理,容易造成司法资源的交叉重复。而且由于专利管理部门与人民法院对专利权纠纷的处理程序不同、裁决依据不同,将会导致裁定结论的差异。建议认真研究专利管理部门的职能配置,强化其查处假冒他人专利和冒充专利行为的职能,尽量把专利权纠纷案件交由人民法院依法审理。

尹成杰委员说,这部法律进行修改后进一步健全和完善了,对专利的保护力度进一步加大了。这里还有一个问题需要再研究和讨论。这部法律主要侧重于对权利人权益的保护,对如何保护权利人的权利做了相应的规定。但是在申请期间,申请人的权益如何保护,也是我们经常遇到的一个问题。比如"两个以上的申请人分别就同样的发明创造申请专利,专利权授予最先申请的人"。在实际情况中,确实会发生申请同样发明创造的情况,所以这条规定是明确的。但是在实际中还存在第一个申请人的发明创造没有被授予专利的时候,又出现了部分或大部分相同的发明创造的申请,这样的问题怎么处理?这是一个实际工作中也会遇到的问题。"发明和实用新型专利权被授予后……,任何单位和个人未经专利权人许可,都不得实施专利……"但在实际工作中,在申请专利未被授予前,有的企业已经实施其申请的发明或技术,损害了申请人的权益,这样的问题怎么处理?这两个问题,都涉及到保护申请人权益问题。建议在本法中予以规范。

沈春耀委员说,草案第62条的"初步证据",也是在国内外理解上有差异的一个概念。第62条最后一句话"专利权评价报告是人民法院和管理专利工作的部门判断专利权有效性的初步证据"。"初步证据"在我们的诉讼制度中一般不用,在国外有特定的含义,它的含义和中国人理解的含义不完全一样。它的基本意思是如果这个证据没有相反的证据推翻它,那它就能够对这个事实具有证明效力。这个意思在汉语中不易表述出来,我们的法律中一般也不用"初步证据"、"最终证据"等概念。我觉得这个概念值得推敲。

黄燕明委员说,草案第68条第1款,"专利权人或者利害关系人可以在起诉前向人民法院申请保全证据",建议增加"专利权人或者利害关系人可以在起诉前向公证机构申请办理保全证据公证,或者在起诉前向人民法院申请证据保全。"这主要考虑根据公证法第36条和民事诉讼法第67条的规定,公证证明具有法定证据效力,保全证据公证是公证法第11条规定的公证机构可以办理的公证事项之一,这样在维护专利权人或者利害关系人的合法权益的时候可以有更多的可供选择的途径和方式。

李登海(全国人大农业与农村委员会委员)说,另外我还要提一个问题,强化知识产权法律的建设,加强知识产权的保护力度。要认识自主创新的重要性和维护知识产权的必要性,目前知识产权的法律法规建设和法律队伍的建设是非常重要的,应该强化。所以建议国家给予专利部门建设更多的重视和支持。我是搞科研的,建立创新型国家是中国发展的方向,胡锦涛同志提出的提高自主创新能力,建设创新型国家,我们从心里头非常赞成,关键是知识产权的保护。所以希望国家一定对这方面给予重视和支持。这样才能保证我国成为创新型国家。

陈玉兰(全国人大代表)说,草案中对发明专利的保护规定不太明确。发明专利可能在大行业中发明专利明确一些,其他行业的发明专利会用很长的时间、很大的精力,发明时间有可能长达十年,成本高达上百万或者几百万。成本这么大、时间这么长,审批时间是一年,这么长,企业发明专利得不到及时保障,也激励不了企业发明创造的积极性。这方面应该给予有力地保护,但是草案中规定得不是很明确。

吕薇委员说,很多企业对处罚有很多看法,认为现在的专利法对侵权的处理和处罚比较轻,较多的力量放在假冒专利上。实际上,假冒专利对于发明人的影响远远要小于侵权。所以,应该加大对侵权的处罚力度。

杨贵新委员说,必须加大查处冒充专利的力度,也要加大对伪造他人发明创造行为的处罚力度。以国酒茅台为例,很多人都说到了贵州才喝到真正的茅台,可我们自己喝假茅台的次数也不算少呀,一定要加大打击力度。

南振中委员说,一些公司或个人利用专利审批程序的漏洞,将不符合专利授予条件的技术申请为专利,以阻碍他人利用该项技术,或者恶意指控他人侵犯其专利权。这一行为严重损害了社会公共利益,抑制了技术创新。为防止滥用专利行为的发生,建议增加恶意诉讼反赔条款,明确规定专利权人恶意指控他人侵犯其专利权的,如经调查,确属歪曲事实的恶意指控,滥用专利权的专利权人应赔偿由此给被控侵权人带来的经济损失和精神损失。

贺一诚委员说,建议将第58条改为第64条,修改为:"假冒他人专利的,除依法承担民事责任外,由管理专利工作的部门责令改正并予公告,没收违法所得,可以并处违法所得4倍以下的罚款;没有违法所得的,可以处20万元以下的罚款;构成犯罪的,依法追究刑事责任。"加重了处罚,原分别是"3倍"及"5万",同意此增加幅度。将第63条改为第71条,修改为:"未经专利权人许可而制造并售出的专利权侵权产品,使用者或者销售者由于不知道是专利侵权产品而购买,并为生产经营目的使用、许诺销售或者销售,能证明该产品合法来源的,不承担赔偿责任”。此有很大的主观判断的空间,亦会纵容购买专利侵权产品。

郝益东委员说,国外的企业在国内采取一些手段,利用知识产权保护谋取不正当利益。现在我们对这个问题加强了防范。3 年前,索尼公司 DVD 摄像机光盘可擦洗的,卖 60 多元一张,一次性的卖 20 多元一张,过了一年多硬盘摄像机技术成熟了,采取涨价两至三倍的办法迫使买 DVD 摄像机的人再去买硬盘摄像机。我们国内一些小厂仿制的光盘,保证质量的 3 元一张,不保证质量的 1 元一张,还送货到家,避免了索尼摄像机用户造成大量的废弃浪费。现在专利法修订草案中讲到“现有技术不形成侵犯专利权”的规定,国外企业采取不正当手段在中国市场牟取暴利的行为能不能制止?对这个问题请在修法过程中予以重视。

傅传耀(贵州省人大常委会副主任)说,关于侵犯专利权的罚款数额,我看了一下,都是 20 万,或者是 1 万至 100 万,我认为,这些数字规定得不科学。罚款的目的是震慑侵权人、弄虚作假者,使他们不要再侵权了,这个数字可能会使小企业或者专利人家败人亡,但如果是大企业家,这个罚款就是九牛一毛。建议改为“利润总额的比例”,就是有钱人多罚,没钱人少罚。

方新委员说,提点建议。对职务发明人奖励的问题。林肯讲,专利就是要给天才之火添加利益之油,只有保护发明人通过发明创造获得相关收益的合法权利,才能激励他们的创造力。“被授予专利权的单位应当给职务创造发明人、设计人给予奖励”,我认为不应该是“奖励”,并不是谁奖给他,而是发明人自己应得的,这是他合法的权益。这是一个基本概念。与此概念有关,为了充分保护发明人的权益,我再提三条具体建议。1. 建议明确规定发明人在专利收益中的最低提成比例。美国为了鼓励创新,在 80 年代初制定了“拜杜法案”,规定国家支持的研究开发获得的专利,所有权是国家的,使用权是单位的,收益权由单位和发明人共享,而且规定发明人的收益权要占 30%。去年修订的科技进步法已经体现了这个精神,这次专利法也应该作出相应修改,明确发明人最低的收益比例。2. 增加允许发明者个人和单位以协议的方式约定职务发明利益分配的规定。我刚才讲的是用国家财政支持形成的专利,这方面国家有规定,但是民营企业、私人企业,单位和个人事先应有一个约定,建议增加相关规定。3. 建议在修改稿上明确“职务发明创造人享有合理报酬的请求权”。如果单位不给发明人奖酬,那么发明人应有提起诉求的权利和渠道。总之,专利法最核心的是鼓励创造,激励发明人创造的积极性。

杨贵新委员说,必须建立健全激励机制,一定要鼓励发明创造。我们国家发明专利的数量少,有核心竞争力的发明专利数量就更少了。但是事物都要遵循发展规律,从无到有,从有到有质量,所以要重视鼓励发明创造。

范徐丽泰委员说,关于发明人、设计人应得到的报酬以及认可的问题,刚才很多委员都提了这方面的意见,认为也应该保护在单位中的发明人、设计人的合理权益。这里可以说有三个阶段,第一个阶段,如果在单位中的员工有了一个发明,有了一个新的设计,那么第一件事情就是要对他的工作加以认可。比如一些外国的水晶,上面会写是谁设计的。也许设计者不会拿到金钱利益,但是设计者的名气会得到一定的提升,其实名气也可以转变为利益。建议草案对此能有所体现。第二个阶段是奖励,即本公司的员工有了出色工作成绩的时候单位应给予他报酬。我们草案 17 条所写的“奖励”是第一个阶段,而第二个阶段是对发明人和设计人给予合理的报酬。我认为奖励也是要有的,否则怎么鼓励其他的员工继续努力?然后就是报酬。条文中写到的是“合理的报酬”,究竟什么是“合理的报酬”?单位、机构、企业是强者,而其中受雇的员工可能就相对弱势一些,因此这个“合理性”由谁来定?我认为应该是双方协定,但是这个双方协定也不一定能够解决强弱问题,比如老板说什么,底下的员工当然不好跟他辩论。但是我认为这个“合理性”还是应该双方协定,因为一旦老板不给底下的员工合理报酬的话,那么有一定能力的员工就很可能会离开这个企业,到别的单位去工作。

邹萍委员说,我同意把奖励改为应得的报酬,这一条修改得很好。刚才有代表提出的有关植物新品种的意见,我认为也应该在本草案中有所体现。我们的植物、动物新品种的育种改良,有些是经过几代人默默无闻的努力才成功的。我们要鼓励这些人,否则将来还会有谁甘当无名英雄,默默搞研究?我们希望国家有激励机制,鼓励青年一代的发明创造力,有当科学家的理想,使我们国家今后的发展更有希望。搞育种的人要两耳不闻窗外事,一心埋头培育新品种。但是新品种培育出来后,他们所得的报酬是相当少的。过去的奖励,一个课题组一分,每个人也只有一两百块钱,虽然现在提高了,但分到每个人头上也不过一两千块钱,而且培育出的新品种还要经过审定、推广,只有效益突出才能被奖励。所以,这方面的内容应该在本法中有所体现。

姚建年委员说,专利发明无非是两种,一种是非职务发明,一种是职务发明。在我国这样的体制下,大部分应该属于职务发明。专利法规定,"利用本单位的物质技术条件所完成的发明创造,单位与发明人或者设计人订有合同,对申请专利的权利和专利权的归属作出约定的,从其约定。"实际上,我们在国有研究机构里面,这种职务发明的专利差不多能占到百分之百。对于职务发明推广应用后的利益分配问题,各个单位都规定得不一样,有的单位本着保护单位利益的目的,更多的站在保护单位利益的立场上,在利益的分配上无视真正的发明人(研究员、教授、个体单位)的利益,现在随着市场经济的发展,这一点已经成为制约专利推广的一个瓶颈。国家专利局局长在向教科文卫专委会报告的时候也讲到,专利法修正中一个重要目的就是要更有利于促进专利技术的推广,为我们国家的经济建设做贡献,为我们建设创新型国家做支撑。本着这个目的,我建议在这方面作出一点突破,在专利法上做出积极的明确规定,既能保护单位的利益,又能够更好的保护发明人、个体的利益,这能才能有利于专利的更快推广和应用。

田儒斌(全国人大代表)说,专利法将自主创新作为立法宗旨,非常好。有一个怪现象值得引起注意。企业作为创新的主体,或者是专利申报的主体,其专利的申请量只占全国的30%。99%的企业没有申请过专利。国家每年投入了大量的资金用于科研,科研出的成果最多的是文章,因为出文章成果有两个好处,一是可以评职称,二是可以继续拿到科研经费。而从文章成果变成专利的却很少,由专利变成产品的就更少,由实验产品变成真正能对社会有贡献、能够创造财富、创造税收的商品则少而又少了。因为文章变专利、产品、商品费时又费力,且风险很大。科研的目的,最终是要创造价值,变成文章有没有用?有用,但不能完全变为文章或成果,还应有一部分变成专利,变成产品,变成商品。这就需要有激励机制。专利的价值在于实施。这部法通读中感觉缺少一个环节、一个灵魂,就是如何鼓励实施。能否在强制许可之前,增加一章鼓励实施的内容。

陈温福(全国人大代表)说,这里既谈了奖励,也谈了报酬,但是对动植物新品种的规定没有,这还是一个盲点。第26条第6款最后规定了"对前款第四项所列产品的生产方法可以依照本法规定授予专利",建议再加上一款,即"对产品完成人的奖酬可参照第十七条执行。"这样就有法可依了。否则搞动植物新品种的科学家为国家做了这么大贡献,单位想给你报酬就给你报酬,不想给你就不给你,这样不是很公平。建议在新修订的专利法中对植物新品种权和对发明人的奖励有所体现。

任茂东委员说,草案中修正的内容我认为是可行的,特别是新增加了"依赖遗传资源完成的发明创造,该遗传资源取得或利用违反有关法律,不授予专利权"的规定是十分必要的。我国是世界上遗传资源最丰富的国家之一,有效地保护遗传资源对我国具有十分重要的意义,我非常同意这点修改内容。

陈宜瑜委员说,新增条款使用"遗传资源"这个词不能完全起到保护我国特有生物资源的目的,建议改用"种质资源",可能更准确些,这样不仅保护遗传背景清楚的生物资源,也保护许多潜在的生物资源。此外还有两个与此相关的问题需要进一步研究,一是发达国家的一些公司利用技术优势抢注基因测序结果,应考虑限制对功能不明确的基因结构的专利申请。

许智宏委员说,草案明确提出了"遗传资源"的问题,讨论过程中大家有一些不同的看法,现在稿子上的提法,总的来讲我表示同意。中国是遗传资源大国,西方发达国家通过各种方式,索取中国的遗传资源,培育了大量的新品种或获得了不少有用的基因,并申请了专利,然后再返回到中国来。如果我们没有这种规定,会使我们失去因利用我国特有遗传资源所带来的经济权益。比如参阅资料中关于大豆的例子,即是典型的例子。需要说明的是,改革开放以来我国生物资源流失是非常严重的,我们中国的公民应该加强这方面的保护意识,并加强对相关法规的宣传,以更好地保护我们的自然资源。

贺一诚委员说,建议在第5条中增加一款,作为第2款:"依赖遗传资源完成的发明创造,该遗传资源的获取或者利用违反有关法律、行政法规的规定的,不授予专利权。"该新增规定及时且有必要,有利于保护遗传资源,遗传资源和传统知识的保护已成为国际讨论的焦点之一,因此有关法律、行政法规关于遗传资源获取和利用的规定则一定要完善。

贾春梅(全国人大代表)说,关于遗产资源的保护问题,草案一方面规定,"发明创造的完成依赖于遗传资源、传统知识,该遗产资源、传统知识的获取或者利用违反有关法律、行政法规的规定的,不授予专利权。"另一方面又规定,"发明创造的完成依赖于遗传资源、传统知识的,申请人应当在专利申请文件中申明该遗传资源、传统知识的直接来源和原始来源;申请人无法申明原始来源的,应当说明理由。"如果这样规定,实践操作的结果会是,都不会申明来源,只说明理由,那么,又如何确认其获取是否违反法律、行政法规的规定呢。可以看出,这样修改是为保护国家利益而争取的结果,但是相应的制度,必须尽快完善,才能使法律规定达到应有的效应。

宋法棠委员说,提一点建议,关于专利侵权案件久拖不决的问题,现实当中比较突出。侵权案件久拖不决,科技人员好大精力都耗在打官司上,这不仅影响专利成果的转化,也影响技术的创新。这个问题各方有共识,但对如何解决有分歧,是修法中的难点。但只要下决心,难题是可以解决的。原来的专利法,发生侵权纠纷以后,双方协商,协商不成,找管理部门裁决,找复审委员会复审,复审委员会复审之后不同意再到法院进行诉讼,甚至连专利管理部门也成了被告。反反复复,久拖不决。我建议,发生侵权纠纷,双方先协商,协商不成,直接向法院诉讼,法院调解判决。我认为只要下决心,可以解决这个难题。

李连宁委员说,现在修正案还没有反映出如何更好地在诉讼制度、纠纷处理制度中更有利于一些高新技术的推广使用。从现在来看,一旦就专利权发生纠纷以后,时间拖得非常长,由于新技术层出不穷,原来很有价值的技术,拖来拖去,最后把高新技术拖得一钱不值。这个问题在法律条文中反映不出来。总之,专利技术的诉讼、仲裁、纠纷调处制度如何适应高新技术法律保护的特点,这是一个迫切需要关注并加以解决的问题。如果是房产,拖个三年五年没关系,但是专利技术是拖不起的,一拖就不值钱了,新的技术又出来了,拖过了市场最好的卖点,这一点在法律条文上没有表述,建议加以考虑,这样才能真正起到鼓励创新的作用,否则高新技术不是被别人搞掉,而是被我们的保护制度搞没了。

方新委员说,在调研中反映最为强烈的问题之一是无效诉讼的问题。现行专利法规定,任何人认为该专利权的授予不符合法定条件的,可请求国家知识产权局的专利复审委员会宣告该专利无效。这样,一个专利无效案件,可能需要经过复审委审查,法院一审、二审和复审委再审四道程序。若不服,还可能引发新的诉讼,陷入循环。一个无效诉讼的官司可以十几年都扯不清。迫切需要对这一条作出修改。对这个问题,在理论界有争议,在法院内部也有争议。从目前提出的几个方案看,我认为比较可行的是本法中规定的"对复审委决定不服的,无效请求人、专利权人可以向人民法院提请民事诉讼,人民法院两审终审",这样就不会不停地循环诉讼下去。我知道,增加这一条的困难主要来自法院内部的管理体制。对群众反映这么强烈的问题,建议还是要认真研究并力争修改。

朱文臣(全国人大代表)说,在法律诉讼上,大家在程序上意见不一致,对于这种问题原则上应该程序简洁为好。我们很多创造都是简单的改进,像外观设计、中药等等,真正的发明创造保护力度不够。简单的改进一下,申请了专利,就可以谋取眼前利益。对真正的发明创造人并没有带来太大的保护。既然保护创新,建设创新型国家,有时候就要超前保护,不要滞后保护。市场现实中出现了这样的问题,需要立法的时候才立法,立法的时候又过于强调现实的利益,现实的东西强调得太多。根据现实的情况或者根据我们国家的国情,这方面强调过多,必然影响主体。如果我们可以超前一点儿,对保护主体更明晰,可能才有保护作用。现在的事实是一旦申请了专利,专利很容易泄漏出去。我认为,法律应该程序更严格,程序设计不怕复杂,不怕严格,怕的是程序混乱。

秦希燕(全国人大代表)说,专利纠纷时间拖延问题,这是一个焦点问题,反映强烈。如何减少专利侵权纠纷久拖不决是一个重要的问题。本次虽然作了一些修改,但还有待完善。第42条,专利权驳回申请不服,复审决定时间不明。"专利申请人对国务院专利行政部门驳回申请的决定不服的,可以自收到通知之日起3月内,向专利复审委员会请求复审。专利复审委员会复审后,作出决定,并通知专利申请人。"复审委员会什么时候作出决定,却没有时间规定。申请复审的时间是3个月,但是复审委员会作出复审决定的时间却不明确规定，建议明确规定复审决定时间，30 天？两个月？都应具体。不解决这个问题，就容易产生拖延。专利权无效的请求，复审审查和决定以及通知申请人和专利人时间不明。第 47 条，宣告专利无效的请求，应当“及时审查”和作出规定。这里涉及到一个时间问题，一天，一周，一个月审查是不是及时审查？实际中，没有时间规定，往往一个月，甚至几个月，所以时间一定要明确，否则就会久拖不决。“通知请求权利人”这个也应该有具体的时间。这些时间不明确，后面往往不好操作。解决了复审决定的时间，解决了复审宣告无效的时间，那么在专利机关久拖不决的问题就很容易解决。

张少琴委员说，当前我们面临两个问题，一是大量垃圾专利和问题专利的处理，二是大量的专利诉讼。工业化国家解决这些问题，是通过专设的专利商标局而不是法院，对垃圾专利和问题专利进行统一的裁判。法院是司法机构，对于一些科学技术上的东西，法官需要研究和学习，需要掌握方方面面的资料，对他们来说是一件难事。我们应该通过具有执法效力的专利商标局，把垃圾专利和问题专利产生的纠纷和问题高效地解决，使我们的法院腾出资源，解决社会上更加需要解决的问题。关于赔偿问题。专利侵权后进行赔偿，也是一个复杂的过程。有些是根据侵权单位生产产品的量来计算赔偿额。建议根据技术价值来判断赔偿。

程津培委员说，关于大家关心的专利无效诉讼的周期过长问题，有关方面曾提出过几种解决方案，但是在现有的管理体制下难以操作，所以目前保持原来的做法。这个问题，可能还需要在法律体系改革进一步完善的过程中逐步加以解决。

沈春耀委员说，我想主要讲一下专利无效诉讼问题。现在司法诉讼中关于专利权保护的一个很大问题就是专利无效诉讼争议程序。主要是专利法第 46 条的规定，草案对这个问题没有涉及。以前专利无效争议的程序，在专利局作出决定之后，还有一个专利复审委员会，有争议的话通过专利复审委员会进行裁决。很长一段时间里，专利复审委员会的裁决都是终局裁决。上次修改专利法时作出新规定，专利复审委员会的裁决不再是终局的。按照我国加入 WTO 的规定，这类争议可以到法院进行诉讼。因此，对第 46 条作了修改，对专利复审委员会的决定不服的，可以到人民法院诉讼。但是，这几年执行下来也出现了新问题，主要是：这种诉讼的性质有争议。按照现在第 46 条的规定，它是一种行政诉讼的概念。当事人对行政机关的决定不服可以到法院诉讼。在我国的诉讼体制法律定位中是有重叠的，他直接告的对象是国家机关，告的内容是它是否正确地执行了法律。但是专利争议有一个特点，争议的实质利益、实质利害关系是当事人之间的权利义务关系，这就和一般的行政诉讼有所不同。专利争议背后是一种民事关系或者经济利益关系。这样就产生了一个矛盾，背后实质是民事关系，而形式上却采用了行政诉讼的程序。由于这个性质和特点，就带来了后面一系列问题，当事人会出现错位，当事人看起来是对行政机关不服，但实际上是对专利权、对经济利益和民事关系有争议，是针对不当使用的企业或者是当事人。还有，这个争议的判决也有局限性，按照行政诉讼，这种争议只能是维持或者是撤销；而如果按照民事诉讼，就要对实质权利义务、争议利益利害关系进行裁决。再有，程序上也发生了问题，民事诉讼可以进行调解，当事人之间可以协商解决，而现在只能通过行政诉讼，行政诉讼法明确规定行政诉讼不适用调解。所以程序上也有问题。最尴尬的是，有时候会出现利害关系当事人达成了和解，而法院还进行行政诉讼。由于这个诉讼的局限性，双方长时间进行争议，反反复复，造成了一个官司长时间得不到解决，不利于专利权的保护，也不利于诉讼资源合理、恰当的使用。即使是维持现在的行政诉讼体制，从提高效率的角度来讲也应该作一些完善。目前专利法第 46 条只解决了一种情况，把对方当事人作为诉讼第三人纳进来了。专利无效纠纷的诉讼，如果要纳入行政诉讼程序，除了当事人纳入作为第三人外，还有一些特点应当考虑。也就是说，它的特殊性应该加以考虑。1989 年出台的行政诉讼法没有考虑到专利、商标这一类性质的争议。所以，维持现在的诉讼体制，也有提高和完善的余地，如改判、调解、时限等方面，提高诉讼效率。

马启智委员说，专利法是改革开放后的一项新兴事物，对落实科学发展观，加快民族振兴具有重大的历史意义，因此我们要特别关注这部法律的修改，因为它服务于一个民族、一个国家的整体科技水平和研发能力。但是在实践中侵权案件屡屡发生，而且很多案件得不到及时、有效地处理，久拖不决。我建议，人大在修改这部法律的时候，除了要在简化程序、强化效果方面有所进步外，还要建议各级人民法院制定一些在办理侵权案件过程中如何提高效率的办法,使侵权案件得到有效的解决,这样我们的专利事业才会得到更加健康的发展。

宋鱼水(全国人大代表)说,关于现行专利无效程序的修改和完善的问题。在专利法修改过程中,这一条作为一个最重要的议题,在国务院法制办的建议回复中也承认了这一点,多数人认为这个时间太长了。我们法院统计的案件,最长的一个是11年。根据法院的统计,这些案件每年的增长速度比较快。给大家说一个数字,2005年北京法院受理一审专利商标行政案件478件,2006年受理641件,其中专利是407件,2007年上升为929件,其中专利上升为542件,所以这个幅度在不断增长。在审理这些案件的过程中,循环诉讼的问题也是比较凸显的,我们作了七个中院的统计,2003—2007年七个中院受理专利侵权的案例是4630件,其中被告提出无效请求的是2246件,占到了48.51%。绝大多数人认为,目前我国的专利侵权纠纷的处理程序,存在程序复杂和周期过长的问题。由于在这个过程中,给专利复审委的诉累问题比较严重。据专利复审委2003年—2007年专利无效案件的统计,该委五年中共受理专利无效案件是10455件,年均2091件,其中2006年最高达到2468件,2007年是2183件。无效案件起诉量和上诉量,2007年是复审委审结2522件。专利很重要的一点就是权利人利益得到保护。一个案件对当事人来讲,就是百分之百,对于社会的发展来讲,也许这个技术就是最核心的技术。比如海淀法院每年受理5万件案件,相对我们的人口来讲还是沧海一粟。但是相对5万件就是10万当事人,一年就是这么多,大家可以想想这个矛盾,如果可以神速、有效率地解决这个问题,可能就会解决得比较通畅。我认为司法就是发现整个社会问题的症结,为制度建设提供一个比较有效的解决平台。确实复审的案件中真正被判为无效的案件,相对于法院的案件来讲不很高的比例,但是就一个案件来讲,要经过专利复审委、法院的几次审查,案件的时间真的比较长。我的意见是,在这次专利法的修改中,这个问题确实是一个最迫切的问题,而且对专利权人或者是当事人争诉的问题是一个比较迫切的问题,能不能把这个问题解决了。这个问题的解决,主要是制度的问题,而不是专利法本身的问题。

法律法规

中华人民共和国主席令

第四号

《中华人民共和国循环经济促进法》已由中华人民共和国第十一届全国人民代表大会常务委员会第四次会议于2008年8月29日通过，现予公布，自2009年1月1日起施行。

中华人民共和国主席　胡锦涛

2008年8月29日

中华人民共和国循环经济促进法

（2008年8月29日第十一届全国人民代表大会常务委员会第四次会议通过）

目　录

第一章　总　则

第一条　为了促进循环经济发展，提高资源利用效率，保护和改善环境，实现可持续发展，制定本法。

第二条　本法所称循环经济，是指在生产、流通和消费等过程中进行的减量化、再利用、资源化活动的总称。

本法所称减量化，是指在生产、流通和消费等过程中减少资源消耗和废物产生。

本法所称再利用，是指将废物直接作为产品或者经修复、翻新、再制造后继续作为产品使用，或者将废物的全部或者部分作为其他产品的部件予以使用。

本法所称资源化，是指将废物直接作为原料进行利用或者对废物进行再生利用。

第三条　发展循环经济是国家经济社会发展的一项重大战略，应当遵循统筹规划、合理布局，因地制宜、注重实效，政府推动、市场引导，企业实施、公众参与的方针。

第四条　发展循环经济应当在技术可行、经济合理和有利于节约资源、保护环境的前提下，按照减量化优先的原则实施。

在废物再利用和资源化过程中，应当保障生产安全，保证产品质量符合国家规定的标准，并防止产生再次污染。

第五条　国务院循环经济发展综合管理部门负责组织协调、监督管理全国循环经济发展工作；国务院环境保护等有关主管部门按照各自的职责负责有关循环经济的监督管理工作。

县级以上地方人民政府循环经济发展综合管理部门负责组织协调、监督管理本行政区域的循环经济发展工作；县级以上地方人民政府环境保护等有关主管部门按照各自的职责负责有关循环经济的监督管理工作。

第六条　国家制定产业政策，应当符合发展循环经济的要求。

县级以上人民政府编制国民经济和社会发展规划及年度计划，县级以上人民政府有关部门编制环境保护、科学技术等规划，应当包括发展循环经济的内容。

第七条 国家鼓励和支持开展循环经济科学技术的研究、开发和推广，鼓励开展循环经济宣传、教育、科学知识普及和国际合作。

第八条 县级以上人民政府应当建立发展循环经济的目标责任制，采取规划、财政、投资、政府采购等措施，促进循环经济发展。

第九条 企业事业单位应当建立健全管理制度，采取措施，降低资源消耗，减少废物的产生量和排放量，提高废物的再利用和资源化水平。

第十条 公民应当增强节约资源和保护环境意识，合理消费，节约资源。

国家鼓励和引导公民使用节能、节水、节材和有利于保护环境的产品及再生产品，减少废物的产生量和排放量。

公民有权举报浪费资源、破坏环境的行为，有权了解政府发展循环经济的信息并提出意见和建议。

第十一条 国家鼓励和支持行业协会在循环经济发展中发挥技术指导和服务作用。县级以上人民政府可以委托有条件的行业协会等社会组织开展促进循环经济发展的公共服务。

国家鼓励和支持中介机构、学会和其他社会组织开展循环经济宣传、技术推广和咨询服务，促进循环经济发展。

第二章　基本管理制度

第十二条 国务院循环经济发展综合管理部门会同国务院环境保护等有关主管部门编制全国循环经济发展规划，报国务院批准后公布施行。设区的市级以上地方人民政府循环经济发展综合管理部门会同本级人民政府环境保护等有关主管部门编制本行政区域循环经济发展规划，报本级人民政府批准后公布施行。

循环经济发展规划应当包括规划目标、适用范围、主要内容、重点任务和保障措施等，并规定资源产出率、废物再利用和资源化率等指标。

第十三条 县级以上地方人民政府应当依据上级人民政府下达的本行政区域主要污染物排放、建设用地和用水总量控制指标，规划和调整本行政区域的产业结构，促进循环经济发展。

新建、改建、扩建建设项目，必须符合本行政区域主要污染物排放、建设用地和用水总量控制指标的要求。

第十四条 国务院循环经济发展综合管理部门会同国务院统计、环境保护等有关主管部门建立和完善循环经济评价指标体系。

上级人民政府根据前款规定的循环经济主要评价指标，对下级人民政府发展循环经济的状况定期进行考核，并将主要评价指标完成情况作为对地方人民政府及其负责人考核评价的内容。

第十五条 生产列入强制回收名录的产品或者包装物的企业，必须对废弃的产品或者包装物负责回收；对其中可以利用的，由各该生产企业负责利用；对因不具备技术经济条件而不适合利用的，由各该生产企业负责无害化处置。

对前款规定的废弃产品或者包装物，生产者委托销售者或者其他组织进行回收的，或者委托废物利用或者处置企业进行利用或者处置的，受托方应当依照有关法律、行政法规的规定和合同的约定负责回收或者利用、处置。

对列入强制回收名录的产品和包装物，消费者应当将废弃的产品或者包装物交给生产者或者其委托回收的销售者或者其他组织。

强制回收的产品和包装物的名录及管理办法，由国务院循环经济发展综合管理部门规定。

第十六条 国家对钢铁、有色金属、煤炭、电力、石油加工、化工、建材、建筑、造纸、印染等行业年综合能源消费量、用水量超过国家规定总量的重点企业，实行能耗、水耗的重点监督管理制度。

重点能源消费单位的节能监督管理，依照《中华人民共和国节约能源法》的规定执行。

重点用水单位的监督管理办法，由国务院循环经济发展综合管理部门会同国务院有关部门规定。

第十七条　国家建立健全循环经济统计制度，加强资源消耗、综合利用和废物产生的统计管理，并将主要统计指标定期向社会公布。

国务院标准化主管部门会同国务院循环经济发展综合管理和环境保护等有关主管部门建立健全循环经济标准体系，制定和完善节能、节水、节材和废物再利用、资源化等标准。

国家建立健全能源效率标识等产品资源消耗标识制度。

第三章　减量化

第十八条　国务院循环经济发展综合管理部门会同国务院环境保护等有关主管部门，定期发布鼓励、限制和淘汰的技术、工艺、设备、材料和产品名录。

禁止生产、进口、销售列入淘汰名录的设备、材料和产品，禁止使用列入淘汰名录的技术、工艺、设备和材料。

第十九条　从事工艺、设备、产品及包装物设计，应当按照减少资源消耗和废物产生的要求，优先选择采用易回收、易拆解、易降解、无毒无害或者低毒低害的材料和设计方案，并应当符合有关国家标准的强制性要求。

对在拆解和处置过程中可能造成环境污染的电器电子等产品，不得设计使用国家禁止使用的有毒有害物质。禁止在电器电子等产品中使用的有毒有害物质名录，由国务院循环经济发展综合管理部门会同国务院环境保护等有关主管部门制定。

设计产品包装物应当执行产品包装标准，防止过度包装造成资源浪费和环境污染。

第二十条　工业企业应当采用先进或者适用的节水技术、工艺和设备，制定并实施节水计划，加强节水管理，对生产用水进行全过程控制。

工业企业应当加强用水计量管理，配备和使用合格的用水计量器具，建立水耗统计和用水状况分析制度。

新建、改建、扩建建设项目，应当配套建设节水设施。节水设施应当与主体工程同时设计、同时施工、同时投产使用。

国家鼓励和支持沿海地区进行海水淡化和海水直接利用，节约淡水资源。

第二十一条　国家鼓励和支持企业使用高效节油产品。

电力、石油加工、化工、钢铁、有色金属和建材等企业，必须在国家规定的范围和期限内，以洁净煤、石油焦、天然气等清洁能源替代燃料油，停止使用不符合国家规定的燃油发电机组和燃油锅炉。

内燃机和机动车制造企业应当按照国家规定的内燃机和机动车燃油经济性标准，采用节油技术，减少石油产品消耗量。

第二十二条　开采矿产资源，应当统筹规划，制定合理的开发利用方案，采用合理的开采顺序、方法和选矿工艺。采矿许可证颁发机关应当对申请人提交的开发利用方案中的开采回采率、采矿贫化率、选矿回收率、矿山水循环利用率和土地复垦率等指标依法进行审查；审查不合格的，不予颁发采矿许可证。采矿许可证颁发机关应当依法加强对开采矿产资源的监督管理。

矿山企业在开采主要矿种的同时，应当对具有工业价值的共生和伴生矿实行综合开采、合理利用；对必须同时采出而暂时不能利用的矿产以及含有有用组分的尾矿，应当采取保护措施，防止资源损失和生态破坏。

第二十三条　建筑设计、建设、施工等单位应当按照国家有关规定和标准，对其设计、建设、施工的建筑物及构筑物采用节能、节水、节地、节材的技术工艺和小型、轻型、再生产品。有条件的地区，应当充分利用太阳能、地热能、风能等可再生能源。

国家鼓励利用无毒无害的固体废物生产建筑材料，鼓励使用散装水泥，推广使用预拌混凝土和预拌砂浆。

禁止损毁耕地烧砖。在国务院或者省、自治区、直辖市人民政府规定的期限和区域内，禁止生产、销售和使用粘土砖。

第二十四条 县级以上人民政府及其农业等主管部门应当推进土地集约利用，鼓励和支持农业生产者采用节水、节肥、节药的先进种植、养殖和灌溉技术，推动农业机械节能，优先发展生态农业。

在缺水地区，应当调整种植结构，优先发展节水型农业，推进雨水集蓄利用，建设和管护节水灌溉设施，提高用水效率，减少水的蒸发和漏失。

第二十五条 国家机关及使用财政性资金的其他组织应当厉行节约、杜绝浪费，带头使用节能、节水、节地、节材和有利于保护环境的产品、设备和设施，节约使用办公用品。国务院和县级以上地方人民政府管理机关事务工作的机构会同本级人民政府有关部门制定本级国家机关等机构的用能、用水定额指标，财政部门根据该定额指标制定支出标准。

城市人民政府和建筑物的所有者或者使用者，应当采取措施，加强建筑物维护管理，延长建筑物使用寿命。对符合城市规划和工程建设标准，在合理使用寿命内的建筑物，除为了公共利益的需要外，城市人民政府不得决定拆除。

第二十六条 餐饮、娱乐、宾馆等服务性企业，应当采用节能、节水、节材和有利于保护环境的产品，减少使用或者不使用浪费资源、污染环境的产品。

本法施行后新建的餐饮、娱乐、宾馆等服务性企业，应当采用节能、节水、节材和有利于保护环境的技术、设备和设施。

第二十七条 国家鼓励和支持使用再生水。在有条件使用再生水的地区，限制或者禁止将自来水作为城市道路清扫、城市绿化和景观用水使用。

第二十八条 国家在保障产品安全和卫生的前提下，限制一次性消费品的生产和销售。具体名录由国务院循环经济发展综合管理部门会同国务院财政、环境保护等有关主管部门制定。

对列入前款规定名录中的一次性消费品的生产和销售，由国务院财政、税务和对外贸易等主管部门制定限制性的税收和出口等措施。

第四章　再利用和资源化

第二十九条 县级以上人民政府应当统筹规划区域经济布局，合理调整产业结构，促进企业在资源综合利用等领域进行合作，实现资源的高效利用和循环使用。

各类产业园区应当组织区内企业进行资源综合利用，促进循环经济发展。

国家鼓励各类产业园区的企业进行废物交换利用、能量梯级利用、土地集约利用、水的分类利用和循环使用，共同使用基础设施和其他有关设施。

新建和改造各类产业园区应当依法进行环境影响评价，并采取生态保护和污染控制措施，确保本区域的环境质量达到规定的标准。

第三十条 企业应当按照国家规定，对生产过程中产生的粉煤灰、煤矸石、尾矿、废石、废料、废气等工业废物进行综合利用。

第三十一条 企业应当发展串联用水系统和循环用水系统，提高水的重复利用率。企业应当采用先进技术、工艺和设备，对生产过程中产生的废水进行再生利用。

第三十二条 企业应当采用先进或者适用的回收技术、工艺和设备，对生产过程中产生的余热、余压等进行综合利用。

建设利用余热、余压、煤层气以及煤矸石、煤泥、垃圾等低热值燃料的并网发电项目，应当依照法律和国务院的规定取得行政许可或者报送备案。电网企业应当按照国家规定，与综合利用资源发电的企业签订并网协议，提供上网服务，并全额收购并网发电项目的上网电量。

第三十三条 建设单位应当对工程施工中产生的建筑废物进行综合利用；不具备综合利用条件的，应当委托具备条件的生产经营者进行综合利用或者无害化处置。

第三十四条 国家鼓励和支持农业生产者和相关企业采用先进或者适用技术，对农作物秸秆、畜禽粪便、农产品加工业副产品、废农用薄膜等进行综合利用，开发利用沼气等生物质能源。

第三十五条 县级以上人民政府及其林业主管部门应当积极发展生态林业，鼓励和支持林业生产者和相关企业采用木材节约和代用技术，开展林业废弃物和次小薪材、沙生灌木等综合利用，提高木材综合利用率。

第三十六条 国家支持生产经营者建立产业废物交换信息系统，促进企业交流产业废物信息。

企业对生产过程中产生的废物不具备综合利用条件的，应当提供给具备条件的生产经营者进行综合利用。

第三十七条 国家鼓励和推进废物回收体系建设。

地方人民政府应当按照城乡规划，合理布局废物回收网点和交易市场，支持废物回收企业和其他组织开展废物的收集、储存、运输及信息交流。

废物回收交易市场应当符合国家环境保护、安全和消防等规定。

第三十八条 对废电器电子产品、报废机动车船、废轮胎、废铅酸电池等特定产品进行拆解或者再利用，应当符合有关法律、行政法规的规定。

第三十九条 回收的电器电子产品，经过修复后销售的，必须符合再利用产品标准，并在显著位置标识为再利用产品。

回收的电器电子产品，需要拆解和再生利用的，应当交售给具备条件的拆解企业。

第四十条 国家支持企业开展机动车零部件、工程机械、机床等产品的再制造和轮胎翻新。

销售的再制造产品和翻新产品的质量必须符合国家规定的标准，并在显著位置标识为再制造产品或者翻新产品。

第四十一条 县级以上人民政府应当统筹规划建设城乡生活垃圾分类收集和资源化利用设施，建立和完善分类收集和资源化利用体系，提高生活垃圾资源化率。

县级以上人民政府应当支持企业建设污泥资源化利用和处置设施，提高污泥综合利用水平，防止产生再次污染。

第五章　激励措施

第四十二条 国务院和省、自治区、直辖市人民政府设立发展循环经济的有关专项资金，支持循环经济的科技研究开发、循环经济技术和产品的示范与推广、重大循环经济项目的实施、发展循环经济的信息服务等。具体办法由国务院财政部门会同国务院循环经济发展综合管理等有关主管部门制定。

第四十三条 国务院和省、自治区、直辖市人民政府及其有关部门应当将循环经济重大科技攻关项目的自主创新研究、应用示范和产业化发展列入国家或者省级科技发展规划和高技术产业发展规划，并安排财政性资金予以支持。

利用财政性资金引进循环经济重大技术、装备的，应当制定消化、吸收和创新方案，报有关主管部门审批并由其监督实施；有关主管部门应当根据实际需要建立协调机制，对重大技术、装备的引进和消化、吸收、创新实行统筹协调，并给予资金支持。

第四十四条 国家对促进循环经济发展的产业活动给予税收优惠，并运用税收等措施鼓励进口先进的节能、节水、节材等技术、设备和产品，限制在生产过程中耗能高、污染重的产品的出口。具体办法由国务院财政、税务主管部门制定。

企业使用或者生产列入国家清洁生产、资源综合利用等鼓励名录的技术、工艺、设备或者产品的，按照国家有关规定享受税收优惠。

第四十五条 县级以上人民政府循环经济发展综合管理部门在制定和实施投资计划时，应当将节能、节水、节地、节材、资源综合利用等项目列为重点投资领域。

对符合国家产业政策的节能、节水、节地、节材、资源综合利用等项目，金融机构应当给予优先贷款等信贷支持，并积极提供配套金融服务。

对生产、进口、销售或者使用列入淘汰名录的技术、工艺、设备、材料或者产品的企业，金融机构不得提供任何形式的授信支持。

第四十六条 国家实行有利于资源节约和合理利用的价格政策，引导单位和个人节约和合理使用水、电、气等资源性产品。

国务院和省、自治区、直辖市人民政府的价格主管部门应当按照国家产业政策，对资源高消耗行业中的限制类项目，实行限制性的价格政策。

对利用余热、余压、煤层气以及煤矸石、煤泥、垃圾等低热值燃料的并网发电项目，价格主管部门按照有利于资源综合利用的原则确定其上网电价。

省、自治区、直辖市人民政府可以根据本行政区域经济社会发展状况，实行垃圾排放收费制度。收取的费用专项用于垃圾分类、收集、运输、贮存、利用和处置，不得挪作他用。

国家鼓励通过以旧换新、押金等方式回收废物。

第四十七条 国家实行有利于循环经济发展的政府采购政策。使用财政性资金进行采购的，应当优先采购节能、节水、节材和有利于保护环境的产品及再生产品。

第四十八条 县级以上人民政府及其有关部门应当对在循环经济管理、科学技术研究、产品开发、示范和推广工作中做出显著成绩的单位和个人给予表彰和奖励。

企业事业单位应当对在循环经济发展中做出突出贡献的集体和个人给予表彰和奖励。

第六章　法律责任

第四十九条 县级以上人民政府循环经济发展综合管理部门或者其他有关主管部门发现违反本法的行为或者接到对违法行为的举报后不予查处，或者有其他不依法履行监督管理职责行为的，由本级人民政府或者上一级人民政府有关主管部门责令改正，对直接负责的主管人员和其他直接责任人员依法给予处分。

第五十条 生产、销售列入淘汰名录的产品、设备的，依照《中华人民共和国产品质量法》的规定处罚。

使用列入淘汰名录的技术、工艺、设备、材料的，由县级以上地方人民政府循环经济发展综合管理部门责令停止使用，没收违法使用的设备、材料，并处五万元以上二十万元以下的罚款；情节严重的，由县级以上人民政府循环经济发展综合管理部门提出意见，报请本级人民政府按照国务院规定的权限责令停业或者关闭。

违反本法规定，进口列入淘汰名录的设备、材料或者产品的，由海关责令退运，可以处十万元以上一百万元以下的罚款。进口者不明的，由承运人承担退运责任，或者承担有关处置费用。

第五十一条 违反本法规定，对在拆解或者处置过程中可能造成环境污染的电器电子等产品，设计使用列入国家禁止使用名录的有毒有害物质的，由县级以上地方人民政府产品质量监督部门责令限期改正；逾期不改正的，处二万元以上二十万元以下的罚款；情节严重的，由县级以上地方人民政府产品质量监督部门向本级工商行政管理部门通报有关情况，由工商行政管理部门依法吊销营业执照。

第五十二条 违反本法规定，电力、石油加工、化工、钢铁、有色金属和建材等企业未在规定的范围或者期限内停止使用不符合国家规定的燃油发电机组或者燃油锅炉的，由县级以上地方人民政府循环经济发展综合管理部门责令限期改正；逾期不改正的，责令拆除该燃油发电机组或者燃油锅炉，并处五万元以上五十万元以下的罚款。

第五十三条 违反本法规定，矿山企业未达到经依法审查确定的开采回采率、采矿贫化率、选矿回收率、矿山水循环利用率和土地复垦率等指标的，由县级以上人民政府地质矿产主管部门责令限期改正，处五万元以上五十万元以下的罚款；逾期不改正的，由采矿许可证颁发机关依法吊销采矿许可证。

第五十四条 违反本法规定，在国务院或者省、自治区、直辖市人民政府规定禁止生产、销售、使用粘土砖的期限或者区域内生产、销售或者使用粘土砖的，由县级以上地方人民政府指定的部门责令限期改正;有违法所得的,没收违法所得;逾期继续生产、销售的,由地方人民政府工商行政管理部门依法吊销营业执照。

第五十五条 违反本法规定,电网企业拒不收购企业利用余热、余压、煤层气以及煤矸石、煤泥、垃圾等低热值燃料生产的电力的,由国家电力监管机构责令限期改正;造成企业损失的,依法承担赔偿责任。

第五十六条 违反本法规定,有下列行为之一的,由地方人民政府工商行政管理部门责令限期改正,可以处五千元以上五万元以下的罚款;逾期不改正的,依法吊销营业执照;造成损失的,依法承担赔偿责任:

(一)销售没有再利用产品标识的再利用电器电子产品的;

(二)销售没有再制造或者翻新产品标识的再制造或者翻新产品的。

第五十七条 违反本法规定,构成犯罪的,依法追究刑事责任。

第七章 附 则

第五十八条 本法自2009年1月1日起施行。

中华人民共和国主席令

第五号

《中华人民共和国企业国有资产法》已由中华人民共和国第十一届全国人民代表大会常务委员会第五次会议于2008年10月28日通过，现予公布，自2009年5月1日起施行。

中华人民共和国主席　胡锦涛

2008年10月28日

中华人民共和国企业国有资产法

（2008年10月28日第十一届全国人民代表大会常务委员会第五次会议通过）

目　录

第一章　总　则

第一条　为了维护国家基本经济制度，巩固和发展国有经济，加强对国有资产的保护，发挥国有经济在国民经济中的主导作用，促进社会主义市场经济发展，制定本法。

第二条　本法所称企业国有资产（以下称国有资产），是指国家对企业各种形式的出资所形成的权益。

第三条　国有资产属于国家所有即全民所有。国务院代表国家行使国有资产所有权。

第四条　国务院和地方人民政府依照法律、行政法规的规定，分别代表国家对国家出资企业履行出资人职责，享有出资人权益。

国务院确定的关系国民经济命脉和国家安全的大型国家出资企业，重要基础设施和重要自然资源等领域的国家出资企业，由国务院代表国家履行出资人职责。其他的国家出资企业，由地方人民政府代表国家履行出资人职责。

第五条　本法所称国家出资企业，是指国家出资的国有独资企业、国有独资公司，以及国有资本控股公司、国有资本参股公司。

第六条 国务院和地方人民政府应当按照政企分开、社会公共管理职能与国有资产出资人职能分开、不干预企业依法自主经营的原则,依法履行出资人职责。

第七条 国家采取措施,推动国有资本向关系国民经济命脉和国家安全的重要行业和关键领域集中,优化国有经济布局和结构,推进国有企业的改革和发展,提高国有经济的整体素质,增强国有经济的控制力、影响力。

第八条 国家建立健全与社会主义市场经济发展要求相适应的国有资产管理与监督体制,建立健全国有资产保值增值考核和责任追究制度,落实国有资产保值增值责任。

第九条 国家建立健全国有资产基础管理制度。具体办法按照国务院的规定制定。

第十条 国有资产受法律保护,任何单位和个人不得侵害。

第二章　履行出资人职责的机构

第十一条 国务院国有资产监督管理机构和地方人民政府按照国务院的规定设立的国有资产监督管理机构,根据本级人民政府的授权,代表本级人民政府对国家出资企业履行出资人职责。

国务院和地方人民政府根据需要,可以授权其他部门、机构代表本级人民政府对国家出资企业履行出资人职责。

代表本级人民政府履行出资人职责的机构、部门,以下统称履行出资人职责的机构。

第十二条 履行出资人职责的机构代表本级人民政府对国家出资企业依法享有资产收益、参与重大决策和选择管理者等出资人权利。

履行出资人职责的机构依照法律、行政法规的规定,制定或者参与制定国家出资企业的章程。

履行出资人职责的机构对法律、行政法规和本级人民政府规定须经本级人民政府批准的履行出资人职责的重大事项,应当报请本级人民政府批准。

第十三条 履行出资人职责的机构委派的股东代表参加国有资本控股公司、国有资本参股公司召开的股东会会议、股东大会会议,应当按照委派机构的指示提出提案、发表意见、行使表决权,并将其履行职责的情况和结果及时报告委派机构。

第十四条 履行出资人职责的机构应当依照法律、行政法规以及企业章程履行出资人职责,保障出资人权益,防止国有资产损失。

履行出资人职责的机构应当维护企业作为市场主体依法享有的权利,除依法履行出资人职责外,不得干预企业经营活动。

第十五条 履行出资人职责的机构对本级人民政府负责,向本级人民政府报告履行出资人职责的情况,接受本级人民政府的监督和考核,对国有资产的保值增值负责。

履行出资人职责的机构应当按照国家有关规定,定期向本级人民政府报告有关国有资产总量、结构、变动、收益等汇总分析的情况。

第三章　国家出资企业

第十六条 国家出资企业对其动产、不动产和其他财产依照法律、行政法规以及企业章程享有占有、使用、收益和处分的权利。

国家出资企业依法享有的经营自主权和其他合法权益受法律保护。

第十七条 国家出资企业从事经营活动,应当遵守法律、行政法规,加强经营管理,提高经济效益,接受人民政府及其有关部门、机构依法实施的管理和监督,接受社会公众的监督,承担社会责任,对出资人负责。

国家出资企业应当依法建立和完善法人治理结构,建立健全内部监督管理和风险控制制度。

第十八条 国家出资企业应当依照法律、行政法规和国务院财政部门的规定,建立健全财务、会计制度，设置会计账簿，进行会计核算，依照法律、行政法规以及企业章程的规定向出资人提供真实、完整的财务、会计信息。

国家出资企业应当依照法律、行政法规以及企业章程的规定，向出资人分配利润。

第十九条 国有独资公司、国有资本控股公司和国有资本参股公司依照《中华人民共和国公司法》的规定设立监事会。国有独资企业由履行出资人职责的机构按照国务院的规定委派监事组成监事会。

国家出资企业的监事会依照法律、行政法规以及企业章程的规定，对董事、高级管理人员执行职务的行为进行监督，对企业财务进行监督检查。

第二十条 国家出资企业依照法律规定，通过职工代表大会或者其他形式，实行民主管理。

第二十一条 国家出资企业对其所出资企业依法享有资产收益、参与重大决策和选择管理者等出资人权利。

国家出资企业对其所出资企业，应当依照法律、行政法规的规定，通过制定或者参与制定所出资企业的章程，建立权责明确、有效制衡的企业内部监督管理和风险控制制度，维护其出资人权益。

第四章 国家出资企业管理者的选择与考核

第二十二条 履行出资人职责的机构依照法律、行政法规以及企业章程的规定，任免或者建议任免国家出资企业的下列人员：

（一）任免国有独资企业的经理、副经理、财务负责人和其他高级管理人员；

（二）任免国有独资公司的董事长、副董事长、董事、监事会主席和监事；

（三）向国有资本控股公司、国有资本参股公司的股东会、股东大会提出董事、监事人选。

国家出资企业中应当由职工代表出任的董事、监事，依照有关法律、行政法规的规定由职工民主选举产生。

第二十三条 履行出资人职责的机构任命或者建议任命的董事、监事、高级管理人员，应当具备下列条件：

（一）有良好的品行；

（二）有符合职位要求的专业知识和工作能力；

（三）有能够正常履行职责的身体条件；

（四）法律、行政法规规定的其他条件。

董事、监事、高级管理人员在任职期间出现不符合前款规定情形或者出现《中华人民共和国公司法》规定的不得担任公司董事、监事、高级管理人员情形的，履行出资人职责的机构应当依法予以免职或者提出免职建议。

第二十四条 履行出资人职责的机构对拟任命或者建议任命的董事、监事、高级管理人员的人选，应当按照规定的条件和程序进行考察。考察合格的，按照规定的权限和程序任命或者建议任命。

第二十五条 未经履行出资人职责的机构同意，国有独资企业、国有独资公司的董事、高级管理人员不得在其他企业兼职。未经股东会、股东大会同意，国有资本控股公司、国有资本参股公司的董事、高级管理人员不得在经营同类业务的其他企业兼职。

未经履行出资人职责的机构同意，国有独资公司的董事长不得兼任经理。未经股东会、股东大会同意，国有资本控股公司的董事长不得兼任经理。

董事、高级管理人员不得兼任监事。

第二十六条 国家出资企业的董事、监事、高级管理人员，应当遵守法律、行政法规以及企业章程，对企业负有忠实义务和勤勉义务，不得利用职权收受贿赂或者取得其他非法收入和不当利益，不得侵占、挪用企业资产，不得超越职权或者违反程序决定企业重大事项，不得有其他侵害国有资产出资人权益的行为。

第二十七条 国家建立国家出资企业管理者经营业绩考核制度。履行出资人职责的机构应当对其任命的企业管理者进行年度和任期考核,并依据考核结果决定对企业管理者的奖惩。

履行出资人职责的机构应当按照国家有关规定,确定其任命的国家出资企业管理者的薪酬标准。

第二十八条 国有独资企业、国有独资公司和国有资本控股公司的主要负责人,应当接受依法进行的任期经济责任审计。

第二十九条 本法第二十二条第一款第一项、第二项规定的企业管理者,国务院和地方人民政府规定由本级人民政府任免的,依照其规定。履行出资人职责的机构依照本章规定对上述企业管理者进行考核、奖惩并确定其薪酬标准。

第五章 关系国有资产出资人权益的重大事项

第一节 一般规定

第三十条 国家出资企业合并、分立、改制、上市,增加或者减少注册资本,发行债券,进行重大投资,为他人提供大额担保,转让重大财产,进行大额捐赠,分配利润,以及解散、申请破产等重大事项,应当遵守法律、行政法规以及企业章程的规定,不得损害出资人和债权人的权益。

第三十一条 国有独资企业、国有独资公司合并、分立,增加或者减少注册资本,发行债券,分配利润,以及解散、申请破产,由履行出资人职责的机构决定。

第三十二条 国有独资企业、国有独资公司有本法第三十条所列事项的,除依照本法第三十一条和有关法律、行政法规以及企业章程的规定,由履行出资人职责的机构决定的以外,国有独资企业由企业负责人集体讨论决定,国有独资公司由董事会决定。

第三十三条 国有资本控股公司、国有资本参股公司有本法第三十条所列事项的,依照法律、行政法规以及公司章程的规定,由公司股东会、股东大会或者董事会决定。由股东会、股东大会决定的,履行出资人职责的机构委派的股东代表应当依照本法第十三条的规定行使权利。

第三十四条 重要的国有独资企业、国有独资公司、国有资本控股公司的合并、分立、解散、申请破产以及法律、行政法规和本级人民政府规定应当由履行出资人职责的机构报经本级人民政府批准的重大事项,履行出资人职责的机构在作出决定或者向其委派参加国有资本控股公司股东会会议、股东大会会议的股东代表作出指示前,应当报请本级人民政府批准。本法所称的重要的国有独资企业、国有独资公司和国有资本控股公司,按照国务院的规定确定。

第三十五条 国家出资企业发行债券、投资等事项,有关法律、行政法规规定应当报经人民政府或者人民政府有关部门、机构批准、核准或者备案的,依照其规定。

第三十六条 国家出资企业投资应当符合国家产业政策,并按照国家规定进行可行性研究;与他人交易应当公平、有偿,取得合理对价。

第三十七条 国家出资企业的合并、分立、改制、解散、申请破产等重大事项,应当听取企业工会的意见,并通过职工代表大会或者其他形式听取职工的意见和建议。

第三十八条 国有独资企业、国有独资公司、国有资本控股公司对其所出资企业的重大事项参照本章规定履行出资人职责。具体办法由国务院规定。

第二节 企业改制

第三十九条 本法所称企业改制是指:

(一)国有独资企业改为国有独资公司;

(二)国有独资企业、国有独资公司改为国有资本控股公司或者非国有资本控股公司;

(三)国有资本控股公司改为非国有资本控股公司。

第四十条 企业改制应当依照法定程序,由履行出资人职责的机构决定或者由公司股东会、股东大会决定。

重要的国有独资企业、国有独资公司、国有资本控股公司的改制，履行出资人职责的机构在作出决定或者向其委派参加国有资本控股公司股东会会议、股东大会会议的股东代表作出指示前，应当将改制方案报请本级人民政府批准。

第四十一条 企业改制应当制定改制方案，载明改制后的企业组织形式、企业资产和债权债务处理方案、股权变动方案、改制的操作程序、资产评估和财务审计等中介机构的选聘等事项。

企业改制涉及重新安置企业职工的，还应当制定职工安置方案，并经职工代表大会或者职工大会审议通过。

第四十二条 企业改制应当按照规定进行清产核资、财务审计、资产评估，准确界定和核实资产，客观、公正地确定资产的价值。

企业改制涉及以企业的实物、知识产权、土地使用权等非货币财产折算为国有资本出资或者股份的，应当按照规定对折价财产进行评估，以评估确认价格作为确定国有资本出资额或者股份数额的依据。不得将财产低价折股或者有其他损害出资人权益的行为。

第三节 与关联方的交易

第四十三条 国家出资企业的关联方不得利用与国家出资企业之间的交易，谋取不当利益，损害国家出资企业利益。

本法所称关联方，是指本企业的董事、监事、高级管理人员及其近亲属，以及这些人员所有或者实际控制的企业。

第四十四条 国有独资企业、国有独资公司、国有资本控股公司不得无偿向关联方提供资金、商品、服务或者其他资产，不得以不公平的价格与关联方进行交易。

第四十五条 未经履行出资人职责的机构同意，国有独资企业、国有独资公司不得有下列行为：

（一）与关联方订立财产转让、借款的协议；

（二）为关联方提供担保；

（三）与关联方共同出资设立企业，或者向董事、监事、高级管理人员或者其近亲属所有或者实际控制的企业投资。

第四十六条 国有资本控股公司、国有资本参股公司与关联方的交易，依照《中华人民共和国公司法》和有关行政法规以及公司章程的规定，由公司股东会、股东大会或者董事会决定。由公司股东会、股东大会决定的，履行出资人职责的机构委派的股东代表，应当依照本法第十三条的规定行使权利。

公司董事会对公司与关联方的交易作出决议时，该交易涉及的董事不得行使表决权，也不得代理其他董事行使表决权。

第四节 资产评估

第四十七条 国有独资企业、国有独资公司和国有资本控股公司合并、分立、改制，转让重大财产，以非货币财产对外投资，清算或者有法律、行政法规以及企业章程规定应当进行资产评估的其他情形的，应当按照规定对有关资产进行评估。

第四十八条 国有独资企业、国有独资公司和国有资本控股公司应当委托依法设立的符合条件的资产评估机构进行资产评估；涉及应当报经履行出资人职责的机构决定的事项的，应当将委托资产评估机构的情况向履行出资人职责的机构报告。

第四十九条 国有独资企业、国有独资公司、国有资本控股公司及其董事、监事、高级管理人员应当向资产评估机构如实提供有关情况和资料，不得与资产评估机构串通评估作价。

第五十条 资产评估机构及其工作人员受托评估有关资产，应当遵守法律、行政法规以及评估执业准则，独立、客观、公正地对受托评估的资产进行评估。资产评估机构应当对其出具的评估报告负责。

第五节 国有资产转让

第五十一条 本法所称国有资产转让，是指依法将国家对企业的出资所形成的权益转移给其他单位或者个人的行为；按照国家规定无偿划转国有资产的除外。

第五十二条 国有资产转让应当有利于国有经济布局和结构的战略性调整，防止国有资产损失，不得损害交易各方的合法权益。

第五十三条 国有资产转让由履行出资人职责的机构决定。履行出资人职责的机构决定转让全部国有资产的，或者转让部分国有资产致使国家对该企业不再具有控股地位的，应当报请本级人民政府批准。

第五十四条 国有资产转让应当遵循等价有偿和公开、公平、公正的原则。

除按照国家规定可以直接协议转让的以外，国有资产转让应当在依法设立的产权交易场所公开进行。转让方应当如实披露有关信息，征集受让方；征集产生的受让方为两个以上的，转让应当采用公开竞价的交易方式。

转让上市交易的股份依照《中华人民共和国证券法》的规定进行。

第五十五条 国有资产转让应当以依法评估的、经履行出资人职责的机构认可或者由履行出资人职责的机构报经本级人民政府核准的价格为依据，合理确定最低转让价格。

第五十六条 法律、行政法规或者国务院国有资产监督管理机构规定可以向本企业的董事、监事、高级管理人员或者其近亲属，或者这些人员所有或者实际控制的企业转让的国有资产，在转让时，上述人员或者企业参与受让的，应当与其他受让参与者平等竞买；转让方应当按照国家有关规定，如实披露有关信息；相关的董事、监事和高级管理人员不得参与转让方案的制定和组织实施的各项工作。

第五十七条 国有资产向境外投资者转让的，应当遵守国家有关规定，不得危害国家安全和社会公共利益。

第六章 国有资本经营预算

第五十八条 国家建立健全国有资本经营预算制度，对取得的国有资本收入及其支出实行预算管理。

第五十九条 国家取得的下列国有资本收入，以及下列收入的支出，应当编制国有资本经营预算：

（一）从国家出资企业分得的利润；

（二）国有资产转让收入；

（三）从国家出资企业取得的清算收入；

（四）其他国有资本收入。

第六十条 国有资本经营预算按年度单独编制，纳入本级人民政府预算，报本级人民代表大会批准。

国有资本经营预算支出按照当年预算收入规模安排，不列赤字。

第六十一条 国务院和有关地方人民政府财政部门负责国有资本经营预算草案的编制工作，履行出资人职责的机构向财政部门提出由其履行出资人职责的国有资本经营预算建议草案。

第六十二条 国有资本经营预算管理的具体办法和实施步骤，由国务院规定，报全国人民代表大会常务委员会备案。

第七章 国有资产监督

第六十三条 各级人民代表大会常务委员会通过听取和审议本级人民政府履行出资人职责的情况和国有资产监督管理情况的专项工作报告，组织对本法实施情况的执法检查等，依法行使监督职权。

第六十四条 国务院和地方人民政府应当对其授权履行出资人职责的机构履行职责的情况进行监

督。

第六十五条 国务院和地方人民政府审计机关依照《中华人民共和国审计法》的规定，对国有资本经营预算的执行情况和属于审计监督对象的国家出资企业进行审计监督。

第六十六条 国务院和地方人民政府应当依法向社会公布国有资产状况和国有资产监督管理工作情况，接受社会公众的监督。

任何单位和个人有权对造成国有资产损失的行为进行检举和控告。

第六十七条 履行出资人职责的机构根据需要，可以委托会计师事务所对国有独资企业、国有独资公司的年度财务会计报告进行审计，或者通过国有资本控股公司的股东会、股东大会决议，由国有资本控股公司聘请会计师事务所对公司的年度财务会计报告进行审计，维护出资人权益。

第八章 法律责任

第六十八条 履行出资人职责的机构有下列行为之一的，对其直接负责的主管人员和其他直接责任人员依法给予处分：

（一）不按照法定的任职条件，任命或者建议任命国家出资企业管理者的；

（二）侵占、截留、挪用国家出资企业的资金或者应当上缴的国有资本收入的；

（三）违反法定的权限、程序，决定国家出资企业重大事项，造成国有资产损失的；

（四）有其他不依法履行出资人职责的行为，造成国有资产损失的。

第六十九条 履行出资人职责的机构的工作人员玩忽职守、滥用职权、徇私舞弊，尚不构成犯罪的，依法给予处分。

第七十条 履行出资人职责的机构委派的股东代表未按照委派机构的指示履行职责，造成国有资产损失的，依法承担赔偿责任；属于国家工作人员的，并依法给予处分。

第七十一条 国家出资企业的董事、监事、高级管理人员有下列行为之一，造成国有资产损失的，依法承担赔偿责任；属于国家工作人员的，并依法给予处分：

（一）利用职权收受贿赂或者取得其他非法收入和不当利益的；

（二）侵占、挪用企业资产的；

（三）在企业改制、财产转让等过程中，违反法律、行政法规和公平交易规则，将企业财产低价转让、低价折股的；

（四）违反本法规定与本企业进行交易的；

（五）不如实向资产评估机构、会计师事务所提供有关情况和资料，或者与资产评估机构、会计师事务所串通出具虚假资产评估报告、审计报告的；

（六）违反法律、行政法规和企业章程规定的决策程序，决定企业重大事项的；

（七）有其他违反法律、行政法规和企业章程执行职务行为的。

国家出资企业的董事、监事、高级管理人员因前款所列行为取得的收入，依法予以追缴或者归国家出资企业所有。

履行出资人职责的机构任命或者建议任命的董事、监事、高级管理人员有本条第一款所列行为之一，造成国有资产重大损失的，由履行出资人职责的机构依法予以免职或者提出免职建议。

第七十二条 在涉及关联方交易、国有资产转让等交易活动中，当事人恶意串通，损害国有资产权益的，该交易行为无效。

第七十三条 国有独资企业、国有独资公司、国有资本控股公司的董事、监事、高级管理人员违反本法规定，造成国有资产重大损失，被免职的，自免职之日起五年内不得担任国有独资企业、国有独资公司、国有资本控股公司的董事、监事、高级管理人员；造成国有资产特别重大损失，或者因贪污、贿赂、侵占财产、挪用财产或者破坏社会主义市场经济秩序被判处刑罚的，终身不得担任国有独资企业、国有独资公司、国有资本控股公司的董事、监事、高级管理人员。

第七十四条 接受委托对国家出资企业进行资产评估、财务审计的资产评估机构、会计师事务所违反法律、行政法规的规定和执业准则,出具虚假的资产评估报告或者审计报告的,依照有关法律、行政法规的规定追究法律责任。

第七十五条 违反本法规定,构成犯罪的,依法追究刑事责任。

第九章 附 则

第七十六条 金融企业国有资产的管理与监督,法律、行政法规另有规定的,依照其规定。

第七十七条 本法自2009年5月1日起施行。

中华人民共和国主席令

第六号

《中华人民共和国消防法》已由中华人民共和国第十一届全国人民代表大会常务委员会第五次会议于2008年10月28日修订通过，现将修订后的《中华人民共和国消防法》公布，自2009年5月1日起施行。

中华人民共和国主席　胡锦涛

2008年10月28日

中华人民共和国消防法

（1998年4月29日第九届全国人民代表大会常务委员会第二次会议通过2008年10月28日第十一届全国人民代表大会常务委员会第五次会议修订）

目　　录

第一章　总　　则

第一条　为了预防火灾和减少火灾危害，加强应急救援工作，保护人身、财产安全，维护公共安全，制定本法。

第二条　消防工作贯彻预防为主、防消结合的方针，按照政府统一领导、部门依法监管、单位全面负责、公民积极参与的原则，实行消防安全责任制，建立健全社会化的消防工作网络。

第三条　国务院领导全国的消防工作。地方各级人民政府负责本行政区域内的消防工作。

各级人民政府应当将消防工作纳入国民经济和社会发展计划，保障消防工作与经济社会发展相适应。

第四条　国务院公安部门对全国的消防工作实施监督管理。县级以上地方人民政府公安机关对本行政区域内的消防工作实施监督管理，并由本级人民政府公安机关消防机构负责实施。军事设施的消防工作，由其主管单位监督管理，公安机关消防机构协助；矿井地下部分、核电厂、海上石油天然气设施的消防工作，由其主管单位监督管理。

县级以上人民政府其他有关部门在各自的职责范围内，依照本法和其他相关法律、法规的规定做好消防工作。

法律、行政法规对森林、草原的消防工作另有规定的，从其规定。

第五条　任何单位和个人都有维护消防安全、保护消防设施、预防火灾、报告火警的义务。任何单位和成年人都有参加有组织的灭火工作的义务。

第六条　各级人民政府应当组织开展经常性的消防宣传教育，提高公民的消防安全意识。

机关、团体、企业、事业等单位，应当加强对本单位人员的消防宣传教育。

公安机关及其消防机构应当加强消防法律、法规的宣传，并督促、指导、协助有关单位做好消防宣传教育工作。

教育、人力资源行政主管部门和学校、有关职业培训机构应当将消防知识纳入教育、教学、培训的内容。

新闻、广播、电视等有关单位，应当有针对性地面向社会进行消防宣传教育。

工会、共产主义青年团、妇女联合会等团体应当结合各自工作对象的特点，组织开展消防宣传教育。

村民委员会、居民委员会应当协助人民政府以及公安机关等部门，加强消防宣传教育。

第七条 国家鼓励、支持消防科学研究和技术创新，推广使用先进的消防和应急救援技术、设备；鼓励、支持社会力量开展消防公益活动。

对在消防工作中有突出贡献的单位和个人，应当按照国家有关规定给予表彰和奖励。

第二章 火灾预防

第八条 地方各级人民政府应当将包括消防安全布局、消防站、消防供水、消防通信、消防车通道、消防装备等内容的消防规划纳入城乡规划，并负责组织实施。

城乡消防安全布局不符合消防安全要求的，应当调整、完善；公共消防设施、消防装备不足或者不适应实际需要的，应当增建、改建、配置或者进行技术改造。

第九条 建设工程的消防设计、施工必须符合国家工程建设消防技术标准。建设、设计、施工、工程监理等单位依法对建设工程的消防设计、施工质量负责。

第十条 按照国家工程建设消防技术标准需要进行消防设计的建设工程，除本法第十一条另有规定的外，建设单位应当自依法取得施工许可之日起七个工作日内，将消防设计文件报公安机关消防机构备案，公安机关消防机构应当进行抽查。

第十一条 国务院公安部门规定的大型的人员密集场所和其他特殊建设工程，建设单位应当将消防设计文件报送公安机关消防机构审核。公安机关消防机构依法对审核的结果负责。

第十二条 依法应当经公安机关消防机构进行消防设计审核的建设工程，未经依法审核或者审核不合格的，负责审批该工程施工许可的部门不得给予施工许可，建设单位、施工单位不得施工；其他建设工程取得施工许可后经依法抽查不合格的，应当停止施工。

第十三条 按照国家工程建设消防技术标准需要进行消防设计的建设工程竣工，依照下列规定进行消防验收、备案：

（一）本法第十一条规定的建设工程，建设单位应当向公安机关消防机构申请消防验收；

（二）其他建设工程，建设单位在验收后应当报公安机关消防机构备案，公安机关消防机构应当进行抽查。

依法应当进行消防验收的建设工程，未经消防验收或者消防验收不合格的，禁止投入使用；其他建设工程经依法抽查不合格的，应当停止使用。

第十四条 建设工程消防设计审核、消防验收、备案和抽查的具体办法，由国务院公安部门规定。

第十五条 公众聚集场所在投入使用、营业前，建设单位或者使用单位应当向场所所在地的县级以上地方人民政府公安机关消防机构申请消防安全检查。

公安机关消防机构应当自受理申请之日起十个工作日内，根据消防技术标准和管理规定，对该场所进行消防安全检查。未经消防安全检查或者经检查不符合消防安全要求的，不得投入使用、营业。

第十六条 机关、团体、企业、事业等单位应当履行下列消防安全职责：

（一）落实消防安全责任制，制定本单位的消防安全制度、消防安全操作规程，制定灭火和应急疏散预案；

（二）按照国家标准、行业标准配置消防设施、器材，设置消防安全标志，并定期组织检验、维修，确保完好有效；

（三）对建筑消防设施每年至少进行一次全面检测，确保完好有效，检测记录应当完整准确，存档备查；

（四）保障疏散通道、安全出口、消防车通道畅通，保证防火防烟分区、防火间距符合消防技术标准；

（五）组织防火检查，及时消除火灾隐患；

（六）组织进行有针对性的消防演练；

（七）法律、法规规定的其他消防安全职责。

单位的主要负责人是本单位的消防安全责任人。

第十七条 县级以上地方人民政府公安机关消防机构应当将发生火灾可能性较大以及发生火灾可能造成重大的人身伤亡或者财产损失的单位，确定为本行政区域内的消防安全重点单位，并由公安机关报本级人民政府备案。

消防安全重点单位除应当履行本法第十六条规定的职责外，还应当履行下列消防安全职责：

（一）确定消防安全管理人，组织实施本单位的消防安全管理工作；

（二）建立消防档案，确定消防安全重点部位，设置防火标志，实行严格管理；

（三）实行每日防火巡查，并建立巡查记录；

（四）对职工进行岗前消防安全培训，定期组织消防安全培训和消防演练。

第十八条 同一建筑物由两个以上单位管理或者使用的，应当明确各方的消防安全责任，并确定责任人对共用的疏散通道、安全出口、建筑消防设施和消防车通道进行统一管理。

住宅区的物业服务企业应当对管理区域内的共用消防设施进行维护管理，提供消防安全防范服务。

第十九条 生产、储存、经营易燃易爆危险品的场所不得与居住场所设置在同一建筑物内，并应当与居住场所保持安全距离。

生产、储存、经营其他物品的场所与居住场所设置在同一建筑物内的，应当符合国家工程建设消防技术标准。

第二十条 举办大型群众性活动，承办人应当依法向公安机关申请安全许可，制定灭火和应急疏散预案并组织演练，明确消防安全责任分工，确定消防安全管理人员，保持消防设施和消防器材配置齐全、完好有效，保证疏散通道、安全出口、疏散指示标志、应急照明和消防车通道符合消防技术标准和管理规定。

第二十一条 禁止在具有火灾、爆炸危险的场所吸烟、使用明火。因施工等特殊情况需要使用明火作业的，应当按照规定事先办理审批手续，采取相应的消防安全措施；作业人员应当遵守消防安全规定。

进行电焊、气焊等具有火灾危险作业的人员和自动消防系统的操作人员，必须持证上岗，并遵守消防安全操作规程。

第二十二条 生产、储存、装卸易燃易爆危险品的工厂、仓库和专用车站、码头的设置，应当符合消防技术标准。易燃易爆气体和液体的充装站、供应站、调压站，应当设置在符合消防安全要求的位置，并符合防火防爆要求。

已经设置的生产、储存、装卸易燃易爆危险品的工厂、仓库和专用车站、码头，易燃易爆气体和液体的充装站、供应站、调压站，不再符合前款规定的，地方人民政府应当组织、协调有关部门、单位限期解决，消除安全隐患。

第二十三条 生产、储存、运输、销售、使用、销毁易燃易爆危险品，必须执行消防技术标准和管理规定。

进入生产、储存易燃易爆危险品的场所，必须执行消防安全规定。禁止非法携带易燃易爆危险品进入公共场所或者乘坐公共交通工具。

储存可燃物资仓库的管理，必须执行消防技术标准和管理规定。

第二十四条 消防产品必须符合国家标准；没有国家标准的，必须符合行业标准。禁止生产、销售或者使用不合格的消防产品以及国家明令淘汰的消防产品。

依法实行强制性产品认证的消防产品，由具有法定资质的认证机构按照国家标准、行业标准的强制性要求认证合格后，方可生产、销售、使用。实行强制性产品认证的消防产品目录，由国务院产品质量监督部门会同国务院公安部门制定并公布。

新研制的尚未制定国家标准、行业标准的消防产品，应当按照国务院产品质量监督部门会同国务院公安部门规定的办法，经技术鉴定符合消防安全要求的，方可生产、销售、使用。

依照本条规定经强制性产品认证合格或者技术鉴定合格的消防产品，国务院公安部门消防机构应当予以公布。

第二十五条 产品质量监督部门、工商行政管理部门、公安机关消防机构应当按照各自职责加强对消防产品质量的监督检查。

第二十六条 建筑构件、建筑材料和室内装修、装饰材料的防火性能必须符合国家标准；没有国家标准的，必须符合行业标准。

人员密集场所室内装修、装饰，应当按照消防技术标准的要求，使用不燃、难燃材料。

第二十七条 电器产品、燃气用具的产品标准，应当符合消防安全的要求。

电器产品、燃气用具的安装、使用及其线路、管路的设计、敷设、维护保养、检测，必须符合消防技术标准和管理规定。

第二十八条 任何单位、个人不得损坏、挪用或者擅自拆除、停用消防设施、器材，不得埋压、圈占、遮挡消火栓或者占用防火间距，不得占用、堵塞、封闭疏散通道、安全出口、消防车通道。人员密集场所的门窗不得设置影响逃生和灭火救援的障碍物。

第二十九条 负责公共消防设施维护管理的单位，应当保持消防供水、消防通信、消防车通道等公共消防设施的完好有效。在修建道路以及停电、停水、截断通信线路时有可能影响消防队灭火救援的，有关单位必须事先通知当地公安机关消防机构。

第三十条 地方各级人民政府应当加强对农村消防工作的领导，采取措施加强公共消防设施建设，组织建立和督促落实消防安全责任制。

第三十一条 在农业收获季节、森林和草原防火期间、重大节假日期间以及火灾多发季节，地方各级人民政府应当组织开展有针对性的消防宣传教育，采取防火措施，进行消防安全检查。

第三十二条 乡镇人民政府、城市街道办事处应当指导、支持和帮助村民委员会、居民委员会开展群众性的消防工作。村民委员会、居民委员会应当确定消防安全管理人，组织制定防火安全公约，进行防火安全检查。

第三十三条 国家鼓励、引导公众聚集场所和生产、储存、运输、销售易燃易爆危险品的企业投保火灾公众责任保险；鼓励保险公司承保火灾公众责任保险。

第三十四条 消防产品质量认证、消防设施检测、消防安全监测等消防技术服务机构和执业人员，应当依法获得相应的资质、资格；依照法律、行政法规、国家标准、行业标准和执业准则，接受委托提供消防技术服务，并对服务质量负责。

第三章　消防组织

第三十五条 各级人民政府应当加强消防组织建设，根据经济社会发展的需要，建立多种形式的消防组织，加强消防技术人才培养，增强火灾预防、扑救和应急救援的能力。

第三十六条 县级以上地方人民政府应当按照国家规定建立公安消防队、专职消防队，并按照国家标准配备消防装备，承担火灾扑救工作。

乡镇人民政府应当根据当地经济发展和消防工作的需要，建立专职消防队、志愿消防队，承担火灾扑救工作。

第三十七条 公安消防队、专职消防队按照国家规定承担重大灾害事故和其他以抢救人员生命为主的应急救援工作。

第三十八条 公安消防队、专职消防队应当充分发挥火灾扑救和应急救援专业力量的骨干作用；按照国家规定，组织实施专业技能训练，配备并维护保养装备器材，提高火灾扑救和应急救援的能力。

第三十九条 下列单位应当建立单位专职消防队，承担本单位的火灾扑救工作：

（一）大型核设施单位、大型发电厂、民用机场、主要港口；

（二）生产、储存易燃易爆危险品的大型企业；

（三）储备可燃的重要物资的大型仓库、基地；

（四）第一项、第二项、第三项规定以外的火灾危险性较大、距离公安消防队较远的其他大型企业；

（五）距离公安消防队较远、被列为全国重点文物保护单位的古建筑群的管理单位。

第四十条 专职消防队的建立，应当符合国家有关规定，并报当地公安机关消防机构验收。

专职消防队的队员依法享受社会保险和福利待遇。

第四十一条 机关、团体、企业、事业等单位以及村民委员会、居民委员会根据需要，建立志愿消防队等多种形式的消防组织，开展群众性自防自救工作。

第四十二条 公安机关消防机构应当对专职消防队、志愿消防队等消防组织进行业务指导；根据扑救火灾的需要，可以调动指挥专职消防队参加火灾扑救工作。

第四章　灭火救援

第四十三条 县级以上地方人民政府应当组织有关部门针对本行政区域内的火灾特点制定应急预案，建立应急反应和处置机制，为火灾扑救和应急救援工作提供人员、装备等保障。

第四十四条 任何人发现火灾都应当立即报警。任何单位、个人都应当无偿为报警提供便利，不得阻拦报警。严禁谎报火警。

人员密集场所发生火灾，该场所的现场工作人员应当立即组织、引导在场人员疏散。

任何单位发生火灾，必须立即组织力量扑救。邻近单位应当给予支援。

消防队接到火警，必须立即赶赴火灾现场，救助遇险人员，排除险情，扑灭火灾。

第四十五条 公安机关消防机构统一组织和指挥火灾现场扑救，应当优先保障遇险人员的生命安全。

火灾现场总指挥根据扑救火灾的需要，有权决定下列事项：

（一）使用各种水源；

（二）截断电力、可燃气体和可燃液体的输送，限制用火用电；

（三）划定警戒区，实行局部交通管制；

（四）利用临近建筑物和有关设施；

（五）为了抢救人员和重要物资，防止火势蔓延，拆除或者破损毗邻火灾现场的建筑物、构筑物或者设施等；

（六）调动供水、供电、供气、通信、医疗救护、交通运输、环境保护等有关单位协助灭火救援。

根据扑救火灾的紧急需要，有关地方人民政府应当组织人员、调集所需物资支援灭火。

第四十六条 公安消防队、专职消防队参加火灾以外的其他重大灾害事故的应急救援工作，由县级以上人民政府统一领导。

第四十七条 消防车、消防艇前往执行火灾扑救或者应急救援任务，在确保安全的前提下，不受行驶速度、行驶路线、行驶方向和指挥信号的限制，其他车辆、船舶以及行人应当让行，不得穿插超越；收费公路、桥梁免收车辆通行费。交通管理指挥人员应当保证消防车、消防艇迅速通行。

赶赴火灾现场或者应急救援现场的消防人员和调集的消防装备、物资，需要铁路、水路或者航空运输的，有关单位应当优先运输。

第四十八条 消防车、消防艇以及消防器材、装备和设施，不得用于与消防和应急救援工作无关的事项。

第四十九条 公安消防队、专职消防队扑救火灾、应急救援，不得收取任何费用。

单位专职消防队、志愿消防队参加扑救外单位火灾所损耗的燃料、灭火剂和器材、装备等，由火灾发生地的人民政府给予补偿。

第五十条 对因参加扑救火灾或者应急救援受伤、致残或者死亡的人员，按照国家有关规定给予医疗、抚恤。

第五十一条 公安机关消防机构有权根据需要封闭火灾现场,负责调查火灾原因,统计火灾损失。

火灾扑灭后,发生火灾的单位和相关人员应当按照公安机关消防机构的要求保护现场,接受事故调查,如实提供与火灾有关的情况。

公安机关消防机构根据火灾现场勘验、调查情况和有关的检验、鉴定意见,及时制作火灾事故认定书,作为处理火灾事故的证据。

第五章 监督检查

第五十二条 地方各级人民政府应当落实消防工作责任制,对本级人民政府有关部门履行消防安全职责的情况进行监督检查。

县级以上地方人民政府有关部门应当根据本系统的特点,有针对性地开展消防安全检查,及时督促整改火灾隐患。

第五十三条 公安机关消防机构应当对机关、团体、企业、事业等单位遵守消防法律、法规的情况依法进行监督检查。公安派出所可以负责日常消防监督检查、开展消防宣传教育,具体办法由国务院公安部门规定。

公安机关消防机构、公安派出所的工作人员进行消防监督检查,应当出示证件。

第五十四条 公安机关消防机构在消防监督检查中发现火灾隐患的,应当通知有关单位或者个人立即采取措施消除隐患;不及时消除隐患可能严重威胁公共安全的,公安机关消防机构应当依照规定对危险部位或者场所采取临时查封措施。

第五十五条 公安机关消防机构在消防监督检查中发现城乡消防安全布局、公共消防设施不符合消防安全要求,或者发现本地区存在影响公共安全的重大火灾隐患的,应当由公安机关书面报告本级人民政府。

接到报告的人民政府应当及时核实情况,组织或者责成有关部门、单位采取措施,予以整改。

第五十六条 公安机关消防机构及其工作人员应当按照法定的职权和程序进行消防设计审核、消防验收和消防安全检查,做到公正、严格、文明、高效。

公安机关消防机构及其工作人员进行消防设计审核、消防验收和消防安全检查等,不得收取费用,不得利用消防设计审核、消防验收和消防安全检查谋取利益。公安机关消防机构及其工作人员不得利用职务为用户、建设单位指定或者变相指定消防产品的品牌、销售单位或者消防技术服务机构、消防设施施工单位。

第五十七条 公安机关消防机构及其工作人员执行职务,应当自觉接受社会和公民的监督。

任何单位和个人都有权对公安机关消防机构及其工作人员在执法中的违法行为进行检举、控告。收到检举、控告的机关,应当按照职责及时查处。

第六章 法律责任

第五十八条 违反本法规定,有下列行为之一的,责令停止施工、停止使用或者停产停业,并处三万元以上三十万元以下罚款:

(一)依法应当经公安机关消防机构进行消防设计审核的建设工程,未经依法审核或者审核不合格,擅自施工的;

(二)消防设计经公安机关消防机构依法抽查不合格,不停止施工的;

(三)依法应当进行消防验收的建设工程,未经消防验收或者消防验收不合格,擅自投入使用的;

(四)建设工程投入使用后经公安机关消防机构依法抽查不合格,不停止使用的;

(五)公众聚集场所未经消防安全检查或者经检查不符合消防安全要求,擅自投入使用、营业的。

建设单位未依照本法规定将消防设计文件报公安机关消防机构备案，或者在竣工后未依照本法规定报公安机关消防机构备案的，责令限期改正，处五千元以下罚款。

第五十九条 违反本法规定，有下列行为之一的，责令改正或者停止施工，并处一万元以上十万元以下罚款：

（一）建设单位要求建筑设计单位或者建筑施工企业降低消防技术标准设计、施工的；

（二）建筑设计单位不按照消防技术标准强制性要求进行消防设计的；

（三）建筑施工企业不按照消防设计文件和消防技术标准施工，降低消防施工质量的；

（四）工程监理单位与建设单位或者建筑施工企业串通，弄虚作假，降低消防施工质量的。

第六十条 单位违反本法规定，有下列行为之一的，责令改正，处五千元以上五万元以下罚款：

（一）消防设施、器材或者消防安全标志的配置、设置不符合国家标准、行业标准，或者未保持完好有效的；

（二）损坏、挪用或者擅自拆除、停用消防设施、器材的；

（三）占用、堵塞、封闭疏散通道、安全出口或者有其他妨碍安全疏散行为的；

（四）埋压、圈占、遮挡消火栓或者占用防火间距的；

（五）占用、堵塞、封闭消防车通道，妨碍消防车通行的；

（六）人员密集场所在门窗上设置影响逃生和灭火救援的障碍物的；

（七）对火灾隐患经公安机关消防机构通知后不及时采取措施消除的。

个人有前款第二项、第三项、第四项、第五项行为之一的，处警告或者五百元以下罚款。

有本条第一款第三项、第四项、第五项、第六项行为，经责令改正拒不改正的，强制执行，所需费用由违法行为人承担。

第六十一条 生产、储存、经营易燃易爆危险品的场所与居住场所设置在同一建筑物内，或者未与居住场所保持安全距离的，责令停产停业，并处五千元以上五万元以下罚款。

生产、储存、经营其他物品的场所与居住场所设置在同一建筑物内，不符合消防技术标准的，依照前款规定处罚。

第六十二条 有下列行为之一的，依照《中华人民共和国治安管理处罚法》的规定处罚：

（一）违反有关消防技术标准和管理规定生产、储存、运输、销售、使用、销毁易燃易爆危险品的；

（二）非法携带易燃易爆危险品进入公共场所或者乘坐公共交通工具的；

（三）谎报火警的；

（四）阻碍消防车、消防艇执行任务的；

（五）阻碍公安机关消防机构的工作人员依法执行职务的。

第六十三条 违反本法规定，有下列行为之一的，处警告或者五百元以下罚款；情节严重的，处五日以下拘留：

（一）违反消防安全规定进入生产、储存易燃易爆危险品场所的；

（二）违反规定使用明火作业或者在具有火灾、爆炸危险的场所吸烟、使用明火的。

第六十四条 违反本法规定，有下列行为之一，尚不构成犯罪的，处十日以上十五日以下拘留，可以并处五百元以下罚款；情节较轻的，处警告或者五百元以下罚款：

（一）指使或者强令他人违反消防安全规定，冒险作业的；

（二）过失引起火灾的；

（三）在火灾发生后阻拦报警，或者负有报告职责的人员不及时报警的；

（四）扰乱火灾现场秩序，或者拒不执行火灾现场指挥员指挥，影响灭火救援的；

（五）故意破坏或者伪造火灾现场的；

（六）擅自拆封或者使用被公安机关消防机构查封的场所、部位的。

第六十五条 违反本法规定，生产、销售不合格的消防产品或者国家明令淘汰的消防产品的，由产品质量监督部门或者工商行政管理部门依照《中华人民共和国产品质量法》的规定从重处罚。

人员密集场所使用不合格的消防产品或者国家明令淘汰的消防产品的，责令限期改正；逾期不改正的，处五千元以上五万元以下罚款，并对其直接负责的主管人员和其他直接责任人员处五百元以上二千元以下罚款；情节严重的，责令停产停业。

公安机关消防机构对于本条第二款规定的情形，除依法对使用者予以处罚外，应当将发现不合格的消防产品和国家明令淘汰的消防产品的情况通报产品质量监督部门、工商行政管理部门。产品质量监督部门、工商行政管理部门应当对生产者、销售者依法及时查处。

第六十六条 电器产品、燃气用具的安装、使用及其线路、管路的设计、敷设、维护保养、检测不符合消防技术标准和管理规定的，责令限期改正；逾期不改正的，责令停止使用，可以并处一千元以上五千元以下罚款。

第六十七条 机关、团体、企业、事业等单位违反本法第十六条、第十七条、第十八条、第二十一条第二款规定的，责令限期改正；逾期不改正的，对其直接负责的主管人员和其他直接责任人员依法给予处分或者给予警告处罚。

第六十八条 人员密集场所发生火灾，该场所的现场工作人员不履行组织、引导在场人员疏散的义务，情节严重，尚不构成犯罪的，处五日以上十日以下拘留。

第六十九条 消防产品质量认证、消防设施检测等消防技术服务机构出具虚假文件的，责令改正，处五万元以上十万元以下罚款，并对直接负责的主管人员和其他直接责任人员处一万元以上五万元以下罚款；有违法所得的，并处没收违法所得；给他人造成损失的，依法承担赔偿责任；情节严重的，由原许可机关依法责令停止执业或者吊销相应资质、资格。

前款规定的机构出具失实文件，给他人造成损失的，依法承担赔偿责任；造成重大损失的，由原许可机关依法责令停止执业或者吊销相应资质、资格。

第七十条 本法规定的行政处罚，除本法另有规定的外，由公安机关消防机构决定；其中拘留处罚由县级以上公安机关依照《中华人民共和国治安管理处罚法》的有关规定决定。

公安机关消防机构需要传唤消防安全违法行为人的，依照《中华人民共和国治安管理处罚法》的有关规定执行。

被责令停止施工、停止使用、停产停业的，应当在整改后向公安机关消防机构报告，经公安机关消防机构检查合格，方可恢复施工、使用、生产、经营。

当事人逾期不执行停产停业、停止使用、停止施工决定的，由作出决定的公安机关消防机构强制执行。

责令停产停业，对经济和社会生活影响较大的，由公安机关消防机构提出意见，并由公安机关报请本级人民政府依法决定。本级人民政府组织公安机关等部门实施。

第七十一条 公安机关消防机构的工作人员滥用职权、玩忽职守、徇私舞弊，有下列行为之一，尚不构成犯罪的，依法给予处分：

（一）对不符合消防安全要求的消防设计文件、建设工程、场所准予审核合格、消防验收合格、消防安全检查合格的；

（二）无故拖延消防设计审核、消防验收、消防安全检查，不在法定期限内履行职责的；

（三）发现火灾隐患不及时通知有关单位或者个人整改的；

（四）利用职务为用户、建设单位指定或者变相指定消防产品的品牌、销售单位或者消防技术服务机构、消防设施施工单位的；

（五）将消防车、消防艇以及消防器材、装备和设施用于与消防和应急救援无关的事项的；

（六）其他滥用职权、玩忽职守、徇私舞弊的行为。

建设、产品质量监督、工商行政管理等其他有关行政主管部门的工作人员在消防工作中滥用职权、玩忽职守、徇私舞弊，尚不构成犯罪的，依法给予处分。

第七十二条 违反本法规定，构成犯罪的，依法追究刑事责任。

第七章　附　　则

第七十三条　本法下列用语的含义：

（一）消防设施，是指火灾自动报警系统、自动灭火系统、消火栓系统、防烟排烟系统以及应急广播和应急照明、安全疏散设施等。

（二）消防产品，是指专门用于火灾预防、灭火救援和火灾防护、避难、逃生的产品。

（三）公众聚集场所，是指宾馆、饭店、商场、集贸市场、客运车站候车室、客运码头候船厅、民用机场航站楼、体育场馆、会堂以及公共娱乐场所等。

（四）人员密集场所，是指公众聚集场所，医院的门诊楼、病房楼，学校的教学楼、图书馆、食堂和集体宿舍，养老院，福利院，托儿所，幼儿园，公共图书馆的阅览室，公共展览馆、博物馆的展示厅，劳动密集型企业的生产加工车间和员工集体宿舍，旅游、宗教活动场所等。

第七十四条　本法自2009年5月1日起施行。

中华人民共和国主席令

第八号

《全国人民代表大会常务委员会关于修改〈中华人民共和国专利法〉的决定》已由中华人民共和国第十一届全国人民代表大会常务委员会第六次会议于2008年12月27日通过,现予公布,自2009年10月1日起施行。

中华人民共和国主席　胡锦涛

2008年12月27日

中华人民共和国专利法

(1984年3月12日第六届全国人民代表大会常务委员会第四次会议通过根据1992年9月4日第七届全国人民代表大会常务委员会第二十七次会议《关于修改〈中华人民共和国专利法〉的决定》第一次修正根据2000年8月25日第九届全国人民代表大会常务委员会第十七次会议《关于修改〈中华人民共和国专利法〉的决定》第二次修正根据2008年12月27日第十一届全国人民代表大会常务委员会第六次会议《关于修改〈中华人民共和国专利法〉的决定》第三次修正)

目　　录

第一章　总　　则

第一条　为了保护专利权人的合法权益,鼓励发明创造,推动发明创造的应用,提高创新能力,促进科学技术进步和经济社会发展,制定本法。

第二条　本法所称的发明创造是指发明、实用新型和外观设计。

发明,是指对产品、方法或者其改进所提出的新的技术方案。

实用新型,是指对产品的形状、构造或者其结合所提出的适于实用的新的技术方案。

外观设计,是指对产品的形状、图案或者其结合以及色彩与形状、图案的结合所作出的富有美感并适于工业应用的新设计。

第三条　国务院专利行政部门负责管理全国的专利工作;统一受理和审查专利申请,依法授予专利权。

省、自治区、直辖市人民政府管理专利工作的部门负责本行政区域内的专利管理工作。

第四条　申请专利的发明创造涉及国家安全或者重大利益需要保密的,按照国家有关规定办理。

第五条　对违反法律、社会公德或者妨害公共利益的发明创造,不授予专利权。

对违反法律、行政法规的规定获取或者利用遗传资源，并依赖该遗传资源完成的发明创造，不授予专利权。

第六条 执行本单位的任务或者主要是利用本单位的物质技术条件所完成的发明创造为职务发明创造。职务发明创造申请专利的权利属于该单位；申请被批准后，该单位为专利权人。

非职务发明创造，申请专利的权利属于发明人或者设计人；申请被批准后，该发明人或者设计人为专利权人。

利用本单位的物质技术条件所完成的发明创造，单位与发明人或者设计人订有合同，对申请专利的权利和专利权的归属作出约定的，从其约定。

第七条 对发明人或者设计人的非职务发明创造专利申请，任何单位或者个人不得压制。

第八条 两个以上单位或者个人合作完成的发明创造、一个单位或者个人接受其他单位或者个人委托所完成的发明创造，除另有协议的以外，申请专利的权利属于完成或者共同完成的单位或者个人；申请被批准后，申请的单位或者个人为专利权人。

第九条 同样的发明创造只能授予一项专利权。但是，同一申请人同日对同样的发明创造既申请实用新型专利又申请发明专利，先获得的实用新型专利权尚未终止，且申请人声明放弃该实用新型专利权的，可以授予发明专利权。

两个以上的申请人分别就同样的发明创造申请专利的，专利权授予最先申请的人。

第十条 专利申请权和专利权可以转让。

中国单位或者个人向外国人、外国企业或者外国其他组织转让专利申请权或者专利权的，应当依照有关法律、行政法规的规定办理手续。

转让专利申请权或者专利权的，当事人应当订立书面合同，并向国务院专利行政部门登记，由国务院专利行政部门予以公告。专利申请权或者专利权的转让自登记之日起生效。

第十一条 发明和实用新型专利权被授予后，除本法另有规定的以外，任何单位或者个人未经专利权人许可，都不得实施其专利，即不得为生产经营目的制造、使用、许诺销售、销售、进口其专利产品，或者使用其专利方法以及使用、许诺销售、销售、进口依照该专利方法直接获得的产品。

外观设计专利权被授予后，任何单位或者个人未经专利权人许可，都不得实施其专利，即不得为生产经营目的制造、许诺销售、销售、进口其外观设计专利产品。

第十二条 任何单位或者个人实施他人专利的，应当与专利权人订立实施许可合同，向专利权人支付专利使用费。被许可人无权允许合同规定以外的任何单位或者个人实施该专利。

第十三条 发明专利申请公布后，申请人可以要求实施其发明的单位或者个人支付适当的费用。

第十四条 国有企业事业单位的发明专利，对国家利益或者公共利益具有重大意义的，国务院有关主管部门和省、自治区、直辖市人民政府报经国务院批准，可以决定在批准的范围内推广应用，允许指定的单位实施，由实施单位按照国家规定向专利权人支付使用费。

第十五条 专利申请权或者专利权的共有人对权利的行使有约定的，从其约定。没有约定的，共有人可以单独实施或者以普通许可方式许可他人实施该专利；许可他人实施该专利的，收取的使用费应当在共有人之间分配。

除前款规定的情形外，行使共有的专利申请权或者专利权应当取得全体共有人的同意。

第十六条 被授予专利权的单位应当对职务发明创造的发明人或者设计人给予奖励；发明创造专利实施后，根据其推广应用的范围和取得的经济效益，对发明人或者设计人给予合理的报酬。

第十七条 发明人或者设计人有权在专利文件中写明自己是发明人或者设计人。

专利权人有权在其专利产品或者该产品的包装上标明专利标识。

第十八条 在中国没有经常居所或者营业所的外国人、外国企业或者外国其他组织在中国申请专利的，依照其所属国同中国签订的协议或者共同参加的国际条约，或者依照互惠原则，根据本法办理。

第十九条 在中国没有经常居所或者营业所的外国人、外国企业或者外国其他组织在中国申请专利和办理其他专利事务的，应当委托依法设立的专利代理机构办理。

中国单位或者个人在国内申请专利和办理其他专利事务的,可以委托依法设立的专利代理机构办理。

专利代理机构应当遵守法律、行政法规,按照被代理人的委托办理专利申请或者其他专利事务;对被代理人发明创造的内容,除专利申请已经公布或者公告的以外,负有保密责任。专利代理机构的具体管理办法由国务院规定。

第二十条 任何单位或者个人将在中国完成的发明或者实用新型向外国申请专利的,应当事先报经国务院专利行政部门进行保密审查。保密审查的程序、期限等按照国务院的规定执行。

中国单位或者个人可以根据中华人民共和国参加的有关国际条约提出专利国际申请。申请人提出专利国际申请的,应当遵守前款规定。

国务院专利行政部门依照中华人民共和国参加的有关国际条约、本法和国务院有关规定处理专利国际申请。

对违反本条第一款规定向外国申请专利的发明或者实用新型,在中国申请专利的,不授予专利权。

第二十一条 国务院专利行政部门及其专利复审委员会应当按照客观、公正、准确、及时的要求,依法处理有关专利的申请和请求。

国务院专利行政部门应当完整、准确、及时发布专利信息,定期出版专利公报。

在专利申请公布或者公告前,国务院专利行政部门的工作人员及有关人员对其内容负有保密责任。

第二章 授予专利权的条件

第二十二条 授予专利权的发明和实用新型,应当具备新颖性、创造性和实用性。

新颖性,是指该发明或者实用新型不属于现有技术;也没有任何单位或者个人就同样的发明或者实用新型在申请日以前向国务院专利行政部门提出过申请,并记载在申请日以后公布的专利申请文件或者公告的专利文件中。

创造性,是指与现有技术相比,该发明具有突出的实质性特点和显著的进步,该实用新型具有实质性特点和进步。

实用性,是指该发明或者实用新型能够制造或者使用,并且能够产生积极效果。

本法所称现有技术,是指申请日以前在国内外为公众所知的技术。

第二十三条 授予专利权的外观设计,应当不属于现有设计;也没有任何单位或者个人就同样的外观设计在申请日以前向国务院专利行政部门提出过申请,并记载在申请日以后公告的专利文件中。

授予专利权的外观设计与现有设计或者现有设计特征的组合相比,应当具有明显区别。

授予专利权的外观设计不得与他人在申请日以前已经取得的合法权利相冲突。

本法所称现有设计,是指申请日以前在国内外为公众所知的设计。

第二十四条 申请专利的发明创造在申请日以前六个月内,有下列情形之一的,不丧失新颖性:

(一)在中国政府主办或者承认的国际展览会上首次展出的;

(二)在规定的学术会议或者技术会议上首次发表的;

(三)他人未经申请人同意而泄露其内容的。

第二十五条 对下列各项,不授予专利权:

(一)科学发现;

(二)智力活动的规则和方法;

(三)疾病的诊断和治疗方法;

(四)动物和植物品种;

(五)用原子核变换方法获得的物质;

(六)对平面印刷品的图案、色彩或者二者的结合作出的主要起标识作用的设计。

对前款第(四)项所列产品的生产方法,可以依照本法规定授予专利权。

第三章　专利的申请

第二十六条　申请发明或者实用新型专利的，应当提交请求书、说明书及其摘要和权利要求书等文件。

请求书应当写明发明或者实用新型的名称，发明人的姓名，申请人姓名或者名称、地址，以及其他事项。

说明书应当对发明或者实用新型作出清楚、完整的说明，以所属技术领域的技术人员能够实现为准；必要的时候，应当有附图。摘要应当简要说明发明或者实用新型的技术要点。

权利要求书应当以说明书为依据，清楚、简要地限定要求专利保护的范围。

依赖遗传资源完成的发明创造，申请人应当在专利申请文件中说明该遗传资源的直接来源和原始来源；申请人无法说明原始来源的，应当陈述理由。

第二十七条　申请外观设计专利的，应当提交请求书、该外观设计的图片或者照片以及对该外观设计的简要说明等文件。

申请人提交的有关图片或者照片应当清楚地显示要求专利保护的产品的外观设计。

第二十八条　国务院专利行政部门收到专利申请文件之日为申请日。如果申请文件是邮寄的，以寄出的邮戳日为申请日。

第二十九条　申请人自发明或者实用新型在外国第一次提出专利申请之日起十二个月内，或者自外观设计在外国第一次提出专利申请之日起六个月内，又在中国就相同主题提出专利申请的，依照该外国同中国签订的协议或者共同参加的国际条约，或者依照相互承认优先权的原则，可以享有优先权。

申请人自发明或者实用新型在中国第一次提出专利申请之日起十二个月内，又向国务院专利行政部门就相同主题提出专利申请的，可以享有优先权。

第三十条　申请人要求优先权的，应当在申请的时候提出书面声明，并且在三个月内提交第一次提出的专利申请文件的副本；未提出书面声明或者逾期未提交专利申请文件副本的，视为未要求优先权。

第三十一条　一件发明或者实用新型专利申请应当限于一项发明或者实用新型。属于一个总的发明构思的两项以上的发明或者实用新型，可以作为一件申请提出。

一件外观设计专利申请应当限于一项外观设计。同一产品两项以上的相似外观设计，或者用于同一类别并且成套出售或者使用的产品的两项以上外观设计，可以作为一件申请提出。

第三十二条　申请人可以在被授予专利权之前随时撤回其专利申请。

第三十三条　申请人可以对其专利申请文件进行修改，但是，对发明和实用新型专利申请文件的修改不得超出原说明书和权利要求书记载的范围，对外观设计专利申请文件的修改不得超出原图片或者照片表示的范围。

第四章　专利申请的审查和批准

第三十四条　国务院专利行政部门收到发明专利申请后，经初步审查认为符合本法要求的，自申请日起满十八个月，即行公布。国务院专利行政部门可以根据申请人的请求早日公布其申请。

第三十五条　发明专利申请自申请日起三年内，国务院专利行政部门可以根据申请人随时提出的请求，对其申请进行实质审查；申请人无正当理由逾期不请求实质审查的，该申请即被视为撤回。

国务院专利行政部门认为必要的时候，可以自行对发明专利申请进行实质审查。

第三十六条　发明专利的申请人请求实质审查的时候，应当提交在申请日前与其发明有关的参考资料。

发明专利已经在外国提出过申请的，国务院专利行政部门可以要求申请人在指定期限内提交该国为审查其申请进行检索的资料或者审查结果的资料；无正当理由逾期不提交的，该申请即被视为撤回。

第三十七条　国务院专利行政部门对发明专利申请进行实质审查后，认为不符合本法规定的，应当通知申请人,要求其在指定的期限内陈述意见,或者对其申请进行修改;无正当理由逾期不答复的,该申请即被视为撤回。

第三十八条 发明专利申请经申请人陈述意见或者进行修改后,国务院专利行政部门仍然认为不符合本法规定的,应当予以驳回。

第三十九条 发明专利申请经实质审查没有发现驳回理由的,由国务院专利行政部门作出授予发明专利权的决定,发给发明专利证书,同时予以登记和公告。发明专利权自公告之日起生效。

第四十条 实用新型和外观设计专利申请经初步审查没有发现驳回理由的,由国务院专利行政部门作出授予实用新型专利权或者外观设计专利权的决定,发给相应的专利证书,同时予以登记和公告。实用新型专利权和外观设计专利权自公告之日起生效。

第四十一条 国务院专利行政部门设立专利复审委员会。专利申请人对国务院专利行政部门驳回申请的决定不服的,可以自收到通知之日起三个月内,向专利复审委员会请求复审。专利复审委员会复审后,作出决定,并通知专利申请人。

专利申请人对专利复审委员会的复审决定不服的,可以自收到通知之日起三个月内向人民法院起诉。

第五章 专利权的期限、终止和无效

第四十二条 发明专利权的期限为二十年,实用新型专利权和外观设计专利权的期限为十年,均自申请日起计算。

第四十三条 专利权人应当自被授予专利权的当年开始缴纳年费。

第四十四条 有下列情形之一的,专利权在期限届满前终止:

(一)没有按照规定缴纳年费的;

(二)专利权人以书面声明放弃其专利权的。

专利权在期限届满前终止的,由国务院专利行政部门登记和公告。

第四十五条 自国务院专利行政部门公告授予专利权之日起,任何单位或者个人认为该专利权的授予不符合本法有关规定的,可以请求专利复审委员会宣告该专利权无效。

第四十六条 专利复审委员会对宣告专利权无效的请求应当及时审查和作出决定,并通知请求人和专利权人。宣告专利权无效的决定,由国务院专利行政部门登记和公告。

对专利复审委员会宣告专利权无效或者维持专利权的决定不服的,可以自收到通知之日起三个月内向人民法院起诉。人民法院应当通知无效宣告请求程序的对方当事人作为第三人参加诉讼。

第四十七条 宣告无效的专利权视为自始即不存在。

宣告专利权无效的决定,对在宣告专利权无效前人民法院作出并已执行的专利侵权的判决、调解书,已经履行或者强制执行的专利侵权纠纷处理决定,以及已经履行的专利实施许可合同和专利权转让合同,不具有追溯力。但是因专利权人的恶意给他人造成的损失,应当给予赔偿。

依照前款规定不返还专利侵权赔偿金、专利使用费、专利权转让费,明显违反公平原则的,应当全部或者部分返还。

第六章 专利实施的强制许可

第四十八条 有下列情形之一的,国务院专利行政部门根据具备实施条件的单位或者个人的申请,可以给予实施发明专利或者实用新型专利的强制许可:

(一)专利权人自专利权被授予之日起满三年,且自提出专利申请之日起满四年,无正当理由未实施或者未充分实施其专利的;

(二)专利权人行使专利权的行为被依法认定为垄断行为,为消除或者减少该行为对竞争产生的不利影响的。

第四十九条 在国家出现紧急状态或者非常情况时，或者为了公共利益的目的，国务院专利行政部门可以给予实施发明专利或者实用新型专利的强制许可。

第五十条 为了公共健康目的，对取得专利权的药品，国务院专利行政部门可以给予制造并将其出口到符合中华人民共和国参加的有关国际条约规定的国家或者地区的强制许可。

第五十一条 一项取得专利权的发明或者实用新型比前已经取得专利权的发明或者实用新型具有显著经济意义的重大技术进步，其实施又有赖于前一发明或者实用新型的实施的，国务院专利行政部门根据后一专利权人的申请，可以给予实施前一发明或者实用新型的强制许可。

在依照前款规定给予实施强制许可的情形下，国务院专利行政部门根据前一专利权人的申请，也可以给予实施后一发明或者实用新型的强制许可。

第五十二条 强制许可涉及的发明创造为半导体技术的，其实施限于公共利益的目的和本法第四十八条第(二)项规定的情形。

第五十三条 除依照本法第四十八条第(二)项、第五十条规定给予的强制许可外，强制许可的实施应当主要为了供应国内市场。

第五十四条 依照本法第四十八条第(一)项、第五十一条规定申请强制许可的单位或者个人应当提供证据，证明其以合理的条件请求专利权人许可其实施专利，但未能在合理的时间内获得许可。

第五十五条 国务院专利行政部门作出的给予实施强制许可的决定，应当及时通知专利权人，并予以登记和公告。

给予实施强制许可的决定，应当根据强制许可的理由规定实施的范围和时间。强制许可的理由消除并不再发生时，国务院专利行政部门应当根据专利权人的请求，经审查后作出终止实施强制许可的决定。

第五十六条 取得实施强制许可的单位或者个人不享有独占的实施权，并且无权允许他人实施。

第五十七条 取得实施强制许可的单位或者个人应当付给专利权人合理的使用费，或者依照中华人民共和国参加的有关国际条约的规定处理使用费问题。付给使用费的，其数额由双方协商；双方不能达成协议的，由国务院专利行政部门裁决。

第五十八条 专利权人对国务院专利行政部门关于实施强制许可的决定不服的，专利权人和取得实施强制许可的单位或者个人对国务院专利行政部门关于实施强制许可的使用费的裁决不服的，可以自收到通知之日起三个月内向人民法院起诉。

第七章　专利权的保护

第五十九条 发明或者实用新型专利权的保护范围以其权利要求的内容为准，说明书及附图可以用于解释权利要求的内容。

外观设计专利权的保护范围以表示在图片或者照片中的该产品的外观设计为准，简要说明可以用于解释图片或者照片所表示的该产品的外观设计。

第六十条 未经专利权人许可，实施其专利，即侵犯其专利权，引起纠纷的，由当事人协商解决；不愿协商或者协商不成的，专利权人或者利害关系人可以向人民法院起诉，也可以请求管理专利工作的部门处理。管理专利工作的部门处理时，认定侵权行为成立的，可以责令侵权人立即停止侵权行为，当事人不服的，可以自收到处理通知之日起十五日内依照《中华人民共和国行政诉讼法》向人民法院起诉；侵权人期满不起诉又不停止侵权行为的，管理专利工作的部门可以申请人民法院强制执行。进行处理的管理专利工作的部门应当事人的请求，可以就侵犯专利权的赔偿数额进行调解；调解不成的，当事人可以依照《中华人民共和国民事诉讼法》向人民法院起诉。

第六十一条 专利侵权纠纷涉及新产品制造方法的发明专利的，制造同样产品的单位或者个人应当提供其产品制造方法不同于专利方法的证明。

专利侵权纠纷涉及实用新型专利或者外观设计专利的，人民法院或者管理专利工作的部门可以要求专利权人或者利害关系人出具由国务院专利行政部门对相关实用新型或者外观设计进行检索、分析和评价后作出的专利权评价报告,作为审理、处理专利侵权纠纷的证据。

第六十二条 在专利侵权纠纷中,被控侵权人有证据证明其实施的技术或者设计属于现有技术或者现有设计的,不构成侵犯专利权。

第六十三条 假冒专利的,除依法承担民事责任外,由管理专利工作的部门责令改正并予公告,没收违法所得,可以并处违法所得四倍以下的罚款;没有违法所得的,可以处二十万元以下的罚款;构成犯罪的,依法追究刑事责任。

第六十四条 管理专利工作的部门根据已经取得的证据,对涉嫌假冒专利行为进行查处时,可以询问有关当事人,调查与涉嫌违法行为有关的情况;对当事人涉嫌违法行为的场所实施现场检查;查阅、复制与涉嫌违法行为有关的合同、发票、账簿以及其他有关资料;检查与涉嫌违法行为有关的产品,对有证据证明是假冒专利的产品,可以查封或者扣押。

管理专利工作的部门依法行使前款规定的职权时,当事人应当予以协助、配合,不得拒绝、阻挠。

第六十五条 侵犯专利权的赔偿数额按照权利人因被侵权所受到的实际损失确定;实际损失难以确定的,可以按照侵权人因侵权所获得的利益确定。权利人的损失或者侵权人获得的利益难以确定的,参照该专利许可使用费的倍数合理确定。赔偿数额还应当包括权利人为制止侵权行为所支付的合理开支。

权利人的损失、侵权人获得的利益和专利许可使用费均难以确定的,人民法院可以根据专利权的类型、侵权行为的性质和情节等因素,确定给予一万元以上一百万元以下的赔偿。

第六十六条 专利权人或者利害关系人有证据证明他人正在实施或者即将实施侵犯专利权的行为,如不及时制止将会使其合法权益受到难以弥补的损害的,可以在起诉前向人民法院申请采取责令停止有关行为的措施。

申请人提出申请时,应当提供担保;不提供担保的,驳回申请。

人民法院应当自接受申请之时起四十八小时内作出裁定;有特殊情况需要延长的,可以延长四十八小时。裁定责令停止有关行为的,应当立即执行。当事人对裁定不服的,可以申请复议一次;复议期间不停止裁定的执行。

申请人自人民法院采取责令停止有关行为的措施之日起十五日内不起诉的,人民法院应当解除该措施。

申请有错误的,申请人应当赔偿被申请人因停止有关行为所遭受的损失。

第六十七条 为了制止专利侵权行为,在证据可能灭失或者以后难以取得的情况下,专利权人或者利害关系人可以在起诉前向人民法院申请保全证据。

人民法院采取保全措施,可以责令申请人提供担保;申请人不提供担保的,驳回申请。

人民法院应当自接受申请之时起四十八小时内作出裁定;裁定采取保全措施的,应当立即执行。

申请人自人民法院采取保全措施之日起十五日内不起诉的,人民法院应当解除该措施。

第六十八条 侵犯专利权的诉讼时效为二年,自专利权人或者利害关系人得知或者应当得知侵权行为之日起计算。

发明专利申请公布后至专利权授予前使用该发明未支付适当使用费的,专利权人要求支付使用费的诉讼时效为二年,自专利权人得知或者应当得知他人使用其发明之日起计算,但是,专利权人于专利权授予之日前即已得知或者应当得知的,自专利权授予之日起计算。

第六十九条 有下列情形之一的,不视为侵犯专利权:

(一)专利产品或者依照专利方法直接获得的产品,由专利权人或者经其许可的单位、个人售出后,使用、许诺销售、销售、进口该产品的;

(二)在专利申请日前已经制造相同产品、使用相同方法或者已经作好制造、使用的必要准备,并且仅在原有范围内继续制造、使用的;

(三)临时通过中国领陆、领水、领空的外国运输工具,依照其所属国同中国签订的协议或者共同参加的国际条约,或者依照互惠原则,为运输工具自身需要而在其装置和设备中使用有关专利的;

(四)专为科学研究和实验而使用有关专利的;

（五）为提供行政审批所需要的信息，制造、使用、进口专利药品或者专利医疗器械的，以及专门为其制造、进口专利药品或者专利医疗器械的。

第七十条 为生产经营目的使用、许诺销售或者销售不知道是未经专利权人许可而制造并售出的专利侵权产品，能证明该产品合法来源的，不承担赔偿责任。

第七十一条 违反本法第二十条规定向外国申请专利，泄露国家秘密的，由所在单位或者上级主管机关给予行政处分；构成犯罪的，依法追究刑事责任。

第七十二条 侵夺发明人或者设计人的非职务发明创造专利申请权和本法规定的其他权益的，由所在单位或者上级主管机关给予行政处分。

第七十三条 管理专利工作的部门不得参与向社会推荐专利产品等经营活动。

管理专利工作的部门违反前款规定的，由其上级机关或者监察机关责令改正，消除影响，有违法收入的予以没收；情节严重的，对直接负责的主管人员和其他直接责任人员依法给予行政处分。

第七十四条 从事专利管理工作的国家机关工作人员以及其他有关国家机关工作人员玩忽职守、滥用职权、徇私舞弊，构成犯罪的，依法追究刑事责任；尚不构成犯罪的，依法给予行政处分。

第八章 附 则

第七十五条 向国务院专利行政部门申请专利和办理其他手续，应当按照规定缴纳费用。

第七十六条 本法自 1985 年 4 月 1 日起施行。

中华人民共和国主席令

第九号

《中华人民共和国食品安全法》已由中华人民共和国第十一届全国人民代表大会常务委员会第七次会议于2009年2月28日通过,现予公布,自2009年6月1日起施行。

中华人民共和国主席　胡锦涛

2009年2月28日

中华人民共和国食品安全法

(2009年2月28日第十一届全国人民代表大会常务委员会第七次会议通过)

目　　录

第一章　总　　则

第一条　为保证食品安全,保障公众身体健康和生命安全,制定本法。

第二条　在中华人民共和国境内从事下列活动,应当遵守本法:

(一)食品生产和加工(以下称食品生产),食品流通和餐饮服务(以下称食品经营);

(二)食品添加剂的生产经营;

(三)用于食品的包装材料、容器、洗涤剂、消毒剂和用于食品生产经营的工具、设备(以下称食品相关产品)的生产经营;

(四)食品生产经营者使用食品添加剂、食品相关产品;

(五)对食品、食品添加剂和食品相关产品的安全管理。

供食用的源于农业的初级产品(以下称食用农产品)的质量安全管理,遵守《中华人民共和国农产品质量安全法》的规定。但是,制定有关食用农产品的质量安全标准、公布食用农产品安全有关信息,应当遵守本法的有关规定。

第三条　食品生产经营者应当依照法律、法规和食品安全标准从事生产经营活动,对社会和公众负责,保证食品安全,接受社会监督,承担社会责任。

第四条　国务院设立食品安全委员会,其工作职责由国务院规定。

国务院卫生行政部门承担食品安全综合协调职责,负责食品安全风险评估、食品安全标准制定、食品安全信息公布、食品检验机构的资质认定条件和检验规范的制定,组织查处食品安全重大事故。

国务院质量监督、工商行政管理和国家食品药品监督管理部门依照本法和国务院规定的职责,分别对食品生产、食品流通、餐饮服务活动实施监督管理。

第五条 县级以上地方人民政府统一负责、领导、组织、协调本行政区域的食品安全监督管理工作,建立健全食品安全全程监督管理的工作机制;统一领导、指挥食品安全突发事件应对工作;完善、落实食品安全监督管理责任制,对食品安全监督管理部门进行评议、考核。

县级以上地方人民政府依照本法和国务院的规定确定本级卫生行政、农业行政、质量监督、工商行政管理、食品药品监督管理部门的食品安全监督管理职责。有关部门在各自职责范围内负责本行政区域的食品安全监督管理工作。

上级人民政府所属部门在下级行政区域设置的机构应当在所在地人民政府的统一组织、协调下,依法做好食品安全监督管理工作。

第六条 县级以上卫生行政、农业行政、质量监督、工商行政管理、食品药品监督管理部门应当加强沟通、密切配合,按照各自职责分工,依法行使职权,承担责任。

第七条 食品行业协会应当加强行业自律,引导食品生产经营者依法生产经营,推动行业诚信建设,宣传、普及食品安全知识。

第八条 国家鼓励社会团体、基层群众性自治组织开展食品安全法律、法规以及食品安全标准和知识的普及工作,倡导健康的饮食方式,增强消费者食品安全意识和自我保护能力。

新闻媒体应当开展食品安全法律、法规以及食品安全标准和知识的公益宣传,并对违反本法的行为进行舆论监督。

第九条 国家鼓励和支持开展与食品安全有关的基础研究和应用研究,鼓励和支持食品生产经营者为提高食品安全水平采用先进技术和先进管理规范。

第十条 任何组织或者个人有权举报食品生产经营中违反本法的行为,有权向有关部门了解食品安全信息,对食品安全监督管理工作提出意见和建议。

第二章　食品安全风险监测和评估

第十一条 国家建立食品安全风险监测制度,对食源性疾病、食品污染以及食品中的有害因素进行监测。

国务院卫生行政部门会同国务院有关部门制定、实施国家食品安全风险监测计划。省、自治区、直辖市人民政府卫生行政部门根据国家食品安全风险监测计划,结合本行政区域的具体情况,组织制定、实施本行政区域的食品安全风险监测方案。

第十二条 国务院农业行政、质量监督、工商行政管理和国家食品药品监督管理等有关部门获知有关食品安全风险信息后,应当立即向国务院卫生行政部门通报。国务院卫生行政部门会同有关部门对信息核实后,应当及时调整食品安全风险监测计划。

第十三条 国家建立食品安全风险评估制度,对食品、食品添加剂中生物性、化学性和物理性危害进行风险评估。

国务院卫生行政部门负责组织食品安全风险评估工作,成立由医学、农业、食品、营养等方面的专家组成的食品安全风险评估专家委员会进行食品安全风险评估。

对农药、肥料、生长调节剂、兽药、饲料和饲料添加剂等的安全性评估,应当有食品安全风险评估专家委员会的专家参加。

食品安全风险评估应当运用科学方法,根据食品安全风险监测信息、科学数据以及其他有关信息进行。

第十四条 国务院卫生行政部门通过食品安全风险监测或者接到举报发现食品可能存在安全隐患的,应当立即组织进行检验和食品安全风险评估。

第十五条 国务院农业行政、质量监督、工商行政管理和国家食品药品监督管理等有关部门应当向国务院卫生行政部门提出食品安全风险评估的建议,并提供有关信息和资料。

国务院卫生行政部门应当及时向国务院有关部门通报食品安全风险评估的结果。

第十六条 食品安全风险评估结果是制定、修订食品安全标准和对食品安全实施监督管理的科学依据。

食品安全风险评估结果得出食品不安全结论的,国务院质量监督、工商行政管理和国家食品药品监督管理部门应当依据各自职责立即采取相应措施,确保该食品停止生产经营,并告知消费者停止食用;需要制定、修订相关食品安全国家标准的,国务院卫生行政部门应当立即制定、修订。

第十七条 国务院卫生行政部门应当会同国务院有关部门,根据食品安全风险评估结果、食品安全监督管理信息,对食品安全状况进行综合分析。对经综合分析表明可能具有较高程度安全风险的食品,国务院卫生行政部门应当及时提出食品安全风险警示,并予以公布。

第三章 食品安全标准

第十八条 制定食品安全标准,应当以保障公众身体健康为宗旨,做到科学合理、安全可靠。

第十九条 食品安全标准是强制执行的标准。除食品安全标准外,不得制定其他的食品强制性标准。

第二十条 食品安全标准应当包括下列内容:

(一)食品、食品相关产品中的致病性微生物、农药残留、兽药残留、重金属、污染物质以及其他危害人体健康物质的限量规定;

(二)食品添加剂的品种、使用范围、用量;

(三)专供婴幼儿和其他特定人群的主辅食品的营养成分要求;

(四)对与食品安全、营养有关的标签、标识、说明书的要求;

(五)食品生产经营过程的卫生要求;

(六)与食品安全有关的质量要求;

(七)食品检验方法与规程;

(八)其他需要制定为食品安全标准的内容。

第二十一条 食品安全国家标准由国务院卫生行政部门负责制定、公布,国务院标准化行政部门提供国家标准编号。

食品中农药残留、兽药残留的限量规定及其检验方法与规程由国务院卫生行政部门、国务院农业行政部门制定。

屠宰畜、禽的检验规程由国务院有关主管部门会同国务院卫生行政部门制定。

有关产品国家标准涉及食品安全国家标准规定内容的,应当与食品安全国家标准相一致。

第二十二条 国务院卫生行政部门应当对现行的食用农产品质量安全标准、食品卫生标准、食品质量标准和有关食品的行业标准中强制执行的标准予以整合,统一公布为食品安全国家标准。

本法规定的食品安全国家标准公布前,食品生产经营者应当按照现行食用农产品质量安全标准、食品卫生标准、食品质量标准和有关食品的行业标准生产经营食品。

第二十三条 食品安全国家标准应当经食品安全国家标准审评委员会审查通过。食品安全国家标准审评委员会由医学、农业、食品、营养等方面的专家以及国务院有关部门的代表组成。

制定食品安全国家标准,应当依据食品安全风险评估结果并充分考虑食用农产品质量安全风险评估结果,参照相关的国际标准和国际食品安全风险评估结果,并广泛听取食品生产经营者和消费者的意见。

第二十四条 没有食品安全国家标准的,可以制定食品安全地方标准。

省、自治区、直辖市人民政府卫生行政部门组织制定食品安全地方标准,应当参照执行本法有关食品安全国家标准制定的规定,并报国务院卫生行政部门备案。

第二十五条 企业生产的食品没有食品安全国家标准或者地方标准的,应当制定企业标准,作为组织生产的依据。国家鼓励食品生产企业制定严于食品安全国家标准或者地方标准的企业标准。企业标准应当报省级卫生行政部门备案,在本企业内部适用。

第二十六条 食品安全标准应当供公众免费查阅。

第四章 食品生产经营

第二十七条 食品生产经营应当符合食品安全标准,并符合下列要求:

(一)具有与生产经营的食品品种、数量相适应的食品原料处理和食品加工、包装、贮存等场所,保持该场所环境整洁,并与有毒、有害场所以及其他污染源保持规定的距离;

(二)具有与生产经营的食品品种、数量相适应的生产经营设备或者设施,有相应的消毒、更衣、盥洗、采光、照明、通风、防腐、防尘、防蝇、防鼠、防虫、洗涤以及处理废水、存放垃圾和废弃物的设备或者设施;

(三)有食品安全专业技术人员、管理人员和保证食品安全的规章制度;

(四)具有合理的设备布局和工艺流程,防止待加工食品与直接入口食品、原料与成品交叉污染,避免食品接触有毒物、不洁物;

(五)餐具、饮具和盛放直接入口食品的容器,使用前应当洗净、消毒,炊具、用具用后应当洗净,保持清洁;

(六)贮存、运输和装卸食品的容器、工具和设备应当安全、无害,保持清洁,防止食品污染,并符合保证食品安全所需的温度等特殊要求,不得将食品与有毒、有害物品一同运输;

(七)直接入口的食品应当有小包装或者使用无毒、清洁的包装材料、餐具;

(八)食品生产经营人员应当保持个人卫生,生产经营食品时,应当将手洗净,穿戴清洁的工作衣、帽;销售无包装的直接入口食品时,应当使用无毒、清洁的售货工具;

(九)用水应当符合国家规定的生活饮用水卫生标准;

(十)使用的洗涤剂、消毒剂应当对人体安全、无害;

(十一)法律、法规规定的其他要求。

第二十八条 禁止生产经营下列食品:

(一)用非食品原料生产的食品或者添加食品添加剂以外的化学物质和其他可能危害人体健康物质的食品,或者用回收食品作为原料生产的食品;

(二)致病性微生物、农药残留、兽药残留、重金属、污染物质以及其他危害人体健康的物质含量超过食品安全标准限量的食品;

(三)营养成分不符合食品安全标准的专供婴幼儿和其他特定人群的主辅食品;

(四)腐败变质、油脂酸败、霉变生虫、污秽不洁、混有异物、掺假掺杂或者感官性状异常的食品;

(五)病死、毒死或者死因不明的禽、畜、兽、水产动物肉类及其制品;

(六)未经动物卫生监督机构检疫或者检疫不合格的肉类,或者未经检验或者检验不合格的肉类制品;

(七)被包装材料、容器、运输工具等污染的食品;

(八)超过保质期的食品;

(九)无标签的预包装食品;

(十)国家为防病等特殊需要明令禁止生产经营的食品;

(十一)其他不符合食品安全标准或者要求的食品。

第二十九条 国家对食品生产经营实行许可制度。从事食品生产、食品流通、餐饮服务,应当依法取得食品生产许可、食品流通许可、餐饮服务许可。

取得食品生产许可的食品生产者在其生产场所销售其生产的食品,不需要取得食品流通的许可;取得餐饮服务许可的餐饮服务提供者在其餐饮服务场所出售其制作加工的食品,不需要取得食品生产和流通的许可;农民个人销售其自产的食用农产品,不需要取得食品流通的许可。

食品生产加工小作坊和食品摊贩从事食品生产经营活动,应当符合本法规定的与其生产经营规模、条件相适应的食品安全要求，保证所生产经营的食品卫生、无毒、无害，有关部门应当对其加强监督管理，具体管理办法由省、自治区、直辖市人民代表大会常务委员会依照本法制定。

第三十条 县级以上地方人民政府鼓励食品生产加工小作坊改进生产条件；鼓励食品摊贩进入集中交易市场、店铺等固定场所经营。

第三十一条 县级以上质量监督、工商行政管理、食品药品监督管理部门应当依照《中华人民共和国行政许可法》的规定，审核申请人提交的本法第二十七条第一项至第四项规定要求的相关资料，必要时对申请人的生产经营场所进行现场核查；对符合规定条件的，决定准予许可；对不符合规定条件的，决定不予许可并书面说明理由。

第三十二条 食品生产经营企业应当建立健全本单位的食品安全管理制度，加强对职工食品安全知识的培训，配备专职或者兼职食品安全管理人员，做好对所生产经营食品的检验工作，依法从事食品生产经营活动。

第三十三条 国家鼓励食品生产经营企业符合良好生产规范要求，实施危害分析与关键控制点体系，提高食品安全管理水平。

对通过良好生产规范、危害分析与关键控制点体系认证的食品生产经营企业，认证机构应当依法实施跟踪调查；对不再符合认证要求的企业，应当依法撤销认证，及时向有关质量监督、工商行政管理、食品药品监督管理部门通报，并向社会公布。认证机构实施跟踪调查不收取任何费用。

第三十四条 食品生产经营者应当建立并执行从业人员健康管理制度。患有痢疾、伤寒、病毒性肝炎等消化道传染病的人员，以及患有活动性肺结核、化脓性或者渗出性皮肤病等有碍食品安全的疾病的人员，不得从事接触直接入口食品的工作。

食品生产经营人员每年应当进行健康检查，取得健康证明后方可参加工作。

第三十五条 食用农产品生产者应当依照食品安全标准和国家有关规定使用农药、肥料、生长调节剂、兽药、饲料和饲料添加剂等农业投入品。食用农产品的生产企业和农民专业合作经济组织应当建立食用农产品生产记录制度。

县级以上农业行政部门应当加强对农业投入品使用的管理和指导，建立健全农业投入品的安全使用制度。

第三十六条 食品生产者采购食品原料、食品添加剂、食品相关产品，应当查验供货者的许可证和产品合格证明文件；对无法提供合格证明文件的食品原料，应当依照食品安全标准进行检验；不得采购或者使用不符合食品安全标准的食品原料、食品添加剂、食品相关产品。

食品生产企业应当建立食品原料、食品添加剂、食品相关产品进货查验记录制度，如实记录食品原料、食品添加剂、食品相关产品的名称、规格、数量、供货者名称及联系方式、进货日期等内容。

食品原料、食品添加剂、食品相关产品进货查验记录应当真实，保存期限不得少于二年。

第三十七条 食品生产企业应当建立食品出厂检验记录制度，查验出厂食品的检验合格证和安全状况，并如实记录食品的名称、规格、数量、生产日期、生产批号、检验合格证号、购货者名称及联系方式、销售日期等内容。

食品出厂检验记录应当真实，保存期限不得少于二年。

第三十八条 食品、食品添加剂和食品相关产品的生产者，应当依照食品安全标准对所生产的食品、食品添加剂和食品相关产品进行检验，检验合格后方可出厂或者销售。

第三十九条 食品经营者采购食品，应当查验供货者的许可证和食品合格的证明文件。

食品经营企业应当建立食品进货查验记录制度，如实记录食品的名称、规格、数量、生产批号、保质期、供货者名称及联系方式、进货日期等内容。

食品进货查验记录应当真实，保存期限不得少于二年。

实行统一配送经营方式的食品经营企业，可以由企业总部统一查验供货者的许可证和食品合格的证明文件，进行食品进货查验记录。

第四十条 食品经营者应当按照保证食品安全的要求贮存食品，定期检查库存食品，及时清理变质或者超过保质期的食品。

第四十一条 食品经营者贮存散装食品,应当在贮存位置标明食品的名称、生产日期、保质期、生产者名称及联系方式等内容。

食品经营者销售散装食品,应当在散装食品的容器、外包装上标明食品的名称、生产日期、保质期、生产经营者名称及联系方式等内容。

第四十二条 预包装食品的包装上应当有标签。标签应当标明下列事项:

(一)名称、规格、净含量、生产日期;

(二)成分或者配料表;

(三)生产者的名称、地址、联系方式;

(四)保质期;

(五)产品标准代号;

(六)贮存条件;

(七)所使用的食品添加剂在国家标准中的通用名称;

(八)生产许可证编号;

(九)法律、法规或者食品安全标准规定必须标明的其他事项。

专供婴幼儿和其他特定人群的主辅食品,其标签还应当标明主要营养成分及其含量。

第四十三条 国家对食品添加剂的生产实行许可制度。申请食品添加剂生产许可的条件、程序,按照国家有关工业产品生产许可证管理的规定执行。

第四十四条 申请利用新的食品原料从事食品生产或者从事食品添加剂新品种、食品相关产品新品种生产活动的单位或者个人,应当向国务院卫生行政部门提交相关产品的安全性评估材料。国务院卫生行政部门应当自收到申请之日起六十日内组织对相关产品的安全性评估材料进行审查;对符合食品安全要求的,依法决定准予许可并予以公布;对不符合食品安全要求的,决定不予许可并书面说明理由。

第四十五条 食品添加剂应当在技术上确有必要且经过风险评估证明安全可靠,方可列入允许使用的范围。国务院卫生行政部门应当根据技术必要性和食品安全风险评估结果,及时对食品添加剂的品种、使用范围、用量的标准进行修订。

第四十六条 食品生产者应当依照食品安全标准关于食品添加剂的品种、使用范围、用量的规定使用食品添加剂;不得在食品生产中使用食品添加剂以外的化学物质和其他可能危害人体健康的物质。

第四十七条 食品添加剂应当有标签、说明书和包装。标签、说明书应当载明本法第四十二条第一款第一项至第六项、第八项、第九项规定的事项,以及食品添加剂的使用范围、用量、使用方法,并在标签上载明"食品添加剂"字样。

第四十八条 食品和食品添加剂的标签、说明书,不得含有虚假、夸大的内容,不得涉及疾病预防、治疗功能。生产者对标签、说明书上所载明的内容负责。

食品和食品添加剂的标签、说明书应当清楚、明显,容易辨识。

食品和食品添加剂与其标签、说明书所载明的内容不符的,不得上市销售。

第四十九条 食品经营者应当按照食品标签标示的警示标志、警示说明或者注意事项的要求,销售预包装食品。

第五十条 生产经营的食品中不得添加药品,但是可以添加按照传统既是食品又是中药材的物质。按照传统既是食品又是中药材的物质的目录由国务院卫生行政部门制定、公布。

第五十一条 国家对声称具有特定保健功能的食品实行严格监管。有关监督管理部门应当依法履职,承担责任。具体管理办法由国务院规定。

声称具有特定保健功能的食品不得对人体产生急性、亚急性或者慢性危害,其标签、说明书不得涉及疾病预防、治疗功能,内容必须真实,应当载明适宜人群、不适宜人群、功效成分或者标志性成分及其含量等;产品的功能和成分必须与标签、说明书相一致。

第五十二条 集中交易市场的开办者、柜台出租者和展销会举办者,应当审查入场食品经营者的许可证，明确入场食品经营者的食品安全管理责任，定期对入场食品经营者的经营环境和条件进行检查，发现食品经营者有违反本法规定的行为的，应当及时制止并立即报告所在地县级工商行政管理部门或者食品药品监督管理部门。

集中交易市场的开办者、柜台出租者和展销会举办者未履行前款规定义务，本市场发生食品安全事故的，应当承担连带责任。

第五十三条 国家建立食品召回制度。食品生产者发现其生产的食品不符合食品安全标准，应当立即停止生产，召回已经上市销售的食品，通知相关生产经营者和消费者，并记录召回和通知情况。

食品经营者发现其经营的食品不符合食品安全标准，应当立即停止经营，通知相关生产经营者和消费者，并记录停止经营和通知情况。食品生产者认为应当召回的，应当立即召回。

食品生产者应当对召回的食品采取补救、无害化处理、销毁等措施，并将食品召回和处理情况向县级以上质量监督部门报告。

食品生产经营者未依照本条规定召回或者停止经营不符合食品安全标准的食品的，县级以上质量监督、工商行政管理、食品药品监督管理部门可以责令其召回或者停止经营。

第五十四条 食品广告的内容应当真实合法，不得含有虚假、夸大的内容，不得涉及疾病预防、治疗功能。

食品安全监督管理部门或者承担食品检验职责的机构、食品行业协会、消费者协会不得以广告或者其他形式向消费者推荐食品。

第五十五条 社会团体或者其他组织、个人在虚假广告中向消费者推荐食品，使消费者的合法权益受到损害的，与食品生产经营者承担连带责任。

第五十六条 地方各级人民政府鼓励食品规模化生产和连锁经营、配送。

第五章　食品检验

第五十七条 食品检验机构按照国家有关认证认可的规定取得资质认定后，方可从事食品检验活动。但是，法律另有规定的除外。

食品检验机构的资质认定条件和检验规范，由国务院卫生行政部门规定。

本法施行前经国务院有关主管部门批准设立或者经依法认定的食品检验机构，可以依照本法继续从事食品检验活动。

第五十八条 食品检验由食品检验机构指定的检验人独立进行。

检验人应当依照有关法律、法规的规定，并依照食品安全标准和检验规范对食品进行检验，尊重科学，恪守职业道德，保证出具的检验数据和结论客观、公正，不得出具虚假的检验报告。

第五十九条 食品检验实行食品检验机构与检验人负责制。食品检验报告应当加盖食品检验机构公章，并有检验人的签名或者盖章。食品检验机构和检验人对出具的食品检验报告负责。

第六十条 食品安全监督管理部门对食品不得实施免检。

县级以上质量监督、工商行政管理、食品药品监督管理部门应当对食品进行定期或者不定期的抽样检验。进行抽样检验，应当购买抽取的样品，不收取检验费和其他任何费用。

县级以上质量监督、工商行政管理、食品药品监督管理部门在执法工作中需要对食品进行检验的，应当委托符合本法规定的食品检验机构进行，并支付相关费用。对检验结论有异议的，可以依法进行复检。

第六十一条 食品生产经营企业可以自行对所生产的食品进行检验，也可以委托符合本法规定的食品检验机构进行检验。

食品行业协会等组织、消费者需要委托食品检验机构对食品进行检验的，应当委托符合本法规定的食品检验机构进行。

第六章　食品进出口

第六十二条 进口的食品、食品添加剂以及食品相关产品应当符合我国食品安全国家标准。

进口的食品应当经出入境检验检疫机构检验合格后，海关凭出入境检验检疫机构签发的通关证明放行。

第六十三条 进口尚无食品安全国家标准的食品，或者首次进口食品添加剂新品种、食品相关产品新品种，进口商应当向国务院卫生行政部门提出申请并提交相关的安全性评估材料。国务院卫生行政部门依照本法第四十四条的规定作出是否准予许可的决定，并及时制定相应的食品安全国家标准。

第六十四条 境外发生的食品安全事件可能对我国境内造成影响，或者在进口食品中发现严重食品安全问题的，国家出入境检验检疫部门应当及时采取风险预警或者控制措施，并向国务院卫生行政、农业行政、工商行政管理和国家食品药品监督管理部门通报。接到通报的部门应当及时采取相应措施。

第六十五条 向我国境内出口食品的出口商或者代理商应当向国家出入境检验检疫部门备案。向我国境内出口食品的境外食品生产企业应当经国家出入境检验检疫部门注册。

国家出入境检验检疫部门应当定期公布已经备案的出口商、代理商和已经注册的境外食品生产企业名单。

第六十六条 进口的预包装食品应当有中文标签、中文说明书。标签、说明书应当符合本法以及我国其他有关法律、行政法规的规定和食品安全国家标准的要求，载明食品的原产地以及境内代理商的名称、地址、联系方式。预包装食品没有中文标签、中文说明书或者标签、说明书不符合本条规定的，不得进口。

第六十七条 进口商应当建立食品进口和销售记录制度，如实记录食品的名称、规格、数量、生产日期、生产或者进口批号、保质期、出口商和购货者名称及联系方式、交货日期等内容。

食品进口和销售记录应当真实，保存期限不得少于二年。

第六十八条 出口的食品由出入境检验检疫机构进行监督、抽检，海关凭出入境检验检疫机构签发的通关证明放行。

出口食品生产企业和出口食品原料种植、养殖场应当向国家出入境检验检疫部门备案。

第六十九条 国家出入境检验检疫部门应当收集、汇总进出口食品安全信息，并及时通报相关部门、机构和企业。

国家出入境检验检疫部门应当建立进出口食品的进口商、出口商和出口食品生产企业的信誉记录，并予以公布。对有不良记录的进口商、出口商和出口食品生产企业，应当加强对其进出口食品的检验检疫。

第七章　食品安全事故处置

第七十条 国务院组织制定国家食品安全事故应急预案。

县级以上地方人民政府应当根据有关法律、法规的规定和上级人民政府的食品安全事故应急预案以及本地区的实际情况，制定本行政区域的食品安全事故应急预案，并报上一级人民政府备案。

食品生产经营企业应当制定食品安全事故处置方案，定期检查本企业各项食品安全防范措施的落实情况，及时消除食品安全事故隐患。

第七十一条 发生食品安全事故的单位应当立即予以处置，防止事故扩大。事故发生单位和接收病人进行治疗的单位应当及时向事故发生地县级卫生行政部门报告。

农业行政、质量监督、工商行政管理、食品药品监督管理部门在日常监督管理中发现食品安全事故，或者接到有关食品安全事故的举报，应当立即向卫生行政部门通报。

发生重大食品安全事故的，接到报告的县级卫生行政部门应当按照规定向本级人民政府和上级人民政府卫生行政部门报告。县级人民政府和上级人民政府卫生行政部门应当按照规定上报。

任何单位或者个人不得对食品安全事故隐瞒、谎报、缓报，不得毁灭有关证据。

第七十二条 县级以上卫生行政部门接到食品安全事故的报告后，应当立即会同有关农业行政、质量监督、工商行政管理、食品药品监督管理部门进行调查处理，并采取下列措施，防止或者减轻社会危害：

（一）开展应急救援工作，对因食品安全事故导致人身伤害的人员，卫生行政部门应当立即组织救治；

（二）封存可能导致食品安全事故的食品及其原料，并立即进行检验；对确认属于被污染的食品及其原料，责令食品生产经营者依照本法第五十三条的规定予以召回、停止经营并销毁；

（三）封存被污染的食品用工具及用具，并责令进行清洗消毒；

（四）做好信息发布工作，依法对食品安全事故及其处理情况进行发布，并对可能产生的危害加以解释、说明。

发生重大食品安全事故的，县级以上人民政府应当立即成立食品安全事故处置指挥机构，启动应急预案，依照前款规定进行处置。

第七十三条 发生重大食品安全事故，设区的市级以上人民政府卫生行政部门应当立即会同有关部门进行事故责任调查，督促有关部门履行职责，向本级人民政府提出事故责任调查处理报告。

重大食品安全事故涉及两个以上省、自治区、直辖市的，由国务院卫生行政部门依照前款规定组织事故责任调查。

第七十四条 发生食品安全事故，县级以上疾病预防控制机构应当协助卫生行政部门和有关部门对事故现场进行卫生处理，并对与食品安全事故有关的因素开展流行病学调查。

第七十五条 调查食品安全事故，除了查明事故单位的责任，还应当查明负有监督管理和认证职责的监督管理部门、认证机构的工作人员失职、渎职情况。

第八章 监督管理

第七十六条 县级以上地方人民政府组织本级卫生行政、农业行政、质量监督、工商行政管理、食品药品监督管理部门制定本行政区域的食品安全年度监督管理计划，并按照年度计划组织开展工作。

第七十七条 县级以上质量监督、工商行政管理、食品药品监督管理部门履行各自食品安全监督管理职责，有权采取下列措施：

（一）进入生产经营场所实施现场检查；

（二）对生产经营的食品进行抽样检验；

（三）查阅、复制有关合同、票据、账簿以及其他有关资料；

（四）查封、扣押有证据证明不符合食品安全标准的食品，违法使用的食品原料、食品添加剂、食品相关产品，以及用于违法生产经营或者被污染的工具、设备；

（五）查封违法从事食品生产经营活动的场所。

县级以上农业行政部门应当依照《中华人民共和国农产品质量安全法》规定的职责，对食用农产品进行监督管理。

第七十八条 县级以上质量监督、工商行政管理、食品药品监督管理部门对食品生产经营者进行监督检查，应当记录监督检查的情况和处理结果。监督检查记录经监督检查人员和食品生产经营者签字后归档。

第七十九条 县级以上质量监督、工商行政管理、食品药品监督管理部门应当建立食品生产经营者食品安全信用档案，记录许可颁发、日常监督检查结果、违法行为查处等情况；根据食品安全信用档案的记录，对有不良信用记录的食品生产经营者增加监督检查频次。

第八十条 县级以上卫生行政、质量监督、工商行政管理、食品药品监督管理部门接到咨询、投诉、举报，对属于本部门职责的，应当受理，并及时进行答复、核实、处理；对不属于本部门职责的，应当书面通知并移交有权处理的部门处理。有权处理的部门应当及时处理，不得推诿；属于食品安全事故的，依照本法第七章有关规定进行处置。

第八十一条 县级以上卫生行政、质量监督、工商行政管理、食品药品监督管理部门应当按照法定权限和程序履行食品安全监督管理职责；对生产经营者的同一违法行为，不得给予二次以上罚款的行政处罚；涉嫌犯罪的，应当依法向公安机关移送。

第八十二条 国家建立食品安全信息统一公布制度。下列信息由国务院卫生行政部门统一公布：

（一）国家食品安全总体情况；

（二）食品安全风险评估信息和食品安全风险警示信息；

（三）重大食品安全事故及其处理信息；

（四）其他重要的食品安全信息和国务院确定的需要统一公布的信息。

前款第二项、第三项规定的信息，其影响限于特定区域的，也可以由有关省、自治区、直辖市人民政府卫生行政部门公布。县级以上农业行政、质量监督、工商行政管理、食品药品监督管理部门依据各自职责公布食品安全日常监督管理信息。

食品安全监督管理部门公布信息，应当做到准确、及时、客观。

第八十三条 县级以上地方卫生行政、农业行政、质量监督、工商行政管理、食品药品监督管理部门获知本法第八十二条第一款规定的需要统一公布的信息，应当向上级主管部门报告，由上级主管部门立即报告国务院卫生行政部门；必要时，可以直接向国务院卫生行政部门报告。

县级以上卫生行政、农业行政、质量监督、工商行政管理、食品药品监督管理部门应当相互通报获知的食品安全信息。

第九章 法律责任

第八十四条 违反本法规定，未经许可从事食品生产经营活动，或者未经许可生产食品添加剂的，由有关主管部门按照各自职责分工，没收违法所得、违法生产经营的食品、食品添加剂和用于违法生产经营的工具、设备、原料等物品；违法生产经营的食品、食品添加剂货值金额不足一万元的，并处二千元以上五万元以下罚款；货值金额一万元以上的，并处货值金额五倍以上十倍以下罚款。

第八十五条 违反本法规定，有下列情形之一的，由有关主管部门按照各自职责分工，没收违法所得、违法生产经营的食品和用于违法生产经营的工具、设备、原料等物品；违法生产经营的食品货值金额不足一万元的，并处二千元以上五万元以下罚款；货值金额一万元以上的，并处货值金额五倍以上十倍以下罚款；情节严重的，吊销许可证：

（一）用非食品原料生产食品或者在食品中添加食品添加剂以外的化学物质和其他可能危害人体健康的物质，或者用回收食品作为原料生产食品；

（二）生产经营致病性微生物、农药残留、兽药残留、重金属、污染物质以及其他危害人体健康的物质含量超过食品安全标准限量的食品；

（三）生产经营营养成分不符合食品安全标准的专供婴幼儿和其他特定人群的主辅食品；

（四）经营腐败变质、油脂酸败、霉变生虫、污秽不洁、混有异物、掺假掺杂或者感官性状异常的食品；

（五）经营病死、毒死或者死因不明的禽、畜、兽、水产动物肉类，或者生产经营病死、毒死或者死因不明的禽、畜、兽、水产动物肉类的制品；

（六）经营未经动物卫生监督机构检疫或者检疫不合格的肉类，或者生产经营未经检验或者检验不合格的肉类制品；

（七）经营超过保质期的食品；

（八）生产经营国家为防病等特殊需要明令禁止生产经营的食品；

（九）利用新的食品原料从事食品生产或者从事食品添加剂新品种、食品相关产品新品种生产，未经过安全性评估；

（十）食品生产经营者在有关主管部门责令其召回或者停止经营不符合食品安全标准的食品后，仍拒不召回或者停止经营的。

第八十六条 违反本法规定，有下列情形之一的，由有关主管部门按照各自职责分工，没收违法所得、违法生产经营的食品和用于违法生产经营的工具、设备、原料等物品；违法生产经营的食品货值金额不足一万元的，并处二千元以上五万元以下罚款；货值金额一万元以上的，并处货值金额二倍以上五倍以下罚款；情节严重的，责令停产停业，直至吊销许可证：

（一）经营被包装材料、容器、运输工具等污染的食品；

（二）生产经营无标签的预包装食品、食品添加剂或者标签、说明书不符合本法规定的食品、食品添加剂；

（三）食品生产者采购、使用不符合食品安全标准的食品原料、食品添加剂、食品相关产品；

（四）食品生产经营者在食品中添加药品。

第八十七条 违反本法规定，有下列情形之一的，由有关主管部门按照各自职责分工，责令改正，给予警告；拒不改正的，处二千元以上二万元以下罚款；情节严重的，责令停产停业，直至吊销许可证：

（一）未对采购的食品原料和生产的食品、食品添加剂、食品相关产品进行检验；

（二）未建立并遵守查验记录制度、出厂检验记录制度；

（三）制定食品安全企业标准未依照本法规定备案；

（四）未按规定要求贮存、销售食品或者清理库存食品；

（五）进货时未查验许可证和相关证明文件；

（六）生产的食品、食品添加剂的标签、说明书涉及疾病预防、治疗功能；

（七）安排患有本法第三十四条所列疾病的人员从事接触直接入口食品的工作。

第八十八条 违反本法规定，事故单位在发生食品安全事故后未进行处置、报告的，由有关主管部门按照各自职责分工，责令改正，给予警告；毁灭有关证据的，责令停产停业，并处二千元以上十万元以下罚款；造成严重后果的，由原发证部门吊销许可证。

第八十九条 违反本法规定，有下列情形之一的，依照本法第八十五条的规定给予处罚：

（一）进口不符合我国食品安全国家标准的食品；

（二）进口尚无食品安全国家标准的食品，或者首次进口食品添加剂新品种、食品相关产品新品种，未经过安全性评估；

（三）出口商未遵守本法的规定出口食品。

违反本法规定，进口商未建立并遵守食品进口和销售记录制度的，依照本法第八十七条的规定给予处罚。

第九十条 违反本法规定，集中交易市场的开办者、柜台出租者、展销会的举办者允许未取得许可的食品经营者进入市场销售食品，或者未履行检查、报告等义务的，由有关主管部门按照各自职责分工，处二千元以上五万元以下罚款；造成严重后果的，责令停业，由原发证部门吊销许可证。

第九十一条 违反本法规定，未按照要求进行食品运输的，由有关主管部门按照各自职责分工，责令改正，给予警告；拒不改正的，责令停产停业，并处二千元以上五万元以下罚款；情节严重的，由原发证部门吊销许可证。

第九十二条 被吊销食品生产、流通或者餐饮服务许可证的单位，其直接负责的主管人员自处罚决定作出之日起五年内不得从事食品生产经营管理工作。

食品生产经营者聘用不得从事食品生产经营管理工作的人员从事管理工作的，由原发证部门吊销许可证。

第九十三条 违反本法规定，食品检验机构、食品检验人员出具虚假检验报告的，由授予其资质的主管部门或者机构撤销该检验机构的检验资格；依法对检验机构直接负责的主管人员和食品检验人员给予撤职或者开除的处分。

违反本法规定，受到刑事处罚或者开除处分的食品检验机构人员，自刑罚执行完毕或者处分决定作出之日起十年内不得从事食品检验工作。食品检验机构聘用不得从事食品检验工作的人员的，由授予其资质的主管部门或者机构撤销该检验机构的检验资格。

第九十四条 违反本法规定，在广告中对食品质量作虚假宣传，欺骗消费者的，依照《中华人民共和国广告法》的规定给予处罚。

违反本法规定，食品安全监督管理部门或者承担食品检验职责的机构、食品行业协会、消费者协会以广告或者其他形式向消费者推荐食品的，由有关主管部门没收违法所得，依法对直接负责的主管人员和其他直接责任人员给予记大过、降级或者撤职的处分。

第九十五条 违反本法规定，县级以上地方人民政府在食品安全监督管理中未履行职责，本行政区域出现重大食品安全事故、造成严重社会影响的，依法对直接负责的主管人员和其他直接责任人员给予记大过、降级、撤职或者开除的处分。

违反本法规定，县级以上卫生行政、农业行政、质量监督、工商行政管理、食品药品监督管理部门或者其他有关行政部门不履行本法规定的职责或者滥用职权、玩忽职守、徇私舞弊的，依法对直接负责的主管人员和其他直接责任人员给予记大过或者降级的处分；造成严重后果的，给予撤职或者开除的处分；其主要负责人应当引咎辞职。

第九十六条 违反本法规定，造成人身、财产或者其他损害的，依法承担赔偿责任。

生产不符合食品安全标准的食品或者销售明知是不符合食品安全标准的食品，消费者除要求赔偿损失外，还可以向生产者或者销售者要求支付价款十倍的赔偿金。

第九十七条 违反本法规定，应当承担民事赔偿责任和缴纳罚款、罚金，其财产不足以同时支付时，先承担民事赔偿责任。

第九十八条 违反本法规定，构成犯罪的，依法追究刑事责任。

第十章 附　　则

第九十九条 本法下列用语的含义：

食品，指各种供人食用或者饮用的成品和原料以及按照传统既是食品又是药品的物品，但是不包括以治疗为目的的物品。

食品安全，指食品无毒、无害，符合应当有的营养要求，对人体健康不造成任何急性、亚急性或者慢性危害。

预包装食品，指预先定量包装或者制作在包装材料和容器中的食品。

食品添加剂，指为改善食品品质和色、香、味以及为防腐、保鲜和加工工艺的需要而加入食品中的人工合成或者天然物质。

用于食品的包装材料和容器，指包装、盛放食品或者食品添加剂用的纸、竹、木、金属、搪瓷、陶瓷、塑料、橡胶、天然纤维、化学纤维、玻璃等制品和直接接触食品或者食品添加剂的涂料。

用于食品生产经营的工具、设备，指在食品或者食品添加剂生产、流通、使用过程中直接接触食品或者食品添加剂的机械、管道、传送带、容器、用具、餐具等。

用于食品的洗涤剂、消毒剂，指直接用于洗涤或者消毒食品、餐饮具以及直接接触食品的工具、设备或者食品包装材料和容器的物质。

保质期，指预包装食品在标签指明的贮存条件下保持品质的期限。

食源性疾病，指食品中致病因素进入人体引起的感染性、中毒性等疾病。

食物中毒，指食用了被有毒有害物质污染的食品或者食用了含有毒有害物质的食品后出现的急性、亚急性疾病。

食品安全事故，指食物中毒、食源性疾病、食品污染等源于食品，对人体健康有危害或者可能有危害的事故。

第一百条 食品生产经营者在本法施行前已经取得相应许可证的，该许可证继续有效。

第一百零一条 乳品、转基因食品、生猪屠宰、酒类和食盐的食品安全管理，适用本法；法律、行政法规另有规定的，依照其规定。

第一百零二条 铁路运营中食品安全的管理办法由国务院卫生行政部门会同国务院有关部门依照本法制定。

军队专用食品和自供食品的食品安全管理办法由中央军事委员会依照本法制定。

第一百零三条 国务院根据实际需要，可以对食品安全监督管理体制作出调整。

第一百零四条 本法自2009年6月1日起施行。《中华人民共和国食品卫生法》同时废止。

中华人民共和国主席令

第十号

《中华人民共和国刑法修正案(七)》已由中华人民共和国第十一届全国人民代表大会常务委员会第七次会议于2009年2月28日通过,现予公布,自公布之日起施行。

中华人民共和国主席　胡锦涛

2009年2月28

中华人民共和国刑法修正案(七)

(2009年2月28日第十一届全国人民代表大会常务委员会第七次会议通过)

一、将刑法第一百五十一条第三款修改为:“走私珍稀植物及其制品等国家禁止进出口的其他货物、物品的,处五年以下有期徒刑或者拘役,并处或者单处罚金;情节严重的,处五年以上有期徒刑,并处罚金。”

二、将刑法第一百八十条第一款修改为:“证券、期货交易内幕信息的知情人员或者非法获取证券、期货交易内幕信息的人员,在涉及证券的发行,证券、期货交易或者其他对证券、期货交易价格有重大影响的信息尚未公开前,买入或者卖出该证券,或者从事与该内幕信息有关的期货交易,或者泄露该信息,或者明示、暗示他人从事上述交易活动,情节严重的,处五年以下有期徒刑或者拘役,并处或者单处违法所得一倍以上五倍以下罚金;情节特别严重的,处五年以上十年以下有期徒刑,并处违法所得一倍以上五倍以下罚金。”

增加一款作为第四款:“证券交易所、期货交易所、证券公司、期货经纪公司、基金管理公司、商业银行、保险公司等金融机构的从业人员以及有关监管部门或者行业协会的工作人员,利用因职务便利获取的内幕信息以外的其他未公开的信息,违反规定,从事与该信息相关的证券、期货交易活动,或者明示、暗示他人从事相关交易活动,情节严重的,依照第一款的规定处罚。”

三、将刑法第二百零一条修改为:“纳税人采取欺骗、隐瞒手段进行虚假纳税申报或者不申报,逃避缴纳税款数额较大并且占应纳税额百分之十以上的,处三年以下有期徒刑或者拘役,并处罚金;数额巨大并且占应纳税额百分之三十以上的,处三年以上七年以下有期徒刑,并处罚金。

“扣缴义务人采取前款所列手段,不缴或者少缴已扣、已收税款,数额较大的,依照前款的规定处罚。

“对多次实施前两款行为,未经处理的,按照累计数额计算。

“有第一款行为,经税务机关依法下达追缴通知后,补缴应纳税款,缴纳滞纳金,已受行政处罚的,不予追究刑事责任;但是,五年内因逃避缴纳税款受过刑事处罚或者被税务机关给予二次以上行政处罚的除外。”

四、在刑法第二百二十四条后增加一条,作为第二百二十四条之一:“组织、领导以推销商品、提供服务等经营活动为名,要求参加者以缴纳费用或者购买商品、服务等方式获得加入资格,并按照一定顺序组成层级,直接或者间接以发展人员的数量作为计酬或者返利依据,引诱、胁迫参加者继续发展他人参加,骗取财物,扰乱经济社会秩序的传销活动的,处五年以下有期徒刑或者拘役,并处罚金;情节严重的,处五年以上有期徒刑,并处罚金。”

五、将刑法第二百二十五条第三项修改为:“未经国家有关主管部门批准非法经营证券、期货、保险业务的,或者非法从事资金支付结算业务的;”

六、将刑法第二百三十九条修改为:“以勒索财物为目的绑架他人的,或者绑架他人作为人质的,处十年以上有期徒刑或者无期徒刑,并处罚金或者没收财产;情节较轻的,处五年以上十年以下有期徒刑,并处罚金。

“犯前款罪，致使被绑架人死亡或者杀害被绑架人的，处死刑，并处没收财产。

“以勒索财物为目的偷盗婴幼儿的，依照前两款的规定处罚。”

七、在刑法第二百五十三条后增加一条，作为第二百五十三条之一：“国家机关或者金融、电信、交通、教育、医疗等单位的工作人员，违反国家规定，将本单位在履行职责或者提供服务过程中获得的公民个人信息，出售或者非法提供给他人，情节严重的，处三年以下有期徒刑或者拘役，并处或者单处罚金。

“窃取或者以其他方法非法获取上述信息，情节严重的，依照前款的规定处罚。

“单位犯前两款罪的，对单位判处罚金，并对其直接负责的主管人员和其他直接责任人员，依照各该款的规定处罚。”

八、在刑法第二百六十二条之一后增加一条，作为第二百六十二条之二：“组织未成年人进行盗窃、诈骗、抢夺、敲诈勒索等违反治安管理活动的，处三年以下有期徒刑或者拘役，并处罚金；情节严重的，处三年以上七年以下有期徒刑，并处罚金。”

九、在刑法第二百八十五条中增加两款作为第二款、第三款：“违反国家规定，侵入前款规定以外的计算机信息系统或者采用其他技术手段，获取该计算机信息系统中存储、处理或者传输的数据，或者对该计算机信息系统实施非法控制，情节严重的，处三年以下有期徒刑或者拘役，并处或者单处罚金；情节特别严重的，处三年以上七年以下有期徒刑，并处罚金。

“提供专门用于侵入、非法控制计算机信息系统的程序、工具，或者明知他人实施侵入、非法控制计算机信息系统的违法犯罪行为而为其提供程序、工具，情节严重的，依照前款的规定处罚。”

十、在刑法第三百一十二条中增加一款作为第二款：“单位犯前款罪的，对单位判处罚金，并对其直接负责的主管人员和其他直接责任人员，依照前款的规定处罚。”

十一、将刑法第三百三十七条第一款修改为：“违反有关动植物防疫、检疫的国家规定，引起重大动植物疫情的，或者有引起重大动植物疫情危险，情节严重的，处三年以下有期徒刑或者拘役，并处或者单处罚金。”

十二、将刑法第三百七十五条第二款修改为：“非法生产、买卖武装部队制式服装，情节严重的，处三年以下有期徒刑、拘役或者管制，并处或者单处罚金。”

增加一款作为第三款：“伪造、盗窃、买卖或者非法提供、使用武装部队车辆号牌等专用标志，情节严重的，处三年以下有期徒刑、拘役或者管制，并处或者单处罚金；情节特别严重的，处三年以上七年以下有期徒刑，并处罚金。”

原第三款作为第四款，修改为：“单位犯第二款、第三款罪的，对单位判处罚金，并对其直接负责的主管人员和其他直接责任人员，依照各该款的规定处罚。”

十三、在刑法第三百八十八条后增加一条作为第三百八十八条之一：“国家工作人员的近亲属或者其他与该国家工作人员关系密切的人，通过该国家工作人员职务上的行为，或者利用该国家工作人员职权或者地位形成的便利条件，通过其他国家工作人员职务上的行为，为请托人谋取不正当利益，索取请托人财物或者收受请托人财物，数额较大或者有其他较重情节的，处三年以下有期徒刑或者拘役，并处罚金；数额巨大或者有其他严重情节的，处三年以上七年以下有期徒刑，并处罚金；数额特别巨大或者有其他特别严重情节的，处七年以上有期徒刑，并处罚金或者没收财产。

“离职的国家工作人员或者其近亲属以及其他与其关系密切的人，利用该离职的国家工作人员原职权或者地位形成的便利条件实施前款行为的，依照前款的规定定罪处罚。”

十四、将刑法第三百九十五条第一款修改为：“国家工作人员的财产、支出明显超过合法收入，差额巨大的，可以责令该国家工作人员说明来源，不能说明来源的，差额部分以非法所得论，处五年以下有期徒刑或者拘役；差额特别巨大的，处五年以上十年以下有期徒刑。财产的差额部分予以追缴。”

十五、本修正案自公布之日起施行。

中华人民共和国主席令

第十一号

《中华人民共和国保险法》已由中华人民共和国第十一届全国人民代表大会常务委员会第七次会议于2009年2月28日修订通过,现将修订后的《中华人民共和国保险法》公布,自2009年10月1日起施行。

中华人民共和国主席　胡锦涛

2009年2月28

中华人民共和国保险法

(1995年6月30日第八届全国人民代表大会常务委员会第十四次会议通过根据2002年10月28日第九届全国人民代表大会常务委员会第三十次会议《关于修改〈中华人民共和国保险法〉的决定》修正 2009年2月28日第十一届全国人民代表大会常务委员会第七次会议修订)

目　　录

第一章　总　　则

第一条　为了规范保险活动,保护保险活动当事人的合法权益,加强对保险业的监督管理,维护社会经济秩序和社会公共利益,促进保险事业的健康发展,制定本法。

第二条　本法所称保险,是指投保人根据合同约定,向保险人支付保险费,保险人对于合同约定的可能发生的事故因其发生所造成的财产损失承担赔偿保险金责任,或者当被保险人死亡、伤残、疾病或者达到合同约定的年龄、期限等条件时承担给付保险金责任的商业保险行为。

第三条　在中华人民共和国境内从事保险活动,适用本法。

第四条　从事保险活动必须遵守法律、行政法规,尊重社会公德,不得损害社会公共利益。

第五条　保险活动当事人行使权利、履行义务应当遵循诚实信用原则。

第六条　保险业务由依照本法设立的保险公司以及法律、行政法规规定的其他保险组织经营,其他单位和个人不得经营保险业务。

第七条　在中华人民共和国境内的法人和其他组织需要办理境内保险的,应当向中华人民共和国境内的保险公司投保。

第八条　保险业和银行业、证券业、信托业实行分业经营、分业管理,保险公司与银行、证券、信托业务机构分别设立。国家另有规定的除外。

第九条 国务院保险监督管理机构依法对保险业实施监督管理。国务院保险监督管理机构根据履行职责的需要设立派出机构。派出机构按照国务院保险监督管理机构的授权履行监督管理职责。

第二章 保险合同

第一节 一般规定

第十条 保险合同是投保人与保险人约定保险权利义务关系的协议。

投保人是指与保险人订立保险合同,并按照合同约定负有支付保险费义务的人。

保险人是指与投保人订立保险合同,并按照合同约定承担赔偿或者给付保险金责任的保险公司。

第十一条 订立保险合同,应当协商一致,遵循公平原则确定各方的权利和义务。

除法律、行政法规规定必须保险的外,保险合同自愿订立。

第十二条 人身保险的投保人在保险合同订立时,对被保险人应当具有保险利益。

财产保险的被保险人在保险事故发生时,对保险标的应当具有保险利益。

人身保险是以人的寿命和身体为保险标的的保险。

财产保险是以财产及其有关利益为保险标的的保险。

被保险人是指其财产或者人身受保险合同保障,享有保险金请求权的人。投保人可以为被保险人。

保险利益是指投保人或者被保险人对保险标的具有的法律上承认的利益。

第十三条 投保人提出保险要求,经保险人同意承保,保险合同成立。保险人应当及时向投保人签发保险单或者其他保险凭证。

保险单或者其他保险凭证应当载明当事人双方约定的合同内容。当事人也可以约定采用其他书面形式载明合同内容。

依法成立的保险合同,自成立时生效。投保人和保险人可以对合同的效力约定附条件或者附期限。

第十四条 保险合同成立后,投保人按照约定交付保险费,保险人按照约定的时间开始承担保险责任。

第十五条 除本法另有规定或者保险合同另有约定外,保险合同成立后,投保人可以解除合同,保险人不得解除合同。

第十六条 订立保险合同,保险人就保险标的或者被保险人的有关情况提出询问的,投保人应当如实告知。

投保人故意或者因重大过失未履行前款规定的如实告知义务,足以影响保险人决定是否同意承保或者提高保险费率的,保险人有权解除合同。

前款规定的合同解除权,自保险人知道有解除事由之日起,超过三十日不行使而消灭。自合同成立之日起超过二年的,保险人不得解除合同;发生保险事故的,保险人应当承担赔偿或者给付保险金的责任。

投保人故意不履行如实告知义务的,保险人对于合同解除前发生的保险事故,不承担赔偿或者给付保险金的责任,并不退还保险费。

投保人因重大过失未履行如实告知义务,对保险事故的发生有严重影响的,保险人对于合同解除前发生的保险事故,不承担赔偿或者给付保险金的责任,但应当退还保险费。

保险人在合同订立时已经知道投保人未如实告知的情况的,保险人不得解除合同;发生保险事故的,保险人应当承担赔偿或者给付保险金的责任。

保险事故是指保险合同约定的保险责任范围内的事故。

第十七条 订立保险合同,采用保险人提供的格式条款的,保险人向投保人提供的投保单应当附格式条款,保险人应当向投保人说明合同的内容。

对保险合同中免除保险人责任的条款,保险人在订立合同时应当在投保单、保险单或者其他保险凭证上作出足以引起投保人注意的提示,并对该条款的内容以书面或者口头形式向投保人作出明确说明;未作提示或者明确说明的，该条款不产生效力。

第十八条 保险合同应当包括下列事项：

(一)保险人的名称和住所；

(二)投保人、被保险人的姓名或者名称、住所，以及人身保险的受益人的姓名或者名称、住所；

(三)保险标的；

(四)保险责任和责任免除；

(五)保险期间和保险责任开始时间；

(六)保险金额；

(七)保险费以及支付办法；

(八)保险金赔偿或者给付办法；

(九)违约责任和争议处理；

(十)订立合同的年、月、日。

投保人和保险人可以约定与保险有关的其他事项。

受益人是指人身保险合同中由被保险人或者投保人指定的享有保险金请求权的人。投保人、被保险人可以为受益人。

保险金额是指保险人承担赔偿或者给付保险金责任的最高限额。

第十九条 采用保险人提供的格式条款订立的保险合同中的下列条款无效：

(一)免除保险人依法应承担的义务或者加重投保人、被保险人责任的；

(二)排除投保人、被保险人或者受益人依法享有的权利的。

第二十条 投保人和保险人可以协商变更合同内容。

变更保险合同的，应当由保险人在保险单或者其他保险凭证上批注或者附贴批单，或者由投保人和保险人订立变更的书面协议。

第二十一条 投保人、被保险人或者受益人知道保险事故发生后，应当及时通知保险人。故意或者因重大过失未及时通知，致使保险事故的性质、原因、损失程度等难以确定的，保险人对无法确定的部分，不承担赔偿或者给付保险金的责任，但保险人通过其他途径已经及时知道或者应当及时知道保险事故发生的除外。

第二十二条 保险事故发生后，按照保险合同请求保险人赔偿或者给付保险金时，投保人、被保险人或者受益人应当向保险人提供其所能提供的与确认保险事故的性质、原因、损失程度等有关的证明和资料。

保险人按照合同的约定，认为有关的证明和资料不完整的，应当及时一次性通知投保人、被保险人或者受益人补充提供。

第二十三条 保险人收到被保险人或者受益人的赔偿或者给付保险金的请求后，应当及时作出核定；情形复杂的，应当在三十日内作出核定，但合同另有约定的除外。保险人应当将核定结果通知被保险人或者受益人；对属于保险责任的，在与被保险人或者受益人达成赔偿或者给付保险金的协议后十日内，履行赔偿或者给付保险金义务。保险合同对赔偿或者给付保险金的期限有约定的，保险人应当按照约定履行赔偿或者给付保险金义务。

保险人未及时履行前款规定义务的，除支付保险金外，应当赔偿被保险人或者受益人因此受到的损失。

任何单位和个人不得非法干预保险人履行赔偿或者给付保险金的义务，也不得限制被保险人或者受益人取得保险金的权利。

第二十四条 保险人依照本法第二十三条的规定作出核定后，对不属于保险责任的，应当自作出核定之日起三日内向被保险人或者受益人发出拒绝赔偿或者拒绝给付保险金通知书，并说明理由。

第二十五条 保险人自收到赔偿或者给付保险金的请求和有关证明、资料之日起六十日内，对其赔偿或者给付保险金的数额不能确定的，应当根据已有证明和资料可以确定的数额先予支付；保险人最终确定赔偿或者给付保险金的数额后，应当支付相应的差额。

第二十六条 人寿保险以外的其他保险的被保险人或者受益人，向保险人请求赔偿或者给付保险金的诉讼时效期间为二年，自其知道或者应当知道保险事故发生之日起计算。

人寿保险的被保险人或者受益人向保险人请求给付保险金的诉讼时效期间为五年，自其知道或者应当知道保险事故发生之日起计算。

第二十七条 未发生保险事故，被保险人或者受益人谎称发生了保险事故，向保险人提出赔偿或者给付保险金请求的，保险人有权解除合同，并不退还保险费。

投保人、被保险人故意制造保险事故的，保险人有权解除合同，不承担赔偿或者给付保险金的责任；除本法第四十三条规定外，不退还保险费。

保险事故发生后，投保人、被保险人或者受益人以伪造、变造的有关证明、资料或者其他证据，编造虚假的事故原因或者夸大损失程度的，保险人对其虚报的部分不承担赔偿或者给付保险金的责任。

投保人、被保险人或者受益人有前三款规定行为之一，致使保险人支付保险金或者支出费用的，应当退回或者赔偿。

第二十八条 保险人将其承担的保险业务，以分保形式部分转移给其他保险人的，为再保险。

应再保险接受人的要求，再保险分出人应当将其自负责任及原保险的有关情况书面告知再保险接受人。

第二十九条 再保险接受人不得向原保险的投保人要求支付保险费。

原保险的被保险人或者受益人不得向再保险接受人提出赔偿或者给付保险金的请求。

再保险分出人不得以再保险接受人未履行再保险责任为由，拒绝履行或者迟延履行其原保险责任。

第三十条 采用保险人提供的格式条款订立的保险合同，保险人与投保人、被保险人或者受益人对合同条款有争议的，应当按照通常理解予以解释。对合同条款有两种以上解释的，人民法院或者仲裁机构应当作出有利于被保险人和受益人的解释。

第二节 人身保险合同

第三十一条 投保人对下列人员具有保险利益：

（一）本人；

（二）配偶、子女、父母；

（三）前项以外与投保人有抚养、赡养或者扶养关系的家庭其他成员、近亲属；

（四）与投保人有劳动关系的劳动者。

除前款规定外，被保险人同意投保人为其订立合同的，视为投保人对被保险人具有保险利益。

订立合同时，投保人对被保险人不具有保险利益的，合同无效。

第三十二条 投保人申报的被保险人年龄不真实，并且其真实年龄不符合合同约定的年龄限制的，保险人可以解除合同，并按照合同约定退还保险单的现金价值。保险人行使合同解除权，适用本法第十六条第三款、第六款的规定。

投保人申报的被保险人年龄不真实，致使投保人支付的保险费少于应付保险费的，保险人有权更正并要求投保人补交保险费，或者在给付保险金时按照实付保险费与应付保险费的比例支付。

投保人申报的被保险人年龄不真实，致使投保人支付的保险费多于应付保险费的，保险人应当将多收的保险费退还投保人。

第三十三条 投保人不得为无民事行为能力人投保以死亡为给付保险金条件的人身保险，保险人也不得承保。

父母为其未成年子女投保的人身保险，不受前款规定限制。但是，因被保险人死亡给付的保险金总和不得超过国务院保险监督管理机构规定的限额。

第三十四条 以死亡为给付保险金条件的合同，未经被保险人同意并认可保险金额的，合同无效。

按照以死亡为给付保险金条件的合同所签发的保险单，未经被保险人书面同意，不得转让或者质押。

父母为其未成年子女投保的人身保险，不受本条第一款规定限制。

第三十五条 投保人可以按照合同约定向保险人一次支付全部保险费或者分期支付保险费。

第三十六条 合同约定分期支付保险费，投保人支付首期保险费后，除合同另有约定外，投保人自保险人催告之日起超过三十日未支付当期保险费，或者超过约定的期限六十日未支付当期保险费的，合同效力中止，或者由保险人按照合同约定的条件减少保险金额。

被保险人在前款规定期限内发生保险事故的，保险人应当按照合同约定给付保险金，但可以扣减欠交的保险费。

第三十七条 合同效力依照本法第三十六条规定中止的，经保险人与投保人协商并达成协议，在投保人补交保险费后，合同效力恢复。但是，自合同效力中止之日起满二年双方未达成协议的，保险人有权解除合同。

保险人依照前款规定解除合同的，应当按照合同约定退还保险单的现金价值。

第三十八条 保险人对人寿保险的保险费，不得用诉讼方式要求投保人支付。

第三十九条 人身保险的受益人由被保险人或者投保人指定。

投保人指定受益人时须经被保险人同意。投保人为与其有劳动关系的劳动者投保人身保险，不得指定被保险人及其近亲属以外的人为受益人。

被保险人为无民事行为能力人或者限制民事行为能力人的，可以由其监护人指定受益人。

第四十条 被保险人或者投保人可以指定一人或者数人为受益人。

受益人为数人的，被保险人或者投保人可以确定受益顺序和受益份额；未确定受益份额的，受益人按照相等份额享有受益权。

第四十一条 被保险人或者投保人可以变更受益人并书面通知保险人。保险人收到变更受益人的书面通知后，应当在保险单或者其他保险凭证上批注或者附贴批单。

投保人变更受益人时须经被保险人同意。

第四十二条 被保险人死亡后，有下列情形之一的，保险金作为被保险人的遗产，由保险人依照《中华人民共和国继承法》的规定履行给付保险金的义务：

(一)没有指定受益人，或者受益人指定不明无法确定的；

(二)受益人先于被保险人死亡，没有其他受益人的；

(三)受益人依法丧失受益权或者放弃受益权，没有其他受益人的。

受益人与被保险人在同一事件中死亡，且不能确定死亡先后顺序的，推定受益人死亡在先。

第四十三条 投保人故意造成被保险人死亡、伤残或者疾病的，保险人不承担给付保险金的责任。投保人已交足二年以上保险费的，保险人应当按照合同约定向其他权利人退还保险单的现金价值。

受益人故意造成被保险人死亡、伤残、疾病的，或者故意杀害被保险人未遂的，该受益人丧失受益权。

第四十四条 以被保险人死亡为给付保险金条件的合同，自合同成立或者合同效力恢复之日起二年内，被保险人自杀的，保险人不承担给付保险金的责任，但被保险人自杀时为无民事行为能力人的除外。

保险人依照前款规定不承担给付保险金责任的，应当按照合同约定退还保险单的现金价值。

第四十五条 因被保险人故意犯罪或者抗拒依法采取的刑事强制措施导致其伤残或者死亡的，保险人不承担给付保险金的责任。投保人已交足二年以上保险费的，保险人应当按照合同约定退还保险单的现金价值。

第四十六条 被保险人因第三者的行为而发生死亡、伤残或者疾病等保险事故的，保险人向被保险人或者受益人给付保险金后，不享有向第三者追偿的权利，但被保险人或者受益人仍有权向第三者请求赔偿。

第四十七条 投保人解除合同的，保险人应当自收到解除合同通知之日起三十日内，按照合同约定退还保险单的现金价值。

第三节 财产保险合同

第四十八条 保险事故发生时，被保险人对保险标的不具有保险利益的，不得向保险人请求赔偿保险金。

第四十九条 保险标的转让的，保险标的的受让人承继被保险人的权利和义务。

保险标的转让的，被保险人或者受让人应当及时通知保险人，但货物运输保险合同和另有约定的合同除外。

因保险标的转让导致危险程度显著增加的，保险人自收到前款规定的通知之日起三十日内，可以按照合同约定增加保险费或者解除合同。保险人解除合同的，应当将已收取的保险费，按照合同约定扣除自保险责任开始之日起至合同解除之日止应收的部分后，退还投保人。

被保险人、受让人未履行本条第二款规定的通知义务的，因转让导致保险标的危险程度显著增加而发生的保险事故，保险人不承担赔偿保险金的责任。

第五十条 货物运输保险合同和运输工具航程保险合同，保险责任开始后，合同当事人不得解除合同。

第五十一条 被保险人应当遵守国家有关消防、安全、生产操作、劳动保护等方面的规定，维护保险标的的安全。

保险人可以按照合同约定对保险标的的安全状况进行检查，及时向投保人、被保险人提出消除不安全因素和隐患的书面建议。

投保人、被保险人未按照约定履行其对保险标的的安全应尽责任的，保险人有权要求增加保险费或者解除合同。

保险人为维护保险标的的安全，经被保险人同意，可以采取安全预防措施。

第五十二条 在合同有效期内，保险标的的危险程度显著增加的，被保险人应当按照合同约定及时通知保险人，保险人可以按照合同约定增加保险费或者解除合同。保险人解除合同的，应当将已收取的保险费，按照合同约定扣除自保险责任开始之日起至合同解除之日止应收的部分后，退还投保人。

被保险人未履行前款规定的通知义务的，因保险标的的危险程度显著增加而发生的保险事故，保险人不承担赔偿保险金的责任。

第五十三条 有下列情形之一的，除合同另有约定外，保险人应当降低保险费，并按日计算退还相应的保险费：

（一）据以确定保险费率的有关情况发生变化，保险标的的危险程度明显减少的；

（二）保险标的的保险价值明显减少的。

第五十四条 保险责任开始前，投保人要求解除合同的，应当按照合同约定向保险人支付手续费，保险人应当退还保险费。保险责任开始后，投保人要求解除合同的，保险人应当将已收取的保险费，按照合同约定扣除自保险责任开始之日起至合同解除之日止应收的部分后，退还投保人。

第五十五条 投保人和保险人约定保险标的的保险价值并在合同中载明的，保险标的发生损失时，以约定的保险价值为赔偿计算标准。

投保人和保险人未约定保险标的的保险价值的，保险标的发生损失时，以保险事故发生时保险标的的实际价值为赔偿计算标准。

保险金额不得超过保险价值。超过保险价值的，超过部分无效，保险人应当退还相应的保险费。

保险金额低于保险价值的，除合同另有约定外，保险人按照保险金额与保险价值的比例承担赔偿保险金的责任。

第五十六条 重复保险的投保人应当将重复保险的有关情况通知各保险人。

重复保险的各保险人赔偿保险金的总和不得超过保险价值。除合同另有约定外，各保险人按照其保险金额与保险金额总和的比例承担赔偿保险金的责任。

重复保险的投保人可以就保险金额总和超过保险价值的部分，请求各保险人按比例返还保险费。

重复保险是指投保人对同一保险标的、同一保险利益、同一保险事故分别与两个以上保险人订立保险合同,且保险金额总和超过保险价值的保险。

第五十七条 保险事故发生时,被保险人应当尽力采取必要的措施,防止或者减少损失。

保险事故发生后,被保险人为防止或者减少保险标的的损失所支付的必要的、合理的费用,由保险人承担;保险人所承担的费用数额在保险标的损失赔偿金额以外另行计算,最高不超过保险金额的数额。

第五十八条 保险标的发生部分损失的,自保险人赔偿之日起三十日内,投保人可以解除合同;除合同另有约定外,保险人也可以解除合同,但应当提前十五日通知投保人。

合同解除的,保险人应当将保险标的未受损失部分的保险费,按照合同约定扣除自保险责任开始之日起至合同解除之日止应收的部分后,退还投保人。

第五十九条 保险事故发生后,保险人已支付了全部保险金额,并且保险金额等于保险价值的,受损保险标的的全部权利归于保险人;保险金额低于保险价值的,保险人按照保险金额与保险价值的比例取得受损保险标的的部分权利。

第六十条 因第三者对保险标的的损害而造成保险事故的,保险人自向被保险人赔偿保险金之日起,在赔偿金额范围内代位行使被保险人对第三者请求赔偿的权利。

前款规定的保险事故发生后,被保险人已经从第三者取得损害赔偿的,保险人赔偿保险金时,可以相应扣减被保险人从第三者已取得的赔偿金额。

保险人依照本条第一款规定行使代位请求赔偿的权利,不影响被保险人就未取得赔偿的部分向第三者请求赔偿的权利。

第六十一条 保险事故发生后,保险人未赔偿保险金之前,被保险人放弃对第三者请求赔偿的权利的,保险人不承担赔偿保险金的责任。

保险人向被保险人赔偿保险金后,被保险人未经保险人同意放弃对第三者请求赔偿的权利的,该行为无效。

被保险人故意或者因重大过失致使保险人不能行使代位请求赔偿的权利的,保险人可以扣减或者要求返还相应的保险金。

第六十二条 除被保险人的家庭成员或者其组成人员故意造成本法第六十条第一款规定的保险事故外,保险人不得对被保险人的家庭成员或者其组成人员行使代位请求赔偿的权利。

第六十三条 保险人向第三者行使代位请求赔偿的权利时,被保险人应当向保险人提供必要的文件和所知道的有关情况。

第六十四条 保险人、被保险人为查明和确定保险事故的性质、原因和保险标的的损失程度所支付的必要的、合理的费用,由保险人承担。

第六十五条 保险人对责任保险的被保险人给第三者造成的损害,可以依照法律的规定或者合同的约定,直接向该第三者赔偿保险金。

责任保险的被保险人给第三者造成损害,被保险人对第三者应负的赔偿责任确定的,根据被保险人的请求,保险人应当直接向该第三者赔偿保险金。被保险人怠于请求的,第三者有权就其应获赔偿部分直接向保险人请求赔偿保险金。

责任保险的被保险人给第三者造成损害,被保险人未向该第三者赔偿的,保险人不得向被保险人赔偿保险金。

责任保险是指以被保险人对第三者依法应负的赔偿责任为保险标的的保险。

第六十六条 责任保险的被保险人因给第三者造成损害的保险事故而被提起仲裁或者诉讼的,被保险人支付的仲裁或者诉讼费用以及其他必要的、合理的费用,除合同另有约定外,由保险人承担。

第三章 保险公司

第六十七条 设立保险公司应当经国务院保险监督管理机构批准。

国务院保险监督管理机构审查保险公司的设立申请时，应当考虑保险业的发展和公平竞争的需要。

第六十八条 设立保险公司应当具备下列条件：

（一）主要股东具有持续盈利能力，信誉良好，最近三年内无重大违法违规记录，净资产不低于人民币二亿元；

（二）有符合本法和《中华人民共和国公司法》规定的章程；

（三）有符合本法规定的注册资本；

（四）有具备任职专业知识和业务工作经验的董事、监事和高级管理人员；

（五）有健全的组织机构和管理制度；

（六）有符合要求的营业场所和与经营业务有关的其他设施；

（七）法律、行政法规和国务院保险监督管理机构规定的其他条件。

第六十九条 设立保险公司，其注册资本的最低限额为人民币二亿元。

国务院保险监督管理机构根据保险公司的业务范围、经营规模，可以调整其注册资本的最低限额，但不得低于本条第一款规定的限额。

保险公司的注册资本必须为实缴货币资本。

第七十条 申请设立保险公司，应当向国务院保险监督管理机构提出书面申请，并提交下列材料：

（一）设立申请书，申请书应当载明拟设立的保险公司的名称、注册资本、业务范围等；

（二）可行性研究报告；

（三）筹建方案；

（四）投资人的营业执照或者其他背景资料，经会计师事务所审计的上一年度财务会计报告；

（五）投资人认可的筹备组负责人和拟任董事长、经理名单及本人认可证明；

（六）国务院保险监督管理机构规定的其他材料。

第七十一条 国务院保险监督管理机构应当对设立保险公司的申请进行审查，自受理之日起六个月内作出批准或者不批准筹建的决定，并书面通知申请人。决定不批准的，应当书面说明理由。

第七十二条 申请人应当自收到批准筹建通知之日起一年内完成筹建工作；筹建期间不得从事保险经营活动。

第七十三条 筹建工作完成后，申请人具备本法第六十八条规定的设立条件的，可以向国务院保险监督管理机构提出开业申请。

国务院保险监督管理机构应当自受理开业申请之日起六十日内，作出批准或者不批准开业的决定。决定批准的，颁发经营保险业务许可证；决定不批准的，应当书面通知申请人并说明理由。

第七十四条 保险公司在中华人民共和国境内设立分支机构，应当经保险监督管理机构批准。

保险公司分支机构不具有法人资格，其民事责任由保险公司承担。

第七十五条 保险公司申请设立分支机构，应当向保险监督管理机构提出书面申请，并提交下列材料：

（一）设立申请书；

（二）拟设机构三年业务发展规划和市场分析材料；

（三）拟任高级管理人员的简历及相关证明材料；

（四）国务院保险监督管理机构规定的其他材料。

第七十六条 保险监督管理机构应当对保险公司设立分支机构的申请进行审查，自受理之日起六十日内作出批准或者不批准的决定。决定批准的，颁发分支机构经营保险业务许可证；决定不批准的，应当书面通知申请人并说明理由。

第七十七条 经批准设立的保险公司及其分支机构，凭经营保险业务许可证向工商行政管理机关办理登记，领取营业执照。

第七十八条 保险公司及其分支机构自取得经营保险业务许可证之日起六个月内，无正当理由未向工商行政管理机关办理登记的，其经营保险业务许可证失效。

第七十九条 保险公司在中华人民共和国境外设立子公司、分支机构、代表机构，应当经国务院保险监督管理机构批准。

第八十条 外国保险机构在中华人民共和国境内设立代表机构，应当经国务院保险监督管理机构批准。代表机构不得从事保险经营活动。

第八十一条 保险公司的董事、监事和高级管理人员，应当品行良好，熟悉与保险相关的法律、行政法规，具有履行职责所需的经营管理能力，并在任职前取得保险监督管理机构核准的任职资格。

保险公司高级管理人员的范围由国务院保险监督管理机构规定。

第八十二条 有《中华人民共和国公司法》第一百四十七条规定的情形或者下列情形之一的，不得担任保险公司的董事、监事、高级管理人员：

（一）因违法行为或者违纪行为被金融监督管理机构取消任职资格的金融机构的董事、监事、高级管理人员，自被取消任职资格之日起未逾五年的；

（二）因违法行为或者违纪行为被吊销执业资格的律师、注册会计师或者资产评估机构、验证机构等机构的专业人员，自被吊销执业资格之日起未逾五年的。

第八十三条 保险公司的董事、监事、高级管理人员执行公司职务时违反法律、行政法规或者公司章程的规定，给公司造成损失的，应当承担赔偿责任。

第八十四条 保险公司有下列情形之一的，应当经保险监督管理机构批准：

（一）变更名称；

（二）变更注册资本；

（三）变更公司或者分支机构的营业场所；

（四）撤销分支机构；

（五）公司分立或者合并；

（六）修改公司章程；

（七）变更出资额占有限责任公司资本总额百分之五以上的股东，或者变更持有股份有限公司股份百分之五以上的股东；

（八）国务院保险监督管理机构规定的其他情形。

第八十五条 保险公司应当聘用经国务院保险监督管理机构认可的精算专业人员，建立精算报告制度。

保险公司应当聘用专业人员，建立合规报告制度。

第八十六条 保险公司应当按照保险监督管理机构的规定，报送有关报告、报表、文件和资料。

保险公司的偿付能力报告、财务会计报告、精算报告、合规报告及其他有关报告、报表、文件和资料必须如实记录保险业务事项，不得有虚假记载、误导性陈述和重大遗漏。

第八十七条 保险公司应当按照国务院保险监督管理机构的规定妥善保管业务经营活动的完整账簿、原始凭证和有关资料。

前款规定的账簿、原始凭证和有关资料的保管期限，自保险合同终止之日起计算，保险期间在一年以下的不得少于五年，保险期间超过一年的不得少于十年。

第八十八条 保险公司聘请或者解聘会计师事务所、资产评估机构、资信评级机构等中介服务机构，应当向保险监督管理机构报告；解聘会计师事务所、资产评估机构、资信评级机构等中介服务机构，应当说明理由。

第八十九条 保险公司因分立、合并需要解散，或者股东会、股东大会决议解散，或者公司章程规定的解散事由出现，经国务院保险监督管理机构批准后解散。

经营有人寿保险业务的保险公司，除因分立、合并或者被依法撤销外，不得解散。

保险公司解散，应当依法成立清算组进行清算。

第九十条 保险公司有《中华人民共和国企业破产法》第二条规定情形的，经国务院保险监督管理机构同意，保险公司或者其债权人可以依法向人民法院申请重整、和解或者破产清算；国务院保险监督管理机构也可以依法向人民法院申请对该保险公司进行重整或者破产清算。

第九十一条　破产财产在优先清偿破产费用和共益债务后，按照下列顺序清偿：

(一)所欠职工工资和医疗、伤残补助、抚恤费用，所欠应当划入职工个人账户的基本养老保险、基本医疗保险费用，以及法律、行政法规规定应当支付给职工的补偿金；

(二)赔偿或者给付保险金；

(三)保险公司欠缴的除第(一)项规定以外的社会保险费用和所欠税款；

(四)普通破产债权。

破产财产不足以清偿同一顺序的清偿要求的，按照比例分配。

破产保险公司的董事、监事和高级管理人员的工资，按照该公司职工的平均工资计算。

第九十二条　经营有人寿保险业务的保险公司被依法撤销或者被依法宣告破产的，其持有的人寿保险合同及责任准备金，必须转让给其他经营有人寿保险业务的保险公司；不能同其他保险公司达成转让协议的，由国务院保险监督管理机构指定经营有人寿保险业务的保险公司接受转让。

转让或者由国务院保险监督管理机构指定接受转让前款规定的人寿保险合同及责任准备金的，应当维护被保险人、受益人的合法权益。

第九十三条　保险公司依法终止其业务活动，应当注销其经营保险业务许可证。

第九十四条　保险公司，除本法另有规定外，适用《中华人民共和国公司法》的规定。

第四章　保险经营规则

第九十五条　保险公司的业务范围：

(一)人身保险业务，包括人寿保险、健康保险、意外伤害保险等保险业务；

(二)财产保险业务，包括财产损失保险、责任保险、信用保险、保证保险等保险业务；

(三)国务院保险监督管理机构批准的与保险有关的其他业务。

保险人不得兼营人身保险业务和财产保险业务。但是，经营财产保险业务的保险公司经国务院保险监督管理机构批准，可以经营短期健康保险业务和意外伤害保险业务。

保险公司应当在国务院保险监督管理机构依法批准的业务范围内从事保险经营活动。

第九十六条　经国务院保险监督管理机构批准，保险公司可以经营本法第九十五条规定的保险业务的下列再保险业务：

(一)分出保险；

(二)分入保险。

第九十七条　保险公司应当按照其注册资本总额的百分之二十提取保证金，存入国务院保险监督管理机构指定的银行，除公司清算时用于清偿债务外，不得动用。

第九十八条　保险公司应当根据保障被保险人利益、保证偿付能力的原则，提取各项责任准备金。

保险公司提取和结转责任准备金的具体办法，由国务院保险监督管理机构制定。

第九十九条　保险公司应当依法提取公积金。

第一百条　保险公司应当缴纳保险保障基金。

保险保障基金应当集中管理，并在下列情形下统筹使用：

(一)在保险公司被撤销或者被宣告破产时，向投保人、被保险人或者受益人提供救济；

(二)在保险公司被撤销或者被宣告破产时，向依法接受其人寿保险合同的保险公司提供救济；

(三)国务院规定的其他情形。

保险保障基金筹集、管理和使用的具体办法，由国务院制定。

第一百零一条　保险公司应当具有与其业务规模和风险程度相适应的最低偿付能力。保险公司的认可资产减去认可负债的差额不得低于国务院保险监督管理机构规定的数额；低于规定数额的，应当按照国务院保险监督管理机构的要求采取相应措施达到规定的数额。

第一百零二条 经营财产保险业务的保险公司当年自留保险费，不得超过其实有资本金加公积金总和的四倍。

第一百零三条 保险公司对每一危险单位，即对一次保险事故可能造成的最大损失范围所承担的责任，不得超过其实有资本金加公积金总和的百分之十；超过的部分应当办理再保险。

保险公司对危险单位的划分应当符合国务院保险监督管理机构的规定。

第一百零四条 保险公司对危险单位的划分方法和巨灾风险安排方案，应当报国务院保险监督管理机构备案。

第一百零五条 保险公司应当按照国务院保险监督管理机构的规定办理再保险，并审慎选择再保险接受人。

第一百零六条 保险公司的资金运用必须稳健，遵循安全性原则。

保险公司的资金运用限于下列形式：

（一）银行存款；

（二）买卖债券、股票、证券投资基金份额等有价证券；

（三）投资不动产；

（四）国务院规定的其他资金运用形式。

保险公司资金运用的具体管理办法，由国务院保险监督管理机构依照前两款的规定制定。

第一百零七条 经国务院保险监督管理机构会同国务院证券监督管理机构批准，保险公司可以设立保险资产管理公司。

保险资产管理公司从事证券投资活动，应当遵守《中华人民共和国证券法》等法律、行政法规的规定。

保险资产管理公司的管理办法，由国务院保险监督管理机构会同国务院有关部门制定。

第一百零八条 保险公司应当按照国务院保险监督管理机构的规定，建立对关联交易的管理和信息披露制度。

第一百零九条 保险公司的控股股东、实际控制人、董事、监事、高级管理人员不得利用关联交易损害公司的利益。

第一百一十条 保险公司应当按照国务院保险监督管理机构的规定，真实、准确、完整地披露财务会计报告、风险管理状况、保险产品经营情况等重大事项。

第一百一十一条 保险公司从事保险销售的人员应当符合国务院保险监督管理机构规定的资格条件，取得保险监督管理机构颁发的资格证书。

前款规定的保险销售人员的范围和管理办法，由国务院保险监督管理机构规定。

第一百一十二条 保险公司应当建立保险代理人登记管理制度，加强对保险代理人的培训和管理，不得唆使、诱导保险代理人进行违背诚信义务的活动。

第一百一十三条 保险公司及其分支机构应当依法使用经营保险业务许可证，不得转让、出租、出借经营保险业务许可证。

第一百一十四条 保险公司应当按照国务院保险监督管理机构的规定，公平、合理拟订保险条款和保险费率，不得损害投保人、被保险人和受益人的合法权益。

保险公司应当按照合同约定和本法规定，及时履行赔偿或者给付保险金义务。

第一百一十五条 保险公司开展业务，应当遵循公平竞争的原则，不得从事不正当竞争。

第一百一十六条 保险公司及其工作人员在保险业务活动中不得有下列行为：

（一）欺骗投保人、被保险人或者受益人；

（二）对投保人隐瞒与保险合同有关的重要情况；

（三）阻碍投保人履行本法规定的如实告知义务，或者诱导其不履行本法规定的如实告知义务；

（四）给予或者承诺给予投保人、被保险人、受益人保险合同约定以外的保险费回扣或者其他利益；

（五）拒不依法履行保险合同约定的赔偿或者给付保险金义务；

（六）故意编造未曾发生的保险事故、虚构保险合同或者故意夸大已经发生的保险事故的损失程度进行虚假理赔，骗取保险金或者牟取其他不正当利益；

（七）挪用、截留、侵占保险费；

（八）委托未取得合法资格的机构或者个人从事保险销售活动；

（九）利用开展保险业务为其他机构或者个人牟取不正当利益；

（十）利用保险代理人、保险经纪人或者保险评估机构，从事以虚构保险中介业务或者编造退保等方式套取费用等违法活动；

（十一）以捏造、散布虚假事实等方式损害竞争对手的商业信誉，或者以其他不正当竞争行为扰乱保险市场秩序；

（十二）泄露在业务活动中知悉的投保人、被保险人的商业秘密；

（十三）违反法律、行政法规和国务院保险监督管理机构规定的其他行为。

第五章　保险代理人和保险经纪人

第一百一十七条　保险代理人是根据保险人的委托，向保险人收取佣金，并在保险人授权的范围内代为办理保险业务的机构或者个人。

保险代理机构包括专门从事保险代理业务的保险专业代理机构和兼营保险代理业务的保险兼业代理机构。

第一百一十八条　保险经纪人是基于投保人的利益，为投保人与保险人订立保险合同提供中介服务，并依法收取佣金的机构。

第一百一十九条　保险代理机构、保险经纪人应当具备国务院保险监督管理机构规定的条件，取得保险监督管理机构颁发的经营保险代理业务许可证、保险经纪业务许可证。

保险专业代理机构、保险经纪人凭保险监督管理机构颁发的许可证向工商行政管理机关办理登记，领取营业执照。

保险兼业代理机构凭保险监督管理机构颁发的许可证，向工商行政管理机关办理变更登记。

第一百二十条　以公司形式设立保险专业代理机构、保险经纪人，其注册资本最低限额适用《中华人民共和国公司法》的规定。

国务院保险监督管理机构根据保险专业代理机构、保险经纪人的业务范围和经营规模，可以调整其注册资本的最低限额，但不得低于《中华人民共和国公司法》规定的限额。

保险专业代理机构、保险经纪人的注册资本或者出资额必须为实缴货币资本。

第一百二十一条　保险专业代理机构、保险经纪人的高级管理人员，应当品行良好，熟悉保险法律、行政法规，具有履行职责所需的经营管理能力，并在任职前取得保险监督管理机构核准的任职资格。

第一百二十二条　个人保险代理人、保险代理机构的代理从业人员、保险经纪人的经纪从业人员，应当具备国务院保险监督管理机构规定的资格条件，取得保险监督管理机构颁发的资格证书。

第一百二十三条　保险代理机构、保险经纪人应当有自己的经营场所，设立专门账簿记载保险代理业务、经纪业务的收支情况。

第一百二十四条　保险代理机构、保险经纪人应当按照国务院保险监督管理机构的规定缴存保证金或者投保职业责任保险。未经保险监督管理机构批准，保险代理机构、保险经纪人不得动用保证金。

第一百二十五条　个人保险代理人在代为办理人寿保险业务时，不得同时接受两个以上保险人的委托。

第一百二十六条　保险人委托保险代理人代为办理保险业务，应当与保险代理人签订委托代理协议，依法约定双方的权利和义务。

第一百二十七条　保险代理人根据保险人的授权代为办理保险业务的行为，由保险人承担责任。

保险代理人没有代理权、超越代理权或者代理权终止后以保险人名义订立合同，使投保人有理由相信其有代理权的，该代理行为有效。保险人可以依法追究越权的保险代理人的责任。

第一百二十八条 保险经纪人因过错给投保人、被保险人造成损失的，依法承担赔偿责任。

第一百二十九条 保险活动当事人可以委托保险公估机构等依法设立的独立评估机构或者具有相关专业知识的人员，对保险事故进行评估和鉴定。

接受委托对保险事故进行评估和鉴定的机构和人员，应当依法、独立、客观、公正地进行评估和鉴定，任何单位和个人不得干涉。

前款规定的机构和人员，因故意或者过失给保险人或者被保险人造成损失的，依法承担赔偿责任。

第一百三十条 保险佣金只限于向具有合法资格的保险代理人、保险经纪人支付，不得向其他人支付。

第一百三十一条 保险代理人、保险经纪人及其从业人员在办理保险业务活动中不得有下列行为：

（一）欺骗保险人、投保人、被保险人或者受益人；

（二）隐瞒与保险合同有关的重要情况；

（三）阻碍投保人履行本法规定的如实告知义务，或者诱导其不履行本法规定的如实告知义务；

（四）给予或者承诺给予投保人、被保险人或者受益人保险合同约定以外的利益；

（五）利用行政权力、职务或者职业便利以及其他不正当手段强迫、引诱或者限制投保人订立保险合同；

（六）伪造、擅自变更保险合同，或者为保险合同当事人提供虚假证明材料；

（七）挪用、截留、侵占保险费或者保险金；

（八）利用业务便利为其他机构或者个人牟取不正当利益；

（九）串通投保人、被保险人或者受益人，骗取保险金；

（十）泄露在业务活动中知悉的保险人、投保人、被保险人的商业秘密。

第一百三十二条 保险专业代理机构、保险经纪人分立、合并、变更组织形式、设立分支机构或者解散的，应当经保险监督管理机构批准。

第一百三十三条 本法第八十六条第一款、第一百一十三条的规定，适用于保险代理机构和保险经纪人。

第六章 保险业监督管理

第一百三十四条 保险监督管理机构依照本法和国务院规定的职责，遵循依法、公开、公正的原则，对保险业实施监督管理，维护保险市场秩序，保护投保人、被保险人和受益人的合法权益。

第一百三十五条 国务院保险监督管理机构依照法律、行政法规制定并发布有关保险业监督管理的规章。

第一百三十六条 关系社会公众利益的保险险种、依法实行强制保险的险种和新开发的人寿保险险种等的保险条款和保险费率，应当报国务院保险监督管理机构批准。国务院保险监督管理机构审批时，应当遵循保护社会公众利益和防止不正当竞争的原则。其他保险险种的保险条款和保险费率，应当报保险监督管理机构备案。

保险条款和保险费率审批、备案的具体办法，由国务院保险监督管理机构依照前款规定制定。

第一百三十七条 保险公司使用的保险条款和保险费率违反法律、行政法规或者国务院保险监督管理机构的有关规定的，由保险监督管理机构责令停止使用，限期修改；情节严重的，可以在一定期限内禁止申报新的保险条款和保险费率。

第一百三十八条 国务院保险监督管理机构应当建立健全保险公司偿付能力监管体系，对保险公司的偿付能力实施监控。

第一百三十九条 对偿付能力不足的保险公司，国务院保险监督管理机构应当将其列为重点监管对象，并可以根据具体情况采取下列措施：

（一）责令增加资本金、办理再保险；

（二）限制业务范围；

（三）限制向股东分红；

（四）限制固定资产购置或者经营费用规模；

（五）限制资金运用的形式、比例；

（六）限制增设分支机构；

（七）责令拍卖不良资产、转让保险业务；

（八）限制董事、监事、高级管理人员的薪酬水平；

（九）限制商业性广告；

（十）责令停止接受新业务。

第一百四十条 保险公司未依照本法规定提取或者结转各项责任准备金，或者未依照本法规定办理再保险，或者严重违反本法关于资金运用的规定的，由保险监督管理机构责令限期改正，并可以责令调整负责人及有关管理人员。

第一百四十一条 保险监督管理机构依照本法第一百四十条的规定作出限期改正的决定后，保险公司逾期未改正的，国务院保险监督管理机构可以决定选派保险专业人员和指定该保险公司的有关人员组成整顿组，对公司进行整顿。

整顿决定应当载明被整顿公司的名称、整顿理由、整顿组成员和整顿期限，并予以公告。

第一百四十二条 整顿组有权监督被整顿保险公司的日常业务。被整顿公司的负责人及有关管理人员应当在整顿组的监督下行使职权。

第一百四十三条 整顿过程中，被整顿保险公司的原有业务继续进行。但是，国务院保险监督管理机构可以责令被整顿公司停止部分原有业务、停止接受新业务，调整资金运用。

第一百四十四条 被整顿保险公司经整顿已纠正其违反本法规定的行为，恢复正常经营状况的，由整顿组提出报告，经国务院保险监督管理机构批准，结束整顿，并由国务院保险监督管理机构予以公告。

第一百四十五条 保险公司有下列情形之一的，国务院保险监督管理机构可以对其实行接管：

（一）公司的偿付能力严重不足的；

（二）违反本法规定，损害社会公共利益，可能严重危及或者已经严重危及公司的偿付能力的。

被接管的保险公司的债权债务关系不因接管而变化。

第一百四十六条 接管组的组成和接管的实施办法，由国务院保险监督管理机构决定，并予以公告。

第一百四十七条 接管期限届满，国务院保险监督管理机构可以决定延长接管期限，但接管期限最长不得超过二年。

第一百四十八条 接管期限届满，被接管的保险公司已恢复正常经营能力的，由国务院保险监督管理机构决定终止接管，并予以公告。

第一百四十九条 被整顿、被接管的保险公司有《中华人民共和国企业破产法》第二条规定情形的，国务院保险监督管理机构可以依法向人民法院申请对该保险公司进行重整或者破产清算。

第一百五十条 保险公司因违法经营被依法吊销经营保险业务许可证的，或者偿付能力低于国务院保险监督管理机构规定标准，不予撤销将严重危害保险市场秩序、损害公共利益的，由国务院保险监督管理机构予以撤销并公告，依法及时组织清算组进行清算。

第一百五十一条 国务院保险监督管理机构有权要求保险公司股东、实际控制人在指定的期限内提供有关信息和资料。

第一百五十二条 保险公司的股东利用关联交易严重损害公司利益，危及公司偿付能力的，由国务院保险监督管理机构责令改正。在按照要求改正前，国务院保险监督管理机构可以限制其股东权利；拒不改正的，可以责令其转让所持的保险公司股权。

第一百五十三条 保险监督管理机构根据履行监督管理职责的需要，可以与保险公司董事、监事和高级管理人员进行监督管理谈话，要求其就公司的业务活动和风险管理的重大事项作出说明。

第一百五十四条 保险公司在整顿、接管、撤销清算期间，或者出现重大风险时，国务院保险监督管理机构可以对该公司直接负责的董事、监事、高级管理人员和其他直接责任人员采取以下措施：

（一）通知出境管理机关依法阻止其出境；

（二）申请司法机关禁止其转移、转让或者以其他方式处分财产，或者在财产上设定其他权利。

第一百五十五条 保险监督管理机构依法履行职责，可以采取下列措施：

（一）对保险公司、保险代理人、保险经纪人、保险资产管理公司、外国保险机构的代表机构进行现场检查；

（二）进入涉嫌违法行为发生场所调查取证；

（三）询问当事人及与被调查事件有关的单位和个人，要求其对与被调查事件有关的事项作出说明；

（四）查阅、复制与被调查事件有关的财产权登记等资料；

（五）查阅、复制保险公司、保险代理人、保险经纪人、保险资产管理公司、外国保险机构的代表机构以及与被调查事件有关的单位和个人的财务会计资料及其他相关文件和资料；对可能被转移、隐匿或者毁损的文件和资料予以封存；

（六）查询涉嫌违法经营的保险公司、保险代理人、保险经纪人、保险资产管理公司、外国保险机构的代表机构以及与涉嫌违法事项有关的单位和个人的银行账户；

（七）对有证据证明已经或者可能转移、隐匿违法资金等涉案财产或者隐匿、伪造、毁损重要证据的，经保险监督管理机构主要负责人批准，申请人民法院予以冻结或者查封。

保险监督管理机构采取前款第（一）项、第（二）项、第（五）项措施的，应当经保险监督管理机构负责人批准；采取第（六）项措施的，应当经国务院保险监督管理机构负责人批准。

保险监督管理机构依法进行监督检查或者调查，其监督检查、调查的人员不得少于二人，并应当出示合法证件和监督检查、调查通知书；监督检查、调查的人员少于二人或者未出示合法证件和监督检查、调查通知书的，被检查、调查的单位和个人有权拒绝。

第一百五十六条 保险监督管理机构依法履行职责，被检查、调查的单位和个人应当配合。

第一百五十七条 保险监督管理机构工作人员应当忠于职守，依法办事，公正廉洁，不得利用职务便利牟取不正当利益，不得泄露所知悉的有关单位和个人的商业秘密。

第一百五十八条 国务院保险监督管理机构应当与中国人民银行、国务院其他金融监督管理机构建立监督管理信息共享机制。

保险监督管理机构依法履行职责，进行监督检查、调查时，有关部门应当予以配合。

第七章　法律责任

第一百五十九条 违反本法规定，擅自设立保险公司、保险资产管理公司或者非法经营商业保险业务的，由保险监督管理机构予以取缔，没收违法所得，并处违法所得一倍以上五倍以下的罚款；没有违法所得或者违法所得不足二十万元的，处二十万元以上一百万元以下的罚款。

第一百六十条 违反本法规定，擅自设立保险专业代理机构、保险经纪人，或者未取得经营保险代理业务许可证、保险经纪业务许可证从事保险代理业务、保险经纪业务的，由保险监督管理机构予以取缔，没收违法所得，并处违法所得一倍以上五倍以下的罚款；没有违法所得或者违法所得不足五万元的，处五万元以上三十万元以下的罚款。

第一百六十一条 保险公司违反本法规定，超出批准的业务范围经营的，由保险监督管理机构责令限期改正，没收违法所得，并处违法所得一倍以上五倍以下的罚款；没有违法所得或者违法所得不足十万元的，处十万元以上五十万元以下的罚款。逾期不改正或者造成严重后果的，责令停业整顿或者吊销业务许可证。

第一百六十二条 保险公司有本法第一百一十六条规定行为之一的，由保险监督管理机构责令改正，处五万元以上三十万元以下的罚款；情节严重的，限制其业务范围、责令停止接受新业务或者吊销业务许可证。

第一百六十三条 保险公司违反本法第八十四条规定的，由保险监督管理机构责令改正，处一万元以上十万元以下的罚款。

第一百六十四条 保险公司违反本法规定，有下列行为之一的，由保险监督管理机构责令改正，处五万元以上三十万元以下的罚款：

（一）超额承保，情节严重的；

（二）为无民事行为能力人承保以死亡为给付保险金条件的保险的。

第一百六十五条 违反本法规定，有下列行为之一的，由保险监督管理机构责令改正，处五万元以上三十万元以下的罚款；情节严重的，可以限制其业务范围、责令停止接受新业务或者吊销业务许可证：

（一）未按照规定提存保证金或者违反规定动用保证金的；

（二）未按照规定提取或者结转各项责任准备金的；

（三）未按照规定缴纳保险保障基金或者提取公积金的；

（四）未按照规定办理再保险的；

（五）未按照规定运用保险公司资金的；

（六）未经批准设立分支机构或者代表机构的；

（七）未按照规定申请批准保险条款、保险费率的。

第一百六十六条 保险代理机构、保险经纪人有本法第一百三十一条规定行为之一的，由保险监督管理机构责令改正，处五万元以上三十万元以下的罚款；情节严重的，吊销业务许可证。

第一百六十七条 保险代理机构、保险经纪人违反本法规定，有下列行为之一的，由保险监督管理机构责令改正，处二万元以上十万元以下的罚款；情节严重的，责令停业整顿或者吊销业务许可证：

（一）未按照规定缴存保证金或者投保职业责任保险的；

（二）未按照规定设立专门账簿记载业务收支情况的。

第一百六十八条 保险专业代理机构、保险经纪人违反本法规定，未经批准设立分支机构或者变更组织形式的，由保险监督管理机构责令改正，处一万元以上五万元以下的罚款。

第一百六十九条 违反本法规定，聘任不具有任职资格、从业资格的人员的，由保险监督管理机构责令改正，处二万元以上十万元以下的罚款。

第一百七十条 违反本法规定，转让、出租、出借业务许可证的，由保险监督管理机构处一万元以上十万元以下的罚款；情节严重的，责令停业整顿或者吊销业务许可证。

第一百七十一条 违反本法规定，有下列行为之一的，由保险监督管理机构责令限期改正；逾期不改正的，处一万元以上十万元以下的罚款：

（一）未按照规定报送或者保管报告、报表、文件、资料的，或者未按照规定提供有关信息、资料的；

（二）未按照规定报送保险条款、保险费率备案的；

（三）未按照规定披露信息的。

第一百七十二条 违反本法规定，有下列行为之一的，由保险监督管理机构责令改正，处十万元以上五十万元以下的罚款；情节严重的，可以限制其业务范围、责令停止接受新业务或者吊销业务许可证：

（一）编制或者提供虚假的报告、报表、文件、资料的；

（二）拒绝或者妨碍依法监督检查的；

（三）未按照规定使用经批准或者备案的保险条款、保险费率的。

第一百七十三条 保险公司、保险资产管理公司、保险专业代理机构、保险经纪人违反本法规定的，保险监督管理机构除分别依照本法第一百六十一条至第一百七十二条的规定对该单位给予处罚外，对其直接负责的主管人员和其他直接责任人员给予警告，并处一万元以上十万元以下的罚款；情节严重的，撤销任职资格或者从业资格。

第一百七十四条 个人保险代理人违反本法规定的，由保险监督管理机构给予警告，可以并处二万元以下的罚款；情节严重的，处二万元以上十万元以下的罚款，并可以吊销其资格证书。

未取得合法资格的人员从事个人保险代理活动的，由保险监督管理机构给予警告，可以并处二万元以下的罚款；情节严重的，处二万元以上十万元以下的罚款。

第一百七十五条 外国保险机构未经国务院保险监督管理机构批准，擅自在中华人民共和国境内设立代表机构的，由国务院保险监督管理机构予以取缔，处五万元以上三十万元以下的罚款。

外国保险机构在中华人民共和国境内设立的代表机构从事保险经营活动的，由保险监督管理机构责令改正，没收违法所得，并处违法所得一倍以上五倍以下的罚款；没有违法所得或者违法所得不足二十万元的，处二十万元以上一百万元以下的罚款；对其首席代表可以责令撤换；情节严重的，撤销其代表机构。

第一百七十六条 投保人、被保险人或者受益人有下列行为之一，进行保险诈骗活动，尚不构成犯罪的，依法给予行政处罚：

(一)投保人故意虚构保险标的，骗取保险金的；

(二)编造未曾发生的保险事故，或者编造虚假的事故原因或者夸大损失程度，骗取保险金的；

(三)故意造成保险事故，骗取保险金的。

保险事故的鉴定人、评估人、证明人故意提供虚假的证明文件，为投保人、被保险人或者受益人进行保险诈骗提供条件的，依照前款规定给予处罚。

第一百七十七条 违反本法规定，给他人造成损害的，依法承担民事责任。

第一百七十八条 拒绝、阻碍保险监督管理机构及其工作人员依法行使监督检查、调查职权，未使用暴力、威胁方法的，依法给予治安管理处罚。

第一百七十九条 违反法律、行政法规的规定，情节严重的，国务院保险监督管理机构可以禁止有关责任人员一定期限直至终身进入保险业。

第一百八十条 保险监督管理机构从事监督管理工作的人员有下列情形之一的，依法给予处分：

(一)违反规定批准机构的设立的；

(二)违反规定进行保险条款、保险费率审批的；

(三)违反规定进行现场检查的；

(四)违反规定查询账户或者冻结资金的；

(五)泄露其知悉的有关单位和个人的商业秘密的；

(六)违反规定实施行政处罚的；

(七)滥用职权、玩忽职守的其他行为。

第一百八十一条 违反本法规定，构成犯罪的，依法追究刑事责任。

第八章 附　　则

第一百八十二条 保险公司应当加入保险行业协会。保险代理人、保险经纪人、保险公估机构可以加入保险行业协会。

保险行业协会是保险业的自律性组织，是社会团体法人。

第一百八十三条 保险公司以外的其他依法设立的保险组织经营的商业保险业务，适用本法。

第一百八十四条 海上保险适用《中华人民共和国海商法》的有关规定；《中华人民共和国海商法》未规定的，适用本法的有关规定。

第一百八十五条 中外合资保险公司、外资独资保险公司、外国保险公司分公司适用本法规定；法律、行政法规另有规定的，适用其规定。

第一百八十六条 国家支持发展为农业生产服务的保险事业。农业保险由法律、行政法规另行规定。

强制保险，法律、行政法规另有规定的，适用其规定。

第一百八十七条 本法自2009年10月1日起施行。

中华人民共和国国务院令

第533号

《中华人民共和国畜禽遗传资源进出境和对外合作研究利用审批办法》已经2008年8月20日国务院第23次常务会议通过,现予公布,自2008年10月1日起施行。

总理　温家宝

二〇〇八年八月二十八日

中华人民共和国畜禽遗传资源进出境和对外合作研究利用审批办法

第一条　为了加强对畜禽遗传资源进出境和对外合作研究利用的管理,保护和合理利用畜禽遗传资源,防止畜禽遗传资源流失,促进畜牧业持续健康发展,根据《中华人民共和国畜牧法》,制定本办法。

第二条　从境外引进畜禽遗传资源,向境外输出或者在境内与境外机构、个人合作研究利用列入畜禽遗传资源保护名录的畜禽遗传资源,应当遵守《中华人民共和国畜牧法》,并依照本办法的规定办理审批手续。

第三条　本办法所称畜禽,是指列入依照《中华人民共和国畜牧法》第十一条规定公布的畜禽遗传资源目录的畜禽。

本办法所称畜禽遗传资源,是指畜禽及其卵子(蛋)、胚胎、精液、基因物质等遗传材料。

第四条　从境外引进畜禽遗传资源,应当具备下列条件:

(一)引进的目的明确、用途合理;

(二)符合畜禽遗传资源保护和利用规划;

(三)引进的畜禽遗传资源来自非疫区;

(四)符合进出境动植物检疫和农业转基因生物安全的有关规定,不对境内畜禽遗传资源和生态环境安全构成威胁。

第五条　拟从境外引进畜禽遗传资源的单位,应当向其所在地的省、自治区、直辖市人民政府畜牧兽医行政主管部门提出申请,并提交畜禽遗传资源买卖合同或者赠与协议。

引进种用畜禽遗传资源的,还应当提交下列资料:

(一)种畜禽生产经营许可证;

(二)出口国家或者地区法定机构出具的种畜系谱或者种禽代次证明;

(三)首次引进的,同时提交种用畜禽遗传资源的产地、分布、培育过程、生态特征、生产性能、群体存在的主要遗传缺陷和特有疾病等资料。

第六条　向境外输出列入畜禽遗传资源保护名录的畜禽遗传资源,应当具备下列条件:

(一)用途明确;

(二)符合畜禽遗传资源保护和利用规划;

(三)不对境内畜牧业生产和畜禽产品出口构成威胁;

(四)国家共享惠益方案合理。

第七条　拟向境外输出列入畜禽遗传资源保护名录的畜禽遗传资源的单位,应当向其所在地的省、自治区、直辖市人民政府畜牧兽医行政主管部门提出申请,并提交下列资料:

（一）畜禽遗传资源买卖合同或者赠与协议；

（二）与境外进口方签订的国家共享惠益方案。

第八条 在境内与境外机构、个人合作研究利用列入畜禽遗传资源保护名录的畜禽遗传资源，应当具备下列条件：

（一）研究目的、范围和合作期限明确；

（二）符合畜禽遗传资源保护和利用规划；

（三）知识产权归属明确、研究成果共享方案合理；

（四）不对境内畜禽遗传资源和生态环境安全构成威胁；

（五）国家共享惠益方案合理。

在境内与境外机构、个人合作研究利用畜禽遗传资源的单位，应当是依法取得法人资格的中方教育科研机构、中方独资企业。

第九条 拟在境内与境外机构、个人合作研究利用列入畜禽遗传资源保护名录的畜禽遗传资源的单位，应当向其所在地的省、自治区、直辖市人民政府畜牧兽医行政主管部门提出申请，并提交下列资料：

（一）项目可行性研究报告；

（二）合作研究合同；

（三）与境外合作者签订的国家共享惠益方案。

第十条 禁止向境外输出或者在境内与境外机构、个人合作研究利用我国特有的、新发现未经鉴定的畜禽遗传资源以及国务院畜牧兽医行政主管部门禁止出口的其他畜禽遗传资源。

第十一条 省、自治区、直辖市人民政府畜牧兽医行政主管部门，应当自收到畜禽遗传资源引进、输出或者对外合作研究利用申请之日起20个工作日内完成审核工作，并将审核意见和申请资料报国务院畜牧兽医行政主管部门审批。

第十二条 国务院畜牧兽医行政主管部门，应当自收到畜禽遗传资源引进、输出或者对外合作研究利用审核意见和申请资料之日起20个工作日内，对具备本办法第四条、第六条、第八条规定条件的，签发审批表；对不具备条件的，书面通知申请人，并说明理由。其中，对输出或者在境内与境外机构、个人合作研究利用列入畜禽遗传资源保护名录的畜禽遗传资源，或者首次引进畜禽遗传资源的，国务院畜牧兽医行政主管部门应当自收到审核意见和申请资料之日起3个工作日内，将审核意见和申请资料送国家畜禽遗传资源委员会评估或者评审。评估或者评审时间不计入审批期限。

第十三条 国务院畜牧兽医行政主管部门在20个工作日内不能做出审批决定的，经本部门负责人批准，可以延长10个工作日。延长期限的理由应当告知申请人。

第十四条 畜禽遗传资源引进、输出审批表的有效期为6个月；需要延续的，申请人应当在有效期届满10个工作日前向原审批机关申请延续。延续期不得超过3个月。

第十五条 从境外引进畜禽遗传资源、向境外输出列入畜禽遗传资源保护名录的畜禽遗传资源的单位，凭审批表办理检疫手续。海关凭出入境检验检疫部门出具的进出境货物通关单办理验放手续。从境外引进畜禽遗传资源、向境外输出列入畜禽遗传资源保护名录的畜禽遗传资源的单位，应当自海关放行之日起10个工作日内，将实际引进、输出畜禽遗传资源的数量报国务院畜牧兽医行政主管部门备案。国务院畜牧兽医行政主管部门应当定期将有关资料抄送国务院环境保护行政主管部门。

第十六条 在对外合作研究利用过程中需要更改研究目的和范围、合作期限、知识产权归属、研究成果共享方案或者国家共享惠益方案的，在境内与境外机构、个人合作研究利用列入畜禽遗传资源保护名录的畜禽遗传资源的单位，应当按照原申请程序重新办理审批手续。

第十七条 省、自治区、直辖市人民政府畜牧兽医行政主管部门应当对引进的畜禽遗传资源进行跟踪评价，组织专家对引进的畜禽遗传资源的生产性能、健康状况、适应性以及对生态环境和本地畜禽遗传资源的影响等进行测定、评估，并及时将测定、评估结果报国务院畜牧兽医行政主管部门。

发现引进的畜禽遗传资源对境内畜禽遗传资源、生态环境有危害或者可能产生危害的，国务院畜牧兽医行政主管部门应当商有关主管部门，采取相应的安全控制措施。

第十八条 在境内与境外机构、个人合作研究利用列入畜禽遗传资源保护名录的畜禽遗传资源的单位，应当于每年12月31日前，将合作研究利用畜禽遗传资源的情况报所在地的省、自治区、直辖市人民政府畜牧兽医行政主管部门。省、自治区、直辖市人民政府畜牧兽医行政主管部门应当对合作研究利用情况提出审核意见，一并报国务院畜牧兽医行政主管部门备案。

第十九条 与畜禽遗传资源引进、输出和对外合作研究利用的单位以及与境外机构或者个人有利害关系的人员，不得参与对有关申请的评估、评审以及对进境畜禽遗传资源的测定、评估工作。

第二十条 我国的畜禽遗传资源信息，包括重要的畜禽遗传家系和特定地区遗传资源及其数据、资料、样本等，未经国务院畜牧兽医行政主管部门许可，任何单位或者个人不得向境外机构和个人转让。

第二十一条 畜牧兽医行政主管部门工作人员在畜禽遗传资源引进、输出和对外合作研究利用审批过程中玩忽职守、滥用职权、徇私舞弊的，依法给予处分；构成犯罪的，依法追究刑事责任。

第二十二条 依照本办法的规定参与评估、评审、测定的专家，利用职务上的便利收取他人财物或者谋取其他利益，或者出具虚假意见的，没收违法所得，依法给予处分；构成犯罪的，依法追究刑事责任。

第二十三条 申请从境外引进畜禽遗传资源，向境外输出或者在境内与境外机构、个人合作研究利用列入畜禽遗传资源保护名录的畜禽遗传资源的单位，隐瞒有关情况或者提供虚假资料的，由省、自治区、直辖市人民政府畜牧兽医行政主管部门给予警告，3年内不再受理该单位的同类申请。

第二十四条 以欺骗、贿赂等不正当手段取得批准从境外引进畜禽遗传资源，向境外输出或者在境内与境外机构、个人合作研究利用列入畜禽遗传资源保护名录的畜禽遗传资源的，由国务院畜牧兽医行政主管部门撤销批准决定，没收有关畜禽遗传资源和违法所得，并处以1万元以上5万元以下罚款，10年内不再受理该单位的同类申请；构成犯罪的，依法追究刑事责任。

第二十五条 未经审核批准，从境外引进畜禽遗传资源，或者在境内与境外机构、个人合作研究利用列入畜禽遗传资源保护名录的畜禽遗传资源，或者在境内与境外机构、个人合作研究利用未经国家畜禽遗传资源委员会鉴定的新发现的畜禽遗传资源的，依照《中华人民共和国畜牧法》的有关规定追究法律责任。

第二十六条 未经审核批准，向境外输出列入畜禽遗传资源保护名录的畜禽遗传资源的，依照《中华人民共和国海关法》的有关规定追究法律责任。海关应当将扣留的畜禽遗传资源移送省、自治区、直辖市人民政府畜牧兽医行政主管部门处理。

第二十七条 向境外输出或者在境内与境外机构、个人合作研究利用列入畜禽遗传资源保护名录的畜禽遗传资源，违反国家保密规定的，依照《中华人民共和国保守国家秘密法》的有关规定追究法律责任。

第二十八条 本办法自2008年10月1日起施行。

中华人民共和国国务院令

第534号

现公布《国务院关于修改〈外商投资电信企业管理规定〉的决定》，自公布之日起施行。

总理　温家宝

二〇〇八年九月十日

国务院关于修改《外商投资电信企业管理规定》的决定

为了适应我国电信行业对外开放的需要，促进我国通信业的发展，国务院决定对《外商投资电信企业管理规定》做如下修改：

一、将第四条、第六条、第八条、第十一条、第十三条、第十五条、第十七条到第二十一条中的“国务院信息产业主管部门”修改为“国务院工业和信息化主管部门”。

二、将第五条修改为：

“外商投资电信企业的注册资本应当符合下列规定：

“（一）经营全国的或者跨省、自治区、直辖市范围的基础电信业务的，其注册资本最低限额为10亿元人民币；经营增值电信业务的，其注册资本最低限额为1000万元人民币；

“（二）经营省、自治区、直辖市范围内的基础电信业务的，其注册资本最低限额为1亿元人民币；经营增值电信业务的，其注册资本最低限额为100万元人民币。”

三、将第十一条、第十四条中的“项目建议书”修改为“项目申请报告”，删去第十一条、第十三条中“可行性研究报告”的表述。

四、删去第十二条。

五、删去第十四条第二款。

六、将第十五条中的“国务院计划主管部门或者国务院经济综合管理部门审批”修改为“国务院发展改革部门核准”。

七、将第十六条、第十九条、第二十条、第二十一条中的“对外经济贸易主管部门”修改为“商务主管部门”。

八、删去第二十三条。

根据以上修改，对条文的顺序做相应调整。

本决定自公布之日起施行。

《外商投资电信企业管理规定》根据本决定做相应修改，重新公布。

外商投资电信企业管理规定

（2001年12月11日中华人民共和国国务院令第333号公布根据2008年9月10日《国务院关于修改〈外商投资电信企业管理规定〉的决定》修订）

第一条 为了适应电信业对外开放的需要，促进电信业的发展，根据有关外商投资的法律、行政法规和《中华人民共和国电信条例》（以下简称电信条例），制定本规定。

第二条 外商投资电信企业，是指外国投资者同中国投资者在中华人民共和国境内依法以中外合资经营形式，共同投资设立的经营电信业务的企业。

第三条 外商投资电信企业从事电信业务经营活动，除必须遵守本规定外，还必须遵守电信条例和其他有关法律、行政法规的规定。

第四条 外商投资电信企业可以经营基础电信业务、增值电信业务，具体业务分类依照电信条例的规定执行。

外商投资电信企业经营业务的地域范围，由国务院工业和信息化主管部门按照有关规定确定。

第五条 外商投资电信企业的注册资本应当符合下列规定：

（一）经营全国的或者跨省、自治区、直辖市范围的基础电信业务的，其注册资本最低限额为10亿元人民币；经营增值电信业务的，其注册资本最低限额为1000万元人民币；

（二）经营省、自治区、直辖市范围内的基础电信业务的，其注册资本最低限额为1亿元人民币；经营增值电信业务的，其注册资本最低限额为100万元人民币。

第六条 经营基础电信业务（无线寻呼业务除外）的外商投资电信企业的外方投资者在企业中的出资比例，最终不得超过49%。

经营增值电信业务（包括基础电信业务中的无线寻呼业务）的外商投资电信企业的外方投资者在企业中的出资比例，最终不得超过50%。

外商投资电信企业的中方投资者和外方投资者在不同时期的出资比例，由国务院工业和信息化主管部门按照有关规定确定。

第七条 外商投资电信企业经营电信业务，除应当符合本规定第四条、第五条、第六条规定的条件外，还应当符合电信条例规定的经营基础电信业务或者经营增值电信业务应当具备的条件。

第八条 经营基础电信业务的外商投资电信企业的中方主要投资者应当符合下列条件：

（一）是依法设立的公司；

（二）有与从事经营活动相适应的资金和专业人员；

（三）符合国务院工业和信息化主管部门规定的审慎的和特定行业的要求。

前款所称外商投资电信企业的中方主要投资者，是指在全体中方投资者中出资数额最多且占中方全体投资者出资总额的30%以上的出资者。

第九条 经营基础电信业务的外商投资电信企业的外方主要投资者应当符合下列条件：

（一）具有企业法人资格；

（二）在注册的国家或者地区取得基础电信业务经营许可证；

（三）有与从事经营活动相适应的资金和专业人员；

（四）有从事基础电信业务的良好业绩和运营经验。

前款所称外商投资电信企业的外方主要投资者，是指在外方全体投资者中出资数额最多且占全体外方投资者出资总额的30%以上的出资者。

第十条 经营增值电信业务的外商投资电信企业的外方主要投资者应当具有经营增值电信业务的良好业绩和运营经验。

第十一条 设立经营基础电信业务或者跨省、自治区、直辖市范围增值电信业务的外商投资电信企业，由中方主要投资者向国务院工业和信息化主管部门提出申请并报送下列文件：

（一）项目申请报告；

（二）本规定第八条、第九条、第十条规定的合营各方投资者的资格证明或者有关确认文件；

（三）电信条例规定的经营基础电信业务或者增值电信业务应当具备的其他条件的证明或者确认文件。

国务院工业和信息化主管部门应当自收到申请之日起对前款规定的有关文件进行审查。属于基础电信业务的，应当在180日内审查完毕，作出批准或者不予批准的决定；属于增值电信业务的，应当在90日内审查完毕，作出批准或者不予批准的决定。予以批准的，颁发《外商投资经营电信业务审定意见书》；不予批准的，应当书面通知申请人并说明理由。

第十二条 设立外商投资电信企业经营省、自治区、直辖市范围内增值电信业务，由中方主要投资者向省、自治区、直辖市电信管理机构提出申请并报送下列文件：

（一）本规定第十条规定的资格证明或者有关确认文件；

（二）电信条例规定的经营增值电信业务应当具备的其他条件的证明或者确认文件。

省、自治区、直辖市电信管理机构应当自收到申请之日起60日内签署意见。同意的，转报国务院工业和信息化主管部门；不同意的，应当书面通知申请人并说明理由。

国务院工业和信息化主管部门应当自收到省、自治区、直辖市电信管理机构签署同意的申请文件之日起30日内审查完毕，作出批准或者不予批准的决定。予以批准的，颁发《外商投资经营电信业务审定意见书》；不予批准的，应当书面通知申请人并说明理由。

第十三条 外商投资电信企业项目申请报告的主要内容包括：合营各方的名称和基本情况、拟设立企业的投资总额、注册资本、各方出资比例、申请经营的业务种类、合营期限等。

第十四条 设立外商投资电信企业，按照国家有关规定，其投资项目需要经国务院发展改革部门核准的，国务院工业和信息化主管部门应当在颁发《外商投资经营电信业务审定意见书》前，将申请材料转送国务院发展改革部门核准。转送国务院发展改革部门核准的，本规定第十一条、第十二条规定的审批期限可以延长30日。

第十五条 设立外商投资电信企业，属于经营基础电信业务或者跨省、自治区、直辖市范围增值电信业务的，由中方主要投资者凭《外商投资经营电信业务审定意见书》向国务院商务主管部门报送拟设立外商投资电信企业的合同、章程；属于经营省、自治区、直辖市范围内增值电信业务的，由中方主要投资者凭《外商投资经营电信业务审定意见书》向省、自治区、直辖市人民政府商务主管部门报送拟设立外商投资电信企业的合同、章程。

国务院商务主管部门和省、自治区、直辖市人民政府商务主管部门应当自收到报送的拟设立外商投资电信企业的合同、章程之日起90日内审查完毕，作出批准或者不予批准的决定。予以批准的，颁发《外商投资企业批准证书》；不予批准的，应当书面通知申请人并说明理由。

第十六条 外商投资电信企业的中方主要投资者凭《外商投资企业批准证书》，到国务院工业和信息化主管部门办理《电信业务经营许可证》手续。

外商投资电信企业的中方主要投资者凭《外商投资企业批准证书》和《电信业务经营许可证》，向工商行政管理机关办理外商投资电信企业注册登记手续。

第十七条 外商投资电信企业经营跨境电信业务，必须经国务院工业和信息化主管部门批准，并通过国务院工业和信息化主管部门批准设立的国际电信出入口局进行。

第十八条 违反本规定第六条规定的，由国务院工业和信息化主管部门责令限期改正，并处10万元以上50万元以下的罚款；逾期不改正的，由国务院工业和信息化主管部门吊销《电信业务经营许可证》，并由原颁发《外商投资企业批准证书》的商务主管部门撤销其《外商投资企业批准证书》。

第十九条 违反本规定第十七条规定的，由国务院工业和信息化主管部门责令限期改正，并处20万元以上100万元以下的罚款；逾期不改正的，由国务院工业和信息化主管部门吊销《电信业务经营许可证》，并由原颁发《外商投资企业批准证书》的商务主管部门撤销其《外商投资企业批准证书》。

第二十条 申请设立外商投资电信企业，提供虚假、伪造的资格证明或者确认文件骗取批准的，批准无效，由国务院工业和信息化主管部门处20万元以上100万元以下的罚款，吊销《电信业务经营许可证》，并由原颁发《外商投资企业批准证书》的商务主管部门撤销其《外商投资企业批准证书》。

第二十一条 外商投资电信企业经营电信业务，违反电信条例和其他有关法律、行政法规规定的，由有关机关依法给予处罚。

第二十二条 香港特别行政区、澳门特别行政区和台湾地区的公司、企业在内地投资经营电信业务，比照适用本规定。

第二十三条 本规定自2002年1月1日起施行。

中华人民共和国国务院令

第535号

《中华人民共和国劳动合同法实施条例》已经2008年9月3日国务院第25次常务会议通过，现予公布，自公布之日起施行。

总理　温家宝

二〇〇八年九月十八日

中华人民共和国劳动合同法实施条例

第一章　总　　则

第一条　为了贯彻实施《中华人民共和国劳动合同法》（以下简称劳动合同法），制定本条例。

第二条　各级人民政府和县级以上人民政府劳动行政等有关部门以及工会等组织，应当采取措施，推动劳动合同法的贯彻实施，促进劳动关系的和谐。

第三条　依法成立的会计师事务所、律师事务所等合伙组织和基金会，属于劳动合同法规定的用人单位。

第二章　劳动合同的订立

第四条　劳动合同法规定的用人单位设立的分支机构，依法取得营业执照或者登记证书的，可以作为用人单位与劳动者订立劳动合同；未依法取得营业执照或者登记证书的，受用人单位委托可以与劳动者订立劳动合同。

第五条　自用工之日起一个月内，经用人单位书面通知后，劳动者不与用人单位订立书面劳动合同的，用人单位应当书面通知劳动者终止劳动关系，无需向劳动者支付经济补偿，但是应当依法向劳动者支付其实际工作时间的劳动报酬。

第六条　用人单位自用工之日起超过一个月不满一年未与劳动者订立书面劳动合同的，应当依照劳动合同法第八十二条的规定向劳动者每月支付两倍的工资，并与劳动者补订书面劳动合同；劳动者不与用人单位订立书面劳动合同的，用人单位应当书面通知劳动者终止劳动关系，并依照劳动合同法第四十七条的规定支付经济补偿。

前款规定的用人单位向劳动者每月支付两倍工资的起算时间为用工之日起满一个月的次日，截止时间为补订书面劳动合同的前一日。

第七条　用人单位自用工之日起满一年未与劳动者订立书面劳动合同的，自用工之日起满一个月的次日至满一年的前一日应当依照劳动合同法第八十二条的规定向劳动者每月支付两倍的工资，并视为自用工之日起满一年的当日已经与劳动者订立无固定期限劳动合同，应当立即与劳动者补订书面劳动合同。

第八条　劳动合同法第七条规定的职工名册，应当包括劳动者姓名、性别、公民身份号码、户籍地址及现住址、联系方式、用工形式、用工起始时间、劳动合同期限等内容。

第九条　劳动合同法第十四条第二款规定的连续工作满10年的起始时间，应当自用人单位用工之日起计算，包括劳动合同法施行前的工作年限。

第十条　劳动者非因本人原因从原用人单位被安排到新用人单位工作的，劳动者在原用人单位的工作年限合并计算为新用人单位的工作年限。原用人单位已经向劳动者支付经济补偿的，新用人单位在依法解除、终止劳动合同计算支付经济补偿的工作年限时，不再计算劳动者在原用人单位的工作年限。

第十一条 除劳动者与用人单位协商一致的情形外，劳动者依照劳动合同法第十四条第二款的规定，提出订立无固定期限劳动合同的，用人单位应当与其订立无固定期限劳动合同。对劳动合同的内容，双方应当按照合法、公平、平等自愿、协商一致、诚实信用的原则协商确定；对协商不一致的内容，依照劳动合同法第十八条的规定执行。

第十二条 地方各级人民政府及县级以上地方人民政府有关部门为安置就业困难人员提供的给予岗位补贴和社会保险补贴的公益性岗位，其劳动合同不适用劳动合同法有关无固定期限劳动合同的规定以及支付经济补偿的规定。

第十三条 用人单位与劳动者不得在劳动合同法第四十四条规定的劳动合同终止情形之外约定其他的劳动合同终止条件。

第十四条 劳动合同履行地与用人单位注册地不一致的，有关劳动者的最低工资标准、劳动保护、劳动条件、职业危害防护和本地区上年度职工月平均工资标准等事项，按照劳动合同履行地的有关规定执行；用人单位注册地的有关标准高于劳动合同履行地的有关标准，且用人单位与劳动者约定按照用人单位注册地的有关规定执行的，从其约定。

第十五条 劳动者在试用期的工资不得低于本单位相同岗位最低档工资的 80% 或者不得低于劳动合同约定工资的 80%，并不得低于用人单位所在地的最低工资标准。

第十六条 劳动合同法第二十二条第二款规定的培训费用，包括用人单位为了对劳动者进行专业技术培训而支付的有凭证的培训费用、培训期间的差旅费用以及因培训产生的用于该劳动者的其他直接费用。

第十七条 劳动合同期满，但是用人单位与劳动者依照劳动合同法第二十二条的规定约定的服务期尚未到期的，劳动合同应当续延至服务期满；双方另有约定的，从其约定。

第三章 劳动合同的解除和终止

第十八条 有下列情形之一的，依照劳动合同法规定的条件、程序，劳动者可以与用人单位解除固定期限劳动合同、无固定期限劳动合同或者以完成一定工作任务为期限的劳动合同：

（一）劳动者与用人单位协商一致的；

（二）劳动者提前 30 日以书面形式通知用人单位的；

（三）劳动者在试用期内提前 3 日通知用人单位的；

（四）用人单位未按照劳动合同约定提供劳动保护或者劳动条件的；

（五）用人单位未及时足额支付劳动报酬的；

（六）用人单位未依法为劳动者缴纳社会保险费的；

（七）用人单位的规章制度违反法律、法规的规定，损害劳动者权益的；

（八）用人单位以欺诈、胁迫的手段或者乘人之危，使劳动者在违背真实意思的情况下订立或者变更劳动合同的；

（九）用人单位在劳动合同中免除自己的法定责任、排除劳动者权利的；

（十）用人单位违反法律、行政法规强制性规定的；

（十一）用人单位以暴力、威胁或者非法限制人身自由的手段强迫劳动者劳动的；

（十二）用人单位违章指挥、强令冒险作业危及劳动者人身安全的；

（十三）法律、行政法规规定劳动者可以解除劳动合同的其他情形。

第十九条 有下列情形之一的，依照劳动合同法规定的条件、程序，用人单位可以与劳动者解除固定期限劳动合同、无固定期限劳动合同或者以完成一定工作任务为期限的劳动合同：

（一）用人单位与劳动者协商一致的；

（二）劳动者在试用期间被证明不符合录用条件的；

(三)劳动者严重违反用人单位的规章制度的;

(四)劳动者严重失职,营私舞弊,给用人单位造成重大损害的;

(五)劳动者同时与其他用人单位建立劳动关系,对完成本单位的工作任务造成严重影响,或者经用人单位提出,拒不改正的;

(六)劳动者以欺诈、胁迫的手段或者乘人之危,使用人单位在违背真实意思的情况下订立或者变更劳动合同的;

(七)劳动者被依法追究刑事责任的;

(八)劳动者患病或者非因工负伤,在规定的医疗期满后不能从事原工作,也不能从事由用人单位另行安排的工作的;

(九)劳动者不能胜任工作,经过培训或者调整工作岗位,仍不能胜任工作的;

(十)劳动合同订立时所依据的客观情况发生重大变化,致使劳动合同无法履行,经用人单位与劳动者协商,未能就变更劳动合同内容达成协议的;

(十一)用人单位依照企业破产法规定进行重整的;

(十二)用人单位生产经营发生严重困难的;

(十三)企业转产、重大技术革新或者经营方式调整,经变更劳动合同后,仍需裁减人员的;

(十四)其他因劳动合同订立时所依据的客观经济情况发生重大变化,致使劳动合同无法履行的。

第二十条 用人单位依照劳动合同法第四十条的规定,选择额外支付劳动者一个月工资解除劳动合同的,其额外支付的工资应当按照该劳动者上一个月的工资标准确定。

第二十一条 劳动者达到法定退休年龄的,劳动合同终止。

第二十二条 以完成一定工作任务为期限的劳动合同因任务完成而终止的,用人单位应当依照劳动合同法第四十七条的规定向劳动者支付经济补偿。

第二十三条 用人单位依法终止工伤职工的劳动合同的,除依照劳动合同法第四十七条的规定支付经济补偿外,还应当依照国家有关工伤保险的规定支付一次性工伤医疗补助金和伤残就业补助金。

第二十四条 用人单位出具的解除、终止劳动合同的证明,应当写明劳动合同期限、解除或者终止劳动合同的日期、工作岗位、在本单位的工作年限。

第二十五条 用人单位违反劳动合同法的规定解除或者终止劳动合同,依照劳动合同法第八十七条的规定支付了赔偿金的,不再支付经济补偿。赔偿金的计算年限自用工之日起计算。

第二十六条 用人单位与劳动者约定了服务期,劳动者依照劳动合同法第三十八条的规定解除劳动合同的,不属于违反服务期的约定,用人单位不得要求劳动者支付违约金。

有下列情形之一,用人单位与劳动者解除约定服务期的劳动合同的,劳动者应当按照劳动合同的约定向用人单位支付违约金:

(一)劳动者严重违反用人单位的规章制度的;

(二)劳动者严重失职,营私舞弊,给用人单位造成重大损害的;

(三)劳动者同时与其他用人单位建立劳动关系,对完成本单位的工作任务造成严重影响,或者经用人单位提出,拒不改正的;

(四)劳动者以欺诈、胁迫的手段或者乘人之危,使用人单位在违背真实意思的情况下订立或者变更劳动合同的;

(五)劳动者被依法追究刑事责任的。

第二十七条 劳动合同法第四十七条规定的经济补偿的月工资按照劳动者应得工资计算,包括计时工资或者计件工资以及奖金、津贴和补贴等货币性收入。劳动者在劳动合同解除或者终止前12个月的平均工资低于当地最低工资标准的,按照当地最低工资标准计算。劳动者工作不满12个月的,按照实际工作的月数计算平均工资。

第四章　劳务派遣特别规定

第二十八条 用人单位或者其所属单位出资或者合伙设立的劳务派遣单位，向本单位或者所属单位派遣劳动者的，属于劳动合同法第六十七条规定的不得设立的劳务派遣单位。

第二十九条 用工单位应当履行劳动合同法第六十二条规定的义务，维护被派遣劳动者的合法权益。

第三十条 劳务派遣单位不得以非全日制用工形式招用被派遣劳动者。

第三十一条 劳务派遣单位或者被派遣劳动者依法解除、终止劳动合同的经济补偿，依照劳动合同法第四十六条、第四十七条的规定执行。

第三十二条 劳务派遣单位违法解除或者终止被派遣劳动者的劳动合同的，依照劳动合同法第四十八条的规定执行。

第五章　法律责任

第三十三条 用人单位违反劳动合同法有关建立职工名册规定的，由劳动行政部门责令限期改正；逾期不改正的，由劳动行政部门处2000元以上2万元以下的罚款。

第三十四条 用人单位依照劳动合同法的规定应当向劳动者每月支付两倍的工资或者应当向劳动者支付赔偿金而未支付的，劳动行政部门应当责令用人单位支付。

第三十五条 用工单位违反劳动合同法和本条例有关劳务派遣规定的，由劳动行政部门和其他有关主管部门责令改正；情节严重的，以每位被派遣劳动者1000元以上5000元以下的标准处以罚款；给被派遣劳动者造成损害的，劳务派遣单位和用工单位承担连带赔偿责任。

第六章　附　　则

第三十六条 对违反劳动合同法和本条例的行为的投诉、举报，县级以上地方人民政府劳动行政部门依照《劳动保障监察条例》的规定处理。

第三十七条 劳动者与用人单位因订立、履行、变更、解除或者终止劳动合同发生争议的，依照《中华人民共和国劳动争议调解仲裁法》的规定处理。

第三十八条 本条例自公布之日起施行。

中华人民共和国国务院令

第536号

《乳品质量安全监督管理条例》已经2008年10月6日国务院第28次常务会议通过，现予公布，自公布之日起施行。

总理　温家宝

二〇〇八年十月九日

乳品质量安全监督管理条例

第一章　总　　则

第一条　为了加强乳品质量安全监督管理，保证乳品质量安全，保障公众身体健康和生命安全，促进奶业健康发展，制定本条例。

第二条　本条例所称乳品，是指生鲜乳和乳制品。乳品质量安全监督管理适用本条例；法律对乳品质量安全监督管理另有规定的，从其规定。

第三条　奶畜养殖者、生鲜乳收购者、乳制品生产企业和销售者对其生产、收购、运输、销售的乳品质量安全负责，是乳品质量安全的第一责任者。

第四条　县级以上地方人民政府对本行政区域内的乳品质量安全监督管理负总责。

县级以上人民政府畜牧兽医主管部门负责奶畜饲养以及生鲜乳生产环节、收购环节的监督管理。县级以上质量监督检验检疫部门负责乳制品生产环节和乳品进出口环节的监督管理。县级以上工商行政管理部门负责乳制品销售环节的监督管理。县级以上食品药品监督部门负责乳制品餐饮服务环节的监督管理。县级以上人民政府卫生主管部门依照职权负责乳品质量安全监督管理的综合协调、组织查处食品安全重大事故。县级以上人民政府其他有关部门在各自职责范围内负责乳品质量安全监督管理的其他工作。

第五条　发生乳品质量安全事故，应当依照有关法律、行政法规的规定及时报告、处理；造成严重后果或者恶劣影响的，对有关人民政府、有关部门负有领导责任的负责人依法追究责任。

第六条　生鲜乳和乳制品应当符合乳品质量安全国家标准。乳品质量安全国家标准由国务院卫生主管部门组织制定，并根据风险监测和风险评估的结果及时组织修订。

乳品质量安全国家标准应当包括乳品中的致病性微生物、农药残留、兽药残留、重金属以及其他危害人体健康物质的限量规定，乳品生产经营过程的卫生要求，通用的乳品检验方法与规程，与乳品安全有关的质量要求，以及其他需要制定为乳品质量安全国家标准的内容。

制定婴幼儿奶粉的质量安全国家标准应当充分考虑婴幼儿身体特点和生长发育需要，保证婴幼儿生长发育所需的营养成分。

国务院卫生主管部门应当根据疾病信息和监督管理部门的监督管理信息等，对发现添加或者可能添加到乳品中的非食品用化学物质和其他可能危害人体健康的物质，立即组织进行风险评估，采取相应的监测、检测和监督措施。

第七条　禁止在生鲜乳生产、收购、贮存、运输、销售过程中添加任何物质。

禁止在乳制品生产过程中添加非食品用化学物质或者其他可能危害人体健康的物质。

第八条　国务院畜牧兽医主管部门会同国务院发展改革部门、工业和信息化部门、商务部门，制定全国奶业发展规划，加强奶源基地建设，完善服务体系，促进奶业健康发展。

县级以上地方人民政府应当根据全国奶业发展规划，合理确定本行政区域内奶畜养殖规模，科学安排生鲜乳的生产、收购布局。

第九条 有关行业协会应当加强行业自律，推动行业诚信建设，引导、规范奶畜养殖者、生鲜乳收购者、乳制品生产企业和销售者依法生产经营。

第二章 奶畜养殖

第十条 国家采取有效措施，鼓励、引导、扶持奶畜养殖者提高生鲜乳质量安全水平。省级以上人民政府应当在本级财政预算内安排支持奶业发展资金，并鼓励对奶畜养殖者、奶农专业生产合作社等给予信贷支持。

国家建立奶畜政策性保险制度，对参保奶畜养殖者给予保费补助。

第十一条 畜牧兽医技术推广机构应当向奶畜养殖者提供养殖技术培训、良种推广、疫病防治等服务。

国家鼓励乳制品生产企业和其他相关生产经营者为奶畜养殖者提供所需的服务。

第十二条 设立奶畜养殖场、养殖小区应当具备下列条件：

（一）符合所在地人民政府确定的本行政区域奶畜养殖规模；

（二）有与其养殖规模相适应的场所和配套设施；

（三）有为其服务的畜牧兽医技术人员；

（四）具备法律、行政法规和国务院畜牧兽医主管部门规定的防疫条件；

（五）有对奶畜粪便、废水和其他固体废物进行综合利用的沼气池等设施或者其他无害化处理设施；

（六）有生鲜乳生产、销售、运输管理制度；

（七）法律、行政法规规定的其他条件。

奶畜养殖场、养殖小区开办者应当将养殖场、养殖小区的名称、养殖地址、奶畜品种和养殖规模向养殖场、养殖小区所在地县级人民政府畜牧兽医主管部门备案。

第十三条 奶畜养殖场应当建立养殖档案，载明以下内容：

（一）奶畜的品种、数量、繁殖记录、标识情况、来源和进出场日期；

（二）饲料、饲料添加剂、兽药等投入品的来源、名称、使用对象、时间和用量；

（三）检疫、免疫、消毒情况；

（四）奶畜发病、死亡和无害化处理情况；

（五）生鲜乳生产、检测、销售情况；

（六）国务院畜牧兽医主管部门规定的其他内容。

奶畜养殖小区开办者应当逐步建立养殖档案。

第十四条 从事奶畜养殖，不得使用国家禁用的饲料、饲料添加剂、兽药以及其他对动物和人体具有直接或者潜在危害的物质。

禁止销售在规定用药期和休药期内的奶畜产的生鲜乳。

第十五条 奶畜养殖者应当确保奶畜符合国务院畜牧兽医主管部门规定的健康标准，并确保奶畜接受强制免疫。

动物疫病预防控制机构应当对奶畜的健康情况进行定期检测；经检测不符合健康标准的，应当立即隔离、治疗或者做无害化处理。

第十六条 奶畜养殖者应当做好奶畜和养殖场所的动物防疫工作，发现奶畜染疫或者疑似染疫的，应当立即报告，停止生鲜乳生产，并采取隔离等控制措施，防止疫病扩散。

奶畜养殖者对奶畜养殖过程中的排泄物、废弃物应当及时清运、处理。

第十七条 奶畜养殖者应当遵守国务院畜牧兽医主管部门制定的生鲜乳生产技术规程。直接从事挤奶工作的人员应当持有有效的健康证明。

奶畜养殖者对挤奶设施、生鲜乳贮存设施等应当及时清洗、消毒,避免对生鲜乳造成污染。

第十八条 生鲜乳应当冷藏。超过2小时未冷藏的生鲜乳,不得销售。

第三章 生鲜乳收购

第十九条 省、自治区、直辖市人民政府畜牧兽医主管部门应当根据当地奶源分布情况,按照方便奶畜养殖者、促进规模化养殖的原则,对生鲜乳收购站的建设进行科学规划和合理布局。必要时,可以实行生鲜乳集中定点收购。

国家鼓励乳制品生产企业按照规划布局,自行建设生鲜乳收购站或者收购原有生鲜乳收购站。

第二十条 生鲜乳收购站应当由取得工商登记的乳制品生产企业、奶畜养殖场、奶农专业生产合作社开办,并具备下列条件,取得所在地县级人民政府畜牧兽医主管部门颁发的生鲜乳收购许可证:

(一)符合生鲜乳收购站建设规划布局;

(二)有符合环保和卫生要求的收购场所;

(三)有与收奶量相适应的冷却、冷藏、保鲜设施和低温运输设备;

(四)有与检测项目相适应的化验、计量、检测仪器设备;

(五)有经培训合格并持有有效健康证明的从业人员;

(六)有卫生管理和质量安全保障制度。

生鲜乳收购许可证有效期2年;生鲜乳收购站不再办理工商登记。

禁止其他单位或者个人开办生鲜乳收购站。禁止其他单位或者个人收购生鲜乳。

国家对生鲜乳收购站给予扶持和补贴,提高其机械化挤奶和生鲜乳冷藏运输能力。

第二十一条 生鲜乳收购站应当及时对挤奶设施、生鲜乳贮存运输设施等进行清洗、消毒,避免对生鲜乳造成污染。

生鲜乳收购站应当按照乳品质量安全国家标准对收购的生鲜乳进行常规检测。检测费用不得向奶畜养殖者收取。

生鲜乳收购站应当保持生鲜乳的质量。

第二十二条 生鲜乳收购站应当建立生鲜乳收购、销售和检测记录。生鲜乳收购、销售和检测记录应当包括畜主姓名、单次收购量、生鲜乳检测结果、销售去向等内容,并保存2年。

第二十三条 县级以上地方人民政府价格主管部门应当加强对生鲜乳价格的监控和通报,及时发布市场供求信息和价格信息。必要时,县级以上地方人民政府建立由价格、畜牧兽医等部门以及行业协会、乳制品生产企业、生鲜乳收购者、奶畜养殖者代表组成的生鲜乳价格协调委员会,确定生鲜乳交易参考价格,供购销双方签订合同时参考。

生鲜乳购销双方应当签订书面合同。生鲜乳购销合同示范文本由国务院畜牧兽医主管部门会同国务院工商行政管理部门制定并公布。

第二十四条 禁止收购下列生鲜乳:

(一)经检测不符合健康标准或者未经检疫合格的奶畜产的;

(二)奶畜产犊7日内的初乳,但以初乳为原料从事乳制品生产的除外;

(三)在规定用药期和休药期内的奶畜产的;

(四)其他不符合乳品质量安全国家标准的。

对前款规定的生鲜乳,经检测无误后,应当予以销毁或者采取其他无害化处理措施。

第二十五条 贮存生鲜乳的容器,应当符合国家有关卫生标准,在挤奶后2小时内应当降温至0－4℃。

生鲜乳运输车辆应当取得所在地县级人民政府畜牧兽医主管部门核发的生鲜乳准运证明,并随车携带生鲜乳交接单。交接单应当载明生鲜乳收购站的名称、生鲜乳数量、交接时间,并由生鲜乳收购站经手人、押运员、司机、收奶员签字。

生鲜乳交接单一式两份，分别由生鲜乳收购站和乳品生产者保存，保存时间2年。准运证明和交接单式样由省、自治区、直辖市人民政府畜牧兽医主管部门制定。

第二十六条 县级以上人民政府应当加强生鲜乳质量安全监测体系建设，配备相应的人员和设备，确保监测能力与监测任务相适应。

第二十七条 县级以上人民政府畜牧兽医主管部门应当加强生鲜乳质量安全监测工作，制定并组织实施生鲜乳质量安全监测计划，对生鲜乳进行监督抽查，并按照法定权限及时公布监督抽查结果。

监测抽查不得向被抽查人收取任何费用，所需费用由同级财政列支。

第四章 乳制品生产

第二十八条 从事乳制品生产活动，应当具备下列条件，取得所在地质量监督部门颁发的食品生产许可证：

（一）符合国家奶业产业政策；

（二）厂房的选址和设计符合国家有关规定；

（三）有与所生产的乳制品品种和数量相适应的生产、包装和检测设备；

（四）有相应的专业技术人员和质量检验人员；

（五）有符合环保要求的废水、废气、垃圾等污染物的处理设施；

（六）有经培训合格并持有有效健康证明的从业人员；

（七）法律、行政法规规定的其他条件。

质量监督部门对乳制品生产企业颁发食品生产许可证，应当征求所在地工业行业管理部门的意见。

未取得食品生产许可证的任何单位和个人，不得从事乳制品生产。

第二十九条 乳制品生产企业应当建立质量管理制度，采取质量安全管理措施，对乳制品生产实施从原料进厂到成品出厂的全过程质量控制，保证产品质量安全。

第三十条 乳制品生产企业应当符合良好生产规范要求。国家鼓励乳制品生产企业实施危害分析与关键控制点体系，提高乳制品安全管理水平。生产婴幼儿奶粉的企业应当实施危害分析与关键控制点体系。

对通过良好生产规范、危害分析与关键控制点体系认证的乳制品生产企业，认证机构应当依法实施跟踪调查；对不再符合认证要求的企业，应当依法撤销认证，并及时向有关主管部门报告。

第三十一条 乳制品生产企业应当建立生鲜乳进货查验制度，逐批检测收购的生鲜乳，如实记录质量检测情况、供货者的名称以及联系方式、进货日期等内容，并查验运输车辆生鲜乳交接单。查验记录和生鲜乳交接单应当保存2年。乳制品生产企业不得向未取得生鲜乳收购许可证的单位和个人购进生鲜乳。

乳制品生产企业不得购进兽药等化学物质残留超标，或者含有重金属等有毒有害物质、致病性的寄生虫和微生物、生物毒素以及其他不符合乳品质量安全国家标准的生鲜乳。

第三十二条 生产乳制品使用的生鲜乳、辅料、添加剂等，应当符合法律、行政法规的规定和乳品质量安全国家标准。

生产的乳制品应当经过巴氏杀菌、高温杀菌、超高温杀菌或者其他有效方式杀菌。

生产发酵乳制品的菌种应当纯良、无害，定期鉴定，防止杂菌污染。

生产婴幼儿奶粉应当保证婴幼儿生长发育所需的营养成分，不得添加任何可能危害婴幼儿身体健康和生长发育的物质。

第三十三条 乳制品的包装应当有标签。标签应当如实标明产品名称、规格、净含量、生产日期，成分或者配料表，生产企业的名称、地址、联系方式，保质期，产品标准代号，贮存条件，所使用的食品添加剂的化学通用名称，食品生产许可证编号，法律、行政法规或者乳品质量安全国家标准规定必须标明的其他事项。

使用奶粉、黄油、乳清粉等原料加工的液态奶，应当在包装上注明；使用复原乳作为原料生产液态奶的，应当标明“复原乳”字样，并在产品配料中如实标明复原乳所含原料及比例。

婴幼儿奶粉标签还应当标明主要营养成分及其含量，详细说明使用方法和注意事项。

第三十四条 出厂的乳制品应当符合乳品质量安全国家标准。

乳制品生产企业应当对出厂的乳制品逐批检验，并保存检验报告，留取样品。检验内容应当包括乳制品的感官指标、理化指标、卫生指标和乳制品中使用的添加剂、稳定剂以及酸奶中使用的菌种等；婴幼儿奶粉在出厂前还应当检测营养成分。对检验合格的乳制品应当标识检验合格证号；检验不合格的不得出厂。检验报告应当保存2年。

第三十五条 乳制品生产企业应当如实记录销售的乳制品名称、数量、生产日期、生产批号、检验合格证号、购货者名称及其联系方式、销售日期等。

第三十六条 乳制品生产企业发现其生产的乳制品不符合乳品质量安全国家标准、存在危害人体健康和生命安全危险或者可能危害婴幼儿身体健康或者生长发育的，应当立即停止生产，报告有关主管部门，告知销售者、消费者，召回已经出厂、上市销售的乳制品，并记录召回情况。

乳制品生产企业对召回的乳制品应当采取销毁、无害化处理等措施，防止其再次流入市场。

第五章 乳制品销售

第三十七条 从事乳制品销售应当按照食品安全监督管理的有关规定，依法向工商行政管理部门申请领取有关证照。

第三十八条 乳制品销售者应当建立并执行进货查验制度，审验供货商的经营资格，验明乳制品合格证明和产品标识，并建立乳制品进货台账，如实记录乳制品的名称、规格、数量、供货商及其联系方式、进货时间等内容。从事乳制品批发业务的销售企业应当建立乳制品销售台账，如实记录批发的乳制品的品种、规格、数量、流向等内容。进货台账和销售台账保存期限不得少于2年。

第三十九条 乳制品销售者应当采取措施，保持所销售乳制品的质量。

销售需要低温保存的乳制品的，应当配备冷藏设备或者采取冷藏措施。

第四十条 禁止购进、销售无质量合格证明、无标签或者标签残缺不清的乳制品。

禁止购进、销售过期、变质或者不符合乳品质量安全国家标准的乳制品。

第四十一条 乳制品销售者不得伪造产地，不得伪造或者冒用他人的厂名、厂址，不得伪造或者冒用认证标志等质量标志。

第四十二条 对不符合乳品质量安全国家标准、存在危害人体健康和生命安全或者可能危害婴幼儿身体健康和生长发育的乳制品，销售者应当立即停止销售，追回已经售出的乳制品，并记录追回情况。

乳制品销售者自行发现其销售的乳制品有前款规定情况的，还应当立即报告所在地工商行政管理等有关部门，通知乳制品生产企业。

第四十三条 乳制品销售者应当向消费者提供购货凭证，履行不合格乳制品的更换、退货等义务。

乳制品销售者依照前款规定履行更换、退货等义务后，属于乳制品生产企业或者供货商的责任的，销售者可以向乳制品生产企业或者供货商追偿。

第四十四条 进口的乳品应当按照乳品质量安全国家标准进行检验；尚未制定乳品质量安全国家标准的，可以参照国家有关部门指定的国外有关标准进行检验。

第四十五条 出口乳品的生产者、销售者应当保证其出口乳品符合乳品质量安全国家标准的同时还符合进口国家（地区）的标准或者合同要求。

第六章 监督检查

第四十六条 县级以上人民政府畜牧兽医主管部门应当加强对奶畜饲养以及生鲜乳生产环节、收购环节的监督检查。县级以上质量监督检验检疫部门应当加强对乳制品生产环节和乳品进出口环节的监督检查。县级以上工商行政管理部门应当加强对乳制品销售环节的监督检查。县级以上食品药品监督部门应当加强对乳制品餐饮服务环节的监督管理。监督检查部门之间,监督检查部门与其他有关部门之间,应当及时通报乳品质量安全监督管理信息。

畜牧兽医、质量监督、工商行政管理等部门应当定期开展监督抽查,并记录监督抽查的情况和处理结果。需要对乳品进行抽样检查的,不得收取任何费用,所需费用由同级财政列支。

第四十七条 畜牧兽医、质量监督、工商行政管理等部门在依据各自职责进行监督检查时,行使下列职权:

(一)实施现场检查;

(二)向有关人员调查、了解有关情况;

(三)查阅、复制有关合同、票据、账簿、检验报告等资料;

(四)查封、扣押有证据证明不符合乳品质量安全国家标准的乳品以及违法使用的生鲜乳、辅料、添加剂;

(五)查封涉嫌违法从事乳品生产经营活动的场所,扣押用于违法生产经营的工具、设备;

(六)法律、行政法规规定的其他职权。

第四十八条 县级以上质量监督部门、工商行政管理部门在监督检查中,对不符合乳品质量安全国家标准、存在危害人体健康和生命安全危险或者可能危害婴幼儿身体健康和生长发育的乳制品,责令并监督生产企业召回、销售者停止销售。

第四十九条 县级以上人民政府价格主管部门应当加强对生鲜乳购销过程中压级压价、价格欺诈、价格串通等不正当价格行为的监督检查。

第五十条 畜牧兽医主管部门、质量监督部门、工商行政管理部门应当建立乳品生产经营者违法行为记录,及时提供给中国人民银行,由中国人民银行纳入企业信用信息基础数据库。

第五十一条 省级以上人民政府畜牧兽医主管部门、质量监督部门、工商行政管理部门依据各自职责,公布乳品质量安全监督管理信息。有关监督管理部门应当及时向同级卫生主管部门通报乳品质量安全事故信息;乳品质量安全重大事故信息由省级以上人民政府卫生主管部门公布。

第五十二条 有关监督管理部门发现奶畜养殖者、生鲜乳收购者、乳制品生产企业和销售者涉嫌犯罪的,应当及时移送公安机关立案侦查。

第五十三条 任何单位和个人有权向畜牧兽医、卫生、质量监督、工商行政管理、食品药品监督等部门举报乳品生产经营中的违法行为。畜牧兽医、卫生、质量监督、工商行政管理、食品药品监督等部门应当公布本单位的电子邮件地址和举报电话;对接到的举报,应当完整地记录、保存。

接到举报的部门对属于本部门职责范围内的事项,应当及时依法处理,对于实名举报,应当及时答复;对不属于本部门职责范围内的事项,应当及时移交有权处理的部门,有权处理的部门应当立即处理,不得推诿。

第七章 法律责任

第五十四条 生鲜乳收购者、乳制品生产企业在生鲜乳收购、乳制品生产过程中,加入非食品用化学物质或者其他可能危害人体健康的物质,依照刑法第一百四十四条的规定,构成犯罪的,依法追究刑事责任,并由发证机关吊销许可证照;尚不构成犯罪的,由畜牧兽医主管部门、质量监督部门依据各自职责没收违法所得和违法生产的乳品,以及相关的工具、设备等物品,并处违法乳品货值金额15倍以上30倍以下罚款,由发证机关吊销许可证照。

第五十五条 生产、销售不符合乳品质量安全国家标准的乳品,依照刑法第一百四十三条的规定,构成犯罪的,依法追究刑事责任,并由发证机关吊销许可证照;尚不构成犯罪的,由畜牧兽医主管部门、质量监督部门、工商行政管理部门依据各自职责没收违法所得、违法乳品和相关的工具、设备等物品,并处违法乳品货值金额10倍以上20倍以下罚款,由发证机关吊销许可证照。

第五十六条 乳制品生产企业违反本条例第三十六条的规定，对不符合乳品质量安全国家标准、存在危害人体健康和生命安全或者可能危害婴幼儿身体健康和生长发育的乳制品，不停止生产、不召回的，由质量监督部门责令停止生产、召回；拒不停止生产、拒不召回的，没收其违法所得、违法乳制品和相关的工具、设备等物品，并处违法乳制品货值金额15倍以上30倍以下罚款，由发证机关吊销许可证照。

第五十七条 乳制品销售者违反本条例第四十二条的规定，对不符合乳品质量安全国家标准、存在危害人体健康和生命安全或者可能危害婴幼儿身体健康和生长发育的乳制品，不停止销售、不追回的，由工商行政管理部门责令停止销售、追回；拒不停止销售、拒不追回的，没收其违法所得、违法乳制品和相关的工具、设备等物品，并处违法乳制品货值金额15倍以上30倍以下罚款，由发证机关吊销许可证照。

第五十八条 违反本条例规定，在婴幼儿奶粉生产过程中，加入非食品用化学物质或其他可能危害人体健康的物质的，或者生产、销售的婴幼儿奶粉营养成分不足、不符合乳品质量安全国家标准的，依照本条例规定，从重处罚。

第五十九条 奶畜养殖者、生鲜乳收购者、乳制品生产企业和销售者在发生乳品质量安全事故后未报告、处置的，由畜牧兽医、质量监督、工商行政管理、食品药品监督等部门依据各自职责，责令改正，给予警告；毁灭有关证据的，责令停产停业，并处10万元以上20万元以下罚款；造成严重后果的，由发证机关吊销许可证照；构成犯罪的，依法追究刑事责任。

第六十条 有下列情形之一的，由县级以上地方人民政府畜牧兽医主管部门没收违法所得、违法收购的生鲜乳和相关的设备、设施等物品，并处违法乳品货值金额5倍以上10倍以下罚款；有许可证照的，由发证机关吊销许可证照：

(一)未取得生鲜乳收购许可证收购生鲜乳的；

(二)生鲜乳收购站取得生鲜乳收购许可证后，不再符合许可条件继续从事生鲜乳收购的；

(三)生鲜乳收购站收购本条例第二十四条规定禁止收购的生鲜乳的。

第六十一条 乳制品生产企业和销售者未取得许可证，或者取得许可证后不按照法定条件、法定要求从事生产销售活动的，由县级以上地方质量监督部门、工商行政管理部门依照《国务院关于加强食品等产品安全监督管理的特别规定》等法律、行政法规的规定处罚。

第六十二条 畜牧兽医、卫生、质量监督、工商行政管理等部门，不履行本条例规定职责、造成后果的，或者滥用职权、有其他渎职行为的，由监察机关或者任免机关对其主要负责人、直接负责的主管人员和其他直接责任人员给予记大过或者降级的处分；造成严重后果的，给予撤职或者开除的处分；构成犯罪的，依法追究刑事责任。

第八章　附　　则

第六十三条 草原牧区放牧饲养的奶畜所产的生鲜乳收购办法，由所在省、自治区、直辖市人民政府参照本条例另行制定。

第六十四条 本条例自公布之日起施行。

中华人民共和国国务院令

第537号

《中华人民共和国外国常驻新闻机构和外国记者采访条例》已经2008年10月17日国务院第31次常务会议通过，现予公布，自2008年10月17日起施行。

总理　温家宝

二〇〇八年十月十七日

中华人民共和国外国常驻新闻机构和外国记者采访条例

第一条　为了便于外国常驻新闻机构和外国记者在中华人民共和国境内依法采访报道，促进国际交往和信息传播，制定本条例。

第二条　本条例所称外国常驻新闻机构，是指外国新闻机构在中国境内设立、从事新闻采访报道业务的分支机构。本条例所称外国记者包括外国常驻记者和外国短期采访记者。外国常驻记者是指由外国新闻机构派遣，在中国境内常驻6个月以上、从事新闻采访报道业务的职业记者；外国短期采访记者是指在中国境内停留期不超过6个月、从事新闻采访报道业务的职业记者。

第三条　中国实行对外开放的基本国策，依法保障外国常驻新闻机构和外国记者的合法权益，并为其依法从事新闻采访报道业务提供便利。

第四条　外国常驻新闻机构和外国记者应当遵守中国法律、法规和规章，遵守新闻职业道德，客观、公正地进行采访报道，不得进行与其机构性质或者记者身份不符的活动。

第五条　中华人民共和国外交部（以下简称外交部）主管外国常驻新闻机构和外国记者事务。国务院新闻办公室和其他部门在各自职责范围内负责外国常驻新闻机构和外国记者有关事务。

地方人民政府外事部门受外交部委托，办理本行政区域内外国常驻新闻机构和外国记者事务。地方人民政府新闻办公室和其他部门在各自职责范围内负责本行政区域内外国常驻新闻机构和外国记者有关事务。

第六条　外国新闻机构在中国境内设立常驻新闻机构、向中国派遣常驻记者，应当经外交部批准。

第七条　外国新闻机构申请在中国境内设立常驻新闻机构，应当直接或者通过中国驻外使领馆向外交部提交以下材料：

（一）由该新闻机构总部主要负责人签署的书面申请；

（二）该新闻机构情况介绍；

（三）拟设立机构的负责人、拟派遣的常驻记者以及工作人员情况介绍；

（四）该新闻机构在所在国设立的证明文件副本。

第八条　在中国境内设立常驻新闻机构的申请经批准后，该常驻新闻机构负责人应当自抵达中国之日起7个工作日内，持本人护照到外交部办理外国常驻新闻机构证；其中，驻北京市以外地区的常驻新闻机构，其负责人应当自抵达中国之日起7个工作日内，持本人护照到外交部委托的地方人民政府外事部门办理外国常驻新闻机构证。

第九条　外国新闻机构申请向中国派遣常驻记者，应当直接或者通过中国驻外使领馆向外交部提交以下材料：

（一）由该新闻机构总部负责人签署的书面申请；

（二）拟派遣记者情况介绍；

（三）拟派遣记者在所在国从事职业活动的证明文件副本。

两个以上外国新闻机构派遣同一名常驻记者的，应当依照前款规定分别办理申请手续，并在各自的书面申请中注明该记者所兼职的外国新闻机构。

第十条 向中国派遣常驻记者的申请经批准后，被派遣的外国记者应当自抵达中国之日起7个工作日内，持本人护照到外交部办理外国常驻记者证；其中，驻北京市以外地区的常驻记者，应当自抵达中国之日起7个工作日内，持本人护照到外交部委托的地方人民政府外事部门办理外国常驻记者证。

外国记者办理外国常驻记者证后，应当到居住地公安机关办理居留证。

第十一条 外国常驻新闻机构变更机构名称、常驻地区等事项，应当向外交部提交书面申请，经批准后办理变更手续。

外国常驻新闻机构变更负责人、办公地址等事项，应当在变更后7个工作日内书面告知外交部；其中，驻北京市以外地区的常驻新闻机构变更负责人、办公地址等事项，应当在变更后7个工作日内书面告知外交部委托的地方人民政府外事部门。

第十二条 外国常驻记者证有效期届满需要延期的，外国常驻记者应当提前向外交部或者外交部委托的地方人民政府外事部门提出申请，办理延期手续；逾期不办理的，视为自动放弃外国常驻记者资格，其外国常驻记者证将被注销。

第十三条 外国常驻新闻机构拟终止业务的，应当在终止业务30日前告知外交部，并自终止业务之日起7个工作日内到外交部或者外交部委托的地方人民政府外事部门办理外国常驻新闻机构证及其常驻记者的外国常驻记者证注销手续。

外国常驻新闻机构连续10个月以上无常驻记者，视为该机构已经自动终止业务，其外国常驻新闻机构证将被注销。

外国常驻记者在中国境内居留时间每年累计少于6个月的，其外国常驻记者证将被注销。

外国常驻新闻机构应当在其常驻记者离任前到外交部或者外交部委托的地方人民政府外事部门办理该记者外国常驻记者证注销手续。

第十四条 外国常驻新闻机构证、外国常驻记者证被注销后，应当向社会公布。

外国常驻记者证被注销的记者，其记者签证自注销之日起10日后自动失效。

外国常驻记者证被注销的记者，应当自外国常驻记者证被注销之日起10日内持相关证明，到居住地公安机关申请办理签证或者居留证变更登记。

第十五条 外国记者常驻或者短期采访，应当向中国驻外使领馆或者外交部授权的签证机构申请办理记者签证。

第十六条 外国记者随国家元首、政府首脑、议长、王室成员或者高级政府官员来中国访问，应当由该国外交部或者相关部门向中国驻外使领馆或者外交部授权的签证机构统一申请办理记者签证。

第十七条 外国记者在中国境内采访，需征得被采访单位和个人的同意。

外国记者采访时应当携带并出示外国常驻记者证或者短期采访记者签证。

第十八条 外国常驻新闻机构和外国记者可以通过外事服务单位聘用中国公民从事辅助工作。外事服务单位由外交部或者外交部委托的地方人民政府外事部门指定。

第十九条 外国常驻新闻机构和外国记者因采访报道需要，在依法履行报批手续后，可以临时进口、设置和使用无线电通信设备。

第二十条 外国人未取得或者未持有有效的外国常驻记者证或者短期采访记者签证，在中国境内从事新闻采访报道活动的，由公安机关责令其停止新闻采访报道活动，并依照有关法律予以处理。

第二十一条 外国常驻新闻机构和外国记者违反本条例规定的，由外交部予以警告，责令暂停或者终止其业务活动；情节严重的，吊销其外国常驻新闻机构证、外国常驻记者证或者记者签证。

第二十二条 外国常驻新闻机构和外国记者违反中国其他法律、法规和规章规定的，依法处理；情节严重的，由外交部吊销其外国常驻新闻机构证、外国常驻记者证或者记者签证。

第二十三条 本条例自2008年10月17日起施行。1990年1月19日国务院公布的《外国记者和外国常驻新闻机构管理条例》同时废止。

中华人民共和国国务院令

第538号

《中华人民共和国增值税暂行条例》已经2008年11月5日国务院第34次常务会议修订通过，现将修订后的《中华人民共和国增值税暂行条例》公布，自2009年1月1日起施行。

总理　温家宝

二○○八年十一月十日

中华人民共和国增值税暂行条例

（1993年12月13日中华人民共和国国务院令第134号发布2008年11月5日国务院第34次常务会议修订通过）

第一条　在中华人民共和国境内销售货物或者提供加工、修理修配劳务以及进口货物的单位和个人，为增值税的纳税人，应当依照本条例缴纳增值税。

第二条　增值税税率：

（一）纳税人销售或者进口货物，除本条第（二）项、第（三）项规定外，税率为17%。

（二）纳税人销售或者进口下列货物，税率为13%：

1. 粮食、食用植物油；

2. 自来水、暖气、冷气、热水、煤气、石油液化气、天然气、沼气、居民用煤炭制品；

3. 图书、报纸、杂志；

4. 饲料、化肥、农药、农机、农膜；

5. 国务院规定的其他货物。

（三）纳税人出口货物，税率为零；但是，国务院另有规定的除外。

（四）纳税人提供加工、修理修配劳务（以下称应税劳务），税率为17%。

税率的调整，由国务院决定。

第三条　纳税人兼营不同税率的货物或者应税劳务，应当分别核算不同税率货物或者应税劳务的销售额；未分别核算销售额的，从高适用税率。

第四条　除本条例第十一条规定外，纳税人销售货物或者提供应税劳务（以下简称销售货物或者应税劳务），应纳税额为当期销项税额抵扣当期进项税额后的余额。应纳税额计算公式：

应纳税额 = 当期销项税额 - 当期进项税额

当期销项税额小于当期进项税额不足抵扣时，其不足部分可以结转下期继续抵扣。

第五条　纳税人销售货物或者应税劳务，按照销售额和本条例第二条规定的税率计算并向购买方收取的增值税额，为销项税额。销项税额计算公式：

销项税额 = 销售额税率

第六条　销售额为纳税人销售货物或者应税劳务向购买方收取的全部价款和价外费用，但是不包括收取的销项税额。

销售额以人民币计算。纳税人以人民币以外的货币结算销售额的，应当折合成人民币计算。

第七条　纳税人销售货物或者应税劳务的价格明显偏低并无正当理由的，由主管税务机关核定其销售额。

第八条　纳税人购进货物或者接受应税劳务（以下简称购进货物或者应税劳务）支付或者负担的增值税额，为进项税额。

下列进项税额准予从销项税额中抽扣：

(一)从销售方取得的增值税专用发票上注明的增值税额。

(二)从海关取得的海关进口增值税专用缴款书上注明的增值税额。

(三)购进农产品,除取得增值税专用发票或者海关进口增值税专用缴款书外,按照农产品收购发票或者销售发票上注明的农产品买价和13%的扣除率计算的进项税额。进项税额计算公式:

进项税额=买价扣除率

(四)购进或者销售货物以及在生产经营过程中支付运输费用的,按照运输费用结算单据上注明的运输费用金额和7%的扣除率计算的进项税额。进项税额计算公式:

进项税额=运输费用金额扣除率

准予抵扣的项目和扣除率的调整,由国务院决定。

第九条 纳税人购进货物或者应税劳务,取得的增值税扣税凭证不符合法律、行政法规或者国务院税务主管部门有关规定的,其进项税额不得从销项税额中抵扣。

第十条 下列项目的进项税额不得从销项税额中抵扣:

(一)用于非增值税应税项目、免征增值税项目、集体福利或者个人消费的购进货物或者应税劳务;

(二)非正常损失的购进货物及相关的应税劳务;

(三)非正常损失的在产品、产成品所耗用的购进货物或者应税劳务;

(四)国务院财政、税务主管部门规定的纳税人自用消费品;

(五)本条第(一)项至第(四)项规定的货物的运输费用和销售免税货物的运输费用。

第十一条 小规模纳税人销售货物或者应税劳务,实行按照销售额和征收率计算应纳税额的简易办法,并不得抵扣进项税额。应纳税额计算公式:

应纳税额=销售额征收率

小规模纳税人的标准由国务院财政、税务主管部门规定。

第十二条 小规模纳税人增值税征收率为3%。

征收率的调整,由国务院决定。

第十三条 小规模纳税人以外的纳税人应当向主管税务机关申请资格认定。具体认定办法由国务院税务主管部门制定。

小规模纳税人会计核算健全,能够提供准确税务资料的,可以向主管税务机关申请资格认定,不作为小规模纳税人,依照本条例有关规定计算应纳税额。

第十四条 纳税人进口货物,按照组成计税价格和本条例第二条规定的税率计算应纳税额。组成计税价格和应纳税额计算公式:

组成计税价格=关税完税价格+关税+消费税

应纳税额=组成计税价格税率

第十五条 下列项目免征增值税:

(一)农业生产者销售的自产农产品;

(二)避孕药品和用具;

(三)古旧图书;

(四)直接用于科学研究、科学试验和教学的进口仪器、设备;

(五)外国政府、国际组织无偿援助的进口物资和设备;

(六)由残疾人的组织直接进口供残疾人专用的物品;

(七)销售的自己使用过的物品。

除前款规定外,增值税的免税、减税项目由国务院规定。任何地区、部门均不得规定免税、减税项目。

第十六条 纳税人兼营免税、减税项目的,应当分别核算免税、减税项目的销售额;未分别核算销售额的,不得免税、减税。

第十七条 纳税人销售额未达到国务院财政、税务主管部门规定的增值税起征点的,免征增值税;达到起征点的,依照本条例规定全额计算缴纳增值税。

第十八条 中华人民共和国境外的单位或者个人在境内提供应税劳务，在境内未设有经营机构的，以其境内代理人为扣缴义务人；在境内没有代理人的，以购买方为扣缴义务人。

第十九条 增值税纳税义务发生时间：

（一）销售货物或者应税劳务，为收讫销售款项或者取得索取销售款项凭据的当天；先开具发票的，为开具发票的当天。

（二）进口货物，为报关进口的当天。

增值税扣缴义务发生时间为纳税人增值税纳税义务发生的当天。

第二十条 增值税由税务机关征收，进口货物的增值税由海关代征。

个人携带或者邮寄进境自用物品的增值税，连同关税一并计征。具体办法由国务院关税税则委员会会同有关部门制定。

第二十一条 纳税人销售货物或者应税劳务，应当向索取增值税专用发票的购买方开具增值税专用发票，并在增值税专用发票上分别注明销售额和销项税额。

属于下列情形之一的，不得开具增值税专用发票：

（一）向消费者个人销售货物或者应税劳务的；

（二）销售货物或者应税劳务适用免税规定的；

（三）小规模纳税人销售货物或者应税劳务的。

第二十二条 增值税纳税地点：

（一）固定业户应当向其机构所在地的主管税务机关申报纳税。总机构和分支机构不在同一县（市）的，应当分别向各自所在地的主管税务机关申报纳税；经国务院财政、税务主管部门或者其授权的财政、税务机关批准，可以由总机构汇总向总机构所在地的主管税务机关申报纳税。

（二）固定业户到外县（市）销售货物或者应税劳务，应当向其机构所在地的主管税务机关申请开具外出经营活动税收管理证明，并向其机构所在地的主管税务机关申报纳税；未开具证明的，应当向销售地或者劳务发生地的主管税务机关申报纳税；未向销售地或者劳务发生地的主管税务机关申报纳税的，由其机构所在地的主管税务机关补征税款。

（三）非固定业户销售货物或者应税劳务，应当向销售地或者劳务发生地的主管税务机关申报纳税；未向销售地或者劳务发生地的主管税务机关申报纳税的，由其机构所在地或者居住地的主管税务机关补征税款。

（四）进口货物，应当向报关地海关申报纳税。

扣缴义务人应当向其机构所在地或者居住地的主管税务机关申报缴纳其扣缴的税款。

第二十三条 增值税的纳税期限分别为1日、3日、5日、10日、15日、1个月或者1个季度。纳税人的具体纳税期限，由主管税务机关根据纳税人应纳税额的大小分别核定；不能按照固定期限纳税的，可以按次纳税。

纳税人以1个月或者1个季度为1个纳税期的，自期满之日起15日内申报纳税；以1日、3日、5日、10日或者15日为1个纳税期的，自期满之日起5日内预缴税款，于次月1日起15日内申报纳税并结清上月应纳税款。

扣缴义务人解缴税款的期限，依照前两款规定执行。

第二十四条 纳税人进口货物，应当自海关填发海关进口增值税专用缴款书之日起15日内缴纳税款。

第二十五条 纳税人出口货物适用退（免）税规定的，应当向海关办理出口手续，凭出口报关单等有关凭证，在规定的出口退（免）税申报期内按月向主管税务机关申报办理该项出口货物的退（免）税。具体办法由国务院财政、税务主管部门制定。

出口货物办理退税后发生退货或者退关的，纳税人应当依法补缴已退的税款。

第二十六条 增值税的征收管理，依照《中华人民共和国税收征收管理法》及本条例有关规定执行。

第二十七条 本条例自2009年1月1日起施行。

中华人民共和国国务院令

第539号

《中华人民共和国消费税暂行条例》已经2008年11月5日国务院第34次常务会议修订通过，现将修订后的《中华人民共和国消费税暂行条例》公布，自2009年1月1日起施行。

总　　理　温家宝

二○○八年十一月十日

中华人民共和国消费税暂行条例

（1993年12月13日中华人民共和国国务院令第135号发布2008年11月5日国务院第34次常务会议修订通过）

第一条　在中华人民共和国境内生产、委托加工和进口本条例规定的消费品的单位和个人，以及国务院确定的销售本条例规定的消费品的其他单位和个人，为消费税的纳税人，应当依照本条例缴纳消费税。

第二条　消费税的税目、税率，依照本条例所附的《消费税税目税率表》执行。

消费税税目、税率的调整，由国务院决定。

第三条　纳税人兼营不同税率的应当缴纳消费税的消费品（以下简称应税消费品），应当分别核算不同税率应税消费品的销售额、销售数量；未分别核算销售额、销售数量，或者将不同税率的应税消费品组成成套消费品销售的，从高适用税率。

第四条　纳税人生产的应税消费品，于纳税人销售时纳税。纳税人自产自用的应税消费品，用于连续生产应税消费品的，不纳税；用于其他方面的，于移送使用时纳税。

委托加工的应税消费品，除受托方为个人外，由受托方在向委托方交货时代收代缴税款。委托加工的应税消费品，委托方用于连续生产应税消费品的，所纳税款准予按规定抵扣。

进口的应税消费品，于报关进口时纳税。

第五条　消费税实行从价定率、从量定额，或者从价定率和从量定额复合计税（以下简称复合计税）的办法计算应纳税额。应纳税额计算公式：

实行从价定率办法计算的应纳税额＝销售额比例税率

实行从量定额办法计算的应纳税额＝销售数量定额税率

实行复合计税办法计算的应纳税额＝销售额比例税率＋销售数量定额税率

纳税人销售的应税消费品，以人民币计算销售额。纳税人以人民币以外的货币结算销售额的，应当折合成人民币计算。

第六条　销售额为纳税人销售应税消费品向购买方收取的全部价款和价外费用。

第七条　纳税人自产自用的应税消费品，按照纳税人生产的同类消费品的销售价格计算纳税；没有同类消费品销售价格的，按照组成计税价格计算纳税。

实行从价定率办法计算纳税的组成计税价格计算公式：

组成计税价格＝（成本＋利润）÷（1－比例税率）

实行复合计税办法计算纳税的组成计税价格计算公式：

组成计税价格＝（成本＋利润＋自产自用数量定额税率）÷（1－比例税率）

第八条　委托加工的应税消费品，按照受托方的同类消费品的销售价格计算纳税；没有同类消费品销售价格的，按照组成计税价格计算纳税。

实行从价定率办法计算纳税的组成计税价格计算公式：

组成计税价格 =（材料成本 + 加工费）÷（1 - 比例税率）

实行复合计税办法计算纳税的组成计税价格计算公式：

组成计税价格 =（材料成本 + 加工费 + 委托加工数量定额税率）÷（1 - 比例税率）

第九条 进口的应税消费品，按照组成计税价格计算纳税。

实行从价定率办法计算纳税的组成计税价格计算公式：

组成计税价格 =（关税完税价格 + 关税）÷（1 - 消费税比例税率）

实行复合计税办法计算纳税的组成计税价格计算公式：

组成计税价格 =（关税完税价格 + 关税 + 进口数量消费税定额税率）÷（1 - 消费税比例税率）

第十条 纳税人应税消费品的计税价格明显偏低并无正当理由的，由主管税务机关核定其计税价格。

第十一条 对纳税人出口应税消费品，免征消费税；国务院另有规定的除外。出口应税消费品的免税办法，由国务院财政、税务主管部门规定。

第十二条 消费税由税务机关征收，进口的应税消费品的消费税由海关代征。

个人携带或者邮寄进境的应税消费品的消费税，连同关税一并计征。具体办法由国务院关税税则委员会会同有关部门制定。

第十三条 纳税人销售的应税消费品，以及自产自用的应税消费品，除国务院财政、税务主管部门另有规定外，应当向纳税人机构所在地或者居住地的主管税务机关申报纳税。

委托加工的应税消费品，除受托方为个人外，由受托方向机构所在地或者居住地的主管税务机关解缴消费税税款。

进口的应税消费品，应当向报关地海关申报纳税。

第十四条 消费税的纳税期限分别为1日、3日、5日、10日、15日、1个月或者1个季度。纳税人的具体纳税期限，由主管税务机关根据纳税人应纳税额的大小分别核定；不能按照固定期限纳税的，可以按次纳税。

纳税人以1个月或者1个季度为1个纳税期的，自期满之日起15日内申报纳税；以1日、3日、5日、10日或者15日为1个纳税期的，自期满之日起5日内预缴税款，于次月1日起15日内申报纳税并结清上月应纳税款。

第十五条 纳税人进口应税消费品，应当自海关填发海关进口消费税专用缴款书之日起15日内缴纳税款。

第十六条 消费税的征收管理，依照《中华人民共和国税收征收管理法》及本条例有关规定执行。

第十七条 本条例自2009年1月1日起施行。

中华人民共和国国务院令

第540号

《中华人民共和国营业税暂行条例》已经2008年11月5日国务院第34次常务会议修订通过，现将修订后的《中华人民共和国营业税暂行条例》公布，自2009年1月1日起施行。

总　理　温家宝

二〇〇八年十一月十日

中华人民共和国营业税暂行条例

（1993年12月13日中华人民共和国国务院令第136号发布2008年11月5日国务院第34次常务会议修订通过）

第一条　在中华人民共和国境内提供本条例规定的劳务、转让无形资产或者销售不动产的单位和个人，为营业税的纳税人，应当依照本条例缴纳营业税。

第二条　营业税的税目、税率，依照本条例所附的《营业税税目税率表》执行。

税目、税率的调整，由国务院决定。

纳税人经营娱乐业具体适用的税率，由省、自治区、直辖市人民政府在本条例规定的幅度内决定。

第三条　纳税人兼有不同税目的应当缴纳营业税的劳务（以下简称应税劳务）、转让无形资产或者销售不动产，应当分别核算不同税目的营业额、转让额、销售额（以下统称营业额）；未分别核算营业额的，从高适用税率。

第四条　纳税人提供应税劳务、转让无形资产或者销售不动产，按照营业额和规定的税率计算应纳税额。应纳税额计算公式：

应纳税额＝营业额税率

营业额以人民币计算。纳税人以人民币以外的货币结算营业额的，应当折合成人民币计算。

第五条　纳税人的营业额为纳税人提供应税劳务、转让无形资产或者销售不动产收取的全部价款和价外费用。但是，下列情形除外：

（一）纳税人将承揽的运输业务分给其他单位或者个人的，以其取得的全部价款和价外费用扣除其支付给其他单位或者个人的运输费用后的余额为营业额；

（二）纳税人从事旅游业务的，以其取得的全部价款和价外费用扣除替旅游者支付给其他单位或者个人的住宿费、餐费、交通费、旅游景点门票和支付给其他接团旅游企业的旅游费后的余额为营业额；

（三）纳税人将建筑工程分包给其他单位的，以其取得的全部价款和价外费用扣除其支付给其他单位的分包款后的余额为营业额；

（四）外汇、有价证券、期货等金融商品买卖业务，以卖出价减去买入价后的余额为营业额；

（五）国务院财政、税务主管部门规定的其他情形。

第六条　纳税人按照本条例第五条规定扣除有关项目，取得的凭证不符合法律、行政法规或者国务院税务主管部门有关规定的，该项目金额不得扣除。

第七条　纳税人提供应税劳务、转让无形资产或者销售不动产的价格明显偏低并无正当理由的，由主管税务机关核定其营业额。

第八条　下列项目免征营业税：

（一）托儿所、幼儿园、养老院、残疾人福利机构提供的育养服务，婚姻介绍，殡葬服务；

（二）残疾人员个人提供的劳务；

（三）医院、诊所和其他医疗机构提供的医疗服务；

（四）学校和其他教育机构提供的教育劳务，学生勤工俭学提供的劳务；

（五）农业机耕、排灌、病虫害防治、植物保护、农牧保险以及相关技术培训业务，家禽、牲畜、水生动物的配种和疾病防治；

（六）纪念馆、博物馆、文化馆、文物保护单位管理机构、美术馆、展览馆、书画院、图书馆举办文化活动的门票收入，宗教场所举办文化、宗教活动的门票收入；

（七）境内保险机构为出口货物提供的保险产品。

除前款规定外，营业税的免税、减税项目由国务院规定。任何地区、部门均不得规定免税、减税项目。

第九条 纳税人兼营免税、减税项目的，应当分别核算免税、减税项目的营业额；未分别核算营业额的，不得免税、减税。

第十条 纳税人营业额未达到国务院财政、税务主管部门规定的营业税起征点的，免征营业税；达到起征点的，依照本条例规定全额计算缴纳营业税。

第十一条 营业税扣缴义务人：

（一）中华人民共和国境外的单位或者个人在境内提供应税劳务、转让无形资产或者销售不动产，在境内未设有经营机构的，以其境内代理人为扣缴义务人；在境内没有代理人的，以受让方或者购买方为扣缴义务人。

（二）国务院财政、税务主管部门规定的其他扣缴义务人。

第十二条 营业税纳税义务发生时间为纳税人提供应税劳务、转让无形资产或者销售不动产并收讫营业收入款项或者取得索取营业收入款项凭据的当天。国务院财政、税务主管部门另有规定的，从其规定。

营业税扣缴义务发生时间为纳税人营业税纳税义务发生的当天。

第十三条 营业税由税务机关征收。

第十四条 营业税纳税地点：

（一）纳税人提供应税劳务应当向其机构所在地或者居住地的主管税务机关申报纳税。但是，纳税人提供的建筑业劳务以及国务院财政、税务主管部门规定的其他应税劳务，应当向应税劳务发生地的主管税务机关申报纳税。

（二）纳税人转让无形资产应当向其机构所在地或者居住地的主管税务机关申报纳税。但是，纳税人转让、出租土地使用权，应当向土地所在地的主管税务机关申报纳税。

（三）纳税人销售、出租不动产应当向不动产所在地的主管税务机关申报纳税。

扣缴义务人应当向其机构所在地或者居住地的主管税务机关申报缴纳其扣缴的税款。

第十五条 营业税的纳税期限分别为5日、10日、15日、1个月或者1个季度。纳税人的具体纳税期限，由主管税务机关根据纳税人应纳税额的大小分别核定；不能按照固定期限纳税的，可以按次纳税。

纳税人以1个月或者1个季度为一个纳税期的，自期满之日起15日内申报纳税；以5日、10日或者15日为一个纳税期的，自期满之日起5日内预缴税款，于次月1日起15日内申报纳税并结清上月应纳税款。

扣缴义务人解缴税款的期限，依照前两款的规定执行。

第十六条 营业税的征收管理，依照《中华人民共和国税收征收管理法》及本条例有关规定执行。

第十七条 本条例自2009年1月1日起施行。

中华人民共和国国务院令

第541号

《森林防火条例》已经2008年11月19日国务院第36次常务会议修订通过，现将修订后的《森林防火条例》公布，自2009年1月1日起施行。

总　理　温家宝

二〇〇八年十二月一日

森林防火条例

（1988年1月16日国务院发布 2008年11月19日国务院第36次常务会议修订通过）

第一章　总　则

第一条　为了有效预防和扑救森林火灾，保障人民生命财产安全，保护森林资源，维护生态安全，根据《中华人民共和国森林法》，制定本条例。

第二条　本条例适用于中华人民共和国境内森林火灾的预防和扑救。但是，城市市区的除外。

第三条　森林防火工作实行预防为主、积极消灭的方针。

第四条　国家森林防火指挥机构负责组织、协调和指导全国的森林防火工作。

国务院林业主管部门负责全国森林防火的监督和管理工作，承担国家森林防火指挥机构的日常工作。

国务院其他有关部门按照职责分工，负责有关的森林防火工作。

第五条　森林防火工作实行地方各级人民政府行政首长负责制。

县级以上地方人民政府根据实际需要设立的森林防火指挥机构，负责组织、协调和指导本行政区域的森林防火工作。

县级以上地方人民政府林业主管部门负责本行政区域森林防火的监督和管理工作，承担本级人民政府森林防火指挥机构的日常工作。

县级以上地方人民政府其他有关部门按照职责分工，负责有关的森林防火工作。

第六条　森林、林木、林地的经营单位和个人，在其经营范围内承担森林防火责任。

第七条　森林防火工作涉及两个以上行政区域的，有关地方人民政府应当建立森林防火联防机制，确定联防区域，建立联防制度，实行信息共享，并加强监督检查。

第八条　县级以上人民政府应当将森林防火基础设施建设纳入国民经济和社会发展规划，将森林防火经费纳入本级财政预算。

第九条　国家支持森林防火科学研究，推广和应用先进的科学技术，提高森林防火科技水平。

第十条　各级人民政府、有关部门应当组织经常性的森林防火宣传活动，普及森林防火知识，做好森林火灾预防工作。

第十一条　国家鼓励通过保险形式转移森林火灾风险，提高林业防灾减灾能力和灾后自我救助能力。

第十二条　对在森林防火工作中作出突出成绩的单位和个人，按照国家有关规定，给予表彰和奖励。

对在扑救重大、特别重大森林火灾中表现突出的单位和个人，可以由森林防火指挥机构当场给予表彰和奖励。

第二章　森林火灾的预防

第十三条 省、自治区、直辖市人民政府林业主管部门应当按照国务院林业主管部门制定的森林火险区划等级标准,以县为单位确定本行政区域的森林火险区划等级,向社会公布,并报国务院林业主管部门备案。

第十四条 国务院林业主管部门应当根据全国森林火险区划等级和实际工作需要,编制全国森林防火规划,报国务院或者国务院授权的部门批准后组织实施。

县级以上地方人民政府林业主管部门根据全国森林防火规划,结合本地实际,编制本行政区域的森林防火规划,报本级人民政府批准后组织实施。

第十五条 国务院有关部门和县级以上地方人民政府应当按照森林防火规划,加强森林防火基础设施建设,储备必要的森林防火物资,根据实际需要整合、完善森林防火指挥信息系统。

国务院和省、自治区、直辖市人民政府根据森林防火实际需要,充分利用卫星遥感技术和现有军用、民用航空基础设施,建立相关单位参与的航空护林协作机制,完善航空护林基础设施,并保障航空护林所需经费。

第十六条 国务院林业主管部门应当按照有关规定编制国家重大、特别重大森林火灾应急预案,报国务院批准。

县级以上地方人民政府林业主管部门应当按照有关规定编制森林火灾应急预案,报本级人民政府批准,并报上一级人民政府林业主管部门备案。

县级人民政府应当组织乡(镇)人民政府根据森林火灾应急预案制定森林火灾应急处置办法;村民委员会应当按照森林火灾应急预案和森林火灾应急处置办法的规定,协助做好森林火灾应急处置工作。

县级以上人民政府及其有关部门应当组织开展必要的森林火灾应急预案的演练。

第十七条 森林火灾应急预案应当包括下列内容:

(一)森林火灾应急组织指挥机构及其职责;

(二)森林火灾的预警、监测、信息报告和处理;

(三)森林火灾的应急响应机制和措施;

(四)资金、物资和技术等保障措施;

(五)灾后处置。

第十八条 在林区依法开办工矿企业、设立旅游区或者新建开发区的,其森林防火设施应当与该建设项目同步规划、同步设计、同步施工、同步验收;在林区成片造林的,应当同时配套建设森林防火设施。

第十九条 铁路的经营单位应当负责本单位所属林地的防火工作,并配合县级以上地方人民政府做好铁路沿线森林火灾危险地段的防火工作。

电力、电信线路和石油天然气管道的森林防火责任单位,应当在森林火灾危险地段开设防火隔离带,并组织人员进行巡护。

第二十条 森林、林木、林地的经营单位和个人应当按照林业主管部门的规定,建立森林防火责任制,划定森林防火责任区,确定森林防火责任人,并配备森林防火设施和设备。

第二十一条 地方各级人民政府和国有林业企业、事业单位应当根据实际需要,成立森林火灾专业扑救队伍;县级以上地方人民政府应当指导森林经营单位和林区的居民委员会、村民委员会、企业、事业单位建立森林火灾群众扑救队伍。专业的和群众的火灾扑救队伍应当定期进行培训和演练。

第二十二条 森林、林木、林地的经营单位配备的兼职或者专职护林员负责巡护森林,管理野外用火,及时报告火情,协助有关机关调查森林火灾案件。

第二十三条 县级以上地方人民政府应当根据本行政区域内森林资源分布状况和森林火灾发生规律,划定森林防火区,规定森林防火期,并向社会公布。

森林防火期内,各级人民政府森林防火指挥机构和森林、林木、林地的经营单位和个人,应当根据森林火险预报,采取相应的预防和应急准备措施。

第二十四条 县级以上人民政府森林防火指挥机构,应当组织有关部门对森林防火区内有关单位的森林防火组织建设、森林防火责任制落实、森林防火设施建设等情况进行检查；对检查中发现的森林火灾隐患，县级以上地方人民政府林业主管部门应当及时向有关单位下达森林火灾隐患整改通知书，责令限期整改，消除隐患。

被检查单位应当积极配合，不得阻挠、妨碍检查活动。

第二十五条 森林防火期内，禁止在森林防火区野外用火。因防治病虫鼠害、冻害等特殊情况确需野外用火的，应当经县级人民政府批准，并按照要求采取防火措施，严防失火；需要进入森林防火区进行实弹演习、爆破等活动的，应当经省、自治区、直辖市人民政府林业主管部门批准，并采取必要的防火措施；中国人民解放军和中国人民武装警察部队因处置突发事件和执行其他紧急任务需要进入森林防火区的，应当经其上级主管部门批准，并采取必要的防火措施。

第二十六条 森林防火期内，森林、林木、林地的经营单位应当设置森林防火警示宣传标志，并对进入其经营范围的人员进行森林防火安全宣传。

森林防火期内，进入森林防火区的各种机动车辆应当按照规定安装防火装置，配备灭火器材。

第二十七条 森林防火期内，经省、自治区、直辖市人民政府批准，林业主管部门、国务院确定的重点国有林区的管理机构可以设立临时性的森林防火检查站，对进入森林防火区的车辆和人员进行森林防火检查。

第二十八条 森林防火期内，预报有高温、干旱、大风等高火险天气的，县级以上地方人民政府应当划定森林高火险区，规定森林高火险期。必要时，县级以上地方人民政府可以根据需要发布命令，严禁一切野外用火；对可能引起森林火灾的居民生活用火应当严格管理。

第二十九条 森林高火险期内，进入森林高火险区的，应当经县级以上地方人民政府批准，严格按照批准的时间、地点、范围活动，并接受县级以上地方人民政府林业主管部门的监督管理。

第三十条 县级以上人民政府林业主管部门和气象主管机构应当根据森林防火需要，建设森林火险监测和预报台站，建立联合会商机制，及时制作发布森林火险预警预报信息。

气象主管机构应当无偿提供森林火险天气预报服务。广播、电视、报纸、互联网等媒体应当及时播发或者刊登森林火险天气预报。

第三章 森林火灾的扑救

第三十一条 县级以上地方人民政府应当公布森林火警电话，建立森林防火值班制度。

任何单位和个人发现森林火灾，应当立即报告。接到报告的当地人民政府或者森林防火指挥机构应当立即派人赶赴现场，调查核实，采取相应的扑救措施，并按照有关规定逐级报上级人民政府和森林防火指挥机构。

第三十二条 发生下列森林火灾，省、自治区、直辖市人民政府森林防火指挥机构应当立即报告国家森林防火指挥机构，由国家森林防火指挥机构按照规定报告国务院，并及时通报国务院有关部门：

（一）国界附近的森林火灾；

（二）重大、特别重大森林火灾；

（三）造成3人以上死亡或者10人以上重伤的森林火灾；

（四）威胁居民区或者重要设施的森林火灾；

（五）24小时尚未扑灭明火的森林火灾；

（六）未开发原始林区的森林火灾；

（七）省、自治区、直辖市交界地区危险性大的森林火灾；

（八）需要国家支援扑救的森林火灾。

本条第一款所称“以上”包括本数。

第三十三条 发生森林火灾，县级以上地方人民政府森林防火指挥机构应当按照规定立即启动森林火灾应急预案；发生重大、特别重大森林火灾，国家森林防火指挥机构应当立即启动重大、特别重大森林火灾应急预案。

森林火灾应急预案启动后，有关森林防火指挥机构应当在核实火灾准确位置、范围以及风力、风向、火势的基础上，根据火灾现场天气、地理条件，合理确定扑救方案，划分扑救地段，确定扑救责任人，并指定负责人及时到达森林火灾现场具体指挥森林火灾的扑救。

第三十四条 森林防火指挥机构应当按照森林火灾应急预案，统一组织和指挥森林火灾的扑救。

扑救森林火灾，应当坚持以人为本、科学扑救，及时疏散、撤离受火灾威胁的群众，并做好火灾扑救人员的安全防护，尽最大可能避免人员伤亡。

第三十五条 扑救森林火灾应当以专业火灾扑救队伍为主要力量；组织群众扑救队伍扑救森林火灾的，不得动员残疾人、孕妇和未成年人以及其他不适宜参加森林火灾扑救的人员参加。

第三十六条 武装警察森林部队负责执行国家赋予的森林防火任务。武装警察森林部队执行森林火灾扑救任务，应当接受火灾发生地县级以上地方人民政府森林防火指挥机构的统一指挥；执行跨省、自治区、直辖市森林火灾扑救任务的，应当接受国家森林防火指挥机构的统一指挥。

中国人民解放军执行森林火灾扑救任务的，依照《军队参加抢险救灾条例》的有关规定执行。

第三十七条 发生森林火灾，有关部门应当按照森林火灾应急预案和森林防火指挥机构的统一指挥，做好扑救森林火灾的有关工作。

气象主管机构应当及时提供火灾地区天气预报和相关信息，并根据天气条件适时开展人工增雨作业。

交通运输主管部门应当优先组织运送森林火灾扑救人员和扑救物资。

通信主管部门应当组织提供应急通信保障。

民政部门应当及时设置避难场所和救灾物资供应点，紧急转移并妥善安置灾民，开展受灾群众救助工作。

公安机关应当维护治安秩序，加强治安管理。

商务、卫生等主管部门应当做好物资供应、医疗救护和卫生防疫等工作。

第三十八条 因扑救森林火灾的需要，县级以上人民政府森林防火指挥机构可以决定采取开设防火隔离带、清除障碍物、应急取水、局部交通管制等应急措施。

因扑救森林火灾需要征用物资、设备、交通运输工具的，由县级以上人民政府决定。扑火工作结束后，应当及时返还被征用的物资、设备和交通工具，并依照有关法律规定给予补偿。

第三十九条 森林火灾扑灭后，火灾扑救队伍应当对火灾现场进行全面检查，清理余火，并留有足够人员看守火场，经当地人民政府森林防火指挥机构检查验收合格，方可撤出看守人员。

第四章　灾后处置

第四十条 按照受害森林面积和伤亡人数，森林火灾分为一般森林火灾、较大森林火灾、重大森林火灾和特别重大森林火灾：

（一）一般森林火灾：受害森林面积在1公顷以下或者其他林地起火的，或者死亡1人以上3人以下的，或者重伤1人以上10人以下的；

（二）较大森林火灾：受害森林面积在1公顷以上100公顷以下的，或者死亡3人以上10人以下的，或者重伤10人以上50人以下的；

（三）重大森林火灾：受害森林面积在100公顷以上1000公顷以下的，或者死亡10人以上30人以下的，或者重伤50人以上100人以下的；

（四）特别重大森林火灾：受害森林面积在1000公顷以上的，或者死亡30人以上的，或者重伤100人以上的。

本条第一款所称“以上”包括本数，“以下”不包括本数。

第四十一条 县级以上人民政府林业主管部门应当会同有关部门及时对森林火灾发生原因、肇事者、受害森林面积和蓄积、人员伤亡、其他经济损失等情况进行调查和评估，向当地人民政府提出调查报告；当地人民政府应当根据调查报告，确定森林火灾责任单位和责任人，并依法处理。

森林火灾损失评估标准，由国务院林业主管部门会同有关部门制定。

第四十二条 县级以上地方人民政府林业主管部门应当按照有关要求对森林火灾情况进行统计，报上级人民政府林业主管部门和本级人民政府统计机构，并及时通报本级人民政府有关部门。

森林火灾统计报告表由国务院林业主管部门制定，报国家统计局备案。

第四十三条 森林火灾信息由县级以上人民政府森林防火指挥机构或者林业主管部门向社会发布。重大、特别重大森林火灾信息由国务院林业主管部门发布。

第四十四条 对因扑救森林火灾负伤、致残或者死亡的人员，按照国家有关规定给予医疗、抚恤。

第四十五条 参加森林火灾扑救的人员的误工补贴和生活补助以及扑救森林火灾所发生的其他费用，按照省、自治区、直辖市人民政府规定的标准，由火灾肇事单位或者个人支付；起火原因不清的，由起火单位支付；火灾肇事单位、个人或者起火单位确实无力支付的部分，由当地人民政府支付。误工补贴和生活补助以及扑救森林火灾所发生的其他费用，可以由当地人民政府先行支付。

第四十六条 森林火灾发生后，森林、林木、林地的经营单位和个人应当及时采取更新造林措施，恢复火烧迹地森林植被。

第五章　法律责任

第四十七条 违反本条例规定，县级以上地方人民政府及其森林防火指挥机构、县级以上人民政府林业主管部门或者其他有关部门及其工作人员，有下列行为之一的，由其上级行政机关或者监察机关责令改正；情节严重的，对直接负责的主管人员和其他直接责任人员依法给予处分；构成犯罪的，依法追究刑事责任：

（一）未按照有关规定编制森林火灾应急预案的；

（二）发现森林火灾隐患未及时下达森林火灾隐患整改通知书的；

（三）对不符合森林防火要求的野外用火或者实弹演习、爆破等活动予以批准的；

（四）瞒报、谎报或者故意拖延报告森林火灾的；

（五）未及时采取森林火灾扑救措施的；

（六）不依法履行职责的其他行为。

第四十八条 违反本条例规定，森林、林木、林地的经营单位或者个人未履行森林防火责任的，由县级以上地方人民政府林业主管部门责令改正，对个人处500元以上5000元以下罚款，对单位处1万元以上5万元以下罚款。

第四十九条 违反本条例规定，森林防火区内的有关单位或者个人拒绝接受森林防火检查或者接到森林火灾隐患整改通知书逾期不消除火灾隐患的，由县级以上地方人民政府林业主管部门责令改正，给予警告，对个人并处200元以上2000元以下罚款，对单位并处5000元以上1万元以下罚款。

第五十条 违反本条例规定，森林防火期内未经批准擅自在森林防火区内野外用火的，由县级以上地方人民政府林业主管部门责令停止违法行为，给予警告，对个人并处200元以上3000元以下罚款，对单位并处1万元以上5万元以下罚款。

第五十一条 违反本条例规定，森林防火期内未经批准在森林防火区内进行实弹演习、爆破等活动的，由县级以上地方人民政府林业主管部门责令停止违法行为，给予警告，并处5万元以上10万元以下罚款。

第五十二条 违反本条例规定，有下列行为之一的，由县级以上地方人民政府林业主管部门责令改正，给予警告，对个人并处200元以上2000元以下罚款，对单位并处2000元以上5000元以下罚款：

（一）森林防火期内，森林、林木、林地的经营单位未设置森林防火警示宣传标志的；

（二）森林防火期内，进入森林防火区的机动车辆未安装森林防火装置的；

（三）森林高火险期内，未经批准擅自进入森林高火险区活动的。

第五十三条 违反本条例规定，造成森林火灾，构成犯罪的，依法追究刑事责任；尚不构成犯罪的，除依照本条例第四十八条、第四十九条、第五十条、第五十一条、第五十二条的规定追究法律责任外，县级以上地方人民政府林业主管部门可以责令责任人补种树木。

第六章 附 则

第五十四条 森林消防专用车辆应当按照规定喷涂标志图案，安装警报器、标志灯具。

第五十五条 在中华人民共和国边境地区发生的森林火灾，按照中华人民共和国政府与有关国家政府签订的有关协定开展扑救工作；没有协定的，由中华人民共和国政府和有关国家政府协商办理。

第五十六条 本条例自2009年1月1日起施行。

中华人民共和国国务院令

第542号

《草原防火条例》已经2008年11月19日国务院第36次常务会议修订通过，现将修订后的《草原防火条例》公布，自2009年1月1日起施行。

总　　理　温家宝

二〇〇八年十一月二十九日

草原防火条例

（1993年10月5日中华人民共和国国务院令第130号公布2008年11月19日国务院第36次常务会议修订通过）

第一章　总　　则

第一条　为了加强草原防火工作，积极预防和扑救草原火灾，保护草原，保障人民生命和财产安全，根据《中华人民共和国草原法》，制定本条例。

第二条　本条例适用于中华人民共和国境内草原火灾的预防和扑救。但是，林区和城市市区的除外。

第三条　草原防火工作实行预防为主、防消结合的方针。

第四条　县级以上人民政府应当加强草原防火工作的组织领导，将草原防火所需经费纳入本级财政预算，保障草原火灾预防和扑救工作的开展。

草原防火工作实行地方各级人民政府行政首长负责制和部门、单位领导负责制。

第五条　国务院草原行政主管部门主管全国草原防火工作。

县级以上地方人民政府确定的草原防火主管部门主管本行政区域内的草原防火工作。

县级以上人民政府其他有关部门在各自的职责范围内做好草原防火工作。

第六条　草原的经营使用单位和个人，在其经营使用范围内承担草原防火责任。

第七条　草原防火工作涉及两个以上行政区域或者涉及森林防火、城市消防的，有关地方人民政府及有关部门应当建立联防制度，确定联防区域，制定联防措施，加强信息沟通和监督检查。

第八条　各级人民政府或者有关部门应当加强草原防火宣传教育活动，提高公民的草原防火意识。

第九条　国家鼓励和支持草原火灾预防和扑救的科学技术研究，推广先进的草原火灾预防和扑救技术。

第十条　对在草原火灾预防和扑救工作中有突出贡献或者成绩显著的单位、个人，按照国家有关规定给予表彰和奖励。

第二章　草原火灾的预防

第十一条　国务院草原行政主管部门根据草原火灾发生的危险程度和影响范围等，将全国草原划分为极高、高、中、低四个等级的草原火险区。

第十二条　国务院草原行政主管部门根据草原火险区划和草原防火工作的实际需要，编制全国草原防火规划，报国务院或者国务院授权的部门批准后组织实施。

县级以上地方人民政府草原防火主管部门根据全国草原防火规划，结合本地实际，编制本行政区域的草原防火规划，报本级人民政府批准后组织实施。

第十三条 草原防火规划应当主要包括下列内容：

（一）草原防火规划制定的依据；

（二）草原防火组织体系建设；

（三）草原防火基础设施和装备建设；

（四）草原防火物资储备；

（五）保障措施。

第十四条 县级以上人民政府应当组织有关部门和单位，按照草原防火规划，加强草原火情瞭望和监测设施、防火隔离带、防火道路、防火物资储备库（站）等基础设施建设，配备草原防火交通工具、灭火器械、观察和通信器材等装备，储存必要的防火物资，建立和完善草原防火指挥信息系统。

第十五条 国务院草原行政主管部门负责制订全国草原火灾应急预案，报国务院批准后组织实施。

县级以上地方人民政府草原防火主管部门负责制订本行政区域的草原火灾应急预案，报本级人民政府批准后组织实施。

第十六条 草原火灾应急预案应当主要包括下列内容：

（一）草原火灾应急组织机构及其职责；

（二）草原火灾预警与预防机制；

（三）草原火灾报告程序；

（四）不同等级草原火灾的应急处置措施；

（五）扑救草原火灾所需物资、资金和队伍的应急保障；

（六）人员财产撤离、医疗救治、疾病控制等应急方案。

草原火灾根据受害草原面积、伤亡人数、受灾牲畜数量以及对城乡居民点、重要设施、名胜古迹、自然保护区的威胁程度等，分为特别重大、重大、较大、一般四个等级。具体划分标准由国务院草原行政主管部门制定。

第十七条 县级以上地方人民政府应当根据草原火灾发生规律，确定本行政区域的草原防火期，并向社会公布。

第十八条 在草原防火期内，因生产活动需要在草原上野外用火的，应当经县级人民政府草原防火主管部门批准。用火单位或者个人应当采取防火措施，防止失火。

在草原防火期内，因生活需要在草原上用火的，应当选择安全地点，采取防火措施，用火后彻底熄灭余火。

除本条第一款、第二款规定的情形外，在草原防火期内，禁止在草原上野外用火。

第十九条 在草原防火期内，禁止在草原上使用枪械狩猎。

在草原防火期内，在草原上进行爆破、勘察和施工等活动的，应当经县级以上地方人民政府草原防火主管部门批准，并采取防火措施，防止失火。

在草原防火期内，部队在草原上进行实弹演习、处置突发性事件和执行其他任务，应当采取必要的防火措施。

第二十条 在草原防火期内，在草原上作业或者行驶的机动车辆，应当安装防火装置，严防漏火、喷火和闸瓦脱落引起火灾。在草原上行驶的公共交通工具上的司机和乘务人员，应当对旅客进行草原防火宣传。司机、乘务人员和旅客不得丢弃火种。

在草原防火期内，对草原上从事野外作业的机械设备，应当采取防火措施；作业人员应当遵守防火安全操作规程，防止失火。

第二十一条 在草原防火期内，经本级人民政府批准，草原防火主管部门应当对进入草原、存在火灾隐患的车辆以及可能引发草原火灾的野外作业活动进行草原防火安全检查。发现存在火灾隐患的，应当告知有关责任人员采取措施消除火灾隐患；拒不采取措施消除火灾隐患的，禁止进入草原或者在草原上从事野外作业活动。

第二十二条 在草原防火期内，出现高温、干旱、大风等高火险天气时，县级以上地方人民政府应当将极高草原火险区、高草原火险区以及一旦发生草原火灾可能造成人身重大伤亡或者财产重大损失的区域划为草原防火管制区，规定管制期限，及时向社会公布，并报上一级人民政府备案。

在草原防火管制区内，禁止一切野外用火。对可能引起草原火灾的非野外用火，县级以上地方人民政府或者草原防火主管部门应当按照管制要求，严格管理。

进入草原防火管制区的车辆，应当取得县级以上地方人民政府草原防火主管部门颁发的草原防火通行证，并服从防火管制。

第二十三条 草原上的农（牧）场、工矿企业和其他生产经营单位，以及驻军单位、自然保护区管理单位和农村集体经济组织等，应当在县级以上地方人民政府的领导和草原防火主管部门的指导下，落实草原防火责任制，加强火源管理，消除火灾隐患，做好本单位的草原防火工作。

铁路、公路、电力和电信线路以及石油天然气管道等的经营单位，应当在其草原防火责任区内，落实防火措施，防止发生草原火灾。

承包经营草原的个人对其承包经营的草原，应当加强火源管理，消除火灾隐患，履行草原防火义务。

第二十四条 省、自治区、直辖市人民政府可以根据本地的实际情况划定重点草原防火区，报国务院草原行政主管部门备案。

重点草原防火区的县级以上地方人民政府和自然保护区管理单位，应当根据需要建立专业扑火队；有关乡（镇）、村应当建立群众扑火队。扑火队应当进行专业培训，并接受县级以上地方人民政府的指挥、调动。

第二十五条 县级以上人民政府草原防火主管部门和气象主管机构，应当联合建立草原火险预报预警制度。气象主管机构应当根据草原防火的实际需要，做好草原火险气象等级预报和发布工作；新闻媒体应当及时播报草原火险气象等级预报。

第三章 草原火灾的扑救

第二十六条 从事草原火情监测以及在草原上从事生产经营活动的单位和个人，发现草原火情的，应当采取必要措施，并及时向当地人民政府或者草原防火主管部门报告。其他发现草原火情的单位和个人，也应当及时向当地人民政府或者草原防火主管部门报告。

当地人民政府或者草原防火主管部门接到报告后，应当立即组织人员赶赴现场，核实火情，采取控制和扑救措施，防止草原火灾扩大。

第二十七条 当地人民政府或者草原防火主管部门应当及时将草原火灾发生时间、地点、估测过火面积、火情发展趋势等情况报上级人民政府及其草原防火主管部门；境外草原火灾威胁到我国草原安全的，还应当报告境外草原火灾距我国边境距离、沿边境蔓延长度以及对我国草原的威胁程度等情况。

禁止瞒报、谎报或者授意他人瞒报、谎报草原火灾。

第二十八条 县级以上地方人民政府应当根据草原火灾发生情况确定火灾等级，并及时启动草原火灾应急预案。特别重大、重大草原火灾以及境外草原火灾威胁到我国草原安全的，国务院草原行政主管部门应当及时启动草原火灾应急预案。

第二十九条 草原火灾应急预案启动后，有关地方人民政府应当按照草原火灾应急预案的要求，立即组织、指挥草原火灾的扑救工作。

扑救草原火灾应当首先保障人民群众的生命安全，有关地方人民政府应当及时动员受到草原火灾威胁的居民以及其他人员转移到安全地带，并予以妥善安置；情况紧急时，可以强行组织避灾疏散。

第三十条 县级以上人民政府有关部门应当按照草原火灾应急预案的分工，做好相应的草原火灾应急工作。

气象主管机构应当做好气象监测和预报工作，及时向当地人民政府提供气象信息，并根据天气条件适时实施人工增雨。

民政部门应当及时设置避难场所和救济物资供应点，开展受灾群众救助工作。

卫生主管部门应当做好医疗救护、卫生防疫工作。

铁路、交通、航空等部门应当优先运送救灾物资、设备、药物、食品。

通信主管部门应当组织提供应急通信保障。

公安部门应当及时查处草原火灾案件,做好社会治安维护工作。

第三十一条 扑救草原火灾应当组织和动员专业扑火队和受过专业培训的群众扑火队;接到扑救命令的单位和个人,必须迅速赶赴指定地点,投入扑救工作。

扑救草原火灾,不得动员残疾人、孕妇、未成年人和老年人参加。

需要中国人民解放军和中国人民武装警察部队参加草原火灾扑救的,依照《军队参加抢险救灾条例》的有关规定执行。

第三十二条 根据扑救草原火灾的需要,有关地方人民政府可以紧急征用物资、交通工具和相关的设施、设备;必要时,可以采取清除障碍物、建设隔离带、应急取水、局部交通管制等应急管理措施。

因救灾需要,紧急征用单位和个人的物资、交通工具、设施、设备或者占用其房屋、土地的,事后应当及时返还,并依照有关法律规定给予补偿。

第三十三条 发生特别重大、重大草原火灾的,国务院草原行政主管部门应当立即派员赶赴火灾现场,组织、协调、督导火灾扑救,并做好跨省、自治区、直辖市草原防火物资的调用工作。

发生威胁林区安全的草原火灾的,有关草原防火主管部门应当及时通知有关林业主管部门。

境外草原火灾威胁到我国草原安全的,国务院草原行政主管部门应当立即派员赶赴有关现场,组织、协调、督导火灾预防,并及时将有关情况通知外交部。

第三十四条 国家实行草原火灾信息统一发布制度。特别重大、重大草原火灾以及威胁到我国草原安全的境外草原火灾信息,由国务院草原行政主管部门发布;其他草原火灾信息,由省、自治区、直辖市人民政府草原防火主管部门发布。

第三十五条 重点草原防火区的县级以上地方人民政府可以根据草原火灾应急预案的规定,成立草原防火指挥部,行使本章规定的本级人民政府在草原火灾扑救中的职责。

第四章 灾后处置

第三十六条 草原火灾扑灭后,有关地方人民政府草原防火主管部门或者其指定的单位应当对火灾现场进行全面检查,清除余火,并留有足够的人员看守火场。经草原防火主管部门检查验收合格,看守人员方可撤出。

第三十七条 草原火灾扑灭后,有关地方人民政府应当组织有关部门及时做好灾民安置和救助工作,保障灾民的基本生活条件,做好卫生防疫工作,防止传染病的发生和传播。

第三十八条 草原火灾扑灭后,有关地方人民政府应当组织有关部门及时制定草原恢复计划,组织实施补播草籽和人工种草等技术措施,恢复草场植被,并做好畜禽检疫工作,防止动物疫病的发生。

第三十九条 草原火灾扑灭后,有关地方人民政府草原防火主管部门应当及时会同公安等有关部门,对火灾发生时间、地点、原因以及肇事人等进行调查并提出处理意见。

草原防火主管部门应当对受灾草原面积、受灾畜禽种类和数量、受灾珍稀野生动植物种类和数量、人员伤亡以及物资消耗和其他经济损失等情况进行统计,对草原火灾给城乡居民生活、工农业生产、生态环境造成的影响进行评估,并按照国务院草原行政主管部门的规定上报。

第四十条 有关地方人民政府草原防火主管部门应当严格按照草原火灾统计报表的要求,进行草原火灾统计,向上一级人民政府草原防火主管部门报告,并抄送同级公安部门、统计机构。草原火灾统计报表由国务院草原行政主管部门会同国务院公安部门制定,报国家统计部门备案。

第四十一条 对因参加草原火灾扑救受伤、致残或者死亡的人员,按照国家有关规定给予医疗、抚恤。

第五章 法律责任

第四十二条　违反本条例规定，县级以上人民政府草原防火主管部门或者其他有关部门及其工作人员，有下列行为之一的，由其上级行政机关或者监察机关责令改正；情节严重的，对直接负责的主管人员和其他直接责任人员依法给予处分；构成犯罪的，依法追究刑事责任：

（一）未按照规定制订草原火灾应急预案的；

（二）对不符合草原防火要求的野外用火或者爆破、勘察和施工等活动予以批准的；

（三）对不符合条件的车辆发放草原防火通行证的；

（四）瞒报、谎报或者授意他人瞒报、谎报草原火灾的；

（五）未及时采取草原火灾扑救措施的；

（六）不依法履行职责的其他行为。

第四十三条　截留、挪用草原防火资金或者侵占、挪用草原防火物资的，依照有关财政违法行为处罚处分的法律、法规进行处理；构成犯罪的，依法追究刑事责任。

第四十四条　违反本条例规定，有下列行为之一的，由县级以上地方人民政府草原防火主管部门责令停止违法行为，采取防火措施，并限期补办有关手续，对有关责任人员处2000元以上5000元以下罚款，对有关责任单位处5000元以上2万元以下罚款：

（一）未经批准在草原上野外用火或者进行爆破、勘察和施工等活动的；

（二）未取得草原防火通行证进入草原防火管制区的。

第四十五条　违反本条例规定，有下列行为之一的，由县级以上地方人民政府草原防火主管部门责令停止违法行为，采取防火措施，消除火灾隐患，并对有关责任人员处200元以上2000元以下罚款，对有关责任单位处2000元以上2万元以下罚款；拒不采取防火措施、消除火灾隐患的，由县级以上地方人民政府草原防火主管部门代为采取防火措施、消除火灾隐患，所需费用由违法单位或者个人承担：

（一）在草原防火期内，经批准的野外用火未采取防火措施的；

（二）在草原上作业和行驶的机动车辆未安装防火装置或者存在火灾隐患的；

（三）在草原上行驶的公共交通工具上的司机、乘务人员或者旅客丢弃火种的；

（四）在草原上从事野外作业的机械设备作业人员不遵守防火安全操作规程或者对野外作业的机械设备未采取防火措施的；

（五）在草原防火管制区内未按照规定用火的。

第四十六条　违反本条例规定，草原上的生产经营等单位未建立或者未落实草原防火责任制的，由县级以上地方人民政府草原防火主管部门责令改正，对有关责任单位处5000元以上2万元以下罚款。

第四十七条　违反本条例规定，故意或者过失引发草原火灾，构成犯罪的，依法追究刑事责任。

第六章　附　　则

第四十八条　草原消防车辆应当按照规定喷涂标志图案，安装警报器、标志灯具。

第四十九条　本条例自2009年1月1日起施行。

中华人民共和国国务院令

第543号

现公布《国务院关于修改〈中华人民共和国公路管理条例〉的决定》，自2009年1月1日起施行。

总　　理　温家宝

二○○八年十二月二十七日

国务院关于修改《中华人民共和国公路管理条例》的决定

国务院决定对《中华人民共和国公路管理条例》做如下修改：

一、将第九条第一款修改为："公路建设资金可以采取以下方式筹集：国家和地方投资、专用单位投资、中外合资、社会集资、贷款和车辆购置税。"

二、将第三十三条改为第三十一条，删除该条中有关设立"公路征费稽查站卡"的规定，并将这一条修改为："经省、自治区、直辖市人民政府批准，公路主管部门可以在必要的公路路口、桥头、渡口、隧道口设立收取车辆通行费的站卡。"

三、删除第十八条、第十九条、第三十五条。

此外，对其他条文的顺序做相应调整。

本决定自2009年1月1日起施行。

《中华人民共和国公路管理条例》根据本决定做相应修改，重新公布。

中华人民共和国公路管理条例

（1987年10月13日国务院发布根据2008年12月27日《国务院关于修改〈中华人民共和国公路管理条例〉的决定》修订）

第一章　总　　则

第一条　为加强公路的建设和管理，发挥公路在国民经济、国防和人民生活中的作用，适应社会主义现代化建设的需要，特制定本条例。

第二条　本条例适用于中华人民共和国境内的国家干线公路（以下简称国道），省、自治区、直辖市干线公路（以下简称省道），县公路（以下简称县道），乡公路（以下简称乡道）。

本条例对专用公路有规定的，适用于专用公路。

第三条　中华人民共和国交通部主管全国公路事业。

第四条　公路管理工作实行统一领导、分级管理的原则。国道、省道由省、自治区、直辖市公路主管部门负责修建、养护和管理。

国道中跨省、自治区、直辖市的高速公路，由交通部批准的专门机构负责修建、养护和管理。

县道由县（市）公路主管部门负责修建、养护和管理。

乡道由乡（镇）人民政府负责修建、养护和管理。

专用公路由专用单位负责修建、养护和管理。

第五条　公路、公路用地和公路设施受国家法律保护，任何单位和个人均不得侵占和破坏。

第二章　公路建设

第六条 公路发展规划应当以国民经济、国防建设和人民生活的需要为依据，并与铁路、水路、航空、管道运输的发展规划相协调，与城市建设发展规划相配合。

第七条 国道发展规划由交通部编制，报国务院审批。

省道发展规划由省、自治区、直辖市公路主管部门编制，报省、自治区、直辖市人民政府审批，并报交通部备案。

县道发展规划由地级市（或相当于地级市的机构）的公路主管部门编制，报省、自治区、直辖市人民政府或其派出机构审批。

乡道发展规划由县公路主管部门编制，报县人民政府审批。

专用公路的建设计划，由专用单位编制，报上级主管部门审批，并报当地公路主管部门备案。

第八条 国家鼓励专用公路用于社会运输。专用公路主要用于社会运输时，经省、自治区、直辖市公路主管部门批准，可以改划为省道或者县道。

第九条 公路建设资金可以采取以下方式筹集：国家和地方投资、专用单位投资、中外合资、社会集资、贷款和车辆购置税。

公路建设还可以采取民工建勤、民办公助和以工代赈的办法。

第十条 公路主管部门对利用集资、贷款修建的高速公路、一级公路、二级公路和大型的公路桥梁、隧道、轮渡码头，可以向过往车辆收取通行费，用于偿还集资和贷款。

通行费的征收办法由交通部会同财政部和国家物价局制定。

第十一条 公路建设用地，按照《中华人民共和国土地管理法》的规定办理。

第十二条 根据公路发展规划，确定新建公路或者扩宽原有公路路基、增建其他公路设施需要的土地，由当地人民政府纳入其土地利用总体规划。

第十三条 修建公路影响铁路、管道、水利、电力、邮电等设施正常使用时，建设单位应当事先征得有关部门的同意。

第十四条 公路主管部门负责对公路建设工程的质量进行监督和检验。未按国家有关规定验收合格的公路，不得交付使用。

第十五条 修建公路，应当同时修建公路的防护、养护、环境保护等配套设施。

公路建成后，应当按规定设置各种交通标志。

第三章　公路养护

第十六条 公路主管部门应当加强公路养护工作，保持公路完好、平整、畅通，提高公路的耐久性和抗灾能力。

进行公路维修应当规定修复期限。施工期间，应当采取措施，保证车辆通行。临时不能通行的，应当通过公安交通管理机关事先发布通告。

第十七条 公路养护实行专业养护与民工建勤养护相结合的制度。

民工建勤的用工、用车数额不得超过国家规定的标准。

第十八条 公路交通遇严重灾害受阻时，当地县级以上人民政府应当立即动员和组织附近驻军、机关、团体、学校、企业事业单位、城乡居民协助公路主管部门限期修复。

第十九条 因公路修建、养护需要，在空地、荒山、河流、滩涂取土采石，应当征得县（市）人民政府同意。

在上述地点取土采石不得影响附近建筑物和水利、电力、通讯设施以及农田水土保持。

在县（市）人民政府核准的公路料场取土采石，任何单位和个人不得借故阻挠或者索取价款。

第二十条 公路绿化工作，由公路主管部门统筹规划并组织实施。

公路绿化必须按照公路技术标准进行。

公路两侧林木不得任意砍伐，需要更新砍伐的，必须经公路主管部门批准。

第四章　路政管理

第二十一条　公路主管部门负责管理和保护公路、公路用地及公路设施，有权依法检查、制止、处理各种侵占、破坏公路、公路用地及公路设施的行为。

第二十二条　禁止在公路及公路用地上构筑设施、种植作物。禁止任意利用公路边沟进行灌溉或者排放污水。

第二十三条　在公路两侧开山、伐木、施工作业，不得危及公路及公路设施的安全。

第二十四条　不得在大型公路桥梁和公路渡口的上、下游各200米范围内采挖沙石、修筑堤坝、倾倒垃圾、压缩或者扩宽河床、进行爆破作业。不得在公路隧道上方和洞口外100米范围内任意取土、采石、伐木。

第二十五条　通过公路渡口的车辆和人员，必须遵守渡口管理规章。

第二十六条　未经公路主管部门批准，履带车和铁轮车不得在铺有路面的公路上行驶，超过桥梁限载标准的车辆、物件不得过桥。在特殊情况下，必须通过公路、桥梁时，应当采取有效的技术保护措施。

第二十七条　兴建铁路、机场、电站、水库、水渠，铺设管线或者进行其他建设工程，需要挖掘公路，挖掘、占用、利用公路用地及公路设施时，建设单位必须事先取得公路主管部门同意，影响车辆通行的，还须征得公安交通管理机关同意。工程完成后，建设单位应当按照原有技术标准，或者经协商按照规划标准修复或者改建公路。

第二十八条　修建跨越公路的桥梁、渡槽、架设管线等，应当考虑公路的远景发展，符合公路的技术标准，并事先征得当地公路主管部门和公安交通管理机关同意。

第二十九条　在公路两侧修建永久性工程设施，其建筑物边缘与公路边沟外缘的间距为：国道不少于20米，省道不少于15米，县道不少于10米，乡道不少于5米。

第三十条　在公路上设置交叉道口，必须经公路主管部门和公安交通管理机关批准。设计、修建交叉道口，必须符合国家规定的技术标准。

第三十一条　经省、自治区、直辖市人民政府批准，公路主管部门可以在必要的公路路口、桥头、渡口、隧道口设立收取车辆通行费的站卡。

第五章　法律责任

第三十二条　对违反本条例规定的单位和个人，公路主管部门可以分别情况，责令其返还原物、恢复原状、赔偿损失、没收非法所得并处以罚款。

第三十三条　当事人对公路主管部门给予的处罚不服的，可以向上级公路主管部门提出申诉；对上级公路主管部门的处理决定不服的，可以在接到处理决定书之日起15日内向人民法院起诉；期满不起诉又不履行的，公路主管部门可以申请人民法院强制执行。

第三十四条　公路管理人员违反本条例的，由公路主管部门给予行政处分或经济处罚。

第三十五条　违反本条例应当受治安管理处罚的，由公安机关处理；构成犯罪的，由司法机关依法追究刑事责任。

第六章　附　　则

第三十六条　本条例下列用语的含义是："公路"是指经公路主管部门验收认定的城间、城乡间、乡间能行驶汽车的公共道路。公路包括公路的路基、路面、桥梁、涵洞、隧道。

"公路用地"是指公路两侧边沟（或者截水沟）及边沟（或者截水沟）以外不少于1米范围的土地。公路用地的具体范围由县级以上人民政府确定。

"公路设施"是指公路的排水设备、防护构造物、交叉道口、界碑、测桩、安全设施、通讯设施、检测及监控设施、养护设施、服务设施、渡口码头、花草林木、专用房屋等。

第三十七条 本条例由交通部负责解释,交通部可以根据本条例制定实施细则。

第三十八条 本条例自1988年1月1日起施行。

中华人民共和国国务院令

第 544 号

现公布《国务院关于修改〈中华人民共和国水路运输管理条例〉的决定》,自 2009 年 1 月 1 日起施行。

总　理　温家宝

二〇〇八年十二月二十七日

国务院关于修改《中华人民共和国水路运输管理条例》的决定

国务院决定将《中华人民共和国水路运输管理条例》第二十四条修改为:

"水路运输企业和其他从事营业性运输的单位、个人必须按照国家规定缴纳税金、规费(港务费、船舶停泊费);从事非营业性运输的单位和个人必须按照国家规定缴纳规费。

"规费的计征办法由交通部会同国务院有关主管部门制定。"

本决定自 2009 年 1 月 1 日起施行。

《中华人民共和国水路运输管理条例》根据本决定做相应修改,重新公布。

中华人民共和国水路运输管理条例

(1987 年 5 月 12 日国务院发布根据 1997 年 12 月 3 日《国务院关于修改〈中华人民共和国水路运输管理条例〉的决定》第一次修订根据 2008 年 12 月 27 日《国务院关于修改〈中华人民共和国水路运输管理条例〉的决定》第二次修订)

第一章　总　　则

第一条　为加强水路运输管理,维护运输秩序,提高运输效益,特制定本条例。

第二条　本条例适用于在中华人民共和国沿海、江河、湖泊及其他通航水域内从事水路运输和水路运输服务业务的单位和个人。

第三条　水路运输分为营业性运输和非营业性运输。

营业性运输是指为社会服务,发生费用结算的旅客运输(含旅游运输,下同)和货物运输。

非营业性运输是指为本单位或本身服务,不发生费用结算的运输。

第四条　交通部主管全国水路运输事业,各地交通主管部门主管本地区的水路运输事业。

各地交通主管部门可以根据水路运输管理业务的实际情况,设置航运管理机构。

第五条　水路运输在国家计划指导下,实行地区、行业、部门多家经营的方针。保护正当竞争,制止非法经营。

第六条　从事水路运输和水路运输服务业务的单位和个人,必须遵守国家有关法律、法规及交通部发布的水路运输规章。

第七条　未经中华人民共和国交通部准许,外资企业、中外合资经营企业、中外合作经营企业不得经营中华人民共和国沿海、江河、湖泊及其他通航水域的水路运输。

第二章　营运管理

第八条　设立水路运输企业、水路运输服务企业以及水路运输企业以外的单位和个人从事营业性运输,由交通主管部门根据本条例的有关规定和社会运力运量综合平衡情况审查批准。审批办法由交通部规定。

对水路运输行业管理影响较大的非营业性船舶运输的审批办法,由交通部会同有关部门另行规定。

第九条 设立水路运输企业必须具备下列条件:

(一)具有与经营范围相适应的运输船舶;

(二)有较稳定的客源或货源;

(三)经营旅客运输的,应当落实客船沿线停靠港(站)点,并具备相应的服务设施;

(四)有经营管理的组织机构和负责人;

(五)有与运输业务相适应的自有流动资金。

第十条 设立水路运输服务企业,必须具备第九条第四项规定的条件,并拥有与水路运输服务业务相适应的自有流动资金。

第十一条 水路运输企业以外的单位和个人从事营业性运输,必须具备第九条第一、二、三、五项规定的条件,并有确定的负责人。

第十二条 交通主管部门应当根据水路运输企业和其他从事营业性运输的单位、个人的管理水平、运输能力、客源货源情况审批其经营范围。

第十三条 交通主管部门对批准设立的水路运输企业和其他从事营业性运输的单位、个人,发给运输许可证;对批准设立的水路运输服务企业,发给运输服务许可证。

第十四条 取得运输许可证和运输服务许可证的单位和个人,凭证向当地工商行政管理机关申请营业登记,经核准领取营业执照后,方可开业。

第十五条 水路运输企业、水路运输服务企业和其他从事营业性运输的单位、个人停业,应当向交通主管部门和工商行政管理机关办理停业手续。

第十六条 交通部和省、自治区、直辖市交通主管部门负责对水路运输计划分级进行综合平衡。

需要进行综合平衡的重点物资、联运物资、外贸物资的运输计划,属于全国性的,由交通部按国家计划组织综合平衡;属于长江、珠江、黑龙江水系干线省际间的,由交通部派驻水系的航运管理机构组织综合平衡;属于省、自治区、直辖市以内的,由省、自治区、直辖市的交通主管部门组织综合平衡。

第十七条 经综合平衡确定的运输计划以外的货源和客源,水路运输企业和其他从事营业性运输的单位、个人,可以在批准的经营范围内自行组织承运。任何单位和个人均不得实行地区或部门封锁,垄断客源、货源。

第十八条 营业性水路货物运输的承运方和托运方,必须按照《中华人民共和国经济合同法》和《水路货物运输合同实施细则》的规定,签订运输合同。

第十九条 水路运输企业和其他从事营业性运输的单位、个人,必须按国家有关规定计收运杂费用,并使用交通部规定的运输票据。

第二十条 从事营业性运输的个体(含联户,下同)船舶必须按照国家有关规定办理保险。

第二十一条 水路运输企业和其他从事营业性运输的单位、个人以及石油、煤炭、冶金、商业、供销、外贸、林业、电力、化工、水产部门,必须按规定向交通主管部门和统计主管部门提供营业性和非营业性运输统计表。

第二十二条 水路运输服务企业不得垄断货源,强行代办服务;不得超出规定的收费标准收取服务费用。

第二十三条 海、河民用港口应当按照国家港口管理规定和计划安排,向运输船舶提供港埠设施和业务服务。

船舶进出港口必须遵守港口规章,服从管理。

水路运输企业和其他从事营业性运输的单位、个人同港埠企业之间,可以根据自愿原则,按照有关规定签订业务代理合同。

第二十四条 水路运输企业和其他从事营业性运输的单位、个人必须按照国家规定缴纳税金、规费

(港务费、船舶停泊费);从事非营业性运输的单位和个人必须按照国家规定缴纳规费。

规费的计征办法由交通部会同国务院有关主管部门制定。

第二十五条 全民、集体所有制单位和个体船民经营水路运输,其合法权益受国家法律保护,任何单位和个人均不得向其非法收取或摊派费用。

第三章 罚 则

第二十六条 违反本条例有下列行为之一的,由县级以上人民政府交通主管部门按照下列规定给予处罚:

(一)未经批准,擅自设立水路运输企业、水路运输服务企业,或者水路运输企业以外的单位和个人擅自从事营业性运输的,没收违法所得,并处违法所得1倍以上3倍以下的罚款;没有违法所得的,处3万元以上25万元以下的罚款;

(二)水路运输企业、水路运输服务企业超越经营范围从事经营活动的,没收违法所得,并处违法所得1倍以上3倍以下的罚款;没有违法所得的,处2万元以上20万元以下的罚款;

(三)违反国家有关规定收取运费或者服务费的,没收违反规定收取的部分,并处2万元以上15万元以下的罚款;

(四)未使用规定的运输票据进行营业性运输的,视情节轻重给予警告或者处1万元以下的罚款;

(五)未按照规定缴纳国家规定的规费的,责令限期缴纳;逾期仍不缴纳的,除责令补缴所欠费款外,处欠缴费款1倍以上3倍以下的罚款;情节严重的,并可以暂扣许可证;

(六)垄断货源,强行代办服务的,处1万元以上10万元以下的罚款;情节严重的,并可以暂扣或者吊销许可证。

第二十七条 当事人对交通主管部门的处罚决定不服的,可以向上一级交通主管部门申请复议;对上一级交通主管部门的复议决定不服的,可以自接到复议决定书之日起15日内向人民法院起诉。当事人期满不起诉又不履行的,交通主管部门可以申请人民法院强制执行。

第二十八条 违反本条例应当受治安管理处罚的,由公安机关处理;构成犯罪的,由司法机关依法追究刑事责任。

第二十九条 水路运输管理人员违反本条例,由交通主管部门给予行政处分或经济处罚。

第四章 附 则

第三十条 本条例下列用语的含义是:

水路运输企业,是指专门从事水路营业性运输的企业。

水路运输服务企业,是指从事代办运输手续、代办货物中转、代为组织货源的企业,但为多种运输方式服务的联运服务企业除外。

第三十一条 本条例不适用于国际航线水路运输和以排筏作为运输工具的水路运输。

第三十二条 本条例公布前已开业的水路运输企业、水路运输服务企业和其他从事营业性运输的单位、个人,应当于本条例公布之日起180天内申请补办审批手续。对不具备开业条件的,交通主管部门应当责令其停业或限期整顿;整顿无效的,由工商行政管理机关吊销营业执照。

第三十三条 本条例自1987年10月1日起施行。

中华人民共和国国务院令

第545号

现公布《国务院关于修改〈中华人民共和国航道管理条例〉的决定》，自2009年1月1日起施行。

总　理　温家宝

二〇〇八年十二月二十七日

国务院关于修改《中华人民共和国航道管理条例》的决定

国务院决定对《中华人民共和国航道管理条例》做如下修改：

一、删除第二十四条。

二、将第二十五条作为第二十四条，修改为："经国家批准计征港务费的沿海和内河港口，进出港航道的维护费用由港务费开支。"

三、将第二十六条作为第二十五条，修改为："专用航道的维护费用，由专用部门自行解决。"

四、将第二十七条作为第二十六条，修改为："对中央、地方财政拨给的航道维护费用，必须坚持专款专用的原则。"

此外，对其他条文的顺序做相应调整。

本决定自2009年1月1日起施行。

《中华人民共和国航道管理条例》根据本决定做相应修改，重新公布。

中华人民共和国航道管理条例

（1987年8月22日国务院发布根据2008年12月27日《国务院关于修改〈中华人民共和国航道管理条例〉的决定》修订）

第一章　总　　则

第一条　为加强航道管理，改善通航条件，保证航道畅通和航行安全，充分发挥水上交通在国民经济和国防建设中的作用，特制定本条例。

第二条　本条例适用于中华人民共和国沿海和内河的航道、航道设施以及与通航有关的设施。

第三条　国家鼓励和保护在统筹兼顾、综合利用水资源的原则下，开发利用航道，发展水运事业。

第四条　中华人民共和国交通部主管全国航道事业。

第五条　航道分为国家航道、地方航道和专用航道。

第六条　国家航道及其航道设施按海区和内河水系，由交通部或者交通部授权的省、自治区、直辖市交通主管部门管理。

地方航道及其航道设施由省、自治区、直辖市交通主管部门管理。

专用航道及其航道设施由专用部门管理。

国家航道和地方航道上的过船建筑物，按照国务院规定管理。

第二章　航道的规划和建设

第七条　航道发展规划应当依据统筹兼顾、综合利用的原则，结合水利水电、城市建设以及铁路、公路、水运发展规划和国家批准的水资源综合规划制定。

第八条　国家航道发展规划由交通部编制，报国务院审查批准后实施。

地方航道发展规划由省、自治区、直辖市交通主管部门编制，报省、自治区、直辖市人民政府审查批准后实施，并抄报交通部备案。

跨省、自治区、直辖市的地方航道的发展规划，由有关省、自治区、直辖市交通主管部门共同编制，报有关省、自治区、直辖市人民政府联合审查批准后实施，并抄报交通部备案；必要时报交通部审查批准后实施。

专用航道发展规划由专用航道管理部门会同同级交通主管部门编制，报同级人民政府批准后实施。

第九条 各级水利电力主管部门编制河流流域规划和与航运有关的水利、水电工程规划以及进行上述工程设计时，必须有同级交通主管部门参加。

各级交通主管部门编制渠化河流和人工运河航道发展规划和进行与水利水电有关的工程设计时，必须有同级水利电力主管部门参加。

各级水利电力主管部门、交通主管部门编制上述规划，涉及运送木材的河流和重要的渔业水域时，必须有同级林业、渔业主管部门参加。

第十条 航道应当划分技术等级。航道技术等级的划分，由省、自治区、直辖市交通主管部门或交通部派驻水系的管理机构根据通航标准提出方案。一至四级航道由交通部会同水利电力部及其他有关部门研究批准，报国务院备案；四级以下的航道，由省、自治区、直辖市人民政府批准，报交通部备案。

第十一条 建设航道及其设施，必须遵守国家基本建设程序的规定。工程竣工经验收合格后，方能交付使用。

第十二条 建设航道及其设施，不得危及水利水电工程、跨河建筑物和其他设施的安全。

因建设航道及其设施损坏水利水电工程、跨河建筑物和其他设施的，建设单位应当给予赔偿或者修复。

在行洪河道上建设航道，必须符合行洪安全的要求。

第三章　航道的保护

第十三条 航道和航道设施受国家保护，任何单位和个人均不得侵占或者破坏。交通部门应当加强对航道的养护，保证航道畅通。

第十四条 修建与通航有关的设施或者治理河道、引水灌溉，必须符合国家规定的通航标准和技术要求，并应当事先征求交通主管部门的意见。

违反前款规定，中断或者恶化通航条件的，由建设单位或者个人赔偿损失，并在规定期限内负责恢复通航。

第十五条 在通航河流上建设永久性拦河闸坝，建设单位必须按照设计和施工方案，同时建设适当规模的过船、过木、过鱼建筑物，并解决施工期间的船舶、排筏通航问题。过船、过木、过鱼建筑物的建设费用，由建设单位承担。

在不通航河流或者人工渠道上建设闸坝后可以通航的，建设单位应当同时建设适当规模的过船建筑物；不能同时建设的，应当预留建设过船建筑物的位置。过船建筑物的建设费用，除国家另有规定外，应当由交通部门承担。

过船、过木、过鱼建筑物的设计任务书、设计文件和施工方案，必须取得交通、林业、渔业主管部门的同意。

第十六条 因紧急抗旱需要，在通航河流上建临时闸坝，必须经县级以上人民政府批准。旱情解除后，建闸坝单位必须及时拆除闸坝，恢复通航条件。

第十七条 对通航河流上碍航的闸坝、桥梁和其他建筑物以及由建筑物所造成的航道淤积，由地方人民政府按照“谁造成碍航谁恢复通航”的原则，责成有关部门改建碍航建筑物或者限期补建过船、过木、过鱼建筑物，清除淤积，恢复通航。

第十八条 在通航河段或其上游兴建水利工程控制或引走水源，建设单位应当保证航道和船闸所需要的通航流量。在特殊情况下,由于控制水源或大量引水影响通航时,建设单位应当采取相应的工程措施,地方人民政府应当组织有关部门协商,合理分配水量。

第十九条 水利水电工程设施管理部门制定调度运行方案,涉及通航流量、水位和航行安全时,应当事先与交通主管部门协商。协商不一致时,由县级以上人民政府决定。

第二十条 在防洪、排涝、抗旱时,综合利用水利枢纽过船建筑物应当服从防汛抗旱指挥机构统一安排。

第二十一条 沿海和通航河流上设置的助航标志必须符合国家规定的标准。

在沿海和通航河流上设置专用标志必须经交通主管部门同意;设置渔标和军用标,必须报交通主管部门备案。

第二十二条 禁止向河道倾倒沙石泥土和废弃物。

在通航河道内挖取沙石泥土、堆存材料,不得恶化通航条件。

第二十三条 在航道内施工工程完成后,施工单位应当及时清除遗留物。

第四章　航道养护经费

第二十四条 经国家批准计征港务费的沿海和内河港口,进出港航道的维护费用由港务费开支。

第二十五条 专用航道的维护费用,由专用部门自行解决。

第二十六条 对中央、地方财政拨给的航道维护费用,必须坚持专款专用的原则。

第五章　罚　　则

第二十七条 对违反本条例规定的单位和个人,县以上交通主管部门可以视情节轻重给予警告、罚款的处罚。

第二十八条 当事人对交通主管部门的处罚不服的,可以向上级交通主管部门提出申诉;对上级交通主管部门的处理不服的,可以在接到处理决定书之日起 15 日内向人民法院起诉。逾期不起诉又不履行的,交通主管部门可以申请人民法院强制执行。

第二十九条 违反本条例的规定,应当受治安管理处罚的,由公安机关处理;构成犯罪的,由司法机关依法追究刑事责任。

第六章　附　　则

第三十条 本条例下列用语的含义是:

“航道”是指中华人民共和国沿海、江河、湖泊、运河内船舶、排筏可以通航的水域。

“国家航道”是指:(一)构成国家航道网、可以通航五百吨级以上船舶的内河干线航道;(二)跨省、自治区、直辖市,可以常年通航三百吨级以上船舶的内河干线航道;(三)沿海干线航道和主要海港航道;(四)国家指定的重要航道。

“专用航道”是指由军事、水利电力、林业、水产等部门以及其他企业事业单位自行建设、使用的航道。

“地方航道”是指国家航道和专用航道以外的航道。

“航道设施”是指航道的助航导航设施、整治建筑物、航运梯级、过船建筑物(包括过船闸坝)和其他航道工程设施。

“与通航有关的设施”是指对航道的通航条件有影响的闸坝、桥梁、码头、架空电线、水下电缆、管道等拦河、跨河、临河建筑物和其他工程设施。

第三十一条 本条例由交通部负责解释。交通部可以根据本条例制定实施细则。

第三十二条 本条例自 1987 年 10 月 1 日起施行。

中华人民共和国国务院令
中华人民共和国中央军事委员会

第547号

现公布《军服管理条例》，自2009年3月1日起施行。

国务院总理　温家宝

中央军委主席　胡锦涛

二〇〇九年一月十三日

军服管理条例

第一条　为了加强军服管理，维护军服的专用性和严肃性，制定本条例。

第二条　本条例所称军服，是指中国人民解放军现行装备的制式服装及其标志服饰。

第三条　军服的制式由中央军事委员会批准。

军服由军队军需主管部门负责监制。

第四条　生产军服、军服专用材料的企业（以下称军服承制企业）应当具备生产军服、军服专用材料必需的条件和能力，具有质量保证体系和良好资信，并符合军队军需主管部门规定的其他条件。

申请生产军服、军服专用材料的企业，经军队军需主管部门或者其授权的机构查验，具备前款规定条件的，列入军服承制企业备选名录。

军队军需主管部门或者其授权的机构根据军服、军服专用材料生产任务，从军服承制企业备选名录中择优确定军服承制企业，与其签订军服、军服专用材料生产合同。

第五条　军服承制企业应当严格履行军服、军服专用材料生产合同，按照合同约定的时间、品种、数量完成军服、军服专用材料生产任务，执行军服生产技术规范。

军服承制企业不得转让军服、军服专用材料生产合同或者军服生产技术规范，也不得委托其他企业生产军服、军服专用材料。

军服承制企业的工作人员不得泄露军服专用材料生产技术，不得泄露军服、军服专用材料生产数量、接收单位等涉及国家秘密的信息。

第六条　军服、军服专用材料生产中的试制品，经军队军需主管部门或者其授权的机构检验合格的，作为制成品接收；军服、军服专用材料生产中的残次品，未经改制、染色等处理的，不得销售或者以其他方式转让；军服生产中剩余的军服专用材料，应当按照军队军需主管部门或者其授权的机构的要求，妥善保管或者移交。

第七条　承运军服、军服专用材料的企业，应当具备货物运输资质。军队军需主管部门或者其授权的机构应当与其签订运输合同。承运企业应当严格履行运输合同，承运企业工作人员不得泄露运输的军服、军服专用材料的数量、接收单位等涉及国家秘密的信息。

第八条　军队军需主管部门或者其授权的机构应当对军服承制企业生产军服、军服专用材料的情况进行检查，并向国务院工商行政管理部门通报军服、军服专用材料生产合同签订和履行的情况。

第九条　现役军人以及依照法律、法规和军队有关规定可以穿着军服的人员，应当依照有关规定穿着军服。

军队警备执勤人员应当加强检查、纠察，及时纠正违法穿着军服的行为。

影视制作和文艺演出单位的演艺人员因扮演军人角色需要穿着军服的，应当遵守军队关于军服穿着的规定，不得损害军队和军人形象。非拍摄、演出时不得穿着军服。

第十条 禁止买卖、出租或者擅自出借、赠送军服。

禁止使用军服和中国人民解放军曾经装备的制式服装从事经营活动。

禁止以“军需”、“军服”、“军品”等用语招揽顾客。

第十一条 机关、团体、企业事业单位和其他组织的制式服装及其标志服饰,应当与军服有明显区别。

禁止生产、销售、购买和使用仿照军服样式、颜色制作的足以使公众视为军服的仿制品。

第十二条 违反本条例规定,有下列情形之一的,由工商行政管理部门没收违法物品和违法所得,处1万元以上10万元以下的罚款;违法经营数额巨大的,吊销营业执照;构成犯罪的,依法追究刑事责任:

(一)非法生产军服、军服专用材料的;

(二)买卖军服、军服专用材料的;

(三)生产、销售军服仿制品的。

工商行政管理部门发现涉嫌非法生产、销售军服或者军服仿制品的行为时,可以查封、扣押涉嫌物品。

第十三条 军服承制企业违反本条例规定,有下列情形之一的,由工商行政管理部门责令改正,处1万元以上5万元以下的罚款;拒不改正的,责令停业整顿:

(一)转让军服、军服专用材料生产合同或者生产技术规范,或者委托其他企业生产军服、军服专用材料的;

(二)销售或者以其他方式转让未经改制、染色等处理的军服、军服专用材料残次品的;

(三)未将军服生产中剩余的军服专用材料妥善保管、移交的。

具有前款规定情形之一的,军队军需主管部门应当将其从军服承制企业备选名录中除名,并不得再列入军服承制企业备选名录。

第十四条 军服承制企业的工作人员泄露军服专用材料生产技术,或者军服承制、承运企业的工作人员泄露军服、军服专用材料生产、运输数量以及接收单位等涉及国家秘密的信息,构成犯罪的,依法追究刑事责任。

第十五条 违反本条例规定,使用军服和中国人民解放军曾经装备的制式服装从事经营活动,或者以“军需”、“军服”、“军品”等用语招揽顾客的,由工商行政管理部门责令改正,没收违法物品和违法所得,并处2000元以上2万元以下的罚款;拒不改正的,责令停业整顿。

第十六条 穿着军服或者军服仿制品冒充军人招摇撞骗的,由公安机关依法给予治安管理处罚;构成犯罪的,依法追究刑事责任。

第十七条 公务员和现役军人在军服管理工作中滥用职权、玩忽职守、徇私舞弊的,依法给予处分;构成犯罪的,依法追究刑事责任。

现役军人出租或者擅自出借、赠送军服的,依照《中国人民解放军纪律条令》的规定给予处分。

第十八条 对公安机关、工商行政管理部门查获的军服仿制品的认定存在争议的,由省军区(卫戍区、警备区)或者军分区(警备区)军需主管部门鉴定。

公安机关、工商行政管理部门依法没收的军服、军服专用材料,应当移交省军区(卫戍区、警备区)或者军分区(警备区)军需主管部门;依法没收的军服仿制品,应当按照国家有关规定处理。

第十九条 中国人民武装警察部队现行装备的制式服装及其标志服饰的管理,参照本条例执行。

第二十条 本条例自2009年3月1日起施行。

中华人民共和国国务院令

第548号

现公布《国务院关于修改〈国务院对确需保留的行政审批项目设定行政许可的决定〉的决定》，自公布之日起施行。

总　　理　温家宝

二○○九年一月二十九日

国务院关于修改《国务院对确需保留的行政审批项目设定行政许可的决定》的决定

国务院决定对《国务院对确需保留的行政审批项目设定行政许可的决定》附件《国务院决定对确需保留的行政审批项目设定行政许可的目录》中的部分项目作如下修改：

一、将第12项的项目名称，由“跨省区或规模较大的中小企业信用担保机构设立与变更审批”修改为“融资性担保机构的设立与变更审批”；将实施机关，由国家发展改革委改为省、自治区、直辖市人民政府确定的部门。

二、将第373项的项目名称，由“外国通讯社及其所属信息机构在中国境内开展经济信息业务审批”，修改为“外国机构在中国境内提供金融信息的服务业务审批”；将实施机关，由新华社改为国务院新闻办公室。

三、将第374项的项目名称，由“外国通讯社在中国境内发布新闻信息业务的审批”，修改为“外国通讯社在中国境内提供新闻的服务业务审批”；将实施机关，由新华社改为国务院新闻办公室。

本决定自公布之日起施行。

中华人民共和国国务院令

第549号

《国务院关于修改〈特种设备安全监察条例〉的决定》已经2009年1月14日国务院第46次常务会议通过，现予公布，自2009年5月1日起施行。

总　　理　温家宝

二〇〇九年一月二十四日

国务院关于修改《特种设备安全监察条例》的决定

国务院决定对《特种设备安全监察条例》做如下修改：

一、第二条第一款修改为："本条例所称特种设备是指涉及生命安全、危险性较大的锅炉、压力容器（含气瓶，下同）、压力管道、电梯、起重机械、客运索道、大型游乐设施和场（厂）内专用机动车辆。"

二、第三条第二款修改为："军事装备、核设施、航空航天器、铁路机车、海上设施和船舶以及矿山井下使用的特种设备、民用机场专用设备的安全监察不适用本条例。"

第三款修改为："房屋建筑工地和市政工程工地用起重机械、场（厂）内专用机动车辆的安装、使用的监督管理，由建设行政主管部门依照有关法律、法规的规定执行。"

三、第五条第一款修改为："特种设备生产、使用单位应当建立健全特种设备安全、节能管理制度和岗位安全、节能责任制度。"

第二款修改为："特种设备生产、使用单位的主要负责人应当对本单位特种设备的安全和节能全面负责。"

四、第八条增加一款作为第二款："国家鼓励特种设备节能技术的研究、开发、示范和推广，促进特种设备节能技术创新和应用。"

增加一款，作为第三款："特种设备生产、使用单位和特种设备检验检测机构，应当保证必要的安全和节能投入。"

增加一款，作为第四款："国家鼓励实行特种设备责任保险制度，提高事故赔付能力。"

五、第十条第二款修改为："特种设备生产单位对其生产的特种设备的安全性能和能效指标负责，不得生产不符合安全性能要求和能效指标的特种设备，不得生产国家产业政策明令淘汰的特种设备。"

六、第二十二条第三款修改为："气瓶充装单位应当向气体使用者提供符合安全技术规范要求的气瓶，对使用者进行气瓶安全使用指导，并按照安全技术规范的要求办理气瓶使用登记，提出气瓶的定期检验要求。"

七、第二十六条增加一项作为第六项："高耗能特种设备的能效测试报告、能耗状况记录以及节能改造技术资料。"

八、第二十七条增加一款作为第四款："锅炉使用单位应当按照安全技术规范的要求进行锅炉水（介）质处理，并接受特种设备检验检测机构实施的水（介）质处理定期检验。"

增加一款，作为第五款："从事锅炉清洗的单位，应当按照安全技术规范的要求进行锅炉清洗，并接受特种设备检验检测机构实施的锅炉清洗过程监督检验。"

九、第二十九条增加一款作为第二款："特种设备不符合能效指标的，特种设备使用单位应当采取相应措施进行整改。"

十、删除第三十一条。

十一、第四十条改为第三十九条，第一款修改为："特种设备使用单位应当对特种设备作业人员进行特种设备安全、节能教育和培训，保证特种设备作业人员具备必要的特种设备安全、节能知识。”

十二、第四十九条改为第四十八条，修改为：“特种设备检验检测机构进行特种设备检验检测，发现严重事故隐患或者能耗严重超标的，应当及时告知特种设备使用单位，并立即向特种设备安全监督管理部门报告。”

十三、第五十三条改为第五十二条，第一款修改为：“依照本条例规定实施许可、核准、登记的特种设备安全监督管理部门，应当严格依照本条例规定条件和安全技术规范要求对有关事项进行审查；不符合本条例规定条件和安全技术规范要求的，不得许可、核准、登记；在申请办理许可、核准期间，特种设备安全监督管理部门发现申请人未经许可从事特种设备相应活动或者伪造许可、核准证书的，不予受理或者不予许可、核准，并在1年内不再受理其新的许可、核准申请。”

第三款修改为：“违反本条例规定，被依法撤销许可的，自撤销许可之日起3年内，特种设备安全监督管理部门不予受理其新的许可申请。”

十四、第五十九条改为第五十八条，修改为：“特种设备安全监督管理部门对特种设备生产、使用单位和检验检测机构进行安全监察时，发现有违反本条例规定和安全技术规范要求的行为或者在用的特种设备存在事故隐患、不符合能效指标的，应当以书面形式发出特种设备安全监察指令，责令有关单位及时采取措施，予以改正或者消除事故隐患。紧急情况下需要采取紧急处置措施的，应当随后补发书面通知。”

十五、删除第六十二条。

十六、删除第六十三条。

十七、增加一条，作为第六十一条：“有下列情形之一的，为特别重大事故：

“（一）特种设备事故造成30人以上死亡，或者100人以上重伤（包括急性工业中毒，下同），或者1亿元以上直接经济损失的；

“（二）600兆瓦以上锅炉爆炸的；

“（三）压力容器、压力管道有毒介质泄漏，造成15万人以上转移的；

“（四）客运索道、大型游乐设施高空滞留100人以上并且时间在48小时以上的。”

十八、增加一条，作为第六十二条：“有下列情形之一的，为重大事故：

“（一）特种设备事故造成10人以上30人以下死亡，或者50人以上100人以下重伤，或者5000万元以上1亿元以下直接经济损失的；

“（二）600兆瓦以上锅炉因安全故障中断运行240小时以上的；

“（三）压力容器、压力管道有毒介质泄漏，造成5万人以上15万人以下转移的；

“（四）客运索道、大型游乐设施高空滞留100人以上并且时间在24小时以上48小时以下的。”

十九、增加一条，作为第六十三条：“有下列情形之一的，为较大事故：

“（一）特种设备事故造成3人以上10人以下死亡，或者10人以上50人以下重伤，或者1000万元以上5000万元以下直接经济损失的；

“（二）锅炉、压力容器、压力管道爆炸的；

“（三）压力容器、压力管道有毒介质泄漏，造成1万人以上5万人以下转移的；

“（四）起重机械整体倾覆的；

“（五）客运索道、大型游乐设施高空滞留人员12小时以上的。”

二十、增加一条，作为第六十四条：“有下列情形之一的，为一般事故：

“（一）特种设备事故造成3人以下死亡，或者10人以下重伤，或者1万元以上1000万元以下直接经济损失的；

“（二）压力容器、压力管道有毒介质泄漏，造成500人以上1万人以下转移的；

“（三）电梯轿厢滞留人员2小时以上的；

“（四）起重机械主要受力结构件折断或者起升机构坠落的；

“（五）客运索道高空滞留人员3.5小时以上12小时以下的；

“（六）大型游乐设施高空滞留人员1小时以上12小时以下的。

"除前款规定外,国务院特种设备安全监督管理部门可以对一般事故的其他情形做出补充规定。"

二十一、增加一条,作为第六十五条:"特种设备安全监督管理部门应当制定特种设备应急预案。特种设备使用单位应当制定事故应急专项预案,并定期进行事故应急演练。

"压力容器、压力管道发生爆炸或者泄漏,在抢险救援时应当区分介质特性,严格按照相关预案规定程序处理,防止二次爆炸。"

二十二、增加一条,作为第六十六条:"特种设备事故发生后,事故发生单位应当立即启动事故应急预案,组织抢救,防止事故扩大,减少人员伤亡和财产损失,并及时向事故发生地县以上特种设备安全监督管理部门和有关部门报告。

"县以上特种设备安全监督管理部门接到事故报告,应当尽快核实有关情况,立即向所在地人民政府报告,并逐级上报事故情况。必要时,特种设备安全监督管理部门可以越级上报事故情况。对特别重大事故、重大事故,国务院特种设备安全监督管理部门应当立即报告国务院并通报国务院安全生产监督管理部门等有关部门。"

二十三、增加一条,作为第六十七条:"特别重大事故由国务院或者国务院授权有关部门组织事故调查组进行调查。

"重大事故由国务院特种设备安全监督管理部门会同有关部门组织事故调查组进行调查。

"较大事故由省、自治区、直辖市特种设备安全监督管理部门会同有关部门组织事故调查组进行调查。

"一般事故由设区的市的特种设备安全监督管理部门会同有关部门组织事故调查组进行调查。"

二十四、增加一条,作为第六十八条:"事故调查报告应当由负责组织事故调查的特种设备安全监督管理部门的所在地人民政府批复,并报上一级特种设备安全监督管理部门备案。

"有关机关应当按照批复,依照法律、行政法规规定的权限和程序,对事故责任单位和有关人员进行行政处罚,对负有事故责任的国家工作人员进行处分。"

二十五、增加一条,作为第六十九条:"特种设备安全监督管理部门应当在有关地方人民政府的领导下,组织开展特种设备事故调查处理工作。

"有关地方人民政府应当支持、配合上级人民政府或者特种设备安全监督管理部门的事故调查处理工作,并提供必要的便利条件。"

二十六、增加一条,作为第七十条:"特种设备安全监督管理部门应当对发生事故的原因进行分析,并根据特种设备的管理和技术特点、事故情况对相关安全技术规范进行评估;需要制定或者修订相关安全技术规范的,应当及时制定或者修订。"

二十七、第七十二条改为第八十条,第一款修改为:"未经许可,擅自从事移动式压力容器或者气瓶充装活动的,由特种设备安全监督管理部门予以取缔,没收违法充装的气瓶,处10万元以上50万元以下罚款;有违法所得的,没收违法所得;触犯刑律的,对负有责任的主管人员和其他直接责任人员依照刑法关于非法经营罪或者其他罪的规定,依法追究刑事责任。"

增加一款,作为第二款:"移动式压力容器、气瓶充装单位未按照安全技术规范的要求进行充装活动的,由特种设备安全监督管理部门责令改正,处2万元以上10万元以下罚款;情节严重的,撤销其充装资格。"

二十八、增加一条,作为第八十二条:"已经取得许可、核准的特种设备生产单位、检验检测机构有下列行为之一的,由特种设备安全监督管理部门责令改正,处2万元以上10万元以下罚款;情节严重的,撤销其相应资格:

(一)未按照安全技术规范的要求办理许可证变更手续的;

(二)不再符合本条例规定或者安全技术规范要求的条件,继续从事特种设备生产、检验检测的;

(三)未依照本条例规定或者安全技术规范要求进行特种设备生产、检验检测的;

(四)伪造、变造、出租、出借、转让许可证书或者监督检验报告的。"

二十九、第七十四条改为第八十三条,增加一项作为第九项:"未按照安全技术规范要求进行锅炉水(介)质处理的;"

增加一项作为第十项:“特种设备不符合能效指标,未及时采取相应措施进行整改的。”

增加一款,作为第二款:“特种设备使用单位使用未取得生产许可的单位生产的特种设备或者将非承压锅炉、非压力容器作为承压锅炉、压力容器使用的,由特种设备安全监督管理部门责令停止使用,予以没收,处2万元以上10万元以下罚款。”

三十、第七十八条改为第八十七条,修改为:“发生特种设备事故,有下列情形之一的,对单位,由特种设备安全监督管理部门处5万元以上20万元以下罚款;对主要负责人,由特种设备安全监督管理部门处4000元以上2万元以下罚款;属于国家工作人员的,依法给予处分;触犯刑律的,依照刑法关于重大责任事故罪或者其他罪的规定,依法追究刑事责任:

(一)特种设备使用单位的主要负责人在本单位发生特种设备事故时,不立即组织抢救或者在事故调查处理期间擅离职守或者逃匿的;

(二)特种设备使用单位的主要负责人对特种设备事故隐瞒不报、谎报或者拖延不报的。”

三十一、增加一条,作为第八十八条:“对事故发生负有责任的单位,由特种设备安全监督管理部门依照下列规定处以罚款:

(一)发生一般事故的,处10万元以上20万元以下罚款;

(二)发生较大事故的,处20万元以上50万元以下罚款;

(三)发生重大事故的,处50万元以上200万元以下罚款。”

三十二、增加一条,作为第八十九条:“对事故发生负有责任的单位的主要负责人未依法履行职责,导致事故发生的,由特种设备安全监督管理部门依照下列规定处以罚款;属于国家工作人员的,并依法给予处分;触犯刑律的,依照刑法关于重大责任事故罪或者其他罪的规定,依法追究刑事责任:

(一)发生一般事故的,处上一年年收入30%的罚款;

(二)发生较大事故的,处上一年年收入40%的罚款;

(三)发生重大事故的,处上一年年收入60%的罚款。”

三十三、第八十六条改为第九十七条,增加一项作为第八项:“迟报、漏报、瞒报或者谎报事故的;”

增加一项作为第九项:“妨碍事故救援或者事故调查处理的。”

三十四、第八十七条改为第九十八条,增加一款作为第二款:“特种设备生产、使用单位擅自动用、调换、转移、损毁被查封、扣押的特种设备或者其主要部件的,由特种设备安全监督管理部门责令改正,处5万元以上20万元以下罚款;情节严重的,撤销其相应资格。”

三十五、第九十九条第一款增加一项作为第八项:“场(厂)内专用机动车辆,是指除道路交通、农用车辆以外仅在工厂厂区、旅游景区、游乐场所等特定区域使用的专用机动车辆。”

三十六、增加一条,作为第一百零一条:“国务院特种设备安全监督管理部门可以授权省、自治区、直辖市特种设备安全监督管理部门负责本条例规定的特种设备行政许可工作,具体办法由国务院特种设备安全监督管理部门制定。”

三十七、第九十条改为第一百零二条,修改为:“特种设备行政许可、检验检测,应当按照国家有关规定收取费用。”

此外,对条文的顺序和部分文字作相应的调整和修改。

本决定自2009年5月1日起施行。

《特种设备安全监察条例》根据本决定做相应的修订,重新公布。

特种设备安全监察条例

(2003年3月11日中华人民共和国国务院令第373号公布根据2009年1月24日《国务院关于修改〈特种设备安全监察条例〉的决定》修订)

第一章 总　则

第一条 为了加强特种设备的安全监察,防止和减少事故,保障人民群众生命和财产安全,促进经济发展,制定本条例。

第二条 本条例所称特种设备是指涉及生命安全、危险性较大的锅炉、压力容器(含气瓶,下同)、压力管道、电梯、起重机械、客运索道、大型游乐设施和场(厂)内专用机动车辆。

前款特种设备的目录由国务院负责特种设备安全监督管理的部门(以下简称国务院特种设备安全监督管理部门)制订,报国务院批准后执行。

第三条 特种设备的生产(含设计、制造、安装、改造、维修,下同)、使用、检验检测及其监督检查,应当遵守本条例,但本条例另有规定的除外。

军事装备、核设施、航空航天器、铁路机车、海上设施和船舶以及矿山井下使用的特种设备、民用机场专用设备的安全监察不适用本条例。

房屋建筑工地和市政工程工地用起重机械、场(厂)内专用机动车辆的安装、使用的监督管理,由建设行政主管部门依照有关法律、法规的规定执行。

第四条 国务院特种设备安全监督管理部门负责全国特种设备的安全监察工作,县以上地方负责特种设备安全监督管理的部门对本行政区域内特种设备实施安全监察(以下统称特种设备安全监督管理部门)。

第五条 特种设备生产、使用单位应当建立健全特种设备安全、节能管理制度和岗位安全、节能责任制度。

特种设备生产、使用单位的主要负责人应当对本单位特种设备的安全和节能全面负责。

特种设备生产、使用单位和特种设备检验检测机构,应当接受特种设备安全监督管理部门依法进行的特种设备安全监察。

第六条 特种设备检验检测机构,应当依照本条例规定,进行检验检测工作,对其检验检测结果、鉴定结论承担法律责任。

第七条 县级以上地方人民政府应当督促、支持特种设备安全监督管理部门依法履行安全监察职责,对特种设备安全监察中存在的重大问题及时予以协调、解决。

第八条 国家鼓励推行科学的管理方法,采用先进技术,提高特种设备安全性能和管理水平,增强特种设备生产、使用单位防范事故的能力,对取得显著成绩的单位和个人,给予奖励。

国家鼓励特种设备节能技术的研究、开发、示范和推广,促进特种设备节能技术创新和应用。

特种设备生产、使用单位和特种设备检验检测机构,应当保证必要的安全和节能投入。

国家鼓励实行特种设备责任保险制度,提高事故赔付能力。

第九条 任何单位和个人对违反本条例规定的行为,有权向特种设备安全监督管理部门和行政监察等有关部门举报。

特种设备安全监督管理部门应当建立特种设备安全监察举报制度,公布举报电话、信箱或者电子邮件地址,受理对特种设备生产、使用和检验检测违法行为的举报,并及时予以处理。

特种设备安全监督管理部门和行政监察等有关部门应当为举报人保密,并按照国家有关规定给予奖励。

第二章 特种设备的生产

第十条 特种设备生产单位，应当依照本条例规定以及国务院特种设备安全监督管理部门制订并公布的安全技术规范（以下简称安全技术规范）的要求，进行生产活动。

特种设备生产单位对其生产的特种设备的安全性能和能效指标负责，不得生产不符合安全性能要求和能效指标的特种设备，不得生产国家产业政策明令淘汰的特种设备。

第十一条 压力容器的设计单位应当经国务院特种设备安全监督管理部门许可，方可从事压力容器的设计活动。

压力容器的设计单位应当具备下列条件：

（一）有与压力容器设计相适应的设计人员、设计审核人员；

（二）有与压力容器设计相适应的场所和设备；

（三）有与压力容器设计相适应的健全的管理制度和责任制度。

第十二条 锅炉、压力容器中的气瓶（以下简称气瓶）、氧舱和客运索道、大型游乐设施以及高耗能特种设备的设计文件，应当经国务院特种设备安全监督管理部门核准的检验检测机构鉴定，方可用于制造。

第十三条 按照安全技术规范的要求，应当进行型式试验的特种设备产品、部件或者试制特种设备新产品、新部件、新材料，必须进行型式试验和能效测试。

第十四条 锅炉、压力容器、电梯、起重机械、客运索道、大型游乐设施及其安全附件、安全保护装置的制造、安装、改造单位，以及压力管道用管子、管件、阀门、法兰、补偿器、安全保护装置等（以下简称压力管道元件）的制造单位和场（厂）内专用机动车辆的制造、改造单位，应当经国务院特种设备安全监督管理部门许可，方可从事相应的活动。

前款特种设备的制造、安装、改造单位应当具备下列条件：

（一）有与特种设备制造、安装、改造相适应的专业技术人员和技术工人；

（二）有与特种设备制造、安装、改造相适应的生产条件和检测手段；

（三）有健全的质量管理制度和责任制度。

第十五条 特种设备出厂时，应当附有安全技术规范要求的设计文件、产品质量合格证明、安装及使用维修说明、监督检验证明等文件。

第十六条 锅炉、压力容器、电梯、起重机械、客运索道、大型游乐设施、场（厂）内专用机动车辆的维修单位，应当有与特种设备维修相适应的专业技术人员和技术工人以及必要的检测手段，并经省、自治区、直辖市特种设备安全监督管理部门许可，方可从事相应的维修活动。

第十七条 锅炉、压力容器、起重机械、客运索道、大型游乐设施的安装、改造、维修以及场（厂）内专用机动车辆的改造、维修，必须由依照本条例取得许可的单位进行。

电梯的安装、改造、维修，必须由电梯制造单位或者其通过合同委托、同意的依照本条例取得许可的单位进行。电梯制造单位对电梯质量以及安全运行涉及的质量问题负责。

特种设备安装、改造、维修的施工单位应当在施工前将拟进行的特种设备安装、改造、维修情况书面告知直辖市或者设区的市的特种设备安全监督管理部门，告知后即可施工。

第十八条 电梯井道的土建工程必须符合建筑工程质量要求。电梯安装施工过程中，电梯安装单位应当遵守施工现场的安全生产要求，落实现场安全防护措施。电梯安装施工过程中，施工现场的安全生产监督，由有关部门依照有关法律、行政法规的规定执行。

电梯安装施工过程中，电梯安装单位应当服从建筑施工总承包单位对施工现场的安全生产管理，并订立合同，明确各自的安全责任。

第十九条 电梯的制造、安装、改造和维修活动，必须严格遵守安全技术规范的要求。电梯制造单位委托或者同意其他单位进行电梯安装、改造、维修活动的，应当对其安装、改造、维修活动进行安全指导和监控。电梯的安装、改造、维修活动结束后，电梯制造单位应当按照安全技术规范的要求对电梯进行校验和调试，并对校验和调试的结果负责。

第二十条 锅炉、压力容器、电梯、起重机械、客运索道、大型游乐设施的安装、改造、维修以及场(厂)内专用机动车辆的改造、维修竣工后,安装、改造、维修的施工单位应当在验收后30日内将有关技术资料移交使用单位,高耗能特种设备还应当按照安全技术规范的要求提交能效测试报告。使用单位应当将其存入该特种设备的安全技术档案。

第二十一条 锅炉、压力容器、压力管道元件、起重机械、大型游乐设施的制造过程和锅炉、压力容器、电梯、起重机械、客运索道、大型游乐设施的安装、改造、重大维修过程,必须经国务院特种设备安全监督管理部门核准的检验检测机构按照安全技术规范的要求进行监督检验;未经监督检验合格的不得出厂或者交付使用。

第二十二条 移动式压力容器、气瓶充装单位应当经省、自治区、直辖市的特种设备安全监督管理部门许可,方可从事充装活动。

充装单位应当具备下列条件:

(一)有与充装和管理相适应的管理人员和技术人员;

(二)有与充装和管理相适应的充装设备、检测手段、场地厂房、器具、安全设施;

(三)有健全的充装管理制度、责任制度、紧急处理措施。

气瓶充装单位应当向气体使用者提供符合安全技术规范要求的气瓶,对使用者进行气瓶安全使用指导,并按照安全技术规范的要求办理气瓶使用登记,提出气瓶的定期检验要求。

第三章 特种设备的使用

第二十三条 特种设备使用单位,应当严格执行本条例和有关安全生产的法律、行政法规的规定,保证特种设备的安全使用。

第二十四条 特种设备使用单位应当使用符合安全技术规范要求的特种设备。特种设备投入使用前,使用单位应当核对其是否附有本条例第十五条规定的相关文件。

第二十五条 特种设备在投入使用前或者投入使用后30日内,特种设备使用单位应当向直辖市或者设区的市的特种设备安全监督管理部门登记。登记标志应当置于或者附着于该特种设备的显著位置。

第二十六条 特种设备使用单位应当建立特种设备安全技术档案。安全技术档案应当包括以下内容:

(一)特种设备的设计文件、制造单位、产品质量合格证明、使用维护说明等文件以及安装技术文件和资料;

(二)特种设备的定期检验和定期自行检查的记录;

(三)特种设备的日常使用状况记录;

(四)特种设备及其安全附件、安全保护装置、测量调控装置及有关附属仪器仪表的日常维护保养记录;

(五)特种设备运行故障和事故记录;

(六)高耗能特种设备的能效测试报告、能耗状况记录以及节能改造技术资料。

第二十七条 特种设备使用单位应当对在用特种设备进行经常性日常维护保养,并定期自行检查。

特种设备使用单位对在用特种设备应当至少每月进行一次自行检查,并作出记录。特种设备使用单位在对在用特种设备进行自行检查和日常维护保养时发现异常情况的,应当及时处理。

特种设备使用单位应当对在用特种设备的安全附件、安全保护装置、测量调控装置及有关附属仪器仪表进行定期校验、检修,并作出记录。

锅炉使用单位应当按照安全技术规范的要求进行锅炉水(介)质处理,并接受特种设备检验检测机构实施的水(介)质处理定期检验。

从事锅炉清洗的单位,应当按照安全技术规范的要求进行锅炉清洗,并接受特种设备检验检测机构实施的锅炉清洗过程监督检验。

第二十八条 特种设备使用单位应当按照安全技术规范的定期检验要求，在安全检验合格有效期届满前1个月向特种设备检验检测机构提出定期检验要求。

检验检测机构接到定期检验要求后，应当按照安全技术规范的要求及时进行安全性能检验和能效测试。

未经定期检验或者检验不合格的特种设备，不得继续使用。

第二十九条 特种设备出现故障或者发生异常情况，使用单位应当对其进行全面检查，消除事故隐患后，方可重新投入使用。

特种设备不符合能效指标的，特种设备使用单位应当采取相应措施进行整改。

第三十条 特种设备存在严重事故隐患，无改造、维修价值，或者超过安全技术规范规定使用年限，特种设备使用单位应当及时予以报废，并应当向原登记的特种设备安全监督管理部门办理注销。

第三十一条 电梯的日常维护保养必须由依照本条例取得许可的安装、改造、维修单位或者电梯制造单位进行。

电梯应当至少每15日进行一次清洁、润滑、调整和检查。

第三十二条 电梯的日常维护保养单位应当在维护保养中严格执行国家安全技术规范的要求，保证其维护保养的电梯的安全技术性能，并负责落实现场安全防护措施，保证施工安全。

电梯的日常维护保养单位，应当对其维护保养的电梯的安全性能负责。接到故障通知后，应当立即赶赴现场，并采取必要的应急救援措施。

第三十三条 电梯、客运索道、大型游乐设施等为公众提供服务的特种设备运营使用单位，应当设置特种设备安全管理机构或者配备专职的安全管理人员；其他特种设备使用单位，应当根据情况设置特种设备安全管理机构或者配备专职、兼职的安全管理人员。

特种设备的安全管理人员应当对特种设备使用状况进行经常性检查，发现问题的应当立即处理；情况紧急时，可以决定停止使用特种设备并及时报告本单位有关负责人。

第三十四条 客运索道、大型游乐设施的运营使用单位在客运索道、大型游乐设施每日投入使用前，应当进行试运行和例行安全检查，并对安全装置进行检查确认。

电梯、客运索道、大型游乐设施的运营使用单位应当将电梯、客运索道、大型游乐设施的安全注意事项和警示标志置于易于为乘客注意的显著位置。

第三十五条 客运索道、大型游乐设施的运营使用单位的主要负责人应当熟悉客运索道、大型游乐设施的相关安全知识，并全面负责客运索道、大型游乐设施的安全使用。

客运索道、大型游乐设施的运营使用单位的主要负责人至少应当每月召开一次会议，督促、检查客运索道、大型游乐设施的安全使用工作。

客运索道、大型游乐设施的运营使用单位，应当结合本单位的实际情况，配备相应数量的营救装备和急救物品。

第三十六条 电梯、客运索道、大型游乐设施的乘客应当遵守使用安全注意事项的要求，服从有关工作人员的指挥。

第三十七条 电梯投入使用后，电梯制造单位应当对其制造的电梯的安全运行情况进行跟踪调查和了解，对电梯的日常维护保养单位或者电梯的使用单位在安全运行方面存在的问题，提出改进建议，并提供必要的技术帮助。发现电梯存在严重事故隐患的，应当及时向特种设备安全监督管理部门报告。电梯制造单位对调查和了解的情况，应当作出记录。

第三十八条 锅炉、压力容器、电梯、起重机械、客运索道、大型游乐设施、场（厂）内专用机动车辆的作业人员及其相关管理人员（以下统称特种设备作业人员），应当按照国家有关规定经特种设备安全监督管理部门考核合格，取得国家统一格式的特种作业人员证书，方可从事相应的作业或者管理工作。

第三十九条 特种设备使用单位应当对特种设备作业人员进行特种设备安全、节能教育和培训，保证特种设备作业人员具备必要的特种设备安全、节能知识。

特种设备作业人员在作业中应当严格执行特种设备的操作规程和有关的安全规章制度。

第四十条 特种设备作业人员在作业过程中发现事故隐患或者其他不安全因素，应当立即向现场安全管理人员和单位有关负责人报告。

第四章 检验检测

第四十一条 从事本条例规定的监督检验、定期检验、型式试验以及专门为特种设备生产、使用、检验检测提供无损检测服务的特种设备检验检测机构，应当经国务院特种设备安全监督管理部门核准。

特种设备使用单位设立的特种设备检验检测机构，经国务院特种设备安全监督管理部门核准，负责本单位核准范围内的特种设备定期检验工作。

第四十二条 特种设备检验检测机构，应当具备下列条件：

（一）有与所从事的检验检测工作相适应的检验检测人员；

（二）有与所从事的检验检测工作相适应的检验检测仪器和设备；

（三）有健全的检验检测管理制度、检验检测责任制度。

第四十三条 特种设备的监督检验、定期检验、型式试验和无损检测应当由依照本条例经核准的特种设备检验检测机构进行。

特种设备检验检测工作应当符合安全技术规范的要求。

第四十四条 从事本条例规定的监督检验、定期检验、型式试验和无损检测的特种设备检验检测人员应当经国务院特种设备安全监督管理部门组织考核合格，取得检验检测人员证书，方可从事检验检测工作。

检验检测人员从事检验检测工作，必须在特种设备检验检测机构执业，但不得同时在两个以上检验检测机构中执业。

第四十五条 特种设备检验检测机构和检验检测人员进行特种设备检验检测，应当遵循诚信原则和方便企业的原则，为特种设备生产、使用单位提供可靠、便捷的检验检测服务。

特种设备检验检测机构和检验检测人员对涉及的被检验检测单位的商业秘密，负有保密义务。

第四十六条 特种设备检验检测机构和检验检测人员应当客观、公正、及时地出具检验检测结果、鉴定结论。检验检测结果、鉴定结论经检验检测人员签字后，由检验检测机构负责人签署。

特种设备检验检测机构和检验检测人员对检验检测结果、鉴定结论负责。

国务院特种设备安全监督管理部门应当组织对特种设备检验检测机构的检验检测结果、鉴定结论进行监督抽查。县以上地方负责特种设备安全监督管理的部门在本行政区域内也可以组织监督抽查，但是要防止重复抽查。监督抽查结果应当向社会公布。

第四十七条 特种设备检验检测机构和检验检测人员不得从事特种设备的生产、销售，不得以其名义推荐或者监制、监销特种设备。

第四十八条 特种设备检验检测机构进行特种设备检验检测，发现严重事故隐患或者能耗严重超标的，应当及时告知特种设备使用单位，并立即向特种设备安全监督管理部门报告。

第四十九条 特种设备检验检测机构和检验检测人员利用检验检测工作故意刁难特种设备生产、使用单位，特种设备生产、使用单位有权向特种设备安全监督管理部门投诉，接到投诉的特种设备安全监督管理部门应当及时进行调查处理。

第五章 监督检查

第五十条 特种设备安全监督管理部门依照本条例规定，对特种设备生产、使用单位和检验检测机构实施安全监察。

对学校、幼儿园以及车站、客运码头、商场、体育场馆、展览馆、公园等公众聚集场所的特种设备，特种设备安全监督管理部门应当实施重点安全监察。

第五十一条 特种设备安全监督管理部门根据举报或者取得的涉嫌违法证据，对涉嫌违反本条例规定的行为进行查处时，可以行使下列职权：

（一）向特种设备生产、使用单位和检验检测机构的法定代表人、主要负责人和其他有关人员调查、了解与涉嫌从事违反本条例的生产、使用、检验检测有关的情况；

（二）查阅、复制特种设备生产、使用单位和检验检测机构的有关合同、发票、账簿以及其他有关资料；

（三）对有证据表明不符合安全技术规范要求的或者有其他严重事故隐患、能耗严重超标的特种设备，予以查封或者扣押。

第五十二条 依照本条例规定实施许可、核准、登记的特种设备安全监督管理部门，应当严格依照本条例规定条件和安全技术规范要求对有关事项进行审查；不符合本条例规定条件和安全技术规范要求的，不得许可、核准、登记；在申请办理许可、核准期间，特种设备安全监督管理部门发现申请人未经许可从事特种设备相应活动或者伪造许可、核准证书的，不予受理或者不予许可、核准，并在1年内不再受理其新的许可、核准申请。

未依法取得许可、核准、登记的单位擅自从事特种设备的生产、使用或者检验检测活动的，特种设备安全监督管理部门应当依法予以处理。

违反本条例规定，被依法撤销许可的，自撤销许可之日起3年内，特种设备安全监督管理部门不予受理其新的许可申请。

第五十三条 特种设备安全监督管理部门在办理本条例规定的有关行政审批事项时，其受理、审查、许可、核准的程序必须公开，并应当自受理申请之日起30日内，作出许可、核准或者不予许可、核准的决定；不予许可、核准的，应当书面向申请人说明理由。

第五十四条 地方各级特种设备安全监督管理部门不得以任何形式进行地方保护和地区封锁，不得对已经依照本条例规定在其他地方取得许可的特种设备生产单位重复进行许可，也不得要求对依照本条例规定在其他地方检验检测合格的特种设备，重复进行检验检测。

第五十五条 特种设备安全监督管理部门的安全监察人员（以下简称特种设备安全监察人员）应当熟悉相关法律、法规、规章和安全技术规范，具有相应的专业知识和工作经验，并经国务院特种设备安全监督管理部门考核，取得特种设备安全监察人员证书。

特种设备安全监察人员应当忠于职守、坚持原则、秉公执法。

第五十六条 特种设备安全监督管理部门对特种设备生产、使用单位和检验检测机构实施安全监察时，应当有两名以上特种设备安全监察人员参加，并出示有效的特种设备安全监察人员证件。

第五十七条 特种设备安全监督管理部门对特种设备生产、使用单位和检验检测机构实施安全监察，应当对每次安全监察的内容、发现的问题及处理情况，作出记录，并由参加安全监察的特种设备安全监察人员和被检查单位的有关负责人签字后归档。被检查单位的有关负责人拒绝签字的，特种设备安全监察人员应当将情况记录在案。

第五十八条 特种设备安全监督管理部门对特种设备生产、使用单位和检验检测机构进行安全监察时，发现有违反本条例规定和安全技术规范要求的行为或者在用的特种设备存在事故隐患、不符合能效指标的，应当以书面形式发出特种设备安全监察指令，责令有关单位及时采取措施，予以改正或者消除事故隐患。紧急情况下需要采取紧急处置措施的，应当随后补发书面通知。

第五十九条 特种设备安全监督管理部门对特种设备生产、使用单位和检验检测机构进行安全监察，发现重大违法行为或者严重事故隐患时，应当在采取必要措施的同时，及时向上级特种设备安全监督管理部门报告。接到报告的特种设备安全监督管理部门应当采取必要措施，及时予以处理。

对违法行为、严重事故隐患或者不符合能效指标的处理需要当地人民政府和有关部门的支持、配合时，特种设备安全监督管理部门应当报告当地人民政府，并通知其他有关部门。当地人民政府和其他有关部门应当采取必要措施，及时予以处理。

第六十条 国务院特种设备安全监督管理部门和省、自治区、直辖市特种设备安全监督管理部门应当定期向社会公布特种设备安全以及能效状况。

公布特种设备安全以及能效状况，应当包括下列内容：

（一）特种设备质量安全状况；

（二）特种设备事故的情况、特点、原因分析、防范对策；

（三）特种设备能效状况；

（四）其他需要公布的情况。

第六章　事故预防和调查处理

第六十一条　有下列情形之一的，为特别重大事故：

（一）特种设备事故造成30人以上死亡，或者100人以上重伤（包括急性工业中毒，下同），或者1亿元以上直接经济损失的；

（二）600兆瓦以上锅炉爆炸的；

（三）压力容器、压力管道有毒介质泄漏，造成15万人以上转移的；

（四）客运索道、大型游乐设施高空滞留100人以上并且时间在48小时以上的。

第六十二条　有下列情形之一的，为重大事故：

（一）特种设备事故造成10人以上30人以下死亡，或者50人以上100人以下重伤，或者5000万元以上1亿元以下直接经济损失的；

（二）600兆瓦以上锅炉因安全故障中断运行240小时以上的；

（三）压力容器、压力管道有毒介质泄漏，造成5万人以上15万人以下转移的；

（四）客运索道、大型游乐设施高空滞留100人以上并且时间在24小时以上48小时以下的。

第六十三条　有下列情形之一的，为较大事故：

（一）特种设备事故造成3人以上10人以下死亡，或者10人以上50人以下重伤，或者1000万元以上5000万元以下直接经济损失的；

（二）锅炉、压力容器、压力管道爆炸的；

（三）压力容器、压力管道有毒介质泄漏，造成1万人以上5万人以下转移的；

（四）起重机械整体倾覆的；

（五）客运索道、大型游乐设施高空滞留人员12小时以上的。

第六十四条　有下列情形之一的，为一般事故：

（一）特种设备事故造成3人以下死亡，或者10人以下重伤，或者1万元以上1000万元以下直接经济损失的；

（二）压力容器、压力管道有毒介质泄漏，造成500人以上1万人以下转移的；

（三）电梯轿厢滞留人员2小时以上的；

（四）起重机械主要受力结构件折断或者起升机构坠落的；

（五）客运索道高空滞留人员3.5小时以上12小时以下的；

（六）大型游乐设施高空滞留人员1小时以上12小时以下的。

除前款规定外，国务院特种设备安全监督管理部门可以对一般事故的其他情形做出补充规定。

第六十五条　特种设备安全监督管理部门应当制定特种设备应急预案。特种设备使用单位应当制定事故应急专项预案，并定期进行事故应急演练。

压力容器、压力管道发生爆炸或者泄漏，在抢险救援时应当区分介质特性，严格按照相关预案规定程序处理，防止二次爆炸。

第六十六条　特种设备事故发生后，事故发生单位应当立即启动事故应急预案，组织抢救，防止事故扩大，减少人员伤亡和财产损失，并及时向事故发生地县以上特种设备安全监督管理部门和有关部门报告。

县以上特种设备安全监督管理部门接到事故报告，应当尽快核实有关情况，立即向所在地人民政府报告，并逐级上报事故情况。必要时，特种设备安全监督管理部门可以越级上报事故情况。对特别重大事故、重大事故，国务院特种设备安全监督管理部门应当立即报告国务院并通报国务院安全生产监督管理部门等有关部门。

第六十七条 特别重大事故由国务院或者国务院授权有关部门组织事故调查组进行调查。

重大事故由国务院特种设备安全监督管理部门会同有关部门组织事故调查组进行调查。

较大事故由省、自治区、直辖市特种设备安全监督管理部门会同有关部门组织事故调查组进行调查。

一般事故由设区的市的特种设备安全监督管理部门会同有关部门组织事故调查组进行调查。

第六十八条 事故调查报告应当由负责组织事故调查的特种设备安全监督管理部门的所在地人民政府批复，并报上一级特种设备安全监督管理部门备案。

有关机关应当按照批复，依照法律、行政法规规定的权限和程序，对事故责任单位和有关人员进行行政处罚，对负有事故责任的国家工作人员进行处分。

第六十九条 特种设备安全监督管理部门应当在有关地方人民政府的领导下，组织开展特种设备事故调查处理工作。

有关地方人民政府应当支持、配合上级人民政府或者特种设备安全监督管理部门的事故调查处理工作，并提供必要的便利条件。

第七十条 特种设备安全监督管理部门应当对发生事故的原因进行分析，并根据特种设备的管理和技术特点、事故情况对相关安全技术规范进行评估；需要制定或者修订相关安全技术规范的，应当及时制定或者修订。

第七十一条 本章所称的“以上”包括本数，所称的“以下”不包括本数。

第七章 法律责任

第七十二条 未经许可，擅自从事压力容器设计活动的，由特种设备安全监督管理部门予以取缔，处5万元以上20万元以下罚款；有违法所得的，没收违法所得；触犯刑律的，对负有责任的主管人员和其他直接责任人员依照刑法关于非法经营罪或者其他罪的规定，依法追究刑事责任。

第七十三条 锅炉、气瓶、氧舱和客运索道、大型游乐设施以及高耗能特种设备的设计文件，未经国务院特种设备安全监督管理部门核准的检验检测机构鉴定，擅自用于制造的，由特种设备安全监督管理部门责令改正，没收非法制造的产品，处5万元以上20万元以下罚款；触犯刑律的，对负有责任的主管人员和其他直接责任人员依照刑法关于生产、销售伪劣产品罪、非法经营罪或者其他罪的规定，依法追究刑事责任。

第七十四条 按照安全技术规范的要求应当进行型式试验的特种设备产品、部件或者试制特种设备新产品、新部件，未进行整机或者部件型式试验的，由特种设备安全监督管理部门责令限期改正；逾期未改正的，处2万元以上10万元以下罚款。

第七十五条 未经许可，擅自从事锅炉、压力容器、电梯、起重机械、客运索道、大型游乐设施、场（厂）内专用机动车辆及其安全附件、安全保护装置的制造、安装、改造以及压力管道元件的制造活动的，由特种设备安全监督管理部门予以取缔，没收非法制造的产品，已经实施安装、改造的，责令恢复原状或者责令限期由取得许可的单位重新安装、改造，处10万元以上50万元以下罚款；触犯刑律的，对负有责任的主管人员和其他直接责任人员依照刑法关于生产、销售伪劣产品罪、非法经营罪、重大责任事故罪或者其他罪的规定，依法追究刑事责任。

第七十六条 特种设备出厂时，未按照安全技术规范的要求附有设计文件、产品质量合格证明、安装及使用维修说明、监督检验证明等文件的，由特种设备安全监督管理部门责令改正；情节严重的，责令停止生产、销售，处违法生产、销售货值金额30%以下罚款；有违法所得的，没收违法所得。

第七十七条 未经许可，擅自从事锅炉、压力容器、电梯、起重机械、客运索道、大型游乐设施、场（厂）内专用机动车辆的维修或者日常维护保养的，由特种设备安全监督管理部门予以取缔，处1万元以上5万元以下罚款;有违法所得的,没收违法所得;触犯刑律的,对负有责任的主管人员和其他直接责任人员依照刑法关于非法经营罪、重大责任事故罪或者其他罪的规定,依法追究刑事责任。

第七十八条 锅炉、压力容器、电梯、起重机械、客运索道、大型游乐设施的安装、改造、维修的施工单位以及场(厂)内专用机动车辆的改造、维修单位,在施工前未将拟进行的特种设备安装、改造、维修情况书面告知直辖市或者设区的市的特种设备安全监督管理部门即行施工的,或者在验收后30日内未将有关技术资料移交锅炉、压力容器、电梯、起重机械、客运索道、大型游乐设施的使用单位的,由特种设备安全监督管理部门责令限期改正;逾期未改正的,处2000元以上1万元以下罚款。

第七十九条 锅炉、压力容器、压力管道元件、起重机械、大型游乐设施的制造过程和锅炉、压力容器、电梯、起重机械、客运索道、大型游乐设施的安装、改造、重大维修过程,以及锅炉清洗过程,未经国务院特种设备安全监督管理部门核准的检验检测机构按照安全技术规范的要求进行监督检验的,由特种设备安全监督管理部门责令改正,已经出厂的,没收违法生产、销售的产品,已经实施安装、改造、重大维修或者清洗的,责令限期进行监督检验,处5万元以上20万元以下罚款;有违法所得的,没收违法所得;情节严重的,撤销制造、安装、改造或者维修单位已经取得的许可,并由工商行政管理部门吊销其营业执照;触犯刑律的,对负有责任的主管人员和其他直接责任人员依照刑法关于生产、销售伪劣产品罪或者其他罪的规定,依法追究刑事责任。

第八十条 未经许可,擅自从事移动式压力容器或者气瓶充装活动的,由特种设备安全监督管理部门予以取缔,没收违法充装的气瓶,处10万元以上50万元以下罚款;有违法所得的,没收违法所得;触犯刑律的,对负有责任的主管人员和其他直接责任人员依照刑法关于非法经营罪或者其他罪的规定,依法追究刑事责任。

移动式压力容器、气瓶充装单位未按照安全技术规范的要求进行充装活动的,由特种设备安全监督管理部门责令改正,处2万元以上10万元以下罚款;情节严重的,撤销其充装资格。

第八十一条 电梯制造单位有下列情形之一的,由特种设备安全监督管理部门责令限期改正;逾期未改正的,予以通报批评:

(一)未依照本条例第十九条的规定对电梯进行校验、调试的;

(二)对电梯的安全运行情况进行跟踪调查和了解时,发现存在严重事故隐患,未及时向特种设备安全监督管理部门报告的。

第八十二条 已经取得许可、核准的特种设备生产单位、检验检测机构有下列行为之一的,由特种设备安全监督管理部门责令改正,处2万元以上10万元以下罚款;情节严重的,撤销其相应资格:

(一)未按照安全技术规范的要求办理许可证变更手续的;

(二)不再符合本条例规定或者安全技术规范要求的条件,继续从事特种设备生产、检验检测的;

(三)未依照本条例规定或者安全技术规范要求进行特种设备生产、检验检测的;

(四)伪造、变造、出租、出借、转让许可证书或者监督检验报告的。

第八十三条 特种设备使用单位有下列情形之一的,由特种设备安全监督管理部门责令限期改正;逾期未改正的,处2000元以上2万元以下罚款;情节严重的,责令停止使用或者停产停业整顿:

(一)特种设备投入使用前或者投入使用后30日内,未向特种设备安全监督管理部门登记,擅自将其投入使用的;

(二)未依照本条例第二十六条的规定,建立特种设备安全技术档案的;

(三)未依照本条例第二十七条的规定,对在用特种设备进行经常性日常维护保养和定期自行检查的,或者对在用特种设备的安全附件、安全保护装置、测量调控装置及有关附属仪器仪表进行定期校验、检修,并作出记录的;

(四)未按照安全技术规范的定期检验要求,在安全检验合格有效期届满前1个月向特种设备检验检测机构提出定期检验要求的;

(五)使用未经定期检验或者检验不合格的特种设备的;

(六)特种设备出现故障或者发生异常情况,未对其进行全面检查、消除事故隐患,继续投入使用的;

（七）未制定特种设备事故应急专项预案的；

（八）未依照本条例第三十一条第二款的规定，对电梯进行清洁、润滑、调整和检查的；

（九）未按照安全技术规范要求进行锅炉水（介）质处理的；

（十）特种设备不符合能效指标，未及时采取相应措施进行整改的。

特种设备使用单位使用未取得生产许可的单位生产的特种设备或者将非承压锅炉、非压力容器作为承压锅炉、压力容器使用的，由特种设备安全监督管理部门责令停止使用，予以没收，处2万元以上10万元以下罚款。

第八十四条 特种设备存在严重事故隐患，无改造、维修价值，或者超过安全技术规范规定的使用年限，特种设备使用单位未予以报废，并向原登记的特种设备安全监督管理部门办理注销的，由特种设备安全监督管理部门责令限期改正；逾期未改正的，处5万元以上20万元以下罚款。

第八十五条 电梯、客运索道、大型游乐设施的运营使用单位有下列情形之一的，由特种设备安全监督管理部门责令限期改正；逾期未改正的，责令停止使用或者停产停业整顿，处1万元以上5万元以下罚款：

（一）客运索道、大型游乐设施每日投入使用前，未进行试运行和例行安全检查，并对安全装置进行检查确认的；

（二）未将电梯、客运索道、大型游乐设施的安全注意事项和警示标志置于易于为乘客注意的显著位置的。

第八十六条 特种设备使用单位有下列情形之一的，由特种设备安全监督管理部门责令限期改正；逾期未改正的，责令停止使用或者停产停业整顿，处2000元以上2万元以下罚款：

（一）未依照本条例规定设置特种设备安全管理机构或者配备专职、兼职的安全管理人员的；

（二）从事特种设备作业的人员，未取得相应特种作业人员证书，上岗作业的；

（三）未对特种设备作业人员进行特种设备安全教育和培训的。

第八十七条 发生特种设备事故，有下列情形之一的，对单位，由特种设备安全监督管理部门处5万元以上20万元以下罚款；对主要负责人，由特种设备安全监督管理部门处4000元以上2万元以下罚款；属于国家工作人员的，依法给予处分；触犯刑律的，依照刑法关于重大责任事故罪或者其他罪的规定，依法追究刑事责任：

（一）特种设备使用单位的主要负责人在本单位发生特种设备事故时，不立即组织抢救或者在事故调查处理期间擅离职守或者逃匿的；

（二）特种设备使用单位的主要负责人对特种设备事故隐瞒不报、谎报或者拖延不报的。

第八十八条 对事故发生负有责任的单位，由特种设备安全监督管理部门依照下列规定处以罚款：

（一）发生一般事故的，处10万元以上20万元以下罚款；

（二）发生较大事故的，处20万元以上50万元以下罚款；

（三）发生重大事故的，处50万元以上200万元以下罚款。

第八十九条 对事故发生负有责任的单位的主要负责人未依法履行职责，导致事故发生的，由特种设备安全监督管理部门依照下列规定处以罚款；属于国家工作人员的，并依法给予处分；触犯刑律的，依照刑法关于重大责任事故罪或者其他罪的规定，依法追究刑事责任：

（一）发生一般事故的，处上一年年收入30%的罚款；

（二）发生较大事故的，处上一年年收入40%的罚款；

（三）发生重大事故的，处上一年年收入60%的罚款。

第九十条 特种设备作业人员违反特种设备的操作规程和有关的安全规章制度操作，或者在作业过程中发现事故隐患或者其他不安全因素，未立即向现场安全管理人员和单位有关负责人报告的，由特种设备使用单位给予批评教育、处分；情节严重的，撤销特种设备作业人员资格；触犯刑律的，依照刑法关于重大责任事故罪或者其他罪的规定，依法追究刑事责任。

第九十一条 未经核准，擅自从事本条例所规定的监督检验、定期检验、型式试验以及无损检测等检验检测活动的，由特种设备安全监督管理部门予以取缔，处5万元以上20万元以下罚款；有违法所得的，没收违法所得；触犯刑律的，对负有责任的主管人员和其他直接责任人员依照刑法关于非法经营罪或者其他罪的规定，依法追究刑事责任。

第九十二条 特种设备检验检测机构，有下列情形之一的，由特种设备安全监督管理部门处2万元以上10万元以下罚款；情节严重的，撤销其检验检测资格：

（一）聘用未经特种设备安全监督管理部门组织考核合格并取得检验检测人员证书的人员，从事相关检验检测工作的；

（二）在进行特种设备检验检测中，发现严重事故隐患或者能耗严重超标，未及时告知特种设备使用单位，并立即向特种设备安全监督管理部门报告的。

第九十三条 特种设备检验检测机构和检验检测人员，出具虚假的检验检测结果、鉴定结论或者检验检测结果、鉴定结论严重失实的，由特种设备安全监督管理部门对检验检测机构没收违法所得，处5万元以上20万元以下罚款，情节严重的，撤销其检验检测资格；对检验检测人员处5000元以上5万元以下罚款，情节严重的，撤销其检验检测资格，触犯刑律的，依照刑法关于中介组织人员提供虚假证明文件罪、中介组织人员出具证明文件重大失实罪或者其他罪的规定，依法追究刑事责任。

特种设备检验检测机构和检验检测人员，出具虚假的检验检测结果、鉴定结论或者检验检测结果、鉴定结论严重失实，造成损害的，应当承担赔偿责任。

第九十四条 特种设备检验检测机构或者检验检测人员从事特种设备的生产、销售，或者以其名义推荐或者监制、监销特种设备的，由特种设备安全监督管理部门撤销特种设备检验检测机构和检验检测人员的资格，处5万元以上20万元以下罚款；有违法所得的，没收违法所得。

第九十五条 特种设备检验检测机构和检验检测人员利用检验检测工作故意刁难特种设备生产、使用单位，由特种设备安全监督管理部门责令改正；拒不改正的，撤销其检验检测资格。

第九十六条 检验检测人员，从事检验检测工作，不在特种设备检验检测机构执业或者同时在两个以上检验检测机构中执业的，由特种设备安全监督管理部门责令改正，情节严重的，给予停止执业6个月以上2年以下的处罚；有违法所得的，没收违法所得。

第九十七条 特种设备安全监督管理部门及其特种设备安全监察人员，有下列违法行为之一的，对直接负责的主管人员和其他直接责任人员，依法给予降级或者撤职的处分；触犯刑律的，依照刑法关于受贿罪、滥用职权罪、玩忽职守罪或者其他罪的规定，依法追究刑事责任：

（一）不按照本条例规定的条件和安全技术规范要求，实施许可、核准、登记的；

（二）发现未经许可、核准、登记擅自从事特种设备的生产、使用或者检验检测活动不予取缔或者不依法予以处理的；

（三）发现特种设备生产、使用单位不再具备本条例规定的条件而不撤销其原许可，或者发现特种设备生产、使用违法行为不予查处的；

（四）发现特种设备检验检测机构不再具备本条例规定的条件而不撤销其原核准，或者对其出具虚假的检验检测结果、鉴定结论或者检验检测结果、鉴定结论严重失实的行为不予查处的；

（五）对依照本条例规定在其他地方取得许可的特种设备生产单位重复进行许可，或者对依照本条例规定在其他地方检验检测合格的特种设备，重复进行检验检测的；

（六）发现有违反本条例和安全技术规范的行为或者在用的特种设备存在严重事故隐患，不立即处理的；

（七）发现重大的违法行为或者严重事故隐患，未及时向上级特种设备安全监督管理部门报告，或者接到报告的特种设备安全监督管理部门不立即处理的；

（八）迟报、漏报、瞒报或者谎报事故的；

（九）妨碍事故救援或者事故调查处理的。

第九十八条 特种设备的生产、使用单位或者检验检测机构，拒不接受特种设备安全监督管理部门依法实施的安全监察的，由特种设备安全监督管理部门责令限期改正；逾期未改正的，责令停产停业整顿，处

2 万元以上 10 万元以下罚款；触犯刑律的，依照刑法关于妨害公务罪或者其他罪的规定，依法追究刑事责任。

特种设备生产、使用单位擅自动用、调换、转移、损毁被查封、扣押的特种设备或者其主要部件的，由特种设备安全监督管理部门责令改正，处 5 万元以上 20 万元以下罚款；情节严重的，撤销其相应资格。

第八章　附　　则

第九十九条　本条例下列用语的含义是：

（一）锅炉，是指利用各种燃料、电或者其他能源，将所盛装的液体加热到一定的参数，并对外输出热能的设备，其范围规定为容积大于或者等于 30L 的承压蒸汽锅炉；出口水压大于或者等于 0.1MPa（表压），且额定功率大于或者等于 0.1MW 的承压热水锅炉；有机热载体锅炉。

（二）压力容器，是指盛装气体或者液体，承载一定压力的密闭设备，其范围规定为最高工作压力大于或者等于 0.1MPa（表压），且压力与容积的乘积大于或者等于 2.5MPa·L 的气体、液化气体和最高工作温度高于或者等于标准沸点的液体的固定式容器和移动式容器；盛装公称工作压力大于或者等于 0.2MPa（表压），且压力与容积的乘积大于或者等于 1.0MPa·L 的气体、液化气体和标准沸点等于或者低于 60℃液体的气瓶；氧舱等。

（三）压力管道，是指利用一定的压力，用于输送气体或者液体的管状设备，其范围规定为最高工作压力大于或者等于 0.1MPa（表压）的气体、液化气体、蒸汽介质或者可燃、易爆、有毒、有腐蚀性、最高工作温度高于或者等于标准沸点的液体介质，且公称直径大于 25mm 的管道。

（四）电梯，是指动力驱动，利用沿刚性导轨运行的箱体或者沿固定线路运行的梯级（踏步），进行升降或者平行运送人、货物的机电设备，包括载人（货）电梯、自动扶梯、自动人行道等。

（五）起重机械，是指用于垂直升降或者垂直升降并水平移动重物的机电设备，其范围规定为额定起重量大于或者等于 0.5t 的升降机；额定起重量大于或者等于 1t，且提升高度大于或者等于 2m 的起重机和承重形式固定的电动葫芦等。

（六）客运索道，是指动力驱动，利用柔性绳索牵引箱体等运载工具运送人员的机电设备，包括客运架空索道、客运缆车、客运拖牵索道等。

（七）大型游乐设施，是指用于经营目的，承载乘客游乐的设施，其范围规定为设计最大运行线速度大于或者等于 2m/s，或者运行高度距地面高于或者等于 2m 的载人大型游乐设施。

（八）场（厂）内专用机动车辆，是指除道路交通、农用车辆以外仅在工厂厂区、旅游景区、游乐场所等特定区域使用的专用机动车辆。

特种设备包括其所用的材料、附属的安全附件、安全保护装置和与安全保护装置相关的设施。

第一百条　压力管道设计、安装、使用的安全监督管理办法由国务院另行制定。

第一百零一条　国务院特种设备安全监督管理部门可以授权省、自治区、直辖市特种设备安全监督管理部门负责本条例规定的特种设备行政许可工作，具体办法由国务院特种设备安全监督管理部门制定。

第一百零二条　特种设备行政许可、检验检测，应当按照国家有关规定收取费用。

第一百零三条　本条例自 2003 年 6 月 1 日起施行。1982 年 2 月 6 日国务院发布的《锅炉压力容器安全监察暂行条例》同时废止。

中华人民共和国国务院令

第550号

《旅行社条例》已经2009年1月21日国务院第47次常务会议通过,现予公布,自2009年5月1日起施行。

总　　理　温家宝

二○○九年二月二十日

旅行社条例

第一章　总　　则

第一条　为了加强对旅行社的管理,保障旅游者和旅行社的合法权益,维护旅游市场秩序,促进旅游业的健康发展,制定本条例。

第二条　本条例适用于中华人民共和国境内旅行社的设立及经营活动。本条例所称旅行社,是指从事招徕、组织、接待旅游者等活动,为旅游者提供相关旅游服务,开展国内旅游业务、入境旅游业务或者出境旅游业务的企业法人。

第三条　国务院旅游行政主管部门负责全国旅行社的监督管理工作。县级以上地方人民政府管理旅游工作的部门按照职责负责本行政区域内旅行社的监督管理工作。县级以上各级人民政府工商、价格、商务、外汇等有关部门,应当按照职责分工,依法对旅行社进行监督管理。

第四条　旅行社在经营活动中应当遵循自愿、平等、公平、诚信的原则,提高服务质量,维护旅游者的合法权益。

第五条　旅行社行业组织应当按照章程为旅行社提供服务,发挥协调和自律作用,引导旅行社合法、公平竞争和诚信经营。

第二章　旅行社的设立

第六条　申请设立旅行社,经营国内旅游业务和入境旅游业务的,应当具备下列条件:

(一)有固定的经营场所;

(二)有必要的营业设施;

(三)有不少于30万元的注册资本。

第七条　申请设立旅行社,经营国内旅游业务和入境旅游业务的,应当向所在地省、自治区、直辖市旅游行政管理部门或者其委托的设区的市级旅游行政管理部门提出申请,并提交符合本条例第六条规定的相关证明文件。受理申请的旅游行政管理部门应当自受理申请之日起20个工作日内作出许可或者不予许可的决定。予以许可的,向申请人颁发旅行社业务经营许可证,申请人持旅行社业务经营许可证向工商行政管理部门办理设立登记;不予许可的,书面通知申请人并说明理由。

第八条　旅行社取得经营许可满两年,且未因侵害旅游者合法权益受到行政机关罚款以上处罚的,可以申请经营出境旅游业务。

第九条　申请经营出境旅游业务的,应当向国务院旅游行政主管部门或者其委托的省、自治区、直辖市旅游行政管理部门提出申请,受理申请的旅游行政管理部门应当自受理申请之日起20个工作日内作出许可或者不予许可的决定。予以许可的,向申请人换发旅行社业务经营许可证,旅行社应当持换发的旅行社业务经营许可证到工商行政管理部门办理变更登记;不予许可的,书面通知申请人并说明理由。

第十条　旅行社设立分社的,应当持旅行社业务经营许可证副本向分社所在地的工商行政管理部门办理设立登记，并自设立登记之日起3个工作日内向分社所在地的旅游行政管理部门备案。

旅行社分社的设立不受地域限制。分社的经营范围不得超出设立分社的旅行社的经营范围。

第十一条 旅行社设立专门招徕旅游者、提供旅游咨询的服务网点（以下简称旅行社服务网点）应当依法向工商行政管理部门办理设立登记手续，并向所在地的旅游行政管理部门备案。

旅行社服务网点应当接受旅行社的统一管理，不得从事招徕、咨询以外的活动。

第十二条 旅行社变更名称、经营场所、法定代表人等登记事项或者终止经营的，应当到工商行政管理部门办理相应的变更登记或者注销登记，并在登记办理完毕之日起10个工作日内，向原许可的旅游行政管理部门备案，换领或者交回旅行社业务经营许可证。

第十三条 旅行社应当自取得旅行社业务经营许可证之日起3个工作日内，在国务院旅游行政主管部门指定的银行开设专门的质量保证金账户，存入质量保证金，或者向作出许可的旅游行政管理部门提交依法取得的担保额度不低于相应质量保证金数额的银行担保。

经营国内旅游业务和入境旅游业务的旅行社，应当存入质量保证金20万元；经营出境旅游业务的旅行社，应当增存质量保证金120万元。

质量保证金的利息属于旅行社所有。

第十四条 旅行社每设立一个经营国内旅游业务和入境旅游业务的分社，应当向其质量保证金账户增存5万元；每设立一个经营出境旅游业务的分社，应当向其质量保证金账户增存30万元。

第十五条 有下列情形之一的，旅游行政管理部门可以使用旅行社的质量保证金：

（一）旅行社违反旅游合同约定，侵害旅游者合法权益，经旅游行政管理部门查证属实的；

（二）旅行社因解散、破产或者其他原因造成旅游者预交旅游费用损失的。

第十六条 人民法院判决、裁定及其他生效法律文书认定旅行社损害旅游者合法权益，旅行社拒绝或者无力赔偿的，人民法院可以从旅行社的质量保证金账户上划拨赔偿款。

第十七条 旅行社自交纳或者补足质量保证金之日起三年内未因侵害旅游者合法权益受到行政机关罚款以上处罚的，旅游行政管理部门应当将旅行社质量保证金的交存数额降低50%，并向社会公告。旅行社可凭省、自治区、直辖市旅游行政管理部门出具的凭证减少其质量保证金。

第十八条 旅行社在旅游行政管理部门使用质量保证金赔偿旅游者的损失，或者依法减少质量保证金后，因侵害旅游者合法权益受到行政机关罚款以上处罚的，应当在收到旅游行政管理部门补交质量保证金的通知之日起5个工作日内补足质量保证金。

第十九条 旅行社不再从事旅游业务的，凭旅游行政管理部门出具的凭证，向银行取回质量保证金。

第二十条 质量保证金存缴、使用的具体管理办法由国务院旅游行政主管部门和国务院财政部门会同有关部门另行制定。

第三章　外商投资旅行社

第二十一条 外商投资旅行社适用本章规定；本章没有规定的，适用本条例其他有关规定。

前款所称外商投资旅行社，包括中外合资经营旅行社、中外合作经营旅行社和外资旅行社。

第二十二条 设立外商投资旅行社，由投资者向国务院旅游行政主管部门提出申请，并提交符合本条例第六条规定条件的相关证明文件。国务院旅游行政主管部门应当自受理申请之日起30个工作日内审查完毕。同意设立的，出具外商投资旅行社业务许可审定意见书；不同意设立的，书面通知申请人并说明理由。

申请人持外商投资旅行社业务许可审定意见书、章程，合资、合作双方签订的合同向国务院商务主管部门提出设立外商投资企业的申请。国务院商务主管部门应当依照有关法律、法规的规定，作出批准或者不予批准的决定。予以批准的，颁发外商投资企业批准证书，并通知申请人向国务院旅游行政主管部门领取旅行社业务经营许可证，申请人持旅行社业务经营许可证和外商投资企业批准证书向工商行政管理部门办理设立登记；不予批准的，书面通知申请人并说明理由。

第二十三条 外商投资旅行社不得经营中国内地居民出国旅游业务以及赴香港特别行政区、澳门特别行政区和台湾地区旅游的业务，但是国务院决定或者我国签署的自由贸易协定和内地与香港、澳门关于建立更紧密经贸关系的安排另有规定的除外。

第四章 旅行社经营

第二十四条 旅行社向旅游者提供的旅游服务信息必须真实可靠，不得作虚假宣传。

第二十五条 经营出境旅游业务的旅行社不得组织旅游者到国务院旅游行政主管部门公布的中国公民出境旅游目的地之外的国家和地区旅游。

第二十六条 旅行社为旅游者安排或者介绍的旅游活动不得含有违反有关法律、法规规定的内容。

第二十七条 旅行社不得以低于旅游成本的报价招徕旅游者。未经旅游者同意，旅行社不得在旅游合同约定之外提供其他有偿服务。

第二十八条 旅行社为旅游者提供服务，应当与旅游者签订旅游合同并载明下列事项：

（一）旅行社的名称及其经营范围、地址、联系电话和旅行社业务经营许可证编号；

（二）旅行社经办人的姓名、联系电话；

（三）签约地点和日期；

（四）旅游行程的出发地、途经地和目的地；

（五）旅游行程中交通、住宿、餐饮服务安排及其标准；

（六）旅行社统一安排的游览项目的具体内容及时间；

（七）旅游者自由活动的时间和次数；

（八）旅游者应当交纳的旅游费用及交纳方式；

（九）旅行社安排的购物次数、停留时间及购物场所的名称；

（十）需要旅游者另行付费的游览项目及价格；

（十一）解除或者变更合同的条件和提前通知的期限；

（十二）违反合同的纠纷解决机制及应当承担的责任；

（十三）旅游服务监督、投诉电话；

（十四）双方协商一致的其他内容。

第二十九条 旅行社在与旅游者签订旅游合同时，应当对旅游合同的具体内容作出真实、准确、完整的说明。

旅行社和旅游者签订的旅游合同约定不明确或者对格式条款的理解发生争议的，应当按照通常理解予以解释；对格式条款有两种以上解释的，应当作出有利于旅游者的解释；格式条款和非格式条款不一致的，应当采用非格式条款。

第三十条 旅行社组织中国内地居民出境旅游的，应当为旅游团队安排领队全程陪同。

第三十一条 旅行社为接待旅游者委派的导游人员或者为组织旅游者出境旅游委派的领队人员，应当持有国家规定的导游证、领队证。

第三十二条 旅行社聘用导游人员、领队人员应当依法签订劳动合同，并向其支付不低于当地最低工资标准的报酬。

第三十三条 旅行社及其委派的导游人员和领队人员不得有下列行为：

（一）拒绝履行旅游合同约定的义务；

（二）非因不可抗力改变旅游合同安排的行程；

（三）欺骗、胁迫旅游者购物或者参加需要另行付费的游览项目。

第三十四条 旅行社不得要求导游人员和领队人员接待不支付接待和服务费用或者支付的费用低于接待和服务成本的旅游团队，不得要求导游人员和领队人员承担接待旅游团队的相关费用。

第三十五条 旅行社违反旅游合同约定，造成旅游者合法权益受到损害的，应当采取必要的补救措施，并及时报告旅游行政管理部门。

第三十六条 旅行社需要对旅游业务作出委托的，应当委托给具有相应资质的旅行社，征得旅游者的同意，并与接受委托的旅行社就接待旅游者的事宜签订委托合同，确定接待旅游者的各项服务安排及其标准，约定双方的权利、义务。

第三十七条 旅行社将旅游业务委托给其他旅行社的，应当向接受委托的旅行社支付不低于接待和服务成本的费用；接受委托的旅行社不得接待不支付或者不足额支付接待和服务费用的旅游团队。

接受委托的旅行社违约，造成旅游者合法权益受到损害的，作出委托的旅行社应当承担相应的赔偿责任。作出委托的旅行社赔偿后，可以向接受委托的旅行社追偿。

接受委托的旅行社故意或者重大过失造成旅游者合法权益损害的，应当承担连带责任。

第三十八条 旅行社应当投保旅行社责任险。旅行社责任险的具体方案由国务院旅游行政主管部门会同国务院保险监督管理机构另行制定。

第三十九条 旅行社对可能危及旅游者人身、财产安全的事项，应当向旅游者作出真实的说明和明确的警示，并采取防止危害发生的必要措施。

发生危及旅游者人身安全的情形的，旅行社及其委派的导游人员、领队人员应当采取必要的处置措施并及时报告旅游行政管理部门；在境外发生的，还应当及时报告中华人民共和国驻该国使领馆、相关驻外机构、当地警方。

第四十条 旅游者在境外滞留不归的，旅行社委派的领队人员应当及时向旅行社和中华人民共和国驻该国使领馆、相关驻外机构报告。旅行社接到报告后应当及时向旅游行政管理部门和公安机关报告，并协助提供非法滞留者的信息。

旅行社接待入境旅游发生旅游者非法滞留我国境内的，应当及时向旅游行政管理部门、公安机关和外事部门报告，并协助提供非法滞留者的信息。

第五章　监督检查

第四十一条 旅游、工商、价格、商务、外汇等有关部门应当依法加强对旅行社的监督管理，发现违法行为，应当及时予以处理。

第四十二条 旅游、工商、价格等行政管理部门应当及时向社会公告监督检查的情况。公告的内容包括旅行社业务经营许可证的颁发、变更、吊销、注销情况，旅行社的违法经营行为以及旅行社的诚信记录、旅游者投诉信息等。

第四十三条 旅行社损害旅游者合法权益的，旅游者可以向旅游行政管理部门、工商行政管理部门、价格主管部门、商务主管部门或者外汇管理部门投诉，接到投诉的部门应当按照其职责权限及时调查处理，并将调查处理的有关情况告知旅游者。

第四十四条 旅行社及其分社应当接受旅游行政管理部门对其旅游合同、服务质量、旅游安全、财务账簿等情况的监督检查，并按照国家有关规定向旅游行政管理部门报送经营和财务信息等统计资料。

第四十五条 旅游、工商、价格、商务、外汇等有关部门工作人员不得接受旅行社的任何馈赠，不得参加由旅行社支付费用的购物活动或者游览项目，不得通过旅行社为自己、亲友或者其他个人、组织牟取私利。

第六章　法律责任

第四十六条 违反本条例的规定，有下列情形之一的，由旅游行政管理部门或者工商行政管理部门责令改正，没收违法所得，违法所得 10 万元以上的，并处违法所得 1 倍以上 5 倍以下的罚款；违法所得不足 10 万元或者没有违法所得的，并处 10 万元以上 50 万元以下的罚款：

（一）未取得相应的旅行社业务经营许可，经营国内旅游业务、入境旅游业务、出境旅游业务的；

(二)分社的经营范围超出设立分社的旅行社的经营范围的;

(三)旅行社服务网点从事招徕、咨询以外的活动的。

第四十七条 旅行社转让、出租、出借旅行社业务经营许可证的,由旅游行政管理部门责令停业整顿1个月至3个月,并没收违法所得;情节严重的,吊销旅行社业务经营许可证。受让或者租借旅行社业务经营许可证的,由旅游行政管理部门或者工商行政管理部门责令停止非法经营,没收违法所得,并处10万元以上50万元以下的罚款。

第四十八条 违反本条例的规定,旅行社未在规定期限内向其质量保证金账户存入、增存、补足质量保证金或者提交相应的银行担保的,由旅游行政管理部门责令改正;拒不改正的,吊销旅行社业务经营许可证。

第四十九条 违反本条例的规定,旅行社不投保旅行社责任险的,由旅游行政管理部门责令改正;拒不改正的,吊销旅行社业务经营许可证。

第五十条 违反本条例的规定,旅行社有下列情形之一的,由旅游行政管理部门责令改正;拒不改正的,处1万元以下的罚款:

(一)变更名称、经营场所、法定代表人等登记事项或者终止经营,未在规定期限内向原许可的旅游行政管理部门备案,换领或者交回旅行社业务经营许可证的;

(二)设立分社未在规定期限内向分社所在地旅游行政管理部门备案的;

(三)不按照国家有关规定向旅游行政管理部门报送经营和财务信息等统计资料的。

第五十一条 违反本条例的规定,外商投资旅行社经营中国内地居民出国旅游业务以及赴香港特别行政区、澳门特别行政区和台湾地区旅游业务,或者经营出境旅游业务的旅行社组织旅游者到国务院旅游行政主管部门公布的中国公民出境旅游目的地之外的国家和地区旅游的,由旅游行政管理部门责令改正,没收违法所得,违法所得10万元以上的,并处违法所得1倍以上5倍以下的罚款;违法所得不足10万元或者没有违法所得的,并处10万元以上50万元以下的罚款;情节严重的,吊销旅行社业务经营许可证。

第五十二条 违反本条例的规定,旅行社为旅游者安排或者介绍的旅游活动含有违反有关法律、法规规定的内容的,由旅游行政管理部门责令改正,没收违法所得,并处2万元以上10万元以下的罚款;情节严重的,吊销旅行社业务经营许可证。

第五十三条 违反本条例的规定,旅行社向旅游者提供的旅游服务信息含有虚假内容或者作虚假宣传的,由工商行政管理部门依法给予处罚。

违反本条例的规定,旅行社以低于旅游成本的报价招徕旅游者的,由价格主管部门依法给予处罚。

第五十四条 违反本条例的规定,旅行社未经旅游者同意在旅游合同约定之外提供其他有偿服务的,由旅游行政管理部门责令改正,处1万元以上5万元以下的罚款。

第五十五条 违反本条例的规定,旅行社有下列情形之一的,由旅游行政管理部门责令改正,处2万元以上10万元以下的罚款;情节严重的,责令停业整顿1个月至3个月:

(一)未与旅游者签订旅游合同;

(二)与旅游者签订的旅游合同未载明本条例第二十八条规定的事项;

(三)未取得旅游者同意,将旅游业务委托给其他旅行社;

(四)将旅游业务委托给不具有相应资质的旅行社;

(五)未与接受委托的旅行社就接待旅游者的事宜签订委托合同。

第五十六条 违反本条例的规定,旅行社组织中国内地居民出境旅游,不为旅游团队安排领队全程陪同的,由旅游行政管理部门责令改正,处1万元以上5万元以下的罚款;拒不改正的,责令停业整顿1个月至3个月。

第五十七条 违反本条例的规定,旅行社委派的导游人员和领队人员未持有国家规定的导游证或者领队证的,由旅游行政管理部门责令改正,对旅行社处2万元以上10万元以下的罚款。

第五十八条 违反本条例的规定,旅行社不向其聘用的导游人员、领队人员支付报酬,或者所支付的报酬低于当地最低工资标准的,按照《中华人民共和国劳动合同法》的有关规定处理。

第五十九条 违反本条例的规定，有下列情形之一的，对旅行社，由旅游行政管理部门或者工商行政管理部门责令改正，处10万元以上50万元以下的罚款；对导游人员、领队人员，由旅游行政管理部门责令改正，处1万元以上5万元以下的罚款；情节严重的，吊销旅行社业务经营许可证、导游证或者领队证：

（一）拒不履行旅游合同约定的义务的；

（二）非因不可抗力改变旅游合同安排的行程的；

（三）欺骗、胁迫旅游者购物或者参加需要另行付费的游览项目的。

第六十条 违反本条例的规定，旅行社要求导游人员和领队人员接待不支付接待和服务费用、支付的费用低于接待和服务成本的旅游团队，或者要求导游人员和领队人员承担接待旅游团队的相关费用的，由旅游行政管理部门责令改正，处2万元以上10万元以下的罚款。

第六十一条 旅行社违反旅游合同约定，造成旅游者合法权益受到损害，不采取必要的补救措施的，由旅游行政管理部门或者工商行政管理部门责令改正，处1万元以上5万元以下的罚款；情节严重的，由旅游行政管理部门吊销旅行社业务经营许可证。

第六十二条 违反本条例的规定，有下列情形之一的，由旅游行政管理部门责令改正，停业整顿1个月至3个月；情节严重的，吊销旅行社业务经营许可证：

（一）旅行社不向接受委托的旅行社支付接待和服务费用的；

（二）旅行社向接受委托的旅行社支付的费用低于接待和服务成本的；

（三）接受委托的旅行社接待不支付或者不足额支付接待和服务费用的旅游团队的。

第六十三条 违反本条例的规定，旅行社及其委派的导游人员、领队人员有下列情形之一的，由旅游行政管理部门责令改正，对旅行社处2万元以上10万元以下的罚款；对导游人员、领队人员处4000元以上2万元以下的罚款；情节严重的，责令旅行社停业整顿1个月至3个月，或者吊销旅行社业务经营许可证、导游证、领队证：

（一）发生危及旅游者人身安全的情形，未采取必要的处置措施并及时报告的；

（二）旅行社组织出境旅游的旅游者非法滞留境外，旅行社未及时报告并协助提供非法滞留者信息的；

（三）旅行社接待入境旅游的旅游者非法滞留境内，旅行社未及时报告并协助提供非法滞留者信息的。

第六十四条 因妨害国（边）境管理受到刑事处罚的，在刑罚执行完毕之日起五年内不得从事旅行社业务经营活动；旅行社被吊销旅行社业务经营许可的，其主要负责人在旅行社业务经营许可被吊销之日起五年内不得担任任何旅行社的主要负责人。

第六十五条 旅行社违反本条例的规定，损害旅游者合法权益的，应当承担相应的民事责任；构成犯罪的，依法追究刑事责任。

第六十六条 违反本条例的规定，旅游行政管理部门或者其他有关部门及其工作人员有下列情形之一的，对直接负责的主管人员和其他直接责任人员依法给予处分：

（一）发现违法行为不及时予以处理的；

（二）未及时公告对旅行社的监督检查情况的；

（三）未及时处理旅游者投诉并将调查处理的有关情况告知旅游者的；

（四）接受旅行社的馈赠的；

（五）参加由旅行社支付费用的购物活动或者游览项目的；

（六）通过旅行社为自己、亲友或者其他个人、组织牟取私利的。

第七章　附　　则

第六十七条 香港特别行政区、澳门特别行政区和台湾地区的投资者在内地投资设立的旅行社，参照适用本条例。

第六十八条 本条例自2009年5月1日起施行。1996年10月15日国务院发布的《旅行社管理条例》同时废止。

中华人民共和国国务院令

第551号

《废弃电器电子产品回收处理管理条例》已经2008年8月20日国务院第23次常务会议通过，现予公布，自2011年1月1日起施行。

总　理　温家宝

二○○九年二月二十五日

废弃电器电子产品回收处理管理条例

第一章　总　则

第一条　为了规范废弃电器电子产品的回收处理活动，促进资源综合利用和循环经济发展，保护环境，保障人体健康，根据《中华人民共和国清洁生产促进法》和《中华人民共和国固体废物污染环境防治法》的有关规定，制定本条例。

第二条　本条例所称废弃电器电子产品的处理活动，是指将废弃电器电子产品进行拆解，从中提取物质作为原材料或者燃料，用改变废弃电器电子产品物理、化学特性的方法减少已产生的废弃电器电子产品数量，减少或者消除其危害成分，以及将其最终置于符合环境保护要求的填埋场的活动，不包括产品维修、翻新以及经维修、翻新后作为旧货再使用的活动。

第三条　列入《废弃电器电子产品处理目录》（以下简称《目录》）的废弃电器电子产品的回收处理及相关活动，适用本条例。

国务院资源综合利用主管部门会同国务院环境保护、工业信息产业等主管部门制订和调整《目录》，报国务院批准后实施。

第四条　国务院环境保护主管部门会同国务院资源综合利用、工业信息产业主管部门负责组织拟订废弃电器电子产品回收处理的政策措施并协调实施，负责废弃电器电子产品处理的监督管理工作。国务院商务主管部门负责废弃电器电子产品回收的管理工作。国务院财政、工商、质量监督、税务、海关等主管部门在各自职责范围内负责相关管理工作。

第五条　国家对废弃电器电子产品实行多渠道回收和集中处理制度。

第六条　国家对废弃电器电子产品处理实行资格许可制度。设区的市级人民政府环境保护主管部门审批废弃电器电子产品处理企业（以下简称处理企业）资格。

第七条　国家建立废弃电器电子产品处理基金，用于废弃电器电子产品回收处理费用的补贴。电器电子产品生产者、进口电器电子产品的收货人或者其代理人应当按照规定履行废弃电器电子产品处理基金的缴纳义务。

废弃电器电子产品处理基金应当纳入预算管理，其征收、使用、管理的具体办法由国务院财政部门会同国务院环境保护、资源综合利用、工业信息产业主管部门制订，报国务院批准后施行。

制订废弃电器电子产品处理基金的征收标准和补贴标准，应当充分听取电器电子产品生产企业、处理企业、有关行业协会及专家的意见。

第八条　国家鼓励和支持废弃电器电子产品处理的科学研究、技术开发、相关技术标准的研究以及新技术、新工艺、新设备的示范、推广和应用。

第九条　属于国家禁止进口的废弃电器电子产品，不得进口。

第二章　相关方责任

第十条　电器电子产品生产者、进口电器电子产品的收货人或者其代理人生产、进口的电器电子产品应当符合国家有关电器电子产品污染控制的规定，采用有利于资源综合利用和无害化处理的设计方案，使用无毒无害或者低毒低害以及便于回收利用的材料。

电器电子产品上或者产品说明书中应当按照规定提供有关有毒有害物质含量、回收处理提示性说明等信息。

第十一条　国家鼓励电器电子产品生产者自行或者委托销售者、维修机构、售后服务机构、废弃电器电子产品回收经营者回收废弃电器电子产品。电器电子产品销售者、维修机构、售后服务机构应当在其营业场所显著位置标注废弃电器电子产品回收处理提示性信息。

回收的废弃电器电子产品应当由有废弃电器电子产品处理资格的处理企业处理。

第十二条　废弃电器电子产品回收经营者应当采取多种方式为电器电子产品使用者提供方便、快捷的回收服务。

废弃电器电子产品回收经营者对回收的废弃电器电子产品进行处理，应当依照本条例规定取得废弃电器电子产品处理资格；未取得处理资格的，应当将回收的废弃电器电子产品交有废弃电器电子产品处理资格的处理企业处理。

回收的电器电子产品经过修复后销售的，必须符合保障人体健康和人身、财产安全等国家技术规范的强制性要求，并在显著位置标识为旧货。具体管理办法由国务院商务主管部门制定。

第十三条　机关、团体、企事业单位将废弃电器电子产品交有废弃电器电子产品处理资格的处理企业处理的，依照国家有关规定办理资产核销手续。

处理涉及国家秘密的废弃电器电子产品，依照国家保密规定办理。

第十四条　国家鼓励处理企业与相关电器电子产品生产者、销售者以及废弃电器电子产品回收经营者等建立长期合作关系，回收处理废弃电器电子产品。

第十五条　处理废弃电器电子产品，应当符合国家有关资源综合利用、环境保护、劳动安全和保障人体健康的要求。

禁止采用国家明令淘汰的技术和工艺处理废弃电器电子产品。

第十六条　处理企业应当建立废弃电器电子产品处理的日常环境监测制度。

第十七条　处理企业应当建立废弃电器电子产品的数据信息管理系统，向所在地的设区的市级人民政府环境保护主管部门报送废弃电器电子产品处理的基本数据和有关情况。废弃电器电子产品处理的基本数据的保存期限不得少于3年。

第十八条　处理企业处理废弃电器电子产品，依照国家有关规定享受税收优惠。

第十九条　回收、储存、运输、处理废弃电器电子产品的单位和个人，应当遵守国家有关环境保护和环境卫生管理的规定。

第三章　监督管理

第二十条　国务院资源综合利用、质量监督、环境保护、工业信息产业等主管部门，依照规定的职责制定废弃电器电子产品处理的相关政策和技术规范。

第二十一条　省级人民政府环境保护主管部门会同同级资源综合利用、商务、工业信息产业主管部门编制本地区废弃电器电子产品处理发展规划，报国务院环境保护主管部门备案。

地方人民政府应当将废弃电器电子产品回收处理基础设施建设纳入城乡规划。

第二十二条　取得废弃电器电子产品处理资格，依照《中华人民共和国公司登记管理条例》等规定办理登记并在其经营范围中注明废弃电器电子产品处理的企业，方可从事废弃电器电子产品处理活动。

除本条例第三十四条规定外，禁止未取得废弃电器电子产品处理资格的单位和个人处理废弃电器电子产品。

第二十三条 申请废弃电器电子产品处理资格,应当具备下列条件:

(一)具备完善的废弃电器电子产品处理设施;

(二)具有对不能完全处理的废弃电器电子产品的妥善利用或者处置方案;

(三)具有与所处理的废弃电器电子产品相适应的分拣、包装以及其他设备;

(四)具有相关安全、质量和环境保护的专业技术人员。

第二十四条 申请废弃电器电子产品处理资格,应当向所在地的设区的市级人民政府环境保护主管部门提交书面申请,并提供相关证明材料。受理申请的环境保护主管部门应当自收到完整的申请材料之日起60日内完成审查,作出准予许可或者不予许可的决定。

第二十五条 县级以上地方人民政府环境保护主管部门应当通过书面核查和实地检查等方式,加强对废弃电器电子产品处理活动的监督检查。

第二十六条 任何单位和个人都有权对违反本条例规定的行为向有关部门检举。有关部门应当为检举人保密,并依法及时处理。

第四章 法律责任

第二十七条 违反本条例规定,电器电子产品生产者、进口电器电子产品的收货人或者其代理人生产、进口的电器电子产品上或者产品说明书中未按照规定提供有关有毒有害物质含量、回收处理提示性说明等信息的,由县级以上地方人民政府产品质量监督部门责令限期改正,处5万元以下的罚款。

第二十八条 违反本条例规定,未取得废弃电器电子产品处理资格擅自从事废弃电器电子产品处理活动的,由工商行政管理机关依照《无照经营查处取缔办法》的规定予以处罚。

环境保护主管部门查出的,由县级以上人民政府环境保护主管部门责令停业、关闭,没收违法所得,并处5万元以上50万元以下的罚款。

第二十九条 违反本条例规定,采用国家明令淘汰的技术和工艺处理废弃电器电子产品的,由县级以上人民政府环境保护主管部门责令限期改正;情节严重的,由设区的市级人民政府环境保护主管部门依法暂停直至撤销其废弃电器电子产品处理资格。

第三十条 处理废弃电器电子产品造成环境污染的,由县级以上人民政府环境保护主管部门按照固体废物污染环境防治的有关规定予以处罚。

第三十一条 违反本条例规定,处理企业未建立废弃电器电子产品的数据信息管理系统,未按规定报送基本数据和有关情况或者报送基本数据、有关情况不真实,或者未按规定期限保存基本数据的,由所在地的设区的市级人民政府环境保护主管部门责令限期改正,可以处5万元以下的罚款。

第三十二条 违反本条例规定,处理企业未建立日常环境监测制度或者未开展日常环境监测的,由县级以上人民政府环境保护主管部门责令限期改正,可以处5万元以下的罚款。

第三十三条 违反本条例规定,有关行政主管部门的工作人员滥用职权、玩忽职守、徇私舞弊,构成犯罪的,依法追究刑事责任;尚不构成犯罪的,依法给予处分。

第五章 附 则

第三十四条 经省级人民政府批准,可以设立废弃电器电子产品集中处理场。废弃电器电子产品集中处理场应当具有完善的污染物集中处理设施,确保符合国家或者地方制定的污染物排放标准和固体废物污染环境防治技术标准,并应当遵守本条例的有关规定。

废弃电器电子产品集中处理场应当符合国家和当地工业区设置规划,与当地土地利用规划和城乡规划相协调,并应当加快实现产业升级。

第三十五条 本条例自2011年1月1日起施行。

中华人民共和国国务院令

第552号

《中华人民共和国抗旱条例》已经2009年2月11日国务院第49次常务会议通过，现予公布，自公布之日起施行。

总　理　温家宝

二〇〇九年二月二十六日

中华人民共和国抗旱条例

第一章　总　则

第一条　为了预防和减轻干旱灾害及其造成的损失，保障生活用水，协调生产、生态用水，促进经济社会全面、协调、可持续发展，根据《中华人民共和国水法》，制定本条例。

第二条　在中华人民共和国境内从事预防和减轻干旱灾害的活动，应当遵守本条例。

本条例所称干旱灾害，是指由于降水减少、水工程供水不足引起的用水短缺，并对生活、生产和生态造成危害的事件。

第三条　抗旱工作坚持以人为本、预防为主、防抗结合和因地制宜、统筹兼顾、局部利益服从全局利益的原则。

第四条　县级以上人民政府应当将抗旱工作纳入本级国民经济和社会发展规划，所需经费纳入本级财政预算，保障抗旱工作的正常开展。

第五条　抗旱工作实行各级人民政府行政首长负责制，统一指挥、部门协作、分级负责。

第六条　国家防汛抗旱总指挥部负责组织、领导全国的抗旱工作。

国务院水行政主管部门负责全国抗旱的指导、监督、管理工作，承担国家防汛抗旱总指挥部的具体工作。国家防汛抗旱总指挥部的其他成员单位按照各自职责，负责有关抗旱工作。

第七条　国家确定的重要江河、湖泊的防汛抗旱指挥机构，由有关省、自治区、直辖市人民政府和该江河、湖泊的流域管理机构组成，负责协调所辖范围内的抗旱工作；流域管理机构承担流域防汛抗旱指挥机构的具体工作。

第八条　县级以上地方人民政府防汛抗旱指挥机构，在上级防汛抗旱指挥机构和本级人民政府的领导下，负责组织、指挥本行政区域内的抗旱工作。

县级以上地方人民政府水行政主管部门负责本行政区域内抗旱的指导、监督、管理工作，承担本级人民政府防汛抗旱指挥机构的具体工作。县级以上地方人民政府防汛抗旱指挥机构的其他成员单位按照各自职责，负责有关抗旱工作。

第九条　县级以上人民政府应当加强水利基础设施建设，完善抗旱工程体系，提高抗旱减灾能力。

第十条　各级人民政府、有关部门应当开展抗旱宣传教育活动，增强全社会抗旱减灾意识，鼓励和支持各种抗旱科学技术研究及其成果的推广应用。

第十一条　任何单位和个人都有保护抗旱设施和依法参加抗旱的义务。

第十二条　对在抗旱工作中做出突出贡献的单位和个人，按照国家有关规定给予表彰和奖励。

第二章　旱灾预防

第十三条 县级以上地方人民政府水行政主管部门会同同级有关部门编制本行政区域的抗旱规划，报本级人民政府批准后实施，并抄送上一级人民政府水行政主管部门。

第十四条 编制抗旱规划应当充分考虑本行政区域的国民经济和社会发展水平、水资源综合开发利用情况、干旱规律和特点、可供水资源量和抗旱能力以及城乡居民生活用水、工农业生产和生态用水的需求。

抗旱规划应当与水资源开发利用等规划相衔接。

下级抗旱规划应当与上一级的抗旱规划相协调。

第十五条 抗旱规划应当主要包括抗旱组织体系建设、抗旱应急水源建设、抗旱应急设施建设、抗旱物资储备、抗旱服务组织建设、旱情监测网络建设以及保障措施等。

第十六条 县级以上人民政府应当加强农田水利基础设施建设和农村饮水工程建设，组织做好抗旱应急工程及其配套设施建设和节水改造，提高抗旱供水能力和水资源利用效率。

县级以上人民政府水行政主管部门应当组织做好农田水利基础设施和农村饮水工程的管理和维护，确保其正常运行。

干旱缺水地区的地方人民政府及有关集体经济组织应当因地制宜修建中小微型蓄水、引水、提水工程和雨水集蓄利用工程。

第十七条 国家鼓励和扶持研发、使用抗旱节水机械和装备，推广农田节水技术，支持旱作地区修建抗旱设施，发展旱作节水农业。

国家鼓励、引导、扶持社会组织和个人建设、经营抗旱设施，并保护其合法权益。

第十八条 县级以上地方人民政府应当做好干旱期城乡居民生活供水的应急水源贮备保障工作。

第十九条 干旱灾害频繁发生地区的县级以上地方人民政府，应当根据抗旱工作需要储备必要的抗旱物资，并加强日常管理。

第二十条 县级以上人民政府应当根据水资源和水环境的承载能力，调整、优化经济结构和产业布局，合理配置水资源。

第二十一条 各级人民政府应当开展节约用水宣传教育，推行节约用水措施，推广节约用水新技术、新工艺，建设节水型社会。

第二十二条 县级以上人民政府水行政主管部门应当做好水资源的分配、调度和保护工作，组织建设抗旱应急水源工程和集雨设施。

县级以上人民政府水行政主管部门和其他有关部门应当及时向人民政府防汛抗旱指挥机构提供水情、雨情和墒情信息。

第二十三条 各级气象主管机构应当加强气象科学技术研究，提高气象监测和预报水平，及时向人民政府防汛抗旱指挥机构提供气象干旱及其他与抗旱有关的气象信息。

第二十四条 县级以上人民政府农业主管部门应当做好农用抗旱物资的储备和管理工作，指导干旱地区农业种植结构的调整，培育和推广应用耐旱品种，及时向人民政府防汛抗旱指挥机构提供农业旱情信息。

第二十五条 供水管理部门应当组织有关单位，加强供水管网的建设和维护，提高供水能力，保障居民生活用水，及时向人民政府防汛抗旱指挥机构提供供水、用水信息。

第二十六条 县级以上人民政府应当组织有关部门，充分利用现有资源，建设完善旱情监测网络，加强对干旱灾害的监测。

县级以上人民政府防汛抗旱指挥机构应当组织完善抗旱信息系统，实现成员单位之间的信息共享，为抗旱指挥决策提供依据。

第二十七条 国家防汛抗旱总指挥部组织其成员单位编制国家防汛抗旱预案，经国务院批准后实施。

县级以上地方人民政府防汛抗旱指挥机构组织其成员单位编制抗旱预案，经上一级人民政府防汛抗旱指挥机构审查同意，报本级人民政府批准后实施。

经批准的抗旱预案，有关部门和单位必须执行。修改抗旱预案，应当按照原批准程序报原批准机关批准。

第二十八条 抗旱预案应当包括预案的执行机构以及有关部门的职责、干旱灾害预警、干旱等级划分和按不同等级采取的应急措施、旱情紧急情况下水量调度预案和保障措施等内容。

干旱灾害按照区域耕地和作物受旱的面积与程度以及因干旱导致饮水困难人口的数量，分为轻度干旱、中度干旱、严重干旱、特大干旱四级。

第二十九条 县级人民政府和乡镇人民政府根据抗旱工作的需要，加强抗旱服务组织的建设。县级以上地方各级人民政府应当加强对抗旱服务组织的扶持。

国家鼓励社会组织和个人兴办抗旱服务组织。

第三十条 各级人民政府应当对抗旱责任制落实、抗旱预案编制、抗旱设施建设和维护、抗旱物资储备等情况加强监督检查，发现问题应当及时处理或者责成有关部门和单位限期处理。

第三十一条 水工程管理单位应当定期对管护范围内的抗旱设施进行检查和维护。

第三十二条 禁止非法引水、截水和侵占、破坏、污染水源。

禁止破坏、侵占、毁损抗旱设施。

第三章 抗旱减灾

第三十三条 发生干旱灾害，县级以上人民政府防汛抗旱指挥机构应当按照抗旱预案规定的权限，启动抗旱预案，组织开展抗旱减灾工作。

第三十四条 发生轻度干旱和中度干旱，县级以上地方人民政府防汛抗旱指挥机构应当按照抗旱预案的规定，采取下列措施：

（一）启用应急备用水源或者应急打井、挖泉；

（二）设置临时抽水泵站，开挖输水渠道或者临时在江河沟渠内截水；

（三）使用再生水、微咸水、海水等非常规水源，组织实施人工增雨；

（四）组织向人畜饮水困难地区送水。

采取前款规定的措施，涉及其他行政区域的，应当报共同的上一级人民政府防汛抗旱指挥机构或者流域防汛抗旱指挥机构批准；涉及其他有关部门的，应当提前通知有关部门。旱情解除后，应当及时拆除临时取水和截水设施，并及时通报有关部门。

第三十五条 发生严重干旱和特大干旱，国家防汛抗旱总指挥部应当启动国家防汛抗旱预案，总指挥部各成员单位应当按照防汛抗旱预案的分工，做好相关工作。

严重干旱和特大干旱发生地的县级以上地方人民政府在防汛抗旱指挥机构采取本条例第三十四条规定的措施外，还可以采取下列措施：

（一）压减供水指标；

（二）限制或者暂停高耗水行业用水；

（三）限制或者暂停排放工业污水；

（四）缩小农业供水范围或者减少农业供水量；

（五）限时或者限量供应城镇居民生活用水。

第三十六条 发生干旱灾害，县级以上地方人民政府应当按照统一调度、保证重点、兼顾一般的原则对水源进行调配，优先保障城乡居民生活用水，合理安排生产和生态用水。

第三十七条 发生干旱灾害，县级以上人民政府防汛抗旱指挥机构或者流域防汛抗旱指挥机构可以按照批准的抗旱预案，制订应急水量调度实施方案，统一调度辖区内的水库、水电站、闸坝、湖泊等所蓄的水量。有关地方人民政府、单位和个人必须服从统一调度和指挥，严格执行调度指令。

第三十八条 发生干旱灾害，县级以上地方人民政府防汛抗旱指挥机构应当及时组织抗旱服务组织，解决农村人畜饮水困难，提供抗旱技术咨询等方面的服务。

第三十九条 发生干旱灾害，各级气象主管机构应当做好气象干旱监测和预报工作，并适时实施人工增雨作业。

第四十条 发生干旱灾害，县级以上人民政府卫生主管部门应当做好干旱灾害发生地区疾病预防控制、医疗救护和卫生监督执法工作，监督、检测饮用水水源卫生状况，确保饮水卫生安全，防止干旱灾害导致重大传染病疫情的发生。

第四十一条 发生干旱灾害，县级以上人民政府民政部门应当做好干旱灾害的救助工作，妥善安排受灾地区群众基本生活。

第四十二条 干旱灾害发生地区的乡镇人民政府、街道办事处、村民委员会、居民委员会应当组织力量，向村民、居民宣传节水抗旱知识，协助做好抗旱措施的落实工作。

第四十三条 发生干旱灾害，供水企事业单位应当加强对供水、水源和抗旱设施的管理与维护，按要求启用应急备用水源，确保城乡供水安全。

第四十四条 干旱灾害发生地区的单位和个人应当自觉节约用水，服从当地人民政府发布的决定，配合落实人民政府采取的抗旱措施，积极参加抗旱减灾活动。

第四十五条 发生特大干旱，严重危及城乡居民生活、生产用水安全，可能影响社会稳定的，有关省、自治区、直辖市人民政府防汛抗旱指挥机构经本级人民政府批准，可以宣布本辖区内的相关行政区域进入紧急抗旱期，并及时报告国家防汛抗旱总指挥部。

特大干旱旱情缓解后，有关省、自治区、直辖市人民政府防汛抗旱指挥机构应当宣布结束紧急抗旱期，并及时报告国家防汛抗旱总指挥部。

第四十六条 在紧急抗旱期，有关地方人民政府防汛抗旱指挥机构应当组织动员本行政区域内各有关单位和个人投入抗旱工作。所有单位和个人必须服从指挥，承担人民政府防汛抗旱指挥机构分配的抗旱工作任务。

第四十七条 在紧急抗旱期，有关地方人民政府防汛抗旱指挥机构根据抗旱工作的需要，有权在其管辖范围内征用物资、设备、交通运输工具。

第四十八条 县级以上地方人民政府防汛抗旱指挥机构应当组织有关部门，按照干旱灾害统计报表的要求，及时核实和统计所管辖范围内的旱情、干旱灾害和抗旱情况等信息，报上一级人民政府防汛抗旱指挥机构和本级人民政府。

第四十九条 国家建立抗旱信息统一发布制度。旱情由县级以上人民政府防汛抗旱指挥机构统一审核、发布；旱灾由县级以上人民政府水行政主管部门会同同级民政部门审核、发布；农业灾情由县级以上人民政府农业主管部门发布；与抗旱有关的气象信息由气象主管机构发布。

报刊、广播、电视和互联网等媒体，应当及时刊播抗旱信息并标明发布机构名称和发布时间。

第五十条 各级人民政府应当建立和完善与经济社会发展水平以及抗旱减灾要求相适应的资金投入机制，在本级财政预算中安排必要的资金，保障抗旱减灾投入。

第五十一条 因抗旱发生的水事纠纷，依照《中华人民共和国水法》的有关规定处理。

第四章　灾后恢复

第五十二条 旱情缓解后，各级人民政府、有关主管部门应当帮助受灾群众恢复生产和灾后自救。

第五十三条 旱情缓解后，县级以上人民政府水行政主管部门应当对水利工程进行检查评估，并及时组织修复遭受干旱灾害损坏的水利工程；县级以上人民政府有关主管部门应当将遭受干旱灾害损坏的水利工程，优先列入年度修复建设计划。

第五十四条 旱情缓解后，有关地方人民政府防汛抗旱指挥机构应当及时归还紧急抗旱期征用的物资、设备、交通运输工具等，并按照有关法律规定给予补偿。

第五十五条 旱情缓解后，县级以上人民政府防汛抗旱指挥机构应当及时组织有关部门对干旱灾害影响、损失情况以及抗旱工作效果进行分析和评估；有关部门和单位应当予以配合，主动向本级人民政府防汛抗旱指挥机构报告相关情况，不得虚报、瞒报。

县级以上人民政府防汛抗旱指挥机构也可以委托具有灾害评估专业资质的单位进行分析和评估。

第五十六条 抗旱经费和抗旱物资必须专项使用，任何单位和个人不得截留、挤占、挪用和私分。

各级财政和审计部门应当加强对抗旱经费和物资管理的监督、检查和审计。

第五十七条 国家鼓励在易旱地区逐步建立和推行旱灾保险制度。

第五章　法律责任

第五十八条 违反本条例规定，有下列行为之一的，由所在单位或者上级主管机关、监察机关责令改正；对直接负责的主管人员和其他直接责任人员依法给予处分；构成犯罪的，依法追究刑事责任：

（一）拒不承担抗旱救灾任务的；

（二）擅自向社会发布抗旱信息的；

（三）虚报、瞒报旱情、灾情的；

（四）拒不执行抗旱预案或者旱情紧急情况下的水量调度预案以及应急水量调度实施方案的；

（五）旱情解除后，拒不拆除临时取水和截水设施的；

（六）滥用职权、徇私舞弊、玩忽职守的其他行为。

第五十九条 截留、挤占、挪用、私分抗旱经费的，依照有关财政违法行为处罚处分等法律、行政法规的规定处罚；构成犯罪的，依法追究刑事责任。

第六十条 违反本条例规定，水库、水电站、拦河闸坝等工程的管理单位以及其他经营工程设施的经营者拒不服从统一调度和指挥的，由县级以上人民政府水行政主管部门或者流域管理机构责令改正，给予警告；拒不改正的，强制执行，处1万元以上5万元以下的罚款。

第六十一条 违反本条例规定，侵占、破坏水源和抗旱设施的，由县级以上人民政府水行政主管部门或者流域管理机构责令停止违法行为，采取补救措施，处1万元以上5万元以下的罚款；造成损坏的，依法承担民事责任；构成违反治安管理行为的，依照《中华人民共和国治安管理处罚法》的规定处罚；构成犯罪的，依法追究刑事责任。

第六十二条 违反本条例规定，抢水、非法引水、截水或者哄抢抗旱物资的，由县级以上人民政府水行政主管部门或者流域管理机构责令停止违法行为，予以警告；构成违反治安管理行为的，依照《中华人民共和国治安管理处罚法》的规定处罚；构成犯罪的，依法追究刑事责任。

第六十三条 违反本条例规定，阻碍、威胁防汛抗旱指挥机构、水行政主管部门或者流域管理机构的工作人员依法执行职务的，由县级以上人民政府水行政主管部门或者流域管理机构责令改正，予以警告；构成违反治安管理行为的，依照《中华人民共和国治安管理处罚法》的规定处罚；构成犯罪的，依法追究刑事责任。

第六章　附　　则

第六十四条 中国人民解放军和中国人民武装警察部队参加抗旱救灾，依照《军队参加抢险救灾条例》的有关规定执行。

第六十五条 本条例自公布之日起施行。

委员长讲话

十一届全国人大常委会第四次会议闭幕会上的讲话

各位委员、各位同志：

本次常委会会议开了5天，安排审议了5件法律草案、5个报告和4个国际条约等16项议程。在大家的共同努力下，会议顺利完成了预定任务，开得很好。

会议通过的循环经济促进法，总结国内外发展循环经济的有益经验，把鼓励减量化、再利用、资源化的政策措施以法律的形式固定下来，对促进我国循环经济的发展，增强全社会环境意识，推进资源节约型、环境友好型社会建设必将产生积极的影响。

食品安全事关老百姓的身体健康和生命安全，是群众普遍关心的问题。制定食品安全法是全国人大代表最为关注、代表议案最为集中的立法项目之一，也是这两届全国人大常委会重点抓的立法项目。去年12月的十届全国人大常委会第三十一次会议，初次审议了食品安全法草案。根据委员长会议的决定，今年4月又将食品安全法草案向社会全文公布征求意见，共收到各方面意见1.1万多件，有关专门委员会还召开了座谈会、论证会，并根据常委会会议初审的意见和各方面的建议，对草案作了认真修改，提请本次会议再次审议。会议还初次审议了刑法修正案（七）草案和保险法、专利法等两个修订草案。审议中，常委会组成人员和列席会议的同志提出了许多很好的修改意见和建议。会后，请法律委员会会同有关方面在深入研究各方面意见的基础上，认真修改这4件法律草案，提请以后的常委会会议审议。

这次会议的一项重要内容是审议国务院提出的2007年中央决算报告、审计工作报告，审查批准2007年中央决算。审议中，常委会组成人员和列席会议的同志对去年中央财政和审计工作给予充分肯定，认为2007年中央预算执行情况是好的，对去年审计工作报告指出问题的整改也是认真的。中央财政收入继续大幅增加，财政支出得到有效控制，财政赤字和国债余额都控制在全国人大批准的范围内，中央预算超收收入安排使用情况也依法向全国人大及其常委会作了报告。同时，大家希望国务院及其有关部门进一步加强财政工作，严格预算管理。一是深化财税体制改革，鉴于当前部分县乡财政困难，财权与事权不相适应的情况，建议在调查研究的基础上，逐步建立较为完善的县乡财政最低支出保障机制。二是规范财政转移支付，建议在清理专项转移支付的基础上，建立一般性转移支付稳定增长机制。三是调整财政支出结构，当前要切实保障抗灾救灾等重点支出。四是加强预算管理监督，建立包括各项政府收支在内的完整的政府预算体系。对审计工作报告指出的问题，建议责成有关部门和地方，认真从体制机制上分析原因，严格追究责任，切实进行整改，并请国务院在今年年底前将纠正情况和处理结果向全国人大常委会报告。

对今年上半年的经济社会发展形势，全国人大代表和常委会组成人员都十分关心。会议认真听取和审议了国务院关于今年以来国民经济和社会发展计划执行情况的报告。大家认，今年以来，我国经济社会发展经受了近几年最为严峻的挑战和重大考验，但经济社会发展的基本面没有改变。面对国际市场石油、粮食等初级产品价格攀升和美国次贷危机等带来的国际经济环境重大变化和汶川特大地震等国内严重自然灾害的冲击，党中央审时度势，及时召开省区市和中央部门主要负责同志会议进行全面部署，坚持一手抓抗震救灾，一手抓经济社会发展，同时要求深入细致地做好北京奥运会各项筹办工作，切实维护社会稳定。经过全国上下的共同努力，我们有效应对了历史罕见的严重自然灾害，国民经济保持平稳较快运行，继续朝着宏观调控预期方向发展；震后重建稳步推进，对口支援全面展开；北京奥运会获得圆满成功，成为举世公认的一届有特色、高水平的奥运会；其他各项工作都取得了新进展，成绩来之不易。国务院和地方各级政府为此做了大量工作，应予充分肯定。大家强调，在看到成绩的同时，要保持清醒头脑，增强忧患意识，正视前进中的问题，充分认识做好下半年经济社会发展工作的复杂性和艰巨性，把思想和行动统一到中央对形势的分析判断和总体部署上来，坚持发展是硬道理的战略思想，深入贯彻落实科学发展观，把保持经济平稳较快发展、控制物价过快上涨作为宏观调控的首要任务，着力解决经济社会发展中的突出矛盾和问题，着力化解不稳定不和谐因素，着力推进经济发展方式的“三个”转变，促进经济社会又好又快发展。同时,要切实加强灾后恢复重建工作,确保受灾群众安全过冬。

增收是农民最现实的利益问题,也是"三农"工作的重点和难点。为了促进农民增收工作,这次常委会会议专门安排听取和审议了国务院的有关专项工作报告。党的十六大以来,中央加大"三农"工作力度,采取一系列重大政策措施,扭转了农民收入长期徘徊的局面,保持了连续快速增长的好势头。2004年到2007年,农民人均纯收入连续4年增量超过300元、增幅超过6%,今年上半年又实际增长了10.3%,这是很大的成绩。审议中,大家充分肯定国务院和地方各级政府为此所做的努力,同时指出,要高度重视农民收入水平不高、城乡居民收入差距仍在拉大、农业比较效益还在下降等问题,进一步加大"三农"投入,逐步理顺粮食等农产品价格,不断改善强农惠农金融、科技服务,大力支持农民多渠道转移就业,使农民收入能够持续稳定增长。

检查未成年人保护法的实施情况,是今年全国人大常委会监督工作的一个重点,也是本届全国人大常委会开展的第一次执法检查。常委会及有关专门委员会对此高度重视,事先作了充分准备,制定了工作计划、明确了检查重点。6月上旬到7月上旬,李建国、蒋树声两位副委员长亲自带队到辽宁等5个省、自治区开展执法检查,并委托黑龙江等6个省区市进行自查。执法检查中注意把监督法律实施与督促政策落实结合起来、把对面上情况的了解和对重点问题的研究结合起来,掌握了大量第一手材料,弄清了存在的主要问题及其原因,提出了解决问题的建议和意见,增强了执法检查的针对性和实效性。审议中,大家充分肯定检查组的工作,赞成执法检查报告,希望有关方面切实重视和加强未成年人保护工作,共同促进未成年人健康成长。

各位委员、各位同志:

监督权是宪法和法律赋予全国人大及其常委会的一项重要职权。十届全国人大常委会确定了"围绕中心、突出重点、讲求实效"的监督工作思路,不断加强和改进监督工作,形成了一套工作机制和方法,取得了实实在在的效果。这些,我在今年3月向大会的工作报告中已经作了全面总结,就不再重复。这里我要强调的是,本届全国人大常委会的监督工作将坚持十届以来行之有效的工作思路、机制和方法,并在实践中不断加以完善。常委会今年的监督工作计划的安排和调整,在充分体现这一精神的基础上,还有以下两个方面的特点:

一是,围绕党和国家工作大局,及时调整工作计划,以全力支持国务院的工作。大家知道,今年常委会监督工作计划是4月份的委员长会议通过的。5月12日发生的汶川特大地震灾害,不仅给灾区人民群众的生命财产造成巨大损失,也给我国经济社会发展带来始料未及的影响。为全力支持国务院的工作,一手抓抗震救灾,一手抓经济社会发展,我们及时调整了工作安排。一是5月22日专门召开委员长会议,听取国务院关于抗震救灾工作情况的汇报,同意调整今年中央预算,从中央预算调节基金中拿出大部分建立灾后恢复重建基金,并决定将听取国务院关于抗震救灾和灾后恢复重建工作报告、2008年中央预算调整方案列入6月份常委会会议议程。二是根据国务院的请求,调整今年的监督工作计划,将按惯例应在6月份会议审议的2007年中央决算报告、审计工作报告,审查批准2007年中央决算的议程,调整到8月份的会议审议。三是将安排在8月份会议审议的加强金融调控情况的报告,调整到以后的常委会会议审议。

二是,坚持以人为本。我们在研究制定今年监督工作计划时,明确把人民群众最关心、最直接、最现实的利益问题作为监督重点。今年计划安排的未成年人保护法、义务教育法和劳动合同法的执法检查,听取和审议促进农民稳定增收的报告等,直接关系到7亿多农村人口、3亿多未成年人、1.7亿中小学生和3亿多职工,涉及的问题也都是人民群众最关切的问题。做好这几项监督工作将惠及我国人口的大部分,对于保障和改善民生、构建社会主义和谐社会都具有重要意义。

这里,我还要指出的是,今年是本届全国人大常委会任期的第一年,头几个月我们着重抓了五年立法规划和年度工作计划的编制,以及常委会自身建设和代表培训等工作,今年大部分的立法、监督工作都要在后几个月完成。今年下半年到明年3月大会前,各方面任务都很重。会后,请常委会办公厅牵头,与各专门委员会、工作委员会认真研究下一阶段的工作。要确保重点、突出亮点,明确任务、落实责任。我相信,在大家的共同努力下,本届全国人大常委会开局之年一定能够取得丰硕的成果,向代表大会和全国各族人民交上一份满意的答卷。

现在我宣布,十一届全国人大常委会第四次会议闭幕。

十一届全国人大常委会第五次会议闭幕会上的讲话

各位委员、各位同志：

本次会议时间紧、议程多，共审议了6件法律草案，通过了其中的2件，听取审议了3个专项工作报告和2个执法检查报告，审议批准民族委员会、内务司法委员会、财政经济委员会关于代表议案审议结果的报告，批准了3件国际条约，还决定了其他一些事项。在大家的共同努力下，会议开得很好。

企业国有资产法是中国特色社会主义法律体系中起支架作用的一部重要法律。改革开放以来。我们不断深化国有经济改革，调整固有经济布局，加快企业改造。加强企业管理，国有经济日益发展壮大.积累了数量巨大的企业国有资产。为了保障企业国有资产安全、防止国有资产流失，迫切需要通过立法进一步完善国有资产管理和监督的法律制度，这也是近年来代表议案和建议反映比较集中的问题。根据代表们的意见，十届全国人大常委会在前几届工作的基础上，加快了企业国有资产法草案的起草进度，并在去年12月召开的第三十一次常委会会议上进行了初次审议。换届后，我们又先后审议了两次。对草案进行了修改完善，并在本次会议上表决通过。企业国有资产法按照坚持社会主义基本经济制度、巩固和发展国有经济的宪法精神，针对企业国有资产管理和监督中的突出问题，明确了监管的基本原则，健全了监管的体制机制，对关系出资人权益的重大事项，包括企业改制、与关联方交易、资产评估转让等容易造成围有资产流失的环节，规定了严格的监管程序和要求。它的颁布实施，对于维护国有资产权益，防止国有资产流失，巩固和发展国有经济，推动社会主义市场经济建设，都将发挥重要作用。

针对消防工作面临的新情况、新问题，常委会对消防法作了全面修改，进一步健全了消防安全管理制度，确立了政府统一领导、部门依法监管、单位全面负责、群众积极参与的消防工作机制，明确了消防队伍的组织、建设、装备和职责，为预防和减少火灾危害，保护人民生命财产，维护公共安全提供了更加有力的法律保障。

食品安全事关人民群众身体健康和生命安全，社会各界十分关心，特别是“三鹿奶粉事件”发生后，各方面对制定食品安全法寄予了更多的关注和期望。本次会议审议的食品安全法草案，针对“三鹿奶粉事件”等食品安全重大事件暴露出来的问题，作了8个方面的重要修改，健全地方政府和有关部门环环相扣的监管体制，强化食品风险监测和评估，明确制定食品安全标准的基本原则，规定食品添加剂使用要求和监管措施，完善食品召回、食品检验及安全事故处置机制等。会议期间，常委会组成人员和列席会议的同志原则赞成这些修改，并提出了一－些新的意见和建议。会后，请法律委员会会同有关方面抓紧工作，尽快把草案修改好、完善好，提请12月份召开的常委会会议审议并争取通过。

会议听取和审议了国务院关于加强金融宏观调控情况的报告，这是今年全国人大常委会监督工作的一项重要内容。今年下半年以来，由于受美国次贷危机影响，国际金融市场动荡加剧，全球经济增长明显放缓，国际经济环境中不确定不稳定因素明显增多，国内经济运行中一些突出矛盾和问题也凸显出来，各方面对经济形势都十分关注。会议期间，大家结合当前国际国内经济形势对报告进行认真审议，充分肯定了国务院及其有关部门的工作，并就加强宏观调控和促进结构调整、保障金融安全和资本市场稳定、扩大内需和增强经济活力等提出了一些意见和建议，强调要把思想和行动统一到党的十七届三中全会精神和中央的决策部署上来，审时度势、沉着应对，努力把我国自己的事情办好，继续推动经济社会又好又快发展，同时加强与国际社会的合作，共同维护国际金融稳定和世界经济稳定。

促进司法公正，是人大监督工作的一个重点和一项长期的任务。这次会议听取和审议的最高人民法院关于加强刑事审判工作、最高人民检察院关于刑事审判法律监督工作的报告，这是我们今年加强对“两院”工作监督的一项重要举措。审议中，常委会组成人员和列席会议的同志，充分肯定了近年来最高人民法院加强刑事审判工作、最高人民检察院加强刑事审判法律监督工作取得的成效，希望根据刑事审判面临的新情况、新任务，有针对性地采取措施，健全工作机制，规范司法行为，加强队伍建设,提高工作水平,公正文明司法,切实维护国家安全和社会稳定。

会议听取和审议了关于检查农民专业合作社法、环境影响评价法实施情况的报告。这两次执法检查是这两部法律颁布后的第一次执法检查,一个涉及社会主义新农村建设,一个涉及资源节约型、环境友好型社会建设,都很重要。常委会和有关专门委员会高度重视这两部法律的执法检查,路甬祥、乌云其木格、韩启德、陈至立、周铁农等五位副委员长分别带队到地方进行检查。各检查组事先精心准备,确定检查重点,深入基层、深入实际,摸清了情况,积极提出改进工作的意见和建议。审议中,常委会组成人员和列席会议的同志充分肯定执法检查组的工作,普遍赞成执法检查报告提出的建议。大家指出,对一些地方、部门和单位"朱批先建"、"批小建大"、"未评先批"等违反环境影响评价法的问题,国务院及有关部门要引起高度重视,根据投资主体多元化和项目审批制度改革的新情况,尽快完善环境影响评价法的配套法规、规章和技术标准,落实各个方面的责任,切实从源头上控制、减少和预防环境污染。大家强调,农民专业合作社在我国是一个新生事物,国务院及有关部门要按照党的十七届三中全会关于扶持农民专业合作社加快发展的精神,尽快落实法律规定的各项扶持措施,使农民专业合作社成为引领农民参与国内外市场竞争的现代农业经营组织。

会后,请常委会办公厅将大家对有关报告的意见和建议,汇总整理成《审议意见》,连同执法检查报告一起,送有关方面研究改进工作参考。

各位委员、各位同志.

立法工作是全国人大及其常委会十分重要的一项工作,也是我们投入精力最多的工作之一。按照党的十七大精神,本届全国人大常委会组成后,我们就着手研究拟订五年立法规划,最近中共中央批准了这个规划,明确了本届立法工作的指导思想、基本原则和目标任务。明天,我们将召开立法工作会议进行全面部署。这里,我想强调三点:

一要认真落实好立法规划。按照中央批准的五年立法规划,本届任期内应提请审议的一类立法项目就有49件,需要进行深入研究、条件成熟时安排审议的二类立法项目还有15件,其中有些立法项目难度还不小。也就是说,本届的立法任务依然繁重。全国人大常委会要加强组织领导,协调各个方面建立健全责任制。起草单位要高度重视立法工作,切实提高起草质量,做到立法项目的"任务、时间、组织、责任"四落实;有关专门委员会要提前介入法律案的起草,及时了解起草情况,督促起草工作,确保立法规划的顺利实施。

二要更好地发挥专门委员会作用。我多次说过,专门委员会要把主要精力放在提高法律草案的审议质量上。这是发挥专门委员会作用的重要途径,也是提高立法质量的重要环节。需要指出的是,有关专门委员会的立法工作并不仅仅是初审,在常委会审议法律草案的整个过程中,仍有大量工作要做。我们每次常委会会议一般开5天左右,期间审议的法律案很多,还有其他一些议案,因此很多工作需要做在前面,做在闭会期间。各专门委员会有经常性开展工作的优势,可以进行充分的调查研究,可以花更多的精力对修改完善法律草案提出意见。特别是与审议的法律草案相关的专门委员会,组成人员对情况比较熟悉、经验比较丰富,希望大家抓住那些影响立法质量、社会关注的重大问题,加强调查研究,积极提出修改意见和建议。法律委员会要切实履行好统一审议法律草案的职责,认真研究吸收常委会组成人员和有关专门委员会的意见,共同把立法质量提高到一个新水平。

三要继续推进科学立法、民主立法。根据委员长会议的决定,常委会审议的法律草案,除了不宜公开的以外,原则上都要全文向社会公布,这是不断扩大公民有序参与立法的又一项重要举措。我们要认真倾听群众呼声,如实反映群众意见,充分吸收合理成分,对各方面意见比较集中的问题,还可以通过座谈会、论证会等形式进一步听取意见、集思广益,要加强法律草案审议过程的宣传报道,这既是我们主动接受人民群众监督、听取各方面意见的重要途径,也是引导社会舆论、凝聚各方共识的有效形式,还可以普及法律知识,使立法的过程成为普法的过程。常委会办公厅和法工委要加强组织协调,制定宣传计划,把握舆论导向,更好地利用广播电视、报刊杂志和网络媒体,通过开辟专栏、举办专题讲座等多种形式,加强对法律草案涉及的主要问题和审议情况的宣传,切实增强人大宣传工作的针对性和实效性。

现在我宣布,十一届全国人大常委会第五次会议闭幕。

十一届全国人大常委会第六次会议闭幕会上的讲话

各位委员、各位同志:

本次常委会会议,议程多、任务重。会议审议了8件法律草案,通过了其中的两件,听取审议了国务院4个工作报告和常委会两个执法检查报告,审议通过了六个专门委员会关于代表议案审议结果的报告,审议批准了两个国际条约,还决定了有关人事任免事项。六天来,常委会组成人员和列席的同志,认真参加审议,积极发表意见,对完善法律草案、推动改进工作提出了许多很好的意见和建议。在大家的共同努力下,会议圆满完成了预定任务,开得很成功。

今年以来尤其是9月份以来,经济形势是全国人大代表、常委会和专门委员会组成人员十分关注的问题。这次会议,我们按计划听取审议了国务院关于“十一五”规划纲要实施中期情况和稳定物价工作的两个报告,增加安排听取审议了国务院关于积极采取措施应对国际金融危机、确保国民经济平稳较快发展情况的报告。审议中大家认为,今年以来,面对复杂多变的国际经济形势和国内经济运行中的突出矛盾和问题,党中央审时度势,及时把宏观调控的首要任务从年初的“两防”,即防经济增长过热、防明显通货膨胀,调整为年中的“一保一控”,即保持经济平稳较快增长、控制物价过快上涨。为应对国际金融危机快速蔓延的冲击,11月份又果断调整为积极的财政政策和适度宽松的货币政策,并采取了一系列扩大内需、促进经济增长的政策措施。在全国上下共同努力下,我们夺取了抗灾救灾斗争的重大胜利,成功举办了北京奥运会和残奥会,圆满完成了神舟七号载人航天飞行任务,经济保持较快增长,物价得到有效控制,单位能耗和主要污染物排放总量再度下降,粮食总产和单产创历史新高,民生得到进一步改善,社会大局保持稳定,成绩来之不易。国务院和地方政府为此做了大量工作,应予充分肯定。

大家指出,在看到成绩的同时,必须清醒地认识到,国际金融危机继续蔓延和对实体经济的影响仍在不断加深,我国发展的外部经济环境日趋严峻。同时在有效需求不足的情况下,我国经济社会发展中的一些深层次矛盾和问题也更加凸显。为此,我们一定要切实增强忧患意识,充分认识国际经济形势的严峻性和复杂性,充分认识做好明年经济社会发展工作的复杂性和艰巨性,把思想和行动统一到中央对形势的分析判断和对工作的总体部署上来,全面贯彻中央经济工作会议精神,把保持经济平稳较快发展作为首要任务,把加快发展方式转变和结构调整作为主攻方向,化严峻挑战为发展机遇,变市场压力为调整动力,加大结构调整工作力度,促进产业优化升级。大家强调,在我国许多行业产能过剩的情况下,贯彻落实积极的财政政策和适度宽松的货币政策,一定要准确严格把握政策和投资导向,切实防止低水平重复建设,切实防止新一轮城市扩张。

大家认为,尽管我国经济社会发展面临严峻挑战,但发展的基本态势没有改变,遇到的困难与挑战是前进中的问题。只要我们全面分析形势变化,充分估计困难挑战,周密部署政策措施,坚定发展信心,以更加昂扬的斗志、更加务实的作风,把中央提出的保增长、扩内需、调结构、重民生的部署和要求落到实处,就一定能够将国际金融危机带来的不利影响降到最低程度,促进经济社会又好又快发展。

各位委员、各位同志,坚持以人为本,关注民生,加强社会领域的立法和监督工作,是这些年常委会工作的一个重点。工作中我们注意把立法和监督结合起来,在推动工作的同时注重制定和完善法律,在加强立法的同时注重强化执法检查和工作监督,使人大工作更有深度、更具活力、更出成效。

在立法方面,上一届制定了劳动合同法、就业促进法、劳动争议调解仲裁法,修改了义务教育法、未成年人保护法、妇女权益保障法。换届后,我们继续大力推进社会领域立法。4月份的会议通过了修改后的残疾人保障法。社会保险法草案,也在上一届初次审议的基础上进行了较大修改,将养老、医疗、工伤、失业、生育等五大险种进行分章规定,对职工群众最为关心的转移接续基本养老保险关系、提高基本养老保险基金统筹层次、加强社会保险基金监管等问题增加了明确规定。审议中,大家原则赞成这些重要修改,并赞同委员长会议的决定,将修改后的社会保险法草案,在主要新闻媒体上全文公布征求意见,充分听取社会各界特别是基层劳动者的意见，共同把草案修改好、完善好。

在监督方面，上一届我们对义务教育法开展了两轮执法检查，还检查了劳动法、未成年人保护法、工会法等法律的实施情况，并听取审议了国务院有关专项工作报告，有力推动了相关工作。今年，我们又将义务教育法、劳动合同法和未成年人保护法的执法检查作为监督工作的重点。这次会议，听取审议了义务教育法和劳动合同法执法检查报告。常委会和有关专门委员会高度重视这两项执法检查工作，事先做了充分准备，制定工作计划，明确检查重点。9月份，路甬祥、华建敏、蒋树声、陈昌智、严隽琪、桑国卫等六位副委员长分别带队到广东、云南等10个省区市开展执法检查，并委托河北等19个省区市进行自查。针对国际金融危机给我国劳动就业带来的新情况、新问题，又进行了专题调研。审议中，大家充分肯定两个执法检查组的工作，普遍赞成这两个执法检查报告。

修改防震减灾法是常委会今年立法计划的重要项目。5.12汶川l特大地震发生后，经与国务院协商，我们将计划6月份审议的防震减灾法修订草案调整到10月份常委会会议审议，目的是为了全面总结抗震救灾的有益做法和经验，将其上升为法律。防震减灾法修订草案在10月份初审后，随即通过主要新闻媒体向社会全文公布征求意见，共收到意见和建议7300多件，有关专门委员会还组织精干人员到灾区进行了实地调研，充分听取抗震救灾一线干部群众的意见。根据各方面的意见，我们对防震减灾法作了较大修改，仅条文就由原来的48条增加到93条，增强了针对性和可操作性。

会议通过的关于修改专利法的决定，是该法l985年颁布实施以来的第三次修订，主要从进一步明确专利内涵、完善专利保护、提高专利授权标准、加大处罚力度等方面作了补充和完善，将使专利法的作用得到更好发挥。

办理代表议案建议是国家机关的法定职责。这些年来，我们把增强代表议案建议办理实效作为支持和保障代表依法履职、发挥代表作用的重要环节，形成了一套行之有效的工作机制和工作方法，代表议案建议办理质量有了明显提高。这次会议，审议通过了六个专门委员会关于代表议案审议结果的报告，还听取了常委会办公厅关于代表建议处理情况的报告。到目前为止，十一届全国人大一次会议主席团交付审议的462件代表议案，以及大会期间代表提出的6279件建议已经全部办理完毕。从反馈的情况看，多数代表对办理工作是满意或基本满意的。

会议期间，常委会组成人员和列席会议的同志，对有关法律草案、执法检查报告、专项工作报告提出不少好的意见和建议。会后，请法律委、法工委会同有关方面，认真研究各方面对法律草案的修改意见和建议，进一步修改完善有关法律草案，提请以后的常委会会议审议。请常委会办公厅将大家对有关报告的意见和建议，汇总整理成《审议意见》，送国务院及有关方面研究改进工作时参考。

各位委员、各位同志：

本次会议通过了关于召开十一届全国人大二次会议的决定。从现在到明年大会召开，只有两个月的时间，大会的各项筹备工作提到了议事日程，现又逢岁末年初，各方面的事情比较多。当前要着重抓好三项工作。一是，认真做好二次大会的组织筹备工作。各有关方面要按照“明确分工，落实责任，精心组织，统筹安排，密切配合”的要求，加紧组织筹备工作，确保大会顺利召开。二是，认真做好常委会第七次会议的准备工作。第七次会议除了为二次大会召开作必要准备外，还将安排审议食品安全法草案，请有关方面抓紧草案的修改完善工作，确保如期提请审议。三是，认真做好明年工作的预安排。12月15日的委员长会议，原则通过了2009年常委会工作要点和立法、监督工作计划，请各专门委员会和常委会工作机构，先根据“一个要点、两个计划”，商有关方面对明年的工作进行预安排，为做好新一年的各项工作打下坚实基础。

再过几天就是2009年元旦，农历春节也将来临。借此机会，我代表委员长会议组成人员，向在座的各位委员、各位同志，向各级人大代表、各级人大机关工作人员，致以节日的问候和新春的祝福！给大家拜个早年！

现在我宣布，十一届全国人大常委会第六次会议闭幕。

十一届全国人大常委会第七次会议闭幕会上的讲话

2009 年 2 月 28 日

各位委员、各位同志：

本次常委会会议的主要任务，是为即将召开的十一届全国人大二次会议作准备。会议审议并原则通过了常委会工作报告稿，通过了十一届全国人大二次会议议程草案、主席团和秘书长名单草案、列席人员名单、代表资格审查报告等有关文件，还审议通过了食品安全法、刑法修正案（七），修改了保险法，批准了 3 个国际条约等。在大家的共同努力下，圆满完成了各项议程。

会议期间，常委会组成人员、专门委员会组成人员和列席会议的同志，结合审议常委会工作报告稿，回顾了 2008 年的工作，赞成 2009 年的工作部署。大家一致认为，过去的一年，十一届全国人大及其常委会认真贯彻党的十七大和十七届三中全会精神，以邓小平理论和“三个代表”重要思想为指导，深入贯彻落实科学发展观，牢牢把握人大工作正确的政治方向，坚持党的领导、人民当家作主、依法治国有机统一，紧紧围绕党和国家工作大局依法行使职权、积极开展工作，全力支持抗震救灾和灾后重建，积极推动经济又好又快发展，着力促进解决民生问题，切实加强自身建设，充分发挥了国家权力机关的作用，为社会主义经济建设、政治建设、文化建设、社会建设作出了新的贡献。同时，大家也提出了不少好的意见和建议，会后请文件起草组根据大家的意见，抓紧修改工作报告稿。

各位委员、各位同志，再过五天，十一届全国人大二次会议就要召开了。今年是实施“十一五”规划的关键一年，也是应对国际金融危机冲击、保持经济平稳较快发展与社会和谐稳定的关键一年，改革发展稳定的任务十分繁重。国内外对这次大会都很关注。开好这次大会，对于全面贯彻落实中央重大决策部署，积极应对国际国内环境变化重大挑战、推动国家各项事业实现新发展具有十分重要的意义。这里，我提三点要求：

一要充分发扬民主，严格依法办事。要充分尊重和保障代表的民主权利，坚持讲大局、议大事，提倡重实际、求实效，充分反映民意，广泛集中民智。我们要同全体代表一道，认真贯彻党的十七大、十七届三中全会和中央经济工作会议精神，把思想和行动统一到中央对形势的分析判断和对工作的决策部署上来，把这次大会开成一个民主、团结、求实、奋进的大会，进一步动员和团结全国各族人民坚定信心、艰苦奋斗、扎实工作，以优异成绩迎接新中国成立 60 周年。

二要虚心听取意见，自觉接受监督。大会期间，常委会要向代表大会报告工作，这是常委会接受代表大会监督的重要内容。我们要认真参加会议审议，虚心听取代表意见，自觉接受人民监督，不断加强和改进常委会工作，更好地行使宪法和法律赋予的职权，不辜负人民的重托。

三要加强团结协作，精心搞好服务。一个多月来，大会秘书处按照明确分工、落实责任、集中精力、精心组织、统筹安排的要求，做了大量扎实细致的工作，大会各项筹备工作已经基本就绪。会议期间，服务保障任务会更加繁重，各有关方面要精诚团结、密切合作，精益求精地做好各项服务工作，确保大会顺利进行。

现在我宣布，十一届全国人大常委会第七次会议闭幕。

第十一届全国人民代表大会第二次会议闭幕会上的讲话

（2009年3月13日）

各位代表：

第十一届全国人民代表大会第二次会议，在全体代表的共同努力下，圆满完成了各项预定任务。会议充分发扬民主，严格依法办事，开得很成功，是全面贯彻落实党的十七大和十七届三中全会精神，高举中国特色社会主义伟大旗帜，深入贯彻落实科学发展观的大会，是团结、民主、求实、奋进的大会！

会议期间，代表们肩负全国各族人民的重托，以高度主人翁责任感和历史使命感，围绕会议主题，依法履行职责，认真审议报告，积极提出建议，讲大局、议大事，重实际、求实效，使会议作出的决议和批准的报告，充分体现了党的主张和人民意志的统一，充分反映了全国各族人民的共同意愿。这次大会必将进一步激励和动员全国各族人民满怀豪情地投身建设和发展中国特色的社会主义的伟大事业！

各位代表！

责任和使命激励我们，困难和挑战考验我们。让我们紧密地团结在以胡锦涛同志为总书记的党中央周围，高举中国特色社会主义伟大旗帜，以邓小平理论和“三个代表”重要思想为指导，深入贯彻落实科学发展观，万众一心，艰苦奋斗，扎实工作，以优异的成绩迎接新中国成立60周年，为夺取全面建设小康社会新胜利而努力奋斗！

全国人民代表大会常务委员会工作报告

2009年3月9日在第十一届全国人民代表大会第二次会议上

全国人民代表大会常务委员会委员长　吴邦国

各位代表：

我受全国人大常委会委托，向大会报告工作，请予审议。

过去一年的主要工作

2008年，面对重大困难和严峻挑战，以胡锦涛同志为总书记的党中央团结带领全国各族人民同心同德、顽强拼搏，全面夺取抗灾救灾斗争重大胜利，成功举办北京奥运会、残奥会，圆满完成神舟七号载人航天飞行任务，隆重纪念改革开放30周年，经济保持较快增长，民生得到进一步改善，社会大局保持稳定，国际地位进一步提高，中国特色社会主义事业取得了新的伟大成就。

过去的一年，是十一届全国人大常委会依法履职的第一年。我们全面贯彻党的十七大和十七届三中全会精神，以邓小平理论和“三个代表”重要思想为指导，深入贯彻落实科学发展观，坚持党的领导、人民当家作主、依法治国有机统一，紧紧围绕党和国家工作大局、紧紧抓住经济社会发展中的突出问题，依法行使职权，积极开展工作，充分发挥了国家权力机关的作用。一年来，共审议15件法律案，通过9件，听取审议国务院、最高人民法院、最高人民检察院13个工作报告，作出3项决议，检查5部法律的实施情况，决定批准我国与外国缔结的条约、协定以及加入的国际公约20件，还决定和批准任免一批国家机关工作人员，为社会主义经济建设、政治建设、文化建设、社会建设作出了新的贡献。

一、全力支持抗震救灾和灾后恢复重建

去年5月12日发生的四川汶川特大地震，给灾区人民生命财产造成极大损失，也给国家经济社会发展带来严重影响。灾情牵动着全国各族人民的心。全国人大常委会紧急行动，认真落实中央部署，从人大工作自身特点出发，加强监督和立法工作，全力支持抗震救灾和灾后恢复重建，充分发挥了社会主义制度集中力量办大事的政治优势。

一是及时调整工作计划。去年5月22日，专门召开委员长会议，专题听取国务院汇报，为突出工作重点，支持国务院集中精力抓好抗震救灾工作，决定调整常委会工作计划，将听取审议国务院关于抗震救灾和灾后恢复重建工作报告，以及2008年中央预算调整方案列入6月份常委会会议议程；决定将按惯例在6月份会议审议的中央决算和审计工作报告、审查批准2007年中央决算等议程调整到8月份的会议。为有充分时间把这次抗震救灾、过渡性安置和灾后恢复重建积累的有益经验吸收到相关法律中，决定将原计划6月份会议审议的防震减灾法修订草案调整到10月份的会议审议。

二是坚决落实党中央关于集中财力投入抗震救灾的决策。为确保抗震救灾和灾后恢复重建资金需要，5月22日委员长会议明确，要以保障灾区人民生活为根本，一切从抗震救灾实际情况出发，根据特事特办的原则，建议从中央预算稳定调节基金中调用大部分，建立灾后恢复重建基金，按基金实际收支情况列入和调整中央预算，依法报全国人大常委会审查批准；在预算调整方案批准之前，所需资金可先从中央国库库款中调拨，以确保抗震救灾和灾后恢复重建资金及时拨付到位。同时要求加强资金使用情况的审计和监督，并建议对下一步所需资金早做安排。6月份的常委会会议，审查批准了2008年中央预算调整方案，同意建立灾后恢复重建基金，为抗震救灾和灾后恢复重建工作顺利推进提供了资金保障。还建议有关方面尽快制定灾后恢复重建规划和具体实施方案，明确相关政策，多方位支持灾后重建和生产自救。

三是在全力投入抗震救灾的情况下，强调一手抓抗震救灾，一手抓经济社会发展，以确保全年任务的完成。6月26日，常委会专门作出决议，积极评价抗震救灾工作取得的显著成效，充分肯定国务院、地方政府和各方面的工作，要求继续全力抢救伤员、妥善安置受灾群众、扎实推进灾后恢复重建。审议中，常委会组成人员指出，四川汶川特大地震和年初南方部分地区严重低温雨雪冰冻灾害，给做好全年经济工作带来很大困难。在困难的形势下，更要按照中央的决策部署，一手抓抗震救灾，一手抓经济社会发展，高度重视、及时研究、切实解决经

济运行中出现的突出矛盾，努力夺取抗震救灾和经济社会发展双胜利。同时要精心做好北京奥运会各项筹办工作，排除干扰，确保把北京奥运会办成一届有特色、高水平的奥运会。

四是全面修订防震减灾法。防震减灾法修订草案在10月份的常委会会议初审后，即通过主要新闻媒体向社会全文公布征求意见，共收到意见建议7300多件。有关专门委员会及时组织精干人员到灾区实地调研，充分听取抗震救灾一线干部群众的意见。根据各方面的意见，常委会对防震减灾法作了较大修改，提高了建设工程尤其是学校、医院等公用设施的抗震设防标准，完善了地震应急救援体系，加强了灾后过渡性安置和灾后恢复重建的制度措施。

二、积极推动经济又好又快发展

深入贯彻落实科学发展观，推动经济又好又快发展，是常委会工作的一个重点。工作中，我们抓住经济社会发展中的突出问题，综合运用多种监督形式，加强跟踪监督，推动改进工作，完善法律制度，使人大工作更有深度、更具活力。

一是推动中央宏观调控重大决策部署的贯彻落实。去年以来，面对复杂多变的国际经济形势和国内经济运行中的突出矛盾和问题，党中央审时度势，及时把宏观调控的首要任务从年初的“两防”，即防止经济增长由偏快转为过热、防止价格由结构性上涨演变为明显通货膨胀，调整为年中的“一保一控”，即保持经济平稳较快增长、控制物价过快上涨。为应对国际金融危机快速蔓延，11月份又果断调整为积极的财政政策和适度宽松的货币政策，并采取了一系列扩大内需、促进经济增长的政策措施。

为了确保中央重大决策部署的贯彻落实，常委会除按计划听取审议加强金融宏观调控、稳定物价工作等报告外，面对国际金融危机新形势，12月份的常委会会议专题安排听取审议国务院关于应对国际金融危机、确保国民经济平稳较快发展情况的报告。审议中，常委会组成人员对国务院的工作给予充分肯定。同时指出，当前国际金融危机继续蔓延和对我国实体经济的影响不断加深，我国发展的外部经济环境日趋严峻。在有效需求不足的情况下，我国经济社会发展中的一些深层次矛盾和问题也会更加凸显。要切实增强忧患意识，把思想和行动统一到中央对形势的分析判断和对工作的总体部署上来，全面贯彻中央经济工作会议精神，化严峻挑战为发展机遇，变市场压力为调整动力，在保持经济平稳较快发展的同时，切实把加快经济发展方式转变和结构调整作为主攻方向。大家强调，在许多行业产能过剩的情况下，贯彻落实积极的财政政策和适度宽松的货币政策，最重要的是严格把握政策和投资导向，防止低水平重复建设，防止新一轮城市盲目扩张。

为了保证积极的财政政策顺利实施，根据预算法有关规定，建议2008年新增投资从当年中央预算超收收入中列支，并依法向全国人大常委会报告；同意在全国人民代表大会批准2009年中央预算前，预拨一定比例的资金，保证重点建设项目的资金需要，预算批准后按批准的预算执行；建议经国务院批准由财政部代理发行的2009年地方政府债券纳入地方财政预算，报经同级人民代表大会或其常委会批准。

二是推动转变经济发展方式。加快转变经济发展方式，推动产业结构优化升级，是关系国民经济全局紧迫而重大的战略任务。12月份的常委会会议专题听取审议国务院关于“十一五”规划纲要实施中期情况的报告。审议中，常委会组成人员充分肯定成绩，客观分析问题，提出中肯建议并指出，从评估情况看，纲要确定的大多数指标达到预期进度要求，实施情况总体上是好的。但反映经济结构的4个指标中，服务业增加值、服务业就业、研发经费等3个指标没有达到预期进度要求；单位国内生产总值能源消耗、主要污染物排放总量等两个主要约束性指标与规划目标差距较大。这在很大程度上表明，我国经济发展方式尚未根本转变，产业结构仍以工业为主导，需求结构仍以出口和投资为主导，资源环境压力加重、扩大就业难度加大、消费不足等问题依然突出。建议国务院及有关部门要高度重视存在的问题，按照党的十七大精神，加快推进经济发展方式的“三个转变”，加大工作力度，努力实现“十一五”规划纲要确定的目标任务。常委会还通过制定循环经济促进法、修改专利法，听取审议国务院关于水污染防治工作情况报告、开展环境影响评价法执法检查等方式，推动各级政府和有关方面落实科学发展观，转变经济发展方式。

三是推动农村改革发展。做好农业、农村、农民工作，事关党和国家事业发展全局。上一届常委会连续5年对“三农”问题进行跟踪监督，取得明显成效。去年，常委会在听取审议国务院关于促进农民稳定增收情况报告和相关报告中，都对做好

"三农"工作提出重要建议。常委会在开展农民专业合作社法执法检查中,深入了解各类农民专业合作社的发展及存在的主要问题,要求全面落实法律规定的各项扶持政策,使农民专业合作社在提高农民的组织化程度、引领农民参与国内外市场竞争等方面发挥更大作用。通过人大的监督工作,有力地促进了社会主义新农村建设,经过国务院、地方各级政府和广大农民群众共同努力,农村居民人均纯收入在连续4年增量超过300元、增幅超过6%的基础上,2008年增幅达到8%,粮食总产和单产再创历史新高。截至2008年底,全国农民专业合作社超过11万个,登记成员140多万户,加入合作社的农户成员年收入比非成员农户高出20%以上。在充分肯定成绩的同时,常委会组成人员指出,要高度重视农民收入总体水平仍然不高、城乡居民收入差距继续拉大、农业比较效益还在下降、农业基础设施落后、农民务工面临新困难等问题,扎实推进农村改革,大幅增加"三农"投入,严格保护耕地,逐步理顺粮食等农产品价格,不断改善强农惠农的金融和科技服务,支持和引导民营经济发展和农民多渠道转移就业,保持农业稳定发展、促进农民持续增收。

三、着力促进解决民生问题

坚持以人为本,促进解决民生问题,是常委会工作的又一重点。工作中,我们注意把立法和监督结合起来,在推动改进工作的同时注重制定和完善法律,在加强立法的同时注重强化执法检查和工作监督,使人大工作更贴近民生、更具实效。

食品安全事关人民群众身体健康和生命安全,人大代表和社会各界高度关注。针对"三鹿问题奶粉"等重大食品安全事件暴露出的突出问题,常委会在深入调查研究、广泛征求意见的基础上,对食品安全法草案作了进一步修改。一是,为切实加强食品安全监管工作,在确立各有关主管部门按照各自职责分段监管的基础上,国务院设立食品安全委员会,协调、指导食品安全工作;同时规定,县级以上地方人民政府统一负责、领导、组织、协调本行政区域食品安全监督管理工作。二是,为解决食品生产滥用添加剂等问题,本着不用、慎用、少用原则,明确规定只有在技术上确有必要、经过风险评估证明安全可靠的食品添加剂,才能允许使用;确需使用食品添加剂的,必须严格执行食品安全标准规定的品种、范围和用量;不得使用食品添加剂以外的化学物质或其他可能危害人体健康的物质。三是,目前社会上名目繁多的保健品年销售额超过1000亿元,而监管不到位,产品真假难辨,老百姓无所适从。为解决这一问题,明确要求国务院抓紧研究制定相关规定,规范生产活动,整顿销售市场,加强监督管理,让消费者放心。

在上一届工作的基础上,去年常委会又对修改后的义务教育法、未成年人保护法开展新一轮执法检查,并对新颁布实施的劳动合同法进行执法检查。这三项执法检查,直接关系1.7亿中小学生、3.6亿未成年人的健康成长和亿万劳动者的切身利益,涉及的问题都是人大代表和人民群众普遍关注的。我们深入实际、深入基层,弄清法律实施中的突出问题,提出落实义务教育经费保障机制、增加义务教育投入,净化未成年人网络文化环境,重视解决拖欠职工工资尤其是农民工工资等重要建议。国务院及有关部门认真研究我们提出的意见和建议,使法律得到更好实施、工作得到进一步改进。一是,义务教育经费保障机制依法得到落实,义务教育经费大幅增加,全国小学生、初中生的生均预算内公用经费支出同比明显增长,中央财政还提高了中西部地区校舍维修改造资金标准。二是,国务院有关部门联合开展了整治互联网低俗之风专项行动,加强互联网管理,严厉打击毒害青少年的违法犯罪行为,网络文化环境有所改善,得到社会各界好评。三是,劳动合同法颁布实施以来,全社会劳动合同意识普遍提高,劳动合同签订率明显上升,全国规模以上企业劳动合同签订率达93%,新签劳动合同的平均期限有所延长,就业再就业工作力度进一步加大,企业职工尤其是农民工权益保障工作得到加强。针对劳动就业面临的新情况新问题,审议中,常委会组成人员指出,要大力支持中小企业发展和转型升级,千方百计稳定和扩大就业,防止拖欠职工工资和大规模裁员,着力解决服务业和建筑业以及中小企业和私营企业劳动合同签订率低等问题,切实维护劳动者合法权益,努力构建和谐劳动关系。

为健全社会保险制度,解除职工群众后顾之忧,常委会在上一届初审的基础上,对社会保险法草案进行了较大修改,将养老、医疗、工伤、失业、生育等五个险种分章作出具体规定,对职工群众最关心的转移接续基本养老保险关系、提高基本养老保险基金统筹层次、加强社会保险基金监管等问题作出明确规定,引起社会广泛反响,目前正根据各方面意见修改完善。常委会还修改了残疾人保障法,充实了禁止歧视残疾人的规定，并从康复、教育、劳动就业、社会保障和无障碍环境建设等方面强化残疾人权利保障。

四、努力做好经常性工作

过去的一年，我们紧紧围绕党和国家工作重点，依照人大工作特点做好以上工作的同时，努力做好人大经常性工作，在立法、监督、发挥代表和专门委员会作用、开展对外交往等方面取得新成效，提高了常委会工作的整体质量和水平。

在立法工作方面，一是编制五年立法规划，召开立法工作会议，统筹部署立法工作。二是制定了企业国有资产法、食品安全法、刑法修正案（七）、循环经济促进法，修改了防震减灾法、残疾人保障法、消防法、保险法、专利法。针对企业国有资产管理和监督中的突出问题，企业国有资产法确立了国有资产出资人制度的基本原则，对关系出资人权益的重大事项，包括企业改制、关联交易、资产评估转让等容易造成国有资产流失的环节，规定了必须遵循的基本规则和严格的监管程序。三是为确保法律的有效实施，督促有关方面加强法律配套法规的制定工作，制定有关工作程序，要求在确定立法项目、起草法律草案的同时，统筹安排制定配套法规，力争与法律同步实施。四是积极推进科学立法、民主立法，扩大公民对立法的有序参与。委员长会议决定，凡是常委会审议的法律草案，原则上都在中国人大网上公布，重要法律草案还要在全国主要新闻媒体上公布，广泛征求意见，使法律草案公布工作常态化。我们还就法律草案中涉及的重大问题，深入调查研究，并通过座谈会、论证会等形式与有关方面充分沟通协商，共同研究解决办法，完善法律草案。

在监督工作方面，4 月份的常委会会议，根据代表们的意见，增加安排听取审议国务院关于抗击南方部分地区严重低温雨雪冰冻灾害及灾后恢复重建工作情况的报告，要求有关方面认真总结经验，完善应急机制，切实提高防灾减灾能力。8 月份的会议，集中听取审议中央决算、审计工作和计划执行情况的报告，审查批准了 2007 年中央决算，提出建立县级基本财力保障机制、2009 年全面实施增值税转型改革、规范财政转移支付等重要建议。10 月份的会议，听取审议最高人民法院关于加强刑事审判工作情况的报告、最高人民检察院关于加强刑事审判法律监督工作情况的报告，要求法院和检察院正确执行法律和宽严相济的刑事政策，保证刑事审判和法律监督的公正高效，不断提高司法工作水平。一年来，行政法规、地方性法规、司法解释等规范性文件备案审查工作进一步加强，共接收报送备案规范性文件 475 件，受理公民、组织提出审查建议 86 件。

在发挥代表作用方面，一是认真办理代表议案，上次大会主席团交付有关专门委员会审议的 462 件代表议案，已经全部办理完毕，其中，26 件议案涉及的 8 件法律已经常委会审议通过，50 件议案涉及的 4 件法律草案正在审议，126 件议案涉及的 38 个立法项目已经列入立法规划。二是扩大代表知情知政渠道，组织代表开展集中视察和专题调研，通过多种形式及时向代表通报情况，继续邀请代表列席常委会会议和参加执法检查等活动。列席会议和参加活动的代表事先认真准备，会上积极发言，充分反映人民群众呼声，为提高常委会工作质量发挥了重要作用。三是认真处理代表建议，上次大会期间代表提出的 6279 件建议，所提问题已解决或计划解决的有 4489 件，占代表建议总数的 71.5%。

在开展对外交往方面，继续巩固全国人大与外国议会定期交流机制，分别与英国、法国、日本、韩国、埃及等国议会以及欧洲议会开展多种形式的对话。针对国外有的议会在台湾、涉藏等问题上挑起的事端，我们通过外事委员会负责人发表谈话等形式进行针锋相对的斗争，捍卫国家核心利益。委员长会议组成人员、专门委员会和友好小组通过请进来、走出去等形式，与有关国家议会领导人、议员和议员助手加强交流，增信释疑，推动互利合作，促进国家关系全面发展。积极参与国际和地区议会组织的活动，成功举办第五届亚欧议会伙伴会议。

全国人大各专门委员会人才荟萃、知识密集，具有经常性开展工作的特点。常委会注重发挥专门委员会作用，换届后及时与各专门委员会负责同志进行座谈，就加强和改进人大工作特别是专门委员会工作深入交换意见，统一思想认识。各专门委员会围绕全国人大及其常委会的中心任务，在提高立法质量、增强监督实效、发挥代表作用、开展对外交往等方面做了大量卓有成效的工作，有力地促进了常委会工作整体水平的提高。

五、切实加强自身建设

自身建设，事关人大及其常委会职权的正确行使和作用的充分发挥。本届全国人大常委会高度重视自身建设，把思想政治建设摆在首位，坚持正确政治方向，并以此引领人大各项工作。

去年3月19日，十一届全国人大一次会议胜利闭幕的第二天，常委会即召开第一次会议，着重就把握人大工作正确政治方向等问题提出明确要求。之后，又专门安排时间，认真学习党的十七大精神和胡锦涛总书记有关重要讲话，进一步统一思想，提高认识。常委会组成人员、专门委员会组成人员一致认为，人大及其常委会是国家权力机关，是十分重要的政治机关。坚持正确政治方向是做好人大工作的根本。人大工作坚持正确政治方向，最根本的是坚持党的领导、人民当家作主、依法治国有机统一，核心是坚持党的领导。人大及其常委会依法集体行使职权、集体决定问题，坚持正确政治方向要靠大家共同来把握。在人大工作，坚持中国特色社会主义道路，坚持和完善人民代表大会制度，必须进一步认识我国人民代表大会制度与西方资本主义国家政体的本质区别。

一要充分认识人民代表大会与西方议会的本质区别。我国的政党制度，是中国共产党领导的多党合作和政治协商制度，不是西方的多党制。中国共产党是领导核心，是执政党，各民主党派是参政党。县乡人大代表是按选区直接选举产生的。县级以上人大的代表由下一级人民代表大会选举产生，并按照选举单位组成代表团参加代表大会。我们的人民代表大会中没有议会党团，也不以界别开展活动。无论是代表大会，还是常委会或专门委员会，都不按党派分配席位。我们的人大代表、常委会组成人员、专门委员会组成人员，无论是共产党员，还是民主党派成员或者无党派人士，肩负的都是人民的重托，都在中国共产党领导下依法履行职责，为人民服务，根本利益是一致的。

二要充分认识人大和“一府两院”的关系与西方国家国家机关间关系的本质区别。我国是由人民代表大会统一行使国家权力，“一府两院”由人大产生，对人大负责，受人大监督。各国家机关分工不同、职责不同，都在中国共产党领导下、在各自职权范围内贯彻落实党的路线方针政策和宪法法律，为建设和发展中国特色社会主义服务，不是西方的“三权分立”。人大根据党的主张和人民的意愿，通过制定法律、作出决议，决定国家大政方针，并监督和支持“一府两院”依法行政、公正司法，保障各国家机关协调有效地开展工作，把人民赋予的权力真正用来为人民谋利益。

三要充分认识人大代表与西方议员的本质区别。我们的全国人大代表，来自各地区、各民族、各方面，人口再少的民族也至少有一名代表，具有广泛的代表性，不像西方议员是某党某派的代表。我们的人大代表，生活在人民中间，同人民群众保持密切联系。我们的人大代表，有各自的工作岗位，对党和国家的方针政策、宪法法律的贯彻实施情况体会最深刻，对现实生活中的实际问题了解最深入。我们的人大代表，是通过会议的方式依法集体行使职权，而不是每个代表个人直接去处理问题，各级人大常委会办事机构是代表的集体参谋助手和服务班子。

大家强调，坚持人大工作正确政治方向，核心是坚持党的领导。中国共产党是中国特色社会主义事业的领导核心。党的领导只能加强，不能削弱。通过深入学习讨论，大家更深刻地领会了邓小平同志所指出的“在中国这样一个大国，没有共产党的领导，必然四分五裂，一事无成”“中国由共产党领导，中国的社会主义现代化建设事业由共产党领导，这个原则是不能动摇的；动摇了中国就要倒退到分裂和混乱，就不可能实现现代化”等重要论断，进一步增强了坚持党的领导的自觉性和坚定性，增强了坚持走中国特色社会主义道路的自觉性和坚定性，增强了坚持和完善人民代表大会制度的自觉性和坚定性。要通过人大工作，确保党的主张经过法定程序成为国家意志，确保党组织推荐的人选经过法定程序成为国家政权机关的领导人员。人大各项工作，都要有利于加强和改善党的领导，有利于巩固党的执政地位，有利于保证党领导人民有效治理国家。

大家指出，中国特色社会主义政治发展道路，是中国共产党领导中国人民选择的符合我国国情的唯一正确道路，是我国发展社会主义民主政治的唯一正确道路。我们深化政治体制改革，是不断推进包括人民代表大会制度在内的社会主义政治制度的自我完善和发展。要积极借鉴人类社会创造的文明成果包括政治文明的有益成果，但绝不照搬西方那一套，绝不搞多党轮流执政、“三权分立”、两院制。

一年来，我们在着重加强思想政治建设的同时，还抓了能力、作风和制度建设。一是加强履职培训。组织常委会和专门委员会组成人员，集中学习人大的组织、职权、议事规则以及立法、监督工作的必备知识。每次常委会会议后都结合议程举办专题讲座，取得良好效果。在组织代表初任学习的基础上，重点开展了代表履职培训，先后举办8期培训班，1300多名代表参加培训。二是转变工作方式。本届常委会和专门委员会组成人员大部分长期在党政机关工作，到人大工作后很快进入角色，依法履行职责，花更多的时间、用更多的精力深入实际、深入群众、深入基层，加强调查研究，并形成了一批有分量的调研成果，提高了审议质量，也为党和国家重大决策提供有益参考。三是完善工作制度。在认真总结实践经验的基础上，修改完善了委员长会议议事规则等4个工作文件，并着手研究修改全国人大组织法、选举法以及常委会议事规则。

全国人大机关积极开展深入学习实践科学发展观活动，以服务科学发展、努力提高集体参谋助手和服务保障水平为载体，认真解决存在的突出问题，建立健全改进工作的长效机制，以素质能力建设为重点全面加强机关干部队伍建设，努力创建学习型机关、和谐机关，充分调动干部职工的积极性、主动性、创造性，机关面貌发生了可喜变化。

各位代表！

过去一年全国人大常委会取得的成绩，是在以胡锦涛同志为总书记的党中央正确领导下，全国人大代表、常委会组成人员、各专门委员会组成人员以及全国人大机关工作人员辛勤工作的结果，是国务院、最高人民法院、最高人民检察院协同工作的结果，是地方各级人大及其常委会和广大人民群众大力支持的结果。在此，我代表全国人大常委会表示衷心感谢！

我们也清醒地认识到，工作中还存在不少需要改进的地方。一是如何进一步突出重点、抓住关键问题开展工作，提高人大工作的质量和针对性；二是如何进一步督促有关方面抓紧制定法律配套法规，切实解决因法律配套法规的缺失影响法律有效实施的问题；三是如何进一步提高服务保障水平，更好地发挥代表作用；四是如何进一步协调专门委员会工作，更好地发挥专门委员会作用；五是如何进一步加强人大宣传工作，增强国家机关依法办事的自觉性，增强全社会的法律意识和法制观念。我们将自觉接受人民监督，虚心听取代表意见，认真研究民主法制建设进程中的新情况新问题，不断加强和改进常委会工作，更好地行使宪法和法律赋予的职权。

今后一年的主要任务

2009年是新中国成立60周年，是应对国际国内环境变化重大挑战、推动国家各项事业实现新发展的关键一年。常委会工作的总体要求是：全面贯彻党的十七大、十七届三中全会和中央经济工作会议精神，以邓小平理论和“三个代表”重要思想为指导，深入贯彻落实科学发展观，坚持党的领导、人民当家作主、依法治国有机统一，紧紧围绕党和国家工作大局行使职权，着力加强中国特色社会主义法律体系建设，着力促进经济平稳较快发展与社会和谐稳定，着力保障宪法和法律有效实施，努力把人大工作提高到一个新水平。

一、在形成中国特色社会主义法律体系上迈出决定性步伐

党中央明确提出，到2010年形成中国特色社会主义法律体系。今年是实现这个目标的关键一年。我们要按照党的十七大精神，在提高立法质量的前提下，一手抓法律制定，一手抓法律清理，努力在形成中国特色社会主义法律体系上迈出决定性步伐。

一要抓紧制定和修改在法律体系中起支架作用的重要法律，着力加强社会领域立法，继续完善经济、政治、文化领域立法。今年计划安排的立法项目主要有：制定社会保险法、社会救助法、侵权责任法、行政强制法、农村土地承包经营纠纷仲裁法、精神卫生法、国防动员法等法律，修改国家赔偿法、保守国家秘密法、选举法、村民委员会组织法、土地管理法、邮政法、统计法等法律。要加强立法工作的组织协调，积极推进科学立法、民主立法，扩大公民对立法的有序参与，加强立法调研和科学论证，广泛凝聚共识，提高立法质量。要继续督促有关方面抓紧制定法律配套法规，保证法律有效实施。

二要完成法律清理工作。我国现行有效的231件法律中，有的法律也存在一些需要完善的地方。这当中大体分三种情况：一是有的法律是上世纪八十年代或九十年代初制定的，现在看来，有些规定已经明显不适应发展社会主义市场经济的需要；二是由于法律制定的时间有先有后，有的后法与前法的一些规定有不尽一致或不够衔接的地方；三是有的法律操作性不强，难以用国家强制力来保证实施。针对这些情况，去年常委会组织部署了对现行法律的清理工作，今年要完成这项工作。要认真研究和全面分析有关方面提出的清理意见，区分轻重缓急，采取修改、废止、解释、配套等方式进行分类处理，促进法律体系的科学、统一与和谐。

改革开放以来，经过各方面共同努力，到十届

全国人大任期届满，以宪法为核心，以涵盖7个法律部门的法律为主干，由法律、行政法规、地方性法规等3个层次法律规范构成的中国特色社会主义法律体系已经基本形成，国家经济、政治、文化、社会生活各个方面基本做到有法可依，有力地保障和推动了中国特色社会主义事业的发展。同时，我们也清醒地看到，经济社会的快速发展，社会主义民主政治的不断推进，文化生活的丰富多彩，和谐社会的积极构建，体制机制的改革创新，经济全球化的深入发展，对立法工作提出了新课题新要求，立法任务依然繁重。

这里需要强调的是，我们的法律体系是中国特色社会主义法律体系，在形成并完善法律体系过程中，必须把握好以下四点：一是不能用西方的法律体系来套我们的法律体系。外国法律体系中有的法律，不符合我国国情和实际的，我们不搞；外国法律体系中没有的法律，但我国现实生活需要的，要及时制定。二是行政法规和地方性法规都是法律体系的重要组成部分。对用法律来规范尚不具备条件的，可依法制定行政法规和地方性法规，待取得经验、条件成熟时再制定法律；对一些地方事务和具有民族地区特点的事项，可依法制定地方性法规或自治条例、单行条例进行规范。三是要区分法律手段和其他调整手段的关系，需要用法律调整的才通过立法来规范，以更好地发挥法制的功能和作用。四是我们的法律体系是动态的、开放的、发展的，本身就有一个与时俱进的问题，需要适应客观形势的发展变化，不断加以完善。

二、把推动中央重大决策部署贯彻落实作为监督工作的重点

今年是进入新世纪以来我国经济发展最为困难的一年，既面临严峻挑战，也蕴含重大机遇，改革发展稳定任务十分繁重。为了做好全年工作，党中央明确提出，要立足扩大内需保持经济平稳较快增长，加快发展方式转变和结构调整提高可持续发展能力，深化改革开放增强经济社会发展活力和动力，加强社会建设加快解决涉及群众利益的难点热点问题，促进经济社会又好又快发展与社会和谐稳定，并作出了一系列重大决策部署，号召全党全国各族人民坚定信心、迎难而上，团结一心、埋头苦干，不断把中国特色社会主义事业推向前进。全国人大常委会要把推动中央重大决策部署贯彻落实作为人大监督工作的重中之重，全面贯彻实施监督法，综合运用多种监督形式，督促和支持“一府两院”按照各自工作报告提出的目标任务做好工作，确保中央重大决策部署的贯彻落实，确保全年经济社会发展任务的顺利完成。

一要加强对经济工作的监督。计划听取审议国务院关于转变经济发展方式、促进中小企业发展、大气污染防治工作情况等专项工作报告，听取审议国务院关于中央决算、审计工作和计划执行情况的报告，审查批准2008年中央决算，努力促进经济平稳较快发展，大力推进经济发展方式转变。

二要加强对解决民生问题的监督。计划听取审议国务院关于农村社会保障体系建设、促进就业再就业、四川汶川特大地震灾后恢复重建、职业教育发展等专项工作报告，听取审议最高人民法院、最高人民检察院有关加强民事执行工作、加强渎职侵权案件检察工作的报告，检查工会法、食品安全法、畜牧法等法律的实施情况，着力保障和改善民生，努力促进社会和谐稳定。

考虑到今年经济形势不确定因素较多，为增强人大监督工作的针对性和实效性，我们要着重加强两方面的工作：一是加强调查研究，深入了解实际，抓住主要矛盾和矛盾的主要方面，提出好的意见和建议。二是综合运用多种监督形式，加强跟踪监督，抓住代表普遍关注的重点难点问题，推动有关方面切实改进工作，建立健全解决重点难点问题的长效机制。

这些年来，我们在加强和改进人大监督工作方面做了大量工作，取得了明显成效，并形成了一套行之有效的工作机制和方法，十届全国人大常委会制定的监督法将其以法律形式固定下来，使各级人大常委会的监督工作更加规范化、程序化。监督法实施两年多来的实践证明，这是一部从我国国情出发、符合人大工作实际的好法律。为了更好地贯彻实施监督法，提高人大监督工作实效，这里需要强调三点：一是，监督权是宪法法律赋予人大的重要职权，人大监督是代表国家和人民进行的具有法律效力的监督，是不可替代的。人大监督包括法律监督和工作监督，内容非常丰富，任务相当繁重，是大有可为的。二是，人大监督与“一府两院”的工作，目标是完全一致的，不是相互掣肘，不是唱“对台戏”。人大依法搞好监督，有利于推动“一府两院”改进工作；“一府两院”依法自觉接受人大监督，有利于依法行政和公正司法。三是，做好人大监督工作关键在于突出重点、增强实效。一部法律的规定有很多，但群众最关注的往往就那么几条；工作中需要解决的矛盾和问题会不少,实际上关键的问题往往就那么几个。抓住这些要害,人大监督工作就能以点带面、举一反三,取得实实在在的效果。

三、在发挥代表作用、开展对外交往、加强自身建设等方面取得新进展

我们要继续深入贯彻落实中央9号文件精神,从坚持和完善人民代表大会制度出发,坚持尊重代表主体地位,坚持为代表服务的思想,加强服务保障,扩大代表对常委会、专门委员会工作的参与,认真听取代表的批评意见,提高代表议案办理质量,拓宽代表知情知政渠道,开展代表专题培训,努力把代表依法履职的积极性保护好、引导好、发挥好。

我们要继续加强和改进人大对外交往,巩固和完善全国人大与外国议会定期交流机制,认真筹办与有关国家议会的机制交流活动,广泛开展与外国议会友好往来,更好地发挥人大对外交往的独特作用。

我们要加强和改进人大宣传工作,充分利用广播电视、报刊杂志和网络媒体,深入宣传中国特色社会主义政治发展道路和人民代表大会制度,加强人大立法和监督工作的宣传报道,普及法律知识,增强全社会法律意识。

我们要继续加强自身建设,牢牢把握人大工作正确政治方向,牢固树立党的观念、政治观念、大局观念、群众观念和法治观念。深入学习宪法,增强宪法意识,维护宪法权威。坚持依法按程序办事,完善常委会议事程序和工作规则,改进工作作风,加强调查研究,办好专题讲座。加强专门委员会工作协调,进一步提高整体工作质量和水平。加强与地方人大联系,共同推动社会主义民主法制建设。全国人大机关要巩固深入学习实践科学发展观活动成果,不断完善工作体制机制,全面提高干部队伍素质能力,搞好服务保障,当好集体参谋助手。

各位代表,责任和使命激励着我们,困难和挑战考验着我们。让我们紧密团结在以胡锦涛同志为总书记的党中央周围,高举中国特色社会主义伟大旗帜,深入贯彻落实科学发展观,万众一心,艰苦奋斗,扎实工作,以优异成绩迎接新中国成立60周年,沿着中国特色社会主义道路奋勇前进!

人大大事

2008 年

8 月 1 日　全国人大常委会副秘书长张少琴为组长的全国人大常委会调研组一行,在呼和浩特市人大常委会主任吴一徵的陪同下,对呼和浩特市部分重点工业企业进行调研。

全国人大常委会委员、全国人大环资委主任委员汪光焘率领水环境保护法律后评估课题组到我省就水环境保护法律实施中需要解决的问题进行调研。

8 月 3 日　就改革开放 30 年成就和贯彻落实科学发展观情况,全国人大常委会副秘书长张少琴等调研组一行到秦皇岛、唐山进行调研。河北省人大常委会副主任侯志奎陪同调研。

8 月 5 日　全国人大外事委员会举行第八次全体会议。郑斯林副主任委员主持会议。

8 月 8 日　全国人大常委会委员长吴邦国 7 日在人民大会堂分别会见了前来出席北京奥运会开幕式的一些外国领导人。

8 月 9 日　全国人大常委会委员长吴邦国在人民大会堂分别会见了前来出席北京奥运会开幕式的一些外国客人,感谢他们对北京奥运会的支持。

8 月 16 日　由全国人大常委会副秘书长李连宁率领的全国人大常委会机关调研组一行 16 人,到广西就改革开放三十年来取得的成就和贯彻落实科学发展观的好做法进行调研。

8 月 18 日　十一届全国人大常委会第八次委员长会议在北京人民大会堂举行。吴邦国委员长主持会议。

8 月 22 日　全国人大常委会委员长吴邦国在人民大会堂会见前来出席北京奥运会闭幕式的澳大利亚总督杰弗里。

8 月 25 日　十一届全国人大常委会第四次会议在北京人民大会堂开幕,吴邦国委员长主持。

8 月 27 日　十一届全国人大常委会第四次会议举行第二次全体会议,吴邦国委员长出席会议,王兆国副委员长主持会议。

8 月 28 日　十一届全国人大常委会第四次会议举行第三次全体会议,吴邦国委员长出席会议,路甬祥副委员长主持会议。

8 月 29 日　十一届全国人大常委会第四次会议完成各项议程后于在北京人民大会堂闭幕。吴邦国委员长主持闭幕会并发表重要讲话。

十一届全国人大常委会在北京人民大会堂举行第五讲专题讲座,题目是《公共财政建设与人大预算监督》。吴邦国委员长主持讲座。

8 月 31 日　以全国人大常委会副秘书长何晔晖为组长的全国人大常委会调研考察组,对沈阳市贯彻落实科学发展观、振兴东北老工业基地情况进行了为期半天的调研考察。

9 月 2 日　全国人大外事委员会举行第九次全体会议。南振中副主任委员主持会议。

全国人大常委会委员长吴邦国、全国政协主席贾庆林在人民大会堂分别会见了柬埔寨参议院主席谢辛。

9 月 4 日　全国人大常委会机关调研组一行 16 人来到义乌。就改革开放 30 年来建设成果与经验等方面课题展开调研。

9 月 5 日　全国人大常委会委员、全国人大内务司法委员会副主任委员白景富,全国人大内务司法委员会委员戴玉忠一行,在广东省人大常委会委员、省人大内务司法委员会副主任委员李为等的陪同下,到广东惠州市调研刑事审判和刑事审判法律监督工作,受到惠州市委副书记陈仕其、惠州市公安局长李达文等领导的热情欢迎。

9 月 9 日　全国人大财经委副主任委员吴晓灵率领调研组来到玉环县,就小额信贷业务发展暨小额贷款公司工作进行调研。

9 月 10 日　全国人大财经委"十一五"规划中期评估调研组听取了湖南省"十一五"规划执行情况汇报。

9 月 16 日　全国人大教科文卫委员会在人民大会堂吉林厅召开第十次全体会议,听取国务院法制办曹康泰主任关于中华人民共和国非物质文化遗产保护法有关情况的汇报和文化部周和平副部长关于非物质文化遗产保护工作进展情况的汇报。

9 月 17 日　全国人大常委会委员长吴邦

国在人民大会堂会见了来华出席北京残奥会闭幕式的阿根廷临时参议长潘普罗。

9月21日 全国人大常委会委员、全国人大法律委员会委员、海军政治委员胡彦林,全国人大常委会委员、全国人大常委会代表资格审查委员会副主任委员、全国人大常委会副秘书长何晔晖率队的全国人大赴四川专题调研组到我市,就抗震救灾和灾后重建有关问题进行座谈,为破解灾后重建难题展开调研。

9月24日 全国人大常委会委员长吴邦国在人民大会堂会见委内瑞拉总统查韦斯。

9月26日 由全国人大常委会办公厅组织举办的新疆、宁夏地方各级人大常委会负责同志培训班举行全体会议,交流本期培训班的收获和体会。全国人大常委会副秘书长、党组书记王万宾出席全体会议并作总结讲话,全国人大常委会副秘书长李连宁出席全体会议。

9月30日 全国人大常委会副委员长兼秘书长李建国一行来吉林省考察。吉林省委书记、省人大常委会主任王珉,省长韩长赋陪同李建国参观考察了长春伪满皇宫博物院。

10月8日 中共中央、国务院、中央军委在北京人民大会堂隆重举行全国抗震救灾总结表彰大会。会前,党和国家领导人胡锦涛、吴邦国、温家宝、贾庆林、李长春、习近平、李克强、贺国强、周永康等亲切会见全国抗震救灾英雄集体代表和抗震救灾模范。

10月9日 中国共产党第十七届中央委员会第三次全体会议,于10月9日至12日在北京举行。全会由中央政治局主持。中央委员会总书记胡锦涛作重要讲话。

10月13日 全国人大常委会机关在京举办了2008年新录用工作人员初任培训班。

10月15日 十一届全国人大常委会第十一次委员长会议在北京人民大会堂举行。吴邦国委员长主持会议。

全国人大常委会委员长吴邦国在人民大会堂会见了瑞士联邦议会国民院议长安德烈·比尼翁。

10月16日 全国人大常委会委员长吴邦国在人民大会堂会见来访的巴基斯坦总统扎尔达里。

中共中央政治局常委、全国人大常委会委员长吴邦国在人民大会堂会见了我爱马达加斯加党全国主席、马达加斯加参议院议长伊万·兰德里亚桑德拉特里尼乌尼。

10月17日 中国工会第十五次全国代表大会在北京人民大会堂隆重开幕。胡锦涛、吴邦国、温家宝、贾庆林、李长春、习近平、李克强、贺国强、周永康等同志参加。

10月22日 全国人大常委会委员长吴邦国在人民大会堂会见了摩尔多瓦议长卢普。

10月23日 十一届全国人大常委会第五次会议在人民大会堂开始举行。吴邦国委员长主持今天下午的全体会议。

10月26日 全国人大常委会委员长吴邦国在人民大会堂分别会见了越南祖国阵线中央委员会主席黄担和新加坡内阁资政李光耀。

10月27日 韩启德副委员长主持十一届全国人大常委会第五次会议第三次全体会议。

全国人大常委会委员长吴邦国在人民大会堂会见了新加坡内阁资政李光耀。

全国人大常委会委员长吴邦国在人民大会堂会见了越南祖国阵线中央委员会主席黄担。

10月28日 十一届全国人大常委会第五次会议举行闭幕会,吴邦国委员长主持会议并讲话。

十一届全国人大常委会在北京人民大会堂举行第六讲专题讲座。吴邦国委员长主持讲座。

11月4日 中共中央政治局委员、全国人大常委会副委员长、中华全国总工会主席王兆国一行到江苏考察调研。

11月5日 全国人大常委会副委员长、全国妇联主席陈至立分别在江苏、安徽、河南召开妇女工作座谈会,听取各级妇联工作情况并深入农村、城乡社区基层妇女组织、妇女儿童活动中心和妇女干部学校实地考察妇女工作。

11月6日 全国人大副委员长、民盟中央主席蒋树声及黄河下游滩区调研组一行现场考察了黄河小浪底水利枢纽、黄河水量总调度中心和模型黄河基地。

全国人大常委会副委员长、民盟中央主席蒋树声率调研组来豫调研黄河下游滩区综合治理工作。11月5日,河南省委副书记、代省长郭庚茂在郑州看望了蒋树声一行。

11月7日 中国民主促进会中央委员会举办"改革开放三十周年文化事业发展座谈会"。

全国人大常委会副委员长华建敏在全国人大常委会委员、财经委委员吕薇,全国人大常委会财经委委员李卫和省人大常委会副主任郭万清、省长助理梁卫国陪同下,来芜考察企业自主创新和节能产业发展情况。安徽芜湖市委书记陈树隆,市委副书记、市长杨敬农,市人大常委会主任臧国寅陪同考察。

11月8日 全国人大常委会副委员长、全国妇联主席陈至立,全国妇联党组副书记、副主席陈秀榕在河南省人大常委会副主任王菊梅,省妇联主席陈砚秋、副主席李学敏和安阳市领导张笑东、张琼、张锦堂、李发军、代毅君的陪同下,在河南安阳市视察指导工作。

全国人大常委会副委员长、全国妇联主席陈至立,河南省委书记、省人大常委会主任徐光春等领导在郑州出席妇女工作座谈会。

11月9日 第二十届中国"国际科学与和平周"在人民大会堂开幕。全国人大常委会副委员长、农工党中央主席桑国卫出席开幕式并致辞。

由农业部、文化部和安徽省政府共同主办的首届中国农民歌会在大包干发源地安徽滁州举行。全国人大常委会副委员长华建敏宣布开幕,农业部副部长陈晓华出席开幕式并发表了讲话。

11月10日 中国辛亥革命研究会、民革中央孙中山研究会学会换届暨"孙中山与近代中国的开放"学术研讨会在广州开幕。全国人大常委会副委员长、民革中央主席周铁农出席会议并讲话。

11月11日 民进创始人和主要领导人之一,著名社会活动家、生物学家,坚定的统一战线工作者周建人同志诞辰120周年纪念座谈会在全国政协礼堂举行。全国人大常委会副委员长、民进中央主席严隽琪出席会议并讲话。

正在马达加斯加进行正式友好访问的中国全国人大常委会委员长吴邦国当地时间下午在参议院会见了马达加斯加参议长兰德里亚桑德拉特里尼乌尼。

11月12日 全国政协在北京中山公园中山堂举行仪式,纪念中国民主革命的伟大先行者孙中山先生诞辰142周年。

由全国人大常委会预算工委法案室主任刘修文带队的全国人大调研组一行莅同,就建立健全矿产资源有偿使用制度和生态环境补偿机制情况进行调研。

11月13日 新中国成立以来第一部集思想性、史料性、艺术性于一体,以中英文两种版本,全面展示中华民族杰出妇女风采的大型画册《巾帼风采》首发式暨巾帼风采大型图片全国巡回展启动仪式在北京举行。全国人大常委会副委员长、全国妇联主席陈至立,全国政协副主席张榕明出席仪式。

11月14日)"2008年度中国医院突出贡献、优秀院长"表彰大会在京召开,100余名医院院长受到表彰。全国人大常委会副委员长周铁农出席表彰大会。

11月17日 由中国科学技术协会、美国美中绿色能源促进会共同主办的首届"中美绿色能源论坛"在北京开坛,中、美能源专家、清洁技术企业负责人逾五百人出席论坛,以"创新能源技术实践:为我们的未来加油"为主题,共商绿色能源发展大计。全国人大常委会副委员长、中国科协主席韩启德出席论坛并题词。

第四届中国国际安全生产及职业健康展览会在北京开幕。全国人大副委员长陈昌智出席开幕式,宣布展览会开幕并参观展览。

11月18日 第十届海峡两岸(福建漳州)花卉博览会暨二00八年台湾农产品博览会在漳州开幕。来自海峡两岸及海内外五百六十多家企业、一千多个花卉品种在此间登场亮相。中国全国人大副委员长蒋树声、十届全国政协副主席张克辉,中国国民党副秘书长张荣恭、中国国民党中常委廖万隆,国台办主任助理陈元丰等海内外嘉宾、参会企业代表和当地民众共二千人出席了开幕式。

全国人大常委会副委员长、民盟中央主席蒋树声和全国人大常委、农业与农村委员会副主任委员、民盟中央副主席索丽生等一行在福建省厦门市就水生生物资源养护工作进行调研,听取了农业部和有关专家的工作汇报。蒋树声指出,水生生物资源养护不仅是生态工程,更是民生工程,一定要抓得快、抓得紧、抓得好。

11月19日 全国人大常委会副委员长、中国科学院院长路甬祥在南京考察科研院所和科技企业。江苏省人大常委会副主任赵龙陪同考察。

全国人大常委会委员长吴邦国19日下午在人民大会堂会见了斯洛伐克国民议会议长帕什卡。

11月21日 由温州市委、市政府联合主办的温州模式与民营经济创新发展北京论坛在北京人民大会堂举行。温州改革开放30年的见证者、亲历者、参与者以及各界领导、专家学者百余人参加论坛。全国人大常委会副委员长韩启德,全国人大常委会委员刘锡荣,全国人大常委会委员、中国社会科学院副院长陈佳贵,中央政策研究室副主任方立,中国民营经济研究会会长保育均等出席并讲话。

"2008年京台经济科学发展论坛"在北京举行。全国人大常委会副委员长、民革中央主席周铁农,全国政协副主席、台盟中央主席林文漪等出席论坛开幕式。

11月22日 第六届海峡两岸中华传统文化与现代化研讨会在厦门开幕。全国人大常委会副委员长、民进中央主席严隽琪出席会议并讲话,全国政协副主席、民进中央常务副主席罗富和主持开幕式。

第三届中国中小企业家年会在北京人民大会堂隆重开幕。全国人大常委会副委员长陈昌智等领导同志出席开幕式。

11月23日 中共中央政治局委员、全国人大常委会副委员长、中华全国总工会主席王兆国在安徽考察工作时强调,全国广大职工和各级工会干部要坚定信心、凝聚共识,振奋精神、迎接挑战,在扩大内需、促进经济平稳较快增长中充分发挥工人阶级主力军作用。

11月24日 全国人大常委会副委员长司马义·铁力瓦尔地出席了在中央民族大学举行的"纪念麻赫穆德·喀什噶里诞辰一千周年国际学术研讨会"开幕式,并在开幕式前会见了土耳其语言协会会长许克里·哈鲁克·阿卡林等部分与会学者。

11月26日 2008亚洲包装大会在杭召开。大会围绕"包装工业可持续发展"的主题开展交流,共同探讨亚洲包装工业的发展。中共中央政治局常委、全国政协主席贾庆林,全国人大常委会副委员长周铁农,省委书记、省人大常委会主任赵洪祝发来贺信。

11月27日 全国人大常委会副委员长、全国妇联主席陈至立在人民大会堂会见了以马其顿妇联主席萨夫卡·托多罗夫斯卡为团长的马其顿妇女代表团一行。

11月28日 民进中央今天在京举办纪念改革开放30周年座谈会。全国人大常委会副委员长、民进中央主席严隽琪出席会议并讲话。全国政协副主席、民进中央常务副主席罗富和主持座谈会。

11月30日 中国维吾尔古典文学和木卡姆学会在乌鲁木齐市成立。来自全国的100余位专家学者参加了研讨及成立大会。

12月1日 中国民主促进会第十二届中央委员会第二次全体会议在北京开幕。会议的主要任务是:进一步学习贯彻中共十七届三中全会精神,深入学习贯彻科学发展观;听取和审议民进第十二届中央常务委员会工作报告等。全国人大常委会副委员长、民进中央主席严隽琪代表民进第十二届中央常务委员会作了题为《继往开来,科学发展,开创民进工作新局面》的工作报告。

首届"中国法学优秀成果奖"颁奖暨"双百"活动表彰大会今天在北京人民大会堂举行。中共中央政治局常委、中央政法委书记周永康出席会议并讲话。

第五届中国青年女科学家奖在北京揭晓,本届共评选出5名获奖者和5名提名奖获得者。全国人大常委会副委员长、全国妇联主席陈至立出席颁奖仪式。

12月3日 全国人大常委会委员长吴邦国在人民大会堂会见了塔吉克斯坦议会上院议长乌拜杜洛耶夫。

12月4日 九三学社第十二届中央委员会第二次全体会议今天在北京开幕。全国人大常委会副委员长、九三学社中央主席韩启德代表十二届中央常委会作了工作报告。

全国人大常委会副委员长、中华全国总工会主席王兆国在北京人民大会堂亲切会见了以巴乔副总书记为团长的世界工会联合会代表团一行。

12月5日 全国人大常委会副委员长、民盟中央主席蒋树声一行到国家专利产业化(厦门)试点基地,围绕知识产权产业化等问题进行调研。

12月10日 全国人大常委会委员长吴邦国在人民大会堂会见了蒙古国家大呼拉尔主席登贝尔勒。

12月14日 中国农工民主党第十四届中央委员会第二次全体会议在北京举行。全国人大常委会副委员长、农工党中央主席桑国卫代表农工党十四届中央常委会作工作报告。

12月15日 中国民主建国会第九届中央委员会第二次全体会议在京召开。全国人大常委会副委员长、民建中央主席陈昌智代表民建第九届中央常委会作工作报告。

十一届全国人大常委会第十五次委员长会议在北京人民大会堂举行。吴邦国主持召开第十五次委员长会议。

全国人大常委会委员长吴邦国在人民大会堂会见了亚美尼亚国民会议主席阿布拉米扬。

12月17日　全国人大常委会委员长吴邦国在人民大会堂会见了塞拉利昂议长斯特朗。

12月18日　统一战线各界人士纪念中共十一届三中全会召开30周年座谈会在北京召开。会议总结了30年统一战线的成就和经验,研究了改革开放条件下统一战线的发展规律,明确了新世纪新阶段统一战线的发展方向。全国政协副主席、中共中央统战部部长杜青林出席会议并讲话。

12月19日　全国人大法律委、环资委、常委会法工委会同国家发展改革委等国务院有关部门在北京联合召开循环经济促进法座谈会。全国人大常委会副委员长陈至立出席座谈会并讲话。

全国人大常委会委员长吴邦国和国务院总理温家宝在北京分别会见了安哥拉总统多斯桑托斯。

12月20日　第四届中国家庭文化艺术节在北京落下帷幕。全国人大常委会副委员长、全国妇联主席陈至立出席闭幕式并为获奖者颁奖。

"中日青少年友好交流年"闭幕招待会20日晚在人民大会堂举行。中共中央政治局委员、全国人大常委会副委员长王兆国会见了日本前首相福田康夫等代表团主要成员,出席了闭幕招待会并致辞。

12月21日　紧扣年度经济热点展开思想交锋的第七届全国企业文化年会在北京召开,400多位来自大型国有企业、跨国公司和民营企业的企业家代表到会。全国人大常委会副委员长陈昌智出席年会开幕式。

12月22日　全国妇联纪念改革开放30周年座谈会在京举行。全国人大常委会副委员长、全国妇联主席陈至立出席座谈会并讲话,她强调,要以十七大精神为指导,深入贯彻落实科学发展观,坚持以改革开放的精神推动妇女事业又好又快发展,不断开创妇女事业新局面。

全国人大常委会委员长吴邦国和全国政协主席贾庆林在人民大会堂分别会见了印尼地方代表理事会主席吉南亚尔。

12月23日　共青团十六届二中全会在北京召开。会议传达学习了中共中央书记处对共青团工作的重要指示精神。中共中央政治局委员、全国人大常委会副委员长王兆国出席会议并讲话,要求各级团组织以中央精神统一全团思想、凝聚青年力量,为推动科学发展、促进社会和谐多作贡献。

12月26日　全国人大常委会表决通过了关于批准《上海合作组织成员国关于举行联合军事演习的协定》的决定,批准了这个协定。

12月27日　"与改革开放同行——大亚湾核电站30周年"座谈会在深圳召开。中共中央政治局常委、全国人大常委会委员长吴邦国为大亚湾核电站建设30年作出批示,强调要认真总结大亚湾核电站等核电建设发展经验,抓住机遇,发挥优势,为实现我国核电的跨越式发展作出新的更大的贡献。

12月28日　浙江文化研究工程重点项目、浙江大学出版社负责出版的大型典籍——《宋画全集》首批8册图册面世。路甬祥等出席

12月29日　中国中医科学院院长曹洪欣在中华国际医学交流基金会、中国民族卫生协会主办的"第三届中医药发展论坛"上指出,目前中医药创新发展面临的4个主要问题是:基于临床实践的中医药理论创新能力有待提高;蕴藏于古医籍中的中医药知识、方法、技术有待挖掘、整理、升华;中医药与现代科技有待进一步融合;中医药诊疗技术有待进一步开发和推广。

12月31日　中国科学院上海浦东科技园暨新技术基地建设开工仪式举行。中共中央政治局委员、市委书记俞正声,全国人大常委会副委员长、中国科学院院长路甬祥出席并共同启动开工装置。国家发展改革委发来贺信。

2009年

1月1日　全国人大常委会副委员长、民建中央主席陈昌智来到重庆,代表民建中央看望和慰问金融危机下艰难过冬的民建企业家,听取应对金融危机的意见和建议。

1 月 2 日 民盟北京大学委员会在北京大学英杰交流中心举办了第三届“北大民盟高教论坛——大学精神”研讨会。全国人大常委会副委员长、民盟中央主席蒋树声出席会议并讲话。

1 月 3 日 全国人大常委会副委员长、全国妇联主席陈至立在福建、四川开展送温暖活动并召开妇女工作座谈会。

1 月 6 日 2009 年中国科学院院士新春团拜会在北京人民大会堂举行。

1 月 7 日 中国侨联七届六次全委会议在北京召开。

2009 年“世界杰出华人勋章”评选在北京钓鱼台国宾馆揭幕，包括中国民族博物馆研究员、中国民族书画研究院副院长程志刚、盈科集团主席李泽楷、中远集团总裁魏家福等各界知名人士荣获这一殊荣。全国人大常委会副委员长陈昌智在颁奖仪式上发言。

1 月 8 日 全国人大常委会副委员长乌云其木格在北京会见了哥伦比亚国会主席兼参议长安德拉德一行。

1 月 9 日 全国人大常委会副委员长、民建中央主席陈昌智在川视察。

全国人大常委会委员长吴邦国在人民大会堂会见了哥伦比亚国会主席兼参议长安德拉德。

1 月 10 日 中国民主同盟海南省委员会今天上午在海口隆重集会，热烈庆祝成立 20 周年。

1 月 11 日 2008 中国农业十大新闻暨第八届全国农村基层干部十大新闻人物揭晓仪式在北京人民大会堂举行。全国人大常委会副委员长乌云其木格出席仪式并讲话。

1 月 12 日 全国政协副主席、科技部部长万钢主持召开座谈会，专题研究应对金融危机加快重大专项实施工作。全国人大副委员长桑国卫、工业和信息化部副部长娄勤俭，发展改革委高技术司、财政部教科文司有关负责同志，民口 9 个重大专项实施管理办公室主任、总体组技术总师参加了会议。

中国科协第七届全国委员会第四次会议在京开幕。中共中央政治局委员、全国人大常委会副委员长王兆国出席会议并讲话。他强调，各级科协和广大科技工作者要坚定信心、迎难而上，发挥专业优势、立足科协特色，为实现经济平稳较快发展提供强有力的科技支撑。

1 月 13 日 “中国科学院第十届科星新闻奖”颁奖大会在京举行。全国人大常委会副委员长、中国科学院院长路甬祥，院党组副书记方新，中国科协副主席赵忠贤，中科院副秘书长曹效业，以及首都中央新闻媒体的有关领导出席大会并为获奖人颁奖。

全国人大常委会委员长吴邦国在人民大会堂会见了会长多诺霍率领的美国商会代表团。

1 月 14 日 全国人大常委会副委员长、秘书长李建国在深圳视察调研人大工作。

1 月 15 日 全国人大常委会副委员长、民建中央主席陈昌智在四川视察，他强调，提高自主创新能力，建设创新型国家，需要资本市场对创新型企业发展的大力支持，形成以资本为纽带引导和支持生产要素向创新型企业集聚的有效机制。

1 月 16 日 第六届中华人口奖颁奖仪式在北京举行，12 位对我国人口和计划生育事业做出突出贡献的人士获奖。华建敏等出席了颁奖仪式。

国家发展和改革委员会、全国人大环境与资源保护委员会、环境保护部联合主办的学习“循环经济促进法”电视大赛日前结束，人民大会堂举行了颁奖仪式。全国人大常委会副委员长陈至立出席颁奖仪式。

1 月 17 日 浙江大学举行“名誉校长刘丹百年诞辰纪念会”，纪念这位为浙江大学乃至浙江省和全国的高等教育事业作出重要贡献的教育家。全国人大常委会副委员长、中国科学院院长路甬祥为刘丹铜像揭幕并讲话。

全国人大华侨委员会、国务院侨务办公室、全国政协港澳台侨委员会、中国致公党中央委员会、中华全国归国华侨联合会在北京举行 2009 年首都侨界新春茶话会。国务委员戴秉国出席并讲话。

1 月 19 日 国务院参事、中央文史研究馆馆员 2009 年迎春招待会在北京举行，全国人大常委会副委员长周铁农，国务委员兼国务院秘书长马凯，全国政协副主席、中央统战部部长杜青林、全国政协副主席白立忱出席招待会，与参事、馆员欢聚一堂，喜迎新春。马凯在招待会上致辞。

1 月 20 日 中国法学会第六次全国会员代表大会在北京人民大会堂开幕。党和国家领导人胡锦涛、吴邦国、温家宝、习近平出席大会，周永康代表党中央、国务院致祝词。

全国人大常委会副委员长、中科院院长路甬祥在院机关和北京分院有关领导的陪同下，调研了中科院遗传与发育研究所。

1月21日　民革中央在北京举行了2009年迎春茶话会，全国人大常委会副委员长、民革中央主席周铁农出席，民革中央副主席齐续春主持，国务院台湾事务办公室常务副主任、中共中央统战部副部长楼志豪等有关领导同志出席茶话会。

1月31日　浙江省就组织了省委理论学习中心组“浙江论坛”2009年的第一场专题报告会，全国人大常委会副委员长、中国科学院院长路甬祥应邀在论坛上作了“创新应对危机，创新迎接挑战”的专题报告。路甬祥的报告引起与会同志的强烈共鸣，创新、人才和学习成为浙江节后第一课的关键词。

2月1日　全国人大常委会副委员长、全国妇联主席陈至立在福建厦门分别召开女村支书、女村委会主任座谈会及妇幼保健专家座谈会。她强调，各级妇联组织要深入学习贯彻胡锦涛总书记同全国妇联新一届领导班子成员和中国妇女十大部分代表座谈的重要讲话精神，围绕中心，服务大局，开展工作，从广大妇女最关心、最迫切需要解决的问题入手，出实招，办实事，见实效，使广大妇女获得真正实惠、普遍实惠和长期实惠。

2月2日　全国人大常委会副委员长乌云其木格到粤海铁路轮渡视察，并对粤海铁路和轮渡的全体员工表示慰问。

2月5日　中共中央政治局常委、全国人大常委会委员长吴邦国近日在浙江调研时强调，要坚持以科学发展观为指导，认真贯彻落实中央经济工作会议精神，在结合实际狠抓落实上下功夫，把解决当前困难与长远发展结合起来，在保持经济平稳较快发展的同时，大力推进经济发展方式转变、结构调整和产业升级，着力保障和改善民生，促进社会和谐稳定。

2月7日　第二届张培刚发展经济学研究优秀成果奖颁奖典礼暨中国经济发展论坛在京举行。谭崇台、吴敬琏、刘遵义、蔡昉、姚洋、胡必亮等6位学者因专著或论文获“张培刚发展经济学研究优秀成果奖”。

2月8日　中国非物质文化遗产传统技艺大展系列活动在北京开幕。活动由文化部和发展改革委等14个非物质文化遗产保护工作部际联席会议成员单位及北京市人民政府共同举办，全国人大常委会副委员长司马义·铁力瓦尔地、全国政协副主席白立忱出席了的开幕式。

2月9日　中共中央政治局常委、全国人大常委会委员长吴邦国在浙江调研。他强调要坚持以科学发展观为指导，认真贯彻落实中央经济工作会议精神，在结合实际狠抓落实上下功夫，把解决当前困难与长远发展结合起来，在保持经济平稳较快发展的同时，大力推进经济发展方式转变、结构调整和产业升级，着力保障和改善民生，促进社会和谐稳定。

2月10日　中央综治委学校及周边治安综合治理工作领导小组2009年第一次全体会议在北京召开。会议提出，要充分利用社会治安综合治理的大平台，发挥体制和机制优势，把学校及周边治安综合治理工作提高到一个新水平，努力创造师生满意的、良好的治安环境。全国人大常委会副委员长、中央综治委副主任李建国出席会议并讲话。

全国人大常委会副委员长司马义·铁力瓦尔地在人民大会堂会见了以主席卡齐·侯赛因·艾哈迈德为团长的巴基斯坦伊斯兰促进会代表团。双方就中巴关系等共同关心的问题交换了意见。

2月14日　中共中央政治局常委、国务院总理温家宝在中共中央政治局委员、天津市委书记张高丽，天津市市长黄兴国等陪同下在天津就经济运行情况进行调查研究。

2月15日　全国人大常委会副委员长、民进中央主席严隽琪在海南考察，同民进海南省委领导班子成员、各市县主委进行座谈。

2月16日　全国人大常委会副委员长、全国妇联主席陈至立在全国妇女“巾帼建功”活动领导小组第十八次会议上强调，要围绕着党和国家的工作大局，以科学发展观为指导，充分发挥“巾帼建功”活动引领广大妇女创业就业的作用，为国家经济社会平稳较快发展作出更大贡献。

2月17日　十一届全国人大常委会第十八次委员长会议17日上午在人民大会堂举行。

2月18日　全国人大常委会副委员长、民进中央主席严隽琪一行在海南省三亚市召开教育综合改革现场座谈会，并视察海南大学三亚学院。

全国人大常委会委员长吴邦国在人民大会堂会见了智利众议长恩西纳。

2月19日　专程来白银市参加全国秸秆生物反应堆技术白银示范推广会的全国人大常委会副委员长、民革中央主席周铁农到靖远县视察了秸秆生物反应堆技术的示范推广。

2月24日　全总第五届女职工委员会第一次会议在京召开。中共中央政治局委员、全国人大常委会副委员长、中华全国总工会主席王兆国会见了全体与会代表并合影。

2月25日　十一届全国人大常委会第七次会议在人民大会堂举行第一次全体会议。吴邦国委员长主持会议。

2月26日　设在北京西长安街北侧梅地亚中心(北京复兴路乙11号)的全国两会新闻中心正式启动,中心工作人员开始接待和安排中外记者采访会议。

全国妇联纪念"三八"国际劳动妇女节99周年暨表彰大会在北京人民大会堂举行。

2月27日　十一届全国人大常委会第七次会议分组审议常委会工作报告稿。吴邦国委员长参加审议。

2月28日　十一届全国人大常委会第七次会议在完成各项议程后,在人民大会堂闭幕。会议经表决,通过了食品安全法、刑法修正案(七)和修订后的保险法,国家主席胡锦涛分别签署第9号、第10号、第11号主席令予以公布。吴邦国委员长主持会议。

3月1日　中科院在京召开了"国际金融危机发生发展态势、对我国经济社会发展的影响及相关对策建议"座谈会。会议由全国人大常委会副委员长、中国科学院院长路甬祥主持,中国科学院党组副书记方新、副秘书长曹效业、规划战略局局长潘教峰,数学与系统科学研究院、地理科学与资源研究所、心理研究所、自然科学史研究所、科技政策与管理科学研究所、研究生院等单位的17位专家出席了会议。

3月2日　最高人民法院和全国妇联联合召开表彰大会,表彰法院系统全国巾帼文明岗、巾帼建功标兵和优秀女法官。

中央社会主义学院2009年春季开学典礼在北京举行。全国人大常委会副委员长、民进中央主席、中央社会主义学院院长严隽琪,全国政协副主席、中央统战部部长杜青林出席开学典礼并发表讲话。

3月3日　全面展示河南农民工形象的"河南农民工风采展"今天在北京全国农业展览馆开幕。中共中央政治局委员、全国人大常委会副委员长、中华全国总工会主席王兆国,全国政协副主席郑万通出席开幕式并参观展览。

3月4日　中共中央、全国人大常委会、国务院领导同志,分别在十一届全国人大二次会议的有关代表团,与代表一起审议温家宝总理的政府工作报告。

十一届全国人大二次会议主席团在人民大会堂举行第一次会议。全国人大常委会委员长吴邦国主持会议。

3月5日　中共中央政治局常委、全国人大常委会委员长吴邦国,中共中央政治局常委、国务院总理温家宝,中共中央政治局常委、全国政协主席贾庆林,中共中央政治局常委李长春,中共中央政治局常委、国家副主席习近平,中共中央政治局常委、国务院副总理李克强,中共中央政治局常委、中央纪委书记贺国强,中共中央政治局常委、中央政法委书记周永康,分别参加了十一届全国人大二次会议和全国政协十一届二次会议一些团组的审议和讨论。

第十一届全国人民代表大会第二次会议在人民大会堂开幕。国务院总理温家宝向大会作政府工作报告时指出,综观国际国内形势,我国仍处于重要战略机遇期。

3月6日　中华全国妇女联合会在北京人民大会堂举行中外妇女招待会,庆祝"三八"国际劳动妇女节99周年。

3月9日　全国人大常委会委员长吴邦国在十一届全国人大二次会议第二次全体会议上受常委会委托向大会作全国人民代表大会常务委员会工作报告。

3月12日　孙中山先生逝世84周年纪念仪式在北京举行。首都各界人士会聚中山公园中山堂,缅怀这位伟大的民主革命先行者。

3月13日　中国全国人大外事委员会负责人就欧洲议会通过涉藏决议发表谈话,对欧洲议会通过涉藏决议表示强烈愤慨和反对。

中国科学院、浙江省人民政府、宁波市人民政府三方共同签署备忘录,决定实施中科院宁波材料所二期项目,共同在宁波建设长三角首个国家级产业技术研究院——宁波工业技术研究院。

3月14日　全国人大常委会副委员长、民进中央主席严隽琪考察了国家统计局,并就统计工作发表重要讲话。

3月17日　2009中华环保世纪行宣传活动启动仪式在京举行,全国人大常委会副委员长陈至立出席并宣布活动启动。

3 月 18 日　中国女医师协会五洲女子科技奖颁奖会在人民大会堂举行。全国人大常委会副委员长、全国妇联主席陈至立、全国人大常委会副委员长周铁农为获奖者颁奖。

3 月 19 日　全国人大常委会副委员长、全国妇联主席陈至立,全国妇联副主席洪天慧等一行到广东调研妇女工作。省政协副主席、省妇联主席温兰子向陈至立汇报了广东省妇联的近期工作。

3 月 20 日　全国人大常委会副委员长陈至立率调研组对佛山市大气污染防治工作情况进行调研。

中国科学院党风廉政建设工作会议在北京召开。全国人大常委会副委员长、中国科学院党组书记、院长路甬祥出席会议并作重要讲话,中国科学院党组副书记方新作了中国科学院党风廉政建设工作报告。

3 月 21 日　全国人大常委会副委员长、九三学社中央主席韩启德深入南阳市,对南水北调中线水源保护工作进行专题视察。

全国人大常委会副委员长陈至立,全国人大常委会委员、环资委主任委员汪光焘,全国人大常委会环资委委员张洪飙,全国妇联副主席洪天慧等一行前往珠海发电厂调研、考察珠海大气污染防治工作情况。

3 月 23 日　全国总工会举办的新进全总十五届执委和经审委委员培训班在北京开班。中共中央政治局委员、全国人大常委会副委员长、中华全国总工会主席王兆国会见了培训班全体学员并即席讲话。

3 月 24 日　全国人大常委会副委员长华建敏来江苏徐州考察。

中科院创新文化建设十周年总结交流大会在湖北武汉召开。

全国人大常委会副委员长、民进中央主席严隽琪在人民大会堂会见了中共北京市委常委、北京市委统战部部长牛有成。

3 月 25 日　民盟中央邀请参加中央社会主义学院第二十一期民主党派干部进修班、培训班的 20 名盟员到盟中央机关座谈。

3 月 26 日　全国人大常委会副委员长、全国妇联主席陈至立参观考察天津市妇女创业中心。

3 月 27 日　纪念西藏百万农奴解放 50 周年座谈会在北京人民大会堂举行。中共中央政治局常委、全国政协主席贾庆林出席并讲话。

全国人大常委会副委员长华建敏在省人大常委会副主任李全林,市领导范燕青、王伟成等陪同下深入我市高新技术企业、常州科教城等地调研考察,了解当前经济运行情况,与干部职工共商积极应对国际金融危机带来的挑战,全力推动经济又好又快发展之策。

3 月 28 日　第五届国际智能、绿色建筑与建筑节能大会暨新技术与产品博览会在北京国际会议中心开幕。全国人大常委会副委员长、九三学社中央主席韩启德出席开幕会并讲话。

3 月 29 日　己丑年黄帝故里拜祖大典在河南省新郑市举行。全国人大常委会副委员长周铁农、全国政协副主席陈宗兴、十届全国政协副主席罗豪才出席拜祖大典。

3 月 30 日　全国人大常委会副委员长韩启德在人民大会堂会见了来访的韩国青年政治家代表团一行,双方就中韩关系等问题交换了看法。

3 月 31 日　全国人大常委会副委员长华建敏在江苏视察调研时强调,要沉着应变,积极应战,加快形成又好又快发展的长效机制,在应对国际金融危机中交出出色的答卷。

全国人大常委会副委员长、九三学社中央主席韩启德在九三学社中央机关会见了中共北京市委常委、统战部部长牛有成一行。九三学社中央常务副主席陈抗甫,九三学社中央副主席邵鸿、赖明参加会见。

4 月 1 日　石家庄召开全国推动农村妇女参与村民自治实践经验交流会。全国人大常委会副委员长、全国妇联主席陈至立出席会议并讲话。

4 月 2 日　全国人大常委会副委员长、全国妇联主席陈至立,全国妇联党组书记、副主席、书记处第一书记黄晴宜等一行今天到北京调研妇女工作。

4 月 3 日　中共中央政治局常委、全国人大常委会委员长吴邦国在湖北省调研。

4 月 5 日　第十三届中国东西部合作与投资贸易洽谈会在曲江国际会展中心隆重开幕,全国人大常委会副委员长周铁农,全国政协副主席、全国工商联主席黄孟复等国家领导人,中央和国家机关有关部委、31 个省市区和新疆生产建设兵团的领导代表和台港澳贵宾,以及来自捷克、印度尼西亚、荷兰等 44 个国家和地区的海外嘉宾出席开幕式。中国国民党荣誉主席连战应邀出席。

4月6日　全国人大常委会副委员长、农工党中央主席桑国卫在省政协副主席、农工党江苏省委主委周健民的陪同下，前来无锡市调研基层医疗服务体系和医疗器械生产企业情况。市领导毛小平、周解清、许卫国、曹锡荣分别陪同。

4月8日　全国妇联今天隆重举行纪念中华全国妇女联合会成立60周年座谈会。全国人大常委会副委员长、全国妇联主席陈至立出席并强调，在新的历史时期，全国妇联要深入贯彻落实科学发展观，扎实工作，开拓进取，努力推动妇女事业再上新的台阶。

2009中国·岐山周文化艺术节暨己丑年公祭元圣周公大典在周公故里——陕西省岐山县周公庙广场举行。全国人大常委会副委员长、民革中央主席周铁农出席了艺术节的开幕式并参加公祭周公大典。

4月9日　全国人大常委会副委员长陈昌智在省人大常委会副主任赵龙的陪同下在江阴考察，了解企业和乡镇在新的经济形势下发展的情况。市领导周解清、麻建国、华博雅等分别陪同。

4月14日　全国人大内务司法委员会副主任委员刘振华一行，在湖北省人大常委会副主任蒋大国的陪同下，就襄樊市贯彻落实妇女权益保障法情况进行专题调研。襄樊市领导高全明、徐建初、李跃华及相关部门负责人参加情况汇报会。

4月20日　十一届全国人大常委会第八次会议在人民大会堂开始举行。吴邦国委员长主持今天上午的全体会议。通过本次会议议程后，会议先后听取了全国人大法律委员会副主任委员乔晓阳作的关于邮政法修订草案修改情况的汇报，全国人大法律委员会副主任委员李重庵作的关于农村土地承包经营纠纷仲裁法草案修改情况的汇报。

十一届全国人大常委会第八次会议在此间开幕，《人民武装警察法（草案）》首次提交本次人大常委会审议。草案规定：人民武装警察在执行安全保卫任务，应当依法履行相应的义务，应当服从命令，听从指挥，不得滥用职权，玩忽职守。

5月14日　吴邦国与俄联邦委员会主席举行会谈出席中国全国人大与俄联邦委员会合作委员会第三次会议。

5月15日　吴邦国与俄国家杜马主席会谈共同出席中国全国人大与俄国家杜马合作委员会第三次会议。

全国人大常委会副委员长、中国科学院院长路甬祥一行赴深圳，参观考察了研祥集团等高新技术企业。路甬祥勉励高新技术企业继续努力，加大自主创新，向世界展示中国科技的魅力。

在奥地利进行正式友好访问的全国人大常委会委员长吴邦国在总统府会见奥地利总统菲舍尔。

5月17日　全国人大副委员长、农工民主党中央主席桑国卫在农工党广东省委主委王宁生，中共惠州市委副书记陈仕其、市人大常委会副主任杨有义、市政协副主席林惠纯、刘冠贤的陪同下，专程来到三栋镇鹿颈村参观考察中国民主革命家、中国农工民主党创始人邓演达的故居，受到邓演达家乡人民的欢迎。

5月24日　全国人大常委会副委员长司马义·铁力瓦尔地在青海考察调研。

5月25日　全国人大常委会副委员长司马义·铁力瓦尔地近日在甘肃省考察调研时强调，深入学习实践科学发展观，紧紧围绕党中央、国务院保增长、保民生、保稳定的总体要求，结合甘肃实际，扎实做好各项工作，维护好社会的和谐稳定，保持好经济平稳较快发展的良好势头。

民进中央“新形势下我国农村教育综合改革”江西调研座谈会在南昌举行。全国人大常委会副委员长、民进中央主席严隽琪出席会议并讲话。

5月26日　中华全国总工会、中共中央党校、人民日报社和求是杂志社在京联合召开“坚定不移地走中国特色社会主义工会发展道路理论与实践”研讨会。中共中央政治局委员、全国人大常委会副委员长、中华全国总工会主席王兆国出席研讨会并讲话，王兆国指出，各级工会组织和广大工会干部要深入学习贯彻党中央重要指示精神，以创新的精神、扎实的工作，努力使中国特色社会主义工会发展道路越走越宽广。

5月27日　全国人大常委会畜牧法执法检查和农田水利建设专题调研组第一次全体会议在北京人民大会堂举行。全国人大常委会副委员长司马义·铁力瓦尔地、严隽琪出席会议。

食品安全法经十一届全国人大常委会第七次会议通过，将于2009年6月1日起实施。全国人大常委会副委员长华建敏27日强调，食品安全事关人民群众身体健康和生命安全、事关社会稳定和国家声誉，要全面推进食品安全法的贯彻实施。全国人大教科文卫委员会、全国人大常委会法制工作委员会、国务院法制办、卫生部联合举行贯彻实施食品安全法座谈会。

全国人大常委会畜牧法执法检查和农田水利建设专题调研组第一次全体会议在北京人民大会堂举行。全国人大常委会副委员长司马义·铁力瓦尔地、严隽琪出席会议。

"科学与中国"院士专家巡讲团纪念达尔文诞辰200周年专题报告会在中国科学院研究生院礼堂隆重举行。全国人大常委会副委员长、中国科学院院长路甬祥院士应邀作题为"纪念达尔文"的专题报告。报告会由中国科学院副秘书长、中科院研究生院常务副院长王恩哥院士主持。

5月28日 河南省与中科院"高产高效现代农业示范工程"项目合作座谈会在郑州举行。会议就加强院省合作,推进河南现代农业的快速发展,加快国家粮食战略工程河南核心区建设等进行了座谈。全国人大常委会副委员长、中国科学院院长路甬祥,省委副书记、省长郭庚茂出席会议并作重要讲话。

5月30日 中国国民党革命委员会第十一届中央常务委员会第七次会议在武昌东湖宾馆召开。全国人大常委会副委员长、民革中央主席周铁农出席会议,全国政协副主席、民革中央常务副主席厉无畏主持开幕式。

5月31日 第二届"中国环境与健康宣传周"启动仪式暨"大气环境与健康"高峰论坛开幕式在北京人民大会堂举行。中国农工民主党中央主席桑国卫出席仪式并讲话。

全国人大常委会副委员长、全国妇联主席陈至立来到奋斗小学与儿童一起欢度节日,并启动2009年全国家庭道德教育宣传实践月活动。

6月3日 由全国人大常委会副委员长司马义·铁力瓦尔地率领的检查调研组抵郑州,专题检查《畜牧法》实施情况,并针对农田水利建设情况展开调研。

6月4日 民盟中央与上海社科院签署合作协议书,成立合作研究中心,探索党盟合作的新举措、新实践。全国人大常委会副委员长、民盟中央主席蒋树声,民盟中央副主席张圣坤,市人大常委会副主任、民盟上海市委主委郑惠强,上海社科院党委书记、院长王荣华出席签约仪式。

6月5日 由全国妇联与品牌中国产业联盟联合主办的2009品牌中国女性高峰论坛在北京开幕,全国人大常委会副委员长、全国妇联主席陈至立发表书面致辞。

6月6日 交通运输部唯一所属院校大连海事大学迎来建校百年庆典,全国人大常委会副委员长陈至立参加庆典仪式,为大连海事大学百年校庆纪念雕塑揭幕,并为"新百年、新海大、新征程"启航鸣响汽笛。

第十七届中国昆明进出口商品交易会、第二届南亚国家商品展在云南省昆明市国际会展中心开幕。全国人大常委会副委员长蒋树声出席开幕仪式并宣布开幕。老挝常务副总理宋沙瓦·凌沙瓦出席开幕仪式。

6月7日 民建九届七次中常会在京召开。会议审议通过了《民建中央关于加强中央专门委员会工作的意见》以及其他事项。全国人大常委会副委员长、民建中央主席陈昌智,全国政协副主席、民建中央第一副主席张榕明出席会议。

6月8日 全国人大常委会副委员长司马义·铁力瓦尔地在河北省考察。他指出,河北作为农业大省一定要继续切实贯彻畜牧法,加大畜牧业发展力度,解决农田水利建设中存在的突出问题,把农田水利建设提高到一个新水平。

6月9日 全国人大常委会副委员长、全国妇联主席陈至立日前在辽宁考察妇女工作并召开座谈会。

6月10日 全国人大常委会副委员长、中国国际交流协会会长周铁农在人民大会堂会见了意大利议会"中国之友"协会主席梅纳尔迪率领的代表团。

6月11日 全国人大常委会副委员长、农工党中央主席桑国卫,全国政协副主席、农工党中央常务副主席陈宗兴率农工党中央调研组赴怀柔区、延庆县就北京市新农村建设情况开展调研。

全国人大常委会副委员长路甬祥在人民大会堂会见了来访的美国夏威夷第六十届水仙花代表团。

全国人大常委会副委员长,中俄友好、和平与发展委员会中方主席华建敏在人民大会堂会见了到访的俄罗斯联邦委员会副主席尼古拉耶夫一行。代表团是应中国国际友好联络会邀请来华访问的。

6月16日 "基诺族·跨越发展30年"北京系列活动之基诺族三十年跨越发展座谈会在京召开,全国人大常委会副委员长司马义·铁力瓦尔地出席并讲话。

全国人大常委会副委员长、民进中央主席严隽琪在第四届海峡两岸企业发展与合作论坛闭幕式上说,海峡两岸关系的良好发展给两岸同胞带来了实实在在的利益。

民革中央学习贯彻科学发展观辅导讲座于在民革北京市委会首次开讲。民革中央主席周铁农向民革北京市委会各级领导班子成员和中青年骨干党员近300人作了学习贯彻科学发展观的专题辅导报告。

全国人大常委会副委员长、民进中央主席严隽琪在唐山市考察。

6月17日 全国人大常委会副委员长蒋树声离开北京,作为中国国家主席胡锦涛的特使前往乌兰巴托出席蒙古国总统查黑亚·额勒贝格道尔吉的就职典礼。

6月18日 全国人大常委会委员长吴邦国在人民大会堂与汤加、密克罗尼西亚联邦、斐济、纽埃等太平洋岛国议会代表团举行会谈。双方在热烈、友好的气氛中就中国与太平洋岛国关系、议会交往及其他共同关心的重大问题深入交换了意见,达成广泛共识。

全国人大常委会委员长吴邦国在人民大会堂会见了格林纳达总理托马斯。

6月19日 “明天会更好——纪念汶川地震一周年慈善爱心书画艺术交流展暨书画交流创作笔会”今天上午在北京首都博物馆举行。十一届全国人大常委会副委员长周铁农,十届全国人大常委会副委员长何鲁丽、顾秀莲等参加。

中共中央政治局委员、全国人大常委会副委员长、中华全国总工会主席王兆国在河北考察工作时强调,要凝聚智慧力量,激发创造活力,在保增长促发展中充分发挥广大职工主力军作用。

6月21日 由中国生物工程学会、吉林省人民政府等共同主办的第三届中国生物产业大会在长春开幕。全国人大常委会副委员长桑国卫、吉林省省长韩长赋等出席开幕式。开幕式由中国科学院副院长李家洋主持。

6月22日 十一届全国人大常委会第九次会议在人民大会堂开始举行。吴邦国委员长主持今天下午的全体会议。

中共中央政治局委员、全国人大常委会副委员长、中华全国总工会主席王兆国在会见中国金融工会第三届全国委员会新一届领导班子成员时强调,金融工会要团结动员金融系统广大职工,为服务金融业改革发展、服务党和国家工作大局作出更大贡献。

6月23日 民政部在京召开“全国性行业协会商会评估授牌大会”,全国人大常委会副委员长周铁农、全国政协副主席白立忱等出席会议,并向获得3A以上评估等级的84家全国性行业协会商会颁发了牌匾。

6月27日 中共中央政治局常委、全国人大常委会委员长吴邦国在十一届全国人大常委会第九次会议闭幕会上强调,今明两年是形成中国特色社会主义法律体系的关键时期,立法工作的任务艰巨而繁重。要进一步加强和改进立法工作,确保到2010年形成中国特色社会主义法律体系。

6月30日 《中国妇女》杂志创刊70周年纪念会30日在京召开,全国人大常委会副委员长、全国妇联主席陈至立出席并讲话。

中国青年创业就业基金会成立仪式在人民大会堂举行。中共中央政治局委员、全国人大常委会副委员长王兆国会见了中国青年创业就业基金会23家原始基金发起人代表,并出席启动仪式为代表们颁发了捐赠证书。

重要文件、公报

中共中央、国务院关于2009年
促进农业稳定发展农民持续增收的若干意见

党的十七届三中全会从中国特色社会主义事业总体布局和全面建设小康社会战略全局出发，描绘了我国农村全面小康建设的宏伟蓝图，制定了新形势下推进农村改革发展的行动纲领。各地区各部门要认真学习、深刻领会全会精神，坚定不移推进社会主义新农村建设，坚定不移走中国特色农业现代化道路，坚定不移加快形成城乡经济社会发展一体化新格局，切实把《中共中央关于推进农村改革发展若干重大问题的决定》提出的大政方针落到实处。

2008年，各地区各部门认真贯彻中央决策部署，战胜了重大自然灾害，克服了多种困难风险，农业农村继续保持良好发展局面。农业生产再获丰收，粮食总产再创新高，农民收入较快增长，农村公共事业加速发展，农村党群干群关系继续改善。农业农村的好形势，为党和国家成功办好大事、妥善应对难事奠定了坚实基础，为保持经济平稳较快发展、维护社会和谐稳定作出了重大贡献。

当前，国际金融危机持续蔓延、世界经济增长明显减速，对我国经济的负面影响日益加深，对农业农村发展的冲击不断显现。2009年可能是新世纪以来我国经济发展最为困难的一年，也是巩固发展农业农村好形势极为艰巨的一年。在农业连续5年增产的高基数上，保持粮食稳定发展的任务更加繁重；在国内外资源性产品价格普遍下行的态势中，保持农产品价格合理水平的难度更加凸显；在全社会高度关注食品质量安全的氛围里，保持农产品质量进一步提升和规避经营风险的要求更加迫切；在当前农民工就业形势严峻的情况下，保持农民收入较快增长的制约更加突出。必须切实增强危机意识，充分估计困难，紧紧抓住机遇，果断采取措施，坚决防止粮食生产滑坡，坚决防止农民收入徘徊，确保农业稳定发展，确保农村社会安定。

做好2009年农业农村工作，具有特殊重要的意义。扩大国内需求，最大潜力在农村；实现经济平稳较快发展，基础支撑在农业；保障和改善民生，重点难点在农民。2009年农业农村工作的总体要求是：全面贯彻党的十七大、十七届三中全会和中央经济工作会议精神，高举中国特色社会主义伟大旗帜，以邓小平理论和“三个代表”重要思想为指导，深入贯彻落实科学发展观，把保持农业农村经济平稳较快发展作为首要任务，围绕稳粮、增收、强基础、重民生，进一步强化惠农政策，增强科技支撑，加大投入力度，优化产业结构，推进改革创新，千方百计保证国家粮食安全和主要农产品有效供给，千方百计促进农民收入持续增长，为经济社会又好又快发展继续提供有力保障。

一、加大对农业的支持保护力度

1. 进一步增加农业农村投入。扩大内需、实施积极财政政策，要把“三农”作为投入重点。大幅度增加国家对农村基础设施建设和社会事业发展的投入，提高预算内固定资产投资用于农业农村的比重，新增国债使用向“三农”倾斜。大幅度提高政府土地出让收益、耕地占用税新增收入用于农业的比例，耕地占用税税率提高后新增收入全部用于农业，土地出让收入重点支持农业土地开发和农村基础设施建设。大幅度增加对中西部地区农村公益性建设项目的投入，2009年起国家在中西部地区安排的病险水库除险加固、生态建设、农村饮水安全、大中型灌区配套改造等公益性建设项目，取消县及县以下资金配套。城市维护建设税新增部分主要用于乡村建设规划、农村基础设施建设和维护。有条件的地方可成立政策性农业投资公司和农业产业发展基金。

2. 较大幅度增加农业补贴。2009年要在上年较大幅度增加补贴的基础上，进一步增加补贴资金。增加对种粮农民直接补贴。加大良种补贴力度，提高补贴标准，实现水稻、小麦、玉米、棉花全覆盖，扩大油菜和大豆良种补贴范围。大规模增加农机具购置补贴，将先进适用、技术成熟、安全可靠、节能环保、服务到位的农机具纳入补贴目录，补贴范围覆盖全国所有农牧业县（场），带动农机普及应用和农机工业发展。加大农资综合补贴力度，完善补贴动态调整机制，加强农业生产成本收益监测，根据农资价格上涨幅度和农

作物实际播种面积,及时增加补贴。按照目标清晰、简便高效、有利于鼓励粮食生产的要求,完善农业补贴办法。根据新增农业补贴的实际情况,逐步加大对专业大户、家庭农场种粮补贴力度。

3. 保持农产品价格合理水平。密切跟踪国内外农产品市场变化,适时加强政府调控,灵活运用多种手段,努力避免农产品价格下行,防止谷贱伤农,保障农业经营收入稳定增长。2009 年继续提高粮食最低收购价。扩大国家粮食、棉花、食用植物油、猪肉储备,2009 年地方粮油储备要按规定规模全部落实到位,适时启动主要农产品临时收储,鼓励企业增加商业收储。加强"北粮南运"、新疆棉花外运协调,继续实行相关运费补贴和减免政策,支持销区企业到产区采购。把握好主要农产品进出口时机和节奏,支持优势农产品出口,防止部分品种过度进口冲击国内市场。

4. 增强农村金融服务能力。抓紧制定鼓励县域内银行业金融机构新吸收的存款主要用于当地发放贷款的实施办法,建立独立考核机制。在加强监管、防范风险的前提下,加快发展多种形式新型农村金融组织和以服务农村为主的地区性中小银行。鼓励和支持金融机构创新农村金融产品和金融服务,大力发展小额信贷和微型金融服务,农村微小型金融组织可通过多种方式从金融机构融入资金。积极扩大农村消费信贷市场。依法开展权属清晰、风险可控的大型农用生产设备、林权、四荒地使用权等抵押贷款和应收账款、仓单、可转让股权、专利权、商标专用权等权利质押贷款。抓紧出台对涉农贷款定向实行税收减免和费用补贴、政策性金融对农业中长期信贷支持、农民专业合作社开展信用合作试点的具体办法。放宽金融机构对涉农贷款的呆账核销条件。加快发展政策性农业保险,扩大试点范围、增加险种,加大中央财政对中西部地区保费补贴力度,加快建立农业再保险体系和财政支持的巨灾风险分散机制,鼓励在农村发展互助合作保险和商业保险业务。探索建立农村信贷与农业保险相结合的银保互动机制。

二、稳定发展农业生产

5. 加大力度扶持粮食生产。稳定粮食播种面积,优化品种结构,提高单产水平,不断增强综合生产能力。建立健全粮食主产区利益补偿制度,根据主产区对国家粮食安全的贡献,增加一般性转移支付和产粮大县奖励补助等资金,优先安排农业基础设施建设投资和农业综合开发等资金,扶持粮食产业和龙头企业发展,引导产销区建立利益衔接机制,促进主产区经济社会加快发展,确保主产区得到合理利益补偿,确保种粮农民得到合理经济收益。加快取消主产区粮食风险基金资金配套。推进全国新增千亿斤粮食生产能力建设,以主产区重点县(场)为单位,集中投入、整体开发。进一步强化"米袋子"省长负责制,各地区都要承担本地耕地和水资源保护、粮食产销和市场调控责任,逐级建立有效的粮食安全监督检查和绩效考核机制。结合振兴东北地区等老工业基地,加快推进现代农业建设。发挥国有农场在建设现代农业、保障国家粮食安全等方面的积极作用。

6. 支持优势产区集中发展油料等经济作物生产。加快实施新一轮优势农产品区域布局规划。落实国家扶持油料生产的各项政策措施,加强东北和内蒙古优质大豆、长江流域"双低"油菜生产基地建设。尽快制定实施全国木本油料产业发展规划,重点支持适宜地区发展油茶等木本油料产业,加快培育推广高产优良品种。稳定发展棉花生产,启动长江流域、黄淮海地区棉花生产基地建设。支持优势产区发展糖料、马铃薯、天然橡胶等作物,积极推进蔬菜、水果、茶叶、花卉等园艺产品设施化生产。

7. 加快发展畜牧水产规模化标准化健康养殖。采取市场预警、储备调节、增加险种、期货交易等措施,稳定发展生猪产业。继续落实生猪良种补贴和能繁母猪补贴政策,扩大生猪调出大县奖励政策实施范围。继续落实奶牛良种补贴、优质后备奶牛饲养补贴等政策,实施奶牛生产大县财政奖励政策,着力扶持企业建设标准化奶站,确保奶源质量。增加畜禽标准化规模养殖场(小区)项目投资,加大信贷支持力度,落实养殖场用地等政策。加大畜禽水产良种工程实施力度,充实动物防疫体系建设内容,加快推进动物标识及疫病可追溯体系建设,落实村级防疫员补助经费。扩大水产健康养殖示范区(场)建设,继续实行休渔、禁渔制度,强化增殖放流等水生生物资源养护措施。扩大渔港、渔船航标、渔船安全设施等建设规模,扶持和壮大远洋渔业。

8. 严格农产品质量安全全程监控。抓紧出台食品安全法,制定和完善农产品质量安全法配套规章制度,健全部门分工合作的监管工作机制,进一步探索更有效的食品安全监管体制,实行严格的食品质量安全追溯制度、召回制度、市场准入和退出制度。加快农产品质量安全检验检测体系建设,完善农产品质量安全标准，加强检验检测机构资质认证。扩大农产品和食品例行监测范围，逐步清理并降低强制性检验检疫费用。健全饲料安全监管体系，促进饲料产业健康发展。强化企业质量安全责任，对上市产品实行批批自检。建立农产品和食品生产经营质量安全征信体系。开展专项整治，坚决制止违法使用农药、兽（渔）药行为。加快农业标准化示范区建设，推动龙头企业、农民专业合作社、专业大户等率先实行标准化生产，支持建设绿色和有机农产品生产基地。

9. 加强农产品进出口调控。健全高效灵活的农产品进出口调控机制，协调内外贸易，密切政府、协会、企业之间的沟通磋商。扩大农产品出口信用保险承保范围，探索出口信用保险与农业保险、出口信贷相结合的风险防范机制。对劳动密集型和技术密集型农产品出口实行优惠信贷政策。培育农业跨国经营企业。按照世界贸易组织规则，健全外商经营农产品和农资准入制度，明确外资并购境内涉农企业安全审查范围和程序，建立联席会议制度。

三、强化现代农业物质支撑和服务体系

10. 加快农业科技创新步伐。加大农业科技投入，多渠道筹集资金，建立农业科技创新基金，重点支持关键领域、重要产品、核心技术的科学研究。加快推进转基因生物新品种培育科技重大专项，整合科研资源，加大研发力度，尽快培育一批抗病虫、抗逆、高产、优质、高效的转基因新品种，并促进产业化。实施主要农作物强杂交优势技术研发重大项目。强化农业知识产权保护。支持龙头企业承担国家科技计划项目。加强和完善现代农业产业技术体系。深入推进粮棉油高产创建活动，支持科技人员和大学毕业生到农技推广一线工作。开展农业科技培训，培养新型农民。采取委托、招标等形式，引导农民专业技术协会等社会力量承担公益性农技推广服务项目。

11. 加快高标准农田建设。大力推进土地整治，搞好规划，统筹安排土地整理复垦开发、农业综合开发等各类建设资金，集中连片推进农村土地整治，实行田、水、路、林综合治理，大规模开展中低产田改造，提高高标准农田比重。继续推进“沃土工程”，扩大测土配方施肥实施范围。开展鼓励农民增施有机肥、种植绿肥、秸秆还田奖补试点。大力开展保护性耕作，加快实施旱作农业示范工程。

12. 加强水利基础设施建设。加强大江大河和重点中小河流治理，建成一批大中型水利骨干工程。加快大中型和重点小型病险水库除险加固进度，确保工程建设质量。增加投资规模，重点加快大型灌区续建配套和节水改造。扩大大型排灌泵站更新改造规模和范围，启动西北沿黄高扬程提水灌溉泵站、东北涝区排水泵站等更新改造建设。继续加大农业综合开发中型灌区骨干工程节水改造力度。增加中央和省级财政小型农田水利工程建设补助专项资金，依据规划整合投资，推进大中型灌区田间工程和小型灌区节水改造，推广高效节水灌溉技术，因地制宜修建小微型抗旱水源工程，发展牧区水利。加强重要水源工程及配套灌区建设。推进水利工程管理和农村水利体制改革，探索农业灌溉工程运行管理财政补贴机制，启动减轻农业用水负担综合改革试点。

13. 加快推进农业机械化。启动农业机械化推进工程，重点加强示范基地、机耕道建设，提高农机推广服务和安全监理能力。普及主要粮油作物播种、收获等环节机械化，加快研发适合丘陵山区使用的轻便农业机械和适合大面积作业的大型农业机械。支持农机工业技术改造，提高农机产品适用性和耐用性，切实加强售后服务。实行重点环节农机作业补贴试点。对农机大户、种粮大户和农机服务组织购置大中型农机具，给予信贷支持。完善农用燃油供应保障机制，建立高能耗农业机械更新报废经济补偿制度。

14. 推进生态重点工程建设。巩固退耕还林成果，继续推进京津风沙源治理等重点工程，增加天然林保护投资，抓紧研究延长天然林保护工程实施期限有关政策，完善三北防护林工程投入和建设机制。建设现代林业，发展山区林特产品、生态旅游业和碳汇林业。扩大退牧还草工程实施范围，加强人工饲草地和灌溉草场建设。加强森林草原火灾监测预警体系和防火基础设施建设。加快重点区域荒漠化和小流域综合治理，启动坡耕地水土流失综合整治工程，加强山洪和泥石流等地质灾害防治。提高中央财政森林生态效益补偿标准，启动草原、湿地、水土保持等生态效益补偿试点。安排专门资金，实行以奖促治，支持农业农村污染治理。

15. 加强农产品市场体系建设。加大力度支持重点产区和集散地农产品批发市场、集贸市场等流通基础设施建设。推进大型粮食物流节点、农产品冷链系统和生鲜农产品配送中心建设。落实停止收取个体工商户管理费和集贸市场管理费政策。支持大型连锁超市和农产品流通企业开展农超对接，建设农产品直接采购基地。发挥农村经纪人作用。长期实行并逐步完善鲜活农产品运销绿色通道政策，推进在全国范围内免收整车合法装载鲜活农产品的车辆通行费。

16. 推进基层农业公共服务机构建设。按照3年内在全国普遍健全乡镇或区域性农业技术推广、动植物疫病防控、农产品质量监管等公共服务机构的要求，尽快明确职责、健全队伍、完善机制、保障经费，切实增强服务能力。创新管理体制和运行机制，采取公开招聘、竞聘上岗等方式择优聘用专业技术人员。改革考评、分配制度，将服务人员收入与岗位职责、工作业绩挂钩。农业公共服务机构履行职责所需经费纳入地方各级财政预算。逐步推进村级服务站点建设试点。

四、稳定完善农村基本经营制度

17. 稳定农村土地承包关系。抓紧修订、完善相关法律法规和政策，赋予农民更加充分而有保障的土地承包经营权，现有土地承包关系保持稳定并长久不变。强化对土地承包经营权的物权保护，做好集体土地所有权确权登记颁证工作，将权属落实到法定行使所有权的集体组织；稳步开展土地承包经营权登记试点，把承包地块的面积、空间位置和权属证书落实到农户，严禁借机调整土地承包关系，坚决禁止和纠正违法收回农民承包土地的行为。加快落实草原承包经营制度。

18. 建立健全土地承包经营权流转市场。土地承包经营权流转，不得改变土地集体所有性质，不得改变土地用途，不得损害农民土地承包权益。坚持依法自愿有偿原则，尊重农民的土地流转主体地位，任何组织和个人不得强迫流转，也不能妨碍自主流转。按照完善管理、加强服务的要求，规范土地承包经营权流转。鼓励有条件的地方发展流转服务组织，为流转双方提供信息沟通、法规咨询、价格评估、合同签订、纠纷调处等服务。

19. 实行最严格的耕地保护制度和最严格的节约用地制度。基本农田必须落实到地块、标注在土地承包经营权登记证书上，并设立统一的永久基本农田保护标志，严禁地方擅自调整规划改变基本农田区位。严格地方政府耕地保护责任目标考核，实行耕地和基本农田保护领导干部离任审计制度。尽快出台基本农田保护补偿具体办法。从严控制城乡建设用地总规模，从规划、标准、市场配置、评价考核等方面全面建立和落实节约用地制度。抓紧编制乡镇土地利用规划和乡村建设规划，科学合理安排村庄建设用地和宅基地，根据区域资源条件修订宅基地使用标准。农村宅基地和村庄整理所节约的土地，首先要复垦为耕地，用作折抵建设占用耕地补偿指标必须依法进行，必须符合土地利用总体规划，纳入土地计划管理。农村土地管理制度改革要在完善相关法律法规、出台具体配套政策后，规范有序地推进。

20. 全面推进集体林权制度改革。用5年左右时间基本完成明晰产权、承包到户的集体林权制度改革任务。集体林地经营权和林木所有权已经落实到户的地方，要尽快建立健全产权交易平台，加快林地、林木流转制度建设，完善林木采伐管理制度。尚未落实到户的地方，要在加强宣传、做好培训和搞好勘界发证基础上，加快集体林权制度改革步伐。加大财政对集体林权制度改革的支持力度，开展政策性森林保险试点。引导森林资源资产评估、森林经营方案编制等中介服务健康发展。进一步扩大国有林场和重点国有林区林权制度改革试点。

21. 扶持农民专业合作社和龙头企业发展。加快发展农民专业合作社，开展示范社建设行动。加强合作社人员培训，各级财政给予经费支持。将合作社纳入税务登记系统，免收税务登记工本费。尽快制定金融支持合作社、有条件的合作社承担国家涉农项目的具体办法。扶持农业产业化经营，鼓励发展农产品加工，让农民更多分享加工流通增值收益。中央和地方财政增加农业产业化专项资金规模，重点支持对农户带动力强的龙头企业开展技术研发、基地建设、质量检测。鼓励龙头企业在财政支持下参与担保体系建设。采取有效措施帮助龙头企业解决贷款难问题。

五、推进城乡经济社会发展一体化

22. 加快农村社会事业发展。建立稳定的农村文化投入保障机制，尽快形成完备的农村公共文化服务体系。推进广播电视村村通、文化信息资源共享、乡镇综合文化站和村文化室建设、农村电影放映、农家书屋等重点文化惠民工程。巩固农村义务教育普及成果，提高农村学校公用经费和家庭经济困难寄宿生补助标准，改善农村教师待遇，推进农村中小学校舍安全排查、加固和改造。加快发展农村中等职业教育，

2009年起对中等职业学校农村家庭经济困难学生和涉农专业学生实行免费。国家新增助学金要向农村生源学生倾斜。巩固发展新型农村合作医疗，坚持大病住院保障为主、兼顾门诊医疗保障，开展门诊统筹试点，有条件的地方可提高财政补助标准和水平。进一步增加投入，加强县、乡、村医疗卫生公共服务体系建设。抓紧制定指导性意见，建立个人缴费、集体补助、政府补贴的新型农村社会养老保险制度。加大中央和省级财政对农村最低生活保障补助力度，提高农村低保标准和补助水平。加快研究解决农垦职工社会保障问题。

23. 加快农村基础设施建设。调整农村饮水安全工程建设规划，加大投资和建设力度，把农村学校、国有农(林)场纳入建设范围。扩大电网供电人口覆盖率，加快推进城乡同网同价。加大农村水电建设投入，扩大小水电代燃料建设规模。加快农村公路建设，2010年底基本实现全国乡镇和东中部地区具备条件的建制村通油(水泥)路，西部地区具备条件的建制村通公路，加大中央财政对中西部地区农村公路建设投资力度，建立农村客运政策性补贴制度。增加农村沼气工程建设投资，扩大秸秆固化气化试点示范。发展农村信息化。加快国有林区、垦区棚户区改造，实施游牧民定居工程，扩大农村危房改造试点。

24. 积极扩大农村劳动力就业。对当前农民工就业困难和工资下降等问题，各地区和有关部门要高度重视，采取有力措施，最大限度安置好农民工，努力增加农民的务工收入。引导企业履行社会责任，支持企业多留用农民工，督促企业及时足额发放工资，妥善解决劳资纠纷。对生产经营遇到暂时困难的企业，引导其采取灵活用工、弹性工时、在岗培训等多种措施稳定就业岗位。城乡基础设施建设和新增公益性就业岗位，要尽量多使用农民工。采取以工代赈等方式引导农民参与农业农村基础设施建设。输出地、输入地政府和企业都要加大投入，大规模开展针对性、实用性强的农民工技能培训。有条件的地方可将失去工作的农民工纳入相关就业政策支持范围。落实农民工返乡创业扶持政策，在贷款发放、税费减免、工商登记、信息咨询等方面提供支持。保障返乡农民工的合法土地承包权益，对生活无着的返乡农民工要提供临时救助或纳入农村低保。同时，充分挖掘农业内部就业潜力，拓展农村非农就业空间，鼓励农民就近就地创业。抓紧制定适合农民工特点的养老保险办法，解决养老保险关系跨社保统筹地区转移接续问题。建立农民工统计监测制度。

25. 推进农村综合改革。按照着力增强社会管理和公共服务职能、到2012年基本完成改革任务的要求，继续推进乡镇机构改革。推进"乡财县管"改革，加强县乡财政对涉农资金的监管。力争用3年左右时间，逐步建立资金稳定、管理规范、保障有力的村级组织运转经费保障机制。总结试点经验，完善相关政策，扩大农村公益事业一事一议财政奖补试点范围，中央和试点地区省级财政要增加试点投入。积极稳妥化解乡村债务，2010年基本完成全国农村义务教育债务化解，继续选择与农民利益直接相关的农村公益事业建设形成的乡村债务进行化解试点。

26. 增强县域经济发展活力。调整财政收入分配格局，增加对县乡财政的一般性转移支付，逐步提高县级财政在省以下财力分配中的比重，探索建立县乡财政基本财力保障制度。推进省直接管理县(市)财政体制改革，将粮食、油料、棉花和生猪生产大县全部纳入改革范围。稳步推进扩权强县改革试点，鼓励有条件的省份率先减少行政层次，依法探索省直接管理县(市)的体制。依法赋予经济发展快、人口吸纳能力强的小城镇在投资审批、工商管理、社会治安等方面的行政管理权限。支持发展乡镇企业，加大技术改造投入，促进产业集聚和升级。

27. 积极开拓农村市场。支持流通企业与生产企业合作建立区域性农村商品采购联盟，用现代流通方式建设和改造农村日用消费品流通网络，扩大"农家店"覆盖范围，重点提高配送率和统一结算率，改善农村消费环境。鼓励设计开发适合农村特点的生活消费品和建筑材料。2009年在全国范围实施"家电下乡"，对农民购买彩电、电冰箱、手机、洗衣机等指定家电品种，国家按产品销售价格一定比例给予直接补贴，并根据需要增加新的补贴品种。保证下乡家电质量，搞好售后服务。加强农资产销调控，扶持化肥生产，增加淡季储备，保障市场供应。支持供销合作社、邮政、商贸企业和农民专业合作社等加快发展农资连锁经营，推行农资信用销售。鼓励有条件的地方改造建设农村综合服务中心。加强农村市场监管，严厉查处坑农害农行为。

28. 完善国家扶贫战略和政策体系。坚持开发式扶贫方针，制定农村最低生活保障制度与扶贫开发有效衔接办法。实行新的扶贫标准，对农村没有解决温饱的贫困人口、低收入人口全面实施扶贫政策，尽快稳定解决温饱并实现脱贫致富，重点提高农村贫困人口的自我发展能力。继续增加扶贫资金投入，加大整村推进力度，提高劳动力转移培训质量，提升产业化扶贫水平。优先支持革命老区、民族地区、边疆地区扶贫开发，积极稳妥实行移民扶贫，对特殊类型贫困地区进行综合治理。充分发挥行业扶贫作用，继续动员社会各界参与扶贫事业，积极开展反贫困领域国际交流合作。

各级党委和政府要坚持把解决好农业、农村、农民问题作为全党工作和政府全部工作的重中之重，切实加强和改善党对农村工作的领导，确保把党的各项农村政策落到实处。扎实开展农村基层深入学习实践科学发展观活动，按照科学发展观和正确政绩观要求，把粮食生产、农民增收、耕地保护、环境治理、和谐稳定作为考核地方特别是县（市）领导班子绩效的重要内容，尽快制定指标，严格监督检查。抓好以村党组织为核心的村级组织配套建设，深化农村党的建设三级联创活动，创新农村党组织设置方式，扩大党在农村的组织覆盖和工作覆盖。建立健全城乡一体党员动态管理机制，加强农民工党员教育管理。广泛开展创先争优活动。完善党员设岗定责、依岗承诺等活动载体。加强农村党风廉政建设，抓好党的农村政策贯彻落实情况的监督检查，认真解决损害农民利益的突出问题。完善村党组织两推一选、村委会直选的制度和办法，着力拓宽农村干部来源，稳步推进高校毕业生到村任职工作，实施一村一名大学生计划，完善长效机制和政策措施。创新培养选拔机制，选优配强村党组织书记。按照定职责目标和工作有合理待遇、干好有发展前途、退岗有一定保障的要求，以不低于当地农村劳动力平均收入水平确定村干部基本报酬，并根据实际情况建立业绩考核奖励制度，逐步解决好村干部养老保障问题，加大从优秀村干部中选任乡镇领导干部、考录乡镇公务员、招聘乡镇事业编制人员的力度。积极推进农村党员干部现代远程教育和村级组织活动场所建设。加强农村民主法制建设和精神文明建设，深入推进政务公开、村务公开和党务公开。高度重视农村社会稳定工作，妥善解决农村征地、环境污染、移民搬迁、集体资产处置等引发的突出矛盾和问题，做好农村信访工作，搞好农村社会治安综合治理，推进农村警务建设，反对和制止利用宗教、宗族势力干预农村公共事务，严密防范境外敌对势力对农村的渗透，保持农村社会和谐稳定。

做好2009年农业农村工作意义十分重大。我们要紧密团结在以胡锦涛同志为总书记的党中央周围，开拓进取，扎实工作，迎难而上，奋力开创农村改革发展新局面！

中英关于加强合作积极应对国际金融危机的联合声明

一、中华人民共和国国务院总理温家宝于2009年1月31日至2月2日正式访问英国期间，与大不列颠及北爱尔兰联合王国首相戈登·布朗在伦敦举行会晤。

二、双方欢迎两国关系的强劲发展，认为中英作为世界两大主要经济体，在应对当前不稳定的世界经济中扮演着至关重要的角色。双方重申愿在相互尊重、平等互利的原则基础上，进一步发展中英全面战略伙伴关系，以促进两国经济增长、繁荣和稳定，应对面临的国际挑战，推动全球经济从当前危机中复苏，实现可持续与和谐发展。

三、双方一致认为，在当前复杂的全球政治经济形势下，中欧间保持关系稳定发展具有重要意义。双方愿共同努力，推动中欧全面战略伙伴关系发展。

四、双方认为世界经济在遭受一系列金融冲击后，正经历数十年来最为严重的一次全球经济危机。全球性危机只有通过全球合作才能有效应对。双方重申将落实华盛顿金融市场和世界经济峰会宣言。即将召开的二十国集团伦敦金融峰会是各国不容错过的关键机会。两国领导人讨论了如何与其他各国领导人一道，共同努力确保伦敦峰会取得成果，以稳定世界经济，保持开放，确定可持续复苏路线，确保本国和全球范围内的经济增长及就业。

五、双方重申将采取必要政策措施，促进全球经济持续增长，提供就业机会。双方一致认为，危机十分严重，需要各国采取有效、协调的宏观经济政策，以重振全球信心，缓解衰退，构建恢复经济增长的坚实基础。双方讨论了两国的经济刺激计划，交流了各自采取措施刺激本国内需方面的经验。

六、双方同意继续加强在金融监管、金融透明度和金融市场诚信方面的密切合作，增强金融体系的稳健性，维护金融市场稳定。双方支持各国采取的恢复金融市场运作的果断行动，这使全球投资获得足够的资金。

七、双方均对国际贸易和投资前景深表关注，重申将致力于开放市场和自由贸易，认为实行贸易和投资壁垒或货币竞相贬值等狭隘的短期保护主义政策只会加剧全球经济衰退。双方将致力于推动多哈发展回合谈判早日取得全面、平衡成果。双方承认主权财富基金在稳定世界经济、拉动全球需求方面发挥的建设性作用。双方继续致力于开放包括对主权财富基金在内的投资市场。

八、双方一致认为国际金融机构应更有效、更具代表性和可信度，这样这些机构才能更紧密地与国际社会合作，促进全球经济的活力、稳定和繁荣。这些机构既要有合适的贷款工具，又要有充足的资金应对当前危机和经济下行，为未来可持续的繁荣奠定基础。新兴经济体和发展中国家应在这些机构中获得更多的发言权和代表性。

九、双方一致认为，世界需要建立有效的多边监督和早期预警机制，以防范今后再次发生危机，并帮助那些丧失国际资本来源的国家。为满足这一需要，双方同意推动国际货币基金组织继续改革其贷款工具，以保证这些贷款工具更好满足成员国需求。双方均支持国际货币基金组织扩大融资，以便有足够资金进一步扩充这些贷款工具。

十、双方认识到，必须尽快采取切实措施，减少金融危机对发展中国家的严重影响。双方敦促多边发展银行调整规则，更多、更快、更好地提供资金，并鼓励地区发展银行大幅增加放贷。双方强调加强国际发展机构十分重要，可以帮助减轻发展中国家所面临的风险，确保继续实现联合国千年发展目标。

十一、双方认为，国际社会应在所有利益攸关方充分协商的基础上对国际金融体系进行有效和全面的改革。基于对新兴经济体和发展中国家在全球经济分量不断增加的认识，双方同意在2008年达成一致的基础上继续对世界银行和国际货币基金组织的份额和包括投票权在内的治理结构进行改革，加强和改进两机构的合法性，确保两机构的治理结构更加透明和有代表性，并加强问责。主要新兴经济体更多参与国际金融机构对这些机构的成功至关重要。

十二、双方重申金融稳定论坛应迅速落实华盛顿峰会成果，在伦敦金融峰会前吸收包括中国在内的新兴经济体成员加入。

十三、目前的经济困难进一步突出了双方努力推进双向贸易和投资的重要性。科技和创新合作对两国共同应对金融危机具有重要意义。双方同意进一步加强旅游合作，扩大人员交往。双方重申致力于应对气候变化的挑战，将进一步加强两国在该领域的对话和务实合作。

十四、中英加强上述合作的一个重要途径是由王岐山副总理和阿利斯泰尔·达林财政大臣主持的中英经济财金对话。双方一致同意在2009年双方商定的时间举行第二次中英经济财金对话。双方将继续充分利用这一机制，在广泛经济、金融政策领域加强合作，这对全球金融稳定和可持续经济增长具有重要意义。

国务院办公厅关于加强普通高等学校毕业生就业工作的通知

各省、自治区、直辖市人民政府，国务院各部委、各直属机构：

普通高等学校毕业生（以下简称高校毕业生）是我国宝贵的人力资源。当前，受国际金融危机影响，我国就业形势十分严峻，高校毕业生就业压力加大。各地区、各有关部门要把高校毕业生就业摆在当前就业工作的首位，采取切实有效措施，拓宽就业门路，鼓励高校毕业生到城乡基层、中西部地区和中小企业就业，鼓励自主创业，鼓励骨干企业和科研项目单位吸纳和稳定高校毕业生就业。为进一步加强高校毕业生就业工作，经国务院同意，现就有关问题通知如下：

一、鼓励和引导高校毕业生到城乡基层就业。鼓励高校毕业生积极参加社会主义新农村建设、城市社区建设和应征入伍。围绕基层面向群众的社会管理、公共服务、生产服务、生活服务、救助服务等领域，大力开发适合高校毕业生就业的基层社会管理和公共服务岗位，引导高校毕业生到基层就业。对到农村基层和城市社区从事社会管理和公共服务工作的高校毕业生，符合公益性岗位就业条件并在公益性岗位就业的，按照国家现行促进就业政策的规定，给予社会保险补贴和公益性岗位补贴，所需资金从就业专项资金列支；对到农村基层和城市社区其他社会管理和公共服务岗位就业的，给予薪酬或生活补贴，所需资金按现行渠道解决，同时按规定参加有关社会保险。对到中西部地区和艰苦边远地区县以下农村基层单位就业、并履行一定服务期限的高校毕业生，以及应征入伍服义务兵役的高校毕业生，按规定实施相应的学费和助学贷款代偿。对具有基层工作经历的高校毕业生，在研究生招录和事业单位选聘时实行优先，在地市级以上党政机关考录公务员时也要进一步扩大招考录用的比例。

继续实施和完善面向基层就业的专门项目，扩大项目范围。相关项目由各有关部门继续加强组织领导，省级人民政府负责做好各类基层就业项目之间的政策衔接。2009 年，中央有关部门继续组织实施“选聘高校毕业生到村任职”、“三支一扶”（支教、支农、支医和扶贫）、“大学生志愿服务西部计划”、“农村义务教育阶段学校教师特设岗位计划”等项目，各地也要因地制宜开展地方项目，鼓励和引导更多的高校毕业生报名参加。鼓励高校毕业生在项目结束后留在当地就业，今后相对应的自然减员空岗全部聘用服务期满的高校毕业生。对参加项目的高校毕业生给予生活补贴，所需资金按现行资金渠道解决，同时按规定参加有关社会保险。各专门项目相关待遇政策的衔接办法，由人力资源社会保障部、财政部、教育部、中央组织部、共青团中央等有关部门另行研究制定。

二、鼓励高校毕业生到中小企业和非公有制企业就业。各类中小企业和非公有制企业是高校毕业生就业的主要渠道。要进一步清理影响高校毕业生就业的制度性障碍和限制，为他们提供档案管理、人事代理、社会保险办理和接续、职称评定以及权益保障等方面的服务，形成有利于高校毕业生到企业就业的社会环境。对企业招用非本地户籍的普通高校专科以上毕业生，各地城市应取消落户限制（直辖市按有关规定执行）。企业招用符合条件的高校毕业生，可按规定享受相关就业扶持政策。劳动密集型小企业招用登记失业高校毕业生等城镇登记失业人员达到规定比例的，可按规定享受最高为 200 万元的小额担保贷款扶持。

三、鼓励骨干企业和科研项目单位积极吸纳和稳定高校毕业生就业。鼓励国有大中型企业特别是创新型企业创造条件，更多地吸纳有技术专长的高校毕业生就业。充分发挥高新技术开发区、经济技术开发区和高科技企业集中吸纳高校毕业生就业的作用，加强人才培养使用和储备。各地在实施支持困难企业稳定员工队伍的工作中，要引导企业不裁员或少裁员，更多地保留高校毕业生技术骨干，对符合条件的困难企业可按规定在 2009 年内给予 6 个月以内的社会保险补贴或岗位补贴，由失业保险基金支付；困难企业开展在岗培训的，按规定给予资金补助。承担国家和地方重大科研项目的单位要积极聘用优秀高校毕业生参与研究，其劳务性费用和有关社会保险费补助按规定从项目经费中列支，具体办法由科技、教育、财政等部门研究制定。高校毕业生参与项目研究期间，其户口、档案可存放在项目单位所在地或入学前家庭所在地人才交流中心。聘用期满，根据工作需要可以续聘或到其他岗位就业，就业后工龄与参与项目研究期间的工作时间合并计算,社会保险缴费年限连续计算。

四、鼓励和支持高校毕业生自主创业。鼓励高校积极开展创业教育和实践活动。对高校毕业生从事个体经营符合条件的,免收行政事业性收费,落实鼓励残疾人就业、下岗失业人员再就业以及中小企业、高新技术企业发展等现行税收优惠政策和创业经营场所安排等扶持政策。在当地公共就业服务机构登记失业的自主创业高校毕业生,自筹资金不足的,可申请不超过5万元的小额担保贷款;对合伙经营和组织起来就业的,可按规定适当扩大贷款规模;从事当地政府规定微利项目的,可按规定享受贴息扶持。有创业意愿的高校毕业生参加创业培训的,按规定给予职业培训补贴。强化高校毕业生创业指导服务,提供政策咨询、项目开发、创业培训、创业孵化、小额贷款、开业指导、跟踪辅导的"一条龙"服务。各地要建设完善一批投资小、见效快的大学生创业园和创业孵化基地,并给予相关政策扶持。鼓励支持高校毕业生通过多种形式灵活就业,并保障其合法权益,符合规定的,可享受社会保险补贴政策。

五、强化高校毕业生就业服务和就业指导。充分发挥人力资源市场配置资源的作用,强化公共就业服务的功能。人力资源社会保障、教育等部门及高校要加强协作,采取网络招聘、专场招聘、供求洽谈会和用人单位进校园等多种方式,大力开展面向高校毕业生的就业服务系列活动,为应届高校毕业生提供更多、更快、更好的免费就业信息和各类就业服务。高校要强化对大学生的就业指导,开设就业指导课并作为必修课程,重点帮助毕业生了解就业政策,提高求职技巧,调整就业预期。加强高校就业指导服务机构建设,落实人员、场地和经费。加强人力资源市场管理,严厉打击违法违规行为,加强招聘活动安全保障,维护高校毕业生就业权益。

六、提升高校毕业生就业能力。大力组织以促进就业为目的的实习实践,确保高校毕业生在离校前都能参加实习实践活动。完善离校未就业高校毕业生见习制度,鼓励见习单位优先录用见习高校毕业生。见习期间由见习单位和地方政府提供基本生活补助。拓展一批社会责任感强、管理规范的用人单位作为高校毕业生实习见习基地。从2009年起,用3年时间组织100万未就业的高校毕业生参加见习。加强高等职业院校学生的技能培训,实施毕业证书和职业资格证书"双证书"制度,努力使相关专业符合条件的应届毕业生通过职业技能鉴定获得相应职业资格证书。人力资源社会保障部门根据高校毕业生需要,提供专场或其他形式的职业技能鉴定服务,教育部门及高校要给予积极配合。对符合就业困难人员条件的高校毕业生,按规定给予鉴定补贴。

七、强化对困难高校毕业生的就业援助。对困难家庭的高校毕业生,高校可根据实际情况给予适当的求职补贴。各级机关考录公务员、事业单位招聘工作人员时,免收困难家庭高校毕业生的报名费和体检费。对离校后未就业回到原籍的高校毕业生,各地公共就业服务机构要摸清底数,免费提供政策咨询、职业指导、职业介绍和人事档案托管等服务,并组织他们参加就业见习、职业技能培训等促进就业的活动。对登记失业的高校毕业生,各地要将他们纳入当地失业人员扶持政策体系。对就业困难的高校毕业生和零就业家庭的高校毕业生,实施一对一职业指导、向用人单位重点推荐、公益性岗位安置等帮扶措施,按规定落实社会保险补贴、公益性岗位补贴等就业援助政策。

八、加强领导,明确责任。各地要加强对高校毕业生就业工作的组织领导,将高校毕业生就业纳入当地就业总体规划,统筹安排,确定目标任务,实行目标责任制,加强工作考核和督查。各有关部门要切实发挥职能,落实工作责任。各级人力资源社会保障部门要牵头制定和实施高校毕业生就业政策,并做好高校毕业生离校后的就业指导和就业服务工作。教育部门要指导高校大力加强在校生的就业指导和服务工作,并继续深化高等教育改革。财政部门要根据高校毕业生就业形势和实际需要,统筹安排资金用于促进高校毕业生就业。其他有关部门要认真履行职责,加强协调配合,共同推动工作。要大力开展高校毕业生就业工作的宣传,引导高校毕业生树立正确的就业观和成才观,形成全社会共同促进高校毕业生多渠道就业的良好舆论环境。各地要按照本通知要求,结合本地实际,制定切实有效的政策措施,创造性地开展工作,千方百计促进高校毕业生就业。

深入贯彻落实科学发展观
以完善惩治和预防腐败体系为重点
扎实推进党风廉政建设和反腐败斗争
——在中国共产党第十七届中央纪律检查委员会第三次全体会议上的工作报告

贺国强

我代表中央纪律检查委员会常务委员会向第三次全体会议作工作报告,请予审议。

这次会议的主要任务是:全面贯彻党的十七大和十七届三中全会精神,高举中国特色社会主义伟大旗帜,以邓小平理论和"三个代表"重要思想为指导,深入贯彻落实科学发展观,学习贯彻胡锦涛同志关于纪检监察工作的重要指示,总结党的十七大以来党风廉政建设和反腐败工作,研究部署2009年的任务。党中央对这次会议十分重视,中央政治局和中央政治局常委会专门审议了这个报告,在京中央政治局、中央书记处的同志将出席会议,胡锦涛同志将发表重要讲话,我们要认真学习领会,坚决贯彻落实。

一、一年来党风廉政建设和反腐败工作的回顾

党的十七大以来,以胡锦涛同志为总书记的党中央高举中国特色社会主义伟大旗帜,团结带领全党全军全国各族人民,战胜历史罕见的特大自然灾害,成功举办北京奥运会和残奥会,成功完成神舟七号载人航天飞行任务,成功举办第七届亚欧首脑会议,果断处置拉萨"3·14"打砸抢烧严重暴力犯罪事件,妥善应对国际金融危机的影响,保持经济平稳较快发展,党和国家各项事业都取得了新的成就,社会安定团结大局进一步巩固和发展。党中央、国务院高度重视党风廉政建设和反腐败工作。中央政治局会议、中央政治局常委会议多次进行专题研究。胡锦涛同志在第十七届中央纪委第二次全体会议上作了重要讲话;在纪念党的十一届三中全会召开30周年大会上的重要讲话中再次强调,要坚持党要管党、从严治党,深入开展党风廉政建设和反腐败斗争;最近,又专门听取中央纪委工作汇报,就党风廉政建设和反腐败工作作出重要指示,提出明确要求。党中央印发了《建立健全惩治和预防腐败体系2008—2012年工作规划》(以下简称《工作规划》)。国务院新一届政府召开了第一次廉政工作会议,温家宝同志作了重要讲话。在党中央、国务院坚强有力的领导下,各级党委、政府和纪检监察机关深入学习贯彻党的十七大精神,以改革创新精神全面推进党风廉政建设和反腐败斗争,取得了新的成绩。

(一)深入学习贯彻党的十七大精神,用中国特色社会主义理论体系武装头脑。中央纪委监察部把学习贯彻党的十七大精神作为首要政治任务,及时向纪检监察系统作出部署。举办中央纪委委员学习贯彻党的十七大精神专题研讨班,在纪检监察系统广泛开展专题培训、理论研讨、宣讲辅导、党课教育等活动,增强了广大纪检监察干部学习贯彻中国特色社会主义理论体系的自觉性和坚定性。坚持以党的十七大精神指导纪检监察工作实践,反腐倡廉建设方向更加明确、思路更加清晰。

(二)贯彻落实《工作规划》,惩治和预防腐败体系建设扎实推进。中央纪委监察部组织起草了《工作规划》,经中央审议后以中央文件形式下发,并召开全国电视电话会议进行动员和部署。各地区各部门将《工作规划》纳入党委(党组)理论学习中心组的学习内容,列入领导干部培训计划,引导党员干部深刻领会《工作规划》的基本要求和主要任务。各省(自治区、直辖市)、中央和国家机关各部门制定了贯彻落实《工作规划》的实施办法,分解任务,细化措施,并加强对工作落实情况的监督检查。教育、制度、监督、改革、纠风、惩治等方面工作呈现整体推进的态势,全党动手抓反腐倡廉建设的良好局面进一步巩固和发展。

(三)坚决维护党的纪律,开展对中央关于推动科学发展重大决策部署落实情况的监督检查。各级纪检监察机关把严肃政治纪律、维护中央权威、确保中央政令畅通作为重要政治职责,加强监督检查,督促各级党组织和广大党员干部坚决贯彻中央的路线方针政策。为推动中央关于科学发展重大决策部署的贯彻落实,配合有关部门重点就市场价格调控、节能减排、固定资产投资、节约集约用地、房地产市场调控等5个方面政策措施的执行情况开展了监督检查。全国共查处54916起土地违法违规案件,共对3006起环保违纪违法典型案件进行了挂牌督办。会同有关部门加强对中央强农惠农政策落实情况的监督检查,开展

了对中央关于扩大内需、促进经济增长决策部署落实情况的监督检查。

（四）切实履行职责，加强对抗灾救灾和举办北京奥运会等重点工作的监督检查。南方部分地区严重低温雨雪冰冻灾害和四川汶川特大地震发生后，从救灾工作一展开，就实施全过程监督检查。经中央同意，成立抗震救灾资金物资监督检查领导小组，制定一批加强救灾资金物资监管的制度规定，组成检查组赴灾区和有关单位进行检查，严肃查处并及时通报了一批贪污、截留、挪用救灾款物的违纪违法案件。按照中央"节俭办奥运、廉洁办奥运"的要求，会同有关部门加强对中央关于筹办北京奥运会决策部署落实情况及场馆建设、市场开发、资金使用的监督检查，为北京奥运会、残奥会的成功举办作出了应有贡献。会同有关方面开展对中央关于深化行政管理体制改革决策部署贯彻执行情况的监督检查，确保国务院机构改革方案顺利实施。

（五）坚持教育与管理相结合，领导干部廉洁自律工作取得新进展。加强党风廉政教育，积极开展廉政文化建设，领导干部廉洁从政的自觉性进一步增强。配合有关部门开展治理公款出国（境）旅游工作，全国共压缩出国（境）团组 5189 个，减少出国（境）人员 18416 人。开展规范公务员津贴补贴工作。加强对地方人大、政府、政协领导班子换届工作的监督检查，整治用人上的不正之风。严肃查处了一批领导干部违规收受现金和干股、参与赌博、违规集资建房等案件。全国共有 26041 名领导干部上缴违反规定收受的现金、有价证券和支付凭证。制定国有企业领导人员违反廉洁自律"七项要求"的党纪处分规定，坚决纠正违纪违规行为。

（六）贯彻从严治党方针，查办违纪违法案件工作深入开展。2008 年，各级纪检监察机关共立案 128516 件，结案 127949 件，给予党纪政纪处分 133951 人，其中涉嫌犯罪被移送司法机关处理 4518 人。严肃查处了一批大案要案。全国共查办商业贿赂案件 17506 件，涉案金额 39.7 亿元。开通全国统一的纪检监察系统举报电话"12388"，制定违反信访工作纪律的党纪政纪处分规定。召开全国纪检监察机关查办案件工作会议，制定下发关于进一步加强和规范办案工作的意见，案件突破能力和依纪依法、安全文明办案的能力进一步增强。加强案件监督管理和审理工作，加大组织处理力度。查办案件的治本功能进一步发挥。

（七）着力解决突出问题，纠正损害群众利益不正之风工作取得新成效。按照中央的要求，从 2008 年秋季学期开始全面免除城乡义务教育学杂费，基本完成义务教育阶段改制学校收费清理规范工作。21 个省（自治区、直辖市）约 1.4 万家医疗机构实行了网上药品集中采购，总金额达 1091.4 亿元。纠正涉农乱收费、乱罚款和各种集资摊派问题，减轻农民负担 15 亿多元。配合有关部门规范社保基金的征缴、支付、管理和使用，住房公积金缴存使用管理逐步完善，查处违纪违规使用扶贫、救灾资金的问题 1315 起，涉及金额 2.03 亿元。评比达标表彰项目大幅度减少，基层、企业及群众负担明显减轻。各省（自治区、直辖市）全部开通了政风行风热线，市（地）一级的开通率达到 94%。纪检监察机关还积极协助党委、政府妥善处理群体性事件，严肃查处事件背后的失职渎职和腐败问题，维护了社会稳定。

（八）深化改革和创新制度，从源头上防治腐败工作持续深入。行政管理体制改革步伐加快，国务院各部门、各省（自治区、直辖市）继续减少了一批行政审批事项。干部人事制度、司法体制和工作机制、财政管理制度、投资体制改革取得积极进展。反洗钱合作机制的作用进一步发挥。工程建设项目招标投标监督机制逐步完善。建立中央企业产权转让信息联合发布制度和披露备案制度。政府采购范围和规模进一步扩大。发挥国家预防腐败机构的职能作用，建立预防腐败工作联席会议制度。

（九）落实各项监督制度和措施，对党员领导干部的监督得到加强。认真落实党内监督条例，领导干部述职述廉、诫勉谈话等制度普遍实行。经济责任审计工作深入开展，查出各类违法违规资金 598 亿元。中央纪委、中央组织部制定加强和改进巡视工作的意见，召开全国巡视工作会议，开展了新一轮巡视。各省（自治区、直辖市）开展对所辖地区和单位的巡视，巡视监督的作用进一步增强。按照国务院机构改革方案对纪检监察派驻机构进行了调整，健全对驻在部门领导班子和主要领导干部进行监督的制度和措施。政务公开、厂务公开、村务公开和公共企事业单位办事公开制度进一步完善，党务公开稳步推进。召开全国落实党风廉政建设责任制电视电话会议，认真学习贯彻胡锦涛同志重要指示精神，总结党风廉政建设责任制实施 10 年来的经验，有力地推动党风廉政建设责任制的落实。行政监察工作得到加强，执法监察、廉政监察、效能监察作用进一步发挥。加大行政问责力度，对三鹿奶粉事件和山西襄汾尾矿库特别重大溃坝事故等进行深入调查，严肃处理了有关责任人员。

（十）开展深入学习实践科学发展观活动和“做党的忠诚卫士、当群众的贴心人”主题实践活动，促进了纪检监察机关自身建设。在深入学习实践科学发展观活动中，着力解决纪检监察干部与科学发展观要求不适应、不符合的突出问题。继2008年初在中央纪委监察部机关和有关试点单位开展“做党的忠诚卫士、当群众的贴心人”主题实践活动取得初步成效后，又在全国纪检监察系统开展这一活动，并以此作为深入学习实践科学发展观活动的载体，切实加强纪检监察机关自身建设。开展党的纪律检查机关恢复重建30周年纪念活动，对反腐倡廉建设规律的认识更加全面深刻。

一年来，纪检监察机关坚持围绕中心、服务大局，始终把纪检监察工作放到党和国家工作大局中谋划；坚持从严治党，坚决惩治腐败分子和消极腐败现象；坚持以人为本，着力解决群众最关心、最直接、最现实的利益问题，坚决纠正损害群众利益的不正之风，切实保护党员干部的合法权益；坚持改革创新，推进工作的科学化、规范化、制度化；坚持统筹兼顾、突出重点，狠抓任务落实；坚持把加强自身建设作为永恒主题，不断增强政治业务素质，为全面履行职责提供了有力保证。

在肯定党风廉政建设和反腐败工作取得明显成效的同时，必须清醒地看到，当前工程建设、房地产开发、土地管理和矿产资源开发、金融、司法等领域腐败现象仍然易发多发；一些党员干部违纪违法问题仍然比较严重，有的案件涉案金额巨大，影响恶劣；损害群众利益的问题仍然比较突出，尤其是食品药品质量安全、生产安全、生态环境保护、征地拆迁等方面存在的问题群众反映强烈；领导干部作风方面存在一些突出问题。纪检监察工作还存在一些薄弱环节。反腐倡廉建设面临不少新情况新问题，反腐败斗争形势仍然严峻。我们必须坚持反腐倡廉常抓不懈、拒腐防变警钟长鸣，进一步加大工作力度，把党风廉政建设和反腐败斗争不断引向深入。

二、2009年党风廉政建设和反腐败工作的主要任务

2009年是新中国成立60周年，是深入学习实践科学发展观、积极应对国内外严峻经济形势影响、保持经济平稳较快发展的关键一年，也是贯彻落实《工作规划》、推进惩治和预防腐败体系建设的重要一年。我们要全面贯彻党的十七大和十七届三中全会精神，高举中国特色社会主义伟大旗帜，以邓小平理论和“三个代表”重要思想为指导，深入贯彻落实科学发展观，坚持标本兼治、综合治理、惩防并举、注重预防的方针，以完善惩治和预防腐败体系为重点加强反腐倡廉建设，以改革创新精神抓好《工作规划》的落实，严格执行党风廉政建设责任制，加强对中央关于推动科学发展、保持经济平稳较快发展政策措施执行情况的监督检查，着力解决党员干部在党性党风党纪方面存在的突出问题，以党风廉政建设和反腐败斗争的新成效取信于民，为改革发展稳定提供坚强保证。

（一）严明党的政治纪律，推动科学发展重大决策部署的贯彻落实

政治纪律是我们党最重要的纪律。严明政治纪律对于维护党的团结统一、保持党的先进性和提高党的执政能力、妥善应对各种风险和挑战至关重要。各级党委要高度重视政治纪律，深入开展政治纪律教育和宣传，促使广大党员干部增强政治意识、政权意识、责任意识、忧患意识，坚持党的基本路线，始终同以胡锦涛同志为总书记的党中央保持高度一致。各级纪委要加强对政治纪律执行情况的监督检查。严禁公开发表同中央的决定和党的路线方针政策相违背的言论，决不允许编造、传播政治谣言，决不允许参与各种非法组织和非法活动，严肃查处反对四项基本原则和改革开放等违反政治纪律的行为，维护党的团结统一。对违反政治纪律的，视情节轻重给予批评教育或组织处理；对造成严重后果的，要依纪依法予以惩处。

深入贯彻落实科学发展观是全党的重大政治任务。各级纪检监察机关要加强对贯彻落实科学发展观情况的监督检查。当前，要会同有关部门着重抓好以下工作：(1)开展对中央应对国际金融危机、加强宏观调控特别是扩大内需保持经济平稳较快增长政策措施执行情况的检查，督促各地区各部门严格执行中央政策和各项要求，加强对中央及地方投资和国债资金的监管，增强公开透明度，严肃查处各类违法违规行为，坚决防止高耗能、高污染、低水平重复建设，防止搞劳民伤财的“形象工程”和脱离实际的“政绩工程”。(2)开展对耕地保护和节约用地政策规定执行情况的检查，坚决纠正破坏、浪费土地资源以及落实耕地保护政策中弄虚作假的问题，严肃处理违反土地承包经营权流转政策的行为。(3)开展对资源节约和环境保

护政策措施落实情况的检查,严肃处理违反国家能源管理和环境保护法律法规的行为。(4)开展对灾后恢复重建资金物资管理使用情况的检查,强化对大额度资金调拨使用、大宗物资采购、重大项目招标投标情况的监管,认真落实受灾群众灾后安置和恢复重建等政策措施。要建立健全落实科学发展观的纪律保障机制,加大对违法违规行为的查处力度,坚决纠正有令不行、有禁不止的现象,确保中央政令畅通。

(二)切实加强领导干部作风建设,进一步密切党群干群关系

坚强的党性和优良的作风是深入贯彻落实科学发展观的重要保证。要加强领导干部党性修养,树立和弘扬良好作风,进一步推进领导干部思想作风、学风、工作作风、领导作风和生活作风建设。认真落实“八个坚持、八个反对”的要求,大力倡导八个方面的良好风气,切实做到为民、务实、清廉。

把改进领导干部作风作为促进科学发展的重要切入点,督促领导干部加强党性修养和党性锻炼。要树立宗旨意识,增强立党为公、执政为民的自觉性和坚定性,倾听群众的意见和呼声,关心群众生产生活,真心实意地为群众办好事、办实事,认真解决对群众疾苦漠不关心、对群众利益麻木不仁的问题。要坚持理论联系实际,切实用党的科学理论指导工作实践,不断提高干事创业的能力,增强应对复杂局面的能力,认真解决理论和实际脱节的问题。要发扬求真务实精神,着力强化责任意识,兢兢业业抓好职责范围内的事情,认真解决作风飘浮、不负责任、弄虚作假等问题。大力发扬艰苦奋斗精神,勤俭办一切事业,认真执行中央有关厉行节约、反对铺张浪费的规定,规范公务接待,严禁用公款大吃大喝、出国(境)旅游和进行高消费娱乐活动,认真解决讲排场、比阔气、奢侈浪费的问题。

加强对领导干部作风状况的监督检查,及时发现和解决领导干部在作风方面的苗头性、倾向性问题。积极推行党政领导干部问责制,把不作为、乱作为和严重损害群众利益等行为作为问责重点,严肃追究给国家利益、公共利益和公民合法权益造成严重损害的行为。认真落实党风廉政建设责任制,抓好责任分解、责任考核、责任追究,促使各级领导干部特别是主要领导干部对所管辖范围内的党风廉政建设切实负起领导责任。

(三)加强党风廉政教育,认真抓好领导干部廉洁自律工作

结合深入学习实践科学发展观活动,加强中国特色社会主义理论体系教育和党性党风党纪教育,引导党员干部认真学习并严格遵守党章,坚定理想信念,树立正确政绩观和利益观,做到讲党性、重品行、作表率。开展示范教育、警示教育和岗位廉政教育,提高党员干部拒腐防变的意识和能力。加大培训工作力度,把反腐倡廉教育列入干部教育培训规划,同领导干部的培养、选拔、管理、使用结合起来。深入推进廉政文化建设。加强反腐倡廉宣传教育工作,做好对外宣传,树立我们党和政府清正廉明的良好形象。

认真抓好领导干部廉洁自律各项规定的贯彻落实,严格禁止领导干部利用职务上的便利谋取不正当利益。着重抓好以下工作:(1)严禁领导干部违反规定收送现金、有价证券、支付凭证和收受干股等行为。(2)落实领导干部配偶和子女从业、投资入股、到国(境)外定居等规定和有关事项报告制度,严禁发生与公共利益冲突的行为。(3)治理违规组织集资合作建房、超标准建房、在风景名胜或公园区建房等问题;纠正领导干部违反规定发放住房补贴、多占住房、以明显低于市场价格购置住房或以劣换优、以借为名占用住房等问题。(4)严禁领导干部利用和操纵招商引资项目、资产重组项目,为本人或特定关系人谋取私利。(5)严禁领导干部相互请托,违反规定为对方的特定关系人在就业、投资入股、经商办企业等方面提供便利,谋取不正当利益。

配合有关部门继续开展治理“小金库”和规范公务员津贴补贴工作。严格控制新建楼堂馆所,纠正超预算超标准装修办公用房、超标准超编制配备使用小汽车的问题。压缩因公出国(境)经费、团组数量和规模,从严控制在国(境)外停留时间。抓紧修订《中国共产党党员领导干部廉洁从政若干准则(试行)》。各地区各部门要紧密联系实际,把严格执纪与组织处理结合起来,切实解决领导干部在廉洁从政方面存在的突出问题。

(四)加大查办案件工作力度,维护党纪国法的严肃性

以查办发生在领导机关和领导干部中滥用职权、贪污贿赂、腐化堕落、失职渎职的案件为重点,严肃查办官商勾结、权钱交易的案件,利用人事权、司法权、行政执法权、行政审批权索贿受贿、徇私舞弊的案件。严肃查办领导干部干预招标投标获取非法利益的案件,非法批地、低价出让土地或擅自变更规划获取非法

利益的案件,违法审批探矿权和采矿权、违法入股矿产开发的案件,环境执法和环保项目审批评审中谋取非法利益的案件,金融领域违规授信、内幕交易、挪用保险资金、违规核销贷款和资产处理的案件,国有企业重组改制中隐匿、侵占、转移国有资产以及企业领导人员搞同业经营、关联交易的案件。严肃查办严重违反政治纪律的案件,买官卖官等严重违反组织人事纪律的案件。严肃查办严重侵害群众利益的案件,为黄赌毒等社会丑恶现象和黑恶势力充当"保护伞"的案件。加大对违纪违法人员及其亲属和特定关系人非法所得的追缴力度。坚持党纪国法面前人人平等,严格执纪,决不让腐败分子逃脱党纪国法的惩处。

建立健全查办案件工作组织协调机制。坚持和完善执纪执法机关移送案件线索和协作配合制度,健全跨区域及境外协作办案和防逃、追逃、追赃机制。认真执行关于严格依纪依法办案的规定,保障被调查人的合法权益。强化案件监督和管理,进一步改进案件审理和信访举报工作。完善重大案件通报制度,加强案件剖析,认真研究案发规律,充分发挥查办案件的治本功能。

深入开展治理商业贿赂专项工作。巩固和扩大自查自纠成果,认真做好对突出问题的整改工作。重点查处工程建设、土地出让、产权交易、医药购销、政府采购、资源开发和经销等领域以及银行信贷、证券期货、商业保险等方面的商业贿赂案件。加强市场诚信体系建设,逐步建立全国统一的市场诚信信息平台,健全失信惩戒和守信激励制度,建立和完善商业贿赂犯罪档案查询系统。

(五)坚决纠正损害群众利益的不正之风,着力解决群众反映强烈的突出问题

会同有关部门加强监督检查,着重解决社会关注程度高、群众反映强烈的突出问题:(1)开展食品药品安全整治工作,严肃查处食品药品安全事故,严格责任追究,确保群众饮食用药安全。(2)开展对安全生产法律法规和安全生产责任制落实情况的监督检查,进一步加大责任事故调查处理力度,坚决查处失职渎职问题和事故背后的腐败行为。(3)集中整治饮用水源地环境违法违规等突出问题,强化对环境行政审批权、评审权、执法权的监督。(4)认真治理征地拆迁中损害群众利益的问题,严肃处理不履行征地审批手续、征地补偿不到位,甚至采取暴力手段强行侵占农民土地等行为。(5)加强对社保基金、住房公积金、扶贫资金和救灾救济资金的监管,严肃处理违纪违规问题。

会同有关部门加强对实施成品油价格和税费改革有关政策落实情况的监督检查,严肃查处变相新增收费项目、乱收费等行为。继续治理教育收费、医药购销和医疗服务、涉农负担中的突出问题。继续治理公共服务行业侵害群众消费权益等问题。切实加强对行业协会、市场中介组织的监管,实行与行政主管部门脱钩,规范其服务和收费行为。认真查处侵害农民和进城务工人员合法权益的问题,注意维护破产企业职工的权益。继续清理规范评比达标表彰活动。建立健全民主评议、政风行风热线、互联网站相结合的行风建设监督体系。健全维护群众利益的相关制度,积极预防和化解矛盾,维护社会稳定。

(六)推进重点领域和关键环节改革,深化治本抓源头工作

加大改革和制度创新力度,会同有关部门把规范权力运行、健全市场机制、强化监管惩处结合起来,力争在重点领域和关键环节取得新的突破:(1)认真治理工程建设领域的突出问题。制定落实招标投标法实施条例,完善工程建设项目招标投标举报投诉处理机制,推行招标投标违法行为记录公告制度,加强对政府投资工程招标投标的监管。(2)认真治理房地产开发领域的突出问题。加强对规划许可、施工许可、开发建设等环节的监督检查,严肃处理违规行为。(3)认真治理土地管理和矿产资源开发领域的突出问题。完善国有土地使用权招标拍卖挂牌出让制度,严格执行探矿权、采矿权招标拍卖挂牌出让规定,严肃处理土地管理和矿产资源开发违纪违法行为。(4)认真治理金融领域的突出问题。加强金融监管协调,建立健全内幕信息知情人管理制度,完善反洗钱合作机制,维护国家金融安全。(5)认真治理司法领域的突出问题。积极推进司法公开,规范司法人员自由裁量权行使。加强对诉讼活动的法律监督,提高司法公信力。

继续配合有关部门深化各项改革,努力从源头上防治腐败。完善符合科学发展观要求的干部综合考核评价制度,加强对干部选拔任用工作的监督;进一步减少行政审批事项,加强对已取消审批事项的后续监管;深化财税、投资体制改革,增强预算管理透明度,加快将预算外管理的非税收入纳入预算管理,实行非经营性政府投资项目代建制、公示制度,制定政府采购法实施细则,加大监督检查力度;深化国有企业改革,进一步健全企业经营业绩考核、企业重大决策失误追究制度;深化现代市场体系建设及相关改革,加强产权交易市场建设,健全企业国有产权和上市公司国有股权交易监管制度。

充分发挥国家预防腐败局的作用。健全预防腐败联席会议制度，总结基层预防腐败工作经验，推进社会领域防治腐败工作，加快建立预防腐败信息系统和信息共享机制，进一步加强预防腐败国际交流与合作。

（七）切实加强对领导干部特别是主要领导干部的监督，确保权力正确行使

发展党内民主，健全民主集中制。认真贯彻执行党内监督条例，加强对民主生活会、述职述廉、诫勉谈话和函询等制度执行情况的检查。严格执行党员领导干部报告个人有关事项的规定。认真落实地方党委委员、纪委委员开展党内询问和质询的制度。开展地方党委委员、纪委委员提出罢免或撤换要求及处理的试点工作。继续积极稳妥推进党政领导干部经济责任审计工作，促使领导干部忠于职守、廉洁奉公。积极探索监督关口前移的方式和途径。

深入推进巡视工作。以各省（自治区、直辖市）领导班子和领导干部特别是主要领导干部为重点，加强对省（自治区、直辖市）的巡视；有选择地开展对中央金融机构和国有重要骨干企业的巡视；继续开展对中央国家机关的巡视试点；逐步开展对国家重点工程项目的巡视。各省（自治区、直辖市）党委要加强对市（地、州、盟）的巡视，并延伸到县（市、区、旗），逐步开展对所属国有企业、高等学校和直属机关的巡视。中央和国家机关，中央金融机构、国有重要骨干企业可结合实际开展巡视。创新巡视工作方式方法，健全巡视成果运用机制。抓紧制定《中国共产党巡视工作条例（试行）》，不断提高巡视工作的制度化、规范化水平。

加强纪检监察机关对派驻机构的统一管理。继续完善派驻机构工作制度。严格执行派驻机构直接向派出纪检监察机关报告重要情况的规定，加强对驻在部门领导班子和领导干部的监督。加强派驻机构领导班子建设。继续深化各地派驻机构统一管理工作。健全非派驻单位纪检监察机构的职责，充分发挥其职能作用。

深入推进党务公开，贯彻落实中央关于党务公开有关要求，全面推行党的基层组织党务公开。深化政务公开、厂务公开、村务公开，加强对政府信息公开条例实施情况的监督检查，积极推进行政权力公开透明运行。加大乡镇政务公开力度，不断拓展公共企事业单位办事公开工作领域。

积极发挥行政监察职能作用，促进政府廉政勤政、依法行政。加大执法监察力度，督促行政机关及其工作人员严格按照法定权限和程序履行职责。加强廉政监察，督促政府机关建立健全监督制度，强化对重要领域和关键环节权力运行的监督。积极开展效能监察，推动政府机关改善行政管理，提高行政效能和服务水平。

（八）加强基层党风廉政建设，促进社会和谐稳定

加强农村党风廉政建设。认真贯彻党的十七届三中全会精神，落实关于加强农村党风廉政建设的意见，为深化农村综合改革和建设社会主义新农村提供保证。加强对农村党员干部的教育和监督，认真解决少数农村党员干部作风不实、简单粗暴、办事不公等突出问题。加强对中央关于推进农村改革发展重大原则、各项制度和强农惠农政策落实情况的监督检查，保证党的农村政策落到实处。加强对农村集体资金、资产、资源的管理，开展对农村土地承包、土地征用、村级组织选举等情况的监督检查，坚决查处和纠正侵害农民物质利益、民主权利的突出问题。完善基层站所管理制度，规范执法和收费行为，强化服务功能，提高工作效率。做好信访工作，畅通诉求渠道，健全处理群体性事件工作机制，注重从源头上预防矛盾纠纷的发生。

加强国有企业（含金融机构）党风建设和反腐倡廉工作。严格执行《国有企业领导人员廉洁从业若干规定（试行）》，认真落实国有企业领导人员廉洁自律的“七项要求”。制定推进企业贯彻落实“三重一大”决策制度的指导意见。加强对企业改制、资产评估、资产转让等重大事项的监督，防止国有资产流失。进一步规范企业领导人员薪酬管理。完善以职工代表大会为基本形式的企业民主管理制度，加强厂务公开建设，切实维护职工民主权利。适时开展对国（境）外国有资产的审计。所有国有企业均要健全党组织和纪检监察机构，配强班子，充实人员。

认真贯彻执行《关于加强高等学校反腐倡廉工作的意见》，加强对高校招生、基建、采购、财务、科研经费、校办企业、后勤服务中心的审计和监督。

加强城市社区党风廉政建设，开展对公共资源营业性收入、公共建设投入等资金使用情况的监督检查，建立健全民主议事决策制度和公开制度。

三、突出纪检监察机关实践特色，扎实开展深入学习实践科学发展观活动

各级纪检监察机关要充分认识在全党开展深入学习实践科学发展观活动的重大意义，按照中央的部署和要求，以“做党的忠诚卫士、当群众的贴心人”主题实践活动为载体，认真组织，精心安排，切实抓好学习实践活动，努力取得实实在在的成效。

（一）全面履行纪检监察职责，为贯彻落实科学发展观提供有力保证。要深刻领会中央出台的一系列加强和改善宏观调控、促进科学发展的重大方针政策，进一步增强贯彻落实科学发展观的自觉性和坚定性。要通过认真履行纪检监察职责，切实解决影响和制约科学发展的突出问题，保证中央各项政策措施的落实；切实解决群众反映强烈的突出问题，建立健全维护群众利益的长效机制；切实解决党员干部党性党风党纪方面违背科学发展观要求的突出问题，及时发现和纠正党性不强、作风不正、执纪不严以及其他党风政风方面的问题，更好地服务科学发展、保障科学发展、推动科学发展。

（二）切实体现科学发展观的要求，不断提高纪检监察工作的能力和水平。要在学习实践活动中，深刻领会科学发展观的科学内涵、精神实质和根本要求，着力运用科学发展观所体现的马克思主义的立场、观点、方法来指导和推进纪检监察工作。要着眼于发展这个党执政兴国的第一要务，紧紧围绕保障和促进科学发展来谋划反腐倡廉工作、制定反腐倡廉政策、出台反腐倡廉举措。要切实把以人为本的理念贯穿到纪检监察工作中，更加关注民生，维护群众利益，不断拓宽人民群众参与反腐倡廉建设的渠道；把处理人与教育人、挽救人有机结合起来，既要严肃执行纪律，又要重视保护党员干部的合法权益。要按照全面协调可持续的要求和统筹兼顾的方法开展纪检监察工作，加强统筹协调，整体推进反腐倡廉建设，认真研究解决反腐倡廉建设面临的新情况新问题，不断推进纪检监察工作理念思路、体制机制和方式方法的创新，不断提高惩治和预防腐败的能力，提高服务和保障贯彻落实科学发展观的能力。

（三）以开展深入学习实践科学发展观活动为契机，以“做党的忠诚卫士、当群众的贴心人”主题实践活动为载体，进一步加强纪检监察机关自身建设。在全国纪检监察系统开展“做党的忠诚卫士、当群众的贴心人”主题实践活动，是深入学习实践科学发展观、加强纪检监察机关自身建设的一个重要举措，对于促使广大纪检监察干部真正做到对党和国家无限忠诚，对腐败分子和消极腐败现象坚决斗争，对广大干部和群众关心爱护，对自己和亲属严格要求，具有重要意义。各级纪检监察机关要在深入学习实践科学发展观活动中，同步开展主题实践活动。要进一步增强高举中国特色社会主义伟大旗帜、坚持走中国特色社会主义道路、坚持中国特色社会主义理论体系的自觉性和坚定性，增强政治鉴别力和政治敏锐性，在思想上、政治上、行动上与以胡锦涛同志为总书记的党中央保持高度一致。要加大对纪检监察干部的教育培训力度，改善知识结构，拓宽工作视野，努力提高工作的专业化水平。要加强教育、管理和监督，使广大纪检监察干部始终保持谦虚谨慎、奋发有为的精神状态和恪尽职守、秉公执纪的职业操守，严格执行领导干部廉洁从政各项规定，严格遵守各项纪律特别是办案纪律和保密纪律。对不适合从事纪检监察工作的要坚决调离，对违纪违法的干部要严肃处理，切实维护纪检监察机关的良好形象。要加强干部的交流、轮岗。严格执行办案回避制度，不断完善内部监督制约机制。要进一步加强县级及基层纪检监察机关建设，创新基层纪委的领导体制和工作机制，整合基层监督资源，建立健全经费和装备设施保障制度，夯实反腐倡廉工作基础。在严格要求的同时，要从政治上、工作上、生活上关心爱护纪检监察干部。

扎实推进惩治和预防腐败体系建设，完成好今年的各项工作任务，责任重大，使命光荣。让我们更加紧密地团结在以胡锦涛同志为总书记的党中央周围，与时俱进，开拓创新，奋发努力，真抓实干，不断开创党风廉政建设和反腐败斗争新局面，为深入贯彻落实科学发展观、夺取全面建设小康社会新胜利作出新的更大贡献。

国务院办公厅关于认真贯彻实施食品安全法的通知

国办发〔2009〕25号

各省、自治区、直辖市人民政府,国务院各部委、各直属机构:

《中华人民共和国食品安全法》(以下简称食品安全法)已于2009年2月28日经第十一届全国人大常委会第七次会议通过,将于2009年6月1日起施行。食品安全直接关系广大人民群众的身体健康和生命安全,关系国家经济健康发展和社会和谐稳定。食品安全法的公布施行,对规范食品生产经营活动,防范食品安全事故发生,增强食品安全监管工作的规范性、科学性和有效性,提高我国食品安全整体水平,具有重要意义。为确保这部法律各项规定得到严格执行,经国务院批准,现就有关工作安排通知如下:

一、充分认识食品安全法的重要意义,认真做好学习、宣传和培训工作

食品安全法体现了预防为主、科学管理、明确责任、综合治理的食品安全工作指导思想,确立了食品安全风险监测和风险评估制度、食品安全标准制度、食品生产经营行为的基本准则、索证索票制度、不安全食品召回制度、食品安全信息发布制度,明确了分工负责与统一协调相结合的食品安全监管体制,为全面加强和改进食品安全工作,实现全程监管、科学监管,提高监管成效,提升食品安全水平,提供了法律制度保障。食品安全法的公布施行,对于保证食品安全,保障公众身体健康和生命安全,具有重要意义。

各地区、各有关部门特别是各级领导干部,要从深入贯彻落实科学发展观、全面推进依法行政和建设责任政府的高度,从维护人民群众根本利益出发,充分认识食品安全法实施的重要意义,要把学习、宣传食品安全法作为一项重要工作列入议事日程,把实施食品安全法作为一项长期工作抓紧抓好、抓出成效。县级以上地方人民政府要对食品安全法的宣传工作做出具体安排,广电、新闻出版等部门要充分发挥广播、电视、报刊、网络等媒体的作用,采取多种形式,广泛宣传食品安全法的立法宗旨和主要内容,做到家喻户晓,增强人民群众的食品安全法律意识和监督意识,为法律的贯彻实施营造良好的舆论氛围和社会环境。卫生、农业、质量监督、工商行政管理、食品药品监督管理等部门要开展食品安全法的学习培训,特别要加强执法队伍的法律知识和专业技术培训,确保执法人员准确理解、全面掌握食品安全法的主要内容,提高执法人员依法行政意识和执法水平。食品生产经营者要加强食品安全法学习,熟练掌握食品安全法律知识,自觉守法经营;食品行业组织要加强行业自律,指导、监督食品生产经营者加强诚信建设;食品行业管理部门要加强对食品生产经营者、食品行业组织学习食品安全法的指导。

二、依法履行食品安全监管职责,严格实行责任追究制

食品安全法规定了县级以上地方人民政府的食品安全责任,以及县级以上各级卫生、农业、质量监督、工商行政管理、食品药品监督管理等部门的具体职责,明确了分工负责与统一协调相结合的食品安全监管体制。县级以上地方人民政府要依照食品安全法和国务院的规定,确定本级卫生、农业、质量监督、工商行政管理、食品药品监督管理部门的食品安全监督管理职责,既要避免职责交叉,又要防止监管空白,确保监管工作统一、协调、有效。

县级以上地方人民政府、各有关部门要强化责任意识,严格履行食品安全法规定的各项职责,切实承担起食品安全监管责任。县级以上地方人民政府统一负责、领导、组织、协调本地区的食品安全监督管理工作,要结合本地实际,采取措施加强食品安全监管能力建设,建立健全食品安全全程监管工作机制,形成监管合力;要统筹规划,建立、完善食品安全信息网络,实现食品安全信息、食品检验资源等的整合、共享;要建立并执行严格的食品安全监管责任追究制度,督促有关监管部门依法履职,严肃查处食品安全监管工作中的失职、渎职行为。各级卫生、农业、质量监督、工商行政管理、食品药品监督管理等部门要依照食品安全法的规定,依据各自职责,严格执行各项食品安全法律制度,采取有力措施,督促食品生产经营者切实承担起食品安全第一责任人的责任,严肃查处违法食品生产经营行为。

县级以上地方人民政府要根据本地区实际,建立健全各食品安全监管部门的沟通协调机制,统一组织、协调有关部门依法开展食品安全监管工作;要明确、细化各监管环节的衔接措施,保证食品安全监管工作的整体性和有效性;对不履行沟通协作责任、造成食品安全事故等后果的监管部门,要依法严肃追究其直接负责的主管人员和其他直接责任人员的责任。各级卫生、农业、质量监督、工商行政管理、食品药品监督管理等部门要依照食品安全法及其

配套法规、规章、规范性文件的规定，积极履行部门间的信息通报等责任，加强主动沟通和相互协作，努力实现各监管环节的无缝衔接。

食品安全法实施一段时间后，县级以上地方各级人民政府、各有关部门要及时总结法律执行情况，适时组织开展本地区、本系统执法情况检查，研究、解决法律执行中的问题，及时改进执法工作。

三、抓紧制定、修订食品安全标准，为食品安全监管提供统一、科学依据

食品安全标准是强制执行的标准，是食品安全监管的技术依据。卫生部要依照食品安全法的规定，抓紧整合现行的食用农产品质量安全标准、食品卫生标准、食品质量标准和有关食品的行业标准中强制执行的标准，统一公布为食品安全国家标准。要尽快完成乳品质量安全国家标准制定、修订工作，优先制定、修订食品中致病性微生物、农药残留、兽药残留、重金属、污染物质等的限量标准以及食品添加剂使用标准。食品安全风险评估结果表明需要制定、修订食品安全国家标准的，卫生部要立即依法组织开展相关标准的制定、修订工作，有关监管部门要密切配合。卫生部及省级人民政府卫生部门组织制定、修订食品安全标准，要严格遵循食品安全法规定的程序，确保标准内容科学、合理。食品安全标准应当公开，供公众免费查阅。各级卫生、农业、质量监督、工商行政管理、食品药品监督管理等部门要做好食品安全标准的宣传贯彻工作。各监管部门依据统一的食品安全标准实施食品安全监管。

四、抓紧制定、完善有关行政法规和规章，确保食品安全法律制度的一致性

国务院将根据实施食品安全法的需要，制定食品安全法实施条例，与食品安全法同时施行；食品安全法授权国务院制定的其他行政法规，国务院有关部门要抓紧研究，及时提出有关制度设计的建议。国务院各有关部门和各省（区、市）人民政府要依照食品安全法的规定，依据各自职责，根据食品安全监管工作的实际需要，制定配套的部门规章、地方政府规章，确保食品安全法律制度得到切实执行。

国务院各有关部门和各省（区、市）人民政府要依照食品安全法及其配套行政法规的规定，对现行与食品安全监管有关的部门规章、地方性法规和地方政府规章进行清理，及时废止与食品安全法及其配套行政法规不一致的规章或者修订、废止其中与食品安全法及其配套行政法规不一致的内容，及时提出废止或者修订与食品安全法及其配套行政法规不一致的地方性法规的建议。国务院有关部门和各省（区、市）人民政府起草法规草案、制定规章，应当严格遵守《中华人民共和国立法法》、《行政法规制定程序条例》、《规章制定程序条例》规定的程序，确保食品安全法律制度的一致性。

五、加强食品安全监管能力建设，提高监管的有效性和公信力

食品安全法确立了食品安全风险监测和风险评估制度，规定了食品安全监管部门实施抽样检验应当购买样品并不得收取检验费用及其他任何费用。县级以上地方人民政府要对本地区执行食品安全法确立的各项制度给予经费保障，对增强食品检验能力、提高执法队伍的专业技术水平等食品安全监管能力建设给予必要的支持。要坚决杜绝监管部门通过实施食品安全监管向管理相对人违法收取费用的现象。各监管部门要严格依法实行“收支两条线”管理；对通过实施食品安全监管违法收取费用的，要依法严肃处理，追究直接责任人和负责人的责任。

六、以贯彻实施食品安全法为契机，扎实做好食品安全整顿工作

目前，我国食品安全问题仍然比较突出，食品安全事件时有发生，人民群众对食品安全反映强烈。为切实解决我国食品安全突出问题，国务院已做出部署，用两年左右时间，在全国集中开展食品安全整顿工作。地方各级人民政府、各有关部门要以贯彻实施食品安全法为契机，下大决心、花大力气，从严格落实食品安全法各项制度入手，加强监督和诚信建设，系统、有序地解决食品安全突出问题。地方各级人民政府对本地区的食品安全整顿工作要负总责，按照《国务院办公厅关于印发食品安全整顿工作方案的通知》（国办发〔2009〕8号）要求，加强对食品安全整顿工作的组织领导，制订切实可行的工作方案，抓好督促检查和指导工作，逐级落实整顿工作任务和责任。各级卫生、农业、质量监督、工商行政管理、食品药品监督管理等部门要按照国务院的要求，继续做好违法添加非食品用物质和滥用食品添加剂、食用农产品质量安全、食品生产和进出口、食品流通、餐饮消费、禽畜屠宰和声称具有特定保健功能的食品的集中整顿。要通过集中整顿，使食品安全监管各环节监管责任进一步落实，食品安全标准更加完善，食品行业自律显著加强，食品安全水平明显提高，人民群众食品安全得到切实保障。

各地区、各有关部门要按照本通知精神，结合本地区、本部门的实际，制定具体方案和措施。对食品安全法实施中的有关重要情况和问题，要及时报告国务院。

国务院关于印发物流业调整和振兴规划的通知

国发〔2009〕8 号

各省、自治区、直辖市人民政府，国务院各部委、各直属机构：

现将《物流业调整和振兴规划》（以下简称《规划》）印发给你们，请结合本地区、本部门实际，认真贯彻执行。

当前，国际金融危机对我国实体经济造成了较大冲击，物流业作为重要的服务产业，也受到较为严重的影响。制定实施物流业调整和振兴规划，不仅是促进物流业自身平稳较快发展和产业调整升级的需要，也是服务和支撑其他产业的调整与发展、扩大消费和吸收就业的需要，对于促进产业结构调整、转变经济发展方式和增强国民经济竞争力具有重要意义。

各地区、各部门要把思想和行动统一到党中央、国务院的决策部署上来，以邓小平理论和“三个代表”重要思想为指导，深入贯彻落实科学发展观，进一步增强大局意识、责任意识，加强领导，密切配合，切实按照《规划》要求，做好统筹协调、改革体制、完善政策、企业重组、优化布局、工程建设等各项工作，确保《规划》目标的实现，促进物流业健康发展。

各地区要按照《规划》确定的目标、任务和政策措施，结合当地实际抓紧制定具体工作方案，切实抓好组织实施，确保取得实效。国务院各有关部门要根据《规划》明确的任务分工和工作要求，做到责任到位、措施到位，加强调查研究，尽快制定和完善各项配套政策措施，切实加强对《规划》实施的指导和支持。

国务院

二〇〇九年三月十日

物流业调整和振兴规划

物流业是融合运输业、仓储业、货代业和信息业等的复合型服务产业，是国民经济的重要组成部分，涉及领域广，吸纳就业人数多，促进生产、拉动消费作用大，在促进产业结构调整、转变经济发展方式和增强国民经济竞争力等方面发挥着重要作用。

为应对国际金融危机的影响，落实党中央、国务院保增长、扩内需、调结构的总体要求，促进物流业平稳较快发展，培育新的经济增长点，特制定本规划，作为物流产业综合性应对措施的行动方案。规划期为2009—2011 年。

一、发展现状与面临的形势

（一）发展现状。

进入新世纪以来，我国物流业总体规模快速增长，服务水平显著提高，发展的环境和条件不断改善，为进一步加快发展奠定了坚实基础。

1. 物流业规模快速增长。2008 年，全国社会物流总额达 89.9 万亿元，比 2000 年增长 4.2 倍，年均增长 23%；物流业实现增加值 2.0 万亿元，比 2000 年增长 1.9 倍，年均增长 14%。2008 年，物流业增加值占全部服务业增加值的比重为 16.5%，占 GDP 的比重为 6.6%。

2. 物流业发展水平显著提高。一些制造企业、商贸企业开始采用现代物流管理理念、方法和技术，实施流程再造和服务外包；传统运输、仓储、货代企业实行功能整合和服务延伸，加快向现代物流企业转型；

一批新型的物流企业迅速成长，形成了多种所有制、多种服务模式、多层次的物流企业群体。全社会物流总费用与GDP的比率，由2000年的19.4%下降到2008年的18.3%，物流费用成本呈下降趋势，促进了经济运行质量的提高。

3. 物流基础设施条件逐步完善。交通设施规模迅速扩大，为物流业发展提供了良好的设施条件。截至2008年底，全国铁路营业里程8.0万公里，高速公路通车里程6.03万公里，港口泊位3.64万个，其中沿海万吨级以上泊位1167个，拥有民用机场160个。物流园区建设开始起步，仓储、配送设施现代化水平不断提高，一批区域性物流中心正在形成。物流技术设备加快更新换代，物流信息化建设有了突破性进展。

4. 物流业发展环境明显好转。国家"十一五"规划纲要明确提出"大力发展现代物流业"，中央和地方政府相继建立了推进现代物流业发展的综合协调机制，出台了支持现代物流业发展的规划和政策。物流统计核算和标准化工作，以及人才培养和技术创新等行业基础性工作取得明显成效。

但是，我国物流业的总体水平仍然偏低，还存在一些突出问题。一是全社会物流运行效率偏低，社会物流总费用与GDP的比率高出发达国家1倍左右；二是社会化物流需求不足和专业化物流供给能力不足的问题同时存在，"大而全"、"小而全"的企业物流运作模式还相当普遍；三是物流基础设施能力不足，尚未建立布局合理、衔接顺畅、能力充分、高效便捷的综合交通运输体系，物流园区、物流技术装备等能力有待加强；四是地方封锁和行业垄断对资源整合和一体化运作形成障碍，物流市场还不够规范；五是物流技术、人才培养和物流标准还不能完全满足需要，物流服务的组织化和集约化程度不高。

2008年下半年以来，随着国际金融危机对我国实体经济的影响逐步加深，物流业作为重要的服务产业也受到了严重冲击。物流市场需求急剧萎缩，运输和仓储等收费价格及利润大幅度下跌，一大批中小物流企业经营出现困难，提供运输、仓储等单一服务的传统物流企业受到严重冲击。整体来看，国际金融危机不但造成物流产业自身发展的剧烈波动，而且对其他产业的物流服务供给也产生了不利影响。

（二）面临的形势。

应该看到，实施物流业的调整和振兴、实现传统物流业向现代物流业的转变，不仅是物流业自身结构调整和产业升级的需要，也是整个国民经济发展的必然要求。

1. 调整和振兴物流业是应对国际金融危机的迫切需要。一是要解决当前物流企业面临的困难，需要加快企业重组步伐，做强做大，提高产业集中度和抗风险能力，保持产业的平稳发展；二是物流业自身需要转变发展模式，向以信息技术和供应链管理为核心的现代物流业发展，通过提供低成本、高效率、多样化、专业化的物流服务，适应复杂多变的市场环境，提高自身竞争力；三是物流业对其他产业的调整具有服务和支撑作用，发展第三方物流可以促进制造业和商贸业优化内部分工、专注核心业务、降低物流费用，提高这些产业的竞争力，增强其应对国际金融危机的能力。

2. 调整和振兴物流业是适应经济全球化趋势的客观要求。一是随着经济全球化的发展和我国融入世界经济的步伐加快，全球采购、全球生产和全球销售的发展模式要求加快发展现代物流业，优化资源配置，提高市场响应速度和产品供给时效，降低企业物流成本，增强国民经济的竞争力。二是为了适应国际产业分工的变化，要求加快发展现代物流业，完善物流服务体系，改善投资环境，抓住国际产业向我国转移的机遇，吸引国际投资，促进我国制造业和高技术产业的发展。三是随着全球服务贸易的迅猛发展，要求加快发展现代物流业，培育国内现代物流服务企业，提高物流服务能力，应对日益激烈的全球物流企业竞争。

3. 调整和振兴物流业是国民经济持续快速发展的必要保证。根据全面建设小康社会的新要求，我国经济规模将进一步扩大，居民消费水平将进一步提高，货物运输量、社会商品零售额、对外贸易额等将大幅度增长，农产品、工业品、能源、原材料和进出口商品的流通规模将显著增加，对全社会物流服务能力和物流效率提出了更高的要求。同时，中西部地区要求改善物流条件，缩小与东部地区的物流成本差距，承接东部沿海地区产业梯度转移，促进区域间协调和可持续发展。

4. 调整和振兴物流业是贯彻落实科学发展观和构建社会主义和谐社会的重要举措。调整和振兴物流业，有利于加快商品流通和资金周转，降低社会物流成本，优化资源配置，提高国民经济的运行质量；有利于提高服务业比重，优化产业结构，促进经济发展方式的转变；有利于增加城乡就业岗位，扩大社会就业；有利于提高运输效率，降低能源消耗和废气排放，缓解交通拥堵，实现经济和社会的协调发展；有利于促进国内外、城乡和地区间商品流通，满足人民群众对多样化、高质量的物流服务需求，扩大居民消费；有利于国家救灾应急、处理突发性事件，保障经济稳定和社会安全。

二、指导思想、原则和目标

（一）指导思想。

以邓小平理论和"三个代表"重要思想为指导，深入贯彻落实科学发展观，按照保增长、扩内需、调结构的总体部署，以应对国际金融危机对我国经济的影响为切入点，以改革开放为动力，以先进技术为支撑，以物流一体化和信息化为主线，积极营造有利于物流业发展的政策环境，加快发展现代物流业，建立现代物流服务体系，以物流服务促进其他产业发展，为全面建设小康社会提供坚实的物流体系保障。

（二）基本原则。

1. 立足应对危机，着眼长远发展。既要应对国际金融危机，解决当前物流业发展面临的突出问题，保先进生产力，保重点骨干企业，促进企业平稳发展；又要从产业长远发展的角度出发，解决制约物流产业振兴的体制、政策和设施瓶颈，促进产业升级，提高产业竞争力。

2. 市场配置资源，政府营造环境。充分发挥市场配置资源的作用，调动企业的积极性，从满足物流需求的实际出发，注重投资的经济效益。政府要为物流业的发展营造良好的政策环境，扶持重要的物流基础设施项目建设。

3. 加强规划指导，注重协调联动。统筹国内与国际、全国与区域、城市与农村物流协调发展，做好地区之间、行业之间和部门之间物流基础设施建设与发展的协调和衔接，走市场化、专业化、社会化的发展道路，合理布局重大项目。各地区要从本地区经济发展的实际出发，因地制宜，统筹规划，科学引导物流业的发展，防止盲目攀比和重复建设。

4. 打破分割封锁，整合现有资源。改革现行物流业相关行业管理体制，打破部门间和地区间的分割和封锁，创造公平的竞争环境，促进物流服务的社会化和资源利用的市场化，优先整合和利用现有物流资源，提高物流设施的利用率。

5. 建立技术标准，推进一体化运作。按照现代物流理念，加快技术标准体系建设，综合集成仓储、运输、货代、包装、装卸、搬运、流通加工、配送、信息处理等多种功能，推进物流一体化运作，提高物流效率。

6. 创新服务方式，坚持科学发展。以满足生产者和消费者不断增长的物流需求为出发点，不断创新物流服务方式，提升服务水平。积极推进物流服务的信息化、现代化、合理化和企业社会责任建设，坚持最严格的节约用地制度，注重节约能源，保护环境，减少废气污染和交通拥堵，保证交通安全，实现经济和社会可持续协调发展。

（三）规划目标。

力争在2009年改善物流企业经营困难的状况，保持产业的稳定发展。到2011年，培育一批具有国际竞争力的大型综合物流企业集团，初步建立起布局合理、技术先进、节能环保、便捷高效、安全有序并具有一定国际竞争力的现代物流服务体系，物流服务能力进一步增强；物流的社会化、专业化水平明显提高，第三方物流的比重有所增加，物流业规模进一步扩大，物流业增加值年均递增10%以上；物流整体运行效率显著提高，全社会物流总费用与GDP的比率比目前的水平有所下降。

三、主要任务

（一）积极扩大物流市场需求。

进一步推广现代物流管理，努力扩大物流市场需求。运用供应链管理与现代物流理念、技术与方法，实施采购、生产、销售和物品回收物流的一体化运作。鼓励生产企业改造物流流程，提高对市场的响应速度，降低库存，加速周转。合理布局城乡商业设施，完善流通网络，积极发展连锁经营、物流配送和电子商务等现代流通方式，促进流通企业的现代化。在农村广泛应用现代物流管理技术，发展农产品从产地到销地的直销和配送，以及农资和农村日用消费品的统一配送。

（二）大力推进物流服务的社会化和专业化。鼓励生产和商贸企业按照分工协作的原则，剥离或外包物流功能，整合物流资源，促进企业内部物流社会化。推动物流企业与生产、商贸企业互动发展，促进供应链各环节有机结合。鼓励现有运输、仓储、货代、联运、快递企业的功能整合和服务延伸，加快向现代物流企业转型。积极发展多式联运、集装箱、特种货物、厢式货车运输以及重点物资的散装运输等现代运输方式,加强各种运输方式运输企业的相互协调,建立高效、安全、低成本的运输系统。加强运输与物流服务的融合,为物流一体化运作与管理提供条件。鼓励邮政企业深化改革,做大做强快递物流业务。大力发展第三方物流,提高企业的竞争力。

(三)加快物流企业兼并重组。

鼓励中小物流企业加强信息沟通,创新物流服务模式,加强资源整合,满足多样性的物流需要。加大国家对物流企业兼并重组的政策支持力度,缓解当前物流企业面临的困难,鼓励物流企业通过参股、控股、兼并、联合、合资、合作等多种形式进行资产重组,培育一批服务水平高、国际竞争力强的大型现代物流企业。

(四)推动重点领域物流发展。

加强石油、煤炭、重要矿产品及相关产品物流设施建设,建立石油、煤炭、重要矿产品物流体系。加快发展粮食、棉花现代物流,推广散粮运输和棉花大包运输。加强农产品质量标准体系建设,发展农产品冷链物流。完善农资和农村日用消费品连锁经营网络,建立农村物流体系。发展城市统一配送,提高食品、食盐、烟草和出版物等的物流配送效率。实行医药集中采购和统一配送,推动医药物流发展。加强对化学危险品物流的跟踪与监控,规范化学危险品物流的安全管理。推动汽车和零配件物流发展,建立科学合理的汽车综合物流服务体系。鼓励企业加快发展产品与包装物回收物流和废弃物物流,促进资源节约与循环利用。鼓励和支持物流业节能减排,发展绿色物流。发挥邮政现有的网络优势,大力发展邮政物流,加快建立快递物流体系,方便生产生活。加强应急物流体系建设,提高应对战争、灾害、重大疫情等突发性事件的能力。

(五)加快国际物流和保税物流发展。

加强主要港口、国际海运陆运集装箱中转站、多功能国际货运站、国际机场等物流节点的多式联运物流设施建设,加快发展铁海联运,提高国际货物的中转能力,加快发展适应国际中转、国际采购、国际配送、国际转口贸易业务要求的国际物流,逐步建成一批适应国际贸易发展需要的大型国际物流港,并不断增强其配套功能。在有效监管的前提下,各有关部门要简化审批手续,优化口岸通关作业流程,实行申办手续电子化和"一站式"服务,提高通关效率。充分发挥口岸联络协调机制的作用,加快"电子口岸"建设,积极推进大通关信息资源整合。统筹规划、合理布局,积极推进海关特殊监管区域整合发展和保税监管场所建设,建立既适应跨国公司全球化运作又适应加工制造业多元化发展需求的新型保税物流监管体系。积极促进口岸物流向内地物流节点城市顺畅延伸,促进内地现代物流业的发展。

(六)优化物流业发展的区域布局。

根据市场需求、产业布局、商品流向、资源环境、交通条件、区域规划等因素,重点发展九大物流区域,建设十大物流通道和一批物流节点城市,优化物流业的区域布局。

九大物流区域分布为:以北京、天津为中心的华北物流区域,以沈阳、大连为中心的东北物流区域,以青岛为中心的山东半岛物流区域,以上海、南京、宁波为中心的长江三角洲物流区域,以厦门为中心的东南沿海物流区域,以广州、深圳为中心的珠江三角洲物流区域,以武汉、郑州为中心的中部物流区域,以西安、兰州、乌鲁木齐为中心的西北物流区域,以重庆、成都、南宁为中心的西南物流区域。十大物流通道为:东北地区与关内地区物流通道,东部地区南北物流通道,中部地区南北物流通道,东部沿海与西北地区物流通道,东部沿海与西南地区物流通道,西北与西南地区物流通道,西南地区出海物流通道,长江与运河物流通道,煤炭物流通道,进出口物流通道。

要打破行政区划的界限,按照经济区划和物流业发展的客观规律,促进物流区域发展。积极推进和加深不同地区之间物流领域的合作,引导物流资源的跨区域整合,逐步形成区域一体化的物流服务格局。长江三角洲、珠江三角洲物流区域和华北、山东半岛、东北、东南沿海物流区域,要加强技术自主创新,加快发展制造业物流、国际物流和商贸物流,培育一批具有国际竞争力的现代物流企业,在全国率先做强。中部物流区域要充分发挥中部地区承东启西、贯通南北的区位优势,加快培育第三方物流企业,提升物流产业发展水平,形成与东部物流区域的有机衔接。西北、西南物流区域要加快改革步伐,进一步推广现代物流管理理念和技术，按照本区域承接产业转移和发挥资源优势的需要，加快物流基础设施建设，改善区域物流环境，缩小与东中部地区差距。

物流节点城市分为全国性物流节点城市、区域性物流节点城市和地区性物流节点城市。全国性和区域性物流节点城市由国家确定，地区性物流节点城市由地方确定。全国性物流节点城市包括：北京、天津、沈阳、大连、青岛、济南、上海、南京、宁波、杭州、厦门、广州、深圳、郑州、武汉、重庆、成都、南宁、西安、兰州、乌鲁木齐共21个城市。区域性物流节点城市包括：哈尔滨、长春、包头、呼和浩特、石家庄、唐山、太原、合肥、福州、南昌、长沙、昆明、贵阳、海口、西宁、银川、拉萨共17个城市。物流节点城市要根据本地的产业特点、发展水平、设施状况、市场需求、功能定位等，完善城市物流设施，加强物流园区规划布局，有针对性地建设货运服务型、生产服务型、商业服务型、国际贸易服务型和综合服务型的物流园区，优化城市交通、生态环境，促进产业集聚，努力提高城市的物流服务水平，带动周边所辐射区域物流业的发展，形成全国性、区域性和地区性物流中心和三级物流节点城市网络，促进大中小城市物流业的协调发展。

（七）加强物流基础设施建设的衔接与协调。

按照全国货物的主要流向及物流发展的需要，依据《综合交通网中长期发展规划》、《中长期铁路网规划》、《国家高速公路网规划》、《全国沿海港口布局规划》、《全国内河航道与港口布局规划》及《全国民用机场布局规划》，加强交通运输设施建设，完善综合运输网络布局，促进各种运输方式的衔接和配套，提高资源使用效率和物流运行效率。发展多式联运，加强集疏运体系建设，使铁路、港口码头、机场及公路实现“无缝对接”，着力提高物流设施的系统性、兼容性。充分发挥市场机制的作用，整合现有运输、仓储等物流基础设施，加快盘活存量资产，通过资源的整合、功能的拓展和服务的提升，满足物流组织与管理服务的需要。加强新建铁路、港口、公路和机场转运设施的统一规划和建设，合理布局物流园区，完善中转联运设施，防止产生新的分割和不衔接。加强仓储设施建设，在大中城市周边和制造业基地附近合理规划、改造和建设一批现代化的配送中心。

（八）提高物流信息化水平。

积极推进企业物流管理信息化，促进信息技术的广泛应用。尽快制订物流信息技术标准和信息资源标准，建立物流信息采集、处理和服务的交换共享机制。加快行业物流公共信息平台建设，建立全国性公路运输信息网络和航空货运公共信息系统，以及其他运输与服务方式的信息网络。推动区域物流信息平台建设，鼓励城市间物流平台的信息共享。加快构建商务、金融、税务、海关、邮政、检验检疫、交通运输、铁路运输、航空运输和工商管理等政府部门的物流管理与服务公共信息平台，扶持一批物流信息服务企业成长。

（九）完善物流标准化体系。

根据物流标准编制规划，加快制订、修订物流通用基础类、物流技术类、物流信息类、物流管理类、物流服务类等标准，完善物流标准化体系。密切关注国际发展趋势，加强重大基础标准研究。要对标准制订实施改革，加强物流标准工作的协调配合，充分发挥企业在制订物流标准中的主体作用。加快物流管理、技术和服务标准的推广，鼓励企业和有关方面采用标准化的物流计量、货物分类、物品标识、物流装备设施、工具器具、信息系统和作业流程等，提高物流的标准化程度。

（十）加强物流新技术的开发和应用。

大力推广集装技术和单元化装载技术，推行托盘化单元装载运输方式，大力发展大吨位厢式货车和甩挂运输组织方式，推广网络化运输。完善并推广物品编码体系，广泛应用条形码、智能标签、无线射频识别（RFID）等自动识别、标识技术以及电子数据交换（EDI）技术，发展可视化技术、货物跟踪技术和货物快速分拣技术，加大对RFID和移动物流信息服务技术、标准的研发和应用的投入。积极开发和利用全球定位系统（GNSS）、地理信息系统（GIS）、道路交通信息通信系统（VICS）、不停车自动交费系统（ETC）、智能交通系统（ITS）等运输领域新技术，加强物流信息系统安全体系研究。加强物流技术装备的研发与生产，鼓励企业采用仓储运输、装卸搬运、分拣包装、条码印刷等专用物流技术装备。

四、重点工程

（一）多式联运、转运设施工程。依托已有的港口、铁路和公路货站、机场等交通运输设施，选择重点地区和综合交通枢纽，建设一批集装箱多式联运中转设施和连接两种以上运输方式的转运设施，提高铁路集装箱运输能力，重点解决港口与铁路、铁路与公路、民用航空与地面交通等枢纽不衔接以及各种交通枢纽相互分离带来的货物在运输过程中多次搬倒、拆装等问题，促进物流基础设施协调配套运行，实现多种运输方式“无缝衔接”，提高运输效率。

（二）物流园区工程。

在重要物流节点城市、制造业基地和综合交通枢纽，在土地利用总体规划、城市总体规划确定的城镇建设用地范围内，按照符合城市发展规划、城乡规划的要求，充分利用已有运输场站、仓储基地等基础设施，统筹规划建设一批以布局集中、用地节约、产业集聚、功能集成、经营集约为特征的物流园区，完善专业化物流组织服务，实现长途运输与短途运输的合理衔接，优化城市配送，提高物流运作的规模效益，节约土地占用，缓解城市交通压力。物流园区建设要严格按规划进行，充分发挥铁路运输优势，综合利用已有、规划和在建的物流基础设施，完善配套设施，防止盲目投资和重复建设。

（三）城市配送工程。

鼓励企业应用现代物流管理技术，适应电子商务和连锁经营发展的需要，在大中城市发展面向流通企业和消费者的社会化共同配送，促进流通的现代化，扩大居民消费。加快建设城市物流配送项目，鼓励专业运输企业开展城市配送，提高城市配送的专业化水平，解决城市快递、配送车辆进城通行、停靠和装卸作业问题，完善城市物流配送网络。

（四）大宗商品和农村物流工程。

加快煤炭物流通道建设，以山西、内蒙古、陕西煤炭外运为重点，形成若干个煤电路港一体化工程，完善煤炭物流系统。加强油气码头和运输管网建设，提高油气物流能力。加强重要矿产品港口物流设施建设，改善大型装备物流设施条件。加快粮食现代物流设施建设，建设跨省粮食物流通道和重要物流节点。加大投资力度，加快建设“北粮南运”和“西煤东运”工程。加强城乡统筹，推进农村物流工程。进一步加强农副产品批发市场建设，完善鲜活农产品储藏、加工、运输和配送等冷链物流设施，提高鲜活农产品冷藏运输比例，支持发展农资和农村消费品物流配送中心。

（五）制造业与物流业联动发展工程。

加强对制造业物流分离外包的指导和促进，支持制造企业改造现有业务流程，促进物流业务分离外包，提高核心竞争力。培育一批适应现代制造业物流需求的第三方物流企业，提升物流业为制造业服务的能力和水平。制定鼓励制造业与物流业联动发展的相关政策，组织实施一批制造业与物流业联动发展的示范工程和重点项目，促进现代制造业与物流业有机融合、联动发展。

（六）物流标准和技术推广工程。

加快对现有仓储、转运设施和运输工具的标准化改造，鼓励企业采用标准化的物流设施和设备，实现物流设施、设备的标准化。推广实施托盘系列国家标准，鼓励企业采用标准化托盘，支持专业化企业在全国建设托盘共用系统，开展托盘的租赁回收业务，实现托盘标准化、社会化运作。鼓励企业采用集装单元、射频识别、货物跟踪、自动分拣、立体仓库、配送中心信息系统、冷链等物流新技术，提高物流运作管理水平。实施物流标准化服务示范工程，选择大型物流企业、物流园区开展物流标准化试点工作并逐步推广。

（七）物流公共信息平台工程。

加快建设有利于信息资源共享的行业和区域物流公共信息平台项目，重点建设电子口岸、综合运输信息平台、物流资源交易平台和大宗商品交易平台。鼓励企业开展信息发布和信息系统外包等服务业务，建设面向中小企业的物流信息服务平台。

（八）物流科技攻关工程。

加强物流新技术的自主研发，重点支持货物跟踪定位、智能交通、物流管理软件、移动物流信息服务等关键技术攻关，提高物流技术的自主创新能力。适应物流业与互联网融合发展的趋势，启动物联网的前瞻性研究工作。加快先进物流设备的研制，提高物流装备的现代化水平。

（九）应急物流工程。

建立应急生产、流通、运输和物流企业信息系统，以便在突发事件发生时能够紧急调用。建立多层次的政府应急物资储备体系，保证应急调控的需要。加强应急物流设施设备建设，提高应急反应能力。选择和培育一批具有应急能力的物流企业，建立应急物流体系。

五、政策措施

（一）加强组织和协调。

现代物流业是新型服务业，涉及面广。要加强对现代物流业发展的组织和协调，在相关部门各司其职、各负其责的基础上，发挥由发展改革委牵头、有关部门参加的全国现代物流工作部际联席会议的作用，研究协调现代物流业发展的有关重大问题和政策。各省、自治区、直辖市政府也要建立相应的协调机制，加强对地方现代物流业发展有关问题的研究和协调。

（二）改革物流管理体制。

继续深化铁路、公路、水运、民航、邮政、货代等领域的体制改革，按照精简、统一、高效的原则和决策、执行、监督相协调的要求，建立政企分开、决策科学、权责对等、分工合理、执行顺畅、监督有力的物流综合管理体系，完善政府的公共服务职能，进一步规范运输、货代等行业的管理，促进物流服务的规范化、市场化和国际化。改革仓储企业经营体制，推进仓储设施和业务的社会化。打破行业垄断，消除地区封锁，依法制止和查处滥用行政权力阻碍或限制跨地区、跨行业物流服务的行为，逐步建立统一开放、竞争有序的全国物流服务市场，促进物流资源的规范、公平、有序和高效流动。加强监管，规范物流市场秩序，强化物流环节质量安全管理。进一步完善对物流企业的交通安全监管机制，督促企业定期对车辆技术状况、驾驶人资质进行检查，从源头上消除安全隐患，落实企业的安全生产主体责任。

（三）完善物流政策法规体系。

在贯彻落实好现有推动现代物流业发展有关政策的基础上，进一步研究制定促进现代物流业发展的有关政策。加大政策支持力度，抓紧解决影响当前物流业发展的土地、税收、收费、融资和交通管理等方面的问题。引导和鼓励物流企业加强管理创新，完善公司治理结构，实施兼并重组，尽快做强做大。针对当前产业发展中出现的新情况和新问题，研究制定系统的物流产业政策。清理有关物流的行政法规，加强对物流领域的立法研究，完善物流的法律法规体系，促进物流业健康发展。

（四）制订落实专项规划。

有关部门要制订专项规划，积极引导和推动重点领域和区域物流业的发展。发展改革委会同有关部门制订煤炭、粮食、农产品冷链、物流园区、应急物流等专项规划，商务部会同供销总社等有关部门制订商贸物流专项规划，国家标准委会同有关部门制订物流标准专项规划。物流业发展的重点地区，各级地方政府也要制订本地区物流业规划，指导本地区物流业的发展。

（五）多渠道增加对物流业的投入。

物流业的发展，主要依靠企业自身的投入。要加快发展民营物流企业，扩大对外开放步伐，多渠道增加对物流业的投入。对列入国家和地方规划的物流基础设施建设项目，鼓励其通过银行贷款、股票上市、发行债券、增资扩股、企业兼并、中外合资等途径筹集建设资金。银行业金融机构要积极给予信贷支持。对涉及全国性、区域性重大物流基础设施项目，中央和地方政府可根据项目情况和财力状况适当安排中央和地方预算内建设投资，以投资补助、资本金注入或贷款贴息等方式给予支持，由企业进行市场化运作。

（六）完善物流统计指标体系。

进一步完善物流业统计调查制度和信息管理制度，建立科学的物流业统计调查方法和指标体系。加强物流统计基础工作，开展物流统计理论和方法研究。认真贯彻实施社会物流统计核算与报表制度。积极推动地方物流统计工作，充分发挥行业组织的作用和力量，促进物流业统计信息交流，建立健全共享机制，提高统计数据的准确性和及时性。

（七）继续推进物流业对外开放和国际合作。

充分利用世界贸易组织、自由贸易区和区域经济合作机制等平台，与有关国家和地区相互进一步开放与物流相关的分销、运输、仓储、货代等领域，特别是加强与日韩、东盟和中亚国家的双边和区域物流合作，开展物流方面的政策协调和技术合作，推动物流业“引进来”和“走出去”。加强国内物流企业同国际先进物流企业的合资、合作与交流，引进和吸收国外促进现代物流发展的先进经验和管理方法，提高物流业的全球化与区域化程度。加强国际物流“软环境”建设，包括鼓励运用国际惯例、推动与国际贸易规则及货代物流规则接轨、统一单证、加强风险控制和风险转移体系建设等。建立产业安全保障机制，完善物流业外资并购安全审查制度。

（八）加快物流人才培养。

要采取多种形式，加快物流人才的培养。加强物流人才需求预测和调查，制订科学的培养目标和规划，发展多层次教育体系和在职人员培训体系。利用社会资源，鼓励企业与大学、科研机构合作，编写精品教材，提高实际操作能力，强化职业技能教育，开展物流领域的职业资质培训与认证工作。加强与国外物流教育与培训机构的联合与合作。

（九）发挥行业社团组织的作用。物流业社团组织应履行行业服务、自律、协调的职能，发挥在物流规划制订、政策建议、规范市场行为、统计与信息、技术合作、人才培训、咨询服务等方面的中介作用，成为政府与企业联系的桥梁和纽带。

六、规划实施

国务院各有关部门要按照《规划》的工作分工，加强沟通协商，密切配合，尽快制定和完善各项配套政策措施，明确政策措施的实施范围和进度，并加强指导和监督，确保实现物流业调整和振兴目标。有关部门要适时开展《规划》的后评价工作，及时提出评价意见。

各地区要按照《规划》确定的目标、任务和政策措施，结合当地实际抓紧制订具体工作方案，细化落实，确保取得实效。各省、自治区、直辖市要将具体工作方案和实施过程中出现的新情况、新问题及时报送发展改革委和交通运输、商务等有关部门。

关于深化医药卫生体制改革的意见

按照党的十七大精神，为建立中国特色医药卫生体制，逐步实现人人享有基本医疗卫生服务的目标，提高全民健康水平，现就深化医药卫生体制改革提出如下意见。

一、充分认识深化医药卫生体制改革的重要性、紧迫性和艰巨性

医药卫生事业关系亿万人民的健康，关系千家万户的幸福，是重大民生问题。深化医药卫生体制改革，加快医药卫生事业发展，适应人民群众日益增长的医药卫生需求，不断提高人民群众健康素质，是贯彻落实科学发展观、促进经济社会全面协调可持续发展的必然要求，是维护社会公平正义、提高人民生活质量的重要举措，是全面建设小康社会和构建社会主义和谐社会的一项重大任务。

新中国成立以来，特别是改革开放以来，我国医药卫生事业取得了显著成就，覆盖城乡的医药卫生服务体系基本形成，疾病防治能力不断增强，医疗保障覆盖人口逐步扩大，卫生科技水平迅速提高，人民群众健康水平明显改善，居民主要健康指标处于发展中国家前列。尤其是抗击非典取得重大胜利以来，各级政府投入加大，公共卫生、农村医疗卫生和城市社区卫生发展加快，新型农村合作医疗和城镇居民基本医疗保险取得突破性进展，为深化医药卫生体制改革打下了良好基础。同时，也应该看到，当前我国医药卫生事业发展水平与人民群众健康需求及经济社会协调发展要求不适应的矛盾还比较突出。城乡和区域医疗卫生事业发展不平衡，资源配置不合理，公共卫生和农村、社区医疗卫生工作比较薄弱，医疗保障制度不健全，药品生产流通秩序不规范，医院管理体制和运行机制不完善，政府卫生投入不足，医药费用上涨过快，个人负担过重，对此，人民群众反映强烈。

从现在到2020年，是我国全面建设小康社会的关键时期，医药卫生工作任务繁重。随着经济的发展和人民生活水平的提高，群众对改善医药卫生服务将会有更高的要求。工业化、城镇化、人口老龄化、疾病谱变化和生态环境变化等，都给医药卫生工作带来一系列新的严峻挑战。深化医药卫生体制改革，是加快医药卫生事业发展的战略选择，是实现人民共享改革发展成果的重要途径，是广大人民群众的迫切愿望。

深化医药卫生体制改革是一项涉及面广、难度大的社会系统工程。我国人口多，人均收入水平低，城乡、区域差距大，长期处于社会主义初级阶段的基本国情，决定了深化医药卫生体制改革是一项十分复杂艰巨的任务，是一个渐进的过程，需要在明确方向和框架的基础上，经过长期艰苦努力和坚持不懈的探索，才能逐步建立符合我国国情的医药卫生体制。因此，对深化医药卫生体制改革，既要坚定决心、抓紧推进，又要精心组织、稳步实施，确保改革顺利进行，达到预期目标。

二、深化医药卫生体制改革的指导思想、基本原则和总体目标

（一）深化医药卫生体制改革的指导思想。以邓小平理论和“三个代表”重要思想为指导，深入贯彻落实科学发展观，从我国国情出发，借鉴国际有益经验，着眼于实现人人享有基本医疗卫生服务的目标，着力解决人民群众最关心、最直接、最现实的利益问题。坚持公共医疗卫生的公益性质，坚持预防为主、以农村为重点、中西医并重的方针，实行政事分开、管办分开、医药分开、营利性和非营利性分开，强化政府责任和投入，完善国民健康政策，健全制度体系，加强监督管理，创新体制机制，鼓励社会参与，建设覆盖城乡居民的基本医疗卫生制度，不断提高全民健康水平，促进社会和谐。

（二）深化医药卫生体制改革的基本原则。医药卫生体制改革必须立足国情，一切从实际出发，坚持正确的改革原则。

——坚持以人为本，把维护人民健康权益放在第一位。坚持医药卫生事业为人民健康服务的宗旨，以保障人民健康为中心，以人人享有基本医疗卫生服务为根本出发点和落脚点，从改革方案设计、卫生制度建立到服务体系建设都要遵循公益性的原则，把基本医疗卫生制度作为公共产品向全民提供，着力解决群众反映强烈的突出问题，努力实现全体人民病有所医。

——坚持立足国情，建立中国特色医药卫生体制。坚持从基本国情出发，实事求是地总结医药卫生事

业改革发展的实践经验，准确把握医药卫生发展规律和主要矛盾；坚持基本医疗卫生服务水平与经济社会发展相协调、与人民群众的承受能力相适应；充分发挥中医药（民族医药）作用；坚持因地制宜、分类指导，发挥地方积极性，探索建立符合国情的基本医疗卫生制度。

——坚持公平与效率统一，政府主导与发挥市场机制作用相结合。强化政府在基本医疗卫生制度中的责任，加强政府在制度、规划、筹资、服务、监管等方面的职责，维护公共医疗卫生的公益性，促进公平公正。同时，注重发挥市场机制作用，动员社会力量参与，促进有序竞争机制的形成，提高医疗卫生运行效率、服务水平和质量，满足人民群众多层次、多样化的医疗卫生需求。

——坚持统筹兼顾，把解决当前突出问题与完善制度体系结合起来。从全局出发，统筹城乡、区域发展，兼顾供给方和需求方等各方利益，注重预防、治疗、康复三者的结合，正确处理政府、卫生机构、医药企业、医务人员和人民群众之间的关系。既着眼长远，创新体制机制，又立足当前，着力解决医药卫生事业中存在的突出问题。既注重整体设计，明确总体改革方向目标和基本框架，又突出重点，分步实施，积极稳妥地推进改革。

（三）深化医药卫生体制改革的总体目标。建立健全覆盖城乡居民的基本医疗卫生制度，为群众提供安全、有效、方便、价廉的医疗卫生服务。

到2011年，基本医疗保障制度全面覆盖城乡居民，基本药物制度初步建立，城乡基层医疗卫生服务体系进一步健全，基本公共卫生服务得到普及，公立医院改革试点取得突破，明显提高基本医疗卫生服务可及性，有效减轻居民就医费用负担，切实缓解"看病难、看病贵"问题。

到2020年，覆盖城乡居民的基本医疗卫生制度基本建立。普遍建立比较完善的公共卫生服务体系和医疗服务体系，比较健全的医疗保障体系，比较规范的药品供应保障体系，比较科学的医疗卫生机构管理体制和运行机制，形成多元办医格局，人人享有基本医疗卫生服务，基本适应人民群众多层次的医疗卫生需求，人民群众健康水平进一步提高。

三、完善医药卫生四大体系，建立覆盖城乡居民的基本医疗卫生制度

建设覆盖城乡居民的公共卫生服务体系、医疗服务体系、医疗保障体系、药品供应保障体系，形成四位一体的基本医疗卫生制度。四大体系相辅相成，配套建设，协调发展。

（四）全面加强公共卫生服务体系建设。建立健全疾病预防控制、健康教育、妇幼保健、精神卫生、应急救治、采供血、卫生监督和计划生育等专业公共卫生服务网络，完善以基层医疗卫生服务网络为基础的医疗服务体系的公共卫生服务功能，建立分工明确、信息互通、资源共享、协调互动的公共卫生服务体系，提高公共卫生服务和突发公共卫生事件应急处置能力，促进城乡居民逐步享有均等化的基本公共卫生服务。

确定公共卫生服务范围。明确国家基本公共卫生服务项目，逐步增加服务内容。鼓励地方政府根据当地经济发展水平和突出的公共卫生问题，在中央规定服务项目的基础上增加公共卫生服务内容。

完善公共卫生服务体系。进一步明确公共卫生服务体系的职能、目标和任务，优化人员和设备配置，探索整合公共卫生服务资源的有效形式。完善重大疾病防控体系和突发公共卫生事件应急机制，加强对严重威胁人民健康的传染病、慢性病、地方病、职业病和出生缺陷等疾病的监测与预防控制。加强城乡急救体系建设。

加强健康促进与教育。医疗卫生机构及机关、学校、社区、企业等要大力开展健康教育，充分利用各种媒体，加强健康、医药卫生知识的传播，倡导健康文明的生活方式，促进公众合理营养，提高群众的健康意识和自我保健能力。

深入开展爱国卫生运动。将农村环境卫生与环境污染治理纳入社会主义新农村建设规划，推动卫生城市和文明村镇建设，不断改善城乡居民生活、工作等方面的卫生环境。

加强卫生监督服务。大力促进环境卫生、食品卫生、职业卫生、学校卫生，以及农民工等流动人口卫生工作。

（五）进一步完善医疗服务体系。坚持非营利性医疗机构为主体、营利性医疗机构为补充，公立医疗机构为主导、非公立医疗机构共同发展的办医原则，建设结构合理、覆盖城乡的医疗服务体系。

大力发展农村医疗卫生服务体系。进一步健全以县级医院为龙头、乡镇卫生院和村卫生室为基础的

农村医疗卫生服务网络。县级医院作为县域内的医疗卫生中心，主要负责基本医疗服务及危重急症病人的抢救，并承担对乡镇卫生院、村卫生室的业务技术指导和卫生人员的进修培训；乡镇卫生院负责提供公共卫生服务和常见病、多发病的诊疗等综合服务，并承担对村卫生室的业务管理和技术指导；村卫生室承担行政村的公共卫生服务及一般疾病的诊治等工作。有条件的农村实行乡村一体化管理。积极推进农村医疗卫生基础设施和能力建设，政府重点办好县级医院，并在每个乡镇办好一所卫生院，采取多种形式支持村卫生室建设，使每个行政村都有一所村卫生室，大力改善农村医疗卫生条件，提高服务质量。

完善以社区卫生服务为基础的新型城市医疗卫生服务体系。加快建设以社区卫生服务中心为主体的城市社区卫生服务网络，完善服务功能，以维护社区居民健康为中心，提供疾病预防控制等公共卫生服务、一般常见病及多发病的初级诊疗服务、慢性病管理和康复服务。转变社区卫生服务模式，不断提高服务水平，坚持主动服务、上门服务，逐步承担起居民健康“守门人”的职责。

健全各类医院的功能和职责。优化布局和结构，充分发挥城市医院在危重急症和疑难病症的诊疗、医学教育和科研、指导和培训基层卫生人员等方面的骨干作用。有条件的大医院按照区域卫生规划要求，可以通过托管、重组等方式促进医疗资源合理流动。

建立城市医院与社区卫生服务机构的分工协作机制。城市医院通过技术支持、人员培训等方式，带动社区卫生服务持续发展。同时，采取增强服务能力、降低收费标准、提高报销比例等综合措施，引导一般诊疗下沉到基层，逐步实现社区首诊、分级医疗和双向转诊。整合城市卫生资源，充分利用城市现有一、二级医院及国有企事业单位所属医疗机构和社会力量举办的医疗机构等资源，发展和完善社区卫生服务网络。

充分发挥中医药（民族医药）在疾病预防控制、应对突发公共卫生事件、医疗服务中的作用。加强中医临床研究基地和中医院建设，组织开展中医药防治疑难疾病的联合攻关。在基层医疗卫生服务中，大力推广中医药适宜技术。采取扶持中医药发展政策，促进中医药继承和创新。

建立城市医院对口支援农村医疗卫生工作的制度。发达地区要加强对口支援贫困地区和少数民族地区发展医疗卫生事业。城市大医院要与县级医院建立长期稳定的对口支援和合作制度，采取临床服务、人员培训、技术指导、设备支援等方式，帮助其提高医疗水平和服务能力。

（六）加快建设医疗保障体系。加快建立和完善以基本医疗保障为主体，其他多种形式补充医疗保险和商业健康保险为补充，覆盖城乡居民的多层次医疗保障体系。

建立覆盖城乡居民的基本医疗保障体系。城镇职工基本医疗保险、城镇居民基本医疗保险、新型农村合作医疗和城乡医疗救助共同组成基本医疗保障体系，分别覆盖城镇就业人口、城镇非就业人口、农村人口和城乡困难人群。坚持广覆盖、保基本、可持续的原则，从重点保障大病起步，逐步向门诊小病延伸，不断提高保障水平。建立国家、单位、家庭和个人责任明确、分担合理的多渠道筹资机制，实现社会互助共济。随着经济社会发展，逐步提高筹资水平和统筹层次，缩小保障水平差距，最终实现制度框架的基本统一。进一步完善城镇职工基本医疗保险制度，加快覆盖就业人口，重点解决国有关闭破产企业、困难企业等职工和退休人员，以及非公有制经济组织从业人员和灵活就业人员的基本医疗保险问题；2009 年全面推开城镇居民基本医疗保险，重视解决老人、残疾人和儿童的基本医疗保险问题；全面实施新型农村合作医疗制度，逐步提高政府补助水平，适当增加农民缴费，提高保障能力；完善城乡医疗救助制度，对困难人群参保及其难以负担的医疗费用提供补助，筑牢医疗保障底线。探索建立城乡一体化的基本医疗保障管理制度。

鼓励工会等社会团体开展多种形式的医疗互助活动。鼓励和引导各类组织和个人发展社会慈善医疗救助。

做好城镇职工基本医疗保险制度、城镇居民基本医疗保险制度、新型农村合作医疗制度和城乡医疗救助制度之间的衔接。以城乡流动的农民工为重点积极做好基本医疗保险关系转移接续，以异地安置的退休人员为重点改进异地就医结算服务。妥善解决农民工基本医疗保险问题。签订劳动合同并与企业建立稳定劳动关系的农民工，要按照国家规定明确用人单位缴费责任，将其纳入城镇职工基本医疗保险制度；其他农民工根据实际情况，参加户籍所在地新型农村合作医疗或务工所在地城镇居民基本医疗保险。

积极发展商业健康保险。鼓励商业保险机构开发适应不同需要的健康保险产品，简化理赔手续，方便群众，满足多样化的健康需求。鼓励企业和个人通过参加商业保险及多种形式的补充保险解决基本医疗保障之外的需求。在确保基金安全和有效监管的前提下，积极提倡以政府购买医疗保障服务的方式，探索委托具有资质的商业保险机构经办各类医疗保障管理服务。

（七）建立健全药品供应保障体系。加快建立以国家基本药物制度为基础的药品供应保障体系，保障人民群众安全用药。

建立国家基本药物制度。中央政府统一制定和发布国家基本药物目录，按照防治必需、安全有效、价格合理、使用方便、中西药并重的原则，结合我国用药特点，参照国际经验，合理确定品种和数量。建立基本药物的生产供应保障体系，在政府宏观调控下充分发挥市场机制的作用，基本药物实行公开招标采购，统一配送，减少中间环节，保障群众基本用药。国家制定基本药物零售指导价格，在指导价格内，由省级人民政府根据招标情况确定本地区的统一采购价格。规范基本药物使用，制定基本药物临床应用指南和基本药物处方集。城乡基层医疗卫生机构应全部配备、使用基本药物，其他各类医疗机构也要将基本药物作为首选药物并确定使用比例。基本药物全部纳入基本医疗保障药物报销目录，报销比例明显高于非基本药物。

规范药品生产流通。完善医药产业发展政策和行业发展规划，严格市场准入和药品注册审批，大力规范和整顿生产流通秩序，推动医药企业提高自主创新能力和医药产业结构优化升级，发展药品现代物流和连锁经营，促进药品生产、流通企业的整合。建立便民惠农的农村药品供应网。完善药品储备制度。支持用量小的特殊用药、急救用药生产。规范药品采购，坚决治理医药购销中的商业贿赂。加强药品不良反应监测，建立药品安全预警和应急处置机制。

四、完善体制机制，保障医药卫生体系有效规范运转

完善医药卫生的管理、运行、投入、价格、监管体制机制，加强科技与人才、信息、法制建设，保障医药卫生体系有效规范运转。

（八）建立协调统一的医药卫生管理体制。实施属地化和全行业管理。所有医疗卫生机构，不论所有制、投资主体、隶属关系和经营性质，均由所在地卫生行政部门实行统一规划、统一准入、统一监管。中央、省级可以设置少量承担医学科研、教学功能的医学中心或区域医疗中心，以及承担全国或区域性疑难病症诊治的专科医院等医疗机构；县（市）主要负责举办县级医院、乡村卫生和社区卫生服务机构；其余公立医院由市负责举办。

强化区域卫生规划。省级人民政府制定卫生资源配置标准，组织编制区域卫生规划和医疗机构设置规划，明确医疗机构的数量、规模、布局和功能。科学制定乡镇卫生院（村卫生室）、社区卫生服务中心（站）等基层医疗卫生机构和各级医院建设与设备配置标准。充分利用和优化配置现有医疗卫生资源，对不符合规划要求的医疗机构要逐步进行整合，严格控制大型医疗设备配置，鼓励共建共享，提高医疗卫生资源利用效率。新增卫生资源必须符合区域卫生规划，重点投向农村和社区卫生等薄弱环节。加强区域卫生规划与城乡规划、土地利用总体规划等的衔接。建立区域卫生规划和资源配置监督评价机制。

推进公立医院管理体制改革。从有利于强化公立医院公益性和政府有效监管出发，积极探索政事分开、管办分开的多种实现形式。进一步转变政府职能，卫生行政部门主要承担卫生发展规划、资格准入、规范标准、服务监管等行业管理职能，其他有关部门按照各自职能进行管理和提供服务。落实公立医院独立法人地位。

进一步完善基本医疗保险管理体制。中央统一制定基本医疗保险制度框架和政策，地方政府负责组织实施管理，创造条件逐步提高统筹层次。有效整合基本医疗保险经办资源，逐步实现城乡基本医疗保险行政管理的统一。

（九）建立高效规范的医药卫生机构运行机制。公共卫生机构收支全部纳入预算管理。按照承担的职责任务，由政府合理确定人员编制、工资水平和经费标准，明确各类人员岗位职责，严格人员准入，加强绩效考核，建立能进能出的用人制度，提高工作效率和服务质量。

转变基层医疗卫生机构运行机制。政府举办的城市社区卫生服务中心（站）和乡镇卫生院等基层医疗卫生机构，要严格界定服务功能，明确规定使用适宜技术、适宜设备和基本药物，为广大群众提供低成本服

务，维护公益性质。要严格核定人员编制，实行人员聘用制，建立能进能出和激励有效的人力资源管理制度。要明确收支范围和标准，实行核定任务、核定收支、绩效考核补助的财务管理办法，并探索实行收支两条线、公共卫生和医疗保障经费的总额预付等多种行之有效的管理办法，严格收支预算管理，提高资金使用效益。要改革药品加成政策，实行药品零差率销售。加强和完善内部管理，建立以服务质量为核心、以岗位责任与绩效为基础的考核和激励制度，形成保障公平效率的长效机制。

建立规范的公立医院运行机制。公立医院要遵循公益性质和社会效益原则，坚持以病人为中心，优化服务流程，规范用药、检查和医疗行为。深化运行机制改革，建立和完善医院法人治理结构，明确所有者和管理者的责权，形成决策、执行、监督相互制衡，有责任、有激励、有约束、有竞争、有活力的机制。推进医药分开，积极探索多种有效方式逐步改革以药补医机制。通过实行药品购销差别加价、设立药事服务费等多种方式逐步改革或取消药品加成政策，同时采取适当调整医疗服务价格、增加政府投入、改革支付方式等措施完善公立医院补偿机制。进一步完善财务、会计管理制度，严格预算管理，加强财务监管和运行监督。地方可结合本地实际，对有条件的医院开展"核定收支、以收抵支、超收上缴、差额补助、奖惩分明"等多种管理办法的试点。改革人事制度，完善分配激励机制，推行聘用制度和岗位管理制度，严格工资总额管理，实行以服务质量及岗位工作量为主的综合绩效考核和岗位绩效工资制度，有效调动医务人员的积极性。

健全医疗保险经办机构运行机制。完善内部治理结构，建立合理的用人机制和分配制度，完善激励约束机制，提高医疗保险经办管理能力和管理效率。

（十）建立政府主导的多元卫生投入机制。明确政府、社会与个人的卫生投入责任。确立政府在提供公共卫生和基本医疗服务中的主导地位。公共卫生服务主要通过政府筹资，向城乡居民均等化提供。基本医疗服务由政府、社会和个人三方合理分担费用。特需医疗服务由个人直接付费或通过商业健康保险支付。

建立和完善政府卫生投入机制。中央政府和地方政府都要增加对卫生的投入，并兼顾供给方和需求方。逐步提高政府卫生投入占卫生总费用的比重，使居民个人基本医疗卫生费用负担有效减轻；政府卫生投入增长幅度要高于经常性财政支出的增长幅度，使政府卫生投入占经常性财政支出的比重逐步提高。新增政府卫生投入重点用于支持公共卫生、农村卫生、城市社区卫生和基本医疗保障。

按照分级负担的原则合理划分中央和地方各级政府卫生投入责任。地方政府承担主要责任，中央政府主要对国家免疫规划、跨地区的重大传染疾病预防控制等公共卫生、城乡居民的基本医疗保障以及有关公立医疗卫生机构建设等给予补助。加大中央、省级财政对困难地区的专项转移支付力度。

完善政府对公共卫生的投入机制。专业公共卫生服务机构的人员经费、发展建设和业务经费由政府全额安排，按照规定取得的服务收入上缴财政专户或纳入预算管理。逐步提高人均公共卫生经费，健全公共卫生服务经费保障机制。

完善政府对城乡基层医疗卫生机构的投入机制。政府负责其举办的乡镇卫生院、城市社区卫生服务中心（站）按国家规定核定的基本建设经费、设备购置经费、人员经费和其承担公共卫生服务的业务经费，使其正常运行。对包括社会力量举办的所有乡镇卫生院和城市社区卫生服务机构，各地都可采取购买服务等方式核定政府补助。支持村卫生室建设，对乡村医生承担的公共卫生服务等任务给予合理补助。

落实公立医院政府补助政策。逐步加大政府投入，主要用于基本建设和设备购置、扶持重点学科发展、符合国家规定的离退休人员费用和补贴政策性亏损等，对承担的公共卫生服务等任务给予专项补助，形成规范合理的公立医院政府投入机制。对中医院（民族医院）、传染病院、精神病院、职业病防治院、妇产医院和儿童医院等在投入政策上予以倾斜。严格控制公立医院建设规模、标准和贷款行为。

完善政府对基本医疗保障的投入机制。政府提供必要的资金支持新型农村合作医疗、城镇居民基本医疗保险、城镇职工基本医疗保险和城乡医疗救助制度的建立和完善。保证相关经办机构正常经费。

鼓励和引导社会资本发展医疗卫生事业。积极促进非公立医疗卫生机构发展，形成投资主体多元化、投资方式多样化的办医体制。抓紧制定和完善有关政策法规，规范社会资本包括境外资本办医疗机构的准入条件，完善公平公正的行业管理政策。鼓励社会资本依法兴办非营利性医疗机构。国家制定公立医院改制的指导性意见，积极引导社会资本以多种方式参与包括国有企业所办医院在内的部分公立医院改制重组。稳步推进公立医院改制的试点，适度降低公立医疗机构比重，形成公立医院与非公立医院相互促进、共同发展的格局。支持有资质人员依法开业，方便群众就医。完善医疗机构分类管理政策和税收优惠政策。依法加强对社会力量办医的监管。

大力发展医疗慈善事业。制定相关优惠政策，鼓励社会力量兴办慈善医疗机构，或向医疗救助、医疗机构等慈善捐赠。

（十一）建立科学合理的医药价格形成机制。规范医疗服务价格管理。对非营利性医疗机构提供的基本医疗服务，实行政府指导价，其余由医疗机构自主定价。中央政府负责制定医疗服务价格政策及项目、定价原则及方法；省或市级价格主管部门会同卫生、人力资源社会保障部门核定基本医疗服务指导价格。基本医疗服务价格按照扣除财政补助的服务成本制定，体现医疗服务合理成本和技术劳务价值。不同级别的医疗机构和医生提供的服务，实行分级定价。规范公立医疗机构收费项目和标准，研究探索按病种收费等收费方式改革。建立医用设备仪器价格监测、检查治疗服务成本监审及其价格定期调整制度。

改革药品价格形成机制。合理调整政府定价范围，改进定价方法，提高透明度，利用价格杠杆鼓励企业自主创新，促进国家基本药物的生产和使用。对新药和专利药品逐步实行定价前药物经济性评价制度。对仿制药品实行后上市价格从低定价制度，抑制低水平重复建设。严格控制药品流通环节差价率。对医院销售药品开展差别加价、收取药事服务费等试点，引导医院合理用药。加强医用耗材及植（介）入类医疗器械流通和使用环节价格的控制和管理。健全医药价格监测体系，规范企业自主定价行为。

积极探索建立医疗保险经办机构与医疗机构、药品供应商的谈判机制，发挥医疗保障对医疗服务和药品费用的制约作用。

（十二）建立严格有效的医药卫生监管体制。强化医疗卫生监管。健全卫生监督执法体系，加强城乡卫生监督机构能力建设。强化医疗卫生服务行为和质量监管，完善医疗卫生服务标准和质量评价体系，规范管理制度和工作流程，加快制定统一的疾病诊疗规范，健全医疗卫生服务质量监测网络。加强医疗卫生机构的准入和运行监管。加强对生活饮用水安全、职业危害防治、食品安全、医疗废弃物处置等社会公共卫生的监管。依法严厉打击各种危害人民群众身体健康和生命安全的违法行为。

完善医疗保障监管。加强对医疗保险经办、基金管理和使用等环节的监管，建立医疗保险基金有效使用和风险防范机制。强化医疗保障对医疗服务的监控作用，完善支付制度，积极探索实行按人头付费、按病种付费、总额预付等方式，建立激励与惩戒并重的有效约束机制。加强商业健康保险监管，促进规范发展。

加强药品监管。强化政府监管责任，完善监管体系建设，严格药品研究、生产、流通、使用、价格和广告的监管。落实药品生产质量管理规范，加强对高风险品种生产的监管。严格实施药品经营管理规范，探索建立药品经营许可分类、分级的管理模式，加大重点品种的监督抽验力度。建立农村药品监督网。加强政府对药品价格的监管，有效抑制虚高定价。规范药品临床使用，发挥执业药师指导合理用药与药品质量管理方面的作用。

建立信息公开、社会多方参与的监管制度。鼓励行业协会等社会组织和个人对政府部门、医药机构和相关体系的运行绩效进行独立评价和监督。加强行业自律。

（十三）建立可持续发展的医药卫生科技创新机制和人才保障机制。推进医药卫生科技进步。把医药卫生科技创新作为国家科技发展的重点，努力攻克医药科技难关，为人民群众健康提供技术保障。加大医学科研投入，深化医药卫生科技体制和机构改革，整合优势医学科研资源，加快实施医药科技重大专项，鼓励自主创新，加强对重大疾病防治技术和新药研制关键技术等的研究，在医学基础和应用研究、高技术研究、中医和中西医结合研究等方面力求新的突破。开发生产适合我国国情的医疗器械。广泛开展国际卫生科技合作交流。

加强医药卫生人才队伍建设。制定和实施人才队伍建设规划，重点加强公共卫生、农村卫生、城市社区卫生专业技术人员和护理人员的培养培训。制定优惠政策，鼓励优秀卫生人才到农村、城市社区和中西部地区服务。对长期在城乡基层工作的卫生技术人员在职称晋升、业务培训、待遇政策等方面给予适当倾斜。完善全科医师任职资格制度，健全农村和城市社区卫生人员在岗培训制度，鼓励参加学历教育，促进乡村医生执业规范化，尽快实现基层医疗卫生机构都有合格的全科医生。加强高层次科研、医疗、卫生管理等人才队伍建设。建立住院医师规范化培训制度，强化继续医学教育。加强护理队伍建设，逐步解决护理人员比例过低的问题。培育壮大中医药人才队伍。稳步推动医务人员的合理流动，促进不同医疗机构之间人才的纵向和横向交流，研究探索注册医师多点执业。规范医院管理者的任职条件，逐步形成一支职业化、专业化的医疗机构管理队伍。

调整高等医学教育结构和规模。加强全科医学教育，完善标准化、规范化的临床医学教育，提高医学教育质量。加大医学教育投入，大力发展面向农村、社区的高等医学本专科教育，采取定向免费培养等多种方式，为贫困地区农村培养实用的医疗卫生人才，造就大批扎根农村、服务农民的合格医生。

构建健康和谐的医患关系。加强医德医风建设，重视医务人员人文素养培养和职业素质教育，大力弘扬救死扶伤精神。优化医务人员执业环境和条件，保护医务人员的合法权益，调动医务人员改善服务和提高效率的积极性。完善医疗执业保险，开展医务社会工作，完善医疗纠纷处理机制，增进医患沟通。在全社会形成尊重医学科学、尊重医疗卫生工作者、尊重患者的良好风气。

（十四）建立实用共享的医药卫生信息系统。大力推进医药卫生信息化建设。以推进公共卫生、医疗、医保、药品、财务监管信息化建设为着力点，整合资源，加强信息标准化和公共服务信息平台建设，逐步实现统一高效、互联互通。

加快医疗卫生信息系统建设。完善以疾病控制网络为主体的公共卫生信息系统，提高预测预警和分析报告能力；以建立居民健康档案为重点，构建乡村和社区卫生信息网络平台；以医院管理和电子病历为重点，推进医院信息化建设；利用网络信息技术，促进城市医院与社区卫生服务机构的合作。积极发展面向农村及边远地区的远程医疗。

建立和完善医疗保障信息系统。加快基金管理、费用结算与控制、医疗行为管理与监督、参保单位和个人管理服务等具有复合功能的医疗保障信息系统建设。加强城镇职工基本医疗保险、城镇居民基本医疗保险、新型农村合作医疗和医疗救助信息系统建设，实现与医疗机构信息系统的对接，积极推广“一卡通”等办法，方便参保（合）人员就医，增加医疗服务的透明度。

建立和完善国家、省、市三级药品监管、药品检验检测、药品不良反应监测信息网络。建立基本药物供求信息系统。

（十五）建立健全医药卫生法律制度。完善卫生法律法规。加快推进基本医疗卫生立法，明确政府、社会和居民在促进健康方面的权利和义务，保障人人享有基本医疗卫生服务。建立健全卫生标准体系，做好相关法律法规的衔接与协调。加快中医药立法工作。完善药品监管法律法规。逐步建立健全与基本医疗卫生制度相适应、比较完整的卫生法律制度。

推进依法行政。严格、规范执法，切实提高各级政府运用法律手段发展和管理医药卫生事业的能力。加强医药卫生普法工作，努力创造有利于人民群众健康的法治环境。

五、着力抓好五项重点改革，力争近期取得明显成效

为使改革尽快取得成效，落实医疗卫生服务的公益性质，着力保障广大群众看病就医的基本需求，按照让群众得到实惠，让医务人员受到鼓舞，让监管人员易于掌握的要求，2009—2011 年着力抓好五项重点改革。

（十六）加快推进基本医疗保障制度建设。基本医疗保障制度全面覆盖城乡居民，3 年内城镇职工基本医疗保险、城镇居民基本医疗保险和新型农村合作医疗参保（合）率均达到 90% 以上；城乡医疗救助制度覆盖到全国所有困难家庭。以提高住院和门诊大病保障为重点，逐步提高筹资和保障水平，2010 年各级财政对城镇居民基本医疗保险和新型农村合作医疗的补助标准提高到每人每年 120 元。做好医疗保险关系转移接续和异地就医结算服务。完善医疗保障管理体制机制。有效减轻城乡居民个人医药费用负担。

（十七）初步建立国家基本药物制度。建立比较完整的基本药物遴选、生产供应、使用和医疗保险报销的体系。2009 年，公布国家基本药物目录；规范基本药物采购和配送；合理确定基本药物的价格。从 2009 年起，政府举办的基层医疗卫生机构全部配备和使用基本药物，其他各类医疗机构也都必须按规定使用基

本药物，所有零售药店均应配备和销售基本药物；完善基本药物的医保报销政策。保证群众基本用药的可及性、安全性和有效性，减轻群众基本用药费用负担。

（十八）健全基层医疗卫生服务体系。加快农村三级医疗卫生服务网络和城市社区卫生服务机构建设，发挥县级医院的龙头作用，用3年时间建成比较完善的基层医疗卫生服务体系。加强基层医疗卫生人才队伍建设，特别是全科医生的培养培训，着力提高基层医疗卫生机构服务水平和质量。转变基层医疗卫生机构运行机制和服务模式，完善补偿机制。逐步建立分级诊疗和双向转诊制度，为群众提供便捷、低成本的基本医疗卫生服务。

（十九）促进基本公共卫生服务逐步均等化。国家制定基本公共卫生服务项目，从2009年起，逐步向城乡居民统一提供疾病预防控制、妇幼保健、健康教育等基本公共卫生服务。实施国家重大公共卫生服务项目，有效预防控制重大疾病及其危险因素，进一步提高突发重大公共卫生事件处置能力。健全城乡公共卫生服务体系，完善公共卫生服务经费保障机制，2009年人均基本公共卫生服务经费标准不低于15元，到2011年不低于20元。加强绩效考核，提高服务效率和质量。逐步缩小城乡居民基本公共卫生服务差距，力争让群众少生病。

（二十）推进公立医院改革试点。改革公立医院管理体制、运行机制和监管机制，积极探索政事分开、管办分开的有效形式。完善医院法人治理结构。推进公立医院补偿机制改革，加大政府投入，完善公立医院经济补偿政策，逐步解决"以药补医"问题。加快形成多元化办医格局，鼓励民营资本举办非营利性医院。大力改进公立医院内部管理，优化服务流程，规范诊疗行为，调动医务人员的积极性，提高服务质量和效率，明显缩短病人等候时间，实现同级医疗机构检查结果互认，努力让群众看好病。

六、积极稳妥推进医药卫生体制改革

（二十一）提高认识，加强领导。各级党委和政府要充分认识深化医药卫生体制改革的重要性、紧迫性和艰巨性，提高认识、坚定信心，切实加强组织领导，把解决群众看病就医问题作为改善民生、扩大内需的重点摆上重要议事日程，明确任务分工，落实政府的公共医疗卫生责任。成立国务院深化医药卫生体制改革领导小组，统筹组织实施深化医药卫生体制改革。国务院有关部门要认真履行职责，密切配合，形成合力，加强监督考核。地方政府要按照本意见和实施方案的要求，因地制宜制定具体实施方案和有效措施，精心组织，有序推进改革进程，确保改革成果惠及全体人民群众。

（二十二）突出重点，分步实施。建立覆盖城乡居民的基本医疗卫生制度是一项长期任务，要坚持远近结合，从基础和基层起步，近期重点抓好基本医疗保障制度、国家基本药物制度、基层医疗卫生服务体系、基本公共卫生服务均等化和公立医院改革试点五项改革。要抓紧制定操作性文件和具体方案，进一步深化、细化政策措施，明确实施步骤，做好配套衔接，协调推进各项改革。

（二十三）先行试点，逐步推开。医药卫生体制改革涉及面广、情况复杂、政策性强，一些重大改革要先行试点。国务院深化医药卫生体制改革领导小组负责制定试点原则和政策框架，统筹协调、指导各地试点工作。各省区市制定具体试点方案并组织实施。鼓励地方结合当地实际，开展多种形式的试点，积极探索有效的实现途径，并及时总结经验，逐步推开。

（二十四）加强宣传，正确引导。深化医药卫生体制改革需要社会各界和广大群众的理解、支持和参与。要坚持正确的舆论导向，广泛宣传改革的重大意义和主要政策措施，积极引导社会预期，增强群众信心，使这项惠及广大人民群众的重大改革深入人心，为深化改革营造良好的舆论环境。

国务院办公厅关于进一步加强政府采购管理工作的意见

各省、自治区、直辖市人民政府，国务院各部委、各直属机构：

近年来，各地区、各部门认真贯彻落实《中华人民共和国政府采购法》（以下简称《政府采购法》），不断加强制度建设、规范采购行为，政府采购在提高资金使用效益，维护国家和社会公益，以及防范腐败、支持节能环保和促进自主创新等方面取得了显著成效。但是，个别单位规避政府采购，操作执行环节不规范，运行机制不完善，监督处罚不到位，部分政府采购效率低价格高等问题仍然比较突出，一些违反法纪、贪污腐败的现象时有发生，造成财政资金损失浪费。为切实解决这些问题，全面深化政府采购制度改革，经国务院同意，现就进一步加强政府采购管理工作提出以下意见：

一、坚持应采尽采，进一步强化和实现依法采购

财政部门要依据政府采购需要和集中采购机构能力，研究完善政府集中采购目录和产品分类。各地区、各部门要加大推进政府采购工作的力度，扩大政府采购管理实施范围，对列入政府采购的项目应全部依法实施政府采购。尤其是要加强对部门和单位使用纳入财政管理的其他资金或使用以财政性资金作为还款来源的借（贷）款进行采购的管理；要加强工程项目的政府采购管理，政府采购工程项目除招标投标外均按《政府采购法》规定执行。

各部门、各单位要认真执行政府采购法律制度规定的工作程序和操作标准，合理确定采购需求，及时签订合同、履约验收和支付资金，不得以任何方式干预和影响采购活动。属政府集中采购目录项目要委托集中采购机构实施；达到公开招标限额标准的采购项目，未经财政部门批准不得采取其他采购方式，并严格按规定向社会公开发布采购信息，实现采购活动的公开透明。

二、坚持管采分离，进一步完善监管和运行机制

加强政府采购监督管理与操作执行相分离的体制建设，进一步完善财政部门监督管理和集中采购机构独立操作运行的机制。

财政部门要严格采购文件编制、信息公告、采购评审、采购合同格式和产品验收等环节的具体标准和程序要求；要建立统一的专家库、供应商产品信息库，逐步实现动态管理和加强违规行为的处罚；要会同国家保密部门制定保密项目采购的具体标准、范围和工作要求，防止借采购项目保密而逃避或简化政府采购的行为。

集中采购机构要严格按照《政府采购法》规定组织采购活动，规范集中采购操作行为，增强集中采购目录执行的严肃性、科学性和有效性。在组织实施中不得违反国家规定收取采购代理费用和其他费用，也不得将采购单位委托的集中采购项目再委托给社会代理机构组织实施采购。要建立健全内部监督管理制度，实现采购活动不同环节之间权责明确、岗位分离。要重视和加强专业化建设，优化集中采购实施方式和内部操作程序，实现采购价格低于市场平均价格、采购效率更高、采购质量优良和服务良好。

在集中采购业务代理活动中要适当引入竞争机制，打破现有集中采购机构完全按行政隶属关系接受委托业务的格局，允许采购单位在所在区域内择优选择集中采购机构，实现集中采购活动的良性竞争。

三、坚持预算约束，进一步提高政府采购效率和质量

各部门、各单位要按照《政府采购法》的规定和财政部门预算管理的要求，将政府采购项目全部编入部门预算，做好政府采购预算和采购计划编报的相互衔接工作，确保采购计划严格按政府采购预算的项目和数额执行。

要采取有效措施，加强监管部门、采购单位和采购代理机构间的相互衔接，通过改进管理水平和操作执行质量，不断提高采购效率。财政部门要改进管理方式，提高审批效率，整合优化采购环节，制定标准化工作程序，建立各种采购方式下的政府采购价格监测机制和采购结果社会公开披露制度，实现对采购活动及采购结果的有效监控。集中采购机构要提高业务技能和专业化操作水平，通过优化采购组织形式，科学制定价格参数和评价标准，完善评审程序，缩短采购操作时间，建立政府采购价格与市场价格的联动机制，

实现采购价格和采购质量最优。

四、坚持政策功能，进一步服务好经济和社会发展大局

政府采购应当有助于实现国家的经济和社会发展政策目标。强化政府采购的政策功能作用，是建立科学政府采购制度的客观要求。各地区、各部门要从政府采购政策功能上支持国家宏观调控，贯彻好扩大内需、调整结构等经济政策，认真落实节能环保、自主创新、进口产品审核等政府采购政策；进一步扩大政府采购政策功能范围，积极研究支持促进中小企业发展等政府采购政策。加大强制采购节能产品和优先购买环保产品的力度，凡采购产品涉及节能环保和自主创新产品的，必须执行财政部会同有关部门发布的节能环保和自主创新产品政府采购清单（目录）。要严格审核进口产品的采购，凡国内产品能够满足需求的都要采购国内产品。财政部门要加强政策实施的监督，跟踪政策实施情况，建立采购效果评价体系，保证政策规定落到实处。

五、坚持依法处罚，进一步严肃法律制度约束

各级财政、监察、审计、预防腐败部门要加强对政府采购的监督管理，严格执法检查，对违法违规行为要依法追究责任并以适当方式向社会公布，对情节严重的要依法予以处罚。

要通过动态监控体系及时发现、纠正和处理采购单位逃避政府采购和其他违反政府采购制度规定的行为，追究相关单位及人员的责任。要完善评审专家责任处罚办法，对评审专家违反政府采购制度规定、评审程序和评审标准，以及在评审工作中敷衍塞责或故意影响评标结果等行为，要严肃处理。要加快供应商诚信体系建设，对供应商围标、串标和欺诈等行为依法予以处罚并向社会公布。要加快建立对采购单位、评审专家、供应商、集中采购机构和社会代理机构的考核评价制度和不良行为公告制度，引入公开评议和社会监督机制。严格对集中采购机构的考核，考核结果要向同级人民政府报告。加强对集中采购机构整改情况的跟踪监管，对集中采购机构的违法违规行为，要严格按照法律规定予以处理。

六、坚持体系建设，进一步推进电子化政府采购

加强政府采购信息化建设，是深化政府采购制度改革的重要内容，也是实现政府采购科学化、精细化管理的手段。各地区要积极推进政府采购信息化建设，利用现代电子信息技术，实现政府采购管理和操作执行各个环节的协调联动。财政部门要切实加强对政府采购信息化建设工作的统一领导和组织，科学制订电子化政府采购体系发展建设规划，以管理功能完善、交易公开透明、操作规范统一、网络安全可靠为目标，建设全国统一的电子化政府采购管理交易平台，逐步实现政府采购业务交易信息共享和全流程电子化操作。要抓好信息系统推广运行的组织工作，制定由点到面、协调推进的实施计划。

七、坚持考核培训，进一步加强政府采购队伍建设

各地区、各部门要继续加强政府采购从业人员的职业教育、法制教育和技能培训，增强政府采购从业人员依法行政和依法采购的观念，建立系统的教育培训制度。财政部要会同有关部门研究建立政府采购从业人员执业资格制度，对采购单位、集中采购机构、社会代理机构和评审专家等从业人员实行持证上岗和执业考核，推动政府采购从业人员职业化的进程。集中采购机构要建立内部岗位标准和考核办法，形成优胜劣汰的良性机制，不断提高集中采购机构专业化操作水平。

各地区、各部门要全面把握新时期、新形势下完善政府采购制度的新要求，进一步提高对深化政府采购制度改革重要性的认识，切实加大推进政府采购管理工作的力度，加强对政府采购工作的组织领导，着力协调和解决政府采购管理中存在的突出问题，推进政府采购工作健康发展。

国务院办公厅

二〇〇九年四月十日

关于2009年纠风工作的实施意见

国务院纠正行业不正之风办公室

为贯彻落实第十七届中央纪委第三次全会和国务院第二次廉政工作会议关于纠风工作的部署和要求，现提出2009年纠风工作实施意见。

一、总体要求

2009年的纠风工作，要以邓小平理论和“三个代表”重要思想为指导，深入贯彻落实科学发展观，围绕保增长、保民生、保稳定这条主线，坚持标本兼治、纠建并举、突出重点、统筹推进，坚决纠正损害群众利益的不正之风，为落实中央扩大内需、促进经济平稳较快发展政策措施提供坚强保证。

二、主要任务

（一）落实强农惠农政策，坚决纠正损害农民利益的突出问题。

督促各地严格落实中央强农惠农政策，进一步完善补贴资金发放办法，严肃查处截留、挪用、克扣强农惠农补贴资金和乱收费、乱罚款、乱摊派等违法违纪行为；切实保障农民土地承包经营权益，坚决纠正和查处农村土地承包、流转、征收中的违法违纪行为；加强涉农价格和收费监督检查，巩固清理整顿成果，防止出现反弹。做好“家电下乡”、“农机下乡”、“汽车、摩托车下乡”工作，督促用好中央财政补助资金，确保农民得到实惠。做好农资打假工作，严肃查处制售假劣农资行为，对区域性制假、售假及造成农民减产绝收、影响人畜安全等问题实行行政问责。维护农民工合法权益，加强对农民工培训经费的监管，依法保障返乡农民工土地承包权益。

（二）落实监管责任，确保食品药品安全。

督促地方各级政府和有关部门依照《中华人民共和国食品安全法》、《中华人民共和国药品管理法》明确分工，落实监管责任，逐步建立健全食品药品安全责任体系和预警、处置体系，加强对食品药品全过程的监管；强化行政监督和技术监督，完善食品药品质量管理规范，实行严格的市场准入制度和产品质量追溯制度、召回制度，严把产品质量关，防范安全风险；深入开展食品药品安全专项整治，严厉打击制售假冒伪劣食品药品行为，严肃查处食品药品安全事故，切实保障人民群众生命健康安全。

（三）推行药品集中采购，进一步纠正医药购销和医疗服务中的不正之风。

继续推行以政府为主导、以省（区、市）为单位的网上药品集中采购办法，积极推进医疗器械集中采购，加强对集中采购全过程的监督。推进建立国家基本药物制度，基本药物实行集中采购和统一配送，政府举办的基层卫生机构按购进价格实行零差率销售。加强对新型农村合作医疗资金和城镇职工医保资金、城镇居民医保资金的监管，确保资金安全，提高资金使用效率；规范诊疗服务行为，在保证质量和安全的前提下，推行辅助检查结果互认和单病种限价措施；加强医药价格监管，坚决纠正和制止各种乱加价、乱收费行为；加强医德医风建设，制定医疗卫生系统违法违纪行为处分规定。严厉打击虚假违法医药广告，严肃查处医药购销和医疗服务中的各种违法违纪案件。

（四）完善义务教育经费保障机制，继续治理教育乱收费。

督促地方各级政府和有关部门切实履行投入和监管责任，完善教育经费拨付、学校经费收入和使用情况的经常性审计监督制度，确保国家免费义务教育各项措施落实。积极推动区域内义务教育均衡发展，认真解决义务教育阶段择校问题，切实维护群众公平受教育的权利。规范学校办学收费行为，严肃查处违规设立收费项目或提高收费标准、以合作办学或改制为名乱收费高收费、统一征订教辅材料、开办有偿补习班、义务教育阶段学校收取与入学挂钩的赞助费、公办普通高中招收择校生违反“三限”（限分数、限人数、限钱数）政策等问题。

（五）建立健全长效机制，继续加强对社保基金、住房公积金和扶贫、救灾专项资金的监管。

加强社保基金监管。对基金管理、运行中的风险隐患进行全面排查和防范，抓好重点抽查和督察，严肃查处贪污、截留、挤占、挪用、骗取社保基金等违法违纪行为。

加强住房公积金监管。完善公积金管理机构内控机制，实现对大额资金的实时监控；加大对各类违规资金的清理回收力度，坚决纠正和查处挤占、截留、挪用住房公积金等违法违纪问题；扩大住房公积金制度覆盖面，提高使用效率，充分发挥住房公积金在住房保障中的重要作用。

加强救灾、扶贫资金监管。督促各地强化对各类救灾救济、扶贫等专项资金的审计和财政监督，规范资金管理和运行，坚决纠正滞留、浪费、违规使用资金等问题，严肃查处贪污、挤占、挪用、骗取救灾、扶贫资金等行为，严格实行责任追究。加快建立救灾、扶贫资金监管体系，确保资金安全、及时、公平、有效发放。

（六）落实成品油价格和税费改革政策，加大治理公路“三乱”工作力度。

督促各地和有关部门落实成品油价格和税费改革政策，清理审核涉及交通和车辆的行政事业性收费，全面取消公路养路费等收费项目，逐步有序取消政府还贷二级公路收费，及时向社会公布撤销收费站点名录和时间表，严禁违反规定新设涉路、涉车收费项目；完善鲜活农产品运输“绿色通道”政策并及时进行公示，确保通道畅通，确保车辆通行费免缴政策落实；加大对超限超载的源头治理力度，强化运输装载环节的监管；规范上路执法人员的执法行为，规范道路交通标识和电子执法设备的设置、使用和管理，严肃查处各种名目的公路“三乱”问题。

（七）查处乱收费、高收费等问题，进一步规范行业协会、市场中介组织、公共服务行业的服务和收费行为。

督促各地和有关部门做好扩内需、保增长，减轻企业负担措施的落实，严肃查处违反规定向企业乱收费、乱罚款和各种摊派行为。坚持行业自律与外部监督相结合，加强对行业协会、市场中介组织和公共服务行业的监管，规范服务和收费行为，坚决纠正指定服务、强制服务以及乱收费、高收费、价格欺诈等企业和群众反映强烈的问题，严肃查处典型案件。有关部门和各省（区、市）要在调查研究、摸清底数的基础上，积极开展行业协会与行政主管部门在职能、机构、人员、财务等方面脱钩的试点。

（八）开展基层站所民主评议，加强部门和行业作风建设。

普遍开展对基层站所和学校、医院的民主评议活动，积极开展评议省直机关作风活动，引导各部门、各行业整改突出问题，努力为群众办实事、办好事。建立民主评议结果逐级报告和向社会公开制度，并纳入党风廉政建设责任制和部门绩效考核内容。深化政风行风热线工作，创新形式，提高质量，力求解决问题更加有效、人民群众更加满意。

进一步加强部门和行业作风建设。各部门、各行业要坚持“谁主管，谁负责”和“管行业必须管行风”的原则，把以人为本、服务群众作为政风行风建设的重要内容，采取多种方式强化对本系统行风建设的指导。要教育和引导广大干部增强宗旨意识和纪律观念，大力弘扬优良作风；以群众满意为标准，坚决纠正损害群众利益的不正之风；坚持把制度创新贯穿于行风建设全过程，进一步完善行为准则和职业道德规范；继续开展创建文明行业和人民满意的政府部门活动，促进各部门、各行业切实转变作风、改进服务。

此外，继续清理规范评比达标表彰活动，着力解决过多过滥问题，加快建立规范评比达标表彰活动的长效机制。严格控制党政机关举办庆典等活动，纠正各种铺张浪费和增加基层及群众负担的违规行为。各地区、各部门要针对存在的突出问题开展专项治理工作。

三、工作要求

（一）认真落实责任制。各地区、各部门要进一步健全纠风工作责任制，切实加强对纠风工作的领导。要充分发挥纠风工作联席会议制度的作用，做到协调行动、综合治理。纠风专项治理工作的牵头部门要积极协调有关方面抓好各项措施的落实；相关责任部门要努力完成所承担的纠风工作任务；各部门、各行业都要结合实际探索加强政风行风建设的新举措；各级纠风工作机构要切实履行组织协调和监督检查职责,确保各项任务落到实处。

(二)切实加强监督检查。要把推动中央决策部署和改革措施的落实摆在监督检查的首要位置,着力解决"上有政策、下有对策"的问题,确保政令畅通。对有令不行、有禁不止、顶风违纪的典型案(事)件,要严肃查处、公开曝光。要增强监督检查的针对性和时效性,针对群众来信来访、网上举报、热线投诉等多种渠道反映的问题,建立查处不正之风的快速反应机制。要注重发挥查处案件的治本功能,努力实现解决问题、教育警示、加强监管、完善机制的目的。

(三)全面加强基层纠风工作。各地区、各部门及各级纠风工作机构要坚持工作重心下移,切实加强对基层纠风工作的领导,明确工作任务和目标要求,统筹安排,统一部署,加强检查,确保各项任务落实到基层。市(地)纠风工作机构要抓好任务分解,加强具体指导,注意发挥基层纠风工作先进典型的示范带动作用;要督促和帮助县(市、区)创新方法、抓好落实,积极主动开展工作。

(四)努力从源头上防治不正之风。要以国家各项重大改革为契机,加强源头治理,不断铲除滋生不正之风的土壤。专项治理工作要加大改革力度,确保中央已经明确的改革任务和出台的改革措施不折不扣地执行到位,努力解决导致不正之风滋生蔓延的深层次问题。政风行风建设工作要与创新管理体制和工作机制相结合,在健全制度、规范行为、加强监督上下功夫,努力向广度和深度推进。

中国的减灾行动

中华人民共和国国务院新闻办公室

近年来,全球频发的自然灾害给人类社会造成了巨大的生命和财产损失,自然灾害成为各国面临的共同挑战。

中国是世界上自然灾害最为严重的国家之一。伴随着全球气候变化以及中国经济快速发展和城市化进程不断加快,中国的资源、环境和生态压力加剧,自然灾害防范应对形势更加严峻复杂。

中国政府坚持以人为本,始终把保护公众的生命财产安全放在第一位,把减灾纳入经济和社会发展规划,作为实现可持续发展的重要保障。近年来,中国全面贯彻落实科学发展观,进一步加强减灾的法制和体制、机制建设,努力推进减灾各项能力建设,大力倡导减灾的社会参与,积极开展减灾领域的国际合作,不断推进减灾事业发展。

2008 年 5 月 12 日发生的四川汶川特大地震,造成重大人员伤亡和财产损失,给中国人民带来巨大伤痛。中国政府决定,自 2009 年开始,每年的 5 月 12 日为国家"防灾减灾日"。值此四川汶川特大地震发生一周年和首个"防灾减灾日"之际,对中国减灾事业的发展状况做一介绍,使世人更全面地了解中国政府和中国人民为减灾所做的巨大努力。

一、自然灾害状况

中国的自然灾害具有以下几个主要特点:

(一)灾害种类多。中国的自然灾害主要有气象灾害、地震灾害、地质灾害、海洋灾害、生物灾害和森林草原火灾。除现代火山活动外,几乎所有自然灾害都在中国出现过。

(二)分布地域广。中国各省(自治区、直辖市)均不同程度受到自然灾害影响,70% 以上的城市、50% 以上的人口分布在气象、地震、地质、海洋等自然灾害严重的地区。三分之二以上的国土面积受到洪涝灾害威胁。东部、南部沿海地区以及部分内陆省份经常遭受热带气旋侵袭。东北、西北、华北等地区旱灾频发,西南、华南等地的严重干旱时有发生。各省(自治区、直辖市)均发生过 5 级以上的破坏性地震。约占国土面积 69% 的山地、高原区域因地质构造复杂,滑坡、泥石流、山体崩塌等地质灾害频繁发生。

(三)发生频率高。中国受季风气候影响十分强烈,气象灾害频繁,局地性或区域性干旱灾害几乎每年都会出现,东部沿海地区平均每年约有 7 个热带气旋登陆。中国位于欧亚、太平洋及印度洋三大板块交汇地带,新构造运动活跃,地震活动十分频繁,大陆地震占全球陆地破坏性地震的三分之一,是世界上大陆地震最多的国家。森林和草原火灾时有发生。

(四)造成损失重。1990 – 2008 年 19 年间,平均每年因各类自然灾害造成约 3 亿人次受灾,倒塌房屋 300 多万间,紧急转移安置人口 900 多万人次,直接经济损失 2000 多亿元人民币。特别是 1998 年发生在长江、松花江和嫩江流域的特大洪涝,2006 年发生在四川、重庆的特大干旱,2007 年发生在淮河流域的特大洪涝,2008 年发生在中国南方地区的特大低温雨雪冰冻灾害,以及 2008 年 5 月 12 日发生在四川、甘肃、陕西等地的汶川特大地震灾害等,均造成重大损失。

当前和今后一个时期,在全球气候变化背景下,极端天气气候事件发生的几率进一步增大,降水分布不均衡、气温异常变化等因素导致的洪涝、干旱、高温热浪、低温雨雪冰冻、森林草原火灾、农林病虫害等灾害可能增多,出现超强台风、强台风以及风暴潮等灾害的可能性加大,局部强降雨引发的山洪、滑坡和泥石流等地质灾害防范任务更加繁重。随着地壳运动的变化,地震灾害的风险有所增加。

二、减灾战略目标和任务

近年来,中国政府在《国家综合减灾"十一五"规划》等文件中明确提出"十一五"期间(2006 – 2010 年)及中长期国家综合减灾战略目标,即:建立比较完善的减灾工作管理体制和运行机制,灾害监测预警、防灾备灾、应急处置、灾害救助、恢复重建能力大幅提升,公民减灾意识和技能显著增强,人员伤亡和自然灾害造成的直接经济损失明显减少。

中国减灾的主要任务是：

——加强自然灾害风险隐患和信息管理能力建设。全面查明重点区域主要自然灾害风险隐患，基本摸清减灾能力底数，建立自然灾害风险隐患数据库，编制全国灾害高风险区及重点区域灾害风险图。建立自然灾害灾情统计体系，建成国家、省、市、县四级灾情上报系统，健全灾情信息快报、核报工作机制和灾害信息沟通、会商、通报制度，建设灾害信息共享及发布平台，加强对灾害信息的分析、评估和应用。

——加强自然灾害监测预警预报能力建设。在完善现有监测站网的基础上，适当增加监测密度，建设卫星遥感灾害监测系统，构建自然灾害立体监测体系。推进监测预警基础设施的综合运用与集成开发，完善灾害预警预报决策支持系统。注重加强频发易发灾害和极端天气气候事件的监测预警预报能力建设。建立健全灾害风险预警信息发布机制，充分利用各类传播方式，准确、及时发布灾害预警预报信息。

——加强自然灾害综合防范防御能力建设。全面落实各项减灾专项规划，建设好各类减灾骨干工程，提高大中型工业基地、交通干线、通信枢纽和生命线工程的防灾抗灾能力。按照土地利用总体规划要求和节约集约利用土地原则，统筹做好农业和农村减灾、工业和城市减灾以及重点地区的防灾减灾专项规划编制与减灾工程建设，全面提高灾害综合防御能力。

——加强国家自然灾害应急抢险救援能力建设。建立健全统一指挥、综合协调、分类管理、分级负责、属地管理为主的灾害应急管理体制，形成协调有序、运转高效的运行机制。基本形成纵向到底、横向到边的自然灾害救助应急预案体系。加强中央和地方抗灾救灾物资储备网络建设，提升救灾物资运输保障能力，加强各类骨干抢险救援队伍和专业救援队伍建设，改善减灾救灾装备。建立完善社会动员机制，充分发挥民间组织、基层自治组织和志愿者队伍在综合减灾工作中的作用。

——加强流域防洪减灾体系建设。坚持全面规划、统筹兼顾、标本兼治、综合治理的原则，逐步建成以堤防为基础、干支流控制性水利枢纽、蓄滞洪区、河道整治相配合，结合干垸行洪、退田还湖、水土保持等工程措施及防汛抗旱指挥系统和防洪调度管理、洪水风险管理等非工程措施建设，构建较为完善的流域防洪减灾体系，保障流域防洪安全。

——加强巨灾综合应对能力建设。加强对巨灾发生机理、活动规律及次生灾害相互关系研究，开展重大自然变异模拟和巨灾应急仿真实验。建立健全应对巨灾风险的体制、机制、政策措施和应对方案，开展应对巨灾的演练。推进农业、林业保险试点，探索建立适合中国国情的巨灾保险和再保险体系。加强巨灾防御工程建设。建立亚洲区域巨灾研究中心。

——加强城乡社区减灾能力建设。完善城乡社区灾害应急预案，组织社区居民演练。完善城乡社区减灾基础设施，创建全国综合减灾示范社区。全面开展城乡民居减灾安居工程建设。在多灾易灾的城乡社区建设避难场所。建立灾害信息员队伍。加强城乡社区居民家庭防灾减灾准备，建立应急状态下社区弱势群体保护机制。

——加强减灾科技支撑能力建设。加强减灾关键技术研发，研究制定国家综合减灾中长期科技发展战略。加快遥感、地理信息系统、全球定位系统和网络通讯技术的应用。加大综合减灾科技资金投入。加强减灾学科建设和人才培养，建设综合减灾的人才培养基地。建设综合减灾的技术标准体系，提高综合减灾的标准化水平。

——加强减灾科普宣传教育能力建设。强化地方各级人民政府的减灾责任意识。将减灾知识普及纳入学校教育内容，纳入文化、科技、卫生"三下乡"活动，开展减灾普及教育和专业教育，加强减灾科普教育基地建设。建设国家减灾科普教育支撑网络平台。编制减灾科普读物、挂图或音像制品，推广地方减灾经验、宣传成功减灾案例和减灾知识，提高公民防灾减灾意识和技能。

三、减灾法制和体制机制建设

中国注重减灾的法制建设，颁布实施一系列减灾法律、法规，逐步把减灾工作纳入法制化轨道。20世纪80年代以来，颁布了《中华人民共和国突发事件应对法》、《中华人民共和国水土保持法》、《中华人民共和国防震减灾法》、《中华人民共和国水法》、《中华人民共和国防洪法》、《中华人民共和国防沙治沙法》、《中华人民共和国气象法》、《中华人民共和国森林法》、《中华人民共和国草原法》、《中华人民共和国水污染防治法》、《中华人民共和国环境噪声污染防治法》、《中华人民共和国固体废物污染环境防治法》、《中华人民共和国海洋环境保护法》、《中华人民共和国消防法》和《中华人民共和国抗旱条例》、《中华人民共和国水文条例》、《中华人民共和国防汛条例》、《森林防火条例》、《草原防火条例》、《重大动物疫情应急条例》、《森林病虫害防治条例》、《地质灾害防治条例》、《破坏性地震应急条例》、《水库大坝安全管理条例》、《人工影响天气条例》等30多部防灾减灾或与防灾减灾密切相关的法律、法规。中国将根据减灾工作的实际需要，进一步加强减灾的法制建设。

多年来，中国政府坚持把减灾纳入国家和地方可持续发展战略。1994年3月，中国政府颁布《中国21世纪议程》，从国家层面明确减灾与生态环境保护的关系，把提高对自然灾害的管理水平、加强防灾减灾体系建设以及减少人为因素诱发和加重自然灾害作为议程的重要内容。1998年4月，国家颁布《中华人民共和国减灾规划(1998－2010年)》，第一次以专项规划的形式提出了国家减灾的指导方针、发展目标、主要任务和具体措施。2006年10月，中国政府颁布《国家"十一五"科学技术发展规划》，把建立国家公共安全应急技术体系、提升国家应对公共安全灾害事故与突发公共事件能力作为未来发展的重点任务之一。2007年8月，中国政府颁布《国家综合减灾"十一五"规划》，明确要求地方政府将减灾纳入当地经济社会发展规划。

中国实行政府统一领导，部门分工负责，灾害分级管理，属地管理为主的减灾救灾领导体制。在国务院统一领导下，中央层面设立国家减灾委员会、国家防汛抗旱总指挥部、国务院抗震救灾指挥部、国家森林防火指挥部和全国抗灾救灾综合协调办公室等机构，负责减灾救灾的协调和组织工作。各级地方政府成立职能相近的减灾救灾协调机构。在减灾救灾过程中，注重发挥中国人民解放军、武警部队、民兵组织和公安民警的主力军和突击队作用，注重发挥人民团体、社会组织及志愿者的作用。

在长期的减灾救灾实践中，中国建立了符合国情、具有中国特色的减灾救灾工作机制。中央政府构建了灾害应急响应机制、灾害信息发布机制、救灾应急物资储备机制、灾情预警会商和信息共享机制、重大灾害抢险救灾联动协调机制和灾害应急社会动员机制。各级地方政府建立相应的减灾工作机制。

——灾害应急响应机制。中央政府应对突发性自然灾害预案体系分为三个层次，即：国家总体应急预案、国家专项应急预案和部门应急预案。政府各部门根据自然灾害专项应急预案和部门职责，制定更具操作性的预案实施办法和应急工作规程。重大自然灾害发生后，在国务院统一领导下，相关部门各司其职，密切配合，及时启动应急预案，按照预案做好各项抗灾救灾工作。灾区各级政府在第一时间启动应急响应，成立由当地政府负责人担任指挥、有关部门作为成员的灾害应急指挥机构，负责统一制定灾害应对策略和措施，组织开展现场应急处置工作，及时向上级政府和有关部门报告灾情和抗灾救灾工作情况。

——灾害信息发布机制。按照及时准确、公开透明的原则，中央和地方各级政府认真做好自然灾害等各类突发事件的应急管理信息发布工作，采取授权发布、发布新闻稿、组织记者采访、举办新闻发布会等多种方式，及时向公众发布灾害发生发展情况、应对处置工作进展和防灾避险知识等相关信息，保障公众知情权和监督权。

——救灾应急物资储备机制。已经建立以物资储备仓库为依托的救灾物资储备网络，国家应急物资储备体系逐步完善。目前，全国设立了10个中央级生活类救灾物资储备仓库，并不断建设完善中央级救灾物资、防汛物资、森林防火物资等物资储备库。部分省、市、县建立了地方救灾物资储备仓库，抗灾救灾物资储备体系初步形成。通过与生产厂家签订救灾物资紧急购销协议、建立救灾物资生产厂家名录等方式，进一步完善应急救灾物资保障机制。

——灾情预警会商和信息共享机制。建立由民政、国土资源、水利、农业、林业、统计、地震、海洋、气象等主要涉灾部门参加的灾情预警会商和信息共享机制，开展灾害信息数据库建设，启动国家地理信息公共服务平台，建立灾情信息共享与发布系统，建设国家综合减灾和风险管理信息平台，及时为中央和地方各部门灾害应急决策提供有效支持。

——重大灾害抢险救灾联动协调机制。重大灾害发生后，各有关部门发挥职能作用，及时向灾区派出由相关部委组成的工作组，了解灾情和指导抗灾救灾工作，并根据国务院要求，及时协调有关部门提出救灾意见，帮助灾区开展救助工作，防范次生、衍生灾害的发生。

——灾害应急社会动员机制。国家已初步建立以抢险动员、搜救动员、救护动员、救助动员、救灾捐赠动员为主要内容的社会应急动员机制。注重发挥人民团体、红十字会等民间组织、基层自治组织和志愿者在灾害防御、紧急救援、救灾捐赠、医疗救助、卫生防疫、恢复重建、灾后心理支持等方面的作用。

四、减灾能力建设

中国政府重视减灾的能力建设，在减灾工程、灾害预警、应急处置、科技支撑、人才培养和社区减灾等方面做了大量工作。

（一）实施减灾工程，提高灾害综合防范防御能力

近年来，国家实施防汛抗旱、防震抗灾、防风防潮、防沙治沙、生态建设等一系列重大减灾工程。

——大江大河治理工程。国家通过实施积极的财政政策、发行国债等，大幅增加江河治理投入，加快大江大河大湖治理步伐。目前，长江中下游干堤全部修完修好，黄河下游标准化堤防建设全面展开，治淮19项骨干工程基本建成，长江三峡、黄河小浪底、淮河临淮岗等枢纽工程全面发挥效益。中国大江大河防洪能力进一步提高，部分主要河段已基本具备防御100年一遇洪水能力。中小河流防洪能力不断提高，重点海堤设防标准提高到防御50年一遇洪水能力。

——农村困难群众危房改造工程。国家注重提高农村居民住房抗灾能力建设。在灾后倒房重建工作中加强房屋选址设计、施工验收等环节的技术指导和质量监督，结合扶贫开发工作推进减灾安居工程建设。自2005年以来，全国各地共投入资金175.35亿元人民币，完成改造、新建农村困难群众住房580.16万间，使180.51万户、649.65万人受益。

——中小学危房改造工程。从2001年开始，国家实施对全国中小学危房改造工程。截至2005年，中央财政安排专项资金90亿元人民币，全国纳入农村中小学危房改造规划的项目学校共4万多所。从2006年起，将全国农村义务教育阶段中小学校舍维修改造纳入农村义务教育经费保障机制。

——中小学校舍安全工程。从2009年起，国家将用三年时间，在全国中小学开展抗震加固、提高综合防灾能力建设，使学校校舍达到重点设防类抗震设防标准，并符合对山体滑坡、岩崩、泥石流、热带气旋、火灾等灾害的防灾避险安全要求。

——病险水库除险加固工程。2008年3月，国家颁布《全国病险水库除险加固专项规划》，提出在三年内完成现有大中型和重点小型病险水库除险加固。2008年，全国即安排专项规划内病险水库除险加固工程项目4035个，占规划内全部6240座病险水库的65%。

——农村饮水安全工程。“十五”期间（2000－2005年），国家共投入资金223亿元人民币，解决了6700万人的饮水问题，基本结束了农村严重缺乏饮用水的历史。从2006年开始，农村饮水工作进入以保障饮水安全为中心的新阶段。从2006年到2008年，安排中央投资238亿元人民币，地方自筹配套资金226亿元人民币，累计解决1.09亿农村人口的饮水安全问题。

——水土流失重点防治工程。20世纪80年代，国家开始在黄河、长江等水土流失严重地区实施水土流失重点防治工程。进入“九五”（1996－2000年）末期，开始加大投入力度并扩大治理规模，水土流失重点防治工程覆盖了全国七大江河（长江、黄河、淮河、海河、松辽、珠江、太湖）的上中游地区。截至2008年，重点防治工程共治理水土流失面积26万平方公里，已实施重点区域治理的水土流失治理程度达到70%，减沙率达40%以上。长江上游嘉陵江流域土壤侵蚀量减少三分之一，黄河流域每年减少入黄河泥沙3亿吨左右。

——农田灌排工程。自“九五”以来，国家加大投入，开展以大型灌区续建配套与节水改造为重点的农田灌排工程设施建设，农田灌排能力明显提高，抗御干旱、洪涝灾害能力得到加强。

——生态建设和环境治理工程。21世纪初，国家开始实施天然林资源保护、退耕还林、三北（东北、华北、西北）防护林建设、长江中下游重点防护林建设、京津风沙源治理、岩溶地区石漠化综合治理、野生动植物保护以及自然保护区建设、沿海防护林建设、退牧还草等重点生态建设工程，抑制荒漠化扩张速度，缓解极端气候的危害程度。开展生态补偿试点工作，确定山西省煤炭资源开发等6个生态环境补偿试点。组织开展生态省、市、县和环境优美乡镇、生态村建设，推进建设103个重点生态环境工程示范县。

——建筑和工程设施的设防工程。国家出台《市政公用设施抗灾设防管理规定》，发布《城市抗震防

灾规划标准》、《镇(乡)、村建筑抗震设计规程》。发布国家标准《中国地震动参数区划图》,完善重大建设工程地震安全性评价管理制度,推进全国农村民居地震安全工程的实施,完成约245万户抗震安居房的建设和改造加固。四川汶川特大地震后,修订《建筑工程抗震设防分类标准》、《建筑抗震设计规范》。

——公路灾害防治工程。从2006年起,结合公路水毁震毁等灾害发生情况,国家开始实施公路灾害防治工程。截至2008年,全国各地共投入资金15.4亿元人民币,以增设和完善山岭重丘区公路的灾害防护设施为重点,对公路边坡、路基、桥梁构造物和排(防)水设施进行综合处治,普通公路防灾能力全面提高。

(二)构建立体监测体系,提高监测预警预报能力

建立包括地面监测、海洋海底观测和天-空-地观测在内的自然灾害立体监测体系,灾害监测预警预报体系初步形成。

——灾害遥感监测业务体系。成功发射环境减灾小卫星星座A、B星,卫星减灾应用业务系统初具规模,为灾害遥感监测、评估和决策提供先进技术支持。

——气象预警预报体系。成功发射"风云"系列气象卫星,建成146部新一代天气雷达、91个高空气象探测站L波段探空系统,建设25420个区域气象观测站。初步建立全国大气成分、酸雨、沙尘暴、雷电、农业气象、交通气象等专业气象观测网。基本建成比较完整的数值预报预测业务系统,开展灾害性天气短时临近预警业务,建成包括广播、电视、报纸、手机、网络等覆盖城乡社区的气象预警信息发布平台。

——水文和洪水监测预警预报体系。建成由3171个水文站、1244个水位站、14602个雨量站、61个水文实验站和12683眼地下水测井组成的水文监测网。构建洪水预警预报系统、地下水监测系统、水资源管理系统和水文水资源数据系统。

——地震监测预报体系。建成固定测震台站937个,流动台1000多个,实现了中国三级以上地震的准实时监测。建立地震前兆观测固定台点1300个,各类前兆流动观测网4000余测点。初步建成国家和省级地震预测预报分析会商平台,建成由700个信息节点构成的高速地震数据信息网,开通地震速报信息手机短信服务平台。

——地质灾害监测系统。从2003年起,开展地质灾害气象预警预报工作,已建立群测群防制度的地质灾害隐患点12万多处。三峡库区滑坡崩塌专业监测网和上海、北京、天津等市地面沉降专业监测网络基本建成。

——环境监测预警体系。组织开展环境质量监测、污染物监测、环境预警监测、突发环境事件应急监测等,客观反映全国地表水、地下水、海洋、空气、噪声、固体废物、辐射等环境质量状况。新建成环境一号A、B星,大范围、快速和动态地开展生态环境宏观监测及评价,初步形成环境监测天地一体化格局。目前,全国共有2399个环境监测站、49335名环境监测技术人员。

——野生动物疫源疫病监测预警系统。建立全国野生动物疫源疫病监测总站,已在候鸟等野生动物重要聚集分布区设立350处国家级监测站、768处省级监测站、1400多处地县级监测站,初步形成国家、省、地县三级野生动物疫源疫病监测预警网络。

——病虫害监测预报系统。建立由3000多个站组成的农作物和病虫害测报网,240多个台(点)组成的草原虫鼠害监测预报网。全国性系统监测预报的农作物有害生物种类由上世纪90年代初的15种增加到目前的26种,重大病虫害由旬报制缩短为周报制。建立国家、县、乡(镇)三级2500多个站点组成的森林病虫害监测预报网络,主测对象35个种(类),涵盖最具危险性的和常发的森林病虫害种(类)。

——海洋灾害预报系统。对原有海洋观测仪器、设备和设施进行更新改造,大力发展离岸观测能力,海上浮标观测能力和断面调查能力进入整体提升阶段。新建改造一批海洋观测站点,对一些中心站进行实时通讯系统改造。建设海气相互作用-海洋气候变化观测及评价业务化体系,积极开展对海平面上升、海岸侵蚀、海水入侵、咸潮等与气候变化密切相关的海洋灾害的业务化监测。

——森林和草原火灾预警监测系统。完善卫星遥感、飞机巡护、视频监控、瞭望观察和地面巡视的立体式监测森林和草原火灾体系,初步建立森林火险分级预警响应和森林火灾风险评估技术体系。

——沙尘暴灾害监测与评估体系。建立沙尘暴卫星遥感监测评估系统和手机短信平台,在北方重点

区域布设沙尘暴灾害地面监测站，组成国家、省、市、县四级队伍，初步形成覆盖中国北方区域的沙尘暴灾害监测网络。

（三）建立抢险救灾应急体系，提高应急处置能力

以应急救援队伍、应急响应机制和应急资金拨付机制为主要内容的救灾应急体系初步建立，应急救援、运输保障、生活救助、卫生防疫等应急处置能力大大增强。

——应急救援队伍体系。以公安、武警、军队为骨干和突击力量，以抗洪抢险、抗震救灾、森林消防、海上搜救、矿山救护、医疗救护等专业队伍为基本力量，以企事业单位专兼职队伍和应急志愿者队伍为辅助力量的应急救援队伍体系初步建立。国家陆地、空中搜寻与救护基地建设加快推进。应急救援装备得到进一步改善。

——应急救助响应机制。根据灾情大小，将中央应对突发自然灾害划分为四个响应等级，明确各级响应的具体工作措施，将救灾工作纳入规范的管理工作流程。灾害应急救助响应机制的建立，基本保障了受灾群众在灾后24小时内能够得到救助，基本实现“有饭吃、有衣穿、有干净水喝、有临时住所、有病能医、学生有学上”的“六有”目标。

——救灾应急资金拨付机制。包括自然灾害生活救助资金、特大防汛抗旱补助资金、水毁公路补助资金、内河航道应急抢通资金、卫生救灾补助资金、文教行政救灾补助资金、农业救灾资金、林业救灾资金在内的中央抗灾救灾补助资金拨付机制已经建立。积极推进救灾分级管理、救灾资金分级负担的救灾工作管理体制，保障地方救灾投入，有效保障受灾群众的基本生活。

（四）建立减灾科技支撑体系，提高减灾科技水平

注重科技在防灾减灾中的重要作用，通过制定专门的防灾减灾科技发展规划、建立科技应急机制、实施科技项目等措施，不断提高防灾减灾的科技水平。

——组织制定《国家防灾减灾科技发展规划》。针对自然灾害预警预报、应急响应、恢复重建、减灾救灾、信息平台等各个环节存在的问题，加强顶层设计，统筹布局，强化薄弱环节，逐步建立和完善防灾减灾国家科技支撑体系。

——加强科技应急机制建设。建立国家突发公共事件科技应急机制，明确科技应急体系的建设、科技支撑能力建设、应急技术应用与示范等环节的工作机制和部署安排。

——启动一批防灾减灾科技项目。在国家科技项目、863计划和国家自然科学基金重大项目中安排实施一批气象、地震、地质、海洋、水利、农林、雷电等方面的科技项目。资助一批关于防灾减灾的基础研究项目，深入揭示各类自然灾害的形成机理和演变规律，以及综合风险防范的模式等。开展亚洲巨灾综合风险评估技术及应用研究、中国巨灾应急救援信息集成系统与示范、中国重大自然灾害风险等级综合评估技术研究，以及“汶川地震断裂带科学钻探”（WFSD）等项目。

——加强科研技术机构建设。分别于2003年、2007年、2009年成立民政部国家减灾中心、国际减轻旱灾风险中心和民政部卫星减灾应用中心，2006年成立民政部和教育部减灾与应急管理研究院。

（五）建立人才培养体系，提高减灾工作人员素质

将防灾减灾人才队伍建设纳入国家人才队伍建设发展规划，减灾的国民教育体系和减灾的培训平台逐步建立。

——把减灾纳入国民教育体系。加强人才培养教育，充分利用高校的减灾研究与学科优势培养多层次防灾减灾人才。加强防灾减灾学科体系建设，按照现有的财政管理体制支持防灾减灾技术类本专科院校，以及开设防灾减灾管理和技术专业的院校，提高人才培养质量。

——把防灾减灾纳入干部培训规划。全国各级行政学院、干部学院根据人才队伍建设的需要，开设防灾减灾和应急管理的专门培训课程。筹建国家应急管理人员培训基地，对政府中高级公务员、各类企事业单位高层管理人员、高层次理论研究人员开展防灾减灾和应急管理培训。国家地震灾害紧急救援培训基地已经建立并投入使用。

——开展领导干部灾害应急管理专题培训。举办“省级干部灾害应急管理专题研究班”和“省部级干部突发事件应急管理研讨班”，各省（自治区、直辖市）和国务院有关部门分管防灾减灾及应急管理工作的

负责人参加了专题研讨。2005年以来，积极开展公务员灾害应急管理专题培训活动，有效提高各级灾害应急管理人员防范处置自然灾害及各类突发事件的综合素质和能力。2005－2006年，连续举办四期地市级干部灾害应急管理专题培训班，自2006年起连续举办四期地市级防汛抗旱行政首长培训班。

——对各类企业和应急救援队伍开展应急救援能力培训。各级政府会同有关部门采取集中培训和自主培训相结合的办法，组织开展对企业负责人、管理人员和各类应急救援队伍的防灾减灾和应急管理培训工作，提高他们在灾害突发情况下实施救援、自身防护和协同处置的能力。

（六）开展社区减灾工作，提高社区防灾减灾能力

社区减灾能力建设工作全面展开，基层社区抵御灾害风险的能力和水平逐步提高。

——推动社区建立减灾工作机制。在各级政府的推动下，全国社区逐步建立健全负责社区减灾工作的组织，制定规范的减灾工作制度，组织减灾志愿者队伍，制定突发灾害发生时保护儿童、老年人、病患者、残疾人等弱势群体的对策，建立起有效的减灾工作机制。

——指导社区制定灾害应急救助预案并定期演练。基层政府根据《国家突发公共事件总体应急预案》、《国家自然灾害救助应急预案》以及地方政府制定的应急预案，结合社区所在区域环境、灾害发生规律和社区居民特点，指导社区制定社区灾害应急救助预案，明确应急工作程序、管理职责和协调联动机制。社区在政府有关部门的支持、配合下，经常组织社区居民开展形式多样的预案演练活动。

——加强社区减灾公共设施和器材装备建设。通过政府财政支持和社会积极参与，社区利用公园、绿地、广场、体育场、停车场、学校操场或其他空地建立应急避难场所，设置明显的安全应急标识或指示牌，建立减灾宣传教育场所（社区减灾教室、社区图书室、老年人活动室）及设施（宣传栏、宣传橱窗等），配备必需的消防、安全和应对灾害的器材或救生设施工具，使减灾公共设施和装备得到健全和完善。

——组织社区开展减灾宣传教育活动。社区结合人文、地域等特点，定期开展形式多样的社区居民减灾教育活动，在社区宣传教育场所经常张贴减灾宣传材料，制订结合社区实际情况的减灾教育计划，社区居民的防灾减灾意识和社区综合减灾能力得到提高。

——开展减灾示范社区创建活动。2007年，国家开展了减灾示范社区创建活动。截至2008年，国家共授予284个社区为“全国综合减灾示范社区”称号。

五、减灾的社会参与

中国重视社会力量在防灾减灾工作中的地位和作用，积极支持和推动社会力量参与减灾事业，提高全社会防灾减灾的意识和能力。中国政府及时发布灾情和灾区需求信息，加强引导，规范管理，提供保障服务，不断完善社会动员机制，统筹安排政府资源和社会力量，形成优势互补、协同配合的抗灾救灾格局。每遇大灾，社会各界积极参与抗灾救灾，香港同胞、澳门同胞、台湾同胞以及海外华侨华人踊跃为灾区提供援助。四川汶川特大地震中，中国接收境内外各类救灾捐赠款物近760亿元人民币。社会力量还开展有效的心理抚慰等个性化服务，帮助灾区群众树立战胜灾害的信心。

慈善事业在减灾中发挥重要作用，国家采取措施支持慈善事业发展。在鼓励捐赠的税收优惠制度上，2008年1月起施行的《中华人民共和国企业所得税法》，将企业公益性捐赠的税前扣除标准由年度应纳税所得额3%以内统一规定为企业年度利润总额12%以内。四川汶川特大地震发生后，国家规定企业、个人通过公益性社会团体、县级以上人民政府及其部门向受灾地区的捐赠，允许在当年企业所得税前和当年个人所得税前全额扣除。2008年12月，政府有关部门发布通知，明确公益捐赠事业范围、公益性社会团体捐赠税前扣除资格以及捐赠税前扣除资格的认定权限和程序等问题。国家鼓励基金会的正常发展，截至2008年，中国共有各类基金会1531家，比上年增加162家。近年来，国家推进慈善组织社会公信力建设，推广基金会年度检查办法和评级制度。

国家积极推动捐助活动日常化和社会化，鼓励并引导志愿者参与减灾行动。近年来，以捐助活动经常化、募集主体民间化、参与捐助自愿化为特点的经常性社会捐助活动在中国全面展开。截至2008年，在大中城市和有条件的小城市设立接收社会捐助站点和慈善超市3.4万个，初步形成全国经常性社会捐助服务网络。随着国家现代化建设不断取得新成就和人民生活水平的日益提高，减灾志愿者队伍快速发展。截至2008年，中国社区志愿者组织数达到43万个，志愿者队伍规模近亿人，其中仅共青团、民政、红十字

会三大系统就比上年增加志愿者1472万人,年增长率达31.8%。四川汶川特大地震发生后,中国公众、企业和社会组织参与紧急救援,深入灾区的国内外志愿者队伍达300万人以上,在后方参与抗震救灾的志愿者人数达1000万以上。

中国政府重视防灾减灾的宣传教育。在每年10月的“国际减灾日”,国家举办内容丰富的减灾宣传教育活动。有关部门和地方政府在公共场所设置减灾宣传专栏,在报纸、杂志、电台、电视台、互联网门户网站等开设减灾知识宣传栏目,制作公益广告,向公众宣传灾害预防避险的实用技能。在中小学开设防灾减灾课程,开展多种演练活动。开发一系列减灾宣传教育产品,编制系列减灾科普读物、挂图、音像制品和宣传案例教材。红十字会等社会团体积极开展急救培训,普及急救知识和技术,在提高全社会防灾减灾意识和能力方面发挥重要作用。

国家重视对灾害保险业防灾减灾作用的政策研究和试点工作。不断总结并完善农业、林业自然灾害保险与财政补贴相结合的农业、林业风险防范与救助机制,统筹考虑农业、林业巨灾风险分散机制,逐步加大保险对灾害损失的经济补偿和转移分担功能。

六、减灾的国际合作

中国本着开放合作的态度,积极参与减灾领域的国际合作,建立和完善国际减灾合作机制,加强国际减灾能力建设,在重大灾害中相互援助。

中国在减灾领域与联合国开发计划署、联合国国际减灾战略、联合国人道主义援助事务协调办公室、联合国亚太经社理事会、联合国世界粮食计划署、联合国粮农组织和联合国外空委等机构建立紧密型合作伙伴关系,积极参与联合国框架下的减灾合作。2006年3月,向联合国成立的“中央紧急应对基金”认捐100万美元。2006年11月,与联合国驻华机构共同举办印度洋海啸紧急援助回顾研讨会,回顾中国多边援助使用情况。与联合国国际减灾战略共建国际减轻旱灾风险中心,参与联合国灾害管理与应急反应天基信息平台(UN-SPIDER),积极筹建北京办公室。派遣专家参与联合国灾害评估队,多次执行灾害评估任务,积极参与联合国搜索与救援咨询国活动,积极推进全球灾害应急救援领域的合作,举办2006年联合国亚太地区地震应急演练。

中国积极推动建立亚洲国家间的减灾对话与交流平台。2005年9月,中国政府在北京主办第一届亚洲部长级减灾大会,会议通过了《亚洲减少灾害风险北京行动计划》,为亚洲各国进一步加强减灾合作奠定基础。中国政府积极参与第二届、第三届亚洲部长级会议,共同推动《2007亚洲减少灾害风险德里宣言》、《2008亚洲减少灾害风险吉隆坡宣言》的形成。2008年12月举办了加强亚洲国家应对巨灾能力建设研讨会。

中国重视与东盟和南亚国家讨论签署双边或多边减灾救灾协定,注重开展减灾人力资源开发合作。2005年5月,中国为印度洋地震海啸受灾国举办了防灾减灾人力资源培训班,2006年5月在北京召开了中国-东盟框架下的防灾减灾研讨会。2007年先后举办了东盟和亚洲国家应急和救助研讨会、灾害风险管理研修班和灾后恢复重建管理研修班。中国积极参与东盟灾害管理各项活动,出席东盟举办的各类研讨会,观摩灾害应急演练,积极探讨中国-东盟合作协议和行动计划。

中国努力推动上海合作组织成员国政府间救灾协作。2002年4月,上海合作组织成员国紧急救灾部门领导人在俄罗斯圣彼得堡举行首次会晤。2003年4月,上海合作组织在北京举行救灾部门专家级会议,对《上海合作组织成员国政府间救灾互助协定》进行磋商。2005年10月,《上海合作组织成员国政府间救灾互助协定》在莫斯科签署。2006年11月,第二次上海合作组织成员国紧急救灾部门领导人会议在北京召开,通过《上海合作组织成员国2007-2008年救灾合作行动方案》,为上海合作组织成员国在救灾联络、信息交流、边境区域救灾、人员研修和技术交流等方面开展活动奠定行动框架。2007年9月,成员国紧急救灾部门领导人第三次会议在比什凯克举行,研究落实救灾合作协定,深化救灾领域合作等问题。成员国商定将建立上海合作组织救灾中心。2008年9月下旬,中方在乌鲁木齐主办了上海合作组织成员国边境地区领导人首次会议。会议就开展成员国边境地区救灾合作,推动建立边境地区联合救灾行动机制,以及开展有关信息交流、人员培训等问题达成共识。

在应对重大自然灾害中,中国和国际社会相互支持,相互援助。2004年12月印度洋海啸发生后,中国向各有关受灾国政府及联合国有关机构提供了中国有史以来最大规模的紧急救援，救灾援助总额达68763万元人民币，并在第一时间派出中国国际救援队和医疗救援队赴印尼开展紧急救援。2005年8月29日，美国南部地区遭受“卡特里娜”飓风袭击，中国政府向美国提供500万美元救灾援款，并另提供一批救灾急需物资。2005年10月8日巴基斯坦发生7.8级大地震后，中国政府先后四次向巴提供总价值2673万美元的紧急人道主义援助，自10月9日至11月29日，共向巴空运26批次救灾物资，并派出中国国际救援队、医疗救援队，深入灾区一线，帮助巴方开展救灾行动。2008年，缅甸发生“纳吉斯”热带风暴，中国政府先后提供价值100万美元的紧急援助物资、3000万元人民币援助款和1000万美元援助，并派出医疗救援队救治伤员。

2008年5月四川汶川特大地震发生后，中国得到国际社会的大力援助。先后有170多个国家和地区、20多个国际组织向中国提供了资金或物资援助。国际社会向中国地震灾区提供了现金援助44亿多元人民币以及大批救灾物资。俄罗斯、日本、韩国、新加坡还派出专业救援队伍，参与地震灾区的紧急救援工作。来自英国、日本、俄罗斯、意大利、法国、古巴、印度尼西亚、巴基斯坦政府和德国红十字会的九支医疗队共223名医疗技术人员参与四川和甘肃两省地震灾区的伤员救治工作。在重灾区之一的四川省北川县，美国、英国和墨西哥等国家的16名志愿者立即投入救援行动。10名英国搜救小组的志愿者到震区开展救灾活动。来自日本ALOS、意大利COSMO - SkyMed、美国LandSat等多颗卫星向中国提供了灾区遥感影像。中国政府和中国人民对此深怀感激，深表感谢。

结束语

中国正处于全面建设小康社会的重要历史时期，经济社会发展的任务繁重而艰巨。面对日益严峻的自然灾害风险，中国的减灾工作任重道远。

中国政府为减灾事业付出了巨大努力，但也清醒地认识到，中国的减灾工作还存在一些亟待加强的薄弱环节：减灾综合协调机制尚不健全、减灾综合性法律法规和相关配套政策不够完善、灾害监测体系还有待健全、防灾减灾基础设施建设亟待加强、社会公众减灾意识仍需提高。中国政府将始终坚持以人为本的理念，以提高全社会的综合减灾能力为核心，以提升城乡基层社区的综合减灾能力为重点，以提高全社会民众的防灾减灾意识和避灾自救水平为基础，全面提高综合防范防御自然灾害的能力和水平。

自然灾害是人类面临的共同挑战，减灾是全球的共同行动。中国愿与世界各国一道，为减轻灾害风险和灾害损失，为促进人类社会的发展进步作出不懈努力。

国务院关于当前稳定农业发展促进农民增收的意见

各省、自治区、直辖市人民政府，国务院各部委、各直属机构：

近年来，党中央、国务院不断加强强农惠农政策，加大投入力度，保持了农业连续丰收、农民收入较快增长的好形势，为促进经济平稳较快发展、维护社会和谐稳定做出了重大贡献，也为应对国际金融危机奠定了坚实基础。今年，农业生产开局良好，但在农业连续丰收、农产品供给充裕的情况下，有的方面、有的地区对“三农”的关注度有所减弱，忽视农业的倾向有所抬头。当前，国际金融危机持续蔓延，对我国农业和农村经济的负面影响逐步显现。国际市场主要农产品需求萎缩、价格回落，部分农产品出口受阻，加上国际金融危机造成国内经济增速放缓、内需减弱，导致国内农产品价格下行压力较大，农业生产效益下滑，农民工就业数量与收入出现“双下降”，保持农业稳定发展和农民增收困难加大。农产品生产是保证市场供应的基础，也是农民就业的主要渠道、农民收入的重要来源，一旦出现滑坡，几年内难以恢复。各地区、各部门必须从全局和战略高度重视“三农”工作，当前要在落实好党中央、国务院已经出台的各项强农惠农政策措施的基础上，按照远近结合、内外统筹、区别对待的原则，进一步采取更加有针对性、更强有力的举措，加强市场调控，扩内需、促出口、稳价格，推动农业生产调结构、上水平、增后劲，保护农民生产积极性，稳定农业发展；通过保就业、重民生、促增收，维护农村稳定。现提出以下意见：

一、抓好粮食等大宗农产品生产

（一）抓好春耕春管。当前是春耕生产的关键时期，各地区和有关部门要按照全国春季农业生产工作会议的各项部署与要求，加强田间管理，做好病虫害防控、气象灾害防范和农业科技服务，做好春耕各项工作。

（二）加大补贴力度。各地区要按规定落实好粮食直补、农资综合补贴、良种补贴、农机具购置补贴等政策，对中央已经提前拨付的各项补贴资金，要及时足额落实到位、兑现到户。启动实施马铃薯原种补贴，中央财政对马铃薯原种生产每亩补贴100元，财政部要会同农业部尽快研究具体实施方案并开展试点。

（三）做好农资生产供应。做好化肥生产原料的供应保障工作，落实好扶持化肥生产流通的各项优惠政策，春耕期间继续控制化肥出口，合理安排淡季商业储备化肥出库。加强对农资市场的监督检查和化肥、农药生产企业日常生产经营情况的监测，建立产销存情况通报制度。研究建立农药淡季储备制度。

（四）加快农业结构调整和发展方式转变。在稳定粮食、油料、糖料生产的基础上，支持优势产区发展棉花生产，避免棉花种植面积大幅缩减；发展农业产业化经营，加快发展规模化、标准化生产，提高蔬菜、水果质量和市场竞争能力。

（五）加强农业生产能力建设。2009年继续增加中央预算内投资用于农业生产能力建设。加快大型灌区节水改造、排涝泵站更新改造等建设，改善农田水利设施条件。启动实施全国新增1000亿斤粮食生产能力规划，加大投入力度，加强投资整合，提高粮食综合生产能力。继续支持建设棉油糖生产基地、旱作农业示范区，推进农业结构调整。有关建设项目要早安排，中央投资计划要早下达，地方配套资金要早落实。

（六）加大金融对农业生产的支持。各类金融机构要加大对农业开发和农村基础设施建设、农业科技成果转化和产业化等项目的金融信贷支持。有关部门要进一步完善农业保险财政补贴政策，逐步扩大保险范围。

二、促进畜牧业稳定发展

（七）加大生产投入。抓紧落实已出台的生猪和奶牛良种冻精补贴、能繁母猪补贴、生猪调出大县奖励等扶持政策，今年继续安排30亿元中央建设投资支持生猪和奶牛标准化规模养殖小区建设，促进饲养方式转变，提高畜牧养殖水平。

（八）加强市场调控。认真执行国务院批准的《防止生猪价格过度下跌调控预案（暂行）》，适时启动相应的调控措施。增加部分中央建设投资支持冷链物流设施建设,扩大社会冰鲜冷冻储藏能力。继续实施奶粉临时收储政策,进一步扩大国产奶粉收储规模。将原料奶收购贷款财政贴息政策实施期限延长至2009年12月底。

(九)加强疫病防控。加强动物疫病防控工作,落实畜禽防疫经费,依法对畜禽实施强制免疫,所需经费由同级财政预算安排。严厉查处屠宰加工检疫、防疫疫苗销售以及运输中间环节的乱收费行为。

三、做好大宗农产品收储

(十)加大收储力度。继续落实好粮食最低收购价政策,及早制定并印发2009年小麦、稻谷最低收购价执行预案。将东北地区国家临时存储大豆收购期延长至2009年6月底,有关地方政府要切实采取措施引导农民降低大豆水分。按照略高于市场价格的原则,继续在主产区对油菜籽实行国家临时收储,保障农民基本收益。继续做好棉花收储预案,稳定棉农生产预期。安排好国家储备和临时存储粮油跨省移库和调运,充实销区和库存薄弱地区的库存。按照保证市场供应和不打压市场价格的原则,择机安排临时存储的粮油棉糖销售。各地区要按国家规定抓紧充实地方粮油储备。有关部门要及时研究增加天然橡胶国家收储的方案。

(十一)加强仓储设施建设。进一步加大对大宗农产品储备、物流设施建设的支持力度,缓解仓储设施不足的矛盾。今明两年要安排中央建设投资,建设粮食储备仓容1500万吨、储备油罐175万吨、中央直属食糖储备库40万吨、棉花储备库50万吨。从今年起,安排中央补助投资建设资金,实施农户科学储粮专项,为主产区农户改善储粮条件,减少粮食产后损失。地方各级政府要对马铃薯储藏设施建设给予资金补贴,支持农民联户新建标准化的储藏窖。

四、支持农产品加工和龙头企业发展

(十二)扶持壮大龙头企业。结合产业调整和振兴规划,安排中央预算内投资,支持农产品深加工企业技术进步,推动农产品加工产业结构和布局调整。现有支持中小企业发展的专项资金(基金)要向农产品加工企业适当倾斜,积极推进农业产业化经营,鼓励农产品加工和纺织企业巩固和开拓国内外市场。

(十三)加大金融支持力度。各类金融机构要对农产品加工、优势农产品出口加大信贷支持力度。在风险可控前提下,按照市场化原则,对信用记录较好、有订单但暂时出现经营或财务困难的农业产业化龙头企业和农产品加工企业,在贷款展期、续贷和项目贷款宽限期等方面继续给予支持。

(十四)完善农产品加工财税政策。财政部和税务总局要会同有关部门抓紧研究扶持政策,提高玉米深加工企业开工率;尽快研究并完善现行农产品增值税及酒精消费税征收有关政策,促进农业生产发展和农产品流通。通过中央财政给予适当贴息补助等方式,鼓励纺织加工骨干企业增加厂丝储存。

五、促进农产品流通发展

(十五)搞好农产品流通。继续支持骨干农产品批发市场进行升级改造,加快培育大型农产品流通企业,支持大型连锁超市开展"农超对接"。加快培育农产品经纪人,提高流通组织化程度,促进解决农民"卖难"问题;积极推广涉农合同示范文本,严格监管合同履行。

(十六)降低流通成本。继续落实鲜活农产品绿色通道政策,推进在全国范围内免收整车合法装载鲜活农产品的车辆通行费,逐步有序取消政府还贷二级公路收费。针对农产品流通环节检验检疫费用过多过重问题,发展改革委、财政部近期要会同有关部门进行专项清理,坚决取消地方出台的不合法、不合理的收费项目。商务部要会同有关部门采取切实措施,解决水产等鲜活农产品进大型超市费用过多过高问题。

(十七)加强消费引导。各级政府和有关部门要及时、客观、公正地向社会发布食品质量检验方面的信息,正确引导消费,提振消费信心。对一些以个别质量不安全事例进行炒作给消费者信心带来负面影响的行为,要坚决制止并向社会澄清。要严格执行对转基因大豆(油)、菜籽(油)等产品以及生产加工过程中使用复原乳的液态奶进行标识的有关规定,切实保障消费者知情权。近期,农业部、质检总局要按照部门职责分工,分别会同有关部门对标识制度的落实情况开展专项检查,严肃查处违规行为。

六、加强农产品进出口调控

(十八)合理引导农产品进出口。财政部要会同有关部门尽快出台相关措施,支持优势农产品出口。加强进出口农产品质量安全体系建设,全面提高我国检测技术和能力,严格进出口商品质量监管,确保质量安全。

七、采取有力措施促进农民工就业

（十九）落实农民工就业扶持政策。切实落实中央促进农民工就业的政策措施，积极扶持中小企业、劳动密集型产业和服务业，拓宽农民工就业的主渠道。发展改革委、人力资源社会保障部、财政部、工业和信息化部等有关部门要研究完善对中小企业吸纳农村劳动力转移就业的扶持政策。

（二十）加强农民工就业技能培训。人力资源社会保障部要会同发展改革委、财政部等有关部门研究制定加强农民工培训工作的意见，统筹规划农民工培训，增加资金投入，提高培训效益。当前，要特别加强对失去岗位的农民工再就业提供技能培训。

（二十一）多渠道促进农民工就业。要发挥政府投资项目对农民工就业的引导作用，发挥十大产业调整和振兴规划对农民工就业的吸纳作用，发挥大型企业稳定农民工就业的带头作用，发挥有能力的农民工返乡创业和新生代农民工投身新农村建设的开拓作用，发挥组织劳务输出、发展家政服务、建设劳务基地、开展国际劳务对农民工就业的支持作用。加强乡镇公共服务基层平台建设，对自主创业的农民工给予小额担保贷款等方面的扶持。

八、搞好农村民生工程和基础设施建设

（二十二）加强农村民生工程建设。2009 年新增中央投资中，安排 650 亿元用于农村“水电路气房”、重大水利工程以及农村教育、卫生等基础设施建设。今后，要继续把农村民生工程和基础设施作为中央投资的重点。要通过相关项目的实施，改善农村水、电、交通、通信等基础设施条件，提升农村基础设施水平和公共服务能力，改善农村消费环境，降低农民消费成本。要把支持农民建房、改善居住条件作为今后一段时期扩大农村消费的重要着力点，扩大农村消费市场，拉动内需增长。

国务院

二〇〇九年五月十日

国务院关于扶持和促进中医药事业发展的若干意见

各省、自治区、直辖市人民政府，国务院各部委、各直属机构：

中医药(民族医药)是我国各族人民在几千年生产生活实践和与疾病做斗争中逐步形成并不断丰富发展的医学科学，为中华民族繁衍昌盛做出了重要贡献，对世界文明进步产生了积极影响。新中国成立特别是改革开放以来，党中央、国务院高度重视中医药工作，中医药事业取得了显著成就。但也要清醒地看到，当前中医药事业发展还面临不少问题，不能适应人民群众日益增长的健康需求。《中共中央国务院关于深化医药卫生体制改革的意见》(中发[2009]6号)提出，要坚持中西医并重的方针，充分发挥中医药作用。为进一步扶持和促进中医药事业发展，落实医药卫生体制改革任务，现提出以下意见：

一、充分认识扶持和促进中医药事业发展的重要性和紧迫性

长期以来，中医药和西医药互相补充、协调发展，共同担负着维护和增进人民健康的任务，这是我国医药卫生事业的重要特征和显著优势。中医药临床疗效确切、预防保健作用独特、治疗方式灵活、费用比较低廉，特别是随着健康观念变化和医学模式转变，中医药越来越显示出独特优势。中医药作为中华民族的瑰宝，蕴含着丰富的哲学思想和人文精神，是我国文化软实力的重要体现。扶持和促进中医药事业发展，对于深化医药卫生体制改革、提高人民群众健康水平、弘扬中华文化、促进经济发展和社会和谐，都具有十分重要的意义。

随着经济全球化、科技进步和现代医学的快速发展，我国中医药发展环境发生了深刻变化，面临许多新情况、新问题。中医药特色优势逐渐淡化，服务领域趋于萎缩；老中医药专家很多学术思想和经验得不到传承，一些特色诊疗技术、方法濒临失传，中医药理论和技术方法创新不足；中医中药发展不协调，野生中药资源破坏严重；中医药发展基础条件差，人才匮乏。各地区、各有关部门要充分认识扶持和促进中医药事业发展的重要性和紧迫性，采取有效措施，全面加强中医药工作，开创中医药事业持续健康发展新局面。

二、发展中医药事业的指导思想和基本原则

(一)指导思想。坚持以邓小平理论和“三个代表”重要思想为指导，全面贯彻落实科学发展观，把满足人民群众对中医药服务的需求作为中医药工作的出发点。遵循中医药发展规律，保持和发扬中医药特色优势，推动继承与创新，丰富和发展中医药理论与实践，促进中医中药协调发展，为提高全民健康水平服务。

(二)基本原则。坚持中西医并重，把中医药与西医药摆在同等重要的位置；坚持继承与创新的辩证统一，既要保持特色优势又要积极利用现代科技；坚持中医与西医相互取长补短、发挥各自优势，促进中西医结合；坚持统筹兼顾，推进中医药医疗、保健、科研、教育、产业、文化全面发展；坚持发挥政府扶持作用，动员各方面力量共同促进中医药事业发展。

三、发展中医医疗和预防保健服务

(一)加强中医医疗服务体系建设。县级以上地方人民政府要在区域卫生规划中合理规划和配置中医医疗机构(包括中西医结合和民族医医疗机构)。大力加强综合医院、乡镇卫生院和社区卫生服务中心的中医科室建设，积极发展社区卫生服务站、村卫生室的中医药服务。在其他医疗卫生机构中积极推广使用中医药适宜技术。通过中央和地方共同努力，进一步加大公立中医医院的改造建设力度，有条件的县以上综合医院和乡镇卫生院、社区卫生服务中心都要设置中医科和中药房，配备中医药专业技术人员、基本中医诊疗设备和必备中药，基本实现每个社区卫生服务站、村卫生室都能够提供中医药服务。加强中医医疗机构服务能力建设，研究制订中医诊疗常规、出入院标准、用药指南、临床诊疗路径、医疗服务质量评价标准等技术标准和规范，促进中医医疗机构因病施治、规范诊疗、合理用药，提高医疗服务质量。培育、培养一批名院、名科、名医。推动中医药进乡村、进社区、进家庭。

积极促进非公立中医医疗机构发展，形成投资主体多元化、投资方式多样化的办医格局。鼓励有资质的中医专业技术人员特别是名老中医开办中医诊所或个体行医，允许符合条件的药品零售企业举办中医坐堂医诊所。非公立中医医疗机构在医保定点、科研立项、职称评定和继续教育等方面，与公立中医医疗机构享受同等待

遇,对其在服务准入、监督管理等方面一视同仁。

(二)积极发展中医预防保健服务。充分发挥中医预防保健特色优势,将中医药服务纳入公共卫生服务项目,在疾病预防与控制中积极运用中医药方法和技术。推动中医医院和基层医疗卫生机构开展中医预防保健服务。鼓励社会力量投资兴办中医预防保健服务机构。制定中医预防保健服务机构、人员准入条件和服务规范,加强引导和管理。

四、推进中医药继承与创新

(一)做好中医药继承工作。开展中医药古籍普查登记,建立综合信息数据库和珍贵古籍名录,加强整理、出版、研究和利用。整理历代医家医案,研究其学术思想、技术方法和诊疗经验,总结中医药学重大学术创新规律。依托现有中医药机构设立一批当代名老中医药专家学术研究室,系统研究其学术思想、临证经验和技术专长。整理研究传统中药制药技术和经验,形成技术规范。挖掘整理民间医药知识和技术,加以总结和利用。

(二)加快中医药科技进步与创新。建立符合中医药特点的科技创新体系、评价体系和管理体制,改革和创新项目组织管理模式,整合中医药科技资源。推进中医药科研基地特别是国家和省级中医临床研究基地建设。支持中医药科技创新,开展中医药基础理论、诊疗技术、疗效评价等系统研究,推动中药新药和中医诊疗仪器、设备的研制开发,加强重大疾病的联合攻关和常见病、多发病、慢性病的中医药防治研究。推行中医药科研课题立项、科技成果评审同行评议制度。

五、加强中医药人才队伍建设

(一)改革中医药院校教育。根据经济社会发展和中医药事业需要,规划发展中医药院校教育。调整中医药高等教育结构和规模,坚持以中医药专业为主体,按照中医药人才成长规律施教,强化中医药基础理论教学和基本实践技能培养。选择部分高等中医药院校进行中医临床类本科生招生与培养改革试点。加强中医药职业教育,加快技能型人才培养。国家支持建设一批中医药重点学科、专业和课程,重点建设一批中医临床教学基地。

(二)完善中医药师承和继续教育制度。总结中医药师承教育经验,制订师承教育标准和相关政策措施,探索不同层次、不同类型的师承教育模式,丰富中医药人才培养方式和途径。落实名老中医药专家学术经验继承人培养与专业学位授予相衔接的政策。妥善解决取得执业资格的师承人员在职称评定和岗位聘用等方面的相关问题。完善中医药继续教育制度,健全继续教育网络。

(三)加快中医药基层人才和技术骨干的培养。制订切实可行的实施方案,积极探索定向为农村培养中医药人才的措施。鼓励基层中医药人员参加学历教育以及符合条件的中医执业医师带徒培训。探索中医执业医师多点执业的办法和形式。将农村具有中医药一技之长的人员纳入乡村医生管理。制订实施中医药学科带头人和技术骨干培养计划,造就新一代中医药领军人才和一大批中青年名中医。鼓励西医师学习中医,培养一批中西医结合人才。开展面向基层医生的中医药基本知识与适宜技术培训。

(四)完善中医药人才考核评价制度。制订体现中医药特点的中医药专业技术人员水平能力评价标准,改进和完善卫生专业技术人员资格考试中的中医药专业考试方法和标准。建立国家中医药专业人员职业资格证书制度,开展中医药行业特有工种技能鉴定工作。建立政府表彰和社会褒奖相结合的中医药人才激励机制。

六、提升中药产业发展水平

(一)促进中药资源可持续发展。加强对中药资源的保护、研究开发和合理利用。开展全国中药资源普查,加强中药资源监测和信息网络建设。保护药用野生动植物资源,加快种质资源库建设,在药用野生动植物资源集中分布区建设保护区,建立一批繁育基地,加强珍稀濒危品种保护、繁育和替代品研究,促进资源恢复与增长。结合农业结构调整,建设道地药材良种繁育体系和中药材种植规范化、规模化生产基地,开展技术培训和示范推广。合理调控、依法监管中药原材料出口。

(二)建设现代中药工业和商业体系。加强中药产业发展的统筹规划,制定有利于中药产业发展的优惠政策。组织实施现代中药高技术产业化项目,加大支持力度。鼓励中药企业优势资源整合,建设现代中药产业制造基地、物流基地,打造一批知名中药生产、流通企业。加大对中药行业驰名商标、著名商标的扶持与保护力度。优化中药产品出口结构,提高中药出口产品附加值,扶持中药企业开拓国际市场。

(三)加强中药管理。完善中药注册管理,充分体现中药特点,着力提高中药新药的质量和临床疗效。推进实施中药材生产质量管理规范,加强对中药饮片生产质量和中药材、中药饮片流通监管。加强对医疗机构使用中药饮片和配制中药制剂的管理,鼓励和支持医疗机构研制和应用特色中药制剂。

七、加快民族医药发展

加强民族医医疗机构服务能力建设,改善就医条件,满足民族医药服务需求。加强民族医药教育,重视人才队伍建设,提高民族医药人员素质。完善民族医药从业人员准入制度。加强民族医药继承和科研工作,支持重要民族医药文献的校勘、注释和出版,开展民族医特色诊疗技术、单验方等整理研究,筛选推广一批民族医药适宜技术。建设民族药研发基地,促进民族医药产业发展。

八、繁荣发展中医药文化

将中医药文化建设纳入国家文化发展规划。加强中医药文物、古迹保护,做好中医药非物质文化遗产保护传承工作,加大对列入国家级非物质文化遗产名录项目的保护力度,为国家级、非物质文化遗产中医药项目代表性传承人创造良好传习条件。推进中医药机构文化建设,弘扬行业传统职业道德。开展中医药科学文化普及教育,加强宣传教育基地建设。加强中医药文化资源开发利用,打造中医药文化品牌。加强舆论引导,营造全社会尊重、保护中医药传统知识和关心、支持中医药事业发展的良好氛围。

九、推动中医药走向世界

积极参与相关国际组织开展的传统医药活动,进一步开展与外国政府间的中医药交流合作,扶持有条件的中医药企业、医疗机构、科研院所和高等院校开展对外交流合作。完善相关政策,积极拓展中医药服务贸易。在我国对外援助、政府合作项目中增加中医药项目。加强中医药知识和文化对外宣传,促进国际传播。

十、完善中医药事业发展保障措施

(一)加强对中医药工作的组织领导。根据国民经济和社会发展总体规划和医疗卫生事业、医药产业发展要求,编制实施国家中医药中长期发展专项规划。充分发挥中医药工作部际协调机制作用,加强对中医药工作的统筹协调。

地方各级人民政府要切实加强对中医药工作的领导,及时研究解决中医药事业发展中的问题,认真落实各项政策措施。

(二)加大对中医药事业投入。各级政府要逐步增加投入,重点支持开展中医药特色服务、公立中医医院基础设施建设、重点学科和重点专科建设以及中医药人才培养。落实政府对公立中医医院投入倾斜政策,研究制订有利于公立中医医院发挥中医药特色优势的具体补助办法。完善相关财政补助政策,鼓励基层医疗卫生机构提供中医药适宜技术与服务。制定优惠政策,鼓励企事业单位、社会团体和个人捐资支持中医药事业。合理确定中医医疗服务收费项目和价格,充分体现服务成本和技术劳务价值。

(三)医疗保障政策和基本药物政策要鼓励中医药服务的提供和使用。将符合条件的中医医疗机构纳入城镇职工基本医疗保险、城镇居民基本医疗保险和新型农村合作医疗的定点机构范围,将符合条件的中医诊疗项目、中药品种和医疗机构中药制剂纳入报销范围。按照中西药并重原则,合理确定国家基本药物目录中的中药品种,基本药物的供应保障、价格制定、临床应用、报销比例要充分考虑中药特点,鼓励使用中药。

(四)加强中医药法制建设和知识产权保护。积极推进中医药立法进程,完善法律法规。加强中医药知识产权保护和利用,完善中医药专利审查标准和中药品种保护制度,研究制订中医药传统知识保护名录,逐步建立中医药传统知识专门保护制度。加强中药道地药材原产地保护工作,将道地药材优势转化为知识产权优势。

(五)加强中医药行业管理。加强中医药行业统一规划,按照中医药自身特点和规律管理中医药。推进中医药信息化建设,建立健全综合统计制度。推进中医药标准化建设,建立标准体系,推动我国中医药标准向国际标准转化。严格中医药执法监督,严厉打击假冒中医名义非法行医、发布虚假违法中医中药广告以及制售假冒伪劣中药行为。加强地方中医药管理机构建设,强化管理职能,提高管理水平。

中华人民共和国国务院

二○○九年四月二十一日

《关于加强和改进村民委员会选举工作的通知》

中共中央办公厅、国务院办公厅近日印发了《关于加强和改进村民委员会选举工作的通知》。全文如下：

近年来，村民委员会选举工作在全国各地农村深入开展，对保障村民实行自治、发展农村基层民主发挥了重要作用。但也应看到，有的地方村民委员会选举竞争行为不规范、贿选现象严重，影响了选举的公正性；有的地方没有严格执行村民委员会选举的法律法规和相关政策，影响了村民的参与热情；有的地方对村民委员会选举中产生的矛盾纠纷化解不及时，影响了农村社会稳定。为进一步做好当前和今后一个时期的村民委员会选举工作，保障村民委员会选举的公正有序，保障村民享有更多更切实的民主权利，推动农村经济平稳较快发展，确保农村社会和谐稳定，经党中央、国务院同意，现就加强和改进村民委员会选举工作通知如下。

一、充分认识加强和改进村民委员会选举工作的重要意义

村民委员会选举，是我国社会主义民主在农村最广泛的实践形式之一。当前，我国农村正在发生新的变革，农村社会结构快速变动，社会利益格局和农民思想观念深刻变化。适应农村改革发展的新形势，不断加强和改进村民委员会选举工作，进一步完善选举各项程序，做深做细做实选举各个环节工作，有利于保障村民依法直接行使民主权利，发展农村基层民主；有利于密切党群干群关系，维护农村社会和谐稳定；有利于调动亿万农民群众建设社会主义新农村的积极性、主动性和创造性，推动农村全面建设小康社会进程。

各地区各部门要高举中国特色社会主义伟大旗帜，以邓小平理论和“三个代表”重要思想为指导，深入贯彻落实科学发展观，按照党的十七大关于坚持和完善基层群众自治制度和党的十七届三中全会关于健全农村民主管理制度的要求，充分认识加强和改进村民委员会选举工作的重要意义，认真研究解决目前选举工作中存在的问题，把以直接选举、公正有序为基本要求的村民委员会选举实践进一步推向深入。

二、切实加强村民委员会选举前的各项准备工作

加强选举领导机构和工作机构。凡举行村民委员会换届选举的地方，省、市、县、乡各级都要成立专门的领导机构和工作机构，保证必要的工作人员和经费，推动选举工作有组织、有步骤、有秩序地开展。要积极指导依法推选村民选举委员会，组织好村民委员会选举工作。

加强选举教育和培训工作。各地区各部门要在农民群众中广泛深入地开展社会主义民主法制教育，激发他们参与村民委员会选举的热情，了解村民委员会选举的基本程序，珍惜民主权利，真正把办事公道、廉洁奉公、遵纪守法、热心为村民服务的人选进村民委员会。县级党委和政府要重点做好对县乡两级负责村民委员会选举工作的党政干部的培训工作，使他们牢固掌握法律法规和相关政策，不断提高指导选举工作的能力和水平。乡级党委和政府要重点做好对包村干部、村民选举委员会成员的培训工作，使他们熟悉村民委员会选举程序和方法步骤，不断提高实际操作的规范化水平。凡不掌握村民委员会选举法律法规和相关政策的县乡干部以及在选举培训中不合格的县乡干部，不得派到村里指导选举工作。

加强选举方案制定工作。县乡两级要围绕组建村民委员会选举领导机构和工作机构、选举教育和培训、选举工作各个阶段的基本要求、选举工作进展安排等制定工作方案。积极开展调查研究，摸清本地区社会结构变化、人口流动、基层干部群众思想状况等社情民意，增强选举方案的指导性和针对性。加强与外出务工经商人员联络沟通，妥善解决他们依法行使选举权和被选举权问题。重点关注村情复杂、干群矛盾突出以及历次选举中问题较多的村，并制定工作预案，加强工作力量，加大指导力度。未经县（市、区）委批准，无故取消或拖延村民委员会换届选举的，要依法追究乡（镇、街道）党委（工委）、政府和村党组织、村民委员会主要负责人的责任。

加强村级财务审计工作。乡级党委和政府要认真组织开展对现任村民委员会成员的民主评议，做好

村级财务清理和村民委员会成员任期届满审计工作。村集体财务收支情况、集体财产管理使用情况、生产经营和建设项目的发包和管理情况、土地补偿分配和使用情况、村级债权债务情况,以及农民群众反映集中、强烈要求审计的其他内容,要列入审计范围,并及时将审计结果公之于众。

三、依法规范村民委员会选举程序

规范村民选举委员会产生程序。村民选举委员会成员必须依法推选产生,任何组织或个人不得任意指定、撤换。提倡按照民主程序将村党组织负责人推选为村民选举委员会主任,主持村民选举委员会工作,发挥村党组织的领导核心作用。村民选举委员会成员依法被确定为村民委员会成员候选人的,应当退出村民选举委员会,所缺名额从原推选结果中依次递补。村民选举委员会成员不履行职责的,经村民会议、村民代表会议或者村民小组讨论同意,按照原推选结果依次递补或者另行推选。

规范村民委员会成员候选人提名方式。村民委员会主任、副主任和委员候选人由本村有选举权的村民直接提名产生,候选人的名额应当多于应选名额。在符合法律法规规定的前提下,各地要对村民委员会成员候选人的资格条件作出规定,引导村民把办事公道、廉洁奉公、遵纪守法、热心为村民服务的人提名为候选人。鼓励农村致富能手、复转军人、外出务工经商返乡农民、回乡大中专毕业生、大学生"村官"、县乡机关和企事业单位提前离岗或退休干部职工通过法定程序积极参与选举村民委员会成员的竞争。提倡村党组织成员和村民委员会成员交叉任职,但要从实际出发,不搞一刀切。适应中国特色社会主义新农村建设需要,提倡把更多女性村民特别是村妇代会主任提名为村民委员会成员候选人。

规范候选人的竞争行为。村民选举委员会应积极主动、客观公正地向村民介绍正式候选人的情况。有条件的地方,提倡组织候选人同村民见面,介绍治村设想或竞职承诺,回答村民提出的问题,禁止候选人或候选人指使的人私下拉票。要加强对候选人治村设想或竞职承诺的审核把关工作,治村设想或竞职承诺不得有与宪法、法律、法规和国家政策相抵触的内容,不得有侵犯其他村民人身权利、民主权利和合法财产权利的内容,不得有对竞争对手进行人身攻击的内容。要引导候选人着力围绕发展经济、完善管理、改进服务提出方案和措施,防止出现为当选进行个人捐助村内公益事业财物比拼加码的现象。对候选人承诺捐助村集体的资金或物资,不应由候选人在选举前或选举后私自决定分配方案,而应交由依法选举产生的村民委员会组织召开村民会议或村民代表会议民主讨论决定。

规范投票行为。全面设立秘密划票处,普遍实行秘密写票制度,保障村民在无干扰的情况下自主表达选举意愿。严格规范委托投票,限定选民接受委托投票的人次,禁止投票现场临时委托。严格控制流动票箱的使用,确有必要使用流动票箱的,其对象和人数应由村民代表会议讨论决定,并张榜公布。切实维护选举大会的现场秩序,禁止任何人实施向选民展示钱物等扰乱选举现场秩序、影响选民投票意向的行为。投票结束后,应当公开唱票、计票,当场公布选举结果。

四、扎实做好村民委员会选举后续工作

扎实做好新老村民委员会交接工作。新老村民委员会的交接工作,由乡级政府负责主持,村党组织参与。原村民委员会应依法在规定期限内将印章、办公场所、办公用具、集体财务账目、固定资产、工作档案、债权债务及其他遗留问题等,及时移交给新一届村民委员会。已经完成选举的地方,要认真检查验收。对拒绝移交或者无故拖延移交的,乡级党委和政府、村党组织应当给予批评教育,督促其改正。要耐心做好落选人员思想工作,引导他们积极支持新当选的村民委员会成员开展工作。选举工作结束后,要及时统计、汇总、上报选举结果,建立健全村民委员会选举工作档案。

扎实做好新当选村民委员会成员培训工作。选举结束后,各地区应根据当地实际,制订规划,广泛培训新当选的村民委员会成员,组织他们学习党的路线方针政策,深入学习实践科学发展观,学习法律法规和实用技术,增强村民委员会成员坚持党的领导的信念,增强正确执行政策、坚持依法办事、善于做群众工作的能力,增强带领广大农民群众建设社会主义新农村的本领。

扎实做好村务公开和民主管理制度健全工作。加强对村民委员会成员履行选举期间竞职承诺的监督,防止其利用职权谋取不正当利益。理顺村级各类组织的关系,抓好以村党组织为核心的村级组织配套建设,领导和支持村民委员会等村级组织依照法律法规和章程开展工作。进一步健全完善村党组织领导的充满活力的村民自治机制,深入开展以村民会议、村民代表会议、村民议事为主要形式的民主决策实践,以自我教育、自我管理、自我服务为主要目的的民主管理实践，以村务公开、财务监督、群众评议为主要内容的民主监督实践，全面推进村民自治制度化、规范化、程序化。凡未经村民会议或者村民代表会议讨论决定，任何组织或个人擅自以集体名义借贷，变更和处置村集体的土地、企业、设备、设施等，均为无效，村民有权拒绝，造成的损失由相关责任人承担，构成违纪的给予其党纪政纪处分，涉嫌犯罪的移送司法机关依法处理。对无正当理由拒不履行为村民服务职责或拒不协助乡（镇）政府开展工作的村民委员会成员，村党组织和乡（镇）党委、政府应对其进行批评教育，对拒不改正的应依法启动罢免程序。

扎实做好村民委员会成员合法权益保障工作。妥善解决村干部的报酬和养老保险等问题，帮助他们解决工作和生活中的实际困难，解除他们的后顾之忧。按规定渠道，切实解决村民委员会的活动场所问题，及时拨付工作运行经费；乡级政府需要委托村民委员会承办的事项，应按照“权随责走、费随事转”的原则妥善解决。对于一心为民、工作成绩突出的村民委员会成员，应及时给予宣传表彰。

五、坚决查处村民委员会选举中的贿选等违法违纪行为

坚决制止和查处贿选行为。在村民委员会选举的过程中，候选人及其亲友直接或指使他人用财物或者其他利益收买本村选民、选举工作人员或者其他候选人，影响或左右选民意愿的，都是贿选。各地要结合实际，进一步明确贿选的界限，加强监督，加大查处力度。对参与或指使他人以暴力、威胁、欺骗、贿赂、伪造选票、虚报选举票数等违法手段破坏选举或者妨碍村民依法行使选举权和被选举权的，以及对控告、检举选举违法行为的人进行打击、报复的，要发现一起坚决查处一起。对选举中的违法违纪行为，村民有权向乡、民族乡、镇的人民代表大会和人民政府或者县级人民代表大会常务委员会和人民政府及其有关主管部门举报，有关机关应当负责调查并依法处理。对参与或指使他人以暴力、威胁、欺骗、贿赂、伪造选票、虚报选举票数等违法手段参选的，一经发现即取消其参选资格，已经当选的，其当选无效；违反治安管理规定的，依法给予治安管理处罚；构成犯罪的，依法追究刑事责任。

加大对选举工作人员违法违纪行为的查处力度。村民选举委员会成员在村民委员会选举中有违法违纪行为的，要及时终止其资格。对伪造选举文件、篡改选举结果或者以威胁、贿赂、欺骗等手段，妨害村民依法行使选举权、被选举权的农村党员干部，要给予撤销党内职务、留党察看或者开除党籍处分。农村党员和国家公务员有参与或者怂恿村民委员会选举中违法违纪行为的，要分别给予党纪或者政纪处分。对假借选举之名，打着宗教旗号从事非法活动、民族分裂活动和刑事犯罪活动的，要坚决依法予以打击。

六、加强对村民委员会选举工作的组织领导

健全和落实领导责任制。各级党委、人大、政府要把加强和改进村民委员会选举工作列入重要议事日程，形成党委领导、人大监督、政府实施、各有关部门密切配合的工作体制和运行机制。县级党委书记要认真履行“第一责任人”的职责，乡级党委书记要认真履行“直接责任人”的职责，村党组织要在村民委员会选举中充分发挥领导核心作用。地方各级人大和县级以上地方各级人大常委会在本行政区域内要切实保证村民委员会组织法的实施，保障村民依法行使选举权利。各级党委组织部门要统筹协调村级党组织选举工作和村民委员会选举工作，加强指导。各级民政部门要充分发挥职能作用，认真抓好村民委员会选举工作的指导和监督检查。各级财政部门要落实相关工作经费，保证选举工作顺利进行。各级纪检监察、宣传、信访、公安、司法、综合治理、妇联等部门，各级人民法院、人民检察院，要积极参与、配合村民委员会选举工作。要建立健全工作责任追究制度，对因领导和指导工作不力、敷衍应付、处置不当引发较大规模群体性事件的，要追究相关领导和有关人员的责任。

认真做好群众来信来访工作。县乡两级村民委员会换届选举工作领导机构和工作机构要向社会公布办公地址和工作电话，提供咨询服务。对有关村民委员会选举的来信来访，要及时调查研究，妥善答复，切实维护群众合法权益。对群众反映的问题，如果属实或基本属实的，要及时纠正解决；对与实际情况有出入的，要本着有什么问题就解决什么问题的原则进行完善；对与实际情况完全不符的，要尽快说明情况，争取群众的认可；对群众听信谣传、上当受骗的，要及时予以揭露，澄清事实，消除群众误解。县乡村三级都要建立健全村民委员会选举工作信息报告制度，全面掌握选举动态，及时上报选举引发的重大事件。在选情复杂的地方，县乡两级要建立应急处置工作机制，制定应急处置预案，加强对突发事件的防范和处置。

加大对村民委员会选举工作的监督力度。要充分发挥党委、人大、政府及其职能部门的监督作用，同

时结合实际，发挥村民选举委员会、村民对选举全过程的监督作用。要积极探索舆论监督以及各级党代表、人大代表、政协委员担任选举监督员等形式，加强社会力量对选举工作的监督。

加强对村民委员会选举工作的舆论引导。各地区各部门要充分发挥新闻媒体的积极作用，大力宣传党的十七大和十七届三中全会精神，宣传村民委员会选举的法律法规和相关政策，宣传选举中涌现的好经验好做法，形成正面引导的强大声势。县乡村三级都要把宣传教育和舆论引导贯穿于选举工作全过程，把依法办事贯穿于选举实践全过程，把为什么举行村民委员会选举、应该选举什么样的人进村民委员会、什么样的选举行为为法律法规所允许等问题，通过多种方式清清楚楚地告诉广大村民，引导他们行使好自己的民主权利，引导候选人坚持社会主义荣辱观，正确对待自己、其他候选人和村民，正确对待困难、挫折和荣誉，促进理性公平竞争，努力形成和谐选举的良好局面。

各地区各部门要将本通知精神尽快传达贯彻到农村干部群众中，村民委员会选举工作中遇到的重大问题请及时报告中央。

政策、法律法规解读

解读2009年第1号审计结果公告

来源:新华社

去年8月,审计署审计长刘家义在十一届全国人大常委会第四次会议所作的审计报告中,揭示了2007年度中央预算执行和其他财政收支审计查出的一些问题。半年多过去了,这些问题的纠正情况和整改结果怎么样?审计署17日以今年第1号审计结果公告的形式予以公布。

截至2008年10月底,各被审计单位已追回或归还被挤占挪用的资金267.73亿元,根据审计建议完善各项制度规定158项;审计发现的116起涉嫌违法犯罪案件线索移送纪检监察和司法机关查处后,已有30人被依法逮捕、起诉或判刑,117人受到党纪政纪处分。

财政部:明年前省级批准的行政事业性收费全部纳入预算管理

审计发现,有376.87亿元资金未纳入预算管理。对此,财政部已将储备物资变价款收入纳入预算管理,并会同发展改革委下发通知,要求将"全国网络统考考试费"上缴国库,纳入一般预算管理。另外,财政部拟从2009年起将全国性及中央部门单位的所有行政事业性收费全部纳入预算管理,同时要求地方财政部门在2010年前将省级批准设立的行政事业性收费全部纳入预算管理。

审计发现,有49项行政事业性收费项目的清理规范工作未及时完成。目前,在这49项收费中,1项已公布取消;4项即将在有关法律法规中予以明确,可依法继续收取;8项依据国际惯例以及相关部门履行特定管理职能的需要应当保留,财政部将会同有关部门按程序报请国务院批准保留;其余36项属于拟清理取消的项目,近期将公布取消。

财政部还对其他审计发现的问题进行了纠正和整改。

发展改革委:严把投资项目审查审批关

针对审计发现的少数投资项目审查审批把关不严,安排投资失当等问题,发展改革委严禁已实施政策性破产、停产的煤矿上报安全改造项目,并加大了监督检查力度;对个别已近完工项目申请国债资金的问题,已责成项目单位作出深刻检讨,并暂停其下一年度项目申报资格;拟收回已安排给北京一家公司的400万元国家服务业发展引导资金,并责成北京市发展改革委加强项目申报审查工作。

审计发现,部分项目难以按期完工。对此,发展改革委已出台相应整改措施:对煤矿安全改造项目,督促地方进一步加快项目前期工作进度,力争在年初即下达投资计划,并督促配套资金及时到位,确保工程按期完成;对危险废物和医疗废物项目,会同环境保护部门进行了全面检查,并要求地方加强项目建设管理、加快工程进度;对物资储备综合仓库安全改造和成品油改扩建项目,要求国家物资储备局进一步加强组织领导,督促有关施工单位严格按期履行合同。

发展改革委还对其他审计发现的问题进行了纠正和整改。

中央部门纠正和落实整改措施金额84.42亿元

审计查出53个中央部门本级存在的问题金额293.79亿元中,除174.98亿元属于预算不细化、不完整和批复不及时问题需要结合财政改革和下年度预算安排等逐步解决外,其他各类问题金额118.81亿元中,已纠正和落实整改措施的金额为84.42亿元,占71.1%。

在审计查出的中央部门所属单位存在问题金额170.7亿元中,除9.81亿元属于预算体制机制方面的问题,需要结合预算制度改革逐步解决外,其他160.89亿元问题中,已纠正和落实整改措施的有155.15亿元,占96.4%。

这次预算执行审计还移送纪检、监察和司法机关立案查处案件6起,移送主管部门查处案件1起,已有1人被批捕,其他案件正在查处中。

此外,审计25个中央部门2007年度决算(草案)查出的20个部门各类问题金额4.95亿元中,已通过调整账目和决算报表等方式纠正的问题金额为4.59亿元,占92.7%。

专项审计和审计调查查出问题得到整改

针对中央支农专项资金审计调查发现的问题,各地都提出了具体整改措施。截至2008年10月底,审计调查查出的50个县挤占挪用的1.25亿元资金中,有1.12亿元已纠正或正在落实整改措施,占89.6%。

针对农村义务教育经费审计调查发现的问题，16个接受调查的省（区、市）都制定了具体整改措施。截至2008年10月底，滞留的资金已拨付2.65亿元，占88.6%；挤占挪用的公用经费、寄宿生生活补助费等已归还1.13亿元，占98.3%；自立项目乱收费或向学生收取明令禁止的费用已清理退还学生4960万元，占97%。

针对国有土地使用权出让金审计调查发现的问题，截至2008年10月底，各地方政府已收回被挪用、返还和欠征的土地出让金132.69亿元，收回被挪用、欠收的征地补偿资金和被征地农民社会保障资金2.93亿元，归还被挪用的土地储备贷款18.44亿元。

针对救灾资金审计调查发现的问题，各有关省（区、市）政府及时研究制定了整改措施。截至2008年10月底，各地已清理和追回违规使用的1.95亿元救灾资金。

其他专项审计和审计调查查出的问题也得到了整改。

金融机构审计移送各类涉嫌犯罪案件线索43件

通过对9家金融机构的审计和审计调查，共移送各类涉嫌犯罪案件线索43件，涉案金额141.62亿元，涉案责任人144名。

针对资产负债损益审计查出的问题，国家开发银行成立了整改领导小组，建立了整改进度动态跟踪机制，制定了具体整改措施。截至2008年10月底，已纠正违规放贷问题金额90.53亿元，占99.4%；纠正挪用贷款问题金额229.34亿元，占93.3%；纠正违规进入股票市场、房地产市场，以及国家限制发展的产业和领域的贷款金额57.85亿元，占99%。已处理有关责任人员22人，其中厅局级干部10人。

针对2006年资产负债损益审计查出的问题，中国农业银行督促各级分支机构逐条落实整改措施。截至2008年10月底，已纠正违规问题金额240.9亿元，占99.1%，已处理有关责任人2673人，其中对移送司法机关查处的辽宁省锦州市分行副行长郑凤来、黑山县支行行长刘福德等人采取借款和虚假贴现等手段累计挪用银行资金31亿元的问题，中国农业银行已对186名责任人进行了处理。

针对金融资产管理公司处置不良资产审计调查发现的问题，财政部、银监会和四家资产管理公司提出了进一步强化公司内部管理、加大不良资产处置力度、进一步加强商业化转型工作等措施。

此外，中国光大银行股份有限公司、中国人民保险集团公司和中国再保险（集团）公司已整改审计发现的问题金额160.01亿元，占95.3%；还有7.4亿元问题正在整改中。

9户企业27人被依法批准逮捕、起诉或判刑

对9户企业审计查出的34起案件线索移送有关部门查处后，已依法批准逮捕、起诉或判刑27人，给予撤职、降职等党纪政纪处分9人。

针对3家中央企业原领导人员任期经济责任审计发现的问题，有关企业进行了整改。其中，关于损益不实78.65亿元的问题，3家企业已调账56.23亿元；关于决策不当、管理不善造成损失和潜在损失16.63亿元的问题，相关企业在一定程度上化解了14.21亿元的潜在损失风险；关于海外投资管理不规范，形成或面临损失4.24亿元的问题，相关企业正积极采取措施建立海外项目运作风险管理体系；关于违法违规操作导致国有资产流失的问题，截至2008年10月底，已收回980万元，合并账外账处理877万元，通过司法诉讼等手段正在追缴7090万元。

针对5家电信运营企业投入产出效益审计调查发现的问题，工业和信息化部提出了加强统筹规划、明确部门职责、强化横向协调和建立信息平台等加强网络建设监管的建议，这些措施有利于从根本上解决我国电信企业重复建设和闲置浪费问题。

针对铁路运输企业财务收支审计查出的问题，铁道部铁路运输企业边纠正问题边建立相关管理制度。其中，对核算不实、多计利润10.59亿元的问题，已全部进行了调账处理，补缴了相应税款。

财政部就代理发行2009年地方政府债券情况答问

来源:财政部网站

一、近期财政部公布了2009年4月份上半月地方政府债券代理发行计划,以后会持续公布吗?

答:为了提高地方政府债券发行透明度,方便承销机构和投资者承销认购地方政府债券,经与地方政府协商,近期财政部公布了2009年4月份上半月地方政府债券代理发行计划。

地方政府债券发行日期的确定需要经过以下程序:首先,地方政府债券列入省级预算管理,需要报同级人大或同级人大常委会审查批准。其次,地方财政部门根据用款需要,向财政部上报债券发行计划建议。再次,财政部根据地方政府上报的债券发行计划建议,综合国债发行安排、金融市场运行、债券市场供求等因素,向地方财政部门提出调整建议。最后地方财政部门认可后向财政部确认。

在今后的工作中,财政部将继续提前公布半月度地方政府债券发行计划,为承销机构和投资者提供便利。

二、地方政府债券发行期数较多,承销机构会否感到压力较大?

答:从3月27日至4月10日,财政部在10个工作日内发行了5期地方政府债券。二季度各类债券大规模发行后,尤其是地方政府债券高频率发行,与其他债券发行的招标日、起息日、缴款日交错重叠,承销机构需要有一个适应过程。

财政部将采取以下措施统筹安排地方政府债券招标日期,降低承销机构工作压力:一是同时进行国债和地方政府债券招标;二是同一日上、下午各进行一期地方政府债券招标;三是将发行量较小的几期地方政府债券安排在同一时间招标。上述措施兼顾了各期地方政府债券的相对独立性和灵活性,有利于缓解承销机构压力,促进地方政府债券发行。

三、最近发行的几期地方政府债券利率较为接近,又略有不同。请问您怎么看待?

答:在财政部代理发行、代办还本付息的方式下,可以认为地方政府债券信用等同于国债。由于各期地方政府债券在信用等级上并不存在差异,并且都享有与国债相同的税收政策,最近发行的几期地方政府债券发行利率均与同期3年期记账式国债二级市场收益率较为接近。

地方政府债券采用市场化招标方式发行,其发行利率主要取决于债券市场整体利率水平。由于近期债券市场收益率有所上升,例如,3月27日至4月10日,3年期记账式国债二级市场收益率由1.60%上升至1.69%,上升了9个基点。相应地,近期发行的几期地方政府债券发行利率也略有上升。3月27日招标发行的2009年新疆维吾尔自治区政府债券(一期)发行利率为1.61%,4月10日招标发行的2009年重庆市政府债券发行利率为1.70%。从绝对值上看,两期债券发行利率有所上升,但从相对水平上看,与同期3年期记账式国债二级市场收益率相比,均为略高1个基点。

地方政府债券发行利率随债券市场波动而波动,是市场规律的正常表现。由于地方政府债券单期发行数额小的特点,其利率略高于同期3年期记账式国债二级市场收益率是正常的。

四、近几期地方政府债券在上市后交易情况如何?

答:我国债券市场分为银行间债券市场和证券交易所市场。按照记账式国债有关规定,招标结束后,承销团成员可以自行选择在两个市场进行债权注册,上市后在相应市场进行交易。由于商业银行作为债券市场最主要的投资者之一,目前只能在银行间债券市场托管和交易,加之机构间大宗交易是债券交易的主要形式,银行间债券市场是我国债券托管和交易的主要场所。

截至4月10日,已发行的5期地方政府债券大部分托管在银行间债券市场,证券交易所市场托管量极小。二级市场交易也主要集中在银行间债券市场。地方政府债券托管量和交易量都主要集中在银行间债券市场的状况和记账式国债情况基本一致。由于银行间债券市场主要是机构之间询价交易,社会公众关注较少,了解不多。实际上,对二级市场交易情况的分析和研判,应当以银行间债券市场为主。从目前情况看,地方政府债券在银行间债券市场的交易情况与记账式国债相比处于正常状态。

解读中央一号文件

来源：人民日报

2009年中央一号文件提出，稳定发展粮食生产，千方百计保证国家粮食安全和主要农产品有效供给。这是针对当前国内外经济增长明显放缓和粮食等主要农产品价格普遍下行的新形势，实施的一项保持农业平稳较快发展的重大任务。

2009年继续保持粮食稳定发展、保障主要农产品有效供给的任务十分艰巨。

1、粮食需求持续增长

我国正处于工业化、城镇化快速推进时期，社会对粮食等农产品需求持续较快增长，我国作为一个有十几亿人口的国家，粮食安全和主要农产品供给形势将受人口持续增长、耕地不断减少、淡水资源趋紧的制约，粮食已很难出现长时间、全局性过剩。2008年，我国农业发展战胜了南方部分地区严重低温雨雪冰冻和汶川特大地震等自然灾害，取得了喜人佳绩，粮食总产、亩产均创历史纪录，都实现了连续5年增长，但也只是实现了谷物供求基本平衡。

2、价格下行压力加大

当前国际市场农产品价格大幅度回落，国内市场粮食、棉花、生猪、水果等主要农产品价格下行压力加大，农业比较效益进一步降低，这对农民发展粮食和农业生产将产生极为不利的负面影响。

3、政策效应有所减弱

支持粮食等主要农产品生产发展的政策效应有所减弱，气候等不确定因素影响加大，粮食连年增产有可能导致松懈倾向，这些因素都会在一定程度上弱化粮食生产，降低主要农产品供给的稳定性。特别是在当前国际金融危机持续蔓延、世界经济增长明显减速，对我国经济的负面影响日益加深，对农业农村发展的冲击不断显现的情况下，稳定经济社会发展大局，必须千方百计保证国家粮食安全和主要农产品有效供给。

为保证国家粮食安全和主要农产品有效供给，今年将在以下三个方面重点着力。

1、稳定发展粮食生产

稳定发展粮食生产。稳定播种面积，优化品种结构，提高单产水平，不断增强综合生产能力。进一步落实各地区粮食安全责任，坚决落实"米袋子"省长负责制，主产区要继续发挥比较优势、做大做强粮食产业，主销区和产销平衡区要稳定粮田面积和自给水平、落实地方储备任务。进一步调动主产区和种粮农民积极性，建立健全粮食主产区利益补偿制度，扶持粮食生产政策继续向主产区和种粮农民倾斜，确保主产区得到合理利益补偿，确保种粮农民得到合理经济收益。进一步加强粮食战略工程建设，推进全国新增千亿斤粮食生产能力建设。

2、推进农业结构调整

积极推进农业结构战略性调整。加快实施新一轮优势农产品区域布局规划，重点发展油料等短缺农产品生产，稳定生猪、棉花等产业。推动大宗作物区域化布局，启动长江流域和黄淮海地区棉花生产基地建设，重点支持东北地区优质大豆、长江流域"双低"油菜、适宜地区木本油料生产，扶持优势产区发展糖料、马铃薯、天然橡胶等生产。推动园艺产品集约化生产，支持优势产地发展蔬菜、水果、茶叶、花卉等园艺产品，加强生产、储运保鲜等设施建设。推动畜牧水产规模化养殖，加快发展生猪、奶牛标准化规模养殖场（小区）、水产健康养殖示范区（场），加强畜禽水产良种繁育、动物防疫体系建设。推动农业产业化经营，落实扶持农民专业合作社和龙头企业发展的政策措施，增加农业产业化专项资金，鼓励发展农产品加工，完善利益联结机制，让农民更多地分享产业化经营成果。

3、提高质量安全水平

切实提高农产品质量安全水平。按照预防为主、源头治理、全程监管的要求，全面强化农产品和食品质量安全工作。在农产品生产环节，加快推行农业标准化，严格监测产地环境，规范投入品使用，支持国有农场、龙头企业、农民专业合作社、专业大户等率先实行标准化生产。在食品加工流通环节，强化企业质量安全责任，健全质量安全控制体系，出厂食品要严格自检，杜绝不合格产品进入市场。在政府监管环节，抓紧完善有关法律法规和配套办法，健全全程监管体系，严格执行行政问责和责任追溯等制度。

农民收入是农民生活的基础，是农民生产积极性的基础，也是开拓农村消费市场的基础。今年中央一号文件指出，坚决防止农民收入徘徊，千方百计促进农民收入持续增长。这充分体现了党中央、国务院在新形势下对农民增收的高度重视。

2008年，农民人均纯收入达到了4761元，比上年增加621元，扣除物价指数增长了8%，农民收入水平达到了一个新的历史高度。但当前，支撑农民增收的两个主要来源都出现了一些新问题：一方面，受国际金融危机影响，国外经济增速明显放缓，我国工业产品出口受阻，一些企业关闭和停工，导致农民外出就业困难、工资水平降低；另一方面，国内粮食、棉花、生猪等主要农产品价格下行压力较大，致使农民依靠务农增收的形势也趋于严峻。

在当前经济发展遇到严重困难和严峻挑战的形势下，要千方百计促进农民持续增收，必须加大惠农政策增收力度，充分挖掘农业内部增收潜力，大力拓展农村非农产业增收渠道，积极开辟外出就业增收空间，着力增加基础设施建设增收机会，内外联动，多措并举，形成促进农民增收的合力。

2004年以来，在中央强农惠农政策激励下，在广大基层干部和农民群众的共同努力下，农村发展形势持续向好。农民收入增幅连续5年超过6%，是20多年来的第一次。近5年来，农民人均纯收入累计增加2000多元，年均增收400多元，这也是历史上的首次。

努力防止谷贱伤农

加大农业补贴力度

挖掘农业内部增收潜力，中央不断加大惠农政策力度。近年来，党中央、国务院出台的一系列具有划时代意义的支农惠农政策，初步形成了新时期支持和保护农业的政策体系。今年中央一号文件提出，大幅度提高政府土地出让收益、耕地占用税新增收入用于农业的比例，一系列具体政策措施，带给农民"真金白银"的实惠。

农产品价格的高低，直接影响农民收入。今年将努力保持农产品价格合理水平，继续提高粮食最低收购价格，有效引导市场走势，防止谷贱伤农。从今年新粮上市起，白小麦、红小麦、混合麦提高最低收购价，分别提高到0.87元、0.83元、0.83元，提高幅度分别为13%、15.3%、15.3%。稻谷最低收购价格水平也将作较大幅度提高。

农业"四项补贴"（粮食直补、良种补贴、农机具购置补贴和农资综合直补）已成为农民增收的重要来源。今年将尽最大可能继续增加农业补贴，预计将增加到1200亿元左右，逐步完善补贴办法。在水稻、小麦、玉米、棉花、东北大豆良种补贴全覆盖的基础上，扩大油菜良种补贴范围，提高良种补贴标准，完善农资综合补贴机制。今年国家将大幅增加农机具购置补贴，总额达到100亿元，这是加快农机化发展、扩大内需和促进经济增长的重大举措。据测算，可增加农机工业销售产值约635亿元。

在加大农业补贴力度的同时，政府将着力搞好农产品购销和调运，减免流通费用，完善利益分配机制，让农民从农产品价格上升、产品增值中得到更多实惠。

非农产业拓宽渠道

促进农民就业创业

今年的中央一号文件提出，城乡基础设施建设和新增公益性就业岗位，要尽量多使用农民工；采取以工代赈等方式引导农民参与农业农村基础设施建设；大规模开展针对性、实用性强的农民工技能培训。另外要积极支持农民工返乡创业，从贷款发放、税费减免、工商登记、信息咨询等方面予以支持。在创业资金方面，鼓励和引导金融机构加大信贷支持力度，继续加大农民工银行卡特色服务推广力度；农民工返乡创业属于政府贴息的项目要按照规定给予财政贴息，帮助其解决创业资金困难。

县域是促进农民就业的重要平台，要加大对县域经济发展的支持力度，增强对农民就业增收的带动能力。科学规划产业发展，积极引导劳动密集型、资源加工型产业，特别是农产品加工业向县域转移；加快小城镇发展，扩大县域发展自主权。

中央一号文件提出，要把改善农村民生作为扩大内需的重要举措、作为国家新增投资安排的优先领域，细化并实化了推进城乡基本公共服务均等化的政策措施。中央的部署将进一步推动公共财政向农村倾斜、公共服务向农村覆盖、社会事业向农村延伸，逐步实现农民学有所教、劳有所得、病有所医、老有所养、住有所居的目标。

延伸社会事业

加大投入加快速度扩大覆盖

要加大投入力度，加快推进速度，扩大覆盖范围,确保广大农民分享经济社会成果。

文化方面,要建立稳定的投入保障机制,尽快形成完备的农村公共文化服务体系。

教育方面,要提高农村学校公用经费和家庭经济困难寄宿生补助标准,明确提出2009年起对中等职业学校农村家庭经济困难学生和涉农专业学生实行免费,国家新增助学金向农村生源学生倾斜。

卫生方面,主要提出适当扩大新型农村合作医疗报销范围、提高报销比例,同时要进一步增加投入,继续加强县、乡、村医疗卫生公共机构人才队伍建设。

社会保障方面,主要提出较大幅度提高农村低保标准和补助水平,全面落实农村五保供养政策,同时要求抓紧制定建立个人缴费、集体补助、政府补贴的农村社会养老保险制度的指导意见,年内新型农村社会养老保险试点覆盖10%的县(市)。

加强农村基建

重点办好"水电路气房"五件事

水的方面,要加大投资和建设力度,力争年内解决6000万人口饮水不安全问题。

电的方面,要全面落实城乡同网同价政策,扩大小水电代燃料建设规模。

路的方面,要求加大中央财政对中西部地区农村公路建设投资力度,争取2010年底实现全国乡镇和东中部地区具备条件的建制村通油(水泥)路,西部地区具备条件的建制村通公路。

气的方面,要求增加农村沼气工程建设投资,扩大秸秆固化气化试点示范。

房的方面,特别提出要扩大农村危房改造试点,加快国有林区、垦区棚户区改造,改善农民住房条件。

做好扶贫开发

完善国家扶贫战略政策体系

实行新的扶贫标准后,对农村没有解决温饱的贫困人口、低收入人口全面实施扶贫政策。坚持开发式扶贫方针,完善国家扶贫战略和政策体系,把稳定解决扶贫对象温饱并实现脱贫致富作为首要任务,认真抓好整村推进、劳动力转移培训、产业化扶贫、移民扶贫等关键环节,重点加快革命老区、民族地区、边疆地区的扶贫和特殊类型贫困地区的综合治理。

搞好农村管理

健全村民自治搭建服务平台

切实加强和改善党对农村工作的领导,创新管理模式和管理机制,力争把矛盾化解在萌芽状态,确保农村社会和谐稳定。要健全村民自治机制,深入推进政务公开、村务公开和党务公开,逐步建立农民群众平等表达诉求的制度化平台,拓展农村社情民意的表达渠道。要搭建农村社区综合服务平台,为农村提供生产经营、文化卫生、法律援助等多方面的服务,特别要为农村留守儿童、留守妇女、留守老人创造良好的生产、生活、教育条件。要妥善解决农村征地、环境污染、移民搬迁、集体资产处理等引发的突出矛盾和问题,尊重群众的合理要求。

新医改方案解读:医改意见190余处修改回应"民声"

来源:新华社

在向全社会公开征求意见后,《中共中央国务院关于深化医药卫生体制改革的意见》于4月6日正式全文公布。与此前的征求意见稿相比,《意见》共修改了190余处。

自2006年酝酿起草这份《意见》时起,深化医药卫生体制改革部际协调工作小组就已经面向国内外征集方案和建议,并于去年10月再次问计于民,共收到各类建议和意见近3.6万条。

北大中国经济研究中心教授李玲说,这是中国推进医改前所未有的大手笔,充分体现了政府决策的谨慎、科学和民主。同时《意见》吸纳各界建议进行完善,也对"民声"做出了切实回应。

针对部分群众反映的《意见》文字"绕、涩",不够通俗等问题,医改工作小组首先对文字进行了多处修改,力求表述更加准确、简洁和易懂。

医保何时"一卡通"?针对农民工、老年人等群体反映强烈的医保关系接续和异地就医报销问题,《意见》中特别增加了"以城乡流动的农民工为重点积极做好基本医疗保险关系转移接续，以异地安置的退休人员为重点改进异地就医结算服务”的内容。

征求意见过程中，对基本药物定价和供应方式争议较多，中国医药企业管理协会曾就基本药物制度提出“十四条建议”，认为“统购统销”的做法违背市场规律。这次修改中，《意见》将“基本药物由国家实行招标定点生产或集中采购，直接配送”改为“基本药物实行公开招标采购，统一配送”，将“统一制定零售价”改为“国家制定基本药物零售指导价格，在指导价格内，由省级人民政府根据招标情况确定本地区的统一采购价格”。

中国医药企业管理协会会长于明德说：“这些修改更加尊重市场经济规律，这是政府倾听社会各方意见的切实行动。”

“这次《意见》着重明确基本药物制度的基本原则，给地方操作留出了空间。”工作小组有关负责人说，考虑到基本药物制度是一项新改革，目前尚无成熟有效、普遍适用的做法，《意见》吸纳有关建议进行了修改。

征求意见中，许多医务人员觉得“不解渴”，对医务人员的权益几乎没有提及，感觉不到激励。为此，修改后的《意见》中增加了保护医务人员合法权益，完善医疗执业保险及医疗纠纷处理机制，开展医务社会工作，增进医患沟通等内容。

工作小组有关负责人说：“对于一些更细更具体的建议，有的已在起草实施方案时予以考虑，有的将在今后操作性文件制订过程中考虑。而对于有些还需要继续深入研究或过于原则的意见建议暂没有采纳。”

在向全社会公开征求意见后，《中共中央国务院关于深化医药卫生体制改革的意见》于6日正式全文公布。与此前的征求意见稿相比，《意见》共修改了190余处。

自2006年酝酿起草这份《意见》时起，深化医药卫生体制改革部际协调工作小组就已经面向国内外征集方案和建议，并于去年10月再次问计于民，共收到各类建议和意见近3.6万条。

北大中国经济研究中心教授李玲说，这是中国推进医改前所未有的大手笔，充分体现了政府决策的谨慎、科学和民主。同时《意见》吸纳各界建议进行完善，也对“民声”做出了切实回应。

针对部分群众反映的《意见》文字“绕、涩”，不够通俗等问题，医改工作小组首先对文字进行了多处修改，力求表述更加准确、简洁和易懂。

医保何时“一卡通”？针对农民工、老年人等群体反映强烈的医保关系接续和异地就医报销问题，《意见》中特别增加了“以城乡流动的农民工为重点积极做好基本医疗保险关系转移接续，以异地安置的退休人员为重点改进异地就医结算服务”的内容。

征求意见过程中，对基本药物定价和供应方式争议较多，中国医药企业管理协会曾就基本药物制度提出“十四条建议”，认为“统购统销”的做法违背市场规律。这次修改中，《意见》将“基本药物由国家实行招标定点生产或集中采购，直接配送”改为“基本药物实行公开招标采购，统一配送”，将“统一制定零售价”改为“国家制定基本药物零售指导价格，在指导价格内，由省级人民政府根据招标情况确定本地区的统一采购价格”。

中国医药企业管理协会会长于明德说：“这些修改更加尊重市场经济规律，这是政府倾听社会各方意见的切实行动。”

“这次《意见》着重明确基本药物制度的基本原则，给地方操作留出了空间。”工作小组有关负责人说，考虑到基本药物制度是一项新改革，目前尚无成熟有效、普遍适用的做法，《意见》吸纳有关建议进行了修改。

征求意见中，许多医务人员觉得“不解渴”，对医务人员的权益几乎没有提及，感觉不到激励。为此，修改后的《意见》中增加了保护医务人员合法权益，完善医疗执业保险及医疗纠纷处理机制，开展医务社会工作，增进医患沟通等内容。

工作小组有关负责人说：“对于一些更细更具体的建议，有的已在起草实施方案时予以考虑，有的将在今后操作性文件制订过程中考虑。而对于有些还需要继续深入研究或过于原则的意见建议暂没有采纳。”

根据7日发布的《医药卫生体制改革近期重点实施方案（2009－2011年）》，三年内我国基本医疗保障制度将覆盖城乡全体居民。

《实施方案》明确，三年内，城镇职工基本医疗保险、城镇居民基本医疗保险和新型农村合作医疗覆盖城乡全体居民，参保率均提高到90%以上。

国务院发展研究中心社会发展部部长葛延风说，扩大参保覆盖率是提高群众就医支付能力，解决群众“看病贵”的重要措施。

城镇职工基本医疗保险、城镇居民基本医疗保险和新型农村合作医疗是三项具有社会保险性质的基本医疗保障制度。目前已分别覆盖2亿多城镇职工、1亿多城镇居民和8亿多农村居民。

“建立健全基本医疗保障制度对于城乡居民能够公平地获得基本医疗服务，解决因病致贫、因病返贫问题具有重要意义。”卫生部部长陈竺说。

为实现“覆盖全民”，《实施方案》还致力于消除医保网的“缝隙”。明确要用两年左右时间，将关闭破产企业退休人员和困难企业职工纳入城镇职工医保，确有困难的，经省级人民政府批准后，参加城镇居民医保。积极推进城镇非公有制经济组织从业人员、灵活就业人员和农民工参加城镇职工医保。

《实施方案》还指出，2009年全面推开城镇居民医保制度，将在校大学生全部纳入城镇居民医保范围。灵活就业人员自愿选择参加城镇职工医保或城镇居民医保。参加城镇职工医保有困难的农民工，可以自愿选择参加城镇居民医保或户籍所在地的新农合。

与此同时，我国还将进一步完善城乡医疗救助制度。有效使用救助资金，资助城乡低保家庭成员、五保户参加城镇居民医保或新农合，逐步提高对经济困难家庭成员自负医疗费用的补助标准。

在扩大基本医疗保障覆盖面的同时，我国还将提高基本医疗保障水平。《实施方案》明确，2010年，各级财政对城镇居民医保和新农合的补助标准提高到每人每年120元。城镇职工医保、城镇居民医保和新农合对政策范围内的住院费用报销比例逐步提高。逐步扩大和提高门诊费用报销范围和比例。将城镇职工医保、城镇居民医保最高支付限额分别提高到当地职工年平均工资和居民可支配收入的6倍左右，新农合最高支付限额提高到当地农民年人均纯收入的6倍以上。

近年来，一些公立医院过多设置一些VIP高级病房、特需门诊等特需医疗服务项目，引起社会争议。

业内人士指出，限定公立医院设置过多的特需服务，是使公立医院回归公益性的一项举措，也有利于充分利用紧缺的公共医疗资源为老百姓提供服务。

为维护公立医院公益性，缓解老百姓看病就医难题，《实施方案》还明确要推进公立医院补偿机制改革。逐步将公立医院补偿由服务收费、药品加成收入和财政补助三个渠道改为服务收费和财政补助两个渠道。政府负责公立医院基本建设和大型设备购置、重点学科发展、符合国家规定的离退休人员费用和政策性亏损补偿等，对公立医院承担的公共卫生任务给予专项补助，保障政府指定的紧急救治、援外、支农、支边等公共服务经费，对中医院(民族医院)、传染病医院、职业病防治院、精神病医院、妇产医院和儿童医院等在投入政策上予以倾斜。

《实施方案》指出，推进医药分开，逐步取消药品加成，不得接受药品折扣。医院由此减少的收入或形成的亏损通过增设药事服务费、调整部分技术服务收费标准和增加政府投入等途径解决。药事服务费纳入基本医疗保险报销范围。适当提高医疗技术服务价格，降低药品、医用耗材和大型设备检查价格。

《实施方案》同时提出，要发挥县级医院的龙头作用，三年内中央重点支持2000所左右县级医院(含中医院)建设，使每个县至少有1所县级医院基本达到标准化水平。完善乡镇卫生院、社区卫生服务中心建设标准。2009年，全面完成中央规划支持的2.9万所乡镇卫生院建设任务，再支持改扩建5000所中心乡镇卫生院，每个县1-3所。

此外，根据这一《实施方案》，我国还将在三年内新建、改造3700所城市社区卫生服务中心和1.1万个社区卫生服务站。中央支持困难地区2400所城市社区卫生服务中心建设。

近年来，我国不断加大对医疗卫生事业的投入，但基层医疗机构薄弱、投入少，与群众需求有较大差距。一些地方由于缺少农村卫生室，农民看病往往要赶往县医院甚至省城医院，费尽周折，又贻误病情；而在城市，一些社区卫生机构也因为财政投入少、缺少骨干医务工作者等原因，呈现条件差、患者少的状况。

中国中医科学院广安门医院肿瘤科主任林洪生表示，基层医疗机构多了，看病水平提高了，老百姓就会少受“东奔西跑”之苦，城市大医院也不会人满为患。

为健全基层医疗卫生服务体系，《实施方案》还提出，公立医院资源过剩地区，要进行医疗资源重组，充实和加强基层医疗卫生机构。对社会力量举办基层医疗卫生机构提供的公共卫生服务，采取政府购买服务等方式给予补偿；对其提供的基本医疗服务，通过签订医疗保险定点合同等方式，由基本医疗保障基金等渠道补偿。鼓励有资质的人员开办诊所或个体行医。

根据这一《实施方案》，我国将建立基本药物优先选择和合理使用制度，所有零售药店和医疗机构均应配备和销售国家基本药物，满足患者需要。从2009年起，政府举办的基层医疗卫生机构全部配备和使用基本药物，其他各类医疗机构也都必须按规定使用基本药物。

《实施方案》指出，允许患者凭处方到零售药店购买药物。基本药物全部纳入基本医疗保障药品报销目录，报销比例明显高于非基本药物。

卫生部部长陈竺表示，建立国家基本药物制度，对于保障人民群众用药的公平可及和安全有效，降低群众用药负担具有重要意义。

根据世界卫生组织（7HO）的定义，基本药物是指满足大部分群众的卫生保健需要，在任何时候均有足够的数量和适宜的剂型，其价格是个人和社区能够承受得起的药品。

记者从中国医药企业管理协会了解到，我国很早就响应7HO的基本药物行动计划，有关部门从1992年起开始制定基本药物目录并且每隔两年调整一次。但我国目前基本药物品种过多，远远超过7HO基本稳定在310个品种的水平。

专家表示，我国目前缺乏一套完整的、鼓励支持基本药物的生产、配送、价格低廉及临床合理使用的药物政策，因而基本药物的作用不明显。

为此，新公布的《实施方案》明确提出，国家制定基本药物零售指导价格。省级人民政府根据招标情况在国家指导价格规定的幅度内确定本地区基本药物统一采购价格，其中包含配送费用。政府举办的基层医疗卫生机构按购进价格实行零差率销售。

同时，要初步建立基本药物供应保障体系。充分发挥市场机制作用，推动药品生产流通企业兼并重组，发展统一配送，实现规模经营；鼓励零售药店发展连锁经营。政府举办的医疗卫生机构使用的基本药物，由省级人民政府指定的机构公开招标采购，并由招标选择的配送企业统一配送。

华北制药股份有限公司董事长张千兵在接受记者采访时表示，基本药物制度是世界上比较普遍的形式，这对降低药价，保障基本药物的供应有重要作用。但是基本药物目录如何制定、如何管理等细节有待进一步落实。

据了解，国家发展改革委近期已着手就政府定价的药品进行成本价格调查，为配合医药卫生体制改革和实施国家基本药物制度做准备。

卫生部有关负责人表示，建立标准化健康档案有利于协助医生全面了解居民的健康状况，为其提供综合、连续、有效的医疗卫生服务，同时有利于跟踪居民的健康状况和变化，对其进行系统管理。

这位负责人表示，为保护个人隐私，健康档案中的个人信息不作为信息公开的内容。在为居民建立健康档案的过程中，要坚持自愿原则；要加强对健康档案信息的规范管理，防止居民健康信息外泄。

专家介绍，健康档案是对居民的健康状况及其发展变化，以及影响健康的有关因素和接受卫生保健服务过程进行系统化记录的文件。

为促进基本公共卫生服务逐步均等化，方案还提出：定期为65岁以上老年人做健康检查，为3岁以下婴幼儿做生长发育检查，为孕产妇做产前检查和产后访视，为高血压、糖尿病、精神疾病、艾滋病、结核病等人群提供防治指导服务，从2009年开始为15岁以下人群补种乙肝疫苗，农村妇女孕前和孕早期补服叶酸，预防出生缺陷等。

7日公布的《医药卫生体制改革近期重点实施方案（2009－2011年）》决定，三年内投入8500亿元推进五项医改重点工作。这笔巨额投入表明了政府着力解决老百姓看病难题的决心。

但这个“大蛋糕”将如何分配？又将如何惠及百姓？记者就此采访了一些专家及业内人士，解读了《实施方案》中的相关投入及改革目标。

90%、120元、6倍：基本医保扩面提高标准为群众看病“减压卸负”

20多年来，我国农民和城市居民可支配收入增长不到20倍，但所负担的医疗费用却增长了133倍。与此同时，居民个人支出占卫生总费用的比重由20%左右提高到60%。医药费用的上涨以及医疗保障的不健全等，使得我国居民“看病贵”问题突出。

对此，《实施方案》明确，三年内，基本医疗保障制度将覆盖城乡全体居民，参保率提高到90%以上。2010年，各级财政对城镇居民医保和新农合的补助标准提高到每人每年120元。城镇职工医保、城镇居民医保最高支付限额分别提高到当地职工一年平均工资和居民可支配收入的6倍左右，新农合最高支付限额提高到当地农民人均纯收入的6倍以上。

国务院发展研究中心社会发展部部长葛延风

说,这组数据意味着我国将进一步扩大基本医保的覆盖面,提高基本医疗保障水平,这将提高群众的就医支付能力,减轻群众个人医药费用负担,增加群众看病的"底气"。

卫生部部长陈竺指出,如果按城镇收入水平,城镇居民以后的医保报销上额将达到10万元左右。随着政府投入比重的增加,居民个人支出比重将有所下降。

卫生部农村卫生管理司合作医疗处处长傅卫说,我国已有8.15亿农民参加新型农村合作医疗,参合率达到91.5%。"今后随着筹资水平的提高将逐步提高新农合的住院报销比例,同时逐步增加门诊统筹,尽量减轻农民看病负担。"

由于投入不足,导致一些公共卫生服务机构偏向开展有偿服务项目,影响了疾病预防的功能。而由于重治疗而轻预防,老百姓都是拖成大病才去就医,加重了疾病负担。

这次《实施方案》提出,近三年将提高公共卫生服务经费标准。2009年人均基本公共卫生服务经费标准不低于15元,2011年不低于20元。

据介绍,2009年开始投入基本公共卫生服务经费将主要用于逐步在全国统一建立居民健康档案,并实施规范管理。定期为65岁以上老年人做健康检查、为3岁以下婴幼儿做生长发育检查、为孕产妇做产前检查和产后访视,为高血压、糖尿病等人群提供防治指导服务。

上海松江区疾病预防控制中心传染病防治科吴毅说:"政府保障公共卫生的经费,我们就不用靠营利项目创收了,可以全心全意地预防疾病。"

"保障人均经费是促进基本公共卫生服务均等化的重要措施,是从我国健康国情出发很有针对性的一项制度。"卫生部政策法规司司长刘新明说,要解决我国公众健康,不仅需要医保全覆盖,更需要让百姓不得病、少得病,不得大病,晚得病。

北京大学中国经济研究中心教授李玲指出,如果全民能均等享受基本公共卫生服务,那么老百姓得病机会将减少,医疗负担和去医院的奔波之苦也会相应减少。

2000所、2.9万所、1.4万所:建设基层医疗机构让群众"大病不出县"

《实施方案》提出,三年内中央重点支持2000所左右县级医院(含中医院)建设。2009年,完成中央规划支持的2.9万所乡镇卫生院建设任务。实现每个行政村都有卫生室。三年内新建、改造3700所城市社区卫生服务中心和1.1万个社区卫生服务站。

刘新明说,加快建设基层医疗服务机构,将实现基层医疗卫生服务网络的全面覆盖,使农村居民小病不出乡、大病不出县、城市居民不出社区就可以得到安全、有效、便捷、经济的医疗服务。

"要解决大医院'看病难'问题,就得把病人留在基层,应重点解决交通要道上的县医院能力建设。"北京大学第一医院院长刘玉村说,县医院建设好了,农村地区的常见病多发病就可以就近得到很好的诊疗,部分重症患者也能够得到及时诊治。另外,相比城市医院而言,县医院收费相对低廉,因此还可以有效降低医疗费用,缓解"看病贵"。

36万人次、16万人次、137万人次:培训基层医疗人才缓解群众"看病难"

尽管我国现在已建近3万个社区卫生服务机构,但是老百姓看病还是往大医院跑。陈竺说,这主要是因为社区卫生机构的全科医生队伍太年轻了,培训也不够,要取得人民群众的信任就要提高水平。

对此,《实施方案》提出,近三年分别为乡镇卫生院、城市社区卫生服务机构和村卫生室培训医疗卫生人员36万、16万和137万人次。

甘肃天水市乡村医生温吉存说,加强业务培训是村医的共同愿望,尤其是急救急诊方面的临床技能,这样会挽救更多农民的生命。

安徽省铜陵市钟鸣镇中心医院医生汤长春说,如果基层医生水平高了,老百姓就不用去挤大医院了,少了奔波之苦,也减少了费用。

此外,《实施方案》还明确,建立国家基本药物制度、推进公立医院改革试点两项工作也将根据改革进程安排相应的投入,这两项试点的推进也将有利于降低医药费用、缓解群众看病难问题。

新医改方案提出三年内实现基本医疗保障制度全面覆盖城乡居民,切实缓解"看病难、看病贵"问题。到2020年,覆盖城乡居民的基本医疗卫生制度将基本建立,届时人人享有基本医疗卫生服务。

根据改革方案,政府计划在未来三年增加卫生投入8500亿元实施五项重点改革——加快推进基本医疗保障制度建设、初步建立国家基本药物制度、健全基层医疗卫生服务体系、促进基本公共卫生服务逐步均等化、推进公立医院改革试点。

"医药卫生体制改革的启动必将为我国经济增

长注入原动力。”医改问题专家、国务院研究发展中心社会发展研究部部长葛延风对记者说。

他指出，一方面政府通过大幅增加医疗卫生基础设施建设投入会直接带动经济增长；另一方面，从长远看，实施医改有助于改善国民的健康状况，进而提高城乡居民的生活预期，刺激消费增长并带动宏观经济的增长。

值得关注的是，医改实施方案在明确三年内城乡医疗保障制度实现全覆盖的同时，提出将逐步提高基本医疗保障水平，2010 年财政对城镇居民医保和新农合的补助标准将从目前的每人每年 80 元提高至每人每年 120 元，住院费用报销比例也将逐步提高。

银河证券股份有限公司研究所分析师李鹰鹏说，近期重点改革方案将现有医保财政补助水平提高了 50%。在此假设条件下粗略估算，即使不考虑提高报销比例和支付限额带来的好处，仅仅筹资标准的提高就可以增加年筹资额 500 亿元到 600 亿元，按支付比例 80%，城镇居民报销比例 60%，新农合报销比例 40% -50% 计算，2010 年报销人群花费的医疗费用的增量将比 2009 年要增加 1000 亿元以上。

中国人民大学财金学院副院长赵锡军认为，到 2010 年，在医保覆盖面基本到位的情况下，提高补助水平是确保医疗行业发展速度的最确实因素之一，将有效抵消经济下滑带来的收入增速减慢的影响，而从更高的层面看，医疗保障水平的提高有利于消除百姓的后顾之忧，从而为促进内需、防止经济下滑做出巨大贡献。

新医改方案的启动也将对我国医药行业发展带来影响。北京大学教授李玲说，政府提出建立国家基本药物制度，并计划在今年初公布国家基本药物目录，对于净化和规范整个医药行业发展具有划时代的意义，并可能导致医药市场重新洗牌。

目前我国有 6000 多家制药企业，而美国仅有 10 多家。药厂数量众多导致国内医药行业低水平竞争问题严重，生产、流通不规范成为药价虚高的重要原因之一。

此外，新医改方案还明确提出鼓励和引导社会资本进入医疗卫生行业，并计划降低公立医院在整个医疗机构中的比重。专家表示，此举或将打破公立医院对医疗资源的垄断，未来会有更多私营资本包括境外资本获准投资中国医疗机构，形成公立医院与非公立医院共同发展的格局。

从政府近期应对金融危机的系列举措中，向民生领域倾斜成为我国扩大内需的重要着力点。曾担任中国卫生部党组书记的全国人大财经委副主任委员高强说，加强医疗卫生服务体系建设，是拉动内需的重要手段。

根据国务院部署，今明两年我国用于民生保障工程、基础设施、生态环境建设和灾后重建等项目投资将达到 4 万亿元，其中将有大量资金用于加强公共卫生、农村县乡村三级卫生服务网络、城市社区卫生和中医药等基础设施建设。

财政部数据显示，近年来政府不断加大对医药卫生事业的支持。2008 年全国财政医疗卫生支出占全国财政支出 62427 亿元的 4.53%，比 2003 年增加 1.16 个百分点。2009 年全国财政预算安排医疗卫生支出 3416 亿元，比 2008 年预算数增长 36.68%。

葛延风说，卫生经济学的研究证明，如果一个社会中有相当一部分社会成员的基本医疗需求无法得到满足，不仅会对患者及其家庭构成威胁，也必然会加重全社会的疾病负担甚至带来传染病蔓延等问题，不仅会增加当期的医疗卫生费用支出，而且会带来劳动力资源的损失并对长期发展构成不利影响。

财政部科研所副所长刘尚希 7 日接受记者采访时说，新医改方案一大亮点是将政府增加投入与机制建设有机结合起来，政府在增加卫生投入的同时，投入机制也将发生重大转变，变“养人办事”为“办事养人”。

根据近期重点实施方案，未来三年内各级政府将投入 8500 亿元重点抓好五项改革：加快推进基本医疗保障制度建设、初步建立国家基本药物制度、健全基层医疗卫生服务体系、促进基本公共卫生服务逐步均等化、推进公立医院改革试点。

刘尚希说，这次医改大规模增加政府医疗卫生投入是和医疗卫生体制机制改革紧密相连的。在转变政府卫生投入机制方面有两个重点：一是政府卫生投入机制。要大力推进政府购买服务，变“养人办事”为“办事养人”。二是医疗卫生机构运行机制。医疗卫生管理体制、治理结构、人事制度、收入分配制度、收支管理制度等都要适应社会主义市场经济体制的要求深化改革。

医改方案明确提出，政府负责其举办的基层医疗卫生服务机构“按国家规定核定的基本建设、设备购置、人员经费和公共卫生服务的业务经费”，以保证城乡居民人人都能平等地享受到基本医疗卫生服务。

"对于公立的基层医疗卫生机构,政府将加大投入。但是,加大政府投入,并不意味着吃大锅饭,什么都由政府'包'起来。"刘尚希说。

他指出,新医改方案强调建立相应的激励约束机制。概括起来就是要对基层医疗卫生机构实行"核定任务、核定收支、绩效考核补助"。其中既有激励,也有约束,关键在于一个"核"字。

一是要核定工作任务。依据基层卫生机构现有能力、辖区人口情况以及历年状况,科学合理地核定年度的工作任务和目标。

二是要核定收支情况。在核定工作任务的基础上,其人员经费、业务经费等经常性支出,按一定标准,如依据任务目标的数量、质量及成本进行核定;同时核定服务收费,如来自医疗保障的付费和个人的付费等。这样,通过测算得出一个"标准收支",这个标准收支成为政府对基层医疗卫生机构编制补助预算的依据。

三是绩效考核之后给予实际补助。对政府有关部门共同核定的经常性收入不足以弥补其经常性支出的基层医疗卫生机构,其收支差额由政府在预算中予以足额安排,并可以预拨部分资金。同时要对其任务完成情况、患者满意度、居民健康改善状况等进行全面综合的绩效考核,并决定实际拨付的补助款项。

刘尚希说,对于绩效好的机构,其实际收支差额小于标准收支差额,但预算补助不减,这就形成"干得好的多得"的激励机制;对于绩效较差的机构,其实际收支差额大于标准收支差额,但预算补助不增,甚至还要核减补助,这就形成"干得差的少得"的约束机制。

他强调,这个激励约束机制是在政府财政承担"兜底"责任的前提下发挥作用的。这意味着财政"兜底"是与基层医疗卫生机构的努力程度相关联的,不考虑努力程度,单纯的"包"只会导致"养懒人",导致低效率。计划经济体制下的许多教训在今天应该吸取。

此外,长期以来,看病难和看病贵的矛盾焦点主要集中在政府医疗卫生投入不足上。对此,刘尚希指出,确实曾有一个时期政府对医疗卫生领域的投入被忽视了,这方面的投入低于政府支出的增长速度,与社会发展的要求不相适应。但2003年以来,这种状况有了很大的改变。2003－2008年全国财政医疗卫生支出年均增长27.7%,这个增长速度是前所未有的。

刘尚希说,根据新医改方案,随着医改的深入,中央和地方各级政府将进一步加大卫生投入,实现两个"逐步提高",一是逐步提高政府卫生投入占卫生总费用的比重,使居民个人基本医疗卫生费用负担明显减轻;二是逐步提高政府卫生投入占经常性财政支出的比重,政府卫生投入增长幅度要高于经常性财政支出的增长幅度。

尹蔚民部长就贯彻《劳动合同法实施条例》答记者问

问:《劳动合同法》已经对劳动合同制度进行了全面规范。为什么要制定《劳动合同法实施条例》(以下简称《条例》),它的公布施行对进一步贯彻落实《劳动合同法》具有哪些积极作用。

答:《劳动合同法》是社会主义市场经济条件下全面调整劳动关系的一部重要法律,对于规范用人单位的用工行为,维护劳动者合法权益,构建和发展和谐稳定的劳动关系,促进社会主义和谐社会建设,都具有十分重要的意义。《劳动合同法》公布施行8个多月来,全国劳动用工情况总体平稳,劳动关系比较和谐,法律颁布前存在的劳动合同签订率低、劳动合同短期化、侵害劳动者合法权益等突出问题,正在逐步得到解决。企业依法用工意识逐步增强,职工参与企业管理的程度逐步提高,劳动用工秩序进一步规范。但是,在法律实施过程中也遇到了一些困难和问题。有些问题是对法律的理解和解释问题,有些问题是法律条款规定得比较原则或需要增强操作性。这些问题都影响着法律的贯彻实施。因此,社会各方面要求制定配套法规,解决法律实施中的问题。

党中央、国务院对制定《劳动合同法》配套法规非常重视。温家宝总理多次作出重要批示,提出了明确要求。我部积极配合国务院法制办研究起草了《条例》草案,先后多次征求相关方面的意见,并于5月8日至20日向全社会公开征求了意见。在此基础上,经与全国人大财经委、全国人大常委会法工委、国资委、全国总工会、中国企业联合会、全国工商联等方面反复沟通协调、认真研究修改,形成了报送国务院审议的《条例》草案。2008年9月3日,《条例》经国务院第25次常务会议通过,并于9月18日以国务院535号令公布施行。

《条例》是《劳动合同法》的重要配套行政法规,它的公布施行,对于进一步推进《劳动合同法》的贯彻实施,具有十分重要的作用。一是有利于消除疑虑与分歧,统一社会各界的思想认识。《条例》坚持了《劳动合同法》确定的基本原则和基本制度,对社会上存在误解的条款作出了明确规定,既进一步体现了维护劳动者合法权益的立法宗旨,又注重实现劳动关系双方权利与义务的平衡,有利于更好地帮助用人单位和劳动者全面准确理解和执行《劳动合同法》。二是有利于增强劳动合同制度的可操作性。《条例》对法律规定比较原则的条款作了细化,对实践中遇到的一些具体问题作出了补充规定和必要的衔接,有利于《劳动合同法》正确实施,为用人单位和劳动者全面贯彻落实法律提供了明确的规定。三是有利于进一步完善劳动合同法律制度体系。《条例》作为《劳动合同法》的重要配套法规,它的公布施行是我国劳动合同制度建设中的又一件大事,标志着我国在建设以《劳动合同法》为基础,以国务院行政法规、地方性法规和规章为配套的劳动合同制度法律法规体系进程中迈出了新的重要步伐。

问:《劳动合同法》颁布施行后,社会各方面对法律的贯彻执行提出了不少意见和建议,尤其是对增强法律的可操作性提出了强烈愿望和要求,《条例》对此作了哪些具体规定?

答:《条例》在起草过程中,注意把握了三个基本原则:一是一致性原则,坚持维护《劳动合同法》的严肃性和权威性,与法律规定的制度相一致;二是协调性原则,根据《劳动合同法》的规定,妥善处理好经济发展和社会就业的关系、企业发展和维护职工合法权益的关系、保护职工利益长远目标与现阶段目标的关系,准确体现《劳动合同法》的立法宗旨,维护劳动者的根本利益,努力实现用人单位和劳动者双方权利、义务的协调;三是可操作性原则,重点针对《劳动合同法》中比较原则的规定和一些社会上存在误解的条款,作出具体的规定和必要的衔接,增强《劳动合同法》的可操作性。具体来说,可以从以下几个方面来理解和把握这部法规的主要内容:

集中表述了订立和解除无固定期限劳动合同的有关内容。针对社会上存在的关于无固定期限劳动合同是"铁饭碗""终身制"的误解,《条例》归纳了劳动者可以解除劳动合同的13种情形和用人单位可以解除劳动合同的14种情形。虽然这些情形在《劳动合同法》中都有规定,但《条例》采用集中表达的方式,更加明确了只要符合法定条件,用人单位和劳动者都可以依法解除包括无固定期限劳动合同在内的各类劳动合同。针对实践中部分用人单位规避签订无固定期限劳动合同的行为,《条例》对"连续工作满10年"的起始时间和非劳动者本人原因被安排到新用人单位工作的工作年限如何计算作出了明确规定。同时,《条例》明确规定劳动者依据《劳动合同法》第十四条第二款提出订立无固定期限劳动合同的,用人单位应当订立,对劳动合同其他内容,双方要按照合法、公平、平等自愿、协商一致、诚实信用的原则协商确定,并明确了协商不一致时,有关劳动报酬和劳动条件等内容的适用标准。

对劳务派遣的相关问题作出了具体补充规定。为防止劳务派遣单位规避应承担的法律义务,《条例》明确规定劳务派遣单位不得以非全日用工形式招用被派遣劳动者,在解除终止劳动合同时,应依照法律规定的情形和标准向被派遣劳动者支付经济补偿。同时,进一步细化了劳务派遣单位的设立条件,规定用人单位或者其所属单位出资或者合伙设立的劳务派遣单位,都属于法律规定用人单位不得设立劳务派遣单位的情形。在明确劳务派遣单位法律责任的基础上,《条例》又进一步重申了用工单位要履行提供相应的劳动条件和劳动保护等义务,并补充规定了用工单位违反有关劳务派遣规定的法律责任。

补充完善了经济补偿制度。针对用人单位违反法律规定解除或者终止劳动合同情形下支付赔偿金与经济补偿的关系问题,《条例》明确规定支付赔偿金后,不再支付经济补偿。针对用人单位可能滥用以完成一定工作任务为期限的劳动合同规避经济补偿的问题,《条例》补充规定了以完成一定工作任务为期限的劳动合同的终止,用人单位也应支付经济补偿,从而进一步平衡了用人单位与劳动者签订不同类型劳动合同的解雇成本。对法律未作规定的计算经济补偿的月工资标准的问题，《条例》也进行了补充，并再次重申了用人单位依法终止工伤职工的劳动合同时，除支付经济补偿外，还应支付一次性医疗补助金和伤残就业补助金。

问：下一步，劳动保障部门将如何贯彻落实《劳动合同法》和《条例》？

答：全面贯彻落实《劳动合同法》和《条例》，既涉及政府职能的转变，也涉及用人单位和劳动者思想观念、行为方式和利益格局的调整，是一项长期而艰巨的任务。下一步，人力资源和社会保障部将从4个方面采取措施，全面推进《劳动合同法》和《条例》的贯彻实施。

（一）进一步开展有针对性的宣传引导工作。指导各地广泛深入地开展宣传工作，引导广大用人单位和劳动者加深对法律法规的了解与领会。充分利用广播、电视、报纸、杂志、网络等媒体，广泛宣传制定《条例》的必要性、重要性和贯彻落实《条例》的重要意义；对社会反映仍然比较集中的用工机制、用工成本、劳务派遣等问题进行专题宣传，进一步讲清道理、澄清事实、消除误解。采取各种生动活泼、通俗明了的形式，如制作"法律条款简图"、编印《条例》的宣传册等，加大对用人单位和劳动者的法律法规的宣传力度，使用人单位和劳动者全面准确地把握《条例》的精神实质和主要内容，自觉遵守各项规定。

（二）抓紧完善地方配套法规政策。指导各地继续依照《劳动合同法》和《条例》的规定，全面清理本地区的劳动合同制度配套规章和规范性文件，做好相关法规政策与法律、《条例》的衔接工作。结合本地实际，因地制宜地制定本地区实施办法，解决法律实施中的区域差别问题。继续完善劳动关系相关规定与政策，逐步形成覆盖全面、相互衔接的法律法规政策体系，为构建和发展和谐劳动关系提供法律保障。

（三）积极推动对企业经营者的培训。企业经营者正确理解法律，对全面执行法律具有重要作用。今后3年，人力资源和社会保障部将会同国资委开展对中央企业经营者的培训，会同全国总工会、全国工商联和中企联等部门在全国范围分层开展以非公有制企业为主的企业经营者的重点培训，推动从中央到地方各类企业经营者全面、正确理解和执行《劳动合同法》和《条例》，避免因误解造成执行中的偏差。

（四）加强对法律实施的监督检查和劳动争议调解仲裁工作。人力资源和社会保障部将指导各地进一步加强劳动保障监察工作，着力抓好难点问题的日常检查、热点问题的专项检查、配合贯彻法律的重点检查、查处大要案和新闻媒体网络反映强烈的应急检查，依法查处违法行为，并将一批典型案件向社会公布，以起到警示教育作用。今年4季度，将在全国开展劳动合同签订专项检查行动。同时，进一步加大劳动争议处理力度，加强劳动调解仲裁的基层组织建设，依法妥善处理劳动争议纠纷，确保劳动争议及时、稳妥解决。

国务院法制办负责人就《乳品质量安全监督管理条例》答记者问

来源：法制办

2008年10月9日，国务院总理温家宝签署国务院令，公布了《乳品质量安全监督管理条例》（以下简称条例），条例自公布之日起施行。日前，国务院法制办负责人就条例的有关问题回答了记者提问。

问：为什么要制定条例？

答：三鹿牌婴幼儿奶粉事件给婴幼儿的生命健康造成很大危害，给我国乳制品行业带来了严重影响。这一事件的发生，暴露出我国乳制品行业还存在一些比较突出的问题，如：生产流通秩序混乱，一些企业诚信缺失，市场监管存在缺位，有关部门配合不够等。为了解决上述问题，进一步完善乳品质量安全管理制度，加强从奶畜养殖、生鲜乳收购到乳制品生产、乳制品销售等全过程的质量安全管理，加大对违法生产经营行为的处罚力度，加重监督管理部门不依法履行职责的法律责任，保证乳品质量安全，更好地保障公众身体健康和生命安全，有必要制定《乳品质量安全监督管理条例》，为确保乳品质量安全提供有效的法律制度保障。

问：条例对监管部门的职责和法律责任作了哪些规定？

答：条例对此作了以下三个方面的规定：

一是明确监管部门的职责分工，并对监管部门的监督检查职责提出严格要求。条例规定，畜牧兽医部门负责奶畜饲养以及生鲜乳生产环节、收购环节的监督管理。质量监督检验检疫部门负责乳制品生产环节和乳品进出口环节的监督管理。工商管理部门负责乳制品销售环节的监督管理。食品药品监督部门负责乳制品餐饮服务环节的监督管理。卫生部门负责乳品质量安全监督管理的综合协调，组织查处食品安全重大事故，组织制定乳品质量安全国家标准。

条例规定，监管部门对乳品要定期监督抽查，公布举报方式和监管信息，并建立违法生产经营者“黑名单”制度。

二是严格领导责任。发生乳品质量安全事故，造成严重后果或者恶劣影响的，对有关人民政府、有关部门负有领导责任的负责人依法追究责任。

三是明确监管部门不履行职责的法律责任。监管部门不履行条例规定的职责、造成后果的，或者滥用职权、有其他渎职行为的，由监察机关或者任免机关对其主要负责人、直接负责的主管人员和其他直接责任人员给予记大过或者降级的处分；造成严重后果的，给予撤职或者开除的处分；构成犯罪的，依法追究刑事责任。

问：条例对乳品质量安全国家标准作了哪些规定？

答：乳品质量安全国家标准是检测乳品是否安全的重要依据，针对此次三鹿牌婴幼儿奶粉事件暴露出来的问题，条例作了以下三个方面的规定：

一是明确标准的制定部门。条例规定，生鲜乳和乳制品应当符合乳品质量安全国家标准。乳品质量安全国家标准由卫生部组织制定。

二是对标准的及时完善、修订作了规范。条例规定，卫生部应当根据疾病信息和监督管理部门的监督管理信息等对发现添加或者可能添加到乳品中的非食品用化学物质和其他可能危害人体健康的物质，立即组织进行风险评估，采取相应的监测、检测和监督措施，并根据风险监测和风险评估的结果及时组织修订标准。

三是规范标准的内容。条例规定，乳品质量安全国家标准应当包括乳品中的致病性微生物、农药残留、兽药残留、重金属以及其他危害人体健康物质的限量规定，乳品生产经营过程的卫生要求，通用的乳品检验方法与规程，与乳品安全有关的质量要求，以及其他需要制定为乳品质量安全国家标准的内容。

问：按照条例的规定，生产经营者的哪些行为是被禁止的？违反这些规定应当承担怎样的法律责任？

答：条例对生产经营者不得从事的行为作了明确规定，并对违反禁止性规定的行为设定了法律责任。

一是禁止在生鲜乳收购、贮存、运输、销售过程中添加任何物质；禁止在乳制品生产过程中添加非食品用化学物质或者其他可能危害人体健康的物质。对在生鲜乳收购、乳制品生产过程中加入非食品用化学物质或者其他可能危害人体健康的物质的，依照刑法第一百四十四条的规定，构成犯罪的，依法追究刑事责任，并由发证机关吊销许可证照；尚不构成犯罪的，由监管部门依据各自职责没收违法所得和违法生产的乳品，以及相关的工具、设备等物品，并处违法乳品货值金额15倍以上30倍以下罚款，由发证机关吊销许可证照。在婴幼儿奶粉生产过程中，加入非食品用化学物质和其他可能危害人体健康的物质的，从重处罚。

二是禁止在生产过程中使用不符合乳品质量安全国家标准的生鲜乳；禁止购进、销售过期、变质或者不符合乳品质量安全国家标准的乳制品。对生产、销售不符合乳品质量安全国家标准的乳制品，依照刑法第一百四十三条的规定，构成犯罪的，依法追究刑事责任，并由发证机关吊销许可证照；尚不构成犯罪的，由监管部门依据各自职责没收违法所得、违法乳制品和相关的工具、设备等物品，并处违法乳制品货值金额10倍以上20倍以下罚款，由发证机关吊销许可证照。生产、销售的婴幼儿奶粉营养成分不足、不符合国家乳品质量安全标准的，从重处罚。

三是禁止不符合条例规定的单位或者个人开办生鲜乳收购站、收购生鲜乳；禁止收购不符合乳品质量安全国家标准的生鲜乳。违反上述规定，由畜牧兽医主管部门没收违法所得、违法收购的生鲜乳和相关的设备、设施等物品，并处违法乳品货值金额5倍以上10倍以下罚款；有许可证照的，由发证机关吊销许可证照：

四是禁止未取得食品生产许可证的任何单位

和个人从事乳制品生产；禁止购进、销售无质量合格证明、无标签或者标签残缺不清的乳制品；乳制品销售者不得伪造产地，不得伪造或者冒用他人的厂名、厂址，不得伪造或者冒用认证标志等质量标志。违反上述规定，乳制品生产企业和销售者未取得许可证，或者取得许可证后不按照法定条件、法定要求从事生产销售活动的，由质量监督部门、工商管理部门依照《国务院关于加强食品等产品安全监督管理的特别规定》等法律、行政法规的规定处罚。

问：为确保婴幼儿奶粉质量安全，条例作了哪些专门规定？

答：为确保婴幼儿奶粉质量安全，条例作了以下三个方面的规定：

一是对制定婴幼儿奶粉质量安全标准提出明确要求。条例规定，制定婴幼儿奶粉的质量安全国家标准，应当充分考虑婴幼儿身体特点和生长发育需要，保证婴幼儿生长发育所需的营养成分。

二是加强对婴幼儿奶粉生产环节的监管。条例规定，生产婴幼儿奶粉的企业应当建立危害分析与关键控制点体系，提高质量安全管理水平；生产婴幼儿奶粉应当保证婴幼儿生长发育所需的营养成分，不得添加任何可能危害婴幼儿身体健康和生长发育的物质；婴幼儿奶粉出厂前应当检测营养成分，并详细标明使用方法和注意事项。

三是规定婴幼儿奶粉召回、退市特别制度。条例规定，只要发现乳制品存在可能危害婴幼儿身体健康或者生长发育的，乳制品生产企业应当立即召回，销售者必须立即停止销售。

问：条例在奶畜的养殖环节作了哪些规定来确保生鲜乳的质量安全？

答：优质的奶源是提高乳制品质量的重要保障，科学、规范的奶畜养殖，有利于从源头上提高乳品质量安全水平。条例对奶畜养殖环节作了以下三个方面的规定：

一是建立奶业发展支持保护体系。条例规定，国务院畜牧兽医主管部门会同国务院发展改革、工业和信息化、商务等部门制定全国奶业发展规划，县级以上地方人民政府应当合理确定奶畜养殖规模，科学安排生鲜乳生产收购布局；国家建立奶畜政策性保险制度，省级以上财政应当安排支持奶业发展资金，并鼓励对奶畜养殖者、奶农专业生产合作社等给予信贷支持；畜牧兽医技术推广机构应当为奶畜养殖者提供养殖技术、疫病防治等方面的服务。

二是对奶畜养殖场、养殖小区加强规范。条例规定，设立奶畜养殖场、养殖小区要符合规定条件，并向当地畜牧兽医主管部门备案；奶畜养殖场要建立养殖档案，如实记录奶畜品种、数量以及饲料、兽药使用情况，载明奶畜检疫、免疫和发病等情况。

三是对生鲜乳生产加强质量安全管理。条例规定，养殖奶畜应当遵守生产技术规程，做好防疫工作，不得使用国家禁用的饲料、饲料添加剂、兽药以及其他对动物和人体具有直接或者潜在危害的物质，不得销售用药期、休药期内奶畜产的生鲜乳；奶畜应当接受强制免疫，符合健康标准；挤奶设施、生鲜乳贮存设施应当及时清洗、消毒；生鲜乳应当冷藏，超过2小时未冷藏的生鲜乳，不得销售。

问：条例对生鲜乳收购作了哪些规定？

答：生鲜乳收购是奶农和乳制品生产者的中间环节，针对当前存在的问题，条例作了以下三个方面的规定：

一是建立生鲜乳收购市场准入制度。条例规定，开办生鲜乳收购站应当取得畜牧兽医主管部门的许可，符合建设规划布局，有必要的设备设施，达到相应的技术条件和管理要求；生鲜乳收购站应当由乳制品生产企业、奶畜养殖场或者奶农专业生产合作社开办，其他单位与个人不得从事生鲜乳收购。

二是规范生鲜乳收购站的经营行为。条例规定，生鲜乳收购站应当按照乳品质量安全国家标准对生鲜乳进行常规检测，不得收购可能危害人体健康的生鲜乳，并建立、保存收购、销售及检测记录，保证生鲜乳质量；贮存、运输生鲜乳应当符合冷藏、卫生等方面的要求。

三是加强对生鲜乳收购站的监督管理。条例规定，价格部门应当加强对生鲜乳价格的监控、通报，必要时县级以上地方人民政府可以组织有关部门、协会和奶农代表确定生鲜乳交易参考价格；畜牧兽医主管部门应当制定并组织实施生鲜乳质量安全监测计划，对生鲜乳进行监督抽查，并公布抽查结果。

问：为了确保乳制品质量安全，条例对乳制品生产作了哪些规定？

答：为了确保乳制品质量安全，条例对健全乳制品生产作了以下三个方面的规定：

一是强化乳制品生产企业的检验义务。在现行乳制品生产许可制度的基础上，条例进一步细化了相关条件和要求,并规定乳制品生产企业应当严格执行生鲜乳进货查验和乳制品出厂检验制度,对收购的生鲜乳和出厂的乳制品都必须实行逐批检验检测,不符合乳品质量安全国家标准的,一律不得购进、销售,并对检验检测情况和生鲜乳来源、乳制品流向等予以记录和保存。

二是规范乳制品的生产、包装和标识。条例规定,乳制品生产企业应当符合良好生产规范要求,对乳制品生产从原料进厂到成品出厂实行全过程质量控制;生鲜乳、辅料、添加剂、包装、标签等必须符合乳品质量安全国家标准;使用复原乳生产液态奶的必须标明“复原乳”字样。

三是建立健全不安全乳制品召回制度。条例规定,乳制品生产企业发现其生产的乳制品不符合乳品质量安全国家标准、存在危害人体健康和生命安全危险的,应当立即停止生产,报告有关主管部门,告知销售者、消费者,召回已经出厂、上市销售的乳制品;对召回的乳制品应当采取销毁、无害化处理等措施,防止其再次流入市场。质检、工商部门发现乳制品不安全的,应当责令并监督生产企业召回。

问:条例在销售环节规定哪些措施确保乳制品的质量安全?

答:为确保销售环节乳制品的质量安全,条例作了以下两个方面的规定:

一是强化乳制品销售者的质量安全义务。条例规定,乳制品销售者应当建立进货查验制度,审验乳制品供货商经营资格和产品合格证明,建立进货台账;从事乳制品批发业务的销售企业还应当建立销售台账,如实记录批发的乳制品品种、规格、数量、流向等内容。乳制品销售者不得销售不合格乳制品,不得伪造、冒用质量标志。

二是建立不合格乳制品退市制度。条例规定,乳制品不符合乳品质量安全国家标准、存在危害人体健康和生命安全危险的,其销售者应当立即停止销售,追回已经售出的乳制品;销售者发现乳制品不安全的,还应当立即报告有关主管部门,通知乳制品生产者。

农业部、财政部负责人就农机购置补贴答记者问

来源:农业部网站

农机具购置补贴作为中央强农惠农政策的重要内容,2004年实施以来,极大地调动了广大农民的购机积极性,提高了农业机械化水平,拉动了农机工业发展,促进了经济增长,取得了“一举多得”的好效果。2008年12月10日国务院常务会决定,2009年大幅度增加农机具购置补贴,中央安排农机购置补贴资金100亿元。为落实国务院常务会要求,农业部、财政部紧急部署,加快实施,2008年12月26日联合制定并印发了《2009年农业机械购置补贴实施方案》。12月31日完成了全国通用类补贴产品选型工作。各省区市的年度补贴产品目录将于春节前公布。为详细了解农机购置补贴政策有关情况,记者专题采访了农业部、财政部相关负责人。

问:2009年中央购机补贴资金规模从40亿元增加到100亿元,这么大幅度地增加购机补贴,主要是出于什么考虑?

答:随着补贴范围和力度的逐年增加,农机购置补贴政策已成为落实党中央国务院强农惠农政策的重要内容,成为促进农业发展方式转变,建设现代农业的重要措施,也是拉动内需的重要力量。大幅增加补贴资金,既是贯彻落实十七届三中全会精神的具体要求,又是建设现代农业的内在需要,更是广大农民的热切期盼。

一是拉动内需的有效举措。从2004-2008年的补贴实施情况来看,购机补贴极大地激发了农民购机热情。5年间中央财政共安排农机购置补贴资金69.7亿元,带动农民投入373亿元,拉动农机工业销售产值443亿元,中央投资拉动比例达到1:5.35,相当于国家投入1亿元可直接形成农机工业销售产值6.35亿元。2009年国家投入购机补贴100亿元,可直接拉动农民投入近540亿元,增加农机工业销售产值近640亿元左右。农机产业链条长,对整个机械制造、钢材生产等也有较大的拉动作用,近年来农机工业年均22%的快速增长就是很好的佐证。此外,农业机械化的大发展也将

拉动农机服务业及相关产业发展。

二是现代农业发展的内在要求。当前,我国正处于由传统农业向现代农业转变的关键时刻,农业机械化也到了发展的关键阶段。目前,我国农业机械化总体水平还很低,2007年底耕种收综合机械化水平仅为42.5%,相当于日本70年代中期、韩国80年代初期水平。水稻机械化栽植水平为11.1%,玉米机收水平仅为7.2%,油菜和棉花生产机械化水平更低,许多经济作物、林果业、畜牧水产养殖、设施农业的机械化水平还处在起步阶段。据有关专家综合比较评估,与现代农业发展要求相适应,2020年全国耕种收综合机械化水平要达到70%,届时农机总动力将达到10亿千瓦,年均增加约1800万千瓦,未来12年间,主要农机装备年均需求超过900亿元。

三是转变农业增长方式的重要手段。农业机械化在促进农业的规模经营、节本增效、产品质量安全等方面起着基础和支撑的作用。在黑龙江省,实施机械深耕深松作业农作物产量普遍能够提高150-200斤。水稻机械栽插一般要比人工手插提高亩产50斤以上,且抗倒伏、抗病害能力显著增强,小麦机械化精少量播种与人工撒播相比,一般每亩增产约100斤。高效植保机械喷洒农药不仅均匀,而且可节省用药30~40%。机械挤奶每毫升细菌含量仅为手工挤奶的1%,在历次的"倒奶"事件中,使用机械挤奶的农户状况要明显好。

问:请介绍一下2009年农机购置补贴的补贴对象、补贴机具种类、补贴标准和数量?

答:2009年补贴对象为纳入实施范围并符合补贴条件的农牧渔民(含农场职工)、直接从事农机作业的农业生产经营组织,以及取得当地工商登记的奶农专业合作社、奶畜养殖场所办的生鲜乳收购站和乳品生产企业参股经营的生鲜乳收购站。

补贴机具种类由2008年的9大类18小类50个品目扩大到2009年的12大类38小类的128个品目,大类包括耕整地机械、种植施肥机械、田间管理机械、收获机械、收获后处理机械、农产品初加工机械、排灌机械、畜牧水产养殖机械、动力机械、农田基本建设机械、设施农业设备等机具。其中农田基本建设机械、设施农业设备、农产品初加工机械为新增加的补贴种类。在此基础上,各地可以在全国补贴的12大类38个小类128个品目外,自行增加不超过10种品目的其它机具列入《非通用类机具补贴目录》,可使用中央资金进行补贴。用于这10种品目的中央补贴资金不能超过年度下达资金总额的15%。

补贴标准有两个方面:一是全国总体上继续执行30%的补贴比例。血防疫区继续执行"以机代牛"50%的补贴政策,将汶川地震重灾区县补贴比例提高到50%。二是单机补贴额最高不超过5万元,并根据实际需要,将100马力以上大型拖拉机、高性能青饲料收获机、大型免耕播种机、挤奶机械补贴限额提高到12万元。

各省(区、市)和兵团可以根据地方发展需要,对本地重点推广的机具品种,在使用中央财政补贴资金的基础上,利用地方财政资金给予适当累加补贴。

一户农民年度内享受补贴的购机数量原则上不超过一套(4台,即1台主机和与其匹配的3台作业机具);直接从事植保工作的植保作业服务队年度内享受补贴购置植保机械的数量原则上不超过10台套。一个生鲜乳收购站年度内享受补贴的购机数量不超过1套(3台,即1台挤奶机、1个储奶(冷藏)罐、1个运输奶罐)。一户农民(渔民)年度内补贴购置增氧机、投饵机、清淤机的数量分别不超过6台、6台和1台。

问:农民如何申请?是不是凡申请购机的都能享受到补贴?如果不能保证,在确定补贴对象时怎么做到公正公平?

答:按照现行操作办法,购机补贴实施区内的农民购买补贴机具时,须通过乡镇农机管理机构向县级农机主管部门提出申请,由县级农机主管部门依据优选条件和报名先后确定补贴受益对象。

由于挤奶机械、贮(运)奶罐补贴由畜牧部门、农机部门与财政部门共同操作,生鲜乳收购站购买补贴机具时,须通过乡镇畜牧管理机构向县级畜牧主管部门提出申请,县级畜牧主管部门会同县级农机主管部门根据优先补贴条件和报名先后确定补贴受益对象。

从近年的实施情况看,在补贴政策带动引导下,广大农民购机热情高涨,2009年补贴资金由40增加到100亿元,虽然规模增幅较大,翻一番还多,但还实现不了全国普惠制,仍将有很大一部分农民的购机补贴需求得不到满足。

为保证公平、公正,补贴对象根据申请补贴的先后排序或农民接受的其它方式确定。同时也明确了优选条件:一是农机大户、种粮大户;二是农民专业合作组织(包括农机专业化组织);三是配套购置机具的(购置主机和与其匹配的作业机具);四是列入农业部科技入户工程的科技示范户;五是“平安农机”示范户;六是奶农专业合作社、奶畜养殖场所办生鲜乳收购站、乳品生产企业参股经营的生鲜乳收购站。

同时,对补贴对象实行公示制,受益者名单、补贴金额等还必须在实施区域内张榜公示,接受群众监督。

问:农业机械品种很多,农民怎么知道购买哪些机具能享受补贴?到哪里去购买?

答:农民可以通过各省(区、市)公布的年度农机补贴资金使用方案和补贴目录,了解购买哪些种类机具能够享受补贴。省(区、市)年度农机补贴资金使用方案和补贴目录,要向社会公布。

应注意,并不是对购买所有农机产品都给予补贴。只有经过严格筛选,列入各省(区、市)年度补贴目录的产品才能享受补贴。了解各省(区、市)年度补贴目录有三个主要渠道:一是农业部将在中国农业机械化信息网上公布;二是各省在本省内通过印发纸质文件、报刊杂志、乡村张榜等形式,向农民公布补贴产品目录,保障农民知情权。三是向当地农机管理部门咨询。

购买补贴产品须到企业指定的补贴产品经销商购置。补贴机具经销商由农机生产企业自主提出,报经省级农机主管部门统一向社会公布。

问:补贴资金规模扩大后,如何确保农民买到质量合格的产品?

答:农机产品质量直接关系到农民的切身利益。为确保补贴农机产品质量,我们将采取以下措施:

一是加强农机产品鉴定工作。按照《农业机械化促进法》的要求,享受补贴的产品必须是经过农业机械试验鉴定机构进行先进性、适用性、安全性和可靠性鉴定合格的产品。只有获得省级以上农机鉴定机构颁布的推广鉴定证书,才有资格参选补贴目录。

二是做好补贴机具选型,严把机具质量关。通过补贴机具选型,切实将先进适用、技术成熟、安全可靠、节能环保、服务到位的农机具纳入补贴目录。质量保证能力和产品投诉情况是补贴产品选型的重要评价指标之一。部省两级选型要严格程序,做到公正、公平,严禁搞地方保护,采取不合理政策保护本地区的落后生产力。要通过选型,引导企业不断改进产品质量,促进产品集中度提高,扶优扶强。按照规定,补贴目录实行部省两级选型制,严禁省级以下有关部门搞层层选型。

三是充分保障农民自主选择权。补贴目录公布后,农民可对列入目录的农机产品性能配置等进行综合比较,进一步优中选优,确保买到质量可靠、性价比最优的满意产品。各地不得向购机农民强行推荐产品。

四是加强补贴产品质量投诉受理和质量调查。要求各级农机部门设立质量投诉电话,及时受理农民质量举报投诉;定期开展补贴产品质量跟踪调查,加强质量督导。

问:购机补贴资金如何兑现?对购机有什么信贷支持政策?

答:补贴资金的兑现实行省级集中支付制。为减少操作环节,提高资金运作效率,确保资金安全,中央补贴资金只下达到省级财政部门,不再向下拨付。省级财政部门根据农机管理部门补贴实施后的实际核准情况,直接将补贴资金支付给相关企业或供货方,原则上每季度结算一次。

农民实行差价购机。购机农民只需缴纳扣除补贴的差价款,就可提货。这样可以减轻农民一次性筹款难度,降低农民的购机成本。

同时,为支持农民购机,国务院明确,允许农民以拟购买的农机具作为抵押物向金融机构贷款。

问:对农民购机后的售后服务有什么措施?

答:各级农机部门要与生产企业共同做好农民购机后的服务工作。要将售后服务机构分布情况及其服务范围向社会公布。在补贴产品选型时,要求企业要对售后服务等作出书面承诺。承诺内容包括:1. 切实履行“三包”服务的有关要求;2. 在作业季节接到用户反映质量方面的问题后,在24小时内到达作业现场;3. 企业维修服务中心有充足的零配件供应能力,并保证有一定数量的零配件储备量;4. 免费进行技术培训;5. 对产品销售区域做出承诺,确保供货和售后服务。

为了加强社会各界对补贴产品质量及售后服务的监督,农业部在中国农业机械化信息网上向社会公布了补贴机具质量举报投诉电话:010－67347472。各省(区、市)也都设立了售后服务监督热线,随时接受电话投诉和反映情况,确保农民购机后的售后服务能够及时到位。

问:购机补贴资金规模大,怎么加强监管,确保补贴政策落实到位?

答:一是各部门各司其职确保政策落实到位。

财政部、农业部要认真做好补贴工作的组织实施工作。有关部门要加强农机工业行业指导，鼓励农机企业开发农业生产需要、农民欢迎的产品，督促企业做好售后服务。各地政府要加强领导，组织好政策实施工作，协调解决出现的问题。省级财政、农机部门要及时与企业结算补贴款，减轻企业资金周转压力。

二是严格程序，规范操作。坚持公开、公正、农民直接受益的原则，规范管理，阳光操作。严格执行相关规定特别是农机购置补贴管理五项制度，即补贴机具竞争择优筛选制、补贴资金省级集中支付制、受益对象公示制、执行过程监督制、实施效果考核制。

三是实行全过程监管。着重加强政策宣传、补贴申请、登记审核、受益公示等关键环节监管，做到了公正、公平、公开，切实将国家补贴实惠不折不扣地落实到农民手中。要强化社会监督，将补贴政策实施的内容、程序、要求等全部公开，让广大农民了解政策，接受社会监督。同时，购机补贴工作实行计算机系统管理，享受补贴农民的姓名、住址、身份证号、联系电话、购机名称、补贴额等基本情况，全部录入到全国统一开发的计算机档案信息系统，实现随机的远程抽查和监督。

四是加强检查。一方面重点检查各地贯彻落实政策措施和实施进度，加强考核监督，确保政策落实到位；另一方面重点检查补贴机具选型和生产质量，确保农机企业生产的补贴机具先进、实用和安全，质量可靠，价格合理，解决农民后顾之忧。

五是实行绩效考核。对因违规操作、玩忽职守、弄虚作假、徇私舞弊、乱收费等问题，引起农民和企业强烈不满的地区，将暂停安排中央补贴资金项目；对产品质量问题多、售后服务不到位、不认真履行承诺的生产企业，将取消补贴机具目录资格。同时，我们欢迎各有关部门、社会媒体和广大农民加强对购机补贴实施过程的全面监督。

问：年度补贴目录什么时候发布，农民什么时候可以申请？

答：补贴目录的制定是落实农机补贴政策的关键环节。为了使农民春耕生产能够用上补贴机具，2008 年 12 月 5 日农业部已启动这项工作，12 月 31 日已经完成部级选型。同时，对各省的选型工作也进行了部署，计划春节前向社会公布各省年度补贴产品目录。春耕生产前，农民就可以到当地农机管理部门申请补贴购机（生鲜乳收购站购买挤奶机械和贮运奶罐须通过乡镇畜牧管理机构向县级畜牧主管部门提出申请）。

问：如何防止企业借国家扩大农机购置补贴之机乱涨价？

答：国务院会议在决定增加农机购置补贴的同时，强调严禁借国家扩大农机具购置补贴之机乱涨价。为落实国务院要求，严控补贴机具价格上涨，让利农民。我们采取了以下措施：

一是通过补贴产品选型，控制乱涨价。全国通用类机具选型采取的是性价比最优的综合评审法，其中价格因素占评分权重的 50%。如果产品报价过高，可能会因得分过低被淘汰。同时，为防止一些市场竞争不充分、垄断性强的产品乱涨价，在补贴机具选型中规定，选型执行人将视情况保留谈判定价的权利。

二是下发紧急通知，要求 2009 年补贴产品不得涨价。为切实贯彻国务院常务会要求，农业部农业机械化管理司在 2008 年 12 月 18 日发出了紧急通知，明确要求：入选 2009 年补贴目录的农机产品的最高承诺出厂价原则上不得高于 2008 年价格。同时要求参选 2009 年通用类农机补贴产品选型的所有生产企业，对 2009 年销售价格作出郑重承诺，认真填写《2009 年通用类机具补贴产品价格承诺书》。

三是加强补贴产品的价格监督。在选型中规定，企业必须承诺补贴产品销售给农民时，不得高于同一地区该产品的市场价。如出现高于该产品同期市场价现象，将立即中止该产品的目录资格。

国务院法制办负责人就《抗旱条例》答记者问

来源：法制办

2009 年 2 月 26 日，温家宝总理签署国务院令，公布了《抗旱条例》（以下简称条例），条例自公布之日起施行。日前,国务院法制办负责人就条例的有关问题回答了提问。

问:为什么要制定《抗旱条例》?

答:制定抗旱条例主要出于以下四点考虑:

一是旱灾是我国的主要自然灾害之一,不但对农业生产、第二和三产业的用水以及生态环境用水会造成影响,而且还会波及到生活用水,对经济、社会发展造成严重的危害。近年来,随着气侯变化、经济发展和用水需求的增长,我国干旱缺水问题日益突出,旱灾发生频率越来越高,影响区域越来越广,因旱灾而造成的经济损失也越来越大,需要采取综合措施,全社会共同应对。二是抗旱工作涉及政府与公民、企业等利益主体之间的关系,尤其是在旱情紧急情况下采取的一些强制措施,如限制甚至停止用水、实行用水配额制等涉及公民和单位的权益,需要依法予以规范。三是旱灾预防、抗旱减灾到灾后恢复是一项系统工程,需要依法建立一套完善的政府领导下全社会共同抗旱的体制和机制。四是对我国多年来的抗旱经验也需要进行总结并根据抗旱工作面临的新形势,研究制定出更具有针对性的制度和措施。因此,有必要从旱灾预防、农田水利基础设施建设、抗旱减灾和灾后恢复等方面,依法规定各级人民政府、有关部门和单位的职责,明确不同等级旱灾发生时的抗旱措施。

问:您能简要谈一下条例的制定过程吗?

答:为了有效应对旱灾,减少旱灾造成的损失,水利部在深入调查研究和总结多年来抗旱工作经验的基础上,起草了条例(送审稿)于2006年底报请国务院审议。法制办收到此件后,多次征求了国务院有关部门和各省、自治区、直辖市人民政府的意见,到山西和陕西等地听取了基层从事抗旱工作同志的意见并进行了实地考察,还专门召开专家论证会对有关制度进行论证。根据各方面的意见,经有关部门反复研究、论证、修改,形成了条例草案,于2008年报请国务院常务会议讨论。2009年2月11日,国务院常务会议讨论并原则通过了条例。2月26日,温家宝总理签署了国务院令公布实施该条例。

问:旱灾对生产、生活、生态都会造成影响。在过去的几个月里,一场严重的旱灾持续影响了我国的中部和北部。在条例中,有哪些具体的抗旱措施来应对干旱?

答:干旱灾害具有发生缓慢、持续时间长、影响范围广、发生频率高、损害消除慢等特点。干旱灾害发生后,及时采取有效措施,组织动员社会各方面力量参与抗旱减灾,是保证抗旱工作顺利开展的基础。在具体的抗旱制度和措施上,条例作了以下规定:

一是细化不同等级干旱灾害发生时的抗旱措施。条例规定发生轻度干旱和中度干旱时,地方政府防汛抗旱指挥机构应当按照抗旱预案的规定,采取启用应急备用水源或者应急打井、挖泉,临时设置抽水泵站、开挖输水渠道或者临时在江河沟渠内截水,使用再生水、微咸水、海水等非常规水源,组织实施人工增雨,组织向人畜饮水困难地区送水等措施;发生严重干旱和特大干旱,在采取上述措施的基础上,地方政府还可以采取压减供水指标,限制或者暂停高耗水行业用水,限制或者暂停排放工业污水,缩小农业供水范围或者减少农业供水量,限时或者限量供应城镇居民生活用水等措施;发生特大干旱,严重危及城乡居民生活、生产用水安全,可能影响社会稳定的,有关省级政府防汛抗旱指挥机构经本级政府批准,可以宣布本辖区内的相关行政区域进入紧急抗旱期;在紧急抗旱期,防汛抗旱指挥机构有权组织动员本行政区域内各有关单位和个人投入抗旱工作,并根据抗旱工作的需要,在其管辖范围内征用物资、设备、交通运输工具。

二是规范水量调度。调水是抗旱的一项重要措施。条例规定发生干旱灾害时,地方政府应当按照统一调度、保证重点、兼顾一般的原则对水源进行调配,优先保障居民生活用水,合理安排生产和生态用水;有关部门应当按照批准的抗旱预案,制订应急水量调度实施方案,统一调度辖区内的水库、水电站、闸坝、湖泊等所蓄的水量;有关地方政府、单位和个人必须服从统一调度和指挥,严格执行调度指令。

三是规范抗旱保障工作,明确抗旱救灾中有关部门、单位和个人的责任。条例规定,气象机构应当做好气象监测和预报工作,并适时实施人工增雨作业;卫生部门应当做好干旱灾害发生地区疾病预防控制、医疗救护等工作,监督、检测饮用水水源卫生状况,确保饮水卫生安全,防止干旱灾害导致重大传染病疫情的发生;民政部门应当做好救助工作,妥善安排受灾地区群众基本生活;干旱灾害发生地区的乡镇人民政府、街道办事处、村民委员会、居民委员会应当协助做好抗旱措施的落实工作;供水企事业单位应当按要求启用应急备用水源,确保城乡供水安全;有关单位和个人应当配合落实人民政府采取的抗旱措施,积极参加抗旱减灾活动。

问:在旱灾中,干旱对农业生产的影响非常大,除了上述的抗旱措施外,条例还规定了哪些有针对性的措施来应对农业干旱?

答:干旱主要是气候原因造成的。今年的干旱形成于麦苗返青时节,恰好与农业生产的关键时刻重合,使得今年的干旱在农业生产领域产生的影响比较突出。考虑到干旱对农业生产影响以及当前农业抗旱中暴露出来的农田水利基础设施等缺乏有效的维护和管理等问题,条例主要作了以下规定:

一是加强农田水利基础设施的建设、维修和管理。条例规定,地方政府应当加强农田水利基础设施建设和农村饮水工程建设,组织做好抗旱应急工程及其配套设施建设和节水改造。水利部门应当做好相关设施和工程的管理和维护,确保其正常运行。干旱缺水地区的地方人民政府及有关集体经济组织应当因地制宜地修建中小微型蓄水、引水、提水工程和雨水集蓄利用工程。

二是推广农田节水技术,合理调整农业种植结构。条例规定,国家鼓励和扶持研发、使用抗旱节水机械和装备,推广农田节水技术,发展旱作节水农业。各级农业部门应当指导干旱地区农业种植结构的调整,培育和推广应用耐旱品种。

此外,条例还规定,在旱灾发生时,地方政府防汛抗旱指挥机构等部门应当及时组织抗旱服务组织解决农村人畜饮水困难、提供抗旱技术咨询等方面的服务。

问:条例对灾后恢复有哪些规定?

答:灾后恢复是抗旱减灾、恢复生产生活秩序的重要环节。条例对此作了以下规定:

一是旱情缓解后,各级人民政府、有关主管部门应当帮助受灾群众恢复生产和灾后自救;防汛抗旱指挥机构应当及时组织有关部门对干旱灾害影响、损失情况以及抗旱工作效果进行分析和评估。

二是旱情缓解后,水利部门应当对水利工程进行检查评估,并及时组织修复遭受干旱灾害损坏的水利工程;有关主管部门应当将遭受干旱灾害损坏的水利工程优先列入年度修复建设计划。

财政部、商务部就加大家电下乡政策实施力度答新华社记者问

来源:新华社

作为一项惠农强农应对当前国际金融危机、拉动国内消费需求的重要措施,家电下乡工作已于今年2月1日在全国展开。为充分发挥政策作用,19日召开的国务院第51次常务会议决定,进一步加大家电下乡政策实施力度。财政部、商务部负责同志针对此次政策详情、具体操作环节以及出台背景,20日接受了新华社记者的专访。

问:此次国务院常务会议提出进一步加大家电下乡等扩大内需政策实施力度,具体出台了哪些新的政策措施?

财政部、商务部:按照本次国务院常务会议精神,此次加大家电下乡政策实施力度,主要包括以下五方面具体内容:

一是再次增加家电下乡补贴品种。即在农民购买的彩电、冰箱(冷柜)、洗衣机、手机四类产品给予财政补贴后,对新增加的摩托车、电脑、热水器和空调四类产品由各省(区、市)自主选择两类实施的政策进行调整,改为全国范围内统一实施。同时再增加农民需求意愿较高的微波炉和电磁炉两类。这样,全国范围内统一实施的家电下乡补贴品种一共增加到了10大类。其中,摩托车归入即将实施的“汽车下乡”补贴渠道。

二是调整补贴产品限购政策,由原来每户每类家电下乡产品限购1台补贴产品放宽到2台。

三是对新疆、内蒙古、宁夏、西藏、广西等5个少数民族自治区及汶川地震51个重灾县实施家电下乡的地方配套资金,改由中央财政全额承担,这些地区可根据财力状况加大对家电下乡补贴力度。

四是简化财政补贴兑付手续,由市县财政部门组织家电下乡联席会议成员单位人员联合下乡,在确保资金安全的前提下,尽可能在销售网点现场审核兑付补贴资金。对银行网络不发达的偏远地区,可采取现金发放方式。财政安排适当工作经费,支持各地广泛开展家电下乡政策宣传和补贴审核兑

付等工作。

五是完善产品招标方式。根据家电产品更新换代快的特点,原则上一年一次招标。对手机等技术更新快、价格变化快的产品,可以半年为周期进行招标。对质量有保证、流通网络比较完善的下乡产品及企业,简化招标办法。

问:家电下乡政策出台的背景和意义是什么?国家为什么要进一步加大家电下乡工作推广力度?

财政部、商务部:实施家电下乡政策,对于惠农强农、扩大内需、拉动生产,保持经济平稳较快增长具有重要意义,这是贯彻落实党中央、国务院加强和改善宏观调控决策部署、实施积极财政政策的重要举措。

为扩大农村消费,提高农民生活质量,更好地统筹城乡发展及国内外市场,促进社会主义新农村建设,根据国务院领导关于促进家电下乡的指示精神,财政部会同商务部从2007年12月开始,在山东、河南、四川三省进行了家电下乡试点,即对农民购买彩电、冰箱(冷柜)、手机3类产品,按销售价格13%给予财政补贴。2008年12月1日起,试点范围扩大到内蒙古、辽宁、黑龙江、安徽、山东、河南、湖北、湖南、广西、重庆、四川、陕西等12个省(区、市),补贴产品增加洗衣机。从实施情况来看,成效显著。家电下乡产品成为农民购买家电产品的首选,受到农民的广泛欢迎;2008年先期试点三省家电销量增长40%;农村家电销售服务体系得到明显加强改善。不仅实现了惠农的政策目标,还取得了稳定家电行业发展、均衡内外贸等多重政策效果。

2008年9月以来,国际金融危机对我国影响日益加深,新形势对家电下乡工作提出了新的要求。根据经济形势变化,为进一步扩大国内需求,改善民生,拉动消费带动生产,促进经济平稳较快增长,国务院第36次常务会议决定,在全国推广家电下乡。自2009年2月1日起,余下的19个省(区、市)及新疆生产建设兵团全面启动家电下乡工作。同时,按照国务院第42次常务会议精神,又增加了摩托车、电脑、热水器、空调四类补贴品种。

根据国务院领导指示,立足当前扩大内需、促进经济稳定增长的大局,财政部近期会同商务部、工业和信息化部等部门,对进一步完善家电下乡政策、加大工作力度,进行了认真研究,提出了《关于加大家电下乡政策实施力度的意见》,相关具体措施已经本次国务院常务会议审议通过。

问:为了确保农民顺利买到放心的家电产品,政府采取了哪些具体措施?

财政部、商务部:为使家电下乡产品符合农村消费特点,切实维护农民利益,防止将城市商品简单推向农村甚至将滞销商品向农村转移,商务部、财政部经过充分调研专门制定了家电下乡产品标准,在节能、环保、耐用、安全等方面提出明确要求。同时,引导企业通过简化不适合农村消费的功能和包装,降低生产成本,确保家电下乡产品质量可靠、功能实用、价廉物美。需要明确的是,家电下乡产品和销售企业都是经过严格招标确定的,不遵守承诺的中标企业将会被取消资格。

为了便于农民识别,特别制定了家电下乡产品标识。家电下乡产品外观显著位置、外包装及产品说明书都印有家电下乡显著标识。其中,家电下乡产品使用说明书封面右下角粘贴有"家电下乡产品标识卡"。同时,还制定了统一的家电下乡销售门店标识,要求销售网点在明显位置悬挂,并张贴统一的家电下乡产品公示栏和农民购买须知。

为保证下乡产品的供应、销售及维修服务,我们对参加家电下乡工作的生产和流通企业在生产、配送、销售、维修等方面都提出了明确要求,中标企业必须履行。

农民可以持身份证、户口簿等有效身份证明,到就近的定点销售网点购买。备齐户口簿、身份证、产品购买发票、产品标识卡等有关材料,到户口所在地乡级财政部门申请领取家电下乡补贴资金,补贴资金将由财政部门直接发放到购买人的储蓄账户上。

问:实施家电下乡政策以来取得了哪些成效?

财政部、商务部:截至2009年2月18日,全国家电下乡产品销量超过500万台(件)。总体来看,实施这项政策取得了"农民得实惠、企业得市场、政府得民心、经济得发展"的效果。具体成效如下:

一是农民实实在在得到了好处。家电下乡产品不仅质优价廉、售后服务有保障,农民还能得到货价13%的补贴,受到农民的广泛欢迎。统计显示已经有1200万农民直接受益,改善了农民生活生产条件。

二是缓解金融危机对家电行业的冲击。受国际市场影响,家电出口受阻,行业发展遇到较大困难。推广家电下乡,为企业调整结构、促进行业健康发展拓展了空间。据了解,2008年,四川长虹、青岛海尔、河南新飞、江苏白雪等许多中标企业在试点省份的销售都大幅增加，其中海尔和新飞冰箱的销售增幅达90%，长虹手机超过80%。

三是促进农村消费、拉动内需的有力举措。抓住当前农村家电普及的有利时机，进一步推广家电下乡，能够直接提高农民消费能力，在更大范围内调动农民购买的积极性，真正把内需特别是农村消费启动起来。据测算，我国农村2亿多户家庭，农村家电普及率提高1个百分点，每种家电可以增加200多万台(件)的需求，扩大农村消费潜力巨大。

据测算，实施家电下乡，通过四年左右时间基本可使农村主要家电产品拥有率达到城市2000年水平，使城乡家电普及率差距由目前的近20年缩小到10年。

问：下一步在落实家电下乡政策方面有什么打算？

财政部、商务部：今年1月份财政部牵头成立了家电下乡部际联席会议制度，商务部、工业和信息化部、中宣部等11个部门参加。各部门已经按部门职责行动起来，工商、质检、公安等部门已经出台了促进家电下乡政策实施的具体措施。下一步要充分发挥家电下乡部际联席会议制度作用，进一步加强对家电下乡产品质量、价格、售后服务、补贴发放等环节的监督管理，把这项惠农强农、扩大内需、拉动生产的政策落实好、宣传好，切实把好事办好。

我们还将建立健全激励与约束机制，对未能遵守承诺的企业将采取扣缴保证金、取消资格等措施予以惩处，促使企业加快产业升级，设计、开发、生产出适合农村消费特点的优质家电产品，加快完善农村销售网络与售后服务体系，真正发挥财政政策杠杆作用，放大政策效用。

家电下乡涉及农民的切身利益，也是一个重大的民生工程。对这项政策一定要做好追踪问效，及时研究解决问题，完善督导制度，确保政策效果。计划3月份由财政部、商务部、工业和信息化部牵头，联席制度成员单位参加组成联合督察组，对家电下乡工作进行全面督察，确保政策落到实处。

为顺利推进家电下乡工作，下一步还要进一步加大宣传力度，通过报纸、广播、电视等多种形式进行广泛宣传，做到让农民家喻户晓，把这项惠农强农、扩大内需、拉动生产的政策落实好。

国务院法制办、环境保护部负责人就《废弃电器电子产品回收处理管理条例》答记者问

来源：法制办

2009年2月25日，温家宝总理签署国务院令公布《废弃电器电子产品回收处理管理条例》(以下简称条例)，条例将于2011年1月1日起施行。就条例的有关问题，国务院法制办、环境保护部有关负责人回答了记者的提问。

问：为什么要制定该条例？

答：目前，我国已成为电器电子产品生产和消费大国，许多产品已到了淘汰报废的高峰期。根据2006年《中国统计年鉴》的数据计算，2006年我国主要电器电子产品的社会保有量，电视机约为4.9亿台，电冰箱约为2.2亿台，洗衣机约为2.6亿台，空调器约为1.5亿台，计算机约为8000万台，合计12亿台。2006年这5种产品的实际废弃量，电视机约为460万台，电冰箱约为210万台，洗衣机约为250万台，空调器约为140万台，计算机约为200万台，合计1260万台。此外，每年还有大量的手机、复印机、传真机、打印机等电子产品报废淘汰。

目前我国废旧电器电子产品的流向主要有三个：一是通过走街串巷的小商贩上门回收或者通过生产厂家、销售商“以旧换新”等方式回收后，流入旧货市场，销售给低端消费者。二是通过捐赠等方式，向西部地区、希望小学等特定地域、群体转移。三是拆解、处理，提取贵金属等原材料。目前的环境污染问题主要集中在第三个流向中，即由于一些地方存在为数众多的拆解处理废弃电器电子产品的个体手工作坊，它们为追求短期效益，采用露天焚烧、强酸浸泡等原始落后方式提取贵金属，随意排放废气、废液、废渣，对大气、土壤和水体造成了严重污染，危害了人类健康。尽管各级人民政府对电子废弃物引发的环境和健康问题给予了高度关

注，但仍存在着应对措施不力的问题，有必要对电子废弃物处理加强法制化管理，以利于可持续发展。

废弃电器电子产品中有许多有用的资源，如铜、铝、铁及各种稀贵金属、玻璃和塑料等，具有很高的再利用价值。通过再生途径获得资源的成本大大低于直接从矿石、原材料等冶炼加工获取资源的成本，而且节约能源。加强废弃电器电子产品的回收利用，对于发展循环经济，克服资源短缺对中国经济发展的制约，具有重要意义。我国作为电器电子产品生产和消费大国，规范废弃电器电子产品回收处理活动，有利于防止和减少环境污染，有利于促进资源综合利用，发展循环经济，创建节约型社会，保障人体健康。

问：条例的调整范围是什么？

答：条例规范的是列入《废弃电器电子产品回收处理目录》（以下简称《目录》）的废弃电器电子产品的回收处理及相关活动。发展改革委正在会同国务院有关部门研究首批列入《目录》的电器电子产品的品种，将在条例的实施准备期内报国务院批准。今后可以视实际需要，通过增补或调整《目录》，逐步扩大条例的适用范围。

条例所称废弃电器电子产品的处理活动，是指将废弃电器电子产品进行拆解，从中提取物质作为原材料或者燃料，用改变废弃电器电子产品物理、化学特性的方法减少已产生的废弃电器电子产品数量，减少或者消除其危害成分，以及将其最终置于符合环境保护要求的填埋场的活动，不包括产品维修、翻新以及经维修、翻新后作为旧货再使用的活动。考虑到旧电器电子产品的管理主要涉及产品安全、知识产权保护、打击违法销赃等问题，管理的主要目的是保护旧电器电子产品消费者的合法权益，这与规范废弃电器电子产品的回收处理活动，促进资源综合利用、保护和改善环境、保障人体健康的目标以及管理的内容，有很大差别，因此，条例未规定旧货管理的内容，条例所称废弃电器电子产品的处理活动不包括产品维修、翻新以及经维修、翻新后作为旧货再使用的活动。

问：为什么对废弃电器电子产品实行多渠道回收和集中处理制度？

答：废弃电器电子产品的回收，涉及到千家万户，目前已经自发形成了相对固定的回收渠道，包括销售（以旧换新）、维修、搬家公司、城市垃圾回收系统等多条渠道。商务部等有关部门正在采取措施对废旧物资回收予以引导和规范。条例维持了现行多渠道回收的体系。

不规范的拆解、提取原材料活动，是造成废弃电器电子产品严重污染环境、损害人体健康的主要原因，应当予以规范。根据《行政许可法》第十二条关于直接涉及公共安全、生态环境保护以及直接关系人身健康、生命财产安全等特定活动需要按照法定条件予以批准的事项，可以设定行政许可的规定，条例设定了废弃电器电子产品处理资格许可制度，规定由取得电器电子产品处理资格的企业对废弃电器电子产品进行拆解、提取原材料和按照环保要求进行最终处置，即集中处理制度。处理企业资格由设区的市级人民政府环境保护主管部门审批。审批的具体条件有：具备完善的废弃电器电子产品处理设施；具有对不能完全处理的废弃电器电子产品的妥善利用或者处置方案；具有与所处理的废弃电器电子产品相适应的分拣、包装以及其他设备；具有相关安全、质量和环境保护的专业技术人员等。

考虑到目前一些地方存在的群体化家庭手工作坊式的拆解处理活动，予以取缔或者在短期内转化为完全符合处理企业资格的企业有一定困难，需要有一个从分散拆解处理向地域化集中、再向企业化集中处理的过程，条例规定，经省级人民政府批准，可以设立废弃电器电子产品集中处理场。废弃电器电子产品集中处理场应当具有完善的污染物集中处理设施，确保符合国家或者地方制定的污染物排放标准和固体废物污染环境防治技术标准，并应当遵守本条例有关处理废弃电器电子产品须符合国家关于资源综合利用、环境保护、劳动安全、人体健康、技术和工艺要求等规定。废弃电器电子产品集中处理场应当符合国家和当地工业区设置规划，与当地土地利用规划和城乡规划相协调，并应当加快实现产业升级。

问：什么是废弃电器电子产品处理专项基金，为什么要规定这项制度？

答：条例规定，国家建立废弃电器电子产品处理基金，用于废弃电器电子产品回收处理费用的补贴。电器电子产品生产者、进口电器电子产品的收货人或者其代理人应当按照规定履行缴纳义务。

建立废弃电器电子产品处理专项基金制度，是依据有关法律规定，立足我国国情，并借鉴国外“生产者责任制”的做法而提出的。一是，《固体废物污染环境防治法》规定，国家对固体废物污染环境防治实行污染者依法负责的原则，产品的生产者、销售者、使用者对其产生的固体废物依法承担污染防治责任。二是，为推动生产者承担一定的废弃电器电子产品的回收处理责任，支持处理企业实现产业化经营，需要国家出台一定的激励措施。三是，从一些国家的实践情况看，生产者也是通过缴纳回收处理费用，由专门机构统一组织回收处理。

为提高废弃电器电子产品处理专项基金收取和使用的公平性和透明度，条例规定，制订废弃电器电子产品处理基金的征收标准和补贴标准，应当充分听取电器电子产品生产企业、处理企业、有关行业协会及专家的意见。

问：生产者、销售者、回收经营者、处理企业各应当承担什么责任？

答：1. 电器电子产品生产者的责任。生产者的责任主要是"绿色"生产。"绿色"生产是《清洁生产促进法》规定的生产企业的责任。从国外经验看，生产者尽量做到"绿色"设计、"绿色"生产、从源头上控制污染材料的使用，是解决电子污染的根本途径。条例规定，生产者、进口电器电子产品的收货人或者其代理人生产、进口的电器电子产品应当符合国家有关电器电子产品污染控制的规定，采用有利于资源综合利用和无害化处理的设计方案，使用无毒无害或者低毒低害以及便于回收利用的材料。电器电子产品上或者产品说明书中应当按照规定提供有关有毒有害物质含量、回收处理提示性说明等信息。

2. 电器电子产品销售者、维修机构、售后服务机构的责任。条例规定，电器电子产品销售者、维修机构、售后服务机构应当在其营业场所显著位置标注废弃电器电子产品回收处理提示性信息。回收的废弃电器电子产品应当由有资格的处理企业处理。

3. 废弃电器电子产品回收经营者的责任。条例规定，废弃电器电子产品回收经营者应当采取多种方式为电器电子产品使用者提供方便、快捷的回收服务。废弃电器电子产品回收经营者对回收的废弃电器电子产品进行处理，应当依照本条例规定取得处理资格；未取得处理资格的，应当将回收的废弃电器电子产品交有资格的处理企业处理。回收的电器电子产品经过修复后销售的，必须符合保障人体健康和人身、财产安全等国家技术规范的强制性要求，并在显著位置标识为旧货，具体管理办法由国务院商务主管部门制定。

4. 处理企业的责任。一是，从事废弃电器电子产品处理活动，应当取得废弃电器电子产品处理资格。二是，处理废弃电器电子产品，应当符合国家有关资源综合利用、环境保护、劳动安全和保障人体健康的要求，禁止采用国家明令淘汰的技术和工艺处理废弃电器电子产品。三是，处理企业应当建立废弃电器电子产品处理的日常环境监测制度。四是，处理企业应当建立废弃电器电子产品的数据信息管理系统，按照规定向所在地的环境保护主管部门报送基本数据和有关情况，基本数据的保存期限不得少于3年。

此外，回收、储存、运输、处理废弃电器电子产品的单位和个人，还应当遵守国家有关环境保护和环境卫生管理的规定。

问：政府对废弃电器电子产品处理的监督管理主要表现在哪些方面？

答：政府对废弃电器电子产品回收处理的监督管理，主要有以下四个方面：第一，国家鼓励和支持废弃电器电子产品处理的科学研究、技术开发、技术标准的研究以及新技术、工艺、设备的示范、推广和应用。第二，国务院资源综合利用、质量监督、环境保护、工业信息产业等主管部门依照规定的职责制定废弃电器电子产品处理的相关政策和技术规范。第三，省级人民政府环境保护主管部门会同同级资源综合利用、商务、工业信息产业主管部门编制本地区废弃电器电子产品处理发展规划，报国务院环境保护主管部门备案。第四，地方人民政府应当将废弃电器电子产品回收处理基础设施建设纳入城乡规划。

问：条例为什么于2011年1月1日起施行？

答：根据国外经验和国内实际情况，条例需要一定的实施准备期。实施准备期内主要有以下工作：一是向全社会普及节约和综合利用资源、保护环境的知识；二是制订《废弃电器电子产品处理目录》、废弃电器电子产品处理基金的征收使用管理办法，以及针对不同产品的基金收费标准及处理补贴标准；三是政府监督管理部门及生产者、销售者、回收经营者、处理企业的实施准备工作。条例公布到实施留出两年的准备和过渡时间，条例自2011年1月1日起施行。

《促进自主创新成果产业化若干政策》解读

来源:法制办

国务院以国办发〔2008〕128号文转发了发展改革委、科技部、财政部、教育部、人民银行、税务总局、知识产权局、中科院、工程院等9个部门制定的《关于促进自主创新成果产业化的若干政策》(以下简称《政策》)。国家发展改革委有关负责人对《促进自主创新成果产业化若干政策》进行了解答。

问:我国自主创新成果产业化面临的形势怎样?

党的十七大提出要"提高自主创新能力、建设创新型国家",并将其作为国家发展战略的核心,作为提高综合国力的关键。自主创新成果产业化是自主创新的关键环节。当前,加强自主创新,建设创新型国家,对自主创新成果产业化提出了紧迫要求。

一是推进经济发展方式转变的需要。经过改革开放30年的发展,从经济总量上看,我国已排世界前列,但还不是经济强国。主要是科技贡献率不高、关键技术不掌握、自主创新成果产业化率低,这已成为制约我国经济发展方式转变的瓶颈。要在本世纪头20年,全面建设惠及十几亿人口的更高水平的小康社会,推进新型工业化,必须要提高自主创新能力,加快培育新兴产业,提升传统产业,推动产业结构转型升级和经济发展方式转变。

二是把握新科技革命战略机遇的需要。当前,信息技术进一步向数字化、智能化、网络化方向发展,数字电视、新一代移动通信、下一代互联网产业发展进程明显加快;生物技术发展开始进入大规模产业化阶段,正在成为世界经济中又一个新的规模巨大的主导产业;空间、海洋、新材料、新能源技术不断突破,应用领域迅速扩大。面对迅猛发展的科技革命和产业革命浪潮,必须大力发展高技术,推进产业化,加快培育形成一批拥有自主知识产权的新兴产业群体。

三是参与国际竞争和合作的需要。在当今国际竞争格局中,真正的关键技术、核心技术是买不来的。随着我国进一步改革开放,将面临更加激烈的竞争,迫切需要加强自主创新,突破一批关键技术,提高产业国际竞争力。同时,经济全球化趋势深入发展,为我国更大范围、更深层次参与国际分工与合作,利用国内外两个市场、两种资源,加快自主创新成果产业化提供了有利条件。

问:我国自主创新成果产业化的发展思路是什么?

从国际经验看,在市场经济条件下,促进自主知识产权成果产业化,关键在于营造良好的体制政策和法制环境,建立以企业为主体、市场为导向、产学研紧密结合的自主知识产权创造和产业化体系。对关系国民经济社会发展全局的战略性自主创新成果产业化,政府要发挥宏观规划指导、政策激励引导以及必要的组织协调作用。

改革开放以来,党中央、国务院高度重视科技成果转化,出台了一系列政策措施,有力地推动了自主创新成果产业化,对高技术产业发展和提高产业竞争力,促进国民经济和社会发展发挥了重要作用。同时,也应看到,自主创新成果产业化仍然是当前制约我国提升发展质量的薄弱环节。企业尚未真正成为技术创新的主体,高等学校、科研机构自主创新成果的转移机制不健全,在投融资政策、财税政策、进出口政策和政府采购政策等方面,还存在一些不利于自主创新成果产业化的政策障碍。

针对当前我国自主创新成果产业化现状及面临的形势,今后一段时期促进自主创新成果产业化的总体思路是:贯彻落实科学发展观,按照建设创新型国家的要求,加强企业主体地位,提高企业自主知识产权成果产业化能力,推动高等学校、科研机构的自主创新成果产业化模式由自主型向许可型和转让型转变;加强投融资支持力度,完善财政、金融服务,推动政府促进自主创新成果产业化方式由项目推动为主向环境建设为主转变;加强宏观环境建设,完善知识产权保护、中介机构服务和人才队伍建设,推动自主创新成果产业化由技术供给导向型为主向市场需求导向型为主转变。

问:《政策》有哪些新的突破和创新?

针对当前自主创新成果产业化存在的问题和面临的形势,《政策》在以下几个方面有所突破和创新:一是更加强调企业的主体地位。提出要提高企业的技术开发和工程化集成能力,使企业成为自主创新成果产业化的主体;二是更加强调技术转移。提出要完善自主创新成果发布机制,鼓励高等院校和科研机构向企业转移自主创新成果,鼓励科研人员开展自主创新成果产业化活动,大力推动自主创新成果的转移。三是更加强调营造良好的自主创新成果产业化环境。提出要加大自主创新成果产业化投融资支持力度,积极推动自主创新成果转化为技术标准,加快自主创新成果产业化市场环境建设等。

问:如何将《政策》贯彻落实好?

《政策》强调要加强自主创新成果产业化的引导和协调,抓紧制定完善具体落实措施。目前,我委正在会同国务院有关部门明确落实《政策》的工作任务分工,细化分解相关工作,研究制定实施细则,促使各项政策措施落到实处。各地方人民政府也在结合区域发展特点,研究促进本地区自主创新成果产业化的具体措施。

《森林防火条例》解读

来源:法制办

2008 年 12 月 1 日,温家宝总理签署国务院令公布了修订后的《森林防火条例》(以下简称条例),条例自 2009 年 1 月 1 日起施行。日前,国务院法制办负责人就条例的有关问题回答了一些提问。

问:为什么要对 1988 年施行的《森林防火条例》进行修订?

答:森林火灾是一种突发性强、破坏性大、危险性高、处置困难的灾害。近年来,在气候变暖背景下,我国南方地区连续干旱、北方地区暖冬现象明显,森林火灾呈现多发态势,森林防火形势非常严峻。1988 年施行的《森林防火条例》(以下简称现行条例)对预防和扑救森林火灾、保障人民生命财产安全、保护森林资源和维护生态环境发挥了非常重要的作用。但是随着经济社会的发展,森林防火工作出现了一些新情况、新问题,主要表现在:

一是随着行政管理体制改革的不断深入,国有林区逐步推进政企、政事分开,有必要在改革的基础上进一步强化政府在火灾预防、扑救等方面的职责。

二是随着集体林权制度改革和国有林业企业经营体制改革的不断深入,承包、租赁等已经成为森林经营的主要模式,有必要在强化政府责任的基础上,明确森林、林木、林地经营单位和个人的防火义务。

三是近几年随着我国应急法律体系的完善和应急机制的建立,特别是《中华人民共和国突发事件应对法》和各类应急预案的公布施行,现行条例关于火灾扑救的规定也需要进行相应完善。

四是现行条例对违法行为处罚力度偏轻,难以有效制裁违法行为,有必要予以完善。

因此,根据新情况、新问题,在总结实践经验的基础上国务院对 1988 年施行的《森林防火条例》进行了修改、完善。

问:森林火灾的预防和扑救是政府公共管理服务的重要组成部分,条例对各级人民政府在森林火灾预防和扑救中的职责作了哪些完善?

答:实践证明,强化各级人民政府的职责,实行政府全面负责、部门齐抓共管、社会广泛参与的工作机制,是预防和及时扑救森林火灾的重要保证。为此,条例主要作了以下补充、完善:

一是进一步强化地方人民政府行政首长负责制。规定森林防火工作实行地方各级人民政府行政首长负责制。

二是完善联防制度。规定森林防火工作涉及两个以上行政区域的,有关地方人民政府应当建立森林防火联防机制,确定联防区域,建立联防制度,实行信息共享,并加强监督检查。

三是进一步明确森林防火指挥机构、林业主管部门和其他有关部门在森林防火工作中的职责。规定森林防火指挥机构负责组织、协调和指导森林防火工作;林业主管部门负责森林防火的监督和管理工作,承担森林防火指挥机构的日常工作;其他有关部门按照职责分工,负责有关的森林防火工作。

四是增加规定县级以上人民政府应当编制森林防火规划和森林火灾应急预案,县级以上人民政府及其有关部门应当组织开展必要的森林火灾应急预案的演练。

五是增加规定各级人民政府应当加强对森林防火工作的监督检查。

六是依法赋予各级人民政府森林防火指挥机构在森林火灾扑救过程中采取紧急措施的权力。规定因扑救森林火灾的需要，县级以上人民政府森林防火指挥机构可以决定采取开设防火隔离带、清除障碍物、应急取水、局部交通管制等应急措施。

七是增加规定火灾信息发布权限。森林火灾信息由县级以上人民政府森林防火指挥机构或者林业主管部门向社会发布；重大、特别重大森林火灾信息由国务院林业主管部门发布。

问：森林、林木、林地的经营单位和个人在森林防火工作中负有重要的责任，对此，条例作了哪些规定？

答：随着集体林权制度改革和国有林业企业经营体制改革的不断深入，森林、林木、林地的经营主体和模式都发生了很大变化，有必要在强化政府责任的基础上，明确森林、林木、林地的经营单位和个人以及林区内其他单位、个人的防火义务。对此，条例主要作了以下规定：

一是建立森林防火责任制。规定森林、林木、林地的经营单位和个人，在其经营范围内承担森林防火责任，并应当按照规定划定森林防火责任区，确定森林防火责任人，配备森林防火设施和设备。

二是完善护林员制度。规定森林、林木、林地的经营单位配备的兼职或者专职护林员负责巡护森林，管理野外用火，及时报告火情，协助有关机关调查森林火灾案件。

三是履行森林防火宣传教育义务。规定森林防火期内，森林、林木、林地的经营单位应当设置森林防火警示宣传标志，并对进入其经营范围的人员进行森林防火安全宣传。

四是进一步加强野外用火管理。规定森林防火期内，禁止在森林防火区野外用火。因防治病虫鼠害、冻害等特殊情况确需野外用火的，应当经批准并按照要求采取防火措施，严防失火。

五是规范林区其他单位、个人的森林防火义务。规定铁路的经营单位应当负责本单位所属林地的防火工作，并配合县级以上地方人民政府做好铁路沿线森林火灾危险地段的防火工作；电力、电信线路和石油天然气管道的森林防火责任单位，应当在森林火灾危险地段开设防火隔离带，并组织人员进行巡护。

问：处置森林火灾具有高度危险性和时效性，为有效扑救火灾、保护人民群众生命财产安全，需要完备的火灾扑救制度、措施以及过硬的扑救队伍作保障，对此，条例作了哪些完善？

答：根据近年来森林火灾扑救的实践并与相关应急法律制度和应急预案相衔接，条例主要作了以下规定：

一是进一步规范森林火灾报告程序。规定县级以上地方人民政府应当公布森林火警电话，建立森林防火值班制度；任何单位和个人发现森林火灾，应当立即报告；当地人民政府或者森林防火指挥机构接到报告后，应当立即派人赶赴现场，调查核实，采取相应的扑救措施，并按照有关规定逐级报上级人民政府和森林防火指挥机构。

二是增加规定扑救森林火灾的指导原则。规定扑救森林火灾，应当坚持以人为本、科学扑救，及时疏散、撤离受火灾威胁的群众，并做好火灾扑救人员的安全防护，尽最大可能避免人员伤亡。

三是补充、完善各有关部门的职责。规定气象主管机构应当及时提供火灾地区天气预报和相关信息，并根据天气条件适时开展人工增雨作业；交通运输主管部门应当优先组织运送森林火灾扑救人员和扑救物资；通信主管部门应当组织提供应急通信保障；民政部门应当及时设置避难场所和救灾物资供应点，紧急转移并妥善安置灾民，开展受灾群众救助工作；公安机关应当维护治安秩序，加强治安管理；商务、卫生等主管部门应当做好物资供应、医疗救护和卫生防疫等工作。

四是加强应急队伍建设，发挥专业扑救队伍的作用。规定地方各级人民政府和国有林业企业、事业单位应当根据实际需要，成立森林火灾专业扑救队伍，县级以上地方人民政府应当指导森林经营单位和林区的居民委员会、村民委员会、企业、事业单位建立森林火灾群众扑救队伍；专业的和群众的火灾扑救队伍应当定期进行培训和演练；扑救森林火灾应当以专业火灾扑救队伍为主要力量；武装警察森林部队负责执行国家赋予的森林防火任务；中国人民解放军执行森林火灾扑救任务的，依照《军队参加抢险救灾条例》的有关规定执行。

问：为依法惩处违法行为，防范森林火灾的发生，条例在法律责任方面作了哪些完善？

答：条例从以下几个方面进一步完善了法律责任：

一是明确了地方人民政府及其森林防火指挥

机构、县级以上人民政府林业主管部门或者其他有关部门及其工作人员，不依法履行森林防火职责的法律责任。

二是明确了森林、林木、林地的经营单位和个人及其他管理相对人违反有关森林防火管理行为的法律责任。

三是规定了违反本条例规定，造成森林火灾，构成犯罪的，依法追究刑事责任；尚不构成犯罪的，除依照本条例的规定追究法律责任外，还可以责令责任人补种树木。

四是为有效遏制和惩处各种违法行为，条例提高了罚款的数额。

国务院法制办负责人就《草原防火条例》答记者问

2008 年 11 月 29 日，温家宝总理签署国务院令，公布了修订后的《草原防火条例》(以下简称条例)，条例自 2009 年 1 月 1 日起施行。日前，国务院法制办负责人就条例的有关问题回答了记者提问。

问：为什么要对 1993 年施行的《草原防火条例》进行修订？

答：我国草原面积 4 亿公顷，约占国土总面积的 40%，是世界上草原面积第二大国。据统计，在 4 亿公顷草原中，草原火灾易发区占 1/3，频发区占 1/6。1993 年国务院发布的《草原防火条例》，对预防和扑救草原火灾，发挥了积极的作用。但随着经济社会的发展，我国草原防火工作面临的形势也发生了一些变化，主要表现在：一是草原作为重要的生态保护屏障和牧民的基本生产资料，其作用日益凸显，对草原防火工作的要求越来越高，需要在总结实践经验的基础上，完善草原火灾预防、扑救和灾后处置等制度；二是为了完善草原防火责任制，需要进一步明确各级人民政府、草原防火主管部门、有关部门及单位在草原防火工作中的责任；三是按照应急管理工作的要求，需要进一步加强草原火灾监测预警、快速反应和综合扑救等方面的制度建设；四是 1993 年条例的法律责任部分对违法行为的处罚力度偏轻，对一些违法行为没有规定相应的处罚措施，难以有效制裁各种违法行为，需要进一步完善。因此，国务院对 1993 年的《草原防火条例》作了补充和完善。

问：反应快捷、保障有力的草原防火组织体系是做好草原防火工作的关键。对此，条例对政府、社会、个人在草原防火中的责任作了哪些规定？

答：为了切实履行政府的社会管理和公共服务职能，进一步加强各级人民政府对草原防火工作的组织领导，发挥社会和个人在草原防火中的作用，条例作了以下规定：

一是进一步明确草原防火工作实行行政首长负责制。实践证明，统一领导，分级负责，属地管理为主的体制是有效预防和扑救草原火灾的重要保证。为此，规定防火工作实行地方行政首长负责制和部门、单位领导负责制；国务院草原行政主管部门主管全国草原防火工作，地方草原防火主管部门主管本行政区域内的草原防火工作，其他部门在职责范围内做好相关工作；重点草原防火区的地方政府可以根据草原火灾应急预案的规定，成立草原防火指挥部，行使本级政府在草原火灾扑救中的职责。

二是完善联防制度。规定草原防火工作涉及两个以上行政区域或者涉及森林防火、城市消防的，有关地方政府应当建立联防制度，确定联防区域，加强信息沟通和监督检查。

三是加强草原火灾扑救队伍的建设。扑救草原火灾危险性较大，同时对扑火设备的操作和扑火技术有一定的要求，实践证明，组织专业扑火队或者经过培训的群众扑火队参与火灾扑救，既能减少人员伤亡，又能有效扑救火灾。因此，条例完善了对专业和群众扑火队的规定，并要求扑火队应当经过专业培训。

四是落实草原使用者的草原防火责任制。规定草原上的生产经营单位、驻军单位、农村集体经济组织等，应当落实防火责任；承包经营草原的个人应当履行防火义务。

问：草原火灾重在预防。对此，条例在草原火灾预防措施方面作了哪些规定？

答：按照预防为主、科学预防的要求，条例进一步加强了草原火灾预防能力建设，作了以下规定：

一是增加规定草原火险区划制度。规定根据草原火灾发生的危险程度和影响范围等，将全国草原划分为极高、高、中、低四个等级的草原火险区。火险区是制定草原防火规划和进行草原防火基础设施建设的依据。

二是增加规定草原防火规划的制定。规定各级草原防火主管部门负责编制草原防火规划，规划应当主要包括草原防火组织体系建设、防火基础设施和装备建设、防火物资储备和保障措施等内容。有关部门和单位应当按照规划加强建设。

三是增加规定草原火灾应急预案的制定。规定各级草原防火主管部门制订、组织实施草原火灾应急预案，应急预案主要包括草原火灾应急组织机构及职责、预警与预防机制、报告程序、应急处置措施等内容。

四是完善现行预防措施。规定地方政府应当根据草原火灾发生规律，确定草原防火期。在防火期内，生产性用火以及爆破、勘察和施工等活动，应当经草原防火主管部门批准；草原上行驶的车辆和野外作业的机械设备，以及进行实弹演习、处置突发性事件等活动时，应当采取防火措施；主管部门应当对存在火灾隐患的车辆、野外作业活动进行防火检查。

问：草原火灾发生后，如何有效扑救草原火灾？条例在细化草原火灾扑救措施方面作了哪些规定？

答：为了及时、有效扑救草原火灾，按照早发现、快反应的要求，条例作了以下完善和补充：

一是完善草原火情报告制度。规定发现草原火情的单位或个人，应当及时向政府报告；接到报告的部门应当立即组织人员赶赴现场，核实火情，采取控制和扑救措施。

二是增加规定草原火灾应急预案的启动以及各级地方人民政府的职责。规定区别草原火灾的危害，不同层级的政府启动不同等级的应急预案。扑救火灾应当首先保障群众的安全，及时动员人员转移到安全地带，并予以妥善安置；情况紧急时，地方政府可以强行组织避灾疏散，并可以依法紧急征用物资，采取建设隔离带、应急取水、交通管制等措施。

三是补充、完善草原防火主管部门在草原火灾扑救中的责任。规定发生特别重大、重大草原火灾的，国务院草原行政主管部门应当组织、协调火灾扑救，做好跨省物资调用；发生威胁林区的草原火灾的，草原防火主管部门应当及时通知林业部门；境外草原火灾威胁到我国草原安全的，国务院草原行政主管部门应当及时将情况通知外交部。

四是细化其他部门在草原火灾扑救中的责任。规定气象机构应当做好气象监测和预报工作，及时向当地人民政府提供气象信息；民政部门应当及时设置避难场所和救济物资供应点；卫生部门应当做好医疗救护、卫生防疫工作；交通等部门应当优先运送救灾物资；通信部门应当组织提供应急通信保障；公安部门应当及时查处火灾案件，做好治安维护工作。

五是建立草原火灾信息统一发布制度。规定草原火灾信息分别由国务院草原行政主管部门和省级政府草原防火主管部门统一发布。

问：草原是重要的生态屏障和牧民的基本生产资料。火灾发生后，如何有效保障牧民的生产生活，如何促进草原植被尽快恢复。对此，条例作了哪些规定？

答：一是增加有关灾民安置和救助的规定。规定草原火灾扑灭后，地方政府应当组织有关部门及时做好灾民安置、救助以及卫生防疫工作。

二是完善灾后生产恢复措施。规定草原火灾扑灭后，地方政府应当组织制定草原恢复计划，尽快恢复草场植被，并做好畜禽检疫工作。

三是规范灾后调查统计工作。规定草原火灾扑灭后，草原防火主管部门、公安等部门，应当及时对火灾发生时间、地点、原因及肇事人进行调查并提出处理意见；对受灾草原面积、受灾畜禽和珍稀野生动植物种类和数量、人员伤亡及物资消耗等进行统计；对火灾对居民生活、生产、环境的影响进行评估，并根据评估结果做好有关工作。

问：为依法惩处违法行为，防范草原火灾的发生，条例在法律责任方面作了哪些完善？

答：一是强化主管部门及其工作人员的法律责任。按照有权必有责、用权受监督、违法受追究的要求，增加规定地方政府、草原防火主管部门或者其他有关部门及其工作人员在草原防火工作中不依法履行职责应当承担的法律责任。

二是完善管理相对人的法律责任。条例对在草原上违法进行生产用火、爆破、勘察等活动，区分违法情节和危害后果，设定了责令改正、责令停止违法行为、补办有关手续、采取防火措施、消除火灾隐患、罚款直至依法追究刑事责任等法律责任。

《旅行社条例》解读

来源:法制办

2009年1月21日,温家宝总理签署国务院令,公布《旅行社条例》(以下简称条例),该条例将于2009年5月1日起施行。日前,国务院法制办负责人就条例的有关问题进行了解读。

问:《旅行社条例》对原《旅行社管理条例》进行了全面修改。请问这次修改的主要目的是什么?

答:目前全国共有旅行社19800多家,其中国际旅行社1800多家,国内旅行社18000多家。2008年,接待入境旅游人数1.30亿人次,旅游外汇收入达到408亿美元;接待国内旅游人数17.1亿人次,国内旅游收入达到8749亿元人民币;组织中国公民出境旅游4584万人次。旅行社为促进旅游业发展,满足人民群众的旅游需求以及促进经济发展发挥了很重要的作用。但是原条例规定的从事入境旅游业务旅行社的准入门槛过高,旅行社质量保证金制度不尽合理,对于旅行社侵害旅游者合法权益的行为打击力度也不够。这次修改主要是针对原条例实施中存在的问题,进一步降低了旅游市场准入门槛,减轻了旅行社的经营负担,同时加大了对旅行社违法经营行为的打击力度,为旅游者创造良好的旅游消费法制环境。

问:条例对从事入境旅游业务的条件作了哪些修改?

答:现行条例规定,旅行社分为国际旅行社和国内旅行社,国际旅行社可以经营出境旅游业务和入境旅游业务,国内旅行社只能经营国内旅游业务。近年来,随着我国旅游市场的不断发展和完善,入境旅游人数大幅增加,现有国际旅行社的数量难以满足我国旅游市场的需要。随着从事国内旅游业务的旅行社业务水平不断提高,其已经具备了接待入境旅游的能力。为此,条例统一了从事国内旅游业务和入境旅游业务的准入条件,规定取得旅行社业务经营许可后,就既可以经营国内旅游业务也可以经营入境旅游业务。同时,条例还将经营入境旅游业务所需的注册资本最低限额由人民币150万元降低为30万元,大大降低了入境旅游市场的准入门槛。

问:条例对质量保证金制度作了哪些修改?

答:旅游活动中,通常是旅游者付费在先、旅行社提供服务在后;同时,旅游消费不同于一般商品消费,一旦产生纠纷难以通过修理、退换、重作等方式救济,主要依靠事后经济补偿予以解决。因此,原条例参照英法等旅游业发达国家的通行做法,建立了质量保证金制度。实践证明,质量保证金制度对于督促旅行社依法履行旅游合同,保护旅游者合法权益发挥了积极作用,但在客观上也占用了旅行社的资金、增加了企业经营成本。为减轻旅行社的经营负担,条例对质量保证金制度作了完善。一是,规定旅行社既可以在指定银行开设专门的质量保证金账户存入现金,也可以向监管部门提交不低于应交质量保证金数额的银行担保;二是,规定交纳质量保证金后,旅行社连续三年没有因为侵害旅游者合法权益受到行政机关罚款以上处罚的,监管部门应当将旅行社的质量保证金减少50%;三是,规定旅行社在旅游行政管理部门使用质量保证金赔偿旅游者的损失或者依法减少质量保证金后,因侵害旅游者合法权益受到行政机关罚款以上处罚的,应当补足质量保证金。

问:一些旅行社以低报价招徕旅游者参团后,又通过改变行程、新增有偿服务等方式向旅游者加收费用,致使旅游者既无法实现旅游的预定目的,又支付远远超过最初报价的费用。条例如何防止此类问题的发生?

答:目前,旅行社之间不正当竞争比较严重。一些旅行社以低于成本的报价吸引旅游者参团;不和旅游者签订书面合同,或者合同用词含糊甚至暗藏免除自身责任或者排除旅游者权利等不利于旅游者的条款;通过压缩游览时间,改变行程,诱骗、强迫旅游者购物和新增有偿服务来赚取非法利益。针对这些问题,条例首先严格禁止旅行社低于成本报价。其次,规定旅行社必须与旅游者订立书面合同,并在合同中明确约定旅行社统一安排的游览项目的具体内容及时间,旅游者自由活动的时间和次数,旅游者应当交纳的旅游费用及交纳方式、旅行社安排的购物次数、停留时间及购物场所的名称,以及需要旅游者另行付费的游览项目及价格等事项。此外,条例还规定,合同订立后,旅行社及其委派的导游人员和领队人员非因不可抗力不得改变旅游合同安排的行程,旅行社未经旅游者同意不得在旅游合同约定之外提供其他有偿服务。对于未经旅游者同意在旅游合同约定之外提供其他有偿服务的旅行社,将处1万元以上5万元以下的罚款;对于非因不可抗力改变合同约定行程的旅行社,将处以10万元以上50万元以下的罚款,对相关导游、领队人员也将处以1万元以上5万元以下的罚款;情节严重的,吊销旅行社业务经营许可证、导游证或者领队证。

问:条例对于组团社将接待服务委托给其他旅行社提出了哪些要求?

答:组团社(招徕、组织旅游者参加旅行团,与其签订旅游合同并提供相关旅游服务的旅行社)将接待旅游者的业务委托给地接社(接受组团社委托,在旅游目的地向旅游者提供接待服务的旅行社),是旅行社行业的普遍做法。但是很多旅游者是基于对组团社的了解和信任而参加其组织的旅游活动的,一般不希望组团社把接待服务委托给他们不了解、不信任的旅行社。同时,也有旅游者反映,一些旅行社为了节约委托费用而把接待业务委托给没有相应接待条件的地接社,致使旅游者不能享受到约定水平的接待服务。针对上述问题,条例规定,组团社需要将接待服务委托给其他旅行社的,必须征得旅游者的同意。在进行委托时,应当选择具有相应资质的旅行社,并与地接社就接待旅游者的事宜签订委托合同,明确接待旅游者的各项服务安排及其标准,约定委托双方的权利、义务。

问:旅游者的合法权益在旅游过程中遭受损害的,应当向组团社还是地接社索赔?

答:旅游者在旅游行程中遭受的损害,有相当部分是由于地接社的过失或者地接社和组团社的共同过失而导致的,对于应由哪一方承担赔偿责任存在较多争议。根据合同法的基本原理,组团社和旅游者是旅游合同的双方当事人,组团社不履行旅游合同约定义务的,应当对旅游者承担违约责任;组团社和地接社是接待服务委托合同的双方当事人,地接社不按照约定履行委托合同的,应当对组团社承担违约责任。为了减少争议、明确责任,保护旅游者合法权益,条例明确规定,接受委托的旅行社违约,造成旅游者合法权益受到损害的,作出委托的旅行社应当承担相应的赔偿责任。作出委托的旅行社赔偿后,可以向接受委托的旅行社追偿。但是,接受委托的旅行社因故意或者重大过失造成旅游者合法权益损害的,应当与作出委托的旅行社一同对旅游者承担连带责任。

问:旅游者的合法权益受到侵犯的,如何向有关行政机关投诉?

答:为了确保旅游者在合法权益受到侵害时能够及时得到救助,条例规定应当将旅游服务监督、投诉电话作为旅游合同的必备事项。同时还规定,旅游者可以向旅游、工商行政管理部门、价格或者商务等相关监管部门投诉。接到投诉的部门应当及时调查处理,并且有义务将调查处理的有关情况告知旅游者,从而使监管部门对旅游者合法权益的保障作用落到实处。

问:条例对外商投资旅行社作出了哪些新的规定?

答:条例根据我国入世承诺,删除了关于外商投资旅行社注册资本最低限额、投资者条件的特殊要求,取消了关于外商投资旅行社不得设立分支机构的限制,并且规定,外国投资者除了可以设立中外合资、中外合作旅行社外,还可以设立外资旅行社。

发展改革委谈加强工程建设招标投标监管工作意见

来源:发展改革委网站

国家发展改革委有关负责人就发布《贯彻落实扩大内需促进经济增长决策部署进一步加强工程建设招标投标监管工作意见》有关问题答记者问

5月26日,国家发展改革委会同工业和信息化部、监察部、住房城乡建设部、交通运输部、铁道部、水利部、商务部、国务院法制办等八部门联合发布了《关于贯彻落实扩大内需促进经济增长决策部署进一步加强工程建设招标投标监管工作意见的通知》(发改法规[2009]1361号),对工程建设招投标监管工作进行了统一部署。近日,国家发展改革委有关负责人就《通知》有关问题回答了记者提问。

问:请介绍一下《通知》出台的背景?

答:2009年是保增长、扩内需、调结构的关键一年。贯彻落实中央扩大内需促进经济平稳较快增长决策部署,进一步加强工程建设招标投标监督管理,对于管好用好政府投资,规范招标投标市场秩序,确保项目工程质量和资金安全,提高投资效益具有重要意义。第十七届中央纪委第三次全会会议明确指出,要认真治理工程建设领域的突出问题。制定落实招标投标法实施条例,完善工程建设项目招投标举报投诉处理机制,推行招投标违法行为记录公告制度,加强对政府投资工程招投标的监管。国务院第二次廉政工作会议对加强工程建设招投标工作提出了具体任务和要求。

为认真落实中央经济工作会议、中央纪委第三次全会和国务院第二次廉政工作会议部署,国家发展改革委会同工业和信息化部、监察部、住房城乡建设部、交通运输部、铁道部、水利部、商务部、国务院法制办等八部门共同发布了《通知》,进一步明确了当前加强工程建设招投标监管工作的主要任务和要求,以切实规范招投标活动,维护公平竞争的市场环境,为贯彻落实中央重大决策部署提供有力保障。

问:《通知》结合当前形势,对进一步加强招投标监管提出的指导思想和工作任务是什么?

答:《通知》明确了当前加强工程建设招投标监管工作的指导思想,即坚持以科学发展观为指导,紧紧围绕党中央、国务院扩大内需促进经济平稳较快增长决策部署,把规范政府投资工程招标投标作为当前的重要任务,严格执行《招标投标法》规定,坚持依法办事;着力规范和完善招标投标制度,强化监督执法;加强工程建设招标投标领域反腐倡廉建设,严肃查处违法违纪案件;切实改进工作作风,提高行政效率,加强部门协调配合,为中央重大决策部署的贯彻落实提供有力保证。

《通知》结合当前贯彻落实扩大内需促进经济增长决策部署,提出了三项主要任务:一是坚持规则统一,提供制度保障;二是加强监督管理,确保投资安全高效;三是推进信息公开,增强透明度。

问:《通知》在完善制度建设、推进招投标规则统一方面提出了哪些具体措施?

答:《通知》主要提出了四项措施:

一是推动颁布《招标投标法实施条例》,统一招标投标规则,增强法律的可操作性。国家发展改革委和国务院有关招标投标行政监督部门,积极配合国务院法制办做好《招标投标法实施条例》修改完善工作,抓紧颁布实施。

二是开展招标投标有关规定清理工作。按照党中央、国务院关于扩大内需促进经济平稳较快增长的要求,重点清理是否存在非法设定涉及招标投标的行政许可、资质验证、注册登记等与《招标投标法》相抵触的规定;是否存在通过设定歧视性条款限制国产设备使用,以及排斥或者限制外地企业投标等行业垄断和地区封锁的规定;是否存在其他与《招标投标法》不一致,影响扩大内需、促进经济增长决策部署的规定。及时提出修订或废止的意见,向社会公布清理结果。

三是推动形成统一的标准施工招标文件体系。国务院有关行业主管部门要结合本行业施工特点和管理需要,尽快修订、编制并发布行业范本。符合条件的政府投资项目以及各部门确定的其他项目应按要求使用标准招标文件。国家发展改革委要会同有关部门抓紧编制适用于中小型工程建设项目招标的简明标准招标文件。

四是落实国务院装备制造业调整和振兴规划有关加强投资项目设备采购管理的要求,研究制定规范中央预算内投资项目设备采购管理的具体措施,确保自主创新设备采购方案的落实。

问:如何进一步加强招投标监督执法,确保政府投资安全高效已经成为社会各方面关注的焦点。《通知》在这方面提出了哪些具体措施?

答:《通知》要求,要将政府投资项目作为招标投标监督管理的重点对象,并强调要建立健全依法、科学、高效的监控体系,强化全过程监督执法。

在项目审批阶段,要严格核准招标范围、招标方式和招标组织形式,确保依法应该公开招标的项目实行公开招标。要严格执行《招标投标法》规定,坚决纠正违法设置限制性条件排斥潜在投标人、限制竞争的行为。招标文件不得要求或者标明特定的生产供应者以及含有倾向或者排斥潜在投标人的其他内容。使用中央投资的项目,在审批可行性研究报告、资金申请报告时,涉及招标的内容中应依法增加对中央投资项目招标代理机构资格及等级的要求。

在项目实施阶段,要加强对依法指定的招标公告媒介的监管,规范招标公告发布行为,依法必须招标项目的招标公告必须在依法指定的媒介发布。要严格执行《招标投标法》规定的期限要求,不得任意缩短法定期限。

《通知》还强调,要加大对中标项目合同执行跟踪监督力度。完善工程建设项目招标投标举报投诉处理机制,严肃查处将工程建设项目化整为零、随意简化程序规避招标、虚假招标,违规变更合同,以及围标串标等违法违规行为。各地区、各有关部门要选取投资规模大、社会影响面广的政府投资项目进行重点检查。监察机关要加强对招标投标执法活动的监督,对于领导干部利用职权违规干预和插手工程建设招标投标,在招标投标过程中进行权钱交易、失职渎职等违法违纪行为,要严肃查处,典型案件要公开曝光。

问:我们注意到,《通知》专门对制止限制国产设备使用问题进行了规定,请谈谈有关情况?

答:据了解,目前在装备制造业招标采购活动中,通过在招标文件中设置歧视性条件违法限制国产设备使用的做法比较突出,在一些领域还相当严重,有关行业协会和企业反映强烈。这些做法明显违反《招标投标法》等相关法律法规和国务院文件规定,制约了装备制造产业结构调整和优化升级,不利于提高重大装备自主化水平和国际竞争力,影响了我国装备制造业的振兴和发展,必须采取坚决措施予以制止。为此,《通知》专门对制止限制国产设备使用问题进行了规定。

《通知》明确提出,在开展招标投标规范性文件清理过程中,要重点清理是否存在通过设定歧视性条款限制国产设备使用的规定,及时提出修订或废止的意见,向社会公布。政府投资项目属于政府采购的,除需要采购的工程、货物或者服务在中国境内无法获取或者无法以合理的商业条件获取等法定情形外,应当采购本国产品。确需采购进口产品的,必须在采购活动开展前,按照国家规定报经有关部门审核同意。

《通知》强调,有关部门对国家重大建设项目以及其他使用财政性资金采购重大装备和产品的项目,在审批资金申请报告或核准项目申请报告时,对承诺采购自主创新产品的内容进行重点审查,并监督落实。项目实施过程中,发展改革、工业和信息化、商务部门要按照职责分工,加强对装备制造业等工业项目和进口机电设备采购项目招投标活动的监督执法。加大对歧视和排斥投标等违法行为的查处力度。对于全部或部分使用政府投资项目,在招标文件中采用歧视性条件,间接或直接指定采购国外品牌产品或功能部件,限制国产设备使用的违法行为,依照相关法律法规追究其法律责任。

下一步,国家发展改革委将会同国务院有关部门,专门研究起草有关政策文件,坚决制止限制国产设备使用做法,维护公平竞争的招投标市场环境。

问:《通知》在创新监管方式方面规定了哪些具体举措?

答:《通知》提出要大力推进信息公开,增强行政监管透明度。依法必须招标项目的招标事项核准、资格预审公告、招标公告、中标候选人、中标结果等信息都要向社会公开。要抓紧落实招标投标违法行为记录公告制度,加大违法行为记录披露力度,促进市场主体自律意识的提高。尚未建立招标投标违法行为记录公告平台的部门和地方,要按照《招标投标违法行为记录公告暂行办法》的要求,尽快建立;条件成熟的地方,要推动建立统一的招标投标违法行为记录公告平台,实现信息的互联互通和互认共用。各地区、各有关部门要在年底前对招标投标违法行为记录公告平台建立和运行情况进行自查。加强招标投标公共服务平台建设,研究组建综合性评标专家库。加快推动招标投标信用体系建设。积极推进电子招标投标试点工作,及时总结试点工作经验。

问:《通知》对落实工作任务提出了哪些要求?

答:《通知》提出了三点要求:一要加强组织领导,抓好贯彻落实。要进一步统一思想,提高认识,特别是要根据今年政府投资力度大、新上项目多的新情况,结合本地区、本行业特点,在严格履行法定程序的前提下,研究提出改进工作作风、简化审批手续、提高审批效率的具体措施,可采取统一审批、联合审批或集中审批的形式,切实提高工作实效和监管水平。要加周密部署,明确任务,落实责任,切实履行好招标投标监督管理的职责,确保监管到位。

二要完善协调机制,增进工作合力。要建立和完善有效的招标投标工作协调机制,加强地区间、部门间在制定规则、监督检查、信息沟通等方面的协调配合,形成条块结合、上下联动、齐抓共管的监管格局。要完善监督执法协作机制,落实行业主管部门与监察机关之间在招标投标违法违纪线索处理和案件查处工作中的协作配合机制,保证信息渠道畅通,促进全国招标投标监督管理工作协同开展。

三要注重调查研究,及时总结经验。各地方、各有关部门要密切关注中央扩大内需促进经济增长政策措施落实情况,及时研究招标投标领域中暴露出来的突出矛盾和问题,总结经验,把握规律,研究提出解决对策。对于涉及多部门招标投标活动的重大事项,国务院有关部门应及时提交招标投标部际协调机制会议讨论,共同促进招标投标市场健康发展。

海关总署解读《中华人民共和国海关关于〈中华人民共和国知识产权海关保护条例〉的实施办法》

经过历时一年的修订工作,《中华人民共和国海关关于〈中华人民共和国知识产权海关保护条例〉的实施办法》(海关总署令第 183 号,以下简称《实施办法》)已于2009 年2 月17 日经海关总署署务会议审议通过。《实施办法》自 2009 年 7 月 1 日起施行,2004 年 5 月 25 日海关总署令第 114 号公布的《中华人民共和国海关关于〈中华人民共和国知识产权海关保护条例〉的实施办法》(以下简称修订前《实施办法》)同时废止。《实施办法》的修订,对完善我国海关知识产权保护制度、指导全国海关开展知识产权保护执法工作方面将发挥重要的作用。

一、修订《实施办法》的指导思想

(一)增加海关执法的规范性和透明度。

《实施办法》的条文比修订前增加了 6 条,并且对 27 条条文的内容进行了修改和整理,对许多细节问题进行了规定,使《实施办法》更有可操作性。修订有助于全国海关知识产权保护执法的统一与规范,保障当事人的知情权。

(二)进一步平衡各方利益,合理规定海关、权利人和收发货人的权利义务。

在一些重要问题的规定方面,此次修订在"海关有效执法和降低执法成本"、"方便知识产权权利人和防止权利滥用"和"保证执法威慑和便利合法进出"等方面做到基本平衡。

二、修订《实施办法》的主要内容

(一)扩大了实施办法的适用范围,增加了有关奥林匹克标志和世界博览会标志保护的规定(见第三十七条)。

根据国务院颁布的《奥林匹克标志保护条例》和《世界博览会标志保护条例》的规定,海关应当按照或者参照《知识产权条例》对奥林匹克标志和世界博览会标志实施保护,但修订前《实施办法》未有相关的规定。为此,《实施办法》在附则增加了"海关参照本办法对奥林匹克标志和世界博览会标志实施保护"的规定。

(二)关于知识产权海关保护备案制度的调整(见第二章)。

1. 为鼓励知识产权权利人通过"知识产权海关保护备案系统"提出备案申请,第六条对备案申请书的内容按照工作需要进行了细化。

2. 为便于《实施办法》与修订后的《专利法》相衔接,第七条规定申请实用新型专利或者外观设计专利备案的,应当提交由国务院专利行政部门作出的专利权评价报告。

3. 为解决目前因知识产权权利人未及时变更和注销备案造成的合法货物被延误通关的问题,第十二条将知识产权权利人未能在规定期限内向海关总署申请变更备案也作为海关总署主动注销备案的情形之一,同时规定海关总署主动注销备案应当以"给他人合法进出口造成严重影响"为前提条件。

(三)调整、完善了依申请保护制度,强化了其被动保护的特征(见第十六条、第十八条等)。

《实施办法》第十六条取消了权利人在海关扣留货物前可以查看货物和撤回申请的规定。有关修订主要是基于以下考虑:首先,知识产权权利人向海关申请扣留侵权嫌疑货物,应当事先对有关货物的侵权状况有所了解;其次,如果允许知识产权权利人在海关中止货物通关后再对货物的侵权状况进行确认和撤销申请，可能造成知识产权权利人滥用申请权而无需承担赔偿责任的情况；最后，《实施办法》也充分保障了权利人的有关权利，例如第十七条第二款规定权利人可以在海关扣留货物后查看货物，第十八条规定权利人可以向海关申请在法定期限内提前解除对货物的扣留。

此外，第十八条明确要求知识产权权利人针对海关扣留的货物向人民法院申请采取责令停止侵权行为或者财产保全的措施时要将司法扣押列入请求事项。

（四）关于启动依职权保护的条件（见第二十一条）。

为减少海关中止放行货物造成合法货物通关被延误的情况，第二十一条规定了海关可以要求收发货人在规定期限内申报货物的知识产权状况，海关中止放行货物应当以收发货人未在规定期限内申报货物的知识产权状况和提交有关文件或者海关有理由认为货物涉嫌侵犯在海关总署备案的知识产权为前提条件。

（五）关于知识产权权利人与收发货人和解后的处理（见第二十七条）。

鉴于知识产权的性质属于私权，海关查处侵权案件应当尽可能考虑知识产权权利人的意愿，鼓励当事人通过协商解决侵权纠纷，同时节约海关的执法成本。为此，《实施办法》增加了权利人与收发货人就海关扣留的侵权嫌疑货物达成协议后海关可以终止调查的规定。

（六）关于当事人放弃涉嫌侵权物品的规定（见第三十一条）。

根据海关旅检、邮递监管现场的实际情况，为提高海关的执法效率，简化有关程序，加强在旅检、邮递渠道保护知识产权的力度，第三十一条设置了进出境旅客或者进出境邮件的收寄件人放弃涉嫌侵权物品的规定。

（七）关于在当事人无法查清时收缴侵权货物或物品的规定（见第三十二条）。

考虑到在当事人无法查清时，海关要作出没收侵权货物或物品的行政处罚的难度较大，为解决案件办理的实际问题，切实打击有关侵权行为，第三十二条规定了进出口货物或者进出境物品经海关调查认定侵犯知识产权，应当由海关予以没收，但当事人无法查清的，自海关制发有关公告之日起满3个月后可由海关予以收缴。

（八）关于海关向知识产权权利人送达部分书面通知的方式（见第四十条）。

考虑到海关与知识产权权利人之间关于确认货物知识产权状况和启动相关程序的通知需要尽快送达，第四十条将传真或者其他方式也列为海关向知识产权权利人送达部分书面通知的方式。

解读《公路交通突发事件应急预案》

交通运输部公路局局长李华

近日，交通运输部印发了最新修订的《公路交通突发事件应急预案》，作为全国公路交通领域最高层次的总体应急预案，该预案的印发将影响各级交通部门有关公路应急预案的修订完善和今后应急管理工作思路。

全国公路交通突发事件应急预案体系的总纲

预案修订的背景情况

按照国务院的统一部署，原交通部于2005年制定并颁布了《公路交通突发公共事件应急预案》，该预案作为国家级部门预案和公路交通领域的总体预案，为指导各级交通主管部门编制相关预案和开展应急保障工作奠定了基础。2008年，我国先后遭遇了低温雨雪冰冻灾害和汶川特大地震灾害，公路交通受到了前所未有的重创，在党中央和国务院的坚强领导下，全行业的共同努力下，我们经受住了考验。但在取得成绩的同时，也暴露出许多问题，比如应急物资准备不足、跨区协调沟通不畅、信息不通等等，这些问题产生的原因是多方面的，但其中一个重要的原因就是公路交通突发事件应急预案和应急保障体系与机制存在缺陷。鉴此，部党组决定对应急预案进行修订，并以预案为指导，加快公路应急管理体系建设。

此次预案修订主要集中在五个方面

一是明确了应急预案的定位。在适用范围里

明确了本预案的适用条件，即适用于涉及跨省级行政区划的，或超出事发地省级交通运输主管部门处置能力的，或由国务院责成的，需要由交通运输部负责处置的特别重大（Ⅰ级）公路交通突发事件的应对工作。同时在应急预案体系里，突出本预案作为国务院的部门预案，是全国公路交通领域最高层次的公路交通突发事件的总体应急预案，是全国公路交通突发事件应急预案体系的总纲。

二是理清了应急预案体系。公路交通应急预案体系分为国家和地方两级，国家层面包括总体预案（也就是本预案）和应对某一类型或某几种类型公路交通突发事件而制定的专项预案；地方层面包括省、地市和县级公路交通突发事件应急预案以及各类事件的专项预案和企业预案。

三是确定了应急管理机构组成和职责。根据去年两次大的救灾经验，对部里原临时成立的应急处置机构明确化，即在部级层面的公路交通应急管理机构包括应急领导小组、应急工作组、日常管理机构、专家咨询组和现场工作组。其中新增加的应急工作组弥补了原预案中缺少具体承担应急处置工作机构的空缺，应急工作组分为综合协调、公路抢通、运输保障、通信保障、新闻宣传、后勤保障、恢复重建和总结评估八个工作小组，分别由部内相关司局牵头成立，按职责承担应急任务。同时，在交通运输部筹备设立公路网管理与应急处置中心，作为日常管理机构，专职负责国家高速公路和重要干线公路网的运行监测及有关信息的收集和处理，向社会提供公路出行信息服务等。预案中明确了各应急管理机构的启动方式和职责分工，以及日常状态和应急状态管理的衔接转换。

四是丰富了应急运行机制，提高了预案的可操作性和执行力。围绕“何时做？谁来做？做什么？如何做？”，明确了公路交通应急保障全过程中各环节的责任主体与职责、工作流程及其各流程间的界面和转化关系，形成了面向交通运输部应急保障整体工作流程的运行机制。

五是强化了应急保障能力建设。增加了应急队伍建设、技术支撑、资金保障三大原预案没有涉及的应急保障内容，构建了完善的应急保障体系。同时针对原预案所反映出的不具体、缺乏可操作性的问题，分别从构建方式、原则、标准、功能实现、相关管理政策等角度对应急保障进行了详细规定。

编制其他所有公路交通突发事件相关应急预案的总体要求

此预案如何理解和执行？

“总体”主要体现在对突发事件的分类分级、工作原则和交通运输部与各省级交通运输主管部门的工作界面上，这是编制其他所有公路交通突发事件相关应急预案的总体要求，必须严格遵循。本预案所规定的交通运输部为应对特别重大公路交通突发事件所设置的工作机构以及工作流程，可供地方交通主管部门在编制部门预案时参考。总体上看，相比2005年印发的公路交通突发事件预案，本次修订新增将近1万字，极大地丰富了预案内容。但是本预案为公路交通领域突发事件的总体应急预案，很难面面俱到，尤其是涉及其他部门的公路交通事故、安全生产事故等突发事件，还需要制定专项预案，进一步明确各部门职责和具体处置流程。

关于应急处置的可操作性体现在哪几方面？

一是提出了预警的判定条件及对应的上下游信息需求，提出了预警和应急响应启动、发布、终止的标志性事件，提高了预警和应急响应的可操作性；

二是提出了交通运输部应急处置工作流程与各环节的处置措施，增加了指挥与协调、应急物资调用与跨省支援和信息报送要求，明确了工作界面和衔接关系；

三是提出了国家公路交通应急物资储备管理与补偿制度，明确了国家公路交通应急物资储备调用条件与程序，提出了使用补偿相关机制和工作原则；

四是提出了交通运输部应急资源的征用补偿要求，依据“谁使用、谁补偿”的原则，明确了征用补偿的申报流程，增强了公路抢通和运输保障资源征用的及时性；

五是提出了信息发布的责任机构、内容及其与新闻发布的联系，明确了交通运输部应急信息发布的渠道，体现了信息发布及时、公开的要求。

预案发布后，下一步应急管理工作将会有什么考虑和措施？

首先要在系统内加强宣传，指导地方公路交通部门根据本预案的总体要求，进一步完善本部门相关预案。

再就是加快应急保障能力建设，一是尽快完成部公路网管理与应急处置中心信息系统建设，并选择有条件的省份在今年内先期实现部省联网，后年争取实现全国联网，以此加强对全国高速公路和重要干线公路网的动态监测。二是继续做好武警交通部队纳入国家应急力量体系的有关工作，合理布局国家公路交通应急保障队伍，同时指导地方交通部门建设以高速公路及普通国省干线公路养护管理部门、路政管理部门、公路经营管理单位、公路养护工程企业为主体的公路交通应急保障队伍。三是推动国家公路交通应急物资储备点建设，构建国家、地方应急保障储备体系与联动机制。

此外，我们计划在今年，结合武警交通部队纳入国家应急力量体系进展情况，适时组织一次军民联合的演练活动，在锻炼队伍、提高应急处置能力的同时，进一步检验预案的科学性。

加大力度、持之以恒、扎实推进把“三项学习教育”活动引向深入

——新闻战线“三项学习教育”活动领导小组负责人答记者问

近日，中宣部、中央外宣办、国家广电总局、新闻出版总署、中国记协等五部门联合印发了《关于在新闻战线进一步深入开展“三项学习教育”活动的通知》，推动新闻战线“三项学习教育”活动进一步向纵深发展。这是自2003年新闻战线集中开展中国特色社会主义理论体系、马克思主义新闻观、职业精神职业道德“三项学习教育”活动以来的又一重要举措。那么，“三项学习教育”活动开展五年来取得了哪些成效？当前形势下提出进一步深入开展“三项学习教育”活动，有着怎样的特殊意义？当前深入开展“三项学习教育”活动的要求是什么？下一步深入开展“三项学习教育”活动有哪些重要举措？带着这些问题，记者走访了新闻战线“三项学习教育”活动领导小组负责人。

问：请您介绍一下新闻战线开展“三项学习教育”活动以来的主要情况。

答：开展“三项学习教育”活动，是党中央为加强宣传思想工作队伍建设采取的重要举措。2003年10月以来，新闻战线按照中央的统一部署，紧紧围绕党和国家工作大局，紧密结合新闻队伍的思想和工作实际，把“三项学习教育”活动作为新闻队伍建设的重中之重，采取有力措施，逐步引向深入，取得了阶段性成果。

一是在用中国特色社会主义理论体系武装头脑方面取得明显成效。各地各有关部门和新闻单位采取集中学习、脱产培训、召开座谈会、举办专题讲座、设立网上学习基地等多种形式，组织编辑记者深入学习领会党的十六大以来提出的重大理论观点、重大战略思想、重大工作部署；紧密结合保持共产党员先进性教育活动和深入学习实践科学发展观活动，组织新闻工作者参加教育培训。据不完全统计，在“三项学习教育”活动中系统参加理论培训的新闻工作者累计达到750万人次。二是在用马克思主义新闻观指导新闻实践方面取得明显成效。各地各有关部门和新闻单位组织新闻工作者认真学习马克思主义新闻观的基本观点，学习中央领导同志关于新闻宣传工作的重要论述，学习党的新闻工作方针政策，围绕把握正确舆论导向、提高舆论引导能力等主题，开展马克思主义新闻观专题培训。引导广大新闻工作者进一步牢固树立马克思主义新闻观，始终坚持党性原则，更加坚定自觉地用马克思主义新闻观指导新闻工作，政治意识、大局意识、责任意识明显增强。三是在弘扬职业精神、恪守职业道德方面取得明显成效。各地各有关部门和新闻单位组织广大新闻工作者深入开展新闻职业精神职业道德教育和新闻战线责任意识教育。中宣部等部门从2003年起集中组织“弘扬职业精神、恪守职业道德、维护队伍形象”主题活动，集中开展向穆青同志、甘远志同志等学习活动，集中开展隆重的纪念和表彰活动，激发新闻工作者从事新闻宣传工作的奉献意识和自豪感。五年来，新闻界涌现出一大批立场坚定、敬业奉献、人品文品俱佳的先进典型，先后有41个集体荣获“全国抗震救灾宣传报道先进集体”称号，143人荣获“全国抗震救灾宣传报道先进个人”称号，一大批新闻工作者获得长江韬奋奖、“全国优秀新闻工作者”、“全国百佳新闻工作者”等荣誉。四是在加强行业自律、解决突出问题方面取得明显成效。针对有偿新闻、虚假报道、低俗之风和不良广告等群众反映强烈的突出问题，相关部门开展了专项集中治理，通过新闻媒体公布查处突出问题的决定和举报电话，开展社会监督。中宣部召开制止虚假新闻报道

座谈会，开展专项治理活动，严肃查处虚假新闻和失实报道。国家广电总局发出《关于开展抵制低俗之风专项行动的通知》，新闻出版总署连续两年开展整治假报刊、假记者站、假记者、假新闻专项行动，中宣部、国家工商总局、国家广电总局、新闻出版总署等11个部门建立联席会议制度，开展整治虚假违法广告专项行动。五年来，各地各有关部门和新闻单位查处了包括“纸馅包子”假新闻案、山西霍宝干河煤矿记者“封口费”案等一批违规违纪案件。

在集中查处突出问题的同时，各地各有关部门和新闻单位健全规章制度，逐步形成了激励与约束相结合、自律与他律相结合、软约束与硬约束相结合、内部管理与社会监督相结合的长效机制。中宣部、国家广电总局、新闻出版总署制定《关于新闻采编人员从业管理的规定（试行）》，国家广电总局制定《广播电视编辑记者、播音员主持人资格管理暂行规定》、《中国广播电视编辑记者职业道德准则》，新闻出版总署制定《新闻记者证管理办法》、《报社记者站管理办法》等一批管理规定。中国记协、新闻战线“三项学习教育”活动领导小组办公室和全国100多家新闻网站发出《全国新闻网站坚持文明办网、净化网络环境自律公约》，中国广播电视协会发出《中国广播电视从业人员自律公约》、《中国广播电视播音员主持人自律公约》。

实践充分证明，新闻战线开展“三项学习教育”活动五年来，在用中国特色社会主义理论体系武装新闻队伍，解决突出问题、树立良好形象、切实改进工作方面取得了重要进展；在促进新闻宣传工作围绕中心、服务大局、推动改革发展、维护社会稳定方面发挥了重要作用；在加强队伍建设、提高综合素质、引导广大新闻工作者坚持正确的舆论导向和提高舆论引导能力方面发挥了重要作用。

问：当前形势下，进一步深入开展“三项学习教育”活动，有着怎样的特殊意义？

答：当前，我国改革发展进入关键时期，我国将突出面临国内国际经济形势复杂变化带来的严峻挑战，这是对我们党执政能力的考验，也是对新闻战线能不能发挥服务大局、维护稳定重要作用的考验。在信息传播技术高度发展的当今时代，新闻宣传工作在党和国家工作全局中的地位和作用越来越突出，新闻媒体承担的统一思想、凝聚力量、增强信心、振奋精神的任务越来越重，对新闻工作者的综合素质要求越来越高。越是这样，加强新闻队伍建设的战略意义就更加突出，深入开展“三项学习教育”活动的必要性和重要性也就更加突出。在当前和今后一个时期，深入开展“三项学习教育”活动，对于新闻宣传工作坚持高举旗帜、围绕大局、服务人民、改革创新，努力为推进经济社会又好又快发展、夺取全面建设小康社会新胜利提供有力舆论支持，营造良好舆论氛围，具有十分重要的意义；对于坚持用科学发展观指导新闻宣传工作，进一步提高新闻战线领导班子和领导干部的思想政治水平和领导能力，进一步增强编辑记者的政治素质和业务能力，不断提高舆论引导能力，具有十分重要的意义；对于增强广大新闻工作者识别和抵制错误思想侵蚀的能力，坚持用马克思主义新闻观正确分析和指导新闻实践，巩固马克思主义在意识形态领域的指导地位，具有十分重要的意义；对于大力弘扬新闻职业精神和职业道德，切实解决新闻界存在的突出问题，建设一支政治强、业务精、纪律严、作风正的高素质新闻队伍，具有十分重要的意义。

问：目前新闻战线深入开展“三项学习教育”活动的要求是什么？

答：新闻战线深入开展“三项学习教育”活动要按照高举旗帜、围绕大局、服务人民、改革创新的总要求，解放思想、实事求是、与时俱进，贴近实际、贴近生活、贴近群众，着力用中国特色社会主义理论体系武装新闻工作者的头脑，坚持用马克思主义新闻观指导新闻实践，加强职业精神职业道德建设，努力建设一支政治强、业务精、纪律严、作风正的新闻队伍。要始终把加强队伍建设作为“三项学习教育”活动的核心，把“三项学习教育”活动作为日常性工作，围绕党和政府工作大局，针对新闻队伍建设情况，组织各地各有关部门和新闻单位结合本地本单位实际，总结成功经验、完善工作机制、丰富活动载体，做到规范化、经常化、制度化，形成长效机制，常抓不懈，确保“三项学习教育”活动不断取得更大实效。

开展“三项学习教育”活动，中国特色社会主义理论体系是根本，马克思主义新闻观是关键，职业精神职业道德是基础，三者有机统一，密不可分，既有思想理论方面的内容，又有业务作风方面的要求，既体现了宣传思想工作的共性，又突出了新闻宣传工作的特点。

问：目前深入开展“三项学习教育”活动有哪些重要举措？

答：围绕增强政治素质，提升职业道德这一主

题,采取若干措施,主要有:

一是加强组织动员,扎实推进学习教育活动。6月下旬,"三项学习教育"活动领导小组将召开电视电话会议,总结五年来的工作情况,分析当前深入开展"三项学习教育"活动面临的新形势、新任务、新要求,部署下一阶段深入开展"三项学习教育"活动各项工作。

二是加强学习培训,通过理论武装打牢思想政治基础。根据深入开展"三项学习教育"活动的总体安排,将进一步加大学习培训力度。今年9月、11月,中宣部、"三项学习教育"活动领导小组办公室将组织巡回报告活动,报告团成员从新闻界"四个一批"人才、中国新闻奖一等奖获奖者、长江韬奋奖获奖者、全国优秀新闻工作者代表,在近期重大宣传报道战役中表现突出的编辑、记者中挑选。有关部门将进一步加大对高等院校新闻院系教学科研骨干、在校学生的培训力度,努力推动"三项学习教育"内容进校园、进课堂、进教材,从源头上加强新闻队伍建设。围绕中国特色社会主义理论体系、马克思主义新闻观、新闻职业精神职业道德等重点内容,组织力量编写适合编辑、记者和新闻院系师生使用的"三项学习教育"系列读本。对每年涌现出的新闻界先进典型,以及发现和查处的违规违纪案例,分别编印成册,作为供新闻单位内部培训使用的学习和警示教材。

三是创新和丰富活动载体,增强学习教育活动的吸引力感染力。"三项学习教育"活动领导小组成员单位将发出通知,结合迎接新中国成立60周年,面向新闻界组织征文活动。围绕纪念范长江诞辰一百周年和2009年记者节,以"增强政治素质、提升职业道德,做一名范长江式的新闻记者"为主题,在新闻战线开展演讲活动。组织新闻单位的名记者、名编辑和年轻新闻工作者,到革命老区、贫困地区、厂矿企业等进行采访和体验生活,与基层群众同吃、同住、同劳动。在今年记者节活动期间集中表彰200名左右全国优秀新闻工作者,进一步激发新闻战线学习先进、争当先进的热潮。

四是建立部门查处联动机制,加大突出问题治理力度。领导小组成员单位将建立违规违纪行为举报及查处联动机制。制定"三项学习教育"活动领导小组办公室接受社会举报处理规程,采取包括向所在地区和新闻单位领导通报、在新闻界内部通报、在新闻媒体公开曝光等三种不同程度的处理办法。

五是建立长效机制,加强队伍建设的组织保障。依托中国记协网,开设"三项学习教育"活动网站。同时,指导各地各新闻单位办好"三项学习教育"活动网上园地。还将抓紧修订《中国新闻工作者职业道德准则》,于今年记者节期间正式向社会公布。

六是加强组织领导,建立健全学习教育活动组织体系。建立领导小组会议制度和联席会议制度,加强组织协调,形成工作合力。各地各单位要健全和完善"三项学习教育"活动领导小组和工作机构,主要负责同志负总责、亲自抓,确保学习教育活动各项要求落到实处。

加大组织实施力度　充分发挥政策效果

——财政部经济建设司负责人就家电下乡政策答记者问

财政部新闻办公室

2月份家电下乡政策在全国实施以来,受到广大农民的欢迎,引起了社会广泛关注。近日,财政部经济建设司负责人就社会各界关心的家电下乡政策有关问题,进行了解答。

问:家电下乡政策在全国实施以来效果如何?

答:自今年2月1日家电下乡政策在全国实施以来,总体上看,初见成效。

首先,体现在家电下乡产品销售的快速增长上。2月-5月,全国家电下乡产品销售量由88万件增加到223万件,月均增长36%;销售额由13亿元增加到40亿元,月均增长45%。

其次,体现在家电下乡补贴额的快速增长上。2月-5月,全国家电下乡补贴金额由5347万元增加到28032万元,月均增长74%。

再次,体现在家电下乡产品生产的稳步增长上。2月份以来,家电下乡产品生产中标企业增加,生产热情高涨,家电下乡产品生产稳步增长。2月－5月,生产企业共发货2291万件,月均增长208万件。

第四,体现在家电下乡品种及生产企业多元化上。在新招标的产品中,农民可选择的各类产品品种、价位多样,购买时选择余地大。同时,由于每类产品都有多个厂家、多个品牌的产品参与竞争,有利于稳定价格,提高质量。

家电下乡产品产销两旺,必然带动上游原材料行业、劳动就业的增长,进一步促进用电和其他消费的增长。随着家电下乡政策全面实施,成效将进一步显现,充分发挥"农民得实惠、企业得市场、政府得民心、经济得发展"的政策目标。

问:家电下乡政策实施过程中,试点范围不断扩大、补贴品种和补贴力度不断增加,是出于何种考虑?

答:从家电下乡政策实施的过程来看:

从2007年12月开始,在山东、河南、四川三省进行了家电下乡试点,对农民购买彩电、冰箱(冷柜)、手机3类产品,按销售价格13%给予财政补贴;

2008年12月起,试点范围扩大到内蒙古、辽宁、黑龙江、安徽、山东、河南、湖北、湖南、广西、重庆、四川、陕西等12个省(区、市),补贴产品增加洗衣机;

2009年2月起,家电下乡工作在全国开展。补贴产品增加了摩托车、电脑、热水器、空调四类补贴品种,各省(区、市)从中自主选择两类实施;

2009年3月,加大了家电下乡政策实施力度。摩托车、电脑、热水器、空调四类产品在全国范围内享受家电下乡政策(后将摩托车归入汽车下乡补贴渠道实施),增加微波炉和电磁炉两类补贴产品,将原来每户每类家电下乡补贴产品限购1台调增到2台。

任何一项新政策的设计与实施,都要有一个完善的过程,尤其是政策实施环境与条件发生重大变化的情况下更是如此。家电下乡政策实施的范围不断扩大,品种大幅增加,这是党中央、国务院根据全球金融危机对中国经济影响日益加深的新形势,以及家电下乡执行成效日益显现的工作情况,作出的果断决策。是我国当前实施积极财政政策的重要组成部分,不仅十分必要,而且非常及时。

问:在简化农民领取补贴手续方面,采取了哪些措施?

答:简化补贴领取手续,是广大农民十分关心的问题,直接影响家电下乡政策的实施效果。经过广泛征求意见和调研,4月21日,财政部会同家电下乡部际联席会议成员单位印发了《家电下乡操作细则》,对家电下乡操作办法作出重大调整,大幅简化了补贴审核兑付程序。

2009年5月1日至7月31日,内蒙古、辽宁、大连、黑龙江、安徽、山东、青岛、河南、湖北、广东、广西、海南、重庆、四川、陕西、甘肃等16个省(区、市)实行销售网点代理补贴审核改革试点,农民在销售网点即可办理补贴申领手续,试点成功后全国推广。

未改革地区将原来"乡镇财政所审核、县财政局兑付"调整为"乡镇财政所审核并直接兑付"。具备条件的地区,应积极实行销售现场集中审核方式。县乡财政部门要会同家电下乡联席会议成员单位,组织人员联合下乡,积极创造条件在销售网点现场受理农民补贴资金申请,方便群众。

凡由于银行网络不健全、地广人稀等原因,实行"一卡通"、"一折通"方式兑付有困难的,在确保资金安全情况下,可采取销售网点代理审核并垫付补贴资金,再与财政部门清算的方式。

简化补贴兑付程序后,农民提出补贴申请后的15个工作日内即可领取到补贴资金,比原办法缩短一半时间以上。

问:改革试点地区农民如何领取补贴资金?

答:农民购买家电下乡产品时向销售网点提供相关身份证明。销售网点负责审核,对符合补贴条件的,在家电下乡信息管理系统中录入产品的销售及补贴备案信息,录入信息应当包括:购买产品发票号码、购买人信息、产品标识卡号、储蓄存折银行账号(有粮食直补专用存折的应当用粮食直补账号)等。暂时不能实行网上审核录入的,可以进行纸质表格审核登记,到具备条件的销售网点或乡镇财政所进行网上录入。

销售网点必须留存产品标识卡、购买人户口簿、购买人身份证、购买产品发票、储蓄存折等复印件,并在农民购买家电下乡产品之日起3个工作日内,将上述资料提交指定的乡镇财政所办理补贴兑付手续。

乡镇财政所对销售网点提交的相关材料,应在7个工作日内确认完毕,并将补贴资金拨付到农民的储蓄账户。相关复印件留存备查。

问:非改革试点地区农民如何领取补贴资金?

答:农民购买家电下乡产品时向销售网点提供相关身份证明。销售网点销售家电下乡产品后,应在3个工作日内将农民购买信息录入家电下乡信息管理系统。暂时不能实行网上审核录入的,可以进行纸质表格审核登记,到具备条件的销售网点或乡镇财政所进行网上录入。

销售网点在网上录入销售信息后,农民持购买产品发票、购买人身份证、户口簿、产品标识卡以及储蓄存折(有粮食直补专用存折的应当用粮食直补存折),及时向指定的乡镇财政所申领补贴。

乡镇财政所应当及时受理审核。不符合补贴条件的,应当场告知;符合补贴条件的,自农民申领补贴之日起12日内,应将补贴资金拨付到农民的储蓄账户。乡镇财政所应当留存发票复印件备查。

问:家电下乡产品在价格上有何规定?

答:目前,家电下乡各类产品的最高限价分别为:彩电3500元,电冰箱(含冷柜)2500元,手机1000元,洗衣机2000元,壁挂式空调2500元,落地式空调4000元,储水式电热水器1500元,燃气热水器2500元,太阳能热水器4000元,电脑3500元,微波炉1000元,电磁炉600元。

由于家电下乡产品品种增加,几类产品的最高限价也有所提高,一部分较高性能型号的产品可以纳入家电下乡产品范围。

家电下乡产品的中标价格是每个型号产品的最高限价,企业可以按中标价格销售,也可以根据成本变化及市场供求调低售价,但售价不能高于中标价格,这是家电下乡的一项基本规则。目前,家电下乡补贴系统从技术上也可防止售价高于中标价格现象的发生。家电下乡产品售价如果高于中标价格将无法登录补贴系统,农民将享受不到补贴政策,农民即使买了下乡产品也会去商场退货。如果发现个别销售网点利用农民不了解政策,欺骗消费者,超过限价销售下乡产品,发现一起查处一起,按规定暂停或取消其家电下乡产品经销资格并没收其保证金。

问:实施家电下乡政策时采取了哪些有利于节能环保的措施?

答:按照党中央、国务院关于建设资源节约型、环境友好型社会,走科学发展道路的要求,家电下乡产品招标时规定了较高的节能环保指标,使家电下乡产品成为家电节能环保的先导和示范。其中,家电下乡中标冰箱、冷柜、彩电比市场同类产品节电20%以上,洗衣机能效等级比市场平均水平高2-3个等级。农民购买家电下乡产品,将减少使用成本、减轻经济负担。

问:农民购买家电下乡产品需要特别注意哪些问题?

答:应事先了解家电下乡政策,确认家电下乡产品型号、最高限价和销售网点名单(可查询www.jdxx.gov.cn),或致电400-887-3200。

到悬挂有“家电下乡指定店”标牌的销售网点购买家电下乡产品。索要正规税务发票。

购买家电下乡产品开箱时,要注意验证及保存产品标识卡(粘贴在说明书封面上),确定标识卡正确完好后,方可从说明书上取下标识卡,并以此作为申领补贴的重要凭证。无标识卡的产品应拒绝接受。

购买家电下乡产品后,需将标识卡上的卡号、产品编码的条形码和购买人的个人信息告知网点销售人员,进行销售登记以备补贴。

问:为什么销售家电下乡产品时必须开具发票?

答:发票既是确保产品质量、售后服务的凭证,又是享受财政补贴最关键的凭证。农民购买家电下乡产品必须索要发票,这是维护售后服务等自身权益的需要。

开具发票是销售网点应尽的义务。在家电下乡产品招标时,明确要求参与企业合理分配生产销售环节及各级经销商之间利润。实际上,由于家电下乡产品受到广大农民欢迎,经销商“薄利多销”,销售网点利润还是有保证的。因此,任何销售网点不能以增加税负为由不开具发票。

问:农民购买家电下乡产品后遇到售后服务问题怎么办?

答:可以与中标生产企业或中标销售企业联系。中标生产企业应履行投标时关于售后服务的承诺,即售后服务“三包”规定、售后服务电话、5日内解决家电产品故障、5日内难以解决的应当提供备用机,对地域广大和农户分散的乡村开展巡回维修服务和集中培训服务等。中标销售企业应严格履行流通企业承诺,严格执行国家“三包”规定,提供适合农民的售后服务,设立24小时免费服务热线;负责所售家电的安装调试、使用辅导,要做到包教包会;满足用户服务要求,实现县市用户24小时之内、乡村用户48小时之内、偏远乡村72小时之内上门服务。

如果中标生产企业或中标销售企业未能履行

有关承诺,可以打工商管理部门“12315”、商务部门“12312”举报电话。

问:如何防止假冒伪劣产品冒充家电下乡产品的坑农事件发生?

答:首先,建立家电下乡产品信息管理系统,对每件家电下乡产品都有产品标识卡(即身份证),从生产、销售、补贴全过程进行监管。假冒伪劣产品不能登录系统享受补贴。

其次,加强市场监管。工商总局出台了专门措施加强家电市场监管,质检总局还特别下发了《关于加强家电下乡产品质量监督工作的通知》,明确要求地方部门充分履行职责,严打假冒伪劣家电产品,加强对家电下乡产品的监督检查,维护消费者合法权益。不守法经营的企业将受到严厉惩处。

最后,加大宣传力度,让农民了解家电下乡政策,提高产品识别能力,自觉维护自身权益。

问:家电下乡产品生产企业和销售企业,一旦不履行质量或投标承诺,有什么处罚措施?

答:对于不履行质量或投标承诺的家电下乡产品生产企业和销售企业,按照《家电下乡操作细则》作出处罚规定:

对产品质量不合格的企业,各级质监等部门应当立即责令限期改正,召回不合格产品,并及时向社会公布相关信息。对不履行质量承诺、产品质量问题突出的中标生产企业,将实施扣缴保证金、暂停或取消中标资格等处罚。

对不履行投标承诺和中标协议、销售服务问题突出的销售企业,将实施扣缴保证金、暂停或取消家电下乡流通企业中标资格等处罚。

问:针对部分地区销售及售后服务网点覆盖率不足问题,有什么相应的举措?

答:我国农村流通服务网络不健全、农村家电经销网点分布不均衡是客观现实。实施家电下乡政策的一个重要目标就是促进农村家电经销网络建设,改善农民家电消费环境。为便民惠农,招标时已经对销售企业就销售及售后服务网点覆盖率提出了明确要求。通过家电下乡工作的开展,很多地区的农村家电流通体系明显得到加强,网络连接变得更加紧密。为了加强政策引导,新颁布的《家电下乡操作细则》规定,中央财政对各地完善家电下乡流通网络给予适当奖励。

问:家电下乡工作是如何组织实施的?

答:由于家电下乡工作涉及到生产、流通、市场秩序、补贴等多方面内容,经国务院批准,建立了家电下乡部际联席会议制度,由财政部会同商务部、工业和信息化部、国家发展改革委、中宣部、农业部、环境保护部、供销总社、税务总局、工商总局、质检总局等有关部门按照职责,共同组织实施家电下乡工作。3月份制订的《家电下乡部际联席会议制度》,明确了11个联席会议成员单位的职责。各单位各负其责,协调配合,共同组织实施家电下乡工作。

问:近期在落实家电下乡政策方面有什么新举措?

答:财政部、中宣部等11个家电下乡部际联席会议成员单位联合印发了《关于开展2009年家电下乡宣传月活动的通知》,从6月5日到7月5日开展“家电下乡政策宣传月”活动,通过广泛宣传,增加公众对家电下乡政策的理解和支持,提高农民的维权意识和能力,增强生产、销售企业和有关部门的责任意识和服务意识,为政策实施营造良好的社会舆论氛围。

为督促各地组织实施好家电下乡政策,第二次家电下乡部际联席会议决定,近期组成联合督查组,对家电下乡工作开展专项督查,进一步加强对家电下乡产品质量、价格、售后服务、补贴发放等环节的监督管理,确保家电下乡补贴资金及时足额兑付农民,把这项惠农强农、扩大内需的政策落实好。

减少污染,中国在行动

——解读2008年中国环境状况公告

5日是第38个世界环境日,国家环境保护部发布了《2008年中国环境状况公报》。人们欣喜地看到我国在污染减排、环境基础设施建设、重点流域污染防治、推进生态文明建设等方面取得了积极成效，环境保护工作正迈出坚实的步伐。

污染减排取得突破性进展

2008年，我国在污染减排上不仅继续保持了双下降的良好态势，而且首次实现了任务完成进度赶上时间进度。化学需氧量和二氧化硫排放量比2007年分别下降4.42%和5.95%，比2005年分别下降6.61%和8.95%。

专家表示，这为全面完成“十一五”减排目标打下了坚实基础。

“双下降”的成果表明，我国实施的工程减排、结构减排和监管减排三大措施正在稳步发挥效益：在工程减排上，全国新增城市污水处理能力1149万吨/日，新增燃煤脱硫机组装机容量9712万千瓦；在结构减排上，淘汰和停产整顿污染严重的造纸企业1100多家，关停小火电1669万千瓦，淘汰了一批钢铁、有色、水泥、焦炭、化工、印染等落后产能；在监管减排上，各地减排统计监测和执法监管能力进一步加强，省级环保部门污染源在线监控系统陆续建成。

环评制度在推动减排中也发挥了重要作用。环保部门对符合环保准入条件的项目开通“绿色通道”，对“两高一资”项目严格把关。2008年，环境保护部共否决或暂缓审批了156个“两高一资”项目，批复的579个项目通过落实减排措施，每年能够削减二氧化硫46.86万吨、化学需氧量3.84万吨。

成绩的取得还得益于各级政府进一步转变观念，变被动减排为主动减排，采取多种责任追究手段，有力地推动了污染减排工作的深入开展。山东、河北等地对未完成年度目标的县市主管领导给予了行政记过或撤职处理，安徽、福建、江西等地对减排工作进展不力的县区实行了区域限批，广东、北京等地通过财政补贴支持企业淘汰落后产能，上海、宁夏、陕西等地通过“以奖代补”激励企业减排……

“多管齐下”为环保“护航”

由于近年来连续发生水污染事件，对我国水环境的治理日益受到社会的关注。2008年，我国流域污染防治工作稳步推进。淮河、海河等七项水污染防治“十一五”规划已经国务院批复实施。组织开展了太湖、巢湖、三峡库区生态安全评价，全面启动了生态安全监测工作，为深化湖泊综合治理奠定了基础。

我国还组织开展了全国县城集中式饮用水水源地环境基础状况调查，检查集中式饮用水源地1.5万个，督促4600多个保护区落实整改措施，进一步维护了群众的饮水安全。

我国环境执法监察力度也进一步加大，重点督察了2005年以来全国各级挂牌督办的16000多件案件以及2007年整治的8000多家造纸企业，关闭621家不符合产业政策和排污总量指标的造纸企业，进一步巩固了整治成效。

国家环保基础能力建设进一步加强。2008年中央环保投资达到340亿元，比2007年增长百亿元。污染减排三大体系建设项目实施后，将建成污染源监控中心363个，新增36个水质自动监测站，配备执法车3900辆，形成国家、省、市、县四级信息传输系统和3个数据分析平台。

污染源普查、中国环境宏观战略研究和“水专项”是我国环保三大基础性战略性工程。目前三大工程进展顺利，指导当前、谋划长远的作用初步显现。污染源普查顺利完成了普查入户填报、数据录入、质量核查、上报汇总、审核整改等工作，进入总结发布阶段；中国环境宏观战略研究已基本完成，提出了“以人为本、科学发展、环境安全、生态文明”的战略思想及一系列政策建议；水体污染控制与治理科技重大专项全面启动。

2008年我国还成功发射环境与灾害监测小卫星，为完善环境污染与生态变化及灾害监测、预警、评估、应急救助指挥体系提供了良好平台。

此外，2008年国家推动绿色信贷、绿色保险、绿色贸易、绿色税收等一系列环境经济政策的实施和深化，也减轻了我国经济增长的环境代价。

环境形势仍十分严峻

在汇报成绩的同时，环境状况公报也对我国环保工作存在的问题敲响了警钟：2008年全国突发环境事件总体呈上升趋势，环境保护部直接处理的突发环境事件135起，比上年增长22.7%，其中重大环境事件12起，比上年增加4起；

在我国200条河流409个断面中，劣V类水质的断面比例仍达到20.8%。黄河、淮河、辽河为中度污染，海河为重度污染。在监测营养状态的26个湖泊（水库）中，呈富营养状态的湖（库）占46.2%；

农村环境问题日益突出，生活污染加剧，面源污染加重，工矿污染凸显，饮水安全存在隐患，呈现出污染从城市向农村转移的态势……

“我国面临的环境形势仍然十分严峻。一是地表水的污染依然严重；二是全国近岸海域水质总体为轻度污染；三是部分城市污染仍较重；四是农村环境问题日益突出。”环境保护部副部长张力军说。

我国环境保护工作仍然任重道远、充满挑战。未来，各级环保部门还将采取一系列措施，有效控制污染物排放，加强环境执法力度，尽快改善重点流域、重点区域和重点城市的环境质量，加强农村污染防治……

减少污染，中国在行动。相信有了政府部门的重视和努力，加上企业、社会公众等的共同推动，碧水蓝天、人与自然和谐相处、可持续发展的美好未来不会遥远。

政策解读：关于严格执行变更民族成分的有关规定

来源：国家民委

为了更好地贯彻落实党和国家的各项民族政策，保障少数民族的合法权益，维护民族团结和社会稳定，近日，国家民委办公厅、教育部办公厅、公安部办公厅联合印发了《关于严格执行变更民族成分有关规定的通知》（以下简称《通知》），国家民委政策法规司就有关规定进行了政策解读。

一、《通知》出台的背景和意义

我国是一个统一的多民族国家。中华人民共和国建立之后，为保障公民正确表达自己民族成分的权利，经民族识别，国家确认了56个民族。民族成分成为我国公民身份的重要内容之一。国家对公民民族成分的确定及变更有一系列明确规定。早在1990年，国家民委、公安部和国务院第四次人口普查领导小组就出台了《关于中国公民确定民族成分的规定》。公民民族成分的确定和登记管理，是民族工作中一项重要的基础性工作。做好这项工作，对于贯彻落实党和国家的各项民族政策，保障少数民族的合法权益，维护民族团结和社会稳定，都具有很重要的意义。

为促进少数民族和民族地区的发展，保障少数民族合法权益，国家制定了许多优惠政策，包括政治、经济、文化、教育等各方面。如，我国民族地区大多地处偏远，教育基础设施和师资力量相对薄弱，少数民族的平均受教育程度整体上低于全国平均水平。为逐步改变这一状况，国家采取了一些特殊的政策措施，其中重要的一项就是规定了高等学校和中等专业学校招收新生的时候，对少数民族考生适当放宽录取标准和条件。

然而一段时期以来，有的地方出现了为享受少数民族高考、中考加分等民族优惠政策，违反有关规定变更民族成分的现象。这违背了党和国家的民族政策，侵害了少数民族的合法权益，不利于民族团结。为制止违规变更民族成分现象，国家民委办公厅、教育部办公厅、公安部办公厅于2009年4月22日联合下发了《关于严格执行变更民族成分有关规定的通知》。

二、《通知》体现的主要原则

《通知》重申了我国确定公民民族成分的一贯原则，并就制止违规变更民族成分、严格审核考生民族成分等问题作出了规定。《通知》体现了以下原则：一是依法审批原则；二是规范审批程序原则；三是加强对考生民族成分的审核原则；四是对违规者进行查处原则。

三、公民民族成分的变更条件和依据

《通知》重申：公民个人的民族成分，只能依据父亲或母亲的民族成分确定。父母双方均不属少数民族成分的，本人不得变更为少数民族成分。申请变更民族成分，须严格按照《关于中国公民确定民族成分的规定》办理。

四、公民变更民族成分的审批程序

变更民族成分的审批权限确定为地市级以上民族事务主管部门和公安部门，审批程序进一步明确。即申请变更民族成分，应先向县级民族事务主管部门申请，并提交相应证明文件。县级民族事务主管部门应在对相关材料的真实性进行严格审查（必要时还应进行实地调查）后作出初审意见。初审同意后，上报地市级民族事务主管部门核实并签署审核意见。对其中符合变更条件的，再转由户口所在地公安派出所受理，经逐级呈报地市级公安机关户政部门审批后办理变更手续。未经地市级以上民族事务主管部门审核同意和地市级公安机关户政部门审批，公安派出所不得办理公民民族成分变更手续。

五、重点加强对考生民族成分的审核，违规者将被严肃查处。

在招生时，要对考生少数民族成分加以确认。《通知》要求应由当地教育行政部门在指定的考生报名点指派2名以上人员负责审核，如发现考生填报的民族成分与本人居民户口簿、居民身份证内容不相符，可转由相关民族事务主管部门和公安机关户证部门认定。

对违规变更民族成分的考生，一经查实，要进行严肃处理。包括取消其考试资格或录取资格，并记入考生电子档案。已经入学的要取消学籍。对在有关问题上弄虚作假、以权谋私、玩忽职守，违规将考生汉族成分变更为少数民族成分的相关工作人员，要严肃追究责任。

链接：

国家民委办公厅教育部办公厅公安部办公厅关于严格执行变更民族成分有关规定的通知

各省、自治区、直辖市民（宗）委（厅、局）、教育厅（教委）、公安厅（局）：

近年来，一些地方出现了个别考生为享受少数民族高考、中考加分等优惠政策，违反有关规定变更民族成分的现象。这种行为违背了党的民族政策，侵害了少数民族的合法权益，不利于民族团结和社会稳定。为正确执行党和国家的民族政策，现就有关要求通知如下：

一、公民个人的民族成分，只能依据父亲或母亲的民族成分确定。父母双方均不属少数民族成分的，本人不得变更为少数民族成分。考生在参加国家教育考试报名时填写的民族成分必须真实有效，符合国家有关政策规定。

二、公民申请变更民族成分，须严格按照国家民委、国务院第四次人口普查领导小组、公安部《关于中国公民确定民族成分的规定》（民委（政）字〔1990〕217号）办理。申请变更民族成分，应先向县级民族事务主管部门申请，并提交相应证明文件。县级民族事务主管部门应在对相关材料的真实性进行严格审查（必要时还应进行实地调查）后作出初审意见。初审同意后，上报地市级民族事务主管部门核实并签署审核意见。对其中符合变更条件的，再转由户口所在地公安派出所受理，经逐级呈报地市级公安机关户政部门审批后办理变更手续。未经地市级以上民族事务主管部门审核同意和地市级公安机关户政部门审批，公安派出所不得办理公民民族成分变更手续。

三、考生民族成分的确认，应坚持考生本人所填报的民族成分与考生的居民户口簿、居民身份证内容相一致的认定办法。考生少数民族成分的审核由当地教育行政部门在指定的考生报名点指派2名以上人员负责。考生报名时，必须出示本人居民户口簿原件，16周岁以上的考生还须出示居民身份证原件。如发现考生所填报的民族成分与本人居民户口簿、居民身份证内容不相符，相关教育行政部门可转由地市级以上民族事务主管部门和公安机关户政部门进行认定。

四、各级民族事务主管部门、公安机关对申请变更民族成分的考生要认真把关，严格执行国家有关公民确定和变更民族成分的政策和规定，规范工作程序。各级招生考试机构要充分发挥职能作用，加强监督检查。对于弄虚作假、违反规定将汉族成分变更为少数民族成分的考生，一经查实，由省级教育行政部门或其委托的招生考试机构取消其考试资格或录取资格，并记入考生电子档案。已经入学的，取消其学籍。

五、各级民族、教育、公安等部门要加强协作，规范程序，公开透明，监督到位。要认真做好群众来信来访和政策咨询工作，切实维护民族政策的严肃性。要按照“谁主管，谁负责”的原则，将考生民族成分确认工作明确到部门，落实到人员，严格实行责任制和责任追究制度。对弄虚作假、以权谋私、玩忽职守，违规将考生汉族成分变更为少数民族成分的，要严肃追究相关人员的责任。

政策解读：更好地实施高校毕业生“三支一扶”计划

来源：人力资源社会保障部

2009年4月21日，人力资源和社会保障部与中央组织部、教育部、财政部、农业部、卫生部、国务院扶贫办、共青团中央联合下发了《关于做好2009年高校毕业生“三支一扶”计划实施工作的通知》(人社部发〔2009〕39号),并在4月23日召开2009年高校毕业生“三支

一扶”计划实施工作电视电话会进行安排部署。对此,记者日前采访了人力资源和社会保障部人力资源市场司负责人。问:2008年高校毕业生“三支一扶”计划实施情况如何?

答:“三支一扶”计划从2006年开始实施,至今已是第四个年头。四年来,各级有关部门精心组织,广大高校毕业生和基层单位积极参与,共招募88040名高校毕业生到农村基层支教、支农、支医和扶贫,受到社会各界广泛欢迎。

2008年,高校毕业生“三支一扶”计划各项工作稳步推进,取得新的成效。一是招募规模逐年扩大,2008年全国共招募34020名高校毕业生。二是工作制度逐步健全,一系列配套政策先后出台,涵盖招募派遣、管理培养、期满就业服务等各工作环节的全过程。三是管理培养日趋完善,各地结合实际,在全国统一的政策框架下,建立起了符合各自工作特点的管理培养制度。四是就业服务初见成效,各地多措并举、全力服务,截止到去年末,首批服务期满大学生就业率达到63.8%,部分省市达到100%。

需要特别指出的是,在2008年5月汶川特大地震发生后,全国“三支一扶”办公室启动紧急预案,下发专门通知,迅速拨付专项资金,并指导灾区确保“三支一扶”大学生得到及时救助和医治。四川、甘肃、陕西等地克服一切困难,全力保障受灾“三支一扶”大学生的人身安全,付出了艰辛的努力。各地人力资源社会保障部门也积极行动起来,帮助做好家在灾区同学的生活帮扶和思想稳定工作。灾区广大“三支一扶”大学生不畏艰险、勇于奉献,积极投身抗震救灾,以实际行动展现了当代大学生与人民群众同呼吸共命运的精神面貌,赢得社会各界的广泛赞誉,也为“三支一扶”工作谱写了崭新篇章。

问:2009年高校毕业生“三支一扶”计划在招募、待遇等政策方面有了较大调整,请介绍一下相关情况。

答:根据今年就业形势,贯彻落实国务院有关文件和会议精神,今年4月份,我部与中央组织部、教育部、财政部、农业部、卫生部、国务院扶贫办、共青团中央等八部门共同下发了《关于做好2009年高校毕业生“三支一扶”计划实施工作的通知》(人社部发〔2009〕39号)。在今年的实施工作中,“三支一扶”计划结合就业新政策的落实,在项目统筹协调工作的框架下,进一步完善相关政策和管理服务:

一是在招募培训方面,严把关口,加强培训。要求各地在扎实统计岗位需求的基础上适当扩大规模,同时要确实将基本素质好、成绩优良、具有奉献精神,而且所学专业为农村急需的高校毕业生招募进来。招募工作完成后,要认真开展岗前培训,让大学生们在派下去之前就能更多地掌握党和国家有关基层工作特别是农业、农村等方面的方针政策,对即将面对的新工作、生活环境有所准备,以便更好地投入到基层工作中去。需要特别说明的是,考虑到今年高校毕业生就业形势比较严峻,而每年的4至6月份是高校毕业生离校前的就业关键期,因此今年“三支一扶”计划招募截止时间比往年提前了近3个月,即6月30日,以此为高校毕业生多提供一些就业渠道。

二是在管理培养方面,搞好服务,注重培养。要求各地按照《通知》要求,进一步完善日常管理制度,切实做好工作、生活方面的服务,提供更多的在岗培训和业务学习机会,形成管理培养的长效机制。

三是在待遇保障方面,提高标准,加强保障。《通知》专门强调,从今年起,“三支一扶”大学生的工作补贴、生活补贴标准参照本地乡镇事业单位初任人员标准执行,并且按照当地规定参加各项社会保险。

问:服务期满大学生的就业工作是“三支一扶”计划实施的重要环节,今年在这方面有何新举措?

答:服务期满的就业工作,要充分发挥市场机制的基础性作用,政府广开就业渠道,最终还是要依靠高校毕业生的自身努力。在就业服务方面,《通知》进一步明确了就业四条渠道和相应的政策。

第一,报考公务员。《通知》规定,各省(区、市)市(地)级以上党政机关录用公务员,要坚持凡进必考,并明确录用具有两年以上基层工作经历人员的比例。乡镇党政机关招考方面,按相关规定执行。各地要认真解决报考过程中报考资格、录用比例等操作问题,保证政策落实。

第二,参加事业单位公开招聘。《通知》在这

方面作出新的规定,一是鼓励“三支一扶”大学生服务期满后留在当地就业,原服务单位有职位空缺或有相对应的自然减员需补充人员时,要聘用服务期满考核合格的“三支一扶”大学生。二是各省(区、市)县以上相关的事业单位公开招聘工作人员,应拿出不低于40%的比例,聘用具有两年以上基层工作经历的高校毕业生,在同等条件下要优先聘用“三支一扶”大学生。同时,今后招募的“三支一扶”大学生,在事业单位服务满一年后,在现岗位空缺情况下,经考核合格,可与所在单位签订不少于三年的聘用合同。

第三,自主择业。要在坚持市场就业机制的基础上,加大公共服务力度,对自主择业的“三支一扶”大学生,各级政府部门所属人才服务机构、公共就业服务机构要为其免费提供政策咨询、职业指导和职业介绍服务;组织他们参加职业资格培训、职业技能鉴定或就业见习,按规定给予职业培训补贴等;对服务期满后失业时间较长的“三支一扶”大学生要进行重点帮扶。同时,《通知》要求各级“三支一扶”办公室认真摸清底数,采取有效措施帮助自主择业的“三支一扶”大学生就业。

第四,自主创业。《通知》要求各地将服务期满“三支一扶”大学生纳入高校毕业生自主创业政策支持范围,为有自主创业愿望的“三支一扶”大学生提供政策咨询、项目开发、创业培训、创业孵化、小额贷款、开业指导、跟踪辅导等“一条龙”服务。按照有关政策,对从事个体经营符合条件的可免收行政事业性收费;对通过各种形式灵活就业的,符合规定的可享受社会保险补贴。

此外,在相关政策衔接方面,也有相应调整。一是高职(高专)毕业生参加“三支一扶”,服务期满考核合格的,可免试入读成人高等学历教育专科起点本科。二是对服务期满报考研究生的,可享受加分等优惠政策。三是对已落实就业岗位的大学生,各级“三支一扶”办公室按规定落实助学贷款代偿政策、工龄计算、服务年限视同社会保险缴纳年限等政策,其户籍、档案转移接续手续按《关于做好2008年高校毕业生“三支一扶”计划实施工作的通知》(人社厅发〔2008〕6号)的规定执行。

全国校舍安全领导小组负责人解读校舍安全工程

来源:教育部网站

1. 为什么要实施全国中小学校舍安全工程(以下简称“校舍安全工程”)?

答:2001年以来,国务院统一部署实施了农村中小学危房改造、西部地区农村寄宿制学校建设和中西部农村初中校舍改造等工程,提高了农村校舍质量,农村中小学面貌有很大改善。但目前一些地区中小学校舍有相当部分达不到抗震设防和其他防灾要求,C级和D级危房仍较多存在;尤其是上世纪90年代以前和“普九”早期建设的校舍,问题更为突出;已经修缮改造的校舍,仍有一部分不符合抗震设防等防灾标准和设计规范。

在全国范围实施校舍安全工程,全面改善中小学校舍安全状况,直接关系到广大师生的生命安全,关系到社会和谐稳定,关系到党和政府形象。实施这项工程,是体现党和政府以人为本、执政为民理念的重大举措,是坚持教育优先发展、办人民满意教育的战略部署;是贯彻落实《防震减灾法》、依法履行政府责任的具体行动;也是当前应对国际金融危机、拉动国内需求的有效措施。

2. 校舍安全工程的目标和主要任务是什么?

答:校舍安全工程的目标是,在全国中小学校开展抗震加固、提高综合防灾能力建设,使学校校舍达到重点设防类抗震设防标准,并符合对山体滑坡、崩塌、泥石流、地面塌陷和洪水、台风、火灾、雷击等灾害的防灾避险安全要求。

工程的主要任务是:从2009年开始,用三年时间,对地震重点监视防御区、七度以上地震高烈度区、洪涝灾害易发地区、山体滑坡和泥石流等地质灾害易发地区的各级各类城乡中小学存在安全隐患的校舍进行抗震加固、迁移避险,提高综合防灾能力。其他地区,按抗震加固、综合防灾的要求,集中重建整体出现险情的D级危房、改造加固局部出现险情的C级校舍,消除安全隐患。

3. 校舍安全工程的覆盖范围是什么?

答:校舍安全工程覆盖全国城市和农村、公立和民办、教育系统和非教育系统的所有中小学。

4. 实施校舍安全工程主要包括哪些环节?

答:工程实施包括三个环节:

一是对中小学校舍进行全面排查鉴定。各地人民政府组织对本行政区域内各级各类中小学现有校舍(不含在建项目)进行逐栋排查,按照抗震设防和有关防灾要求,形成对每一座建筑的鉴定报告,建立校舍安全档案。

二是科学制定校舍安全工程实施规划和方案。根据排查鉴定结果,结合中小学布局结构调整和正在实施的农村寄宿制学校建设工程、中西部农村初中校舍改造工程等专项工程,科学制定校舍安全工作总体规划和具体的实施计划与方案。

三是区别情况,分类、分步实施校舍安全工程。对通过维修加固可以达到抗震设防标准的校舍,按照重点设防类抗震设防标准改造加固;对经鉴定不符合要求、不具备维修加固条件的校舍,按照重点设防类抗震设防标准和建设工程强制性标准重建;对严重地质灾害易发地区的校舍,进行地质灾害危险性评估并实行避险迁移;对根据学校布局规划确应废弃的危房校舍可不再改造,但必须确保拆除,不再使用。完善校舍防火、防雷等综合防灾标准,并严格执行。

新建校舍必须按照重点设防类抗震设防标准进行建设,校址选择应符合工程建设强制性标准和国家有关部门发布的《汶川地震灾后重建学校规划建筑设计导则》规定,并避开有隐患的淤地坝、蓄水池、尾矿库、储灰库等建筑物下游易致灾区。

5. 校舍安全工程如何组织实施?

答:校舍安全工程实行国务院统一领导,省级政府统一组织,市、县级政府负责实施,充分发挥专业部门作用的领导和管理体制。

国务院成立全国中小学校舍安全工程领导小组,统一领导和部署中小学校舍安全工程。发展改革、教育、公安(消防)、监察、财政、国土资源、住房城乡建设、水利、审计、安全监管、地震等部门参加领导小组。领导小组办公室设在教育部,由领导小组部分成员单位派员组成,集中办公。

各省(区、市)都要成立相应的领导小组和办公室,统一组织和协调本地区校舍安全工程的实施,并在相关部门设立办公室。

6. 全国中小学校舍安全工程领导小组办公室的主要职责包括哪些?

答:全国中小学校舍安全工程领导小组办公室的主要职责包括:①组织拟订校舍安全工程的工作目标、政策。②按照目标管理的要求,整合与中小学校舍安全有关的各项工程及资金渠道,统筹提出中央资金安排方案。③结合抗震设防和综合防灾要求,综合衔接选址避险、建筑防火等各种防灾标准,组织制订校舍安全技术标准、建设规范和排查鉴定、加固改造工作指南。④明确有关部门在校舍安全工程中的职责,将中小学校舍建设按照基本建设程序和工程建设程序管理。⑤制订和检查校舍安全工程实施进度。⑥设立举报电话,协调查处重点案件。⑦协调各地各部门支持重点地区的校舍安全工程,协调处理跨地区跨部门重要事项。⑧编发简报,推广先进经验,报告工作进展。

7. 省级人民政府具体负哪些责任?

答:省级人民政府对校舍安全工程实施负总责,具体责任包括:①制订并组织落实工程规划、实施方案和配套政策;②统筹安排工程资金;③组织编制和审定各市、县校舍加固改造、避险迁移和综合防灾方案;④落实对校舍改造建设收费有关减免政策;⑤按照项目管理的要求,监督检查工程质量和进度。

8. 市、县级人民政府的职责是什么?

答:市级人民政府的职责主要是结合本地实际,统筹考虑辖区内各县经济实力以及鉴定、勘察、设计、施工、监理等技术力量,加强组织协调,规范工程实施。具体包括:①指导、帮助各县开展校舍安全排查鉴定工作;②指导、审核各县制订工程建设规划和项目文本;③及时、足额落实本级政府应承担的工程资金;④监督工程专项资金拨付;⑤检查、督促工程进度和质量,定期向上级报告工程实施情况。

县级人民政府全面负责工程的实施和管理,对本县校舍安全负责。主要职责包括:①组织对辖区内校舍进行逐一排查、鉴定,建立本地区中小学校校舍的安全档案和校舍基本信息库;②制订本地区的工程总体规划、年度实施计划和项目改造方案;③及时、足额落实本级政府应承担的工程资金,设立资金专户,按照工程进度及时拨付;④保证工程建设用地;⑤按国家有关规定减免工程建设收费;⑥按基本建设程序组织项目前期论证、招投标、勘察、设计、施工、监理、竣工验收、办理基建财务决算等各环节工作;⑦建立健全监督检查制度,保证工程进度和质量,定期向上级报告工程进展情况。

9.实施校舍安全工程所需资金如何落实?

答:实施校舍安全工程的资金安排实行省级统筹,市县负责,中央财政补助。中央在整合目前与中小学校舍安全有关的资金基础上,2009年新增专项资金80亿元,重点支持中西部地震重点监视防御区及其他地质灾害易发区。

各省(区、市)的工程资金由省级人民政府负责统筹安排。省级人民政府要切实加大投入力度,通过财政预算和地方新发政府债券足额落实实施工程所需资金;整合与校舍安全有关的其他资金,鼓励社会捐赠。防止学校出现新债。对财力困难的市县,通过加大财力性转移支付和专项转移支付力度等方式予以支持。

民办、外资、企(事)业办中小学校舍安全改造由投资方和本单位负责,当地政府给予指导、支持并实施监管。

10.全国中小学校舍安全工程实施方案对加强校舍安全工程资金管理有什么要求?

答:全国中小学校舍安全工程实施方案明确要求,工程实施中要健全工程资金管理制度,工程资金实行分账核算,专款专用,不能顶替原有投入,更不得用于偿还过去拖欠的工程款和其他债务。资金拨付按照财政国库管理制度有关规定执行。严格杜绝挤占、挪用、克扣、截留、套取工程专款。保证按工程进度拨款,不得拖欠工程款。

11.全国中小学校舍安全工程实施方案对减免相关建设收费有何规定?

答:全国中小学校舍安全工程实施方案明确要求,各地在工程建设中严格执行《国务院办公厅转发教育部等部门关于进一步做好农村寄宿制学校建设工程实施工作若干意见的通知》(国办发〔2005〕44号)有关减免行政事业性和经营服务性收费等优惠政策,做好对工程建设收费的减免工作,努力提高资金使用效益。工程实施中涉及的市政公用基础设施配套费、城市消防设施建设费、人防易地建设配套费等行政事业性收费和墙改基金、散装水泥专项资金、绿化保证金等政府性基金,均应予以免收;涉及的经营服务性收费,在服务双方协商的基础上,提倡适当予以减收或免收。严禁收取国家明令取消的行政事业性收费和政府性基金,对自立项目、超标准收费等乱收费行为,将依法予以查处。

12.全国中小学校舍安全工程实施方案对加强校舍安全工程的监督检查有哪些规定?

答:全国中小学校舍安全工程实施方案明确规定,全国校舍安全工程领导小组和地方各级人民政府要加强对工程建设的检查和监督,对工程实施情况组织督查与评估。校舍安全工程全过程接受社会监督,技术标准、实施方案、工程进展和实施结果等向社会公布,所有项目公开招投标,建设和验收接受新闻媒体和社会监督。

13.全国中小学校舍安全工程实施方案对责任追究是如何规定的?

答:全国中小学校舍安全工程实施方案要求各地建立健全校舍安全工程质量与资金管理责任追究制度。方案明确规定,对发生因学校危房倒塌和其他因防范不力造成安全事故导致师生伤亡的地区,要依法追究当地政府主要负责人的责任。改造后的校舍如因选址不当或建筑质量问题遇灾垮塌致人伤亡,要依法追究校舍改造期间当地政府主要负责人的责任。建设、评估鉴定、勘察、设计、施工与工程监理单位及相关负责人员对项目依法承担责任。对挤占、挪用、克扣、截留、套取工程专项资金、违规乱收费或减少本地政府投入以及疏于管理影响工程目标实现的,要依法追究相关负责人的责任。

解读:坚决查处村委会选举中贿选等违法违纪行为

来源:人民日报

村委会选举是我国社会主义民主在农村最广泛的实践形式之一。目前,全国农村有村委会60.4万个、经依法民主选举产生的村委会成员230多万人。中共中央办公厅、国务院办公厅近日印发了《关于加强和改进村民委员会选举工作的通知》,具有重大的现实意义。

贿选者当选无效并追责

《通知》首次对贿选的概念作出界定,指出“在村民委员会选举的过程中,候选人及其亲友直接或指使他人用财物或者其他利益收买本村选民、选举工作人员或者其他候选人,影响或左右选民意愿的,都是贿选”。

《通知》进一步明确了贿选等违法违纪行为的责任追究、查处主体以及违法违纪应承担的责任。同时,要严肃查处选举工作人员违法违纪行为。

对参与或指使他人以暴力、威胁、欺骗、贿赂、伪造选票、虚报选举票数等违法手段破坏选举或者妨碍村民依法行使选举权和被选举权的,以及对控告、检举选举违法行为的人进行打击报复的,要发现一起坚决查处一起。

对选举中的违法违纪行为,村民有权向乡、民族乡、镇的人民代表大会和人民政府或者县级人民代表大会常务委员会和人民政府及其有关主管部门举报,有关机关应当负责调查并依法处理。

对参与或指使他人以暴力、威胁、欺骗、贿赂、伪造选票、虚报选举票数等违法手段参选的,一经发现即取消其参选资格,已经当选的,其当选无效;违反治安管理规定的,依法给予治安管理处罚;构成犯罪的,依法追究刑事责任。

妨害选举者可开除党籍

《通知》明确要求,村民选举委员会成员在村民委员会选举中有违法违纪行为的,要及时终止其资格。

对伪造选举文件、篡改选举结果或者以威胁、贿赂、欺骗等手段,妨害村民依法行使选举权、被选举权的农村党员干部,要给予撤销党内职务、留党察看或者开除党籍处分。

农村党员和国家公务员有参与或者怂恿村民委员会选举中违法违纪行为的,要分别给予党纪或者政纪处分。对假借选举之名,打着宗教旗号从事非法活动、民族分裂活动和刑事犯罪活动的,要坚决依法予以打击。

选举禁止攀比公益捐助

《通知》明确要求,着重做好对候选人治村设想或竞职承诺的审核把关工作,治村设想或竞职承诺不得有与宪法、法律、法规和国家政策相抵触的内容。

防止出现为当选进行个人捐助村内公益事业财物比拼加码的现象。完善村务公开和民主管理制度,对候选人承诺捐助村集体的资金或物资,不应由候选人在选举前或选举后私自决定分配方案,而应交由依法选举产生的村委会组织召开村民会议或村民代表会议民主讨论决定。

规范候选人的竞争行为,搭建公平选举平台,禁止候选人或候选人指使的人私下拉票,变地下选举为阳光选举。要全面设立秘密划票处,普遍实行秘密写票制度,保障农民群众在无干扰的情况下自主表达自己的选举意愿。

鼓励农村致富能手、复转军人、外出务工经商返乡农民、回乡大中专毕业生、大学生“村官”、县乡机关和企事业单位提前离岗或退休干部职工通过法定程序积极参与选举村民委员会成员的竞争。

解读《轻工业调整和振兴规划》:解近忧谋长远

来源:人民日报

今年第一季度,我国部分轻工行业出现回暖迹象。中国轻工业联合会会长步正发介绍,轻工业当前面临的困难,既有受国际金融危机影响的外因,又有产业长期粗放发展积累的矛盾在市场形势变化时被激化的内因。“规划期为2009至2011年的轻工业调整和振兴规划,与以往的专项规划、中长期规划的不同之处恰在于标本兼治:在应对国际金融危机,着力解决当前存在的突出矛盾的同时,加快结构调整和产业升级,实现增长方式的根本性转变。”步正发说。

应对危机——

财税手段缓解企业最头疼的融资难题

轻工企业99%是中小企业,企业目前反映最集中的仍是贷款难问题。对此,规划中明确提出“采取积极的金融信贷、信用担保等政策,支持业绩良好、具有发展潜质的中小企业发展,充分发挥中小企业吸纳劳动力就业的作用”的基本原则,并出台了加大金融支持力度和大力扶持中小企业的具体政策措施。

规划要求尽快落实《国务院办公厅关于当前金

融促进经济发展的若干意见》,鼓励金融机构加大对轻工企业信贷支持力度,对一些基本面较好、带动就业明显、信用记录较好但暂时出现经营困难的企业给予信贷支持,允许将到期的贷款适当展期;简化税务部门审核金融机构呆账核销手续和程序,对中小企业贷款实行税前全额拨备损失准备金;支持符合条件的企业发行公司债券、企业债券、中小企业集合债券、短期融资券等,拓展企业融资渠道;中央和地方财政要加大对资质好、管理规范的中小企业信用担保机构的支持力度,鼓励担保机构为中小型轻工企业提供信用担保和融资服务;利用出口信贷、出口信用保险等金融工具,帮助轻工企业便利贸易融资,防范国际贸易风险。

规划还提出现有支持中小企业发展的专项资金(基金)等向轻工企业倾斜,中央外贸发展基金加大对符合条件的轻工企业巩固和开拓国外市场的支持力度,以及按照有关规定对中小型轻工企业实施缓缴社会保险费或降低相关社会保险费率等政策。

着眼长远——

政策引导解决制约行业发展的结构性矛盾

步正发介绍,轻工业存在的结构性矛盾主要表现为:自主创新能力不强,产业结构亟待调整,节能减排任务艰巨,产品质量问题突出,品牌建设有待加强,国内市场开拓能力不足等。对上述问题规划都有涉及。

开发国内市场,切实做好家电下乡,加快行业的国内外专业市场建设。通过开发新产品拉动消费,包括针对不同人群需求开发高端产品、个性化产品和少数民族用品等;以及配合新农村建设、医疗体制改革、灾后重建等重大项目生产轻工产品等开拓市场的思路。规划同时提出支持轻工行业积极应对国际贸易摩擦,支持有条件的企业通过多种方式开拓国际市场。

推进自主创新,加快技术改造,淘汰落后产能。步正发介绍,我国轻工产品自主知识产权少,中低端产品多。目前95%的变频空调压缩机、LED的关键部件芯片和高档手表机芯都依赖进口,制浆造纸、乳制品、饮料、肉制品等行业的关键技术装备主要从国外引进。因此,规划提出重点推进装备自主化和关键技术产业化,加快推进节能减排,并明确了淘汰落后产能的具体量化指标。

加强自主品牌保护,增强企业和全社会保护自主知名品牌的意识和责任感。轻工产品出口以贴牌加工为多,品牌附加值低。因此,规划提出支持优势品牌企业跨地区兼并重组,提高产业集中度,提高自主品牌的知名度和竞争力;支持国内有实力的企业收购境外有资源、技术、市场、品牌等价值的企业,提高品牌影响力;提高国际社会对我国检测、认证结果的互认度,树立自主品牌的国际形象等。

突出强调食品安全和轻工产品质量,是轻工业调整和振兴规划与其他行业规划的不同之处。规划提出要严格市场准入制度和产品质量监督抽查制度的实施和执行,加快建立质量安全风险监测、预警、信息通报、快速处置以及产品追溯、召回和退市制度,加快行业标准制修订,全面清理食品添加剂和非法添加物。“轻工业联合会还将大力推进企业诚信体系建设。”步正发说。

鼓励有条件的地区借鉴产业集群发展经验,积极承接产业转移。目前已建设的150多个轻工特色区域和产业集群,被步正发称为轻工行业发展的一大亮点。规划具体提出推动家电行业重点产品的研发、制造、集散向中西部地区转移;引导制革和制鞋集中的东部沿海地区发挥研发、设计和贸易优势,生产加工向具备资源优势的地区转移;推动陶瓷和发酵行业向中西部有资源优势的地区转移。“规划特别强调了转移过程中一定不能转移污染。”步正发说。解读人:中国轻工业联合会会长步正发

数字点击轻工业发展目标

300万个

到2011年,轻工业力争产销稳定增长,行业效益整体回升,新增就业岗位300万个左右。

100个

到2011年,轻工业力争再形成10个年销售收入150亿元以上的大型企业集团,新增自主品牌100个左右。

10%

到2011年,轻工业主要行业COD排放力争比2007年减少25.5万吨,降低10%。

1000项

到2011年,轻工业力争三年制订、修订国家和行业标准1000项。

(以上数据均来源于《轻工业调整和振兴规划》)

人大论坛

以“管用”为目标 实施地方立法全面质量管理

——关于提高地方人大立法质量的一点思考

湖北省人大常委会副主任 罗辉

根据我国《宪法》和《立法法》的规定，我国的立法体制总体上是中央与省级两级立法。省（自治区、直辖市）人民代表大会及其常委会，可以根据本行政区域的具体情况和实际需要，在不同宪法、法律、行政法规相抵触的前提下，制定地方性法规，并批准辖区内较大市人民代表大会及其常委会制定的地方性法规、民族自治州、自治县人民代表大会制定的自治条例和单行条例。不断提高立法质量是地方立法工作永恒的主题。吴邦国委员长在第十一届全国人大常委会第一次会议上明确要求：“始终把提高立法质量作为加强和改进立法工作的重点”，“积极推进科学立法、民主立法，扩大公民对立法的有序参与，妥善处理数量与质量、权力与权利、前瞻性与可操作性、稳定性与变动性等关系，不断提高立法质量［吴邦国：“坚持中国特色社会主义政治发展道路努力把人大工作提高到一个新水平”，求是，2008？8。］。”作为一名省人大常委会的新兵，按照省委和省人大常委会党组的要求，通过各种途径的学习，联系地方人大工作的实际，现就提高地方人大立法质量这个常谈常新的问题谈点不成熟的意见。

一、地方性法规的立法质量应体现为重在“管用”

“质量”一词在《现代汉语规范词典》中的解释就是“产品或工作的好坏程度”，立法质量就应是立法工作的好坏程度。既然是“好坏程度”，就必然有一个判断标准问题。自党的十五大提出加强立法工作，提高立法质量以来，我国的一些研究者就立法质量的判断标准问题有过很多论述。

根据湖北省人大常委会王亚平同志有关立法质量标准问题的系统概述［王亚平：“论地方性法规的质量评价标准及其指标体系”，《人大研究》，2007年第2期。］：关于立法质量的一般评价标准问题，有的从“立法的民意汇集和表达”、“立法程序的科学化与民主化”、“立法的可实施性（可操作性）”、“立法的整体协调性”的宏观视角来考察立法质量［参见李林：“努力提高立法质量，为依法治国创造良好前提条件”；有的则认为，立法质量标准，既可分为主观标准和客观标准，又可具体分为价值标准（主要考量立法者的法意和立法的价值取向）、制衡标准（考量公权与私权、权利与责任、权利与义务这些法律机制配置是否失衡，能否相互制约）、激励标准（考量法能否解放和发展生产力，促进科技、经济、文化甚至观念的进步和发展）、技术标准（考量法律规则自身的逻辑结构、概念、范畴、原则，特定的程序和立法技术）、实践标准（考量法是否在社会实践中得到实施）［参见任先行：“论提高立法质量的标准及法治环境建设”，有的从法治对于“良法”的要求出发，提出从内在与外在两个方面来评价立法质量标准，其中，内在标准主要包括合法性标准、正义性标准和合目的性标准；外在标准主要包括完整性标准、明确性标准和协调性标准［参见李长喜：《立法质量检测标准研究》，《立法研究》第2卷，法律出版社］。

关于地方人大立法质量的评价标准问题，有的提出可分为目的性标准（考量立法目的是否科学、合理以及在法规实施过程中是否达到立法目的）、合法标准（考量立法从实体到程序是否合法）、技术性标准（主要从狭义的立法技术角度考察法规的协调性、完备性和可操作性）三类［参见卿泳：“立法评价对于提高地方立法质量的意义”，《民主法制建设》（四川），2005年7月。］；又有的提出可分为合法性标准（即立法依据、程序、内容的合法性）、体现地方特色（即地方立法的首要任务就是要以立法的形式解决应由地方自己解决的问题，以及国家立法不可能解决的问题）、科学性标准（包括立法程序是否公平、公正、公开、合理，立法是否符合科学化的要求）；还有的提出可分为合法性标准、地方特色标准、合目的标准、公正公平标准、程序性标准。

学习这些研究者关于立法质量标准的观点，对从理论与实践相结合的角度指导立法工作，促进立法质量的提高都有着很大的现实意义。原全国人大法律委员会主任委员杨景宇认为，“所谓立法质量，归根到底，在于法律规范能够反映客观规律，具有科学性、合理性，并且具有可操作性，能够解决实际问题[杨景宇(原全国人大法律委员会主任委员),《加强地方立法工作重在提高立法质量》。[。"联系地方人大立法工作的实际,"地方立法是国家立法的补充","地方不能也不需要各搞各的体系[同上。]"。所以,笔者认为,立足于地方人大的立法实践,提高地方人大的立法质量,则更应该注重解决本地区的实际问题。从实践中发现并针对现有法律法规所不能或有效解决的问题,通过运用地方"补充性"立法方式予以解决,应成为思考与实践提高地方人大立法质量问题的出发点与立足点。地方立法不在多,而在精,在管用。地方性法规的数量,法规章节与条款的多少,条款内容的繁简,文字表达的雅俗,都应立足于"管用",紧紧围绕解决实际问题这根主线,充分体现法规内容的针对性、可行性与有效性的"三性"要求。

所谓针对性,就是说地方立法要"根据本行政区域的具体情况和实际需要"[《立法法》第六十三条规定。],服务与服从于解决实际问题。一部有特色的地方性法规,不可能是凭空写出来的,而只有针对社会生活中提出需要用法律手段加以调整与规范的问题,才能制定出来。从地方实际出发,针对当前存在与未来可能发生的问题制定地方性法规,则应是地方立法必要性的逻辑起点。所谓可行性,至少包含两层意思,一是从法律与政策层面上可行,即地方性法规必须与宪法、法律、行政法规相一致,与行政规章、现行政策和规范性文件的要求相衔接,维护法制的统一性,同时,地方性法规本身也不能相互"打架",保证地方法规之间和相互协调性;二是从技术层面上可行,即既要能操作、好操作,又要考虑在现实的经济社会生活中,保障执法到位的基本条件能够满足。所谓有效性,地方性法规作为国家立法的补充,不存在"地方立法体系"的问题,一定要坚持"管用"的原则,针对现实存在或预计未来会发生的问题,通过具体针对性与可行性的法规内容,来调整和规范相关对象的行为。如果一部地方性法规,只立不用,或有与没有都无什么差别,那么,从理论上讲再高的质量,也只能是劳而无功。在体现地方立法质量"三性"的实践标准中,针对性是立法的前提,可行性是立法的关键,有效性是立法的目的。

马克思曾经说过:"法律应当是事物的法的本质的普遍和真正的表达者"[《马克思恩格斯全集》第40卷,第139页、第184页。]。笔者理解,这里所说的"事物的法的本质"指的就是客观事物的规律性。法律法规作为调整社会关系的重要手段,只能来源于社会实践。因此,法律法规质量的根本在于是否能够反映客观规律,指导社会实践,解决实际问题。立足于"管用"目标,提高地方立法质量,应该注意如下三个问题:第一,有明确而具体的需要解决的问题(包括现实的问题与未来可能会出现的问题),且缺乏解决该问题的有效法律资源,而其他社会规范不具备解决该问题的能力或明显不经济,即立法的针对性问题。第二,根据上位法和上级政策,这些问题能够并有条件转化为通过地方立法来调整与规范的对象,即立法的可行性问题;第三,地方性法规颁布实施后,能够促使与法规相关的利害关系人和管理相对人,自觉调整与规范各自的行为,并获得守法的利益或违法的惩罚,即立法的有效性问题。

为了不断提高地方立法质量,可在不断总结我国地方立法工作经验的基础上,借鉴现代企业全面质量管理理念,特别是全面质量管理所遵循的"三全"理念(全员参加的管理、全过程的管理与全面的管理)与"PDCA循环"[其中,P(Plan)代表计划;D(Do)代表实施;C(Check)代表检查;A(Action)代表总结或处理],以"管用"为目标,以"解决实际问题"为主线,从单个法规的制定到整个立法工作,实施地方立法全面质量管理。

二、单个法规制定的全面质量管理

根据全面质量管理所遵循的"三全"理念与"PDCA"循环,单个法规的制定,包括立项、起草、审议与表决前法规修改稿的审定四个环节。立项是进入立法工作程序的第一步。做好立法规划与计划,是实施地方立法全面质量管理的基础,本文将在第三部分专门讨论。对于已经立项的某个法规的制定,则应在立法调研的基础上,让"解决实际问题"这根主线,自始至终贯穿于法规草案的起草、审议与修改稿审定这三个环节。

*1、加强立法调研,是地方立法全面质量管理的基础与前提。*立法调研活动是地方立法工作的有机组成部分,应贯穿于地方立法全面质量管理的全过程。做好地方立法调研工作,既是科学合理制定立法规划与计划的需要,也是制定单个法规实施全面质量管理的需要。做好立法调研工作,既要注意深入基层,选择合适的调研方式(如座谈会、论证会、听证会、视察检查、外出考察、问卷调查等),更应针对法规所要解决的实际问题开展调研工作,全面收集相关资料与信息,广泛听取各方面的意见,

尤其是要注意听取与法规案直接相关的不同利益群体的意见，进而将需要通过地方立法调整与规范的问题弄清楚，做到心中有数。为了有的放矢地开展调研工作，建议把表一所示的内容贯穿到调研工作的全过程。从立法意义上讲，地方人大常委会是地方立法的主体，其组成人员自然也是立法调研的主体。然而，由于很多地方性法规的专业性较强，为了有效开展立法调研工作，地方人大常委会组成人员开展立法调研时，需注意根据调研内容，邀请有关专家参加。对立法建议与立法调研过程中所提出的问题，进行去粗取精、去伪存真、由此及彼、由表及里的研究分析，把问题找准、找全，并广泛听取解决问题的意见与建议，进而为地方性法规的起草与立法审议工作做好充分准备。

2、坚持“对症下药”的法规起草原则，并采取开放多元的法规起草模式，是提高地方立法质量的关键。法规起草工作是保证地方立法质量的重要环节，对于保证地方立法质量关系重大，在地方立法全面质量管理“实施”阶段处于特别重要的地位。为了保证法规的“有效性”，法规起草工作应根据“针对性”与“可行性”的要求，坚持“对症下药”的起草原则，即针对问题“开处方”、写条款，应服务与服从于解决实际问题。一般而言，法规条款的内容可以分为三类：一类是关键条款，即直接针对问题而写的条款；另一类是配套条款，即为保证关键条款的有效实施，而必须配套规定的那些内容（如必要的原则条款、相关的处罚条款等）；第三类是辅助条款（如法规的实施时间，废止事项等）。采取“对症下药”的法规起草原则，也是防止部门利益倾向的有效措施。与此同时，为了“开好处方”，写好法规条款，也需要进一步拓宽起草渠道，采取开放多元的法规起草格局。根据《立法法》与本地方《立法条例》的规定，考虑到政府部门对实践情况比较了解，地方性法规制定后又由其执行的实际，在实践中，可以根据不同法规案的特点，采取由人大相关专委会主持或提前介入，由部门与相关专家共同参与的起草模式。具体而言，对一些重要的、带有全局性的、关系本地区经济发展和社会稳定的重要法规，可由人大专门委员会或常委会工作机构牵头组织起草或直接起草；对涉及到几个部门职责的法规，可由人大专门委员会、常委会工作机构或政府法制部门牵头，有关政府部门参加，成立专门的起草班子进行起草，也可以由人大的工作机构会同政府法制部门共同起草；对一些专业性较强的法规可以委托政府部门、专家学者以及科研机构共同起草。此外，还可以尝试引入起草竞争机制，即组织不同的起草小组分别起草相同项目的法规草案，实行多版本起草，最终择优采用或取长补短。在具体工作中，应注意发挥立法工作者、实际工作者和理论工作者各自的优势，如政府部门熟悉行政管理和政策实施情况，对实际问题掌握得比较多；人大部门和政府法制部门处于统筹协调的位置，考虑问题比较公平公正，且能兼顾相关方面的利益平衡；专家学者比较超脱，专业知识丰富，能够为起草工作提供理论支持，进而可尝试采用立法工作者、实际工作者、理论工作者三结合的法规起草模式，并采取相应的组织形式，促使形成合力，相互取长补短，共同起草好有质量的法规草案。

3、注意审议法规案的针对性与可行性，是提高地方立法质量的保证。审议法规案既是地方人大常委会组成人员履行职责的重要体现，也是制定单个法规全面质量管理“检查”阶段，进行“会诊”的重要环节。为了提高地方性法规的有效性，无论是专门委员会对法规案的初步审议，还是法制委员会的统一审议，直至常委会的分组审议或联组审议，都应该在上位法和上级政策的指导下，紧紧围绕“管用”这个目标，从是否能够有效“解决实际问题”出发，注意审议法规内容的针对性与可行性，以提高审议质量与审议效率。4、根据审议意见修改法规草案并决定如何表决，是制定单个法规全面质量管理的“总结”阶段，对保证法规质量起着“把关”作用。单个法规的制定，经过立项、起草、审议等环节后，由于不同方面或不同人员的主观与客观原因，对有些问题有分歧是正常情况，充分尊重、慎重研究、认真对待各种不同意见，是科学立法、民主立法的具体表现。遵循地方立法重在“管用”这一理念，对有分歧的问题，应注意从源头上进行再分析，也就是再进行一次从明确问题到解决问题的路径审议，并在此基础上统一思想，包括对有分歧条款内容的共识，或者是对有分歧条款表决方式的共识。

三、地方立法工作的全面质量管理

地方人大的“立法权”是通过制定各个具体法规来体现的。单个法规制定的全面质量管理是地方立法全面质量管理的组成部分。然而，由于法律法规是公共产品，其“生产”与“消费”的特点是“一经生产，大家使用”，所以，在做好单个法规全面质量管理的同时，也应注意整个地方立法工作的全面质量管理。地方立法工作的全面质量管理可分为制定立法规划与计划;各个法规的制定;对法规执行情况的检查;根据检查情况决定某个法规是否修改或废止,并举一反三由此及彼地不断改进地方立法工作等四个环节。单个法规制定的全面质量管理已在前面作了讨论,下面,就其他三个环节谈点不成熟的看法。

1、制定科学合理的立法规划与计划。选准选好立法项目是提高立法质量的前提,也是地方立法工作全面质量管理的起始环节。地方立法工作是要耗费成本的,提高地方立法工作的成本效益,也要求制定科学合理的立法规划与计划。地方人大常委会和同级政府应就部门提出的立法项目进行全面研究、沟通,慎重确定立法规划和计划,做好立法准备工作。在进一步拓宽立法项目来源渠道的同时,关键是要明确那些需要通过地方立法来调整与规范的问题,按照先急后缓、急用先立的原则,明确当年或今后一段时间的立法工作任务,以提高地方立法效率。随着依法行政、依法办事理念的逐步深入,地方相关方面都很重视法制建设,要求地方人大立法的呼声也很高。但地方性法规不是万能的,地方上出现的相关问题,并不一定都需要或能够通过地方立法的方式来解决的。地方人大制定立法规划与计划,最为重要的是应针对现实中已经出现或预计要出现的地方性问题,将那些有必要也有可能通过地方人大制定地方性法规来调整与规范的事项分析清楚,进行统筹规划,将有限的立法资源做出科学合理的安排。

2、实施地方人大开展立法质量评估与政府部门开展执法效果评估(以自我评估为主)的有机结合,是地方立法全面质量管理"检查"阶段的有效工作方式,对不断改进和提高地方立法水平有重要意义。地方立法的目的全在于解决本区域的实际问题。地方人大开展立法质量评估,就是有计划有选择地检查一部分已出台法规的实施情况,特别是针对法规制定过程中所希望解决的那些问题,是否通过法规手段得到了解决。如果在法规实施过程中,那些所希望解决的问题仍然存在,则应进一步分析原因,弄清楚是法规本身的问题,还是执法力度的问题,或者是执法保障条件不足的问题等等。若是后两个方面的问题,则应督促相关方面采取措施予以解决;若是法规本身的不足,则应深入分析原因,为未来决定该法规是否需要进行修改甚至废止作好准备。同时,对地方立法中的不足,则应深入分析个性与共性原因,进而不断改进地方立法工作和提高地方立法质量。与此同时,由于政府部门往往是地方性法规的执法主体,对实践情况比较了解,所以,要求政府部门定期(如一年一次)开展执法效果评估(包括执法的成效,行政许可、行政处罚的必要性,存在的问题及其原因,意见与建议等),既对提高地方立法质量有促进作用,也对推动政府部门执法有促进作用。地方人大相关专委会与对口联系的政府部门应形成信息互通平台,实施地方人大立法质量评估与政府部门执法效果评估的有机结合,按照宪法与法律赋予各自的职责,共同促进立好法与执好法。

3、地方立法全面质量管理"总结"阶段的工作,则主要是根据立法质量评估与执法效果评估的情况,并结合自身经常性的调研活动所掌握的第一手资料,加强对现行有效法规的清理,坚持"立改废"并举的原则,及时修订立法规划与计划,适时修订与废止不合适宜的地方性法规,并促进立法工作的改善,不断提升地方立法全面质量管理的水平。

抓好学习　转变观念　求真务实
努力推动人大办公厅工作实现新发展

河北省人大常委会秘书长　赵曙光

党的十七大全面阐述了科学发展观的科学内涵,作为发展中国特色社会主义必须坚持和贯彻的重大战略思想载入党章。我们每次学习,都有新的收获,认识也在不断加深。这次通过重点系统地学习,进一步加深了对科学发展观精神实质的领会,进一步增强了贯彻落实的自觉性和坚定性。实践无止境,认识无止境,学习还只是开始,还须下真功夫深钻细研,努力做到真学、真懂、真信、真用。这对于永葆坚定正确的政治方向,永葆党和国家的长治久安,有着至关重要的意义和作用。前不久,在党组会和支部会上分别作了发言。结合近期新的认识,谈四点体会。

一、学习是基础,必须贯彻始终。学习实践科学发展观活动基础是学习,必须把学习做为一项重要任务,长期抓下去,贯彻始终。要深入学习贯彻中国特色社会主义理论体系,着力用科学发展观武装思想、统领工作、推动创新。按照建设学习型人大机关的要求,紧密结合自身履职和办公厅工作实际,系统学习、深刻领会和正确把握科学发展观,同时加强同人大工作有关的一切知识的学习运用,坚持用发展的马克思主义指导客观世界和主观世界的改造,进一步把握共产党执政规律、社会主义建设规律、人类社会发展规律,提高运用科学理论分析和解决实际问题的能力。学习过程中,应该从以下几个方面进一步深化对科学发展观的理解:一是切实搞清楚科学发展观的理论基础、历史依据和现实依据。科学发展观的理论基础是马克思主义和其他各个学科理论的融合;它的历史依据是中国与世界的发展经验;现实依据是基本国情和发展的新要求。二是科学发展观是马克思主义理论的最新成果。邓小平理论解决的是什么是社会主义和怎样建设社会主义的问题,"三个代表"重要思想解决的是建设什么样的党和怎样建设党的问题,而科学发展观解决的是实现什么发展、怎么发展的问题。三是科学发展观解决的是三个可持续发展问题,即经济的可持续发展、政治的可持续发展和人文社会的可持续发展。科学发展观同马列主义、毛泽东思想、邓小平理论和"三个代表"重要思想既一脉相承、又与时俱进,形成了完整丰富的中国特色社会主义理论体系。通过这几方面的深入学习领会,理论上进一步搞清楚,行动上会更自觉。

二、转化是目的,必须重在提高素质。所谓转化,就是转变思想观念、转变思维方式、转变工作方法,转化为干好事业的能力,这是此次学习实践活动的一个明显特征。依旧以传统的思想观念、思维方式和工作方法来落实科学发展观的要求,是不可能真正实现的。特别是思维方式,要转变为开放性的、战略性的,才能适应科学发展观的要求。科学发展观,既是世界观,也是方法论。科学发展观本身就是重大的战略思想,体现了整体、重点、价值、辩证、实践等多方面的战略思维。所谓整体,就是总揽全局、把握大局,全面推进经济、政治、文化、社会建设;所谓重点,就是发展是第一要义,发展是解决一切问题的关键,突出科学发展这一重点;所谓价值,就是坚持以人为本为核心,这体现了价值取向;所谓辩证,就是要统筹兼顾;所谓实践,就是要求真务实、转变作风。这对经济社会发展具有重大的战略导向作用,对人大工作具有重大指导意义。我们一定要坚持以科学发展观统领人大工作,把科学发展观规划的方向和提出的思想自觉融入人大工作当中,增强深入贯彻落实科学发展观的自觉性和坚定性。

三、整改是重点,必须解决突出问题。学习实践科学发展观,重在实践,重在解决突出问题。通过解决突出问题,使办公厅工作在新的起点上实现新的跨越。每个部门、每个党员干部都要结合自身实际,在学习实践科学发展观过程中,从思想观念、思维方式、工作方式和体制机制等各个层面,认真查找不符合、不适应的突出问题,并把解决突出问题贯彻始终,落到实处。对那些牵动全局、在某些方面有重大影响的突出问题,要重点加以整改。一是思想观念上要自觉从不合时宜的观念、做法中解放出来,从对马克思主义错误的和教条式的理解中解放出来,从主观主义和形而上学的桎梏中解放出来,牢固树立大局意识、责任意识、法制意识、精细意识、服务意识、创新意识。二是思维方式上要着力克服因循守旧、畏首畏尾、患得患失的思想观念和心理,克服片面主观、狭隘封闭的思想观念,克服"官本主义"意识,形成创新思维、开放思维,辩证思维、理性思维,民本思维。三是工作方式上要努力从被动工作方式、粗放工作方式、"复制"工作方式、封闭工作方式转变为主动工作方式、精细工作方式、创新工作方式、开放工作方式。四是机制体制上要进一步修改完善现有规章制度、适时建立新制度、切实抓好各项制度落实,确保符合新形势、新任务的要求。

四、实践是途径,必须求真务实。实践是实现工作目标的根本途径。要实践就必须坚持求真务实,在精神状态、工作作风、各项举措上突出实践特色,体现实践成果,实现根本转变。要大力弘扬"严、细、深、实、快"的作风,牢固树立求真务实的良好作风,通过脚踏实地、扎扎实实地工作,使实践成果更加丰富。办公厅处在常委会机关的中枢位置,担负着重要职责,是机关的参谋部、后勤部、执行部,必须发挥好参谋助手作用。当好参谋,功夫在谋、重点在参,一定要参谋出成果来。办公厅作为综合工作部门，必须充分发挥“桥梁”和“纽带”作用，积极协助常委会履行职责。一是充分发挥好参谋助手作用，使当大参谋、出大主意、作大文章落到实处。要坚持围绕中心、服务大局、紧紧贴近常委会重大决策部署，适应形势发展变化和常委会一个时期重要工作的需要，坚持起点要高，实施换位思考，以办文办事办会为主要载体，做到未雨绸缪、料事于先，预案超前、工作超前，为常委会及其领导决策提供有力辅助和可靠依据。二是深入做好综合协调工作，使常委会与机关工作的运转状态更好更实。要充分发挥办公厅的中枢指挥和核心枢纽作用，进一步加强同各部门的沟通、联系、协调和互动，形成统一、精干、效能的指挥体系和运转灵活信息通畅、衔接紧密、传达快捷、互相补益的工作机理，确保上传下达、下传上达、同向传达迅速准确无误。三是认真做到保障有力，使各项后勤服务工作越做越好、越做越实。要充分行使为常委会和全机关服务的双重职能，切实增强服务第一意识，贯彻标准化、优质化、规范化的服务要求，针对主要问题和薄弱环节，出台举措、落实责任、细化目标、强力推动，加速整改，自觉把科学发展观的要求付诸实践、见诸行动，务求实效。

胡锦涛总书记在同全国党校工作会议代表座谈时发表重要讲话，提出领导干部要“在马克思主义理论素质、现代科学文化知识水平方面有新的提高，在统筹国内国际两个大局的能力，推动科学发展、促进社会和谐的能力，总揽全局、应对复杂局面的能力，治党管党、解决自身问题的能力方面有新的增强”，这对我们开展深入学习实践科学发展观活动提出了新的更高的要求。要抓住机遇，把开展学习实践活动看作是转变方式、提高能力、提升效能的良好机遇，按照党组的部署和办公厅的《实施方案》，从办公厅所处位置和职能出发，继续加强学习，力求学习得更好一点，实践得更好一点。特别是厅领导班子成员，理应带头更好地学习实践，除抓好自身学习外，还要对分管部门加强指导督促，使学习实践活动搞得更实，效果更好。

发挥地方人大常委会专职委员作用初议

湖北省人大常委会委员、省人大内务司法委员会副主任委员　龚良柏

人民代表大会制度是我国的根本政治制度，是我们党长期进行人民政权建设的经验总结，也是我们党对国家事务实施领导的一大特色和优势。各级人大常委会作为人民代表大会的常设机关，其组织结构是否科学、合理，直接关系到常委会的工作效率和质量，关系到人大制度优越性的发挥。近几年，在全国人大的带动下，地方人大常委会陆续出现一批相对年轻、无社会兼职的常委会组成人员（下文简称“专职委员”），成为人大常委会组织建设的一大亮点，受到社会的广泛关注和肯定。笔者结合实际情况，就如何充分发挥专职委员的作用等谈谈自己的看法。

一、专职委员制是人大制度不断发展、完善的产物

列宁指出：“没有代表机构，我们不可能想象什么是民主，即使是无产阶级民主。”在我国，一切权力属于人民，人民行使国家权力的机关是全国人大及地方各级人大；人大常委会作为人大常设机关，在代表大会闭会期间开展工作。根据《中华人民共和国地方各级人民代表大会和地方各级人民政府组织法》（以下简称“地方组织法”），常委会的组成人员不得担任国家行政机关、审判机关、检察机关的职务；如果担任上述职务，必须辞去常委会的职务。这样规定，主要是防止决策权与执行权集中，保证人大监督落到实处。实践中，有些委员在企事业单位或者其他组织兼职，还有一些是在党政机关工作的同志达一定年龄后转岗的，比例较大。随着社会主义民主法制建设步伐的加快，人们对常委会委员专职化、年轻化的呼声越来越高。

中央一直高度重视人大常委会的组织结构及组织建设，1987 年召开的十三大提出：“要加强全国人大特别是它的常委会的组织建设，在逐步实现委员比较年轻的同时，逐步实现委员的专职化。”十七大报告指出，要“加强人大常委会制度建设，优化组成人员知识结构和年龄结构”。近些年，各地为实现常委会委员的年轻化、专职化，也在不断探索、

努力。2003年,十届全国人大常委会出现了19位“特殊专职委员”,年龄多在40岁左右,有相当的专业背景,在人大任期内发挥了积极的作用;2008年,两名全国人大机关的年轻领导干部又当选新一届常委会委员,这对各地推行专职委员制度无疑有很强的示范作用。

二、实行委员专职化的主要优势

可以说,议员专职化是当今发达国家议会的共同潮流,如美、英、法、德等国已实现议员专职化。以美国国会为例,每次年会通常开会260天以上;议员除在国会开会外,还要在选区接待或走访选民、为选民办事等。为防止议会人才流失以及议员产生道德风险,这些国家为议员提供相当于全社会中等以上收入的薪金以及养老保障等,实际上使议员成为一门专门职业。胡锦涛在首都各界纪念全国人大成立50周年大会上讲话时明确指出:“人民代表大会制度要充分发挥优越性,人民代表大会及其常务委员会要依法履行好职责,就必须以与时俱进的精神不断推进组织制度和工作制度建设。”由于社会性质、政治制度、经济发展水平以及历史传统等因素的影响,我国人大制度与国外议会制度无疑有着本质的区别,但在人大代表或者议员实行专职还是兼职方面,仍有一些相通之处。我国各级人大代表较多,许多还是各行各业的负责同志,目前实行人大代表专职化还有一定困难,需假以时日;相对来说,常委会委员专职化比较可行,应加快步伐,积极探索。

和以往制度相比,专职委员制具备以下几个优势:

*一是有利于提高常委会工作效率、水平。*人大及其常委会是决策机构,常委会委员要胜任人大工作,应有足够的时间和精力,围绕常委会审议、决定等事项深入开展调查研究。兼职委员业务工作一般比较繁忙,在履行人大职权时有时可能难以两全。近年某地有的人大常委会委员因兼职过多,申请辞去委员职务,从另一个侧面印证了这点。而专职委员可以集中时间和精力,专心致志地从事人大工作,研究人大制度,进而带动常委会整体工作水平的提高。

*二是有利于保证常委会工作的公正、权威。*人大工作关系国计民生,需要有大局意识。兼职委员从事具体工作,可能自觉不自觉从本部门角度看待问题,有时不够客观、全面。特别是兼职委员的工作关系在原单位,可能受到所在单位立场、观点的影响,甚至成为其代言人;反映在立法上,容易滋生部门利益倾向,影响立法的公平、公正。而专职委员少了这些羁绊,能站在更加公平、公允的立场上,行使人民赋予的权力,更好地维护人民群众的利益,维护人大常委会工作的公正、权威。

*三是有利于保持常委会工作的连续性。*彭真说,人大常委会“研究重大问题,考虑怎么样下决心,因此需要有经验的同志。老同志工作经验多,有些又有理论素养,可以发挥作用。”同时,要老年、中年、青年相结合,“这样接班、交班容易一些”。现在,有的地方常委会委员年龄偏大,换届时新当选的委员有时甚至超过三分之二,对常委会工作有一定的影响。专职委员相对年轻,有的可以在常委会连续任职二届以上,维持常委会队伍的相对稳定,有利于保持常委会工作的连续性。

三、双管齐下,充分发挥专职委员的作用

专职委员制要充分发挥作用,一靠制度,二靠人,而制度相对来说更具根本性,需要在实践中努力探索,不断完善。

(一)及时转岗,认真履行职责

1、**要加强学习,及时转岗**。专职委员来自不同行业和领域,人大工作涉及面广、专业性强,专职委员应将学习作为第一要务,从头学起,尽快实现在人大的转岗。一是学习法律法规知识,特别是要认真研读与人大工作密切相关的几部基本的法律法规,如宪法、地方组织法、代表法、立法法、监督法、行政处罚法以及我省的配套法规等。这些法律法规是人大依法行使职权的法律保障和程序规范,是做好人大工作的基础。二是学习党和国家的方针政策,了解不同时期、不同阶段经济社会发展战略,站在全局的高度去思考、提出问题。三是学习人大工作知识和程序。人大是严格按照程序进行的,在多年实践中也形成了一些行之有效的做法,应认真学习,以便履职时遵循和发展。通过学法律、学政策、学业务,不断给自己充电,丰富头脑、拓宽视野、增强素质,提高做好人大工作的本领。

2、**要围绕中心,深入开展调研**。没有调查,就没有发言权。不深入调研,不掌握第一手材料,提供的依据不可靠,常委会据此作出的决议和决定就可能以偏概全。因此,专职委员要不失时动机地深入开展调查研究,多调查有关大局的事,调查群众反映强烈的问题,掌握全面、真实、准确、客观的第一手资料,为常委会决策提供可靠依据。调研不能只局限于所在专门委员会的工作事项,应当围绕常委会年度工作计划适时安排,根据主任会议确定的常委会议题,在每次常委会会议前有重点、有针对性地开展调研。对调研了解到的问题,要深入剖析其成因,提出意见和建议,找出解决问题的办法,为常委会审议该项议题事先做好准备。专职委员的调研方式,除参与所在专门委员会统一组织的调研活动外,也可以单独或者几个专职委员自愿组织进行,这种形式更有利于深入地调研了解情况,掌握第一手材料。同时,还可根据人大工作的理论和实践,把人大某个方面的工作作为课题开展专题理论研究。

3、**开诚布公,充分行使话语权**。专职委员是全体代表选举产生的,肩负着比其他代表更重要的职责,应当对代表负责、对人民负责,为维护人民群众的利益尽心尽责。专职委员在任期内,要积极发挥作用,该讲的要讲,做到知无不言,言无不尽,理直气壮地行使职权,不能当"无言委员"。有什么建议,要直接提出来,并具有很强的针对性和可操作性,能真正促进工作。惟有如此,才能工作得更充实、有价值,才能不辜负人大代表的信任和重托。

4、**关注民生,联系代表,为民办实事**。专职委员要把人民群众的利益放在心上,关心群众的生活,对人民群众普遍关注、反映强烈的事项加强监督,通过各种渠道反映上去,向有关部门呼吁解决。在立法工作中,要把实现好、维护好、发展好最广大人民的根本利益作为立法工作的出发点和落脚点,注重权利与义务、权力与责任、管理与服务的平衡。对于立法中存在的部门利益倾向,要敢于、善于提出不同意见,维护人民群众切身利益。

(二)搭建平台,创新体制机制

1、**要为专职委员行使职权服务**。人大机关是人大代表和常委会组成人员的参谋助手,为人大会议、常委会会议、主任会议服务,为人大代表和常委会组成人员依法行使职权服务。人大机关应为专职委员行使职权提供必要的物质保障,使其在人大有归属感。同时,为专职委员提供必要的学习资料,及时传阅有关文件,安排参加常委会及机关有关培训、讲座等,为专职委员学习、提高创造条件。鉴于专职委员具有一定的特殊性,人大机关可设立或者指定一个部门联系专职委员工作,为专职委员履职提供服务,及时解决其履行职责中遇到的困难和问题。

2、**要加强协调、配合,发挥专职委员的合力**。专职委员应在常委会党组和主任会议的领导下,依托专门服务机构,共同行使职权,发挥集体的力量。这就要求人大机关根据各方面的意见、建议,制定工作计划,对不同时期专职委员的工作重点、要求等作出详细规定,以便明确分工、统一实施。如地方组织法规定,省、自治区、直辖市、自治州、设区的市的人大常委会组成人员五人以上联名,县级人大常委会组成人员三人以上联名,可以向本级常委会提出属于常委会职权范围内的议案。专职委员可以共同围绕中心工作开展调查研究,就涉及人民群众切身利益、关系经济社会发展全局的重要事项进行提案,包括提出法规案等。同时,专职委员可以共同围绕党委和地方中心工作开展调研,建言献策;可以围绕坚持和完善人民代表大会制度,结合人大工作实际,共同研究,努力创新人大工作制度和机制。

3、**处理好人大专委会与常委会工作的关系**。实践中,为便于履职,专职委员一般也是人大专委会的组成人员,这就必须处理好人大专委会与常委会工作的关系。一方面,专门委员会在人大及其常委会领导下负责研究、审议和拟订有关议案,是人大及其常委会的助手。因此,专职委员应积极参加专委会各项活动,并从常委会工作全局的角度、高度把握专委会的具体工作,促使专委会更好地为常委会中心工作服务。另一方面,专委会工作应当自觉服从于常委会工作。在时间安排上,专委会、常委会工作不可避免会发生冲突,有关部门对此要正确认识,支持专职委员围绕常委会开展工作,而不能认为"种了他人的地,荒了自家的田"。专职委员也要在搞好常委会工作的同时,统筹处理好专委会的工作。

4、**要进一步关心专职委员**。专职委员作为近年人大制度建设中出现的新生力量,有关方面要密切关注,关心其学习、工作和生活,特别是要关心其发展。现在社会上有一种说法,认为到人大工作是退居二线。其实,在人大安排专职委员,主要是出于加强人大组织建设的需要;一旦其他工作需要,对专职委员同样应委以重任。吴邦国委员长说,由于种种原因,过去人大机关的干部流动很少,这在很大程度上影响了机关干部队伍建设,"以后人大机关的干部可以与党委、政府、司法机关的干部进行交流",并考虑安排干部到基层和地方挂职锻炼,"只有这样才能有利于干部成长,促进干部队伍建设。"专职委员也是如此,建立能进能出的机制,加强专职委员与其他党政机关的干部交流,对于整个干部队伍建设以及人大事业的长足发展都很有裨益。

对地方人大常委会人事任免工作有关问题的探讨

贵州省人大选任联委　董健

地方人大常委会任免本级"一府两院"的工作人员，是宪法和法律赋予的一项重要职权，是党管干部原则的延伸和继续。运用好、实践好、发展好地方人大常委会的人事任免权，对于进一步坚持和完善人民代表大会制度、发挥人大常委会职能、强化人大常委会人事任免的法治建设，都具有十分重要的现实意义。本文就地方人大常委会人事任免工作一些粗浅的探讨。

一、关于完善组成人员对"一府两院"提请任命人员的知情权的问题

《监督法》第五条规定："各级人民代表大会常务委员会对本级人民政府、人民法院和人民检察院的工作实施监督，促进依法行政、公正司法。"从法律的角度讲，"一府两院"的领导干部必须向任免自己的人大负责，人大也应当清楚地了解拟任命人员的德、能、勤、绩、廉等方面的情况，才能对"一府两院"工作进行有效地监督。但是，地方人大常委会部分常委会组成人员对拟任命的"一府两院"人员的情况了解很少，甚至不知其人其貌，仅仅靠提请时的情况介绍。在介绍拟任干部的情况时，往往介绍拟任人员的工作简历、政治表现、工作成绩的多，而对拟任人员的思想状态、精神状态、家庭状况、工作能力、八小时以外表现等情况的介绍却很少。由于情况介绍缺乏透明性，致使部分常委会组成人员对拟任命人员的情况了解不够，表决时难以作出准确判断。如何能保证地方人大常委会有充足时间了解拟任人员的情况，不搞盲目表决？笔者认为，要在不违反中组部关于"人大不能直接考察干部"的规定的前提下，抓好三个环节方面的工作。

一是规范"一府两院"报送人事任免案的时间、内容。推荐提请任免人名单必须在常委会会议召开前规定的时间内送达，保证常委会组成人员有充足的时间了解拟任免人员情况。材料内容应该包括任免呈报表、任免理由和书面报告等。

二是搞好任前调查。派人参与到组织部门对拟任人员的考察活动中去，听取干部群众的意见，考察重点应放在拟任干部的法制意识、民主意识和依法办事、严格执法的情况，考察情况应形成书面材料，供常委会组成人员审议时参阅；坚持任前公示，利用新闻媒体等有效形式，在地方人大常委会召开前一定期限内向社会公布被考察对象名单，征求群众对拟任人员的意见，并对检举揭发的问题进行调查核实；坚持任前审计制度，对拟任人员在原岗位工作期间的经济责任进行审计，审计的对象可以限定为原在经济部门工作的干部和换届时拟留任的部门正职；坚持任前法律知识考试，考试的基本内容包括《宪法》《地方组织法》《选举法》等，拟任命人员参加与其业务相关的法律、法规知识，对任前考试成绩合格者，在人大常委会审议任命时通报考试成绩，凡考试不合格者，地方人大常委会不予任命。

三是做好任免前的审议。在主任会议上，听取党委组织部门或提请机关对拟任命人员"德、能、勤、绩、廉"情况等方面的介绍，学历是否达到任职规定要求、任职年限是否符合任现职的规定要求、拟任法职的是否具备《法官法》、《检察官法》规定的法定条件，在此基础上将对拟任人员开展的任前调查、任前公示、任前审计、法律知识考试等工作情况进行反馈，认真听取纪检、监察部门的意见。对代表和群众有反映的拟任命人员，派出考察组，深入到拟任命人员所在单位或原任单位调查了解情况，采取座谈、问卷、民主测评、谈话、个别走访等方式，进行广泛的调查考察，听取各方面的意见，并将考察情况向主任会议汇报，对确实认为不合适的人选，向提请机关提出不宜任命或暂缓任命的理由，严把"入口关"。

二、关于扩大政府工作部门领导人任免范围的问题

近年来，随着行政管理体制改革的不断深入，地方各级政府调整和完善了工作机构设置，大体分为四类：第一类是政府组成部门。其厅长、局长、委员会主任等（以下简称领导人）是根据《地方组织法》第四十四条规定，由政府报请人大常委会任命的，它们是政府的组成人员。第二类是政府直属机构。直接隶属于政府，但行政规格和地位略低于政府组成部门的机关。其领导人基本上是由政府任命的。第三类是行政机关实行全系统垂直管理单位。此类单位由中央确定，其领导人是由其所属上级垂直部门任命，地方领导对行政机关没有领导权。如《行政复议法》第十二条列举的实行条块行政复议管辖的行政机关：海关、金融、国税、外汇管理等部门。第四类是行政机关实行半垂直管理单位。即中央、省级政府对行政部门有领导权和人事任免权，省以下实行垂直管理，省以下地方政府对这些部门没有领导权和人事任免权，如工商、地税、质量技术监督、药品监督等部门。

《宪法》第一百零四条规定：县级以上地方各级人大常委会“依照法律规定的权限决定国家机关工作人员的任免”，这是人民当家作主的体现，也是广大人民群众管理国家事务的重要形式。目前，地方人大常委会任免国家机关工作人员仅限于本级政府组成部门领导人和法院、检察院的副职及审判员、检察员等职位，任免范围十分狭小。笔者认为，要真正实现人民当家作主，就必须逐步扩大国家权力机关的职权范围，进一步扩大地方人大常委会的人事任免权，特别是扩大对政府工作部门领导人的人事任免范围。

一是地方人大常委会人事任免本级人民政府工作人员应涵盖所有政府组成部门和政府直属机构的领导人。《地方组织法》第四十四条第十款对县级以上人大常委会行使任免权的范围是这样规定的：“根据省长、自治区主席、市长、州长、县长、区长的提名，决定本级人民政府秘书长、厅长、局长、委员会主任、科长的任免，报上一级人民政府备案。”从上可知，法律并未明确规定地方人大常委会任免的范围只限于政府组成部门的领导人。因此，凡是由各级人民政府直接领导，属于政府组成部门和政府直属机构的部门，具有行政管理职能的领导人，都应列入地方人大常委会人事任免的范围。

*二是改革行政机关实行全系统垂直管理单位和半垂直管理单位领导人的人事任免办法。*目前，垂直部门和半垂直部门单位领导人的任免由上级主管部门负责。这种作法弊端很多，在一定情况下地方人大常委会要在本行政区域内保证宪法、法律法规和上级人大及其常委会决议的遵守和执行，由于对垂直部门和半垂直部门单位领导人没有人事任免权，监督是乏力的。《宪法》第一百零四条规定：“县级以上的地方各级人民代表大会常务委员会讨论、决定本行政区域内各方面工作的重大事项……”《监督法》第二条规定：“各级人民代表大会常务委员会依据宪法和有关法律的规定，行使监督权。”垂直部门和半垂直部门单位履行的职能仍然是管理行政区域内某一方面工作，并且这些工作都直接影响行政区域的经济发展，应该属于该行政区域内的重大事项，其领导人的人事任免也应该属于行政区域内的重大事项。为了理顺关系、制约和规范这类单位的行为，加强地方人大常委会的监督，建议改革现行管理体制，适当下放上述单位领导人的人事任免权。垂直管理单位如海关、金融、国税、外汇管理等部门领导人的人事任免应事先征得地方人大常委会和地方人民政府的原则同意，达到双重认可后再由上级主管部门任免；半垂直管理单位如工商、地税、质量技术监督、药品监督等部门领导人的人事任免应经上级主管部门与地方人民政府协商确定后提交地方人大常委会任免。

三、关于明确政府工作部门领导人差额选举的问题

《地方组织法》等有关法律法规对地方人大常委会人事任免工作作了规定，但仍然存在一些不明确的地方。一是没有明确地方人大常委会组成人员达到一定人数是否可以联合提名；二是没有明确对政府组成部门领导人是否可以实行差额投票；三是没有明确对政府组成部门领导人推荐的人选是否可以另投他人。由于没有明确这些问题，决定了地方党委在推荐人选、地方政府在向地方人大常委会提名拟任命的人选时都是等额。地方人大常委会组成人员对于等额提名的政府组成部门领导人只能进行等额选举，不能另选他人，只有投“赞成”、“反对”或“弃权”票。这种等额提名选举的方式缺乏竞争性，不符合《干部任用条例》精神，也不符合《地方组织法》的立法本意，影响了地方人大常委会的人事任免工作的效果。对拟任命人员要进行差额提名选举，这充分体现人民当家作主的权利，能够反映人民的意愿，给常委会组成人员一个好中选优、优中选好的机会，有利于对干部进行激励和鞭策，同时也是对干部任用制度的完善。《地方组织法》第二十二条规定：“……人民政府正职领导人员，人民法院院长，人民检察院检察长的候选人数一般应多一人，进行差额选举……”但对地方政府组成部门领导人的任命是差额还是等额，法律没作明确规定,这给地方人大常委会的人事任免工作的开展带来不便。因此,《地方组织法》应该明确对所有政府工作部门领导人(扩大地方人大常委会对政府工作部门领导人任免范围,前文已进行阐述)的提名一般也应进行差额任命的规定,一个职务,候选人应多一人,交由地方人大常委会选择决定任免。为确保差额任命的顺利进行,可以在提名推荐酝酿中,发挥地方人大常委会组成人员中党员的作用,通过召开会议或其他形式,做好对提名推荐人选的介绍及相关的协调工作。在投票任命中,常委会组成人员中的党员应当认真贯彻党组织推荐意见,带头依法办事,正确履行职责,保证差额任命的顺利进行。

大力推进"人人享有基本医疗卫生服务"目标的实现

湖南省人大教育科学文化卫生委员会主任委员　梁尔源
湖南省人大教育科学文化卫生委员会委员　谢卫东

健康是人全面发展的基础,没有什么比人的生命健康更重要,党的十七大把"人人享有基本医疗卫生服务"确定为全面建设小康社会的目标要求,这是我们党对人民生命健康和科学发展关系认识的进一步深化,近几年来,我省农村卫生和城市社区卫生工作取得了很大的成绩,积累了一定经验,群众不断享受卫生服务实惠。但是与经济和社会发展的要求比,还存在一些突出困难和问题,必须进一步坚持政府主导,加大投入,整合城乡卫生资源,建立健全农村二级医疗卫生服务网络,强力推动全省公共卫生服务体系和医疗服务体系的建设,不断向广大群众提供安全价廉的基本医疗服务。

一、我省农村卫生和城市社区卫生工作发展现状与特点

(一)农村卫生和城市社区卫生工作不断得到各级党委、政府的重视。2003年和2006年,省委、省政府先后出台了《关于加强农村卫生工作的决定》和《关于发展城市社区卫生服务的决定》,省政府办公厅、省财政厅、省卫生厅等有关部门制定下发了相关配套文件,为加快我省农村卫生和城市社区卫生事业发展提供了有力保障。省政府连续5年将乡镇卫生院、社区卫生机构项目建设、新型农村合作医疗制度建设列为为民办实事的"八件实事"之一,省、市、县各级政府均确定了城市社区和村卫生室公共卫生服务补助标准。

(二)覆盖城乡的医疗卫生服务体系不断完善。一方面是以农村县级医疗卫生机构为龙头、乡镇卫生院为枢纽,村卫生室为基础的农村卫生服务体系得到健全。2003年以来,全省开展了大规模的乡镇卫生院业务用房建设和设备配套,累计完成投资13.03亿元,改扩建、新建乡镇卫生院业务用房面积250.07万平方米,为建制乡镇卫生院配备了X光机、B超机等基本医疗设备。预计到今年底可完成全省建制乡镇卫生院第一轮基本业务用房的初步建设和设备的初步装备。从2007年起,结合新农村建设开展村卫生室建设,已完成了5926所村卫生室房屋改造。全省共建设了499个城市社区卫生服务机构,为184个社区卫生服务中心配备了康复器材。同时加强了农村和社区在职卫生技术人员的培训,农村卫生技术人员的学历层次和业务技术水平都有提高,另一方面是城市社区卫生服务快速发展,社区卫生服务体系框架初步建立。全省各市州完成了城市社区卫生服务机构设置规划并已颁布实施、服务覆盖率不断扩大,一定程度地缓解了群众看病难、看病贵问题。

(三)农村公共卫生工作扎实推进。目前,全省建立了农村卫生监督体系和疾病预防控制体系,健全了从省到县的传染病疫情网络和突发公共卫生事件网络直报系统,加强了对重大传染病和地方病的防治。今年,我省全面实施国家免疫规划,流脑、乙脑等疫苗可预防传染病的发病率大幅度下降,全省儿童免疫规划接种率以乡镇为单位连续几年保持在85%以上。2007年,全省孕产妇住院分娩率提高到94.9%,孕产妇死亡事由2000年的54.8/10万下降到35.33/10万,低于全国36.60/10万的平均水平;婴儿死亡率由2000年的22.09‰下降到9.3‰,低于全国15.30‰的平均水平。

(四)新型农村合作医疗制度得到基本普及。

我省新型农村合作医疗自2003年试点启动以来，目前在全省全面铺开，参合农民达到4501.46万人，参合率由60.67%上升到88.69%，提前两年实现了国务院提出的达到80%的目标。全省累计筹集合作医疗基金66.96亿元，累计补助参合农民2260.56万人次，补助支出40.83亿元，参台农民住院补偿率由2003年的23.21%上升到今年的34.47%，新农合的普及，使广大农民真正得到了实惠。

二、湖南农村卫生和城市社区卫生存在的主要困难和问题

（一）农村和城市社区医疗卫生服务能力还不够强。一是乡村和社区卫生机构基础设施条件较差，远不能满足农民群众基本医疗服务需求。目前，全省村级卫生室还没有进行集中建设，现主要由个体医务人员承办，基础设施条件较差，基本诊疗设备缺乏。据调查统计，全省现有216个社区卫生服务中心，有100个社区卫生服务中心业务用房面积达不到国家规定标准。二是大多数乡镇卫生院出于专业技术人员引不进，留不住，致使人员素质偏低。全省乡镇卫生院拥有大专及以上学历的医务人员只占31.9%，还有13.4%的卫技人员无专业学历，近40%的医生不具备执业医师资格。乡村医生专业学历更低，业务能力差，全省只有8%的乡村医生具有执业助理医师及以上资格。

（二）发展农村卫生和城市社区卫生的公共财政投入不足。一是没有建立稳定的投入机制。多数县市公共财政对农村卫生投入不多，绝大多数县市乡镇卫生院普遍依靠服务创收解决人员工资及运转经费。二是乡镇卫生院项目建设负债较重。全省在2003年至2007年完成建设任务的1880所乡镇卫生院中，建设负债达到了3.38亿元、平均每所乡镇卫生院负债18万元。三是乡镇卫生院编制不明确，人员经费难有保障。四星乡村医生还没有被纳入社会保障体系，影响了他们享有社会保障的应有权利。

（三）新型农村合作医疗制度还不够完善。一是组织流动人口和外出务工人员参加合作医疗的难度大。二是筹资水平还不高，合作医疗总体补偿水平有限。据调查。我省参合农民住院费用平均补偿串仅30%左右，医药费用的70%还需个人承担。即使今年提高了农民住院补助标准、预测补偿率最高也仅在50%左右。

三、湖南农村卫生与城市社区卫生发展的对策与建议

（一）进一步加强对农村卫生和城市社区卫生工作的领导。各级政府要切实按照中央的要求和法律的规定，全面落实政府的公共医疗卫生责任。一是要尽快制定本行政区域卫生规划，明确医疗机构的数量、规模、布局和功能。二是要按照乡镇卫生院房屋建设和设备配置标准，根据服务人口、服务范围和功能任务，尽快制定出我省乡镇卫生院人员编制标准，并实行全额预算编制管理。三是要进一步巩固和完善新型农村合作医疗制度。建议省政府每年对各地农村卫生工作情况进行专项督查，市州、县市区政府要将农村卫生列入政府工作的年度考核内容，确保农村卫生各项工作的完成。

（二）进一步加大对农村卫生和城市社区卫生工作的投入。各级政府特别是省政府要认真落实中共中央、国务院《关于进一步加强农村卫生工作的决定》中“各级人民政府要逐年增加卫生投入，增长幅度不低于同期财政经常性支出的增长幅度”的规定，把每年政府新增卫生投入重点用于支持农村卫生和城市社区卫生，一是坚持乡镇卫生院公益性质，实行全额预算编制管理。建议各级政府，要认真落实省委、省政府《关于加快农村卫生改革与发展的决定》中“为了充分发挥乡镇卫生院在农村卫生工作中的作用，决定将我省集体所有制乡镇卫生院转为国有事业单位”的规定，对乡镇卫生院实行全额拨款，收文两条线管理。二是执行和落实现有的社区公共卫生服务补助经费政策，保障社区公共卫生服务投入。同时，要建立乡村医生的社会保障机制，保证乡村医生“老有所养”。三是通过财政转移支付的方式解决乡镇卫生院建设负债问题。建议省政府比照我省化解普九负债的办法，用3到5年的时间，通过财政转移支付的方式解决了全省卫生院的负债问题，彻底将乡镇卫生院从沉重的负债中解脱出来。

（三）进一步加强农村卫生和城市社区卫生服务机构的建设。按照党的十七届三中全会提出的“建立健全农村三级医疗卫生服务网络”的要求，一是要继续巩固乡镇卫生院的硬件建设。省卫生行政部门要发挥职能作用，对全省乡镇卫生院第一轮建设后的总体情况进行调查摸底，对业务用房确实不够用的卫生院，按照“填平补齐”的原则，制定并实施建设方案。二是要加强乡镇卫生院和城市社区卫生服务机构基本医疗设备的装备。同时，要多渠道筹措资金，解决乡镇卫生院有值班任务的卫生技术人员和城市卫生机构对口支援乡镇卫生院人员无房住宿的问题。三是要加快城市社区卫生服务机构建设。根据国家社区卫生服务中心建设进度和有关要求，建议省政府安排好我省社区卫生服务中心基础设施建设配套经费，力争用2到3年时间，基本完成我省社区卫生服务中心配套建设任务。同时，建议将村卫生室列入新农村建设范畴。统一规划、统一实施。

（四）进一步加强卫生人才队伍建设。农村和城市社区卫生事业要发展，农民和居民健康要保障，关键在医疗卫生人才。一是建议省政府积极制订和实施卫生人才队伍建设规划，重点加强公共卫生、农村卫生、城市社区卫生专业技术人员和护理人员的培养培训。二是完善全科医师任职资格制度，健全农村和城市社区卫生人员在岗培训制度，鼓励乡镇和社区在岗医务人员参加各种形式的学历教育。三是进一步坚持完善和实施城市医院对口支援农村和贫困地区医疗卫生工作的制度，采助临床服务、人员培训、技术指导、设备支援等方式，帮助农村和贫困地区医疗机构提高医疗水平和服务能力。四是大力发展面向农村的高等医学本专科教育。建议省政府采取特殊政策。通过定向招生、定向到岗服务、定向免费培养等多种方式，为乡镇卫生院和城市社区卫生服务中心培养实用的卫生人才。

应提高全社会的节粮意识

全国人大代表、吉林省春莲集团董事长　周春莲

党中央、国务院始终高度重视粮食安全，把这项工作摆在突出的位置。当前我国粮食安全形势总体是好的，粮食综合生产能力稳步提高。吉林省作为粮食大省，2008年粮食生产获得大丰收，总产量再创历史新高，达到568亿斤，增幅达到15.7%，比历史最高年份增产24亿斤，人均占有粮食1050公斤，再次成为全国唯一人均占有吨粮的省份，为保障国家粮食安全做出了突出贡献。但我国人口众多，人均占有耕地面积仅为1.41亩，不到世界人均耕地面积的1/2，人均占有粮食仅为380公斤，远低于发达国家的水平，粮食安全问题已经成为从中央到社会舆论普遍关注的重大问题。

随着社会经济的发展，人们物质生活水平不断提高，居民膳食结构不断改善，食物消费日趋多样，肉、禽、蛋、奶、水产品及食用植物油等消费逐步增加。但随之而来的粮食浪费问题也越来越严重，据测算全国每年损耗和浪费的粮食约占年总产量的5%，即全国每年约有240亿公斤的粮食被损耗和浪费掉，主要体现在粮食加工、运输等环节中的损耗及餐饮行业的浪费。

从粮食收购到市场销售终端，需经过很多环节。因粮食大多属于笨重商品，长途运输容易造成包粮缝口开裂、包装物破损、散漏现象。从区域抽样调查的情况看，粮损一般在2%——5%之间。

在餐饮行业。由于人们节约意识淡漠，损失浪费现象也十分严重。据调查，全国一年仅在餐桌上的浪费就高达600亿元。其中学校食堂粮食浪费现象更是触目惊心，某初中有1200名同学，每天浪费144.6斤馒头，大体相当于浪费100斤面粉，每年要浪费掉3万6千斤面粉，初中三年就要浪费掉10万8千斤。如果按每人每年消费500斤面粉计算，可供216人一年的口粮。按这个标准推算，全国13亿人如果每顿饭都没有剩饭的话，每天会节约1亿斤面粉，那么一年就可节约360亿斤，折合人民币360亿元。

为了更好地在全社会形成节约粮食意识，现提出如下建议：

1、强化生产环节减损。发挥各级农业部门的作用，大力推广使用结实性好、抗病抗倒伏强的优良品种，采用科技含量高、损失率低的先进适用农业机械。加强精播精种精收管理，减少粮食种植和收获过程中的损失。

2、强化储藏环节减损。粮食部门要完善粮食储藏标准，采用先进储粮技术，改进烘干设备，改造仓储设施，降低粮食霉变率和陈化率。要加强农户储粮技术培训，普及先进、简易、适用性强的农户家庭储粮装备，推广仓储、加工企业代农产储粮。

3、强化运输环节减损。完善运输装备和作业

标准，推广散装、散运，散卸，散储技术，建立现代化粮油运输枢纽和物流中心，减少运输环节，提高运输效率。

4、强化加工环节减损和节约。完善粮食加工和转化标准，推广新技术、新工艺、新装备，调整工业用粮结构，提倡使用非粮作物替代物，控制不合理粮油加工转化，提高粮食综合利用率和加工转化率。

5、加强餐饮业节粮。建立健全餐饮行业节粮标准和机关、事业单位、学校、部队等食堂节约粮食制度，推广“绿色餐饮”，节约用餐。

6、加强社会舆论节粮宣传。利用电视、广播、报纸、互联网络等媒体，广泛传播节约粮食重大意义、节粮措施、节粮事迹等，大力弘扬节约光荣、浪费可耻的传统美德，积极宣传节约粮食人人有责的公民道德。将节约粮食、反对食品浪费等内容融入学校教学当中，配合世界粮食日，全国节约粮食宣传周等大型公益活动，积极宣传节约粮食，形成全社会节粮氛围。

认真贯彻实施监督法　加强司法类案监督

四川省眉山市人大常委会党组书记、常务副主任　宋建新

监督法强调，各级人大常委会要加强对司法工作的监督。这其中很重要的途径就是进行司法类案监督。所谓司法类案监督，就是人大常委会通过监督法规定的六条途径，收集到司法机关在制度上、体制上存在的带有普遍性和共同性的问题，通过专项审议、执法检查、询问、质询、特定问题调查等形式对该类案件进行监督，督促司法机关解决存在的问题。司法类案监督的主体是人大常委会，监督的客体是司法机关，主要是法院和检察院。司法类案监督可概括为四个方面的内容：党委关注的司法机关存在的突出问题；群众反映强烈的司法工作中带普遍性、倾向性的突出问题；司法机关在执行和适用法律、司法政策中存在的突出问题；司法机关工作机制和队伍建设中存在的突出问题。

怎样实行司法类案监督？我们认为应注意以下几个方面。

司法类案监督应遵循的原则

人大常委会进行司法类案监督，必须坚持党的领导的原则、依法行权的原则和集体行权的原则。也就是在司法类案监督中，要围绕党委的中心工作来进行，正确处理好局部和全局的关系，正确处理好党管干部与人大常委会依法任免干部的关系，凡是在类案监督中发现干警徇私枉法的，都要经过纪检或监察机关处理后再提请人大常委会免职、撤职；人大常委会司法类案监督要按照监督法规定的程序，依法监督，集体行权，通过民主渠道收集类案监督线索，确定议题，组织调研、执法检查和审议，提出监督工作的审议意见或作出相关的决议决定；不涉及具体案件的处理，不干预司法机关独立办案，以保障司法机关独立行使审判权和检察权。

司法类案监督的途径

司法类案监督由人大常委会相关工作机构通过监督法规定的途径收集司法类案。一是人大常委会每年底向组成人员和人大代表征集的司法工作中带普遍性和倾向性的问题；二是人大常委会在听取和审议专项工作报告、执法检查等工作中发现的司法工作中的突出问题；三是本级人民代表大会对司法工作提出的问题；四是人大常委会各工作机构在调查研究和受理申诉、控告、检举中发现的司法工作中的突出问题；五是司法机关向人大常委会提出涉及司法工作中的机制或制度方面的问题。人大常委会相关工作委员会提出进行类案监督的建议，由主任会议决定是否列入常委会议题进行监督。

开展司法类案监督的形式

开展司法类案监督的形式主要有专项审议、执法检查、询问、质询、特定问题调查等。人大常委会先组织司法类案监督的调研、执法检查，形成书面报告，再提交人大常委会会议审议。人大常委会在审议司法机关报告后，提出司法类案监督审议意见或作出相关的决议、决定。司法机关按照审议意见或决议、决定的要求整改办理。人大常委会要对司法机关办理落实司法类案监督审议意见的情况报告进行满意度测评。人大常委会将类案监督审议

意见、决议、决定及司法机关办理落实情况通过媒体向社会公开,接受人大代表和社会监督。

贯彻实施监督法是各级人大常委会的一项重要任务,加强对司法类案监督是各级人大常委会依法行使监督权的一项重要内容,既要按照法律的规定,做到依法行权,同时又要进一步解放思想,不断探索监督工作的新方法,创造新经验,推进监督工作上新台阶。

增创发展优势　建设美好兴宁

——中共兴宁市委书记、市人大常委会主任江理达谈如何创新人大工作、促进经济社会发展

罗金良　邹新茂

导读:江理达认为,人大及其常委会是代表人民行使国家权力的机关,人大工作是党的工作的重要组成部分,只有坚持党对人大工作的领导,才能保持正确的政治方向。人大要围绕中心任务,依法履职,创新机制,以人为本,有"作为"才能有权威、有地位。人大要做到"五个坚持",提高"三种能力",才能更好地发挥国家权力机关在我市"推动绿色崛起,实现科学发展"中的作用。要以科学发展观为统领,实施"三市"发展战略,突出"发展经济、改善民生、维护稳定"三大重点,主攻"十大重点项目",全力推进"六大工程",着力打造工贸新城、人文秀区、绿色兴宁。

阳春三月,春意盎然,万象更新。在梅州次中心城市、"广东省可持续发展实验区"的兴宁市,这个被称为千年"客邑"、著名"三乡"、"小南京"美誉的2104多平方公里的土地上,处处焕发着蓬勃生机。一个阳光明媚的日子里,笔者采访了该市市委书记、市人大常委会主任江理达同志。他为人实在,思路清晰,对兴宁的情况如数家珍,娓娓道来。他的超前观念而又切合实际的"施政纲领",坚定自信而又科学有为的全新举措,让人如沐春风,精神振奋,深深感到兴宁正在蓄势崛起,正在大步跨越。

做好人大工作,必须做到"五坚持""三提高"

作为兴宁市委书记、市人大常委会主任,江理达对人大工作有着自己的理解。他认为,人大工作是党的工作的重要组成部分,只有坚持党对人大工作的领导,人大工作才能保持正确的政治方向,这是一条根本原则,任何时候都必须坚持,毫不动摇。同时,人大要始终围绕党的中心任务,依法履行宪法和法律赋予的各项职权,有"作为"才能有权威、有地位。人大要通过自己的"作为",树立人大的良好形象,发挥国家权力机关应有的职能作用。人大要不辱使命,做推进民主法制建设的先行者;要立足本职,做实现科学发展的推动者;要以人为本,做构建和谐社会的实践者。在谈到兴宁人大工作时,江理达充分肯定了近年来兴宁市人大及其常委会依法履职所取得的成绩,主要体现在如下方面:一是开展监督工作,增强监督实效。按照"围绕中心、突出重点、讲求实效"的总体要求,拓宽监督渠道,加大监督力度,增强监督实效。以绿色崛起的理念开展监督工作,围绕大局民生问题开展监督工作。同时,重视从人民群众来信来访中抓好监督,务求实效。二是依法行使重大事项决定权,搞好人事任免工作。几年来,该市人大常委会就安全生产、实施可持续发展、城区防洪工程建设等方面作出专项决定、决议,起到了较好作用。在人事任免工作中,坚持对拟任命人员任前法律知识考试制度,规范任前见面发言,并加强对受任命干部的任后监督。三是密切与代表的联系,充分发挥代表作用,提高代表的履职能力。四是发挥主导作用,推进依法治市,促进社会主义民主政治建设。五是重视加强与镇级人大工作的联系指导,形成合力,推动人大工作。五是加强自身建设,提高履职能力和工作水平。

江理达说话随和,平实的话语里颇含哲理,给人以启迪。他指出,人大工作要重点做到"五个坚持":即坚持和改进党对人大工作的领导,坚持以科学发展观统领人大工作,坚持发挥人大在我市"推动绿色崛起,实现科学发展"中的作用,坚持依法履职以人为本,坚持不懈加强自身建设。

在谈到人大常委会组成人员如何内强素质时,江理达认为必须切实提高如下三种能力:

一是必须切实提高"看"的能力。首先,要学

会用战略的眼光来看问题。要站在时代的高度、全局的高度,切实找准本地区经济社会发展中带全局性、根本性的重大问题,依法实施监督,促进经济社会又好又快发展。其次,要学会用发展的眼光来看问题。人大干部要认真贯彻科学发展观,审视问题要立足长远,不能有“短视”行为。再次,要学会用辩证的眼光来看问题。要坚持用矛盾的观点对问题进行一分为二的分析,学会从不同的角度去看问题,努力克服思维上的主观性和片面性。

二是必须切实提高“说”的能力。审议决策是人大常委会行使职权的重要形式之一,审议发言也是常委会组成人员必须掌握的一门基本功。如何做到“会说”?①要言之有物。没有调查就没有发言权。要注重审议前的调查研究,采取多种形式,广泛听取人大代表、人民群众和社会各界的意见和建议,广纳良言。②要言必合法。要认真学习相关的法律法规和政策文件,使审议发言符合法律规定。③要言简意赅,努力做到语言精炼、切中要害。④要言而求新。审议发言时要努力做到观点新颖、思维严谨、措辞准确。

三是必须切实提高“督”的能力。监督权是宪法和法律赋予人大的一项重要职权,人大经常性的工作就是监督。因此,要按照监督法的要求,熟悉监督的程序。要创新监督的方式,不断探索和改进监督工作的新途径、新措施。要选准监督的时机。监督的最终目的是为了更好地促进“一府两院”的工作,因此监督的时机选择非常重要。时机选择得准,往往能收到事半功倍之效。

坚持奋发有为,打造工贸新城、人文秀区、绿色兴宁

今年3月至明年2月,兴宁市将按照上级要求,开展深入学习实践科学发展观活动。江理达兴奋地说,兴宁要抓住这一重大契机,坚定信心,抢抓机遇,全力推进兴宁经济社会又好又快发展。江理达认为,突出实践是学习实践活动的关键。在今后工作中,兴宁要深入实施“新型工贸市、文化先进市、宜业宜居市”发展战略,突出发展经济、改善民生、维护稳定三大重点,主攻“十大重点项目”,全力推进“六大工程”,创新发展模式,推动绿色崛起,着力打造工贸新城、人文秀区、绿色兴宁。

江理达告诉笔者,中共兴宁市委十一届四次全会已对全市2009年的工作作了安排。主要预期目标是:全市生产总值增长9%,财政一般预算收入增长10%。主要抓手是:投资90亿元,大力实施“十大重点项目”——霞岚钒钛磁铁矿、华润电厂、云山汽车、合水水库、宁江重点堤围、城市防洪堤、济广高速、北环大道、官汕大道、技工学校新校区建设。为推动兴宁经济社会又好又快发展,将重点实施如下“六大工程”:

一是实施工贸富市工程,发展绿色经济。坚持以招商推动发展、工业优化发展、民营壮大发展为着力点,建设绿色现代产业基地,推进新型工业化,全力推动经济平稳较快发展。做优做强骨干企业,积极发展新型企业,大力加强招商引资,促进产业集聚,大力发展传统商贸业、新型物流业和生态旅游业。

二是实施强农惠农工程,推进新农村建设。采取各种措施,千方百计增加农民收入。继续抓好优质稻、名茶、龙眼、绿柚、养猪等基地建设,发展壮大罗浮、黄陂等北部油茶基地,以新丰盛蔬菜基地为依托,扩大有机蔬菜种植规模,大力发展特色农业和现代农业。加强农村规划和建设,不断改善村容村貌,建设乡风文明村。

三是实施宜居城乡工程,建设生态文明。按照“西连、东进、南扩、北优”的思路,建设“三区”,提升“三园”。加强城市规划、建设和管理,扩大城市规模,提升城市品位。力争通过5年多的努力,兴城面积达到30平方公里、城市人口达到30万人,使兴宁成为适宜居住、适宜创业的梅州市次中心城市、粤东北重要门户城市。

四是实施教育强市工程,繁荣城乡文化。多方筹集资金,整合优化教育资源,加快教育强市创建步伐。全面提升教育教学质量。同时,坚持职教与普教并重,大力发展职业技术教育,把市职校、市技校、梅卫职校打造成粤东重要职业教育基地。在增强文化实力上,以争创全国文化先进市为契机,大力发展文化事业,不断增强文化软实力。

五是实施民生纾困工程,促进社会和谐。健全“五大民生保障”:即切实加强义务教育保障,切实加强劳动就业保障,切实加强医疗卫生保障,切实加强养老失业保障,切实加强农村住房保障。围绕解决群众住房难、饮水难、看病难、生活难、就业难等问题,投入7亿元,办好八件民生实事,让广大人民群众得到更多实实在在的好处。

六是实施固本强基工程,加强党的建设。要坚持党要管党、从严治党,以执政能力和先进性建设作为主线,不断加强党的建设。加强制度建设,制订出台《兴宁市镇(街道)领导班子和领导干部落实科学发展观评价指标体系及考核评价试行办法》,完善镇村干部《绩效考核办法》。要加强作风建设,深入基层、深入群众,切实为群众排忧解难。

有权必有责,用权受监督

江理达在谈到领导干部如何行使权力、履行职责时,引用了国务院总理温家宝在一次讲话中指出的:"努力做到有权必有责、用权受监督、侵权要赔偿、违法要追究,让权力在阳光下运行。"

江理达说,"有权必有责,用权受监督"主要包含四层含义:一是权为民所属。国家的一切权力都是属于人民的。二是权为民所授。三是权为民所用。权力是人民赋予的,就必须对人民负责,就必须用来为人民谋利益,而不能以权谋私。四是权为民所控。领导干部手中的权力是公共权力,失去监督的权力容易导致腐败。因此,要时时处处受到公众的监督和管理。人大作为国家权力机关,更要在这方面发挥积极作用。要深刻领会中共中央政治局委员、广东省委书记汪洋书记提出"思想越解放越要依法办事"的讲话精神,把推进思想解放和加强民主法治统一起来。要加强思想教育,促使领导干部转变观念,树立正确的权力观,用实实在在的行动为百姓多做好事实事,纾困民生,取信于民,做一名群众满意的人民公仆。

"莫道今年春将尽,明年春色倍还人"。短暂的采访,使笔者留下深刻的印象。可以相信,兴宁在新的历史起点上,虽然面对许多困难和挑战,但通过内外协力,上下齐心,共克时艰,必将创造更加骄人的业绩,迎来更加美好的明天。兴宁,一定会更加兴旺安宁!

用科学发展观统领人大工作

江苏省淮安市人大常委会副主任　范学恕

科学发展观是我国经济社会发展的重要指导方针,是发展中国特色社会主义必须坚持和贯彻的重大战略思想,也是新时期统领人大工作的指导方针。全面、准确地领会和把握科学发展观的科学内涵与精神实质,认真总结、反思人大工作在贯彻科学发展观方面的薄弱环节和差距,对于提高人大工作水平具有十分重要的意义。

一、用科学发展观统领人大工作,必须坚持理论武装、统一思想认识

我们要把学习科学发展观作为首要政治任务,通过学习,牢固树立科学发展观在人大工作中的指导地位,自觉地运用科学发展观指导实践、推动工作。

用科学发展观坚持和完善人民代表大会制度。人民代表大会制度的核心就是人民当家作主,建国60年来,这一制度得到了不断的坚持和完善,实践也充分证明,这一制度符合我国国情,得到了全国人民的拥护支持。而科学发展观的核心是以人为本,与人民当家作主基本点和落脚点是一致的,是人民当家作主在新形势下更好的反映和体现。所以坚持科学发展观,坚持以人为本,就是坚持和完善人民代表大会制度,而坚持和完善人民代表大会制度,坚持和尊重人民历史地位,尊重人民的首创精神,发挥人民群众的积极性、主动性、创造性,从人民的利益出发谋发展、促发展,做到发展为了人民,发展依靠人民,发展成果由人民共享,也就是更好地落实科学发展观。

用科学发展观解决人大工作要不要发展的问题。监督法颁布后,由于对地方各级人大开展监督的一些做法未予明确肯定,一些地方人大工作者产生了一些错误认识。人大工作按部就班就行了,维持现状就行了,走好程序就行了。如是这样,势必影响政治建设,势必影响民主政治发展,势必影响人民代表大会制度坚持和完善,更不符合科学发展观要求。所以,我们应当以科学发展观为标准看待人大工作的发展问题。

用科学发展观解决人大工作如何发展的问题。人大工作的重点是依法监督,那么,依法监督的核心是什么?科学发展观给了我们明确答案,这就是以人为本。站在人大的角度讲,就是更要关注民生,关注老百姓的生计,关注老百姓关心的事情,做好这些工作就是人大工作的发展。

二、用科学发展观统领人大工作,必须坚持围绕中心、服务大局

胡锦涛总书记强调:"全党同志要全面把握科学发展观的科学内涵和精神实质,增强贯彻落实科学发展观的思想观念，着力解决影响和制约科学发展的突出问题，把全社会的发展积极性引导到科学发展上来，把科学发展观贯彻落实到经济社会的各个方面。”学习实践科学发展观是人大工作必须坚持的重要原则，就是要坚持围绕中心、服务大局，达到促进经济又好又快发展、促进民生保障和改善、促进社会和谐，促进民主与法制建设，进一步提高履职的实效。

第一，把握经济建设这一中心，促进经济又好又快发展。科学发展观是指导发展的，落实科学发展观，我们就是要把促进发展作为履行人大职能的第一要务，吴邦国同志曾经讲过：“人大工作离开经济建设这个中心，就没有生命力”。因此，对关系改革发展稳定大局和群众切身利益、社会普遍关注的重大问题等专项工作报告的审议监督，必须要以发展的观点、发展的要求、发展的标准来衡量。对经济社会建设，对审查批准财政预决算，国民经济和社会发展计划、预算的执行情况的审议监督，必须贯彻全面协调可持续发展的原则。当前，受国际金融危机的影响，我市经济发展的一些深层次矛盾和问题进一步显现，给经济社会发展带来严峻挑战。为了应对金融危机带来的挑战，国家出台了一系列保增长、保民生、保稳定的政策措施，为了完成我市六届人大二次会议确定今年13%的经济增长目标，市委向全市提出“六个坚定不移”。人大机关开展学习实践活动，就是要响应市委号召，着力推动机关党员干部科学分析世界发展形势，正确把握市情，牢固树立科学发展理念，坚定科学发展信心，围绕省委省政府提出的把淮安建成苏北重要中心城市和市委提出的“五大建设”、“‘打造南有昆山、北有淮安’台资集聚新高地”、“东扩南连、三城融合、五区联动”以及“海河连通”等重大发展战略，围绕金融危机给我市经济社会发展带来的影响，自觉地把学习实践科学发展观活动转化为促进全市经济社会又好又快发展的具体建议和意见，服务全市安定团结大局的实际行动，切实履行监督职能。

第二，把实现和维护最广大人民的根本利益作为人大工作的出发点和落脚点，促进民生保障和民生改善。人大常委会履行职能，要从认识和实践上解决好“发展为了谁、发展依靠谁”的问题，把促进保障和改善民生放在更加重要的位置，围绕解决突出问题普惠民生履行职能。比如就业、社会保障、住房、教育、医疗卫生等方面都存在亟待解决的突出问题。我们要顺应人民的期待，按照市委的要求，切实把促进民生保障和改善的工作做好。

第三，把促进和谐作为人大工作的重要任务，促进和谐社会建设。科学发展和社会和谐是内在统一的，没有科学发展就没有社会和谐，没有社会和谐也难以实现科学发展。胡锦涛同志在十七大报告中，提出深入贯彻落实科学发展观的四个方面基本要求，其中之一就是积极构建社会主义和谐社会。人大工作与和谐社会具有本质的、必然的、内在的联系，有着促进社会和谐的独特优势。

三、用科学发展观统领人大工作，必须坚持解放思想、与时俱进

学习实践科学发展观，就是要坚持解放思想、改革创新，研究新情况、解决新问题。在依法履行监督职能上，一定要处理好监督和支持的关系，达到监督和被监督的和谐统一。

处理监督和支持的关系，重要是把握一定的“度”，把握好了，就能使监督者和被监督者达到和谐，从而促进社会的和谐。具体地说，就是——“敢监督、会监督，真支持、巧支持”。

“敢监督”就是理直气壮地进行监督。监督是宪法、监督法赋予人大的权力，如果不行使这个权力，就是失职，就是不作为，代表和群众的意愿、要求、意见就得不到落实，那么促进社会的和谐发展也就无从谈起。

“会监督”就是掌握一定的监督艺术，坚持从实际出发的原则，根据地区特点，将需要和可能相结合，区别轻重缓急，充分发挥监督在现实和现阶段的最佳效果，促进矛盾的解决，增加和谐的氛围。

“真支持”就是真心实意的对“一府两院”进行支持。不能以一种居高临下的姿态搞监督，而要把对方的事情当作自己的事情同样去关注。要学会灵活地借助多种监督手段，在不插手“一府两院”工作的基础上，将自己融人其中，而不是在外围看热闹。要用监督这种职能，帮助“一府两院”了解一些情况.反馈一些意见，协调解决一些难题。

“巧支持”就是把支持送到“一府两院”最需要之时。什么时候选择事后监督，什么时候选择事中监督，什么时候选择事前监督，决定着对“一府两院”的支持程度，巧妙地运用不同的方法，作用大不相同。比如说多少年来，我们都习惯于在执法检查后向政府反馈情况，虽然政府也重视，但是我们体会支持的作用还是不太明显。去年，我们开始尝试通过调整执法检查反馈的时间，选择事中反馈情况，促进政府改进工作，大大提高了对政府工作的支持力度。

人大工作涉及的多是群众的事情，要想真正反映群众心愿，充分的代表民意，就必须坚持求真务实。人大常委会求什么“真”？务什么实？显然应该是：求真实性之真，求真理性之真.求依法办事之真；务贴近实际之实，务贴近群众之实，务维护好实现好人民群众的根本利益之实，务发挥好代表聪明才智之实。因此，做人大工作要始终坚持真实性的原则，说实话、办实事、求实效、不浮华，不推诿，脚踏实地，真抓实干。在决定重大事项时，一定要站在全局的高度，在大局于思考问题，做到唯实；在组织和实施各项工作中，要脚踏实地、一抓到底，做到务实；在总结工作时，摆准位置，做到真实。

人大代表是人民代表大会主体，做好人大工作，必须充分发挥代表作用。今年我市人大常委会将进一步发挥代表闭会期间作用，为代表依法履职，提供好服务平台，使我市各级人大代表真正成为我市学习实践科学发展观的主力军。

坚持三个有机统一　深入贯彻实施《监督法》

辽宁省鞍山市人大常委会主任　贾年吉

法律的生命力在于实施。《监督法》颁布实施以来，鞍山市人大常委会坚持“围绕中心、依法履职、关注民生、促进和谐”的工作理念，在深入贯彻实施《监督法》的实践中，逐步探索出“三个有机统一”的贯彻实施原则。

一是坚持程序和实效的有机统一，不断提高监督工作水平。《监督法》是专门规范人大常委会监督工作的法律，全面正确实施《监督法》，关键是要讲究程序，追求实效。要坚持民主集中制和集体行使职权原则，实行少数服从多数的议事规则，保证监督权不被滥用。监督工作必须建立在认真调查研究的基础上，重事实，重依据，有针对性地提出符合法律规定的审议意见，适时作出决议和决定。要突出监督重点，用好用活重要监督手段，在强化听取和审议专项工作报告、预算审查监督、执法检查、规范性文件备案审查等四项经常性监督工作的基础上，注重把专项监督和综合监督、初始监督和跟踪监督、自查整改与依法纠正结合起来，切实增强监督工作的针对性和实效性。

二是坚持规范与继承的有机统一，努力增强监督工作活力。《监督法》在总结以往各级人大常委会行使监督权实践的基础上进行了规范统一。如总结规范监督检查的经验和做法，从法律上完整地确立了执法检查制度；从我国国情和实际出发，与经济体制、政治体制、文化体制等方面的改革进度相适应，稳妥地将述职评议、个案监督规范为专项工作评议。把有关任命干部的工作业绩和存在问题寓于听取和审议专项工作报告之中，既体现了党管干部原则，又体现了人大常委会对所任命人员的监督。我们要准确理解《监督法》对常委会监督工作的规范和统一，努力把以往好的经验做法与《监督法》的现行要求有机结合起来，对于过去行之有效的一些监督形式，要在继承中不断创新，不断规范，增强监督工作活力。

三是坚持监督和支持的有机统一，切实推动“一府两院”工作。监督与被监督是一个矛盾统一体，缺少其中任何一个方面，都不是一个良性循环的有机整体。人大常委会作为监督的主体，“一府两院”作为监督的客体，都是监督工作不可或缺的组成部分，都是在党的领导之下，肩负国家和人民的重托，履行各自的工作职责。人大常委会对“一府两院”的工作实施监督，目的是督促其完善机制、改进工作，促进依法行政、公正司法。这既是一种制约和监督，也是一种支持和促进，人大常委会要把握好支持和制约的关系，依法行使监督权，做到尽职不越位、决定不处理、监督不代办，使监督工作有利于充分发挥“一府两院”的积极性、主动性和创造性。“一府两院”要自觉接受人大监督，积极支持人大依法行使监督职权，对于监督中发现的问题，及时进行整改，并及时将整改情况向人大常委会汇报。

“竭尽全力办好代表议案”

河南省邓州市人大常委会环资委主任　孙中林

“竭尽全力办好代表议案，是市政府义不容辞的责任。”2008 年 11 月 20 日，在河南邓州市十三届人大常委会第十四次会议上，市长刘树华汇报议案办理情况时态度诚恳。

参加这次会议的除了常委会组成人员外，还有列席的政府组成部门的正职，以及部分南阳市、邓州市人大代表。市长刘树华逐一汇报年初市人代会上代表提交的 4 件重点议案办理情况：

“吴云红等代表提出议案，要求保护开发福胜寺文物古迹、拓宽团结中路、打通交通‘瓶颈’。团结中路是贯穿邓州城区东西的三条主要干道之一，也是城区的中轴。曾出土金棺银椁和佛舍利等国家级文物的福胜寺塔，就坐落在该街道南面不足 30 米处。该区域的基础设施多为清代及民国时期所建，房屋破烂不堪，街道不足 7 米宽。随着城市的发展，该路段在城市功能中的作用日益凸显，机动车增多，梗阻现象突出，已成为城区东西方向的交通‘瓶颈’。”

“市政府为办好该议案，首先登清了需要拆迁的底子：该区域东西长 906 米，南北宽 220 米，面积 242135 平方米。这里共有居民 1317 户，各类房屋 7789 间 152354 平方米。通过深入调查，我们了解到这里 95% 的居民希望拆迁。当然也有部分居民虽同意拆迁，但所提条件一下子难以满足。如花洲办事处一户居民仅由两间临街房屋，却提出要补偿两处宅基，而且其中一处必须为门面房。拓宽改造团结中路、修复建设福胜寺是加快城市建设、改善人居环境的需要，也是广大居民的迫切愿望。但不利的是，该区域居民集中，房屋情况复杂，权属复杂，拆迁安置难度大。关于这一区域的规划建设方案，河南大学古建园林设计研究院提出按照交通要道、商业中心地带、文物古迹保护、休闲旅游区域的综合要求进行规划设计，着力打造福胜寺周边集商业、购物、高档住宅、旅游、娱乐等于一体的综合商业区域。该院和上海现代房地产实业有限公司等单位都主张保留旧城古香古色的古建风格，满足团结中路作为城区东西交通‘动脉’的功能要求，实行立体交通分流。为解决建设资金问题，市政府组织招商团队到上海、武汉等地洽谈投资开发事宜，已初步达成意向。待建设方案敲定后，争取 2009 年上马施工”。

看着委员和代表们在认真倾听，刘树华环顾了一下现场，接着汇报：“高海燕等代表提出了搞好城区中小学校规划建设的议案。城区现有初中和小学 21 所。其中小学 15 所，共 228 个教学班，在校人数 16654 人；初中 6 所，116 个教学班，在校人数 9392 人。按照国家规定的小学班额 45 人、初中班额 50 人的标准，市区需新建 2 所规模 24 班的初中和 3 所规模 24 班的小学。2008 年以来，市政府主要实施了学校资源优化配置，城区第一高中搬进新校址，第四高中搬进第一高中老校址，第一初中搬进第四高中老校址。第一初中整体搬迁后，占地面积扩大了 2 倍多，建筑面积扩大了 3 倍，既缓解了超大班的压力，又为扩大招生规模提供了条件，相当于新建了一所优质初中；原一初中校舍用来建一所 24 班规模、在校生达 1500 人左右的标准化小学。中小学校场地的置换，实现了资源的充分利用，等于新建了一所初中和一所小学。”

“下一步，市政府将重点做好以下工作：一是以《邓州城市总体规划》为依据，编制完成新建学校及扩建学校选址用地、空间布局及技术标准；二是凡规划确定的学校用地和预留用地，不得改变土地使用性质；三是逐步加大对中小学校建设的资金投入，确保五年内建设 2 所初中和 3 所小学的规划落到实处”。

参会的市人大常委会组成人员摊开笔记本，记下了市长的承诺。刘树华稍作停顿，开始汇报第三个议案的办理情况：

“对袁伟等代表提出的加快发展畜牧养殖业的议案，市政府高度重视。畜牧业是我市四大支柱产业之一。目前，我是在畜牧业发展上存在的主要问题，一是资金不足，二是用地问题。为解决资金问题，政府积极向上争取政策性项目资金 1780 万元，市财政也拿出 23.55 万元用于 471 头奶牛的补贴。市政府还多次召开银信部门座谈会，协调解决畜牧业养殖贷款问题，银信部门已贷出 760 多万元。为解决养殖用地问题，国土资源管理部门将规模化养殖用地纳入规划。目前，经市政府有关部门审核养殖用地的已达1237户。截至2008年10月，全市牛、猪、羊、禽存栏分别为44.01万头、123.5万头、152.03万只、1503.68万羽。目前，全市畜牧业产值29.6亿元，已成为农民增收和农村经济发展的重要增长点。下一步，市政府将狠抓各项支牧、惠农政策的落实，切实解决个别环节或项目落实不到位的问题”。

一个多小时过去了，常委会组成人员和列席人员并未感到疲倦，聚精会神地倾听着刘树华市长的第四项汇报。

“袁伟等代表关于建立南水北调渠首工程纪念碑和综合开发渠首产业带的议案，与政府的思路不谋而合。举世闻名的丹江水库是亚洲第一大人工水库，水域面积126万亩，蓄水总量达81亿立方米。上世纪六、七十年代，邓州人在极其艰苦的条件下，历时8年建成了4.4公里引渠、渠首闸和8公里的总干渠。现在，国务院将丹江水库定为南水北调中线工程的源头，这项工程既有灌溉农田的现实意义，又有旅游观光的经济价值，更有引丹江水送北京的战略意义。为了让后人记住这一段的历史，建一座纪念碑、纪念馆非常必要。”

“市政府组织有关部门先后三次深入渠首闸实地进行踏勘，聘请了南阳城市规划设计院进行设计，确定选址在杏山的清泉沟小山顶，占地约3000平方米，建筑面积1800平方米，内设展览厅、报告厅、休息室，周边配套餐厅、纪念品展示厅等。建成后，纪念碑、纪念馆下可俯瞰丹江水库，周围连通杏山地质公园、地址广场，与杏山旅游管理区的杏山楚长城遗址、古校场遗址、天池等旅游景点相接。建设所需资金500万元。将纳入2009年财政预算。”

“关于打造旅游产业带，一是启动杏山地质公园，着力打造杏山旅游业。市政府组织土地、城建、规划、林业、旅游等部门在杏山旅游管理区启动了杏山矿山整治绿化工程，规划了旅游线路，在旅游线路两侧栽植塔柏、香樟、栾树、紫薇、冬青等各种风景树10万多株，总投资100余万元，使杏山的生态环境得到了改善。二是邀请南阳等地文化知名人士，对杏山文化资源进行挖掘整理，将杏山楚长城遗址、古校场遗址、天池等景点制作了文化手册“杏山风光”进行宣传推介。三是全面启动杏山旅游产业。已先后投入资金500余万元，在山上建起了请泉山庄，实施了引水上山工程，初步带动了第三产业。四是广泛开展招商活动，已与南阳金正珠宝有限公司就独家经营开发杏山风景区达成了意向，合同已拟好，待界定杏山的经营与管理权后即可组织实施”。

刘树华市长汇报完毕，市人大常委会组成人员分组进行审议，并推举发言人进行大会发言。

委员郭秋米发言：“市长亲自汇报代表议案办理工作，在邓州尚属首次，表明了政府对办理代表议案工作的重视。委员们在审议中认为，关于《保护开发福胜寺文物古迹、拓宽团结中路、打通交通瓶颈》的议案，市政府做了大量工作，虽然澄清了底子、拿出了方案，但是没有见到拆迁的行动，希望市政府尽快组织实施。尤其在下步的拆迁工作中，既要考虑城市功能的提高，又要考虑被拆迁居民的经济补偿，切实做到以人为本，和谐拆迁”。

委员高海燕发言：“今年重点议案的办理，较往年相比质量明显提高。关于《搞好城区中小学校规划建设》的议案，市政府通过优化资源配置，初步解决了城区初中、小学入学难、超大班的问题。但是城区孩子全部进入小学、初中学习，按国家规定标准至少还需建2所小学、1所初中，市政府要早作规划，尽快实施，尤其对规划的建校位置，任何建设项目不得挤占，人大相关工作委员会要跟踪监督，保证规划建校项目落到实处”。

委员李符说：“市政府在办理今年的重点议案中，能够找准切入点，抓住问题的要害。如在办理关于《加快发展畜牧养殖业》的议案中，能抓住资金和用地的要害，认真研究对策加以解决，刺激了畜牧业的大发展，要继续努力。今后市政府在争取上级资金扶持的同时，还要增加市财政的投入，并制定相应的优惠政策，使畜牧业支柱产业做强做大。”

委员袁伟发言：“市政府办理代表议案，态度端正，积极认真。但是有的议案办理质量不高，如关于《建立南水北调渠首工程纪念碑和综合开发渠首产业带》”的议案，建立南水北调渠首工程纪念碑仅有规划，还没有动工。建立旅游产业带进展缓慢，还没有带动第三产业的发展。希望市政府尽快划拨专项资金，落实规划方案，把这件利在当代，惠及后人的事业办好”。

发言后，人人常委会组成人员对4件重点议案进行满意度测评，根据得票情况确定：《加快发展畜牧养殖业》的议案为满意。《保护开发福胜寺文物古迹、拓宽团结中路，打通交通瓶颈》的议案，以刚过半数票险达基本满意，其余两件议案为基本满意。

随即，市长表态发言："市政府诚恳接受人大常委会委员们的意见和建议，进一步加大工作力度，采取更加有效的措施，将议案办扎实、办彻底、办圆满"！

最后，市人大常委会主任殷中玲讲话指出："听取议案办理情况汇报是人大的工作程序之一，会后人大常委会要继续对承办单位进行跟踪监督，市政府一定要站在执政为民的高度，听民声、辨民意、效民力，针对所提问题，认真加以解决，把议案办彻底，向人民交一份满意的答卷"。会议在热烈的掌声中结束。

做好人大常委会机关工作的几点思考

吉林省珲春市人大常委会主任　李明玖

人大机关是人大常委会集体参谋班子和集体服务班子，在确保国家权力机关职权行使中承担着内外沟通与协调的重要职能。其工作的质量和水平，直接关系着整个人大常委会工作的成效。特别是监督法的颁布实施，对人大机关的工作提出了新的更高的要求。这里，笔者结合工作实际，就人大常委会机关如何开展工作，发挥作用，谈几点看法。

一、加强综合协调，充分发挥枢纽作用

人大机关是常委会联系"上下左右"的枢纽，承担着重要的综合协调职能。一是要加强与党委的联系。坚持党的领导是做好人大工作的保证。人大常委会党组是人大机关的组织领导核心，肩负着上传下达的重要职责，所以，在遇到重大问题、采取重大措施前，都要及时向党委请示报告，寻求支持。2006年下半年，围绕监督法的学习宣传，我们珲春市人大常委会党组就贯彻实施监督法的有关问题，及时向市委做了请示，汇报有关情况，提出具体建议。2006年12月，中共珲春市委印发了《关于深入学习贯彻监督法的通知》，对监督法的学习宣传贯彻实施工作进行了全面部署，也明确把政府组成人员接受人大监督情况，正式列入了组织部门年度考核的一项内容，这是珲春市委贯彻实施监督法的重要举措，也是地方党委对地方人大工作支持的具体体现。二是要切实搞好与"一府两院"和其他有关部门的联系。按照监督法的要求，人大常委会从确定议题到进行整改的五个主要环节，都是人大机关与"一府两院"沟通和协调的过程，沟通得越顺畅、越细致，越能保证各项工作紧张有序、和谐一致地进行。三是要搞好与上级人大机关之间的协调。对上级人大机关要在工作上多沟通，业务上多联系，寻求指导，特别是县级大人机构设置不统一的问题，要本着精简、统一、高效、便于开展工作的原则，建议上级人大机关予以重视，加以规范。同时，对乡镇人大主席团和街道人大代表工作办公室要加强工作指导，注意体谅基层工作的难处，对他们在工作中遇到的困难和问题，要千方百计帮助解决。四是要搞好机关内部的综合协调。机关各办事机构虽然分工不同，但工作职责和任务是一致的，要协调机关各办及全体人员，从人大工作的全局出发，加强团结，搞好协作，步调一致，做到上下一盘棋，形成强大的工作合力。

二、提高辅助决策能力，充分发挥参谋作用

人大机关作为人大常委会科学决策和依法履行职责的"参谋部"，不断提高辅助决策的能力和水平是首要职责。要更好地发挥这一重要职能，就必须增强"三个意识"。一是大局意识。机关干部要全面掌握本地改革、发展等方面的情况，把工作着力点放在常委会的重点工作上，放在牵动全局的大事上，放在群众关注的热点难点问题上，及时为常委会的决策出主意，当参谋，不断提高服务决策的水平；二是超前意识。人大机关的工作主要是围绕常委会开展的，是常委会监督工作的"先遣队"，只有不断提高工作的预见性和创造性，才能为常委会决策提供具有前瞻性的建议和意见。具体讲，就是在监督前，掌握第一手材料，明确监督的主攻方向，力争在决策中争取主动，在执行中掌握主动，在落实中寻求主动，增强服务的主动性、超前性。三是创新意识。推进工作创新，关键是在总结实践经验的基础上，适应形势发展需要，不断研究探索新途径、新方法、新举措，使我们的工作更富创造性，更具实效性。一方面，要强化思路的创新。要树立开放的、多向的、辩证的思维方式和思想观念，紧紧围绕党委中心工作和常委会工作重点，把工作中的难点、热点作为我们思考、研究问题的重点，在监督工作中力求多出新点子、出好点子，当好常委会决策和工作创新的“智囊团”。另一方面，要讲求工作方法的创新。在把握规律和总结经验基础上，要不断探求人大机关工作的新方法、新途径。要注重做好结合的文章，善于把宪法和法律法规与本地实际情况结合起来，把理论与实践结合起来。开展调研和执法检查，要注意灵活方式和方法，既要调查现在的情况，又不忽视了解过去的情况；既要了解面上的情况，又要了解点上的情况，努力把调查研究的广度和深度结合起来，要透过现象抓本质，抓住深层次的问题进行分析，努力使调研做到有广度、有深度、有力度。第三、要突出工作手段的创新。现代化的“网络办公”、“无纸化办公”已成为机关工作的必然趋势。要适应形势发展需要，进一步加快机关网络化建设，充分利用先进的技术手段，推动机关工作。

三、提高干部素质，充分发挥效能作用

人大机关的工作就是服务。提高机关的服务水平，必须要在提高自身素质上狠下功夫，努力做政治上很强、业务上很精、作风上过硬的新型机关干部队伍，更好地担负起新时期人大工作的重任。一是要大兴学习之风。人大工作，政治性、业务性都很强，需要不断学习、更新知识来提高我们的工作能力和服务水平。我们的做法是，在注重提高集体学习的质量和效果的同时，坚持以自学为主，人大机关每季度列出必读书目、重点选学的内容，制定出学习计划，并进行阶段性的总结和验收。二是要大兴调查研究之风。没有调查研究就没有发言权。就人大监督工作本身而言，其程序性强，涉及面广，没有深层次的调查研究，很难达到高质量的监督效果。一方面要围绕人大常委会工作要点，有目的开展调研，做到心中有数，避免盲目监督。另一方面，还要对所联系部门的相关工作开展调研，做到不说外行话，监督有分量。三是以提高应用文写作水平为目的，大兴岗位练兵之风。机关工作，最离不开的是公文写作。要积极创造条件，制定强化措施，本着缺什么补什么的原则，让人人都动笔，人人都写调查报告，力争通过强化练笔，把人大常委会机关的公文写作提高到一个新的水平。四是要上下联动，大兴干事之风。能干事、会干事、干成事是对机关干部的基本要求。监督是为了实现发展，是为了推进工作。人大机关的同志，特别是班子成员要负起责任，树立起强烈的干事意识，要发挥带头作用，在实施监督工作中，努力实现好、维护好、发展好最广大人民群众的利益，在地方经济建设中发挥出应有的作用。五是要把好人大干部的进出关。首先，要解决好人大机关干部的“入口”问题。扩大人大干部的来源范围，逐步把那些既有强烈的使命感、责任心、事业心，又懂法律法规的年轻人充实到人大机关来，增强人大机关的活力与朝气。其次，要疏通人大机关干部的“出口”。要大胆提拔任用那些德才兼备、勇于开拓、勤奋工作、确有实绩的干部。加强人大机关与党政机关和“两院”的干部交流，真正使人大机关干部“动起来、活起来”，有奔头、有盼头。第三，要根据人大的性质和特点，在机关内部建立良好的竞争和激励机制。要建立健全一整套科学、全面、客观的量化工作标准，以事定岗，以岗定责，进一步坚持和完善岗位目标责任制以及检查、考核制度、选拔任用制度。要冲破论资排辈、平均主义传统观念的束缚，坚决克服干与不干、干多干少、干好干坏一个样的现象。

四、抓好工作落实，充分发挥助手作用

人大及其常委会决策、决定的工作和事项成效如何，关键是要抓好督促落实。人大机关各办事机构要树立“大落实”、“大督查”的观念，加强协调合作，按照职责分工，一级抓一级，层层抓落实。同时，要充分发挥人大代表和人大常委会组成人员的作用，形成合力大督查、合力抓落实的工作格局。一是认真做好审议意见的整理工作。《审议意见》是出席、列席常委会会议同志发言的综合，是对专项工作报告、执法检查报告的总体评价和被监督单位工作的建议、批评与意见。它要送请被监督单位作为改进工作的参考，要报请党委有关领导作为了解社情民意的参考，要提供给干部管理部门作为考核了解干部的参考，也是向人大代表通报和向社会公布的依据，因此，对整理《审议意见》的要求，必须做到“真实、全面、准确、鲜明”。二是做好跟踪检查和推动整改的各项工作。人大监督是否收到实效，最终要体现在整改上，要用整改成果来检验。所以，人大机关各办事机构要尽职尽职，狠抓落实，在推动整改上下功夫，在讲求实效上下气力。三是做好常委会监督工作情况的通报和公布工作。监督法对必须通报和公布的事项分别在五处不同条款中作了明确规定，目的在于保证常委会行使监督权的情况接受代表大会、人大代表和人民群众的监督。由于这是一项全新的、繁杂的工作，没有什么经验可以借鉴，所以，人大机关的同志需要在实践中努力去探索，不断总结经验，把握规律。四是要做好人大代表议案和建议意见的督办工作。要改进办理方法，切实在提高“解决率”上下功夫，做到事事有交代，件件有结果。五是要做好信访案件的督办工作。对代表和群众来信来访，要认真受理，并搞好转办督办落实工作。对那些事关群众切身利益、影响较大、领导有明确批示的信访案件，必要时组织多个部门进行联合督查，为常委会履行职责、联系代表和群众当好助手。

总之，切实加强人大的机关建设，不断提高综合协调和服务水平，就能够增强机关的向心力、凝聚力和战斗力，人大机关工作就会开展得更加富有成效。

关于七台河市在全省率先实现城乡一体化的思考和探索

黑龙江省七台河市委书记　杜吉明

党的十七届三中全会把加快形成城乡经济社会发展一体化新格局，作为推进农村改革发展的根本要求，指明了“三农”工作的方向。黑龙江省七台河市作为煤炭资源型城市，将充分发挥农业比重小、农村人口少、以城带乡和以工促农能力相对较强的优势，力争在全省率先形成城乡经济社会发展一体化新格局。

一、加快推进城乡一体化是贯彻落实十七届三中全会精神，深入学习实践科学发展观的重大举措

近年来，我市经济综合实力大幅提升，各项社会事业长足发展，人民生活显著改善，新农村建设进展顺利，人民群众得到了更多实惠。但实事求是地说，农业基础仍然薄弱，农村发展仍然滞后，农民增收仍然缓慢，城乡之间差距还在拉大。学习贯彻党的十七届三中全会精神，深入落实科学发展观，加快形成城乡经济社会发展一体化新格局，意义十分重大而深远。一是贯彻落实党的十七届三中全会精神的首要任务。十七届三中全会从国家安全和发展战略高度，明确了农村改革发展的基本目标任务之一，是到2020年基本建立城乡经济社会发展一体化体制机制。这标志着我国农村改革发展站在了一个更高的历史起点上，预示我国工农关系、城乡关系进入了一个新的发展阶段。我们贯彻三中全会精神，就要根据我市实际，把城乡一体化作为突破口，在统筹城乡发展、推进城乡一体化上全省领跑，做出示范。二是学习实践科学发展观活动的重要内容。当前，全党正在开展深入学习实践科学发展观活动，这是我们最重要的政治任务。科学发展观的根本方法是统筹兼顾，在“五个统筹”中，统筹城乡发展列在首位，也是关键所在。开展学习实践科学发展观活动，就必须统筹城乡发展，加大农村投入，全力解决好“三农”问题。三是实现全面建设小康社会宏伟目标的迫切要求。全面建设小康社会，最艰巨最重要的任务在农村，没有农民的全面小康就没有全国人民的全面小康。我市要实现“358”跳跃式发展目标，在全省率先建成全面小康社会，就必须把加快城乡一体化进程，作为解决好“三农”问题的有效途径，率先在全省形成城乡经济社会发展一体化新格局。四是提高城市综合实力的战略需要。我市同全省其它地市比较，地域相对狭小，人口、经济总量在全省占的比重较低，必须寻找新的经济增长点来解决这一问题。提高城市化率是增强一个地区综合实力的重要途径，很多城市地域很大，但实力并不强，新加坡、香港、澳门等地域不大，但由于全部实现了城市化，综合实力却非常强。七台河要实现跳跃式发展，破解地域空间狭窄、经济总量偏小的“瓶颈”，必须把加快推进城乡一体化，作为提高综合实力新的经济增长点和突破口。

二、七台河市加快推进城乡一体化的良好基础和有利条件

随着近几年我市循环经济的快速发展，全市工业化、城市化水平快速提高，加快推进城乡一体化具备了一定的基础和条件。一是城市化率相对较高。与全省各地市比较，我市带县少，农业比重相对较小，2008年全市三次产业比例为10.8:51.8:38；城市总面积6221平方公里，耕地只有221万亩，人均耕地6.35亩，耕地总面积不大；在全市总人口中，农业人口34.8万，占总人口的38.88%，城市化率约为61.08%，高于全省平均水平的53.

9%、全国平均水平的44.9%、世界平均水平的45%；我市农民平均收入相对较高，城乡收入差距比相对较小，2008年农民人均纯收入是4990元，高于全省的4840元、全国的4761元。二是工业带动能力相对较强。我市是以工业为主导产业的资源型城市，特别是近几年随着煤炭循环经济的发展，工业整体实力不断增强，新上了一大批规模较大、技术先进的煤炭精深加工项目，工业整体实力实现了跨跃式发展。今年规模以上工业增加值绝对值已稳居全省第四位。随着新型工业化进程加快，循环经济和资源型城市经济转型两个国家级试点市政策的逐步到位，工业带动能力将进一步增强。这是我们提出率先实现城乡一体化新格局的重要基础。三是城乡发展布局相对有利。煤矿城市的特殊性，决定了我市具有城乡交错、工农混居的特点，给加快城乡一体化带来了有利条件。近几年已有一大批农民进城进镇，成为企业老板和产业工人。同时我市金河、东岗等新建工业园区，从区位上看都在向郊区或乡镇发展，既带动了农民就业，又促进了当地道路、供水、排水等基础设施建设，有力地加快了城乡一体化进程。四是城市承载能力相对较大。由于近几年我市城区规模快速扩大，基础设施不断完善，房地产业良性发展，第三产业日趋活跃，加之采煤沉陷区治理、城市棚户区改造等大规模的建设，城市承载和吸纳能力不断增强，每年都有大批农民进城务工。目前我市每年新增转移的农民大约4.5万人，他们有的长期在城市居住，渐渐改变了“身份”，加上到域外打工人员的增多，农村留守人员减少，从某种程度上说，扩大了人均拥有土地资源，提高了劳动生产率。无论是农民离土创业，还是守土农民增收，都有利于缩小城乡差别，加快城乡一体化进程。

三、加快推进城乡一体化的基本途径和主要措施

构建城乡经济社会发展一体化新格局，是一个复杂的社会系统工程，面临一系列矛盾和问题，必须深化改革，完善政策，加大投入。结合七台河实际，我们以推进农民市民化、农村城镇化、农业现代化、公共服务均等化为载体，全面推动城乡统筹协调发展。

第一，把加快农民市民化作为推进城乡一体化的基本着力点。城乡一体化的一个重要途径就是农民向城镇转移，推进农民市民化是从根本上解决“三农”问题的关键。我市从制约农民市民化的体制和制度等关键问题入手，着重在户籍制度、劳动就业和社会保障体制等方面进行探索和创新，为公民自由有序流动创造条件。实行城乡一个户口本。运行多年的城乡二元户籍制度，把城乡居民分为截然不同的两个群体，并赋予不同的社会权利和国民待遇，这是城乡统筹的最大壁垒和藩篱。我们按照十七届三中全会精神，改革城乡户籍管理制度，实行城乡一个户口本，按居住地登记户口，取消农业、非农业户口性质划分，使在城镇稳定就业和有合法固定住所的农民有序转变为城市居民。实行城乡统一的身份待遇。改革附加在户籍制度上的劳动用工、社会保障、教育、住房等方面的相关制度，目前已经实现了城乡最低生活保障标准、老复员军人和烈属补助金等五个方面的统一。建立城乡统一的劳动就业制度和人力资源市场，对新到城镇落户的农民，在养老、失业、医疗、工伤、生育保险等方面，与城镇职工享有同等待遇。实行长期不变的土地承包关系。农民市民化的最大制约因素是土地收益问题。我们按照三中全会精神，实行民利优先原则，保证进城落户农民土地承包关系长期不改变，并允许依法、自愿、有偿流转，解除了农民的后顾之忧。

第二，把加快农村城镇化作为推进城乡一体化的重要突破口。农村城镇化是城乡一体化的必然要求，我们紧紧抓住城中村改造和发展小城镇这两个关键环节，大力提升城市化水平。加快城中村改造。城中村是城乡二元结构矛盾的交汇点，是推进城乡一体化要求最强烈、条件最成熟的区域。我市结合煤炭城市的特点，整合利用国家采煤沉陷区治理政策、支持新农村建设政策、城市棚户区和农村泥草房改造政策，多措并举推动城中村改造。操作中注重尊重农民意愿，并保证城中村居民农村原有的利益不减少，城镇应得的待遇都给到，房屋拆迁重建、集体资产处置、农民身份转换、管理体制转轨等问题，包括旧村拆迁、新区选址、户型设计、配套设施、分配方案等每一个环节，都广泛征求村民意见，最大限度满足群众愿望。同时注重发挥我市民营经济立市的优势，引导有实力的民营企业投资整村搬迁，让农民不花钱或少花钱就能住上楼房，企业不用新占耕地就能增加建设用地。大力发展小城镇。小城镇是城乡重要结合部，是农业产业化和农村城镇化的重要依托，是农民城镇化门槛最低的载体。为增强小城镇的辐射和带动能力，我们在科学编制发展规划的基础上，制定鼓励农村发展二三产业的优惠政策,对农民或返乡农民工自主创办二三产业,给予下岗再就业或大学生自主创业等优惠政策。支持有条件的小城镇建设工业集中区,扶持小城镇招商引资上项目,对落户乡镇的工业项目给予企业最优惠的税费政策。在集约用地的前提下,支持偏远村屯农民到小城镇建房,向小城镇集中。

第三,把农业现代化作为推进城乡一体化的主要支撑。推进城乡一体化,最基础、最重要的在于搞活农村经济,增加农民收入。我们紧紧抓住土地流转、农业产业化和发展现代农业等重要支点,大力发展农村经济。扩大土地经营权流转。制定鼓励引导土地经营权流转的政策,建立土地流转服务中心,加强土地流转的规范和服务,通过大户承包经营、股份制经营、合作社经营、分散租赁等模式,引导农民加快土地经营权流转。目前全市农村土地承包流转面积达 54 万亩,占全部承包经营土地的 30% 以上,6 个村成为整村流转试范村,9 个村成为土地流转集中连片种植试范村,极大地提高了土地产出率、资源利用率、劳动生产率,推进了农民离土离乡、进城进镇、从工从商。扶强扶壮龙头企业。树立支持产业化就是支持农业、扶持龙头企业就是扶持农民的理念,市区县财政每年都设立专项资金,扶持重点龙头企业发展,全市省级以上龙头企业达到 6 户,国家级 2 户,年屠宰加工肉鸡 3000 万只、生猪 50 万头、大鹅 100 万只,加工农产品 50 万吨,烟叶 50 万担,万寿菊、北药等高效经济作物 10 万亩,带动农户 5.6 万户,拉动农民增收 3 亿多元。积极发展现代农业。加大农业技术推广力度,提高农业标准化、机械化和良种化水平,建成 3 个国家级大豆、水稻万亩高产示范区,15 个市级千亩农业标准化示范区,一批蔬菜基地、养殖基地、特色种植基地,“一村一品”、“一乡一业”的产业格局初步形成,建设“农业特产之乡”迈出新的步伐。

第四,把加快公共服务均等化作为城乡一体化的基础保障。统筹城乡经济社会发展,一个重要方面是让农民与市民享受均等的公共服务。为此,我们把财政投入的重点向农村倾斜,把城市的公共服务向农村延伸,不断加大农村基础设施和社会事业建设力度。村村通硬化路。道路是发展农村经济和改善农民生产生活条件的基础。我们多渠道筹措资金,加快农村路网建设,年内将实现所有行政村全部通硬化路。村村通自来水。饮水安全事关广大农民群众身体健康,是推进城乡一体化的重点,必须保证投入,并严格把好设计论证、资金使用、施工质量关,确保今年全部解决行政村饮水安全问题,让农民群众喝上干净水、放心水。村村有标准化卫生所。加大农村医疗卫生投入,加快建立市县级医院与乡镇医院、村卫生所的托管合作关系,实行医务人员统一调配、财物统一管理、药物统一配送,年内实现村村有标准化村卫生所,乡镇有标准化卫生院。村村解决上学难题问题。加快乡镇寄宿制学校建设,逐步取消规模偏小的村级办学点,保证偏远农村孩子都能安全方便上学,加强城乡师资交流,改善农村办学条件,促进城乡教育均衡发展。村村有办公场所。加大对贫困村的资金扶持力度,保证每个行政村都建成标准化办公场所、综合文化室和村民健身娱乐广场。大力开展清洁水源、清洁田园、清洁家园和村庄绿化等村容村貌综合整治活动,创造良好人居环境。

四、加快推进城乡一体化应注重坚持的原则

城乡一体化建设是一项管理体制的重大改革,涉及经济、社会、文化等多方面因素,事关农村改革发展,必须坚持以下原则,确保稳步推进。

一是坚持尊重农民意愿、保障农民利益的原则。城乡一体化最直接、最大的利益关系者是农民,如果不能保障农民受益,就得不到他们的赞成和支持,工作就无法开展。必须尊重农民意愿,保证农民既得利益不减少,无论农民户籍改变、还是转移就业,都要保证农民的土地承包关系长期不变。必须坚持一切从实际出发,因地制宜,区别对待,不搞强迫命令,不搞形式主义,不搞“形象工程”、“政绩工程”。

二是坚持改革创新原则。统筹城乡一体化发展是一项全新的事业,各地的发展条件和基础各不相同,不可能完全实行一个模式,也不能完全照抄照搬外地经验,要以改革创新的精神破解难题、推动工作,并注重在思想观念、体制机制、方式方法上不断改革、不断创新。

三是坚持政策推动、市场引导原则。制定相关配套政策,积极进行户籍制度、社会保障制度等方面的改革探索,充分发挥市场机制在资源配置中的基础性作用,运用市场机制开发资源、筹集资金,保障和推动城乡一体化的实施。

四是坚持产业带动、工业化城镇化农业产业化并举的原则。城乡一体化的推进,必须建立在强大的产业支撑基础之上,融入工业化和城市化的进程之中,不能只凭主观热情。要把提升工业经济实力,加快支柱产业发展,积极发展第三产业,提高农业产业化水平，作为推进城乡一体化发展的前提和基础。

五是坚持最大限度调动农民积极性的原则。通过思想引导、舆论宣传、工作指导，使农民群众克服因循守旧、等待观望、不愿意离乡离土、苦守穷敖的思想，消除怕离开土地失去生活依靠、怕进城找不到就业门路、怕转移住所不适应环境的顾虑，把推进城乡一体化的决策转变为农民群众的自觉行动。

地方人大落实科学发展观　要坚持“三突出”做到“三注重”

山东省安丘市人大常委会党组书记、第一副主任　王乃平

一个民族要站在科学的高峰，就一刻也不能离开理论思维。马克思主义是人类思想史上最伟大的理论，是推动社会进步、实现人类解放最锐利的思想武器。它具有与时俱进的理论品质，随着时代的变迁和实践的发展而发展。中国共产党成立之初，就郑重地把马克思主义写在自己的旗帜上，在把马克思主义基本原理同中国革命、建设和改革的实践相结合过程中，不断推进理论创新，创立了毛泽东思想、邓小平理论、“三个代表”重要思想以至今天的科学发展观等一系列重大战略思想。

科学发展观，第一要素是发展，核心是以人为本，基本要求是全面协调可持续，根本方法是统筹兼顾。科学发展观，是对党的三代中央领导集体关于发展的重要思想的继承和发展，是马克思主义关于发展的世界观和方法论的集中体现，是同马克思列宁主义、毛泽东思想、邓小平理论和“三个代表”重要思想既一脉相承又与时俱进的科学理论，是我国经济社会发展的重要指导方针，是发展中国特色社会主义必须坚持和贯彻的重大战略思想。

高度重视理论建设，是我们党的优良传统；用发展着的马克思主义指导新的实践，是我们从胜利走向胜利的基本经验。“党的理论创新每推进一步，理论武装就要跟进一步。”科学发展观是在全面建设小康社会实践中形成的重大理论创新成果，对于我们党和国家事业的发展来说，当前和今后很长时期内最关键的是坚持用科学发展观武装头脑、谋划发展、解决问题、推动工作。只有深入贯彻落实科学发展观，着力解决面临的各种矛盾和问题，才能使中国特色社会主义道路越走越宽广，才能让当代中国马克思主义放射出更加灿烂的真理光芒。

当前全党正在积极开展深入学习实践科学发展观活动，就地方人大而言，要贯彻落实好科学发展观，推动地方人大工作，必须把握科学发展的时代脉搏，谋划工作坚持“三个突出”，落实工作做到“三个注重”。

谋划人大工作，一是要突出发展的全面性。人大工作涉及经济、政治、文化、社会建设等各个方面和各个领域。因此，我们要以科学发展观为指导，坚持发展为了人民、发展依靠人民、发展成果由人民共享，认真审视人大的地位与作用，正确处理好经济发展、政治发展、文化发展和社会发展的关系，促进政治文明、精神文明、物质文明和生态文明的全面协调发展，构架起人大工作发展的新蓝图。二是要突出发展的协调性。人大作为上层建筑的重要组成部分，必须适应经济基础协调发展的需要，对自身的工作内容、方式和效率等进行变革。当前，必须正确面对、认真分析在改革发展过程中出现的不和谐因素，重点解决好损害群众利益的问题，依法纠正各种损害群众利益的行为；从法律制度上妥善解决社会成员收入差距过大、社会就业矛盾突出、城乡差别扩大、地区发展不平衡等问题，引导人民群众以合法的方式表达利益诉求，解决利益矛盾，化解社会不和谐因素。三是要突出发展的可持续性。在工作谋划上，我们应更多地、前瞻性地关注控制人口、节约资源、保护环境等直接影响经济社会可持续发展的方面，同时要按照建设资源节约型和环境友好型社会的要求，支持和督促政府正确处理好经济社会发展与环境保护的关系、人与自然的关系，通过转变经济发展方式、调整优化产业结构，促进经济社会与资源环境、人与自然的和谐发展。

落实人大工作，一是要注重增强责任感和使命感。坚持和完善人民代表大会制度，加强社会主义民主法制建设，既是落实科学发展观的重要内容，

是构建和谐社会的重要保障。人大及其常委会作为国家权力机关,担负着依照法定程序把党的决策和主张变为国家意志、动员人民群众贯彻落实的重要职能。我们一定要认清形势,明确肩负的重任,增强落实科学发展观、构建和谐社会的责任感和使命感,按照党的十六届五中全会提出的以科学发展观统领经济社会发展全局的要求,全面把握科学发展观的基本内涵和精神实质,兢兢业业地做好人大各项工作,增强工作实效,保障中央大政方针和地方党委决策部署的贯彻落实,保障宪法、法律和法规的正确实施,保障改革开放和现代化建设的顺利进行。二是要注重人大四项职能的落实。立法、监督、重大事项决定和人事任免是人大的四项基本职能。我们必须把落实科学发展观、构建和谐社会的要求贯穿人大工作的全过程,落实到各个方面、各项具体工作中去。在地方立法方面,要紧紧抓住经济社会发展急需解决的问题和人民群众普遍关注的热点、难点问题,选准立法项目,提高立法质量,增强立法的计划性、针对性和可操作性;不断完善地方立法的具体工作制度和机制,进一步推进地方立法民主化、科学化,杜绝部门利益法制化的倾向,确保广大人民群众合法权益得到充分保护,共享改革发展的成果。在监督工作方面,要切实加强和改进监督工作。对"一府两院"为落实科学发展观,构建和谐社会所采取的举措和做法,要旗帜鲜明地给予支持。要通过听取和审议专项工作报告、审查和批准决算、开展执法检查、规范性文件备案审查、询问和质询、特定问题调查、撤职案的审议和决定等有效形式,切实增强监督的针对性和实效性。在讨论决定重大事项方面,要抓住全局性、长远性和根本性问题,积极推进人大重大事项决定权的行使,重点对事关经济社会协调发展、民主法制建设、城市建设管理、建设社会主义新农村以及涉及民生福祉的重大问题,依法认真进行审议,及时作出决议、决定和提出审议意见,以保证和促进科学发展观、构建和谐社会的要求落到实处。在人事任免方面,要坚持党管干部原则和人大依法任免干部有机统一起来,按照科学发展观和正确政绩观的要求,进一步加强人事任免和任后监督工作,为富民兴黔和构建和谐社会提供坚强有力的组织保证。三是要注重加强人大及其常委会自身建设。随着我国社会主义现代化建设和改革开放的深入进行,人大及其常委会所担负的任务越来越繁重,这就要求各级人大及其常委会把自身建设摆在更加重要的位置。作为地方人大及其常委会,我们要以开展深入学习实践科学发展活动为契机,不断加强政治理论和业务知识的学习,注重调查研究,增强大局意识、责任意识、服务意识、效率意识和忧患意识,提高依法履行职权、推动科学发展、促进社会和谐的能力和水平,推进人大工作制度化、程序化、规范化,充分发挥人大及其常委会作为国家权力机关、依法履行职责的工作机关和密切联系人民群众的代表机关的作用。

关于执法检查工作的调查与思考

河北省石家庄市人大常委会农经委干部　　何金录　崔书冠

对有关法律法规实施情况开展执法检查,是各级人大常委会实施法律监督的一种有效形式。《监督法》颁布实施后,如何更好地改进和深化执法检查工作,增强执法检查实效,仍是摆在各级人大常委会面前的重要课题。今年以来,通过对我市人大常委会及部分县(市)区人大常委会开展执法检查工作情况进行调研,感到我市及所辖县(市)区在执法检查工作实践中积累了一定经验,同时还存在一些不容忽视的问题。现结合调研情况就进一步深化执法检查工作提几点改进意见。

一、我市执法检查工作积累了一些经验

近年来,我市及所辖县(市)区人大常委会先后对义务教育、安全生产、城市规划、污染防治、矿产资源、土地管理、动物防疫等20多部法律法规贯彻实施情况开展了执法检查,收到了一定效果,并积累了一些经验。一是把执法检查工作放在人大工作的突出位置。遵循《地方组织法》县级以上地方各级人民代表大会常务委员会"在本行政区域内,保证宪法、法律、行政法规和上级人民代表大会及其常委会决议的遵守和执行"的要求,市和县

(市)区人大常委会,每年都精心组织2至3次较大规模的执法检查,以促进相关法律法规的落实。检查前一般都成立由同级人大常委会主管领导任组长的执法检查组;检查中深入基层有关单位,了解执法中遇到的困难和问题;检查后写出专题报告,由执法检查组组长向人大常委会会议报告检查情况,针对存在问题提出进一步落实法律法规的建议。二是执法检查工作渐趋规范。从检查项目的提出、检查方案的确定、检查人员的组成等都能按照《监督法》规定的要求操作,同时,还就执法检查的动员部署、执法检查报告形成、审议意见的转办等提出更为具体的实施意见,初步形成了一套较为完整的模式。三是探索出了一些成功做法并取得实效。如对一些涉及改革发展大局、事关人民群众切身利益的法律法规,为了加大执法检查力度,有的采取市县上下联动的方式进行;对一些问题较多或影响较大的法律法规紧紧抓住不放,连续几年进行执法检查。比如,对城市规划、环境保护、土地管理、食品卫生等法律法规连续多年开展了执法检查,加大了执法监督力度。有的还把执法检查与督促整改很好地结合起来,实行追踪问效,由此促使一些有法不依、执法不严、违法不究的问题得到较好解决,推动行政执法部门不断完善执法体系、逐步规范执法程序、探索创新执法机制、加大执法力度。通过执法检查,各级领导学法、用法的自觉性不断提高,政府及其部门依法行政的意识不断增强,人民群众依法维护自身合法权利的观念和能力不断加强。同时,执法检查还提高了全社会对地方国家权力机关性质、地位和作用的认识,强化了各级人大常委会的法律地位。

二、目前我市执法检查工作仍存在一些问题

由于受诸多主客观因素的影响,目前我市及一些县(市)区人大常委会的执法检查工作,还程度不同地存在以下几个有待改进的问题:一是有些执法检查针对性不强,重点不够突出。如在执法检查项目的选择上,常常是由人大相关工作部门根据自己的喜好提出,有的照搬上级人大执法检查计划,有的只根据本级"一府两院"的提议,有的是照顾各委工作任务平衡而定。使得有些检查项目缺乏针对性,有的与广大人民群众意愿相距甚远。二是执法检查的方法不够完善。通常是事先发通知,提前打招呼。检查方法一般都是听取执法部门情况汇报,召开不同类型人员座谈会和实地察看。由于是集中检查、人数多、规模大,大多情况只是浮光掠影的"听",走马观花的"看",缺乏更多直接听取群众意见的机会。加之政府及部门汇报执法工作情况多是谈工作成绩,而疏于反思执法中存在的问题和差距,使执法检查难以掌握真正的第一手材料,缺乏对执法工作情况的全面了解。三是执法检查报告质量不够高。执法检查报告中,一般叙述多、全面分析少,揭露局部问题多、查找整体问题少,使报告不能对法律实施状况进行全面、客观评价;难以指出执法主体存在的深层次问题;提出的意见建议有许多是大而空的东西,缺乏针对性、可操作性。还有的热衷于为执法部门争编制、争经费,使执法检查报告变成了为执法部门解决人、财、物的呼吁书。此外,执法检查组成员对相关工作不熟悉,检查前又集中学习培训不够,或有的检查人员自身职责意识不够强,不愿过深触及执法部门存在的问题,致使执法检查人员提不出有深刻见解的意见和建议,也影响着执法检查报告的质量。四是审议意见和执法检查报告督办落实不够有力。常委会会议结束后,一般将有关审议意见和执法检查报告以常委会办公厅(室)文件形式转交有关部门办理,并要求有关部门按期书面报送落实情况,而意见是否真正得到落实,落实得好不好、是否到位,往往没有后续工作。特别是对执法检查中发现的一些重大问题,缺乏有效的跟踪问效监督手段,一定程度上造成执法部门对人大常委会执法检查中提出的意见建议办理不够及时、不够认真,影响了执法检查的效果。

三、进一步深化执法检查工作的几点建议

解决目前我市执法检查中存在的主要问题,关键是"对症下药"。经认真思考提出以下几点建议:

(一)首先要从实际出发,选准执法检查的重点。一是认真筛选执法检查题目,坚持少而精原则。应从以往执法检查、调查研究中发现的突出问题,常委会组成人员、人大代表集中反映的问题以及人民群众来信来访集中反映的问题中,筛选事关本地改革发展稳定和社会发展大局的法律、法规,有针对性、有重点的进行执法检查。二是明确所检查法律法规的重点内容。人大执法检查的重点应是执法主体,主要检查执法主体部门是否履行了执法的职责、执法行为是否规范、执法程序是否合法、执法手段是否落实、内部监督制约机制是否有效、执法效果是否明显。要通过肯定执法部门的成绩,查找执法中的不足和薄弱环节,提出有针对性的整改意见建议，督促执法部门提高执法水平，达到促进法律法规遵守和执行的目的。三是合理安排检查计划。按照"适量、适时"并"适当"与上级人大执法检查计划对接的原则，对检查内容、检查方法步骤进行认真分析推敲，切实做到周密安排，精心组织，认真实施，不走过场。只有这样人大执法检查才能取得好的效果。

（二）探索创新，不断改进执法检查的方式方法。执法检查不仅要听取政府执法部门实施法律法规情况的报告，还要听取管理相对人的意见；不仅要召开不同层面、不同类型的座谈会，多方面听取意见，还要积极运用问卷调查、随机抽查、接听投诉电话等途径和方式，拓宽直接听取群众意见的渠道。必要时还可采取将执法检查组成员分散下去，通过"明查与暗防相结合"的方法摸清真实情况。只有将自查与抽查、重点检查与一般检查、有通知检查与无通知检查、集中检查与分散检查有机结合，才能更全面地了解掌握执法情况和相关法律法规的实施情况。此外，对重要法律法规可继续采取市县上下联动方式，形成规模效应。为扩大执法检查效果和影响力，还可把执法检查与舆论监督很好地结合起来，充分发挥报纸、电台、电视台等新闻媒体作用，对执法检查过程中发现的重大违法案件及处理情况进行跟踪报道，公开曝光，以案释法，从而促进有关法律法规的执行和遵守。

（三）加强机制建设，强化监督实效。要针对执法检查的薄弱环节加强制度建设。除对检查重点、检查实施方案、检查方式方法进行规范外，还应强化以下几点：一是在开展执法检查前，一定要对执法检查组成员集中进行法律法规的学习培训，使其掌握拟开展执法检查的法律法规的重点内容，提高发现问题、分析问题的能力和水平。二是对执法检查报告要有统一的规范。执法检查的成果主要是通过执法检查报告来反映和体现的。因此，应认真写好执法检查报告，客观公正评价法律、法规实施的现状，充分肯定执法工作中取得的成绩和成功经验，以鼓励执法主体今后更好地发扬成绩，坚持好的经验和做法；对执法工作中存在的问题要敢于亮丑，毫不掩饰，并深刻分析其原因；还要注意总结带有根本性、规律性的经验措施，提出中肯、客观、实在并具有较强针对性、可操作性的意见和建议，既能让执法机关遵照整改，又便于人大常委会跟踪监督检查和落实。三是规范跟踪督办及重大违法案件的督办程序。抓好执法检查所发现问题的整改与落实，是增强执法检查实效最关键的环节。应明确执法检查报告和常委会审议意见以常委会办公厅（室）文件送交有关执法机关后，执法机关必须按期进行整改，并授权人大常委会的办事机构对整改情况进行跟踪监督，及时将有关情况向人大常委会汇报，并以适当方式向社会公开，以增强执法检查的实效。四是注意不断积累并总结法律法规监督制度建设的成功经验，适时完善《石家庄市人大常委会执法检查工作的规定》，使我市执法检查工作更加规范、有序、有效。

人大常委会组成人员应当如何发挥作用

河北省石家庄市人大常委会副秘书长　何金录

人大常委会组成人员在县（市）区一级包括人大常委会主任、各位副主任和各位委员，在市以上地方人大常委会还包括秘书长。每位组成人员都应当认真履行自己的职责、发挥自己的作用。这样才能做好人大常委会的工作。人大常委会组成人员应当如何发挥作用呢？

一、首先要有强烈的职责意识。组成人员无论是主任、副主任还是委员，都是一种职务，职务就是一种责任。有职务就要尽责任。不尽责就辜负了党和人民及人大代表的信任。人民选我当代表，代表选我当人大常委会组成人员，这是非常大的荣耀。要有光荣感、自豪感、责任感、使命感。要明白自己一个人代表着上万人甚至更多的人。不为人民和代表服务是不行的。

二、要克服一切困难出席人大常委会会议。人大常委会就是常开会，开会就是履行职责、行使权力。不开会就不能形成决议、决定等等。因此，常委会组成人员都要积极出席会议。不要把自己看轻了，认为缺自己一个人不要紧。有时候缺您一人真不行。如缺您一人不过组成人员的半数就达不到召开人大常委会会议的法定人数，就不能开会；缺您一人或差您一张表决票，拟任命或免职人员就任免不了职务等等。

三、积极参加人大常委会组织的视察、调查、执法检查等活动。这些活动也是履行职责，是对“一府两院”进行监督的必要形式。人大常委会组成人员通过参加这些活动，可以更有效地掌握被监督对象的工作情况，做到知情知政，从而在人大常委会会议上审议发言言之有物，提出真知灼见，监督并促进“一府两院”的工作。

四、在人大常委会会议审议时踊跃发言。“会议”就是“大家集在一起开会审议”。通过“审”和“议”，了解政府和法院、检察院工作情况，从而肯定成绩，找出不足和问题，一起研究解决问题的方法、措施和步骤，促进某项工作的开展。每一位组成人员在人大常委会会议上，都应当认真审议各项议题，在分组会议上大胆发言，在联组会议上争取发言，把提请审议的议题议深议透。审议发言要事先有所准备，力求有理有据、有的放矢、切中要害、便于落实。

五、平时要主动联系选民、搞好调查研究。要把此项工作作为一项基本功来练，走到那里就把调查研究搞到那里，走到那里就与那里的群众联系在一起，通过拉家常来了解群众的所思所想、了解他们的实际困难和问题、了解他们的意见建议和要求。这样您就会耳聪目明，了解下情，能代表群众意愿，反映他们的心声，当好人民的代言人。同时在与群众的联系过程中，还可以向群众宣传人大及其常委会会议的精神。

六、要敢于监督并善于监督。敢不敢监督、善不善监督“一府两院”的工作，直接影响着组成人员职能作用的发挥。不敢不善就无法履行职责，无法发挥作用。“敢”与“善”二者之中，“敢”是前提，有敢才能逐步做到“善”；“善”是方法，有善才能做到更“敢”。“不敢”就是“怕”，主要是怕影响关系。所以，要敢于监督并善于监督还要克服“怕”字。人大常委会会议后，要认真监督会议精神和决议决定的落实，实施跟踪监督，提高监督实效。

七、要加强自身学习。组成人员要认真学习党的路线、方针、政策，了解最新形势和最新信息。同时要下工夫学习人大理论知识和人大业务知识。在人大理论知识方面应该弄清楚“为什么我国要实行人民代表大会制度”这一根本问题；在人大业务知识方面应该弄清楚人大及其常委会履行职责的程序、方法、议事规则等等。我建议：每一位组成人员都要认真学一学《宪法》、《地方组织法》、《选举法》、《代表法》、《监督法》；还要根据在人大常委会的工作分工及分组，认真学习与自己分管工作相关的法律法规。如分管财经工作的要学习《预算法》、《审计法》等，负责城建的要学习《城市规划法》、《环境保护法》等。平时还要多与人大常委会联系，获取学习资料并在联系中学习，特别是向在人大常委会机关工作多年的老同志学习，向有实践经验的同志学习，学习他人的长处，弥补自己的短处。

八、要牢记自己的权利与义务。人大常委会组成人员除了拥有代表法规定的代表权利外，还拥有地方组织法第四十四条赋予人大常委会的十四项职权。另外，县级的人民代表大会常务委员会组成人员三人以上联名，可以向常务委员会书面提出对本级人民政府、人民法院、人民检察院的质询案。主任会议或五分之一以上的人大常务委员会组成人员书面联名，可以向本级人民代表大会常务委员会提议组织关于特定问题的调查委员会，由全体会议决定。常委会主任、副主任等主任会议成员，还有主任会议的职权。牢记自己的权利与义务，可以方便更好地履行职责

人大常委会组成人员要履行好职责，还应把握如下原则。一是坚持党的领导的原则，即自觉尊重和主动接受党的领导，努力实现党委的意图，把党的正确主张通过法定程序变成国家意志；二是坚持集体行使职权的原则，即在充分发扬民主的基础上，通过会议形式集体行使权力，不能以个人名义行使职权；三是坚持依法办事的原则，即在行使职权时严格遵守法定权限和法定程序，做到“言必称法、行必依法”，以法律为准绳；四是坚持抓大事、议大事的原则，即抓住影响全局的、重大的、长远的，与人民群众根本利益相关的大事实施监督；五是坚持实事求是的原则，即一切从实际出发，量力而行，办得到的事情先办，遵从事物发展的规律；六是坚持公开透明和讲究效能的原则，即人大及其常委会的一切活动和工作，对人民都是公开的，应当接受人民群众监督，同时要降低工作成本，尽可能减少人员消耗和物资消耗，高效率地开展工作，做好工作。

“缺您一个还真不行”

——人大常委会组成人员参加会议“一个也不能少”

河北省石家庄市人大常委会干部　　何金录　王建丰

人大常委会会议是国家权力机关履行职责最基本、最主要的形式。人大常委会会议每两个月至少召开一次，这是法律的规定。更通俗地说，人大常委会就是常开会。开会就是履行职责、行使权力。不开会，就不能形成决议、决定等等。因此，按时出席人大常委会会议是对人大常委会组成人员的最起码要求。

近年来，随着我国人民代表大会制度的不断发展和完善，各级人大常委会会议质量越来越高，作用发挥越来越突出，这与各级人大常委会组成人员积极参加会议、依法履行职责是分不开的。但也应看到，在一些地方，人大常委会组成人员不能按时出席人大常委会会议的问题仍比较突出，有时已影响到会议的召开和表决结果。对此，必须引起高度重视。

根据宪法、法律的有关规定和要求，地方人大常委会组成人员由来自各方面的人大代表按一定比例构成。组成人员结构合理、尽职尽责，有利于增强人大常委会行使职权的代表性，有利于人大常委会会议在事关经济社会发展全局和解决民生的重大问题上，充分展开讨论，广泛集中民智，提高决议、决定的可行性和科学性，从而提高人大常委会的议决质量和水平，使人大常委会的工作更好地维护和实现最广大人民的根本利益。开好人大常委会会议，发挥好地方国家权力机关应有的作用，必须保证会议出席人数，必须实现每位组成人员的尽职尽责。为此，有关法律和地方人大常委会议事规则都作出明确规定，就是人大常委会会议必须由常委会组成人员过半数出席方能举行。《中华人民共和国地方各级人民代表大会和地方各级人民政府组织法》第四十五条明确规定：“常务委员会的决议，由常务委员会以全体组成人员的过半数通过”。这在一定意义上可以说，常委会组成人员参加会议“一个都不能少”。因为有时侯缺您一个还真不行。缺您一个，参加会议的人数不过组成人员的过半数，就达不到召开人大常委会会议的法定人数，就不能开会；缺您一个或差您一张表决票，拟任命或免职的人员就不能被任命或免职，拟通过的决议、决定案就不能被通过。在上世纪90年代，某县就曾出现过由于出席人大常委会会议人数较少，在投票表决政府组成人员任命案时，候选人仅差一票而未获通过的事情。这虽属个例，但其警示意义却不同寻常。故此。人大常委会组成人员都不要忽视参加常委会会议，更不要轻视自己参与表决的一票。可能一些人大常委会组成人员对此没有认真思考过，认为人大常委会“多自己一个人不多，缺自己一个人不少，”往往因强调自身工作或本单位工作的重要而不参加、不出席人大常委会会议。这种情况是个别现象便罢，假若跟随的人多了起来，成了人大常委会会议的常态，则势必影响人大常委会会议的召开，影响会议审议的质量和表决的结果，降低人大常委会会议的功效。

当前，发展社会主义民主政治、构建社会主义和谐社会的任务十分繁重，人民群众对各级人大及其常委会的工作寄予厚望。人大常委会要更好地代表人民行使职权，在经济社会发展中发挥更大的作用，就要从人大常委会组成人员参加会议、履行职责这一最基础的工作抓起。

首先，要组织人大常委会组成人员认真学习党的十七大精神，增强贯彻执行党的基本理论、基本路线和方针政策的坚定性和自觉性，努力把思想统一到十七大对民主政治建设和人大工作的要求上来；认真学习我国有关人民代表大会制度的知识和有关法律知识，熟悉人大常委会行使职权的形式、程序，掌握履行职责的方式、方法，特别要切实增强对参加人大常委会会议重要性的认识，确立“一个也不能少”的理念，千方百计克服一切困难出席会议。

其次，要加强对人大常委会会议的组织工作，包括及早发出会议通知、通报会议议题、搞好工作协调、改进审议方式、明确审议任务、加大审议力度等，从而增强人大常委会会议的吸引力和约束力，激发常委会组成人员参加会议的积极性和主动性。

再是，要建立人大常委会组成人员参加会议的制约机制。目前对人大常委会组成人员参加会议的时间和次数要求在法律上还是空白。地方人大常委会要积极实践,建立健全人大常委会组成人员守则及参加会议考勤通报制度,对因各种原因不能参加会议和分组审议的情况,作出明确规定,该谈话提醒的谈话提醒,该通报批评的通报批评;对情节严重的,也可劝其辞去人大常委会组成人员的职务,以此督促人大常委会组成人员按时参加会议。

人大常委会组成人员都应该以对人民高度负责的精神,正确处理参加人大常委会会议与做好本职工作的关系,千方百计克服困难,尽最大努力参加人大常委会会议及其相关活动。来到了会场参加会议这只是履行职责的第一步,不是唯一,也不等于万事大吉。真正将宪法和法律赋予的职责履行到位,还要在提高履职能力、认真审议议题、增强会议实效上下功夫。在人大常委会会议上,每一位组成人员都应当积极参加会议的审议活动,在分组会议上踊跃发言,在联组会议上敢于直言,把提请审议的议题议深议透,力求做到有理有据、有的放矢,提出的问题切中要害,提出的建议便于落实。要依法参加常委会会议的表决和任免工作,代表人民投下神圣的一张表决票。除了积极参加并出席人大常委会会议外,人大常委会组成人员还要在闭会期间把调查研究工作搞实,这是能够履行好职责的重要基础。平时要主动联系选民群众,坚持与群众打成一片,走到哪里就把调查研究搞到那里,走到哪里就与那里的群众联系在一起,通过拉家常来了解群众的所思所想、了解他们的实际困难和问题、了解他们的意见建议和要求,做到耳聪目明,了解下情,能代表群众意愿,反映群众的心声。要积极参加人大常委会组织的视察、调查、执法检查等活动,以便更有效性地掌握被监督对象的工作情况,更有针对性地找出监督对象工作中存在的不足和问题,并认真研究分析解决问题的方法、措施和步骤。对人大常委会作出的决议决定和审议意见要认真督促落实,这是增强人大常委会会议实效的重要内容和关键环节。因此,人大常委会组成人员要时时关注人大常委会会议议定事项的办理和落实,对监督对象办理和落实人大常委会决议决定和审议意见的情况,积极实施跟踪监督,认真审议整改报告,切实提高落实效果,从而使人大常委会在实现好、维护好、发展好最广大人民的根本利益,促进经济社会又好又快发展中,发挥更加重要和不可替代的作用。只有如此,人大常委会组成人员才能当好人民的代言人,才能赢得人民的信任,才是合格、称职的人大常委会组成人员。

关于加强地方人大监督工作的思考

江苏省无锡市人大常委会副主任　许卫国

改革开放和现代化建设的新时期,对社会主义民主政治建设提出了新要求,也对地方人大常委会贯彻实施《监督法》提出了新要求。人大监督是党和国家监督体系的重要组成部分。监督权是宪法和法律赋予人大的一项重要职权。进一步加强地方人大的监督工作,是坚持和完善党和国家监督体系的需要,是更好发挥人民代表大会制度特点和优势的需要,是促进依法行政、公正司法,维护人民群众利益,构建社会主义和谐社会的需要。地方人大常委会要把依法监督放到更加突出的重要位置,正确行使监督职权,加大监督实施力度,完善监督工作制度,不断增强监督实效。

一、加强地方人大监督工作的权威性。人大作为国家权力机关的监督,是代表国家进行的监督,是最高层次的监督,是具有法律效力的监督,其他监督形式不可替代,有着很强的权威性。然而在实际工作中,对人大监督权威性存在误区,有的认为"人大是橡皮图章,监督硬不起来";有的认为"人大监督是'稻草人',只能吓吓人"。这不免影响到人大监督的权威。我们必须看到,人大监督的权威不是自封的,也不是谁评的,而是以宪法、法律为后盾,代表人民意志,行使国家的监督权。从监督的层次看,它比行政监督更具有权威性。人大对政府、法院、检察院进行监督,包括工作监督和法律监督,是宪法赋予人大的一项重要职权。人大作为国家权力机关的监督,是代表国家和人民进行的具有法律效力的监督。人大监督的目的,在于确保宪法和法律得到正确实施,确保行政权、审判权、检察权得到正确行使，确保公民、法人和其他组织合法权益得到尊重和保护。由此可见，人大的监督是一种国家体制，不是个人行为；是权重责大，不是无所作为。党委要全力支持人大监督，人大要理直气壮抓好监督，“一府两院”要自觉接受人大监督，新闻媒体要大力宣传人大监督，从而使地方人大监督工作只能加强，不能削弱；只能硬化，不能虚化，真正确立威信，树立权威。

二、加强地方人大监督工作的程序性。人大监督要严格符合宪法和法律的规定，也要严格按照法定的程序进行。由于各地监督的程序不够完善，探索中的做法又不尽一致，《监督法》把规范的重点放在完善监督的形式和程序上，使地方人大依照法定程序行使监督权有了明确的法律规范。监督权行使的程序，包括地方人大常委会行使监督权时应遵循的方式、步骤、时限和顺序等。地方人大要自觉按法定程序办事，使监督权得到更好落实。一是要重点把握人大及其常委会行使监督权的原则。行使监督权的主体是各级人大常委会。主任会议负责处理常委会的重要日常工作，人大各工作委员会是协助常委会行使职权，它们的职权是程序性而不是实体性的，主要为常委会开展监督工作提供有效服务。二是要重点把握职权分工的原则。人大同其他国家机关的关系不是分权制衡的关系，而是相互配合、分工合作的关系，都是在党的领导下依法独立负责地履行职责、协调一致地开展工作。人大及其常委会对“一府两院”要充分行使监督权，但决不能代行行政机关、审判机关和检察机关的职权。我们要按程序办事，正确处理好监督、支持和促进的关系。三是要重点把握监督大事的原则。人大监督要重点抓改革发展过程中那些带有根本性、长远性的事项，这是由国家权力机关的性质和地位决定的。如果不按程序，事无巨细，样样都管，就会分散精力，抓了不该管的，该管的反而容易抓不好。四是要重点把握集体行使职权的原则。人大常委会作为国家权力机关监督的显著特点，是集体行使监督权，即监督任务的确定，监督工作的实施，监督结果的形成，都要按照法定程序，经过集体讨论，通过会议表决来决定。监督权行使的程序，是权力发挥和职能发挥的具体过程。我们要不断加强监督权行使的规范化和程序化，做到监督既不失职，又不越权。

三、加强地方人大监督工作的实效性。吴邦国委员长指出：“人大监督工作容易搞虚，不容易做实。增强实效是做好人大监督工作的关键”。这就告诉我们，人大监督要抓好，关键要抓实。监督要解决问题，抓出结果。虎头蛇尾，不解决问题，等于没有监督。因此，我们对易虚不易实的监督工作，一定要防虚抓实，务求成效。一是要围绕改革发展全局重点加强监督。形势在发展，发展在变化，我们每一时期都要突出重点，抓住全局性的重大事项实施监督。当前要就应对金融风暴的对策措施，加快经济结构调整和产业升级，大力推进新农村建设，搞好环境保护和社会建设等加大监督力度，一抓到底，抓出成效。二是要综合运用多种形式手段进行监督。《监督法》对人大监督的形式作了明确规定，包括听取和审议“一府两院”的专项工作报告；审查和批准决算，听取和审议国民经济和社会发展计划、预算的执行情况报告，听取和审议审计工作报告；执法检查；规范性文件的备案审查；询问和质询；特定问题调查；审议和决定撤职案。上述形式是法律赋予人大监督工作的武器，必须综合运用好。人大听取专项工作报告和执法检查是监督的主要形式，具有及时性、经常性和针对性的特点，要充分运用，监督到位。常用的形式要抓，不常用的形式也不是不能抓。如询问和质询、特定问题调查等也是国家权力机关的重要职权，该用时完全可以用，能够推动问题解决，增强监督效果。三是要注重提高常委会会议的审议质量。人大监督质量的高低，与常委会会议审议质量的高低息息相关。常委会会议一般两个月一次，有大量内容需要审议和监督。要克服“随意性说说，一般化议议”的现象，让审议有高度、深度和力度。我们应做到，审议前调研在先，准备充分；审议中踊跃发言，议深议透；审议后与“一府两院”双向交流，抓好落实。四是要抓好信息反馈，跟踪督办。人大常委会听取专项工作报告，执法检查、视察、调研中发现的突出问题，都可归纳整理，形成审议意见和交办函，交由“一府两院”及有关部门办理。要畅通渠道，沟通信息，双向互动，提高效率。对一些重点事项要重点督办，跟踪反馈，明确责任，限期解决，提高监督工作的实效。

四、加强地方人大监督工作的民意性。人大常委会是国家权力机关，也是民意机关，它的权力要按照人民的意志和利益行使。人大监督权从根本上说，是人民当家作主，参与国家事务管理权利的表现。因此，人大监督工作必须密切联系人民群众，更好地代表人民群众，认真接受人民群众的监督。一是要坚持亲民为民,倾听群众呼声。人大监督要注重走群众路线,深入基层、深入群众调查研究,听民声、聊民情、察民意、集民智。要充分发挥代表联系选民制度及代表联系卡的作用,广泛联系人民群众,倾听意见和要求,让民情民意上达人大常委会,使代表机关更好地反映民意。二是要畅通联系渠道,让人民群众参与监督。人大监督工作必须依靠人民群众,敞开大门,拓阔渠道,让人民群众参与进来。我市已实施了市民代表旁听人民代表大会会议的做法,受到群众欢迎,社会反映良好。今后还可以让人民群众代表旁听常委会会议、参加人大视察活动等,进一步扩大他们的知情权、参与权和话语权。三是要突出重点热点问题,加大监督力度。维护最广大人民群众的根本利益是监督工作的出发点和落脚点。要抓住人民群众普遍关心、反映突出的热点难点问题,作为人大监督工作的重点。我市人大常委会围绕失地农民社会保障、城区河道综合整治、历史文化街区的保护、企业职工增收、群众停车难、看病贵等民生问题,迎难而上,加强监督,收到了很好的社会效果。我们要坚持从代表建议和人民群众的呼声要求中,抓住人民群众反映强烈的问题,从人民群众直接感知的实事入手,每年确定几件重要事项,全力督办落实。人大监督工作只有更好反映人民的意志和愿望,自觉地代表人民、服务人民,才能保持旺盛的生命力。

五、加强地方人大监督工作的公开性。人大行使监督权,必须提高透明度。常委会应当把监督"一府两院"的情况向人民公开,以使人民能够及时了解监督工作的进程和情况。这是使人大常委会的监督工作置于人民的监督之下,更好符合人民意志,代表人民利益的重要保证。一是人大监督工作公开的内容。根据《监督法》的规定,常委会听取专项工作报告的审议意见及办理结果;听取国民经济和社会发展计划执行情况报告、预算执行情况报告和审计工作报告的审议意见及办理结果;听取执法检查报告的审议意见及办理结果等等,一经通过即可向代表通报和社会公布。在实际操作中,常委会的监督工作包括议题、方案、活动、审议、结果等都可全程公开。二是人大监督工作公开的途径。现实行公开的主渠道是大众传媒,依靠报纸、电视台、电台、网络等,通过新闻报道、新闻发布、现场实播、专刊专题、设立网页等一些形式。同时,人大也通过召开座谈会、听证会、通报会、社会大型宣传活动以及会刊公报等,向社会公开监督过程和结果,使人民群众及时了解人大行使监督职权的情况。三是人大监督工作公开的拓展。近年来,人大监督工作的公开性越来越强,透明度越来越高,但与人民群众的要求愿望相比仍有差距,需继续努力拓展。要善于利用网络优势,充分发挥网络媒体作用,通过使用文字、图片、声音、视频等网络信息技术手段实行"阳光监督"。要在加快建设全覆盖、高水准、互动式的人大网站上求突破,网页更新快捷及时,能够与市民热线互动,平时有专人维护管理,力求将人大网站建成最佳公开平台。我们还可积极探索常委会定期向人大代表和市民代表通报监督工作情况,常委会领导与市民代表就监督问题面对面对话等一些新形式,加强人大监督工作公开性的制度化建设,进一步提高监督公开的质量和水平。

坚持解放思想 提高履职水平

湖南省长沙市人大常委会主任 余合泉

以解放思想为起点的改革开放历经30年风雨,取得了举世瞩目的成就。30年改革开放的实践充分证明,解放思想是我们形成新认识、适应新形势、开创新局面的重要法宝,也是人大工作探索新规律、完成新使命的根本思想武器。思想解放的程度,决定改革的深度、开放的力度、崛起的速度。30年后的今天,新一轮思想解放的航程又开始扬帆起航。按照中央和省委的部署,中共长沙市委联系实际作出决定,围绕"科学发展,创业富民"这一主题,在全市开展了新一轮解放思想的大讨论。随着全国解放思想大讨论活动的不断深入,省委要求全省广大干部群众围绕"坚持科学发展,加快富民强省"这个主题,再掀解放思想大讨论活动高潮。如何联系人大工作实际,落实中央和各级党委的部署,不断解放思想,坚持与时俱进,提高履职水平,我认为要注重"三性",突出三个"坚持"。

一、要充分认识解放思想的重要性,坚持实事求是,与时俱进

无论过去还是现代的历史变革、经济发展、社会进步的实践,已经反复证明,解放思想是推动理论创新的本质要求,是引领社会前进的巨大力量,是催生历史巨变的力量源泉,是实现科学发展的根本法宝。可以说,解放思想是实践的呼唤、人民的期待。

中华人民共和国诞生以来,在中国共产党的坚强领导下,全国各族人民为确立人民民主专政制度,实施依法治国方略,构建社会主义民主法制体系,进行了艰苦的努力,取得了显著成就。但是,我们还必须清醒地认识到,在社会主义民主法制的历史进程中,我们面临的任务还非常艰巨。特别是我国的封建社会持续时间太长,封建文化色调太浓,封建思想影响太深。我国社会主义民主法制建设在封建社会思想、文化根深蒂固的背景下起步,基础脆弱,掣肘太多,步履艰难。需要我们在党的领导下,依靠全体人民,凝聚各方力量,同心同德,开拓创新,把中国特色社会主义民主政治建设不断推向前进。

人民代表大会制度是我国的根本政治制度,人大及其常委会处在民主政治建设的前沿阵地,肩负着保证人民当家作主,把党的意图通过法定程序,变为国家意志的历史重任。因此,我们从事人大工作的同志,必须不断解放思想,顺应时代潮流,坚持与时俱进,努力推动社会主义民主法制进程。为经济持续发展、社会全面进步、国家长治久安,更好地发挥国家权力机关的作用。

二、要大力弘扬解放思想的时代性,坚持又好又快,科学发展

解放思想的本质特征是实事求是,时代特征是与时俱进。解放思想具有鲜明的时代个性。不同的历史时期、不同的发展阶段、不同的社会背景,解放思想有着不同的思想内涵和实际要求。

回顾改革开放三十年来的发展历程,就是解放思想与时俱进的历史进程。人们记忆最深的有三次。第一次发生于1978年,以真理标准问题讨论为开端,以党的十一届三中全会召开实现历史性转折为标志,结束了"两个凡是"的主导地位,解决了"左"与右的问题。第二次发生于1992年,以邓小平同志南巡谈话为开端,以党的十四大关于怎样建设社会主义等一系列重大理论突破为标志,终止了姓"资"姓"社"的争论。第三次发生于1997年,以江泽民同志在中央党校省部级干部进修班开学典礼上的讲话为开端,以党的十五大报告关于所有制结构等一系列重大理论阐述为标志,冲破了"公"与"私"的困惑。这三次大的思想解放,使中国特色社会主义事业,朝着正确的航向,乘风破浪,勇往直前。现在,我们正在进行新一轮的思想大解放,以胡锦涛总书记在十七大报告中关于解放思想是发展中国特色社会主义的一大法宝这一科学论述为开端,以总结改革开放三十年来的伟大实践为背景,围绕要不要、会不会、能不能科学发展这一事关全局、事关长远的重大问题来一次思想上的大解放,认识上的大深化,实践上的大飞跃,解决经济、政治、文化、社会这四大建设又好又快的问题。用更宽的视野、在更高的层次、朝更高的目标推动科学发展,创业富民,为构建和谐社会、实现全面小康而努力奋斗。

三、要认真把握解放思想的实践性,坚持改革创新,开拓奋进

实践是检验真理的唯一标准,实践是发展真理的唯一动力。只有联系实际,才能解决问题。只有解决问题,才能解放思想。我们要通过解放思想,破解发展难题,创新发展模式,开拓发展领域,提升履职水平,推动科学发展。联系工作实际,我们应当着力从以下三个方面,坚持改革,不断创新,有所作为。

*一要认真学习,提升自己,增强创新热情。*我们要在实践中不断加深对人大工作的地位、性质、作用的认识。人民民主是社会主义的生命。发展社会主义民主政治是我们党始终不渝的奋斗目标。我们要坚定不移走中国特色社会主义政治发展的道路,始终坚持党的领导、人民当家作主、依法治国的有机统一。各级人大及其常委会的同志要切实增强做好新形势下人大工作的责任感和使命感。有的同志说,人大工作领域既是法制的殿堂,也是学习的课堂,更是生活的天堂。有的同志说,人大工作的岗位是一线的后方,退休的前庭。有的同志说,人大工作的特征是言必依法、行必守法,言行都必须合法。这些看法、说法、做法,都需要积极引导、正确理解。不然就会束缚创新思维,压抑创新勇气,缺乏创新举措。解放思想需要创新。我们要通过学习,深化认识,树立民贫己愧、视民如伤的责任感,真真切切明白手中的权力来源于人民,只能

用于为人民谋利益。要增强创新热情,在创新中推动工作,在创新中提高水平。把创造性地实现好、维护好、发展好最广大人民的根本利益作为一切工作的出发点和归宿。扎实推进保障和改善民生长效机制的建立,扎实推进服务型政府建设,加大保障和改善民生的力度,让发展的成果更多地惠及民众。

二要勤奋工作,动员人民,增强创业激情。人大工作根基在人民,作为在人民。各级人大及其常委会要坚持从最广大人民根本利益出发,围绕党和国家大局开展工作,严格依法按程序办事,不断加强和改进立法、监督等方面的工作;各级政府要认真落实依法治国基本方略,大力推进法治政府建设,严格依法行政,规范行政权力,提高政府执行力和公信力。我们每一个同志都要勤奋工作,通过弘扬创业文化、宣传创业典型、发挥代表作用、培育创业人才等各种方式,不断浓厚创业氛围,壮大创业群体,调动全民创业的积极性。要鼓励引导一切有创业能力的人们,从小富即安,小业即骄,小成即满的小农经济思想束缚中解放出来,树大志、创大业,勇于拼搏,敢于攀登,形成千帆竞发、百舸争流、乘势而上的大趋势。

三要加强监督,推动各方,增强创业感情。各级人大及其常委会,要善于、敢于正确行使监督权,推动“一府两院”各个部门确立、坚持“富民高于一切,创业重于一切,发展先于一切”的理念,努力为富民办实事,为创业出高招,为发展解难题。增强为民创业、优化发展环境的思想感情,坚持以优质服务实绩分优劣,以优质服务水平论高低,在服务发展中履行职责,在履行职责中促进发展。坚持为民务实,克己奉公,吃苦在前,享受在后,干干净净做事,清清白白做人,在社会公众面前树立良好形象。人大的视察、监督、决议、决定、言论、行动,都应当充分体现真实、直言、权威的特点,为巩固、发展心齐气顺、风清气正的大好局面更好地发挥地方国家权力机关的积极作用。

创业富民事关人民福祉,是一个不断向前发展的进程,也是各级各部门的共同责任。面对全市人民殷切的期盼、鞭策的目光,在过去已有辉煌业绩的基础上,新一届要有新的思路,新一届要有新的作为。全市各级人大要坚定不移地把创业富民贯穿于人大工作的全过程,在打破既得利益、还权于民等方面依法履行好人大的职责,充分发挥人大代表在创业富民进程中的引领作用,为率先实现小康目标提供有力的政治和法律制度保障,凝聚更广泛更充分的智慧和力量。我们每一位同志都要联系各自的工作实际,将科学发展观落实到思想上、决策上、行动上,用改革创新精神解决发展中的矛盾和困难,尽心竭力,奋发图强,做精做优各个方面的工作,以又好又快、创业富民的新业绩,回应群众的关切和期待,回报人民的信任和支持!

学习实践科学发展观　促进人大工作上水平

甘肃省嘉峪关市人大常委会副主任　霍兰香

学习实践科学发展观活动是一项重大的政治任务,也是促进人大工作上水平的重要机遇。市人大常委会党组要按照市委“五带头”的总体要求,紧贴人大工作特点,围绕“三大课题”和“十七道思考题”进行调研讨论。注重把学习理论与学习业务相结合,把学习与实践相结合,不断创新学习形式,着力在推动人大工作上水平上下功夫。

一、围绕中心,力求在服务大局上上水平

(一)健全坚持党的领导的工作机制。始终坚持党的坚强领导,紧紧围绕市委中心工作,保持人大工作的正确政治方向。

(二)树立人大工作与“一府两院”工作分工不同、目标一致的工作理念。人大的监督与“一府两院”的目标是一致的,人大的监督不是指责,不是挑毛病,而是坚持监督与支持的有机统一。要正确处理人大与“一府两院”的关系,监督和支持“一府两院”依法行政、公正司法。

(三)着力推动科学发展、促进社会和谐。围绕重点建设项目、扩内需、保增长、重民生的目标要求,依法加强监督,着力推动制约科学发展的突出问题的解决。

(四)切实维护人民群众的根本利益,依法监督解决人民群众最关心、最直接、最现实的利益问题，缓解和化解社会重点矛盾，努力实现好、维护好、发展好最广大人民群众的根本利益。

二、贯彻监督法，力求在监督工作上上水平

（一）提高选题水平。围绕市委的中心工作、政府的重点工作、人民群众普遍关心的热点难点问题，找准制约我市经济社会科学发展的问题，选择好我们审议、调研、执法检查的题目，开展监督工作。

（二）提高调研水平。把调研作为增强监督实效的基础性工作抓紧抓好，围绕常委会审议议题、全市重点工作和民生问题，邀请专家参加调研，深入基层，掌握第一手资料，加大调研的力度和深度。特别是要针对发现的问题，不回避矛盾，一抓到底。

（三）提高审议水平。充分发挥常委会组成人员的主观能动性，提高审议的针对性和实效性。审议意见要深、要透、要实，加大审议意见的跟踪督办，使审议意见落到实处。

（四）提高决议决定水平。做出的决议决定要符合市委的要求，符合嘉峪关的实际，符合人民群众的愿望和要求。

（五）提高人事任免工作水平。特别是在任后监督上，积极探索新的方式方法，加强对“一府两院”任免干部的跟踪了解，加大事后监督力度。

三、打牢基础，力求在代表工作上上水平

（一）搭建代表履职平台。强化代表培训工作，邀请代表列席人大常委会会议，组织代表围绕全市的重点工作和常委会议题开展视察、调查活动，充分发挥代表的主体作用。

（二）进一步拓宽联系代表渠道。坚持接待和走访代表制度，广泛听取代表意见，加强对代表小组活动的指导，探索开展代表向选民述职活动。

（三）进一步提高代表意见建议办理质量。建立人大、政府双重督办责任制，完善督办程序。对“提高镇人大代表闭会期间活动经费”、“尽快审结金鹏交通肇事案”、“加强公交车、出租车管理”等7项意见建议进行重点督办，并全面跟踪监督其他意见建议的办理情况，保证办理质量。

四、适应发展，力求在自身建设上上水平

（一）加强学习培训。组织常委会和专门委员会组成人员要加强对政治理论、党的方针政策、人大业务知识、法律法规的学习，提高领导班子分析判断问题的能力，提高机关干部办文、办事、办会水平。

（二）主动参与市委的中心工作和重点工作。常委会领导要增强政治意识、大局意识、责任意识，服从市委安排，认真做好学习实践科学发展观指导检查活动和市委重点项目督查组工作，妥善处理好市委交办工作和分管工作的关系，达到互相促进的目的。既要把人大监督成果运用于市委重点项目督查工作，为市委的决策部署提供依据，也要通过参加市委工作，拓宽工作思路，促进人大监督工作。

（三）修订完善工作制度。根据监督法的规定，结合人大常委会工作中的成功经验、做法和学习实践活动的安排要求，全面系统地清理和修订人大常委会各项工作制度和机关管理制度，进一步促进人大工作的制度化、规范化、程序化。

市人大常委会将在市委的坚强领导下，充分发挥人大常委会作为地方国家权力机关的职能作用，践行科学发展观，服务工作大局，维护民生福祉，促进社会稳定，以新思路、新作为，谋求人大工作的新发展，进一步推进嘉峪关市的经济繁荣和社会稳定。

亮　剑

——对人大启用询问、质询和特定问题调查、撤职罢免权的呼唤

湖南省长沙市人大常委会研究室主任　饶福明

去年开始实施的《中华人民共和国各级人民代表大会常务委员会监督法》，没有提及这些年各地人大广泛开展的评议与述职评议、个案监督等监督方式，有人由此担心，人大监督会越来越弱，人大地位会越来越低。我认为这种看法有失偏颇。人大的监督，除了听取和审议人民政府、人民法院和人民检察院的专项工作报告；听取和审议国民经济和社会发展计划、预算的执行情况、审计工作报告，审

查和批准决算；法律法规实施情况的检查；规范性文件的备案审查等常用的监督形式之外，其实还有三把刚性宝剑：一是询问和质询，二是特定问题调查，三是撤职、罢免。但为什么许多地方宁可将宪法也是监督法赋予我们的尚方宝剑束之高阁，而去寻求其他方式方法来监督呢？这就涉及到亮剑这个问题，也就是敢不敢于亮剑，愿不愿意亮剑，如何看待亮剑的问题。

一、关于敢不敢于亮剑

亮剑这个题目，来自前两年一部很流行的电视剧的片名。看过《亮剑》这部战争题材电视剧的人，欣赏的就是主角李云龙将军的敢作敢为。

我国人大的首次亮剑，是在1980年的在五届全国人大三次会议上，170多名北京代表就新中国成立以来投资最大的上海宝钢工程建设问题提出质询，人称“共和国质询第一案”。9年以后，在湖南省七届人大二次会议上，副省长杨汇泉先被代表质询后被罢了官。2000年1月的广东省九届人大三次会议上，30位代表不依不饶，针对省环保局提出《对四会市在北江边建电镀城事件处理不当的质询案》，导致不久后省环保局局长易人。而此后的广州市十一届人大三次会议召开前夕，市民参与热情高涨，专设的人大热线电话几乎被“打爆”，大会期间破纪录地出现了8件质询案，一些官员受到了代表的严厉质疑。同年，安徽省合肥市人大常委会就汪伦才案件组织特定问题调查委员会，对一起普通的民事案件办成刑事冤案的违法情况进行调查，最终监督检察院和法院纠正了错案，并对责任人作了严肃处理。

亮剑之举常常令人耳目一新。但从总体上说，20年多年来询问与质询、特定问题调查在各级各人大的遭遇是：或被置之不理，或偶尔为之，总之十分稀罕。质询方面，1980年的宝钢建设质询案被称为共和国第一质询案，以后到1989年湖南才有一件。进入新世纪，各省、市、县的质询案才有所增加。人大“特调”权在实践中的运用也是极少的。全国人大及其常委会没有用过，地方人大及其常委会在实践中的运用也比较罕见。安徽省人大常委会的调查材料表明，“特调”是所有监督方式中最少使用的一种，该省15个省辖市中只有1个市使用过，在抽样的36个县级人大常委会中也只使用过7次，多数人大的特定问题调查权基本处于虚置状态。还须深思的是，在县、市、省、全国四级人大中的实践中，呈逐级递减态势，似乎越往上阻力越大、难度越大。也许，人大职权的完全到位将是一个漫长的过程，但是人大颇具威力的质询权、特定问题调查权，从法律文本走向政治现实已是一个不争的事实。外地的实践已经证明，只有敢于通过自己的“言”与“行”来践行监督权，人大的履职作用才可能有质的提升，人大作为国家权力机关的刚性形象才能真正树立起来。当评议、视察、执法检查等手段达不到预期的监督效果的时候，我们为什么不试试询问、质询、“特调”呢?!

作为一名人大代表，亦或是常委会组成人员，真正追求的应该是，人大及其常委会在法律上的真正到位。毛泽东主席在党的八届九中全会上说，做好工作要有三条：情况明，决心大，方法对。应该说，决心大不大、亮剑敢不敢，正是目前人大监督面临的、必须解决的首要问题。这个决心一定要下定！

二、关于愿不愿意亮剑

事实上，十几年来，人大及其常委会行使监督权，经历了一个由浅到深的过程。开始讳言监督，其后羞羞答答谈“寓监督于支持之中”或“寓支持于监督之中”。有了监督法，我们现在可以理直气壮地谈了。那么，过去不愿意亮剑的症结何在呢？

首要问题，是有顾虑。各地人大似乎都有一个解不开的结：认为党是领导核心，党的领导是人民当家作主、依法治国的政治保障，我们处于被领导地位，担心我们来真格的党委不支持。其实，在我们国家，党没有超乎人民利益之上的任何利益，而人大又是全国的民意机关，从根本上说，两者的根本利益是完全一致的。因此在这个意义上讲，人大为民着想，依法亮剑，是把党的意志通过法律手段表现出来，党委无疑是支持的，甚至可以说是做好党的工作所必须的。之所以有担心，我认为主要还是汇报不够，争取理解不够，对时机的把握不够。参与过质询、罢免杨汇泉的湖南省人大代表傅学俭说：我经历了两起罢免案、质询案，感触很深，我觉得人大制度只有在不断行使这些职权中才会走向完善。宪法和地方组织法规定了特定问题调查、质询、撤职、罢免等监督形式，这是党领导人民制定的法律，运用这些监督形式丝毫不损害党的领导，恰恰是对法律尊严的维护，对人民利益的维护，也是对党的领导的维护。

另一个问题，是怕得罪人。这就是自身原因了。一些人大代表认为，面对面质询领导人，面子上过不去。有的担心撕破脸皮，影响自己今后的个人利益，甚至遭打击报复等。极个别的甚至拿这些权力，做个人、小集体与有关职能部门进行利益交换的筹码，你满足我，我就不质询你，“特调”你。一些地方基于“息事宁人”的考虑，怕麻烦，怕搞僵关系，畏首畏尾，时常借口质询的问题基本事实不清楚，基本依据不可靠，刻意将刚性的质询，改为提提意见、建议等“柔性”监督方式来敷衍。

第三个原因，是不太熟悉相关事务。也就是对质询权、“特调”权如何行使，不少代表不甚了解，不知如何来启动、运作这些权力，甚至有的代表根本就不知道。加之信息的不对称，一些代表特别是基层代表，对于高层的决策，重大的问题知道得不是很清楚。不了解情况，当然就无法作出正确判断。而质询、“特调”这类高层次、庄重严肃、带有一定强制的刚性监督形式是不好走过场的。因此，不少人在监督中不敢轻易提及，只好避重就轻，采用其他监督形式替代。

最后一个原因，是门槛过高。过去人大质询制度规定的立案条件是，时间必须是大会期间或常委会期间，提起除代表团外，人数需达到30人联名，另外，质询案的形式仅为书面形式，是否立案的决定权归主席团。在实践中，代表就某一事项或对某机关强烈不满，这件事要引起30人的共鸣是困难的。“特调”的要求则更高。立案条件太高，曲高自然和寡。想想，如果要求人人都拔高嗓门，唱高八度，能唱的又会有几人？再说，质询案的提出与不提出，又没有什么法律责任，“多一事不如少一事”随之便成了一种比较普遍的心态。

三、关于如何亮剑

有人认为现在的情况，亮剑的的主要阻力不是来自外部，而正是人大及其常委会自身。目前，不少地方人大的监督工作停留在“人事任免举举手、审议报告拍拍手、实质问题不插手”的柔性监督上，对于质询、特定问题调查、撤职与罢免等这些刚性的法定监督手段，胆子小的不敢用，图安稳的不想用，环境差的不能用。是不是人大监督不需要刚性手段，抑或这些刚性手段本来就可有可无？回答是否定的。监督工作一直是不少地方人大常委会的一个薄弱环节，薄弱的一个重要原因，就是刚性监督手段的缺位。

1、要明确亮剑是正常的，不亮剑则不正常。这是一个我们如何看待亮剑的问题，这个态度必须要端正。询问与质询、特定问题调查、罢免撤职等是人大的“特权”。如果法律赋予你的职权你都不敢用，那能算得上是正常现象？需要而不用，其实就是一种失职。遗憾的是，宪法和法律赋予的这些“特权”，长期以来没有为大多数人大代表所行使，这些法定的“特权”，成了漂亮衣裳上“看上去挺美”的点缀，既不能御寒，也不能像衣兜那样装点儿什么。质询、“特调”、撤职等作为人大常委会监督“武器库”中的“重武器”，就像巡航导弹一样，不能经常用，但必须得用。

2、要明确亮剑的目的是为了促进“一府两院”的工作。具体来说，就是了解情况，澄清是非、洗刷冤屈，惩治违法。而不是和“一府两院”过不去。现在受质询的某些国家机关工作人员认识上有些误区，认为质询、“特调”、撤职、罢免是人大“出难题、找茬子、耍威风”，气度竟不如年纪轻轻的超女快男。超级女声、快乐男声们在众目睽睽下亮相，大都得接受评委、观众的评头论足，直至相互比拼（PK）被无情淘汰。那一刻的镜头是感人的，胜出的与失利的总是相互拥抱，快乐的留下来，幸福的离去。我们的一些人大代表、常委会组成人员，表扬人家总是怕说过头，总是要留有余地；批评人家，要么大事化小，要么隔靴搔痒，有时干脆只字不提。人大监督的对象呢？大多是当地的行政、司法精英，不少的在当地也是举足轻重，但很少有愿意接受询问的，更不要说质询和“特调”了。质询也好，“特调”也罢，对于人大来说，对于真正的公仆来说，其实是一个双赢的模式：人大常委会通过询问、质询、“特调”，可以实现知情权，加深对“一府两院”工作情况的繁重性、艰巨性、复杂性的了解、理解，消除一些不必要的分歧与误会；“一府两院”可以借助询问、质询、”特调”，展示自己的工作业绩，加深对人大及其常委会代表民意所表达的工作意见的认识，更自觉地坚持执政为民、执法秉公。对于极个别贪污腐化分子、严重渎职人员，该撤的得撤，该罢免的也理应毫不留情。

3、要明确亮剑的方法。进行询问与质询、特定问题调查等事关大体，必须符合严格的法律程序。所以，要加强针对性、准确性，尽快建立一套科学、完善的运行规则，提高“特权”行使的质量，树立“特权”的权威。值得指出的是：应该考虑有数量上的最低要求，有人提出，各人大常委会拟定工作重点时，每年应适当明确1－2次质询，每届要保证1－2次特定问题调查。究竟多少次适合，可以探讨，但最好有，否则难免有失职之嫌。

中华人民共和国的一切权力属于人民。千万

不可把人民赋予了的无尚权力、赐予的尚方宝剑，当作是国家大厦的装饰品，工作场合的摆设，而应扬眉剑出鞘，把剑好好亮亮，亮出威风来，以不辱使命！

适应形势需要　做好监督工作　努力增强监督实效

黑龙江省牡丹江市人大常委会主任　王宝良

监督法颁布实施以来，牡丹江市人大常委会针对人大工作面临的新形势新任务，积极探索，勇于实践，不断加强和改进监督工作，努力在增强监督实效上下功夫，促进了全市经济社会实现追赶型跨越式发展。

一、围绕全市工作大局，突出监督重点

为了加快经济社会发展，牡丹江市委提出要强力推进工业立市、金融强市、贸旅牵动战略，做大哈牡绥东对俄贸易加工区，打造沿边开放先导区，全面加快大牡丹江城市化、一体化、国际化进程，努力实现经济社会追赶型跨越式发展的战略构想。围绕市委这个战略构想，我市人大常委会按照监督法的要求，依法履行监督职能，使监督工作更有深度、力度、更具实效。

一是围绕科学发展进行监督，推进市委决策和市政府重点工作的落实。按照科学发展观的要求，围绕党委、政府的工作大局，对事关地方经济社会发展的重大事项开展监督，是人大监督工作的一个重要原则。为加快我市城市生态文明建设步伐，我们组织力量对城市绿地水域保护工作进行了视察，听取审议了市政府关于城市绿地水域保护工作情况的报告，提出意见和建议，推动市政府研究拟订了《牡丹江市城市绿地水域保护管理办法》，而后常委会会议又作出了批准该办法实施的决定，为我市创造良好的生态环境提供了法制保障。市政府认真落实常委会的决定，严格把关，保护绿地，并在城市开发布局中创造条件新增绿地6.15万平方米。去年，我们动员组织人大代表开展了认养绿地和捐建公共设施的“十百千万”(即捐建十条街路、认养十片绿地、保护百年古树、栽植千棵市树——云杉、万株市花——牡丹)活动，捐建街路12条，认养绿地21万平方米，保护古树394棵，修建“古榆苑”1处，栽植云杉3030棵、牡丹2605株，总计投资1222.3万元，为我市城市建设做出了贡献。我们还组织黑龙江代表团第三小组部分全国人大代表，对我市沿边开放、对俄贸易、边境旅游、陆海联运大通道建设情况进行了视察，提出了很好的建议，促进了我市沿边开放先导区建设进程。

二是围绕民生问题进行监督，促进社会和谐。常委会注重体察民情、关注民生，贴近人民群众需要依法履行监督职责。去年，我们抓住城市社区医疗卫生这一关系人民群众身体健康的大事，组织牡丹江部分全国、省、市人大代表，对全市社区卫生服务工作进行了视察，市政府根据常委会的审议意见，制定出台了推进城市社区卫生服务发展的意见，建立了医疗保障、工作协调、财政投入、双向转诊等机制，促进了我市社区卫生服务工作的健康发展。我们还组织各级人大代表对全市少数民族工作进行了视察，针对少数民族教育网点布局不合理、“留守儿童”多等实际情况，提出整合资源，加强管理等意见，促进了学校、社会、家庭“三位一体”的教育模式。

三是围绕法律法规实施进行监督，维护社会公平正义。去年，我们在加强全民法制教育过程中，听取审议了农产品质量安全法等6部法律法规执行情况的报告，提出了针对性很强的意见建议，既促进了法律法规的正确实施，规范了政府部门的执法行为，又保护了消费者的权益。我们还积极探索实践，加强对规范性文件的备案审查，制定出台了关于规范性文件备案审查工作暂行办法，对报送时限、审查内容、反馈结果等提出明确要求，并以文件形式印发“一府两院”等有关部门。市政府按要求对现行的规范性文件进行了全面清理，废止不适当文件89份，对新制定的12份规范性文件进行了备案，市人大常委会对备案的规范性文件进行了认真审查，对有的文件提出了修改意见。

二、抓住倾向性问题，搞好专项工作评议

监督法将工作评议纳入听取和审议专项工作报告中，这符合人大工作实际，有利于提高人大监督效能，有利于推动“一府两院”更好地开展工作。

2008年初,我们积极探索,大胆尝试,结合工作实践,制定出台了开展专项工作评议暂行办法,并在常委会会议上通过。开展专项工作评议在选题上,我们主要是抓住经济社会发展中的难点,以及带有共性、倾向性的问题,通过专项工作评议督促解决问题。如去年,我们围绕关乎民生的各个层面,经过调研,选择低保、物价、社保、医保四个问题,在常委会上进行票决,最终确定对全市低保工作进行专项工作评议。

一是做好前期准备。按照专项工作评议方案要求,通过被评单位召开动员会征求干部职工意见、专项工作报告在新闻媒体上公开等形式,做好评议准备工作,而后又通过发函形式征求了市人大代表的意见建议,并集中组织牡丹江部分全国、省、市人大代表,分成四个工作组对四个城区低保工作情况进行了视察。分别听取了各区政府相关情况的汇报,并与社区服务机构负责人、居民代表进行了座谈,很多居民代表热泪盈眶,感谢党和政府的关怀。通过视察,摸清了底数,掌握了低保工作的实际情况,为常委会开展审议工作奠定了坚实基础。

二是开展集中评议。9月份,常委会听取和审议了市政府关于全市低保工作情况的报告,常委会组成人员在充分肯定市政府重视低保工作,不断加快城乡低保规范化建设,创新城乡低保管理新模式,积极建立和完善综合社会救助体系,使保障范围不断扩大、管理不断规范、救助更加有效的同时,指出了全市低保工作还存在着申请审核审批程序不够规范,入户调查核查不够深入,低保标准不高,补差标准确定随意性大等问题。针对存在的问题,提出加强领导,强化监管,完善机制,提高标准等整改意见。而后由评议组成人员采用无记名投票的方式,对被评单位划分为满意、基本满意、不满意三个档次进行了测评。

三是督促整改落实。对低保工作评议后,常委会有关部门将评议意见进行了认真整理,形成书面综合意见,交市政府研究处理,并准备在下次常委会会议上听取整改情况报告。从目前了解到的情况看,专项工作评议有效地促进了我市低保工作的发展,市政府已将城乡低保标准分别提高到月人均218元和年人均900元,保证了低保对象生产生活。

三、适应监督工作需要,努力加强自身建设

监督法的颁布实施,对人大常委会自身建设提出了新的更高的要求。只有不断加强自身建设,提高自身素质,完善相关制度,健全工作机构,才能使监督工作更好地适应新形势的需要。

一是抓好学习培训。我们采取专题讲座、理论研讨、外出考察等形式,抓好常委会组成人员、人大代表和机关干部的学习。两年多来,先后组织观看了全国人大有关监督法的辅导讲座录像;举办了市有关领导、市人大代表、各县(市)区人大常委会机关干部、市政府组成人员、法检"两院"负责人等500余人参加的法律培训班,由全国人大、省人大资深专家作了专题讲座,常委会主要领导就如何当好一名人大代表作了专题辅导;组织召开了以"贯彻实施监督法的理论与实践"为主题的理论研讨会;组织各县(市)区人大常委会主任围绕如何贯彻实施监督法,加强和改进人大工作先后到北京市东城区、南京市、成都市、昆明市等7个市地人大常委会考察学习;组织县(市)区人大常委会主任、副主任参加省人大举办的培训班;组织部分人大机关干部参加相关的培训班,使之开拓视野,学到经验,提高素质。

二是改进常委会会议审议方法。我们坚持一切从实际出发,抓住影响常委会审议质量的三个关键环节进行了改进:(1)实行会前填写《审议意见卡》制度。我们针对常委会组成人员审议发言准备不够充分,发言不够广泛,受时间影响发不上言等问题,研究制定了常委会组成人员填写《审议意见卡》制度,使常委会审议意见有的放矢,督办整改有理有据。(2)改进落实常委会审议意见的报告方法。为了增强"一府两院"落实常委会审议意见的透明度,我们由以前向隔次常委会会议作书面报告改为作落实审议意见工作报告,加大了监督力度,增强了监督实效。(3)改进代表和有关单位列席常委会会议方式。我们坚持精简、效能、务实的原则,根据会议议题,决定邀请部分代表列席会议,决定列席会议的相关单位,改变了过去市政府组成人员和县(市)区人大常委会自始至终全部列席会议的作法,减少了陪会,提高了工作效率。

三是完善相关制度。为确保人大各项工作与监督法、省实施监督法办法规定的内容相衔接,使监督工作具有可操作性,常委会制定了"贯彻实施监督法和省实施监督法办法若干意见"、人大机关请示报告制度等,先后对常委会议事规则、常委会组成人员守则、常委会列席会议人员管理细则、常委会与"一府两院"联席会议制度、信访接待日制度等18项规则办法进行修订完善；对11项机关工作制度进行了重新修订；各委办室对31项工作制度进行了修订完善，使常委会各项工作逐步规范化、制度化、程序化。

四是突出解决实际问题。为了使机关更好地为常委会行使监督等项职权服务，我们与市人事局、市编委沟通协商，增设了内司委办公室、民侨外委办公室、人事选举办代表联络科等3个正科实职岗位。2007年9月份，我们协助市委召开了人大工作会议，市委下发了"关于进一步加强人大工作的决定"，解决了五个实质性问题。(1)解决了信访工作机构。各县(市)区人大常委会配备了信访干部，有的单设信访办，由副科级升格为正科级。(2)加强了人大机关干部的使用和交流。2007年以来，市人大机关有16名同志被提拔为正副处级干部，有17名同志被提拔为正副科级干部，有3名同志交流到市委、市政府有关部门担任领导职务，增强了人大机关干部的活力。(3)加强了乡镇人大机构建设。在乡镇人大设立一名专职秘书，现大部分乡镇人大配备了专职秘书。(4)落实了信访干部岗位津贴。县(市)区人大常委会信访干部每人每月200元。(5)落实了代表活动经费。市级人大代表经费为1000元以上，县(市)区和乡镇人大代表经费也有所增加，为代表开展活动创造了条件。

从举手表决到电子表决

山西省太原市人大内务司法委员会副主任委员　邢德谦

我是从上世纪90年代初来到太原市人大，在近二十年人大工作中见证了新时期地方人大的不少变化。其中，代表行使表决权方式从举手表决到电子表决的演变，推动了人大民主进步，给我留下了深刻的印象。

表决方式的演变

新中国诞生后，随着人大制度的建立，各级人大普遍采用鼓掌、举手、无记名投票并用的表决方式。在"左"的时期，人代会上充满阵阵狂热的掌声和口号，举手表决和无记名投票基本上被鼓掌所代替，媒体上也充斥着"一致通过"的报道。当时，举手表决因为它的简单便捷成为全国各地普遍采用的表决方式。但举手表决不利于保护代表的利益。许多代表碍于个别领导通常有的面子、高票、政绩情结，大家都在看着你，所以，不好也不敢举手表示反对，甚至连弃权都有所顾忌。

改革开放进入新时期后，民主政治加快了步伐，全国人大及其常委会重新引进举手、投票等表决方式。到上世纪80年代末期，鼓掌表决基本淡出，反对票也开始出现。1989年全国人代会表决授予深圳特区立法权的议案时，反对票加弃权票就高达1079票。1990年，七届全国人大三次会议首次使用被称为"键决"的电子表决器。当时有人对"投反对票就永远记录在案"表示忧虑，总设计师林达亮回答说："我可以负责地向全国11亿人民保证：谁也不能从这套系统里查出谁投的是什么票。"在这种严格保护表决者的规则下，反对、弃权的声音进一步放大，1997年全国人代会电子表决高检工作报告时，反对票加弃权票高达1099票，占到了40.4%。这在一定程度上反映出：电子表决有利于代表真实意愿的表达。

从上世纪90年代末开始，在全国人大的示范作用下，电子表决很快在32个省级人大常委会、一些市、县级人大常委会以及少数地方人代会推广开来。无记名投票也在更大范围内推行。目前，尽管鼓掌表决和举手表决仍然存在，但其合理性已遭到普遍质疑。

在实践中，电子表决也出现了新的进步。2004年3月，广州市人代会开始采用无线电子表决器表决各项议题。与有线电子表决相比，无线电子表决不需拉线，表决者只需按动遥控器，表决结果将在30秒钟内显示在屏幕上。会议除选举之外的各项表决事项均采用电子表决，各项结果一目了然，有利于人大工作的高效进行。表决结果与以往举手表决相比出现了新的变化，出现从前很难有的反对票，有的部门的反对票还不在少数。实行无线表决后，许多部门的工作报告通过率远远低于举手表决的通过率。

在票决、键决逐步推开的同时，表决范围也在不断扩展。在一些地方人大，表决对象已从通过立法、表决议案、通过工作报告等拓展到决定重大事项、人大代表述职等等，甚至借助表决来衡量对质询答复是否满意。举手表决和电子表决的区别在于，举手表决是公开的表决方式，在大庭广众之下，要求代表明确表达自己的意思，特别是对一些存有意见的议题表明赞成、反对、弃权等态度，许多代表有所顾忌。而电子表决是秘密表决方式，保密性能强，代表们可以毫无拘束地表达自己的意愿，依法行使自己的民主权利。有线表决和无线表决在保障代表依法行使权利方面是相同的，两种表决方式主要是技术手段不同。有线表决适合固定的会场，需要拉线，工作量相对较大；无线表决不需拉线，机动性强，不受会议场所和代表人数的限制，移动更加方便，不仅使表决更加民主科学，而且大大提高了工作效率，受到了人大代表的一致好评。

对表决方式变革的反响

电子表决器进行表决，为人大代表真实表达自己的意愿提供了很好的条件。

尽管对这种表决方式，各方面反响不一，并非十全十美，但总的来说是赞成和支持的较多。有关专家以及来自各个行业的人大代表认为，电子表决器的采用，真是令人高兴，让人欢喜。有的人大代表认为，电子表决反映了代表真实的想法，使代表准确地表达自己的意愿，实事求是地反映了代表对“一府两院”工作的评价；在我国的民主政治生活中，具有里程碑式的意义；电子表决器能使代表们非常明确、真实地表达自己的愿望，消除了过去举手表决带来的无形压力，同时增强了代表表决的独立性，是民意的真实体现，电子表决手段还应该成为民主决策的重要手段；无线表决可以使人大会议的表决更加科学、更加民主，真正反映人大代表的心声，可以提高工作效率。“一府两院”等部门认为，无线表决可以加大人大代表对他们工作监督的力度，使他们能够更好地发现自己工作中存在的问题，把工作做得更好。

表决通过率不高的单位认为，无线表决对他们的工作既是动力，也是压力，可以促使他们反思，不断改进自己的工作。

从事地方人大工作的同志认为，各级人民代表大会启用电子表决，看似只是表决方式的一个小变化，但意味着民主进程迈出了一大步。虽然工作报告高票通过率远远低于举手表决，但人大代表的意愿能得到自由、真实、公正、公平地体现，人大代表表决的份量越来越大，“含金量”也越来越高；别看只是小小表决器的改变，其实是民主理念的改变。

全国人大常委会原副委员长成思危曾坦率地说，“哪里有电子表决器，哪里的反对票就多。举手表决，几乎都是全票通过。”无论是鼓掌表决还是举手表决，都会形成多数人对少数人的环境和心理压迫，妨碍表决者真实意志的表达。只有当表决行为对表决者个人利害不构成任何威胁时，表决者才能真正自由地表达意志，民主的价值也才能得以实现。

电子表决的民主效应，很快赢得了众多支持。2004 年 3 月，全国人大代表童海保等在全国人代会上提交议案，认为举手或鼓掌表决“不利于民主，妨碍人民代表表达真实意愿”，建议“从下届人大开始，全国自上而下一律采用表决器的形式进行表决”。

表决方式推动民主进步

表决方式的演变看似仅只是表决形式的变革，其实蕴含着巨大的民主进步。

广州市人大常委会秘书处负责人接受记者采访时说，广州市人大会议在全国各地人大会议中首开了无线表决的先河，不仅需要具备较强的民主法制意识，更需要一定的胆识。实行无线表决后，许多部门的工作报告通过率远远低于举手表决的通过率。随着票决和键决的推行，“一府两院”工作报告全票或高票通过成为过去，人大行使否决权也不再是稀罕事。2001 年，云南保山市政府办理代表议案和建议的报告未获市人大常委会通过；广西河池市人大常委会则否决了政府的网吧专项整治工作报告；2004 年，四川省广安市人大常委会否决了政府的两个工作报告……在这些事件中，人大无不采用了票决或键决的表决方式，正是这些制度性的改进，使得人大树立了应有的权威。

总之，人大代表代表人民决定大政方针，表决方式至关重要。从解放前解放区的丢豆子选举，至后来的鼓掌通过、举手表决，再到今天的电子表决，是民主进程的生动体现。表决方式的改变，就是要让人大代表真正、完全、独立地行使自己的权利，敢于说“不”，要让各级官员培养接受监督的习惯，随时都要充满危机感和紧迫感。表决方式的改变，见证了我国民主政治的发展。

我为人大鼓与呼

广东省兴宁市人大常委会委员、市人大教科文卫工委主任　邹新茂

光阴似箭，日月如梳。屈指算来，我到人大机关工作已20年了。20年的人生岁月，自己与人大的感情日益深厚，与人大工作结下了不解之缘。由于工作的关系，这些年来，我不遗余力为宣传人大制度鼓与呼，有800多篇人大工作稿件在中央、省、市等各级报刊采用，其中60多篇文章在《人民日报》、《法制日报》、《人民之声》、《人民代表报》等各级报刊征文和"人大新闻奖"比赛中获奖，多次被上级人大评为"优秀通讯员"，受到了表彰奖励。

大家知道，人大通讯员业余时间写稿是件苦差事，往往为写好一篇稿件，绞尽脑汁，熬更守夜，的确十分辛苦。多年来我把宣传人大制度作为一种应尽的责任和义务，乐此不疲。我今年50多岁了，长期失眠，脑眩昏，但仍坚持笔耕不辍，我觉得，只有热爱人大宣传工作，才能有动力，才能迎难而上，持之以恒。比如，在采写通讯《真正的人民代表》时，自己三次骑单车去宁中乡采访，从乡领导班子成员、村干部、一般群众以及主人公，都进行深入采访，最后一次采访从下午2时到6时才采访完毕，采访本记满了几十页，回到家里吃饭后就投入写作，直到第二天凌晨5时才脱稿，这篇反映代表事迹的、全文三千五百字通讯发出后，很快被《梅州日报》1990年12月11日头版头条采用，并配发评论员文章《充分发挥人大代表作用》。文章发表后产生了良好的社会影响。一个市级党报，在头版头条位置刊登一名人大代表的事迹并配发评论员文章，这在梅州日报办报史上是从未有过的。

人大新闻宣传是一座"富矿"，但必须勤奋挖掘，才能挖到亮闪闪的"金子"。为此我做到脑勤、手勤、脚勤。一是结合本职工作主动写。二是见缝插针挤空写。三是不怕苦累加班写。这些年来，我几乎把节假日时间用来读书写作，这成了"家常便饭"。尽管牺牲了许多业余爱好，但我觉得这样做值得，日子过得充实。

1994年7月，兴宁市人大常委会组织实施的评议市公检法机关工作，这次评议会议开了两天，有100多名人大代表参加，其规格之高、规模之大、形式之新、效果之好，是我市过去所没有过的，收到了较好的社会效果。为此，我抓住市公安局被评为"基本满意"等次后认真抓好整改工作产生的成效，经认真采访修改，写成了3千多字的纪实通讯《评议之光耀警徽》一文，在1995年1期《人民之声》发表，此文在人民代表大会成立40周年暨广东省人大常委会设立十五周年征文比赛中获一等奖。1996年1月，我参与了市人大常委会在叶南镇换届选举试点工作，写出了《山乡吹拂民主风》的通讯，于1996.4期《人民之声》刊登，同年被评为省、梅州市人大好新闻一等奖。该文还被人民代表报头版显著位置刊登。1994年由全国人大常委会办公厅、法制日报、改革月报主办的纪念人民代表大会成立四十周年有奖征文中，我与他人合作撰写的《杏林献赤诚》一文刊登后并被评为三等奖。

作为一名人大通讯员，从事人大宣传工作要有一股正义感。写新闻稿件由于涉及一些当事人，有些人往往会"对号入座"，引起一些误会，是在所难免的。对此，我深有体会。1996年6月4日，我市十届人大常委会召开26次会议，根据市法院的提请，会议经无记名投票表决，依法免去3名庭长、2名副庭长的职务。我觉得这是人大依法履职的具体体现，是个好题材，于是写了一篇《免其职毫不含糊》的消息，被《南方日报》、《人民代表报》等全国多家新闻单位采用，中央电视台也在"晚间新闻"中播出。我万万没有想到的是，这篇不足500字的新闻，引发了一场文字官司，那5名被免职的法官把我告上了法庭，说我侵害了他们的名誉（其实在文章里没有提及他们的姓名，我过去对他们并不认识）。那段时间，我和家人经常遭受一些电话的威胁恐吓，甚至要我"小心脑袋"，但我自己坚信写这篇稿件没有错，我如实反映人大履职的事实，不点名道姓，何来损害了他们的名誉呢？当时法庭已将开庭的事宜书面通知了我，我也已请好了律师，兴宁市、梅州市人大以及省人大有关领导也给予了大力支持。自己认真细致地做了许多相关工作，以准备应对开庭。后来因那5名法官主动提出撤诉，这场轰动一时的文字官司也就到此结束了。这件事对自己和家人造成了很大的精神负担，大多数人支

持我，但有人指责我，批评我不该写这篇“负面”的新闻。而我认为，法院向人大提请免去5名不适宜继续担任庭长、副庭长职务，人大作为国家权力机关依照法定程序免去他们的职务，这是依法履职的体现，再正常不过了，自己写这一稿件不是为了搞臭谁，而是出以公心，如实反映人大履职的情况，何错之有？所以自己始终无怨无悔，也从不畏惧别人恐吓威胁。

人大代表是国家权力机关的组成人员，人大代表怎样履职？这是一直为社会所关注的问题。为此，我十分重视撰写人大代表的履职事迹，写了许多有关人大代表事迹的稿件在各级报刊发表，起到了较好的作用。如在采写全国人大代表、广东明珠球阀集团副总经理罗英发的事迹时，自己多次到其单位采访，本子上记满了他深入群众听取民意、为民解忧的事例，和他座谈多次，并到现场认真了解情况。采访完毕后熬了一个通宵写成《深入群众为民解忧》的人物通讯，稿件发出后被《人民日报》1999年7月14日刊登。在采写梅州市人大代表李保桓的事迹时，经过十多天的深入采访，写成了5000字的人物通讯，被2005年10月18日《人民代表报》用大半个版面篇幅刊登。2007年，又对该同志的事迹再一次深入挖掘，写出了《正义感促使他为群众鼓与呼》，被多家报刊采用，并在2008年梅州市十七届人大新闻奖评选中评为一等奖。而反映兴宁市人大代表、叶南中学校长刘坤梅履职事迹的《满腔赤诚青桃李》一文，在1997年新华社举办的“市场经济文化建设”全国征文比赛中获一等奖。

这些年来，我结合工作实际写了100多篇有关人大工作的论文分别在《人民日报》、《人民代表报》、《人民之声》等发表。此外，参与主编了《代表风采》一书（全文25万字）、《为了人民的重托》（全文30万字）等书的编辑出版工作，十多年来担任《兴宁人大》（季刊）的主编，至今已出版了九十多期，每期发行2千多册，受到了广泛好评。

人民代表大会制度是我国的根本政治制度。今后我仍将一如既往地为宣传人大制度竭诚尽力，为坚持完善人大制度、推进民主法制建设，营造科学发展的法治新优势，作出更大的努力。

围绕发展主旋律　探索工作新路子
充分发挥代表在经济社会建设中的作用

广东省化州市人大常委会常务副主任　李东辉

人大代表是人民代表大会的主体，肩负着代表人民行使管理国家事务权力的重大责任。做好人大代表工作，是人大及其常委会依法行使职权，充分发挥职能作用的基础和前提。近年来，我市人大常委会认真实践科学发展观，围绕发展主旋律，积极探索代表工作的新路子。一方面，我们致力于提高代表的整体素质，并努力为代表履行职务、行使职权提供坚实保障，另一方面，引导和动员各类人大代表，特别是来自经济领域和社会新兴阶层的人大代表，积极参与化州建设，为贯彻落实化州市委提出的“发展第一、经济第一、工业第一、招商引资第一”的工作思路，为推动化州经济和社会各项事业的发展作出了不懈努力，发挥了领头雁作用，并取得了可喜的成绩。我们的主要做法是：

一、把好“三关”，切实提高代表的整体素质

提高代表的整体素质，是加强地方人大工作、充分发挥地方国家权力机关作用的迫切需要。为了提高代表素质，我们注意把好“三道关”：

（一）优化代表结构，把好代表“入口关”。提高代表素质必须从源头抓起。换届选举时，我们注意引导选民好中选优，将那些素质较高、能力较强、愿意为人大事业效力的候选人选为代表。做到既注重候选人的代表性、广泛性，又考虑候选人的先进性，特别是注重选择适应时代变革的积极分子，积极吸纳社会新阶层的优秀分子，以保证代表的广泛性和活动参与率。除把好本级代表的入口关外，对全国、省、茂名市人大代表的推荐，我们也充分发扬民主，做到优中选优。在这次全国、省、茂名市人大代表换届中，上级人大机关对我市推荐的人大代表候选人预备人选都给予很高的评价，认为我们推荐出来的代表候选人预备人选综合素质高，履职能力强。

(二)加强代表培训,把好代表“充电关”。一是集中培训领着学。换届后,我们及时组织了对全体代表的培训,从茂名人大邀请了几位经验丰富的老领导给全国、省、茂名市、化州市四级代表上课,使人大代表对人大制度有了更深刻更全面的认识,进一步明确了作为人大代表应承担的职责。每年镇人大例会,我们都派专人下去指导并上辅导课。我们还以街道人大联络组为平台,分片分期开展多种形式的培训讲座,促进代表培训的经常化和制度化。二是提供资料促自学。为了促进代表自学,我们坚持定期向代表寄送《中国人大》杂志、《茂名人大》杂志、化州市《人大常委会会刊》等有关资料。我们还向全市市镇两级1652名代表赠阅《人民之声》,受到代表的欢迎。三是组织交流互相学。我们除组织代表在市内乡镇之间互相交流外,还组织了部分代表到信宜、吴川等兄弟县(市)人大考察学习,汲取兄弟县(市)人大代表工作的经验与做法。对上级人大机关组织的代表培训,我们也认真组织驻本市的代表参加,并为他们提供学习和生活上的便利。通过加强学习,提高了代表的履职水平。

(三)建立淘汰机制,疏通代表的“出口关”。近年来,我们针对代表“出口关”不畅的现状,积极探索代表劝辞等制度,以拓宽代表出口渠道,使代表能上能下。近三年来,我市人大常委会先后罢免了在化州市十三届人大代表选举中有贿选违法行为的茂名市九届人大代表谢某,罢免了在对外贸易中涉嫌出口骗税犯罪的茂名市九届人大代表张某。为了理顺代表与选民关系,劝退了1名化州市十三届人大代表。这些都收到了较好的社会效果,对其他代表也是一次生动的教育。

二、实行“五抓”,保障代表充分履行职责

为代表履行代表职责创造良好的条件,提供必要的服务,落实各项保障,是人大常委会及其工作机构的义务和责任。近年来,我们以“保障代表充分履职”为关键点,坚持“五抓、五保障”,为代表充分履职创造良好的条件。

(一)抓宣传氛围,为发挥代表作用提供舆论保障。要充分发挥人大代表作用,必须营造一个有利于人大代表履职行权的社会环境。我们经常通过化州电视台、化州人民广播电台、《化州新闻》、《化州宣传》、橘州网、化州人网等以化州人为主要读者的媒体,宣传在我市选举产生或在我市工作、居住的各级人大代表的事迹。每次市人代会前,我们都策划宣传一批履职表现突出的各级人大代表。通过宣传,进一步提高了人大代表在群众中的威信和影响力,为代表履行职责创造了条件。

(二)抓沟通联络,为发挥代表作用提供知情保障。换届以来,常委会根据人大代表的建议和要求,每年安排一次通报会,请市人大代表小组长到会,就人大代表关心的热点、难点问题如庄园经济问题、行金会股金兑付问题、鉴江堤围改造问题等,听取“一府两院”有关情况的通报,每次通报会都由市政府分管领导和有关部门主要负责人到会通报情况,并认真听取人大代表的意见和建议。我们建立了代表列席人大常委会会议制度,换届以来,共有346人次的代表列席了人大常委会会议。此外,通过常委会领导接访代表、定期走访市人大代表等方式,不断加强与代表的联系,得到代表的广泛好评。

(三)抓代表活动,为发挥代表作用提供载体保障。我们采取多种措施切实加强和规范代表活动。首先,努力丰富代表活动方式和内容。换届以来,我们组织了150多人次代表参加了人大常委会关于农村合作医疗情况、乡村道路建设情况、土地易地开发情况等15项专题视察,参加了《安全生产法》、《公务员法》、《治安管理处罚法》等5项执法检查,参加了检察院对职务犯罪查处情况、矿产资源管理情况等10项专题调查研究,参加了网吧游戏机室和社会治安等2项工作评议活动。其次,鼓励各镇人大和街道人大联络组继续抓好“代表之家”的建设,为代表履职提供活动平台。

(四)抓议案建议办理,为发挥代表作用提供行权保障。为了提高议案、建议的办理实效,我们进一步明确了议案、建议的提出、交办、承办和督办等程序,并建立健全了建议办理沟通会制度。换届以来,共收到代表建议185件,已全部办理或答复完毕,办结率达到100%,办理质量有显著提高。如代表提出的《关于拨款支持杨梅自来水建设的建议》,市政府十分重视,目前已筹集600多万元,完成了市区到杨梅圩的引水工程,解决了杨梅圩及周边人口的饮水问题。常委会对人代会议案的结案也认真慎重,如“建设美丽河畔城市议案”,去年有个别代表和委员建议结案,但经过组成人员充分讨论,认为作为该议案重要内容的鉴江污染问题、生态公园建设问题等群众和代表还是很不满意,决定推迟结案,得到代表的赞同和认可。

(五)抓后勤服务,为发挥代表作用提供时间和经费保障。代表开展视察、调查、检查、评议等活动是法律赋予人大代表的权利。为切实保障代表正确行使权利，常委会及各工作委员会、各镇人大、各街道人大代表联络组共同协调和督促代表所在工作单位，对代表参加活动给予支持配合和必要的时间保障。为了落实代表活动经费，市人大常委会在年初预算时就列入方案，并督促财政部门及时拨付。

三、建立“三项制度”，形成一套激励和约束代表依法履职的机制

建立健全一套激励约束机制，对人大代表实行奖勤罚懒，奖优罚劣，鼓励代表依法履职，是进一步调动人大代表的积极性和创造性的有效途径。

（一）建立代表表彰奖励制度。为鼓励代表积极履行职务，人大常委会每年在全市人大代表中开展评选优秀代表和先进代表小组活动，并在每年的人代会上进行表彰奖励。同时，广泛宣传报道代表活动风采、先进事迹等，提高代表在群众中的知名度，激励和调动代表参政议政的积极性。

（二）建立代表履职登记制度。常委会实行代表履职登记制度，主要记录人大代表在大会期间和闭会期间法定权利行使的情况和法定义务履行情况、人代会期间登记发言和提建议的主要内容、闭会期间登记接访情况、视察情况、参加小组活动的情况等。企业界代表需填写纳税情况。对记录在案的内容，常委会组织抽查和核实，发现弄虚作假的通报批评。履职登记内容作为将来考察代表连任的依据之一。

（三）建立代表述职评议制度。我市在开展人大代表向选民述职试点工作取得经验的基础上，在全市实施人大代表向选民述职制度。去年，全市有261名市人大代表接受了选民的评议，其中被评为优秀的206人，称职的52人。我们还将评议结果进行公示，有效地促进了代表履职的责任感和自觉性。

四、设立“三项荣誉称号”，激励代表参与化州经济建设

为了鼓励我市各级代表积极参与我市经济社会各项事业建设，我市人大常委会通过了《化州市人大常委会关于设立荣誉称号的决定》。荣誉称号包括“振兴化州终身成就奖”、“振兴化州突出贡献奖”、“化州市荣誉市民”三项。我们按照有关规定，已为5名我市各级人大代表授予了“振兴化州终身成就奖”荣誉称号。

（一）支持引导代表在本地创业。我市人大常委会十分重视跟踪支持有能力、有投资意向的各级代表，积极引导他们带头在本地大胆创业。如省人大代表陈耀，在我市人大常委会的跟踪支持下，在国有企业化州糖厂、化州丝厂、化州水泥厂的改制中实行租赁经营获得成功，带动了当地成千上万的蔗农、桑农、茧农致富，安置了近千名下岗工人，成为县域经济的龙头企业。去年，该代表所创办的企业上缴税金2400万元。

（二）建议制定优惠政策，吸引人大代表参与化州经济建设。为加快服务业发展，市人大常委会根据代表的建议，向市委、市府提出，出台一个发展服务业特别是建设四星级以上酒店的优惠办法，市委、市府采纳了这个建议。通过这个优惠办法，吸引了时任茂名市人大代表、当时在珠海从事房地产开发的梁创齐回乡创业，该代表投资5亿元，建成五星级标准的星河国际假日酒店，成为化州的地标性建筑和一道亮丽的风景。

（三）督促落实优惠政策，抓好“回归工程”。市人大常委会加强与外出创业人大代表的沟通联系，监督有关职能部门落实创业优惠政策，支持他们回乡投资发展。如市人大常委会通过派出专门人员跟踪服务，引回原在东莞办企业的黄业文代表，投资1500多万元建五金厂，实现年产值1100多万元，年创税利300多万元；引回原计划在广西投资的刘育德代表，投资1300万元办瓷土矿加工厂，年销售额800多万元，年上缴税费约120万元。

五、加强“四个引导”，激发代表捐资家乡建设的热情

外出创业有成的各级人大代表，大都有一颗情系桑梓的赤子之心。我市人大常委会积极引导外出创业成功的人大代表，将这种乡情升华为支持家乡各项事业建设的实际行动。

（一）引导代表为家乡经济发展出力。发展工业是振兴化州经济的必由之路，在这项事业中，我们注意发挥人大代表这支生力军的作用。如为支持建设广湛高速公路杨梅出口产业转移园区，2005年初，陈华伟代表在出席省人代会时提出了《关于解决广湛高速路沿线出入口道路征地及路基建设资金问题的建议》，并和黄康景代表一起组织驻化州的省人大代表进行实地视察，他们以省人大代表的身份，以“代表直通车”的形式，到省交通厅反映情况，引起了省交通厅的重视。杨梅出口全长2公里，征地及路基工程约需300多万元，在地方财政困难无法解决配套资金的情况下，陈华伟、黄康景两位代表带头各捐资50万元，并发动化州籍老板捐资，共筹得资金250多万元，2006年8月10日杨梅出口建成，使位于该出口附近占地5平方公里的工业园区建设得以启动。此外，对化州市委、市府组织的招商会，陈华伟、黄康景等人大代表积极利用各种关系，引荐企业界人士前来参加。换届以来，各级代表为我市直接或间接招商引资金额达2.5亿元。

（二）引导代表为化州城市建设出力。化州有三江六岸，是一个得天独厚的美丽江城。如果规划得当，建设有方，将是一个很有吸引力的宜居城市。为了激发代表的热情，我市人大常委会充分利用各级代表回来出席人代会或参加代表活动等机会，带领他们参观化州的市容市貌和在建工程，并适时动员他们为化州城市建设出力，取得了非常好的效果。如化州市体育馆设计建筑面积12000平方米，总投资4000多万元，于1995年10月正式动工，因为资金缺口2000多万，故至今一直未能完工。我们将市委、市府制定的体育馆建设捐资方案及时送达各级代表，特别是有经济实力的外出创业的代表，并派出常委会领导分别与他们进行沟通联络。省人大代表黄康景了解情况后当即表示捐资1000万元支持体育馆建设。黄康景还和港商合作，决定投资10多亿元回化州开发房地产，目前已开始前期准备工作。茂名市人大代表彭明生认捐300万元支持化州市体育馆的建设。黄俊雄代表捐资500万元建设体育西路也将于近期到位。在橘州生态公园建设中，各级人大代表捐资超过400万元。

（三）引导代表为家乡文化教育事业出力。人大常委会注重推动化州的文化教育事业的发展，努力争取更多的代表投入到这一事业中来。去年9月，全国人大代表陈华伟先生捐资1500万元建设化州市新图书馆，投资800多万元建设了杨梅余兴小学，并无偿交给市政府管理。此外，陈华伟还捐资成立“化一中华伟教育基金”，每年出资16万元奖励品学兼优的学生和资助家庭困难的学生。省人大代表黄康景捐资500多万元建设了杨梅菊藩小学，梁创齐代表捐资100多万元建设了化一中创齐科学楼，莫海声代表捐资200万元建设山村小学。省人大代表陈伟清捐资23万元，支持化州孔庙建设。据统计，自市人大换届以来，我市各级人大代表为化州市文化教育事业捐款达到5000多万元。

（四）引导代表为我市新农村建设出力。市人大常委会注重与代表沟通，引导代表积极参与新农村建设。在市人大常委会的动员、引导下，省人大代表陈建明捐资2500万元建设化州市笪桥镇石板生态新农村，目前已完成了工程量的一半左右。陈建明还出资100万元建立“石板村建明农村（公益）基金”，专供本村困难家庭子女入学、盖房子、就医，买种子、种苗、化肥、农药、农具等借用，该基金还进行不定期补充，使基金始终保持在100万元左右。陈建明的义举起到了巨大的示范作用。茂名市人大代表张文建也捐资300万元建设同庆镇利铁村文化广场。为更好地完成泥砖房改造扫尾这项工作，我市人大常委会通过发倡议书等形式积极发动我市各级人大代表为改泥工程捐款，仅在茂名市第十届人大一次会议上，我们就组织驻我市的茂名市人大代表捐款超过100万元。

学习贯彻党的十七大精神
自觉坚持党对人大工作的领导

辽宁省鞍山市人大常委会主任　贾年吉

一、人民代表大会制度的发展历程

人民代表大会制度的发展历程大致可分为萌芽孕育、过渡确立、受挫停滞和恢复发展四个阶段。

1. 人民代表大会制度的萌芽孕育阶段，从1928年－1949年，时间跨度为22年。最早起源于第一次国内革命战争时期的“农民协会”和“罢工工人代表大会”等组织形式。1927年广东海陆丰选举产生的工农兵政府成为第一个农村苏维埃政权。1939年陕甘宁边区普选产生的参议会成为陕甘宁边区最高权力机关。1945年陕甘宁边区宣布把乡(市)参议会改为人代会,"人民代表会议"的政权组织形式开始推行。

2. 人民代表大会制度的过渡确立阶段,从1949年-1956年,时间跨度为8年。人民代表大会制度制度的确立,需要有革命在全国胜利的政治条件。1949年9月,中国人民政治协商会议第一次全体会议在北京召开。宣告中华人民共和国的成立,通过《中国人民政治协商会议共同纲领》(相当于临时宪法)。1954年9月,第一届全国人大一次会议通过了我国第一部宪法,人民代表大会制度正式确立。

3. 人民代表大会制度的受挫停滞阶段,从1957年-1976年,时间跨度为20年。1957年"反右"、"大跃进"等一系列政治运动相继发动,直到"文化大革命",在近20年时间里,人民代表大会制度受到严重冲击。在这个时期里,党政不分,人治抬头,人大被搁置一旁。例证:中央于1958年决定建立人民公社。正常应提交全国人大审议,但事实上却没有履行这一法律程序,在党内单独作出决定。

4. 人民代表大会制度的恢复发展阶段,从1976年至今,时间跨度为33年。1976年人大制度开始恢复,特别是党的十一届三中全会和1982年宪法颁布以来,人大制度走上了全面恢复和发展的新阶段。一是扩大了全国人大常委会的职权范围;二是加强了地方国家权力机关建设;三是加强了乡镇人大建设;四是改进和完善了民主选举制度。

二、人民代表大会制度在丰富和发展马克思主义学说方面有哪些理论创新

1. 马克思、恩格斯的贡献。追根溯源,马克思主义国家学说是我国人民代表大会制度形成和发展的理论基础。他们在总结无产阶级革命特别是巴黎公社的经验基础上,提出必须打碎旧的国家机器,代之以民主的、自治的和以对物的管理为其主要职能的新型国家,这是他们关于未来社会基本政治组织思想的核心。

2. 列宁的贡献。十月革命以后,列宁领导建立了世界上第一个无产阶级专政的国家——苏维埃政权。1921年启动"新经济政策",突破马克思主义创始人的理论,其社会主义思想有了一个飞跃和升华。他指出:"没有民主,就不可能有社会主义","胜利了的社会主义如果不实行充分的民主,就不能保持它所取得的胜利,并且引导人类走向国家的消亡。"

3. 毛泽东的贡献。1940年1月,毛泽东在《新民主主义论》中第一次明确提出了人民代表大会制度的构想:"中国现在可以采取全国人民代表大会、省人民代表大会、县人民代表大会、区人民代表大会直到乡人民代表大会系统,并由各级代表大会选举政府。"为建国后我国实行人民代表大会制度奠定了理论基础。

4. 邓小平的贡献。两个著名论断:一个是"没有民主就没有社会主义,就没有社会主义现代化。"一个是"为了保障人民民主,必须加强法制,必须使民主制度化、法律化,使这种制度和法律不因领导人的改变而改变,不因领导人的看法和注意力的改变而改变。"强调要加强党对人大工作的领导。各级党委要支持各级人民代表大会依法行使职权。这些思想为健全和完善人民代表大会制度提供了坚实的思想基础和理论依据。

5. 江泽民的贡献。江泽民高举邓小平理论伟大旗帜,继续坚持、丰富和发展人民代表大会制度,不断总结人民代表大会制度建设的实践经验,对"什么是人民代表大会制度,怎样坚持和完善人民代表大会制度"在理论上系统回答,进一步阐明人民代表大会制度的本质,指明人民代表大会制度建设的根本途径,推进了人民民主的制度化、法制化进程。

6. 胡锦涛的贡献。十六大以来,胡锦涛全面贯彻"三个代表"重要思想,在全面建设小康社会、开创中国特色社会主义事业新局面的新阶段,积极回答改革与发展不断深入所面临的一系列新课题,多次提出社会主义政治文明建设思想,强调要坚持中国特色社会主义政治发展道路,发展社会主义民主政治,建设社会主义法治国家,明确提出了新时期人民代表大会制度建设的主要任务。

三、如何坚持党对人大工作的领导

1. 如何认识党和人大的关系。人大是在党的领导下开展工作的;同时人大把党的主张、人民的意志,经过法定程序制定为法律以后,任何组织包括党的组织在内,都必须遵守和执行。首先党领导人大,人大接受党的领导;其次党必须在宪法和法律的范围内活动;再次二者是相辅相成,不可分割的。

2. 党如何领导人大工作。首先要明确我们党对人大工作的领导的内容和方式。"三大内容":一是政治原则和政治方向的领导;二是国家重大决策的领导;三是向国家机关推荐优秀党员干部。领导方式主要包括直接领导、派驻领导、督促领导三种方式。其次要明确党的十七大报告对我们党如何进一步加强对人大工作的领导提出哪些新要求。十七大报告提出要"扩大人民民主"。报告还提出一系列新举措,以健全民主制度、丰富民主形式、拓展民主渠道,使人民的知情权、参与权、表达权和监督权得到更充分的保障。提出了加强和完善人民代表大会制度的3项措施。"支持人民代表大会依法履行职能,善于使党的主张通过法定程序成为国家意志"。这一重要举措,体现了党科学执政、民主执政、依法执政的执政理念。胡锦涛总书记在今年"两会"党员负责人会上提出三点要求。一要坚持正确政治方向;二要增强工作实效;三要提高依法履行职责的能力。第三要明确市委对我们人大工作有哪些要求和希望。市委书记张杰辉到人大调研,提出四点希望:一是希望人大确确实实像一个权力机关、立法机关,把法律赋予的职责做到位,发挥好作用,成为一个强有力的权力机关和立法机关;二是希望人大在市委领导下发挥好自己的作用,围绕中心,服务大局,成为对全市工作起到帮助、补充、推动作用的国家机关;三是希望对"一府两院"进行工作监督,在监督的同时,促进和谐;四是希望人大常委会成为代表人民的机关,成为反映人民呼声、代表人民意志、解决人民群众最关心最迫切最需要解决问题的机关。

3.人大如何自觉接受党的领导。一是自觉服从市委的领导。做到"一个保证、一个坚持"。"一个保证"就是通过行使人大职权,发挥人大作用,保证党的重大决策的实现。"一个坚持"就是坚持向市委请示报告制度。二是充分发挥党组的政治核心作用。党组的领导核心作用表现为党委的部署,有计划地安排人大的长期性工作和阶段性任务。本届党组根据市委的决策部署,确定了"围绕中心、依法履职、关注民生、促进和谐"的工作思路。这是常委会工作的总纲。在常委会第一次会议上,提出了增强大局意识、法制意识、务实意识、创新意识和群众意识的要求。机关的工作学习都要融入这"五个意识",推动常委会工作质量的全面提高。三是充分发挥机关党委的战斗堡垒作用。机关党委是党组领导下的基层组织,负责机关党的思想、组织、作风和制度建设。加强机关党委自身建设和机关党员队伍建设,是机关党建工作的两个基础工程。在机关党员队伍建设方面,应该通过发挥人大机关党员的先锋模范作用,用和谐团队的理念和真抓实干的精神引领每一名党员干部,模范地贯彻党的路线方针政策,不断开创人大工作的新局面。

关于专项工作报告的听取和审议

辽宁省鞍山市人大环境资源城乡建设委员会主任委员　李向明

监督"一府两院"的工作是宪法和法律赋予人大及其常委会的一项重要职权,听取和审议"一府两院"专项工作报告是人大常委会监督的主要形式之一。如何按照《监督法》规定,依法听取和审议"一府两院"专项工作报告,是当前摆在地方人大常委会面前一个重要课题。

一、关于听取和审议专项工作报告的基本内涵

专项工作报告是相对于全面性工作报告而言的。一般来讲,人民代表大会通过听取和审议"一府两院"工作报告,对其全面工作实施监督,而人大常委会在代表大会闭会期间,通过听取和审议"一府两院"某一方面的工作报告,对其专项工作实施监督。从广义的角度看,关于决算的报告、计划的报告、预算执行情况的报告、审计工作报告等都属于专项工作报告,但《监督法》第三章对人大常委会审查和批准决算,听取和审议计划和预算执行情况的报告、审计工作报告的职权和程序单列出来,作了详细规定,因此,本文所说的是一般意义上的专项工作报告。

《监督法》第八条规定,"各级人民代表大会常务委员会每年选择若干关系改革发展稳定大局和群众切身利益、社会普遍关注的重大问题,有计划地安排听取和审议本级人民政府、人民法院和人民检察院的专项工作报告"。这一规定明确了人大常委会听取和审议专项工作报告的原则,体现了人大常委会开展这项监督工作的目的和功能。概括起来,主要有四个特点:一是具有广泛性。人大常委会的大部分监督内容都可以通过听取和审议专项

工作报告这一方式来体现。二是具有经常性。人大常委会每年至少召开六次以上的会议,通过听取和审议"一府两院"的专项工作报告,可以对其工作进行经常性的监督。三是具有针对性。人大常委会有计划地听取和审议某一方面的专项工作报告,可以使监督目标更集中,审议更具体,更能体现监督工作实效。四是具有及时性。人大常委会根据需要及时听取和审议专项工作报告,特别是一些影响改革发展稳定的重大问题、突发性社会管理等问题,可有效增强监督的时效性。

《监督法》确定听取和审议专项工作报告这一主要监督形式,是在总结各级人大常委会多年监督工作实践的基础上,对以往探索进行的工作评议、述职评议、个案监督等监督形式,不断深化认识并加以规范化和程序化的结果。党中央和全国人大对人大常委会监督工作高度重视,在制定《监督法》过程中,明确了听取和审议专项工作的法律问题。《监督法》保持了工作评议的基本特征,主要有以下三个方面:一是专项工作报告的议题计划要向社会公开,听取人民群众对议题的意见和建议,并组织常委会组成人员和人大代表就有关工作开展视察或专题调查研究。二是在人大常委会会议上对专项工作报告进行审议,专项工作报告由"一府两院"的负责人或政府委托的有关部门负责人报告。三是"一府两院"要认真研究处理常委会组成人员的审议意见,并向人大常委会提出书面报告。尽管《监督法》中并没有出现"工作评议"字样,但体现了工作评议的精神。《监督法》对听取和审议专项工作报告的规定,源于实践中的成功经验,但又不同于实践中的一些做法。第一,统一规范了监督主体。过去,有些地方开展的工作评议,以人大代表为主体,如乡镇人大评议"七站八所",是代表在闭会期间的一种活动,《监督法》统一规范为人大常委会,主体更加明确。第二,统一规范了评议对象。过去工作评议对象突出的是政府及其工作部门和"两院",强调评议政府部门和"两院"的全面工作,《监督法》规范为"一府两院"就特定问题报告专项工作。问题可能涉及一个部门工作的某一方面,也可能涉及几个部门,针对的是问题。第三,规范了评议议题的选择与确定。《监督法》规定了确定和选择专项工作报告议题的六条途径,另外还规定,"一府两院"可以主动要求报告专项工作。这些规定都使工作评议制度得到新的发展和完善。

二、关于听取和审议专项工作报告的相关规定和贯彻问题

《监督法》对人大常委会听取和审议专项工作报告的有关程序及要求,作了比较具体的规定,归纳起来主要有以下八个方面:即制定并公布年度计划、围绕议题开展视察调研、对专项工作意见的反馈、征求对专项工作报告的意见、专项工作报告的送达时限、专项工作报告的听取和审议、审议意见的交办、公布专项工作报告和审议意见及其研究处理情况等。这八个方面与已往工作的主要不同点是:第一,常委会听取和审议专项工作报告前,常委会办事机构应当将各方面对该项工作的意见进行汇总,交由"一府两院"研究并在专项工作报告中作出回应。第二,"一府两院"对常委会审议意见研究处理情况或执行决议情况应在有关报告中作出回应。第三,常委会听取和审议的专项工作报告情况和"一府两院"的落实情况,要向本级人大代表通报,并向社会公布。下面,从四个方面谈一下贯彻落实问题。

1. 关于专项工作报告议题的确定。按照《监督法》第九条规定,听取和审议专项工作报告的议题,有两种确定方式。一是人大常委会根据反映的问题确定。即人大常委会在执法检查中发现的突出问题;人大代表提出的建议、批评和意见集中反映的问题;人大常委会组成人员提出的比较集中的问题;人大专门委员会、常委会工作机构调查研究中发现的突出问题;人民来信来访集中反映的问题;社会普遍关注的其他问题。这六条途径可使人民群众普遍关心的问题能够得到充分反映。二是根据"一府两院"的要求确定。这说明,"一府两院"接受人大监督不总是处于被动状态,也可以主动提出要求。

根据"问题"确定议题,具有"三性"。一是具有突出性,就是各种问题中的重要问题,是主要矛盾的体现;二是具有集中性,就是不同群体、不同方面共同反映的问题;三是具有普遍性,就是广泛存在的问题,而不是零散的、个别的问题。根据"问题"听取和审议专项工作报告,有利于集中力量有针对性地开展监督工作。如,新一届市人大常委会产生后,年吉主任提出"围绕中心、依法履职、关注民生、促进和谐"的工作原则,为确定常委会开局之年的议题指明了方向。市人大常委会在已安排的议题中,有听取和审议市政府关于创建全国文明城市、促进项目升级、治理水污染、为城乡群众办实事等15项专项工作报告，其中涉及全局性工作有5项、涉及民生问题有4项、涉及司法监督工作有2项，较好地体现了《监督法》的精神。

在确定议题时，还要把握好对"两院"的监督问题。根据《监督法》精神，人大常委会对"两院"工作的监督，主要是督促司法机关完善内部监督制度，重点解决审判工作、检察工作中人民群众反映强烈且带有共性的问题，如告状难、执行难等。这样做的目的，是在发挥人大常委会监督"两院"工作职能的同时，保障"两院"依法独立行使审判权、检察权。至于人大代表和人民群众向人大常委会反映的涉法涉诉个案问题，不属于人大常委会行使对"两院"工作监督的职权范围，而是属于处理涉法涉诉的信访工作问题，可以通过督办信访件的途径来解决。

2. 关于专项工作报告的听取和审议。这个环节直接决定着听取和审议专项工作报告的质量，具体讲，可概括四个关键字。一是"看"。《监督法》第十二条规定，常委会会议前七日要将专项工作报告发给常委会组成人员。其目的是让常委会组成人员提前阅读报告，做好审议准备，这既是对报告机关提出的义务，也是常委会组成人员享有的权利，晚于这个时间其实就是对常委会组成人员权利的剥夺。二是"听"。《监督法》第十三条规定，常委会是听取"一府两院"负责人所作的报告，政府可以委托有关部门负责人作报告。虽然可以委托报告，但常委会听取的还是政府对某一专题所作的工作报告，不是由某一个部门作专项工作报告，因为有些工作涉及多个部门，即使委托个别主管部门负责人报告工作也是代表政府作报告。三是"议"。即听取专项工作报告后，进行审议，提出审议意见。《监督法》第三十四条规定，人大常委会审议议案和有关报告时，"一府两院"派有关负责人到会，听取意见，回答问题。这就明确了常委会组成人员审议专项工作报告，可以询问，这是一项很有意义的规定，有利于把审议工作引向深入。对专项工作报告中所涉及的工作和问题有不清楚或不明白的，常委会组成人员可以向"一府两院"有关负责人提出询问。询问也是监督。常委会组成人员要善于运用询问权，使法律赋予的权力得到有效行使。四是"定"。即经过"看、听、议"以后，常委会应该对专项工作报告提出审议意见或作出决议。

此外，开好主任会议、加强对组成人员的培训等也是搞好审议活动的重要条件。主任会议除履行法律程序之外，还应对如何组织常委会审议活动提出意见，以便引导审议方向。锦州市人大常委会的做法是：根据常委会议题，确定若干名中心发言人，要求他们在会前把专项工作报告解读清楚，并写好审议发言稿，力求发言有针对性和代表性。换届以后，我市人大常委会每次召开主任会都吸收全体驻会委员参加，使大家提前了解常委会审议的事项，明确审议重点。市人大常委会还通过建立主任办公会议制度，及时研究提请主任会议讨论的问题，为开好主任会议作必要的准备。此外，市人大常委会还制定了组成人员守则，建立了常委会机关理论讲座制度。这些制度的建立和完善，较好地促进了审议质量的提高。

3. 关于审议意见的形成和处理。《监督法》确定了审议意见的法律地位。所谓审议意见，一般是指人大常委会审议专项工作报告后，用于表达组成人员意志的一种书面意见，是人大常委会履行监督职能的基本载体之一。审议意见初稿形成后，是否提交主任会议还是常委会会议通过，《监督法》没有规定。《辽宁省实施〈监督法〉办法》规定，审议意见可以由常委会主任、副主任或秘书长签发，也可以由主任会议讨论决定或由常委会会议通过。从目前的工作实践看，审议意见草案的形成方式一般有三种。一是会前调研中形成。主要由专门委员会或常委会工作机构，对列入会议的议题进行调查研究，形成审议意见初稿，再根据常委会会议上组成人员提出的审议意见进行补充和修改。二是会议期间形成。主要由常委会工作机构和专门委员会，对组成人员提出的审议意见进行归纳整理，形成审议意见草案。三是会后形成。主要由常委会工作机构，根据组成人员的审议发言，归纳整理成审议意见。我感到，采取哪种方式形成审议意见，可由主任会议根据实际情况提出意见。关于审议意见的交办，目前各地人大主要有两种做法：一种是以常委会文件进行交办。另一种是制发审议意见专用文书即"审议意见书"进行交办。但不论什么形式，审议意见要及时转交"一府两院"研究处理。

为督促报告机关认真研究处理审议意见，《监督法》设计了反馈机制。一是报告机关应当将研究处理情况的报告送交专门委员会或常委会工作机构征求意见。这种设计要求专门委员会或常委会工作机构应对照审议意见，审核报告机关为研究处理审议意见是否提出了切实可行的措施；对没有吸收的意见，是否给予了合理的说明。二是报告机关最后形成的审议意见研究处理情况的报告，还应向常委会提出书面报告。通过以上两次反馈，可使"一府两院"与人大常委会之间进行充分地沟通，有效推动审议意见的落实。

4.关于专门委员会、常委会工作机构在常委会听取和审议专项工作报告中所承担的责任。《监督法》对涉及专门委员会和常委会工作机构的相关事项作出了很多新的规定，弄清这些新规定和责任，对于发挥专门委员会和常委会工作机构在常委会听取和审议专项工作报告中的作用十分必要。一是提出建议的责任。《辽宁省实施〈监督法〉办法》中规定，专门委员会或常委会工作机构应提出下一年度常委会听取和审议"一府两院"专项工作报告的建议。这个建议权是一项重要权力。二是调查研究的责任。人大常委会听取和审议专项工作报告前，进行调查研究是专门委员会和常委会工作机构一项重要的经常性的任务。三是提出意见的责任。《监督法》对专门委员会和常委会工作机构提出意见的规定比较多，专门委员会或常委会工作机构应该发挥优势，切实提出高质量的意见。四是整理审议意见的责任。专门委员会或常委会工作机构应当全面、准确地整理组成人员的审议意见，为人大常委会开展后续监督奠定基础。五是跟踪检查的责任。加强跟踪检查、促进审议意见或决议的落实，是专门委员会或常委会工作机构的重要工作，应该围绕"一府两院"对审议意见研究处理情况和执行决议的情况进行跟踪检查，保障常委会决定事项的有效落实。以上五个方面的责任，专门委员会和常委会工作机构应当切实担负起来，以发挥其服务于人大及其常委会工作的职能作用。

三、关于深化探索和实践的几个问题

《监督法》对人大常委会很多具体监督行为不可能都做出规定，需要我们研究和探索出符合本地工作实际的监督机制，促进《监督法》的贯彻实施。这里重点讲二个问题。

1.关于如何对专项工作报告作出决议的问题。代表大会听取和审议"一府两院"的工作报告后，都要作出决议，表示批准报告，并就有关工作予以强调。人大常委会听取和审议专项工作报告，一般不作决议，只是在少数情况下才作出决议。《监督法》规定，常委会认为必要时，可以对专项工作报告作出决议。这种制度上的差别，可以理解为，代表大会是听取和审议"一府两院"全面的工作报告，对过去一年的工作进行总结，对新一年的工作作出安排，需要确定报告的法律效力，作为部署工作的依据。而专项工作报告只是对某一方面工作的报告，通常这方面工作已有相关的法律法规作出规范，因此，一般情况下不需作决议，只有在必要时才作出决议。对于"必要时"如何判断，法律未作规定，全国人大常委会也没有这方面的先例可循。是否有必要就专项工作报告作决议，有的建议从以下两个方面来把握：一是对报告的专项工作需要继续加大监督力度，如报告机关对审议意见不重视，未进行相应的研究处理，常委会组成人员对此不满的；二是报告的事项特别重要，需要由常委会形成决议，表示明确意见，支持报告机关开展工作。

2.关于整理审议意见的问题。审议意见的内容主要包括对"一府两院"专项工作报告及其工作情况的总体评价、存在的主要问题、改进工作的意见等。这里要说明的是，审议意见内容的主体应该是提出问题和改进工作的意见，对相关工作的肯定性评价应简要概括。

从目前了解的情况看，有些审议意见，针对性不强，套话较多，导致"一府两院"对落实这种审议意见既难办又好办，往往在办理中有无从下手之感或只象征性地做一下工作，就能回答人大常委会所提出的问题。我感到，审议意见的功能，是对相关专项工作报告及其工作情况作出定性评价，表明同意、基本同意或不同意等态度，同时指出存在的突出问题，提出切实可行的意见。

审议意见无论采取什么方式撰写，都应注意以下两点：一是针对性要强。应写明需要解决的具体问题，并提出改进工作的要求，使"一府两院"清楚干什么、怎样干。审议意见写好了，"一府两院"在办理审议意见时就能明确目标，以利于审议意见的落实。二是内容要精炼。审议意见的文字一般控制在1000字以内为宜。如，《辽宁省人大常委会关于〈科技进步法〉执法检查整改情况报告的审议意见》和《湖北省人大常委会关于全省县域经济发展情况的报告的审议意见》，对政府工作的肯定性评价各占1/4，问题和意见部分各占3/4，总文字量均不到900字。当然，审议意见也不是越短越好，这要看审议的内容和反映的问题而定。

关于规范性文件的备案审查

辽宁省鞍山市人大法制委员会主任委员　刘仲

在我国人民代表大会制度政治体制下，全国人民代表大会和地方各级人民代表大会及其常务委员会代表人民行使国家权力的一个重要方式是监督《宪法》和法律的实施。对规范性文件的备案审查是监督《宪法》和法律实施的重要内容。

一、充分认识规范性文件备案审查的重要意义

对规范性文件实行备案审查，是《宪法》和法律赋予人大常委会的一项重要职权，也是人大常委会依法履行法律监督职责的重要内容，对于建设社会主义法治国家意义重大。《宪法》第一百零四条规定："县级以上的地方各级人民代表大会常务委员会讨论、决定本行政区域内各方面工作的重大事项；监督本级人民政府、人民法院和人民检察院的工作；撤销本级人民政府的不适当的决定和命令；撤销下一级人民代表大会的不适当的决议；……"《地方组织法》第四十三条规定："省、自治区的人民政府所在地的市和经国务院批准的较大的市的人民代表大会常务委员会，在本级人民代表大会闭会期间，根据本市的具体情况和实际需要，在不同《宪法》、法律、行政法规和本省、自治区的地方性法规相抵触的前提下，可以制定地方性法规，报省、自治区的人民代表大会常务委员会批准施行，并由省、自治区的人民代表大会常务委员会报全国人民代表大会常务委员会和国务院备案。"《立法法》第八十九条规定了如何备案，第九十条规定了有权提出备案要求的主体，第九十一条规定了审查的程序。《监督法》专设一章，对规范性文件备案审查作了规范。至此，对规范性文件备案审查的制度已基本完善，这对于维护社会主义法制统一具有重要意义。

（一）规范性文件备案审查是维护国家法制统一、推进依法治国基本方略的重要手段

胡锦涛总书记在党的十七大报告中指出："依法治国是社会主义民主政治的基本要求；要坚持科学立法、民主立法，完善中国特色社会主义法律体系；要维护社会公平正义，维护社会主义法制的统一、尊严、权威。"法制统一是实行社会主义法制，依法治国的基本前提和重要基础，依法治国必然要求国家法律和谐统一。规范性文件是为了贯彻实施《宪法》、法律、法规而形成的重要文件，只有有效地开展规范性文件的备案审查工作，确保规范性文件不与《宪法》、法律、法规相抵触，才能确保民主法制建设顺利推进，确保依法治国基本方略贯彻落实。

（二）规范性文件备案审查是维护最广大人民群众根本利益、构建和谐社会的有效机制

规范性文件作为管理经济、社会的重要手段，内容大多涉及公民、法人和其他组织的权利义务，在一定范围内具有普遍的约束力和反复适用性。如果其内容违法或有失公正，一旦付诸实施，损害的就不是一个人或者几个人的利益，而是一个群体、一个地区的利益，甚至会影响社会和谐，影响改革发展稳定大局。对规范性文件实行备案审查，可以有效地纠正侵犯公民、法人和其他组织合法权益的行为，从而保障和维护最广大人民群众的合法权益。同时，提出备案审查建议是公民的一项重要权利，严格执行备案审查制度是对公民权利的维护，也是对公民权利的尊重。

（三）规范性文件备案审查是依法行使人大监督职责、切实增强监督实效的重要内容

人大常委会作为国家权力机关对"一府两院"的监督，是党和国家监督体系的重要组成部分，是《宪法》赋予人大的一项重要职权。《监督法》明确规定了对规范性文件实行备案审查是人大常委会依法行使监督职权的监督形式之一，也是人大常委会依法开展监督工作的四种经常性方式之一。规范性文件除《宪法》、法律、行政法规、地方性法规、自治条例和单行条例、国务院部门规章、地方政府规章这些法的形式外，还包括上述文件之外其他由国家机关制定的决议、决定、命令等。这些规范性文件虽然不是我国法律体系的组成部分，但也是普遍适用的。通过对规范性文件的合法性和适当性进行审查，可以从源头上来预防和纠正被监督国家机关的不当行为和损害人民群众利益的现象，进一步提高人大监督的质量和效率。

二、如何做好备案审查工作

严格依照法律规定行使职权，是做好规范性文件备案审查工作的前提和关键。依法做好备案审查工作应当主要把握好以下几个环节：

（一）要明确报送备案规范性文件的范围

做好备案审查工作，首先要依法确定规范性文件报送备案的范围。根据《立法法》第89条、《监督法》第29条、《省〈监督法〉实施办法》第52条的规定，市人大常委会第八次主任会议通过的《鞍山市人大常委会对规范性文件备案审查的规定》（以下简称《市规定》）明确了报送市人大常委会备案的规范性文件有三项：一是县（市）、区人民代表大会及其常务委员会作出的决议、决定；二是市人民政府制定的规章；三是市人民政府发布的决定、命令。

（二）要严格把握法律规定的审查标准

根据《监督法》的有关规定和我市实际，应当从合法性、合理性、实体性、程序性四个方面看规范性文件是否超越法定权限，限制或者剥夺公民、法人和其他组织的合法权利，或者增加公民、法人和其他组织的义务；是否同法律、行政法规相抵触；是否同地方性法规、规章相抵触；规范性文件之间是否相互矛盾；规范性文件的制定、发布或作出程序是否合法。

在实践中对上述标准的具体把握主要有六点：第一，关于超越权限，主要指超越法律规定的立法权限或者法定职权。第二，关于限制公民、法人和其他组织的合法权利，是指没有法律依据，非经法定程序，超越法定权限，设定限制或者剥夺公民、法人和其他组织的合法权利的规范。公民、法人和其他组织的合法权利，包括政治权利、财产权利、人身权利、劳动权利、受教育权利以及其他社会权利。对这些权利，没有法律依据，不经法定程序，任何机关、团体、组织或人员，都不准予以限制和剥夺。第三，关于增加义务，就是违反法律法规的规定，随意给公民、法人和其他组织设定义务，增加负担。如乱收费、乱摊派等现象，就是这方面的突出表现。第四，关于“不抵触”。法律虽然没有明确界定什么是“不抵触”，但从实践看，主要应从三个方面加以把握：一是与法律、法规的规定相悖的；二是表面虽不与法律、法规的规定相悖，但旨在抵消法律、法规的规定的，也就是“上有政策，下有对策”；三是与法律法规的立法目的和立法精神相违背的。第五，关于相互矛盾，是看规范性文件是否与党的大政方针相一致，是否成熟、可行，符合本地的实际情况，规定的权利义务是否对应。第六，关于制定、发布程序是否合法。程序合法是规范性文件是否有效的前提，制定机关是否严格依照法定程序制定规范性文件，直接关系到规范性文件的效力。

（三）关于规范性文件备案审查的方式

规范性文件审查分为被动审查和主动审查两种方式。这两者的主要区别是启动方式不同。所谓被动审查，是指因有关国家机关、公民、法人或者其他组织向人大常委会提出对规范性文件的审查要求和审查建议，以此来启动审查程序的一种审查方式。被动审查的提出有两种情况，一是县（市）、区人民代表大会常务委员会认为市人民政府制定的规章、决定、命令不适当的，向市人大常委会书面提出的审查要求。二是其他国家机关、社会团体、企事业组织以及公民认为备案审查的规范性文件不适当的，可以向市人大常委会书面提出审查建议。但是，“提出审查要求”和“提出审查建议”的内涵有所不同。提出审查要求是启动正式审查的程序；而提出审查建议，因提出者范围很广，提出的审查建议层次也不一样，能否进入正式审查的程序，则要经过常委会工作机构进行研究，看是否必要。只有那些确实必要的，才能启动正式审查的程序。所谓主动审查，是指人大常委会在没有任何国家机关和社会公众提出审查要求或审查建议的情况下，主动对报送备案的规范性文件进行审查而启动审查程序的一种审查方式。

（四）关于规范性文件备案审查结果的处理对审查结果的处理应当运用以下几种方法：一是专门委员会或者常委会工作机构经审查认为备案的规范性文件需要修改或者废止的，要征求市人大常委会法工委的意见，并与制定机关进行沟通，经主任会议同意后，向制定机关提出书面审查意见。二是制定机关按所提意见进行修改或者废止的，不再进行审查。三是规范性文件应当修改或者废止而制定机关不予修改或者废止的，有关专门委员会或者常委会工作机构可以向主任会议提出予以撤销的议案、建议，由主任会议决定提请常委会会议审议。

三、做好备案审查工作应当注意的几个问题

规范性文件的备案审查工作是人大常委会一项法定职权，也是人大常委会的一项全新的工作，需要在实践中不断探索，逐步加以完善。这项工作使命光荣、责任重大，在工作中要注意解决好几个问题：

（一）以高度的政治敏感性考虑问题，把握正

确的政治方向

胡锦涛总书记最近指出："坚持正确政治方向，是做好人大工作的根本。"备案审查工作政治性很强。工作中遇到的许多问题带有政治性，直接涉及党的领导、国家政治制度、立法体制、行政管理体制和司法体制等问题，需要具有高度政治敏感性；备案审查工作受到社会高度关注，公众寄予了很高期望，违宪违法行为是否得到了纠正，备案审查工作如何开展等，都是社会关注的焦点，备案审查工作的一个举措就可能会引起很大的社会反响，开展这项工作必须注意政治影响，要从政治高度把握问题。备案审查工作的政治性决定了我们所做的工作，必须从党和国家大局出发来分析、判断问题。在研究问题时，不仅要从法律层面剖析，更要从政治高度考虑。特别要注意我们的研究意见和建议是否有利于维护党的领导，是否符合党的路线方针政策；是否符合《宪法》和法律关于国家立法、司法和行政制度的规定。

(二)积极推进备案审查工作，稳妥处理好审查发现的问题

积极推进是我们开展备案审查工作的基点，这是由人大常委会的职责以及规范性文件备案审查制度本身的重要意义决定的。市人大常委会领导非常重视这项工作，在很多具体工作中都有指示。最近主任会议专题研究备案审查工作，讨论通过了《市人大常委会对规范性文件备案审查的规定》，使工作走上了制度化轨道。常委会召开了全市备案审查工作会议，安排部署这方面的工作。备案审查工作是部门协同开展的工作，需要多方面配合，要注意处理好与下一级人大及其常委会关系，加强密切联系，同时要同政府办公部门和法制部门做好沟通工作。备案审查涉及部门、群众，涉及很多方面，是政治性、政策性、法律性、群众性都很强的工作，只有认真对待，才能做好。

稳妥是备案审查工作中研究和处理问题的基本要求。这是一项比较新的工作，工作机制要逐步完善，工作经验要逐步积累，工作规程也需要逐步规范和健全。这项工作社会关注度高，很多问题具有社会敏感性，处理不好会涉及社会稳定。

此外，规范性文件的出台都是经过一定程序的，我们提出审查建议，进行纠正，必须非常慎重。在这方面我们体会：一是对备案审查事项的请示报告要及时。备案审查的每一件小事都是社会关注的大事。我们的研究意见和建议，应当及时请示报告。二是备案审查工作涉及党的部门的，应当经常委会领导同意，先与党的有关部门沟通。三是对于敏感问题，要本着对党和国家高度负责的工作态度，认真研究，充分论证。四是处理方法要得当，要考虑社会影响，考虑稳定。五是处理好与政府的关系。吴邦国委员长在十一届全国人大常委会第一次会议上讲："我们是由人民代表大会统一行使国家权力，'一府两院'由人大产生，对人大负责，受人大监督。各国家机关虽然分工不同，职责不同，但目标是完全一致的，都是共产党领导下在各自职权范围内贯彻落实党的路线方针政策和宪法法律，为建设中国特色社会主义服务。"作为备案审查机关，审查是行使监督权，人大应当尽职尽责做好工作。但是我们与"一府两院"不是唱对台戏，监督目的是保障《宪法》和法律的正确实施，支持和促进"一府两院"依法行政，公正司法。因此，在备案审查工作中，要特别注意与"一府两院"的沟通协调，尽量采用沟通的方式解决问题。

(三)要高度关注，认真做好市人大常委会的规范性文件制定工作

根据《立法法》的规定，我们制定的地方性法规要报送省人大常委会批准并由省人大常委会报送全国人大常委会和国务院备案，接受全国人大常委会的审查；我们作出的决议、决定要报送省人大常委会备案，接受审查。这就要求我们高度关注这项工作，要以严肃认真的态度，严谨务实的工作作风制定好上述规范性文件。在这方面，主要应当把握以下几点：一是坚持法治统一原则。立法要严格遵守地方立法权限，要与法律规定保持一致，维护国家法制统一；二是要以人为本，从人民群众的根本利益出发，要考虑社会效果和政治影响。三是要突出地方特色，使法规跟上时代发展的步伐，同时也要把握好出台时机。四是要做到依法履职。作出决议、决定要准确高效，既不失职也不越权，做到监督有力，寓监督于支持之中。

关于人大预算审查与监督

辽宁省鞍山市人大财经委员会主任委员　李秀丽

依法审查批准本级政府预决算并监督其执行，是宪法和法律赋予各级人民代表大会及其常委会的一项重要职权，是人民行使管理国家事务权力的具体体现，是对政府行政权力运行最直接的监督。

一、人大预算审查监督的意义

人大预算审查监督的基本职能是：依据《宪法》、《地方组织法》、《预算法》、《监督法》等法律法规，审查批准本级预决算和预算调整方案，监督政府预算的执行。做好地方人大的预算审查与监督工作，对于坚持和完善人民代表大会制度，健全社会主义公共财政体制，保证党和国家的各项政策措施落实到位具有十分重要的意义。

（一）人大预算审查监督的地位和作用

地方财政预算是地方财政的收支计划，是经地方人大批准的具有法律地位的文件。人大预算审查监督的地位是由宪法和法律所决定的，是具有强制力、具有权威性的国家监督。

1. **预算审查监督是人大依法行使国家权力的重要保证**。我国《宪法》和《地方组织法》将审查、批准和监督政府财政预算作为人民代表大会及其常委会的重要职权作出规定，是人民代表大会依法行使国家权利的重要保证，是建立健全决策权、执行权、监督权相互制约相互协调的权力运行结构和运行机制的需要。由于国家的大政方针和政府所要办的事情都要在预算安排中得到体现，人大对预算的审查批准就是对政府施政方针的批准，就是对政府工作部署和资金使用方向的批准。人大对预算执行的监督，就是对政府运行过程的监督。

2. **预算审查监督是建立公共财政体制的客观要求**。财政是国家的经济命脉。财政预算收入来自纳税人，其分配和使用涉及到国家和人民的根本利益，关系到一个地区的经济发展和稳定的大局。公共财政的基本要求是要向全社会提供公共产品和公共服务，而且要做到公平、公正、公开。无论是权力机关对预算的审查批准，还是预算的执行过程，都应当向社会和公众公开。人大对财政预算进行必要的监督和制约，保证财政资金发挥最大的使用效益，是建立社会主义公共财政体制的客观要求，也是人大预算审查监督的基本出发点。

3. **预算审查监督是人民参与国家事务管理的具体体现**。通过人大的预算审查监督，可以让人大代表更加全面地了解政府可获得的财政资源，了解政府的活动范围和方向，了解政府在某一项目上征收多少，对哪些方面投入多少。人大代表通过对预算的审查，来参与国家事务管理，监督政府是否依法行政，公共利益是否得到维护，农业、科技、教育、卫生等社会事业的发展是否得到保障，国家的各项政策措施是否落实到位。

（二）人大预算审查监督的基本含义和内容

按照《宪法》、《地方组织法》和《预算法》的规定，人大预算审查监督的基本含义有三层：一是本级政府的年度财政预算需经过本级人民代表大会的审查批准方能生效；二是政府的全部财政收支活动都要受预算的约束和规范，政府所有的收入和支出都必须纳入预算管理；三是各级人大常委会监督预算的执行。预算审查就是要审查政府预算编制的内容是否符合现行的财政体制，编制的原则和程序是否合法。

1. **预算的分级和分类**。我国现行的财政预算体制是和行政管理体制相对应的。实行一级政府一级预算。有中央、省（直辖市）、市（地）、县（市辖区）、乡镇共五个级次。

各级人民政府向人民代表大会和常委会报告预决算（草案）和预算执行情况时，要报告本行政区的总预算执行情况，即地方财政收入和地方财政支出的地区汇总预算数。各级人民代表大会和常委会批准的是本级预决算。各级政府的本级预决算由本级各部门和直属单位的预决算组成。比如：鞍山市地方财政收入和支出数为全地区的汇总数，含三县四区。其中又划分为县域（三县和千山区）和城区两块。鞍山市本级不含三县四区，含高新区和千山风景区。市本级扣除高新区和千山风景区以后，又称为纯本级。为了便于对比和分析地方和鞍钢的数据，纯本级中又划分为鞍钢和地方。

地方财政收入包括一般预算收入和基金收入。一般预算收入为地方政府可直接支配的收入，其中分为税收收入和非税收入。基金性收入是按规定收取的具有指定用途的收入，其支出专款专用。

预算的分类也叫政府收支分类。政府收支分类是政府编制预决算(草案)和组织预算执行以及预算单位进行会计核算的依据,也是人大预算审查的基本依据。政府收支科目按照国家统一规定设置。预算收入分类、款、项、目四个层次,共设6类48款。预算支出分类、款、项三个层次。预算支出分类又分为支出功能分类和支出经济分类科目。支出功能分类体系是根据政府管理和部门预算的要求,统一按支出功能来设置的类、款、项三级科目,共有17类、170多款、800多项。支出经济分类体系是用来反映政府支出的经济性质和具体用途的。按照简便、实用的原则设类、款两级科目,共有12类90多款。

2. **预算编制的原则**。一是要按照量入为出、收支平衡的原则编制,不列赤字;二是应当与国民生产总值的增长率相适应;三是要按照本级政府预算支出额的百分之一至百分之三设置预备费,用于当年预算执行中的自然灾害救灾开支及其他难以预见的特殊开支;四是要按规定设置预算周转金。各级政府预算的上年结余,可以在下年用于上年结转项目的支出;有余额的,可以补充预算周转金;再有余额的,可以用于下年必需的预算支出。

3. **预算编制的程序**。预算由政府部门负责编制和执行,由人大审查批准和监督。每年8－9月财政部门召开预算编制会议,各部门开始编制本单位的部门预算。财政部门根据测算的本级财政收入的总体规模,确定可用财力,进行平衡,对各部门下达预算指标控制数。各部门依据控制指标,编制完成本单位的部门预算,政府财政部门汇总审核,形成预算初稿,报人大财经部门进行预审。人大财经部门组织预审后,汇总预审意见,报告主任会议或常委会,并将主任会议或常委会的建议和意见反馈政府财政部门。政府财政部门进行调整后,形成预算(草案),提交人民代表大会审查批准,由财政部门下达各单位执行。

二、人大预算审查监督的法律规定

涉及人大预算审查监督的法律法规很多,主要有《宪法》、《地方组织法》、《预算法》、《监督法》、《辽宁省实施〈监督法〉办法》、《辽宁省预算审批监督条例》等法律法规。

(一)《预算法》的有关规定

《预算法》明确了各级人大、政府、财政部门以及各预算部门和单位在预算编制、预算审批、预算执行、预算监督、决算审查中的职责和操作程序。各级人民代表大会审查批准本级预算;人大常委会审查批准本级预算调整和决算;政府部门负责预算的编制和执行,人大对预算执行进行监督。

1. 各级人民代表大会审查本级总预算草案及本级总预算执行情况的报告;批准本级预算和本级预算执行情况的报告;改变或者撤销本级人民代表大会常务委员会关于预算、决算的不适当的决议;撤销本级政府关于预算、决算的不适当的决定和命令。

2. 各级人民代表大会常务委员会监督本级总预算的执行;审查和批准本级预算的调整方案;审查和批准本级政府决算;撤销本级政府和下一级人民代表大会及其常务委员会关于预算、决算的不适当的决定、命令和决议。

3. **关于预算调整**。经本级人民代表大会批准的预算,非经法定程序,不得改变。各级政府对于必须进行的预算调整,应当编制预算调整方案,提请本级人民代表大会常务委员会审查和批准,未经批准,不得调整预算。在预算执行中,因上级政府返还或者给予补助而引起的预算收支变化,接受返还或者补助款项的地方各级政府应当向本级人民代表大会常务委员会报告有关情况。对违反上述规定所做出的决定,本级人民代表大会、本级人民代表大会常务委员会或者上级政府应当责令其改变或者撤销。

4. **关于预算监督**。各级人民代表大会及其常务委员会对本级和下级政府预算执行情况和决算进行监督。地方各级人民代表大会常务委员会有权就预算、决算中的重大事项或者特定问题组织调查,政府的有关部门、单位和个人应当如实反映情况和提供必要的材料。各级政府审计部门对本级各部门、各单位和下级政府的预算执行情况和决算实行审计监督。

(二)《监督法》的有关规定

《监督法》明确了各级人大常委会审查批准预算调整报告和决算的程序和重点。

1.《监督法》规定,有关主管部门应当在本级人民代表大会常务委员会举行会议审查和批准预算调整方案的一个月前,将预算调整初步方案送交本级人民代表大会财政经济委员会进行初步审查,或者送交常务委员会有关工作机构征求意见。

2. 地方各级人民政府应当在每年六月至九月期间,将上一年度的本级决算草案提请本级人民代表大会常务委员会审查和批准。常务委员会每年审查和批准决算的同时，听取和审议本级人民政府提出的审计机关关于上一年度预算执行和其他财政收支情况的审计工作报告。常务委员会组成人员对预算执行情况报告和审计工作报告的审议意见交由本级人民政府研究处理。人民政府应当将研究处理情况向常务委员会提出书面报告。常务委员会认为必要时，可以对审计工作报告作出决议；本级人民政府应当在决议规定的期限内，将执行决议的情况向常务委员会报告。常务委员会听取的预算执行情况报告和审计工作报告及审议意见，各级人民政府对审议意见研究处理情况或者执行决议情况的报告，向本级人民代表大会代表通报并向社会公布。

（三）《辽宁省实施〈监督法〉办法》的有关规定

《辽宁省实施〈监督法〉办法》对《监督法》的有关规定作了进一步细化。

1.《辽宁省实施〈监督法〉办法》规定，各级人民政府的决算草案未能获得本级人民代表大会常务委员会批准的，人民政府应当根据常务委员会的审议意见依法重新编制决算草案，提请常务委员会审查和批准。

2. 预算在执行过程中需要作部分调整的，人民政府应当编制预算调整方案，列明调整预算的原因、项目、数额，提供有关说明，并于当年10月31日前将调整方案提请本级人民代表大会常务委员会审查和批准。预算安排的农业、教育、科技、文化、卫生、社会保障等资金需要调减的或者基本建设资金需要调增10%以上的，人民政府应当提请本级人民代表大会常务委员会审查和批准。预算执行中，用超收收入追加支出，人民政府财政部门应当及时向本级人民代表大会财政经济委员会或者常务委员会有关工作机构通报情况。

3. 在本级人民代表大会常务委员会举行会议听取关于上一年度预算执行和其他财政收支的审计工作报告的15日前，人民政府审计机关应当向本级人民代表大会财政经济委员会或者常务委员会有关工作机构汇报本级预算执行情况和其他财政收支的审计工作情况。人民政府应当在每年10～11月期间，向本级人民代表大会常务委员会报告上一年度本级预算执行和其他财政收支审计有关问题整改情况的报告。

4. 常务委员会审议国民经济和社会发展计划执行情况报告、预算执行情况报告和审计工作报告后，财政经济委员会或者常务委员会有关工作机构应当及时整理常务委员会组成人员的审议意见。审议意见可以由常务委员会主任、副主任或者秘书长签发，也可以由主任会议讨论决定或者由常务委员会会议通过。审议意见由常务委员会办事机构于常务委员会会议闭会后五个工作日内交由本级人民政府研究处理。人民政府一般应在两个月内，将研究处理情况由其办事机构送交财政经济委员会或者常务委员会有关工作机构征求意见后，向常务委员会提出书面报告。

按照上述规定，人大及其常委会每年度预算审查监督的法定事项共有五次八项。

一是每年1月，人民代表大会听取和审议人民政府上一年度预算执行情况和本年度预算草案的报告；审查批准本年度预算（草案）。

二是每年6－9月，（我市一般在6月）人大常委会审查和批准本级上一年度预算调整报告、决算报告，听取和审议政府上一年度预算执行和其他财政收支的审计工作报告，批准决算。

三是每年6－9月，（我市一般在8月）人大常委会听取和审议上半年预算执行情况的报告。

四是每年10－11月，人大常委会听取人民政府上一年度本级预算执行和其他财政收支审计有关问题整改情况的报告。

五是每年11月，人大常委会听取和审查人民政府本年度预算调整方案。

三、如何做好人大预算审查监督工作

做好地方人大预算审查监督工作，最根本的是要坚持党的领导、人民当家作主和依法治国的有机统一，坚持规范程序、突出重点、依法监督的原则，坚持审查监督与支持促进相结合。

（一）提前介入，调查研究，提高预算审查监督的主动性

每年8－9月人民政府开始编制预算前，市人大财政经济委员会，就要认真开展调查研究，适时提出预算编制的原则或应把握的问题，参加预算编制工作会议，从人大预算审查的角度提出要求，全过程跟踪预算编制工作。在预审前要搞好调查研究，召开相关座谈会，了解政府部门人员编制情况、专项工作情况和重点项目安排情况等基础数据，通过扎实的调查研究，掌握第一手资料，同时督促政府部门提前编制和按时报送预算草案。

人民政府财政部门提交预算草案后，市人大财政经济委员会要组织人员对预算草案进行初审，为人代会审查打好基础。初审中要广泛征求常委会

领导、各专门委员会和有关部门的意见，请审计部门和有关专业人员参与审查。审查的重点是财政收支平衡情况、专项资金安排情况、部门预算的编制情况。一看完整性。收支安排是否全面真实的反映了政府的收支活动。二看公共性。资金的安排是否体现了公开、公平、公正的原则，重点支出是否得到保障。三看合理性，财政收入和支出的规模和结构是否合理，资金的分配和流向是否合理，同经济和社会发展是否适应。四看合法性。预算支出安排是否符合法定增长比例。按照国家《义务教育法》、《职业教育法》、《科学技术进步法》，《辽宁省农业投资条例》等法律法规的规定，看基础教育财政拨款、财政对农业的总投资、科技经费的增长是否高于财政经常性收入的增长比例；规定的农业基本建设投资、农业科技费用、科技三项经费是否达到法定比例。

（二）规范程序，公开透明，提高预算审查监督的科学性

为了规范预算审查监督工作，市人大常委会2005年6月通过了《鞍山市预算审查监督工作规则》，对人大预算审查的重点、程序及市人大财政经济委员会和政府财政部门有关报告和资料提交的时间等都作了具体规定。目前人大预算审查监督的关键是要全力推进部门预算和零基预算，提高预算编制的科学性和合理性，提高预算执行的透明度。没有部门预算，就等于没有审查监督。要规范部门预算的编制程序，将能够纳入预算管理的非税收入、地方性基金，全部统一到部门预算草案中去，坚决克服体外循环和部门间分配不公的现象。预算编制既要根据实际情况，又要体现经济社会发展规律和收支结构合理的原则，收入和支出的预测指标不能与实际差距过大。对专项资金使用要监督政府部门建立科学的评价体系和效益考核机制，加快项目数据库建设。对提交人代会审议的部门预算草案要细化到具体项目，使代表能够看得见资金去向，既便于审查，又便于监督。近年来我市市本级部门预算逐步规范，为人大预算审查提供了较好的基础条件。

（三）突出重点，加强监督，提高预算审查监督的权威性

在对预算执行情况的监督中，要重点把握以下几个方面。一是要监督财政的收支平衡情况。看是否存在虚假平衡。即将当年收不抵支的差额以“财政挂账”的方式结转到下一年。虚假平衡容易带来管理上的漏洞，造成决策失误，具有较大的危害性。二是要监督重点资金的使用。看专项资金是否专款专用，每年政府工作报告中确定的重大项目和经济社会中亟待解决的热点难点问题所需资金是否得到保障。项目资金是否通过论证，有无可行性报告。三是要监督预算超收收入的安排和使用情况。政府在动用超收收入时，是否编制使用方案，报人大常委会批准后支出。四是监督上级财政补助资金的安排和使用情况。上级财政补助资金是否编入本级预算、资金使用的程序和环节是否规范、透明，投向是否合理等。五是监督非税收入的征收使用是否纳入部门预算管理。六是监督政府的债务情况。七是监督政府预备费和预留资金的使用情况。这部分资金的支配和使用随意性较大，如果监督不力，会严重影响资金的使用效益。

（四）提高素质，夯实基础，提高预算审查监督的实效性

一是要加强预算审查机构和队伍建设，选派精兵强将。我市2004年成立了鞍山市人大常委会预算审查工作委员会，组建了预算审查工作处，充实了人员，对全面推进我市的预算审查工作起到了重要作用。从几年来预算审查监督工作实践看，从事预算审查工作的人员，既要懂财政业务，又要懂经济工作，更要有责任心和使命感。要敢于直言，敢于和善于开展预算审查监督工作。要加强对财经委员和工作人员的培训和锻炼，提高预算审查工作人员素质，为预算审查打下坚实基础。

二是要借助外脑搞好预算审查监督。充分发挥各专门委员会熟知本行业的优势；发挥审计部门和相关专业人员的作用，充分听取他们的意见；发挥人大联系面广的优势，注意发挥计划、财政、统计、物价、税务、金融等部门的作用。政府相关部门也要增强主动接受人大监督的意识，及时向人大常委会报告工作，定期为人大相关部门提供月报、季报、年报等第一手资料。人大常委会和专门委员会要加强对本地区经济运行质量和情况的分析，注意分析经济运行、税收结构、财政收入、政府投入、政府债务、行政成本等方面的变化，以便在审查审议中提出有针对性、有价值的意见和建议，提高预算审查监督的针对性和实效性。

关于执法检查工作的思考与实践

辽宁省鞍山市人大内务司法委员会主任委员　李培知

对"一府两院"的工作实行监督是宪法和法律赋予人大及其常委会的重要职权,如何运用好执法检查这一常用监督手段,是摆在各级人大常委会面前的重要课题。本文以《关于执法检查工作的思考与实践》为题,谈一下学习体会。

一、执法检查的性质和特点

执法检查是各级人大常委会对由它产生的国家机关即"一府两院"实施法律情况进行检查的简称,是《监督法》规定的各级人大常委会经常运用的一种监督工作方式。执法检查有以下属性和特点:

(一)执法检查属于国家法律监督范畴

法律运行有五个环节,即:立法、执法与司法、守法与违法、法律监督、法律解释。执法检查属于其中的法律监督环节。

我国法律监督体系分为国家法律监督和社会法律监督。

1. 国家法律监督,概括起来有三种:第一种是国家权力机关的监督,是指各级人民代表大会及其常务委员会为全面保证国家法律的有效实施,通过法定程序,对由它产生的国家机关实施法律的监督。国家权力机关的监督即人大及其常委会的监督,在整个国家法律监督体系中居于主导和核心的地位,是最重要的监督。第二种是国家行政机关的监督,是指由国家行政机关所进行的法律监督。包括一般行政监督、专门行政监督和行政监管。第三种是国家司法机关的监督,包括检察机关的监督和审判机关的监督,是我国监督制度的重要组成部分。

2. 社会法律监督,概括起来有五种:即中国共产党的监督、社会组织的监督、公民的监督、法律职业群体的监督、新闻舆论的监督。从以上分析可以看出,人大常委会的执法检查,不是一般性的工作检查,是属于国家法律监督范畴,是国家权力机关根据法律授权,针对法律、法规实施情况开展的专门检查,具有权威性和法定性。

(二)执法检查目的在于督促法律实施机关依法行政、公正司法,推动《宪法》和法律的正确实施

人大常委会开展执法检查有三项功能。一是监督功能。人大常委会通过执法检查,了解和掌握法律实施的真实情况,发现法律实施中存在的问题,提出法律实施机关改进执法工作的建议,纠正有法不依、执法不严、违法不究现象,可以督促行政机关依法行政、司法机关公正司法,推动各项法律的贯彻实施,维护法律的权威和尊严;二是法制宣传教育功能。人大常委会执法检查涉及面广,影响大,受到社会各界的广泛关注,检查法律实施的过程,也是法律宣传和普及的过程。通过执法检查,可以推动法制宣传教育活动的开展,促进全社会法制观念和法律水平的提高,为法律的贯彻实施打下坚实基础。三是健全法制的功能。通过执法检查,可以发现现行法律本身不完善的地方,评估立法的质量,有利于法律的修改完善和我国法律制度的完备。因此整个执法检查过程既是对"一府两院"工作的监督过程,也是对法律本身的审视和完善过程,同时也是对人大作用和人大工作作风的展示过程。其效果如何直接影响到整个人大的形象和权威。

(三)各级人大常委会是执法检查的主体,本级法律实施机关是接受执法检查的对象

1. **明确监督主体**。《监督法》第二条规定:"各级人民代表大会常务委员会依据宪法和有关法律的规定,行使监督职权",同时,第二十三条第二款规定,"常务委员会执法检查工作由本级人民代表大会有关专门委员会或者常务委员会有关工作机构具体组织实施。"这里明确了执法检查的主体是各级人大常委会,组织实施的机构是有关专门委员会或者常委会有关工作机构。应该注意的是,执法检查不能以专门委员会的名义进行。1993 年全国人大常委会通过的《关于加强法律实施情况检查监督的若干规定》中关于专门委员会为主体开展执法检查的规定与《监督法》不符,全国人大常委会已经停止执行了。严格说,执法检查组也不是执法检查的主体,检查组反馈的意见不能视为常委会的意见,执法检查报告所提出的建议只有经过常委会会议审议后才具有法律效力。

2. **明确监督对象**。本级法律实施机关是接受执法检查的监督对象,即所谓"本级管本级"。有

时候市人大常委会执法检查组到各县(市)、区,甚至到乡镇去召开座谈会,也是为了进一步了解市本级"一府两院"的执法情况。因此,不宜对地方法律实施情况发表结论性意见,在执法检查工作中,上下级人大是一个相互配合的关系。

(四)执法检查是各级人大常委会行使监督职权的重要方式和经常性工作

执法检查是各级人大常委会在实践中探索出的一种监督方式。80 年代中期,安徽、浙江、江苏等一些省、市人大常委会率先开展了对法律实施情况的监督检查。全国人大常委会在总结各地经验的基础上,于 90 年代初期开始组织执法检查。1993 年 9 月,八届全国人大常委会第三次会议制定了《全国人民代表大会常务委员会关于加强对法律实施情况检查监督的若干规定》。1999 年 4 月,九届全国人大常委会第十四次委员长会议通过了《关于改进全国人大常委会执法检查工作的几点意见》。在 20 多年实践的基础上,2006 年 8 月,十届全国人大常委会第二十三次会议通过的《监督法》,将执法检查列为各级人大常委会经常性工作的内容之一,使执法检查进入了法律化、规范化的轨道。

我市人大常委会执法检查工作起始于 90 年代初,有据可查的第一次执法检查是 1991 年对《中华人民共和国义务教育法》贯彻实施情况的检查。我市人大常委会从 1991 年以来,共组织开展执法检查 72 次。其中,上一届市人大常委会共开展执法检查 23 次。本届市人大常委会今年计划开展 2 项执法检查,即对实施《农产品质量安全法》和《国务院宗教条例》情况进行检查。最近,为依法推进辽河流域水污染治理,市人大常委会又将《环境保护法》和《水污染防治法》的贯彻实施情况,列为全市两级人大常委会联合动作的重点内容。实践证明,执法检查是各级人大常委会加强法律监督、推进《宪法》和法律在本地区得到遵守和执行的重要手段和有效途径。

二、执法检查的内容和程序

(一)执法检查的内容

在我国,法的渊源从效力意义上讲,主要包括《宪法》和法律、行政法规、地方性法规、特别行政区的法律法规、国际条约和国际惯例,还有国家政策。人大常委会执法检查,主要是对前三个层次的法律规范实施情况进行检查。

《监督法》第二十六条规定,"执法检查报告包括下列内容:(一)对所检查的法律、法规实施情况进行评价,提出执法中存在的问题和改进执法工作的建议;(二)对有关法律、法规提出修改完善的建议。"我理解这也是对执法检查内容的规定。检查过程中,需要注意以下几个问题:

一是要突出重点。执法检查的内容要紧紧围绕法律实施的主线。吴邦国委员长指出:"一部法律有的几十条,多的上百条,但核心内容往往就那么几条。实际工作中需要解决的矛盾和问题会很多,但关键问题往往就那么几个。抓住了这些要害,就牵住了牛鼻子,就能以点带面、举一反三,起到事半功倍的效果。"所以,选好检查法律的重点内容非常重要。这个重点内容,就是指一部法律执行过程中的主要矛盾和主要问题,是法律执行过程的难点和关键点。执法检查的重点内容,可以参考提建议单位提出的法律实施中的突出问题,并结合有关专门委员会调研了解的情况来确定。如今年全国人大常委会检查《劳动合同法》实施情况的重点内容是,订立书面劳动合同情况、试用期和服务期的约定问题、经济性裁员问题、解除和终止劳动合同情况。

二是既要看成绩,也要查问题。人大常委会执法检查经常采取的方式是听取汇报、召开座谈会、个别走访、实地考察及抽查暗访等。这里需要注意的是,检查的"点"不宜搞极端,不能只选好的,把执法检查当成检查工作,汇报时只谈成绩,不谈问题;也不能只选差的,只为让人大帮助反映问题。要好、中、差结合,重点放在一般上,因为一般的"点"数量上最多,也最具有典型性、代表性,能够体现法律实施的一般情况,总体评价才能客观、准确。

三是坚持监督与支持相结合,对于法律实施机关执法中遇到的问题,要搞清楚是执法机关本身的问题,还是体制问题,或者是法律本身存在不完善的问题。要本着监督与支持相结合的原则,在督促法律实施机关努力改进工作的同时,将他们遇到的问题通过执法检查反映出来,推动问题的解决。

另外需要注意的是,执法检查中不宜直接处理问题。执法检查的性质是国家权力机关的监督,因此执法检查中不宜直接处理具体问题和案件,造成代行国家行政权和司法权的越权行为。对在执法检查中发现的具体问题和案件,要向人大常委会报告,由人大常委会会议审议并提出意见,交由法律实施机关依法办理。

（二）执法检查的程序

根据《监督法》的规定，执法检查的程序可以归纳为以下五个方面：

1. 制定年度执法检查计划，经主任会议通过，印发常委会组成人员并向社会公布，并由本级人民代表大会有关专门委员会或者常委会有关工作机构具体组织实施。

2. 制定检查方案，组织执法检查组，实施检查。执法检查结束后，执法检查组提出执法检查报告，由主任会议决定提请常委会审议。

3. 常委会会议审议后，将常委会组成人员对执法检查报告的审议意见连同执法检查报告，一并交由“一府两院”研究处理。

4. “一府两院”将研究处理情况送交人大有关专门委员会或者常委会有关工作机构征求意见后，向常委会提出报告。必要时，由主任会议决定提请常委会审议，或者组织跟踪检查。

5. 执法检查报告及审议意见、“一府两院”对其研究处理情况的报告，向本级人民代表大会代表通报并向社会公布。

在《全国人大机关贯彻实施〈监督法〉若干意见》和《辽宁省实施〈监督法〉办法》中，对执法检查各个环节作了进一步细化和要求。我市人大常委会正在抓紧制定具体实施意见，特别是有关时限规定和责任分工，以便于规范操作和实行。

三、执法检查应当把握的重点环节

（一）搞好执法检查的选题

《监督法》第二十二条规定，人大常委会每年要选择若干关系改革发展稳定大局和群众切身利益、社会普遍关注的重大问题，有计划地对有关法律、法规实施情况组织执法检查。人大及其常委会的首要职责是保证《宪法》和法律、法规在本行政区域内的遵守和执行。我们国家的法律法规很多。据2008年2月28日国务院发布的《中国法制建设》白皮书公布的数据统计，我国现行有效的法律229件；行政法规600件；地方性法规7000多件。其中我市现行有效的地方性法规47件。应该说，对于法律法规在本行政区域内的遵守和执行情况都应该进行检查，但要依据轻重缓急合理安排。如果安排的执法检查活动过多过滥，势必造成人大本身力量不支、检查过程草率、下面疲于应付，检查效果甚微。如1994年，市人大常委会组织对19部法律法规的实施情况进行检查，就显得过多了。因此在选择执法检查内容和制定年度计划时要适度、适地、适时。从事人大工作的同志都知道，执法检查议题选准了，执法检查就成功了一半。那么，怎么来确定执法检查的议题，或者说制定执法检查计划呢？

首先，要广泛征集。要听取和综合分析各个途径反映的问题，提出执法检查的议题建议。《监督法》第九条规定了从6条途径反映的问题中来确定议题，即常委会的执法检查中发现的突出问题、人大代表的建议和意见集中反映的问题、常委会组成人员提出的比较集中的问题、专门委员会在调研中发现的突出问题、人民来信来访集中反映的问题、社会普遍关注的其它问题。

其次，要精心筛选。筛选要考虑以下因素：一是要围绕中心，所选法律涉及的问题要与当前我市工作的大局紧密相关，为人民群众所普遍关注。如，本届人大常委会以“围绕中心、依法履职、关注民生、促进和谐”为主旋律，今年在执法检查的选题上就重点选择了《农产品质量安全法》、《环境保护法》等法律的执法检查，选得非常好，符合常委会工作的总体要求，也符合我市的实际，增强了监督工作的整体实效，提升了人大常委会在人民群众中的威望。二是所选法律需要推动实施，例如法律实施中存在的问题和困难较多，或者新制定或修改的法律涉及重要的新制度需要加大宣传，或者法律制定过程中争议较大，需要推动实施。三是所选法律要尽量覆盖面广，不要集中在某一方面，在使监督更具有广泛性的同时，也使专门委员会的工作量较为平衡。如，今年全国人大常委会执法检查项目确定为五个，即对《未成年人保护法》、《农业专业合作社法》、《环境影响评价法》、《劳动合同法》和《义务教育法》的实施情况进行检查，选题比较全面、均衡。

第三，要力求实效。要考虑增强监督工作的整体实效。要把初次检查与跟踪检查结合起来，把听取专项工作报告与执法检查结合起来。执法检查选题要与人大常委会的全盘工作统筹考虑。在选题时既要纵向考虑以往监督工作的情况，也要横向兼顾其它监督工作的安排，以增强监督工作的整体实效。

第四，要加强沟通协调。执法检查需要专门委员会和常委会工作机构负责组织实施，需要“一府两院”的相关配合，因此在选题和制定执法检查计划过程中，要加强沟通，便于“一府两院”提前做好接受检查的准备工作，提高执法检查效果。

（二）搞好执法检查的前期调研

执法检查前，有关专门委员会要事先就有关议题开展调研，也就是通常所说的做好“底活”。这样，可以提高执法检查的质量。通过调研，提前了解情况，为常委会开展检查提供重要的基础资料，还可以进一步调整和细化执法检查的重点，避免因不熟悉情况而在执法检查中先入为主，或者被有关部门的意见牵着鼻子走，造成检查工作的被动。

首先，要熟悉相关法律法规。不熟悉相关的法律法规就去调研，难以发现深层次的问题，也难以对有关部门的执法工作状况做出正确的观察、判断和评价，也就提不出有针对性的和可操作的意见和建议，从而达不到执法检查调研的目的和效果。因此吃透法律是搞好执法检查调研的前提。

其次，要了解相关工作情况，即了解要检查的法律法规实施所涉及的部门、行业、领域的基本情况，也就是专门委员会要做到“懂行”。专门委员会要掌握执法检查的第一手材料，并为执法检查组的检查工作“踩好点”，做好相关的基础工作。

第三，要深入实际、深入基层、深入群众，调查研究执法检查中可能涉及的问题。要把带有普遍性和倾向性、经过努力可以解决的突出问题作为调研的重点，以便于常委会在执法检查中，有针对性地提出执法中存在的问题和改进执法工作的建议，促进有关方面建立解决问题的长效机制。

（三）搞好执法检查的跟踪监督

人大常委会的监督主要体现在事后监督，即针对“一府两院”已经开展的工作和工作中存在的问题开展的监督，它的实效不仅体现在发现问题，而且体现在推动法律实施机关进行整改，直至问题的解决或者形成解决问题的长效机制。因此，加强跟踪监督，督促有关部门整改是监督工作中非常重要的一个环节，是评价执法检查最终是否取得实效的关键。《监督法》第二十七条规定了跟踪监督、推动整改的程序，《辽宁省实施〈监督法〉办法》对此做了进一步细化。

吴邦国委员长在十一届全国人大常委会一次会议上的讲话中指出：“人大监督工作容易搞虚，不容易做实。”我体会，人大工作容易搞虚的症结是“虎头蛇尾”，缺乏跟踪监督。人大常委会的监督工作能否收到实效，最终要体现在整改上，要用整改成果来检验。这是我们以往做的比较薄弱的地方。听取完、审议完“一府两院”有关报告，该项监督也就基本完成，至于执法检查报告和常委会组成人员在审议中提出的意见是否得到重视，实际存在的问题是否得到解决，往往没有下文。针对这种情况，《监督法》特别增加规定，报告和审议意见要交“一府两院”研究处理，并将研究处理情况向常委会提出书面报告。这是《监督法》为提高监督实效所做出的一项重要规定，是《监督法》的一个亮点。人大常委会对于一些重点、难点问题，加大跟踪监督力度，一抓到底，有利于形成推动整改的长效机制，同时，也将提高人大常委会的监督质量和实效。

总之，执法检查这一监督形式，来源于实践，也将在实践中不断充实和完善。在法律规定的框架内，如何运用好执法检查这一监督形式，真正体现为人民谋利、向人民负责、受人民监督这一《监督法》的立法宗旨；体现把坚持党的领导、人民当家作主和依法治国有机统一起来这一《监督法》的精髓，还需要我们进一步探索和努力实践。

在新的历史起点上实现人大工作科学发展

黑龙江省哈尔滨市人大常委会主任　石忠信

地方人大及其常委会作为国家权力机关，在应对国际金融危机、推动科学发展、促进社会和谐的新的历史条件下，必须自觉用科学发展观指导工作，与时俱进，改革创新，着力转变工作理念、工作重点、工作主体和工作模式，充分发挥人民代表大会制度的政治优势，为实现全面建设小康社会的奋斗目标提供政治和法律保障。

一、工作理念：由以物为本向以人为本转变

科学发展观的核心是以人为本，这一论断既有力揭示了唯物史观的基本原理，又集中反映了我们党立党为公、执政为民的根本宗旨，为地方人大及其常委会的创新发展确立了新的工作理念。一是以人为本是对以物为本的扬弃，为人大工作进一步明确了价值取向。发展客体论重物轻人，忽视人的

地位、价值和尊严，在现实生活中驱动一些地方官员片面追求 GDP 的增长，甚至制造劳民伤财、竭泽而渔、贻害无穷的做"秀"工程、形象工程、政绩工程，给社会生活、资源环境和群众生命财产带来诸多危害。发展主体论把人作为发展的终极目的，具体就是关注人的权益和自由，关注人的生活质量、发展潜能和幸福指数，体现人性关爱和人文关怀。人大作为国家权力机关，对国家和社会事务具有最高管理权和最终决定权。贯彻以人为本的科学发展观，要求人大必须摒弃物本主义思想，树立一切以人为核心、一切以人为目的、一切以人为标准的现代意识，既要关注经济发展，更要关注民生问题，把提高人民群众生活水平和生存质量作为衡量政府工作成效和检验领导干部业绩的主要标尺。二是科学发展观倡导维护群众的根本利益是一切工作的出发点和落脚点，为人大工作进一步指明了根本方向。人大是人民群众选举出来的最高国家权力机关，维护人民群众的根本利益是其根本职责。人大代表是群众具体利益的表达者、现实利益的传递者、切实利益的维护者，换言之，人大维护群众的根本利益在很大程度上取决于人大代表作用的发挥。这就要求人大继续健全完善代表联系群众的载体和机制，切实发挥代表在维护群众根本利益中的主体作用。三是科学发展观提倡保障群众的政治权益，为人大工作进一步赋予了新的历史使命。人权的保障程度，既反映一个国家或社会的文明水准，也是衡量落实科学发展观的重要标准。人大是依法保障公民民主权利的政治实体，必须切实加强基层民主政治建设，把还权于民、还政于民作为义不容辞的职责。要严格执行常委会有关工作向社会公开的法律规定、认真落实代表列席和公民旁听常委会会议制度，保证人民群众享有广泛的知情权、参与权、表达权、监督权；要深入组织贯彻村民委员会组织法和居民委员会组织法，实行民主选举、民主决策、民主管理和民主监督，逐步兑现人民当家作主的庄重承诺。

二、工作重点：由促进单一经济发展向推动社会全面进步转变

发展是科学发展观的第一要义，是党执政兴国的第一要务，是应对国内外各种困难和风险的关键所在。但发展不仅仅是单一的经济增长，而是经济、政治、文化和社会的全面进步。人大工作涉及经济、政治、文化、社会各个方面，肩负推动全面建设小康社会的历史重任。这就要求人大必须坚定不移地坚持以经济建设为中心，坚持不懈地推进社会各项事业的全面进步。一是把推动经济又好又快发展作为第一要务。在当前金融危机肆虐全球的严峻形势下，趋利避害、加快发展成为最首要、最紧迫的任务。人大必须紧紧围绕经济建设精心规划和统筹安排立法、监督、代表和重大事项审议等项工作，释放人大的整体功能。要针对农村改革发展、工业自主创新和改善经济发展环境等加大立法力度，围绕经济结构调整、节能减排和大项目建设等出台决定和决议，充分发挥经济界人大代表的引领和带动作用，支持干事者、表彰创业者、鼓励改革者、激励探索者，为经济发展创造良好环境。二是把推进民主政治建设作为主要职责。人大处在民主政治建设的第一线，必须坚持党的领导、人民当家作主、依法治国的有机统一，把握正确的政治方向；必须积极探索城乡按相同人口比例选举人大代表的途径，使城乡居民的选举权向平等的方向迈出坚实步伐；必须完善对公共权力的制约和监督机制，"让权力在阳光下运行"。三是把促进先进文化建设作为重要工作内容。全面建设小康社会需要全面发展的人，全面发展的人需要全社会的共同培育和鼎力塑造。人大要把教育引导广大代表和人民群众大力弘扬以爱国主义为核心的民族精神和以改革创新为核心的时代精神作为重要任务，推动社会主义核心价值体系建设，提高群众的思想道德素质和科学文化素质。四是把促进社会文明建设作为重要工作范畴。当前国际金融危机的扩展和蔓延给我国社会稳定带来前所未有的挑战和压力。作为上层建筑重要组成部分的人大，要将事关人民群众切身利益的社会问题，如就业、分配、社会保障、住房、医疗等，及时纳入视察和审议的范畴，推动民生问题不断得以解决。

三、工作主体：由立足自身向依靠群众转变

随着社会主义民主政治的发展，人大必须把履行职能建立在尊重人民群众主体地位、发挥人民群众首创精神的基础上。一是顺应民心、反映民意。落实科学发展观，关键在于最大限度地集中和凝聚广大人民群众的智慧和力量。要健全完善了解民愿、反映民意的机制，积极探索征询、搜集、反映社情民意的有效方式，畅通群众利益诉求渠道，确保所作出的决策、所开展的工作顺应民心、切合民愿。二是集中民智、汇聚民力。要发挥与人民群众联系密切的天然优势，做到谋划工作思路向群众问计，查找工作中的问题向群众征询，制定工作措施向群众请教，落实工作任务靠群众努力，衡量工作成效由群众评判。三是广纳善策，博采灼见。要最大限度地吸纳社会各界的聪明才智，通过举办“专家论坛”和健全重大事项咨询制度、论证制度、评估制度等形式，努力发挥专家的作用，避免和减少决策失误。

四、工作模式：由因循守旧向科学履职转变

随着我国政治文明建设的推进，作为上层建筑重要组成部分的人大，必须打破旧习，突破成规，与时俱进，改革创新。

*一是坚持科学立法、民主立法，进一步提高立法的层次和质量。*发展市场经济需要健全法制，建设和谐社会需要关注民生。人大必须围绕事关改革发展稳定大局的重点问题和群众关心的难点问题，坚持科学立法、民主立法的原则，通过不断探索委托专家起草法规草案的做法，确保制定的法规更加科学合理、更加富有针对性和实效性。

*二是坚持活化形式、突出重点，进一步增强监督工作的实效。*人大及其常委会监督的受体和对象是“一府两院”，监督的实质是确保“一府两院”依法行政、公正司法。要从实际出发，积极探索新形势下人大监督工作的特点和规律，做到监督方式制度化、监督手段综合化、监督过程公开化。要努力完善监督工作机制，把工作监督与法律监督结合起来，把专项监督与综合监督结合起来，把初次监督与跟踪监督结合起来，增强监督工作的实效。要正确处理监督与支持的关系，寓支持于监督之中，让监督成为一种自觉，让被监督成为一种习惯。

*三是坚持关注全局、把握总体，进一步增强重大事项审议的功效。*我国宪法赋予了人大及其常委会对重大事项的决定权。在贯彻科学发展观的过程中，人大要以对宪法高度负责的精神，对本行政区域内的重大事项适时进行审议，为科学发展做出谋略和决断。

提高常委会审议质量
是各级人大常委会必须认真探讨的重要课题

辽宁省鞍山市人大教科文卫委员会主任委员　高良顺

地方各级人大常委会是人代会闭会期间的地方国家权力机关，肩负着对人民代表大会负责、对人民负责的重要使命，代表着本行政区人民行使宪法和法律赋予的国家权力。《宪法》规定，“中华人民共和国的国家机构实行民主集中制的原则”。《组织法》规定，“常务委员会的决议，由常务委员会以全体组成人员的过半数通过”。以上规定清楚表明，人大常委会是按民主集中制的组织原则构建起来的，是以常委会组成人员集体行使权力的方式履行工作职责的。从上述意义上说，开好常委会会议，提高常委会审议质量，对各级人大常委会依法行使职权具有至关重要的作用。就此，浅谈如下几点体会。

1. 增强每位组成人员的履职能力是提高常委会审议质量的关键所在。人大常委会整体作用的发挥，依赖于组成人员个体作用的实现，每位组成人员个体作用的实现，又依赖于履职能力的不断提升。首先，每位人大常委会组成人员都要树立强烈的责任意识，把审议好每一项议题作为政治责任和神圣使命，实施审议时既不“缺席”又不“失语”，积极主动建言献策；其次是每位人大常委会组成人员都要加强自身学习，熟悉和掌握与审议议题有关的法律法规和业务常识，参加审议时不讲或少讲“外行话”，目前一些地方的人大常委会会前学法的做法值得借鉴；再次是每位人大常委会组成人员都要注重深入基层，了解掌握真实情况，审议发言时不放“空炮”不失“民意”，提出问题及建议力求有根有据。

2. 组织好审议前的调研或视察是提高常委会审议质量的重要基础。“没有调查就没有发言权”，调查研究是谋事之基、成功之道。在常委会实施审议前，根据《监督法》的有关规定，组织有关专门委员会、部分人大代表或者常委会组成人员，有针对性的开展好专题调研或视察是十分必要的。这既是贯彻落实《监督法》的必经程序，也是提高常委会审议质量的基础性工作。从最近几年的审议工作实践看，凡是预先调研或视察做得认真细致，情况掌握全面准确，审议时有翔实的调研成果做支撑的，常委会的审议质量和审议效果一般都比较好。

3. **树立良好会风、改进审议方式是提高常委会审议质量的有效保证**。在树立良好会风方面，要健全必要的约束机制，保证常委会会议出席人数，严格会议纪律。在改进审议方式方面，首先尽可能早一些时间将有关审议资料发给常委会组成人员，使组成人员提前介入情况，做好发言准备，避免仓促上阵；其次是对常委会审议时的编组形式视情调整，重要议题或分歧较大议题应安排全体会议集中审议，益于相互启发，形成共识；三是常委会实施审议时，政府有关部门必须指派熟悉情况的领导同志全程参加，便于随时回答审议中提出的有关问题；四是邀请专业人大代表参加常委会有关议题的审议，有利于增强审议工作的针对性和科学性。

4. **起草和完善好"审议意见"是提高常委会审议质量的重要环节**。各级人大常委会通过的审议意见或决议，是人大常委会审议结果的重要载体，发挥着决策、监督及推动工作的作用，具有明确的法律效应。因此，起草和完善好常委会审议意见，对于如实反映常委会审议结果，具有十分重要的作用。审议意见的起草和完善，应建立清晰的工作流程。目前，一些市、县人大常委会形成的审议意见，大多采用两种方式：一是会前由有关专门委员会或常委会工作机构先行起草一份审议意见草案，会中修改完善，会上表决通过；另是会后由有关专门委员会或常委会工作机构对组成人员的审议发言及时归纳整理，形成常委会的正式审议意见，按法定程序签发或由主任会议讨论决定。以上两种流程方式，均符合《监督法》的有关规定。无论采用哪种方式形成的审议意见，都应注意肯定成绩要高度概括，指出问题要实事求是，提出建议要切实可行。文字力求精练，篇幅不宜过长。

关于对专项工作评议若干问题的探讨

湖北省襄樊市人大常委会研究室　　黄洪斌　王雪锋

监督法的出台，是我国民主法制进程中的标志性事件，不仅是因为它20年磨一剑，是一部专为"监督"而书的法典，饱含国人的殷切期待，更因为它定止纷争，着眼我国民主政治建设的渐进发展，对监督工作进行了首次重大规范。伴随着监督法出炉，一个我们熟悉而又陌生的监督方式——"听取和审议专项工作报告"应运而生，作为位列监督法六大监督手段之首的"常规武器"，它的重要性自是不言而喻。监督法施行后，作为省级人大常委会的一项配套性工作，制定"实施监督法办法"，也在各地紧锣密鼓地展开。我们泛览了各地配套出台的《实施(监督法)办法》，无一不把"专项工作评议"作为听取专项工作报告的延伸，写入其中，以满足地方人大常委会熟稔而又无法割舍的"评议"情结。毕竟"评议"这种监督手段，作为地方人大的"草根"创造，在其运行的二十多年里，威风八面，展示了蓬勃的生机和活力，虽然它从一开始就饱受争议，但亦多次被最高国家权力机关首肯称道。"评议"是源于基层人大的生动实践，虽未被采信写入监督法，但亦一步步从乡镇人大，到县级人大及其常委会、市级人大及其常委会，甚至省级人大常委会，一路走来，筚路蓝缕。回首"评议"的风雨历程，始于发轫的基层"议政"，到后来北京市人大常委会评议副市长、山西省人大常委会评议副省长的鲜活记忆，至今记忆深刻。评议为何有如此大的影响力？盖因为它顺应了民众的政治诉求和监督欲望，把对依法施政、廉洁从政、科学执政的直观评判清晰地袒露了出来。

本文试图从三个方面对专项工作评议作个探讨。

一、关于专项工作评议的法定地位

各级人大常委会依照宪法和法律赋予的权力，为促进依法行政和公正司法，选择若干关系改革、发展、稳定大局和群众切身利益、社会普遍关注的重大问题，对本级"一府两院"专项工作所开展的监督活动，是专项工作审议（即专项工作监督）。在专项工作审议的基础上，各级人大常委会对该专项工作进行综合评价和票决定性测评，就是专项工作评议。专项工作评议是专项工作审议的补充和延伸，是一种操作上的外化，它本质上仍然是专项工作审议。因此，专项工作审议的基本原则、主要程序都适用于专项工作评议。

1、专项工作评议的法律依据。对于专项工作评议的法律依据，应从四个方面来认识：

一是专项工作评议符合宪法的基本原则。它符合主权在民的原则。宪法规定："中华人民共和国一切权力属于人民。人民行使国家权力的机关是全国人民代表大会和地方各级人民代表大会。人民依照法律规定，通过各种途径和形式，管理国家事务，管理经济和文化事业，管理社会事务。"它符合民主集中制原则。宪法规定："中华人民共和国的国家机构实行民主集中制原则；国家行政机关、审判机关、检察机关都由人民代表大会产生，对它负责，受它监督。"宪法作为国家的根本大法，不必要也不可能详尽规定国家权力机关的每一种具体监督形式。实际上，现行的许多监督形式，并不都有直接的宪法依据，而只是符合宪法的基本原则。

二是专项工作评议得到了最高国家权力（立法）机关的肯定。工作评议经过20多年的发展，逐渐成为地方人大开展监督的主要形式，并取得了良好效果。全国人大常委会对此给予充分肯定。早在1995年3月11日，全国人大常委会在八届全国人大三次会议工作报告中指出："近些年来，地方人大及其常委会在开展监督工作方面，创造了一些好的经验和做法，许多地方人大组织代表评议政府、法院、检察院的工作，取得了较好的效果，应当不断总结经验，在实践中进一步完善，使监督工作更富有成效。"1996年3月12日，全国人大常委会在八届全国人大四次会议工作报告中指出："近些年来，一些地方人大及其常委会在监督工作方面积极探索，创造了一些好的经验和做法，如组织代表评议'一府两院'工作……收到了较好的效果，要认真总结和推广这些经验和做法，提高监督工作水平。"1997年3月10日，全国人大常委会在八届全国人大五次会议工作报告中指出："要认真总结近些年来开展监督工作的经验……对行之有效的监督形式，如代表评议、述职评议等，要认真总结完善，继续坚持下去。"1998年3月10日，全国人大常委会在九届全国人大一次会议工作报告中指出："地方人大在实践中创造了组织代表评议政府、法院、检察院的工作……常委会充分肯定这些经验和做法，支持地方人大依法行使监督职权。"1999年3月9日，全国人大常委会在九届全国人大二次会议工作报告中指出："在多年的人代会上，许多代表提出尽快制定监督法的议案……一些地方在组织代表评议'一府两院'工作……取得了一定的效果。"2002年3月9日，全国人大常委会在九届全国人大五次会议工作报告中指出："对行政机关、审判机关、检察机关依法行政、公正司法的情况进行工作评议……在条件成熟时作出法律规定"。全国人大常委会多次对地方人大常委会的评议工作给予肯定和支持，有力地促进了评议工作的开展。为了完善这种监督方式，各地人大常委会先后对自已的议事规则进行了修改和完善，对如何确定和听取专项工作报告，提出了基本原则，增强了工作评议的针对性和实效性。

三是专项工作评议符合监督法等法律的基本要求和起草人的解读。专项工作评议作为一种监督形式，符合地方组织法的基本要求。地方组织法规定："县级以上的地方各级人大及其常委会在本行政区域内，保证宪法、法律、行政法规和上级人民代表大会及其常务委员会决议的遵守和执行。县级以上地方各级人大常委会监督本级人民政府、人民法院、人民检察院的工作。"它符合监督法的要求，监督法规定："各级人民代表大会常务委员会依据宪法和有关法律的规定，行使监督权。各级人民代表大会常务委员会按照民主集中制原则，集体行使监督职权。各级人民代表大会常务委员会对本级人民政府、人民法院、人民检察院的工作实施监督，促进依法行政、公正司法。"专项工作评议还符合代表法的基本要求。代表法规定："代表在本级人民代表大会期间和本级人民代表大会闭会期间的活动，都是执行代表职务……县级以上各级人民代表大会常务委员会组织本级人民代表大会代表开展闭会期间的活动。"它同时符合监督法起草人的解读。监督法起草人之一、全国人大常委会法制工作委员会副主任李飞认为，"听取和审议专项工作报告，也就是工作评议，它有利于更好地体现人大常委会监督的特点和优势，可以把对工作的监督和对人的监督有机结合起来。人大常委会经常性地对'一府两院'开展专项工作评议……评议有深度，监督工作具有很强的针对性和实效性。"

四是专项工作评议在地方法规中得到正式确认。2008年5月29日，湖北省第十一届人大常委会第4次会议通过了《湖北省实施〈中华人民共和国各级人民代表大会常务委员会监督法〉办法》，该办法第十一条规定："常务委员会听取和审议专项工作报告,可以组织常委会组成人员、人大代表对报告机关的专项工作进行工作评议。"这个法律规定,将专项工作评议正式纳入法制轨道。综上所述,专项工作评议是一种重要监督手段,是法定监督形式的外化和具体操作。

2、工作评议与工作审议的联系和区别。

专项工作评议的形式源于常委会听取专项工作报告,其实质脱胎于地方人大常委会对"一府两院"的工作评议和述职评议。在20世纪80年代,常委会开展对"一府两院"专题工作报告的审议,由于多种原因,一度成为例行公事,程序性审议多,实质性审议少。为切实加强对"一府两院"的监督,1982年,黑龙江省哈尔滨市南岗区人大常委会首开先河,率先组织委员和代表对"一府两院"及街道办事处、派出所的工作进行评议,工作评议由此应运而生。1984年,重庆市南岸区人大常委会在全国率先开展了对任命干部的政绩考核(即述职评议),引起了《人民日报》等中央媒体的关注。90年代初期,全国各地的乡镇人大普遍开展了评议"七所八站"的活动,并逐步向县级延伸,这是评议开展最为红火的阶段。90年代,各地的工作评议和述职评议从层次上,由乡、县向市、省推进,在监督法出台之前,全国31个省、自治区、直辖市的省、市、县、乡四级人大先后开展了评议工作,并制定了各自的工作办法,这是评议较为规范的阶段。湖北省人大常委会也积极开展了评议工作,先后组织述职评议6次,先后对32个部门组成人员进了工作评议和述职评议。因此,从评议的起源发展上看,评议源于人大常委会听取和审议专项工作报告(述职报告),评议是审议的后续和延伸,是监督形式的深化,是监督效果的升华。监督法出台后,各级人大常委会的监督工作更加规范,审议和听取专项工作报告成为人大常委会监督工作的主要方式,"审议"作为一种法律规定,列入监督法条文;因各方认识还没有完全统一,评议没有列入监督法条文,但是监督法给地方配套实施办法预留了充足的空间,基于这一共识,省级人大常委会在出台实施办法时,都不约而同地将"工作评议"作为听取专项工作报告的一种形式正式确立以来。从工作程序上看,二者在程序上是不一致的,工作评议是以审议和听取专项工作报告为参照,实现了监督重心后移,监督核心扩张,在审议的基础上增加了一个测评程序,多了一道测评环节,但正是因为这一个环节,增加了部分否定因素,增强了监督的刚性,更加接近其本质属性。这一刚性元素一方面使监督更直接,另一方面又使监督工作不太偏离监督现实。这也正是在目前监督状况下,各级人大常委会对评议"爱不释手"的主要原因。

3、专项工作评议的法律效力。

法律效力是法律的规范力和约束力。立法法规定:"全国人民代表大会及其常务委员会行使国家立法权、制订法律;省、直辖市的人民代表大会及其常务委员会在不与宪法、法律、行政法规相抵触的前提下,可以制订地方性法规。"不言而喻,是法律就有法律效力,专项工作评议在地方法规中有明确规定,因而也就具备法律效力。由于专项工作评议是专项监督的一种形式,其法律效力与审议的效力一致。但是在人大常委会上,常委会组成人员作出的一般评议意见,没有法律效力,属批评建议之类,被评对象需要办理答复;常委会组成人员的批评建议一旦经过常委会集体表决程序通过,即由个人意志、少数人意志上升为集体意志、国家意志,具备了法律的约束力和规范力,属于"必须执行"的范畴。

二、关于专项工作评议应把握的几个环节

人大常委会把工作评议纳入到监督体系中,对"一府两院"某方面工作开展有针对性、系统性、连续性、跟踪性的综合监督,对于保证"一府两院"及其国家机关按照人民的意志行使权力,强化地方人大监督职能,实现由程序性监督向实质性监督转变,都将起着有力的促进作用。具体到工作中,应把握好以下几个环节:

1、专项工作评议的主体。根据宪法和法律规定,国家权力机关的监督权,只能由各级人大及其常委会行使,而不能由其他组织和个人行使。监督法第二条第一款规定:"各级人民代表大会常务委员会根据宪法和法律的规定,行使监督权。"这一规定明确了只有各级人大常委会才能行使监督权,其他组织和个人只能根据常委会的授权来承担部分监督权,而不能以自身的名义独立行使监督权。有种认为,主任会议可以讨论决定对"一府两院"有关问题的监督,因此可以成为评议的主体,这种观点是与监督法相悖的,根据有关法律规定,主任会议的职权是负责处理人大常委会的日常工作,其职权是程序性的而不是主体性的,它不能代替常委会作出具有法律效力的决议和决定,因而不能成为人大行使监督权的主体,否则就有可能造成主任会议越权。也有种认为,人民代表大会的专委会和常委

会的工作机构可以作为评议的主体。监督法第二十三条规定:“常务委员会执法检查工作由本级人民代表大会有关专门委员会或者常务委员会有关工作机构组织实施。尽管专委会具有承担组织实施常委会开展执法检查工作等权力,但必须明确的是,专委会所进行的工作只是协助常委会行使监督权,而不能以自己的名义独立行使监督权,更不能成为监督的主体。正如盛华仁在《关于〈全国人大机关贯彻监督法若干意见〉的说明》中指出的,“常委会依法行使监督权,全国人大机关和各部门、各单位都要为常委会依法履职当好参谋助手,做好服务工作。机关自身无法履行常委会的监督职权。”至于各级人大代表、人大常委会组成人员参加常委会开展的评议活动,只是其履职的一部分,但是其参加这些监督活动的个人也不能成为行使监督权的主体,即专项工作评议的主体。同时,专项工作评议具备了了解(广泛调查,听取各方面的意见)、处理(形成整改意见,交被评单位落实)、制裁(对违法违纪人员或整改不力的单位负责同志有权罢免)等监督权必备的三大要素,体现了国家权力机关监督的特征;从效力上看,代表进行的调查、所提的意见,只是一种个人的行为,必须经过常委会审议,才能变为监督主体的意见。因此,专项工作评议的主体只能是人大常委会。在整个评议工作中,人大常委会要始终居于主导地位。

2、专项工作评议的对象。监督法第五条规定:“各级人民代表大会常务委员会对本级人民政府、人民法院和人民检察院的工作实施监督,促进依法行政、公正司法。”监督法第二章规定:“听取和审议人民政府、人民法院和人民检察院的专项工作报告。”监督法第八条第一款明确指出,要“有计划地安排听取和审议本级人民政府、人民法院和人民检察院的专项工作报告。”上述规定,明确了专项工作评议的对象是各级人大常委会同级的人民政府、人民法院、人民检察院。同时,监督法起草人之一、全国人大法工委副主任李飞认为:“根据宪法和法律规定,地方人大及其常委会有保证宪法、法律、法规和上级人大及其常委会决议、决定在本行政区域内遵守和执行的重要职责,人大常委会经常性地对‘一府两院’专项工作评议,不仅可以评议本级政府及组成部门,还可以评议政府直属机构和本行政区域内的上级垂直领导机构,这些机构虽然不是由本级人大常委会任命,但只要他们负有社会管理职能,而这些职能又是本级政府职责范围的,本级人大常委会当然可以就这些机构工作范围听取和审议政府的专项工作报告。”由此,我们认为,专项工作评议的对象包括两个方面:一是人大常委会同级的人民政府、人民法院、人民检察院;二是承担地方法律职能的垂直机构。专项工作评议对象的产生,应由人大常委会表决通过,并对外公布。

3、专项工作评议的内容。专项工作评议的内容要突出专项性。监督法第八条规定:“各级人民代表大会常务委员会每年选择若干关系改革、发展、稳定大局和群众切身利益、社会普遍关注的重大问题,有计划地安排听取和审议本级人民政府、人民法院和人民检察院的专项工作报告。”在确定路径上,监督法第九条规定:“常务委员会听取和审议本级人民政府、人民法院和人民检察院的专项工作报告的议题,根据下列途径反映的问题确定:(一)本级人民代表大会常务委员会在执法检查中发现的突出问题;(二)本级人民代表大会代表对人民政府、人民法院和人民检察院工作提出的建议、批评和意见集中反映的问题;(三)本级人民代表大会常务委员会组成人员提出的比较集中的问题;(四)本级人民代表大会专门委员会、常务委员会工作机构在调查研究中发现的突出问题;(五)人民来信来访集中反映的问题;(六)社会普遍关注的其他问题。”这些途径反映的问题,即为专项工作评议的内容,它具备三个特点,一是突出性。是问题中的问题,矛盾中的焦点;二是集中性。不同群体不同方面的共同反映;三是普遍性。广泛存在的问题,而非个别的、零散的。体现了人大监督关注大事、关注大政、关注大局的责任意识;表明了人大专项工作监督的“专一性”特征。

4、专项工作评议的程序。根据监督法的规定,开展专项工作评议,大体上要经过制定计划、确定对象、视察调研、形成意见、听取报告、测评票决、跟踪监督、公布结果等八个阶段。即在人大常委会年度工作要点中确定专项工作评议计划,做到有的放矢;由人大常委会经过票决确定专项工作评议对象,做到重点突出;由人大常委会组织视察调研活动,做到深入细致;由人大常委会初步形成评议意见,做到切中要害;由人大常委会听取专项工作报告,做到听议结合;由人大常委会进行测评票决,做到实事求是;由人大常委会对评议意见进行跟踪督办,做到始终如一;由人大常委会公布测评结果,确保评议权威。这其中最核心的环节就是测评票决,这是专项工作评议区别于专项工作审议的重要方面，也是专项工作评议成功于否的关键节点，是专项工作评议的"重头戏"。因此，一定要探索建立评议量化机制与评价制度，把定量分析与定性评判结合起来。定量是定性的基础，没有定量定性就失去了科学性和权威性。要设定一些可以量化的指数，如听取某部门贯彻执行某部法律情况的专项工作报告时，就要对任命干部的依法行政水平、行政复议和行政诉讼案件的发生率、败诉率等多项指标进行定量评价，为定性测评作好铺垫。定性结论最好以满意、基本满意、不满意等次评定，以反映总体的评价水平。举行人大常委会会议进行集中评议、投票测评，是专项工作评议的一个关键环节，为体现民意，人大常委会可考虑邀请政府有关部门和若干名未参加评议工作但又与被评议单位有着密切联系的人大代表参加评议会，邀请若干名被评议单位的服务对象旁听会议。评议会议要充分发扬民主，坚持"一分为二"，依法评议。在被评议部门作专项报告、评议组作调查报告后，要鼓励与会人员发言，人大常委会组成人员中也要有若干人作中心发言。评议发言既可对"事"又可对"人"，但侧重点是前者。工作评议中，要贯彻实事求是的原则，做到言之有法，言之有据，言之有力，真诚中肯。为体现公正性，被评议单位除了作专项报告、回答询问外，对会上发言人的说法有不同意见的，还可作必要的解释乃至申辩。在此基础上，由人大常委会组成人员以无记名投票方式，对被评议单位的专项工作进行满意度测评，以满意票超过人大常委会组成人员人数的80%为"满意"等次，超过人大常委会组成人员半数但低于人大常委会组成人员人数80%为"基本满意"等次，低于人大常委会组成人员50%的满意票为"不满意"等次，测评结果当场公布。

三、开展专项工作评议应当注意的几个问题

开展专项工作评议是一项法定程序很严的工作，必须遵照程序，扎实稳步推进。在这个过程中，还要注意以下几个方面的问题：

*一要防止专项工作评议蜕变为行政管理手段。*专项工作评议既然是具有法律效力的监督形式，那么必然有其特定的内涵、运作程序，而不是一种泛指，或随意性很强的行政监督。专项工作评议是人大常委会的监督权，是人民当家作主的政治权力，是代表国家和人民的进行的具有法律效力的监督，是对国家行政机关、审判机关、检察机关的工作和宪法、法律的实施的强制行为。行政管理是国家行政机关对社会公共事务进行管理，协调各部门间关系，维持工作稳定的日常行为。人大监督是管方向、管大局、管原则的；行政管理是管单元、管局部、管条块的。两者之间有质的区别，地方人大常委会不可降格以求，把工作评议"浮现"在"一府两院"工作的细末枝节，蜕变为一种日常行政管理手段，如进行百分测评等。这样，就代行了行政管理的职权，有违人大监督的初衷和目标。正如彭真同志曾经指出的，"重大原则问题，该管就管，少一事不如多一事；日常工作问题，不必去管，多一事不如少一事。"

*二要防止专项工作评议面面俱到。*人大监督作为代表人民和国家意志的最高层次的监督，其内容应该是国家机关和地方经济社会发展中带有根本性、长远性的重大事项。"一府两院"工作量大面广，如果事事监督、事无巨细，不仅被监督者穷于应付，监督者也会力不从心，导致效果不佳。因此，要注意专项工作评议的"专"性原则，防止专项工作评议成为述职评议。述职评议是全方位、全面的，这是专项工作评议与述职评议的本质区别。也是专项工作评议与监督法对接最应当注意的问题。要注重专项工作评议对象和内容相一致的要求，防止专项工作评议变成只有监督对象，缺乏具体监督内容的"笼统"工作评价。并且，开展专项评议如果面面俱到，样样都评，就会分散精力，造成监督难以真正到位，甚至干扰"一府两院"的工作。

*三要始终注重专项评议的形式程序合法性。*要讲究称谓合法。应统一为专项工作评议，这一称谓已经成为法规用语，就是某某专项工作评议，不是述职评议，也不是综合考评，更不是实绩考核。要避免法律、法规没有明确的称谓、提法，如有的地方吸收了人大代表和人民群众参加，称之谓"万人评议"、"述职报告"等等，值得商榷。要讲求程序合法，目前，虽然还没有法律对监督的程序操作作出明确规定，但根据立法机关全国人大常委会对《监督法》的解读，对听取和审议专项工作报告的程序问题提出的意见，从而为专项工作评议从法理上提供了参照。同时，人大监督是法律监督，监督过程要始终扣住法律这个根本标准。在评议的操作上，从评议主体的确立、评议对象和内容的确定、定性测评以及评议意见的出台等，都要遵循人大工作的程序性、法定性、规范性原则，严格按照常委会既定的程序操作，避免将专项工作搞成大呼窿式的"民主"，只追求简宜便捷，而不注重程序规范；只

追求场面热闹，而不注重法律效果。

四要防止专项工作评议一评了之。专项工作评议作为人大监督的一种重要手段，有利于提高人大监督的实效，有利于推进民主法制建设。当前，一些地方存在着重评议、轻事后监督的倾向，导致一些部门虽然查找出了自身存在的不足，但由于缺少事后连续性的监督，使得评议难以达到理想效果。人大进行专项工作评议，只是监督的开始，更重要、更关键的是在评议之后，还要及时监督被评对象的整改工作，真正达到评议是形式，改进工作是最终目的。督促被评对象认真整改，直到人民满意为止。要以经常性的监督检查活动，掌握整改情况，限期改正。对整改不力的，或拒不改正的，要敢于运用质询、罢免等强制手段，对被评单位主要负责人进行严肃处理，保障人大监督的强制性、权威性。与此同时，要将专项工作评议的过程以新闻发布会、邀请公民参与等形式，向社会公开；将定性测评结果向社会公布，接受人民群众的监督。并注重评议结果的运用，避免一评了之。

发挥人大职能　加强非税收入监督

辽宁省鞍山市人大财经委员会副主任委员　吴永良

在社会主义市场经济体制逐步建立、构建规范完整的公共财政体制过程中，如何发挥人大职能，加强对非税收入监督和管理，对增加财政收入，保障政府部门正常运转，促进社会主义市场经济健康有序的发展，越来越显得非常重要。

政府非税收入是指除税收以外，由各级政府、国家机关、事业单位、代行政府职能的社会团体及其他组织依法利用政府权力、政府信誉、国家资源、国有资产或提供特定公共服务、准公共服务取得并用于满足社会公共需要或准公共需要的财政资金，是政府财政收入的重要组成部分。就现阶段来讲，非税收入范围应包括：行政事业性收费，政府性基金，国有资源有偿使用收入，国有资产有偿使用收入，以政府名义接受的捐赠收入，主管部门集中收入以及政府财政资金产生的利息收入。随着财政管理制度的整体推进，我市非税收入管理方式也发生了深刻变革。特别是实行非税收入管理体制改革以来，从提高财政宏观调控能力，整合政府资源，进而建设公共财政体制出发，我市在非税收入工作的探索上有了新的举措，同时也取得了积极进展：一是成立了市非税收入管理局，逐步整合征收管理职能，管理主体从分散的部门统一到政府主体上来，明确了非税收入资金的财政属性；二是实施了非税收入收缴管理改革，实现了收费网上操作，帐务微机核算，网络自动监管的科学规范管理。防止和杜绝了非税收入跑，冒，滴，漏现象；三是规范了非税收入的征收行为，加强了项目和票据的跟踪管理，一些依法规范非税收入的法规法条正在进一步的完善和制定；四是对非税收入的监督和检查进一步加强。人大，财政，审计等监督力度在逐步加大，制约和激励的有效机制正在有效发挥。

近年来，我市非税收入的各项改革虽然有了整体推进，管理方式发生深刻变革，覆盖面又依法拓展，监督体系同时在进一步完善，但也存在一些问题：一是对非税收入的思想认识存在偏差，政府收入理念尚未完全确定，一些部门和单位，对非税收入的财政属性及所有权、使用权和管理权认识不到位，有的甚至把非税收入视为单位自有资金，对于财政调控和财政部门管理心存抵触，致使改革措施不到位，应收未收收不到。二是国家宏观非税收入法制不健全，而地方性的单项法规制度缺乏统一性、完整性和规范性，对财政资金理解不尽一致，管理方式五花八门，非税收入管理工作也增加了不稳定性；三是非税收入征收环节违纪行为出现新动向，截留、挪用、坐支以及超标准收费现象较为严重，“小金库”年年查，年年有，越权减免，会会讲却时常发生，大量的非税收入流失，破坏了财政秩序。四是管理体制尚未健全，非税收入底数不清，资产资源类收入所占比例减小，与国家不断加强国有资源管理，城市有形无形资产的有偿使用工作不相适应。五是对非税收入监管不够，特别是人大、政协等监督和管理部门对这项工作监督抓的不紧，或流于形式。

这些问题的存在，主要原因是各级领导对非税收入加强管理的重大意义认识不够。有些政策和法规执行的不坚决。非税收入的管理体制不健全,约束机制不完善,管理和使用不规范,国家宏观对非税收入立法不到位,对此必须引起各级领导和财政部门的高度重视。

面对非税收入管理的现状和存在的问题,作为地方权力机关的人大,如何加强对非税收入的监督和管理,我认为应注意以下几点:

第一,人大要监督政府加强对非税收入工作的领导。政府非税收入是政府财政收入的重要组成部分,实现政府对非税收入的科学管理是市场经济条件下理顺政府分配关系,健全公共财政职能的客观要求,各级领导,特别是党政主要领导必须以坚持科学发展观为指导,提高认识,统盘全局,围绕财政经济的中心工作,牢固树立财政经济观、法制观、绩效观,人人关心非税收入,层层管理非税收入,把非税收入的管理纳入各级领导的重要工作议事日程。

第二,人大要建议政府健全管理体制,加强征管工作。非税收入的征管是检验管理体制是否科学化的一项重要环节,对征管首先要划分合理的非税收入与"乱收费"的界限,正常的征收管理与"卡、要、索"的界限,遵章的专户存储与私设"小金库"的界限。提高财政资金防范风险的意识,维护社会使用和政府使用,最大限度的做到非税收入应收尽收,成为财政收入的"聚宝盆",人民群众的"摇钱树"。

第三,人大要支持政府制定和修缮非税收入的法律,法规,法章,加强对非税收入的监管工作。从宏观上来看,当前国家要对非税收入加强依法监管。站在地方人大的角度看,要制定一些相关的法律和法规,约束和监管这些工作,使非税收入从立项、定标、票据、征收、资金使用等各个环节都在国家法律、法规的监督下运行和操作。在此基础上,发挥广播、电视、报刊等新闻媒体的作用,对非税收入政策,本地区非税收入管理先进典型的例子进行报道,在非税收入监管过程中,对查处的重大违纪案件予以曝光,努力提高非税收入管理在社会公众心目中的地位。

第四,人大要督促政府加强非税收入各项政策制度的贯彻执行。一是认真学习国家和省市财政部门的有关文件规定,准确把握非税收入的内涵与界限,做好本地区非税收入的摸底工作,挖掘收入潜力,拓宽管理范围,建立好"摸底挖潜"的长效机制,力争把全部非税收入纳入收支两条线的管理轨道。二是发挥人大的监督作用,发挥审计的稽查作用,把人大的监督,审计的监管,新闻曝光有机结合起来,在执行各项政策中,保证各项非税收入管理的各项政策"渠畅水通"。

第五,人大要要求政府对非税收入征管机构逐步加以整合,使征管机构明确职责,明确属性。对非税收入管理制度要逐步完善。在实现收费网上操作,财务微机核算,网络自动监管等科学规范目标管理上动脑筋。对项目和票据管理,人大要定期会同有关部门抓住"龙头"紧追不放,看住"源头",明辨是非,强化监督检查,卓有成效的治乱、防腐,减负,净化地方经济发展环境,为加速鞍山经济快发展,大发展做出应有的贡献!

与时俱进　开拓创新
努力做好新时期人大工作

内蒙古满洲里市人大常委会主任　周吉良

满洲里市十三届人大成立以来,在市委的领导和上级人大常委会的指导下,高举中国特色社会主义伟大旗帜,坚持以邓小平理论和"三个代表"重要思想为指导,全面落实科学发展观,紧扣发展主题,关注群众利益,在推进工作创新、增强工作实效、强化自身建设上下功夫,认真履行宪法和法律赋予的职责,为建设富裕、文明、和谐的新满洲里做出了应有的贡献。

一、围绕大局理思路

常委会始终把发展作为第一要务,以是否有利发展、是否促进发展作为行使职权的出发点和落脚点,坚持围绕大局、服务中心,监督和支持"一府两院"依法履行职责,保障和促进经济社会健康协调发展。

在准确把握市委总体部署、认真分析市情、学习实践科学发展观的基础上，立足人大工作特点和自身优势，常委会进一步理清了“围绕一个目标，做到三个坚持，突出三个重点”的工作思路。“围绕一个目标”，就是紧紧围绕“构建富裕、文明、和谐的新满洲里”的发展目标，突出“发展与惠民”两大主题，解放思想，开拓创新，认真履行法定职责，促进经济社会又好又快发展。“做到三个坚持”，就是坚持正确的政治方向，自觉接受和依靠党的领导；坚持民主集中制，严格依法办事，集体行使职权；坚持走群众路线，把维护和实现最广大人民的根本利益作为工作的出发点和归宿。“突出三个重点”，就是突出增强监督实效、发挥代表作用、加强自身建设。常委会及各工作部门按照总体思路和安排，强化措施，狠抓落实，保证了常委会各项工作的顺利进行。

二、突出重点谋和谐

常委会按照“议大事、抓重点、少而精”的原则，始终把影响经济社会和谐发展的问题作为监督的重点领域和关键环节，综合运用听取审议专项工作报告、执法检查、视察、调研等形式实施监督。

牢牢把握人大工作与经济工作的切入点，常委会依法听取和审议了本级预算执行和其它财政收支情况的审计工作报告、国民经济和社会发展计划上半年执行情况的报告、财政预算上半年执行情况的报告，审查批准年度预算调整和预算超收使用情况的报告。为加强对各功能区财政资金使用情况的监督，常委会适时听取和审议了经济技术合作区、互市贸易区财政预算上半年执行情况的报告。进一步规范了经济监督工作，推动市政府依法理财，将资金重点投向社会事业发展、改善民生，促进了我市经济健康发展。

口岸是我市的区位优势，更是我市发展的命脉。面对金融海啸、俄罗斯关税政策调整，国家边贸“双减半”优惠政策取消等不利因素的影响，人大常委会适时赴黑河、绥芬河、珲春考察调研，比较了同类口岸城市外贸运行情况，分析了影响满洲里口岸货运量、贸易额、外贸增值税变化的原因，并提出了相应的对策及建议。为尽早采取有效应对措施，化解金融危机带来的不利影响，推进我市经济社会又好又快发展，更好地发挥人大常委会在促进经济社会发展、促进社会和谐方面的作用，人大常委会适时就外经贸发展金融环境情况、房地产业发展情况、国税收入基本走势情况开展专题调研，形成了内容全面翔实、分析实事求是、问题客观准确、建议切实可行的调研报告。市委对调研结果高度重视，主要领导亲自批示，交由市政府认真研究，制定相应政策，抓紧落实。

为充分发挥代表在推动我市经济社会发展中的作用，丰富代表活动内容，提高代表活动实效，常委会逐步扩大代表对常委会活动的参与，进一步增加列席常委会会议和参加执法检查、视察、调研的代表名额。组织代表对我市部分重点建设项目和市人民法院庭审开展视察，指导协调各代表小组就群众普遍关注的社区服务、残疾人保障、文化体育设施建设、供热等情况进行分组视察。广大代表积极投身到常委会和代表小组组织的各项活动中，充分发挥了主体作用，主动为群众办实事、做好事，彰显出人大代表在构建和谐社会中的模范带头作用，为推动我市政治、经济与社会发展作出了应有的贡献。

为维护公平正义，促进“一府两院”依法行政，公正司法，听取审议了市人民政府法律援助工作情况的报告、市人民法院贯彻“宽严相济”刑事政策、市人民检察院预防职务犯罪和公诉工作情况的报告，并结合学习实践科学发展观活动，对公安工作情况开展调研，组织代表视察市人民法院庭审工作，努力为经济社会发展营造良好的法制环境，确保行政权、审判权、检察权得到正确行使，确保公民、法人和其他组织的合法权益得到尊重和维护。

常委会全力参与市委中心工作，选派3名常委会副主任分别担任督查推进组组长，对全市重点项目、重点工程建设情况进行专项督查，为市委常委会了解情况、做出决策，提出建议，也为有效推进全市重点项目建设起到了积极的作用。全力支持“一府两院”工作，常委会及时与“一府两院”召开联席会议，加强与“一府两院”的工作沟通和联系，形成共识，更好地促进相关工作的落实；积极支持市政府争取国家开发银行贷款，为事关我市发展、提升群众生活质量的重大项目提供资金保障。

三、跟踪问效为民生

常委会始终注重从实际出发，从增强监督实效入手，运用各种监督方式，着力解决事关人民群众切身利益的热点难点问题。

为进一步加强事关长远发展和群众普遍关注问题的监督力度，常委会适时听取审议了城市总体规划执行情况的报告、树木绿地保护工作情况的报告、文物保护工作情况的报告，并作出了相应决议；

对“水法”、“劳动合同法”、“未成年人保护法”等法律法规贯彻实施情况开展执法检查，切实维护消费者、劳动者和青少年儿童的合法权益。

从人民群众最关心、最直接、最现实的切身利益出发，听取审议了城市居民最低生活保障情况的报告。就进一步完善医疗救助、上学救助、住房救助等社会救助配套政策，适当提高最低社会保障标准等方面提出审议意见。目前，最低生活保障标准已由170元提高到240元。针对人民群众反映的看病不方便、等级医院看病相对较贵等问题，听取审议了全市社区卫生服务进展情况的报告。建议市政府进一步整合利用现有卫生资源，提升社区卫生服务机构的服务功能。从维护市场价格秩序、保障消费者合法权益出发，听取审议了规范市场秩序和加强物价管理情况的报告。提出了加强市场价格监管，加大对菜篮子工程扶持力度，选择合适地点建设具有公益性质的大型蔬菜、副食品销售市场，平抑市场物价的审议意见。市政府采取设立价格调节基金、加强价格检查力度，暂不调整供热、供水价格等措施，稳定了市场物价，维护了消费者合法权益。为改善我市环境质量，实现人与自然和谐发展，开展了环境保护状况的调研。为提升物业服务水平，维护业主和物业企业的合法权益，营造舒适的人居环境，开展了全市物业服务市场现状的调研，市委主要领导已将调研报告批转市建设局办理。常委会高度重视代表建议、批评和意见的办理工作，采取派出督办组、发放征求意见表、与代表直接沟通等多种形式，了解掌握代表意见。市政府也高度重视代表建议办理工作，两次召开市长办公会议，进一步加强和改进代表建议办理工作。通过人大常委会和政府的共同努力，代表建议、批评和意见办理工作取得明显成效，代表满意率达到90%以上。一些群众关注的热点、难点问题得到解决。如：代表提出的“关于提高社区工作者待遇的建议”，经市政府常务会议决定，社区工作人员生活补贴标准人均每月提高了350元。代表提出的“关于加大对东湖区农业基础设施支持力度的建议”，市政府筹措资金，维修改造了二卡农田水利设施，改善了农业生产条件。

常委会把畅通信访渠道作为了解民生、倾听民意的重要工作来抓。整合工作力量，配备专职信访工作人员。规范办理程序。加强对信访形势和信访动态的研究把握，每季度编写信访综合分析，注重定量定性分析，从中发现倾向性问题，及时向有关机关反映，督促他们注意并加以改进。实行来信来访首问负责制，重要信访案件由常委会领导亲自接待处理，做到件件有答复，事事有回音。

四、借鉴创新求拓展

常委会通过交流互访等方式，学习借鉴外省（区）人大的成功经验和做法，结合我市实际，对如何加强和改进新时期人大工作进行了有益的尝试和探索。

为扩大公民有序的政治参与，拓宽公民参与管理国家事务的渠道，促进人大工作的民主化、公开化，常委会制定了《公民旁听市人大常委会会议暂行办法》，组织公民旁听常委会会议，使公民更进一步了解全市政治经济社会事业进展情况，直接感受参政氛围，调动参政积极性。

为进一步激励人大代表牢固树立角色意识、责任意识，促进代表更好地履行职责，组织开展了代表向选民述职活动。通过述职，进一步密切了代表与人民群众的联系，提高了代表履职意识，达到了评议一人影响一片的效果，在代表和选民中产生了积极的影响。为进一步加强和改进监督工作，提高监督工作的针对性和实效性，市人大常委会通过网上留言、电子邮箱、信函、面交和电话等方式，向常委会组成人员、人大代表、以及社会公民广泛征集2009年度满洲里市人大常委会监督工作建议议题，使人大监督议题更加关注区域经济社会发展，更加贴近民生，更加侧重社会热点，得到广大人民群众的高度关注和参与。

五、夯实基础聚合力

常委会为了更好地发挥地方国家权力机关、民主法制建设工作机关、人民代表机关的作用，着力建设“学习型、创新型、和谐型”人大机关，切实提高履职能力和工作水平。

注重学习，提高自身素质。以学以致用促工作、用有所成求实效为目标，组织全体人员学理论，把握正确方向；学法律，依法履行职权；学业务，提升履职能力和水平，进一步增强了做好人大工作的自觉性和坚定性。组织开展常委会组成人员培训活动，统一思想，形成共识，增进交流，有效调动了组成人员在各自不同领域的工作积极性。

完善制度，提高工作效能。把制度建设作为提高工作效能的关键环节来抓，共制定修订议事规则、组成人员守则、听取审议专项工作报告工作程序、执法检查工作程序等26项常委会制度及机关工作规范，使常委会组成人员议事有规则、人大代表履职有要求、工作人员服务有标准,为人大工作规范高效运转奠定了坚实基础。

重视宣传,增进合作交流。进一步改进和加强人大新闻报道工作,在满洲里日报开办宣传专栏,及时更新人大网站内容,切实提高宣传质量和水平。通过参加全国人大"三沿"经验交流会和各级人大工作会议、接待外地人大常委会来满考察等方式,积极开展与上级人大的联系交流和外地人大的工作探讨,学习借鉴工作经验,不断推进我市人大工作的创新发展。

改善办公环境,健全工作机构。为提高工作效率和办公自动化水平,市人大常委会积极筹措资金,购置车辆、电脑和其它办公设备。在市委的关心和支持下,常委会机构设置更趋合理,选拔了一批素质较高、业务能力较强的年轻同志担任领导职务,使机关工作人员队伍的整体素质进一步提升,机关工作活力和服务水平进一步提高。

"东风劲吹千帆满,江阔水拍浪接天"。乘着党的十七大的浩荡东风,满洲里市人大常委会将高举中国特色社会主义伟大旗帜,坚持"受命于党、立足于法、监督于政、取信于民"的工作理念,以昂扬的斗志、进取的精神、求真的态度、务实的作风,不负时代要求和人民重托,为建设富裕、文明、和谐的新满洲里谱写新的篇章。

实施《监督法》的调研报告

黑龙江省双城市人大常委会副主任　刘世文

按照哈尔滨市人大常委会哈人研发[2008]5号文件《关于对监督法和省实施监督法办法实施情况开展调研活动的通知》精神,双城市人大常委会抽调专门人员对双城市实施《监督法》和《省实施监督法办法》进行调查研究。

一、主要做法

(一)深入学习宣传。一是认真进行了学习。双城市人大常委会和各乡镇人民代表大会,各级人大代表结合工作实际,采取法制讲座、座谈研讨等各种形式,认真学习《监督法》,进一步明确了监督工作的指导思想、基本原则、监督重点、主要形式、具体程序等,做到吃透法律条文,理解实质内涵,把思想认识真正统一到《监督法》的具体要求上来。市依法治市办公室还把《监督法》作为全市普法的主要内容。二是广泛开展了宣传。双城市人大常委会高度重视并积极组织《监督法》的宣传工作,开展了形式多样的宣传活动,组织了大型宣传活动两次,常委会领导电视讲座一次,印发宣传材料2万份,在市内和24个乡镇的主要街道、公众聚集场所悬挂85条宣传横额和张贴宣传标语500余条(幅),印发《监督法》辅导小册子800本。三是积极组织了培训。2007年11月中旬,结合全市开展"学法年"活动,双城市人大常委会邀请了省人大法制委员会副主任委员王云奇做了《监督法》和《省实施监督法办法》的专题辅导。350人参加了培训。

(二)健全和完善制度。对照《监督法》和《省实施监督法办法》的法律规定,对常委会过去的各项规章制度进行了全面清理和修订。废止了常委会《述职评议工作办法》和《个案监督办法》;修改了《常委会议事规则》、《听取和审议工作报告办法》等10项制度;制订了《关于审议决定重大事项的暂行规定》,《关于规范性文件备案审查的规定》;完善了《代表小组活动》等8项代表工作制度。绘制了常委会听取和审议工作报告、任免国家机关工作人员、规范性文件备案审查、代表建议办理、信访接待等5个工作流程图。

(三)科学安排议题。按照《监督法》的有关规定,双城市人大常委会坚持议大事、顾全局、求实效的原则,建立与"一府两院"联席会议制度,加强与"一府两院"的联系,及时沟通情况,安排有关议题,年初将议题印发到相关部门,相关部门报告前经政府主管市长、法院和检察院主要领导审阅同意,按规定时限上报市人大常委会。市人大常委会各办事机构对报告进行初审,初审合格后,提前将会议议题和相关材料送达常委会各组成人员。

(四)精心组织检查。执法检查是实施监督的有效途径之一。2008年,双城市人大常委会围绕创建经济发展、文化繁荣、人民富裕、宜于人居、社会和谐的良好法制环境,重点组织了《安全生产法》、《劳动法》、《药品管理法》、《烟草专卖法》、《有线电视管理条例》、《文化娱乐场所管理条例》等6项执法检查。按照先学法、后调研、再反馈、最后督办落实的监督工作机制。继续改进执法检查方式，坚持以随机抽查，暗访检查为主。检查前，对被检查部门执法人员进行相关法律、法规培训；检查中，对被检查部门执法人员进行法律知识考试，对被检查部门进行测评；检查后把检查意见交"一府两院"跟踪督办，务求实效。

（五）开展专题调研。为了增强监督的针对性和有效性，双城市人大常委会注重加大专题调查研究的力度，将专题调研工作列入年度监督工作计划之中，做到责任明确，周密安排。对监督中的一般问题要求常委会办事机构组织人员到"一府两院"对口工作部门或有关基层单位开展调查，收集资料；对监督中的重大问题，常委会领导带队深入到单位、部门，组织座谈、查阅资料、征求意见；同时，常委会还注意在调研的广度、深度上下功夫，不断改进调研方式。在调研中学习借鉴监督工作好的经验和做法，从而找准问题，提出针对性强的意见、建议。仅2008年1至8月份，双城市人大常委会就开展专题调研16次。通过深入细致的专题调研，认真剖析问题，把握关键，将意见、建议建立在实事求是的调查研究基础上，使监督工作有的放矢，从而促进了常委会的科学决策和有效监督。

二、取得的成效

贯彻实施《监督法》仅1年半时间，双城市人大常委会就取得了明显成效。调查发现这些成效主要有以下几个方面。

（一）监督重点日渐突出。双城市人大常委会把监督工作重点放到促进经济和社会发展和民生问题的完善和解决上，放到群众切身利益和社会普遍关注的问题上，督促这些问题得到切实解决。在监督工作中实现了"三个围绕"：一是围绕推进经济社会又好又快发展实施监督。按照实施"十一五"规划要求和市委总体工作部署，加强对经济社会发展计划的审议和经济运行情况的跟踪，促进各类问题的解决；在监督中支持深化招商引资工作，促进经济持续增长和经济结构调整，促进发展循环经济。二是围绕人民群众最关心、最直接、最现实的热点、难点问题实施监督。有计划地组织常委会组成人员和人大代表，深入基层，就群众最关心、最直接、最现实的问题进行视察、专项检查和调查，全面了解掌握情况，密切与群众的联系，倾听群众的呼声，有针对性提出意见和建议。2008年3月，双城市人大常委会全体组成人员，深入到24个乡镇人民代表大会走访市人大代表207名，乡镇人大代表91名，选民代表141名，征集到283条意见和建议，要求"一府两院"及相关部门限时解决。三是围绕营造良好的法制环境实施监督。按照党的十七大加强民主法制建设的要求，进一步发挥人大及其常委会在依法治市工作中的重要作用。监督"一府两院"突出抓好"五五"普法工作的深入开展，保障市人大常委会关于加强法制宣传教育的决议的贯彻落实，积极推动宪法和法律的有效实施，积极推进法治政府建设，支持和督促政府部门依法行政，提高行政效能。

（二）监督实效逐步增强。双城市人大常委会按照《监督法》的规定，努力做到五个结合，不断增强监督实效。一是工作监督和法律监督相结合。即对"一府两院"贯彻实施法律、法规情况进行监督，促进依法行政、公正司法，又对规范性文件规定与实施情况进行审查，以维护国家法制的统一。二是专项监督和综合监督相结合。在专项监督基础上，把相互联系的基本问题集中起来，再进行综合监督；在综合监督的基础上，抓住几个突出的问题，深入开展专项监督，使监督工作更深入，总结经验更全面，提出建议更有针对性。三是初次监督和跟踪监督相结合。在监督工作中安排的初次监督议题，在监督检查，提出整改建议后，为促进整改措施得到落实，进行跟踪监督检查，以达到预期的效果，四是听取各项工作报告和执法检查相结合。通过执法检查、信访、调研等途径反映出来的重要问题，综合运用听取工作报告、组织执法检查等措施推动有关方面切实解决突出问题。五是促进自行整改和依法纠正相结合。

（三）监督意见愈显重要。双城市人大常委会实行了"审议意见书"制度，每次审议"一府两院"专项工作后，都将意见和建议以"审议意见书"形式送达"一府两院"办理，按照《监督法》的规定，安排有关办事机构跟踪督办，严格办理程序和时限要求。2008年1至8月份双城市人大常委会已印发14期《审议意见书》，向"一府两院"反馈了廉政建设、公安、现代农业、新兴工业园区建设、高架铁路建设、审计、财政、安全生产等审议意见。报告机关都把落实情况以书面形式由"一府两院"主管领导签发按规定时限上报人大常委会。

三、主要问题

在调查中，我们发现，双城市人大常委会在贯彻实施《监督法》工作中，措施得力、成效显著，但一些社会问题、法律问题，双城市人大常委会是无法左右的。这些问题主要表现在6个方面。一是监督方式。柔性监督多，刚性监督少，日常运用多的是程序审议性的、较温和的监督方式，直接处置性的、较严厉的方式用的少甚至不用，缺乏刚性和力度，难以较真，由于长期不能大胆使用法定的有效的处置性的监督方式，一定程度上失去了地方国家权力机关惩戒强制作用，导制无为无位无威。二是监督范围。对事监督多，对人监督少，就事论事，说说而已，在人治与法治转轨混合期顾虑重重，不敢于和不善于抓住人事监督这个监督的“牛鼻子”，对自己任命的不适合、不胜任或严重违纪违法的国家机关工作人员，如果没有党委和纪检部门的定论和处理决定，常委会是很难独立提出撤职、罢免案的。对那些“垂直管理部门”更是不好监督。三是监督对象。对下监督多，对本级监督少，对同级政府部门及“法检两院”法职人员及其任命人员的监督相对经常些，而对人大选举的正副市长、院长、检察长监督放松得多，“三长”中市长的监督更少一些，因市长又是党委的领导。四是监督效果。程序性监督多，实质监督少。地方人大开展的监督工作多是按部就班进行，一听二看三提意见，而对意见落实与否重视不够，真正注意解决问题，监督最终有结果，取得实质性成果的不多，主动行使处置处理权的更是少见，造成搞形式走过场。五是监督主体。由于传统的体制等因素，人大常委会行使职权受制党委、政府的还较多，人大常委会无直接处理问题权力，况且许多大的事项监督到最后也不是人大常委会能够决定，人大监督权威没有树立，造成监督多了是挑刺，影响大局的“误解”，马马虎虎，相安无事。六是监督客体。“一府两院”规避人大常委会监督现象时有发生，常见的有敷衍塞责不主动，重大事项不报告，以行业垂直领导为由规避地方人大的监督。

四、成因分析

（一）体制不到位。其一，长期以来，实行的是“党委决策，政府执行”的模式，党政联合部署工作、联合发文，如果工作中出现某些问题后，就会使地方人大常委会的监督处于两难境地。其二，从政府行为看，权力扩张有其随意性，也给人大监督带来不少的障碍。其三，人大没有具体的监督部门，这是地方人大常委会难以行使监督权的又一“有权无柄”的原因。其四，政府的主要负责人往往是党委的第二把手，而地方人大常委会主要领导连党委常委也未进入。其五，地方人大及其常委会的办公经费要向同级人民政府请求并获批准，地方人大设置和干部编制受政府人事部门管辖。

（二）认识不到位。法律虽然赋予人大常委会依法监督的职权，但人们从思想上对人大监督的性质，地位和作用缺乏认识。作为监督主体的人大常委会组成人员和各级人大代表，没有真正认识到人大监督是代表人民行使职权，只是把人大监督工作看作是一种形式和程序，有人认为凡党委决定的事，由“一府两院”去执行，不管工作如何，人大不要去监督，担心被戴上“不尊重党的领导”的帽子。还有地方人大认为目前出台的《监督法》属程序法，许多工作要按照领导的讲话精神去办，人大应为其开“绿灯”，上述种种认识存在，使人大监督工作在某种程度上成了“辛辛苦苦走过场。”作为监督客体的“一府两院”相当多的干部特别是领导干部的头脑中接受监督的思想尚未牢固树立，权力本位观念根深蒂固，在这种思想作用下就容易淡化监督意识。

（三）能力不到位。部分人大常委会组成人员及工作人员对相关法律、法规，人大制度和程序了解和掌握的都不够，缺乏履行监督职责所必备的政治、思想、法律、科学、文化等综合素质。特别是人大常委会组成人员相当一部分是党政机关转进来的，思想上顾虑重重，认为人大是“二线机关”，再者怕伤感情，不好共事，工作上缺乏积极主动和开拓创新精神，影响了人大常委会的整体监督质量。

（四）制约不到位。作为监督主体的市人大常委会工作无量化指标，可监督可不监督的就不监督了。国家出台的《监督法》，程序性规范较多，如在审查和批准预算时，法律规定国民经济计划和财政预算由人大审批，但没有规定人大运用何种方式和程序进行审批，是一项一项审批，还是宏观审批，致使监督内容过于抽象。再如地方人大常委会有权决定本地区计划和财政预算过程中的部分变更，但部分变更的含义不甚明了。凡此种种均难以适应进一步加强人大监督的需求。

五、几点建议

（一）加强和改善党对人大监督工作的领导。地方党委首先要把支持人大搞好监督工作放到提高党的执政水平，巩固党的执政地位的大局去认识，正确处理地方党委和人大之间的关系，无论是地方党委、人大、“一府两院”都应在《宪法》和法律范围内开展工作，该由人大审议决定的重大事项就应由人大审议决定，避免党政联合部置工作和联合发文。地方党组织要切实解决人大工作中的实际问题和解决人大经费、代表活动经费等等，以调动人大干部的积极性，保障人大工作的正常运转。此外，地方党委宣传部门要重视并加强人大监督工作宣传，为人大行使监督权创造一个良好的舆论环境，更好地树立地方人大的形象。

（二）要严格遵循《监督法》确定的基本原则。人大常委会在行使监督职权的过程中，要做到既不失职，又不越权，关键是要把握好开展监督工作的基本原则。其一遵循依法监督的原则。《监督法》规定：“各级人大常委会依据《宪法》和有关法律的规定，行使监督权”，依照法律规定的权限和程序行使监督职权，是人大常委会必须遵循的法制原则。其二遵循围绕大局，突出重点的原则。经济建设这个中心，是全党、全社会的大局，也是人大常委会监督工作的出发点和落脚点。其三遵循民主集中制、集体行使职权的原则。人大常委会的监督职权，必须充分发扬民主，注重调查研究，在听取各方面意见，广泛了解社情民意的基础上，通过常委会会议和主任会议集体行使，从而真正体现人大常委会既是国家权力机关，又是民意代言机关和国家民主政治建设的代表机关。其四遵循监督工作也要接受监督的原则。人大常委会对“一府两院”行使监督职权，同时，也要接受人民代表大会、人大代表及人民群众的监督。

（三）在提高监督效能上下功夫。首先，要用好法定的监督形式，理直气壮地行使监督权，清除权力被闲置的现象。在实际工作中，不要拘泥于一种形式，而要因地制宜，多项并举，综合运用各种形式。对于现行的法定形式，易于掌握且经常运用的监督形式，要认真总结工作经验，不断改进；刚性较强的监督形式，要进一步探索、完善、大胆运用。要进一步拓展监督领域。要在加大对常规性监督力度的同时，针对监督工作的“空白点”和“薄弱点”，进一步拓展监督的领域。要切实加强“一府两院”贯彻执行法律法规情况的监督，进一步促进“一府两院”依法行政，公正司法。在监督“一府两院”及政府序列部门的同时，还要监督政府序列外部门及垂直管理部门。

科学发展必须统筹城乡强化“三农”

河北省石家庄市人大常委会副主任　郭领域

我在石家庄市人大分管农经工作，经过一段时间的学习实践与思考。我认为科学发展必须统筹城乡，强化“三农”。我们石家庄市是农业大市，农民群体占到了全市人口总数的三分之二。科学发展观的第一要义是发展，核心是以人为本，基本要求是全面协调可持续，根本方法是统筹兼顾。这就要求我们在全局工作中，要把“三农”工作放在全市工作的应有地位，加强领导，高度关注，加大投入，促其发展，实现城乡一体，共同繁荣。

强化“三农”是巩固农村改革开放成果的需要。我国改革开放30年前首先从农村联产承包责任制开始，农村经济体制的改革促进了农村经济的快速增长，也为我国从计划经济向市场经济发展奠定了物质基础。但从目前情况看，“三农”工作出现了新的情况和新问题。主要是农业粗放经营，高投入低效益，农民没有真正走出低收入洼地；农村土地流转困难阻碍农业集约化生产，农村资金逆向流动，农业基础设施年久失修；农村社会事业发展滞后、城乡居民收入差距扩大，促进粮食稳定发展和农民持续增收的长效机制尚未形成。这些问题不解决，农村就难于有大的进步和新的发展。“三农”问题解决不好，农村改革的成果就会丧失，所有问题都不能从根本上解决。没有农民的小康，也实现不了全面的小康社会。

强化“三农”是构建和谐社会的需要。构建和谐社会是经济发展的目标，也是科学发展观的应有之义。但“三农”问题不解决，农村社会就难以和谐。长期以来形成的城乡二元结构，使我国一直在以牺牲“三农”利益来促进城市、工业的发展，剪刀差不是小了，而是进一步扩大了。从目前看，我们已经有了解决这一问题的经济基础，也到了解决“三农”问题的时候了。我们必须加强“三农”工作,保持农业持续稳定的发展,促进农民增收,保持社会和谐。

强化"三农"是摆脱目前金融危机的需要。我们要实现保增长、保稳定、促发展的目标,必须把眼光投向农村、投向农民、投向农业。据有关统计,目前全国有一半的行政村没有通自来水;60%以上的农户还没有用上卫生的厕所;有近7000万户农民的住房需要改善;1.5亿农户需要解决燃料问题;6%的行政村还没有通公路;2%的村庄还没有通电;6%的村子还没有电话;1%的乡镇没有卫生院;60%以上的县没有标准的污水处理场等。因此,农村是潜力巨大的消费市场,也是中国经济增长的动力和摆脱金融危机的途径。

另外,解决好"三农"问题不仅可以提高粮食等农副产品的市场供给能力,缓解通货膨胀问题,也可以解决农村劳动力的就业问题,保障社会稳定。

近年来,中央在提出贯彻落实科学发展观的同时,就把"三农"工作摆在了突出位置,始终坚持抓农业这个基础不动摇,稳定农村这个阵地不放松,富裕农民这个群体不撒手。从2004年开始,中央以一号文件形式连续六年出台了一系列惠农、稳农、富农的政策措施,2008年10月又召开了党的十七届三中全会专题研究"三农"问题。这为进一步改变农村面貌提供了政策引导和物质支持。我们要认真学习贯彻中央的一系列文件精神,下大力强化"三农"工作。

一要切实加强对"三农"工作的领导。要站在全局和战略的高度,坚持把解决好"三农"问题作为党和政府全局工作的重中之重,摆上重要议事日程,认真分析农业、农村发展中出现的新情况、新问题,不断完善和丰富各项政策措施,统筹抓好建设社会主义新农村和促进农村社会和谐稳定的各项工作。要借"作风建设年"的东风,切实转变工作作风,密切与农民的联系,深入基层解决实际问题。

二要切实加大对"三农"的投入力度。我市对"三农"的投入相对较少,需要增加。要抓住当前国家扶持农业的有利时机,加大配套资金投入,吸纳更多的扶持资金。同时要多方筹集社会资金,特别要动员一些企业参与到对"三农"的投入中来,落实以工补农、以工促农、以城带乡政策,实实在在为农民办一些实事。

三要大力推进农业产业化经营。在依法、自愿、有偿的前提下引导农村土地流转和集中,探索多种形式的农业适度规模经营,大力发展农业龙头企业。要下决心强化农业基础设施建设,在搞好农田水利、耕地质量、农机应用、信息服务等方面下功夫,提高农业综合生产能力。要发挥科技第一生产力的作用,加强农业科技创新体系建设和农业科技推广工作,鼓励涉农科研团体成为农业技术创新主体,积极探索农业科技成果进村入户的有效机制和办法,加大新型农民培训力度,积极开展现代农业生产知识和技能培训。

四要扎实推进社会主义新农村建设。按照"生产发展、生活宽裕、乡风文明、村容整洁、管理民主"的要求,在积极发展现代农业的同时,全面做好新农村建设的其他各项工作,促进农村经济社会全面发展。首先要帮助农村搞好新农村建设规划,做到宜居、宜看、舒适、适用。其次要大力发展农村社会事业,努力扩大面向农村的公共服务。加大县乡村文化基础设施建设力度,在全市范围建立农村最低生活保障制度,重点办好"水、路、电、气"等实事,重视村容村貌治理,加强污水、垃圾处理设施建设,创造整洁、舒适、文明的人居环境。

创新活动载体　搭建履职平台　不断提升人大工作整体水平

黑龙江省佳木斯市人大常委会主任　李淑香

人大代表是人民代表大会的主体,代表工作是人大工作的基础和依托。2007年换届以来,我们新一届人大常委会根据新形势、新任务的要求,积极探索创新代表工作思路,开展代表主题活动,拓宽代表活动渠道和载体,充分发挥人大代表的优势和特长,调动和激发了代表依法履行职务的积极性和主动性,为代表工作注入了新的生机和活力,提升了人大工作的整体水平。

一、改革创新思路,增强代表主题活动的针对性

改革创新思路是开展代表主题活动的动力源泉。代表工作是人民代表大会闭会期间工作的继续和延伸，直接关系到人大工作的整体水平。从人大机关工作职能看，代表是人大工作的基础，必须紧紧依靠代表开展工作，以代表工作为人大工作的主体工作；从人大代表的性质看，代表是国家权力机关组成人员，管理国家事务和社会事务，必须突出代表的主体地位；从人大的组织形式看，大会期间由代表集体行使职权，闭会期间，以代表活动为载体，必须发挥代表的主体地位。新时期代表工作的思路必须由过去的只注重会议期间的活动，向会期和闭会期并重转变，要把闭会期间的代表活动作为发挥代表作用最重要的、基础性工作常抓不懈，切实增强代表工作的针对性。改革创新代表工作的总体思路就是要不断地为代表履职创新活动氛围和载体，体现"认真落实党委战略部署，依法履行人大工作职责，寓执法监督于支持之中，开拓创新树立良好形象，促进社会和谐科学发展。"的工作方针，使代表履行职务成为可操作的具体行为。基于这样的认识，换届伊始，在市人大常委会主要领导的倡导下，作出了在全市开展"代表学习培训年"的决定；为巩固和拓展成果，2008 年在全市开展"代表活动推进年"活动；今年又在全市开展"代表建议、意见质量提升年"活动；明年准备开展"代表活动之家建设年"活动，旨在通过一种有效的形式和载体，使代表活动在目标和方向上进行整体引领和推动，从而使各级人大代表履职参政有平台，发挥作用有渠道，开展活动有主题。实践证明，思想是行动的向导，好的思路必然取得好的成效。每年人大代表主题活动的开展，为代表工作注入新的生机和活力，提升人大工作的整体水平。

二、健全活动机制，增强代表履行职责的自觉性

实践中我们体会到，代表履行职责，既需要内在自身素质的不断提高，也需要外在保障和服务。为此，我们在开展代表主题活动中采取了多种形式，积极探索建立健全服务保障机制，不断增强代表履行职责的自觉性。一方面，强化代表培训机制，提高人大代表的素质和代表意识。做好代表培训工作，提高代表素质是代表履行职责，发挥作用的重要前提。针对本届人大代表中三分之一是新当选的实际，为全面提高代表素质，提升执行职务的能力和水平，我们在开展"代表学习年培训"活动中，依托全国人大和省人大培训中心分别举办了由常委会组成人员、专门委员会委员以及市、县、乡人大代表参加的两期培训班，由国内知名专家、学者和具有丰富实践经验的人大工作者就宪法、监督法、代表法、地方组织法、选举法等法律法规进行了较系统地讲解，集中培训代表243 名。代表培训的层次高、规模大、内容丰富，效果明显，在我市人大历史上堪称第一次。此外，我们还不断创新培训方式，采取集中培训、划片培训、以会代训等形式，全面提高代表整体素质。另一方面，强化代表激励约束机制，提高人大代表的责任和履职意识。实行激励约束机制，充分调动人大代表的积极性，激发代表履职的光荣感和使命感，实现"荣誉代表"向"责任代表"的回归。在表彰先进，鼓励代表积极履职争先创优上下功夫。我们在开展代表主题活动中，以"报纸专版、电视专题"、"人大工作信息"为平台，强化宣传，在全社会形成支持人大代表发挥作用的良好氛围。换届以来，由研究室与日报社联办了《民主与法制》专版，与电视台联办了《法制时空》节目中新增设了《代表天地》专题，采取多种形式，宣传人大代表先进典型事迹。截止目前，《民主与法制》专版已编 35 期，文稿 216 篇，图片 28 张；《代表天地》35 期，专版、专题节目共宣传报道省、市、县（区）和乡镇四级人大代表 33 人次，使社会各界和广大人民群众进一步了解了人大代表及其所作的工作，扩大了人大代表的社会影响，在全社会形成了尊重人大代表、支持代表发挥作用的良好氛围，使人大代表的先进事迹家喻户晓，人大代表成为响当当的品牌。同时，每次主题结束时，我们都进行认真总结，表彰奖励在活动中涌现出的先进集体、优秀人大代表。如 2008 年我们召开了全市人大"代表活动推进年"活动总结颁奖大会，对最佳组织单位、十佳人大代表、十佳优秀代表小组、优秀人大代表和人大工作者进行了表彰奖励。同时，以文艺表演的形式，讴歌新时代人大代表的崭新形象，代表演自己、自己演代表成为最具特色的亮点。在建立健全代表履职相关制度上下功夫。我们在开展代表主题活动中，先后建立了代表工作档案，记录代表工作情况。依据法律有关规定，建立并完善了《代表依法执行职务制度》、《代表定期向选民述职、接受评议制度》、《代表履职考核制度》、《代表辞职制度》、《代表建议办理实效考评机制》等规章制度，为代表工作的具体化、实质化和规范化，赋予了科学的、可操作的内容，选民可以对代表履行职责、执行职务等情况进行询问，对不称职的代表可以进行批评教育，甚至依法罢免，从制度上保证了代表活动的正常开展，提高了代表履行职权的主动性和自觉性。

三、创新活动载体，增强代表发挥作用的实效性。

代表工作的生命力在于活动，活动关键在于增强代表发挥作用的实效。我们每年确定一个主题开展代表活动，不仅创新了代表活动的载体，为代表搭建了履职的平台，而且提升代表履职能力，增强了活动的实效性。如“代表学习培训年”活动中，我们组织代表开展的“四进社区（村屯）活动，即服务社会主义新农村建设进村屯；送法律、法规、党的方针政策进社区（村屯）；为民办实事进社区（村屯）；扶贫帮困进社区（村屯）。在“代表活动推进年”活动中，我们组织代表开展“六个一”活动，即围绕实施“十项重点工程”提出一条有价值的建议；参加一次执法检查；参加一次视察、调查；给村屯社区办一件好事；联系一个困难户或贫困生；开展一次“访民日”活动。各县（市）区人大常委会都从实际出发，在活动形式和方法上进行了积极的探索和大胆尝试，不断丰富活动载体，使之内容更加丰富，形式更加灵活多样。有的人大常委会在代表中开展了“为选民致富当先行、为经济发展做贡献”活动、“人民选我当代表，我当代表为人民”的“爱心解难、扶贫帮困”活动和评选“十先代表”活动，使代表工作开展得扎扎实实，富有成效。在“代表建议、意见质量提升年”活动中，我们组织开展了“代表与选民见面日”活动，使代表与选区选民零距离接触，直面选民，倾听民声、了解民意、掌握民情、问计民众，及时了解社情民意，围绕收集选民所提出的意见或反映的问题，进行深入调查研究，形成具有针对性和可行性的高质量“精品”建议、意见。实践证明，代表活动载体的创新，增强了代表发挥作用的针对性、可行性和实效性。

围绕中心办实事，我们紧紧围绕市委提出的实施“十项重点工程”主题，激励各级人大代表关注发展、带头发展，在促进经济发展、社区建设和新农村建设等方面建功立业。开展了“我为发展献良策”征文和研讨、“代表议政日”、“代表活动月”、“科技支农、法律支农、经济支农”等一系列活动，组织和引导代表积极参政议政，建言献策。各级人大代表带头创业致富，把聪明才智用在兴办实体、发展民营经济上，用在带领群众发家致富上。在“代表活动推进年”活动中，围绕“现代农业综合开发示范核心区建设工程”，组织全国、省、市三级人大代表进行专项视察，提出要利用园区载体，加快科技成果转化，组建科技服务队伍，提升科技服务能力等意见建议，引起了市委、市政府的高度重视，市委、市政府主要领导作了重要批示，要求各县（市）区和有关部门研究落实。据统计，全市各级人大代表围绕经济社会发展提出有价值的建议974条；参加执法检查、视察622人（次）；在宣传法律法规、招商引资、扶贫救灾、维护社会稳定等方面，累计协助解决各类实际问题4700余件，使人大代表人人成为实施“十项重点工程”的直接参与者、有力推动者和重要监督者

深化监督出实招。我们坚持“常委会有行动，代表就有活动”的原则，积极组织代表开展视察、执法检查等各种活动，努力拓宽代表履职渠道，让代表在履职实践中提高能力，发挥作用。换届伊始，我们决定以贯彻实施监督法为契机，着力促进我市廉租房制度建设，把逐步解决低收入群体的住房问题作为新一届人大常委会监督工作的重点，抽调部分人大代表组成专题调查组，在听取汇报，深入到社区、街道，通过民意测验、召开座谈会等方式，充分听取了基层干部和群众的意见和建议，深入到部分住房特困户家中进行实地察看，召开座谈会，征求意见，问计于民的基础上形成了调查报告。在常委会会议审议时，邀请了参加调研的城环委委员、市人大代表和部分市民一同到会发表意见，以更准确更直接地表达人民群众的意见和要求，确定了针对性和可操作性强的审议意见，引起了市政府的高度重视，市长亲自带队检查我市廉租房制度建设推进情况，专门召开了市长办公会议，对我市廉租房制度推行工作进行了全面的部署和安排，明确了近期和中长期廉租房制度建设工作目标和任务。全面启动了“安居111工程”，即：开工改造棚户区100万平方米，为100户“双低家庭”提供廉租房实物配租，为1000户“双低家庭”提供廉租房租金补贴，把目标定位在应保尽保上，承诺三年时间实现廉租房保障政策的全覆盖。我们又组织部分人大代表进行跟踪问效。2007年11月我市第一座廉租楼建成，100户住房特困家庭喜迁新居，标志着佳木斯市廉租房制度建设迈上了一个新台阶。2007年年底，我市通过租金补贴和实物配租两种形式，为1250户廉租住房保障户、2821名贫困人口解决了无房居住的问题。2008年，市政府又适时启动了“安居125工程”，即：开工改造棚户区

100万平方米，为200户“双低家庭”提供廉租房实物配租，为5000户“双低家庭”提供廉租房租金补贴。由于人大代表的广泛参与，这项民心工程从决策到竣工，力度之大、速度之快，在我市尚属首次，在群众中引起了强烈反响，受到了群众的拥护和欢迎，得到了有关方面的肯定和好评。省政府有关部门来佳检查廉租住房制度施行和危房改造工作情况时，对市人大常委会推进廉租房建设给予高度评价，认为“由人大推进这项工作，并取得明显成效，这在我省还是第一例。”

为民解难见实效。全市各级人大代表心系选民，关注民生，始终把群众的利益放在心头，贴近群众，贴近民生，当好人民群众贴心人、当好人民群众的忠实代言人、做人民群众排忧解难的热心人，做到了“串百家门、忙百家事、知百家情、暖百家心”，利用自身的优势，关心社会弱势群体，关心社会公益事业，访贫问苦、扶贫济困，帮助困难群众，特别是为失业职工、失地农民、贫困家庭子女上学、拆迁居民和因灾因病致贫家庭，解决生产生活问题。据统计，在“代表活动推进年”中，各级人大代表进社区、村屯、企业914人（次），为新农村、社区和村屯建设办好事3500余件，为四川地震灾区捐款近500万元，为贫困户捐款80多万元，为贫困学生捐款近百万元，深受社会各界的好评。

关于信访干部心理健康问题的思考

广东省广州市地下铁道总公司　朱洲

在我国经济高速发展和社会转型的今天，许多新问题，新矛盾，不断地从信访渠道反映出来，使当前信访矛盾纠纷呈现出多元性、广泛性和复杂性的特点。信访干部位于信访工作的第一线，他们的综合素质如何，特别是心理素质健康与否，直接影响到信访问题解决的效果。据悉，近日，昆明市信访局公布了对全市118名信访干部的心理测评结果，数据显示多数信访干部有轻到中度的抑郁。昆明市信访局副局长李旭升认为，当前，信访干部面对大量负面的信息，且劳动价值未被社会认可，心理压力未能及时疏导，易造成抑郁，信访干部心理健康问题应当引起社会重视。

本文认为，信访工作自始至终都贯穿着信访干部的心理活动，面对当前大量的信访问题，坚定信访干部的理想信念，关心信访干部的心理健康问题刻不容缓。各级政府及各有关信访工作机构，必须采取有效的措施，关心和爱护信访干部，认真解决影响当前信访的信访干部心理健康问题，使信访干部队伍面对当前严峻的信访形势，以昂扬的精神，奋发有为的心态投入信访工作。

一、当前信访干部在心里健康方面存在的问题

（一）长期焦虑。焦虑是指在有一定指向性、目的性，面临一定艰难任务时，过分担心发生不良后果的情绪状态，也是现代社会普遍存在的一种情绪。信访干部由于其职业的特殊性，始终处于解决社会矛盾的第一线，当前信访内容错综复杂，解决难度高，在信访问题不能解决时，信访干部感觉到强烈的工作压力，甚至心理会产生较强的挫折感和失落感。特别是处理群众集体上访、群体性事件等严峻情况时，信访干部吃不下、睡不着，精神紧张，急躁易怒，有“诚惶诚恐”、“如履薄冰”之感。

（二）心理失衡。广大的信访干部具有为党、为人民分忧的坚定政治信念，对工作高度负责、苦干实干的优良作风，攻坚克难、争创一流的能力素质，在处理群众矛盾维护社会稳定中发挥着积极的作用。但是，信访工作在一个单位的整体工作中往往始终处于辅助地位，是服务和保障，许多优秀的信访干部在岗位上默默奉献，付出了许多艰辛，承受了许多压力，但领导和群众认可度相比从事生产、经营、科研、管理的同志却低许多，提拔、任用、交流的机会也较少，使得一些信访干部心理失衡。

（三）情绪抑郁。情绪抑郁表现在心情不良，情绪消极，或焦虑、烦躁、坐卧不宁，丧失愉快感，成天愁眉苦脸，忧心忡忡。抑郁的情绪不但与个体的挫折、失意有关，也会受到周围环境的影响。信访干部面对的是身份复杂的各类信访群众，处理的是五花八门各类棘手的信访问题，并且由于近年来信访秩序得不到规范，在接访中异常访、群体访、无理缠访的事件时有发生，有时还受到人身威胁，这使信访干部的心理承受着巨大的压力。信访群众沮

丧、愤怒、焦虑、哀怨、失落、酸楚等等不好的情绪对信访干部自身的情绪也造成不良影响。一些信访干部未能很好的进行自我心理的调整，就会出现情绪抑郁、压抑的情况。

（四）热情降低。由于信访部门不是问题的直接办理部门，却又是处理矛盾的一线部门，经常受到群众的抱怨、责难，甚至是辱骂诋毁。加上，一些信访干部由于长期受到紧张、烦躁、压抑不良情绪影响，存在着反复头疼、胸闷、心悸和心血管、肠胃不适等情况，使得信访干部在内心和身体上承受双重压力，降低了对工作的兴趣和热情。

二、信访干部产生心理问题的原因分析

（一）社会环境发生重大变化，使信访工作难度加大。当今的中国处在社会转型期，经济上更加开放，政治上更加民主，利益上更加多元，维权意识更加强化，使得大量深层次的矛盾和问题日益暴露。但由于信访问题绝大多数和改革的深度、开放的广度、经济发展的速度、群众承受能力的程度密切相关，涉及深层次的、群体性的问题居高不下，导致信访解决问题的难度加大。

（二）构建和谐社会，对信访工作提出了更高的要求。我们的政权是人民的政权，我们党和政府的宗旨是全心全意为人民服务，信访工作是政权的基础性工作，信访问题是政权的建设问题。今天，党和政府提出构建和谐社会，其基础就是要把实现好、维护好、发展好人民群众的利益，要通过创新，使信访制度发现新问题，寻找新方法，适应新形势，取得新成效。在这种情况下，部分信访干部没有跟上形势发展提升自身素质，出现了工作思路滞后，工作方法简单，工作效率低下的情况，出现能力危机，从而影响了自身情绪。

（三）信访工作的特殊性，容易带来的不良的心理压力。信访工作就是要拓宽群众反映诉求的渠道，听取群众对党和政府的意见，化解各类矛盾难点，维护社会和谐稳定。由于近年来异常访、群体访、无理缠访事件层出不穷，加之信访秩序规范不到位，对信访干部辱骂、人身攻击情况频繁发生，甚至出现信访局长之女被信访人杀害的事件，使信访干部在承受繁重工作任务的同时，心理承受着巨大压力。

（四）社会对信访干部的心理健康关心不够，缺乏不良情绪的化解渠道。心理学在我国发展较晚，全社会注重思想政治教育，但缺乏对心理健康的认识，一旦说到心里健康问题，往往被人认为是软弱、能力上缺失造成的，是意志不坚定、思想不成熟的表现，认为强化思想政治教育就能彻底解决问题，分强调信访干部应该具备克制、忍耐、坚持、执着品质。在这种环境下，信访干部一方面对心理健康知识知之甚少，甚至有的讳疾忌医，羞于谈心理问题或故意掩饰自身的心理压力，另一方面在工作中注重自身形象，及时受到不公正的对待，也强颜欢笑，委曲求全。还有的信访干部不能调节好自己的心理状态，在每次接访结束后，不能把自己从烦躁或悲愤的不良心理状态中解脱出来，甚至把坏心情带回家，影响家庭生活和自己的身体健康。

三、采取有效措施，促进信访干部心理健康

（一）要不断加强党性锻炼，坚定理想信念，培养信访干部的健康心态。信访工作的性质决定信访干部更应不断增强党性观念，增强群众观念，增强公仆意识。只有这样，才能客观地看待和分析这些社会问题，才能不被这些社会发展过程中的支流问题所迷惑，不被这些改革开放中难以避免的问题撼动信念，才能始终保持高昂的工作斗志和进取精神。要对人民群众怀着深厚情感，“换位思考”理解体谅群众的过激行为，视群众的困难为自己的困难，视群众为自己的兄弟姐妹，面对信访群众的指责、刁难时做到心底无私、宽容大度；面对整天高分贝的吵闹声、群众极端不满怨气的发泄和莫名其妙的辱骂、攻击，要学会克服激动易怒、言语过激的冲动，善于随时调整好情绪；面对集体访要沉着冷静，妥善处理；面对异常上访，要勇于制止，无所畏惧。

（二）重视信访干部的心理健康，体现党和政府的关心爱护，营造信访工作的和谐氛围。一是各级领导干部要高度关注心理健康问题，并带头学习、掌握必备的心理卫生知识，使自己成为一个心理健康的人，并将相关的知识、理念用于指导实践工作。二是要坚持和完善谈心谈话制度，加强上下级之间的沟通，了解他们的所想所盼，听取他们的意见和建议，解决它们的实际困难，做好深入细致的思想政治工作。三是要关心信访干部的身体健康，坚持和完善信访干部的定期体检制度、定期休假制度。四是要为信访干部的出路和发展考虑，营造公平公正公开的用人环境，使优秀的信访干部能有机会脱颖而出，人尽其才、才尽其用，激发信访干部从事信访工作的积极性和主动性。

（三）要提升信访干部的工作能力，引入心理辅导方法，减轻信访干部的工作及心里压力。当前信访矛盾纠纷涉及到社会发展的方方面面，其多元性、广泛性和复杂性是前所未有的，这就要求信访干部应该不断优化知识结构，学习语言学、心理学、行政学、法律等各种知识，提高思想政策水平和专业技能，提升办理信访工作的效率与水平。作为各级组织要把心理健康知识教育作为一项日常工作长期坚持下来，开设心理健康教育课，聘请心理学专家，设立心理咨询室、为信访干部建立心理档案，针对信访干部的心理问题，开展心理辅导活动。使信访干部不断调整自我心态，提升心理承受能力，从而帮助有心理疾患的信访干部尽快摆脱心理阴影

（四）建立良好的家庭关系和人际关系，使信访干部不良的情绪得到及时化解。幸福的家庭生活，对信访干部的心理健康产生重要的影响。父母的疼爱、丈夫的支持、妻子的温柔、孩子的乖巧，有助于恢复信访干部自我形象，使他们在享受家庭温馨的同时，释放内心的压力，化解工作的不快。建立良好的人际关系也是保持身心健康的良好途径，热情的关怀他人，受到他人的尊敬与爱戴，人与人之间良好的协调、支持、配合是成功的基础，情感上的关怀、理解、赏识成为信访干部心理积极健康、愉快向上的动力。这一切对于化解信访干部工作中的不良情绪将起到积极的作用。

信访，是化解矛盾，给人们带来希望与温暖的阳光工作。信访干部只有具备一个阳光健康的内心，才能将希望和温暖带给每一个信访人，才能真正做好信访工作。关爱信访干部，政治上给予信任，生活上给予关怀，心理上给予疏导，工作上给予支持，各级政府及信访机构责无旁贷。

继往开来　求真务实　扎实做好新形势下人大宣传工作

——在《太原人大》通讯员暨太原人大网站信息员培训会上的讲话

山西省太原市人大常委会秘书长　阎健生

召开这次宣传培训会，目的就是要深入贯彻中央有关抗震精神的指示，深入贯彻全国宣传思想工作会议提出的高举旗帜、围绕大局、服务人民、改革创新的总体要求精神，落实李荣怀主任在去年8月《太原人大》编委会第一次会议上提出的“要做好人大宣传工作，必须坚持正确的指导思想和基本原则，要在讲党性，讲民主，讲法制的基础上，做好人大宣传工作，要求各单位各部门要高度重视刊物宣传工作，共同把市人大这块舆论宣传阵地发展好，建设好”的具体要求，加强人大工作宣传，提高通讯员业务能力。会上，省人大常委会研究室巡视员杨义成、张作峰副主任，市广播电视总台高级记者阎文玉等三位同志分别就人民代表大会制度宣传、人大简报编写和新闻写作知识作了深刻的、很有见地的辅导，虽然时间短，但有一定的收获与成效。

下面我就宣传工作讲几点意见：

一、认真贯彻十七大精神，深刻认识宣传思想工作面临的新形势新使命，进一步加强人大宣传工作

十七大报告对发展社会主义民主政治，坚持和完善人民代表大会制度，支持人民代表大会依法行使职权，保障人大代表依法履职等方面进行了深刻的阐述。我们要深刻领会十七大报告精神，就是要把人大工作放到推进建设新太原的目标任务的全局中，研究解决我市科学发展，和谐发展中遇到的新情况，新问题，充分认识新形势下加强人大宣传工作的重要性，通过对人大的宣传报道，让人民群众广泛深入了解人大及其常委会行使职权的过程，增强社会的认同感、凝聚力，促进太原和谐发展，提高人大代表的使命感和责任心，提高代表履职的社会效能，把人大工作提高到一个新的水平。

二、明确把握人大宣传工作重心，重视人大宣传阵地建设，提高宣传队伍整体水平

通讯员是人大宣传工作的主体力量，近年来，市人大宣传工作的力度不断加强，宣传内容逐步深化，在加强和改进人代会、常委会、主任会议的宣传报道，有了些新的进步，但对常委会开展的立法、监督、议案督办、工作调研、代表履职等重要活动的宣传还不够。同时新形势对人大宣传工作提出了新的更高的要求，特别是一些关注民生问题的宣传方面空间还很大，需要做的工作还很多。这次汶川地震给我们带来了许多启示，新闻媒体的深度介入，

使人民群众及时了解到地震灾难的真实情况和灾后营救、援建工作，唤醒了民族精神，使全国人民达到了空前的团结。因此通讯员队伍作为人大宣传工作的一支重要力量，应当深入了解人大及常务委员会和人大代表在切实履行宪法、法律赋予的职责中的情况，把围绕加快发展中发挥的助推作用、围绕改善民生中发挥的代言作用、围绕社会热点问题发挥监督作用的情况，用生动活泼的形式宣传出去，让全社会认识人大工作的重要性。

要继续加强人大宣传阵地建设，《太原人大》在去年全面改版的基础上，要继续提高办刊水平，充实内容，改进刊物的装帧设计、版面编排、栏目设置。在“思想性、指导性、新闻性、综合性、可读性”这几个方面多下些功夫，把刊物的宣传窗口作用发挥好。太原人大网站现在设备正在进行升级改造，网络信息员队伍已经组建，各县(市、区)已建成的网站，应与市人大常委会网站相互链接，要充分利用好网络适时、快捷的优势，大胆探索，不断开辟新的宣传途径。

要树立创新意识，重视新闻策划，把充实的内容和鲜活的形式结合起来，善于推陈出新采写出高质量，富有新意的稿件。一是要使新闻报道有实质性的内容，有思想性。二是要抓住人大审议的报告和其他议案中的焦点问题进行报道，使报道有深度有厚度。三是要注重报道人大工作取得的实效，使稿件有说服力和感染力。四是要有不同意见的报道和批评性的报道。要注意选取报道的角度、语言和形式，更加贴近群众的生活，使人大的宣传成为具有严肃的主题，丰富的内容、生动的形式的感人报道。

三、加强组织领导、建立健全人大宣传机制，开创地方人大宣传工作新局面

向全社会广泛宣传人民代表大会制度和人大工作的建设和发展，不仅是党的宣传工作的重要方面，也是推动人大工作发展的一项基础性工作，各县(市、区)人大常委会和市人大常委会机关干部要把宣传工作摆上重要日程，要有一位领导来专门分管，定期或不定期地研究宣传工作，加强对宣传工作的领导。各县(市、区)人大机关要按照政治强、业务精、纪律严、作风正的要求，确定专人担任人大宣传通讯员、网络信息员，落实到人。每位通讯员要向新闻单位组织稿件，提供稿源，每年要至少采写4篇以上有份量的稿件。可以直接寄送新闻单位，也可以由市人大研究室转送。要保证一定数量的宣传经费，配备必要的宣传设备，创造良好的工作条件，在宣传工作上要保持同市人大常委会研究室，同级党委宣传部门和新闻媒体的经常性联系，建立健全联系制度，及时互通情况，交流信息、提供线索，做到渠道畅通，传达快捷，运转协调，保证人大宣传工作效率的提高。

会后，市人大常委会研究室要拿出一个太原人大新闻宣传评选方案，适当时候组织一次《太原人大》好新闻的宣传评选活动，建立激励机制，稳定队伍，提高水平，要不断总结经验，不断有所发展，充分调动各方面做好人大宣传工作的积极性。最后，我希望各位通讯员和网络信息员能够热爱这份工作，加强业务学习，不断提高理论、法律、政策水平，提高业务能力，为民主法制建设和人民代表大会制度宣传做出新的贡献。

突出民生主题　务求监督实效

黑龙江省佳木斯市人大常委会副主任　贾君
黑龙江省佳木斯市人大常委会研究室副主任　王加斌

我们佳木斯市人大常委会以贯彻落实监督法和省实施办法为契机，突出民生主题，把人民群众最关心、最直接、最现实的问题作为监督工作的重点，强化监督手段，规范监督形式，加大监督力度，较好地维护了人民群众的利益，有力促进了和谐社会建设，收到了良好的成效。

把握重点，精心选题，着力保障和改善民生。我们用抓住主要矛盾的方法分析和确定监督工作的重点。2007年全国人代会上“健全廉租房制度、加快廉租房建设”问题首次写入政府工作报告，成为全社会最为关注的焦点问题。从我市廉租房制度的实施情况看，棚户区存量较大，在2005年的统计中居全省首位，相当一部分低收入群体居住条件未能得到改善，没有享受改革开放的成果。为此，我们决定以贯彻实施监督法为契机，着力促进我市廉租房制度建设，把逐步解决低收入群体的住房问题作为新一届人大常委会监督工作的重点，连续抓几年，努力让更多的低收入家庭“居者有其屋”，为实现好、维护好、发展好广大人民群众的根本利益，构建和谐佳木斯作出不懈的努力。

深入调研，求真务实，为督促解决实际问题奠定基础。为了确保对我市廉租房制度建设情况吃得准、摸得透，我们成立了专题调研工作组，精心制定了调研方案，明确了调研的“三个重点”，即：从廉租房制度的现实意义，看市政府主导作用发挥情况；从廉租房制度的三种主要实现形式，看市财政资金的安排情况；从廉租房制度在我市的覆盖范围，看市政府管理措施到位情况。调研中，我们改变过去注重听取政府有关部门汇报的作法，深入到社区、街道，通过民意测验、召开座谈会等方式，充分听取了基层干部和群众的意见和建议。深入到住房特困户家中进行实地察看，认真倾听百姓呼声，直观地了解“双低收入”家庭的住房情况。在此基础上，把调查研究与执法检查结合起来，在对我市廉租房制度建设情况调研的同时，把《黑龙江省住房公积金管理条例》中关于住房公积金增值收益使用方面的规定执行情况进行了执法检查，弄清了基本情况和存在的主要问题。调研后，我们及时对调研情况进行梳理归纳，去伪存真，去粗取精，基本摸清了我市廉租房制度实施工作的真实情况：市区现有低保户 14076 户，其中应享受廉租房政策的住房特困户 4377 户、无房户 2236 户、急需要解决的 910 户；市财政 2005、2006 两年仅安排 12.6 万元资金，只解决了 150 户“双低家庭”的住房租金补贴，仅占我市住房特困户总数的 3.4%；全市所属的六县（市）均未建立廉租房保障制度。通过调研找准了问题症结所在，弄清了政府工作的薄弱环节，做到了心中有数，并形成了质量较高的《关于我市廉租房制度实施情况的调查报告》，为常委会审议提供了重要的依据，为提高审议质量打下了良好的基础。

发扬民主，集中民意，保证常委会审议质量。2007 年 5 月 18 日佳木斯市十四届人大常委会召开了第二次会议，听取和审议了市政府《关于佳木斯市廉租房制度实施工作情况的报告》。我们邀请了参加调研的城环委委员、市人大代表和部分市民一同到会发表意见，以更准确更直接地表达人民群众的意见和要求。还有选择地安排委员进行专题发言，以增强审议的针对性和说明力，最终形成一个份量重、针对性和可操作性强的审议意见。与会的人大常委会组成人员及列席代表、部分市民的发言有数字、有情况、有分析，把他们所听到的、看到的、人民群众的所想、所盼，都作了充分的反映，既对政府工作实事求是地进行了评价，又毫不掩饰地指出了存在的问题。针对我市廉租房制度建设存在的覆盖面小、保障资金不足、重视程度不够等问题，要求市政府必须进一步提高认识，强化主导作用，不断加大廉租房制度建设的工作力度和推进速度；明确目标，落实相关措施，拓宽资金筹措渠道，建立稳定的廉租房资金保障体系；强化管理，实行市县联动，把廉租房制度建设纳入目标考核之中，实现政策对中低收入家庭的有效覆盖，从而促进我市廉租房制度建设的规范有序健康发展。

狠抓落实，跟踪督办，力求监督取得实效。我们把求实问效作为审议的继续和延伸，切实抓好跟踪督办。为了落实好审议意见，按照建设部《城镇廉租房工作规范化管理实施办法》中关于各级政府应设置廉租房管理机构的要求，积极与市编委办协调解决机构设置和人员编制问题，市政府经过认真研究，成立了佳木斯市廉租房建设管理办公室。主动向市委组织部提出建议，将廉租房制度建设工作纳入了对各县（市）区以及政府各部门目标考核管理体系，还专门召开了与市政府的联席会议，要求市政府认真抓好市人大常委会审议意见的落实。市政府对市人大常委会的审议意见给予高度重视，市长亲自带队检查我市廉租房制度建设推进情况，专门召开了市长办公会议，对我市廉租房制度推行工作作了全面的部署和安排，制定了一系列有针对性的措施和办法，明确了近期和中长期廉租房制度建设工作目标和任务。全面启动了“安居 111 工程”，即：开工改造棚户区 100 万平方米，为 100 户“双低家庭”提供廉租房实物配租，为 1000 户“双低家庭”提供廉租房租金补贴，把目标定位在应保尽保上，承诺三年时间实现廉租房保障政策的全覆盖。

2007 年 11 月 22 日我市第一座廉租楼建成，有 100 户住房特困家庭领取了钥匙，喜迁新居，标志着佳木斯市廉租房制度建设迈上了一个新台阶。2007 年年底，我市通过租金补贴和实物配租两种形式，为 1250 户廉租住房保障户、2821 名贫困人口解决了无房居住的问题。2008 年，市政府又适时启动了“安居 125 工程”，即：开工改造棚户区 100 万平方米，为 200 户“双低家庭”提供廉租房实物配租，为 5000 户“双低家庭”提供廉租房租金补贴。这项民心工程从决策到竣工，力度之大、速度之快，在我市尚属首次，在群众中引起了强烈反响，受到了群众的拥护和欢迎，得到了有关方面的肯定和好评。省政府有关部门来佳检查廉租住房制度施行和危房改造工作情况时，对市人大常委会推进廉租房建设给予高度评价，认为“由人大推进这项工作，并取得明显成效，这在我省还是第一例。”省建设厅《房改与公积金简报》、黑龙江日报对此进行了报道，中国人大新闻网以《贯彻实施监督法的一次成功实践》为题给予了专题报道。

强化人大职能　推进生态文明建设

贵州省贵阳市人大常委会研究室　陈寿宇

建设生态环境良好、生态产业发达、文化特色鲜明、生态观念浓厚、市民和谐幸福、政府廉洁高效的生态文明城市，是中共贵阳市委认真贯彻落实科学发展观，顺应世界城市发展潮流和全市人民共同愿望，发挥贵阳比较优势，经过充分调研，广集民智，深思熟虑，在我市改革发展关键阶段作出的理性选择和重大决策。这既是我市当前和今后必须始终坚持的发展思路和坚决恪守的发展理念，也是我们应当始终不渝地追求的发展目标与结果。作为地方国家权力机关的市人大及其常委会，应当坚决、自觉地贯彻执行市委《决定》，怀人本理念、为子孙桑梓，树大局观念、谋全局发展，持理性思维、想未来走向，紧紧围绕建设生态文明城市建设的目标要求，充分发挥人民代表大会制度的优势和特点，清醒认识自身的法律地位与法定职责，依法行使立法、监督、重大事项决定等各项职权，发挥人大代表作用，积极行动，奋发有为，不断推进生态文明城市建设进程。

一、以立法手段打造规范方舟

“健全法规保障机制。制定和完善生态文明城市建设、大气污染防治、城市绿化、市容整治、水源和森林保护、节能减排、资源综合利用等方面的地方性法规和规章”，是市委《决定》关于生态文明城市建设的法规保障总体要求。《决定》的作出和实施，给人大立法工作提出了许多课题。把生态文明城市建设的理念贯穿于立法工作的始终，建立与生态文明城市建设的目标、任务和进程要求相适应的法规体系，是我市立法机关和立法工作者必须思考的命题和应当承担的使命。市人大及其常委会作为地方立法机关，要充分运用宪法法律赋予的职权，坚持立法决策和改革发展稳定重大决策的有机结合，及时通过法定程序使党的主张成为国家意志，上升为全市人民的共同意志，转化为约束全体公民和组织的行为规范，为《决定》的实施进一步提供制度保障。

既要在立法项目安排上满足建设生态文明城市的需求，又要在指导思想、立法原则、条文规范上体现建设生态文明城市的理念和精神。要根据生态文明城市建设的要求，从总体上把握全市立法的格局、规模、项目和进度安排，既善于运用立法手段把成熟和行之有效的东西固定下来，使之继续有效地执行，善于把需要强力推进的措施办法上升为法规，赋予其法律效力，更加有力地实施，还要敢于在矛盾的焦点上划杠杠，把需要理顺的体制理顺，及时剔除体制机制障碍，从法规制度上解决好改革发展中的矛盾和冲突，敢于发挥法规的稳定性、普遍性和统一性优势，强化法治的制度性力量，对政务公开、提高效率等事项进行立法规范。既要坚持以业已制定的立法规划为依据，按部就班推进立法工作，又要与时俱进调整、充实和完善立法规划，积极通过研究制定年度立法计划，补充和确定好立法项目，进一步校正立法目标，优化立法措施手段，不呆板地囿于规划的限制。要以战略性眼光和前瞻性思维，立足贵阳实际，面向目标任务，深入研究市情，把握立法规律，突出立法重点，立特色之法、科学之法、民主之法和可用之法，使所制定的法规具有鲜明的地方特色和较强的针对性、可操作性。要时刻关注并切实防止地方保护和部门利益倾向以及立法腐败问题，从全局和战略上保证所制定的法规能够更好地实施。要坚持立法必要性和可行性有机统一,制定、修改和废止法规并重,急用先立先改及时废,搞好与建设生态文明城市密切相关的地方立法工作,重点加强资源节约、环境保护和生态建设,推进改革开放和自主创新,促进社会发展和解决民生问题,建立廉洁高效行政司法工作机制等方面的立法。近期制定阿哈水库水资源环境保护、禁止生产销售使用含磷洗涤用品、促进旅游发展等法规,修改贵阳市水污染防治规定、贵阳市建设循环经济生态城市条例等法规,积极配合省人大常委会及时修订完善《贵州省红枫湖百花湖水资源环境保护条例》;对水资源管理、再生资源管理、节能监察等立法项目进行调研,不断完善建设生态文明城市法规体系。要认真贯彻执行党的十七大报告关于"制定与群众利益密切相关的法律法规和公共政策原则上要公开听取意见"的精神,积极主导地方立法权,坚持民主立法和科学立法,坚持有关专门委员会专业初审与法制委员会统一审议相结合,加强队伍建设,整合立法资源,注重立法效率,追求立法质量,不断改进调研、起草、论证、审议等相关各环节的工作,加强对立法起草工作的指导,保证法规草案的起草质量。

二、以监督行为营造法治环境

"社会主义愈发展,民主也愈发展"。我们必须按照"人民当家作主是社会主义民主政治的本质和核心"的根本论断,在发展中国特色社会主义的历史进程中不断发展具有强大生命力的社会主义民主政治。"一府两院"由人大选举产生,对人大负责,受人大监督。人大及其常委会要坚持党委领导、人大监督和"一府两院"执行的工作机制,并通过与"一府两院"的良性互动,建立一种和谐稳固的权力运行机制,并致力于不断实现这一机制。加强对"一府两院"的监督、制约,既是人大增强自身执行力的具体行动,也是提高"一府两院"执行力的重要途径和有效手段。人大及其常委会要敢于监督,善于监督,在党委领导下自觉、依法承担起对"一府两院"的监督职责,代表具有正义感、责任感和历史使命感的广大人民群众,以正义的力量和法律的权威,旗帜鲜明地支持一切合法守法行为,确保国家机关按照广大人民群众的意志行事,维护国家机关依法正常履行职能、发挥作用,维护全社会和广大人民群众的合法权利和根本利益,竭尽全力推进生态文明城市建设。要以只争朝夕的精神,以"人一之我十之,人十之我百之"的努力,急贵阳的发展,急"六有"民生行动计划的实施,既尽心竭力改善老百姓的生活,为老百姓办实事办好事,又不断强化国家机关的法治意识、民主意识和科学决策意识,尊重规则,遵守法律,自觉依法办事,高效率办事,建立起以人为本、崇尚法治的机制,使全市经济社会各项事业沿着《决定》确定的方向和目标,驶入规范化、法治化轨道,实现抢抓机遇,能快则快,加快发展,科学发展。

要始终把实现好、维护好、发展好最广大人民的根本利益作为出发点和落脚点,紧扣人民群众最关心、最直接、最现实的民生问题,围绕建设生态文明城市大计开展监督工作,促进依法行政和公正司法。积极实施法律监督,做好规章规范性文件备案审查工作,既审查其合法性,又审查其适当性,发现违法或者不适当的,依法作出处理,切实加以纠正,维护社会主义法制统一。大力开展工作监督。运用检查法律法规实施情况,听取和审议专项工作报告、计划财政执行情况报告、审计报告等经常性监督手段,有计划、有重点、有步骤地实施监督。坚持既"精"又"深"的原则,选择与生态文明城市密切相关的法律法规,以及直接影响生态文明城市建设和关系民生的议题,搞好检查、视察和调研,摸清情况,找准问题和症结,提出高水平、高质量的检查、视察和调研报告。发挥常委会组成人员的作用,充分调动审议的主动性和积极性,深入进行审议,深刻揭示问题,形成有针对性的审议意见,交由受监督机关研究处理。发挥专门委员会作用,搞好跟踪检查,督促落实和整改,必要时启动询问、质询、特定问题调查等刚性监督手段,增强工作监督的实效性。"不论个人还是国家,若面对现在时不能坚定地考虑未来,那就不会成功。"在对涉及城市全局和长远的城市规划建设的监督检查中,就是要充分吸取既有教训,注意强调已经批准的规划的法律效力,善于发现和纠正那些随意调规、有规不依等破坏规划的行为,那些缺乏规划依据、未经规划批准、不按基本建设程序操作的建设行为,那些未经环境影响评价、不符合环境保护要求、破坏环境资源的建设项目,那些转移污染、先污染后治理、边建设边破坏的行为,以树立和维护各项有效规划的权威性、环境与资源保护的严肃性,确保建立严格规范、调控有序、运行高效的管理秩序。

三、以及时决定搭建发展平台

依法应当提请常委会作出决定、决议,应当向常委会报告,以及应当向常委会备案的重大事项,都是本行政区域内政治、经济和社会发展中人民群众普遍关心的,带有根本性、全局性和长远性的重要问题,直接或者间接地影响着建设生态文明城市工作。建设生态文明城市,涉及观念转变、产业转换、体制转轨、社会转型,内涵丰富,关系重大,许多决策措施都需要按照民主决策、科学决策的要求提请市、县两级人大常委会讨论决定。我们要以科学发展观为总览,以宪法法律为依据,立足当前,着眼长远,适时讨论推动改革开放、维护社会稳定、促进社会和谐、实现科学发展的经济社会重大事项,赋予改革决策、发展决策应有的法律效力,使重大决策部署、重大政策措施能够即时付诸实施,使重要工作情况能够尽快纳入人大常委会视野、受到关注监督制约,有效地推动经济社会各项事业按照《决定》确定的目标,又好又快地实现。

市人大常委会要发挥权力机关讨论决定重大事项的作用,以对党负责、对人民负责、对历史负责的态度,认真执行《贵阳市人民代表大会常务委员会讨论决定重大事项规定》,按照是否符合法律法规规定,是否符合广大人民群众的根本利益和共同愿望,是否符合科学发展观要求,是否符合生态文明城市建设决定精神,是否有利于实现经济社会又好又快发展的标准,充分发扬民主,严格依法办事,集体行使职权,及时、依法对有关生态文明城市建设的重大事项进行讨论,作出决议、决定,以重大事项决定权促进决策民主化、科学化,促进改革发展稳定,促使民生问题的有效解决,促进建设生态文明城市工作,切实维护国家和人民群众的根本利益。

四、以代表主体架设民意桥梁

人大的根基在人民,血脉在人民,广大人民是人大及其常委会的坚强依靠力量。人大代表是国家权力机关的组成人员,代表人民的利益和意志,依照宪法和法律赋予的各项职权,参与行使国家权力。全体人大代表普遍、有效地发挥作用,履行好代表职责,就使人民代表大会制度的坚持和完善,国家改革发展稳定的促进,中国特色社会主义事业的推进,有了坚强的保障。

人大代表的作用是代表人民参加行使国家权力。在经济、政治和其他方面的社会生活中,我们要积极发挥人大代表的重要作用。一是积极地、集体地参加决策,审议表决大会各项议案、报告,不断提高人大依法决策的民主化、科学化水平。二是在自己参加的生产、工作和社会活动中,协助宪法、法律的实施,协助本级人民政府推行工作,促进“一府两院”不断改进依法行政、公正司法状况。三是体察民情、反映民意,宣传动员、组织发动,下情上达、上情下达,成为党和国家联系人民群众的桥梁和纽带。四是适应作为人大代表的先进性要求,在日常的工作和社会活动中,模范地遵守宪法和法律,努力做好代表工作和本职工作,自觉接受选民、选举单位和人民群众的监督,执行好代表职务。来自方方面面、作为各行各业优秀者的人大代表,应当不辱使命,坚持发展为了人民、发展依靠人民、发展成果让人民共享,在代表和带动广大人民群众参与管理国家事务、经济文化事业和社会事务,保证人民群众的知情权、参与权、表达权和监督权,加强公民意识教育、法治意识教育、生态环境意识教育,积极塑造、培育和发扬“知行合一,协力争先”的贵阳精神,牢固树立生态文明观念,形成人人关心、人人珍惜、人人保护生态环境的良好氛围,促进立法、监督等各个方面的工作中,做出积极的努力。

要充分尊重人大代表的主体地位,加强培训、教育,不断提高代表的素质和能力。要围绕全市改革发展稳定的重点和人民群众关注的热点,特别是关于建设生态文明城市的决定等重大决策,选好主题,认真策划,科学设计,搞好代表闭会期间的活动,开展代表小组专题视察和持证视察,使代表既联系人民群众、听取人民群众意见,熟悉了解《决定》的实施进展情况,做到知情、知政,又善于运用生态文明城市的定性描述和定量指标来评判工作,及时发现问题,提出意见建议,强力推进《决定》的贯彻实施,增强视察的实效性和代表建议的针对性。通过对代表视察意见建议的督办与办理工作的问责,使代表对建设生态文明城市以及我市其他各方面工作的意见和建议落到实处,使发挥代表作用的各项工作落到实处。

人民代表大会制度是我国的根本政治制度,是全体中国人民当家作主的重要途径和最高实现形式,也是党在国家政权中充分发扬民主、贯彻群众路线的最好实现形式。在实现建设生态文明城市宏伟目标的征途上,人大工作大有作为。市人大及其常委会要坚持正确政治方向,充分发挥地方国家权力机关作用,认真履行法律赋予的各项职权,积极投身建设生态文明城市伟大实践,同心同德,坚定信心,埋头苦干,务实工作,作出应有的贡献。

落实代表建议　构建和谐太原

——在市十二届人大三次会议代表建议交办会上的讲话

山西省太原市人大常委会副主任　赵彩英

同志们：

在刚刚闭幕的市十二届人大三次会议上，代表们以高度的政治责任感和使命感，认真履行宪法和法律赋予的职责，坚持深入贯彻落实科学发展观，紧紧围绕我市建设新型工业基地、特色文化名城和现代宜居城市，全面推进经济建设、政治建设、文化建设和社会建设，促进绿色转型，构建和谐太原，实现经济社会又好又快发展，积极建言献策，向大会提出建议、批评和意见共252件。今天我们在这里统一交办，目的是为了明确要求，强化责任，不断提高办理质量，把代表建议落实好。市委、市政府对这次交办会十分重视，百忙之中的市委常委、常务副市长李俊明也特意赶来参加会议。

去年交办会以来，大家按照交办会的要求，“一府两院”特别是市政府把办理代表建议作为践行“三个代表”重要思想，落实科学发展观，构建和谐社会，维护、实现和发展广大人民群众根本利益的具体体现，各级领导高度重视，亲自批办，亲自协调，市政府办公厅还专门召开会议进行安排，提出要求。纵观我市去年以来代表建议的办理工作，大多数承办部门做到了主要领导亲自抓，分管领导专门抓，具体部门具体抓，“定领导、定责任、定时间、定效果”，严格交办会提出的“五率”量化考核指标，结合本部门实际，研究制定具体办理措施，建立了办理机制，基本实现了“五率”要求，上会率、沟通率和办结率分别达到100%，面商率达到60%以上，满意率达到90%以上。总之，经过大家的共同努力，较好地在法定的时限内完成了办理任务。值此，我代表市人大常委会，向“一府两院”及各承办单位对代表建议办理工作的重视和支持，向为代表建议办理工作付出辛勤劳动的同志们表示衷心的感谢！

在肯定成绩的同时，我们还应当看到，在办理工作中仍存在一些问题和不足，主要是：个别承办单位的领导重视还不够，认识还不到位，重答复、轻落实的情况仍在一定程度上存在，直接影响办理实效，特别是对代表提出的一些热点、难点问题有过程，没结果，抓落实仍然不够，办理的效率和质量还有待提高，与代表的联系和沟通还需加强，办理工作还有待不断改进。

市人大常委会对代表建议办理工作非常重视，李荣怀主任多次过问代表建议的办理工作，要求不断提高代表建议办理工作的质量。2008年，“一府两院”及各承办单位要在去年工作的基础上，在提高办理质量上下功夫，总的要求仍然是实行“四定”（定领导、定责任、定时间、定效果），按照“五率”（上会率、沟通率、面商率、办结率和满意率）量化考核指标，进一步加强与代表的沟通，提高面商率，提高满意率，切实落实好代表建议。下面，我受市人大常委会李荣怀主任的委托，讲几点意见。

一、统一思想，提高认识。市人大代表是市人民代表大会的主体，是市级国家权力机关的组成人员。市人大代表在市人民代表大会会议期间提出建议、批评和意见，是法律赋予代表的权利，是代表人民参与管理国家事务、管理经济和文化事业、管理社会事务的重要途径。办理好代表建议是坚持和完善人民代表大会制度，推进我市民主政治建设的必然要求，是尊重人民意愿，实现好、维护好、发展好人民群众根本利益的实际行动，是践行全心全意为人民服务宗旨和“三个代表”重要思想的具体体现。

认真研究办理代表建议并负责答复，是承办单位的法定职责，对于改进“一府两院”工作，密切与人民群众的联系，加强我市社会主义民主法制建设，构建和谐太原，都有着十分重要的意义。人大代表的建议来源于代表的深入调查和理性思考，反映了人民群众的意愿和要求，办理好代表建议，有利于促进有关机关和组织加强调查研究，了解社情民意，改进工作，提高决策的民主化、科学化水平，也是有关机关和组织自觉接受监督，依法开展工作，进一步转变职能，改进作风，强化服务的体现。要加强学习，统一思想，提高对做好代表建议办理工作重要性的认识，增强责任感和使命感，充分发挥积极性和主动性，扎扎实实地做好代表建议办理工作,通过办理代表建议,把握民生脉搏,密切与人民群众的联系,促进决策的科学化和民主化。

二、落实责任,依法办理。“一府两院”及各承办单位要积极创新办理方式,注重提高办理实效,对代表提出的建议,不能满足于就事论事,简单地讨论研究一下,一答了之。不能因为代表提出的意见、建议涉及到的情况复杂、难度大就就此搁浅,不了了之,而应当认真分析研究,拿出合理可行的方案和措施,扎扎实实地落实,给代表一个满意的答复。为此,在具体办理工作中,一是“一府两院”及各承办单位都要做到领导重视,不管承办的代表建议有多少有多难,都要将办理工作真正列入重要议事日程,“一把手”要亲自抓,亲自督办,切实加强对此项工作的领导;二是要建立健全代表建议办理责任制,要将办理工作纳入本单位年度工作目标责任制考核范围,明确责任,严格奖惩;三是要进一步完善办理程序,创新办理方式,采取多种形式,在落实办理措施上下功夫,把代表建议办实、办好。

对代表在会议期间和闭会期间提出的建议,应当在交办之日起,三个月内办理完毕并答复代表;个别建议在三个月内办理完毕确有困难的,必须向代表说明理由,但最迟不得超过六个月;代表对答复不满意的,应在一个月内重新办理,答复代表。今天是交办日,各承办单位要在6月份基本办理完毕并答复代表,确有困难的也要尽量在9月份全部办理完毕并答复代表。市政府各承办单位今年答复代表,要改变以往的作法,即由各承办单位直接答复代表,这样有利于及时直接沟通,有利于提高满意率。实行这个办法后,各承办单位要同时将答复件分别报市政府办公厅和市人大人事代表委员会各一份,以便全面了解办理工作的情况。市人大常委会也将在适当时候对办理工作进行视察和督查。

三、及时沟通,注重实效。“一府两院”及各承办单位要认真总结以往办理工作的经验,切实增强办理工作的主动性,要把与代表的联系沟通贯穿于办理工作的全过程,做到办理前认真听取意见,办理中注重解决问题,办理后及时沟通情况。在努力解决问题、积极沟通情况的基础上,实现较高的代表满意率。在面商和沟通中,方法要灵活多样。各承办单位要处理好答复代表与解决问题的关系,把办理代表建议的着力点和落脚点放在提高满意率上。只答复不落实,代表不会满意,人民群众也不会满意,代表不满意,人民群众不满意,表明我们的办理工作流于形式,没有落到实处。对能够解决的问题,要及时解决并答复代表;对需要逐步解决的问题,要先向代表如实说明情况,明确时限,待解决后再及时答复代表;对暂时不能解决的问题,应当充分说明原因,取得代表的认同和理解。各承办单位都要主动加强与代表的沟通与联系,积极邀请提建议的代表参与办理工作,经常征求他们的意见,以提高办理质量,增强办理实效。市人大常委会也将确定全局性的、关注民生的代表建议进行督办。

同志们,办理好代表建议和意见,是法律赋予我们的一项光荣职责,是人民对我们的殷切期望。希望大家共同努力,密切配合,把代表建议办理好、落实好,给代表一个满意的答复,为推进我市经济社会又好又快发展,推进我市民主政治建设做出积极贡献。

关于建立县级人大代表辞职制度的思考

湖北省安陆市人大　　薛智勇　刘永华

现有法律虽然对常见的代表资格暂停和终止作出了规定,但没有对其他比较多见的代表辞职情形作出明确表述,造成实际操作困难。比如,县乡人大换届一年半载后,乡镇总免不了有部分是县级人大代表的主要领导干部进城,其县级人大代表名额也被随之带走。在县级人大代表无出缺名额的情况下,乡镇新接任的那些本应是县级人大代表的主要领导干部就无法补选。为了保证人民代表大会会议质量,每个乡镇至少有一名主要领导干部进县级人民代表大会会议主席团并担任相应代表团领导职务,这些人选无法确定。而新进城的那些是县级人大代表的原乡镇主要领导干部是因工作需要正常调动进城的,不愿意主动提出辞去代表职务要求,又不具备终止或罢免代表条件。若动员他们辞去代表职务，一是法律有障碍，现行法律没有一条这方面的规定，无法可依。二是史无前例，过去没有出现过类似的情况，无经验可借鉴。三是难以操作，若一次同时回城十多名人大代表，而乡镇只需补选半数左右人大代表，动员谁辞职？若上一次回城四、五人，这一次又回城四、五人，而只需补选四、五人，是该动员上次回城的辞职还是本次回城的辞职？若动员的代表坚持不辞代表职务，有关机关又如何处理？近年来，有的地方在人大工作实践中已遇到过这些骑虎难下的问题。被劝辞的代表意见纷纷："过去当县级人大代表，若个人没问题，不管进城与否，一当就是一届。我们这是招谁惹谁了，拿我们开第一刀？"有关机关也困惑：到底该不该要代表辞职；到底在哪种或哪几种情况下，代表应该或必须辞职；到底该谁去做工作，劝其辞职？现行法律难以解决这一棘手问题。此类问题不只是困扰一、二个县市区，应该带有普遍性。因此笔者认为，补充完善有关法律，建立县级人大代表辞职制度值得研究思考。

人大代表辞职的途径

人大代表辞职有三种途径，即主动辞职、劝告辞职和强制辞职。

1、主动辞职。主动辞职就是人大代表主动提出辞去代表职务请求。这有法可依。选举法第四十九条规定："县级人大代表可以向本级人大常委会书面提出辞职。"人大常委会接到人大代表的辞职请求后进行认真审议，然后决定是否接受其辞职请求。如果人大代表提出辞职请求并被人大常委会接受，说明代表一方面自己不想再继续当代表了，另一方面人大常委会也认为他确实不宜继续当代表了。在这种情况下，提出辞职请求的人大代表的代表资格应当终止。

2、劝告辞职。劝告辞职就是通过做工作，让代表书面提出辞职请求。由政党提名为代表候选人而当选的代表需要辞职的，应由组织部门出面做工作，劝其提出辞职请求。由选民十人以上联名提名推荐为代表候选人而当选的代表需要辞职的，应由人大常委会代表工作机构出面做工作，劝其提出辞职请求。通过劝告，变被动辞职为主动辞职，再按主动辞职程序办理。

3、强制辞职。强制辞职就是在组织部门或人大相关工作机构出面做工作后，代表本人仍然不同意辞去代表职务，有关机关采取强制手段终止其代表资格。由政党提名推荐而当选的代表，则由组织部门向人大常委会党组建议，终止其代表资格，由人大常委会审议决定。由选民十人以上联名提名推荐而当选的代表，则由人大常委会相关工作机构向人大常委会报告，终止其代表资格，由人大常委会审议决定。人大常委会的表决结果，及时向社会公告。

人大代表辞职的若干情形

有关法律虽然规定了代表可以辞职，但没有列出辞职的具体情形。笔者认为对以下情形应作出辞职的规定。

1、调离乡镇、办事处（而从事与人大工作不相干，下同）的领导干部。领导干部代表一般由政党提名。政党推荐某一代表候选人是基于乡镇某一领导岗位的职能作用而定的，应该说那一岗位是特定的，其代表作用也是特定的。比如说是为了进县级人民代表大会会议主席团、或担任某一代表团团长、临时党支部书记等等。如果一旦离开该岗位，其固有的职能作用就无法实现。它的特殊作用就得靠其继任者来实现了。

2、调离原机关的特定人员。有关机关的特定人员（如乡镇人大党委书记、人大主席等）一旦调离，势必造成某一职位的真空，须补位继承。其补位继承人首先得解决代表身份问题。其代表名额则来自原职位人员的辞职。

3、离开原选区，但仍在同一行政区域的县级人大代表。首先，居住或工作在某一选区，应当是县级人大代表当选的重要前提，如果一位人大代表从甲选区调到或迁至乙选区，他就很难与原选区的人民群众保持密切联系，也很难代表原选区内的人民群众的利益和意志，参加行使国家权力，当然也就失去了其作为人大代表的意义。其次，人大代表应对原选区选民负责，接受原选区选民监督。只有原选区选民有权对自己选出的人大代表进行监督。代表在遵纪守法、履行代表义务、执行代表职务、发挥代表作用等方面，要向选民述职，回答他们的询问，反映他们的意见和要求。若代表调离或迁出原选区，以上工作将很难实现。

4、人大代表欠清廉但又不够暂停或罢免代表资格条件的。如果人大代表利用工作之便，或收受他人礼物，或贪污挪用、浪费公款，或滥用职权、中饱私囊，或打着人大代表旗号违反规定，谋取私利，那就不是全体公民中遵纪守法的模范，丧失了当代表的基本条件，理应退出权力机关。

5、人大代表失职的。人大代表是国家政权机关联系人民群众的纽带，代表人民的利益和意志，反映他们的意见和要求，努力为人民服务。如果人大代表不愿意出席会议，不愿意参加活动，不愿意建言献策，不愿意履行代表义务，执行代表职务，发挥代表作用，就无法满足代表职务的本质要求，就无法实现人民委托其行使的权力，就是失职。若暂停或罢免其代表职务，因程度较轻，不够暂停、终止、罢免等条件；若让其继续担任下去，对权力机关也好，对选区选民也好，毫无益处。

6、代表因健康原因不能履行代表职责的。代表因自身健康原因，长时间难以履行代表义务，执行代表职务，发挥代表作用，虽心有余而力不足的。

以科学发展观为指导
加强和改进人大调研工作

黑龙江省佳木斯市人大农林委　于天兴　陈保佳

调查研究是地方人大行使职权的一种重要形式，也是做好人大各项工作的基础和前提。高质量、高水平的调查研究，可以为领导科学决策和常委会正确行使职权提供准确依据，从而确保人大工作沿着正确的方向发展。在当前全市上下深入学习落实科学发展观的大环境下，如何按照科学发展观的要求，加强和改进调查研究工作，促进调研工作上水平、出精品，是市人大常委会面临的新课题。

一、用与时俱进的观念，正确认识调查研究的作用

调查研究是人大工作的组成部分，做好调查研究工作，对于人大常委会有着十分重要的意义。

（一）是坚持和完善根本政治制度的客观要求。人民代表大会制度是我国的根本政治制度，是人民当家作主的根本途径和最高实现形式，是中国特色社会主义政治制度的主要内容。人民代表大会制度需要在实践中不断完善，有许多重要问题需要在实践中研究和探讨。比如，怎样才能更好地实现党的领导、依法治国和人民当家作主有机统一。比如，怎样更好地发挥地方人大及其常委会的作用等等。对这些问题的研究和解答，有利于人们更好地理解根本政治制度的优越性，更加坚定坚持根本政治制度的信心和决心。

（二）是学习实践科学发展观的现实要求。当前我市开展的深入学习实践科学发展观活动，要求各级领导带头走进农村，走进企业，走进社区，问计于基层，问计于群众，问计于实践。实质上就是要求我们广泛深入开展调查研究，以确保学习实践活动的实效。

（三）是推进我市经济社会科学跨越发展的迫切要求。市委提出的推动经济社会科学跨越发展的战略思想，和实施“十项重点工程”的工作部署，是近一个时期我市经济社会发展的总体战略和目标。落实市委的决策部署，实现市委确立的奋斗目标，市人大常委会应有所担当，有所作为。在推进我市经济社会科学跨越发展的实践中，市人大常委会如何更好更大发挥作用，需要我们深入调查研究和进行认真思考，并采取有效措施，积极付诸行动。

（四）是创新人大工作的内在要求。创新是人大工作蓬勃发展的力量源泉。市人大常委会应按照科学发展观的要求，坚持解放思想，与时俱进，顺应时代潮流和人民愿望，在坚持党的路线、方针、政策和遵守宪法和法律的前提下，突破思维定势，大胆探索，努力创新能够解决问题的思路和方法，不断提升市人大常委会各项工作水平。

二、用科学发展的理念，准确运用调查研究的方法

市人大常委会能不能做好调查研究工作，重中之重在于把握好几个关键环节，讲求方法，谋求实效。

（一）准确选题。要选择关系改革发展稳定大局和群众切身利益、社会普遍关注的重大问题，尤其要把党委工作的重点、政府工作的难点、群众关注的热点作为调查研究的主要课题。坚持少而精的课题确定原则，每年可以由人大各专门委员会和常委会各办事机构提出一至二个课题建议，经主任会议筛选确定十个以内的调研课题。

（二）周密实施。开展调查研究前，由人大相关专门委员会和常委会办事机构精心制作方案，明确调查研究目的、调查研究时间、调查研究人员、调查研究内容、调查研究方式等，杜绝随意性和盲目性。本着有利于开展工作和形成成果原则，遴选调查研究人员。人大常委会开展调查研究，原则上由常委会领导带队，以常委会组成人员为主，邀请一定数量的基层人大代表参加，必要时邀请有关部门负责人、专家学者、群众代表参加。开展调查研究前，组织对参加调查研究的全体人员集中进行一次法律法规和相关政策学习培训，以避免外行调研内行。

（三）灵活方式。既要明察，也要暗访；既要听领导意见，也要听群众呼声；既要看书面材料，也要看实际效果；既要听正面的，也要听反面的，广泛听取各个方面的意见和建议，力求全面、真实、准确掌握第一手资料。通过问卷调查、短信咨询、电视公告、网上收集等方式，扩大调查研究面，避免出现以偏概全的情况。同时，还要注意专题调查研究与平时调查研究和信息收集相结合。

（四）改进作风。既要在“深”字上下功夫，深入基层，深入实际，深入群众，深挖事实真相，全面理清脉络筋骨；又要在“实”字上做文章，以或“明”或“暗”的随机方式探察“实”、以上下里外的调研途径寻求“实”、以点面结合的深入考察挖掘“实”。大力发扬吃苦精神、追问精神、细节精神，力戒走马观花、蜻蜓点水和形式主义。

三、用实事求是的态度，科学形成调查研究的报告

调查研究结束后，要及时开展研究，形成真实而令人信服的书面报告。撰写调查报告人员，要选择文字功夫好、理论功底深和情况非常熟的同志。调查报告要重点突出以下四点。

（一）注重真实性。要对调查研究中获得的资料信息进行多层面、多角度的仔细分析研究，由此及彼，由表及里，透过表面现象看本质，从而得出正确的判断和结论。要注意在调查研究报告中体现“原汁原味”的典型实例和原始材料。调查研究报告初稿形成之后，应广泛征求参与调查研究的人员意见和建议，并据此认真进行修改，以确保调查研究报告内容真实、全面、客观。

（二）注重创新性。形成的调查研究报告，要高度重视理论联系实际，既基于理论得出结论，又不囿于理论陷入框框，正确处理好继承与创新的关系，增强调查研究的独创性，特别是在工作建议方面，一定要有真知灼见，力求有新思想、新举措。

（三）注重针对性。一方面，要善于运用可靠的统计数字和群众语言来印证观点，善于用简要的议论总结经验、阐明规律。另一方面，应少讲成绩、多提问题，提供详细信息，对“一府两院”今后工作提出具有前瞻性、针对性和可操作性的意见和建议。

（四）注重理论联系实际。搞好调研，一定要认真学习和研究，要掌握理论和注重实践，要坚持理论联系实际的原则。调查研究既要重调查，更要重研究，调查是基础，研究才是升华，没有调查就失去了研究的前提；没有研究，调查也就失去了实际意义。因此，调研人员无论是深入实际作调查，还是进行某项课题的研究，都要从理论和实践的结合上下功夫。只有这样，才能写出有分析、有观点、有影响、有价值的报告，才能为坚持和完善人民代表大会制度、为人大及其常委会更好地依法履行职能作出贡献。

四、用合法有效的途径，顺畅转化调查研究的成果

要依照《监督法》和其它相关法律规定，畅通渠道，搞好衔接，把调查研究成果合理转化应用，实现调查研究成果效益最大化。

（一）向主任会议汇报。将调查研究的情况向主任会议汇报，为将调查研究成果转化为人大常委会的决议、决定或意见、建议奠定基础。

（二）印发常委会组成人员。将与常委会会议议题相关的开展调查研究报告印发常委会组成人员，供他们审议各项工作报告、作出决议、决定时参考，为科学监督提供依据。

（三）报告党委。将调查研究报告向市委报告，通过市委向“一府两院”反馈，把发现的问题报请党委交由“一府两院”处理，为科学决策提供依据。

（四）上下交流。有选择地将调查研究报告向上级人大常委会报告，向下级人大常委会提供，以求互通情况。

（五）对外宣传。充分利用网络及报刊、杂志等平面媒体，将调查研究的相关情况进行宣传，扩大人大工作的社会影响，增强人大监督的实效。将调查研究报告转化为领导署名文章公开发表，以产生更大的社会效果。

世界金融危机对中国金融政策的警示

河北省人大常委会信息处副主任　姚建峰

现代金融作为市场经济的核心，为市场经济的高效运行提供充足的资本。自西方市场经济确立以来，金融危机不断爆发，规模越来越大，周期性特征明显，对市场经济实体的打击日趋严重。如：在美国1929年大萧条中，华尔街股市暴跌85%，银行数量由2.5万家降至1.4万家，造成空前的经济损失，对美国乃至世界金融体系带来毁灭性打击，并诱发了第二次世界大战。又如：1997年亚洲金融风暴，东南亚各国大都是以出口为导向的经济战略，当国际市场发生变化出口产品成本优势消失时，没有及时调整经济结构，刺激内需，导致经济增长放慢，再加上国际游资的炒作，使得股市、楼市和汇市彻底崩盘，自此东南亚乃至韩国、日本陷入长期的经济衰退。再如：2008年美国次债危机，由于政府放松金融监管，导致金融衍生品泛滥，总和超过全球GDP总量的10倍，过分的流动性刺激了资本市场价格暴涨。随后，美联储为抑制通货膨胀，连续17次加息，使得贷款成本上升。当高额的利息超过人们承受能力后，贷款违约率开始上升，引起投资银行资金链断裂。投资银行又都是高负债企业，资金链断裂的结果只能破产。以2007年4月新世纪金融机构破产为标志，次债危机全面爆发。由于美国世界经济中的主导地位，全球经济陷入自大萧条以来最困难的时期。

虽然历次金融危机爆发的时代背景、影响范围、金融监管体制都不尽相同，但从经济学的角度来看又都存在一些共同原因。

一是金融危机是自由市场经济的必然产物。美国在19世纪实行的是比较自由的市场经济，那时大约10年就发生一次非常严重的金融危机。直到1929年大萧条，美国也没有采取任何的市场干预行动，导致了美国金融体系的崩溃。1932年罗斯福总统竞选获胜，采取措施加强政府对经济活动的干预，在危难关头挽救了美国。此后，没有发生大规模金融危机。1980年后随着美国新经济自由主义抬头，金融危机又开始周期性爆发。

二是流动性过剩是金融危机的导火索。流动性过剩的本质是资本过剩。资本流动性过剩的结果是刺激房地产投资的快速增长，房地产价格高涨；导致证券等虚拟经济的市场泡沫；加剧了通货膨胀的压力；助长固定资产投资的增长，使资产价格膨胀。所有这些，都加大了银行的经营风险，当各种风险积累到一定程度，必然引发金融危机。

三是金融制度结构性缺陷是金融危机的根源。从金融危机的发生的历程来看，金融监管的发展总是滞后于金融交易的发展，一方面金融创新活动很活跃，金融交易结构变化很快，原有的金融监控结构越来越难以适应；另一方面金融交易超越国界的全球化特征日益明显，并没有建立一套与之相适应的全球金融监控体系。

应对金融危机两个主要流派的对比分析：1、凯恩斯的财政政策。凯恩斯的市场经济理论的核心是反对自由放任，主张国家干预，主张财政赤字有益，温和通胀无害。2、弗里德曼的货币政策。弗里德曼认为“当政府最少地干预由市场价格协调起来的私人企业的原动力时，政府做得最好”。因此，最好还是听任自由选择，让人们自己决定自己的命运。两种理论在当时特殊的背景下，都起到一定的积极作用，但又都有自身克服不了的矛盾。弗里德曼主张自由经济政策，促使资本按照利润最大化和优胜劣汰的规则进行配置，充分调动社会每个方面的积极性，刺激经济高速增长。但是在追逐最大利润的过程中，投机和膨胀是避免不了的，也是酝酿金融危机的过程。凯恩斯主张，在私有制的前提下，强调国家在市场经济发展中的调控地位，尽可能的维护社会公平和有序竞争，通过适当的财政赤字和通货膨胀，来刺激消费需求的增长，最大限度的避免或延缓了金融危机爆发，但由于政府对市场调控的偏差性和滞后性，往往造成市场的取向性差，资本流动不顺畅，经济和社会发展速度放缓。将两者有机的结合起来，在依靠政府的宏观调控的同时，强调自由市场的积极作用，对建立和完善社会主义市场经济体制有重要的借鉴意义。

世界金融危机对我国金融政策的警示。从自身实际出发，克服自由市场经济条件下周期性金融危机的缺陷，规避世界金融危机风险，适时调整产业结构，是建设和谐金融体系的关键所在。

1、控制流动性，在通胀与紧缩之间选好位置。

目前,在全球金融危机的大背景下,大量的国际热钱已通过各种渠道进入中国金融市场,而且这种流动性扩张还要持续较长的时间。我国的金融部门还非常脆弱,绝不能放松人民币汇率管制,维持一个相对平稳的汇率,有利于限制国际热钱的流动,有利保持国家的金融稳定。同时,我国还是高储蓄的国家,扩大消费内需,维持适度的通胀对经济可持续发展十分重要。一是继续深化收入分配制度改革,理顺收入分配关系,努力提高工人和农民的可支配收入。二是推进教育、医疗、住房、养老等制度改革,减轻居民负担,稳定居民的消费预期。三是大力改善消费环境,避免过度的投机行为的发生,居民不但买得起,还要用得起。以此转变依赖外部需求的增长模式,建立内生性的消费需求拉动型增长模式,使社会总体物价水平在紧缩和通胀之间定位。

2、适度的外汇储备。我国外汇储备余额近为2万亿美元,居世界第一。巨额的外汇储备充分体现了我国的综合经济实力和调节国际收支与汇率稳定的能力,同时必定会带来巨大的管理成本和较高的风险。一是,加强资本项目管理,缩小本外币存贷差。央行应采取更加灵活的存贷利率管理,降低本外币利差,同时稳定汇率的浮动区间,消除国际资本投机空间,防止国际套利资金的涌入,减少资本账户顺差,促进国际收支均衡发展。二是,减持美元,调整外汇储备结构。合理调整外汇储备的币种结构,采取更加灵活的方法,按照我国进口付汇和偿还外债付汇的币种结构来规划我国外汇储备的币种结构。三是,调整进出口产业结构。巨额贸易顺差为我国调整进出口产业结构带来机会,限制高能耗、高污染商品出口,鼓励高技术、高附加值产品出口,促进产业链向下游发展。四是,增加石油等战略物资的储备。适时建立国家战略石油储备库、铁矿石储备库,也是维持国际收支平衡的办法。

3、稳定股市价值投资。为保证我国证券市场的健康发展必须解决以下几个问题:一是大小非解禁问题。大小非解禁指完成股权分置改革的上市公司的限售股份,成为可以自由转让的流通股。限售股份占总股本的比例在50% - 70%之间,而且持有的成本非常低,一般在1元以下,如果这部分股份集中通过证券交易所集中竞价交易系统进行转让,势必对股票交易价格形成持续压力,扭曲价格形成机制。二是市盈率过高。新股首发及场内已上市公司的增发及配股的发行市盈率呈居高不下的状态,有些上市公司增发及配股的市盈率达到30 - 40倍,这是造成沪深股市平均市盈率较高的重要原因之一。另外,境内外新股发行市盈率不公正,同样一家上市公司,在大陆和香港两个市场以不同的发行市盈率发行。三是基金公司自有资金不足。本着对基民负责的原则,新注册的基金公司必须有足够的自有资金,来设置一定比例的风险准备金。在股市发生波动时,用来补偿投资者损失。

努力构建和谐人大机关

黑龙江省佳木斯市人大常委会机关党委　　吴正龙　张世忠

人大是国家权力机关、工作机关和代表机关,担负着宪法和法律赋予的职责,在经济社会发展中地位重要、责任重大。人大干部是党的干部队伍的重要组成部分,是积极推动科学发展的一支重要力量。构建和谐人大机关,是贯彻落实科学发展观,增强依法履职能力的需要,是构建社会主义和谐社会的重要内容,是机关建设适应新形势的重要举措,也是机关党组织的中心任务。构建和谐人大机关关键在人大机关党的组织领导,和谐机关建设能力的高低,是机关党组织领导水平和组织水平的重要体现。因此,人大机关党组织在推进和谐机关建设中必须紧紧围绕中心、服务大局、凝聚人心、积极探索、推动发展,充分发挥机关党组织的战斗堡垒作用和共产党员的先锋模范作用。

一、正确认识人大机关党组织在构建和谐人大机关中的地位

人大常委会机关担负着推进民主法制建设、保障公平正义、促进社会事业发展、构建和谐社会等重要职责,同时也担负着为人民代表大会服务、为人大常委会服务、为主任会议服务的重任。由于人大机关所处的特定地位和具有的重要职能，决定了人大机关党组织在构建和谐人大机关中的重要地位。

第一，人大机关党组织是和谐人大机关建设的示范者。人大机关党组织通过发挥自身的政治优势、组织优势、密切联系群众的优势，能够最大限度的增加和谐因素，积极主动协调处理好各种矛盾。调动各方面的积极因素，形成构建和谐人大机关的合力。几年来，市人大常委会领导通过以人为本，建立促进党员全面发展的有效机制，让其有渠道诉求、有空间发展；按照政治上关怀、精神上关爱、生活上关心的要求，对老党员、生活困难党员和家属加大人文关怀，体现党的温暖，调动了机关党员干部积极性、主动性和创造性。

第二，人大机关党组织是和谐人大机关建设的组织协调者。和谐需要组织协调，组织协调创造和谐。人大机关中党员所占比例较大，老党员和党员领导干部多，机关党组织尤其要注重发挥他们在构建和谐人大机关中的中坚作用，不断增强他们依法履职、协调关系、开展群众工作、激发社会创造活力、处理人民内部矛盾、维护社会稳定的本领。当前，机关党组织要以学习实践科学发展观为契机，全面提高党员干部队伍的理论学习能力、业务工作能力和创新实践能力，进一步更新观念，增强素质，提高保障和促进科学发展的能力，从而为和谐机关建设提供坚强的组织保证。

第三，人大机关党组织是和谐人大机关建设的推动者。人大机关党组织通过坚持和完善民主集中制，扩大党内民主，推进党务、政务公开，不断增强党组织的创造力、凝聚力、战斗力，以党内和谐促进机关和谐。紧紧围绕构建和谐机关的目标要求，运用各种载体，采取多种形式，切实做好构建和谐机关的宣传发动、舆论支持、典型引导等推动工作，确保和谐机关建设扎实、有序推进。坚持用身边事教育身边人，把深入开展向王江同志学习活动作为当前一项重要的政治任务，努力把王江精神转化为工作动力，通过学事迹、谈感受、写心得等手段深入地学，把“王江品牌”叫响推开，努力在机关党员干部中形成“学先进、赶先进、当先进”的良好氛围，进一步转变机关作风，为我市经济社会科学跨越发展和“十项重点工程”建设的顺利完成营造优良环境。

二、充分发挥人大机关党组织在构建和谐人大机关中的作用

在构建和谐人大机关的进程中，人大机关党组织如何更好地发挥其作用，概括起来主要有这么几点。

一是要提高党组织战斗力，充分发挥战斗堡垒作用。和谐人大机关建设涉及方方面面，而机关党组织在贯彻执行党的重大决定中，具有举足轻重的作用。因此建立健全机关党组织，提高党组织的凝聚力、吸引力，充分发挥人大党组织在构建和谐机关中的战斗堡垒作用，是新形势下人大机关党组织建设的一项基本任务。所以，要严格按照《中国共产党党和国家机关基层组织工作条例》的要求，加强人大机关党组织建设，配齐配好工作人员，建设一个坚强有力的领导班子；要认真履行机关党组织的职责，抓好机关党组织的自身建设；要加强所属各党总支、支部的管理，不断提高机关党组织的战斗力，为和谐人大机关建设提供坚强的组织保证。

二是要保持党员的先进性，充分发挥先锋模范作用。和谐人大机关建设的实施者是机关干部，更主要的是机关党员干部。因此，机关党员干部要时刻保持党员的先进性，做贯彻执行党的路线方针政策的模范，做学习马克思主义理论的模范，做实践全心全意为人民服务宗旨的模范，做改革创新的模范，做奉公守法、依法执政的模范，充分发挥在构建人大机关中的先锋模范作用，努力为和谐机关建设造就一支政治坚定、业务精通、作风优良的高素质党员队伍。

三是要积极履行管理职责，充分发挥监督约束作用。认真履行党内监督职能，加强对党员干部的教育、管理和监督，是机关党组织的一项重要职责。人大机关党组织要充分发挥机关党组织协调、监督作用，通过制度约束，督促党员履行义务和工作职责。对机关内出现的不和谐杂音，积极排查原因，认真研究解决的方式方法，保证和谐人大机关建设的健康有序开展。

三、积极探索人大机关党组织在构建和谐人大机关中的途径

和谐机关建设是具体的，需要通过各种途径进行艰苦的努力才能实现，人大机关党组织要勇于承担任务，紧密结合人大机关的特点和实际，积极探索新途径，创造新方法，以创新求发展，以创新求提高，不断提高机关党的工作水平，全面推进和谐人大机关建设。

一是加强学习型机关建设，提高党员干部的政治素质。加强理论武装，是党的思想政治建设的根本任务,也是建设一支高素质机关党员干部队伍的根本途径。在学习型机关创建中,结合学习实践科学发展观这一主题活动,突出以理论武装为重点,制定学习培训计划,组织机关党员干部认真学习《毛泽东邓小平江泽民论科学发展》和《科学发展观重要论述摘编》,以及中央、省、市委领导关于开展深入学习实践科学发展观活动的重要讲话。县处级以上党员领导干部还要认真学习《深入学习实践科学发展观活动领导干部学习文件选编》。同时要认真学习党的十七大以及中央和省、市委一系列指示精神。要丰富学习形式,创新学习载体,提高学习效果。我们必须强调,学习是一个党员干部必须认真履行的责任。在人大机关,要培养努力学习的风气、勤于思考的风气、刻苦锻炼的风气。

二是搞好服务型机关建设,增强党员干部的服务能力。为"三会"服务、为代表服务、为领导服务是人大机关的重要职责,也是构建和谐人大机关的内在要求。人大机关党组织要把增强服务意识,改进工作方法,提高服务水平作为构建和谐机关的立足点,狠抓机关作风建设,不断提高服务效能,改善服务态度,树立人大机关务实、为民、清廉的良好形象。

三是突出创新型机关建设,强化党员干部的创新意识。人大机关党组织要结合人大机关特点,勇于开创工作新境界,拓宽工作新领域,寻求工作新突破,使人大机关党的工作始终体现与时俱进的思想理念和开拓创新的时代精神,为和谐人大机关建设提供不竭动力。通过组织开展一系列丰富多彩、喜闻乐见的活动,丰富机关的文化生活,陶冶干部职工情操,努力营造团结和谐、充满生机、奋发上进的和谐人大机关氛围。

四是推进廉政型机关建设,转变党员干部的作风。不断完善规章制度,用制度规范和约束党员干部个人行为。不断促进权力的规范运行和领导干部廉洁自律,为和谐人大机关建设创造一个公开、透明、廉洁的环境。

五是抓好机关党组织自身建设,提高党建工作的能力水平。要把开展学习实践活动的成效体现在促进各项工作、解决突出问题上。积极探索人大工作的新机制、人大监督的新方法和加强自身建设的新途径,努力实现人大工作与时俱进。机关党组织要以良好的形象和过硬的本领,成为和谐机关建设的表率。

总之,要抓好机关党建工作,就必须在创新上下功夫,只有不断创新,机关党的工作才有新活力,才有新发展。

如何理解转型发展　安全发展　和谐发展

山西省临汾市人大常委会农村工委办公室主任　乔卫民

通过近一段的学习与实践,我个人在学习贯彻实践科学发展观过程中有了一定认识与提高,但也存在一定的疑问与困惑,现与同志们一起交流。

今天我讲的题目是:由转型发展、安全发展、和谐发展想到的

农业是第一产业是基础性产业,历年来从中央到省市都十分重视。每年的中央一号文件足以证明其地位。可以这么讲在农业是整个国民经济的基础产业,是整个社会安全稳定的最后一道防线。那么农业在我市国民生产总值的比例如何? 2000年我市农业占整个国民经济的比重是11.9%,2008年是4.5%,这个数字说明我市在近几年的经济发展过程中农业的发展与其它产业的发展是极不协调的,众所周知,近几年我市以煤炭产业为龙头带动相关的焦铁产业,为我市的经济发展做出了突出的贡献,这是毋庸质疑的。前几天我看了一份关于全球最污染的9大城市,临汾排名第三。我在想,就在当前我市煤焦铁产业因全球金融风暴引发经济危机和9·8溃坝等安全事故受到强烈冲击的今天,临汾的污染尚且如此,那么可想而知前几年我市经济快速发展付出了多大的环境代价。

今年省委提出了全省的经济发展思路就是:转型发展、安全发展、和谐发展。

所谓转型,我个人理解就是大的产业结构调整和每个产业内部结构的调整。

目前,只要一讲转型,大家都不约而同想到我市煤、焦、铁领域在面对危机时如何加大科技含量,如何进行深加工,如何增加附加值等,这固然是一

条正确的思路，但我认为这仍然是第二产业内部的结构调整。一、二、三产业总体比例结构的调整应该如何根据临汾实际进行科学地论证与调整，应该采取哪些措施达到预期的比例。这是我的困惑之一。

“9·8”溃坝事件和之前的一系列矿难等安全事件一次次地刺激着人的神经。可以想象，在我市经济发展过程中遇到这些问题的时候，“安全”二字格外重要，省委提出的安全发展切中临汾的实际。因为遇到了不安全的事情，所以就想到了安全，难道安全发展仅仅限于此？亡羊补牢的教训是应该吸取，但我们工作不能只限于此，我个人认为，粮食安全关乎稳定大局，食品安全和医疗卫生安全关于每个人的健康与生命。目前以墨西哥为中心发的猪流感正迅速漫延全球。我市是否应将所有关系到整个社会稳定，每个人的生命健康安全等，一并纳入“安全发展的决策中考虑”这是我的困惑之二。

经过这一段的学习与思考，由于水平有限，不求全，只求有所收获，所以观点难免偏颇，不妥之处请领导和同志们批评指正。

提高审议质量　增强监督实效

黑龙江省富锦市人大常委会主任　吴金占

常委会会议是人大常委会依法行使职权的主要形式，常委会审议质量的高低不仅反映常委会的工作水平，而且关系到监督工作的效果。提高地方人大常委会审议质量，是有效行使地方国家权力的重要途径。面对新的形势和新的要求，如何努力提高地方人大常委会审议质量，是摆在我们地方各级人大常委会面前的重要课题。

富锦市人大常委会自换届以来，我们认真贯彻实施监督法和省实施监督法办法，积极履行宪法和法律赋予的监督职责，以进一步提高常委会会议审议质量、加强审议意见督办落实为重点，加强和改进监督工作，努力增强监督工作实效，在促进和保障富锦经济社会又好又快发展进程中较好地发挥了地方国家权力机关作用。

一、正确处理三种关系是提高常委会审议意见的前提

我们认为，要提高人大常委会的审议质量，首先是正确处理好党的领导与人民当家作主的关系。党是领导核心，发挥着“总揽全局、协调各方”的作用，人大工作必须坚持正确的政治方向，围绕中心、服务大局，把党委的意图，通过人大的法定程序转化为人民的共同意志。人大常委会要在法定的权限内切实履行职责，通过审议集中民智、反映民意、凝聚民心，使党的意图与人民意志融为一体，这是衡量人大常委会会议质量的一个重要标准。要妥善安排全年审议重点，使审议监督工作有计划、有步骤地进行，在审议中遇到重大问题要及时向党委报告。审议过程中，人大常委会组成人员要充分发扬民主，大胆行使职权，充分表达真实意愿。其次，要处理好人大与“一府两院”之间的关系。人大作为监督的主体，“一府两院”作为监督的客体。主客体之间如何良性互动，保证国家权力运行机制稳固和谐，需要在实践中不断探索。人大常委会要通过审议，真心实意地对“一府两院”提出意见建议，要在监督中体现支持，在支持中实施监督，既不失职，又不越权，形成各司其职，齐心协力谋发展的良好格局。最后，要处理好人大常委会与人大代表的关系。人大常委会的根基在人民、血脉在人民、力量在人民。人大代表是人民的代言人，代表人民行使国家权力。各级人大机关要把人民群众最关心、最直接、最现实的利益问题作为工作的着力点，列入审议议题，提高审议发言的针对性，更好地维护最广大人民群众的根本利益。同时，人大常委会要自觉接受人民群众的监督，保证人大代表和人民群众的知情权。

二、坚持调研先行，为提高常委会审议质量打下坚实基础

为使人大常委会组成人员吃深、议透常委会审议议题相关工作情况，进而提高常委会审议意见质量，围绕议题会前组织调研组，开展深入调研是十分重要的一项基础工作。我们在每次常委会召开前，都要安排充足时间，对议题有关问题开展专题调研。调研组主要由常委会组成人员、熟悉该方面工作的人大代表组成;调研前,制定调研方案,对调研组成员进行培训;调研活动中注意广泛听取国家机关、行政管理相对人和社会公众等各方面意见建议。把握调研重点内容,注重调研工作的针对性,围绕市委中心工作和常委会议题调研的同时,就群众反映强烈的问题作重点解剖,既听取正面意见,又听取不同侧面意见,使调研能最大程度地全面客观反映真实情况,做到有情况、有分析、有对策建议。调研方法灵活多样,更多地运用座谈会、个别走访、民主测评、问卷调查、查阅资料等多种形式调研,找出带普遍性、规律性的问题,提出符合实际、针对性强、易于操作的意见和建议,为常委会审议打下基础。

2007年以来,我市城区内出现大量非国家认定的电动三轮车违规上路运营,造成市内交通拥堵,交通事故频发,群众对此反应很强烈。富锦市人大常委会根据代表和群众建议,几次组织调研组深入调研,并以走访经营户代表、召集各界代表座谈会,向市民分发调查问卷等多种形式收集代表和群众意见。常委会审议意见要求市政府加大对非法电动三轮车整顿力度,维护城市交通秩序。经过近一年时间治理,现在所有非法电动三轮车全部退出运营,彻底解决了困扰市区交通管理混乱的难题。市政府加开了四条市内公交线路,成立了三个出租车公司,营造出文明有序、畅通高效的道路交通环境。

三、强化会议审议环节,为提高审议意见质量提供重要保障

为解决以往常委会审议过程中经常出现"谈成绩人云亦云,讲问题轻描淡写,说对策笼而统之"现象,我们采取多种办法,着力强化常委会会议审议环节具体工作,不断提高常委会审议意见质量。

(一)审议发言力求精准。每次常委会召开之前,我们都要把拟在会议上审议的报告发给每位常委会组成人员,要求每位组成人员围绕拟报告内容根据事先调研情况,精心做好审议发言准备。审议发言围绕主题,突出重点,做到说成绩简明扼要,谈问题一针见血,提建议切实可行。2007年,在对振兴富锦工业、加强招商引资工作力度的调查报告的审议发言中,常委会组成人员就富锦市企业发展现状、存在问题和制约因素等各抒己见,直言政府职能部门某些执法人员违纪和服务不周问题,要求政府加大整改力度,加大对工业企业和外来投资企业的支持和扶助,推动企业间资源整合与协作,借助外力突破发展空间束缚。通过人大监督,政府高度重视,整改取得明显成效。现在富锦市招商引资服务环境得到了全面优化,成立了招商局,推行招商引资"一站式"服务,对外增强了吸引力,对内激发了活力。通过简化项目审办手续,规范各类收费项目,为招商引资各类事务提供高效全程服务,连续几年在佳木斯地区招商引资工作都排在全市前列,促进富锦市域经济快速健康发展。

(二)普遍发言与中心发言相结合。由主任会议根据组成人员发言准备情况,确定若干名组成人员作中心发言,未在会议上发言的,要填写审议意见表。扩大常委会会议开放程度。坚持代表、公民列席旁听常委会制度,既提高了审议的透明度,又通过广泛吸纳各方面的意见,使审议意见更加全面准确。

四、加强审议意见督办落实才能不断增强监督工作实效

人大常委会审议意见凝结着组成人员的集体智慧,只有得到及时有效地办理和落实,才能起到督促和支持"一府两院"工作的作用,才能体现人大依法监督的成效和权威。为确保审议意见真正落到实处,我们进一步加强了刚性监督措施。

(一)以监督公开促进审议意见的落实。常委会审议意见一般以文件形式印发给"一府两院"和相关部门,并在政府公众信息网和常委会《人大信息》上刊登,促使"一府两院"在人大常委会和社会舆论的监督下,自觉落实办理。以及时反馈督促审议意见的落实。凡是人大常委会以文件形式转送审议意见,都要求政府必须将审议意见办理情况按时以书面形式报告人大常委会,反馈时间一般不超过二个月,对一些办理难度较大的审议意见,可经人大常委会同意适当延长反馈时间。以跟踪督办推动审议意见的落实。在审议意见的办理落实过程中,常委会都要组织人员进行跟踪督办,一般情况下,跟踪督办的具体工作都由相关办事机构负责组织,对一些人民群众反映强烈的社会热点难点问题督办,则由常委会组织实施。

(二)以二次审议强化审议意见的落实。推动在督促审议意见落实工作中,我们还建立二次审议制度,把听取和审议"一府两院"办理审议意见情况报告作为一项固定议程,按照审议意见规定的办理时限,选择适当时间,有重点地对"一府两院"办理审议意见情况再次进行审议。为检验对审议意见办理情况的认可程度,我们对"一府两院"办理审议意见情况报告进行表决。对审议意见办理情况再次审议后作出的限期整改问题无故不落实的,将采取限期纠正、通报批评、建议有关机关对责任人进行问责,以切实保障人大常委会审议意见的落实,增强人大常委会监督工作实效。2007 年 9 月,常委会审议市政府关于加强集中办学安全措施情况汇报,组成人员对此项工作不满意,要求市政府加强对集中办学工作的安全管理,对存在的问题,特别是接送学生车辆存在的安全隐患问题要彻底整治,市人大常委会将在适当时机进行第二次审议。为督促市政府认真落实审议意见,组成人员分成 4 个组分别由常委会副主任带队,连续几次对全市集中办学安全情况进行检查,在办理的两个月内不定期抽查。通过实地督办,市政府对人大常委会审议意见办理落实高度重视,在全市各学校配备专职安全副校长,出台了《寄宿制学校安全管理办法》等相关规定,制定了安全管理月报告制度,对学生的舍务、就餐、交通等实行全方位管理。尤其是对"送子车"严格管理,要求手续齐全,车况良好,定期对车辆安全检查和模拟演练;学校、家长监控评定车辆服务质量,并有权撤销不合格接送学生车辆的营运资格。现在全市已统一成立学生车管理中心,由市财政出资购买接送学生车辆,首批车辆 8 台已经交付使用。几年来,全市各学校无一例重大安全事故发生,整改工作取得了应有的成效,受到了社会各界,特别是人民群众的广泛称赞。

审议意见虽然只是人大监督方式中的一个工作环节,但在丰富人大制度内涵、推动人大工作发展的历史进程中发挥着越来越重要的作用。几年来,我们所有的审议意见都做到了件件有回音,事事有着落。对能及时解决和办理的,"一府两院"都给予了明确答复;对有些因时机不成熟,暂时办理不了的,则被列入了"一府两院"下一年度和中长期工作重点。通过狠抓审议意见的办理落实,有力地推动了富锦市经济社会各项事业健康发展。我们相信,随着审议意见法律法规的健全,它必将在地方人大工作中发挥更加广泛和重要的作用,人大监督的威力将因此得到进一步的彰显。

始终坚持以科学发展观为指导
切实做好新形势下的人大工作

黑龙江省哈尔滨市人大常委会副主任、党组副书记　王铁强

科学发展观是我国经济社会发展的重要指导方针,是发展中国特色社会主义必须贯彻的重大战略思想,是做好一切工作必须坚持的根本原则。人大作为国家权力机关,是党的重要执政资源,是全面建设小康社会的重要力量。因此,必须始终坚持以科学发展观为指导,自觉用科学发展观谋划指导工作,把科学发展观的科学内涵和精神实质体现到人大工作的各个环节、落实到人大工作的整个过程。

一、必须始终不渝地把科学发展观作为人大工作的指导思想

科学发展观深刻总结了马克思主义关于发展的重要思想,科学回答了"为什么发展、实现什么样的发展、怎样发展、依靠谁发展和发展成果归谁所有"等一系列重大问题,是马克思主义关于发展的世界观和方法论的集中体现,是对党的执政理念的深化和升华,是中国特色社会主义理论体系的重要组成部分。作为地方国家权力机关的人大及其常委会,必须抓住科学发展观的实质,把握科学发展观的精髓,统一思想,提高认识,增强做好人大工作的责任感和使命感。

1、牢牢把握发展这一第一要义,始终把促进科学发展作为人大工作的首要任务。发展是科学发展观的第一要义,是党执政兴国的第一要务,是解决中国一切问题的关键所在。科学发展观强调的发展包括三个维度,第一层面是经济发展,第二层面是社会发展,第三层面是人的全面发展。发展首先是要坚持以经济建设为中心,不断解放和发展社会生产力,加快经济发展速度,转变经济发展方式,提高经济发展质量,实现经济又好又快发展。只有坚持发展这一时代主题,才能从根本上把握人民群众的愿望,把握社会主义现代化建设的本质;只有

坚持发展这一第一要务，才能增强经济实力、更好地应对国内外各种危机和困难的挑战，为人民群众谋取更大的福祉。坚持发展这一第一要义，要求作为地方国家权力机关的人大及其常委会，必须紧紧围绕中心，紧密服务大局，把推动经济又好又快发展作为首要任务。在思想认识上，我们要进一步树立"发展是硬道理"、"发展是解决中国一切问题的关键"、"发展是解决一切问题的总钥匙"的意识，增强推动我市经济又好又快发展的紧迫感、责任感和使命感；在工作内容上，紧紧围绕产业结构调整、经济增长方式转变、现代农业发展、县域经济发展、非公有制经济发展、大项目建设、优化经济发展环境等行使法定职能；在工作布局上，把推动经济发展摆在各项工作的突出位置，以服从经济发展为重、服务经济发展为先、促进经济发展为要，注重地方立法向推动经济发展倾斜、监督检查向推动经济发展倚重、审议重大事项向推动经济发展延伸、代表工作向推动经济发展拓展；在工作标准上，把推动经济发展作为衡量人大工作水平的重要尺度，作为检验人大工作业绩的重要依据，作为反映人大工作成效的重要标志。

2、牢牢把握以人为本这一的核心，始终把维护人民群众的根本利益作为人大工作的出发点和落脚点。以人为本是科学发展观的核心，有力揭示了唯物史观的基本原理，充分体现了我们党立党为公、执政为民的根本宗旨。坚持以人为本，必须尊重人民群众主体地位，发挥人民群众首创精神，保障人民群众各项权益，促进人的全面发展。坚持以人为本这一核心，要求人大及其常委会把以人为本的理念贯穿工作始终，始终把实现好、维护好、发展好人民群众的根本利益作为工作的出发点和落脚点。一是要进一步确立发展为了人民、发展依靠人民、发展成果由人民共享的理念，增强权为民所用、利为民所谋、情为民所系的观念，牢固树立深怀爱民之心、恪守为民之则、善谋富民之策、多办利民之事的意识。二是要把关注民生问题和群众反映强烈的热点难点问题纳入立法、监督和重大事项审议的重要范畴，推动民生问题不断解决；三是要把了解民愿、反映民意作为工作的重要基础，把扩大公民有序政治参与作为工作的重要支撑，把保证人民群众享有广泛的知情权、参与权、表达权和监督权作为工作的重要取向，确保所做出的决策、所开展的工作顺应民心、切合民愿、体现民意。

3、牢牢把握全面协调可持续这一基本要求，始终把推动社会事业全面进步作为人大工作的重要任务。科学发展观的基本要求是全面协调可持续，这是对经济建设、政治建设、文化建设和社会建设"四位一体"的中国特色社会主义事业总体布局的高度概括。全面协调可持续的基本要求具有丰富的内涵，全面是指发展要有综合性、整体性，强调各个方面都要发展；协调是指发展要有适应性、均衡性，各个方面、各个环节要相互促进、相得益彰；可持续是指发展要有持久性、连续性，不仅关注当前发展，而且保证长远发展。人大工作是党和国家工作的重要组成部分，涉及社会主义经济、政治、文化、社会各个方面，肩负着推进全面建设小康社会和构建社会主义和谐社会的历史重任。坚持全面发展，要求我们以科学发展观统领和整合社会各项事业，充分行使人大职能，推动我市经济建设、政治建设、文化建设和社会建设的整体进步；坚持协调发展，要求我们贯彻"五个统筹"的基本原则，督促政府及有关部门大力推动我市区域之间、城乡之间、经济社会之间、国内发展和对外开放之间、人与自然之间均衡发展；坚持可持续发展，要求我们着眼于生态文明建设，依法开展生态环境保护监督工作，依法开展资源开发与利用监督工作，督促政府及有关部门加快经济发展方式由重增长轻治理向在保护中求科学发展、在发展中实行科学保护转变，推动我市经济社会可持续发展。

4、牢牢把握统筹兼顾这一根本方法，始终把处理好各方面关系作为人大工作的客观要求。统筹兼顾的根本方法是唯物辩证法在发展问题上的具体运用，对于我们贯彻落实科学发展观具有重要的方法论意义。统筹兼顾的基本内涵是必须总揽全局，兼顾各方，突出重点，突破难点，努力实现各项工作有机统一、良性互动、整体推进。坚持统筹兼顾这一根本方法，要求我们在经济社会发展过程中，一方面要紧紧围绕经济建设这一中心，充分履行法定职能，通过以创造良好的法治环境为重点，推动我市经济又好又快发展；另一方面要着眼于构建和谐社会，发挥人大的政治优势，通过以调动广大代表和人民群众的积极性和创造性为手段，促进社会各项事业的全面进步。坚持统筹兼顾这一根本方法，要求我们在法制建设过程中，一方面要加大地方立法的力度，坚持科学立法、民主立法的原则，创新立法的方式方法，对事关我市改革发展稳定的重大问题和群众密切关注的热点问题予以立法，完善地方法规体系；另一方面推动法律法规的实施，组织人大代表对政府及其所属部门执行法律法规的情况进行检查，维护法律的权威和尊严。坚持统筹兼顾这一根本方法，要求我们在依法监督过程中，一方面要加大对“一府两院”的监督力度，敢于监督善于监督，变被动监督为主动监督，变软性监督为硬性监督，规范和约束“一府两院”的行为；另一方面要正确处理监督与支持的关系，寓支持于监督之中，实现监督主体和监督客体的有效配合、良性互动，逐步把监督法的要求及其制度设计落实到位。坚持统筹兼顾这一根本方法，要求我们在开展代表工作过程中，一方面充分发挥代表的主体作用，通过认真听取和积极采纳代表的意见和建议，将他们的想法和要求体现到各项决策中去；另一方面规范代表的履职行为，通过健全代表接待选民、代表述职、代表档案等制度，加强对代表的管理和约束。

二、努力把科学发展观的精神实质落实到人大工作实践中

科学理论的功能在于武装头脑、统一思想、指导实践、推动工作，正如马克思所说“理论一经掌握群众，就会变成强大的物质力量”。市人大常委会要通过学习实践科学发展观，在推进我市建设“三个适宜”现代文明城市建设中，发挥地方国家权力机关的作用。

1、*要在推动地方经济又好又快发展上下功夫。*科学发展观的第一要义是发展，这就要求市人大及其常委会在贯彻落实科学发展观时，牢固树立以经济建设为中心的思想，始终把依法履职的重点放在最大限度地促进和保障我市经济又好又快、更好更快发展上来。今年以来经过全市上下的共同努力，经济实现了平稳较快的发展，1－9月份完成地区总产值2020.2亿元，同比增长13.7%；实现社会消费品零售总额880亿元，同比增长21.1%；完成进出口总额29.2亿元，同比增长30.2%；完成全社会固定资产投资27.4亿元，同比增长27.4%；完成地方财政一般预算收入121.4亿元，同比增长30.6%。一、二、三次产业结构趋于合理，1—9月份分别完成165.8亿元、777.0亿元和1077.5亿元，分别比去年同期增长7.0%、16.8%和12.7%。在看到成绩的同时，还必须清醒地认识到我市经济发展与发达地区相比还有很大差距，主要经济指标在15个副省级城市中仍然比较靠后，其中地区总产值居第12位，社会消费品零售总额居第11位，进出口总额居第14位，全社会固定资产投资居第14位，地方财政一般预算收入居第13位。特别是受当前国际金融危机的影响，我市经济发展也面临严峻的形势和较大压力，主要表现在产业结构不合理、融资难度加大、产品出口额度下降、自主创新能力较低，等等。因此，我们要按照省委书记吉炳轩同志提出的“抓住机遇，迎接挑战，实现经济更好更快发展”的要求，围绕市委、市政府确定的加快我市产业结构调整的部署，对我市经济发展方式转变、经济发展环境改善、重大项目建设（哈大齐工业走廊示范园区建设、呼兰示范区建设）、现代农业发展、城乡一体化建设、小城镇发展、农民就业转移、农村市场体系完善等工作，综合利用立法、监督、重大事项审议和执法检查等手段，推动这些工作的不断落实，为我市经济又好又快、更好更快发展提供有力的政治保障。

2、*要在推动解决民生问题上下功夫。*科学发展观的核心是以人为本，实质上就是要把发展的成果体现在提高人民生活水平上，体现在满足人民物质文化需求上，体现在实现人的全面发展上。人大及其常委会由人民选举产生，对人民负责，代表人民行使国家权力，始终代表人民利益是人大的根本职责。我们学习实践科学发展观，最重要的就是要把权为民所用、情为民所系、利为民所谋作为依法履职的根本准则，在推动解决民生问题上下功夫。应该说，改革开放以来特别是近年来，我市在解决民生问题上作了大量工作，每年通过采取兴办十件实事、开展惠民行动等重大举措，在安排下岗职工再就业、棚户区改造、路桥建设、农村康居工程实施、贫困残疾家庭子女就学、饮用水和天然气改造、中小学校新建扩建、农村村村通工程推进、社区卫生服务设施建设、社会救助体系建设和社会保障体系建设等方面取得很大成效，特别是今年确定的60个惠民行动项目到9月份已有33个得以完成（数字来源于政府督办室），其他项目预计年底全面完成，为推进“三个适宜”文明城市建设奠定了一定基础，为群众生产生活提供了诸多便利条件。但由于受主客观因素的影响，我市民生问题仍然比较突出，比如就业难（结构性就业矛盾突出、就业岗位明显减少）、就医难（医疗费昂贵）、就学难（一些贫困家庭支付不起学费）、卖粮难（粮食收购价低于往年、丰产不丰收）、部分农村居民出行难（道路等级很低、交通不便）程度不同地存在；再比如城乡居民收入水平也比较低（1－9月份我市城市居民人均可支配收入10748元，在15个副省级城市中排在末位;农村居民人均现金收入5042.7元,在15个副省级城市中排在第12位)、另外社会保障体系还不健全、社会救助体系需要进一步完善、路桥等城市基础设施建设需要加强,等等。民生问题看起来是经济问题,实质上是政治问题,解决不好就会引发社会矛盾,造成社会不稳定。这就要求我们要按照市委提出的"关注民生、维护稳定、促进和谐"的总体要求,将我市征地拆迁、棚户区改造、泥草房改造、廉租房建设、下岗职工再就业、农民工进城务工、城市集中供热和天然气置换以及农村道路建设、城乡残疾人保障等问题,列入监督日程,纳入审议议题,通过提出建议,发布决议,督促政府及有关部门尽快落实。最近一个时期,国内连续出现了食品安全事件和安全生产事故,严重损害人民生命健康,造成了极其恶劣的社会影响,教训十分深刻。要针对食品安全、生产安全等与人民群众生命财产密切相关的问题,组织人大代表加大视察、检查和调研的力度,督促政府及其所属部门切实贯彻"安全第一、预防为主、综合治理"的方针,坚持标本兼治、重在治本的原则,落实领导责任,强化行政问责,切实加强对研发、生产、流通、消费等各个环节的监管,整顿市场秩序,提高食品、药品质量,让人民群众吃得放心、用得安心。要针对物价起伏、股市暴跌、收入差距拉大等群众反映强烈的社会热点问题,发挥各级人大代表的作用,理顺群众情绪,疏导群众心理,引导群众从战略全局的角度认识目前的经济形势,增强共渡难关、共建小康的信心和决心。

3、要在推动生态文明建设上下功夫。建设生态文明是贯彻落实科学发展观的内在要求,是建设和谐社会的重要内容。贯彻落实科学发展观,必须坚持走生产发展、生活富裕、生态良好的文明发展道路,实现经济发展速度和结构质量效益相统一、经济发展与人口资源环境相协调,使人民群众在良好生态环境中生产生活,实现经济社会永续发展。当今世界,能源资源短缺和生态环境破坏已经成为各国普遍面临的问题,在这种情况下,加强以节约能源资源和保护生态环境为核心的生态文明建设,已成为增强一个国家或一个地区综合实力和总体竞争力的重要途径。我市人均资源相对紧缺、环境承载能力较弱,特别是随着我市经济的发展和人口的增加,生态环境质量明显下降,资源也日益紧张,主要表现在:城市环境污染较重,全年空气质量达不到国家二级天数的半成,市区日排污水近百万吨,日产垃圾近4000吨(资料数据由市环保局提供);城市周边生态遭到一定破坏,周边草原面积已从20年前的138.9万亩锐减到目前的86.3万亩,耕地"三化"(沙化、盐渍化、退化)日趋严重,耕地面积从20年前的3000多万亩减少现在的2730多万亩(资料数据由市农委提供);森林采伐过度、草原开垦过多,湿地损毁过重,区域生态功能失调;城市热岛效应、温室效应和逆温现象突出,生态调节能力较弱;城市人均公共绿地面积和绿化覆盖率分别为7.15平方米和27.88%,低于国家规定的8平方米和35%的标准(资料数据由市林业局提供),等等。要解决这些问题,要求我们按照中央提出的"建设资源节约型和环境友好型社会"的总体要求,认真贯彻保护环境的基本国策和有关法律,从我市实际出发,继续研究制定有关生态保护、环境治理方面的地方性法规,监督检查政府及其有关部门执行国家关于环境保护和资源开发方面法律法规的贯彻情况,监督检查政府及其有关部门对松花江流域水污染防治和污染减排计划的实施情况,监督检查政府及其有关部门对磨盘山水库等重大工程项目生态保护措施的落实情况和对发展循环经济、节能降耗减排、环境综合整治等工作开展情况。要督促政府有关部门由防治污染向保护生态延伸,由城市综合整治向农村环境治理拓展,关注森林保护,关注资源开发,关注"三废"处理,关注城乡环境整治,促进环境保护与转变经济增长方式和优化产业结构相结合,促进人口、资源、环境相协调,促进人与自然相契合,以较小的资源环境代价,赢得较快的、更长久的发展。

4、要在推动依法治市上下功夫。和谐社会是法制社会,科学发展是有序发展。依法治市,是依法治国的重要组成部分,是依法治国基本方略在我市的具体体现。我们学习实践科学发展观,就是要发挥市人大及其常委会在依法治市中的主导作用。应该说,市人大常委会成立以来,围绕经济建设、环境保护和社会发展,积极开展地方立法,共制定、修订和废除地方性法规160部,其中制定了89部,修改了59部,废止12部(资料数据由人大法工室提供),在促进我市改革开放、推动经济社会发展、完善市场经济体制等方面发挥了重要作用。但与形势发展的需要相比,我们在立法方面也存在一些问题,表现在法规的结构不够合理、立法质量不够高、立法的手段和途径不够科学,特别是部门立法倾向比较严重,等等。为此,我们必须牢固树立社会主义法治观念,按照立法要正、执法要严、司法要公、违法要究、普法要广的总体要求,一方面要积极适应我市经济社会发展的需要,在与上行法不抵触的前提下,加快制定地方性法规,做到有法可依。另一方面,要按照宪法和法律的规定,认真开展执法检查工作,保证宪法、法律法规在我市的有效实施,做到执法必严。同时,要按照监督法的规定,突出执法检查的重点和难点,对行政机关依法行政、司法机关公正司法中存在的问题,督促有关部门迅速整改,做到违法必究。另外还要继续深入开展法制宣传教育,活化形式,突出重点,开展法律进机关、进企业、进乡村、进社区、进校园活动,做到普法要广,大力培育和努力形成全民知法、懂法和守法的良好习惯和社会风尚。

5、要在推动人大代表工作创新上下功夫。人大是由各方面代表组成的具有广泛代表性的国家权力机关,是党和国家联系群众的重要桥梁,也是人民群众表达意愿、实现有序政治参与的重要渠道。胡锦涛同志在十七大报告中指出要"保障人大代表依法行使职权,密切人大代表同人民的联系"。我市有各级人大代表1.6万余人,这支政治力量在我市经济发展和社会建设中已经和正在发挥着重要作用。但由于历史和现实诸多因素的影响,代表工作仍存在一些问题,比如代表知情知政渠道比较单一狭窄,比如部分代表履职的自觉性和主动性不强,比如个别代表素质和能力较低,等等。解决这些问题,要求我们必须创新人大代表工作,在完善机制、拓宽渠道、探索方式方法等方面下功夫。一是要根据代表工作的特点,进一步健全代表工作制度,通过建立人大常委会成员走访代表制度和人大代表重要信件直通制度、代表履职档案制度等,完善人大常委会与人大代表的联系机制,保障代表的民主权利。二是要根据代表工作的规律,探索发挥代表作用的方法,通过多层次、多形式组织代表开展调研和视察活动,健全代表向选民述职制度、代表约见"一府两院"工作人员制度等,引导和激励代表在关注民生问题和促进经济社会发展中发挥积极作用。三是要根据形势的发展和工作大局的需要,本着突出中心、关注民生、抓住热点、注重实效的原则,采取多种方式引导代表提高议案和建议的提出质量,为科学决策提供有效依据。四是要针对部分代表综合素质和履职能力较低的实际,积极搭建和努力探索提高代表素质的平台和方法,通过加强和规范闭会期间代表活动,通过丰富代表培训内容,创新培训形式,努力增强代表的民主意识、法律意识和职责意识,不断提高代表的综合素质和履职能力。

三、加强自身建设,努力提高学习实践科学发展观的能力

党员是贯彻落实科学发展观的骨干,党员领导干部是贯彻落实科学发展观的中坚。毛泽东同志说过:"政治路线确定之后,干部就是决定因素"。常委会机关的党员干部特别是领导干部有没有牢固树立科学发展的理念,是不是具备谋划和推动科学发展的能力,在很大程度上决定着学习实践科学发展观的成效。

1、不断提高学习能力。学习是提高工作能力的基础和前提,一个善于学习的组织和个人才能不断进步、有所作为。人大工作的政治性、法律性、政策性、专业性都相当强,而且面临的新情况、新问题越来越多,这就要求我们必须提高学习能力。一是要按照科学发展观的要求,带着思想和工作中的问题学习,增强学习的针对性。二是要从工作需要出发,认真学习国家的法律法规,学习人民代表大会制度和人大工作业务知识,优化知识结构,增强学习的系统性。三是要坚持学以致用,把学习成果转化为谋划工作的思路与解决问题的举措,增强学习的实效性。

2、不断提高调研能力。调查研究是成事之基、谋事之道,是做好工作的基本功。人大及其常委会作为国家权力机关,要行使好宪法和法律赋予的神圣职权,必须深入基层、深入群众,切实搞好调查研究,掌握第一手资料,确保审议重大事项时拥有话语权,确保所提出的建议、所做出的决策切合实际。一是要善于关注全局,审视和掌握全市、全省乃至全国经济社会发展的总体形势,增强调查研究的前瞻性。二是要善于把握规律,研究和探索新形势下人大工作的特点、思路、模式和路径,增强调查研究的指导性。三是要善于抓住典型,挖掘和总结全市人大工作的各方经验和各类典型,增强调查研究的引导性。四是要善于突出主题,针对不同对象、不同领域采用不同的方式方法,增强调查研究的层次性。

3、不断提高组织协调能力。人大工作是一项牵涉诸多领域、诸多层次、诸多方面的系统工程,这就要求我们坚持统筹兼顾这一科学发展观的根本方法,学会"弹钢琴",按照"贯通上下、联系左右、协调内外"的要求,既要把握大局,又要突出重点;

既要讲政治讲原则，又要讲策略讲艺术，做到对上加强联系、对下做好服务、对外搞好协调、对内讲究团结，增强能办事、会办事、办好事的本领，确保机关工作顺畅有序运转。

4、不断加强制度和作风建设。加强制度和作风建设是学习实践科学发展观活动取得实效的重要保证。制度具有稳定性、长期性和强制性等特点，对于将工作纳入科学化、规范化轨道具有根本作用。我们要从工作实际需要出发，在立法、监督、重大事项审议以及机关运转等方面，进一步加强制度建设，完善工作机制，健全工作体系，不断提高人大工作的整体效能。作风，是一个人内在素质的外在表现，是一个单位整体形象的具体反映。我们要利用学习实践科学发展观这一契机，进一步加强机关作风建设。一是要坚持求真务实，深入实际、力戒飘浮，多办实事、力戒空谈，勇于负责、力戒推诿，扎扎实实地推进各项工作。二是要坚持严谨细致，对重要会议、重要活动要超前考虑、及早谋划、提前协调，做到规范有序、严密周到，快捷高效。三是要坚持改革创新，按照“管理有序、保障有力”的要求，创新服务理念，完善服务机制，在服务中加强管理，在管理中优化服务，努力创造良好的工作和生活环境。

同志们，以上就是我对科学发展观的粗浅认识、初步体会、个人想法，不当的地方请大家指正。谢谢！

专题审议之管见

贵州省铜仁市人大常委会　田儒仪

审议是人大代表在人代会期间执行职务、行使权利、代表人民管理国家和地方事务的重要形式。如何提高代表的审议质量，是地方人大常委会在组织人代会时所面临的重要课题。笔者结合人大工作实践，从以下几个方面进行探讨。

一、开展专题审议的必要性。

一是有利于调动代表参加审议的积极性，防止“孤芳自赏”。由于审议时主题不统一，代表审议时往往问题不集中，致使代表审议变成了“孤芳自赏”，无实际效果，影响了代表审议的积极性。而专题审议，则要求“一府两院”列席人员与审议议题有关的人员参加，从而增强了审议的针对性和实效性。

二是有利突出审议重点，防止“王婆卖瓜”。在有些审议中，一个突出的特点是有的代表在审议发言时，谈的要么是本部门、本单位、本村本组的工作与困难，要么就是要钱要物的多，有的干脆把审议发言变成了工作汇报或自我推销，忽视了宏观性、全局性要求，忘记了审议要达到的目的、这种“只见树木，不见森林”式的审议，除了说明代表履职能力不强外，多少有点“王婆卖瓜，自卖自夸”之嫌，开展专题审议，限定议题，就给那些“王婆卖瓜”的代表进行了规范，突出了审议的重点，有利于提高审议的质量。

三是有利增强会议透明度，防止“内部失真”。由于审议更多的流于程序化，没有多少“新闻亮点”，新闻媒体在进行报道时，往往是模式化、一般化的报道，没有多少新闻卖点，也难引起社会各界的关注。久而久之，审议逐渐失去了透明度，变成了“失真”的内部发言，没有多少价值和意义，开展专题审议，由于议题与民生利益息息相关，代表审议质量较高，新闻媒体现场报道时，能够原汁原味地报道代表为民代言的声音，能引起社会的广泛关注，增加会议的透明度，扩大代表的影响力，推动人代会各项目标任务的落实。

四是有利于基层代表发言，防止“领导包场”。领导高谈阔论，基层代表“坐冷板凳”是有的人代会审议时常见的现象。开展专题审议，根据议题组织基层代表进行审议，既给基层代表发言机会又听到了来自基层的呼声，有利调动代表参政议政的积极性，又防止因“领导包场”，套话连篇的尴尬现象出现。

五是有利增强审议实效，防止“说了白话”。开展专题审议，事先确定好审议议题、发言代表、列席人员，进行充分的审议准备，做到目标明确，重点突出，说服力强，效果明显。

二、开展专题审议的特点。

一是主题明确。在“一府两院”工作报告或人大常委会工作报告中，确定一个重点内容作为专题审议的主题，组织代表围绕这个主题集中审议发表意见。

二是审议集中。主题确定后，组织代表集中审议是十分重要的环节。打破过去编组习惯，围绕主题从各代表团中选择相关专业、行业的代表组成临时小组专题审议。

三是准备充分。一要提前确定主题。二要提前将审议的议题告知代表，作好发言准备。三是根据议题确定相关的"一府两院"负责人及政府工作部门负责人列席会议，听取审议意见，为落实审议意见作准备。四是督办及时。代表在专题审议中，提出的建议、批评和意见，能够得到审视和认真办理，并督促办理落实到位。

三、开展专题审议须注意的问题。

一是审议议题要"准"。要选择关系本地经济社会发展中的重点问题、"瓶颈"问题和群众关注的"热点难点"问题作为专题审议的内容，于会前组织有关人员进行深入调研，征求有关代表意见，力求把问题找准。

二是审议准备要"早"。根据审议议题需要，选择综合素质较好、语言表达能力和责任意识较强又熟悉相关工作的代表参加专题审议。审议议题要让代表早知道利于准备充分；参加审议的领导与列席人员要早通知，做好相关工作，回答代表提问，增强审议实效。

三是审议发言要"精"。一要确定代表作好充分的发言准备，反映的问题要准确、具体，意见要中肯、合理，建议要切实可行。四是审议督办要"实"。专题审议不是目的，重点要切实整改，落到实处。

紧紧围绕"四心"　提升人大工作水平

河南省平顶山市人大常委会主任　薛新生

一、围绕核心，始终不渝地坚持党的领导

中国共产党是中国特色社会主义事业的领导核心，在这个"核心"问题上，各级人大和人大代表必须要有坚定的立场，鲜明的旗帜，绝不能有丝毫动摇。要始终紧紧围绕坚持党的领导这一根本原则，加强政治建设、思想建设、组织建设、制度建设和作风建设，在履行各项职权时，把坚持党的领导、人民当家作主和依法治国有机统一起来，把对党负责和对人民负责有机结合起来，自觉增强党的观念，讲政治、顾大局、守纪律，始终把人大工作置于党委的领导之下。

在市九届人大一次会议闭幕式上，市委书记赵顼霖同志明确提出：提前五年实现全面建设小康社会，走在全省前列、率先实现崛起的奋斗目标，赵书记的重要讲话，把科学发展观的理论与我市的发展实际紧密结合，为我市各项事业发展指明了方向，也为我们作好新形势下的人大工作指明了方向，全市各级人大和人大代表要站在我市科学发展的战略高度，认真学习和贯彻落实赵书记的重要讲话精神，围绕市委意图谋划人大工作，紧跟市委部署开展人大工作，执行市委决策落实人大工作，保证目标同向、思路同轨、行动同步，努力实现党的领导和依法办事的统一，党的主张与国家意志的统一，从制度上、程序上保证市委意图的实现，确保人大工作始终沿着正确的政治方向前进。

全市各级人大要始终坚持在同级党委的领导下开展工作，做到重大事项及时向党委请示汇报，重要工作和重大活动事先征求党委的意见，争取党委的支持，围绕党委决策行使人大决定权，围绕党委的目标任务行使人大监督权，围绕党委人事安排意图行使人大任免权，认真完成党委交办的各项任务。要坚定不移地贯彻执行党的路线方针政策，通过人大法定程序实现党的主张和意图，把党委的重大决策部署，通过人大决议、决定等形式上升为人民的意志，各级人大和人大代表要带头坚决执行，贯彻落实到全市工作的各个方面。要把党委推荐的人选，通过法定程序选举任命为本级国家机关的领导成员，坚持党管干部与人大常委会依法任免干部的有机结合，实现党内工作程序和人大及其常委会法定程序的有机统一。

二、服务中心，始终不渝地增强依法履职实效

市九届人大一次会议明确提出，经过五年的努力，到2013年基本建成全面小康社会，力争实现“两个翻番”、“两个基本完成”、“两个明显提高”，在全省率先崛起。实现上述目标，就是全市的大局，全市的中心，全市的第一要务。全市各级人大和人大代表，都要以科学发展观为统领，紧紧围绕目标任务，找准履行职责的立足点、开展工作的结合点、发挥作用的着力点。要牢牢把握“保增长、保民生、保稳定”的工作大局，立足于监督支持各项重点工作的落实、各项目标任务的完成，依法行使宪法和法律赋予的各项职权。

要紧紧抓住涉及全市科学发展的重大事项，进一步建立健全决定重大事项的调研选项机制、科学论证机制、民主决策机制、监督落实机制，切实提高决定重大事项工作的科学性和实效性，努力使决议、决定的形成和落实，更加突出发展主题，更加贴近市情民生，更加符合人民意愿，更加富有工作成效。今年，应对国际国内复杂多变的经济形势，我们要牢牢把握国家“扩内需保增长”的战略机遇，对我市重要的基础设施建设、扩大市场需求、打造战略产业、推进新农村建设、提升城市水平、深化改革开放、构建和谐社会等重大问题开展深入调研，适时作出决议决定。要进一步加强和改进监督工作，综合运用监督手段，把工作监督与法律监督结合起来，把专项监督与综合监督结合起来，把初次监督与跟踪监督结合起来，把推动自行整改与依法纠正结合起来，抓住那些带有普遍性和倾向性、经过努力可以解决的突出问题作为监督工作的突破口，切实增强监督工作的针对性和实效性。今年，我们要从我市经济社会发展的实际出发，听取审议市政府关于计划、财政、审计、“扩内需、保增长、调结构”重点工程项目建设、“家电下乡”及“万村千乡市场工程”、农产品质量安全监管、“城中村”改造、水污染防治、法院民事审判、检察院刑事监督等专项工作报告；对农业机械化促进法、税收征收管理法、义务教育法、矿产资源法、大气污染防治法等法律法规贯彻实施情况开展执法检查；组织人大代表对重点工程项目、重点基础设施建设、“十件实事”落实情况等进行专题视察，着力解决经济社会发展中不适应科学发展的疑难问题，监督和支持“一府两院”依法行政、公正司法，为我市科学发展提供一个良好的法制环境。

人大代表是国家权力机关的组成人员，在政治、经济和社会生活中发挥着重要作用。各级人大代表要始终站在政治和全局的高度，充分认识自己肩负的重大使命，以高度的政治责任感，依法履行代表职责。一是要充分发挥议事决策作用。今后我们将进一步扩大代表对常委会工作的参与，继续坚持邀请代表列席常委会会议制度，凡是常委会组织的专项审议、执法检查、工作视察以及督办信访案件等重要工作和重大活动，都要尽可能地多安排代表参加。人大代表要珍惜这些参与决策的机会，围绕改革发展稳定大局和群众普遍关注的问题，积极建言献策，推动各项工作的开展，促进各项决策、措施的落实；二是要充分发挥模范带头作用。人大代表的法律地位、职责及其肩负的使命，决定了人大代表要牢固树立中心意识、大局意识、发展意识，始终站在时代前列，以振奋的精神投身发展，以过硬的本领驾驭发展，以优良的作风推进发展，在政治、经济、文化和社会生活等各个领域，争当解放思想、求真务实的模范，争当科学发展、干事创业的模范。

三、紧贴民心，始终不渝地维护人民群众的根本利益

人大是权力机关，又是民意机关。人大工作必须紧贴“民意之所趋、民情之所在、民心之所属”，坚持一切为了群众，一切依靠群众，始终保持同人民群众的血肉联系，把实现好、维护好、发展好人民群众的根本利益作为人大工作的出发点和落脚点。

人大最大的优势是密切联系群众，最大的危险是脱离群众，各级人大和人大代表都要坚持走群众路线，坚持全心全意为人民服务。各级人大和人大代表都要切实把关注民生、改善民生、构建和谐社会作为义不容辞的责任，与广大人民群众保持血肉联系，始终把人民利益放在第一位，把群众的呼声作为第一信号，把群众的需求作为第一选择，把群众的满意作为第一标准，真诚倾听民声，真心体察民情，真实反映民意，真正维护民权，做到权为民所用、情为民所系、利为民所谋。要把以人为本落实到不断提升人民群众的幸福指数上，把全面协调可持续发展落实到“生态建市、产业立市、文化强市、和谐兴市”的实践中去，支持和监督政府努力解决好人民群众最关心、最直接、最现实的问题，促进民生质量的有效改善。

代表是人民群众选举产生，代表人民行使管理国家事务的权力，代表来自人民群众，植根各行各业，通过代表作用的发挥，就能够团结方方面面同心同德，共同为率先崛起努力奋斗。因此，每个人大代表都要紧紧围绕人民群众的切身利益，履行职务，开展工作，充分发挥作用，切实把党的主张、人民的愿望统一在人大代表依法行使职责的全过程，始终做到对人民负责，为人民办事，受人民监督，让人民满意。

四、彰显公心，始终不渝地加强人大自身建设

加强各级人大和人大代表的自身建设，是更好地发挥地方国家权力机关作用的先决条件。人大作为国家权力机关，一定要彰显公心，这是宪法和法律的要求，也是党和人民的期盼。无论是作为各级人大常委会这个集体，还是作为人大代表个人，任何时候、任何情况下，作决策、办事情，都必须坚持立党为公，公道正派、清正廉洁，自觉做到视人民为上、看名利为下，待事业为重、置得失为轻，常思贪欲之害，常弃非分之想，常怀律己之心，常修从政之德，常怀忧国忧民之心，常思为国为民之策，做服务群众、艰苦奋斗、求真务实、知难而进、敬业奉献和廉洁自律的表率。

当前，摆在各级人大和人大代表面前的一项重要任务，就是要带头深入开展学习实践科学发展观活动，认真学习贯彻党的十七大和十七届三中全会精神，深刻领会科学发展观的内涵，把科学发展观落实到人大的各项工作中。要进一步在各级人大和人大代表中"讲党性修养，树优良作风，促科学发展"，"学先进、比创新、看实效"，认真学习焦裕禄事迹，大力弘扬焦裕禄同志的公仆、奋斗、求实、无畏和奉献精神，培养和铸造忠诚、爱民、科学、创造、实干、奉献的精神内涵，始终保持为党和人民工作的蓬勃朝气、昂扬锐气和浩然正气。要加强制度建设，建立健全各项规章制度，创新人大工作机制，不断促进常委会工作制度化、规范化，提高工作质量和效率。要加强勤政廉政建设，不断增强常委会组成人员恪尽职守的自觉性，增强对党和人民事业的责任心，争做焦裕禄式干部，争创焦裕禄式业绩，树立各级人大和人大代表的良好形象，以过硬的自身素质推进人大工作继往开来、与时俱进、不断创新。

对人大信访工作的几点思考

吉林市白山市人大常委会副主任　李钟熙

科学稳步推进人大信访工作，切实履行人大对"一府两院"工作及法律实施监督职责，提高人大依法监督的能力和水平，是人大信访工作的职责；但是，在贯彻监督法过程中，面对当前的信访形势和当事人的诉求，人大信访工作的体制、机制、形式、方法还有许多需要逐步探索解决的问题。笔者认为，应当从以下几种形式及方法上进行探索和运用。

思考之一：坚定不移地坚持党委的领导，依托"一府两院"的自身能力解决问题。人大信访工作不能脱离党中央及各级党委的工作大局。必须牢牢把握党委工作目标和战略部署，定期报告人大信访工作及动态。重大信访事项要及时向党委报告或报送党委信访联席会议。在信访事项的处置上应当积极寻找维护党委统一工作部署与维护人民群众合法权益的最佳切合点，争取使人大信访工作在促进发展、保证民生、维护稳定方面有所作为。必须坚持实施人大对"一府两院"的依法监督，支持他们依法独立行使行政权力和司法权力。实践中，人大信访工作主要是对"一府两院"实施工作监督，具体说是行政或司法结果监督，不能干预他们的正常行政或司法程序。

思考之二：把人大的工作监督与法律监督有机结合起来。监督法虽然没有对信访工作的监督程序进行相关的规范，但是，如果把信访工作或把信访工作信息及成果孤立对待，单独运用在解决一个又一个信访问题上，是人大工作资源的最大浪费。因为，人民群众最直接的声音、最贴切的要求、对"一府两院"行政司法能力和依法执行能力的评价，在信访渠道都会真实地反映出来。所以，人大专门工作委员会应当在搞好对"一府两院"程序性监督的同时，参与部分相关重点信访事项的处置，可以提高重点监督工作的针对性。人大常委会每年根据信访渠道反映出来的热点问题及人民群众集中反映的问题，确定年度监督议题，可以提高人大常委会监督工作的针对性。

思考之三：充分发挥人大代表在人民代表大会闭会期间的地位和作用。实践中我们看到，不少人大代表在人代会闭会期间作用发挥得不够充分，尤其是在了解民情、反映民意、上情下达方面作为不明显，甚至有的代表对所在选区的社情民意根本不了解，这显然是代表履职不够。就信访和人民群众诉求问题而言，如果人大代表在选区内主动履职，及时悉心听取人民群众的建议，把这些呼声或诉求用代表建议的方式客观反映上来，完全有可能大大减少人民群众上访现象的发生。

思考之四：实行信访事项“代理制”，缓解信访部门压力，提高诉求质量。信访事项“代理制”在有的地区已经取得成功经验，它的最大优势在于规范了上访人的行为，可以提高涉访事项的办结效率。由于代理人的综合素质和行政法律知识相对当事人要好，对诉求事项的合理性及诉求方向比较明确，使问题解决起来无论渠道还是办法都相对明朗，避免了当事人情况说不清楚、要求提不准确、有理合法权益得不到保护、无理胡搅蛮缠现象的发生。信访事项“代理制”特别在处理集体访效果更加明显。

思考之五：强化信访事项事前沟通和协调，提高办理信访事项的效率与水平。信访事项事前沟通协调，实际是一个解决信访事项的机制建设问题和方式方法问题，也可以说是接访人员对上访人的情感和工作态度问题。实践中深深感受到，不少情况比较复杂的信访事项由于采取了转办交办前沟通协调，效果迥然不同，这也是白山市近两年来人大信访数量持续下降的原因之一。切实保护当事人的合法权益、避免重复访及越级访，实现案结事了、息诉罢访，是信访事项事前沟通协调的根本出发点，完全可以取得事半功倍的效果。

思考之六：破解法院执行难问题，应当从案件裁判之初做起。案件执行难是长期困扰法院执行工作的一道难题。但是，法院在对有些民事案件裁判时，采取庭前调节的方式是可以避免法院执行环节的。调解不成必须判决的，法院有义务向索赔方说明赔付方的财产情况及可能产生的执行难问题，必要时，法院应当协调当事人双方签订赔付执行协议。总之，对民商事案件少下判决，多做调解，是破解法院执行难和减少当事人上访的一条最好途径。

加强政府公信力
进一步深化建议提案办理工作

吉林省松原市人民政府办公室议案处处长　洪皤

随着我市经济、政治、文化等方面的不断推进和迅猛发展，人大代表的综合素质的逐步增强，“两会”期间提出的建议数量越来越多，质量也有所提高，涉及到我市经济、文化、城市三大建设的方方面面。为了提高建议办理质量，加大建议提案督办力度，在“两会”结束后的市政府常务会议上，孙鸿志市长多次强调，一定要抓好建议的承办和督办工作，以取信于群众、取信于人大代表。在市政府各级领导的重视下，经过政府各承办单位的共同努力，建议的办理工作取得了一定成效，得到了市人大常委会以及人大代表的充分肯定。极大地提高了政府的公信力，也极大地促进了全市经济社会发展。

为切实抓好建议办理工作，政府各承办单位应以加强政府公信力为着力点，进一步深化认识，增强办理工作的责任感。

首先要充分认识到办理建议是一项政治性很强的重要工作。人民代表大会制度是我国的根本政治制度，人大代表对政府工作提出建议、批评和意见，是依法监督政府工作的重要方式。认真负责地做好建议办理工作，是人民政府自觉接受人大及其常委会的法律监督的具体体现，同时，对促进政府决策的科学化、民主化，改进政府的工作作风，保证把人民赋予的权力用来为人民谋利益，都具有十分重要的意义。因此，政府各承办部门应该责无旁贷地认真负责地办理好人大代表建议。

其次，要充分认识到办理建议是政府密切联系人民群众的具体体现。人大代表建议是从更高层次反映人民群众的呼声和愿望，凝聚着代表的心血和智慧，表达了他们对政府工作的关心和支持。办好建议，是实践“权为民所用、情为民所系、利为民所谋”的真实体现，对于密切联系群众，体察民情，了解民意,集中民智,珍惜民力,实现好、维护好、发展好最广大人民群众的根本利益,保证人民群众共享改革发展的成果,争取人民群众一如既往的拥护和支持政府的工作都具有非常重要的作用。说到底就是如何践行"执政为民"的问题,如何对待人民群众的问题。

第三,要充分认识到办理建议是实现全市又好又快发展的客观需要。从往年的情况看,代表提出的许多高质量的建议提案,对我市经济社会发展起到了一定的推动作用。近年来,市人大代表的履职能力在不断提高,他们紧紧围绕我市经济社会发展的大局,在广泛调查研究的基础上提出的意见和建议,闪烁着真知灼见。许多建议着眼于经济社会发展中的突出问题,着眼于与人民群众切身利益密切相关的热点、难点问题,一些意见切中时弊,很有见地,很有针对性,是送上门的"点子"和"良策";一些具有一定宏观性、前瞻性的意见,对政府部门的科学决策能起到很好的参考作用。政府各承办部门应该认真对待、积极办理建议,这样可以激发社会活力,鼓励和支持社会各界人士为我市经济社会又好又快的发展积极贡献力量。

建议年年都在办,年年都应该有新的成效。政府各承办部门要建立"一把手"亲自抓的责任制。改进工作作风,进一步提高建议办理工作的整体质量。

第一,树立求真务实、注重实效的工作作风,把解决实际问题作为办理工作的重中之重来抓。建议要真正体现其价值,关键在于承办单位切实提高办理质量,把解决实际问题作为办理工作的出发点和落脚点。近年来,以"办复率、见面率、满意率"作为衡量办理工作的标准,统计的数字似乎令人欣慰,但有些情况值得深思。有代表反映,少数单位的答复只是做应景文章,开空头支票,开始令人高兴,结果不如人意,有些问题仍然没有解决。必须指出,面商不等于解决问题,答复满意也不等于问题已经解决。我们应当把办理工作的着力点真正放到研究解决代表反映的改革发展稳定的重大问题和群众关心的生产生活的突出问题上来,切不可满足于"件件有回音",为答复而答复,关键是要做到"事事有着落"。凡是有条件解决的,要尽可能集中力量尽快解决;对涉及面广、情况比较复杂的问题,可以纳入各部门的研究课题,通过专题调研,积极寻找解决问题的途径和方法;对因条件所限一时难以解决的问题,要订出计划,创造条件,逐步解决,并将有关情况及时反馈给代表;确实还不具备条件解决的,要实事求是的、诚恳的、负责任的向代表说明理由,释疑解惑、理顺情绪、增进和谐。各承办单位还要对往年承办的建议进行"回头看",主要内容是三个方面:一是对已办结的建议,看其中有无需进一步完善的地方;二是对时间跨度长、已着手解决但尚未完成的事项,看能否如期完成;三是对原来没有条件解决的问题,看目前是否具备条件可以解决。在办理工作中,要立足全局,举一反三,力求取得解决一个问题,推动一方面工作的效果,使办理建议的过程真正成为解决问题、改进工作,为人民办好事、办实事的过程。

第二,强化责任意识,创新办理方式,进一步提高办理工作质效。一是强化责任意识,树立大局观念,正确处理好主办与会办的关系,在建议承办过程中不得相互推诿和扯皮,主办单位要主动承担任务,切实负起第一责任,会办单位要积极配合主办单位,主动按照要求在规定时间内做好协助办理工作。二是创新办理方式。市政府领导多次强调在办理过程中,要积极采取各种形式与代表联系沟通,与他们共商解决问题的办法,提倡和要求"走出去、请进来"共商解决办法的作风。对于那些较普遍的问题,把提出建议的代表请到一起,进行认真研究、认真解决。有些问题,提议人不多,但涉及到一片,可以登门拜访,探讨研究,甚至到现场商榷解决办法。有些问题,不需要到现场,只需通过学习政策,宣传政策,分清是非就可以解决的,请提议人上门来视察,向他们汇报工作,求得理解和支持。坚持杜绝不分青红皂白,拿来一看,就简单地给个文字回复现象。防止和克服"你提我答"、"文来文往"的简单工作方式。

第三,坚持依法办理,提高办理工作的法制化水平。依法行政是各级政府和各部门的必然要求,依法办理建议是必须遵循的法制原则。代表提出建议提案是法律赋予他们的权利,政府各承办部门能否按规定办理和答复,是依法行政的具体体现。这就要求承办部门在办理过程中尊重代表的权利,做到依法办理和答复。要认真学习和贯彻办理工作有关规定,市政府制定出台了关于办理建议工作的相关规定(《关于建立议案办理工作"三级负责制"及有关事宜的通知》松政办发[1997]12 号、《关于做好人大代表议案建议和政协委员提案办理工作的通知》松政办函[2007]8 号、《关于做好人大代表议案、建议和政协委员提案办理工作考核办法》),对办理的原则、程序、基本制度和考核办法等问题,作了明确具体的要求,是我们承办单位办理工作的具体依据,各单位要认真学习,准确理解,并切实贯彻落实。在办理过程中,要做到"心中有法,行必循法,办必合法"。遵循法定的程序,不得超越法定的职权范围,更不能以权代法、以言代法或肆意违法。特别是对一些涉及宏观政策的重大问题更要审慎,坚持先请示后答复,绝不能以一家之言代替政府决策。

第四,加强组织领导,确保建议办理工作落到实处。市政府各承办部门应该把办理建议工作作为一项严肃的政治任务,摆上重要日程,加强组织领导,加大工作力度,按照办理工作的总体要求,专题研究部署。要把办理工作作为一项"一把手工程",做到领导带头抓,一级抓一级,层层抓落实,建立健全"主要领导亲自抓、分管领导具体抓、经办人员全力抓"的责任制,明确分工,细化责任,强化措施,做到有部署、有检查、有落实。特别是对于那些事关全局的重点、难点、热点的建议提案,要组建过硬的承办队伍负责办理。对一些涉及面广、办理难度大的建议提案,承办单位要提出意见,报市政府分管领导审核把关。

第五,强化督促检查,确保建议办理工作按时完成。在办理过程中,我们要加强与市人大人选委的联系,争取他们的指导和帮助。进一步深化督促检查和协调服务工作,注重跟踪抓落实,帮助承办单位协调解决一些棘手问题;积极参与市人大组织的办理工作督促检查,及时总结承办单位好的经验做法,加大宣传力度;对办理工作拖拉、敷衍的单位,要敢于监督,必要时给予通报批评。各承办单位要加强办理工作的自查,严格审核把关,特别是对一些工作不落实、代表不满意的建议提案,要抓紧抓好重新办理工作。

关于发挥人大作用　维护人民群众利益的调研报告

广东省韶关市人大常委会副主任　朱金雄

最近,根据市委的部署,我们就"发挥人大重要作用,维护人民群众利益"问题进行了专题调研。我们在对市、县两级人大特别是市人大近几年的工作情况进行总结的基础上,认真研究和分析工作中存在的问题,特别是监督法颁布实施后出现的新情况、新问题,对于在新时期下如何进一步做好人大工作,发挥人大作用,更好地维护人民群众的切身利益,形成了一些意见和建议。

一、人大在维护人民群众利益方面所做的工作及成效

(一)行使重大事项决定权,推动和支持政府为人民多办实事。以市人大为例,近三年来,代表大会就先后表决通过了《关于将市区黄岗山、芙蓉山、莲花山纳入城市生态公园规划、建设和管理的议案的决议》、《关于综合整治浈江河水污染问题的议案的决议》和《关于加强武江河流域水污染防治的议案的决议》三个议案决议。代表大会结束后,常委会又督促市政府按照代表大会决议的要求,加紧制定实施方案,尽快付诸实施。三个议案,要做的都是与人民群众的生产生活密切相关的大事。浈、武两江特别是武江的水污染治理,对于保护江河水质,保障人民饮水安全,保护生态环境具有重大的意义。城市生态公园的建设,则为市民提供一个休憩游玩健身锻炼的好去处,还将大大地改善市区的空气质量,优化市民的居住环境。为了将上述事情办好,市人大不仅督促政府抓紧制定实施方案,而且自身也做了大量调查研究和组织视察工作,在审议中提出了许多建设性的意见,帮助政府对实施方案作进一步的完善。其中关于建设城市生态公园的实施方案,常委会还是经过二次审议才予批准通过。三年来,在市人大的推动和支持下,浈武两江流域水污染的治理进展顺利,河水水质明显变好。城市生态公园的建设也克服了种种困难,逐步展开。

(二)监督法律、法规的正确实施,依法维护人民群众的利益。几年来,人大加强了对民生问题的关注,把事关人民群众切身利益的问题,列为常委会监督的重要内容。还是以市人大为例,从2004年到2006年三年间,常委会审议专项工作报告和开展执法检查的内容,就涉及到大部分群众关心的

热点难点问题，如公共场场所卫生管理、农民减负增收、扩大和促进就业再就业、城市房屋拆迁、药品管理、民办教育、互联网上网营业场所管理、侨眷权益、法院执行工作、农村合作医疗保障、妇女权益保障、农村义务教育学校生活设施改造和“新装备工程”建设等等。正是由于常委会的监督，使有关法律、法规得到较好落实，有效地维护了人民群众的利益，促进了相关事业的发展。就连一些历史上久拖不决的老大难问题，也由于人大强有力的监督而得到彻底解决。如自上世纪七十年代以来就存在的消雪岭华侨茶场的土地纠纷问题，就是在市人大组织的归侨侨眷权益保护法的执法检查的推动下得到圆满解决的。

（三）加强预算监督，保证把有限的财力用于人民群众最急需发展的事业。我市是经济欠发达山区，县级财力相当薄弱。如何保证把有限的财力用于发展人民急需的事业，加强预算监督无疑是一项极重要的措施。在这方面，始兴县人大对重点领域实施重点监督的做法，给我们留下了极其深刻的印象。一段时间里，该县在教育附加费的使用上曾存在着“乱开口子”、“一支笔”、“领导说了算”等不规范、不科学的做法，这不但极易产生腐败，而且加剧了教育经费的短缺，严重影响了教育事业的发展，群众反应强烈。为此，近几年，县人大特别加大了对教育附加费分配和使用情况的监督，每年由政府及教育主管部门制定分配计划交人大常委会审查并作出决议，财政部门再按照人大常委会的决议定期、定额划拨，从而有效地防止了挪用、乱用教育附加费的现象，保证了教育附加费不但百分之百用于发展教育，而且得到了科学合理的安排使用。因此，近几年，该县尽管财政能用于教育的钱不多，但教育事业却得到了长足的发展，教学条件得到了较大的改善。三年前，县城所有学校都已建成为等级学校，高中普及率达70%以上。今年，始兴中学创建省级示范高中又顺利通过达标验收，群众普遍关注的教学质量问题也逐步得到解决。

（四）支持人大代表依法履职，充分发挥人大代表的作用。近几年，特别是中央九号文件下达之后，市、县人大按照中央九号文件的精神，进一步加强和改进了代表工作，通过拓宽代表知情知政渠道，加强代表培训和服务代表的工作，增拨代表活动经费等措施，为代表依法履职创造了良好的条件，极大地激发了广大代表依法履职的积极性，增强了他们为人民服务的责任心。主要体现在三个方面：一是积极提议案和建议，不但数量上有所增加，而且质量上也明显提高。二是代表的模范带头作用大大加强。如浈江区，在前些年整治商业街站南路和关闭小煤窑的工作中，业主中的人大代表就带头按要求处理了自己的物业，并积极配合区委、区政府做好其他业主的思想政治工作，在人大代表的模范带头作用下，整治站南路和关闭小煤窑的工作得以顺利进行，群众的利益得到了较好的维护。三是代表活动更有针对性、时效性。如黄烟之乡的南雄市，针对今年国家出台新的扶持烟农的收购政策，而当地在执行过程中却出现了损害烟农利益的现象，人大常委会就及时组织人大代表就有关黄烟生产和收购的问题进行专题视察，及时地将广大烟农的呼声反映给市政府和烟草主管部门，要求市政府加强与烟草公司的协调，切实解决好黄烟收购中出现的问题，以维护广大烟农的利益，促进烟叶生产的持续健康发展。代表们表示，他们将密切关注事情的进展，直到问题得到妥善解决。

（五）做好群众来信来访工作，千方百计为群众解决实际困难和问题。群众来信来访反映的问题，绝大多数是与群众利益直接相关的问题，而来人大的上访者，相当部分又是在向其他信访部门投诉无果的情况下来到人大的，因此，做好群众来信来访工作，帮助来访群众解决实际困难和问题，对于维护党和政府的威信，具有重要的意义。几年来，人大以对工作的极端负责任和对同志对人民极端热忱的精神，对待每一次来信来访，充分利用人大的政治优势和工作特点，促使问题的解决和矛盾的转化。例如，始兴县罗坝镇有一位妇女，因为丈夫是外地籍人，被村小组剥夺了全家参加集体经济分配的权利。她将官司告到法院，法院却认为这类事不好受理。县人大的内司工委即主动与法院联系，交流对该诉讼案有关法律问题的认识和理解。最后，法院依法受理了此案，并作出了公正的判决，维护了该农户的合法权益和农村社会的公平正义。又如今年三月，曲江区大塘镇某村小组30人因邻村村民进入本村林地砍伐林木并打伤村民，集体上访，群情激愤。面对这种情况，区人大常委会主持工作的领导当即召集大塘镇镇长与村民对话，要求大塘镇十日内妥善处理好有关问题，同时向村民宣传信访工作条例，从而平息了一起随时可能激化的矛盾纠纷。再如今年五月，翁源县城幸福路的十多位居民反映他们的住宅楼环境受到二家餐馆的严重污染，县人大常委会的分管领导随即带领信访部门的同志前往建设部门了解情况。在了解到问题是因建设部门内部分工条块分割造成的之后,立即召集有关部门负责人会议,进行现场办公,明确了各相关部门的职责,从而使问题很快得到解决。上述事例在人大信访工作中可以说是举不胜举。广大人民群众通过人大信访这个窗口,亲身体会到人大是如何替百姓办事,为人民说话,给群众撑腰的,因此,近几年,在人民群众的心目中,人大的威望是越来越高了。

二、存在的主要问题

1、思想认识上的不足。首先,由于政治体制改革有待推进,"人治大于法治"的现象较为普遍地存在,不少同志对于作为监督主体的人大在政治生活中到底能发挥多大作用?人大的权力运用到什么程度才合适?仍然存在一定疑虑,工作上有畏难情绪。其次,混淆"支持"与"监督"的界线,甚至以"支持"取代"监督",摆不正在"监督"中"支持"的位置,有时在审议或检查中,说成绩多,讲问题少。三是对人大监督的特点缺乏认识,习惯于套用党政部门的某些工作方法,特别是在《监督法》颁布实施后,不少同志因为过去所熟悉的某些作法受到规范,不再提倡,因而产生了消极的情绪,觉得人大的工作倒退了,没法监督了,今后不必那么较真了。

2、行使职权上的不足。重大事项决定权,是人大的一项重要职权。宪法和法律规定,县级以上的地方各级人民代表大会常务委员会讨论、决定本行政区域内的政治、经济、教育、科学、文化、卫生、环境和资源保护、民政、民族工作的重大事项。但调查中发现,不少同志仍然在什么事项才算是重大事项上兜圈子,觉得不好把握,常委会依法决定重大事项权的职权,仍有待进一步到位。事实上,重大事项完全可以也只能通过人们的工作经验和知识能力加以判断,想要给出一个统一的标准,是难以办到的,不现实的。

3、监督力度上的不足。突出表现为监督工作难以到位,监督实效不明显,甚至于流于形式,走过场。究其原因,主要有以下二点:1、对有关监督的法律、法规学习不够,不熟悉有关条文规定,特别是不能全面深刻理解把握立法的精神实质,因此,在遇到法律中仅有原则规定或有关条文含义不太明晰,被监督对象借口监督行为的法律依据不足的时候,就不敢大胆行使监督权,使损害人民群众利益的行为得不到坚决的制止和纠正。2、受中国传统文化影响,加上恪守明哲保身的处事原则,因此,说话含蓄、凡事讲情面,讲问题含糊其词、模棱两可的多,一针见血、鞭辟入里的少。表现在监督的形式上,则是常规性的监督形式运用得多,而质询、特定问题调查、撤职等刚性监督形式用得少,甚至根本没有得到运用。在这次调查中,唯一听到运用刚性监督形式的案例,是前几年南雄市人大常委会曾经打算对一位司法不公、群众意见极大的审判员启动罢免程序,所有的材料和手续都已办好。但是,最后也因种种原因而取消。不敢碰硬,无疑是造成人大监督不力、权威不够的一个重要原因。

4、联系代表和群众上的不足。在联系代表方面,主要表现为平时只重视与政府部门联系,却不大注意与代表沟通,在开展工作调研、执法检查等工作时,更多的是听部门领导的意见,而较少听取人大代表尤其是基层代表的意见。在联系群众方面,普遍反映的一个问题是,县级人大目前还没有专门的信访机构,甚至没有专门的负责信访的人员,这在很大程度上影响了对群众来信来访的接待处理,更难以对群众来信来访进行综合分析,找出共性问题提交常委会进行决策。

三、发挥人大作用,维护人民群众利益的若干思考

(一)正确处理好党的领导、人民当家作主与依法治国关系。要把党的领导、人民当家做主与依法治国有机地统一起来。作为党委,要重视发挥人大的作用,把加强人大制度建设、发挥人大作用作为提高党的执政能力的重要方面;要善于运用国家权力机关处理地方事务,将属于人大及其常委会职权范围内的、有关地方经济社会发展的重要主张,作为建议提交人大及其常委会讨论决定,使之经过法定程序成为国家意志,成为全体人民共同遵守的行为准则;要支持人大依法实施对"一府两院"监督,同时教育和督促"一府两院"自觉接受人大的监督。作为人大,要自觉接受党的领导,确定每年的工作要点要与党的中心工作和总体部署相一致,相配合;作出决议、决定要事先向党委请示报告,坚持对党的负责与对人民负责的一致性,党的主张与人民群众的意志统一起来。

(二)学好用好监督法。要从发展社会主义民主政治,坚持走中国特色社会主义政治发展道路的高度,全面地准确地完整地领会和把握监督法的精神实质,严格按照监督法的规定办事。首先,要严格遵守法定的程序和要求。对听取审议专项报告的议题和开展执法检查的内容,要根据监督法规定的六条途径确定；对过去的工作和做法，符合监督法规定的要加以完善提高，与监督法的规定和精神不相符的，要做出调整，并加以规范。第二，要突出重点。真正把监督工作的重点放到关系改革发展稳定大局和涉及民生、社会普遍关注的重大问题上。对决算、预算的审查，要将重点放到监督法所列的内容上。第三，要搞好调查研究，不但要向监督的对象作调查，更要向人大代表和广大人民群众作调查，使我们的调查正确反映客观真实，反映广大人民群众的意愿和要求，防止狭隘部门利益的干扰。四是学会综合运用各种监督手段。要在进一步做好听取和审议专项工作报告、审议计划和预算、开展执法检查、审查规范性文件等经常性监督工作的同时，学会善于运用质询、特定问题调查、撤销不适当决定和罢免等更具刚性的监督手段，使人大的监督真正"硬"起来。此外，还要善于把人大监督同群众监督、舆论监督、纪检监督、"一府两院"的内部监督等结合起来，从而使人大监督工作更加具有广泛的基础，更加符合广大人民群众的意愿和利益。

（三）坚持群众路线，密切联系群众。走群众路线是我党的优良传统，也是做好人大工作的本质要求。因此，我们只有坚持群众路线，密切联系群众，才能正确反映人民群众的愿望和要求，真实代表人民群众管理好国家事务和社会事务，实现人民当家作主。一是要把人大信访工作提到一个更高的层次，尽快将信访信息的综合分析工作开展起来，使之成为常委会决策的重要参谋。为此，还没有专人负责信访工作的县人大，应派出专人负责。从长远考虑，应争取县人大常委会设立专门的信访机构。对市人大常委会的信访机构，应升格为与各工作部门平级的机构，以利于在实行信访分级受理制度后，更好地协调各工作部门的信访工作。二是要进一步发挥代表作用。我们应该努力探求建立这样一种制度和机制，一方面它能加强代表与人大常委会的联系，使到代表的议案、建议、批评和意见，随时都能反映到人大并得到及时的处理。另一方面，它能加强代表与选民的联系，使代表每年都能抽出一定时间，走访选民，不定期地收集选民意见，并在集中选民意见的基础上形成建议或议案。如果我们建立起这样一种制度和机制，我们就能有效地保证常委会与人大代表并通过人大代表与广大人民群众建立起经常的密切的联系，更好地反映和代表广大人民群众的共同利益和共同愿望，做到"权为民用，情为民所系，利为民所谋"。

（四）进一步加强人大常委会的自身建设。首先要优化常委会的结构，注意选配年富力强的同志进常委会，逐步解决党政机关领导因年纪大而转任常委会组成人员的问题，从根本上扭转将到人大工作看成是"退居二线"的偏见。二是优化常委会的工作机构，向这些机构充实高素质的工作人员，同时加强对现有干部的教育培训，提高他们理论知识水平和法律思维能力，使之能够为常委会提供高效能优质的服务。三是根据监督法的要求规范和完善各项工作制度，特别要建立健全人大监督向社会公开制度，自觉将常委会置于人民群众的监督之下，并以此作为推动自身工作的强大动力。四是认真学习邓小平理论、"三个代表"重要思想的科学发展观，突出学好有关人民代表大会制度的论述，深刻认识人民代表大会制度是符合中国国情、体现中国社会主义国家性质、能够保证人民当家作主的根本政治制度，深刻认识在我国实行人民代表大会制度，是人民的选择，也是历史的选择，深刻认识我国进行政治体制改革，必须走有中国特色民主政治建设的道路。通过学习，进一步坚定政治立场，在自己的工作实践中自觉地坚持和维护人民代表大会制度。

解放思想，实现经济欠发达地区教育又好又快发展

广东省揭阳市、普宁市两级人大代表，普宁市教育局局长　陈哲勉

几年来，普宁市在扎实推进区域内基础教育健康均衡快速发展上做了大量工作，取得了一定成效。主要表现在：校舍建设和危房改造工作取得重大进展；高中阶段教育发展迅速，办学水平不断提高；教师队伍建设进一步加强；教学设施设备进一步配套；实施办学体制与办学模式的改革，民办教

育蓬勃发展;教育教学质量不断提高,素质教育取得新成效。

但这些成绩与省委省政府关于加快基础教育又好又快发展的总体要求还存在较大差距,与经济社会的协调发展和人民群众的迫切需求还不相适应,教育改革与加快发展还面临着不少困难和问题,推进区域内基础教育均衡发展、科学发展的任务十分艰巨。主要表现在以下六个方面:(一)教育投入与事业发展不同步,教育经费严重不足。(二)有些干部缺乏进取意识,社会尊师重教氛围尚未能真正形成。(三)校舍建设滞后,中小学大班额大规模办学现象依然存在。(四)高中阶段教育学位紧缺,发展滞后。(五)师资力量不足,教师队伍整体素质仍然偏低。教师待遇与经济发达地区相比差距很大,教师队伍不够稳定。(六)农村教育与城区教育水平有差距。

面对发展中的问题和困难,以及应对新时期、新机遇的挑战,普宁市教育系统通过进一步解放思想,坚持做到唱响一个主题、坚定二个目标、锻造三支队伍、协调四个关系,努力争取破解难题,创新创优,奋力推进基础教育又好又快发展。

一、唱响一个主题,高举素质教育旗帜

应当说,学校素质教育已成为全社会的共识,但在全面贯彻实施中却存在不同程度的差距。部分学校偏重优层生而忽视面上学生的培养,造成部分学生辍学流失,影响青少年素质的整体提高。因此,在新的历史发展时期,各级教育行政干部和教师必须继续解放思想,更新教育观念:一是要树立现代教育思想和全新的教育质量观、人才观,坚持面向全体学生,关爱每一位学生的成长,保障广大学生平等接受教育的权利;二是要尊重学生身心发展的特点和教育规律,促进学生德、智、体、美全面发展;三是深化教学改革,改进课堂教学手段,激发学生的学习兴趣和求知欲望;四是要鼓励和引导学生勇于探索和善于探索,突出培养学生的创新精神和实践能力,促进学生生动活泼、主动积极的发展;五是要注重艺术教育和心理健康教育,丰富校园文化生活;六是要建立健全学校育人与家庭育人、社会育人的良性互动机制,全面提高青少年素质和科技水平。

二、坚定二个目标,推动基础教育全面快速发展

目标一:努力推进义务教育均衡发展,促进教育公平。

加强基础设施建设,在办学条件上力争均衡。以省倾斜扶持东西两翼为契机,以解决大班额为重点,多渠道筹措资金,切实加大校舍建设投入,努力改善办学条件。计划投入1.8亿元,做好新建学校和尚未按规范化要求配套的学校多媒体网络计算机室、语言实验室、电教平台和理、化、生标准实验室以及常规教学仪器的配套工作。力争到2011年,全市创建442所规范化学校,80%以上义务教育学校的教学设备设施配套达到规范化要求。

进一步优化教师资源配置,在师资配备上努力实现均衡。今后四年,全市应增配教师4818人,其中初中950人,高中2993人,中职875人。全面实施"兴师强校"工程,充分调动教师教书育人的积极性、主动性和创造性。进一步建立和完善农村教师特别是山区和边远地区教师补充机制,大力鼓励应届师范院校毕业生和山区籍毕业生到山区和边远地区学校任教,多方加强农村学校和边远地区学校的师资力量。

建立对口扶持制度,在相互促进中实现均衡。继续加大力度,组织城镇和经济基础较好地区的优质学校挂钩扶持经济发展滞后的山区、边远地区薄弱学校。重点做好教学设施配套的援助和师资培训、教研教改、学校管理等方面的传、帮、带,改变薄弱学校的落后面貌,增强发展活力,逐步缩小弱校与强校的距离。

构筑教育信息平台,在资源共享上实现均衡。加大教育信息化建设的投入,促使"校校通"工程及早实施,提高多媒体电教平台、VCM互动课堂教学系统在农村学校的普及率,借助这些教育信息平台,逐步实现各类学校网络的互联,城区和乡村学校优质资源共享,促进不同区域学校的均衡发展。

目标二:大力发展高中阶段教育,全面提高办学质量。

抓好高中校舍的改建、扩建和新建工作,实施"扩容促优"工程。要实现到2011年前全市新增高中学位5.56万个,其中普通高中学位4.46万个,中职学位1.1万个;新建高中阶段学校3所,建筑面积19.48万m2;扩建高中阶段学校15所,建筑面积26.03万m2;共需投入资金约5.50亿元。

创新办学体制,积极扶持民办高中教育发展。要全面贯彻落实《民办教育促进法》及其实施条例,充分调动社团、企业和个人举办高中阶段教育的积极性,进一步深化办学体制改革,激活民间投资,多形式、多渠道加快发展高中阶段教育,形成以政府办学为主,公办学校与民办学校共同发展的格局。

合理调整高中布局,抓好示范性高中建设。要充分发挥国家级示范性普通高中普宁二中的示范和辐射作用,带动所有的学校向更高层次发展。要大力支持普宁一中、普宁华侨学校创建省级示范性普通高中,鼓励支持各高中学校创建省和揭阳市等级学校。

建立灵活办学机制,做大做强中职教育。深化职业教育教学改革,拓宽就业渠道,增强中职教育的吸引力。要在办好国家级示范学校普宁职业技术学校的基础上,抓紧抓好普宁第二职业技术学校的建设,千方百计做大做强中职教育。

三、锻造三支队伍,增强教育团队的战斗力和凝聚力

锻造一支业务精、工作实、管理严的教育行政管理队伍,培养和造就推进教育事业又好又快发展的排头兵。教育行政机关的干部要带头学习实践“三个代表”重要思想和科学发展观,加强自身思想作风建设,带头艰苦奋斗,带头改革创新,不断提升管理质量和水平。

锻造一支观念新、作风正、能力强的校长队伍,培养和造就一批精通现代管理、规范管理的时代精英。为进一步提高校长现代管理能力,普宁选送了一批公办完中校长到北京师范大学接受为期40多天的培训。

锻造一支数量足、师德高、素质好的教师队伍。要加强教师编制管理,加强教师招聘引进,拓宽教师来源渠道,改善师资结构。要加强教师继续教育,继续抓好学历培训,确保到2011年所有中小学教师都具备相应的学历水平。同时,切实加强教师职业道德教育,增强教师的大局意识、责任意识、诚信意识、敬业意识、服务意识。

四、协调四大关系,营造基础教育和谐发展环境

协调好党政及社会各界的关系,营造全民办教育的良好氛围。各级党政要进一步确立基础教育优先发展战略地位,切实负起基础教育办学责任,改革和完善公共财政管理体制,建立完善农村义务教育经费长效保障机制,确保教育投入。

协调好各级各类教育发展的关系,全力推进基础教育全面发展。一是要努力促进普通高中教育与中职教育的协调发展,采取有效措施,加快中职教育发展步伐;二是要协调好小学教育、初中教育与高中教育的关系,特别是初中教育与高中教育的关系。

协调好公办教育和民办教育发展的关系,发掘基础教育发展的强大动力,从实际出发,根据普宁的教育结构、教育需求和学校布局,科学合理地引导民办教育的发展,鼓励民资民力兴办普通高中教育、职业教育。要依法加强对民办教育的管理,严格审批制度和完善教育教学评估,进一步提高民办教育的办学质量和水平,形成民办学校和公办学校优势互补、共同发展的良性格局。

协调好城区教育和农村教育发展的关系,强势推进基础教育又好又快发展。要加大力度,统筹规划,优化资源配置,努力解决好边远山区及经济发展滞后地区师资配置和教育教学设施配套等突出问题,进一步提高山区及边远地区学校的办学质量和水平,确保城乡教育协调发展。

贯彻实施监督法　加强和改进人大工作

广东省乐昌市人大常委会副主任　刘绍夏

监督法的颁布实施是我国民主政治建设进程中的一件大事,对于各级人大常委会依法行使监督权,加强和改进人大工作具有重大的意义。我们要坚持依法按程序办事,坚持集体行使职权,全面贯彻落实监督法,把关系改革发展稳定大局、影响社会和谐、人民群众反映强烈的突出问题作为监督重点,综合运用法定监督形式,加强跟踪监督,务求取得实效,着力推动“一府两院”改进工作,切实提高监督工作的针对性和实效性。

一、关注民生,反映民意,围绕群众利益实施监督。

围绕关系民生和群众关心的热点、难点问题监督“一府两院”工作,是监督法提出的明确要求,也是监督法的亮点之一。乐昌市人大常委会的监督工作始终坚持突出重点、服务大局、关注民生，始终把人民群众关心的热点问题和社会普遍关注的难点问题作为常委会监督工作的重点，通过实施有效监督予以解决，实实在在地维护群众利益。我们要在认真总结前期工作经验的基础上，抓住群众普遍比较关注的疾病预防和控制、社会保险基金的管理和使用、民办教育的发展、新农村建设、道路交通安全、农村合作医疗、社会救助、城市房屋拆迁等工作，广泛听取群众意见，努力反映群众的呼声，通过听取和审议专项工作报告、组织代表视察和执法检查等形式，切实履行监督职责，努力维护好人民群众的根本利益。

二、选准议题，抓住实质，围绕市委中心工作实施监督。

人大监督工作要围绕中心服务大局，核心问题是围绕市委的中心工作，选准议题，进行实实在在的监督。怎么才能选准选好议题，取得监督实效？我们体会到，一是要认真学习党委的文件，领会党委的意图。我们在日常的学习中，把党委的文件作为学习的重要内容，理解党委在这一时期的重点，抓什么，解决什么问题，有什么具体要求，并以此确定或调整监督工作的内容。二是围绕党委工作的重点、政府工作的难点来确定监督议题。选择党委工作的重点问题作为监督题议，督促政府解决了这方面的问题，既是对政府的支持，也实现了党的意图，提高了人大的威信。选择监督议题时，还要注意选择那些有条件解决或者经过努力可以解决的问题，情况复杂，政策限制，目前难以解决的问题，最好不要选入监督议题。三是要向党委汇报，得到党委的同意和支持。常委会在确定监督议题之前，主动向党委汇报，取得党委的同意；实施过程中遇到的困难及时向党委通报，取得党委的支持；监督完毕后，要向党委报告，听取下步工作指示。在实践中，我们体会到只有坚持在党的领导下实施监督，始终围绕党委的中心工作，监督工作才不会迷失方向，才能收到好的效果，也才能最好地体现人民代表大会制度的本质特征。

三、狠抓落实，督促整改，围绕议题进行跟踪监督。

跟踪监督，作为监督工作中的重要一环，是保证监督成果转化为工作实践的重要举措。前任副委员长盛华仁在监督法学习班上强调，要按照敢于监督、善于监督的要求，“把初次监督和跟踪监督结合起来，对年度计划中安排的初次监督事项，在监督检查、提出整改建议以后，为促使整改措施得到落实，必要时应当再进行跟踪监督检查，务求一抓到底，见到实效。”这为我们开展监督工作提出了新的要求，也为如何做好跟踪监督指明了方向。从某种意义上讲，加强决议决定的执行与审议意见、视察意见和执法检查意见的办理，是提高人大监督质量，彰显人大权威的重要途径。而其中十分重要的一点，就是需要我们通过切实有效的跟踪监督，及时把人大代表和常委会的意见和建议融入“一府两院”工作之中，解决工作中存在的问题和不足。这样，常委会的议决成果才能得到落实，真正做到议而有决，决而有行，行而有果。

然而，当前在我们的人大工作中，或多或少地存在这样一种现象：人大常委会在开展视察、执法检查等活动或听取审议“一府两院”工作报告时，虽然指出了存在的问题，提出了相应的建议、意见或作出了决议、决定，但因缺乏有力的监督约束机制，事后什么问题也没有得到解决，“星星还是那颗星星，月亮还是那个月亮”，导致人大监督工作基本流于形式，在一定程度上损害了人大常委会应有的权威。对此，我认为常委会对已经做过的工作，要采取“回头看”、定期或不定期督查等跟踪监督措施，确保各项工作真正落到实处。可以在一定时期内，通过召开常委会或主任会议，听取有关部门整改情况汇报，或组织委员、代表或工作人员到实地到基层和群众中去调查一下，看看问题到底解决得怎么样，所提建议、意见或所作决议、决定到底落实得怎么样，进行全程监督。对没有解决好的问题，要继续督促有关部门尽快解决；对那些敷衍塞责、不认真落实人大常委会建议、意见或决议、决定的，通过通报批评、限期整改等措施，促其整改。只有这样，才能确保监督工作的实际效果，树立和增强地方国家权力机关的权威。

完善跟踪监督机制，既是工作方式方法问题，也是对人大工作的态度问题。如果只重程序而不重结果，什么事情也不会办好。因此，常委会不仅要善于监督，更要善于抓好落实，只有把二者有机地结合起来，贯穿于人大工作的始终，才能真正做好人大工作，才能做到让人民群众满意。

三个转变彰显人大监督工作新亮点
——昆明市人大监督工作的探索与实践

云南省昆明市人大常委会研究室　陈卫芳

人大及其常委会的监督权,是宪法和法律赋予国家权力机关的一项重要职权。地方人大及其常委会要依法行使好监督权,应当在严格依法履职的同时,从本地区经济社会发展的实际需要出发,不断总结新经验,积极探索新方法,创新监督方式,使监督工作的实效不断增强。2007年以来,中共昆明市委提出了昆明进位争先、提速增量、跨越式发展的奋斗目标,同时对市人大及其常委会发挥监督职能,促进各项发展目标的落实提出了明确的要求。面对新形势、新任务和新要求,如何按照科学发展观的要求加强和改进人大监督工作,发挥好人大及其常委会的监督职能在推进昆明跨越式发展中的作用?对此,市人大常委会通过探索和实践,实施"三个转变",人大监督工作的实效显著增强。

从一次性监督向连续性监督转变
人大监督工作迈出新步伐

监督方式是保证监督效果的重要手段和途径。人大监督工作的目的在于促进工作落实。对于"一府两院"工作中的薄弱环节,如果人大只限于一次性听听汇报,看看报告,提提意见,很难使问题得到真正解决,这就需要长期抓、连续抓、反复抓。市人大常委会在总结近年来监督工作实践的基础上,把保障和促进市人代会政府工作报告确定的各项目标任务的落实作为监督工作重点,把开展视察、听取专项工作报告、提出审议意见和跟踪督办结合起来,把事前、事中、事后全过程的监督有机统一起来,把过去的年终抽三、五个项目检查视察,变为对重点工作的全面检查视察,从一次性监督向连续性监督转变,监督工作的实效显著增强。为进一步加大监督工作力度,制定下发了《关于加强市人大常委会对政府年度工作目标监督的意见》,作出了《昆明市人大常委会关于加强政府行政执法监督推动工作落实的决定》,规定了监督工作的指导思想、基本原则、方法步骤、工作要求,以制度形式把每季度一次的检查视察固定下来,使人大监督工作的活动具有了连续性、反复抓、制度化。

2008年10月,市人大常委会组织了7个视察组,对人代会上市政府工作报告提出的重点目标任务中的重大项目建设、工业园区和产业基地基础设施建设、民生问题、新农村建设、招商引资、法制昆明建设、重点建议办理等方面工作中的20余项指标任务完成情况进行了专项视察,针对视察中发现的问题,提出了48条具有指导性、建设性、针对性的意见和建议。市委对人大常委会的专项视察高度重视,组织召开了有市级领导、市政府组成部门负责人参加的会议,专题听取市人大常委会视察情况的汇报。这次会议既充分肯定了市人大常委会的监督工作,又极大地推动了政府依法行政、工作作风的转变、行政效能的提升,对保障市人代会确定的年度目标任务完成起到了极大的促进作用。

今年1月,市十二届人大五次会议结束后,市人大常委会办公厅与市政府办公厅及时协调联系,对政府工作报告中的工作目标任务进行分类梳理,归纳出了10个大类40项重点工作目标任务。3月,市人大常委会组织6个视察组,对去年专项视察市政府工作时,就目标任务完成中存在问题所下发的31个督办件、涉及14个方面问题的落实情况进行了"回头看",跟踪检查政府工作的整改落实情况。视察组同时对今年人代会确定的40项重点工作的启动、任务分解、责任等落实情况进行了专项视察,提出了加强和改进工作的意见建议。市人大常委会由年终的一次性综合视察,提升为每季度一次的连续性专项视察,盯住重点目标任务跟踪问效,并按市委要求将视察情况及时整理上报,同时反馈"一府两院",结合听取政府专项工作报告,实施跟踪监督、"工作倒逼",有力地促进和保障了市人代会确定的各项工作目标任务的落实。

从随意性监督向规范性监督转变
滇池面山禁采禁挖治理取得新成效

突出监督重点,充分运用决议决定权,健全监督机制,规范监督方式,促进热点难点问题的解决,是人大及其常委会实现有效监督的重要途径。近年来,市人大常委会围绕昆明跨越发展这个主题,把促进市委重大决策的落实,解决人民群众普遍关注的热点难点问题作为监督工作的重点,加强对全局性、战略性、前瞻性问题的思考和研究,把人大监督的着眼点集中到保障和促进经济社会跨越式发展目标的实现上来，把着力点落实到推动解决经济社会发展的薄弱环节上来，使人大监督工作更加贴近全市经济社会发展的实际。

昆明滇池面山禁采禁挖问题的治理一直是社会关注的热点，也是市政府工作的难点，尽管市委、市政府反复强调要加强治理，但涉及的属地利益较多而收效甚微。根据2007年的调查统计，在滇池流域的重点区域内共有挖砂、采石、取土矿山企业555个、从业人员18582人，其中当地村民6520人。随着近年来经济建设发展和城市建设规模的扩大，对砂石料的需求也迅速增加。然而，由于对砂石矿开采缺乏统一规划，开采审批控制不严，监督管理不到位，导致部分滇池面山植被消亡、水土流失加剧，严重影响了滇池流域的生态环境和昆明城市形象。为了使滇池面山的治理工作取得实效，实现市委提出的生态城市建设目标，2007年8月，市人大常委会组织了7个调查组，深入到7个县(区)对滇池流域的面山开山采石、挖砂取土情况进行了实地查看。调查组走访调查了230个矿山、企业、村组，召集了26个座谈会，收集意见和建议530多条。8月底，市人大常委会召开会议听取了调查情况汇报后，大家感到：滇池流域面山治理与滇池治理息息相关，是本行政区域内带有全局性、根本性、长远性的问题，也是社会关注、人民群众普遍关心，迫切需要解决的问题。针对如何进行统筹兼顾、科学规划、依法开采，妥善安置好企业人员实施有序关停转移，加强监管和综合治理，达到政府、社区、企业和村民各方满意，保证社会稳定等问题，提出了6个方面20条意见和建议，得到了市委的高度重视和政府的积极采纳。在人大监督权和决定权的行使中，决定权处于核心地位，是行使监督职权的前提和基础。为依法有序加快滇池面山的治理，市人大常委会经过认真审议，作出了《昆明市人大常委会关于在滇池流域和其它重点区域禁止挖砂采石取土的决定》。《决定》对设置禁采区、分阶段实施关停、开采面植被恢复等做出了具体明确的规定，为禁采和面山治理工作的顺利开展提供了有力的法律依据。

"决而有行，行必有果"，是人大及其常委会行使决定权的落脚点和归宿。决而不行将严重影响人大的权威和人大工作的质量。市人大常委会作出的《决定》贯彻执行如何？工作落实得怎样？是否能有效推进滇池面山的治理工作，是大家十分关注的问题。对此，2008年6月，市人大常委会再次组织了7个检查组分赴滇池流域的7个县(区)进行了检查。这次检查结果让大家欣喜地看到：市、县(市)区政府对市人大常委会《决定》的贯彻高度重视、认识到位、态度坚决、行动迅速、措施得力，列入关停的509户的采矿权已全部注销，完成关停415家，其余将按计划逐步有序关停，已有92家采矿点植被得到恢复，政府试点恢复植被的42个矿点也已启动，滇池面山治理的各项工作依法有序开展并取得了阶段性成果。

从注重监督过程向过程结果并重转变

"一湖三环"两年闭合工程催生新方案

人大监督程序的法定性，决定了监督工作的过程和形式的必要性。在实际工作中，注重监督的过程和程序的法定性是必要的，但体现人大监督成效的主要标志是监督内容和监督意见的落实程度。所以，人大监督工作既要注重监督过程，更要注重监督结果。

滇池是国家重点治理的湖泊之一，党中央、国务院高度重视，全国乃至世界关注。2008年1月，市委九届四次全会为全面提速滇池治理工作，提出"一湖三环"两年闭合工程(实现滇池环湖公路、环湖截污、环湖生态工程闭合)。市人大常委会围绕市委决策，把"一湖三环"两年闭合工程作为人大监督工作的重点。2008年4月，以市人大常委会领导率队，由部分人大代表和有关专家组成的调研组，对"一湖三环"两年闭合工程开展了为期20天的实地调研，就滇池环湖道路、环湖截污及环湖生态带规划建设情况进行徒步考察。调研组边走边看，认真听取沿线群众意见，与专家和基层干部交换看法，把规划方案的要点带入滇池沿岸实地进行对照、验证、分析，掌握了大量第一手资料。调研组对规划方案中环湖路距湖岸太远，圈地过多，会造成"四退三还"和搬迁、安置的成本过高；滇池西岸绝大部分为山地，植被较好，西干渠截污方式受地形限制，设计不符合地形实际；截污干渠建在环湖路内侧、污水处理厂建在外侧缺乏科学性，造成污水管道对公路的反复穿越和污水的反复输送，增加了工程造价和运行成本；环湖湿地建设缺乏统一规划和设计，现有湿地净化水体的功能发挥不明显；入湖河道整治，缺乏统一规划，对农用沟渠污染防治未引起足够的重视；以及沿湖乡镇的基层干部对环湖路在本区域内的具体走向不明确，制约了"四退三还"工作的实施及相关前期准备工作的开展等六个方面问题逐一进行了研究，积极慎重地提出了工程规划要充分考虑沿湖各县区实际，进一步优化《昆明环湖(环滇池)路规划》，实现社会效益、经济效益和生态效益的统一；环湖截污要增强系统性，多种截污手段并举；湿地建设要全市统一规划，制定相应标准；入湖河道的规划设计、建设和整治应形成完善的长效管理机制等四点意见建议。市人大常委会办公厅及时向市委上报了《关于对“一湖三环”两年闭合工程的调研报告》并送市人民政府，调研工作得到了市委的充分肯定。市政府对调研报告中提出的问题十分重视，多次召集有关部门分析研究，制定解决问题的方案、措施。市政府向市人大常委会作了专题汇报，充分汲取了市人大常委会调研中提出的意见和建议，并进一步完善了“一湖三环”两年闭合工程实施方案。

为进一步推进“一湖三环”两年闭合工程的顺利实施，2008 年 8 月，市人大常委会会议听取和审议了市人民政府关于“一湖三环”两年闭合工程实施情况的专项工作报告，再次提出了五个方面的审议意见。为加强审议意见的跟踪督办工作，主任会议明确了日常督办工作由常委会办公厅和市人大城环委具体负责，并适时报告审议意见落实情况和工作进展情况。为加速推进“一湖三环”两年闭合工程，2008 年 10 月，市人大常委会又再一次组织检查组对“一湖三环”两年闭合工程进展情况和落实市人大常委会审议意见的情况进行了检查，又提出了一些建设性意见和建议。

据有关部门统计测算，根据市人大常委会调查后提出的调整建议，仅环湖路线的调整就为国家节约资金 50 多亿元，节约土地 3 万多亩，其它社会效益和经济效益还将在未来发展中得到更多地显现。市人大常委会对“一湖三环”两年闭合工程实施有效监督的成果，受到了人大代表和人民群众的高度赞誉。

以上三个典型监督实例的实践启示我们：

人大监督工作必须坚持全过程、连续性的监督。宪法和法律赋予人大的监督权是完全的权力，虽有程序上的要求，但没有时间和过程上的限制，只要依法进行，什么时候都可以实施监督，这是由人大监督的性质所决定的。监督方法和监督机制是保证人大监督完整性的重要手段和途径。实现人大监督工作的完整，必须把事前、事中、事后全过程的监督统一起来，务求实效，才能对“一府两院”的工作产生推动力。

人大监督工作必须牢固树立人民至上的观念，为发展而监督的理念。宪法和法律是地方人大及其常委会正确履行监督权的基本依据，人大监督有别于党内监督、行政监督、社会监督和新闻监督等监督形式，是一种法律层面上的代表人民意愿的监督。因此，必须按照科学发展观的要求，坚持以人为本、坚持统筹协调，紧紧围绕改革发展稳定中的重大问题，抓住本行政区域内根本的、长远的、重大的、全局性的问题，为实现好、维护好、发展好人民群众的根本利益而实施监督。

人大监督工作必须在法定范围内积极探索创新监督方法和监督机制。监督法规定的监督方式是法定性的，但人大监督的方式不是单一的、固定不变的。在实践中，要坚持把视察、检查、调查和听取专项工作报告、提出审议意见、跟踪审议意见落实等有机地结合起来，坚持宏观监督与微观监督、全面监督与重点监督、事后监督问效与事前事中监督促落实结合起来，综合运用各种监督方式，才能增强人大监督工作的实效。

人大监督工作必须选择党委关注的重大问题实施监督。地方人大及其常委会的监督工作，面宽线长，内容广泛。在全面建设小康社会的进程中，党委处于总揽全局、协调各方的领导地位，党委作出的重大决策，关系到本行政区域内经济和社会发展的全局。因此，人大监督工作要突出重点、关注热点难点，选择党委关注的重大问题，依法履行监督职责，发挥好地方国家权力机关的职能作用，积极推动党委重大决策的贯彻执行，并在实际工作中积极争取党委支持，这是增强人大监督实效的重要因素。

人大监督工作必须把开展好调查研究作为“把脉、定向、开处方”的基础。在人大组织的视察、检查、调查等活动中，切忌“蜻蜓点水、走马观花”，搞形式主义。必须把掌握第一手材料作为提高监督实效的重要手段，只有深入一线、深入现场，真查、真看、真思考，充分听取各方意见建议，提出的审议意见、作出的决议决定才能符合实际，人大监督的实效性、权威性才能增强。

与时俱进　推动人大工作的创新和发展

广东省河源市人大常委会副主任　黄慕昌

人民代表大会制度是我国的根本政治制度。今年是我国地方人大常委会成立30周年,也是我市人大及其常委会成立20周年。从我国设立地方人大常委会30年实践证明,党和国家关于地方人大设立常委会的决策是十分正确的,也是非常必要的。地方人大常委会的设立,对于加强地方国家政权的建设和改善党对国家事物的领导,对于保障人民当家做主行使管理国家事务的权力,对于实施依法治国的基本方略和保证社会的长治久安,建设社会主义和谐社会,对于保障国家、省各项方针政策和重大部署的贯彻落实,推动地方经济社会科学发展.都具有极其重要的意义。同时,我们也深深体会到,做好地方人大工作,最重要的必须努力做好以下几点:

坚持正确的政治方向　坚持党的领导

人大在开展各项工作中,必须坚持正确的政治方向,要以马列主义,毛泽东思想、邓小平理论,“三个代表”重要思想和科学发展观为指导,坚持中国共产党的领导,坚持人民代表大会统一行使国家权力,走中国特色社会主义政治发展道路。地方各级人大常委会要把坚持党的领导、发扬人民民主和严格依法办事有机统一起来,正确地处理好坚持党的领导与发挥人大作用的关系。在工作中,常委会要紧紧围绕经济建设中心和党委中心工作,服从和服务于改革发展稳定大局,全面贯彻党的路线、方针、政策和党委的决策,善于通过法定程序把党委的重大决策转化为地方国家权力机关的决议、决定,确保党委的决策部署得到贯彻实施。坚持重大事项、重要工作向党委请示、报告制度,确保人大在党的领导下开展工作。实践证明,只有坚持党的领导,坚持正确的政治方向、人大工作才能健康发展,人大制度才能得到坚持和完善,社会主义民主法制建设才能不断向前推进。

以人为本　维护好人民群众的根本利益

实现好、维护好、发展好广大人民群众的根本利益是社会主义民主政治的鲜明特色和本质体现,也是人大一切工作的出发点和归宿。常委会要坚持以人为本、始终保持同人民群众的密切联系,广泛听取人民群众的呼声和要求,统筹兼顾群众各方面的具体利益,围绕人民群众最关心、最直接、最现实的利益问题开展工作、努力实现好、维护好,发展好人民群众的根本利益。常委会要正确处理好人大与人民群众的关系,自觉接受人民群众的监督,使人大各项工作更加顺应民心、反映民意。贴近民生,从而使人大有坚实的群众基础,得到人民群众的支持和拥护。实践证明,只有坚持以人为本,高度关注民生、做到权为民所用,情为民所系,利为民所谋,人大工作才能获得广泛的群众基础,才能不负人民重托,才能真正发挥人大的作用。

坚持民主集中制　依法集体行使职权

民主集中制既是国家政权机关的组织原则,也是人大及其常委会依法行使职权必须遵循的根本原则。常委会要严格遵循民主集中制原则,在开展工作中,充分发扬民主,严格依法,按程序办事,坚持集体行使权力,集体决定重大事项。注重发挥常委会全体组成人员的整体作用,无论是决定重大事项,行使人事任免权,还是开展监督工作,都严格按照法定形式和程序进行,事先经主任会议讨论后再提交常委会会议审议表决通过,确保人大及其常委会作出的决议,决定更加科学化、民主化、法制化。实践证明,在人大工作中坚持民主集中制,有利于发扬民主,集中群众智慧,充分反映民意,进一步增强监督工作的针对性和实效性,人大的职能作用才能得到更加有效的发挥。

坚持代表主体地位　发挥代表作用

人大代表是国家权力机关的组成人员,是人大工作的主体。人大代表植根于人民群众之中,只有保证人大代表充分行使职权,人大才不会脱离人民群众,才能真正代表人民行使国家权力。常委会必须高度重视代表工作,把代表工作作为一项基础性工作来抓,密切与人大代表的联系,积极创新加强代表工作的方式方法,扩大代表对常委会活动的参与,支持和保障人大代表依法履行职责,使代表工作不断取得新的进展。较好地发挥人人代表参与管理国家事务的作用。实践证明,只有尊重代表的主体地位,充分发挥人大代表作用,才能保持人大同人民群众的血肉联系,人大工作才有扎实的根基。

处理好人大与“一府两院”的关系

人大在开展监督工作时。正确处理好与“一府两院”的关系、既是工作方法问题，也是重要原则问题。我国的国家机构是一个有机整体。“一府两院”由人大产生，对人大负责，受人大监督。人大与“一府两院”的工作分工和职责不同，但目标是完全一致的。人大依法对“一府两院”实行监督，目的是为了督促政府和司法机关依法行政，公正司法。保证把人民赋予的权力真正用来为人民谋福祉，在开展工作中。本着“参与不干预、监督不越权、支持不失职”的工作原则，支持和促进“一府两院”依法履行职责，在监督中支持，在支持中监督，形成了在党委领导下，人大与“一府两院”各自发挥职能作用。共同团结奋斗的良好局面。实践证明，正确处理好人大与“一府两院”的关系，既有利于各自职能的发挥，又有利于齐心协力推动整体目标的实现。

解放思想　创造性地开展人大工作

创新是推动人大工作深入开展的不竭动力和源泉，也是人大工作顺应时代发展的必然要求。常委会必须始终坚持解放思想，实事求是，与时俱进、不断推进人大工作的创新与发展。多年来，我们在坚持遵循宪法和法律的原则下，积极探索工作新思路，拓展工作新领域，推行工作新举措。如举行市委会会议，会前，我们更加注重抓好调查研究工作，会中，进行分组审议与集中审议相结合、组成人员询问和有关部门负责人解答相结合。会后，对审议意见进行跟踪督办，从而进一步提高了常委会会议的审议质量和效果。在表决常委会审议的议题时、我们规范了表决程序，并利用完善的电子设备进行表决，大大地提高了工作效率和透明度。为进一步加强对财政资金使用情况的监督。开通了“人大实时在线财政预算监督系统”，增强了对财政预算监督的时效性，使预算审查监督更具实质性。在发挥代表作用方面，我们探索实行了代表向选民述职制度，增强了代表履职的责任感和使命感。同时，我们还给每位代表和驻市的全国、省人大代表发放800元履职补贴、鼓励代表积极下基层调研，认真履行代表职责。实践证明，只有坚持解放思想、实事求是、与时俱进，才能适应新形势，新任务的要求，才能解决好前进中遇到的新矛盾，新问题，才能始终保持人大工作旺盛的生机和活力。

突出“三个重点”　加大人大代表建议的督办力度

吉林省松原市人民政府办公室议案处处长　洪皤

为进一步提高人大代表建议办理质量，在加大建议督办力度中要突出抓好“三个重点”。

第一，抓重点承办单位，促整体推进。

每年人大代表提出的建议涉及20左右个承办单位，其中70%的建议由占总数不到30%的单位承办。如市第四届二次会议，代表共提出建议40件，其中市政公用事业、城市建设、城乡规划、环保、卫生、交通、财政等10个单位承办比重占总数的81%。抓好承办大户的办理工作，对完成全年的办理任务起着举足轻重的作用。为此，我们一是要进行经常性的催办工作。注意利用电话催办、上门了解等形式，经常与承办大户互通情况，共同研究解决办理中的疑难问题，督促他们在法定期限内答复人大代表。二是协助召开建议公开答复会或座谈会。请承办大户的负责人汇报代表建议的办理进度，交流做法和体会，针对存在问题提出对策，以推动整体办理工作。三是会同市人大人选委的相关领导组织专题视察。对承办大户的办理工作进行专题视察，能有效地增强承办大户的责任心和紧迫感，促进办理工作。视察中既充分肯定承办部门所做的工作，又能实事求是地指出存在问题。使承办大户虚心接受意见，采取有力措施及时进行整改。四是结合工作报告综合评议进行督办。对办理工作实行“五定”，即定领导、定承办人、定时间、定任务、定责任，撰写建议办理工作报告。把当年承办代表的建议及反馈情况，通过以书面形式报送市政府，必须把办理代表建议情况作为一项重点内容抓好抓实。

第二，抓重点建议提案，促增强实效。

为了突出解决人大代表反映的热点、难点问题，每年要确定一批重点建议进行督办。在筛选确定重点建议时，主要考虑以下几个因素：第一，多名代表联名提出,群众普遍关心、迫切要求解决的;第二,代表提了多年而未能解决的历史遗留问题;第三,综合性强需要涉及多个部门配合办理的;第四,多数群众能够受益、对全局有重要影响的。通过抓重点建议督办,促进部门工作增强大局观念,增强工作实效。

第三,抓不满意件,促难点突破。

对人大代表反馈建议办理不满意件,首先要逐件分析原因,一看建议内容是否超出承办单位的职权范围;二看建议要求是否超出政策法规允许条件;三看承办单位是否存在敷衍应付、不负责任的状况。如果代表提出的建议客观、合法且承办单位经过努力可以解决,原承办单位限期进行重新办理;如果代表提出的建议超出承办单位的现实能力,配合承办单位向相关代表作出解释说明,争取代表的理解和支持;如果是属承办单位对办理工作认识不到位、草草答复、应付了事的,一方面要给予通报批评,另一方面要坚决退回重办。在具体操作中,主要采取召开协调会的形式来督办。鉴于一些承办单位忽视答复工作,特别是对不能解决的问题,往往简单从事,致使代表不满意的情况,承办单位要在重新办理结束后要采取登门拜访的形式,征求代表意见,然后再回复提案的代表。

代表建议的办理方面虽然取得一些成效,但也存在一些不足。从承办单位看,除了客观受经济条件等因素制约外,还存在思想认识不到位,重文字答复,轻解决问题;从督办本身来看,还存在着责任心不强,方式不灵活,督办力度不够等问题。针对上述问题,按照"三个代表"的要求,要大胆探索,勇于实践,努力开创代表建议的督办工作的新局面。

大力开展招商选资　推动永城经济发展上水平

河南省永城市市委副书记、市人大常委会主任　刘国庆

市委十届十二次全会提出,大力实施开放带动战略,进一步加大招商选资力度,增强招商引资实效,力求在招商选资上实现新突破。这是永城市委、市政府坚持以科学发展观为指导,并从永城实际出发,提出的新的工作思路。由招商引资转变为招商选资,是发展思维和战略的新飞跃,是深入学习实践科学发展观、进一步解放思想的新成果,对促进永城经济社会科学发展、和谐发展、跨越发展具有重大意义。我们要通过开展招商选资,努力推动永城经济发展上水平。

一、大力开展招商选资工作,就要充分认识做好这一工作的重要现实意义。

*首先,开展招商选资,是突破制约我市经济发展"瓶颈"的必然选择。*当前,建设用地存量不足,环境容量偏小,土地和环评报批困难,已成为招商引资和项目建设的突出"瓶颈",这个问题如不能及时、妥善地解决,招商引资、加快发展的目标就无从实现。造成这一问题的主要原因是国家实行了严格的土地和环评政策。此外,一些新上项目规模偏小,科技含量低,有的甚至不符合国家的产业政策,也在一定程度上增加了报批和环评难度。我们通过开展招商选资,集中力量引进和上马那些符合国家产业政策、投资规模大、科技含量高、发展前景好的大项目、好项目,就比较容易争取到上级领导的重视和支持,变被动为主动,突破这一"瓶颈"的制约,实现永城经济的持续、快速发展。

*其次,开展招商选资,是立足市情、扬长避短、发挥优势、扩大招商成效的有效途径。*当前,各地都在竞相招商引资,政策比着优惠,门槛比着降低,服务比着优良,给我们招商引资带来了很大的压力。前几年的实践告诉我们,只有充分发挥永城的独特优势,做到你无我有、你有我优、你优我特,才能在激烈的"抢商引资"竞争中脱颖而出,先人一步,占领制高点。永城是面粉之乡、能源之都、生态之城和旅游圣地,煤炭、面粉、旅游等资源优势在沿海和周边均无可比拟。只要我们在招商选资工作中,科学利用好这些特有的品牌优势、资源优势,以资源招商,围绕现有产业匹配项目,就一定能够取得事半功倍的招商成果。

*第三,开展招商选资,是应对经济危机的重要举措。*历史经验表明:每一次危机,都是一次重新洗牌;每一轮经济波动,都孕育着新一轮的经济增

长。我们要充分利用好经济危机形成的倒逼机制，通过开展招商选资，大力发展新兴产业，开拓新兴市场，调整产业机构，转变发展方式，实现永城经济更好更快发展。

二、大力开展招商选资工作，就要强化选资意识，严把选项目的关口，确保项目质量。

要坚决摈弃以往那种“无论大项目、小项目，只要引进来都是好项目”的思想观念和落后做法，进一步强化选商选资意识，大力引进和支持符合国家产业政策的好项目。以对永城长久发展、可持续发展和对永城子孙后代负责的态度，坚持既要金山银山、更要青山绿水的原则，从严把好项目建设的环评关，积极挑选引进对我市生态市建设无破坏、无污染、无负面影响的项目，对那些凡有害于环境和生态发展的项目，即使经济贡献再大，我们也坚决不让进，坚决不引来。大力引进和支持投资成规模的大项目。在当前土地、水、电等资源逐年紧张的情况下，要使有限的资源发挥最大的效益，选大选强尤为关键。大的项目不仅占地集中，安排人员多，经济贡献大，而且发展后劲足，易服务，易管理，易培育，易形成产业规模。一个项目上马，多个项目则不请自进。类似科源电子、永薪色纺、众品食业这样的项目，如果每年我们能引进10个8个，永城的经济就会以几何级次发展，发挥出的作用将不可估量。大力引进和支持高科技、高附加值、对永城产业发展影响大、可持续发展促进大的项目。这类项目发展前景好，生命周期长，一旦落地，就会对永城经济社会发展发挥长期的促进作用。

三、大力开展招商选资工作，就要发挥资源和产业优势，努力招大引强。

要围绕拉长煤化工、煤电铝、面粉食品加工、旅游等重点产业链条和瓷土、磁铁矿、轻纺、皮革、板材等优势资源的开发，精心论证筛选一批高质量、高水准的招商项目，并大力宣传推介，以资源优势吸引客商，千方百计围绕优势产业上项目。要集中力量做好甲醇二期、40万吨醋酸、电子铝箔二期、众品食业二期、磁铁矿、陶瓷生产、永薪色纺二期、中州纺织三期等重大项目的协调服务，确保这些大项目顺利实施。

四、大力开展招商选资工作，就要依托境内企业，切实搞好服务，做好以商招商的大文章。

企业信息灵、路子广、针对性强，以企引商更易见成效。要充分发挥企业的招商选资主体作用，引导、支持境内企业积极与国内外的大企业、科研机构开展合作，引进资金、技术和人才。要坚持内外并举，引外资、聚内资，无论是外来投资，还是境内企业，均同一政策、同一平台、同一支持。尤其要加强与永煤集团、神火集团等大企业的对接和协调，主要领导亲自联系、亲自服务，最大限度地给予优惠，千方百计地支持他们扩大在永投资，确保顺利发展。

五、大力开展招商选资工作，就要搞好园区建设，搭建好招商选资的良好平台。

园区是工业的孵化器，是承接项目的平台。沱南核心工业区和轻纺、皮革、饲料包装、羽绒、陶瓷、金属制品等六个专业工业小区要进一步完善规划，理顺机制，加大基础设施建设力度，加快发展。要积极探索和尝试以企业为主体、政企联合共建园区的发展模式，给予永煤集团、神火集团充分的优惠支持，加快永东精铝加工和永西煤化工两个园区的建设，争取在较短时间内实现永城工业经济的重大突破。

六、大力开展招商选资工作，就要进一步优化投资环境。

要打造舒适优美的人居环境，把“争创省级卫生城市、省级文明城市、省级园林城市、中国优秀旅游城市，申报中国历史文化名城”即“四城联创一申报”工作，作为了一项关乎民生的重大决策来部署、来安排，力争用三年左右的时间实现创建目标，以独有的魅力吸引更多的客商前来投资兴业。要打造宽松、优惠的政策环境。在进一步学习研究国家宏观经济政策，学习借鉴周边地区和沿海发达地区发展经验的基础上，结合前几年和今后项目建设的实际，提出进一步支持企业发展和招商选资的具体意见与具体办法。总的原则是：凡国家提倡支持的，我们都要创造性地贯彻落实好；凡各地已经采用、行之有效、有利发展的政策，我们都可以学习借鉴；凡有利于永城发展的，在不违法、不违规、不闯红灯的前提下，我们都可以大胆探索尝试。要打造亲商安商富商的经济环境和人文环境。着力整治企业“四乱”、强装强卸、欺行霸市等不法行为，形成“投资者是朋友、引资者是功臣”和“人人都是投资形象，事事关乎招商环境”的社会正气。要打造一诺千斤的诚信环境。无论是同外地客商打交道，还是向各级工作人提要求，定措施，都要做到言必行，行必果。做不到的不说，落实不了的不定，定过的就坚决落实，承诺过的就坚决兑现，没有困难抓紧落实，确有困难克服困难也要落实。

七、大力开展招商选资工作，就要强化组织领导，扎实推进，务求实效。

要坚持落实招商选资“一把手”负责制，明确各级各部门党政“一把手”为招商选资的第一责任人，促使他们把更多的精力和时间投入到招商选资工作中去。要结合深入学习实践科学发展观活动，建立健全招商选资的考评激励机制，点燃各级党员干部开展招商选资的热情。要以“项目突破年”活动为载体，树立以项目论英雄、以项目比政绩的正确导向，把广大党员干部引向招商一线，在一线使用干部，锻炼干部，提拔重用干部，激发形成全党动手、全民创业、全社会支持的良好氛围。

浅谈强化法治理念教育与发挥人大在科学发展中的作用

广东省韶关市人大常委会研究室副主任　陈建平

胡锦涛总书记在党的十七大报告中指出：“加强公民意识教育，树立社会主义民主法治、自由平等、公平正义理念”，“坚持依法治国基本方略，树立社会主义法治理念，实现国家各项工作法治化”。社会主义法治理念的提出，标志着执政党对建设中国特色社会主义法治国家的基本规律有了新的认识。在落实依法治国基本方略的进程中，强化社会主义法治理念教育，对于坚持社会主义根本政治制度的特点和优势，深入贯彻落实科学发展观，进一步发挥地方国家权力机关的作用，具有深远的意义。

一、应当重视社会主义法治理念教育的缺失问题

在新世纪新阶段，随着社会主义民主法制建设的不断深入，依法治国基本方略的全面实施，依法治省治市的工作有了新的进步，法制教育和普法工作也取得了成效。但是，从现实来看，依法治国是一项开创性的工作，难免会遇到许多新情况，新问题，新矛盾，我们目前的法制教育也存在一些缺失，值得我们从落实科学发展观的高度出发，进行深入的理性思考与反思。

*问题之一：我们开展依法治省治市工作已经有好多年了，但社会矛盾仍然十分尖锐突出。*一些地方屡屡出现与民争利益的事件，有的不经村民讨论，把林地转让老板或私人承包，损害林农的利益；有的企图用松树砍伐证，砍伐全县仅存的阔叶林为主的原始森林，遭到林农的强烈抵制；有的不顾国家禁令，未经批准便私自组织开采稀土矿；有的在资源开发和征地拆迁中屡屡侵犯群众的利益；有的执法机关不作为，致使当地一些黑恶势力猖獗，群众的基本人权得不到保障；有的地方存在村委选举中随意动用警力的现象；有的地方基层两委选举中贿选的现象频频出现，败坏村风民风，群众很不满意。

*问题之二：在利益多元化的情势下，我们的一些执法和司法主体，存在重政权轻民权，重打击犯罪，轻人权保障的观念，加上受司法权力地方化、行业化的影响以及法官素质和执行难等因素，导致司法公信力缺失。*从人大机关信访部门的统计看，群众来信来访有七成以上涉及司法公正问题。而现在由于权力机关讳言对个别案件的监督，一般都采取转办，由司法部门直接面对群众，造成事情久拖不决，老上访户的比例不断增加，越级上访的现象更为突出。地方人大对司法机关的监督，基本上属于形式上的监督，缺乏实质性的监督，有失职之嫌。

*问题之三：我们不断开展的普法教育，形式上只停留在发普法资料，进行普法考核上，不问实际效果，没有积极引导公民牢固树立社会主义民主法治、自由平等、公平正义理念和民主自治、依法维权、依法信访的理念。*对于普法的重点，虽然意识到对高中级领导干部进行法制教育的重要，多采取举办法律知识讲座的形式，却没有系统进行教育的机制和举措，高中级干部层中廉政出问题仍然不少。

上述问题，一方面说明，我们一些干部，包括领导干部，社会主义法治理念缺失，以人为本的科学发展观树得不牢，有待进一步强化社会主义法治理念教育和深入贯彻实落实科学发展观。另一方面揭示，要进一步加强和改进权力机关对司法机关的监督，只有这样，才能更好地发挥地方人大在科学发展中的作用。

二、发挥人大在科学发展中的作用，必须强化

社会主义法治理念教育

科学发展观是发展的世界观和方法论,其核心是以人为本,这也是宪政规范的特色。人大工作,以科学发展观为指导,坚持以人为本,最重要的就是始终把实现好、维护好、发展好最广大人民的根本利益作为一切工作的出发点和落脚点。要发挥人大在科学发展中的作用,提升人大维护和实践社会主义法治的能力,就应当强化社会主义法治理念教育。

胡锦涛总书记在2006年全国"两会"党员负责人会议上专门阐述了社会主义法治理念的基本内涵:"坚持社会主义法治理念,就是要坚持依法治国、执法为民、公平正义、服务大局、党的领导"。这一论述,为我们在新时期强化社会主义法治理念教育,更好地深入贯彻落实科学发展观,推动依法治国的进程,更好地发挥地方国家权力机关在科学发展中的作用,指明了方向。

强化社论主义法治理念教育,必须重视抓好三个层次的教育:一是各级领导干部,特别是高中级领导干部;二是全体公民;三是各级人大的领导和工作人员。而第三个层次的教育直接关系到在实践科学发展观的一切活动中人大作用的有效发挥。强化社会主义法治理念教育,应着重强化三个理念的教育:

一是牢固树立坚决维护宪法和法律权威的理念。宪法是治国安邦的总章程,任何政党团体和社会组织都没有超越法律的特权,执政党要带头模范执行法律,一切国家机关都应当遵循法律办事,要遵循法律至上的原则。地方人大同样既要保障宪法和法律在本行政区域内的遵守和执行,也要带头执行宪法和法律,做到既不失职,也不越权,只有这样,才能有效地维护宪法和法律的尊严和权威,最大限度地维护国家法制的统一。

二是牢固树立以人为本,努力维护和实现社会公正的理念。以人为本是宪法规范的鲜明特色,也是科学发展观的核心。社会的发展要一切围绕人、依靠人,遵循人文精神,在自由平等的基础上,满足人发展过程中的物质、精神、成长、权利等方面的基本需求,全面保障人的权利,激发人的积极性和创造性。这就要求我们要以保障人权,实现人的全面发展为目的,以民主政治制度和人民代表大会制度为载体,以政治文明建设、公民社会、和谐社会不断发展为条件,建立维护公平正义的制度。而实现社会的公平正义,必须依靠民主法治,靠法治来维护。

三是牢固树立以推动科学发展,促进社会和谐,服务全局为使命,依法正确行使权力的理念。深入贯彻落实和科学发展观,推动科学发展,促进社会和谐是党的十七大提出的总体要求。地方人大要服从于和服务于科学发展的全局,就要按照党中央从发展全局出发作出的战略部署,围绕党的工作中心,做好各项工作,全面适应新时期的新发展,从思想上牢固树立以推动科学发展,促进社会和谐,服务全局为使命,依法正确行使职权的理念。

三、强化法治理念教育,发挥人大在科学发展中的作用的途径

社会主义法治理念是今后我们建设社会主义法治国家,完善人民代表大会制度,做好新时期地方人大工作的思想指南。地方各级人大要据此规范行使职权的行为,提高依法正确行使职权的能力。在新时期、新阶段,强化法治理念教育,发挥人大在科学发展中的作用,应从以下几个方面拓展途径:

努力实现法治理念教育的"四个结合"。强化社会主义法治教育,应从科学发展的全局出发,紧密结合实际,努力实现四个结合:一是法治理念教育与公务员素质教育紧密结合。要把法治理念教育列入公务员素质教育的规划,建立教育的长效机制。同时以党校为依托,把教育的重点,放在对各级高中级领导干部的法治理念的培养上,以改变部分领导干部因法律素质较低,法治理念淡薄,而影响依法执政、依法办事水平的状况。二是法治理念教育与人大自身建设紧密结合。地方人大在推动科学发展,促进社会和谐,推进建设社会主义法治国家的进程中负有重大的责任,强化法治理念教育,对于提升人大整体素质和依法行使职权的能力是客观发展的需要,这种教育应该列入各级人大的重要议事日程,制定分层分批系统化制度化的培训计划。三是法治理念教育与人事任免工作紧密结合。地方人大在人事任免前,应当采取措施对被任命干部进行必要法治理念教育,如法律素质考核和理念教育谈话等。任命后,通过开展工作评议等方式,加强对被任命干部的监督。四是法治理念教育与权力制衡紧密结合。要把法治理念教育贯穿到权力制衡的全过程,做到一手抓法治理念教育,一手抓权力制衡,建立权力制衡的相关机制,如健全和完善地方人大监督运行制度中的质询机制、督办反馈机制和问责机制等,保证权力在法治规范中运行。

以社会主义法治理念指导地方人大工作，更有效地发挥人大在科学发展中的作用。地方人大应在社会主义法治理念的指导下，围绕科学发展、促进社会和谐、关注民生和生态有效地开展工作，在每年督促“一府两院”真正解决一两件影响大且又涉及民生热点难点问题的事情上下功夫。要善于运用和发挥自身的特长和优势，特别要发挥好遍布城乡各行各业各界的各级人大代表所构成的力量上的优势，以及能够运用决议决定、常委会审议、代表视察、执法检查、议案实施、询问、质询、特定问题调查等多种手段实施有效监督所拥有的方式方法上的优势。抓好监督工作的五个着力点：一是强化专题调研，切实抓住带有普遍性、倾向性的问题进行监督；二是实行全方位跟踪督办，对决议决定和审议意见的落实要一抓到底，必要时可启动质询、特定问题调查程序予以追究，以树立法律的权威；三是坚持依法依规依程序进行监督，保证规范有序地做好监督的工作。采取措施，切实把好群众利益关，把好预算编制控制和预算执行的监督关，把好人事任免关。四是积极破解民生难题，抓住事关人民群众切身利益和关系社会和谐的突出问题进行监督，切实解决涉及民生的热点问题；五是强化对“两院”的法律监督，采取更强有力的措施，维护社会公平正义，促进公正司法。

健全机制、规范程序，更有效地发挥整体功能。地方人大要注重从加强制度建设和健全相关机制入手，完善依法行使职权的运行机制、程序制度，特别是健全有利于整合监督资源，有利于上下联动，有利于督办措施更加完善的各种机制，建立适合权力机关特点的充满活力的组织制度。目前，地方人大的监督力量明显不足，应增设专门从事对规范性文件备案审查的机构和预算督查机构，以避免不必要的牵扯和力量分散，提高相应工作的专业化水平。还可以考虑设立法律咨询委员会，为常委会审议等专项工作提供法律方面的意见，借助社会力量，强化监督工作。

不断深化综合改革试验　扩大公民有序政治参与

福建省石狮市人大办副主任　卢俊杰

在新时期，从各个层次、各个领域扩大公民有序政治参与，是发展社会主义民主政治、建设社会主义政治文明的内在要求。扩大公民有序政治参与，是坚持和完善人民代表大会制度、推进人大工作创新的重要内容。人大制度是民主制度的载体，也是公民有序政治参与的主要途径，不断完善公民政治参与的内容和形式，这本身就是坚持和完善人民代表大会制度的题中应有之义。1988 年，经国务院批准，石狮从晋江县析出由镇直接升格为省辖县级市，作为福建省综合改革试验区，允许在政治经济体制方面进行大胆改革试验。建市初期，蓬勃发展的颇具外向色彩的“三来一补”，使石狮的民营企业如雨后春笋般地涌现，其中戴着乡镇企业“红帽子”的私营企业占据主导地位，逐渐成为石狮早期商品经济发展的一大特点，也是石狮市场经济的最初萌芽。面对商品经济发展、市场经济萌芽的新形势，传统的行政管理体制的弊端渐次显现出来，石狮人站在了选择的“十字路口”，何去何从，再次考验石狮人的参与能力和应变能力。面对历史的机遇和挑战，石狮人有胆有识，有序参与了堪称共和国历史上伟大创举的两项政治“大动作”，包括在石狮建市之际民选第一任石狮市长副市长和以“小政府、大社会”原则组织石狮市的政权机关，精确地诠释了马克思主义关于上层建筑产生于一定的经济基础之上、服务于一定的经济基础的基本原理。发生在石狮市的这一系列旨在保证政治体制适应经济发展要求的政治体制变革，正是石狮这块神奇的土地和这一群“爱拼敢赢”的石狮公民适应客观形势变化而作出的“有序政治参与”。同时，石狮市民深切地体会到要发展商品经济（市场经济）必须得到上层建筑的政策支持，纷纷组织发动先后成立 100 多个各种各类维权组织、社区组织、公民互助组织、同人组织、行业协会、学会、促进会、基金会等团体，努力扩大有序政治参与。

近年来，石狮市人大常委会在中共石狮市委的领导下，在上级人大的正确指导下，急人民之所急，想人民之所想，因势利导，不断深化综合改革试验，完善扩大公民有序政治参与的制度和机制，认真研究公民有序政治参与的具体形式,激发广大人民群众当家作主的热情,在推进社会主义民主政治建设中作了一些有益的探索。

一、改进和完善选举制度,激发与保护选民参与热情

选举权是最重要、最直接、最广泛的政治权利,是公民直接参与政治的重要形式。石狮市敢为天下先,率先在全省实行市长公开竞选,率先在全省实行城乡按相同人口比例选举人大代表,努力增强选举的竞争性。为了激发广大选民政治参与的积极性,我市人大常委会早在2003年换届选举中,就选择个别乡镇进行"代表候选人与选民见面"试点活动。主要做法是:先由初步代表候选人向选民代表发表"竞选演说",介绍自己的情况,并就如果当选人大代表后如何履行代表职务作出表态性发言;然后由选民代表就自己关心的有关问题向初步代表候选人提问,由他们当场做出解答。见面活动结束后,即以无记名投票的方式选出正式代表候选人。一系列的做法有效地改变了个别人大代表的"只代不表,只表不代"的不良现象。为了维护选举的严肃性以及保护选举者和当选人的合法权益,石狮市人大常委会非常重视选举工作中群众举报的处理。如2006年11月25日,蚶江(锦里)选区组织选举石狮市五届人大代表。群众举报反映该选区选举工作存在问题。市选举委员会于12月4日组织人员到该选区调查,经对选票重新计算核实,存在划票不规范的104张,把无效票当有效票(如:涂改、写票所划符号不清楚)的42张,错把其他候选人得的赞成票统计为林XX得赞成票的4张。经市人大常委会代表资格审查委员会审查,并于12月6日向市四届人大常委会第22次会议报告,依据有关法律规定,经审议确认林XX得赞成票不过半数,不能当选代表。

二、在行使重大事项决定权方面,坚持倾听团体和选民意见

为实现重大决策的民主化和科学化,让组成人员讨论决定重大事项更贴近民意,更关注民生,常委会注重扩大公民有序政治参与,坚持倾听团体和选民意见,致力发扬民主,集思广益。例如,为了做好我市国民经济和社会发展"十一五"规划纲要的审查批准以及规划纲要实施情况中期评估报告的审议工作,均分别提前成立若干调研组,深入各镇(包括重点村和社区)各部门进行调研,并召开20多场由各商会和行业协会负责人、行业代表以及有关专家、学者参加的座谈会,注重收集不同界别的建议意见。2006年石狮市人大提出了"十一五"期间石狮市需要着重研究解决10个方面重大问题,并形成《关于石狮市国民经济和社会发展"十一五"规划编制的建议》。石狮市委、市政府对此高度重视,市委黄书记作出重要批示,市政府多次进行研究,团体、代表和公民提出的一些关注民生的建议意见被吸纳到规划编制之中。最近,石狮市五届人大常委会第十三、十四次会议听取和审议市政府关于石狮市国民经济和社会发展"十一五"规划实施情况中期评估报告后,充分吸收社会各界关于经济发展和民生的大量意见建议,并写入"审议意见"中,提出石狮"十一五"后半期国民经济和社会发展的六大方面建议。

三、在行使监督职权方面,注重征求社会各界意见

每年年底,石狮市人大常委会坚持通过向社会各界发放1000多份征求意见表,精心选择关系全市改革发展稳定大局、社会普遍关注的重大问题确定为监督工作重点,列入常委会年度监督工作计划,从而增强了监督工作的针对性和实效性。例如,连续多年在石狮人大网站、石狮日报、电视台开设专栏公布督办建设防洪防潮排涝系统工程、近海水域污染治理、道路交通整治、食品卫生法执法检查等监督计划,公开征求人民群众的意见,进一步扩大公民参与面。2006年初,石狮市五届人大一次会议,根据广大群众的热切呼吁,确定把将累计投资10多亿元的防洪防潮排涝工程作为大会议案。常委会计划准备连续五年把这项工作列为监督重点,两年来先后开展6次专项检查和视察。监督过程得到许多群众的热烈响应,有的市民积极报名旁听常委会,有的市民积极打来电话对工程建设过程中遇到的困难献计献策。广大群众与市人大常委会、市政府心往一处想、劲往一处使。截至今年10月,全市共投入近3亿元建设资金,一些洪涝灾害隐患点得以逐步排除。2007年,组织开展食品卫生法执法检查前,通过石狮电子政务网、石狮日报向社会公布执法检查信息,开设热线电话、设立电子邮箱,广泛征求人民群众的意见。在短短的几天时间内收到公民建议40多条。根据各方意见,常委会选择对学校食堂、工厂食堂、菜市场、小作坊等方面的重点领域进行重点检查。检查结束后,通过报纸、网站把执法检查报告、审议意见以及研究处理报告向社会公布。在市民全程参与和监督下，市政府迅速组织有关部门开展食品卫生专项整治活动，依法查处一批违法案件，较好地维护了广大人民群众的合法权益，确保百姓身体健康。

四、在开展视察检查中，注重明查暗访倾听代表和群众真实意见

石狮市人大常委会历来注重保护人大代表和公民参与政治的积极性，尤其是注重保护人大代表在人民代表大会各种会议上的发言和表决，不受法律追究。人大代表提出的意见建议大多与人民群众的生产生活密切相关，其意见建议在办理中是否取得实效，人民群众最有发言权。石狮市人大常委会无论是在开展每次的视察检查还是在督办代表议案建议中，都能认真执行邀请人大代表和选民参加的工作制度，注重吸纳代表和群众的意见，进一步掌握真实情况，并据此督促有关部门雷厉风行、真抓实干，促使一批久拖不决的问题得到妥善解决。近年来，在督办重点代表建议办理件时，石狮市人大常委会注重把一府两院办理代表建议的进展情况定期在石狮日报、石狮人大网站进行公布，征求代表和群众对办理情况的意见，凡代表与群众表示不满意的，责成有关部门重新办理，并将结果公布，再次接受代表和群众的监督。例如2007年常委会把有关部门办理100多件代表建议的情况进行公布，征求代表与群众的意见，结果有4件被反馈为不满意，当即召开全市不满意件督办会，责成有关部门重新进行办理。其中，部分代表对"建设祥芝防潮堤的建议"两次办理均不满意，反映强烈。常委会采纳群众建议，与新闻媒体结合，开展明察暗访，并将办理情况在石狮电视台、石狮日报等多家媒体上曝光。市政府闻讯对此高度重视，立即成立领导小组，协调相关部门，加大投入，促使该工作顺利推进，代表和群众终于表示满意。

五、开展设立"人大代表信(邮)箱"和征集公民"合理化建议"活动，拓宽公民政治参与渠道

石狮是福建省综合改革试验区，著名侨乡，民营经济发达，港澳台侨同胞众多。改革开放以来，又涌现出许多新阶层的代表人士。建市初期，石狮率先在全国面向全省公开竞选市长副市长活动时，就着手探索最大限度地吸纳最广泛的市民(包括新阶层代表人士、海外侨胞)政治参与、让最基层的百姓当家作主参与投票。1990年石狮人大常委会成立后就有意通过搭建有效平台，进一步拓宽公民有序政治参与的渠道。如，石狮市人大常委会要求各镇(街道)人大代表活动组均要设立"人大代表意见箱"，同时连续多年与石狮日报合作，开辟专栏，宣传人大知识，举办征集"合理化建议"活动，征集市民对一府两院工作的意见。这一活动激发了广大市民政治参与的热情，全市上下积极参与、踊跃建言。每年均能征集到市民合理化建议100多条。这些意见建议为人大代表在大会期间提出议案、建议提供了有益的参考，也为市人大常委会制订监督工作计划提供了科学的依据。如2006年，石狮市蚶江镇水头村委会主任王经跃提出"尽快开展近海水域环境污染整治"的建议，引起了石狮市人大常委会的关注，石狮市人大常委会立即召集部分石狮籍泉州市人大代表据此开展深入调查，在泉州市人代会期间代表联名提出《关于加快近海水域环境污染治理的议案》，经审议表决被大会列为一号议案。一个来自民间的公民意见进入了主流渠道，并上升转化为人大、政府的重点工作，产生了极其广泛的社会影响。

六、建章立制，为扩大公民有序政治参与提供制度保障

坚持和完善人民代表大会制度，一要坚持(即这个根本制度不能动摇)；二要完善(即这个根本制度的一些具体制度要完善)。既要完善人大的会议制度与议事规则，又要完善密切联系群众的各种制度。在这一方面，石狮市人大常委会做了大量工作：一是建立公民旁听常委会制度。旁听对象曾经邀请过老上访户、离退休干部、华侨、教师、学生、律师、职工、农民、个体户、外来工和其他一般市民，因而具有广泛的代表性。每次旁听结束后，石狮市人大还择机组织旁听对象与"一府两院"有关负责人座谈交流，还将他们合理的意见建议整理提交有关部门，并督促有关部门限时办理，杜绝"人白来，话白说"的现象。二是建立人大代表列席常委会制度。每次常委会召开时，均明文要求各代表活动组派出至少2名代表列席常委会，要求他们大胆发言，提出建议意见，并作为人大代表履职的重要考核依据。三是健全常委会领导下访群众的信访制度，主动畅通群众利益诉求渠道。今年1-5月，市人大常委会领导已就有关回批地建设、民事诉讼、征地拆迁补偿纠纷等问题约访了32批群众，进一步畅通民意表达渠道，依法及时有效地处理群众反映问题。四是建立代表联系选民和代表向选民述职的制度。以贯彻中发[2005]9号文件和闽委发[2004]16号文件为契机，加强代表述职和代表联系选民的制度建设，要求每一名人大代表每年最少走访2—3名选民，认真听取选民的意见和建议。积极指导各基层人大立足实际情况开展形式多样的活动，促使代表与选民的联系更加密切。比如凤里人大统一制作20个“代表征集建议箱”，在各选区悬挂，征集选民群众意见；湖滨街道人大工委设立人大代表接待室，每月召开例会安排本辖区内的各级人大代表参与接待群众来访。其他镇人大还推行了代表联系选民登记簿、代表联系卡、代表公示、代表接访日等活动。五是建立人大代表参与民事诉讼调解工作制度。六是建立健全信息公开制度，保障公民的知情权。上述制度建设，加强了代表与人民群众的沟通与联系，激发了公民有序政治参与的热情。

虽然我市在扩大公民有序政治参与方面做了一些工作，但是在实践中也存在一些不足，主要有：综合改革试验有待持续深入；公民的政治参与意识有待进一步提高；公民政治参与的领域不够广、参与的程度不够深、参与的机制和有关法律法规还不尽完善。

党的十七大报告指出，“坚持国家一切权力属于人民，从各个层次、各个领域扩大公民有序政治参与，最广泛地动员和组织人民依法管理国家事务和社会事务、管理经济和文化事业”。结合过去多年的一些实践探索，我们认为，作为地方人大常委会，今后应该从以下几个方面扩大公民有序政治参与：

一、要保障公民平等的政治参与。一是完善选举制度。要继续消除城乡差别，完全实行城乡按相同人口比例选举人大代表；要进一步合理划分选区，使各区域、各界别均有各自的人大代表；要合理统筹兼顾强势社会群体与弱势社会群体的政治参与；依法分配代表名额，降低人大代表中党员、干部的比例，扩大普通公民的政治参与。二是在保障公民知情权方面，要把监督公开的原则落到实处，特别要充分发挥大众传媒特别是网络传媒的作用，进一步加强人大监督工作和政情信息资源的公开，解决公民与国家机关之间信息严重不对称问题，力求达到开放信息量的丰富性和及时性，为公民政治参与提供信息资源上的充分保证。

二、要丰富公民政治参与的形式。一是强化选举的竞争性。继续积极探索重要岗位（如石狮的市长副市长）开展竞选活动，深化石狮市作为福建省综合改革试验区的独特优势，从而实现公民与人大、政府间的进一步良性互动，持续提高公民政治参与的积极性。二是健全领导接访制度，根据群众信访所反映的问题，常委会主任、副主任每人每月约访群众一次，解决群众关注的热点难点问题，使人民群众特别是社会弱势群体的利益诉求和表达得以畅通。三是探索开展代表代理信访活动。按照“人民——代表——政府——人民”的运行模式，通过代表把选民的公共性利益诉求转化为代表建议意见，减少集体上访和越级上访等行为，防止公众行为的失控，保证公民参与能够在法律的框架内有序地进行。还可以开展代表接待日、代表征集选民意见、代表召开选民座谈会等形式，收集群众的建议意见，监督一府两院认真解决群众关注的热点难点问题。

三、要建立健全公民政治参与的制度。一是要建立和完善扩大公民有序政治参与的具体制度，如代表向选民述职和代表联系选民的制度、民主协商制度、民意调查制度、竞选制度、听证制度、政务政情公开制度、旁听会议制度、建言献策制度、信访制度、人民监督员制度和人民陪审制度等。二是要注重建立健全制度贯彻落实的机制，确保制度建设的实效性。如，听证制度是公民政治参与的重要方式，要提高听证制度的实效性，就要在听证参加人员、听证问题调研、听证相关信息公开、听证焦点议题论证、听证人员意见建议的吸收及反馈等方面提前充分准备、精心安排、抓好落实，保证听证的民主性、公正性、科学性，有助于听证双方实现双赢。

四、要提高公民政治参与的素质和能力。一是强化公民政治参与的主体意识。选择身边生动的典型事例，加强宣传，培育公民有序政治参与的典范，使其认识到公民参与对于维护自身合法权利的重要性，充分认识到积极的政治参与是实现其民主权利的基本途径，从而始终保持高涨的参与热情。二是总结推广先进经验。要认真总结石狮市前埔村等一批全省社会主义新农村建设的典型经验，引导全市村（居）民更好地自我管理、自我发展。三是教育公民在政治参与过程中必须遵守国家的法律，维护社会公共秩序，使自己的公共参与行为符合宪法和法律的规范。四是引导公民有序地加入我市现有的140多个合法登记的社团组织，提升参与层次与质量。通过社团组织把公民分散的个人意见和利益诉求以集中的、有序的、理性的、和平的方式向各级国家机关反映，提高社会责任感和政治参与能力。

做好人大信访工作　努力维护人民利益

黑龙江省齐齐哈尔市人大常委会信访办主任　黄非
黑龙江省齐齐哈尔市人大常委会信访办副主任　张研生

在新的历史阶段,人大所处的地位、担负的任务以及自身状况发生了许多变化,对信访工作如何服务人民、维护人民利益思路、途径、方式、方法提出了新的、更高的要求。因此,必须从实际出发,不断创新完善,增强生机和活力,开创人大信访工作新局面。

思路创新是人大信访工作创新的先导

思想是行动的先导。只有思维创新,才能对新情况、新问题拿出解决办法。人大是国家权力机关,其职能决定信访工作的地位和特点,信访工作在坚持自身特色的同时,要不断改进传统模式,创造符合时代特点和群众需求的内容和方式。

(一)创新工作内容。人大信访工作主要是转办、交办、督办三种形式。随着社会不断发展,新生事物不断涌现,人们需求不断变化,群众来信来访内容、表现形式、投诉对象也都发生了变化,协调处理和督办的难度越来越复杂。这就要求信访工作突出重点、抓住难点、强化督办效果,做到"处理一访、解决一片、举一反三"。要围绕涉法涉诉这个核心,认真协调处理积案,化解"老、大、难"问题;认真协调处理群众最关心、最直接、最现实的利益问题,化解新矛盾;认真协调处理群众普遍关注的热点、难点和带有共性的问题,化解群体性事件,为建设和谐社会做贡献。

(二)创新工作方式。"为来访者解决诉求","解决诉求"目的是化解矛盾、息诉罢访。这是人大信访工作的基点。围绕这个基点,积极探索信访工作服务改革发展大局的形式和渠道,应将和谐社会发展目标融入信访工作中来。人大信访工作要根据不同对象、不同层次、不同要求,采取灵活多样的方式,不拘泥于某种固定模式,只要信访工作所需和人民所求方向一致,方法适宜,路子对头,矛盾得以解决,问题得以处理,任何方式都可以探索。

(三)创新工作途径。坚持依法监督,发挥监督职能在信访工作中的作用,贯彻"属地管理,分级负责""谁主管,谁负责"的原则,本着"事要解决"的终极目的,多措并举强化人大信访工作。一是进一步完善人大信访工作程序。将人大信访工作纳入联席会议机制,畅通信访渠道,形成统一、支持、一盘棋格局,定期研究人大信访动态,协调信访力量,通报信访信息,研究和督办信访案件;二是对承办人大交办信访事项责任单位跟踪问效、跟踪监督,把办结情况作为评议承办部门及责任人的内容之一;三是发挥人大专业委员会办理信访的作用,对信访事项反映出来的带有共性的问题交由专业委员会作为视察工作的内容之一,形成人人关心信访、人人抓信访、人人办信访、齐抓共管的局面;四是建立人大代表参加上访案件的庭审制度,对一些群众关心的和重要信访事项选派相关人大代表和相关委员会成员参加庭审,发挥人大代表质询权、询问权的作用;五是建立人大代表联系点,推广龙沙区、克山县人大的做法,开辟第二信访室,人大代表进社区、进村屯,以灵活多样的形式开展信访工作;六是开展经常性的调查研究,尤其是对个案的办理和督办进行有益的探讨和尝试。拓宽人大信访监督转变为人民权利监督的途径和方法。

服务人民　维护人民的利益是人大信访工作的主题

人大信访是联系人民群众的"窗口"、桥梁和纽带。要围绕市人大常委会"立法讲质量,监督讲力度,任免讲原则,决定讲效果,权为民所用,一切为人民"工作目标和"学习、团结、求实、敬业、创新"机关精神,把服务人民、维护人民的利益、推动社会和谐与稳定作为人大信访工作创新的主题。

(一)、做服务和谐社会建设的明白人。和谐历来是中华传统文化独具特色的价值理念,和谐社会建设是文明程度高度发达国家的共同选择。人大信访干部必须有高度的责任感、使命感,不断提高素质,做信访的有心人,努力为社会和谐发展服务。要做到善于学习,心中有新观点;善于发现,心中有新情况;善于调研,心中有新思路;善于总结,心中有新经验。结合工作实践学习法律、法规和党的方针政策，熟悉各方面法律法规和政策界限，提高法律和政策水平。不断更新知识结构，拓宽视野，增强处理实际问题的能力，成为政治上的明白人，业务上的内行人，信访群众的贴心人。为领导、为机关、为基层、为群众服务，为促进社会和谐发展发挥的应有作用。

（二）做上访群众知心人。人民是历史的主人，人民创造、改变着历史。在人民来信来访接待上要时刻牢记“群众利益无小事”的宗旨，认真执行《信访条例》，坚持和谐的念，以人为本，善待上访人，做到“一张笑脸相迎，一把椅子请坐，一杯热茶相送，一腔热情倾听，一心一意办理”。面对申诉、控告的上访人要稳定情绪，坦诚相对，不回避矛盾，不绕着问题走，讲真话，办实事，找症结，对合理的诉求持之以恒抓落实，依法督办推进解决，真正体现“权为民所用、利为民所谋”，对来访群众反映的问题能及时解答的及时解答，能办理的马上就办，不能马上办理的告知办理程序，不能按时答复的，用电话等形式告知来访人。根据信访事项的需要，变上访为下访，置身于信访人所处的工作和生活环境零距离为上访群众讲解有关法律法规，引导上访群众依法解决合理诉求。通过信访事项的处理进一步密切人大代表与人民群众关系，借助普法宣传提高公民素质，帮助人们树立正确的世界观、人生观和价值观，在提高物质生活质量的同时，提高精神生活质量，实现人、社会、自然全面协调和谐发展。

（三）为诉求群众搭建解决问题平台。围绕信访人反映的问题，找准症结，搭建解决问题的平台。人大信访工作特点，决定了其协调和监督的地位。一方面积极协调“一府两院”，整合外部资源，充分发挥职能部门和法职人员作用，实施“纵横协调，上下贯通”的联动机制。监督和协调“一府两院”推进人大信访；另一方面挖掘内部资源潜力，发挥人大代表作用。要把人民群众满意不满意作为衡量和评价人大信访工作的基本标准，真正做到诉求合理的解决到位，诉求无理的思想教育到位，行为违法的依法处理到位，生活困难的帮扶救助到位，需要法律援助的援助到位。更好地代表人民群众的权力，维护人民的合法权益，化解矛盾，切实把人民群众的积极性、创造性引导到经济社会发展作贡献上来。

求真　为民　创新

——纪念地方人大设立常委会30周年

河南省信阳市人大常委会主任　姚铁璜

光阴荏苒，日月如梭。伴随着改革开放以来的沧桑巨变和社会主义民主法制建设不断前行的坚实脚步，我们欣喜地迎来了地方人大常委会成立30周年。信阳是革命老区，长期延续地区建制，辖一市九县。为适应人大工作需要，从1982年开始，信阳地区先后设立人大工作联络科、人大工作联络处和地区人大工作委员会。1998年9月信阳撤地设市，作为地方国家权力机关的信阳市人民代表大会及其常务委员会正式成立，揭开了我市人大工作的新篇章。

信阳市人大常委会成立十余年来，秉承“求真、为民、创新”的工作理念，积极探索，勇于实践，认真履行宪法和法律赋予的职权，有力地服务了全市改革发展稳定大局，赢得了广大群众和社会各界的赞誉。

求真：人大工作的不懈追求

党委工作的重点、政府工作的难点、群众关注的热点，就是人大工作的着力点。信阳是农业大市，“三农”问题关系全局。多年来，围绕农民增收、农业增效和农村发展，市人大常委会先后听取和审议了市政府关于农业产业结构调整、农业产业化经营、农村税费改革、茶产业发展、农村劳动力转移、农村低保、农村合作医疗等涉农工作报告20多项，督促市政府及有关部门落实国家支农惠农政策，大力发展适合信阳实际、具有本地特色的支柱产业。特别是连续几年对中央“1号文件”的贯彻落实情况进行视察和检查，促进了“三项补贴”、“两免一补”、“村村通”工程等惠农政策的全面落实，农民群众得到了实惠。近年来，我市“三农”工作逐年迈上新台阶，粮食总产跨越110亿斤大关，荣获“全国粮食生产先进市”称号。今年2月，市三届人大四次会议把“关于加快社会主义新农村特区建设的议案”确定为01号议案；4月，省委、省政府批准信阳为“河南省农村改革发展综合试验区”。以一个省辖市作为农村改革发展综合试验区，这在全国还是首例。

看准了的事情，就要一抓到底。面对世界金融危机冲击带来的严峻考验，市人大常委会及时将财税工作纳入2008年监督工作重点，从年初至年底，在全市市、县、乡三级开展了为期一年的税法执法大检查。针对检查中发现的问题，常委会对梳理筛选的28项典型个案进行了重点督办，进一步理顺了财税工作体制，促进了税收执法环境的优化，确保了年度财税工作任务的顺利完成。今年4月以来，市人大常委会以省、市委关于保增长、促发展的一系列指示精神为指导，按照科学举债、良性循环、拉动增长的要求，组织部分人大代表对市政府举债建设项目、特别是市一届人大常委会第33次会议批准的市政府利用国家开发银行贷款的融资项目进行了视察，督促市政府认真解决举债建设中存在的问题，促进政府依法、科学、合理、高效地使用借贷资金，为实现今年全市经济发展目标创造有利条件。

人大工作要敢于坚持原则。不图形式、不走过场，不怕得罪人，不取得实效不放手，是信阳市人大常委会的一贯工作态度和作风。2004年，针对基层反映强烈的速生丰产林基地建设项目中存在的问题，常委会在深入调查研究，掌握真实情况的基础上，对个别地方虚报浮夸行为进行了公开批评和制止。2005年，对市政府贯彻实施畜牧业条例的情况，常委会三次听取报告，两次提出审议意见，督促市政府最终落实了全市所有乡镇共613名畜牧防疫人员的编制和经费，健全完善了农村基层畜牧防疫体系建设。在随后发生的禽流感疫情中，信阳经受住了考验，同时也验证了市人大常委会工作的超前性和预见性。2007年，常委会对市爱卫会违反规范性文件备案审查规定出台的禁烟办法进行了公开纠正，产生广泛影响。2008年，在市人大常委会连续两年密切关注、持续督办下，叶信高速公路2.2亿元国债转贷项目债务问题得到妥善解决，化解了市财政承担的风险。

为民：人大工作的本质要求

人大工作要把维护和实现人民群众的根本利益作为一种政治责任。南湾水库是信阳市中心城区及周边40多万居民唯一的饮用水源，也是被誉为“中原明珠”的国家4A级风景名胜区。为保护好群众赖以生存的“大水缸”，信阳市人大常委会自成立至今，一刻也没有放松对南湾水库饮用水源保护工作的监督。市人大常委会多次组织代表视察南湾水库饮用水源保护情况，要求政府重点解决好库区周边的居民生活垃圾污染、环湖乡镇300多个畜禽养殖场的粪便污水污染、种植业带来的农药化肥残留污染等5个方面的突出问题，督促有关部门关闭了周围的农家餐馆。2008年1月，在省十一届人大一次会议上，信阳代表团的20名代表联名提出了《关于建议省人大常委会尽快制定信阳市南湾水库饮用水源保护条例的议案》。该议案被大会采纳，已列入河南省人大常委会立法计划。日前，《条例》草案已提交省人大常委会会议初审。把辖区内的重大问题纳入省级立法，这在信阳市法制史上还是第一次。

人大工作要始终围绕人民群众关心、关注的问题来进行。2005年、2007年夏季，信阳市中心城区两次出现严重内涝，多处道路、单位和居民点被淹，直接经济损失上亿元。灾情发生后，市人大常委会立即组织部分常委会委员和人大代表，深入到城区7条排水河道和13处严重阻水点视察，现场查看灾情，听取群众意见，并召开了由有关专家和专业人员参加的座谈会，全面分析成灾原因，提出了做好中心城区防汛减灾工作的具体建议。当年，市政府在财力非常紧张的情况下，调整增加城市防洪经费预算3100多万元，对城区主要河道进行了全面清淤改造，并重新调整了城市防洪规划，大大提高了中心城区的防洪能力。

人大工作要顺应群众的意愿和要求。2008年5月，群众多次联名信访反映市体彩广场改建人防工程中的违规问题。市人大常委会随即派员进行实地调查，听取市政府有关情况报告，作出了关于抓紧整改市体彩广场改建人防工程中的6个违规问题的《审议意见》。12月，常委会再次听取市政府办理审议意见情况的报告，要求市政府在项目运作中坚持依法办事、切实保护好周边群众利益。至此，这一群众十分关注的信访事件得到了妥善处理。在治安管理处罚法执法检查中，常委会立足维护经济发展环境和确保群众安居乐业，依法督促司法机关从重、从快严厉打击涉黑犯罪，彻底摧毁了一个盘踞一方、欺压百姓、严重妨碍重点项目建设的黑社会性质团伙。喜讯不径而走，百姓拍手称快。

创新:人大工作的不竭动力

听证会,让决定权的行使更慎重。市人大常委会在审议决定信阳市城市总体规划的过程中,将组织召开市民听证会作为重要环节。经过自愿报名申请,来自全市不同行业的75名市民代表与市政府及有关部门负责同志和中国城市规划设计研究院、河南省规划设计院的专家一起座谈听证。面对市民一个接一个的提问,市规划局负责人和设计专家一一解答,并将重要意见和建议记录在案。2005年4月26日,信阳市二届人大常委会第十一次会议,审议通过了综合各方面意见、几经修改的《信阳市城市总体规划(草案)》。会议要求,在实施信阳市总体规划时,市人民政府要尽快组织有关部门按照轻重缓急制定好各项详细规划,并严格按照批准的规划实施建设、管理,避免盲目性和随意性,把城市建设纳入法制化、规范化轨道。几年来,市人大常委会严格监督城市总规的依法实施,督促市政府加快浉河两岸治理和羊山新区建设,突出信阳山水园林城市和浓郁地域文化特色,不断提升信阳城市品位,为魅力信阳建设增辉添彩。

任前公示,让任免权的行使更严肃。2003年信阳市第二届人民代表大会换届之后,市人大常委会从完善任免程序入手,对《任免地方国家机关工作人员办法》进行修订,重新规范了任免案的初审、任前法律知识考试、拟任人员与常委会组成人员见面和供职发言、颁发任命书等各个环节的工作程序,并增加了任前公示等内容,使之更加严肃和具有可操作性。拟任命的4名市人大常委会内设机构负责人、33名政府组成人员、94名法院审判人员和86名检察院检察人员分别参加了法律知识考试;法检"两院"112名拟任审判员和检察员通过新闻媒体向社会公示,接受群众监督。任前公示制度实行六年来,社会普遍反映良好。

庭审视察,让司法监督更具体。2007年,市人大常委会在对司法监督工作进行深入调研并借鉴外地经验的基础上,制定了人大代表视察人民法院庭审活动的意见。每年选取数起案件组织人大代表现场听审,并填写评议表,对审判人员、公诉人员和律师的庭审表现进行评价。通过庭审视察,参审人员更敬业了,当事人更信服了,人大代表的感受也更直接了。同时,常委会还制定了《司法机关重大事项和部分案件呈报备案的规定》,从而把对司法工作的监督变为实实在在的具体措施。

通报会,让四方联系更紧密。市三届人大常委会成立后,首先从"立规矩"入手,对常委会的工作程序和各项制度进行了重新修订,使之与监督法的规定相衔接。特别是在加强与"一府两院"联系方面,建立了市人大常委会与市"一府两院"定期通报工作制度。按照制度规定,市人大常委会与市人民政府、市中级人民法院、市人民检察院每三个月举行一次通报会,互相通报前一阶段的工作情况和下一阶段的工作安排,并就共同关心的问题进行研究探讨,形成共识。三年来,以交流信息、沟通情况、协调工作为目的的通报会制度,受到参会各方的一致肯定,形成了主动配合、互相支持、独立履职、齐心协力干事创业的良好工作格局。

在市人大常委会机关深入学习实践科学发展观活动动员会上的讲话

山西省太原市人大常委会原党组书记、主任　李荣怀

同志们:

党中央决定,从2008年9月开始,用一年半左右的时间,在全党分批开展深入学习实践科学发展观活动。我市作为第二批学习实践活动的城市,3月11日,市委召开了全市开展深入学习实践科学发展观活动动员大会,市委书记申维辰作了重要讲话,标志着我市学习实践科学发展观活动全面展开。动员大会之后,市人大常委会党组迅速研究,积极准备,制定了常委会机关学习实践活动实施方案。今天,我们召开机关全体党员大会,主要是按照中央和省、市委学习实践科学发展观活动的要求,进一步统一思想、明确任务,对常委会领导班子和机关深入学习实践科学发展观活动进行具体安排和部署。以袁高锁同志为组长的市委指导检查组,将对市人大常委会机关的学习实践活动进行全程检查、指导和帮助。我们要在检查组的指导下,

扎扎实实搞好学习实践活动。下面，我代表常委会党组讲几点意见。

一、提高思想认识，充分认清学习实践活动的重大意义

开展深入学习实践科学发展观活动，是党的十七大作出的一项重大战略部署，是用马克思主义中国化最新成果武装全党的重大举措，是深入推进改革开放、推动经济社会平稳较快发展、促进社会和谐稳定的迫切需要，是提高党的执政能力、保持和发展党的先进性的必然要求。我们必须从全局和战略的高度，充分认识这次活动的重大意义，切实把思想和行动统一到中央和省、市委的重大决策部署上来，以昂扬的精神状态和务实的工作作风，扎扎实实开展好学习实践活动。

（一）开展深入学习实践科学发展观活动，是用党的最新理论创新成果武装全体党员干部的重大举措。经过30年的改革开放和社会主义现代化建设，我国的经济实力、综合国力、人民生活水平都得到了显著提高。在新的历史起点上，党的十七大提出了实现全面建设小康社会奋斗目标的新要求、新任务，强调了科学发展观是对党的三代中央领导集体关于发展的重要思想的继承和发展，是中国特色社会主义理论体系的重要组成部分，是我国经济社会发展的重要指导方针，是发展中国特色社会主义必须坚持和贯彻的重大战略思想。这一重大战略思想，具有深厚的思想内涵、深厚的理论渊源、深厚的实践依据和深厚的群众基础。党中央深刻把握世情、国情、党情的发展变化，作出了开展学习实践活动的重大决策。这对于我们用中国特色社会主义理论体系武装全党、教育人民、统一思想、推动工作，都具有十分重要的历史和现实意义。开展深入学习实践科学发展观活动，就是要进一步推动广大党员干部学习科学发展观，深刻理解和全面把握科学发展观的科学内涵、精神实质和根本要求，用科学发展观这一重大战略思想武装广大党员特别是党员领导干部的头脑，进一步增强贯彻落实科学发展观的自觉性和坚定性，更好地按照科学发展观的要求推进各项工作，真正把科学发展观贯彻落实到经济、政治、文化、社会和党的建设的各个方面。

（二）开展深入学习实践科学发展观活动，是推动我市经济社会又好又快发展的迫切需要。近年来，市委、市政府坚持以科学发展观统揽全局，紧紧围绕"三大基地、四大中心"建设，大力推进经济结构战略性调整和国企改革，全面推进节能减排和绿色转型，取得了显著的成效。但发展观念相对落后、发展方式比较粗放、生态环境问题突出、安全形势依然严峻仍然是我市面临的突出问题。要破解好发展难题，推动省城新一轮跨越发展，必须进一步贯彻落实好科学发展观，按照市委确定的"继续解放思想，推进'三城联动'发展、城乡统筹发展、安全和谐发展，加快建设新型工业基地、特色文化名城和现代宜居城市步伐"的主题和载体，通过深入学习实践科学发展观活动，切实加强和改进党的建设，提高党的执政能力，真正使科学发展观成为指导我们开展一切工作的根本准则，使广大党员干部更加自觉地按照科学发展观的要求指导实践，推动工作，在统一思想、提高认识上下功夫，真正实现党员干部受教育的要求；在理清思路、健全体制机制上下功夫，真正实现科学发展上水平的要求；在改进作风、解决突出问题上下功夫，真正实现人民群众得实惠的要求。

（三）开展深入学习实践科学发展观活动，是切实强化人大及其常委会依法履职的必然要求。市人大及其常委会作为地方国家权力机关，肩负着推动太原市经济社会健康协调持续发展的重任，这就决定了市人大及其常委会要发挥地方国家权力机关的作用，必须坚持科学发展观的指导思想，紧紧围绕太原市推进"三个发展"，更好地发挥人大在体察民情、反映民意、集中民智等方面的优势和作用，推进我市经济社会发展沿着科学发展的轨道前进。只有用科学发展观指导人大工作，才能更加自觉地坚持有中国特色社会主义发展道路，坚定人大工作正确的政治方向；才能更加有效地推进科学立法、民主立法，提高立法质量，为科学发展提供良好的法治环境；才能不断改进监督方式，增强监督实效，推动解决发展中不全面、不协调、难以持续的突出问题，为科学发展保驾护航；才能进一步强化人大代表的主体地位，更好地发挥人大密切联系人民群众的优势，保持人大工作旺盛的生命力。

二、紧密联系实际，着力解决影响科学发展的主要问题

中央、省委和市委对学习实践活动已作了全面部署和周密安排，任务明确，要求具体，重点突出，为搞好学习活动指明了方向。关于学习活动的指导思想、目标要求和方法步骤，市人大常委会机关学习实践活动《实施方案》已经作出了明确部署，我们要严格按照《实施方案》扎实抓好每个阶段的活动落实。在学习调研阶段，要重点抓住学习调研和解放思想讨论两个环节；分析检查阶段，要重点抓好召开领导班子专题民主生活会和形成领导班子分析检查报告两个环节；整改落实阶段，要重点抓好制定整改落实方案和解决突出问题两个环节。在学习实践活动中，要按照人大常委会党组确定的以“坚持党的领导、人民当家作主和依法治国的有机统一，提高人大常委会履职水平，促进市委提出的‘三个发展’”为学习实践活动的主题和载体，按照“党员干部受教育、科学发展上水平、人民群众得实惠”的总体要求，把握“解决突出问题、推动科学发展”两个重点，遵循坚持解放思想、突出实践特色、贯彻群众路线、正面教育为主的原则，抓好规定动作的落实，设计好自选动作，形成人大机关学习实践活动的特色，达到把握理论、完善思路、提高素质、改进工作的目标要求。

（一）把握理论，强化科学发展观对人大工作的指导。科学发展观作为一个完整严谨的思想理论体系，内涵极为丰富，思想博大精深。我们很多同志在对科学发展观的深入学习理解和全面把握运用上，在对科学发展观与人大工作实践的紧密结合上，在以科学发展观为指导全面提高工作质量效果上，还存在不少差距。我们就是要通过学习实践活动，真正把科学发展观所蕴含的丰富思想和精神实质学懂弄通，把思想认识从那些不适应科学发展观要求的观念、做法和体制机制的束缚中解放出来，形成推动科学发展的强大动力，从而能够自觉地坚持用科学发展观统领人大工作，围绕全市改革发展稳定大局，依法履职，努力为促进我市经济社会又好又快发展作出积极贡献。

（二）完善思路，进一步健全用科学发展观指导人大工作的体制机制。在学习实践活动中，要紧密联系思想和工作实际，深入开展调查研究，广泛征求群众意见，认真开展解放思想大讨论，努力把科学发展观转化为谋划科学发展的正确思路和保障科学发展的体制机制。当前，用科学发展观指导人大工作，就是要抓住科学发展观的“以人为本”这个核心问题，紧紧依靠人民群众和人大代表开展工作，努力实现和维护好最广大人民群众的根本利益；落实科学发展观“全面、协调、可持续发展”这个基本要求，遵循社会、经济、自然发展规律，为破解发展中的现实难题发挥职能作用；把握科学发展观“统筹兼顾”这个根本方法，统筹处理好各方利益和关系，充分实现加强党的领导、人民当家作主和依法治国的有机统一。

（三）提高素质，增强用科学发展观指导人大工作的能力。贯彻科学发展观，重在抓落实，贵在求实效，关键是要提高用科学发展观指导工作的能力。这次学习实践活动，既是对常委会领导班子和机关党员特别是党员领导干部整体素质的一次大检验，也是对常委会领导班子和党员领导干部工作能力、领导水平和工作作风的大促进。要通过学习实践活动，使我们人大常委会全体党员干部都能够自觉地坚持用科学发展观统领自己所负责的工作，能够把科学发展观的要求转化为本部门工作的具体工作思路，能够联系实际创造性地开展工作，从而提高人大常委会机关工作的质量和层次。

（四）改进工作，提高用科学发展观指导人大工作的实效。运用科学发展观指导和改进工作，在支持、服务和促进省城科学发展上，我们做了很多努力，但不适应、不相符和不够有力的问题依然突出。要通过这次学习实践活动，真正实现党员干部得到教育、履职能力得到提高、人大工作得到推进，更好地服务大局、推动科学发展、促进社会和谐。具体讲，就是立法质量要有新提高，积极推进科学立法、民主立法，努力为我市科学发展、社会和谐提供法制保障。监督工作要有新成效，综合运用监督形式，切实加大监督力度，推动解决关系科学发展、影响社会和谐、人民群众反映强烈的突出问题，为科学发展营造良好的法治环境。代表工作要有新举措，创新代表活动方式，丰富代表活动内容，努力为代表依法履职创造条件，更好地发挥代表联系群众、集中民智、凝聚人心的作用。机关建设要有新加强，进一步提高机关干部队伍素质，提升机关服务水平，确保各项工作高效有序运转，更好地为常委会依法履职提供服务。

三、加强组织领导，确保学习实践活动取得明显成效

常委会机关各级党组织和工作部门要把学习实践活动摆上重要议事日程，高度重视、精心组织。坚持把深入学习、提高认识贯穿始终，把解放思想、改革创新贯穿始终，把解决问题、完善制度贯穿始终，把依靠群众、发扬民主贯穿始终，坚持进度服从质量，确保活动取得实效。

（一）坚持领导带头。按照中央和市委的要求，各级领导班子和党员领导干部是这次深入学习实践科学发展观活动的领导者、组织者和参加者，在深入贯彻落实科学发展观中起着至关重要的作用。因此，常委会和各部门党员领导干部，在这次学习实践活动中要起表率带头作用。既要加强领导、精心组织好本次活动,又要亲自参加好活动,带头学习理论、带头转变观念、带头查找问题、带头研究和落实整改措施,以自身的模范带头作用,推动学习实践活动的深入开展。

(二)严格落实责任。按照市委要求,常委会党组研究决定,成立了市人大常委会深入学习实践科学发展观活动领导小组。领导小组下设办公室,负责日常工作。常委会班子和领导小组要加强领导,周密部署,认真组织,务求落实。办公室工作人员要集中精力做好文件起草、情况收集、信息报送等基础工作。各专门委员会和常委会工作机构负责人作为第一责任人,要把深入学习实践活动当作一项重大的政治任务,以高度的政治责任感、足够的领导精力,投身于学习实践活动,做到认识到位、组织到位、措施到位、工作到位,确保学习实践活动顺利开展。

(三)精心组织实施。这次学习实践活动时间紧、任务重、要求高,要按照中央和省、市委的要求,着力抓好四个结合:一是坚持深化学习与深入实践相结合,突出实践特色,在学习中深入实践,在实践中深化学习、提高思想认识;二是坚持高标准做好规定动作和创造性设计自选动作相结合,确保不走过场、不出偏差,确保有声有色,既见成效,又出亮点;三是坚持立足当前和着眼长远相结合,既切实解决现实问题又着力建立科学发展的长效机制,使全体党员精神状态更加振奋,表率作用更加突出,机关风气更加清正;四是坚持发扬党内民主和走好群众路线相结合,以正面教育、自我教育为主,又要开门接受教育,凝聚和调动各方面科学发展的积极性。特别是在解决问题阶段,要在一定范围内通报整改方案和整改结果,组织群众评议,接受群众监督。

(四)搞好统筹协调。常委会机关开展的这次学习实践活动,从今年3月开始,到8月基本结束,时间半年左右,在此期间,按照今年常委会的工作要点,常委会工作要按计划进行,特别是市十二届人大四次会议的筹备工作也在进行之中。应该说,当前常委会及机关工作任务还是比较重的,时间也很紧。不能因为开展学习实践活动而影响日常工作任务的完成,不能因为日常工作繁忙而对学习实践活动敷衍了事。这就要求我们正确处理学习实践活动与人大日常工作的关系,把两者有机结合起来,统筹兼顾,合理安排,整体推进,一边开展学习实践活动,一边抓好日常工作,以学习实践活动的新成果推动人大工作的新进展,以人大工作的新成绩检验学习实践活动的新成效,使两者相得益彰、共同提高,真正做到"两兼顾、两不误、两促进"。

(五)突出理论学习。学习是实践的前提和基础,当前要突出抓好第一阶段的集中学习调研和解放思想讨论。这对我们来说,的确是一次难得的学习机会。我们一定要沉下心来,集中精力,认认真真地对科学发展观的基本含义、实践基础、深刻内涵、重大价值等基本理论问题,进行全面系统地学习和理解。理论学习要见到成效,检验每个同志学习成效的标准,就是你结合本职工作和自身实际,在深入思考科学发展观指导人大工作现实问题的基础上,要有新的体会,要有新的实践,要有新的收获。

同志们,市人大常委会机关开展深入学习实践科学发展观活动,意义深远、责任重大。我们一定要按照中央的部署和省、市委的要求,以高度负责的态度、求真务实的作风和严谨高效的工作把学习实践活动抓紧抓好,高标准、高质量地完成各阶段的学习实践活动,进一步做好人大工作,为加快我市建设新型工业基地、特色文化名城和现代宜居城市做出新的贡献,为新中国成立60周年献礼!

新风扑面春意浓

河南省焦作市人大常委会副秘书长　王新四

近年,焦作市人大常委会努力创新人大工作,常委会和机关的各项工作犹如春风扑面,生机勃勃。

在确定2008年工作要点时,焦作市人大常委会充分突出为老百姓办实事的思想,强调"关注科学发展、推动绿色安全"的主题,深入贯彻落实《监督法》，加大监督力度，增强监督实效，促进经济发展与和谐社会建设，督促政府解决好人民群众最关心、最直接、最现实的利益问题。听取和审议上半年国民经济和社会发展计划执行情况是每年的惯例。2008年，焦作市人大常委会在听取和审议这项报告时，又要求增加报告重点项目建设进展情况。为管好老百姓的"钱袋子"，焦作市人大常委会还重点听取和审议了2008年上半年财政预算执行及建立和完善财政管理体系情况，2007年度市级预算执行和完善财政管理体系情况，2007年度市级预算执行和其他财政收支的审计工作报告反映的问题的整改情况等汇报。

与此同时，焦作市人大常委会还开展了解决民生问题工作视察月活动。9月上旬，常委会领导带队深入基层、深入群众，了解解决民生问题工作进展情况。在视察的基础上，召开各有关方面参加的座谈会，努力推动"一府两院"在解决民生问题上取得新成效。

焦作市人大常委会时刻注意围绕全市中心工作，特别是影响经济社会发展的一些焦点、热点、难点问题开展重点视察。建设社会主义新农村是党中央提出的一项十分重要的工作。为推动这项工作深入开展，焦作市人大常委会主任、副主任和秘书长分别带队组成7个调研组，从5月14日到23日，深入全市11个县(市、区)41个乡镇和街道办事处的126个行政村，与农户座谈，掌握了大量的第一手材料，形成了翔实的调研报告。7月15日上午，中共焦作市委常委会议专门听取这个报告后，给予了充分肯定，并以市委文件形式转发全市各有关单位。近年，建设国家卫生城市一直是焦作市358万人民的共同心愿。为促进这项工作，市人大常委会组织人大代表深入5个城区进行视察，提出了不少可行性很强的意见和建议。

焦作市人大常委会还坚持创新视察方法在视察之前，由常委会有关工作机构先行调研，根据调研的实际情况，初步拟订视察方案，经主任会议研究同意后付诸实施。

在2008年年初召开的焦作市十届人大六次会议上，共收到代表建议、批评和意见113件。市人大常委会有关工作机构从这些建议中挑选出20件，报主管副主任审核。主管副主任从中选出16件，提交主任会议研究，最后确定10件由常委会重点督办，并将这些代表建议的重要内容、办理单位和责任人通过新闻媒体向社会公布。截止8月10日，这10件代表建议已办理完毕并答复了代表。

焦作市人大常委会进一步建立健全常委会主任与市政府市长、市中级法院院长、市检察院检察长"三长"联系制度，规定每年至少召开两次工作联系会议，互通工作情况，交流沟通。在2008年7月24日召开的联系会议上，大家畅所欲言，效果良好。

焦作市人大常委会主任会议作出明确规定，凡是"一府两院"准备提交常委会审议的报告，首先要交常委会有关工作机构初审；初审后提出意见，向主任会议报告主任会议再审议后，决定是否提交常委会审议。自实行这一程序以来，焦作市人大常委会会议的严肃性进一步增强，审议质量进一步提高。

焦作市人大常委会每次会议召开前的视察和调查研究，都要整理出对"一府两院"有关工作的建议和意见，交有关部门办理。这些部门要向人大常委会报告办理情况，由常委会组成人员审议。在人大常委会会议结束后，主任会议认真研究常委会组成人员的审议意见，并交"一府两院"再次办理，要求及时将办理结果书面报人大常委会。新的监督过程，收到了新的效果。

焦作市人大常委会的宣传工作也呈现出新面貌：进一步修改完善《焦作市人大常委会新闻宣传工作办法》，明确规定，根据工作需要，机关各科室都可以直接通知市各新闻单位参加有关视察、调研等活动，适时进行采访报道，充分调动了机关内部各有关机构的宣传积极性。对人大常委会会议的宣传报道，由程序性向实质性转变，一改以往新闻媒体一般只发一次程序性报道的状况。2008年以来，每次人大常委会会议至少发两次报道，更加注重对审议过程和常委会组成人员审议意见的深度报道。不仅如此，市级新闻媒体还加强了刘主任会议的报道。焦作市人大常委会还建立健全宣传工作激励机制，加大宣传工作先进单位和个人评选、奖励力度，进一步激发大家的热情，调动大家搞好宣传工作的积极性。此外，焦作市还加强了人大宣传队伍建设，每个县(市、区)都有一名人大常委会副主任主管，各乡镇、办事处都有专人具体负责；注重培训各级人大通讯员，9月市人大组织全市各级人大通讯员进行了为期8天的培训，进一步提高了通讯员队伍的整体素质。

如今，走进焦作市人大常委会机关，醒目的标语、飘香的花草，处处给人一种春风扑面的感觉。

在坚持创建"五型"(学习型、创新型、服务型、和谐型、廉洁型)机关的基础上,机关办公楼的每一个楼层都专门悬挂有标语,上写领导讲话摘录、名人名言、处事警句等,使机关人员处于自觉奋进的良好氛围之中;每层楼摆放的花草,更使得整个大楼春意盎然,给人以蓬勃向上、舒适优美的感觉。机关还在一楼大厅专门制作了大幅电子显示屏,主要显示人大常委会的近期主要活动、重要通知等,同时还显示每日的天气情况。

风清、气正、环境美,这就是今天的焦作市人大常委会机关。

围绕中心　抓住载体
积极探索新形势下人大常委会开展专项工作监督的新方法与新途径

黑龙江省黑河市人大常委会副主任　安福清

黑河市人大常委会按照监督法的有关规定,围绕经济建设这个中心,服务于市委"更大更好更快"发展的工作大局,以市政府实施的"十项绩效工程"为新的监督载体,积极探索开展专项工作监督的新方法与新途径,着力在做实上下功夫,取得了初步成效。我们的主要做法和体会是:

一、运用新的载体开展专项工作监督必须注重方式方法的科学性

监督法第三条明确规定,各级人大常委会行使监督职权,应当围绕国家工作大局,以经济建设为中心。黑河市人大常委会在工作实践中,努力改变过去习惯于常规性、一般性专项工作监督的老做法,重点转向对政府落实第一要务能力与实绩的监督,转向对事关全市发展的重大关键性问题、涉及群众切身利益的重大民生问题的监督,力求把被动监督转化为主动监督,把事后监督转化为事前介入,把程序化监督转化为实质性监督。进一步增强了监督工作的原则性、系统性、科学性。一是确立监督重点,选准题目。去年初,市委、市政府为调动全市上下加速大发展、快发展的工作积极性,提出了在全市范围内开展"十项绩效工程"建设,将全市以民生为重点的经济社会建设任务按照工程设计为十个项目,涵盖了财源建设、园区及大项目、对外开放及旅游、新农村建设、文教卫生、"两国一城"、城市景观、森林防火、平安城及救助体系、提高政府服务水平十个方面。市人大常委会主任会议经过认真研究,决定把推进"十项绩效工程"作为专项工作监督的重点,纳入到年度监督计划。成立了市人大常委会"十项绩效工程"考评监督领导小组,承担起了绩效考评监督工作。为了保证工作依法进行,依照监督法规定的六个途径,结合考评监督内容将其中的重点议题列入年度听取的专项工作报告中,进而使常委会的专项工作监督与绩效考评监督形成了有机的统一体。二是开展调查研究,制定考评监督标准。为了确保"十项绩效工程"考评监督工作依法、有序、科学、规范地进行,常委会专门开展了工作调研。先后深入到相关责任单位了解实际情况,经过反复征求意见,形成了《黑河市十项绩效工程考评监督办法》。确立了由市直各部门及各县(市、区)主要领导、部分市人大代表、政协委员、市人大考评监督领导小组等四个层面的评价机制,分别按照"3:2:2:3"权重,对"十项绩效工程"逐项采用百分制打分。在此基础上,市人大常委会又遵循客观公正公开、注重实绩、群众公认、科学规范的原则,对十项绩效工程的评分标准进行细化。2009年,人大常委会主任会议又对原办法进行了修订,并经市四届人大常委会第十六次会议通过了《黑河市人大常委会关于对市政府"十项绩效工程"考评监督的暂行办法》,以规范性文件的形式将对"十项绩效工程"的考评监督工作纳入了常委会对专项工作监督内容。新的暂行办法在测评范围上增加了四大班子一把手、常委会组成人员和社会问卷三个层面,在监督措施上增加了向社会公开的内容,这样在"十项绩效工程"的考评监督中,既体现了监督程序的规范性,又体现了监督方法的科学性和监督方式的社会广泛性。围绕对"十项绩效工程"的考评监督工作实践使我们体会到,科学发展需要科学的监督机制来保障。在地方经济社会更大更好更快发展的新形势下,人大常委会的专项工作监督必须适应这一新的形势发展需要,探索新的监督载体,完善新的监督机制,采用科学的监督方式与方法,不断提高专项工作监督的科学化水平。

二、运用新的载体开展专项工作监督必须增强“三查(察)”活动的针对性

在“十项绩效工程”实施过程中,市人大常委会积极主动开展“三查(察)”活动,并以此为主要监督手段,有针对性地推动工程落实。一是结合“十项绩效工程”中的社会热点与工作难点问题,组织常委会组成人员深入基层、深入群众开展调查研究,并进行了专项工作评议。去年,重点就全市贯彻执行自然保护区条例情况、关于进一步提高教育教学质量工作情况开展调查并听取市政府汇报,常委会组成人员对上述专项工作进行了测评,并以审议意见的形式对政府相关工作提出了要求,使专项工作评议在程序上符合监督法的要求。二是结合“十项绩效工程”中的重点内容开展视察活动,进一步监督工程的进展情况。由人大主要领导牵头,部分专门委员会成员、市人大代表参加组成视察组,对一些重点项目建设情况进行了多次视察。市政府对人大代表的视察高度重视,认真汇报工作完成情况。对于视察中发现的问题,视察组及时提出建议,与政府分管领导沟通,进一步推动了项目建设的开展。“加快农场模式化栽培和示范区建设”是新农村建设工程中的项目,常委会就此主动组织开展了关于全市场县共建工作情况的视察,视察中发现了一些在项目推进中的问题,并提出了解决办法,促进了场县共建工作的开展。今年人大常委会又有针对性地开展检查活动,并将重点工程项目的进展情况通过地方媒体向社会每季度公布一次。三是结合“十项绩效工程”中的重点内容由相关专门委员会深入开展执法检查和工作监督。一年来,对全市贯彻执行治安管理处罚法、建筑法、奶业条例工作情况进行了执法检查,并由常委会审议提出审议意见,得到了市政府的高度重视。同时,结合“十项绩效工程”内容,有针对性地听取市政府和五大连池风景名胜区自然保护区、黑河边境经济合作区年度国民经济和社会发展计划完成情况,市直预算执行情况的汇报,起草审议意见并提交常委会审议。还结合以改善民生为重点的社会建设问题,重点对市政府开展新型农村合作医疗工作情况开展了工作检查。通过运用“十项绩效工程”这一载体,进一步增强了常委会对专项工作监督的主动性。实践证明,常委会只有主动开展“三查(察)”活动,才能及时了解政府重点工作、重点建设和重点民生工程的进展情况,掌握更多的第一手资料,推动工作进展。而以“十项绩效工程”这一新型监督载体,能够让常委会组成人员、各专门委员会组成人员更全面准确地了解政府的各项工作情况,这些必将为常委会继续强化专项工作监督奠定一个好的基础。

三、运用新的载体开展专项工作监督必须注重考评监督的实效性

为了增强专项工作监督的实效性,防止绩效考评监督工作走过场,达到客观公正的目的,市人大“十项绩效工程”考评监督领导小组按照考评监督办法的要求,在去年底和今年初对“十项绩效工程”的全部项目进行了考评验收。验收分三个阶段进行:第一阶段2008年末组织召开由省市直、各县(市)区政府主要领导、部分市人大代表共156人参加的汇报会。会上,各战线分管副市长、市长助理、秘书长就自身承担的“十项绩效工程”完成情况做了详细汇报,对于没能完成的个别任务说明了情况。汇报后与会领导根据平时掌握的情况及汇报情况对项目进行了逐项打分,此次测评占百分制比重的30%。第二阶段是在今年全市“两会”期间,请市人大代表、政协委员对“十项绩效工程”进行了满意度测评,分为满意、基本满意和不满意三个档次,人大代表和政协委员的测评结果各占百分制比重的20%。第三阶段是今年初,“十项绩效工程”考评监督领导小组在市人大各相关专门委员会、各办室配合下,通过听取汇报、查阅资料、核对数字、实地检查,对“十项绩效工程”项目完成情况进行了逐一的考评验收。验收过程中,既听成绩又听问题,同时又了解群众的呼声。在此基础上,还在考评监督领导小组中对工程项目逐一进行了满意度测评,此项测评占百分制比重的30%。上述几个方面的评分结束后,绩效考评监督领导小组办公室对测评情况进行了汇总核分,将“十项绩效工程”具体项目按照得分进行了排序,提出奖惩方案,并将结果呈报市委。

目标催发展,监督提效能。2008年,在省、市委的正确领导下,黑河市政府实施了“十项绩效工程”,人大加大了监督力度,经过全市上下的共同努力,促进了各项任务的落实。全市生产总值增长15.2%,城镇固定资产投资增长39.5%,增速均居全省第三;对外贸易进出口总值增长22.7%;全市财政一般预算收入增长52.2%,增速居全省第二;

城镇居民人均可支配收入增长19%，增速居全省第一，惠及广大群众的幸福指数得到了提升。

我们感到，人大对市政府"十项绩效工程"的考评监督，是围绕中心、抓住载体，对政府专项工作开展监督的一种有效形式，是"寓支持于监督之中"的具体体现，为地方经济社会发展起到了有力的推动作用。由于绩效考评监督是一项新的事物，我们在工作中还存在许多问题和不足。我们决心在今后的工作中，不断总结经验教训，把专项工作监督进一步做实，不断增强专项工作监督的针对性、主动性、科学性与实效性，为地方经济社会发展做出应有的贡献。

以科学发展观为指导
围绕推动跳跃式发展履行好人大职责

黑龙江省七台河市人大常委会党组书记、主任　张绍骥

科学发展观所体现出的以人为本的价值取向、统筹兼顾的思维方法、和谐发展的建设理念和务实创新的科学精神，对于我们做好人大工作具有重要的指导意义。通过对科学发展观的深入学习，深化了对科学发展观科学内涵、精神实质和根本要求的理解和把握。从人大及其常委会的职能定位出发，我们认为，人大常委会及机关围绕推动科学发展、进一步提高履职能力，要形成五个方面的共识：即人大工作要以科学发展观为指导，就必须强化自觉依靠党的领导，进一步坚持和完善人民代表大会制度的政治意识；就必须理清思路，把工作重点放在推动跳跃式发展上来的发展意识；就必须强化以人为本，广泛听取人民群众意见，反映人民群众的呼声的宗旨意识；就必须强化把握人大工作规律，不断提高人大工作水平的创新意识；就必须强化维护法律尊严，认真履行人大法定职权，切实保障人民群众知情权、监督权的法制意识。具体应做到：

一、坚持正确的政治方向，围绕跳跃式发展确定人大常委会工作重点

服务中心工作、推动本行政区域内党委重大决策的落实是人大及其常委会履行职责的基本要求。人大工作只有置于党的工作大局之中，自觉与市委的思想合拍，与"一府两院"的工作合力，与人民群众的愿望合心，才能促进地方经济的发展、大局的稳定和社会的和谐。因此，市人大常委会要紧紧依靠市委的领导，紧紧围绕市委的工作大局，依法行使重大事项决定权和人事任免权，通过法定程序，把党委意图及时转化为人民意愿和群众的自觉行动，为全市的经济建设、政治建设、文化建设和社会建设提供强有力的法治保障。市委去年提出八年翻两番的"358"跳跃式发展战略后，市人大常委会及时启动讨论决定重大事项工作程序并做出了决议。我们认为，市委提出的跳跃式发展规划，从国家层面讲，反映了科学发展观关于区域协调发展的要求；从本地来说，反映了全市人民追求美好幸福生活的愿望。这一规划以扩张经济总量、提高经济质量、优化经济结构和不断改善人民生活水平、生活环境为主要内容，充分体现了市委为全市人民谋福祉的大气魄、大手笔。在当前金融危机向实体经济蔓延仍不见底的大环境下，对于如何化危为机、深入实施跳跃式发展规划这个问题，我们必须坚定信心、做到不动摇、不懈怠、不折腾。也就是说，我们在全力做好保增长、保民生、保稳定的同时，要面对未来在优化产业布局和提高经济素质上下更大的气力，以我们的充分准备迎接经济春天的到来，那将是跳跃式发展的实现之日。宪法、法律规定了人大常委会应着眼于区域的根本性、全局性、长远性问题开展工作，明确了各级人大常委会要抓住事关改革发展稳定大局和群众切身利益、社会普遍关注的重点问题确定议题。为此，贯彻落实科学发展观，推动跳跃式发展，我们将做到"五个围绕"：一是围绕转型发展确定议题。经过市委、市政府不懈努力，我市已成为国家资源城市转型的试点市。在今后一个相当长的时间里，聚精会神上项目、一心一意谋转型将成为全市工作的重心。而体现这一工作重心的就是跳跃式发展规划的实施。因此，我们在招商引资、大项目安排、民营经济发展、优良环境创建等方面确定人大常委会议题或调研课题。二是围绕安全发展确定议题。安全发展是跳跃式发展的保障。对于我市而言，煤矿安全是重中之

重，它关系到矿工的生命，影响到全市经济的健康发展；煤焦化企业的生产经营也是一个重点，我们将一如继往地把督促搞好安全生产列为人大重点监督议题，常抓不懈。另外，市民饮用水源地也应放在影响城市安全发展的高度上予以重视。三是围绕城乡统筹发展确定议题。统筹城乡发展是农业社会向工业社会、向现代文明迈进的必然，必将为跳跃式发展提供更加广阔的发展空间。我们将按着市委提出要在全省率先实现城乡一体化的目标，积极促进城乡一体化建设迈出更大步伐。四是围绕经济社会协调发展确定议题。把解决民生问题作为切入点和突破口，督促政府优化公共资源配置，合理调整各方面的社会经济利益关系，重点放在社会保障、就业服务、保障性住房建设、公共教育和医疗卫生等民生问题上。五是围绕人与自然和谐相处确定议题，重点放在促进循环经济发展、山水园林城市建设上，推动污染治理、环境保护、生态建设、城乡绿化取得更大成效。为此，我们以“深入解放思想、增强监督实效、实践科学发展”为主题，以“提高履职能力、推动科学发展”为实践载体，合理运用各种监督手段，综合采用听取专项工作报告、实地视察、执法检查等多种方式，促进全市经济社会跳跃式发展。

二、正确处理与“一府两院”监督与支持的关系，围绕跳跃式发展不断增强人大工作实效

人大及其常委会对“一府两院”实施监督，是宪法赋予的一项权力。强化人大监督，就是要促使“一府两院”贯彻实施宪法、法律和人大决议、决定，约束和规范“一府两院”的行政司法行为，确保各项目标任务顺利完成。可以说，它更是一种支持和促进，因为人大工作与“一府两院”工作目标是一致的。因此，市人大常委会要自觉把依法监督与支持促进“一府两院”的工作有机统一起来，在监督中支持，在支持中促进。市人大常委会要围绕推动科学发展、实现跳跃式发展，不断优化工作程序，改进方式方法，使原则性和灵活性有机结合，增强监督实效。一是深入调查研究。把调查研究作为改进作风，密切联系人民群众、关注民生、保障民生、做好各项工作的前提条件认真抓好。深入到基层群众中去，到生产第一线去，倾听和反映广大干部群众的意见和呼声；切实做好调研选题、方案制定、选点调查、综合分析、汇报反馈等各个环节的工作，准确掌握真实情况；每次调研活动都要注重实际，讲求实效，不图形式，不走过场，既要报喜，又要报忧。二是建立和完善监督工作公开机制。按照《监督法》对人大常委会行使监督权情况应向社会公开、公布的规定，我们在今年推行监督计划和有关部门办理情况向社会公布的基础上，继续探索建立更具操作性的人大常委会依法向社会公开工作情况的制度和机制，以接受人民群众的监督，进一步增强国家机关的监督权、行政权和司法权在阳光下运行的自觉性。三是在审议意见的跟踪督办上下功夫。严格按照常委会审议意见办理办法的规定，加大决议、决定和审议意见的督办力度，采取检查、调查等形式，督促承办单位在规定时间内将办理情况书面报告常委会。主任会议定期听取审议意见办理情况汇报，对不认真办理的单位，提出批评意见，必要时连续跟踪督办，督促其尽快办理，做到决而有行，行而有果，为加快推动全市经济社会跳跃发展做出人大应有的贡献。

三、认真做好服务代表工作，充分发挥人大代表在跳跃式发展中作用

人大代表在实现跳跃式发展中作用发挥得如何，在很大程度上决定着人大工作的质量和水平，也将影响到我市经济发展的质量和水平。要以科学发展观为指导，不断完善代表活动机制，拓宽代表活动内容，丰富代表活动形式，增强代表活动实效。进一步加强代表培训工作，提高代表素质和履职能力。加强与代表的联系沟通，建立县、区人大常委会和省、市人大代表列席市人大常委会会议制度，邀请各级代表参加人大常委会组织的视察、执法检查、工作调研等活动，完善人大代表联系选民、联系群众的制度，进一步密切人大常委会组成人员与代表的联系，完善重要情况通报会制度，及时向代表寄送重要工作情况通报材料，组织开展“代表活动日”或“代表联系选民日”等活动，为代表知情参政，履行职责创造良好条件，实现人大常委会与代表、代表与选民两个民意渠道的畅通融合。重视和加强代表建议办理工作，完善代表建议督办机制，确定一定数量的重点督办件，不断提高代表建议办理质量。继续组织和开展好人大代表经济发展联谊会活动。

四、进一步加强常委会及机关自身建设

按照市委的要求，组织市人大机关全体党员特别是领导班子和党员领导干部，以深入学习实践科学发展观活动统领工作全局，把开展学习实践科学发展观活动与开展人大“五型”机关创建活动紧密结合起来，与学好用好相关法律法规、切实履行好各项法定职责紧密结合起来。通过学习实践活动,真正达到认识上有新的提升、能力上有新的提高、机制上有新的突破、工作上有新的成效,真正把科学发展观的要求转化为谋划工作的正确思路、促进工作的有力措施,推动工作的创新发展。一是切实加强政治理论学习。通过举办法制讲座和其他业务知识讲座、专题讨论等方式,提高常委会组成人员的法律素质和履职能力,提高机关党员干部的政策理论水平,不断深化对人民代表大会制度重要性的认识,增强做好新时期人大工作的使命感和责任感。认真学习贯彻全国和省人代会精神,特别是吴邦国委员长在人大工作报告中对人大工作的要求,并在工作中得到落实。二是加强制度建设。继续完善和落实常委会议事的各项制度,使常委会工作进一步规范化、制度化。一方面根据形势的发展变化,不断修改完善现有的规章制度,另一方面,狠抓贯彻落实,严格按制度、按程序办事,坚持用制度管人管事,使之在推进工作中发挥应有的制约保障作用。各专门委员会根据法定职责和工作分工,进一步健全和完善工作制度和程序,不断深化依法监督领域。常委会办事机构要进一步提高工作质量和效率,努力提高服务水平,积极为常委会依法行使职权服务。

关于加强大学生就业保障的建议

吉林省人大代表、吉林农业大学副校长　陈光

自1999年全国高校扩招以来,吉林省毕业生人数从2004年的7.4万余人增加到2008年的13.3万余人,增幅达到44%。随之而来的高校毕业生就业制度改革和就业形势的变化,使大学生就业难的现象日益突显出来。尤其面临世界金融危机,大学生就业问题将更加严峻。高校毕业生就业问题已经成为了全社会关注的热点问题。

因此,面对日益严峻的就业形势,要做好毕业生就业工作,就必须加强对大学生就业保障问题的重视,为此,提出以下几点建议:

引导学生转变就业观念。在市场经济条件下,传统的就业渠道变窄了,国有企业、国家机关不再是唯一的渠道,多种非公有制经济对大学生的需求正在迅速增加,大学生在中小企业、中小城市和乡镇还大有用武之地。学校要引导大学生改变传统固有的观念,树立全方位、多渠道的新的就业观,只有这样,大学生才能在激烈的就业市场上找准自己的位置,也才能在就业难的形势下使自己处于主动状态。要引导学生正确认识就业形势,树立正确的择业观,增强自主择业的意识,有一个良好的心态、健康的心理和适中的就业期望值,不盲目攀比追随,正确处理国家利益和个人利益,事业发展与个人成长之间的关系,给自己正确定位。现在无论选择在哪里就业,应该说都不是一次就业定终身,应该鼓励大学生先就业、后创业。

建立大学生就业指数系统。我省大学生的就业情况主要由省教委掌握,各学校掌握各自毕业生的就业情况,但当毕业生回到生源地后,就业情况就由各地市州人事局掌握,因此,建立大学生就业指数系统,有着非常重要的现实意义。就业指数系统的建立可为相关主管部门制定科学合理的大学生就业政策和提高就业指导水平。对学校而言能实现以市场为导向,不断调整学校专业结构和课程设置,科学地指导毕业生就业。该指标对高中毕业生在选择学校和专业时也能提供一定的参考,可让高中生在填报志愿时对各学校的就业情况心中有数,同时该指数能为用人单位和中介机构提供供给信息。

规范就业市场,加快人事代理制度改革。规范和完善以学校为基础、政府为主导的毕业生就业市场建设,使高校之间相互合作,打破学校的界线、专业的界线和学历层次的界线,形成一个学历层次多、专业面广、毕业生数量大的毕业生就业市场。

大力发展网络市场,依托全国毕业生就业信息网,建立学校毕业生就业信息网,为毕业生就业提供网上信息交流和服务。政府要建立用人单位信息公告制度,用人单位必须把所有空位信息都传送到就业服务中心,而且只有空位信息在人才市场公布几天之后,用人单位才可以采用其他的聘用渠道。

加大人事制度改革的力度，增加人事代理业务和数量，除了放宽户口限制外，为保障毕业生的合法权益，对自主创业、到非国有制单位就业的毕业生，由政府有关部门进行人事代理包括保管档案、职称评定、办理医疗保险、养老保险和出具相关证明等。

开展远程人事代理服务，使在外地工作的毕业生通过远程服务排忧解难。大力宣传长春市鼓励毕业生在长创业的优惠政策；为毕业生推行一站式服务，简化服务流程，提供“绿色通道”；毕业生可持报到证随来随存档案；毕业生可持相关材料办理落户手续，无特殊情况，加急户口可在3个或5个工作日内办结；为毕业生提供改派、评定职称等相关咨询服务；探索在高校建立人才市场分市场；加大吉林人才网络的建设力度，为大学生提供更多的网上人才服务。

完善社会保障制度。建立毕业生待业保障基金，为一些毕业后暂时找不到工作的大学生提供基本生活保障，构筑毕业生失业的“安全网”是保证毕业生顺利就业的一种尝试。因此我们建议采取财政拨款和大中专生在进校时交纳失业保障金相结合的方式，学生从入学开始就交纳一定数额的失业保险基金，由劳动保障部门将其纳入失业保障管理体系。对毕业后半年仍然找不到工作的，可在择业期三年内享受失业保险待遇，给予一定的生活补贴，减轻家庭负担。对大学毕业生实行失业保险制度，可以为其提供一段有基本生活保障的时间，使其积累经验，提高综合能力，帮助学生度过就业前的困难时期，最终实现顺利就业。

鼓励自主创业，给予税收优惠。鼓励毕业生自主创业，自谋职业，创办经济实体是解决大学生就业的重要渠道。为此，政府应给予大力的政策扶持，在税收方面给予一定的优惠。为鼓励非公有制经济和中小企业接受更多的大学生，建议对接受毕业生人数达到企业总人数一定比例的企业给予税收优惠，如当年接受毕业生人数达到企业总人数的20%以上的，在三年内免征新增所得税。

发挥优势，开创人大工作新局面

湖南省长沙市人大常委会副主任　刘晓明

回顾到市人大常委会一年来的工作，我有一些体会和思考，仅供大家参考。

（一）今年市人大工作凸现了三件大事。

1、第一件大事：确立了一个目标，即从法律确定的权力机关向社会公认的权威机关依法跨进。

合泉主任在常委会报告中指出，党的十五大确立了“依法治国”，“建设社会主义法治国家”的基本方略。九届全国人大二次会议通过的宪法修正案规定“中华人民共和国实行依法治国，建设社会主义法治国家”，国务院提出：“全面推进依法行政，建设法治政府”的目标。胡锦涛总书记在十七大报告中提出：全面落实依法治国基本方略，加快建设社会主义法治国家。“依法治国”是实现科学发展观的根本保障。“依法治国”是发展社会主义市场经济的根本保障。“依法治国”是实现社会和谐得根本保障。“依法治国”是人民当家作主的根本保障。“依法治国”是巩固党的执政地位的根本保障。“依法治市”是落实“依法治国”方略在我市的具体体现。目前，改革进入攻坚阶段，发展到了关键时期，许多深层次矛盾和瓶颈问题比较集中地表现法律问题，许多改革发展中成功的经验需要用法律形式固定下来，许多改革发展中的难题迫切需要用法律手段来解决。

今年市人大工作凸现了第一件大事：确立了一个目标，即从法律确定的权力机关向社会公认的权威机关依法跨进。

“依法治国”的历史大任要求人大成为社会公认的权威机关；执政党依法执政要求人大这个法律平台成为社会公认的权威机关；法律赋予的重大责任要求人大成为社会公认的权威机关；人民群众的基本利益要求人大成为社会公认的权威机关。

首先是人大工作要理直气壮。现在有法律依据的事理不直气不壮，没有法律依据的事反而好像更理直气壮。这是依法治国的反常现象。要改变这种反常现象。依法治国就要使有法律依据的事理直气壮，没有法律依据的是理亏气虚。

千道理、万道理，法律依据是第一道理。

总之，法律确定的权力机关不能成为社会公认的权威机关，党领导的“依法治国”的战略就很难落到实处。

2、第二件大事：找到了一个方法，即重大事项决定权从程序法切入。

要把“重大事项决定权”这个重大问题简单化，就必须从程序法切入。一是从程序法切入都有上位法的明确规定，有法律依据，有明确的法律授权，操作性强；二是从程序法切入规避了实体法涉及的大量利益矛盾，实施起来阻力较小；三是从程序法切入规避了请党委界定重大事项决定权的难题。

千方法、万方法，从法定的程序入手是第一方法。

3、第三件大事：抓住了一个根本，即干部队伍建设。

党组抓干部队伍建设主要是“两调”，即：立规矩调风气；抓培养调结构。

立规矩第一条就是在干部提拔上立排队的规矩。大家要自觉排队，不能乱插队。按照“德才兼备优先，兼顾资历平衡”的规矩排队。没有规矩乱插队，最伤人心。

立规矩第二条就是立纪律的规矩。人事问题要坚持三条纪律：党组定的人事决定一个不变；不服从安排就地免职；确属不妥的半年后再考虑。

(二)人大工作要突出“三个运作”

一是要优势运作，不要劣势运作。

人大有五大现实优势：

人大的第一大优势是地方立法的专属权。人大的第二大优势是代表资源的整合权。人大的第三大优势是公共利益的话语权。人大的第四大优势是社会建设的保障权。人大的第五大优势是“一府两院”的监督权。

三大潜在优势：

人大的第六大优势是重大事项的决定权。人大的第七大优势是重大人事的任免权。人大的第八大优势是战略研究的发言权。

优势决定战略，战略决定思路，思路决定出路。

优势运作就能事半功倍，劣势运作只能事倍功半。

千战略、万战略，优势战略是第一战略。

二是要集中战略运作，不要分散事务运作。

人大机构有“战略运作”方面的明显优势：第一，有战略运作的经验和能力；第二、有超脱于日常工作压力的战略思维空间；第三、有站在全局利益战略运作的立场；第四、有进行中长期制度建设的地方立法的优势；第五、代表多年呼吁的问题多属于战略问题。

人大机构在对政府日常性监督方面相对处于劣势：人大机构既没有日常工作监督的资讯优势，也没有日常工作监督的人力优势，也没有必要干预政府的日常工作。如果人大仅将注意力放在政府今年做的事情上一点优势也没有，只能搞低效的重复劳动。最忌作政府职能部门的传声筒。

因此，要突出中长期战略问题运作的组织力度，只有将有限的力量集中在中长期制度等问题的战略运作上人大才能找到工作的制高点。

三是要共识运作，不要冲突运作。

所有问题的解决归根结底取决于全民共识。构建党内共识、构建领导层共识、构建全体代表共识、构建全民共识是人大工作的战略制高点。如何形成共识。

一是要通过定期沟通建立人大与党委的工作共识。特别是要建立人大主任与市委书记的定期构通机制，这是问题的核心点。

二是要通过集体调研形成领导共识。集体调研是集体行权的基础形式，规格高，阵营大，气势强，铺垫广，支持大，权威足，各方面反映很好。首先，区县市人大反映很好，区县市人大的同志非常振奋，感到了一种强大的支持。其次，各区县市的党政班子感到了一种强大的力量，感到是解决各种难题的推动性力量，表现出更大的尊重。第三，各位大主任更多地了解面上情况，形成了共识，反映很好。

三是要通过“民情调查”形成代表共识。第一步设计民情调查表；第二步由代表在选民和选区中进行调查；第三步汇总列出老百姓最关心的问题排序；第四步组织代表和专家结合进行专题调研；第五步提出解决方案在人民代表大会上作出决议，推动解决。这样做，第一，可以整合五级代表的资源，形成强大的影响力；第二，用定性和定量相结合的方法，真正摸清群众的主体诉求，代表人民的意志，具有极强的道义上的影响力；第三，提高代表的履职水平，来自代表的民情调查具有社会的权威性；第四，形成了人民的意愿变成国家意志的一种程序化的通道。人民的意愿变成一种看得见、摸得着的东西了。使人民代表大会真正成为凝聚民心的舞台，成为真正社会公认的权威机关。

（三）今年人大工作的几个典型案例。

1、今年市人大城乡规划法的执法检查已经成为一个“人大重大事项决策”的经典案例，让我们找到了人大怎么在党委领导下，依法组织重大事项决策的方法。

基本经验是：党委出题，人大集体调研检查，依法提出系统解决方案的建议，党委听取汇报批准建议，人大常委会作出重大事项决定，市政府和全市依法贯彻落实。这是一个值得我们认真总结的成果。第一、充分体现了市委依法治市的水平；第二、充分发挥了人大重大战略事项决策的法定优势和机构优势；第三、形成了人大进行重大事项决策的基本模式；第四、推动了规划问题的系统解决，大大提高了行政工作效率。

2、“道路车辆通行”立法案例。这是人大贯彻党委意图和沟通民意的立法案例。

“道路车辆通行”立法走过了艰难过程。(1)“道路车辆通行”立法草案由于职能部门拿出的草案不成熟，社会反响强烈。(2)人大立法面临双重压力。(3)人大面临的选择：是把它作为降低人大权威的事件推出去，还是将它作为提高人大权威的事情来抓好。人大只能选择其一。

在推进立法的进程中，市人大常委会一方面发挥人大的独特优势，即：人大常委会组成人员反映群众呼声的意愿是最强的，表达群众呼声的渠道是最畅通的，代表群众呼声的形式是最直白的，因此形成了群众意愿最清晰的表达状况。另一方面注重讲究工作方法，努力把坚定不移地贯彻党委意图和坚定不移地推动立法的切实性、群众可接受性、可操作性结合起来，做到以理服人，拿出既贯彻党委意图又反映群众合理呼声的较佳解决方案。

基本经验：党委制定大政方针，提出立法建议，通过人大的法定程序，成为国家意志，成为全社会一体遵循的行为规范和准则。这是立法工作的一个基本途径。人大在面对各种深层次矛盾时，要通过法定程序，充分表达各种利益诉求，力求调整好各种利益关系、平衡好各种社会矛盾，充分发挥法律规范在平衡、缓冲、调适社会基本关系的基本功能，在构建和谐社会方面的重要作用。

3、关于依法统一“财政预算调整”口径的案例

(1)报纸报道的大规模预算调整的事例引发的代表和组成人员的“发问”。

(2)省委关于副市长人事任命提名的口径。

(3)必须依法统一对“财政预算调整”报道的口径。

(4)依法推动了财政预算调整的法定审批程序的落实。

(5)余书记提出：“不可不调，不宜多调，调之有理，调之有利，先调后用”20字原则的要求。这就是依法立了财政预算调整的规矩。

加强人大常委会监督能力建设意义重大

黑龙江省安达市人大常委会主任　贾喜民

依照宪法赋予的权力实施有效监督，是人大常委会的重要职责。提高人大常委会监督能力，是新时期、新形势下的迫切需要，也是履行好职责的内在要求。所以，加强监督能力建设，应该是人大常委会长久的课题，必须认真探索研究，始终不渝抓出成效。

一、要深刻认识监督的目的意义

监督能力建设的动力，在于对监督工作重要意义的认识。要认真解决“无关紧要”、“无所作为”和“无法开展”等不正确认识，确保人大常委会监督能力建设不断得到强化。监督的意义是重大的，可以从不同角度、不同层面来体现。我们认为主要体现在三个方面：保证宪法和法律在本行政辖区内良好施行是首要任务。按法律规定，市县级人大常委会没有立法权，保证已经施行的法律法规及规章的有效实施则显得尤为重要。这样就要多方位、多层次、多角度搞好执法检查工作，并向常委会报告执法检查情况，向市政府及其部门通报情况并提出整改建议。切实督办好法制教育，适时听取工作汇报并及时做出决议或决定。认真监督司法部门做到准确用法，公正司法，文明执法，督办好司法人员和行政执法人员法律知识考试，特别是晋升人员任

前法律知识考试,实行岗前法律知识合格证制度和持证上岗制度。保证经济建设实现科学发展可持续发展是首要责任。当前,正处于经济体制深刻变革、社会结构深刻变动、利益格局深刻调整、思想观念深刻变化的关键阶段,如何保证经济建设做到人与自然互相协调,做到科学可持续发展是各级党组织和政府需要认真研究的课题。人大常委会要围绕经济建设规划、生态文明建设规划、科技兴市战略等重大问题进行审议,认真按照国家标准和法律法规规定,做出决议并督促政府严格执行。要督促市政府及时经常分析经济形势,增强预见性和科学性,准确把握经济运行中的主要矛盾和突出问题,适时提出和有效贯彻应对的方针政策,推动经济持续快速协调健康发展。保证社会主义和谐社会有序构建是首要目标。和谐社会构建是一项系统工程,不仅要求人与人之间和谐,而且要求人与自然之间和谐,更要求社会各个方面和谐。人大常委会要围绕经济发展中的重大问题,如:社会发展规划、计划执行、重大项目投资、土地征用等进行审议,确保政府的各项重大决策符合法律要求,符合人民群众利益;要做好"一府两院"严格依法办事和规范性文件审查备案工作,保证规范性文件符合法律法规要求,在做行政执法补充时不侵犯群众利益,确保社会稳定;要组织各级代表有针对性地进行调查研究,积极参与各种听证会等,畅通社情民意渠道,促进矛盾妥善解决,使人民群众最关心、最现实、最直接的利益诉求得到维护和保障。要在指导思想、思维方式、实际行动上实现新的转变,真正以科学的理念、和谐的方法,从更高起点、更高层次、更高水平上来谋划,最大限度地增加和谐因素,保证社会公平正义,促进社会和谐稳定。

二、要准确把握监督的范围对象

依法确定监督范围是实施有效监督的前提,实践中应重点把握。一是把握法定监督范围对象。宪法规定,"一府两院"由人大产生,向人大负责,接受人大监督。这样就规定了政府及其序列部门,"两院"由人大选举和任命的国家机关工作人员必须接受人大监督。宪法第五十九条规定:地方各级人民代表大会在本行政区内,保证宪法、法律、行政法规的遵守和执行;依照法律规定的权限,通过和发布决议,审查和决定地方的经济建设、文化建设和公共事业建设的计划。由此可以认定,这些部门应为重点监督对象。有些垂直部门和单位虽然不隶属政府序列,但履行的依然是政府职能。因此,这些部门和单位也必须接受人大常委会的监督,亦应列入监督范围。二是把握民意监督范围对象。人民代表大会制度是我国的根本政治制度,人大常委会是代表人民集体行使职权的最高国家权力机关和法律监督机关、代表工作机关,这就表明人大常委会必须向人大代表和选民负责。由此,可衍生出金融、商贸流通、电讯等等行业和部门也必须接受人大常委会监督,这些属于民意监督范围对象。应采取与之相适应的形式、措施、方法予以监督。

三、要积极探索监督的有效措施

不断探索监督的措施,是人大常委会加强监督能力建设的出发点和落脚点,是增强监督效果的重要保证,也是人大常委会工作重心所在。一要听取和审议"一府两院"的专项工作报告。专项报告的选择应该涉及国计民生的大事,是人民群众最关心的热点、难点、焦点和重点问题。审议时,每位委员都积极发表意见,做到严肃认真,客观公正。审议结束时,要进行票决,对不超过常委会组成人员百分之三十测评票的,视为不满意,要在整改后向常委会报告并说明情况。二要开展工作评议。工作评议是监督法赋予人大常委会的一项权力。工作评议应在常委会领导下再次组织实施。要制定严密的工作方案和评议日程,分阶段开展。被评议单位不但要向常委会报告工作,还应向本单位报告工作,向离退休老干部通报工作开展情况。评议过程中,应根据不同范围进行测评,向社会公布测评结果。工作评议结束后,向市委、市政府反馈信息。近几年来,我们坚持实事求是、公平、公开、公正的原则,使工作评议起到了评议"一线"、带动"一面"的效果,对全市工作的进展起到了很大促进作用,受到市委的充分肯定和各方面的好评。三要创新"三查(察)"活动载体。创新活动载体是增强监督实效,提高监督质量的有效措施。今年,我们开展了以"联系一名代表、为落实科学发展观出一个思路、围绕市委中心工作对'一府两院'工作提一条建议、为解决民生问题办一件实事"为内容的"四个一"活动,取得了较好效果。四要提高人大常委会会议质量。提高常委会会议质量应把好"五关":即选定议题关、调查研究关、方案制定关、审查评议关、投票决定关。把"五关"有机结合起来,就能把议题研究透彻。同时邀请国家级、省级、绥化市、安达市、乡镇级人大代表列席常委会,参加对议题的审议,提高会议质量。还要邀请公民旁听常委会会议,增强人大常委会会议的透明度,扩大人民群众的参与权、知情权、监督权，畅通群众的监督渠道。必要时应起动询问和质询、特定问题调查等程序，也将收到好的效果。

四、要大力提升监督主体素质

增强人大常委会的履职能力，是做好新时期人大工作的内在要求；大力提升监督主体的综合素质，是加强人大常委会监督能力建设的基础。应从政治建设、思想建设、组织建设、作风建设和制度建设入手。一要提升法治理念。把“依法治国、执法为民、公平正义、服务大局”贯穿提高监督能力始终，用社会主义法治理念指导和加强人大常委会监督能力建设。做到由重视监督向监督与服务并重转变，由重视程序向程序与内容并重转变，由重视工作监督向工作与人事监督并重转变，由重视机关建设向机关与基层建设并重转变，努力丰富内涵，积极探索创新，不断增强监督活力。二要加强学习。我市近几届人大常委会始终把学习摆上重要日程，在机关工作人员、人大常委会组成人员和全体代表中，坚持每周一学习制度不动摇，坚持学习法律知识和政策理论不动摇，坚持自学与辅导学不动摇，打造一支思想作风过硬、法律政策精通、宗旨意识牢固的监督队伍。三要完善制度机制。按照监督法的要求，对人大常委会颁布的各种规范性文件进行梳理，该废止的废止，该修订的修订，该重新完善的重新完善。四要加强调查研究。对每位人大常委会组成人员每年都要拟定调研题目，在规定时限内完成调研任务并形成文章，用于指导工作。人大常委会组成人员要积极参与所在代表团议案的提出和撰写工作，不断提高议案质量，对议案落实情况进行跟踪监督，确保按时、高标准完成。

发挥地方立法职权　加速“两型社会”建设

湖南省长沙市人大法制委员会主任委员　周伟

国家批准设立长株潭城市群为全国资源节约型、环境友好型社会建设综合配套改革试验区，标志着湖南的改革和发展步入了一个崭新的历史阶段。充分发挥人大的立法职权，推动“两型社会”建设顺利进行，是当前人大和立法工作者的一项光荣而艰巨的任务。我们要准确把握“两型社会”建设这一国家战略的要求，清醒认识形势和任务，进一步解放思想，创造性地开展立法工作，为我市“两型社会”建设服务。

一、“两型社会”建设需要立法的引领和保障

法是社会发展到一定阶段的一种内在需求，它具有指引、评价、预测、教育、强制的作用，是社会秩序的重要支撑力量。“两型社会”建设作为一种新型经济社会发展模式，它必须建立在一种人与自然追求高度和谐、永续发展的理念上。它作为一项重大而复杂的系统工程，必须借助于政治的、经济的、文化的、法制的力量才能卓有成效地推进。法律不是万能的，但对构建和巩固新型的社会体制机制确具有其他力量不可替代的作用。从我市情况看，地方性法规在引领经济社会健康发展方面功不可没。

*一是“两型”产业的形成和传统产业的转型、提升离不开地方立法的引领。*一个地区的产业构成及其技术水平决定着该地区经济社会的发展水平。2007年我市工业总产值达到2000亿元，在工程机械、电子信息、新材料、生物工程、文化创意等方面有了长足的进步。虽从资源环境角度看，我市的能源消耗、土地消耗、环境保护与西方工业发达国家相比，差距还较大。但从纵向发展看，我市的“两型”产业能达到今天的水平，实属不易。这在一定程度上与1996年制定的《长沙高新技术产业开发区条例》有着密切的关系。十多年来，条例规定的一系列扶持政策，对我市高新技术产业的建立和发展起到了巨大的推动作用。其适用范围由最初河西几平方公里的起步区，逐渐扩大到今天河东河西的“一区四园”，并对各县、区内的其他工业园区也起到了引领和示范作用。这在国家、省一直没有相关上位法的情况下，地方立法起到了重要的引领、支撑作用。

*二是保护生态环境和资源必须充分发挥地方立法的作用。*树木、土地、河流等既是环境也是宝贵的资源。对其合理的利用和开发是必要的，但不能不按规划、不分区域的乱开发，更不能掠夺式开发和低效利用。从1990年我市颁布《岳麓山风景名胜区管理办法》始，为保护我市的自然生态和重

要资源，市人大常委会又先后颁布了《长沙市城市绿化管理条例》、《浏阳河管理条例》、《湘江长沙段饮用水水源保护条例》、《长沙市历史文化名城保护条例》、《长沙市株树桥水库饮用水水源保护条例》。实践证明，这一系列法规的出台，对城市及周边的青山绿水和人文、自然环境的确起到了“保护神”作用。尤其值得一提的是对岳麓山的保护，数年来，行政机关依据地方性法规中多项许可和禁止性规定，对岳麓山周边的开发、建设进行严格控制，确保了岳麓山相对完整的山体和郁郁青青的风貌。可以说这是一般规范性文件的作用远远达不到的，也是国家的法律、法规顾及不到的。更重要的是，这些法规对城乡居民树立环境是人类生存和发展的基础，保护环境就是保护人类自身的意识还起到了重要作用。

三是综合配套改革中的大量矛盾需要地方立法予以化解。虽然，国家的法律法规是主导我国社会前进的主要力量，但作为“配角”的地方性法规也并不是无关紧要。它作为国家法律的补充，仍然有较大的作为空间，尤其对一些国家尚未立法或只作原则性规定的领域。从过去的情况看，我市的《长沙市城市公共客运条例》、《长沙市城市桥梁安全管理条例》等多部自主性法规以数百项创制性的规定，有效地化解了大量社会矛盾，推动了我市经济社会的协调发展，如《长沙市历史文化名城保护条例》就较好地解决了城市建设与历史文化保护的冲突问题；《长沙市城市地下管线工程档案管理条例》就有效解决了城市地下各类管线“糊涂帐”的问题；《长沙市城市房屋拆迁管理条例》、《长沙市征地补偿安置条例》就有效地解决了征地和房屋拆迁中大量的社会矛盾。这些法规的制定和实施不仅使依法治市落到了实处，同时也为国家和省立法创造了许多好经验。目前，“两型社会”建设作为新事物，国家还来不及完善相应的法律体系。它要求的“综合配套”实际上包括了社会建设的方方面面；它要求的“改革”实质就是脱胎换骨的革命。在这个蜕变的过程中，必然会引发社会的思想观念、生产方式、消费方式的变革，引发行政管理体制、干部考核机制等一系列变革，引发产业之间、社会群体之间、地区之间、城乡之间的巨大利益冲突和调整。国家近期一纸“限塑令”带来的社会反响提供了最好的佐证。我市作为“两型社会”建设的试点城市，不可避免地首先要面对改革中产生的大量矛盾。我们要借鉴以往好的作法，积极运用地方立法这一重要手段，有效地解决新的冲突，推动综合配套改革试验顺利进行。

二、立法促进“两型社会”建设需要处理好几个方面的关系

建设“两型社会”其根本目标是要在全社会建立促进资源节约、环境友好的体制机制。它作为一个全新的课题，在国内目前还难以找到可资借鉴的经验。“摸着石头过河”仍然是我们的现实选择。从地方立法要从服从、服务于党的中心工作出发，我们应主动做好立法思路、工作重心的调整，认真开展理论研究和立法探索，积极地推进“两型社会”建设。

一是要处理好解放思想与依法办事、制度创新与法律规制的关系。依法办事是依法治国的具体体现，是我们党治国的基本方略，任何时候都应当坚持。推进“两型社会”从根本上说，还是要依靠法制的力量。但客观地看，我们过去许多的法律规范和制度受历史条件的限制，其出发点、落脚点或客观上起到的效果并非完全是引导人们追求资源节约和环境友好。尽管国家正在努力完善相关的法律制度，但限于实践的滞后、国情的复杂，要走到这一步还需时日。如果对滞后的规定不敢改、不敢破，那么“两型社会”就难以成为现实，“综合配套”就不会取得实质成果，“改革”这一根本要求就无法落实，“试验”这一最重要的国家授权就会浪费，这百年难遇的机会就会擦肩而过，建设“两型社会”就会永远停留在口头上、文件上。如果这样，我们将无法向国家、向历史交代。因此，我们一方面要维护国家法制统一，另一方面又要从国家法律的宗旨和原则出发，结合我市的实际创造性地制定规范，以解决现实的问题。没有思想解放，就走不出立法工作服务于“两型社会”建设的新路。

二是要处理好为先导区立法与面向全市立法的关系。先导区是我市推进“两型社会”建设的试验田和突破口，加速先导区的建设是当务之急。要根据区域建设目标，优先配置立法资源。同时，我们也要看到全市的整体推进与先导区的率先发展并不冲突，先导区的发展有赖于全市人民观念的革新，有赖于全社会协调统一的行动。一些制度、规范可以在先导区先行先试、边干边试，保障先导区高起点前进，另一些则可考虑在全市全面推行。从现在开始，注重缩小先导区内外的差距，这对实现整体目标是十分必要的。总之，我们要优先为先导区的发展服务，同时也要注意为全市经济社会的进步服务,既要围绕资源节约、环境友好制定专项规范,也要为行政体制改革、城市建设、文化发展、社会建设提供法制环境。

三是要处理好引导群众参与与引导机关参与的关系。全市人民群众无疑是“两型社会”的主体力量,离开了他们,“两型社会”就是空中楼阁。要把“两型社会”的建设要求,通过法定程序变成国家意志,引导全市人民从节约每度电、每滴水做起,从身边爱草护绿、维护环境卫生做起,让资源节约、环境友好体现在具体的生活之中,这样“两型社会”就有了坚实的社会基础。与此同时,我们也要注重用立法推动所有党政群机关投入到“两型社会”建设中。因为从更深的层次看,好的规划方案、好的决策、精简会议、压缩开支、提高工作效率都是社会资源的节约,归根结蒂,有益于环境改善。所以立法引导、规范的对象既要覆盖全部的“民”,更要把“两型社会”的主导者——各级各类机关纳入规范范围。只有“官”“民”联动,“两型社会”才会加速推进。

四是要处理好政策引导与立法引导的关系。党的方针、政策是指导我国经济社会建设发展的重要指南,也是制定法律法规的重要依据。我市“两型社会”建设是新鲜事物,起步之时,肯定是要依靠政策的引导、推动,依靠领导的重视。这是国情所致。离开了政策的引导和支持,“两型社会”从概念到事物可能都不会出现。在这条常规路径之处,能否更加注重立法的引导和指引作用,让更多的政策转化法规,让行政手段转化为法律手段,这是需要认真思考的问题。法律并不一定走在实践的后面。相反,政策走在法律后面的情况也不是没有。我们要敢于尝试政策和法规“双引擎”对整个先导区和试验区的牵引。其实有些政策只要加一个“程序”就可完成到法规的过渡,而这种过渡可能会使政策的影响力得到较大的增强。前不久,国务院在汶川地震发生后第 24 天颁布的《汶川地震灾后恢复重建条例》,在我国历史上走出了一条立法救灾的新路,是很有启发意义的。

五是要处理好立法的内容与形式、过程与结果等方面的关系。“两型社会”建设是一个复杂的社会转型工程,各类矛盾和问题会层出不穷。对此,我们不能抱毕其功于一役的想法,要作长期努力的思想准备。在立法的过程中,我们不能拘泥于某一固定模式。一切要从实际出发。要贯彻急用先立的原则,提高服务效率。要根据事项的内容及其重要性、全局性以及现实条件,选择是由市人大及其常委会作出决议、决定,还是制定相关的地方性法规。对于不涉及行政许可的事项,尽量由市人民政府制定规章或者其他规范性文件。在法的形式上,根据我市的情况,需要几条就设置几条。减少与上位法和同阶位法的交叉、重叠。在重视创设新法规的同时,注重我市法规的内部以及与上位法的协调,对妨碍“两型社会”建设的要及时修改或者废止。要注重借鉴国外和国内先进地区的立法经验,提升立法理念和技术。同时,最大限度地开放法规制定过程,让公民、法人和其他权利人拥有充分的知情权、参与权、表达权。让立法过程成为全市人民提升理念、统一认识,参与“两型社会”建设的重要平台,使立法过程和结果的社会效益最大化。

三、用科学的立法推动“两型社会”建设

目前,我市的“两型社会”建设是千头万绪、千帆待发。地方立法工作必须跟上飞奔的时代列车,充当弄潮儿。根据我市“两型社会”建设的进展情况,地方立法可以从两个方面着手。一是把“两型社会”建设最需要的法律规范作为突破口;二是逐步建立一个与“两型社会”相配套的地方性法规体系。前者是起点,后者是阶段性目标,终点是地方性法规融入国家的法律。

下段,我们要在把握全局的基础上,从实际出发、从需要出发,大胆采取超前立法策略,在创新发展体制机制这一事关“两型社会”建设成败的问题上做文章。从整体上看,科学的规划和先进的体制机制是事关全局的二个最重要的问题。但规划的制定,除了理念层面的,更多的是技术要求,且规划的实施离不开好的体制机制。因而立法促进建立先进的体制机制应当摆在更为重要的位置。初步可考虑:

一是建立激励全市各方面参与改革创新的机制。我国当代社会的主要特征是改革开放、科学发展。就我市而言,第一次被国家推到了改革创新的最前沿,承担了探索社会发展新路径的任务。在没有现成经验、现成道路可走的情况下,“改革创新”就是路径,除此别无他途。因此,必须最大限度地动员和组织全市人民投入到改革的社会洪流之中。要通过地方立法,将改革创新从政策层面上的要求变成对每一个机关及其工作人员的法定责任,成为一种履职的常态,由此带动社会各方面参与改革创新,使改革创新成为一项广泛开展的社会活动。同时,要通过制度设计,解除改革创新者的后顾之忧,为他们奋勇前行创造法制环境。

二是建立更加科学、规范、透明的干部考核和选拔任用机制。要减少或摒弃以往对干部的单一性考核指标，将绿色 GDP、人居环境、幸福指数、综合排位、创新意识、综合协调能力等指标纳入考核范围。要引入社会评价机制，通过社会专业机构评估干部业绩和地区发展状况。要让百姓和基层干部按照制度规定，参与对领导干部的业绩考核和推荐。要广泛推行业绩考核末位淘汰制，畅通干部的“出口”。

三是建立扶优扶强、优进劣出的激励企业发展机制。在资金奖励、资金扶助、税收返还、土地供给、社会服务等方面制定比《长沙高新技术产业开发区条例》更为优惠、更为全面、更为到位的法律规范，促进全市产业结构的优化和“两型”产业的形成以及传统产业的提升。

四是先导区按照人权、事权相统一的原则，建立精简、高效、全能的新型行政工作机构。要破除部门壁垒，整合行政管理职权，将产业发展规划、城乡总体规划，土地资源利用总体规划、生态环境保护规划进行叠加，并进行“一口”管理。同时将长沙市城市管理行政执法局(市城市管理综合执法支队)的职权进行调整，改组现有执法机构，在先导区范围内实行城乡城市管理行政综合执法。

五是创新开发建设新模式。在先导区内探索允许公司在严格执行规划的前提下，整体开发功能区、产业区或发展单元。让公司不仅开发产业，而且参与社会建设，解决产业发展、社会建设、社会管理不协调、不配套的问题。既鼓励现有农村集体经济组织改组为公司投资开发、参与开发，也鼓励其他有实力的企业前来投资开发。

六是尽早制定先导区规划建设管理条例，将先导区的功能定位、区域范围、管理机构及其运行机制、建设目标、保障措施、禁止性要求等等用法规形式固定下来，以确保政策的连续性。要明确规定规划制定主体权限，公开规划调整程序，强化规划的刚性，保证规划的连续性、严肃性。尤其要对先导区生态规划的执行情况进行定期评估，确保原生的青山绿水是新区重要组成部分，让“两型”工厂和产业、生态社区，成为城乡一体的新长沙的标志。

七是启动配套的地方性法规体系的研究。建立与“两型社会”相配套的地方性法规体系，主要是因为目前国家的法律体系还不完善，从功能上说，地方立法主要是起拾遗补缺的作用。从我市作为“两型社会”综合配套改革试验区的角度看，构建一个具有特色的地方性法规体系还是必要的。可以肯定，这一体系必然会涉及政治、经济、文化、社会四个方面的建设，会涉及行政权力的再分配，会突破上位法中的某些规定，是一个复杂的法制工程，不可能在短时间内一蹴而就。从现在开始，应当尽早组织相关机构和法学专家进行深入研究，力争在较短时间内拟定一个三年或五年的法规建设纲要。其中需要国家、省制定的，尽早提请国家、省制定或请求授权，由我市制定。这对我市“两型社会”建设来说是不可或缺的。

环顾发达国家所走之路，无一例外地利用了法制这个重要的支点。充分利用地方立法资源，加速长株潭“两型社会”建设，让丰硕的物质成果与制度成果成为“两型社会”建设的亮点。

强化大局意识　做好人大工作

黑龙江省七台河市人大常委会研究室主任　秦庆

在地方人大工作实践中，如何实现国家权力机关的法律地位和实际地位相符是个一直值得我们深思的问题。怎样认识和正确理解这个问题，对于我们自觉坚持和完善人民代表大会制度，积极地推动人大工作不断开创新局面非常重要。要做到这一点，我们认为，首要的是要树立和强化大局意识。所谓大局意识，就是要在廓清政治生态环境的基础上准确定位人大工作，明白依靠谁、代表谁；就是要在把握社会发展阶段性特征的基础上明确做什么、怎么做和做到什么程度。强化大局意识，应着重以下几个方面。

一、强化大局意识，就要在国家政权格局中强化依靠谁的意识，切实坚定正确的政治方向

准确定位是强化大局意识的重要前提。在我

国的政治生态环境中,人大的定位有宪法规定和历史形成两个层面。宪法在序言中首先明确了中国共产党是中国特色社会主义事业的领导核心。宪法和有关法律规定了各级人大是由人民选派代表组成各级国家权力机关,各级行政机关、司法机关由同级人大产生,受其监督,向其负责。这是对国家权力机关在领导体系和国家机构体系中的定位。从历史的形成看,我们的党领导人民推翻了旧制度,建立新中国,确立了人民代表大会制度这一政权组织形式。我们党的这种领导地位是历史的选择、人民的选择,这就从源头上决定了各级人民代表大会及其常委会必须依靠党的领导。宪法的规定和历史的渊源,要求我们必须把坚持党的领导、充分发扬民主和严格依法办事有机的统一起来,从制度上、法律上保证党的主张的贯彻实施。因此,强化大局意识,首要的是强化党的核心意识,其次是在党的领导下,正确处理同"一府两院"的关系,即产生与被产生、决定与执行、监督与被监督的关系,把监督、支持、促进融为一体,推进各项工作深入健康发展。强化党的核心意识,主要有三点:一是自觉把人大工作置于党的领导之下,经常向党委请示汇报工作,让党委了解、掌握人大工作情况,有针对性地提出要求;对人大常委会依法行使职权中遇到的困难和问题,主动向党委汇报、请示,以取得党委的支持;重大事项作出决议决定前,要先请党委审核把关,维护党总揽全局、协调各方的领导核心地位。二是自觉贯彻党委的意图。人大及其常委会要及时了解党委的重要工作部署,认真领会和贯彻党委的决策和意图,在行使职权过程中,体现党的意图,贯彻党的主张,实现党的领导,确保党的路线、方针、政策的贯彻落实。三是加强人大党组织的建设。人大常委会党组要切实发挥核心保证作用,带领人大的党员以自己的模范行动,努力完成党委交给的各项任务,真正把对党负责与对人民负责有机地统一起来,保证党委重大决策的贯彻落实。

二、强化大局意识,就要在社会政治生活中强化代表谁的意识,切实发挥人大代表的作用

大局意识是建立在明确我们工作立足点、出发点、落脚点的基础上。没有这个"根",大局意识也无从谈起。从这个意义上说,强化大局意识,就是强化群众意识、宗旨意识。人民是国家和社会的主人,人大由人民选举产生,受人民重托、对人民负责。人大及其常委会要做人民意志的执行者和人民利益的忠实代表,把权为民所用、情为民所系、利为民所谋作为人大工作的准则,坚持群众利益无小事原则,关注人民群众最关心、最直接、最现实的利益,时刻把群众的安危冷暖挂在心上,坚持和完善联系代表和群众的各项制度,深入实际,深入基层,广泛听取并积极反映代表与群众的意见和呼声。要强化交办、转办、督办工作力度,加强跟踪检查,进一步做好办理代表建议意见和受理群众来信来访工作,使国家机关的工作更加符合人民群众的意愿,使人民群众的合法权益得到有效的保障。人大代表直接生活在人民群众之中,最先了解改革、发展、稳定第一线的新情况、新问题,最先了解人民群众的情绪和要求。因此,人大常委会必须充分发挥代表的职能作用,使人大工作建立在坚实的群众基础之上。为此,要强化培训机制,切实提高代表素质,强化联系机制,积极为代表知情知政创造条件,积极引导、广泛组织代表开展好闭会期间的调查、视察、评议等活动,对实践证明行之有效的代表联系选民和选举单位、定期向代表通报情况和代表向选民述职等制度,要进一步深化、规范,引导和发挥好人大代表依法履职的责任感和积极性。

三、强化大局意识,就要在中国特色社会主义事业总体布局中强化怎样做的意识,切实履行好法定职权

地方国家权力机关强化大局意识,从工作的角度看,首先要在国家制定实施的战略思想、战略部署和行动上同党中央保持一致,贯彻落实科学发展观,致力于构建和谐社会。具体到一个地区,就要与地方党委每个时期的工作重点同步合拍、协调一致。在全面建设小康社会的历史进程中,地方国家权力机关就要从督促和解决经济建设、政治建设、文化建设、社会建设四位一体的总体布局中存在的问题入手,推动经济社会又好又快发展,更好更快发展。从这样一个大局出发,首先要正确处理好继承巩固与创新提高的关系。一方面要学习继承、巩固历届人大常委会积累的好做法、好经验,另一方面还要根据我们人大工作的特点和规律,适应时代的发展需求,敢于创新,善于学习,精于借鉴,努力探索新形势下人大工作的新思路、新方法、新机制。其次要认真履行好法定职权。一是要认真贯彻落实监督法,着眼于增强实效,加大监督工作力度。切实做好人大常委会工作与监督法条款的有效对接,坚持依法行使监督权、集体行使监督权、在党的领导下行使监督权、监督不能包办代替被监督权等原则,促进依法行政和公正司法。把事关改革发展稳定的重大问题和人民群众反映强烈的热点难点问题作为监督的重点,锲而不舍,抓出成效,促进发展。二是要着眼于推进决策的民主化、科学化、规范化,认真行使重大事项决定权。科学界定本行政区域内的重大事项,努力探索建立完善党的主张经过法定程序成为国家意志的机制,改革和完善行使重大事项决定权的规则和程序,进行科学论证,充分发扬民主,扩大公民有序参与。要把人民当家作主和党的意图有机结合起来,围绕党委的重大工作部署,选择人民群众最为关心的经济社会发展中的重要问题,通过法定程序适时做出决定。三是要着眼于实现党管干部与依法行使任免权的有机统一,认真做好人事任免工作,按照体现科学观要求的用人标准,把党组织推荐的德才兼备、注重实绩、群众公认的干部选任到各级工作岗位上来。

四、强化大局意识,就要在人大的实际工作中强化责任意识,切实加强自身建设

强化大局意识,目的是让人大的工作在当下的政治生态环境中做出成效。地方国家权力机关要担负起宪法和法律赋予的神圣使命,就必须以强烈的政治使命感和历史责任感对待工作,以卓有成效的作为胜任工作。因此,要切实加强人大常委会自身建设,坚持理论联系实际的优良学风,加强对党的路线方针政策和宪法法律的学习,努力提高常委会组成人员的思想水平和工作能力。以对人民高度负责的态度抓好各项措施的落实,不断加强组织、制度和作风建设,要根据形势发展的要求和新的实践经验,进一步健全完善人大及其常委会的议事规则和各项规章制度,保障人大工作的顺利进行;切实转变思想和工作作风,以身作则,率先垂范,严格执行廉政准则和有关规定,树立地方国家权力廉洁、勤政、务实、高效的良好形象。要高度重视人大机关的建设,发挥机关党支部的战斗堡垒和模范带头作用,加强业务学习培训,不断提高干部队伍的整体素质;积极创造条件,不断推进人大机关与党委、政府、"两院"之间干部的交流。通过加强人大常委会及其机关建设,做到尽职不失职、宽松不放松、兼听不偏听、到位不越位、分工不分家、补台不拆台,切实把人大常委会及各委办的工作抓紧抓实抓好,努力把各方面的思想统一起来,把各种力量凝聚起来,为全面建设小康社会,实现经济社会又好又快发展做出贡献。

寓支持于监督之中
努力提高地方人大监督工作的实效

黑龙江省哈尔滨市人大常委会主任　石忠信

哈尔滨市人大常委会换届以来,坚持以科学发展观为指导,认真学习贯彻《监督法》,与时俱进,找准定位,理清思路,改革创新,正确处理监督与支持的关系,寓支持于监督之中,为推动我市经济社会又好又快发展提供了有力保障。

一、注重以科学发展观统领人大监督工作,不断提高人大监督工作的效能

在开展深入学习科学发展观活动之前,个别人大常委会组成人员对《监督法》的认识存在误区,主要体现在:一是消极地对待《监督法》,认为没有《监督法》人大监督工作没有依据,有了《监督法》人大监督工作受到约束。二是机械地对待《监督法》,主要是僵化绝对地理解监督与被监督的关系。三是简单地对待《监督法》,主要是就职能论职能,没有从推进民主政治建设、保障人民当家作主的高度去理解和掌握。通过开展深入学习科学发展观活动,我们摒弃了这些模糊认识,增强了贯彻落实《监督法》的主动性和自觉性,坚定了做好人大监督工作的信心和决心。一是把促进发展作为人大监督工作的首要任务。我们在思想认识上,按照胡锦涛总书记所提出的"不动摇、不懈怠、不折腾"的要求,进一步树立"发展是硬道理"、"发展是解决中国一切问题的关键"、"发展是解决一切问题的总钥匙"的意识,增强推动我市经济又好又快发展的责任感和使命感;在工作内容上,紧紧围绕产业结构调整、经济增长方式转变、现代农业发展、大项目建设等行使监督职能;在工作布局上,把推动经济发展摆在人大监督工作的突出位置,将听取和审议专项工作报告向推动经济发展倾斜、执法检查向推动经济发展倚重、规范性文件的备案审查向推动经济发展延伸。二是把维护人民群众的根本利益作为人大监督工作的出发点和落脚点。我们把以人为本的理念贯穿监督工作始终，将事关群众切身利益的征地拆迁、泥草房改造、廉租房建设、下岗职工再就业、农民工进城务工、城市集中供热和社会保障体系建立、城乡残疾人保障等问题，列入人大监督工作的重要日程，纳入审议议题，开展"三查(察)"活动，推动了问题的有效解决，促进了社会和谐稳定。三是把推动经济社会全面协调可持续发展作为人大监督工作的重要任务。我们立足于全市经济和社会各项事业发展全局，针对发展中存在的问题，充分发挥人大职能优势，推动我市经济建设、政治建设、文化建设和社会建设的整体进步；认真贯彻"五个统筹"的基本原则，督促政府及有关部门大力推动我市区域之间、城乡之间、经济社会之间、国内发展和对外开放之间、人与自然之间均衡发展；按照中央提出的"建设资源节约型和环境友好型社会"的总体要求，从我市实际出发，监督政府加大对松花江流域水污染防治的力度，督促政府及其有关部门加快对磨盘山水库等重大工程项目生态保护和发展循环经济、推行节能减排的步伐，推动我市生态文明建设。

二、注重把握多帮忙不添乱的总体要求，明确新形势下监督工作的基本原则

面对复杂多变的经济社会形势，特别是金融危机给我市带来的困难和挑战，我们以开展学习实践科学发展观活动为契机和动力，审时度势，找准定位，正确处理监督与支持的关系，坚持多帮忙不添乱的总体要求，准确把握新形势下监督工作的基本原则。一是围绕中心、服务大局。在实际工作中，我们始终把促进发展作为人大监督工作的第一要务，紧紧围绕加快我市新农村建设、走新兴工业化道路等牵动全局的重要工作，充分行使人大监督职能，把支持政府迎接挑战防范风险、推动我市经济平稳较快发展，作为衡量人大监督工作水平的重要尺度、检验人大监督工作成效的重要依据。二是把握力度、掌握节奏。《监督法》明确规定人大和"一府两院"是监督和被监督的关系，尽管分工职责不同，但工作的出发点和目标是一致的，都是为了维护国家和人民的根本利益。因此，在实际工作中，我们着眼于"一府两院"面临的困难和压力，从有利于"一府两院"聚精会神搞建设的角度出发，坚持原则性和灵活性的有机统一，把握监督工作的力度，掌握监督工作的节奏，通过采取调整工作计划、减少常规工作、压缩工作周期等措施，为政府开展工作创造有利条件，最大限度地帮助他们变压力为动力、化挑战为机遇，推动我市经济社会更好更快发展。三是到位不越位、尽职不越权。"一府两院"由人大选举产生并对人大负责，但这并不意味着人大可以直接参与或者替代"一府两院"的工作。实践中，我们坚持以法履行监督职责，尽职不越位、决定不处理、监督不代办，在决定和处理重大问题时，与"一府两院"加强联系，主动沟通，紧密协调，求同存异，形成共识，建立一种和谐融洽的关系，把监督作为支持的手段，把支持作为监督的目的，实现监督与支持的良性互动、有机结合。

三、注重寓支持于监督之中，增强新形势下人大监督工作的实效

为促进经济平稳较快发展、推动社会稳定和谐，我们更新监督理念，转变监督模式，寓支持于监督之中，找准着力点，选准突破口，把人大监督工作提升到一个新境界。

*一是在事关全局的重点问题上排忧解难。*我们把经济发展中的突出问题作为监督工作的重点，集中力量督促解决。针对经济发展环境不宽松这一痼疾，我们按照市委的要求，充分发挥职能优势，将改善发展环境贯穿开展深入学习实践科学发展观活动的全过程，在学习借鉴发达地区经验的基础上，坚持科学立法、民主立法的原则，协助政府委托专家起草了《哈尔滨市政府绩效管理条例》，对优化经济发展环境起到了促进作用。另外，在新农村建设过程中，常委会配合市政府有关部门认真总结呼兰区大用镇发展专业合作社的经验并在《中国人大》杂志刊发推广，同时与市政府共同协调有关方面在该镇筹建土地流转中介机构和农民金融合作机构，为发展现代农业创造有利条件。

*二是在群众关注的热点问题上追踪问效。*我们把群众普遍关心的热点问题摆上监督工作的重要日程，勤于追踪问效，务求落到实处。针对棚户区改造这一涉及群众切身利益的问题，常委会通过采取审议专项工作报告、组织代表进行视察等方式，督促政府有关部门加快改造进程、加速新区建设，极大地提高了群众对政府工作的满意度。同时，我们还把实施再就业工程、建立社会保障体系、整治食品药品市场等与群众利益密切相关的工作纳入日常监督范畴，推动了民生问题的解决。

三是在比较敏感的难点问题上敢于尽责担当。我们把影响我市经济社会发展的难点问题作为监督工作的主要对象,履职尽责,敢于担当。例如,在地铁建设过程中,市政府面对项目与土地开发收益挂钩、政策界限不清可能带来风险等困难和压力,常委会在深入调研的基础上,通过了《关于哈尔滨市地铁建设有关情况报告的审议意见》,推动了相关问题的解决。同时,根据《代表法》的有关规定,对于扰正常司法秩序的个别代表的行为及时予以制止和纠正,保证了司法工作的正常开展。针对政府接待费用过高的状况,我们按照市委的要求,由财经委组织力量进行专项审计,起草了《关于市接待办2008年接待经费管理使用情况的调查报告》,做到既敢于碰硬,又不触礁;既规范政府行为,又不引发社会矛盾。

四是在发挥代表作用上固本强基。人大代表是监督工作的主体,只有充分发挥代表作用,才能从根本上加强人大监督工作。在实践中,我们一方面组织人大代表到代表企业如哈尔滨卷烟厂、哈药集团、泰富有限责任公司和东北轻合金加工厂等一些纳税大户进行视察,鼓励他们克服困难,多纳税多提供就业岗位,为全市经济社会发展多做贡献;另一方面健全议案和建议的提交和办理机制,组织各级人大代表围绕我市经济社会发展的重大问题和群众关心的热点难点问题,在广泛深入开展调研的基础上撰写议案、提出建议,切实发挥人大代表在监督工作中的主体作用。

建立辞职制　打破终届制

陕西省榆林市人大常委会研究室　杨广禄

人大代表是各级国家权力机关的组成人员,是一种实实在在的职务。随着我国民主法治进程的不断加快,人大代表的作用越来越显示出举足轻重的作用。不可否认,我们的代表队伍主流是好的,绝大多数是称职的,人民群众是满意的。但是那些不作为、乱作为的代表在我们的工作和生活中也是屡见不鲜的。一些代表责任性不强,有的只享受当代表的风光与荣耀,对自己肩负的职责考虑的却很少;有的代表参选时热情很高,在执行代表职务时却敷衍塞责;有的代表勤于自己的政务而怠于自己的代表职务;有的代表忙碌了自己的业务而疏忽了自己代表职责的履行。凡此种种用人民群众的一句话说,就是顾了这头撂了那头,种了这片地却荒了那片田。于是这些代表被广大选民戏称为"荣誉代表"、"会议代表"、"举手代表"、"哑巴代表";且是名副其实的"四手代表"即"见面拉拉手,会上拍拍手,表决举举手,散会挥挥手"。他们已经失去了广大选民的信任,因此,打破代表任职"终届制",建立代表辞职制,把这些"代表"及时地清理出去,既是对人民群众和广大选民的尊重,也是更好地落实科学发展观的需求,更是党和人民事业的需要。

监督者也要接受监督。因为法律赋予了代表权利的同时,也规定了代表应尽的义务。代表法和选举法都明确规定,代表受原选区选民或者选举单位的监督,选民或选举单位有权罢免自己选出的代表。那么对于选民不满意的代表,让其辞去代表职务正是实践"还权于民,实现人民"至上的一种权力行为。因此,代表法第四十一条明确规定:地方各级人大代表迁出或者调离本行政区城的;辞职被接受的;未经批准两次不出席本级人民代表大会的;被罢免的;丧失国籍的;依法被剥夺政治权利的终止其代表资格。此外,在工作和实践中,我们还很有必要对一些代表启动"退出机制"。一是对那些担任领导职务的代表因其职务变动失去代表性的劝其因公辞职,由于受代表名额的限制,如不劝其辞职,就不能及时地进行补选,有限的代表"名额"被长期"占用",是该代表已不能更好地履行其代表职务,二则更重要的是影响其继任者不能更好地、及时有效地组织开展代表工作和代表活动。二是对那些因工作需要调离原选区或本行政区域给其履职造成困难的劝其提出辞职,因为这些代表已经脱离了原选区或者是原选举单位,再要求其与选民和原选举单位保持联系,听取和反映选举单位和选民的意见,接受选民的监督,不仅给开展工作带来很大的困难,同时也给其参加代表活动带来诸多不便。三是对那些不作为或健康等诸多因素不愿或不能履行代表职务的劝其主动辞职；对那些胡作为、乱作为的代表或工作中有重大失误的代表劝其引咎辞职；对那些严重违纪、违法甚至是犯罪的代表责令其辞职。只有这样，才能更好增强各级人大代表为广大选民服务的责任感和使命感。

总之，无所为，便无位；有所为，才有位。不履职，请辞职；不尽职，就免职。应该成为我们国家政治生活中的一种常态。因此建立代表辞职制，打破代表终届制，从而形成能进能出、能上能下的代表“退出机制”，既给代表形成压力，又给代表形成动力，既能阻止权力的滥用，又能防止权力的不作为和乱作为，既能激励代表履职，又能吐故纳新，纯洁人大代表队伍，惟其如此，才能真正地树立人大作为国家权力机关的权威形象。

认真学习贯彻监督法实施办法　加强和改进人大监督工作

湖北省荆门市人大常委会常务副主任　陈永贵

《湖北省实施〈中华人民共和国各级人民代表大会常务委员会监督法〉办法》（以下简称实施办法），于2008年5月29日由湖北省十一届人大常委会第四次会议通过，于2008年9月1日起施行。这对更好地保障我省各级人大常委会依法行使监督职权，促进政府依法行政和司法机关公正司法，具有十分重要的意义。我们要认真学习宣传贯彻实施办法，努力推进和谐荆门建设。

一、提高认识，增强学习贯彻实施办法的自觉性

人大对政府、法院、检察院进行监督，是宪法赋予人大的一项重要职权，是代表国家和人民进行的具有最高法律效力的监督。学习贯彻实施办法是为了更好地促进“一府两院”依法行政、公正司法。因此，我们一定要提高认识，统一思想，切实增强学习贯彻的自觉性和主动性。

（一）深刻理解实施办法的现实指导意义。监督法适用于各级人大常委会的监督工作，是地方各级人大常委会监督工作的法律依据。而湖北省实施监督法办法，在监督法的框架内进行细化和完善，认真总结了我省各级人大常委会监督工作的经验，广泛征求社会各界的意见，紧密结合我省人大监督工作的实际需要，重点完善了监督工作的程序性规定，把是否具有可操作性作为基本标准，在细化监督法律规范方面，提炼出了更具实际指导意义的条款，充分体现了坚持党的领导、人民当家作主和依法治国的有机统一，更加明确了加强人大监督工作与“一府两院”依法开展工作的关系，是一部符合我省各级人大工作实际的重要法律，具有很强的针对性、可操作性和现实指导意义。

（二）正确认识人大监督与“一府两院”被监督的关系。我国宪法规定，国家行政机关、审判机关、检察机关都由人大选举产生，对人大负责，受人大监督。实施办法把人大对“一府两院”实施监督的指导思想、工作程序、基本要求，比监督法更加细化、更加明确、更加规范，加大了人大监督的力度，同时也规范了“一府两院”依法开展工作。人大和政府、法院、检察院虽然职责分工不同，但目标是完全一致的，都是在党委的领导下各司其职、协调一致地开展工作。人大依法实施监督，目的是通过监督来纠正执法和司法工作中的偏差，真心实意地帮助“一府两院”解决工作中的难题，是支持和促进。因此，我们要正确认识人大监督与“一府两院”被监督的关系，切实增强学习贯彻实施办法的自觉性，按照法定程序和要求，把监督工作不断引向深入。

（三）切实把思想统一到学习贯彻实施办法上来。实施办法既是我省人大开展监督工作的主体法律，也是“一府两院”依法行政、公正司法的重要依据。我们要高度重视，在加强学习、深入思考上下功夫，进一步加深对实施办法的理解，明确人大监督工作的指导思想、基本原则、监督重点、主要形式和具体程序。在学习贯彻实施过程中，要把学习贯彻实施办法与落实十七大精神结合起来，与实际工作结合起来，与加强本单位、本部门规范化建设结合起来，真正把思想统一到学习贯彻实施办法上来，统一到自觉接受人大监督上来，统一到依据实施办法促进工作上来，不断增强学习的坚定性和自觉性。

二、突出重点，全面领会实施办法的精神实质

（一）掌握监督的重点内容。实施办法把各级人大常委会对政府、法院、检察院的监督规定为两个方面，即工作监督和法律监督。具体是：听取和审议“一府两院”的专项工作报告；审查和批准决算，听取和审议国民经济和社会发展计划、预算的执行情况报告，听取和审议审计工作报告；法律法规实施情况的检查；规范性文件的备案审查；询问和质询；特定问题调查；撤职案的审议和决定。从实际工作来看，这7个方面构成了人大常委会监督工作的主要内容。前4项是人大常委会依法开展的经常性监督工作，我们要在这4个方面集中精力，下大工夫，重点围绕这4项监督工作开展学习贯彻。询问和质询、特定问题调查、撤职案的审议和决定这3项职责也非常重要，我们要敢于和善于启动这些监督方式，深入推进人大监督工作。

（二）明确监督的主要对象。根据实施办法第五条的规定，人大常委会监督的主要对象是“一府两院”，即本级政府、法院、检察院，以及这些国家机关中由人大及其常委会选任的国家机关工作人员。政府的直属机构和在本行政区域的上级垂直管理部门也是本级人大常委会的监督对象。根据宪法和有关法律规定，地方人大负有保证宪法、法律法规和上级人大及其常委会决议在本行政区域遵守和执行的职责，政府直属机构和上级垂直管理部门的领导人虽然不由本级人大常委会任命，但只要他们负有社会管理职能，而这些职能又是本级政府职责范围的，本级人大常委会可以就这些机构的工作范围听取和审议政府的专项工作报告、开展执法检查或调查视察。

（三）熟知监督的基本程序。实施办法在监督程序方面，做了许多规定，需要认真研究，准确把握运用。比如，在听取“一府两院”的专项工作报告工作中，“一府两院”要在常委会会议召开前二十日内，将专项工作报告送达人大常委会相关工作机构征求意见；政府、法院或者检察院对报告修改后，应在人大常委会举行会议的十日前送交常委会；人大常委会组成人员对专项工作报告和执法检查情况报告的审议意见应交由本级政府、法院或者检察院研究处理，等等。这些规定程序，强化了监督工作的透明度；同时也对执法主体提出了更高更严的要求，这就要求我们必须深化对实施办法的学习运用，按照法律规定履行职责，开展工作。

三、理论联系实际，扎实开展实施办法学习贯彻工作

（一）要全力抓好实施办法的学习宣传。各级党委、人大、政府、法院、检察院要站在维护法律尊严、推进依法行政、公正司法的高度，把学习贯彻实施办法工作作为一项重要任务，纳入重要议事日程，切实加强领导，落实任务。“一府两院”的领导同志要及早行动，带头学习，做好表率。同时，要结合工作实际，采取自学、集中学习、专题学习、边学边完善等形式，认真组织好本单位、本部门的学习贯彻工作。要通过学习宣传，使领导干部和职工群众都熟知实施办法的条款，全面了解和掌握实施办法规定的监督范围、方式和程序，做到有法必依，违法必纠。人大常委会组成人员要采取多种形式，认真学习贯彻、深刻领会、准确把握实施办法的基本精神，熟悉和掌握主要内容和具体规定，把思想认识和工作安排统一到实施办法的精神上来，为依法开展监督工作打下坚实的基础。

（二）要严格贯彻执行实施办法。人大常委会是贯彻实施办法的执法主体，在贯彻实施办法的工作中担负着重要的职责。因此，人大常委会要在深入学习宣传实施办法的基础上，严格依法实施监督，把人大监督工作不断引向深入，切实增强人大监督工作的实效。人大常委会要依照监督法和实施办法的规定，结合我市实际，围绕中心，服务大局，突出重点，紧紧围绕贯彻科学发展观中的重要问题，构建和谐社会中的突出问题，人民群众最直接、最关心、最现实的利益问题开展监督，通过运用实施办法规定的听取和审议专项工作报告、执法检查、规范性文件备案审查、询问和质询、特定问题调查等监督方式，推进政府和法院、检察院依法行政、公正司法。各级政府、法院、检察院要积极配合人大常委会做好工作，自觉接受监督。在听取和审议专项工作报告、执法检查等监督活动中，要为人大常委会提供全面、准确的材料，认真做好有关工作，以便于通过人大监督及时发现工作中存在的不足。对人大常委会工作监督和法律监督中提出的意见、建议，要认真采纳，及时整改，并将办理和整改情况及时向人大常委会报告。同时，各级人大、政府、法院、检察院要认真做好相关配套制度建设。结合监督法和实施办法，对与监督工作相关的制度、措施等进行清理、修订、充实和完善。对符合监督法、实施办法规定的，要加以深化、细化；凡与监督法、实施办法规定和精神不相符的，该废止的要废止，该修改的要进行修改，认真加以规范，为监督法和实施办法的全面正确实施提供制度保障。

（三）要正确处理实施过程中遇到的问题。实施办法对人大监督工作作出了明确的规定，提出了更高的要求，对“一府两院”的工作也进行了具体规范。在贯彻实施过程中，难免会遇到一些问题，要采取有效措施认真加以解决。一是要处理好监督和支持的关系。“一府两院”对人大监督工作的积极配合，不仅是依法接受监督，更重要的是可及时了解工作中的不足，积极改进工作中出现的问题。同时，“一府两院”也可充分运用实施办法来促进工作，人大常委会将依法予以支持，这样既有利于“一府两院”依法行政、公正司法，又能有效解决实施过程中遇到的问题。二是要处理好要依法实施监督和工作创新的关系。在开展人大监督工作中，一方面要依法办事，严格按照实施办法规定的监督形式和监督程序实施监督；另一方面要积极进行工作创新，注重经验总结和成果转化，善于把学习贯彻实施办法的成果与工作实践相结合，积极探索出好的方法、好的经验，敢于在实践中大胆采用，做到学习贯彻与实际工作相辅相成，相得益彰。

新的时期、新的任务对人大监督工作提出了新的更高的要求。我们要以党的十七大精神为指导，以全面贯彻实施监督法和实施办法为契机，在全市努力形成学习贯彻监督法和实施办法的浓厚氛围，积极推进我市社会主义民主法制建设，努力开创我市人大监督工作的新局面。

推动农民合作经济组织建设　保障农民持续增收

河北省辛集市人大常委会副主任　井端阳

2007年7月1日我国《农民专业合作社法》正式实施，辛集市农民合作经济组织再次呈现蓬勃发展的态势。今年以来，通过深入部分农业合作组织、龙头企业进行调研，受到了一些启发，形成几点看法。

一、我市农民专业合作组织发展现状

（一）基本情况：

辛集市农民专业合作组织起步于90年代中后期，近几年呈加速发展态势。至2009年7月底，农民专业合作社发展到124个，社员达到1726户。这些组织的产品或产业主体从粮棉油、园艺类产品（水果、蔬菜）到养殖业，基本涵盖了我市大宗（优势）农产品的生产领域。合作的形式由农民间的合作逐步向农民与龙头企业相互联合转变，一些组织初步形成了企业+专业合作组织+农户+基地的农业产业化经营模式；合作内容由单项合作逐步向产加销全程合作转变，逐渐形成产前、产中、产后的配套服务；合作机制则由松散型逐步向紧密型转变，形成真正意义上“风险负担、利益共享”的利益共同体。调查情况表明，加入组织的社员生产收入均明显高于普通农户。并且产生了象黑马面粉、天华果品等知名品牌以及“康钛益”鸡蛋、“益康梨”两个有机产品。另外，我市农产品的出口贸易也基本上是以这些合作（或是组织中的龙头企业）组织进行的。

（二）存在问题

1、规模小、实力弱、带动能力不强。现已注册24家专业合作社，从我们走访的14家看（粮油3家，果品7家，蔬菜2家，枸杞1家，生猪1家），注册20万元以上的仅5家，社员百户以上的仅4家，其余大多注册资金10万以下，社员几户到几十户，14家合作社社员总数仅826户。从社会影响力上看，除“黑马”外，大都没有很高的知名度。这相对于优越的农业生产条件和八大龙型产业基础而言显然还不成气候。

2、管理机制不健全、不规范，社员整体素质偏低。多数组织内部管理薄弱，制度不健全。如产权制度、利益分配和风险承担制等或是不规范、或是不透明。再就是普通社员的参与度低，法律意识、权责意识差。象是搭伙做买卖，没有明确的经营理念和发展目标。

3、缺乏扶持引导，稳定性差。我市的农民合作经济组织除初期少数是在政府业务部门指导下建立（主要是“协会”）以外，现在大都是农民自发自愿形成。各级政府（部门）虽然支持鼓励，但并无明确具体的政策。加之起步阶段实力较小，筹措资金、开拓市场可以说步履维艰，稍有差池即面临解体的危机。这种不稳定性不仅对合作组织本身构成威胁，也对我市农业产业化的整体发展战略十分不利。

二、提高认识，把推动农民专业合作经济组织发展作为战略任务来抓

应该说，自问世以来，农民经济合作组织在组织农民进入市场，促进农业产业结构调整，推动产业化进程，增加农民收入等方面发挥了重要作用。由于是从事同类农产品生产或经营的农户，按照自愿联合、民主管理、满足共同需要的原则建立的互助性经济组织，因此它本身就是培育农民市场主体，实现农业产业化经营的重要载体。这种组织既保留了家庭承包经营的基础，又体现了统分结合双层经营的优势，是农村经济发展模式创新的主要内容。它不仅在解决小生产与大市场之间的矛盾，增强抵御市场风险能力等方面意义重大，还有于传递市场信息、降低农产品经营成本，推动农业产业化进程，从而增加农民收入。从某种意义上讲，发展农民专业经济合作组织，对转变政府职能，推进乡镇体制综合改革，以及实现传统农业向现代农业转变，与国际市场接轨等方面，均有其特殊的重要意义。

综上所述，应该形成共识；即站在落实科学发展观和加快推进农业现代化进程的高度，充分认识发展农民专业经济合作组织的重要意义。将其作为建设现代农业，发展农村经济，增加农民收入的重大举措抓在手上，将农民增收放在与财政增收同等重要位置，作为推进城乡统筹，构建和谐社会，建设社会主义新农村的重要平台。通过建立健全领导机制，加强舆论宣传，出台扶持导向政策，引导推动农民专业合作经济组织健康快速成长。

三、突出重点，保障农民专业合作组织健康发展

（一）完善管理机制，保障健康发展。要根据示范章程和有关规定，健全组织机构和相关制度，形成自我规范、自我调节、自我约束、自我发展的运行机制。进一步完善成员大会、理事会、监事会等“三会”制度，明确“三会”的职权范围、责任及义务。规范落实民主决策制度，真正让成员参与决策。实行社务公开。健全财务管理和会计核算制度，实行财务公开。完善产权联结、利益分配、风险调节、自我服务等机制，形成以产权为基础、利益为核心、机制为保障的风险共担的利益共同体。

（二）、建立激励和扶持机制，推动快速发展。加强政策扶持既是农民专业合作组织发展的现实需要，也符合支持保护农业的新要求。应该从政策、资金、科技、信息四个主要方面入手，充分利用十七大以来中央和地方各种支农、惠农政策陆续出台的大好机遇，制定我市的扶持办法。一是指导农民合作经济组织建立技能培训制度，不断提高成员的素质，在合作组织内率先普及无公害标准化生产技术体系；二是利用现有的农业信息网络，指导合作组织中普遍建立网站，形成我市农业产业化信息服务网络系统；三是督促金融部门出台相关办法，使金融信贷政策向合作组织倾料。

（三）、充分发挥“龙头”作用，推动农民专业经济合作组织做大做强。目前，规模较大、运作较好的合作组织一般均有一个企业发挥着“龙头”作用，因此“龙头”是合作组织发展壮大的关键，也是农业产业化向深度、广度进军的关键，“做强龙头”应是推动农民合作经济组织发展的“重中之重”。一方面要把现有合作社中的龙头企业做为资金项目扶持的重点；另一方面，要引导现尚未建立或没有加入合作组织的农产品加工企业，尽快加入或组建自己的合作组织，成为真正的“龙头”。现有运行较好的协会（如天华公司创办的优质果品协会等）也应向“合作社”转化。在必要时，对一些产品类别、经营方式相近的合作组织，要引导、鼓励其在自愿的基础上进行整合，形成“联合舰队”，以扩大规模，消除内耗，打造出击外部市场的“拳头”优势。

（四）、加强监管，保障农民合作经济组织健康发展。首先，要强化政府监管。要把培育发展农民专业合作组织作为当前农村经济工作的一项重要任务来抓，制订政策，加强部门协调，主动服务。其次，要强化部门职责。有关部门要对组织的章程、制度严细把关，特别是财务、利益分配和社员平等参与等方面严格监管，确保其健康运行。认真落实“三会”制度，维护社员合作权益。第三，建立组织间的合作交流机制，定期组织各组织间的交流，相互促进共同提高。有好的典型还应加以宣传推广。

要构建和谐社会，推动经济、社会全面发展，农民增收是一个不可回避的课题。要实现农业由传统型向现代化转变，实现农业的产业化，从我们国情出发，合作组织是必由之路，即使发达国家也不例外。因此，认真贯彻落实《农民专业合作社法》，就必须把推动农民合作经济组织作为一项长期战略性任务，作为推动农业产业化进程，保障农业增产、农民增收的一条重要措施抓紧抓好，这应当成为农业经济工作的一个主要着力点。

努力服务科学发展 不断提高人大工作实效

浙江省桐乡市人大常委会主任 顾政宇

科学发展观的基本内涵主要包括四个方面:第一要义是发展,核心是以人为本,基本要求是全面、协调、可持续发展,根本方法是统筹兼顾。在人大工作中学习实践科学发展观,就是要按照以上四个方面的要求,依法行使法定职权,努力服务科学发展,不断提高人大工作的实效,这是新时期人大工作的根本任务。

一、把促进经济发展作为人大工作的中心任务

促进经济发展是实践科学发展观的第一要务,也是人大工作贯彻落实科学发展观的重要体现。做好地方人大工作必须全面把握科学发展观的根本要求,牢固树立全面协调可持续的全新理念,以科学的发展观来监督"一府两院"工作。结合人大工作实际,首先是要从人大的职能出发,把支持和推动经济发展作为履行职能的第一要务。按照科学发展观的要求,紧紧围绕党委的中心工作,把工业经济发展、财政预算执行、重点项目建设、"三农工作"、第三产业、科技创新等列人工作重点,认真分析本地经济社会发展中各种有利和不利的因素,通过依法行使重大事项决定权和监督权,适时作出适应当前经济社会发展要求的相关决议决定和审议意见,从而把科学发展观的要求,通过法定程序变成全社会的自觉行动,使党委的决策部署得以贯彻实施。同时,要按照科学发展观的要求,认真制订促进和推动经济社会发展的年度监督工作重点和计划,努力增强监督工作的针对性和实效性。一要推进全面发展。学习实践科学发展观就是要实现经济社会又好又快地发展,为此,人大工作必须总揽全局、突出重点,在监督内容安排上做到正确处理经济发展、政治发展、文化发展和社会发展的关系,促进经济发展与社会发展相适应。二要推进协调发展。要协调好改革和发展中的各种利益关系,正确处理局部与全局、眼前与长远、城市与农村的关系。三要推进可持续发展。要按照建设资源节约型和环境友好型社会的要求,正确处理好经济社会发展与环境保护的关系、人与自然的关系,促进经济社会与资源环境、人与自然的和谐发展,走可持续发展道路。

二、把坚持以人为本作为人大工作的核心任务

科学发展观强调发展为了人民、依靠人民,人民群众是推动发展的主体和基本力量,发展成果应由人民共享,所以,关注民生是实践科学发展观的必然选择。人大工作必须在体现民意上准确定位,把促进保障和改善民生放在更加重要的位置,把实现好、维护好、发展好人民群众的根本利益作为人大工作的出发点和落脚点。人大工作树立和落实科学发展观,就必须充分发扬人民民主、集中人民智慧、体现人民意志、代表人民利益、把关注民生、倾听民声、反映民意、维护民利、务求民富贯穿于人大工作的全过程,思想上重视群众,感情上贴近群众,从人民群众最关心、最直接、最现实的问题入手,采取有效措施督促群众关注的热点、难点问题的解决,不断让人民群众得到实实在在的利益。一是要在了解民情上下功夫。要继续坚持常委会组成人员联系代表、代表联系选民、代表接待选民等制度,深入了解社情民意,积极反映群众诉求;要不断完善代表参加常委会组织开展的工作调研、执法检查、视察等活动,邀请代表列席常委会会议,形成民意表达和反馈的有效途径。二是要在推进民主上下功夫。进一步拓宽公民有序的政治参与渠道,坚持公开原则,把人大常委会重点工作、重要活动、监督工作实效等向社会公开,接受群众监督;把保增长、抓转型、重民生、促稳定作为履行职责的立足点和监督工作的着力点,认真组织开展"我为桐乡发展献一计活动",征集代表对人大及"一府两院"工作的意见建议。三是要在为民监督上下功夫。要通过有针对性地视察、执法检查和调研,听取审议专项工作报告,及时提出意见建议,支持和促进"一府两院"更好地依法行政、公正司法;坚持"权为民所用、情为民所系、利为民所谋",把法律法规实施中的难点、经济社会发展的重点和人民群众关注的热点列为监督的重要内容,推动解决多数群众十分关心的民生问题，力求人大各项工作都能体现人民的愿望，符合人民的利益。

三、把坚持统筹兼顾作为人大工作的重要任务

统筹兼顾是科学发展观的根本方法，也是人大工作的重要任务。做好人大工作，必须牢固树立统筹兼顾的理念，站在全面建设小康社会的高度观察和思考问题，促进和监督政府合理配置有限的公共资源，合理安排经济社会发展的战略布局，做到全面规划、兼顾各方、协调发展，维护社会公平正义。落实统筹兼顾的根本要求，政府是主体，人大及其常委会同样承担着重要的职责。一方面，要督促政府树立正确的政绩观，更加注重履行社会管理和公共服务职能，转变执政理念，着力做好教育、卫生、就业、社保、治安、环保和安全等各项工作，促进整个社会比较协调地发展。另一方面，要正确行使人大职权，努力形成民主科学的决策机制，对社会发展进程中各类社会矛盾进行深入的调查、研究、分析，正确反映和兼顾不同方面、不同地区、不同类型群众的利益，有针对性地提出意见建议，推动政府统筹经济增长、文化发展、城乡建设、环境保护、生态建设、社会保障、提高人民生活水平等各方面的关系，促进经济社会又好又快发展。

四、把促进社会和谐作为人大工作的基本任务

构建社会主义和谐社会，是中国特色社会主义事业的有机组成部分，是推进全面建设小康社会的重大举措。人大及其常委会受人民委托、代表人民行使国家权力，一定要按照建设社会主义和谐社会的要求，充分发挥人大密切联系群众的优势，在推进和谐社会建设中，切实肩负起法定的职责和历史的使命。一是推动科学发展，为构建和谐社会提供物质基础。要围绕事关长远和全局发展的综合性、战略性、前瞻性问题，加强对经济领域的工作监督，着力推进经济发展环境的优化，督促有关政策法规的落实，从而推动科技创新，转变经济增长方式，构建公平公正、互信互利的市场经济秩序。二是推动民主法制建设，为构建和谐社会提供政治基础。和谐社会是民主、文明、法治的社会，民主是政治文明的核心内容，也是和谐社会的重要标志。要积极引导人民群众参与民主选举、民主决策、民主管理和民主监督，切实保障他们当家作主的民主权利。要进一步落实执法责任制，推进政务公开、审判公开、检务公开，促进“一府两院”依法行政、公正司法和文明执法，为构建和谐社会提供良好的法制保障。三是推动民生改善，为构建和谐社会提供广泛的群众基础。民生问题始终是社会和谐的晴雨表，人大及其常委会作为人民群众的代言人，关注民生责无旁贷。在人大工作中，要认真听取广大群众的意见，及时了解他们的呼声，进一步加大对代表议案、建议的督办力度，推动政府努力为广大群众办好事、办实事，切实解决广大群众最关心、最直接、最紧迫的利益问题，以减少社会矛盾，密切干群关系，促进社会和谐。

创新代表工作机制　不断提高代表工作水平

黑龙江省哈尔滨市人大常委会副主任　王铁强

代表工作是人大工作的主体和基础，做好代表工作直接关系到人大工作的全面发展、整体提升。随着社会主义民主政治建设的推进，代表工作遇到一些新情况和新问题，特别是中央9号文件的出台、《监督法》的实施对代表工作提出了新的更高的要求。因此，各级人大常委会必须着眼于完善人民代表大会制度，立足于扩大公民有序的政治参与，根据新形势下代表履职的特点和规律，不断改进和完善代表工作机制，进一步提高代表工作水平。

一、加大培训力度，进一步提高代表素质

代表素质事关代表履职能力、决定代表工作成效，但代表素质不是与生俱来的，而是后天培养的。培训是提高代表素质的基本途径，是培养和造就一支高素质代表队伍的重要要方法。几年来，我们在强化代表培训方面主要进行了以下探索：一是丰富培训内容。培训内容决定着代表的知识结构和综合素养。几年来我们组织代表特别是新当选代表认真学习党的十七大精神、学习科学发展观和党的基本理论、基本路线、基本纲领、基本经验，学习掌握与人大工作相关的法律法规和业务知识，学习了解国内外和我省我市经济社会发展情况，不断提高人大代表的政治理论素质和人大业务素养。二是活化培训形式。培训形式是提高代表素质的载体，是增强代表履职能力的手段。近年来我们坚持市和区、县(市)联动，在指导区、县(市)对本级人大代表进行全面培训的基础上，通过邀请专家学者专题授课，对市级人大代表进行集中培训，使他们全面系统地掌握有关知识；通过召开经验交流会，组织优秀代表介绍经验和体会，使他们取长补短、共同提高；通过实施“走出去”战略，组织代表到外地学习考察，使他们开阔眼界、拓展思路，增长见识。三是注重培训效果。培训的目的在于用科学理论和业务知识武装代表头脑、指导代表工作、规范代表行为。我们在工作中破除陈规、摒弃成宪，与时俱进，改革创新，由注重以基本知识为主的平面化培训向政治理论和业务知识并重的立体化培训转变，由你教我听的单向灌输向代表与专家共同探讨交流的双向互动转变，由以讲解书面材料的“单行道”向学习、考察、调研并重的“多车道”转变，不断提高代表培训的质量和成效。

二、突出主体地位，充分发挥代表作用

人大工作的主体是代表，人大工作的水平看代表，人大工作的开展靠代表。人大代表作用发挥得如何，直接关系到各级人大及其常委会职权行使的质量。实践证明，人大及其常委会的工作要创新发展、有所作为，必须充分发挥人大代表的主体作用。

*一是充分发挥人大代表联系群众的桥梁纽带作用。*人大代表大多学习、生活、工作在群众之中，与人民群众有着天然的联系。代表的双重身份和双重角色决定了他们是人民群众的代言人。人民群众的意愿、利益、想法，主要是通过人大代表这个桥梁纽带反映到国家权力机关及有关部门。近年来，我们通过组织开展人大代表访民日、代表接待日、代表活动日等活动，加强代表与群众的联系，群众对代表的信任度和期望值也越来越高，迫切希望通过人大代表把在实际工作和生活中遇到的各种困难和问题尽快地反映上去，迫切希望通过人大代表将党的路线、方针、政策在基层的贯彻落实情况及其反响如实地反馈出来。顺应群众的吁求和期盼，我们积极探索人大代表进百姓门、知百姓事、解百姓愁、帮百姓忙、暖百姓心的有效途径和办法，通过广泛听取群众的呼声，深入了解群众的疾苦，全面反映群众的意见，在上情下达、下情上知、密切国家权力机关同人民群众的联系方面发挥积极作用。

*二是充分发挥人大代表科学决策的参谋助手作用。*随着政治体制改革的深化，决策的民主化、科学化进程加速推进，党和国家的重大决策、重要政策和法律法规的出台和修订，将会越来越多地征求人大代表的意见和建议。近年来，我们通过邀请代表列席常委会会议，参加论证会、座谈会，认真听取并积极采纳人大代表所反映的群众呼声和要求，全面准确地把握群众的所思所想所盼，确保所做出的决策、所开展的工作顺应民心、切合民愿、反映民声、体现民意。我们加强对人大代表的宣传和教育，引导他们增强代表意识，认真履职，不辱使命。人大代表在闭会期间围绕本地区经济社会发展的大局，认真开展调研和视察，提出有建设性的意见，为决策提供重要依据。在大会期间，代表按照国家法定程序，投下自己庄严神圣的一票，把能干事、干成事、不出事、深受群众认可和信赖的干部选举上来，实现组织意图。特别是针对人民群众关心的热点、难点问题，代表积极提出议案、建议、批评和意见。2007 年，我市代表提出议案、建议、批评和意见 673 件，通过督促政府及其有关部门的及时办理，解决群众困难，化解社会矛盾，实现社会稳定，促进社会和谐。

*三是充分发挥人大代表在本职工作中的模范带动作用。*人大代表的法律地位、职责及其肩负的使命，决定了人大代表必须率先垂范，在全面建设小康社会的伟大实践中发挥模范作用。在实践中我们通过开展代表向选民和原选举单位述职等活动，激励代表奋发前行、负重奋进，积极投身全面建设小康社会的伟大实践，努力为实现经济社会又好又快、更好更快发展贡献智慧和力量。今年 4 月份，我们表彰了 19 名优秀人大代表，发挥典型示范引领带动作用，砥砺士气，弘扬正气。同时，广大代表自觉地摆正代表职务与岗位职务的关系，甘于奉献，无怨无悔，在做好岗位工作的同时，认真履行代表职责，以不辜负人民群众的信任和厚望。

*四是充分发挥人大代表在维护宪法和法律尊严中的监督作用。*宪法、法律是党领导人民制定的，是人民意志的集中体现。保证宪法和法律的贯彻实施，是人大及其常委会的首要职责。人大代表是国家权力机关的组成人员，是法律实施情况的直接监督者。近年来我们组织代表开展执法检查，监督法律法规在本行政区域的贯彻实施情况，推动“一府两院”工作扎实有效地开展。我们坚持每年重点检查一两部法律法规的实施情况，去年重点对《农业法》开展了视察、调查和检查，今年又重点对

《森林法》开展了执法检查,针对执法检查中发现的问题,提出改进意见,并监督政府有关部门认真整改。

三、创新服务保障机制,优化代表履职环境

代表履行职责,既需要内在自身素质的不断提高,也需要外在条件的保障。近年来,我们采取多种形式,积极探索建立完善的服务保障体系,为代表履行职责提供良好的条件。

*一是搭建知情知政平台。*知情知政是代表开展工作、履行职责的前提和基础。为便于代表了解掌握我市经济和社会发展情况以及人大工作动态,市人大常委会拓展渠道,探索途径,采取多种形式向人大代表通报工作情况,为人大代表知情知政提供及时有效的服务。在坚持定期向代表通报人大常委会和政府工作情况制度的基础上,近年又组织代表列席市人大常委会、旁听法院庭审,并组织代表参加常委会视察和执法检查活动,使代表及时了解全市和本地区经济社会发展情况以及有关重大事项。为扩大代表的信息占有量,我们不断完善向代表寄送资料制度,为每个人大代表订阅了一份《中国人大》杂志,并定期向代表寄送市人大常委会公报、人大工作信息、各种相关学习和参考资料,使代表能够及时广泛地获取信息,充分了解各方面的工作情况。

*二是健全代表工作机构。*建立健全工作机构是代表开展工作和发挥代表作用的有力保障。市人大常委会与市人事编制部门协调,为各区人大常委会代表工作部门设立了独立的代表工作机构,增加了一名正处级干部职数,目前各区、县(市)人大常委会全部建立了代表联络办公室,城区为正处级,县(市)为正科级。工作机构的设立推动了代表工作的顺利有效开展。

*三是提高办公自动化水平。*信息化社会要求工作必须高效率和高效能。市人大常委会非常重视全市人大机关办公自动化建设,换届以来,连续两年下拨专款,为各区、县(市)人大常委会代表工作部门配备先进的办公自动化设备,全面提升了代表工作部门工作效率,增强了为代表服务的能力。

*四是搭建学习交流平台。*开放的社会要求人们必须有开放式的思维,必须了解掌握与自身工作密切相关的外界信息。在实践中我们通过不定期编发《代表工作信息摘编》,在全市建立了代表工作情况通报制度,宣传和交流区、县(市)人大常委会开展代表工作的好经验、好做法,指导代表工作的开展。

*五是落实代表活动经费。*在市场经济条件下经费是做好工作的重要保障。2005 年以来,市人大代表活动经费从 800 元/人调整至 2400 元/人,并全额纳入了财政预算。在市人大的带动和督促下,区、县(市)人大代表的活动经费额度也较以往有所提高。我们对于人大组织的重大视察、检查、调查活动及时拨付专项经费,对无固定工资收入的市、区人大代表出席市、区人代会给予适当误工补贴。

调研先行　促进科学决策
依法履职　突出监督实效

内蒙古满洲里市人大常委会副主任　多建

调查研究是谋事之基,成事之道,它不仅对发扬党的优良传统和作风具有重要意义,而且在现代领导和管理科学体系中也占有重要位置。对人大工作来说,调查研究是最经常、最基础的工作,对常委会充分依法履行职权和有效监督起着重要的作用。满洲里市第十三届人大常委会成立以来,坚持执政为民的宗旨,发扬求真务实的作风,把开展深度调研作为加强监督工作、提高监督实效的重要环节,围绕审议议题和群众关心的问题,开展调查研究,体察民情,听取民意,使常委会决策和民心、顺民愿,确实保障人民当家作主的权力。

一、深入进行调查研究,是人大常委会依法行使职权,开展对"一府两院"监督中关键的一环

人大及其常委会行使各项权力,前提是知情,调查研究是知情的重要渠道。人大常委会组成人员和人大代表的多数,不直接从事行政、司法工作,因此就不可能从行政和司法工作的日常运作中直接了解情况,当然也不能根据道听途说、支离破碎的信息对问题作出判断。所以，相对于"一府两院"，人大对调研的依赖程度更大。视察、特定问题调查这类调研手段作为人大履行职权的法定形式，在组织法中有明确的规定，这就从法律的角度体现了人大调研的重要性、法定性。

定期召开常委会会议，听取和审议"一府两院"的专题工作报告，做出决议和决定，是人民代表大会闭会期间代表人民行使权力的重要形式。常委会会议所作的决议、决定直接关系区域经济的发展、社会进步。因此，提高常委会会议质量是人大工作的重点。而人大调研工作水平的高低，对常委会组成人员提出的审议意见，对常委会所作决议、决定有很大程度的影响。我市人大常委会组成人员多数是兼职，不可能对所有的议题都进行深入的了解，这就需要人大常委会各委办提供详尽的材料，提供高水平、高质量的调研报告，作为常委会组成人员发表意见的参考。常委会监督力度是否到位，指出的问题是否准确，提出的意见是否有针对性、可行性和前瞻性，所作的决议是否更有实效性，调研工作起着非常重要的作用。人大的调研报告，就是要站在与"一府两院"不同的角度，提出有针对性的问题和有前瞻性、可行性的建议，从而提高人大常委会会议质量，树立人大常委会的权威。

市人大常委会领导多次提出："为提高常委会会议质量，要提高人大调研水平，人大的调研报告要出精品。深入地搞好调查研究，有利于掌握不同方面的情况，以便在常委会上充分审议。"近年来，满洲里市人大常委会工作不断取得新的进展，常委会会议质量不断提高，这与深入调查研究是分不开的。

二、围绕全市中心工作，确定调研议题，为常委会提供高水平的调查报告，不断提高人大常委会的审议质量

调查研究的目的在于了解情况，找准问题，总结经验，提出解决问题的具体办法和途径，为常委会审议、决定事项提供参考和依据。满洲里市人大常委会紧紧抓住涉及全局性、政策性、群众反映强烈、迫切要求解决的重大问题，有计划、有步骤地进行调查研究；围绕法律、法规和人大决议、决定执行情况开展调查研究；围绕"发展与惠民"两大主题开展调查研究；围绕人民群众反映强烈的热点、难点问题开展调查研究；组织精力充沛、素质和水平较高的组成人员和代表，开展调查研究。通过眼睛向下，深入基层，走访群众，听取民声，反映民意，广泛收集人民群众关注的热点、难点问题，并从这些问题中挖掘监督的线索，找准监督的突破口和着力点，有的放矢地开展监督工作。此外，在常委会会议召开前，相关委办在分管副主任的带领下，就会议审议的重点内容开展调研工作，掌握第一手材料，努力为人大常委会会议审议提供参考和依据。

围绕经济发展，开展调研工作。口岸是满洲里市最大的优势，更是满洲里市发展的命脉。2008年下半年，针对我市一度出现的口岸货运量下降、边境贸易额度下滑的情况，市人大常委会适时赴黑河、绥芬河、珲春开展口岸经济发展的调研，详细了解了同类口岸外贸运行情况，比较分析了影响满洲里口岸货运量、贸易额、外贸增值税变化的原因，并提出了相应对策及建议。为尽早采取有效应对措施，化解金融危机带来的不利影响，推进我市经济社会又好又快发展，更好地发挥人大常委会在促进经济社会发展、促进社会和谐方面的作用，面对国内外经济形势的严峻挑战，市人大常委会适时就外经贸发展金融环境情况、房地产业发展情况、国税收入基本走势情况开展专题调研，形成了内容全面翔实、分析实事求是、问题客观准确、建议切实可行的调研报告。市委对调研结果高度重视，主要领导亲自批示，交由市政府认真研究，制定相应政策，抓紧落实，保持了口岸经济的稳定发展。

围绕公平正义，开展调研工作。坚持公正司法是维护社会公平正义的重要保障，市人大常委会开展了市人民政府法律援助、市人民法院贯彻"宽严相济"刑事政策、市人民检察院公诉、公安工作的专题调研，推动司法机关加强和改进工作，充分发挥促进和谐、维护公平、保障发展的重要职能作用。

围绕民生改善，开展调研工作。针对人民群众反映的看病不方便、等级医院看病相对较贵等问题，市人大常委会开展了社区卫生服务进展情况的专题调研。建议市政府进一步整合利用现有卫生资源，提升社区卫生服务机构的服务功能。为促进社会保障体系建设，解决人民群众关心的社会保障问题，开展了最低生活保障工作情况的专题调研，就进一步完善医疗救助、上学救助、住房救助等社会救助配套政策，适当提高最低社会保障标准等方面提出建议和意见。目前，最低生活保障标准已由170元提高到240元。为改善我市环境质量，实现人与自然和谐发展，开展了环境保护状况的调研。为提升物业服务水平，维护业主和物业企业的合法权益，营造舒适的人居环境，开展了全市物业服务市场现状的调研。从维护市场价格秩序、保障消费者合法权益出发，开展了规范市场秩序和加强物价管理情况的专题调研，提出了加强市场价格监管，加大对菜篮子工程扶持力度，选择合适地点建设具有公益性质的大型蔬菜、副食品销售市场，平抑市场物价等建议和意见。市政府采取设立价格调节基金、加强价格检查力度，暂不调整供热、供水价格等措施，稳定了市场物价，维护了消费者合法权益。

三、注重调查研究成果的转化应用，更好地发挥人大常委会的监督作用

人大调研有其自己的规律和特点，要发挥其应有的作用，就要掌握人大制度和人大调研工作的特殊性，摸清人大调研工作的特点，并采取与之相适应的调研方法。一是政策性。人大工作是在党的领导下开展的，要围绕党的方针政策和市委决策部署的贯彻落实，做好调研工作。二是法律性。要在法律法规的框架内，围绕法律法规实施情况开展调查研究。三是应用性。要围绕常委会行使职权开展调查研究，即围绕人大工作和人民群众关心的问题等方面进行研究和思考。调研成果最终要通过常委会审议意见体现到“一府两院”的具体工作中。

满洲里市人大常委会通过深入调研，在实用、实效上下功夫，所提建议和意见得到市委的重视和市政府的采纳，促进了市委决策部署的全面落实和全市经济社会的快速发展。进口资源加工、出口资源加工、能源重化工三大园区建设初具规模；旅游业健康、快速、有序发展，劳动和社会保障工作创出了“满洲里模式”；城市建设工作步入全国先进行列，荣获全国文明城市称号，成为全国24个文明城市（区）之一。目前，满洲里市经济聚活、环境聚优、人心聚齐、特色聚浓、生活聚富、人气聚旺的特征日益凸显，快速发展的国际贸易旅游城市影响力和吸引力进一步增强，口岸经济超常规、跨越式发展局面已经形成。

总之，人大调研工作，是人大履行宪法和法律赋予的职责，开展工作监督和法律监督中不可或缺的重要环节，是做好人大工作的基本前提，是从事人大工作的看家本领。人大调研选题要准、报告要实、跟踪要紧、力度要大。今后，满洲里市人大常委会将继续围绕“发展与惠民”两大主题，以增强监督实效为重点，抓好调研、审议、督办、规范、创新五个关键环节，切实发挥职能作用，保障和促进我市经济社会全面协调可持续发展。要达到预定的工作目标，就要继续坚持选准题目、深入调研，努力为常委会依法履职提供参考和依据，为构建富裕、文明、和谐的满洲里做出更大的贡献。

加强规范性文件备案审查　提高人大法律监督水平

湖北省荆门市人大常委会副主任　全志超

规范性文件备案审查是宪法赋予各级人大常委会的一项法律监督职权。把规范性文件备案审查作为人大常委会行使监督职权的方式之一，这是新形势下完善人大监督制度，增强人大监督实效的重要举措。但从实践看，这一监督形式运用得还不够，在操作中也存在一些问题，使人大的法律监督职能未能得到有效发挥。本文结合我市实际，对地方人大如何加强规范性文件备案审查作一些思考。

一、统一思想，切实提高对加强规范性文件备案审查工作重要性的认识

规范性文件是指国家机关按照一定的程序制定并公布的，涉及公民、法人和其他组织权利义务关系，具有普遍约束力的文件。通过规范性文件实现对经济社会事务的有效管理，是国家机关通行的管理手段。目前，在我国经济、社会、文化等各项事业处于快速发展的时期，新矛盾、新问题层出不穷，规范性文件对推动经济社会健康有序发展，具有不可替代的作用。

第一，加强规范性文件备案审查工作是维护国家法制统一的重要手段。法制统一是实行社会主义法制、依法治国的基本前提和重要基础。依法治国必然要求国家法律和谐统一。规范性文件是为贯彻实施宪法、法律、法规而形成的重要文件，大多涉及公民、法人和其他组织的权利义务，具有普遍的约束力和一定的强制性，其内容是否合法和适当，对于宪法和法律的正确实施关系重大。对规范性文件进行备案审查，是县级以上地方各级人大常委会进行法律监督的重要形式。只有有效地开展规范性文件备案审查，确保规范性文件不与宪法、法律、法规相抵触，才能确保市场经济的统一、有序、公平竞争和国家法制的统一，确保民主法制建设顺利推进，确保依法治国基本方略的全面贯彻落实。

第二，加强规范性文件备案审查工作是维护人民群众根本利益的有效机制。规范性文件是进行经济社会管理的重要手段，一般都具有普遍约束力和反复适用性，如果其内容违法或有失公正，一旦付诸实施，损害的就不只是一个人或者几个人的利益，而是一个群体、一个地区的利益，甚至会危及社会和谐稳定，影响改革发展大局。由于多种原因，规范性文件备案审查工作一直没有充分开展起来。由于对规范性文件审查监督不力，实际中，有的规范性文件违反法律、法规规定擅自设立审批、收费、罚款等内容，增加了人民群众的负担，损害了人民群众的利益，干扰了正常的市场经济秩序，人民群众反映强烈。有的规范性文件强调地方利益，制定“土政策”与上位法相抵触。这类情况表明，人大常委会加强规范性文件备案审查工作，具有十分紧迫的现实意义。

第三，加强规范性文件备案审查工作是切实增强人大监督实效的有效途径。人大监督包括工作监督和法律监督。工作监督是对“一府两院”工作是否符合宪法和法律、是否符合人民群众的根本利益、是否正确贯彻人大及其常委会的决议与决定等进行的监督。工作监督主要包括对“一府两院”专项工作、计划预算执行情况、法律法规实施情况的监督。法律监督是下一级人大及其常委会作出的决议、决定，同级政府制定的规范性文件是违法或不适当的，人大常委会通过审查，对存在的问题予以纠正的监督方式。规范性文件相对于具体的行政行为而言，其影响范围更广，可能造成的损害也更大。地方各级人大通过对规范性文件进行审查，可从源头预防和纠正行政机关的不当行为和损害群众利益的现象，有利于提高人大监督质效。

二、正确处理好五个关系，认真务实地开展规范性文件备案审查工作

（一）要正确处理好备案与审查的关系。备案是审查的前提。如果规范性文件存在迟报、错报、漏报、瞒报的情况，势必会影响规范性文件审查工作的效率和质量。我们各级人大和政府要充分认识报备工作的重要性，明确机构，落实人员。要制订规范性文件报备制度，掌握报备范围，严格按照要求的时间、方式、程序全面落实好报备工作。这里要强调的是，凡是政府制定的涉及公民、法人和其它组织的权利义务关系，同时具有普遍约束力和反复适用性的，不论文件的表现形式、具体名称是决定、命令，还是意见、办法、规定等，都应当视为规范性文件，应当依法报送备案审查，真正做到应报不漏，有件必备。对未按要求报送备案的要予以督促；对应审不审的要加强检查；对启动审查的要侧重合法性，关注适当性；对于明显违法或者不适当的，必须予以纠正。

（二）要处理好合法性审查与合理性审查的关系。备案审查应当以合法性审查为主，把合法性审查与合理性审查有机结合起来。合法性审查主要审查规范性文件是否与宪法、法律、法规和各级人大及其常委会的决议、决定相抵触，制定的主体或内容是否超越权限，制定的程序是否违法。合理性审查是备案审查的薄弱环节。由于其缺乏可量化的标准，实践中通常较难界定规范性文件的内容合理与否。审查规范性文件是否合理，主要是审查其内容是否与党的大政方针相一致，是否侵害群众的根本利益，是否体现公平正义，是否符合本地区的具体情况和实际需要。实践中这类规范性文件易被忽视，我们对不合理的规范性文件也应当依法提出纠正。

（三）要处理好被动审查与主动审查的关系。开展规范性文件备案审查，应当做到被动审查与主动审查相结合，坚持以被动审查为主、主动审查为辅。被动审查的目的性、针对性强，便于从实践中多渠道发现问题，解决问题。主动审查因其主动性而具有自身的优点，如可以事先发现并及时解决规范性文件与宪法、法律、法规和上级人大及其常委会决议、决定相抵触等不适当的问题，避免和减少实际中的损失。为既便于及时发现问题，又能多渠道、有针对性解决问题，我们要坚持以被动式审查为主，同时选择若干事关重大、影响全局、涉及群众切身利益的重点进行主动审查，对确属同宪法、法律相抵触的，或与国家的大政方针相违背、不符合本地实际，出台后可能产生较大负面作用的，积极主动开展审查工作。

（四）要正确处理好分工与合作的关系。各级人大常委会是规范性文件备案审查的主体，也是备案审查机关。在开展这项工作中，要加强人大各专门委员会、常委会各工作机构之间以及它们与常委会确定的备案审查工作机构之间的分工与合作关系。备案审查工作机构主要承担报备的规范性文件的接收、登记、分送等日常性工作，以及对报备规范性文件中发现的问题和有关国家机关、社会团体、企事业组织以及公民提出的审查建议进行研究，提出处理意见，送有关专门委员会、常委会各工作机构审查并由其提出审查意见。人大常委会对规范性文件备案审查中的一些重大问题、难点问题和关系群众切身利益的问题，要做到统筹兼顾，充分调动和发挥各方面积极性、主动性和自觉性。必要时相关专门委员会、常委会工作机构可开展联合审查，齐心协力做好备案审查工作。

（五）要正确处理好监督与支持的关系。人大监督既要坚持原则，又要体现灵活性；既要加大监督力度，又要支持被监督机关开展工作；既要维护法制统一，又要维护改革发展稳定大局。对规范性文件进行备案审查，目的不是要撤销同级政府、下一级人大及其常委会多少规范性文件，而是要确保规范性文件合法适当。具体来讲，人大常委会通过备案审查，发现有的规范性文件是违法的或者不适当的，一般宜先由人大有关专门委员会或者常委会工作机构同制定机关沟通，建议制定机关自行调整或纠正，重大问题还要主动向同级党委汇报，取得党委的领导和支持。只有当相关规范性文件确实违法和不当，经沟通，制定机关又拒绝自行纠正的情况下，才依法启动撤销程序。

三、加强领导，健全机制，保障规范性文件备案审查工作顺利开展

（一）要切实加强组织领导。规范性文件备案审查工作是一项全局性、系统性、经常性的工作。抓好这项工作，关键在各级领导的重视。市县两级人大都要加强对这项工作的领导。明确分管负责人，将其列入人大常委会的重要议事日程。常委会主任会议要听取这项工作的专题汇报。明确各级人大专门委员会、常委会工作机构在备案审查工作中的职责分工，科学统筹，有效协调，充分调动并发挥各方面的积极性。对备案审查中遇到的重大问题，要及时向人大常委会党组、向同级党委汇报，在党委、党组的正确指导下，从最广大人民群众的根本利益出发，依法履行法律监督职责，切实把这项工作做好。

（二）要加强备案审查机构和队伍建设。规范性文件备案审查工作的政治性、法律性、专业性都很强，要有强有力的工作机构和一支高素质的工作队伍以适应这项工作的需要。在机构和队伍建设方面，首要的任务就是做到机构确定、人员确定、职责确定。备案审查的工作任务和特点要求备案审查工作人员必须有较高的政治素质、法律素质和相关专业知识，要求具备细致的工作作风和较强的分析问题、解决问题的能力。因此，要高度重视备案审查工作队伍的思想和业务建设，抓紧建设一支法律水平高、综合素质强的备案审查工作队伍。

（三）要建立健全规范性文件备案审查制度。完善的运行制度，是做好规范性文件备案审查工作的根本保障。在制度建设方面，过去我市进行过初步探索和实践，一些县市区也制定了相应的文件，这项工作取得了一定成效。下一阶段，市县两级人大要将过去制定的规范性文件备案审查制度和工作方式进行清理和规范，以与监督法和我省实施办法的规定相衔接。要结合实际，科学制定规范性文件备案审查工作的相关制度，明确和细化规范性文件备案审查的范围、内容、程序等工作标准。建立一套行之有效的内部协调机制，明确责任，落实任务，努力健全规范性文件备案审查的体制机制，扎实有效开展备案审工作。

地方人大常委会的发展与启示

湖北省荆门市人大常委会副秘书长、研究室主任　魏先贵
湖北省荆门市人大常委会研究室调研科副科长　高胜前

改革开放这三十年在历史的长河中不过是一瞬间，但对我国的人民代表大会制度而言，却具有非同一般的意义。从 1979 年起，县级以上地方各级人大相继设立了常委会，这是一项被载入史册的政治体制改革之举。它改变了我国权力机关和执行机关不分的状况，保证了人大工作的正常运行，

增强了对政府和司法机关的监督,进一步保障了人民民主权利的实现。三十年来的地方人大工作伴随着我国社会主义民主法制建设的进程,在实践中发展,在发展中前进,在前进中完善,显示出了人民代表大会制度的巨大优越性。

一、改革开放以来荆门市各级人大常委会的发展

我市各级人大常委会,从总体上说经历了从设立到逐步完善的历程。1980 年,荆门县九届人大一次会议依法选举产生了荆门县人民代表大会常务委员会;1982 年,荆门市(县级市)首届人民代表大会常务委员会选举产生。这标志着荆门的人民代表大会和人大工作进入了一个崭新的历史发展时期。1984 年,随着行政区划的调整,地级荆门市成立,随之选举产生了荆门市人民代表大会及其常务委员会。各县市区也建立了人民代表大会及其常务委员会,各乡镇的人民代表大会也相继开展工作。改革开放以来,全市各级人大常委会在同级党委的领导下,坚持以中国特色社会主义理论体系为指导,紧紧围绕中心工作和改革发展稳定大局,认真履行宪法和法律赋予的神圣职责,人大工作在实践探索中取得了一系列重要进展,为坚持和完善人民代表大会制度,推进社会主义民主法制建设,促进全市国民经济和社会事业的健康发展发挥了重要作用。

(一)围绕经济建设和社会发展的重大问题,加强监督工作。监督权是地方国家权力机关的一项重要职权,是人民当家作主、管理国家事务的重要体现。全市各级人大及其常委会始终把监督工作放在重要位置,坚持党的领导,注重围绕改革开放、经济建设和社会发展中的重大问题以及人民群众普遍关注的热点问题,采取多种方式,加强监督工作,有力地支持和促进了依法行政和公正司法。三十年来,荆门市人大常委会共听取和审议市"一府两院"工作报告和法律法规执行情况的报告 400 多个。针对国有企业下岗职工基本生活保障和失业保险、城市居民最低生活保障、就业再就业、看病难看病贵、上学难上学贵、网吧管理、血吸虫防治、城乡社会救助体系建设、社区建设、环境污染等人民群众普遍关注的重点难点问题开展监督,促进了一些问题的解决。坚持围绕经济建设中心,加强对财政预算和计划执行情况的审查监督。在全省地方人大中率先出台了预算审查监督办法和计划审查监督办法,在市直单位推行部门预算,促进了我市财政建设和国民经济发展。近年来,荆门市人大常委会围绕市委工作重点,及时听取和审议市政府关于实施工业强市、农业强市、旅游强市建设情况的专项报告,组织视察荆门经济开发区建设情况,推动了经济又好又快发展。先后就 100 多部法律法规开展了执法检查。重点对行政许可法、环境保护法、安全生产法、节约能源法、职业教育法、传染病防治法、土地管理法、种子法、未成年人保护法、畜牧法、人口与计划生育法、环境影响评价法等法律法规的执行情况进行检查,促进法律法规在本行政区域内的贯彻执行。为推进依法治市进程,市人大常委会制定《监督实行执法责任制度、错案责任追究制度办法》,督促市"一府两院"建立和实行执法责任制、错案责任追究制度,促进了执法水平的提高。积极围绕中心工作和常委会议题开展视察和调研活动 600 余次,撰写调研报告 1000 多份,为市委决策和市"一府两院"改进工作提供了参考。积极开展评议工作,认真组织对市政府组成部门及部分垂管部门进行工作评议,对增强被评议单位和被评议人员的法制观念和公仆意识,推进依法行政和廉政建设,起到了促进作用。坚持把信访工作作为联系社情民意,促进公平正义的窗口,认真受理人民群众来信来访,督促有关部门及时研究处理,切实保障和维护了人民群众的合法权益。

(二)讨论决定本行政区域内的重大事项,支持和促进"一府两院"的工作。我市各级人大及其常委会紧紧围绕党委中心工作,根据各地经济、政治、文化建设的实际需要,坚持"抓重点、议大事、求实效",认真行使重大事项决定权。三十年来,荆门市人大常委会共作出相应的决议决定 100 多项。为促进经济发展,就市政府关于加速发展个体私营经济、城市基础设施建设、将拨刀农村基础设施项目建设资金列入市财政预算等议案作出相关决议决定。为推进民主法制建设,对依法治市和普法教育工作作出决议。常委会还就水污染防治、开行贷款、授予荣誉市民、荆门城市总体规划修编以及荆门市中心城区防洪工程规划、加快旅游业发展等重大问题作出决议决定。常委会十分关注未成年人思想道德建设和青少年健康成长的保障工作,作出了关于加强青少年健康成长保障工作的决议,并采取一系列有效措施,推动这项工作不断向纵深发展,使全市青少年健康成长保障工作取得明显成效。常委会坚持抓住关系改革、发展、稳定的重大事项和人民群众普遍关注的热点、难点问题,把行使决定权和监督权有机结合起来，既增强了人大工作实效，又促进了市“一府两院”的工作。如2004年在听取和审议水污染防治法实施情况的报告时，针对荆门实际，作出了关于《认真贯彻水污染防治法，进一步加强水资源保护的决议》，并抓住人大代表和人民群众反映强烈的漳河水环境保护和禁止水库投肥养殖问题的跟踪督办，收到了较好的效果。根据宪法和法律的有关规定，2002年常委会制定了《荆门市人大常委会讨论、决定重大事项的办法》，促进了常委会讨论决定重大事项的规范化。

三十年来，各级人大及其常委会在行使决定权的过程中，及时将市委的决策和意图变为国家意志，积极推进决策的民主化和科学化。主要有以下几个特点：一是紧紧抓住带有全局性、根本性、长远性的重大问题积极主动行使决定权。主要就国民经济和社会发展计划、财政预决算、民主法制建设等适时作出决议决定，发挥了决定权的重要作用。二是坚持把行使决定权与全市改革开放和经济发展的重大决策结合起来，服从服务于经济建设这个中心。三是搞好调查研究，增强决策的针对性。每次讨论决定重大事项前，都深入了解情况，广泛集中群众智慧，使作出的决议决定更加符合实际，更有操作性。四是加强检查监督。将决定权与监督权结合运用，较好发挥了人大的职能作用。

（三）依法行使人事任免权，保证各级国家机关正常运转。各级人大及其常委会坚持党管干部和依法任免的原则，依法行使人事任免权。如荆门市人大常委会先后任免和批准任免了1000多人次。在市直机关进行机构改革和换届期间，常委会及时任免市“一府两院”有关领导人员和工作人员，促进了市级国家机关机构改革的顺利进行和工作的正常运转。在任免工作中，各级人大及其常委会始终坚持党的领导，充分发扬民主和严格依法办事。对于上级党委推荐的领导干部的任免，事先由同级党委向常委会组成人员介绍情况，提请常委会会议审议和表决。各级人大常委会加强人事任免制度建设，根据法律规定，制定了人事任免办法，并适时进行修正，人事任免工作程序进一步完善。多年来，各级人大常委会坚持会前对拟任人员进行法律知识考试；会中实行拟任人员供职发言，分组审议后集中票决，规范了人事任免工作。这对于常委会组成人员更好地了解拟任人员，正确行使权力，促进拟任人员增强民主法制意识，提高法律知识水平，自觉接受人大监督、依法行政和公正司法，都起到了积极作用。各级人大常委会还注重加强对被任命人员的任后监督，对“一府两院”领导干部开展述职评议。并将述职人员的工作绩效在市级新闻媒体上公布，接受社会监督。通过述职评议，有效促进了政府部门转变作风，改进工作。

（四）加强和改进代表工作，充分发挥代表主体作用。加强同代表的联系，充分发挥代表的作用，是完善人民代表大会制度的客观要求，也是人大常委会更好地履行法定职责的基础。三十年来，各级人大及其常委会认真宣传和贯彻实施代表法及我省的实施办法，坚持把代表工作作为一项重要的基础性工作来抓。拓宽联系代表的渠道，扎实为代表服务。采取多种形式向代表通报情况，寄送有关资料，以便代表知情知政，更好地发挥代表作用。组织代表开展视察和参与常委会执法检查；坚持邀请部分代表列席常委会会议，参加执法检查和专题调研等活动，扩大了代表对常委会活动参与的渠道。各地建立了闭会期间与代表联系的各项制度，加强了与代表的联系。各级人大常委会高度重视代表议案和建议办理，注重创新方式，坚持改进方法，不断提高议案和建议的办理质量。着力抓好代表小组建设，指导各县市区人大常委会因地制宜组建代表小组。各代表小组建立了固定的活动场所和完善的活动制度，制定了明确的活动计划，积极开展闭会期间的活动。各级人大常委会建立了人大代表激励机制，每届都要对先进代表小组、优秀人大代表、先进人大工作者进行一次表彰。目前我市各级人大代表共有5000多名，从总体上看，我市人大代表活动的内容和形式多种多样，代表工作制度逐步完善，代表履职的物质条件不断改善，为代表服务的组织网络初步形成，人大代表在依法管理国家事务和参与现代化建设中发挥着越来越重要的作用。

（五）注重加强自身建设，不断提高工作水平。为了适应改革开放和民主法制建设深入发展的要求，各级人大及其常委会在认真履行各项法定职责的同时，努力加强自身建设。始终把学习摆在重要位置，坚持中心组学习和法律知识讲座制度，深入学习马列主义、毛泽东思想、邓小平理论、“三个代表”重要思想和科学发展观、宪法和法律以及现代经济、科技等方面的知识，努力适应新时期履行职责的需要。人大常委会工作机构围绕常委会工作议题，加强调查研究，密切配合，整体工作水平和工作效率明显提高。各级人大常委会结合新的形势和人大工作实际，不断加强制度建设。制定了有关常委会议事程序、讨论决定重大事项、代表、信访、机关管理等方面的规范性文件，促进了各级人大及其常委会和人大机关工作的规范化和制度化。监督法颁布后，为适应监督法实施的要求，各级人大常委会及时对有关规范性文件进行清理。各级人大常委会高度重视宣传和调研工作，全市人大新闻宣传和研究工作有了新的发展。各级人大常委会机关狠抓思想作风建设，积极改进工作，服务意识不断增强，工作质量进一步提高，机关面貌出现可喜变化。

荆门市人大常委会重视加强同上下级及外地人大的联系。坚持常委会主任、副主任列席省人大常委会会议，参加省人大及其常委会各工作机构召开的各种会议，积极配合全国人大常委会、省人大常委会开展执法检查、视察和立法调研等活动，完成了先后在我市召开的全省人大人事任免和代表工作、农村工作、教科文卫工作等座谈会的相关服务工作。坚持邀请县市区人大常委会负责同志列席市人大常委会会议，举办相关工作经验交流会和座谈会，密切了与各县市区人大常委会的联系。在历次县乡人大换届选举工作中，荆门市人大常委会加强联系，及时指导，保证了县乡人大换届选举工作的顺利进行。

总之，改革开放以来，我市各级人大及其常委会的工作有了很大进步，取得了重大成绩。人大及其常委会在社会中的地位和作用越来越受到重视。广大人民群众和各级人大代表对人大及其常委会的工作寄以很高的期望，强烈要求各级人大及其常委会发挥国家权力机关应有的作用，这是加强和改进人大及其常委会工作的强大动力。

当前，人大及其常委会工作中还存在一些问题，主要是：规范性文件审查制度落实还不够到位，代表素质需要进一步提高、代表活动的深度和广度有待进一步拓展，监督工作实效有待进一步增强，基层人大工作还比较薄弱。这些问题都需要认真总结经验，在实践探索中逐步加以解决。

二、几点启示

人民代表大会制度是中国人民在中国共产党的领导下，经过长期不懈的实践探索，紧密结合中国国情创立的最适合生产力发展的国家形态的民主，它全面、直接、充分地反映我们国家“一切权力属于人民”的本质，代表了我国政治制度的根本方面，是我国的根本政治制度。改革开放以来人大工作的发展实践，给我们留下了丰富的启示。

*第一，坚持和依靠党的领导是做好人大工作的根本保证。*坚持和依靠党的领导，既是人大工作必须坚持的基本原则，也是做好人大工作的根本保证。改革开放以来，随着我国民主法制建设的不断推进，如何坚持和依靠党的领导、发挥人大的职能作用，日益成为党的建设和国家政权建设的一个重要问题。在改革开放和社会主义市场经济条件下，越是发展社会主义民主政治，越是实行依法治国和依法执政，越是要自觉坚持和依靠党的领导，这也是顺利推进我国改革开放和现代化建设的重要政治保证。同时，随着社会主义现代化建设的进展，党从过去主要依靠政策办事，逐步向主要依靠法律办事转变，逐步向善于运用政权形式处理国家和社会事务转变，不断提高依法执政的能力。我市各级人大及其常委会历届都十分重视党的领导，始终把坚持和依靠党的领导摆在常委会行使职权的首要位置。近年来，各级人大及其常委会又按照党总揽全局、协调各方的原则，进一步明确职责定位，充分发挥党组在人大工作中的领导核心作用，确保党的意图得到贯彻落实，并逐步形成一套既坚持和依靠党的领导，又充分发挥人大职能作用的履职思路和工作方式。

*第二，以经济建设为中心、加强社会主义民主法制建设是人大工作的根本任务。*发展是党执政兴国的第一要务，发展的首要任务是经济建设和经济发展。这是党和国家的中心任务，也是人大工作必须紧紧围绕的最重要大局。只有坚持以经济建设为中心，不断加强社会主义民主法制建设，才能更好地实现经济发展和社会全面进步。人大工作服务经济建设中心，必须与人大担负的加强社会主义民主法制建设这一任务结合起来，保证和促进社会主义现代化建设事业的发展。能不能做到这点，是衡量人大工作水平高低的一个重要标尺。改革开放以来，各级人大及其常委会坚持围绕荆门改革和经济社会发展的目标任务，加强监督、支持等工作，既为荆门的经济建设提供了法制保障和动力支持，又使我市的人大工作和民主法制建设做到了年年有进步、届届有发展。

*第三，充分发挥人民群众和人大代表作用是做好人大工作的基础。*人民代表大会制度是植根于人民的国家政治制度。各级人大是人民行使国家权力的机关。人大代表受人民的委托，参与管理地方国家事务，是人大工作的主体。他们来自社会的

各个方面，了解社会各个阶层、各个群体的利益、愿望和要求，是人大正确代表和反映人民意愿的重要保证。改革开放以来，随着我国经济社会生活的进步和利益主体的多样化，进一步加强与代表和人民群众的联系，充分发挥人大代表在人大行使职权中的重要作用，关系到人大工作的成效，决定着人大能否代表人民发挥国家权力机关的作用，而且关系到人民代表大会制度优越性的发挥。历届各级人大高度重视发挥代表在人大工作中的重要作用，大力发挥人大密切联系人民群众和代表的特点和优势，进一步调动了代表参与管理地方国家事务的积极性，巩固了人民群众和人大代表在人大工作中的基础地位。

第四，与时俱进、开拓创新是人大工作得以不断推进的强大动力。坚持完善人民代表大会制度是前无古人的开创性事业。世界在发展，国家在进步，坚持和完善人民代表大会制度必须适应世情和国情的变化。各级人大及其常委会建立的时间不长，许多工作还处于探索和发展之中。这些要求我们必须切实贯彻解放思想、实事求是、与时俱进的思想路线，以强烈的政治责任心和历史使命感，认真研究各种新情况新问题，创造性开展各项工作。改革开放以来，我市各级人大紧密结合实际，大胆探索，创造了许多好的做法和经验，不断推动了民主法制建设的进程。我们只有坚持与时俱进、开拓创新、才能不断取得地方人大工作的新业绩，把人大真正建设成为党和人民信赖的有权威的地方国家权力机关。

人大代表要具备五种素质

黑龙江省北安市人大常委会副主任　谢文金

掌握政策的“智囊型”代表。所谓“智囊型”代表，就是代表要善于给地方党委当参谋。可以说，新的历史时期，发展县(市)经济是地方党委、政府的工作中心，这就要求我们县(市)级人大代表，在行使依法监督职能的同时，更要充分发挥代表的参政议政职能，围绕党委工作的重点和政府工作的难点，参与管理国家事务，当好助手，形成一个强大的“智囊团”。做到这一点，就需要人大代表不断提升理论素质，即要吃透上情，又要摸清下情，吃透上情，才能全面掌握党的方针政策，才能从战略的角度用发展的目光观察和分析问题，所思所提才能符合国家的大政方针；摸清下情，才能找准问题的症结及根源，才能用党的科学理论指导地方发展的实践，才能为地方党委、政府献计出力，所提建议才具有针对性、指导性、操作性，才能被地方党委、政府采纳并付诸实施。

精通法律的“法制型”代表。随着我国法制建设的不断完善，法律法规的不断增多，对人大代表法律素质的要求越来越高，这就需要人大代表必须知法、懂法、会用法，学会在法律范畴内思考问题，用法律的理念统领代表工作，在法律的范围内履职尽责。只有这样，所提出的建议、做出的决策才能符合法律的要求。否则，不懂法、不学法、不会用法，所提的建议、所作的决策就会偏离法律的轨道，“一府两院”就会无法遵循和执行。

体察民情的“公仆型”代表。“公仆型”代表，就是要一心一意为选民服务和工作。首先要有“做公仆之心”。必须具有强烈的公仆意识，有坚定的理想信念和政治立场，树立牢固的责任感和使命感，公立正确的世界观、人生观、价值观和荣辱观，忠实于人民的事业，热衷于代表职务、热心于为民履职，能够带着感情体察人民群众的疾苦，经常与群众换位思考，设身处地为人民群众着想，心里装着群众、时刻想着群众、处处关心群众、感情贴近群众。坚持把群众情绪作为第一信号，把群众需求作为第一选择，把群众力量作为第一源泉，把群众满意作为第一标准，始终致力于追求人民利益的最大化。其次要有“做公仆之能”。必须具备一定的马克思主义理论水平和政策水平，具有统观全局和明辨是非的能力；必须具备一定的适应新形势、新特点调研方式和工作方法，具有研究问题分析问题解决问题的能力；必须具备一定的人大业务知识，熟悉代表职责和义务，具有归纳整理并能够把所见所思形成合理化的、建设性的、决策性的意见和建议的能力。

艰苦创业的“模范型”代表。从某种意义上

说，代表本身就是一种表率，一种典范。那么作为新时期的人大代表，这种典范主要体现在带领群众致富奔小康上。因为当前，广大人民群众在全面建设小康社会和推进社会主义新农村建设的实践中，最盼望的是发家致富，最关心的是经济利益实现程度，这就要求我们人大代表必须有较强的干事创业的本领，不仅自己要会干事，还要会带领群众干成事，能够在经济建设、政治建设和文明建设中起带头推动作用。这就要求代表不仅要有驾驭市场的能力，还要有科技致富的本领。这样人大代表才能被选民所公认，博得选民的拥护和信赖，才会真正地实现“身体力行”。

思想解放的“责任型”代表。代表不仅是一种政治荣誉，更是一种实实在在的政治责任。当了代表就要把立场站在人民的一边，认真地践行“人民选我当代表，我当代表为人民”的诺言，切实做到“带着任务上台，担着责任执政”，大胆解放思想，摒弃各种杂念，不为权力所困，不为名誉所累，不为物欲所诱，不为利益所驱，不为人情所扰，不为邪恶所动，与广大人民群众保持血肉联系，依法履行代表职责，不辜负人民的重托，理直气壮地当好人民群众的“代言人”。

坚持“五抓”　努力加强对人大代表管理

黑龙江省双城市人大常委会主任　李启和

近年来，黑龙江省双城市人大常委会认真贯彻落实科学发展观，把顺应时代的创新精神贯穿于加强对代表管理的实践中，紧跟时代步伐，不断研究新情况，形成新认识，解决新问题，努力加强对人大代表的管理，充分发挥了人大代表作用，促进我市人大各项工作的开展。

一、抓学习培训，强化代表综合素质

近几年来，我们不断强化代表培训工作，在培训工作中坚持把握四个重点环节。

*一是坚持培训面求全。*双城现有省人大代表4名，哈尔滨市人大代表39名，市本级人大代表285名，乡镇人大代表1469名。2008年通过各种形式培训人大代表582人次。

*二是坚持培训内容求实。*在学习《宪法》、《组织法》、《代表法》的基础上，增加了《如何撰写代表建议》、《怎样参政议政》、《积极履职尽责》等内容，特别是对农村代表增加了农业实用知识培训，使代表培训学习更有针对性。

*三是坚持培训形式求活。*针对人大代表大都来自基层，有66.3%新成分的实际情况，采取专家讲课、经验交流、实地考察等灵活多样的学习培训形式。2008年，我们邀请了省人大法制工作室主任王云奇，哈尔滨市人大常委会副主任张福庆，哈尔滨市人大人事和代表联络委员会副主任委员王西分别辅导了《监督法》、《宪法》和《代表法》。还组织人大代表考察了丰禾种业公司、兴润食品公司等一些发挥作用好的人大代表的企业。这种有的放矢的学习培训，深受人大代表的欢迎和好评。

*四是坚持培训措施求新。*实践证明，人大代表学习培训，人员很难组织。为了保证人大代表的参训率，我们建立完善了培训学习的考试和考核制度，将代表参加培训情况纳入履职档案，作为评选表彰优秀人大代表的重要依据。另外，我们组织部分人大代表外出学习考察，通过行之有效的培训学习，使人大代表既学到了知识，又交流了经验，更加开阔了视野，整体素质明显提高，增强了作为人大代表的责任感、使命感和光荣感。

二、抓制度建设，规范人大代表行为

为了加强对代表管理，我们结合双城实际，探索完善监督机制，建立了各项制度。

*一是建立履职档案和记民情手册制度，解决了代表不作为问题。*针对代表不作为的问题，我们完善了代表履职档案和记民情手册制度。代表参加会议次数，发言次数，提出建议、批评和意见，参加代表活动以及社会公益活动次数等都记录下来，存入履职档案，以常委会文件或简报形式定期公布，极大调动了新一届代表参政议政、反映民意的积极性。2008年开始，我们实行了记手册制度，由市人大常委会向285名市人大代表印发了民情手册，促使人大代表走访选民，使人大代表日常履职情况有记录、有依据。以代表建议、批评和意见为例，六届一次人代会收到157名代表提出的180件，今年年

初的六届三次人代会收到183名代表提出的210件,质量有很大的提高。

二是建立诫勉谈话和劝辞制度,解决了代表只进不出的问题。针对代表只进不出的问题,我们制定了“代表诫勉谈话办法”和“代表劝辞办法”。不积极发挥代表作用或有问题的代表,由常委会分管代表工作的领导找其谈话,指出问题并提出整改意见,如果整改不好,我们实行劝辞。对一届中两年不提出建议、批评和意见的,工作变动的,两次以上涉案的,一律采取劝辞方式。换届以来,我们先后对13名人大代表进行了劝辞,其中对1名人大常委会组成人员劝辞,1名人大代表因涉案劝辞,3名人大代表因连续两年没有提出建议、批评和意见劝辞,8名人大代表因不作为劝辞。同时对新补选的代表进行严格考核,保证了权力机关组成人员依法履职尽责。

三是建立争先创优制度,解决了代表学有先进的问题。为了弘扬先进,激励人大代表履行职责,我们研究探索了“评选优秀人大代表实施办法”,并在市六届三次人代会上,大张旗鼓的表彰奖励了10个优秀代表小组,20件优秀代表建议,33名优秀人大代表,35名抗震救灾优秀人大代表。我们还通过《中国人大年鉴》、《法治》和哈尔滨市人大常委会的机关刊物公开宣传了7位人大代表的先进事迹。2009年3月下旬,在纪念《代表法》颁布17周年人大代表座谈会上,我们安排了4名哈尔滨市人大代表,3名乡镇人大专职副主席,3名市本级人大代表交流了各自履行代表职责的经验和体会。树立自己的典型,对引导、教育、激励人大代表提高素质,履职尽责具有非常重要的现实意义。

四是建立述职评议制度,解决了代表接受监督的问题。代表向选民述职,选民评议代表,是对人大代表进行监督的最好形式。近几年来,我们不断总结过去的经验和做法,持续开展了这一活动。2008年8月3日至10月10日,有24名双城团的哈尔滨市人大代表参加了述职。78名市级四大班子中的人大代表、乡镇人大主席和副主席回到原选区向选民述职。有12561名选民参加了述职评议大会。通过代表述职活动,健全和完善了选民对人大代表的监督机制,提高了全社会的民主意识和代表意识。

五是建立代表列席常委会议制度,解决代表知情、知政问题。我们将列席常委会的代表人数由原来的3名增加到5名,使代表亲身体验人大工作法律程序的严肃性和履行代表职责的重要性。使代表达到三知:其一知职,使代表能够清楚地知道自己所肩负的职责及应尽的义务。其二知情,使代表能够及时了解全市重点工作开展情况,把握大局,为代表履职创造条件。其三知政,使代表能够及时了解政情,知道“一府两院”的工作,提出有针对性的建议、批评和意见。

三、抓联系交流,促进代表履职尽责

加强与人大代表的联系交流,是闭会期间发挥人大代表作用的有效途径。近几年来,我们采取有效措施,建立一个网络,完善两项机制,实施三项交流。

建立一个网络。就是按区域把全体人大代表分作96个代表小组,每个人大代表组和小组确定1名组长和1名联络员,这就形成了常委会与代表之间的联系网络。

完善两项机制。一是完善常委会联系人大代表机制。通过每年集中走访人大代表,常委会组成人员固定联系人大代表、主任接待人大代表等方式加强与人大代表的联系。2008年3月,市人大常委会27名组成人员分成5组,集中走访了207名市人大代表和91名乡镇人大代表,征求意见283条,召开集中交办会议,加大督办落实力度,提出的问题得到了很好落实。二是完善人大代表联系选民机制。人大代表同选举单位、选民建立了固定联系渠道,通过走访、座谈、电话联系、建立人大代表活动室等形式广泛了解社情民意。

实施三项交流。一是上下交流。常委会与各乡镇人民代表大会通过各种形式保持联系和交流,分片包干加强对乡镇人大工作的指导,近几年来,我们分别在双城镇、兰棱镇总结了建立乡镇工作相关制度的经验,然后以点带面。现在,24个乡镇全部建立了《代表小组活动制度》、《联系选民制度》等12项工作制度。二是平行交流。常委会经常组织乡镇人民代表大会和代表组,总结交流开展代表活动,联系选民,发挥代表作用的典型事迹。近几年来,已召开经验交流会、事迹报告会、代表座谈会12次。三是交叉交流。常委会邀请履职能力强,发挥作用好的哈尔滨市人大代表吴坚、刘建章、段其泉等向市本级人大代表传授参政议政、为选民办实事的先进经验。还选择了6名乡镇人大代表到各代表组巡回宣讲他们履职为民的事迹。通过交流走访,全面提高了人大代表素质,为今后几年履行代表职责奠定了坚实的思想基础。

四、抓服务保障，优化代表活动环境

服务是加强对代表管理的关键环节。为此，我们从以下几方面拓宽了服务渠道，不断构建和完善保障机制。

*一是注重代表知情知政。*主要是为代表订阅《中国人大》、《法治》、《人民代表报》等学习材料，邀请代表参加各种会议和活动，担当各项监督员，使代表及时了解和掌握全市总体工作思路和国家的方针、政策。近几年来，已有97名人大代表列席了市人大常委会议，51名人大代表参加三查（察）活动，73名人大代表担当了党风、检察、公安、交通等方面的监督员。

*二是注重代表建议办理。*人大代表提出建议、批评和意见的质量直接关系到办理水平。换届以后，我们做的第一件事就是邀请哈尔滨市人大人事和代表联络委员会副主任委员王西到双城辅导培训人大代表如何撰写建议、批评和意见。代表建议质量提高了，我们又在办理上采取抓交办、抓审议、抓跟踪、抓考评的措施，强力推进。共督促"一府两院"办理人代会期间代表建议、批评和意见390件，走访人大代表提出的建议、批评和意见140件。并且通报了办理代表建议先进部门10个，办理不利部门2个。营造了全市上下高度重视代表建议，认真办理代表建议，积极落实代表建议的良好社会氛围。

五、抓活动载体，发挥代表作用

我们把组织活动作为调动代表参政议政积极性的重要抓手，先后组织了6次执法检查，5次专题视察，3次工作评议及各种调查座谈活动。在活动中加强对代表管理，提供平台，让更多的代表在活动中施展才华，发挥作用，提高代表的参与度，扩大代表的影响。

*一是参与决策作用。*在涉及全市的经济社会发展大局的城市建设、招商引资、新农村建设、农村合作医疗改革等重大问题的决策上，人大代表都发表了很好的意见和建议，多数建议被采纳。

*二是桥梁纽带作用。*通过建立代表联系选民制度，代表接待日等活动，全市广大代表注重倾听民意，关注民情，反映民意，积极为老百姓排忧解难。

*三是监督协作作用。*新一届市政府中，部分委办局聘请市人大代表担任监督员，定期听取代表的意见，对代表提出的问题进行详细解答，对自身出现的问题进行认真整改，在一些重大工程和热点难点问题的解决过程中，也邀请代表监督把关，收到上下沟通、稳步推进的良好效果。

*四是模范带头作用。*鼓励各级人大代表做发展经济的模范；做发展公益事业的模范；做依法办事的模范。2008年，常委会号召全市各级人大代表为四川灾区群众捐款捐物，仅双城团哈尔滨市人大代表和市人大常委会组成人员就捐款98万元，连续几年开展捐资助学活动，筹集资金200多万元，为城乡学校改善了办学条件。

关于依法听取和审议"一府两院"专项工作报告的实践与体会

黑龙江省五大连池市人大常委会主任　张忠良

听取和审议专项工作报告是人大常委会行使监督职权的主要的、基本的形式，《监督法》就如何行使此项监督职权作出了规范化、程序化的规定，有效地提高了人大常委会监督实效。根据对《监督法》的学习理解，结合我市人大常委会听取和审议"一府两院"专项工作报告的工作实践，谈几点体会。

一、科学确定专项工作报告议题

选准专项工作报告议题，找准监督的切入点，这是提高对"一府两院"专项工作监督实效的前提。在监督议题确定上，常委会按照《监督法》第九条规定的六个方面议题搜集途径，采取召开座谈会、发放征求意见函、网站公告、深入各代表小组调研等形式，广泛征求社会各界的意见和建议，形成年度专项工作报告计划草案。专项工作报告计划草案经主任会议讨论后，提交人大常委会会议审议，最后列入人代会常委会工作报告内容，经人代会通过。人代会通过后，在新闻媒体、人大网站上向社会公布，向代表通报。近两年来，共搜集群众密切关注且相对集中的意见和建议100多条，经认真梳理归纳，选择确定了听取全市教育教学管理和教学质量、市政府公安工作、市政府农田水利基本建设、市人民法院民事审判和执行工作四项专项工作报告议题。

按照《监督法》规定的议题搜集途径，通过广泛征求意见、合理安排专项工作监督计划、严格议题确定程序，能够充分体现人大监督工作围绕中心、服务大局的基本思路，使议题确定成为贯彻市委决策、服务民生的过程；反映民意、集中民智的过程，避免了议题选取的随意性，使人大专项工作监督方向更明确、重点更突出、内容更科学。

二、科学组织专项工作视察

按照《监督法》第十条第一款的规定，为更好地进行专项工作审议，常委会在每次听取专项工作报告前都认真组织专项工作视察。在视察准备上，由相关办事机构认真拟定视察方案，明确视察的方法、步骤、时间以及视察的重点内容，提交主任会议研究通过后，以市人大常委会办公室文件形式通知“一府两院”及其相关部门。为更好地开展专项工作视察，每次视察前都认真组织视察组成员逐条学习相关法律条文及相关专业知识，进行视察前的培训，使视察组成员知法懂法、明确任务要求。在视察组织上，考虑议题涉及范围，采取分管主任与办事机构专项视察和全体常委会组成人员分组集中视察相结合的方式进行，并尽可能吸收更多的省、黑河市、市本级三级人大代表参加，特别是专业代表的参与，让委员和代表深入基层和有关工作现场，体察民情，了解掌握第一手材料。同时，“一府两院”在接到开展专项视察的通知后，认真做好各项准备。并在视察过程中，主管领导及相关部门负责人全程陪同，现场解释说明。如，在视察全市教育教学管理和教学质量及全市公安工作专项工作报告时，我们把全体组成人员分成4个视察组，由常委会主任、副主任带队，分片集中进行了视察。市政府主管市长全程陪同视察，向视察组进行详细解释说明，提高了效率，增强了视察力度。这一做法使市人大常委会组成人员更全面了解被视察单位专项工作情况，为会议审议专项工作奠定了基础。在视察方法上，既通过听取汇报、查阅相关资料等途径了解基本情况，又采取问卷调查、召开各界代表座谈会、个别走访等形式，广泛征求人大代表、选民和社会各界的意见和建议。客观分析“一府两院”专项工作取得的成绩和存在的问题，使形成的视察报告客观详实、分析透彻、建议明了、便于操作，为人大常委会组成人员审议专项工作提供参考。在视察意见反馈上，按照《监督法》要求，市人大常委会相关办事机构将各方面对专项工作的意见汇总，反馈给“一府两院”研究，并要求其在向常委会作的专项工作报告中作出回应。在召开人大常委会会议二十日前，“一府两院”将专项工作报告送交市人大相关办事机构征求意见，市人大相关办事机构在五个工作日内提出修改意见后反馈给“一府两院”，“一府两院”对报告修改后，在常委会会议召开十日前送交市人大常委会，市人大常委会会议召开七日前，将“一府两院”专项工作报告发给常委会组成人员做到会前审阅。

在听取专项工作报告前认真组织开展专项视察。第一，可以引起“一府两院”对专项工作监督的高度重视，产生良好的人大效应和社会效应；第二，视察组成员通过深入群众、通过对专项工作现场调查研究，可以充分听取群众的意见和建议，全面了解专项工作的基本情况，掌握第一手资料，在会议审议时能够提出事实充分、观点鲜明、操作性强的意见和建议，有利于提高会议审议质量；第三，“一府两院”通过在专项工作报告中回应视察组提出的问题，可以使他们充分认识到人大视察不是在会议上审议时“挑毛病”，而是在审议前通过视察，发现问题并及时在审议专项工作报告前提出来。政府在作专项工作报告时就对人大视察提出的问题拿出了解决意见，做到主动接受监督，主动解决问题；人大也达到了不但是监督，而更主要是支持的目的。

三、科学安排专项工作审议方式

为提高审议质量，常委会科学确定审议方式，认真抓好撰写审议发言提纲、组织“一府两院”列席会议、集中审议、分组审议等步骤。撰写发言提纲。在常委会会议召开七日前，将相关专项工作报告送达每位常委会组成人员，做到会前研读。并要求委员围绕议题认真撰写会议审议发言提纲，做到审议发言言之有物、言之有理、言之有据。组织好“一府两院”列席会议。按照《监督法》规定，每次常委会会议我们都将议题涉及的“一府两院”及相关部门负责人纳入列席范围，通知到位，落实到人，按时列席会议。集中审议。在常委会会议听取专项工作报告后，我们按照《监督法》第三十四条的规定，在会议集中审议期间，依法启动询问程序。常委会组成人员和列席会议的视察组成员、市人大代表，就“一府两院”专项工作报告涉及的内容和存在的问题,当场向列席会议的“一府两院”主管领导或相关部门负责人提出询问,“一府两院”及相关部门负责人现场进行答复。如,2009 年 3 月份,在听取和审议全市公安工作专项工作报告时,常委会组成人员当场提出了公安机关如何处理违法违纪干警、如何解决 110 出警不及时、如何预防突发性事件等问题,市公安局局长及相关负责人现场向委员们进行了解答,询问收到了很好效果。分组审议。在每次会议集中审议后,都安排较充足的时间进行分组审议,使每一位参会人员都能畅所欲言地发表自己的意见和建议。

审议方式关系到审议质量,采取集中审议与分组审议相结合的方式,尤其是在集中审议期间依法启动询问程序,有效解决了以往审议过程中出现的“谈成绩人云亦云,讲问题轻描谈写,说改进措施笼而统之”的现象,切实提高了审议质量,体现了人大监督的刚性。一是在日常工作中,列席会议的“一府两院”相关人员必须勤于政务,躬于实践,全面了解和掌握真实情况,才可能回答委员们询问提出的问题,可以肯定的说,询问促进了“一府两院”组成人员依法行政、知政勤政。二是通过询问,常委会组成人员可以加深对“一府两院”工作情况的了解,“一府两院”也可以更清楚地了解常委会组成人员代表群众所关心的问题和意见,增进了两者之间的沟通和理解,使审议监督更为深入。三是“一府两院”相关人员面对面的回答委员提出的问题,实质上也是对他们依法行政、公正司法的一种评议。在“当面对质”的压力下,“一府两院”会高度重视委员询问,使问题的解决起到事半功倍的成效。同时,这种程序化的对话机制也使人大监督权威得到了提升。

四、科学督办专项工作审议意见落实

听取和审议“一府两院”专项工作报告,最终的目的是解决问题。常委会在督办审议意见的落实上,从审议意见形成、跟踪督办、定期报告入手,一条条,一件件,抓细抓实。综合形成审议意见。常委会相关工作杨构根据集中审议和分组审议发言情况,认真梳理归纳,拟定审议意见,经主任会议讨论后,提交常委会会议表决。在会后 5 个工作日内,以常委会文件形式发给“一府两院”,根据审议意见提出的具体建议,考虑“一府两院”办理难易程度,在文件中明确规定了 4 个月内不同时间的办理时限。同时,通过人大网站等媒体将专项工作报告及审议意见向社会公布、向代表通报,接受监督。跟踪督办检查。在督办审议意见落实上,采取对口跟踪督办的方式,由相关办事机构定期或不定期与承办部门联系,及时督办审议意见办理进展情况,做到监督检查和督促整改“两手抓”,确保审议意见落到实处。如 2008 年 5 月,常委会在听取和审议全市教育教学管理和教学质量专项工作报告时,提出了“加大校园周边综合治理力度,营造和谐平安的教育教学环境”审议意见。市人大相关办事机构认真督办检查,市政府及相关部门在规定时限内,在校门与道路交叉路口设立了长期交警指挥岗和减速带;对市二中校园外的“垃圾山”进行了清理;对校园门口摊点联合开展了专项整治,并建立了长效监管机制,营造了和谐平安的教育教学环境,赢得了广大师生、学生家长和校园周边居民的赞许和好评。定期报告落实情况。按照《监督法》第十四条的规定,对常委会做出的专项工作报告审议意见,要求“一府两院”在市人大常委会规定的时限内,将办理情况以书面形式上报市人大常委会,常委会专门听取和审议落实情况的报告。如果半数以上常委会组成人员不满意办理情况,“一府两院”将重新进行办理,市人大常委会将再次听取和审议办理情况报告,直至达到满意为止。(近两年来,政府对审议意见认真办理,常委会组成人员还没有不满意要求政府重新办理的。)同时,将“一府两院”落实审议意见情况向社会公布、向代表通报。

人大常委会审议意见凝结着常委会组成人员的集体智慧,如果得不到有效落实,“议而不行”必将严重挫伤常委会组成人员的积极性,也将失去人大常委会的权威性。因此,只有跟踪督办,增强办理实效,尤其是做好审议意见落实情况的审议,才能提高“一府两院”自觉接受监督的意识,才能起到支持和监督“一府两院”改进工作的作用,才能使人大专项工作监督真正取得实实在在的效果。

在具体工作实践中感受到,《监督法》把听取“一府两院”专项工作报告专列一章,将其作为人大常委会监督“一府两院”工作的一种基本形式和重要手段,以法律形式予以明确,确立了专项工作报告审议以解决问题为主的基本思路,改变了各地专项工作报告审议做法各异、不够规范的状况,为地方人大更好地运用这一手段提供了法律依据,切实增强了人大监督实效,提升了人大监督的权威。作为地方人大常委会,应严格贯彻落实《监督法》的相关规定,并不断探索、总结、完善、提高,使人大常委会听取和审议“一府两院”专项工作报告更科学、更有效、更权威。

抓好“五个环节” 提高专项工作报告审议质量

新疆五家渠市人大常委会办公室 张明华 蔡玲玲

听取和审议“一府两院”专项工作报告，是人大常委会最基本、最经常运用的一种监督形式，是了解“一府两院”工作情况、监督“一府两院”工作的重要途径。为进一步提高专项工作报告的审议质量，五家渠市人大常委会严格按照监督法和新疆维吾尔自治区实施监督法办法的要求，积极采取切实有效措施，大胆创新，规范程序，注重实效，努力提高审议专项工作报告的质量，取得较好的成效。

一、科学确定审议议题。选准、选好审议议题是提高人大常委会审议专项工作报告质量的前提。五家渠市人大常委会坚持“抓大事、议大事、少而精、求实效”的原则，在广泛征求“一府两院”相关部门、人大代表和干部群众意见和建议的基础上，严格按照监督法规定的6条途径，紧紧抓住党委工作的中心、改革发展稳定大局、人民群众切身利益和社会普遍关注的问题选取议题。为把议题议深审透，审出效果，每次常委会会议只安排2－3个议题。

二、强化审议前的视察调研。加强审议议题的调查研究是提高人大常委会审议专项工作报告质量的基础。五家渠市人大常委会在审议“一府两院”专项工作报告前，都要成立由常委会组成人员、人大代表、工委委员等组成的专门视察调查组，紧紧围绕议题，采取听汇报、召开座谈、实地察看、个别走访等形式，开展调查研究，力求全面掌握第一手资料，并写出有观点、有分析、有建议的视察调查报告，为常委会组成人员审议好专项工作报告提供重要依据。

三、做好审议前的发言准备。加强审议前的发言准备是提高人大常委会审议专项工作报告质量的关键。为使常委会组成人员做好发言准备，常委会办公室制作了由“审议议题、审议人、审议意见”等项目构成的“审议意见卡”，在常委会会议召开的7日前连同审议的“一府两院”的专项工作报告及人大常委会的视察调研报告一并送交全体常委会组成人员，要求常委会组成人员认真研读“一府两院”专项工作报告和人大常委会的视察调研报告，结合视察调研以及平时掌握的实际情况，认真填写有关审议意见和建议，确保其发言有的放矢、言之有物，为发表审议意见做好充分的准备。

四、加强审议的组织服务。会议审议是否深透直接影响审议质量，也是提高审议质量的核心。为此，五家渠市人大常委会着重抓了三个方面的工作。一是提高会议出勤率。为了保证常委会组成人员的出勤率，常委会严格了请假制度，并将本次常委会会议缺席情况在下一次常委会会议上进行通报，保证了会议的有序进行。二是充分发扬民主。为切实尊重和保障常委会组成人员的民主权利，每次常委会都安排足够的时间，让组成人员各抒己见、畅所欲言。同时采取分组讨论和集体审议相结合的方式，分组审议时，涉及到哪个部门的专项工作报告，要求这个部门的负责人到会解释问题，回答常委会组成人员的询问，有效地扩大审议的深度和广度。三是充分发挥重点发言人的作用。常委会还就每个议题，设立重点发言人做重点审议发言。重点发言人一般是视察调研组的成员，也可是熟悉此项工作的常委会组成人员，明确发言任务，引导其他常委会组成人员进行发言，促进会议发言质量的提高。

五、推动审议意见的交办落实。审议意见的交办落实是提高审议质量的出发点和落脚点。常委会会议结束后的7个工作日内，人大常委会工作机构对组成人员的发言进行归纳整理，提出审议意见及办理时限，提请主任会议通过后，以常委会正式文件的形式转交“一府两院”研究处理。在“一府两院”办理审议意见的过程中，人大常委会的相关工作机构，要对审议意见的落实情况进行跟踪问效。通过调查视察，了解审议意见所反映的问题是否得到整改，所提出的建议是否得到实施。同时人大常委会还将“一府两院”的研究处理情况，及时通过人大网站、《常委会会议情况通报》和《人大信息》等形式向全体人大代表通报并向社会公布。

增强"三性"　做好代表培训工作

安徽省亳州市人大常委会党组副书记、副主任　李伟

代表工作是人大依法行使职权的重要基础。加强代表培训，对于提高代表的思想素质、工作水平和履职能力，更好地发挥人大代表的作用具有重要意义。我认为，做好代表培训工作，必须增强做好代表学习培训工作的自觉性、针对性和实效性。

一、提高认识，增强学习培训的自觉性

1、加强学习培训，是提高人大工作水平的现实需要。当前各级人大正在深入学习胡锦涛总书记对加强和改进人大工作提出的三点要求和吴邦国委员长在十一届全国人大常委会第一次会议上的讲话精神。两位领导人的重要讲话，内涵丰富，政治性、思想性和理论性非常强，具有很强的指导性、针对性和操作性，对加强社会主义民主政治建设，做好新形势下人大工作和代表工作，具有重要的指导意义。提升人大工作，首中之首，重中之重是做好代表工作。代表工作是人大工作的基础。当前，亳州正处在一个难得的重要战略机遇期。市委提出了"发展为上，民生为先，稳定为重，少说多做，真抓实干"的工作思路，得到了省委的充分肯定。党有号召，人大就要有行动。人大要坚定正确的政治方向，围绕中心，服务大局，这就需要我们各级人大代表，进一步强化服务经济建设的中心意识，增强依法监督的能力，再接再厉，再鼓干劲。

2、加强学习培训，是深入贯彻中央9号文件的客观需要。中央9号文件指出：人大代表是国家权力机关的组成人员，充分发挥代表作用，建立健全代表依法履行职责的各项具体制度，进一步增强代表工作的实效，是坚持和完善人民代表大会制度的重要内容。人大工作是党的工作的重要组成部分，而代表工作是人大工作的基础。加强代表培训，是继续深入贯彻中央9号文件的客观需要，是贯彻落实党的意图的具体行动。

3、加强学习培训，是提高人大代表履职能力的迫切需要。众所周知，人大是地方国家权力机关，依法集体履职。人大代表是国家机关的人为主体，按照民主集中制组织起来的人民代表大会，实行集体行使职权，集体决定问题，只有每位代表都能够依法行使职权，履行职责，发挥作用，人大及其常委会才能真正成为代表人民管理国家事务的权力机关，成为全面担负起宪法赋予的各项职权的工作机关，成为同人民群众保持密切联系的代表机关。人大代表担负着代表人民行使权力的重大职责，不仅要有很强的政治责任感，还需要有参与管理国家事务所具备的政治思想理论、文化科技、经济社会以及法律法规等知识，才能胜任代表职务。人大代表来自不同阶层、各个行业，知识结构、法律素质、能力水平各有差异，人大代表代表人民参与管理国家事务，集体行使权力，代表个人能力水平的高低，都对国家权力机关的职权的行使有着直接或间接的影响。所以，人大代表应加强学习，全面提高整体素质，通过会议期间的工作和闭会期间的活动，使人大及其常委会作出的决议、决定符合党的主张，符合国家、人民的利益和愿望，使国家权力机关的职能得到正确、有效的发挥。

二、把握重点，增强学习培训的针对性

人大代表需要掌握的知识很多，如政治理论、党的方针政策、法律法规、市场经济理论、现代科技知识等等，学习不可能一蹴而就，也不是通过一次培训班就能解决了的。因此加强学习培训，必须把握重点，增强学习培训的针对性。

1、通过学习培训，自觉把人民代表大会制度坚持好、维护好。作为人大代表，要了解和深刻认识人民代表大会制度。人民代表大会制度是我们党从我国实际出发，创立和不断完善的具有中国特色的政权组织形式，是我国的根本政治制度。党的十七大报告指出，坚持和完善人民代表大会制度，是推进社会主义政治制度自我完善和发展的重要组成部分。人民代表大会制度经过50多年的完善与发展，显示了强大的生命力和无比的优越性。胡锦涛总书记指出："坚持和完善人民代表大会制度，加强和改进人大工作，是发展社会主义民主政治、建设社会主义政治文明的必然要求；是依法治国、建设社会主义法治国家的必然要求；是保证人民当家作主、实现党和国家长治久安的必然要求"。总书记这里讲到的"三个必然要求"，深刻说明了坚持和完善人民代表大会制度、做好人大工作的极端重

要性。

2、*通过学习培训，增强宪政意识，自觉担负代表的重大责任*。宪法规定，“中华人民共和国的一切权力属于人民。人民行使国家权力的机关是全国人民代表大会和地方各级人民代表大会。”人民行使国家权力、管理国家事务，是通过民主选举，产生各级人大代表，组成各级人民代表大会来实现的。这是法律赋予我们每一位人大代表的历史责任。宪法是国家的根本大法，是宪法明确了我们的国体和政体，是宪法赋予了人大的权力和责任。依法行政，首先要依宪行政，按法办事，首先是按宪法办事。因此，人大代表要自觉学习宪法和法律知识，增强宪政意识，真正肩负起人民赋予的监督“一府两院”、推进依法行政、公正司法、实现公平正义、为党选贤任能的神圣职责，发挥应有的作用，以不辜负人民的期望和重托。

3、*通过学习培训，掌握人大代表行使职权应知应会的知识和能力*。人大代表履行职责，主要是通过会议期间的工作来实现的。闭会期间代表活动是会议期间工作的延续，为参加会议期间的工作作准备。因此，首先要学习掌握人民代表大会的议事规则和工作程序。列入每年人民代表大会议程的人大常委会工作报告，地方国家机关的工作报告都是市委领导人民治理和建设亳州的措施和宏图。要领会党委意图，明确这些报告的形成过程和基本内容，围绕着改革、发展、稳定以及群众关注的热点问题进行审议发言，或全面、或就“报告”某一方面的内容、或国家机关某一方面工作，结合自己走访联系群众的情况进行评价和提出修改意见。同时，要掌握议案和建议的提出程序和基本书写规范，通过议案和建议，切实反映人民群众的愿望和要求。其次要掌握闭会期间代表活动的内容、方式及有关要求：一是围绕着人民代表大会各项决议、决定的贯彻落实情况，开展视察、持证视察、调研活动；二是围绕着法律、法规贯彻执行情况，参加本级人大常委会组织的执法检查、专题调研活动；三是围绕人大常委会例会议题和法律法规的制定，积极开展小组活动，收集整理意见，及时反馈；四是积极参加本级人大常委会组织的评议工作；五是开展议案和建议的督办活动。

三、学以致用，增强学习培训的实效性

学习是提高代表履职能力的根本途径。学习不仅是个人行为，还是政治责任。人大代表要把学习当作一种职责，一种境界，一种追求。

一要在问题上下功夫。代表们都从繁忙的工作一线来学习的，在工作中都会遇到这样那样的一些问题。要带着问题学习，进行一些深入的理性思考，做到理论学习与解放思想、与时俱进、开拓创新结合起来；与思考和解决人大工作中存在的问题结合起来；与探索创新人大代表工作思路结合起来，使自己通过这次学习在思想上，业务上能多一些收获。

二要在提高能力上下功夫。人大代表平时工作很多，不可能停下手头工作坐下来学习，参加学习培训是难得的机会，务必要珍惜。要通过学习提高履职能力，重点是提高审议能力、调查研究的能力，力争提出高质量的议案建议。

三要在交流促进上下功夫。学习培训的过程，也是相互促进的过程。在学习培训中，形式可以活泼一些，实现互动，也可以利用课余时间开展讨论，互相交流经验，共同探讨履行代表职责的新路子、新办法，达到相互促进、共同提高的目的。

撰写人大信息并不难

内蒙古杭锦后旗人大办公室主任　张永乐

写好人大信息，必须把握好以下几个环节：

胸中有“法”。人大工作离不开“法”，写好人大信息必须加强法律法规的学习。通过学习宪法、地方组织法、代表法、监督法等，充分了解人民代表大会制度的地位、作用和特点，“一府两院”的产生过程，人大代表的基本权利和义务等，进而通晓地方人大及常委会的工作程序及特点。同时，也要加强对市场经济法律法规以及科学、文化、历史、哲学等方面知识的学习，做到厚积薄发，为写好人大信息打好知识基础。

放眼全局。地方人大及其常委会的工作是围绕地方党委中心工作开展的，也是为推进地方经济

和社会发展、精神文明建设和民主法制建设服务的,而"三会"即人民代表大会会议、常委会会议和主任会议又是人大及其常委会实施监督、服务中心工作、推动社会经济发展和现代化建设的重要方式。因此,如何写好人大"三会"新闻是摆在每个人大工作者面前的一个重要课题。报道会议不能仅仅局限于会议本身,而应依据会议,鸟瞰全局,跳出会议写会议,抓住一点带动全局,这就是我们常说的"牵一发而动全身"之术。同时,要淡化会议的程序,不惜笔墨,重点写会议的成就和经验,这样就可以起到以小见大,以点带面的效果。

抓住重点。无论召开"三会"还是组织代表视察、执法检查,有时议程安排得很多,如果平均用力,既丢了西瓜,也易丢掉芝麻。眉毛胡子一把抓,这是写信息的大忌。处理好这一难题,要求我们必须抓住主要矛盾和矛盾的主要方面,反复细致推敲哪些议题是事关全局的大事,哪些议题是本次会议审议的着重点,哪些内容只需要一笔带过,轻描淡写,哪些内容必须重点突出,着力渲染。这样经过由此及彼、由表及里的科学分析、抓住重心、重点剖析、浓墨重彩、写深写活。当前依法治国、贯彻落实各种法律法规的情况、"三农"政策的落实、就业与再就业、人口转移工作、城镇建设、民生问题、惠民工程的实施、农业结构调整、重大工业项目的实施以及其它社会事业的发展等等,都是各级党委、政府关注的重点工作。采写这类新闻时,要突出人大如何审议这些重要议题,如何规范和推动政府工作的有效开展,而不能面面俱到,乱七八糟"一锅煮"。同时,人大工作者要潜心钻研,努力培养自己分析问题、把握重点和驾驭重大题材的能力,这样才有利于把这类信息写好。

关注热点。一般来说,人大及其常委会安排监督的事项,绝不会是鸡毛蒜皮、无足轻重的小事,关系到人民群众的切身利益的热点、难点的问题占的比例往往很大。写这类信息时,既要报道事件的结果,也要反映事件发展的过程,有时这一过程是复杂的、多层面的,要尽可能客观、全面地反映地方人大及其常委会或者有关代表,在事件发展过程中如何依法有效地实施监督,这种监督在整个事件发展中起到什么样的作用,人民群众反响如何。这样的信息如果采写得好,可读性一定很强,也有利于更好地树立人大机关的权威和良好的形象。

此外,还应该注意报道形式活泼、多样,不能生搬硬套,拘泥呆板,而应根据事件的不同内容和特点,灵活运用消息、通讯、人物专访、随笔、侧记、言论等多种形式,做到相互渗透,相得益彰,以期达到精彩纷呈的效果。同时,还应该有虚心的态度和扎实的作风,切实解决好畏难思想和"面子"问题,切勿蜻蜓点水、走马观花、华而不实。要沉下去、沉到底,与人民群众交朋友,踏踏实实,兢兢业业,精益求精。做到了这几点,人大的信息一定能够写好。

关于九江市人大代表作用发挥情况的调研报告

江西九江市人大常委会党组书记、主任　张远秀

人大代表是国家权力机关的组成人员,是人民代表大会的主体。充分发挥人大代表的职能作用,是做好人大及其常委会工作的基础,是各级人大常委会认真探讨、努力实践的重要课题。近期,我到部分县(市、区)人大常委会、市人大代表小组,对市人大代表作用发挥情况进行了专题调研。

一、九江市人大代表作用发挥基本情况

九江市现有市人大代表407名。从成分组成看,主要涉及工农、干部、知识分子、民主党派及无党派、中共党员、妇女和少数民族等;从年龄结构看,35岁以下占7.7%;36至55岁的代表占87.5%;56岁以上的代表占5%;从学历情况看,大学以上占55%,大专占35%,中专占4%,中学占6%。通过调查,总体讲,十三届市人大代表的结构比较合理,无论是整体素质,还是履职能力、文化水平都有稳步提高。据调查问卷统计,去年各代表小组共开展集中视察65次,个人持证视察166次,建立联系点278个,向选民汇报工作303次,结对帮扶331人,为民办实事1281件,有效地发挥了人大代表的职能作用。

1、本职工作显身手。市人大代表基本上是兼职的,做好本岗位工作、履行代表职责是他们的双

重任务。通过调研,我们发现,绝大部分市人大代表把人民的信任作为做好本职工作的强大动力,在本职岗位上发挥才干建功立业,日益成为各行各业中的先进、骨干和精英。十三届市人大代表中,共有36名农民代表,其中有17名活跃在农村种植、养殖、农产品加工销售一线,有19名在村支部、村(居)委会和村民理事会中任职,在带头勤劳致富并带领和帮助群众共同致富、维护农村繁荣稳定的实践中展现了崭新的风采。武宁县的葛江明代表开发荒山种植果树400亩,是远近闻名的果业大户。修水县漫江乡的黄水华代表大力发展蚕桑产业,成了带领当地群众种桑养蚕的领路人。该县马坳镇的徐万年代表去年出栏生猪4000头,年销售额突破500万元。九江县马回岭排山村的熊烈才代表通过自家种植早熟梨和大白桃,带动全村群众成功开发出果树面积3500亩,村民人均增收2200多元,使果业已成为排山村农民致富的一大支柱。彭泽县的王古泉代表积极带领群众勤劳致富、加快新农村建设,使全村面貌发生新的变化,被评为全县"十佳村官"。不少企业代表以敢想、敢闯、敢试的精神,成为我市全民创业的开拓者和先行者。巨石集团九江公司总经理邵伙军代表开拓进取,改革创新,靠大连强,把一个无钱买原料、无钱发工资、无钱交三金、无钱交利息、无钱交水电费的国营老厂,成功改造为现代新型企业,去年上交税收5000万元,并着手投资近50亿元,在开发区兴建一个年产30万吨的玻纤基地,发展潜力巨大。都昌县的吴玉初代表情系故里,返乡创业,去年实现利税1700多万元,解决就业500余人。该县曹新国代表创办珍珠核工艺有限公司,带领当地群众发展珍珠养殖加工,使当地珍珠产业逐步做强做大,去年实现产值5000多万元。九江县唐进波代表锐意进取,抢抓机遇,创办江西博莱集团,其生产的兽药产品销售全国各地。尤其在当前全球经济放缓、金融市场动荡不安的大背景下,不少企业代表更是在技术创新、管理创新上下功夫,变危机为生机,化冲击为发展,做大做强了现有企业。武宁县的陈宗辉代表向煤矿管理要效益,去年上交税收1038万元。都昌九江金昌汽车零部件公司总经理张继华代表面对金融危机,不等不靠,迎难而上,及时实行产业转型,与北京清华奥普公司合作生产适合农村市场的太阳能热水器,带领企业走出了困境,预计明年可年产太阳能热水器5万台,销售额1亿元、上交利税500万元。不少工作在机关的代表,也充分发挥模范带头作用,在提高工作效率、服务水平、敬业精神上为加快九江发展、实现争先进位作出了榜样。比如浔阳区、九江县、星子县、德安县去年就有14名代表因本职工作出色获得了国家、省、市表彰。武宁县计生服务站站长熊里媛代表带领全站工作人员争创一流业绩,服务站获得了国家级的荣誉称号,她个人也先后荣获"全国人口和计划生育科技工作先进个人"、"全国计划生育流动车服务项目先进个人"、"全省计划生育科技工作先进个人"和"九江市劳模"、"武宁十佳青年"等光荣称号,在开拓进取、扎实工作中实现了人生价值,充分展现了人大代表的良好形象。

2、服务中心有作为。广大市人大代表牢固树立九江发展人人有责的观念,把贯彻落实市委重大决策与履行代表职责结合起来,积极为经济建设和社会各项事业的发展建言献策,鼓劲添力。每次代表大会召开期间,广大代表都以九江发展为已任,认真履职,积极提出意见建议,为促进经济发展献计出力。本届以来,从一次会议的95件,到二次会议的120件,到三次会议的189件,再到四次会议的269件,三年来代表共提出意见建议673条,从中可以看出,代表围绕中心服务大局的积极性一步步提高,参政履职意识普遍增强,反映社情民意热情明显高涨。闭会期间,广大代表进一步增强履职责任感、使命感,紧紧围绕经济发展,积极参加代表小组调研活动和代表个人持证视察活动,调查情况,发现问题,提出建议,努力为促进经济发展服务。市委、市政府作出沿江开发战略决策后,彭泽县市人大代表小组及时开展了彭泽境内沿江板块的专题调研,形成了针对性强的调研报告,提出了将马垱板块列入市沿江开发重点的建议,被市政府及有关部门采纳。九江县市人大代表小组也及时开展了沿江产业集群的视察,为沿江开发战略的有效实施献计献策。2007年,市委、市政府提出了把发展早熟梨的兴农富民战略,为了促进这一战略的有效实施,彭泽县的毕连松代表深入基层认真开展调研,及时撰写了加快九江早熟梨产业发展的调研报告,湖口县部分代表也提出了成立湖口县九江早熟梨农业合作社的建议,受到有关部门和广大梨农的积极响应,目前,该合作社已充分发挥了作用。针对近两年武宁县节能灯产业蓬勃发展的情况,武宁县的柯娟代表及时进行相关调研,提出了在全市推广节能照明产品的意见建议。九江是水城,水产业历来在农业生产比重中占有很高的份额,为了加快九江水产业的发展，王友忠代表在审慎反思近年来我市水产业发展的基础上，提出了尽快扩大鮰鱼、小龙虾规模养殖的建议。为了加快现代农业的发展，德安县的王文根代表有针对性地提出了建立健全农业技术推广体系、更快更好发展现代农业的建议，内容充实，数据充分，为领导决策提供依据。

3、反映民意代民言。广大代表是人民群众的“贴心人”、“代言人”。换届以来，市人大代表牢记职责，积极反映民意、为民代言，代表作用发挥日益凸显。针对群众反映彭泽炼矾厂存在环境污染的情况，彭泽县王文霞代表深入现场调查，提出了要求取缔土法炼矾厂的建议。为了督促问题的彻底解决，她又深入实地调查，发现该厂还在违法生产，她又及时把情况向上反映，督促彻底取缔了该项目。去年3月份，南方遭受了特大冰冻雪灾，广大代表积极行动起来，广泛开展视察调研，认真反映民意民愿，为市委市政府抗冻救灾提供了参考。都昌县部分代表针对网吧通宵经营，学生上网现象严重，人民群众反映强烈的问题，及时与政府沟通，引起了有关部门的高度重视，县文广局、公安局、电信局等单位开展了联合整治，电信局对网吧经营实行了限时管理，较好地解决了网吧超时经营的问题。他们还针对近几年来县城建私房、乱搭乱建现象的情况，积极开展调研，向县委、政府提出了内容翔实的调研报告，县委、政府及时开展了违章乱搭乱建百日整治攻坚战。浔阳区代表小组积极组织代表对社区建设、物业管理、市容管理和提升公众安全指数等问题深入调研，向有关部门提出了很多针对性强的意见建议，其中刘爱琴代表为村民复建点的通水、通电问题积极奔走，协调有关部门认真予以解决。庐山区一中欧阳华珠代表提出的《关于要求九江市扩建十里片区部分中小学的建议》建议引起了有关部门的高度重视。星子县罗金明代表针对社区保洁员任务偏重、待遇偏低、影响全县争创文明卫生城市工作的问题，及时反映并引起了县委县政府的高度重视，适当增加了保洁员数量和工资。武宁县葛江明代表多次到省水利厅为竹湾村改造水里工程争取资金20万元，到有关部门帮助团结村12组争取水泥路改造资金5万元。九江县田瑞君等代表提出的“关于要求落实2005年通村水泥公路建设市级配套资金的建议”，得到了市政府及有关部门的高度重视，予以了妥善解决，受到了人民群众的一致好评。

4、乐施好善解民忧。调查中我发现，许多代表热心公益事业，无偿为群众修路架桥，捐资助学，扶危济困，“人民选我当代表，我当代表为人民”已经不是一句空洞的口号，正在成为广大代表的实际行动。汶川地震发生后，浔阳区代表小组的代表情系灾区，迅速提出“一个代表就是一面旗帜”的倡议，捐款捐物，其中第一代表小组的代表就捐款24.3万元。庐山区周庐代表为冰冻雪灾、汶川地震捐款(物)20余万元，同时扶持威家镇新华村新农村建设3万元。都昌县李辉勤代表先后投入240万元，支持当地新农村建设。九江县陈洪生代表结合自身工作，积极参加“三下乡”活动，为农民群众送医送药，开展“一帮一”帮扶活动。湖口县王红霞代表主动联系一位因病致贫的村民，去年一年上门上户20多次，帮扶资金2800元，得到当地群众的一致好评。星子三石饭店老板万红梅代表致富不忘乡亲，出资5万元为全村百姓接通了自来水，并资助3名辍学儿童完成了学业。瑞昌市的周勇代表针对部分山头乡群众吃水困难和血吸虫疫区群众吃水不安全的问题，深入实地考察，掌握第一手资料，拿出解决问题的方案，积极向上争项目、争资金，解决了102个村民小组、2.1万人的吃水问题。瑞昌市的周青标代表是一家外来企业的老总，当选代表后，他经常深入企业所在地的乡镇，开展调查研究，了解社情民意，倾听群众心声。两年多来，共撰写内容涉及公路收费、农民工维权、农村合作医疗建设、农村留守儿童等意见建议20多条。他还扶贫济困，乐施好善，担任人大代表职务以来，共捐款12次，奉献爱心10多万元，用实际行动诠释了人大代表为人民的真正内涵。

二、存在的问题

市人大代表在经济社会发展中发挥了重要作用，但按《代表法》的要求、人民的期盼，还存在一些需要探索和解决的问题。

1、代表结构不尽合理。领导干部代表的职数较多，基层群众代表偏少，在407名市人大代表中，属于公务员系列的有311名，占总数的76.4%。领导干部代表因诸多原因，履行代表职责难到位，仅是每年参加一次例会，很少参加代表活动和联系选民，没有切实负起一岗双责的责任。

2、代表知情知政渠道不宽。市级人大代表主要是参与市本级社会事务管理，代表们反映，现在仅停留在每年一次的人民代表大会上，对市级情况了解不多、不深、不细，对市级社会事务管理难到位。

3、代表参与管理市级社会事务的水平不够高。参与管理国家社会事务,审查批准国民经济和社会发展计划以及财政预算,是法律赋予代表的职责。但实际工作中,在一年一次的人民代表大会上,有的代表审议不发言,有的发言表表态、意见建议针对性不够强,有的是自身管理政务,不愿意讲。

4、意见建议办理不够到位。重视、办理、落实代表意见建议,是对代表作用发挥的最大支持。实际工作中,有的承办单位对代表意见建议是重答复轻办理,有的不是研究该不该办、怎样办、如何落实,而是满足于与代表见面,做代表工作,要代表表示"满意",导致问题的解决率不高、群众满意度不高,使代表履职的积极性也受到影响。

三、几点建议

人大代表是人民代表大会的主体,代表作用发挥如何,直接关系到人大职能作用的有效发挥。为进一步做好代表工作,发挥代表作用,提出如下建议:

1、加大宣传引导。充分利用电视、报刊、杂志以及简报等渠道,进一步宣传《代表法》,宣传人民代表大会制度,宣传人大代表的典型事迹,宣传发挥人大代表作用的重要性,不断增强代表的履职意识,促进代表作用发挥。

2、加大学习培训。丰富学习形式,加大培训力度,提高代表培训工作的针对性、实效性和时效性,不断提高代表履行职责、行使权力、发挥作用的素质、能力和水平。

3、保障代表权利。重大决策要征求代表意见,重要工作要向代表通报进展情况,促进代表知情知政,为代表参与管理、加强监督、提供服务创造条件。

4、健全激励约束机制。抓好代表考核和履职评价,调动代表履职积极性;加强对代表的监督,把代表置于选民、选区的监督之下,增强代表履职责任感;打破代表终届制,畅通代表的进出渠道,对不胜任代表职务的代表实行辞职、淘汰。

5、提高代表意见建议办理质量。严格执行集中交办代表建议的制度和重点建议督办制度。严格实行承办工作责任制,将承办工作具体量化,落实承办单位和具体承办人,强化承办人员的责任心,提高承办质量,提高办结率,提高代表满意率,使代表提出的问题能真正得到有效解决,激发代表履行职责、发挥作用、为民谋利的政治热情。

人大代表务必正确履职

四川省广元市人大　仲满成

2008 年 12 月 16 日,人民网转载了《新京报》文章《最高院:"特殊主体"执行难——个别人大代表、政协委员阻挠法院执行》。报道称,"一些人大代表、政协委员作为企业的法定代表人,在法院判决让企业承担履行债务之后,个别代表、委员利用特殊身份,不断向法院施压,有些是通过人大,有些是直接向法院提出一些没有法律依据的甚至不符合法律的、违法的要求,使得法院执行工作明显受阻。"

读罢消息让人如鲠在咽。人大代表代表人民管理国家和社会事务,不自觉守法护法,维护法律尊严,却利用职务之便,阻碍法律实施,有失代表身份,有负人民重托!当然,按理讲,人大代表也是社会公民,依法维护自身合法权益天经地仪。但是,身为人大代表,正因为有着"特殊身份",从某种意义上说,甚至是制定法律的参与者,所以更应该处处体现"高姿态",模范地遵纪守法,做到依法维权,按程序办事,对判决不公的案件,可以依法申诉,按程序上诉,但切不可打着"代表"招牌唬人,更不能让人大出面开脱说情。

诚然,我们有理由相信,利用"特殊身份"阻挠法院判决执行的人大代表肯定是极个别现象。但是,把代表身份作为"保护伞",把人大常委会作为"避风港"的现象确实应当引起我们高度重视,切不可让"特权"思想蔓延!由此,笔者不禁想到代表如何正确履职的问题。《代表法》第三条规定,"代表必须模范地遵守宪法和法律,保守国家秘密,在自己参加的生产、工作和社会活动中,协助宪法和法律的实施";2005 年 6 月,全国人大常委会办公厅出台的《关于加强和规范全国人大代表活动的若干意见》也一再强调,"代表要模范遵守宪法和法律","代表个人不干预司法案件的审理和执行;代表对涉及个人和亲属的具体案件应当回避。"由此可见,模范地遵守宪法和法律,既是代表的职责,也是代表的义务,利用"特殊身份"阻挠法院判决执行更是知法犯法！不仅在司法领域不能如此,在其他领域中也不能让"特权化"思想和行为存在。倘若如此,我们怎么去监督别人,怎么去维护维护社会经济秩序?

存在这种现象,表明我们的代表工作还须进一步加强,表明我们的代表队伍素质还有待于进一步提高,代表的职务意识和角色意识有待于进一步增强。解决这个问题,笔者建议:一是要切实加强对代表学习培训,特别是对代表法等与代表履职密切相关的法律法规和相关知识的学习,使其明白自己的权力和义务,知道什么可为什么不可为。二是人大常委会相关工作机构把代表工作做深做细做实,特别是要在支持代表依法履职的同时,也要注重引导代表的具体履职行为,保证其正确依法履职。三是人大代表来源于民,受托于民,选举单位和选民也要加大对代表履职行为的监督力度,使其履职行为更加阳光透明。四是要严把代表入口关,把有特权思想的人拒之门外。

增强细节意识推动科学发展

四川省南充市人大常委会办公室　廖先毅　宇震

科学发展观揭示了发展的科学内涵、基本要求和根本方法,集中体现了马克思主义的世界观和方法论。在科学的世界观和方法论中,全面与细节是辩证统一的。用细节的观点去解读科学发展观,把科学发展观落实到工作细节中,对于进一步把握科学发展目标,找准科学发展抓手,增强科学发展成效具有重要意义。

科学发展目标中充满着细节要求

科学发展观是全面的发展观,也是细节的发展观,全面与细节互为表征。以科学发展观为指引,党的十七大不但总体上确定了我国今后一个时期经济社会发展的大方向,而且从细节上全面勾画了物质文明、政治文明、精神文明、生态文明和社会建设全面协调可持续发展的美好蓝图,十七届三中全会进一步结合改革发展的历史经验和现实实际,部署了统筹城乡发展、推进农村改革的战略任务。对科学发展目标任务的认识,不但要突出对十七大和十七届三中全会确定的基本目标和任务的把握,还必须加深对其所涵盖的经济、政治、文化、社会、生态各个方面、各个阶段细节的理解。只有这样,才能与时俱进地把握各个时期、各个方面科学发展的目标任务。

科学发展目标需要在细节中实现

泰山不拒细壤,故能成其高;江海不择细流,故能就其深,是说细节积累成全面。要推动科学发展,我们必须充分认识细节的作用,坚持因地制宜,因人制宜,因时制宜,充分考虑不同地区、不同行业、不同群体的利益要求,正确处理中心与全面、重点与非重点的关系。统筹兼顾是推进科学发展的基本方法。统筹兼顾的基本意义就是对细节的统筹。这种对细节的统筹,并不是囿于仅仅一个或某几个单独的元素,而是在全面视角下尽可能对每一个元素充分重视。要考虑积极的作用,也要考虑消极的作用;要考虑主流的作用,也要考虑衍生的、关联的作用。两利相权取其重,两害相权取其轻。要通过对细节的有效把握,尽可能充分发挥每个元素的正向作用,淡化、克制每个元素的负面作用,把现代化建设各领域各环节统筹好、协调好,把社会各阶层各群体的利益关系统筹好、协调好,既考虑现在发展需要,又考虑未来发展需要;既遵循经济规律,又遵循自然规律;既讲究经济社会效益,又讲究资源和生态环境效益,这样,又好又快的科学发展局面才能最终实现。

学习贯彻科学发展观必须落实到工作的每一个细节中。各级人大及其常委会作为国家权力机关,其工作事关大局,其每一个细小的动作都可能发生蝴蝶效应产生强烈的社会影响;每一个细小的环节都可能决定着工作的质量甚至成败。当前,经济社会科学发展的大政方针和宏伟目标已定。一方面,我们必须在细节中去加深理解、加深认识,把握具体的目标任务。同时,还要从每一个细节着手,在细小处去推动落实。要以精细的态度去完善制度、加强管理、推动创新,以严细的作风去把握实情、了解民意、推动发展。要努力做到在认识上细心、在服务上细致、在行权上细实,才能用一个个细小的完美,绘制出科学发展的宏伟画卷。

关于开展新时期人大执法检查的思考

四川省峨眉山市人大常委会预算工委主任、峨眉山市人大常委会办公室副主任　刘俊明

人大执法检查是对政府和"两院"实施法律法规情况的检查,是国家权力机关对法律法规实施的同级主管机关的法律监督和工作监督,是各级人大常委会行使监督职权的重要方式。各地各级人大通过执法检查,促进了法律法规在本行政区域的贯彻执行,促进了依法行政和公正司法,促进了社会热点问题的逐步解决。《监督法》颁布后,执法检查程序更严,标准更高,难度更大,效果更好。如何搞好新时期人大执法检查工作,笔者认为必须依法办事,严格按《监督法》规定的程序进行。

一、制定执法检查计划

制定计划是搞好执法检查的前提。开展执法检查的目的就是发现涉及全局性、重大性和有针对性的问题并解决这些问题,因此,选好执法检查的议题并制定计划是前提。要参照《监督法》第九条规定的六个途径,坚持少而精的原则进行初选,围绕三个方面进行具体选择:一是围绕党的工作中心,事关改革发展稳定大局的重大问题;二是围绕民生改善,事关群众切身利益的难点问题;三是围绕社会发展,事关社会普遍关注的热点问题。议题初选后,在12月底前提出来年执法检查的计划初稿,并听取法律法规实施主管机关的意见加以修改,主任会议正式讨论通过后,印发常委会组成人员并向社会公布,增强执法检查的计划性和透明度。

二、拟定执法检查方案

拟定方案是搞好执法检查的基础。常委会相关工作机构根据年度检查计划,及时拟定具体的检查实施方案。拟定方案时应注意把握四性:一是可行性,及时与法律法规实施主管机关沟通情况,必要时做好前期调研;二是完整性,方案拟定后,逐项检查内容是否完整;三是具体性,什么时间什么地点什么人什么事,哪一个步骤做什么怎么做,都应该具体和明确,不能大概加估计;四是科学性,检查组人员是否得力,分组是否合理,检查内容是否恰当,检查重点是否突出,时间安排是否紧凑,路线是否顺当。方案科学,事半功倍,方案不科学则事倍功半。

三、开展实地执法检查

开展实地检查是搞好执法检查的核心。开展实地执法检查的过程就是发现问题的过程。如何发现问题、找准问题,一要做好准备,二要坚持原则,三要深入调查,四要加强宣传。

(一)做好准备。检查前,检查组人员要熟悉有关法律法规和政策,可以通过三种方式进行学习:一是组织执法检查组全体成员集中学习法律法规的条文,二是印发法律法规全文给检查组成员有重点地自学,三是收集与检查的法律法规相关的资料,随时查阅,打有准备之仗。

(二)坚持原则。在检查中要始终坚持四项原则:一是听看相结合原则,耳听为虚,眼见为实,不仅要听汇报,更要看现场查资料,而且要少听汇报多看实际现场,掌握真实的第一手材料;二是实事求是原则,对所见所闻认真分析,去伪存真、去粗取精、去虚就实,抓住主要矛盾和矛盾的主要方面思考应对之策;三是带着问题检查原则,检查的过程也是学习和提高的过程,检查组一定要带着问题下基层到现场,必要时拟出询问提纲,不怕别人笑话"外行",硬是要有"鸡蛋里挑骨头"的勇气,不能听好就好、一好百好。四是不直接处理具体案件原则,执法检查中发现的具体案件和收到的群众来信不直接处理,统一交由有关部门依法处理。

(三)深入调查。为了发现实实在在的问题,必须深入调查。一是深入基层,调查中尽量深入到部门、企事业单位、乡镇、村组和社区,听取最基层的意见;二是深入群众,直接访问群众,面对面听取群众的反映、愿望和要求;三是深入实际,到现场了解情况。还可以采取随机抽查、问卷调查、案卷阅

查、个别走访、代表座谈、摄像取证等多种调查方式进行调查,这样做,既能发现面上的问题,又能发现点上的问题,既能发现普遍的问题,又能发现个别的问题。

(四)加强宣传。执法检查的过程也是一个普法宣传的过程。为了加强宣传,突出宣传效果,在检查中,一是要面对面向基层干部和群众宣传有关法律法规和政策,二是请当地媒体记者参加,跟踪报道执法检查全过程。加强法制宣传,促进全社会形成有法必依、违法必究的氛围。

四、形成执法检查报告

形成执法检查报告是搞好执法检查的重要一环。如果说实地检查是发现问题,那么形成执法检查报告则是归纳和分析问题同时提出建议意见。执法检查组汇总各检查小组的情况后起草检查报告,内容应当包括法律法规实施情况的总体评价、检查发现的主要问题及原因、改进执法工作的建议、修改完善有关法律法规的建议。在此基础上,集体研究和修改,力求报告表述真实、准确、完整。

五、审议执法检查报告

审议执法检查报告是搞好执法检查的关键。前面进行的程序已经发现问题、分析问题,这一步就是提出解决问题的措施和办法。如果审议时马虎、草率、走过场,前面的努力就会白费。因此,审议执法检查报告,能否提出具体可行的意见和办法供法律法规实施主管机关采纳和执行,成为一次执法检查成败的关键。一是在审议中,坚持民主集中制和集体行权原则,充分发挥常委会组成人员的积极性和主动性,积极发言,认真审议,深入分析,提出具体的完整的可行的审议意见;二是审议后,提出书面审议意见时,应当明确研究处理的期限和在规定期限内提交书面处理报告等要求;三是将有关书面报告和审议意见及时向代表通报和社会公布,让广大代表和全社会对书面报告、审议意见的提出和执行进行评价和监督。

六、加强跟踪检查

加强跟踪检查是搞好执法检查的有益补充。人大虽然不行使其他国家机关的执法权,但通过行使监督权力,能够促进执法工作的改进。当审议意见提出后,法律法规实施的主管机关是否认真采纳和执行了监督意见,书面的研究处理报告是否真实可信,对问题的整改是否到位。笔者认为,这都需要后续跟踪检查,跟踪检查不能可有可无,如果没有跟踪检查或跟踪检查只走过场,也会使执法检查前功尽弃。还应当在审议意见提出后再走三步曲:一是再审议法律法规实施主管机关提交的研究处理审议意见的报告;二是常委会有关办事工作机构跟踪检查后提出跟踪检查书面报告并向社会公布;三是法律法规实施主管机关向常委会再提交被跟踪检查后的书面整改报告并向社会公布。在跟踪检查中,还要发扬"抓着问题不放、锲而不舍跟踪"的精神,一抓到底,跟出成效。这样做,才能真正达到通过执法检查解决社会热点难点问题的目的。

树立民本思想　切实关注民生
努力提高新阶段人大信访工作水平

贵州省黔南州人大常委会主任　吴秀全

人大信访工作是党和国家信访工作的重要组成部分,是密切联系群众、体察社情民意、倾听群众呼声的重要渠道和窗口,是关注民生、解决民忧、促进社会和谐稳定的重要手段。人民群众对"一府两院"工作不满意的事情,盼望人大为他们作主撑腰,不仅是人民群众民主法制意识、维权意识增强的体现,也是群众对人大及其常委会的信赖与要求、愿望与期盼。2007 年 2 月,本届州人大常委会换届选举产生后,针对黔南州人大系统重信重访量居高不下的实际,我们认真进行研究,分类剖析,对症下药,一件件落实,一桩桩督办,从解决事关全州经济社会发展的重大问题、人民群众最关心、最直接、最现实的利益问题入手,积极主动把人大信访工作放在心上,抓在手上,有力地推动全州各级人大常委会信访工作的有效开展,促进了"一府两院"处理信访案件的时效和质量,使全州人大系统重信重访量由 2006 年底的 52.6% 下降到 2008 年 3 月的 3.4%,为全州改革、发展、稳定作出不懈努力,进一步提升人大工作在人民群众中的影响力和向心力。

一、提高认识，加强领导

群众利益大如天，信访工作非小事。作为国家权力机关的人大常委会，接待来访，处理来信是密切联系群众的重要途径之一。因此，人大必须充分重视信访工作，利用信访窗口，倾听群众意见，了解群众困难，推动“一府两院”更好地为人民群众解决实际问题，使情为民所系，利为民所谋，权为民所用的亲民为民思想在信访工作中得到真正体现。人大作为人民群众的代表机关，如果对人民群众冷暖和诉求不重视，不解决，本质上就是失职，就是丢根忘本，代表人民群众根本利益就无从谈起。因此，我们按照“五句话、二十字”（分别受理，综合分析，统一交办，定期反馈，严格督察）的工作要求和“四个百分之百”（所有来信来访，件件进行登记，件件记录在案，随时可查达百分之百；所有来信来访，都要有人拆阅、有人接访，进行分析，归类达百分之百；所有来信来访，都要交办，都要把办理责任落实到单位、个人达百分之百；所有来信来访，件件要有回音，达百分之百）的工作目标，把处理人民群众来信来访纳入常委会工作要点，列入监督工作重点。

一是健全组织机构。成立由常委会主要领导为组长，一名分管副主任和秘书长为副组长，各专委会和工作机构主要负责人为成员的信访工作领导小组；州县两级人大常委会设置信访督查室（信访督察科），州按正处级设置，县（市）按正科级设置，配强工作班子，充实骨干力量，改善办公条件，保障工作经费。

二是做到“五个坚持”。坚持信访工作领导小组每两月听取一次工作情况汇报，每半年召开一次信访工作形势分析会，及时研究解决遇到的困难和问题；坚持常委会主任会议每季度听取一次信访工作汇报，定期研究剖析重大信访案件；坚持常委会领导信访接待日制度，每周有一名常委会领导轮留到信访接待室接访；坚持常委会领导亲自阅批信访件，对一些重要的信访件既亲自签批，又亲自出面协调督办；坚持信息情况及时反馈，每半月定期做好一次信息通报，将各单位对人大交办、转办、督办的信访案件处理进展情况进行通报，加快办理进度。

三是强化“三个结合”。把群众反映的重要疑难信访问题与人大依法行使职权结合起来，运用法律赋予人大及其常委会的各种监督手段，提高信访工作的实效，具体是将信访工作与会议审议相结合，每次常委会会议召开前，信访部门将针对会议议题挑选一些群众反映强烈的信访问题，经主任会议同意后将这些问题列入常委会会议审议议题，交常委会组成人员审议，以促使信访问题尽快解决；把信访工作与代表视察、督办代表意见建议相结合，对人大代表和人民群众反映的事关全局稳定和发展大局的重大疑难问题，结合代表视察或专项视察，提出处理意见或建议，交“一府两院”办理，以促使问题的有效解决；把信访工作与执法检查工作评议相结合，对群众反映强烈的“一府两院”工作中确实存在的问题结合执法检查和工作评议提出来，监督“一府两院”整改。

二、健全机制，明确责任

根据人大信访工作定位和方式，我们先后制定出台了《黔南布依族苗族自治州人大常委会监督暂行办法》、《黔南布依族苗族自治州各级人民代表大会常务委员会信访工作办法》、建立了《黔南州人大常委会、州人民政府、州中级人民法院、州人民检察院信访工作联席会议制度》、《黔南州人大常委会人民群众来信来访重点信访交办制度》、《黔南州人大常委会领导信访接待日制度》、《黔南州人大常委会全体会议、主任会议信访工作交办制度》等，进一步规范了全州人大信访工作，使一些互相推诿、扯皮的信访老案得到及时妥善处理，推进了全州人大系统信访工作步入法制化、制度化，规范化轨道。工作中，实行“三抓”：一抓接访。在接待来访群众时，做到热情接待，细心听取，认真记录，耐心疏导，诚心处理，以诚挚的亲民爱民之心倾听群众呼声，让群众苦有处诉，怨有处讲，使群众看到希望，树立人大机关良好形象。二抓协调。紧紧依靠党委的统一领导，加强与“一府两院”的联系与沟通，互通情况，交流信息，及时总结案件办理工作经验，不断提高办理工作水平。注重上下左右联动，形成横到边、纵到底的信访工作大格局，使一批复杂信访案件得到妥善处理。如都匀市申其凤诉欧阳国祥合同纠纷一案，当事人不服市法院民事判决，多次到省州人大上访，州人大常委会列入重点信访件，主要领导亲自出面协调，督促州、市两级法院加大办理力度，经法院组织双方当事人多次进行协商调解，达成协议，最终欧阳国祥按协议支付申其凤83700多元欠款。三抓督办。对人民群众来信来访件，按照重点信访件、督办信访件，一般信访件进行分类，一是将重点信访件分解到常委会主任会议成员和各专委会主要负责人头上，实行包案督办抓落实。2007 年初，全州人大系统重信重访量 393 件，自当年 7 月开始实行主任会议成员分工督办，至 12 月底，办结 341 件，办结率 87%；2008 年，主任会议成员督办的 16 件群体上访件，通过调研分析，上下联动，现场督办，有效抑制了群体事件的发生。二是将督办信访件交承办单位办理，明确办理时限，要求对办理结果以书面形式回复州人大常委会，由信访督查室答复信访当事人。三是将一般信访认真做好登记，转交“一府两院”及其工作部门办理。黔南天力房地产开发有限公司矿产经营部在独山县本寨乡群力村开发经营采矿给该村造成地表多处塌陷，多栋房屋受到不同程度损坏，群众要求赔偿的意见反映强烈，多次到州县上访。此件列为重点信访件督办后，常委会一名副主任带领有关专委会，州政府有关部门合同独山县政府主要负责人深入实地现场勘察，组织召开有国土、建设、环保、民政、本寨乡、天力公司等有关单位负责人参加的现场办公会，与当地群众共同研究协商，对损失进行评估，天力公司当场给予了 18 万元的赔偿金额，国土部门现场为房屋受损的农户划定了宅基地用地界限。

三、强化排查，突出重点

加强人大信访工作，我们着力在全面排查、综合分析、突出重点、解决问题上下功夫。我州每年受理信访件达 500 多件，通过排查和综合分析，找出哪些问题是群众最关心的热点、难点，从源头上查找出现这些热点，难点的原因。2008 年，结合开展“县委书记大接访”活动，认真对各类信访件进行分类登记，逐件分析和集中排查，其中：灾后生产性恢复重建，市场价格监管和土地征用。移民安置，拆迁补偿、违法占地的 62 件；企业改制、下岗再就业、城镇居民医疗和生活保障、拖欠民工工资 45 件；山林土地纠纷，农网改造、环境污染 42 件；社会治安问题 33 件；教育文化、卫生问题 15 件；反映干部违法违纪问题 60 件；乡村组织建设问题 7 件；涉法涉诉案件 241 件；批评、意见、建议 25 件。

对这些信访件，我们进行综合分析，突出“三个重点”，力求为推动全州经济社会又好又快发展出力，力求为群众多解决一些难题使劲。第一，把关系民生的信访事项作为重点。2007 年下半年来以来，受全国肉猪市场价格飚升的影响，全州肉猪价格大幅度上升，人民群众养不起猪、吃不起肉问题突出，群众反映强烈，州人大常委会组织代表开展信访专题视察调研，走访农户，听取意见建议，提请常委会专门听取和审议了州人民政府《关于全州生猪养殖发展和市场价格监管工作情况的报告》，促使州人民政府加大对畜牧业的扶持和投入力度，在能繁母猪补贴、疾病防治、饲养管理、技术指导、市场价格监管和预测上狠下功夫，丰富了市场供应，群众反映较好。第二，把关系全局的信访事项作为重点。人大信访工作始终围绕中心，服务大局，把关系全州改革、发展、稳定的信访事项作为督办工作重点。去年初，我州遭受了历史上罕见的低温雨雪凝冻灾害，重灾区大雪封山，房屋严重受损，社会治安混乱，断水、断电、断路的现象较为严重，人大代表和群众联名给人大常委会和政府写信，州人大常委会先后组织三个调研组深入灾区进行专题视察调研，召开常委会听取和审议州人民政府关于灾后恢复重建与发展工作情况的报告，要求州人民政府按照科学发展观的要求，分轻重缓急，保民生安全，对交通阻断、分散居住的偏僻村寨，恢复重建要格外重视，重点倾斜，千方百计确保灾区群众有饭吃，有衣穿，有房住。引起州政府高度重视，在原来工作安排的基础上，增派工作组，增拨救灾经费和物资。第三，把涉法涉诉信访件作为重点。涉法涉诉信访在信访总量中占大头，这类问题既是立案交办的重点，更是督查督办的重点，两年来，我们共接访涉法涉诉信访案件 326 件，占信访案件总数 35.16%，对于这类信访案件，我们认真督促协调司法部门按照“事实清楚，证据确凿，依法处理，群众满意，经得起历史的检验”的原则，认真进行交办，督办。三都县中和镇中和村 12 个村民小组村民群众集体联名并加盖村民小组和村委委会印章，反映该县“10.7”案件问题，常委会主要领导和分管领导亲自督办。州县公安机关立即组织力量开展侦破，查清了这起集体上访的真象，通过做释疑解惑工作，达到了息访目的，贵定县建筑公司反映州中级人民法院受理该公司诉惠水县人民法院拖欠工程款久拖不决一案，被列入人大常委会重点督办件，州中级法院迅速由分管副院长到基层法院了解，在一个月内作出一审判决，及时将所拖欠的工程款支付贵定县建筑公司。

四、夯实基础，织牢网底

做好人大信访工作，队伍必须过硬。我们要求人大信访干部无论从工作出发还是自身成长需要，都不能仅仅满足于一般事务性工作要求，要站在全局的高端，审时度势，把握本地经济社会发展动态和走势，了解掌握和预测在激烈的市场竞争中可能出现的各种矛盾和纠纷，力争早预警，防患于未然，做到这一点，必须搞好自身的业务学习和内功的苦练，不断提高自身的理论政策水平，使人大信访干部不失水准，与来访人员对话中不出差错。我们每年举办两期全州人大信访工作干部培训班，组织人大信访工作干部到外地参观学习，开展人大信访工作理论研讨和知识竞赛。去年，我们认真吸取瓮安"6.28"事件深刻教训，结合组织机关干部进行为期15天的作风建设大讨论，认真查找信访工作中存在的死角死面和薄弱环节，进一步增强大局意识、责任意识和服务意识。

县乡人大处于人大信访工作的第一线，我们始终注意发挥县乡人大的作用，尤其注意发挥乡镇人大主席和基层人大代表熟悉情况、处理问题有经验的优势，抓好对乡镇人大工作的调研、督促和指导，着力把一些信访工作解决在苗头，控制在萌芽。

五、几点体会

两年的实践，使我们体会到，做好人大信访工作：

1、领导重视是关键。实践证明，领导重视和支持至关重要，领导亲自签批、亲自实地调研督办，对推动重要疑难信访件的处理起决定作用。我们始终坚持常委会领导亲自签批信访件制度，人民群众向人大反映的信访件都必须按程序报送常委会领导阅处，重点信访件由主任会议研究，以督办形式行文，转交"一府两院"及有关部门处理。

2、认识到位是前提。意识引领行动。人大信访是密切联系人民群众的重要渠道，有了这个渠道，我们才能与人民群众保持血肉联系，才能体现鱼水情深，真正做到"民有所求，我有所助；民有所呼，我有所应"，才能及时全面收集和分析各阶段人民群众反映强烈的问题。

3、健全制度是保证。无规矩不成方圆。信访工作法律性、程序性比较强，为避免在信访接待和督办，转办，交办等方面出现的随意性，必须根据有关法律和条例规定，建立健全人大信访工作制度、程序和办法，才能使人大信访工作有章可循，有法可依，才能使人大信访工作步入规范化、制度化轨道。

4、牢记宗旨是动力。全心全意为人民服务是我们党的根本宗旨，人民群众对"一府两院"在工作中存在的问题向人大反映，这是对人大的信任，给人大的期望值很高。因此，我们必须把信访工作作为体察民情、了解民意、排解民忧的重要渠道，强化宗旨意识，坚持执政为民、亲民爱民原则，切实保护人民群众的利益，这是我们做好人大信访工作的力量源泉。

5、注重实效是根本。一是始终注重办理结果。抓人大信访工作，不仅仅局限于接待、登记和批转，更重要的是通过采取各种强有力的督办措施，促进问题的解决，给信访者以信服的处理结果；二是始终注重全局关注。人大信访不仅仅是纠正某个信访问题，更重要的是通过信访件的处理，促进"一府两院"依法行政、公正司法，维护社会和谐稳定，推动全州经济社会又好又快发展。

人大要做科学发展的实践者和推动者

四川省雅安市人大常委会秘书长　戴华强

市委提出加快经济社会发展、加快灾后重建步伐、加快移民工作进程"三个加快"的工作要求，我们人大工作必须正确认识、准确定位，牢固树立科学发展的新观念，把落实科学发展观贯穿人大工作的全过程，依法促进保增长、保民生、保稳定，争做科学发展的实践者和推动者。

一、围绕中心工作，服务"三个加快"

人大及其常委会作为地方国家权力机关、依法履职的工作机关和密切联系人民群众的代表机关。要坚持党委的工作中心就是人大工作重心的工作思路，始终做到与党同向、与民同心，重实干，做表率，更好的围绕中心来谋划工作，围绕工作大局决定重大事项，更好的服务大局来履行职责，找准工作的切入点和着力点，切实增强工作的针对性和实效性。在当前面临特殊的时期，人大更要充分发挥职能作用，要把"保增长、保民生、保稳定"作为学习实践活动最具体的实践，要充分理解和把握党委意图，为推动我市"三个加快"方面的重大事项依法及时做出决定、决议，把党委的重大部署通过法定程序上升到国家意志，做到科学决策、民主决策、依法决策。要紧贴中心干，围绕发展转，做到一切围绕发展、一切为了发展、一切服务于发展，自觉地将人大工作融入“止滑提速、加快发展”的大局，做到在大局中思考、在大局中参与发展、督促和支持发展，在参与支持中监督，使人大常委会成为凝心聚力的重要力量，在工作中实现新作为。

二、围绕发展大局，强化监督执行力

发展是第一要务，发展不足是我市面临的最大问题。新的起点拓展了新时期人大工作的视野，人大工作需要继续解放思想，牢固树立发展理念，积极探索在监督法框架下的监督工作新方式，把地方党委大政方针、决策部署的贯彻落实情况作为监督工作的重点，做细监督方案、转变监督视角，克服就监督而监督、为监督而监督的片面观，树立监督是支持、监督是服务的理念，用支持的思维考虑监督，从支持的角度部署监督，以支持的方式开展监督，积极作为、拓展作为、有效作为。一是围绕灾后重建、扩大内需和库区建设的重大机遇，重点加强对农房重建、城镇居民住房重建、社会公共事业重建和产业重建的监督，促进加快重建、科学重建、依法重建；二是围绕我市“3＋1”产业发展和“投资年”活动，立足“保增长”，加强对全市重大项目争取和推进情况的监督，促进加大投资、调整经济结构、产业升级和统筹城乡发展；三是围绕农民增收主题，重点加强对农村产业结构调整、林权制度改革、土地流转、畜牧产业发展、特色产业培育、农业产业化经营、新农村建设推进等的监督，促进农村经济发展；四是围绕构建和谐雅安，立足“保民生”、“保稳定”，重点对城市建设、环境保护、节能减排、扩大就业、旅游产业发展、教育、卫生等各项民生工程的实施和惠民举措落实情况的监督，促进社会全面进步。同时，在调研、监督和审议工作时，要贴近发展、突出重点，贴近民生、主攻难点，贴近和谐、关注热点。要加强决议、决定、审议意见落实情况的跟踪督办，为政府贯彻决议、决定“提速”，增强监督实效。

三、围绕职能发挥，做好代表工作

人大代表是来自人民群众的优秀代表，是国家权力机关的组成人员，是人民的代言人，也是推动科学发展、促进“止滑提速”的重要力量。要按照科学发展观的要求进一步加强代表工作，不断完善代表工作制度，把监督和代表工作有机结合起来，进一步拓宽代表畅通便捷的联系渠道，推行代表定时接访制度，积极为人大代表履职行权提供制度保障；强化对代表的培训和引导，扩大代表对人大常委会工作的参与，健全和完善激励机制，不断提高代表的综合素质和履职能力；汇集民意、集中民智，分期分批邀请他们列席人大常委会会议，采取召开汇报会、重大事项通报会、代表约谈会等形式，努力拓展他们知情知政和参政督政的渠道，切实维护知情权、表达权、参与权、监督权；丰富代表活动的形式和内容，有针对性地组织他们开展学习培训、视察调研和执法检查；认真督办代表建议，确定办理重点，努力解决实际问题，提高办理质量，确保及时办理和代表满意。可选择一些有影响力和代表性的重要建议意见进行重点督办，务求解决实际问题。此外，还将督促“一府两院”及政府职能部门为代表参加人大各项活动提供必要的时间和经费保障，为他们更好地履职行权创造良好的环境条件。

四、围绕民生改善，构建和谐雅安

人民群众得实惠是学习实践活动的根本目的，群众满意是检验活动成效的最终标准。民生连着民心。人大常委会一方面要根据人民群众关注点的变化，及时调整工作重点，主动顺应民意，加强对热点、难点问题的视察检查和监督。要认真倾听群众呼声，集中群众意见，疏导群众情绪，化解各种矛盾和冲突，最大限度增加和谐因素，维护群众合法权益。另一方面，要把做好人大信访工作与提升监督实效结合起来，及时转办交办群众来信来访所涉及的带有普遍性和倾向性的突出问题，加强跟踪督办，依法支持群众的合理诉求，耐心解释引导，大力推动人民群众反映强烈的热点难点问题不断得到有效解决，使人大工作更加贴近民生、更加具有实效。围绕增收、就业、社保、住房、环境、交通、教育、卫生、治安等人民群众最关心、最直接、最现实的民生问题，深入开展调查研究，提出关心群众生产生活的意见、建议，督促和支持有关部门落实好改善民生的政策措施，依法妥善处理关注民生的热点、难点问题，进一步维护民权，维护社会公平正义，促进社会和谐。要进一步提高人大工作透明度，扩大公民有序的政治参与，自觉接受人民群众的监督，把广大人民群众的积极性保护好、引导好、发挥好。要着力推进依法治市进程，关注重大法制事件，督促抓好“五五”普法规划的贯彻实施，增强全社会的法治观念，提高全民法律素质，为经济社会发展创造良好法治环境。

五、围绕素质提升，加强自身建设

常委会机关每位同志都要善于探索和总结做好新形势下人大各项工作的规律和方法，提高理论和实际工作水平，进一步增强政治观念、大局观念、法制观念和群众观念，认真贯彻执行常委会各项工作制度，确保常委会各项工作顺利开展。要主动融入工作大局，实实在在用心把握、用心工作、用心落实，着力转变不适应、不符合科学发展要求的思想观念。要跳出人大看人大，跳出人大找差距，善于用群众的眼光看待人大工作，经常思考群众心里想的是什么，希望人大及其常委会做些什么事情。看到与人民群众期望之间的差距，思考该怎样改进人大工作。要强化学习意识，深入开展"学习型"机关建设，努力提高理论水平和工作能力；强化为民意识，做到真情为民，重实际、说实话、办实事、求实效；强化效能意识、责任意识，进一步改进工作作风，要进一步完善议事程序和工作规则，加强工作委员会合作与协调，形成工作合力，提高整体工作质量和水平，促进工作效率和服务水平的提升；强化和谐意识，努力把人大常委会建设成为"依法办事、科学决策、运转高效、作风优良、廉洁勤政、充满活力"的机关。

着眼科学发展　彰显人大权威

吉林省白山市人大常委会人事代表选举委员会副主任委员　卢军

一、着眼科学发展，围绕发展大局，依法行使监督权

白山市人大常委会在依法行使监督权的过程中，牢固树立科学发展观，紧密围绕全市经济社会发展全局，突出重点抓大事，实施监督求实效，确保各项工作沿着科学发展的轨道运行。

加强经济工作监督。加快经济发展是全党的第一要务。白山市人大常委会在确定2008年工作任务时，坚持把落实市委对经济发展决策的工作监督放在重要位置，紧抓不放。常委会强化了对重大项目建设、招商引资等重点工作的监督。先后三次组织省、市人大代表对重点项目建设开展视察。针对性地指出新开工项目中存在的问题，提出了解决加大软环境整治力度、强化监督考核机制等意见和建议，有力推进了全市项目建设工作。

加强民生问题监督。常委会始终把关系改善民生的问题作为人大监督的重中之重。曲家营水库水资源保护工作关系到市区30万人民的饮用水安全。2008年，常委会针对库区内出现的影响水源安全的问题和隐患，进行了多次视察检查，对存在的问题提出了整改意见，并对水源地环境治理工作实施跟踪监督。市政府高度重视，制定出具体整改方案，积极组织落实各项整改措施，取得了良好的效果。市人大常委会第六次会议听取和审议了市政府关于曲家营水库整治情况的汇报，促进了曲家营水库水源保护工作的深入开展。2008年是全市棚户区改造工作的关键年，为全面了解有关工作情况，常委会组织部分常委会委员通过实地视察，召开回迁居民座谈会、听取汇报等方式，对全市棚户区改造工作情况进行了深入调研，为常委会专项审议提供了依据，常委会第七次会议听取和审议了市政府关于棚户区改造工作情况的报告，会后制发了审议意见书，为全市棚户区改造任务的顺利完成起到了积极的推动作用。

加强法律法规贯彻执行情况监督。2008年，白山市人大常委会先后对全市贯彻实施《食品卫生法》、《吉林省计划生育条例》和《法律援助条例》情况开展了执法检查。还就全市畜牧业发展情况、职业技术教育、劳动保障及医疗保险制度改革等关系群众最直接、最现实利益的问题，实施了有效监督，促进了政府及有关部门依法行政，保证了法律法规在全市的贯彻实施。

二、着眼科学发展，突出工作重点，依法行使重大事项决定权

常委会在依法行使重大事项决定权的工作中，始终坚持以科学发展观为指导，紧紧围绕全市改革和发展中的重大问题，从全局出发，做长远谋划，适时地作出决议、决定。白山市人大常委会十分重视本市的未来经济发展方向和城市的总体规划定位，在本届第四次常委会会议上，详细听取了市政府关于《白山市循环经济发展规划》编制情况的说明、关于《白山市城市总体规划(2007—2020年)》编制情况的说明,通过会前的科学调研和会上的充分审议,作出了关于批准两个规划的决定。并科学地提出了要严格组织规划实施,尽快组织编制城市建设详规的建议,有力督促了两项规划的全面有序实施。

三、着眼科学发展,严格任免程序,依法行使人事任免权

白山市人大常委会按照科学发展观对人事任免权的要求,积极创新,在依法行使任免权方面进行厂有益的探索,把被任命人员是否树立和落实科学发展观作为一条重要标准.在广大干部中营造了认真学习和贯彻科学发展观的良好氛围,形成了正确的选拔任用干部导向、

坚持党管干部的原则。常委会在依法行使任免权过程中,始终坚持党管干部这条基本原则,充分尊重市委的推荐。认真学习《党政领导干部选拔任用工作条例》,正确掌握党的干部路线、方针和政策。市人大常委会党组主动开展工作,积极贯彻市委的意图,要求党组成员团结各方面的委员,带头依法办事,正确履行职责。在任免程序上,对拟任人选先由人大常委会党组讨论,党组成员统一意见后,再提交主任会议、常委会会议审议表决,以保证顺利实现市委的意图。

坚持依法办事的原则。白山市人大常委会一方面依据地方组织法进一步完善了《白山市人大常委会人事任免办法》,使任免工作科学化、具体化、规范化,减少盲目性和随意性。另一方面,严格执行有关法律法规,对拟任人选的确定、任免形式的采用、任免程序的执行,都严格按照法定程序进行。市人大常委会明确要求每一个被任职人员必须到常委会上做任前供职报告,增加了全体组成人员对被任命人员的了解。

坚持集体行使职权的原则。白山市人大常委会在审议人事任免案时,充分发扬民主,听取每一位组成人员的意见。每一件任免案必须经过常委会审议后,才能以无计名投票的方式进行表决,使每一位组成人员都能依法行使任免权。2008年,常委会共任命国家机关工作人员和接受辞职58人次,其中决定任命38人,任命9人,接受辞职2人,免职9人。

切实坚持科学发展观
努力开创人大新闻宣传工作新局面

四川省雅安市人大常委会研究室　蒲朝龙

人大新闻宣传工作千头万绪。人大新闻宣传工作对于建设中国特色社会主义国家的理论阵地、民主政治园地和经济发展高地具有十分重要的现实意义。

一、坚持永远的实践——科学发展观

党的十七大报告明确提出:科学发展观,第一要义是发展,核心是以人为本,基本要求是全面协调可持续,根本方法是统筹兼顾。短短的40个字,内涵深刻,外延广阔,真可谓拍案叫绝。

科学是什么?科学是一门解决“是什么”和“为什么”的学问。科学不等于技术,技术是什么?技术是一门解决“做什么”和“怎么做”的系统工程。科学的任务是指示事物的真相的原理。因此,科学的生命在于它能解释现实,预测未来。这里,科学是纲,技术是目。发展观是人们关于发展的本质、目的、内涵和要求的总体看法和根本观点,由经验形态的发展观和理论形态的发展观两大部份构成。科学发展观的宗旨是要求我们立足人大新闻宣传工作的特殊性,体现宣传工作的时代性,把握宣传工作的规律性,赋予宣传工作的创造性。

科学发展观的哲学构架有八个方面:一是人与自然互为协调、协同进化;二是人与人和衷共济、平等发展;三是利己与利人的平衡;四是当代与后代的协调;五是自助与互助的公信度;六是自律与互律的制约度;七是还原了中外先贤的理想模式;八是从乌托邦式的人类终极目标回归到可操作的、可持续发展的现实之中。国人衷心拥护,全球举世瞩目。

不难看出:科学发展观是对发展实践的经验总结和理论升华。全面落实科学发展观的重大意义

在于“三个代表”重要思想的贯彻落实；在于小康社会和社会主义和谐社会建设的全面推进；在于各种风险和挑战的妥善应对；在于党的执政能力和执政水平不断提高；在于建设“西部经济发展高地”还必须有西部理论发展高地和西部思想发展高地作相应的支撑。我认为，有理念无信仰会迷失方向；有信仰无理念要空乏其身；只有把信仰与理念（信念）同时嫁接于“创新”的载体之上，才能收到春华秋实的成效！例如，怎样才能把以“四权”和“四民主”为基本内容的社会主义民主政治有序地落实到经济、政治、文化和社会事业发展进程中，是检验各级行政首长是否坚持科学发展观的试金石。

二、坚持长久的话题——学习和思考

我们之所以说学习和思考是一个长久的话题，是因为人的核心竞争力是学习的竞争力。学习能增强人辩证的认知感，树立科学的世界观，养成良好的能力素质。人要成就事业、造福人民，就要不断地适应新的环境、新的变化、新的工作，就要不断地学习。即使是老资格、高学历人才也没有骄傲自满的理由，没有不再学习的理由，没有沉溺在过去的功劳薄或书本上的理由。

人大工作的同志大多年龄大一点，资格老一点，阅历深一点，但不等于民主法制意识就多一点或人大意识就胜人一筹。时代在变，要求在变，新信息、新知识、新东西扑面而来，不学习也会掉队落伍。任何一个人，只有随时忘记已有的功名或成就，已有的学历或文凭，才能找到创新的时间和空间。有没有执行力，能不能干事，是看实际工作的能力，而不是看你资格有多老，学位有多高。所以一定要淡化资格意识和学历意识，重视自己的能力提高。唯有这样，才能突破自我设限，才能创新和进步。有这样一种社会现象，大学毕业十年、二十年以后，真正有大作为的并不完全是过去学校里的尖子生。成功离不开各种社会因素的综合作用，但其中一个重要因素就是你是否坚持不断地学习、坚持终生学习、坚持不断地提高和完善自己。因为“生活即学习，社会即学校，经历即财富”已成为时代进步的主旋律。突破平凡、步入新的殿堂的武器就是学习和思考。人大制度的建设与完善、民主法制意识的强化与落实、依法治国方略的本土化与程序化等都离不开学习和思考。“用心耕耘，止于至上”，“为伊消得人憔悴，蓦然回首，那人却在灯火阑珊处”的境界不是凭空掉下来的，而是神形兼备、苦心孤诣的必然回报。

学习什么？学习宪法、法律和法规，学习党的方针和政策，学习市场经济条件下，怎样关注民生和服务民生的手段与本领。思考什么？思考怎样牢固树立党的观念；怎样坚持正确的政治方向；怎样服从民主集中制原则；怎样服务于全市工作大局；怎样处理好人大对“一府两院”监督与支持的关系；怎样强化宣教意识，树立社会主义民主法治观、自由平等观、公平正义观；怎样推动社会主义民主政治进程建设，促进决策科学化、民主化，实现国家机关各项工作的法治化。

学习和思考一定要结合起来，“学而不思则罔，思而不学则怠”。有的同志照本宣科讲话没人听，文章照版全抄没人看，这是为什么？就是学习跟不上，思想不深刻，讲的话不接近实际，讲不出真话，道不明事理，讲不出管用的话。写的东西假大空，多是一些正确的废话或伟大的空话，你说害不害人呢？有的同志甚至连照本宣科也宣不到位，以至于念文件时发出了“括号，这里可能有掌声”的笑话。此外，还要克服调研工作中的调而不研、研而不调、研而无果、果而无效的所谓调查研究。意思就是克服学习和思考脱节的问题。理论和实践并重，学习和思考并进。只有读懂了，吃透了，才能更好地开展工作。同时，学习和思考也是一个总结自己、发现和改正自己错误和过失的过程。在学习和思考中总结自己以及他人的教训，使自己少走弯路。我希望同龄人不要放松了自己的学习和思考，还因为，知识上我们不知道的东西还很多很多，我们的本钱实在太少太少，工作上需要我们充电的东西比比皆是。“满遭损，谦受益”的醒世要言我们决不能抛弃。

三、坚持永恒的绝唱——工作和体验

学习的问题解决了，心智提高了，关键是落实到工作能力上。学得好不如用得好，处理实际问题的能力比学习更重要。能力是通过工作和锻炼来提高的。先说“工作提高能力”。有一句话：“要留住时间，唯有把它变成工作成效”。通俗地说就是要把时间安排好，不浪费光阴，做出工作实绩。人要创造价值和财富，就必须工作，没有了工作，其它都无从谈起。没有了工作，就没有了依托和希望。

工作的重点是针对社会热点、难点问题，加快立法和修法进程；切实履行监督职能，依法搞好监督工作；围绕经济社会发展，认真决定重大事项；科学评价干部履职能力，依法进行人事任免；充分发挥代表作用，密切联系人民群众；深入开展法制宣教，提高全民法制意识。像人大主任孟加同志强调的那样：在经济发展上“科学加拼命”，在行业工作上“为民加忘我”，在党的建设上“先进加忠诚”，实现近保“三个加快”，中促“三年跨越”，远求又好又快发展的工作目标。

选择了人大宣传工作的道路，就要在这个圈子里把你的工作做突出。领导看你、群众看你不是看你的牌子有多硬，学历有多高，而是看你手上的工作做得如何，能不能解决实际问题。工作就是解决问题，工作是一个遭遇问题、分析问题、解决问题、总结问题的全过程。它是一个在给定的条件下，凭借个人的能力、经验、智慧、干劲、韧劲和钻劲承担责任，排除阻力，克服困难，化解矛盾，最终实现目标的全过程。在现实生活中，有一部分同志不是在真正解决问题，老强调“我做了”，忽悠工作；老强调“我议了”，推卸工作；老强调“我讲过”，臆想工作；老强调“我报了”，敷衍工作。这些都是非常有害的。干好工作要有这样一些状态：不找“替罪羊”，不把责任推给同事；不搞“反授权”，不把问题还给领导；不来“差不多”，不把遗憾留给事业；不用“推着走”，不把问题推到未来；不说“不可能”，不到万不得已绝不放弃。人大宣传工作也要像永康同志说的那样，“要扑下身子抓落实”；还要像奇葆同志说的那样，“要真爬坡、真上坎、真流汗”。更要像灾区灾民抗震救灾的大无畏精神那样，“出自己的力；流自己的汗；自己的事情自己干！有手有脚有条命；天大的困难能战胜”！要把发展的氛围、亲民的氛围、干事的氛围搞得浓浓的；要把和谐的氛围、创新的氛围、奋进的氛围搞得浓浓的；要把学习的氛围、思辨的氛围、“充电”的氛围搞得浓浓的。

“锻炼提高能力，体验健全人格”，这句名言我们不能忘记。人是通过锻炼成长的，所谓锻炼就是在工作中有意识地去承担重要工作，争取烦难工作，干过去没有干过的、别人不敢干的、领导还不放心让干的那些工作来体验。千万要记住，机遇往往就隐藏在这些问题之中，解决问题就有机遇，不解决问题一点机遇都没有。人要给自己创造体验的机会，创造成长的条件，争取进步的土壤。“宝剑锋从磨砺出，梅花香自苦寒来”。要敢于折腾自己。敢折腾才有机会，会折腾才能抓机遇，善折腾才能成功。“天将降大任于斯人，必先苦其心智，劳其筋骨，饿其体肤”的良言古训早已道破了人生苦乐观的秘诀。在工作上不要遇到点挫折就大惊小怪，即使一次、两次不成功，也一定要相信机遇总是恩赐那些有准备的人，成功总是眷顾那些经受得起折腾的人。幸运儿没有哪个不是饱经磨砺的时代精灵。一段时间，全省上下开展治软、治懒、治庸为主题的效能建设，以落实首问责任制、限时办结制、责任追究制“三项制度”，全面推进机关效能建设。我们要通过机关效能建设来促进工作作风的不断改进，单位改变工作面貌，干部创造工作业绩，努力适应新的发展。即使从事人大新闻宣传工作的同志，也要通过效能建设经受更多的工作和体验，不断地茁壮成长，取得比过去更多更好的宣传业绩。

四、坚持毕生的追求——干我所爱，爱我所干

干我所爱，爱我所干的基础在于爱好，关键在于感情，核心在于追求，很难说一个缺基础、少感情、无追求的人能干出一点令人信服的事情来。

当前，为什么老喊要提高执行力？说明对执行力的认识不到到位，因此，其执行力远远没有到位嘛！提高执行力就是要“马上办”，今天的事就是不过夜，不要明天干。办事要手手清，做干净，做利索；不能拖着不办，顶着不办，压着不办。不想办难事，不想办苦事，不想办小事，最后，什么事都办不了，什么价值都不存在。我以为，提高执行力要有“等不起”的紧迫感，“慢不得”的危机感，“坐不住”的责任感，“输不起”的使命感。有了这四重境界，你就能够“马上办”。就能把大事办妥，急事办稳，难事办牢，好事办实。也就能在干我所爱，爱我所干的人生道路上写出最新最美的文字，绘出最新最美的图画。做到这一点，需要铸就“三上”的心态和毅力，舍此，别无它途。这一点和古人倡导的“三余三上”可能有异曲同工之妙。

首先要上心。做好人大宣传工作，上心是前提。上心就是将宣传工作真正放在心上，用心想事，用心谋事，用心干事，用心成事。宣传工作有两项最为基本的任务，一是宣传，二是教育。要把宣传工作真正放在心上，贯穿于人大工作的全过程。在部署宣传工作时，要通过宣传，统一思想，提高认识，凝聚力量，下定决心；在推动宣传工作时，要依靠宣传打造声势，营造氛围，激发活力；在总结宣传工作时，要利用宣传反映重要成果，总结经验，挖掘规律，扩大影响。在进行特色宣传时，要锤字炼句，扣人心弦，以达到过目难忘之目的。如“人民选我当代表，我当代表为人民”、“拜水都江堰，问道青城山”就是最好的宣传经典例证之一。

其次要上手。宣传工作上心解决了态度问题，还必须上手解决人大宣传的操作问题。人大宣传工作是否上手,主要看三条:一是有无套路,二是有无抓手,三是有无载体和预案。提倡选题-调研-提炼-宣传-推广“五连环”式的上手法宣传人大制度建设动态。力争夺取不鸣则已,一鸣惊人的宣传效果。

第三要上路。宣传教育工作是一个漫长的过程。上心上手就这一过程而言,只能算宣传工作的初始状态,工作真正起步和有效运行,还需要长效激励机制,改变并走出过去那种人大新闻“谁写谁看,写谁谁看”的窘境。努力做到上级指导策略上路,宣传工作策划上路,奖惩政策兑现上路,责任追究制度上路,队伍建设途径上路,倘如此,人大新闻宣传工作的新局面可望尽快形成!

谢谢大家!

认真贯彻党的十七大精神
努力开创人大工作新局面

河南省商丘市人大常委会党组书记、主任　高献涛

党的十七次大会是我党在改革发展关键阶段召开的一次十分重要的会议。胡锦涛总书记在大会上所作的重要报告,以邓小平理论和“三个代表”重要思想为指导,全面总结了改革开放以来的新经验,阐述了科学发展观的科学内涵,提出了实现全面建设小康社会奋斗目标的新要求,描绘了在新的历史条件下加快推进社会主义现代化的宏伟蓝图,为我们继续推动党和国家事业的发展指明了方向。认真学习、深刻领会、全面贯彻党的十七大精神,是我们当前和今后一个时期的首要政治任务。我们一定要用党的十七大精神武装头脑,指导行动,团结一心,扎实工作,为开创中国特色社会主义事业新局面而努力奋斗。

十七大报告用相当篇幅论述发展社会主义民主政治,提出了新思路和新论断。特别是在扩大社会主义民主、加强和完善人民代表大会制度、发展基层民主、全面落实依法治国基本方略、完善制约和监督机制方面提出了新的要求。报告强调,发展社会主义民主政治是我们党始终不渝的奋斗目标。人民当家作主是社会主义民主政治的本质和核心。要健全民主制度,丰富民主形式,拓宽民主渠道,依法实行民主选举、民主决策、民主管理、民主监督,保障人民的知情权、参与权、表达权、监督权。支持人民代表大会依法履行职能,善于使党的主张通过法定程序成为国家意志;保障人大代表依法行使职权,密切人大代表同人民的联系,建议逐步实行城乡按相同人口比例选举人大代表;加强人大常委会制度建设,优化组成人员知识结构和年龄结构。我们必须认真学习领会这些重要论述,充分认识人民代表大会制度在我们国家社会政治生活中的重要地位和作用,坚持党的领导、人民当家作主、依法治国有机统一,进一步增强使命感和责任感,把人民代表大会制度坚持好、完善好。

地方各级人大及其常委会是地方国家权力机关,是担负宪法法律赋予各项职责的工作机关,是保持同人民群众密切联系的代表机关。十七大提出的一系列新思想、新观点和新部署,对人大工作提出了新的更高的要求,也为今后的人大工作指明了方向。全市各级人大要紧密联系工作实际,把思想统一到党的十七大精神上来,高举中国特色社会主义伟大旗帜,以邓小平理论和“三个代表”重要思想为指导,深入贯彻落实科学发展观,认真履行宪法法律赋予的职责,努力开创人大工作的新局面。

第一,高举旗帜,要在坚持党的领导、坚定政治信念上有新提高。坚持和依靠党的领导、坚定的政治信念,是人大工作必须遵循的根本原则,也是做好人大工作的重要政治保证。学习贯彻党的十七大精神,首要的就是要高举中国特色社会主义伟大旗帜,进一步增强党的观念和政治观念,进一步增强做好人大工作的责任感和使命感,更加坚定地坚持和依靠党的领导,为人大工作提供政治保证。要始终坚持党对人大工作的领导,认真贯彻党的主张、实现党委的意图,在党委的统一领导下依法行使职权,努力通过法定程序将党委的重大决策和主张转化为国家意志和人民的自觉行动,保证党的路

线方针政策的贯彻实施。在具体工作中，要坚持向同级党委报告工作制度，人大的重要工作、重大活动、重大举措，要及时向党委请示，积极发挥人大机关党组织的战斗堡垒作用和党员代表的先锋模范作用，保证围绕党的工作中心组织和开展人大各项工作。

第二，促进科学发展，要在围绕中心、服务大局上有新作为。党的十七大报告全面阐述了科学发展观的丰富内涵和本质要求。人大工作涉及社会主义经济建设、政治建设、文化建设、社会建设的各个方面，关系到各项事业的全面协调可持续发展。人大及其常委会作为地方国家权力机关，学习贯彻十七大精神，一定要找准履行职能的着力点，抓住人大工作的突破点，努力发挥地方国家权力机关在推动发展、保障发展、促进科学发展中的重要作用。要按照十七大报告中提出的关于深入贯彻落实科学发展观、促进经济社会又好又快发展的要求，牢固树立发展是第一要务的理念，紧紧围绕全市工作大局，抓住事关商丘经济社会发展、事关改革发展稳定大局、事关最广大群众切身利益的问题，进一步加强和改进监督工作，增强监督的针对性和实效性。要密切关注转变经济发展方式，密切关注城乡统筹发展和新农村建设，密切关注资源节约、生态环境保护、生态文明建设，密切关注各项社会文化事业的发展，通过听取和审议专项工作报告、计划和预算审查监督、组织代表视察等形式，加强对带有普遍性和倾向性问题的监督，促进制约我市科学发展突出问题的解决。要科学运用法律赋予的监督职能，在监督议题选择上更加关注科学发展的问题，力求做到选精选准；在监督方式上要综合运用各种行之有效的监督手段，处理好监督与支持的关系，寓支持于监督之中；在监督效果上要坚持一抓到底，讲求实效，着眼于改进和推动工作。当前，要督促我市各级政府认真落实省委省政府关于加快黄淮四市发展的意见，谋划好推进我市在黄淮四市率先发展的思路和措施，使我市奋力走在黄淮四市前列，实现商丘发展新跨越。

第三，突出重点，要在维护公平正义、推进法治建设上有新成效。推进社会主义民主法制建设，实现依法治理，是各级人大的根本任务。我们要牢固树立和认真落实社会主义法治理念，紧紧围绕依法治市战略，强化法律监督，推进法制宣传教育，及时发现影响我市法治社会建设、带有普遍性、倾向性的矛盾和问题，着力维护社会公平正义，促进社会安定有序，为推动全面建设小康社会营造良好的法治环境。要按照十七大报告提出的关于全面落实依法治国基本方略，加快建设社会主义法治国家的要求，加大对普法教育的督查力度，加大对法律法规执行情况的督促检查，通过听取工作报告、开展执法检查、调查视察等形式，不断推进依法治市进程，推动各项工作依法有序开展，确保宪法和法律得到正确实施，确保行政权、审判权、检察权得到正确行使，确保公民、法人和其他组织的合法权益得到尊重维护。

第四，以人为本，要在关注民生、促进社会和谐上有新进展。要按照十七大报告指出的关于加快推进以改善民生为重点的社会建设的要求，着力把维护群众利益、改善民生贯穿到人大工作的各个方面，把增进社会和谐作为人大工作的着力点，使各项工作更好地体现人民群众的意愿和要求。要从广大人民群众最关心、最直接、最现实的切身利益出发，把督促解决民生问题放在更加突出的位置，发挥好人大及其常务会的各项职能，加强对群众反映强烈、社会普遍关注问题的监督，促进重大民生问题的有效解决，使发展成果更多体现到改善民生上，让人民群众共享发展成果。要按照“学有所教、劳有所得、病有所医、老有所养、住有所居”的构建和谐社会的五项要求，重点加强对教育、就业、住房、社会保障、医疗卫生、安全生产、社会治安、收入分配等事关和谐社会建设方面的监督工作，促使政府把民生建设提高到新的水平。

第五，夯实基础，在服务代表、发挥代表作用上有新突破。人大代表是国家权力机关的组成人员，是人民利益的代言人，是党和国家联系群众的桥梁和纽带。要按照十七大关于保障人大代表依法行使职权，密切人大代表同人民联系的要求，进一步加强人大代表工作，发挥代表主体作用。一是要加强代表培训学习，以培训提素质，以素质促履职，积极为代表履职创造条件，不断拓宽代表知情知政渠道。二是要发挥代表在经济、政治、文化和社会“四位一体”建设中的模范带头作用，引导代表在推进科学发展、促进社会和谐中发挥优势、建功立业。三是要积极组织开展闭会期间的代表活动，不断丰富活动内容，增强活动实效。四是要进一步提高代表议案和建议办理质量。高度重视代表议案、建议的办理工作，在交办、督办等环节加强督促检查，努力增强办理实效，提高问题的解决率。要通过落实办理责任、听取办理汇报、调查视察和征求代表意见等形式，完善督办机制，切实加大督办力度，督促有关问题的解决，真正使代表满意、群众受益。

第六，注重学习，在提高履职能力、加强自身建设上展现新风貌。加强自身建设是做好一切人大工作的基本条件，也是转变工作作风、提高工作效能的内在要求。换届以来，市人大常委会提出了“建一流班子，带一流队伍，创一流业绩，树一流形象”，建设“学习型、工作型、创新型、和谐型人大机关”的工作目标。面对新的形势和新的任务，各级人大仍需不断加强自身建设。一是进一步加强思想建设。全市各级人大常委会组成人员和机关工作人员都要努力学习党的基本路线、基本方针和政策，自觉运用党的十七大精神和中国特色社会主义理论武装头脑，指导工作；二是进一步加强制度建设。要围绕履行人大及其常委会各项职能，完善和落实规章制度，促进人大工作的规范化、制度化；三是进一步加强作风建设。密切与人民群众的血肉联系，深入基层，深入实际，围绕履行职能，开展调查研究，推进决策的科学化、民主化；四是进一步加强组织建设。按照政治坚定，业务精通，务实高效，作风过硬，团结协作，勤政廉政的要求，加强对人大干部队伍的教育和培养，努力造就一支高素质的人大干部队伍，树立人大机关的良好形象。

人大代表要讲真话

湖南省常德市人大常委会主任　刘本之

讲真话是对每个人基本的道德要求，作为人大代表，讲真话既是一种做人的一个基本准则，又是其履职的一个基本原则。因此，要不要讲真话、敢不敢讲真话、会不会讲真话，是每个人大代表必须认真思考的一个现实问题。

一、人大代表讲真话是一种使命

人大代表是人民代表大会的组织细胞，发挥人大代表的作用，是发挥人民代表大会作用的基础环节，而代表作用的发挥，关键在代表能否为人民代言，因此，一个负责任的代表必须讲真话。

人大代表讲真话是对法律负责。维护和保障法律法规的全面贯彻实施，是人民代表大会的职权，代表语言失真，人大权力就会失信。人大代表依照宪法和法律的规定，参与行使国家权力的过程，实际上就是讲真话的过程。一是从制度设计上来看，要求人大代表讲真话。我国的人民代表大会制度是具有中国特色的“代表制”民主，人大代表按照宪法和组织法的规定组成全国人民代表大会及地方各级人民代表大会，依法行使职权。这种“代表制”民主赋予了人大代表讲真话的平台。二是从法律规定上来看，要求人大代表讲真话。我国组织法规定，人大代表在人民代表大会及其常委会会议上的发言、表决，不受法律追究。这有利于保障代表充分发扬民主、畅所欲言。三是从实际工作来看，要求人大代表讲真话。我国法律赋予人大代表多项职权，人大代表在依法行使决定权时，就是要围绕科学发展讲真话；在依法行使监督权时，就是要敢于监督讲真话；在依法行使任免权时，就是要选贤任能讲真话。

人大代表讲真话是对选民负责。为民代言是代表的神圣职责，代表语言失真，工作就会失职。人大代表由人民选出，受人民委托，就要植根选区，服务人民。一方面，人民群众的诉求需要人大代表去真实地反映。真切地关注人民的疾苦，真心地解决人民的困难，才能无愧于选民，才是选民信赖的代表，才是选民可以放心委托的代表。另一方面，代表大会和常委会的决议决定需要代表及时向选民宣传，保障选民的知情权、参与权、表达权、监督权，使人大的正确决策变成人民群众的自觉行动。

人大代表讲真话是对历史负责。监督是人大的一项重要职权，代表语言失真，监督就会失效。我国的人民代表大会制度是“议行合一”的，人大制定的法律法规，对重大问题做出的决定，都要由其它国家机关来负责执行，这些机关执行的情况如何，要受到人大的监督。监督需要讲真话，既要重视还利于民，更要重视还权于民，这是时代赋予人大代表的历史使命。一方面要时刻关注就业、入学、就医、社保、分配等人民群众最现实的利益问题，监督“一府两院”还利于民。另一方面要积极参加重大事项决策，在充分听取人民群众意见和建议的基础上，提出议案、建议和批评意见，达到决策与人民群众意愿的有机统一，监督“一府两院”还权于民。要用人大代表的真实发言，推动民主政治建设向前发展。

二、人大代表讲真话是一个挑战

实践证明，人大代表讲真话，不仅需要责任，更需要勇气，因此，我们要面对挑战、正视挑战，最后才能赢得挑战。人大代表讲真话面临着世俗的挑战。中国历史沉淀很深，封建专制文化和意识的惯性，还影响着人们敢言敢为。人大代表要讲真话、讲老百姓的话，就要克服种种世俗观念，以极大的勇气为民履职。一是要克服“明哲保身”的观念，消除“万事留一线”的思想，善于为老百姓讲真话；二是要克服“一团和气”的观念，消除“多栽花，少栽刺”的思想，敢于为老百姓讲真话；三是要克服“言多必失”的观念，消除“得饶人处且饶人”的思想，勇于为老百姓讲真话；四是要克服“利益驱动”的观念，消除“本位主义”思想，勤于为老百姓讲真话。

人大代表讲真话面临着权威的挑战。权威的压力主要来源于三个方面：一是来源于领导阶层的压力。人大代表要讲真话、讲老百姓的话，或多或少地要涉及到领导主管的工作，影响到领导的形象。代表害怕讲真话后领导不高兴，给“小鞋”穿。这就使他们说话必须谨慎，避免触犯他们的领导，说真话就要打折扣。二是来源于权力部门的压力。代表们往往带着许多老百姓朴实的愿望，希望通过代表找到相关职能部门，希望帮助解决一些实际的问题。代表为了人民的利益讲真话，必须要触及到权力部门的人和事。因此，代表担心，不讲真话还可能为老百姓办点事，讲了真话就可能为老百姓办不成事。三是来源于利益集团的压力。社会主义公有制使社会成员之间消除了对抗性的经济矛盾，但这并不意味着经济利益之间不存在实际差别；政治上的共同追求不能强制意识形态的绝对统一；立法的广泛涵盖面也不可能保证权利义务的配置均衡。从本质而言，人大代表其实是代表人民与各方利益博弈的代言人。人大代表为老百姓讲了真话，说不定就触犯了利益集团的利益。因此，代表“恐惧”在会上讲真话，会后不好收场。

人大代表讲真话面临着条件的挑战。人民代表大会作为权力机关，无论是制定法律法规、对重大问题行使决定权，还是对国家机关进行监督，都要通过人大代表充分发表见解和意见，也就是议政来实现。这确实需要代表们讲真话、言真情，但是目前代表讲真话条件不太成熟。一是讲真话的平台不够健全。人大代表除了参加代表大会、列席常委会有讲真话的平台外，如何利用互联网等科技手段与“一府两院”架起经常沟通交流的平台，还没有真正建立健全起来。因此，讲真话的空间较小。二是讲真话的时间不够充足。一年一度的代表大会上，代表们要审议6个工作报告，时间安排不足，加上代表也不可能人人发言，代表想讲的话没有时间讲出来。三是讲真话的渠道不够宽泛。代表通过提议案、建议和批评意见讲真话外，很少有其他途径讲真话。因此，每届代表往往出现一批听得多、写得少、讲得更少的代表。

人大代表讲真话面临着自身的挑战。人大代表自身需要具备较高的素质，才能为老百姓讲真话。但从目前情况来看，人大代表面临以下几个方面的制约：一是面临着专业知识的限制。人大及其常委会要审议方方面面的工作，但由于代表知识面窄或专业不熟悉，敢于讲内行话、讲真话的代表少。二是受到法律水平的限制。人大代表担负着监督和保证宪法、法律在本行政区域内贯彻实施的责任。由于人大代表大多数是兼职代表，对法律研究不深，难以发挥人大代表的监督作用，讲真话时，底气不足。三是受到敬业精神的限制。大多数人大代表一届一换，把代表作为一种荣誉的人多，而作为一种责任的人少。因此在充分发挥人大代表作用，依法行使职权，为老百姓讲真话方面，敬业精神表现得不十分突出。

三、人大代表讲真话是一门科学

讲真话的实质，就是要反映真实、表现真情、追求真理。这就是科学的精神，就是要实事求是。人大代表要用科学的态度去反映民意，去为民代言，就要真正保障人大代表能说真话、可说真话、会说真话。

人大代表要能说真话。能说真话就是有真话要说出来，也就是要解决一个讲真话的源头问题，就必须把握人民群众的真实想法。这讲起来很容易，但在充满感性情绪的民意愿望中，要坚守一份理性很不容易。因为公意不等于正义，民意在表达的时候，往往偏离其民主本意。作为人大代表，要把调查研究作为讲真话之源，对民意这种力量进行科学的把握。这就要求人大代表深入实践、深入生活，充分了解人民群众的意愿和诉求。一是要以维护人民群众根本利益为着眼点。老百姓衣食住行，从微观上看,关乎个人生活,从宏观上看,却牵动着社会的各个领域、各个阶层。它是社会事务中的神经末梢,只有它得到了有效的保障,社会才能有序运转、和谐发展。作为人大代表,在把握民意的时候,要真正想民之所想,要看这些想法是不是人民群众最关注、最现实的民生问题。二是要以推进民主法制建设为落脚点。群众反映的问题实质上是不同利益攸关方的要求。整合、协调、平衡好各方利益,恰恰是民主的终极目的。作为代表,就要从民主法制建设的维度去思考,去把握老百姓不同利益的愿望,最大限度的触摸到最广大人民群众的民主需求。这样,人大代表的真话才能讲到实处,讲到点子上,讲出人民群众的心声和意愿。

人大代表要可说真话。可说真话就是有真话可以讲出来。就是说要有代表讲真话的平台。在当今民主和自由成为主流的时代,我们大可以讲真话了,讲真话的回报也大大提高了,但讲真话的成本依然存在。建国后的经验和教训都充分证明,要有一种开放的思想,要有一个讲真话的环境,要有一个容纳不同声音的环境,听得了真话,老百姓才能够敢讲真话。代表法虽然规定了代表发言的免责权,但代表们说话时依然怀揣对"权威"的恐惧、对世俗的顺从,不敢逾越雷池。要逐步建立一种机制,一种科学的、有效的代表选举机制,让代表真正由民选、对民负责,深怀对滔滔民意的"恐惧",而不是对"权威"的恐惧,这样才能让代表可以说真话。

人大代表要善说真话。善说真话就是有真话善于讲出来。这既是人大代表发表自己政见的过程,也是衡量一个代表的议政水平高低、参与管理国家事务能力大小的重要标尺。一是要善于利用讲真话的渠道。一方面人大代表要在参加人大会议、列席常委会议和参加执法检查、执法调研过程中,抓住讲真话的机会;另一方面,要积极利用互联网等现代科技手段,开博客,为讲真话提供更多的平台,拓展讲真话的空间。再一方面是要善于利用提议案、建议和批评意见等方式,充分反映民众意愿,解决人民群众普遍关注的问题。二是要注重提高讲真话的实效。人大代表讲真话,要动真格,要督促政府和两院把人民群众关注的热点、难点问题解决好,做到讲话算话,收到实效。三是要善于营造讲真话的和谐氛围。人大代表讲真话的过程,也是一个营造和谐氛围的过程。要加强与"一府两院"的相互沟通与联系,加强与政府部门的相互协调,真正营造一个既讲了真话,又办了实事,大家和谐共处的良好氛围。用科学的精神讲真话,实事求是地代表民众参与国家事务的管理,为民谋福祉。这检验着我们代表的水平,考量着代表的政治智慧。

在代议制度的政治文化中,民意代表不说真话,代议制和议会就失去存在的价值,民主就会成为一种摆设。只有暴露问题,为民意表达找到管道,才能解决问题。人大代表是国家最高权力机关的组成人员,要深入基层,听民声、纳民意,让人民能找到代表;要实事求是,讲真话、讲实话,让代表能代表人民。

从三鹿牌婴幼儿奶粉事件
看地方人大常委会对垂直管理部门监督的难题

四川省雅安市人大常委会城环资工委　王琼

举世震惊的三鹿牌婴幼儿奶粉事件,在民众的一片问责声中,国家质检总局局长李长江引咎辞职。在这一起让我们痛心疾首的重大食品安全事件中,或许我们有的人会问:李长江引咎辞职究竟冤还是不冤?

一、国家质检总局在三鹿牌婴幼儿奶粉事件中严重失职、渎职、违法违规

一是根据国务院《关于进一步加强食品安全工作的决定》(国发〔2004〕23号)和国务院批准的国家质检总局"三定"方案的规定,国家质检总局对食品生产加工领域的质量、安全、风险负有监管职责和义务。

二是国家质检总局根据其颁布实施的《食品生产加工企业质量安全监督管理办法》和《食品质量安全市场准入审查通则》的规定,对河北石家庄三鹿乳业集团有限公司及其所属企业颁发了生产许可证，实施了行政许可。

三是在"三聚氰胺"引发食品安全事故已经呈现苗头的关键时刻，国家质检总局没有充分正确履行行政许可法和产品质量法规定的义务。

四是在既无法律授权，更未经党中央、国务院批准的前提下，国家质检总局印发《产品免于质量监督检查管理办法》和《中国名牌产品管理办法》两个部门规章。从以上剖析不难看出，李长江从2001年1月出任国家质检总局局长，在他直接领导下的国家质检总局，在三鹿牌婴幼儿奶粉事件中严重失职、渎职，违法违规地为企业颁发中国名牌和国家免检，导致劣质食品损害众多婴幼儿健康，后果极为严重，影响极其恶劣。所以，李长江引咎辞职一点都不冤。

三鹿牌婴幼儿奶粉事件暴露出诸多问题，值得我们大家深刻反思和总结。从地方人大常委会的监督工作来说，一个迫切需要探讨和不容忽视的问题是：如何实施对本行政区域内不属于本级政府管辖的垂直管理部门的监督。

二、地方人大常委会对垂直管理部门监督的现状

垂直管理部门是指驻在本行政区域内但由上级行业机关垂直领导和管理的部门或单位。这些部门和单位都担负某一方面专门法律、法规的执法权，同时代表国家行使某一方面的行政管理和行业监督权。他们的工作事关国计民生，对本行政区域内的经济和社会发展具有重要的影响。目前，我国垂直管理部门主要有两种：其一为中央垂直管理，如金融、海关、外汇管理等；其二为省级政府垂直管理，如工商、质检等。

垂直管理部门由于具有非行政区划性、垂直性和相对独立性等特点，由于这些部门的工作业务和人事任免均由其上级机关领导决定，容易出现只对上级部门负责的情况。仅靠垂直的上级领导机关自上而下融入管理之中的监督，由于监督信息的匮乏和信息传递的不对称，事实上不可能形成有效的监督，造成部门权力至上、执法行为不规范、人民意识淡薄和腐败现象的蔓延。而当地人大常委会对之往往感到监督乏力，存在"看得见的管不着，管得着的看不见"的问题。

一是不敢监督。垂直管理部门管理权限上划后，有人认为，垂直管理部门不受驻地政府的领导和管理，作为同级人大常委会对这些单位无权也无力去监督。而上级人大常委会对这些部门的监督又"山高皇帝远"，"鞭"长莫及，就使得这些垂直管理部门成为监督"盲区"。

二是不受监督。一些垂直管理部门认为，自己是垂直领导，不是当地政府的组成部门，不属于当地人大常委会的监督范围，不应该受当地人大常委会的监督。个别垂直管理部门人大意识淡薄，甚至认为本级人大常委会监督工作是多了一个"婆婆"。以致于这些单位对人大代表所提议案、建议、批评和意见，思想上缺乏应有的重视，行动上敷衍塞责，甚至置若罔闻。三是不好监督。因垂直管理部门的人、财、物都归上级业务主管部门管理，单位的主要负责人不通过当地人大常委会任免，不向人大常委会负责。由于这些单位的权本位思想，往往不愿意接受当地人大常委会的监督。作为当地人大常委会，就现行的管理体制和现有的法律，也找不出强有力的监督依据和措施。

三、地方人大常委会对垂直管理部门监督的难题

按照《中华人民共和国宪法》和《中华人民共和国地方各级人民代表大会和地方各级人民政府组织法》规定，地方各级人大及其常委会"在本行政区域内，保证宪法、法律、行政法规的遵守和执行"。

根据我国现行的监督体制，首先，全国人大作为最高国家权力机关，对所有的国家行政机关、审判机关、检察机关具有法定的监督权，垂直管理部门自然在其监督之中。其次，垂直管理部门要受到本系统内上级机关的监督。第三，垂直管理部门也要受到各级司法机关的监督。这种监督体系表面上看似乎很严谨、周密，可以保证宪法、法律的统一实施。但法理和实践表明，这种监督体系仍然存在一定的漏洞：首先，从应然的角度来看，全国人大作为最高的权力机关，当然具有最高、最具权威的监督权，但让任务繁重的全国人大对垂直管理部门进行经常性、日常化的监督是不可能的。其次，作为人、财、物的管理机关，来自垂直管理部门内部的监督虽然具有一定的威慑力，但由于"看不见"的关系，这种自上而下融入管理之中的监督事实上难以形成有效的事中监督。再次，司法机关的监督主要针对个案进行，不具有整体性和全面性，也不能保证宪法和法律的统一贯彻实施。而垂直管理部门所在地的地方人大及其常委会作为该区域的地方国家权力机关，具有广泛的群众基础，与群众联系最为密切，能够对垂直管理部门实施经常性监督，这种监督对弥补现行监督体制的缺陷，填补监督空白区，切实保障宪法和法律的统一实施，促进依法行政等具有重要意义。

但是，众所周知，"公权力，法无授权不可为"，"私权力，法无禁止即自由"。因此，在现有体制和法律之下，地方人大常委会在对垂直管理部门行使公权力进行监督时，处境尴尬。

四、地方人大常委会对垂直管理部门监督的探讨

随着社会主义市场经济体制改革的不断深化，垂直管理部门相对增多，这些部门在依法行政和区域经济发展中，发挥着不可替代的重要作用。依法强化对垂直管理部门的监督，越来越显得十分重要和迫切。

2007 年 1 月 1 日起实行的《中华人民共和国各级人民代表大会常务委员会监督法》，赋予了各级人大常委会 7 项法定职责：一是听取和审议人民政府、人民法院和人民检察院的专项工作报告；二是审查和批准决算，听取和审议国民经济和社会发展计划、预算的执行情况报告，听取和审议审计工作报告；三是法律法规实施情况的检查；四是规范性文件的备案审查；五是询问和质询；六是特定问题调查；七是撤职案的审议和决定。在这 7 项法定职责中，除"法律法规实施情况的检查"这项职责外，其余 6 项规定的是各级人大常委会对本级人民政府、人民法院、人民检察院工作实施的监督。也就是说，作为垂直管理部门，不是当地政府的组成部门，因而当地政府的同级人大常委会，也无权对之行使这 6 项职权。所以，在现有的体制和法律之下，地方人大常委会只能以法律法规实施情况的检查为切入点对垂直管理部门进行监督。《中华人民共和国各级人民代表大会常务委员会监督法》第二十二条规定："各级人民代表大会常务委员会参照本法第九条规定的途径，每年选择若干关系改革发展稳定大局和群众切身利益、社会普遍关注的重大问题，有计划地对有关法律、法规实施情况组织执法检查"。根据此规定，地方人大常委会可组织常委会组成人员和人大代表对本行政区域内垂直管理部门法律、法规实施情况的进行检查并作出评价，提出执法中存在的问题和改进执法工作的意见以及对有关法律、法规修改完善的建议。《中华人民共和国各级人民代表大会常务委员会监督法》第二十七条规定："常务委员会组成人员对执法检查报告的审议意见连同执法检查报告，一并交由本级人民政府、人民法院或者人民检察院研究处理。人民政府、人民法院或者人民检察院应当将研究处理情况由其办事机构送交本级人民代表大会有关专门委员会或者常务委员会有关工作机构征求意见后，向常务委员会提出报告。必要时，由委员长会议或者主任会议决定提请常务委员会审议，或者由常务委员会组织跟踪检查；常务委员会也可以委托本级人民代表大会有关专门委员会或者常务委员会有关工作机构组织跟踪检查。常务委员会的执法检查报告及审议意见，人民政府、人民法院或者人民检察院对其研究处理情况的报告，向本级人民代表大会代表通报并向社会公布。"根据此条规定，地方人大常委会的执法检查报告及审议意见只能交由本级人民政府、人民法院或者人民检察院研究处理。但这些垂直管理部门不是本级政府的组成部门，政府怎样督促这些垂直管理部门，现有的制度设计没有作出规定。所以，地方人大常委会特别是县、市级的地方人大常委会的执法检查，从实效来看大部分并不好。另外，垂直管理部门为政府组成部门的同级人大常委会，要严格执行《中华人民共和国各级人民代表大会常务委员会监督法》规定，认真加强对垂直管理部门规范性文件的备案审查，避免部门利益规章化，切实维护我国法制的统一和尊严。

当然，执法检查和规范性文件的备案审查是一项法律性、政策性、专业性较强的工作，它要求监督者不仅要有较高的政治素质、法律素质，而且要有强烈的责任心和使命感。因此，地方人大常委会加强自身建设，增强依法监督、有效监督的能力，就显得十分重要。

五、应对我国垂直管理机制设计的思考

党的十七大首次提出建设服务型政府，为新一轮政府机构改革指明了方向。党的十七届二中全会提出，深化行政管理体制改革，要按照建设服务政府、责任政府、法治政府和廉洁政府的要求，着力转变职能、理顺关系、优化结构、提高效能，做到权责一致、分工合理、决策科学、执行顺畅、监督有力，为全面建设小康社会提供体制保障。

按照党的十七大和十七届二中全会的要求，反观当前现行的垂直管理机制的设计，我认为存在很多的缺陷。把众多承担着重要服务和执法职能的垂直管理部门从当地政府组成部门中剥离出去，严重削弱了地方政府的服务和执法能力，导致地方政府职能残缺不全，提供的服务和管理有限，严重地影响和制约了当地经济社会又好又快发展。所以，我认为，国家应该尽快对现行的垂直管理机制进行重新评价和重新设计，建议把那些具有监督职能的部门如审计、监察等部门作为垂直管理部门进行垂直管理，而那些承担重要的服务和执法职能的部门，应成为地方政府的组成部门，使地方政府构建成为一个完整的政府。这样，才符合党的十七届二中全会提出的"建设服务政府、责任政府、法治政府和廉洁政府"的要求。另一方面，建议对《中华人民共和国各级人民代表大会常务委员会监督法》进行修改，把监督的对象范围从同级的人民政府、人民法院、人民检察院扩大到同一行政区域内的同级垂直管理部门，解决地方人大常委会对垂直管理部门依法监督的难题。

努力做好人大工作　促进美好新宜宾建设

四川省宜宾市人大常委会党组书记、副主任　梁熙扬

市委在贯彻落实党的十七大精神中提出了建设美好新宜宾的战略目标，为宜宾的发展勾画出了宏伟的蓝图。作为地方国家权力机关的全市各级人大及其常委会，要为实现这一宏伟目标提供保障。为此，各级人大常委会必须以经济发展为中心，以构建和谐社会为大局，以维护最广大人民群众的根本利益为宗旨，以推进民主法制建设为根本任务，全面履行宪法和法律赋予的各项职权，充分发挥职能作用，努力保障和推动全市经济社会加快发展、科学发展、又好又快发展，为加快建设美好新宜宾而努力奋斗。

一、坚持与时俱进，进一步增强促进美好新宜宾建设的能力

增强人大及其常委会的创新能力，是建设美好新宜宾这一新的重要任务的迫切要求。宪法和法律对人大及其常委会的职能作了规定，但在许多方面还较为原则，同时经济社会发展的新形势，对人大工作不断提出新的任务和更高的要求。各级人大及其常委会要不断探索和总结适应建设美好新宜宾新形势下加强和改进人大工作的新途径、新举措。为此，要全面系统地学习掌握科学发展观重大战略思想的新理论，提高运用理论解决实际问题的能力。要认真研究并努力把握好人大工作的特点和规律，适应时代发展的需要，不断创新工作制度、工作机制和工作方法；进一步拓宽人大工作渠道，加大民主监督力度，丰富监督内容，推进履行职能的制度化、规范化和程序化建设，使人大的工作充分体现时代性、把握规律性、富于创造性，为建设美好新宜宾发挥更大作用。

二、全面加快发展，为建设美好新宜宾提供坚实的物质基础

发展是建设美好新宜宾的基础，是建设长江上游川滇黔结合部经济强市的根本途径。保持经济社会持续快速协调健康发展，促使社会综合实力不断增强，使人民生活水平不断提高，是建设美好新宜宾的物质基础。人大及其常委会必须把促进发展作为履行法定职责的首要任务。在工作中，要以科学发展观为指导，牢固树立以经济建设为中心的思想，一切立足于发展，着眼于发展，用发展的思路谋划工作，使人大各项工作服从服务于全市经济社会发展的需要。要紧紧抓住宜宾经济社会发展中带有全局性、根本性的重大问题，坚持谋全局、议大事、干实事，围绕我市改革发展稳定大局和人民群众关注的热难点问题，尤其是对优化发展环境、工业园区建设、"三农"问题、城市建设、土地开发利用、生态环境保护等重大问题开展视察和听取专项工作报告，适时作出决议决定，及时把市委的主张通过法定程序变为国家意志，进而转化为广大人民群众的自觉行动，促进经济社会健康协调发展，丰富和壮大社会物质基础。要紧紧抓住经济和社会发展中事关人民群众根本利益的重大问题，进一步加大监督力度，按照监督法的要求，创新监督机制，拓展监督形式，提高监督实效。要认真遵循生产力发展的规律，敏锐地把握生产力发展的趋势，找准与"一府两院"及社会各界共谋发展的最佳契合点，整合各种力量，形成协调联动的发展合力。

三、推进民主政治建设，为建设美好新宜宾提供坚实的政治保障

党的十七大强调指出，人民民主是社会主义的生命。因此，推进社会主义民主政治建设，既是和

谐社会的基本特征,又是建设美好新宜宾的重要内容和政治保证。各级人大及其常委会在民主政治建设中所具有的重要地位,决定了人大必然成为公民政治参与、表达民意的重要渠道。在人大工作中,必须努力推进民主的制度化、规范化、程序化,不断完善扩大公民有序参与管理政治、经济、文化和社会的机制,调动一切建设美好新宜宾的积极因素。要健全民主制度,丰富民主形式,依法实行民主选举、民主决策、民主管理和民主监督,保证人民享有广泛的民主权利和自由。要进一步完善人大代表列席、公民旁听人大常委会会议制度、重大决策听证会制度、重要政情通报和媒体公告制度、人民陪审员制度、人大代表评议制度、干部任前陈述制度,为广大人民群众行使民主权力提供尽可能多的机会和平台。加大政务公开的力度。凡是涉及公众利益的政策,决策前都广泛征求群众的意见;凡是需要群众遵守执行或协助配合的决议、决定,事前都要把政策原原本本地交给群众。进一步做好加强基层民主的基础性工作,抓好村级财务的监督管理工作,完善村务公开、财务公开制度,改变村务不透明、财务管理混乱的情况,保护农民切身利益。

四、扎实推进依法治市,为建设美好新宜宾提供制度支持

法治是建设美好新宜宾的重要前提和保障。要健全社会主义法制,充分发挥法制在促进、实现、保障美好新宜宾建设中的重要作用。没有健全的法律制度,就不可能保证社会主义市场经济的顺利发展,就不可能维护正常的社会秩序,人民就不可能安居乐业,美好新宜宾建设就无从谈起。营造全市良好的法治环境,必须促进法律得到执法者的正确执行和全体社会成员的共同遵守,提高全社会法治化管理水平。各级人大及其常委会应按照建设美好新宜宾的要求,针对现实生活中迫切需要解决的带有普遍性的重大问题,及时决策,努力营造公平与正义的社会环境,为实现好、维护好、发展好最广大人民的根本利益,促进人的全面发展,创造良好的制度环境;要建立起对公共权力运行的有效监督机制,运用法律法规规范行政权力和司法权力,保证依法行政、司法公正;督促"一府两院"努力建设透明、诚信、负责、理性的法治机关,及时矫正社会上存在的不合法行为,使失衡的社会关系迅速得以恢复,使失和的人际关系重新达到和谐,为构建和谐社会提供基础性保障。要围绕解决以权代法、以言代法的问题,围绕解决告状难、执行难、关系案、人情案等群众意见大的问题,进一步加大行政管理体制改革,转变政府职能,理顺行政体制,抓好执法责任制和执法公开,切实提高内部监督制约的力度和有效性;严格办案程序,进一步规范办案流程,细化办案程序,保证诉讼参与人的权利保护具体化、标准化、理性化。法律的价值在于贯彻执行,各级人大及其常委会应当督促和推动法制宣传教育,加强和改进面向全社会的普法教育,在全社会形成人人自觉学法、守法、依法办事的氛围,营造构建和谐社会的良好法治环境。

五、依法行使人事任免权,为建设美好新宜宾提供组织保证

建设美好新宜宾是一项艰巨复杂的系统工程,需要全市人民的共同努力,全社会的共同参与,特别是领导干部至关重要。事业成功与否,关键在人。各级人大常委会要以对党、对人民、对事业高度负责的态度,坚持党管干部原则和依法行使任免权的统一,为人民选好"公仆"把好关,为确立正确的用人导向和建立良好的用人机制做好工作。要进一步加强对被任命干部的监督,逐步建立起科学完善、有效运行的干部任免监督机制,努力造就一支具备较高的政治素质和较强的公仆意识,有严谨工作作风和科学态度,尽职尽责、一心为民的干部队伍,从而更好地表达人民的意愿,忠实地代表人民的利益。要围绕构建社会主义和谐社会的要求,督促"一府两院"进一步转变工作作风,加快建立廉洁高效、运转协调、行为规范的司法行政管理体制,确保"一府两院"依法正确行使权力;认真听取和审议"一府两院"的专项工作报告,对在建设美好新宜宾中无所作为,以及滥用职权、失职渎职的"一府两院"组成人员,要依法进行罢免或撤销职务,以增强"一府两院"组成人员的时代责任感和紧迫感,使其更好地为建设美好新宜宾提供优质服务。

六、充分发挥代表作用,为建设美好新宜宾奠定群众基础

人民群众是建设美好新宜宾的主体。人大代表来自于社会各界,植根于人民群众,代表着社会的方方面面。他们是人民群众的代言人,在群众中有较高的威信。所以,人大代表在建设美好新宜宾中具有不可替代的重要作用。他们作用的充分发挥,将会影响和带动群众积极投入到美好新宜宾建设工作中去。因此,要按照中央和省市委关于做好人大代表工作的要求，切实做好代表工作，充分调动他们在美好新宜宾建设中的积极性和创造性，发挥其模范带头和辐射带动作用。同时要通过发挥代表的桥梁纽带作用，进一步加强代表与人民群众的联系，深入了解民情，充分反映民意，广泛集中民智，进一步激发广大人民群众关心、支持、参与美好新宜宾建设的积极性。作为权力机关组成人员的人大代表要认真履行职责，为美好新宜宾建设出力献策，要身体力行，率先垂范，用自己的实际行动，引导周围的群众积极参加美好新宜宾建设。各级人大常委会要为代表执行职务和开展活动创造条件，尽力帮助其解决遇到的困难和问题，充分发挥代表在促进全市经济社会加快发展、科学发展、又好又快发展中的重要作用。

创新工作机制　强化监督工作

四川省宜宾市人大常委会研究室副主任　何世宗

对同级行政机关和“两院”实施监督是宪法和法律赋予地方各级人大常委会的一项重要职权，是保障宪法和法律的实施，维护人民根本利益，促进依法行政、公正司法的国家体制。根据全面建设小康社会的新形势新任务的要求，按照监督法的规定，人大常委会的监督必须与时俱进，不断创新监督方式，才能有效地提高监督质量和水平，促进和保障本地经济社会加快发展、科学发展、又好又快发展。

一、突出重点，增强监督的针对性

人大常委会的监督工作面广量大，必须突出重点，以增强监督的针对性和实效性。一是以法律法规贯彻落实情况的监督为重点。保障宪法和法律在本行政区内的正确有效实施是常委会的首要职责。人大常委会要通过听取法律实施情况的汇报，开展执法检查等方式，全面了解法律法规的贯彻执行情况，及时发现和指出存在的问题，监督“一府两院”认真加以纠正和解决。对发现的严重问题要适时启动人大常委会的审议程序，跟踪监督程序，询问和质询程序等程序督促整改，为经济和社会事业健康发展创造良好的法制环境。二是以“一府两院”进行的重要工作为重点。人大常委会与“一府两院”的工作目标是一致的。必须牢固树立寓支持与监督之中的思想，在监督中支持，在支持中监督。对政府方面国民经济和社会发展计划、财政预算执行情况；对农业产业化发展、农民增收、科技兴农；对招商引资、大项目建设；对民生工程及人民群众普遍关心的热点难点等涉及全局的重要工作和重大事项，既要积极监督，又要积极支持。同时，还要积极参与、合力共为，共同促进经济和社会事业又快又好的发展。对法院民商事审判、行政审判、执行工作，对检察院民事行政检察、宽严相济刑事政策执行等项涉及全局、影响深远的重点司法工作既要尊重“两院”的独立办案原则，又要监督支持他们依法公开，自觉接受监督，促进“两院”工作的依法进行，实现公正司法。

二、创新常规工作，提高监督的实效性

听取和审议“一府两院”专项工作报告是人大常委会法定的常规工作方式。没有调查就没有发言权，会前的调查研究工作的质量直接决定着人大常委会的审议质量。要坚持做到凡是人大常委会听取审议的内容，都要安排会前的调研、视察，对重要工作既可以人大常委会组织视察，也可以组织代表小组活动进行视察，真正达到摸清情况、找准问题、提出建议、促进工作的目的。对会上审议的工作报告，要提前将会议材料送达常委会组成人员，以便熟悉情况为审议做好准备。会议上对各项报告实行满意度票决制，满意票不过半数的要在下一次常委会上再次汇报，直到满意为止。会上形成的重点审议意见，要书面送达报告部门，并督促整改落实，做到议而有果。人大常委会还要把办理人民群众来信来访作为了解社会热点、难点问题的重要渠道，通过对信访情况的梳理、研究和分析，及时调整监督工作重点。通过对社情民意的监督，化解矛盾，促进社会的和谐、稳定。

三、发挥代表作用，增强监督的广泛性

人大代表是人大常委会全部工作的基础，做好代表工作、发挥代表作用就会增强人大监督工作的广泛性和力度。一是要加强代表培训。人大常委会要针对代表的实际，采取集中与分散、专家辅导、参观考察与讨论交流相结合的方式，对人大代表进行集中培训。通过培训，进一步增强人大代表的责任感和使命感，强化代表意识，提高代表依法履职和参与管理国家事务的能力。二要完善激励机制，在代表中深入开展"创先争优"活动，对做出成绩的先进代表小组、优秀代表进行表彰，充分调动广大代表履职的积极性。三是积极创造条件，努力为代表执行职务提供服务、经费等方面的保障。通过为代表订阅人大报刊、通报情况等方式，为代表履职提供条件，特别是要加强对代表小组开展活动的指导，实现代表小组活动的经常化、制度化、规范化。要坚持邀请代表参加常委会会议及执法检查、视察等活动，为代表知情知政提供机会、创造条件。四是加强基层人大工作的指导和监督，坚持邀请基层人大及其常委会负责人列席人大常委会会议，人大常委会开展的重要活动请基层人大参与、配合，并支持基层人大在监督工作方面积极创新实践，促进基层人大共同提高、共同发展。

（四）健全制度，规范监督的程序性

监督法的实施为人大常委会的监督工作提供了法律规范。人大常委会要依法修订完善常委会的各项规章制度，使各项工作都有法可依、有章可循，确保监督工作的科学化和规范化。一是要建立健全学习制度。通过举办培训班、邀请专家辅导、集中学习和自学等多种形式，提高自身的政治素养和知识水平，增强做好新时期人大工作的能力。二是要建立工作规范，人大常委会组成人员担负着议政决策的重任，无论是调查研究、听取审议专项工作报告、作出决议决定、任免国家机关工作人员，还是提出建议、议案，处理人大信访都要依法、依规，符合程序。因此，必须建立一套行之有效的规章制度，规范行为。三是要建立接受监督制度。人大常委会组成人员是代表中的代表，一方面要接受原选区选民的监督，定期向选民述职；另一方面也要加强与代表的联系和交流，听取代表的意见，自觉接受广大代表的监督，履行好人大常委会组成人员的职责，在促进经济社会又好又快发展中做出贡献。

关于促进县级人大机关建设科学发展的对策及建议

贵州省江口县人大常委会办公室主任　廖昌友

切实加强人大机关建设是一个常抓不懈的老课题，实现人大机关建设的与时俱进、科学发展是一项共克时艰的新任务。县级人大机关建设如何顺应新形势、抢抓新机遇、迎接新挑战、获取新成绩，并体现时代性、把握规律性、富有创造性，根据深入学习实践科学发展观活动要求，笔者在充分珍惜和运用人大机关建设现有成果的基础上，采取参观学习、实地走访、发放征求意见表、座谈讨论等方式开展调研，并本着标本兼治的原则，就进一步促进新时期、新形势下县级人大机关建设科学发展提出几点尝试性的探索与思考。

一、解放思想，着力增强"五个意识"

解放思想，着力增强"五个意识"是进一步促进人大机关建设科学发展的前提条件。认识是行动的先导，观念决定思路，思路决定出路，站在新的起点，总结回顾县级人大机关建设的过去，开创展望县级人大机关建设的未来，如同一个旧瓶子里头要装上新酒，装满好酒，就必须进一步地解放思想，着力增强"五个意识"。

第一、进一步增强党的意识。党的领导是党的一切事业取得长足发展、健康进步的根本保证。自觉坚持党的领导是人大工作的根本原则。吴邦国委员长指出，做好新时期人大工作，必须牢固树立党的观念、政治观念、大局观念和群众观念。其中最重要最核心的是坚定地确立党的领导观念，坚定不移地走中国特色社会主义政治发展道路的信心。只有坚持好党的领导并不断地加强和改善党的领导，人民代表大会制度的优越性和强大的生命力才能得到更加充分的展现，人大机关建设的前进步伐和发展方向才能不会发生震裂和漂移。

第二、进一步增强大局意识。实现经济社会又好又快发展，是党的根本任务和工作大局。人大机关建设，无论是思想作风建设、干部队伍建设、管理制度建设、组织机构建设、体制机制建设都必须着眼并立足这个大局，围绕并支持这个大局，服从并服务于这个大局，这是加强人大机关建设一切工作的出发点和落脚点。实践证明，人大机关建设，只要认真把握党的工作大局，就能紧紧契合科学发展的深刻内涵，切实相容并紧贴依法履职、依法治县、服务中心、推动经济社会和谐发展和全面进步的本质要求，实现人大机关建设的有的放矢、有条不紊、有为有位。

第三、进一步增强履职意识。人大及其常委会是国家权力机关、监督机关和人事任免机关，而不是所谓的“二线”机关，这是宪法和法律赋予的神圣职责和光荣使命。人大机关则是人大及其常委会的参谋班子、工作班子和服务班子。从某种意义上讲，人大机关履职的水平和服务质量的好坏、优劣直接影响着人大及其常委会整体工作水平和效益，影响人大及其常委会工作职能作用的有效发挥。只有彻底摒弃人大“二线”思想，进一步增强人大机关履职意识，着力提高人大机关工作人员的自身素质，人大机关参谋班子建设，工作班子建设，服务班子建设才能卓有成效。

第四、进一步增强群众意识。增强群众意识，就是增强服务意识。根据宪法规定，中华人民共和国的一切权力属于人民。人大及其常委会是由人大代表选举产生的，代表广大人民群众行使管理国家事务的权力。因此，人大机关建设必须进一步地增强群众意识，认真落实“全心全意为人民服务”的宗旨，贯彻党的群众路线，加强同人大代表、人民群众的直接联系，一切为了人民群众，一切依靠人民群众，想人民群众之所想，急人民群众之所急，认真倾听民声、反映民意，依法维护人民群众的合理诉求，通过切实转变工作作风，认真关注民生，解决民忧，创造性地做好党的群众工作。

第五、进一步增强创新意识。创新是党的各项事业持续发展的助推器，是实现人大机关建设科学发展的源动力。诚然，人大机关工作要注重把握法制性、规范性、程序性、严肃性，但并不排斥和否定人大工作、人大机关建设要敢于并善于开拓创新。随着经济社会的快速发展和社会主义民主法制建设的不断推进，新矛盾、新问题与日俱增，给人大工作、人大机关建设提出了更高的要求。面对新形势和新任务，只有大胆探索，勇于实践，敢于创新，坚持用发展的思路，创新的理念研究新情况，解决新问题，人大工作，人大机关建设才能不陷于平庸，不落于俗套，并创造出特色，真正体现时代性、把握规律性、富于创造性。

二、抢抓机遇，力争破解“三个难题”

抢抓机遇，力争破解“三个难题”是进一步促进县级人大机关建设科学发展的关键环节。加强和促进人大机关建设，困难和希望同在，挑战与机遇并存。一是改革发展的新形势新任务给人大工作提供了新平台。二是宪法和法律，特别是监督法、监督条例的颁布实施，赋予人大及其常委会新职责。三是中央、省委、地委《关于进一步加强和改进人大工作的决定》给人大机关建设带来了新政策。四是深入学习实践科学发展观活动给人大机关建设提出了新要求等等。因此，加强人大机关建设，我们必须看到这千载难逢的诸多机遇，并充分利用和抓住这些机会，力争解决好“三个难题”。

第一、力争解决好人大机关工作人员编制不足的问题。由于多方面的原因，在编制问题上，除有关法律对各级人大常委会组成人员名额有明确规定外，对人大机关的机构设置和工作人员的配置均没有明确的规定，而是以“若干人”统称，致使人大机关的编制一直陷入尴尬的困境。据多方了解，县级人大机关人员编制问题主要有：一是县级人大机关人员的编制数偏少。“除了领导就几个兵”的现象较为突出。二是同等县、市、特区之间，人员编制职数配备差异大。存在着争取多就得多，争取少就得少，不争取就不得的现象。三是人大机关工委人员职数配置严重不足。有的县一个工委2—3人，配有工委主任、副主任、工作员；有的县只配主任1名，既是领导也是兵。四是常委会主任编制单列得不到很好落实。县委领导开明、编制库存原本多的县落实容易，反之落实难。因此，只有认真贯彻好各级党委关于进一步加强和改进人大工作的决定，并科学合理配置县级人大机关人员编制职数，方能解决人大机关人员编制职数偏少的问题。

第二、切实解决人大机关工作机构设置不规范的问题。据走访，各县级人大机关机构设置极度的不规范、不统一。主要表现在：一是机构设置数不规范不统一。如有的县设有一室四委，即办公室、代工委、财工委、法工委、教工委；有的县设有二室五委，增设了信访室、环资委；有的县设有二室六委，增设了农业农村工作委员会；有的县设有二室七委，增设了城市建设工作委员会。二是机构名称不规范，不统一。如有的将人事代表工作委员会称作“选联委”（选举联系代表工作委员会）或“代联委”（代表联系工作委员会），有的称财政经济工作委员会为“社工委”（社会经济科教文卫工作委员会），有的将农业农村工作委员会称作农村环境资源工作委员会等。三是机构行政编制级别配置不规范、不统一。如有的县人大信访室为办公室内设股级机构、副科级机构或正科级机构；有的为人大常委会内设的副科级机构或正科级机构等等。因此，笔者建议，为切实加强人大机关自身建设，使人大工作更加规范化，人大机关机构应规范设置为二室六委：办公室、信访室、代表人事工委、财政经济工委、内务司法工委、教科文卫工委、农业农村工委、环境资源工委。

第三、着力解决人大机关工作人员力量配置不足的问题。据调查，制约加强县级人大机关自身建设的因素较多，其中人员力量配置问题较为突出，主要表现在三个方面：(一)人员整体年龄偏大，结构不合理。就其原因有：一是人大机关人员进出口不畅。有才干有能力的年轻人怕得不到提拔重用而不愿意到人大机关工作；在人大工作多年，且年龄偏大的人员又交流不出去，即使想交流出去也没有理想的岗位。二是党政部门一些年龄偏大的干部陆续安排到人大机关“养老”。三是人大自然改非的干部比例偏大，无编不能进人，导致人大机关干部年龄居高不下，工作热情不高。因此，存在“年龄大了不用怕，还有政协和人大”的说法。(二)从事文字工作的人员力量缺乏。到人大机关工作时间长的同志不愿意深入学习工作业务，新到人大机关的同志对人大工作又有个熟悉过程，不能完全接上手；乡镇、部门能写的年轻干部基本被县委、政府起用，几乎轮不到人大机关使用。(三)思想认识没有真正到位，工作信心不足。年龄大的有“船到码头车到站”的感觉，同时，在现实生活中，由于上下人大工作还没有真正受到应有的重视，人大干部或多或少地产生人大工作多干不如少干，多一事不如少一事的想法，致使人大机关工作人员力量表面看来够，实际却严重短缺，人才供需矛盾突出。

三、健全机制，扎实搞好“五个创建”。

健全完善机制，搞好“五个创建”是进一步促进县级人大机关建设科学发展的重点和目标。在促进县级人大机关建设科学发展的实践中，要把解决现实问题与健全长效机制紧密结合起来，并针对管理体制和工作制度与科学发展不适应的地方，加快构建充满活力，富有效率，更加有利于科学发展的体制机制，为推动人大机关建设科学发展提供有效的体制机制保障。因此，在认真坚持人大现有体制的基础上，要着重创新完善“五个机制”，扎实搞好“五个创建”。

第一，健全完善学习培训机制，扎实创建学习型机关。提升机关工作人员素质，创建学习型机关，要注重更新观念，树立新的学习观，把学习与工作有机地结合起来，在工作实践中不断地学习、总结、思考，在学习、总结、思考中提升工作质量和水平，具体做到“五个坚持完善”：一是坚持完善人大常委会中心学习组、机关党支部、机关干部集中学习培训计划。二是坚持完善人大常委会、人大机关学习调研制度。三是坚持完善人大机关“走出去，请进来”的学习交流制度。四是坚持完善人大机关学习心得交流汇报会制度。五是坚持完善干部学习培训激励制度。通过加强学习培训，鼓励自学，进一步增强机关干部职工政治理论素质和工作业务知识，促进机关工作人员整体素质的提升，扎实推进学习型机关建设。

第二，健全完善作风建设机制，扎实创建务实型机关。空谈误国，实干兴邦，兴衰成败，关键在人。人大常委会职能作用发挥得如何，工作实绩的创造和获取，直接取决于人大机关各项工作是摆花架子、流于形式、走走过场或是扎实工作，真抓实干；取决于人大干部的工作作风。作风建设决定着人大的履职水平和对外形象，因而加强人大机关干部的思想作风，工作作风建设至关重要。为此，应做到“四个健全完善”：一是要健全完善干部职工工作纪律管理制度，重视干部工作纪律的规范和约束。二是要健全完善干部培养、交流制度，切实解决人大机关干部进出、交流、提拔的瓶颈问题。三是要健全完善干部教育谈话制度，注重干部思想教育和作风教育。四是要健全完善工作责任追究制度。五是要健全完善干部实绩考评制度。通过制度建设，切实转变机关干部的工作作风，确保人大机关工作人员努力工作，说实话、出实招、干实事、创实绩，扎实推进务实型机关建设。

第三，健全完善工作激励机制，扎实创建效率型机关。人大机关的工作人手少，各项工作，特别是服务性、事务性工作，文字材料工作，是一种既费心又捞神的苦差事。如同一个家庭洗衣、做饭一样，天天做，天天有，日复一日，周而复始，做了看不见，摸不着，工作成绩不显山、不露水，若一事不留神，服务不周到，有时还要得罪于人。因此，要敢于冲破论资排辈束缚，克服累的累得有意见，闲的闲得不舒服，干与不干、干多干少、干好干坏一个样现象。坚持任人唯贤，激励干部奋发向上，努力干事创业，使能者有希望，苦者有盼头，懒者无想头，庸者无出头。不拘一格，大胆提拔使用靠得住、有本事，工作实绩突出的优秀年轻干部，确保人大机关工作效率的有效提升。同时，还要做到“两个认真把握”：一是认真把握工作的超前性。坚持服务在领导决策之前，谋划在领导思考之中，凡事及早考虑，及早安排，及早落实。坚持未雨绸缪，超前谋划的原则；二是认真把握工作的主动性。围绕人大工作重点，主动为常委会行使职权出点子、探路子、找法子，无论是工作计划确定的工作，还是领导临时交办的工作，都要做到言必行、行必果，力求实现快节奏、高效益，扎实推进效率型机关建设。

第四，健全完善开源节流机制，扎实创建节约型机关。在切实制定开源节流激励政策，鼓励多渠道争取资金，努力改善办公经费的基础上，认真抓好节能降耗工作。艰苦奋斗是我党的光荣传统和优良作风，当前，面对国际金融危机的影响，国家经济运行困难加剧，财政收支矛盾凸显，解决和改善民生任务问题繁重，应发扬励行节约的传统，坚决遏制铺张浪费的习气，注重打造节约型机关。为此，应健全完善“四个制度”，一是要健全完善公务接待制度。严格控制接待性支出。二是要健全完善会议费用支出制度。严格控制会议规模，节省会议开支。三是要健全完善一般性经费支出制度。认真控制一般性支出，有效降低行政运行成本，降低节油、节电、节水指标，做到必须开支的尽量节约开支，可开支可不开支的尽量不开支，力争不花钱办成事，花小钱办大事，把有限的经费用在刀刃上。四是要健全完善开源节流、节能降耗工作责任制度和督促检查制度，扎实搞好开源节流和节能降耗工作，扎实推进节约型机关建设。

第五，健全完善机关配套管理机制，扎实创建和谐型机关。坚持以人为本，健全完善机关配套工作机制，规范机关管理，创建和谐型机关，是贯彻落实科学发展观的客观要求，是实现人大机关建设科学发展的目标所在。因此，要着力完善“四个制度”，并注重把握三个方面的问题。健全完善“四个制度”：一是进一步健全完善勤政廉政制度，切实加强机关勤政廉政建设；二是进一步健全完善文明机关、卫生管理制度，扎实搞好机关精神文明建设；三是进一步健全完善安全保卫制度，认真抓好平安创建工作；四是进一步健全完善机关党支部、工会、老干、关协等工作制度，充分创造人性的和谐。同时还要注重把握以下三点：一是要立足人大工作实际，科学规范的制定机关工作各项配套管理制度，注重防止偏颇过激，或失于松或过于严；二是要切实加强干部职工思想教育工作，大事讲原则，小事讲风格，积极引导干部职工严格要求自己；三是在执行制度上要认真把握原则，体现执行制度的公平与公正，合情与合理。总之，“通则不痛，痛则不通”。机关和谐建设如同人体的七筋八脉，需要筋脉畅通，只有营造充满和谐的工作关系、人际关系，让干部职工能够充分感受并共享创建和谐机关成果的温暖，心往一处想，劲往一处使，人大各项工作、人大机关建设就会永葆生机活力。

认真执行坚持和完善人民代表大会制度的三项措施 努力开创人大工作新局面

陕西省太白县人大常委会主任　宫志宏

党的十七大站在历史和时代的高度，以全局性、战略性、前瞻性的眼光，通过对当今世界政治制度发展趋势的全面审视和准确把握，对社会主义民主政治本质规律的精辟概括和科学提炼，得出了“人民民主是社会主义的生命，发展社会主义民主政治是我们党始终不渝的奋斗目标”这一当代马克思主义的最新理论观点。为了使这一最新理论成果更好地指导实践，党的十七大从制度建设的角度明确提出了扩大人民民主，保证人民当家作主的途径，特别指出通过加强三项措施来更好地坚持和完善人民代表大会制度，即“支持人民代表大会依法履行职能，善于使党的主张通过法定程序成为国家意志；保障人大代表依法行使职权，密切人大代表同人民群众的联系，建议逐步实行城乡按相同人口比例选举人大代表；加强人大常委会制度建设，优化组成人员知识结构和年龄结构”。这三项措施，不仅为坚定不移发展社会主义民主政治指明了前进的方向，而且为加强新时期地方人大工作赋予了神圣的使命。全面落实三项措施，认真执行三项措施，既是新一届地方人大及其常委会认真贯彻十七大精神的首要政治任务，更是开创人大工作新局面的行动指南。

一、充分认识三项措施的重大意义，增强做好新时期人大工作的责任感和使命感。十七大把"人民民主"提到"社会主义的生命"的理论高度，向全党发出了"发展社会主义民主政治"是党"始终不渝的奋斗目标"这一号召，内涵深远，意义非凡。众所周知，人民代表大会制度在发展社会主义民主政治进程中的制度保证作用是根本性的、第一位的。三项措施的提出，对于更好的发挥这一制度的根本性作用具有重要意义。新时期的地方人大工作，就要牢牢把握"人民民主"这一社会主义的生命线，坚持党的领导、人民当家作主和依法治国有机统一的基本政治原则不动摇，牢记"法律至尊，人民至上"的崇高使命，把维护和实现好人民群众的根本利益做为人大一切工作的出发点和落脚点，积极探索，大胆创新，依法履职，不辱使命，不负人民的重托，真正发挥人民代表大会制度在扩大人民民主、保证人民当家做主中的优势和作用。对于新一届地方人大及其常委会而言，要以对党、对人民高度负责的责任感，充分认识三项措施是扩大人民民主、发展社会主义民主政治的根本要求和基本途径，针对换届后人大工作面临的新情况、新任务，按照三项措施的要求积极开展工作，深入研究贯彻三项措施的途径和方法，认真解决涉及常委会思想建设、作风建设、制度建设、组织建设等方面存在的问题，为全面贯彻执行好三项措施、开创人大工作新局面奠定坚实的基础。

二、准确把握三项措施的深刻内涵，找准做好新时期人大工作的切入点和突破点。任何一项措施的提出和构想，都为了改进某一方面的问题，弥补某一方面的不足。坚持和完善人民代表大会制度对于我们开创中国特色社会主义政治发展道路，始终是一个严肃而又重大的时代命题、一项艰巨而又神圣的政治任务。三项措施就是针对当前意识形态领域人们对于这一时代命题和政治任务模糊认识和思想偏差、针对实际工作中人大制度和人大工作中暴露的薄弱环节及时制定的。它的的提出，无疑为我们做好新时期人大工作找到了突破点和切入点。当前首要的任务是要积极探索善于把党的主张通过法定程序转变为人民意愿，上升为国家意志的路径和方法。在提高党科学执政、民主执政、依法执政水平，保证党领导人民有效治理国家方面，人民代表大会这一根本政治制度的保证作用至关重要，人大及其常委会所肩负的职责和使命神圣崇高。但也应当看到，坚持党的领导不是空泛的口号，也不是僵化的教条，人大工作中坚持党的领导不仅具有原则性的要求、法律性的内容和程序上的规范，而且具有思想上的统一性、行动上的自觉性和形式上的多样性。能够把坚持党的领导这一原则规定升华到自觉主动的坚持党的领导并善于把党的主张转变为国家意志的实际工作和社会效果，由此推动人大各项工作实现新突破，开创新局面，应是新一届人大及其常委会追求的首要政治目标，也是坚持中国特色社会主义政治发展道路的根本保证。

三、全面落实三项措施的基本要求，提升做好新时期人大工作的能力和水平。三项措施的提出为我们坚持和完善人民代表大会制度、增强新时期人大工作的生机与活力提供了政策上的支持，政治上的保证。一是要按照宪法法律的规定，认真行使好监督、决定和人事任免等各项职权，当前最为紧迫的任务就是要全面实施监督法，抓住事关经济社会发展大局和人民群众关注的热点难点问题，提早谋划和制定好全年乃至本届常委会今后五年监督工作的目标、任务和重点，深入开展视察调查，抓好审议意见的落实整改，力促问题的解决，并向社会公开公布监督过程和结果，自觉接受社会和群众的监督，切忌蜻蜓点水、虎头蛇尾的花拳绣腿和只讲程序、不顾效果的程式老套，实现监督工作的新突破；二是要坚决贯彻中央九号、省委十一号文件的规定，切实加强闭会期间代表的组织化程度，为代表依法履行职权提供经费保障、组织保障、人力保障和制度保障，不断增强代表联系选区和选民的积极性、主动性和责任感。要充分尊重和发挥代表的主体作用，把"一切为了代表""一切服务代表"作为人大常委会日常工作的重中之重。要依法维护代表的监督权、视察权、审议权、建议权和表决权，切实加强代表建议办理工作的质量和效果，开展最佳建议和优秀代表小组（或个人）评选活动，增强代表工作的活力；三是要加强人大常委会的制度建设。人大及其常委会作为国家权力机关，既是保证宪法和法律贯彻执行的工作机关，又是密切联系人民群众的代表机关，在加强制度建设过程中既要依法依程序建立完善各项工作制度，不断增强工作的规范性、程序性，同时要开拓创新、推陈出新，与时俱进,使人大常委会的制度建设始终与民主法制的实践合拍,与人民群众的愿望合心,与党的中心工作合力,充分发挥常委会各项制度在实现党的领导、人民当家作主和依法治国有机统一中的保证作用,为建设社会主义政治文明奠定坚实的基础。

立法为经济社会发展保驾护航

内蒙古包头市人大常委会副秘书长　王文武
内蒙古包头市人大常委会办公厅综合处副处长　李金莲

1984 年,包头市被国务院首批批准为全国较大的市,市人大及其常委会享有了地方立法权。1989 年,伴随着《包头市老年人保护条例》的出台,包头市人大及其常委会开始了 20 年的立法之路。20 年来,包头市人大及其常委会在市委领导和自治区人大常委会指导下,以邓小平理论和"三个代表"重要思想为指导,深入贯彻落实科学发展观,按照围绕大局、突出重点、急需先立、体现特色、注重质量的立法工作思路,坚持民主立法、科学立法,依法行使立法权。截止 2008 年底,共制定、修改地方性法规 70 余件,其中现行有效的 59 件。

民主科学　数量质量并举

立法法明确规定立法应当体现人民的意志,发扬社会主义民主,保障人民群众通过各种途径参与立法活动。党的十六大明确提出,要扩大公民有序的政治参与。要加强立法工作,提高立法质量,到 2010 年形成中国特色社会主义法律体系。党的十七大报告中提到,要采取第三方立法等形式,防止利益相关部门通过立法获取不当利益等等。这些理念为市人大及其常委会开门立法指明了方向。在法规制定过程中,进一步创新和拓宽民主立法渠道,采取专题调研、召开座谈会、论证会等形式,充分听取人大代表和各方面的立法建议和意见,使立法的过程成为充分集中民智、体现民意、保障民权的过程。

*经济立法与社会立法并重。*为保障全市经济社会又好又快发展,制定了促进私营个体经济条例、人力资源市场管理条例、土地储备条例、奶牛良种繁育管理条例、动物诊疗管理条例等法规,修订了建筑市场管理条例。为规范和加强城市建设和管理,提升城市建设品位和管理水平,制定了地震安全性评价实施条例等法规,修订了城市绿化管理条例、城市供水管理条例、城市房屋拆迁管理条例。制定了公共汽车客运、殡葬管理、地名管理等条例,修订了市容和环境卫生管理、物业管理、养犬管理等条例,为巩固文明城市建设成果提供了法规保障。为加强生态环境保护,实现人与自然和谐相处,制定了水土保持条例、大气污染防治条例、赛汗塔拉城中草原保护条例、南海子湿地自然保护区条例,为生态包头、和谐包头建设提供法规保障。为改善民生,维护人民群众的生命财产安全和劳动者的合法权益,促进社会和谐,制定了预算审查监督等条例、劳动者工资保障条例、清真食品管理条例、建筑工程和内部装修工程防火条例,修订了基本菜田保护建设管理条例、社会治安综合治理条例。

*公开征集意见。*2003 年,《包头市城市市容环境卫生管理条例(草案)》,首次全文在《包头日报》上刊发,面向社会公众征集立法建议和意见;2006 年,《包头市大气污染防治条例(草案)》、《包头市物业管理条例(修订草案)》通过《包头日报》向社会征集意见的同时,首次在互联网上征集修改意见和建议。公开征集意见,吸引了众多普通百姓的目光,迈出了开门立法的重要一步。

*立法信息公开。*立法公开制度,作为立法机关议事公开的重要组成部分,是民主制度的另一重大发展,也是立法民主化程度的重要指标。2004 年和 2005 年,市人大常委会举行了《包头市劳动者工资保障条例》、《包头市城市公共汽车客运条例》立法听证会,直接听取各方利益代表的立法意见和建议,在条例制定过程中,常委会充分吸收了这些意见建议,使条例更加公平、合理地协调了各方面利益。如果说《包头市劳动者工资保障条例》立法听证会是首开市人大立法听证先河之举,那么《包头市城市公共汽车客运条例》立法听证会的举行则显现出立法听证制度更加趋于完善。立法听证会,既达到了立法部门收集信息的基本目的,也满足了公

民知情权的需要。

举行新闻发布会。继立法听证会后，市人大立法工作的又一重要举措和有益尝试，是《包头市殡葬管理条例（草案）》新闻发布会的举行。在审议过程中召开新闻发布会，目的在于更多地吸纳社会公众的意见，使条例的制定更加符合人民群众的意愿。通过这种方式，让更多公民有序地参与到立法之中，进一步增强了人大立法工作的民主化和透明度。同时，在审议《包头市地震安全性评价实施条例（草案）》期间，为便于社会公众及时了解立法工作进程，首次通过新闻媒体向社会公布了条例草案的审议、修改情况。

完善工作机制。制度创新是加强立法工作，提高立法质量的重要保障。市人大常委会在立法工作中，始终以开拓创新的精神和求真务实的态度，积极探索并不断总结民主科学的立法实践经验，不断建立和完善立法工作机制，先后制定了立法规划编制、立法计划编制、法规起草、法规审议、立法咨询顾问、立法听证、规范性文件审查备案、法规草案征求意见等8项工作规程。在立法过程中，注重实践工作者、专业工作者和法规工作者之间的密切结合，聘请了立法咨询顾问，为规范地方立法、提高立法效率和立法质量提供了制度保障。

包头市人大常委会对立法民主化的不懈探索和成功实践，极大地激发了社会公众关注、参与地方立法的热情，社会公众的民主法制、参政议政的意识明显增强，参与的实效不断增强，确保了法规内容的设定更加客观全面、科学合理，社会各方面利益关系得到有效协调和平衡，以立法的民主化促进了立法的科学化，也为法规实施奠定坚实的群众基础。

站在新起点　再上新高度

2008年，是包头市第十三届人大及其常委会的开局之年，为保证地方性法规的立法质量，新一届人大常委会坚持科学立法、民主立法，积极探索创新立法工作。坚持从全市经济社会发展实际出发，立法尤其注重体现科学发展观的要求，注重保障民生、促进社会和谐的理念。年内完成立法任务5项，其中审议通过3项，进行一审2项，为全市经济社会又好又快发展提供了有力的法制保障。

坚持党的领导。党的十六届四中全会明确提出要加强党对立法工作的领导，善于使党的主张通过法定程序成为国家意志，从制度上、法律上保证党的路线、方针、政策的贯彻实施。包头市人大及其常委会在地方立法工作中坚持并自觉地接受党的领导，探索建立了市委领导、人大主导、"一府两院"密切配合、社会各界广泛参与的立法工作机制。紧紧围绕市委的重大决策部署和确定的中心任务，根据全市经济社会发展的需要适时开展立法工作。认真学习自治区人大常委会立法工作会议精神，并及时向市委报告有关会议精神和市人大常委会贯彻落实意见。

科学选项。为保障"科学发展、富民强市"战略的贯彻落实，通过报纸、广播、信函、网络等方式，向全社会广泛征集立法建议项目，精心筛选，研究论证，科学编制审定了包头市五年立法规划和2008年的立法计划。常委会从征集到的54项立法建议中，确定了本届人大常委会制定修改34件地方性法规，其中制定23件，修订10件，修正法规1件，涉及经济发展、城市建设管理、生态建设、保障和改善民生、推动文化建设、加强社会管理和促进社会和谐等各个方面。

突出社会事业立法。在立法实践中，以着力维护广大人民群众的根本利益为出发点，努力在改善民生、促进社会和谐上积极作为。审议通过了义务植树条例、废弃食用油脂管理条例。为保障社会公共安全和人民群众生命财产安全，维护燃气用户和燃气经营者的合法权益，修订了燃气管理条例；为鼓励和保护发展创新，对专利保护条例进行了一审等。

随着全国人大常委会和国务院关于开展全民义务植树运动的决议和实施办法的实施，包头市的造林绿化工作取得了一定成效，对改善生态环境，促进人与社会和谐发展起到了积极作用。但全民义务植树活动也面临一些新问题和新情况，例如：义务植树工作的规划和组织管理有待进一步加强，对个体工商户、农牧民等有关人员如何履行植树义务缺乏有效规定，对已建的绿地和营造的森林如何加强抚育和管护，随着义务植树形式的新变化，对实行认种、认养，种植纪念树、纪念林，以资代劳、专业队施工等情况没有统一的约束和保障等等。针对这些问题，制定了《包头市义务植树条例》。规定了义务植树管理部门的权力、职责及义务植树参与者的权利和义务，根据近年来义务植树形式的新变化、新方向，对履行义务植树的方式进行了扩展，完善了义务植树活动的运行机制。

随着餐饮业的发展，废弃食用油脂不断增加，而相对规范有序的管理并没有伴随而生，产生了废弃食用油脂的非法炼制、回收和随意倾倒等无序现象，从而对全市食品市场和人民身体健康构成威胁，给环境造成危害。为规范这一市场，切实保障人民群众的身体健康和经济社会全面健康可持续发展，制定了《包头市废弃食用油脂管理条例》。条例明确界定了废弃食用油脂的概念，区分了市和旗县区两级环保部门的职责，规定了人民群众参与监督、主管部门工作人员玩忽职守、滥用职权的主要行为表现等内容。

五当召始建于清朝康熙年间，距今已近三百年历史，是全国享有很高知名度的藏传佛教寺庙，1996年被国务院确定为全国重点文物保护单位，是自治区民族宗教历史文化的重要遗产。五当召的古迹均为清代藏式结构，由于年代久远自然损坏和近年来开山爆破、探矿采矿等破坏严重，加之文物保护区内缺乏统一的规划，使得五当召文物保护工作面临的形势十分严峻。为保护好特有的历史文化遗产和旅游资源，拟制定五当召保护管理条例。

创新立法工作。2008年，为检验以往立法绩效，改进和完善立法工作，提高立法质量，包头市人大常委会首次开展了《包头市水土保持条例》立法后评估。市人大常委会对做好立法后评估工作高度重视，年初将其列入2008年工作要点。3月中旬专门组织人员赴上海等地进行学习考察，制定了《包头市地方性法规立法后评估工作规程》，明确规范了立法后评估的主体、原则、范围、内容、方式、程序。此次评估工作，在市人大常委会的领导下，采取由市人大常委会法工委牵头，部分市人大代表、市人大法制委组成人员、市人大常委会有关工作委员会、市政府有关部门、市人大常委会立法咨询顾问等共同参加的形式进行。评估工作采取执法部门评估、委托相关旗县区人大常委会评估、问卷调查、重点区域社会公众个别访谈、召开座谈会、评估工作小组专题调研等方式，重点对法规的实施绩效，所设置的制度、程序和措施的合法性、针对性、可操作性，内容的适应性和前瞻性，立法的技术性进行跟踪调查和分析评价。

“3个100%”的背后……

湖北省丹江口市人大常委会教科文卫工作委员会　王兴

日前，笔者从丹江口市第十六届人大一次会议上获悉，该市第十五届人大三次会议上确定的2件议案，2件重点建议，123件建议、批评、意见已由市政府及其承办单位全部办理答复完毕。承办单位与代表的见面率、答复率、代表满意或基本满意率均达到100%。3个100%无不显示出人大常委会督办及时、政府的务实、人大代表对办理结果的认可。

2006年初召开的丹江口市十五届人大三次会议期间，代表们认真履行职责，积极参政议政，从关心和支持政府工作出发，提出了许多宝贵的意见和建议。经议案审查委员会审查，大会确定将《关于对农民购置农机具给予补贴的议案》和《关于要求市财政追回动物防疫经费的议案》列为大会议案，将《关于解决均县镇黄(峰)土(桥)公路建设资金的议案》和《关于整治市区交通秩序的议案》列为重点建议，连同代表建议123件由市人大常委会转交给市政府予以办理和落实。这些议案和建议涉及市政府56个部门和单位，其中，涉及农业农村方面的24件，占18.9%；财税金融方面的22件，占17.3%；工交商贸方面的20件，占15.8%；城镇建设与管理方面的20件，占15.8%；科教文卫方面的13件，占10.2%；公安司法方面的7件，占5.5%；社会保障方面的7件，占5.5%；旅游环保方面的7件，占5.5%；其他方面的7件，占5.5%。

领导重视　分工明确

市政府高度重视。该市十五届人大三次会议闭会后，市人大办公室和代表工作委员会及时将代表所提出的议案、建议进行分类整理，以丹常函[2006]1号文件形式向市政府发出了《关于转办丹江口市第十五届人民代表大会第三次会议议案和代表建议、批评、意见的函》。市政府及时对议案和建议进行登记、分类，下发了《关于认真做好市人大议案、代表建议和政协委员提案办理工作的通知》，明确了议案、建议的具体承办单位。2006年3月3日召开了承办单位主要负责人参加的交办工作会议，对办理答复工作提出了具体的办复时限和质量要求，并将办理工作纳入了年终量质化目标考核内容。市长、常务副市长和分管部门工作的副市长都十分重视议案、建议办理答复工作，定期不定期深入基层了解情况，听取办理答复工作汇报，并帮助各承办单位解决办理答复过程中的实际问题。各承办单位积极主动。交办会后，各承办单位将代表议案、建议办理答复工作列入重要议事日程，层层分解任务，明确办理时限，做到了领导责任、工作机构和工作人员的三落实。在深入调查研究，广泛征求意见，尽全力办理的基础上，认真起草答复函，严格审核把关，确保格式规范，内容详尽，层次清楚，意见明确，真正把"办理"和"答复"工作放在同等重要的位置上。

责任落实　措施得力

在具体办理过程中，各承办单位注意结合本单位实际，采取得力措施，落实工作责任，做到每个阶段都有小结、有跟踪调查、有信息反馈。如畜牧局在承办《关于要求市财政追加动物防疫费的议案》中，结合本单位工作实际，采取分段实施的办法，计划利用春秋两季开展动物防疫，确保议案的办理工作有计划、有步骤、分阶段、重效果。农机局在承办《关于对农民购置农机具给予补贴的议案》中，早安排、早宣传、早部署，在财政补贴资金尚未到位的情况下，积极行动，抢抓"三夏"农业生产有利时机，深入田间地头，组织、指导、培训农民使用新购农机具，使新购的农机具在"三夏"生产中发挥了重要的作用，收到了良好的效果。公安局和交通局在办理各自承办的重点建议时，分别成立了工作专班，局长亲自挂帅，确保重点建议的办理得到代表的认可和满意。

积极协调　部门联动

这127件议案、建议，涉及多个部门和单位承办的有46件，有的是需要一个单位牵头多个单位配合，更多的则是多个单位相互配合，共同负责。涉及的承办单位都非常主动，无论是主办单位还是协办单位，都能够做到不推诿，积极主动与其他部门取得联系，共同研究办理工作，相互配合、相互联动，使办理答复形成共识后再统一约见代表，征求代表对办理答复的意见，真正做到办理答复工作分工不分家，保证了办理答复质量。同时，通过上门服务、电话约见、邀请代表视察或调研等形式，搭建起了承办单位—配合单位—提案代表之间的互动平台，既增进了单位与单位之间的了解和沟通，又增加了代表对承办单位的工作职责、性质的了解。

办理扎实　答复中肯

总体看，今年人大议案、代表建议的办理很"实"，答复很"诚"。各承办单位在办理过程中，不仅仅就建议的内容进行办理，还结合单位的工作实际，逐步把所提建议纳入本年度以及今后工作中的目标和任务进行统一安排部署。在答复代表过程中，各承办单位坚持把切实解决问题作为出发点和落脚点，个别单位针对代表所提个别建议一时无法解决，单位主要领导亲自带领部分班子成员深入到基层，及时约见所提建议的代表本人，与他们广泛交流与沟通，力求做到代表满意。

督办及时　效果明显

该市人大常委会督办及时。2006年5至6月，该市人大常委会领导率领代工委和政府督查室，先后深入到40多个市直承办单位和17个乡镇办事处，对议案、建议的办理落实情况进行督办检查。通过座谈、调查和走访等形式，广泛了解代表对承办单位办复满意程度和与代表见面情况，针对检查中发现的问题，及时向市政府进行了反馈。该市政府督查到位。自2006年3月3日全市交办会后，政府把办理议案、建议的督办作为重要工作来抓，主要领导亲自过问办理工作的进展情况，分管领导经常督促此项工作，并对办理工作提出具体意见和要求。该市政府先后下发2个督办通知1个情况通报，进一步推进了议案和建议办理工作的落实。

组织视察　重点督办

2006年8月10日，该市人大常委会主任栾双清、副主任王元国、郭天森、陈光斌、黑光照、王克林率领常委会全体组成人员，对该市十五届人大一次会议以来，代表大会所确定的议案和重点建议落实情况，以及十五届人大三次会议代表建议、批评、意见（以下简称建议）办理答复情况进行了视察。视察组分别深入到该市习家店、蒿坪、石鼓、凉水河、六里坪、均县等六个乡镇，实地察看了病险水库除险加固、柑橘大实蝇防治、动物防疫、农机具购置补贴等议案的落实情况和均县镇黄土路建设情况，座谈走访了乡镇有关领导、部分市人大代表和基层群众。2006年8月15日，市人大常委会主任、副主任又深入到公安局、交警大队对市区交通秩序整治情况进行了察看。截止视察时，全市所有议案、建议都已办理答复完毕，承办单位与代表见面率、答复率均达到100%，满意率达96%，其中有5件建议代表表示不满意。主要是涉及社区建设方面的3

件,农金会清收方面的1件,农民贷款方面1件.市人大常委会在听取和审议市政府的办理报告后,进行重点督办,专门致函该市政府,要求政府重新办理5件不满意建议案,并答复每一位代表。政府接到函件后,认真研究,积极重新办理,经过两个多月的努力,到2006年11月底,圆满办复完毕,代表表示满意。至此,该市十五届人大三次会议议案、建议全部办理答复完毕,创造了"3个100%"的奇迹。

地方人大常委会工作效能和科学发展的若干思考

广东省韶关市人大常委会研究室副主任 陈建平

县级以上的地方各级人大设立常委会,是我国人民代表大会制度的重要发展。地方人大常委会设立30年来,在探索中阔步前进,在前进中创新发展。对加强地方政权建设,促进地方改革开放和现代化建设进程,发展人民民主,推动法治建设和科学发展,构建和谐社会,发挥了十分重要的作用,取得了令人瞩目的成就。但是,地方人大常委会的效能和发展,在现阶段仍存在一定的局限性和薄弱环节,亟需我们在新的形势下采取因应对策,进一步强化和力推,不断完善发展中的人民代表大会制度。本文在这些方面谈谈个人的看法和意见。

一、地方人大常委会工作效能和科学发展的提升和突破

30年来,地方人大常委会基于有利于人民行使管理地方国家事务和社会经济文化事务的权力,有利于保证国家机关协调高效运转,有利于实现党的领导,人民当家作主和依法治国的有机统一,在以下方面不断提升自身的工作效能,并在科学发展方面取得扎实的突破:

(一)形成了具有初步地方特色的法律法规体系,地方立法步入了规范化的轨道。立法的实用性和可操作性不断增强,立法征求意见,相关的听证制度和"三读"会审通过制等立法机制的建立,为地方正确遵守和执行宪法、法律,有效实施依法治理夯实了基础。

(二)创建具有地方特色的重大事项决定机制。地方人大常委会积极探索依法行使重大事项决定权的途径和形式,努力构建在宪法和地方组织法框架下的重大事项决定的机制,按照人大制度发展循序渐进的原则和和长远性、根本性、全局性的原则,着眼于国计民生、科学发展和实现党的主张,决定本地区的重大事项,推动了本地区经济和社会发展重大问题的解决,并在制度化、程序化和规范化方面取得了新的进展。

(三)地方人大常委会的监督职权不断强化。在依法行使职权的前提下,不断探索、尝试创建实施工作监督和法律监督的有效形式,建立和完善监督的机制,抓住法律法规实施过程中存在的突出问题和社会热点问题有重点地组织听取专项工作报告和代表视察,施行了预算的初审、会审和专项审计制,开展执法检查和规范性文件备案审查,实施了询问和质询,建立预算实时在线网上监督系统,代表列席和公民旁听常委会会议,开展工作评议和对个别案件的督查,上下联动检查,督办重要信访案,开通代表建议"直通车",抓督办追踪反馈等新方法和新机制,使监督工作不断加强,监督效能不断提高。地方人大常委会还通过在依法治理中发挥主导作用,有效地促进了依法行政和公正司法,维护了社会公平正义。

(四)人事任免制度日趋完善。地方人大常委会坚持党管干部和依法任免干部统一性的原则,二者有机结合,在依法行使任免权的过程中,充分发扬民主,严格依法办事,实行了任前法律考试制度,与常委会组成人员见面制度和票决制度,依法任免地方国家机关工作人员。同时加强了对被任命人员的监督和规范化管理,试行了述职评议或工作评议的制度,为地方改革开放和现代化建设提供了有力的组织保障。

二、地方人大常委会在工作效能和科学发展方面存在的局限性

地方人大常委会的建设和发展走过了从尚不成熟到逐渐成熟,从尚不健全到逐步健全,从作为具有中国特色的国家根本政治制度的主体人民代表大会的地方常设机构的创立到它的日趋完善,不

断显示出强大的生机和活力的光辉历程。回眸过去,我们开创进取,成就辉煌;展望未来,地方人大常委会的工作任重道远,前景灿烂。

然而,我们还应该看到,地方人大常委会的工作、建设和发展是一项全新的事业,由于我们的政治体制改革有待进一步深化,社会主义法治理念教育还需要加倍努力,进一步深入,我们的地方法律体系的建设还不够完备,我们的法治建设和依法治理的工作仍需付出艰巨而不懈的努力,地方人大常委会的工作效能和科学发展,在现阶段仍存在一定的局限,主要表现在:

地方立法的专业性还不够强。比较容易地显现部门利益化和行政导向化的痕迹,导致一些地方性规章法规的修改频率增加,实际运作与社会各层面接触碰撞产生的深层次矛盾不断出现,为参与立法的常委会组成人员服务相配套的法律顾问制度、咨询制度等相关机制还不够完善,常委会工作机构法律专业力量还不够强,与建立完备的地方法律体系的要求还有相当的差距。

地方人大常委会重大事项决定的运行机制不够顺畅。对重大事项的科学界定各地的认识仍有偏差,所界定的范围和相关标准也存有明显的差异,与地方政府和地方党委的沟通协调不够通达,对常委会就重大事项作出的决定决议落实的监督不够有力,缺乏行之有效的问责措施。

地方人大常委会对"一府两院"的监督,刚性不足,问责不足,制约不足。对政府依法行使公共权力、财政投资的经济社会发展重大建设项目、扶贫救灾等专项资金使用情况、有关机构设置和人员编制的监督处于弱化状态,对常委会审议意见的落实,缺乏强有力的跟进监督措施;对"两院"的监督更为薄弱,监督形式单一,监督内容缺乏实质性和针对性,"两院"贪赃枉法和有失公正的问题屡屡出现,成为人民群众来信来访中反映最为突出的问题,群众对此颇有微词。

人事任免是地方人大常委会行使职权的弱项。始终处于被动行使职权的状态,任免考察基本不参与,任命后的监督虽然作了一些有益的探索,如述职评议成功实践后,因引发所谓争议而被一些地方搁置或暂不推行,有关权力的问责制度也没有很好地落实。

三、强化和力推地方人大常委会工作效能和科学发展的因应之策

地方人大常委会工作效能和科学发展存在的局限性表明,地方人大常委会必须在今后的实践中,应更加努力地挖掘自身的潜能,更加注重效能的提升,更加有效地推动科学发展,只有这样,才能把地方人大常委会真正建设成为人民信赖的地方国家权力机关。在这方面,主要因应之策有:

其一着力加强和改进地方立法工作。着力抓好地方立法的阶段性谋划,增强计划性、针对性、实用性和预见性,使之更好适应新时期改革开放、科学发展、构建和谐社会的要求。要切实加强地方人大常委会立法的专业性力量,拓宽法规起草渠道,完善立法程序,适当增加无立法权的地方人大常委会的立法建议权,健全立法咨询或法律咨询机构。为常委会组成人员配备法律顾问,提高专门委员会、常委会工委室机构参与立法的能力和水平。坚持民主立法,注重协调好各方面的关系,有针对性地开展立法调研,切实做好相关考察论证,增加立法草案向社会公开的透明度,力求避免地方保护主义和部门利益的倾向,提高立法质量,使立法更加科学规范,切实可行。

其二健全重大事项决定的有效运行机制。建议有立法权的地方人大常委会专门召开联席会议,统一界定地方人大常委会重大事项决定的范围和相关的标准。通过各自的立法确立下来,以便地方各级人大常委会有所遵循。在全国尚未立法的情形下,要建立健全地方人大常委会重大事项决定的运行机制和运作程序,包括对常委会决议决定落实的检查、督促、反馈、问责的各个环节如何有效操作。常委会对重大事项决定要重实效,一方面可通过召开党委、人大、政府秘书长联席会议的形式,加强在重大事项决定方面与地方政府和地方党委的沟通协调,切实做到围绕党的中心任务和科学发展大局开展工作,把党对国家事务的主张通过法定程序变为国家意志。另一方面,作出决定之前,要切实抓好调研和论证两个环节,除了问计专家,把听证机制引入决策过程,还应以适当形式向应邀与会的代表通报,让他们有一定的时间余地在群众中征集意见,准备审议发言。作出决定之后,务必狠抓落实,做到作出一项,抓好一项,落实一项,必要时可组织代表实地考察,督促政府提高效率,维护权力机关依法决策的权威性和严肃性。

其三在提高监督实效上狠下功夫,强化对司法机关的监督。地方人大常委会要抓住提高监督实效这个关键,以人民根本利益为出发点,以法律为准绳,注重实现依法监督、积极监督、有效监督和规范监督，注重追求法律效果、社会效果和经济效果的统一，注重整合监督资源，增强综合运用各种监督形式和手段的能力，强化法律监督和工作监督，特别是要加大对依法行政和公正司法的监督的力度。要加强对政府依法行使公共权力、财政投资的经济社会发展重大建设项目、扶贫救灾、民生工程等专项资金使用情况的监督。要强化对"两院"贪赃枉法和有失公正的监督，对群众反映强烈的重大违法案件，应启动跟踪督查问效机制。建立健全特定案件重要事项备案制度，积极探索监督重大违法案件与监督庭长等相关办案人员有机结合、常委会的权力监督与法院审判监督和检察院法律监督有机结合的方法和途径，尝试由常委会、纪检会、政法委组成司法监督联席会议的机制，追求公正的共同价值取向。无论是法律监督、执法检查，还是工作监督，都力求突出重点，讲求实效，在解决问题上狠下功夫。对检查出来的问题要通过正式渠道交办，加强督促检查和整改反馈。要健全监督问责机制和监督整改公开机制，完善和创新工作评议的方式方法，充分运用法定的检查、视察、询问、评议、质询、特定问题调查、撤职、罢免等各种监督手段，提高监督的效能。

其四提升人事任免的效能，完善任命后的监督。地方人大常委会应积极探索和实践建立与党委联合考察国家机关工作人员的机制，在考察过程中，应多听取代表和群众的意见。在人事监督方面，尝试将原来的述职评议的做法分解运行，即被任命干部年终须向人大常委会书面述职，其述职报告印发到常委会全体组成人员；常委会每年对若干个被任命干部所在单位进行工作评议，评议结果由人大常委会采用票决制，并向当地党委反馈。

程序改进一小步　民主进步一大步

新疆五家渠市人大常委会办公室　蔡玲玲

依法行使表决权是人大及其常委会集体表达意志和行使权力最直接、最关键、最具刚性的核心环节。无论是行使决定重大事项，还是行使人事任免权，最终都要通过表决的方式，将党和人民的意志转化为具有法律约束力的国家意志。因此，表决的民主与否，直接关系到人大及其常委会会议质量的高低。在过去的实践和探索中，各地人大及其常委会会议在审议工作报告、通过决议决定、表决人事任免时主要采取举手表决和无记名投票表决两种方式。举手表决在审议通过专项工作报告、执法检查报告等议程时运用的较为普遍。实践证明，这并非是一种最佳的表决方式，存在一定程度的弊端。由于是公开举手表决，便会影响代表真实的表达自己的意图。加之人们有一种从众和怕得罪人的心理，谁愿意在众目睽睽之下，公开举手反对某议案？因此，往往就存在一边倒、随大流，不情愿、甚至违心地举了手的现象。而无记名投票表决是被法律确认并被各级人大及其常委会广泛采用的表决方式，主要运用在表决人事任免等方面。它的好处就在于代表可以较为真实地表达自己的意愿，能比较真实地体现民主与法制的本色。

随着社会的开放进步，人们民主意识的提高，人大常委会会议的表决方式也在不断改进，为使人大常委会通过决议决定和人事任免工作置于"阳光"之下，今年五家渠市人大为常委会会议室专门安装了电子表决系统，以此代替传统的表决方式。至此，五家渠市人大常委会会议表决实现了由举手表决、无记名投票到电子表决的突破性转变。这种表决系统只记录表决结果，不会留下代表姓名等其他事项，既可以对单个议题进行表决，也可以对多项人事任免案同时进行表决。随着电子表决器的使用，代表不同意见的反对票和弃权票不断增多。这一细微的变化，为不同意见特别是反对意见的顺畅表达创造了良好的环境，充分反映了人大常委会组成人员的真实意愿，最终达到提高人大及其常委会会议质量、推动社会主义民主进步的目的。

无论是从举手表决到无记名投票，还是从无记名投票到电子表决，每一次表决程序的改革与创新，无不体现出社会主义民主政治的一次次进步。而要想不断提高人大常委会组成人员的民主意识和科学决策的能力，除了不断完善表决程序，改进表决方式以外，更重要的是要求参与表决的人要有过硬的政治业务素质和高尚的道德品质，要有敢于维护人民群众的利益、敢于实事求是、敢于表明自己态度的精神。因此，人大及其常委会也要通过各种宣传方式，进一步按照社会主义民主原则，不断加强对常委会组成人员的培养和教育，使民主信念和民主价值深入人心，使健康的表决行为在人们心目中成为一种价值准则，从而形成一种道德约束，确保常委会组成人员表决时能够做到尊重实事、客观公正，真正体现出权为民所用、情为民所系、利为民所谋，充分发挥人大常委会在推动经济发展、维护社会和谐中的积极作用。

振奋精神　开拓创新
履行好人大监督职责

黑龙江省双城市人大常委会主任　李启和

黑龙江省双城市人大常委会认真贯彻实施监督法，坚持以科学发展观为指导，围绕中心，服务大局，积极探索创新，努力增强监督工作实效，不断提高了监督工作水平。

一、提高认识，振奋精神，增强做好监督工作的责任感和使命感

贯彻实施监督法，首先要提高认识，统一思想，振奋精神，增强履行好监督职责的责任感和使命感，这是做好人大监督工作的重要思想基础。为此，我们主要抓了二个问题。

*第一是抓认识。*监督法没颁布实施前，我们常感监督工作无法可依，迫切企盼监督法早日出台。而监督法出台后，有些同志又认为，监督法中规定的事项以前基本上也都做过，没有多少新意，特别是对地方人大常委会在实践中探索的述职评议、个案监督没有纳入监督法，是弱化了人大的监督职能，因而对贯彻实施监督法信心不足。分析这种状况，我们感到这主要是对监督法学习不够，对其精神实质理解不深造成的。为此，我们把学习监督法纳入重要议事日程。一是领导带头学习，我和几位副主任带头学习监督法，在全市学习监督法报告会上畅谈学习体会。二是加强学习培训，组织常委会组成人员和机关干部学习监督法，并对学习情况进行考核。三是抓好新一届人大代表学习培训，同时把监督法作为拟任职人员任前法律知识考试的重要内容。通过深入学习，使大家深刻认识到不是监督法没有新意，而是我们没有很好地理解其精神实质。监督法是一部适合我国国情和人大工作实际的重要法律，它规范了人大监督工作，从程序上为人大履行监督职权提供了保障，并为我们加强和改进人大监督工作提供了契机，从而进一步增强了贯彻实施监督法的自觉性。

*第二是抓振奋精神。*我们在监督工作实践中感到，从事人大工作的同志精神是否振奋、劲头大小直接关系到监督工作的质量和效率。我市人大常委会主任会议成员中我和一位副主任即将到龄离岗，二名副主任也仅差一年就到龄了，思想上都不同程度地存在“船到码头车到站”的思想，虽然没影响工作，但进取精神有所减弱。在深入开展学习实践科学发展观活动中，我们感到这种精神状态与贯彻实施监督法的要求极不适应。人大作为国家权力机关的监督，是代表国家和人民进行的监督，不认真履行监督职能就是失职。特别是监督法的颁布实施，对人大工作提出新的更高的要求，我们应该打起精神鼓起劲头，在其位谋其政，以对党和人民高度负责的精神抓好监督和其它各项工作。为此，我们提出了心不散、劲不减，尽职尽责做好监督工作的要求。为推进人大常委会更好的履行监督职责，我们自觉克服临时观念，通盘考虑人大常委会长远建设，针对市人大常委会机构编制少、人员年龄偏大以及机构设置不尽合理等问题，通过向市委汇报、与组织人事等部门积极协调，使现有编制达到了31人，在编干部都有副科级以上职级；抓住市委调整干部机会，优化了人大代表、常委会组成人员、工作机构人员的知识和年龄结构，提高了专业化和知识化水平；建立人大常委会干部激励、诫勉谈话等制度，激发干部的工作热情和积极性；组织开展了贯彻实施监督法等理论研讨活动，仅2008年，机关就撰写了32篇理论研讨文章，我们按发表等级给撰写者发放奖金16800元，这些都有

效地推进了人大各项工作的开展。

二、积极探索，勇于实践，努力改进人大监督工作的方式方法

两年来，我们认真贯彻实施监督法，探索创新，在履行监督职权上运用"四制"新模式，激发了工作活力。

(一)实行两上两下征集制来确定监督议题。我们按照监督法规定的六条途径选择监督议题，年初由常委会办公室和各办事机构将选择的监督议题报主任会议初审，经主任会议研究形成征求意见稿，发往各乡镇人民代表大会和"一府两院"及相关单位征求意见，最后提交常委会通过，形成正式监督议题。2009年经过两上两下，围绕全市重点工作和人民群众关心的热点问题，将关于城市建设、奶牛饲料市场整顿、文化产业发展、科技创新、加强公共安全等18项议题纳入监督内容，使常委会监督的科学性和针对性大大提高。

(二)实行流程约束制来规范监督程序。为使市人大常委会监督程序与监督法顺利对接，我们于2007年上半年在对已有制度进行清理的基础上，修订了常委会议事规则、人大代表建议办理、任免工作、主任信访接待日等8项工作制度。为加强财政预算审查监督，制定了财政预算审查监督暂行办法，对预算审查监督的范围、方式、内容及程序作出了详细的规定，使我市人大的财政预算审查监督工作逐步规范化、制度化。

(三)实行三审会审意见交办制来优化监督质量。我们针对以往常委会议时间较紧，审议不够充分；常委会组成人员有时审议发言随意性大，审议不够深透；有的常委会组成人员碍于情面，审议发言避重就轻，以及所提意见和建议可操作性不强等问题，重点抓了常委会会议审议方式的改进，要求每位常委会组成人员在调研基础上，认真准备发言提纲，按议题填写审议意见卡。围绕审议议题按行业、专业分别确定重点发言人，较好地解决了发言跑题和"闷会"问题。实行三审会审意见交办制，即审议意见讨论稿先由审议意见关涉的分管领导审定，再由常委会主要领导审定，最后由主任会议会审，形成正式《审议意见书》向"一府两院"及有关部门交办。

(四)实行三督办三不放过制来强化监督效果。三督办就是各办事机构督办、主任会议督办、常委会现场督办。三不放过就是对交办意见整改落实情况不向常委会报告的不放过、交办事项整改落实不到位的不放过、易反复的问题常抓不放过。如今年举行的第十二次常委会会议，听取审议了市政府关于文化娱乐场所管理情况的汇报，要求市政府有关部门对群众反映强烈的歌厅超时营业噪声扰民和网吧违法接纳未成年人的问题进行整改。会后，我们跟踪督办，组织人员利用晚上休息时间逐个网吧和歌厅暗访，发现问题整改不彻底，而有问题的业户大都与社会方方面面有关系。针对这种现象，我们约见了主管副市长和有关部门负责人，就落实审议意见再次严肃地提出要求，使市政府对此引起了重视，由主管副市长牵头，成立由文化、环保、工商、公安等部门参加的联合工作组，集中整治了一个月，使全市文化娱乐场所的经营秩序有了明显好转。两年来，我们围绕整改不力的问题，先后对市政府4个部门主要负责人进行了通报批评，对6个部门主要负责人当场进行了询问。市人大常委会交办的28件审议意见，都由"一府两院"主要领导签字以正式文件形式报告了办理情况，各项审议意见得到了很好落实。

三、围绕中心，突出重点，拓宽人大监督的广度和深度

2008年，双城市委提出了建设"全国品牌食品城市、松花江畔新兴石油区、哈尔滨近郊宜居城市"的战略部署，我市人大常委会围绕市委部署，以促进经济发展、解决民生问题为切入点开展监督工作。

(一)围绕中心，抓住重点。我们坚持以经济建设为中心，紧紧围绕事关全局的问题和重大事项开展监督工作。每年7月，市人大常委会会议都专题听取市政府关于上半年经济发展和财政预算执行情况报告，提出建设性建议和意见，推动全年经济目标的完成，促使2008年全市财政总收入实现10.7亿元。招商引资是我市经济工作的重中之重。2008年5月市人大常委会会议听取审议了这项工作，督促政府解决了影响招商引资的问题，从而进一步凸显了我市招商引资的洼地效应和政策优势，为新一轮竞争赢得了主动，在原有雀巢、娃哈哈、大众肉联等大项目基础上，以"4+6"园区为载体，成功引进安徽洽洽、黑龙江松润金属、完达山乳业、贵州迎宾酒业等10个投资超亿元的大项目，推动工业经济跃上了一个新台阶。

(二)体察民情，关注民生。群众对我市城乡道路交通状况差、行路难反映强烈。市人大常委会把督促搞好道路建设作为监督重点，通过听取审议工作报告,组织代表视察检查,促使市政府积极努力改善了交通状况。针对人民群众反映强烈的城市管理这一难点问题,去年我们组织常委会组成人员视察,提出建议和意见,使城市管理工作存在的问题得到改进。今年随着老城区改造,"乱停乱放、乱堆乱倒、乱搭乱建"问题有所反弹,我们最近又听取审议了市政府有关工作报告,下发了审议意见书,要求市政府及相关部门加大整治力度。对此市政府高度重视,连续组织开展了几次大规模的城市秩序整顿、环境治理、违章清理等综合整治活动,使城区面貌有了较大改观。为改变我市教育落后的状况,我们组织人员深入基层调研,提出加强教育投入、改进教学方式、科学合理分配教育资源、提高教师待遇、加强教师队伍建设等意见,及时转交市政府有关部门办理,并强化督办,有力促进了教育环境的改善,使全市教育得到发展,教学成绩逐年提高,进入了哈尔滨市前列。

作者简介:

李启和,男,汉族,1950 年 1 月生人,1970 年 9 月参加工作,1970 年 12 月参加中国共产党,大专学历,政工师职称,现任双城市人大常委会主任,党组书记。

1970 年 9 月参加工作后历任公社助理员、副主任,乡党委副书记、乡长、乡党委书记,镇党委书记,市委组织部副部长、市委常委、部长,副市长,市委常委、副市长,人大常委会主任、党组书记。

李启和同志是黑龙江省第十届、第十一届人大代表;哈尔滨市第十一届、第十二届、第十三届人大代表;双城县第九届人大代表;双城市第二届、第四届、第五届、第六届人大代表,双城市第二届人大常委,双城市第四届、第五届、第六届人大常委会主任。李启和同志长期从事领导工作,政治立场坚定,思想敏锐,具有把握大局、主持全面工作的能力和水平,对党中央的路线、方针、政策理解的深透并能付诸工作实践;面对人大工作的新形势,能统揽全局,与时俱进,深入研究,开拓创新,不遗余力的促进各项工作的不断发展;李启和同志资质过人,聪敏练达,处事果决,勤勉敬业,朴实无华,素养颇高,业绩赫然,名贯古堡。在工作中注重利用理论指导实践,发表具有理论性指导文章多篇,其中《浅谈新时期人大主任角色定位问题》、《地方人大工作要与时俱进》、《浅谈地方人大工作求实创新》、《县级人大要在推动科学发展上发挥重要作用》等文章思路清晰,见解独特,具有一定的理论参考价值。《访民日,让学生吃上安全饭》获 2008 年全国人大新闻评比三等奖,《贯彻实施〈监督法〉的三点思考》获 2008 年黑龙江省人大论文评选三等奖。自 2001 至 2009 年 3 月的近 9 年间,李启和有近 20 篇文章还在哈尔滨市人大论文评选和好新闻评比中分获一、二、三等奖

落实科学发展观　推进社会主义新农村建设

河北省辛集市人大农经科教文卫工委　杨占祥

近几年来,辛集市人大农业和科教文文工委深入贯彻落实党的十七大精神和科学发展观,紧紧围绕市委中心工作和市人大常委会年度工作要点,结合全市农业、农村和农民问题的实际,认真履行职责,积极开展执法监督和工作监督,促进和保障了全市农村经济和各项工作的健康发展,有效维护了社会稳定,使社会主义新农村建设工作扎实推进。

一、围绕常委会会议和主任会议议题开展专题视察、检查、调查活动

几年来,辛集市人大结合自身工作特点和全市实际,针对影响农村发展的薄弱环节和群众关心的热点问题,精心选择审议议题,对有关法律法规开展执法检查、组织视察,适时听取审议市政府的专项工作汇报;市人大常委会听取审议市政府关于农业和农村方面的工作汇报 6 项,开展执法检查 5 次,配合省市人大开展执法检查 3 次。

突出重点进行检查,维护农民的合法权益。随着社会主义市场经济和民主法制建设的不断深入,许多农业和农村方面的法律、法规相继出台,执法视察、检查的任务越来越重。因此,只有有计划、有重点的进行检查,才能保证视察、检查的实效。2007 年建议常委会听取和审议了农资市场整治、

社会主义新农村建设、农业技术推广、农业产业化等方面的工作汇报。为使此项工作扎实开展，收到预期效果，市人大常委会在会前一个月组织机关干部和部分人大代表进行法律、法规学习；有计划、有学习重点地深入到乡村、农业龙头企业进行调查研究，全面了解情况；适时听取市政府工作汇报；在充分肯定成绩的同时，找准工作中存在的问题和不足，有针对性的提出意见建议，实事求是地写出调查报告，为常委会组成人员在审议时提供有力依据，在审议中做到有的放矢，有效推动了“三农”工作。2007年春耕备播时节，市人大常委会对《农业法》、《种子法》等法律法规在全市的贯彻实施情况进行了执法检查。市职能部门督促查处了一批制售假冒伪劣农资案件，其中种子10起，化肥13起。有效打击了坑农害农的不法行为，维护了全市农资市场正常的经营秩序，保护了广大农民的合法权益。

围绕民生深入调研，推动热点难点问题的解决。关注民生、改善民生、保障民生是实现和谐发展的重要内容。市人大常委会紧紧围绕关系改革发展稳定大局和群众切身利益、社会普遍关注的重大问题进行调研，支持政府从群众看得见摸得着的基础工作做起，解决群众的实际困难，让群众真正得到实惠，加快推进社会主义和谐社会进程。2008年以来受多种因素影响，市场猪肉价格大幅波动，人们生活受到很大影响。根据这一情况，组织部分委员深入市农畜牧局、动物防疫站等部门进行调研，了解全市生猪生产和市场猪肉供应情况，并撰写了高质量的调研报告，为常委会依法决策提供了科学依据。常委会要求市政府和相关单位，认真贯彻落实国务院和省市关于支持生猪生产的文件精神，从构建和谐社会高度，采取积极措施，做好扶持生猪生产和能繁母猪补贴资金发放工作，促进全县养猪业持续健康发展和市场物价稳定。目前，一批规模养殖户和小区已成为畜牧业生产的主力军；科技含量大幅提高，科学饲养技术在畜牧业生产中得到广泛推广应用；防疫体系建设逐步健全。

坚持以人为本，维护群众的根本利益。解决好群众最关心、最直接、最现实的利益问题是人大常委会的重要职责。辛集市人大常委会高度关注惠及全市40多万农民的新型农村合作医疗工作，连续三年作为年度工作重点，深入基层搞调研，适时听取市政府工作汇报，组织代表搞视察，督促相关部门加大宣传、规范运作、提高医疗水平，参合率均在95%以上。

增加农业科技含量，是做好“三农”工作的基础，是力促农民持续增收的保障，是农经工作的重要职责。辛集市人大常委会始终把科技在农业上的应用作为监督的重点。2007年，组织由科技、农业、工商、技术监督等部门及部分人大代表参加的联合视察组，对科技成果转化工作进行了执法检查；同时，要求市政府及有关部门一是要深入学习宣传，增强发展意识；二是发挥职能作用，增强服务意识；三是切实加大投入，提高竞争力度；四是加强网络建设，提高转化力度。

二、做好农经工作的几点体会

1、调研、视察，是做好社会主义新农村建设工作的基础。开展调研、视察，掌握详实的一手材料，是确保人大及其常委会监督工作水平的一项重要的基础性工作。调查前必须做好调研计划，确定调研的重点；调查中要深入基层，深入群众，广泛听取社会各界的意见和建议；调研后要善于总结和归纳问题，撰写高质量的调研报告。

2、抓重点，重实效，是社会主义新农村建设工作的重要手段。农业与农村工作，涉及面广，工作量大，与农民群众的切身利益密切相关。因此，要树立以人为本，关注民生的工作理念，坚持群众利益无小事的工作标准，紧紧围绕全市中心工作，围绕事关改革发展和稳定大局，围绕群众关心的热点难点问题，立足实际，着眼全局，从具体问题着手，扎实有效地开展工作，努力增强监督工作的实效性。

3、加强学习，提高自身综合素质是做好工作的关键。学习是人类进步的阶梯，是干部提升文化业务素质和综合素质的基础和根本途径，是新形势下好人大工作的必然要求。只有不断的学习，学习党的方针政策，学习法律法规，学习新文化、新知识，才能适应人大工作的新任务、新要求，才能不断的提高我们工作的整体水平，才能更好地为建设社会主义新农村发挥作用。

勇于探索　求实创新
不断开创人大新闻宣传工作新局面

黑龙江省双城市人大常委会副主任　丁桂兰

黑龙江省双城市人大常委会为使人大新闻宣传工作适应社会主义法制建设的新形势和人大工作不断发展的新要求，不断探索人大新闻宣传工作的新途径，其主要做法是：

一、抓队伍建设，提供组织保证

一是领导重视。双城市人大常委会领导十分重视新闻宣传工作，几任主要领导都以高度的政治责任感和开拓创新精神，把新闻宣传工作纳入日程，摆上位置。主任会议多次研究宣传信息工作，按照市人大常委会"关于加强和改进人大新闻报道工作的意见"；及时对人大新闻宣传工作作出计划。市人大常委会主要领导多次做出批示，提出"上数量、保质量、出精品、争先进"的工作要求，市人大常委会确定主管常务工作的副主任主抓新闻宣传工作。常委会6位领导都带头撰写稿件和理论文章，并多次在有关刊物发表。

二是做出决定。为了加强人大的新闻宣传工作，双城市人大常委会做出了《关于加强民主法制与人民代表大会制度宣传工作的决定》，决定要求市乡两级政府和各部门、各单位要切实加强领导，把人大新闻宣传工作列入工作计划，做到分工明确，责任到人，常抓不懈，持之以恒。决定还号召全市人民充分认识人大新闻宣传工作的重要性，采取多种形式，全力投入到推进民主法制建设和人民代表大会制度宣传工作进程的热潮中。

三是建立队伍。双城市人大常委会建立了覆盖全市的人大宣传工作网络。从人大机关和24个乡镇人民代表大会中选拔了36名素质较高的工作人员做为人大宣传工作通讯员，并根据人员流动的实际情况，每年都调整充实吸收新的骨干力量，始终保持人大新闻宣传队伍的稳定性，为人大新闻宣传工作提供了可靠的组织保证。

二、抓任务落实，明确目标责任

一是联系沟通。双城市人大常委会一方面与黑龙江省人大和哈尔滨市人大保持密切联系，主动征得上级领导的指示和指导，及时把握黑龙江省和哈尔滨市人大每个时期的宣传工作重点，按照黑龙江省和哈尔滨市人大的统一安排部署，落实双城人大新闻宣传工作任务。另一方面，畅通与乡镇和各部门的联系渠道。人大机关免费为各乡镇人民代表大会和通讯员订阅了《中国人大》、《人大新闻导刊》、《法治》刊物和《人民代表报》，同时还定期印发黑龙江省和哈尔滨市人大内部刊载的外地人大工作经验，及时从公开和内部两个渠道反映民主法制建设的新进展、新问题。

二是量化管理。双城市人大常委会对人大新闻宣传工作实行目标责任制，明确新闻宣传要求，落实了撰稿任务，纳入量化管理，要求每位信息员每月至少撰写2至4篇新闻宣传或信息稿件，市人大信息科每月要向上级人大或新闻单位报送高质量的新闻或信息稿件不少于6篇。2008年，全市基层通讯员向人大机关报送各类稿件248篇。

三是督办检查。为了保证任务目标落到实处，使通讯员真正负起责任，双城市人大常委会利用《督办与建议》简报，不定期的通报通讯员采写稿件情况，2008年印发《督办与建议》15期。

三、抓重点培训，造就专业骨干

根据通讯员队伍变动大、新人多的特点，双城市人大常委会坚持定期对通讯员进行学习培训，每月组织通讯员召开一次宣传报道选题会，每两个月举行一次人大业务知识讲座，为通讯员写好通讯报道集思广益，使其尽快成为行家里手。一是选准内容。培训通讯员的内容主要有5项，首先是我国的选举制度；其次是市乡两级人大的地位和作用；第三是人大工作基本知识；第四是黑龙江省和哈尔滨市人大领导讲话和交流的工作经验；第五是机关应用文写作知识。选择这些内容都是针对通讯员的工作、文化、接触面等实际情况而定的。二是注意导向。双城人大培训通讯员重点是教育他们遵守职业道德，遵守政治纪律，对有关民主法制的宣传报道，无论是双城全局性的还是各乡镇和各单位地方性的，无论是综合宣传报道还是具体典型，都必须保证方向是正确的，报道是真实的，基调是健康的，情趣是高尚的。三是专家辅导。双城人大每年都举办几次人大业务知识讲座，都是请市委宣传部理论学习室的专业人员和党校的讲师来讲课，近几年还从黑龙江大学、哈尔滨行政干部管理学院请法学专家为通讯员辅导有关法律知识。

四、抓质量提高，争创一流业绩

乡镇人大信息小组和市人大信息科紧紧抓住市、乡人大履行职责过程中的新观点、新举措、新经验、新问题，认真研究和把握人大工作的特点和规律，多渠道、多形式、多角度反馈人大信息，挖掘出一些有分量、有影响的人大信息稿件。2008 年共撰写宣传稿件 248 篇，被省和哈市人大及市以上新闻单位采用 76 篇，其中全国人大《新闻导刊》2 篇，省人大《法治》8 篇，《人大信息》16 篇，省人大编书收录 2 篇；哈尔滨市人大《人大工作信息》18 篇，《人大工作通讯》9 篇，《人民代表报》8 篇；在省和哈市的其他报刊上发表 13 篇。撰写理论研讨文章 16 篇，其中 8 篇在省和哈市人大研讨会上交流。主要领导撰写的《“访民日”让学生吃上放心饭》获 2008 年全国人大好新闻评比三等奖，获哈尔滨市人大好新闻评比一等奖 1 篇，二等奖 2 篇，三等奖 1 篇。在哈尔滨市宪法和人大建设理论研究会举办的 2008 年度论文评选活动中，双城人大报送的《关于贯彻实施监督法的三点思考》和《县级人大推动科学发展的思考》两篇论文分获一、二等奖。

五、抓强化措施，建立激励机制

根据县级人大新闻宣传工作的实际情况，双城人大修订完善了通讯报道工作的奖励制度。一是建立晋升制度。在政治上关心通讯员的成长，市人大常委会向市委建议，提拔干部在同等条件下优先考虑工作业绩突出的人大新闻宣传通讯员，近几年，双城人大机关破格从事业单位调入 3 名同志充实文字工作，并有 5 名同志被提拨为科级干部，人大机关各办主任出现空缺时，首先在从事文字工作的同志中选拔，极大地调动了通讯员的工作积极性，激发了争创一流工作业绩的热情。二是实行奖励办法。双城市人大常委会不但在政治上关心通讯员的成长，在经济上也十分关怀，制订了《上采文章奖励制度》，奖励办法按国家、省、哈市 3 个级别奖励，分消息、通讯、理论文章、经验材料几个层次确定奖励数额，从 180 元至 800 元不等。如 2008 年，全国人大新闻导刊发表了《双城市重视人大新闻宣传工作》的文章，市人大常委会一次性奖励撰稿人 800 元。全年发放奖励费 16090 元。稿件发表后逐人统计，按稿取酬，及时兑现，年终进行总结评比，以此鼓励人大新闻宣传工作者全身心的做好弘扬人民代表大会制度的工作。三是创造工作条件。除政治上关心，经济上关怀外，双城人大还十分关注通讯员的工作条件，主要是加班给予补助，就餐统一安排，外出调派车辆，使人大机关的工作人员都乐于从事新闻宣传工作。

作者简介：

丁桂兰，女，1955 年 11 月生，汉族，大专文化，中共党员，现任黑龙江省双城市人大常委会副主任。

丁桂兰同志 1973 年 4 月参加工作，历任双城市国营养鸡场工人，队长，双城市商业局团委副书记，双城市委党校政治教员，1993 年 7 月起任双城市委宣传部理论学习室干部、副主任、宣传部副部长、文明办主任。1999 年 2 月任双城市委常委、宣传部长。2002 年 9 月任双城市人民政府副市长，2006 年 12 月任现职。

丁桂兰同志 1994 年被哈尔滨市委、市政府授予“优秀思想政治工作着”称号，2001 年被黑龙江省委授予“优秀宣传部长”称号，2003 年被黑龙江省委、省政府授予“防非典先进个人标兵”和“防非典优秀共产党员标兵”称号

新时期人大司法监督工作创新的探索与实践

湖北省黄冈市人大内务司法委员会　丁爱萍

创新是一个民族进步的灵魂，是一个国家兴旺发达的不竭动力，也是人大依法履行职权的必然要求。人民代表大会制度五十多年来的发展历史，本身就是一部创新发展的历史。新的时期新的形势不断给人大工作提出新的课题，同样也给人大司法监督工作提出新的要求。以前人大司法监督工作的重点，简单地讲，主要是抓个案监督。《中华人民共和国各级人民代表大会常务委员会监督法》出台

之后,个案监督所依据地方性法规大都予以废止,人大司法监督工作创新势在必然。结合近两年来我们在贯彻监督法、开展人大司法监督工作的创新实践,我们认为,当前人大司法监督工作创新,应当坚持四个原则,即依法创新、科学创新、求实创新、有效创新。

第一,依法创新。人大工作政治性、法律性、程序性很强,严格依法办事是人大工作的基本要求,司法监督工作创新更应该在法律规定的范围内。法律有具体规定的,必须严格依法办事,这方面创新的空间不大,但可以在贯彻执行法律的方式方法上去创新;法律没有具体规定的,依据法律的基本要求和法律原则,依据法理,我们认为可以有更大的创新空间。去年以来,我们内司委为了解决人手少、法律专业人员不足的矛盾,从市直有关单位聘请了7名法律顾问,协助委员会开展工作。这本身就是一项工作创新。地方人大专门委员会聘请法律顾问,法律没有明确规定,没有直接的法律依据。但是全国人大组织法第三十六条第二款规定,全国人大“各专门委员会可以根据工作需要,任命专家若干人为顾问”。湖北省实施监督法办法第七条规定,“常委会听取和审议专项工作报告前开展视察或者专题调研时,可以邀请当地人大代表以及相关专家参加。”这些规定都是间接的法律依据,我们认为,地方人大专门委员会聘请法律顾问,从法理上是可行的。从两年的实践看,法律顾问在为专门委员会确立年度工作计划、参与执法视察检查、参与调查研究等活动中,发挥了很好的参谋作用,使人大司法监督工作针对性更强、重点更突出、监督力度更大、效果更好。

第二,科学创新。人大司法监督工作创新要讲求方法,要用科学发展观来指导人大司法监督创新工作,使创新更具有合法性、合理性,更具有可行性和可操作性。通过学习监督法,研究监督法,我们认为监督法本身就是科学创新的结果,监督法中有很多科学创新的内容。当时对监督法草案有两个问题争议最大,一个是述职评议,一个是个案监督;争论的焦点,一个涉及到党管干部原则,一个涉及到司法机关独立办案原则。最后,监督法处理的结果是,法律条文对此都不作直接规定,但把这两方面的内容归并到了第二章听取和审议“一府两院”专项工作报告和第四章法律法规实施情况检查中。依据监督法,在听取“一府两院”报告过程中,可以组织专项工作评议,这在湖北省实施监督法办法第十一条规定得更为具体;对“两院”的工作监督主要是通过听取和审议“两院”专项工作报告和开展执法检查等形式,督促司法机关完善内部监督制度,重点解决司法工作中人民群众反映强烈、带有共性的问题,这就是所谓的“类案监督”。监督法的这些规定,比较科学地解决了人大依法履行司法监督职权与支持司法机关独立办案的关系,是科学创新的结果。去年,我们在组织开展人民防空法执法检查时,首次采取了委托检查的办法,将部分县市的检查任务委托县市人大常委会,然后由他们书面报告检查情况,既节省了时间精力,又取得了很好的效果。当然,我们委托检查,也是参考了监督法第二十五条的规定:全国人大常委会和省级人大常委会根据需要,可以委托下一级人大常委会对有关法律、法规在本行政区域内的实施情况进行检查,由受委托的人大常委会书面报送检查情况。虽然监督法对省级以下人大常委会的委托执法检查没有具体规定,但我们认为根据实际需要委托检查,也符合法律原则,具有可行性和可操作性,能提高工作效率,也是科学创新的实践。

第三,求实创新。人大司法监督工作的创新,应当根据工作的实际需要,采取相关措施,解决实际工作中的问题。监督法实施之后,人大司法监督工作必须从个案监督这个重心转移,这就是当前人大司法监督工作最大的实际。人大司法监督工作内容多而杂,在监督内容的确立上,必须抓住在群众反映强烈的热点、难点、重点问题,在创新监督的方式方法上多下功夫,以满足工作的实际需要。监督法及实施办法出台后,对人大专门委员会来说,调查研究的工作量大大增加,因为只有经过调查研究,才能了解实际情况,才能掌握需要监督的重点。去年以来,我们按照监督法的要求,在调查研究的基础上,选择了人民群众反映突出的审判监督、社会治安、反贪污贿赂、道路交通管理、民事审判、基层司法所建设等内容作为司法监督的重点,通过听取专项工作报告和开展执法视察检查等方式,及时帮助司法机关总结经验,查找问题,反映群众呼声,提出建议意见,把这些司法机关想抓的难点、人民群众盼抓的热点,作为我们人大司法监督的重点,符合实际,效果较好。

第四,有效创新。人大司法监督工作创新的目的,就要增强人大司法监督工作的实际效果。要通过有效的创新,达到有效的效果。人大与司法机关的联系问题是监督法强调的重点问题之一。为了有效地加强同"一府两院"的联系，近两年来，我们进一步完善了委员会与对口单位的联系制度，每年召开对口部门工作联系会，应邀列席司法机关有关工作会议，旁听部分案件的开庭等方式，加强了同司法机关的联系，效果很好。特别是2007年8月，为纪念监督法颁布一周年，我市人大内务司法委员会联合公检法司和其他内务司法部门，组织开展了"法治之光"文艺汇演活动，取得了极大的成功，社会反响很好。通过这次活动，进一步增进了人大与司法部门的联系，打破了监督者与被监督者之间僵化生硬的局面，融洽了双方关系，扩大了社会影响，更有利于人大司法监督工作的开展。这既是学习宣传监督法的实际行动，也是贯彻落实监督法的创新实践，是人大司法监督工作的有效创新。

学习监督法，贯彻监督法，重在实践，贵在创新。只要坚持依法创新、科学创新、求实创新、有效创新，人大司法监督工作就一定能开创新的局面。

以科学发展观为指导　提高人大履职能力

贵州省遵义市人大常委会主任　张志年

人大及其常委会作为国家权力机关，担负着保证宪法和法律正确实施、推动经济社会科学发展的重任。地方人大及其常委会依法履行好宪法和法律赋予人大及其常委会的各项职权，用科学发展观指导人大工作，推动人大工作观念、思路和方法的创新，对于推进科学发展观的贯彻落实至关重要。

一、深入学习实践科学发展观，进一步提高人大制度认识

去年市人大常委会的工作，在市委的领导和省人大常委会的指导下，紧紧围绕全市工作大局，以经济建设为中心，把促进发展作为第一要务，把民主法制建设作为根本任务，依法行使宪法和法律赋予的职权，为我市改革开放、经济发展和社会稳定大局作出了积极贡献。一是不断加强和改进对"一府两院"的监督，拓宽监督领域，完善监督形式，进一步提高了监督实效；二是认真行使重大事项决定权，审议和决定了涉及本市经济发展和社会建设等方面的重大事项，促进了决策的民主化、科学化；三是依法行使人事任免权，坚持把党管干部和人大依法任免干部结合起来，从组织上保证了各级国家机关的正常运行。四是不断改进代表工作，注重提高代表素质，切实发挥代表主体作用；五是重视和加强信访工作，促进了司法公正与和谐社会建设；六是不断加强常委会及机关建设，常委会履职能力和机关服务能力有了提高，圆满完成了各项工作任务，树立了风清气正、团结和谐、开拓创新、积极有为、廉洁高效的人大机关形象，社会反响较好，发挥了地方国家权力机关、代表机关和工作机关的作用。

在总结去年市人大常委会工作取得成绩的同时，我们也清醒地看到，常委会的工作与宪法、法律和人民群众的要求，与科学发展观的要求还有差距，监督工作的针对性和实效性不强，监督机制需要进一步完善；联系代表不够深入，代表工作需要进一步改进；探索创新力度不够，自身建设有待进一步加强。这些问题，都需要我们在工作中认真加以解决。

人大及其常委会是国家权力机关，担负着保证宪法法律正确实施、推动经济社会科学发展的重任。要完成肩负的历史使命，最根本的是要依法履行好职责，创造性地开展各项工作，切实履行好重大事项决定权、人事任免权，增强监督的针对性和实效性，提高市人大常委会依法决策、民主决策和科学决策水平，真正使人大及其常委会的工作体现人民的意志，代表人民的根本利益。如何围绕中心，服务大局，促进经济又好又快发展，推进依法行政和司法公正，是对常委会依法行使职权、推动科学发展能力的考验。在这种形势下，我们必须从全市工作的大局出发，以开展学习实践科学发展观活动为契机，准确把握科学发展观对人大工作提出的新的更高的要求，用科学发展观指导人大工作，从人大及其常委会代表人民行使职权的高度，更加坚定正确的政治方向，进一步提高人大制度重要性的认识，充分认识人大工作在推进中国特色社会主义民主政治建设和科学发展中的重要性和必要性，不断增强坚持和完善人民代表大会制度的自觉性和坚定性，进一步增强做好人大工作的责任感、主动性和创造性，牢牢把握依法履行人大职责的主动权，紧紧围绕全市经济、政治、社会和文化发展，不断提高人大监督工作的针对性、科学性和实效性，提升常委会依法行使职权和推动科学发展的能力和水平，做到既不失职也不越权，保证宪法和法律在本区域内的正确实施，促使"一府两院"依法行政、公正司法，为构建"和谐遵义"、推动实现经济、政治、社会和文化跨越发展作出新的贡献。

二、以科学发展观为指导，强化依法履职推动科学发展

人大及其常委会是国家权力机关，推动发展是第一要务。人大及其常委会要牢固树立科学发展观思想，坚持用科学发展观指导人大工作，立足人大工作定位和特点，依法行使宪法和法律赋予的职权，更加关注民生，充分发挥地方国家权力机关的作用，推动科学发展。

（一）理清思路，自觉用科学发展观指导工作。人大依法行使职权的每项工作都与贯彻落实科学发展观密切相关。在研究和开展人大监督工作时，要注意把握三点：

一是监督理念要符合科学发展观。人大作为工作监督和法律监督机关，担负着保证宪法和法律正确实施，推动经济社会更好更快发展的重要任务。随着建设社会主义法制国家和全面建设小康社会进程的不断推进，人大工作越来越重要。要提高人大监督工作水平，搞好人大监督工作，就要进一步更新观念、创新思路，使监督过程成为贯彻落实科学发展观的过程。在监督工作上，要树立"促进发展"的理念，把对"一府两院"工作的支持寓于监督的全过程。要树立"关注民生"的理念，切实维护好、发展好人民群众的根本利益。要树立"公正司法"的理念，通过依法监督，促进"一府两院"依法行政、公正司法。

二是监督方法要体现科学发展观。科学发展观的基本要求是全面、协调、可持续，人大监督工作也要按照科学发展观的要求，做到围绕中心、突出重点、统筹协调、注重实效。一要在履行监督职权时，善于通过具体工作发现宏观的、重大的问题，善于从机制和制度层面上去解决问题，要围绕全市经济社会的发展，围绕全市改革、发展和稳定大局，抓住影响和制约科学发展的问题进行监督。对重大原则问题要敢于监督，注重监督的实际效果。二要把监督与支持有机结合，把对"一府两院"工作的支持寓于监督之中。虽然人大与"一府两院"是监督与被监督的关系，各自工作的职责不同，但工作方向上是一致的，其根本目的都是为了加快遵义的全面发展，推进遵义的和谐社会建设。因此，人大在对"一府两院"工作监督的过程中，要加强与"一府两院"的沟通与联系，不断改进监督的方式方法，到位不越位，解难不作难，参与不干预，支持不代替，肯定正确的行为，纠正失误的做法，对于那些在改革、发展中出现的新情况、新问题，要大力支持"一府两院"解放思想、开拓进取，在实践中总结经验教训，提升建设和谐遵义的本领。

三是监督结果要经得起科学发展观的检验。人大监督本身不是目的，通过监督，推动存在问题的解决，促进工作才是最终归宿。因此，要按照"围绕中心、突出重点、增强实效"的要求，不断取得监督工作新成效，使监督结果经得起科学发展观的检验。监督工作是否取得实效，主要的、根本的，要看是否贯彻了科学发展观的要求，是否促进了经济社会又好又快发展，是否促进了民主法制的建设进程。更要看是不是真正实现好、维护好、发展好人民群众的根本利益，民生是否得到改善。

（二）探索创新，切实履行人大职责。人大工作如何做到顺应新形势，迎接新挑战，能动把握工作的主动权，全面贯彻落实科学发展观，必须从创新人大工作机制入手，积极探索人大监督工作的有效途径和方法，充分发挥人大自身优势和职能特点，把科学发展观贯穿于依法行使职权的各项工作和全过程，推动人大工作再上新的台阶。在思路上，坚持只要有利于经济和社会事业科学发展，有利于社会主义和谐社会的构建，有利于广大人民群众根本利益的维护，就要大胆进行探索和实践。在方法上，要创新行使法定职权的方式，进一步推进监督工作；创新加强和改进代表工作的方法，把发挥代表作用作为搞好人大工作的切入点，进一步加强和改进代表培训工作，加强代表建议交办督办工作，提高代表建议落实率；创新加强调查研究的形式，在针对性、实效性上下功夫。在机制上，要按照监督法的规定，不断健全完善人大工作制度，不断总结实践中一些好的做法和经验，使其形成具有可操作性的制度，使地方人大工作走上科学化、规范化的轨道。

一是突出监督重点，增强监督工作实效。对"一府两院"实行工作监督和法律监督，要把监督的着眼点放到科学发展上来，把监督的着力点放到解决社会发展中的薄弱环节上来，重点加强财政预算监督，建立保障财政监督有效实施的监督机制，增强监督的规范性、科学性和系统性，既要防止监督形式化、简单化；又要防止复杂化、过程化，决议或意见要可行、可操作。监督要围绕改革发展稳定中的热点、难点和群众利益的突出问题实施重点监督，真正解决一些问题，监督的结果要看得见、摸得着。要突出法律监督，加快规范性文件的备案审查工作，对于不符合科学发展观要求的规范性文件要及时进行清理、修改、撤销。对于不符合科学发展观要求和政策规定的做法要督促“一府两院”及时进行纠正，促进经济更好更快发展。

二是把行使重大事项决定权作为推动科学发展的基础和保障。发展是社会主义初级阶段的第一要务。作为权力机关的常设机关，责无旁贷的必须对全市经济建设和社会发展中带有全局性、根本性、长远性，以及关系人民群众切身利益、迫切需要国家权力机关决定的事项要及时作出决定，人大常委会通过的决定决议，要切实体现党的主张，符合科学发展的要求，符合人民的根本利益。

三是人事任免要保证党管干部与人大依法任免干部科学有机统一。任免国家机关工作人员要把是否树立和落实科学发展观、是否坚持正确的政绩观作为衡量标准的重要内容，通过依法行使人事任免权，真正把德才兼备、群众公认、能够在实践中切实贯彻落实科学发展观的优秀人才选拔任命到领导岗位，提高领导机关和领导干部的执政能力和执政水平。

（三）创新思路，推动经济社会科学发展。科学发展观是以经济建设为中心，第一要义是发展，核心是以人为本，基本要求是全面协调可持续发展，根本方法是统筹兼顾。促进发展是人大工作的第一要务，着重要做好四个方面的工作。

一是促进经济又好又快发展。科学发展观是用来指导发展的，必须突出发展这个主题。贯彻落实科学发展观，就必须坚持抓好发展这个党执政兴国的第一要务，坚持以经济建设为中心，把发展作为解决遵义一切问题的基础和关键，用发展和改革的办法解决前进中的问题。遵义是一个欠发达欠开发地区，虽然改革开放以来经济社会取得了长足发展，但经济总量小，人均水平低，发展质量不高等问题还比较突出。因此，集中力量加快经济发展，这对遵义来讲，具有十分特殊重要的意义。特别是面对当前国际金融危机快速蔓延和世界经济增长明显减速给我市经济发展带来的影响，更需要我们增强发展的信心，沉着应对，克难攻坚，抢抓机遇，加快发展，努力把遵义的经济搞上去。人大及其常委会要按照科学发展观的要求，紧紧围绕市委提出的“加快发展黔北综合经济区”和“三新一强”战略部署，行使好宪法和法律赋予人大的职权，进一步加大监督力度，按照“保增长、扩内需、调结构、重民生”的统一要求，加强经济发展运行跟踪，重点对“十一五”规划纲要执行情况中期评估工作和计划执行、财政决算，落实国家新增投资项目实施情况等加强监督，深化跟踪问效监督，保证人代会批准的全年国民经济和社会发展主要指标的完成。

二是关注民生构建和谐社会。“国以民为本，民以生为先”。民生问题事关百姓利益，决定民心向背，影响全市的改革发展大局。改善民生是全社会的共同期待，也是一个渐进的历史过程，任重而道远。人大及其常委会作为地方国家权力机关，它的权力是人民授予的，也是国家的根本大法宪法赋予的，对人民负责是市人大及其常委会的根本宗旨，人大权力的依法行使，要体现人民的意志，代表人民的根本利益。要通过开展学习实践活动，认真贯彻以人为本思想，围绕人民群众最关心、最直接、最现实的利益问题和社会普遍关注的热点难点问题，紧紧抓住劳动就业这一民生之本，扩展就业门路，拓宽就业渠道，加大投资培训计划，着力解决农民工返乡创业难等问题。重点围绕路、水、房、医、学、保等民生问题，加大人大监督的力度，不断增加对农村公共事业的投入，扩大公共财政覆盖农村的领域和范围，推动事关民生的突出问题的不断解决。

三是推进环境资源可持续发展。全面协调可持续发展是新时期新阶段经济社会发展的战略选择。全面发展，是以经济建设为中心，全面推进经济、政治、文化、社会、生态文明建设，实现经济发展和社会全面进步；协调发展，就是要搞好“五个统筹”，推进经济、政治、文化、社会、生态文明建设的各个环节、各个方面相协调；可持续发展，就是要促进人与自然和谐相处，实现经济发展和人口、资源、环境相协调。我市在强力推进“三化一强”进程中，城镇化、工业化取得了突出的成绩。但在发展的同时，也还存在因开发利用自然资源造成的环境污染和生态破坏，生态环境、自然资源和经济社会发展的矛盾日益突出，一些环境问题已经严重影响了人民群众的生产生活。我们绝不能走过度消耗资源、破坏生态环境的发展路子。人大及其常委会要按照科学发展观的基本要求，继续以宣传和检查大气污染防治法、水污染防治法为重点，采取上下联运的方式，深入开展“遵义环保世纪行”活动，着力推动片面发展、盲目发展、只顾眼前发展忽视长远发展等问题的解决，尤其要解决单纯追求速度，不重视调整经济结构，不重视质量和效益，不重视节约资源、节能减排和保护环境，甚至以牺牲环境、破坏资源为代价换取一时经济增长，不重视社会建设等问题。坚持走科技含量高、经济效益好、资源消耗低、环境污染少、人力资源优势得到充分发挥的新型工业化路子，推动人口与经济、社会、资源、环境的全面协调发展，努力构建环境友好型资源节约型社会。

四是注重统筹推进协调发展。统筹兼顾，是我们党治国理政的重要历史经验，是我们处理各方面矛盾和问题必须坚持的重大战略方针，也是我们党一贯坚持的科学有效的方法。坚持统筹兼顾，着力解决全局观念不强，缺乏战略思维、不能妥善处理全市和地方、局部利益和整体利益、个人利益和集体利益、当前利益和长远利益的关系，尤其要正确认识和妥善处理城乡发展、区域发展、经济社会发展、人与自然和谐发展的关系等问题。要正确领会和全面把握我市经济社会发展事业总体格局，善于在推进经济发展的同时兼顾各个方面的发展要求，把经济、政治、文化、社会建设及其各个环节统筹好、协调好，使之相互促进，相互支撑，实现良性互动。善于从各方利益的结合点上考虑问题，谋划工作，善于化解不和谐因素，形成各方面推动发展的强大合力，善于抓住牵动全局的主要工作，涉及群众利益的突出问题，着力在重要领域和关键环节取得突破。人大常委会的工作千头万绪，归纳为一句话，就是统筹兼顾，选准议题，充分审议，集体决定，跟踪问效。议题选准了，目标就清楚，突破口就易于把握，科学发展的牛鼻子就牵住了。人大制度权威就会在一个个目标的实现中逐步形成。

三、加强常委会自身建设，提高人大依法履行职权能力

常委会自身建设与人大依法履行职权密切相连。加强人大常委会及机关自身建设，是做好新时期人大工作的客观要求。要按照“政治坚定、业务精通、务实高效、作风过硬、团结协作、勤政廉洁”的要求，切实加强常委会及机关自身建设，不断提高依法履行职责水平，更好发挥人大作为权力机关、代表机关和工作机关的作用。

一是加强党员干部思想作风建设。要以学习实践科学发展观活动为契机，进一步加强人大常委会自身建设。坚持常委会会议前的法制讲座制度和机关学习制度，组织常委会组成人员和机关工作人员学习实践科学发展观，学习党的十七大、十七届三中全会精神，宪法、监督法等法律法规，不断加强党员干部党性锻炼和思想道德修养，筑牢拒腐防变的思想道德防线，提高政治业务素质和工作能力，增强做好新形势下人大工作的自觉性，始终保持奋发有为的精神状态和旺盛的工作热情，全身心投入到工作中，为常委会依法履职提供坚强的政治保障。

二是加强机关干部队伍建设。要坚持把人大机关干部队伍建设作为提高人大及其常委会工作效率的重点，解决好人大机关干部的“入口”和“出口”问题，逐步把那些既有使命感，又有责任心、事业心，具有经济行政管理知识和法律基础知识的年轻同志充实到人大机关来，增强人大机关的活力与朝气，努力造就一支特别能学习、特别能履职、特别能实干、特别能吃苦、特别能奉献的干部队伍。进一步抓好人大干部的教育培训工作，加大机关干部的培养、选拔、交流、使用，畅通选人用人渠道，最大限度地挖掘和发挥每个人的潜能，做到人尽其才，才尽其用。大胆推荐提拔任用那些德才兼备、勇于开拓、勤奋工作、确有实绩的干部，真正使人大机关干部“动起来、活起来”，为常委会依法履职提供可靠的组织保证。

三是不断健全完善人大工作制度。加强制度建设，既是对人大及其常委会工作的要求，也是对人大常委会机关工作的要求。建立健全和严格执行科学管理、切实管用的制度，形成职责明确、分工负责、规范有序、务实有效的机关运行机制，是我们提高工作效能的重要保证。因此，我们要以学习实践活动为契机，从加强自身建设的高度，健全完善常委会和机关各项工作和管理制度，健全体现科学发展的规章制度，不断提高工作效能。要按照《遵义市人大常委会及其机关制度建设实施方案》，逐步建立健全代表视察制度、常委会决议决定贯彻执行和审议意见办理的有关制度，建立询问、质询、组织特定问题调查等制度，探索建立人大监督责任制度、司法监督制度和部门工作评议制度，不断完善人大机关工作规则、工作程序等制度建设。同时要加大制度的执行力度，把各项制度落到实处，提高人大监督的质量和效果，提高人大机关整体服务水平。

四是深入调查研究着力解决突出问题。人大常委会是由人大代表选举产生，根基在人民、血脉在人民、力量在人民，人大常委会的工作必须对人民代表大会负责，必须对人民负责。要始终保持与人民群众的血肉联系，从领导干部到各专委会成员，都必须切实转变作风，深入实际、深入基层，听民声、摸民情，把人民群众普遍关心的热点、难点问题及时纳入重要工作议题。要加强与人大代表经常性的联系，积极为代表知情知政和执行职务创造条件，自觉接受人民群众和人大代表的监督。要高度重视调查研究工作，针对人大工作中的突出问题，按照常委会年初确定议题，大兴调查研究之风，加强人大工作的调查研究，不断提高人大工作水平，为常委会行使职权发挥积极的参谋作用，努力促进那些关系群众切身利益的突出问题得到有效解决，促进那些影响人大工作的突出问题得到有效解决。

迎接新挑战实现新发展

贵州省遵义市人大常委会副主任　李显国

党的十一届三中全会把全党工作的中心转移到经济建设上来，实行改革开放的历史性决策，为解放和发展农村生产力指明了方向。改革开放30年来，党中央始终把切实加强“三农工作”放在突出位置，使我国现代化农业发展取得了辉煌成就，从而推动了现代化农业的发展，促进了农民增收，提高了农业生产综合能力，推进了社会主义新农村建设。党的十七届三中全会又一次作出了《关于推进农村改革发展若干重大问题的决定》这将进一步掀开我国社会主义新农村建设历史新篇章，迎来农业农村发展的又一个春天。这些年来，我市农业农村经济发展步伐加快，成绩斐然。为加大全市农业农村经济社会发展力度，市人大常委会每年都就“三农”发展的相关议题进行审议，充分发挥了人大监督职能，并取得实效。这里，结合遵义30年农村农业工作基本经验，就如何推进我市农业现代化进程谈点思考。

30年来，我市农村经济社会持续快速协调发展，农村面貌发生了翻天覆地的巨大变化，探索并走出了一条具有遵义特色的农业发展之路。1986年，我市在总结过去经验的基础上，提出了以“两杂良种推广、水稻两段育秧、旱地分带轮作多熟制、冷烂锈田半旱式栽培、玉米育苗移栽和地膜覆盖”为主要内容的“五突破”。通过十多年来的大力实施，为我市农业增产、农民增收和农村经济发展作出了巨大贡献，总体解决了广大农民的温饱问题。2001年，在总结老“五突破”成功经验的基础上，市第二次党代会适时提出了以“基地建设、加工销售、科技推广、基础设施、农村改革”为主要内容的新“五突破”。通过近八年的扎实推进，取得了一定的成效。以“富在农家、学在农家、乐在农家、美在农家”为主要内容的社会主义新农村建设颇具遵义特色。农业的基础地位进一步夯实。2008年，我市粮食总产682亿斤，再创历史新高，农民人均纯收入可达3234元，是2000年的188%。改革开放的30年，是我市农村生产力不断解放、农村经济持续发展、农村面貌明显改善的30年。

随着我国工业化、城镇化、市场化、国际化快速推进，农业农村也随之发生着深刻的变化，新形势下面临着许多新问题和新挑战。就我市情况来看：一是随着工业化、城镇化进程加快，农村劳动力转移日益加大，导致从事农业的劳动力老龄化加剧；二是随着务农人口老龄化日益加快，培养新型农民的问题显得重要而紧迫；三是随着工业化、城镇化加速推进，导致各类建设大量占用耕地，土地资源日益短缺，环境污染日益严重，土地质量不断下降，农产品安全问题潜在危机日益突出；四是随着国际化、市场化进程加快，农产品市场竞争将日趋激烈；五是由于务农收入在农民总收入中比重下降和农业的比较效益较低，导致农民“种田”的积极性不高，对农业的资金投入和劳动力投入不足，部分地方出现了土地无人租种，土地撂荒；六是随着国家免收农业“四税”和一系列涉农税费的优惠政策的实施，农业方面税收占县级财政收入的比重急剧下降，导致部分基层党委政府对农业农村经济发展，重视不够，积极性不高，投入不足。

我们正面临一个重要的历史转折时期，在冷静分析严峻挑战的同时，还需清醒地看到机遇。党的十七届三中全会为加快农村改革发展提出了明确的指导思想，任务目标和重大原则，在改革创新、加强制度建设、发展现代农业，加大农业投入，发展公共事业，加强和改善党的领导等方面制定了具体有力措施，这就是推进农业发展，农村繁荣的最大机遇，也为我们解决新形势下的新问题指明了方向。面对严峻的新挑战和发展的重大机遇，农业农村怎样实现新发展呢？我们的主要着力点应放在哪里呢？笔者认为：

一、加大科技推广力度，在现代农业建设上取得新突破。

农业发展的根本出路在于科技进步。推进新农村建设，首要任务是建设现代农业，用现代物质条件装备农业，用现代科学技术改造农业，用现代农业体系提升农业，用现代经营形式推进农业，用现代发展观点引领农业，这是一项长期而艰巨的任务。必须从市情出发扎实推进。要围绕土地产出率，资源利用率和劳动生产率，提高农业素质、效益和竞争力。要大力做好“四种”工程和示范区、示范带、示范园等基地建设。要做好各类农业应用技术和农业机械化推广，使我市农业技术推广较过去力度更强，规模更大，覆盖面更广，规模化、集约化、精细化、智能化程度更高。要稳定和壮大农业科技队伍，开展各类技术培训，加快农业科技成果转化。

二、加大投入力度，在农村基础设施建设上取得新突破。

以农田水利为重点，以水、路、电、气为主要内容的农业基础设施建设是现代农业的重要物质条件，一要加快病险水库的除险加固，加快中小流域治理和农村人饮安全工程建设。确保人均0.6亩以上旱涝保收丰产田，确保人民群众喝上干净水。二要搞好规划，统筹安排，连片推进，加快中低产田改造，坡改梯和石漠化治理。三要加强农村公路建设，尽快实现乡乡通油路，进而逐渐实现村村通油（水泥）路。逐步形成城乡公路资源相互衔接，方便快捷的客运网络，提高农村人流、物流、信息流的快捷畅通。四要推进农村能源建设，尽快完成农村电网改造，让农村电网覆盖到每一户农民。五要大力推广农村沼气池工程，搞好秸杆利用，形成清洁、经济的农村能源体系，同时加快改水、改厨、改厕，开展垃圾集中处理，不断改善农村卫生条件和人居环境。六要加快农村广电信息网络建设力度，发挥信息化为农服务的作用。七要加强气象预报、防灾减灾、防洪排涝监测预警能力基础建设，以提高防灾减灾能力，有效减低自然灾害的损失。农业基础设施建设需要大量的投入，要抓住中央加大对“三农”投入的机遇，建立多渠道、多层次的投入机制。

三、加快改革创新力度，在推进农村土地流转上取得新突破。

要把改革创新作为农村发展的根本动力。首先要在稳定和完善家庭联产承包、统分结合的双层经营体制的前提下，推动农村土地流转，促进规模经营。一家一户的分散经营难以适应现代农业发展的要求，很难抵御农业的自然风险和市场风险。各级政府和相关部门要按依法、自愿、有偿的原则对农村土地流转搞好指导、服务和规范。要建立土地承包经营权流转市场，发展专业大户，家庭农场、农民专业合作社、公司企业等多种形式的适度规模经营。二要按照服务农民、进退自由、权利平等、管理民主的要求，扶持农民专业合作社加快发展，提高农民的组织化程度，使之成为引领农民参与国内外市场竞争的现代农业经营者。要认真贯彻农民专业合作社法，从培训、工商登记、财会制度、财政税收及金融政策等方面制定扶持政策，使农民专业合作社健康快速发展。三要建立农村金融制度。要创新金融体制，放宽农村金融准入政策，加快建立商业性金融、合作性金融、政策性金融相结合，资本充足、功能健全、服务完善、运行安全的农村金融体系。使农村金融为现代农村经济发展提供资金保障。四要建立城乡经济社会发展一体化制度，逐步破解城乡二元结构。要采取有力措施，逐步实现城乡基础设施、公共服务一体化，公共资源在城乡之间均衡配置，生产要素在城乡之间自由流动，人力资源在城乡之间有序组合。要引导农民外出就业、鼓励农民就近转移就业、扶持农民返乡创业，保障农民工的合法权益，加快推进户籍制度改革，使城乡公民都平等享有各项权利。

四、加大农业产业化推进力度，在农业结构调整上取得新突破。

要大力推进农业产业化经营，促进农业结构优化升级。要培育、发展、引进经营能力、投入能力强的国家级、省市级龙头企业，发挥龙头企业带动效应。要打造具有遵义特色的知名品牌。要制定实施好扶持农业产业化发展的一套优惠政策，延长产业链，把遵义的农产品做大、做强、做优、做特。在保证基本粮田的前提下，放手进行农业结构调整，哪样赚钱干哪样，看准了的就放胆干。要以农业产业化推动农业结构调整，继续推进“六个一百”工程，使我市的畜牧业、茶产业、竹业、药业、辣椒为主的蔬菜产业从原料基地建设到生产、加工、销售真正形成产业链，成为富民强市的支柱产业。对传统的粮食、烤烟、油菜、林业也需要不断优化品种，在加工销售上做足文章，以提高传统优势产业的效益。各地还需结合实际，因地制宜，发展一批特色产业。

五、要加大保障体系建设力度，在提高农民素质上取得新突破。

首先要加强和改善党的领导，为推进农村改革发展提供坚强的政治保证。县（市、区）党委政府要按十七届三中全会要求“把工作重心和主要精力放在农村工作上来。”把重视农业作为治国安邦的头等大事，提高执政能力。按科学发展观和正确政绩观制定考核评价体系，把农村经济社会发展、农民增收作为考核地方党政班子和领导干部的重要内容。二要加强新型农民的培训。在生产力要素中，人是第一位的。农民是社会主义新农村建设的主人翁，是农村小康社会建设的主力军，农民是现代农业的建设主体，也是受益主体。一定要立足长远培养新型农民。一方面，要继续加大农业适用技术的培训力度，把阳光工程、雨露工程、绿色证书工程、青年农民科技培训工程、新型农民创业培训工程、农村适用人才培训工程和农业远程培训工程规模做大，建立农民职业培训机制。另一方面，要通过各类职业技术学校，涉农大中专院校、培养新型农民。只要有一支有知识，有技术，观念新，懂管理的新型农民队伍，我们的现代农业就大有希望。三要建设现代农业服务体系。政府要建设覆盖全程、综合配套、便捷高效的社会服务体系。加快构建以公共服务为依托，合作经济组织为基础，龙头企业为骨干，其它社会力量为补充，公益性服务和经营性服务相结合，专项服务和综合服务相协调的新型农业合作化服务体系。要支持供销合作社、农民专业合作社、专业服务公司、专业技术协会、农村经纪人、龙头企业等提供多种形式的生产经营服务。要保障农用生产资料供应，整顿和规范农村市场秩序，严厉惩治各种坑农害农行为。四要健全农村社会保障体系。按照广覆盖、保基本、多层次、可持续的原则，加快健全农村社会养老保险制度，做好被征地农民社会保障，完善农村最低生活保障制度，建立农村受灾群众援助制度，发展农村老龄服务，促进农村残疾人事业发展。要巩固和发展新型农村合作医疗制度，完善农村医疗援助制度。我们要以健全优越的农村保障体系来确保农村经济社会的和谐发展。

在这场波澜壮阔的农村改革发展大潮下，只要我们能牢牢把握机遇，把战略重点放在现代农业建设、基础设施配套、体制改革创新、农业结构优化、农民素质提高上来，锲而不舍地真抓实干，我们就一定能充分挖掘我市农业发展的巨大潜力，创造出同发达地区、发达国家一样的农村生产力，就一定会实现我市农业的长期持续发展。

整合监督权力　增强监督实效

湖南省株洲市人大常委会研究室主任　杨长春

监督权是地方人大及其常委会的一项重要职权，监督工作也是一项系统工程。监督法的规定保证了监督权力的整体性。监督法明确赋予人大常委会审议权、审查权、检查权、询问权、质询权、调查权、撤职权等。这些权力环环相扣，既有监督起点的权力，又有监督终点的权力，既有对“事”的处理权，又有对“人”的处理权，既解决了人大常委会如何监督的问题，又解决了不接受监督怎么办的问题，目的是保证监督的目标圆满实现。因此，进一步整合和运用监督法赋予各级人大常委会的这些权力，对于增强监督实效，推动人大监督工作必将起到重要作用。

一是审议权。审议是地方国家权力机关行使监督权的基本形式。在人大及其常委会的诸多监督形式当中，审议工作报告使用频率较高，实践时间最长，也积累了一定的经验。但从多数地方的情况来看，审议时“会上听一听，分组议一议，会后无声息”、“会上审议、会后完了”的现象仍然较为普遍。为了更好地行使审议权，监督法明确规定每年要有计划地选择若干关系改革发展稳定大局和群众切身利益、社会普遍关注的重大问题，听取和审议“一府两院”工作报告。同时明确了专项工作报告议题确定的途径，即本级人大常委会在执法检查中发现的突出问题，本级人大代表对“一府两院”工作提出的建议、批评和意见集中反映的问题，本级人代会专门委员会、常委会工作机构在调查研究中发现的突出问题，以及人民来信来访集中反映的问题和社会普遍关注的其他问题。法律的这些规定，为人大常委会行使好审议权提出了更高的要求。

二是审查权。“审查”与“审议”虽是一字之差，但“审查”带有检查核对的意思，人大对有关国家机关的报告进行审查，主要是检查核对这些报告是否正确、妥当。审查与审议的关系，实际是内容和形式或实体与程序的关系，而不是格格不入的并行关系。对地方人大来说，审查的内容确定以后，应该建立健全和完善的主要是审查的程序和方式问题，而不是仅将“审议”改为审查了事。监督法明确规定人大常委会审查“财政”的重点内容，即主要是预算收支平衡情况，重点支出的安排和资金到位情况，预算超支收入的安排和使用情况，部门预算制度建立和执行情况，向下级财政转移支付情况，本级人代会批准预算的决议的执行情况。除此之外，全国人大常委会还应重点审查国债余额情况，地方各级人大常委会还应重点审查上级财政补助资金的安排和使用情况。这就进一步明确了人大常委会审查“财政”的范围，在原有基础上拓宽了财政监督的渠道，避免出现“漏监”的现象。

三是检查权。开展执法检查是人大履行监督职责的重要形式。人大的执法检查对于监督执法机关纠正和查处违法行为，促进依法行政、公正司法具有极其重要的作用。但是，目前的执法检查工作无论在理论上还是实践上都有许多不完善的地方，与宪法和法律对地方人大履行监督职责的要求还有较大的差距。有一些地方，执法检查的频次、规格、力度等出现了弱化的倾向；有些地方执法检查基本流于形式，虽然执法检查年年搞，可就是雷声大，雨点小，不解决什么实际问题，对法律法规的贯彻实施没有产生应有的推动作用。人大的执法检查，既不同于检查机关的法律监督，也不同于上级政府对下级政府的工作检查，而是各级人大常委会依法履行监督职责的一种重要形式。施法即查，凡已实施的一切法律法规都可以是人大执法检查的内容；执法必查，凡一切执法机关都应接受检查监督。人大执法检查是促进依法行政、公正司法的重要手段，是防止权力滥用的重要措施。监督法明确规定了人大常委会开展执法检查的规范做法，即常委会开展执法检查要根据选择的重点制定年度计划；要按照精干效能的原则，组织执法检查组，并且就执法检查组的组成及提供执法检查报告的内容作了明确规定；“一府两院”对检查报告和常委会的审议意见的处理情况要向常委会作出报告；常委会对“一府两院”的报告或组织审议，或组织有关方面跟踪检查。我们要根据监督法的要求，进一步加强和改进人大执法检查工作，增强做好执法检查工作的责任感和使命感，努力提高执法检查的实效。

四是询问权。询问的规定始见于1982年重新制定的全国人大组织法，其后地方组织法、代表法及全国人大议事规则都有这方面的规定。询问是指各级人大常委会审议议案和有关报告时，“一府两院”应当派有关负责人员到会，听取意见，回答询问。长期以来，人大常委会实施监督系“柔性”监督多，即大多开展的是审议、视察等活动，而“刚性”监督少，即很少采用询问、质询、特定问题调查和撤职等，尽管地方组织法对后者也赋予人大常委会的权力，但由于规定较原则，平时难以操作。监督法对这几方面的监督手段从提出程序到如何处置等，规定得较具体，这就便于必要时操作运用，使人大常委会在实施“柔性”监督手段的同时，适时运用“刚性”监督手段，无疑将加大监督力度，增强监督实效。加强“刚性”监督，是地方人大工作走向成熟的一个重要标志，地方人大也不妨去大胆偿试和积极探索，以推动人大监督工作的深入开展。

五是质询权。质询权作为一种较为严厉的监督形式，在各级人大的实践中并没有得到很好的运用，或根本没有运用。质询是指人代会和人大常委会会议期间，人大代表或人大常委会组成人员依法对本级政府及其所属部门、法院、检察院提出的带有一定强制力的质疑和发问。质询一般针对违宪违法行为、工作中的重大失误和造成重大影响的不当措施等。质询和询问相比，有两个明显特点：一是质询案的提出要符合法定人数、符合法律规定的程序；二是质询案一经成立，被质询者必须答复，否则就要引起一定的法律后果。因此,质询是一种比较严厉的监督形式,带有法律强制性。在以后的人大工作实践中如时机成熟,也不妨大胆试一试。

六是调查权。特定问题调查是指人大常委会为查证某个重大问题而依照法定程序组织的调查。特定问题调查也是极少运用或基本未用的一种监督形式,主要是对特定问题不好界定、怕出问题,搞得不好,又怕搞僵关系,影响和谐稳定,不好收场。根据有关法律和议事规则的规定,特定问题,是指某项特殊事件或特别重大的问题,如重大的违宪违法事件,国家机关负责人严重失职、渎职行为,司法机关及其工作人员严重违法的重大典型案件,人民群众反映特别强烈的重大问题,代表提出的罢免案等。有关法律和议事规则虽作出了这些规定,但在实际工作中仍然不好操作,也很难操作。这也是人大特定问题调查权基本或完全处于虚置状态的一个重要原因。现在监督法为了强化人大常委会的监督手段,明确提出了"特定问题调查",尽管实施这种监督形式难度和阻力比较大,但只有时机成熟,我们还是要认真履行这项职权。

七是撤职权。地方各级人大常委会依法罢免或撤销由其决定任命的国家机关工作人员的职务,是目前人大监督手段中最为严厉的一种形式,也是地方人大监督权具有强制力的表现。对违法失职的干部予以撤职能够有效地督促国家机关工作人员认真履行自己的职责,从而加强国家政权机关的廉政和勤政建设。但从实践看,这一监督的"硬"措施并未很好地开展起来,在有的地方几乎是一片空白。存在的主要问题是:有的人认为地方人大根本用不着撤职等手段,人大监督只是走走形式,对正确采用刚性监督措施缺乏信心;有的地方人大不敢用撤职等手段,怕这些刚性监督会伤害与"一府两院"的感情,怕得不到党委的支持;即使一些地方人大主动行使监督权,在对违法失职者的处置过程中因遇到阻力,"撤职"也会经常改为"免职",甚至有些地方人大已经行使了撤职权,却因人为的干预而失去效力等。这些问题的存在,严重制约和影响了地方人大常委会对撤职权的行使。因此,地方人大常委会对撤职权的行使,也要该出手时就出手,以推动人大监督工作和整个民主政治建设的向前发展。

关于贯彻十一届全国人大二次会议精神
坚持科学发展观,进一步做好强省富民工作的十点思考和建议

全国人大代表、陕西省荣民集团董事长　史贵禄

当前,国际金融危机仍在扩散和蔓延,不仅尚未见底,而且对实体经济的影响进一步加深,在国内外经济形势发生重大变化的背景下,省委十一届三次会议认真贯彻中央经济工作会议精神,确定了保增长扩内需调结构的发展主基调,把改善民生作为保增长的出发点和落脚点,这是应对今年以来的国际金融危机影响的正确取向。在我国,普遍遭遇不利经济局面下,恰恰是我省加强加强基础实施建设,大力推进经济结构调整,不断发掘内需促使国民经济持续快速发展,加快建设西部强省的机会,是我省经济发展模式转型与结构优化的外在动力,而且是有利的外部推动力量,我们一定要审时度势,趋利避害,变危为机、充分认识经济环境的严峻性和复杂性,把困难估计的充分一些,把措施考虑的周密一些,既不能盲目乐观,置身其外,又不能惊慌失措,无所作为。我认为攻克时艰,共度难关,实现我省平稳较快发展需要着力解决好十个个方面的问题。

一、坚持统筹城乡发展理念

我省各地对统筹城乡发展的问题已引起重视,成效初显,但也存在一些不可回避的问题,比如,在统筹城乡发展的过程中,如何正确处理工业与农业、城市与农村、强省与富民的关系,做到工业与农业齐开发,城市与农村同发展,逐步缩小城乡差距,就值得认真反思。作为一级政府,重视抓工业、抓城市建设,这很重要,但也要重视抓"三农"。如果只重视抓城市工业,忽视了占总人口80%的农村和农业这个大头,那县域经济发展就会显得头重脚轻,就会成为无源之水,建议各级政府站在战略的高度进一步审视发展思路,确立科学发展观,把强

省与富民有机地结合起来。既要重视抓优势产业、走新型工业化道路,实现强省目标,又要重视抓"三农",加快特色农业基地建设和农业现代化步伐,实现富民目标;既要重视抓全省性的大项目建设和高新技术产业,又要重视抓城乡民众可以广泛参与的传统产业发展,充实发展的底气和后劲。当务之急要突出抓好"三个加快":

一是加快农村城市化进程。要以县城和基础较好、区位优势明显和产业特色比较优越的建制镇作为小城镇建设的重点,省、市、县一齐用力,在3—5年内全省集中抓500个农村小城镇,其中关中地区300个,陕北和陕南200个,使之成为工业、交通、商贸重镇和旅游名镇,带动农村经济繁荣,促进城乡一体化发展。

二是加快农村工业化进程。要加快优质小麦、油菜制种,特质杂果等10大农产品基地建设,全力构建县、乡、村三级农产品加工业平台;要紧紧抓住全省建设100个县级工业园区的机遇,鼓励、引导农产品加工企业入园创业发展,形成产业集群规模;要加大对农产品加工企业的政策扶持力度,吸引国内外有实力的大型企业集团参与我省农业产业化建设,在全省培育100个标准化农产品加工龙头企业,努力将全省农产品加工比重由目前的20%左右提高到30%以上,最大限度地壮大县域经济总量。

三是加快城乡一体化进程。要着眼于突破"城乡分治"的二元结构,建立完善统筹城乡发展的产业扶持政策、金融政策、土地流转政策、户籍政策以及城乡统筹的基本生活保障政策,引导城市各类资源向农村流动,提升镇村集群经济的核心竞争力。要建立城乡一体化的劳动就业政策和劳动用工制度,降低农民工进城务工门槛,保障农民进城务工的合法权益,促进农村剩余劳动力转移和农民增收,确保城乡一体化的真正实现。

二、大力发展品牌经济

当今时代,品牌是一个区域经济实力的重要标志,谁拥有品牌谁就会占领市场的制高点。从我省看,虽然品牌产品的数量不断增加,截至2007年底,全省有27个产品被评为"中国名牌",被认定的"中国驰名商标"18件,名列西北第一、西部第二,名牌产品对陕西经济社会发展的贡献日趋明显。但同全国和一些发达省份相比,无论是从投入上还是观念上,都有很大距离。目前,在1957个中国名牌中,连续多年居中国名牌首位的广东省,就有299个,占到总数的六分之一,而我省仅占全国的1.4%左右;在181个中国出口品牌中,陕西省只有"标缝"1家企业入围,而且名牌产品的分布也极不合理,80%集中在关中地区,陕南、陕北至今还没有中国名牌产品。凡此种种,表明我省的品牌建设任务还相当艰巨。因此,建议各级政府进一步增强品牌意识,健全扶持品牌企业的相关政策措施,制定各类区域品牌培育目标规划及后续梯次计划,研究确定不同时期品牌创建的重点,并加强品牌培训,出台"一对一"帮扶激励办法,引导和支持有自主知识产权和较高技术含量的骨干企业争创全省、全国名牌,力争2—3年全省再创中国名牌产品30个,省级名牌产品60个,尤其要把"陕西苹果"这一品牌产业做强做大,积极争取秦川牛、陕北红枣、洋芋等列入国家地理标志的保护产品;继续做好"中华老字号"推荐认定和"陕菜"品牌挖掘创新工作;鼓励企业"走出去"在省外、境外开设分店,不断扩大陕西品牌在国内国际的影响,促进陕西外向型经济发展。

三、加快骨干产业项目建设

项目是资源开发的载体。有句话说"80年代看广东、90年代看浦东、21世纪看山东",山东从上世纪90年代开始,就坐上了中国经济大省的"第三把交椅",这一坐就是十几年。2004年,山东终于又跃三为二,坐上了亚军宝座。为什么?就是因为山东实施了以大项目为支撑的"群象经济",从富庶的胶东半岛到奋起直追的鲁西北地区,都有一批像海尔、海信、时风、皇明等大型企业成为当地经济发展和产业扩张的依托。对比山东看我省,在中国企业500强的序列里,陕西只有5户企业入选,数量少、块头小,缺乏叫得响的好项目、大项目带动。全省各级、各部门一定要大力实施项目带动战略,严格落实"零接触"政策和"一条龙"服务,对所有来陕投资的项目,分别由省、市、县工商务部门负责办理营业执照和一切手续,特别是对投资上亿元的大项目,更要高看一眼,厚爱一层,实行一个项目一名领导包抓、一个工作班子服务、一套政策扶持,形成加快重点项目建设的长效机制。牢牢抓住国外和广东、浙江、福建等地民资向外扩张和产业转移的有利时机,利用一切社会关系,发挥一切有利因素,高起点搭建创业发展平台,吸引更多的客商来陕上好项目、大项目,优化产业结构拉长高科技产业链,支撑总量扩张。要坚决兑现项目招商引资优惠政策,增强政策的吸引力,推动项目的大发展,为建设西部强省提供坚强有力的支撑。

四、实施开发带动战略

发展的空间取决于开放的空间。我省同沿海一些省市比，在开放程度方面的差距尤为明显。按算，陕西的人口、面积、GDP分别约占全国的2%，而利用外商直接投资约为全国的1%，进出口额为全国的0.4%，占全国总额的比重很小。2007年，东部沿海10省市实际利用外资占88%，进出口占90%，当年全国外资依存度平均为67%，陕西约为9%。所以，陕西要在新的形势下实现经济社会又好又快发展，就必须全方位、宽领域、高层次地推动对内对外开放。要教育广大干部群众树立“客商发财我发展，客商创业我就业”的开放意识，瞄准和引进国内外一批实力雄厚、带动力强的大企业、大集团，特别是世界500强和“国”字头、“央”字号大集团、大企业，借外力谋求更大的发展。要创新招商方式，以重点企业和园区为主体，推行敲门招商、对口招商、产业招商，推动开放型经济上快车道。要设立专项经费大招商，省、市、县三级政府每年应拿出一定资金作为招商引资经费和奖励资金，支持招商引资工作的开展。同时，要针对我省多年来存在的进口与出口2:1的严重失衡状况，既要重点扶持高新技术、机械设备、家电电子、果品加工、医药等支柱产业以及进出口超过1000万美元的110多家企业扩大出口；更要注意发挥产业优势，扩大高新技术产业，装备制造业、绿色产业和现代服务业的进口规模和质量，大力提升我省经济社会发展的外向度，用大开放促进大开发。

五、着力推进全民创业

加快建设西部强省最终要落脚在社会财富的增加和人民收入的提高上，而这一切都要通过全民创业来实现。各级政府一定要把推进全民创业作为振兴陕西、加快西部强省建设的重要突破口，摆在更加突出的位置。要树立发展非公经济，实施全民创业就是培育新的经济增长点的新观念，加大对全民创业的政策支持，营造宽松的政策环境、市场环境和法制环境，鼓励、引导农村能人、个体户、外出务工返乡人员等领办创办企业，吸引外地客商来陕投资兴业，实现创业人员由少到多的转变；要支持非公有制企业整合资源，走股份制、集团式的发展路子，通过增资扩股、兼并联合、资产重组，壮大发展规模，扩大生产能力，培养形成一批主业突出、竞争力强、带动作用明显的大企业、大集团、力争经过三年左右时间、全省产值过亿元的非公有制企业增加到500个，实现创业群体由小到大的转变；要大力支持科技创新，加大对高新技术企业、科技型民营企业的扶持力度，引导非公有制企业向“精、特、新、强”方向转型升级，改变非公经济科技含量低、产品质量低、市场占有低、经济效益低的问题，实现全民创业由低到高的转变；要全面加快农村小城镇和县区工业园区、专业园区建设，推动非公经济向能源化工、农产品生产加工、文化旅游和服务业等成长性强的领域发展，形成产业集聚效应，实现全民创业由弱到强的转变；要鼓励和支持非公有制企业、中小企业，扩大招商引资，借梯上楼，发展壮大自己，培育一批外向型企业，实现全民创业由内到外的转变。

六、提高农村社会保障和公共服务水平

1、建立多主体、多渠道农村社会保障和公共服务投入机制，在加大财政投入的同时，按照“谁投资、谁受益”的原则，鼓励引导社会资本特别是工商资本参与农村社会保障和公共服务投入，推动城市公共设施向农村延伸、城市公共服务向农村流动，实现农村公共服务供给多元化。

2、加快发展农村教育事业，推进城乡对口支援，提高农村中小学教育素质和现代化远程教育应用水平，改善农民工子女和农村适龄青少年受教育条件，实现城乡教育均衡发展。

3、积极推进农村和谐文化建设，继续实施广播电视“村村通”工程，广泛开展文化下乡进村和群众性文化示范活动，丰富农民群众的精神文化生活。

4、加强农村三级医疗卫生服务网络体系建设，加大农村新型合作医疗实施力度，提高补助标准，努力提高公共卫生和基本医疗服务水平，切实解决群众看病难的问题，逐步实现城乡居民医疗卫生服务均等化。

5、将社会保障体系建设的重点转向农村，完善农村五保户供养政策，全面推行农村新型社会养老保险制度，维护农民工合法权益，做好保障农村留守儿童、留守妇女、留守老人基本权益的工作，逐步建立覆盖农民居民，农民工和城镇居民的多元化、多层次、分类管理、自由转接的社会保障体系。

6、建立困难家庭人员就业动态消除机制，着力解决城镇“零就业家庭”、“底保户家庭”失业人员和农村就业困难人员的就业问题。

7、尽快建设一个健康、稳定、强有力的扶贫机构，迅速将扶贫重点向边远贫困山区推进，实行党政机关定点帮扶，党员干部包产扶贫制度，开展多种方式的社会扶贫、民间扶贫、着力解决重点区域的集中连片贫困问题和乡村发展不平衡问题，有效缓解不断扩大的城乡差距，实现共同富裕。

七、强化科技研发机构建设

我省市场发育程度相对较低，只有培育自主产权的核心技术，才是加快强省富民建设的根本途径。据资料显示，在我省，中小企业占企业总数的95%以上，从业人员占全省职工总数的60%以上，但在全省2万多户中小企业中，建有研发中心的仅有200多户，根本不适应科技和自主创新。为此，建议：

1、强化政府在引领企业科技创新中的主导作用。在全面落实支持科技创新的各项政策，加大科技创新投入力度的同时，大力支持科技人才和团队进入或组建企业技术研究中心，创办领办高新技术企业，积极引导和鼓励中小企业加快建立自主研发机构，走产学研结合的科技支撑的路子，力争全省每年组织50—100家符合条件的中小企业研发机构申报国家级、省级和市级认定。带动中小企业技术创新。

2、建立健全职业技能培训体系，在省、市、县成立职业技能培训中心，启动修建民营企业家培训大楼，推行工学结合、校企合作的培训模式，提高城乡劳动者的技能素质和适应就业形势变化的工作能力。

3、加快陕北能源化工基地技术研发机构建设，尽快成立陕北能源化工基地技术研发中心，与高等院校，科研院所和知名企业携手合作，加速对新能源产业的技术创新研究，集中力量攻破薄弱环节，解决一批重大科研成果的产业转化问题，为新能源产业的发展提供技术支撑，推动陕西由“科技大省”向“科技强省”的转变。

八、积极探索管理体制配套改革

深化改革是加快建设西部强省富民的根本动力。建议国家和省上能在国家法规范围内赋予地方更大的改革权限和政策创新空间。

首先，要强力推进国企改革。各级政府应真正把国企改革作为“一号工程”，制定出相应的改革配套措施，抓好重点企业的战略重组、引进嫁接、增资扩股、兼并联合、上市融资，引导和推动国企资本和优势资源向基础产业、先进制造业、高新技术产业、现代服务业等领域集中，在重要行业和关键领域打造一批具有影响力和较强竞争力的大公司、大企业、大集团，实现千亿元产业，百亿元企业的发展目标，发挥国有企业在西部经济强省建设中的主干带动作用。

其次，要积极推进扩权强县改革。行政管理权应适当下放，鼓励有条件的地方试行“扩权强县”、“扩权强镇”改革，逐步推行“省管县”管理体制，尽可能减少行政层次和行政成本。省级财政在财政预算、决算、转移支付、专项资金补助、资金调度、债务管理等方面直接对县级财政，凡涉及利益调整的政策措施，都要有利于县域经济的发展，让利于基层。

第三，推行激励机制。对于经济发展快、财政收入增长快的县，省市财政不多收，对于经济发展慢，财政收入增加慢的县(区)，省市财政不多给，以增强自我发展能力。此外，我省陕北、陕南、关中各地条件差距较大，乡镇改革不要搞“一刀切”，省、市政府应允许支持县、乡政府选择适合当地实际的乡镇管理模式，帮助县、乡政府化解目前面临的深层次困难。

九、努力创造良好的金融环境

统筹城乡发展，建设西部强省离不开城乡金融体系的支持。目前，农村金融体制改革滞后，已经成为制约强省富民建设的突出问题，各级政府一定要加快农村金融体制改革，开辟多元化融资渠道，解决融资难问题。

1、改革金融体制，放宽对民营银行准入限制，允许并鼓励有条件的地区加快发展村镇银行、农民资金互助社、小额贷款公司三类新型农村金融机构，直接为“三农”服务。

2、建立为中小企业服务的政策性银行。我们现在有三家政策性银行，唯独缺少为中小企业服务的政策性银行。应借鉴国外的经验，从中央到地方建立一批为中小企业服务的政策性银行，建立中小企业创业投资基金和信用担保机构，以及非公有制企业行业内部的联保制度，为中小企业的贷款提供担保。

3、适当提高地方性金融机构的放贷额度。地方性金融机构是支持地方中小企业的主力军，可以适当提高其放贷额度，加强对高成长性的创新型中小企业的支持，加大对中小企业节能环保、扩大就业等方面的信贷扶持。

4、研究出台有关规定和优惠政策，鼓励各商业银行将一定比例的信贷额度投放于“三农”领域，支持服务农村发展，政府应根据情况进行奖励或因此而带来的利益损失适当补贴。

5、鼓励支持农业银行等金融机构根据农村和中小企业的特点，积极探索开办股权、应收账款、品牌、专利权、人寿保单为质押品的质押贷款方式，推出相应的信贷产品，包括贷款、承兑、贴现、理财、咨询等综合服务产品，并对那些资信状况良好、可提供足值、有效最高限额抵押的企业，采取“随借随贷、随收随还、循环使用”的办法。

6、尽快解决农村信贷的担保问题。加快建立政府和公司结合、基本保险和补充保险相结合的农业政策性担保体系和政策性农业保险及风险防范体系，形成政府与金融机构之间的良性互动和转移分摊机制，降低涉农保险风险。对商业性保险公司无力承担的保险范围，实行低费率和高补贴的政策，促进资本市场与银企机构的互动发展。

十、加大强省富民政策支持力度

加快强省富民建设要靠政府去组织、引导，这一切都需要有切实有效的特殊政策来推动。基于目前我省大多数县级政府和一些地市政府是吃饭财政，所以，建议：

1、省政府应积极向中央争取，给予西部地区区别于东部地区发展的特殊政策，如推进把关中——天水经济区建设成为西部大开发的战略高地，将以榆林为中心的陕蒙晋甘宁能源基地确定为国家级“西部能源开发特区”，将临潼旅游区确定为“西部旅游开发特区”等，以便充分发挥西部的资源优势，提升资源产业开发的积聚水平和配置能力，提高产业的技术含量和附加值。

2、调整中央和地方税收分成比例。建议中央对西部县域内所有企业的增值税和营业税分成比例作适当调整，减少中央和省级分成的比例，县级财政由此增加的收入专项用于统筹城乡发展的事项上。

3、实施差异的宏观调控政策，充分考虑西部企业的实际状况，中央在调整的时序上和力度上给西部企业一个自我调整的机会，增加先进制造业和农业粮食产业的贷款，支持市场销路比较好、生产经营确实比较困难的西部中小企业渡过难关。

4、对采矿业，特别是中省大矿，征收矿业开采可持续发展基金，建立采煤沉陷区生态和地质环境恢复治理长效机制，保护好当地老百姓的利益。同时，依照固定资产折旧办法，提高矿产资源开发的折旧率，提取足够的折旧费，用于解决东部地区发展消耗西部资源、破坏西部环境的问题，还给社会一个碧水蓝天。

5、尽快开发黄河水电资源。黄河流径陕北430公里，这是陕北拥有的一个大战略资源，陕北能源化工基地建设迫切需要一个大型水电站成为理想的调峰电源。因此，建议省政府加大政策和资金扶持力度，尽快立项开发黄河水电资源，这对加快陕北能源化工基地建设，加速沿黄河贫困山区农民脱贫致富。

以优良作风作保证深入推进人大各项工作

湖南省永州市人大常委会主任　李良铁

在不久前召开的全省市州人大主任联系会议上，省人大常委会副主任戚和平传达了省委书记、省人大常委会主任张春贤的重要指示，要求全省各级人大常委会从讲政治的高度，切实抓好人大干部队伍作风建设，以好的作风促进经济社会又好又快发展，以好的作风解决群众最直接、最现实、最关心的利益问题，确保省委作风建设的各项要求落到实处，确保人大各项工作有新的起色，确保社会政治大局稳定，以优异成绩迎接十七大胜利召开。以优良作风作保证，深入推进人大各项工作，是落实省、市委工作部署的客观要求，是完成人大各项工作任务的迫切需要。建设一支“政治坚定、业务精通、务实高效、作风过硬、团结协作、勤政廉政”的人大干部队伍，从大的方面讲，就是要在全市人大干部队伍中大力倡导“五个坚持，五个反对”。

一、坚持解放思想，反对不思进取。干部队伍作风建设，首先是思想作风建设。党的思想作风就是解放思想，实事求是，与时俱进。我们想问题、作决策、干事情都要发扬这种作风。坚持解放思想，就是要按照实践是检验真理唯一标准的原理，坚持用三个有利于来判断我们工作是非得失，自觉地把我们的思想意识从那些不合时宜的观点、做法和体制的束缚中解放出来，从对马克思主义的错误的和教条式的理解中解放出来，从主观主义和形而上学的桎梏中解放出来，使我们的思想和工作合乎实际，使主观和客观相一致。反对不思进取，就是要反对因循守旧，反对那种不从实际出发，盲目蛮干的做法，反对那种不与时俱进的惰性。鼓励大家畅开思想，放开手脚，勤于思考，勇于探索，敢于创新；鼓励大家说实话，出实招，办实事，求实效。在机关和干部队伍中形成认真学习的风气，民主讨论的风气，积极探索的风气，求真务实的风气。

二、坚持理论联系实际，反对本本主义。理论联系实际是党的三大优良传统之一，是马克思主义学风，是党的创造力关键所在。要将理论联系实际，反对本本主义作为干部作风建设的基础性工作，作为推进各项工作的重要措施。机关党员干部要带头学习马列主义、毛泽东思想、邓小平理论和科学发展观，掌握其立场、观点、方法，用以指导本职工作。同时，要用科学理论改造我们的主观世界，树立正确的世界观、人生观、价值观。要坚持学习制度化，中心组要学理论，例会要学法律，干部要自学历史和专业知识，要配合全省、全市的干部培训计划，有计划地安排学习、考察与培训，不断开阔视野，提高干部整体素质。要加强调查研究，各级人大常委会组成人员要根据每次例会的议题，深入基层，深入群众，开展调研，搞好审议，提高例会质量，发挥职能作用，推动永州发展。

三、坚持密切联系群众，反对形式主义。密切联系群众是我党优良作风和政治优势。一切为了群众，一切依靠群众，从群众中来，到群众中去，集中起来，坚持下去，这是我们党的工作路线。各级人大干部必须要掌握这个工作路线，并按照这个路线开展工作，认真履行职责，发挥人大常委会的职能作用。形式主义的要害是不务实效，劳民伤财。人大机关程序很多，稍不注意就会陷入形式主义。克服形式主义的唯一法宝，就是深入群众，深入基层，深入实际。各级人大干部要牢固树立权力是人民赋予的观念，把为人民谋利益作为我们一切工作的出发点和落脚点。人大常委会组成人员、人大机关干部要带着责任，带着感情，带着问题，深入普通群众之中，查民情，听民声，访民意，解民忧，使我们的工作更加贴近群众，更加符合群众的愿望。人大机关是为人民群众办事和服务的机关，必须积极维护群众的经济利益、政治利益、文化利益等一切合法权益，特别是要督促“一府两院”认真解决群众最关心、最现实、最直接的利益问题，支持“一府两院”把党的方针政策落到实处，实现好、维护好、发展好群众的根本利益。

四、坚持党的纪律，反对自由主义。加强纪律性，革命无不胜。干部队伍作风建设一个重要的任务就是加强党的纪律，反对自由主义。要坚持党的政治纪律，坚定政治立场，坚守政治原则，不准传播政治谣言，反对政治上的自由主义，不断增强政治敏锐性和政治鉴别力。要坚持民主集中制，反对软弱涣散，实行民主基础上的集中与集中指导下的民主，把坚持党的领导、充分发扬民主与严格依法办事相结合。坚持批评与自我批评的优良作风，层层开展谈心活动，过好民主生活会。坚持党的组织纪律，个人服从集体，少数服从多数，下级服从上级，不搞非组织活动。坚持工作纪律，杜绝迟到、早退、旷工现象，保持勤政高效。通过作风建设，形成一个既有集中，又有民主；既有纪律，又有自由；既有统一意志，又有个人心情舒畅的生动活泼的政治局面。

五、坚持艰苦奋斗，反对享乐主义。艰苦奋斗是我党的优良传统，是加强干部队伍作风建设的精神力量。有了这种作风，什么问题都好解决。要树立革命人生观，养成良好的生活作风。干工作要吃苦在前，享受在后，要不怕吃苦，不怕吃亏。办事情要勤俭节约，艰苦奋斗，量力而行，精打细算，讲求实效。我们的工作条件只能随着经济发展逐步改善，要支持政府把有限的资金用在发展经济上去，用到解决民生问题上去。生活作风无小事，如果一个干部操守守不住，行动不检点，迟早会犯错误。要坚决反对互相攀比，讲排场，比阔气，搞铺张浪费。机关干部要加强道德修养，培养积极向上的生活情趣，做到自重、自省、自警、自励，自觉抵制拜金主义，享乐主义，一身正气，一尘不染，争取做一个高尚的人，一个纯粹的人，一个有道德的人，一个脱离低级趣味的人，一个有益于人民的人。

谈谈如何当好县级人大常委会委员

湖北省安陆市人大副主任　薛智勇

县级人民代表大会及其常务委员会是地方国家权力机关,肩负着法律监督和工作监督、人事任免、决定重大事项等重大责任。人大常委会委员置身其中,始终参与之。由此可见,人大常委会委员的作用是显而易见的。那么人大常委会委员应具备怎样的素质才能完成这一历史史命呢?笔者认为:“知责、懂法、善言、慎权、正身”是他们的基本素质要求。

一、知责

知责,就是人大常委会委员要清楚自己的职责。先要熟悉我国的根本政治制度、县级人民代表大会的职权、人大常委会的职权,然后再透彻了解县级人大常委会委员的职权。从现有法律可以看出,县级人大常委会委员享有以下几个方面的职权。

1、监督权:监督宪法、法律、行政法规和上级人民代表大会及其常务委员会决议在本行政区域内的遵守和执行;监督本级人民政府、人民法院和人民检察院的工作。

2、决定权:讨论、决定本行政区域内的政治、经济、教育、科学、文化、卫生、环境和资源保护、民政、民族等工作的重大事项;决定对本行政区域内的国民经济和社会发展计划、预算的部分变更;就撤销下一级人民代表大会的不适当决议投票表决;就撤销本级人民政府的不适当的决定和命令投票表决;在本级人民代表大会闭会期间,就决定副县(市)长的个别任免;县(市)长、法院院长、检察院检察长因故不能担任职务的时候,从县(市)政府、法院、检察院副职领导人员中就决定代理的人选投票表决;根据县(市)长和两院“两长”的提名,分别就本级人民政府组成部门局长的任免、撤销或罢免、就法院副院长、庭长、副庭长、审判委员会委员、审判员、人民陪审员,检察院副检察长、检察委员会委员、检察员、人民检察员的任免、撤销或罢免投票表决;就补选上一级人民代表大会出缺的代表和罢免个别代表投票表决;就决定授予地方荣誉称号投票表决。

3、提议案权:五分之一以上的人大常委会组成人员书面联名,可以向常委会提出对上述国家机关工作人员的撤职案;人大常委会组成人员三人以上联名,可以向本级人大常委会提出属于常委会职权范围内的议案,可以向常委会书面提出对本级政府、法院、检察院的质询案;主任会议或五分之一以上的常委会组成人员书面联名,可以向本级人大常委会提议组织关于特定问题的调查委员会,交由全体会议决定。

4、领导权:参与和共同领导本级人民代表大会代表的选举。为使委员执行好职务,法律给予了司法保障:一是言论免责、二是人身免捕、三是物质保障。

总之,人大常委会委员是国家权力机关组成人员,是一种实实在在的职务,他享有的权力是宪法和法律赋予的。

二、懂法

懂法,就是人大常委会委员要知晓法律法规。要依照法定的时间、法定的程序、法定的内容开展工作。随着社会主义民主与法制建设不断推进,现行法律法规有近300件。从法学角度讲,可以分为宪法类、民法商法类、行政法类、经济法类、社会法类、刑法类和诉讼及非诉讼程序法类七部分。此外,还有浩如烟海的国务院部门规章及地方法规。要把这些都学好,那也不现实,应有所侧重。

*一是学好宪法。*宪法是我国的根本法、是治国安邦的总章程,是限制国家权力的根本规范,是公民基本权利的根本保障。它规定了国家权力的来源,国家权力的主体与具体行使国家权力主体之间的关系,以及国家权力的行使程序。是保持国家统一、民族团结、经济发展、社会进步和长治久安的法律基础,是中国共产党执政兴国、团结带领全国各族人民建设中国特色社会主义的法制保证,必须首先学好宪法。

二是学好地方组织法和监督法。《中华人民共和国地方各级人民代表大会和地方各级人民政府组织法》是一部重要的基本法。它依照宪法规定了地方各级人民代表大会,地方各级人民政府的组织、职权,同时规定了县级以上的地方各级人民代表大会常务委员会的组织和职权等重大事项。《中华人民共和国各级人民代表大会常务委员会监督

法》是一部事关我国政治制度和国家体制，政治性、政策性、法律性、程序性很强的重要法律。它明确规定了各级人大常委会监督工作的重点、基本原则、监督方式和程序等主要内容，为各级人大常委会依法履行监督职责提供了重要的法律依据。组织法和监督法是人大工作的具体依据，要学好学懂。

三是学好专业法。专业类法律法规涉及民商、行政、经济、社会、刑事等领域。人大常委会委员要结合工作分工，联系工作实际，有选择、有重点地学习。

四是学好程序法。刑事诉讼法、民事诉讼法、仲裁法、行政诉讼法，是为了保护公民、法人和其他组织的合法权益，维护和监督行政机关、审判机关、检察机关依法行政、公正司法而制定的程序法，在我国法律体系中具有重要的基础作用。作为常委会组成人员，熟悉和掌握程序法，掌握人大的议事规则和工作程序尤为重要。

五是熟悉行政规章、地方法规。部门规章和地方法规作为法律的延伸和补充，一般更具操作性，因此也要结合工作实际，认真加以学习了解。

三、善言

善言，就是善于代言。代表这一称谓，《现代汉语词典》解释为：由行政区、团体、机关等选举出来替选举人办事或表达意见的人。那么人大代表就是由选区或选举单位选举出来替选举人表达意见，参与管理国家事务的人。代表的本职特征，就是选民的代言人。人大常委会委员由本级人民代表大会在代表中选举产生，更要为民代言。要当好人民群众的代言人，应做到两点。

（一）敢言。敢言就是敢于说话。是当委员的本质需要，是精神体现，是责任要求。人大常委会委员肩负重任，责任重大。要有“舍得一身剐，敢把皇帝拉下马”的大无畏英雄气慨，敢于路见不平一声吼，勇于为民代言，敢于仗义执言。如果遇事前怕狼后怕虎，畏首畏尾，患得患失，就是“失本”，就辜负了人民的重托，就不配当人大代表，更不配当委员。再说，代表、委员是组织和群众信任，并经过法定程序选举出来的先进分子和代表人物。保持先进，永葆与时俱进、开拓创新的精神，敢为百姓言，就是这种精神的最好体现。其三、宪法和法律赋予了人大常委会委员重要权利，人民群众寄予了厚望，切实增强使命感和责任感，是当好人大常委会委员的必然要求。

（二）善言。善言就是善于表达。善言是一种技巧，是一种本事，是一种境界。委员要通过艰苦努力，逐步掌握善言的技巧，增长善言的本事，实现善言的境界。

1、**要言之有物，切忌讲话空洞**。无论是书面发言，还是口头讲话，一定要内容充实，言之有物。要做到言之有物，必须经常深入实际，联系选民，努力掌握第一手材料，增强感性认识，尽量避免使用“转手货”，不拾人牙慧，不道听途说。只有清楚实情，才能心中有数，言之有物。

2、**要言之有理，切忌讲话失范**。代表、委员讲话的理，就是依照法律、法规、条例和政策讲明道理，表明态度，不打“散拳”、舞“迷拳”。要做到言之有理，必须善于综合。除在会前紧紧围绕议题进行深入细致的调查研究外，还要对调查情况反复筛选，由表及里，由内及外，作去粗取精，去伪存真处理，分析透原因，找出事物的本质与规律，提出切实可行的解决问题的具体办法，让人心悦诚服。委员的发言只有建立在充分了解情况、科学分析判断的坚实基础之上，审议监督才具有实效性和权威性。

3、**要言之有据，切忌信口开河**。听取和审议报告，参加视察、调查，执法检查等活动，必须发表意见。讲意见、谈看法、提建议时，一定要有根有据，不能搞“客里空”，不能“散吹”。委员发言的依据应该是有关法律法规和政策，调查清楚的事实和综合分析情况。如果在人民代表大会、常务委员会和各小组会议上的发言，言而无据，信口开河，既影响个人形象，也给人大及其常委会造成负面影响。因此，言之有据是一条重要的讲话原则。

4、**要言之有度，切忌把握不当**。一是把握时间度。人代会、常委会会议一般议题较多，时间确定，因此委员发言一定不能拉杂冗长，要尽可能做到言简意赅、观点集中、表达清白，发言时间一般控制在15分钟之内。二是把握语言度。该说的话要不惜笔墨，说深、说透、说到位，不该说的话应只字不提，不能避重就轻，详略不当。更不能洋洋万言，离题千里。表达的看法要准确无误，不能摸棱两可。肯定的成绩要恰如其分，既不能拔高，又不能贬低。切忌无限度夸大成绩，无情面放大问题。指出问题要客观公正，不能参杂个人感情。提出建议要中肯实在，具有可操作性，便于促进工作。怎样才算善言，目前没有统一的标准，笔者认为，亲临实境，调查研究，分析归纳，勇于代言、敢于直言，应该是善言的最基本要求。

四、慎权

慎权，就是谨慎使用权力，是法律对常委会委员的法制要求。只有慎用权力，才能正确行使宪法、法律赋予的各项职权，才能树立良好的个人形象和国家权力机关形象。要坚持六项原则。

（一）坚持依法行使职权的法制原则。行使各项职权，必须依据宪法和法律的有关规定，任何个人都不可以违法用权。

（二）坚持党的领导的政治原则。必须服从和维护党的领导，坚持党的基本路线。

（三）坚持民主集中制的组织原则。人大及其常委会按民主集中制原则，实行集体行使职权，任何个人都不可以单独行使职权。

（四）坚持监督与促进相结合的实效原则。督促"一府两院"依法行政、公正司法，是人大追求的目标和效果。因此，对"一府两院"既要制约、监督，又要支持、促进。

（五）坚持接受人大监督的责任原则。常委会由人民代表大会选举产生，受它监督，对它负责。因此，常委会组成人员必须接受人民代表大会的监督，接受代表的监督。

（六）坚持接受人民监督的公开原则。行使职权的情况，必须向社会公开，这是监督法首次明确规定的人大常委会行使职权必须遵守的公开原则。

五、正身

正身，就是要严以律己。宪法和法律赋予人大及其常委会神圣而崇高的职责。人民交付了沉甸甸的希望与委托。作为常委会委员，任重而道远。要对重大事项作出决定决议，要任命国家机关工作人员，要监督"一府两院"的工作，要保证法律法规在本行政区域内贯彻实施，必须严以律己，做到身正气正。

一是要自觉遵纪守法。遵守政治纪律，始终与党委和人大党组保持一致；遵守保密规定，保守未经解密的内容；遵守会议纪律，按时认真参加各种会议和活动。遵守纪律、法规，法禁即止，法令即行，做守法执法的模范。

二是要保持清正廉洁。常委会委员是职务，是名正言顺的国家权力机关的"常任官"。为官要清正，要保持和发扬党的优良传统和作风，做到清清白白、堂堂正正、刚直不阿、一身正气。为官要廉洁，不以权力谋取私利，不以职务谋求特权，始终保持国家权力机关工作人员的良好形象。

三是谋求团结和谐。建设社会主义和谐社会，是我党在新形势下提出的一项具有深远历史意义和现实意义的重要目标。人大常委会在建设和谐社会中，肩负着重要和不可替代的使命。委员要从维护最广大人民群众根本利益的落脚点出发，着眼于经济发展、社会进步、人民幸福，多谋建设和谐社会之策，多献建设和谐社会之言，多做建设和谐社会之事，多出建设和谐社会之力。

"四个突出"强化队伍建设

湖南省耒阳市人大　罗志宏　唐林辉　邓正华　王子菲

近年来，耒阳市人大常委会立足机关工作实际，坚持以人为本，注重"四个突出"，大胆探索干部管理新模式，不断落实干部管理新举措，致力加强队伍建设，较好地增强了机关干部的活力。

突出干部学习　提升队伍素质

市人大常委会会议坚持把强化干部学习培训摆在突出位置，注重优化机关干部的知识结构，拓宽机关干部的知识领域，不断提高机关干部的工作水平。注重落实学习责任。实行主任会议成员包办委室、办委室主任包一般干部，全面落实学习责任，千方百计加强学习培训工作，从而在整个常委会机关营造浓厚的学习氛围。注重丰富学习内容。要求机关干部结合自身实际，认真学习党的基本理论，牢固树立科学发展观和社会主义荣辱观，着力增强政治素质；结合人大常委会工作，系统学习人大业务知识和相关法律法规，努力增强业务素质；结合现实需要，广泛学习经济、科技、文化知识，致力增强综合素质。注重提升学习效果。鼓励机关干部立足学习抓工作，用所学理论知识指导工作实践，务求学以致用；立足学习抓调研，围绕群众反响强烈的热点、难点、焦点问题以及带有普遍性、苗头性，倾向性的问题，深入基层开展调查研究，了解民情，把握民意，掌握第一手真实资料；立足学习抓宣传，通过媒体、报刊等载体，多角度、多层次宣传人大工作，探讨交流人大工作的心得体会，总结推广人大工作的成功经验。

突出干部选任　优化队伍结构

常委会坚持把加强干部选任作为调动机关干部积极性、主动性和创造性的重要举措，大胆提拔使用年轻干部，不断优化干部队伍的结构，切实增强人大干部的活力。坚持选任原则。自觉把干部选任工作置于党的领导之下，认真选任德才兼备的人大常委会机关干部；坚持公平、公正、公开的原则，在干部选任中做到唯才是举、荐人唯贤。完善选任机制。认真制订和完善常委会机关干部招考、选调、考察、考核等一系列制度，促使干部选任工作逐渐步入制度化、规范化轨道；积极倡导“要当行政官员，先要当好议员”的全新理念，主动调整用人思路，切实加大举贤力度。近年来，市人大常委会畅通公开招考选调渠道，采取公开招考和选调的形式，选调6名乡镇干部、招考4名文秘人员到常委会机关工作。改善了机关干部结构；从机关各办委室提拔7名年轻干部到领导岗位，调动了机关干部的积极性；先后推荐8位年富力强的人大干部到党政部门担任主要领导职务，激发了机关干部的上进心和积极性。

突出干部管理　挖掘队伍潜力

常委会注重以人为本，积极改进干部管理方式，优化干部管理措施，致力打造一支富有战斗力、凝聚力和向心力的人大干部队伍。坚持民主化管理。组织机关干部定期召开民主生活会、行政生活会，共商机关事务，认真落实干部的民主管理权；征求机关离退休干部对人大工作的意见，做到集思广益；推行政务公开，增强工作的透明度，确保干部的知情权；组织机关党员干部评议主任会议成员和人大党组成员，力促管理民主化。坚持规范化管理。督促机关干部认真遵守考勤制度，确保机关工作秩序井然；积极践行会议制度，严格会议纪律，力求机关会议规范有序；自觉坚持信访接待制度，实行“领导接待日”，面对面解决群众的实际问题，增强信访工作实效；不断完善后勤保障制度，力求财务管理、后勤接待等科学合理，确保机关工作正常运行。坚持人性化管理。从常委会机关实际出发，因人设岗，因事设岗，为机关干部积极营造和谐有序的工作氛围，充分挖掘每一位机关干部的内在潜力。

突出干部作用　树立队伍形象

常委会积极强化机关干部的服务观念，促使机关干部主动服务于代表、群众和经济建设，力求在服务中促进人大工作，树立队伍形象。热心服务于经济建设。动员机关干部秉着与党政同奋斗、与耒阳同荣辱、与群众同甘苦、与客商同发展的“四同”思想，充分发挥自身优势，主动参与招商引资，竭尽全力推动经济社会发展。诚心服务于人大代表。督促机关干部积极配合代表开展各项活动，提高代表的综合素质；督促有关部门认真办理代表议案和建议，及时查处侵犯代表合法权益的案件，大力维护代表的切身利益。鼓励机关干部自觉畅通信访渠道，积极听取群众呼声，认真办理群众来信来访，切实维护群众的利益。近几年，先后共受理群众来信来访1800余件，办结率在90%以上，满意率在95%以上；主动驻村开展党建扶贫、社会主义新农村建设工作，尽心竭力为群众办实事、做好事、解难事。

落实科学发展观　做好人大农经工作

河北省辛集市人大农经和科教文卫工委主任　宋占通

农经工作是人大工作的重要组成部分。做好新时期的人大农经工作是落实科学发展观要求，关注“三农”，加强农村法制建设的具体体现，对于推进社会主义新农村建设具有十分重要的意义。换届以来，我市人大常委会高度重视农经工作开展，积极探索农经工作的新途径、新方法，不断改进监督形式，丰富监督内容，提高监督效果。现将我市人大农经工作的几点做法向各位领导汇报如下：

一、突出发展主题，力促农村经济发展

党的十六届五中全会提出了建设社会主义新农村的奋斗目标，以“生产发展、生活宽裕、乡风文明、村落整洁、管理民主”二十字方针为指导，这就为人大依法推进社会主义新农村建设指明了方向。按照突出重点，务求实效的原则，我市人大常委会以服务农村经济发展为首任，突出抓好各项惠农政策的落实、农村特色产业发展、农民增收、农村基础设施建设等关键问题；涉及农民切身利益的农村财务管理、村委会换届选举、新型合作医疗、义务教育、劳动力转移等重大问题；代表和群众普遍反映的乡村公路建设、电网改造、饮水安全、社会治安等热点问题。通过开展专题调查、组织视察、听取汇报、执法评议等项活动，综合运用各种监督手段，督促市政府及有关部门增强做好新农村建设的责任感和紧迫感，切实优化发展环境，积极服务“三农”。

二、坚持以人为本，切实维护农民利益

科学发展观的核心是以人为本。我市人大常委会以保障和改善民生、促进社会和谐为己任，围绕“三农”问题，认真开展执法检查、视察调研和专题审议，努力提高监督实效。

1、搞好执法检查，规范市场行为。对于一些涉及执法部门较多、管理面广，而代表和群众又多次反映的突出问题，我们每年都围绕一些重要法律法规实施情况组织一两次专项执法检查。如连年开展的“农资市场整治执法检查”、“《食品卫生法》执法检查”等，都是采取集中时间，提出检查内容，针对重点执法环节，确定重点整改部位，跟踪督办讲实效。在农资市场整治执法检查中，我们认真组织执法部门学习上级文件精神，学习有关法律法规，特别是要求参加执法检查的领导小组成员首先要学好法律法规，明确任务和要求，掌握有关情况。同时，要求各执法部门注重查找自身工作中存在的问题和薄弱环节，及时发现、及时整改。通过开展执法检查，有效地净化了农资市场，规范了经营行为，部门执法水平得到提高，有效维护了农民利益。今年初，市人代会期间两名市人大代表提出了“关于加大对农村食品市场监管力度的建议”。我市人大常委会把这一提案作为重点建议进行督办，通过开展《食品卫生法》执法检查，建议有关部门进一步加强对加工及销售熟食摊点的监管，细化标准，加大处罚，强化监管，为群众提供一个安全健康的食品市场。

2、搞好视察调研，强化人大农经监督力度。视察调研是人大常委会的一项经常性工作。我们每年都确定几项重点视察和调研内容，以掌握执法和工作运行情况，有针对性地提出意见和建议。视察和调研不只是停留在总结经验、肯定成绩方面，而是着重放在查找问题、分析症结、研究解决办法、提出指导性建议方面。两年多来，我们先后组织开展了对全市造林绿化工作、新农合、农资市场整治、农产品质量安全、饮水安全、电网改造、义务教育和新农村建设等项工作的视察和调研，为常委会依法审议和代表履职提供了服务，促进了部门工作的开展。2007年1月我市新农合工作启动，对这一惠及我市40多万农民的医疗工作，从一开始就高度予以关注，每年都组织开展一两次视察，听取工作汇报，并多次召开座谈会，根据阶段运行状况，提出意见建议，有力地促进了工作开展。我市新农合工作年年上台阶，三年来，农民参合率分别为：86.7%、93.09%、95.08%，整体工作在石家庄市名列前茅。我们撰写的“关于新农合运行情况的调查与思考”一文发表在《石家庄市人大》2007第5期上。

3、高度关注民生，解决农村经济发展中的突出问题。解决好农民最关心、最直接、最现实的利益问题是人大农经工作的一项重要职责。随着农村经济的发展，一些新的矛盾和问题不断出现，代表和群众通过不同渠道予以反映。如何有效地解决这些矛盾和问题，也成为人大农经工作的一个重点。我市95年实现村村通小康路后，由于乡村公路管养责任主体不明确，年久失修，小康路变成了糟糠路，农民群众强烈要求改善路况，引起了市人大常委会高度重视，连续多年列为重要议题，进行了重点督办，多次组织视察。经过全市上下两年多的不懈努力，修建改造乡村公路400公里，实现了村村通一条等级路目标，从根本上改善了我市乡村交通状况。电力供应不足问题一直是阻碍农村经济发展的问题，去年在人大的督办下，市供电局积极跑办项目，新建改造4个110千伏、7个35千伏变电站和500多公里10千伏供电线路，新增农用变压器400多台，供电能力和可靠性大大增强，为农村经济发展提供了有力支撑。

三、密切联系代表，拓展农经工作渠道

作好人大农经工作离不开人大代表的参与和支持。作为一项基础性工作，我们紧紧依托代表，充分发挥代表作用，不断提升农经工作水平。一是坚持实行代表列席常委会议、主任接待代表日制度，拉近与代表的距离；二是坚持每年两次走访代表制度，倾听基层代表和群众的呼声；三是认真督办代表建议，切实提高办理质量；四是组织代表参加检查、视察和调研，为代表参政议政搭建平台；五是积极宣传先进代表事迹,激发代表履职热情。去年,我们搜集整理了三名农村优秀市人大代表先进事迹材料,登载到2008年《中国人大年鉴》上。几年来,在电视台连续开办"代表风采"专题栏目,采编录制代表的先进事迹进行宣传,在新农村建设中起到了很好的典型示范作用。

四、做好人大农经工作的几点体会

1、加强学习,不断提高自身素质。党中央高度重视"三农"工作,相继出台了一系列关于加强"三农"工作的指导性文件。如何更好地促进各项惠农政策落实,人大担负着重要职责,广大农民也给予厚望。如何监督和促进农口部门严格执法、依法行政,需要我们不断地加强学习,提高履职水平。

2、深入实际,广泛开展调查研究。人大农经工作的重点在农村,只有及时了解农村群众的所盼所思,才能找准工作的着力点,有的放矢,工作才有成效。

3、要带着感情和激情做好人大农经工作。

多措并举　提高常委会审议质量

内蒙古呼和浩特市人大办公厅综合处副处长　赵永祥

定期召开常委会会议是国家权力机关依法履行职权的基本形式和途径,如何提高常委会会议的审议质量始终是摆在人大工作者面前的一道课题。呼和浩特市人大常委会换届后在这方面做出了一些探索与尝试,取得了积极的效果。

优化结构,加强培训,提高常委会组成人员的履职议政水平。一是在选配新一届常委会组成人员时,有意识地优化组成人员结构。常委会现有组成人员38人,比上届增加5人。其中,具有高级职称和研究生以上学历的14人,比上届增加11人;全体组成人员平均年龄为50.5岁,比上届年轻1.3岁。职业结构方面,有法律、财经、艺术、商业等各方面工作经历,特别是有基层工作经历的组成人员居多。新一届常委会组成人员结构更加合理,素质大幅度提高、活力明显增强。二是把完善和规范工作制度作为提高履职能力、保障依法履职的重要内容。换届初,修订了常委会组成人员守则,对新一届常委会组成人员的履职行为提出了更高的要求。三是把开展常委会组成人员、人大代表培训作为重要任务来抓。常委会结合换届第一年的实际,按照中央的部署和市委的要求,认真落实各项学习制度,举办了常委会组成人员培训班,组织了5次法律讲座和专题讲座,举办了市人大代表培训班,组织参加了全国人大举办的自治区盟市旗县人大主任培训班,组织参加了自治区人大举办的两期培训班和秦皇岛市人大举办的全国地方人大干部培训班。在玉泉区、和林县组织了两次市旗县区人大主任联席会,以会代训,进一步增强了组成人员、人大代表的责任感和使命感,履职能力有了新的提高。

认真组织开展好调研工作,做实做细常委会会议前的基础性工作。2008年,市人大常委会把监督市人民政府落实改善民生63项意见作为重要议题来抓。年初,常委会拟定监督方案,把各项民生任务分解到人大各部门进行督办。人大各部门结合各自工作实际,在日常工作中随时调研了解各项任务的进展情况,并汇总人大代表和人民群众的意见,反馈给各部门。常委会主任会议先后两次召开会议,专门听取了人大各部门对民生工作调研情况的汇报。常委会会议前,常委会组成以常委会主任为组长,常委会各位副主任、秘书长为副组长,常委会组成人员为成员的视察组,从63项民生项目中有重点地选择13项进行实地视察,并向市有关部门了解了情况,最后形成的视察报告与人大各部门专项调研报告一并提交常委会会议审议。通过贯穿全年的调研工作,使常委会组成人员知情知政,对全市中心工作的意识进一步深化,为组成人员开展好审议工作创造条件。此外,在常委会会议审查政府计划、财政报告前,财经委员会进行深入调研,在提交初审报告的同时,还提交专项调研报告,对全市上半年经济运行情况和计划、财政及审计报告进行解读。同时,按照监督法的要求,财经委就调研中发现的问题与政府有关部门及时沟通,严格把关,改进原计划、财政报告中不符合监督法的内容、结构,为常委会组成人员充分提出审议意见创造条件。

广泛听取民意，开展专项工作测评，提高监督工作的公开性。常委会在听取和审议"一府两院"报告的同时，选择工作中的重点问题在人大代表、执法相对人等特定范围内发放测评表，对专项工作进行民意测评。测评情况分为"满意"、"基本满意"、"不满意"三种评价，以及具体意见建议，经过整理后写入执法检查报告或调研报告，提请常委会会议审议。常委会会议后，测评结果报送市委有关领导及市委组织部门，并向社会公布，增强监督力度。专项工作测评是专项工作评议的具体措施，是对专项工作评议的延伸和深化，集中反映了社会对专项工作的评价，能够充分引起市委及被监督部门的重视，增强了监督工作的力度。一年来，常委会先后对改善市区道路交通拥堵情况、全市土地使用以及违法案件查处工作情况、建设节水型城市决定实施情况等6项议题开展了工作测评，引起了各部门的高度重视，取得了积极的效果。

立法重心前移，充分讨论焦点问题，严把法规质量关。对于立法议题，有关立法部门提前介入法规起草工作，深入开展立法调研，在常委会会议初审前就明确了法规草案的焦点问题，并进行初步研究论证。在此基础上，常委会会议再进行有针对性地审议讨论。为确保法规质量，常委会邀请法制委不驻会委员、相关专业的人大代表列席常委会会议，参与审议过程，还采取隔次审议的方式，延长了研究论证、征求意见的时间。此外，常委会把立法质量摆在首位，严把质量关。2008 年，常委会共审议了三件法规，经过审议讨论，两件因重大问题未解决而不付诸表决，立法工作更趋于成熟、稳健。

围绕主题，综合运用多种法定手段，增强监督实效。把执法检查与听取审议专项工作报告相结合，使全面监督与重点监督有机统一，在全面推动法律法规实施的同时，更有针对性地突破法律法规实施中遇到的重点、难点问题。把办理代表议案与听取审议专项工作报告相结合，针对议案中的重点问题反复、连续数年监督，提高承办单位的重视程度，提高议案的办理质量。2008 年，针对社保基金的使用和征缴问题，常委会听取和审议了有关社会保险方面法律执法检查情况的报告，听取和审议了市政府关于建立完善的社会保险体系工作情况的报告。针对道路交通问题，听取和审议了执法检查组关于检查《中华人民共和国道路交通安全法》和《内蒙古自治区道路交通安全违法行为处罚规定》实施情况的报告，听取和审议了市政府关于改善城区道路交通拥堵工作的报告，并向自治区人大常委会提出了修改《内蒙古自治区道路交通安全违法行为处罚规定》的建议。针对蔬菜基地建设问题和园林绿地保护问题，先后听取和审议了市政府关于蔬菜基地和蔬菜市场建设情况及关于继续加快蔬菜保护地建设和蔬菜市场建设步伐的议案办理情况、关于加强城市园林绿地保护和建设的议案办理情况的报告。监督工作的针对性和实效性明显增强，议案的办理质量也得到了显著提高。

浅谈地方人大的科学与民主决策

广东省阳春市人大常委会常务副主任　严国平

近年来，地方人大及其常委会在讨论、决定本行政区域内的重大事项中，执行法律制度，依照决策程序，听取专家及群众的意见，决策水平不断提高。但是，笔者认为，目前地方人大及其常委会的科学与民主决策方面，还存在一些问题，对此，必须高度重视并采取对策加以解决。

一、当前地方人大及其常委会决策工作中存在的问题及原因

当前，地方人大及其常委会在决策方面存在一些问题和不足：

（一）决策缺乏积极性和主动性。很多应当由地方人大及其常委会决定的事项，地方人大及其常委会没有作出相应的决定；有的地方人大及其常委会除了每次人代会上关于六个报告工作决议外，一届几乎没有作出一项有实际意义的决议。

（二）有的决策内容违法违纪。有的决议有乱罚款和损害人身（财产）权利的条款；有的违反规定批准乱集资，加重群众负担。

（三）决策的程序不规范。这一点在乡镇人大尤为明显。首先是决议案的提出不规范。有些乡

镇的决议案由党委、人大主席团、政府三家集体研究后，由党委办公室直接起草决议交代表大会表决通过。其次，决议案的审议程序不规范。审议时，有的没有将草案打印分发给代表，而是由主持人宣读一遍就表决。

（四）决策质量不高。一般意义上的决议、决定多，针对某一重大事项作出的决议、决定少；程序性、号召性的决定多，实质性、强制性的决定少；有的决定论证不够充分，内容不够充实，没有执行的具体衡量标准，可操作性差。

（五）对决策执行监督少。对"一府两院"执行人大及其常委会决议、决定缺少必要的检查和监督，导致有的决策成为一纸空文。

产生上述问题的原因是多方面的，就人大及其常委会而言，主要有以下几点：

（一）认识上有偏差，不敢决策。认为地方人大及其常委会的职能主要是监督"一府两院"的工作，从而产生怕越权的思想，对应由人大决定的重大事项不能及时作出决定。

（二）法律缺位，不好决策。对于地方人大及其常委会重大事项决定权，宪法和法律虽有明文规定，但内容比较原则、抽象、笼统，难以操作。地方人大及其常委会在实践中碰到的一些具体问题没有明确的规定，如哪些属于重大事项？决定重大事项的程序如何？"一府两院"应提交人大及其常委会决定的重大事项而不提交时怎么处置？等等，致使不少地方人大的同志望而却步，不得不放弃这一权力。

（三）条件制约，难以决策。一些地方的人大及其常委会确实想在决策方面有更大的作为，但受知识人才及财力、物力等方面因素影响，效果往往并不理想。

二、加强地方人大及其常委会科学与民主决策的几点对策

为了进一步提高地方人大及其常委会决策水平，我认为应从三个方面努力。

（一）完善制度，建立科学的决策机制

1.建立集体决策制度。重大决策尤其是事关人民群众切身利益和长远利益的公共决策，重大项目建设决策，必须在深入调查研究，广泛听取意见，进行充分论证的基础上，由地方人大及其常委会集体讨论、决定。早在1997年，阳春市人大常委会就出台了《阳春市人大常委会关于讨论决定重大事项的暂行规定》，对确保集体决策起到了较好的作用。

2.建立专家咨询制度。地方人大及其常委会的决策涉及多个领域，需要多种学科知识，需要专门的科学技术来处理，光靠人大及其常委会一班人难以作出科学的决策。因此，有必要借助专家的力量，建立专家咨询制度。

3.建立代表听证制度。近年来，阳春市人大常委会为了确保决策科学化，建立和完善了人大代表听证制度。在事关人民群众的切身利益的问题上，常委会在作出决策之前组织人大代表听证。常委会为了密切与人大代表的联系，广泛听取代表的意见、建议，还先后制定了《阳春市人大常委会组成人员加强与人大代表联系的办法》、《阳春市人大代表列席常委会会议的规定》等。从而使权力机关在决策之前广泛听取来自各方面的不同声音，吸纳来自各方面的各种意见、建议，使决策更加公平、公开、公正，更加科学和正确。

4.建立社会公示制度。建立重大事项社会公示制度，是决策民主化的表现形式之一，是决策科学化的需要。阳春市人大常委会制定了讨论、决定重大事项的公示制度，对涉及国民经济和社会发展的重大事项，与人民群众生产生活密切相关的重大事项，在做出重大决策之前都要进行社会公示，广泛听取公民的意见、建议，使常委会作出的重大决策更加公正透明。

（二）严格遵循决策程序

首先，准确选题。进行科学决策，起步于选题准确。作为地方人大常委会应从以下四个方面选题：一是要根据党委的工作重点选题。二是要紧扣民主法制建设选题。三是要从"一府两院"工作的难点来选题。四是要围绕人民群众普遍关心的热点问题选题。近年来，阳春市人大常委会围绕全市的民主法制建设、经济和社会发展及人民群众普遍关心的问题等，先后作出了关于《加强五五普法宣传教育》、《对市政府四项重点建设项目实施监督》和《加强肉食品市场管理》等十多项决议、决定。由于选题准确，收到了事半功倍的效果。

其次，深入调研。调查研究是地方人大常委会的基本工作方法，是使决策科学化和民主化的基础和前提。只有深入实际，深入群众，调查研究，大量占有第一手材料，才能做到，才能作出合乎民情，顺乎民意的决议、决定。调查研究要着重弄清四个问题：一是决定的合法性，是不是属于法定的人大职权范围内的问题，有没有法律依据；二是决定事项的可行性，组织实施的主客观条件是否具备；三是决定形成的重要性和必要性；四是与决定事项有关的综合情况，做到情况摸得透，问题看得准，措施行得通。

第三，广纳民言。人大及其常委会做出的决议、决定能否符合广大人民群众意愿，维护人民群众的根本利益，在决策前广纳民言是必经之路。这里应做好征求人大代表和群众意见、咨询专家及向社会公示等方面的工作。第四，认真审议。人大及其常委会审议决定重大事项，是决策程序的重要环节，必须坚持集体行使职权，做到民主决策。作为审议主体的常委会组成人员，要提高认识，增强科学决策的使命感和责任感，仔细阅读决议，决定（草案）和相关的文件资料，在讨论时，要仗义执言，敢于发表意见，最后要民主表决。

（三）、加强监督，督促决策落实

作为地方人大及其常委会而言，要想决策取得实效，就要加大监督力度，督促"一府两院"抓好人大及其常委会决议、决定的贯彻落实。如果这方面的工作做得不好，就很容易使人大及其常委会的决议、决定流于形式，最终导致"自议自决，决而不行，行而不果"的状况，再好的科学决策也没有什么价值。

1、**广泛宣传发动**。使广大群众清楚：地方人大及其常委会拥有的讨论本地区重大问题和事项并作出决策的权力；人大及其常委会做出的决议、决定，本行政区域内的国家机关、社会团体、企事业单位和全体公民都必须共同遵守和执行。

2、**完善督办制度**。为了确保地方人大及其常委会决策的贯彻落实，应当建立和完善相应的督办制度，督促"一府两院"贯彻落实。一是审议反馈制度。人大常委会要及时把决议、决定或审议意见向"一府两院"递交并提出落实时限等要求，同时要及时听取专题汇报，督促整改。二是检查评议制度。在贯彻实施过程中，常委会要组织委员和代表对"一府两院"贯彻落实决议、决定的情况进行检查，发现问题，及时督促解决。三是跟踪监督制度。人大常委会可以授权各专门委员会利用对口联系进行跟踪监督和检查，督促决议、决定的落实。

3、**运用刚性监督手段**。地方人大及其常会除了采取审议反馈，专题汇报，检查评议，督促决议、决定落实外，还可以采取宪法和法律赋予的刚性监督手段，监督决议、决定的贯彻落实，特别是对人大及其常委会的决议、决定执行不力，决而不行，行而不果的，人大及其常委会可以运用询问、质询、特定调查甚至罢免等法律手段，切实维护好决定权的法律地位和权威，确保人大及其常委会决策的贯彻落实。

坚持"四个第一"　谱写人大新局

湖南省株洲市人大常委会研究室副主任　李文波

湖南省株洲市十三届人大常委会自2008年初以来，紧紧依靠党的领导，依法行使宪法和法律赋予的各项职权，探索推行"四个第一"工作法，开拓了思路，丰富了举措，创新了局面，达到了人大工作的新境界。

一、把谋划发展、促进发展作为"第一要务"

紧扣"第一要务"，谋发展、促发展、抓发展、护发展，着力推动经济社会又好又快发展。一是定基调，谋发展。明确提出地方各级人大作为地方权力机关，必须服务大局不动摇，围绕发展做文章，紧扣主题抓落实。制订了《市人大常委会关于讨论、决定重大事项的规定》等，对讨论、决定重大事项的依据、原则、范围、程序、要求等问题作出了明确规定，推进了依法、民主、规范、有序履职，实现了人大履职与服务发展有机结合。二是出点子，促发展。坚持党的领导、人民当家作主、依法治国有机统一，致力于使党的主张通过法定程序成为国家意志，先后作出了《关于加强湘江流域株洲段水环境保护的决定》、《关于加强中环大道沿线规划用地控制的决定》、《关于加大投融资力度，加快城市建设的决议》等一系列决议决定，促进了经济与社会全面、协调、可持续发展。三是用干部，抓发展。坚持党管干部与人大依法任免相结合，不断完善任前考法、任职发言、任中公开、任后监督等机制，邀请部分省、市人大代表列席会议,公民旁听会议,在全省率先开展广播、电视直播等,通过法定程序真正把潜心谋发展、致力抓发展、专注促发展,真正想事、干事又不出事的干部选举任命到各级领导岗位,全市上下进一步形成了聚精会神搞建设、一心一意谋发展的浓厚氛围。四是建良策,护发展。该市市委出台了《关于进一步加强人大代表工作的意见》,市人大常委会制订了《关于进一步保障人大代表知情权的若干规定》,注重丰富代表活动,充分发挥代表抓发展的积极作用。近年来,市人大代表先后提出建议、批评和意见1300余件,列席常委会会议、参加执法检查等活动200余人次,开展代表小组活动560多次,形成调查视察报告330余篇。代表们高度关注长株潭城市群资源节约型、环境友好型社会建设综合配套改革试验等工作,通过法定程序解决了不少的问题,促进了株洲经济社会又好又快发展。

二、把发扬民主、厉行法治作为"第一目标"

把人民民主摆在突出位置,采取有力措施,以稳健步伐推进地方民主政治建设。一是着力推进民主制度化、规范化和程序化。制订并实施《市人大常委会关于常委会联系代表、代表联系人民群众的办法》、《人大代表列席株洲市人民代表大会常务委员会会议的若干规定》、《公民旁听株洲市人民代表大会常务委员会的若干规定》、《株洲市人大代表向原选单位述职的暂行办法》等,依托制度化密切人大与代表、代表与群众、群众与人大之间的联系,凭借规范化保障人民群众当家作主,倚仗程序化把好人大工作的每一道关口。二是努力扩大公民的有序政治参与。多层次、多领域组织人民群众积极参与管理国家事务、管理经济和文化事业,随着经济社会发展而不断深化公民有序政治参与,与人民群众政治参与积极性不断提高相适应。试行任前调查了解制、常委会议题征集制等,行使重大事项决定权、任免权和监督权中注重直接听取基层代表和人民群众的意见,取得了良好的社会效果和法律效果。三是努力推动各项工作法治化。坚持"少而精、求实效"的原则,每年选择事关全局和人民群众关心、社会关注的问题,集中时间,集中力量,组织较大规模综合执法检查。先后就优化经济发展环境,贯彻实施《食品卫生法》、《互联网上网服务营业场所管理条例》、《建筑法》、《农产品质量安全法》、《环境保护法》、《中小企业促进法》、《治安管理处罚法》、《民事诉讼法》、《农业法》等近50部法律法规情况进行了检查,有力提高了"一府两院"法治化水平。

三、把改善民生、维护民利作为"第一责任"

高度关注社会建设,履行人大职能,着力保障和改善民生,努力确保学有所教、劳有所得、病有所医、老有所养、住有所居,推动建设和谐社会。一是关注百姓视点。坚持老百姓关注什么,人大也就关注什么,善于使社会热点和焦点通过法定程序成为人大监督重点。围绕"资源节约型、环境友好型"社会建设综合配套改革试验,专题听取循环经济工业园建设等15项专项工作汇报,开展《环境保护法》、《行政许可法》、《行政处罚法》等4项综合执法检查。开展规范性文件备案审查,对问题"红头文件"说不,防止侵犯民生民利行为发生。二是监督公共财政。加强对财政预算的事前审查监督,提前介入预算编制,切实做好预算草案审查。积极推动预算编制改革,推行部门预算审查制,市人大会审查的市级部门预算单位由以前的5个扩大到现在的近百个,预算审查更加严格、科学,预算的透明度和约束力进一步增强。督促发挥审计监督作用,加大对预算执行、重点项目资金和专项资金的审计力度,推进审计报告向社会公开,跟踪督查审计报告反映问题的整改落实,强化对非税收入和超收收入使用情况的审查,增强了监督刚性和实效。三是推动民生建设。市人大常委会对省"八件实事"和市"十件实事"落实情况进行了专项检查,听取了创建国家卫生城市、国家园林城市、国家优秀旅游城市等工作情况汇报。围绕提高城市管理水平、加强农业与农村工作、促进社会和谐、推动教育、科技、文化、卫生等社会事业的全面进步等,先后听取专题工作汇报20余项。连续开展"环保世纪行"、"农产品质量安全行"、"农民健康行"等活动。先后发出审议意见书12份,提出建议和意见300余条,有力推动了各项民生建设。

四、把团结务实、清廉高效作为"第一形象"

坚持团结务实、清廉高效的价值取向,以素质能力为核心,全力加强机关自身建设,更好地发挥地方权力机关、依法履行职责的工作机关、密切联系群众的代表机关的作用。一是以坚定理想信念为重点,加强思想建设。坚持以中国特色社会主义理论体系武装头脑,深入学习实践科学发展观,坚定理想信念,提升思想水平。开展竞技比赛、联欢联谊、扶贫帮困等活动,培植团结友爱、奋发向上的团队文化。加强机关管理,开展绩效考核和优质服务竞赛，培植优质高效、规范有序的职业习惯。二是以提高履职能力为关键，加强组织建设。定期组织常委会组成人员学习政治理论和人大业务知识，提高理论素养和工作水平。不断加强理论研究工作，围绕全市经济社会发展、民主法制建设、代表工作等课题进行深入调查研究，每年组织理论研讨活动，形成了一批理论研究成果，加强了与各级各地人大的联系，吸取其先进经验，推动了人大工作的创新与发展。三是以密切联系群众为宗旨，加强作风建设。近年来，共邀请公民旁听常委会会议40余人次，接待人民群众来访9000余人次，受理来信1300余封，其中"主任接待日"接待来访300余批400余人次，做了大量息访息诉和维护稳定的工作，督促解决了一批群众反映强烈的实际问题。建立代表工作室，推行代表接待日、走访日等制度，保持了代表与选民的密切联系。四是以推进机制创新为手段，加强制度建设。按照《监督法》规定，对常委会各项工作制度进行全面清理，做好规范、衔接工作。建立、完善了《常委会议事规则》、《常委会组成人员守则》、《关于实行审议意见书的暂行办法》等一系列制度，编印了《人大工作法律制度选编》，促进了人大工作的制度化、规范化。

在"阳光"下授权

湖南娄底市人大常委会　吴志雄

2月26日，在湖南省娄底市三届人大常委会二次会议上，面对庄严的国徽，被提请任命的31名新一届市人民政府组成部门主要负责人向39名常委会组成人员和全市人民作拟任职务发言——报告自己的基本情况和如果获任后的打算。娄底市电视台等新闻媒体全程现场直播。全市民众第一次通过媒体听取了市政府组成部门"一把手"人选的任前承诺。

作为人大常委会重要职权的人事任免权，一直处于一种尴尬的状态——既被人关注，又让人不以为然。被人关注，是因为人事问题向来敏感，是公众关注的焦点，稍有"反常"便会成为新闻媒体的热点；让人不以为然，则因为在以往的实践中，人大常委会有背负着"传声筒"、"表决器"的嫌疑，对提请任命对象的审议和表决不过是"履行法律手续"而已，一概都是"绿灯放行"，刺激不了民众的"兴趣"。这种尴尬位置，在让民众产生误解的同时，也削弱了民众对人大的信任，对政治文明和法律制度更是一种伤害。如今，娄底市人大常委会让拟任人选在任前发表施政演说，在"阳光"下代表人民授权，尊重民众的知情权、监督权，无疑是一种可喜的进步！

其一，在"阳光"下授权，能够让民众充满信任。对官员的任命，民众往往只知道结果，不知道任命的程序、理由以及是否有"不同的声音"。官员的德、能、勤、绩如何，有什么优点、缺点，能力和水平是否与职务相称，民众并不知情。虽然党委在推荐人选时经过了层层民主程序，但是这种民主的范围毕竟有限，民众还多少存在着疑惑、猜测和担忧——怕"暗箱操作"，怕民主"走了过场"。这种担忧并非多余，现实生活中，一些贪官、庸官经过人大常委会任命把关后东窗事发，就充分证明了对拟任人选的推荐可能存在不准确性和局限性。把拟任人选置于"阳光"之下，有利于扩大民众的知情面，加深对官员的了解，监督官员的获任过程；有利于消除民众的疑虑，赢得民众的信任，激发民众的政治热情。

其二，在"阳光"下授权，能够让官员牢记责任。对官员的任命，过去有一种误解：党委"定调"、人大"划圈"，人大的人事任免权不过是走走过场。受这种观念的支配，一些官员对人大常委会及其组成人员并无敬畏之感。没有敬畏之感，自然缺乏负责意识。把拟任人选置于"阳光"之下，能够使官员深刻理解"我的职权从哪里来"、"我是谁任命的"、"我应当对谁负责"等常识性问题，强化角色意识和责任意识。同时，把自己的德、能、勤、绩置于"阳光"之下，接受国家权力机关组成人员及民众的挑选，本身就意味着一种考验和挑战——自荐是否实事求是，承诺能否兑现，民众可以通过监督来进行检验，进而对其任职是否称职作出评判。这种监督、检验和评判，必然敦促拟任人选在当选后恪尽职守、履行承诺、取信于民。

其三，在"阳光"下授权，有利于监督权力机关接受民众监督。绝大多数人大常委会在行使人事任免权时，尊重民意，严格把关。然而，也有一些人大常委会充当"表决器"或者卖"顺水人情"，出现把关不严、任人不准的过错。对于那些口碑差、业绩平庸的官员，如果获得合法授权，人大恐怕难辞其咎。其实，地方国家权力机关自身也要接受监督，才能保证权力始终沿着民意和法治的轨道运行。而把任命过程置于"阳光"之下，接受民众的监督，正是对人大的考验和挑战，让民众检验考察是深入细致，还是马虎了事；审议是客观公正，还是文过饰非；任命是任之适当，还是任之失准。这种来自民众的监督力量，必然会督促任命机关更加慎重、更加负责，以维护自身的形象和权威。

把任命置于"阳光"之下，是人大工作走向公开、透明的内在要求，也是民主政治建设前行的逻辑产物。它昭示着"靠制度选人、凭民意用人"的官员任用机制正在渗入政治现实。这种趋势，对构建人民期待的政治文明无疑是一个可喜的信号。

把牢四个环节　提高审议质量

湖南省洪江市人大常委会主任　杨宏花

听取和审议"一府两院"专项工作报告是人大常委会开展监督工作的一种最基本、最主要的形式，如何提高听取和审议专项工作报告的质量，是地方各级人大常委会广大人大工作者十分关心和迫切希望解决的重要课题。笔者试图结合洪江市人大常委会一年来的实践，从抓牢监督环节入手，就提高听取和审议专项工作报告的质量进行初步探讨。

一、听取和审议专项工作报告中存在的问题

应当充分肯定地方人大常委会通过听取和审议专项工作报告所取得的监督成果。但实际工作中，地方人大常委会听取和审议专项工作报告的总体质量不高，也是不争的事实。"姑妄言之，姑妄听之"，这句话生动地反映了地方人大常委会听取和审议专项工作报告的状况。

1、*议而无备*。加强常委会会议审议前的调查研究，是提高审议质量的一项重要的基础性工作。而在实际工作中，常将审议前的调查研究排除在整个听取和审议专题工作报告的过程之外，或即使进行了调查研究，也是流于形式。结果导致常委会会议在审议时，由于缺乏对有关情况的全面了解和具体的事实依据，只能就工作报告审工作报告，抓不住问题的实质和要害。

2、*议而不透*。由于缺乏必要的议前调查，常委会组成人员在审议工作报告时，或因情况不明而不会说，或因政策不明而不敢说，或因心存疑虑而不愿说。使审议发言讲成绩、提希望的多，摆问题、提批评的少；泛泛而谈的多，能够抽丝剥茧分析原因，一针见血切中时弊的少；讲空话套话的多，联系实际提出有针对性建议的少。审议难以达到准确、透彻、有力的要求。

3、*议而无力*。听取和审议专项工作报告属于软的监督形式，缺乏必要的监督权威。实际工作中，报告机关敷衍应付人大常委会的现象不同程度地存在，在汇报工作时不如实反映情况，只注重汇报对本部门有利的情况，成绩连篇累牍，问题轻轻带过，有的甚至故意隐瞒重要情况，有的报告机关主要负责人借故不出席人大常委会会议，或者即使到会也是心不在焉，有的有组成人员提问时避重就轻，甚至答非所问，客观上造成了常委会自审议自己听的局面，使人大常委会的审议意见难以引起执行机关尤其是其主要负责人的重视。

3、*议而无果*。监督效果难以保证是影响听取和审议专项工作报告中的最大难题。常委会在听取和审议工作报告后，没有对报告内容进行定性评价，形成的审议意见停留在口头上，对审议意见的办理也没有进行严肃认真的检查督促。有的报告机关则认为工作报告听完了，监督程序也结束了，对存在的问题不进行主动的整改；有的即便进行了整改，也由于没有明确的工作责任而并不彻底，需要报告结果时则以文字材料代替整改落实，使常委会的审议结果难以落到实处，"审了就了"，成为听取和审议专项工作报告的常态问题。

三、把好四个环节，提高审议质量

听取和审议专项工作报告存在的问题及其原因表明，不断深化监督理念，严把计划制订、调查开展、会议组织、意见督办四个环节关，强化监督权威是提高审议质量的有效途径。

制订计划要"精"。科学选择审议议题，精心制订监督计划，是提高人大常委会审议监督实效的前提。人大常委会在年初制订监督计划时，要坚持"三性"安排好年度审议议题。一是议题收集的合法性。按照《监督法》规定的六个途径认真收集和确定审议议题。收集议题要注意走群众路线，通过开通网络信箱、发放征求意见表、设立热线电话等形式，广泛征求有关单位、部门、人大代表和社会各界的意见。二是议题确定的合理性。在选择议题时，一方面注意选择那些经过审议能够得到解决或能够有效促进问题解决，对工作起到明显推动作用的议题，另一方面议题的数量不宜太多，要坚持抓大事、议大事、定大事的原则，围绕经济建设这个中心，紧扣党委工作总体布局，突出政府工作重点和群众关注的热点难点问题，抓住关键，力求实效。三是议题公布的时效性。监督议题确定后，人大常委会及时将年度监督计划向社会进行公告，使常委会组成人员做到心中有数，以便提前搞好调研，收集相关资料和信息，也使"一府两院"能够及早准备，及早报送审议报告材料，以便将报告和调查材料提前发给全体组成人员和列席会议的同志，让他们早审阅、早准备。

调查研究要"深"。围绕审议议题深入开展调查研究，是提高审议发言质量的基础条件。一是要做好调研的准备工作。事先拟订好调研计划，明确方法、步骤、时间、要求和要重点解决的问题。调研前组织参加人员学习相关法律、法规和政策，了解熟悉相关工作的开展情况。在调研力量的配备上，以相关委室为主，注意吸收与调研内容联系紧密的、熟悉情况的人大代表或有关人士参加。二是要改进调研方式。灵活运用视察、调查、检查等手段，在听取汇报的基础上，采取召开座谈会、个别走访、问卷调查、选点察看等形式，广泛征求基层代表和群众的意见，掌握第一手资料。三是要认真撰写调研报告。人大常委会的调查报告是常委会组成人员审议"一府两院"报告的事实依据，而不是"一府两院"工作报告的补充，调研报告和工作报告应避免重复和雷同，要各有侧重。在拟稿过程中应突出人大调查报告的特点，坚持实事求是、恰如其分、客观公正的原则，少讲成绩、多提问题，少空发议论、多提建议，使调查报告能够经得起实践的检验，让人信服。第四要及时交换意见。在充分调查了解的基础上，会前主任会议或相关委室要对"一府两院"的专项工作报告进行初审，针对报告存在的不足提出意见，帮助报告单位进一步修改完善，把好上会材料的质量关。会议材料定稿后，应及时在会前印发给常委会组成人员，为会议审议作好准备。

会议审议要"严"。会议审议是人大常委会听取和审议"一府两院"工作报告的中心环节，要严把会议审议关，一是审议材料准备要充分。每次会议不仅听取"一府两院"的工作报告，还要提供与审议议题相对应的调查报告，以及相关的法规政策条文和参考数据、背景资料等，有条件的还可以会前组织学法、会中组织与会人员现场视察等。二是审议方式要创新。根据议题的需要，灵活采取集中审议与分组审议相结合，中心发言与自由发言相结合，常委会组成人员询问与"一府两院"负责人解答相结合等方式进行审议。对一些专业性较强的审议事项，为增加审议深度，还可邀请部分相关代表或专家列席会议，作典型发言。审议结束后，应对报告进行票决，以确定常委会组成人员的满意度。三是审议时间要保证。应保证足够的会议时间，尤其是要留足审议时间，同时对报告和发言时间作出规定，使常委会组成人员及列席人员都能畅所欲言、各抒己见。四是要提高列席人员的到会率。建立完善会议保障制度，凡与审议议题有关的"一府两院"及部门负责人都要列席会议，听取组成人员的审议意见和建议，回答、解释有关询问，人大要对列席人员参会情况实行定期通报。只有保证列席人员到会，才能保障审议的实效。

会后督办要"实"。人大常委会会议形成的决议、决定或审议意见，是听取和审议"一府两院"工作报告的成果，也是会后实施跟踪监督的重要依据。要保证人大常委会决议、决定和审议意见的落实，关键是要切实抓好会后的交办、督办和反馈三个环节。一是要及时交办审议意见。常委会组成人员在常委会会议上的审议意见，经常委会有关工作机构汇总整理成《审议意见书》，经主任会议通过后，要及时送交"一府两院"研究处理。"一府两院"根据《审议意见书》提出处理方案，交人大相关工委征求意见后，以文件形式报人大常委会。二是要加强跟踪督办。常委会要结合"一府两院"的处理意见，采取经常性督查和阶段性抽查、重点督办相结合的方式，通过回访有关人员、实地察看、查阅有关资料、召开座谈会等途径，了解“一府两院”办理的进度和效果，及时提出督办意见，推进办理工作。三是要对办理结果进行处理。对办理审议意见好的单位和部门，要给予通报表扬；对敷衍塞责、不认真办理的单位要通报批评，并责令其重新办理；对在规定期限内仍办理不到位或拒不办理的部门负责人，要采取质询、特定问题调查、罢免等刚性监督手段，促进审议意见的落实，督促“一府两院”改进工作。四是要及时公布办理落实情况。对“一府两院”办理落实审议意见的进展情况和办理结果要及时通过广播、电视、人大及政府网站、报纸等新闻媒体向人大代表和社会公布，接受人民群众的监督。

在农村开展预防职务犯罪宣传教育尤为重要

内蒙古杭锦旗人民检察院　杨巴特尔　吴外信

社会主义新农村建设是党的十六届五中全会提出的重大历史任务，是以胡锦涛同志为总书记的党中央从全面建设小康社会，不断开创中国特色的社会主义事业新局面做出的重大战略决策；是加强党的执政能力建设，构建社会主义和谐社会和全面贯彻落实科学发展观的重大举措；也是推动社会主义进步和经济发展的行动纲领。

所以在农村中开展预防职务犯罪的宣传教育尤为重要，主要抓住一点，那就是方法要多种多样，把涉及预防职务犯罪的法律法规、典型案例采用人民群众喜闻乐见的形式进行宣传，使之家喻户晓，人人皆知，这样就能收到良好的社会效果。通过几年来杭锦旗人民检察院开展预防职务犯罪宣传工作的作法，笔者认为：

一要利用一年一度物资交流会和那达幕会召开之机，利用群众聚集的有机时机进行宣传。要将预防职务犯罪的概念、范围、管辖的罪名，国家公务人员在行使职权过程中哪些行为是合法的，哪些行为是违法的，哪些行为构成侵权犯罪，以及群众的合法权益受到不法侵害时应怎样维护等内容打印成宣传单，发放到群众中，让文化程度不高的群众也知晓一些知识，在会场显眼地方张贴标语、宣传画，内容通俗易懂，也容易让群众记在心中。

二要利用报纸、电视进行宣传。由于社会的发展，广大人民群众文化生活的提高，农村基本普及了有线电视，所以要通过报纸宣传、电视讲话这一形式进行宣传，达到千家万户收看的优势，掀起开展职务犯罪预防活动高潮，在广播电台、电视台、报纸开设预防职务犯罪专栏，进行个案追踪，开展群众评案，通过媒体实现检察机关与人民群众互动，一方面展现政府打击职务犯罪、保障人民群众的合法权益的决心，另一方面让更多的人民群众参与进来，引导广大干部职工树立正确的世界观、人生观，正确对待权力、地位和自身利益，提高自身拒腐防变的免疫力。

三要利用每年检察机关举报宣传周开展法律咨询，预防职务犯罪，就是最大限度地堵塞、减少职务犯罪的客观原因和条件，最终达到预防职务犯罪发生的目的。检察机关预防部门要经常深入到苏木乡镇与行政执法部门配合，结合其行政执法的特点，进行职务犯罪法制宣传教育。通过召开座谈会，协商会的形式，倾听群众的反映，尤其是倾听执法部门所服务的对象的反映，提高全社会的法制观念、道德水平和廉洁意识，使各执法机关的执法人员即时认识到依法行政的重要性，也认识到不依法行政的危害性。开展打击贪污、贿赂、渎职侵权犯罪活动，同时对群众进行有法必依、执法必严、违法必究的警示教育，营造知法、守法、依法行政的氛围，以最大限度地预防职务犯罪案件的发生，实现其不愿犯、不想犯、不敢犯的成效。

总之，在农村开展预防职务犯罪工作的宣传教育范围之广，办法之多，只要抓住重点有所侧重，必将会收到良好的社会效果。

创新工作方法　提高专项工作监督质量

湖北省十堰市人大常委会　　朱正轩　鲁凡

专项工作监督是监督法规定的七种监督形式中最常用的一种。监督法实施以来，十堰市人大常委会围绕提高专项工作监督质量这一重点，在方法创新上做了一些积极的探索。

确定专项工作监督内容　坚持“四个围绕”

一是紧紧围绕党委的工作中心，确定专项工作监督内容。围绕党委工作中心确定监督内容，既能使党的主张通过人大监督程序得以实现，又能使党委的工作中心更加贴近民生，体现民情。新的历史时期，十堰市委确定了新时期的三大历史任务，即巩固十堰汽车城地位，推进新阶段扶贫开发、服务南水北调。围绕这一中心，市人大常委会先后对市政府8个方面的相关工作开展专项工作监督，有效地配合了市委中心工作，有力地促进和推动了市政府相关工作。如开展的十堰城区工业园区建设专项工作监督，使市政府在领导力量、资金投入、政策支持等方面引起高度重视，市政府先后出台了《关于支持工业园区发展的意见》等两个规范性文件，在工业园区用地、配套设施建设、项目引进、统筹规划等方面采取得力措施，推动工业园区健康发展。

二是紧紧围绕政府工作重点，开展专项监督。十堰作为新兴的汽车城市，因车而建、因车而兴，然而近几年东风公司“两个总部”迁至武汉后，干部群众一度认为，十堰将要变成“废都”。面对压力，如何加速发展地方工业，加强重点项目建设？既是全市人民关注的热点，也是市政府的工作重点，市人大常委会适时组织对重点工业项目建设开展专项工作监督，对专项工作中存在的问题提出建议。市政府加大力度进行整改、落实，整合地方汽车工业优势资源，积极培植“双亿工程”，企业，使地方工业呈现出迅速发展壮大的态势。

三是围绕人民群众关注的热点问题进行专项工作监督。农村合作医疗进展情况、社保基金管理、校园周边环境等是群众关注的热点，常委会围绕这类问题确定专项工作监督内容。其中。人大代表和学生家长对校园周边环境问题反映强烈，市委会在听取和审议市人民政府专项工作报告后认为，市政府对此项工作正视不够，政府相关部门对存在的问题整改责任不清。经票决，市政府关于校园周边环境整治的专项工作报告未获通过。市政府经过4个月的认真整改，再次向常委会报告。人大常委会对群众关注的热点问题一督到底，监督出效果，在社会上引起了强烈的反响。

四是围绕社会舆论的焦点安排专项工作监督内容。司法不公、行政不作为、乱作为是社会舆论的焦点。围绕这一焦点，市人大常委会先后安排对审判机关的队伍建设，执行工作、行政审判工作，对检察机关的队伍建设、查办渎职侵权案件、民事行政检察工作，对市人民政府开展的法律援助等项工作开展专项监督，人大常委会的专项工作监督对司法队伍中存在的司法不公、徇情枉法行为产生了较大的触动，使“两院”受到强烈的震撼，坚定了下大力气抓队伍建设的决心。

实施专项工作监督严把“三个关口”

严把“调研关”。抓好调研前的培训，每次调研前，都围绕调研内容请有关专家进行讲座，使参与调研的人员知晓，熟悉与调研内容有关的法律法规、政策及专业知识；创新调研方式，调研中尽量少采用或不采用先通知、后调研的办法，多采用暗访或个别走访的方式以掌握真实情况。运用对比调查的方法，既参考调查对象以前的情况，又注意调查对象以后的发展和变化，必要时，杀回马枪以掌握其变化动态；认真消化调研成果，认真梳理调研掌握的各种资料和情况，进行归纳分析整理，针对专项工作调研中发现的主要问题，形成书面材料交由“一府两院”研究并在报告中作出回应。严把“审议关”。为保证常委会组成人员都有审议发言的机会，常委会将以前单一的集中审议转变为分组审议、联组交流的办法，既保证了与会的每位组成人员都有发表意见的机会，又能充分集中常委会组成人员的意见。常委会组成人员的审议意见经归纳整理后，向全体组成人员反馈，获得通过后交由“一府两院”整改落实。严把“整改落实关”。为确保常委会审议意见落到实处，常委会注重跟踪督办，采取分工负责制，由常委会对口的工作机构负责了解整改落实情况，掌握进度，及时提出指导意见；同时抓好情况反馈。要求“一府两院”对审议意见的整改落实情况在6个月内向常委会提出办理的书面报告；对于突出问题抓好重点督办，通过组织代表视察、检查，组织专项检查等形式，对督办工作紧抓不放，一督到底。

开展专项工作监督注重“五个环节”

一是抓好汇总相关意见的环节。汇总整理各方面与专项工作报告议题有关的意见，应当及时、准确、全面，要尽量避免延误、错漏、重复。应突出重点，在获取的意见建议中，要抓主要矛盾，反映存在的主要问题和事关工作大局的重要问题。

二是抓好督促报告机关对相关意见研究回应的环节。抓好这个环节的重要性在于，能够使报告机关更加重视人大常委会的专项工作监督。以增强接受监督的自觉性；更加主动地检查自己工作中的问题和不足，有利于问题的解决和工作的改进。

三是抓好审议意见形成的环节。审议意见是在常委会会议审议的基础上形成的意见，它是常委会全体组成人员集体意志的体现。形成审议意见重点应突出，建议应切实可行。

四是抓好审议意见研究处理环节。审议意见的研究处理既要将常委会组成人员的审议意见送交报告机关研究处理，又要针对审议意见研究处理的情况设立反馈机制，使报告机关与常委会之间进行充分沟通，以促进审议意见的落实。

五是抓好通报公开的环节。常委会要通过与新闻单位建立联系和互动机制，对不同的监督内容、不同的监督过程，选择合适的公开形式，将审议专项工作的情况向代表通报，向社会公开。

一份建议“逼”出《中国之痛》

陕西省安康市人大常委会人事代表选举工作委员会副调研员、办公室主任　曾德强

我的28万字长篇报告文学《中国之痛》公开出版发行后，在海内外引起较大反响，或大或小地促进了中国医改，令人非常欣慰。而这竟缘于当初我所提交的一份代表建议。

从街谈巷议和自己的买药比较中，我发现药品价格高得离谱，普通群众害不起病，患了病得不到应有的治疗和救助，不少人只能在家等死。我隐隐约约感到，我国的医疗卫生体制改革出了问题，2003年春，我对药品价格虚高问题进行了初步调查，觉得问题非常严重，就向陕西省安康市一届人大五次会议提交了《关于控制药品价格虚高的建议》。承办单位——市物价局对这份不足千字的建议给予了高度重视，给我复函不久，又送来了药价管理的有关资料。交谈后我进一步明白了这是一个全国性问题，群众看病难看病贵的根子在上边。

我的兴趣和责任感被进一步激发出来。我萌生了一个念头：写一篇分量重一点的文章发表出去，为解决群众看病难看病贵问题出一把力！

我开始全面调查、思考群众看病难看病贵问题。当我与各行各业、各个阶层的群众谈及医疗问题时，他们几乎都能举出看病难看病贵的实例，但又说不清道不明，都有一肚子的怨气和无奈。

由于得在机关上班，我没有多少时间亲自外出调查，而要写这样一个全国性问题，写这样一个重大社会题材，又必须站得高、看得远、知得多。我就找“耳目”，请亲戚朋友帮我调查，搜集资料。随着调查的拓宽和研究的深入，我越来越觉得，我国医药界的黑幕太令人触目惊心了，中国医疗体制的弊端太突出太严重了，人民群众特别是社会弱势群体看病太贵太难了，他们的愿望和呼声太需要一种诉求渠道了。

我不能当一个“麻木的看客”和“沉默的羔羊”！尽管我这个“小人物”的声音十分微弱，尽管涉足这个重大而敏感的领域可能招致麻烦和不测，尽管自己单薄的肩膀难以承担如此沉重的道义，但我还是自不量力地“蠢蠢欲动”了。

还算幸运，一篇近3.3万字的《关乎生老病死——中国医疗卫生透视》，在大型月刊《报告文学》2005年第12期头条位置刊登出来。投稿之初，我想这篇作品能刊登出来就算老天有眼了，不料，拙文很快被《南方日报》、《南方都市报》、《生活文摘报》和几家网站全文连载，《深圳晚报》也在一天以4个版面作了选载。不少读者反映写得好，看了过瘾。

一篇拙作被如此高看，我以为，不是因为此文有多么强的艺术性，而是因为我能基于一个人大代

表的神圣使命和作家的社会良知,及时、真实地反映了民生和民意,替普通老百姓展示了想了解而又不易知道的内情,说了他们想说而又说不出来的话,那些白纸上的黑字与广大读者的心灵产生了强烈的共鸣。只要你站在群众的立场上,敢于写出大众的心声,就能得到大众的认同和赞扬。

我受到了巨大的鼓舞。这鼓舞又变成了一种激励、一种鞭策、一种动力,使我投入到更为艰巨的创作之中,陷入了更深的思考中。

我的观察和调查被媒体上频频曝光的更为骇人听闻的事例所证实。"最昂贵的死亡"、"天价住院费"、"活人送进火葬场"、"农妇自行剖腹取子"、"壮汉在家等死"……发生在21世纪初的一桩桩关于国人生老病死的事件,令人触目惊心,异常震撼。人病了,可怕;中国的医疗卫生体制病了、政策设计层面病了,更可怕!我的判断与不少有识之士不谋而合:中国的医疗卫生体制改革煮成了"夹生饭"——患者不满意,医院不满意,政府不满意;富裕阶层不满意,中等收入阶层不满意,低收入阶层更不满意。然而,疾病像雾像雨又像风,说来就来,无孔不入,让你往往防不胜防,无法躲避。不满意也没办法,有了病还得看。据中国政府网调查显示,2006年群众最关心的十大社会经济问题中,排在第一位的是:如何解决群众看病难看病贵的问题。连续几年的全国"两会"上,看病难看病贵都是人大代表、政协委员热议和呼声最大的话题之一。

我"越陷越深不能自拔"。我牺牲了别人用来休息娱乐、做其他事情的"八小时之外"以及节假日,加快了苦行僧般的创作。2006年春,长篇报告文学《中国之痛》清样稿杀青了。我如释重负。随即印送文友和卫生界朋友征求意见。

《北京文学》执行主编杨晓升读了我的清样稿后,给予了热情鼓励,建议我专写一篇反映农民看病难和看不起病问题的报告文学,及时给他寄去。很快,一篇3万多字的《有什么,别有病——中国农村医疗现状调查》在该刊2006年第11期头条隆重推出。2007年,该刊开展了为期一年的"中国医疗改革向何处去"的大讨论。《民声报》也以《症结何在——中国农民看病难大写真》为题,破例在2006年11月30日至2007年8月9日进行了连载。

2007年1月,《中国之痛》被中国国际广播音像出版社出版发行。据说,这是我国第一部立足地方、放眼全国,全景式反映当今中国医药问题的报告文学专著。这部著作以强烈的忧患意识和社会责任感,生动地反映和论述了民生民意、执法用法情况和民主政治建设等诸多问题。随即,"一部全中国人都应该仔细阅读的书"(封底语)在海内外引起较大反响,《中外书摘》、《西安晚报》等多家报刊转载,其封面被选登于《中外书摘》杂志封面,《中华读书报》、《人民代表报》、人民网、新浪网等近百家新闻媒体予以评介,称其为"中国医疗行业的病历报告","如同一把锋利的刺刀插进了医疗黑幕的心脏"。钟南山院士等读者纷纷打电话或发短信表示肯定和鼓励。广东一位编辑发短信说:"功德无量,功德盛强!远超用臆想胡编的故事去获诺贝尔奖!"西安市民张仲文向国家发改委、卫生部等部门寄送的被媒体称为"中国民间版医改方案",参考和引用了书中不少内容。

创作《中国之痛》的初衷,是想抓住时代的热点、难点,生动、全面地展现群众特别是弱势群体看病难、看病贵的状态,反映民生和民意,辩证分析中国医改的成败得失,触痛国人尤其是决策者、管理者的神经,为老百姓呐喊,为当政者建言,促使"中国之痛"尽快解决。结果证明我的心血没有白费。

据说这本书引起了中宣部等部门的关注,但我还是担心国家发改委、卫生部等方面的决策者没有看到它。而要解决"中国之痛",不仅要形成强烈的社会氛围,而且要引起国家决策层的进一步高度重视。于是,我花费了几千元稿费,先后从北京买回几百本书,赠送有关人员,包括国家发改委及卫生部领导、国家医改组、以及《中国青年报》、《南方周末》等媒体。

我的医改系列报告文学对于推动解决群众看病难看病贵产生了多大的社会作用,这是很难量化的,也是我所无法掌控的。我就像一个农夫,只要精心耕耘了、播种了,没有因懒惰而错过农时节令,就算尽到了自己的职责。何况,近些年国家陆续推出的深化医药卫生体制改革的政策,已经开始从多方面解决群众看病难看病贵问题,尤其是今年4月出台的国家新医改方案,明确提出"把基本医疗卫生制度作为公共产品向全民提供",呈现出"公益和公平"的喜人亮点。应该说,其中也有我的些许功劳吧!

一份建议得到承办单位的认真办理,激发我写出系列医疗问题报告文学且被报刊发表,最终"逼"出一部大书,使我的才智得到前所未有的展示(由于这些作品的社会反响,去年7月我成为中国作家协会会员），并促进了“世界性难题”的初步解决！我庆幸当初自己动了那个“恻隐之心”，没有偷懒。

注：作者系中国作家协会会员。

围绕中心　服务大局　突出重点　讲求实效　切实履行人大监督职能

内蒙古自治区察右中旗人大常委会主任　乌宁吉雅

宪法第一百零四条和地方组织法第四十四条对旗（县）级以上地方各级人民代表大会常务委员会的职权作了明确、全面的规定，概括起来简称为决定权、监督权、任免权，即：“三权”。决定权是国家权力机关依法对本行政区域内的重大事项进行讨论，作出决定的权力。监督权是国家权力机关检查、评定、督促国家机关和国家工作人员履行职责，改进工作的权力。任免权是国家权力机关按照法律规定的权限和程序任用公民担任一定职务或撤销、免除其职务的权力。本届人大以来，我们坚持以邓小平理论和“三个代表”重要思想为指导，深入贯彻党的十七大和十七届三中全会精神，全面落实科学发展观，坚持党的领导、人民当家作主和依法治国有机统一，紧紧围绕全旗经济社会发展目标和工作大局，以“关注民生、促进发展、维护稳定、构建和谐”为重点，不断探索人大工作的新思路、新方法、新载体，依法行使决定权、监督权、任免权，为扎实推进民主法制建设和依法治旗进程、促进全旗经济和社会各项事业又好又快发展做出了积极贡献。

一、以党委的中心工作和人民的要求为核心，充分行使重大事项决定权

决定权的正确行使对于把党的意图变为国家意志，体现同级党委对地方国家事务的领导，维护广大人民群众政治、经济、文化、生活方面的利益产生积极的法制保障作用。

1、坚持党的领导。人大及其常委会要行使好重大事项决定权，党的领导是关键。人大工作是党的工作的重要组成部分，需要党委总揽全局、协调各方，才能保证人大工作的有序运转。在工作中，我们始终坚持向旗委请示汇报制度，对人民群众反映的重大事项，争取旗委的支持，同时，将旗委的主张和意图体现在人大的决议、决定当中，通过人大常委会的讨论决定，使之成为政府及职能部门和广大人民群众的自觉行动，从而保证人大常委会依法履行职权和开展监督工作。

2、加强与“一府两院”的沟通。人大及其常委会行使重大事项决定权必须从本行政区域的实际出发，所作决定也必须经过本行政区政府及其职能部门和全体人民的共同努力才能办好。旗人大常委会在作出决定后，要进行认真地督促，取得政府及有关部门的理解和支持，便于决议、决定更好地落实。

3、注重调查研究，确保决定事项的科学性。调查研究是地方人大及其常委会有效行使决定权的基础和前提。只有深入调查研究，作出的决议、决定才合乎民情、顺乎民意、切实可行。旗人大常委会始终坚持调研先行的原则，把调查研究工作做充分、做细致、做深入，把调查研究贯穿行使决定权的始终。常委会根据旗委的决策部署和全旗中心工作、“一府两院”的工作重点以及民生问题认真选题，并深入到“一府两院”及有关单位调查了解情况，广泛接触人大代表、各界人士和人民群众，认真倾听他们的意见和呼声，掌握大量的第一手材料，并将调查报告提前印发常委会组成人员和列席常委会的相关人员参阅，以便他们有针对性地提出意见和建议，使其在听取和审议政府有关工作报告时听之不惑，言之有物，决之有效，增强了审议的全面性、准确性。

4、加强对决定事项的跟踪督办。“决而有行，行必有果”。检查、督促决议、决定的贯彻落实，是人大及其常委会行使决定权的一个重要环节。为确保旗人大及其常委会行使决定权得到全面有效的落实，我们建立健全了完善的常委会决定事项督办制度，把监督工作贯彻到人大决议、决定实施全过程，通过组织常委会组成人员和人大代表听取、审议工作报告，对实施情况开展视察、调查、检查，及时提出改进工作的意见和建议，并要求“一府两院”限期整改。突出刚性监督，强化责任追究。加强对“一府两院”有关人员进行责任追究，对人大做出的决议、决定实施不力的，采取询问、质询、罢免职务、组织特定问题调查等方式进行刚性监督和责任追究，不仅维护旗人大及其常委会依法行使决定权的权威和严肃性，又促进“一府两院”的工作。

5、充分发挥代表监督作用。一是让人大代表当好贯彻落实决议、决定的宣传员、示范员、监督员。作出决议、决定后，人大常委会要求代表向选区广大人民群众进行广泛地宣传发动，当好宣传员；要求代表模范带头执行决议、决定，当好示范员；在决议、决定实施过程中，旗人大常委会还要组织人大代表开展视察，让代表当好监督员，确保旗人大及其常委会所作出的决议、决定真正成为民心工程。二是让人大代表当好对“一府两院”落实人大所作出决议、决定的评议员。旗人大常委会在听取审议“一府两院”落实人大所作出决议、决定的情况报告时，邀请部分人大代表列席会议，接受代表评议，让人大代表当好评议员。

二、以推进依法行政，维护司法公正为目标，依法行使监督权

地方人大的监督权，是宪法和法律赋予的，是体现人民当家作主的重要职权，依法行使好人大监督权，既是加强和改进人大工作的重要内容，又是对人大工作实效的直接检验。

1、选准监督范围和监督内容，是行使好地方人大监督权的前提和基础。地方人大行使监督权要善于突出重点，找准目标，这也是进一步深化人大监督工作的一条基本经验。首先是围绕发展这个主题开展监督。把为经济建设服务放在头等重要的位置，把实施本地确定的发展战略作为人大监督工作的重点内容，要按照科学发展观的要求，把监督的着眼点更多地放在解决经济社会发展的薄弱环节上，监督好地方国民经济的运行，合力推进地方经济的发展。其次是围绕社会主义法制建设开展监督。要紧紧抓住基层民主法制建设中存在的问题，针对“一府两院”工作中的薄弱环节进行监督，通过加强法律监督来带动工作监督，既保证各项法律法规的全面贯彻实施，又保证各项方针政策的正确执行，使监督工作更加具体化。第三是围绕人民群众关心的热点难点问题开展监督。把人民群众普遍关心的热点、难点问题作为监督重点，选择人民群众申诉、控告较为集中的问题，人民群众反响强烈的普遍性问题以及社会弱势群体的合法权益保护等问题，采取切实措施，依法进行监督，努力为群众排忧解难，维护好人民群众的根本利益。第四是注意正确处理监督与支持的关系，做到参与不干预、监督不包揽、支持不代替。把全力支持寓于严格的监督之中，把工作的落脚点放在支持和促进“一府两院”工作上。

2、发挥代表的主体作用，是行使地方人大监督权的重要途径。充分发挥人大代表的作用，密切与人民群众的联系，是行使好地方人大监督权的重要一环。人大代表是人民代表大会的主体，代表作用发挥的好坏，直接关系到人大及其常委会职权能否有效行使。本届以来，我们始终把密切联系代表，发挥代表作用，作为人大监督工作的“基础工程”来抓，不断拓宽代表参政、议政的渠道，通过代表小组活动、代表联系选民活动，深入了解民情、充分反映民意、广泛集中民智，保证人大工作和人民群众的血肉联系。通过开展“代表活动月”、“代表议政月”等活动，积极为代表履职搭建平台，为代表履职创造条件、提供服务。加强对代表议案和建议、批评、意见的督办力度，提高办理工作的代表满意率和群众满意率。

三、以党委的意图和人民意愿为重点，认真行使人事任免权

如何更好地行使人事任免权，是新形势下地方各级人大常委会面临的重要课题。旗人大常委会始终坚持任免工作的“三条原则”，进一步抓好任免工作的“三个环节”，严把干部任免关，在依法行使人事任免权方面进行了有益的探索，取得了明显的成效。

1、坚持“三条原则”。一是坚持党管干部的原则。党管干部是党对国家事务实行政治领导的重要内容，是维护和巩固执政党地位的组织保证。党委推荐干部与权力机关任免干部是同属于我国人事任免制度中不可缺少、相互依存、相互作用的重要环节，二者在利益、标准、原则等方面是一致的，因此，要充分尊重和相信旗委的推荐，积极贯彻旗委的意图，真正实现人民的意愿。二是坚持依法办事的原则。坚持依法办事和坚持党的领导是一致的。坚持依法办事是人大常委会行使任免权的一个重要特点，也是人大常委会任免合法有效的根本保证，是党的主张同人民利益和国家意志相统一的集中体现。本届人大之初，依据地方组织法的有关规定，再次修订了《察右中旗人民代表大会常务委员会人事任免工作办法》,进一步完善了人事任免工作的具体程序,使任免工作程序具体化、规范化,做到有章可循。三是坚持集体行使职权的原则。人大常委会在充分发扬民主的基础上,实行民主集中制的原则,集体行使职权,这就要求必须充分尊重常委会组成人员的意志,切实保障他们的民主权利。人大常委会行使任免权,就是通过法定的民主程序,选择人民满意的公仆。

2、抓好“三个环节”。一是任前知情。通过走访代表、召开座谈会、民意测验等方式对拟任人员的依法行政、公正司法和勤政廉政情况进行了解,努力做到任前知情,有效地把住人事任免入口关。二是任中知人。在人事任免过程中,除听取提请机关对拟任命干部情况介绍外,还要听取拟任命干部的供职发言、与组成人员见面、回答询问等方法,让拟任命干部的语言表达、思想观念、业务能力等有关素质有一个直观表现。常委会组成人员在听取其供职发言的基础上,综合其德、能、勤、绩、廉等各方面情况再投票表决。通过“公开亮相”,有利于增强常委会组成人员对拟任命干部的了解,克服以往常委会任免干部“只知其名,不识其人”的弊端,也增强被任免干部的民主意识、公仆意识和法律意识。三是任后知行。把任免权和监督权结合起来,建立健全任命后的述职、评议考核机制。人大常委会任命的政府组成人员和“两院”副职领导人员,每年年底要向人大常委会作述职报告。人大常委会还通过执法检查、视察、召开座谈会、问卷调查等形式,从不同侧面了解掌握选任干部的履职情况,建立健全履职档案,归集履职有关情况,为旗委考察干部提供依据,使任免权与监督权得到了有机的结合,增强任免工作的实效。

3、规范任免程序。一是提请任命的干部,相关部门提前报送提请任免报告和有关材料。二是召开人大党组会和主任会议,听取拟任命干部的情况介绍,按法律规定认真审查拟任人员资格。三是实行任前法律考试制度,增强拟任干部的法律意识和民主意识。四是在人大常委会上,拟任干部进行任职发言,从而了解任命干部的任职打算,廉洁承诺。五是综合拟任干部的德、能、勤、绩、廉各方面情况,实行无记名表决,按法定票数决定任命。六是每年有计划地安排任命干部述职,使被任命干部有勤奋工作、谨慎用权、执政为民的紧迫感。

作者简历:

乌宁吉雅,男,蒙古族,生于1958年3月,大学文化,1979年3月加入中国共产党,现任察右中旗人大常委会党组书记、常委会主任。工作简历:

1976年12月——1980年12月,在部队服役,历任军械员兼文书、班长、代理排长;

1981年1月——1991年2月,在察右中旗人民检察院工作,历任内勤、书记员、助理检察员、副检察长、检察委员会委员、检察员,院党组成员;

1991年3月——1992年11月,在察右中旗监察局任局长兼纠风办主任、旗政府党组成员;

1992年12月——1993年8月,在察右中旗物价工商技术监督局任局长、旗政府党组成员;

1993年8月——1994年12月,在察右中旗任旗委宣传部部长、旗政府党组成员;

1995年1月——1996年4月,在察右中旗任旗委常委、宣传部部长;

1996年5月——2003年11月,在察右中旗任旗委常委、政法委书记;

2003年11月——2007年11月,在察右中旗任旗委副书记、兼旗委党校校长;

2007年11月——至今,任察右中旗人大常委会党组书记、常委会主任。

乡镇人大存在问题及科学体系研究

山东省滕州市人大常委会委员、副秘书长、研究室主任　申长军

在国家政权体系中,乡镇政权是整个国家政权的基础。乡镇人大是我国人民代表大会金字塔的最基层,与广大人民群众朝夕相处,最了解最能反映民生民意,是党和政府联系人民群众最广泛、最深入、最畅通的渠道,起着上级人大不可替代的作用。如何以全新的思维理念和改革创新的精神,研究乡镇人大工作,建立科学的乡镇人大工作体系,是当前摆在人大工作者面前必须抓紧探讨而又需

要认真解决好的重大理论课题。

一、乡镇人大工作中存在的突出问题

近年来,各地乡镇人大工作虽然进行了一些创新,有了长足发展,但与《宪法》、《地方组织法》、《代表法》等法律法规的要求,与人民群众的期盼相比,还有很多不适应的地方,还存在一些不容忽视的问题。主要表现在六个方面。

一是人大干部配备不强问题。由于乡镇一级政府的领导成员都是有乡镇人民代表大会选出,因此,乡镇人大必然成为群众反映社情民意、人民行使当家作主权利的平台,只有大力加强广大人民群众对基层政权的信赖和拥护,整个国家政权才能得以巩固。由此看出,乡镇人大在乡级政权中处于核心地位。从滕州市配备人大干部情况看,与乡镇人大所处地位相去甚远,并有逐渐削弱势头。过去市里配备乡镇人大主席,大都从同级党委副书记中调配,配备人大副主席,大都从同级政府副镇长中调配。从现实情况看,滕州市 21 个镇街仅有 5 名人大主席为专职,16 个镇街都是由党委书记兼任,担任专职人大副主席、副主任的人选,大都来自镇街一般副科级干部,配备层次较低,在一定程度上降低和削弱了乡镇人大地位。

二是专职干部不专问题。《地方组织法》规定的"乡、民族乡、镇的人民代表大会主席、副主席不得担任国家行政机关的职务。"从实际情况看,各地人大干部虽然没有在政府任职,但很多专职人大主席、副主席却都参与了所在乡镇政府所谓的分工,有的分管工业、农业,有的分管文教卫生、计划生育,他们的大部分时间精力放在了党委政府的中心工作上,很少有时间、有精力从事自己的工作,"种了别人的地,荒了自己的田"的现象十分普遍。

三是人员配备不足问题。这是一个普遍存在的问题。目前,各地乡镇人大主席大部分由乡镇党委书记兼任,再配备一名专职副主席,很少设专职主席,更不可能设两名专职副主席。《地方组织法》第十四条明确规定,"乡、民族乡、镇的人民代表大会设主席,并可以设副主席一至二人"。实际情况是,设了专职主席的,不再设专职副主席,党委书记一肩挑的,仅设一名专职副主席,与法律规定相违背。同时,乡镇人大也没有按法律要求配备专职秘书等工作人员,即使配了兼职秘书,也是临时借调,作用发挥不好。人员配备不足问题已严重影响了乡镇人大工作的正常开展。

四是人代会时间过短问题。关于各级人代会会议时间长短问题,法律没有明确规定。但是,近几年,各地乡镇人代会时间普遍压缩,一般安排一天甚至半天时间。乡镇人大代表来自最基层,参加每年一次的人代会,是他们知情知政、履行职责、行使职权的一条重要渠道,如果乡镇平时开展代表活动不经常的话,那只能是唯一一条渠道了。会议时间过短,直接导致会议质量的下降,代表们只是按照法定的程序一项一项走下来,没有时间去思考、审议各项报告,表达不了自己的真实意愿,成了走形式、过程序的人代会。

五是代表作用发挥不到位问题。一些农村人大代表履职意识淡薄,将自己等同于一般群众。农村人大代表来源于群众,根植于群众,原本就是人民群众中的一分子,这本无可厚非,也为他们听取群众意见、反映人民呼声提供了便利条件。人大代表毕竟不是一般群众,相对于一般群众而言多了一份代表的责任。但不少人大代表却缺乏这种责任意识,表现在:第一,思想上荣誉感超过责任感。在现今"组织推荐、群众选举"的模式下,一些人当选人大代表更多的感觉是一种荣誉,一种称号,一种奖赏,对人大代表应有的责任和义务却知之甚少,更谈不上认真去履行。第二,提出的议案建议数量少、质量差。一些人大代表一届下来,一件议案都未提,一条建议都未写,参加人代会审议时,不知说什么,不知怎么说,充当无言代表。第三,联系选民不经常。农村人大代表或耕作于农田,或耕耘于果园,或忙碌于自己的企业生产、商店经营,整日疲惫不堪,难以挤出时间联系选民。第四,履行职务时存有顾虑。人大代表生活在最基层,见不多,识不广,对政策、法律知识了解少,怕说多了,说错了,说重了,说偏了,领导有意见,群众不高兴,不敢大胆履行代表职权。

六是人大活动经费短缺问题。《地方组织法》第 36 条和《代表法》第 32 条、33 条,都对代表执行职务的待遇和代表活动经费等作了明确具体的规定,然而,事实上绝大部分乡镇对代表活动经费,并没有列入本级财政预算,而是采取所谓"申报制"或"实报制",即人大向政府申报代表活动经费,待政府同意后方可开展代表活动并报销活动费用,或者人人在开展代表活动后找政府"埋单",这既倒置了乡镇人大与政府的关系,又有悖于法律法规的有关规定。至于来自最基层无固定工资收入的代表因执行代表职务拿点补贴更是瘳廖无几,在有些乡镇根本不提这件事,在一定程度上挫伤了基层代表依法履职的积极性。

二、建立乡镇人大工作科学体系的设想

建立乡镇人大工作科学体系，要以党的十七大“发展基层民主，保障人民享有更多更切实的民主权利”精神为指导，以激活乡镇人大工作为主线，在创新和构建人大干部工作机制、人大监督工作机制、人大代表履职机制、人大工作保障机制科学体系上实现新突破，取得新发展。

（一）人大干部工作机制

关于人大主席问题，《地方组织法》规定，乡镇人大主席在本级人大闭会期间负责联系本级人大代表，组织开展代表活动，并反映代表和群众对本级人民政府工作的建议、批评和意见。从法律层面讲，乡镇人大主席在人大工作中起着举足轻重的作用。针对各地普遍存在的人大主席“进得来、出不去”、“船到码头车到站”的思想，必须加大乡镇人大主席选拔配备改革力度，实现乡镇人大主席的年轻化，在青年公务员中，像选拔党政领导人那样，培养选拔一批有创新思维和开拓精神，工作能力强、办事效率高的人大主席，并努力创造条件，让一批有突出实绩的人大主席走上党政“一把手”的岗位，彻底变过去那种人大主席由“官员到议员”为从“议员到官员”，使乡镇人大工作迈上务实、高效的轨道。

乡镇人大主席要增强法律意识，认真学习和掌握与人大工作有关的法律法规，做到学以致用，言及必法，行必依法。要增强为民意识，关心群众疾苦，敢于为民代言，善于为民谋利。要增强职责意识，既要种别人的地，又不能荒了自已的田，要把主要精力和时间放在人大工作上，把人大工作和其他工作有机结合。同时，还要做到“三勤”。一是勤动脑。乡镇人大工作的特点之一就是它具有独立性。一般情况下，上级人大对它是业务指导和工作关系，很少布置任务，统一组织活动。人大主席应在相对独立的工作面前不等不靠，勤动脑筋，多考虑问题，从有利于本乡镇发展的大局出发，每年都要抓住几件有影响的大事，一抓到底，抓出成效。二是勤动腿。乡镇人大主席要拿出相当多的时间和精力，深入实地调查研究，密切联系人大代表和群众，听取群众的意见、建议。三是勤动手。乡镇人大的各项制度虽日趋完善，但在工作方法和工作程序上还不甚完备，这就要求乡镇人大主席不但要深入细致的工作，还要在不断学习掌握一定理论的基础上，善于总结工作中的正反两方面经验教训，从而达到全面提高、促进工作的目的。

关于人大工作人员问题。由于乡镇年纪轻、素质高的公务员相对较少，目前从事人大工作的专职干部不多，大部分由其他部门的同志兼任乡镇人大办公室主任，在一定程度上分散了人大工作的精力。因此，应把人员配备放在重要位置，抓紧培养选拔一批基层人大工作人员，落实好乡镇人大干部政治待遇，乡镇人大干部在阅读文件、岗位交流、提拔任用以及工作、生活安排等方面，要与党政干部同等对待。从实际需要考虑，乡镇人大一般应配备2－3名专职工作人员。其中：人大办公室主任的配备，市人大常委会可会同市委组织部门到各乡镇精心挑选，由乡镇党委上报市人大常委会党组研究，然后报市委组织部门考核任命。

（二）人大监督工作机制

监督权是宪法和法律赋予乡镇人大的一项重要职权。回顾1980年我国恢复乡镇人大以来走过的历程，虽然在依法行使监督权方面有了较大进展，但仍存在着监督缺失、监督不力的问题。2007年1月1日起实施的监督法，没有对乡镇人大监督工作进行明确规定，而乡镇人大监督工作又是乡镇人大的一项重要职责。在监督法的规范指导下，依法履行监督职责，进一步提高监督工作水平和实效，乡镇人大责无旁贷，义不容辞。

一是明确监督重点。乡镇人大监督主要是工作监督。乡镇工作千头万绪，只有抓住重点工作进行监督，才能充分发挥人大监督作用，提高监督效果。要围绕乡镇经济和社会发展中的重大问题，如乡镇建设规划、财政预算、民生工作等进行监督，在反复征求群众和代表意见的基础上，提出意见和建议，以保证乡镇所制订的规划科学、预算合理、计划周密。要围绕关系农民切实利益的问题，如种粮直补、两免一补、退耕还林、土地调整等进行监督，保证各项工作的公正公平，让农民切实从党和政府的惠民政策中得到实惠，把好事办好，实事办实。要围绕乡镇重点工作，如计划生育、社会治安综合治理等进行监督，防止和纠正工作中违反法律法规的问题。

开好乡镇人代会，是人大监督工作的重要内容，要改变过去人代会时间过短的问题。乡镇人民代表大会第一次会议不得少于两天，每年例会时间不少于一天，各项议程必须保证依法圆满完成。

二是重视监督过程。雨后送伞不如未雨绸缪。乡镇人大监督工作要与乡镇中心工作同步进行，重点做好事前监督和过程监督，重点工作提前介入，参与其中。如在乡镇发展规划的制订、上级惠民政策的落实等重要工作和敏感问题上，在实施前把国家的方针政策、法律法规宣传到位，在制订实施方案时指导到位，及时发现工作中的偏差，争取工作的主动，以免放马后炮。

三是讲究监督方法。在乡镇人大监督过程中，要紧紧依靠乡镇党委，把坚持党的领导、充分发扬民主和严格依法办事有机结合起来，既通过人大监督来纠正工作中的失误和偏差，又要真心实意地帮助党委、政府解决工作中的难题，做到在监督中体现支持，在支持中进行监督。

四是完善监督程序。程序性强是人大工作的重要特征，而监督程序的规范运作，不仅保证了人大监督权的合法性和权威性，更能推进监督权落到实处。乡镇人大要克服重视监督工作开展、轻视监督程序运作的现象，根据不同的监督形式，完善相应的监督程序，从而进一步提高监督工作实效。要积极探索并实行向乡镇人民政府或相关部门提交工作评议意见书、执法检查整改意见书、视察情况建议书等程序，并跟踪监督整改情况，切实保证监督权真正落到实处，监督工作取得实效。

（三）人大代表履职机制

人大代表是人民民主选举产生的，是法定的职务，肩负着人民的重托，承担着依法管理国家的重任。因此，作为人大代表必须从讲政治的高度，深刻领会我国人民代表大会和人民代表大会制度的内涵，坚定理想信念。必须从履行职责的角度出发，把代表职务作为一项工作、一种职责、一份崇高的事业；必须从人民利益高于一切的角度出发，听民声，述民意，集民志，以坚定的意志，不懈的努力，有效的工作，全方位、多角度践行代表职务。人大代表履行职责应用实际效果来衡量，以人民是否满意为标准，主要应体现在服务经济发展、促进社会和谐进步上，反映为民代言、破解难点问题上，集中联系群众、化解社会矛盾上。

为切实改变乡镇人大多年来存在的“一年一次人代会，会后工作无所谓”的现象，要着力疏通三条渠道。一是选民监督代表渠道。乡镇人大应建立代表实绩档案，组织代表向选民述职，自觉接受选民评议。代表参加会议活动及履行职责情况，都由代表小组长及时记录在案，一月一总结，作为评先树优的重要依据。二是知情知政渠道。乡镇人大要建立和完善联系代表制度、代表小组活动制度，始终与代表保持密切的联系，传递信息，除每年一度的人代会外，乡镇人大每季度要召开一次情况通报会，及时将党委、政府近期开展的重点工作，当前社会关注的焦点问题通报给人大代表，为他们有针对性地开展监督工作创造条件。三是建议办理渠道。为确保议案、建议的办理质量和办结率，乡镇人大应制订一套较为规范的办理规程，每次人代会一结束，乡镇人大就着手对代表议案建议、批评和意见进行分类，研究制订详细的办理方案，并通过乡镇人大、政府联合召开的交办会议，明确承办、协办单位，明确办理时限和责任，确保事事有着落，件件有结果。四是宣传报道渠道。加强对人大代表活动的宣传报道，对代表个人是一种激励，有利于提升对人大代表的地位、作用的认识，优化代表执行职务的外部环境。

代表履行职务要体现制度运作的成效。如代表议案、建议办理如何，代表小组的视察、检查建议落实的如何，代表接访提出的处理意见落实的如何。通过实践检验，可以看出我们设计的制度合不合理，制度是否能有效的解决问题，制度的运作、组织安排是否恰当，从而保证制度的科学化、规范化。

（四）人大工作保障机制

乡镇人大工作要想取得好的成效，迫切需要党委、政府及社会各方面的重视和支持，必须用改革创新的思路，做到党委重视支持到位，活动经费保障到位，学习培训指导到位，考核检查监督到位。

一是党委重视支持到位。人大工作是党的工作的重要组成部分。市委要在乡镇党建工作目标管理考核中增加“乡镇人大工作”的内容。乡镇党委应坚持每月听取一次人大工作情况汇报，及时研究解决人大工作中遇到的困难和问题，凡是有关重大决策和应有人大会议讨论、决定的事项，要及时提交讨论、决定。对人大提出的建议、意见，党委要给予高度重视，并作为决策时的重要参考。乡镇党委要积极支持人大探索创新行使法定职权的新形式、新措施、新途径，切实增强工作实效。

二是活动经费保障到位。代表活动经费是开展代表活动、发挥代表作用的基础。乡镇政府要将乡镇人大代表活动经费，按照法律规定，列入本级财政预算，并确定每年每人的最低限度，保证落实。对无固定收入的人大代表参加代表活动的，应及时发放符合其劳动报酬的误工补贴，确保其正当履行代表职责。对人代会、执法检查、工作视察、评议、调研所需经费，要固定下来，并随着财政的增长逐年增加。乡镇政府要积极支持人大改善办公条件,配备现代化办公设备,如购置电脑,安装空调等。

三是学习培训指导到位。对农村人大代表的学习培训和履职指导非常必要,更加紧迫。在学习培训上,可结合乡镇人大工作特点和实际情况,以及面临的新情况、新问题,采取专业培训、以会代训、经验交流、外出学习考察等多种形式,对乡镇人大工作人员进行思想、业务培训。应邀请乡镇人大专职主席、副主席列席市人大常委会会议,参加市人大常委会组织的代表视察、检查、调研等活动,帮助乡镇人大了解掌握人大工作的基本规律、原则方法和工作程序。

在工作指导上,要实行市人大常委会联系乡镇人大制度,常委会主任、副主任、委员分工分片指导乡镇人大工作,及时对乡镇人大召开会议、视察检查等活动给予必要的指导。常委会组成人员要主动参加乡镇人大代表小组的活动,与代表们一起学习,听取代表的意见、建议,了解群众关心的热点和难点问题,以及代表议案、建议办理落实情况。

四是考核检查监督到位。对乡镇人大工作的考核检查,要坚持贴近实际、科学规范、便于操作的原则,制定乡镇人大工作考核办法,要把乡镇人大工作细化为人大日常工作、监督工作、代表工作、宣传工作、自身建设等方面,实行百分制考核,每个项目分别对应相关的业务,每项具体工作对应一定的分数。同时,对乡镇人大宣传工作超额完成、代表工作取得市级以上表彰的实行加分奖励。考核由市人大常委会在乡镇人大自查的基础上,组织考核组采取看现场、听汇报、查资料的办法进行,全面了解乡镇人大一年来的工作情况,然后对照考评办法,逐项进行打分考评,对工作突出、成效明显的乡镇人大予以表彰奖励。

浅谈新形势下如何进一步坚持和完善人民代表大会制度

黑龙江省尚志市人大常委会主任　吴桂芳

人民代表大会制度是我国人民民主专政政权的组织形式,是我国的根本政治制度,是国家的政体。国家一切权力属于人民,人民通过全国人民代表大会和地方各级人民代表大会行使国家权力,这是中国人民在中国共产党领导下长期奋斗的成果,是历史的选择。实践充分证明,人大制度是适合我国国情、具有中国特色的根本政治制度,有利于人民行使管理国家的权力,有利于国家机构高效运转,有利于保证党对国家事务的领导。因此,我们必须始终不渝地坚持人大制度。但同时也应看到,随着社会主义市场经济体制的初步建立和逐步完善,随着社会主义民主法制进程的不断加快,人们对人大制度也提出了新的更高的要求。因此,进一步完善这一制度,是我们发展社会主义民主政治、建设社会主义政治文明的根本保证。

一、党的领导是坚持和完善人民代表大会制度的根本

在我国,中国共产党是执政党,党是领导一切的。坚持和完善人民代表大会制度必须加强党在各方面的领导。

1、要加强对人大的组织领导。特别要加强对人大常委会党组的领导,使人大及其常委会的各项工作严格置于党的领导之下。在人大监督工作中保证坚决贯彻执行党的路线、方针和政策,主动围绕党的中心任务开展监督工作,始终以促进改革、发展、稳定为已任,忠实地维护和代表人民群众的根本利益。坚持党的领导,是中国特色政治体制的一大优势,是人大监督工作沿着正确方向健康发展的根本保障。地方党委要按照"总揽全局、协调各方"的原则,协调好各部门之间的关系,支持人大依法履行权力机关的监督职能;党的各级组织和全体党员都要模范遵守和执行法律,严格依法办事,支持人大依法开展监督工作。把党的思想领导、政治领导和组织领导贯穿于人民代表大会制度建设的始终,使人民代表大会制度永远沿着党指引的航向前进。

2、要健全科学的领导方式。党对人大实行政治领导的主要方式是:使党的主张经过法定程序变成国家意志,通过党组织的活动和党员的模范作用带动广大人民群众贯彻党的路线、方针、政策。我市人大结合当前深入学习实践科学发展观活动这一主题,坚持以人为本这一核心,进一步探索党对人大实行科学领导的方式，加强和改善了党的领导。科学规范了党同人大、政府之间的关系，形成党委统一领导、人大依法监督、政府依法行政的科学化、规范化、制度化的执政机制。

3、要建立健全请示报告制度。人大及其常委会要在监督工作中自觉接受党的领导，主动争取党的领导。要建立健全向党委汇报请示、重要事项报告、加强协调沟通制度，争取党委重视和支持，使党的领导贯穿于监督工作的始终。党委要把人大工作放到重要的议事日程，定期听取人大党组每月一次关于重大事项、常委会会议审议情况的汇报，共同讨论、积极研究人大工作，并及时解决人大建设和工作中遇到的问题。人大要主动了解党委的决策，并以此为中心，积极谋划人大工作如何为之服务，为之提供保障。人大作出重要决策，都要及时向党委请示报告，征得党委同意。

二、提高代表和常委会组成人员的素质是坚持和完善人民代表大会制度的关键

人大代表是人民代表大会的主体，密切联系代表，保障代表权利，发挥代表作用，是坚持和完善人民代表大会制度的客观需要，更是贯彻“三个代表”重要思想的必然要求。代表必须有较高的素质，才能行使好代表权利，发挥好代表作用。提高人大代表和常委会组成人员素质是加强人民代表大会制度建设的关键。提高人大代表和常委会组成人员的素质必须采取多种渠道。

1、要选整体素质高的人作人大代表。要逐步完善人大代表的产生方式，尽可能地使政治上坚持四项基本原则、具有较强的参政意识和议政能力的人进入国家权力机关，并多方搭建代表参政议政的平台，积极邀请有专业知识的代表参加人大常委会的视察、检查、调研等活动，提高参政议政的能力和水平，从根本上保证人大代表有较高的素质。要逐步实现常委会组成人员的年轻化、知识化、专业化，有进有出，能上能下。要搞好与党委、政府和“两院”的干部交流。

2、要加强对人大代表的培训。这是提高代表素质的又一个重要方面。我市人大常委会2008年举办了百余人参加的代表骨干培训班，专题辅导了《监督法》、《劳动合同法》、《环保法》、《水污染防治法》以及相关的业务知识，极大地鼓舞了代表的学习热情。培训进一步拓展了市乡人大新的工作方法和途径，提高代表履职行权的能力水平。人大代表只有随着形势的发展采取多种形式，不断提高自身的素质，才能完成人民的重托，更好地履行自己的职责。

3、要加强与人大代表的联系。健全联系代表制度，通过多种形式，认真收集代表对一府两院和各方面工作的建议、意见、批评，按照“提高认识、严格责任、突出重点、认真答复”的要求，认真办理代表建议、意见，我市人大常委会采取集体深入17个乡镇开展调研、座谈、与选区选民见面、广泛征求代表意见等多种形式加强与代表的联系，提高了代表的素质。我市人大常委会2008年6月份组织省、哈市和尚志市三级部分代表对全市水资源保护、水质水量的提高进展工作进行了视察，11月份组织部分代表开展市场街整治工作情况的视察，为代表执行职务创造条件，充分发挥代表在参加管理国家事务中的作用，提高了参政议政的能力和水平。

三、加强法律制度建设是坚持和完善人民代表大会制度的保障

人民代表大会是国家的权力机关，所行使的权力是依法在法律规定下进行的，其实质就是执法。要保障人民代表大会行使权力，就必须加强法律制度建设。

1、加强法律监督的制度建设，促进法律法规的正确贯彻实施。几年来，结合我市实际，以推进依法治市为目标，以促进一府两院依法行政、公正司法，重视维护人民群众的合法权益，重视执法中的薄弱环节和执法不公问题，重视督促解决社会普遍关注的民生问题，制定了执法检查制度。有计划、有针对性地开展了对行政许可法、环境保护法、食品卫生法、义务教育法、治安管理处罚法、劳动合同法和药品管理法等10多部法律法规的贯彻实施情况进行执法检查，并配合省、市人大常委会开展了法律法规的执法检查活动。在各项执法检查中，在充分肯定一府两院在贯彻实施相关法律法规中取得的成绩的同时，准确地指出了执法中存在问题，及时提出了具体的意见和建议，一府两院认真研究，积极整改，从而解决了一些执法中存在的突出问题，推动了一府两院不断提高依法行政和公正执法水平，保证了法律法规的正确实施。

2、加强人事制度建设，强化任免的依法性。市人大常委会始终坚持党管干部原则与依法行使人事任免相结合，充分发扬民主，严格依法办事。坚持对拟提请任命人员进行任前法律专业知识考试，进一步规范任免程序。一年来，共任命市政府组成人员5名，免职4名；任命法职人员43名，免职27

名。

3、加强人大机关自身的制度建设，全面做好人大工作。我们人大常委会把围绕党的中心、服务全市大局、依法维护人民群众的合法权益作为出发点和落脚点，把“继承发展，和谐有为”作为行为准则和工作目标，在提高整体素质提升工作水平上不断努力和创新。要制定制度强化理论学习，努力加强思想建设。紧密联系我市改革开放和现代化建设的实际，联系我市民主法制建设和人大工作的实际，坚持学习邓小平理论和“三个代表”重要思想，学习党的十六大、十七大精神，学习《宪法》、《监督法》等法律法规，并且扎实开展保持共产党员先进性教育活动，科学发展观等教育活动。根据新形势人大工作的需要，为在机关内形成浓厚的学习氛围，制定了机关副科级以上干部轮流讲课制度。10月末，人大机关15名副科级以上干部的讲课全部结束。常委会主任、副主任还深入部门、乡镇进行讲课培训，真正达到了学习交流、共同提高的目的和效果。通过多种形式的学习、交流，常委会组成人员和机关工作人员的理论素养、议事能力有了很大的提高，为履行好宪法赋予的职权奠定了坚实的思想基础。我们在实践中不断探索，力求使人大监督工作有章可循，在全面梳理、修订原有的规则、办法、规定的基础上，制定和完善了《讨论决定重大事项办法》、《任免国家机关工作人员办法》等多项工作制度，从而使常委会及其机关的工作进一步走上制度化、规范化轨道

4、加强人大机关和人大代表树立全心全意为人民服务的法制观念，逐步完善制度建设。一是加强信访工作制度建设，促进社会和谐稳定。社会和谐稳定是全党工作大局，是压倒一切的首要任务。2008年共受理群众来信来访100余件150多人次，通过召开协调会，督办会等形式，全部转交“一府两院”办理，使一些久拖不决的案件得到处理，维护了人民群众的合法权益，维护了社会的和谐稳定。我们紧紧围绕改革发展稳定的突出问题，人民群众最关心、最直接、最现实的利益问题作为工作重点，先后组织召开了7次常委会议；听取和审议一府两院专项工作报告9次；作出决议、决定5项；开展“三查（察）”活动11次；形成审议意见9件，37条。深入基层，深入群众，加强调查研究，及时发现新情况，研究新问题，倾听群众的呼声，反映群众的意见。常委会在履行各项职权过程中，体现人民的意愿和要求，代表和维护人民的根本利益。常委会组成人员和代表要不断加强党风廉政建设，始终保持清正廉洁，坚决反对腐败。

完善人民代表大会制度任重而道远。但我们有党的坚强领导，有高素质的人大代表，有各种制度作保障，有人大制度建立以来特别是20多年来积累的宝贵经验，有全党和人大常委会的共同努力，人大制度建设一定会取得丰硕的成果。

学习贯彻十七大精神　努力开创人大工作新局面

重庆市荣昌县人大常委会主任　程福财

党的十七大报告是我们党团结带领全国各族人民坚定不移走中国特色社会主义道路、在新的历史起点上继续发展中国特色社会主义的政治宣言和行动纲领。我们要结合人大工作实际，认真学习贯彻十七大精神，以十七大精神为指针，把思想和行动统一到十七大精神上来，努力开创人大工作的新局面。

一、学习贯彻十七大精神，进一步认识人大工作在社会主义政治文明建设中的重要性

十七大报告明确指出：“要坚持中国特色社会主义政治发展道路，坚持党的领导、人民当家作主、依法治国有机统一，坚持和完善人民代表大会制度、中国共产党领导的多党合作和政治协商制度、民族区域自治制度以及基层群众自治制度，不断推进社会主义政治制度自我完善和发展，发展社会主义政治文明。”人民代表大会制度是我国的根本政治制度，是党领导的人民民主制度，是中国特色社会主义道路的内在要求和重要组成部分。人民代表大会在社会主义物质文明、政治文明、精神文明、生态文明与和谐社会建设的协调发展中发挥着积极的、巨大的作用，不断推动着中国社会主义民主政治建设的步伐。我们一定要充分认识人民代表

大会制度在国家社会政治生活中的重要地位和作用，把坚持党的领导、人民当家作主、依法治国有机统一，把人民代表大会制度坚持好、完善好。

二、学习贯彻十七大精神，进一步坚定正确的政治方向、自觉接受党的领导

中国共产党是我们国家的执政党，是领导中国特色社会主义事业的核心力量。坚持和依靠党的领导是做好人大工作的基本原则和政治保证。我们要充分认识到法律法规是党的方针政策的法制化，是把党的主张变为国家意志的具体体现，坚持党的领导必须严格依法办事，依法办事必须充分体现党的意志。我们要更加自觉地把人大工作置于党委的领导之下，通过积极主动工作，使党委的主张经过法定程序成为国家意志、人民意愿，使党组织推荐的人选经过法定程序成为国家机关的领导人员，确保党委意图得到实现。与此同时，人大及其常委会的重大工作安排、重大活动开展，都要及时向党委请示报告，征得同意后按法定程序进行。我们要把坚持党的领导贯穿于人大工作全过程，进一步增强走中国特色社会主义政治发展道路的自觉性和坚定性，使人大工作更好地服从和服务于党的工作大局，始终沿着正确的方向发展。

三、学习贯彻十七大精神，进一步掌管好人民赋予的权力、履行好人大的神圣职责

“民生”是十七大报告中的高频词。这彰显了我党立党为公、执政为民的崇高理念，也是党中央求真务实，切实为人民群众谋利益的最直接、最生动的体现。作为代表人民行使当家作主的最高权力机关，人大及其常委会在协调各项事业的全面发展上，特别是解决“民生”问题上更有义不容辞的责任。我们一定要掌管好人民赋予的权力、履行好人大的神圣职责。在监督工作上，要把监督的重点放在优先发展教育、积极扩大就业、增加居民收入、建立社保体系和医疗卫生体系等事关民生的社会问题上，放在人民群众最关心、最直接、最现实的利益问题上。在决定重大事项上，要遵循法定性、全局性、民主性、可行性、权威性的原则，在十七大提出的事关经济社会又好又快发展的重大问题上依法行使职权。在人事任免和干部监督方面，要坚持党管干部原则，逐步探索对干部实施有效监督的方式，保证人民赋予的权力始终用来为人民谋利益。

四、学习贯彻好十七大精神，进一步围绕县委中心工作、服务全县经济社会发展大局

当前，是我县实现“跨越升位、提速发展”的目标和统筹城乡发展工作的关键时期，我们要紧紧围绕县委中心工作，坚持科学发展观，服务于全县经济社会发展大局，充分发挥人大在全县经济社会发展中的重要作用。一是要充分发挥人大专题调研的作用。围绕经济建设、政治体制建设、文化建设、社会建设等各项事业的协调可持续发展，积极开展专题调研，为全县经济社会发展献计献策。二是要充分发挥人大代表的作用。通过代表作用的发挥，更好地反映最广大人民的根本利益和统筹兼顾各方面群众的具体利益，以此调动和激发全县广大人民群众的积极性和创造性，形成推动全县经济社会发展和维护社会稳定的强大力量。三是要充分发挥人大监督的作用。对于事关全县经济社会发展的重大事项、重点工程，要加强监督与视察，确保事项或工程的进度、质量与实效；同时，要把有力支持寓于依法监督当中，切实做到监督与支持的有机结合。

五、学习贯彻好十七大精神，进一步加强人大自身建设、打造高素质的干部队伍

随着经济社会的发展、政治制度的完善，社会的民主度、开放度也将越来越高，人大及其常委会担负的任务和责任也将越来越重。这就要求我们必须进一步加强人大自身建设、打造高素质的干部队伍。一是要加强学习。当前，我们最重要的学习任务就是要认真学习好十七大报告、全面把握好十七大报告的科学内涵、深刻领会到十七大的精神实质，结合人大工作实际，研学有关法律法规，坚持学以致用、学用结合，不断提高干部队伍的理论水平和业务能力。二是要加强“三化”建设。人大的制度化、法制化、规范化建设，是人大自身建设永恒的主题。加强“三化”建设，就是要建章立制、依法行使、保障落实。三是要加强工作机制的创新。探索建立符合新形势工作需要的工作机制，形成职责明确、分工负责、规范有序、务实高效的运行机制，提高工作质量和效率。四是要加强干部队伍建设。人大干部要树立起密切联系群众的观念和作风，坚持实事求是、求真务实，不断提高自身的履职能力和水平，树立起人大干部的良好形象。同时，要加强对干部的锻炼、培养与交流，使人大干部队伍始终保持积极向上、蓬勃有力的状态。

关于人大代表工作的调查与思考

陕西省安塞县人大常委会主任　柴占礼

人大代表是人民代表大会的主体,是人大工作的基础,是党和政府联系人民群众的桥梁和纽带。加强人大代表工作,提高人大代表履职水平,充分发挥人大代表在推动科学发展、建设美好安塞中的作用,是县人大常委会的重要职责,也是做好新形势下人大工作的重要任务。基于这一认识,结合学习实践科学发展观活动的深入开展,我与办公室和人事代表工作委员会的同志一块到乡镇村组和县乡机关单位、走访代表、查阅资料、召开座谈会,就如何更好地发挥人大代表作用,进一步加强代表工作进行调研,现就调研情况和我的初步想法整理如下:

一、工作现状

近年来,我县人大及其常委会在县委的领导和上级人大常委会的指导下,进一步解放思想,与时俱进,不断研究人大代表工作的新情况、新问题。积极探索搞好人大代表工作的新途径、代表工作取得了明显成效。

(一)定制度,建小组,规范代表履职行为。县人大常委会十分注重规范代表履职行为,制定了《县人大常委会组成人员联系人民代表办法》,实行县人大常委会主任和副主任包片、委员包乡联系代表制度,从便于开展活动出发,将全县147名县人大代表编为14个代表小组。明确了包联代表的工作任务和代表小组的活动方式,使代表工作有章可循,代表活动规范有序。

(二)抓培训,重实效,提高代表理论素质。我县人大代表理论水平普遍较低,学习培训是提高代表理论水平的重要途径。县人大常委会先后就宪法、宪政理念、地方组织法、代表法、选举法,以及县人大常委会出台的各项规则、制度、办法等,采取换届时集中培训,闭会期间以会代训、以工代训的形式,对县人大代表进行过多次培训,起到了积极的作用。同时,鼓励人大代表向《中国人大》、《法制与社会》、《民声报》等新闻媒体踊跃投送稿件,以此来提高代表理论水平和综合素质。据不完全统计,县十五届人大以来,县人大代表向媒体投送稿件10余篇,有的被评为优秀稿件。

(三)压担子、严要求,提高代表议政水平。县人大常委会十分注重给代表压担子,对代表参加履职活动都有具体的安排,根据代表的不同情况分期分批地参加。各种调研视察、执法检查、行风评议活动,坚持邀请代表列席常委会会议和其他有关会议,为代表参政、议政、督政创造条件;在参加视察和执法检查前要求代表首先熟悉有关法规和视察检查对象的工作情况,认真做好准备工作。在视察检查中每个代表都必须记写视察检查笔记、研究1—2个问题。在座谈讨论审议评议中人人都要发言,并提前做好发言准备。改变了过去一些代表只参加活动不发言不议政不建言的现象。使代表议政的参与率和议政水平有新的提高。在认真做好县人大代表工作的同时,县人大常委会每年年底组织在塞中省市人大代表就全县经济社会发展中的重大事项进行一次集中视察调研活动,每年组织召开一次座谈会,广泛征求意见,凭借中省市代表视野开阔、理论政策水平高等优势带动和推动县级人大代表议政水平的提高。

(四)抓落实,重督办,提高议案办理质量。县人大常委会坚持把办理代表建议作为推动和保障科学发展的重要抓手,制定出台了《安塞县人大常委会关于人大代表建议、批评和意见办理办法》,严格规范了办理程序。提好议案是前提,县人大常委会组织代表认真学习审议确定议案建议的有关规定,选择那些群众反映强烈,在全县工作大局中具有重要影响,并在当前是可以做到或者通过努力可以做到事项确立议案和建议。从县十五届人大以来,共立议案建议77件,其中有重大影响的20件。落实责任是关键,每次人代会之后,都召开议案建议交办会,由县政府联系人大工作的领导主持,政府有关部门和乡政府负责同志参加,将议案建议办理责任落实到各部门、各乡镇。加强督办是保障。为了使议案建议在规定期限内按照标准要求认真办理,县人大常委会每年都通过召开议案建议督办座谈会、视察办理进展情况等形式,强化督办工作。讲求质量是核心。议案建议办理质量如何,关系到党和政府的形象与威信。县人大常委会能够认真听取县政府有关部门和乡镇办结情况汇报,对于办得好单位给以肯定和表扬,对于办理质量不高的单位给以批评，并限期补办有关事项。县十五届人大以来，共办结议案建议40件，取得了良好的社会效果，受到社会各界的好评和广大群众的肯定。

（五）重服务，树典型，激发代表履职热情。县人大常委会十分注重为代表开展工作创造条件、搞好服务。为每位代表订阅《法治与社会》、《民声报》、县人大常委会《会刊》和《工作简报》，为代表学习法规政策、知情知政提供服务。坚持实行代表参加活动用车制度，及时增加并发放误工补贴，并搞好各项服务工作。注重解决代表在生产生活中存在的困难和问题，在每届代表中选树若干名带头致富、为民办事的典型，为他们录制“代表风采”专题电视片，并在县有线电视台定期播放，在《安塞通讯》刊登先进事迹文章，宣传报道他们的先进事迹，充分展示代表风采，激发代表的履职热情。

二、存在问题及原因

县人大及其常委会在提高代表履职水平，充分发挥代表作用上做了大量富有成效的工作，取得了一定的成绩，但仍有诸多与科学发展观要求不相适应的情况和问题，影响代表工作的深入开展，影响代表作用的充分发挥。究其原因，既有代表自身素质的不足，也有机制制度上的缺陷，还有其它因素的制约。

（一）结构不尽合理。主要表现为：领导干部代表过多。全县现有147名县人大代表中，县乡级领导干部有80人，占代表总数的54.5%，领导干部代表过多，基层代表、群众代表偏少，不利于全面的反映基层和群众意见，不利于基层民主政治建设，不利于体现人民代表大会自身应有的特点。新经济组织代表偏少。县十六届人大代表中新经济组织代表仅有2人，从客观情况来看，我县非公有制经济比重较小，占全县经济总量的5.6%，而新经济组织代表人数仅占代表总数的1.36%。从经济发展趋势来讲，我县新经济组织将会有一个大的发展，应当增加这方面代表的数量，便于听取他们的意见，促进新经济组织和非公有经济的快速发展。文化程度偏低。县十六届人大代表中，初中以下文化程度51人，占代表总数的34.7%，高中及中专14人，占9.5%，大专以上82人，占55.8%。初中以下文化程度的代表大多数议政水平不高、参政议政能力较差、代表作用发挥不够。

（二）活动不够经常。县人大常委会在组织视察调研、执法检查、专项工作评议等活动中，抽调代表没有照顾到每位代表在任期内均等参加活动，往往是有专业特长、素质较高的代表反复抽调；没有明显专业特长文化程度较低的代表抽调少，有的甚至没有机会。我们虽然制定了联系代表和代表小组开展活动制度，但因抓落实力度不够，导致代表小组活动不经常。代表对人大代表履职要求、职责任务和肩负使命认识不足，导致履行职责的积极性不高。在代表中多数为兼职代表，流动性大，在组织代表活动时往往空缺较多。

（三）履职不很到位。一些代表履职意识不强，认为人民代表就是行使一下选举权，画画圈，举举手就可以了，对于代表的其它职责不太清楚，认识上的不清楚必然导致履职上的不到位。由于代表多为兼职，用时才抽，抽来即用，往往出现情况掌握不够全面透彻，问题找得不够确切具体，建议提得不够切实可行。因而视察检查活动难以圆满实现工作目标。有的视察检查活动准备不足，安排得时间紧张，工作不够深入，走马观花，粗枝大叶致使代表履职不到位。调查研究风气不浓，代表议政能力不强也是代表履职不到位的重要原因。代表议案建议提得多，有关方面落实得不够致使一些代表认为“提不提都一样”，挫伤了代表履职的积极性。

三、几点思考

我县今后人大代表工作，要紧紧围绕“弘扬延安精神、推动科学发展、建设美好安塞”主题，以“提高履职能力、保障科学发展”为重点，不断解放思想，积极探索进取，全面发挥人大代表在推动科学发展中的积极作用。

（一）优化代表结构。在安排代表人选时要兼顾代表的广泛性和先进性。一方面要充分考虑人大代表的代表性，科学界定代表的界别，力求做到职业结构多样化、知识结构合理化、党派结构多元化、年龄结构阶梯化，以保证各方面的利益和诉求通过人大代表反映到决策机关。另一方面，要高度重视代表的先进性，不能降低代表的标准，把好政治素质关、参政议政能力关。今后人大换届选举中，要增加基层代表、群众代表、新经济组织代表的人数，避免领导干部、企业经营者占用工人、农民代表名额现象发生。要适当增加有专业技能的代表比例，提高知识分子代表所占的比重，使代表在其熟悉的领域更好地参与对决策的监督。要适当安排一定比例的人大工作者代表，增加专职代表的数量。

（二）强化代表培训。新一届人大常委会要对本届代表培训工作进行统一规划，结合工作实际，制定目标任务、分步组织实施、确保落在实处。要加大培训力度，注重采取集中培训、专题培训、分批轮训等形式，强化培训工作、增强培训效果。与此同时，代表要根据自身条件、坚持学习人大工作理论，学习相关法律法规和方针政策，努力提高自身素质，以适应代表工作的需要。

（三）完善工作机制。完善代表工作机制制度是做好代表工作的重要保证。目前应当研究制定的工作制度有：工作通报制度。“一府两院”决定的重大事项和社会反响较大的问题，以及阶段工作情况，要适时向全体人大代表通报，为人大代表了解政情提供条件。通过规范的程序和形式，将工作情况寄发给代表，使其充分、及时地了解政情。建立人大代表出席重大事项听证会议制度。县政府及相关部门在作重大决定，召开听证会时，要邀请一定数量的人大代表出席会议，听取代表意见。建议建立人大代表约见政府有关部门领导制度，加强代表与政府有关部门的交流和沟通，增强工作的互动性。建立代表联系选民制度，明确规定联系选民的任务、方式和要求，逐步推行代表述职制度，增强代表履职责任感。完善代表视察和执法检查工作制度，完善工作程序、明确任务要求、细划工作责任，确保视察活动和执法检查达到预期的目标。要加大监督力度，确保各项制度落在实处。

总之，人大代表是推动科学发展、建设美好安塞的骨干力量，县乡领导机关和社会各个方面都要大力支持人大代表履行自己的职责。每位人大代表都应解放思想、与时俱进、敢于负责、认真履职，使每名代表成为群众诉求传达人，好计良策收集人，发展产业带头人，群众权益维护人，在建设开放、富裕、文明、和谐新安塞的进程中做出新的贡献。

认真履行代表职责　努力做好本职工作

河北省石家庄市商业银行董事长、党委书记　乔志强

2008年1月24日，我被当选为石家庄市人大代表以来，在石家庄市人大常委会的正确领导下，在桥东区人大常委会的监督下，我坚持以邓小平理论、“三个代表”、十七大和十七届三中全会重要思想和文献为指导，紧紧围绕市委、市政府确定的各项工作任务和目标，认真履行代表职责，充分发挥代表作用，自觉遵守代表纪律，积极代民谏言献策，尽职尽责地发挥了人大代表的作用，为石家庄市的经济发展、社会进步和政治稳定做出了自己应尽的贡献。

一、注重学习，提高代表素质

为提高人大工作专业知识水平，我认真学习了有关法律、法规和政策，并在实际工作中加以贯彻落实，努力增强开展人大工作、履行代表职责的本领。一是系统学习了宪法、代表法等国家法律法规，认真学习了“三个代表”重要思想和党的十七大、十七届三中全会精神，并深入研读《中国人民代表大会制度》、《人民代表大会制度的理论和实践》等书籍。通过学习，树立了正确的权力观和义务观，较好地增强了自身的政治意识、大局意识、人大意识、代表意识和责任意识，为依法履行职责奠定了理论和思想基础。二是持续学习社会主义市场经济知识和现代金融知识，丰富知识面，提高观察问题、分析问题和解决问题的能力，以适应现代经济社会和银行业日新月异发展的需要，确保所提的各项建议达到站位高、观点明、内容实的要求，为更好履行代表职责打下坚实的基础。三是努力实践邓小平理论和“三个代表”重要思想，贯彻执行党的路线、方针、政策和市委、市政府的指示精神，贯彻执行宪法、法律、法规和市人大及其常委会的决议、决定，贯彻落实科学发展观和构建和谐社会的战略思想，并不断探索实践履职的新经验、新方法，以实际行动发挥人大代表密切联系人民群众的桥梁和纽带作用，为石家庄市发展做出了积极的努力。

二、履行职责，发挥代表作用

始终牢记人大代表这个身份，积极参加代表活动，依法行使代表的职权，履行代表的义务，当好人民的代言人，体现好人民的意志。

1、立足代表本职，参与事务管理。在市人民代表大会会议召开期间，会前参与修改政府工作报告，会上认真听取各项报告，并在审议大会报告过

程中，站在全市和维护群众利益的高度，踊跃发言，陈述观点；作为市人大财经委委员，能够积极参加财经发言，为全市各项工作充分体现出“想民、为民、利民”的宗旨发挥自己的作用。

2、履行代表职责，参加各项代表活动。积极参加市、区人大常委会组织的视察、调研和代表小组活动，多次参加市人大财经委专门会议及各项视察活动，对全市各项重点工作进展情况和经济发展状况进行讨论，提出合理化建议，使自己更好地履行代表职责。并通过走访、召开座谈会、代表持证视察、参加代表小组活动等方式，搞好调查研究。

3、尊重代表职务，体察民情、民意。一是广泛联系群众，掌握社情民意。主动深入基层进行走访，公开了联系电话，设置了意见箱，开通了电子邮箱，了解人民群众关心的社会热点、难点问题，广泛征求大家的意见，认真听取大家的反映。二是表达群众意愿，当好人民的代言人。在认真学习领会党在新时期的方针政策的基础上，从为民负责的角度出发，对所掌握的情况进行深入的思考和分析，增强了作为一名人大代表的工作能力。

4、发挥代表作用，提高参政议政水平。依法行使职权，主动参政、议政，代民谏言献策。当选市人大代表一年多来，围绕石家庄市社会经济发展、城市建设、节能减排、财政预决算、建设区域金融中心等关注的问题，在市人民代表大会会议上提出议案及建议、批评和意见8条，得到了市人大的肯定；在人大财经专委会上，每次都能积极提出建议，为常委会议题尽责把关，有些建议在政府工作中得到了落实。

三、尽心尽责，做好本职工作

作为石家庄市商业银行的董事长，深感自身所肩负责任的重大。在工作中我始终以一名人大代表的标准要求自己，紧紧围绕市委、市政府的工作部署和经济发展大局，在班子成员的配合下，带领全行全体员工以深化改革为动力，以业务发展为主线，强化经营管理，加强队伍建设，使我行各项业务取得了历史性的突破，为促进经济发展、构建和谐社会做出了积极的贡献，较好地做到了发挥代表作用和完成本职工作两不误。

1、2008年实现我行综合实力大幅提升。一是资产质量明显提高。圆满完成了历时多年的增资扩股工作，提升了资本实力和抗风险能力，为我行进一步发展奠定了基础。二是经营成果逐年提升。通过加大营销力度，促使存贷款增速和市场份额持续提高。通过大力发展中间业务，拓宽增收渠道，实现盈利能力连创新高。截至2009年一季度末，全行资产总额达471.67亿元，各项贷款总额226.24亿元，存款总额363.24亿元，不良贷款率为2.99%，实现经营利润1.33亿元。存款及贷款余额在全市十二家银行业金融机构中均位居第四。三是分支机构发展实现突破。根据市委、市政府的城市发展构想和自身发展需要，制定了在“1+4”区域设立分支机构的布局规划，正定支行、藁城支行已于2008年正式开业。跨区域发展也取得突破，唐山分行设立已获批准，现已正式开业。四是员工队伍综合素质明显提高。通过加大在岗人员培训力度，提高了在岗人员的专业素质。通过大力引进优秀毕业生，为社会创造了就业岗位，优化了员工队伍结构，员工队伍整体素质显著提升。

2、我行社会影响力明显增强。经过坚持不懈的努力和发展，我行的成绩得到了各界的认可，获得多项荣誉。2008年，我行被石家庄市委、市政府评为文明单位，被石家庄市桥东区委、区政府评为“2008年度经济发展突出贡献单位”，被第五届中国金融（专家）年会组织委员会评为“2008中国最具成长力中小银行”，在第二届中国理财总评榜中荣获“08－09年度最佳城市商业银行”称号。为支持小企业发展开办的“小巨人”企业培育工程，于2008年被河北省银监局评为“河北省银行业金融机构小企业授信工作先进单位”，在《银行家》杂志社主办的“中国金融营销奖”评比中荣获“2008年度中国金融产品十佳奖”称号。我本人被第五届中国金融（专家）年会组织委员会评为“2008中国城商行年度人物”。

3、我行发展目标战略。未来我行的发展战略是，实现更名和跨区域设立分支机构，建设成为环渤海的现代化股份制商业银行。在依托地方经济实现自身发展的同时，我行将积极反哺地方经济，全力扶持中小企业，服务百姓生活，努力为石家庄市经济发展做贡献。并加大对桥东区经济发展的支持力度，开创共同发展的良好局面。

在总结成绩的同时，我深知作为一名市人大代表，无论是在自身素质，还是在履行职责方面，与党的要求和人民的期望相比还有一定差距，需要在今后的工作实践中认真加以改进、提高和完善。

浅谈县区人大常委会如何更好地落实监督权

广东省韶关市武江区人大常委会副主任　朱英华

《中华人民共和国各级人民代表大会常务委员会监督法》(下称《监督法》)于2007年1月1日开始正式实施。一年多来,各级人大常委会能够按照《监督法》规定的内容和程序行使监督职权,加强了对"一府两院"的监督,取得了一定的成效。《监督法》的颁布和实施,旨在对于坚持和完善人民代表大会制度,加强和改进监督工作,推进社会主义民主政治建设发挥重要的作用,期待着人大监督工作迈入一个新的时代。然而,监督法制定出台,虽然为各级人大常委会规范和加强监督工作提供了明确的法律依据,但是因为法律实践的时间还不是很长,各地人大常委会对贯彻实施监督法的工作还处于摸索,存在着有待完善和加强的地方。本人从县区人大常委会的监督工作出发,谈几点不成熟的想法。

一、县区人大常委会监督权行使的现状及其原因分析

县区人大常委会在地方四套班子中排名第二,作为地方最高权力机关,宪法赋予了其崇高的地位和职责,但是,在实际工作中,县区人大的地位是比较特别的,"排名靠前,作用滞后",别的暂且不谈,就单说行使监督权。县区人大常委会行使监督权的作用和效果,总的说来不太明显,监督的主动性不高,震慑力不强,权威性不够,监督不够彻底,监督内容避重就轻,这与宪法和法律的规定、人大代表的要求、人民群众的期望存在较大差距。县区人大监督不力并非人大本意,而是受到多方面的影响。

1、地方人大监督权的实施受到现行体制的影响。宪法上,人民代表大会在同级国家机关中享有最高权力,其他国家机关由它产生,对它负责。但事实上,我国政治权力整合于党的领导中,这既有优越性又有不足。在实践中,人事安排一般由党委组织部门进行推荐考察,党委提名,人大本身对被提名任用的干部了解不多,所以,人大对于政府领导人的任免权在一定程度上只在形式上反映出来。政府的行为方式往往体现为对上负责、对党委负责,对同级人大负责不足,甚至在思想上抵触人大监督,在行动上规避人大监督,导致一些地方人大在监督中畏难情绪较重,在具体实施监督时放不开手脚,每年象征性的选择一些内容作为审议对象,审议的时候也存在走走过场的现象。

2、地方人大监督权的实施受到惯性思维的影响。其一,人大机关地位边缘化。按照宪法和法律的规定,人大必须接受党的领导,监督"一府两院",但是,在实践中,因为党政高度的一体化,党委掌握人事权,政府掌握财政权,而且多年来约定俗成的心理,地方人大机关就是往边站的角色,这样的环境,影响了人大监督的权威性和震慑力的发挥。二是经过多年的实践和合作,地方人大也已经形成了惯性思维,"多一事不如少一事","尽量不给党委政府添麻烦",在这种思维的引导下,也影响了人大监督权的尽情行使。其三,人大代表的结构造成代表依附性较强,职责意识较弱。在县区人大代表中,很大一部分代表来自各级党政系统,其本身对监督对象有着高度的依附性,其余代表来自于私营企业或农村,对政府的监督还存在畏惧心理或懒得管事的心理,这就决定了代表监督还不是很到位。

3、地方人大监督权的实施受到自身建设的影响。在县区一级人大,一般设置3-4个专门委员会,而且每个专门委员会只有1-2个编制,力量比较薄弱,与其拥有的权力和履行的神圣职责不相称,以如此少的人力去承担监督法规定的比较繁重的监督前的调查、审查等任务,往往只能停留在表面,不能作深入细致的了解。人大常委会的人员组成,基本上是按照位置来定的,县区一级没有专职常委,都是在相应的各个岗位上的人员组成,而且以党群线人员居多,很多人员没有法律专业知识,对政府的运作也了解不全面,更不用说法院、检察院的工作了,所以呢,导致监督水平不高,监督力度不强,集体审议的时候容易发生集体失语的情况。同时,目前大多数地方仍把人大常委会当作安排一些在党政领导岗位上干了多年的同志退休前"软着陆"的场所,导致地方各级人大常委会、人大各专门委员会和一些工作委员会领导普遍年龄偏大。这些人到人大常委会后，缺乏朝气和活力，大多有“船到码头车到站”和“多栽花少栽刺”的思想，只想“站好最后一班岗”，不想大刀阔斧开展监督工作。

二、落实监督权的几点建议

监督权是法律赋予人大常委会的神圣职责和光荣使命，其宗旨是为了发展社会主义民主，推进依法治国，在今后的工作中，为了更好的贯彻实施《监督法》，充分发挥县区人大常委会的职责，本人提出几点建议。

1、坚持党的领导，保证监督方向的正确性。监督法第三条明确规定了党在人大监督中的领导地位和监督的正确方向，这是不容置疑的，所以人大不能搞完全独立，要认真实行重大问题和重大决策向党委报告制度，常委会的年度监督工作计划，常委会在监督工作中遇到的重大问题都要主动向本级党委请示汇报，争取党委的领导和支持，确保人大监督工作在党的领导下顺利进行。要把监督与支持紧密结合，国家权力机关和国家行政机关、审判机关、检察机关虽然职责分工不同，但都是党领导下的国家机关，都是为了维护国家和人民的根本利益。所以人大既要依法实施监督，又要支持“一府两院”行使职权。人大对“一府两院”进行监督，主要是监督其是否违宪、违法，而不是对具体工作进行干预。人大监督的最终目标是通过监督，与“一府两院”形成良性互动，从而建立一种和谐稳定的权力运行机制，促进他们依法行政。

2、加强人大常委会组成人员和人大代表对监督法的学习，提高监督的针对性和时效性。通过深入学习监督法，明确和掌握做好监督工作的新要求，是贯彻实施好监督法的关键。区人大常委会要按照监督法的要求，对专项工作报告的审议要提前介入，认真准备，在听取和审议报告前组织力量，切实做好视察或者专题调研工作，并将视察和专题调研的意见向区政府反馈，要求区政府在专项工作报告中作出回应；有关工委对区政府送交征求意见的专项工作报告要认真研究，提出修改意见，为常委会增强监督工作的针对性和实效性做好基础性工作。同时，对常委会形成的审议意见要跟踪督查，督促其认真研究处理，增强监督的实效性。

3、监督内容要实事求是，提高监督的科学性。人大常委会要做到敢于监督和善于监督的有机统一，既要理直气壮地依法开展监督，又要讲究监督的方式方法，内容要围绕群众关心关注的热点难点问题，要围绕区委区政府的中心工作，要从代表反映比较集中的民生问题入手开展监督。

4、发挥代表的监督作用，提高监督的民主性。要把代表作为人大监督的主体，发挥人大代表在监督中的作用，进一步密切同代表的联系。要根据人大代表对“一府两院”工作提出的建议、批评和意见集中反映的问题，确定听取和审议专项工作报告的议题和执法检查的项目。常委会组织的专题调研和视察、听取和审议专项工作报告、执法检查等，要邀请代表参加，并在具体组织实施中重视听取代表的建议和意见。常委会听取的专项工作报告、“一府两院”对审议意见研究处理情况的报告等，都要向人大代表通报，提高代表的知情度。要把监督工作与办理人大代表的建议、批评和意见有机结合起来，加大督办力度，不断提高落实率。在每次专项审议活动中，让相关行业或有专业知识的代表在事前、事中、事后全方位介入监督工作中，提高监督的针对性和民主性。

加强和改进人大信访工作的探索与思考

陕西省安塞县人大常委会副主任　康登峰

为了进一步贯彻落实党的十七大精神和胡锦涛总书记在全党深入学习实践科学发展观活动动员大会暨省部级主要领导干部专题研讨班开班式上的重要讲话精神，认真做好新时期地方人大群众来信来访工作，妥善解决群众的热难点问题，化解社会矛盾，维护社会稳定，切实把实现好、发展好、维护好最广大人民群众的根本利益作为人大信访工作的出发点和落脚点，按照县学习实践活动领导小组和《安塞县人大常委会开展深入学习实践科学发展观活动实施方案》的要求，我带领法工委、信访督办室工作人员，从十月中旬开始，利用一周时间，对县人大贯彻实施《信访条例》情况进行了调查。

调查组先后深入到县人大常委会办公室、信访督办室、县人民法院办公室、县检察院办公室和建华、王尧、楼坪三乡镇，通过听、查、看、谈、访、议等形式，对县人大2006年以来的信访工作作了全面调研。现将调查了解情况报告如下，不妥之处请提出批评意见。

一、信访受理情况

1、来信来访接待情况。2006年以来，人大共受理群众来信18件，其中2006年8件（省、市人大转、交办6件），2007年6件（省、市人大转、交办2件），2008年4件（省、市人大转、交办2件）；接待群众来访73批（次）。

2、来信来访呈现的特点。一是年信访有下降趋势。从信访总量看，2006年人大受理信访案件32起，2007年27起，2008年1－9月份14起。二是越级上访现象依然严峻。2006年8件来信中6件属省、市人大转交办理信件，2007年6件来信中2件属省、市人大转交办理信件，2008年1－9月份，4件来信中2件属省、市人大转交办理信件。三是重信重访多。据调查了解得知，人大来信来访的信访当事人，一部分已在其他相关部门反映过要求解决的信访事项，相关部门或单位没有及时办理和答复信访人或办理和答复信访人不接受的情况下来人大信访。四是依法维权意识强。从近三年来信来访总量看，信访案件中涉法涉诉类案件占所有信访案件的34%。

3、信访问题类别。近三年来群众来信来访主要反映涉法涉诉、要求职能部门依法行政、控告检举、个人诉求四个方面的问题。

二、信访办理情况

2006年以来，人大常委会共接到省、市人大转交办理的10件信访案件，县人大常委会党组按照分别受理、综合分析、统一交办、定期反馈、严格督查的工作方式和“四个100%”的目标要求，专题研究部署，落实专人负责，现已全部报结，结案率达100%。其它一般信访案件，按照“属地管理、分级负责、谁主管、谁负责”的原则及时转交相关部门限期办理，回复信访当事人，并将办理结果报人大办备档待查。总之，从办理情况看，绝大多数承办单位对县人大常委会交办的信访事项比较重视，针对信访事项情况比较复杂，多数属积案的特点，深入调查、了解实情，依法按政策办理，认真解决群众合法合理的诉求；对部分群众提出的不合理要求进行说服、教育和思想疏导，使其转变认识观念，息诉罢访。三年来人大常委会听取案件汇报12次，召开案件协调会5次，有效维护了人民群众的合法权益，化解了社会矛盾，密切了同人民群众的关系，促进了安塞经济社会健康有序发展。

三、产生来信来访的主要原因

1、从政府方面看。一是司法部门个别律师对当事人不能正确引导。二是部分乡镇或单位领导对群众来信来访重视不够。三是部分党员领导干部不守纪律，作风漂浮，管理松驰。四是矛盾纠纷排查工作做的不够扎实。

2、从“两院”方面看。一是由于个别法官工作不够扎实，在办案过程中不能严格执行法定程序。二是“执行难”问题的存在。三是司法监督机关对司法监督工作做的不够扎实。四是司法监督机关对个别信访案件处置不妥、不及时。

3、从信访当事人看。一是信访当事人维权意识不断提高。二是部分信访当事人知法不深或对诉讼结果存有不切实际的过高期待，一旦案件审理中或审理结果出现其不满意因素，即四处信访，或无理缠诉、越级上访。三是信访当事人对党和国家的方针政策理解不够准确。

四、信访工作存在的主要问题

1、接待登记方面。接待登记簿设置不够规范，使用的登记簿没有“初、重信访”、“来访人数”、“居住”、“联系方式”等相关栏目，不便与信访人的联系和沟通，了解掌握信访事项的办理及回复情况。

2、制度建设方面。人大信访机关只有《人大信访工作基本运行原则》、《信访工作首办（问）责任制》、《来信来访登记制度》、《信访工作保密制度》、《信访工作人员守则》五项制度，而《人大常委会信访工作制度》、《人大常委会信访干部职责》、《人大常委会信访联系会议制度》、《人大常委会信访信息定期分析通报制度》和批阅、转办、督办、办理结果报告反馈等相关制度没有形成，使人大信访工作运转不够协调。

3、办理回复方面。一是重回复、轻办理现象比较突出。部分单位在办理中不注重实效，只报不结。特别是对违法用地、违章建筑信访的处理，多答复“已立案查处”或“已作出处理决定”，很少对抢建部分及时采取强制措施，使此类问题没有在初始阶段得到有效处理，群众意见较大。二是转交办信访件回复不及时。部分单位没有认真执行县人大常委会有关转办信访件办理期限、回复方式的规定，甚至有的长时间不回复信访办理结果，也不报结。三是一些单位对信访事项的办理不负责任。有的回答内容含糊、结论不清，甚至出现这样、那样的常识性错误；有的敷衍塞责，对反映问题没有深入调查，仅将原处理意见作简单答复，导致群众重复上访、越级上访。四是一些部门或单位领导人大意识不强。对人大转交办理的信访件重视不够，不能及时研究部署，经多次督办、催办才能着手解决问题。

4、转办、督办方面。一是由于信访案件在人大机关从接收到批转，环节比较多，加之相关领导因工作关系不能及早批阅，使部分信访案件没有及时转办。二是督办方面存在一转了之现象。相关信访督办工作人员，对常委会批阅转办的部分一般性信访案件，没有督促承办单位及早研究部署、制定办理方案，落实专人负责，造成部分信访案件迟迟不能报结。

五、对加强和改进人大信访工作的几点建议

1、把握信访特点，提高思想认识，增强做好新时期人大信访工作的责任感和使命感。随着改革开放的深入，社会利益格局的调整，以及民主法制进程的加快，信访呈现出新的时代特征，从总体上看，主要表现为以下几个方面：群众维权意识明显增强，涉法信访日益增多，重复上访、越级上访也有扩大趋势。为此，人大及其常委会要深刻认识做好信访工作是“形势所需、责任所在、感情所系”，对做好当前的信访工作要有充分的认识。一是要对当前人大信访工作的长期性、艰巨性有充分的认识。随着经济转型、体制转轨，因利益调整导致各种矛盾日益凸显；随着民主法制建设进程加快，人民群众法律意识增强，行政执法和司法部门存在的执法不严、枉法裁决等问题在短时间内不可能全部解决。二是要对信访是维护人民群众合法权益的重要途径有充分的认识。人大信访作为发扬民主、体察民情，密切联系群众的重要渠道，作为监督“一府两院”的重要窗口，人大及其常委会有责任有义务做好信访工作，倾听群众的呼声，维护群众的合法权益。“群众利益无小事”，人大信访亦无小事。维护人民群众的合法利益是人大信访工作的天职，人民群众满意不满意、答应不答应是信访工作的最高准则和根本要求。三是要对“信访工作人人有责”有充分的认识。人大信访工作不仅是人大信访部门的事，更是全体人大机关的事，信访工作是检验人大机关工作的重要标准。因此，机关所有工作人员都是信访员，都有做好信访工作的责任，以全局意识、责任意识、服务意识增强做好信访工作的责任感、使命感和紧迫感。

2、健全信访机制，拓宽信访渠道，充分发挥人大代表在信访工作中的积极作用。人大常委会应当下设信访接待督办机构。这样，能够使人民群众通过信访反映的信息较快、较直接地传达给人大常委会，解决信访工作人员越位、人大常委会在信访处置上的缺位现象。同时也便于人大常委会批转办理的信访件的督办、催办和按时报结，便于提高办理质量。

乡镇一级人民代表大会没有健全信访机制，没有成立信访接待机构，没有充分发挥乡镇人大干部和人大代表就近便捷、人熟情通的优势。同时，县人大及其常委会没有很好的利用和发挥市、县、乡三级人大代表这一天然的资源优势。目前，人大代表在信访工作中的作用微乎其微，人民群众有事直接找人大代表或人大代表主动替人民群众反映情况的现象也极其少见。人大代表是国家权力机关的组成人员，遍及各行各业，是人民群众的代言人。人大信访工作如何靠发挥人大联系代表、联系人民群众的优势，来解决人民群众的来信来访问题还有待于人大及其常委会在今后的工作中进一步探索。

3、健全工作制度，搞好协调联络，切实推进人大信访工作规范有序运行。健全和完善一整套法律依据可靠、职能职责清晰、程序严密规范、公开透明有效的人大信访工作制度，使人大信访工作有章可遁、有制可依，这是做好人大信访工作的重要保障。人大要健全完善《人大常委会信访工作制度》、《人大常委会信访干部职责》、《人大常委会信访联系会议制度》、《人大常委会信访信息定期分析通报制度》以及人大信访受理、登记、阅批、转办、督办、办理结果报告反馈、存档等一系列规章制度，促进人大信访工作的制度化和规范化，为推进人大信访工作规范有序运行提供制度保障。

从办理的情况看，近年人大常委会转办、交办的信访件办理结果不够理想，人民群众有意见。人大办理信访案件主要以（转）交办和督办为主，一般不直接处理问题。为了进一步提高承办单位办理信访案件的质量，这就要求人大信访督办机关要多与相关部门加强协调与联络，达成共识，促使信访案件依法得以解决。尤其是一些疑难案件，更要靠合力，只有尽快形成上下联动、左右贯通、齐抓共管的“大信访”格局，才能有效解决群众的疑难信访问题，避免重复上访、越级上访、集体上访事件发生,为推进人大信访工作规范有序运行提供质量保障。

4、加强调查研究,明确群众诉求,把人大信访工作与审议、评议和执法检查工作有机结合。"没有调查就没有发言权"。人大常委会组成人员和人大信访机关工作人员,要切实按照中、省、市、县主要领导关于开展深入学习实践科学发展观活动的重要讲话精神,深入乡村、深入社区、深入企事业单位、深入群众、深入田间地头,与广大人民群众同吃、同住、同劳动,广泛深入开展"听民声,知民情,问民计,访民需"民意大调查活动,把群众上访转变为人大下访,变被动为主动,变疏远为贴近,进一步拓宽群众来访渠道,切实掌握群众诉求,为常委会决策和开展工作提供优质服务。常委会要把群众反映的热点、难点和一些社会影响较大的问题与专题审议工作相结合;把群众普遍关心的重点信访问题与执法检查工作相结合;把人民群众的申诉、控告与评议工作相结合,既加大处理信访问题的力度,又加强人大监督工作的针对性,突出人大监督工作实效,树立国家权力机关形象。

增强监督实效的关键在于抓审议意见的落实

●贵州省正安县人大常委会 李广勤

听取和审议专项工作报告,是人大常委会对"一府两院"实施监督的重要形式,也是监督法规范的主要内容。不过,我们要清楚,目的和落脚点还不在于对专项工作报告的听取和审议,而在于听取和审议以后,对"专项工作"中存在问题的发现和最终整改,从而实现对工作的促进和提高。也就是说,每次听取和审议专项工作报告所形成的审议意见,是否得到很好的落实,是监督实效是否增强的根本体现。换言之,如果听取并审议了专项工作报告,又有了审议意见,但审议意见却没有发挥作用或作用不大,都是谈不上监督实效的。监督法已经施行两年了,那情况如何呢?这里,结合正安县人大常委会贯彻实施监督法的实践探索,就如何抓好审议意见的落实谈些体会,并与人大工作的同行们商讨。

一、审议意见的形成

监督法第十四条规定,常委会组成人员对专项工作报告的审议意见交由本级人民政府、人民法院或者人民检察院研究处理。按照这一规定,如果简单的理解和简便地操作,就可以将组成人员在审议中的意见收集或稍作疏理,即转"一府两院"去研究处理了。这样做的问题在于:如果组成人员的审议意见"原滋原味"地转办,一方面显得分散,与代表的批评、建议和意见的办理方式无二,"一府两院"在研究处理时,会出现"多头应对"的繁琐,影响效率;另一方面,因为组成人员个人工作经历、认识局限等,有的意见既没有针对性,也缺乏操作性;这样的意见到"一府两院"研究处理的结果,自然变成了简单而又礼节性的回复,不可能有实际意义。

对此,我们的做法是,听取专项工作报告后,常委会组成人员分组进行审议。组成人员在审议中充分发表意见,汇总产生中心发言提纲;在此基础上召开联组会议,由中心发言人作中心发言,归纳、阐述分组的意见;之后,组成人员进一步补充审议,对一些重大而又有分歧的问题再行讨论;这样形成了相对集中的审议意见,由常委会原则通过,会后由主任会议完善,以正式文件送"一府两院"。两年来,我们共听取和审议专项工作报告19个,按上述程序形成审议意见近100条,交由"一府两院"研究处理,并向县人民代表大会通报和向社会公布。

这里就出现了值得探讨的问题,即,审议意见要不要经常委会通过,审议意见与决定有没有区别,区别在哪?有观点以为,审议意见是不需要常委会通过的,如果进行表决通过,就与形成的决定没有两样了。

经过实践,我们认为,常委会组成人员在听取专项工作报告以后的审议意见,要进行认真整理归纳,经常委会表决通过才好。其理由:一是体现人大常委会集体行权原则。听取和审议专项工作报告,既然是纳入了常委会年度工作计划,又作为会议的主要议程;那么,所形成的审议意见就应该是对专项工作的整体评价,主要是对存在问题的结论和对今后工作的进一步要求。这样，组成人员们在审议中的发言，就不能停留于个人意见的层面，而应当上升为人大常委会的集体意志。从这一意义上说，审议意见就是一种决定，或者说，就是不是决定的决定。我们以为，现在的审议意见，与一般意义上的决定的区别，不在于是否经常委会表决通过。表决通过的事项，就说明是经过民主集中，共同认可而已；而不能以此作为一般意义上的决定和审议意见的区别。集体行权原则的体现，就是要确保审议意见的权威性。二是体现实事求是原则。我们常说人大常委会对“一府两院”要敢于监督，又要善于监督；怎么样才是善于监督？最根本的，就是要实事求是。体现在审议工作中，能够说到实质，说准关键，说中要害。但在实际运作上，由于常委会组成人员岗位、经历、学识等方面的不同，不可能做到所有组成人员对每一项工作都能够深入全面的了解，从而形成公正的评价和准确的判断，在审议中就难免有失之偏颇的意见。这样的意见即使在常委会内部也是不可能形成共识的。这种意见交由“一府两院”去研究处理，会是什么结果呢？所以，实事求是原则，就是要努力把握科学性，增强审议意见的可操作性。这两大原则的把握和体现，就可以尽可能地避免如前所说的审议意见交办中的问题，从而体现人大常委会听取和审议专项工作报告后所形成的审议意见的权威性、科学性、针对性和可操作性。这是增强人大监督实效的一个前提和基础。

二、审议意见的研究处理

对于审议意见的研究处理，监督法是有具体规定和明确要求的；只要严格执行，就能够确保审议意见得以很好落实。但是，现实运作的情况离监督法的要求还有较大差距。可以说，审议意见的研究处理情况，既是“一府两院”对人大监督的认识和态度的反映，也是人大常委会对于自身履职责任意识的反映。“一府两院”如果具备了对监督法的执法自觉，对人大常委会审议意见的高度重视，就会及时（而不是久拖不决）、认真（而不是敷衍应付）地研究处理。同样，人大常委会如果能清醒地认识到履职为民的真谛，能时刻牢记职责之重，就应当按监督法的要求，严格跟踪督促“一府两院”对审议意见的研究处理。如果不及时，不认真，就当使用必要的手段。为了认真贯彻实施监督法，使审议意见的落实不流于形式，正安县人大常委会制定了《关于“一府两院”执行决议、决定和落实审议意见的暂行办法》，并严格执行。办法规定，县人大常委会形成的审议意见必须在会后七天之内以正式文件由办公室送达“一府两院”；审议意见根据所涉及工作的情况，对研究处理的时限等，提出具体要求；“一府两院”必须按要求及时进行研究处理，并在规定期限内将执行的情况向人大常委会报告。比如，2007 年 3 月听取和审议了县人民政府公安工作报告，形成了 7 条审议意见；根据审议意见的要求，县政府及时召集公安局班子成员进行研究，形成了初步的落实措施方案，提交县长办公会研究处理。又如，2008 年 5 月，听取和审议了县人民政府关于殡葬改革工作情况的报告，形成了 9 条审议意见；针对审议意见，县政府分管领导首先召开有关部门的座谈会，就如何落实审议意见征求意见，然后政府常务会议进行专题研究，明确了落实审议意见的各项措施。

三、审议意见的督办落实

能及时认真地研究处理审议意见，还只是表明了对人大监督的正确态度；就具体工作而言，也只是对形势的判断、问题的分析和措施的制定，并不能完全体现出监督的效果。监督效果的最终全部体现，还在于对审议意见的督办和落实的情况。这个方面，我们的做法：一是明确督办责任。由常委会主任会议或委托常委会工作委员会进行跟踪督促，工作委员会跟踪督促的情况必须定期向主任会议汇报，对在督促中发现的问题，提出进一步落实的意见。二是建立督办机制。首先是建立信息反馈机制。在审议专项工作报告时，对组成人员意见比较集中的一些问题，用《会议快报》及时送达“一府两院”领导班子成员，使他们能了解审议动态，做到情况早知道，思想早准备，有利于对审议意见的研究处理。其次是建立会议督办机制。对一些涉及面广、问题较多工作，及时与“一府两院”及有关部门召开通气会进行座谈，进一步细化审议意见，提出明确要求。这样的会议，可以再分析问题，想办法、谈措施，有利于对审议意见的要求进一步达成共识，从而增强研究处理审议意见的自觉性。如在听取和审议公安工作报告后，就及时召开政府分管县长、公安局班子成员的通气会，还请了县委政法委等有关部门的负责人参加会议，对于促进审议意见的研究处理和督办落实，产生了很好的效果。其三是建立调研督办机制。在督办中加强调研，将出现的新情况、新问题，及时向主任会议汇报，并根据工作开展情况提出新要求；“一府两院”在落实审议意见过程中，也经常反馈情况。这样，就使监督与被监督，在推进工作中形成了良性互动。三是严格效果评估。在监督法施行以前，一般是听取和审议工作报告以后，就对报告进行票决，通过以后实际上就意味着对该项工作监督的完成。过去对报告进行票决，主要是针对"一府两院"不够重视报告的形成，导致报告质量较低的情况而采取的手段。而现在，监督法对报告的形成就有严格的程序要求，报告的质量是可以保证的。这种情况下，如果还只是停留于对报告进行票决，就已经没有意义了，远不能体现监督的实效。所以，我们就制定了《关于对"一府两院"执行决议决定或落实审议意见情况报告实行票决制的规定》，把对工作报告实行票决，后移到对落实审议意见情况报告的票决；并明确了表决不能通过的责任追究。我们通过以上的做法，使"一府两院"落实审议意见由被动变为主动，人大常委会的监督也由事后软监督变为全程硬监督。监督更加规范，效果更加明显。比如，通过对人大常委会审议意见的研究处理和落实，公安工作中存在的问题得到较好解决，群众对公安工作的满意度大大提高；新型农村合作医疗运作逐步规范，利民惠民政策得到落实，农民参合率大大提高；殡葬改革中的突出矛盾得到有效化解，殡葬改革工作能够继续稳步向前推进……。总之，正安县人大常委会监督工作的实效，主要就是通过抓好审议意见的督办落实来体现的。

认真贯彻监督法　做好人大法律监督工作

黑龙江省黑河市爱辉区人大常委会主任　马福森

加强人大及其常委会对法律工作的监督，是推进依法治国，做好新时期人大工作的必然要求。我们爱辉区人大及其常委会结合监督法的贯彻实施，对公、检、法、司的法律监督，坚持突出重点、创新举措，依法履职的原则，使法律监督工作取得了新的进展。

一、我区的主要做法

(一)把选择监督议题与中心工作、热点问题相结合，突出监督的针对性

监督法规定听取专项工作报告和执法检查是法律监督最常用的监督手段，因此，只有选准常委会听取专项工作报告和执法检查的议题，解决问题才有针对性，实施监督才有实效性，才能提高法律监督的力度和质量。

一是紧扣区委中心工作。紧紧围绕区委的重大决策和部署，围绕事关全区改革、发展、稳定的重大问题，确定监督议题。2008 年区人大常委会把"平安爱辉"建设和"五五"普法教育实施情况作为重点监督议题。二是紧紧围绕群众需要。主要是围绕人民群众所关注的难点和热点问题，根据人民群众的呼声和要求，确定监督议题。爱辉区是边境口岸区，每年出入边境人口达 100 多万。去年，我们专题听取区公安分局关于流动人口治安管理工作的报告。

(二)把发挥代表作用、加强自身建设与法律监督相结合，增强监督的专业性

法律监督工作是人大监督体系中的重要方面，区人大常委会把发挥代表作用、加强自身建设和法律监督工作有效结合，进行了大量的探索和实践。

一是组织代表认真审议每年人代会上的"两院"工作报告，提好相关的议案、建议。同时，要求"两院"和公安、司法行政机关的领导都到代表团讨论地点听取代表们的意见和建议。二是组织人大代表旁听庭审以及评议检察机关出庭公诉和审判机关庭审工作，并逐步制度化、经常化。三是注重发挥好主要由人大代表组成的法院特邀监督员、检察院人民监督员的作用，利用代表联系广泛的优势，收集人大代表、人民群众对司法机关和司法人员的意见，在拓宽代表履职渠道的同时，充分发挥代表监督职能，督促司法机关依法办案、公正司法。四是开展执法检查，促进依法行政、公正司法。执法检查是人大对实施法律监督的重要方式和手段。它是通过扶正查偏纠错，对行政执法和司法活动实施全过程、全方位、多层次的监督，促进公正司法，确保国家权力按照人民主权和法制统一的原则规范有序的运行。五是重视发挥人大常委会法制办公室的直接督办作用。按照常委会要求，法制办公室一方面积极加强与司法机关的联系，随时了解司

法工作动态,另一方面全力督促落实常委会和主任会议的审议意见、建议,督办好司法机关承办的人大代表议案、建议。

(三)把对人的监督与对事的监督相结合,提高监督的有效性

法律监督工作必然要涉及司法人员,而司法人员素质的高低,又直接影响到司法机关的司法、执法水平。近年来,我们在法律监督工作中,把对事的监督和对人的监督相结合,促进司法队伍整体建设。

一是严把任命关。"两院"每次提请人大常委会任命人员时,常委会都要对拟任人员进行考察、任前法律知识考试,再决定是否提请任命。去年,常委会依法补充任命了2名同志为区人民法院人民陪审员,使我区法院陪审员总数达到了12名,进一步充实了法院的审判力量。二是督促司法机关对司法人员加强教育管理,防微杜渐,树立良好的队伍形象。结合各种会议进行日常监督工作,努力促进司法队伍廉洁自律、提高业务素质,使法律监督工作真正落到实处、取得实效。

(四)把处理涉法涉诉信访问题与法律监督相结合,拓展监督的广泛性

处理涉法涉诉信访案件,是人大的一项日常工作,也是法律监督的重要"窗口"。区人大依照监督法规定的权限和程序进行监督,2008年王福生来人大上访,要求法院尽快执行他的农民工工资,由于被告人家在外地,多次找法院都没有结果,来人大后,马主任和主管主任亲自过问,要求法院派干警认真查找被告人资金情况,尽快执结,法院干警经过多方努力,终于查找到当事人的工资,得以解决。通过转办交办、查报结果、提出建议等方式,督促法院、检察院,坚持有错必纠,确保司法公正。

在近年的工作实践中,我们深深体会到,要做好新时期的人大法律监督工作,要正确处理好两个方面的关系:

一是监督与支持的关系。监督和支持是辩证统一的,监督是手段,监督的目的和实质是支持,寓支持于监督之中。只有正确把握监督与支持的关系,人大司法监督才能真正起到促进公正司法的作用,司法机关才能自觉地接受人大监督。

二是法律监督与司法机关独立行使职权的关系。司法机关的执法活动具有相对的独立性和很强的法律性,因此,司法监督不能代替甚至干扰司法机关依法办案。在实际工作中,我们坚持事后监督原则,尊重司法机关的职权,做到监督不代替、支持不放任、到位不越位。

二、几点思考

(一)对法律监督尚缺乏专业性支持

法律监督是一项专业性、实践性强的工作,人大要对其进行监督,尤其要透过个案、分析错案形成的原因,这就要求监督者必须具备相应的法律知识和丰富的经验,才能从纷繁复杂的案件中,发现问题。而目前人大常委会法律专业人员相对较缺,且司法实践经验也不够丰富,这在一定程度上影响了人大法律监督工作的开展。

(二)人大监督如何有效地从典型案件监督上升到司法监督,取得实效

人大常委会对"两院"工作的监督,主要是通过听取和审议"两院"专项工作报告、执法检查和其他工作形式,对"两院"工作监督不应单纯以处理申诉、纠正错案,而应以总体评价"两院"工作,解决影响司法公正方面的问题,督促"两院"努力改进工作,提高办案质量和依法办案水平为目的。如何在监督法精神指引下,把握好监督的原则,有效地从典型案件监督上升到司法监督,取得实效,值得我们探讨。我们的看法是,一是要坚持抓重点、抓典型的原则。对具体案件的监督重点要抓错案不纠、群众告状无门,社会反映强烈的案件。要选择明显违反法律、违背事实的案件,处理显失公正、办案人员渎职或徇私枉法,严重侵犯和损害公民、法人或其他组织的合法权益,群众反映强烈的案件进行监督,使错案通过法定程序得到纠正。通过开展监督有利于从整体上推动"两院"公正司法,维护法律的权威性和严肃性。二是要遵循集体行使职权的原则。凡以人大常委会名义向法院或检察院提出的意见,必须经人大常委会或主任会议集体讨论通过。如有重大事实不清的,可以依据监督法组织关于特定问题的调查委员会,查清事实真相后由人大常委会作出相应的决议、决定。三是要坚持不直接处理案件的原则。人大常委会不能直接查办案件,应侧重通过听取工作报告、执法检查、询问和质询等手段,对涉及相关案件的司法机关和人员进行监督,督促其采取针对性的措施,健全完善司法机关内部监督机制,从而从根本上解决司法不公的问题。

(三)加强人大自身建设,提高法律监督能力

一是优化干部素质结构。要突出吸纳懂法律、熟悉司法工作的复合型人才到人大来。要切实加

强人大机关干部的培养、使用和交流，充分调动和发挥人大机关干部的积极性、创造性，优化人大干部的年龄结构、知识结构、素质结构，增强干事的锐气和创新的活力。二是加强学习。注重政治理论、法律法规和业务知识的学习，坚持理论联系实际，学以致用，不断提高人大干部解决实际问题的能力和依法履职的水平。三是要自觉深入基层。深入开展调查研究，掌握了解情况，按照"围绕中心、突出重点、增强实效"的工作思路，把关系改革发展稳定大局和群众切身利益、社会普遍关注的问题作为监督重点，变被动监督为主动监督，真正做到既不失职，又不越权。

县级人大常委会法律监督工作的进一步完善，是一个较为漫长的发展过程，需要我们人大工作者，在今后的工作中，严格依照监督法的规定，大胆探索，开拓进取，积极借鉴兄弟市县人大工作的先进经验，认真履行法律赋予的职责，为推进人大工作的全面发展而努力。

关于提高常委会审议质量的实践与思考

上海市崇明县人大常委会研究室主任　王耀才

举行会议是人大常委会依法履行职责的最基本形式。如何提高常委会会议的审议质量，对于坚持和完善人民代表大会制度，充分发挥国家权力机关的作用，促进"一府两院"依法行政、公正司法，推进社会主义政治文明建设具有十分重要的作用。总结近几年来的常委会工作实践，笔者感到要提高常委会审议质量，必须在精选议题、会前调研、会中审议、会后督办的四个环节上下功夫。

在选题上下功夫，进一步突出审议重点

精选议题，是提高审议质量的决定因素。认真做好议题的选取工作，在议题的提出程序上，要注重"三个环节"：一是每年十一月初，由常委会各工作委员会在听取代表和选民的意见的基础上，根据监督法规定的六个途径，提出下一年度审议建议议题，经研究室汇总平衡后提出初步方案，提交十二月份主任会议讨论。经主任会议讨论通过后，书面征求全体常委会组成人员和县人大代表小组的意见。二是在广泛听取意见、主任会议再次讨论研究的基础上，形成征求意见稿，召开"一府两院"联席会议，面对面征求和听取他们对审议议题的意见和要求，以取得"一府两院"对人大工作的支持和配合。三是在听取和征求"一府两院"意见、作进一步修改完善的基础上，召开党组会议，讨论形成送审稿，请示县委。经县委原则同意后，提请常委会会议审议通过。在议题的选取上，要突出"三个围绕"：一是围绕县委的中心工作、政府致力推进的重点工作，二是围绕人民群众切身利益、社会普遍关注的热点问题，三是围绕民主法治建设、推进依法治县的重要问题，紧扣生态岛建设的主线，抓住经济和社会发展中的重大问题，精心选取审议议题。在议题的安排上，要坚持"少而精、求实效"的原则，每次会议一般安排听取审议二、三项专项工作报告，确保足够的集中审议时间，以便议深议透。

在调研上下功夫，进一步增强审议实效

认真深入地开展调查研究，是提高审议质量的基础。为切实提高调研质量，应注重把好"四个环节"：一是围绕审议议题，制定调研方案。在议题调研前，组织调研组人员学习相关的法律法规及专业知识，明确调研方法、步骤、时间、要求及重点解决的问题。议题调研组由分管大主任、相关工作委员会和县人大代表组成。二是建立议题调研沟通机制。在向政府办公室发出常委会审议议题书面通知后，召开由分管大主任、相关工委主任、秘书与政府分管领导、办公室分管主任、秘书参加的碰头会，就议题的调研及解决的重点问题等进行协商，统一思想，形成工作合力，改变目前议题调研中人大一头"热"（分管大主任参加调研）、政府一头"冷"（分管县长不参与调研）的不对称现象，使政府领导提前介入到议题审议之中。三是调研活动组织的方式上，注意多样性。除了议题调研组按照调研方案开展调研外，还适当安排大主任、驻会委员参加集体调研。在调研中，采取听汇报、座谈、检查、查阅资料、问卷调查等多种形式，力求全面、系统、完整地掌握真实情况。四是在调研要求上，力求做到"深、透、实、准"，提高调研质量。调研工作注重深入基层、深入群众、深入到议题所涉及的第一线，广泛征求基层干部、人大代表和人民群众的意见，倾听民意，吃透情况，找准问题，提好建议。在全面调研的基础上，调研组认真撰写调研报告。调研报告要求情况清楚、分析透彻、观点鲜明、言简意赅，并把重点放在找出存在的问题、提出切实可行的意见、建议上。调研报告经主任会议讨论通过后，连同"一府两院"的专项工作报告提前7天印发给全体组成人员。

在审议上下功夫，进一步提高会议质量

提高审议水平，是保证审议质量的关键。为提高会议审议质量，应坚持八项制度：一是会前学法制度。在听取和审议"一府两院"专项工作报告前，组织常委会组成人员集中学习与审议议题相关的法律法规，邀请有关人员作法律法规解读，提高常委会组成人员依法审议的能力和水平。二是材料提前送达制度。严格按照监督法的规定，要求"一府两院"的专项工作报告提前20天向有关工委征求意见，作修改完善后，提前10天送达常委会办公室。工委的调研报告，经主任会议讨论通过后随专项工作报告一起提前7天送达常委会组成人员，便于组成人员做好审议发言准备。三是"一把手"报告制度。政府专项工作报告的主要内容涉及重大综合事项的，由县长、副县长到会报告；涉及其他事项的，由政府部门主要负责人受县政府委托到会报告。四是事先约请发言制度。对每项议题的审议，一般事先约请5－6位组成人员和代表做好审议发言准备，在会议审议时作重点发言，其他与会组成人员、代表作即时发言，最后由常委会领导作总结发言（总结发言事先经过主任会议讨论通过），确保每项议题议深议透。五是邀请人大代表和相关人员列席会议制度。根据需要，每次会议都安排与议题相关的"一府两院"及其有关部门负责人，邀请部分县人大代表、乡镇人大主席列席会议，增强会议审议的透明度。六是实行询问制度。由会议主持人引导，常委会组成人员可运用询问的监督手段，向政府提出有关问题，请政府领导、部门负责人当场回答，提高会议审议质量。七是实行审议意见卡制度。作为常委会组成人员履职记录，作为归纳整理审议意见的主要依据，弥补会议审议发言的缺失，使审议意见更具广泛性、针对性。八是制发审议意见制度。对常委会组成人员、与会代表的审议发言，由常委会研究室及时进行整理，形成常委会审议意见初稿，送常委会领导签发。常委会办公室将审议意见以常委会文件形式印发"一府两院"及有关部门办理落实。

在督办上下功夫，进一步保证审议成果

加强跟踪检查，是提高审议质量、保证会议成果的重要环节。为促进审议意见的整改落实，必须建立健全"四项"督办制度：一是跟踪督办制度。在审议意见交办后，由相关工委进行跟踪督办，督促"一府两院"认真整改落实。二是办理反馈制度。"一府两院"在规定时间内办结后写出办理情况书面报告，向县人大常委会报告常委会审议意见整改落实情况。三是评价公布制度。召开主任会议，对"一府两院"的反馈报告、工委的评价意见进行讨论，经主任会议通过后，将专项工作报告、审议意见、反馈报告和评价意见通过常委会公报向代表通报，并向社会公布，接受监督。四是对重要议题的审议意见落实情况实行再次审议制度。每年选择一二项重要议题的审议意见的办理落实情况报告，列入常委会年度审议议题，进行跟踪检查。对常委会组成人员不满意的办理事项，要求"一府两院"重新办理。对再次办理结果仍不满意的，应依法通过询问、质询、组织特定问题调查委员会的方式，予以监督，维护人大监督的严肃性、权威性，切实增强监督实效。

抓好审议意见跟踪督办　努力提高监督工作实效

黑龙江省逊克县人大常委会　　李建民　赵广琴　王远辉

为了使人大常委会审议意见真正落到实处，充分发挥效力，我县人大常委会重点从抓好审议意见的交办、督办入手，积极探索建立完善审议意见办理工作机制，确保了人大常委会有效行使监督职权。

一、在思想认识上，切实增强督办的自觉性和坚定性

目前地方人大常委会在审议意见跟踪督办工

作中思想认识存有偏差，主要是自身存在消极畏难情绪，在思想上还存在一个“怕”字，怕与同级党委、政府争权，怕越权、怕失误；客观上存在一个“不“字，不敢监督、不愿监督。对跟踪督办审议意见的重要性认识不到位，偏重于监督的程序与过程，忽视答复的落实和监督效果；被监督者也存在着厌烦思想，敷衍塞责，应付了事。这些思想认识上的问题，直接影响审议意见的督办落实。近年来，我县人大常委会针对这些问题进一步强化了监督意识，提出了没有监督效果的监督是无效监督，强调必须坚持搞好跟踪监督；没有效果的督办就是没办，必须一办到底，务求取得实效，不能半途而废，更不能无果而终。要坚决改变以往那种会结事了或有监无督，督办无果的状况。将工作着力点从会前向会后延伸，既要注重程序，又要注重过程，更要注重结果，将增强监督的实效性摆上突出位置，将人大的监督职权行使到位，还把审议意见跟踪督办工作列入与“一府两院”联席会议的重要内容，摆上工作日程，对审议意见的落实明确到具体的部门、具体的工作人员，保证跟踪监督落到实处。

二、在工作摆布上，着力强化分类督办

我县人大常委会改变以往议完就了的做法，延伸监督链条，对政府工作中的薄弱环节，以及广大人民群众普遍反映的热点难点问题，实行认真抓，反复抓，一抓到底，抓出成效。

*一是对常规工作按程序及时督办。*我县人大常委会在做好专项工作视察和执法检查的同时，高度重视对事后审议意见的跟踪督办。去年4月，我们在对《种子法》实施情况进行执法检查时，发现执法部门审批监管不到位、市场秩序不够规范等问题，经过认真审议，及时下发了审议意见。县政府认真对待，及时组织农委、公安、工商、种子公司等相关部门进行了一次联合执法大检查，依法取缔了4个非法经营点，查扣了不合格种子18000多斤，进一步净化和规范了种子市场秩序，切实维护和保障了广大农民的根本利益。另外，我县人大常委会在对省边境管理条例执法检查时，发现黑龙江上有些岛屿树木砍伐严重，不仅破坏了生态环境，而且造成了严重的水土流失，如果发展下去，将会造成国土流失。常委会对县政府下发了审议意见，要求迅速整改。对此县政府高度重视，并召开专门会议进行部署，及时下发了保护黑龙江岛屿资源，坚决制止乱砍滥伐行为，保护植被的紧急通知，政府相关部门积极行动采取得力措施，设置了专职护林员，有效地保护了黑龙江岛屿资源。

*二是对重点工作按程序突出督办。*2008年，我县群众反映农村合作医疗服务水平不高，看病贵、看病难等问题；反映无牌、无照报废车辆上路，给交通带来不安全因素等等，县人大常委会认真对待群众提出的社会问题，立即组织对全县新农合及交通安全进行联合执法检查，召开常委会听取并审议政府关于这两项工作的报告，提出审议意见，督促政府业务主管部门提出可行性限期整改报告。一年来，在县人大常委会的监督下，县政府对新农合工作加大了管理和资金投入力度，整顿了基层卫生人员队伍，充实了品德优良、业务精干的基层业务人员，又新增了三所乡级卫生院为参合农民实行垫付制，提高了报销比例，扩大了报销范围，使农民真正病有所医。同时加大了运输市场管理力度，取缔了客运非法停靠点，严格查处无牌无照车辆，对报废车实行见一辆扣一辆，废一辆，主要十字路口设立了电子监控设备，交通秩序实现了根本性好转。

*三是对热点难点工作按程序反复督办。*我县镇内大气污染严重，群众反映强烈。对此，县人大常委会对县城内大气污染情况进行了调查，并对《大气污染防治法》进行了执法检查。经常委会认真审议，提出了治理污染源，狠抓主要污染物减排指标落实等审议意见。县政府非常重视，召开了专门会议研究此项工作，全面加强了对生活垃圾和企业排污超标的治理。我县原来的集中供热公司由于技术等问题，对部分区域供暖效果差，有些住宅小区依然是小锅炉自己供暖，环境污染现象很严重。县政府根据人大的建议，首先原供热公司进行体制改革，以招标形式由蓝天热力公司接管了这个企业。蓝天公司接管后对供热管线进行重新改造，供暖效果得到明显改善，一些原来自己供暖的住宅小区都拆掉了锅炉，加入了全县热力网，使县城内的空气环境有了改善。蓝天热力公司接管大热后虽然供暖质量提高了，但由于资金不足对大热燃煤排放除尘设备没有更新，排污超标使城内南岗村和东套子村居民到政府上访。面对这样问题，县人大组织专项工作调查组对蓝天热力公司烧煤排污超标现象进行了实地社会调查，了解到，由于所烧煤均为小煤矿劣质煤，每个供暖期燃煤8万多吨，要从烟囱排出粉尘9106吨，烟尘9964.8吨，废气排放量66560立方米，二氧化硫1200吨，氮氧化合物216吨，这些对大气直接造成严重污染。针对这些

问题，县人大于2008年6月召开常委会再次听取并审议了县政府贯彻实施《大气污染防治法》工作情况的报告。我们一方面及时整理出常委会审议意见，要求县政府及有关部门限期办结；另一方面对审议意见办理情况实施跟踪监督，要求政府及相关部门将办理结果及时向常委会作出书面报告。县政府对此高度重视，及时召开政府常务会议，研究解决大热排污超标问题，并及时作出决定，县政府在财政紧张的情况下投入310万元，热力公司投入200万元，对大热排污进行彻底改造。2009年2月份对此项工作进行“回头看”检查，热力公司新购置安装了两台电除尘器，重新建了一座100米高的钢筋混凝土大烟囱，排放超标问题得到彻底解决。

三、在工作机制上，进一步完善各项规章制度

健全、完善各项规章制度是提高人大工作权威、增强监督工作效果的根本保证。提高常委会监督工作实效，必须以加强制度建设为前提，以贯彻落实为着力点，借助健全的制度，完善的程序，为提升常委会会议审议质量提供制度保障。为加强监督工作，我们先后制定了常委会议事规则、听取和审议“一府两院”专项工作报告规定、执法检查工作规定、讨论决定重大事项规定、国民经济和社会发展计划及财政预决算的审查监督办法等多项规章制度，促进了常委会监督工作的制度化、规范化。随着监督法的出台和实施，还规范了审议意见交办反馈制度，制定了逊克县人大常委会审议意见督办落实暂行办法，建立健全了审议意见整理、签发、跟踪、反馈的相关程序规定，使审议意见督办工作更加符合监督法要求，更加规范有序，更具可操作性。通过加强制度建设，确保常委会监督职能的行使有法可依、有章可循，提高了“一府两院”接受人大监督的意识。在支持和督促“一府两院”改进相关工作的同时，使人大监督工作真正取得了实效。

紧紧把握六个环节　不断提高人大常委会审议质量

黑龙江省嫩江县人大常委会　张明华

听取和审议本级“一府两院”的专项工作报告，是人大常委会监督工作的重点和主要形式，是充分发挥人大职能作用，提高人大工作质量的关键所在。嫩江县人大常委会紧紧把握六个环节，不断提高人大常委会审议工作的质量，增强了审议专项工作的实效。

一、提高对常委会审议工作的认识

在提高常委会组成人员对提高审议工作质量的认识上，一方面，采取多种形式不断引导常委会组成人员，进一步提高对常委会听取和审议“一府两院”专项工作报告的地位和作用的认识，明确常委会审议监督的重要性和必要性。事实上，由于常委会受人员编制和各方面条件的限制，对“一府两院”的各项工作不可能都深入到现场去监督，而通过会议听取和审议工作情况报告的这种监督形式是非常必要的，也是常委会行使监督权一种十分有效的监督手段。因此，要高度重视这项监督权的行使，使其发挥出应有的作用。另一方面，常委会也强调“一府两院”要正确面对监督。“一府两院”负责人由人大选举产生，必须对人大负责，而向人大常委会报告工作，就是向人大负责、接受人大监督的具体形式。“一府两院”要实事求是地向常委会报告工作，虚心听取和接受常委会组成人员的意见和建议，认真办理和落实常委会的审议意见，积极主动地接受人大的监督，这样，才能促进和改善各项工作。

二、精心确定审议的议题

选准、选好议题是提高常委会审议质量的前提和基础。要本着少而精、重质量的原则，有重点、有计划地选择议题。内容上要突出重点，做到“五个围绕”，即围绕影响全县改革、发展、稳定大局和经济建设中的重大事项；围绕县委全会所确定的中心工作；围绕与本地经济、政治和文化生活息息相关的重要法律法规的实施；围绕县人大及其常委会所作出的决议、决定执行情况；围绕全县人民群众、社会普遍关注的热点、难点问题作为议题。减少随意性，每次会议要突出中心，把内容相近的议题安排在一起。

选择的议题要有利于保证宪法和法律在本行政区域的贯彻落实、有利于促进经济发展、有利于工作目标的实现、有利于抓住大事。在每年年初，由常委会各办征求所联系部门，拿出初步意见，再召集“一府两院”负责同志进行沟通，然后由人大常委会主任会议审定，列出本年度月份工作计划安排，并告知“一府两院”。主任会议在讨论筛选时，将涉及本行政区域长远的、根本的、重大的、人民群众普遍关心的热点、难点，并且是迫切需要人大审议的工作或事项初步确定为新一年度常委会会议的审议议题，提交人大常委会审议确定。这样保证了人大常委会所选择确定的议题能够成为“一府两院”致力做好的大事或需要加强和改进的工作，使监督者和被监督者保持在工作目标一致的前提下形成工作合力。2008 年初，全县粮食等商品价格上涨较快，城市居民普遍关注反响强烈，常委会对此开展了《价格法》贯彻落实情况的检查，听取了政府的专项工作汇报，通过审议向政府提出了要规范价格行为，加强行业价格监管和专项整治的工作建议，政府加强了市场粮油价格的监管，筹建了价调粮油商店，经过不懈努力，全县居民粮油价格得以稳控，受到了广大居民百姓的普遍称赞。

三、认真做好会前各项准备工作

做好会前准备工作，对开好常委会会议、提高审议质量起着保证的作用。在这方面，我们着重做好四项工作。

1、深入调查研究。调查研究是保证常委会正确行使职权的基础性工作。人大常委会会议审议的深度，在一定程度上取决于会前对审议议题的调研广度。“一府两院”的工作报告一般很难全面、深刻、具体地反映出客观事物的本质和全貌。因此，常委会组成人员在审议前进行深入的调查研究是非常必要的。首先，保证足够的调研时间。主任会议建议的常委会会议议题一般都提前通知常委会组成人员和有关列席人员，让相关人员腾出足够的时间对议题进行调研。第二，采取多样的调研形式。有时由常委会组织调研组开展专题调研；有时组织常委会组成人员、人大代表，就“一府两院”有关工作的贯彻实施情况，选择有代表性的部门、事项等进行视察；有时由常委会组成人员和列席人员根据各自的工作岗位走访选民、深入调查。第三，坚持求实的调研精神。通过深入到生产和工作第一线，认真倾听群众的呼声和意见，进行周密细致的调查了解，掌握充分的、确凿的第一手材料，并对材料作出科学的分析研究，透过现象查找事物的本质。在对我县贯彻落实《环保法》检查中，利用了近一个月的时间，对嫩江江道乱采沙石情况逐一进行了实地踏察和调查，摸清了无照或证照不全，不按规划异地乱采，相关职能部门职责不清等情况，掌握了第一手资料。政府对此给予了高度重视，成立了专项整治领导机构，责成相关部门进行了专项整治。目前，整治效果初见成效，乱采沙石现象得以有效遏制。

2、对“一府两院”各项工作报告进行预审。“一府两院”提请人大常委会审议的有关文件、资料应于会前几日内送到常委会有关人员手中，由常委会分管领导及时组织相关人员对报送的文件、材料进行预先审查，发现失真、敷衍、不规范等情况的坚决退回重写，直至符合要求才提交常委会审议。一是审查内容是否规范、翔实。审查报告、汇报材料是否切合议题；二是审查是否把政府与党委的行为混淆在一起；三是审查报告人的角度把握是否准确，是否出现应由政府汇报而站在部门的位置等情况；四是审查报告的真实性、可信度，是否与自身调查和群众反映的情况相一致；五是审查报告产生的程序是否规范。总之，常委会坚持了报告不规范不上会，内容不翔实不上会，分析问题不透彻不上会，整改措施不具体不上会。

3、结合议题审议前学习和培训。在常委会会议之前，组织部分常委会组成人员和相关工作人员对“一府两院”的汇报材料、相关法律法规、方针、政策及调查情况进行学习、讨论，全面熟悉情况。这样，有效增强常委会组成人员加深对“一府两院”汇报、常委会检查调查材料的理解。在审议时，更有针对性地指出“一府两院”执行中存在的问题，使审议达到了目的，取得了事半功倍的良好效果。

4、召开常委会预备会议。在实际工作中，我们坚持了在常委会会议开始前，首先召集常委会部分组成人员预备会议或者召开常委会主任(扩大)会议。这个会议由该次例会主持人主持，议程包括通过本次常委会议程、日程；根据组成人员的工作岗位、业务能力、专业知识，确定与议题相对应的中心发言人；根据“一府两院”工作报告中取得的成绩、存在的问题及解决问题的方法措施确定审议的重点；听取常委会机关的检查调查报告等。使常委会组成人员在审议中做到言之有物、言之有理、言之有力，使“一府两院”虚心接受批评、意见，并督促狠抓落实。

四、扎实开展好会中审议

审议对于提高常委会会议质量起着决定性的作用。要坚持依法审议、一切从实际出发、实事求是、客观公正、民主集中制、监督与支持并重的原则,切实加大审议力度。

1、审“实”。根据自己掌握的情况,对会议议题和事项提出自己的意见、建议和看法。审议过程中充分发扬民主,尊重每个组成人员的民主权利,让他们充分发表自己的意见,提出自己的看法。坚持一切从实际出发,少讲那些不痛不痒、无关紧要的套话。同时,针对有的工作报告中讲成绩多、谈问题和对策较少的特点,常委会组成人员敢于坚持客观、公正原则,在审议时尽量少讲成绩,多指出“一府两院”工作中存在的问题、分析原因,多谈些解决问题的建议。

2、审“准”。也就是从维护人民的利益、维护改革发展稳定的大局、维护党的领导出发,围绕党的工作中心展开审议。在审议中注意突出重点,避免随意发言、面面俱到、泛泛而谈。审议“一府两院”工作报告时,着重审议其执行宪法、法律、法规的情况,执行上级和本级人大及其常委会有关决议、决定的情况,执行党和国家方针政策的情况,所作决策是否符合本地实际的情况。

3、审“深”。即广开言路,深入审议。为了多开言路思路,常委会例会邀请部分人大代表和相关议题的有关部门负责人列席。人大代表根植于广大人民群众,直接面对的也是广大人民群众,人民群众的冷暖他们最清楚,群众反映的意见他们最先知道,也最能亲身体会;相关议题的有关部门负责人对议题涉及的内容比较熟悉,情况了解也是较全面的。会议主持人因势利导,鼓励列席会议的人大代表及各方人士畅所欲言,发表真知灼见,把每个议题议透。

4、审“严”。也就是在审议中高标准,严要求,不搞马马虎虎,唯唯诺诺,应付了事。对在审议中因工作不力、措施无力、办法乏力、领导穷力的专题事项,严格把握,充分发扬民主集中制,通过表决或者票决予以确认。在去年六月审议的县政府《关于重特大刑事案件侦破情况的报告》,针对全县治安防控体系不尽完善,刑事发案率较高,破案率偏低等问题,在常委会上未予通过。为此,常委会提出了加大对大案要案特别是全县人民特别关注的命案的侦破力度,县政府及公安部门对此高度重视,积极落实防控措施,开展严厉打击恶性、系列刑事犯罪的专项斗争,强化流动人口管理,加强公安队伍建设等一系列措施,使全社会治安形势得以明显好转。

五、注重审议结果的落实

审议结果的落实,直接影响到人大常委会的权威,甚至影响人们对社会主义民主真实性的看法。因此,会后加强跟踪督办,督促审议结果的落实就显得非常重要。

常委会各办按照全面准确反映审议情况的原则整理审议意见,经主任会议讨论通过后,以常委会文件印发给“一府两院”进行办理,明确办理时限。要将决议和审议意见的办理工作列入督办事项。常委会及时了解办理工作的情况,加大督办力度,采取检查、调查等形式,督促承办部门在规定时间内将办理情况书面报告常委会。主任会议定期听取审议意见办理情况的汇报,对不认真办理的承办部门,提出批评意见,或进行跟踪视察,督促其尽快办理;对拒不办理的部门,要按照法定程序采用刚性手段,促进审议意见的落实。在决议和审议意见的办理过程中,进行跟踪督察,并将督察情况向主任会议汇报。对于一些重大问题,由主任会议、常委会会议分别专题听取办理情况汇报,并由常委会组织人大代表进行视察和检查,督促其进一步办理。特别是对审议意见中涉及贯彻法律法规存在的突出薄弱环节、关系经济社会发展的重大问题、人民群众反映强烈的热点、难点问题,加强重点跟踪督办。经过近一年的工作,今年我们将对去年未获通过的《关于重特大刑事案件侦破情况的报告》和《环保法》中关于嫩江江河道乱采沙石等议题,再进行审议督办。

六、发挥舆论监督和群众监督的作用

采用新闻媒体对会议全程跟踪报道的方式进行监督。组织新闻媒体对会议的审议过程及形成的审议意见进行全面报道,对有些影响较大、群众关注度较高的重要议题还做专题报道,进而对审议意见办理情况进行跟踪报道,使“一府两院”及其有关部门接受人大监督的情况向社会公开,增强人大监督工作的透明度。同时,注重发挥群众监督的作用。常委会注意收集和整理广大人民群众的意见和建议,将其意见与组成人员的审议意见综合归纳到一起,征求对审议意见办理工作的意见和建议。

关于代表建议办理"层级对应、同级办答"的探索与思考

贵州省贵阳市白云区人大常委会主任　赵兴民

从代表建议的法律属性看，代表向"一府两院"及其部门提出建议，是宪法和法律明确赋予的职权，是人大及其常委会监督工作的重要形式，是代表行使管理国家事务权力的重要方式，是民意在代表身上的具体体现。按照组织法立法精神，同级人大产生并监督同级"一府两院"，同级"一府两院"向同级人大负责并报告工作。本着"同级监督"和"同级负责"的原则，同级人大代表向同级政府提出建议、批评和意见，理应由同级政府办答，即"层级对应，同级办答"。

一、代表建议办理遭遇的尴尬

（一）代表"自提自答"，办答遭遇尴尬。由于没有注重层级对应，很多地方人大都遇到过这样的情况：作为同级政府某一组成部门主要负责人或下级政府主要领导的某代表，其所提建议经他的上级分解又回到"娘家"，由自己负责组织办答，这就是这些代表所称的"自提自答"。诚然，上级政府将代表建议分解到所属相关单位或下级政府办理，似乎理所当然。但问题是，作为同级政府某一组成部门主要负责人或下级政府主要领导的代表，之所以提出解决某问题的建议，是基于以他自身所掌握的财权、事权及其它行政资源，无力解决所提问题，才向"他的上级"提出建议。如果将他所提的建议交由他负责办答，他自然无力组织实施。面临这样的尴尬，该建议办理的结果就可想而知，往往就只有答复，没有落实。

（二）办答"文来文去"，问题难以解决。在层级不对应的情况下，代表建议办理难以按相应层级明晰责权。只注重同级政府组成部门和下级政府责任，没有注重明晰同级政府自身责任。在这种情况下，顶多由政府督查室督办，而缺乏政府领导层面的督办，导致督办乏力，使建议办理往往或有方案没有结果，或仅答复没有落实，或见文不见人，或见人不见事，办理工作难有实效，很多问题难以得到真正解决。对于同一条建议的办理，甚至还有不同承办单位作出不同答复的现象。如西部某市某区代表提出关于解决某村村民饮水难、行路难问题的建议，从2005年开始，在每年的人代会上，年年都有代表提，年年都得到有相关部门和乡镇的五花八门的答复，但该村群众较长时间内仍然喝着"问题水"，仍然走着又窄又破的"问题路"。直到三年后有村民上访，人大领导过问，政府领导亲自督办，大部分问题才最终得到解决。

（三）政府意图难显，落实效率低下。就目前全国各地代表建议办理的情况来看，在交办环节上比较能够体现政府的意图和力度，而在实际办理和答复环节上大都仅仅体现具体承办该建议的同级政府某一组成部门或下级政府的意图和力度，同级政府的工作意图和推动力度难以得到体现。在实际办理过程中，由于没有注重层级对应，建议交办后很少有本级政府决策层面的督促和把关。在缺乏上级领导层督办和把关的情况下，建议办答好与不好，就要看具体承办或牵头单位的能耐和良知了，从而造成很多建议办理落实效率低下。特别是在答复环节上，答复件文本大都在没有同级政府领导层把关的情况下匆匆出笼，就由承办单位直接征求代表意见，代表对此十分不满。有的承办单位为了能够以便应付交差，就想尽一切办法引诱代表在本来对办理工作不满意的答复件上违背初衷签"满意"，看起来是代表满意率高，但含金量低，建议所提事项最终难以落实。

二、探索与思考

既然一府两院由本级人大产生，受本级人大监督，向本级人大报告，对本级人大负责，那么，本级人大代表向本级政府提出的建议、批评和意见，理应按照"层级对应，同级办答"的原则，由本级政府负责办理并答复代表，避免代表"自提自答"，有效提高落实率，使建议中提出的问题能够真正得到解决。

（一）直接办答。对于涉及本行政区域经济社会发展全局、事关人民群众根本利益的重点建议，应由同级政府直接办答。这些重点建议，有的涉及多部门、多领域，有的时间跨度长、牵动层面高，若简单地交由同级政府的某一个组成部门牵头办理，问题往往很难得到真正落实。尽管也明确有主办和协办单位，但由于主办单位和协办单位处在同一

层级，牵头部门牵头难，协调推动难度大，办理起来往往是主办难办，协办不办，办理实效大打折扣。同级政府直接承办，至少由政府分管领导直接牵头，牵头单位搞好协调服务，相关部门密切配合办理，组织、协调和推动力度就会大大提高，建议就会真正落实，问题就能真正解决。如贵州某区11名代表提出的关于制止毁林开荒的建议，涉及公安、林业、综治、司法和有关乡镇责权的处分，也涉及林权制度改革等政府决策层面事权的处分，如仅由林业部门牵头办理并答复，牵头单位难以协调调动协办单位，难以处分同一层级单位的责权，更不能处分同级政府决策层面的事权，就会导致该建议办理只能是一般性答复而无实质性落实。在生态文明建设中出现的部分地方毁林开荒、毁林建房、毁林开矿等大量不法现象，就与这类建议没有办好有关。因此像这样的建议，必须由政府直接牵头办理并答复代表。

（二）委托办答。尽管从法理上要强调同级办答，但如果所有建议都由同级政府直接办答，由于量大，势必要牵扯着政府大量精力，除了影响行政效率，影响政府抓关键、干大事，也要影响建议办理本身的实际效果，既不现实更无必要。因此，对大量的一般性建议，同级政府可以实行委托办理。一是委托下级政府办理。下级政府可以按照上级政府的要求参与该级政府职责范围内相关建议的办理，但不能直接答复上级代表。从法理上来说，上级代表只有监督本级政府的法定权利，没有直接监督下级政府的义务。那么，下级政府便不具备向上级代表报告工作的法定责任，也就不具备直接向代表答复建议办理情况的法定义务。因此对建议办理情况的答复，必须由本级政府直接负责，不能由下级政府答复。二是委托本级政府组成部门办理。对于属于本级政府某一方面问题的建议，可由同级政府委托其有关组成部门办理并答复代表。就目前全国各地的情况来看，统一交办看似完成了办理和答复的程序。然而，在办理工作中大都只注重交办委托而忽视了答复委托。因为相关部门建议办理情况的答复件大都未经政府办公会议或分管领导把关就直接送达代表，答复件没有充分体现政府真实意图，导致建议办理方案好看而落实困难。答复环节上委托程序的最后完成，可以看成是政府行政首长办公会议或分管领导对答复件的审查把关。因此，必须注重答复委托程序的全面完成。也就是说，建议办理情况答书面复件，必须经政府领导层把关后才能送达代表，使建议答复件真正体现政府意图，也使建议办理工作本身能真正得到政府领导层面的督促、支持和推动。这里需要特别注意的是，实行委托办理，不能以建议领衔代表为主要负责人所在单位为牵头单位或主要承办单位，不能交由不具备相应层级事权、财权及其它行政资源的单位办理。否则，就只有交办和泛泛而谈的答复，没有实质性的落实。实行委托办理，本级政府仍然要对办理情况的好坏承担最终的责任。换句话说，如果某条建议办理不好，不是由作为同级政府组成部门或下级政府的承办单位直接向人大负责，而是由同级政府直接向同级人大常委会负责。如果人大常委会要问责的话，不是问下级政府或同级政府组成部门的责，而要问同级政府的责。

（三）重点督办。为了保证同级办答得到落实，使代表建议真正取得实效，除了完善同级政府内部的监督制约机制外，同级人大常委会还可以对重点建议实行主任会议督办。如近年来贵阳市白云区人大常委会，每年都要选择一些事关改革发展稳定全局和人民群众切身利益的重点建议，由同级人大常委会主任会议进行挂牌督办。从同级政府交办、相关部门办理、到责任单位上门征求代表意见，均由常委会分管领导和相关工委跟踪督办。督办中，常委会分管领导和相关工作就办理过程中的情况和问题随时向主任会议报告，并按照主任会议意见和要求督促承办单位加以整改落实，确保督办一件落实一件，跟踪一件解决一件，办理效果十分明显。该区人大代表提出的关于解决某厂内迁征地造成90多户失地农民生活补助标准过低的建议，时间跨度大，涉及招商、社保、维稳、司法和有关乡镇、村等多个单位，也涉及有关事权在同级以上政府决策层。由于开始仅由该区维稳部门牵头办理，建议得不到落实，造成村民不断上访甚至越级群访问，成为影响该区社会稳定的一大“火药桶”。人大发现这一情况后，立即这一建议的办理列入主任会议督办件，重点督促政府由分管领导牵头，直接负责办理并答复代表。在人大常委会的全程督办下，政府多次与厂方协商，终于将失地村民生活补助标准提高到每人每月200元，并将进一步调研论证，做好这部分村民的医保、社保覆盖工作，以彻底解决这一问题。

（四）责任追究。在代表建议的办理过程中，总有个别部门敷衍塞责，引起代表的不满。但现行有关代表建议、意见办理的法律法规，并没有规定承办单位的法律责任，更不会让相关部门和相关领导承担经济、行政责任。既然代表向“一府两院”及其部门提出建议，是宪法和法律明确赋予的职权，那么代表建议必然具有法律效力。既然代表建议具有法律效力，同级政府或承办单位就应承担相应层级的责任，即实行同级办答问责，以确保人大代表监督权不受直接或变相的侵害。按照“层级对应、权责统一”的原则，对本级政府职权范围内的建议办理，必须合理划分相应层级的建议办理工作职责，制定或完善建议办理考核办法，健全建议办理反馈制度，把代表建议办理同其它职能目标一并纳入年度目标管理考核范围。要结合实际，制定切实可行的代表建议办理奖惩措施。对在办理代表建议过程中认真负责、办理到位、代表和人民群众满意的部门和个人，由本级政府进行通报表彰；对于人大意识、代表意识不强，办理态度不端正、敷衍塞责、推诿扯皮或重答复、轻落实的部门、单位和个人，由本级政府进行通报批评，限期改正。对个别无正当理由拒不办理代表建议或造成严重后果的，可以报告同级人大常委会主任会议直至提请常委会会议专题审议，严肃追究责任，必要时向社会公布，以刚性手段保证代表建议办理取得实质性效果。

湖北远安县人大常委会监督工作实现“五新”

湖北省远安县人大常委会　刘建全

湖北省远安县人大常委会自2007年元月换届以来，认真宣传贯彻落实《中华人民共和国各级人民代表大会常务委员会监督法》，采取得力措施，不断加大监督工作力度，努力提高监督实效，人大监督工作实现了“五新”：

一是思想认识有新提高。在不学习和实践中充分认识了人大监督工作的法定地位和作用，提高了对人大监督工作重要性的认识，增强监督工作的责任感和使命感。同时对如何行使监督权有了更深的理解，明确了在行使监督职权的过程中，要牢牢把握住人大监督的宏观性和间接性这一“尺度”，做到既不越权，又不失职，依法行使监督职权，发展社会主义民主，推进依法治国。

二是制度建设有新突破。为了更好地贯彻落实《监督法》，增强监督实效，规范常委会工作运作，远安县人大常委会按照《监督法》的规定，结合工作实际，着力加强常委会制度建设，不断探索人大工作的新思路、新方法。去年以来，人大常委会先后修改、制定了《远安县人大常委会议事规则》、《人大常委会主任议事规则》、《规范性文件的备案审查办法》、《人大常委会与“一府两院”工作联系办法》《人大常委会视察办法》、《听取和审议专项工作报告满意度测评办法》、《执法检查办法》、《信访工作若干规定》、《人事任免办法》、《代表工作暂行办法》、《向本地人大代表通报情况制度》、《加强人大常委会自身建设的决议》、《预算监督办法》等十三项制度。在机关内部全面推行“首问负责制、岗位责任制、限时办结制、服务承诺制、政务公开制”等五制管理和持证上岗、挂牌服务工作制度，以及代表工作的相关制度，进一步建立完善了行使职权、推进工作的制度链条，使县人大常委会工作步入规范化、制度化的轨道。

三是监督方式有新改进。按照《监督法》的要求，不断改进监督方式。第一是注重监督的实效性。更加注重将事前监督、事中监督、事后监督紧密结合起来，切实避免或减少问题的发生。第二是注重调查研究。为确保监督工作的质量，县人大常委会全体组成人员常年坚持深入基层，走访代表、联系群众，全面了解掌握社情民意。第三是对听取和审议“一府两院”的专项工作报告进行满意度测评，将表决方式由过去的举手或票决改为电子表决器表决，对测评不满意率高于30%（含30%）的专项工作报告，由报告单位对其工作进行认真整改落实到位后，列入下一次常委会议题，重新报告。重新报告的测评满意和基本满意比例仍未达到50%的，由常委会讨论研究，提出处理办法。第四是注重督办审议意见的落实。常委会采取“上门督办、重点督办、联合督办、跟踪督办”等四种方式，督促政府有关部门将审议意见、决议决定真正办理落实到位，让人大代表和人民群众满意。

四是监督实效有新进展。远安县人大常委会更加注重监督实效，确保监督不走过场。坚持从全县发展与稳定的大局出发，从广大人民群众普遍关注的热点、难点问题入手，准确选题，深入调研，认真审议，强化"一府两院"对决议决定的执行和审议意见的落实工作，有力推进了"一府两院"理顺工业园区管理体制；加强磷矿资源深度开发；加大矿山地质灾害治理和环境保护力度；建立社会抚养费征收责任机制；取消预算单位资金过渡账户、加强财政资金监督；增强社会困难群体法律援助保障；加快农村基础设施水毁工程恢复及加强通村公路硬化后的管护；规范劳资关系、解决招工和就业"两难"问题；建立完善新型农村合作医疗制度解决农民看病难问题；加强公安"三基"建设维护社会稳定和谐等方面的工作。县人大常委会不断加强对政府的工作监督，为促进依法行政、公正司法发挥了积极作用，为远安经济社会又好又快发展作出了积极的贡献。

五是人大宣传有新成效。县人大常委会不断加强人大理论宣传工作，在全县聘请30名人大理论宣传通讯员，进一步建立完善了与新闻单位联系、新闻宣传奖励、通讯员管理、好新闻评选、对外推介经验等制度，多次邀请省、市人大专业人士进行理论新闻宣传业务知识培训，提高了人大机关干部和通讯员的政治理论和宣传写作素质。去年至今年10底，被市级以上人大系统宣传媒体采用稿件640篇，其中，被《中国人大》和全国人大新闻网采用97篇，采用稿件的数量和质量实现了历史性跨越，人大理论宣传工作跃升全市先进行列，受到了市人大表彰。今年到六月已在《人民日报》、《中国人大》、《人民网》、《中国人大新闻网》等国家级报刊网站上发表180篇，人大新闻理论宣传工作今年可望再上新台阶。

增强贯彻落实科学发展观的坚定性
不断推进人大工作创新发展

辽宁省沈阳市铁西区人大常委会主任　周荣生

在这次全党开展深入学习实践科学发展观活动中，作为人大机关的党员干部必须站在战略和全局的高度，深刻认识开展学习实践活动的重大意义，切实提高贯彻落实科学发展观的自觉性和坚定性，通过扎实开展学习实践活动，不断推进人大工作的创新发展，为促进地区经济、社会又好又快发展作出更大的贡献。

一、明确开展深入学习实践科学发展观活动与人大工作的关系

科学发展观是我国经济社会发展的重要指导方针。人大工作作为党和国家工作的重要组成部分，涉及到经济社会发展的各个方面。因此，科学发展观与人大工作是密切相关的。从人大工作性质上看，人大作为党领导下的人民民主的国家权力机关，在思想上、政治上、组织上要与党保持高度一致，那么，人大在平时的工作中就必须要承担起贯彻落实科学发展观、推动科学发展的责任，从制度上保障科学发展观的落实。从人大工作职能上看，人大具有宪法和法律赋予的立法权、重大事项决定权、监督权、人事任免权等，人大可以通过依法行使这些职权，从法律层面上来推动地区经济和社会事业沿着科学发展的轨道正确前行。从人大工作本质上看，人大工作与科学发展观核心理念完全吻合，坚持以人为本和人民当家作主的出发点和落脚点是完全一致的，都是以维护好、实现好、发展好人民群众的根本利益为宗旨，两者相互促进、相辅相成。因此，深入开展学习实践科学发展观活动对于加强人大及其常委会的工作是非常必要的。只有开展好学习实践科学发展观活动，我们人大常委会才能更好地把握自己的工作性质和方向，才能更好地坚持和完善人民代表大会制度，进一步加强和改进人大工作，从而促进科学发展观的贯彻落实。

二、纵观全局，把握关键，扎实开展好学习实践活动

在同级党委部署后，人大常委会要切实将学习实践科学发展观活动摆在突出位置，追求快节奏、高质量，立即召开党组会议研究部署，专门成立领导机构，制定活动方案和具体安排。在学习调研阶

段，注重与解放思想大讨论相结合；在分析检查阶段，重点与加强领导班子思想政治建设和作风相结合；在整改落实阶段，注重解决问题与建立长效机制相结合，确保学习实践活动取得实效，充分体现出人大常委会的特点。

1、注重理论学习和思想解放，力求在树立科学发展意识上有突破。检验这次学习实践活动是否取得成效，首要的是看党员干部在用科学发展观武装头脑上是否下了真功夫，推动科学发展的能力是否提升到了新水平。因此，按照真学、真懂、真信、真用的要求，我们组织党员干部认真学习《毛泽东邓小平江泽民论科学发展》、《科学发展观重要论述摘要》等必读篇目。积极开展调查研究和思想解放大讨论活动，并根据地区经济社会发展中重点难点问题，特别是结合今年“保增长、保民生、保稳定”这一重要任务，选择了6个调研课题，认真开展调查研究。结合加强和改进人大常委会工作的实际，确定了3个讨论议题，积极开展思想解放大讨论活动，在学习调研阶段，基本使大家对科学发展观的认识提升到了新高度、在推动思想解放上达到了新境界。

2、注重创造性，努力在活动载体上有新特点。深入学习实践科学发展观的过程就是解决思想问题，大胆创新的过程，在学习实践活动过程中，我们紧紧围绕区委提出的建设具有国际竞争力的先进装备制造业基地，加速实现铁西振兴发展第二次飞跃的目标和全区中心工作，积极开展以深化审议工作，促进“一府两院”依法行政和公正司法；深化代表工作，反映社情民意；深化执法检查，推动我区民主法制建设进程为主要内容的“三深化”活动，按照区委要求做好各项“规定动作”，实现“规定动作”得满分，“自选动作”得高分，使学习实践活动充分体现铁西特色、体现人大特点。同时，我们在活动中积极探索有效形式，搭建好学习实践活动平台，确保党员干部全程参与，努力扩大了学习实践活动的覆盖面。

3、突出实践特色，注重在解决突出问题上求成效。开展学习实践科学发展观活动的一个重要原则和最大特点就是突出实践特色，解决实际问题。我们在学习实践活动中，努力做到查找差距对照实践来进行、制定措施以实践为依据、解决问题用实践来推动、检验成效以实践作标准。根据区人大常委会机关的实际情况，我们初步查找出了亟待解决的五个方面问题：一是在思想认识上，存在对科学发展观理解不深不透的问题，思想解放不够，创新意识还有待进一步增强。二是在监督工作中，缺乏科学发展的忧患意识，经常性监督力度不够，保障和推动经济社会全面、协调、可持续发展的能力和监督的实效性有待提高。三是代表工作发展不够平衡，履职方式单一，代表作用的发挥及参与管理地方国家事务的责任意识和能力尚需进一步提高。四是机关干部的能力素质、知识结构和履职水平与新形势、新任务对人大依法履职提出的新要求相比，还有一定差距。五是个别党员干部的工作作风浮躁，工作不扎实，效率不高，机关作风建设需要不断加强。我们把查找和解决问题贯穿于学习实践活动始终，坚持从实际出发，边学边改，实实在在地解决影响和制约人大常委会在推进科学发展上的各种突出问题，让人民群众真正看到我们通过开展学习实践活动带来的精神状态的新变化、依法履职的新加强，各项工作的新成果。

三、积极转化学习实践成果，确保活动取得实效

我们在今年开展的学习实践科学发展观活动中，坚持学以致用，以科学发展的思路指导和推动人大常委会工作。

1、以科学发展观为统领，着力在提高用科学发展观指导人大工作中上水平。人大常委会贯彻落实科学发展观，要立足人大职能，谋划工作思路，制定工作措施，依法行使职权，为促进经济社会科学发展和谐发展发挥积极作用。一是坚持以经济建设为中心，围绕改革发展稳定大局，进一步探索新形势下人大法定职权内的有效监督方式，增强监督实。二是掌握科学发展的精髓，善于以科学发展的理念用于依法履行职权之中，促使“一府两院”切实把科学发展观贯穿于工作的全过程，落实到各个环节。三是认真贯彻实施监督法，通过有针对性地开展视察、执法检查和调研，听取审议相关专项报告，落实规范性文件备案审查制度，及时提出意见并做好跟踪监督，把法律法规实施中的难点、经济社会发展和人民群众关注的热点，以及执法中的薄弱环节作为监督重点，支持和促进“一府两院”更好地依法行政、公正司法。四是围绕科学发展观贯彻实施中出现的新情况、新问题，深入实际，开展视察和调研，提出有前瞻性、指导性的对策和建议，促进科学发展观的全面贯彻落实。

2、推进改革创新，着力在健全人大监督机制上有新进展。贯彻落实科学发展观，推动科学发展，必须以科学的体制机制做保障。当前，影响人大常委会整体工作水平提高的因素是多方面的，除了有民主法制建设与社会主义民主化进程相适应的问题外，微观上既有思想观念的问题，也有干部作风问题，深层次还有体制机制问题。一些适应新形势新任务要求的体制机制还没有完全建立起来。我们要把开展学习实践活动与促进人大工作制度化、法制化、规范化紧密结合起来，把解决监督实效问题与建立长效机制紧密结合起来，全面履行宪法和法律赋予人大及其常委会的职权。同时，要通过学习实践活动，把工作实践中创造的好做法、好经验，用制度固定下来，形成常态化的长效机制，为推动科学发展提供有力的制度保障。需要强调的是，体制机制创新是一项非常艰巨的工程，必须在党委的领导下，本着科学、求实的态度进行。我们在学习实践中，对人大机关现有的规章制度进行认真清理，在深入调查研究的基础上，积极做好废、改、立工作。

3、*坚持以人为本，着力在关注民生和发挥代表作用上有新举措。*以人为本是科学发展观的本质和核心，也是人大工作的出发点和落脚点。树立和落实科学发展观，推动人大工作实现创新发展，要求我们要牢固树立群众意识，把权为民所用、情为民所系、利为民所谋作为人大工作的准则，无论是对“一府两院”监督工作，还是讨论决定重大事项和执法检查等，都要把解决民生问题放在重要位置，切实解决广大人民群众最关心、最直接、最现实的利益问题。联系群众是人大制度的特点和优势，要进一步完善科学有效的工作机制，拓宽人民群众直接参与人大工作的渠道，自觉地把人大工作置于人民群众的监督之下。要高度重视代表工作。代表是人民代表大会的主体，代表作用能否得到充分发挥也是衡量是否坚持科学发展的尺子。因此，我们组织区人大代表开展了以“深入调研，为铁西科学发展献良策；深入基层，为保增长促和谐解难题；深入走访，为人民群众办实事”为内容的“三深入”活动。通过开展“三深入”活动，创新代表工作，体现出代表活力，为代表履职提供了新平台，使他们更好地围绕中心，服务大局。

总之，在贯彻落实科学发展观、推进科学发展的进程中，我们人大及其常委会肩负着重要职责。要在党委的正确领导下，按照统一部署和要求，以认真负责的态度、改革创新的精神、求真务实的作风，切实搞好学习实践活动，不断推进人大工作创新发展，为推动铁西在科学发展道路上加速实现全面振兴作出贡献。

新时期县区人大干部应强化三种意识

江苏省淮安市淮阴区人大常委会党组书记、副主任　葛志胜

当前，县区人大干部在工作中坚持党的领导，坚持以邓小平理论和“三个代表”重要思想为指导，认识逐步深化，实践不断推进。但对照深入学习实践科学发展观活动的要求，我们的认识层次还不高，理解范围还不宽，领会程度还不深。随着经济社会的快速发展，新时期县区人大干部面临着机遇，也面临着挑战，为进一步履行好工作职责，县区人大干部应该强化以下三种意识：

首先，强化为民意识。一是克服到站到位的思想。有些同志认为，人大是“二线”机关，进了人大就到站到位了，就可以歇歇脚、松口气、养养老了。恰恰相反，在“一线”积累的宝贵经验、丰富阅历和有利资源，正是为做好人大工作奠定了坚实的基础。随着民主法制进程不断推进，人大工作大有可为，决不能不思进取、应付了事。二是充分认识人大工作的重要性。人大是由人民选举产生、受人民委托行使国家权力的权力机关，人大的职责在于维护法律尊严、维护公平正义和维护人民利益。作为人大工作的同志，应认识到人大工作是无比光荣、崇高和神圣的，并充分珍惜，全心全意做好人大工作。三是树立正确的监督观。有的人担心监督力度大了，会引起“一府两院”的反感和不满，觉得人大工作做多了不够意思，做少了没意思，只能做一点意思意思。人大与“一府两院”虽然职责不同，但在地方党委的统一领导下，其目标是一致的。人大通过视察、检查、听取专项工作汇报和调研等方式，对“一府两院”的工作提出意见和建议，帮助“一府两院”做好工作，是宪法、法律赋予的权利和义务，是对“一府两院”工作的支持和促进，是对党、对人民的负责和尽职。四是敢于为民执言为民请命。人民通过法律的形式把管理国家和社会事务的权力交给了我们，我们又该如何工作才能让人民满意呢？答案只有一个，那就是继续保持积极进取、昂扬向上、奋发有为的精神状态，以如履薄冰的危机感、夜不能寐的责任感、时不我待的紧迫感，把人民赋予的权力用在为民执言、为民谋利、为民服务上，甚至不惜牺牲自己的宝贵生命，真正做到恪守为民之责、多办利民之事，以实实在在的工作成效让人民满意高兴，取得人民的信任支持。

其次，强化形象意识。一是提升素质，做一个有能力有作为的人。树立终身学习的理念，向书本学习、向实践学习、向人民学习，不断提高驾驭全局工作的能力和水平，化解矛盾和问题才能得心应手、游刃有余，也才能不断适应新形势的发展需要。一个有能力又有作为的人才是党和人民所需要和欢迎的人，这样的人多了，我们的党和国家才有希望。二是转变作风，做一个务实干事的人。空谈误国，实干兴邦。坚持党的群众路线，办事情作决策一切以群众满意高兴为出发点和落脚点。经常深入基层，了解群众的所想、所求、所盼，及时反映社情民意、群众疾苦，为党委、政府决策提供参考。同时，围绕党委的工作中心和群众反映的热点、难点问题开展工作监督，大力支持和促进“一府两院”的工作，并不断强化后续监督，提高监督实效。三是严于律已，做一个清正廉洁的人。古人云：“公生明，廉生威”。人大干部应常修为政之德、常思贪欲之害、常弃非分之想、常怀律已之心，始终把人民的利益放在首位，按法律办事、按政策办事，真正做到立党为公、执政为民，永葆党员干部的清正廉洁的革命本色。

第三，强化法律意识。一是坚持党的领导。接受党的领导是人大工作的基本原则，也是宪法和法律的明确规定。积极发挥党组在人大的领导核心作用，配齐配强干部队伍，形成科学合理的年龄结构和知识结构，并加大人大干部的交流选拔力度，为人大干部注入新的活力。对事关地方经济社会发展的重大问题适时作出决议决定，及时地把地方党委的要求转化为全民的意志。二是坚持依法履职。人大的工作最具法律性，所有一切工作的开展，必须严格依法进行。只有各项工作的开展都合乎法律的规定，人大的工作才具有法律效力，对“一府两院”的监督才是合法的、有效的。同时，做好人大工作也应积极发扬创新精神，深入探索破解问题的新思路、新方法、新途径，不断推动人大工作迈上新台阶。三是坚持民主集中制。民主是自由的化身，是社会文明进步的标志。讲民主是人大的又一重要特征，人大是集体有权、个人无权，所有的权利都属于人民。人大干部应争做加快民主进程的模范和表率，说民主话、干民主事、做民主人。领导干部更应以身作则、处处模范，畅通民主渠道，博采众长、集思广益，善于用民主的方法手段解决民主的矛盾和问题，形成既有民主集中、又有个人心情舒畅的良好氛围。

花都区人大在落实科学发展观的一些探索

广东省广州市花都区人大常委会办公室副主任　李远

坚持好、完善好、发展好人民代表大会制度，加强和改进人大工作，是党赋予各级人大常委会和广大人大工作者的重大使命。结合学习实践科学发展观的活动，花都区人大常委会提出了一些工作思路和创新举措。

一、理论学习上，追求一个“活”字

近年来，花都区人大常委会坚持以科学发展观统领人大工作全局，切实加强自身建设，采取灵活多样的学习方式，使干部职工的学习不受时间、场合、方式等制约，以着力推进学习型机关的建设，不断解放思想，更新观念，适应不断发展的新形势，树立新观念，进一步增强做好新时期人大工作的责任感和使命感，牢固树立人大工作必须服从于服务于经济社会发展的理念，牢固树立有效行使职权必须敢于监督和善于监督的理念，牢固树立有位有威必须致力于有所作为的理念。

一是设置宣传栏。在办公楼显著位置设置人大机关学习园地，作为人大机关干部学习交流的园地之一。至今,已出版党小组学习心得、建党周年纪念、法制宣传、工作方法探讨等专题宣传栏13期。

二是坚持学习月制度。机关党支部于每年年初拟定了年内学习内容、学习时间安排。

三是积极参加"花都讲坛"。此项活动由区委组织部、宣传部、区委党校联合举办,聘请国家行政学院公共管理部公共政策教研室主任董明教授、广东省委党校副校长陈鸿宇教授、中国教育电视台播音指导闻闸教授、美国联邦快递公司北京办事处首席代表兼中国及太平洋地区对外事务总裁田长桉博士等国内名家主讲《领导用人与激励机制》、《解放思想与实践科学发展观》、《公共演讲与媒体沟通》、《联邦快递与航空物流》等专题讲座。每月开讲一次,每次区人大机关都有20人左右报名参加。

四是积极参加网络大学堂。为加强干部培训规范化建设,增强培训实效性,区人大常委会机关干部利用一切可利用的时间进行网络大学堂培训学习。现在已有20名干部完成公务员培训年度积分。

五是组织学习交流。区人大常委会根据不同的工作实际与工作需要,组织干部外出参观学习,同时,邀请兄弟单位前来传经送宝。此外,以党小组为单位,不定期组织一些学习交流活动。

六是组织大讨论活动。去年初,区人大常委会机关开展"继续解放思想,坚持改革开放,努力争当实践科学发展观的排头兵"学习讨论活动,以学习讨论和调查研究为主要形式,着力查找深入贯彻科学发展观中有待进一步解放的思想空间,着力克服制约科学发展的观念障碍和体制障碍,着力探索促进科学发展的新思路、新途径、新举措,用改革创新来解决工作中遇到的新问题,为花都经济社会的又好又快的发展做出新贡献。

七是举办理论研讨会。前年8月,举办了理论研讨会,共收到论文54篇,其中46篇收入《人大监督与法治社会》一书。

八是组织参加市人大制度研讨会。根据每年市人大制度研究会的要求,区人大常委会办公室组织专人,分派任务,认真撰写论文。每次都会选派4篇以上文章参加研讨会。

二、建章立制上,强调一个"全"字

近年来,我们在建章立制上强调一个"全"字,即把人大制度建设摆在重要位置,不断修订和完善人大各项制度,使各方面工作做到有章可循,有力地推动了我区人大工作有序开展。

一是制定和完善内部管理制度。区人大常委会制定了《广州市花都区人大常委会机关内部管理规定》、《花都区人大常委会机关首问责任制度》、《花都区人大常委会机关首办责任制度》、《花都区人大常委会机关一次性告知制度》、《花都区人大常委会机关"一站式"服务制度》、《花都区人大常委会机关"窗口"办公制度》、《花都区人大常委会机关限时办结制度》、《花都区人大常委会机关服务承诺制度》、《花都区人大常委会机关及其工作人员有效投诉认定办法》。

二是修订和完善《花都区人民代表大会及其常务委员会工作制度汇编》。经过讨论,有29项制度需要修订完善。修订工作正在进行。

三是建立健全代表系统培训制度。花发〔2007〕16号已明确规定,区人大常委会有关委办积极会同区委组织部、区委党校,做好届首之年新代表的培训工作。目的是,进一步提高区人大代表素质和履职能力。

四是制定《街道工作委员会规定》。对新成立的新华街道工委的性质、职权、机构、职责、经费等均作规定,并指导新华街道工委制定工作制度,诸如《日常工作制度》、《代表学习制度》、《代表联系选民制度》、《代表活动制度》、《代表意见、建议跟踪、督办制度》等。

五是依法行使重大事项决定权有了较详尽的规定。如规定区委关于地方国家事务重大决策和重大事务,在决策前应听取区人大常委会和人大代表意见。凡应当由区人大及其常委会决定的事项,都要提交区人大及其常委会经过法定程序转变为国家意志,形成决议和决定。

六是对区"一府两院"自觉接受区人大常委会监督提出明确的要求。如规定:对区人大及其常委会作出的决议、决定和审议意见等,要认真研究处理,及时报告情况。

七是坚持和完善代表热线电话、区人大代表建议专件制度。

2000年,开始推行代表热线电话制度。2003年,又专门印制闭会期间代表建议专用纸和信封,及时发给每个代表。为代表在闭会期间反映意见和建议提供畅通便捷的渠道。

三、工作实践上,坚持一个"实"字

近年来,为牢固树立有位有威必须致力于有所作为的理念,区人大常委会机关在"实"字上下功夫,脚踏实地,努力工作,苦干实干,真正有所作为,以实际行动增强人大机关的公信力、影响力,提升人大机关在人民群众中的良好形象。

一是方针上:认真贯彻市人大工作会议精神。花都区将贯彻中共中央9号文件和省委3号文件以及市人大工作会议精神落到实处。在市人大工作会议后,花都区委、区人大常委会立即着手筹备区人大工作会议,印发了〔2007〕16号文件,文件结合花都的实际,质量较高,具有可操作性。

二是建制上:率先成立街道工会。2008年1月30日,花都区成立区人大常委会新华街道工作委员会,并举行挂牌仪式。新华街道工委有编制,为正处级单位,下设办公室,级别正科级。成立街道工委,这在广州地区为首次。

三是手段上:改进监督内容和方式。近年来,花都区人大常委会重视监督内容和方式的改进,加大对"一府两院"的监督力度,并围绕热点难点问题,依法行使监督权。其一,向社会公布监督工作要点;其次,听取和审议专项工作报告;其三,听取和审议工作报告;其四,组织执法检查;其五,加强信访工作;其六,加强对计划和预算工作监督。听取和审议关于2008年上半年国民经济运行以及财政预算执行、部门预算试点等情况汇报;其七,确定重点督办的10件建议。每次人代会后,区人大常委会将一些人民群众关心的热点难点问题,又需要大力督办的建议,确定10件重点督办建议,并将责任分解、落实到有关工委。还将10件重点督办建议,在《今日花都》、花都广播电台、电视台、花都政府网上公布,便于广大市民监督。

四是方法上:创新代表工作。其一,强化代表评议工作。为保证原选区选民对代表履职情况的知情权和监督权,加强代表与选民之间的联系,并激发代表的参政热情,增强参政能力,花都区于1999年借鉴外地的经验,以新华街为试点,对区级人大代表进行述职评议,然后在全区推广,进而涵盖到镇人大代表。这一做法,在广州市乃至广东省都是比较早的,曾为广东省、广州市、珠海市有关新闻媒体宣传报道。2004年,又作为广州市人大常委会三个试点单位之一,对间接选举的4名市人大代表履职情况进行评议,实施直接监督。这一做法,得到市人大常委会领导的充分肯定。其二,推行代表公示制。2005年,在学习广州市原东山区的基础上,进一步完善代表公示制,先后在各镇(街)设置公示栏、意见箱,将30名区、镇人大代表的姓名、相片、工作单位、联系电话(包括手机)等基本情况向原选区公示。自2006年起,在全区全面推广这一做法,以进一步扩大代表联系选民的覆盖面。2008年初,狮岭镇又发放代表联系选民卡,分别印有镇、区人大代表姓名、联系电话,以方便选民反映情况。其三,扩大代表的知情权。每次安排5至6名区人大代表列席区人大常委会会议;组织部分区人大代表旁听市、区法院公开审理案件和执行案件的活动;每年组织一次区"一府两院"上半年情况通报会。会后,立即组织代表讨论,并将审议意见综合成书面材料,及时反馈给区政府、区法院、区检察院。其四,组织代表参加调研。近几年,花都区人大常委会根据年度工作要点和代表工作意见,围绕人民群众普遍关注和当前经济社会发展中的热点和难点问题,组织辖区内的省、市和区人大代表,开展调查研究活动。如今年,成立4个调查组,开展《如何解决农村自留地审批使用难,保障被征地农民生活出路问题》、《如何加快推进新上项目》、《如何整治饮用水源污染问题》、《如何解决外籍儿童回国签证问题》的专题调研活动,有10名市人大代表参与调研活动。最近,又组织2名省人大代表参加巴江河跨界污染、广清高速公路狮岭段改造的调研活动。

五是队伍上:切实加强建设。在加强思想作风、工作作风、干部职工的生活作风以及培育良好的学风、文风等方面,打造一支"政治坚定、业务精通、务实高效、作风过硬、团结协作、勤政廉洁"的工作队伍,这是花都区人大常委会机关一直追求的目标,通过加强自身队伍建设,全力塑造人大机关形象。其一,重视选拔新人。去年先后提拔任命3人为工委副主任、1人为科长、1人副科长。其次,注意"双向"交流。今年将1名工委副主任交流到区委的部门任职。其三,注重干部配备。将一些年轻有为的干部提拔到领导岗位,改善工委副职的年龄结构,使工委副职趋于年轻化。其四,提倡业务学习。通过参加花都讲坛、网络学习、举办学习园地、组织学习大讨论等活动,不断充实业务和法律知识,提高机关干部的综合素质。其五,加强作风建设。将开展调查研究作为转变工作作风、提高决策能力的重要环节来抓。去年,组织了几次调研活动,并撰写调研文章,如《关于花都区供电、用电情况的调查报告》、《花都区民营经济发展情况调研报告》、《关于关闭赤坭地区有关石场的建议》等建议,得到区委领导和有关部门的肯定。其六,加强宣传工作。重视人大制度的宣传和理论研究工作，办有《花都人大信息》。去年召开了人大工作理论研讨会，并出版《人大监督与法治社会》论文集。凡在新闻媒体上宣传人大制度和人大工作的文章，都会得到奖励(拟有奖励标准，形式为奖金)。去年，共有300篇文章被省、市、区有关报刊媒体采用，较好地宣传了人民代表大会制度和我区的人大工作。今年又有200文章见诸于报刊、媒介。

作者简介：

李远系广州市花都区人大常委会办公室副主任，中共党员，高级职称，作家，从事人大工作12年。原为贵州省黔南教育学院(现改名黔南民族师范学院)政史系讲师、副主任、总支书记，学院办公室主任，广州市花都区二中、邝维煜纪念中学历史高级教师。现是广东省民间文艺家协会会员、广州市作家协会会员、广州市人大制度研究会理事、广州市民间文艺家协会理事、广州市花都区民间文艺研究会副主席、广州市花都区海豚俱乐部会员，有文章著述150多万字发表刊用。

加强和改进地方人大监督工作的探索和思考

山西省太原市尖草坪区人大常委会主任　杨根寿

对本级“一府两院”实施监督，是宪法和法律赋予地方各级人大及其常委会的一项重要职权。依法行使好监督权，既是加强和改进人大工作的重要内容，又是对人大工作实效的直接检验。太原市尖草坪区人大常委会坚持以邓小平理论和“三个代表”重要思想为指导，深入贯彻落实科学发展观，认真贯彻落实监督法，紧紧围绕全区改革发展稳定大局和人民群众普遍关心关注的热点难点问题，把握监督方向、改进监督方式、增强监督实效，有力地推动了全区经济社会又好又快发展。

一、我区人大常委会行使监督权的实践和探索

如何进一步加强和完善地方人大监督工作，一直是各地人大不断探索和实践的课题。回顾我区人大监督工作，我们在行使法律监督、工作监督以及对选举和任命的国家机关工作人员监督时，做了大量的实践和探索。

(一)坚持党的领导，把握监督方向

人大监督工作涉及到政治、经济和社会生活的方方面面，情况比较复杂。常委会在监督工作中，一是始终坚定不移地坚持和依靠党的领导，坚定不移地贯彻党的路线、方针、政策，在政治上、思想上和行动上同区委保持高度一致。二是始终坚持围绕区委的中心工作履行监督职能，依法促进区委决策的落实，确保区委意图通过法定程序变成全区人民的共同意志。三是始终坚持加强与区委的工作联系，定期向区委报告工作情况，及时听取区委对人大工作的指导。常委会开展的各项监督工作，都要由常委会党组及时向区委请示报告，听取区委意见。对一些重大监督事项，及时向区委专题汇报，争取区委支持，保证了监督工作的顺利开展。实践证明，坚持和依靠党的领导，是我区人大监督工作保持正确的政治方向，确保监督实效的最根本的政治保证。

(二)加强制度建设，规范监督工作

完善的制度是加强行使人大监督权的有力保障。常委会从制度建设入手，不断规范监督程序，提高监督实效。

1、**以制度促规范**。区二届人大以来，常委会通过不断探索和实践，逐步制订完善了一系列针对我区人大监督工作实际、可操作性强的制度，使我区人大的监督工作有章可依、行之有据。2006年出台了《关于决议决定和审议意见的执行和处理办法》，规定“一府两院”要在常委会作出审议意见后的两个月内对审议意见的办理结果进行回复并书面向常委会报告；2007年出台了《关于国民经济和社会发展规划(计划)监督办法》，强化了对全区国民经济和社会发展规划(计划)的审查、批准和监督，促进了全区经济社会又好又快发展；2003年出台了《关于重大事项报告制度》，使常委会能及时了解和掌握“一府两院”的重大事项、重要工作情况，突出了监督重点，增强了监督实效。通过以上一系列制度的实施，理顺了人大工作规范，增强了人大监督实效。

2、**以制度求提高**。常委会始终坚持与时俱进的精神，在实践中不断总结提高，及时修订完善原有制度以适应新时期人大监督工作的需要，通过制度来增强监督刚性，提高监督效率。从区二届人大以来，相继制定和完善了人民代表大会议事规则，常委会议事规则，主任会议事规则，人事任免办法，规范性文件备案审查办法、机关信访工作办法等18项制度。为增强人大监督工作实效提供了坚强的制度保障。

3、**以制度固成果**。常委会经过多年的实践和探索，积累了不少如何有效行使监督权的成功经验，常委会及时研究，把这些工作经验转化为一系列制度，以巩固多年实践的成果。2003年出台了《关于人事任免办法》，对人事任免范围、程序及任后监督等作了明确规定；2006年出台了《关于财政预决算监督办法》，规范了常委会财政预算和预算外资金管理的审查监督工作；2007年出台了《关于规范性文件备案审查办法》，加强了对规范性文件的备案审查工作，以制度的形式及时巩固了常委会多年来的监督工作的实践成果。

（三）探索监督形式，创新监督机制

常委会深入贯彻落实监督法，不断创新监督工作机制，积极探索监督新形式，实行依法监督、大胆监督、友情监督和实时监督，使常委会监督工作逐步走上制度化、规范化、科学化的轨道。

1、**创新监督议题征集方式，实行两上两下征集制**。常委十分重视监督议题的确定工作，探索并逐步形成了"两上两下"新机制，切实做到了监督关口前移。即年初由常委会办公室和各工作委员会拟定监督议题初稿（一下），报主任会议初审（一上），主任会议研究后，形成征求意见稿，发往各乡（镇、街道）人大及"一府两院"和区直各单位征求意见（二下），征求意见稿经主任会议再次研究后，由主任会议决定提交常委会会议通过（二上），最终形成正式监督议题。2007年监督法正式实施后，常委会在"两上两下"的基础上，进一步扩宽了监督议题的来源和渠道，从三个层面向社会广泛征集议题。一是向广大人大代表和各级人大工作者征集；二是向各乡（镇、街道）、"一府两院"及区直各部门征集；三是利用电视及网络等现代传媒手段将人大监督议题的征集至于社会广角之中，发动全区人民群众为人大监督议题出点子、提意见。

2、**优化监督质量，实行三审会审意见交办制**。常委会长期坚持开展会前调查、视察和执法检查，会中实行集中审议、中心发言，会后进行审议意见交办，对监督质量进行了全程把关。以审议意见的形成和交办为抓手，实行"三审会审意见交办制"，即在常委会会议上，常委会委员及应邀参加的人大代表积极发言，对"一府两院"的报告进行充分审议，特别是对工作中存在的问题和解决问题的措施在审议中要形成主流观点；常委会会议结束后常委会有关工作委员会举行会议，初步议定审议意见讨论稿；讨论稿提交主任会议研究审定后形成正式审议意见，向"一府两院"交办。监督法实施以来，常委会共向"一府两院"交办了136条表述准确、事由关键、切中要害的高质量审议意见，支持和督促政府在民生民权、经济发展、公共事业等方面作了大量的改进，有力推动了经济社会的发展。

3、**强化监督效果，实行三督办三不放过表决制**。常委会十分注重监督实效，坚持听取一项报告或视察一项工作，就提出一些意见建议，督促"一府两院"改进一方工作，从而解决经济社会和民主法制建设中的一批问题。在督办审议过程中实行全程督办、跟踪问效的"三督办三不放过表决制"。即相关工作委员会督办、主任会议督办、常委会分管领导现场督办；对交办意见的研究落实情况不向常委会报告的不放过，交办事项整改落实不到位的不放过，对交办意见研究落实情况的报告实行表决制，报告在常委会会议上表决通不过的不放过。

4、**明晰监督内容，实行监督过程全程公开制**。有权必有责，用权受监督。在监督工作中常委会始终贯彻监督者更要接受监督的理念。从监督议题的确定、会前调查、会议的召开到审议意见的督办、审议意见的落实实行全程公开，公开形式采用电视、网络、常委会公报和邀请人大代表参加调查视察和列席会议等形式。在宣传手段上，网络因其传播速度快、信息量大、方便查询等优势成为常委会监督公开的主要手段。常委会早在2004年就创建了尖草坪区人大常委会网站，经过五年的精心打造，目前包含有"人大要闻、重要会议、监督视窗、决议决定、代表工作、审议意见、工作要点、基层人大"等16个栏目。常委会网站已成为常委会监督工作的一个缩影，也是实行监督公开与对外交流的一个重要平台，使人大监督变得更加公开透明，贴近百姓，进一步提高了人大监督工作的权威性和公信力。

（四）突出监督重点，增强监督实效

常委会牢牢把握发展这个第一要务，紧紧抓住全区工作重点，积极开展工作监督，充分发挥监督和支持作用。

1、**围绕重大事项开展监督**。国民经济和社会发展五年规划经人大批准后，对规划中期实施情况进行评估，是监督法赋予地方人大常委会的一项新的监督职责。为推动全区经济社会又好又快发展，常委会于去年依法首次开展了"十一五"规划中期实施情况的评估工作，听取审议了区政府关于"十一五"规划中期实施情况的评估报告。常委会逐年加强了对计划和预算的审查监督。在深入调查、全面分析全区经济状况的基础上，听取审议了区政府关于计划、预算执行情况的报告以及审计工作报告，保证了计划和预算执行的严肃性、科学性，使全区呈现出经济运行良好，财政收入稳步增加的局面。

2、**围绕突出问题开展监督**。常委会根据全区各个时期的工作重点，先后对"三农"工作、社会主义新农村建设、不锈钢生态工业园区建设、招商引资、文化特色区建设、环境保护等社会普遍关注的热点难点问题开展监督。坚持把推进解决"三农"问题作为监督重点，每年组织调查组进行调查，特别是对社会主义新农村建设等进行了专题调研，适时听取审议区政府关于农村税费改革、农民减负增收、社会主义新农村基础设施建设、农村三级卫生服务网络建设、退耕还林工作、民主管理村务公开等专项工作报告。生态环境问题始终是常委会监督工作的重点。常委会每年都以不同的方式对全区环境保护工作进行监督。结合太原市去年开展的"城乡清洁工程"，听取审议了区政府关于市容环境卫生工作专项报告，集中视察了全区"城乡清洁工程"进展情况，对环境污染防治情况进行了跟踪检查，使我区的生态环境明显改善。

3、**围绕社会民生开展监督**。常委会围绕基础教育、城中村改造、城市道路建设、非典防治、劳动和社会保障、新型农村合作医疗、农村连锁超市、农村五保户供养等贴近民生的工作进行专项审议、实地视察和集体调研，从为民、利民的角度，提出审议意见和建议，促进了一批民生问题的解决，维护了群众的根本利益。常委会始终注重倾听民声，了解民情民意，围绕与人民群众生产生活息息相关的工作开展监督。为保障群众生活，促进社会稳定，常委会听取审议了区政府社会保险专项工作报告。紧紧围绕人民群众反映强烈的文体市场经营管理、工商市场监管、和谐社区建设等工作进行视察、检查、调研，并重点对人民群众反映较为突出的经营性网吧进行了检查，净化了文化市场环境。

4、**围绕法律法规正确实施开展监督**。近年来，常委会组织代表对农业法、教师法、环境保护法、劳动合同法、工会法、中小企业促进法、食品卫生法等几十部法律法规贯彻执行情况进行了执法检查，并及时将审议意见反馈给区政府及其职能部门，督促其整改，规范了行政执法行为，提高了行政执法水平。"两院"公正司法和干部队伍建设一直是人民群众较为关注的焦点问题。常委会听取审议了"两院"关于贯彻执行法官法，重调息诉工作情况，"两错"责任追究制落实情况，人民陪审员履职情况，贯彻执行检察官法，贯彻宽严相济刑事司法政策情况，案件不起诉、撤诉情况等专项工作报告。就"两院"进一步完善工作机制，提高执法水平，落实责任追究，保障规范执法，全面加强队伍建设，不断提高整体素质和工作能力，实现社会公平正义等方面提出了要求。先后组织开展对区法院执行工作、法庭审判和人民法庭建设情况的调研，保障了公民的合法权益，维护了社会稳定，促进了公正司法。

5、**围绕干部任用开展监督**。依法任免监督"一府两院"国家工作人员，是宪法赋予人大常委会的重要职责。常委会本着对党、对人民高度负责的精神，按照德才兼备的方针和干部"四化"的标准，坚持把党管干部原则和人大依法任免干部原则相结合，把对人的监督和对事的监督有机结合起来。根据《太原市尖草坪区人大常委会人事任免办法(试行)》，做到了"六个坚持"，即：坚持任前调查、坚持任前公示、坚持任前审计、坚持法律考试、坚持供职报告、坚持任后监督，增强了被任命人员依法行政、公正司法、执政为民的使命感、责任感和自觉接受人大监督的意识。

二、影响监督实效的几个因素

常委会在依法开展监督方面做了许多有益的探索，也取得了一定的成效。但总体而言，目前监督权的行使，仍是一个比较薄弱的环节，主要表现在监督实效不够明显。总结近年来的实践经验，我们认为影响监督实效的因素有以下几方面：

(一)前提性因素：常委会工作人员的整体素质。对于县(区)级人大常委会组成人员来说，专职的常委会组成人员多由其他部门转来，面临着角色的转换，而角色的转换又带来了诸如知识更新、工作方式、方法的转变等问题。对于监督者来说，如果法律法规不熟悉，法律意识不强，在监督中就缺乏监督依据，不知所然；如果综合分析能力不强，在监督中就可能找不准问题，切不中要害。由此可见，提高常委会组成人员和机关干部的自身素质，从而提高人大常委会的总体素质，提高监督工作的实效，也就成了当务之急。

（二）基础性因素：知情知政。地方人大及其常委会在开展监督工作时，常遇到这样的困扰：一方面对辖区内社会生活各方面的情况缺乏深入、具体、全面、系统的了解和把握，另一方面又要对"一府两院"的行政、执法行为作出判断和决策，从而形成了"知"和"行"的反差。因"知"之不多，不敢去监督，造成监督不力；又因"知"之不深，所以监督缺乏实际性甚至只停留在一种形式上，直接影响了人大及其常委会的监督质量。

（三）关键性因素：抓住重点。开展人大监督工作，不仅要勤于监督、敢于监督，还要做到善于监督，抓住重点，有的放矢。而由于角色的转换、素质的有待提高、对区情缺乏了解等因素的制约，往往不能准确地选择监督内容，运用恰当的监督形式，在适当的时机进行监督，进而直接影响了监督的实效。

（四）实质性因素：跟踪落实。HT 问题解决和落实与否决定着人大监督效果的好坏。解决和落实问题需要多方面的积极配合，但最主要的还是依靠人大抓好追踪监督与检查督促工作。

三、以科学发展观为指导进一步加强人大监督工作

科学发展观是我们党适应形势发展变化提出的新的执政理念，它不仅是新时期全面加强党的建设的行动纲领，而且是坚持和完善人民代表大会制度，构建和谐社会的理论指导。作为地方国家权力机关，常委会要紧紧抓住目前正在全党开展的深入学习实践科学发展观活动这一有利契机，认真学习、深刻领会科学发展观的科学内涵、精神实质、根本要求，增强落实科学发展观的自觉性和坚定性，提高监督工作水平，增强监督工作实效，开创监督工作新局面。

（一）要以科学发展观为指导更新监督理念，增强监督意识，找准新时期人大监督工作定位。没有理念的更新，就没有工作的创新。一是要树立"为发展而监督"的理念。科学发展观的第一要义是发展。只有始终不渝地抓好发展这个党执政兴国的第一要务，人大工作才能从务虚向务实转变。要围绕全区经济社会建设情况，选准课题进行重点视察、检查，促进全区经济社会又好又快发展。二是要树立"为人民而监督"的理念。科学发展观的核心是坚持以人为本。人大及其常委会对"一府两院"的监督，是受人民委托来管理国家和社会事务，理应把人民的利益放在第一位，切实解决人民群众最关心、最直接、最现实的利益问题。三是要树立"为法律而监督"的理念。依法治国是科学发展观的重要内容。推进依法治国，保障宪法、法律、法规在本行政区域内的正确实施，是人大及其常委会的重要职责。常委会要采取听取审议执法、司法工作报告、执法检查和司法案件监督等形式加大法律监督力度，提高法律监督实效，从而保证宪法、法律的严格实施

（二）要以科学发展观为指导创新监督方法，选准监督内容，提高新时期人大监督工作实效。科学发展观的基本要求是全面、协调、可持续，要实现这一点，根本方法是统筹兼顾。人大监督工作范围很广，内容很多，只有抓住重点，创新监督方法，才能抓出成效。第一、围绕宪法、法律法规贯彻实施情况进行重点监督。在依法治国进程不断加快、力度不断加大的今天，对国家根本大法和其他法律法规的执行情况进行监督，是推进社会主义民主法制建设的重要举措。第二、围绕经济建设这个中心进行重点监督。发展生产力，抓好经济建设，是党和国家的工作中心。地方人大及其常委会的重大职责就是要围绕这个工作中心，通过对"一府两院"加强监督来保障生产力发展，推动经济建设。第三、围绕本行政区域内的重大事项进行重点监督。地方人大及其常委会所处的地位，决定了他对"一府两院"的监督是全方位的。要坚持抓事关全局、长远和群众迫切需要解决的问题，突出重点，实施有效监督。第四、围绕人民群众反映的热点和难点问题进行重点监督。要坚持把涉及人民群众切身利益的事项作为重要议题纳入议事日程，坚持从关心人民疾苦、维护人民利益的高度，认真行使宪法和法律赋予人大的监督职能。第五、围绕创新监督方法增强监督实效进行监督。地方人大的监督工作要适应新形势新任务的要求，就必须在监督实践中，拓宽工作思路，创新监督形式，完善监督方法，提升监督水平，使人大监督工作取得实实在在的成效。

（三）要以科学发展观为指导强化组织领导，密切协调配合，加强新时期人大自身建设。要行使好人大监督权，真正做到有权有为，提高监督水平，关键在于强化组织领导。第一，要坚持和依靠党对

人大工作的领导。党的意图、党的路线、方针、政策真正成为国家的意志，只有通过人民代表大会制度，通过人大及其常委会的立法和监督来实现。人大开展各种形式的法律监督和工作监督，从根本上说也是为了保证党的路线、方针、政策的贯彻执行，这更能体现党的意图，坚持党的领导。第二，要加强与“一府两院”的协调与配合。人大监督要取得良好的效果，必须处理好与“一府两院”的关系，寓支持于监督之中，使“一府两院”能够正确认识监督，诚心诚意接受监督，积极主动争取监督。第三，要强化代表工作，充分发挥代表作用。人大代表是国家权力机关的组成人员，也是人大监督工作的主体。充分创造条件，调动广大代表依法管理国家事务的积极性，发挥每一位代表的监督作用，是地方人大拓展监督广度，增强监督力度的重要环节。第四，要加强人大自身建设。加强人大监督工作，首要问题是抓好人大自身建设，以不断适应监督工作新形势和新任务的要求。要增强工作责任心，保持开拓进取、奋发有为的精神状态；要注重研究探索，努力创新人大工作途径；要认真学习，不断提高常委会组成人员的法律水平和议政能力。

总之，加强人大监督工作是一个渐进的过程，只有边探索边总结，才能不断增强人大监督工作实效。我们愿与兄弟区（县、市）人大及其常委会加强交流，相互借鉴，共同为加强和改进地方人大监督工作，开创地方人大工作新局面而努力奋斗。

创新工作方式　增强监督实效

山东省单县人大常委会副主任　郭祥海

一年之计在于春，一届之计看头年。今年是换届后的开局之年，作为新一届人大常委会面对新的形势和任务，如何履行好法定职责，肩负起神圣的历史使命，向人民交一份满意的答卷。我们新一届单县人大常委会通过认真的讨论，集思广议，决心以新的姿态努力开创人大工作新局面。按照市委提出的高境界、高标准、高效率、高效益的工作要求。切实转变工作作风，使常委会的工作更加求真务实。大家一致认为，在本届任期内，重点抓好以下三个方面的监督工作。一是围绕着宪法和法律在地方的贯彻实施开展好监督，督促“一府两院”以法行政公正司法。二是围绕着全面贯彻落实科学发展观开展监督，督促政府又好又快发展地方经济。三是围绕着涉及民生问题开展监督，督促政府实现好维护好、发展好人民的根本利益。在具体工作中我们着重抓好以下几点。

一、调研与视察相结合。

在视察前我们先组织调研小组深入基层实地调查，带着感情访问于民。倾听民声，了解民意，查找问题，掌握真实情况，获取第一手资料。为下步视察找准重点，选准角度，做到有的放矢。不搞形式，不摆花架子。切实转变那种紧紧张张听汇报，匆匆忙忙看现场，坐谈起来光摆好，存在问题查不到的形式监督。

二、分散视察与集中视察相结合。

对于牵扯到面广量大的事项，为了全面了解真实情况，提高视察质量，我们先组织常委会组成人员及部分人大代表划分成若干个视察小组到实地查看，不仅光看好的，也要查看差的，并带着标准问责于官。看是否按质按量完成了没有，还存在哪些问题和不足。对失职缺位的领导干部要追究问责。对发现带有共性的难点问题再通过集中视察各个击破。这样通过视察切实达到有权必有责，用权受监督，失职要追究，切实达到实质性监督的效果。

三、查找问题与跟踪问效相结合。

监督权是宪法赋予地方人大的一项重要职权，履行好法定职责是我们不可推卸的责任，要带着监督职责反思自问，真正做到即不失职也不越权。通过调研视察对查出的问题看落实了没有，整改了没有，不能视察后不了了之，当谦谦君子，好好先生，这样会淡化人大的权威。为了进一步增加监督实效，我们在调研视察的基础上，对查找出来的问题和不足通过电视和下发文件向社会公布，让人大常委会的监督在阳光下进行。并和人民群众的监督形成互动，溶于统一体中，这样使监督工作更具有广泛性和实效性，有利于推动政府工作向法制政府、阳光政府、责任政府、服务政府迈进。只有让人民来监督政府，政府才永不懈滞。对于县政府年初向全县人民承诺的七件实事，为了降低办事成本，减少损失，提高效率，维护好人民的利益，我们将监督关口前移，常委会主任、副主任及委员分头亲临现场办公，将监督工作推向第一线，这更有利于监督寓于支持之中。

天行健，君子以自强不息。当前，在十七大精神的指引下，单县人大常委会正以饱满的政治热情，为坚持和完善人民代表大会制度，推进民主与法制的进程，我们将继续不断地求发展、求探索、求创新……。

认真贯彻十七大精神　开创人大工作新局面

湖南省汉寿县人大常委会主任　杨开政

党的十七大是我们党在新的历史时期召开的一次十分重要的代表大会。胡锦涛总书记在十七大会议上的报告站在历史和时代的高度，明确指出："人民民主是社会主义的生命。发展社会主义民主政治是我们党始终不渝的奋斗目标"。这就浓墨重彩地描绘了中国特色社会主义民主政治的宏伟蓝图和辉煌前景。

十七大报告关于发展社会主义民主政治的一系列新思路、新论断、新举措，无疑是人民代表大会制度建设的指路明灯。在人大工作中如何贯彻好十七大精神，如何把十七大精神真正落实到人大工作实践中，开创人大工作新局面，是摆在地方各级人大面前的一个新课题。笔者认为：

一、要深刻领会十七大精神，在人大制度理论上要有新境界

我们要在认真学习宣传和贯彻党的十七大精神的过程中，要进一步强化对"坚定不移发展社会主义民主政治"的学习，深刻领会"人民民主是社会主义的生命。发展社会主义民主政治是我们党始终不渝的奋斗目标"；"人民当家作主是社会主义民主政治的本质和核心"，坚定社会主义民主政治发展的方向。人民代表大会制度是我国的根本政治制度，是党领导的人民民主制度，是中国特色主义道路的内在要求和重要组成部分。人民代表大会制度一方面可以集中力量办大事，提高工作效率，使我们国家社会政治生活充满活力，促进经济协调发展、人民生活改善和社会全面进步；另一方面又能保证国家统一、民族团结和社会稳定。我们一定要充分认识人民代表大会制度在国家社会政治生活中的重要地位和作用，坚持党的领导、人民当家作主、依法治国有机统一，把人民代表大会制度坚持好、完善好。

二、自觉接受党的领导，在坚持正确政治方向上有新提高

做好人大工作，坚持和依靠党的领导，是任何时候都不能动摇的根本原则。我们要更加自觉地把人大工作置于党委的领导之下，通过积极主动工作，使党委的主张经过法定程序成为国家意志、人民意愿，使党组织推荐的人选经过法定程序成为国家机关的领导人员，确保党委意图得到实现。与此同时，人大及其常委会的重大事项安排、重要工作开展，都要及时向党委请示报告，征得同意后按法定程序进行。我们要把坚持党的领导贯穿于人大工作全过程，更加富有成效地推进社会主义民主政治建设。

三、依法履行各项职责，在人大工作实践中有新作为

人大工作涉及社会主义经济建设、政治建设、文化建设、社会建设各个方面，关系到各项事业的全面协调可持续发展。我们要用党的十七大精神武装头脑、指导实践、推动工作。在监督工作上，要把监督的重点放在优先发展教育、积极扩大就业、增加居民收入、完善社会保障等事关民生的社会问题上，放在人民群众最关心、最直接、最现实的利益问题上。在决定重大事项上，要遵循法定性、全局性、民主性、可行性、权威性的原则，在十七大提出的事关经济社会又好又快发展的重大问题上依法行使职权。在人事任免和干部监督方面，要坚持党管干部原则，逐步探索对干部实施有效监督的方式，保证人民赋予的权力始终用来为人民谋利益。

四、充分发挥代表作用，在保障代表行使职权上有新进展

做好代表工作是坚持和完善人民代表大会制度的必然要求，也是增强人大及其常委会活力的主要途径。我们要建立健全代表依法履职的各项具体制度,支持和保证代表依法行使权力。进一步拓宽代表知情知政的渠道,加强对代表建议意见的办理工作,加强对代表建议意见的办理工作,加强对代表的培训,改进代表闭会期间的活动,进一步密切代表同人民群众的联系。要依照法律规定,实行城乡相同人口比例选举人大代表。

五、全面提高队伍素质,在自身建设上有新突破

"社会主义愈发展,民主也愈发展"。人大及其常委会所担负的任务也愈繁重,必须不断加强自身建设。一要加强学习,适应履职需要。当前和今后一个时期的首要政治任务,就要认真学习党的十七大报告。坚持学以致用、用以促学,在全面把握报告的科学内涵和精神实质上下功夫,努力提高干部队伍的理论素质和业务能力。二要健全制度,创新工作机制。形成职责明确、分工负责、规范有序、务实高效的运行机制,提高工作质量和效率。三要求真务实,树立良好形象。坚持群众路线,真诚倾听群众呼声,真实反映群众愿望,真情关心群众疾苦,以求真务实作风推进各项工作。要加强党风廉政建设,特别是领导干部要讲党性、重品行、作表率,树立地方国家权力机关的良好形象。

以开展"五个一"活动为载体　充分发挥代表作用

辽宁省营口市西市区人大　张宁

西市区人大常委会在总结以往工作经验基础上,在代表中进一步广泛深入开展了走访一次选举单位或选民;为西市发展稳定献一良策;引进一笔资金、引进一个项目;为基层解决一个难题;为人民群众办一件实事的"五个一"活动,收到了明显效果。换届以来,市、区两级人大代表共走访选举单位或人民群众300余人次,有8名市人大代表和42名区人大代表分别向区人大常委会和选区群众代表述职,并接受了评议;反映社会热点、难点问题30余件;提出有价值并被市、区两级政府采纳的建议、批评和意见120余件;为群众办实事400余件;引进项目76个;引进资金20.16亿元;通过加大资本投入扩大再生产安置就业3900余人次;为社会公益事业、赈灾、扶贫帮困捐赠款物130多万元。全区三级人大代表与贫困户建立"一对一"的帮扶对子200余对,两年来为帮扶对象解决生产、生活、就医、就学等实际困难捐献资金30余万元。人大代表用自己的实绩践行了"人民选我当代表,我当代表为人民"的承诺。

*一是围绕市、区两级政府的中心工作和人民群众反映强烈的热点、难点问题开展"三查"(察)活动。*在"五个一"活动中,区人大常委会始终坚持围绕政府每个时期的中心工作和群众反映集中的热点、难点问题,实行突出重点,确定题目,紧抓不放,跟踪调查,结果反馈的做法。既充分发挥了代表依法参与管理国家事务的主体作用,又推动了政府的工作。两年来,市区代表围绕制约市、区改革开放、经济发展的产业结构调整、软环境建设、工业园区基础设施、项目建设年、沿海产业基地建设等20多个重点题目开展了调查和视察活动,写出调查报告16篇,对推动市、区经济的持续健康发展起到了积极推动作用。代表们还围绕我市西部辽河大街改造,渡口老街的保护、开发和利用,西部渔港的规划建设,新建河北渔码头,河北街道的开发,旧小区改造,城区环境整治,特困群体就业和再就业,廉租房建设等人民群众关注的问题,通过"三查"(察)活动形成议案和建议,这些建议的提出不仅对于提升城市品位,改善提高人民群众的生活质量,建设和谐城区发挥了积极作用,也使代表的自身价值得到了充分展示。

*二是为民排忧解难,动真情,甘做代言人。*人大代表作为国家权力机关的组成人员,代表人民群众参与管理国家事务。为了维护人民群众的利益不受侵害,把人民群众的意愿,喜、怒、哀、乐传递给政府,认真履行人大代表职责,甘做人民群众的代言人。两年来,我们市、区两级人大代表甘为人民群众联系政府的桥梁和纽带,把党和政府的关怀送至千家万户,把人民对政府的要求及时反馈给各级政府,为政府的决策提供了翔实可靠的依据。近些年来,我市的城市建设发生了历史性变化,人民群

众的生活质量明显改善。但由于西市老城区基础设施建设历史欠帐多，西部人民群众生产生活质量相对较差，维系人民群众的基本生活需求的水电气等诸多问题急需解决。为尽快改变这种不和谐状况，市、区两级人大代表坚持深入基层，深入群众，走访千家万户，调查数十次，在市、区两级代表大会及闭会期间提出议案、建议100余件。群众的意愿、代表的呼声引起了市、区两级政府的高度重视，加大了对市区西部改造建设的资金投入。如今的市区西部建设、群众生活质量得到了很大改观，未来的市区西部将成为营口的标志。群众安居乐业，齐夸党和政府好，为民造福；齐赞人大代表为民代言，排忧解难动真情。

三是回抱社会，服务民众，扶危济困，尽显代表风采。近年来，在“五个一”活动中，我们市、区两级人大代表以不同身份、不同方式无时无刻不在用自己真情，默默地履行实现着自己的承诺。向社会，向人民展示了他们挚爱的博大胸怀，涌现出一批以张翠琴、于宝权等为代表的优秀人物，广为社会褒奖，民众称颂。张翠琴代表是位从教几十年的辛勤园丁，连续四届当选市人大代表。她把一个学校的小工厂办成年创利百万的省市明星企业，不遗余力想把企业做大做强，几年来，她的小企业就曾安排几百人就业。作为人大代表她关心社会公益事业，热衷扶贫帮困，捐助款物近百万元。于宝权代表是一位外地来营口落户西市区的房地产商人，几年来他创办的中天置业公司越做越大，企业发展了他不忘回报社会，他每年都拿出10万元设立中天助学基金，资助贫困学子，同时积极参加社会公益活动，累计达到200多万元，他表示要继续做下去。人大代表在“五个一”活动的舞台上默默无闻地实现“人民选我当代表，我当代表为人民”的承诺。同时，他们展示的风采也使社会和人民对人大代表这一职务有了更加深刻的认识和了解。

在“五个一”活动中，我们的各级人大代表为了加强同选举单位和人民群众的联系，建立了近百个代表联系点，在每个联系点都设立了代表信箱，代表公开了自己的联系电话。

几年来，区人大常委会把“五个一”活动作为载体，想方设法把代表吸引聚集到这个大舞台来展示。为使这项活动不走过场，收到实效。每年年初由区人大统一制发“五个一”活动登记卡，代表人手一份，参加活动本人记录，待年终再将卡收回，作为考核评议代表、评选先进、优秀的重要依据。开展“五个一”活动让我们感触最深的是，要善始善终地做好这项工作：首先是领导要重视，要亲自抓，带头做；其次是要抓住骨干，充分发挥骨干代表的带头引路作用，并适时总结、宣传、推广；三是要精心组织，加强指导、协调。同时，我们也认识到在今后“五个一”活动中，还有待于从形式、内容、考核、评比方法等方面增加些创意，使这项活动能更具有吸引力感召力，收到更好的效果。

抓基础　求创新
为充分发挥代表作用搭建平台

辽宁省营口市西市区人大　张宁

人大代表是国家权力机关的主体，是人大常委会联系人民群众的桥梁和纽带，是人大常委会依法行使各项职权的根基和力量源泉。代表作用发挥如何，直接影响着人大工作的开展。我区新一届人大常委会组建以来，以抓好街工委建设这项基础工作为依托，求实创新，为充分发挥代表作用提供有力保障。

一、抓基础，加强人大街工委建设。工作实践使我们认识到，认真做好人大街工委工作，对于加强基层政权建设和民主法制建设，密切党同人民群众的联系，维护社会稳定与和谐，推动全区经济社会发展具有十分重要意义。

一是加强组织建设。随着十三届人大代表的任期届满，区十四届人大常委会第四次会议对新一届人大街工委履行了任命程序。新的一届人大街工委由35名组成人员。其中主任7人，由街道党工委书记兼任；副主任7人，委员21人全部由区人大代表兼任。区人大街工委35名组成人员中，有中共党员30人，平均年龄48岁，文化程度：大学15人，大专12人，高中6人。新一届人大街工委的组成特点较上届相比，组成人员由3人增到5人，力量增强了；知识结构有较大提升；一批热衷人大街工委工作的同志进入街工委班子。另外我们7个街工委还配备了专职秘书，街工委任命秘书长7人。在区委的支持下，新的一届人大街工委组织建设得到了保证。

二是完善基础工作。人大7个街工委全部挂牌，分别设有独立的代表联络办公室和代表活动室，全部都配备了电脑、电话。区152名人大代表在选举单位建立公示栏实行了公示，并设立了56个代表信箱。代表个人信息实现网络数字化、档案化管理。人大7个街工委、14个代表小组，全部做到了年初有计划，半年有检查，年终有总结、考核和评比。

三是健全和完善各项制度。由于人大街工委的特殊性，工作很难规范，制度建设上也是五花八门。区人大常委会在借鉴外地经验，总结自身做法的基础上，本着简单、实用、管事的原则，指导全区人大街工委统一健全和完善了街工委组成人员会议制度、议事制度、代表学习培训活动制度、代表联系接待选民和向选民述职制度、代表评比考核等12项制度。

二、求创新，不断加强和改进代表工作。代表工作是人大常委会各项工作的基础。把人大代表组织好、联络好、服务好，为他们创造良好的履职环境，使他们紧紧围绕党的中心工作，围绕富民强区的目标，履行好代表职务，发挥好代表作用，是我们的重点工作。为此，常委会针对换届后新代表较多的特点，积极为代表执行职务创造条件，促进代表作用进一步发挥。

一是创新代表培训。①颁发证书。区十四届人大代表选举产生以后，常委会举行了人大代表证书颁发仪式大会，并以此为契机，对全区代表进行了培训，使代表对自身地位、权力、义务和作用有了明确认识。②集中培训。组织代表在区委党校进行了为期2天集中培训，聘请了市人大专家对《代表法》、《监督法》等代表履职知识进行集中学习，并进行了考试。③以会代训。根据常委会议题内容，每次邀请2－3名熟悉相关情况或具有相关知识的人大代表列席会议，参加审议发言，增强代表对常委会履职情况的了解。④收看录象。为认真贯彻中央、省、市"保增长、保民生、保稳定"的战略部署，区人大先后组织代表收看了中国经济走势分析和金融危机与中小企业的专家报告录象。与此同时，通过召开座谈会、走访企业等不同形式，帮助企业界人大代表坚定抵御危机战胜困难的信心，化危机为机遇，加快发展。邢健、韩有贵代表带头发出倡议，做出了在危机面前不停工、不降薪、不裁员的承诺，有36名企业界人大代表在倡议书上签了字。达到了企业和政府抱团取暖攻坚克难的效果，维护了稳定，促进了发展。

二是创新代表活动内容。深入开展进社区活动。结合区人大工作实际，更好地发挥我区各级人大代表在保增长、保民生、保稳定和文明城区、和谐社区建设中的特殊作用，促进人大代表更好地履行职责，今年，区人大常委会主任会议作出决定，在全区人大代表中开展以树形象、做表率为主题的走进社区活动。要求人大代表走进街道、走进社区，在代表中进一步广泛深入开展了走访一次选举单位或选民；为西市发展稳定献一良策；引进一笔资金、引进一个项目；为基层解决一个难题；为人民群众办一件实事的"五个一"活动，在坚持要以"五个一"为主要内容的基础上，突出解难题，排民忧，办实事。人大代表进社区活动由区人大常委会统一安排，由人大各街工委负责组织，以代表小组活动为主的方式进行。在具体实施工作中，实行7项制度。①实行主任、副主任包联系点制度。区人大常委会主任、副主任分片包到人大各街工委，具体指导。②区人大常委会组成人员联系代表小组制度。③实行主任、副主任、秘书长、代表接待日制度。④实行代表列席常委会制度。根据需要邀请驻区的市人大代表列席会议。⑤代表联系选民制度。每季度接待或与一名选民见面。⑥代表向选民述职制度。每名代表本届内至少向选民述职一次。⑦代表个人履职信息公示制度。省、市、区三级人大代表都参与到活动中来，不断拓宽人大代表参与活动的层面。区人大常委会设立贡献奖，对在"进社区"活动中贡献突出的人大代表进行表彰。并作为考核代表和每年度人大开展"两先一优"评选活动的重要依据。区人大常委会将适时通过召开座谈会，经验交流会，及时总结交流经验，建立长效机制，推动活动深入扎实开展下去。

三是创新代表活动方式。创建"人大代表之家"。创建活动以市、区两级人大代表小组为考核单位。区人大常委会、区人大各街工委负责组织协调指导监督检查。年终进行总结表彰。"代表之家"考评条件是，有相对固定的活动场所，即活动室；有统一规范的"代表之家"标志牌匾；有规范的计划,每个代表之家要结合各自实际,制订出全年的代表活动计划;有设施。配备电脑、电话,实行代表个人信息资料网络化管理;有代表照片、简单信息资料公开上墙;有相关的制度,每一项规章制度要上墙;有活动记录。建立“四薄五卡”。即《代表活动考勤登记簿》、《代表活动情况记录簿》、《代表接待选民来访登记簿》、《代表为选民办实事登记簿》;《代表履职登记卡》、《代表建议办理登记卡》、《选民意见转办情况登记卡》、《代表联系选民登记卡》、《代表五个一活动登记卡》。并由专人负责记载。

为了保证创建活动取得预期效果,我们总结推广了市人大西市代表团第二、第三小组和五台子、得胜两个人大街工委建家经验,并适时组织了一次现场观摩,进一步推动了“创建”活动的开展。市人大西市代表团4个代表小组,区人大7个街工委14个代表小组,已全部完成建家。

不断完善代表工作机制　充分发挥代表作用

黑龙江省哈尔滨市道外区人大常委会主任　慕永耕

道外区现有区人大代表258人,受市人大常委会委托,闭会期间管理的市人大代表65人。为支持保障代表依法行权,充分发挥代表作用,规范代表履职行为,换届以来,常委会在总结以往代表工作的好经验、好做法的基础上,提出了以提高素质为前提,以创造条件为基础,以健全制度为保证,以提供组织指导为支撑的全面提高代表履职能力,充分发挥代表作用的工作思路。通过两年多的实践和深入学习《代表法》、《黑龙江省地方各级人民代表大会代表工作条例》,我们在今年三月份召开的全区代表工作会议上出台了《关于进一步发挥人大代表作用,加强代表工作的意见》,初步形成了一个代表充分提高素质、充分反映民意、充分行使职权,充分履行职责,常委会为代表执行代表职务创造必要条件,提供最佳服务和有力保障的代表工作机制,代表工作基础不断夯实,代表履职的能力和水平得到了有效提高,代表工作水平进一步加强,推动全区人大工作出现了生机勃勃的新局面。在今天的会议上,我向市人大的领导和兄弟区县同志们进行汇报,请各位领导和同志们批评和指正。下面,汇报一下我们不断完善代表工作机制,充分发挥代表作用的基本情况:

一、努力提高人代会质量,切实保障代表充分行使各项职权

人大代表在人民代表大会会议期间充分行使宪法和法律赋予代表的各项职权,表决决定本行政区域内的重大事项,是实现人民当家作主的体现,是建设繁荣和谐道外的保障。我们以提高人代会质量为抓手,引导代表行使好各项职权,充分发挥作用。

1、组织代表做好参加人代会的超前准备。从区人代会会期短、议程多的实际出发,人代会召开前一个月,常委会和各代表组积极组织代表深入基层,认真开展调查研究,广泛征求选民意见,了解本区域内的经济发展和社会民生有关信息,至少提出1份有价值的建议、意见或议案。要求代表提前审阅会议各项报告(草案),并向大会提交自己撰写的审议意见或发言提纲。召开区情民意介绍会,常委会和区政府向代表介绍本区区情和常委会已征集到的意见、建议,做好市、区代表对接工作,积极把区人大代表提出的需要市里相关部门解决的有关全区经济发展和涉及民生的重大问题,通过市人大代表以议案、建议的形式提交到市人代会。

2、精心组织开好人代会。在大会举行前半个月,常委会就将开会日期、建议会议审议决定的主要事项及准备提交大会审议的各项报告(草案),印发给代表,保证代表提前审阅。常委会和“一府两院”采取“请进来、走下去”的办法,广泛征求代表对报告的意见和建议。常委会还通过各代表组广泛听取代表要求依法行使咨询、询问等权力的意见和议案,确定会议审议事项。会议期间,代表审议各项报告时,“一府两院”必须派相关负责人列席会议,对代表提出的建议、批评、意见和询问给予答复。“一府两院”根据代表对报告提出的修改意见,向大会主席团报告修改意见,经大会主席团审议通过后,以书面形式向大会报告,切实保障代表在会议期间行使好各项权力，充分发挥作用。

3、做好代表议案、建议的征集和办理工作。常委会不断加强对代表撰写议案、建议的指导、培训和代表议案、建议征集、督办工作。大力表彰先进，不断激发代表提出议案、建议的积极性，认真解决不平衡问题，对代表提出议案、建议的数量和质量提出明确要求。注重提高办成率，对重点建议采取人大和政府双重督办、现场督办等方式，使代表议案、建议提出和办理工作进一步规范化、制度化。

二、不断加强和规范代表闭会期间活动，切实增强代表活动实效

常委会不断加强对代表闭会期间活动的指导，逐步建立了以建设"六有"工作室、工作站为基础条件，以坚持完善"两回"制度为保证，以创建"五好"代表组和争做"六个模范"优秀代表为主要内容，以"今天我当代表组组长"为主题活动，以完善五级代表联系网络为提升，以常委会组织代表参加各项活动为引导，切实保证代表充分发挥作用的代表活动体系，不断增强代表活动实效。

1、为代表闭会期间履职建设"六有"工作室、工作站。按照常委会的要求，全区各代表组积极创造条件，完善街道代表工作室和选区代表工作站，搭建有工作场所、有办公设备、有组织保障、有联系方式、有制度规定、有工作时间的"六有"工作平台，为代表在闭会期间回选区密切联系群众、充分发挥作用提供必要条件。

2、建立"区人大代表回选区挂牌履职制度"和"市人大代表回选举单位联系点履职制度"。2006年我区在全市率先建立了"区代表回选区挂牌履职制度"，2007年又进一步拓展工作范围，建立了"市代表回原选举单位联系点履职制度"。要求区代表至少每两月回选区挂牌履职一次，市代表每季度回原选举单位联系点联系选民一次。采取走访选民和选民座谈等方式，体察民情，倾听民声，反映民意。通过代表组组织视察、调研、持证检查和约见等多种方式，促进"一府两院"有关部门认真解决选民提出的涉及切身利益的问题，发挥好党与人民群众联系的桥梁纽带作用。

3、坚持开展"创先争优"活动。为了不断丰富代表活动内容，我们在市、区人大代表中开展了"创先争优"活动。保证每名代表都能按照依法行使职权、认真履职、遵纪守法、依法监督、联系选民、支持区域经济社会发展的履职标准，争做"六个模范"优秀代表，更好地履行代表职责；每个代表组都能按照组长作用发挥好、提高代表和代表整体素质效果好、创新组织活动好、保障履职服务好、群众评议反映好的工作标准，积极创建"五好"代表组，规范代表组搞好活动，使代表组和代表的活动有遵循、有努力方向和具体要求。

4、开展"今天我当代表组组长"主题活动。为了发挥每位代表履职积极性和智慧，在各代表组中创新开展了"今天我当代表组组长光荣履职"活动，代表自行确定活动内容，自主设计活动形式，开展了丰富多彩、各具特色的主题活动。目前，全区已有80%的代表积极设计、主持了"主题"活动，收到了很好的效果。

5、建立五级代表履职工作联系网络。邀请区域内的1名全国人大代表、10名省人大代表参加区人大常委会组织的市、区人大代表活动，进一步加强对乡（镇）人大主席团工作的指导，以提升履职水平为目标，创新建立了全国、省、市、区、乡（镇）五级人大代表紧密联系，上下贯通，履职互动，为道外区人民谋利，为道外区经济发展排忧解难、合力攻坚的代表履职联系网络。

6、逐步扩大代表参加常委会组织的各项活动的范围。为提高代表履职能力和水平，常委会不断扩大代表参加活动的范围。一是坚持代表列席常委会制度。适当增加代表列席常委会的人数，每届内每位代表都能列席一次常委会。二是组织代表开展"三查（察）"活动。在代表组开展的"小型、专题、深入、实效"的"三查（察）"活动基础上，常委会采取主任会议听取汇报和"三查（察）"相结合的方式，适当增加区代表参加活动的人数，为代表提供更多的学习、提高履职能力的机会，每年至少组织市人大代表参加两次"三查（察）"活动。三是深化专题调研。创新实行代表按选区挂牌履职，按行业学习调研、提建议的双重活动组织方式，结合宪法和人大建设理论研究会，发挥灵活性和实践性的特点，组织代表开展调研活动，每年年终召开一次人大代表论坛，对优秀的调研成果进行表彰奖励。

三、着力加强人大代表队伍建设，切实提高代表素质

加强人大代表队伍建设，不断提高履职素质，是保证代表依法行使职权，管理好国家事务的基础性工作。我们严格把好代表"入口"关，强化代表培训机制，完善代表履职约束机制，规范代表执行职务，不断提高代表整体素质。

1、依法按程序选举人大代表。换届选举人大代表时严格按照《选举法》规定，把握选举名额分配，逐步提高妇女、工人、农民代表比例。补选人大代表时按照广泛推荐人选，常委会代表联络办公室考核，代表资格审查委员会审查、常委会主任会议初审和常委会审议通过的程序，严格把好"入口关"，真正把人民群众信赖、拥护，在各阶层、行业推选出来的优秀分子，依法按程序选举为人大代表。

2、加强代表培训工作。常委会坚持把培训新代表作为代表入门第一课，培训结束后颁发代表证。在培训内容上，以宪法、代表法、组织法、监督法等法律、法规为基础，加强遵纪守法、依法按程序履职教育；以各项报告的审议程序办法、议案和建议批评意见的提出和处理以及《关于进一步发挥人大代表作用，加强代表工作的意见》为专题教材，加强"应知应会"基本内容学习；以加强代表理想信念教育，增强代表履职光荣感、责任感和使命感为重点，坚持开展了"人民选我当代表，我当代表为人民"大讨论、"访民日"、优秀代表典型现身说教等学习教育活动。在培训形式上，主要采取小组培训与个人自学相结合、座谈讨论与经验交流相结合、专题培训与以会代训等形式。

3、试行代表劝辞制度。为保证人大代表的先进性和代表性，打破人大代表终届制，激励代表更好地履行职务，我们开展了代表劝辞制度的试行工作。对因职务或者工作岗位发生变化，失去代表性的；长期患病不能坚持工作，难以继续履行代表职责的；达不到代表"六个模范"基本要求的、选民评议不履职等不适合担任代表职务的，由代表组集体讨论提出建议，本人向区人大常委会书面提出辞职，经区代表联络办调查，代表资格审查委员会审查，提交常委会表决。

4、建立健全规范代表执行职务的各项制度。常委会先后向各代表组和市、区代表下发了代表执行职务、代表接受选民和选举单位监督等多项制度和规定，并建立健全市、区人大代表执行代表职务的档案，记载代表执行代表职务的情况，对代表执行职务进行跟踪服务，年终各代表组组织选民对区代表履职情况进行评议。

四、进一步提高对代表地位、代表工作的认识，切实为代表依法执行代表职务提供必要条件、服务和保障

常委会不断提高对代表地位、代表工作的认识，把建设一支政治坚定，既有光荣感，又有责任感的代表队伍作为人大常委会工作重要主题和提高人大工作水平的重要抓手，要求常委会及其机关干部要把功夫下在为代表履职创造最好条件、最佳服务和有力保障上，把心思放到提高代表履职水平上，把气力用到指导代表组开展活动上，把点子用到创新代表活动机制上。

常委会切实把代表工作列入重要议事日程，在工作中始终坚持超前谋划、科学安排、精心指导、及时总结。每年召开一次代表工作和表彰奖励大会，提出指导性意见，确定代表活动的重点、要点、亮点，推广典型，总结经验，激励和引导代表充分发挥作用。建立区人大常委会组成人员联系代表组制度，要求常委会组成人员以普通代表身份参加代表组活动。不断增强常委会机关为代表服务的意识，提高代表联络机构联系代表、服务代表的水平，努力开拓代表履职途径。

常委会加强对代表组活动的指导，全区26个街乡（镇）由担任办事处主要领导的代表和乡镇人大主席团副主席担任代表组组长，选配热爱人大工作，具有一定代表工作经验和能力的科级干部担任兼职代表活动秘书，并以代表小组活动为基本形式开展活动。三年来，根据全区部分街道党政主要领导干部调整变化情况，常委会三次及时调整街道人大代表组组长，保持了全区代表工作的连续性。积极开展了代表组组长和秘书的培训工作。

由于我们不断完善代表工作机制，创新代表活动，努力发挥代表作用，全区各级人大代表素质得到提高，履职能力进一步增强；密切联系群众意识得到提高，为民助民形成良好风气；奉献社会意识得到提高，服务中心意识进一步增强。去年以来，市、区代表共接待选民12790人次，解决实际问题314件，走访贫困家庭1374户，累计送扶贫资金和为社区解决实际问题折合资金56万元。"5.12"四川汶川特大地震期间，我区各级人大代表共捐款490余万元，支援灾区群众恢复生产、重建家园。在市十三届人大一次、二次、三次会议上，道外代表团提出的意见、建议总数，审查列入议案的总数，连续三年保持较高数量，代表作用得到了很好的发挥。

我们对加强代表工作，促进代表履职，发挥代表作用方面进行了积极探索，但与兄弟区县人大相比还有很大差距，我们将借这次会议的机会，认真学习兄弟区县人大的好经验、好做法，在市人大的有力指导下，努力创新，勤奋工作，不断把我区人大代表工作推向新的高度。

让代表们来当裁判

河南省内乡县人大常委会　王富君　程相鹏　李娜琴

在河南省内乡县第十三届人大三次会议上，与会的255名人大代表本照对人民、对部门负责的态度，非常严肃认真地对“一府两院”及其垂直管理部门进行了一次民主测评。测评结果在会后通过县调频广播电台、电视台等新闻媒体和人大常委会文件向社会公布，同时对代表满意度较高的前10个单位授予“2008年人民满意单位”荣誉称号，对代表满意度较低的后5个单位进行通报批评，并让他们向人大常委会写出书面整改报告。

代表建议搞评议

2008年，该县人大常委会在组织部分企业界的人大代表座谈时，有代表反映，近几年来仍有少数行政执法单位的工作人员素质低、办事效率低、服务态度不好，不给好处不办事，给了好处乱办事，和个别执法人员依权谋私，打着执法的旗号索吃索喝，行为不端等问题。虽此问题属个别现象，但有损部门形象又影响经济发展，群众意见大，又敢怒不敢言。因此，代表们建议“人大应强化监督，多组织代表对他们的工作进行评议。”

为了让各行政执法单位能够了解自已每年工作情况的好坏，群众对他们的队伍素质，办事效率、工作作风、执法状况、廉洁自律等方面的情况是否满意，社会评价如何，更为了帮助和推动各行政执法单位及法院、检察院转变作风，树立形象，提高办事效率，该县十三届人大常委会第十一次会议决定从2009年开始，每年在人代会上，让255名县人大代表，代表全县63万人民对“一府两院”及其垂直管理的行政执法单位进行一次全面的、公开的、量化的民主测评，并把测评结果报告县委，作为县委调整，提拔重用干部的依据。该县人大常委会认为人大代表分布在各行各业、各个单位、各个部门，又工作生活在第一线，他们最了解情况，最了解民意，由代表当裁判来评价各部门各方面的情况最公平、最有说服力。

测评的力度很大

组织全体代表对行政执法单位和法院、检察院进行无记名投票测评，是一项重大活动，这在内乡县是第一次，外地也没有成熟的经验可以借鉴。为了搞好这项工作，该县人大常委会主任会议给予了高度重视，曾先后3次召开主任办公会商讨测评方案。从测评的指导思想、内容、对象，到如何组织，怎样表彰，对问题大的单位如何处理等事宜都做了非常详细的研究。县人大常委会主任薛建国说：“这项活动涉及单位多，又牵扯到各单位的整体评价问题，不搞则罢，要搞就要搞得非常扎实，通过测评让被测评的单位有所震动，社会有所反响，让代表们感觉到当‘裁判’的真正含义和投那一票的份量，最后达到推动工作，提高代表积极参政议政的目的。”

测评方案初稿出来后，县人大常委会副主任武豫辉又带着选工委的同志深入到部分乡镇和部分企业、县直部分行政单位以及县政府法制室征求代表、基层干部、部门负责人的意见、建议。在经过广泛、充分征求各方面的意见、建设的基础上，又修改完善了方案的内容。县十三届人大常委会第11次会议上，全体常委会组成人员对方案感到非常满意，而且认为力度很大。

被评单位很重视

按照测评方案的要求，被测评的“一府两院”及其垂直管理部门，必须在召开人代会前一个月内向代表们写出年度工作报告，让代表们在测评表决前了解部门的工作情况，依法行政情况，勤政敬业情况，队伍管理情况；廉洁自律情况，落实人大决议，决定情况，以及为基层办了哪些实事，好事等内容。被列入测评的44个单位(垂直管理单位8个，政府行政执法单位34个，法院，检察院)在接到人大常委会通过的方案后都相当重视，教体局、财政局、监察局，文化局、物价局、发改委、法院、国税局、国土资源局、烟草专卖局、技术监督局等单位均召开班子会研究向代表报告的内容怎么样写，班子成员谁负责收集代表的意见、建议，人代会后如何整改等事宜。监察局、法院在撰写报告前，单位负责人还到人大机关组织部分人大常委会委员召开座谈会，听取常委会委员们对部门工作的意见，其他单位的“一把手”对报告的内容也都是亲自把关、修改，非常慎重。44个单位都在规定的时间内把工作报告送到了县人大常委会选工委。

代表热情很高

在内乡县第十三届人大三次会议上,代表们非常在意地看到大会多了一项内容,除了正常的审议人大、政府、计划、财政、法院、检察院工作报告外,又多了一项对“一府两院”及其垂直管理部门等44个行政执法单位进行民主测评的内容,由于审议六个报告是人代会上常规性的议程,而对行政执法单位和法院、检查院搞测评,则是一项很新颖,很有创意的议题,所以代表们给予了极大的关注,产生了浓厚的兴趣。在审议政府、计划、财政三个报告过程中,代表们把审议三个报告与审议44个单位的工作报告联系在一起,丰富了审议的内容,提高了代表们审议报告的热情和积极性。测评时,代表们早早来到指定会场,根据单位报告的内容和平时掌握了解的情况,以认真负责的态度,很严肃地对各单位进行了比较公正的评价。有不少代表在测评后的发言中很感慨地说:“过去都是行政执法单位管群众,他们既当运动员,又当裁判员,权力太大了,甚至有个别执法人员执法犯法,以权代法都无人监督。这次人大组织全体代表对行政执法单位和法院、检察院进行民主测评,让代表们真真正正地当了一次裁判员,尝到了人民当家作主的滋味,这应该说是民主法制的进步,是社会文明的进步,是完善人民代表大会制度的一个亮点。希望这样的活动年年都搞上一两次,让代表们好好发挥作用,把代表们的参与管理国家事务的积极性调动起来,把内乡的政风、行风建设得更好。作为代表,我们很感谢人大常委会给大家提供这样的机会,大家也都希望把类似这样的活动坚持下去,并且越搞越好。”

目前,该县人大常委会已对测评结果代表满意率较低的后5个单位进行了通报,并要求三个月内限期整改完毕。人大常委会还将在7月下旬专门听取他们的整改情况报告,对整改不力的单位列为2009年度重点评议对象进行工作评议。

创新机制　勇于实践
大力推进社区民主政治建设

山东省潍坊市奎文区人大常委会主任　侯方恒

2008年以来,山东省潍坊市奎文区人大常委会认真学习贯彻党的十七大精神,立足奎文实际,积极实践探索,扎实推进社区民主政治建设,为推动科学发展、促进社会和谐发挥了重要作用。

一、推进社区民主政治建设是城市经济社会发展的客观需要

社区是社会组成的基本单元、城市运转的细胞,已逐步成为社会管理的重心、人民群众生活的家园、基层民主政治建设的舞台、社会和谐稳定的载体。奎文作为中心城区,大力推进社区民主政治建设,具有更加现实而深远的意义。

*首先,这是党的十七大作出的战略部署。*十七大报告强调,发展基层民主,保障人民享有更多更切实的民主权利,是人民当家作主最有效、最广泛的途径,必须作为发展社会主义民主政治的基础性工程重点推进。要健全党组织领导的充满活力的基层群众自治机制,扩大基层群众自治范围,完善民主管理制度,把城乡社区建设成为管理有序、服务完善、文明祥和的社会生活共同体。这些重要论述,为我们推进社区民主政治建设提供了理论依据,提出了目标要求。

*其次,这是提升社区工作水平的重要举措。*区位特点决定了奎文区社区工作的重要位置。建区以来特别是近几年来,经过全区上下共同努力,我们在提升工作理念、理顺管理体制、加强基础设施建设、拓展服务领域、推进和谐创建等方面出台了一系列政策措施,社区建设取得了显著成绩,先后被授予全国社区卫生示范区、全国社区教育实验区、全省社区建设示范区等荣誉称号。随着城市化、现代化进程的加快,如何更好体现以人为本的理念,进一步提升社区工作水平和质量,由侧重管理向管理与服务相结合转变,由侧重外部约束向外部约束与社区自治相结合转变,由纵向的、行政的管理运行机制向网格的、互动的基层治理模式转变,社区民主政治建设作为创新基层管理服务的重要内容,被提上了重要议事日程。

第三，这是实现基层群众有序政治参与的客观要求。随着社会主义市场经济和民主法制建设的不断发展，大量的“单位人”、新经济社会组织、流动人口涌入社区，社区已成为各类社会群体的聚集点、各种利益关系的交汇点和各种社会组织的落脚点。同时，社区群众的民主意识逐渐增强，政治参与的积极性不断提高，对社区事务知情权、参与权、表达权的要求日益强烈，社区稳定成为社会稳定的重要基石。通过加强民主政治建设，在社区形成有效的利益协调机制、诉求表达机制、矛盾调处机制、权益保障机制，可以更好地引导居民实现有序的政治参与，推动改革发展稳定各项工作的落实。

二、积极探索社区民主政治建设新机制

承接全市试点任务之后，奎文区委高度重视，成立了社区民主政治建设领导小组，责成区人大常委会牵头具体落实。为此，在市人大常委会的具体指导下，会同组织、民政等有关部门，在加强学习和调研的基础上，本着超前性、指导性和可操作性的原则，着眼于从制度设计层面整体推进社区民主政治建设。先后制定出台了《关于加强社区民主政治建设的意见》和社区党委选举工作规程、社区委员会选举办法、社区成员代表会议制度、社区公共事务分类管理办法等11个配套文件，明确了加强社区民主政治建设的指导思想、主要内容和实现途径。重点是建立完善“四个机制”。一是完善党的领导机制。健全社区党的组织体系，成立社区党委，把村居、新经济社会组织和驻社区单位的所有党组织，纳入社区党委管理，实现社区党建工作广泛覆盖；完善民主选举社区党委班子成员制度，实行“公推直选”，并逐步由党内直接选举向全面直选过渡；完善社区党委与社区委员会联席会议制度，明确社区党委与社区委员会的职责分工和工作程序，充分发挥社区党委的领导核心作用。二是完善社区自治机制。全面落实民主选举、民主决策、民主管理和民主监督，规定社区委员会要由社区居民、社区单位等所有社区成员共同选举产生，充分保障包括社区单位、新经济社会组织、流动人口在内的所有社区成员的民主权利，充分体现代表性和广泛性；完善社区成员会议和成员代表会议制度、民主听证制度，提高民主决策水平；指导社区制定完善了社区成员自治章程和社区成员公约，加强社区成员的自我管理、自我服务、自我教育、自我监督；实行社区事务公开、民主评议制度，增加社区委员会工作的透明度，完善社区自我监督体系。三是完善社区管理与公共服务机制。加强社区服务中心建设，更好地承接政府在社区的行政工作，办理为社区成员服务的公共事务和公益事项。实行社区事务分类管理，建立行政工作社区准入制度，对政府延伸到社区的行政事务，包括从社区委员会剥离出来的行政工作，采取“权随责走、费随事转”的办法，通过签定协议、购买服务、项目管理等方式，由政府委托给社区服务中心或其他社会组织承担。建立社区委员会办理社区成员诉求制度，与街道的社区服务工作对接，实现社区自治组织与政府行政机构之间的互动。四是完善社会参与机制。建立社区志愿服务制度，培育和发展社区志愿者组织，壮大社区志愿者队伍。通过税费减免、安排公益性岗位、解决社会保障、提供财物支持等措施，大力培育公益慈善、文化体育、医疗卫生、便民服务等社会组织，以组织拢人，以活动聚心，提高居民参与社区建设的组织化程度。建设社情民意的收集、反映和解决通道，通过设立党代表、人大代表和政协委员接待日、民愿接待室，以及居民论坛、网上论坛等有效形式让居民群众以理性、合法、便捷的方式表达意见和利益诉求。按照以上“四个机制”的要求，我们选择了9个基础条件好、代表性强的社区进行试点，开展了丰富生动的民主实践活动，探索形成了在社区党组织领导下，社区自治、公共服务、社会参与“三位一体”的建设模式。

三、加强社区民主政治建设取得初步成效

大力推进社区民主政治建设，是创新基层管理服务机制的有益探索。通过前段实践，已经收到多重功效。

一是推动了重点工作。2008年，奎文区委、区政府对35个城中村进行改造开发，上半年拆迁面积40万平方米，开工面积68万平方米；对13个旧小区、16条背街小巷进行综合整治，改造面积达160万平方米；配合市里白浪河和福寿街、卧龙街、虞河路、鸢飞路等重点项目建设，需要拆迁面积32万平方米，落实补偿资金1.75亿元。这些重点工作涉及的居民群体在社区，矛盾集中在社区，任务落实在社区。各街道、社区用民主的办法理顺群众情绪，以法制的手段加大推进力度，确保了党政决策的贯彻和重点工作的落实。如西上虞社区1992年“村改居”之后，旧社区拆迁历经13年没有解决，今年通过全体居民公议公决，247户、7.5万平方米在5天时间全部完成拆迁，没有采取任何强制措施，没有发生任何上访事件。市委书记张新起同志对此作出重要批示："破解难题是你们努力的结果，拆旧建新，以人为本，造福人民。"

二是实现了人民当家作主。各社区普遍建立了社区党委、社区成员代表会议、社区委员会、社区协商议事会、社区事务监督委员会和居民小组，完善组织网络，积极开展丰富多彩的民主实践活动，涌现出了则尔庄"1+3"运行模式、中和园"听证议事园"、文化路"民事民办"、西上虞"公议公决"、奎文门"民主评议"、健康街"四位一体"、行政街"共驻共建"、樱园"多种形式自治"、苇湾"突出政治核心"、早春园"志愿联动服务"、金宝"整合服务资源"等典型。今年该区列入试点的9个社区，共成立社区党支部63个、党小组310个，有1945名居住在社区的在职党员和214名驻社区单位的党员，纳入了社区党组织管理。共组织召开居民论坛、听证议事会、协商议事会评议会43次，参加的党代表、人大代表、政协委员、辖区单位负责人和居民群众达3800人次，征集各类社区建设意见400余条，帮助居民群众解决热点难点问题130多件。这些做法，保证人民群众拥有了更多更切实的民主权利，直接参与管理社区公共事务和公益事业，对干部实行民主监督，成为发展社会主义民主政治、实现人民当家作主最广泛、最生动的实践。

三是健全了社区服务体系。按照大社区管理、网格化服务的要求，全区计划用3年时间完成街道和社区办公服务用房建设。今年，7个街道将各建成一处1000平方米以上的综合性社区服务中心，19个社区将改善办公服务用房，总投资3100多万元，建筑面积2.1多平方米。民政、劳动、计划生育、卫生、公安等与社区联系密切的部门，将服务重心下移，在社区服务中心设立专职工作岗位，专人负责，履行公共服务职能。文化、教育、妇联、房管、工会等26个和谐共建部门，在社区公开服务内容和服务承诺，做到有求必应、限时服务。同时，坚持公共服务与自我服务、市场化服务相结合，实现党组织管理、弱势群体帮扶、治安防控、环境卫生、文化健身"五个全覆盖"，达到就医、托幼、养老、购物、休闲、健身、救助、矛盾调处"八不出社区"，设立为老服务、助残服务、文体活动管理、城管监督、社情信息等"10个公益性岗位"，实现了行政服务和社会服务的衔接和优势互补。

四是深化了和谐创建。"社区是我家，建设靠大家。"通过社区民主政治建设的运行机制，动员引导辖区单位、法人、社会中介组织和干部群众增强认同感和归属感，主动融入社区，开展共驻共建，真正做到了在共建中共享，在共享中共建，增强了社区的凝聚力。据统计，目前全区25所中小学校的图书馆、操场等资源对社区居民开放，惠丰烟叶、永成房地产、军休一所等单位，分别无偿向所在社区提供了办公服务用房，总面积近5000平方米。社区社会组织发展到近500个，参与群众达7000余人，涉及计生、综治、老年、关心下一代、助残、文体、再就业、市民求助、志愿者服务等多个领域；各社区共设置人大代表联络站31个，驻奎文区的260多名各级人大代表轮流到社区联系选民；共设立居民论坛、议事厅和社区讲堂21个、群众诉求服务室44个、党员谈心室39处，通过发扬民主、集思广益、共同管理，促进了"壮有所为"、"病有所医"、"困有所济"、"乱有所治"、"老有所养"等问题的有效解决，使社区民主政治建设成为基层管理服务的重要手段、惠及民生的系统工程。

四、几点启示

作为一项循序渐进的社会系统工程，实践告诉我们，抓好社区民主政治建设，必须把握好"四个一"。即："一个核心"，就是始终坚持党的领导，坚决维护和充分发挥基层党组织在社区民主建设中的政治核心作用，努力取得党委和人民群众满意的效果；"一个目标"，就是要适应新的形势和任务要求，创新管理服务机制，把社区建设成为管理有序、服务完善、文明祥和的社会生活共同体；"一个主体"，就是要坚持居民既是参与者、也是受益者，既要依靠群众，加强民主实践，又要使之服务群众、改善民生；"一个关键"，就是既要全面推进依法行政，改进社会管理和公共服务，又要扩大群众自治范围，坚持群众自己的事情自己议、自己管、自己办，实现行政管理与基层自治有效衔接和良性互动。

坚持以科学发展观为指导 努力提高县人大常委会办公室工作质量和效率

湖南省汉寿县人大常委会副主任　龚玉德

科学发展观，是我们党适应形势发展变化提出的新的执政理念，它不仅是新时期全面加强党的建设的行动纲领，而且是坚持和完善人民代表大会制度，构建和谐社会的理论指导。县人大常委会办公室作为地方国家权力机关的重要窗口，在开展突出践行科学发展观学习教育活动中，要不断增强落实科学发展观的自觉性和坚定性，发挥好参谋助手、服务协调的中枢作用。坚持由被动服务向主动服务，常规服务向创新服务转变，注重超前谋划、超越发挥、超常运转。具体来讲，笔者认为，应着重抓好“四个把握”，不断提升人大办公室工作质量和效率，促进人大工作发展。

一、把握好角色定位，找准工作的着力点

县人大常委会办公室只有搞清楚了它的职能和定位，自觉摆正位置、端正态度，调整心态，才能找准服务的着力点，找准参谋的切入点和尽职的融合点，才能加强综合协调能力。县人大常委会办公室角色的定位，从人大办公室的机构设置看，最能体现这个问题，我认为应处理好三个关系：一是办公室和常委会领导的关系。常委会领导是办公室的“婆婆”，办公室是必须全力以赴为领导们做好各种服务；二是办公室主任同办公室工作人员的关系。从一定程序上讲，办公主任又是一个“婆婆”，承担着管理办公室内部各种事务的职能，任务多、事情杂，不可能一人独力承担。因此，就要运用领导艺术，充分发挥办公室工作人员的积极性、主动性，做到尽其所能、发挥所长；三是办公室与各委的关系。办公室和各委都是人大常委会的工作机构，彼此之间是一种互相独立，相互依存的平等关系，工作上没有尊卑高下之分，更没有权力大小之争，办公室对其它委是一种协调而不是管理关系。因此，与各委要经常保持联系，主动交流，积极协调。

二、把握好服务主体，提升常委会议事质量

人大的权威来自于高水平的审议决策，高水平的审议决策来自于常委会组成人员对法律、政情的熟悉掌握和本地实情的详实了解。因此，县人大常委会办公室作为服务机构，要为人大代表和常委会组成人员依法履职，充分发挥作用，提供优质服务。具体来讲，主要是突出“三抓”。

*一是抓法律法规学习培训。*要在全面加强政策、法律学习的基础上，紧紧围绕常委会议审议议题，认真组织相关法律法规的专题学习，以提高常委会组成人员的法律水平，把握常委会议的准绳和方向。

*二是抓知政知情。*县委常委会、政府常务会、县长办公会研究的重大事项，县人大常委会办公室要及时将会议的内容转发给县人大常委会组成人员和相关代表，促进常委会组成人员对本县政情的全面了解。要认真组织常委会组成人员进行深入调查，从不同角度、分不同层面或区域参与调查，确保调查情况和意见的广度与深度。

*三是抓审议发言。*审议发言中，除直接负责议题报告的专职委员作中心发言外，其他委员也要充分发表审议意见。与此同时，还要允许和鼓励列席会议的人大代表进行发言。要力求每次常委会议，常委会组成人员个个发表意见，以充分尊重参政议政的民主权力。

*四是抓报告评选。*对每个议题调查所形成的调查报告，办公室要组织常委会的老领导集中进行评选，对优秀的报告给予一定的物质奖励，以此激发常委会机关工作人员的积极性，提升常委会审议的质量。

三、把握好服务重心，发挥办公室工作职能

办公室工作任务重、事务杂，只有把握好服务重心，才能充分发挥办公室工作职能，促进工作不断发展。其服务重心主要是围绕“参谋助手”、“督查落实”、“综合协调”三个重要职能，积极开展工作。

在发挥参谋助手作用方面，就是认真协助人大常委会领导策划事关人大工作的重大决策，研究履职法定职责的关键举措，提出改进工作的有效方法，及时反映各方面的真实情况，为常委会领导出主意、当高参。

在发挥监督落实作用方面，就是要抓重点、求实效，注意发现落实过程中出现的新情况、新问题，提出解决问题和完善决策的建议，使决策落到实处。

在发挥综合协调作用方面,就是要不断改进协调方法,讲究协调艺术,积极做好上下级人大及其级其他机关的协调沟通作用,特别是对重要会议、重要活动,组织相关方面做好协调和落实工作。

四、把握好服务方向,增强工作的规范性

人大办公室工作多、事务杂、涉及面广,其工作的性质就是服务和协调。因此,要体现办公室工作的规范性,就必须努力把握好服务方向。

一是精简高效,规范办文。人大履行职权的方式主要是通过召开各种会议的形式进行,会议多、材料多、程序多是人大"三会"的特点,办会办文是办公室工作的重要内容之一。办公室要负责做好"三会"的筹备工作及各次会议作出决定、决议的检查落实,认真起草有关文件、领导讲话和汇报材料,做好各次会议的会前、会中、会后的有关服务等。因此,在大量文字的服务中,要力求做到措辞准确、文句精炼,有法律依据和理论水平,材料翔实,内容丰富,为常委会提供高效优质服务。

二是精心组织,周密办会。人代会、常委会、主任会是人大依法履职的主要形式。每次举行"三会",无论是会议通知、参会人员落实、会议材料准备、新闻宣传报道,还是会场布置、音响视频、会议记录、后勤服务等各项工作,办公室都要精心安排,抓早、抓紧、抓实,从各个环节上保证会议的顺利召开。

三是精益求精、严谨办事。办公室服务工作无小事,从接听电话、收发文件,到下达通知,接待来访,都要做到小事大看、小题大做,容不得半点马虎,出不得半点差错,必须要按"周全、严谨"的要求,对每一项工作都要尽心尽职,每一个环节都要精心把关。作为办公室工作的同志,要努力做到:不让急事在我这里延误,不让文件在我这里积压,不让差错在我这里发生,不让来机关办事的同志在我这里受冷落,不让机关形象在我这里受影响。

实现人大工作与科学发展有效对接

陕西省澄城县人大常委会主任　王文波

科学发展观是中国特色社会主义理论体系的重要组成部分,是马克思主义与中国现代化建设相结合的实践产物,强调的是以人为本,统筹兼顾,全面协调可持续的发展,是人口、资源、环境的辩证协调和内在统一,是遵循规律、按规律办事的发展方法论。人大及其常委会,作为人民群众的代议机关,代表人民行使管理国家和社会事务的权力,如何以民为本,科学履职,依法用权,助推发展,是新时期人大工作的要务和核心,如何对接,如何发挥应有作用,是各级人大必须积极探索研究的重大课题。

一、人大工作必须与"实际"对接。

任何脱离实际的东西都是错误的,都是没有前途和生命力的东西。科学发展首先是尊重客观、立足实际的发展。人大工作要成为助推科学发展的政权力量,必须首先与"实际"对接,人大常委会确定议题,安排工作,开展监督,必须对应发展现状,依据事实客观,立足实情民情。人大常委会作出的各项决议决定,必须反映客观,体现事实,指导实际,用事实说话,依客观履职,凭中肯的建议和规律指导促进工作,促进发展。

二、人大工作必须与"规律"对接。

规律客观存在不以人的意志为转移,只有认识规律,才能利用规律。发展的规律始终是前进的、曲折的。胡锦涛总书记不懈怠、不折腾,也正是要求各级各方面都要尊重规律,认识规律,发挥主观能动性,保持发展态势,减少曲折、反复,避免迂回和起伏。人大及其常委会作为议事决策和监督执行的权力机关,促进科学发展必须实现与"规律"的有效对接。一是要有把握规律的才气。监督别人按规律办事,科学规范文明,自己必须首先认识规律,把握规律。因而,各级人大及其常委会必须始终把学习作为一项政治任务常抓不懈。要把政策法律的学习与理论业务的学习贯通,将感性的认识能力与理性的分析能力融合,使认识规律的水平和利用规律的能力同步提升。二是要有捍卫规律的勇气。任何违背规律的决策,背离规律的执行,都要依法运用职权,坚决予以监督纠正改进,确保一方发展在规律的轨道上井然运行。三是要有执行规律的锐气。主要是运用刚性法定监督手段,使法律、制度、规范以及党的政策,得以准确的贯彻执行,敢于直面矛盾,动真碰硬,使行政执行更加有力、规范,使决策落实更加有力有效。

三、人大工作必须与"需要"对接。

适应形势需要,满足群众期待,与时俱进,是人大工作的着眼点。规律是发展的规律,实践是变化的实践,人大工作要始终代表先进生产力和先进文化发展方向,与时代合拍,与需要合拍。要针对党委既定的决策和政府执行中需要加以推动的工作,选定监督议题,依法开展工作,要针对当前形势发展的客观需要,确定监督工作的切入点,不能隔靴骚痒,更不能跟不上节奏,踩不到点子,被动应付,要让人大常委会及其代表成为引领科学发展、站在时代前沿的生力军。人大工作与"需要"的对接,要对接在发展的要务上,对接在社会进步的需要上,不失时机地将工作的思路重点调整统一到当前的形势需要和战略重点上,想方设法在保增长、扩内需、调结构、增活力、应对危机、实现科学发展中发挥作用,展现作为。

四、人大工作必须与"民心"对接。

科学发展的核心是以人为本,具体到人大工作上,就是要用人的力量,依靠人民群众的智慧和创造力,实现人的全面发展。人大工作要坚持听民声、尊民意、代民言、解民忧,要始终把解决人民群众关注的热点难点问题作为出发点和落脚点,要把代表、维护和发展广大人民群众的根本利益作为根本任务。民心连着国运,和谐关乎发展。当前优化环境的问题,招商引资的问题,产业惠农的问题,归根结底都是要解决人的问题,民的问题。人的思想认识了,作风就会随之变化;作风变化了,落实就有了保障;落实到位了,人民的利益就能得到维护和发展。人大工作与民心对接,对接的应当是群众的现实需要与长远期盼,对接的应当是氛围的营造和困难的解决。所以,工作中,要多深入群众,多深入基层,有的放矢开展调研,虚心采纳群众建议诉求,人大代表要充分发挥密切联系群众的优势,反映民声,上传民愿,以身作则,带头创业,要自觉成为实践科学发展的一支基层力量,让群众在科学发展的实践中看到盼头,尝到甜头。人大工作与民心对接,对接的是党心,对接的是政策,对接的也是思路和方向,人大常委会要通过多渠道的宣传,丰富多样的代表活动,把党的政策带给群众,把发展的思路教给群众,使党的各项决策成为广大人民群众的自觉行动,转化为群众盼得着、看得到、够得着的发展成果。

人代会上新气象

河南省内乡县人大　　苗长庚　朱浩记

阳春三月,万物复苏。河南省内乡县第十三届人民代表大会第三次会议在和煦的春风里胜利召开。会议的习习"新风"、股股"新潮",正激励着代表们依法履职的积极性,唤起了内乡人民致富奔小康和建设和谐内乡的无限热情。

工作优劣代表票决

3 月 19 日下午,在人代会讨论、审议政府、计划、财政报告期间,232 名县人大代表,以书面打分形式,纷纷提笔对"一府两院"40 多个部门的工作,按照满意、基本满意、不满意三个等次,填上了符合自己意愿的一票。投票结果显示,投出满意票 190 张,满意率达 81.9%,基本满意和不满意票 42 张,基本满意和不满意率达 18.1%。

为了更好地发挥代表作用,让测评更具代表性,去年 10 月,县人大常委会组织调查组花了一个多月时间,在走访、座谈代表和"一府两院"单位意见的基础上,制订了《内乡县人大常委会关于"一府两院"及相关单位工作测评的实施方案》,决定从今年开始,在人代会上代表审议"一府两院"工作报告的同时,组织全体代表对"一府两院"及相关单位依法行政、勤政廉政工作情况进行民主测评。对确定测评单位的名次排序在县电视台公布,对代表反映较好,群众满意度较高且测评位次在前的单位予以表彰;对代表反映强烈,群众意见较大测评位次靠后的单位予以通报批评,督促整改。测评中,县卫生局局长王文峰认为:"以往测评由于测评主体的资格构成等问题，往往不能使被测评单位心服口服。这次全体人大代表对‘一府两院’单位的测评，更具代表性、权威性，让人心服口服”。

内乡县人大十分重视测评结果的应用，及时向县委进行了汇报，并将测评结果作为对“一府两院”工作评价的重要依据。

审议现场的新面孔

3月20日下午，以代表团为单位，代表们对人大、法院、检察院的报告进行审议的现场来了新面孔——公安局、检察院、法院工作人员。他们分布在各代表团、认真听取和记录代表对他们工作的意见和建议。

王建华代表说：“由于诸多原因，公安局民警队伍素质参差不齐，本领高低不一，部分民警达不到‘一警多能’的要求。公安局要切实加强队伍综合战斗实力的提高。另外，针对基层派出所‘人少事多’的实情，公安局应在对内，向素质要警力，向管理要警力；对外，向党委政府要支持，向社会力量要协助上下功夫、做文章，加强对影响社会稳定苗头信息的掌控，把职责分解到有关部门，加大技防力度，将治安防控工作扩展为全社会的职责”。

崔卷业代表说：“执行难是法院工作的一大障碍。一些当事人虽然胜了官司，拿到了判决书，支付了律师费、诉讼费、立案费、执行费等，后因找不到被告人，无法执行，一拖就是三二年，多则四五年。建议法院瞄准‘破解执行难’这个难题，依靠社会各界的力量，积极发挥法院执行工作主力军作用，努力从根本上解决执行难问题。同时，还应着力解决好涉及群众利益的热点难点问题。进一步完善诉讼指导、巡回办案、风险提示、送法下乡等便民措施，方便群众诉讼，努力做好诉讼费的减、免、缓工作，切实维护好人民群众的根本利益”。

农民代表赵金惠说：“检察院要重视征地搬迁、医疗卫生、社会保障、救济资金和支农惠农政策落实等领域的职务犯罪案件的查办，开展开门纳谏、登门问策‘阳光检务’活动。依法查处执法不严、司法不公背后的贪赃枉法、失职渎职等犯罪案件”。人代会后，针对代表们的意见和建议，县公安局、检察院、法院分别制订了整改措施，积极整改落实。

代表关注县长承诺

3月22日上午10点30分，刚刚当选的内乡县县长全新明，面对代表们的关注、企盼，走上了大会闭幕会场的讲台与代表们见面，那令人振奋的表态发言，一下子就扣住了代表们的心：“今天，大家把县长‘接力棒’庄严的交给我，深感融入内乡，服务内乡，是我最大的福份。我承诺，要在市委、市政府和县委的正确领导下，在人大和政协的监督支持下，团结带领政府一班人，坚持万事民为先的施政理念，做到在工作方面有新举措，在自身建设方面有新提高，想群众最关心的问题，办群众最关心的事，让人民赋予的权力在阳光下进行”。全新明县长的精彩发言激荡在代表们的心间。代表们说，全县长的表态落实得如何，明年我们再来开人代会，将给一个公正的评判。内乡县第十三届人民代表大会第三次会议结束了，在代表们一张张灿烂的笑脸上，可以看出，会议将如温暖的春风，催促着内乡人民用新的业绩去铺就内乡美好的明天！

学习实践科学发展观　做好人大监督工作

吉林省通化市东昌区人大常委会主任　王秀芬

科学发展观是我国经济社会发展的重要指导方针，是发展中国特色社会主义必须坚持和贯彻的重大战略思想，也是我们党执政理论新的飞跃。人大及其常委会必须深刻认识和领会其精神实质，落实科学发展观，继续解放思想，努力做好新时期人大工作，促进经济社会又好又快发展。

一、落实科学发展观，依法履行监督职责

地方人大及其常委会作为地方权力机关，承担着为人民履好职、行好权的重要职能作用。几年来，我们东昌区人大常委会始终坚持发展高于一切的宗旨，始终把促进区域经济发展摆在人大监督工作的突出位置，紧紧围绕区委提出的“建设经济强区，率先实现全面小康社会”的战略目标，依法履行好各项职权，以新一轮思想大解放推动东昌区经济的大发展。

一是围绕中心工作，开展调研，为区委决策提供依据。2008年,区人大常委会紧紧围绕区域经济社会发展的实际需要,围绕群众关心的民生问题,围绕在贯彻落实法律法规过程中存在的新情况和新问题,找准切入点,深入基层,联系实际,积极开展调查研究,提出有针对性的意见、建议,为区委决策提供了有价值的参考意见。我们结合全区经济和社会事业发展中出现的问题,开展了经济工作、民生工作、科技工作、新农村建设工作等方面的调查,形成了《关于东昌区城市居民住宅楼弃管状况的调查报告》、《关于在东昌区推行部门预算工作建议的报告》、《关于贯彻残疾人保障法的调查报告》、《关于落实科技进步法和科技进步条例情况的调查报告》、《关于活跃农村文化生活的调查报告》等调查报告得到了区委的高度重视。其中,《关于东昌区农业科技队伍建设情况的调查报告》,区委主要领导作了重要批示,要求有关部门结合区人大调研报告中的建议,切实加强农业科技人才队伍建设。7月份,区委组织部下发了《加强农村实用技术人才队伍建设的实施意见》,并在山东潍坊建立了东昌区农业科技人才培训基地。

二是坚持监督与支持相结合,不断强化执法检查。人大及其常委会的监督,是最具民主性和广泛性的监督,是代表国家和人民的具有法律效力的监督。落实科学发展观,地方人大工作最主要的切入点,就是促使国家机关切实把科学发展观贯穿于监督工作的全过程,落实到各个环节。因此,我区人大常委会认真贯彻实施《监督法》,不断完善监督程序,制定监督工作计划,印发给"一府两院",并向社会公布。同时,找准方向、突出重点,紧紧围绕党和国家的重大决策和法律法规的贯彻实施情况,紧扣我区政治、经济和社会生活中带有战略性、长远性和根本性的问题,开展"三察(查)"活动,关注人民群众普遍关心的热点、难点问题和一些突出性的重大问题开展监督。在监督中,我们坚持监督与支持相结合。人大与"一府两院"虽然分工不同,但目标都是一致的,都是为了把工作做得更好,为此我们做到从支持的愿望出发实施监督,同"一府两院"心往一处想,劲往一处使,形成促进全区发展的强大合力。并力求做到"监督不缺位、履职不越位、支持不添乱",让"一府两院"切实感受到来自权力机关的真诚监督和支持,让人民群众看到实实在在的监督效果,为区域经济发展创造良好的法治环境。

三是狠抓审议意见的落实,注重跟踪问效。为增强监督工作的实效性,每个审议意见下发两个月时,常委会主任会议听取区人民政府关于审议意见的落实情况的报告。突出注重跟踪监督,对上一年的监督议题,没有落实到位的,选择重点进行跟踪监督,检验审议意见的落实成效。2007年,区人大常委会对区人民政府新型农村合作医疗工作情况进行了视察,提出了审议意见。为了检查审议意见的落实情况,促进这项工作更好地开展,2008年常委会对这项工作进行了跟踪检查。区人民政府对审议意见中提出的"要进一步改善定点医院的医疗卫生条件、尽快配备救护车"等四条建议都逐一落实和解决,收到了很好的成效。

二、落实科学发展观,努力增强监督实效

科学发展观的核心内涵就是以人为本,促进经济社会和人的全面发展。因此,人大在把党的主张通过法律程序变为国家意志的过程中,要增强"执政为民"意识,更加了解民心、体察民情、改善民生,所作出的决议、决定都必须充分反映民意,集中体现民智,把实现好、维护好、发展好最广大人民的根本利益作为人大工作的出发点和归宿。努力做到深怀爱民之心、恪守为民之责、善谋为民之策、多办利民之事。

紧紧抓住群众反映的热点、难点问题,通过视察、调查、执法检查等形式,督促政府做好社会保障、治理环境污染、加强农村医保和农村科技队伍建设、名师工程等关系人民群众切身利益的各项工作,维护人民群众的合法权益和社会的安定和谐;认真做好规范性文件备案审查,加大人大信访工作力度,做到关口前移,变事后监督为事中监督,督促"一府两院"依法处理涉及人民群众切身利益,促进了司法公正,维护了群众的合法权益。

充分发挥人大代表的主体优势,通过人大代表广泛听取群众的意见和建议,及时反映民声、凝聚群众的智慧和力量。注重搞好代表视察。结合常委会执法检查报告中涉及的问题、代表提出的建议、批评和意见反映集中又未能解决的问题、人民群众来信来访中反映的一些热点难点问题以及媒体关注的问题来确定代表视察的题目,开展"三察(查)"活动。做好代表应邀参加执法检查和其他活动的组织工作;邀请代表列席人大常委会会议和旁听法院开庭审判,使代表在闭会期间,既执行代表职务,又知情知政,充分反映民意,推动区域经济社会的科学发展。注重抓好人大街道工作委员会和社区代表工作站工作。配齐配强人大街道工作委员会的人员，选好代表工作站的站长和联络员。目前，我们在全区的10个街道、乡（镇）建立了人大街道工作委员会，在51个社区和13个自然村建立代表工作站。

三、落实科学发展观，不断增强工作活力

《监督法》出台后，为不断丰富监督形式，为防止出现“一张任命书，五年太平官”的现象。在监督形式上我们进行了新的尝试。对人大任命的“一府两院”组成人员的工作，采取视察、调查、执法检查、工作评议等监督方式，提高监督实效，促进当地科学发展。常委会制定出台了《通化市东昌区人大常委会工作评议办法》。2008年，并对区林业局、区发展和改革局、东昌区地税局和工商东昌分局四个部门进行了工作评议。为了搞好工作评议，常委会组成调查组，通过听取被评议单位工作汇报，召开座谈会，组织民意测评，与机关干部个别谈话，征求区纪检部门、区分管领导和上级主管部门意见等形式，全面了解被评议单位贯彻执行法律法规、落实人大决议决定、履行职责和队伍建设等方面的情况。通过工作评议，增强了被评议部门的法律意识和责任意识，调动了工作积极性。常委会主任会议还听取了区人事局、区民政局、区建设局和区安监局四个部门工作情况的报告，并提出了建设性意见，收到明显效果。

在审议“一府两院”专项工作报告时，我们采用了深入基层调研、主任会议决定、开展会前视察调研、认真听取审议、跟踪问效等方式，开展有效监督。这种做法，能够保证媒体、人民群众的监督与各级人大常委会的监督形成合力，促进监督工作取得真正的实效。

地方人大工作充满阳光

江苏省淮安市淮阴区人大常委会专职委员　庄建民

1989年至今，本人先后两次在区人大常委会机关工作，还被评为全市人大工作先进个人、享受市劳模待遇，因而对地方人大工作有着更为深刻的理解和深厚的感情。这些年来，我感到在各级党委的关心支持和人大的积极努力下，地方人大的工作环境越来越好，作用发挥越来越大，社会地位越来越高。

一、改善年龄结构，是强化人大常委会地位作用的基础。地方人大作为地方国家权力机关，担负着经济建设和民主法制建设的艰巨任务，理应与其他机关一样配备强有力的工作班子。过去由于认识上的偏差，人大干部的年龄结构偏向老化，大多难以同党委、政府干部进行交流，短期行为明显，成为影响人大机关地位、作用的重要因素。我曾在1993年12月8日《人民代表报》上发表文章，呼吁各级党委组织部门对此要引起重视，并提出了五条对策建议。如今，我区人大干部与党政干部交流已经实现经常化、常态化，人大干部“老化”问题得到有效解决，过去说人大是“大牌子、老头子、找岔子”的顺口溜再也听不到了。2007年底地方人大换届，我区新一届人大常委会组成人员均年龄43.67岁，人大机关“五委一办”主任平均年龄43.5岁，21个乡镇的专职人大主席、副主席平均年龄42岁，分别比1990年初人大换届时的平均年龄下降10岁左右，这不仅从组织上保证了人大机关的活力和工作上水平，也使人大的地位、作用得以有效落实。

二、注重工作实效，是强化人大常委会地位作用的关键。法律赋予地方人大常委会的职责范围较广，只有结合本地实际，突出重点，务实创新，才能抓出成效。多年来，我区人大常委会坚持“服从核心、围绕中心、反映民心、开拓创新”的指导思想，认真依法履职。特别是近几年，人大工作更加规范有效。每年制订人大常委会工作计划，都以近期的区委工作会议精神为指导，以“一府两院”向人代会的工作报告为依据，并在事前由人大各工委分别征求各位区长及政府各部门的意见，同时在人代会上发“征求意见表”征求全体代表的意见，然后综合整理提交人大常委会讨论确定，最后报区委批转各单位执行。这样，人大工作的内容就能与区委的中心工作相吻合，与政府的重点工作相同步，与人民群众的需求相帖近，有效形成合力，避免了“两张皮”。对“一府两院”的监督是地方人大常委会的主要职责，我区人大常委会根据被监督单位或工作的具体情况，分别采用视察、审议、执法检查、评议等不同的监督方式，并对各种监督方式的操作流程进行规范，使之更加科学完善、提高质量。去年开始，我区人大常委会还对全年审议的“一府两院”各项工作实行“回头看”制度，由常委会组成人员按“满意”、“基本满意”、“不满意”进行电子表决，表决结果反馈给相关单位，并抄报区委、区政府主要领导同志，从而促进了人大常委会各项审议意见的落实，增强了监督效果。

三、完善政策措施，是强化人大常委会地位作用的保证。目前，人民代表大会制度尚不够完善，各级人大常委会的自身建设必须依靠同级党委制定相关政策来予以支持。多年来，我区人大常委会积极争取区委的领导和支持，认真落实有关政策，努力为人大工作营造良好的环境。首先，在工作条件上，由于区委的重视和区政府的支持，我区每次人大换届选举和每年人代会所需经费全部执行上级规定的标准，现在人大机关集中视察活动用车由机关事务局统一调配，人大机关工作人员每人一台办公电脑，人大常委会会议室还安装了电子表决器。其次，在政治待遇上，市、区委发文明确，未担任区委常委的人大常委会主任或主持工作的副主任列席区委常委会；乡镇未担任党委委员的专职主席或副主席列席党委会议；乡镇人大主席、副主席职级分别是正、副科级。同时还参照劳动模范评选办法，每五年在全市人大系统评选一次市优秀人大代表和人大工作先进个人，由市委和市人大常委会联合表彰，享受市劳模待遇。再次，在经济待遇上，针对各部门工资福利存在差别的情况，为保证到人大工作的干部在经济上不吃亏，市委2003年明确：今后到人大工作的常委会组成人员，凡属平级调整的一般不转工资关系，有关福利待遇由原单位负责；人大机关已超过任职提名年龄但未到退休年限人员，由组织部门通盘考虑，在尊重本人意愿的前提下，可安排到有关党政部门，从而解决了相关人员的后顾之忧。上述这些措施，有效地调动了地方人大干部的工作积极性，增强了人大干部的光荣感和自豪感。

与党政大局相扣　与群众呼声相应
实现新一届人大工作良好开局

山东省潍坊市奎文区人大常委会党组书记、副主任　刘克志

换届以来，奎文区人大常委会深入贯彻落实科学发展观，围绕中心、贴近民生，积极探索、创新实践，扎实有效地履行法定职责，在历届人大工作的良好基础上，开创了新一届人大工作的新局面。

一、认真审议决定重大事项，倾力支持科学发展

常委会着眼于科学发展，抓住关系全局的重大事项，召开常委会会议7次，听取审议“一府两院”工作报告18项，开展调查、视察和执法检查15次，作出决议决定4个，倾力支持全区经济社会又好又快发展。一是着眼重点产业，推动服务业加速发展。坚持定性分析与定量分析相结合，对服务业发展情况进行了深入调研，引起了区委主要领导的重视，要求将调查报告在区级领导之间传阅，并转发至各相关部门认真研究落实。区政府吸收人大的建议，制定出台了服务业发展三年工作纲要、服务业发展考核办法、扶持服务业发展等政策性文件，为服务业发展加油助力。今年前三季度，全区服务业增加值和税收的比重均超过50%。二是着眼重点片区，建言钢城经济发展区优先发展。组织人大代表对该片区进行了视察调研，针对“政策制约”这一主要因素，向区委写出了《关于优先发展钢城经济发展区的调查与建议》，建议对该片区实行“特区特管、特事特办”，放宽管理权限，给予优惠政策，为区委、区政府制定《关于进一步加快奎文钢城经济发展区开发建设的意见》提供了决策参考。三是着眼重点改革，促进城乡统筹发展率先实现。以党的十七届三中全会精神为指导，对统筹城乡发展进行了调查审议，建议区政府充分发挥奎文区农业比重低、农村面积小、农村人口少的比较优势，加快建立以工促农、以城带乡的长效机制，力争在城乡一体化发展方面走在全市前列。四是着眼重点指标，督促节能减排任务如期完成。专题听取审议区政府节能减排工作报告，配合市人大常委会对全

区节能减排进行了工作评议，督促区政府及各有关方面，正确处理保障经济增长与节能减排的关系，严格控制高耗能、高排放行业投资，确保节能减排任务实现。特别是向奎文区各级人大代表发出了“节能减排、代表当先”的倡议书，倡导广大代表带头做节能减排的宣传者、先行者、实践者和推动者。今年前三季度，规模以上工业万元增加值取水同比下降7.6%。

二、着力监督解决民生问题，切实促进社会和谐

以人为本是人大工作的本质要求。常委会坚持关注民生，正确反映和统筹兼顾不同方面群众利益，拓宽监督渠道，力促有关方面及时解决群众最关心、最直接、最现实的利益问题。一是监督社会事业发展，促进解决关系民生的突出问题。对教育、科技、文化、卫生、体育、药监、民政、交通、水利、计划生育、劳动保障、社会治安等12项与民生有关的工作进行了全面调查，深入分析了存在的问题及原因，从发展规划、公共财政投入、体制机制等方面提出了意见建议，得到了区委的肯定，并以《参阅件》的形式进行了批转，要求有关方面高度重视并切实解决存在的问题。加大对教育规划、城市精细化管理、和谐社区建设、“诚信奎文”建设、“平安奎文”建设的监督力度，督促区政府编制了基础教育布局规划，出台了加强市容环卫管理和社区服务工作的具体意见，促进了社会和谐稳定。二是监督执法和司法工作，依法保障公民的正当权益。对《防震减灾法》、《安全生产法》、《村民委员会组织法》3部法律进行了执法检查，认真查纠了校舍防震、安全生产、农村民主管理等方面存在的有法不依、执法不严、违法不纠的问题，依法保护了群众的生命财产安全和民主权利。听取审议法院执行工作情况报告，要求法院创新执行方式，建立执行威慑机制，努力破解“执行难”。会同“两院”依法选任了25名人民陪审员和9名人民监督员，确保执法公正和司法为民。三是监督信访案件办理，维护群众合法的利益诉求。把信访工作作为关注民生、解决民生问题的重要途径之一，强化措施，加大力度，确保案件办理工作落到实处。一年来，共受理人民群众来信来访260多件次，其中上级要结果的16件，案件执行、赡养纠纷、损害赔偿等一些关系群众切身利益的问题得到较好解决，受到了当事人的一致好评。

三、扎实开展社区民主政治建设试点，大力发展基层民主

按照市人大常委会要求，常委会深入学习贯彻党的十七大精神，扎实开展社区民主政治建设试点工作，取得了明显成效。市委办公室转发了奎文区试点情况的报告，市人大常委会在奎文区召开了基层民主政治建设现场会，《中国人大网》、《大众日报》、《人民权利报》、《潍坊日报》等新闻媒体都在重要版面进行了宣传报道。试点过程中，制定出台了《关于加强社区民主政治建设的意见》和社区党委选举工作规程、社区成员代表会议制度、社区公共事务分类管理等11个配套文件，选择9个基础条件好、代表性强的社区，开展了丰富生动的实践活动，探索形成了社区党组织领导下，社区自治、公共服务、社会参与“三位一体”的运行模式，一些社区矛盾纠纷得以成功化解。如，樱园社区供暖问题，因物业公司擅自缩短供暖时间，引起了社区群众的强烈不满，经过社区委员会6次召集小区业主、物业公司和有关部门进行民主听证、对话协商，终于取得了物业立即供暖，业主缴费达到物业要求底线的圆满效果。

四、推进代表工作创新，充分发挥代表作用

常委会围绕服务代表履行职责，不断探索和创新代表工作的制度和机制、思路和方法，保障代表主体作用的充分发挥。一是代表培训建立新机制。针对以往代表培训重履职前、轻履职中的问题，建立了代表活动先学习制度，编印了党的十七大报告、监督法、代表法等六个单行本，坚持“一次一课”，使学习培训贯穿代表小组活动的全过程，形成了长效机制，有效提高了代表的政策法律水平和履职能力。二是代表履职搭建新平台。按照市人大常委会“有活动场所、有活动制度、有活动计划、有活动记录”的要求，投资3万多元，创建了21个代表小组活动室，并统一制作了板面，印制了活动记录簿、代表实绩档案，成为代表组织学习、开展活动、接待群众的重要阵地。三是代表活动赋予新主题。采取公开信、倡议书等形式，动员广大代表发挥表率作用，带头参与抗震救灾、节能减排和造林绿化，共向地震灾区捐款捐物达300万元，植树2.4万株。四是代表建议督办创立新方式。充分发挥代表小组整体优势，创立了“承办单位集中答复、小组代表综合评议”的建议办理新模式，增强了督办力度和实效。目前，转交的42件代表建议已全部办理完毕，满意率、基本满意率达到100%。

五、切实加强自身建设，不断提高履职水平

常委会牢固树立创新思维，在汶川地震、三鹿奶粉、深圳火灾等事件发生后，及时调整工作部署，加强对防震减灾法、安全生产法和“诚信奎文”建设等事项的监督，使人大工作始终与党政大局相扣、与群众呼声相应。深入开展调查研究，推进成果利用，全年仅区委主要领导批示的调研报告就有3篇，有4篇调研报告被区委转发。注重提高素质能力，组织专题讲座和集体学习11次，修订常委会工作制度13项，重新组建了法制、财经、农经、城建、教科文卫5个工作委员会，在机关扎实开展了“两实”作风教育整顿活动和“四比四评”活动。坚持搞好人大宣传工作，主任会议成员到党校、有关单位和短训班宣讲民主法治知识14次，办事机构在市级以上新闻媒体发表稿件200余篇，编印《奎文人大》专刊6期。

创新服务　全力支持老区经济发展

江西省乐安县农村信用联社理事长　曹临斌

2009年以来，我社认真贯彻落实国家“扩内需，保增长”和适度宽松的货币政策，努力从体制机制、产品服务、方式方法上进行创新，积极主动地参与到全县经济社会发展之中，加大对重点项目建设的信贷支持力度，加大对“三农”发展的信贷支持力度，加大对中小企业的信贷支持力度，加大对民生工程特别是城乡居民自主创业的信贷支持力度。截止目前，累计发放贷款1.51亿元，同比增长137.54%；各项贷款余额5.97亿元，其中农业贷款余额4.7亿元；贷款增量4294万元，同比多增2197万元。主要表现在以下几个方面：

一、主动对接，力促企业逆势增长

为帮助中小企业摆脱金融危机造成的困境，我社通过政府牵线搭桥，县联社主动跟进，积极对接优质客户和项目，并制定相应措施，推动企业逆势增长。一是创新信贷产品。开发出适应中小企业特点的信贷产品，如仓单质押贷款、企业退税税款质押贷款，应收账款质押、大票质押、林权质押贷款和可转让股权、专利权、商标专用权等权利质押贷款，更加方便企业融资。二是拓宽担保渠道。鼓励成立行业协会等形式结成信用共同体，提供信用共同体贷款；与担保公司合作，为乐安昌达有色金属加工有限公司、乐安永昌饲料有限公司和江西广雅食品有限公司等“四有三不”企业解决资金需求1300万元，并全面推行“双层经营模式”，在增强县联社本级服务中小企业功能的同时，简化了办贷手续，缩短了办贷时间。三是加强沟通服务。每月深入工业园区了解有关金融服务和企业经营情况，及时跟进服务工作。春节前我社就开展了集中走访客户活动，联社领导带队走访客户58户，今年2月在工业园区召开了县政府领导、园区领导和企业参加的政、社、企融资对接会，随后联社主要领导又多次深入园区落实会议达成的意向。并且适当降低利率，减轻企业负担。到5月21日，我社企业贷款余额1.83亿元，比年初增加7245万元，同比多增6990万元；累放7755万元，同比多放6505万元，为21户企业进行技术改造、项目建设和购进原材料，提供融资服务。

二、全力以赴，支持农民工创业

金融危机爆发后，我社针对农民工创业贷款难的实际，创新信贷产品，不断优化小额信用贷款、文明信用农户贷款、信用共同体贷款、林权抵押贷款、中小企业贷款；扩大农民工创业贷款抵（质）押物范围，积极开办利用企业商标、应收账款、收费权、仓单、可转让股权、专利权等发放权利质押贷款。

一是改革信贷服务运行机制。在县城设置大客户服务中心、再就业贷款中心、个体工商贷款中心、住房按揭中心、汽车消费贷款中心；在乡镇把基层信用社打造为专营农户金融需求的机构，为各类客户提供差异性、优质性、专业性和高效性服务。

二是扩大贷款服务对象范围。认真贯彻省联社下发的《江西省农村信用社返乡农民工自主创业小额担保贷款操作流程》和《关于进一步提升农户小额信用贷款的通知》，把农户小额信用贷款的服务对象，由纯农户扩大到农户、个体工商户、种养专业户、农民专业合作社社员、进城务工经商户、小型加工户、运输户，并进一步提高小额信用贷款授信额度。

三是做好农村摸底检查工作。在年初组织20个网点的客户经理深入农村调查摸底，力争达到常住农户贷款需求调查面100%、核贷发证面100%、有效需求满足率100%。据统计到5月21日，已发放农户小额农贷1861户，金额3414万元。

四是支持特色种养殖项目发展。落实好省委、省政府出台的“对农民工创业每户5万元，对吸收农民工较好的企业每户200万元以内担保贷款”政策，与各级组织、宣传部门互动，进一步提升“文明信用农户贷款”、“双带能人致富贷款”，支持280户农村诚信户和村支部书记带领群众共同致富。对合作社社员授信、合作社组织联保或集体担保等方式，对10个农民专业合作社发放贷款120万元，大力支持特色种养殖项目发展，最大限度地满足农民工创业的多元化资金需求。今年累计发放农业贷款10464万元、1120位返乡农民工、大中专毕业生、团员青年创业者在强有力的信贷支助下，直接带动2000多人就业创业，社会效益和经济效益效果显著。

三、多措并举，支持农业主导产业

通过发放小额信用贷款、文明信用农户贷款、小额质押贷款、信用共同体贷款、林权抵押贷款，支持我县水稻、烟叶、蚕桑、生猪、林果、蜂蜜等主导产业和特色产业发展。一是对常住农户评级授信，发放农户小额信用贷款1397万元，支持农民购买农药、化肥和农业机械，发展水稻生产。二是与县财政、扶贫办、烟草公司联合，发放烟叶扶贫到户贴息贷款784万元，支持843户农户种植烤烟。三是发放贷款352万元，支持农民发展生猪、林果生产。四是发放贷款120万元，支持湖坪、罗陂、万崇3个乡镇实施“东桑西移”工程。五是发放贷款14万元，支持望仙发展蜂蜜养殖加工。

创新机制搭平台　发挥效应促发展

云南省宾川县鸡足山镇人大主席　徐志凌

宾川县鸡足山镇人大主席团历来重视人大代表工作，始终把代表工作作为主席团密切联系人民群众，广泛了解和反映社情民意，协助政府推行工作，维护人民群众根本利益和社会发展稳定的一项重要职责，切实做到协调推动、创建带动、指导联动三个到位，有力促进了人大工作的开展。

一、积极协调，营造氛围，发挥好推动效应

（一）主动协调，营造和谐的工作氛围。工作中，我们一是主动协调，定期不定期向镇党委报告工作，做到重大事项、重大活动事前多汇报、事后多沟通，使镇党委领导充分认识代表工作的重要性，经常邀请党委领导参加代表小组活动，一起研究代表工作，赢得了党委的重视和支持，为代表工作的开展提供了坚强的组织保障。二是积极向政府通报情况，主动同政府领导探讨人大工作与政府工作的辩证统一关系，做好监督工作的沟通，把握好监督和支持的“度”，把工作的着力点放在促进发展、维护稳定和社会公正上，改变了少数人认为人大工作“挑刺”、“找麻烦”等片面认识，赢得了政府的尊重和支持，实现了维护人民群众利益、发挥代表监督作用和维护政府形象的有机统一，三是加强与县人大常委会的请示协调，争取上级领导到我镇指导工作。今年内，请县人大常委会领导从有关工委领导到我镇指导和培训授课，促进了我镇人大主席团的工作、目前，全镇上下形成党委关心、政府支持、人大主动，代表积极、和谐融洽的良好氛围。

（二）争取支持，提供必要的经费保障。一是积极协调代表履职、代表小组活动经费补助，得到了政府的大力支持，代表活动经费按年人均200元给予安排，并于5月、10月分两次兑现了镇人大代表每人每年100元的履职补助，另外100元根据代表小组人数多少每年安排500－600元不等的活动经费，做到了逐年增加，及时划拨到位，二是对出席或列席主席团会议和参加视察、检查等活动的无供给主席团成员及代表，每人每次发给20元的误工补助。代表活动经费保障和及时发放，为代表工作的有效开展和代表履职提供了保障。

（三）加强宣传，创造良好的舆论环境。一是以召开代表学习培训会、制作人大宣传展板、邀请代表和公民列席主席团会议、参加视察检查、向代表和公民发放寄送法律法规和有关学习材料等，大力宣传人大及代表工作。二是努力拓展宣传渠道，今年创办并印发《鸡足山人大信息》7期；《致富不忘乡亲们》、《鸡足山镇采取措施夯实人大工作基础》等10余篇文章在《宾川人大》、《大理人大》上发表，着力传播人大工作、反映人大工作动态、探索人大工作方法、展现代表风采，提高了各方面对代表工作的认知度。

二、创新载体、搭建平台，发挥好带动效应

（一）抓载体、搭建工作平台。为使代表工作做到工作有措施、活动有场所、汇报有内容、参观有看头，让人民群众更便捷有效地了解人大工作，扩大人大的宣传面和影响力。我们一是抓代表活动室建设。年内，在县人大党委会领导的关心下，投资4000多元在镇8个村委会新建了代表小组活动室；投资3000多元完成镇人大代表活动室的改板完善工作，确保了代表都能及时参加代表小组活动。二是代表活动室建设做到“五有”（有一个活动室标牌，有固定的活动场所、有健全的活动制度、有活动计划、有人大及法律法规书籍10册以上），实行“五上墙”（代表简介和照片上墙，代表和组长职责上墙，代表小组活动制度上墙，代表风采和代表活动上墙。先进代表小组、优秀代表评选条件上墙），较好的解决了代表活动无载体、工作效果差的问题。

（二）抓活动，增强工作活力。我们一是认真抓实代表小组活动，为代表依法履职创造条件。年内，镇人大组织了县、镇人大代表集中学习培训和部分县、镇人大代表履职经验交流座谈会各1次；8个村代表小组各组织了代表集中学习活动2次，每次活动前主席团都作重点内容安排。

无论是代表小组活动、代表经验交流座谈会，还是开展代表述职评议工作，都开展得有声有色，使代表和选民受到了一次人大制度、人大代表权利义务的再教育，有效增强了代表履职的积极性和活动的效果。二是不断拓宽代表知情参政渠道，有计划、有重点地邀请和组织代表视察了大坝子扶贫村、火把村“中间村”建设和平场子烟水工程建设，对《道路交通安全法》贯彻落实情况进行了执法检查等，动员代表深入实际、深入群众，全面准确地把握社情民意，及时提出各项意见建议、督促有关方面加以解决；两次向代表寄送和通报全县和全镇经济社会发展情况、全镇重点工作进展情况，代表风采及履职知识等学习资料400多份。三是不断完善代表意见建议督办机制，着力抓好督办环节，规范办理工作，截止10月26日，39件代表建议全部答复完毕，确保了代表意见建议办理真正落到实处，推动了政府工作的深入开展。

（三）抓制度建设，确保工作规范。一是在安排年度工作要点中突出代表工作这个重点，使代表工作做到年初有安排、半年有检查有落实、年终有总结。二是规范代表小组工作，完善代表小组活动制度，年初，镇人大下发了《关于加强代表小组工作的通知》，规范了活动的内容，要求各代表小组每年必须组织代表小组活动两次。同时，加强对各代表小组的指导，既召开会议统一安排，主席团成员有深入各挂钩小组督促指导开展活动。三是健全代表小组和代表争先创优制度，并坚持年年表彰，6年来，共表彰6个先进代表小组和24名优秀人大代表，四是建立主席团成员联系代表小组和代表、代表联系选民制度，每位主席团成员联系一个代表小组和3名代表，每位代表联系走访选民不少于两次。每次不少于10名选民，并及时上报联系情况。

三、加强指导，攻坚克难，发挥好联动效应

针对有的代表依法执行代表职务的自觉性、主动性和积极性不高，不愿履职、不敢履职的问题不同程度存在的实际，我们不断加大对各代表小组的指导和代表的学习培训力度。一是坚持把加强主席团成员，代表的学习培训，分批邀请代表列席主席团会议，组织代表进行视察检查等活动纳入工作议事日程，创造条件使他们熟悉工作程序，掌握工作方法，提高履职意识和水平。一年来，共组织代表和公民参加县镇人大视察检查、主席团会、代表座谈会共49人次。二是突出紧扣发展抓审议、围绕中心搞三察（查）两项重点，开展“学先进，找问题，提建议，促工作”和“争先创优评比表彰”活动等，既达到了推进工作、扩大宣传、增进理解的目的，又激发了代表的工作活力和进取精神。三是做好代表向选民述职、选民评议代表，代表和选民评议政府领导和站所长等活动，增强工作活力，拓宽履职形式和途径。对水保、民政、计生、农综等站所长进行了述职评议。四是对于个别角色意识不强、工作办法不多的代表小组长，在了解村情民意的基础上，与组长和代表们交心谈心，帮他们出主意想办法，解决 些实际困难和问题，引导他们把开展代表活动与关注民生、做好当前工作结合起来，力求把代表工作做实做活。

提升标杆　勇于创新
努力实现人大工作新突破

浙江省杭州市上城区人大常委会党组书记、主任　丁晓芳

随着社会主义民主政治和依法治国进程的加快,人大的监督制度不断完善,监督渠道不断拓宽,监督效果不断增强,监督工作不断成熟,成绩是显著的。但是,如何全面贯彻落实监督法,依法开展监督、增强监督实效,仍然需要在实践中进一步探索提高。我们必须继续解放思想,突破各种观念的和现实的条条框框的束缚,坚持提升标杆,勇于创新,努力实现人大工作新突破,从而为区域经济社会发展营造良好的法治环境,发挥区人大在推进打造"具有国际水准的高品质中心城区"中的作用。

一、解放思想——消除理念上的桎梏和束缚,真正做到"敢为"。

监督工作中存在的失之于"软"、失之于"虚"的问题,究其原因,既有体制机制等方面的客观因素;也有社会上对人大职能认识上的一些偏差;但很重要的原因还是我们自己思想深处自觉不自觉地认为人大是"二线机关"、"程序机关",既怕失职又怕越权、"瞻前顾后"的思想还时有出现。祛除这种心理、摆脱这种现象,就要正确理解监督法的精神实质,依法大胆行权履职。

*首先,要准确把握人大的地位和作用。*人民代表大会制度是我国的根本政治制度,区人大及其常委会拥有宪法和法律赋予的重大事项决定权、监督权、任免权等重要权力。按照宪法规定,国家行政机关、审判机关、检察机关都由人大产生,对人大负责,受人大监督。因此,人大及其常委会在实现依法治国、建设社会主义法治国家、保障人民当家做主这一战略目标中的地位和作用,是其他任何国家机关所不能取代的。随着社会主义民主政治的进一步发展,这种地位和作用必将越来越重要。

*其次,要消除有碍行权履职的思想顾虑。*社会主义民主政治的发展和完善,是一个探索和渐进的过程,难免出现这样那样的矛盾和困难。要发挥好人大的作用,仍然需要不断创造条件和做出艰苦不懈的努力。随着人大制度的不断完善和社会主义民主政治建设的不断推进,人大工作者必将被赋予更重要的历史使命。我们既不能妄自尊大,也不可妄自菲薄。在现阶段不能过高期望人大的地位和作用能完全达到理论上所阐述的高度,也不能因为理论上和现实上存在的差距而得过且过、无所作为。要消除顾虑,振奋精神,摒弃"走走程序、过过形式"等消极思想,克服一个"软"字,树立一个"实"字,坚持一个"干"字。解放思想,开拓创新,大胆履行法律所赋予的职权。

*再次,要坚定信念,增强信心,积极履职。*思想是行动的先导,要牢固树立"有作为才会有地位"的思想,积极履行宪法法律赋予人大的神圣职责。当前,尤其要以科学发展观为统领,认真学习贯彻党的十七届三中全会精神,深入开展学习实践科学发展观活动,以新一轮解放思想大行动为动力,按照区委确定的做大做强"小"城、做优做精"老"城的发展思路,切实履行职能,强化依法监督和民主监督,为推进高品质中心城区打造贡献力量。

二、勇于开拓——正确处理创新与规范的关系,真正做到"善为"。

人大工作必须根据时代要求和实际需要,坚持在程序性上严格依法确保规范性,在工作手段、方法、形式上勇于创新,在创新中求发展,创造性地开展人大工作,真正做到既敢于监督又善于监督,不断推动人大工作的新发展。

*其一,要严格依法确保规范。*监督法对常委会行使监督职权进行了规范和细化,对监督原则、监督重点、监督方式、监督途径等都作了明确具体的规定,涵盖监督权的各个层面,强化了监督权的运用和程序的规范,对于做好人大监督工作具有很强的针对性、指导性和操作性,是对于人大监督工作的加强和规范,我们应严格贯彻执行。

*其二,要积极创新监督方法。*监督方法是保证监督效果的重要手段和有效途径。要结合实际,探索做好人大工作的新方法、新途径、新举措。在监督内容上,要突出重点,按照"少而精、精而细,抓大事、抓要事"的工作思路确定常委会监督工作内容,加强针对性;在监督程序上,要完善制度,做到环环相扣,确保规范性;在监督过程中,坚持"事前介入、

事中监督、事后跟踪问效”的有机统一，确保审议意见落实到位，增强监督的实效性；在监督方式方法上，要勇于创新，灵活采用恰当有效的监督形式，坚持监督方法的多样性。如：约见政府负责人、明察暗访、抽样调查、定向视察、网上民主对话等。

其三，要勇于探索，不断拓展监督工作新天地。理论来源于实践，每一部法律法规的制定和出台都是实践经验的提炼和升华失败教训的总结和反思。社会是不断发展变化的，社会生活的复杂性决定了法律不可能穷尽社会生活的各个方面，因此法律的相对固化性与滞后于实践性又是必然的。同时，实践是检验真理的唯一标准，理论只有回到实践中接受实践的检验并经得起检验，才能更好地指导实践，并得以逐步完善和发展，正如社会主义民主政治的发展催生了监督法的颁布实施一样。人大在打造“具有国际水准的高品质中心城区”中要有新作为，就要从实际出发，创造性地开展人大工作。按照新时期、新形势、新任务的要求，在现行法律法规的框架内，根据区级人大工作特点，遵循社会主义民主政治的发展规律，善于从实践中探索理论创新的生长点。对那些法无明文规定而在实践中又被证明是行之有效的方法，应大胆尝试，积极探索，不断拓展，并及时总结，形成制度，从而上升到理论高度指导人大工作新的实践。只有这样，人大工作才能不断实现新突破，取得新成绩，开创新局面，更好地服务“具有国际水准的高品质中心城区”建设。

三、强化监督——突破工作上的弱点和“软肋”，真正做到“能为”。

人大的监督工作不仅要“监”到实处、“督”出效果，切实取得监督实效，还要积极主动地接受人大代表和社会的监督，对人民负责。

一是要突出“监督权”。综合运用监督手段，努力增强监督实效。监督权是区人大常委会运用最广泛、最频繁、最有效的权力，增强实效是做好监督工作的关键。而要增强监督工作实效，很重要的一条，就是要围绕区委和全区工作中心、突出重点、一抓到底。监督法为增强监督实效规定了明确的途径，常委会要围绕关系改革发展稳定大局和群众切身利益、社会普遍关注的重大问题，综合运用听取和审议专项工作报告、执法检查、调研和视察、跟踪监督等形式，找准问题，抓住不放，认真抓、反复抓，着力推动问题解决。

二是要激活“休眠权”。人大及其常委会在行使监督权中，除了采用常规的听取报告、调研、视察、执法检查等“柔性”的监督形式外，必要时也可以运用法律规定的质询和询问、撤职与特定问题调查等“刚性”监督手段，提高监督工作的实效性。同时，常委会应结合实际，加强与“一府两院”的沟通，就重大事项的内容进行界定并形成规定，行使好“重大事项决定权”。在行使这些“休眠权”时，人大常委会党组要事先向区委报告，自觉主动地接受区委的领导，保证区委的决策意图得到贯彻落实。

三是要打造“阳光权”。自觉接受人民监督，让权力在阳光下运行。要严格落实常委会《关于监督事项向社会公开的暂行规定》，将年度监督计划、审议意见、执法情况和作出的决议、决定等通过上城人大网站、人大信息和上城报等渠道向社会公开，不仅要公开监督的结果，而且还要公开监督的过程；同时，要做好代表通报工作，继续尝试代表列席人大常委会会议和邀请公民旁听人代会的做法，加强对人民代表大会制度的宣传，培育人大常委会自觉接受人大代表和社会监督的意识，从而促进人大常委会的自身建设，提高人大常委会行权履职的能力和水平。

做好“三个三”　提高审议质量

河北省隆化县人大常委会主任　陈亚媛

人大常委会会议审议质量的高低，审议效果的好坏，不仅直接反映人大常委会履行监督职能水平的高低，体现人大常委会决策的权威性，而且对推动“一府两院”工作具有重要意义。近年来，隆化县人大常委会坚持以科学发展观为指导，积极探索和研究提高审议质量的方法和途径，采取了“三三三”工作法，进一步提高了人大常委会的审议质量。

一、会前走好三步“棋”，夯实审议基础

常委会审议质量的高低,审议前的基础工作至关重要。为此,我们坚持走好精选议题、调查研究、预审报告三步棋,夯实审议基础。

(一)精选议题。选准选好审议议题,是提高审议质量的前提。地方人大常委会的监督范围涉及到经济与社会发展的各个方面,因此,在确定议题时,我们严格把握"五性",即:全局性、前赡性、计划性、灵活性、精炼性。保证了常委会能够抓住县域内改革、发展、稳定中重大的、长远的、根本性的工作,选定议题,充分发挥常委会会议审议的作用,为实现县域经济平稳较快发展履职尽责。此外,随着形势的变化和县委、县政府工作重点的转移,我们对审议议题灵活把握,科学取舍,使人大工作与全县工作大局始终保持同频共振,合力、合拍。

(二)调查研究。只有深入开展对议题的调查研究,掌握第一手资料,审议发言才能有理、有据和有效,才能取得对"一府两院"监督的发言权和主动权。为保证会前调研,不流于形式,不走过场,我们注重把握"三个度"。一是角度。立足于人大工作的特点和规律,把调研工作的重点放在对策研究和发展趋势研究上,督促、支持"一府两院"改进工作。二是广度。区别不同情况采取不同形式,对某方面工作的整体情况要充分了解掌握,横向到边,纵向到底。三是深度。对代表性和专业性强的重点问题,调研前进行专业知识培训,并邀请专业人士参与调研,保证调研抓住重点,所提意见建议科学可行。

(三)预审报告。调查结束后常委会会议召开前,把要审议的报告及相关资料提前发给常委会组成人员进行预审。在预审中,我们注重把工作的"点、线、面"结合起来,了解掌握实际情况。点,就是部门要报告的重点工作;线,即部门的全方位工作;面,即与之相关联部门间的工作。为达到预审的目的,我们还经常通过召开座谈会,再次深入实地察看等形式为会中审议做好充分准备。

二、会中抓实三个"字",提升审议效果

在审议中,问题找的是否深刻,建议提的是否科学可行,决定着审议质量的高低。近年来,我们努力在提高审议发言质量上下功夫、做文章,力求审议发言达到"准、透、深"三个字,提升审议效果。

(一)"准"就是审议中对"一府两院"工作中的成绩肯定恰如其分,存在的问题和不足找得准,有理、有据,建议和措施提得准,符合实际、切实可行。为达到"准"的目的,我们根据议题内容,每个议题确定1至3名中心发言人,并准备好发言提纲,保证审议发言既站在全局的高度分析研究问题,又紧密联系行业的实际,提出改进部门工作的意见和建议,防止海阔天空,不着边际,影响审议效果。

(二)"透"就是审议时必须充分发扬民主,广开言路,拓展思路,把每个议题议得彻底。会中审议的透与不透,很大程度受审议形式的影响,因此,我们对审议形式进行了积极的探索和创新,采取了"四个结合"的审议形式,有效提升了常委会会议审议效果。即:会前预审与会中审议相结合,中心发言与自由发言相结合,常委会委员询问与"一府两院"及部门负责人解答相结合,会议审议与现场视察相结合。

(三)"深"就是发言要在肯定成绩的同时,善于指出深层次的问题和原因。为此,我们主要抓好以下两方面的工作。一是提供"专业"支撑。根据议题需要,会前组织常委会组成人员学习相关法律法规,并邀请相关代表、专家讲解有关专业知识,为准确依法审议奠定了基础。二是营造民主氛围。审议中常委会组成人员能够主动行使自己的职权,敢于表明自己的观点,该批评的批评,该提建议的毫不保留,做到了知无不言,言无不尽;同时,还坚持邀请部分人大代表和议题所涉及的专业人员列席常委会议,积极鼓励他们对议题充分发表意见和建议,使会议的审议既有组成人员的个人见解又最大限度地体现集体的意志和智慧,审议质量得到了全面提高。

三、会后严把三道"关",巩固审议质量

审议质量高低的重要标志,就是人大常委会的审议意见能否在"一府两院"顺利贯彻实施。如果审议工作重过程轻结果、重审议轻落实,那么人大的监督作用就不明显,人民群众反映强烈的问题就得不到有效解决,人大常委会的权威就会受到影响甚至遭到质疑。为此,在审议意见落实过程中,我们严把审议意见交办、督办、办理结果反馈三道关,使人大常委会和"一府两院"在审议意见落实的各个环节中实现良性互动,落实常委会审议意见。

(一)交办关。我们在审议意见交办工作上分三个步骤。一是口头表态。每个议题审议结束,"一府两院"的具体负责人在常委会会议上当场进行口头表态,简要阐述对常委会审议意见的看法和初步的落实方案。二是集中交办。以交办会的形式下发审议意见书,面对面进行交办。交办会上,相关科室就审议意见提出的依据、原因及办理的重点作说明,并对县政府及相关部门提出要求。三是三方签字。在交办过程中,人大相关科室与县政府法制办签字,县政府法制办与承办单位签字,确保审议意见的办理落到实处。

(二)督办关。常委会把审议意见的督办,作为人大常委会议审议工作的拓展,采取有效举措,不断加大督办力度。一是落实督办责任。按照对口负责的原则,科室负责人为督办第一责任人及时掌握情况,协调调度,搞好督查。二是强化跟踪督办。常委会通过的决议和审议意见,实施跟踪督办,并把督办审议意见与督办人代会上代表提出的意见、建议相结合,与工作评议相结合,与代表视察调查相结合,增强跟踪督办的效果。三是实施再次审议。对一些事关全局、人民群众关注的重点意见和涉及的热点、难点问题,我们实施再次审议,督促审议意见保证落实。

(三)反馈关。审议意见落实情况的反馈,是人大监督过程的延伸,监督内容的深化,也是提高审议质量的关键环节。换届以来,我们健全完善了反馈意见审查制度、办理结果公示制度和责任追究制度,保障了各项审议意见件件有回音,个个有结果。

讲求监督质量　促进社会和谐

山东省潍坊市奎文区人大常委会党组副书记　杜延辉

教科文卫工作与人民群众的生活息息相关,是建设和谐社会的重要方面。如何做好人大教科文卫工作,为构建和谐社会服务,一直是我们认真思考、不断探索的课题。近年来,我们坚持以科学发展观为统领,深刻把握监督教科文卫工作的性质特点、内在规律和方式方法,突出重点,讲求实效,有力地推动了和谐社会建设。

一、在选题上求“精”,不断增强监督工作的针对性

教科文卫事业不仅涉及教育、科技、文化、卫生等工作,还包括体育、药监、人口和计划生育等多个方面,是社会事业的重要组成部分。在监督工作中,如果贪大求全、面面俱到,势必会造成重点不突出、精力不集中、监督难深入,顾此失彼。为此,我们选择监督内容时,本着少而精、求实效的原则,从推进区域经济和社会发展的全局站位,从贴近群众关心的热点难点问题着眼,精心选定每一个监督议题,使监督工作始终与党政大局紧紧相扣、与群众呼声息息相应。一方面,围绕中心定任务。把区委的中心工作作为人大监督的重点,促进区委决策部署的落实。去年,我们贯彻区委“大力发展文化产业”的要求,对全区文化产业发展现状进行了全面调研,基本摸清了我区文化经营单位、文化设施、文化团队和文化人才的底子,全面了解了我区群众的文化需求,深入分析了我区文化产业的发育点,为区委、区政府制定文化产业发展三年规划提供了重要参考依据。今年下半年,我们还将听取审议教育布局规划编制情况的报告,督促区政府为我区教育的长远发展留足空间、定好计划。另一方面,围绕民生履职责。奎文地处潍坊市中心,老城区占有相当大的比重,加之建区时间短,经济基础相对薄弱,群众在教育、医疗等方面的困难较多。监督解决群众普遍关心的热点、难点问题,成为我们监督工作的根本。针对农村群众“看病难、看病贵”的问题,2006年,我们专题听取审议了新型农村合作医疗情况的报告,提出了扩大参保范围、简化报销程序、强化对困难群众的医疗救助等建议;区政府认真落实这些建议,增加了定点医院,提高了补偿标准,将医疗费报销上限由原来的每户每年5000元,提高到了每人每年15000元。为保护群众的饮食安全和劳动者的身心健康,我们分别对食品卫生法和职业病防治法的落实情况进行了视察,督促区政府及有关部门加大执法查处力度,净化食品市场,消除职业危害,依法维护了公民的生命健康权。今年下半年,我们还将加强对社区医疗卫生体系建设情况的监督检查,加快推进城镇居民医疗保险制度的落实。

二、在调研上求“深”,不断增强监督工作的实效性

调查研究是保证人大正确行使职权的重要基础性工作。只有把调查研究搞深了、搞细了,才能找准关键问题,抓住主要矛盾,参到点子上,谋到关键处。《监督法》颁布实施以后，明确规定调查研究是专门委员会的主要职责。因此，工作中，我们注意充分发挥教科文卫工作委员会的作用，坚持把调查研究贯穿于监督工作的全过程，围绕构建和谐社会的重点事项，深入系统地开展调查研究，提出有情况、有分析、有建议、有对策的调研报告，为区委决策和人大常委会行使监督职权搞好服务、当好参谋。2005 年，针对经济发展中的科技“瓶颈”制约问题，我们对全区企业科技进步情况进行了深入调查，听取了科技、人事、经贸等 6 个部门的情况介绍，到 6 家高新技术企业进行了实地调查，并与 30 多名企业负责人和科研技术人员进行了座谈，以“提高科技进步对经济增长的贡献率”为核心，查找了问题，分析了原因，提出了对策。区委将这一调查报告批转相关部门进行了贯彻落实，推动了企业的科技创新。目前，全区科技进步对经济增长的贡献率达到了 58%，奎文区被评为全国科技进步先进区。党的十七大提出“促进义务教育均衡发展”以后，我们及时对全区义务教育均衡发展情况进行了调研，详细对比基础设施、师资力量、教学水平等教育资源，在城乡之间、校际之间的差距，深入分析教育布局规划、经费投入、人事制度方面存在问题和原因，提出了学校、师资、教学设施、生源“四个均衡配置”的建议，为区政府制定全区教育事业发展规划提供了参考。自 2003 年至今，我们教科文卫工作委员会，共开展调查、视察和执法检查活动 18 次，提出意见建议 80 多条，较好地发挥了集体参谋助手和服务班子的作用。

三、在方式上求“活”，不断增强监督工作的创新性

变则活，活则新。实践使我们认识到，人大监督工作固然法律性、程序性很强，但并非就是一味的循规蹈矩，必须在法律的框架内求变、求活、求新，才能实现创新发展。工作中，我们注意综合运用多种法定手段，相互结合，相互促进，努力使监督工作形式活、措施新、有实效。一是坚持点上监督与面上监督相结合。每年在听取审议社会事业全面发展情况汇报的基础上，都从中选择 2 至 3 个重点事项进行专项监督，使教科文卫各项事业既有整体推进，又有重点突破。2003 年以来，共开展专题监督 13 项，开展全面监督 6 次。特别是 2004 年，我们落实科学发展观的要求，对经济与教育、科技、文化、卫生、体育、计划生育等社会事业的发展现状作了全面调研，提出了在组织领导、基础设施建设、改革创新、依法行政、工作重心下移“五个方面”强化工作措施的建议，推动了经济社会的统筹协调发展。二是坚持经常监督与突击监督相结合。在按计划开展调查、视察和执法检查活动的同时，通过暗防、搞“突然袭击”等形式，看实情，出实招，求实效。2003 年非典过后，为准确了解食品卫生法的贯彻实施情况，我们采取事先不下通知、不打招呼的办法，由 3 名副主任带队，分别到餐饮业比较集中的路段，开展了一次突击视察，察看了 55 处食品生产经营单位和摊点群，真实了解了食品卫生状况，并通过新闻媒体曝光等形式，督促相关部门依法加大整治力度，有效规范了食品从业行为，保障了群众的饮食安全。三是坚持多角度监督与多层次监督相结合。在监督内容上采取多角度，从不同方面推动工作开展，增强监督深度。如，我们着眼于推进教育事业向更高层次、更高水平发展，连续三年从教育基础设施、学校布局调整、教育法律法规落实三个方面，进行了调查、视察和审议，督促区政府调整优化中小学校布局，新建、扩建中小学校 16 处；补充改善师资结构，招录新教师 140 多名；增加教育投入，生均公用经费实现了从无到有的突破，并在逐年提高。着眼于稳定低生育水平，我们听取审议了城区计划生育工作专项报告，对人口与计划生育“一法一条例”进行了执法检查，从工作监督和法律监督两个方面，促进人口与计划生育管理措施落实，保证了各项控制指标的圆满完成，奎文区连续五年获市人口目标责任达标一等奖。在监督主体上采取多层次，实行市、区、街上下联动的办法，共同促进有关问题的解决，加大监督力度。每年确定监督议题时，我们首先与市人大常委会对接，从上级部署与奎文实际的结合点上选内容；具体工作时，我们积极配合市人大常委会在奎文区的监督活动，同时要求各街道人大工作室，开展相同内容的代表调查、视察或执法检查活动，并上报活动情况，综合三级力量推动工作开展。

提高县级人大常委会机关的整体素质要抓"三力"建设

福建省顺昌县人大常委会　王崇荣

县级人大常委会是同级人民代表大会的常设机构,是同级国家权力机关。县人大常委会机关是保障县级人民代表大会会议和常务委员会依法开展日常工作的保障机关和工作机关。人大常委会机关工作人员的素质如何,直接关系到人大及其常委会行使法律职权的权威和水平。从目前人大常委会机关的工作性质和体制编制看,普遍存在机关重要,工作面广,"官"多"兵"少,年龄结构相对偏大,工作精力有限等状况。在外部,社会误认为人大常委会机关是"二线"机关。在内部,也有的干部认为"到人大,船到码头车到站,干多干少没人怪",存在放松学习,放松工作要求的问题。面对这种情况,如何有效激发人大常委会机关干部的工作热情,承担起法律赋予的工作职责,笔者认为要抓好"三力"建设。

一要抓好"动力"建设。所谓"动力",就是指人的精神支柱、思想境界、工作的努力方向。就人大常委会机关而言,要激发起人的思想、工作"动力",就是要抓好对党的"十七大"文件精神的学习,深刻理解社会主义民主政治是我们党始终不渝的奋斗目标。把干部做好新时期人大工作的思想统一到高举中国特色社会主义伟大旗帜,坚定不移地走社会主义政治发展道路上来,增强履职的责任感和使命感。就是要抓好维护党统揽全局,协调各方领导核心地位的教育。把坚持和完善人民代表大会制度与坚持党的领导,人民当家作主,依法治国的有机统一起来,明确人大工作是党的工作重要组成部分,坚持和依靠党的领导,坚持重大事项向同级党委请示报告制度作为开展人大工作的根本保证,不断提高人大常委会机关干部做好人大工作的自觉性。就是要抓好人民代表代会制度是我国根本政治制度的教育。明确人大工作的法则就是要坚持依法依程序办事,善于把党的主张转变为国家和人民的意志,确保人大制度在保证党的路线、方针、政策的贯彻实施工作中发挥作用。就是要抓好人大与"一府两院"之间围绕共同目标开展工作的宗旨教育。明确人大与"一府两院"都在党的领导下开展工作,各自履行法律赋予的职责,增强人大常委会机关干部做好新时期人大工作的信心。

二要抓"效力"建设。人大工作讲效力,就是要把握好依法依程序开展监督的主题与方向。在工作指导思想上,做到监督的本意要体现县委的意图;监督的目的要协助"一府两院"推行工作;监督的作用要充分体现国家权力机关的权威性;监督的效果要促进人民普遍关注问题的解决。在工作方法上,一要注意正确认识和处理人大监督与支持"一府两院"之间的工作关系,寓监督与支持、促进工作之中。二要注意围绕中心,找准站位,善于在自身职权范围内抓大事议大事决定大事。监督工作要围绕大局,突出工作重点,在集体行使重大事项决定权之前,深入基层开展调查研究,分析问题,研究问题,把握好工作的导向。三要注意加强与"一府两院"及其组成部门的良性互动。在跟踪人大常委会决议决定、审议意见的执行、办理情况,督促政府有关职能部门办理人大代表提出的意见建议及人大信访件时,要依照监督工作的法律程序,处理好监督与被监督双方良性互动的关系,力求把好事办好,好事办实。

三要抓"能力"建设。"能力"是人的综合素质的表现。提高人大常委会机关干部的工作能力是做好新时期人大工作的基本保证,也是加强人大常委会机关建设一项长期而艰巨的任务。就目前我县人大常委会机关干部整体素质的状况看,要适应新时期赋予人大工作的新任务新要求,要重视抓好四个方面工作能力的建设。一是推动发展的能力。引导人大常委会组成人员,人大机关干部围绕中心,服从大局,把精力集中到抓大事、管大事、议大事上来,不断提高推进本区域经济社会事业健康发展的本领。二是推动和谐的能力。强化人大工作者善于运用法律知识、法律依据、法律程序化解社会矛盾中复杂疑难的问题,维护法律权威,维护公民法人的合法权益,维护社会稳定。三是自身发展的能力。鼓励人大常委会机关干部加强法律知识、写作知识、社会科学知识、自然科学知识的学习,丰富个人阅历和素养,提高驾驭工作的能力。四是人大常委会机关的表率能力。人大常委会机关要牢固树立监督者受人监督的观念,特别是要为"一府两院"机关做出表率,经得起社会各界和被监督者对人大常委会机关依法依程序开展工作的监督，充分体现国家权力机关依法履职的示范作用。

浅谈坚持和完善人民代表大会制度

山东省单县人大常委会副主任 郭祥海

人民代表大会制度是党领导下的人民民主制度，作为我们国家的根本政治制度，它是我们党从中国实际出发，以马克思主义国家学说为指导，按照民主集中制原则创造出来的一种新型的国家政权组织形式，与西方资本主义议会制度和"三权鼎立"体制有本质差别。我国的人民代表大会制度是1954年正式建立的，以当年9月召开的第一届全国人民代表大会第一次会议为标志。这些年来，人民代表大会制度在我国的经济，政治与其他方面的社会生活中发挥了极为重要的作用。

通过认真学习和多年来从事人大工作实践活动，使我深刻认识到，人民代表大会制度是适合我国国情的，具有极大优越性和伟大功效的制度。一是人民代表大会制度是我国人民民主专政政权的组织形式。我国的国体是工人阶级领导的，以工农联盟为基础的人民民主专政的社会主义国家，与之想适应的政体是人民代表大会制度。这是历史的选择，人民的意愿和奋斗的结果。在人民代表大会制度下，整个国家机构按照一切权力属于人民和民主集中制的原则组成和运转。在中央统一领导下充分发挥地方的主动性和积极性，使国家权力即避免过分集中又避免不必要的牵扯，从而保证国家的各项工作有序、高效地进行。二是人民代表大会制度是中国共产党领导的人民民主制度。我国近13亿人口，如何治理国家？只能通过由民主选举产生，对人民负责并受人民监督的全国和地方各级人民代表大会，以及在此基础上形成的人民代表大会制度。中国共产党作为执政党，坚持人民代表大会制度，并通过人民代表大会制度对国家事务实行领导，积极支持人民当家作主，切实保障人民管理国家事务和社会事务，管理经济和文化事业的权利，保证国家权力最终掌握在全体人民手中。三是人民代表大会制度是我国的根本政治制度。我国存在着各项政治制度，其中人民代表大会制度是其它各项政治制度赖以建立的前提，反映了我国政治生活的全貌，是具有根本性的政治制度。

在我国人民代表大会制度是根本的政治制度。构建社会主义和谐社会，必须坚持和完善这一制度。那么，如何坚持和完善人民代表大会制度呢？根本的是坚持党的领导，人民当家作主，依法治国有机统一。核心是坚持党的领导。党的领导是人民当家作主和依法治国的根本保证。中国共产党是中国特色社会主义事业的领导核心。经济要发展，政治要稳定，文化要繁荣，社会要和谐，民族要团结，老百姓要过上好日子，没有一个坚强的核心是不行的。党的领导只能加强，不能削弱。没有党的领导，人民代表大会制度就不复存在。没有党的领导，人民代表大会制度的优势就无从谈起。我们必须自觉坚持党的领导，把党的领导贯穿于人大依法履职整个过程，落实到人大各个方面。吴邦国委员长指出：人大工作无论是立法工作，监督工作，还是决定重大事项，都要有利于加强和改善党的领导，有利于巩固党的执政地位，有利于保证党领导人民有效治理国家。

因此，在今后工作中，我们必须牢固树立党的观念、政治观念、大局观念、群众观念和法治观念，不断增强坚持和完善人民代表大会制度的自觉性和坚定性。始终保持同人民群众的血肉联系，要坚持走群众路线，坚持以人为本，把实现好、维护好，发展好最广大人民的根本利益作为人大一切工作的出发点和落脚点。要以饱满的政治热情，良好的精神风貌做好人大工作。积极主动地开展工作，不辱使命，不负重托。

对加强和改进闭会期间代表活动的思考

云南省南涧县人大常委会选联工委主任　张军

闭会期间的代表活动，是代表大会工作的基础和延续，是代表执行职务、履行职责的重要方面，对组织代表活动、发挥代表作用具有重要意义。总体上看，我县闭会期间的代表活动，内容丰富，形式多样，活动正常，充分发挥了人大代表参与管理国家和社会事务的作用。但由于闭会期间代表活动缺乏纪律约束性和代表具有兼职性的特点，加之代表履职受知识水平、行业范围和工作经验的限制，代表作用发挥、代表小组活动质量有待进一步提高。需要我们不断拓宽代表工作思路，创新代表工作形式，改进代表工作方法，充分发挥代表作用。

一、要提高对加强人大代表工作重要性的认识

人大代表是人民代表大会的主体，是地方国家权力机关的组成人员，是构成人民代表大会的细胞。人大工作的开展靠代表，人大工作的水平看代表，人大工作的潜力在代表。做好代表工作，直接关系到宪法和法律赋予地方人大各项职权的全面正确行使，直接关系到人民群众的民主权利能否真正落实，直接关系到人民代表大会制度的优越性能否充分体现。人大工作一刻也离不开代表的支持与参与。忽视代表工作谈人大工作，就是舍本逐末，人大工作就没有生机与活力。

二、要加强代表的学习培训工作

抓好代表的学习培训，是提高代表履职水平的有效途径。人大代表每届任期五年，每次换届后都有一定数量的新代表当选。代表的素质和以往相比，每届都有较大提高。但素质高并不意味着就具备了较强的履职能力。新任代表熟悉自己的工作和专业领域，却不一定熟悉人大议事规则和代表履职的具体规定、程序和要求。对连任代表来说，也有一个适应新形势、面对新要求、明确新任务，与时俱进，开拓创新，不断提高依法履职能力和水平的问题。如何对代表进行学习培训，关键是要选好培训课题。学习培训的内容不可能面面俱到，要注重突出以深入学习党的十七大精神为重点，坚定走中国特色社会主义政治发展道路的信念；突出以提高代表履职能力为主题，安排与代表履职关系最需要的知识进行培训，真正为代表履职提供帮助。一般来说，代表行使权力主要分为审议各类报告，提出议案和建议，参加表决和闭会期间的履职活动等四个方面。培训的内容要有的放矢，做到有助于代表更好地审议各类报告，有助于提出更高水平的议案和建议，有助于代表更好地依法履行代表职务。要改进培训方式。实践证明，集中授课是一种效率比较高的培训方式。但由于人大代表都有自己的本职工作，这就决定了不可能经常集中全体代表搞培训。所以，培训的形式也应灵活多样，只要能够达到促进代表学习并使之提高的目的，什么方式都可以尝试、什么方法都可以使用。如培训与座谈相结合，可通过座谈讨论方式，让代表学习履职知识，帮助解答代表在履职中遇到的问题和困难；培训与实践相结合，通过代表议案、建议知识培训，让代表提交有一定质量的建议；筛选代表提交的好建议在代表小组中交流，启发代表积极思考履什么职、怎样履职等等。

三、要完善和改进闭会期间的代表活动方式

人大代表在闭会期间的活动以集体活动为主，以代表小组开展活动为主要形式，是闭会期间代表活动的一条原则。完善和改进闭会期间的代表活动方式，需要在以下几个方面做好工作：

（一）选好和培训好代表小组组长。代表小组组长是一个小组的组织者和“领队”，小组活动开展得好不好，积极不积极，关键看小组长的代表意识强不强，组织能力如何以及是否热心为代表履职提供服务。要在明确代表小组负责人后，及时召集代表小组负责人进行学习培训，使代表小组组长做到学人大知识、懂法律常识，会处理好个人与其他代表的关系，会协调小组与有关班子间的关系。

（二）强化代表活动的领导和指导服务工作。加强闭会期间的代表活动，关键在领导重视，指导有力。要尽量避免代表小组出现“因乡镇日常事务繁重，组织代表活动不力；为活动而活动，活动质量不高；发号施令指挥多，具体帮助服务少”等现象的出现。代表小组要在年初就统筹安排好年度活动计划，确定出代表活动的时间和议题。县人大常委会选联工委要在活动中参与，在参与活动中做好指导和服务工作，切实把闭会期间的代表活动组织好、服务好和总结好。

（三）努力提高代表活动质量。一要认真选题。闭会期间的代表活动，可以主要围绕依照法律规定执行代表职务、组织代表学习、协助政府推行工作来开展。代表小组活动，要强化大局意识，紧紧围绕党委政府的工作重心，紧扣人大常委会的工作议题，适时组织好代表活动。二要充分准备。代表小组应制定好年度活动计划和每次活动的方案，明确活动内容、时间、方式及要求，确保代表的参与率。三要突出主体。要有针对性地邀请代表参加相关调查、视察或执法检查活动。选择那些熟悉情况，勤于思考，善于提出独到见解的代表参与活动。四要集思广益。要综合分析活动情况，认真做好整理汇总工作。实地调查、视察或执法检查后，应组织代表坐下来认真分析讨论，提出代表个人的意见和建议，综合归纳后形成有一定分量的调查、视察或执法检查报告送县人大常委会。同时，代表应就当地群众普遍关心关注的热点、难点问题向国家机关提交工作建议，发挥好人大代表参与决策、监督协助、桥梁纽带的作用。

（四）建立代表活动的约束激励机制。要激发代表履职的积极性和主动性，确保代表履职的效果。一方面，要加强选民对代表履行职责、开展活动情况的监督，增强代表活动的透明度。通过多种渠道向广大群众公开代表活动的情况，将代表活动置于社会的监督中。通过开展代表述职、回访选区活动，促进代表自觉履行职责。另一方面，要统筹安排，精心组织，召开好代表小组活动经验交流会，开展好“创新争优”活动。

四、要重视和做好代表建议处理工作

代表依法向国家机关提出各方面工作建议，是代表履行职责、发挥作用的基本形式，是体现代表活动结果，反映代表联系选区选民和发挥聪明智慧的结晶。代表提出建议的数量和水平直接影响到代表为民说话办事的作用，代表建议的处理工作和落实情况反过来又直接影响着代表提出建议的积极性和信心。提高代表建议的办理质量，要善于做好“抓两头、促中间”的具体工作。一头是加强对代表建议的指导工作。通过培训学习，让代表把握建议和议案的区别。通过调查、视察或执法检查活动，让代表了解本地经济和社会发展情况，了解人民群众的所想、所急和所盼，让代表积极分析，认真撰写建议，避免出现在大会期间匆忙提交建议的现象，使代表提交的建议既有“骨”又有“肉”。另一头是坚持抓好对重点建议的跟踪督察工作。继续坚持及时交办的原则，将代表建议交由有关部门办理，通过交办会的形式，增强承办单位的责任感；继续坚持由主任会议确定重点建议并组织代表进行检查的做法，力求最大限度地解决人民群众最关心、最直接、最现实的利益问题。总之，要通过“抓两头”，进一步提高代表建议的解决率，不断激发代表的履职热情。

树立和落实科学发展观
充分发挥县级人大在促进经济社会又好又快发展中的职能作用

广东省紫金县人大常委会党组书记、常务副主任　马火林

以胡锦涛同志为总书记的党中央从社会主义初级阶段的基本国情出发，科学地分析了我国新的历史起点上发展的阶段性特征，为全面建设小康社会，加快推进社会主义现代化建设步伐，提出了科学发展观，指明了我国经济社会发展的正确道路，是我国经济社会发展的重要指导方针，对于发展中国特色社会主义具有长远的指导意义。作为县级国家权力机关的人大及其常委会，应当在树立和落实科学发展观，促进经济社会又好又快发展中充分发挥其职能作用。

一、围绕中心，把促进经济社会又好又快发展作为份内之责

树立和落实科学发展观，必须始终抓住发展这个执政兴国的第一要务，始终坚持以经济建设为中心不动摇，聚精会神搞建设，一心一意谋发展。改革开放三十年来，我县经济实力明显增强，基础设施日趋完善，人民生活不断改善，社会事业长足发展，城乡面貌发生了深刻变化。但是我们也必须清醒地看到，我县经济总量小，运行质量差，增长速度慢，发展后劲弱，人均拥有少的状况，未能从根本上

得到改变。近几年来，县委、县政府带领全县人民艰苦奋斗，顽强拼搏，励精图治，扎实工作，开创了经济社会发展的新局面。特别是十七大以来，全县上下开展了"以新一轮的思想大解放，推动新一轮的经济大发展"的学习讨论活动，取得了明显的效果。县人大及其常委会要在"三破除三增强"上下功夫，即破除因循守旧的思想，增强敢为人先的开拓意识；破除随遇而安的思想，增强居安思危的忧患意识；破除事不关己的思想，增强以经济社会发展为己任的责任意识。紧紧围绕党委工作中心，服从服务于经济社会发展大局，恪尽职守，勤勉工作，不辱使命，奋发有为，为我县经济社会又好又快发展贡献力量。

二、科学决策，为促进经济社会又好又快发展行使法定之权

县人大及其常委会行使重大事项决定权是宪法和法律赋予的一项重要职权，是人民当家作主的重要体现。我们必须坚持科学发展观，以全面建设小康社会统领全局，围绕构建社会主义和谐社会的目标，把握发展这一执政兴国的第一要务，既重视经济建设，又重视政治建设、文化建设和社会建设。在实际工作中，要始终坚持"抓大事、议大事、求实效"的工作思路，积极探索和推动重大事项决定权的行使。一是要深刻认识县情，紧密结合实际，站在全局的高度进行通盘考虑，确保作出的决议、决定符合我县实际，符合客观规律，符合经济规律，符合社会规律。就我县当前来说，要紧密围绕县委的"一二六八"工作思路和"西部带动"、"资源带动"、"高速带动"、"龙头带动"战略，行使好重大事项决定权。二是要对影响和牵动全县经济社会发展和与人民群众利益密切相关的重大事项，积极主动介入，深入调查研究，广泛听取人大代表和人民群众的意见和建议，集中民智，反映民意，确保作出的决议、决定具有民主性、科学性和可操作性。三是要加强决议、决定贯彻执行情况的监督检查，既要防止一些部门和单位不按有关程序，规避人大决定权的现象，又要防止一些部门和单位不执行人大的决议、决定，我行我素的现象，确保人大决议、决定的权威性。从而，使我县经济社会真正走上全面协调可持续的良性发展轨道。

三、依法任免，为促进经济社会又好又快发展提供干事之才

实现经济社会又好又快发展关键在人。能否选准、用好、管好干部，关乎全面建设小康社会，关乎社会主义现代化建设事业。县人大及其常委会选举和任命干部，必须坚持党的干部路线，坚持正确的用人导向，坚持德才标准和任职条件，注重群众公认，严格按照选举任命程序，把政治上靠得住、工作上有本事、作风上过得硬的干部选举、任命为国家干部。一是要正确处理党管干部与人大依法任免干部的关系，争取党委对人大工作的支持，并形成良性的工作互动。二是要完善人大的任前知情审议，主动与县委组织部门联系、沟通，注意掌握拟任人员德、能、勤、绩、廉等方面的情况。同时，要坚持任前考试、供职演说等制度，进一步强化拟任人员的国家意识、法律意识、责任意识、公仆意识和接受监督意识。三是要严格程序，认真审议，充分保障人大正确行使表决权。四是要切实加强干部的任后监督，通过述职、评议等有效方式，督促人大及其常委会选举和任命的干部按照人民的意愿和社会要求，行使好公共权力，勤政廉洁，依法行政，为经济社会又好又快发展提供人才保障。五是要建立机制，把依法监督与落实执法责任制、责任追究制结合起来，把监督人与监督事结合起来，把人大监督与党内监督结合起来，从而促使被选举和任命人员依法履职，为经济社会又好又快发展奋发工作，发挥各自的聪明才智。

四、加强监督，为促进经济社会又好又快发展尽到支持之力

县人大及其常委会是广大人民群众的代言人，以人民群众根本利益为一切工作的出发点和落脚点。其在监督"一府两院"依法行政，公正司法，协调各方面的利益关系，维护人民群众的合法权益，促进经济社会又好又快发展中具有不可替代的作用。我们要在实际工作中做到寓监督于支持之上，把支持体现在监督之中。一要加强工作监督。首先要围绕党委中心工作的任务目标，抓住事关发展，事关稳定，事关长远，事关全局，事关人民群众切身利益的重要工作和重点项目，及时讨论作出决定；其次要紧扣发展中心的重要工作和重点项目，采取代表视察、专题调研、听取专项报告等形式，提高"一府两院"的执行力，确保重要工作和重点项目的扎实推进，促进经济和社会各项事业的健康发展。二要加强法律监督。第一，切实抓好执法检查，确保法律、法规的正确实施。当前，尤其要密切关注对影响又好又快发展的问题，如生态建设、环境保护、矿产资源开发、土地使用、城乡规划建设、水资源管理等方面，适时开展执法检查活动，为实现又好又快发展提供法制保障。第二，加强对“一府两院”依法行政，公正司法监督，促进社会公平与正义。要通过各种行之有效的方式，掌握了解情况，督促和支持“一府两院”正确行使行政权、审判权和检察权，为又好又快发展营造良好的法治环境。第三，高度重视涉法涉诉案件和人民群众关注的热点、难点问题的监督，促进社会的稳定和谐。要督促“一府两院”及时排查久拖未了的涉法涉诉案件，采取领导包案等办法，明确分工，落实责任，依法处理，努力消除社会不稳定因素；同时，要着力解决人民群众普遍关注的热点、难点问题，切实维护人民群众的合法权益，千方百计调动人民群众与经济社会建设的积极性和创造性，最大程度地凝聚各方面的力量，为实现又好又快发展，奠定坚实的社会基础。

五、发挥优势，为促进经济社会又好又快发展营造良好之风

我们知道，人大的最大的政治优势是密切联系人民群众。在我国改革深入，经济发展，社会结构发生深刻变动，各类社会矛盾日渐凸显的今天，县人大及其常委会的工作必须更加亲民务实，充分反映民意，广泛集中民智，围绕实现谱写人民美好生活新篇章，解决好人民群众最关心、最直接、最现实的利益问题，实现经济社会又好又快发展开展工作，充分发挥其在营造良好发展氛围中重要作用。一是要带头深入学习。要把学习十七大精神与全国人大十一届一次会议精神结合起来，与贯彻省、市、县委党代会精神结合起来，与我们所从事的工作职责、任务结合起来，领会科学发展观的精神实质，把握基本要义，指导思想行动。二是要带头解放思想。要正确认识我县当前经济社会发展形势，把思想从不合时宜的认识和习惯的思维定势中解放出来。既要看到所取得的成绩，增强发展的信心和希望；又要正视发展中的问题，提高战胜困难的勇气；既要克服怨无尤人、与已无关的思想，又要防止自以为是、坐而论道的倾向，进一步把思想认识统一到县委、县政府的决策部署上来。三是要带头推动发展。要认真履行宪法和法律赋予人大的职权，卓有成效地开展工作，提高工作实效，发挥好地方国家权力机关的作用，推动我县经济社会全面协调可持续发展。四是要带头发挥作用。要运用各种方式，在全县各级人大代表和人民群众中造就想发展、谋发展、为发展的风气，努力为又好又快发展鼓与呼。同时，以自己在本职岗位上的出色表现，充分展现县人大及其常委会在推动我县经济社会又好又快发展中的作用。

做好新形势下人大代表工作的实践与体会

黑龙江省哈尔滨市阿城区人大常委会　黄荣学

人民代表大会制度是我国的根本政治制度，人大代表是人民代表大会的组成人员，是国家权利机关的组成人员，是人民代表大会的主体，代表着人民在各级国家权利机关中依法履行管理国家事务、参与重大事项决定和对“一府两院”实行监督的重要职责。做好代表工作，充分发挥代表作用，是坚持和完善人民代表大会制度，建设社会主义政治文明的必然要求，也是落实科学发展观，密切党和政府同人民群众联系的必然要求。随着社会主义政治文明建设进程的不断加快，对做好代表工作、发挥代表作用提出了新的更高的要求。换届以来，我们积极探索新形势下做好人大工作的途径，充分发挥了代表作用。结合工作实际，笔者浅谈一下做好人大代表工作的实践与体会。

一、基本做法

（一）把好“入口关”，从源头上把握代表基础。

1、**严把标准，保证代表质量**。在换届选举时，我们要求各选区在推荐、酝酿初步代表候选人时，候选人至少具备“7种素质”即，政治素质，坚持党的领导与党保持高度的一致；业务素质，热心人大事业，了解人大工作；文化素质，具有一定文化程度；议事素质，能够正确表达自己看待问题的观点和看法；法律素质，掌握党的法律知识，能够模范地遵守宪法和法律。经过选举，阿城区第一届人大代表党员166名，占72.1%；具有高中以上学历的210名，占91.3%；其中具有大专以上学历的185名，占80.4%，本科以上的139人，占60.4%。充分保证了代表的基本素质。

2、开展述职评议，完成代表任期内监督。为做好对代表监督工作，积极探索监督途径，2007年8月，在金都街道办事处召开了区人大代表述职评议现场会。在此基础上，2008年4月11日召开的区一届人大常委会第十一次会议，通过了《阿城区人大常委会关于市、区人大代表述职评议办法》，明确每位代表每年至少在选区向选民述职1次，为开展代表述职活动奠定了制度基础，使代表述职活动有章可循。各乡镇、街道人大在2007年开展代表述职活动的基础上，都积极主动地开展代表述职活动，从年初至今，已有38名区人大代表、268名乡镇人大代表向本选区选民进行述职，主动接受选民的监督，促进了代表作用的发挥。另外，2名市人大代表，在区一届人大常委会第会议上进行述职，接受区人大常委会的监督。实现人大代表以"挂名"走向"实名"的有效手段，使选民对代表知名、知情，拉近了代表与选民之间的距离。

3、制定相应制度，解决代表能进能出问题。为了解决好代表能进能出的问题，结合工作实际，我们制订出台了《哈尔滨市阿城区人大代表辞职和补选办法》，明确有履职能力不强、选民评议不合格、两次不出席人代会、参加代表活动不积极等六种情况，进行劝辞，换届以来，我们已经对4名不能履行代表义务的代表进行了劝辞，在代表中反响强烈。

（二）把好"培训关"，从根本上提高代表素质。

对人大代表进行培训，是代表工作的需要，也是推进社会主义民主政治的需要。在对代表的培训中，我们除每年的常规化集中培训之外，按照科学发展观的要求，创新了培训形式，努力提高代表的整体素质。两年来共培训区人大代表210名，占区代表总数的90.1%，培训乡镇人大代表468名，占乡镇代表总数的87.9%。

1、经验介绍与辅导相结合，开展集中培训。在今年的集中培训中，我们采取了以经验交流、典型引路与辅导相结合的方式进行。5月30日，在舍利街举办代表培训班，各乡镇人大副主席和秘书、街道人大工委副主任和秘书、部分区人大代表114人参加了培训。培训班上，张玉昌主任作了动员讲话。金城街区人大代表小组就如何发挥街道人大工委的作用、玉泉街区人大代表小组就如何开展代表活动介绍了经验，王树森代表介绍了如何认真履行代表职责的经验，梁国庆代表介绍了如何提出高质量代表建议的经验，区人大代表、常委会委员会王刚、臧丽华，通城街人大秘书哲金秋从如何当好代表和如何做好人大工委秘书等不同侧面进行书面经验交流。以代表的亲身履职实例，代表小组的工作经验，使参加培训的代表和人大工作者感到代表作用发挥和代表小组的工作是如何开展的。同时，笔者就如何开展人大工作进行了理论上的辅导，区人大副主任隋雅莉作了总结讲话。这种经验与辅导相结合，实践与理论相结合的方法，收到较好效果。培训班后，19个乡镇、街道人大也都进行了代表培训。

2、"走出去"与"请进来"相结合，开展重点培训。每年根据不同时期而确定的培训重点，我们都会邀请相关的法律专家和学者进行专题讲座。2007年4月，针对换届选举之初的实际，邀请了哈师大阿城学院法律系的副教授、律师刘广霞为代表（以新当选的代表为主）讲授《宪法》、《代表法》和人民代表大会制度理论知识。讲课中，结合大量案例的讲解，使代表们掌握了法理较为高深的《宪法》、《代表法》的基础知识，效果明显。2008年2月，邀请省人大法工委王云奇主任来阿城讲解了《监督法》，全区"一府两院"有关部门、各级人大代表、各级人大工作者近300人参加了讲座。王云奇主任深入浅出的讲解，使听课者受益匪浅。同时，我们还组织部分哈市、我区人大代表参加了哈市人大常委会在无锡、北戴河举办的培训班，提高代表素质。我们还带领部分优秀的乡镇、街道人大工作者参加每年全国十二县（市）区人大代表工作经验研讨会，拓宽了他们的工作思路。全区的各区代表小组都结合自己的实际情况，开展代表培训工作。通城街区代表小组、金都街区代表培训小组邀请区委党校和区人大有关人员对代表进行辅导讲座，玉泉街区代表小组全年组织区人大代表分两次到浙江桐庐、富春江、义乌等地学习，开阔了代表的视野，为更好地履职奠定基础。

3、急用先学，开展随时培训。根据区人大代表变化的情况，我们随时对新补选的区人大代表进行集中培训。2007年11月，根据代表变化情况，对11名新补选的区人大代表在区人大常委会四楼会议室进行了为期两天的集中培训。培训中，主要为代表们讲解了《宪法》、《代表法》，使他们明确代表的权利和义务及如何履行代表职责，发挥代表作用。年初人代会上，有8名新补选的区人大代表提出意见建议15件。今年，又对9名新补选的区人大代表进行培训。

（三）把好"活动关"，从整体上发挥代表作用。

在组织代表活动中，我们除了常规性地组织代表围绕“热点”、“难点”、“重点”开展“三查（察）”之外，努力地创新了代表活动形式。

1、**创新活动平台，开展“代表之家”创建**。长期以来，代表活动平台是困扰基层人大开展工作、发挥代表作用的难题。代表活动、接待选民没有固定的场所。针对这一实际情况，经过调研，我们决定搭建代表活动平台，构建“代表之家”。一是在设立中，我们本着勤俭节约、便于集中、便于活动、方便选民的原则，让各乡镇、街道确定固定的活动场所，并挂上“人大代表之家”牌子。达到“四个统一”。即：统一时间挂牌、统一制度上墙、统一图书标准，统一面积要求。二是成立人大代表之家活动领导小组，设立组长1人，由乡镇人大主席、街道人大工委主任担任；副组长2人，由乡镇人大副主席、街道人大工委副主任担任；委员3人，由责任意识强、法律水平高、有一定组织协调能力、热心代表工作的人大代表担任。同时，明确一名兼职工作人员，负责“代表之家”日常工作。三是建立健全了各项制度，如：代表之家活动制度、学习宣传制度、选民接待日制度、联系选民制度、信访接待制度、三查（察）活动制度、考核评比制度等，并将相关的制度张贴上墙。四是结合实际，确立固定的“人大代表之家”活动日至少每月活动一次。五是“人大代表之家”还为代表提供了《宪法》、《地方组织法》、《代表法》、《选举法》等相关的法律法规，订阅一些人大工作、代表工作的报刊、杂志如《中国人大》、《法治》，为提高代表素质和履职能力，提供资料参考。5月30日，我区在舍利街道人大工委召开了“人大代表之家”创建的现场会议。要求各乡镇、街道都要结合自己的实际情况建议“代表之家”，截止到目前为止，我区各各乡、街道人大工委都设立了“人大代表之家”、有的社区或村屯设立了“人大代表活动站”。条件好的单位还分别设立了代表接待室、代表学习室、代表资料室，代表活动室。为方便代表接待选民，加强代表与人民群众的联系，开展代表活动构建了平台，使区、乡镇人大代表活动有了阵地。

2、**创新活动主题，开展“九个一”活动**。我们注重搞好代表活动，要求代表开展“九个一”活动。即，提一条建议、写一篇论文、引进一个项目、帮扶一户贫困户、扶助一名贫困生、为选区办一件好事、为选民办一件实事、每两年向选民述职一次、有条件外出学习考察一次。为了保证“九个一”活动的深入开展，我们每年年初下发开展活动的计划，每季度下发指导意见，每月下发具体细则。在活动中，金城街道区人大代表小组梁国庆深入调查研究，倾听选民意见，3个月内提出意见、建议15条，为我区的发展献计献策；臧丽华代表听说“三五”调味品公司来阿考察，主动联系，多方沟通，终于使其投资5000万元落户阿城；哈市人大代表付立君，一次捐款30万元为贫困户建房。活动中，代表们踊跃为区域发展献言进策，引资架桥，为贫困户、贫困学生解困出资出力。全年共为全区经济发展献言进策211条，被采纳95条；引资项目123个，协议资金20.9亿元，实际到位12.6亿元；为社区建设，新农村建设捐款100多万元；各级人大代表为四川汶川地震捐款78.7万元，深受选民拥护。

3、**创新活动形式，开展“创先争优”评比**。换届之初，我们以常委会文件的形式制定下发了“创先争优”评比方案，坚持每年年初下达评比细则，年中初评，年末总评。每年都要开展一次优秀人大代表，优秀建议、优秀代表小组的评选活动，对于权力行使好、问题解决好、人民群众反映好的代表给予表彰。每年表彰奖励经费在1万元左右。通过表彰先进、树立典型，使广大人大代表学有榜样、赶有目标，从而激发了代表主观能动性的发挥。鼓励代表在各自的岗位上发挥作用。换届以来，我们已经表彰奖励了15个优秀代表小组，38名优秀人大代表。同时在电视台和阿城网站开展了“代表风采”栏目，定期宣传人大代表的先进事迹，激发了代表的履职积极性。同时，在省《法治》杂志上宣传优秀市、区人大代表各1名，优秀区人大代表小组1个。有2名人大代表的优秀事迹被《中国人大2008年鉴》收集，有效地激励了代表作用的发挥。

（四）把好“服务关”，从根本上落实代表保障。

1、**落实制度保障**。换届以来，我区先后修改完善了《区人大常委会联系人大代表、代表小组的暂行办法》、《区人大常委会关于代表建议、批评和意见办理工作办法》、《关于对区人大代表逮捕、刑事审判和采取法律规定的其它限制人身自由的措施的审批的暂行办法》、《区人大常委会接待省、哈市和本区人大代表工作办法》，并出台《关于加强和规范区人大代表闭会期间活动的若干意见》，为代表执行职务提供了基础制度保障。此外，我区人大常委会积极探索，创新和完善了人大代表工作的一些制度，保证了代表作用的进一步发挥。

2、**落实人身保障**。制定下发了《关于许可对代表采取强制措施的办法》,明确了许可的程序、情况等,保护了代表的人身权利。2008年6月23日,我们接到吉林省通化县公安局《拟提请许可丛贵清采取强制措施的函》。按照区人大常委会主任会议对通化县公安局来函关于一定遵循以事实为依据,依法律为准绳,严格依法办事的原则,既要积极协助通化县公安局工作,又要对人大代表负责的要求,区人大常委会人事办在主管主任的领导下组成调查组,于2008年6月24日,分别到区工商局、区质量技术监督局、区检察院、区公安局、区畜牧局饲料工业办公室进行了走访调查。根据通化县公安局的来函和走访调查有关部门的意见,调查组认为丛贵清的犯罪事实不清,证据不足,不宜对丛贵清采取强制措施。保护代表的人身权利不受侵犯。

3、**落实时间保障**。人大常委会要求代表所在的部门和单位要为代表活动提供时间保证,让其能有充裕的时间进行调研、走访,参加各项代表活动。

4、**落实经费保障**。近几年来,我区区、乡(镇)两级政府始终把代表活动经费,列入同级财政预算。并根据省委的决定,提高了代表经费的数额,区人大代表活动经费由每人300元调到400元,乡镇人大代表活动经费由100元调到200元,保证了代表活动的正常开展。并对无固定工资收入的区人大代表出席区人代会给予补贴,报销往返路费。

二、几点体会

在工作的实践中,感到:

(一)坚持党的领导是原则。自觉地接受和依靠党委的领导,是人大开展一切工作遵循的重要政治原则,也是坚持对党和对人民负责一致性的表现。人大代表工作中把认真贯彻党的路线、方针和政策同人民当家作主和依法治区统一起来,保证了代表的行动与党委意图的高度一致。

(二)坚持科学发展观是前提。科学发展观第一要义是发展,核心是以人为本,基本要求是全面协调可持续,根本方法是统筹兼顾。具体工作中,我们牢牢把握科学发展的要义,始终把健全、创新代表机制作为推动代表作用发挥的关键抓住不放。以机制来增强代表履职的自觉性、规范性和实效性。使代表工作步入制度化、规划的轨道。如,我们在进行代表述职评议时,就依据了《代表法》第五条"代表受原选区选民或者原选举单位的监督"。同时,我们在此基础上,制定了《阿城区人大常委会哈市、区人大代表述职评议办法》,使评议工作依法依规进行。

(三)提高认识是根本。代表工作是人大常委会工作的基础,不能认为只是代表工作机构的工作,在实践中,我区人大常委会将代表工作列入重要日程,超前谋划、科学安排、精心指导、及时调动了广大代表的积极性,提高了代表工作水平。

(四)基层配合是基础。无论开展任何代表活动,没有各乡镇、街道基层人大的配合,都是无源之水,无本之木。只有调动基层人大的积极性,在基层人大的配合下,各项代表活动才能取得真正的实效。如:今年《代表法》颁布16周年纪念活动中,19个乡镇、街道分设宣传站19个,出动宣传车21台,秧歌队4个,横幅23个,标语近500条,发放《代表法》手册960册,宣传单近万份,宣传得有声有色,使广大人民群众进一步了解了《代表法》。

县级人大工作要在推动县域崛起中拓展作为

福建省武平县人大常委会主任　王民发

福建省武平县委积极呼应省委关于建设海峡西岸经济区、市委关于建设海峡西岸经济区重要增长极的战略部署,确立把"武平建设成为在海峡西岸经济区中迅速崛起的闽粤赣边经济强县"的宏伟目标。县人大及其常委会在推动县域发展崛起中担负着重要使命和重大责任,要紧紧围绕实现县委确立的这一战略目标,找准定位,发挥优势,有效履职,拓展作为。

坚持科学发展观念,多谋推动崛起之策。一要增强科学谋划素质。深入开展学习实践科学发展观活动,努力用科学发展观武装头脑,不断增强科学谋划县域崛起的能力素质。二要审议决定好重大事项。以科学发展观为指导,抓住武平"6+2"产业发展、新农村建设、城镇规划建设、生态建设、社会事业发展等事关全局、事关根本、事关长远的重大事项,依法认真审议,及时作出决议决定,提出审议意见；加强审议前的调研、咨询、论证，建立完善重大事项公示、听证制度，使人大作出的决议决定更具对策性、预警性、战略性，提出的审议意见更具针对性、指导性和可操作性。三要加强县域发展研究。武平是原中央苏区县、省级边界经济贸易开发试验区。要发挥人大人才、经验优势，加强对国家宏观政策和省、市重大政策特别是关于扩大内需、支持老区、苏区建设等方面的政策研究，积极协助县委、县政府向上争取政策支持，谋求武平更大发展；加强对发展的动力、资金、项目、品牌、资源的效益以及“试验区”建设等问题的研究，提出意见建议，当好县委决策参谋。当前，要积极督促、支持政府认真研究、制定突破发展障碍、破解发展难题的政策、措施，有效应对复杂多变的经济形势，确保经济社会持续较快发展。

突出法治建设重点，营造推动崛起之势。加强社会主义民主法治建设是人大工作的重点和根本任务。要把社会主义法治原则落实到人大各项工作中，着力推进“法治武平”建设。一要进一步加强和改进监督工作。严格依照监督法和福建省实施监督法办法的要求，完善监督机制，规范监督行为，增强监督实效。加强对法律法规实施和行政司法机关工作人员的监督，抓住产业发展、体制创新、行政提速、环境营造、优质服务等涉及依法行政、公正司法、影响全县发展的重大问题开展监督，重点督促政府进一步健全民主制度，丰富民主形式，促进社会主义民主制度化、规范化、程序化；督促政府严格依法办事，维护公平正义，统筹协调好各方面的利益关系；督促政府加快职能转变，完善社会管理、服务功能，建立安定有序的社会运行机制。二要进一步督促和推进普法工作。在加强民主法制建设过程中，要督促有关部门加强法律法规的宣传普及工作，开展全民法律知识教育，形成全社会学法、懂法、知法、用法、守法、护法的浓厚氛围。努力为武平又好又快发展创造良好的法治环境，为加快县域发展崛起造势。

强化以人为本理念，凝聚推动崛起之力。人大代表和人民群众是人大工作的力量之源，也是县域发展的动力主体。一要通过保障和促进民生工作，凝聚民心民力。充分发挥人大密切联系群众的优势，进一步转变作风，深入基层、深入群众，善于发现人民群众普遍关注的民生问题；要重视把民生问题列入审议议题，认真研究民生，提出审议意见，并加强跟踪督办，督促“一府两院”解决好民生问题特别是人民群众最关心、最直接、最现实的利益问题；通过不断解决民生民利问题，持续激发广大人民群众建设闽粤赣边经济强县、推动县域崛起的积极性、主动性和创造性。二要通过加强和改进代表工作，凝聚民心民力。人大代表是人大工作的主体，也是联系群众的主体。要积极为代表执行职务提供更好更周到的服务和保障，重点搭建好代表学习、知情、活动“三个平台”，不断提高代表的履职能力，扩大代表参与活动的范围，通过代表把全县人民的意志、智慧和力量汇聚起来，让一切劳动、知识、技术、管理和资本的活力竞相迸发，让一切社会财富的源泉充分涌流。

保持开拓创新精神，蓄积推动崛起之能。一要提高推动崛起能力。按照市委提出的在海峡西岸“两个先行区”建设中求先行、当前锋的要求，不断增强“以发展促和谐”意识，提高人大为促进科学发展、构建和谐社会营造良好环境能力；增强依法治县意识，提高对“一府两院”监督与支持能力；增强执政为民意识，提高维护群众合法权益能力；增强先行先试意识，提高创新拓展能力。努力建设一支与建设“两个先行区”和闽粤赣边经济强县、推进县域崛起相适应的人大干部队伍。二要创新工作机制。坚持在继承中创新、在监督法和省实施办法的框架下创新，着力创新重大事项决策机制、审议质量提升机制、承诺公示监督机制、监督工作公开机制、代表工作机制、公民有序政治参与机制、乡镇人大工作考评机制，争创人大工作品牌，使人大工作始终充满生机和活力，更好地适应武平科学发展、加快发展的需要，在推进县域崛起中发挥更大作用。

弘扬求真务实作风，提升推动崛起之效。去年，武平县委在“解放思想、先行先试，加快‘两个先行区’建设”主题实践活动中，审时度势提出要做好“四篇文章”、推进“四大转变”、突破“四种障碍”、解决“四大难题”、重抓“四大运作”等一系列先行先试和谋求突破的工作重点，制订下发了《实施意见》，提出实施“八大工程”；中央、省、市相继出台一系列扩大内需政策后，县委又及时提出“实施工业兴县、工业强县、工业富县”的战略决策，进一步拓展了建设闽粤赣边经济强县的新境界，明确了推进武平迅速崛起的新目标、新要求、新举措。这是今后一个时期武平又好又快发展的行动纲领，也是今后一个时期人大工作的立足点、着力点。要着力实干，务求实效，以人大独特的工作方式和方法，推进县委重大决策的实施。一要主动融入、主动对接。把思想和行动高度统一到县委关于推动武平迅速崛起的一系列重大决策部署上来，自觉把人大工作融入“两个先行区”和闽粤赣边经济强县建设这一大局去审视、去定位、去谋划、去落实，以推动县域发展崛起的实效来检验人大工作的成效。二要主动服务、主动作为。抓住县委重大决策实施中的一些重大的关键性的问题，深入开展调研，多出主意，多提建议，为县委制定对策措施服务，并督促、支持政府及时分析新情况、解决新问题。紧紧围绕促进县委重大决策的实施，加大监督力度，如针对“八大工程”实施进展的情况，组织开展专项视察、专项评议，听取和审议专项工作报告，提出意见建议，并强化跟踪监督，督促政府和有关部门切实改进工作，加快工程建设；有针对性地选择能直接促进“八大工程”实施的法律法规进行执法检查，着力解决执法中存在的突出问题，推进工程建设。使县委的重大决策真正落到实处，见到实效。

发挥职能作用　推动科学发展

湖南省永州市冷水滩区人大常委会主任　王新权

树立和落实科学发展观是建设全面小康、构建和谐社会的根本途径。地方人大及其常委会的各项工作只有紧紧围绕科学发展观的要求，坚持服务发展大局，突出以人为本，创新工作机制，认真行使宪法和法律赋予的职权，才能有效推动经济社会又好又快发展。

一、围绕科学发展，服务大局履好职

注重发展的全面性，推进民主法制建设。地方人大及其常委会作为政治文明建设的主力军，要坚持以科学发展观为指导，积极推进民主法制建设。近年来，我们坚持把加强法律监督作为推进民主法制建设的重要环节，把社会普遍关注的热点问题列为法律监督的主要内容，重点保障法律法规的贯彻实施。通过认真开展执法检查，把在检查中发现的突出问题和群众提出的建议及时交办给政府，并全程跟踪督办，确保整改取得实效。对群众反映强烈、影响较大的案件，采取听取专项工作汇报报告、人民陪审员参与审判等方式，有效地促进“一府两院”依法行政和公正司法，为全区经济社会又好又快发展打造了一个良好的法治环境。

注重发展的协调性，畅通民意表达渠道。落实科学发展观，构建社会主义和谐社会，必须更加注重经济社会发展的协调性，维护社会和谐稳定。我们以畅通民意表达渠道为突破口，认真分析改革发展过程中出现的不和谐因素，依法纠正各种损害群众利益的行为。积极推行人大代表收集群众意见箱活动，在全区300多个行政村悬挂意见箱，去年共收到群众意见和建议500多项，加强了人大代表与人民群众的沟通和联系。通过严格执行信访首问责任制和责任追究制，加大信访催办、督办力度，并通过聘请律师协助办理信访案件等措施，进一步加大了人大信访监督力度，督促解决了一些群众反映强烈的告状难、执行难、赔偿难、错案不纠、司法不公等问题。另外，还组织常委会成员和代表围绕人民群众最关心、最直接、最现实的问题开展调研，深入基层、深入群众，倾听百姓呼声，真正把民意转化为代表的议案、建议、批评、意见，并通过人大履行法定职权的行为，反映和体现民意。

注重发展的持续性，破解科学发展难题。可持续发展，就是要促进人与自然和谐相处，实现经济发展和人口、资源、环境相协调。走可持续发展之路，加大对资源节约型、环境友好型社会建设的监督力度，推动资源环境保护与增长方式转变，是地方人大及其常委会新时期依法开展监督工作的重要内容，也是破解科学发展难题的关键所在。在推进新型工业化、承接产业转移进程中，为避免造成环境污染和生态破坏，我们深入开展了“环保世纪行”活动，组织国土、环保等执法部门重点开展了非法锰矿和湘江沿岸水域整治。开展了对《环境保护法》、《水土保持法》、《森林法》、《水污染防治法》等法律法规的执法检查，依法保护环境、保护资源。在多次视察、反复调研、集中人民群众智慧的基础上，还作出了《关于加快推进全区新型工业化的决议》。决议明确了推进新型工业化的发展思路，提出既要金山银山、又要绿水青山的要求。这个决议既为今后全区持续快速发展找准了方向，又为建设资源节约型、环境友好型的"潇湘第一城"奠定了坚实基础。

二、围绕科学发展,以人为本履好职

始终关注民生民本开展科学决策。围绕经济社会发展中的重大项目规划、立项、重要产业调整、重大融资等关系国计民生的重大战略部署,在深入调研和认真审议的基础上,依法按程序适时作出决定、决议。我们先后作出了《关于加快农村水利设施建设的决议》、《批准区人民政府关于新四中建设向银行贷款的决定》、《关于加强校园周边网吧整治的决定》等等共计20余项,涵盖了全区民主法制建设、国民经济和社会发展的诸多方面。这些决议决定体现了党的主张,符合人民群众的根本利益,充分发挥了人大决策对于推动经济社会科学发展的正确指导和促进作用。比如,我区农村水利基础设施比较薄弱,农民群众和人大代表反映强烈。区七届人大一次会议顺应民心,确定了加快水利设施建设的一号议案,并及时向区人民政府交办。区政府经过认真研究,决定从2008年开始用五年的时候,举全区之力,每年投入2000万元,大搞农田水利建设。通过一年多的努力,成效明显。今后,我们还将根据当前的热点、难点问题,对就业再就业、企业养老保险提标扩面、城乡医疗卫生保险等民生民本问题作出决议决定,推动经济社会持续健康发展。

始终关注民生民本开展视察调研。代表视察贴近群众、贴近民生,才能赢得民心、取得实效。我们先后开展了国家惠农政策落实、城乡低收入群体生活保障、社会治安综合治理、文明和谐社区创建等主题视察和调研。通过调查研究,找准问题的实质,督促"一府两院"在实际工作中更加注重搞好宏观调控,更加注重统筹兼顾,更加注重以人为本,着力解决经济社会发展中的突出矛盾和关系人民群众切身利益的突出问题,推动社会主义物质文明、政治文明和精神文明共同进步。

始终围绕民生民本开展重点监督。从解决群众最关心、最直接、最现实的利益问题入手,先后听取和审议了农村中小学"两免一补"政策落实、农村道路建设、新型农村合作医疗、社会保障、手足口病防控、"三鹿奶粉"事件处置等重点工作,对工作中存在的问题和不足,要求有关部门限期整改,有效地规范了政府行政行为。开展义务教育收费执法检查,纠正了个别学校不按规定收费的行为,使人民群众的合法权益得到切实地尊重和保障。开展部门预算,细化预算项目,规范了财政预算安排,并逐年提高财政向民生倾斜的比例,扩大公共财政覆盖农村的领域和范围,确保改革发展成果惠及全体人民。

三、围绕科学发展,创新机制履好职

创新任后监督新机制。为有效防止"一纸任命书,五年太平官"的现象,我们不断创新任后监督新机制,以绩效考核为重点,对任命的干部分层次实施履职监督。建立了《关于对区人民政府组成部门主任、局长实行工作目标承诺的考核办法》,要求区人民政府对政府工作报告进行任务分解,把工作落实到各位副区长和政府组成部门,做到责任明确,分工细致,确保人代会通过的决议、决定的落实。同时要求23个政府组成部门负责人年初在人大常委会会议上进行书面发言承诺,年中由常委会组织督查,年底对照承诺兑现。年底考核时,根据督查和调查的情况,结合被考核对象的报告,按"满意"、"基本满意"、"不满意"三个等级在常委会会议上进行电子表决测评。对测评不满意率超过50%的主任、局长,将启动相关监督程序,直至撤职,实现了监督工作由柔性向刚性的转变。

创新建议办理新方式。为改变重议案轻建议的不良倾向,我们对"一府两院"负责答复办理的代表建议,组织提议代表一起到各承办单位进行督查,听取代表对办理结果的意见。对牵涉面广、影响较大的建议,通过召开现场督办会的形式,扩大代表建议办理效果。如在《关于解决老百姓"看病难、看病贵"问题的建议》现场督办会上,区卫生局班子成员认真听取各位代表的发言,对代表们提出的具体问题,区卫生局局长代表区卫生系统当场表态,对可以马上解决的问题,当场向代表们作了肯定答复;对暂时不能解决的问题,承诺制定整改方案,限时加以解决,并及时向代表们通报问题整改情况,直到代表满意为止。

创新代表联系新办法。加强与代表的联系,充分发挥代表的作用,是做好人大工作的基础和保障。我们建立了《关于加强与区人民代表大会代表联系暂行办法》,要求每位常委会组成人员与3名以上不同行业的区人大代表建立固定联系,"一府两院"及相关部门负责人每人与2名以上相关的区人大代表建立固定联系,并将对口联系的人员安排情况以通讯录的形式发放到每位代表手中,方便经常通报工作,征求意见。区人大联工委还对联系代表情况不定期组织督查,督查情况作为履职考核的重要内容，与目标承诺考核挂钩。

作者简介：

王新权，男，汉族，湖南双峰人。历任冷水滩区纪委副书记、监察局长；冷水滩区委常委、区委办公室主任；2007年11月至今任冷水滩区人大常委会党组书记、主任。

规范新农村建设用地　杜绝非法占用耕地

山西省太原市晋源区农业局　王晓刚

党的十七届三中全会通过的《中共中央关于推进农村改革发展的决定》，既有很多新思想、新观点，又有许多新思路、新政策、新举措，是新形势下指导推进农村改革发展的纲领性文件。决定从我国基本国情出发，着眼于最大限度保护耕地资源和农民土地承包权益，提出要实行"两个最严格制度"，各级土地管理部门应深刻领会决定的精神实质，这将对新农村建设产生巨大深刻的影响。

社会主义新农村建设的目标是建立生产发展、生活宽裕、乡风文明、村容整洁、管理民主的社会主义新农村。各地都在响应党和政府的号召，积极热情地进行新农村建设，然而，随着新农村建设工作的全面展开，许多农村出现了大量的违规、非法占地现象，特别是占用耕地现象。主要表现为村干部打着"新农村建设"的旗号，盲目规划，巧立名目，未经政府相关部门批准，擅自改变耕地性质，非法征地、开发、建设、出售，从中牟取暴利。如此发展下去，社会主义新农村建设的目标将无法实现，全国的耕地面积将会越来越少。

新农村建设规划，必须经政府相关部门批准后方可进行。新农村建设规划应符合农村土地利用总体规划，新农村建设应以严格保护耕地为前提，合理安排、节约集约用地，统筹规划土地，应尽可能利用村庄闲置土地等非耕地进行建设，如利用原宅基地进行拆旧建新等，应尽量不占用基本农田，若必须占用基本农田进行新农村建设，则必须符合农村土地利用总体规划，必须经政府有关部门批准后方可进行开发建设。任何未经批准，擅自进行开发建设的，都是非法占地行为，必须依法追究相关人员的法律责任。

严格保护耕地，严格落实国务院关于新农村建设的政策规定，任何非法占用耕地的行为必须坚决查处，该停的停，该拆的拆，该处理的要坚决处理，要求恢复原状的必须恢复原状，绝不姑息，并追究相关人员的经济、法律责任，是党员的给予党纪处分，情节严重的给予刑事处罚；是村干部的建议罢免，是新农村试点村的建议取消其试点资格，停止各种优惠政策，停止提供各种新农村建设专项资金。

各级政府应当"守土有责"，各级党委、政府一把手应负总责。建立政府各部门联动机制，加大联合查处力度（如供电、供水、供气等部门，只要是非法占地建设，就不予供给）。国土部门应当严密监管，定期、不定期的经常巡查，加大执法监察力度，严肃查处新农村建设中的非法占地行为，建立健全举报网络，保护保密并奖励举报人，发现一起，公开曝光，坚决依法查处，绝不姑息。建立层层负责制，定期考核。乡镇考核村，县区考核乡镇，层层负责，层层考核，严格保护耕地。各级领导要负总责，若监管不力，出现非法占用耕地现象，要层层追究相关负责人的责任，根据性质恶劣程度，给予相应的党纪、经济、行政、刑事处罚。

对农村干部加强思想素质教育，定期举办新农村建设的相关培训，加深村干部对新农村建设的深刻理解，明白新农村建设的最终目的。提高村干部的法制意识，始终把依法用地的理念放在首位，从思想上杜绝了违法占用耕地的意识，使农村耕地面积得到有效保护，使沉睡荒芜的土地唤醒，成为新农村建设的活力之源。

一项完善人民代表大会制度的成功实践

山西省太原市小店区人大常委会　李涛

党的十一届三中全会总结建国以来的历史经验，吸取"文化大革命"的沉痛教训，提出了发展社会主义民主，健全社会主义法制，使民主制度化、法制化的任务。在我国民主政治制度中，最根本、最重要的是人民代表大会制度。改革开放以来，在以邓小平同志为核心的党的第二代中央领导集体、以江泽民同志为核心的党的第三代中央领导集体和以胡锦涛同志为总书记的党中央推动下，人民代表大会制度进入了一个崭新的发展阶段。

作为一名在人大机关工作10多年的"老人大"，我切身感受到在党的改革开放方针指引下，人民代表大会制度在实践中不断巩固和完善，在国家政治生活中发挥着越来越重要的作用。其中最使我引以自豪的是亲身参与了在城区街道建立人大工作委员会的设想、筹备和推广，为完善人民代表大会制度做出了自己的贡献。

设立街道人大工委的缘起

1995年10月，我被任命为太原市南郊区人大常委会办公室副主任。当时的常委会主任为李培荣同志，分管人事代表工作的常委会副主任是刘桂花同志，办公室主任是宋宗熠同志。几位老领导德高望重，平易近人，都是"工作狂"，对人大工作非常认真和极端负责任。尤其是宋宗熠主任，工作上求真务实，爱琢磨，点子多，很富于改革创新精神。

1998年，为加快推进城市化、工业化进程，太原市进行了行政区划调整，将原先的3城区2郊区新划为6个城区。其中原南郊区9个乡镇中划出3个归入新设的晋源区，另划入原南城区的3个街道办事处，组成了小店区。

在筹备召开小店新区的第一届人大第一次会议过程中，有一天宋主任对我说："一府两院"在街道都设立有工作机构，而人大在街道只有一名代表联络员，人大工作在街道实际上是个断层，这个问题很值得研究。

有了宋主任的提示，我就多了个心。一天遇上刚认识的营盘街道人大代表联络员孙丽霞，我便问起了她的工作情况。她说她是街道党委办公室的一般干部，人大代表联络员是兼职的，每年主要是区上的人代会，要负责通知代表参会，会议期间担任随团工作人员，会后就基本没啥事了，平时主要忙于党办的事务。

由郊区转变为城区，起初我只知道城区街道有党委和办事处，与乡（镇）政府是同一层次。翻阅有关法律，知道街道办事处不是一级政府，而是市辖区、不设区的市人民政府设置的派出机关。经过一段时间的接触，我了解到街道办事处实际上是集行政管理、社区管理与服务的一级准政府。此外，区法院、检察院在街道也分别设置有法庭、检察室作为派出机构。显然，区人大常委会作为地方权力机关，在街道没有工作机构，工作就没有依托。必然形成代表活动无人组织，人大工作无法开展的状况。

忙完小店区成立以后的第一次人代会后，有一段时间相对闲暇，宋主任与我进行了几次深入的讨论，逐渐在设立街道人大工作机构的必要性及其意义上形成了共识。其一，从街道机构的职能来看，它实际上与乡镇一样是我国最基层的政权机关（主要不同点是乡（镇）政府由人大产生而街办领导为区委直接任命）。既然乡镇一级设立有党委、人大、政府，在城市街道设有区委、区政府、区法院、区检察院的派出机构，那么作为权力机关的区人大常委会也应设置相应的派出机构，这在发展社会主义民主政治，完善社会主义政治制度的形势下显得尤为必要。其二，随着我国改革开放的不断推进，街道办事处的行政职权也越来越大。根据我国人民代表大会统一行使国家权力的原则，行政权、审判权、检察权行使到哪里，人大的监督权就应当行使到哪里。其三，随着城市化的推进，越来越多的乡镇改制为街道。城区人口密集，人大代表名额也就比较多，坞城、营盘、北营3个街道选出的人大代表人数都是一般乡镇的3到4倍。区人代会闭会期间由区人大常委会直接组织开展代表工作显得鞭长莫及，只有在街道设立人大常委会的派出机构，才能保证人大工作的正常开展和充分发挥人大代表应有的作用。

街道人大工委的成立

记得大约是刚过了五一节的一天，宋主任一上班见到我就乐哈哈地说，已经请示过李主任了，刘桂花主任也很关心这件事，他们完全赞同在街道设立人大机构，责成办公室具体就机构的名称、性质、职责等拿出一套东西来。宋主任又说，省里有晋中、吕梁等地区，其行政公署就是省政府的派出机关，这与街办的性质一样，只是级别的不同，我们可以借鉴地区的人大机构设置。

我立即着手查阅有关资料，知道了省人大在地区有派出机构，全称叫做“省人大常委会地区工作委员会”。于是我想办法找到了一份《山西省人大常委会地区工作委员会工作条例》，然后参照并联系实际起草了《街道人大工作委员会工作制度》，内容要点为街道人大工委的性质、职责、机构设置、任免程序和工作原则等，其中确定其主要职责是在街道党工委和区人大常委会的领导下，组织辖区内的人大代表，对街道办事处和区政府所属部门和司法机关派驻街道的工作机构进行监督。宋、刘、李3位主任逐条逐字进行了推敲和修改，并召开主任会议，就设立街道人大工委一事上达成了一致意见。

过了几天，李、刘两位主任为此专门请示了区委领导。当时的区委书记是田玉宝同志。田书记对设立街道人大工委的意见非常重视并给予了大力支持。他说：“街道建立人大工作机构，符合中央关于坚持和完善人民代表大会制度的精神，有利于加强基层人大工作。”随后，李主任专程分别向省、市人大常委会领导作了汇报，得到了省市领导的充分肯定。省人大常委会领导指示说：“在街道设立人大工委的举措很好，要先行试验，取得经验，然后推广。”

1998年7月3日，经区委推荐，小店区第一届人大常委会第二次会议任命了3个街道党工委副书记为人大工委主任，标志着区人大常委会街道工作委员会的正式成立。随后，各街道从本辖区的区人大代表中选出了4名代表作为工委委员，将原街道人大代表联络员任命为工委办公室主任，区人大常委会审议通过了《太原市小店区人大常委会街道工作委员会工作制度》。这样，街道人大工委机构趋于完善，工作制度逐步健全，街道人大工作步入正常化轨道。

在此后的几年中，分管代表工作的刘桂花副主任、人事代表工委主任焦玉宝同志等做了大量扎实有效的工作，使街道人大工委工作更加规范化、制度化。

设立街道人大工委经验的推广

街道人大工委建立起来后，作为首倡者，宋宗熠主任自然十分高兴。出于一种责任感或使命感，他对我说：“街道缺少人大工作机构，这是全国性的问题。随着城市化进程的加快，这个问题会越来越突出。应该把我们的做法在报纸上介绍一下。”按照宋主任的吩咐，我写了“小店区设立街道人大工委”一文，发表于1998年7月16日的《人民代表报》的头版头条。这一年，我因此文被评为《人民代表报》优秀通讯员。

小店区率先在街道设立人大工委的举措见报后，立即在全国引起了强烈反响，学习考察的纷至沓来。几年中区人大接待了北京、上海、天津、黑龙江、广东等省市的100多个市、区人大常委会考察团。

2000年，新当选为市人大常委会主任的曹中厚同志对街道人大工委这一新生事物极为关注，市人大于5月份在小店区召开现场会议推广这一经验。同年6月，省委召开人大工作会议并作出《中共山西省委关于加强人大工作的决定》，其中要求“有条件的大中城市街道，应设立街道人大工作委员会”。同年12月，中共太原市委召开人大工作会议，明确要求各区（市）设立街道人大工委，并对机构编制、人员配备和待遇、活动经费等作了安排。2000年4月，在太原市十届人大五次会议上李培荣主任领衔联名提出的“关于尽快制订《太原市街道人大工委条例》的议案列为大会议案。2001年6月27日，市人大常委会通过了《太原市区（市）人大常委会街道工作委员会工作条例》。至此，街道人大工委在全市、全省普遍建立，在全国也形成燎原之势。

实践证明，在街道设立人大工委，解决了人大对“一府两院”派驻街道机构监督的“断层”问题，实现了基层政权机关的完整性，这对于保障人大工作的正常运转和代表依法履行职责，推进基层民主法制建设，具有重要的意义。

在设立街道人大工委的整个过程中，作为参与者、见证者，我深切感到我们党对发展社会主义民主政治，建设社会主义政治文明的高度重视，深切感到各级领导对坚持和完善人民代表大会制度的大力支持。在纪念改革开放30周年之际，回首这一段经历，我感到由衷的欣慰，它将激励着我为做好新形势下的人大工作而不懈地努力。

改进监督方式　明确监督重点　不断增强监督实效

黑龙江省呼玛县人大常委会主任　刘世杰

2007年1月1日颁布实施的《监督法》,从实际出发,较好地解决了监督程序不够完善的问题,从而保障了人大常委会行使监督权更具有合法性、公正性、权威性。《监督法》实施以来,我们强化学习,提高认识,把监督法的精神实质贯穿于监督工作的全过程,正确处理“尽职不越位,决定不处理,监督不代办”的关系,进一步明确监督重点,增强监督实效,不断提升人大监督工作的质量和水平。

一、增强意识,明确职责,营造良好监督氛围

两年来,我们通过对《监督法》反复学习,深入研究,对监督的方式、程序有了深刻的理解,对履行人大常委会工作职责产生了强烈的责任感和使命感,提高了全县上下对人大法律地位和神圣职责的认识。

与党内监督、行政监督、司法监督以及民主监督、群众监督、舆论监督相比,人大监督在我国的监督系中是唯一具有民主性、全面性和权威性三大优势的监督形式。人大不履行监督职责就是违法,监督不到位就是失职。在认清使命和责任的基础上,我们进一步查找以往工作中的偏差,积极树立“听命于党、取信于民、依法履职、促进和谐”的工作理念,不断增强监督实效。如监督法对如何监督预算作了专章规定,这是人大有序开展监督财经工作的法律保障。但我们县是“要饭的财政”,财政收支的不确定性给人大监督带来很大的困扰,专项支出和收入状况很难掌控在人大批准的预算之内,加之个别领导人大意识淡薄,以往时有发生预算变更没有通过人大批准的现象。鉴于此,我们通过强化对监督法的学习,明确职责,增强意识。首先请财政和审计部门领导在人大常委会和代表培训班上讲授预算法和审计法专业知识,让人民代表大会及其常委会组成人员了解预算产生、执行和决算的过程,明确监督职责;其次是人大深入到财政部门讲授监督法,极大地触动了财政和审计工作,在审计部门的支持下,2008年人大常委会依法有效地完成了预决算的审查批准工作。我们通过“请进来,走出去”学习方式,提高了常委会的履职能力,也使被监督对象能够正确对待人大监督,主动接受人大监督,形成了良好的监督工作氛围,开创了“人大监督与县委决策合拍,与‘一府两院’工作合力,与人民群众要求合心”的工作局面。

二、改进方式,加大力度,增强法律监督实效

执法检查是法律监督的主要形式,是保障法律正确实施,维护人大权威,促进法治建设的重要手段。依照《监督法》,进一步改进监督方式,加大监督力度,积极推进依法治县进程。

1、坚持“三个深入”,克服走过场的弊端。检查前发通知,看事先确定好的单位,听事先准备好的报告,只会助长形式主义、官僚主义的不良风气,执法检查成了“走马观花”,难以发现执法中存在的问题。为了克服这些弊端,在执法检查中,我们坚持深入基层、深入实际、深入群众的做法。2007年在进行《安全生产法》检查中,检查组深入到施工现场、煤矿井下,实地查看,与工人直接对话,真实地了解到生产中存在安全隐患,发现了法规宣传不到位、机构不健全、资金投入不到位,安全意识不强等问题。2008年对《档案法》检查中,检查组检查了10个单位,并通过走访和社会调查,发现1992年以来因档案馆库存面积小,没能及时收归档案,造成管理不到位,致使一些转制企业和合并的机关事业单位发生档案失散、丢弃、变卖等问题,为常委会审议工作提供了坚实基础。

2、坚持明查暗访,避免发生主客体错位问题。在以往的执法检查中,执法部门避重就轻,大谈公民、法人学法用法和履行义务中存在的问题,对自己执法工作轻描淡写,这种本末倒置的做法从根本上违背了执法检查的本意,影响了人大的形象和工作力度。为了检查更加彻底,我们采取明查暗访的方式,增强了执法检查的力度。2007年我们对《黑龙江省文化市场管理条例》进行了检查,在听取执法部门汇报,召开社会各界座谈会的基础上,晚上检查组带着摄像机兵分三路暗查了4个网吧和3个音像、书店,掌握了大量未成年进行网吧和非法盗版光盘、书刊的事实依据。

3、坚持跟踪督查,克服“查了就完了”的现象。监督没有结果,就等于没有监督。通过检查人大能

发现问题，也能提出整改建议，如果不进行跟踪督办，不仅浪费了人力财力，更重要的是伤害了人大代表，人民群众对人大的信赖，降低人大监督的工作实效。因此我们把跟踪检查，督促政府及其有关部门落实整改措施作为执法检查的着力点和落脚点，检查后都形成检查报告，客观地反映问题，深刻地剖析原因，诚恳地提出建议，认真地跟踪督办。如针对《档案法》执行中存在的问题，常委会提出10条整改建议，以文件的形式反馈给县政府和档案局，责成政府限期整改，并向人大常委会报告整改情况，常委会将适时再次进行检查，直至把档案管理工作推进到依法管理的轨道。我们每年都本着少而精的原则，有重点地搞几项执法检查，通过"三个深入"、明查暗访、跟踪督查等举措，增强法律监督实效，有力地推进了法律法规在我县的贯彻实施。

三、明确重点，抓住热点，提升工作监督质量

监督法规定，人大常委会的工作监督应紧扣关系改革发展稳定大局和群众切身利益，社会普遍关注的重大问题有计划地安排听取和审议"一府两院"工作报告，开展执法检查。我们从把握监督法的精神内涵入手，以对"一府两院"的工作监督和法律监督为主，通过工作监督和法律监督实现对人的监督，促进"一府两院"依法行政、公正司法。

1、审议发言敢说不。为了提高审议质量，我们在深入调查研究的基础上，积极调动委员的发言热情，每次例会前，主任会议都研究确定重点发言人，从而增强了审议的针对性和实效性。2007年，十五届人大常委会四次会议在听取审议县政府关于县人民医院改革情况的报告时，委员对报告中所说"县医院改革取得全面性胜利"这一改革结果，提出了质疑，指出医院改革并没有减轻呼玛百姓看病难、看病贵的负担，没能彻底解决医院效益差、医务人员工作热情不高等问题，报告并没有真实反映改革结果，建议常委会再次听取县医院改革结果报告。这一审议结果引起县政府高度重视，当年为县医院投入150万资金，购置了彩超、胃镜及大生化等设备，提高了诊疗手段，改善了就医条件。同时政府加大了对医院的监管力度，引导医院改革，在不断提高医疗水平和服务质量上要效益，向以人为本、医患和谐的方向发展。两年来我们还针对审议意见较为集中，涉及国计民生的重点工作，反复听取了2007年预算执行、新农村建设、森林防火、广播电视事业等工作情况的报告，提高了常委会的审议质量和水平。

2、找准问题不放松。随着公民的法律意识和维权意识的增强，民事审判成为热点，执行工作成为难点，涉法上访案不断增多，成为社会不和谐因素。几年来，为了解决法院"案结事未了"的现象，我们强化对法院的工作监督，每年都听取专项工作报告。截止2008年底，通过人大监督解决了10多起积压多年的越级上访案件，其中1件是困扰法院和当事人长达10年之久的进京上访的经济纠纷案件。同时，我们也通过信访工作加强对法职人员监督。如2008年1月28日，群众来信反映法院执行厅人员擅自处理申请人担保金问题，我们当日转交法院，要求法院尽快拿出处理意见，对违纪违规干部要严肃处理，给群众一个明确的答复。在人大有效的督办下，该案得到圆满解决。通过信访工作，不仅化解了社会矛盾，也促进了法院队伍廉洁建设。大项目建设是推动我县经济发展，带动社会就业，增加财政收入的动力之源。但片面地追求经济效益，是与科学发展观相违背的，我们紧紧抓住矿山开采等项目对生态环境影响的问题，每年都听取环保情况报告，从根本上制止决策和施政者杀鸡取卵的短期行为，督促政府优化项目布局，注重生态保护，为呼玛人民永远拥有蓝天绿水，安宁祥和的生活环境积极发挥人大的职能作用。

3、为民排忧不懈怠。人大代表的建议、批评和意见是发自社会不同层面的呼声，最能体现基层群众的意愿和要求。我们把代表建议办理工作作为实现和维护人民群众的根本途径，努力推动政府工作。一是理顺办理流程。建立了代表建议办理工作转交会、通报会，出台了限期制度、反馈制度、督办制度。通过建议办理，架起人民群众与政府之间的桥梁，调动政府整合资源，形成合力，真正为人民群众排忧解难。二是强化办理责任。在理顺办理程序，明确办理责任的基础上，今年进一步提出要把建议办理工作纳入政府年度重点工作目标，作为班子和承办人履职项目纳入考核内容，从而强化承办单位的责任意识，增强工作的主动性。三是注重办理实效。本着办理一件建议，带动一项工作的原则，从建议中提炼出一些事关全局和长远的问题，以此为切入点，提高办理实效。两年来，通过代表建议切实解决了诸如测土配方施肥、居民楼供热、呼玛河大桥维修等群众关注的热点难点问题。代表对建议办理的满意率逐年上升，2007年为65%，2008年达到了85%。办理实效增强也调动了代表工作的热情,2008 年人代会上收到代表建议 25 件,2009 年人代会共收到代表建议 85 件,涉及领域广,质量也有所提高。

充分发挥人大在科学发展中的作用

云南省云龙县人大常委会主任　杨立章

学习实践科学发展观是党的十七大的重大战略布署,对于我国战胜困难,实现保增长,保民生,保稳定和我国全面建设小康社会具有重大的现实意义和深远的历史意义。对于做好人大工作,充分发挥人大在科学发展中的作用也有着极其重要的指导意义。作为人大工作者要在学习实践科学发展观活动中以及今后长期的人大工作中充分发挥人大在科学发展中的作用。

作用之一:加强和改善党的领导

中国共产党的领导是科学发展的重要保证。我们只有坚持中国共产党的领导,才能实现保增长,保民生,保稳定,才能全面建设小康社会,才能使我国不断克服前进中的困难,才能实现又好又快发展。人大要代表人民行使好当家作主,首先就是要始终坚持中国共产党的领导,不断加强和改善党的领导:一是人大工作要紧紧围绕党的中心工作来谋划,人大党组要认真学习和把握党的路线、方针、政策,认真领会党委的意图,提出符合党委中心工作的工作计划和措施,报党委审查和批准;二是人大工作要经常向党委汇报,求得党委的领导和支持,人大党组要将人大开展的各项工作进展情况向党委主要负责人汇报,遇到困难和问题要及时向党委报告,争取党委对人大的领导和支持,从而使人大工作不断克服困难,不断向前推进;三是人大要不折不扣地贯彻党委的指示和要求,人大党组要高度对党委负责,做好深入细致的思想政治工作,确保党委的指示和要求在人大工作中的全面贯彻落实,确保人大工作正确的政治方向。

作用之二:保障依法决策、民主决策和科学决策

决策是科学发展的重要前提。我国的决策机制是按民主集中制的要求,一般由"一府两院"提出,政协协商,党委决策,人大依法决定,"一府两院"执行。这一机制充分体现了坚持党的领导,充分发扬民主,严格依法办事的有机结合,充分体现了依法决策、民主决策、科学决策。人大依法决定重大事项是依法决策、民主决策和科学决策的重要环节,做好这一环节的工作:一是要在决定之前进行广泛而深入细致的调查研究;二是要在决定之前认真学习法律法规和党委的指示要求;三是要在决定之前充分发扬民主,进行深入分析和讨论,使各方面的意见达到高度统一之后在进行表决。

作用之三:积极构建社会主义和谐社会

和谐社会是科学发展的重要基础。和谐才能稳定,稳定才能发展,才能科学发展。和谐包括人与人之间的和谐,地区与地区之间的和谐,民族与民族之间的和谐,人与自然之间的和谐等等。只有建立法制国家,充分体现公平正义才能实现人与人之间的和谐,只有统筹兼顾缩小地区差别,才能实现地区之间的和谐,只有民族之间相互尊重,相互关心,相互支持才能实现民族之间的和谐,只有保护生态,注重环保,才能实现人与自然之间的和谐等等。人大在构建社会主义和谐社会中起着举足轻重的作用:一是通过广大的人大代表,在各自的岗位上起好带头作用,维护好所在单位地区的和谐稳定;二是通过人大各项工作的开展,履行好法律监督和工作监督职能,实现公平正义,维护社会的和谐;三是通过依法决策、民主决策、科学决策,促进经济社会科学发展,又好又快发展,实现维护社会和谐的目的。

作用之四:坚持以人为本保障民生

以人为本是科学发展的重要核心。我们党的宗旨是全心全意为人民服务,我们搞革命建立新中国,我们搞改造建立社会主义制度,我们搞改革开放建设小康社会,我们搞科学发展建设富强、民主、文明的中国特色社会主义国家,一切的一切都是为了人民过上幸福的生活,都是为了人民的安居乐业,都是为了全人类的解放,都是为了实现共产主义。人大是人民的代表机关,代表着最广大人民的根本利益,一切工作都要做到以人为本:一是要通过各级人大代表密切联系人民群众，了解民情，倾听民意；二是要通过深入调查研究，把握科学发展要办什么事，解决什么问题；三是要通过人民代表大会制度切实维护人民群众的根本利益。

作用之五：保证宪法和法律法规的贯彻执行

依法治国是科学发展的重要途径。建立法制国家和实施依法治国是我们党和国家的重大战略，人类社会的文明史证明，只有建立法制，依法治国才能真正做到全面协调可持续的发展。我国到2008年6月止，全国人大及其常委会制定的法律有229件，国务院制定的法律法规有600余件，全国地方人大及其常委会制定的法律有7000余件，民族区域自治地方人大制定的条例有600余件，五个经济特区制定的有200余件，从而使我国步入了一个法制的国家，极大地推进了依法治国的力度。人大在建立法制国家和实施依法治国中起着极其重要的作用：一是要做好主要法律的立法和修改完善工作；二是要做好法律法规的宣传教育工作；三是要监督“一府两院”全面贯彻执行有关的法律法规。总之，要充分发挥人大在科学发展中的作用，就必须加强和改善党的领导，就必须做到依法决策、民主决策、科学决策，就必须积极构建社会主义和谐社会，就必须坚持以人为本，保障民生，就必须保证宪法和法律的贯彻执行。

提高人大常委会会议质量的实践与探索

贵州省松桃苗族自治县人大常委会　龙国春

近年来，松桃苗族自治县人大常委会围绕提高党委会会议质量，立足县情实际，围绕新形势新任务的要求，着力把握好“会前、会中、会后”一个阶段的工作重心，做到“有话说、人人说、说到位、不白说”，主要体现在三个方面：

会前周密准备、深人调研，做到“有话说”

会前充分的准备工作是会议取得实效的前提和基础。近年来，我县在不断学习、总结、借鉴的基础上，逐步建立了会前准备工作机制，把各项准备工作做细、做实、做好。

一是突出重点。科学选好议题。“一府两院”的工作涉及地方经济社会发展的方方面面，人大常委会不可能也没有必要对“一府两院”的所有工作都听取审议，但也不能随便选个题目听听就了事，因此如何选择议题就显得尤为重要。我县人大常委会把选准、选好议题作为提高会议质量的重要前提，在选择程序上，每年末由各工委先提出下年度需要听取专项报告的题目，经常委会办公室汇总后，征求人大代表、人民群众和“一府两院”的意见，形成听取和审议专项工作报告的年度计划草案，由主任会议提请常委会会议审议通过后，通过新闻媒体向社会公布，接受社会监督；在选择重点上，我们坚持“三个围绕、三个突出、三个结合”，即在选题时坚持围绕党委政府的中心工作、重点工作，围绕地方经济、政治、文化和社会建设的重点，围绕群众反映强烈的热点、难点；突出法律法规的实施情况，突出国计民生的工作情况，突出地方经济社会发展的重大事项；找准人大依法监督与政府依法行政的结合点、与“两院”公正司法的结合点、与人民群众关心关注的结合点。做到议题选择与党委安排同调，与政府工作同步，与百姓要求同心，使常委会会议的议题更加贴近全县的工作实际，会议审议的事项更加突出重点，会议提出的意见、建议，作出的决定决议更具有针对性、可行性，促使会议质量进一步提高。例如，针对松桃城镇化建设严重滞后的突出问题，把如何加快以县城为重点、以大兴和孟溪为两冀的城镇建设步伐，统筹城乡经济，优化发展环境作为人大常委会共同关注的议题，听取政府报告，开展调查研究，提出建议意见，有力推动了城镇建设工作，社会反映较好。换届以来，常委会先后听取和审议了县政府及其职能部门关于国民经济、社会发展计划和财政预算执行情况、财政收支审计情况、“两个确保”和就业再就业情况、环境综合整治情况、新型农村合作医疗实施情况、雪凝灾后重建情况、安全生产、发展高中教育以及人大常委会检查组关于职业教育、法院执行工作等方面工作情况的检查报告，并形成审议意见转“一府两院”办理，较好地促进了“一府两院”工作。

二是重视会前培训，加强调查研究。没有调查就没有发言权。人大常委会组成人员来自社会的各个方面，受知识面和认知程度的制约，要让每个委员都能对议题提出真知灼见的意见。必须做足会前准备的“功课”，为会议发言提供依据，确保常委会组成人员在会上“有话说”。一是有针对性地组织会前的法律知识学习。换届以来，县人大常委会把学习法律知识摆上重要议事日程，制定了“一月一法”的学习制度。在会议议题确定之后，做到会前就议题所涉及的法律知识，组织常委会组成人员学习，同时注重政策学习，每次会前组织常委会成员和部分代表，学习中央和省地相关政策规定，吃透政策精神，提高政策水平；学习相关业务，进行相关业务知识培训，鼓励常委会成员每年学习1－2门专业知识，不断改善知识结构，提高专业水平。二是围绕确定的议题进行调查研究。为让常委会组成人员了解情况，确保会上发言合法、讲问题有据、提建议可行。会前我们按照调研方式力求活、对象力求广、面力求宽、程度力求深的思路，认真组织好调研工作。调查前认真制定调查方案，明确方法、步骤、时间要求及重点了解的问题，准确把握会前调研的切入点；调查中邀请部分人大代表和相关专业人士参加，听取汇报、察看现场、查阅资料、召开会议、深入一线、调研力求深。换届以来从车间到课堂、从矿山到工地、从田间到诊所都留下常委会成员的足迹；调查后对搜集来的资料认真分析研究，找出规律性的东西，弄清问题的症结所在，提出解决问题的办法和对策，形成高质量的调查报告。这样常委会成员做到了对所议之题知根知底，使常委会组成人员“有话说”，又不说外行话。

会中认真审议、有的放矢，做到“人人说、说到位”

人大常委会会议的主要任务是议事，议事水平的高低直接关系到整个会议的质量。因此，在会上不仅要听好，更要议好。在实践中，我们进一步完善了《松桃苗族自治县人大常委会议事规则》，倡导议中民主，要求常委会组成人员积极参加会议，并且要“人人说、说到位”。一是“人人说”。人大常委会是集体行使职权。首先要保证参会人员的参会率，这是做到“人人说”的第一步。为此，我们制定了《提高常委会会议质量的若干规定》。建立常委会组成人员和列席人员出列席会议的考勤、请假、登记和公布制度，要求应到会人员原则上不准缺席，使会议在出席人数上得到保证。在程序上，会前5日把议题相关材料发放到常委会组成人员，使他们能提前阅读，作好发言准备，撰写发言提纲。在发言上，完善常委会成员审议发言制度，要求与会人员都要围绕主题，作好发言；会后整理好发言记录，通过《松桃人大》摘登发言内容。在议题安排上，力求少而精，每次例会安排1－2个议题，使常委会组成人员有足够时间把问题议深议透；同时规定发言时间，保证常委会组成人员和列席人员都能有时间围绕主题发表自己的意见，避免漫无边际的谈天说地。二是“说到位”。人大常委会组成人员由于会前组织学习和调研，对所议问题都进行了较为深入的思考，在会上的发言一般能做到依法、有据、客观和公正；分析问题时都能找准主要矛盾，揭示出问题的实质；所提的意见建议能富有建设性，切合实际，便于操作；阐述自己的观点意见思路清晰，能说清、说白、说透，也就是“说到位”。

会后跟踪督办、抓好落实，做到“不白说”

常委会会议质量的高低，归根结底要体现在执行成效上。因此必须加强会后的督查落实工作，才能确保会上正确的意见建议“不白说”。会后我们着重抓好四个方面的工作：一是精心整理高质量的审议意见。认真整理常委会组成人员的审议发言，集中归纳形成明确具体、具有较强操作性的审议意见草案，经主任会议研究通过后，以常委会《审议意见书》转交“一府两院”办理。二是实行“票决制”和“二审制”。对向常委会会议的报告，按照“赞成”、“不赞成”、“弃权”进行无记名投票表决。所评议工作报告，凡是赞成票达不到常委会组成人员半数以上的要进行整改，并将整改情况向下一次常委会会议报告，即实行“二审制”。三是做好跟踪督办工作。换届后，我们制定和完善了审议意见处理办法、督查督办规定等一系列制度。比如，我们所制定的《松桃苗族自治县人大常委会关于督促办理人大及其常委会决议决定的若干规定》，根据内容，按照常委会办事机构的分工，明确跟踪督办的职责进行督办。对一些重大问题，我们采取主任会议专题听取办理情况汇报，督促其进一步整改，并组织常委会机关相关人员深入基层，实地察看，了解办理情况是否真实，办理效果是否满意。由于跟踪到位，“一府两院”及其相关部门也十分重视，不仅对意见办理进行认真研究，而且能按常委会规定的时限要求，以文件形式向常委会报送审议意见的办理情况。四是及时反馈督办结果。对审议意见办理情况，我们采取多种方式，向社会公开，接受社会监督。常委会每半年或一年对“一府两院”及其有关部门贯彻落实常委会会议精神的情况，予以通报，公布办理落实情况，并列入县委、政府年度对部门的考核内容。这样，使常委会提出的建议、批评和意见落到实处，树立了人大的权威。

借梯登高　借船出海
扶持龙头企业统领农村改革发展

福建省永泰县人大常委会人事代表工作室主任　林孝桂

做好农村改革发展工作，要做的工作很多，思路也很多。近年来，福建省主要以加快城乡经济社会发展一体化新格局；坚持工业反哺农业、城市支持农村和多予少取放活的方针；抓好农产品的销售、农业实用技术的推广和农村劳动力的技能培训，不折不扣地兑现各项强农惠农政策；加强农业基础，保障农民权益，促进农村和谐，充分调动广大农民的积极性、主动性、创造性，等等。这些都是历年工作的总结，也是有成效的，但存在的主要问题是缺乏动力，需要政府在后面推动，往往一阵热一阵冷，难以长效，又顾此失彼。面对全球性经融危机，我省今年外部环境的不稳定不确定因素比较多，农村要改革发展面临着新的挑战：农业基础投入资金有限，土地流转难上规模，科技推广缺乏后劲，农业产业化程度低，发展立足点不高，回乡农民不断增多，惠农政策落实不到位……如何立足当前、着眼长远，始终掌握农村改革发展的主动权，统领权，笔者以为，要大力扶持龙头企业来统领农村改革发展。

龙头企业是统领农业产业化发展的主力军、领头雁。农业产业化是传统农业向现代农业转变的必由之路，是推进工业化、城镇化和统筹城乡发展的内在要求，是农业、农村经济结构战略性调整的现实需要，是农村剩余劳动力就地转移的必经之路，是增加农民收入的有效途径，是农村改革发展的重要举措。但目前全省农业产业化发展还存在不少问题，主要有：发展规划不到位；销售渠道不畅；基地产品类型多、规模小、布局散；品牌战略意识不强；部分企业发展立足点不高；扶持政策存在一定问题。归根到底，农业产业化发展缺乏领军团队。要靠谁来领军？靠政府，显然不符合市场经济运行规律；靠农民，势单力薄难以发展。只有靠龙头企业来统领农业产业化，推动农村改革发展。

龙头企业是农民走向市场的依托，是新型的市场竞争主体，是推广新品种、新技术、新工艺、新设备的主力军，是科学、合理、有效开发我省丰富的农业资源并使农业资源优势转化为市场竞争优势和经济发展优势的最佳承担者，是凝聚、带动千家万户的动力，是农业产业化的关键。从某种意义上说，农户找到了龙头企业，就是找到了市场。扶持龙头企业就是扶持农民。因而，着力加快我省的农业产业化步伐，首先要抓紧引进、培育壮大龙头企业。牢固树立扶持产业化就是扶持农业，扶持龙头企业就是扶持农民的理念。

以龙头企业来统领农业产业化，推动农村改革发展，近年来在我省有许多成功的范例。福鼎好口福食品有限公司，不断提高农产品的精细加工技术，创出省内第一家芋头食品系列，实现年加工鲜芋头3000余吨，不仅提高了芋头的附加值，也促进了当地农民增收。永定县永兴畜牧发展有限公司是一个获中央投资补助的省级生猪养殖标准化的龙头企业，年产值约1600万元。2008年以来，公司已为社会提供优质种猪3000余头，带动了周边600户农户和20家较大型猪场发展生猪产业，成为永定县推进生猪标准化养殖“龙头”效应凸显的一个缩影。福建天生农业股份有限公司在福清南岭等镇（街）推行“基地＋合作联社＋农户＋订单”模式，今年建立了5万亩油茶基地，向参与种植的农户提供树苗和栽培技术，并指导农户对油茶树进行后期管理。油茶树挂果后，天生公司将负责收购，保证农民的收入。英国普瑞克集团投资数千万美元在安溪种茶，打造种植、加工到休闲旅游一条龙产业，给传统的安溪茶业带来了国际元素和国际视野。闽侯县白沙湾农业开发有限公司今年在白沙镇马坑村以每亩每年500元的保底租金，从380多户农民手中租到800多亩土地，约定租期为20年，加快了农村土地流转步伐。通过土地资源的有效整合，改变当地村民“各自为政”的传统。2006

年，落户罗源县的华源菌业科技有限公司集食用菌科研、生产、销售于一体。去年公司与省农林大学菌物研究中心合作，推出了“液体菌种”。采用“液体菌种”种植比传统固体菌种种植秀珍菇，时间可缩短至15天内就可出菇，同时，产量提高20%左右，且生长的秀珍菇菇形匀称、颜色鲜艳，很适合出口。2009年，公司生产秀珍菇菌包以供应罗源及周边县市菇农的生产需求，日产菌包达16万袋。带动了罗源成千上万户农民走上了脱贫致富的道路。

从新的历史起点出发，农村改革仍然是我省改革的关键环节，农村发展仍然是我省发展的战略基础。农村工作面临新形势新任务，有许多重大难题需要破解，只要全省上下抓住龙头企业，就能统领农业产业化这个重点，就能突破农村改革发展的“瓶颈”，就能带动我省经济社会新一轮的发展。

一、要树立创新观念，推动龙头企业发展。龙头企业的发展事关农业农村经济发展的全局，影响重大，能否实现新突破、开创新局面、实现新跨越，关键在于我们的工作是否有新思路、新举措，也在于我们能不能抓落实。在当前国际金融危机对农民增收的影响明显加深、农产品价格剧烈波动对农业发展风险影响明显加大的背景下，我们要在继承中创新，在创新中发展。随着龙头企业的发展和不断推进，一些深层次的矛盾将逐渐显现出来，今后遇到的情况将更为复杂，工作更加艰难。但只要我们实事求是、大胆探索、敢于创新，就能闯出新路子，打开新局面。

二、要通过“外引”、“内培”大力扶持龙头企业。今后，全省各级党委、政府要将招商引资的工作重点转移到引进和培育农产品加工的龙头企业上来，鼓励龙头企业直接创办农产品生产基地，建立稳定的产品供应渠道，通过“政府引导、企业带动、农户参与”的发展模式，努力构建“企业＋基地＋农户”、“企业＋基地＋协会”、“企业＋协会＋农户”等产业化经营模式，纵向扩张、横向联合，实施品牌效应，提高农民进入市场的组织化程度，形成风险共担、利益均沾的共同体。

三、要积极推动龙头企业辐射带动作用。要引导和鼓励龙头企业积极引进、研发和推广新品种、新技术、新工艺、新设备，开发一批市场潜力大、产品附加值高、特色明显的优质农产品，使企业成为农业先进科技的开发中心和推广转化基地、产业培植基地和现代农业示范基地，推动农业高新技术产业发展，增强其辐射带动作用，使其真正成为带动千家万户的龙头企业。要出台相关扶持政策，扶持龙头企业科学、合理、有效开发我省丰富的农业资源并使农业资源优势转化为市场竞争优势和经济发展的优势。

四、要激励龙头企业造就一大批新型农民。要创造条件，让龙头企业借助“阳光工程”、“绿色证书工程”等培训载体，加强对农民的实用技术培训，包括栽培模式、养殖模式，无公害、绿色、有机农产品生产技术等，不断提高农民接受新事物、学习新技术、应用新成果的能力，提高农民的市场意识、合作意识、信用意识和质量意识，造就一大批适应农业产业化要求的有知识、有技术、懂经营的新型农民。

五、要加强领导，形成合力。扶持龙头企业统领农村改革发展不再是一个单纯的问题、孤立的问题，而是一个系统问题、社会问题，涉及到方方面面的切身利益，它的最终实现不可能是一蹴而就，而是一个循序渐进的过程。为此，各级各部门要充分认识到扶持龙头企业发展的重要性和必要性，切实加强组织领导，形成各负其责、齐抓共管、共同推进的良好格局。金融部门要加大对龙头企业发展的资金、信贷的支持力度；纪检、政法等部门要为扶持龙头企业的发展保驾护航；税务、工商、国土等有关部门，要从全省经济发展的全局出发，进一步落实扶持龙头企业发展的相关政策，积极创造条件，更加主动地为龙头企业的发展提供各项优质服务，放低门槛，放活机制，放利于企，真正把抓好农业产业化龙头企业当作农村工作的重中之重来抓，制定切实可行的措施，为龙头企业的发展创造良好的环境。

作者简介：

林孝桂，男，福建省永泰县人，1957年11月生。1980年参加工作，先后担任过乡长、乡党委书记，县人大常委会办公室主任、教科文卫委主任、人事代表工作室主任。

提高代表履职能力　充分发挥代表作用

黑龙江省呼玛县人大常委会副主任　余庆伟

发挥代表作用，是做好人大各项工作的基础，是坚持和完善人民代表大会制度、密切党和政府同人民群众联系的迫切需要。近年来，呼玛县人大常委会牢固树立和全面落实科学发展观，不断拓宽代表工作思路，重视和加强代表工作，代表桥梁纽带作用得到充分发挥，不仅提升了人大工作的整体水平，也有力地促进了全县经济的健康发展和社会的和谐稳定。

一、健全制度，改进代表联系方式

建立健全人大代表工作各项规章制度是做好代表工作、有效发挥人大代表作用的基本保障。呼玛县人大常委会根据《黑龙江省地方各级人民代表大会代表工作条例》的要求出台了《呼玛县第十五届人民代表大会闭会期间代表工作方案》，并对《呼玛县人大常委会同委员和代表的联系制度》先后进行了二次修订，将《人大工作条例》、《联系制度》和《方案》等装订成册下发给每名人大代表，使代表全面、及时地掌握人大规则制度，增强了人大代表自觉履行代表职务的主动性和自觉性。同时，县人大常委会还不断创新代表联系方式：

一是建立联系网络。呼玛县人大常委会本着上下贯通、分级负责的原则，建立了人大网站，为代表进言献策，反映民生民意搭建网络平台，并在全县范围内构建了纵横交错的联系网络。纵向是加强对乡镇人大工作的联系和指导，使其认真履行法律赋予的各项职权，全县 8 个乡镇，县人大常委会四位副主任和其主管的四个办公室分别负责 2 个乡镇的联系和指导，经常为乡镇人大提供工作指导和业务培训；横向是按照从事专业、行业特点和便于组织的实际情况，将县人大代表划分为 18 个代表小组，每个代表小组至少安排一名县人大常委会组成人员，以便组织和参与代表小组活动。

二是健全联系制度。建立“二联制度”，按照“常委会组成人员联系代表，代表联系选民”的要求，每名委员联系一个代表小组，每个代表联系一个选区的选民。联系对象经常参加所联系代表小组的活动，通报县委、县政府的重大决策和重要活动，收集代表和选民对县委重要部署和政府工作的意见、建议。

三是完善联系方式。采取召开座谈会、定期走访等形式倾听代表心声，收集代表建议、批评和意见；在组织三查（察）活动时，将活动内容提前以问卷形式寄发给熟悉此项业务的代表，征求意见；在办理代表建议过程中，召开建议落实见面会，组织提出建议的代表和建议承办单位负责人面对面座谈，提高建议办理的满意度；组织代表异地视察、考察，每年都安排代表旁听法院庭审，邀请代表列席人大常委会会议，拓宽代表知情、知政渠道；创建“代表之家”，挂牌、建立档案，为代表联系选民提供载体；开展了代表向选民述职活动。还在部分乡镇试行代表公示制，将人大代表的照片、姓名、职务、联系方式、监督电话等情况在本选区的公共场所集中公示，并统一公示内容，向选民做出承诺。

各项制度的建立健全和工作方式的完善，使代表活动进一步民主化、规范化、制度化。

二、加强培训，不断提高代表素质

加强培训是提高代表履职能力，发挥代表作用的前提和基础。呼玛县人大常委会把提高代表素质当作一项重点工作来抓，逐步建立起比较完善的代表培训机制。

一是培训内容上求新。按照循序渐进的原则，将代表培训模式分为初任培训、履职培训、专题培训三个层次。在十五届一次人代会召开前的第一期代表培训班上，主要围绕人民代表大会制度、人大代表产生的程序、代表的权利和义务以及应具备的基本素质等内容进行辅导讲座，使新当选的代表对人大制度和代表工作有了初步认识和了解。第二期培训班则针对《监督法》等法律法规以及怎样当好人大代表、提高代表建议的质量等内容进行了详细讲解，为代表依法履职奠定了基础。第三期培训班进行了代表工作条例、闭会期间代表工作的专题讲座，专题培训一般都是根据代表履职的需要，结合代表工作和实际情况进行灵活安排。

二是培训方式上求活。坚持灵活多样的原则，采取专家讲解、以会代训、外地考察、集中研讨等多种形式，对人大代表开展不同层面的培训。每年人代会召开之前，开展一次大规模的代表培训。每年结合上级人大机关组织的培训活动，选送几名代表

外出学习考察，进一步提升素质和能力水平。在每次人大常委会议上，根据审议工作的需要，邀请有关方面的专家、学者或专业人员为常委会组成人员、部分人大代表进行有针对性的辅导，增长专业知识，提高审议的针对性，进而增强了审议监督工作的实效性。

三是培训效果上求实。坚持求真务实的原则，每次培训都坚持理论联系实际，注重日常实际工作的务实与操作，使代表掌握履行职责的基本方法和技能。通过检查作业和读书笔记，开展专门问题讨论和案例分析等行之有效的方法，增强学习培训的效果。经县十四、十五届人大坚持不懈、一以贯之开展的培训活动，使全县90%以上的代表对人民代表大会制度、代表的权利和义务、以及履行代表职责有了更为深刻的认识和把握。代表建议数量逐年增多，建议的质量明显提高，尤其是关系全县经济社会发展的重点、难点问题，百姓关心的热点问题比例增多，代表会议讨论发言主动性增强，内容更为丰富，逻辑更加严密。由此，代表建议引起县委、县政府的高度重视。2009年初召开人代会之后，县委、县政府主要领导对县人大代表所提建议给予充分肯定，要求县直有关部门摆上重要议事日程，加大办理力度，提高满意率。

三、丰富活动，规范代表履职行为

有组织地开展代表小组活动是增强代表履职能力，发挥代表作用的有效途径。近年来，呼玛县人大常委会紧紧围绕县委工作思路和上级人大工作部署，结合本地实际，创新工作思路，丰富工作载体，拓展工作渠道，形成代表工作实践中的新特点、新亮点，代表小组活动实现了"四有"：

一是有阵地。代表小组在闭会期间的活动方式是以代表小组为单位，以"两个联系"（常委会组成人员联系代表，代表联系选民）为渠道，以村委会办公室和社区为阵地，作为代表活动之家。

二是有载体。以"565"活动作为全县人大代表开展工作的载体。"565"活动的具体内容是：以"五带五看"（带头履行职责，看谁作用发挥好；带头提出意见、建议，看谁提得准；带头开创致富路，看谁走在前线；带头协助政府推行工作，看谁群众最满意；带头发展一个产业，看谁能力强）为平台，以"六个一"（发展思路想一想，发展方式议一议，发展途径评一评，发展经验学一学，发展实绩看一看，发展成果比一比）为动力，以"五个一"（写好一份调查报告，提出一条加快发展的好建议，为选区选民办一件实事，做一次选民的思想工作，带富一方百姓）为目标，广泛深入地开展闭会期间的代表工作。

三是有档案。建立小组活动档案、代表个人履职档案等，使代表档案和小组档案进一步规范，并将活动制度、活动计划、活动总结、学习资料等分类归档。

四是有记录。代表小组在活动中有考勤记载，有活动情况记录和反馈。通过开展活动，达到了解情况、发现问题、提出建议、推动工作的目的。

四、选树典型，突出代表先进作用

总结推广代表工作经验，宣传人大代表模范事迹，突出代表先进作用，能更好地激发代表履职工作热情，发挥代表作用。呼玛县人大常委会历来注重对依法履行代表职责作用突出、典型性强的县人大代表和优秀建议批评意见提出人以及先进承办单位进行表彰，以激励先进、鞭策后进，推动人大工作的全面开展。

呼玛县十五届人民代表大会及其常委会于2008年3月召开常委会议审议通过了《呼玛县人大常委会关于开展评选表彰优秀县人大常委会委员、优秀县人大代表活动方案》，制定并提出了评选范围、评选条件和评选方法。经过自下而上、上下结合、常委会议集体评定等严密的程序和措施，评选出8名县人大代表为优秀县人大代表，评选出8名县人大代表为提出优秀建议批评意见先进个人，评选出5个单位为建议办理工作先进承办单位，在呼玛县第十五届四次人代会上进行了隆重表彰。这是呼玛人大首次在届中开展的评选表彰活动，突破了历史上仅在任期结束时一次性表彰的记录，对代表以及有关部门时时起到激励和鼓舞作用。

为广泛宣传代表的模范事迹，在每年的人代会期间，对有突出贡献的优秀代表都进行大规模的宣传报导，在电视台"地方新闻"和"呼玛人大网"都开设"代表风采"专栏，向全社会宣传代表的先进事迹。

五、督办落实，提高建议办理质量

只有把代表建议落到实处，才能坚定代表履职的信心。呼玛县人大常委会坚持把办理代表建议作为实践"三个代表"重要思想的大事来抓，建立起一整套交办、承办、督办、反馈等行之有效、严格规范的办理程序，使办理工作逐步走向规范化、制度化。

一是提高办理质量，落实责任。代表建议的办理是重要环节，为此，由人大常委会主管人事工作副主任直接联系承办单位负责人，政府副县长负责主抓代表建议的办理工作，层层落实责任，提高建议办理的质量。

二是筛选重点建议，直接督办。每年县人大常委会主任会议都专题研究代表建议办理工作，从收到的代表建议中，筛选确定一批有关全局的建议作为督办的重点。通过重点督办，使一些与人民群众生产生活密切相关的通乡通村公路建设、修复农田水利、维修呼玛河大桥、春秋两季防火、人才引进等建议得到了较好落实。

三是利用多种形式，反复督办。采取会议督办、现场督办、上门督办、跟踪督办等方法，有力地加快了办理工作的节奏与效率。除了暂不具备条件办理的建议外，每年的办结率均在80%以上。县人大常委会将调查、视察与督办相结合，每年都要对政府提出兴办的实事进行视察，并且在常委会会议上听取和审议政府的报告，向政府提出意见与建议。

四是闭会期间建议，随时收集。每年常委会组成人员都要集中走访人大代表1至2次，开展各种调查、视察、执法检查活动，倾听人大代表和社会各界对"一府两院"和人大及其常委会工作的意见。注重对建议的收集整理，每次常委会上提出的建议经过整理后，由人大常务副主任带到县委常务会议上进行汇报。并将建议以人大文件形式下发，确定时限和目标要求，由政府确定办理的责任单位、责任人，做到件件有人抓，事事有着落，最终人大常委会听取审议办理和整改情况的报告。

五是建议办理结果，及时反馈。为详尽掌握代表建议办理情况，县人大常委会向人大代表发出了代表建议办理情况征求意见反馈表，定期调查建议办理的满意率、基本满意率和不满意率等情况，及时将代表反馈的意见和批评向县政府转达，促进了办理工作顺利开展。

六、创造条件，优化代表履职环境

优化代表履职环境，为代表履职创造必要的条件，是尊重代表主任翁地位的具体体现，是代表更好履职、发挥应有作用的思想动力。为此，呼玛县人大常委会做出了不懈的努力。

一是畅通知政知情渠道。通过采取会议培训，坚持邀请代表列席常委会议和有关会议，组织代表学习考察和视察调查，向代表寄发有关资料等办法，为代表知政知情创造条件，提高了代表执行职务的能力。

二是督促"一府两院"及其工作部门实行政务公开，增强行政司法工作的透明度。县直部门行风评议都坚持邀请人大代表参与测评等活动。县委考核领导干部也坚持邀请人大代表座谈和测评，征求人大代表的意见。

三是积极为代表履职提供保障。通过采取有力措施，做到代表执行职务时，在时间、工资待遇和活动经费上得到保障，在言论负责、人身自由等方面受到保护，依法维护了代表的合法权益。

加强涉农职务犯罪预防工作 服务社会主义新农村建设

河北省石家庄市裕华区人民检察院 王荣进 杜小丽

党的十七届三中全会和省委七届四中全会把预防涉农职务犯罪工作作为检察机关的一项重要任务。农村基层干部是贯彻落实新农村建设的组织实施者和直接领导者，但少数农村基层干部以权谋私、贪污受贿，滥用职权、玩忽职守，直接损害了广大农民群众的利益。检察机关服务新农村建设的重要任务之一，就是着力打击和预防涉农职务犯罪，为新农村建设营造廉洁的政务环境。

一、新农村建设中职务犯罪的主要特点

1、农村基层组织领导干部职务犯罪情况突出。从我院2004－2008年查办案件的情况来看，共有乡镇领导干部、基层乡镇站、所负责人、村干部26人，共占总数的31.2%。农村基层组织领导干部是建设新农村的组织者、实施者，是联系政府和农民群众的重要桥梁，是党在农村全部工作和战斗力的基础，但部分人却没有把手中的权力用在带领农民群众脱贫致富上，而是作为个人谋私利的工具。

2、共同犯罪突出，窝串案较多。随着分工的细化，出现了一些农村基层组织人员以抱成一团、分工合作的方式进行集体贪污受贿，以此形成纠合力,掩盖犯罪行为,对抗法律的惩处。从查处的案件来看,往往是查处一案,带出一窝,甚至是正副手之间、领导与会计、经手人之间相互勾结,形成“利益共同体”。如我院查处马某等两委班子成员10人集体受贿一案,就是经过村“两委会”集体讨论决定的。

3、贪污挪用犯罪突出。从我院五年来查办的案件情况看,贪污挪用犯罪的数量远高于其他职务犯罪,占全部农村基层组织人员职务犯罪的78.5%,而且总体上升趋势明显,所占比例已从2004年的56.1%上升到2008年的78.5%。贪污挪用犯罪的高发,与农村基层组织人员权力的特点和范围有关。由于基层组织人员权力的局限性,能在人事安排、工程发包等事项上以权谋利的毕竟是少数,更多的是利用掌握的“财权”,单独或合伙把公款变成“私款”。如作为集体企业高层领导的孙某,利用职务之便,将收到的租金20万元拒为已有,并私自决定挪用公款34万元归个人使用,在群众中造成了极恶劣的影响。又如宋营镇某村的庞某和张某、宋村的张某和李某,分别利用职务之便,挪用村征地补偿款各10万余元和40万余元,严重侵害了农民群众的利益。

4、部分重点领域的职务犯罪值得重视。据不完全统计,2004年到2008年,移民、征地、拆迁、计划生育等重点领域职务犯罪共13人,占总数的32.5%。这些都是与农村广大群众切身利益直接相关的重点领域,少数干部的职务犯罪严重损害了群众利益,影响了党在人民群众心目中的形象。如马某等10人以需做被征地户工作为由向房地产开发公司董事长王某索取贿赂30万元后私分,严重损害了群众的利益。又如二十里铺村、岗当村和中仰陵村等村在盖本村居民宿舍楼时,非法占用耕地现象非常严重。他们认为是自己村的地,当然自己说了算,于是在未办任何审批手续的情况下,便非法占用本村耕地开始了建筑工程,可见其法律意识的淡漠,连最起码的党的土地政策都不遵守。

5、案发的“潜伏期”较长。由于国家对移民、扶贫、救济等专项资金实行分级管理,上级主管部门对分散在各地基层单位的资金使用情况难以准确把握,对资金管理事前、事中、事后的监督鞭长莫及。国家拨付的专项经费存在多头管理,缺乏专门机构统一组织协调,导致监管脱节,形成断层。农村基层组织的“村务公开”在许多地方得不到贯彻,村民的知情权、民主监督权无法实现,内部监督形同虚设。这些因素往往使得农村基层组织人员的职务犯罪案件发生后不容易被及时发现。如方村镇某村支书陈某,在1992年担任村属企业总经理期间,利用职务之便,私自决定挪用企业公款共23万,直到2004年才被发现和查处。

二、农村建设中贪污贿赂犯罪的主要原因

针对上述情况,我们认为主要有以下几方面原因:

一是权力集中、监督不力。农村普遍存在制度不健全、管理不严格和监督部门监督不到位或疏于监管的问题。乡镇党委和政府作为监督和指导部门,对农村基层缺乏有效的监督机制,发现了问题,有的不及时查处,甚至包庇纵容;有关监管部门对农村财务审计和监督检查工作不到位,常常出现真空;有的村委会成员间责、权、利不分现象严重,相互之间缺乏有效的监督和制约。有些村级管理暗箱操作,缺乏民主,透明度不够,致使村民无法监督也无从监督。

二是制度不严、管理松懈。出现涉农职务犯罪案件的单位普遍存在着财务制度混乱问题,帐目设置不规范,财务审批不严格,村干部不遵守财会制度和财经纪律,有章不循、无章可循,少数村干部独揽财务等问题为滋生腐败现象提供了温床。一些基层干部收取的公款长期不交财务,自收自支,利用白条和虚假发票冲帐、隐瞒收入等手段进行贪污、挪用公款。或是谁收钱谁保管,随收随花,开支无度,或是所有支出全凭村支书一人说了算,包袱帐、脑袋帐现象较为突出,白条自批自支现象在村级财务管理较为普遍和严重,民主理财流于形式,为诱发经济犯罪提供了方便条件。如孙某挪用集体企业租金给他人使用,就打了一个收条,可见该企业财务管理的混乱程度。

三是放松学习、淡化思想教育。由于农村工作的特殊性,有些农村干部长期不读书、不看报,不学法、不懂法,整体素质不高,法制观念淡薄,民主意识缺乏。不少“村官”认为自己是农民身份,不是国家工作人员,有经济问题顶多是把村干部撤了,不懂得在协助当地乡镇政府从事有关行政管理工作时便具有了国家工作人员身份,利用职务之便进行经济犯罪活动,同国家工作人员一样是职务犯罪。有的村干部缺乏法律知识和依法办事的意识,将自己凌驾于群众之上,搞“一言堂”。还有一些村干部认为自己挣钱不多,管事不少,心理不平衡,在这种吃亏的思想主导下,不依法从事经济活动,而是只想趁手中有权捞一些钱财，以求补偿，结果是以身试法。

四是群众法律意识淡薄，对村干部缺乏有效监督。部分农民素质低，不学法、不懂法、不懂政策，一些农村干部作风粗暴武断，使许多农民对乡村干部产生了畏惧心理，在利益受到侵害时没有勇气去揭发、举报犯罪分子，是农村基层干部敢于实施犯罪的又一个重要原因。近年来，国家为建设社会主义新农村，加大补助农民各项资金的投入，而许多群众分不清村干部的哪些行为是行使公务，哪些行为是违法或违纪，不知道维护自己的正当权益，也不明白怎样行使民主权利，致使一些农村基层干部利用农民的这些弱点，利用职权实施违法犯罪有恃无恐，得寸进尺。

五是体制、机制不健全、不规范。在新农村建设中，上级逐渐放权，随着政策的倾斜，国家对新农村建设的投入不断加大，在市场经济竞争体制还不完善的情况下，不正当竞争、商业贿赂等行为随之孳生蔓延。一些不法分子为达到他们的商业目的，采用各种手段拉拢、腐蚀部门领导干部和主管人员，纷纷以各种名目向他们行贿。一些基层领导干部在土地征收、清理过程中，利用自身的权力和各种便利，采用虚假方式，进行贪污，给国家造成巨大的损失。

六是某些村贿选现象严重，形成恶性循环。基层组织两委班子成员在选举时存在高额拉选票现象，并且在个别村镇有愈演愈烈之势。他们当选后，为收回“成本”，有的甚至会不择手段、想方设法使自己的“投入”产生高额“回报”。例如我院查办的宋营镇某村两委班子全体成员受贿一案中，在调阅相关书证时，两委班子研究某块土地转让的会议记录中赫然写着：“某某委员：我们大家都是花钱上来的，所以在征地时他们（开发商）得出点血……”如此直白的发言，让我们感到寒意顿生！这样的班子，将法律置于何处，又怎么能真正为老百姓办实事！

三、预防新农村建设中贪污贿赂犯罪的主要措施

根据以上分析，笔者认为应制定以下措施预防此类案件的发生：

1、大力开展法律宣传和警示教育。在每届村委会、班子改选的有利时机，下乡进行法治宣传教育，有针对性地开展法律宣传，职务犯罪预防部门用发生在百姓身边的村干部违法乱纪的典型案件给他们上一堂生动的法治教育课。从而在思想意识深处，形成“违法必究”的法律思想，提高农民的整体法律意识，做到普法、守法、执法三不误。

2、继续严厉打击农村基层组织人员职务犯罪。针对当前农村基层组织人员贪污犯罪高发、重点领域职务犯罪突出的特点，进一步加大对侵害“三农”利益职务犯罪案件的打击力度。推动惩治和预防职务犯罪工作的全面协调发展，形成合力，增强“惩防一体化”工作成效。（1）要严肃查办贪污挪用农村扶贫救灾救济资金、农业综合开发资金、粮食直补资金、退耕还林补贴等国家支农惠农资金，以及涉及农民切身利益的农村移民迁建资金、征占用农用地补偿金的犯罪，保障对农业和农村投入资金的安全。（2）要深入查办农村交通设施建设、能源建设、农村电网改造和农村城镇化建设中出现的贪污贿赂犯罪，特别是要严肃查处国家工作人员在土地征用、拆迁安置补偿中行贿受贿、贪污犯罪，以及利用农业开发和农村建设项目审批权、资金划拨管理权索贿受贿的犯罪，推动农村建设顺利进行。

3、加大预防农村基层组织人员职务犯罪工作的力度。（1）要结合办案，突出抓好专项资金管理部门、农村基础设施重点工程、重点项目的同步预防，搞好渎职犯罪立案标准的宣传。（2）要认真分析涉农职务犯罪案件的发案特点和规律，加强预防对策研究，及时向党委政府提出预防建议，帮助基层乡镇、村社完善管理制度，防止和减少社会主义新农村建设中职务犯罪案件的发生。

4、积极化解矛盾纠纷，做好维护社会稳定工作。要进一步畅通检察环节的农民群众诉求渠道，积极做好矛盾纠纷排查调处工作，特别对涉及移民安置、征地拆迁等有可能引发群体性事件的热点问题，要正确运用法律手段，慎重、稳妥处理，及时将矛盾解决在基层。对确有贪污受贿、渎职侵权犯罪行为的农村基层组织人员要坚决查处；对因工作中的误会引起群众上访的农村基层组织人员要给予保护，并努力做好对上访群众的解释工作，息诉息访。

充分发挥人大在构建和谐惠城中的作用

广东省惠州市惠城区人大常委会常务副主任 黄焕如

新的时期，新的使命。目前我区处于最好的发展阶段，但也存在影响和谐的因素。新一届人大及其常委会要在区委的正确领导下，坚持历届人大常委会行之有效的做法，结合新的实际依法履行职责，做到思想、工作、作风三到位，充分发挥人大在促进、实现和保障惠城和谐方面的重要作用，以民主促和谐，以法治谋和谐，以公正求和谐，以发展固和谐，以稳定保和谐。

一、大力推进民主政治建设，为构建和谐惠城提供政治保证

民主是建设和谐社会的基石，人民是和谐社会的主体。我们要围绕坚持和完善人民代表大会、发展社会主义民主、健全社会主义法制，主动加强对基层民主政治建设的指导，积极探索推进基层民主法制建设的新路子，对区政府实施村民委员会组织法和城市居民委员会组织法的情况进行检查，稳步推进基层依法实行民主选举、民主管理、民主决策和民主监督，使人民的权利得到充分保障、人民的愿望得到充分表达、人民的利益得到充分体现，形成和谐的社会政治局面。

进一步推进农村村民自治。经过几年来的实践，我区农村的民主政治建设已步入规范化轨道，但也存在发展不平衡等问题，我们今后要依法推进和规范民主选举，充分体现全体村民意志，使基层选举成为推进基层民主政治建设的动力。全面深入地推进以政务、财务公开为主要内容的镇务、村务公开，深化“民主法治村”创建活动，加强民主监督，规范干部施政行为，落实农民参与基层事务管理的强烈愿望；大力推广村（居）民小组议事规则，完善村民自治机制，依靠制度保证农民依法直接行使民主权利。正在进行的社会主义新农村建设使农民站在新的起点当家作主，要督促政府做好引导工作，充分发挥农民在新农村建设中的主体作用，激发其创造活力，建设自己幸福家园。

进一步抓好城市社区居民自治。督促政府积极开展和谐社区建设，全面开展“民主法治社区”创建活动，推进社区居民依法自治，调动社区居民参与、管理、监督社区事务的主动性，共筑安居乐业的家园。完善职代会、厂务公开等企事业民主管理制度，依法保障职工的合法权益。

进一步丰富基层民主政治的实现形式。拓宽社情民意表达渠道，扩大群众的有序参与。例如不断提高区人大及其常委会的透明度、参与度，通过邀请市民旁听人代会和常委会会议，开设人大热线电话和网络信箱等途径，将广大群众对国家事务的参与热情集中起来并得以体现和表达，形成大家献计献策、共建和谐惠城的喜人局面。

二、努力加强依法治区工作，为构建和谐惠城提供法治保障

法治是建设和谐社会的另一块基石，是实现公平正义的途径、社会诚信的源泉，为激发社会治力创造条件、为社会安定有序提供保障，调整着人与自然的和谐关系。建设和谐社会关键是建设法治社会，依法治区是构建和谐惠城的根本途径。我们要发挥好主导作用，全力推进依法治区工作，在全区上下树立法律权威，使法律成为每个人的行为准则，成为调整社会关系的基本准则，善于运用法律解决问题、化解矛盾。

对区政府实行执法责任制情况进行检查，致力于打造法治型政府，使各级领导干部学会并善于运用法律处理问题，严格依法行政，尤其在处理群体性、突发性事件等紧要关头，更要坚持依法办事，善于依法及时化解矛盾，妥善平息事态。

对区司法机关执行错案责任追究制情况进行视察，促进其依法办案，公正司法，正确运用法律武器打击各种犯罪，妥善调处社会矛盾。加强对涉及民事法律关系问题的调解，有效减少和化解因涉法涉诉而引发的社会矛盾；同时要发挥法律援助和司法救助扶贫助弱、伸张正义的功能，最大限度地保障广大人民的合法权益。

加强对区“五五”普法规划实施的检查、指导，加大对领导干部、农民、外来工、青少年、企业主的法制宣传教育，大力开展法律进机关、乡村、社区、学校、企业、单位的活动，提高干部群众的法律素质，使人人自觉尊法守法、依法表达利益诉求和维护自身合法权益。

督促政府推进“平安惠城”建设，依法打击“两抢一盗”等犯罪活动，进一步规范经济秩序，搞好安全生产，健全社会矛盾纠纷调处机制和应对各类突发性公共事件的工作机制，提高公共安全应急处置能力，维护我区的社会稳定。

三、切实履行监督职能，为构建和谐惠城营造良好氛围

社会公平与正义是和谐之本。我们要以促进和维护社会公平正义为目标，认真贯彻监督法，把关系我区改革发展稳定大局和群众切身利益、社会普遍关注的影响社会和谐的突出问题作为监督重点，综合运用执法检查、听取和审议专项工作报告等形式，加强和改进监督工作，增强监督的针对性、实效性，确保宪法和法律在我区得到正确实施，确保行政权、审判权、检察权得到正确行使，确保人民的合法权益得到尊重和维护，确保科学发展观在我区进一步得到落实。

加强法律监督，促进"一府两院"依法行政、公正司法。要重点对劳动法、农业法、法官法、检察官法、行政许可法、义务教育法、安全生产法、妇女权益保障法、治安管理处罚法、归侨侨眷权益保护法、信访条例等法律法规的执行情况进行审议、检查，督促"一府两院"加强自身建设，规范用权行为，保障法律法规在我区的有效实施，推进我区的改革开放、经济发展和社会稳定。

加强工作监督，推动"一府两院"各项工作，促进我区经济社会和谐发展。一是配合中心大局加强监督，对区"十一五"规划的实施、新农村建设、民心工程的落实，第三产业的发展，水利防灾减灾、农村山区的经济社会发展等开展工作检查。二是对经济工作跟踪监督，督促政府加快转变经济增长方式、进一步调整产业结构、提高我区招商引资和经济运行质量，加强对预算、决算的监督，支持审计部门加强对涉及群众切身利益的救灾、扶贫、助学、养老、社保、住房、医疗、教育支出等专项资金和财政性投资的重大项目的审计监督。三是抓住热点问题着力监督，对就业、医疗、教育、卫生、治安、房价、"三农"、社保、环保、扶贫、食品安全、助残济困、国企改制、征地拆迁、山林纠纷、劳资纠纷、司法不公、案件"执行难"、归侨侨眷危房改造等民生问题进行调研、视察，督促"一府两院"协调处理好各方面的利益关系，多关注弱势群体的生活，多做暖人心、稳人心、得人心的好事实事，使全区人民共享改革发展成果，理顺情绪，提升生活满意度。四是督促"两院"深化司法改革，落实公平公正、司法为民的要求，实行好人民陪审员和人民监督员制度。同时，要依法尊重法院的独立审判，维护司法公正和司法权威。

要进一步做好人大信访工作，通过信访渠道，督促"一府两院"认真受理人民的申诉、检举，进一步依法行政、公正司法，切实维护和实现好社会公平与正义，促进和谐惠城建设。

四、认真依法行使重大事项决定权和人事任免权，为构建和谐惠城增添生机活力

人大及其常委会正确行使重大事项决定权，对推进依法行政和民主法制建设具有积极意义。因此，要处理好区委决策权与人大决定权的关系，认真审查"一府两院"工作报告和带全局性、长远性的重大问题，并作出相应决议决定；通过议案方式对群众关心的热点问题行使决定权；围绕经济建设中心对区政府财政预算行使决定权；完善相关制度，保证人大决定权的充分有效行使，使我区的改革、发展、稳定相互协调，相互促进。通过法定程序把人民信任、有较强法治观念和工作能力的干部任命为"一府两院"职能部门的主要负责人，是人大行使任免权的重要体现，也是构建和谐惠城的重要内容。因此，要完善区人大常委会的人事任免制度，正确行使任免权，把大批德才兼备的优秀人才选拔到重要领导岗位，为构建和谐惠城提供组织保障。

五、充分发挥人大代表作用，为构建和谐惠城注入助推动力

我区各级人大代表工作、生活在人民当中，最方便了解群众的疾苦、需求，是处理人民内部矛盾最合适的环节，是构建和谐惠城的重要力量。我们要加强和改进代表工作，完善联系机制、拓宽代表知情知政渠道，完善议案督办机制、调动代表履职积极性，完善代表监督机制、促进代表依法履行职责，完善服务保障机制、搭建代表履职平台，加强工作指导、推动镇人大和街道工委的工作，充分发挥人大代表的桥梁纽带、参与决策、监督协助、模范带头作用，带动我区"三个文明"与和谐社会的发展。各级人大代表也要加强学习培训，不断提高组织、宣传、教育、服务群众的本领，定时约访选民，定期接访选民，定点约访选民，定题回访选民，做到第一时间知晓人民的困难呼声，第一时间反映人民的希望需求，第一时间掌握人民关心的热点难点问题，第一时间向人民反馈"一府两院"抓落实的意见办法，第一时间赶赴群体性突发事件发生地做疏导、教育工作；积极参加人大会议的审议和闭会期间的执法检查、视察等活动，向"一府两院"和区人大及其常委会提出意见建议，真正"代"人民言，"表"人民情，充分发挥人大代表下情上传、上情下达、释疑解惑、化解矛盾、发展经济、扶贫济困的作用，维护、实现和发展好人民的根本利益，促进我区的和谐稳定。

认真践行科学发展观　促进经济平稳较快发展

重庆市开县人大常委会主任　何宗钦

2008年，由美国次贷危机引起的国际金融危机肆虐全球，严重影响了世界经济健康发展，我国经济也受到了严重冲击。区县人大作为地方国家权力机关，担负着宪法和法律赋予的重要职权，在经济社会发展特别困难的时期，更应该不辱使命，认真履职，推动本地经济逆势而上、迎难而上、创新而上。如何深入学习实践科学发展观，应对国际金融危机带来的挑战，推动本地经济平稳较快发展，实现保增长、保民生、保稳定的目标，对人大来说，是一项重要任务和新的挑战，值得我们共同探索和思考。

一、解放思想，深化认识，以科学发展观指导人大各项工作

科学发展观作为马克思主义中国化的最新理论成果，是人大工作必须遵循的指导方针。人大工作只有积极适应形势发展的需要，立足自身定位和特点，坚持以科学发展观为指导，准确把握科学发展观提出的新的更高要求，积极探索，着力推动解决不符合科学发展观的突出问题，才能应对金融危机带来的影响，全力地支持、更好地推动本地经济平稳较快发展。

一是深刻认识科学发展观的内涵。科学发展观是应对发展中的困难和问题，推动改革发展稳定的强大思想武器，其内涵十分丰富。只有不断深化对科学发展观的认识，准确把握科学发展观的第一要义、核心、基本要求和根本方法，深刻领会其科学内涵、精神实质和根本要求，才能正确运用科学发展观指导人大工作，增强践行科学发展观的自觉性和坚定性，增强推动科学发展的信心和决心，对发展形势做出正确的研判，对存在的问题做出正确的评价，更好地运用总揽全局、统筹谋划的战略思维应对金融危机带来的挑战。

二是增强践行科学发展观的能力。区县人大作为地方国家权力机关，如何推进保增长、保民生、保稳定和保持经济平稳较快发展？我们要在应对金融危机带来的严峻挑战中，按照宪法和法律赋予的职权，督促"一府两院"依法行政、公正司法，推动经济社会科学发展，就必须棋高一着、技高一筹，增强践行科学发展观的能力。因此，人大要按照"科学发展上水平"的要求，应对复杂多变的发展形势，不断提高围绕大局开展工作、围绕中心服务发展的本领，切实增强践行科学发展观的能力。

三是不断地解放思想开拓创新。解放思想是认识新事物、认清新形势、正视新问题、解决新矛盾、实现新发展的根本方法。人大工作的政治性、法律性、程序性固然很强，这并不能说明人大工作只能墨守陈规、按部就班。面对金融危机，我们必须解放思想，在工作中不断地实践、探索、创新和总结，才能更好地发挥人大的职能作用。开县人大常委会通过开展"大解放促大开放，大开放促大发展"大讨论活动，摒弃"等、守、怕、短、满、畏"的思想和行为，树立敢闯敢干的精神，围绕本地经济社会发展所面临的新形势、人大在新时期所肩负的新使命，不断更新思想观念，切实增强创新意识、开放意识、服务意识，知难而进、迎难而上，不断推动经济社会科学发展。

二、与时俱进，依法履职，切实增强推动经济社会发展的动力

受国际金融危机的影响，经济社会发展中所面临的形势更加严峻，所面对的矛盾更加突出，所遇到的问题更加复杂，不确定因素多。区县级人大要更好地应对挑战，促进本地经济平稳较快发展，就必进一步认清发展新形势，探索发展新途径，按照宪法和法律赋予的职权，大胆履职，在挑战中抢抓发展机遇，尽力克服国际金融危机对经济社会发展所带来的影响，实现"保增长、保民生、保稳定和保持经济平稳较快发展的目标。

一是科学决策，发挥支持保障作用。科学的决策是推动科学发展的重要前提,能保证决策事项更加符合本地区发展实际,为经济社会平稳较快发展提供有力保障。要实现科学决策、民主决策和依法决策,就必须对每一项重大决策开展深入调查研究,广泛收集民意,提出针对性、操作性和实效性较强的建议,不断规范决策事项的提出和审查、审议与表决、落实与监督等程序。正确行使好重大事项决定权,使党的主张通过法定程序成为国家意志。开县人大常委会坚持以服务大局、支持发展的理念,积极行使重大事项决定权,大力支持工业园区、农村人饮安全、农村公路、森林开县、廉租房等基础设施和民心工程建设,依法作出一系列融资贷款的决议,为全县工业经济健康发展和各项重大工程项目顺利实施提供了强有力的保障。同时,对所作出的决议决定的执行情况进行跟踪检查,确保决议决定的事项得到及时有效地贯彻,较好地推动经济社会全面协调可持续发展。

二是强化监督,形成共克时艰的合力。监督权是区县人大常委会十分重要的一项职权,区县人大要在应对金融危机挑战中发挥好作用,就必须适应发展需要,不断改进监督方法,创新监督模式,规范监督程序,尽职尽责地行使好监督职权。人大依法实施监督,这是重要的前提,支持才是重要的目的。通过行使监督职权,更好地帮助“一府两院”加强和改进工作,为本地区经济社会发展创造良好的环境,从而推动本地经济社会又好又快地发展。因此,人大要善于处理好监督与支持的关系,找准监督和支持的结合点,更好地寓支持于监督之中,在支持中监督,在监督中支持,与党委、政府形成共克时艰的合力,确保“保增长、保民生、保稳定和保持经济平稳较快发展”目标的实现。

开县人大常委会在行使监督职权过程中,主要把提振发展信心和破解经济社会发展难题作为监督工作的重中之重。一是重点围绕推动经济平稳较快发展开展监督。我们严格按照《监督法》的规定,对预算、经济工作实施监督,有力地推动县政府及其职能部门采取审慎灵活、务实的态度,增添措施,直面金融危机的挑战,变不利因素为有利条件,确保全县经济社会保持平稳较快的发展势头。我们还不断创新财政预算监督方式,积极参与县级部门预算编制工作,通过“事中监督”与“事后监督”相结合,切实增强了监督实效。二是重点围绕建设和谐开县开展监督。未成年人犯罪是社会普遍关注的热点问题,事关社会的和谐稳定,我们认真听取和审议县法院关于未成年人犯罪审判工作情况的报告,促进县法院按照“教育、感化、挽救”的方针和“教育为主、惩罚为辅”的原则,扎实推进未成年人犯罪审判工作,做到“寓教于审、寓护于审”,依法保护未成年人的合法权益,最大限度地预防和减少未成年人犯罪,有效减少社会对抗,推动和谐社会建设。三是围绕高度关注民生开展监督。残疾人是社会的弱势群体,而开县目前共有残疾人9万余人,我们心系残疾人事业的发展,在今年的工作安排中,将听取县政府关于残疾人保障工作的专项报告,促进残疾人康复、教育、就业、保障工作再上新台阶。

三是开展调研,突破制约发展的瓶颈。调查研究是人大工作的基本方法,是发挥好人大作用、履行好人大职权的基础。人大干部中具有工作经验丰富、熟悉政策法规、熟悉情况等优势。在金融危机冲击下,要充分发挥好这一优势,根据当地发展的实际,围绕科学发展、高度关注民生、构建和谐社会和全面建设小康社会等内容选择调研课题,进行广泛深入地调研,认真总结所取得的成绩及经验,深刻剖析存在的突出问题及其根源,提出符合实际、切实可行的意见及建议,为上级制定政策、本级党委决策和“一府两院”推动工作提供有价值的参考,为突破经济社会发展瓶颈寻求有效解决途径。劳务经济是开县的第一经济,我们先后深入有关单位、企业、务工群体和农村,开展了劳务经济发展的专题调研,形成专题调研报告,在提升劳务质量,打造劳务品牌,实施境外劳务,应对金融危机挑战等方面提出可行性建议,为劳务经济发展献智献策。开县是移民大县,四期移民占全市近60%的任务,在完成“搬得出”的任务后,为推动移民后期持扶工作,开展了相应调研,全面了解移民生产生活现状,深刻剖析了移民后扶工作中存在的困难和问题,从完善政策、项目扶持、产业发展等方面探寻对策,推动了移民后期扶持工作发展。我们所形成的调研报告均被县委主办的《工作交流》、《调查与研究》采用,为决策和改进工作发挥了参考作用。

三、探索创新,强化服务,发挥人大代表推动科学发展的作用

人大代表作为国家权力机关的组成人员,来自各个方面、各个行业。充分发挥好人大代表在应对金融危机挑战、推动科学发展中的主体作用,就要强化人大常委会的服务职能,认真开展人大代表活动,引导、激发和促进人大代表履职,为实现保增长、保民生、保稳定和保持经济平稳较快发展注入强大活力。

一是搭建平台，引导代表履职。代表作用发挥主要以活动为载体。搭建履职平台，积极开展活动，充分发挥好代表作用，是人大的一项重要职责。因此，人大要按照《代表法》的规定，定期组织代表围绕改革发展稳定大局、人民群众普遍关心的热点难点问题以及当前如何应对金融危机等问题，开展视察、调查和执法检查，充分发挥代表在参与管理地方国家事务、推进科学发展中的积极作用。开县人大常委会在积极组织和指导辖区内各级人大代表围绕“五大开县”建设、实现“五个跨越”及“加快”和“率先”目标方面开展活动，取得了明显的成效。

二是创新方式，激发代表履职。要更好地发挥人大代表的积极作用，激发人大代表的履职热情，就要根据时代发展需要，积极探索、不断创新人大代表的活动方式。去年，为更好地凝结开县各级人大代表的智慧，集思广益，为经济社会发展出谋划策，组织开展了以“牢记使命、促进发展”为主题的“人大代表论坛”活动。全县各级人大代表踊跃参加活动，通过论文评选和论坛演讲，共评出一、二、三等奖和优秀论文27篇。进一步创新了代表活动方式，激发了代表的履职热情。

三是强化监督，促进代表履职。《代表法》规定，代表受选区选民或选举单位监督。选民或选举单位对人大代表的履职情况进行监督，有利于增强人大代表的责任感和使命感，增强人大代表履职的主动性和积极性，有利于人大代表认真履行职责，执行职务。在强化监督，促进代表履职中，开县人大常委会实行严格的考勤制度，对人大代表参加人代会，参加集中学习培训、视察、调查和检查活动及发言情况等都记录在案。同时，还认真组织开展述职活动。制订了《市人大代表述职制度》、《县人大代表向选民述职办法(暂行)》，重庆市人大常委会主办的《人大参阅》进行了转载。去年，组织5名市人大代表向县人大常委会述职，指导各乡镇街道组织县人大代表向选民述职，对人大代表履职实施了有效的监督。

加强人大监督　增强工作实效

上海市金山区人大常委会党组副书记、副主任　顾大同

胡锦涛总书记在纪念全国人民代表大会成立50周年大会上指出：“要进一步加强和改进人民代表大会的监督工作，增强监督实效”。总书记的讲话既为人大监督工作指明了方向，又为地方人大工作提出了明确的要求。

加强对权力的制约和监督，是社会主义民主政治建设的重要任务。人民代表大会及其常务委员会作为国家权力机关，在确保宪法和法律得到正确实施，确保行政权和司法权得到正确行使，确保公民、法人和其他组织的合法权益及民生问题得到尊重和维护方面承担着宪法和法律赋予的重要监督职责。近年来，我们金山区人大常委会结合本区实际，在如何加强人大监督，增强工作实效等方面作了些探索和实践。

一、履行法定职责，开展人大监督

人大和政府尽管法律地位、工作任务不同，但其总目标是一致的。这个目标的一致性，决定了人大常委会对“一府两院”，除了有监督的关系，还应有支持的关系，寓支持于监督之中。

(一)围绕政府工作的重点进行监督。我们感到，监督工作要管用有效，就要围绕中心，突出重点，服务大局，注重发展，形成合力。

根据市委、市政府对金山建设国际化工城的区域功能定位，区人大常委会每年的工作要点，都将环保工作列为监督重点，要求政府在实施过程中，正确处理城乡建设与环境保护的关系，生态建设与经济发展的关系，努力实现经济社会快速发展和城乡生态环境洁净优美，区人大常委会连续多年通过专项工作审议、执法检查和组织人大代表视察等，加强对环保三年行动计划的监督，努力从源头上把关。今年区四届人大常委会第十八次会议，又审议了本区第四轮环保三年行动计划启动工作报告，发出了审议意见书，要求政府在规定时间内将研究处理情况书面报告区人大常委会，共同推进本区第四

轮环保三年行动计划。

保增长、促发展是2009年的首要任务，也是政府工作的重中之重。区人大常委会把保增长、促发展作为年内的工作重点。区人大常委会的主要领导和分管领导，相关工委年度工作早计划、早安排，主动与政府及职能部门联系沟通，高度关注金山工业区等重点区域项目落地，始终高度关注着全区重大项目进展，积极为本区保增长、促发展出力服务。

社区居委设施公建不配套，是一个突出而又棘手的问题。本届区人大常委会经过调研、论证，决定作为解决民生问题的难题予以突破。《关于加强本区居委会公共服务设施建设的议案》列为一号议案，交区人民政府办理。在第一年的实施中，区人大常委会紧紧盯住不放，并全力支持职能部门的工作，经过一年的各方努力，这一难题终于突破，并取得了明显的成效，原计划用三年时间完成任务，今年有望提前一年完成，受到了代表和群众的好评。

（二）抓住群众关注的热点进行监督。群众关注的热点，往往是关系人民群众切身利益，在一段时间内影响地区发展与稳定的焦点。几年来，根据人大代表和群众的要求，我们把贯彻实施《劳动合同法》、医疗卫生、养老、就业等列为重点，加强监督力度。

去年，《劳动合同法》开始施行，我们就及时组织代表听取专题辅导报告。下半年针对次贷危机引起的企业减员、裁员现象，常委会及时听取和审议了政府关于本区贯彻实施《劳动合同法》情况的报告，要求政府进一步加大宣传教育力度，营造良好法制氛围；教育引导用人单位和广大职工要切实维护劳资双方的合法权益，力求在双赢的基础上推进并建立和谐稳定的劳动关系。

医疗卫生服务一直是人们关注的热点，常委会会议听取和审议了社区卫生服务综合改革情况的报告，并就加强统筹协调，确保各项改革措施到位，确保社区卫生服务中心“六位一体”定位的落实，加强医疗卫生队伍建设，做到真正惠及广大老百姓利益等，建议政府及职能部门进一步关注。

就业是民生之本，事关社会和谐稳定的大事，主任会议在听取政府专项工作汇报时，要求进一步加大就业工作的力度，协调好劳动关系，鼓励企业抱团过冬；营造良好创业环境，以创业带动就业；加强培训，积极为就业创造条件。

（三）凸现人大工作的特点进行监督。近年来，区人大常委会坚持贯彻实施《监督法》，认真按照《监督法》的规定，及时修订和完善常委会议事规则等制度，以制度建设凸现人大监督特性，同时按照《监督法》的要求，每年选择政府有关重点工作。加强专项工作审议，并规范了审议意见的提出、反馈、督办、公示等程序，提高了人大监督的透明度和权威性。

今年是我区的机构改革推进实施之年，根据区委的总体部署和安排，区人大常委会严格按照法定程序，精心组织，及时、顺利地履行了人大的人事任免权，任命了政府组成人员，保证了机构改革顺利推进。对人大常委会任命的“一府两院”干部，常委会主要领导都要个别或集体谈话，勉励他们牢记光荣使命，执政为民，公正司法，不负重任，为推进本区经济社会的发展多作贡献。

人大代表是地方国家权力机关组成人员，代表人民在管理国家事务。近年来，我们十分重视代表作用的发挥，平时除了参加代表小组活动外，每年，我们都选派代表参加常委会组织的各项活动，对代表约见政府领导，对政府部门的工作评议，代表参加信访接待等工作进行了探索，并取得了一定的成效。在这次开展的科学发展观学习实践活动中，根据区委要求，我们还选派人大代表全过程参与，并对活动成果进行评议打分，凸现人大代表的监督作用。

二、把握三个环节，增强工作实效

（一）事前，要加强调查研究。我们在调查研究时比较注重三个问题，一是比较全面地听取多方面意见。针对某项议题的调查，不能仅听取被监督部门和与被监督部门相关单位的意见，更要听取受其管理对象的意见，做到兼听则明。二是对调研某项议题，不能仅仅停留在对该部门当前工作情况的了解，更要掌握这项工作发展的历史脉络，以利比较客观、全面的评判。三是对重大事项的调查，尤其是事关全局或社会关注的热点问题的调查，由相关工作委员会和常委会组成人员共同参与，广泛地听取社会各方面的意见，然后对所掌握的大量材料通过归纳分析和整理，牢牢地把握了事物的本质，为提高审议质量打下基础。

（二）事中，要提高审议质量。近年来，我们比较注重在三个关系的正确处理上下功夫。一是肯定成绩与提出存在问题的关系。为了克服审议时讲成绩一大堆，指出问题二、二句的状况，我们要求在实事求是肯定成绩的基础上，要敢于、善于指出问题和不足，有针对性地提出意见和建议。二是全局利益与局部利益的关系。政府与其职能部门在具体行政过程中往往会产生全局与局部、块与条的不同向的矛盾。因而，人大常委会必须站在全局利益的高度，从全区的整体利益出发，提出符合实际的意见建议。否则，不仅会使政府无所适从，而且会助长职能部门"靠、要、争"的思想。三是眼前利益与长远利益的关系。人大工作所处的位置相对比较超脱，在审议时，必须要站在客观公正的立场上，既要立足眼前，又要着眼长远，防止审议时顾此失彼。

（三）事后，要加强督促反馈。人大常委会提出审议意见后，加强事后的督促反馈，是巩固审议成果，避免"说了也白说"现象的有效措施。因此，常委会的审议意见书发出后，除了要求政府按规定时间及时进行书面反馈外，还要求人大常委会有关工作委员会按照各自分工，对常委会审议意见的落实情况，注重跟踪监督，这样，使一次常委会审议的会议，成为审议、整改、提高、再整改这样一个由多个环节组成的监督过程，把人大监督体现在事前调研、事中审议、事后跟踪的全过程，增强人大监督的严肃性和实效性。

三、强化四种观念，加强自身建设

胡锦涛总书记在今年全国"两会"党员负责人会议上强调，要着力加强人大自身建设。这就要求各级人大及其常委会把自身建设放在重要的位置上，在新形势、新任务面前，人大常委会加强自身建设，提高自身素质显得特别重要。近年来，区人大常委会着重在强化观念上下功夫，推进自身建设。

（一）强化党的观念，坚持和依靠党的领导。人民代表大会制度的建立和健全，是在党的领导下进行的。人大工作艰巨而光荣，肩负着宪法和法律赋予的职权，也肩负着全区人民的信任。在具体工作中，我们注重"三个优势"、做到"四个坚持"。即：充分发挥人大的政治优势，充分发挥人大常委会集体行使权力的优势，充分发挥人大代表密切联系群众的优势。坚持党的领导，坚持人民代表大会制度，坚持发展是第一要务，坚持维护人民群众的根本利益，做到与区委同心、同向、同拍，把区委的主张通过人大工作转化为人民群众的自觉行动。

（二）强化全局观念，坚持以经济建设为中心。我们在工作中坚持全局观念，围绕中心，服务大局，当前要以科学发展观来统领人大的各项工作，把发展作为人大履职的第一要务，服从服务于经济建设，做到人大工作融入全区大局去谋划，人大工作围绕发展而监督。

（三）强化法制观念，坚持依法行使职权。人大常委会的职责和行使职责的方式都是宪法和法律明确规定的，只有牢固树立法制观念，才能坚持依法履职，在工作中必须做到既要依法履职，又要有所创新，注重与时俱进；既要敢于监督，又要善于监督，注重监督实效；既要支持不失职，又要监督不越位，注重支持寓监督中；既要发挥常委会的作用，又要发挥代表作用，注重集体行使职权，充分发挥好地方国家权力机关的职能作用。

（四）强化群众观念，代表和维护人民的利益。人大常委会由人民选举产生，应该对人民负责，受人民监督。在当前改革发展处在关键的时刻，要始终以锐利的眼光审视现在，以忧患的意识谋划未来，以创新的锐气投身实践。坚持从群众中来，到群众中去的群众路线，密切同代表和人民群众的联系，知民情，解民愁，事事处处维护人民群众的利益，牢固树立民本思想，把问计于民，问政于民，问需于民作为一切工作的出发点和落脚点，使人大工作真正植根于人民群众。

把握关键　注重实效
扎实做好科学发展观活动试点工作

中共石家庄市桥东区休门街道党工委书记　任更利

按照"当好先行者、办好示范点"的要求，石家庄市桥东区休门街道党工委确定了"高标准谋划、高起点实施、高质量推进"的思路，精心谋划，周密组织，稳步推进，学习实践活动取得了明显成效。

一、坚持"四个到位"，确保学习实践活动扎实起步

我们对学习实践活动坚持早谋划、早安排，努力做到四个到位。一是调查摸底到位。活动前，我们深入开展摸底调查,初步掌握了失业党员情绪不稳、学生党员就业压力大、"两新"党员组织观念淡薄、社区党员作用发挥难、流动党员底数不清等5个方面的突出问题。围绕这些问题,我们认真研究解决办法,理清活动思路,明确活动的目标方向。二是组织保障到位。成立了以党工委书记任组长的学习实践活动领导小组。下设办公室,抽调3名专职、6名兼职人员具体负责活动开展工作。三是宣传发动到位。创办了活动专刊《休门之声》,举办了《科学发展在休门》典型事迹报告会,在生活小区和街巷悬挂宣传标语500余条,设置宣传橱窗28个,举办书画展6场次,营造了良好的活动氛围。四是指导部署到位。制定了学习实践活动责任分解表、时间进度表和工作流程图,对每个阶段的工作进行细化、量化,便于各支部掌握,确保活动有章可循,规范运行。

二、坚持"三个创新",凸显学习实践活动特色

我们结合街道实际,精心做好"自选动作"。一是创新形式,提升学习效果。对文化水平低的党员采取结对帮学,对年龄大、行动不便的党员采取上门送学,对机关党员实行辅导讲学、典型带学、讨论促学。活动中,组织党员干部听取专题报告4次,集体学习15次,开展解放思想大讨论2次。二是创新方法,搭建沟通平台。成立了街道与驻街单位联谊会,建立了街道工作评议会制度,共征求驻街单位、社区干部、居民群众的意见建议300余条,经梳理汇总,归纳为环境卫生、民政低保、治安稳定、干部作风、基层党建等5大类27条。三是创新载体,突出活动特色。开展了"五个一天"活动,即听一天,组织全体党员干部听区委宣讲团报告;读一天,组织街道班子成员为辖区党员领读必读篇目;访一天,组织街道班子成员分组走访社区党员家庭,广泛听取基层意见;讲一天,邀请包街区领导为党员作专题辅导报告;谈一天,举办"科学发展大家谈",以"建一言、献一策、提一问、出一题"的方式,为街道发展建言献策。

三、强化整改,务求实效,做到"四个坚持"

一是坚持"三个对照",在制定整改落实方案上下功夫。在制定整改方案过程中,对照征求群众梳理意见稿,把群众意见作为整改的重要内容;对照领导班子分析检查报告,把解决领导班子突出问题作为整改的重要方向;对照街道承担的重点工作,把推进"三年大变样"、维护社会稳定等作为整改的重要任务,确保整改方案符合实际,切实可行。

二是坚持强化责任,在完善保障措施上下功夫。建立了责任分包制度,在重点信访案件、重大安全隐患、重点人员稳控以及重点项目推进等方面,实行班子成员分包。建立了调度会制度,对疑难问题集体会诊,共同研究,通力解决。建立了问责制度,对重点整改事项跟踪问效,对分包事项进展缓慢、毫无起色的予以通报批评,限期改正。

三是坚持立足长远,在创新机制上下功夫。建立完善了《领导干部每周下社区制度》、《街道干部服务标准》、《街道干部行为规范》、《工作讲评制度》等12项规章制度。四是坚持突出实践特色,在解决问题上下功夫。坚持边学边改,边查边改,着力解决群众关心的热点难点问题。活动开展以来,街道干部下访308人次,查摆问题87个。目前,已解决小区环境、市场整治、利益纠纷、断水断电、道路维修等问题71件。通过学习实践活动,让更多的群众享受到改革发展成果,推动了街道各项工作健康协调发展,树立了基层干部亲民爱民的新形象。

落实科学发展观　认真贯彻监督法
不断开创人大工作新局面

贵州省安顺市西秀区人大常委会主任　梁昌智

科学发展观是我们党从新世纪、新阶段党和国家事业发展的全局出发提出的重要战略思想。树立和落实科学发展观是今后一个时期一切工作的行动指南。区人大及其常委会作为地方国家权力机关,担负着保证宪法和法律正确实施,审议决定重大事项,推动物质文明、政治文明、精神文明与和谐社会建设协调发展的重任。只有以科学发展观为统领,才能真正履行好宪法和法律赋予人大的各项职权。围绕贯彻落实科学发展观、不断开创人大工作新局面,区人大常委会进行了一些有益的探索和实践,主要有以下几个方面。

一、贯彻落实科学发展观,必须坚持和依靠党的领导。

坚持党的领导,认真贯彻党的路线方针政策,是人大落实科学发展观、依法履行职责的前提。坚持党的领导最重要的是把党关于国家事务的各项主张通过法定程序变为国家意志,动员人民群众贯彻实施。把坚持党的领导、充分发扬民主、严格依法办事有机地统一起来,把加强党的领导同发挥地方国家权力机关作用统一起来,把对党负责和对人民负责统一起来,充分体现党和人民的意愿。

人大工作必须始终围绕工作大局,认准角色,摆正位置,认真贯彻党委意图。对做出的重要决议、决定,开展的重要活动,要及时向党委请示汇报,主动争取党委的支持,把人大工作摆到重要议事日程,及时研究解决人大工作中的困难和问题,这样才能使人大更好地行使职权,发挥作用。注重发挥人大常委会作用,在进行重大决定前广泛征求人大代表意见,审议通过的重大事项,由区政府组织实施,适时进行全过程监督,使人大监督工作更加有利于加强和改善党的执政地位。

二、贯彻落实科学发展观,必须紧紧抓住推进民主法制建设这一人大工作的根本任务。

抓好对各项法律法规贯彻执行的监督,推进依法治区进程,是人大监督工作的根本任务。依法治国是社会主义民主政治的基本要求,督促宪法和法律在本区域的贯彻实施,维护社会主义法制的统一、尊严和权威,必须推进依法行政和公正司法。在保证法律法规的贯彻实施上,区人大常委会重点围绕三个方面开展工作。

一是围绕提高全民法律素质,强化对普法教育工作的监督。法律宣传教育是提高全民法律素质,推进依法治区的基础性工作。区人大常委会以推动“五五”普法规划的实施为着力点,认真听取审议了区人民政府“五五”普法规划,并作出决议。同时,加大对普法规划实施情况的跟踪监督,组织代表对全区法制宣传教育情况进行检查视察,并就加强法制宣传教育针对性、丰富宣传形式、拓宽宣传渠道等方面,提出了意见和建议,为推动全区普法工作、创造良好法制环境,起到了积极的促进作用。

二是围绕促进公正司法,强化司法监督。区人大常委会以严格执法、公正司法为监督重点,专门听取和审议“法检两院”的工作报告,并开展检查和视察。组织代表旁听法院庭审和检察院出庭公诉,促进了司法水平和司法效率的提高。

三是围绕促进依法行政,认真开展执法检查。执法检查中,坚持注重实效的原则,在看、听、议等环节上严格把关,采取现场察看、实地检查、听取和审议专项报告等形式,及时发现和反馈执法工作中的困难和问题,促进问题得到及时解决,从而不断推进依法行政,维护社会公平正义。立足于可持续发展,突出对《环境保护法》的实施情况进行执法检查。针对水源地保护、污水处理等存在的问题,提出了整改意见和要求,促进了全区生态环境的改善。立足于以人为本,关注民生,突出对《中华人民共和国消费者权益保护法》、《中华人民共和国交通安全法》、《中华人民共和国种子法》、《中华人民共和国价格法》、《食品卫生法》、《劳动保护法》等关系人民群众切身利益的法律法规实施情况,进行执法检查。教育问题关系千家万户,直接涉及群众切身利益。区人大常委会对此给予高度关注,围绕“两基”迎国检工作,开展对《中华人民共和国义务教育法》执法检查,加大监督力度,提出建设性意见。立足于提高依法行政水平,突出对《行政许可法》的实施情况进行执法检查。针对群众反映比较集中的个别部门服务质量不高、审批环节过多、办理时限过长等问题,提出了整改要求,促进了政府依法行政水平的提高。

三、贯彻落实科学发展观,必须认真履行好人大监督职能。

抓好对经济工作的监督,促进经济又好又快发展,是人大监督工作的中心任务。区人大常委会依照监督法的具体要求,认真履行职权。

一是对国民经济计划、财政预算执行情况的监督与审查。针对2008年西秀区自然灾害涉及面大,灾后恢复重建工作任务繁重的实际,常委会听取和审查了区人民政府关于2007年财政预算执行和财政决算情况,2008年1至9月财政预算执行情况及国民经济和社会发展计划执行情况,2008年财政预算调整和国家开发银行贷款使用及还本付息资金情况的报告,结合全区经济社会发展实际,作出了相应的决议决定,提出了加快灾后恢复重建进度、推进经济结构调整、加大招商引资力度等建议。认真贯彻落实中央和省、市、区关于扩大内需、保持经济平稳较快发展的精神,及时对全区经济社会发展和财政预算工作的审议意见进行了督查,区人民政府及计划、财政等部门认真落实区人大常委会决议要求和审议意见,完善措施,加强整改,圆满完成了全年各项目标任务。同时,围绕区委工作大局,选择若干关系全局的重点经济工作,通过调查、视察、听取和审议专项工作报告,并及时作出有建设性和针对性的审议意见转交政府办理等形式,切实强化经济监督工作。

二是对"一府两院"及其职能部门开展工作监督。区人大常委会按照人大工作职能,立足人大工作特点,开展对"一府两院"及其职能部门的工作监督。本着既要坚持原则、依法履职,又要摆正位置、把握分寸;既要加强监督、严肃认真,又要换位思考、理解支持的总体要求,成立了开展工作监督的领导小组,制定了开展工作监督的实施意见,确定了2008年开展工作监督的单位和范围,明确了开展工作监督的重要性、特殊性、针对性和严肃性,以及坚持党的领导、依法办事、实事求是、群众路线、协作配合的五条基本原则。认真听取了区人民政府各位副区长,区人民法院院长,区人民检察院检察长,区人民政府司法局、乡企局、城管局、民政局、卫生局、农业局六个职能局局长任职以来的履职情况报告,同时进行了民主测评。在工作监督中既做到了"不缺位"、"不越位"、"不错位",又严格规范各个阶段的步骤和程序。通过监督,既充分肯定成绩,又实事求是地指出存在的问题,有针对性地提出意见,并对意见的整改情况进行跟踪督促,收到了整改实效,达到了强化监督、转变作风、提高效率、促进工作的目的。

三是对社会事业的监督。关注民生,促进经济社会协调发展,是人大监督工作的重要原则。2008年,区人大常委会高度关注涉及人民群众切身利益、社会普遍关注的热点、难点问题的解决。组织在西秀区的全国人大代表和部分省、市人大代表深入有关乡(镇)对全区基础设施、社会事业、工业、农业发展等重点项目建设进行了视察,提出了继续加大重点项目争取,加大农村项目投入,加强项目资金管理等建议。先后组织对农业综合开发项目、雪凝灾后恢复重建、新农村建设、创建和谐"五新"村(居)、城市低保等财政专项资金管理使用情况进行了检查,提出加强对财政专项资金审计、监督管理,提高资金使用效率等建议。组织开展对农业、教育、环保、社会治安综合治理、禁毒、农村合作医疗等相关工作进行了督促检查。通过开展督促检查,听取专项工作报告,提出了审议意见,有效地推动了各项工作的落实。

四、贯彻落实科学发展观,必须注重发挥代表主体作用。

人大代表是人民代表大会的主体,它来自人民,植根于人民,是人民当家作主的集中体现,是党和政府密切联系群众的重要渠道。代表作用的发挥直接关系到人民群众根本利益的实现,如何在选民与代表、代表与人大、人大与政府之间构建起科学规范的联系渠道和工作机制,还有很大的探索空间。为此,区人大常委会始终坚持把做好代表工作作为人大工作的基础,以建立机制、加强联系、完善服务为重点,努力提高代表履职能力,保障人大代表依法行使职权,密切人大代表同人民群众的联系,现代表工作的新突破。

一是积极开展代表活动,提高履职能力。加强代表学习培训。采取集中培训、以会代训等多种形式,组织人大代表进一步学习了《中华人民共和国宪法》、《中华人民共和国代表法》、《中华人民共和国组织法》和有关业务知识,组织部分各级人大代表参加省、市、区人大常委会组织的各类学习培训,提高了代表的参政议政能力。依法补选代表。对因工作需要调离本辖区而出现代表缺额的情况,常委会及时组织有关选区按程序进行补选。邀请代表列席常委会会议。拓宽代表知情知政渠道,坚持向代表提供人大和"一府两院"工作情况资料、全区经济社会发展相关资料,为代表依法履职创造条件。四是组织开展好代表活动,调动广大代表认真履职的积极性。

二是组织代表视察,发挥代表作用。受省、市人大常委会委托,区人大常委会组织西秀区选举的省、市人大代表,听取了西秀区人民政府和开发区管委会2008年国民经济和社会发展计划执行情况、财政预算情况及改革发展稳定的报告,对两城区重点工业建设项目、人民群众关注的城建、交通、环保等工作进行了实地视察。委托各乡(镇)人大主席团、办事处人大工委组织区人大代表开展了视察。视察中,代表们提出了一些很好的意见和建议,区人大常委会将意见建议梳理后及时上报市人大常委会,属本行政辖区的责成区有关部门尽快加以落实,督促解决了一些关系经济社会发展和涉及人民群众切身利益的问题。

三是督办代表建议,激发代表热情。常委会高度重视代表建议、批评和意见的督办工作,形成了较为完善的办理机制。区三届人大第三次会议期间,区人大代表肩负人民的重托,本着对全区经济社会发展高度负责的态度,共提出建议、批评、意见56件。常委会及时对所提建议进行了归类整理,组织政府及有关部门召开了人大代表意见、建议交办会,对办理工作进行了安排部署,在法定时限内将所提意见和建议移交区人民政府、安顺经济技术开发区办理。并要求承办单位征求提议代表建议意见,将办理情况答复提议的代表,办复率为100%。通过督办代表建议,激发了代表参政议政的积极性和责任感。

五、贯彻落实科学发展观,必须树立开拓进取的创新意识。

坚持与时俱进,积极探索新举措,是人大工作永葆生机的关键。人民代表大会制度建设本身是一个逐步完善的过程,创新人大工作也需要不断的探索,只有坚持创新,人大工作机制才能不断完善,人大工作才能充满生机与活力。在工作创新上我们重点从以下方面入手。

一是加强制度建设。在制度建设方面,坚持常委会自身建设和履职能力建设相结合,坚持依法履职同维护群众利益相结合,坚持完善监督制度和创新监督方式相结合,制定和完善一系列工作制度,使监督主体懂得如何进行监督,监督对象知道如何接受监督。

二是改进代表工作。在代表工作方面,变代表和群众为常委会组成人员下去走访,主动征求代表和人民群众的意见建议,提高人大代表参政议政的积极性和主动性。把人大代表平时或走访时提出的意见和建议同人代会期间提出的意见和建议一样进行办理,实现代表工作的新突破。

三是把好人事任免关。在人事任免方面,对任命的国家机关组成人员,继续坚持任前法律考试、考察、作供职报告等形式,保证常委会组成人员的知情权,正确行使表决权。坚持敢于监督和善于监督的统一,既充分体现人大的权威性,又寓支持于监督之中。

六、深入贯彻落实科学发展观,推动人大工作创新发展,必须加强常委会自身建设

加强常委会自身建设,是做好人大工作的前提和基础。区人大常委会始终把自身建设摆在突出位置,把"忠实于党、立足于法、着眼于民、致力于创"作为加强自身建设的基本要求,着力加强思想、作风建设,努力提高议事水平和工作效能。

一是加强理论学习,提高干部素质。区人大常委会组成人员、机关工作人员认真学习贯彻党的十七大、十七届三中全会精神,学习和实践科学发展观以及省、市、区委各项决策部署,组织学习各类法律法规及人大有关的业务知识,注重提高人大机关工作人员的理论素养,增强创新意识,激发工作热情。组织机关干部积极参加省、市、区举办的各类培训班,鼓励年轻同志参加继续教育,努力营造浓厚的学习氛围。

二是转变机关作风,提高服务水平。根据全区机关作风整顿"回头看"活动和党的基层组织建设年活动的安排部署,常委会结合人大实际,将"两个活动"与促进各项工作结合起来,切实加强领导,认真研究分析,制定实施方案,落实工作任务。推动人大机关党员干部进一步改进工作作风,提升服务水平,努力把人大机关建成基层满意、代表肯定、群众认可的服务型、廉洁型机关。通过全体干部职工的共同努力,常委会各项工作有序推进,取得了明显的成效,达到了预期目的。

三是联系工作实际,做好宣传工作。围绕常委会审议的议题和监督工作中的重大问题,常委会组成人员和人大机关干部,深入开展调查研究,撰写调研报告,提出工作建议,为推动各项工作的有效开展建言献策。坚持把《西秀人大》双月刊、《人大信息》、各类工作简报、专题宣传栏和报刊等作为宣传人民代表大会制度和人大工作的重要阵地。做好《安顺市西秀区人民代表大会志》编纂工作。经过编纂人员的艰辛努力和各级各部门的大力支持,2008年底,志稿编纂工作圆满结束。坚持对乡(镇)人大主席团和办事处人大工委的联系,进一步指导乡(镇)人大主席团和办事处人大工委完善各项工作制度、依法履职。加强与省内外兄弟县(区)人大的交流与工作往来,坚持参加人大工作理论研讨会,学习外地人大工作经验,拓宽思路,开阔视野,促进人大工作不断在实践中开拓创新。

坚持科学发展观,推动人大工作创新发展,是人大及其常委会在新的历史时期的重大课题,我们要始终坚持正确的政治方向,坚持党的领导,坚持依法治国基本方略,积极推进民主政治制度化、规范化、程序化,保证人民当家作主的权利和自由,充分调动人民群众的积极性和创造性,切实维护群众的根本利益,为党和国家长治久安提供政治和法律制度保障,不断开创人大工作新局面。

依法行使监督职能　充分发挥人大作用

贵州省锦屏县人大常委会主任　王经勇

人大及其常委会的监督是代表国家和人民进行的具有最高法律效力的监督。我县人大常委会依照《宪法》和有关法律的规定,认真履行监督职责,不断改进监督方式,创造性地开展工作,取得了一定成效,有力地促进了地方经济建设稳步健康的发展。2008 年,我县国内生产总值增长 10.2%,财政总收入增长 21.60%,城镇居民人均可支配收入增长 11.9%,农民人均纯收入增长 7.8%。

一、着眼科学发展,围绕我县经济建设开展监督

落实科学发展观,实践科学发展观,是新形势下经济建设与社会进步的指导思想,也是人大实施工作监督的着眼点和出发点。近年来,我县人大常委会紧紧以科学发展观为统领,围绕经济建设这个中心,始终把促进改革开放和经济全面协调可持续发展作为监督的重点,每年定期听取和审议县人民政府关于国民经济和社会发展计划执行情况、财政预算执行情况和预算执行及其他财务开支审计报告,每两个月召开一次常委会议,听取和审议政府、法院、检察院三家的工作报告,并对工作报告实行"满意"、"基本满意"、"不满意"票决,并已形成制度。此外,每月召开主任会议听取政府职能部门就某一方面的专题工作汇报。不论是在开人大常委会会议之前,还是主任会议之前,为了掌握第一手资料,提高审议的质量和效果,常委会组成人员和常委会机关都分组深入到乡镇、村和有关单位、学校、企业进行调研,针对存在的问题,提出审议意见,审议意见一经常委会表决通过,会后将督促政府及有关职能部门认真整改落实,并形成书面报告报送常委会。几年来,重点开展了对农业、雪凝灾害及灾后重建、林业、移民、教育、卫生及新型农村合作医疗、交通、城建、扶贫、城乡低保、人,与计划生育、政府要办的实事、社会治安、法院执行、民事审判、检察院反贪、刑事检察等工作的监督。同时,根据同级党委的安排,常委会正副主任还直接参与有关项目的实施和协调工作,做到在参与中监督,在监督中支持,有力地促进了全县经济社会的全面发展。

二、关注民生,以人民利益为重,对人民群众普遍关心的热点和难点问题进行监督

县人大常委会始终把民生问题,特别是事关人民群众切身利益的热点和难点问题作为监督的重点,认真开展监督工作。近年来,我们主要从以下几个方面进行:一是认真办理人大代表议案、建议。人大代表议案、建议集中反映了人民群众的愿望和要求,为了加强对代表议案、建议的督办力度,县人大常委会制定了办理人大代表议案、建议的规定,大会形成的议案由主任会议督办。并选择有典型性、全局性的建议由人大常委会正副主任重点督办。在办理中,对不认真办理答复代表建议的单位及责任人进行通报批评。几年来,代表建议办理满意率不断提高。二是组织代表开展调研、视察活动。县人大常委会每年组织县人大代表对群众普遍关心和反映强烈的问题及政府要办的实事落实情况等方面内容开展调研、视察,提出建议和意见,督促政府落实。三是对人民群众来信来访反映的重大问题进行调查督办。通过以上形式对群众普遍关心和反映强烈的热点、难点问题进行有效监督,取得较好的效果。如 1999 年县香料厂污水严重污染城关地区自来水水源问题,经调查责令香料厂整改,使问题得到解决;2000 年发现个别中小学校存在乱收费现象,县人大常委会组织有关部门深入乡镇、学校调查,对违反规定的予以通报,责令整改,将多收的经费退还学生家长;2003 年代表反映部分女教师产假被扣工资的问题,责成政府调查核实,限期整改,使问题得到纠正。市场牛肉注水,群众曾经反映强烈,代表也提出意见,常委会根据代表意见,作为重点督办,主要领导亲自组织召开有关会议协调,加大督办力度,经过多次专项整治,基本治理了牛肉注水问题。常委会还对城镇建设,土地开发利用、农网改造、农税改革、财政专项资金使用情况、饮用水安全和江河环保问题等群众关心的重大事项进行监督,促进了政府各项工作的开展。

三、开展执法检查,加强法律实施情况监督

认真开展执法监督，是保证国家法律法规在我县正确贯彻实施的有效形式，是法律赋予人大及其常委会的一项重要职责。在推进依法治国、依法治县进程中，根据上级人大的要求，结合我县实际，每年制定执法检查计划，并认真抓好落实。几年来，开展了《农业法》、《食品卫生法》、《人口与计划生育法》、《行政处罚法》、《行政许可法》、《招投标法》、《人民政府采购法》、《消防法》、《森林法》、《环境保护法》、《义务教育法》、《妇女儿童保护条例》、《交通安全法》、《建筑法》、《城市建设管理条例》、《城市市容和环境卫生管理条例》、《土地管理法》、《民族区域自治法》、《劳动法》等50多部法律法规执行情况进行检查。在深入调查研究的基础上，听取"一府两院"关于上述法律法规执行情况的汇报。并形成常委会执法检查组的执法检查报告，提交常委会审议。在肯定成绩的同时，指出存在的问题及不足，针对存在的问题及不足提出建议意见，经常委会审议后形成审议意见，交"一府两院"办理落实，并限期整改，为我县营造了良好的执法环境，吸引了大批客商到我县投资开发，促进了我县非公有制经济的发展。

四、加强干部任前监督，把好任命关

依法行使人事任免权是法律赋予人大及其常委会的一项重要职权。人大闭会期间，县人大常委会依照法律的有关规定和人事任免程序，不断拓宽监督渠道，严格把好干部任前关。

1、实行任前公示制度。为了扩大广大人民群众对任命干部的知情权、选择权，接受社会监督，县人大常委会对提请任命的国家机关工作人员实行公示制度，即将拟任命人员的拟任职务及基本情况在公示栏内和有线电视上进行公示7天，广泛听取人民群众的意见和建议，接受群众监督，若举报有违法违纪行为的，责成有关部门调查核实，举报属实的不再提请任命，严把任命资格审查关，为用好人选好人打下基础。

2、实行法律知识过关考试制度。县人大常委会对被提请任命的干部进行任前法律知识过关考试，即对拟任命的人大常委会工委室负责人、人民政府及其组阁部门负责人、人民法院和人民检察院人员，实行法律知识过关考试，根据工作性质分为三套试卷，即人大类、行政类、司法类，考试内容分为公共法律知识和专业法律知识，实行闭卷考试，对法律知识考试不及格者不予提请审议任命。通过几年来的实践，充分调动了干部学法、知法、守法、用法的主动性和积极性，进一步增强了国家机关工作人员法律意识，提高依法办事自觉性。

3、实行任前供职发言制度。经过公示和法律知识过关考试后，提请审议任命的干部，分别实行任前供职发言制度，即向人大常委会承诺：如通过任命后，怎样开展工作，履行职责，自觉接受人大及其常委会的监督。若审议表决未获通过，自己怎样努力工作，接受组织和人民的选择等进行表态发言，以作为对干部监督的依据之一，使人大常委会组成人员进一步了解被拟任同志的工作思路和工作态度，充分行使表决权。

4、做好审议表决并颁发任命书。审议表决时，在坚持集体行使职权的前提下，组成人员以对党对人民高度负责的精神，以大局为重，以人民利益为重，按照德才兼备、任人唯贤、注重实绩和能力以及群众公认的原则，把好干部"四化"标准，正确行使表决权，努力把党的主张和依法任免有机结合起来，让组成人员有充足时间发表自己的意见和建议。审议表决通过后，县人大常委会对被任命的干部颁发任命书，并选定被任命的人员代表作就职发言。以增强被任命人员的责任感、使命感和公仆意识，提高对人大性质、地位、作用的认识。通过几年来的实践，树立了人大常委会的威信。

五、强化干部的任后监督，把监督人与监督事结合起来

为加强对任命干部的监督管理，我县人大常委会从1998年以来，开展了对人大常委会任命干部的述职评议工作，把干部述职评议列为年度工作计划并形成制度。每年至少评议6名"一府两院"组成人员。县人大常委会成立干部述职评议组，从组织、纪检、审计等部门抽调人员组成，制定严格的干部述职评议方案，在自查自纠的基础上，深入到被评议人员所在单位组织召开干部职工、离退休老同志参加的述职报告会，听取被评议人员的述职报告，由单位干部职工按优秀、称职、基本称职、不称职四个等次无记名测评，并分别与单位职工谈话，走访有关单位，充分听取干部群众意见，然后召开县人大常委会会议，邀请乡镇人大主席、副主席和部分县人大代表参加对被评议对象进行评议，按优秀、称职、基本称职、不称职四个等次，对其以无记名投票，以得票超过半数确定等次，形成评议意见。在充分肯定成绩的同时，指出存在的问题和不足，限期在三个月内向人大常委会作整改报告。对评定为基本称职或不称职的，建议县委调离工作岗位和免职处理。如2000年对被评定为基本称职，整改又不落实的交通局长和法院执行庭长，建议县委调离工作岗位和免职处理，严肃了干部述职评议制度，教育了干部，进一步树立了干部勤政为民，廉洁奉公的思想意识。同时，要求未被评议的其他所任命的公务员、法官、检察官年底写出述职报告。对工作不负责任，打不开工作局面的找其进行戒勉谈话或质询。乡镇人大主席团对副乡镇长、股室所站负责人也开展了述职评议，并已形成良好的人事任免监督氛围。《监督法》颁布实施后，我们改述职评议为工作评议，每年评议2-3个单位或部门，并出台了《工作评议办法》，评议工作不仅评议局长（主任），也评议整个班子成员，评议形式和步骤基本与述职评议一样，大大地推进了工作的顺利开展，提高了效率，得到了党委的重视、政府的积极响应和支持，也得到了代表和群众的赞誉。

六、不断探索重大事项决定权，加强信访督办，积极开展个案监督

宪法规定广县级以上地方各级人民代表大会和常务委员会讨论决定本行政区域内各方面工作的重大事项"。地方组织法规定"县级以上地方各级人大及其常委会讨论决定本行政区域内的政治、经济、教育、科学、文化、卫生；环境和资源保护、民政、民族等工作的重大事项"因此，我县人大常委会在充分履行职责过程中，对行使重大事项决定权进行积极的探索。几年来，审议通过了《锦屏县2000—2020年国民经济和社会发展规划》、《锦屏县2006-2010年国民经济和社会发展规划》、《锦屏县扶贫工作规划》等重大事项，并作出相应的决议。为推进依法治县进程，人大常委会作出了《锦屏县依法治县的决议》、《锦屏县"五五"普法宣传教育的决议》。同时，还出台了《锦屏县人大常委会关于司法机关实行重大案件、重大事项报告制度》，要求公安、法院、检察院对重大案件、重大改革事项及时向人大常委会报告，以便人大常委会实行有效监督。常委会还对全县影响较大、人民群众反映强烈的民生问题，如清水江、小江河水污染问题，及时作出了"关于治理清水江、小江河污染的决议"等。通过人民群众来信来访这个渠道，积极对一些个案进行监督，促使人民群众合理诉求得到落实，确保人民群众权益得到保障。

通过人大工作十余年的实践，使我深深体会到：

（一）人大工作必须坚持和依靠党的领导，这是做好人大各项工作的根本保证。在行使重大事项决定权、人事任免权、监督权的工作中，我们始终坚持决定重大问题和重大事项及时向党委请示汇报，争取党委的支持，所以各项工作都开展得比较顺利。

（二）人大工作必须坚持走群众路线，这是做好工作的基础。我们实行的《锦屏县人民代表大会议事规则》、《锦屏县人大常委会议事规则》、《锦屏县人大常委会组成人员守则》、《锦屏县人大常委会主任会议议事规则》、《锦屏县人大常委会联系人民代表大会代表办法》、《锦屏县人民代表大会代表建议、批评和意见的提出和办理办法》、《锦屏县人大常委会信访工作办法》等制度，都是要求人大常委会组成人员和机关工作人员多深入基层，多接触代表和群众，多听取代表和群众的意见和呼声，为代表履行职责做好服务。对这项工作，人民群众和人大代表是予以肯定的。虽然人大常委会不直接解决问题，但群众有意见肯到人大机关来反映，他们对人大常委会寄以很高的期望。

（三）人大工作必须坚持民主集中制，注重发挥全体组成人员的积极性和创造性，这是做好人大工作的内在动力。常委会领导班子成员和人大常委会组成人员，始终做到思想统一，步调一致，分工协作，不搞内耗，各项工作协调发展。主要是我们做到了大事集体研究，小事互相通气，班子成员经常沟通，整体合力增强。

（四）人大工作必须抓重点、按程序、依法办事，这是做好人大工作的根本要求。人大工作怎样才能突出重点，监督到点子上，首先要善于调查研究，工作要有前瞻性、计划性，增强主动性。要根据党委的工作中心，安排好人大常委会的工作要点，做到年度有计划，按月有序抓落实，使监督取得实效。

（五）人大工作必须加强自身建设，不断提高监督质量和效率，这是时代的要求，形势发展的需要。人大常委会组成人员及机关工作人员，要加强科学发展观的理论学习和法律法规、人大业务、现代科技知识、市场经济知识的学习，不断提高政治素养和法律水平，同时，要进一步总结和探索人大监督方式、方法，不断规范监督程序，提高监督的质量和效果。我们除了加强理论、法律、业务的学习外，还在办公条件、对外交往学习等方面作了积极的努力和改善。

总之，我们在依法行使监督职能方面，作了一些积极的探索，也取得了一定实效，但是这些工作与新形势的要求还有很大差距，还需要我们在今后的工作中大胆探索，开拓进取，认真履行法律赋予的职责，才能不断推进人大工作的全面发展。

乡镇人大工作的价值取向

湖南省新化县油溪乡人大主席　黄智勇

乡镇人民代表大会是我国根本政治制度的基础环节，也是我国最基层的国家权力机关，处于民主法制建设的最前沿，对保证宪法和法律在基层的正确实施有着不可替代的作用。作为最基层的权力机关，乡镇人大是最广大人民群众参与国家事务管理、行使当家作主权力的基本形式和途径。可以说，乡镇人大的工作水平，直接关系到依法治国方略在基层的实施和民主政治建设的进程。当前，乡镇基层工作面临许多新情况、新问题，特别是随着农业税的全面取消，过去的硬任务没有了，有些农村工作可管可不管，乡镇政权自身建设出现了弱化的倾向。我们要认真学习十七届三中全会有关新农村建设的精神，紧密联系农村工作的实际，深化对乡镇人大工作重要意义的认识，更好地发挥和行使人大职权，确保各项惠农政策的落实，以人为本，让人民群众共享改革开放和社会主义新农村建设的成果。因此，理清新时期乡镇人大工作的价值取向，对做好新时期乡镇人大工作具有良好的导向意义。

第一，行使监督权要以“增强实效”为价值取向。“人大监督工作容易搞虚，不容易做实。增强实效是做好人大监督工作的关键。”增强乡镇人大的监督实效，要按照吴邦国委员长关于监督工作“围绕中心、突出重点、一抓到底”的要求，切实抓住那些带有普遍性和倾向性，通过审查和批准本行政区域内的财政预算和预算执行情况的报告、听取和审查乡镇人民政府和人民代表大会主席团的工作报告等形式，真正抓出监督实效。一方面要理顺党委、人大、政府的关系，做到各司其职，变过去“党委决策、政府执行”为“党委决策，人大决定、政府执行、人大监督”的体制，从国家领导制度上解决以党代政的问题；另一方面要理顺与同级政府的监督与被监督的关系，努力做到决定不越权、监督不失职，帮忙不添乱。

第二，开好乡镇人民代表大会要以“依法民主”为价值取向。乡镇人民代表大会是本行政区域内权威最高的会议、从形式到方法，从程序到内容，法律都有明确规定，乡镇人代会的几个主要报告要提前发给代表，代表要预先审阅，并围绕报告进行调研，征求选民意见，从而改变部分乡镇人大代表开会不发言，发言不切题的情况。乡镇党委、政府应当支持、配合乡镇人民代表大会行使职权，乡镇人民政府应主动接受监督并报告工作。与此同时，要努力营造乡镇人民代表大会的民主氛围，尊重代表的民主权利。提高会议实效。乡镇人大主席团应协调乡镇负责人在会中对代表的意见和建议及时进行答复和办理，安排乡镇政府职能部门负责人参加分组讨论，接受代表询问。在正式会议上进行的表决，特别是表决各项决议时，应采取无记名投票的方式，以充分体现人民民主，确保人民意志顺畅实现。

第三，发挥乡镇人大代表作用要以“正确履职”为价值取向。乡镇人大代表是由辖区选民直接选举产生的，直接面对的是广大农民群众。乡镇人大要把发挥代表作用摆在重要位置。从思想上、组织上、物质上对代表依法执行职务予以关心和支持。要加强对代表的学习培训，采取各种形式，组织代表学习党的路线、方针和政策，学习人大工作的基本理论和法律知识。要定期向代表通报政情，通过走访代表、召开座谈会、寄送信息资料等形式，把党和国家的方针、政策，新出台的法律、法规，重大决策和举措，及时传达给代表，为代表知情议政创造条件。要按照就近就地，便于活动的原则，建立健全代表活动小组，保证代表小组每季度至少活动一次。要选择当地经济和社会发展中的重点和群众关注的热点、难点问题，组织代表开展视察、检查和调查活动，有针对性地提出意见和建议。要认真督办代表建议，凡是经过努力能办到的，督促政府认真办理，并办出成效。要通过开展代表向选民述职，评选先进代表小组和优秀人大代表等活动。

促使代表与选民保持联系，增强代表履职的责任感。

第四，加强乡镇人大自身建设要以“制度建设”为价值取向。由于监督法的实施和相关法律法规的修订，乡镇人大的工作也应不断深化，需要对原有的制度进行修改和补充，更要制定一些新的制度来规范，以保障乡镇人大工作的顺利进行。要建立和完善代表小组活动、人大主席团自身建设、主席团例会、主席团成员联系代表、代表议案和建议督办、接待代表和群众来信来访、组织代表视察、检查、调查等方面的制度，使乡镇人大工作步入制度化、规范化的轨道。

牢固树立“四个意识”，做好人大信访工作

湖北省十堰市茅箭区人大常委会　刘兴林

胡锦涛总书记指出：“信访工作是为人民群众排忧解难的工作，也是构建和谐社会的基础工作。在当前社会矛盾多发的情况下，信访问题是回避不了的。信访工作必须长期不懈地抓下去。构建社会主义和谐社会需要不断增加和谐因素，最大限度地化解不和谐因素。信访工作要承担起这项任务。”这对信访工作提出了新的更高的要求。

1、树立宗旨意识，找准目标定位。牢记为人民服务宗旨，始终把人民群众的利益放在第一位，把信访工作的出发点和落脚点放在为人民群众解难题、办实事上。信访工作是我们党执政为民性质的体现，连着千家万户。要将信访工作摆上突出位置，纳入议事日程。搞信访工作要立足解决问题，而不是躲开、推掉这些问题，要及时找准信访中的突出问题和矛盾。信访工作就是要发现问题、解决问题的过程，就是要了解民情、联系群众的过程，抓信访，不是要“物汤止沸”，把矛盾压下去就拉倒，而是要“釜底抽薪”，实实在在地解决问题，达到息访息诉。特别是人大信访工作，要立足化解矛盾，督办及时到位，解决现实问题。区人大常委会对群众关注的信访热点、难点问题定期进行综合分析，对基本一些带倾向性、苗头性、普遍性的问题，要组织力量，认真开展刑事诉讼审判及监督专题调查研究，广泛听取群众意见，切实拿出解决的措施和方法，从源头上着手逐个解决。在解决矛盾和问题过程中，努力提高化解矛盾的能力和水平。特别是一些积案和重访对象更要认真对待，采用单个突破，一事一了，让信访者满意或基本满意。信访干部一定要站在老百姓的立场上，俗话说：“上山打虎易，开口告状难”，一些群众选择信访的方式反映问题，一般都有这样或那样的实际困难，往往也反映出有关单位平时工作中的缺点和不足，不少问题正是由于长期忽略、漠视群众需求才造成的。

2、树立责任意识，担当信访工作。责任意识是指每个人对自己正确承担的社会职责、任务、使命的自觉意识。在如今这个社会转型时代的矛盾多发期，特别要加强领导、强化责任，有要求做到群众反映强烈的信访问题得到及时妥善处理，越级访、集体访才能明显减少，督办件、批办件才能按时保质保量完成。检验信访工作成效的标准，是对每一件信访事件都要弄清情况、分清是非，全面掌握人民群众诉求，确保民意、民情、民智顺利上达，是做好信访工作的前提和基础。做到履行职责不推诿，解决问题不要拖，畅通渠道不要压。一个信访案件，对一个单位来讲，可能不是大事，而对信访人来说，就是100%的大事，如果处理不好可会给一个人或家庭带来巨大的痛苦。信访干部一定要站在老百姓的立场上，设身处地为他们着想，不要一听上访就嫌麻烦，就认为“小题大做”，甚至“无理取闹”，百姓是我们的“衣食父母”，他们有事着急，来信上访，我们当然要认真对待，耐心听取他们的诉求。心为老百姓着想，情为老百姓所系。

3、树立创新意识，努力转变作风。创新是一个民族进步的灵魂，是一个国家兴旺发达的不竭动力，也是各项事业发展的前提和基础。信访问题多不多，是衡量一个单位、一个地区工作成效好坏的“晴雨表”。人大信访工作，政治性、法律性、业务性都很强，从事人大信访工作，要不断学习、不断实践、不断提高，只有边学边干，边干边学，才会适应、才能胜任、才有创造，才有做好人大信访工作的信心和“底气”。要尊重信访的权利，对上访人负责，拥有忠于人民的感情、责任和境界，真正做到思想

上、品质上、能力上“代表”人民。我们是人民的公仆,就应该正确对待群众呼声,植根于人民,服务于人民,哪些来信来访反映是芝麻大的小事,也要细心对待,认真办理,老百姓才能信任党和政府,从根本上解决信访多的问题。对群众来信来访认真对待,不是动了恻隐之心,而是一种政治责任,不是选择策略安排,而是服务价值取向,不是出自权宜之计,而是解决根本要求。

4、树立法律意识,做到依法办访。田家英同志对信访情况进行分析研究,把取闹的人分为无理取闹和有理取闹,又对有理取闹的人提出了“两案处理”的原则,对他们扰乱秩序的行为进行批评教育,必要时由公安部门予以制止,而对他们要求合理的部分,则认真给予解决。现在有些地方的领导为了摆平和搞定,不惜牺牲原则和国家利益,对一些声势较大的无理取闹者也一味迁就,其负面影响的示范效应是非常严重的。当前信访工作,既存在着有法不依、执法不力的现象,也存在着法制不完善、无法可依的情况。要使群众消除“大闹大解决,小闹小解决,不闹不解决”的错误想法,积极引导群众依法逐级有序信访,既在不断增强法制观念和责任意识,依法有理、有节地做好上访群众的疏导、劝返工作,让信访人心悦诚服,又要讲究方式方法,防止简单粗暴,从而不断提高应付和处理突发件的能力。同时,在信访工作实践中,推进信访工作的制度化和法制化。前国家信访局长周占顺曾说,80%的群众上访有道理或有一定实际困难和问题应予解决,80%以上是可以通过各级党委、政府的努力加以解决的,80%以上是基层应该解决也可以解决的问题。要让全社会的人都懂“规矩”,要求所有的人都“守规矩”。老百姓渴望社会公道,人民当家作主,一定要让群众打得起官司,有理就能打赢官司,特别要加强“涉法涉诉”信访工作,加大法律援助力度,降低诉讼成本,还百姓一个公道,使群众打官司既“公正”,又比较“便宜”、比较“方便”。

信访工作是党和政府发扬民主、体察民情的重要渠道,也是各级党委、政府同人民群众最密切、最直接的一项工作。信访工作被喻为社会关系的“润滑剂”,社会矛盾的“调节器”,党与群众的“连心桥”。人大信访工作要确保信访渠道畅通,使国家的长治久安和社会的公平正义,能够得到最坚实的保障,促进经济社会健康发展。

以科学发展观为指导
全面加强地方人大工作

河北省石家庄市新华区人大常委会主任　门秀敏

科学发展观是我们党为适应形势发展变化,提出的新的执政理念。它不仅是新时期全面加强党的建设的行动纲领,而且是坚持和完善人民代表大会制度,构建和谐社会的理论指导。在新的形势下,地方人大及其常委会作为地方国家权力机关,要深刻领会科学发展观的内涵和精神实质,准确把握科学发展观对人大工作提出的新要求,积极更新监督观念,充分发挥人大职能作用,在工作实践中努力开创人大工作新局面,为科学发展营造和谐的社会环境,确保人民群众享受改革开放的成果。

一、坚持解放思想,更新人大监督工作理念

思想是行动的先导。以科学发展观为指导,做好新形势下人大工作,必须坚持解放思想,切实更新监督理念,夯实贯彻落实科学发展观的思想基础。

(一)要树立“为发展监督”的理念。科学发展的第一要义是发展。在促进发展上,人大与政府在工作目标、工作方向上是一致的。只有始终不渝地抓好发展这个执政兴国的第一要务,才能保证人大工作的最终方向。我区人大换届伊始,明确提出了“监督的目的就是要促进发展,监督的效果就是要促进和谐”的监督思想。几年来,我们坚持以这一监督思想为指导,自觉树立为发展而监督的理念,依法履行宪法和法律赋予的各项职责,促进了政府各项工作的健康开展,实现了监督与支持的和谐统一。

(二)要树立“为人民监督”的理念。科学发展观的核心是坚持以人为本。人大及其常委会作为国家权力机关,代表着广大人民群众的根本利益。人大工作的成效如何,最终要让人民群众来检验。

人民群众评价人大工作，关键是要看人大工作是否反映了民意、体现了民生、维护了民利。因此，地方人大及其常委会要牢固树立为人民而监督的理念，始终把实现好和维护好人民群众的根本利益作为人大工作的出发点和落脚点，体现和落实到人大工作的各个方面，使人大工作经得起实践和群众的检验。

（三）要树立"为法治监督"的理念。依法治国是科学发展观的重要内容。推进依法治国，保障宪法、法律、行政法规在本行政区域内全面、正确实施，不断健全和完善社会主义法制是地方人大及其常委会的重要职责。地方人大及其常委会要坚持以科学发展观为指导，切实强化法治监督理念，以促进司法公正为重点，以执法检查为抓手，以普法教育为基础，不断加大法律监督工作力度，维护社会公平正义和法律权威性，努力为实现经济社会又好又快发展营造良好的法制环境。

二、立足科学发展，增强人大监督工作实效

围绕中心、服务大局，是做好人大工作的重要原则。人大工作必须牢牢抓住发展这个党执政兴国的第一要务，全面部署和统筹各项工作，努力促进经济社会又好又快发展。

（一）以科学发展观为指导，依法行使好监督权，促进经济社会又好又快发展。搞好监督工作，对人大及其常委会来讲，不仅要敢于监督，而且要善于监督，要监到点子上，督在关键处。一是要坚持以科学发展观为指导，按照围绕中心、突出重点、讲求实效的原则，紧紧抓住事关全区改革发展稳定大局的"三年大变样"工作、预算编制及执行、项目建设、城市规划管理、新农村建设等全区重点工作，采取听取专项工作报告，进行视察检查等方式，依法加大工作监督力度，促进辖区经济社会平稳较快发展。二是要坚持以人为本，把人民群众最关心、最直接、最现实的利益问题作为监督工作的着力点，在教育、卫生、社会保障、社会治安等方面高度关注人民群众的利益诉求，认真解决他们的实际困难，为保障和改善民生发挥积极作用。三是要坚持以促进司法公正为抓手，认真加强对法院案件审理、案件执行和检察院履行检察职责等情况的监督，积极改进执法检查方式，深入开展执法检查，依法保障各项法律法规在本辖区贯彻落实，切实维护法律权威。

（二）以科学发展观为指导，依法行使好决定权，推进科学执政、民主执政。讨论、决定本行政区域内的重大事项是宪法和法律赋予人大及其常委会的一项重要职权。地方各级人大及其常委会要坚持以科学发展观为指导，依法行使好重大事项决定权，努力实现决策的民主化、科学化。一是要深化对行使重大事项决定权的认识。依法科学界定重大事项，使重大事项的决定更加符合推动经济社会科学发展的需要。二是要进一步完善行使重大事项决定权的规则和程序，及时制定《地方人大常委会讨论决定重大事项的暂行规定》。根据辖区中心工作，及时对本行政区域内改革、发展、稳定中的重大事项作出决议或决定，把党的主张通过法律程序变成国家意志，增强决策的民主化、科学化和透明度。三是要把握"科学"定位，突出"发展"主题，用科学发展观贯穿决策的全过程，形成决策之前重调查、决策过程讲民主、决策内容求实效的工作机制，促进辖区经济建设和社会各项事业的协调健康发展。

（三）以科学发展观为指导，依法行使好任免权，确保权力在阳光下运行。地方各级人大及其常委会要坚持党管干部和人大依法任免相统一的原则，着眼于形成正确的用人导向，真正把那些德才兼备的优秀干部选拔到领导岗位上来，为推动科学发展提供人才和智力支持。首先，要根据干部人事制度改革的方向，健全和完善人事任免工作制度，严把主任会议初审、法律知识考试、供职发言、颁发任命书等人事任免关，进一步规范人事任免工作程序。其次，要全面贯彻落实《监督法》，积极改进工作评议制度，深化对"一府两院"组成人员开展工作评议的层次和数量，对"一府两院"被任命人员采取年初听谋划、年底看总结等措施，强化干部任后监督，增强被任命人员的国家意识、公仆意识和执政为民的责任感。为进一步加强和改进人事任免工作，我们研究制定了《新华区人大常委会人事任免和监督暂行办法》，使人事任免工作走上了制度化、程序化、规范化轨道，为促进我区经济社会又好又快发展提供了坚强的组织保障。

三、注重以人为本，充分发挥人大代表作用

以科学发展观为指导，做好地方人大工作，必须坚持以人为本，最大程度反映人民群众的意愿和要求，最大限度凝聚各方面的智慧和力量，充分发挥好代表作用。

（一）完善联系代表机制，畅通民意反映渠道。为进一步密切与代表的联系，我们采取"走出去"和"请进来"的方式，积极加强联系代表的制度化、规范化建设。“走出去”主要是出台了常委会领导联系乡镇人大和街道人大工作室制度、代表梯形联系网络制度。要求常委会组成人员深入实际开展调研，定期走访代表，了解代表意愿和群众心声，广泛听取和征求代表对各方面工作的意见，帮助代表解决履职中的实际问题。“请进来”主要是探索建立了市、区人大代表接访日活动制度，由市区两级人大代表轮流值班，定期接待群众来访，听取辖区群众对“一府两院”工作的意见，及时解决人民群众反映强烈的热点、难点问题。

（二）完善激励约束机制，激发代表履职热情。为提高代表履职的积极性，我区人大积极建立健全代表履职的激励机制。一是制定评选优秀代表小组、优秀人大代表、优秀人大工作者活动制度，以表彰和树立先进典型，引导各代表小组开展活动，提高了代表活动的质量。二是制定了《新华区人大常委会关于加强闭会期间代表小组活动的意见》，使代表活动形式和内容更加丰富，代表作用得到进一步发挥。三是制定了《关于区人大代表议案和建议、批评、意见的提出及办理暂行办法》，进一步调动了代表履行职务的积极性，提高代表建议的办理质量。四是制定了市人大代表向常委会述职、区代表向选区述职制度，区人大常委会对15名市人大代表进行了述职评议，60名区人大代表接受了选区的述职评议，广大代表的履职意识得到明显增强。

（三）完善服务保障机制，优化代表履职环境。为保障代表知情知政，我们通过向代表发放《人民代表报》、《公报》、《人大工作动态》等方式，及时向代表通报区人大常委会的有关工作情况，通报重大事项、重要决策和重点工作，广泛听取和征求代表对各方面工作的意见。坚持代表列席常委会会议、主任会议制度，每次根据议题内容邀请五名代表列席常委会会议和主任会议，并邀请代表参加常委会组织的执法检查、视察调研活动，不断拓宽代表知情知政的渠道。建立了“代表学习培训月”活动制度，通过集中学习培训、各代表小组学习和代表自学相结合的方式，有计划、有重点地开展代表学习培训工作，人大代表的综合素质得到明显提高。

四、强化自身建设，提高机关依法履职水平

党员干部是贯彻落实科学发展观的关键所在。要按照科学发展观的要求，“内强素质，外树形象”，大力加强地方人大常委会机关自身建设，努力增强做好新时期人大工作的能力和水平。

（一）以科学发展观教育为契机，提高机关工作水平。一是要在促进发展上下功夫。坚持以科学发展观为指导，把工作放到大局中去考虑、去定位、去审视，从更高层次谋划人大工作，形成合力，促进科学发展。二是要在求真务实上下功夫。把是否符合科学发展观作为衡量人大工作的标准，转变监督观念，创新监督方式，求真务实，真抓实干，切实提高依法履职的能力。三是要在决策参谋上下功夫。坚持从实际出发，深入开展调查研究，谋发展之所需，解民生之所难，及时、准确、全面、客观地为常委会决策提供有价值的参谋建议，努力提高机关工作水平。

（二）以加强机关管理为重点，规范机关运行机制。一是要严格政治纪律。高标准、严要求，一丝不苟地落实好常委会、主任会议定事项和领导交办的各项工作，保证政令畅通，令行禁止。二是要严格工作纪律。按照公务员行为规范的要求，加大干部职工教育力度，健全内部监督管理机制。三是要完善工作制度。本着“科学、合理、规范、有序”的原则，定岗定责，细化岗位分工，规范和完善机关各委办工作制度，建立分工合理，职责明确，团结协作，务实高效的机关工作运行机制。

（三）以加强队伍建设为基础，增强机关工作效率。一是要改进机关工作作风。在人大机关大力弘扬心系群众、顾全大局的作风，谦虚谨慎、艰苦奋斗的作风，求真务实、真抓实干的作风，顽强拼搏、事争一流的作风。二是要充分发挥岗位职能作用。不断增强人大干部队伍的政治意识、大局意识、服务意识和创新意识，充分发挥好参谋助手、综合协调、督导检查、后勤保障等职能作用，提升机关整体工作效率。三是要营造机关良好工作氛围。自觉做到在其位、谋其政，尽其责、善其事，创造“肯干事、能干事、干成事”和“奖优罚劣、奖勤罚懒”的机关工作氛围。

科学发展观为新时期的人大工作提出了新的更高的要求，地方人大及其常委会要在深刻领会科学发展观的本质和核心思想的基础上，全面把握科学发展观的丰富内涵，并用这一科学的理论指导人大工作实践，以扎实有效的工作，推进科学发展观在本地区的深入贯彻和落实，为经济社会全面、协调、可持续发展提供坚强保证。

关于实施监督法的认识与思考

湖北省十堰市茅箭区人大常委会　刘兴林

立法和监督是宪法赋予人大的两项重要职权，这两项职权的行使，都需要相应的法律使之制度化、规范化、程序化。监督法突出人大常委会监督的特点和优点，注重监督的针对性和实效性，具有很强的规范性和可操作性。加强人大监督及各方面的监督，是发展社会主义政治、实施依法治国基本方略的重要内容，也是我们做好改革发展稳定各项工作、维护人民群众利益、构建社会主义和谐社会的必然要求。这些年来，各级人大常委会对监督权的行使，进行了积极的探索和实践，积累了有益的经验。笔者认为：

一、认真贯彻实施监督法，严格依法行使监督

1、*增强核心意识，认真学习监督法。*《中华人民共和国各级人民代表大会常务委员会监督法》于2006年8月27日由十届全国人大常委会第二十三次会议通过，于2007年1月1日起执行。在新的形势下，监督法的颁布和实施，对坚持和完善人民代表大会制度，加大人大监督工作，促进依法行政、公正司法，维护最广大人民的根本利益，是具有重大意义的。吴邦国委员长在十一届全国人大一次会议上所作的全国人大常委会工作报告中指出："监督法涉及我国政治制度和国家体制，从六届全国人大开始酝酿，到颁布实施历时20年，十届全国人大常委会本着对党和人民高度负责的精神，在认真总结经验、广泛听取意见的基础上，对草案作了重大修改，调整了监督法的适用范围，重点规范了各级人大常委会最为关注、最希望规范的问题，正确处理了加强人大监督工作和坚持党的领导关系，正确处理了加强人大监督和支持'一府两院'依法开展工作的关系，充分体现了坚持党的领导、人民当家作主、依法治国的有机统一"。坚持正确的政治方向是做好人大工作的根本，最根本的核心是坚持党的领导，把握政治方向，是实施监督法的根本保证。党领导人民制定宪法和法律，领导人民遵守执行宪法和法律，党自己也必须在宪法和法律的范围内活动。坚持党的领导，集体行使监督权，严格依法办事，更坚持公开的原则，监督者也要接受监督原则。要认真领会把握三个方面：一是从我国国情和实际出发，发展社会主义民主政治，最根本的是要把坚持党的领导、人民当家作主和依法治国有机统一起来，走中国特色政治发展道路。二是人大对政府、法院、检察院进行监督，包括工作监督和法律监督，这是宪法赋予人大的一项重要职权，是党和国家监督体系的重要组成部分。人大作为国家权力机关的监督，是代表国家和人民进行的具有法律效力的监督。人大监督的目的，在于确保宪法和法律得到正确实施，确保行政权、审判权、检察权得到正确行使，确保公民、法人和其他组织的合法权益得到尊重和维护。三是人大监督应该坚持民主集中制，依照宪法和法律规定，把关系到改革发展稳定的大局和群众切身利益、社会普遍关注的问题作为重点，进一步增强监督工作的针对性和实效性。监督法主要特点在于：将调整范围定位于人大常委会的监督工作，坚持从我国国情和实际出发的原则，区别不同情况作出规定，完善了人大常委会对"一府两院"工作实施监督的形式和程序，注重处理好宪法与有关法律的关系，强调人大常委会监督工作的民主化、公开化。要加强学习宣传，营造良好氛围，为实施监督法奠定坚实基础。

2、*增强民本意识，全面实施监督。*科学发展观是以人为本，监督的生命力在于实施。作为党和国家监督体系的重要组成部分，人大监督什么？1990年党的十三届六中全会决定明确提出"建议全国人大常委会拟定实施工作监督和法律监督的监督法"。胡锦涛总书记指出："人大对政府、法院、检察院进行监督，包括工作监督和法律监督，是宪法赋予人大的一项重要职权，是党和国家监督体系的重要组成部分。人大作为国家权力机关的监督，是代表国家和人民进行的，具有法律效力的监督。人大监督的目的，在于确保宪法和法律得到正确行使，确保公民、法人和其他组织的合法权益得到尊重和维护。"依据宪法规定，各级人大常委会所进行的监督主要是工作监督和法律监督。因此，改进工作方法，增强监督实效，是实施监督法的基本要求。一是突出监督内容，直接反映人大代表和人民群众要求解决的问题。听取和审议人民政府、人民法院

和人民检察院的专项工作报告，计划和预算监督，法律实施情况的检查，规范文件的备案检查，审议和决定撤职案。二是突出监督形式。主要是听取和审议“一府两院”专项工作报告，是全面、基本的监督。其一，紧紧围绕改革发展稳定大局和群众切身利益、社会普遍关注问题，增强人大监督工作的针对性和实效性；其二，评议专项工作，把有关主管领导干部的工作业绩和存在问题寓于其中，实际上也体现了对他们的监督，把对工作的监督和对人民的监督结合起来；其三，将常委会组成人员的建议意见转送主管干部的部门，有助于干部部门对于干部的了解，可作为干部部门评价、使用干部的依据。三是突出监督的效果和实效性。虽然人大的监督尽管是国家高层次的监督，但并不意味着人大可以监督和代替其他所有监督形式，人大监督与其他监督也不是主从关系。人大常委会行使国家权力的特点是作决定，而自身并不具体执行。要把握实施监督法的关键环节，坚持监督公开，实行阳光操作。

3、增强责任意识，坚持依法行使监督。早在1945年初，抗日战争前夜，褚辅成、黄炎培等六位参政员到延安访问，黄炎培向毛泽东提出一个十分重大的问题。他说：“我生六十多年，耳闻的不说，所亲眼看到的，真所谓‘其兴也浡焉，其亡也忽焉’，一人，一家，一团体，一地方，乃至一国，不少单位没有能跳出这周期率的支配力”。“一部历史‘政怠宦成’的也有；‘人亡政息’的也有，‘求荣取辱’的也有。总之没有能跳出这周期率。中共诸君从过去到现在，我略略了解了。就是希望能找出一条新路，来跳出这周期率的支配”。毛泽东回答说：“我们已经找到新路，我们能跳出周期率。这条新路，就是民主。只有让人民来监督政府，政府才不敢松懈。只有人人起来负责，才不会人亡政息”。加强权力的监督，根本目的是增强守法意识，促进依法办事。保证我们国家和机关工作人员始终坚持全心全意为人民服务的宗旨，做到权为民所用、情为民所系、利为民所谋，永不变质，永不变色。只有人民才是国家和社会主人，国家工作人员都是人民的公仆。党的执政地位遇到新情况、新问题、新考验。人民委托我们的国家工作人员管理国家事务、经济和文化事务、社会事务，当了“官”，由此也就产生了国家工作人员身份的二重性及其手中权力的二重性。国家工作人员本质上是人民的公仆，同时又是人民建设新社会的领导者，国家工作人员手中的权力实质上是属于人民的，同时这种权力要通过国家工作人员来行使的。政府是国家权力机关的执行机关，要依法行政，法院、检察院是司法机关，依照法律独立行使审判权、检察权，要公正司法。人大常委会对政府、法院和检察院进行监督，人大作为国家权力机关对政府、法院、检察院进行监督，是代表国家和人民进行具有法律效力的监督。人大常委会如果不把工作监督和法律监督搞好，就会失职。人大监督目的在于确保宪法和法律得到正确实施，确保公民、法人和其他组织的合法权益。人大如果具体办理依法应由政府和法院、检察院办理的事情，就会越权。对政府和法律、检察院进行监督，既不能失职，又不能越权，这是人大监督在党和国家整个监督体系中的关系。但是在地方人大常委会在监督中要处理好两个关系，一是干部述职评议涉及人大监督与坚持党管干部原则的关系；二是个案监督涉及如何处理加强人大监督与法院、检察院依法行使审判权、检察权的关系。人大的监督工作容易搞虚，不容易搞实，增强实效才是做好人大监督工作的关键。必须使监督工作针对性越强、越集中，监督工作的效果就越明显、越好。

二、加强人大机关建设，推进监督有效实施

1、加强思想建设，发挥国家权力机关的优势。思想是行动先导，夯实和谐机关建设的思想基础。人民代表大会制度是我国的根本政治制度，要增强思想政治素质，坚持讲政治，坚持正确的政治方向，引导机关广大干部深刻领会科学发展观，构建和谐社会，切实打牢科学执政、民主执政、依法执政的理论基础。人大机关是权力机关，依法行使立法权、重大事项决定权、监督权和人事任免权。要维护权力机关的权威和威严，必须确保权力始终沿着法治和民意的轨道运行。应当具备较高思想道德素养，才能以公平、公正之心对待权力、履行职责，为权力机关行使权力服好务。人大要学习实践科学发展观，就是要解决经济发展的可持续问题，适时地讨论决定本行政区域科学发展的有关重大事项，充分运用自身的政治资源、社会资源和信息资源，讨论、决定本行政区域内政治、经济、教育、科学、文化、环境和资源保护、民政等方面的重大事项，推动经济社会科学发展。

2、加强组织建设，发挥人大监督机关优势。随着民主政治的发展，人大工作的地位和作用越来越重要，监督法的颁布实施，使人大监督的程序更加细化、严密，新形势、新情况、新任务对人大工作提

出了新的更高的要求。优化人大常委会内部机构设置,保证办事机构职能范围、权责体系、运行程序整体协调,完善干部选拔任用、培训交流、考核评价机制,充分调动干部积极性,营造科学合理的用人氛围。人大监督是我国监督体系中最高层次、最具权威、最有法律效力的监督。人大机关是监督机关,担负着督促法律法规实施、监督"一府两院"工作的重要职责。人大干部在监督机关工作,必须以身正人、以行服人,经得起社会和人民的监督,才有资格去行使监督权。人大与"一府两院"的关系,既有监督,又有支持;既要依法监督,又不代行行政权、审判权、检察权。人大与"一府两院"都是党领导下的国家机关,虽然职责分工不同,但工作的出发点和目标是一致的,都是为维护国家和人民的根本利益,这也是我国政治制度的特点和优势。要准确把握人大监督的特点,充分发挥人大监督的优势,这些都是非常更大的问题。防止行政、司法机关滥用权力,保证法律、法规的实施,保障人民的利益。

3、加强作风建设,发挥人大民意机关优势。人大是代表机关,代表人民行使国家权力,代表人民议事决策。坚持人民利益至上的出发点和落脚点,也是人大干部的全部责任所在。机关作风是机关干部综合素质的集中体现,展现着机关的精神风貌。机关作风的状况,既关系到机关工作效率和工作水平,更关系到机关形象在人民群众中的威信。要针对人大工作实际,以建"学习型、团结型、纪律严明型"机关为载体,着力打造求真务实、廉洁高效的人大机关形象。发挥人大作为民意机关的优势,把亲民、爱民、为民作为推进科学发展的根本环节。发挥反映民意、整合民意的主要渠道作用,要对人民负责,拥有忠于人民的感情、责任和境界,了解民情、民意、民心,努力解决人民群众最关心、最直接、最现实的利益问题,真正做到思想上、品行上、能力上"代表"人民。要着力培养自己的大局意识,善于把自己的工作和担负的责任放到推进民主政治建设的全局中去把握,放到促进改革发展稳定的大局中去思考。要敢于议大事,善于谋大局,要学会换位思考,在思考中找差距、弥补不足;在监督中寻求共识,形成合力。要把握工作尺度,对人大工作有清醒的定位,以合适的方法、准确的尺度处理好人大工作与党的工作,人大工作与其他国家机关工作的关系,做好人大应做的工作。

贯彻实施监督法,虽积累了一定经验,但任重道远。人大工作要适应新形势发展的需要,工作上要有所创新,人大工作的创新点,就是要在工作视野上进行创新,把人民群众的民生作为关注的热点和重点纳入具体议事范围,通过法定的程序开展各项监督和审议工作,解决好、决定好事关人民群众利益的相关问题,要把监督工作的重点放在关系茅箭改革发展、稳定大局和群众切身利益、社会普遍关注的问题上,只有这样才能更好地行使监督权,才能使监督工作更有深度、更具实效。

加强执法检查　确保法律实效

四川省蓬溪县人大常委会副主任　陈德政

开展执法检查是法律赋予人大常委会的一项重要职责,也是常委会依法履行监督职权最为有效的监督形式之一。与其他监督形式相比,执法检查具有独特的优势和特点,它不是一般性的工作检查,而是国家权力机关根据法律的授权,针对法律在本行政区域的实施情况开展的专门检查,其目的是为了督促"一府两院"依法行政,公正司法,确保国家法律在本行政区域内得到贯彻实施。蓬溪县人大常委会本届近三年来,坚持以科学发展观为指导,切实加强执法检查,确保法律正确实施,三年来共开展执法检查11项,均取得了较好的效果,为全面推进本地区社会主义"三个文明"建设起到了积极的作用。

把执法检查纳入年度监督工作计划

常委会坚持每年把执法检查纳入常委会年度四项经常性监督工作之中,形成统一的年度工作计划,其监督工作计划由各专门委员会按照各自职责分工,根据监督法第9条规定的6个途径,广泛听取和综合分析来自各个途径反映的问题,于每年12月中旬提出下一年度听取和审议专项工作报告和组织开展的执法检查建议,办公室进行收集汇总,综合平衡后,草拟出常委会年度监督工作,包括执法检查议题在内的"工作要点"。12 月下旬召开常委会审议通过后,报经县委批准执行。其在制定执法检查计划过程中,要注意把握好几个重要环节。一是要广泛听取和综合分析各个途径反映的问题和要求,提出检查议题的建议;二是要围绕中心,所选法律涉及的问题要与当年县委、政府工作大局密切相关,和人民群众普遍关注的法律或问题相连;三是要考虑增强监督的总体实效,把初次监督与跟踪监督结合起来,把听取专项工作报告与执法检查结合起来,使法律检查更具有实实在在的效果。

认真做好执法检查前的准备工作

执法检查效果好不好,做好检查前各项准备工作尤为重要。第一,要组织好执法检查组,每次执法检查前,常委会首先就要落实好执法检查组组长、副组长和组员。一般都是由常委会分管方面的副主任作组长,专门委员会的主任作副组长,检查组要配备必要的工作人员,主要从相关专门委员会或办事机构的工作人员中抽调组成,必要时根据需要,还可以邀请相关实施机关工作人员参加;第二,要组织执法检查组全体人员认真学习该部法律,进一步学懂弄通该部法律的精神实质、重点,便于开展执法检查。同时,要掌握实施该部法律在执行过程中的主要矛盾、主要问题,突出检查重点;第三,要组织制订好执法检查方案,执法检查方案一般包括检查的时间和地点、检查的重点内容、检查组人员的分组,检查的步骤和方式等内容,由专委会形成检查提纲(方案),报经常委会审查批准后执行。并由办公室或专委会将此方案形成书面材料,印发有关方面,便于沟通协调,以便有关部门和乡镇配合开展执法检查工作。

深入检查了解基层实施法律的实情

执法检查,要深入实际,深入基层,了解掌握法律实施的真实情况,是做好执法检查的根本。几年来,常委会在执法检查上坚持了以下几点:一是认真选点。选点要好、中、差相结合,重点放在兼顾一般上,一般的点数量多,面积大,最具有典型性、代表性,能够体现大面积实施法律的情况;二是采取适当的方式方法。一般都采取一看、二访、三查、四听的方法进行。即一看:看现场。二访:即访问群众,对该法的知晓程度、法律的施行情况,有何建议。三查:即查阅资料、记录、数据。四听:即听取执法主体相关机关在贯彻实施该法中所做工作,取得成绩,存在问题,以及今后打算等情况汇报。通过上述方法检查了解该法律实施的全部情况,做到胸中有数,情况清楚;三是轻车简从。执法检查,原则上除检查组成员,邀请的驻本地省、市人大代表和有关专委会工作人员外,一律不安排其他人员参加,尽量减轻基层压力。

做好执法检查报告的起草和审议工作

提高执法检查报告质量,做好报告审议工作,对于促进国家法律的正确贯彻实施十分重要。执法检查结束后,常委会通常的作法是:第一,召开执法检查组全体会议,汇总检查情况,由组长召集全体人员召开执法检查汇报会,汇总执法检查情况,包括对所检查法律实施情况的评价、法律实施中存在的问题、改进执法工作的建议,等等。第二,写好执法检查报告,为常委会审议作好准备。在汇总执法检查情况的基础上,报告由执法检查组组长委托副组长,负责主持研究起草、修改,初稿形成后,交组长审定。第三,召开主任会议,执法检查报告形成后,常委会事先召开主任会议,专门听取执法检查组的执法检查报告,对此次执法检查作初审,对报告提出进一步的修改完善意见,并决定是否提交常委会审议。第四,召开常委会,提交常委会审议通过。在常委会审议时,我们一般都由执法检查组组长委托副组长向常委会会议作关于执法检查情况的报告。常委会会议审议时要邀请"一府两院"和法律实施机关负责同志以及相关部门负责同志到会听取审议意见、回答询问。第五,本着监督与支持相结合的原则,促进执法检查中发现问题的解决。从 2006 年—2008 年三年间,开展了环境保护法、动物防疫法、义务教育法、气象法、农业机械化促进法、村民委员会组织法等十一部法律的执法检查,帮助执法机关解决了不少问题。如,2007 年,常委会在审议《中华人民共和国气象法》执法检查报告时,审议认为,蓬溪是老旱区,十年九旱,一年几旱,实施该法的县气象局按规定应购置一台人工增雨车(天干时打火箭炮专用车),实施人工增雨作业,解决抗旱增收问题,引起了县政府高度重视,于当月拨专款 10 万元,购置了 1 台人工增雨车,不仅对农业抗灾增收起到积极作用,而且促进了问题的解决,执法主体机关非常满意。

加强执法检查事后的跟踪监督

加强跟踪监督,督促"一府两院"和有关部门整改是检验执法检查最终是否取得实效的关键环节。在人大常委会会议听取和审议执法检查报告后,由承担执法检查的办公室或专委会负责,将常委会组成人员、列席人员审议时提出的意见和建议及时整理汇总成《审议意见》,送常委会领导审签后将执法检查报告和《审议意见》一并送交"一府两院"研究处理,有关专委会要继续进行跟踪监督,督促"一府两院"和有关部门搞好整改,并要求在3个月内将研究处理的情况向县人大常委会作出书面报告,反馈贯彻县人大常委会《审议意见》的整改情况。

与此同时,常委会还充分发挥了跟踪检查的作用。对群众反映的重点、难点问题,加大了跟踪监督的力度,收到了较好效果。如2006年,常委会在检查和审议《中华人民共和国环境保护法》实施时,常委会对"三五水库"承包人搞肥水养鱼,影响周边老百姓饮用水质量问题,作出了禁止水库肥水养鱼的审议意见。之后,老百姓仍在反映承包人继续向水库抛撒肥料,群众意见很大。对此,为使审议意见落到实处,常委会还专门组织了跟踪检查组到该水库现场调查处理,并督促当地镇政府加强监管,立即停止肥水养鱼,承包期满后,停止承包。由于加强了跟踪检查,当地政府加强了监管,承包人也立即作了整改,三个月内还了老百姓一库清水,较好地解决了当地人民群众饮用水问题,既推动了法律的正确贯彻实施,又保护了生态环境,受到了人民群众高度赞扬。

把握时代特征,开创性做好人大工作

湖南省宜章县人大常委会主任　李继兴

人大及其常委会如何在新形势下把握时代特征,开创性地做好地方人大工作,是一个值得认真研究和探索的课题。结合近年来宜章县人大工作实践,做好新时期地方人大工作,笔者认为要做到以下几个方面:

一、在解放思想上,要做到"一个坚持三个转变"。"一个坚持"是要坚持正确的政治方向,始终把坚持和依靠党的领导摆在首位,这是做好人大工作的根本保证。"三个转变"是:一是要转变"二线"观念。在人大工作的同志要充分认识人大工作是党的工作的重要组成部分,是民主法制建设的第一线,肩负着宪法和法律赋予的重要职责。人大工作大有作为,要以饱满的政治热情做好人大工作。二是要转变学习无用观念。在人大工作的同志必须加强学习,不断夯实理论功底和拓宽知识面,使自己的能力素质适应人大工作发展的需要。三是要转变因循守旧观念。在人大工作的同志要做到与时俱进,既要敢于创新,又要善于创新;既不失职,又不越权,在现有法律的框架内,立足本地实际,不断探索人大工作的新思路、新方法、新途径,实现人大工作有为、有位、有威。

二、在解决问题上,要做到"三个破解"。近年来,地方人大工作虽有了较大发展和长足进步,但在实际工作中仍存在监督不到位,抓落实不够,监督者无人监督等制约人大发展的瓶颈问题。要解决这些问题。应该做到"三个破解":其一,要破解监督面不广,留有死角问题。当前人大监督工作中,对本级各单位进行了监督。但对条管单位监督不到位;对"一府两院"的副职及其组成部门的正职进行了监督,但对"一府两院"的工作部门监督不到位;对一般日常工作进行了监督,但对政府的"钱袋子"监督不到位,特别是转移支付资金,争取的上级资金和重点项目资金监督不到位。这些监督死角的存在,在一定程度上制约了监督工作的开展。要消除这些监督死角,一是要依法按程序把监督职责履行到位;二是要在监督法规定框架内,积极探索新的监督方式。实现人和事监督的统一性,切实增强监督工作的钢性;三是要按照监督法的要求,结合当地工作实际,制定监督工作实施细则,更好地开展监督工作。其二,要破解监督乏力,抓落实不到位问题。在人大的监督工作中,审议意见提得多,但落实抓得少;执法检查追求全,解决实际问题少;信访问题交办多,问题的解决率小。这些问题的出现,既有人人机关人员少,工作兼顾不来的原因,也有怕得罪人,不敢较真的原因,更有敷衍塞责,不负责任的原因。要破解以上问题,一是要成立专门机构,明确专职人员抓督办落实;二是要做到监督工作突出重点,少而精,不走过场,只求实效；三要明确岗位职责，用高度的责任心来抓监督工作，要敢于得罪人，不怕得罪人，切实维护人大及其常委会的形象。其三，要破解监督者无人监督问题。当前对一些人大及其常委会、人大代表的不作为或不按法律程序乱作为一直缺乏应有监督。要破解这一问题，一是要增强人大监督工作的透明度，严格按照监督法的要求做到六公开，切实接受群众的监督；二是要完善监督体系建设，对在其位、不履其职的人员要追究其渎职责任；三是要规定代表工作量，坚持代表述职和履职登记制度，对履职不认真或不履职的代表要劝其辞去代表职务。

三、在科学发展上，要做到"四个创新"。一要在实施监督工作中创新。要突出监督重点，不断完善监督方式，努力增强监督的实效。二要在发挥代表作用和拓展代表工作上创新。要抓好代表培训工作，拓宽代表的知情知政渠道和活动面，提高代表建议意见的办理质量。三要在制度建设和规范工作程序上创新。要增强程序意识，按程序办事，有效推进人大工作的制度化、程序化和规范化。四要在加强自身建设上有创新。要强化自身的学习，切实加强人大机关的作风建设，树立清廉勤政之风，以强有力的组织保证来推进人大工作的创新与发展。

让农民享有更多更切实的民主权利

黑龙江省克东县人大常委会主任　刘忠良

党的十七届三中全会通过的《中共中央关于推进农村改革发展若干重大问题的决定》指出：把"村民自治制度更加完善，农民民主权利得到切实保障"作为农村改革发展的基本目标之一。这是中国农村改革发展30年来，特别是全面建设社会主义新农村3年来实践经验的总结，反映了广大农民的心声，抓住了农村改革发展的力量策动源，为农村民主政治建设注入了新的活力。

让农民享有更多更切实的民主权利，必须完善农村民主管理制度。农民的民主选举权利的实现，是保障农民享有更多更切实的民主权利的前提，目前村委会选举中的一些不规范现象仍不同程度地存在，例如"贿选"、家族势力干预等，需要我们通过不断完善相关法律法规、进一步规范选举程序和标准以及不断提高农民参与选举的意识和能力等途径加以解决。民主决策权是农民享有更多更切实的民主权利的根本，反映着村治民主的质量和水平，民主决策机制建设，重在决策体系自身的程序、方法、步骤的建设，关键是规范村民议事制度和落实村民大会的最终决策地位。民主管理权是农民享有更多更切实的民主权利的基础，要根据农村改革发展的现实需要，以实现村民自治为目标，及时制定或修改村务运作规程、财务管理规章、村民议事规则等制度，把村级各项事务纳入制度化、规范化管理的轨道。民主监督权是农民享有更多更切实的民主权利的保障，要通过村务公开、财务监督、群众评议的规范化与村民监委会机构的常设化、监督职能的全方位化以及监督过程的全程化来保证。

让农民享有更多更切实的民主权利，必须加强农村法制建设。经过多年的努力，在我国农村民主管理领域已基本做到了有法可依，但也存在着有的法律制度贯彻执行不够，有的法律规定过于原则、缺乏可操作性等问题。《决定》强调要"加强农村法制建设，完善涉农法律法规，增强依法行政能力，强化涉农执法监督和司法保护。加强农村法制宣传教育，搞好法律服务，提高农民法律意识，推进农村依法治理"。这虽然是农村法制建设的总要求，同样对农村民主管理领域的法制建设具有指导意义。要认真总结推广近几年来普法教育的成功经验，突出农业法、村民委员会组织法等与农民生产、生活息息相关的法律法规的学习。利用骨干培训、新闻媒体、法律工作者以案说法等多种形式和途径广泛宣传，提高农民的法律素质，增强依法办事和参与村务管理和监督的能力。增大县乡（镇）人大代表中农民代表的比例，在畅达社情民意的同时扩大司法监督面。

让农民享有更多更切实的民主权利，必须正确处理好尊重农民、关注农民、教育农民的关系，提高广大农民的素质。尊重农民在农村民主政治中的主体地位和关注农民的切身利益，是保障农民享有更多更切实的民主权利的具体要求，而教育农民则是提高农民运用民主权利的能力和素质的根本手段。农民教育包括文化知识教育、法制观念教育、农业生产基本技术技能教育和公民意识教育。从完善农民教育内容、创新教育手段和形式、营造与农村改革发展目标相适应的文化氛围等方面入手，加大对农民教育的投入和扶持。同时注重通过完善大学生村官选拔机制等措施，提高农村基层干部的整体素质和工作水平，为农民享有更多更切实的民主权利创造良好的外部环境。

目前，包括村民自治在内的基层群众自治制度，已经成为我国基本的民主政治制度之一。村民自治制度充分表明了农民在农村的政治主体地位，有力地保障了农民的政治权益。只有让农民享有更多更切实的民主权利，农民的意愿才能得到充分尊重，农民的其他合法权益才能得到相应保障。十七届三中全会关于健全农村民主管理制度的新突破，无疑使村民自治制度获得了空前的发展机遇。

把“家”的工作做到家

——关于“人大代表之家”创建工作的思考

广西省陆川县人大常委会副主任　温文彪

《玉林市人大常委会关于创建人大代表之家的指导意见》是贯彻落实中央9号文件以及区党委《关于加强和改进人大工作的决定》精神的重要举措。人大的基础是代表，人大的工作靠代表，人大工作的活力离不开代表。“人大代表之家”是代表参政议政的一个平台，是代表发挥作用的一个舞台。陆川县人大常委会认真按照市人大的要求，把代表之家的创建工作列入重要议事日程，并把这项工作作为新形势下发挥代表作用的一条路子进行积极探索，从而取得了良好的反响。如何巩固前期所做的工作，进一步把“家”的工作做到家，使“人大代表之家”的核心作用真正成为党和政府与人民群众联系沟通的桥梁，把“家”真正建成代表发挥作用的重要载体。我以为要从如下几方面加以努力。

一、统一思想，加深对“家”的认识。在法律尚未对人大代表的活动形成具体的规范之时，如何运用有效的形式开展代表活动，发挥代表作用，是各地方人大常委会工作的重要内容。我市开展人大代表之家的创建活动充分体现了代表工作的一种创新，是一件新鲜事。创建代表之家的目的，就要创新代表活动的形成，加强代表工作的实效。陆川县人大常委会在开始之时针对有人提出：按以往人大惯例工作闭会期间是搞好代表视察、调研活动、代表活动日活动以及民声反映会等即可，对代表之家创建工作认识不足的问题，专门召开了主任会议，并召开全县、乡人大工作专题会议，认真学习了《玉林市人大常委会关于创建人大代表之家的指导意见》的文件精神，深刻领会“人大代表之家”是加强和改进代表工作的一种形式，是新形势下人大代表工作的一个新举措，是代表联系群众的一个平台，是宣传人民代表大会制度的一种方式；是搭建代表与选民沟通的桥梁；是促进和谐社会建设的一条重要渠道。从而进一步统一了思想，增强了人大代表之家的创建工作的信念和决心。

二、因势利导，量力建“家”。在人大代表之家创建中，我们按照市人大常委会的指导意见的要求，坚持“巩固、完善、提高、扩展”的原则。进一步完善人大代表之家硬件和软件建设，切实按照“六有”标准来创办人大代表之家。而且我们坚持从实际出发，结合陆川各乡镇的实际，做到以点带面，逐步全面推开的步骤。县人大常委会领导带领有关工委的负责人深入乡镇指导开展代表之家创建工作，对财力条件较好的乡镇，从软件硬件上要求严格，质量过关。对一些财力条件偏差的，如：大桥镇，他们认识到位，积极要求创办代表之家，我们县人大机关帮助一点，协调有关部门筹集一点，并在软件上、制度上严格要求外，在硬件上适当一些，即利用旧的办公室花不多的资金进行粉刷，利用半新旧的办公台、办公桌与原有的人大办公电话连线共用等办法，进行创办代表之家。该镇创办代表之家半年来，坚持在讲求实效上下功夫，勇于探索创新，努力把人大代表之家建议成为代表培训的课堂，联系群众的桥梁，积极发挥应有的功能和作用。

三、用"家"的温暖，增强"家人"的责任感。人大代表之家，是人大工作人员与代表、选民共同学习，共同探索有关事情解决有关问题、化解相关矛盾的场地；是人大宣传党方针政策，了解民意的好窗口。要想吸引"家人"积极参与"家"的活动，必须具备"家"的温暖，人大工作者要带着深厚的情感去抓好"家"的管理，完善一整套热情大方的接待制度，营造一种良好的"家庭"氛围，用"家"的温暖去增强"家人"的责任感。使"家人"进一步明确自己的法定地位、权利和义务。并以高度的政治责任感，积极参与"家"的活动。沙坡镇党委书记江家强亲自到代表之家为代表上辅导课，并共同探索，勤劳致富，扶贫帮困，维护稳定，发展沙坡等大计。代表们在这个"家"里感到无比的温暖，从而极大激发了代表们投身于当地经济建设和维护社会稳定等各项工作中，出谋献策，反映热点问题。当沙坡镇党委针对代表们提出的多年一直困扰着仙山村经济发展的元村桥的建设这一问题后，立即召开会议，提出解决方案，并得到了市、县的大力支持，共筹集资金50多万元，利用3个月时间顺利完成了这个多年难以解决的问题，受到当地群众的称赞。

四、发挥"家"的作用，不断推动地方经济和社会的发展。"人大代表之家"，它不是一种形式、不是一种摆设，更不是为了建"家"而建"家"，而是为了更好地把人大工作引向深入，使人大工作更好地为地方经济发展和社会稳定作出应有的贡献。人大代表之家的创建目的在于进一步联系人民群众，直接倾听人民群众的呼声，使得代表们能迅速、准确地抓住人民群众关注的热点、难点问题，提出合理化的建议以及批评和意见，从而使地方党委政府及时通过这个"家"的窗口作用作出科学决策，指导当地各项工作的开展。滩面乡人大代表之家在开展"听民声、办实事、解民忧"活动中几次了解到一些村出现不稳定因素时，及时派出相关人员做好下访工作，深入村去，找到当事人，耐心细致做好思想工作，并依法依规妥善把问题处理好，把矛盾化解在萌芽状态之中，防止群众上访现象、维护社会稳定。良田镇党委高度重视人大代表之家的建设工作，并把"家"作为发展经济的一个信息窗口。镇党委书记程汉荣从"家"了解到群众反映石垌村有种中草药潜力，文官村零星果树种植难以规模的情况后，立即组织工作组到两个村进行调研，并召开村民会议，协调相关事项，正确引导村进行基地化、规模化发展。目前，通过努力石垌村已建成以桔红、金钱草等十一种中草药的生产基地达1000亩，年产值可达1500万元。文官村将零星的果树改种成连片的1200亩剑麻基地，年产值可达10000多万元，为地方经济发展、为推进社会主义新农村建设打下了良好的基础。

不断加强指导乡镇人大工作

甘肃省临洮县人大常委会主任　张学东
甘肃省临洮县人大常委会办公室秘书　吴祺

近年来，甘肃省临洮县人大常委会把加强指导乡镇人大工作作为重点，通过采取多种举措，使以往乡镇人大工作中乡镇人大主席思想认识不明确、工作定位不准，代表培训形式单一、代表小组活动开展甚少等问题得以改善。

正确定位　找准工作方向

针对乡镇工作千头万绪，任务繁多，时限要求紧的实际，2008年以来，临洮县人大常委会充分利用工作调研、执法检查、代表视察、代表培训、乡镇人大主席列席常委会会议等方式，指导乡镇人大积极参与全镇的中心工作，正确处理好党委工作与人大工作的关系，使乡镇人大主席成为党委工作的参谋者和政府工作的监督者。针对部分乡镇人大主席存在的"监督政府就是监督乡镇长，监督乡镇长就是给乡镇长找麻烦"和不愿实施监督的错误思想，2007年至今，临洮县人大常委会共邀请乡镇人大主席列席常委会会议70多人次。并坚持每年召开乡镇人大工作经验交流会，让大家正确认识工作本质，使乡镇人大主席逐渐走出了思想上的误区。

加强培训　提高代表素质

2007年以来，临洮县人大常委会将代表培训作为提高代表整体素质的关键环节来抓。针对农民代表比重大，政治理论水平不高、文化水平参差不齐的现状，县人大常委会于2008年在洮阳镇、八里铺镇、玉井镇、漫洼乡等乡镇举办了代表学习培训班。培训一改以往内容局限于《代表法》、《监督法》等几部法律，只是坐在会议室说教的形式，将代表培训与当前政府主要工作结合起来，与代表视察、执法检查结合起来，使代表们灵活掌握了各种知识，取得了很好的效果。2009年5月，县人大常委会示范性的将无土栽培技术、规模养殖等致富手段的培训加入到代表培训中，受到代表的欢迎，目前已有部分乡镇学习效仿。

丰富活动　加强与选民的联系

2008年，临洮县人大常委会根据代表活动开展的实际需要，对部分代表小组进行了调整，而这仅仅是为代表小组活动创造有利条件，丰富代表小组活动内容工作的一部分。面对一些代表小组开展活动没有固定的活动场所和缺少活动主题的困难，临洮县人大常委会指导乡镇人大为代表小组开展活动提供场所，为各小组开展活动提供主题，指导代表小组完善活动制度，帮助代表小组建立活动室。2008年，窑店镇人大经过多方协调，率先成立了全县首个代表活动室。自此，窑店镇代表小组活动有了固定的场所，联系选民更加便捷，代表的履职积极性也有所提高。在窑店镇人大的示范带动作用下，目前，全县各乡镇人大纷纷成立了代表小组活动室，也相继建立健全了学习制度、联系选民制度、小组活动制度等。

新时期人大信访工作的人本解读

湖南省长沙市宁乡县人大常委会　王伯乾

今年7月以来，根据中央决定，进行全国范围内的县（市、区）委书记大接访活动。各地对各种矛盾纠纷进行拉网式排查化解，对反映出来的问题，登记建册，落实责任、跟踪督办。此决定一经执行，便赢得一片叫好之声，其最根本的原因是它体现了党和国家以人为本的思想。同时，这也对我们坚持以人为本，抓好新时期的人大信访工作提出了新的要求。

一、对人大信访工作要有深刻的认识

人大信访部门是人大及其常委会密切联系群众的渠道和桥梁，是了解社情民意的重要窗口。搞好人大信访工作既是人大及其常委会接受人民群众监督的有效途径，也是实施监督、履行人大职责的重要环节。随着政治和经济体制的不断改革和完善，随着经济和社会事业的快速发展，各种利益调整带来的矛盾和问题也随之出现。要解决好这些矛盾和问题，更好地促进经济社会全面、协调发展，必然要有及时收集、反馈以及处理矛盾和问题的畅通渠道。人大与人民群众联系有多种渠道和方式，办理、交办和督办信访就是人大联系人民群众、了解社情民意的一条重要的经常性渠道。

新时期，人大信访工作总体呈现以下有四个方面的特点：一是信访问题呈逐年上升趋势。就我县而言，2006年县人大常委会全年共受理各类来信372件，接待来访人员420人次；2007年共受理各类来信384件，接待来访人员475人次；截至今年7月底，受理各类来信245件，来访356人次，较去年同期分别增加9.3%和10%。二是涉法信访日益增多。在群众来信来访中，涉法信访占到了总数的75%以上，大多反映的是行政和司法部门执法不公和枉法裁决以及法院执行不到位的问题。三是联名、集体上访不断增加。联名信大多反映农村征地、教师待遇、军转干部待遇和国家机关工作人员、企事业单位领导违法等问题。集体上访规模越来越大，由最初的30－40人，发展到现在的近100人甚至更多，且激烈程度也有扩大趋势。四是重复上访、越级上访比重相对较高，大多数为经有关部门办理过的积案，处理起来难度很大。根据这些特点，我们对人大信访工作必须强化以下几个方面的认识”。

*一是要提高对人大信访工作是人大常委会联系人民群众、了解社情民意的重要渠道的认识。*信访工作实际就是群众工作，办理好人民群众的来信来访能更好地拉近人大与人民群众的联系。人民群众通过信访渠道向人大反映他们的意见、建议和诉求，使人大进一步了解人民群众的思想动态，从

而有的放矢建议“一府两院”在关注民生方面应该做些什么,注意些什么。我们要始终确立这个认识,做到从礼貌接谈入手、从细微工作入手、从督办效果入手,给人民群众留下良好的人大形象。

*二是要提高人大信访工作对于化解人民内部矛盾、构建和谐社会负有重大责任的认识。*随着改革开放的逐渐深入和经济社会的发展,社会关系和利益格局不断调整,新的社会矛盾和问题不断出现,影响政治稳定和社会和谐的问题逐渐突出,其中相当部分是通过信访渠道反映出来的。如果群众关心的问题得不到及时的疏导和解决,就可能造成一些不和谐的因素,甚至酿成重大的群体性事件,前不久贵州瓮安事件就给我们留下了深刻的教训。为此,我们要着力解决人民群众反映的矛盾和问题,只有矛盾和问题少了,和谐社会才能早日实现。

*三是要提高做好人大信访工作是人大常委会履行监督职责重要内容的认识。*信访工作是人大监督工作的一个重要方面,我们要通过信访渠道,了解人民群众对“一府两院”各方面的意见和建议,尤其是对行政执法、司法工作的申诉,对国家机关工作人员违法行为的检举等,把信访工作纳入到执法检查中,有利于人大增强监督工作的针对性,更为有效地履行对“一府两院”的监督职能,不断提高监督实效。

二、对人大信访人员要有深厚的感情

对人民群众的感情问题是一个政治问题、原则问题,也是我们做好一切工作的重要基础。信访工作就是做人的工作,正确的情感态度是基础。

*一是在处理集体上访方面要充满耐心。*集体上访对象往往情绪激动,大有一触即发之势。处理这类信访案件,必须有足够的耐心。

*二是在处理重复上访和纠缠上访方面要保持细心。*针对重复上访和纠缠上访,一方面要不急不躁,因势利导,耐心细致地做工作,另一方面要向上访人宣传法律知识,讲解法律程序,对一些不符合申诉条件的,劝其息访。特别是对一些“老上访户”,要会同相关部门,做好深入细致的工作。如我县老粮仓镇一“老上访户”因一宗林权纠纷的民事案,大脑受到刺激,导致年逾不惑尚未成家,几十年来就是为恢复自己的林权长期上访。上访到人大后,人大常委会领导十分重视,会同有关部门成立专门的工作组,通过查阅历史档案、现场察看、召集当地群众座谈和做上访户耐心细致的工作,最终使问题得到了有效解决。

*三是对弱势群体要满怀善心。*在接待人民群众上访的过程中,要强化服务意识,善待群众,为他们排忧解难,做到一把椅子让座、一杯热茶暖身、一句话语暖心,把上访人当作自己的亲人对待。特别是对弱势群体要满怀善心,关爱有加。到了就餐的时候,要尽量为上访群众安排就餐。对那些家庭特别困难的上访群众,还应适当为他们解决生活中的问题。

三、对人大信访形成原因要有深层的挖掘

多年的信访工作实践告诉我们,虽然不排除存在有极个别的无事生非的信访者,但绝大部分的上访者都是有这样或那样的原因的。

一是执法行为不规范。“一府两院”及其工作部门依法行政,公正司法是构建社会主义和谐社会的保障。但现实中执法部门执法不文明、不规范、不公正以及滥用权力等现象时有发生,侵害了群众利益,破坏了社会和谐,导致了上访的发生。有的执法为民意识差,办事效率低,相互推诿扯皮,群众反映的事迟迟不解决或不公正解决,从而引发了群体性上访。

*二是调解工作不扎实。*有的诉讼案件,双方皆有调解意愿,但有的法官,不注重社会效果和法律效果的统一,缺乏和双方当事人沟通的艺术,不耐心深入地做调解工作,硬性判决,致使双方矛盾加深。而当地的基层组织或人民调解员也没有尽到应有的职责,听之任之。由于缺乏沟通与疏导,导致双方当事人之间、当事人与司法行政机关的矛盾越来越深。“人争一口气,佛争一柱香”,不少的上访就是这样造成的。

*三是法制教育不到位。*从上访案例中,我们不难发现,也有的上访是由于群众的法制观念不强所导致的。在全国普法运动开展到“五五”阶段的今天,还有一些地方的群众没有受到过正规的法制教育,他们对国家的许多法律政策一无所知,对依法上访的条件和要求全然不晓。这就要求我们要坚持严格执法与热情服务相统一,既要依法保护信访群众的权利,主动、热心地为他们解难释疑,又要教育和引导群众依法信访,自觉规范信访行为。

四、对人大信访办理机制要有深入的探讨

坚持以人为本,是科学发展观的本质和核心。信访工作要凸现以人为本,就要构建务实高效的信访机制,使人民群众的来信来访能够件件有着落,事事有回音,让人民群众满意。

一是要建立"联合办信访"的机制。当前,我国经济社会加速转型,各种利益不断调整,社会生活中产生的许多矛盾相互交叉,十分复杂。我们受理的信访,往往涉及到几个行业或部门。建立"联合办信访"的机制,就是要与"一府两院"、上级人大常委会、乡镇人大主席团以及村民自治组织、民间调解组织建立办理信访的网络,形成合力,及时办理有关影响开放型经济发展、影响社会稳定、损害人民群众合法权益以及司法不公等方面的重要信访件。家在我县煤炭坝镇沙子坡的被执行人苏某,是一家小煤窑的副矿长。按照判决书,2006年12月应付申请人吴某股金五万多元,可就是不履行生效判决,执行人员多次上门均一躲了之,致使执行搁浅。申请人不明就里,责怪法院不去执行,上访到县人大。今年5月,在我县人大常委会内司委的两位同志的坐阵监督下,县人民法院执行小组的同志来了个夜深突袭,瓮中捉鳖,苏某正在家看电视,遥控器还没有来得及放下,就被带上了警车,到法院不足一小时,他就打电话叫人把全部案款送到了法院,连同按民诉法规定应予处罚的金额也全部交清。

二是要建立"分类办信访"的机制。信访工作是人大依法行使监督权的一项基础性工作。因此,人大各办委都要把监督工作与信访工作紧密结合起来,通过群众信访所反映的具体事件和案件,找到监督的切入点,从而更有效地依法履行监督职责。建立"分类办信访"的机制,就是人大信访部门受理信访件后,根据信访内容和各办委的职责,将信访件及时归口转给相关办委分类办理,这样,既能使信访办理落到实处,又能有针对性的对"一府两院"实施有效监督。

三是要建立"分级办信访"的机制。基层是信访的源头,县(区)、乡(镇)人大是解决信访问题的前沿阵地。因此,建立"分级办信访"的机制,按照"分级负责、属地管理"的原则,从控制信访源头做起,层层落实责任制,使信访问题就地得到及时有效解决。要针对当前基层人大信访工作力量薄弱的现状,要成立专门的信访工作机构,安排一定的专门人员和专项经费,确保信访工作的顺利开展。

把握"代"和"表"的精髓　用心奏响代表工作"三部曲"

重庆市南岸区人大常委会主任　刘万毅

人大工作的主体是代表,人大工作的开展靠代表,人大工作的水平看代表,人大工作的潜力在代表。这是对代表工作的精辟概括,也充分突显了代表工作对于人大工作的重要性。如何促进代表主体作用充分发挥,始终是我们各级人大常委会工作的重点和难点。

正如节奏和旋律是音乐的基本要素一样,"代"和"表"也是代表工作的两大支点。"代"意味着履职过程中必须具备为民服务的责任意识、职务意识和使命意识,如同音乐需要节奏的控制;而"表"则要求权利的运用要以切实为民办实事、解难题为落脚点,如同音乐必须以旋律来塑造。我们在代表工作的实践中,围绕"代"和"表"这两个要素,努力奏响代表工作的"同心曲"、"进行曲"和"圆舞曲",在搭建人大代表履职平台,发挥人大代表主体作用方面,进行了一些探索,取得了一些经验。

一、增强凝聚力,谱好"同心曲"

代表履职的动力源于责任感和使命感。代表工作的第一步,我们放在了提高"代"的意识,加强责任感和使命感建设,形成代表凝聚力上,努力调整好代表与代表之间、代表与群众之间、代表与人大常委会之间三个关系的节奏,保证人大常委会与代表和群众"一条心"。

(一)代表之间"同心"

增进人大代表之间的沟通,促进代表相互协调配合,履行职责。针对全体代表,一方面我们将代表培训制度化,每年围绕一个主题,安排市、区代表培训会,邀请名师授课或资深代表介绍经验,加强履职经验的沟通和交流;另一方面我们连续两年举办代表运动会,促进市、区代表相互了解,在健康有趣的比赛活动中,融为一个大家庭。针对代表小组,我们指导小组安排考察学习活动,搞好视察调研,支持开展知识竞赛、登山比赛等文体活动,在活动中进一步增进了代表之间的感情。

（二）代表与群众"同心"

突破口在于加强与群众的联系，让群众能够找到代表。一是代表公示牌进社区。统一制作标有代表姓名、工作单位、联系电话等个人资料的公示牌，悬挂在全区110个社区居委会，方便选民向代表反映问题。二是创建"人大代表之家"。推广南坪镇创建市、区、镇三级人大代表之家的经验，在全区七街七镇设立了29个代表之家，群众可以定时在"家"找到代表反映问题，然后通过三级代表集体联动，畅通民意诉求渠道。三是建立代表与选民的联系制度。从时间、内容和方式上规范代表与选民的联系。把在区的市人大代表划分到各地区代表小组，与区代表一道接待、回访选民。四是开展市代表向区人大常委会述职、区代表向选区选民述职活动。不仅把述职看作是增强代表责任意识，自觉接受监督的途径，还把述职当成是密切代表与选民联系的渠道。

（三）代表与人大常委会"同心"

坚持"以代表为本"的理念，一切为了代表，一切依靠代表。一方面，努力在代表工作中融入"人情味"。比如：每年新春都安排市、区代表团拜会"吃年饭"，注意在区人代会等大小会议上将代表席靠前设置，代表生病常委会领导或地区代表小组组长专程看望慰问，安排常委会组成人员分别联系几名区人大代表等，把每名代表都当作人大大家庭的一员，加强常委会与代表的沟通，让代表时时处处都感受到尊重。另一方面，建立健全"三级两评一表"的代表考核评价机制，用制度促进代表履职（"三级"即市、区、镇三级代表联动；"两评"，一是每位代表每届任期至少接受一次选民的述职评议，二是每两年在代表中开展一次评先评优活动；"一表"即代表参会、提案、活动等履职情况的登记表）。同时，创办《南岸人大》工作专刊，建立常委会工作面向代表和社会的窗口，向代表公开公示常委会监督工作，交流代表认真履职的真知灼见。

二、创新显活力，弹好"进行曲"

"表"的作用发挥，有"5天和360天"的时段之分。"5天"是指人代会期间，代表作用发挥已经程式化，只是全年工作的"序曲"。"360天"是指人代会闭会期间，发挥好代表作用才是真正的"进行曲"。能否在360天内，都奏出雄劲刚健的进行曲，是代表工作的一大难点。破解难点，在于立足实际进行创新，帮助代表架起上连"官员"、下通群众的桥梁。

（一）创平台、活形式，确定好"进行曲"的"音节"

我们努力在丰富代表活动形式，为代表履职创建平台方面下功夫。

组建行业代表小组，促进代表专业优势发挥。我们根据代表法的规定，在保留地区代表小组的同时，按照"术业有专攻"的原则，将职业、行业和特长相近的代表重新编排成农业、高校、工业、房地产等11个行业代表小组。这样，在常委会议题审议、主任会议视察，人代会报告讨论以及代表约见、专项工作评议等专业性强的重大会议、活动中，行业代表的优势得到发挥。为人大及其常委会行使决定和监督权提供有力支撑的同时，激发了代表履职的热情，参加活动更积极，发言更踊跃，还促进了一些问题的解决。如：2008年初天然气供应一度紧张，工业组代表集体约见了政府副区长和市燃气公司负责人，了解燃气供应情况，帮助其它企业合理安排生产，得到企业负责人的欢迎。

开展人大代表论坛活动，围绕发展加强调研。设置主题，广泛汇集人大代表履职中的新思路、好作法，征集各类论文和建议，汇编为论文集《七彩言路》。此外，《南岸区中小工业企业发展现状》、《大南山生态环境保护的战略思考》和《我区城市低保享受人员实行"低保就业联动"》等调研成果，为区委和政府决策提供了重要参考。今年，我们还准备评选优秀代表建议，汇编《代表献言集》，进一步汇集民智，催生治区良策。

聘任代表担任人大常委会工委委员，提高工委工作水平。选择部分履职优秀，专业能力突出的代表担任工委兼职委员，充实工委力量，直接参与工委的调研，发挥特长优势，为监督工作提供专业支持。

（二）查民情、体民意，组合好"进行曲"的"音符"

民情、民意就是代表工作"进行曲"的音符。我们认为，只有深入了解了群众的疾苦，代表发挥作用才有正确的方向。

广建"人大代表工作室"。我们在创建市、区、镇三级人大代表之家的基础上，在街镇的社区和村社建起了23个人大代表工作室。代表定期在工作室接待群众，2008年以来已接待群众985人次，收集群众意见206条，受到选民的好评。

代表集中接待、回访选民。结合每年“4.3”代表法宣传日活动，组织各地区代表小组在街头、闹市“摆摊设点”，听取群众反映问题。近年来，共收集群众建议意见千余条，促进了不少问题的解决。

代表联系信访群众。深入开展“大下访”活动，发动代表联系信访群众，化解信访难点。优秀区人大代表范兴碧，长期联系两名老上访户，用细致的思想工作，周到的生活关心，解开信访群众的心结。

（三）知情、问政，弹奏好“进行曲”的“旋律”

我们在搞好代表知情渠道建设的同时，注意拓展代表问政的形式和内容。

畅通代表知情渠道。“点面结合”促进代表掌握全面情况。一方面每年7月召开全区工作情况报告会，政府区长作报告，人大常委会、“两院”书面报告工作，为代表掌握全区“面上情况”搭建平台。这种形式深受代表欢迎，被亲切地称为“小人代会”。同时，注重会议形式和内容的创新，今年我们准备试行“小人代会”上由副区长向代表报告专项工作。另一方面定期组织市、区代表直接参加人大常委会的视察和调研，增强代表对全区“点上情况”的了解。

拓展代表问政的形式和内容。一是开展代表约见国家机关负责人活动。制定人大代表约见国家机关负责人暂行办法，开通热难点问题反映“直通车”。每年“小人代会”后集中组织代表约见活动，当面提出批评、意见和建议，并听取解答。两年来，代表就黄桷古道的建设和管理，区直管公房排危，南坪地区中小学入学难等8个方面议题开展了约见，推动了相关问题的解决。弹子石正街148号危房问题，正是通过代表约见区政府副区长，引起政府重视，将50户老百姓全部搬迁，拆除危房，取得圆满解决。二是开展“一府两院”专项工作评议。我们安排行业代表进入评议工作调查组，深入参与评议全过程，尤其针对不足和问题提出批评和建议，实现了被评部门“机关有震动，干部有促动，工作有推动”。三是组织选举干部集中接待人大代表。每年7月，“小人代会”上，安排区人大的全体选举干部集中接待人大代表，将代表闭会期间收集的情况直接反馈到“一府两院”领导手中。长生桥镇和迎龙镇794户2300余名村民夏季用电难问题，就是通过这个途径得到解决。四是组织代表旁听评议法院庭审和检察院出庭公诉工作。组织代表100多人次，先后对20多个案件的庭审进行了旁听和评议，监督庭审全过程，有效增强了法官、检察官依法履职的意识和责任。

三、求真见实效，跳好“圆舞曲”

代表工作的关键是重实效。代表反映的群众呼声，提出的意见、建议，如果都石沉大海、了无音讯，必将挫伤代表的履职积极性。要让代表的意见建议落到实处、见到实效，不能只跳“小步舞曲”，必须跳好“圆舞曲”，加强督办工作，以圆满的结果回馈代表。我们着力从四个方面跳好“圆舞曲”。

（一）排民忧

组织代表写好议案建议，督办好议案建议，是人大为民排忧的主要途径。市、区人代会前，我们都有针对地梳理南岸发展中的难点，组织市、区代表开展会前视察和调研。让代表既关注市、区重点工作，又倾听百姓呼声，提出高质量、有影响的议案、建议。在最近两年的市人代会上，南岸代表团共提出议案115件，建议125件，其中有46件被大会立为议案办理，在全市区县中名列前矛。特别是市代表陈一化深入调研、结合实际提出的具有很强专业性和代表性的议案，立案率都很高。08年，仅他提出的议案就立案15件，占了全市立案总数的10%，今年他提的议案中又有22件立案，成为名副其实的“议案大王”。

同时，我们充分尊重代表的劳动成果，下大力气提高议案和建议的解决率。通过实现办理方式“三转变”，采取重点督办议案和热点建议，重点督办承办大户，重点督办代表不满意建议等措施，解决率年年提高。尤其对代表回复办理工作为“理解”和“不满意”的建议，我们坚决实行重新办理。去年这类建议共有11件，我们召集承办部门负责人集体“会诊”，找准症结，实行常委会领导包案，会同代表和承办单位现场督办的措施，反复督办，11件建议有10件都转化为了满意。今年，我们还准备将开展“议案、建议督办月”活动，集中时间、集中精力抓好督办工作，确保办理结果让代表满意，让群众满意。

（二）促工作

通过代表作用发挥，深化人大对“一府两院”的监督，促进“一府两院”改进工作。如：行业代表小组的调研成果，经过区人大常委会与“一府两院”领导联席会议的反馈，促使了“一府两院”及时发现、研究、解决问题。原来政府性融资缺乏系统的监督管理，通过这个途径，常委会与政府沟通后出台了监督管理办法。又如：代表围绕热点、难点问题开展重点视察、调研,促进了政府专项工作。2008年市、区代表视察危旧房拆迁,促使政府加快了龙门浩摊子口片区等10多处危房排危抢险工作。再如:代表旁听法院庭审工作时,提出按时、准时开庭的建议,区法院立即成立督察组,严格量化考核,每季度通报,并纳入法官全年绩效和评先评优的年度考核,提高了工作效率。

(三)助发展

注重发挥人大代表的影响力,敢于为南岸的经济社会发展鼓与呼。这方面我区的市人大代表走在了前面。在南岸弹子石地区作为中央商务区的一部分存在较大争议的时候,是市代表就此约见了市政府相关部门负责人,为市委、市政府最终决策提供了依据。四公里江南立交桥的原建设方案只是一个"大饼加油条"的简单设计,是市代表集体约见了市政府领导,提出了改善南岸交通的建议,促使了设计方案调整,形成了今天四通八达的江南立交。被7.17暴雨冲坏的龙黄旅游公路迟迟未修复,市代表认真调查,向该公路的业主公司提出质询,促使了道路的全面修复。诸如此类的事情还有很多,茶园地区开通公交车、清除长江大桥南桥头隧道工程等等,都有我区市人大代表的功劳。

(四)重保障

代表作用的发挥,离不开组织、制度、经费的"三大保障"。完善组织和制度保障,有助于促进代表依法履职,营造畅所欲言的民主氛围。而加强经费保障,直接的效果是使人大代表在执行职务时,不用为"钱"发愁。几年来,代表工作的经费一直是我们保障工作的重点。从财政预算安排的角度,我们将区人大代表经费从上届人大之初的每人500元逐年增加到每人1200元,并且为在区市代表安排了专项活动经费,给街镇"代表之家"的创建补助了一定经费。同时,采取各代表小组自筹和个别代表自愿赞助的方式,补充代表活动经费,基本保障了代表执行职务的需要。

今年,在我区十六届人大四次会议对各项工作报告投票表决的时候,到会的近两百名区人大代表以全票赞成通过了区人大常委会工作报告。这是代表们对我们人大工作的莫大肯定。正是代表们对责任的坚守,使我们更加坚信,人大工作必须得到人大代表的大力支持,我们需要做的就是让代表具有实现"代表价值"的强烈愿望,拥有发挥代表作用的广阔舞台!

人大代表履职现状分析与对策探讨

湖南省衡东县人大常委会主任　曹玉芽

在我国,人民群众通过选举人大代表组成各级人民代表大会,行使国家权力,实现对国家事务的管理。提高代表的履职能力,充分发挥代表的作用,对于当前经济、政治、文化和社会建设都具有十分重要的意义。多年来,在各级人大的不懈探索和实践下,代表履职工作积累了许多宝贵的经验,但也还存在不少的困难和问题。结合衡东县人大工作实践,笔者就代表履职工作试作如下分析和探讨。

一、代表履职工作中存在的问题和原因分析

*(一)素质参差不齐,履职能力不强。*为充分体现普遍性和代表性,人大代表来自方方面面,分布在各行各业,个体素质也就参差不齐。有的代表虽擅长本职业务,但因对国家政策、法律不够熟悉,碰到具体问题束手无策;有的代表虽能吃苦耐劳,为民代言,但过分专注于眼前一时一事,缺乏长远发展眼光;有的代表文化素质和法律水平偏低,从根本上缺乏履行代表职务的必要能力。因此,这些代表在审议工作报告、决议、决定以及参加视察、检查活动中就只能当"哑巴代表"和"举手代表",不能充分表达自己的见解和意见,不能准确反映人民群众的意愿和要求,严重影响了代表作用的发挥。

*(二)思想认识不够,履职热情不高。*部分人大代表的思想认识还存在问题。他们认为,只要干好了本职工作就是称职的代表,把人大代表等同于先进模范。有的基层代表把当代表看成是上级或领导对自己的一种奖励,全然忘了人大代表参与社会事务管理和为民代言的崇高使命,在思想上缺乏履职的主观愿望和内在动力,对代表活动不重视,经常不参加,即使参加会议也是"会而不议"、"代

而不表”。也有的领导干部代表因忙于本职工作，很少参加代表活动，最多参加一年一度的人代会，对闭会期间的代表活动不热情，不积极，很少主动到选区联系选民，不能很好地去了解民意、体察民情、集中民智，发挥代表应有的作用。

（三）宣传措施不力，履职氛围不浓。这个问题除了代表自身认识不够外，主要是代表履行职务的社会环境还不够宽松。目前，社会上还不同程度地存在着对人大代表的性质、地位、作用了解不多、认识不深的问题，人大系统的宣传报道和活动很大程度上还是自己说给自己听，社会影响不大，有的单位和个人甚至害怕代表“找茬”、“添麻烦”，极力阻止代表活动的开展，一个有利于代表充分发挥作用的社会环境还没有形成。有的代表参加会议、活动时看到一些党政领导在场，不敢积极地利用这种机会参与社会事务的管理，以主人翁的身份和直言不讳的态度大胆履职，为社会经济发展献计献策，而是担心自己提出的不同意见会影响领导对自己的看法。于是发言时讲成绩洋洋洒洒，讲问题吞吞吐吐，提意见马马虎虎。

（四）沟通渠道不畅，履职效果不好。目前，我国的人大代表基本上都是兼职的，有其本职工作，有的还十分繁忙，没有足够的时间和精力执行代表职务。同时，一些保障代表履职的制度和措施还不完善，代表履职必须的知政知情渠道还不多、不畅。有的代表忙于自己的事物性工作，思考问题缺乏深度和广度；有的代表受时间、精力、能力和环境的限制，缺乏充分了解社情民意的畅通渠道，于是出现“想提问题多，不知提啥好”的现象。由于代表掌握的情况具有很大的片面性和局限性，导致在审议报告、讨论问题发言时，常常不知说什么，难以抓住问题的关键和要点，严重影响人大监督的效果。

二、对代表依法履职充分发挥代表作用的对策探讨

（一）加强代表培训，提高代表履职能力。开展人大代表学习培训，是新的历史条件下搞好国家权力机关自身建设、改进和加强人大工作的迫切需要，也是贯彻落实中央主要领导同志的指示精神，全面提升代表综合素质的一项根本举措。随着社会主义民主政治建设的推进，人大代表行使国家权力，管理国家事务的内容越来越多，任务也越来越重。各级人大常委会必须把加强代表培训，提高代表履职能力和水平作为一项重要的基础性工作来抓。要对代表进行基本素质和专业知识的培训，帮助代表熟练掌握有关法律法规和人大业务知识，在不同时期通过外出考察学习、开设各种专题培训班等形式，全面提高代表依法履职和参与国家事务管理的能力和水平。

（二）建立约束机制，增强代表履职动力。要充分发挥人大代表履职的主观能动性，创造性地发挥代表作用，就必须建立代表工作的约束机制，增强代表履职的紧迫感和使命感。一是要建立代表情况公示制度。把人大代表的姓名、照片、联系方式进行公示，便于选民联系和监督代表履行职务；二是要建立代表履职考核和述职制度。让代表自行记载参加人代会和闭会期间的履职情况，年底再进行集中述职，促使代表由被动履职向主动履职转变。三是要完善履职激励制度。各级人大要通过表彰会、经验交流等形式，及时表彰先进代表小组和优秀人大代表的先进事迹，总结宣传和交流履职经验，切实增强代表履职的动力。

（三）狠抓建议督办，激发代表履职热情。人大代表针对“一府两院”的工作提出切实可行的建议、批评和意见，是主动参与国家事务管理，依法履职的具体表现，也是促进和支持“一府两院”工作，服务发展大局的有效途径。但是，如果代表所提的议案、建议、批评和意见得不到政府和相关部门的重视、答复和落实，那么不管意见多么中肯都将成为一句空话，既达不到监督和促进工作的目的，相反还会严重影响代表的履职热情，甚至引发社会矛盾。因此，各级人大常委会必须狠抓代表议案、建议、批评和意见的督办工作，督促相关部门和承办单位对交办事项要高度重视，迅速整改，及时回复。能解决的问题要尽快解决；有难度可解决的问题要创造条件积极解决；由于政策原因一时解决不了的也要向代表进行解释和说明，从而维护代表议案、建议、批评和意见办理工作的严肃性，激发代表履职的热情。

（四）加大宣传力度，创造良好履职环境。坚持不懈地宣传人民代表大会制度，树立全社会的人大意识，努力营造有利于人大代表执行代表职务的良好外部环境，不仅是各级人大的义务，更是各级党委和“一府两院”的共同职责。当前社会各界对人大代表的作用和认识不足，代表履职的外部环境欠佳。为此，各级人大常委会要加大宣传力度，定期组织对贯彻实施《代表法》的情况检查，督促“一府两院”及有关单位深入学习、认真贯彻《代表法》等有关人大代表权益的法律法规，严肃处理侵害代表民主权利和合法权益的违法行为，不断提高全社会对人大代表重要作用的认识，不断增强全社会的人大意识、代表意识和法制观念。真正形成全社会尊重和支持人大代表依法执行代表职务的良好风尚。

（五）完善保障服务，畅通代表履职渠道。各级人大常委会为代表工作、生活和履职提供必要的服务与保障；是畅通代表履职渠道，充分发挥代表作用的重要途径。一是要加强与代表联系。通过走访、座谈等形式广泛听取代表意见，了解他们履职过程中的困难和问题并给予帮助；二是要从法律的高度为代表履职作出时间和经费保障的具体规定，为代表履职提供人、财、物的全面支持；三是要拓宽代表知政参政议政的渠道。通过组织代表参加视察、执法检查、旁听法院庭审和邀请代表列席常委会议等活动，让代表及时全面了解本行政区域经济社会发展情况；四是要为代表订阅党报党刊和人大刊物，让代表充分了解党委意图和人民意愿，真正成为党委政府联系人民群众的桥梁和纽带。

作者简介：

曹玉芽，女，湖南省衡东县人，1953 年 10 月出生，大学文化，1974 年 2 月加入中国共产党，1976 年 8 月参加工作。先后任共青团衡东县委副书记，县妇联主席，县人民政府副县长，县委常委、县委宣传部长，县委副书记，现任衡东县人大常委会主任、党组书记。

深入学习实践科学发展观　加强人大常委会自身建设

福建省长汀县人大常委会主任　刘其炎

在全党开展深入学习实践科学发展观活动，是党的十七大作出的一项重大决策部署，是发展中国特色社会主义必须坚持和贯彻的重大战略思想，也是新时期地方人大工作的根本指导方针。人大及其常委会作为国家权力机关，必须以科学发展观统领各项工作，加强自身建设，充分发挥人民代表大会的制度优势，不断创新人大工作，以促进科学发展观的全面贯彻落实。

一、深化认识，增强做好新形势下人大工作的责任感和紧迫感。

人大及其常委会是国家权力机关，担负着保证宪法法律正确实施、推动经济社会科学发展的重任。要完成肩负的历史使命，最根本的是要依法履行好职责，创造性地开展各项工作，切实履行好重大事项决定权、人事任免权，提高县人大常委会依法决策，民主决策和科学决策水平，真正使人大及其常委会的工作体现人民的意愿，代表人民的根本利益。在新的形势下，我们必须从全县的工作大局出发，以开展学习实践科学发展观活动为契机，准确把握科学发展观对人大工作提出的新的更高的要求，用科学发展观指导人大工作，加强常委会自身建设，进一步增强做好人大工作的责任感和使命感、牢牢把握依法履行人大职责的主动权，紧紧围绕全县经济、政治、社会，文化和生态发展，不断提高人大监督工作的针对性、科学性和实效性。提升常委会依法行使职权和推动科学发展的能力和水平，保证宪法和法律在本区域内的正确实施，促进“一府两院”依法行政、公正司法，为构建和谐长汀，推动实现平稳较快发展作出新的贡献。

二、理清思路，自觉用科学发展观指导工作。

人大依法行使职权的各项工作都与贯彻落实科学发展观密切相关。在研究和开展人大工作时，要切实把握三点：

一是监督理念要符合科学发展观。随着建设社会主义法制国家和全面建设小康社会进程的不断推进，人大工作越来越重要。要提高人大监督工作水平，搞好人大监督工作，就要进一步更新观念、创新思路，使监督过程成为贯彻落实科学发展观的过程。在监督工作上，要树立“促进发展”的理念，把对“一府两院”工作的支持寓于监督的全过程；要树立“关注民生”的理念，切实维护好、发展好人民群众的根本利益；要树立“公正司法”的理念，通过依法监督，促进“一府两院”依法行政、公正司法。

二是监督方法要体现科学发展观。科学发展观的基本要求是全面、协调、可持续，人大监督工作也要按照科学发展观的要求，做到围绕中心、突出重点、统筹协调、注重实效。在履行监督职权时，要善于通过具体工作发现宏观的、重大的问题，善于从机制和制度层面上去解决问题。去年3月上旬，县人大常委会组织了部分委员和人大代表对我县农村公路建设情况和养护工作进行视察，通过视察发现了我县农村公路养护存在的一系列突出问题，为此，在广泛征求各方面意见的基础上，我们起草并经县十五届人大第十一次会议审议和通过了《长汀县农村公路养护管理规定》，明确了养护责任主体和管理责任，加大了养护管理资金的投入，强化了责任制建设和目标考核，使我县农村公路养护管理走上了一条规范化运作的轨道；在处理监督与支持的关系上，要把两者有机的结合起来，把对“一府两院”工作的支持高于监督之中，加强与“一府两院”的沟通与联系，不断改进监督的方式方法，大力支持“一府两院”解放思想、开拓进取。

三是监督结果要经得起科学发展观的检验。人大监督本身不是目的，通过监督，推动存在问题的解决，促进工作才是最终归宿。因此，要按照“围绕中心、突出重点、增强实效”的要求，不断取得监督工作新成效，使监督结果经得起科学发展观的检验。

三、探索创新，切实履行人大职责。

人大工作如何做到顺应新形势，迎接新挑战，能够把握工作的主动权，全面贯彻落实科学发展观必须从创新人大工作机制入手，积极探索人大监督工作的有效途径和方法，充分发挥人大自身优势和职能特点，把科学发展观贯穿于依法行使职权的各项工作和全过程，推动人大工作再上新的台阶。在思路上，坚持只要有利于经济和社会事业科学发展，有利于社会主义和谐社会构建，有利于广大人民群众根本利益的维护，就要大胆进行探索和实践.在方法上，要创新行使法定职权的方式，进一步推进监督工作；创新和改进代表工作的方法，把发挥代表工作作为搞好人大工作的切入点。进一步加强和改进代表培训工作，加强代表建议交办督办工作，提高代表建议落实率，创新加强调查研究的形式，在针对性、实效性上下功夫。在机制上，要按照监督法的规定，不断健全完善人大工作制度，不断总结实践中一些好的做法和经验，使其形成具有操作的制度，使地方人大工作走上科学化、规范化轨道。《监督法》和省实施办法颁布实施后，我们依据要求，健全和完善常委会的各项规章制度，使现行的制度更具可操作性和实效性。大大的推进了我县人大的各项工作。

*在具体实施上，一是突出监督重点，增强监督实效。*对“一府两院”实行工作监督和法律监督。把监督的着眼点放到科学发展上来，把监督的着力点放到解决社会发展中的薄弱环节上来，重点加强财政预算监督，建立保障财政监督有效实施的监督机制，增强监督的规范性，科学性和系统性，决议和意见要可行、可操作，监督要围绕改革开放发展中的热点、难点和群众利益的突出问题实施重点监督，真正解决一些问题，监督的结果要看得见、摸得着。去年4月我们专门成立调研组，对我县名城的保护建设进行了专题调研。调研能通过广泛征求社会各阶层的意见建议，特别是保护好重点历史街区，围绕“名人、名楼、名殿、名祠，名街”等关键节点，以及对古城区“一江两岸”的保护，恢复和开发。提出了意见建议转县政府办理。县政府7月份成立了以县长为组长的历史文化名城保护规划开发建设领导小组，研究制定出台了符合长汀实际的历史街区房屋维修、拆迁安置等一系列管理办法。

*二是把行使重大事项决定权作为推动科学发展的基础和保障。*发展是社会主义初级阶段的第一要务，县人大及其常委会责无旁贷的必须对全县经济建设和社会发展中带有全局性、根本性、长远性，以及关系人民群众切身利益、迫切需要国家权力机关决定的事项要及时做出决定，人大常委会通过的决议、决定，要切实体现党的主张，符合科学发展的要求，符合人民的根本利益.去年在县十五届人大常委会第十二次会议上，我们审议通过了《长汀县人大常委会关于批准长汀县人民政府对城区污水处理厂及配套污水收集管网工程建设贷款的决议》。目前，污水收集管网建设正在紧锣密鼓的开展中，预计年底投入使用。

*三是人事任免要保证党管干部与人大依法任免干部科学有机统一。*任免国家机关工作人员要把是否树立和落实科学发展观、是否坚持正确的政绩作为衡量标准的重要内容，通过依法行使任免权，真正把德才兼备、群众公认、能够在实践中切实贯彻落实科学发展观的优秀人才选拔任命到领导岗位，提高领导机关和领导干部的执政能力和政策水平。

四、围绕中心，推动经济社会科学发展。

科学发展观是以经济建设为中心，第一要义是发展,核心是以人为本,基本要求是全面可持续发展,根本方法是统筹兼顾.促进发展是人大工作的第一要务,我们要着重做好四个方面的工作,一是促进经济又好又快发展.科学发展观是用来指导发展的,必须突出发展这个主题。贯彻落实科学发展观,就必须坚持抓好发展这个党执政兴国的第一要务,坚持以经济建设为中心,把发展作为解决我县一切问题的基础和关键,用发展和改革的办法解决前进中的问题.近几年来,我们坚持发展第一要义,按照省委"科学发展,四求先行"、"四个重在"的要求,围绕建设"山清水秀、企兴民富、安定和谐的海峡西岸西部名城"的战略目标,通过扎实开展"解放思想、先行先试;加快'两个先行区'建设"主题实践活动,遵照科学发展的规律,不断创新发展模式,破解发展难题,凝聚发展合力,提升发展水平和质量,全县上下形成了在科学发展上先行先试求突破的共识,取得了显著的成效。GDP 和工业总产值双破 50 亿元大关,财政收入突破 3 亿元,长汀已进入一个全新的发展阶段,但由于我县县城经济总量较小,保持增长压力增大。主导产业水平和层次较低,竞争实力不强,县财收支矛盾突出,等等.特别是当前金融危机还在蔓延,仍未见底,面临的困难和挑战前所未有。因此,我们必须通过深入学习实践科学发展观进一步解放思想、实事求是、改革创新,切实贯彻落实科学发展观的自觉性和坚定性,破解去年开展主题实践活动中未解决的问题,破解科学发展中遇到的难题,促成实践活动成果的转化,推动工作,着力在科学发展中求先行、当前锋、求突破、促发展,把保增长,促发展作为学习实践发展观最大的实践、最重要的实际、最需要取得的成效,不断提升科学发展观的能力,提升破解难题的能力,提升抢抓机遇的能力,努力解决在科学发展中存在的突出问题,解决人民群众反映出来的突出问题、解决党员干部党性党风党纪方面存在的问题。紧紧围绕县委提出的建设西部名城的战略目标,行使好宪法和法律赋予人大的职权,进一步加大监督力度,按照"保增长、扩内需、调结构、重民生"的统一要求,加强经济发展运行跟踪,重点对计划执行、财政结算,落实国家新增投资项目实施情况等加强监督,深化跟踪时效监督,保证人代会批准的全年国民经济和社会发展主要指标的完成,二是关注民生构建和谐社会。"国以民为本,民以生为先"。人大及其常委会要通过开展学习实践科学发展观活动,认真贯彻以人为本思想,围绕人民群众最关心、最直接、最现实的利益问题和社会普遍关注的热点难点问题,紧紧抓住就业这一民生之本,扩展就业门路,拓宽就业渠道,加大投资培训计划,着力解决农民工返乡创业难问题.重点围绕路、水、房、医、学、保等问题,加大人大监督的力度,不断增加对农村公共事业的投入。扩大公共财政覆盖农村的领域和范围,推动事关民生的突出问题的不断解决。三是推进环境资源可持续发展.我们要按照科学发展观的基本要求,继续以宣传和检查水污染防治法为重点,跟踪监督汇在进行的污水处理工作,深入开展"中华环保世纪行"(长汀)宣传采访活动,着力推动以往在发展存在的问题的解决,坚持走科学含量高、经济效益好、资源消耗低、环境污染少、人力资源得到充分发挥的新型工业化路子,推动人口与经济、社会、资源、环境的全面协调发展,努力构建环境友好型资源节约型社会。今年 3 月份,我们组织了部分市、县人大代表对《中华人民共和国水土保持法》在我县的贯彻执行开展了调研,提出了针对性强的意见和建议,推动了工作。四是注重统筹推进协调发展。人大常委会的工作千头万绪,归纳为一句话,就是统筹兼顾,选准议题,充分审议,集体决策,跟踪时效。议题选准了,目标就清楚,突破口就易于把握,科学发展的牛鼻子就牵住了。人大制度权的权威就会在一个个目标的实现中逐步形成。

五、加强建设,提高人大依法履行职权能力。

加强人大常委会及机关自身建设,是做好新时期人大工作的客观要求。要按照"政治坚定、业务精追、务实高效、作风过硬、团结协作、勤政廉洁"的要求,切实加强常委会及机关自身建设,不断提高依法履行职责水平,更好发挥人大作为权力机关、代表机关和工作机关的作用.

1.加强党员干部思想作风建设。要以学习实践科学发展观活动为契机,进一步加强人大常委会自身建设。按照"内增素质,外树形象"的要求,坚持机关学习制度,每周二、周五下午组织常委会组成人员和机关工作人员学习实线科学发展观,学习党的十七大、十七届三中全会精神,宪法、监督法等法律法规,不断加强党员干部党性锻炼和思想道德修养,筑牢拒腐防变的思想道德防线,提高政治业务素质和工作能力,增强做好新形势下人大工作的自觉性,始终保持奋发有为的精神状态和旺盛的工作热情,全身心投入到工作中,为常委会依法履职提供坚强的政治保障。

2、加强机关干部队伍建设。要坚持把人大机关干部队伍建设作为提高人大及其常委会工作效率的重点，解决好人大机关干部的“入口”和“出口”问题，逐步把那些既有使命感；又有责任心、事业心，具有经济行政管理知识和法律基础知识的年轻同志充实到人大机关来，增强人大机关的活力与朝气，努力造就一支特别能学习、特别能履职、特别能实干、特别能吃苦、特别能奉献的干部队伍。进一步抓好人大干部的教育培训工作，加大机关干部的培养、选拔、交流、使用，畅通选人用人渠道，最大限度地挖掘和发挥每个人的潜能，做到人尽其才，才尽其用。大胆推荐提拔任用那些德才兼备、勇于开拓、勤奋工作、确有实绩的干部，真正使人大机关干部“动起来、活起来”，为常委会依法履职提供可靠的组织保证。

3、加强制度建设。不断健全完善人大工作制度，既是对人大及其常委会工作的要求，也是对人大常委会机关工作的要求。建立健全和严格执行科学管理、切实管用的制度，形成职责明确、分工负责、规范有序、务实有效的机关运行机制，是我们提高工作效能的重要保证。因此，我们要以学习实践活动为契机，从加强自身建设的高度。健全完善常委会和机关各项工作和管理制度，健全体现科学发展的规章制度，不断提高工作效能。要按照《长汀县人大常委全制度汇编》，逐步建立健全代表视察制度、常委会决议决定贯彻执行和审议意见办理的有关制度，建立询问，质询、组织特定问题调查等制度，探索建立人大监督责任制度，司法监督制度和部门工作评议制度，不断完善人大机关工作规则、工作程序等制度建设。同时要加大制度的执行力度，把各项制度落到实处，提高人大监督的质量和效果，提高人大机关整体服务水平。

4，加强调研工作。要始终保持与人民群众的血肉联系，从领导干部到各专委会成员，都必须切实转变作风，深入实际、深入基层，听民声、摸民情，把人民群众普遍关心的热点、难点问题及时纳入重要工作议题。要加强与人大代表经常性的联系，积极为代表知情知政和执行职务创造条件. 自觉接受人民群众和人大代表的监督。要高度重视调查研究工作，针对人大工作中的突出问题，按照常委会年初确定议题，大兴调查研究之风，加强人大工作的调查研究. 不断提高人大工作水平，为常委会行使职权发挥积极的参谋作用，努力促进那些关系群众切身利益的突出问题得到有效解决，促进那些影响人大工作的突出问题得到有效解决。

关于城市拆迁工作的几点思考

江苏省淮安市淮阴区人大办综合科科长　汪卫国

拆迁的进度影响着经济社会发展的速度。随着拆迁与经济社会发展关联度的日益紧密，拆迁的重要性逐渐凸显，已经成为经济社会发展的先锋工程。经过走访调研，对照新的形势对拆迁工作的要求，结合本人参与拆迁工作的感悟和体会，现对城市拆迁工作提出如下建议：

一、慎重制定拆迁政策。拆迁政策是指导拆迁工作的纲领性文件，直接影响着拆迁工作的成败。一是政策的制定既要依据相关的法律法规和上级党委、政府的文件要求，又要结合我区的实际情况，既要考虑整个面上的拆迁政策，又要考虑某一区域被拆迁户的个性化特征。二是政策的制定要具有连续性、公平性、导向性、激励性和惩罚性。三是政策的制定要通过充分的调研，摸清拆迁范围内被拆迁户的基本情况和群众的现实要求，使出台的政策确实能够照顾到群众的切身利益，满足群众的要求，得到群众的拥护。否则，一旦出台的政策不能反映民情民意，就会遭到大多数群众的反对，那么就意味着拆迁工作的失败或者拆迁政策的调整。一方面破坏政策的严肃性，影响政府的形象，另一方面可能导致群众大规模的上访，影响社会稳定。四是在政策的执行过程中，一定要全力维护政策的公平性和严肃性，即便到了万不得已、确实需要调整的地步，也要征求多方意见后慎重进行，尽量减少负面影响，否则便会给少部分得陇望蜀、得寸进尺、欲壑难填的户带来新的幻想空间，造成新的工作被动。

二、坚持两手抓两手硬。坚持以民为本、和谐拆迁的理念,一手抓保护、一手抓惩治,在切实维护群众合法利益的同时,严厉打击“以房谋财”、“趁机捞财”等不法行为,全力维护社会的公平正义。一要充分“尊重、关心、依靠”群众。要带着深厚的感情去靠近群众、开展工作,设身处地的为群众考虑问题、解决问题,做到在人格上尊重群众、生活上关心群众、拆迁上惠及群众,全力争取群众的信任、理解和支持。要善于从群众中汲取营养和智慧来提升自己、推动工作,真正做到问计于民、问政于民。在具体工作中,还要发挥党员、干部、人大代表、地方有影响力的人物等各类先进群体的模范带头作用,引领整体工作的开展。二要特别保护好“先行者、弱势者、守法者”的利益。先行者,即先签户。他们是拆迁工作的开路先锋,是支持拆迁工作的表率。我们不但要从内心上感谢,而且要在实际工作中关心,把政策向他们倾斜,让他们名利双收,形成“先签得实惠、得荣誉”的工作导向,鼓励更多的人来做拆迁工作的先行者,千万不能做让先签户寒心、伤心、痛心的事,伤害先行者的积极性。弱势者,即贫困户、病灾户。切实解决他们的实际困难,是党和政府义不容辞的责任,也是党和政府以民为本、关注弱势群体的具体体现,更是全区实施“脱贫”攻坚工程的需要。对他们要予以特殊照顾,为他们雪中送炭,确保生活无忧、衣食无愁,确保生活状况优于拆迁之前,使他们由惧怕拆迁变为欢迎拆迁、支持拆迁、感谢拆迁,增强他们战胜困难的信心和勇气。千万不能因拆迁而使他们生活雪上加霜、举步维艰,把弱势群体推向更加困难无助的境地。守法者,即遵纪守法户。他们积极响应政府的号召,坚决不搞违法建房,即使在具备条件的情况下,也是如此,大大降低了拆迁工作成本。对此,要研究出台奖励政策,确实让遵纪守法户不吃亏,并能比违法乱纪户获得更多、更实在的利益。比如,在集体土地拆迁中,对合法院落未建房屋的面积可以给予适当奖励。三要全力遏制少数群众要求的“多元化、非法化、无限化”势头。所谓多元化,就是提出的要求很多,想通过拆迁来解决所有问题。比如,家人下岗的要求安排工作,住房面积小的要求超面积安置等等。不管是否与拆迁相关联的问题都一揽子提出,问题得不到解决,就拒签协议。所谓非法化,就是提出的要求完全没有法律和政策依据,只是凭自己的主观愿望想当然。所谓无限化,就是提出的要求太高,漫天要价,成为“狮子口”、“无底洞”,而且专横跋扈、一意孤行、无法沟通,让人难以接受、难以想象。这些“三化户”如果处理不当,往往会演变成为“钉子户”。对此,要积极做好思想工作,对经说服教育后仍达不成一致意见的,要依法实行强拆,决不让“三化户”钻政策的空子,占法律的便宜,全力维护社会的公平正义。

三、建立健全监审机构。开展监审工作非常重要。可以在保护干部、保护群众合法利益、保护国有资产、保证政策执行的公平公正、维护社会稳定等方面发挥积极作用。一要进一步健全工作机构。区委、区政府组织开展的大规模拆迁工程,监审工作可由区人大常委会、区纪委共同牵头开展,并从相关的部门抽调人员组成具体的工作机构。各乡镇自行组织开展的小规模拆迁工程,监审工作可由乡镇人大主席团、乡镇纪委共同牵头开展,并从相关的部门抽调人员组成具体的工作机构。同时,要根据工作任务的大小,确定机构的规模和人员的数量。二要保持监审工作的常态化。拆迁工作的规范化要依靠监审工作的常态化。失去监督就可能导致腐败,这方面的教训极其深刻和沉痛。要把监审工作有机融入到拆迁的整体工作中去,全面覆盖到拆迁的各地块中去,做到监审工作与拆迁工作同步,形成监审工作的长效机制。三要着力培养一支稳定的监审工作队伍。监审工作是一项政策性、专业性很强的工作,也是一项长期性、艰巨性的工作。要选派思想素质好、业务水平高、敬业精神强,而且公道正派、清正廉洁的同志充实监审队伍,并保持监审队伍的稳定性,做到既胜任工作,又经得住方方面面的考验和诱惑,保证队伍的战斗力。

四、深化规章制度建设。推进规章制度建设,有利于规范拆迁行为。一要明确动迁工作组的职责和权限。动迁工作组在一线承担着大量的拆迁工作任务,全面负责与群众的商谈签约、报审拆除、信访稳定等工作,职责和使命非常重大。要把动迁工作组组长、业务员和村组干部的职责明确到位,做到既各司其职,又密切配合。要赋予动迁工作组适当的自由裁量权,比如,对豪华装潢、病灾、困难等补助的确定,非特殊情况下可以由动迁工作组根据面上的具体情况和各户的实际情况自行确定,这样有利于把握战机,尽快签约。但是赋予的自由裁量权不宜过大,过大会造成政策执行的失衡和混乱,同时也会滋生腐败,不利于干部的健康成长。对动迁工作组权利的约束管理切忌走“一管就死”、“一放就乱”的极端,一定要控制在适当的范围内,切实把推动工作与保护干部相结合、把工作的原则性与工作的灵活性相结合。二要建立健全报审和拆除工作制度。签约、报审和拆除是拆迁工作的三大关键环节。建立健全签约后及时报审、报审后及时拆除工作制度，有利于形成签约、报审、拆除三大环节的整体联动、有序推进的良性格局，保障拆迁工作健康顺利的开展。否则，签约后不能及时报审，必然导致不能及时拆除，而不能及时拆除就会给下一步的工作推进带来许多隐患，甚而影响整体工作的开展。三要建立健全工作例会制度。定期召开工作例会，进行总结布置，便于及时掌握全局工作的基本动态，便于及时解决出现的问题，便于各工作组之间的相互交流沟通、取长补短。四要建立健全约谈制度。被拆迁户时间的不确定性，决定了工作组入户商谈前必须进行提前预约，避免时间和精力的浪费，不断提高工作的针对性和实效性。五要建立健全集体会商制度。对群众提出的政策中无明确规定的问题，要按照“个人无权，集体有权”的原则，由小组会议集体研究解决，任何个人不得乱表态、乱开口子。否则，按照“谁表态谁负责”的要求，追究责任。如果小组会议确定不了，要及时向指挥部领导请示确定。对一些涉及全局的重大问题，由小组会议集体研究解决方案，报请指挥部会办解决，确保面上政策的公平公正。

五、加强拆迁队伍建设。拆迁队伍是拆迁工作的关键因素。一要建设一支稳定的拆迁队伍。拆迁工作的任务越来越繁重，事多人少的矛盾也越来越突出，这对拆迁队伍的建设也提出了新的更高的要求。一方面要扩大队伍规模，切实解决人员不足的问题。另一方面要定期开展教育培训，提高队伍的素质，确保既胜任工作又经得住考验。同时，要保持队伍的相对稳定，减少人员的流动，避免人才的浪费。二要充分调动基层干部的积极性。基层干部是拆迁工作中不可或缺的一支重要力量，也是拆迁队伍的重要组成部分。坚持重心下移、责任前移，努力发挥好基层干部的情况明、关系熟、方法多的优势。要充分调动基层干部的工作积极性，把基层干部的思想和行动统一到拆迁上来，统一到党委、政府的决策部署上来，使基层干部始终与党委、政府保持目标一致、步调一致，配合党委、政府共同抓好拆迁工作。三要热情关心拆迁干部。从事拆迁工作的同志付出多、奉献多、委屈多。对他们要高看一眼、厚爱三分，认真解决他们工作生活中遇到的困难和问题，不断提高他们的工作待遇，及时给他们撑腰打气，为他们安心工作创造一个良好的条件。坚持在拆迁一线培养锻炼干部的做法，通过拆迁这个试金石，发现人才、培养人才、使用人才，储备和输送一批堪当重任的优秀干部，为地方经济社会发展服务。

贯彻落实科学发展观　不断增强人大监督实效

广西崇左市大新县人大常委会主任　黄增生

大新县地处桂西南边陲，与越南接壤，边境线40多公里，现辖14个乡(镇)和1个华侨经济管理区，全县总面积2742平方公里，总人口36.7万人，是集老、少、边、山、贫于一体的县份。县境内矿产资源丰富，有“中国锰都”之称，盛产甘蔗、龙眼、苦丁茶等，素有“龙眼之乡”和“中国苦丁茶之乡”的美称，县内山水秀丽，处处美景，全县共有42个主要景点，尤其以横跨中越两国的亚洲第一大跨国瀑布、“中国最美的瀑布”之一——德天跨国大瀑布最为有名。大新县十五届人大常委会于2006年底换届选举产生，现有主任1名，副主任4名，助理调研员1名，常委会组成人员17名。常委会设办公室、法制教科文卫工作委员会、财经环资工作委员会和代表联络工作委员会四个办事机构，机关定编17人，现在编在岗17人。全县现有市级人大代表49名(其中驻本县市人大代表32名)，县级人大代表199名，乡镇人大代表840名。换届以来，在中共大新县委的坚强领导下，县十五届人大常委会高举中国特色社会主义伟大旗帜，坚持以邓小平理论和“三个代表”重要思想为指导，全面贯彻落实科学发展观，围绕县委确定的工作部署，以科学发展、加快发展为第一要务，紧紧围绕经济建设这个中心，认真履行宪法和法律赋予的各项职权，为推动全县经济社会又好又快发展提供支持和保障。

一、认真贯彻落实监督法，加强和改进监督工作，监督实效明显增强

人大监督工作是党和国家监督体系的重要组成部分，涉及社会主义经济建设、政治建设、文化建设、社会建设和生态文明建设各个方面，直接关系到科学发展观的贯彻落实。2005年中共中央转发了《中共全国人大常委会党组关于进一步发挥全国人大代表作用，加强全国人大常委会制度建设的若干意见》的通知（中发[2005]9号文件），为坚持和完善人民代表大会制度，推动人大及其常委会的建设，做好新形势下的人大工作，具有里程碑意义。2007年《监督法》的颁布施行，对于各级人大常委会依法行使监督职权，健全监督机制，加强和改进监督工作，增强监督实效，促进依法行政和公正司法，更好地发挥人民代表大会制度的特点和优势，推进社会主义民主法治建设，都具有重大的现实意义和深远的历史意义。2008年自治区党委和崇左市委又相继召开全区、全市人大工作会议并先后作出了《关于进一步加强和改进人大工作的决定》（以下简称“两个决定”），使我们进一步增强了做好新时期人大工作的信心和决心。

（一）围绕经济社会发展的重大事项，认真行使重大事项决定权。围绕大新县第十五次党代会确定的“生态立县、工业强县、开放活县、民营富县、旅游旺县、科教兴县”六大战略，常委会在广泛深入地开展调查、认真审议相关议案和报告的基础上，对事关全县发展大局，涉及政治、经济、教科文卫、城乡建设、环境保护等方面重大事项作出决议、决定21项，为我县改革、发展、稳定提供了有力的支持和保障。

（二）围绕建设高效政府，认真行使监督权。根据《监督法》有关规定，三年来，常委会坚持“围绕中心，服务大局，突出重点，强化监督”的原则，依法履行常委会的监督权，有针对性地选准议题，先后组织召开17次常委会会议，组织开展15次代表视察、执法检查和专题调研活动，听取和审议“一府两院”22项专题工作报告，提出150多条整改意见和建议，经跟踪督查，“一府两院”均能按照要求进行了整改，监督实效进一步增强，促进全县经济和社会各项事业持续、快速、健康地发展。

（三）依法做好人事任免，确保国家机关工作正常运转。常委会坚持把党管干部的原则与人大依法任免和监督结合起来，促进国家机关工作人员依法行政、公正司法。完善了对被任命干部实行任前法律知识考试、供职前表态发言、年终向常委会递交述职报告等制度。换届以来，先后任免国家机关工作人员83人次，从组织上保障了国家机关工作的正常运转。

（四）围绕社会主义民主法制建设，认真开展依法治县工作。换届以来，常委会认真贯彻落实《关于在全县范围内深入开展第五个五年普法依法治县的决议》，运用视察、检查、听取专项工作报告等监督形式，督促“一府两院”依法行政、公正司法，纠正有法不依、执法不严、违法不究的问题。督促并协同有关部门采取多种形式进行法制宣传，要求并监督司法部门着力抓好“五五”普法宣传教育。还有计划、有重点地组织常委会组成人员运用会议审议、调研视察、执法检查等手段，先后对《中华人民共和国人口与计划生育法》、《治安管理处罚法》等5部法律法规在我县的贯彻执行情况进行了执法检查，对平安大新建设和“两院”贯彻落实内部监督制约机制情况等开展专项检查，切实营造有利于经济发展的法制环境，为推动经济发展起到了保驾护航作用。同时，常委会还积极配合全国人大、自治区人大和崇左市人大等各级人大到我县开展各项视察、立法调研和执法检查等活动，促进有关法律法规在我县切实有效贯彻实施。

（五）依靠代表和人民群众开展工作，维护人民群众根本利益。一是围绕群众反映强烈的热点问题开展监督，切实做好代表和人民群众来信来访工作，努力维护人民群众合法权益，维护社会稳定。二是加强代表工作，把人大工作建立在代表广泛参与的基础上，充分发挥人大代表在我县三个文明建设中的模范带头作用。进一步健全完善了代表议案、建议提出和处理、代表列席县人大常委会会议、闭会期间代表活动组织保障和代表培训、代表闭会期间活动经费保障等制度，进一步完善了常委会联系代表制度，坚持邀请代表列席有关会议，参加视察、检查、工作评议、专题调研等活动，努力拓宽代表知情参政的渠道。同时，我们还不断加强代表培训工作力度，积极关心他们的生产、生活情况，近年来，一直为每位县级代表订阅一份《广西人大》杂志，赠阅《崇左人大》杂志，努力提高代表素质。多年来我们在广泛联系代表的同时，还特别对贫困或有疾病的人大代表进行了慰问、资助，努力为代表履行职务提供服务和保障。

（六）将信访工作列入监督的一项重要工作内容抓好抓实。常委会领导坚持“权为民所用、情为民所系、利为民所谋”的群众观，牢固树立群众满意是一切工作的价值取向的观念，着眼于解决群众关心的热点难点问题,结合领导干部大接访和驻村夜访等活动,认真做好人大信访工作,既尽力帮助群众解决实际问题,又注重耐心细致地向群众宣传,解释有关法律、法规和政策,引导他们正确行使申诉、控告和检举的民主权力。同时,建立健全人民群众来信来访办理机制,不断创新信访工作机制,有效提高了信访案件的解决率和落实率,维护了信访人合法权益,排除和化解了一些社会不稳定因素,积极营造稳定和谐的发展环境。

(七)加强对乡镇人大工作的指导,推进基层民主政治建设。一是经常深入乡镇,听取乡镇人大工作汇报,提出工作建议和意见,帮助和协调乡镇人大开展各项工作。二是帮助乡镇人大建立和完善各项工作规则、代表活动等制度,使乡镇人大工作逐步走上规范化、制度化轨道。三是采取以会代训、列席人大常委会会议和举办培训班等方式,加强对乡镇人大领导的业务培训,不断提高乡镇人大领导履职水平。四是建立了乡镇人大主席联席会议制度,定期召开乡镇人大工作汇报会、交流会,不断提高乡镇人大工作的整体水平。五是考评乡镇人大工作,建立激励机制。每年初都印发了乡镇人大工作考评细则,年末组织考评组进行检查考评,对先进乡镇人大、先进人大代表小组和优秀人大代表进行表彰,激励他们更好地发挥代表的作用。通过以上工作,使乡镇人大工作进一步规范化,为推进基层民主政治建设、经济建设奠定了基础。

二、下一步规范和增强新形势下人大监督工作的思路

回顾县十五届人大常委会这些年来的工作,虽然取得了一定的工作成效,但与宪法和法律赋予的职权和人民的要求还存在一定的差距,主要体现在监督工作力度不够,监督工作的主动性、针对性和实效性有待进一步提高。对人大及其常委会作出的决定、决议,跟踪问效做得不够。监督程序和方法有待规范,监督力度还不够大。对代表议案、建议的办理和督办的力度不够大,真正解决的问题还不多。针对这些不足,县人大常委会将自觉服从服务于全县工作大局,增强监督实效,努力取得新的突破。

(一)自觉接受党的领导,使监督工作更有高度更具政治方向。要始终做到"三个坚持":一是坚持贯彻执行党的路线、方针、政策,主动把县委的主张和意图,通过法定程序变为国家意志,变为全县人民自觉的行动;二是坚持以科学发展观为指导,主动围绕党委的中心任务开展监督工作,始终以促进改革、发展、稳定为已任,忠实地维护和代表人民群众的根本利益;三是坚持做到对党负责和对人民负责的有机统一。自觉接受县委领导,主动争取县委对人大监督工作的支持。在讨论决定监督议题之前及时向县委请示汇报;开展重要监督工作和组织重大监督活动事先征求县委的意见。同时,本着对党和人民认真负责的态度,紧扣人民群众关心的热点难点问题审议专项工作报告和进行法律监督与工作监督,使县人大及其常委会真正成为人民群众所信赖的代表机关和权力机关。

(二)充实监督内容,使监督工作更有深度更具有实效。当前,我县的工作中心和目标就是"保增长、保民生、保稳定,保经济社会发展良好势头"。常委会要紧紧围绕"四保"目标部署开展人大各项工作。在依法履职过程中,要坚持抓大事、议大事,在监督、决定重大事项、代表工作等方面,都必须紧贴县委的中心工作,切实在增强工作实效上下功夫,推动和保障"四保"目标的实现。

(三)完善监督方式,使监督工作更有针对性更具有活力。一是在决定权行使方面:要继续就我县经济和社会发展的重大事项行使决定权;还要从长远的角度来考虑要建立重大事项决定权行使的办法,进一步规范决定权的行使方法,通过行使人大决定权,使大新的决策更科学、更民主。二是在行使监督权方面:要按照监督法规定的6个渠道,围绕县委的工作大局和阶段性的工作重点,来筛选监督内容,确定监督重点,拟定监督议题,并用监督法规定的方法开展监督活动,加大对"一府两院"的监督力度,认真组织开展对人大例会通过的政府工作报告的决议、为民办实事工作情况等进行视察、调研、跟踪监督、专项审议,以增强监督工作针对性和实效性,尤其要关注人大及其常委会决定决议的贯彻实行情况以及人大常委会听取"一府两院"专项工作报告提出整改建议的落实到位情况,切实加大督办力度,努力把监督工作的出发点和落脚点最终体现在监督的实际效果上来。三是要认真开展调研,提出具有针对性和可操作性的意见建议;四是要认真审议,提出有针对性的审议意见,力求做到"议到关键处、提到点子上",并经汇总整理后按监督法规定的程序和时限送交有关职能部门研究处理;五是要认真做好推动整改的各项工作。要用整改的成果来检验监督实效,防止重监督检查、轻督促整改的现象;六是要进行监督公开。将监督工作的情况按监督法的有关规定向本级人民代表大会代表通报，并向社会公开，这样有利于接受人民群众的监督，有利于推动整改工作的落实，有利于提高监督实效。

认真履行信访职责　努力维护群众合法权益

贵州省六盘水市钟山区人大信访办主任　罗学平

钟山区是一个新兴的、不成熟的城郊型工业城市，地处六盘水市政治、经济、交通、信息、金融中心，东西长52公里，南北宽46公里，国土面积为478.27平方公里。辖区内有一乡四镇和四个街道办事处，67个村民委员会，51个社区。总人口为45万人，其中农业人口15万，占全区总人口数的33.3%，工业城镇人口为30万，占全区总人口数67%。钟山区也是一个发展中的城市，城郊结合部正在对接之中，信访问题不可避免的存在，新旧矛盾不断交织，由此引发的群众上访人数和件次每年有所起伏。有的是老问题，历史遗留问题，有的是新情况和突发事项，有的是十分棘手的问题。总之，人大信访工作不是可有可无，而是非常重要的政治工作。有了社会矛盾，并不可怕，可怕的是不敢正视，不敢面对。因此，信访工作必须坚持不懈地抓下去，一抓到底，真正在"解决问题"上下功夫，使最广大人民群众的根本利益得到体现。

人大信访工作是党的工作的重要组成部分。促进社会的稳定，构建和谐社会，是人大信访工作当前和今后的主要任务。信访工作同样是生产力。稳定搞好了，人民团结了，人心凝聚了，问题解决了，人民群众才能一心一意跟党走，聚精会神搞建设，否则，人心涣散，人心不齐，怎么才能发展生产力呢？如果我们信访部门的工作没有做好，认识上有误差，方法上不讲究艺术，解决问题的措施不力，必然挫伤人民群众工作的积极性，损害群众的利益，那是十分可怕的。人大的信访工作，是人民代表大会、人大常委会加强监督工作的一个重要内容，人大的工作搞得好不好，在一定程度上，在一些具体问题上，人民群众是通过信访部门这个渠道和窗口的工作来评价人大常委会工作的。所以说，人大信访部门是联系党和人民群众的纽带，是反映社情民意的渠道，是体察社会稳定的"寒署表"。人大的信访工作，可以通过对个案的监督、办理、跟踪情况、调查研究和综合问题分析，向党委政府提供决策依据，以检验党和政府的工作是否到位，是否确保宪法和法律得到正确实施，是否确保行政权、审判权、检察权得到正确行使，是否确保公民、法人和其它组织的合法权益得到尊重和维护。

如何做好人多信访工作，要把握好这样三条，一是要少说空话，多做实事。要学会化不利因素为有利因素，努力构建社会主义和谐社会。实践表明，信访工作涵盖了社会、经济、政治、城市、农村、工业、农业、生产、生活、商贸、科教、文化、行政、司法、劳动保障、卫生等领域，由此带出的问题也很多，如征地拆迁、移民安置、工资待遇、人身损害、经济合同、房屋租赁买卖、契约贷款、申诉控告、劳动争议仲裁、不服行政司法裁决、行政复议复查、换届选举、国企改制、非法开采、暴力拆迁、案子久拖不决、超期羁押审理、政策兑现、土地撂荒等信访事项。有许多问题，是有利的积极的和谐因素，通过努力是可以解决的。有些问题，是行政、司法不积极主动作为激发的矛盾；还有个别案件，是人为造成。比如刑讯逼供，超期羁押、违反程序、违法行政、枉法裁判等，给老百姓抬高门槛制造麻烦，导致告状难、执行难、赔偿难的结局。更有甚者，明知是错案，却久拖不决，不去纠正，害怕承担责任。党中央、国务院一再强调，中国是法治国家，决不允许有法不依、违法不究、滥用职权、失职渎职、询私枉法、监督不力、越权失职、政务不公、工作懈怠的现象发生。但我们工作中的一些人，如公务员、领导干部却对此置若罔闻，我行我素，封建思想萌生，侵害群众利益，给党和人民造成重大损失不说，还引发了许多不稳定、不和谐的因素。二是要从不稳定、不和谐的因素为突破口，找准问题的切入点，除了采取接待、登记、询问、转办、交办、催办、督办、批示、建议等形式的常规办法之外，还要激发法律的监督机制，特别是通过人大监督活动，启动司法机关内部监督机制，做到"我督你办"，实实在在为老百姓办实事，办好事；三是要辅之以法律咨询、宣传解释、教育疏导、协助办理、参与调研等方法，努力化解社会矛盾。一定要始终牢记全心全意为人民服务的宗旨，时刻保持头脑清醒，要在严格信访督办，切实为人民群众排忧解难等关注民生方面多做有益的探索。人民群众来信来访，不外乎初访、越级访、重访、集体访这四个方面。人大信访要从这几个方面进行综合分析，分门别类疏成条理，为信访人畅通诉求渠道，倾听群众呼声，增强工作的透明度，建立信访情况通报制度。对每一个来访者热情接待，对每一件信访事项认真对待、找准问题、对准焦点、及时转办交办、严格督办、切实为人民群众排忧难，力争达到"事要解决"的目的。

当前的信访形势依然严峻，不容乐观。2008年元月至8月份，共接待人民群众来信来访370（件·次），接待集体访（含联名）4批190人（次），其中接待来访群众196人（次），登记信件76件（次）。疏理排查重大问题26个。信访问题呈现问题多，范围广；重信重访比例大；多头上访频率高；涉法涉诉有所抬头；劝回滞留息访诉难；信访量逐年增多，居高不下，调处办结难度大的几大特点。针对人大信访面临的形势和呈现的主要特点，结合实际工作，主要做法是：

一、明确信访工作目标。坚持以邓小平理论和"三个代表"重要思想为指导，认真贯彻党的十七大精神，按照科学发展观的要求，落实监督法和胡锦涛总书记、吴邦国委员长、原盛华仁副委员长关于人大信访工作的重要指示精神，关注民生，以人为本，统一思想认识，完善工作机制，认真进行综合分析，加大督办力度，努力使人民群众的合理诉求得到有效解决。

二、站在历史高度，充分认识做好人大信访工作的重要意义。当前，我国的现代化建设和改革的步伐加快，改革已进入新的历史时期，社会经济不断发展壮大，社会主义初级阶段的基本矛盾将长期存在。人民的物质需求和精神需要日益增长，人民生活水平不断提高，社会矛盾随着经济的发展应运而生，利益格局的调整导致新问题层出不穷，城乡差别逐步缩小而群众的期望值过高，社会分配不公，人民群众公平的愿望大，信访渠道在有的个别政府职能部门不畅等，引发的信访问题接踵而至，因此，处理信访事项，要站在构建和谐社会的高度去加以认识。

三、举好"尚方宝剑"，依法办信。人大信访工作不能直接处理信访案件，但要通过转办、督办、跟踪督办，努力促进信访问题的解决。2005年中共中央9号文件精神，中共中央中发（2007）5号文件精神，《全国人大常委会机关信访工作若干规定》，《贵州省信访条例》，党的十七大精神，都是人大办理信访的依据，个人要深刻领会，认真落实。

四、拓宽信访表达渠道，建立诉求机制。针对信访呈现的特点，对那些越级重访、问题棘手、办理难度大、重信访轻司法等引起的上访，人大信访工作一定要对人民群众反映的问题，给予高度重视，在认识上更进一步提高，采取刚性手段，做到"事要解决，人要回去"，"事要解决，人不回流"。对老上户反映的问题，要通过搭建信访平台，集中解决。对那些带有共性的问题，要做好认真选题，综合分析，形成专题，为领导提供素材，督促问题的解决。

五、完善信访规章制度，提高权益保障意识。人大信访工作原则是：不直接处理信访案件。主要是通过交办、督办，"我督你办"，按照"分级负责，归口办理"，"谁主管，谁负责"的原则办信。将人民群众来信来访交由有权处理的部门处理办结。对司法机关而言，如法院、检察院，主要是启动诉讼程序和内部监督机制，这一点很重要。对行政机关而言，比如政府行政主管部门，是启动复查和程序，不管是司法机关还是行政机关，人大信访交办督办所提出的问题，应由受理机关定性，由受理机关依照法律法规，按照相关程序作出初步结论。这一方面，信访部门要认真落实领导（常委会主任、副主任）接待制度，建立健全责任制，对人民群众来信来访加以正视，化解矛盾，增加有利因素，减少不和谐因素。

六、充分认识人大信访工作的长期性、艰巨性和复杂性。随着社会的不断进步，信访问题不容回避，也不应回避。这是一种普遍的社会现象。如果对信访工作不了解，工作方法简单，重视不够，底数不清，服务不诚心，正常的社会现象就会变得不正常。在处理信访事项时，不注意上下衔接，或衔接不多，机构形同虚设，信访队伍力量不强，工作环节簿弱，横向联系不到位，信息化工具和手段软化，势必导致链条脱节，基层工作无力，源头断线，萌芽再生，压了葫芦起了瓢。就会对维护稳定带来不利因素。因此，信访工作不能虎头蛇尾，不能松懈，更不能降低标准。

七、要下功夫，花力气解决问题。要在综合分析上下功夫，在加强督办工作上、在解决信访重访问题上，在加强基础性工作上下功夫。在信访活动中,常常遇到这样那样的问题,特别是当事人存在的心理因素较多,他们通过到人大上访,希望解决问题,达到上访的目的;还有的期望值过高,案结事未了,官了民不了;有的认识问题有偏差,认为大闹大解决,小闹小解决,不闹不解;再一种就是缠诉缠访,无事生事,企图达到不可告人的目的;还有的就是上访当事人承受能力弱,思想狭隘,或者是对社会不满,又不务正业。这类信访当事人,对人大信访工作不了解,或者是了解不多,肯定要产生怨言和不满,人大信访工作更要做耐心细致的思想工作,努力化解人民内部矛盾。人大是国家权力机关,与"一府两院"的关系是,在共产党的统一领导下,通过行使立法权、监督权等,促进"一府两院"在独立履行职责、分工合作、相互制约、协调一致的基础上,严格依法办事,公正司法,切实维护最广大人民群众的根本利益。人大信访部门一定要在"分别受理、综合分析、统一交办、定期反馈、严格督查"五个方面形成办信机制。

八、要加强法律法规和业务知识的学习,提高文字表达能力。信访工作实践表明,工作人员,信访干部,坐下来时,要勤于读书,勤于思考,有较强的文字表达能力;站起来要能说公道,对人晓之以理,通之以情,有理有据;工作态度上不但要热情热心,还要有真情,有较强的办事能力,才能达到让信访当事人息诉息访的目的。如果我们在信访工作中方法简单,措施不力,说理不透,推诿搪塞,敷衍了事,重信重访再所难免。信访工作的出发点和落脚点,都是切实解决人民群众反映的热点、难点和实际问题。

关于加强乡镇人大工作的思考

甘肃省崇信县人大常委会主任　信国勋

乡镇人大处于国家政权体系的最基层,是人民代表大会的基础,代表比例高,联系群众最直接,发挥人大代表作用效果明显.研究探索在新形势下加强乡镇人大工作,对于基层真正建立民主议政和民主决策机制、完善基层民主政治、保障人民当家做主的权利、贯彻依法治国方略和构建和谐社会具有重大意义。笔者认为,加强乡镇人大工作,应从以下五个方面着手。

一、明确方向,坚持党的领导

坚持党的领导,是人大工作者必须明确的政治方向和政治立场,是做好乡镇人大工作的前提和根本保障。乡镇人大作为最基层的地方国家权力机关,工作中必须自觉坚持和依靠党的领导,全面贯彻党的路线方针政策,自觉置身于乡镇党委的领导之下,从思想上明确坚持党的领导与人大工作目标的一致性,把向党负责与向人民负责,坚持党的领导与依法办事有机结合起来,与党委形成和谐的领导与被领导关系,使乡镇人大工作,在实践中创新,在创新中发展,始终保持旺盛的生机和活力。在具体工作中主动做到:上级会议精神主动向党委汇报;人大工作的安排和打算主动向党委请示;工作开展的情况及成效主动向党委报告;工作中的意见建议主动向党委反映;党委做出的决定主动执行;党委布置的中心工作主动参加;党委安排的任务主动完成;人大重大活动主动请党委领导指导。通过以上工作,使党委及时了解人大工作,切实把人大工作列入党委的重要议事日程,把人大工作与党委的中心结合起来,使人大工作努力实现党委意图,通过工作过程中的主动沟通,正确处理人大决定权与党委领导权之间的关系,使党委支持乡镇人大依法行使职权。

二、准确定位,积极履行职责

中共中央转发《中共全国人大常委会党组关于进一步发挥全国人大常委会制度建设的若干意见》,对人大工作提出了四个必然要求。即:是提高党的执政能力的必然要求,是保障人民当家作主的必然要求,是贯彻依法治国基本方略的必然要求,是做好新形势下人大工作的必然要求。《地方组织法》和《甘肃省乡镇人民代表大会工作条件》对乡镇人大职权和人大主席的职责都作了明确规定,为了适应形势的发展和工作的需要,乡镇人大要找准位置,明确法定职责,树立有为观念,针对乡域经济发展中有牵动作用的重点问题,群众普遍关注的热点问题和需要解决的难点问题,把党委事关经济和社会发展的重大部署,及时通过法定程序转变成广大人民群众的共同意志和自觉行动,从而为经济快速发展构筑平台,形成加快发展的强大合力。当前,主要围绕三个方面来开展乡镇人大工作。一要围绕经济建设中心开展工作,在决定重大事项中发挥主体作用。经济建设是全党工作的中心,保障和促进经济建设人大是工作的重要原则,人大开展一切工作,都必须围绕这一中心,围绕经济工作方面的重大事项,行使好职权,促进乡镇经济健康快速发展。二要围绕民主法制建设开展工作,在推进依法治乡镇中发挥主导作用。保证宪法、法律、行政法规和上级人民代表大会及其常务委员会决议在本行政区域的遵守和执行,是地方各级人大的一项基本职责。乡镇人大要坚持依法办事的原则,积极开展法律宣传,有针对性地开展执法检查,实施法律监督,积极想办法、提建议,促使乡镇工作法制化,真正做到言必称法,事必依法,不断加快依法治乡(镇)步伐,努力推进基层民主法制建设。三要围绕人民群众关心的热点、难点问题开展工作,在保障和维护国家集体及人民群众合法权益方面发挥职能作用。政府工作中的难点问题、群众关注的热点问题,多是涉及人民群众切身利益的大事。乡镇人大要依法按照政策充分行使监督职权,代表人民说话,监督政府解决好影响经济社会发展和损害国家、集体及群众权益的各类问题。

三、健全制度,发挥代表作用

按照《代表法》和《甘肃省乡镇人大工作条例》要求,要从建立健全制度入手,规范乡镇人大工作,调动工作的积极性和主动性。制订人大工作制度、走访代表制度、代表联系选民制度、代表小组活动制度、代表履职卡、代表向原选区和选民述职制度、视察制度、办理意见建议制度、学习培训、履职等制度,努力做到"制度上墙、活动经常、程序规范、记录全面",使乡镇人大工作有章可循、富有成效,逐步走上程序化、制度化、法制化轨道。

乡镇人大代表同广大人民群众接触最紧密,在依法行使职权的过程中最能充分反映最广大人民的意志,最能密切联系本地区的人民群众,倾听他们的呼声,反映他们的意愿,充分实现最广大人民当家作主的权利。乡镇人大闭会期间的工作主要是依靠组织人大代表活动的方式来完成。因此,必须把代表工作放在重要位置,坚持常抓不懈。一要强化代表培训,提高代表素质。各乡镇每年应组织开展1-2次人大代表培训活动,使代表了解人民代表大会制度的性质、地位和作用,了解人大代表的职责、义务和权利,增强代表认真履行职责的使命感和责任感,提升代表参政议政的能力和水平。二要组织代表小组活动,为代表履职搭建平台。要根据换届后乡镇实际和代表变动情况,及时组建代表小组组织机构,制定工作制度和活动计划。组织代表学习、开展活动,做到代表活动有场所、人员有组织、内容有记录、建言献策有依据,为乡镇人大工作的顺利开展提供强有力的组织保证。三要组织代表向原选区选民述职。通过组织引导,保证每名代表任期内至少向选民述职一次,拓宽代表接受选民监督的渠道。四要重视代表意见建议的办理。乡镇人大要高度重视人代会议案和代表建议、批评、意见的交办、督办和落实工作,认真负责地答复代表,切实提高办理质量和水平。

四、立足本职,处理好几个关系

作为人大主席,必须立足本职,依法履行自己的职责。同时,还必须学会用辨证的观点,处理好同党委、政府的关系,同主席团成员之间的关系、同代表的关系以及同县人大的关系。明确认识,摆正位置。坚持和依靠党的领导是人大工作必须遵循的基本原则,人大工作只有在乡镇党委的领导下,依法行使权力,积极开展工作,才能使每一项活动取得好的成果。乡镇人大主席一般都是乡镇党委委员,是党委实行集体领导下的分工负责制中的一员,独立行使人大主席职权,这就要求,乡镇人大主席既要负责地做好党委分配的工作,又要发挥好人大主席的职能作用,独立地、主动地、尽力地做好人大工作。同政府的关系上,人大具有监督、督促的职责。总的原则是既不失职,也不越权,寓支持于监督政府工作之中,支持政府工作,更好地完成各项工作任务,做到重大问题不含糊,行政事务不干预。乡镇人大可以通过了解政府工作,检查政府对人大决议的执行及代表意见建议办理情况,审议政府年初制定的目标完成情况,纠正政府出现的错误行政行为等途径来实施监督。同主席团成员之间的关系上,要坚持做到想互尊重、相互支持,在工作上采取主动建议,共同商量,分头负责的办法,即每个主席团成员都要按照党委分工积极组织和参加代表活动,发挥好组织者和代表身份的双重活动。同代表的关系上,人大主席与代表之间是服务与被服务的关系,始终要将自己置身于代表之中,融于代表之内,努力为代表履职,发挥督促、服务、宣传作用,督促政府妥善解决代表反映的热点问题,增强服务意识，切实处理代表反映的难点问题，围绕影响社会发展稳定的大局，宣传好党的路线方针政策及各种法律法规。要重视发挥代表在经济建设主战场中的带头示范作用，发挥代表对政府工作的支持、监督、促进作用。同县人大的关系上，县人大及其常委会与乡镇人大是法律监督、工作联系和业务指导关系。县人大要进一步加强对乡镇人大工作的联系、监督和指导，乡镇人大也要及时沟通情况，主动联系工作。

五、与时俱进，加强自身建设

加强自身建设，是乡镇人大适应民主和法制建设的形势，不断开拓工作新局面的必然要求。乡镇人大工作搞得如何，关键是要加强乡镇人大主席自身建设，努力提高自身的政治、思想、文化等整体素质，要以人大工作为主，做到思想到位、学习到位、工作到位、责任到位、善谋人大之策，履行人大职责，注意工作方法，改进工作作风。一要加强学习。不断增强理论学习的紧迫感和自觉性，认真学习邓小平理论和“三个代表”重要思想，不断提高政治觉悟。必须树立高度的群众观点，振奋精神，树立一个好的精神面貌，要用自己的模范行动取得人民的支持信赖，用自己的工作成绩体现人大的作用。同时，还要加强法律法规、人大业务和经济知识的学习，努力提高做好乡镇人大工作的能力和水平。通过学习，尽快掌握法律法规和人大业务知识，增强工作的原则性、预见性和创造性。二要坚持抓重点、议大事的原则，认真履行职责，关心群众、宣传群众、动员群众、组织群众，切实解决群众关心的难关问题。三要坚持解放思想、实事求是、与时俱进，积极探索，开拓创新，创造性地开展人大工作。四要加强宣传工作，尤其要抓好通讯员队伍建设，认真学习总结典型经验，积极宣传人大代表的先进事迹，客观地反映本乡镇人大工作情况，提高社会的人大意识、民主意识和法制意识，使全社会形成尊重人大、信赖人大的良好氛围。五要尽力改善工作条件，特别是人代会经费和代表活动经费，要力争按标准依法列入财政预算，以保证乡镇人大工作正常开展。

作者简介：

信国勋，男，汉族，1951 年 8 月出生，甘肃省崇信县人，大专文化程度，1970 年 3 月参加工作，1972 年 8 月入党。

1970. 3 – 1974. 3 崇信县柏树乡信家庄、吴家湾小学任教

1974. 3 – 1978. 6 崇信县革委会办公室、农林办公室工作

1978. 6 – 1982. 11 共青团崇信县委副书记、书记

1982. 11 – 1983. 11 崇信县委宣传部副部长

1983. 11 – 1990. 2 崇信县卫生局局长

1990. 2 – 1997. 11 崇信县人民政府副县长

1997. 11 – 2006. 12 政协第五、六届崇信县委员会主席

2006. 12 月至今崇信县第十五届人大常委会主任

找准工作定位　促进科学发展

甘肃省崇信县人大常委会副主任　邵维杰

人大工作是党和国家工作的重要组成部分，担负着保证宪法法律的正确实施、推动经济社会发展的责任。人大工作贯彻落实科学发展观，必须坚持党的领导，切实把握好不缺位、不错位、不越位、定准位、争有位这五点，才能不断推进人大工作再上新台阶，促进县域经济社会科学发展。

主动参与不缺位。要继续坚持解放思想，着力转变不符合科学发展观的思想观念，着力解决影响制约科学发展的思想障碍，破除制约人大创新发展的薄弱环节，要从思想上克服人大就是“二线”，工作“可有可无”、可紧可松、可干可不干和“难有所为”、懒于作为等错误思想，在工作上克服可有可无的“缺位”做法，树立“有为”意识，勤于作为、敢于作为、勇于作为，竭尽全力做到在其位、谋其政、理其事、用其智，尽其能。紧紧围绕全县工作大局、围绕科学发展第一要务，认真履行联系全县经济社会发展的各项工作职责，按照崇信县县级干部“七个一”工作责任制要求，牢牢抓住经济建设这个中心，

把保障和促进经济发展作为人大工作的主要职责，树立发展为首，发展为先、发展为大、发展为重的思想，自觉做到主动参与发展、全面融入发展、主动服务发展、依法促进发展、积极投身发展，督促解决经济建设中的重大问题。

履行职责不错位。要坚持党的领导、人民当家作主、依法治国的有机统一，把党的领导贯穿于人大依法履职的全过程、落实到人大工作的各个方面。要以科学发展观统领人大工作，增强政治意识、大局意识、责任意识，把人大党组建设成贯彻党的路线方针政策和县委决策的坚强领导核心。在履行人大监督工作职责中，要把着眼点放到科学发展上来，把监督的着力点放在解决社会发展中的薄弱环节上，突出加强对教育、科技、文化、卫生、社会保障、环境保护、民生改善等领域工作情况的监督，努力做到反映民意、集中民智，民主科学决策，确保经济社会全面、协调、可持续发展；准确地对本行政区域内重大事项加以科学界定，把行使重大事项决定权作为推动科学发展的基础和保障，抓住经济建设和社会发展中带有全局性、根本性、长远性以及关系人民切身利益、迫切需要国家权利机关决定的事项，适时作出决议、决定，自觉将县委加快发展、科学发展、和谐发展的重大决策通过人大法定程序转化为人民群众的共同意志和自觉行动，努力把各方面的力量凝聚到加快发展上来。

促进发展不越位。要把推动经济社会发展作为人大工作的第一要务。认真学习研究人大工作的特点和规律，严格遵循人大工作的基本原则和本质要求，遵守人大常委会的议事规则和议事程序，坚持集体领导、集体决定，个人分工负责制度，充分发挥地方国家权力机关在加强党的执政能力建设中的特殊作用，在党委的坚强领导和有力支持下，努力营造良好的法制环境、社会环境和舆论环境，确保科学执政、民主执政、依法执政目标的实现。围绕全县重大决策和重点工作，注重抓住那些影响和制约全县经济发展的关键环节和重大问题开展调研监督工作，使人大围绕推动经济社会又好又快发展的调研成果、审议意见成为县委决策的重要依据，做到人大工作与全县工作合拍同步，推动重大决策的落实和重要工作的顺利开展，为推动科学发展发挥积极作用；围绕法律法规的贯彻实施，积极组织执法检查，切实提出并督促落实促进经济社会和谐发展的意见建议，推动依法行政和公正司法，营造促进发展的良好法治环境；围绕群众关注的热点、难点问题，主动使人大监督工作的重点与“一府两院”的重点工作有机结合起来，共同关注民生、改善民生，实现好、维护好、发展好人民群众的根本利益。在监督议题的确定上突出计划性和超前性，在实施监督过程中突出针对性和实效性，在监督结果上突出公开性和透明性。

深化学习定准位。人大工作量大面广，人大工作的内容、方式也要不断创新。要正确履行好人大法定职责，做好人大各项工作，就必须从五个方面深化学习，进一步提高常委会组成人员及机关干部理论素养和法律意识，不断提升履职水平，着力增强“五种能力”即：一是深化对中国特色社会主义理论体系的学习，特别是科学发展观的学习，深刻理解、准确把握科学发展观的科学内涵、精神实质和本质要求，不断提高围绕大局，科学谋划人大工作的能力；二是深化对党的一系列治国理政新思想、特别是坚持人民代表大会制度理论的学习，深刻领会坚持党的领导、人民当家作主、依法治国有机统一的原则，提高发展社会主义民主政治的能力；三是深化对宪法和以监督法为重点的法律法规的学习，深刻领会其精神实质，明确县级人大常委会的工作重点、遵循的基本原则以及监督工作的形式和程序，全面掌握开展调研、执法检查、评议视察、审议报告等活动的方式方法，不断提高依法履职的能力；四是深化对反映当代世界发展的新知识和党对人大工作的新要求、新任务的学习，更新知识、开阔视野、拓宽思路，不断提升科学判断形势的能力；五是深化对理论与实践相结合的认识和学习，使所学知识转化为实践能力，用所学理论指导实践，做到思想和实践上的与时俱进，不断提高开拓创新能力。新时期做好人大工作，要准确定位，理顺关系，摆正位置。要树立人大工作与“一府两院”工作分工不同、目标一致的工作理念，正确认识和处理好人大工作与“一府两院”工作的关系。人大、“一府两院”都是在党的领导下，为了一个共同的目标，协调一致地开展工作。其权力分配和运行，不是相互掣肘、相互牵扯、相互对立的，而是统一于党的领导、在各自职责范围内贯彻落实宪法、法律和党的路线方针政策，维护国家和人民的根本利益，依法履行管理国家事务职能工作和根本利益是一致的。人大通过履行职责，主要是对“一府两院”执法情况、重大工作任务完成情况和重要工作开展情况等，通过听取审议汇报，执法检查和调研等，发现工作中的不足，督促纠正不合法、不合规的问题，提出工作建议，监督其更加富有成效地做好工作。这种监督不是对立和拆台，而是对工作的支持和促进。要始终做到从监督出发，把监督和支持有机结合起来，寓支持于监督之中，最后达到共同促进工作的目的，形成人大与“一府两院”各司其职、相互支持、共谋发展的工作格局，着眼于监督实效，着力于促进工作，共谋经济社会科学发展。

自身建设争有位。人大工作只有有为才有位，每一位常委会组成人员要始终站在全局的高度，最大限度地发挥人大常委会的功能。坚持理论联系实际，锐意改革创新，努力用时代要求审视人大工作，用发展的眼光研究人大工作，用改革的精神推动人大工作，不断提高求真务实开拓创新的能力。从加强自身建设入手健全和完善常委会工作议事规则、人事任免、政治学习、工作考核、内务管理、党风廉政建设等各项规章制度，推进人大工作规范化、制度化。把推动县委重大决策部署贯彻落实作为人大监督工作的重中之重，着力加强对经济工作和解决民生问题的监督，督促和支持“一府两院”按照既定的目标任务做好工作，确保县委重大决策部署的贯彻落实，确保经济社会发展任务的顺利完成。树立严谨务实、廉洁高效的人大机关形象，以有为争有位，不断开辟人大工作新境界。

作者简介：

邵维杰，男，汉族，1951 年 3 月出生，甘肃省崇信县人，大专文化程度，1970 年 12 月参加工作，1973 年 12 月入党。

1970.12 – 1975.2 崇信县九功乡于家湾村、新窑镇青泥沟村小学教师

1975.2 – 1984.8 崇信县教育局干部

1984.8 – 1986.7 庆阳师专中文系学生

1986.7 – 1987.8 崇信县政府办公室干部

1987.8 – 1998.2 崇信县委宣传部副部长、文明办主任

1998.2 – 2001.1 崇信县劳动人事局副局长、编委办主任

2001.1 – 2002.1 崇信县委组织部副部长

2002.1 至今任崇信县第十三、十四、十五届人大常委会副主任

关于加强好新农合宣传工作的探讨

河北省隆化县人大常委会教科文卫科科长　于福年

新型农村合作医疗自 2005 年在隆化县实施以来，经过四年多的实践，取得了很大成绩，给老百姓带来了很大的实惠，在很大程度上解决了因病返贫、因病致贫问题，为隆化改革发展稳定，和谐隆化建设起到了积极作用。但在实施过程中也出现了这样那样的问题，老百姓和基层干部有很多意见。在今年代表大会期间，很多代表反映新农合运行过程中存在的诸多问题，不容忽视。分析人大代表、乡（镇）村干部、卫生院长、乡村医生及广大农民所反映的问题，发现无论是对新农合方案不了解、不理解，无论是对药价不满意，还是对卫生服务不满意，都存在一定的认识偏差。结合承德市其他县实施过程中所反映的类似问题及相关报道笔者认为除体制机制需逐步充实完善外，新农合的宣传工作还不到位，需加大宣传力度。

宣传思路要清晰，步骤要稳妥，作风要扎实。

首先，宣传对象要有针对性，找好侧重点。新农合的受益者是广大农民朋友，最终宣传对象当然是他们，但这不是单一的，而宣传应该以围绕各个环节而进行。新农合方案的制定、实施，资金的筹集，资料的录入，要经过县政府制定下发方案、乡（镇）政府筹款，卫生系统具体运作等等环节。所以最终针对广大农民朋友的宣传，也就是针对参合农民和将来参合农民的宣传，必须重点加大对乡（镇）政府干部，村书记、主任、卫生系统内部，包括卫生院长，新农合工作人员，医生、护士、村医的宣传力度。只有把这些人宣传培训到位，让他们了解政策、理解政策，心服口服，才能全方位地、不间断地随时对广大农民朋友进行正面的、积极的、恰如其分的、及时的宣传。

其次，宣传内容要有针对性，要人性化、通俗化。以往的宣传往往就是针对合作医疗方案的解读，没有深层次的进行宣传，有点例行公事的味道。很多老百姓不愿意看，也不愿意听，遇到问题很容

易激动，偏激。所以应改变宣传意识，除宣传具体规定，报销程序外，还应具体宣传制定相应条款的意图、用意，也就是“立法”宗旨，这么规定最终要达到什么目的，取得什么效果，会给参合农民带来什么好处，都要说清楚、说明白、说透。比如在今年隆化县十四届人大三次会议时，本人所在代表团很多代表对现行门诊统筹方案有很大意见，因为我曾经在卫生系统工作过，他们就围住我讨论这个问题。认为门诊药费核销很麻烦，购药金额有限制、次数有限制，虽说老百姓只出资20元，可报回25元，但需购100元的药，而且还要分几次，加上药价高，农民根本得不到实惠，说起来很激动。我给解释说，制定这种政策是因为发现几年来门诊基金大量沉积，经过仔细分析是因为农民依然没有因合作医疗而增强看病的意识，依然还是过去那种小病挺、大病扛的思想，致使门诊资金大量沉积，没有充分发挥新型农村合作医疗保护农民健康的根本目的。为了解决这种状况，采取门诊统筹，以挖掘农民看病的潜力，提高农民看病的意识，最终来保护农民的健康。报销手续的确繁琐，还有待于改进。各位代表听后很是理解，情绪稳定下来，继续讨论新农合问题来，心平气和了，提出问题、意见建议也客观了。所以对于制定依据的宣传，说明制定方案最终是为了老百姓，站位高，理由充分，人性化，很容易让人理解，减轻老百姓及各级干部对卫生系统的偏见，可以把工作做好、协调好，减少误解，增强工作效率。

第三，宣传方式要灵活多样，采取不同方式，分清重点，舍得下大力气。采取不同的方式、方法针对不同的宣传对象进行有的放矢的宣传，增强宣传效果。1、加大宣传，发放宣传单及小册子。针对老百姓发放宣传单，可以由医疗机构发放，内容要简单明了，在村民看病时随时领取，以了解基本政策，相关程序。针对政府干部、村干部，卫生系统内部人员发放宣传小册子，涉及到的人手一份，便于平时随时学习，随时查找需要的相关政策。2、加强培训。培训应重点放在对乡（镇）政府干部，卫生系统内部人员及村干部，以统一思想，提高认识，提高主动宣传的意识，坚定正面宣传的信心。3、营造浓厚的宣传氛围。采取电视台开辟专栏，乡（镇）村开辟专栏墙报等方式营造浓厚的宣传氛围。

第四，发挥人代表的作用，畅通渠道。充分利用人大代表联系群众的优势，通过走访、召开座谈会等方式，让人大代表充分了解新农合政策，倾听人大代表的意见和建议，充分发挥人大代表的作用，使其做到随时随地针对老百姓进行宣传。

第五，组织领导要有力度，各方协调配合。县级政府应该制定周密的宣传计划，充分调动乡（镇）政府，村民委员会，卫生系统等各相关部门，协调联动，共同做好宣传工作，最终让广大老百姓懂政策、理解政策，充分享受改革发展的成果，使新型农村合作医疗发挥更大作用。

努力实践科学发展观　积极提升人大人事监督水平

福建省长汀县人大常委会办公室副主任　林金长

党的十七大提出在全党开展深入学习实践科学发展观活动，就是要在世情、国情、党情发生深刻变化的条件下，更好地用中国特色社会主义理论体系这一马克思主义中国化最新成果武装和统一全党思想，动员全党更好地为实现党的十七大提出的宏伟蓝图和行动纲领而团结奋斗。作为地方人大权力机关，如何顺应形势、把握机遇、提升人事监督水平，促进当地经济平稳较快发展，是各级人大面临的新课题。本文拟就人大人事监督工作方面作一些有益的探索。

一、人大人事监督工作的依据

在人大工作实践中，往往把监督工作分为法律监督和工作监督两个方面，而忽视了人事监督的重要性。这样便造成重监督事轻监督人，这种监督难以适应新时期人大工作发展的需要。因此，迫切需要强化人事监督工作来丰富和发展人大监督的内涵。以形成法律监督、工作监督、人事监督三位一体的完整监督体系。

1、宪法和法律的依据。宪法和地力组织法明确规定，人大及其常委会有权罢免、撤销由它选举或任命的国家机关工作人员的职务。而罢免或撤销的处置是我国人大监督中最为严厉的一种，法律监督和工作监督均难以替代.

2、权力体系的构成决定的。人大及其常委会的权力体系，由立法权、决定权、人事任免权和监督权四大权力构成，缺一不可.

3、巩固党的执政地位的需要。随着改革开放和社会主义市场经济不断发展，随着党执政时间的增加和党的队伍的变化以及社会主义民主政治进程的推进，党的自身建设面临许多新课题新考验，管党治党的任务比过去任何时候都更为繁重。一些党员干部的思想观念、能力素质与党的先进性要求还不完全适应、不完全符合，一些地方的党组织，领导班子、领导干部党性党风党纪方面还存在这样那样的问题。这就需要从深层次解决党员干部队伍中存在的突出问题，进一步加强党的建设，巩固党的执政地位。地方人大及其常委会强化人事任免工作，为党组织推荐的干部再把一道关。增强被任命干部的国家意识、公仆意识和廉政意识，增强党的凝聚力，进一步提高党的执政地位。

二、人大人事监督的对象、内容

1、人事监督的对象：

根据宪法和地方组织法的规定，地方各级人大及其常委会监督选任的干部应该是由它选举产生和任命的"一府两院"组成人员。

2、人事监督的内容主要有：

(1)遵纪守法，依法办事情况。即学习、遵守、执行宪法，法律、法规以及人大及其常委会作出的决议、决定，特别是与本部门相应的法律法规的执行情况。

(2)积极施政，创造业绩情况。即树立和落实科学发展观，坚持解放思想、实事求是、与时俱进、开拓创新，围绕经济社会平稳较快发展这个中心，把党的方针政策同本地区，本部门的实际相结合，卓有成效地开展工作情况。

(3)忠于职守，团结开拓情况。即坚持和维护党的民主集中制，有民主作风、有全局观念，正确行使人民赋予的权力，善于集中正确意见，善于团结同志，群策群力做好工作情况。

(4)立党为公，执政为民情况。即密切联系群众，坚持党的群众路线，自学接受群众的监督，当好人民的公仆；廉洁自律，两袖清风；主动接受人大及其常委会和人民代表的监督；认真办理和落实人民代表提出的议案、批评、意见和建议情况。

三、人大人事监督的问题原因

随着我国人民代表大会制度的不断完善、深入和民主法制建设的发展，各级人大常委会对任命干部的监督也正在日益改进和加强。特别是《监督法》的颁布实施，为各级人大常委会对任命干部的监督提供了更完整的法律体系，但与新时期人大工作提出更高的要求相比，还存在人事监督乏力的问题，概括起来主要有：

(一)对任命干部整体监督力度不尽人意。对"一府两院"任命干部的监督在工作中往往存在只注重工作业绩，而忽略了其廉政思想等方面的监督。

(二)对任免干部不能大胆的运用法律赋予的各种手段进行监督。由于多方面的因素，对任命干部的监督往往流于形式、流于程序，很少大胆的起用《监督法》赋予的质询、罢免、特定问题调查和错案追究等刚性监督手段.

(三)对任命干部监督存在情绪化现象。主要是怕伤和气。如在审议工作中，讲成绩的多，摆问题的少，说虚话的多，讲真话的少，会上提意见，会后没跟踪，监督缺乏应有的严肃性和权威性。

(四)对任命干部的投票不够神圣。被任命的干部往往是全票通过或高票当选，没有一点危机感造成任命干部思想认识上的偏差。

(五)部份领导干部对人大的监督不是很理解，造成人大人事监督不大胆。

究其产生上述人事监督不力的问题，主要原因有以下几点：

(一)监督主客观认识的偏差。作为监督主体，人大常委会组成人员应加强学习，真正提高对人大及其常委会的性质、地位，作用的认识，把党管干部与人大任命监督干部有机的结合起来，在任命干部中既体现党的意图，又符合人民的愿望，在干部监督问题上大胆作为，尽职尽责用好党和人民赋予的权力.作为监督客体，相当一部分被任命者片面认为自己的权力是上级给的，职务是党委委派的，习惯于党委、政府的直接领导方式，把对党负责和对人民负责对立起来，工作中片面的强调对上级党政机关负责，而忽视了对人大及其常委会的负责。由于监督各体的这种消极反作用，导致监督主体的监督无法安全到位。

(二)现有的体制结构有待完善。宪法和地方组织法明确规定，人大常委信法任免国家机关工作人员。但从现实情况看，国家机关工作人员的任免基本上由党委研究决定，而作为同级人大主要领导因来进入同级党委的领导核心，在干部任免问题上没有机会和场合充分发表意见，同级党委提交过来的任免人员，往往没有在法定时间提交，人大常委会组成人员无从讨论酝酿，但得按组织意图必须通过，因此，社会上普遍存在人大只是表决机器或程序机构的错误认识，在一定程度上影响了人大及其常委会的权威，影响了人大人事监督工作的合力开展。

（三）监督机构和制度有待健全。人事代表委是人大常委会的组织机构，应担负起发现、考察，推荐干部的重任。但由于体制上的原因，使得这些职能都未能很好的发挥好，监督制度也不健全。历时20年《监督法》的出台使人大监督工作有法可依、有法可循。可具体如何更好的实施监督，特别是质询、罢免、特定问题调查．错案追究等刚性监督的落实，仍然有待于在今后工作实践中逐步完善。

四、提升人大人事监督水平的几点建议

如何有效的强化人大人事监督，使人大、及其常委会选任的国家机关工作人员既能体现党的意志，又能符合人民的愿望，促进国家机关工作人员忠于职守，依法办事，勤政廉政，成为党的方针政策的忠实执行者、实践科学发展观的先行者经济建设的大胆开拓者、维护人民利益的虔诚守护者、廉洁自律的楷模示范者、巩固党的执政地位的忠实奠基者，全面推进我国的改革开放和现代化建设。

（一）人事监督应坚持“三性”原则。

1、**相同性**。人大常委会依法任免干部并对其实施监督与党委向人大常委会推荐干部和实施管理，方式不同，但目标是相同的。同级党委向同级地方国家权力机关推荐领导干部和实施管理，是党实现对国家事务的领导，维护和巩固执政党地位的组织保证．而人大常委会依法任免干部并对其实施监督，是把党的意图变为国家意志的重要体现。其目的是为了保证人民对国家干部的监督制约。使被任命的干部执政为民，真正体现人民当家作主的主人翁地位，人大常委会依法行使好人事任免权，既是贯彻党的干部路线，又是对人民负责，为人民把关．因此，党管干部原则和人大常委会依法任免干部二者是完全一致的。党委将干部人选推荐到人大常委会之后，作为党领导下的权力机关，既要坚持党管干部的原则，努力实现党的意图；又要充分发扬民主，广泛听取民意，依法行使好职权。要敢于监督，善于监督，巧于监督，使二者成为有机的统一体。

2、**持续性**。对被选任的干部要开展持续的监督，通过视察、调查、了解、考试等手段：督促被任命干部在工作、生活中克勤克俭、廉洁自律、真正成为人民的好公仆。

3、**客观性**。人大常委会对其任命干部监督的实质是为了促进他们开创工作新局面，更好地推进经济社会平稳较快发展，造福于人类．因此；在对他们实施监督的过程中，要客观地听取各方面的意见，特别是在改革创新的今天，更要把握监督的客观性。

（二）监督过程应克服工作中存在的“三多三少”现象。

1、对经济工作监督多，对精神文明建设监督少。因此，在对被任命的干部监督中，既要考虑其经济工作能力和实绩，更要了解其政治素质。勤政廉政和思想道德素质等．否则，人事监督如果过分强调经济工作，过分强调政绩，忽视了精神文明建设，忽视了“德”的建设：就容易导致人事监督顾此失彼，不完整性，从而出现被任命干部贪污腐败，腐化堕落的现象。

2，**对单位工作监督多，对个人实绩监督少**。目前，不管是述职评议还是工作报告，侧重的都是讲单位和部门取得的成绩、而没有突出个人工作实绩，对个人通过努力，采取哪些具体做法，取得哪些成绩和存在的问题涉及很少、述职工作报告变成了部门工作报告，这给个人的监督带来较大的不便，也就是无从监督。因此，人大在具体监督过程中，要深入了解和掌握述职者的全面状况，正确肯定其在部门工作中个人所作的努力和取得的成绩，客观公正地对其作出评价：

3、**原则性监督多，法制性监督少**。行使人事监督权虽然是法律赋予的人大的职权，但在对被任命干部进行述职评议时，由于方方面面的因素，往往只作原则性评议，肯定详尽，指出缺点和问题时变为提要求，简单概括，泛泛而谈，致使监督主体和监督客体中庸调和、双方相安无事。特别是对勤政廉政建设这些敏感的话题，在人事监督中往往采取回避态度，轻描淡写过去。

（三）人事监督要把握好“五个坚持”。

1、**坚持会议审查制度**。对提请常委会审议的人事任免议案，党委部门要按注定时间提交过来，以便人大及其常委会在任命前召开主任会议进行认真审议，从思想政治水平、依法履职能力，勤政廉政、群众公认及任职资格，条件等方面对拟任人员进行审查，任职资格和条件不合格的不提前任命。

2、**坚持拟任人员法律考试制度**。凡是提请人大常委会任命的干部，都要对他们进行任前考试，考试内容主要是法律知识、人大知识和专业知识，考试应严肃认真，从严要求，不能敷衍了事，搪塞过关，考试不合格的坚决不提请任命。

3、**坚持公开任命制度**。每次任命，我们都要举行公开颁布任命书仪式，由人大常委会颁布任命书，提出要求，以增强被任命人员的责任感和使命感。

4、**坚持对拟任审判检察人员任前的调查制度**。调查时，着重了解拟任人员的法律常识、公仆意识。廉政意识，了解他们依法办案的能力公正司法的情况，把人大任前的调研同提请机关组织人事部门的考核结合起来，调查中发现拟任人员有某些问题的，建议提名机关撤回提名，确保提请常委会审议的人事任免议案的质量。

5、**坚持述职报告制度**。被任命的干部必须在常委会议上作表态发言，提出本人在任期内的工作打算和目标，以利于常委会在其任后加强监督。

坚持以科学发展观为指导　不断加强和改进人大工作

云南省墨江县人大常委会主任　杞乔华

按照党中央的统一部署，全党掀起了学习实践科学发展观热潮，我们县人大机关作为第二批学习单位，县人大党组十分重视，根据县委的统一安排，切实加强领导，精心组织活动，把开展学习实践科学发展观活动，作为加强和改进县人大工作的良好契机，认真组织学习有关理论文章，深入乡村开展调查研究，召开了县委书记、县长和法院院长、检察院检察长参加的人大工作座谈会，召开了县乡人大工作会议和民族立法工作座谈会，组织县人大常委会部分组成人员、林业技术人员和乡镇人大主席到景东、漾鼻、南华等县考察学习发展核桃产业经验，就进一步加强和改进县人大工作广泛听取了意见，进行了积极探索和思考。

一、把握科学发展观内涵，明确科学发展观对人大工作的重要指导意义。

科学发展观的第一要务是发展，核心是以人为本，基本要求是全面、协调、可持续，根本方法是统筹兼顾。县人大及其常委会是地方国家权力机关，在促进县域经济、社会发展中处于十分重要位置。以科学发展观为指导，积极做好人大工作，通过依法履行各项职权，推进科学发展观在其他国家机关和全社会的贯彻落实，促进全县经济社会又好又快发展，县人大及其常委会负有的重要责任。

首先，加快发展是我国的最大政治，全党上下必须进一步统一思想认识，各级各部门都必须把加快发展作为一切工作的主要原则。人大工作也不列外，必须把加快发展作为人大开展各项工作的根本目的，通过认真履行宪法和法律赋予的各项职责，为推动经济社会又好又快发展发挥作用，并且把推动作用的大小来检验人大工作的成效。

其次，人大的性质和地位要求人大工作必须以人为本。人大及其常委会由人民选举产生，对人民负责，代表人民行使国家权力，始终代表最广大人民的根本利益是人大工作的出发点和落脚点。坚持用科学发展观指导人大工作，就是要坚持做到权为民所用，情为民所系，利为民所谋作为依法履职的根本准则，充分发挥人大在平衡、调节社会各种利益关系方面的积极作用。通过各项职权的有效行使，把解决人民群众最现实的利益问题同推进"一府两院"工作结合起来，同科学发展结合起来，真正使广大人民群众共享改革发展成果。

再次，人大工作的性质决定了人大及其常委会对于促进经济社会全面、协调、可持续发展负有重要责任。人大及其常委会依法开展工作，主要对关系全局的重要问题作出决定、决议，对"一府两院"的重要工作和执法情况实施监督，对国家机关工作人员的职务进行选举或任免，民族自治地方人大及其常委会还可以根据发展的需要进行立法，这些工作是推进科学发展的重要保障。同时，人大依法行使职权，充分发扬民主，集体行使职权和反映各方面意见，代表广大人民根本利益的特点，也可以避免经济社会发展中的短期行为，避免片面的政绩观等等，以保证经济社会全面、协调、可持续发展。

总之，各级人大及其常委会在我国政治制度和国家政权中居于十分重要的地位，在维护改革、发展、稳定大局和平衡各方面利益关系的作用较大，我们必须始终不渝地坚持以科学发展观为指导，不断加强和改进人大工作。

二、与时俱进，勇于创新，做到依法行使职权和贯彻落实科学发展观的有效结合。

人大机关学习实践科学发展观，必须紧密结合人大工作实际，必须同依法行使职权相结合，在用科学发展观武装头脑、指导实践、推动人大工作上下功夫，在转变观念、与时俱进、勇于探索和提高工作实效上下功夫。按照科学发展观的要求，认真谋划依法履职的新思路，深入研究推进人大工作的新举措，真正把科学发展观贯穿于县人大及其常委会依法履职的各个环节，落实到全县人大工作的各个方面，确保学习实践科学发展观活动收到实效。

一要正确行使监督权，做到既敢于监督，又善于监督。监督权是宪法和法律赋予各级人大及其常委会的重要职权。人大监督，是国家最高层次的监督，其目的是支持和促进“一府两院”工作，推进当地经济社会全面、协调、可持续发展。县级国家权力机关和行政机关、司法机关处在国家政权建设的关键环节，面临改革、发展、稳定的任务十分繁重，矛盾和问题繁多又具体。人大对“一府两院”的监督不能面面俱到，必须突出重点，对关系全县改革、发展、稳定的大事、人民群众普遍关心的重点、难点问题进行大胆监督，同时又要不断研究和改进监督方法，运用科学的监督方法，不断提高监督实效，坚持做到：以促进全面、协调、可持续发展为立足点，把握监督重点，不断增强监督工作的针对性和实效性；以完善监督机制为突破口，提升监督能力，用科学的方法对“一府两院”工作进行监督，用科学发展观来评价“一府两院”的工作，用科学的态度支持和促进“一府两院”工作。

二要正确行使决定权，把县委的重要决策通过人大依法作出决定决议变为全县人民的自觉行动。讨论决定本行政区域内的重大事项，是法律赋予人大及其常委会的重要职权之一，是代表人民当家作主，管理国家事务的具体体现。为了保证重大事项决定权的正确行使，县人大及其常委会必须坚持以科学发展观为指导，树立大局意识和政治意识，牢牢把握县委的工作中心和全县经济社会发展全局，坚持抓重点、议大事、求实效的原则，抓住全县事关国计民生的根本性、长期性发展问题，经济、社会建设发展中的战略性、全局性问题，人民群众普遍关心的重点、热点问题，以及贯彻执行宪法、民族区域自治法等法律法规中的重要问题，认真开展调查、视察、检查和听取审议有关报告后，作出相应的决定、决议，善于把县委的决策主张和科学发展的要求通过人大决定程序变为全县人民的自觉行动，真正实现党的主张和人民意愿的有机统一。同时，要积极探索完善审议决定重大事项的程序，逐步建立重大事项社会公示制度和社会公证制度，努力形成较为规范的民主科学的决策机制，使县人大及其常委会工作的决定、决策机制以及所作出的决定、决议，更加符合科学发展观的要求，符合全县客观实际。

三要正确行使人事任免权，做到党管干部和人大依法任免国家机关工作人员职务的有机统一。人大及其常委会依法做好国家机关工作人员职务的选举、任免工作，是为经济社会科学发展提供组织保障。要严格用人标准，坚持把党管干部原则和人大依法任免国家机关工作人员职务有机统一起来，坚持任人唯贤，反对任人唯亲，充分发扬民主，广泛听取意见；坚持德才兼备原则，以德为重，用其所长，着眼于形成正确的用人导向，把落实科学发展观的成效作为评价干部的重要依据，确保党组织推荐的科学领导能力强、群众公认的优秀人才经过人大法定程序，任用在适当的岗位上，发挥其应有的才能，为推进我县经济社会科学发展提供强有力的组织保证。

四要正确行使立法权，把宪法和法律赋予的自治权为促进科学发展发挥积极作用。墨江是全国唯一的哈尼族自治县。宪法和民族区域自治法赋予民族自治地方一定的自治权，可以结合当地实际特点制定自治条例、单行条例，结合本民族实际决定经济社会发展的重要问题，可以对国家的某些法律规定变通执行等。我县自1979年成立自治县以来，只制定了一部自治条例，到目前为止还没有一部单行条例，对如何充分行使自治权的问题还没有引起足够的重视，对如何运用自治权促进全县经济社会发展还没有形成共识。今年，我们要借助自治县成立30周年这一契机，积极组织学习宣传自治条例以及行使自治权的重要性、必要性等活动，提高全县各级各部门和各族人民学习贯彻自治条例的积极性。为配合自治条例的贯彻落实，县人大常委会已安排起草自治条例实施办法、常林河水库管理办法、碧溪古镇保护管理办法、乡村公路管理办法、县城建设管理办法，办法要求在年内审议，通过施行。在此基础上,要逐步推进单行条例的制定工作。

*五要加强和改进代表工作,充分依靠代表促进全县人大工作。*人大代表是人民代表大会的组成人员和主体,也是人大工作和联系人民群众的主体。人大代表来自各个地区和各行各业,生活在人民群众之中,最了解群众的呼声和愿望,支持和保障人大代表充分发挥作用,是落实科学发展观的重要举措,是实现好、维护好、发展好人民群众根本利益的必然要求。我们要以增强人大代表责任意识为突破口,以提高代表素质为着力点,把组织代表培训作为一项闭会期间县人大常委会的常规工作认真抓好,努力提高代表的整体素质和履职水平;要不断探索和积极开拓代表工作新领域,结合新形势、新任务对代表工作提出新要求,进一步健全和保障代表履职的工作制度,促进代表工作进一步制度化、规范化;要积极探索闭会期间代表活动的新途径和新方法,不断扩大代表知情知政渠道,努力为代表依法行使职权、密切与人民群众的联系创造条件;要进一步加大对代表建议的督办工作力度,不断提高代表建议的办理实效,着力解决人民群众关心的热点、难点问题,进一步调动代表履职的积极性,充分发挥代表作用。

*六要进一步加强和改进对乡镇人大工作的联系与指导,促进全县人大工作不断取得新进展。*树立全县人大"一盘棋"的思想,切实加强县人大常委会对乡镇人大工作的联系和指导,建立起县、乡镇人大之间上下联动、积极配合的工作机制,形成推动全县人大工作,促进全县经济社会科学发展的强大合力。要建立县人大常委会领导联系乡镇人大工作制度,并对联系指导方式和内容进行明确规定;要继续坚持和完善一年一次的县乡镇人大工作座谈会,加强乡镇人大主席之间的工作交流、学习,强化县人大常委会对乡镇人大工作的指导,形成上下配合、左右激励的工作环境,增强县、乡镇人大工作干部的责任心和事业心;继续坚持和完善乡镇人大主席列席县人大常委会会议制度,以会代训,提高乡镇人大主席依法开展工作的能力和水平;要重视对乡镇人大制度建设的指导工作,帮助乡镇人大主席团建立具有科学性、可行性和长效性的规章制度,并要求按制度办事,依法按规章制度规范各项人大工作,促进乡镇人大工作的规范化、科学化和法律化建设。

充分发挥人大在推动"两城"建设中的优势

湖南省汝城县人大常委会办公室主任　何大春

郴州市委、市政府提出的"建设湖南最开放城市、建设湘粤赣省际区域中心城市"(以下简称"两城"建设)建设目标,为人大履行职能提供了广阔舞台。全市各级人大要把"两城"建设摆在突出位置,注意选准角度,发挥优势,及时了解和掌握"两城"建设的工作情况,不断认识和把握其特点和规律,有重点、有针对性地做好有关工作。要善于总结各级人大和人大代表在"两城"建设中的好做法、好经验,提高认识水平,提升工作层次,增强活动实效,为推进"两城"建设"三年打基础、五年定格局、十年初见成效"作出应有的贡献。

一、不断加强民主政治建设,为推进"两城"建设提供可靠的政治保障

开放是"两城"建设的灵魂。开放型城市必须是政治开明、政策开放。开放型城市需要开放型政府,开放型政府是思想最解放的政府,聚集能力最强的政府,审批最少的政府,透明度最高的政府。开放的政府需要民主政治建设来提供可靠的政治保障。民主包括选举民主、监督民主,人民政府是由人大选举产生,对人大负责,受人大监督;是发扬社会主义民主的重要形式和场所;是民主政治的忠诚实践者和积极推动者。我们要运用好这种民主形式来推动"两城"建设,顺应经济社会不断发展和人民群众政治参与积极性不断提高的需要,在促进社会主义政治制度的自我完善和发展等方面,扎扎实实地做工作。人大常委会及主任会议就"两城"建设中政府开放的重要性、必要性和可行性,认真开展调研和视察;就政府职能部门的行政效能,有效进行依法监督;就"两城"建设的重大项目建设,认真听取和审议专项工作报告或作出决议、决定。通过人大常委会的依法履权，不断推进“两城”建设进程。

二、努力促进经济科学跨越发展，为推进“两城”建设提供坚实的物质基础

发展是党执兴国的第一要务，也是人大当政履权的第一要务。“两城”建设是一个科学跨越发展的伟大征程，全市上下都在竞赛中发挥优势，在合作中放大优势，力争发展速度更快、发展项目更优、综合实力更强，以更大手笔推动发展，以更高水平实现开放，走出一条超常规、快速度、跨越式科学发展的路子。当前，全市人民为加快“两城”建设作贡献的愿望也很强烈，作为人大，要进一步增强促进科学跨越发展的责任感和紧迫感，自觉把人大工作与“两城”建设这一全局性工作紧密融合在一起，发挥人大的优势，围绕“两城”建设的重大课题，组织人大代表和有关专家学者，加强对“两城”建设中宏观性、综合性、前瞻性问题展开分析思考，深入调查研究，积极建言献策，为市委、市政府科学发展决策、民主决策提供参考和依据。同时，协助市委、市政府做好招商引资引智和联系重点项目工作，为“两城”建设提供坚实的物质基础。

三、充分发挥人大代表作用，为推进“两城”建设提供强大的生力军

“两城”建设是一个浩大的系统工程，需要全市人民齐心协力，共谋发展，也需要干事创业的引领者，领跑前行。人大代表作为“两城”建设的生力军，应首当其冲，充分发挥宣传员、领跑员、监督员、服务员“四员”的作用：一是要广泛深入地向群众宣传“两城”建设的重大意义，帮助群众统一思想认识，增强建设信心。要协同基层组织，协调利益关系，化解社会矛盾，发挥人大代表连心桥的作用，形成全市上下共同参与的合力，推进“两城”建设。二是要率先垂范，动员和带领群众投身“两城”建设，在国际金融危机下，坚定信心，化“危”为“机”，找准支点，破解难题，形成合力，共谋发展，成为“两城”建设的开拓者和领路人。三是要深入调研，倾听民意，集中民智，围绕“两城”建设的重点、难点、热点问题，适时提出议案和建议、批评、意见，促进经济社会科学跨越发展。四是要优化发展环境，服务“两城”建设。人大代表要扑下身子，深入到群众、基层和企业中，到最困难的地方去，到意见最多的地方去，摸实情，办实事，出实招，求实效，扫除一切不利创业发展的壁垒和障碍，为“两城”建设排忧解难，共克时艰。

四、积极协调各方面群众利益关系，为推进“两城”建设打造坚实的群众基础

人民群众是“两城”建设的劳动者，也是“两城”建设的分享者，在“两城”建设整个过程，必须高度重视实现好、维护好、发展好人民群众的根本利益。人大要充分发挥上通下达、联系面广、代表性强的优势，及时了解“两城”建设的重要情况和群众关注的热点问题，如实反映人民群众的意见和要求。要多渠道和多形式广泛集中民智，发挥好人大在政治生活中特殊重要作用，扩大社会组织和人民群众有序的政治参与，积极协助市政府做好“两城”建设重大事项的社会公示和社会听证制度，以及社会舆情汇集和分析机制。人大代表要进一步加强同本区域内群众的联系，把群众中分散的个别意见集中起来，建利民之言，谋利民之策。要充分利用监督的手段，有效监督政府职能部门在“两城”建设中重大项目建设的越位、错位、缺位行为，依法保护“两城”建设劳动者的合法权益、创业热情和合理的政治诉求。人大要使履行职能的过程成为广泛听取群众意见、反映群众要求的过程，成为加强市委市政府与人民群众密切联系的过程，为“两城”建设奠定坚实的群众基础。

落实科学发展观
县级人大开展监督工作亟须解决的几个问题

甘肃省临泽县人大常委会主任　李长喜

监督权是宪法法律赋予人大常委会的重要职权，监督工作是地方人大常委会的重要工作。自监督法颁布实施以来，各地人大就行使好监督权不断进行实践和探索。而在监督工作中体现和落实科学发展观，如何提高监督工作质量、增强监督工作实效以及在监督工作中如何充分发挥人大代表作用等问题一直是各地人大普遍关注的焦点。笔者认为,县级人大贯彻落实科学发展观开展监督工作应解决以下几个方面的问题。

一、进一步解放思想,解决如何提高监督工作质量的问题。人大常委会工作的特点是集体行使职权、集体决定问题,而每位组成人员的思想解放程度、个体综合素质、工作能力直接关系到常委会集体行使职权、决定问题的成效,也直接关系到常委会监督工作的质量和水平。首先,要用科学发展观统领人大工作全局。要把加强党的领导、人民当家做主、依法治国有机统一起来,紧紧抓住当前深入学习实践科学发展观活动的时机,认真组织常委会组成人员、人大机关工作人员深入学习科学发展观,领会科学发展观的内涵和精神实质,消除不符合科学发展要求,工作中"一团和气"、做"老好人"等"怕"字当头的思想观念;消除不适应科学发展要求,认为人大工作是程序性工作、人大监督只是一种形式等应付式工作理念。其次要熟练掌握运用各种监督形式。地方组织法、监督法对地方人大常委会监督形式方法程序等都作了明确规定,在实践中,必须进一步解放思想、认真学习、掌握细节、熟练运用。一方面,要严格按照法律规定的要求、内容、步骤、时限,依法运用法律赋予的监督形式,理直气壮开展监督工作;另一方面,要不断总结监督工作实践中好的经验做法,互相学习借鉴外地、兄弟县区好的经验做法,创新监督工作的方式方法,特别是在选题、调研、审议、督办等环节;依法做细做实工作,提高监督工作的质量和水平。第三要营造监督工作的良好氛围。要督促"一府两院"学习监督法律法规,更新行政执法、司法理念,增强"一府两院"接受监督促进科学发展的自觉性;同时,采取多种方式,宣传人大制度理论、宪法、监督法等法律法规,宣传人大监督工作的丰富实践活动,为开展监督工作创造良好的氛围。

二、创新监督方式方法,解决如何增强监督工作实效的问题。监督方式方法的创新,是增强监督工作实效的重要途径。要在不违背监督法原则程序的基础上,以增强监督工作实效为出发点,不断地创新监督工作思路和工作方法,使常委会监督工作在继承中不断创新,在创新中不断发展。一是选准监督议题,制订监督工作计划。常委会在确定审议"一府两院"专项工作、执法检查、部门工作评议、代表视察等年度计划时,要通过征求意见、座谈讨论,走访调查等广泛征求人大代表和社会各方面的监督议题,经过分析比较、综合筛选、主任会议讨论等多个环节,研究制订年度监督工作计划;同时,把当年监督议题、监督工作与上年度审议意见落实衔接起来,使监督工作承上启下,内容有重有轻,体现常委会监督工作准确性、连续性。二是突出调查研究,善于发现问题。调查研究是做好人大监督工作的基本功。参与调研的组成人员要善于发现问题,掌握了解详细的数据,定性定量分析,形成有分量的调研报告。不驻会的常委会组成人员要根据工作生活实际,通过多种渠道,针对常委会确定的专题调研内容,深入基层,听取各方面群众的意见建议,并认真整理,为常委会审议做好准备。三是提高审议发言质量。在召开会议前,常委会尽可能多地组织组成人员参与调研,使组成人员尽可能多地了解实情,避免对实际工作了解不多、知之不全、知之不深的情况;严格落实提交报告的时间规定,常委会办事机构要严格按监督法规定,督促"一府两院"及相关部门在七天前将会议审议的报告印送组成人员提前审阅,避免审议时被动应付、仓促发言;提前安排组成人员就专题进行调研,提前准备书面的审议发言材料;对组成人员审议情况进行年度汇总通报,调动组成人员审议发言的积极性。四是跟踪督办审议意见。每次常委会会议审议,都要明确工作机构跟踪督办意见建议的责任和时限;采取主任会议甚至常委会会议集中听取审议意见办理情况汇报的形式,督促审议意见的办理和落实。

三、创新制度机制,解决如何夯实人大监督工作基础的问题。健全制度机制,是开展监督工作的基础条件。首先,要按照科学发展观要求,积极寻求建立完善党委、人大、政府汇报沟通协调机制。建立党委定期研究人大工作、听取人大工作汇报、召开党委人大工作会议制度;县级人大每届至少召开一次县委人大工作会议,并就加强人大工作提出要求,形成决定或意见;建立"一府两院"主要领导人定期审阅人大重要建议、审议评议意见书、听取人大代表意见建议制度;建立党委、人大、政府办事机构联系会议制度,定期通报工作情况。其次,实行常委会主任、副主任联系代表小组制度以及常委会组成人员固定联系人大代表制度,及时了解掌握社情民意,为确定监督议题,开展监督工作提供重要依据。三是健全完善计划预算审查、执法检查机制。尝试聘请"会外"会计师、审计师、律师等专业人员,选择懂财经、法律的代表参与常委会计划预算审查、执法检查等监督工作。也可在常委会内设立预算审查委员会或工作小组，便于开展工作。

四、激发代表履职热情，解决人大代表在监督工作中发挥作用不充分的问题。一是要广泛联系代表，积极履行代表监督职责。建立常委会主任、副主任、委员固定联系人大代表工作制度，不断扩大人大代表参与常委会视察、调研、检查等工作的范围，提前让人大代表尽可能多地联系选民，尽可能多地收集人民群众的意见建议，及时向常委会反映。二是要坚持人大代表列席常委会会议制度，人大代表在常委会会议上的发言与组成人员发言一同整理汇总转办，一同跟踪督办落实。三是要积极搭建代表履职台，通过建立代表小组活动室、代表之家等代表活动阵地，广泛开展代表议政月、代表联系选民日、代表活动日、代表向选民公开述职等活动，为代表知情知政，发挥监督作用提供条件和动力。

五、改进工作作风，解决常委会自身开展监督工作效率不高的问题。一是要以深入学习实践科学发展观活动为契机，统一思想，把做好监督工作始终作为常委会自身建设的一种政治责任、一种自觉行动，常抓不懈。同时，按照监督法规定的公开原则，严格按程序、及时、全面、有效地公开常委会监督工作内容和方式方法，自觉使常委会监督工作接受社会监督，更为提高监督实效创造良好监督氛围奠定群众基础。二是重视人大信访工作，把信访工作作为了解民意、收集监督信息的重要渠道，对群众反映的问题，及时与写信人、当事人、有关单位负责人进行沟通协调，促进问题的解决。三是加强作风建设，在开展专项工作调研、执法检查、部门工作评议等监督工作中，提前精心设计方案，轻车简从，精简工作环节，统筹安排各项活动，做到不扰民、不添乱，部分工作直接深入一线农户、代表之中，倾听意见建议，了解掌握第一手资料，提高监督工作效率。

拓宽监督领域　创新监督方式　增强监督实效

重庆市巴南区人大常委会办公室副主任　姚永华

2007 年换届以来，重庆市巴南区人大常委会以贯彻实施《监督法》为主线，坚持围绕中心，突出重点，注重实效的原则，按照科学发展观的要求和本届人大常委会确定的“12341”工作思路，以及“解放思想、扩大开放、强化监督、争创一流”的工作目标，不断拓宽监督领域，勇于创新监督方式，在重庆市率先制定出台了《关于市管行政部门工作监督试行办法》、《关于政府性融资资金管理监督试行办法》和《关于监督任命的“一府两院”国家机关工作人员试行办法》，在重庆市各区县中首个在人代会上审查部门细化预算并作出相应决议。在区委的重视支持和有关方面的积极配合下，以上四个方面的工作实施顺利，并取得了阶段性成效。

一、填补监督空白，加强对市管行政部门的监督

（一）问题提出。市管行政部门是市级行政部门派驻各区县的直管部门，其人权、财权都不在区县，但这些部门对区县经济社会发展有着举足轻重的作用。我们认为，市管行政部门和各区县的关系是相辅相成的，只有搞好双方的工作，达到协调发展，才能实现互利共赢。很长一个时期以来，对市管行政部门的监督，因其部门所属的特殊性，一直是一个令区县人大头痛的问题，也一直是区县人大监督工作的难点和“盲点”。目前，一些地方的工作因为监督“盲点”，或多或少存在一些这样或那样的问题亟待解决。既然重庆是全国统筹城乡发展综合配套改革试验区，就可以按照监督法的要求，在法律允许的范围内创新开展工作。同时，我们组织相关人员到市内多个区县调研，从中了解到这方面的工作不少区县也开展过，但在对市管部门监督的规章制度上还处于空白状态，从而进一步增强了我们大胆创新的责任和信心。

（二）前期准备。课题确定后，为了确保对市管行政部门的监督办法顺利出台，首先，我们积极争取区委领导的支持。2007 年 8 月，区委书记到人大调研时我们汇报了我们的想法，他得知情况后表示大力支持，并希望人大的同志认真贯彻监督法，进一步解放思想，结合城乡统筹发展综合配套改革试验“先试先行”，积极探索创新，建设一流人大。其次，就是广泛征求意见。一方面，向每一个被监督的市管行政部门去函征求意见，除一两个部门表示疑问或需向上级部门报告外，基本上都没有异议。另一方面，向市人大有关专门委员会征求意见，市人大也表示支持，要求我们结合本区实际情况进行探索，并适时出台监督办法。第三，起草和审议出台办法。市管行政部门包括规划、国土、工商、公安、质监等十多个部门，而这样的规章在全市没有经验可循，没有模式可搬。区人大法制工委在分管副主任的带领下，前后调研和起草文稿用了两个月时间，经主任会议反复讨论，六易其稿，最后在2007年11月21日的第九次常委会上全票通过。

（三）主要内容。《重庆市巴南区市管行政部门工作监督办法（试行）》共十七条1500多字，该办法对监督的对象、基本原则、主要内容、监督方式、跟踪检查、拒绝接受监督的责任、结果运用及组织工作等都作了明确规定。比如，在监督的对象上明确指出是"市级行政部门的直管部门"，主要包括规划、国土、公安、工商、质量技术监督、食品药品监督、地税、国税、金融、邮政、气象、交警等部门。在监督的方式上，明确提出了听取和审议专项工作报告、执法检查、工作评议、代表视察、质询及特定问题调查、规范性文件备案审查等六个方面。在监督意见的运用上，特别作了"向社会公布、报区委、送区政府及相关上级部门，送区有关部门作为监督考核干部和区委、区政府年度综合目标考核的参考依据"等方面的硬性规定。

（四）实施效果。办法出台后的一年多时间里，我们组织人大代表和常委会组成人员先后对区公安分局、区国土分局、区质量技术监督局和交警巴南支队的工作进行了视察，对区规划分局的分区规划编制工作和区工商分局的工商注册登记管理工作开展了工作评议，人大提出的20多条视察或评议意见多数已整改落实。如在对区国土分局工作进行视察后，促使反映多年的征地农转非人员安置房建设中的遗留问题得到较好处理，目前已有不少拆迁户入住安置新居；在对区规划分局的工作开展评议后，促使区规划部门完善了巴南区分区规划，而且目前正在着手积极争取将二环以内的土地全部调规为工业和建设用地；在对区公安分局"三基"工程建设进行视察后，促使区财政和公安分局投资50余万元解决和落实了反映多年的看守所供电增容问题，消除了安全隐患。区工商分局在接受人大评议后，重点对落户几大专业市场和经济园区的企业进行了跟踪服务，帮助企业尽快注册落地，就地纳税，市主管局对区工商分局正确对待人大的评议给予了充分肯定，并在年度考核中给予了加分。区交警支队在接受人大代表视察后，利用深入开展学习实践科学发展观活动的机会，广泛征求各方面的意见，加强了与相关部门的沟通协调，加大了交通执法管理力度，在2008年区发展环境综合整治考评中实现了"改观升位"，获得了社会各界好评。

我们把对市管行政部门的监督对外宣传后，有不少区县人大的同志前来座谈交流这方面的工作情况，有的规定和作法还被融入到重庆市人大即将出台的监督法实施办法中。今年，我们将再次对区规划分局、国土分局的工作进行评议，同时还将听取食品药品监督管理局的专项工作报告，对市管行政部门的监督已逐步实现常态化，以监督促共赢的效果得到较快体现。

二、坚持规范管理，加强对政府性融资资金的监督

（一）出台背景。所谓政府性融资资金，是指以政府信用为基础，按照政府投资项目的需要，通过政府确定或委托的国有融资公司为融资主体借入，以抵押、担保等方式，并以项目收益和财政性资金作为还款来源或还款担保，主要用于基础性或公益性项目建设的借贷性资金。近年来，随着改革开放的不断深入和经济建设步伐的明显加快，一些地方政府为了解决资金短缺问题，更多地采取了通过人大作出决议向金融机构贷款上项目、促发展的作法，我区也不例外，在2003年就开展了这方面的工作。为了加强对政府性融资资金管理的监督，保证资金规范高效运行，常委会在2007年换届后加大了对政府性融资资金管理的监督力度，并在2007年4月25日召开的第三次常委会会议上审议通过了《关于建立健全投融资统一管理机制的决议》。2008年，我们在充分调研和广泛征求意见的基础上，依法制定了《重庆市巴南区人大常委会关于政府性融资资金管理监督试行办法》，经过常委会两次会议审议后，在4月7日召开的第十二次会议上全票通过了试行办法。

（二）主要内容。《重庆市巴南区人大常委会关于政府性融资资金管理监督试行办法》共四章三十条3500多字，包括总则、融资计划及项目、资金使用管理、附则等内容。其中比较硬性的规定有：1、办法第九条规定，"区政府应当于每年年底向区人大常委会报告次年度融资计划及项目的情况；规模在1亿元人民币及以上的项目应单列项目的有关情况”。2、办法第十二条规定,“区政府应当在年初财政预算草案中反映偿债准备金计划,经年初区人民代表大会批准后执行”。3、办法第十八条、第十九条规定,“区政府应当建立健全工程项目投入超概算和预算的责任制;使用融资资金的新增建设项目以及在实施过程中需要超项目预算必须按规定报批,但单项金额超预算500万元及以上的项目,区政府应当向区人大常委会报告情况”。4、办法第二十四条规定,“区审计局应当依照有关法律和政策规定对融资项目的资金使用管理情况有计划地开展审计监督。”“区政府应向区人大常委会报告有关审计情况”。

(三)实施效果。该办法实施后,区委、区政府对该项工作高度重视,按照人大决议和试行办法的要求,在2007年专门成立区金融办作为全区的投融资管理工作机构,出台了《重庆市巴南区国有公司政府融资项目管理办法》对政府性融资工作进行监管。同时,我们召集区发改委、区财政局、区金融办、区国资办和相关融资公司负责人对如何实施该办法进行了座谈,进一步征求了加强管理监督的意见。经过一段时间的实施后,我们于2008年8月对如何贯彻落实这个办法专门印发了通知,进一步明确了区发改委、区财政局、区金融办、区国资办对政府性融资的管理职责,建立了政府性融资资金管理执行情况及下一年度融资计划报告制,较好地促进了对政府性融资资金的日常管理和重点监督的有机结合。2007年换届以来,我们已听取和审议了区政府关于政府性融资方面的贷款议案27项,作出决议30个,提出审议意见40多条,批准同意融资金额已突破50亿元,主要包括工业园区、开发新区、生态旅游、道路交通、旧城改造和农业基础设施等项目借款,较好地确保了项目资金的使用安全和全区重点项目的顺利推进。目前,此项工作在全市各区县引起强烈反响,这不仅为全市各区县人大开展这方面的监督工作积累了工作经验,同时又为上级人大开展这方面的工作提供了立法依据。

从今年开始,我们对2007年、2008年的一些作法作了改进,即在常委会上一次性批准区政府的年度融资计划和项目安排,单个融资项目和金额,以及融资的相关条件、方式、内容就委托主任会议研究确定后办理。关于试行办法的贯彻实施情况和政府性融资资金的管理使用情况,区人大相关工委目前已经多次开展了这方面的调研,我们准备针对存在的问题在适当时候对该试行办法再进行修订和完善。

三、坚持任管统一,加强对任命干部履职情况的监督

(一)监督动机。我们认为,任命干部与任后监督同等重要,而任后监督或多或少会被人们忽视。从地方人大常委会设立30年的实践来看,对被任命干部的监督往往是人大行使任免权的一个薄弱环节,任管脱节的现象十分突出,被任命干部接受人大任命后其履职情况如何,依法行政、勤政为民的能力怎样,人大总是缺乏更多、更全面、更准确的了解,有的甚至成了人大监督的空白和“盲区”。2007年换届后,特别是监督法规定不宜对任命干部个人开展述职评议后,我们除依法做好日常任免工作外,立即积极着手思考和探索如何加强对任命干部的任后监督问题。2007年8月,区委书记到人大调研时,明确支持并要求人大加大对任命干部的任后监督,为区委在管理和使用干部方面提供参考依据,这使我们更坚定了出台加强对任命干部监督办法的信心和决心。加之前两个试行办法的出台和实施,也为我们对任命干部的建章立制提供了比较充足的经验和理论储备。

(二)主要内容。2008年以来,我们按照有关法律规定和多年来的工作实践,在广泛听取市人大领导、区委领导、“一府两院”及有关部门负责人意见建议的基础上,九易其稿,在2008年8月25日召开的第十七次常委会上审议通过了《重庆市巴南区人大常委会关于监督任命的“一府两院”国家机关工作人员试行办法》,并于9月1日正式施行。该办法共十四条3000多字,对监督任命干部的法律依据、目的意义、对象范围、重点内容、监督方式、工作评议及结果运用等作了比较明确的规定,同时还引入了审计制度、谈话制度和监督工作联席会议制度,从而使对任命干部的任后监督力度大大加强。办法中的一些新意规定主要包括:1、办法第五条规定,“建立和完善对任命的国家机关工作人员的届中审计制度。届中审计原则上按有关领导干部经济责任审计的规定进行”。“届中审计的重点为区人大常委会任命的区人民政府组成部门的主任、局长”。“届中审计结果作为工作评议的重要依据之一”。2、办法第七条规定,“区人大常委会重点采取工作评议的方式对任命的国家机关工作人员进行监督。”该条款还对评议的内容、原则、重点、步骤及主要作法、组织领导等作了比较详细的规定,并明确规定"一届任期内,对监督对象所分管的工作至少评议一次"。3、办法第十条规定,"区人大常委会建立和完善对任命的国家机关工作人员的谈话制度"。4、办法第十一条规定,"建立监督工作联席会议制度,由区人大常委会人事代表工委牵头,与组织、纪检、政法、监察、法院、检察院、公安、人事、审计、信访等部门加强联系,半年召开一次联席会议,通报区人大常委会任命的国家机关工作人员的有关情况"。5、对评议结果的运用,办法中明确规定:"区人大常委会将评议意见和测评结果报送区委,作为考核单位和干部的重要依据"。"对测评结果为基本满意、不满意的,建议区委、区政府取消其当年区内评优评先资格,当年不推荐为上级部门评优评先的候选人;基本满意的,区人大常委会找其谈话,并建议区委对其戒勉;不满意的,经调查核实后按规定找其谈话,并报经区委同意按有关程序免去其现任行政职务"。"测评结果向区人大代表通报,并向社会公布"。

(三)实施效果。为了确保试行办法的顺利实施,我们在该试行办法通过后的一周内,分别组织区政府组成部门、区法院和区检察院的任命干部召开了三个动员大会,要求被任命干部认真学习并深刻领会这个办法,以实际行动支持和配合区人大常委会开展好这方面的工作。我们目前已对区经委主任和区林业局局长的工作开展了评议,今年又安排了对区商委主任、区旅游局局长、区文广新局局长、区农业局局长、区环保局局长、区交通局局长、区卫生局局长和区法院一名副院长、区检察院一名副检察长的工作开展评议,并计划在本届余下的三年内完成办法所确定范围任命干部的工作评议。从我们目前开展的评议情况看,被任命干部及所在单位干部职工都非常支持和配合人大的工作,他们表示要以人大的评议为契机,全面总结工作成绩,认真查找问题和不足,进一步解放思想,完善工作思路和措施办法,为建设"宜居巴南"、"森林巴南"、"畅通巴南"、"平安巴南"、"健康巴南"和"诚信巴南",促进巴南实现新一轮大开放大发展作出应有的贡献。

四、打造阳光财政,审查批准部门细化预算

(一)监督动机。一方面,审查和批准财政预算、监督预算的执行,是宪法和法律赋予各级人大及其常委会的重要职权。《预算法》规定:"地方各级政府预算由本级各部门的预算组成",在预算审查监督由程序性监督向实质性迈进的历程中,部门预算、细化预算与人大实质性预算监督必然会走到一起。另一方面,区政府提请人代会审查的财政预算报告,一批批专业的术语和数字占了报告的大量篇幅,而且都是"大预算",从中看不出部门预算的分配情况,许多单位还存在"第二财政"进行二次分配,不少人大代表在审查时,感到"外行看不懂、内行道不明",云里雾里,颇费心思。为了进一步深化人代会对区财政预算的监督,增强代表对部门细化预算的了解,更好地行使监督职权,2008 年 7 月经主任会议研究,我们决定将审查部门细化预算纳入 2009 年初人代会的议程。考虑到经验和工作量等因素,先在部分部门试点,然后在总结完善的基础上逐步推开。

(二)主要做法。1、超前谋划,提早准备。为了开展好这项工作,我们一是专门成立了审查部门细化预算工作筹备组,由常委会主要领导挂帅,分管副主任具体抓,财经城环工委负责承办。二是提出了具体工作方案,细化了工作步骤、工作责任和完成时间。三是于 2008 年 8 月专门制发了《关于做好部门细化预算草案有关准备工作的通知》,从加强组织领导、提早编制、制定措施和落实责任等方面,对区政府及财政等部门积极做好前期准备工作提出相关要求,为人代会审查部门细化预算奠定了基础。2、争取支持,加强配合。我们审查部门细化预算的创新思路得到了区委的大力支持和区政府的积极配合。一是由区人大常委会领导带队,于 2008 年 10 月组织区人大财经城环工委和区财政局的相关负责同志专程到广东深圳市、东莞市人大考察学习开展此项工作的成功做法和先进经验,为我们开展这项工作理清了思路,明确了重点。二是将学习考察的体会和推进此项工作的打算向区委作了专题汇报,得到了区委的大力支持。三是加强了与区政府及财政部门的联系沟通,在细化预算单位的确定、文本格式和细化的内容、审查程序等方面多次召开会议研究,为推进此项工作达成了共识。3、精心组织,提前介入。一是在今年人代会召开前,我们对审查部门细化预算的各个环节再次进行疏理,并进一步明确了工作重点。经报请区委同意后,我们将审查和批准部分部门细化预算纳入了大会议程草案。二是成立了预算审查组,明确了细化预算的具体要求,如对每个预算单位的部门预算要有编制情况说明,对专项支出要有近三年的财政支出细化表进行比较等。三是制定人代会重点审查部分部门细化预算工作方案,包括重点审查会议的召开时间、地点、参会代表、被审查单位等。四是提前介入做好初审,搞好财政预算报告与部分部门细化预算的衔接,使部门细化预算收支项目仔细清楚,让代表们看得懂、看得明。五是做好区人大代表的相关培训工作,提高代表对部门细化预算的审查能力。4、创新方式,重点审查。部门细化预算纷繁复杂,预算监督不可能面面俱到。我们在今年2月中旬召开的区第十六届人大四次会议上,大胆创新审查方式,采取一般审查和重点审查相结合的办法,组织代表对农业、林业、科技、计生等37个一级预算单位的部门细化预算草案进行审查,其中还安排了占总数15%的代表对农业、科技两个单位进行了互动式的重点审查,区财政和被审查单位的主要领导向参与审查的代表报告预算的具体情况,代表现场询问或提出意见。代表大会预算审查委员会结合代表的意见,对财政预算报告和部门细化预算一并审查,并将审查报告印发全体代表。同时,大会单独对部门细化预算作出决议,要求财政部门按照《预算法》的要求在一个月以内必须据此批复到预算单位,从而保证了预算的严肃性和约束力。

(三)社会效果。我区以审查部门细化预算为切入点,强化预算监督的工作取得了阶段性成功,产生了较好反响。一是在人代会上列入大会议程审查部门细化预算并单独作出决议,在重庆市各区(县)人大中尚属首次,重庆日报等市内几大主流媒体对此作了及时报道。二是代表们认为这种做法很好,为人代会注入了一股新鲜的民主"空气",有利于增强预算编制的透明度,有利于代表当家作主管好政府的"钱袋子",有利于促进政府民主理财、科学理财、依法理财和打造"阳光财政"。三是代表在审查中提出的一些意见建议得到了较好落实。人代会期间,区财政局在拟定的支出预算基础上,适当调整增加安排了科技创新引导资金和土地流转经费,并将调整增加的专项经费纳入了预算批复。不少参与审查部门细化预算的代表说:"如此细化的部门预算,我们确实还是头一回看到。希望人大继续加大这方面的监督力度。"为了不辜负全区人大代表的期望,我们正在考虑用一两年时间,把全区267个部门的细化预算都交给代表审查,让政府每一分钱的流向都放入"玻璃钱柜"里面,让人大代表和全区的老百姓都看得一清二楚。

提高县级人大监督实效的几点思考

广东省仁化县人大常委会党组副书记、常务副主任 张云勃

我国的根本政治制度是人民代表大会制度。人民代表大会制度是我国走向社会主义民主政治,建立完善社会主义法制、实现国家长治久安的重要保证。人民代表大会制度是人民行使民主权利,参与管理国家事务的最好形式。为了保证国家行政、审判、检察机关按照人民的意志开展一切活动,我国宪法和法律赋予各级人大及其常委会行使监督权。这是我国宪法和法律赋予人大的重要职权。

一、目前地方人大及其常委会的监督现状

近年来,特别是自2007年《监督法》实施以来,各级人大及其常委会在行使监督权方面进行了大量实践和探索,通过实施、完善和强化人大监督机制,依法开展监督,在服务经济、服务社会中发挥了积极作用,在克服国家机关及其工作人员的官僚主义、防止腐败,预防职务犯罪等诸方面取得明显成效。就人大及其常委会本身监督关系进一步明确,监督意识明显提高,监督力度明显加强,全社会的监督体系正逐步建立和健全。但是,由于人们认识的差异,造成民主、法制、监督制度的落实还不够,个别地方,个别行政领导对人民代表大会制度及其监督权缺乏了解,造成地方人大和"一府两院"关系理得不顺,宪法和法律赋予地方人大及其常委会的职权落实不到位,监督权未能得到充分的行使,现有监督手段没有充分得到运用,监督权的行使缺乏制度化,监督的内部和外部关系有待进一步理顺,完善而有效的监督机制还未形成等等,致使地方人大及其常委会的监督显得软弱无力。究其原因,笔者认为既有认识的差距,也有宣传不够的原因,造成监督者的监督意识和被监督者主动接受监督的意识不强。

二、提高监督实效的几点思考

根据目前地方人大及其常委会行使监督权的

状况，结合自身工作实际，笔者就县级人大及其常委会如何在服务经济，服务社会，依法监督和有效监督过程中真正发挥作用，谈几点思考。

（一）要树立正确的监督意识

地方人大及其常委会与本级“一府两院”关系是监督与被监督的关系。监督与被监督作为一对矛盾，不可避免地客观地摆在我们面前，不论是监督一方还是被监督一方，既要正视这个矛盾又要解决这个矛盾。要明确人大及其常委会与其他国家权力机关的根本目标是一致的，人大常委会依法进行监督、目的是为了保证“一府两院”有效地执行宪法，法律、法规。江泽民同志曾经说过：人大对“一府两院”的监督，“既是一种制约，又是支持和促进”。理顺关系的关健在于坚持依法监督、双方都统一到法律规定上来。“一府两院”要把接受国家权力机关的监督，作为必须履行的法律义务，依照法律规定主动负责地向人大及其常委会报告工作，接受质询、询问、视察等。地方人大及其常委会行使监督权，必须按照国家机关职权分工的原则，在法律规定的范围内实施监督、必须避免干预或代替“一府两院”职权范围内的工作，以保证人民政府统一高效运转，保证人民法院，人民检察院依法独立行使审判权利和检察权利。只有理清了上述监督关系，才能真正树立正确的监督意识。

（二）要找准工作的监督重点

人大及其常委会，要履行好地方国家权力机关的监督职能，在树立强烈的责任意识，监督意识的同时，要找准工作的监督重点，提高监督实效。

1、**正确处理好“四种关系”**。人大机关及其常委会的全体同志要经常反复学习马列主义，毛泽东思想，学习邓小平建设有中国特色社会主义理论，学习江泽民“三个代表”重要思想和中央最近提出的以人为本的科学发展观，和谐社会发展等理论。要经常反复学习宪法，地方组织法等有关人大监督法律，增强法律意识，监督意识，处理好“四种关系。”一是要处理好政策与法律的关系。党的政策和国家法律本质是一致的，但各有侧重和特点，政策是制定法律的依据，而法律是经过实践证明可行的政策。我们要注意掌握好政策指导法律和法律对政策的制约的辨证关系，这样才能正确执行党的政策，严格依照法律进行监督。二是要处理好监督与参与的关系。人大监督既不能失职，又不能越位，人大监督要服从服务于经济建设这个中心，有利于经济建设的要积极参与，积极支持，通过调研，视察等监督途径，实现参与，扶持。三是要处理好法律监督与工作监督的关系。法律监督是指地方国家权力机关监督宪法、法律、行政法规和地方性法规在本行政区域内的实施。工作监督是指国家权力机关对“一府两院”的工作实施监督，尤其是对一些重大工作的决策，部署和实施情况进行监督。两者实施的依据都是宪法和法律。法律监督检查是看是否依法行事。工作监督检查是看是否依法办事。四是要处理好宏观监督与微观监督的关系。宏观监督就是抓大事，抓全局，抓实质，努力解决带有普遍性，代表性和倾向性的矛盾和问题，而不是“芝麻”“西瓜”一把抓，局部代表全面，一般说成个别。

2、**重点抓住四方面问题**。坚持党的基本路线，以经济建设为中心，加快社会主义和谐社会建设是全党的工作中心，也是人大的工作中心。因此，地方人大及其常委会对“一府两院”的法律监督和工作监督，就是要抓住这个重点。一是抓中心，要围绕经济建议这个中心，加强工作监督，组织代表视察要有重点地听取和审议“一府两院”的专项工作报告。这是地方人大及其常委会依法行使重大事项决定权和监督权的基本形式，也是搞好经济建设，推进经济发展的重要途径。二是抓大事。要抓住经济建设，社会管理中涉及国计民生的重大事项加强调查研究，加强检查督促，维护人民群众的根本利益，促进国民经济和各项社会事业协调发展。三是抓重点，要加强对有利于社会进步，经济发展，人民生活水平提高密切相关的有关法律、法规的执行情况检查，督促“一府两院”严格依法行政。四是抓热点，把人民群众普遍关注，反映强烈的问题，通过调查研究、反映社情民意，督促政府解决。

（三）要建立完善监督机制

1、**进一步增强监督效力**。监督是为了保证国家法律的实施和维护人民的利益。如果监督没有效力，就无法防止权力的滥用，就起不到监督的作用，就有可能产生“有法不依，执法不严，违法不究”现象。因此，增强监督效力是各级人大及其常委会和所有人民代表需都要为之苦苦追求和努力的实际工作。⑴对问题要一抓到底，抓出实效，听取和审议工作报告，不能只是纸上谈兵，开展视察和执法检查，不能只是走马观看，发现冤假错案，不能只是说说而已，不了了之。要把人大监督的意见和建议是否得到贯彻落实，作为检查监督效果的标准。⑵要善于运用监督形式，过去人大监督的主要形式多数采用审议工作报告，视察、检查等形式，而法律规定的质询，罢免和特定问题调查等强制性监督形式却很少运用，有些监督显得软弱无力，人大不是“大人”，而是成了无能为力的“老人”。笔者认为，必要时可以多种监督形式共同使用，交叉进行，确保监督效力。(3)三权结合运用。人大的职权是四权：即立法权、监督权、决定权和任免权，这是一个不可分割，互为作用的整体。省以下地方人大则享有后三权。三权之中监督权是决定权和任免权的前提和条件，而决定权和任免权是监督权得以实现的保证。为增强监督效力，必要时要三权同时使用，监督才有力度。

2、**进一步依靠群众形成合力**。目前县级人大监督基本上还是依靠自身力量，监督形式还是听报告、作审议、搞视察，没有形成应有的社会反响，人民群众参与的成分很少，既影响了监督的效果，这忽视了人民群众这支强大的监督力量。实践证明，只有依靠人民群众，监督才具有威力，否则，就难以达到监督的目的。要抓住人民群众普遍关心的“热点”问题进行监督，才能得到群众的关注和支持，监督才具有广泛性和社会基础。要面向群众进行广泛深入的调查研究，才能做到情况了解多，掌握事实准，监督有的放矢。要实行公开监督。监督内容公开报道宣传、监督结果公开公布，让人民群众了解，让人民群众参与监督。

3、**进一步提高自身能力**。人大及其常委会要做到监督有力，还要大力提高人大干部本身的监督水平和监督能力。要深化认识，提高对人大监督性质，地位的认识，克服人大监督“无用思想”“多余思想”，树立监督观念，强化监督意识大胆履行职责。要加强培训，提高监督水平和能力，要了解和掌握人大监督的内容，方法和程序，不断提高参政论政的能力。对新进人大机关的干部和新当选的人大代表要加强培训，提高他们参政意识和监督水平。要建好班子配好人。目前各地人大机关普遍人员年龄偏大，知识结构不合理，要注意选配一些政治素质好，业务能力强，懂法律、懂财经，懂教科文卫等系统知识的人员到人大队伍中来，形成一个班子强、业务精的人大机关工作队伍。

人大及其常委会的工作只要坚持党的领导，树立正确的监督意识，找到工作的监督重点，不断地建立健全和完善监督机制，就一定能够体现作用，做好工作。

坚持用科学发展观统领人大工作

福建省厦门市同安区人大常委会主任　毛立臻

区人大及其常委会作为地方国家权力机关，担负着推进民主法治建设、服务科学发展的重大责任。在学习实践活动中，必须坚持用科学发展观统领人大工作，找准人大工作践行科学发展观的着力点，把科学发展观贯穿于人大工作的各个方面，不断提升人大服务科学发展的新水平，努力实现人大工作的创新发展。

一、要把促进发展作为人大工作的第一要务

发展是科学发展观的第一要义。人大践行科学发展观，首要的是必须始终把促进经济发展作为履行职能的第一要务。一是决定重大事项服务发展。要紧贴第一要务，依法行使好重大事项决定权，对关系全区经济发展的重大问题适时作出决议、决定，把区委谋求又好又快发展的重大决策部署，通过法定程序变为全区人民的共同意志和具体行动。行使重大事项决定权，必须抓住全区推进经济发展中的重点问题，抓住人民群众普遍关心和迫切要求解决的热点问题，抓住工作推进中有难度、需要通过人大支持并动员各方面力量共同解决的难点问题，使人大作出的决议、决定，更加贴近经济建设中心，更加符合科学发展的要求。二是履行监督职能促进发展。要强化人大监督职能，努力找准人大工作与经济建设的最佳结合点，抓好与推进经济发展相关联事项的监督，增强监督实效。立足本区实际，要突出对工业、旅游、物流三大基地建设、计划和财政预算等重大事项的监督，重点对项目建设、招商引资、服务企业、农民增收等问题的监督，有针对性地提出意见和建议，充分发挥人大监督在促进发展中的作用。三是主动融入中心支持发展。人大工作要自觉服从、服务于经济建设这个中心，

树立正确的支持理念，把支持贯穿于监督工作的全过程，从法律、环境层面上为经济发展提供支持。常委会组成人员要坚持深入一线、靠前服务，积极参与重大项目建设的活动，经常深入挂钩企业走访调研，帮助解决发展中的问题。

二、要把以人为本作为人大工作的本质要求

以人为本是科学发展观的核心。人大践行科学发展观，必须把以人为本作为人大工作的本质要求。一要坚持履职为民。人大及其常委会代表人民行使职权，要把“权为民所用、情为民所系、利为民所谋”作为履职的根本准则，在履行监督、重大事项决定、任免等职权的过程中，始终坚持人民的利益高于一切，以维护好、实现好、发展好人民群众的利益为最大责任，努力使人大的各项工作真正体现人民群众的愿望，符合人民群众的利益。二要高度关注民利。人大要重视民生、保护民利、维护民权，真诚倾听人民群众呼声，真实反映人民群众愿望，真情关心人民群众疾苦。当前，要重点围绕就业、教育、医疗、社会保障、新农村建设、环境保护、司法公正等人民群众普遍关心的问题开展监督，切实保障人民群众的经济、政治和文化权益，大力推进和谐社会建设。三要发挥代表作用。人大代表来自于人民，必须植根于人民，服务于人民，真正做人民的代言人。人大要切实加强和改进代表工作，为代表依法履职创造条件，充分发挥人大代表的积极性、主动性和创造性。人大代表要认真履行职责，为全区经济社会发展献计献策，发挥好参政议政的作用。

三、要把全面协调可持续作为人大工作的目标要求

全面、协调、可持续是科学发展观的基本要求。人大践行科学发展观，必须把全面协调可持续发展作为人大工作的目标要求。一要突出发展的全面性。人大在谋划工作、履行职能中，要正确处理好“以经济建设为中心”与“全面发展”的关系，既要紧贴第一要务，立足推进民主法制建设，服务、促进和保障经济发展；更要站位全局，把握统筹，发挥职能，推进经济、政治、文化和社会各项事业的全面发展。二要重视发展的协调性。人大在谋划工作、履行职能中，要正确处理好“加快发展”与“协调发展”的关系，既要增强发展的紧迫感，服务于加快发展；更要高度关注发展的整体协调，促进城市与农村、经济发展与社会发展、经济效益与生态效益的协调发展。三要追求发展的可持续性。人大在谋划工作、履行职能中，要正确处理好“当前发展”与“可持续发展”的关系，既要立足当前，服务于当前的发展，实现当前的发展目标；更要前瞻性地关注人口、资源、环境等直接影响经济社会可持续发展的问题，为未来发展创造条件。

四、要把统筹兼顾作为人大工作的思想方法

统筹兼顾是科学发展观的根本方法。人大践行科学发展观，必须把统筹兼顾作为人大工作的思想方法。一是依法决策时要统筹兼顾。重大事项决定权是宪法和法律赋予人大及其常委会的一项重要职权，也是人大贯彻落实科学发展观的重要抓手。人大在审议决定重大事项时，必须站位全局，统筹平衡全区经济、政治、文化和社会各项事业，善于抓住全区经济社会发展中带有全局性、根本性、长远性以及影响较大的事项，适时作出决议、决定，提出对策性、预警性、战略性的建议。二是实施监督中要统筹兼顾。加强人大监督工作，督促支持政府贯彻科学发展观、转变职能，是人大落实科学发展观的着力点。人大在实施监督中，必须把握统筹协调，在加强经济工作监督的同时，更加重视对教育、科技、文化、卫生、社会保障、环境保护、民生改善等领域工作情况的监督，使人大监督工作充分体现“五个统筹”。三是深入调研时要统筹兼顾。人大及其常委会要把调查研究作为有效履职的根本前提，善于对经济社会发展面临的各类矛盾进行深入的调查研究，准确把握经济社会发展进程中存在的热点难点问题，并通过履行自身的职责，推进问题及时得到解决。

五、要把提高履职水平作为人大工作的重要任务

贯彻落实科学发展观，关键在班子，关键在干部。人大践行科学发展观，必须把提高常委会组成人员和机关干部的履职水平作为人大工作的重要任务。一要转变观念。以学习实践活动为契机，进一步解放思想，着力转变不符合科学发展观要求的思想观念，坚持用科学发展观的思想方法统领人大工作，创新人大工作服务科学发展的新理念。二要提升素质。认真学习宪法法律、人大业务、经济科技等方面的知识，打好依法履职的理论、业务基础。着力提高常委会组成人员的议事能力、检查能力、调研能力，增强人大监督工作的实效。三要改进作风。坚持求实、务实、落实，按照科学发展观的要求，不断探索人大工作的新思路、新方法，寻求人大工作与时代发展同步，争创一流工作业绩，努力提升人大服务科学发展的新水平。

创新方式　充分发挥主任会议作用
拓宽渠道　不断完善监督工作机制
——主任会议监督具体事项的探索与实践

山西省蒲县人大常委会主任　王安保

2007年5月换届以来，我们蒲县新一届人大常委会始终保持奋发有为、锐意进取的精神风貌和工作态度，围绕中心，服务大局，依法行使宪法和法律赋予的决定权、监督权、任免权，努力开创人大工作新局面。但是，在履职过程中我们发现，法律规定的各级人大常委会普遍惯用的几种监督形式，由于受程序规定多、启动时间长等客观因素的制约，致使在对一些突发的、局部的、具体的、急需解决的事项的监督上缺乏时效性，往往出现监督迟缓、监督滞后的事倍功半的尴尬局面，制约和影响了人大监督职责的及时有效发挥。如何尽快改善这一问题，如何有效破解这一难题，成为摆在我们新一届人大常委会工作议事日程上急需解决的课题。为此，我们在集思广益、深思熟虑的基础上，确定了坚持大事要事的监督与具体事项的监督相统一的监督工作原则，确立了"常委会会议抓大局，主任会议抓具体，以大局带具体，以具体促大局"的监督工作思路。按照这一原则和思路，新一届常委会求真务实，开拓创新，积极探索和实践有效发挥主任会议监督职能的新途径、新办法，切实加大对具体事项的监督频度和力度。换届以来，针对"一府两院"的具体工作，我们先后就行政执法权划归、乡村生态公园建设、古树名木保护、核桃经济林基地建设、部门预算编制、县城交通秩序整顿、公路养护和维修、规范执法行为、新型农村合作医疗制度落实、城市建设及禁牧反弹等问题，召开主任会议进行了专门审议，形成专题调研报告8个，发出主任会议监督意见书18份。下面，将我们在实施主任会议监督具体事项工作中的主要做法及对这一监督途径的一些初浅认识作一简要总结。

一、主要做法

在实施主任会议对具体事项监督的过程中，我们主要抓好两个关键环节的工作。首先，对主任会议审议的操作程序进行了定位。一是在会议列席人员的确定上，与常委会会议相比范围上有所缩小，主要是具体事项所涉及的政府职能部门负责人和部分县人大代表，必要时可确定县政府分管副县长列席，以便于及时召集和迅速落实。二是在运作流程上，从会前调研、会中审议、会后发出监督意见书，到跟踪督促抓落实，与常委会会议同等对待、同等要求。在对主任会议操作程序予以定位的基础上，如何审时度势地及时找准、抓住具体事项，并及时监督，是实施主任会议对具体事项监督的关键和核心。在对具体事项的选择和界定上，我们主要从以下四个方面入手。

一是代表在闭会期间，就某一突发的、急需解决的热点难点问题提出的建议和意见。2008年6月底，针对禁牧"反弹"问题，刘反翠、石金平等5名县人大代表联名向县人大常委会提出了"关于迅速遏制外地山羊流入我县牧放的建议"。常委会对此建议高度重视，认为蒲县已封山禁牧近十年，是全省最早的县，生态恢复效果已有巨大成效，决不可死灰复燃，重演历史的悲剧。在责成常委会农村工作委员会调查核实后，迅速启动主任会议监督程序，立即向县人民政府进行了通报，并召集乡镇政府和林业、畜牧、广电部门负责人，召开紧急会议，对禁牧"反弹"工作进行安排部署，建议县人民政府立即下发进一步加强封山禁牧的通告，并通过多种形式，加强舆论宣传攻势。要求县林业、畜牧部门立即抽调骨干力量，立即深入下去，配合乡镇政府对山羊"反弹"情况进行摸底排查。与此同时，常委会成立了三个以副主任带队，机关工作人员及部分县人大代表参加的调查小组，明确责任，落实任务，协同林业、畜牧部门进行深入调研。在此基础上，召开主任会议专题听取和审议了县人大各调查小组及林业、畜牧部门负责人的专题报告，并发出主任会议监督意见书，对遏制禁牧"反弹"向林业、畜牧部门提出了具体监督意见。之后，常委会主任、副主任又分别深入下去，对禁牧工作进行了督促检查。在这一突发问题的应对和处理上，由于人大及时主动，政府态度坚决，乡镇和林业、畜牧部门措施过硬，使得禁牧工作在短短的半个月时间里取得了预期效果，不仅以实际行动深入贯彻了省政府封山禁牧令，同时，也有力地维护和巩固了我县来之不易的十年封山禁牧成果。

二是群众来信来访反映多、影响大、问题明显的突出问题。我县是率先在全市推行新型农村合作医疗制度的试点县。去年12月份，主任会议在听取县人大信访工作委员会关于2007年信访工作情况的汇报时，发现在受理的36件来信来访中，有5件信访件涉及到新型农村合作医疗试点工作，反映的问题集中为参合率不高、药价虚高。为此，常委会决定将新型农村合作医疗试点工作作为主任会议议题，并成立专门调查小组，责成其深入克城、乔家湾、蒲城、薛关四个乡镇，围绕目录药品价格、农民参合情况、大病救助落实情况及职能部门服务和监管工作情况进行了深入调研。在此基础上，主任会议分别听取和审议了县卫生部门关于新型农村合作医疗制度试点工作情况的报告、县人大常委会调研小组关于我县新型农村合作医疗事业现状和发展情况的调研报告，就我县新型农村合作医疗实施过程中存在的部分农民对合作医疗制度认识不够到位，参合热情不高；医务资源较为匮乏，医护人员不足，医疗基础设施条件较差；部分定点医院管理制度不够完善，药价偏高等突出问题，向卫生部门提出了针对性意见，要求限制整改，为推动我县新型农村合作医疗工作的顺利进展发挥了积极作用。

三是一个时期内局部的、急需解决的热点难点问题。实行部门预算是政府预算管理制度改革的核心，也是深化我国社会主义市场经济体制改革、建立公共财政框架的基本要求。2007年11月，常委会在第四次常委会会议审议县人民政府2007年1——9月份财政预算执行情况的报告时，就2008年全面实行部门预算向县人民政府提出了审议意见。为了积极稳妥地推进这项改革，今年3月中旬，主任会议专题听取和审议了县财政部门关于实行部门预算准备情况的工作报告，并发出主任会议监督意见书，要求财政部门在县十四届人大二次会议召开之前，要全面完成部门预算的编制工作，并报县人大主任会议审查。在县人大常委会的大力督促和支持下，县十四届人大二次会议首次将部门预算内容列入财政预决算审议议程，认真进行了审议，确保了2008年部门预算在我县的全面顺利实行。2009年3月，常委会还责成常委会财经工委对2008年我县实施部门预算工作情况进行了专题调研，并将调研报告在县十四届人大三次会议上书面印发全体代表。又如为促进我县干果经济林建设的健康发展，2008年3月份，主任会议听取和审议了县林业部门关于核桃经济林建设工作情况的报告，并发出主任会议监督意见书，要求林业部门在发展以核桃为主的干果经济林基地建设工作中，要接受我县仁用杏基地建设教训，抽调骨干技术人才，成立专门的技术把关机构，加强技术指导服务工作；要在对已种植苗木进行摸底排查的基础上，严把旧品种接穗和新旧种引进的质量关。之后，常委会还责成县人大农村工作委员会深入到山中、古县、薛关三个乡镇，对旧品种接穗和新品种栽植进行了督促检查。4月底，主任会议又专题听取了林业部门贯彻落实主任会议监督意见书工作进展情况的报告，就存在的问题，又提出了整改意见。2009年8月中旬，常委会再次责成县人大常委会农村工作委员会围绕全县核桃产业发展情况进行了专题调研，并将调研报告印发县人民政府及林业部门，要求其对存在的不足和差距进行整改。通过对这一工作的连续抓、反复抓，有力地确保了我县核桃基地建设的健康发展。

四是"一府两院"不适当的规范性文件。为深入贯彻监督法，加强对规范性文件的审查监督，主任会议分别对《蒲县人民政府关于县政府所属事业单位及各类行政性质的办公室授权执法的议案》和《蒲县人民政府关于推进社会主义新农村建设的实施方案》进行了审查，并分别发出了主任会议监督意见书，责成县人民政府对"生猪屠宰监督管理办公室"、"酒类监督管理办公室"和"节水办公室"的执法权进行了重新划分；要求县政府把乡村两级生态公园建设列入推进我县社会主义新农村建设内容，并作为重点亮点，加大力度，抓紧实施，提升我县新农村建设的品味和档次。县政府高度重视主任会议监督意见，积极整改，对授权执法议案进行了重新修定，对三个办公室的执法权进行了重新划分，并提请县人大常委会进行授权；召开政府常务会议，对《蒲县人民政府关于推进社会主义新农村建设的实施方案》进行了重新研究，充实了乡村两级生态公园的建设内容，同时在资金上对部分乡镇予以倾斜，加大对生态公园建设工作的支持力度。截止目前，全县9个乡镇和24个重点村全部按要求高标准、高质量地完成了生态公园建设任务。

在充分发挥主任会议职能作用，切实加强对具体事项监督的同时，积极探求延伸进一步发挥主任会议作用的有效途径，谋求主任会议和常委会会议在监督工作上相辅相成、相互促进的有效办法，是我们加强和改进监督工作的一项重要内容。在这方面，我们的主要做法，一是对一些事关大局的重大问题和重大事项具有特殊影响特殊意义的关键问题和重要事项，通过实施主任会议和常委会会议联动监督的办法，抓住不放，一抓到底，抓出实效。为推进造林绿化工作，进一步巩固和扩大我县“全国绿化模范县”建设成果，2008 年 3 月份，主任会议对我县古树名木保护工作进行了认真研究，发出了主任会议监督意见书，建议县政府及县林业部门要采取有效措施，制定实施方案，按照国家统一标准，对县境内古树名木进行调查鉴定，定级编号，登记造册，建立档案，设立标志，划定保护范围，明确养护责任，妥善予以保护。2008 年 5 月份，主任会议对县林业部门古树名木保护启动工作进行了审议，围绕加大力度，加快进度，提出了具体要求。2008 年 6 月份，常委会把古树名木保护工作列入第八次常委会会议议程，对县政府《关于保护古树名木的实施方案》进行了审议，就实施方案存在不足之处，提出了充实和完善意见。2008 年 8 月份，常委会再次把古树名木保护工作列入第九次常委会会议议程，审议并通过了县政府《关于保护古树名木的实施方案》。通过对此项工作的反复抓、连续抓，有力地促进了我县古树名木保护工作顺利启动，有序进展，健康运行。二是充分发挥主任会议监督职能，切实加大对“一府两院”贯彻落实常委会决议，决定及审议意见的督促问效工作力度。加大跟踪监督力度，确保常委会各项决议、决定及审议意见能够得到认真贯彻，并落到实处，既是常委会监督工作归宿和落脚点，也是常委会监督工作的薄弱环节。为此，常委会在认真总结历届人大常委会工作经验的基础上，采取了常委会分管工作委员全程跟踪抓落实和主任会议重点督促求实效相结合的办法，加大跟踪监督工作力度，有力地促进了“一府两院”贯彻落实常委会决议、决定及审议意见的紧迫感和使命感。换届以来，我们坚持此种办法，先后对县政府贯彻落实常委会作出的《关于〈新建罗克公路、拓宽改造柏山旅游路、临午公路(329)省道〉县城过境段的决定和划定以上公路控制线的决议》、《关于对北川河流域水资源进行保护的决议》、《关于撤并行政村的决议》，以及关于审计监督、预算执行、煤炭复工复产、东川河流域水资源保护等审议意见的工作情况，进行了监督问效，推进了这些工作在我县的持续健康发展，进一步提升了常委会履行监督职责的效率和水平。

二、主要特性

经过 2 年多的探索和实践，我们认为采用主任会议审议和适时印发主任会议监督意见书，对“一府两院”的具体工作进行监督，是对本级人民代表大会和常务委员会工作的补充和完善，是依法行使监督权的“短、平、快”手段。主要特性有三个方面：

1、灵活性。主任会议相对于法律规定的其它监督形式，会议规模小，参会人员少，同时程序简易，组织方便，启动快捷，具有较强的灵活性和操作性。充分利用和发挥主任会议的监督职能，可以有效消除时间和程序的制约和影响，提高人大常委会应对突发事件的能力和水平。

2、时效性。由于主任会议灵活性强，对一些突发的、急需解决的问题可以在第一时间内启动监督程序，及时进行监督，有效地解决了常委会监督工作中因时间关系出现的监督迟缓和监督滞后问题，变事后监督为事前、事中监督，提高了常委会履行监督职责的能力和效率。

3、针对性。利用和发挥主任会议监督职能，加强对具体事项的监督，这一途径相对于常委会会议，从范围上看，常委会会议的议题涉及的多是事关经济社会发展中的重大事项，属“面”上的问题，而主任会议的议题涉及的多是某个行业、某项工作中的具体事项，属“点”上的问题；从对象上看，常委会面对的是“一府两院”，主任会议面对的多是“一府两院”的组成部门；从内容上看，常委会针对的是重大事项中不同方面的问题，主任会议针对的是一个问题中的不足之处。因而，就监督效果而言，其更具针对性。

三、几点效应

1、进一步提高了常委会监督工作的整体效率和水平。利用主任会议监督具体事项这一途径，有效地解决了常委会对一些突发的、局部的、急需解决的问题，在实施监督过程中存在的监督迟缓和监督滞后等事后监督问题，使常委会监督工作逐步形成监督大事要事与监督具体事项的有机结合、统筹兼顾、相辅相成、相互促进的良性发展局面，加大了监督力度，强化了监督职能，提升了监督实效。

2、进一步增强了国家机关工作人员履职尽责、自觉接受人大监督的责任感和使命感。过去有的部门一年也向人大汇报不了一次工作，现在一年要多次向人大汇报工作，接受人大监督；过去汇报往往是受政府委托向人大常委会汇报全局性工作，现在是直接就本部门所涉及的某一具体事项、某一重点问题向人大汇报；过去在贯彻落实人大监督意见过程中，可以找借口、寻托词，搪衍塞责，推诿应付，现在对人大的监督意见必须认真应对，果断处置，无任何懈怠的余地。从而，进一步增强了国家机关工作人员自觉接受权力机关监督的人大意识和法制观念，进一步调动和激发了他们尽职尽责、依法办事的责任观念和宗旨意识。

3、进一步树立了人大权力机关的形象。随着主任会议监督具体事项工作的有效开展，广大群众和人大代表深切体会到人大是真正为民解忧、为民排难、为民谋利的民意机关，代表建议和意见及群众来信来访数量明显增加，质量明显提升，拓宽了监督渠道，维护了群众利益，使人大机关的地位和威信显著增强。

监督的花絮

河南省内乡县人大常委会　朱浩记　于千飞　江波

“和谐内乡，民享为先”。近年来，内乡县人大常委会把改善民生作为监督工作的重点，紧紧围绕与民众生产生活息息相关的问题，依法监督的一桩桩、一件件个案，如同一朵朵绽开的花絮在人民群众的心头绽放。

终于可以睡个安稳觉了

湍河，内乡的“母亲河”。世袭生活在沿河两岸的人民在享受河水滋养的同时，也饱尝了河水的肆虐。特别是紧靠河堤又位于湍河下游的大桥乡大周、郑营两村，因地势较低，堤防迎水顶冲，致使河水倒槽，洪灾频频（简称为大周险段）。每到汛期，两村5000余名群众的心都揪成一团，夜不能寐。县人大代表多次提出“治理湍河大周险段”的建议，并把洪水侵袭造成的惨景制成光碟，逐级向上汇报。但由于湍河属于市管河道，险工险段又多，每年上级拨付的水毁工程资金仅10万余元，而整个大堤的除险加固就需300万元，县财力有限，无力投入，水利局虽多次对上汇报，争取国家支持，但资金迟迟没有着落，治理一事就被无限期地搁置起来。

在2008年3月的人代会分组讨论中，大桥乡代表团就大周险段的除险加固问题再次展开了激烈讨论。以大周村主任王五一领衔的11名代表联名再次提出了“治理湍河大周险段”的议案，虽然最终没有提交大会表决，但却吹响了治理的号角。人代会结束后，县人大常委会副主任武豫辉就带领相关部门的同志专程到大周险段视察调研，主任会议还专题听取了水利局及大桥乡政府对治理工作的情况汇报。会上县人大常委会主任薛建国感慨地说：“百姓的安危就是最大的民生，他们心急如焚，仅凭遥无指望地向上争取资金就能平静他们忐忑不安的心吗？今年要把此建议作为重点，跟踪督办，使治理工作有明显变化，不能再让百姓担惊受怕了！”并要求相关单位要同心协力，倒排工期，办出实效，给百姓一个满意的答复。

办理过程中，副主任武豫辉连续三次到现场督查指导，主任会议先后两次听取办理情况汇报，并协调有关部门给予支持。在人大常委会的全力督办下，水利局及大桥乡政府克难攻坚，共同向上争取资金15万元，又自筹资金10万元，两村群众自发出工3000余人次，拉沙垫方，在汛期来临之前修建了3条共计60余米的拦河坝，并对400余米长的最窄河堤加固加高，初步解除了洪灾之患，使百姓在汛期终于可以睡上了安稳觉。

“村村通”管理到位了

“村村通”是加快农村经济发展的助推器。正如老百姓说的：“其带来的好处，一天一夜也说不完”。但由于管理、养护机制不健全，严重影响了“村村通”的使用寿命和效益发挥，特别是部分建设质量不高的路段在超载车辆的辗轧下，出现了麻面、裂缝、断头路等现象。对此，县人大常委会高度重视，组织省、市、县三级人大代表对“村村通”建设、管理、养护情况进行把脉会诊。2007年9月先组织代表对全县的“村村通”进行了全面视察，又发放征求意见函300余份，将收集的26条意见建议汇总成路肩培土、边沟清理疏通、道路绿化、路面质量、公示牌及限宽墩设立及养护机制等6个方面的问题及时转交政府相关部门办理解决，并督促县政府尽快出台《农村公路管理养护体制实施方案》，对上级下拨的“村村通”专项养护资金要尽快落实到位，确保全县农村公路管理、养护工作扎实推进，真正把“村村通”这项民心工程办实、办好。

2008年6月，县人大常委会又专题听取了县交通局关于贯彻落实县人大常委会主任会议及农村公路建设整改情况的汇报，并再次组织部分省、市、县三级人大代表和常委会组成人员组成五个视察组，在县人大常委会副主任于千里等领导的带领下，深入全县16个乡镇及部分行政村进行了检查验收，当看到昔日的“断头路、鱼鳞坑”等问题已彻底修复，市下达给我县的“村村通”任务已全部峻工；《内乡县农村公路管理养护体制改革实施方案》以政府文件下发各乡镇并已付诸实施；175万元的农村公路专项养护资金也已全部落实到位。田间地头、道路两旁的广大农民群众正在享受到“村村通”带来实实在在的实惠时，主抓公路建设的副县长魏建廷激动地说：“能有今天的结果，人大功不可没”！

我们能看到自己的节目了

由于地势原因，内乡电视台的传输信号不能辐射到境域内乍曲、西庙岗、板场三个乡，造成近6万群众因多年来不能收听收看到本地的节目而不能及时了解县委、政府的重要决策部署，又不能提前洞悉当地的天气变化，给生产生活带来了诸多不便，对此三乡群众多次要求县政府解决这一问题。期间虽在人大的督促下，广电局将电视台的发射功率由1000瓦扩大到3000瓦，但由于山高路远，收视难的问题始终没能有效根治。

县人大常委会看在眼里，急在心里，决定将监督的目光聚焦到收视难的问题上，紧抓不放，直至解决。2008年4月中旬，县人大副主任武豫辉带领教科文卫委的同志和部分人大代表，深入三乡对收视难问题进行了长达半月的调查走访，并形成专题调查报告提交常委会审议。审议时，县人大常委会副主任杨战勇率先发言：“电视台作为党和政府与人民群众的连心桥，群众在家门口都看不到自己办的节目，我们不感到惭愧吗？这个问题提了多年，承办单位年年都是只听楼梯响，不见人下来，今年不能再拖下去了！年底一定要让群众看到自己的节目！”会议决定对广电部门的办理情况县人大常委会将适时实地查看，听取汇报，以常委会文件通报办理情况，要一督到底，必要时可采取质询等刚性监督。

在人大常委会的强力督办下，县广电局高度重视，多策并举，一方面积极与市广电局联系，利用电视信号微波传输技术（即MMDS）在方山建起发射站，以方山为圆心，半径60公里以内的群众都可收看到内乡台等35套的高清晰电视节目，另一方面把各乡镇的有线电视通过光缆联网与县城联网对接，终于在2009年的元旦前夕基本解决了三乡群众收视难问题。三乡群众如过大年一样欢呼雀跃，奔走互告：“我们能看到自己的节目了！”

把握四个环节　提高审议质量

湖南省汝城县人大常委会主任　朱惠芳

听取和审议“一府两院”专项工作报告，是贯彻落实监督法，规范和加强人大常委会工作的重要内容，是县人大常委会对“一府两院”实施监督的重要途径。审议质量的高低既关系到人大常委会工作的成效，也关系到能否促进“一府两院”依法行政，公正司法。因此，要认真贯彻实施县人大常委会《关于听取和审议县人民政府、县人民法院、县人民检察院专项工作报告办法（试行）》，切实把握四个环节，努力提高审议质量。

一、选题要早、要准。选准、选早议题是提高审议质量的前提。因此，我们对审议的议题既要选早、更要选准。一是审议议题要早确定。人大各办委在代表会前要结合各自的业务范畴提出意见，并注意与上级人大常委会有关议题相衔接，征求多方意见后，提交主任会议审议确定，列入常委会全年工作计划，向代表通报和社会公布，使组成人员做到心中有数，提前调研、收集相关资料和信息，使“一府两院”早准备、早报送汇报材料。二是审议议题要选准。首先，在内容上要突出重点。要做到“四个围绕”，即围绕全县改革开放和经济建设中的重大事项；围绕县委的中心工作；围绕重要法律、法规的实施和人大及其常委会决定、决议的执行；围绕全县人民群众普遍关注的热点、难点问题。其次，在原则上要科学准确，坚持“四个原则”。一要坚持依法办事原则。确定议题的内容要符合法定范围，符合宪法、法律关于人大常委会职权的规定；二要坚持抓大事、议大事的原则。所选择和确定的议题，主要是涉及本行政区域长远的、根本的、重大的，并且是迫切需要人大审议决定的工作和事项；三要坚持群众利益原则。应密切联系人民代表和人民群众，把他们的意见作为确定议题的重要依据。四要坚持工作目标一致的原则。人大常委会的审议议题，应同党委的工作重点、政府致力要做的大事，在时间上力求同步合拍，保持在工作目标一致的前提形成合力。

二、调查要广、要深。“调查研究是谋事之基、成事之本”。搞好调查，充分掌握第一手资料是审议讨论决定重大事项前应进行的一项最基本的工作。只有认真搞好会前调研，才能在会议审议中提出自己的真知灼见。因此，常委会组成人员要作好审议前的调查研究。首先，要结合会议议题学习有关法律法规和专业知识，制定切合实际的调查方案，选准调查的切入点和关键问题，做到有的放矢。其次，要深入调查。采取灵活多样的方式，既听取汇报，又不能完全依靠汇报；既看好的，也要看不好的；既听领导干部讲，又要听基层群众讲；既到当事人中去，又要到现场去，到群众中去，多方了解情况，多方听取意见，客观、公正、准确地掌握第一手资料。同时，还要认真研究，将调查掌握的情况进行归纳、综合，深入研究，反复推敲，从中找出事物的本质，以便提出有针对性的意见和建议。对涉及面广的重大议题，各代表小组还要组织代表调查、视察等活动，广泛了解情况，收集意见建议。此外，还要搞好调查和审议的有机结合，“一府两院”应在常委会举行会议二十日前将专项工作报告送交人大相关办委，相关办委要认真审查，并将审查意见反馈给“一府两院”，“一府两院”对报告修改后，在常委会举行会议十日前交常委会相关办委，相关办委应在常委会举行会议的七日前，将专项工作报告发给参会审议人员，保证大家有充足的时间仔细审阅工作报告，认真分析思考，形成客观、公正、准确的审议评价，充分做好审议发言准备工作。

三、审议要透、要实。搞好会中审议，是提高常委会会议审议质量的中心环节和关键阶段，因而要认真开展，务求实效。在常委会上进行审议发言，既是每个常委会组成人员以及应邀列席常委会的各代表小组长和人大代表的权利，也是参会人员履行职责的主要方式和应尽责任。首先，我们要克服“角色错位”怕审议，“莺歌燕舞”避审议，“金口难开”不审议，“信口开河”离审议的现象，进一步深化思想认识，积极当好人民权力的使者及人民利益和意志的忠实代言人。其次，我们在审议中，要注重“三讲”。一是审议讲原则。坚持依法依规原则。用法律法规和党的方针政策衡量审议的工作，规范审议发言。坚持客观公正的原则，遵循客观规律，尊重客观事实，出以公心，切合实际。坚持实事求是原则，是一说一，是二说二，肯定成绩和指出问题都要恰如其分，既不能一味摆功评好，又不能盲目以偏概全；二是审议要讲责任。“敢”是一种精神状态，是责任感、使命感的反映。要从党和人民的利益出发，敢讲真话、实话，敢于发表有针对性的意见建议。要认真准备发言材料，梳理归纳，分析提炼，做到精益求精，切忌无准备审议，随意性发言。三是审议要讲艺术。善于审议是一种艺术，善于审议就是要理论联系实际，用理论作指导，高屋建瓴，从实际出发，用事实说话；善于审议就要突出重点，有的放矢，从“关键点”入手，在“要害处”着力；善于审议就要言简意明，不说大话套话空话，话不在多而在有用；善于审议就要形成合力，把监督与支持有机结合起来，既要指出问题，又要出好“点子”，想好办法，提出解决问题的意见建议。同时，要改进审议方式，在调查组确定的常委会组成人员作中心发言后，坚持分组讨论审议，再集中小组审议意见。列席会议的政府及相关部门负责人，应随时回答审议人员的询问，把问题弄清、弄准，以确保审议时间，提高审议质量，为会议最后审议意见的形成提供更加充分的依据。

四、督办要紧、要严。人大常委会听取和审议“一府两院”专项工作报告和重大事项，能不能达到解决问题、推动工作的效果，关键取决于审议意见能否落实到位。落实好审议意见，是提高人大常委会审议议题效果和质量的保证。一是要建立健全审议意见办理制度。重点建立健全审议意见交办制度、跟踪督办制度、结果反馈制度、责任追究制度。特别是对办理结果实行表决未获通过的,要限期再报告,对再报告仍未获通过的,人大常委会可视具体情况依法提出询问、质询等方式实施监督,必要时做出决议。二是要加强跟踪督办。人大各办委应分工负责,跟踪督办"一府两院"的办理工作,要坚持调查研究,充分发挥好人民代表和人民群众在督办工作中的信息反馈作用,协调解决落实好审议意见办理过程中遇到的困难和问题;三是要加大落实办理反馈工作力度。"一府两院"及有关部门要指定专人负责办理人大常委会的审议意见,在一定的时间内经领导研究提出落实措施,在规定的时限内向常委会会议或主任会议作出书面报告。四是要强化监督手段。为使审议结果的办理不流于形式,要充分运用法律赋予人大常委会的各种监督手段,包括启用刚性监督,督促"一府两院"认真落实整改。五是要坚持办理公开。在办理过程中,坚持人大监督与新闻舆论监督相结合,对"一府两院"办理审议意见情况及人大常委会的跟踪督办情况进行公开报道。办理结束后,将办理结果通过县人大常委公报和新闻媒体等形式向人大代表通报和社会公布。

深入学习实践科学发展观,以农业产业规模化和农村半城镇化为切入点,加快社会主义新农村建设

贵州省石阡县人大常委会主任　赵培成

2020年实现全面小康是我国发展的重大战略目标,全面建设社会主义新农村,是建设全面小康的重大任务,"三农"问题是新农村建设的重点和难点。因为只有绝大多数农民实现了全面小康,才能说农村实现了全面小康;只有农村实现了全面小康,全面建设小康社会的目标才能实现。所以,党的十七大报告指出,"解决农业、农村、农民问题,事关全面建设小康社会大局,必须始终作为全党工作的重中之重。""三农"问题的核心是农民问题,农民问题的核心是收入问题。西部欠开发、欠发达地区解决农民增收问题,发展农业产业规模化和实施农村半城镇化,是较好的切入点。

一、农业产业规模化,是增加农民收入的突破口

增加农民收入,一直是多年来难以破解的难题。中央按照城乡统筹的原则,为了增加收入,主要采取的是对农民负担实行减免补,实施农业现代化和农村城镇化等政策。这里我主要谈一下农业现代化问题。农业现代化,即就是调整不合理的产业结构,实行规模化、市场化、发展产、加、销一体化的农业产业,使传统农业向现代农业转型,提高农村劳动生产率。可说起来容易,做起来难。过去我们抓产业化存在一个误区,即就是贪多求全。似乎对发展什么产业都重视,一说发展产业,好像掉了一项都不行,由于抓的重点太多,实则重而不重,什么产业都不能形成规模效应。比如,我们石阡提出"五个五",即5万亩烤烟、50万头牲畜、5万亩茶叶、5万亩水果、5万亩蔬菜。这些提法在当时的认识条件下,也算是有气魄的了。从实践看,还是规模太小,难以形成产加销一体化,不能与大市场连接,风险大、效益低,农民增收难,所以,费力不好看。近几年来,石阡县委政府调整思路,认为新农村建设的核心是农民增收,农民增收必须调整产业结构,即"生产发展",有产业支撑,调整产业结构,关键是产业规模化。于是,从2005年起,石阡把茶叶作为农村主抓产业,目标是到2011年达到30万亩,实现农村人口人均一亩茶。随着认识的逐步统一和效益的逐步显现,采取循序渐进,逐步加快的办法持续推进。通过4年的艰辛努力,到2008年底,新增茶园12万亩,平均每年递增3万亩,累计茶园已达到15万余亩。现在农民已经开始见到效益,看到了希望。农民的积极性已调动起来了,再扩大茶园面积已不象当初发动群众那样难,预计再用3年时间,到2011年达到30万亩是大有希望的。规模已开始起到筑巢引凤的作用,部分有实力的外商开始把目光投向石阡茶叶。现已入驻石阡加工茶叶的外商有3家,即浙江大海集团、和太集团和福建外商注册的"贵州昌裕农业发展有限公司"。昌裕公司目前正在中坝镇建精制茶加工厂,预算总投资1亿多元。今年,昌裕一边建厂,一边

在聚凤、五德、本庄、甘溪设点收购茶青，小规模试加工销售。2009年生产春茶，即高端茶8吨，收购茶青32吨，付茶青款320万元。预计生产大宗茶700吨，应付茶青款448万元，据昌裕自己估计，2009年昌裕公司可获纯利润300万元以上。昌裕精制茶厂建成后，精制茶生产能力可达万吨以上，付农民茶青款和缴纳税金都在1亿元以上，公司年利润可达3000万元。

前不久，我们在本庄、龙塘、龙井、聚凤等几个乡镇调研，本庄界牌一些群众介绍，2005年栽种的茶苗管理好的，今年已进入初产期，每亩可卖茶青款2000元。他们抑制不住喜悦的说，“2005年动员种茶的时候，我们不理解，很不情愿，认为种那么多茶，如果卖不出去，自己又喝不到那么多，花了那么多人力财力，不知道损失怎么办？现在见到效益了，很高兴，内心很感谢党委政府和领导们。”按现在市场预测，30万亩茶园建成后，盛产期可产茶3万吨，总产值可达12亿元，税金可达1亿元以上。需建粗加工厂150座，精加工厂12座，需建茶青交易市场60个，较大的成品茶交易市场1个以上。需茶园管理人员1.5万人，茶青采摘人员3万人，加工人员1.2万人，茶叶销售人员8000人，共计可带动就业6.5万人。达到人均一亩茶后，仅茶青交易，农民就可人均收入3000元以上。另外，在茶叶产业链的前端还可带动育苗业，在产业链的中端可带动肥料厂。石阡农业开发有限公司下属成立的梵天沼肥厂是与石阡大规模种植茶叶应运而生的，梵天沼肥厂通过沼渣回收，引进日本酵素菌技术，对其进行微生物发酵处理，根据农作物养分需求生产微生物沼渣有机肥，是目前国内外大力倡导使用的有机肥，是生产有机农产品所需的肥料，特别是茶叶生产不可多得的好肥料。梵天沼肥厂每年可回收沼渣10000吨，生产沼渣酵素有机肥20000吨，年产值3800万元，销售利润可达450万元左右，可为国家提供税收100万元以上。不仅如此，沼肥厂与沼气后续服务结合起来，无偿到农户家清理回收沼渣，每年至少为每户沼气农户减少清渣费400元，深受农户的欢迎。总之，农业产业规模化，是农民增收，加快社会主义新农村建设的一个很好切入点。

二、半城镇化是新农村建设的重要手段

我们通常讲的城镇化，主要是指以乡镇企业和小城镇为依托，实现农村人口由第一产业向第二、三产业转换的过程，居住地由农村区域向城镇区域（主要是指县乡镇所在地）迁移的空间聚集过程。这里讲的半城镇化，主要是把少数生活在偏僻分散落后，环境较为恶劣的农民迁移到较为集中的村寨或离公路较近的地方居住，使其环境改善，生活质量提高，但并没有离开他的责任地，且大多没有向第二、三产业转移。

城镇化和半城镇化共同的作用是都能使农民增收，不同的是，城镇化主要是减少农村人口，提高城镇化率，农民基本离开了土地；半城镇化主要是改变少数农民恶劣的生活环境，提高生活质量，农民基本没有离开土地；在新农村建设中，二者都呈现了它不可偏废的重要性。

自2001年起，石阡县根据中央、省、地的部署，采取两种方式实施异地扶贫搬迁，深受群众欢迎。一种方式是将能够在城镇住得下来的农民搬迁到城镇居住，这部分群体，基本都能由原来从事第一产业向第二、三产业转移，且较明显的增加了收入；一种方式是依托新农村建设，将部分很难由第一产业向第二、三产业转移，生活环境十分恶劣的农民搬迁到相对集中的村寨和离公路比较近的地方居住。近8年来，石阡县采取依托小城镇实施易地扶贫搬迁965户3911人，依托新农村建设扶贫搬迁260户1050人。搬迁到小城镇的农民，基本都能充分利用较好的基础设施，快捷的信息和先进的科技，发展第二、三产业，大部分搬迁农户都较快的找到了生产、经营的发展路子，经济收入增长较快。如：五德镇所在地搬迁户彭芝平在迁出前，全家人均收入只有450元左右，迁出后，他拜师学艺掌握了杀猪的手艺，2004年卖猪肉销售收入1.1万元，人均收入达1400元。2005年，卖猪肉销售收入1.8万元，人均纯收入2000元。五德镇搬迁户邱先江，迁出时，全家人均纯收入500元。2003年，他搬到移民新街利用在外打工时学到的摩托车修理技术，在镇政府的帮助下，贷款1.5万元，办起了摩托车修理店。2004年底他不仅还完了贷款而且还略有盈余。2005年，他扩大经营范围，在修理摩托时兼营出售摩托车，经济纯收入达到2.5万元，成为五德镇所在地最先进入生活宽裕的搬迁户。

实施半城镇化，依托新农村建设，把少数居住在偏远分散落后地方的农民搬迁到相对集中的村寨或离公路较近的地方居住，带来的经济效益和社会效益是很多很多的，最明显的大约有以下方面：第一，对离不开土地的农民来说，不会失业，他们容易接受，工作好做；第二，环境改善立竿见影，无论是出行、上学、就医、减轻劳动强度、居住、信息等生活环境，只要搬迁后，一夜之间就会发生截然不同的根本变化，就会与城镇生活环境相差无几；第三，集中居住能够节约土地、水、电、路、信息等基础设施的建设成本和使用成本；第四，能够减少社会管理工作量。政策法规宣传，惠民政策的落实，社会稳定等都会减少很多工作量。有人说，计划生育的最佳办法就是城镇化；第五，有利于提高农民素质。集中居住，除了条件改善后，为学习创造了一般的条件外，相互影响、相互帮助、相互带动，也会产生提高农民素质的积极作用；第六，有利于保护生态。搬入新村后，一般都不再用木材作燃料，都会改用煤电气作为能源，自然就减少了对森林的砍伐，促进了生态环境的改善；第七，有利于农民行使民主权利。主要表现在既好知晓，又好就近行使民主选举、民主决策、民主管理、民主参与的权力。如果居住分散了，参与行使民主权利的比例机率就会降低；第八，农民增加了收入，这是核心问题。石阡县龙塘镇大屯新村于2006年被列为贵州省易地扶贫搬迁试点工程项目。项目村位于镇政府驻地东南3公里处，占地面积10亩，搬迁农户50户217人，国家投资100万元。搬迁户均来自山高坡陡、道路崎岖、土地贫瘠、生存条件恶劣的艾家坪、白岩、大水沟等村寨。迁到新村后，农民增收渠道增多，从事一、二、三产业的都有，有仍然从事粮食、茶叶种植业、畜牧养殖业的，有从事水泥砖加工、皮蛋加工的，有开百货店和药店的，还有兴办幼儿园的。到2008年，搬迁两年后，农民增收明显，人均粮食达到400公斤左右，人均纯收入达到2210元，比搬迁时2006年增长32%。由此看来，半城镇化无疑是新农村建设的重要手段。

科学发展观学习实践活动，重在实践。综上所述表明，加快社会主义新农村建设步伐，农业产业规模化和农村半城镇化是较好的切入点。

办理建议协调会开到了家门口

河北省肥乡县人大常委会代表联络科科长　柳文山

河北省肥乡县人大常委会代表联络科副科长　韩强

4月1日下午，天气晴朗。肥乡县东漳堡乡信用社三楼会议室，座无虚席，一场别开生面的人大代表建议办理协调会正在进行。县人大常委会副主任宋云、县政府副县长夏岳松带领县人大代表科、县政府农业办公室、工商局、信用联社、发展改革局、国土局、商务局、物价局和东漳堡乡党委、人大、政府等单位和部门负责同志参加协调会，县人大代表常山修、连杰应邀出席会议。

这次会议的召开，源自于今年初常山修代表在县十五届人大三次会议上提出的一条代表建议。县人大代表常山修是东漳堡乡东大靳村党支部书记，连任五届县人大代表，全县发展民营经济的带头人，任县人大代表二十年来，认真履职，每年都要代表群众提出建议，被当地群众誉为“乡亲们的贴心人”。近几年来，针对与本村相邻的东漳堡棉花交易市场的实际情况，以及棉农的反映和愿望，他深入调研，走访群众，认真考察了解建设大型棉花交易市场的可行性，结合东漳堡乡的实际和区位优势，提出了“建设大型棉花交易市场”的建议。建议说：“东漳堡棉花交易市场是近年来自然形成的棉花集散交易点，无特定场地，分散在309国道两旁，每年到棉花交易旺季，四面八方来此交易的车辆拥堵在国道两侧等候交易，直接影响这一国家一级公路的车辆通行，存在很大安全隐患，同时，交易市场缺乏管理，秩序混乱，棉农意见很大。现在全县种植棉花20多万亩，加上周边的广平、馆陶、曲周、成安等县的棉花，每年在此交易的棉花有10万吨以上。目前急需规范建设棉花交易市场，希望县政府和有关部门协调，征地建设一个功能齐全的大型棉花交易市场。”

人代会结束后，县人大常委会将梳理后的重点建议呈报县委、政府主要领导阅示。呈报当天，县委书记宋仁堂就在这件建议上批示：“请岳松同志召集东漳堡乡及有关部门，借鉴史寨蔬菜批发市场建设的思路，用市场化运作的方式，规范建设东漳堡棉花交易市场。”县政府县长李增良批示：“请主管县长牵头，由工商部门和东漳堡乡共同承办”。为把这件代表建议办理好、落实好，县人大主任王怀俊专门召开了主任办公会，确定了由分管代表工作的副主任宋云具体负责督办和协调。宋云和夏岳松商议组织召开了这次代表建议办理协调会。

协调会上，县人大代表常山修谈了自己提出这条建议的起因和目的。他说，东漳堡棉花交易市场是自发形成的，规模比较大，而且，我县目前还没有成规模的棉花交易市场，现在建好市场，并且抓好引导、管理和规范，一个大型棉花交易市场就形成了，有利于方便棉农和增加我县税收，是一件利国利民的大好事。与会的单位和部门负责人分别围绕这件代表建议提出了具体看法，表示赞同和可行。大家一致认为，肥乡县是棉花生产大县，东漳堡乡近年来棉花种植迅猛发展，地处五县种棉中心，且在国道309和省道定魏线交叉口，东邻106国道和大广高速，西近邯郸环城高速，南挨邯济铁路，北贴青兰高速，周边还没有大型棉花交易市场，因此，建成东漳堡棉花交易市场后，一是有利于满足人民群众的需要，二是有利于促进当地经济的发展，三是消除了棉花交易无序状态，有利于安全，四是符合实际情况，有利小康社会建设，建设大型棉花交易市场十分必要；再者，东漳堡乡人均占有土地较多，一般农田存量大，建设百亩左右大型棉花交易市场，十分有利于推动当地农业产业化的发展，对实现农村小康社会新的发展具有重要意义。承办和协办部门分别作了表态发言。东漳堡乡党委书记杜运平说："这条建议提得好，是全乡人民和周边群众的心声和愿望，乡党委要当成大事来抓，在资金和项目占地上优先安排，初步匡算，项目需要资金510万元，我们可以千方百计自筹330万元，还有180万元的缺口，看信用社能否协调解决。"县信用联社负责人当场表示："这个项目是个很好的项目，很有发展潜力，180万元的缺口由信用社解决。"县国土局负责同志表示，要抓紧履行法定程序，尽快落实好棉花交易市场占地问题。县工商局负责人说：这样大型的交易市场，在这里建设十分必要，我们要及时审批，并认真制定管理办法，确保规范。宋云和夏岳松分别讲了意见，指出，这件建议是个很好的建议，各有关部门和单位要站在学习实践科学发展观、落实干部作风建设年要求、改善民生、解决人大代表和人民群众关注的热难点问题、推进县域经济又好又快发展的高度，以对人大和人民群众利益真正负责的精神，迅速而扎实地抓好办理。并明确了这件建议的具体承办部门、协办部门、办理时限和办理目标。强调要尽心尽职，使东漳堡棉花交易市场尽快建成，今年要投入启用。就这样，在东漳堡建设大型棉花交易市场的建议初步落实了。

会后，县人大代表常山修非常感慨："说心里话，真没想到，一条建议这么多县领导这么重视，把办理会议开到了家门口，这是我当人大代表多年来第一次遇到，县领导和相关单位、部门的工作作风真是转变了。"

在科学上做文章　在实践上下功夫

甘肃省张掖市甘州区人大常委会副主任　杨宝德

深入学习实践科学发展观就是要在全党上下尽快形成人人议科学、个个谈科学、强国依科学、富民靠科学、发展用科学的浓厚氛围。

深入学习实践科学发展观关键是要在"科学发展"上做文章、在"实践活动"上下功夫：

在"科学发展"上做文章，就是要让全体党员都能弄清楚科学的内涵、科学的应用范围，以及科学发展观的重要性和必要性。人们在实践、总结的基础上，用朴素的语言，将先进适用（需要）、经济安全、协调美观、经久耐用、强国富民等概括为科学的代名词，决策者们只要遵循和坚持用先进适用（需要）、经济安全、协调美观、经久耐用、强国富民等的思维和理念来谋划发展、实施发展、加快发展，国家就能繁荣昌盛，人民就会安居乐业，人与自然也就会和谐。反之，发展的速度越快、项目越多，给党和人民的事业造成的损失就越大。科学应用的范围很广，它涉及政治、经济、文化、社会的各个方面，可以说，在人类社会中无处不有、无处不在、无人不用。它的应用区间大到载人航天，中到纳米、断肢再植技术等等，小到种植、养殖业以及人们日常生活等方方面面。由此推论，开展深入学习实践科学发展观活动的重要性和必要性就可想而知了。

开展深入学习实践科学发展观活动的目标，就是让各级领导干部、尤其是决策者们都要按照党中央、国务院的安排部署及要求，拓宽科学发展的思路，拓展科学发展的领域，加快科学发展的步伐，提高发展的科技含量，把科学发展观贯穿到发展的始终。

在"实践活动"上下功夫，就是使党的一切活动、全部工作都要放到突出、放大、围绕、落实"科学"二字上，把科学发展观的理论落实到工作的实践中，融入到发展的项目中，贯彻到各项工作中，使科学发展的成果惠及人民。

深入学习实践科学发展观重点是结合实际、统筹兼顾，求真务实、扎实苦干，而不是平平而论、泛泛而谈，更不能用抄了多少笔记、写了多少调研报告和心得体会以及记好日值的方法来检查、衡量实践活动开展得扎实与否，照此运作，就会给人们留下搞形式、走过场的联想，也就会将参学者的大部分时间、精力耗费到抄笔记、写调研报告和心得体会以及记好日值上。只有务实，才能保证深入学习实践科学发展观活动的顺利进行。

深入学习实践科学发展观活动对非决策人员来说：一是按照中央、省、市、区委的安排部署及要求，积极投身于深入学习实践科学发展观活动中去，认真学习、深刻领会、全面吃透其精神实质，掌握深入学习实践科学发展观活动的必要性、重要性，努力完成深入学习实践科学发展观活动的各项任务，积极参加科学发展的实践活动，为甘州区经济社会平稳发展建言献策；二是领会、重视、应用、监督科学发展，把"科学"二字融入到发展的全过程，应用到生活、工作的各个方面；三是以科学的态度、理念、要求，完成好党和人民交给的各项任务，为强区富民多做贡献；四是履行好《公务员法》规定的各项权利和义务，热情为民服务，积极为党工作，争当一名人民认可、组织满意的公务员。

浅谈如何搞好人大执法检查

黑龙江省勃利县人大常委会办公室副主任　孟宪波

执法检查是地方人大及其常委会在实践摸索总结的一种行使法律监督的重要形式。通过执法检查，人民代表、人大常委会可以了解和掌握"一府两院"对国家法律、法规的贯彻执行情况，从而使人大及其常委会对"一府两院"实施有效的法律监督。从目前基层人大实际工作看，执法检查工作每年都列入人大常委会工作计划，并收到了一定的效果。人大常委会组织代表进行执法检查，既为地方国家权力机关行使监督权起到了重要作用，同时也有力地推动了"一府两院"对有关法律、法规的实施。但从多年的工作实践来看，执法检查工作也不同程度存在着一些不足和问题；主要是执法检查的质量和效果还不尽人意，有些执法检查走马观花，流于形式，有计划、有组织地走过场，被检单位敷衍了事，执法检查没有真正起到监督和促进作用。究其原因主要有以下几方面：

1、**思想认识上有偏颇**。有的代表认为，执法检查年年搞，走形式，不能解决实际问题，还给人家"添麻烦"，积极性不高；有的代表则抱着尽义务的想法，跟着跑跑看看，发言时不说咸不说淡，不得罪人；有的被检单位缺乏接受监督检查意识，从本部门的利益出发，希望通过检查反映自己的"困难"。

2、**执法检查形式单一**。检查组多以听汇报、召开座谈会或参观性的实地察看为主，也就是"听、看、评、议"。耳听的多是好话眼见的多是成绩，提出的意见和建议也是不疼不痒，可操作性差，被检单位多以做表面文章应付检查。

3、**学习不够、业务不熟**。除熟悉专业的代表外，多数代表执法检查时不能很快进入"角色"，由于学习的不够，加上时间限制，检查中往往因不熟悉情况提不出什么有价值的建议、批评和意见，这势必影响检查效果。

4、**检查的建议落实难**。每次执法检查检查组都要向"一府两院"提出一些建议和意见，由人大常委会办公室迭发"一府两院"及有关职能部门，而这些建议和意见往往得不到应有的重视，既无反馈落实情况；也无回声结果。

上述问题可能不那么普遍，但也在一定程度上反映出我们执法检查工作的质量和效果不够理想。我们县人大常委会在执法检查工作中大胆尝试，在实践中摸索出执法检查的新思路,改变了以往执法检查的惯例。例如:我们县人大常委会组织人民代表对《种子法》和《消防法》执行情况进行了执法检查,我们采取执法检查与实际调查相结合的方法,先组织人员不打招呼进行实地摸底调查,掌握第一手资料,然后再听取部门汇报,向政府提出意见和建议。使检查真正达到了"人民满意、代表满意、政府满意"的良好效果,有力地促进了政府的工作,同时也提高了执法部门的法律意识和执法水平。通过这次执法检查实践,我认为,要搞好人大的执法检查,除各级领导要予以高度重视之外,还应在以下几个方面做出努力:

1、明确执法检查的意义和作用。执法检查是人大常委会的一项重要工作,也是人大代表的行使职权的一个重要方面,做好执法检查有利于推动宪法和法律、法规的正确实施,有利于提高和增强公民的法律意识,督促"一府两院"改进工作,严格依法行政,公正司法,促进经济发展和社会稳定。

2、精心选准检查题目。随着我国法律的逐步完善,法律法规也很多,执法检查要紧紧围绕党和政府的中心工作,围绕人民群众普遍关心的"热点"问题,执法检查题目要少而精,要多方征求意见,与"一府两院"沟通,并列入全年计划当中。

3、周密准备,为检查打下基础。精心组织、周密准备是提高检查质量、增强检查效果的重要保证。要制定执法检查方案,确定检查目的、内容、时间和参加的人员。聘请专业人员共同学习有关法律法规和有关政策文件,吃透上头精神,掌握一定的资料,初步了解被检查单位的有关情况,做到心中有数,有的放矢,检查时便可尽快进入角色。

4、制定检查标准,确定检查重点进行深入调查。为了使检查了解到真实情况,执行检查前,抽调专业人员深入基层单位,不打呼进行实地调查,填写调查表格,从而掌握了详实的第一手资料,改原来先听后查为先查后听,从而为代表提出建议、批评和意见提供充分可靠的依据。

5、狠抓建议的落实督办。执法检查最终的落脚点是要向"一府两院"提出建议和意见,但同时也应客观地反映出被检单位存在的困难与问题,代表提出的建议和意见要中肯实在、客观公正,具有可操作性,人大工作机构要认真抓好代表所提建议、批评和意见的跟踪督办,必要时要在常委会议或主任会议上听取落实情况报告。对于那些置代表建议不理或办理不力的单位负责人要责成其向人大常委会作出汇报说明,必要时要组织代表进行评议、质询、直到落实。

贯彻落实《监督法》 创新地方人大监督工作

江苏省淮安市楚州区人大常委会 殷长干

《监督法》实施以来,我区新一届人大常委会以宣传贯彻《监督法》为契机,突出监督重点,改进监督方式,在不断创新地方人大监督工作上狠下功夫,力求监督工作取得成效。

一、加强学习,广泛宣传,不断增强监督意识

《监督法》的制定出台,为各级人大常委会规范和加强监督工作提供了明确的法律依据。为保证监督法的有效实施,我们把加强《监督法》的学习培训,做好《监督法》的宣传教育工作作为常委会的一项重要工作抓紧抓实,统一思想,提高认识。我们编印了学习贯彻监督法的资料,印发常委会组成人员和"一府两院"领导,促进全区学习贯彻监督法。区委中心组、区政府常务会议专门安排时间学习贯彻监督法。我们通过举办法制讲座、观看辅导录像、邀请专家授课等方式,组织区人大常委会组成人员、"一府两院"负责人、有执法职能的部门负责人、区人大代表、乡镇人大主席进行集中学习培训。我们还特邀了人大工作理论研究专家、无锡市人大教育培训中心主任陆介标同志来楚作专题辅导,对人大工作者如何开展监督、履行工作职责进行了业务培训。通过多种形式的学习和宣传,大家一致认为,《监督法》就人大常委会开展监督工作的指导思想、遵循的基本原则、工作重点、基本程序,以及"一府两院"如何更好地接受人大常委会的监督,都做出了具体的明确规定,保障国家权力机关行使监督权,多方面强化了人大对"一府两院"的监督,有利于人大常委会依法行使监督职权,规范监督行为,增加监督实效。

二、突出重点，贴近实际，不断增强监督的针对性

人大常委会监督的内容十分广泛，我们在监督工作中不仅注重抓紧抓好经常性监督，更加注重突出重点，抓住监督的着力点，努力增强监督的针对性。

*一是把法律法规贯彻实施情况作为重点，促进依法办事。*今年，我们听取和审议了区政府关于《安全生产法》、《农产品质量安全法》、《价格法》、《水污染防治法》等四部法律在我区实施情况的报告；对《治安处罚法》、《药品管理法》在我区实施情况进行了两次执法检查，努力为全区经济发展和社会稳定创造良好的法制环境。

*二是把加强财政预算监督作为重点，促进依法理财。*加强财政预算监督，是《监督法》赋予地方人大常委会监督职权的一项重点内容。今年，我们把审查和批准2008年财政决算，听取和审议区2009年部门预算编制情况、2008年本级财政预算执行和其他财政财务收支审计情况、2009年上半年国民经济和社会发展计划和财政预算执行情况等都列入常委会工作要点。会前，常委会委托财经工委组成调查组，并邀请专业知识较强的代表参加，对部门预算编制工作进行了为期半个月的专题调研，掌握第一手资料，形成调查报告。会中，我们组织常委会组成人员对部门预算报告进行了充分审议。会后，我们又以《情况通报》和《会报》的形式，把在常委会上的审议意见及时转交区政府进行办理。通过有效监督，促进预算的编制更加科学化、规范化、制度化，督促预算的编制和执行更加公平、公正、透明，进一步增强预算的刚性约束力。

*三是把人民群众反映强烈的热点和焦点问题作为监督的重点，切实维护人民利益。*坚持以人为本，是构建社会主义和谐社会最本质的要求。今年以来，我们紧紧围绕人民群众反映强烈的热点和焦点问题开展监督，把维护人民切身利益作为工作的出发点和归宿。如针对人民群众普遍反映的执法不严、司法不公等社会难点问题，我们于今年4、5月组织部分常委会组成人员，并请法律专业人员参加，以查卷等方式对公安机关实施《治安处罚法》的情况进行了执法检查，并提交常委会会议审议；在今年7月和8月，我们又组织部分区人大代表，对法院庭审工作和检察院公诉案件进行旁听和评议，促进了司法公正。一年来，我们还坚持把解决好人民群众最关心、最直接、最现实的利益问题，作为监督的重点，对涉及人民群众根本利益、社会普遍关注的社区医疗、城乡居民医保、最低生活保障等工作情况开展调研，形成了调查报告，通报区政府及其有关部门，有的建议意见直接得到了采纳。

三、注重效果，狠抓落实，不断提高监督实效

*一是注意把听取专项工作报告与执法检查和视察有机结合。*为使人大常委会监督工作在广度和深度上取得更佳效果，按照监督法的要求，我们改变过去单纯听取工作报告或单一进行执法检查或单一视察的做法，而是将他们有机结合，使其互融互补，取得更大实效。今年4月份，为进一步促进《治安处罚法》在我区的贯彻实施，切实维护人民群众生命财产安全，全面推进“平安楚州”建设，区人大常委会组织执法检查组对《治安处罚法》在我区的贯彻实施情况进行了执法检查。在执法检查组依法开展工作的基础上，我们组织常委会全体组成人员，就政府关于《治安处罚法》贯彻落实情况进行了视察，在常委会会议上，不仅听取了人大常委会执法检查组的执法检查报告，还听取了政府关于《治安处罚法》实施情况的专项工作报告，最后提出中肯的有针对性的意见，综合形成常委会审议意见。这样既提高了审议质量，又保证了监督效果。

二是注意把初次监督和跟踪监督有机结合。《监督法》实施的最大一个亮点，就是改变常委会过去在开展监督工作中只是“听”、“议”、“看”的方式，在听取和审议“一府两院”有关专项工作报告以及开展的执法检查中，对一些重要的审议意见以及检查中提出的重要建议，要求“一府两院”及相关部门必须限期办理并报告办理结果，必要时常委会还就专项工作报告作出决议，从而使初次监督和跟踪监督有机结合。如今年4月，我们听取和审议了政府关于2008年本级财政预算执行和其他财政财务收支审计情况的报告，针对发现的问题，提出了整改建议，并将会议审议意见及时通报政府，要求限期报告整改情况。会后，我们要求财经工委跟踪审议意见的落实情况。区政府高度重视，狠抓落实，将在本年底向区人大常委会报告整改结果。

四、健全制度，规范程序，努力夯实实施监督法的基础

在学习监督法的基础上，我们对原来的工作方法和工作制度等进行了全面梳理，对符合监督法精神的加以深化和细化，对与监督法不一致的及时做出调整，认真加以规范，为更好地实施监督法奠定了基础。我们修订了《区人大常委会议事规则》、《人大常委会组成人员守则》等规范性工作文件，对常委会机关10项规章制度进行梳理，及时进行补充完善，该修改的修改，该废止的废止。同时还制定和实施了《区人大机关实施监督法意见》、《听取和审议专项工作报告工作流程》、《监督计划和预算执行情况工作流程》、《执法检查工作流程》，下发了《做好规范性文件备案审查工作的意见》，对各项监督工作的主要环节作了具体、可操作的规定。为更好地贯彻执行《监督法》，改进和完善人大常委会会议评价机制，提高人大常委会会议对“一府两院”专项工作报告的审议质量，区十五届人大常委会第五次会议制定通过了《淮安市楚州区人大常委会关于对“一府两院”专项工作报告进行满意度测评的暂行办法》。

五、拓宽渠道，推进公开，把“一个公开、五个公布”落到实处

监督法创设了各级人大常委会行使监督职权公开、公布制度。为落实监督法规定的“一个公开、五个公布”，我们注意畅通向社会公开、公布的渠道，让人民群众听得到、看得见，了解人大常委会和“一府两院”的工作，常委会重大监督活动，新闻单位都全过程参与，严格按照监督法的规定进行通报和公布，并通过常委会会报、《人大情况通报》等公开监督信息。我们请上海专业公司专门为我们策划并开通了“楚州人大”网站，设立了“常委会会报”、“决议决定”等专栏，将常委会的公告公报内容放在醒目位置，供代表和社会公众公开查阅。

监督法的颁布实施，是我国加强民主法制建设的又一重要举措，对于各级人大常委会健全监督机制，增强监督实效，加强和改进监督工作，促进依法行政和公正司法，更好地发挥人民代表大会制度的特点和优势，推进社会主义民主政治的制度化、规范化、程序化，具有重大的现实意义和深远的历史意义。在贯彻监督法的实践中，我们也感到存在一些需要探索和研究的新情况和新问题。

一、刚性监督措施欠缺或可操作性不强

监督法第二章至第八章规定了各级人大常委会七个方面的监督职责。地方人大常委会的经常性监督主要是第二章至第五章的四个方面，即：1、听取和审议“一府两院”专项工作报告；2、审查和批准决算，听取和审议计划、预算执行情况的报告和审计工作报告；3、组织执法检查；4、进行规范性文件备案审查。过去的“述职评议”和“个案监督”等较为刚性的监督措施，现在监督法没有规定，等于叫停了这两种监督措施。

而监督法第六章至第八章将询问和质询、特定问题调查、撤职案的审议和决定作为非经常性的监督形式进行了规范。在贯彻实施监督法过程中，这三种监督形式虽然有点刚性，但用途不多，无法得到有效的运用，依然存在着不好落实、不能落实的困境。

二、部分程序繁琐，操作起来过于复杂

监督法第十二条规定：“人民政府、人民法院或者人民检察院应当在常务委员会举行会议的二十日前，由其办事机构将专项工作报告送交本级人民代表大会有关专门委员会或者常务委员会有关工作机构征求意见；人民政府、人民法院或者人民检察院对报告修改后，在常务委员会举行会议的十日前送交常务委员会。常务委员会办事机构应当在常务委员会举行会议的七日前，将专项工作报告发给常务委员会组成人员。”这一法律规定，旨在让常委会组成人员能够事先充分了解审议内容，以提高审议质量。立法意图非常明确，如果做到效果也肯定不错。但从目前县级人大常委会现有的机构设置和人员配置情况看，一个工作委员会经常负责联系七八个部门，且这些委员会的人员也可能缺乏专业知识，又没有聘请专业助手。这一时限规定，对县级人大常委会来说，既不科学，也不合理，基层人大较难做到，基层“一府两院”也难做到。

三、规范性文件的备案审查不“规范”

一是县级以上地方各级人大常委会审查、撤销下一级人大及其常委会作出的不适当的决议、决定和本级人民政府发布的不适当的决定、命令缺乏具体可操作的规定。如党政联合发文是否属备案审查的内容？是否需要从形式到内容加以明确？二是备案审查出现冲突时，即同级人大常委会与上级政府对规范性文件审查意见出现不一致时如何处理？三是备案审查机构不健全。建议在新一轮机构改革中，县级人大常委会在办公室或法制工作委员会增设备案审查科，增加适当编制，配备对法律法规熟悉的专业人员负责此项工作，为规范性文件的备案审查工作的有效开展奠定基础。

四、人大常委会自身建设与监督法的要求不相适应

按照监督法的要求，人大常委会的工作任务愈加繁重，这就对人大常委会自身素质提出了新的要求。当前地方人大常委会及其机关主要存在：一是编制不合理,机构不健全。当前区、县级人大常委会一般只有五、六个工作机构,基本上只有一至二人(办公室除外)。按照监督法规定,人大常委会每年要选择若干关系改革发展稳定大局和群众切身利益、社会普遍关注的重大问题,有计划地听取和审议"一府两院"的专项工作报告;组织开展法律法规实施情况的检查;审查和批准决算,听取和审议国民经济和社会发展计划,预算的执行情况报告,听取和审议审计工作报告;开展规范性文件备案查案。这些工作都要经常委会确定后,由常委会相关工作机构具体承担,暂且不论人大工作人员的综合能力问题,仅从数量上看,人大的监督力量明显不足,况且监督内容每年还各不相同。以如此少的人去承担《监督法》规定的比较繁重的监督前的调查、审查等任务,往往只能停留在表面,难以作深入细致的了解。这也就不难理解,为什么人大监督中会存在不深不透,监督针对性、实效性不强这样一些问题。二是人大机关基本上是党委、"一府两院"有关领导退二线的缓冲单位,往往存在着"船到码头车到站"和"多栽花少栽刺"的思想。有鉴于此,建议采取切实措施充实监督力量,选拔综合素质高的同志进入人大机关工作,优化人大常委会和工作机构组成人员的素质结构、提高专职人员的比例。

五、监督针对性和实效性还有待增强

《监督法》对人大常委会听取审议专项工作报告和执法检查议题的选择,以及审议意见和执法检查报告的整理、交办、督办等都作出了规定,其目的就是要保证监督工作的针对性和实效性。但是,个别部门在办理审议意见和人大建议时,存在拖延整改时间、整改不到位等情况。常委会在对一些工作的薄弱环节、涉及经济社会和谐发展以及群众关心的热点问题上,欠缺抓住不放、务求实效的决心和魄力,有时存在着前紧后松、有查无改等现象。而《监督法》没有设立法律责任(这与大多数法律的立法形式不同),对拒不执行监督法的有关条款,如监督主体越权、失职、不作为,监督对象采取不理睬、应付、推托等手段不依法接受监督、妨碍常委会行使监督权的行为缺乏约束力,客观上增加了贯彻实施监督法的难度。这种状况如不及时纠正,将会使《监督法》难以得到切实贯彻,依法行政、公正司法难以得到切实保证,人民群众的合法权益难以得到切实维护。

强化人大监督　保证司法公正

广东省湛江市麻章区人大常委会法工委副主任　许卫乔

我国宪法规定:"国家行政机关、审判机关、检察机关都由人民代表大会产生,对它负责,受它监督。"在构建社会主义和谐社会的过程中,人大作为国家权力机关应如何在监督司法与司法独立之间找到平衡点,既能加强对检察权、审判权的监督和制约,又能保障和支持检察机关、审判机关依法独立行使权力,确保司法公正,是一个值得探讨的重大的问题。

不可否认,目前,我国司法权被滥用的现象时有发生,如非法拘禁、刑讯逼供、超期羁押、冤假错案,不一而足。目前,我国的司法发展现状仍处于逐渐完善的不发达阶段,司法不公的现象较大范围地客观存在,司法腐败比较突出,群众反映较为强烈。因此,必须进一步加强人大对司法权的监督和制约。

人大监督是指人大及其常委会对司法机关的法律监督、组织监督和工作监督。人大监督能够防止司法腐败,纯洁司法队伍,确保司法权的行使符合国家和人民的意志,确保司法权严格运行在法治的轨道之上,是防止司法腐败的重要手段。为维护司法公正,人大要加强对检察权和审判权的监督和制约。其一要着力建立健全人大有关监督工作制度,如人大对检察机关、审判机关规范性文件的审查备案制度,检察机关、审判机关重大事项报告制度,人大质询、询问制度,人大审议意见的办理和回复制度,撤职、罢免制度等,进一步规范执法检查、工作视察和对存在突出问题开展调查的工作程序,并确保其有效运行。其二要加强对检察官、法官的监督,监督检察官、法官品行和法律素养是否良好,有无收受贿赂、徇私枉法等与职务不相称的行为。

其三要充分利用听取和审议检察机关、审判机关执法工作专项报告、开展执法检查等形式，督促检察机关、审判机关完善内部监督制约机制。其四要对人民群众普遍反映的带有共性的问题，如执行难、赔偿难等，依法开展监督，切实维护好广大人民群众的根本利益。其五，对一些群众反映强烈的并造成重大影响和重大经济损失的案件，对人大督办的事宜就是顶着不办的现象，人大应及时提出对本级检察机关、审判机关的质询案，或者组织特定问题的调查委员会，对相关问题进行调查了解，根据调查情况作出相应的决议、决定，促使检察机关、审判机关重视人大监督，强化队伍管理，规范司法工作行为。总之，人大要通过增强监督工作力度，有效促进检察机制、审判机制的完善，提高检察官、法官素质，以求最终实现司法公正。

人大要发挥自身职权的优势作用，保障司法独立，维护司法公正，应进一步改善对检察机关、审判机关的监督方式方法。为维护司法独立，人大开展对检察机关、审判机关的监督，在一般情况下应当始终做到“五个坚持”：坚持尊重司法独立原则，这是人大开展监督的重要前提。坚持重点监督程序违法原则，即将监督的侧重点放到监督检察机关、审判机关启动内部监督制约程序上来，以此纠偏改错，促进司法公正。坚持集体行使人大监督权原则，以防集体监督、民主监督演变为个人监督，损害司法公正。坚持被动监督原则，做到不告不理，避免事事关心、件件过问。坚持事后监督原则，做到决不提前干预检察权和审判权的独立运作，以免妨碍司法公正之嫌。同时，人大应充分发挥自身职权的优势作用，在机构设置、人员编制、经费保障等方面给予检察机关、审判机关有力支持，以减少和防止一部分地方势力对检察工作和审判工作的不良影响。总之，人大对检察机关、审判机关既要加强监督，又要改善监督方式方法，努力为检察机关、审判机关依法独立行使职权创造良好的执法环境和有利条件。

因此，在我国现有国情和宪政体系下，人大作为国家权力机关，只有进一步提高监督工作能力，强化监督工作力度，改进和完善监督机制，才能保障检察机关、审判机关依法独立行使职权，确保司法公正。

人大工作在构建社会主义和谐社会中大有可为

广东省惠州市惠城区人大教科文卫侨工委主任　姚石养

胡锦涛总书记指出：“我们所要建设的社会主义和谐社会，应该是民主法治、公平正义、诚信友爱、充满活力、安定有序、人与自然和谐相处的社会”。人大工作如何正确履行宪法和法律赋予的职责，把自身工作与建设和谐社会紧密结合在一起，是各级人大及其常委会面对的新任务。

一、人大要在构建民主法治、公平正义的和谐社会中铸就基石

发展社会主义民主政治、必须坚持和完善人民代表大会制度，保证人民当家作主。而大力推进依法治国，充分发挥法治在促进、实现、保障社会和谐方面的重要作用，是人大工作在构建民主法治、公平正义社会的必然选择。

(一)民主法治是构建和谐社会的基石，人大工作要在发展社会主义民主政治方面取得新成效。“坚持和完善人民代表大会制度，保证人民代表大会及其常委会依法履行职能，保证立法和决策更好地体现人民的意志”。因此，人民代表大会制度，只有按照依法治国的基本要求和构建社会主义和谐社会的标准，并在实际工作中不断探索，不断创新，才能使其充满生机和活力，才能保证人大及其常委会在民主法治建设方面各项工作的落实。近年来，各级人大及其常委会，在发展社会主义民主政治方面做了大量卓有成效的工作，为实现法治社会、民主社会、和谐社会作出了应有的努力。同时，在人民代表大会制度的创新方面进行了尝试，并取得一定的实效。坚持依法执政，把坚持党的领导、人民当家作主和依法治国有机统一起来，有序、有效、有为地推进民主政治建设，已成为各级人大的共识和理念。近年来，惠州市人大常委会在全市推广惠城区实行的《村民议事规则》，完善基层民主、构建和村镇的成功经验受到中央和省各大媒体的广泛关注和好评，表明这一成功做法，对加快推进基层民主政治建设步伐，建设美好和谐的新农村发挥了重要作用，也是人大工作在构建民主法制社会的具体体现。

（二）公平正义是人民群众的理性选择，人大工作要在依法维护社会公平、公正方面取得新进展。社会公平是衡量社会全面进步的重要尺度，是社会主义的核心价值之一，也是构建和谐社会的深厚基础。当前，经济及社会结构的调整导致部分个人和群众的社会利益受损，出现收入差距扩大、地区差距拉大等现象。因此，要建设公平正义的和谐社会，必须建立和完善维护社会公平的有效机制缓解利益矛盾，提高社会公平程度，增进人的平等，促进社会的稳定和发展。作为人大工作，就是要检查督促政府建立一套与社会主义市场经济相适应的社会保障制度，重点抓好社会保险、社会救济、社会福利等社会保障制度的跟踪监督。同时，要紧贴党的中心工作，主动介入社会主义市场经济中带全局性的重大问题进行宏观制约，努力造就公平的社会氛围，这是其一。其二，要依法维护社会正义，确保司法公正。“社会主义司法制度必须保障在全社会实现公平和正义”。而司法活动是保障社会正义的最后一道关口，其核心就是要公正司法、严明执法。因此，各级人大及其常委会要加强对审判工作、检察工作的有效监督，为人民群众履好职、用好权。

二、人大要在构建诚信友爱、充满活力的和谐社会发挥重要作用

诚信友爱，就是全社会互帮互助、诚实守信，全体人民平等友爱、融洽相处。充满活力，就是能够使一切有利于社会进步的创造愿望得到尊重，其创造才能得到发挥，创造成果得到肯定。各级人大及其常委会要在日常工作中树立权力机关在人民群众中的威信，把人民群众特别是人大代表溶入诚信友爱、充满活力的社会中。

1、诚信友爱是中华民族的优良传统，人大工作要在倡导诚信友爱的良好社会公道方面树榜样。首先，各级人大及其常委会机关要在自身建设方面取得新进步。要在人大机关内部营造诚信友爱氛围，要建设一支会干事、肯干事、干成事的队伍，一支深受人民群众、人大代表信任和拥戴的集体。近年来，惠城区人大常委会机关通过抓学习、抓管理、抓调研，机关工作人员的实践能力和创新水平普遍得到明显提高。一是学习政治理论、法律知识、人大业务知识风气浓厚，撰写出一批水平较高的人大业务文摘和理论文章。二是创新观念不断增强。一方面，在工作中大胆提出创新人大制度的尝试，推出人大代表能进能出的代表辞职制度和在街道办事处设立人大工委的做法，受到上级人大的肯定。另一方面，首次推出将领导干部离任审计引入人大对“一府两院”工作人员的述职评议活动中，使监督工作更具刚性化。三是在人大机关倡导和形成了一种诚信友爱、互相帮助、互相支持、通力合作的良好局面。其次，充分发挥人大代表在建设和谐社会的作用。人大代表是联系人民群众的桥梁和纽带，人大工作首先是代表工作。一方面，人大机关、人大干部要为代表履职提供优质服务，要在代表工作的一系列活动中，造就和体现诚信友爱的良好风气。另一方面，要构筑代表工作新机制。要通过组织代表培训、学习、视察等，强化代表意识，提高代表履职能力，使代表工作成为建设和谐社会、营造诚信友爱风尚的新亮点。

2、充满活力是人民群众的渴望与要求，人大工作要在激发充满活力和朝气的社会尽职责。充满活力的社会是不断创新、不断发展、不断进步的社会。人大工作要从树立和落实科学发展观的高度去把握，从自身的履职过程去实践，就会感悟任重道远、大有可为。第一，要尊重一切有利于社会进步的创造愿望与成果。人大对政府在经济建设和社会管理中的一切创新、发明及新鲜事物，要给予密切关注和大力支持，并通过督促政府依法办事、依法行政，使人民群众的创造才能得到充分发挥。第二，要在调动社会活力鼓与呼。要支持政府通过改革，激发社会各阶层的创造性活力，使一切劳动、知识、技术、管理和资本的活力竞相迸发，使一切社会财富的源泉充分涌流。第三，要通过对人大议案，建议等监督办理，提升充满活力的政府形象。人大要加大对代表议案、建议的跟踪监督力度，特别是对人民群众关心的经济建设、社会治安、城乡环境保护以及科、教、文、卫等方面的热点难点问题，更要密切关注、主动出击，使不利于激发社会活力的问题得到及时解决。

三、人大在构建安定有序、人与自然和谐相处的社会中大有可为

安定有序，就是社会组织构建健全、社会管理完善，社会秩序良好，人民群众安居乐业、社会保持安定团结；人与自然和谐相处，就是生产发展、生活富裕、生态良好。人大要围绕这些和谐社会的基本特征，摆正位置、当好角色。

首先,安定有序是和谐社会的内在需要,人大工作要为维护稳定的社会秩序出新招。社会稳定是建设和谐社会的前提,各级人大及其常委会要坚持以维护最广大人民群众的根本利益作为出发点和落脚点,把维护社会稳定和维护群众利益有机地统一起来。一方面,要认真督促检查政府建立健全正确处理人民内部矛盾的工作机制,特别要督查好农村征地、城镇房屋拆迁、国有企业改革等涉及群众切身利益的突出问题。另一方面,要督查政府在防范突发事件、重大自然灾害和社会风险预警机制,提高政府对突发事件的应急处理能力。再一方面,要主动听取"一府两院"对强化社会治安综合治理、打击各种严重刑事犯罪、黑恶势力以及"黄赌毒"、"六合彩"、"非法传销"等情况汇报,依法提出对加强和处置问题的意见和建议。第四,要高度重视人大信访工作。人大信访工作是构建和谐社会的重要战线。近年来,惠城区人大常委会始终坚持把处理人民群众的来信来访作为践行"三个代表"重要思想的实际行动,采取了领导、制度、人员、接访、督办、反馈等"六到位"的做法,有效地解决了一批群众反映的热点、难点问题,为构建安定有序的社会环境作出了努力,受到人民群众的好评。

其次,人与自然和谐相处是中国特色社会主义的最佳体现,人大工作要在造就人与自然和谐中发展作贡献。构建和谐社会重点还是发展、增强国际竞争力,提高人民群众生活水平。人大要在促进生产力发展、生态环境良好、人民生活安康富裕等方面有所作为,就必须围绕党委中心工作、政府的经济及社会管理工作,把坚持科学发展、加快发展、维护人民群众利益为己任,要根据《地方组织法》的规定,选准带全局性的重大事项进行宏观决策和制约,特别是要对本行政区域内的经济发展战略、民生、生态等问题协调好、监督好,在宏观上起到积极的调控作用。如惠城区人大常委会在近几年来履职中,紧紧围绕全区经济建设和社会发展等重大问题,从健全机制、突出重点、强化监督、搞好服务、狠抓落实入手,每年工作都有新起色。在监督方面突出财政预结算、审计及民心工程等重大问题,并采取提前介入,跟踪督办、注重落实的措施。只要我们各级人大及其常委会在构建社会主义和谐社会的大潮中,积极履职、扎实工作、锐意进取、敢于监督、善于监督、有效监督,一定能大有可为、大有作为。

权力运行的关键

——对地方人大常委会主任会议的认识与思考

四川省南部县人大常委会党组书记常务副主任　周绍林

主任会议,作为处理地方人大常委会重要日常工作的机构,无论是在法律上,还是实践中,都直接关系到人大常委会权力行使,关系到社会主义民主法制建设。目前,由于法律没有对主任会议的性质、地位、具体职责以及行权方式作出明确规定,使得一些地方对主任会议的认识较模糊、理解有偏差、操作也不规范,在一定程度上影响了人大常委会依法高效开展工作。在此,笔者就主任会议有关问题谈点认识,仅供商榷。

一、关于主任会议的设置

主任会议的设置和发展是一个循序渐进的过程。1979 年 7 月 1 日第五届全国人民代表大会第二次会议通过的《地方组织法》,没有规定地方人大常委会设立主任会议。1982 年修改《地方组织法》时,增设了主任会议。1986 年修改《地方组织法》时,明确规定了主任会议的组成和职责。迄今 20 多年过去,法律再未就主任会议作进一步的规定,彰显国家对健全和完善这一制度持相当审慎的态度。

对于制度上为何设置主任会议,笔者认为主要基于两个因素考虑:一是为了节约公权资源和行政成本。地方人大常委会,是人民代表大会闭会期间,代表人民行使管理国家事务的公权机构,具有重大事项决定权、监督权、人事任免权及监督指导下级人大工作等权力。但要履行好法定职权,其工作任务比较繁重,每一项权力的行使涉及许多细节,如果所有这些细节事务都由人大常委会会议讨论决定和组织实施,既费时费力,又影响效率。如果有像主任会议这样的一个机构充当人大常委会的“操盘手”，它可以根据工作需要，及时启动并运转，为常委会审议、决定重大事项提供服务，既节约了公权资源和运行成本，又可提高常委会的工作效率。二是为了加强党对人大工作的领导。人大及其常委会必须在党的领导下履职行权，这是我国政治体制所决定的。从主任会议组成人员结构来讲，其成员绝大多数是人大常委会党组成员，大多经过多岗锻炼，具有丰富的工作经验和政治阅历，具有很强的组织观念和大局意识，让他们担负处理人大常委会重要日常工作的任务，有利于保证党对人大工作的领导，确保人大围绕党委“协调各方、统揽全局”开展工作。所以，从制度上，选择主任会议作为人大常委会的“助手”，让其处理人大常委会重要日常工作，把常委会从繁杂事务中解脱出来，专注于事关全局重大事项的各项权力的行使。

二、关于主任会议的性质

《地方组织法》第48条规定“省、自治区、直辖市、自治州、设区的市的人民代表大会常务委员会主任、副主任和秘书长组成主任会议；县、自治县、不设区的市、市辖区的人民代表大会常务委员会主任、副主任组成主任会议。主任会议处理常务委员会的重要日常工作。”从这一表述中，至少可以得到这样的信息：其一，主任会议由有关人员组成、以会议的形式行使职权；其二，主任会议负责处理人大常委会重要日常工作。也就是说，主任会议首先是一个负责处理工作的机构，其次是一种会议的形式行使职能的机构；再者，它是处理重要工作的，并非事无巨细。实践中，主任会议既是一种会议形式，又是一个工作处理机构的双重性质，已得到充分体现。

当前，虽然法律没有具体定性主任会议是权力机构、程序性机构、组织机构亦或工作机构，但是，主任会议只负责处理作为权力机构的人大常委会的重要日常工作，而不具备人大常委会所具有的立法权、决定权、监督权和人事任免权，这一点是明确的。因此，我们不宜把主任会议当作权力机构对待，而是在厘清它与人大各专委会以及常委会其他工作机构关系的基础上，把它视为具有特殊地位和作用的重要议事机构、动议机构，也许更为恰当。

三、关于主任会议的地位

要理解主任会议的地位，首先应弄清主任会议与人大常委会、专委会及常委会各工作机构之间的关系。《地方组织法》第三十条规定“各专门委员会受本级人民代表大会领导；在大会闭会期间，受本级人民代表大会常务委员会领导”；第五十三条还规定“常务委员会根据工作需要，设立办事机构和其他工作机构”，由此可见，人大常委会与专委会以及常委会各工作机构间是领导与被领导关系。法律没有对主任会议与人大常委会关系加以明确，但从对《地方组织法》第四十八条“主任会议处理常务委员会的重要日常工作”的理解以及国家权力分配从高到低的层次关系看，主任会议也应在人大常委会领导下开展工作。对于主任会议与专委会以及常委会工作机构的关系，我们可以这样理解：在由主任会议负责处理常委会重要日常工作后，各专委会或常委会各工作机构具体办理重要工作的情况，都要经主任会议进行“把关”处理，这就使主任会议成为常委会工作实际的“领导核心”，也就使其在人大专委会、常委会办事机构中处于核心地位，对人大常委会工作起着主导作用。

尽管主任会议的地位突出，但不能把主任会议当成“小常委会”，也不能代替行使人大常委会才具有的特定权力，它无权作出对国家机关和公民具有约束力的决定。否则，将违背人民代表大会制度设立主任会议的初衷。在《监督法》实施后，仍有个别地方主任会议听取“一府两院”工作汇报后，对所听取的工作形成“主任会议意见”文书，并转交汇报机关，强制要求研究落实。笔者认为此举欠妥。因为在现行法律中，没有任何关于“主任会议意见”的表述。那么，“主任会议意见”就不能等同于人大常委会的审议意见或决议、决定，对“一府两院”也就没有法定的约束力。

四、关于主任会议的职权

有权即有责，有责必有权，权和责是两个不可分割的连体“器官”。同样，主任会议作为负责处理常委会重要日常工作的机构，也应具有一定权力。根据《地方组织法》、《监督法》等法律的规定，并结合多年的实践看，笔者认为主任会议的职权主要表现为三个方面：

一是组织权。对本级人大常委会会议重要议题进行筹备、审查；拟订人大常委会会议的议程、日程草案；研究讨论人大常委会工作计划、报告、总结及重要专题报告；组织常委会组成人员、人大代表开展视察或专题调查、指导协调人大各专委会和常委会各工作机构的日常工作等。

二是提议(名)权。向人大常委会提出代理省(市)长、市(州)长、县(市、区)长及代理法院院长、检察院检察长人选议案；提出专门委员会的个别副主任委员和部分委员人选的议案；提出常委会工作机构负责人人选议案；提出其他对有关政治、经济、文化重大事项进行审议、决议或决定的议案；向本级人大常委会提议组织特定问题调查委员会；就召开人大常委会会议、人民代表大会会议有关事项提出建议；提出组织特定问题调查委员会组成人员人选；提出代表资格审查委员会的主任委员、副主任委员和委员的人选等。

三是处置权。对同级人民政府、人民法院、人民检察院向人大常委会提出的议案，决定提请人大常委会会议审议；对常委会组成人员依法提出的议案，决定是否提请常委会会议审议，或者先交有关的专门委员会审议，提出报告，再决定是否提请常委会会议审议；对人大常委会的决议、决定草案进行初审，决定提请人大常委会会议审议表决；对常委会组成人员依法提出的质询案，决定回答质询案的方式；处理常委会授权和委托办理的其他事项等。

目前，对于主任会议的职权，尚有些争论。一种观点认为，主任会议既有程序性权力、又有实体性权力，我较为赞同该观点。只不过，在权力"上行"并要由常委会会议审议、表决的事项，主任会议主要行使的是程序性权力；在权力"下行"，推动人大常委会审议意见办理和决议、决定贯彻落实的过程中，主任会议主要行使实体性权力，增强处理日常重要工作的自主性，实现人大监督效果的最大化。另一观点认为，主任会议听取"一府两院"工作汇报，就是行使监督权。我认为这个观点不准确。因为法律明确规定只有人大及其常委会才有监督权，并没有授权主任会议行使监督权的规定；听取"一府两院"工作汇报，是主任会议调查了解"一府两院"工作情况的一种形式，为常委会行使好监督权提供保障。还有观点认为，主任会议对"一府两院"、专委会以及常委会组成人员提出的议案，决定提请或决定是否提请常委会会议审议，就是行使决定权。我以为这个观点同样欠妥。因为这属于主任会议处理工作的两种不同方式，不能简单混淆于法律赋予人大常委会对重大事项的决定权。

综上所述，笔者认为主任会议职权有三个特性。一是具有衍生性。主任会议行使的职权，是在法律赋予人大常委会权力之外，处理人大常委会重要日常工作所必需的权力，是人大常委会权力向下的延伸和扩展。二是重要性。虽然主任会议不能像人大常委会那样行使立法权、决定权、监督权、人事任免权，但其行使处理工作的权力，在人大常委会权力运行过程中，却着起非常重要的作用。三是具有特殊性。在法律没有明确主任会议性质、地位和作用的情况下，主任会议的职权作用范围仍处于探索实践阶段，在此阶段它会表现出一定的特殊性，对人大常委会工作起着特殊推动作用。

五、改进主任会议运行机制的建议

主任会议的重要作用，已无可争议。如何进一步发挥好主任会议的作用，已成为各级人大工作者高度关注的话题。对此，笔者认为应着重从以下几方面入手：

一是明确主任会议的行权原则。权力不在于大小和多少，关键是如何行使权力。行权的原则和方式，在很大程度上决定了权力运行的公正性和产生的实际效果。作为具有特殊地位和作用的主任会议，不宜像一般工作机构搞"首长负责制"，应采取集体负责、民主行权方式，与人大及其常委会行权原则相一致，充分发挥集体智慧的作用，克服人大工作"行政化"倾向。对决定处理任何事情、安排任何工作，都应进行充分讨论，认真听取各方面的意见。同时，在充分讨论的基础上，按照少数服从多数的原则，议定有关重要工作。为实现这个目的，在召开主任会议时，须有三分之二以上组成人员出席会议，采取无记名投票的方式表决，以全体组成人员过半数视为通过。为简化工作程序，也可适度确定某些议题进行举手表决通过。

二是规范主任会议的工作程序。主任会议的质量决定了主任会议履行职责的水平，切忌将其视为机关一般工作会。年初，应根据常委会年度工作要点和实际工作需要，对年度主任会议的议题作出计划安排（根据需要，也可以临时提出议题）。会前，主任会议应组织对要讨论的议题，采取视察、检查、调研、征求意见等方式，进一步了解掌握实情；对于主任会议听取的"一府两院"工作汇报，提请常委会会议审议的有关事项、提出的议案等，要形成规范的文件草案，印送主任会议组成人员，为主任会议处理工作提供可靠依据。会中，要充分发扬民主，广泛听取主任会议组成人员的意见，并就研究的事项形成共识。根据会议内容需要，可请"一府两院"、专委会及常委会工作机构有关负责人列席主任会议。同时，听取"一府两院"工作汇报后，可采取形成会议纪要的形式，交"一府两院"作工作参考。会后,由有关专委会或常委会工作机构进一步落实主任会议的意见。

三是界定常委会重要日常工作。在制度设计上,除法律明确规定应由主任会议负责完成的工作外,还应进一步明确哪些属于常委会重要日常工作,有利于处理好主任会议与各专委会以及常委会工作机构之间的关系,确保各机构在工作中不形成冲突,实现"控而不死、纵而不乱",使主任会议的工作更具重点性和针对性。另外,对常委会重要日常工作是否就是常委会机关重要工作,法律对此没有作出说明,使主任会议在工作中容易"眉毛胡子一把抓",既可能无意识扩大主任会议的工作权限,也可能减弱专委会或常委会工作机构工作的积极性和能动性,制约和影响有关工作的开展。所以,在实践中有必要就这方面作出一定的探索。

与时俱进 强化实效 努力开创人大工作新局面

山东省青岛市黄岛区人大常委会主任 张元禄

地方各级人大常委会是地方的国家权力机关,不断发展和完善地方人民代表大会制度是发展社会主义民主政治的题中之义,是加强党的执政能力建设、加快经济社会发展、构建社会主义和谐社会的重要方向。加强和改进新形势下的人大工作,我们要努力在解放思想、提高认识上下功夫,在指导实践、推动工作上做文章,科学处理维护党的权威、维护法制理念和维护群众利益的关系,更好地推动科学发展、和谐发展、率先发展。

一、坚持和依靠党的领导,增强做好新形势下人大工作的责任感

坚持和依靠党的领导是人大工作最重要的政治原则。只有把坚持党的领导、人民当家作主、依法治国有机统一起来,把人民代表大会制度坚持好、完善好,把依法治国基本方略贯彻好、落实好,把最广大人民的根本利益实现好、维护好,才能全面提升人大的权威,保证人大工作依法高效开展。因此,在开展工作中要切实提高认识,处理好"三个关系":

一是处理好坚持党的领导与依法履行职责的关系。党的领导是人民当家作主和依法治国的根本保证,人大常委会必须牢固树立党的观念、政治观念、大局观念,一切工作的开展都要有利于加强和改善党的领导,有利于巩固和完善党的执政地位。一如既往地积极争取党委对人大工作的领导和支持,从制度和法律上保证党委重大决策的贯彻实施。做到主动请示、及时汇报,实现人大工作与党委的同心、同向、同目标,使人大的各项工作始终坚持党的领导,反映党的主张,体现人民意志,保证人大工作始终沿着正确的政治方向发展。

二是处理好依法行使职权与维护群众利益的关系。要时刻牢记人民的重托,把代表最广大人民的根本利益作为人大工作的出发点和归宿,始终保持与人民群众的血肉联系,倾听民声,反映民意,集中民智,多行利民之举,多做利民之事,自觉把人大工作置于人民的监督之下,做到知民之所想,思民之所虑,为民之所急,帮民之所需,始终不渝地实现好、维护好和发展好人民群众的根本利益。

三是处理好监督与支持的关系。宪法规定,行政机关、审判机关、检察机关由人大产生,对它负责,受它监督。人大监督的目的是为了保证人民当家作主权利的实现,保证"一府两院"按照人民的意志办事,依法行政、公正司法。同时,监督又是支持和促进,是帮助"一府两院"改进工作,保证其更好地履行各自的职能。为此,要处理好"制约性监督"和"支持性监督"的关系,坚持依法监督,做到既敢于监督,又善于监督,既不失职,又不越权,把监督工作的重点放在促进经济发展、城乡面貌改善、社会事业进步、人民生活水平提高、公正司法和促进和谐社会的构建上,把对"一府两院"工作的支持寓于监督之中。

二、把握规律,求真务实,不断提高人大工作实效

实事求是是马克思主义的精髓,求真务实是保持人大工作活力的关键所在。加强和改进人大工作,必须认真把握人大工作的特点和规律,努力实现思想观念的转变、思维方式的转变、工作方式的转变。

一是选准工作方向，找准工作切入点。要紧扣时代脉搏，关注百姓话题，让社会热点、难点成为人大监督的重点。要积极寻求依法履行职权和服务科学发展的最佳结合点，在全区性的重大事项上，要宏观监督，坚持科学发展观，把握大方向，实行框架式监督，着力解决在法律法规实施中出现的矛盾和问题，解决当前经济社会发展中出现的突出问题，为全区改革开放营造良好的法制环境；在具体到群众关心的问题上，要微观监督，坚持以人为本，督促解决实际困难，要选择关系重大、涉及面广，群众反映强烈的难点、热点问题进行监督，顺应民心，反映民意，力争突破难点，取得实效。

二是把握工作规律，掌握工作主动权。人大工作是有规律可循的，只要把握了工作规律，在工作安排上就避免了盲目性，就能保证工作的有序推进。对此，人大工作者要不断探索掌握人大工作规律，在党委作出重大决策时，在“一府两院”创新改革举措时，在改革发展影响到人民群众生产生活，出现人民内部矛盾时，就应该及时探讨怎么办，从中找出一些普遍性和规律性的问题，按既定程序和规律进行研究解决。同时，在把握规律方面，不仅要分析和把握人大的工作规律，而且还要注意及时了解掌握“一府两院”的工作，从中找出规律性的东西，推进工作开展。

三是深入实际，加强调查研究。调查研究是谋事之基，成事之道。人大及其常委会依法行使各项权力的前提是知情，知情的主要渠道是调查研究，人大工作只有经过深入细致的调查研究，才能保证提出的建议意见更具针对性、合理性和可操作性。要用马克思主义的思想方法，客观、全面、本质地看问题，避免主观性和片面性。要坚持和完善调查研究制度，紧紧围绕经济社会又好又快发展、和谐社会构建实施中的重大问题和社会上的热点难点问题，科学确定调研课题，在求真、求实、求深上下功夫。要抓住关键性的、影响全局的问题深入下去，切实分析原因，提出合理可行的意见建议，引起党委政府的重视，在决策时提供参考，在工作中予以落实。

四是要健全落实机制，提高落实质量。落实是人大工作成效的最终体现。形成一套规范有效、制约有力的落实机制，是人大需要继续探索的重要工作。目前，一要进一步落实监督法的有关规定，对人大常委会会议提出的审议意见和建议，人大常委会有关工作部门要加大协调督办力度，使“一府两院”承办部门在规定的时限内，将办理结果书面形式向人大常委会会议汇报的基础上，进一步落实审议意见的办理结果，使人大监督的效果更明显、措施更得力。二要加强跟踪督办。人大有关会议、视察或人大代表提出的意见建议转交有关部门办理过程中、提交办理结果后，要继续通过听取汇报、实地查看、召开协调会议等多种措施加强督办，做到件件有落实、事事有回音。

三、服务大局，突出重点，务求人大工作新突破

人大工作面广、量大、要求高，必须克服贪大求全的思想，跳出旧框框，开拓新思维，善于抓主要矛盾，解决关键性问题，做到抓一件成一件，进而抓出成效，使人大工作在大局中发挥更大的作用。

一是突出促进科学发展这个重点。人大监督实效主要是通过促进经济社会又好又快发展来体现。这就要求人大必须坚持科学发展观，全力服务于以经济建设为中心的工作大局。作为黄岛区人大来讲，就是要围绕“青岛新的经济发展重心”和“全国最好开发区”战略的实施、和谐社会的构建，围绕特色经济和产业集群的发展，着眼于全局的、根本性的、长远的重大事项，加强法律监督和工作监督，提高监督水平，增强监督实效。重点抓好对国民经济及社会发展规划、改善投资环境、财源建设、城市化进程、社会保障体系以及生态环境建设等重要问题的审议。围绕招商引资、项目建设、城区建设、政府实事等有计划地开展视察和调研，推动政府工作，为加快区域经济社会科学发展、和谐发展、率先发展做出贡献。

二是突出深化执法责任制这个重点。人大的根本任务是加强社会主义民主法制建设，抓住深化执法责任制这个重点，就能为区域的经济发展和社会稳定创造一个文明法制的良好环境。为此要加大对法律法规实施情况的执法检查力度，继续推进“四化两制”，深化执法责任制，执法过错和错案责任追究工作。加强个案监督，进一步抓好政府和“两院”重要案件、规范性文件备案审查工作，监督促进政府和“两院”依法行政、公正司法，进一步提高依法治区水平。

三是突出对被任命干部工作实施监督这个重点。要按照监督法的有关要求，在依法行使好人事任免权的基础上，加强对被任命干部履职工作情况的监督。进一步建立健全对被任命干部实行供职报告、法律考试、述职评议等制度，同时积极拓展监督渠道，对非政府序列部门和有关驻区单位进行工作评议监督。继续开展优秀法官和检察官的评选活动,并在适当时机,组织对法官、检察官的法律考试。同时,进一步深化创新评议办法,在深化评议工作实效上下功夫,进一步强化干部的法律意识、责任意识、公仆意识。

四是突出发挥人大代表主体作用这个重点。人大代表分布在全区的各行各业,他们既是新区建设发展的生力军,也是人大察民情、知民意的主渠道。要采取多种形式进一步加强代表培训工作,积极为代表知情明政和执行代表职务创造条件。加强同代表的经常性、制度化联系,了解和督促解决好人民群众关心的实际问题。加强代表视察工作,围绕热点难点问题,及时组织开展调研、视察活动,发挥他们在体察民情、反映民意、集中民智等方面的主渠道作用。继续开展人大代表向选民进行述职活动,并总结经验,全面推开,以进一步强化代表的职责意识,督促人大代表依法执行好代表职务。

五是突出常委会建设这个重点。常委会组成人员的素质决定着人大工作的质量。要进一步树立主权在民的思想,增强法制意识、责任意识、公仆意识、创新意识,提高人大常委会组成人员的整体素质和依法履行职责的水平。坚持走群众路线,大兴学习之风、调查研究之风、解决问题之风,深入基层了解社情、掌握民意、反映民声,督促和解决好群众反映的热点难点问题,努力使人大常委会的决策更好地体现时代性,不断开创人大工作新局面。

用语规范准确是人大宣传的生命

河南省内乡县人大常委会　朱浩记　于千飞　蔡广合

时下,在对人民代表大会制度和的人大工作的宣传报道中,常遇到一些不规范、不准确甚至与法律相悖的说法、用语,不仅误导读者,也影响人大的形象和权威。对此,笔者现将这些容易出错的术语及规范用语整理如下,以供参考。

一、职务称谓上的误用

把人大常委会主任简称为人大主任属最常见的错误。因为"人大"是人民代表大会的简称,人民代表大会既无机关、又无办公室,何来"主任"之说呢?根据宪法第103条、地方组织法第41条规定:县级以上人民代表大会设立常务委员会,常务委员会由主任、副主任和委员若干人组成。所以,"主任"前面应冠以"常委会"三个字。

其次是把乡镇"人大主席、副主席"称为主任、副主任或乡镇人大主席团主席、副主席。如《人民日报》2001年10月12日第13版在《西场镇撤并调查》中说:"……乡镇一级设有人大主任、副主任若干人。"根据地方组织法第14条"乡镇人民代表大会设主席,并可以设副主席1—2人"规定,正确称谓应是人大主席。同时15条"乡、民族乡、镇的人民代表大会举行会员的时候,选举主席团。乡、民族乡、镇的人民代表大会主席、副主席为主席团成员"规定可看出乡镇人大主席、副主席不一定就是乡镇人大主席团主席、副主席。

三是把人大常委会组成人员统称为"常委会委员"或"常委"。地方组织法第41条明确规定:"县、自治县、不设区的市、市辖区的人民代表大会常务委员会由本级人民代表大会在代表中选举主任、副主任若干人和委员若干人组成。"这说明人大常委会的主任、副主任不是首先具有委员资格,然后再从委员中选出的,他们是和委员一道从代表中选出来的;主任、副主任和委员是县级人大常委会中互不包含的三个组成部分。因此,将常委会主任、副主任、委员统称为"委员们"或"常委"是一种错误,而应规范统称为"常委会组成人员"。类似还有如把人大代表说成是人民代表等这些错误用语在报刊、电视中屡屡出现,影响了法律的严肃性。

二、工作用语上的乱用、错用、混用及语法错误

一是乱用。《中国青年报》(2003年5月21日)以《独立候选人王亮直接参选高票胜出》为题报道:2003年初,深圳市福田区人大在换届选举中,不是正式代表候选人的王亮,被选为该区人大代表。霎时看到"独立候选人"的字眼确实吸引读者眼球,但翻遍选举法也找不到"独立候选人"的表述,只有"选举人"、"被选举人"、"代表候选人"、"正式代表候选人"的提法。很显然,这是作者把选民或代表10人以上联名推荐的代表候选人,自名为"独立候选人"了。

二是错用。把人大常委会或常委会主任会议的决定统称为人大常委会主任决定，根据地方组织法第44条和48条规定，人大是集体行权，个人无论位尊位卑，都不能单独决定。三是混用。如把代表工作与代表活动混为一谈。代表法第6条规定：人大代表在本级人民代表大会会议期间的工作和在本级人民代表大会闭会期间的活动，都是执行代表职务。显然，代表工作与代表活动是有明显区别的。在一般情况下，人大代表执行代表职务的行为，会议期间的称为代表工作，闭会期间称为代表活动。四是语法错误。如常见报端的对某某法开展执法检查。这是一个同义反复。正确的提法应是"对某某法的贯彻实施情况开展检查"。

三、与法律相悖的说法、用语

一是法定概念的错误。如把人民代表大会制度说成是我国的基本政治制度，或根本制度。这是一个最基本也最不应该出错的问题，我国的根本政治制度是人民代表大会制度，基本政治制度是中国共产党领导的多党合作和政治协商制度，根本制度是社会主义制度。而把根本政治制度说成是基本政治制度，或简称为根本制度却出现在一些报道中，只会贻笑大方。

二是法定概念的混淆。如每年承办单位在答复代表时，常出现"认真办理代表提案和议案"的字句，将"议案"和"提案"混为一体。虽一字之差、却有本质之别。其一性质不同。议案具有法律的约束力，起法律的监督作用，承办单位必须执行；而政协提案不具有法律的约束力，只起民主监督作用。其二产生的过程和处理的方式不同。人大议案须有法律规定的单位以及一个代表团或者达到法定人数的代表提出，经过人民代表大会或人大常委会议审议后表决通过；政协提案只是由参加政协的各党派、人民团体、专门委员会、委员个人或委员联名提出。其三内容不同。人大议案必须是属于人民代表大会职权范围内的，而政协提案的范围较宽。另外，人大代表议案，一般只在大会期间提出，而且有法定的人数规定，而政协委员提案，既可在全体会议期间提出，也可在闭会期间提出。

三是与法律相悖的说法、用语。如"人大工作要做到对政府的监督寓于支持、服务中"。整句话想表述的意思颠倒了，结果变违法了。监督"一府两院"是人大义不容辞的职责，监督就是最好的支持、服务。因此确切的表述为"人大应该做到对政府工作寓支持、服务于监督中。"诸如此类的还有一些单位的工作汇报中常出现"主动接受人大监督"的字句，宪法明确规定：人大及其常委会与"一府两院"的关系是监督与被监督的关系。人大及其常委会监督"一府两院"是法定职责，"一府两院"接受人大及其常委会监督是法定义务。"一府两院"只有依照法律规定接受监督，而没有其他的选择。何谈主动、被动呢？人大的工作是和"法"融为一体的，因此用语的规范准确是人大宣传的生命，从事人大的新闻工作者和媒体只有加强与人大工作相关的法律法规学习，力争不说外行话，不写外行稿，才能使人大的宣传报道永葆生机和活力，才能为推动我国民主法制建设和政治文明建设提供新动力。

建立和完善涉访工作长效机制的思考

河北省正定县人民检察院检察长　张青山

建立涉访工作长效机制，解决好人民群众的合理诉求，实现公平正义的社会主义法治理念，是摆在各级检察机关特别是基层院面前的一个新课题。笔者联系多年来解决涉访的工作经历，就当前涉访工作中存在的主要问题及解决对策谈几点看法。

当前涉访工作

存在的主要问题

涉访工作存在的问题，主要表现在以下6个方面：

1、案件质量不高。在涉访的案件中，有相当一部分是由于案件的质量问题引起的。对案件的事实认定不清，审查不细，适用法律不当，该宽不宽，该严不严，"人情案、关系案、金钱案"问题没有根本解决。

2、办案拖拉迟延。办案不能正确处理速度和效益的关系，违反法定时限办案，案件久立不侦，久侦不结，久拖不决，造成被害人和举报人的误解。有的案件办错了又不愿纠正，推来拖去，有的案件查封、扣押的款物不愿退回,使错案长期得不到纠正,款物长期不能返还。

3、*不能及时掌握信访动态*。在诸多的上访案件中,特别是赴省进京访,有相当一部分当事人初访就越级,并不通过基层院就直接到上级有关部门去反映问题,上级部门询问基层情况又没有初访记录,不知其上访诉求,给上级机关的接访处理造成一定困难。

4、*互相推诿扯皮*。有的案件在公检法之间推来推去,有的在行政机关和公检法之间互相推诿,当事人到信访局,信访局推到公检法,互相“踢皮球”,踢来拖去使当事人看不到解决问题的希望,就到处上访。

5、*上下不沟通*。有的案件基层院根据案情和法律法规给了当事人答复,但当事人不服继续上访,上级有关部门在不了解案情的情况下,仅听当事人一面之词,便给出与基层院不相一致的答复,致使当事人看到了过高的希望,给问题的解决带来不利。有的上级部门怕麻烦,不详细了解情况,就打电话,或批示下级院解决,助长了“大闹大解决,小闹小解决,不闹不解决”之风,造成了缠访、越级访。

6、*处理无理访、缠访缠诉机制不健全*。当前全国各级检察机关对涉访工作高度重视,投入了大量人力、物力、财力,为息诉罢访做了大量工作,但仍有一些缠诉缠访案件难以得到解决。有时为了解决缠访,做出了无原则的让步,“花钱买平安”使缠访者看到了好处,助长了缠访缠诉。有的缠访缠诉人以达不到要求就进京、赴省上访相要挟,或在重要会议、重大节日期间越级上访,向基层院施加压力,有的借机封堵县委或政府机关大门,严重干扰办公办案秩序,在社会上造成恶劣影响。

建立涉访工作长效机制的设想

涉访工作中存在的这些问题,主要是机制不健全、不完善造成的,要从根本上解决涉访问题,必须建立长效机制来解决。

1、*建立案件质量保障机制*。案件质量是检察工作的生命。从根本上实现公正,保障和谐,解决涉访,就要紧紧抓住案件的质量,从源头上减少和防止涉访的发生。检察机关各主要办案部门要严格规范执法行为,努力提高法律修养和办案水平。一是要完善执法档案,对所承办的每一起案件进行认真负责的登记、记录,为案件质量的考评奠定基础。二是建立办案质量考评体系,加大对案件质量和效果的考评、考核力度。每个案件的质量和社会效果、法律效果,要进行评比并记录在案,确保每一起案件都能经得住时间和实践的考验。

2、*建立涉访预警机制*。涉访的形成是由多方面的因素造成的,也是事先能够提早发现的。一是建立涉访信息的采集制度。各办案单位和办案人员负有对涉访信息的采集和分析责任,对所受理案件在承办过程中可能引起涉访的情况进行评估和分析,在接触当事人、被害人、嫌疑人的时候要特别注意其语言表达、情绪表现,把握其后续行为,进行记录、建立档案并及时通告科室负责人。二是建立信息通报制度。对案件当事人及其亲属不服基层院立案、不立案、批准逮捕、不批准逮捕、起诉、不起诉决定的案件,要予以记录,并及时通报控申部门,报告主管检察长。三是建立信息分析处理制度。对有可能发生涉访的讯息,每周在班子成员参加的例会上作为一个专题进行研究,由控申科长参加并整理信息情况,向例会报告,班子成员进行分析并提出处理意见,使涉访案件尽快得到处理。

3、*建立联系协调机制*。鉴于当前信访渠道的多样化和一事多头上访的复杂形势,要积极与有关部门保持协调联系,建立协调机制。一是与上级院的协调联系,每周进行一次沟通,及时掌握越级访信息,沟通解决情况和意见。二是与公安部门的协调联系,每半月沟通一次情况,及时了解提请批捕、移送起诉案件在公安环节的信访情况及处理结果。三是与审判机关的协调联系,每半月沟通一次情况,及时了解公诉案件、民行案件审判过程中可能出现的涉访。四是与纪检委、政法委、信访局的协调联系,及时沟通涉访方面的情况。控申部门要负责与上述部门的协调联系,侦查监督部门要负责提请批捕案件在公安机关办案环节上访信息的收集,公诉部门要负责提请公诉案件在侦查、审判环节上访信息的收集,并及时通报控申部门和主管检察长。五是与当事人所在单位和所在乡镇、村街的联系,及时掌握上访人的动态情况。

4、*建立涉访的应对处理机制*。涉访的应对和处理是解决群众诉求、维护稳定的关键,要坚决按照高检院、省市院有关涉访的处理要求,解决好群众的合理诉求。一是要落实案件首办责任制。首办案件要倡导“首访即有理访”认识,对提出的诉求给予明确答复。合理合法诉求,当场答复尽快解决,不推诿扯皮。既不合理又不合法的诉求,要进行耐心细致的工作并予以拒绝,要讲究方法策略,避免态度暧昧，使其抱有幻想，造成缠访、缠诉。二是要落实领导包案责任制。按照"谁主管，谁负责"和方便及时的工作原则，由检察长负总责，主管检察长直接抓，控申部门牵头，相关科室协同配合，做到各司其职，各尽其责，属于哪个部门职责，就由哪个部门处理，不推诿扯皮。对越级访、省市院交办的信访案件和重大疑难案件，实行领导包案，包案人亲自参与办案，亲自答复上访人及上级交办部门。三是要完善检察长接待日制度。对于控申部门难以解决的信访案件，主管检察长要亲自接访，参与处理，督办解决。要坚持检察长接待日制度，及时解决群众诉求。实行预约接访制，来访人员可事先预约接待时间，也可点名某位院领导接待，以便让来访人员得到满意的答复和事情的圆满解决。

5、建立涉访责任倒查机制。为约束办案人员认真履行职责，有效减少和预防涉访，对下列引起涉访的行为实行责任倒查：(1)办"人情案、关系案、金钱案"；(2)不按照诉讼法规定，违反办案时限，拖延办案时间；(3)工作不负责任，审查证据错误，适用法律错误；(4)接待来访群众中工作不耐心细致，态度粗暴，故意用言语激怒来访群众、激化矛盾；(5)其他因办案人过错引起的涉访。要对群众反映和自我发现的上述行为进行认真严格地调查，一经查实，按照检察官纪律处分条例进行严肃处理。

6、无理上访、缠诉缠访处理机制。当前基层院面临的最大压力就是无理访和缠诉缠访，解决这一难题已成为当务之急。但是，基层院处理缠诉缠访和无理上访的难度非常大，仅靠做工作、"花钱买平安"，不能解决实际问题，需要建立和完善相应的机制。一是无理上访、缠诉缠访行为的确认，对缠诉缠访案件应当有终访机制，一旦被确认为无理访，当事人就应终止继续上访，否则，应当依照法律对其进行行政和刑事制裁。二是对利用上访敲诈勒索的应依法进行制裁，对上访群众冲击国家机关、扰乱社会秩序的应当依法处理。三是加快对信访工作的立法步伐，用法律规范上访人及被访机关的行为，将涉法上诉问题的解决纳入法制化、规范化的管理轨道，依法处理缠诉缠访和无理访，使涉访工作依法有序进行，从而保障社会稳定、和谐、健康发展。

依照法定程序选好乡镇国家机关领导人员

上海市金山区人大常委会办公室调研员　孙忠坤

《中华人民共和国宪法》规定："省、直辖市、县、市、市辖区、乡、民族乡、镇设立人民代表大会和人民政府。""地方各级人民代表大会是地方国家权力机关。""地方各级人民政府是地方国家权力机关的执行机关，是地方各级国家行政机关。"《中华人民共和国地方各级人民代表大会和地方各级人民政府组织法》(以下简称《地方组织法》)规定："乡、民族乡、镇的人民代表大会选举本级人民代表大会主席、副主席；选举乡长、副乡长，镇长、副镇长"。同时，《地方组织法》对乡镇人大主席、副主席、乡镇长、副乡镇长(统称为乡镇国家机关领导人员)的选举产生程序也作出了明确规定，选举工作就必须严格按照法定程序进行。

为了进一步加强基层民主政治建设，依法做好乡镇国家机关领导人员的选举工作，在具体实践中应该在以下四个方面引起重视，加强引导，自觉执行。

一、必须明确乡镇国家机关领导人员的产生程序、任职资格和任期。

按照《地方组织法》的有关规定，选举乡镇国家机关领导人员，应当坚持以下几点：1、乡镇人大主席、副主席，乡镇长、副乡镇长应由本级人民代表大会选举产生；2、乡镇人大主席、副主席候选人必须是本级人民代表大会的代表，乡镇长、副乡镇长候选人必须是本行政区域有选举权和被选举权的公民；3、乡镇人大主席、副主席不得担任国家行政机关的职务，如果担任国家行政机关的职务必须辞去主席、副主席的职务；4、主席、副主席为本级人民代表大会主席团成员，在本级人代会闭会期间负责联系本级人大代表，组织代表开展活动，并反映代表和群众对本级人民政府工作的建议、批评和意见。乡镇长、副乡镇长是乡镇人民政府组成人员，乡镇人民政府对本级人民代表大会和上一级国家行政机关负责并报告工作。

每届乡镇国家机关领导人员任期与本级人民代表大会每届任期相同。

二、必须制定选举乡镇国家机关领导人员的办法,确定具体的选举程序。

乡镇人民代表大会选举乡镇国家机关领导人员应当制定选举办法。《地方组织法》规定,选举办法由本级人民代表大会决定。在制定大会选举办法的时候,要注意如下几个问题:1、必须符合地方组织法等有关法律、法规的规定。如,差额选举的原则,无记名投票的方式。2、内容应简明扼要,便于操作。如,大会选举实行一次投票,分别计票;乡镇人大主席的选票为红色,乡镇长的选票为粉红色,人大副主席的选票为白色,副乡镇长的选票为兰色等。3、选举办法草案应由大会主席团制定,经提请大会全体代表审议后,由大会全体会议通过。

大会选举办法一般应包括以下几项内容:1、制定本办法的主要法律依据。2、大会选举由主席团主持。3、本次大会应选国家机关领导人员的职数、人数和候选人的差额数。4、候选人的提名和确定的方法。5、投票选举的方法和程序。6、对选票及选举结果的确认及标准等。大会选举办法经大会全体会议通过后,主席团必须严格依照执行,并确保选举成功。

三、必须把握乡镇国家机关领导人员候选人提名、确定的方法和程序。

对乡镇国家机关领导人员人选的提名,《地方组织法》规定由本级人民代表大会主席团或者代表十人以上书面联名提出。在具体实施中需要把握的是:1、无论是主席团提名还是代表联合提名,均须在大会选举办法规定的候选人提名时间内提出。2、主席团提名的候选人人数,每一代表与其他代表联合提名的候选人人数,均不得超过应选名额。3、主席团提名的候选人和代表联合提名的候选人,具有同等的法律效力。4、不同选区选出的代表可以酝酿、联合提出候选人。5、提名人应当如实介绍提名的候选人的情况。

乡镇国家机关领导人员的正式候选人应该根据较多数代表的意见来确定,操作中需要把握的是:1、主席团要依法如实汇总代表联名所提乡镇国家机关领导人员候选人名单,连同主席团所提候选人名单一起公布、介绍。2、主席团提名和代表联名提出的乡镇国家机关领导人员候选人的名单应当全部提交代表酝酿、讨论,代表酝酿、讨论的时间要充分(包括选举在内不要少于2天)。然后,根据较多数代表的意见确定正式候选人。3、在差额选举中,如果提名的候选人数符合选举办法规定的差额数,由主席团提交代表酝酿、讨论后,直接进行投票选举;如果提名的候选人数超过选举办法规定的差额数,由主席团提交代表酝酿、讨论后,进行预选,根据预选中得票多少的顺序,按照选举办法规定的差额数确定正式候选人名单,再进行投票选举。

四、必须掌握乡镇国家机关领导人员选举、当选的要求和标准。

乡镇国家机关领导人员的选举,《地方组织法》规定,实行差额选举的原则,采用无记名投票的方式。在具体操作中要掌握如下的要求:1、乡镇人大主席、乡镇长职位的选举,候选人数一般应比应选人数多一人,进行差额选举;如果提名的候选人只有一人,也可以进行等额选举。2、乡镇人大副主席、副乡镇长职位的选举,候选人数应比应选人数多一人至三人,由本级人民代表大会根据应选人数在选举办法中规定具体差额数,进行差额选举。3、乡镇国家机关领导人员因被罢免、辞职被接受、死亡等原因出缺的时候要依法及时进行补选。补选时的候选人数可以多于应选人数,也可以同应选人数相等。4、代表对于确定的候选人,可以投赞成票,可以投反对票,可以另选他人,也可以弃权。

乡镇国家机关领导人员的当选,《地方组织法》规定以全体代表的过半数通过。在实践中要掌握如下要求:1、乡镇人民代表大会必须有三分之二以上代表出席始得举行。2、获得过半数选票的候选人人数超过应选名额时,以得票多的当选;如遇票数相等不能确定当选人时,应当就票数相等的人再次投票,以得票多的当选。3、获得过半数选票的当选人数少于应选名额时,不足的名额另行选举,另行选举副主席、副乡镇长时,仍应实行差额选举。4、另行选举时,可以根据在第一次投票时得票多少的顺序确定候选人,也可以按法定程序另行提名、确定候选人。5、不足名额的另行选举,经本级人民代表大会决定,可以在本次人民代表大会会议上进行,也可在下一次人民代表大会会议上进行。

乡镇国家机关领导人员的选举工作,虽在本市乡镇已进行多次,但由于它政治意义强、法定程序严、对基层政权建设影响深远,我们绝对不能掉以轻心,必须不断提高认识、高度重视,总结经验、掌握规律，发扬民主、依法办事，才能把这项工作做得更好、更规范！

乡镇人大主席调动后主席职务不能自行终止

福建省厦门市同安区人大常委会办公室　庄根森

乡镇人大主席调动后主席职务不能采用代表调离本行政区域代表资格自行终止其主席职务也自行终止的做法。这是法律和党的干部政策的要求，也是对地方国家权力机关法律地位和选举权的最起码尊重。早在10多年前全国人大常委会法制工作委员会已有定论，根本就不需要讨论和探讨。近日，还出现“乡镇人大主席调离本行政区域，其主席职务自然终止”这种对法律理解存在偏差的观点。当前的问题是，由于对法律理解的偏差产生的“乡镇人大主席调离本行政区域，其主席职务自然终止”已不仅仅是一种理论探讨的看法，而是在一些地方还在发生的事（据人民代表网2009年4月15日编读往来）。这不仅影响到法律的正确实施，也影响到党的干部政策的正确执行。因此，必须旗帜鲜明的加以纠正。

党的干部政策历来强调人民代表大会选举产生的领导职务调整时必须按照法律程序办理。早在地方人大常委会设立初期，中央〔1984〕9号文件《关于任免国家机关和其他行政领导职务必须按照法律程序和有关规定办理的通知》就有明确规定。2002年颁布的《党政领导干部选拔任用工作条例》也明确规定：领导干部因工作需要变动职务，依照法律的规定，向本级人民代表大会辞去现任领导职务。2002年7月9日，中共中央关于印发《党政领导干部选拔任用工作条例》的通知要求：“一定要坚决贯彻执行党的干部路线方针政策。”“做到坚持原则不动摇，执行标准不走样，履行程序不变通，遵守纪律不放松。”对违反《党政领导干部选拔任用条例》规定的原则、条件、程序和纪律选拔任用干部的，要严肃查处，问题严重的要给予党纪政纪处分。

有些地方出现乡镇人大主席在任期内因工作调动，没有办理任何辞职手续，被按代表法有关地方各级人民代表大会代表迁出或者调离本行政区域的，其代表资格终止的规定，镇人大主席职务也相应终止的事，在地方人大常委会设立初期，也有类似的发生。有些地方人大常委会主任在任期内因工作调动，没有办理任何辞职手续，就被按选举法有关地方各级人民代表大会代表在任期内调离或者迁出本行政区域的，其代表资格自行终止的规定，人大常委会主任职务也相应终止的事，也曾有发生。如，针对1989年3月16日，河南省人大常委会办公厅关于“我省某县人大常委会主任有些问题，地委、县委认为该同志不适宜继续担任县人大常委会主任职务，拟将其调地区人大联络处任副主任。是否可以适用选举法关于代表调离或者迁出本行政区域的，其代表资格自行终止的规定，其县人大常委会主任职务也自行终止、不需再由本人提出辞职?”的请示，1989年4月30日，全国人大常委会办公厅和法制工作委员会给予明确的答复：“中组部〔1983〕12号（中央〔1984〕9号）文件《关于任免国家机关和其他行政领导职务必须按照法律程序和有关规定办理的通知》规定：‘凡依法应由各级人民代表大会选举产生或由人大常委会决定任命以及由国务院和地方各级人民政府任命的领导职务，必须遵照……有关规定，严格按照程序办理。’‘免除职务也应依照上述法定程序办理。’‘法律规定有任期的职务，在任期未满前，非有特殊情况，不要轻易调动；必须调整时，应按规定程序履行调动、任免手续。’根据以上规定，县人大常委会主任调动工作，应辞去县人大常委会主任的职务，不能调动后自行终止职务。”

出现“乡镇人大主席调离本行政区域，代表资格自行终止，其主席职务自然终止”这样对法律理解的偏差，并不奇怪，早在乡镇人大主席设立初期就出现过。1995年地方组织法规定设立乡镇人大主席。贵州省洛龙镇人大1996年1月选举产生镇人大主席。同年10月，县委组织部将该主席调至另一个乡上班。贵州省人大常委会答复：代表调离本行政区域的，代表资格自行终止，其镇人大主席职务相应终止。当洛龙镇要补选镇人大主席时，被调走的镇人大主席认为省人大常委会的答复不合适。1997年3月27日，贵州省人大常委会向全国人大常委会法制工作委员会请示："这种情况可否按代表资格自行终止，镇人大主席职务相应终止处理?"1997年4月3日，全国人大常委会法制工作委员会的答复：地方组织法第14条第2款："乡、民族乡、镇的人民代表大会主席、副主席不得担任国家行政机关的职务；如果担任国家行政机关的职务，必须向本级人民代表大会辞去主席、副主席的职务。"根据上述规定，镇人大主席调至行政机关任职的，必须向本级人民代表大会辞去主席的职务。此外，镇人大主席调动工作应由本人依法向镇人民代表大会辞去镇人大主席的职务，不能采用调动后自行终止职务的做法。"

从以上全国人大常委会法制工作委员会的有关答复看，乡镇人大主席调动后主席职务不能自行终止，是毫无疑义的。可是，乡镇人大设立主席已经10多年了，为什么像"乡镇人大主席调离本行政区域，其主席职务自然终止"这样对法律理解存在偏差的观点和"镇人大主席工作调动后主席职务被自行终止"的事，还时有发生呢？笔者认为，一是对贵州省人大常委会这样自行纠正对法律理解产生偏差的实例宣传不够；二是对法律理解产生偏差的观点没有及时纠正。像卢鸿福同志2006年11月15日《乡镇人大工作中需要理清的十个问题》一文中"乡镇人大主席、副主席调离本行政区域，按照法律规定，其代表资格自行终止，那么主席、副主席职务也就相应终止，因而不需要再辞职，只需要由主席团发出公告即可。"这样对法律理解存在偏差的观点，没有及时得到纠正，影响人们对法律的正确理解；三是对党的干部政策不熟悉。人民代表大会选举产生的领导职务调整时必须按照法律程序办理这样的干部政策，是中央三令五申的，不能一无所知。因此，笔者认为，有必要加强对党的干部政策和法律知识的宣传。像"乡镇人大主席调离本行政区域，其主席职务自然终止"这样对法律理解存在偏差的观点，一出现，就应及时的纠正。

认真抓好代表建议督办工作

湖南省永兴县人大常委会主任　许永金

永兴县新一届人大常委会针对一些单位、个别领导对代表建议办理工作的认识不高，重视程度不够，存在着"重答复、轻办理"等现象，修改了《永兴县人民代表大会代表建议、批评和意见的办理工作办法》，制定了《关于评定县人大代表议案、建议、批评和意见办理最不满意单位的办法(暂行)》。办法明确要求，对涉及多个部门工作的综合性建议由分管副县长牵头办理；对涉及多个副县长分管工作的建议，由常务副县长牵头办理；办理工作结束后，必须由负责牵头办理的副县长审定签字后再回复代表。通过完善督办工作机制，进一步明确了政府的责任，代表建议办理工作取得了明显成效。截止8月中旬，县十五届人大一次会议期间收到的138件代表建议，已全部办理完毕。代表所提建议得到有效解决的达114件，占所提建议的82.7%，比上年提高了15个百分点。

在代表建议办理过程中，县人大常委会注重坚持代表的主体地位，发挥代表的主体作用，切实做好三个结合文章，努力推进人大工作迈向新台阶。

第一，把办理代表建议与反复跟踪督查结合起来。

代表建议办理过程中，有的承办单位往往只讲客观原因，不愿意解决实际问题。针对这种情况，常委会反复督查，找准原因，促使问题得到解决。如张足彩代表提出的关于提高农村独生子女费的建议。我们督查组第一次到计生委督查时，计生委汇报说农村独生子女费每人每年60元符合国家政策，且今年时间已经过半，提高资金标准未列入财政预算，今年无法办理。主任会议听取督查情况汇报后，认为永兴当前的经济社会发展水平在全省名列前茅，而农村独生子女费一直沿用最低标准，已不利于计划生育工作的推进。且该建议符合国家政策，通过努力能够办好，应予以落实。主任会议要求督查组继续跟踪督查。经常委会的反复督查，县政府有关部门经过认真研究，在第4次政府常务会议上，决定将农村独生子女费标准由60元提高到100元。

第二，把办理代表建议与提高常委会会议质量

有机结合起来。

县人大常委会注重把办理代表建议与提高常委会会议质量结合起来，全面提高常委会会议质量。一是根据代表建议确定审议议题。为提高会议审议的针对性，县人大常委会注重听取代表的建议意见，根据代表反映的热点、涉及全县经济和社会发展全局、事关人民群众切身利益的建议确定为会议审议议题。如在确定2008年度常委会会议审议议题时，我们根据代表们反映较为集中的农村合作医疗、城镇居民最低生活保障、国有土地出让金征缴管理使用情况等确定为常委会会议审议的重点议题，人大监督更有针对性。二是邀请提议代表列席常委会会议。为提高常委会会议质量，县人大常委会坚持邀请领衔或提议代表列席常委会会议，充分发挥列席代表来自基层、熟悉情况、剖析问题更有针对性的优势，让他们充分发表意见，面对面指出“一府两院”工作中存在的问题，提出解决问题的方案，使监督工作更富有成效。

第三，把办理代表建议与推动各项工作结合起来。

县人大常委会始终坚持把办理代表建议作为一种资源加以利用，推动各项工作的顺利开展。通过办理代表建议，改进工作中存在的薄弱环节，提高工作质量，不断增强服务能力，提高办事效率。如王方平代表提出的关于制止农田严重抛荒现象的建议，县政府为切实解决耕地抛荒问题，提高耕地利用率和粮食生产能力，根据相关法律法规和上级有关政策，下发了《关于解决耕地抛荒问题的意见》，县政府对种粮大户给予中央粮补资金对等奖励，有效调动了农民种粮积极性，较好地解决了耕地抛荒问题。又如农网改造工作，在十五届人大一次会议上，有7个代表团对此事提出了建议。为此，常委会先后进行调研、找上级有关部门反映情况、组织代表赴市直单位视察等办法，促使相关部门拿出执行最高限价的方案。目前正在开展试点工作，随后将在全县铺开。县人大常委会将继续加大跟踪督办的力度，确保问题的彻底解决。

地方人大常委会要在解放思想中实现新作为

湖南省花垣县人大常委会主任　石邦祥

“坚持科学发展、加快富民强县”的解放思想大讨论，引起了我们对人大工作的深入思考。在新的历史时期，地方人大常委会必须树立新的理念，科学定位人大工作，勇于解放思想，积极开拓创新，在强化人大工作职能，促进经济发展。维护社会稳定等方面力求有新的作为。

一、以服务地方党委工作中心为重点，在促进经济社会发展上实现新作为。要牢固树立服从服务于大局的理念，科学定位人大工作，推动花垣经济社会又好又快的发展。要坚持以党的十七大精神为指导，牢固树立发展是第一要务的观念，把促进县域经济发展作为我们一切工作的根本目标，善于通过法定程序把党的主张转化为国家意志，转化为人民群众的自觉行动，使人大成为党委得力的助手。在当前我县经济发展形式不容乐观的紧要关头，人大机关要以强烈的责任感和饱满的热情，真抓实干，将思想和行动统一到发展上来，围绕推动我县新型工业化、农业产业化、新型城镇化建设等重点工作认真履行职能，贯彻落实好县委加快经济社会发展的一系列重大决策，为经济社会的持续发展创造良好的环境。要全面落实科学发展观，科学把握监督重点，始终围绕党委的工作中心依法行使职权。要围绕解决阻碍当前经济发展的深层次矛盾和问题，开展深入细致的调查研究，用科学发展观的思维理念探索解决办法，努力破解我县经济对矿业依赖程度过高、产业结构单一、后续工业项目建设滞后等难题，及时就发展中的重大事项作出决议决定，切实加大督促检查力度，推动我县经济实现新一轮腾飞。

二、以推动和促进“一府两院”工作为目标，在强化人大工作职能上实现新作为。要认真履行监督职责，支持和促进“一府两院”依法行政、公正司法，形成思想同心、目标同向、行动同步、事业同干的团结和谐奋进局面。要积极关心、支持“一府两院”的工作，充分发挥人大联系人民群众的桥梁纽带作用，认真做好各种疏导工作，努力改善党群关系、政群关系，增强“一府两院”在群众中的威信。要讲究工作方法，加强调查研究，科学运用监督手段，以“党政关心的重大问题、群众关注的热点问题、人大能够帮助解决的突出问题”为突破点，精心选择监督项目，认真提出建议意见。要根据实际情况，切实运用好执法检查、听取审议专项工作报告、组织人大代表视察等常用监督方式；大胆和科学运用质询、罢免、撤职、特定问题调查等“刚性”监督手段，对一些人民群众反映强烈的热点难点问题、人大常委会会议多次审议而有关部门仍未解决的问题，严格加强监督处置，切实增强监督实效，增强人大工作的公信力、生命力和影响力。要加强自身建设，不断解放思想，进一步健全常委会工作制度，完善监督程序，规范监督行为，提高人大监督工作的权威性。

三，以维护社会稳定为关键点，在发挥人大政治优势上实现新作为。要充分发挥人大广泛联系群众的政治优势，进一步密切同人民群众的联系。要切实转变作风，积极投入到“千名干部下基层、排忧解难促发展”活动中去，做到在感情上与百姓相通，在思想上与百姓共鸣，在生活上与百姓相融。要认真行使人事任免权，自觉地把党管干部与人大的依法任免有机统一起来，将监督的着力点放在国家机关工作人员的任后监督上，增强国家机关工作人员的为民服务意识和接受监督的自觉性。要紧紧围绕维护人民群众的合法权益做好人大信访工作，努力化解社会矛盾，促进社会和谐稳定。要紧紧围绕畅通民情上达的渠道发挥人大代表作用，积极营造和谐氛围。要建立代表知情权保障制，畅通代表知情知政的渠道；认真办理代表提出的意见、批评和建议，加大督办力度，提高办理质量；重视和加强代表服务工作，改善代表工作条件，为代表履行职务提供充足的活动经费；大力宣传人大工作和代表事迹，扩大人大工作的影响，提高代表的履职荣誉感和积极性，形成全社会重视代表工作、支持代表工作的良好局面。

预算监督刍议

广西梧州市长洲区人大常委会副主任　刘柏林

预算监督是人大监督工作的一项重要内容，也是政府自觉接受人大监督最敏感的部分。如何进一步推进对预算的实质性监督，提高审查质量和监督效果，当是人大工作的一个重要课题。

一、预算监督中存在的主要问题

1、编制和审查预算时间仓促。

预算法规定，县级政府财政部门应当在本级人民代表大会会议举行的一个月前，将本级预算草案的主要内容提交本级人民代表大会常务委员会进行初步审查。

县级人代会一般安排在2月份举行，这就意味着预算草案必须在1月中旬前完成。然而，同级政府财政部门很难依法按时编制好预算草案。首先，由于时间仓促导致编制粗糙，往往是上年预算加增长率的测算，缺乏对经济指标的第一手材料和经济形势的准确预测，各项指标的安排不可避免地带有随意性。其次，人大专门委员会也来不及对预算草案进行细致的审查。由于同级政府财政部门编制预算草案的收支项目较粗，更缺少支出项目明细说明资料，人大很难在短时间内对预算草案的合法性和合理性进行考核和评估，造成监督低效。再次，人代会审议预算草案及其报告的日程只有半天时间，代表们很难对预算草案进行深入的审查，从而使人大的预算审批流于形式。

2、预算草案过于笼统。

传统预算管理中一个突出问题是预算编制过于笼统，透明度低。预算科目以类为主，很少到项到目，执行到具体部门、单位的某些关键内容避而不谈，只向人代会报告大类收支总数。预算执行中的调整、变更频繁，无预算、超预算列支问题时有发生，把大量本应由预算解决的问题人为地拖到决算中去解决。人大进行预算审查时难以触及实质问题。

3、“结转下一年使用”成为人大监督的“盲区”。

由于预算法及其实施细则未对财政结转资金作出具体的规定，财政部门对每年未使用的财政专项资金，年终是否作为相应专项项目结转下年支出，以及在结转下年支出中，已经滚存多少上级专项补助，结转后次年使用中是否存在挪用、改变项目等问题，成为人大监督预算编制和执行过程中的一个"盲区"。

4、预算调整随意性大，人大监督被动滞后。

按照预算法对"预算调整"的表述，只要不影响预算平衡，地方财政无论怎样调整收支，都不算"预算调整"。这就出现了法律上的漏洞。地方政府可在不违反预算法的前提下，人为地压低预算数，提高执行数，将超收部分资金用于安排支出且无需经过法律程序，造成了政府财政活动的随意性，随意支出可以通过年终超收"摆平"。此外，上级政府下达的财政收入指标一般要在5月份才定，而且还会随着经济形势的变化随时调整。第四季度追加收入基数的现象并不罕见。

政府对预算的随意性行为，造成了人大监督工作的被动和滞后。

二、几点建议

1、改革预算年度，为预算的编制和审查提供足够的时间。

建议将现行的历年制财政年度改为跨年制。由现行的每年1月1日至12月31日改为每年4月1日至次年3月31日。这样，首先可以使财政部门有充分时间酝酿预算编制计划。现行的历年制财政年度下，每年年终财政部门一要冲刺各项收入指标，确保年度收入计划的完成，平衡本级收支计划。二要调度资金，保证党政机关年终资金需求，尤其是年终奖励金、春节前资金等安排。三是春节长假大多在1月下旬或2月上旬。在这些因素作用下，财政部门根本无时间无精力去考虑新财政年度的预算。其次，人大部门也有充足时间在深入调查研究的基础上，做好考核预算、评估预算草案工作，从而避免纸上谈兵，并从深层次触及问题的实质，提出有效对策和改进意见，在预算执行过程中，提供监督依据，掌握监督的侧重点和着力点。再次，可以安排充足时间给人大代表认真审阅。因为，从传统做法上，人大代表一般是在人代会召开时才能见到粗线条的预算草案报告，而且预算草案表根本就不发给每个代表，代表们仅凭听取报告的感觉进行审议。由于心中无数，难以提出有针对性的意见和建议。四是做到预算年度与人代会审批预算的有效期一致，防止一季度出现的无预算状态。

2、细化预算科目，让"内行人看清，外行人看懂"。

按照预算法和预算监督条例的要求，财政部门必须向人大提交上级政府关于编制预算的要求；预算总表科目列到款，重点项目列到项；基金预算收支总表，本级各一级预算单位收支表，建设性支出；按类别划分的返还或者补助下级支出表，上级返还或补助；以及相关的说明材料。只有将科目细化，预算才好执行，才好审计，才好监督。

3、填补法律空白。

建议预算法补充对财政结转专项资金的支出和时限作出具体规定，要求财政部门在编制下一年度预算草案时，将上年结转专项资金按项目在预算中列示，增加透明度，以便于人大监督。

4、规范预算调整的监督程序。

重新界定预算调整的概念，凡单独或同时调整收支的幅度达到3%时，或预算支出项目和法定必保项目需要调减指标的，以及收支总额不变情况下，追加追减的支出，全部纳入预算调整的范围。同时，严格控制不同科目之间的资金调剂。从而从法律角度上强化监督，提高预算执行的质量。

实施"双基"发展战略　推动全区教育发展

石家庄市桥东区教育局局长　金文华

一、"双基"发展战略提出的背景与意义

多年来，石家庄市桥东区委、区政府对教育工作高度重视，不断加大教育投入，改善办学条件。经过前几任教育局领导班子的不懈努力，历经村办学校归区、厂办学校归区等重大政策调整，桥东区学校发展格局已经成型，各学校面貌发生了巨大变化，办学条件得到了极大的改善，这些，都为桥东教育的发展奠定了坚实的基础。如何在原有的基础上，继续提高全区整体教学质量，提升办学管理水平和办学品位，提升桥东教育整体形象成为摆在全局面前的新课题，为此，新一届教育局领导班子上任后，制定了立足桥东、面向全市、夯实基础、长远发展的工作思路，全力实施“制度落实抓基础，重心下移抓基层”的“双基”发展战略，坚持以教学为工作中心和工作主线不动摇，紧紧抓住城市建设“三年大变样”的发展契机，加快资源布局调整，全力实施优质高中战略，推动桥东教育均衡发展，力争通过三到五年努力，实现桥东区学前教育示范化、义务教育标准化、高中教育优质化、职业教育特色化的奋斗目标，全力推进桥东教育的和谐、健康、均衡发展。这一战略，涵盖了全区教育发展的各个方面，更加科学化、系统化地对全区教育事业发展进行了全面阐述，进一步统一了全局思想，集聚了全局智慧与力量，已成为桥东教育发展的指导性战略。

二、“双基”发展战略的具体内容

“双基”发展战略，就是指“制度落实抓基础，重心下移抓基层”。具体包括“以诚相待，与人为善、和谐共事”的工作氛围为前提；以打造“团结、务实、创新、奋进、和谐”的干部队伍为保证；以“抓细节、促规范”为突破；以全面提高教学水平为核心；以打造“南北侧重、双龙头带动”，均衡教育资源布局为目标。实现重心下移，完善管理体制，创新办学体制与模式，抓制度促规范，抓细节求实效，认准目标，不怕困难，苦练内功，扎实推进，从基层抓起，把基础打牢，不断开创桥东教育发展新局面。

（一）营造“以诚相待，与人为善、和谐共事”的工作氛围。和谐的工作氛围，是双基战略顺利实施的前提。全局要继续将建设和谐机关、努力营造“激情创业、和谐共事”的工作氛围作为重要工作内容，贯穿在“双基”战略实施的全过程。

（二）深入开展“抓细节、抓规范”活动。为进一步深化“双基”发展战略，使“双基”更好的与工作实际相结合，与理论科研相结合，与整体发展相结合，把“双基”战略载体化、具体化，落到实处。从现在开始，计划利用三年时间，全力开展“打造细节”系列活动，每年从主要工作环节中，分别选定“一个典型细节问题”为攻坚目标，要选有价值的突破口，认真推敲，确定关键的、典型的“细节”问题，每年分别制定方案，认真贯彻实施，进一步夯实桥东教育基础，夺取“双基”发展战略的胜利。

（三）坚持重心下移，提高教学质量。全局上下要将教学当作全局工作的重中之重，视为“双基”战略的核心内容。在现阶段相当长一个时期内，坚持重心下移，强化教学工作，“一切以教学为中心、一切为教学服务、一切为教学让步”，各学校要通过“抓教学细节”，以改进课堂教学模式、提高课堂教学质量为突破点，实施联片教研、名校带动，深化校本教研，打一场“抓教学、抓基础、上质量、上档次”的攻坚战，全面提高全区教学质量。

（四）以“双龙头”带动，不断加快全区教育资源整合步伐。实现全区教育资源的优化配置，是实施“双基”战略目标的物质基础和重要保证。全局将打造“双龙头”战略作为今后布局调整的主要任务，通过建设优质高中拉动初中、小学办学水平提升，最终形成小学、初中、高中优质生源良性循环、各级各类教育均衡发展的良好态势。普通高中：按照“强化管理、提升内涵、扩大规模、提高质量”的原则，实施“双龙头”带动的优质高中发展战略：北部倾力打造23中学优质高中；南部打造4中寄宿制中学。形成南部、北部差别发展的道路。义务教育：侧重南北优质学校建设，减小中部数量，实施强强联合、强弱联合，扩大办学规模，提高办学水平；职业教育：保持办学特色，调整专业设置，保证招生规模，全力打造三中、七中两个职业教育中心学校；学前教育：借助当前政策和良好社会环境，深入挖潜，争取多方支持，实现规模发展。

三、实施“双基”发展战略的关键环节

在实施“双基”发展战略过程中，我们明确提出必须要以“抓细节、促规范”为突破。其实，就是明确了落实“双基”发展战略，到底要抓什么，怎样抓的问题。落实“双基”战略，就是要抓基础工作，抓基层学校。基础工作从哪里抓起？就是从每项工作的每个细节抓起。细节决定成败，细节是基础的基础，抓住细节，就是抓住了解决问题的关键；每一个细节问题上都能求得突破，取得实效，必将带动整个工作质量的提升。基层学校工作从哪里抓起？就是要从落实制度规范抓起，校长的办学理念要科学、规范，符合教育规律，符合国家政策与法律，符合形式发展需要；学校的教育、教学、后勤等各项管理都要从制度上去落实，以制度管人，按制度办事，处处讲标准，事事讲规矩。规范管理是推进力，能提高机关各科室、学校各部门的工作效率；规范管理是协调力，能实现科室之间、部门之间的有机和谐，进而营造出“激情创业、和谐共事、与诚相待、和谐共事”的工作氛围；规范管理是凝聚力，能使各学校、全系统在思想和行动上保持高度的统一，充分展示出学校和整个桥东教育团结整齐、步调一致、斗志昂扬、务实进取的良好形象。

四、贯彻"双基"战略，推动全区经济社会发展

桥东区委、区政府立足全区实际，制定了《桥东区经济社会发展三年规划》，提出了建设"繁荣、文明、和谐、宜居"现代化新城区的发展目标，对教育发展提出了明确要求，尤其是将实施"双基"发展战略作为教育发展的一项重要内容列入了全区经济社会发展规划，这充分体现了区委、区政府对教育发展的高度重视，同时，也表明实施"双基"发展战略得到了区委、区政府的充分认可。实施"双基"发展战略，完全符合区委、区政府"重基层、重民主、保稳定、促和谐、求发展"的总体工作思路。实施"双基"发展战略，必将推动全区教育事业平稳、健康、持续发展，桥东社会文化事业更加文明、繁荣、和谐。

积极建设法治政府　大力推进依法行政

湖南省汝城县人大常委会主任　朱惠芳

建设法治政府，促进依法行政是各级政府的根本目的。各级政府工作部门负责人要自觉接受各级人大常委会的监督，不断增强民主意识、法制意识、公仆意识和责任意识，忠实履职，不负重托，以依法行政创新业绩，为经济建设和社会发展作出积极的贡献。

一、强化依法治县理念，积极建设法治政府

随着我国民主法制建设、依法治国进程的不断推进，法治政府建设已摆上了各级政府重要的议事日程，这既是各级政府不断适应新形势发展的需要，更是保证全县经济和社会事业又好又快发展的必然要求。

一是建设法治政府是实现依法治县的本质要求。所谓依法治国，要求国家是法治国家，社会是法治社会，政府是法治政府。政府及行政机关只有不断强化依法治县理念，自觉地运用法律去管理国家事务、经济事务和社会事务，才能有信心和决心在全社会倡导法治理念，形成崇尚法律、遵守法律、服从法律的浓厚氛围，才能带领和动员广大群众遵纪守法，为政府依法行政和依法管理创造一个良好的社会环境和社会基础。

二是建设法治政府是实现经济和社会事业又好又快发展的根本保证。政府依法行政和依法管理的目的是促进全县经济和社会事业又好又快发展。因此，政府和行政机关只有严格按照法律的规定，适应我国市场经济建设的要求，落实科学发展观，加快政府职能的转变，树立一种全新的责任、诚信、服务、廉洁的政府形象，在经济和社会事业中发挥好引导、调控、管理和服务作用，赢得广大群众和广大投资者的支持和信任。

三是建设法治政府是实现依法高效行政的必然选择。只有严格按照法律规定，做法律规定和要求做的事，不做法律禁止做的事，处理好为与不为、为与乱为的关系，才能做到既不越权，又不缺位，更不错位，避免或减少因为行为违法而当被告的现象，避免出现要特权而导致腐败的现象，从而保证集中时间精力去履行自己的职责，提高履职水平和行政效率。

二、严格规范行政行为，全面实施依法行政

政府组成部门主要是通过行政行为来履行各自的职责，尽管各自的分工和职责不同，但法律都对各自履职有明确的要求，具体而言就是要依法行政。

一是行政权力行为要规范。依法行政核心是依法治权，依法规范政府及其公务员的行为，要严格执行行政许可法，严格禁止创设行政许可和行政收费。根据法律规定，行政许可的设定要依法有据，除法律、行政法规、国务院决定、地方性法规和省级人民政府规章可设定的行政许可外，其他规范性文件一律不能再设定行政许可。行政机关实施行政许可要严格按照法定程序进行，要按法律规定的程序办事，该谁办的事谁办，并在时限内办理，不能办的事要及时答复或说明；行政机关实施行政许可时不得违法收费，凡没法律依据的，实施行政许可一律不得收费，依法可收费的，也要按法定项目和标准收取并严格管理。

二是行政行为要透明。就是要将权力运作的法律依据、依法执行程序、执行责任、执行标准向社会公示公开，通过公开，增加透明度，使权力行使的对象直接监督权力运作的全过程。实际工作中要求我们深入推进政务公开，实行阳光工程，扩大群众的知情权、参与权和监督权，防止滥用职权，以权谋私。三是行政行为要受监督。要健全行政行为的监督机制，充分发挥人大法律监督、社会民主监督和新闻舆论监督的作用，形成一套运行有效的监督机制。建立完善法律、法规、规章执行反馈制度、重大行政处罚备案制度，完善申诉和检举制度，严格行政执法过错责任追究，有效防止公共权力的滥用。

三、贯彻实施监督法规，支持促进依法行政

人大常委会履行对政府工作的监督职能，是依法行使监督权力的重要内容，也是支持、促进政府依法行政的重要形式。2007年1月1日施行的监督法，是坚持和完善人民代表大会制度，加强和规范人大常委会监督工作的重要举措。因此，我们必须认真学习，深刻领会，把握好监督法的几个特点：

一是监督法具有体系性特点。监督法规定，对政府工作的监督，既有全局性工作的监督，如审查和批准决算，听取和审议国民经济和社会发展计划、预算的执行情况，听取和审议审计工作报告；又规定了对专项工作的监督，如规范性文件的备案审查、法律法规实施情况的检查、听取审议专项工作报告；还规定了对需要作决定决议的重大事项可以组织特定问题的调查。至于对政府及其工作人员职务行为的监督，监督法未规定评议形式，人大也不再去开展，但融入各种监督形式和内容之中。监督法同时规定，本法没有规定的，适用有关法律的规定。因此，职务行为的监督按照地方组织法等法律法规的有关规定进行。纵观监督法，可以说，为各级人大常委会实施对政府工作的监督构筑了一套比较全面的科学体系。

二是监督法具有公开性特点。监督法规定，人大常委会听取的国民经济和社会发展计划执行情况报告、预算执行情况报告和审计工作报告及审议意见，人民政府对审议意见研究处理情况或者执行决议情况的报告，向本级人民代表大会通报并向社会公布。同时，对开展执法检查、听取专项工作报告等监督形式，也要向代表通报并向社会公布政府对审议意见研究处理情况或者执行决议的情况。因此，监督法的公开性特点，要求政府工作和人大监督始终置于社会和广大群众的监督中，更加趋于公开透明。

三是监督法具有程序性和时限性特点。监督法对监督的形式和程序作了明确、具体的规定，如听取专项工作报告中，包括议题的确立，听取专项报告前的视察或调研，谁向常委会作专项报告，审议意见交办，向代表通报和社会公布都作了具体的规定，具有很强程序性和可操作性。同时，监督法对有关时限也作了明确规定。监督法规定，政府接受人大监督，必须将相关材料在法定时限内报人大常委会。如人大常委会安排听取的专项工作报告，政府应当在会前二十日将专项工作报告送交常委会有关工作机构征求意见，并对报告修改后于常委会举行会议的十日前送交常委会，以便七日前发给常委会组成人员。再如根据本法没有规定，适用有关法律的规定，按照立法法规定，政府规范性文件在向社会公布后30日内报人大常委会备案审查。

四是监督法具有强制性特点。按监督法规定，人大常委会在实施听取专项工作报告等监督形式时，政府要将人大常委会的审议意见的研究处理情况报人大常委会，人大常委会认为有必要的，可以对专项工作报告作出决议，政府要在决议规定的期限内，将执行决议情况再次向人大常委会报告。同时，人大常委会认为必要时可以启动其他监督程序，如询问、质询、特定问题调查等，直到撤职案的提出，这些规定充分体现了监督法的强制性特点，具有较强刚性。监督法的出台实施，有利于强化人大常委会对政府工作及其工作人员职务行为的监督，促进依法行政。因此，我们要认真贯彻实施监督法，积极支持、促进政府依法行政。

四、认真接受人大监督，积极推进依法行政

各级人民代表大会是国家权力机关，人大常委会是它的常设机构。监督法的出台，使得权力机关职权体系更为完善，强化了人大的任免、决议、监督三大职权的法律效力。因此，政府及其组成部门要自觉增强人大意识，认真执行人大决议，积极接受人大监督，努力推进依法行政。

一是思想上要强化人大意识。要从三个层面来认识和处理好人大与政府的关系。首先，从法律层面看，宪法和地方组织法明确规定，地方各级人民代表大会是地方国家权力机关，地方各级人民政府是地方各级国家权力机关的执行机关。人大对政府有依法监督权，人大与政府的关系，就是决定与执行，监督与被监督的关系。其次，从政府产生层面上看，政府组成人员是由人民代表大会及其常委会选举或任命产生，对人大负责，受人大监督。

第三,从工作层面上看,人大与政府虽然职责不同,但工作目标是一致的,都是为了确保宪法、法律得到正确实施,确保行政权得到正确行使,确保公民、法人和其他组织的合法权益得到尊重和维护。因此,只有不断强化人大意识,才能增强依法行政的自觉性。

二是工作上要执行人大决议。人民代表大会对政府、计划、财政等工作作出的决议和闭会期间人大常委会对关系全县改革、发展、稳定的重大问题,关系到人民切身利益的重大问题所作出的决议,乃至听取审议专项工作报告等所形成的决议,具有法定效力,带有强制力和约束性,是政府及其工作部门依法行政的重要内容。政府及其工作部门在工作上不仅要认真贯彻执行,而且要将贯彻执行决议情况向人民代表大会及其常委会报告。议案,是人民代表大会主席团审议通过的重要决议,也很具法定效力,政府及其工作部门必须认真办理,切实抓好落实。

三是行为上要接受人大监督。人大监督的范围很广,政府一切工作及政府工作人员的所有职务行为均在监督之内。但归纳起来,主要接受以下几个方面的监督:一是在实施国民经济和社会发展计划及财政预算执行和专项资金使用等方面接受监督,以确保各项计划,即工作目标任务的如期实现。二是在执行法律法规方面接受监督,即对法律法规的实施情况进行检查。地方各级人民代表大会及其常务委员会制定的各种办法及其细则,审议通过的各种规划以及形成的各项决议,同时具有法定效力,带有强制性。在对执行国家、省、市法律法规及决议情况检查的同时,要加强对本级人民代表大会及其常委会所制定的办法、所审议的规划、所形成的决议执行情况的检查,以督促执行。三是对规范性文件的备案审查。审查规范性文件,主要是严格禁止创设行政行为和行政收费,切实维护公民的合法权益,促进优化经济环境。人大要将此作常规性监督工作开展,对违背法律法规规定的文件将依法撤销。四是部门工作及重要专项工作要接受监督。监督法规定,凡是事关全局、区域内重大事项及人民群众普遍关注或反映强烈的问题,人大均可通过听取审议专项工作报告和特定问题调查等形式进行监督。因此,部门及重要工作要接受监督。办理代表建议是事关人民当作家主,管理国家经济社会事务的大事,因此要认真督办,并听取审议办理情况的报告。五是由人大任命的政府工作人员的职务行为要接受监督。主要形式有任期工作绩效考核、年度述职报告以及任期经济责任审计。人大监督是依法监督,将严格按照法律规定进行,决不创设新的监督形式;人大监督是职责之所在,目的在于促进依法行政,政府工作部门负责人要自觉接受监督,化监督为动力,认真推进依法行政,积极提高工作效能,不断取得工作佳绩。

关于地方人大开展执法检查工作的实践和思考

广东省阳西县人大常委会副主任　崔木保

对法律法规实施情况进行检查是监督法赋予地方人大常委会的一项重要职权,也是人大工作的一项重要内容。执法检查对于保障宪法和法律在本行政区域的正确施行,促进社会公平正义,构建和谐社会都具有非常重要的意义。随着依法治国方略的深入推进,人大法律监督任务也越来越重。因此,如何提高执法检查质量,增强执法检查实效,是地方各级人大常委会需要不断思考和探索的重要课题。笔者结合地方人大工作实际,对如何深化执法检查工作谈一些肤浅的看法。

一、地方人大开展执法检查工作的基本情况

从我市的情况来看,经过多年的实践,全市各级人大常委会的执法检查工作取得了很大的进展,积累了不少好的做法和经验,主要呈现如下几个特点:

(一)领导重视,重点突出。近几年来,特别是监督法颁布实施以来,全市各级人大常委会普遍重视执法检查工作,把它摆在人大工作突出位置抓紧抓好,每年都根据当地实际情况,选择一些关系改革发展稳定大局和群众切身利益、社会普遍关注的重大问题,有计划地组织了 2 至 3 次规模较大的执法检查活动。每次执法检查,常委会领导都亲自动

员部署、亲自参与，并组织好精干的执法检查组，深入到基层和群众中进行检查和调研，现场解决检查中遇到的困难和问题，切实抓好执法检查每个环节的工作，为执法检查工作的顺利开展提供了保障。

（二）强化学习，练好内功。针对人大机关工作人员正规学习培训少，对法律法规内容熟悉程度不高的薄弱环节，全市各级人大常委会都加强了法律法规的学习，努力提高常委会组成人员及机关工作人员的综合素质，为顺利开展执法检查工作夯实了基础。2004 年以来，阳西县人大常委会除了在每次执法检查前组织有关人员进行专题的法律学习外，始终坚持“每周一学”的制度，有目的、有计划、有针对性地安排了常委会组成人员和机关工作人员系统学习法律法规知识和上级政策文件等。通过专题和系统的学习，进一步增强了依法履职能力，不断强化人大的法律监督职能。

（三）更新观念，改进方法。近几年来，全市各级人大常委会对执法检查工作的认识逐渐加深，并积极探索各种行之有效的方法，提高执法检查的实效。一是坚持听取汇报与走访座谈相结合。阳江市、阳东县、江城区人大常委会的执法检查工作在听取有关的工作汇报的同时，注重把侧重点放在与群众接触上，与群众直接对话，鼓励群众打消顾虑，鼓励群众讲真话，从而为执法检查活动获得了更多的第一手材料。二是坚持明察与暗访相结合。2007 年 3 月，阳西县人大常委会开展对《中华人民共和国治安管理处罚法》实施情况的执法检查，就是运用这种方法，把侧重点放在“暗访”上，执法检查组成员通过微服私访的方式，发现并掌握全县有多间废品回收站违法收购被盗电信设施和其他物品的事实，从而督促政府及有关部门及时全面开展清查整顿废品回收站等“治安死角”、大力打击偷窃和破坏电力通信设施等违法犯罪行为活动并取得较好的成效。三是坚持上下联动。近几年来，市、县、镇三级人大每年都会结合全市群众关注的热点问题和普遍存在的倾向性问题，抓住个别法律法规的实施情况进行检查。如今年在全市范围内开展的《中华人民共和国科学技术普及法》执法检查活动，就是围绕全市广大群众新形势下迫切需要科学技术而各级政府部门普遍重视程度不够的问题而展开的。四是坚持执法检查与舆论监督结合起来。2007 年，阳春市人大常委会先后开展了《中华人民共和国安全生产法》和《中华人民共和国法官法》实施情况的检查，执法检查前将执法检查的目的、内容、方法、要求以及参加人员等，在当地报纸、电视台和互联网等新闻媒体公布，广泛征求全市广大群众的意见，让群众参与执法检查的全过程，自觉接受群众的监督，使检查收到实实在在的效果，较好地促进了当地政府和司法部门依法行政、公正司法。

（四）跟踪督办，效果明显。2005 年 5 月，阳西县人大常委会执法检查组对《互联网上网服务营业场所管理条例》的实施情况进行检查后，鉴于“黑网吧”情况较为突出的情况，县人大常委会对政府的整改情况实施了跟踪监督，并于 5 月、7 月和 9 月分别举行了 3 次会议，专题审议了整改工作的落实情况。第 3 次会议在肯定县政府及有关部门所做的工作和取得成绩同时，要求政府及有关部门树立长期作战的思想，建立工作长效机制，加强协调，加大整治力度，防止“黑网吧”死灰复燃，净化网络文化市场，切实做好信息网络安全和治安管理工作，同时要求县政府向县人大常委会定期汇报整治工作情况。这次执法检查工作因此也取得了较好的效果。近几年来，阳江市各级人大常委会开展执法检查时，在切实抓好各个环节工作落实的同时，都侧重对“一府两院”整改落实情况实行跟踪监督，使执法检查取得了较好的成效，确保了法律法规在本地区的正确实施。

二、地方人大执法检查工作存在的主要问题

地方各级人大常委会对执法检查工作虽然比较重视，在工作中也取得了比较好的成效。但是，在开展执法检查中也还存在一些不容忽视的问题，主要表现为：

一是力量单薄。当前，国家出台的法律法规数量多、专业性强，对执法检查主体的履职能力提出了更高的要求，但是地方人大特别是县镇两级人大法律专业人才比较缺乏，人大机关干部队伍的现状与不断强化的法律监督职能有较大的差距。执法检查前，人大虽然也组织对法律条文的集中学习，但仅限于对法律有一个大概了解，因此，执法检查就显得心有余而力不足，甚至出现“外行查内行”的尴尬场面，这样检查的效果势必大打折扣。

二是“内热外冷”。有人把人大开展的执法检查活动形像地说成是“暖水瓶”式的“内热外冷”，即表现往往是人大这个执法检查主体的“一头热”，检查对象较为冷淡而配合不够。个别检查对象人大意识、法治观念较淡薄，认为人大的执法检查可有可无，甚至是“挑刺”、“找麻烦”，因此在思

想上消极抵触，在行动上马虎应付。这样的执法检查怎么看都像是人大"一家人"在"自弹自唱"。

三是形式单一。总体而言，人大执法检查工作的程序较为到位，但程序模式化，习惯做法较多，如习惯于提前给检查对象发通知、打招呼，让其准备好汇报材料和现场；习惯于听从检查对象的安排，缺乏工作主动性，使执法检查陷入"走马观花，流于形式"的局面。

四是针对性不够强。有些检查项目的提出往往缺乏深入的调研和综合征求各方面的意见，只是人大常委会相关工作部门"一家之言"，或者照搬上级人大的执法检查项目，这样就造成了执法检查与社会普遍关注的热点难点相脱节、与本行政区域改革和发展中急需解决的重大问题相脱节的问题。

五是督办乏力。毋庸置疑，地方各级人大常委会对执法检查是十分重视的，但在实际工作中又不同程度存在着"重检查、轻督办"的情况——"检查阶段气氛热烈，整改阶段无声无息"。对检查之后执法部门整改情况如何，对反映出的问题是否得到有效解决等情况，就少有过问了，督办效果不甚明显，这在一定程度上损害了人大的权威。

三、增强执法检查工作实效的对策

去年1月1日施行的监督法，对人大的执法检查工作提出了明确规定。针对执法检查存在的问题，笔者认为必须在贯彻落实监督法的过程中认真加以解决，切实增强执法检查工作的实效。为此，人大在执法检查中必须做到"五个结合"：

（一）法律宣传和舆论监督相结合。执法检查的过程应是一个法律宣传和舆论监督两者有机结合的过程。人大开展执法检查活动，可通过报纸、电台、电视台以及网络等新闻媒体，向全社会广泛宣传执法检查目的、意见、内容以及相关的法律法规，发布执法检查有关信息等，形成良好的社会氛围和强大的监督声势。这样，一方面提高全社会对人大执法检查的认识和对相关法律法规的熟知程度，使执法部门消除抵触和应付心理，自觉接受和密切配合好执法检查；另一方面，动员广大群众参与执法检查的全过程，让执法检查置于人民群众的监督之下，充分发挥法律监督和舆论监督的联动效应，提高执法检查工作的质量和效果。

（二）做好"常规动作"与打好"组合拳"相结合。在执法检查方式上，地方各级人大常委会除了做好"听取汇报"、"召开座谈会"等"常规动作"外，还要灵活运用随机抽查、问卷调查、个别走访、微服暗访等多种手段相结合的方式方法，拓宽直接听取群众意见的渠道，把自查与抽查、个别访谈与集中汇报、重点检查与一般检查、公开举报电话与问卷调查、通知检查与突击检查、明查与暗访相结合，广泛收集各方面的意见和建议，以全面准确地了解和掌握真实情况。在执法检查项目的确定上，应把当前由人大常委会工作部门提出或照搬上级的方式转变为向社会尤其是向本级人大代表公开征集与人大常委会会议确定相结合的方式，使执法检查的议题切中法律实施的难点、广大群众关心的热点，更有针对性，以克服随意性和盲目性。

（三）自查自纠与监督整改相结合。在执法检查中，地方各级人大常委会要积极督促执法部门针对自身存在的问题进行认真的自查自纠；对执法检查所作出的决议、决定或所形成的审议意见，要责令相关执法部门限期整改，狠抓整改意见的落实到位。对落实不力或敷衍塞责不认真整改的，要敢于碰硬，积极开展跟踪检查，依法追究相关部门的责任，甚至采用必要的刚性监督手段，一抓到底，抓出成效。

（四）完善制度与规范程序相结合。无规矩不成方圆。同样，要提高执法检查的质量和实效，必须有健全的制度和规范的程序做保证。因此，地方各级人大常委会要在实践中不断积极探索好的办法，并通过制度的形式固定下来。在执法检查主体方面，建立执法检查责任制，明确职责分工，切实提高执法检查人员使命感、责任感和工作效率；建立执法检查效果评价制度，以达到总结经验、开拓创新的目的，使人大常委会监督工作得到进一步完善和加强。在执法检查对象方面，建立政府及其部门、"两院"的执法检查问责制，明确本单位、本部门在贯彻实施法律法规过程中所担负的任务和职责，明确"一把手"应履行的义务和应承担的责任，以及配合人大常委会搞好执法检查的要求，以促使其产生依法行政、公正司法的压力和动力。此外，还可建立和实行常委会审议执法检查报告制度、执法检查督办制度、执法机关改进执法情况报告制度等等，通过一系列制度的建立和完善，使地方人大常委会执法检查工作得到不断规范，以更好地推动执法检查活动的开展，达到执法检查的目的。

（五）提高认识与增强素质相结合。作为执法检查主体的权力机关组成人员平时应加强学习，努力提高自己的政治素质和业务水平。特别是要从思想上充分认识开展执法检查对于推进依法治国的重要意义和作用，把开展执法检查作为实践“三个代表”重要思想的具体行动，切实增强工作的责任感和使命感，认真履行法定监督职责，积极做好执法检查工作，为保障法律法规在本地区的正确实施作出应有的贡献。每次执法检查前，常委会要相对集中一段时间，有针对性地组织检查组成员进行学习和培训，并把学习培训贯穿于执法检查的全过程。通过学习，使检查组成员熟悉和掌握相关的法律法规及相关的工作知识，提高发现问题和分析问题的能力和水平，为做好执法检查工作作好充分的准备。此外，地方各级人大常委会应积极争取组织人事部门的支持，大力引进和吸纳法律专业人才，从根本上改变目前人大执法检查力量薄弱的现状，以适应人大工作的迫切需要。

用科学发展观指导地方人大工作

湖北省远安县人大常委会常务副主任　王杰

科学发展观是新世纪指导我国发展的科学世界观和方法论，是发展中国特色社会主义必须坚持和贯彻的重大战略思想，也是新时期地方人大工作的根本指导方针。人大及其常委会作为国家权力机关，必须以科学发展观统领各项工作，充分发挥人民代表大会的制度优势，不断创新人大工作，以促进科学发展观全面贯彻落实。

一、增强落实科学发展观的自觉性，抓住结合点

地方人大及其常委会落实科学发展观，应该紧紧围绕人大职能，找准抓住最佳结合点。法律赋予地方人大具有重大事项决定、选举任免、法律和工作监督的职权。人大及其常委会工作的最佳结合点，就是在履行上述职权中把科学发展观的要求系列化、具体化，在人大工作的各个方面加以贯彻落实。《监督法》第三条规定：“各级人民代表大会常务委员会行使监督职权，应当围绕国家工作大局，坚持中国共产党的领导，坚持马克思列宁主义、毛泽东思想、邓小平理论和‘三个代表’重要思想，坚持人民民主专政，坚持社会主义道路，坚持改革开放。”这就要求地方人大及其常委会在实际工作中，要把履行职权与坚持党的领导、依法行政有机统一起来。党的领导是推进发展的根本保证，人大工作应自觉接受党的领导，决定重大问题应请示报告，审议重要事项应体现党的意图。监督国家机关依法行政，是人大落实科学发展观的重要形式，这种监督不是包办代替，而是既监督又支持，寓监督于支持之中，以确保国家机关在法治轨道上推动各项工作。因此，创新人大工作，只有不断增强落实科学发展观的自觉性和紧迫性，将三者有机结合起来，才能找准人大落实科学发展观的正确道路，才能加速建设社会主义法治国家，取得推动经济社会又好又快发展的实效。

二、增强落实科学发展观的责任性，找准着重点

用科学发展观统领人大及其人大常委会的工作，必须找准着重点，才能取得事半功倍的效果。

一是议定大事，为科学发展夯定坚实基础。人大及其常委会要充分运用自身的政治资源、社会资源和信息资源，讨论、决定本行政区域内政治、经济、教育、科学、文化、卫生、环境和资源保护、民政、民族等方面的重大事项，推动经济社会科学发展。决定重大事项，对地方政治、经济、社会建设关系重大。因此，它是地方人大及其常委会工作落实科学发展观的着重点。用科学发展观审视人大在重大事项决定的内容上，应高度关注发展的均衡协调。科学发展观的要义是发展，离开发展就无所谓科学发展观。“发展才是硬道理”，这是全党的共识。地方人大及其常委会的工作必须一切为了发展、一切保障发展、一切推动发展。发展必须是科学发展，这在重大事项决定中首先应得到体现。我们要坚持做到“三性”：第一，协调性发展。随着政治经济结构调整的改革深化，出现城乡二元化经济结构突出、地区发展不平衡、经济快速发展对环境资源的压力不断增大等诸多矛盾。科学发展观要求的发展，是统筹兼顾的协调发展。这就要求地方人大决定重大事项，必须关注发展的整体协调和发展要素的有效整合，正确处理城市与农村、经济发展与社会发展、经济效益与生态效益的关系，使“五个统筹”落实到各个方面，真正实现协调发展。第二，全面性发展。科学发展观的实质是实现经济社会又快又好地发展。发展要以经济建设为中心,对此必须坚定不移。发展又不仅仅只是经济发展,同时也应是政治、文化、社会的发展。经济发展较快,社会发展滞后,这不符合科学发展观的要求。为此,地方人大审定重大事项,必须统筹平衡,促使经济发展与社会发展相适应。第三,可持续性发展。地方人大及其常委会决定重大事项,必须高度重视人口、资源、环境问题,正确处理眼前利益与长远利益、局部利益与全局利益的关系,各项发展都要顾及环境资源的影响,坚持走可持续发展之路。

*二是选贤任能,为科学发展提供组织保证。*法律规定人大具有选举任免国家机关工作人员的权力,实质上是人民把国家权力交给了可以信赖的"公仆"。一个地区究竟能不能落实科学发展观,全面实现小康目标,关键是把人选好。地方人大及其常委会应不负人民的重托,把"一府两院"的领导成员选好,为科学发展提供组织保证。按照科学发展观的要求,人大选举任免工作,必须加以改进和创新。当前,改进的主要之点是如何把对上对下负责更加一致起来。为此,第一,进一步扩大推荐权,让更多人大代表和人民群众参与推荐,由少数人选人变为由多数人选人,充分尊重民意,防止和改变"眼睛向上的人上了,眼睛向下的人下了"的怪现象,真正把那些群众认同度高的想干事、能干事的人选拔出来。第二,进一步改进任免办法,真正做到坚持党管干部原则、充分发扬民主、严格依法办事有机结合。推荐人选,人大应与党委组织部门同时介入;任命之前,应进行任职法律知识考试;任命之时,应由被任命人发表任职演讲承诺,并在国徽下宣誓。总之,选举任免工作应公开透明、程序规范。第三,进一步完善任职考评监督机制,增强国家机关工作人员"公权民授"意识和服务责任感,激励其真干事、干成事、干好事。

*三是强化监督,致力促进科学发展。*落实科学发展观,地方人大及其常委会工作最主要的着重点,就是依法实施法律监督和工作监督,其实质是防止行政、司法机关滥用权力,其职能是保证法律、法规的实施,保障人民的利益和意志,促使国家机关切实把科学发展观贯穿于工作的全过程,落实到各个环节。要不断加强监督和大力支持政府转变职能,优化经济发展环境,把主要精力转到加强社会管理和公共服务上来,放到加强宏观调控和解决长远发展的根本性问题上来。要重点督促和支持政府解决社会反映集中的热点难点问题,切实维护人民群众的利益。人大工作本质上是体现人民意志、维护人民利益的工作。人大工作坚持以人为本,以民为本,重视民生、保护民利、维护民权,必须从群众最关心、最直接、最现实利益的事情做起。通过专题审议、执法检查、视察调研等多种方式,督促政府及有关部门,严格以法行政,执政为民,解民忧愁,为民谋利。同时要把人大监督与社会监督结合起来,将人大监督工作的年度计划,听取、审议政府、"两院"专项工作报告的审议意见及其处理情况,及时向社会公布,扩大公民对人大监督工作的有序参与,以增强人大监督的活力和实力。

三、增强落实科学发展观的实效性,突破热难点

贯彻落实科学发展观,地方人大及其常委会要发挥好职能作用,关键是要加强自身建设,提高履职能力,发挥人大作为民意机关的优势,把亲民、爱民、为民作为推进科学发展的根本环节。切实解决好人民群众的反映的热点难点问题,才能真正提高人大工作实效。

人民群众是科学发展的力量源泉,最大限度地了解民意、反映民意、实现民意,是人大及其常委会的本质任务和基本职责。了解民意最终是为了实现民意,而民意反映的大多数是在经济社会发展过程中出现的热点难点问题,及时地解决了这些热点难点问题,也就能促进科学发展取得实效。因此要创新了解征求民意的方式,增设人大代表专线电话、网站投诉信箱等多种形式,使畅通民意诉求渠道畅通,全方位地了解民意。同时运用新闻媒体、听证会等,让群众直接表达意见;办好群众来信来访,使反映的问题件件有着落;发挥代表的联系选民的作用,真正把民意转化为代表的议案、建议、批评、意见;对群众反映较为集中的意见要尽可能融入人大有关决定决议之中,通过人大履行法定职权的行为,反映和体现民意。人大及其常委会还要对"一府两院"加强跟踪督办,落实人大审议意见、人大代表建议,就是确保民意真正能落到实处。

人大代表是人民群众的代言人,是人大工作的主力军。为此,要不断完善代表活动机制和激励机制,以激发人大代表反映民意、集中民智的责任性。通过积极开展代表小组活动、组织代表培训、代表述职、经验交流等形式,凝聚人大代表,提高人大代表参与管理地方国家事务的积极性。同时组织人大代表视察调研、对"一府两院"部分组成人员进行述职评议、定期向人大代表通报政情、办理人大代表建议等，活跃代表工作，激发代表参政议政督政的热情。只有充分发挥人大代表的作用，增强人大代表的推动力，才能加速科学发展的进程。

我国建立人民代表大会制度才短短的50年，要落实科学发展观，适应新形势的需要，就必须进一步完善人大制度，这就迫切要求大力增强地方人大及其常委会的工作创新能力。我们要加强对马列主义、毛泽东思想、邓小平理论和“三个代表”重要思想的学习，借鉴人类文明的先进成果，用战略的眼光、全新的理念指导地方人大工作，提高运用理论解决新问题的能力。宪法和法律对地方人大的职能作了规定，但较为原则，完善操作层面的任务也很繁重。这就要求地方人大及其常委会要在法律规定的基本原则的框架内，方法上、在理念上、制度上用科学发展观来指导创新人大工作，针对地方人大在行使决定权、任免权、监督权中遇到的新情况，积极探索具体操作的新方法，按照“坚持党的领导，人民当家作主和依法治国”有机统一的原则，在总结以往实践经验的基础上，建立和完善一系列的组织制度和工作制度，推进地方人大及其常委会工作的规范化、科学化和制度化，依法履行好人大工作职责，为促进我国经济社会发展和建设社会主义法治国家而作出更大贡献。

发挥集体参谋作用　提高服务保障水平

福建省厦门市同安区人大常委会办公室主任　林永富

区人大常委会办公室作为常委会机关的重要窗口和枢纽，在常委会机关中地位之特殊，可以概括成三句话：不是中心但时刻围绕中心、不是全局但随时服务全局、不做决策但始终为决策服务。因此，办公室必须明确职责、正确定位、拓宽思路，不断加强自身建设，提高服务保障水平和工作效率，保证常委会各项工作顺利有序开展。

一、明确职责，履行综合办事职能

办公室是常委会机关的综合办事机构，以“内部和谐、外部顺畅、运作规范、高效一流”为工作目标，承担着综合、协调、管理、服务等诸多职能，其工作的性质就是服务和协调。归纳起来，主要职责有以下五项：

一是办文办会。常委会履行职权的方式主要是通过召开各种会议的形式进行，会议多、材料多、程序多是人大“三会”的特点。办会办文是办公室工作的重要内容之一。办公室要负责做好“三会”的会务工作及会议决定、决议的检查落实，认真起草有关文件、领导讲话和汇报材料，做好各次会议的会前、会中、会后的有关服务工作等。因此，办公室必须强化质量意识。人大工作法律性、程序性强，办文、办会、办事都要求严谨细致、一丝不苟。起草各类文稿，要既符合上级要求，准确体现领导意图，又有法律依据和理论水平；筹备各类会务，要用心谋划，精心组织，对每个细节都考虑周全，确保有条不紊，为常委会各项工作的有效开展奠定扎实基础，提供高效优质服务。

二是协调联系。协调是办公室人员的基本功。要主动地加强内部的沟通联系，协调常委会各工作委员会开展工作，还要加强与上下级人大、“一府两院”和其他兄弟地区人大的工作联系，保障常委会的各项活动顺利进行。在日常工作中，对上协调要按照程序，逐级请示汇报；对左右协调要谦虚周全，争取支持配合；对下协调要把握分寸，做到督查、服务相结合。同时，要敢于协调、善于协调，当好“总调度”，妥善协调各方面关系，做到不让领导布置的事情在办公室拖延，不让正在处理的文件在办公室积压，不让各种差错在办公室发生，不让人大的形象在办公室受到影响，尽最大努力为领导腾出时间、精力抓大事、谋大事。

三是宣传调研。宣传调研工作是人大最重要的工作之一。办公室必须建立和完善人大宣传调研工作制度，加强宣传队伍建设，积极开展“代表法宣传月”、“代表调研年”等活动，拓宽宣传渠道，提高宣传实效，要经常深入基层、深入群众开展调查研究，广泛收集资料，认真分析研究，综合整理出能为常委会行使职权提供可资借鉴的素材，充分发挥集体参谋助手作用。同时，办公室要加强与各新闻单位的联系，积极开展多种形式的人大宣传活动，推动人大宣传工作更上新台阶。

四是信访接待。当前,人大信访工作量大幅增加,人大信访工作的重要性愈加显现。办公室要进一步树立人本信访理念、责任信访理念、法治信访理念,按照"五句话二十个字"工作模式和"四个百分之百"要求,认真做好信访接待、登记、分类、交办、转办、督办、归档等工作,积极转变工作作风,深入开展"代表接待信访日"和下基层接访等活动,要以换位的理解、平等的身份相迎和接待来访人员,耐心细致地做工作,并与有关部门衔接,能够解决的积极督促有关部门解决,不能解决的要讲清道理,让来访人员怒气而来,心情舒畅而归,共同维护社会稳定。

五是效能建设。办公室要认真抓好机关内部各项规章制度的建设和落实工作,带头严格遵守和执行岗位责任制及考勤、学习、工作、值班等机关效能建设制度,形成严谨、求实、进取的良好工作作风,提高工作效率和服务水平。用制度管人,按制度办事,不做先斩后奏、越位犯规的事,严格遵守党风廉政建设各项规定,始终做到廉洁、奉公、守法,干干净净干事,扎扎实实办事。此外,办公室要认真做好文件签收、登记送阅、财务管理、安全保密、材料归档、报刊分发、文印通知、离退休老干部服务等事务性工作,努力树立办公室的良好形象。

二、正确定位,工作到位不越位

在常委会的机构设置中,办公室与工作委员会的关系是平行的,都是为常委会决策和履行职权服务的部门。但由于办公室为常委会服务比各工作委员会更直接、更经常、更具综合性,加上区人大常委会没有设立秘书长一职,办公室主任代行了秘书长的一些职权,使办公室看起来似乎比各工作委员会更"高人一头"。因而,在常委会机关中,办公室不仅是联系上下、沟通各方的桥梁纽带,也是各方面矛盾的汇集点。如果找不准自己的角色定位,就可能导致失职或越位。

首先,要找准角色定位。办公室和各工作委员会,都是为常委会服务的,没有上下之分,更没有权力大小之争。随着人民代表大会制度逐步深入人心,民主与法制建设不断加强,人大的地位越来越重要,办公室的工作也将更加繁重,不但要担负大量的文字材料,而且还要承担繁杂的事务性工作,任务繁重、不起眼不说,还常常可能引起不必要的误会和不理解。因此,办公室要做到"尊重上下不越位、努力工作不欠位",对待每项工作、每件事情都要高标准、高质量、高效率完成,要有默默无闻,甘于奉献的孺子牛精神。

第二,要增强服务意识。办公室要始终遵循"三为"(为领导、为机关、为代表和群众)服务原则,努力找准服务常委会和领导的对接点,找准参谋与尽职的融合点,坚持实事求是,不搞花架子,不讲空话假话,认真对待每一件事,任劳任怨地工作,以开拓创新的精神和细致入微的服务,贴近领导思路,把握工作规律,围绕区委和人大常委会各个时期工作重点,把推动发展、关注民生、促进和谐等工作想在前、做在前、服务在前,确实提高服务质量,充分发挥整体作用,形成工作合力。办公室的每项工作都关乎着领导、关乎着机关形象,要从讲政治、顾大局出发,大事讲原则,小事讲风格,多沟通、常联系、勤反思,实现服务质量的进一步提高。

第三,要发挥参谋作用。办公室作为综合办事机构,主要工作是机关事务和政务服务,同时也为常委会决策和行使职权服务。在发挥参谋作用上,办公室主任要注意不能把自己当领导,只是个管秘书的秘书,秘书只建议,决策在领导。由于办公室为常委会班子服务是一个全程的服务,工作的从属性决定了它的被动性,但被动性不等于被动应付。因而,办公室工作不能"忙于办事,疏于谋事",要积极发挥"处理员"、"参谋员"的作用,平时工作应当做到"六快"(对新精神新文件学习快、领会快;对新经验新做法接受快、消化快;对新方法新规定引进快、运用快),强化参谋助手意识,想领导之所想,谋领导之所谋,切实增强服务的主动性。要多思多想,善于发现问题,敢于提出意见和建议,进一步发挥集体参谋助手和服务班子的作用,为常委会决策和履行职权提供优质的服务保障。

三、拓宽思路,练好办事谋事本领

办公室要主动适应时代要求,认真贯彻中央9号文件精神,坚持正确的政治方向,站在全局的高度思考问题,找准上级精神与人大工作的结合点和切入点,练好办事谋事本领,不断提高政治理论水平和工作能力,使集体参谋助手作用更加凸显。

一要强化素质,弘扬良好作风。办公室人员要积极树立"权为民所用、利为民所谋、情为民所系"的观念,密切联系群众,努力为群众办实事、办好事,进一步提高对人民代表大会制度重要性的认识,坚定正确的政治方向,增强做好人大工作的责任感和使命感,树立爱岗敬业精神,增强大局意识、服务意识、参谋意识和奉献意识,更要强化团队意识,做到工作分工不分心、补台不拆台,人大的每一次会议、每一项活动,都需要多方面、多环节的服务工作,只有互相配合、协调一致地做好工作,才能得以顺利进行,才能唱好"大合唱"。

二要勤奋学习,增强谋事能力。办公室人员要按照毛主席"三天不学习,赶不上刘少奇"的说法,坚持"要精、要管用"的原则,认真学习邓小平理论、"三个代表"重要思想和科学发展观,学习人大制度理论和有关法律法规,以及科技、文化等各方面知识,切实把学习当作一项任务来完成,端正学习态度,改进学习方法,增强学习效果,拓宽知识面,提高自身政治业务素质和工作水平,以适应新形势下人大工作的要求。

三要主动敬业,自觉搞好服务。主动是敬业的表现,敬业是主动的源泉。办公室有不少工作是没法量化考核的。要真正干好这个工作,很关键的是要有主动意识,自我加压,自己找活干,不能事事都靠领导来安排、去检查。能否积极主动地做好工作,取决于有无敬业精神,有了敬业精神,就会有工作的自觉性,否则再好的制度也是白纸一张,再严的要求也是空话一句。做为从事服务工作的办公室人员,必须不断增强服务的主动性和自觉性,善于自我管理、自觉做好服务工作,对人大事业负责,也是对自己的前途负责。

四要建章立制,推进科学管理。办公室要从建章立制入手,创建温馨和谐、高效服务型机关。修订和完善理论学习、会务服务、信访工作、老干部服务、档案管理、值班保卫、微机管理、财务管理、车辆管理等工作制度,并狠抓岗位目标责任制的落实,按制度办事,用制度管理,在政务、事务、会务等工作方面,分清职责,严格奖惩,按照"政治坚定、业务精通、务实高效、作风过硬、团结协作、勤政廉洁"的要求,使办公室的各项工作逐步走上了规范化、制度化和科学化的轨道,促进办公室的和谐高效运转。

总之,做为办公室人员,吃苦耐劳是最起码的素质,应该做到戒骄戒躁、不急功近利、不追求虚名,善始善终发挥集体参谋作用,让服务保障更出色,共同用汗水、泪水、墨水来擦亮办公室这块牌子,树立人大常委会办公室的良好形象。

试论"依法治权"

湖南省石门县人大常委会　肖建华

依法治权,即依照宪法和法律"建立结构合理、配置科学、程序严密、制约有效的权力运行机制,从决策和执行等环节加强对权力的监督,保证把人民赋予的权力真正用来为人民谋利益"。依法治权是依法治省的重要内容。能否充分认识依法治权的极端重要性,能否标本兼治逐步实现依法治权,直接影响到依法治省能否顺利推进,直接影响到我省的社会主义现代化建设事业能否持续、稳定、健康地发展。

一、依法治权的必要性

(一)依法治权是依法治省的必要前提。江泽民同志指出:"实行和坚持依法治国,就是使国家各项工作逐步走上法制化和规范化;就是广大人民群众在党的领导下依照宪法和法律的规定,通过各种途径和形式参与管理国家,管理经济文化事业,管理社会事务;就是逐步实现社会主义民主的法制化、法律化。"依法治省与依法治国的实质相同,概括地说就是建设法治社会,实现法治。实现法治,必须突出做好两项工作:其一,培育和发展社会权力。也就是培育和发展人民群众及其各种社会组织对各种社会资源的支配力,让人民群众掌握监控国家的权力和权利,以保护人民群众"免受自己国家的侵犯"(列宁语)。社会权力与国家权力既统一又对立。要培育和发展社会权力,必须通过法律程序,有效地制衡国家权力,也就是从决策和执行等环节实施对国家权力的有效监督。否则,国家权力任意扩张,社会权力难以发展。其二,实现国家机器的民主化与法治化。法治动力来自于社会而不是国家。法治是社会强加于国家,而不是国家强加于社会。西方法治的形成和发展史已经证明了这一点。但我们面临的现实与西方完全不同。所处的社会本身不具备推动法治的力量,法治不得不依赖国家来完成,我们不得不将国家作为法治的主体来对待。所以,加强对国家权力的监控,保证国家权力依法行使，实现国家机器的民主化与法治化，是我省实现法治的必要前提。

（二）依法治权是防治权力滥用的必要手段。广义上的权力概念涉及多种领域。本文所指权力属于政治权力，是某一政治主体依靠一定的政治强制力，为实现某种利益或原则而在实际政治过程中体现出的对一定政治客体的制约能力。权力得不到有效的监督和制约，必然导致滥用。这是因为权力用与不用，用多用少，总是由掌权人操作控制。权力是否滥用，掌权人是决定因素。孟子主张“人性善”，荀子主张“人性恶”。其实，人性的善与恶是相辅相成的，与人的善性普在的同时，人的恶性也是与生俱有，普遍存在的。人的私欲是人性的一个重要内容，正当适度的私欲是人的客观需求，属于“善”的人性。而私欲恶性膨胀，超出人的正当需求范围，危害社会，就成了“恶”的人性。私欲是否恶性膨胀，受外部条件和私欲控制两个因素的影响。人一旦掌了权，就具备了私欲恶性膨胀的外部条件，权力越大条件越优，条件越优诱惑力越大，对私欲恶性膨胀的激发性越强。掌权人的私欲如果受到了本身和外界的有效控制，则不会恶性膨胀；如果本身和外界控制不力，其私欲必然恶性膨胀。权力滥用正是掌权人私欲恶性膨胀的具体体现。这是客观存在的人的本性。常言道：“失去监督的权力必然产生腐败。”个中道理，从表面上看是权力具有自腐性，其实质是“人性”具有自腐性。加强对权力的监督和制约，实质上是通过外界的力量对掌权人的私欲进行有效控制。这里的“外界力量”来自于法律。只有法律的力量才能够对掌权人的私欲进行有效控制。马克思在《资本论》上说：“有100%的利润，它就可以践踏一切人间法律；有了300%的利润，它就可以冒经济罪行，甚至绞首的危险。”这是对私欲恶性膨胀的人不惜一切代价追求利润的最大化的真实写照。为官掌权者私欲恶性膨胀之时，就是手中的权力滥用之日。他们同样以追求利润的最大化为目标，同样不惜一切手段和代价。远说清朝巨贪和 shen，滥用手中的权力，开血盆大口，吞巨额钱财：房产 2800 多间，田产 8000 顷，加上所有金银财宝，折算成白银竟达 8 万万两之巨，相当于清王朝国库 10 年的积蓄。当时，大小官员手中权力泛滥，鲸吞百姓巨额钱财的何止和，一人？近看高官王宝森，贪污公款 25 万多元人民币、2 万美元；挪用公款 1 亿多元人民币、2500 多万美元，供其弟、姘妇及其他关系密切的人进行营利活动，造成 1300 多万美元的损失；挥霍大量公款，营造豪华别墅，购买高级公寓，长期包租宾馆客房，作为享乐场所；违法批贷巨额资金；造成大量资金流失。还有胡长清、陈克杰等等已经暴露了的高官以及一些暂时没有暴露将来要暴露的官员，他们利用手中的权力胡作非为，危害社会。说其“如洪水猛兽”并不为过。权力本是他们为民造福的工具，但他们弃法扬权，为所欲为，权力成了他们谋取私利、危害人民和社会的力量。这里并不否定我们的领导干部队伍主流是好的。我们从事有中国特色的社会主义现代化建设，必须谋求长治久安的社会局面。鲁迅曾说：“我们仔细查察自己，不再说诳的时候应该到了，一到不再自欺欺人的时候，也就是看到了希望萌芽的时候。”只有正视少数官员弃法扬权、胡作非为的严峻现实，我们才能对症下药，治官治权，惩恶扬善，以达到长治久安。孟德斯鸠认为，“从事物的性质来说，要防止滥用权力，就必须以权力约束权力。”而能够约束政治权力的只有法律。我们必须让法律在社会生活中具有绝对权威并得到普遍遵从，在此基础上实行依法治权，方能有效遏制权力滥用。

（三）依法治权是克服制度漏洞的理性选择。宪法规定，我们国家的一切权力属于人民。人民通过法律授权于国家机关，国家机关依法行使权力，为社会创造财富，为人民谋取幸福。这里，法律是唯一的准则。授权、用权都必须依法进行，都有严格的程序规定和范围限制。现实中，总是出现偏差，特别是“用权”出现了不少的偏差。某些国家工作人员特别是某些官员，违背法律准则，超越法律权限，乱使滥用手中的权力，耗费社会资源，强占社会财富，扰乱社会秩序，制造社会灾难。多年来，党和国家对滥用权力行为进行了若干治理，取得了十分明显的效果。但总是难以根治。其原因十分复杂，我们不能一言以蔽之。可我们不能不看到，某些制度漏洞在客观上给权力滥用创造了条件，是权力滥用难以根治的重要原因。制度漏洞特别突出的：

一是领导干部选拔任用制度的漏洞。自中央《党政领导干部选拔任用工作条例》颁布实施以来，领导干部选拔任用制度逐步得到完善，领导干部选拔任用工作逐步得到规范。但在某些地方、某些时候，领导干部选拔任用制度漏洞仍然存在，选拔任用领导干部，不是严格按照法定程序进行，而是凭权力，看感情；搞任人为亲，不搞任人为贤。地方人大及其常委会选举任免领导干部，应当实现“党委意图”。但党委意图在某些时候其实就是党委书记或副书记少数人的意图。以权代法，导致跑官、要官、买官、卖官。授权已如此，用权能怎样？

二是工程项目审批制度的漏洞。要建设就得花钱。钱从哪里来？钱从上级政府管钱官员的笔下来。给与不给，给多给少，早给迟给，在某些地方、某些时候决定于管钱官员对你的“感情投入”是否满意。年年月月日日，多少官员不辞辛劳跑项目。为了使“感情投入”上档次，出水平，又有多少人挖空心思，不惜一切手段和代价。有少数官员90%以上的时间和精力花在跑项目上，跑得的项目越多，工作实绩越大；跑得的项目越少或没有跑来项目，则“工作水平有限，工作能力不强”。跑！跑！跑！光着两手不能跑，手里必须有钱。钱从哪里来？从公款中来，从来就没有人自己掏腰包。那公款是人民的血汗！有人说这是“取之于民，用之于民”。其间，有多少腐败，有多少犯罪，谁能说得清？这里不得不问：在这些地方、这些时候，法到哪里去了？工程项目的审批无法可依吗？知情的人说：在“权大于法”的氛围里，法能怎样？要依法，先“治权”吧！

三是司法制度的漏洞。法律是社会的旗帜，它在形式上是社会成员公认的价值准则，是正义、公正和公平的。在执行中，总体上保持了公正和公平，但“横看成岭侧成峰，远近高低各不同”的现象总是难以杜绝。究其原因：第一，执法机关有时候难以放手执法。既要执行法律，还要执行“命令”。在法律与命令相冲突的时候，有一部分不得不放弃法律，执行命令。如果你坚持执法，轻则一顿喝斥：“只有你懂法，我就不懂法！”重则“你有执法权，我有人事权”。执法未果，“帽子”已丢。本来，“法律授予帽子，帽子为法律服务”。在少数人手中弄成了“权力授予帽子，帽子为权力服务”。第二，执法机关有时候难以公正执法。执法不能没有钱。执法机关的钱按规定要列入财政预算。但有些地方财政收入太少，包袱很重，不能满足执法机关对钱的需要。为了保持正常运转，执法机关不得不一手执法，一手创收，“有钱的事抢着干，没钱的事拖着办”的现象时有发生。还有少数地方的某些执法部门，多年来，人员工资、办案经费都没有列入当地财政预算。财政一分钱不拿，相反，这些部门每年要给财政创收数十万元。执法与创收并举，岂能不越权、超权？

四是监督制度的漏洞。凡权力必须予以监督，不能出现断层。甲监督乙，乙监督丙，丙监督丁，接下来，丁要监督甲。否则，甲就失去了监督，就成了监督断层。一旦失去了监督，其权力就发挥不了应有的效力。宪法规定，人大是权力机关。人大及其常委会对“一府两院”的监督已经实行，有力地推动了依法治省的进程。但对人大及其常委会的监督目前还没有很好地落实。人大及其常委会对于手中的权力用与不用、用多用少，自由空间比较大，有时候还存在着不作为或者重程序、轻实效的现象。其表现主要是调查研究不够深入，没有及时发现问题；对于已经发现了的问题没有或很少采取刚性措施予以坚决处理。监督政府“用钱”，是人大及其常委会的一项重要职责。就如何履行好这一职责，许多地方人大及其常委会摸索出了“依法办事，注重实效”的很好的经验。但少数地方某些时候仍然存在重程序、轻实效的现象。其表现：一是被监督者玩数字游戏。事先不让你知道来龙去脉，会议开始了，发给你若干文字材料和表册。材料中文字山重水覆，叫你不识庐山真面目；表册中数据密密麻麻，让你雾里看花，“就是不懂她的心”。二是监督者无可奈何。时间一到，极不情愿地“不明不白，举手表决；你唱我和，一致通过。”在某些地方，预算内资金还有个审议的程序，预算外资金连个审议程序也没有，基本属于监督空白。政府及有关部门中的少数官员抓住这一时机，千方百计扩大预算外资金数额，亲自管理亲自用，潇洒之至！

要克服上述制度漏洞，必须依法治权。这是因为：制度是以权来制定和实行的。没有权，制度不会产生，也不会执行。只有通过依法治权，才能达到依法用权；有了依法用权，制度的制定和执行才会逐步完善。反过来，落实了完善的制度，则为依法治权和依法用权提供了保障。依法治权促使依法用权，依法用权促使制度完善，制度完善保障依法治权和依法用权。相辅相成，良性循环。

二、依法治权的可行性

怎样落实好依法治权？这是各级人大及其常委会必须深入研究和探讨的课题。因为人大及其常委会有“授权”之权，也有“治权”之责。从总体上说，要以法律强制力制约政治强制力。也就是说要逐步实现法治，切实保证法律至上。亚里士多德提出：“法治应包含两重意义：已成立的法律获得普遍的遵从，而大家所服从的法律又应该本身是制定的良好的法律。”亚里士多德在古希腊当时的社会背景下提出的关于法治的两个要点，对于我们现在提出的“依法治权”仍然适用。依法治权，包括授权和限权两个方面，要从立法着手，狠抓执法环节，真正做到“有法可依，有法必依，执法必严，违法必纠”。具体的操作办法，有待于深入研究。这里，就如何解决好与依法治权密切相关且比较突出的三个现实问题，作一些探讨。

第一，加大人大及其常委会“用权”力度问题。人大及其常委会“依法用权”力度的大小，是依法治权成败的关键。首先要肯定各级人大及其常委会依法履行职责，力度正逐步加大，成效正逐步增强，为推进我省的民主与法制建设作出了较大的贡献。但权力闲置，用之不足，甚至不作为的现象依然存在。在某些地方、某些时候还比较严重。我们必须承认这个现实。所谓“权力闲置或不作为”，体现在两个方面：一是失察，该发现的问题没有及时发现；二是未治，该纠正的错误没有坚决纠正。解决这一问题，必须依靠全体人民，人民手中的权力是解决这一问题的核心力量。这是因为，人大及其常委会代表人民行使“授权”和“限权”的权力；授权和限权是否体现了人民的意志，是否实现了人民的意愿，只有人民本身才有权进行监督和检验。到底如何操作？基本的：一是建立并完善广大人民群众和人大代表以及社会团体对人大及其常委会的监督机制。保证他们说话的条件和机会，保证他们说话后应有的效果。这里的“保证”不能仅停留在口头上，要通过立法予以明确（如建议全国人大常委会将其写入《监督法》）。二是对人大及其常委会是否“失察”和“未治”，要统一制定科学、客观、系统的评估办法，要有一个长期稳定的评估制度，在每年的人民代表大会上，公布评估结果，依法追究失察和未治责任。人大及其常委会一旦失察或未治，就要有人承担责任。不能因为“集体行使职权”，法不责众，人大及其常委会组成人员永远不承担责任。承担怎样的责任，是直接责任还是连带责任，应依照法律程序，根据具体情况确定。总之，要有人承担责任，要依法追究责任。只有这样，人大及其常委会的工作才有压力，有了压力才有动力，有了动力才能够真正代表人民行使好授权和限权的权力。

第二，加强对党组织的监督问题。党是领导一切的。对此，丝毫不能动摇。党组织本身具有“授权和限权”之权，且对人大及其常委会的“授权和限权”具有领导权。能否依法治权，与党组织能否依法授权和限权、能否大力支持人大及其常委会依法授权和限权密切相关。首先，党组织要依法授权和限权。江泽民同志在党的十六大报告中指出：“宪法和法律是党的主张和人民意志相统一的表现。必须严格依法办事，任何组织和个人都不允许有超越宪法和法律的特权。”党组织向同级人大及其常委会推荐领导干部和直接“授权”、“限权”时，要严格按照法律程序进行，坚决杜绝以权代法的现象。其二，党组织要大力支持人大及其常委会依法授权和限权。江泽民同志在党的十六大报告中强调：“共产党执政就是领导和支持人民当家作主，最广泛地动员和组织人民群众依法管理国家和社会事务，管理经济和文化事业，维护和实现人民群众的根本利益。”党组织支持人大及其常委会依法授权和限权，其实质是支持人民当家作主，是维护和实现人民群众的利益。而要进一步提高党在人民群众中的威望、巩固党的执政地位，党必须支持人民当家作主，必须维护和实现人民群众的利益。要从以上两个方面加强对党组织的监督，确保这两个方面的工作真正落到实处，其一，依法调整和规范党政关系，实现党对国家（包括政权机关、行政机关以及企业、事业、群团等组织）的“依法领导”，也就是使党的领导“法治化”，使这些组织确实能够独立依法行使职权，充分发挥他们的功能和作用；其二，理顺党和法的关系，使之严格纳入法治轨道；其三，强化党的代表大会对党组织的监督，按照党的十六大报告要求，“扩大在市、县进行党的代表大会常任制的试点”，“积极探索党的代表大会闭会期间发挥代表作用的途径和形式”，努力提高对党组织的监督水平，切实增强对党组织的监督实效。

第三，完善法律及有关制度问题。依法治权必须有法可依。现阶段不是没有法律，而是法律还有许多不完善的地方。工程项目的审批、专项资金的管理与使用、领导干部的选拔任用等方面，还有不少漏洞，给越权、扩权提供了条件，为授权、限权制造了障碍。少数国家机关工作人员特别是少数领导干部，花费不少的精力和时间研究法律的漏洞，钻法律的空子，美其名曰“打政策的擦边球”。针对这一问题，立法机关要进一步加强对已有法律的清理，突出重点，对已有法律进行修改、完善，还没有立法的，要尽快立法。制度漏洞表现在许多方面。难以形成共识而十分突出的有两点：一是政府既管钱又用钱。既管钱又用钱，从制度上给政府提供了较大的自由空间和较好的越权、扩权的条件。

要治权,必须解决好这一制度漏洞问题。其途径是各级人大常委会设立专门的机构管钱,但不直接用钱;政府按照规定把钱收进来,用出去,但不直接管钱。管钱与用钱分开,有利于更好地授权和限权。二是审计部门在政府的直接领导下,对政府进行审计监督。审计部门的职责主要是对“用钱”进行审计监督。现阶段,审计部门既要受政府的直接领导,又要对政府“用钱”进行审计监督,难以独立行使职权,难以依法办事。要治权,必须充分发挥审计部门的职能作用,加强对“用钱”的监管。要充分发挥审计部门的作用,审计部门必须受同级人大及其常委会直接领导,并对同级人大及其常委会负责。只有这样,才能真正落实对用钱的监管,加大限权的力度,提高治权的实效。

提升监督实效的关键是完善机制

福建省南平市光泽县人大常委会主任　张崇泰

光泽县人大常委会认真落实监督法和福建省实施监督法办法,抓住议题选择、专题调研、会议审议、审议意见落实等关键环节,完善监督机制,提升监督实效。

选择议题,要在“准”字上下功夫。围绕促进发展选题。近年来,光泽县人大常委会突出发展第一要务和县委的重大决策部署,把关系全县经济社会发展全局的工业发展、城市建设、新农村建设以及重大项目建设等作为监督的重点,通过听取专项工作报告、组织视察检查等形式进行跟踪监督。围绕民生改善和和谐稳定选题。县人大常委会选择为民办实事项目、进城农民工子女就学、物价、集体林权制度改革、法院执行工作、物业管理、新型农村合作医疗和药品价格等关系群众切身利益、和谐稳定的重要工作,组织视察检查,提出意见建议交给县政府及其有关工作部门进行研究办理落实。

会前调研,要在“深”字上下工夫。围绕常委会监督议题,尤其是在审议“一府两院”专项工作报告前,组织常委会组成人员和人大代表开展调查研究,摸清实情,有的放矢,提高常委会会议审议质量。2007 年以来撰写出 10 多篇各类调研报告,为县委、县政府决策提供依据。2008 年,常委会听取和审议“突出工业、突破工业”专项工作报告时,通过各种形式的座谈会广泛征求社会各界意见并反馈县政府在报告中作出回应,同时组织开展了专题调研,到工业发展先进地区进行学习考察,针对工业平台建设、招商引资、“四大”主导产业发展等工作进行了专项视察检查。

完善机制,在“严”字上下工夫。县人大常委会坚持把制度建设作为增强监督工作实效的抓手,按照监督法和福建省实施监督法办法要求,不断健全完善监督工作机制。一是规范常委会议事程序。县人大常委会修订了《光泽县人大常委会工作规则》,采取会前发放报告审议与会中审议相结合,分组审议与集中审议相结合,委员询问与“一府两院”及其部门负责人解答相结合,提高会议审议质量。二是细化听取和审议专项工作报告、执法检查等监督工作程序,规范了工作流程,增强了可操作性。三是形成监督合力。对每一项监督活动,综合运用调研、视察、检查、常委会听取工作报告、下发审议意见文件等多种形式进行跟踪监督。

督促整改,在“实”字上下工夫。一是实行审议意见制度。对常委会听取工作报告、开展视察检查的意见和建议以审议意见文件主送县政府及其有关工作部门进行整改落实,并限期以书面形式报告整改落实情况。二是抓好跟踪督办落实。在审议意见落实过程中,常委会通过组织代表视察、深入群众座谈走访、主任会议听取落实情况汇报等形式,加强落实工作。县人大常委会完善了常委会与“一府两院”及政府成员单位的对口联系制度,加强经常性工作沟通和联系,促进常委会有关决定、决议、审议意见的落实。三是确保整改实效。常委会下发审议意见时,明确规定报告整改落实时限,对整改落实不力的,将依法运用询问、质询、特定问题调查等刚性监督手段,促其落实办理,直到问题解决。2007 年常委会对光泽县贯彻实施环境保护法情况进行了执法检查,提出了要加强环保法律法规宣传、加大环境监管力度、强化监管手段,妥善处理发展与节能减排的关系等意见和建议。检查后,县政府及其环保部门加大了对环境污染的整治力度,对中联、佳和两个纸业公司下达了限期整改通知书。2008年跟踪督办"回头看",佳和纸业已投入30万元引进日处理污水100吨废水处理设施,中联纸业已投入40万元引进日处理污水200吨废水处理设施,排放均达标。同时,县垃圾处理场今年已投入使用,污水处理厂即将开工建设。通过环境污染整治,建立起长效机制,使光泽的山更青、水更绿、天更蓝。

发挥代表"四员"作用　促进新农村建设

湖南省汝城县人大常委会办公室副主任　廖功强

建设社会主义新农村是一项重大而系统的工程,需要全社会各方面的力量共同参与。人大代表在当前的社会主义新农村建设中,应充分发挥宣传员、领跑员、监督员、服务员的"四员"作用,成为社会主义新农村建设的实践者和推动者。

一、发挥人大代表在社会主义新农村建设中的宣传员作用。人大代表首先要通过认真学习,对党的路线方针政策,特别是建设社会主义新农村方面的方针政策有比较深入的了解。把国家政策和建设社会主义新农村结合起来,提出有利于新农村发展的议案和建议。其次,人大代表要充分发挥模范带头作用,争做社会主义新农村建设的宣传员。特别是工作在"三农"第一线的人大代表要针对本地区的实际,通过大力宣传、解释和动员,积极向群众宣传社会主义新农村建设的重大意义,帮助群众统一思想认识,提高觉悟,增强建设社会主义新农村的信心。再次,要教育和引导群众了解国家的方针政策。主动向群众宣传国家法律,提高群众知法守法和依法办事的自觉性,教育和引导群众表达自己的愿望。要协同基层组织,从协调利益关系、化解社会矛盾入手,运用各种手段,依法及时合理地处理群众反映的问题,充分发挥代表的连心桥作用,加强与相关部门及各种组织的联系与沟通,形成国家与社会共同参与的合力,促进社会主义新农村建设。

二、发挥人大代表在社会主义新农村建设中领跑员作用。首先,人大代表要当带领群众发展经济的领跑员。人大代表应带头引进致富项目,带头承担各种风险,带头学科技、用科技,做科技的使用者和传播者,带头广辟增收渠道,拓宽农民的收入渠道,在生产经营、社区和谐发展上起示范效应作用,带领一方百姓走致富路,帮助没有富起来的群众,实行先富帮后富,最后达到共同富裕。第二,要通过本人的言行举止影响带动群众。人大代表要努力做破除陈规陋习、移风易俗的榜样,做传承民间优良文化传统,扬弃腐朽落后封建习俗的榜样,以自身的文明行为引领人民群众追求科学、文明、健康的生活方式。第三,要带头做好本职工作,在自身岗位上创一流业绩,为群众走出路子、树立榜样,成为本选区率先发展的开拓者和带头人。代表可以通过密切联系群众,及时发现典型,认真总结好的思路和做法,并进行大力推广,在推进新农村建设过程中发挥更大的作用。

三、发挥人大代表在社会主义新农村建设中的监督员作用。人大代表应始终保持与人民群众的联系,及时反映人民群众对新农村建设的愿望和要求,深入调查问"难点",实地视察找"焦点",参与检查访"热点",主动参与和研究本行政区域内的重大事项,促进依法决策、民主决策和科学决策。积极参加人大及其常委会组织的各项视察调研、执法检查等活动开展工作监督和法律监督。在进行工作监督时,通过视察、调查、听取审议工作报告等多种形式,围绕新农村建设的中心工作,围绕农村改革发展稳定中的重大课题,围绕人民群众普遍关心的热点、难点问题,强化对推进农业和农村经济结构调整、农业和农村的投入的监督;加大对深化农村土地管理制度改革、农村税费改革、农村金融体制改革、农村流通体制改革及农村政权建设的监督;强化对农村教育、卫生、文化等社会事业发展的监督,并提出议案、建议、批评和意见。在进行法律监督时,通过参与《农业法》、《土地承包法》、《义务教育法》、《村民委员会组织法》等与新农村建设密切相关的法律法规的贯彻实施情况的执法检查,了解政府及相关部门对涉农法律、法规的贯彻实施情况,督促其解决法律实施中存在的问题。

四、发挥人大代表在社会主义新农村建设中的

服务员作用。人大代表要当好服务员，就要关心人民，服务群众，努力做到"亲民心、知民情、办实事"。"亲民心"，即要用真心去感应人民群众的需求，把准人民群众的脉搏；"知民情"，即要扑下身子，深入到人民群众中，到困难的地方去，到群众意见多的地方去，广泛接触选民，倾听群众呼声，了解掌握全面的、具体的、客观的民情，及时反映新农村建设中人民群众的愿望和要求；"办实事"，即要为本地的社会主义新农村建设积极献计献策、谋福利，在农业产业结构调整、科技普及、乡风文明、农村公益事业、维护群众合法权益等方面尽最大的努力，为群众排忧解难，增强为民意识，想群众之所想，急群众之所急，千方百计为群众办实事，做好事，解难事，不断推进社会主义新农村建设。

增强监督实效　推动教科文卫事业发展

广西壮族自治区藤县人大常委会　林伟宁

近年来，广西壮族自治区藤县人大常委会紧紧围绕科教兴县战略、社会事业全面协调发展和群众关心的热点、难点问题，把教科文卫监督作为一项重点工作来抓，努力在增强监督实效上下功夫，取得了较好成绩，有力推动了全县教科文卫事业的发展，为经济建设和社会进步做出了贡献。

——关注热点，加强监督。教科文卫事业涉及千家万户，与广大人民群众的切身利益密切相关。近年来，藤县人大常委会紧紧围绕人民群众普遍关心的热点问题实施监督，选择了教育、卫生、计生等群众普遍关心的热点、难点问题，作为调研课题与相关单位一起开展较为深入的调查研究，努力探索解决问题的新路子，监督、支持政府开展工作。加强了与政府的沟通和联系，深入教育、卫生、计生、科技、科协、文体、药监等部门了解和指导工作，帮助他们解决实际困难，全力支持所联系的部门顺利开展各项工作。在县人大常委会的监督、支持下，经过政府各职能部门的努力，藤县的教科文卫事业取得了长足发展：一是政府对科普投入不断加大，于2008年率先创建了桂东南地区第一个"全国科普示范县"；2008年，藤县积极发挥"全国科普示范县"的示范带动作用，抓好了富民强县科技项目申报和实施工作。二是近年来投入资金2570万元改善中小学教学条件，"两基"攻坚工作顺利通过广西壮族自治区自治区和国家验收；教育教学质量稳步提高，2007、2008年高考本科上连率均排在梧州市前列。三是藤县不断巩固作为全区最早实行新型农村合作医疗的试点县所取得的成果，2007、2008年的参合率分别为80.05%和85%，参合率稳步提高。四是政府积极开展第三次全国文物普查和非物质文化普查工作，藤县的舞狮、水上民歌和牛歌戏被列入自治区非物质文化遗产名录。五是人口与计生宣传服务活动扎实有效，扭转了被动局面，并保持了良好的发展势头，等等。

——执法检查，注重实效。为了解该县贯彻执行国家法律法规执行情况，藤县人大常委会狠抓与教科文卫方面的执法监督工作，对有关法律法规的执行情况进行执法检查。在执法检查前，首先组织检查组成员学习有关法律法规，制定执法检查方案；在执法检查中检查组深入各有关部门、单位和农村开展调查研究，发现问题决不含糊，根据在执法检查中发现的问题向政府及其相关职能部门提出具有针对性的意见和建议，促其整改收到良好效果。近年来，藤县人大常委会对《药品管理法》、《职业教育法》等多部法律法规进行了执法检查，通过检查，保证了宪法、法律、行政法规在全县的贯彻实施，促进了依法行政、公正司法，加快了依法治县的进程。如通过对《药品管理法》的执法检查，县药监部门根据县人大常委会提出的意见和建议进行整改，积极开展《药品管理法》等相关法律法规宣传，加强药品日常监管，抓好药品专项整治，查处违法违规行为，打击制假售劣等工作，全县无重大药害事件发生，规范药品市场秩序，促进医药经济的健康发展，保障群众用药安全。通过对《职业教育法》的执法检查，藤县人民政府及相关部门高度重视抓好职业教育的工作，为县职业教育中心项目扩征落实用地400多亩，2007、2008年县财政共安排2000多万元支持县职教中心项目建设。目前，该项目建设进展顺利。

——实行备案制度，构建互动工作平台。藤县人大常委会认为,“一府两院”在施行政务、执行法律过程中的重大事项、重要问题、重要个案向人大常委会进行备案,是“一府两院”向人大常委会报告工作的重要形式。2007 年以来,藤县人大常委会在教科文卫工作中,在结合多方意见的基础上,要求政府及其相关部门向人大实行备案制度,在工作中自觉把在施行政务、执行法律过程中的重大事项、个案等向人大进行备案,从而构建了县人大常委会与政府及其相关部门的互动工作平台,较好地保证了县人大常委会对教科文卫工作的知情、知政,进一步发挥了人大对政府的监督、支持和服务作用。

农业呼唤完善的法律保障和政策扶持

湖北省襄樊市襄阳区人大常委会研究室副主任　马元生

农业是安天下的产业,党中央历来高度重视农业和农村工作。国家先后出台了《农业法》等 13 部国家法律、《农药管理条例》等 18 部国务院行政法规以及 96 部农业部规章,出台了多项对农业补贴和扶持政策,极大地保障和促进了农业和农村经济的发展。

党的十七届三中全会作出的《关于推进农村改革发展若干重大问题的决定》,是指导我们今后做好农业和农村工作的行动纲领。围绕如何贯彻落实《决定》精神,笔者在近期的调查中,体会到广大的农业、农村干部群众对当前农村形势欢欣鼓舞,但同时基层干部群众也存在一些困惑,希望中央给予更多的法律保障和政策扶持。

谁教我用什么品种?

种子是农业增产的最重要的内在要素,调整种植结构首要的是解决种子问题。而在有的农村,农民们反映,种了几十年的地,到现在依然不知道种什么好。来自襄樊市襄阳区东津镇的一位刘姓农民说,今年秋播,他种了 10 亩小麦,大概有 5、6 个品种。

襄阳区农业局张姓专家说,近几年,各地种子市场的多乱杂趋势加重。就襄阳而言,今年秋播,农民购买的小麦品种大约 50 多个,油菜品种 20 多个,而在前些年,一般小麦在 7、8 个左右,油菜在 3、4 个左右。导致这一现象的主要原因是种子经营的门槛太低,经营纷乱。

走进襄樊市清河口农资市场,经营种子的店面一个紧挨着一个,各种广告应接不暇,各类种子令人眼花缭乱。虽然秋播快结束了,有的门面依然很忙活。“在这里几乎没有买不到的种子”,农民们形象的说。据前来进货的经营户讲,清河口农资市场是批发市场,襄阳的种子大部分从那里买的。

《种子法》规定,种子经营实行许可制度;种子经营者按照经营许可证规定的有效区域设立分支机构的,可以不再办理种子经营许可证;种子经营者专门经营不再分装的包装种子的,或者受具有种子经营许可证的种子经营者以书面委托代销其种子的,可以不办理种子经营许可证;任何单位和个人不得非法干预种子经营者的自主经营权。襄阳区负责种子管理的人士说,《种子法》的这些规定已经不适合当前的种子市场管理。他介绍,目前襄阳区种子经营户大约 800 户,大多数是受委托代销或者经营不再分装的包装种子,按规定,他们不用办理种子经营许可证,对他们的管理非常困难,最终导致种子市场纷乱。

业内人士建议,种子是特殊商品,种子经营必须实行严格的许可制度,同时各县市(区)还要建立严格的品种审定制度,尤其是大宗的农业种子,必须经过专家委员会审定,没有经过审定的品种,严禁进入市场销售,对此,《种子法》应该作出规定。

农业服务中心还要走多远?

2005 年,按照乡镇配套改革的精神,原服务农业农村的乡镇七站八所改为服务中心,为非企业性的中介服务组织。经过 2 年多的运作,基层的反映较大。襄阳区农业局分管技术推广的负责人说,乡镇农技推广机构改为农业服务中心,弱化了农技推广组织,导致基层农业技术推广队伍不稳,“三新”农业技术难以推广。同时,由于农业服务中心不是法人单位,业务工作开展困难大。襄阳区程河镇农业服务中心张志杰说,刚开始,中心到银行开户都不行,经过协商,由农业局出具证明,此中心就是原来的农技站，银行才给开户。襄阳区畜牧局夏姓专家反映，乡镇动物防疫体制改革后，区畜牧局按照每镇2名动物防疫监督员的标准聘用了26名动物防疫监督员，由区畜牧局实行动态管理；各乡镇按照每800—1000个农户聘用1名动物防疫协防员的标准聘用了动物防疫协防员162名，由乡镇政府管理。而他们的关系都在乡镇畜牧兽医服务中心，导致中心与动物防疫监督员、动物防疫协防员管理上两张皮，中心形同虚设，根本没有起到作用。

《农业技术推广法》规定，县、乡镇都要建立农业技术推广机构，而现有的乡镇农业服务中心难以承担农业技术推广和示范的作用，更不能担负动物防疫等法定的职能。因此，建议恢复农业公益性、区域性的服务机构，严格以事定岗定员，经费纳入财政预算，确保农业科技服务健康发展。

农业用水谁来管？

水是农业的命脉。近几年，国家拿出大量的资金对大型水库、泵站、灌渠进行开发维修，但是在农村依然感到，水越来越紧张。

在粮食主产区襄阳，由于缺水，部分农民不得不调减水稻面积，改种旱作物，导致全区水稻面积出现退化。以前，该区水稻保持在90万亩左右，而近两年萎缩到60多万亩。该区古驿镇过去有水稻6万亩，现在只有2万亩，伙牌镇4万亩，现在只有1万多亩。农民们反映，其实他们愿意种水稻，因为水稻的产量有保证，而芝麻、花生、棉花等旱作物不仅受灾害的影响大，而且市场很不稳定。该区农业局分管种植业的负责人讲，近两年，引丹干渠、三干渠、四干渠等几条大型的干渠基本没有放水，以至于有些农民纷纷到渠道里种庄稼。个中原因，一方面管水单位说，水放出去容易，钱难以收回，另一方面，农民说，水费太贵，种一亩水稻至少要60—70元水费。

有关专家大胆建议，农业用水牵涉到多个方面的利益，但从粮食安全的角度出发，国家可以出台政策，给种植水稻的农民给予用水补贴，或者完全免去水费。

谁来保护肉类安全的第一道保护伞？

新的《动物防疫法》规定，县级人民政府兽医主管部门可以根据动物防疫工作需要，向乡、镇或者特定区域派驻兽医机构；县级以上人民政府按照本级政府职责，将动物疫病预防、控制、扑灭、检疫和监督管理所需经费纳入本级财政预算。襄阳区畜牧局反映，目前乡镇动物防疫监督员、动物防疫协防员管理的工资标准是按照2005年聘用时制定的，现在这个标准已经过低，影响了他们的工作积极性。另外，按照《动物防疫法》规定，因依法实施强制免疫造成动物应激死亡的，给予补偿。但实际工作中，补偿很难到位，导致死亡补偿长期由乡镇动物防疫协防员垫付。据该区古驿镇动物防疫协防员杨中新反映，近一年来，他已经垫付了2000多元的补偿费。再者，在动物防疫中，还有一项保定费，对此项费用，上面一直没有一个明确的说法。但实际上平均一个乡镇动物防疫协防员每年大约要垫付保定费1000元左右。目前，该区乡镇动物防疫协防员一年的工资标准为4000元，如果垫付这两项费用后，一年下来能落几个钱？这样直接导致他们的工作积极性降低，从而降低了防疫的效果。

该区畜牧局康姓负责人还反映，目前县乡一级的化验检测设备严重老化，根本不适应形势的发展，满足不了目前复杂的疫病诊断检测工作，因而难以保障肉类的安全。建议，中央将动物的化验检测下移，在县一级配备先进的检测手段，把好肉类安全的第一道关口。同时，提高乡镇动物防疫监督员、动物防疫协防员管理的工资标准，国家给予适当补贴；对应激死亡补偿费和保定费由当事人、乡镇兽医站核定，交县级畜牧部门统一发放。

我们什么时候能多吃一点牛肉？

襄阳区张湾长安市场一大早人来人往，热闹非凡。虽然卖猪肉的有几十个摊位，但依然人挨人、车挤车，争相选购。而在仅有的两个牛肉摊位上，前来购买的人寥寥无几。问几位买菜的，他们说，牛肉价格太高了，一斤得15元，而猪肉8块多，吃猪肉实惠。据牛肉摊主讲，近几年，由于牛肉供应紧张，牛肉价格一路上扬，到年底还要上涨。

该区畜牧推广站陈站长说，襄阳区是湖北的养牛大县，牛品种改良已推广30多年，在全省排第一。实践证明，一头牛经过改良，可增收1500—2000元，农民得到实惠。但农村养牛仍然有下滑趋势。该区以前有56个牛受精站点，现在只有15个。主要原因：一是牛被盗严重，二是养牛周期长，时间为2—3年，三是农户饲料跟不上，四是国家激励性政策不够。

基层干部群众建议，国家要象养猪一样，加大对养牛的政策性扶持。如对引进一头种牛、种羊，给予一定的奖励；每受精配种一头牛，给予品改员一定的补贴等，促进养牛健康发展，改善肉类结构，增强国人体质。

以科学发展观统领和指导人大工作

重庆市开县人大常委会办公室副主任　桑祥

科学发展观是立足社会主义初级阶段基本国情,总结我国发展实践,借鉴国外发展经验,适应新的发展要求提出来的,其第一要义是发展,核心是以人为本,基本要求是全面、协调、可持续,根本方法是统筹兼顾。在新的形势下,县人大及其常委会作为地方国家权力机关,要以党的十七大精神和十七届三中全会精神为指导,深刻领会科学发展观的内涵和精神实质,准确把握科学发展观对人大工作提出的新的更高的要求,以科学发展观统领和指导人大工作,充分发挥人大及其常委会的职能作用,努力推动县域经济、政治、文化和社会建设。

一、以科学发展观统领和指导人大工作,要始终坚持和依靠党的领导

坚持和依靠党的领导,这是人大工作必须遵循的根本政治原则。做好新时期的人大工作,最重要的就是要根据党委的总体工作部署,把贯彻落实科学发展观、促进经济社会又好又快发展,贯穿到人大工作的方方面面。要科学、准确地定位人大工作,坚定不移地坚持和依靠党的领导,从人大工作的地位和性质出发,找准工作的切入点和着力点,全力服务于经济社会发展大局,履行好地方人大的法定职权。县级人大及其常委会要及时准确地把握和贯彻党委意图,从制度和法律上保证党委的决策经过法定程序成为人民的意志,使科学发展观落实在依法履行职权的全过程。

二、以科学发展观统领和指导人大工作,要统筹兼顾,以服务经济发展大局为核心

要做好地方人大工作,我们的着力点在落实科学发展观上。县级人大常委会认真履行监督权、重大事项决定权和人事任免权,其终极目标就是要推动科学发展。因此,要统筹兼顾,以服务经济发展大局为核心,才能使人大工作更加富有成效。要紧紧围绕改革发展稳定中的重大问题和人民群众普遍关注的热点、难点问题开展监督工作、作出决议决定,力求做到“监督不缺位、履职不越位”,让“一府两院”切实感受到来自权力机关的监督和支持,以推动经济社会科学发展。

自去年以来,开县人大常委会开展了《防洪法》、《野生动物保护法》、《土地管理法》、《环保法》、《农技推广法》等一系列执法检查,有力地促进了经济社会事业科学发展,促进了人与自然的协调发展。同时,先后听取和审议了县人民政府关于新型农村合作医疗试点、农村移民、库区产业发展、农业综合开发、新农村建设试点、农村五保供养、科技工作、农村合作经济发展等一系列专项工作报告,并形成了审议意见,促进了“一府两院”的工作。前不久,县人大常委会还就蓄水后形成的“汉丰湖”开展了视察,代表们认为,县政府及有关部门要加大汉丰湖的环境保护力度,全面加强监管,高起点规划和建设,坚持保护与合理开发并重,这样才能为将新县城建设成“滨湖生态城市”奠定良好的基础。

管好人民的“钱袋子”,是县级人大常委会认真践行科学发展观的应有之义。开县人大常委会每年都要认真听取和审议县级财政决算报告、审计工作报告、计划执行情况的报告,审查批准县级财政决算。在审议工作中,常委会提出要规范预算编制工作,严格执行预算,树立节俭意识,加强审计监督,积极培育财源,进一步抓好节能降耗和环境保护工作,更加关注社会发展和民生问题,促使全县经济工作运行更加规范化。

县级人大常委会要主动谋大事,敢于抓大事,善于议大事,通过行使重大事项决定权,主动关注地方经济建设,要大力促进招商引资、产业发展、工业园区建设、环境保护、新农村建设等涉及开县未来发展的重大问题,促使经济社会科学发展、协调发展。对一些特别重大的事项,常委会要依法按程序作出决议决定。开县人大常委会主要针对本县部分重大建设工程和项目受资金短缺影响的情况,及时作出了关于融资的决议决定近20项。如,对农副产品加工基地建设、陈家坪水厂一期工程、天然气移民设施迁扩建、开县中学教学区迁建、职教

中心新校建设、农田水利建设、城乡交通建设、人饮工程、森林工程和廉租房建设等一系列重大项目、重点工程作出了关于融资的决议，帮助政府解决了发展资金短缺的问题，加快了科学发展、和谐社会建设和改善民生的步伐。

当前，世界金融危机的影响正在蔓延，对我国经济也造成了不可估量的损失，据有关部门预测，对明年经济的影响还会更大。我们作为人大工作者，决不能袖手旁观，要紧密结合当前的经济发展形势，紧紧围绕保障和促进县域经济发展，依法履职，开展执法检查、视察和调研等工作，提出建设性的建议和意见，为县委县政府科学决策，为全县经济社会科学发展提供参考。

三、以科学发展观统领和指导人大工作，要坚持以人为本、高度关注民生

以人为本是科学发展观的核心和本质，是一切工作的出发点和归宿。在人大工作中认真践行以人为本的科学发展观，就必须把实现好、维护好、发展好人民群众的利益作为根本出发点、着眼点和落脚点。要充分发扬人民民主、集中人民智慧、体现人民意志、代表人民利益，把关注民生、体察民情、反映民意贯穿于工作的全过程，从人民群众最关心、最直接、最现实的问题入手，采取有效措施，让人民群众真正得到实惠。

人大既是人民权力机关，也是民意表达机关，人民群众关注的问题，就是我们工作的重点。因此，要把群众关心的热点难点问题作为常委会的工作内容，要大力关注群众在加快发展中急需解决的实际问题，把实现群众的长远利益与推动解决当前的困难结合起来，对人民群众的劳动就业、社会保障、衣食住行、收入分配、教育卫生、居住环境、社会治安等涉及民生的具体问题，纳入常委会议题，督促政府采取切实有效的措施加以解决。只有这样，人大工作才会有坚实的群众基础，才能依法履行好宪法和法律赋予的各项职权，才能最大限度地体现科学发展观的要求。

四、以科学发展观统领和指导人大工作，要充分发挥好人大代表的主体作用

县人大常委会要树立依靠代表、服务代表的思想，切实加强人大代表工作，充分发挥代表的主体作用，充分调动人大代表的积极性、主动性和创造性，以更好地反映民意、集中民智、凝聚民心。一是要切实提高代表素质。要加大代表培训力度，创新代表培训方式，丰富培训内容，增强代表培训的针对性和实效性，努力提高代表的素质和履职水平。二是要进一步拓宽代表知情知政和民意表达的渠道。要通过组织代表进行视察和调研，开展执法检查等活动，做到上情正确下达，下情及时上报，使人大常委会的决策充分代表和反映人民意愿。比如，在2008年召开的市三届人大一次会议上，开县的市人大代表通过视察后，集体“上书”市长，要求达万高速公路过境开县。经过充分论证，目前，达万高速公路已确定取道开县县城，使开县融入了全国高速路网，这无疑将给开县带来巨大的发展机遇。三是要加大对人大代表议案建议的督办力度，改进督办方式，切实提高办理质量，促进有关问题的及时解决，以推动科学发展。四是要结合市上开展的“争先创优”活动，探索开展常委会委员联系代表、代表联系选民制度，坚持代表小组活动制度，切实提高代表活动质量，巩固和拓展代表活动载体，不断创新代表活动形式。大力营造鼓励和支持人大代表在各自的岗位上建功立业的社会氛围，形成贯彻落实科学发展观的强大合力，共同来推动经济社会快速发展、协调发展和科学发展。

“三多”铺就成功路

湖南省常德市鼎城区人大常委会副主任　皇甫泽华
湖南省常德市鼎城区人大常委会办公室主任　龚天宝
湖南省常德市鼎城区人大常委会办公室副主任　闵圣昀

2008年，是人大代表学习培训和人大制度建设年，也是我区人大换届之后打基础、上台阶的关键年，这一年，我们从“三多”（多措并举、多轮驱动、多种活动）入手全面发力，促进了区、乡（镇）人大工作整体水平的提升，使本届人大及其常委会开局之年的工作有地位、有作为、有影响，韩公渡镇乌黄垅等非区管机埠的排渍抗旱电费、江南城区污水处理等一大批涉及民本民生的问题都得到妥善解决,人民群众有口皆碑。

多措并举,提高审议质量

吴邦国委员长在十一届人大常委会第一次会议上明确指出:"人大主要是通过会议形式,按照民主集中制原则,依照法定程序,集体行使职权,集体决定问题。"这说明会议是人大演绎民主、传递民声、维护民权的重要途径,审议质量决定人大常委会的履职水平和工作成效。去年,我们既有继承,又有创新,既依法依程序作好"规定动作",又在法律的框架内结合本地实际努力创新"自选动作",多措并举,大大提高了常委会会议质量、议事能力和审议水平,促进了"一府两院"依法行政、公正司法。

首先是会前准备充分。①会议议题的选取广泛征求代表和人民群众的意见,围绕解决人民群众最关心、最直接、最现实的利益问题,及时与"一府两院"联系沟通,由主任会议认真筛选后提请常委会会议审议通过,印发相关单位并向社会公开。②每次会前一个月,主任会议都认真研究策划,办公室及时发出预告通知,便于相关人员全方位准备会议。③严格落实监督法有关法定时限的规定,会议材料要求提前七天送达常委会组成人员和列席会议的人大代表,便于熟悉报告,有针对性地搞好调查研究。④主审委室为精益求精,在做好方方面面的准备之后,还进行会前"彩排",发现问题,及时整改。

其次是审议不走过场。为有效防止会议走过场,本届人大常委会推出了一系列过硬举措。一是常委会11名兼职委员按行业特点和工作性质与工委的工作有机对接,一定五年,五年之内,与工委一同制定方案,一同调查研究,一同审议发言,区有线电台采用"同期声"进行报道,形成了整体合力,有效缓解了主审委室由于势单力薄而造成的审议力度不够、会议冷场等问题,使本届人大常委会会议的审议发言出现了前所未有的活跃,讲真话、道实情蔚然成风。二是改革传统的举手表决方式,推行票决制,使"集体有权,个人无权"的理念得到彰显,让常委会组成人员真实地表达意愿。三是常委会主任自觉坚持末位发言,先听后说,不搞先入为主,充分发扬民主,防止主任怎么说,其他同志怎么和,营造了民主、平等、和谐的浓厚氛围。四是每次常委会会议,除"一府两院"主要负责人法定列席外,我们坚持通知对口分管副职均要列席会议,面对面听取审议发言,并当场作出必要的承诺和解释,有效解决了列席会议的同志与分管的工作脱节的问题,让责、权、利进一步统一,使"不说白不说,说了也白说"再也不是从事人大工作的潜规则。

再次是不断创新模式。一是有计划地邀请乡镇人大主席、省、市、区代表列席常委会会议,乡镇人大主席年内至少列席一次,驻区省、市人大代表和区人大代表届内至少列席一次,不仅旁听,还可旁言。二是推行书面审议意见卡制度,作为归纳整理审议意见的重要依据,弥补会议审议发言的缺失,让会上不愿说、不能说、不敢说、没有时间说的充分解放表达,使审议意见更具广泛性和针对性。三是每次会前,都组织与会人员进行专题法律讲座由委室主任登台对与审议议题相关的法律、法规进行集中学习。四是不搞一审了之,每次会后不断总结提高并重点强化督办工作,并对办理落实人大常委会决议、决定和审议意见的情况年终集中盘点,不满意票过半数的来年继续列为常委会会议议题,做到有始有终、一抓到底,让马虎应付人大者过不了关。

多轮驱动,激活人大宣传

换届以来,为不断提高全社会对人大性质、地位、作用的认识,推进基层民主法制建设,我们把人大宣传调研工作作为人大工作的重要内容,多轮驱动,收到了明显的效果。《人民之友》2008年第6期发了"县乡视窗——鼎城区专版",集中对我区区乡人大工作进行了深度报道,在中央办公厅举办的"纪念改革开放30周年"、省委宣传部举办的"毛泽东思想和中国特色社会主义"、《人民代表报》举办的"我们一起走过"、市人大常委会组织的"纪念市人大常委会成立20周年"、市委宣传部组织的"解放思想大讨论"等征文活动中,我区有20多篇文章分别在中办《秘书工作》等报刊发表或获奖,2008年共在国、省、市知名媒体发文120多篇,综合排名全市第一,被评为全市人大宣传调研工作红旗单位。

一是牢固树立一个理念。文字修养是我们从事机关工作的每个同志的立身之本。有行家说:文字和口头表达能力是做好人大工作的基本功,是检验学习效果的试金石,是表现综合素质的展示镜,是保障人大工作有位、有为、有威的助推器。党的历代领导人,历届党中央领导集体都反复强调要坚持和完善人民代表大会制度,要坚持,必须大力宣传,要完善必须认真研究。为此我们牢固树立这样的理念:人大宣传调研的过程,实际上是一个不断加强对社会主义民主政治理论学习,提升政治和业务素质的过程,是一个不断提高对依法执政、民主执政、科学执政的认识、统一思想、为人大工作依法有序开展营造良好环境的过程,是一个不断增强全社会的宪法意识、法律意识、人大制度意识,推进依法治国的过程。由于思想统一了,认识提高了,人大宣传通讯员和区、乡(镇)人大工作者学习、调研、写稿投稿的积极性空前高涨,写作水平提高了,工作能力增强了。

二是适时组建一支队伍。在2008年年初召开的全区人大宣传调研工作会议上,发文聘任组建了以区、乡(镇)人大工作者为主体、"一府两院"文秘工作者,政府网站、电台、电视台的记者,区委党校、区一中教师和区内农民作家参与的人大新闻宣传通讯员队伍,让宣传网络覆盖到全区的每一个角落,使纵向网络即区与乡(镇)的宣传网络成线,横向网络即人大与"一府两院"的宣传网络成片,人大机关内部网络即办公室与各工委之间的宣传网络成团,整合了人力资源,形成了宣传人大制度"人人有责、人人有心、人人有为"的强大合力。

三是努力营造大宣传格局。《鼎城人大》常办常新,每月至少一期,办公室正副主任和文秘人员精选稿件、认真编排,常委会主任向阳亲自审核把关,有人写、有人读、有人评、有人收藏。宣传窗图文并茂,突出了"贯彻中央精神,营造三个和谐,推进二次创业"的主题,并时时更换图片和内容,力求寓教于乐。倡导全方位、多载体、多形式宣传人大制度的大宣传格局,收到了很好的宣传效果。对人大"三会"和常委会重大活动,区有线电视均按相应规格报道,并及时向省、市电视台报送。区内人大工作的经验和亮点、代表典型都能借助市以上媒体向外宣传推介。

四是打造了人大宣传的长效机制。我们注重向制度借力,修订完善了好新闻评选制度、优秀通讯员量化考评制度,尤其是人大宣传的奖励制度有一定的激励作用:对《鼎城人大》实行稿酬制,并且优稿优酬,凡在市级媒体发文奖稿酬的一倍,省级媒体发文奖稿酬的两倍,国家级媒体发文奖稿酬的三倍,不封顶、不打白条,每年还评出人大宣传调研工作先进单位,评出好新闻作品和人大宣传优秀通讯员,发文通报全区,给予一定的物质精神奖励,有功之臣在提拔晋级上向区委重点推荐,并已初见成效。这些有效的举措,打造了"调研出精品,宣传出力作"的长效机制,使鼎城文明、繁荣、开放、和谐的形象走出市门、走出省门,走向全国,也提升了我区人大宣传的档次和水平。

多种活动,促进和谐互动

通过多种活动营造"内心、内部、内外"和谐、提升人大工作水平是我区人大工作的一大特色。去年,我区主动组织和积极配合省、市人大开展活动是比较多的,效果也很好,促进了和谐互动工作局面的形成。

一是主动组织闭会期间的代表活动。去年,区人大常委会组织了两次大规模的视察活动,7月1日,组织部分省、市、区代表视察灌溪工业园,时任市委书记的武吉海、时任常务副市长的陈文浩及市直9个职能部门主要负责人应邀参加了会议;11月20日,组织部分省、市、区代表,对江南城区西区开发、善卷垸防洪大堤建设等重点工程进行了视察。这两次活动,提出了有价值的建议、意见20多件,得到了有关领导的高度重视,《人民网》、《中国人大新闻网》、《搜狐网》、《常德日报》等媒体给予了及时报道。7月28日,还组织市、区代表参加了政情通报会。全年组织160多名代表旁听了10件案件的庭审活动。据调查了解,各市、区代表小组都组织了两至三次代表活动,打造了代表知情、知政、知警的平台,为其依法履职夯实了基础。

二是积极配合省、市人大组织的各项活动。去年,我们积极配合省、市人大整体联动的视察、执法检查、专题调研活动多次。省委书记、省人大常委会主任张春贤、省人大常委会副主任戚和平、蔡力峰、刘莲玉都陆续来鼎城考察灌溪工业园和石板滩的新农村建设,省人大常委会信访室来我区进行了为期两天的专题调研,市人大常委会组织了两次到鼎城的视察,我们都积极配合,热情参与,省、市人大都比较满意。

三是认真策划好区、乡人大整体联动的活动。分期分批对市、区、乡代表和常委会组成人员进行业务培训,坚持一个季度一次的乡镇人大片会制度,年底还召开了乡镇人大工作经验交流会,表彰了一批人大工作先进单位和先进个人,使学有榜样、赶有目标、奋斗有方向,使区乡人大工作相互促进、相得益彰。

四是定期或不定期组织机关干职开展好各种内容丰富、形式多样的活动。去年,我们组织机关干职开展了多项活动,机关干职出省考察学习少则一次多达三次,组织了"迎奥运、爱鼎城"登太阳山活动,参观灌溪解放思想教育基地和灌溪工业园及石板滩的新农村建设,还下到花岩溪农家开展了为期一天的一次解放思想大讨论活动,通过活动,开拓了视野,增进了友谊,打造了团队精神。

新形势下正确把握和处理人大工作中的几个重要问题

河南省商丘市人大常委会主任　高献涛

人民代表大会制度是我国的根本政治制度,是实现人民当家作主的根本途径和最好形式,也是中国共产党在国家政权中充分发扬民主、贯彻群众路线的最好实现形式。胡锦涛总书记指出,坚持和完善人民代表大会制度,加强和改进人大工作,是发展社会主义民主政治、建设社会主义政治文明的必然要求,是依法治国、建设社会主义法治国家的必然要求,也是保证人民当家作主、实现党和国家长治久安的必然要求。在落实科学发展观、全面建设小康社会的新形势下,坚持和完善人民代表大会制度,加强和改进人大工作,必须牢牢把握和认真处理好以下几个方面的重要问题。

一、坚持党的领导,牢牢把握人大工作的政治方向

人大工作与国家政治生活关系密切,政治性强,社会关注度高。做好人大工作,必须坚持党的领导,坚定不移地坚持社会主义的政治方向。坚持党的领导和正确的政治方向,包括以下三个方面的内容:

第一,必须始终坚持以马列主义、毛泽东思想、邓小平理论和"三个代表"重要思想为指导。马列主义、毛泽东思想、邓小平理论和"三个代表"重要思想是党领导全国各族人民进行社会主义现代化建设的伟大旗帜,是我们党长期坚持的指导方针。我国宪法以国家根本大法的形式,确立了马列主义、毛泽东思想、邓小平理论和"三个代表"重要思想在国家政治生活和社会生活中的指导地位,是包括民主党派在内的全国各族人民团结奋斗的共同基础。作为党的工作的重要组成部分,人大的各项工作只有自觉贯彻落实这一根本指导思想,才能保证人大工作的社会主义的政治方向,才能从根本上保证人民管理国家事务,管理经济和文化事业,管理社会事务,真正实现人民当家作主。

第二,必须始终坚持中国共产党的领导。吴邦国同志指出,做好新时期的人大工作,必须牢固树立党的观念、政治观念、大局观念和群众观念。这其中最重要最核心的就是要坚定地确立党的领导的观念。中国共产党代表先进生产力的发展要求,代表先进文化的前进方向,代表中国最广大人民的根本利益,是中国特色社会主义事业的领导核心。党的领导,是我国人民代表大会制度的一大优势,是建设有中国特色社会主义民主政治的应有之义,是人民当家作主和依法治国的根本保证。党的领导地位和执政地位是历史形成的,是人民选择的,必须毫不动摇地加以坚持。坚持党的领导,不是抽象的空洞的口号,而是有着实实在在的内容:一是各级人大必须始终把自身置于党组织之中和党的领导之下,自觉接受党的领导;二是人大机关干部和广大人大代表必须坚信党的领导,在任何时候、任何情况下,都不能有丝毫的动摇;三是人大工作必须服从服务于党的工作大局,自觉贯彻执行党的路线方针政策,自觉贯彻执行党组织作出的决议决定。各级人大及其常委会都应充分发挥人大机关党组织和党员的作用,坚持重大事项、重要工作向党委报告制度,在人大工作中充分体现党委的要求和意图,并通过法定程序,使党的主张成为国家意志,使党组织推荐的人选成为国家机关的领导人员。

第三,必须始终坚持中国特色的社会主义民主政治发展道路。发展社会主义民主政治是我们始终不渝的奋斗目标。我国的人民代表大会制度,不同于西方的"三权鼎立"和"两院制"。在我国,国家权力统一由全国人民代表大会和地方各级人民代表大会行使;人大和其他国家机关不是并列关系,而是从属关系;人民代表大会在国家政权体系中居于核心地位,其他国家机关都是它的执行机关。当然,国家权力机关与行政、司法机关之间在职能上各有分工,但也不是各自分立、平均分权、相互制衡的关系，而是产生与被产生、决定与执行、监督与被监督的关系。各国家机关虽然分工不同、职责不同，但目标却是完全一致的。中国特色的社会主义民主政治发展道路，是中国共产党领导中国人民，在争取民主独立和解放的长期浴血奋战中、在新民主主义和社会主义建设的实践中艰辛探索，不断总结人民政权建设经验的结果，是中国历史发展合乎规律的选择，是不以人的意志为转移的，符合中国国情，必须坚定不移的走下去。

二、依法行使职权，科学认识人大对“一府两院”监督与支持的关系

监督权是各级人大及其常委会的一项重要职权。我国宪法明确规定，“一府两院”由人大选举产生，向人大报告工作，对人大负责，受人大监督。去年出台的监督法又对监督的程序和内容作出了具体规定。由此看出，人大及其常委会对“一府两院”实施监督，是依法而取得的一项权力，也是必须履行的一项法定义务。不监督就是不作为，不监督就是自动放弃权力，不监督就是失职。这是一种国家体制，是人民代表大会制度的重要内容。强化人大监督，就是要促使“一府两院”贯彻实施宪法法律和人大决议决定，履行法定职责，约束和规范“一府两院”的行政和司法行为，确保各项目标任务顺利完成。

从我国各级国家权力机关行使监督职权的实践来看，监督从来都不是一种单纯意义上的制约和限制，它往往与支持融为一体，表现出一种鲜明的监督个性。胡锦涛同志指出，“监督‘一府两院’工作是人大及其常委会的一项重要职责，这种监督既是一种制约，又是一种支持和促进。”吴邦国委员长在十届全国人大三次会议上也指出，“一定要把对‘一府两院’的监督和支持有机结合起来，促进依法行政、公正司法。”这些论述精辟地阐释了监督与支持的关系。地方各级人大及其常委会要不断深化认识，大胆探索，努力实现监督与支持的最佳结合。

但是，应该看到，人大对“一府两院”工作的支持并不是直接参与“一府两院”的具体工作，对属于“一府两院”职责范围内的工作与他们“齐抓共管”；也决非无论“一府两院”怎么做、做什么都一味地无原则地赞美叫好；而是一种基于法定职权明晰、责任清楚前提下的支持。因此，对人大的监督和支持必须进行科学的、全面的、理性的分析和理解：

第一，人大的监督，可以理解为与“一府两院”工作目标一致性的支持。人大与“一府两院”分工不同、职责不同，目标和任务是一致的。都是在党的领导下，共同建设中国特色社会主义。人大依照法律对“一府两院”进行监督，并非纯粹意义上的制衡，其最终目标是通过必要的支持，与“一府两院”形成良性互动，帮助“一府两院”发现问题，改进工作，减少失误，促进“一府两院”及其工作人员依法行政、公正司法，保证他们把人民赋予的权力真正用来为人民谋利益。人大与“一府两院”工作殊途同归、目标一致，由此构成了人大对“一府两院”支持的坚实基础。

第二，人大的监督，是一种与“一府两院”权力和谐上的支持。人大与“一府两院”之间监督与被监督的关系，共同构成了矛盾统一体。监督是制约力，支持是推动力；监督为了纠偏，支持为了促动；两者不能划等号。如果把监督与支持混为一谈，或者笼统地说监督就是支持，甚至把两者关系定位为支持与被支持的关系，那就抹杀了它们之间的差异性和矛盾性，监督也就失去了它的法律意义。同样也不能只看到矛盾的排斥与斗争，而看不到其相辅相成与相互转化的一面。权力的单一运作不是权力的和谐状态，支持与监督只有对立统一、相生相济、相辅相成，才能达到完善与和谐。

第三，人大的监督，是一种宏观上的支持。早在1983年六届全国人大常委会第一次会议上，彭真同志就指出：“人大和它的常委会对政府工作只管重大原则问题，该管就管，少一事不如多一事；日常工作问题，多一事不如少一事，不要代替政府工作，不要不恰当地干扰政府工作”。人大监督不同于行政、司法部门内部具体案事件的监督，它所针对的是“一府两院”根本性、全局性的问题，而非个体的、事务性的具体工作。要善于透过具体工作发现宏观的、重大的问题，侧重于从制度和机制这些根本之处解决问题。在重大原则问题上敢于较真，而具体工作则不加干涉，应该是人大监督的权威性所在，也是支持应把握好的重要尺度。

第四，人大的监督，还表现为与“一府两院”工作相互协作意义上的支持。可以说，在人大对“一府两院”行使监督权的具体过程中，相互支持、密切配合、团结协作无处不在，无时不有。例如，“一府两院”对一些难度大、涉及面广的事项，主动提请人大常委会审议讨论，积极征求人大意见。人大常委会根据有关情况，列入议事日程，开展讨论审议，必要时可以作出有关决议决定，以推进“一府两院”的工作，这就是最好的支持。协作关系也体现在日常的工作联系之中。如，人大常委会听取和审议“一府两院”的专项工作报告、开展执法检查、组织专题视察等活动，在议题选定上需要双方事先通气，检查调研时需要有关部门提供真实情况和其他必要的配合帮助，甚至在整改落实代表意见建议时也需要双方多次联系和沟通等。这些都明显反映了人大与“一府两院”之间的相互支持与协作的关系。

三、立足人大工作特点，正确处理服务中心工作与发挥职能作用的关系

作为地方人大，服务中心工作、推动本行政区域内党委重大决策的落实是其履行职责的基本要求。各级人大及其常委会要自觉把人大工作置于党的工作大局，努力使人大工作与党委的思路合拍、与“一府两院”的工作合力、与人民群众的愿望合心，促进地方经济发展、大局稳定和社会和谐；要认真把握人大工作的规律、特点和方法，通过参与和服务中心工作，把围绕中心、服务大局、依法履行职责有机统一于人大工作的实践之中，全面完整地体现和发挥人大及其常委会的职能作用，决不能偏离中心工作、游离于中心工作之外，更不能借口人大工作的特殊性排斥中心工作，另行其道。

当前重中之重的中心工作是认真贯彻落实科学发展观，推进实现科学发展、跨越发展、和谐发展。发展是党执政兴国的第一要务，也是构建社会主义和谐社会的物质基础。各级人大常委会要紧紧扭住发展这个时代主题，立足于履行职责，充分发挥职能，促进经济社会全面协调可持续发展。一要积极行使重大事项决定权。适时把党委促进经济社会发展的重大决策通过法定程序变成国家意志和人民群众的自觉行动，从法律上、制度上保证党委决策的贯彻落实。二要加强对经济工作的监督。以促进发展为目标，通过开展执法检查、听取专项工作报告、进行专题视察等活动，进一步加强对国民经济和社会发展计划、财政预算执行情况的审查，注重通过认真审议“三农”问题、招商引资、项目建设、环境保护、扶贫开发、社会保障和科教文卫等方面的重大事项，监督政府正确处理人口、资源、环境与经济社会发展的关系，促进地方经济社会健康发展。三要切实为经济发展创造良好的环境。督促政府和相关部门进一步转变职能，转变作风，提高效率，增强服务意识，认真落实促进经济发展的各项政策及法律法规，优化经济发展环境，为各类市场主体提供宽松的发展空间。四要按照科学发展观的要求，围绕党委中心工作和事关改革发展稳定的重大课题，加大调研力度，适时提出针对性、操作性强的意见和建议，为党委决策提供依据、为政府工作提供参考，努力使人大的调研成果为我市经济社会又好又快发展发挥积极作用。

四、密切关注民生，妥善处理发挥人大代表作用与维护人民群众利益的关系

关注民生、保障民生和改善民生是党全心全意为人民服务宗旨的要求，是治国理政的根本。执政为民，以民生为本；改善民生，以惠民为重。代表和维护人民群众的根本利益，是人大工作的出发点和归宿。各级人大及其常委会必须密切保持与人民群众的血肉联系，坚持群众利益高于一切、群众疾苦重于一切，深深植根于人民，深入实际，深入基层，倾听人民心声，代表人民意愿，关心群众疾苦，充分反映各个阶层、各类群体的利益诉求，统筹兼顾各方面群众的不同利益，切实解决好教育、医疗、收入分配与社会保障等群众最关心、最直接、最现实的利益问题。要认真处理好发展和改善民生的关系，牢固树立发展为了人民、发展依靠人民、发展成果由人民共享的观念，通过发展改善民生，在改善民生中促进发展，让改革发展的过程真正成为为群众排忧解难的过程，成为实现和维护群众切身利益的过程，成为不断提高人民群众生活水平的过程。要把“权为民所用、利为民所谋、情为民所系”作为人大工作的准则，自觉把人大工作置于人民群众监督之下，使人大的工作顺应民心、反映民意、贴近民生，实现好、维护好、发展好最广大人民群众的根本利益。

人大代表作为人民群众的代言人，是人民群众派往国家权力机关的使者；保障人大代表依法执行职务，充分发挥作用，是各级人大常委会的重要职责，也是维护人民群众利益的具体表现。要调动代表依法履行职责的积极性，充分发挥代表在密切联系群众和充分反映民意中的桥梁和纽带作用、在实现科学发展观和构建和谐社会中的模范带头作用，为代表活动创造条件。

一要提高代表素质，强化代表工作基础。要通过有组织、有计划、有步骤的教育培训，使广大代表充分认识到当代表不仅仅是一项荣誉，更是一种责任、一种使命；要教育引导代表时刻不忘职责，大胆行使职权，为了人民的利益敢于坚持正义、仗义执言、不辱使命、不负重托;要通过政治理论、法律知识、人大业务和有关方面知识的培训,使代表进一步增强政治鉴别力和洞察力,熟练掌握党的路线方针政策和国家法律法规,了解本行政区域内政治、经济、社会发展情况,提高执行职务的能力和水平。

二要保障代表的知情权,扩大公民有序的政治参与。积极组织代表参加常委会开展的执法检查、专题视察、工作调研等工作,为代表深入审议各项议案和报告创造条件。进一步加强常委会机关与代表的工作联系,及时向代表通报政情社情,让代表知情知政,为代表更好的执行职务提供服务。

三要改进代表议案和建议、批评、意见办理工作,努力提高代表的满意度。代表提出议案和建议、批评、意见,反映的是一个方面、一定范围内人民群众的愿望和要求,是代表依法履职的重要形式。目前在议案和建议、批评、意见办理过程中存在着不规范、不认真和推诿扯皮、草率应付现象,一定程度上挫伤了代表的积极性,影响了代表在群众中的威信。今后要进一步强化办理要求,规范办理程序,改进办理方式,提高办理质量,切实把代表的议案和建议、批评、意见办理到位、落到实处,让代表放心、群众满意。

四要建立健全代表依法履行职责的各项制度,为代表充分发挥作用提供制度保障。进一步建立和完善代表小组活动制度、代表列席常委会会议制度、代表参加常委会视察检查和调研制度、代表联系选民制度、代表公示制度、代表培训制度、重大事项向代表通报制度和常委会联系代表制度等,不断丰富代表活动内容,推进代表活动经常化、制度化、规范化。

另外,还要为代表履行职责和执行职务提供各种工作便利,包括必要的时间、经费、物质、组织保障等,及时帮助他们解决生活和履职过程中遇到的困难和问题,在全社会营造尊重代表权力、支持代表依法履行职责的良好氛围。

努力克服五大障碍　提升县级人大监督实效

广东省新丰县人大常委会常务副主任　潘英化

县级人大是地方国家权力机关,按宪法和法律规定,有对“一府两院”及其职能部门进行监督的职权,包括工作监督和法律监督的职权。吴邦国委员长2008年3月19日在十一届全国人大常委会第一次会议上讲话时指出:“人大监督工作容易搞虚,不容易做实。增强实效是做好人大监督工作的关键。”笔者认为,县级人大要以贯彻落实《监督法》和开展“解放思想,深化改革”学习讨论活动为契机,进一步解放思想,破除五大方面的障碍,切实提高监督实效。

一、目前影响县级人大监督实效的五大障碍因素

一是思想、态度方面的障碍。县级人大在开展监督时,普遍存在着三种主要思想障碍:一是认为有党委的正确领导,存在“怕麻烦”思想,认为没有必要太较真,走走形式和法律程序就可以了;二是站在“一府两院”的立场上,用“换位”的角度考虑监督问题,支持和配合的角度考虑多,实施监督的角度考虑少;三是大部分人大领导都是从党政机关领导交流过来的,且年龄普遍较大,不同程度存在“过渡”和“安全着陆”的思想,开展监督工作比较被动。

二是监督主体整体素质障碍。除存在思想、态度方面的障碍外,县级人大监督主体整体素质还有待提高,主要是目前县级人大专业人才普遍比较缺乏。大部分县级人大常委会机关编制少,只有5个专门工作机构,人员不足。人大机关力量薄弱不说,而且缺少专业人才。许多县级人大在实施具体监督时,经常出现外行监督内行的尴尬状况。比如,关于国民经济发展计划和财政预算等专业性强的报告,往往是政府怎样报,人大就怎样审议通过。

三是监督方式的障碍。按《监督法》的规定,人大实施监督的常用方式有:听取和审议专项工作报告、审议计划和预算报告、开展执法检查、审查规范性文件等。另外还有质询、组织特定问题调查、撤消不适当决定和罢免等更具刚性形式,但很少使用。应该说,这些监督形式已经十分丰富了,但问题在于地方人大在实施监督时,存在重法律程序轻

实际效果、重听取汇报轻调查研究、重视察检查轻跟踪落实、重"软性"程序轻"刚性"监督等问题，或者是监督上全面开花，蜻蜓点水，抓不住重点热点。这样，虽然法律监督程序是走了，而且工作和精力花了不少，但往往是水过鸭背，效果难尽人意。

四是监督体制的障碍。宪法和地方组织法规定，地方各级人民代表大会是国家地方的最高权力机关，有讨论、决定本行政区域内政治、经济、文化、教育、科学、卫生、环境和资源保护等工作的重大事项的职权，政府是国家权力机关的的执行机关。但事实上，地方政府的大多重大工作都是经过同级党委集体研究决定的，人大领导也参与有关讨论研究，而且对重大工作党政联合发文进行安排部署。对这种党委决定和政府行为共为一体的做法，人大是比较难以实施监督的。

同时，目前税务、药监、工商等部分行政机关，实行垂直管理。他们的纵向领导体制，也给地方人大监督带来了不少难题。

五是监督氛围的障碍。我国历史上有耻于被监督的文化传统。时至当今，仍有相当部分"一府两院"及其组成部门的领导同志，在思想上抵触人大监督，行为上嫌避人大的监督；一些地方党委领导也担心人大过多过强的监督会削弱党的领导，影响工作的开展。

同时，由于各级人大代表大多是兼职，有的忙于本职工作，没有办法顾及公众利益；有的缺乏代表意识，不能及时反映选区群众的意见和建议，难于发挥代表应有的作用。另外，群众的主人翁意识普遍比较缺乏，向人大反映问题的热情不足，主动配合人大实施监督的积极性也不够高。

二、努力克服障碍，提升县级人大监督水平和实效

（一）增强信心，提高依法监督意识。思想是行动先导。胡锦涛总书记指出："监督'一府两院'工作是人大及其常委会的一项重要职责"。人大行使监督权，目的就是确保宪法和法律得到正确实施，确保"一府两院"的行政权、审判权和检察权得到正确行使，确保公民、法人和其他组织的合法权益得到尊重和维护。可以说，县级人大依法开展监督工作，是法律规定的工作职责。因此，县级人大开展各项监督工作，首先要解决思想认识问题，要在党委的正确领导下，消除不必要的思想顾虑，克服畏难情绪，增强依法监督的信心，建立健全向同级党委报告工作制度，积极主动开展监督工作，依照法定程序，及时将党委的重要决策转变为人大及人民的意志，实现党的主张与人民意志的统一，促进地方经济社会和民主法制建设。

（二）注意自我提升，提高监督能力和水平。"工欲善其事，必先利其器。"人大工作涉及政治、经济、法律、文化和社会各方面，关系到社会各项事业的发展进步，政治性、法律性和政策性强，要求高，难度也大。县级人民代表大会及其常委会是监督"一府两院"的主体。主体的整体素质如何，将直接影响到人大监督的实效。

当前，提高县级人大自身素质，可从三方面着手。第一，加强学习。无论工作再多再忙，人大机关都要集中一定时间学习政治理论、法律和财经等方面知识，甚至邀请有关专家授课，提升政治素养和业务素质；第二，争取县委的支持，积极引进和培养年轻专业干部，将有潜力和成熟的干部交流到人大常委会或专门委员会任职，增强人大机关活力；第三，创新人才使用观，借用外部智力资源，发挥常委会兼职委员、人大代表、各个领域专家学者和专业人才的作用，为县级人大高水平、高质量的监督工作提供可靠智力保障。

（三）创新监督方式，突出监督重点。2007年开始实施的《监督法》，规范和完善了人大的监督方式。当前，县级人大要结合实际，对符合《监督法》规定的工作方式，要加以深化和细化；对与《监督法》规定不相符的，要加以规范和调整。在实施监督时，要突出监督重点，善于抓住其中的关键问题，增强监督工作的实效：一是要按《监督法》规定的六种途径，把那些事关国计民生大局，群众关注的焦点、热点问题作为人大监督的重点，并一抓到底；二是重视法律监督，确保"一府两院"能正确行使行政权、审判权和检察权；三是注意提高常委会审议质量。常委会要将当年的工作要点印发给组成人员，让大家对计划审议的议题和开展的活动心中有数，平时能注意搜集情况；会议召开前，提前7天以上时间，将会议材料发给常委会组成人员，让他们有充足时间对材料进行审议；四是重视监督前的调查研究和事后跟踪落实。在实施监督前，要组织常委会组成人员或人大代表进行调研，了解情况，增强监督的针对性。在实施一定时间内，安排专人或专门工作机构进行跟踪，狠抓监督工作落实，确保取得实效；五是在开展监督工作中，要多邀请代表列席参加，拓宽人大代表参与渠道，发挥代表的主体作用。

（四）依靠党的正确领导，克服监督体制上的障碍。目前县级人大开展监督工作碰到的体制性障碍，是我国政治体制改革有待完善的阶段性的问题，最终会得到妥善解决。当前，要克服人大在监督体制上的障碍，一是人大要自觉坚持和依靠党委的领导，主动向党委请示和汇报工作。人大常委会所作的决议、决定，事前要向党委请示，事后要向党委汇报，争取党委的理解和支持，推动问题的解决；二是党委要进一步加强和改进对人大工作的领导，科学规范党委与人大的关系，切实帮助人大解决监督工作中面临的一些重大问题；三是党委要切实支持和保障人大及其常委会依法行使职权，推动"一府两院"自觉接受人大的监督，增强人大监督"一府两院"依法行政、司法和检察的刚性，强化人大监督的权威。

（五）加强法律宣传，营造有利于人大监督的社会氛围。营造有利于人大依法开展监督工作的社会氛围，这是当前县级人大需要认真考虑的问题。因此，人大要综合运用报刊、广播电视、网络等各种媒体，以及讲座、研究会、墙报、标语、小册子等形式，广泛宣传《宪法》、《监督法》和《代表法》等法律，让这些法律知识普及到群众中去，甚至家喻户晓。同时，支持新闻机构正常开展舆论监督，让党委、"一府两院"、群众都能切实重视和支持人大依法开展监督工作。另外，常委会要将行使监督职权的情况，及时向社会公开。通过几个方面的努力，逐步形成有利于人大监督的社会氛围。

总之，人大开展监督工作已经有法可依，有章可循，但所面临的新情况、新问题也会不断出现。因此，我们必须紧紧依靠党的领导，进一步解放思想，振奋精神，克服障碍，提升人大的监督水平，增强监督实效。

认真履职　促进发展

天津市河北区人大办公室主任　潘春立
天津市河北区人大办公室副主任　王全建

2008年，河北区人大常委会全面贯彻党十七大和十七届三中全会精神，坚持以邓小平理论和"三个代表"重要思想为指导，落实科学发展观，认真全面落实中央、市区委各项决策部署，服务大局，关注民生，坚持高标准，狠抓工作落实，在促进全区经济社会又好又快发展中发挥了重要作用。

始终保持坚定正确的政治方向

常委会坚持重大事项、重要工作向区委请示报告制度，自觉维护区委统揽全局、协调各方的领导核心地位，努力提高科学行权、民主行权和依法行权水平，在政治上、思想上、行动上与区委保持高度一致，使区委的领导贯穿于人大工作的始终。坚持围绕全区中心工作，认真履行常委会各项职责，把党的主张经过法定程序成为国家意志和人民的行动，保证区委主张和意图的实现。常委会坚持按照区委工作部署，积极与区政府沟通，通过主任会议研究和常委会审议，把区政府改善人民生活十项工作安排、经济建设运行情况、十一五规划纲要实施中期评估、五十个重点项目建设、财政预算调整、迎奥运市容环境卫生综合整治、中山路开发改造、创意产业基地建设、刑事检察、劳动仲裁、劳动保障、冬季供热等作为重点审议议题和视察检查内容，做到了紧贴发展形势，始终突出重点。任免工作中坚持党管干部的原则，严格依法任免，进一步规范了法律知识考试、拟任命人员与常委会组成人员见面、投票表决、颁发任命书、被任命人员作就职表态发言等程序，进一步增强了被任命人员的公仆意识、责任意识、法律意识和自觉接受监督的意识，使党管干部的原则得到具体体现。

紧紧围绕中心依法审议重大事项

在审议决定重大事项过程中，始终坚持围绕科学发展和构建和谐这个主题，对关乎全区经济社会发展带有全局性、根本性的问题和关系人民群众切身利益的热点、难点问题，予以特别的关注。围绕经济工作，听取和审议了区政府上一年预算执行和其他财政收支情况审计工作报告，审查批准了河北区上一年财政收支决算、当年收支预算执行和预算调整的报告，提出了坚持依法治税，强化税收征管，优化支出结构，保证重点需要的意见和建议。围绕群众普遍关注的突出问题，听取了区政府贯彻物权法、房屋拆迁管理规定、房地产交易管理条例、物业管理条例工作情况，贯彻落实义务教育法情况的汇报，提出了要提高工作水平，妥善做好关系群众利益的房产交易、房屋拆迁及物业管理等工作，及时处理好工作中出现的矛盾、问题和要加强教师队伍建设，提高办事水平，完善经费保障机制，实现义务教育均衡发展的建议。常委会在审议决定重大问题的过程中，做到多方听取意见，科学安排审议议题；审议前采取组织代表视察、持证检查、召开座谈会和情况通报会等形式，深入搞好调查研究；审议中扩大常委会列席代表和旁听人员的范围，使审议工作更加公开透明，有效地提高了审议质量。

为加快发展营造良好法制环境

常委会围绕全区民主法制建设，先后听取了区政府基层司法所规范化建设、公安预审工作情况和区法院建立诉讼服务中心、强化诉讼服务职能的情况汇报，及时提出了意见和建议，有力地促进了干部群众法律知识水平的提高和执法部门工作人员为民执法意识依法办事能力的增强。常委会主任会议听取了贯彻落实价格法、民办教育促进法，区法院、检察院上半年工作，中小企业促进法落实情况的汇报，组织人大代表对食品安全、食品卫生执法和执行残疾人保障法、劳动合同法、劳动仲裁法、传染病防治法、政府采购法情况进行了视察检查。常委会积极推行公开监督、跟踪监督和专项监督，督促“一府两院”健全了执法责任制，促进了依法行政和公正司法。常委会还组织开展了规划制订、政府采购、中小企业发展、劳动保障有关法律知识辅导讲座，坚持了常委会会前学法制度，提高了常委会组成人员和全体人大代表的法律素质，为保障宪法、法律和行政法规以及市人大常委会决议在我区的遵守执行，打下了坚实的基础。

把监督工作提高到一个新水平

常委会注重把工作监督和法律监督结合起来，把专项监督与综合监督结合起来，把听取专项工作报告与执法检查结合起来，努力增强监督实效。注重与监督对象的沟通与联系，坚持把支持和服务寓于监督之中，促进了“一府两院”工作的开展。狠抓了代表议案和建议的办理和落实，继续坚持了常委会副主任督办、政府副区长领办，责任部门承办的“三办”制度，使一些涉及群众生活的问题迅速得到解决。同时，在视察检查工作中坚持做到组织相关部门随同视察，当场发现问题，立即进行解决，提高了工作实效。

充分发挥代表在发展和稳定中的作用

进一步建立健全了代表履职档案，印发了代表履职手册，统一安排代表活动日，组织代表向选民述职，使代表工作进一步规范化，增强了代表履职积极性。在代表中开展了争当优秀人大代表活动，激励代表争做履行代表职务的模范、本职工作岗位的模范、为区经济发展和改善民生无私奉献的模范和遵纪守法的模范，增强了履职意识和为民意识，促进了代表作用的发挥。进一步规范了人大代表监督员工作，监督范围扩大，监督部门增多，监督效果增强。常委会在重要节日来临之际，坚持组织有关代表进行座谈，了解代表的履职情况，帮助他们解决工作、生活和履职中遇到的困难和问题，特别是在市加快民营经济发展意见下发一周年之际，代表座谈时围绕自主创新、人才培养、企业管理提出了许多意见和建议。四川汶川发生地震后，常委会组织代表向灾区捐款达700多万元。积极创造条件，大力开展了市人大代表联系社区群众活动，走访所有市人大代表，介绍有关活动安排，建立相关组织，为开展活动提供保障，制订活动方案，增强活动效果，使市人大代表在联系社区群众时，倾听民声，体察民情，激发了履职的使命感和责任感。

人大工作解放思想首先必须解放表达

湖南省常德市鼎城区人大常委会党组成员、办公室主任　龚天宝

吴邦国委员长在十一届全国人大常委会第一次会议上明确指出：“人大主要是通过会议形式，按照民主集中制原则，依照法定程序，集体行使职权，集体决定问题。”这一重要论述深刻阐明了，会议是人大及其常委会演绎民主、传递民声、维护民权的主要形式，会议质量决定了人大及其常委会的履职水平和工作成效。歌德说：思想是导游者，思想有多远，我们的行动就有多远。这说明人大工作要与

时俱进也同样面临解放思想的重大课题。几年的人大工作实践证明:文字和口头表达能力是作好人大工作的基本功,是检验学习效果的试金石,是表面综合素质的展示镜,是保障人大工作有位、有为、有威的助推器。因此,人大工作解放思想迫切需要创设一个让思想自由表达的内外环境,支持和鼓励人大代表和人大常委会组成人员积极参加会议,认真开展审议,“想”讲、“能”讲、“敢”讲真话,努力提高会议质量、议事能力、审议水平,认真解决好对科学发展观认识不全面、贯彻不坚决、落实不到位的问题,才能依法履行职责,促进“一府两院”依法行政、公正司法。

一、要“想”讲真话,必须加强学习

学习是一个知识、经验、智慧积累的过程,是提高一个人综合素质的前提和基础。理论上的清醒和政治上的坚定都是以系统和科学的学习为基础的。一个人对人民的事业是否满腔热忱,对本职工作是否专注勤奋,从表面上来看只是涉及一个人的工作态度,而从深层次方面去分析,却源于学习,源于深厚的理论功底。人大工作的政治性、法律性、程序性很强,审议又是综合性、知识性、专业性很强的一门科学,需要科学的世界观和方法论为指导,涉及到政治、经济、哲学、逻辑学、文化、教育、科技、法律等方方面面的知识和学问,审议发言如果不能摆出问题、揭露矛盾、提出切实可行的建议和意见,就无法收到“良医治于未病”的理想效果。这就要求人大代表和常委会组成人员必须加强学习,以其昏昏,使人昭昭是绝对不行的。讲真话需要认识、知识,更需要胆识,中外历史上有不少人如布鲁诺、李大钊、张志新因讲真话而杀头不悔的。只有通过学习才能提高认识,审议才会因有良好的精神状态而形成合力;只有通过学习增加知识,审议才能出品味、上档次,才会让人心悦诚服;也只有通过学习才能增强胆识,审议才有力度、深度、信度、效度,才能达到“亦余心之所善兮,虽九死其犹未悔”的忘我境界。学什么?学党的方针、政策和科学发展观理论,学市场经济知识,学宪法、人大工作常用法律、法规这些做好人大工作的看家本领。如何学?普遍浏览,重点阅读,勤于思考,努力做到学以致用,用以促学,学用相长。

二、要“能”讲真话,必须勤于调研

调研包含两个方面的内容,一是调查,二是研究,调查侧重于感性认识,而研究则偏向于从感性认识升华为理性认识,实现认识上的飞跃。调查研究是谋事之道、成事之基。我们党历来都重视调查研究工作,毛主席曾经说过:没有调查就没有发言权。调查研究是做好人大工作的前提和基础。不断提高文字表达和口头表达能力是人大代表和常委会组成人员永恒的课题。要能讲真话,必须切实转变工作作风,在会前进行广泛深入地调查研究。调研工作要选准重点、突出难点、凸现亮点、把握关键,浮光掠影、蜻蜓点水、走马观花不行,主观臆断、想当然、闭门造车更不行,必须深入基层,放下架子、耳聪目明、诚心诚意“沉下去”,与老百姓零距离接触,面对面沟通,通过走访、座谈、听汇报、查资料、看现场等有效形式,力求掌握能反映事物本来面目的全面、真实、准确、系统的资料,并对材料进行去粗取精、去伪存真,由此及彼、由表及里的研究分析,抓住事物的本质和关键,提出解决问题的办法和措施,只有这样,才叫深入了解民情、充分反映民意、广泛集中民智,才是真正以人为本。这样以事实为依据讲出的“真话”才有广泛的群众基础,才能有的放矢,切中时弊,实现好、维护好、发展好人民群众的根本利益。

三、要“敢”讲真话,必须无私无畏

勿庸讳言,目前,部分地方的个别人大代表和常委会组成人员的会议发言,讲空话、套话的多,没什么错处,也没什么用处,或评功摆好,或隔靴搔痒,收到的监督效果肯定大打折扣。心底无私天地宽讲的就是无欲则刚。《皇帝的新衣》这则寓言故事中众多的“饱学之士”面对弥天大谎却不敢说真话,其中一个重要的原因是瞻前顾后、患得患失、也担心说错话而触怒龙颜引来杀身之祸。2006 年 1 月 16 日,中共中央政治局委员、广东省委书记汪洋在与政协委员座谈交流时说:“要让领导同志讲真话不讲套话,讲实话不讲空话,讲有感而发的话不讲照本宣科的话,就必须允许他讲不准确的话,或者允许他讲错话!”这个要求同样也适用于人大代表和人大常委会组成人员。《代表法》第二十九条规定:代表在人民代表大会各种会议上的发言和表决,不受法律追究。讲真话、道实情是人大工作的职责所在、公心所在,既然法律赋予了人大代表在会议上有“言论免责权”,为了党和人民的利益,我们应该有所为有所不为。讲真话,讨人嫌,遭人厌,难得被人接受和理解,有时还有担心成为孤家寡人的隐忧,但“忠言逆耳利于行”、“良药苦口利于病”。列宁说过:“友谊建立在同志中,巩固在真挚上,发展在批评里,断送在奉承中。”能不能讲真话,是判断一个人党性原则强不强、民本意识浓不浓、品行端不端的基本标准。真正的朋友，只能产生在敢讲真话的人群里。因此，我们都应该从《邹忌讽齐王纳谏》一文中获得启示，善待真言、广交诤友，要相信"让别人讲话，天不会塌下来"，广开言路，虚心纳谏，对偶尔可能出现的"错话"，也应该是"言者无罪，闻者足戒，有则改之，无则加勉"。

切实加强司法监督　努力促进社会和谐稳定

辽宁省铁岭县人大常委会

铁岭县人大常委会历来十分重视司法监督工作，特别是《监督法》的颁布实施，将人大监督纳入法制化、规范化轨道。我们通过深入学习和实践，准确把握人大监督的性质和特点，依法履行监督职权，进一步加强司法监督，保障社会公平正义，维护和促进了社会和谐稳定。

一、准确把握人大监督的性质和特点，充分发挥人大监督作用

权力必须受到监督和制约。人大监督是国家监督体系的重要组成部分，是代表国家和人民进行的具有法律效力的监督，是国家最高层次的监督，具有民主性、全局性和权威性的特点，是其他监督形式不可替代的。监督权是人大的一项重要职权，监督是人大的一项重要工作。人大通过法律监督和工作监督，以维护社会主义法制的统一和尊严，促进行政机关依法行政，司法机关公正司法。加强和改进人大监督工作，必须做到以下四个方面：一是要毫不动摇地坚持党的领导。人大工作坚持正确的政治方向，最根本的就是要坚持党的领导、人民当家作主、依法治国有机统一，核心是坚持党的领导。二是要正确处理好加强人大监督与支持"一府两院"工作关系。人大对"一府两院"的工作，既要监督，又要支持和促进。三是要严格依法行使监督职权。人大及其常委会的各项监督工作，都要严格按照监督法的规定进行，人大监督要依照法定的权限，做到既不失职，又不越权。要坚持集体监督，集体行使监督职权。四是要突出重点，综合运用监督手段，努力增强监督实效。常委会听取和审议专项工作报告，开展执法检查，要围绕改革发展稳定大局和群众切身利益、社会普遍关注的重大问题，选择确定议题和检查项目。对于重点、难点问题，可以综合运用各种监督手段和形式，抓住不放，一抓到底，着力推动问题解决。

二、开展工作监督，支持促进司法工作

人大监督的目的是促进各项工作更好地开展。常委会始终把监督的出发点和落脚点放在支持和推动司法机关严格执法、公正司法上。做到既不失职又不越权，建议不挑剔、沟通不指责、寓支持于监督之中。

一是抓好监督选题，听取专项工作汇报。正确选题是搞好监督工作的前提。常委会非常重视议题的选择，每年都深入开展调查研究，听取各方面的意见建议，多渠道广泛征集议题；突出重点，认真做好分析比较，确定议题。去年，常委会在第五次和第七次会议上分别听取和审议了县检察院《关于预防和惩治职务犯罪工作情况的报告》和县法院《关于刑事审判工作情况的报告》。通过审议，常委会建议检法两院进一步协调好公安、审计、监察等部门，形成合力，提高侦查水平和审判质量，维护司法机关良好形象。检法两院认真落实上述意见，在预防和惩治职务犯罪、维护社会公平正义、促进社会和谐稳定方面做出了积极贡献。今年常委会在第四次会议上听取和审议了县公安局代表县政府所做的《关于全县经侦工作情况的报告》，常委会对县公安局在维护市场经济秩序、打击经济犯罪、维护社会稳定方面所取得的成绩给予充分肯定，同时对下步工作提出了有针对性的意见和建议。

二是开展执法检查。按照监督法有关规定，每年选择若干关系改革发展稳定大局和群众切身利益、社会普遍关注的重大问题，有计划地对有关法律、法规实施执法检查。几年来，人大常委会先后对《刑事诉讼法》、《行政诉讼法》、《民事诉讼法》贯彻执法情况进行了检查，常委会对所检查的上述几部法律施行情况进行了评价，提出执法中存在的问题和改进执法工作的建议，督促落实整改，有力地

保障和促进了司法机关全面、准确地贯彻实施国家法律。

三是开展工作评议。《监督法》将述职评议改为工作评议，要求人大常委会更深入细致地搞好专项工作评议，而且要把对工作的监督和对人的监督有机统一起来。几年来，常委会坚持实行工作评议制度，对司法机关进行了工作评议，我们主要采取走访、座谈、测评、听取供职发言等形式，对检法两院中层干部就“德、能、勤、绩、廉”五个方面进行了工作评议，常委会将评议结果向县委报告，为县委考核使用干部提供依据，同时将收集到的各类意见和建议及时进行反馈，并限期整改，有力地促进了司法机关的工作。

四是认真办理涉法涉诉信访案件。监督法规定取消个案监督，但依据地方组织法，人大常委会可以受理公民的申诉控告和检举。对于人民群众向人大常委会反映的涉法涉诉问题，常委会转交两院依法处理，作为启动两院内部监督机制的一个渠道。2004年初，双井子乡双树子村任会梅诉韩树桐夫妇对其污辱案，公安机关报检察院将韩树桐夫妇批捕，检察院受理后，认为事实不清，证据不足，退公安机关补侦无果。当事人多次到人大上访，常委会对此案高度重视，协调政法委和公检法进行听证，最终认定确属事实不清，证据不足，逐将韩树桐夫妇无罪存疑释放，并给予适当补偿。2004年村委会换届选举后，县法院先后接到李千户乡武家沟村四个村民小组对原村主任擅自把多处地块低价发包的诉讼，常委会也多次接待村民上访。此案标的额大，涉及人员多，常委会及时督促法院快立快结，保证不误农时，并由法制办介入，同县法院办案人员一起到该村走访调查，搞清了案情，法院及时做出裁决，撤销违法合同，维护了村民集体利益，平息了社会矛盾。

五是开展庭审观摩评议活动。开庭审理是法院审判工作的重要环节，为促进庭审规范化建设，几年来，常委会组织人大代表对法院业务庭及基层法庭开展了20余次的庭审观摩评议活动。通过开展庭审观摩评议，我们体会到：人民代表旁听庭审是人大代表行使知情权的一种方式，是人大对司法工作加强监督的一项重要举措，是增强代表参政议政、推动依法治国的一种有效形式；人大代表旁听案件审理不同于人民陪审员制度，人大代表不对案件具体处理提出意见，只在庭审后与司法机关交换意见，辩法析理，对庭审情况进行评价；人大代表旁听案件审理是人大监督司法工作的制度创新，在推行这项制度时，更要注意维护司法独立。开展庭审观摩评议，促进了审判机关规范庭审行为，公正司法，达到法律效果和社会效果的统一。

三、建立健全制度，积极拓宽司法监督渠道

在司法监督工作中，常委会十分注重制度的重要作用，通过建立健全制度，积极拓宽监督渠道，努力实现司法监督工作的经常化和规范化。

一是建立了涉法涉诉信访案件办理制度。对涉法涉诉信访案件进行督办，是人大对司法机关加强监督的一个重要渠道。常委会非常重视涉法涉诉信访案件办理工作，充实了信访人员，严格实行信访工作责任制，实行了接访、受理、办访、督访、回访等程序的制度化和规范化。对典型案例，常委会进行重点监督，领导亲自接待，并召开主任会议研究解决，督促司法机关认真办理，做到案结事了，切实维护了法律的严肃性和人民群众的合法权益。

二是建立工作通报制度。为充分知情知政，及时了解司法机关日常工作开展情况，我们建立了工作通报制度。县法院定期向常委会汇报法院审判工作运行情况，并以工作简报的形式邮寄到县人大代表手中。县检察院每季度都向常委会汇报工作运行情况，并以信函和走访座谈的形式向人大代表征求意见，主动接受监督，并对收集上来的意见和建议认真加以整改和落实。

三是坚持实行常委会组成人员和人大代表旁听庭审制度。2006年，我们制定了《关于开展“旁听百例庭审”活动实施方案》，明确旁听活动的内容和形式，下发给司法机关贯彻执行。

四是坚持实行人民陪审员制度。常委会任命25名人民陪审员，颁发了任命证书，随机抽取，参加庭审，充分发挥陪审员的审案及监督作用。

四、发挥监督职能，着力促进司法队伍建设

坚持司法为民，保障社会公平正义，司法队伍建设至关重要。几年来，常委会充分发挥监督职能，着力促进司法队伍建设，先后听取了《法官法》、《检察官法》、《警官法》、《律师法》等贯彻实施情况的报告，常委会就司法队伍建设方面提出了许多有针对性的意见建议。在常委会的有力监督下，司法机关采取有效措施，认真落实意见建议，司法队伍建设取得明显成效。检法两院深入开展了以“规范司法行为，促进司法公正”为主题的大学习、大讨论活动。县法院主办了《大家讲坛》系列活动，邀请辽宁大学、铁岭市委党校等有关专家学者讲学，党组成员也分别为全院干警做了专题讲座。通过开展此项活动，使全院干警政治业务素质和精神面貌得到很大提升。今年五月份，按照常委会加强司法队伍建设的建议和《法官法》的要求，县法院推行竞争上岗制度，建立了“能者上、平者让、庸者下”的用人机制，使一批业务能力强，工作成效突出和群众公认的人得到提拔重用，有效地激发了干警的工作热情。2008 年，县法院共受理各类案件 2105 件、审结 2105 件。结案率为 100%，解决诉讼标的额 14633 万余元。充分发挥了审判机关在化解社会矛盾、维护社会稳定、促进社会和谐中的职能作用。县检察院采取灵活多样的形式，丰富“大学习、大讨论”活动内容。召开了两次专题报告会；举办了“大学习、大讨论”培训班，每个班子成员都亲自登台授课；进行了“牢记三个底线，争当优秀干警”演讲比赛；召开了全院检察业务理论研讨会；开展了不同岗位间的交流练兵活动。通过开展这项活动，检察队伍的整体素质和形象明显提高，各项检察工作都取得了较好成绩。为促进公安机关“三基”建设，2007 年人大常委会做出了《关于推进公安机关三基工程建设的决定》，县政府对此高度重视，拨专款 400 万元用于改善各基层派出所的办公条件和设施装备。县公安局建立大教育、大培训的格局，建成了高标准的教育训练基地，实行战训合一，轮训轮值训练模式，开展了大练兵活动，通过全警培训考核，民警的计算机操作、法律知识、专业素质和执法水平明显提高。县公安局 2008 年被公安部授予全国“三基”工程建设先进集体称号。周永康、孟建柱两位公安部长先后视察了我县公安机关“三基”工程建设工作，均给予了充分肯定。

虽然我们对司法工作的监督力度不断加大，监督工作取得了一定成效，但与新形势和科学发展观的要求相比还存在许多不适应的方面，与广大人民群众的期望相比还有较大差距。一是认识上存在偏差。在对待人大监督与司法独立的问题上，无论从监督者还是被监督者来说，还都存在一定的认识偏差。有的认为人大司法监督就是要关注个案，现在监督法明确取消个案监督，就是要放松人大对司法工作的监督；有的认为人大对案件的整个情况缺乏深入的调查了解，实施监督的依据不足，必要性不大。二是力度上表现偏弱。实施对司法工作监督上，存在随机性监督多，有针对性解决问题监督少；工作监督多，法律监督少；常规性监督多，刚性监督少等情况。对具体问题，提出的监督意见和建议不专业、不具体，执行中对司法机关约束力不强，意见建议往往得不到真正的落实。三是人大常委会自身建设尚需进一步加强。个别组成人员存在不敢监督，不愿监督，不善监督的倾向，缺乏依法履职的能力和政治责任感等。对于存在的不足和问题，需要我们在今后的工作中努力加以克服和改进。

应对新挑战　完成新任务

湖南省常德市鼎城区人大常委会主任　向阳

2009 年，是全面贯彻党的十七大和十七届三中全会精神，坚持解放思想、推动科学发展、促进社会和谐的重要一年，建国 60 周年大庆，我区人大常委会成立 30 周年。人大工作要面临新形势，应对新挑战、完成新任务，必须以科学发展观为指导，以民主法制建设为根本任务，增强工作创新的紧迫感和压力感，使基层人大工作体现时代性、把握规律性、富于创造性，为促进社会主义物质文明、精神文明、政治文明、生态文明同步协调健康发展，切实发挥好地方人大的职能作用。为此，鼎城区人大常委会确定了以“1234”为目标导向的工作思路，即：把握一个原则、突出两个重点、力求三个主动、作好四篇文章。

一、把握一个原则

坚持党的领导，是贯穿人大工作始终的一条重要原则。胡锦涛总书记强调指出：“坚持正确的政治方向是做好人大工作的根本。”吴邦国委员长曾说过：“人大工作坚持政治方向最根本的就是坚持党的领导，人民当家作主，依法治国有机统一。”这些重要讲话，高度概括了人大工作的政治性和政策性，作为地方人大，必须立场坚定、旗帜鲜明，在政治上、思想上、认识上、行动上与党中央保持高度一致，与区委保持高度一致，坚决做到令行禁止，严格遵守宪法、法律，坚决贯彻区委的指示、决议、决定，紧紧围绕区委“抓投入、保增长、增收入”的工作中心，服务全区经济社会发展大局，确定人大的年度工作重点要紧扣区委经济工作会议的总体工作部署，把全区人民的思想统一到“抓好工业发展、抓好城市经营、抓好项目引进、抓好农民增收”、构建和谐鼎城的各项决策上来，并通过法定程序变成全区人民的自觉行动，把力促全区经济社会又好又快发展的思路贯彻到人大的各项工作之中去。人大的重大事项和重要活动，及时向区委请示、汇报，确保人大各方面的工作始终在党委的领导下进行，在“维护核心，服务中心，反映民心，凝聚人心”上有新的作为，使人大及其常委会行使“三权”充分体现党委的意图，维护党委的权威，服务党委的决策，落实党委的部署。

二、突出两个重点

今年，我们将在做好方方面面监督工作的同时，把专项工作评议和财政预算监督作为我们监督工作的两个重点，通过实现两个转变，切实增强监督实效。

（一）评议部门工作由“隔靴搔痒”向“触及灵魂”转变，使存在的问题明朗化。

对“一府两院”专项工作进行评议，是监督法中规定的听取和审议“一府两院”专项工作报告这一主要监督形式的延伸和发展，于法有据，是把对人和对事的监督有机结合起来的一种好的监督形式，是强化任后监督、增强“一府两院”工作人员的宪法意识、法律意识、人大意识、公仆意识，促进依法行政、公正司法的好途径。为提高专项工作评议的实效，克服“雷声大、雨点小”的弊端，避免隔靴搔痒、“搞形式”、“走过场”，既要于法周全，又能促进工作。我们将用“五段”、“五评”规范工作评议，“五段”即工作评议严格按“准备、调查、评议、整改、总结”五个阶段有序进行，“五评”是指工作评议从“定评、备评、自评、测评、督评”五个方面规范运作，为把“五段”、“五评”工作落到实处，我们拟推出“五比”评比方案：比调查研究的认真深入、比评价的客观公正、比调查报告的质量、比审议发言的组织策划、比整改意见的针对性。让专项工作评议触及灵魂，收到“有病治病，无病防病”的理想效果。

（二）财政预算监督由“例行公事”到“实质监督”转变，使政府财政透明化。

有行家说：细节一小步，民主一大步。为增强财政预算监督的实效，努力实现由“例行公事”向“实质监督”转变，今年，在听取和审议预算执行情况的报告时，要依照相关法律法规参照审计部门对预算执行情况的审计报告，把两个报告合并审议，做到三个对照，即与年初预算对照，看是否与预算有出入；与审计报告对照，看预算执行以往存在的问题是否得到有效解决；与法律、法规对照，看是否有违背法律、法规的行为。根据上级要求和借鉴外地成功经验，条件成熟后，我们还将从监督的细节入手，推行在线监督，即：人大常委会的微机与财政局内部的财政收支网联网，区人大常委会有关负责同志只要鼠标一点，全区财政开支“尽收眼底”。让政府的钱袋子变成像“玻璃柜”一样公开透明，让政府财政支出始终在阳光下运行。

三、力求三个主动

一年多的工作实践使我认识到，要做好人大工作重要的是靠主动。今年，对国、省、市人大组织的各种活动我们做到一如既往主动配合支持外，还力求做到三个主动。

一是主动贴近配合好区委的中心工作。无论是工作安排上，还是工作落实上，都要紧扣区委“抓投入、保增长、增收入”的总体决策部署，积极配合、主动参与区委重点工作、重点任务和重大项目建设，抓住全区改革、发展、稳定中的重大问题及人民群众普遍关注的“热点”、“难点”问题，及时听取“一府两院”专项工作报告，作出决议、决定或提出指导性、操作性强的审议意见，确保全区各项工作的顺利开展，努力实现“发展快、财政强、保障优、稳定好”的奋斗目标。

二是主动支持“一府两院”的工作。牢固树立“寓支持于监督之中”的理念，坚持用支持的理念考虑监督，以支持的方式开展监督，要善于同被监督对象及时进行联系、协调和沟通，使监督的过程成为统一思想、形成共识的过程，成为取得相互理解、相互支持、推动工作的过程，形成在区委坚强领导下，各国家机关各司其职、同步合拍、凝心聚力、共谋发展的良好局面。

三是主动加强与人大代表的联系。代表作用发挥得如何，直接影响到人大的工作水平。我们将遵循“广辟联系渠道，改进活动方式，规范活动制度，注重活动实效”的原则，加强与人大代表的联系，认真组织代表活动，通过编送简报、公报、组织政情、警情通报会，邀请列席常委会会议，参与视察、调查、执法检查等，为代表知情知政打造平台、开辟通道。支持代表围绕建设工业鼎城、商贸鼎城、城市鼎城、生态鼎城、和谐鼎城多做有深度的调查研究，多提合理化的建议，多做推动性的工作，切实维护代表当家作主的民主权利，充分发挥代表作用，重点抓好代表议案、建议、批评和意见的督办，在提高解决率上下功夫。

四、作好四篇文章

(一)作好“敢监督”的文章。一是转变观念，提高监督者的认识，提倡说真话，道实情，当诤友，进一步树立起敢于监督的人大工作意识。二是强化措施，提高被监督者的认识，做到正确理解监督，诚恳欢迎监督，依法接受监督。三是加强人大制度宣传，以我区人大常委会成立30周年为契机，全方位、多载体、多形式宣传人大制度，提高全社会对人大地位、性质、作用的认识，使广大人民群众充分认识到人大监督的法定地位和现实意义，努力营造人大监督工作的良好环境。

(二)作好“能监督”的文章。一是提高监督者的履职能力，加强对法律法规、党的方针政策和人大知识的学习，努力提高参与管理地方国家事务的能力和水平。二是围绕学习实践科学发展观活动，深入开展调查研究，向“一府两院”提出有价值的意见和建议，使人大监督更具有科学性和权威性。三是增强常委会组成人员的责任感，严格落实监督法有关法定时限的规定，继续推行书面审议意见卡提前送达和常委会兼职委员按行业特点和工作性质与工委工作有机对接的操作模式，进一步增强他们依法履职的积极性和主动性。

(三)作好“会监督”的文章。一是注重加强学习，弘扬学以致用、用以促学、学用相长的理论联系实际的学风，每次会前要搞好相关法律法规和政策规定的学习，增强监督实效。二是下大功夫认真开好常委会会议，进一步提高会议质量、议事能力和审议水平。三是注重监督工作规范，使监督工作实现制度化、程序化、规范化。

(四)作好“求实效”的文章。一是建立审议意见交办制度。对涉及全局、带普遍性的重大问题，由常委会作出相应的决议、决定或审议意见，责成“一府两院”执行。二是建立跟踪督办制度。既督查具体承办部门审议意见的办理情况，又督查分管领导抓落实的具体措施，还要协调解决办理工作中存在的实际问题。三是建立整改汇报制度。每年年终的那次常委会会议，对“一府两院”办理落实人大常委会决议、决定、审议意见和主任会议交办书的情况集中盘点，并对办理结果实行票决制，一旦“满意票”未过半数的，来年继续列为会议议题，由“一府两院”重新办理后再报告，直到满意为止，做到有始有终，一抓到底。

人大工作要服务于“止滑提速”

四川省广安市广安区人大常委会党组书记、副主任　姚余云

四川省委经济工作会和不久前刚刚闭幕的省人大会议都指出，实现今年经济增长目标，“止滑提速”是最紧迫的任务，各项工作要服从于“止滑提速”这个当务之急，这也为当前人大工作指明了方向。

拓宽视野　坚定信心

“5·12”特大地震灾害和国际金融危机对经济发展带来了前所未有的挑战，也带来了前所未有的机遇。一方面是灾后恢复重建的重大机遇，另一方面是进一步扩大内需的重大机遇。全省经济工作的定位，基调是爬坡上行、加快发展。

中央的明确要求、重建的独特优势、宝贵的现实条件和群众的强烈期盼，要求我们必须爬坡上行、加快发展，推动全省经济社会又好又快发展。新的起点拓展了新时期人大工作的视野，人大工作要围绕扩大投资来展开，明确指向，突出重点，督促政府投资必须讲质量和效益，用好用活资金，在加大投资力度的同时把握好投资的方向和重点；督促优化投资结构，为可持续发展夯实基础，坚决不搞劳民伤财的形象工程，严格控制新建楼堂馆所。胡锦涛总书记2008年底来四川视察强调的“保增长、保民生、保稳定”，对人大工作具有很强的针对性和指导性，吹响了人大为“两个加快”进军的嘹亮号角，使我们工作主线更加明确，工作信心更加坚定。

依法履职　超常作为

正确行使决定权在当前面临特殊困难的时期，人大必须急当务之急，对本行政区域内“两个加快”方面的重大事项依法及时做出决定、决议。在行使决定权之前，要加强调查研究，掌握基本情况，把党委的重大部署通过法定程序上升到国家意志，做到科学决策、民主决策、依法决策。要解放思想，不囿于固定模式，只要时机成熟，就要果断决定，明晰发展思路，扫清发展障碍，破解发展难题。要加强决议、决定落实情况的跟踪督办，为政府贯彻决议、决定“提速”。

完善规范任免权特殊时期，需要特殊人才。人大要进一步把好任免关，为“止滑提速”提供强大的人才支撑。人大要按照监督法的规定，通过听取专项工作报告、组织代表视察、执法检查等形式，监督干部任后的工作情况，特别是在“止滑提速”中的表现，促进被任命人员在“止滑提速”这一关键时期为民用权，建功立业。

探索强化监督权要牢固树立发展理念，坚持做到一切围绕发展、一切为了发展、一切服务于发展，更加自觉地将人大工作融入“止滑提速、加快发展”的大局，做到在大局中思考、在大局下行动、为大局服务。要监督和支持政府转变职能，加强行政效能建设，把主要精力转到加强社会管理和公共服务上来，放到加强宏观调控和解决长远发展的根本性问题上来，优化“提速”环境；督促和支持政府改进考核机制，完善政绩评价标准、考核和奖惩制度，形成正确的政绩导向，使科学发展观在政府日常工作中得到贯彻，扎实推进地区经济社会科学发展；督促和支持政府及时解决民生问题，依法妥善处理关注民生的热点、难点问题，进一步维护民利。

主动融入　集中发力

人大代表是来自人民群众的优秀代表，是国家权力机关的组成人员，是人民的代言人，也是推动科学发展、促进“止滑提速”的重要力量。要积极探索，强化服务，积极创造条件，不断拓宽代表知情知政渠道，努力为代表履行职责提供有效服务和保障，充分发挥好代表在“止滑提速”中的主体作用，努力把党委的决策部署及时传达到各条战线，把人民的思想和行动统一到当前形势判断上来，把社会各界的智慧和力量统一到干事创业上来，以代表的模范行动奋力掀起新一轮大开发、大发展、大创业热潮。人大常委会要顾全大局，在大局中参与发展、督促和支持发展，在参与支持中监督，始终做到与党同向、与民同心，讲奉献，重实干，守纪律，做表率，使人大常委会成为凝心聚力的重要力量，不断开创特殊时期人大工作的新局面。

依法履职　加强对“三农”工作监督

四川省仪陇县人大常委会党组书记、副主任　张险峰

贯彻落实好《中共中央关于推进农村改革发展若干重大问题的决定》是各级人大常委会当前及今后开展监督工作的重点。人大常委会要紧紧围绕当地党委的中心工作，牢牢把握农村改革发展的阶段性特征，充分认识新形势下推进农村改革发展的重大意义，把农业、农村、农民问题作为人大工作的重中之重，结合人大工作实际，认真履职行权，督促政府坚定不移地巩固和加强农业基础地位，坚定不移地贯彻统筹城乡发展基本方略，坚定不移地推进农村改革创新，坚定不移地保障和发展农民权益，为不断开创农村改革发展新局面做出应有的贡献。

加强对农业产业发展投入情况的监督，夯实农业基础

农业是国民经济的基础，需要下大力气夯实夯牢。各级人大常委会要对农业产业发展投入效益进行重点监督，支持和促进政府深入实施科教兴农战略，进一步夯实农业发展基础。督促政府在年度国民经济发展计划、财政预算安排上加大农业产业发展投入力度，调整农业产业结构，搞好农业产业布局规划，科学确定区域农业发展重点，形成优势突出和特色鲜明的产业带，引导加工、流通、储运设施建设向优势产区聚集；督促政府扶持具有明显竞争优势和辐射带动作用的农业产业化经营项目和龙头企业，促进优势农产品基地建设；督促政府加大农田水利建设、农村公路建设、农网改造和土地整治等重点农业基础设施建设力度，为发展现代农

业提供重要的物质条件。

加强对各项惠农政策落实情况的监督，增加农民收入

近年来，从中央到地方都制订出台了许多惠农政策。各级人大常委会要对国家各项惠农政策在农村的落实情况进行监督，支持和促进政府将政策真正落到实处，使农民得到实实在在的实惠，切实增加农民收入。促进政府加大对粮食直补、农机补贴、退耕还林补贴、能繁母猪饲养补贴、水稻良种和油菜种植补贴等各项惠农政策的宣传力度，让惠农政策深入人心，激发农民群众发展现代农业的积极性和主动性，提高种养业经济效益；促进政府严格执行各项惠农政策，及时发现和纠正一些改变惠农政策、弱化惠农政策和不全面执行惠农政策的行为，切实维护惠农政策落实的严肃性，维护农民利益；促进政府不断创新强农惠农政策落实的新途径、新方法，建立强农惠农政策落实长效监管机制，增强政策指导性，强化各项惠农政策的落实和惠农专项资金的监管。

加强对涉农法律法规实施情况的监督，保障农民权益

涉农法律法规能否深入全面正确实施，是保障农民合法权益、维护法律法规尊严和党在农村各项政策连续性、稳定性的重要保证。各级人大常委会要始终把实现好、维护好、发展好广大农民根本利益作为工作的出发点和落脚点，加强对涉农法律法规实施情况的监督，督促解决和纠正有法不依、执法不严、违法不究等行为。通过开展视察、专题调研、执法检查、审议专项工作报告等形式，督促农业法、畜牧法、义务教育法、土地承包法等涉农法律法规的贯彻实施，加强对农资供应、农产品安全、社会保障、公共卫生、农民工权益维护等人民群众最关心、反映最强烈问题的监督，保障各项惠农政策的落实，切实维护和保障农民的合法权益。

加强对热点难点问题处理情况的监督，促进农村和谐

农民关注的热点难点问题大多是“三农”工作中迫切需要解决的问题，如不及时有效地加以解决，既会引起群众对政府不信任，也会制约经济社会的协调发展。各级人大常委会要加强对群众关注的热点和难点问题处理情况的监督，让群众从问题的解决中得到实惠，使广大农民平等参与现代化建设，共享改革发展成果，促进社会和谐。通过开展调研、视察、检查和代表联系选民活动等形式，及时了解和正确反映群众所思、所想、所盼，着实加强对群众吃饭、就医、上学、饮水等民生项目进行督查，对督查中发现的问题提出整改意见，促进政府加强和改进相关工作。高度重视农村代表所提的意见建议，坚持“急民所需、量力而行、突出重点、讲求实效”的原则，逐步完善工作制度，通过组织代表视察督办、听取承办部门汇报等多种形式，切实把农村人大代表建议的办理落到实处。畅通群众上访渠道，认真做好人大信访工作，督促政府解决信访群众合理诉求和具体困难，及时化解各类矛盾和纠纷，促进农村和谐，维护社会大局稳定。

加强代表与广大农民群众的密切联系，推动农村发展

要充分利用农村基层代表的优势，在农村改革发展的大环境中，充分发挥代表的带头作用，带领农民群众脱贫致富、共同致富。要培养和引导人大代表加强民主法制意识，参与协助以直接选举、公正有序为基本要求的民主选举实践，推动基层民主法制建设。要协助代表做好调查研究，鼓励代表提出事关农村改革发展和统筹城乡发展的议案、建议、批评和意见，为进一步开展好人大工作和党委决策提供参考。

创新代表活动形式　探索代表工作新路

广东省德庆县人大常委会常务副主任　聂志雄

人大代表的作用发挥得好不好，在一定程度上体现了人大工作的效果。去年，德庆县人大常委会开展了以组织引导人大代表广泛收集群众意见建议，协助化解发生在选区范围的矛盾纠纷，代理选民向相关部门反映利益诉求，协助党委政府做好政策宣传解释，疏导群众情绪，维护社会稳定为主要目的的人大代表为民履职公示、代言代访活动，创新了代表活动形式，有效地发挥了代表在构建和谐社会中的作用。

引导代表当好“三个角色”

德庆县人大常委会开展人大代表为民履职公示、代言代访活动，引导代表利用来自于选民、植根于选民、代表选民利益的优势，成为政策法规的宣传员、收集社情民意的信息员、化解矛盾纠纷的调解员。

——深入基层，面向群众，当好政策法规的宣传员。引导人大代表通过加强自身学习、参加人代会、列席县人大常委会会议、参加执法检查等活动，掌握必备的法律知识，了解和把握中央、省、市和县委的路线、方针、政策及当前改革发展的形势，然后深入基层、深入群众，利用接访日主动向群众宣传法律知识，特别是与农村工作、与群众生产生活息息相关的法律法规，教育和引导群众正确理解中央和省委的农村政策，正确看待当前的社会发展形势，顾全大局，通过合法的程序、理性的方式和有效的途径反映自己的意见、表达自己的愿望。

——围绕民生，发挥优势，当好社情民意的信息员。开展人大代表为民履职、代言代访活动，其中一个目的，就是调动人大代表认真履行当家作主、参与国家和社会各项事务管理、依法行使监督权的积极性。通过代言代访，一方面，了解到人民群众所思、所想、所盼，以及一些群众信访事件的真实性和具体情况，并通过有效的途径如实地反映上去。另一方面，广泛听取选民意见，及时了解社情民意，为自己履职掌握了第一手资料。让人大代表成为社情民意信息员，使决策者准确地掌握来自最基层的真实情况，了解人民群众所需、所求，为决策提供科学依据。

——化解矛盾，维护稳定，当好矛盾纠纷的调解员。利用人大代表为民代访这一载体，充分发挥人大代表社会活动能力强，在群众中有较大的影响力和号召力这一优势，鼓励和引导代表利用自身优势，积极发挥联系群众、服务群众、协调利益、化解矛盾的作用，以“小事不出村、大事不出镇”为目标，协助镇、村及时化解各种矛盾纠纷，维护群众合法权益，促进社会和谐稳定。

精雕细琢抓好每个工作环节

开展人大代表为民履职公示、代言代访是充分发挥人大代表作用的一种创新和尝试，县人大常委会将其作为年度工作的重点，抓好抓实，着力将其打造成为我县代表工作的新亮点。为此，常委会党组提出了《关于进一步发挥人大代表在构建和谐社会建设中作用的意见》，报请县委批准后组织实施。同时，向县人大代表，各镇人大及县直各单位印发了《德庆县十四届人大代表为民履职代言代访指导意见》，部署和指导开展各个环节的工作。

——重视代表公示，保证代表信息公开化。将人大代表的信息资料向社会和选民公开，是开展代表为民代访活动的前提。常委会统一制作了人大代表公示牌，将县人大代表的姓名、住址、联系电话、代表职责等信息资料在原选区的公共场所进行永久性公示，并在德庆视频点播台予以公开，使代表在自觉接受选民监督的同时，以最直接、最便捷的方式为选民与代表沟通联系提供保障。为扩大宣传效果，确保代表履职公示到点到位，县委、县人大常委会还召开了人大代表履职公示现场会，县委书记、县人大常委会主任亲自为第一张代表公示牌揭幕。其他常委会副主任亦分别到各挂点镇主持代表公示挂牌仪式，有效地推动了该项活动的深入开展。活动全面铺开后，常委会还组织了三个检查组，深入到各选区指导和督促做好代表履职公示，为代表为民代访奠定了基础。

——着力抓好接访，保证民言民声有人听。按照意见的要求，每月10日，各镇的县人大代表须在选区内的公众地方定点坐班接访，受理群众来访、倾听民言民声，并将接访情况详细做好记录，然后以书面、电话或持代表证专访等形式代理选民上访，确保民言畅通，民情畅达，把矛盾纠纷化解在基层，把不稳定因素解决在萌芽状态。

——认真组织办访，保证群众诉求有着落。代表接访受理的信访件，按照“属地管理、分级负责”的原则，属村级事权范围的，由村委会协调解决；属镇级事权范围的，经接访代表整理后，交镇人大调处；属县级事权范围的，经镇人大报县人大常委会，再由县人大常委会汇总、分类后，统一交政府或相关职能部门办理。对代表持证到有关部门代理上访的信案，县人大常委会按照工作监督程序，督促承办单位落实首问责任制。保证了群众的声音有人听，群众的事情有人理，群众的诉求有人办。

——督促落实反馈，保证代访信案有回音。反馈办访结果，是做好信访工作的重要一环，也是消除误解、化解矛盾的有效途径。县人大常委会把督办代表信案与贯彻落实《信访条例》统一起来，对于常委会交办的代表代访信案，均安排相关对口工委跟踪督办，督促承办单位认真对待每件信案，能够即时答复的应即时答复，不能即时答复的要按照

《信访条例》的有关规定，限期办理并答复代表，对因政策或客观因素暂时无法解决的信访件，承办单位要及时答复代表，实事求是地向代访的人大代表说明原因，由代访代表将情况反馈给上访群众，并做好解释、疏导和说服工作，保证了群众上访的事项事事有回音。2008年我县人大代表共接受选民委托代访信案423件，已经办理和解决400件，其中县解决121件，镇解决73件，村解决206件，并已全部答复了信访人，有效地维护了我县社会大局的稳定。

人大代表为民代言意义深远

党的十七大报告指出：要按照民主法治、公平公正、诚信友爱、充满活力，安定有序、人与自然和谐相处的总要求和共同建设、共同享有的原则，着力解决人民最关心、最直接、最现实的利益问题，努力形成全体人民各尽其能、各得其所而又和谐相处的局面，为发展提供良好社会环境。我县在深入贯彻落实科学发展观，立足构建和谐社会，进一步解放思想，以开拓创新的精神和求真务实的作风，大胆探索代表工作新路子，开展人大代表为民代访活动，成效显著，意义深远。

人大代表为民代言代访，是社会主义民主制度的完善和发展。开展人大代表为民代访，是充分调动人大代表履职积极性，更好地发挥人大代表在构建和谐社会中的作用的一种形式，它与十七大报告精神是一致的。同时，也为创新人大工作尝试开辟闭会期间人大代表常态性的履职模式，促进基层矛盾的化解提供了一个现实蓝本，更为进一步完善人民代表大会制度提供了重要的实践参考。

人大代表为民代言代访，是构建和谐社会的客观需要。人大代表介入信访工作，在拓宽基层信访渠道、解决信访难题等方面起到了积极的作用。当前，中央、省委提出各级领导干部深入基层开展大接访活动，构建大信访格局，在这一背景下，开展人大代表为民代访，利用人大代表的特殊身份和社会优势，充分发挥人大代表的桥梁纽带作用，开辟一条传递社情民意、化解人民内部矛盾的“绿色通道”，无疑成为建立大信访格局的延伸和补充，也是构建和谐社会的客观需要。

人大代表为民代言代访，提升了人大在群众心目中的地位。开展人大代表为民代访，把信访“窗口”前移，群众在家门口就可以申述诉求，反映问题，大大地降低了信访成本。通过为民代访，增强了代表履职的自觉性，密切了与选民的联系，提高了自身的社会活动能力和办事能力。此外，在协助办访和调处矛盾纠纷过程中，使代表得到了煅炼，赢得了选民的尊重和信赖，从而提升了自身价值。县人大常委会在督办代表信案过程中，客观上监督和促进了部门工作。总之，开展人大代表为民代访，形成了一事多赢的局面，开创了人大工作新格局，进一步提升了人大在群众心目中的地位，具有深远的现实意义。

建立家庭教育干预机制　预防青少年犯罪

贵州省贵阳市乌当区人民检察院　　文强　朱惠

改革开放以来，我国青少年犯罪呈现出犯罪数量急剧上升、恶性案件持续增多、犯罪低龄化的特征。近年来，青少年犯罪案件占全部刑事案件的70%左右。青少年犯罪不仅事关社会稳定和民族的兴衰，而且牵动着众多家庭的幸福，已引起全社会的关注和担忧。因此，我们必须在弄清青少年犯罪原因的基础上，寻找有效预防青少年犯罪的对策。

青少年犯罪的原因分为两个方面：一方面是社会环境的影响，我们称之为外因；另一方面是青少年的人格心理，我们称之为内因，外因通过内因起作用。青少年走向犯罪一般需要经历由人格异常演变为犯罪人格的心理过程，预防青少年犯罪的途径就是需要通过有效的方法，预防青少年的人格形成犯罪人格。

如何才能有效地预防青少年人格异化进而形成犯罪人格呢？笔者认为我国应制定《家庭教育法》，建立起家庭教育的法律干预机制，从而达到优化家庭教育、有效预防青少年犯罪的目的。

良好的家庭教育能带给子女终身的幸福；父母对子女缺少家庭教育或教育不当，甚至进行错误的反社会教育，常常是造成子女人格异常形成犯罪人格的直接原因。在正常的家庭中,青少年能够获得物质生活、精神生活及个人生理和心理需求的满足,良好的家庭关系的存在,可以在青少年身上造成一种社会责任,同时家庭又是个人生活矛盾的缓冲区。

不少犯罪学家认为:几乎所有的违法犯罪都直接或是间接的与家庭有关。英国教育家洛克有一句名言:“家庭教育,给子女深入骨髓的影响,是任何学校教育和社会教育永远代替不了的”。

良好的家庭教育能有效地预防青少年犯罪,这是不少犯罪学家的共识,问题是如何才能优化家庭教育?家庭教育的主体是家长,家庭教育首先是对家长的教育,家长具备较高的家庭教育能力是家庭教育成败的关键。优化家庭教育必须优化对家长的教育,使家长成为合格的家长。优化家庭教育有两大途径,一是通过家长自身的努力成为合格的家长;二是通过立法明确政府专门机构通过培训提高家长的家庭教育水平,使其成为合格的家长,即国家建立起对家庭教育的法律干预机制。

预防青少年犯罪是政府的重要职责,优化家庭教育是预防青少年犯罪的重要途径,其前提就是家长接受充分的家庭教育知识的培训。通过立法明确有关政府机构为家长提供家庭教育专业知识,使家长提高家庭教育水平。

法律可以作出规定要求政府设立专门的教育机构,如“家长学校”这一类似的教育平台,聘请有关专业人员,向家长传授家庭教育的方法和作用。明确在办理结婚登记手续的时候,婚姻登记双方必须到政府相关机构接受家庭教育知识的培训,通过一段时间的培训,使未来家长掌握家庭教育的必要知识,提高其家庭教育的能力和水平,使之成为办理结婚登记的前提条件。

对要求解除婚姻关系的夫妇,在解除婚姻关系前,应要求他们接受政府专门机构的有关离婚后如何对子女进行教育知识的培训,并将之作为解除婚姻关系的前置条件。因为父母的离异会使子女很长时间生活不规律、不稳定,使子女处于紧张、无所适从的状态,给他们造成很大的心理压力,影响他们的心理健康。如果抚养子女的一方,再对子女灌输仇恨对方的思想,播种仇视的种子,就会使子女在怨恨的情绪中长大,形成习惯于归罪于人的逆反型人格和犯罪人格。

欧美一些国家的单亲家庭的比例远远超过中国,然而他们单亲家庭子女的犯罪率却没有中国高,这是因为,社会有很大的宽容度和完善的社会保障体系即每对离婚夫妇都被要求接受课堂教育,学习如何让子女接受父母离婚,如何继续让子女感受到父母的爱。

我国有大量流动人口家庭,这些家庭中未成年人的成长环境不稳定,因为子女们必须经常面对环境的变迁,身边缺乏朋友,其心理变化较大,这时,如果家长不能提供及时、有效的心理辅导,就会给子女造成畸形心理。我国目前绝大多数家长家庭教育知识匮乏,尚不具备心理辅导的专业知识,使得政府成立专门机构为家长提供家庭教育知识和未成年人心理辅导知识成为必然趋势,只有这样才能让子女们的心理健康成长得到保障。

我国有高达两千多万不满十四周岁的农村留守儿童,他们的成长环境具有家庭不完整、缺少家庭教育、远离父母、缺少关爱的特点,这需要政府的专门机构向其监护人提供家庭教育的专门指导,保障他们的成长环境充满关爱,促使他们养成良好的人格心理,从而保障他们的健康成长。

制定《家庭教育法》,还应建立起国家对家庭教育的法律干预机制,有效预防青少年犯罪。我国可以借鉴国外的先进经验并结合我国的实际情况建立起家庭教育的法律干预机制:一是夫妻双方在结婚、离婚之前,需接受家庭教育知识的相关培训;二是国家相应机构有义务向公民提供家庭教育的专门指导;三是对家庭教育中暴力行为举报无条件受理,即任何家庭的家庭成员(包括子女)和知情人均可举报家庭教育中的暴力行为,一旦有人举报,相关机构必须受理并作出调查,最后形成书面报告;四是家庭暴力的举证责任明确由被举报人承担;五是通过立法明确相关部门可以对调查结果进行处理,对有暴力行为但情节不严重的,可明确规定家长必须接受家庭教育,情节严重的,在治安处罚的同时可以并处强制接受家庭教育。

良好的家庭教育能够促使青少年健康成长,同时对减少和预防犯罪起到无可替代的作用。科学教育子女是现代家庭教育的重点,使子女得到全面健康的发展,成为社会有用之材是家庭教育的目的所在。青少年能否健康成长,关键在于家庭,只有优化家庭教育才能使健全、正常的家庭功能得以全面发挥,制定《家庭教育法》是优化家庭教育,提高我国家庭教育水平的重要手段,只有家庭教育达到较好的水平,才能使我国青少年最大程度顺利实现社会化,有效预防和减少犯罪。

树立社会主义的荣辱观　加强法制和思想道德的建设

黑龙江省伊春市友好区人大常委会　姜红

在新世纪新的历史条件下，经过改革开放洗礼的中国，在价值观、人生观、荣辱观上，面临着国际国内形势深刻变化带来的严峻挑战；随着对外开放不断扩大，我国社会形势、就业方面和分配方式日益多样化，人们的选择性和差异性日益增强；随着先进文化成果的引进，一些西方的价值观念也大量引入，冲击着我国传统美德和荣辱观念。在这种背景下，党中央发布了一系列的文件，大力开展公民道德建设，胡锦涛同志关于坚持“八荣八耻”的论述则是对这些教育的巨大推动。我们应该围绕这个核心来开展“八荣八耻”教育，在广大职工群众中树立这样的观念，把“八荣八耻”作为职工群众法制教育和思想政治教育的基本要求，培养职工群众以满足祖国和人民的需要为自己的光荣使命。

一社会主义荣辱观的时代内涵

荣辱观是人们在依据一定的思想道德标准进行自我评价和社会评价活动中逐渐形成的关于荣辱观念的总和。胡锦涛总书记关于社会主义荣辱观“八个为荣、八个为耻”的概括，汲取了传统荣辱观的精华，突出了社会主义道德风尚的特色，是中华民族传统美德与民族精神和时代精神的密切结合和有机统一，也是社会主义伦理观、道德观和价值观的精确提炼和生动体现，是对马克思主义道德观的精辟概括和新时期社会主义道德的系统总结，也是以人为本的科学发展观的重要组成部分。

胡锦涛总书记关于树立社会主义荣辱观的论述，把对历史传统的继承弘扬与对现实问题的战略思考结合起来，立足于我国社会主义现代化建设的实践，着眼于当前我国社会发展中的现实问题，系统而又深刻地概括了社会主义荣辱观的科学内涵和基本要求，也是新时期社会主义道德观的新总结和新要求，对于加强社会主义思想道德建设，统一和巩固社会主义中国人们共同的思想道德基础，建设和谐、文明、进步、繁荣的国家，具有重大的现实意义和深远的历史意义。

二社会主义荣辱观对职工群众法制和思想道德教育的重要意义

“八荣八耻”的重要论述是对中华民族传统美德和我们党优良作风的提炼和升华，是对《公民道德建设实施纲要》的拓展与深化，从正反两个方面明确了社会主义道德规范的基本要求，对于进一步加强和改进职工群众的法制与思想政治工作，加强职工群众个人品德修养，推进和谐文明社会建设具有重要的指导意义。

1 树立社会主义荣辱观，是职工群众社会主义法制教育方向的客观要求

法制教育承担着职工群众中人才培养、法制观念创新和传承文明的重要任务，理应在弘扬和践行社会主义荣辱观方面走在社会前列，切实发挥好引领、示范和辐射作用。关于树立社会主义荣辱观的重要论述，对于法制教育事业有着重大而深远的意义，我们要认真学习贯彻总书记“八荣八耻”的重要论述，把握其精神实质，使荣辱观法制教育占领教育主阵地，努力提高职工群众的思想政治素质和道德水平，培养社会主义事业的合格建设者。

2 树立社会主义荣辱观，是搞好职工群众思想政治工作的必要前提

把职工群众培养成什么样人，树立怎样的价值观、道德观是目前一项重要而紧迫的战略任务。关于树立社会主义荣辱观的重要论述，是继中央发布“关于进一步加强和改进职工队伍思想政治教育的意见”、胡锦涛同志在全国加强和改进职工队伍思想政治教育工作会议发表重要讲话之后，党对职工思想政治工作的又一次重要指示，对推动全社会的法制工作和思想道德教育，促进全面贯彻中央各项文件各项措施的落实具有重要指导意义。

3 树立社会主义荣辱观，是推进职工队伍精神文明建设的有力保障

社会主义荣辱观教育是发展社会主义先进文化、建设社会主义精神文明的重要举措。我们应当把社会主义荣辱观教育与全面落实科学发展观、实现“十一五”规划的宣传教育结合起来，与保持共产党员先进性教育活动结合起来，与贯彻《公民道德建设实施纲要》结合起来，与各类精神文明创建活动结合起来，与学习实践科学发展观活动结合起来。适应社会主义法制建设与道德建设的规律和

特点突出开展社会主义荣辱观教育，把“热爱祖国、服务人民、崇尚科学、辛勤劳动、团结互助、诚实守信、遵纪守法、艰苦奋斗”作为职工群众的人生准则，对引导广大职工群众从我做起，从身边做起，从点滴做起，把“八荣八耻”转化为自觉行动，促进职工队伍的新风尚具有重要意义。

4 树立社会主义荣辱观，在构建社会主义和谐社会当中具有重要作用

总书记关于“八荣八耻”的讲话，从不同方面划分了道德黑白的界限。特别是“八耻”的提出，旗帜鲜明，警示于人，代表了国家的利益、人民的利益，表达了中华民族的共同意志。当今社会上确实存在一些道德观念模糊、是非观念不清的现象。社会主义职工队伍在法制和文化建设与和谐社会的构建当中有着特殊的地位和作用。在职工群众中贯彻社会主义荣辱观教育，可以为社会做出示范，起到引领进步潮流、辐射先进文化的作用。

以“八荣八耻”为主要内容的社会主义荣辱观，旗帜鲜明地指出了在社会主义社会里，什么是真善美，什么是假恶丑，应当坚持什么、反对什么，提倡什么、抵制什么，明确了当代职工群众最基本的价值取向和行为准则，是引领社会风尚的光辉旗帜。

三以社会主义荣辱观统领职工队伍思想道德教育，切实加强法制和思想道德建设

当代职工队伍的思想道德素质，主流是好的，奋发向上的，但也暴露出一些值得我们引起重视的倾向。针对现状，提高职工队伍思想道德工作的有效性，必须认识和树立社会主义荣辱观，以社会主义荣辱观统领职工队伍思想道德教育，切实加强法制和思想道德建设。

1 加强职工队伍法制和思想道德建设，充分发挥职工群众的作用

要结合社会主义荣辱观的教育，加强职工群众的法制和思想道德建设，把帮助职工群众自觉树立社会主义荣辱观作为职工群众法制和思想道德建设的重要内容，引导广大职工自觉加强对社会主义荣辱观的学习和示范。法制和思想道德建设工作者要从“培养什么人”、“如何培养人”和“德育为首”的战略高度，切实提高对树立社会主义荣辱观重要性的认识，要切实把社会主义荣辱观教育作为职工群众法制和思想道德建设的重要内容，贯穿于全社会职工教育的全过程，不断丰富职工群众教育内涵、拓展教育途径、增强教育效果。广大职工群众应该按照胡锦涛总书记倡导的“八荣八耻”社会主义荣辱观的要求，自觉地规范自己的言行，做到敬业爱岗、身体力行，充分发挥示范和表率作用。

2 以“法制和思想道德”教育为依托，结合社会主义荣辱观教育，提高法制和思想道德教育的实效性

以社会主义荣辱观为指导，结合职工群众实际，提高“法制和思想道德”教育实效性。首先，我们要走出两个误区：一是把理论教育目的化。二是片面追求体系的完整性。我认为，不能脱离实际搞纯粹的理论教育。所谓实际，就是职工的思想实际。其次，我们要贯彻“三位一体化”原则。所谓“三位一体化”就是要融教育、活动和职工思想问题为一体，改变三者分立的局面。三者中，职工思想问题是关键。职工思想问题只有在与教育和活动互动中才能得到更好地解决。我认为，我们应在教育中发现职工思想问题，进而从职工思想问题出发从事各种活动，再用活动促教育，在教育中用活动成果解决职工实际问题。再次，职工思想问题的发现是关键，要通过各种渠道发现职工的思想问题，增强法制教育实效性。一是通过职工工作；二是通过与职工本人交谈；三是通过调查问卷。我认为还应对职工思想问题进行分类整理，并分出主次，为法制教育和思想道德建设服务。

3 广泛开展实践活动，在知行统一、主动践行上下功夫、见实效

在各地市广泛开展以“讲正气、知荣辱、树新风、促和谐”为主题的道德实践活动，开展生动活泼、形式多样的荣辱观普及教育，引导职工从我做起，从身边做起，从点滴做起，牢固树立社会主义荣辱观。结合职工自身特点，开展一系列的法制和思想道德实践活动，把社会主义荣辱观的要求贯穿到学习和生活中。切实加大社会主义荣辱观教育力度，把以“八荣八耻”为主要内容的社会主义荣辱观教育作为加强和改进职工法制建设和思想道德建设和职工思想政治教育的重要内容，作为推进职工素质教育的基础性工作，纳入职工队伍德育工作的全过程，渗透到职工队伍教育的各个方面、各个环节。根据不同地市职工的认知水平、行为能力和心理特点，科学规划荣辱观教育的具体内容，改进法制教育和思想道德建设的方式方法，切实增强法制教育和思想道德教育的吸引力和感染力，不断增强职工的社会责任感和道德荣誉感。要通过法制和思想道德文化的熏陶，引导广大职工崇尚真善

美,憎恨假恶丑,不断追求崇高的人生境界,抵制低级趣味。广泛开展以社会主义荣辱观为主题的企事业、机关文化活动,营造一个鲜明、自然、和谐的企事业、机关文化环境,使职工一走进单位就能从同事身上感受到激励、尊重和友爱,从单位部门和团队活动中感受到和谐与温暖,从单位人文、自然环境中感受到一种积极向上的力量,促进职工的全面发展和健康成长。社会主义荣辱观本身就蕴涵着中华民族的传统美德,企事业、机关应将社会主义荣辱观的教育内容有机地纳入到"弘扬和培育民族精神"的主题教育活动之中,切实加强法制和思想道德建设。

改进机关作风　创建优良团队

广东省阳东县人大常委会副主任　李学亮

人大机关要全面加强作风建设,创建个体合格、整体合拍、集体合力的优秀团队。

发扬积极进取的思想作风

无论当前的经济社会发展形势的需要,或是民主法治的要求,还是宪法、法律的规定,都需要人大干部以积极进取的精神去对待人大工作。那种认为人大没有实权、没奔头,得过且过,无所用心,是消极、不负责任的表现,是与人大的事业相违背的。人大是按照民主集中制来集体行使职权的,但这并不是没有权,而是为了保证国家权力牢牢地掌握在人民手中。

发扬理论联系实际的学风

要树立终身学习的理念,真正把学习作为提高素质、增长才干的重要途径。只有重视学习,加强学习,善于学习,才能使个人履职能力和工作水平适应新形势新要求。人大干部应多学一点理论,多学一点法律法规,多学一点科技经济管理知识,多学一点人文历史知识,真正做到用心学,学而不倦,学有所获,学以致用。

发扬务实高效的工作作风

务实,出生产力、出政绩、出人才。究竟如何才是务实?人们经常讲,有为,才有位有威。这句话可以阐述为,有作为,能办事,办好事,办成事,就会在群众心中有位置,有社会地位,进而产生人格魅力上的威信、威望。显而易见,有为,就是务实。这既体现在执行大的任务、处理重要事务的过程,也体现在日常工作、具体事务的各个环节和细节中。常委会机关各工委、科室的务实表现。就是要根据常委会工作要点的安排,力足本职,多思考、勤谋划、善协调,积极主动向分管领导提出开展工作的思路和建议,为人代会的举行、常委会会议和主任会议的召开、人大及其常委会的履职、人人代表职务的执行及人民群众民主权利的行使等提供服务和保障。办公室要以搞好"三会"服务为主攻方向。各工委要突出加强对常委会作出的决议决定、审议意见,以及开展的监督事项和交办的工作进行督促检查,协调好与对口的县政府直属部门、"两院"的关系,协助常委会抓好各项工作的落实。要建立健全各方面工作制度、工作规则,实现工作的规范化、制度化,不断提高工作质量和效能。

发扬团结协作的和谐之风

机关全体人员都要顾全大局,识大体,彼此间要增强信任,增进团结,多沟通,多包容,互相支持,密切配合,共同做好机关各项工作。机关各工委、科室的主要负责同志,要学会"弹钢琴"、"拉和弦",大事讲原则,小事讲风格,补台不拆台,分工不分家,营造一种和谐共事的氛围。要坚决反对相互拆台、说三道四,当面不说、背后乱说,不琢磨事、只琢磨人的不良现象,坚决不说有损机关形象的话,不做有损机关形象的事。人的能力有大小,贵在尽心尽力,性格各有差异,难得坦诚相见。大家应该团结互助,真诚相待,和谐共事。

发扬清正廉洁的纪律作风

机关每个同志都要遵纪守法,廉洁从政,构筑拒腐防变的思想道德防线。要落实好党风廉政建设责任制,加强督查,防止不正之风和违纪行为。厉行节约,加强机关节能节水节电工作。要清清白白做人,干干净净做事,正人品官德,创清廉机关。

积极行使职权　支持经济建设

广西南宁市邕宁区人大常委会副主任　杨玉宗

围绕工作大局,积极行使职权,监督和支持人民政府依法行政,加快经济社会发展,是宪法和法律赋予各级人大及其常委会重要职权、保障和促进经济社会健康持续快速发展的有效途经。三年多来,邕宁区人大常委会高举中国特色社会主义伟大旗帜,以科学发展观为指导,深入贯彻党的十七大精神和依法治国方针,在加强社会主义民主法制建设的同时,大力支持和积极参与经济社会建设,促进了邕宁区"一年打基础,两年新突破,三年上台阶"工作目标的实现,为邕宁的经济社会发展作出了积极的贡献。

一、邕宁撤县设区后面临的形势

2005年3月,经国务院批准,南宁市部分行政区划调整,撤销邕宁县,设立邕宁区。邕宁发生了历史性巨变!由原邕宁县管辖的21个乡镇、4725平方公里、93万人口、2004年财政收入6.1亿元、"广西经济发展十佳县"、中国西部百强县、具有1688年历史的大县,一下子缩变为仅辖5个乡镇、1295平方公里、31.6万人口的小城区,面临许多困难和问题:一是经济总量小。2005年全城区生产总值仅为13.79亿元,在南宁市六城区中排名最后一位。二是工业规模小,发展后劲不足。2005年,全部工业现价总值6.76亿元。三是财政困难。2005年财政收入为1.64亿元,可用财力为0.5亿元。四是城市基础设施落后,经济规模小,建设水平低。五是农业基础设施薄弱,农村经济发展落后,农业基础设施建设资金缺口大。六是征地拆迁工作难度增大。七是部分干部群众对撤县设区情况一下子思想转不过弯,对发展前景信心不足。

面对严峻的形势,邕宁区人大常委会积极围绕城区"一桥一路三区三带"建设的工作大局,研究确定常委会当前和今后一个时期工作的指导思想和主要任务,依据宪法和法律规定,积极主动地开展各项工作,保证和促进了邕宁区经济及社会各项事业迅速走上正轨。

二、主要对策

<一>、依法行使任免权,及时选举和决定任命国家机关工作人员,为经济建设提供强有力的组织保证

分区伊始,百废待兴。新成立的邕宁区各部门各单位都没有法人代表,没有印鉴,各项工作无从开展,一切都处于停顿状态!邕宁区人大筹备工作领导小组急邕宁之所急,想邕宁之所想,采用非常力度、非常措施、非常办法,仅用40天时间,就组织选举产生了邕宁区第一届人民代表大会代表、召开邕宁区第一届人民代表大会,选举产生邕宁区第一届人民代表大会常务委员会、邕宁区人民政府和邕宁区人民法院、邕宁区人民检察院主要领导。6月8日,召开邕宁区一届人大常委会第一次会议,依法决定任命一大批人大常委会机关、政府机关、法院机关、检察机关的工作人员,紧接着召开城区直属机关干部职工和乡镇领导一千多人参加的干部任命大会,郑重地向被任命人员颁发任命证书,城区党委书记和人大常委会主任分别在会上作重要讲话,向被任命人员提出希望和要求,号召全城区各族人民正确面对新形势新任务,以新的姿态、站在新的起跑线上、向着新的目标奋进、实现新的跨越。这次大会,实际上是一次告别邕宁县、建设邕宁区的动员大会、誓师大会!对于动员全城区人民举全城区之力建设新生的邕宁区起着十分积极的作用!

<二>、依法行使重大事项决定权,支持政府多渠道筹措资金,投入经济项目建设

金钱不是万能,但无钱是万万不能。如上所述,邕宁分区伊始,困难重重!然而,素有艰苦奋斗、顽强拼搏、开拓创新精神、善于创造辉煌的邕宁人,为适应新形势新任务要求,再次掀起新一轮的创业高潮。一是通过各种途径大量招商引资,充分吸引区内外有关企业到本城区开发建设。二是大力加强基础设施建设。其中,配合自治区交通厅建设南宁至灵山、浦北二级公路,是一个重大建设项目,对邕宁今后的发展起着极其重要的作用!然而,连吃饭都不保证的邕宁区要筹集这么一大笔建设资金,困难是可想而知的。为此,邕宁区儿家班子领导经多次商量讨论,决定向自治区公路管理局借款,但自治区公路管理局要求得到邕宁区人大常委会同意授权,邕宁区政府才能向自治区公路局办理借款手续。

根据邕宁区政府的请求，邕宁区人大常委会先后3次召开常委会会议，审议邕宁区人民政府关于请求授权借款支付邕宁至浦北二级公路（邕宁区境路段）征地拆迁费用、龙岗大道下穿铁路工程建设费用等3个请示，认真分析当前邕宁面临的困难和难得的机遇，作出了关于授权邕宁区人民政府向自治区公路管理局借款支付邕宁至浦北二级公路（南宁市邕宁区境路段）征地拆迁费用等3个决定，同意邕宁区人民政府向自治区公路局借款共2095万元，支付邕宁至浦北二级公路（邕宁区境路段）征地拆迁费用和龙岗大道下穿铁路工程建设及管线拆迁费用，使邕宁至浦北二级公路（邕宁区境路段）工程顺利开工建设。到目前为止，邕宁至灵山、浦北二级公路龙岗段已建成通车，其它路段已基本完成路基建设，可望今冬明春竣工通车。

＜三＞、依法行使监督权，督促和支持经济项目建设

1、开展代表视察，积极宣传经济建设的大政方针。几年来，每年例会期间，邕宁区人大常委会都安排一定时间，组织代表视察重大经济建设项目，及时向代表介绍项目进展情况，描绘城区经济社会建设的宏伟蓝图，给代表树立必胜的信心，动员全城区人民团结一致、上下一心、顽强拼搏，艰苦创业、再铸辉煌！

经过几年的艰苦努力，邕宁已有创科新、八达彩印等一批项目建成投产。美好的愿望和辛勤的汗水已初步结成甘甜的果实！全城区财政收入由2005年的1.64亿元，增加至2008年的2.41亿元。

2、组织专项调查，支持政府大力发展农业特色产业。为尽快改变落后面貌，扩大经济总量，除了做大做强工业企业外，加快发展农业特色产业也不失为一条有效的经济发展途径。为此，邕宁各级政府积极引进一批农业特色项目。这些项目搞好与否，对城区财政收入和农民增收关系重大。因此，邕宁区人大常委会多次组织调查组深入乡镇村屯，调查农业经济发展情况，认真审议政府有关报告，做出相关的审议意见，要求政府加强对农业特色产业的管理，使农业特色产业发挥了优势作用。如温氏养鸡、淮山定向种植和特种养殖等项目已形成一定规模，收到了较好的经济效益和社会效益，增加了农民收入和农民就业。

3、搞好执法检查，保护好生态环境，实施可持续发展战略。邕宁穷，邕宁落后，面临巨大的困难，急需引进项目。但引进项目必须符合科学发展观要求，符合规划功能和环境保护。绝不能以牺牲环境为代价，追求一时的经济效益。为此。邕宁区人大常委会本着以人为本，保护环境，实现全面协调可持续发展战略，先后组织安排了环境保护法、环境影响评价法等法律法规的贯彻执行情况进行检查，对依法经营、经济社会效益好的企业，给予充分的肯定和支持；对存在一定问题的，建议依法整改；对那些耗能过大、排放严重超标、无法整改的企业，建议关闭淘汰。在城区人大常委会的督促下，城区人民政府在企业数量极少、经济十分困难的情况下，仍然依法关闭了3家砖厂，保护了生态环境，保护了一片碧水蓝天！

创新工作机制　扎实推进代表工作

内蒙古磴口县人大常委会主任　田有光

换届以来，磴口县人大常委会始终把代表工作做为一项基础性工作来抓，努力完善代表工作制度，不断创新代表工作机制，切实提高服务水平，充分发挥代表在全县经济社会建设中的作用，全面推进了新一届人大常委会的代表工作。

健全工作机构，加强制度建设

一是健全工作机构。根据区市人大常委会文件要求，结合人大工作发展需要，县委批准成立了人事代表工作委员会，配备了人事代表工作专职人员，代表工作机构的建立健全，更进一步加强与代表的联系，优化服务水平，积极为代表联系群众、调查研究、参与活动创造了有利条件，及时帮助他们解决工作生活中的困难。同时，常委会按照“务实、规范、适用”的原则，选择试点建设“人大代表之家”，让人大代表之家成为代表学习培训基地，成为联系选民的重要渠道，成为代表履职的重要场所，成为扩大代表影响力的重要阵地。

二是完善工作制度。换届以来，常委会把制度

建设作为一项重要工作，认真总结经验，积极实践探索，于今年一季度对人大常委会各项代表工作制度进行了系统的修订和完善。制定了《常委会组成人员联系代表工作制度》、《代表视察工作制度》、《代表活动小组制度》、《代表联系选民工作制度》等制度，使代表工作规范化、制度化。

突出培训学习，提升代表素质

一是加强履职培训。针对换届后新代表比较多的实际举办了代表任职的基础性培训，突出了代表议案、建议的提出和处理以及如何审议“一府两院”工作报告，如何参加和开展闭会期间的活动等方面的内容。同时，在组织代表参加视察、调研等活动前，有针对性地开展培训，帮助代表熟悉掌握有关法律法规，了解有关工作情况。2008 年以来，共组织培训人大代表 300 多人（次）。

二是积极引导自学。通过给代表寄送《中国人大》、《内蒙古人大》、《民主与法制》、人大工作简讯等日常学习资料，努力为代表自学创造条件，同时，在县十五届三次人代会上向代表发放了常委会自己编印的《履职必读》手册。该手册以知识问答的形式详解了人民代表大会制度、人大代表、人大代表在会议期间的工作、人大代表在闭会期间的活动、人大代表执行职务的保障等方面知识。同时，编录了监督法知识摘要、巴彦淖尔市委关于贯彻落实《内蒙古党委关于进一步加强人大工作的决定》的实施意见以及换届以来新一届县人大常委会制定出台的九项工作制度及办法。从而保证了代表学习有资料，履职有依据。

搭建履职平台，丰富代表活动

一是逐步建立了多层次全方位的代表联系网络。县人大常委会制定了《关于县人大常委会组成人员联系县本级人大代表工作的安排意见》、《代表联系选民工作制度》等代表工作制度，明确了常委会组成人员联系代表的范围和数量，进一步畅通了人大常委会组成人员与代表、“一府两院”与代表、代表与选民之间的联系渠道。

二是扩大代表对常委会工作的参与。坚持人大代表列席常委会制度和常委会向代表通报工作、市县人大代表参加常委会视察、调研和执法检查等活动的制度，扩大了代表对常委会工作的参与程度，使代表更广泛、更经常、更直接地反映群众的意见。常委会坚持在新闻媒体上面向社会各界公开征集监督议题和刊播视察、调研和执法检查预告通知，并首次在《磴口时事》上向社会公开“一府两院”职能部门负责人履职承诺，广泛征求代表和群众的意见和建议。

三是积极搭建代表参政新平台。采取选派部分代表参加全县的行风评议、高考、中考、有关听证会及担任监督员等多种形式，扩大代表对政府决策的参与。组织开展了联系回访区、市、县、苏木镇人大代表活动，向各级人大代表通报了全县经济社会发展情况、县十五届一次、二次、三次人代会议案，批评、意见、建议的办理进展情况，通报人大常委会重要工作安排，重要活动情况、重大决定事项，征集到代表对“一府两院”各方面工作的意见和建议共 35 条，整理汇总后交政府及有关部门办理落实，充分发挥了代表的参政议政作用。

完善办理制度，推动议案建议落实

建立完善规章制度是做好代表议案、建议办理工作的重要保证。县人大常委会通过积极探索，实行三项制度确保代表议案、建议办理质量。一是实行交办制度。在交办形式上，改变过去“文来文往”的形式。在人代会闭会后，及时召开“一府两院”主要负责人及有关承办单位主要负责人参加的专题交办会议，进行认真交办，并细化责任，建立和完善办理代表议案、建议领导责任制，即实行定包案领导，定责任单位，定责任人，定办理要求，定办理时限的“五定”责任制，并落实责任追究制。二是实行“三见面”制度。县人大常委会要求承办单位工作人员在议案、建议办理过程中加强与代表的联系，办理前走访代表，征求意见，办理中走访代表商讨解决办法，办理后走访代表汇报办理情况。三是实行县人大常委会审议制度。每年在议案、建议办理基本完结后，要求“一府两院”向常委会汇报办理工作情况，常委会组织有关代表进行审议，着重指出办理过程中存在的问题，并提出改进意见交有关部门办理。2008 年，县政府及有关部门共办理了县十五届一次、二次人代会代表议案 9 件，建议、批评、意见 26 件，办理答复率达 100%，在人大常委会开展的联系回访代表活动中，对县政府办理县十五届一次、二次人代会代表议案、建议进行了满意度调查，满意率为 63%，基本满意率为 31%，不满意率为 6%。在此基础上，人大常委会会议在审议政府办理工作报告时，结合联系回访代表所征集到的意见建议，指出办理中存在的问题，提出了改进意见，并将政府办理结果报告中当年能够解决而未按时办结的 3 件议案和 11 件建议，转回县政府重新办理，县政府在规定时限内将重新办理结果报县人大常委会，并在县十五届三次人代会上向全体代表书面报告，全体代表对政府重新办理结果满意率达90%，切实增强了议案、建议办理实效。

创新激励机制，充分调动代表履职积极性

充分调动代表履职积极性的关键在于建立和完善代表履职激励机制。为此，常委会一是实行代表履职建档制度。为增强代表履职的自觉性和积极性，切实提高代表工作成效。常委会建立县人大代表履职档案。档案对新一届人大代表履职活动情况记录在案，档案内容主要包括代表个人在大会期间履职情况、闭会期间履职情况、参加人大及其常委会组织的检查、视察、调研等各类活动情况，领衔提出议案建议情况、联系选民接受选民监督情况等七个方面。代表履职档案平时由代表活动小组组长负责记录建立，县人大常委会人事代表委在年终对各代表活动小组建立的代表履职档案统一验收考核，对尽职尽责、执行代表职务好、成绩突出的优秀代表，给予表彰奖励；对履职意识差、责任心不强、群众反映不好的要提出批评。二是激活代表小组活动机制。为进一步丰富闭会期间的代表活动，充分发挥人大代表作用，常委会在总结经验，借鉴先进地区做法的基础上，按照就近方便、便于组织开展活动的原则，重新划分代表活动小组，全县143名人大代表，共分11个代表活动小组，进一步完善了代表小组活动的目标、内容、方式等各项制度，通过召开代表小组交流会和汇报会等方式，加强督查考评，切实提高代表小组活动质量和效果。

创新载体　丰富内涵　努力开创代表工作的新局面

吉林省安图县人大常委会　　李殿臣　王洪胜

为适应新形势下人大工作的需要，密切代表和选民的联系，拓宽代表活动渠道，创新代表活动载体，调动代表依法履行职务的积极性和主动性，更好地对“一府两院”进行有效监督，充分发挥人大代表的作用。安图县人大常委会于2005年7月开展了创建“代表之家”和“代表工作站”活动。

一、积极探索，创新思路，全力抓好“代表之家”（代表工作站）创建活动

人大代表是人民代表大会的主体，代表工作是人大工作的基础和依托。紧紧依靠代表，积极开展代表活动，充分发挥代表作用，是加强人大工作的重要内容，是新时期做好人大工作的关键所在，也是坚持和完善人民代表大会制度，发展社会主义民主的必然要求。随着经济和社会各项事业的不断发展和经济体制改革的不断深入，如何进一步创新思路，拓宽代表活动渠道，抓好代表活动载体建设，调动代表依法履行职务的积极性和主动性，更好地对“一府两院”进行有效监督，充分发挥人大代表的作用，成为人大工作的一项重要任务。

为了使代表活动有内容、工作有抓手、监督见实效，充分发挥代表的主体作用，安图县人大常委会本着“少花钱、多办事、求实效”的原则，决定在乡镇村屯开展“代表之家”，在街道开展“代表工作站”创建活动。并于2005年7月开始对创建“代表之家”（代表工作站）活动进行了全面部署。为了探索工作思路，常委会先期选择了两个乡镇（10个村）、两个街道作为试点单位，并加强对试点单位的指导力度，确保创建工作的顺利进行，取得了明显的成效。

为了在全县推广试点经验，广泛开展创建“代表之家”活动，县人大常委会于2006年3月在两江镇东江村组织召开了全县“代表之家”经验推广现场会。会上，两江镇人大主席团、两江镇东江村代表小组、松江镇人大主席团分别向与会人员做了经验介绍。通过这次现场交流，使各乡镇人大主席团统一了思想认识、明确了创建工作思路，为在全县开展创建“代表之家”活动奠定了扎实的理论基础和思想基础。

会后，各乡镇人大主席团根据会议精神，结合本乡镇实际情况，积极开展了创建“代表之家”活动。全县广泛开展创建“代表之家”活动，使这一新生事物家喻户晓，通过不断交流和完善，真正把“代表之家”（代表工作站）建成了学习、培训的阵地，建议、信访的渠道，知政、议政的场所，联系、交流的桥梁，使“代表之家”（代表工作站）成为了人大代表的“家”，人民群众的“家”。

"代表之家"(代表工作站)的建立,为代表学习、议政、交流和开展活动搭建了平台,在群众与党委、人大、政府之间架起了一座联系沟通的桥梁,使代表肩上有了担子,活动有了路子,在群众心中有了位子,增强了基层人大工作的生机和活力,开创了人大工作的新局面。

二、建章立制,规范管理,落实经费,确保"代表之家"(代表工作站)活动有序开展

在建"家"立"站"工作之初,常委会积极与各乡镇党委、政府和街道办事处取得联系,争取了乡镇党委、政府和街道办事处的支持和帮助,做到了"代表之家"(代表工作站)的活动场所、办公设施、相关资料的"三落实",使代表有了"家",有了开展活动的固定场所。基础设施的落实和完善,为人大代表密切联系选民、反映社情民意、履行代表职责、发挥代表作用搭建了平台,提供了保障。为了使"代表之家"(代表工作站)的活动有序开展,代表作用能充分发挥,常委会还研究制定了:代表小组活动制度、代表小组组长(副组长)职责、代表联系选民制度、"代表之家"(代表工作站)活动制度等各项规章制度。统一制作了"代表之家"(代表工作站)标识牌和公示栏。加强街道"代表工作站"的组织建设,成立了以街道党工委书记为站长,街道办事处副主任为副站长,街道组宣委员为联络员的组织结构。

在开展代表活动中,我们还根据代表活动的实际情况,建立并完善了代表活动登记备案机制。代表活动做到了定时、定点、定内容,代表活动有章可循,有案可查,促进了闭会期间代表活动的规范化、程序化、制度化开展。为充分发挥代表作用,密切代表同选民的联系,切实为群众办实事、做好事,我们还改变了以代表小组为单位开展闭会期间活动的常规做法,把县直各代表小组中与居民生活联系密切的部门负责人安排到街道"代表工作站",定期参加"代表工作站"组织的联系选民活动,及时了解和解决街道代表、社区群众提出的建议和问题。

鉴于原来乡镇人大代表活动经费没有保障,闭会期间,许多乡镇无法很好地组织开展代表活动的实际情况,在常委会的积极争取下,县政府将代表活动经费经费列入财政预算,代表活动经费定期足额下拨,乡镇人大组织代表活动的积极性和代表活动质量有了很大的提高,特别是保障了"代表之家"活动的开展。同时,我们还为街道"代表工作站"落实了部分经费。

三、以"代表之家"(代表工作站)为载体,扎实组织开展各项活动,充分发挥人大代表的作用

加强代表在闭会期间的组织工作,丰富代表在闭会期间的活动内容和形式,提高闭会期间的代表活动质量,是充分行使代表职权的前提和保障。县人大常委会以"代表之家"(代表工作站)活动为载体,积极指导和组织代表开展各项活动,充分发挥代表作用,取得了明显的成效,也进一步密切了代表与选民的联系。

县、乡人大代表由选民直接选举产生,代表着一个选区,更加贴近群众,许多群众有问题不愿意直接找部门和领导,而更愿意向代表反映。成立"代表之家"(代表工作站)后,代表接待选民有了固定的场所,广大群众有问题能够及时向代表反映。街道在组织"代表工作站"座谈会时,常委会都要求建设、公安、民政、劳动保障、教育、卫生、环保等与民生问题密切相关的部门负责人参加座谈,群众常常能把一些问题面对面地向有关部门提出,有许多问题被当场答复。

"代表之家"(代表工作站)的建立,为人民群众表达意愿,反映社会矛盾和问题提供了场所,成为人大信访工作的重要组成部分。代表通过"代表之家"(代表工作站)了解民意,倾听民声,反映民愿,为民分忧,为民解难。对一些重大疑难问题,代表及时反映到常委会,常委会督促"一府两院"及有关部门抓紧研究办理,并向代表反馈办理结果,大量社会矛盾和不稳定因素通过正常渠道加以解决,上访和越级上访案件逐年减少。"代表之家"(代表工作站)为维护当地社会稳定、促进社会和谐发挥了重要作用。

我县的村级"代表之家"建立后,坚持开展了"代表接待日"活动。县、乡两级代表定期轮流接待选民的来信来访,方便了选民的同时,也密切了代表和选民的联系,代表及时将选民意愿向有关部门反馈,促进问题及早解决,极大提高了代表在选民心中的威信。利用村级"代表之家"除定期开展代表联系选民活动以外,分四个环节(精心准备,做好分类;布置目标,明确目的;深入基层,开展调研;分区述职,做好评议)精心组织代表述职评议工作,规范地开展了代表述职评议活动。"代表之家"在召开述职评议大会时,邀请镇人大主席团成员和党委委员参加述职评议大会,根据选民的评议意见,评选出优秀人大代表在年会上进行表彰,起到了

"述职一部分，激励一大片"的作用，极大地调动了代表履行职责的积极性和主动性，促进了代表述职评议工作的规范化开展。利用"代表之家"这一平台除组织代表进行述职评议，学习法律、法规等活动外，注重发挥代表在发展农村经济中的带动和引领作用，组织代表共同探讨农村产业结构调整工作中的成功经验，研究分析遇到的困难和问题，并号召代表加大农村产业结构调整步伐，赋予了"代表之家"活动新内容。

街道的"代表工作站"成立后，印发了人大代表致社区居民的公开信，向社区居民广泛宣传了"代表工作站"成立的目的、意义和作用。并定期召开代表和选民座谈会，广泛征求代表和选民对"一府两院"的建议、批评和意见。常委会人事代表办及时将代表和选民建议、批评和意见梳理汇总，呈报常委会主任会议研究后，组织相关部门负责人召开座谈会，共同研究代表和选民建议、批评和意见的处理方案，积极督促各部门进行整改落实，及时将整改落实情况向代表和选民反馈。

在实际工作中，各乡镇人大还利用"代表之家"这一平台，采取多种形式加强代表与选民的联系，创造性地开展了闭会期间的代表活动，代表同选民的关系更加密切，代表为民代言的愿望更加强烈。如：乡镇人大主席团向县、乡人大代表下发《人大代表联系选民活动记录簿》，要求每名代表联系至少2名选民，组织开展评选代表联系选民先进典型等活动，调动了代表履职积极性。在代表中开展"我与贫困选民心连心"活动，代表与贫困选民结成扶贫对子，密切了代表与选民的关系。利用"代表之家"这一平台深入开展"争做致富路上领头雁"活动，充分发挥了农村人大代表在繁荣农村经济中的模范带动作用，促进了我县社会主义新农村建设。

代表借助"代表之家"（代表工作站）坚持开展活动，征集民意，倾听民声，积极向有关方面反映，切实解决了许多实际问题，受到广大群众的欢迎。

问渠那得清如许，为有"调研"活水来

江苏省淮安市淮阴区人大办主任　沈正尧

"调查研究是我们人大常委会开展工作的活水源头，离开调查研究，我们的工作将因失去生命力而寸步难行。要做好人大工作，必须把调查研究贯穿于人大常委会各项工作的全过程。"淮阴区人大常委会党组书记、副主任葛志胜在一次会议上对全体人大机关干部提出这样的要求。多年来，淮阴区人大常委会始终把调查研究作为谋事之道、成事之基，通过调查研究，发现问题，解决问题，提高为民服务水平。

没有调查研究就没有发言权

每次常委会会议举行前，区人大常委会都组织专门的调研组，对审议的议题进行深入广泛的调研，倾听民声，了解民情，搜集民意，全面了解"一府两院"各项工作取得的成绩和存在的问题，为提出有见地、有深度、有价值的建议奠定基础，增强审议的针对性、提高审议质量，努力把审议的过程变成为民执言的过程、反映民情的过程、依法履职的过程。去年7月份，常委会会议审议全区财政工作时，委员刘晓红深情地说："在会前调研中，我们广大群众对财政收入的不断增长感到无比自豪和欣慰，但财政收入的增长要更多的体现在惠民上，体现在解决一线辛勤工作的基层干部和广大老师的基本福利上。""财政收入已过10亿了，就没有必要再从广大干部职工工资上扣解困金了，广大干部职工对此有很高的期盼。"委员庄建民接着说。面对各位委员的诚恳意见和建议，区政府领导非常重视，专门召开区长常务会议研究解决方案，决定从2009年元月份开始，将财政收入增长部分的70%用于解决民生问题，解困金纳入财政预算，增加干部职工生活津贴，兑现乡镇机关干部和教师的住房公积金，并为村四大员购买养老保险。这一系列的惠民举措，使得全区广大干部职工脸上露出了久违的笑脸。去年召开的7次常委会会议，委员们通过调研提出的47条意见和建议，都得到了很好的落实，受到了人民群众的好评。

没有调查研究就没有金点子

去年，围绕区委、区政府工作的重点和区人大自身工作的难点，组织专题调研组先后对现行财政

体制下的审计工作、农村社区实验区创建、人大机关政务流程再造、农业保险、农村卫生监督、综合性人力资源市场、“脱贫、破零、超千”三大攻坚工程等7个课题开展调研，积极探索破解这些难题的金点子，为区人大常委会开展各项工作提供可靠依据，为区委、区政府的决策提供重要参考，推动了有关工作的深入开展。形成的7篇调研报告中有4篇得到区委的重视和区人大、区政府的采纳。其中，关于现行财政管理体制下审计工作的调研报告提出的6条建议基本得到落实，提议的淮阴区固定资产投资审计中心已经成立，核定编制8人。关于全区农村卫生监督工作的调研报告提出的4条建议，区政府已经制定了落实方案，待区长常务会议讨论通过后实施。关于人大机关工作流程图，已经主任会议讨论通过，于去年7月份在实际工作中应用，进一步规范了常委会的监督行为，提高了监督实效。关于推进“三大攻坚工程”的调查与建议已于去年12月份经区委转发至各乡镇各部门贯彻执行。

没有调查研究就没有敲门砖

去年6月份，该区人大常委会立足区委“争先淮安、崛起苏北、追赶苏中、学习苏南”的发展定位，结合全区开展的解放思想主题教育活动，瞄准区委当前推进的各项中心工作，组织机关全体工作人员自选课题，分别就推动政府行政效能建设、高效规模农业发展、开发式扶贫、挂钩村脱贫、村集体经济破零、乡镇财政超千、农村环境保护、征地拆迁、农民居住点建设等特定专题赴区外开展调研，以此敲开先进发达地区的经验之门，学习取经，积极为全区跨越发展、科学发展、和谐发展建言献策，得到了区委领导的充分肯定。形成的13篇调研报告中，开发式扶贫、农村环境保护、征地拆迁、乡镇财政超千等4篇调研报告受到了区委的表彰奖励，有关建议被采纳运用。“人大的调研报告很有价值、很有见地，人大要充分发挥这一重要职能，为全区经济社会发展作出自己的贡献。”区委书记刘学军高度肯定人大的调研工作，并对今后的调研工作寄予了厚望。我们相信，有区委的大力支持，通过自身的不懈努力，淮阴区人大的调研工作会取得更加突出的成效！

围绕新农村建设加强人大监督工作

吉林省长岭县人大常委会副主任　王贵祥

在深入学习科学发展观活动中，结合分管经济办公室工作实际，对建设社会主义新农村工作展开思考。新农村建设的二十字方针是“生产发展、生活宽裕、乡风文明、村容整洁、管理民主”。方针把“生产发展、生活宽裕”放在首位，充分说明了农村经济工作是中心，农民增收是根本。因此，地方人大必须紧扣中心，突出重点，联系实际，从以下四个方面切实把好监督关。

要把好预算审查监督关。审查批准预决算并监督其执行，是宪法和法律赋予人民代表大会的一项重要职权，也是人民行使管理地方国家事务权力的具体体现。地方人大要严格把好预算审查关，认真检查政府是否坚持“多予少取放活”的方针，是否落实兑现中央提出的“三个高于”（国家财政支农资金增量要高于上年，国债和预算内资金用于农村建设的比重要高于上年，其中直接用于改善农村生产生活条件的资金要高于上年）和“三个主要”（财政新增教育、卫生、文化等事业经费主要用于农村，国家基本建设资金增量主要用于农村，政府征用土地出让收益主要用于农村）的政策，切实扩大公共财政向农村的覆盖范围，在资金增量、土地出让增益等方面倾斜扶持新农村建设。同时，要强化对财政支农资金的使用情况的跟踪监督，确保专款专用。

要把好农民增收监督关。新农村建设是以经济发展为本，对增强农村自身“造血功能”至关重要。要围绕农业增效、农民增收主题，通过专题调研、听取政府专项工作报告、组织代表视察等有效形式，了解本地农业发展各种优势和特色，了解农村经济发展过程中存在的问题，为人大审议决策提供第一手资料。首先，要认真督促政府大力发展二、三产业，通过引进外来资本和推动全民创业，大力发展乡镇企业和民营经济，集中力量培植壮大支柱产业、规模企业；通过强化投入，依托项目，滚动发展，扶持、培植一批竞争力、带动力强的龙头企业，加快乡镇特色工业集中区建设，以此推动农村剩余劳动力加速转移，不断拓展农民就业空间，真正实现以工补农、以工带农。其次，要认真督促政府以工业化和一、二、三产融合发展的理念抓农业，以产业化经营、标准化生产、社会化服务为导向，加快农业和农村经济结构战略性调整，大力发展现代农业和特色产业，不断提高农业标准化、外向化水平，通过农业内部挖潜增加农民收入。

要把好村镇规划监督关。科学规划是建设和发展的前提，新农村建设规划是指导和规范村庄人居环境建设与治理的一项重要公共政策。目前由于村镇规划的滞后，农村中出现有新房无新村、有新村无新貌的现象较为普遍。一些地方因国家建设和推进城镇化、工业化需要，农民房子建了拆、拆了建，几经反复，损失较大。供水、电力、通讯、广播电视等基础设施跟不上或摆布随意，造成了无序、失控现象。对此，地方人大在审议新农村建设规划中，要督促政府科学规划、高起点规划，在增强规划的科学性、前瞻性、可操作性上下功夫，做到规划与工业化、城镇化进程相衔接，与国民经济和社会发展第十一个五年规划纲要相衔接，与土地利用总体规划、水利、电力建设规划相衔接，做到一地一规，特别要结合生态环境建设，着重保护好田园风光，保护好优秀传统文化，体现出入与自然和谐，形成各具特色的自然村落，防止千村一面。同时，规划要从农村实际出发，考虑农民切身利益和承受能力，做到高起点规划一步到位，分年度实施逐步推进。

要把好农业执法监督关。农业执法是农业法制建设的关键环节，是保障农业农村经济发展的重要手段。当前我国农业农村经济发展处在新的历史起点，新的形势迫切需要加强农业法制建设，为促进城乡统筹发展、提高农业综合生产能力、维护农民合法权益提供有力保障。近年来，我国出台了许多涉及“三农”的法律法规，这些法律法规为保护农民的各项合法权益提供了法律依据。为确保这些法律法规的贯彻实施，地方人大加强执法监督是非常重要的环节。要针对目前侵占农民土地承包权、农民种植权等矛盾日益增多的趋势，切实加强土地法、农业法、农村土地承包法等相关法律贯彻执行情况的执法检查。

多措并举　努力做好新时期人大工作

陕西省山阳县人大常委会主任　李开仕

党的十七大和十七届三中全会为进一步做好地方人大工作、努力开创人大工作新局面指明了方向，提出了行动纲领。作为地方人大常委会应深刻领会党的十七大和十七届三中全会精神实质，按照科学发展观的要求，切实把思想和行动统一到十七大和十七届三中全会精神上来，务必根据人大性质、地位和作用，结合工作实际，扎实抓好贯彻落实工作，坚定不移发展社会主义民主政治。要做好新时期地方人大工作，应提高一个认识，抓好两个建设，履行好三项职权，发扬四种精神，强化五种意识。

提高一个认识。即提高对新形势下坚持和完善人民代表大会制度，做好地方人大工作重要意义的认识。我们要充分认识坚持和完善人民代表大会制度，是发展社会主义民主政治、建设社会主义政治文明的重要内容；是加强党的执政能力建设，是贯彻依法治国方略、推进依法治县的迫切需要；是落实科学发展观，构建和谐社会，推动经济社会全面协调可持续发展的重要保障。因此，要进一步增强做好人大工作的政治责任感和历史使命感。

抓好两个建设。就是要抓好制度建设和自身建设。一抓制度建设。进一步完善法律监督和工作监督制度，通过制度建设进一步推进了民主法制的建设；通过推进人大工作的规范化、制度化、法制化进一步更好规范和促进“一府两院”依法行政、依法司法，为推动经济发展和社会各项事业协助发展、优化投资环境营造一个良好的社会环境尽可能地发挥其自身的特点和优势。二抓自身建设。抓好自身建设，是提高人大干部队伍整体素质的需要，是做好人大工作的基础。随着经济社会的不断发展和依法治国基本方略的深入实施，人大及其常委会通过民主选举产生，代表人民行使国家权力，担负着保证宪法、法律在本行政区域内的遵守和执行。《监督法》出台以来,对常委会工作提出了新的、更高的要求,人大及常委会的任务越来越重,面对新的形势,要做好新时期人大工作,就必须加强常委会组成人员自身的建设,不断提高履职能力和水平,不断提高政治素养、法律素质、业务水平和工作能力,坚决反对形式主义、官僚主义和自由主义,真正把心思放在实干上,把精力花在落实上,把时间用在解决实际问题上,做到以实干出实效,以实效提形象,以形象树权威,增强常委会的整体功能,进一步推进人大工作向前发展。

履行好三项职权。一要围绕发展大局,履行好重大事项决定权。行使重大事项决定权,要准确界定重大事项的范围,围绕党委中心工作选准议题,并加强对决议决定执行情况的检查,确保决议决定的实施。要认真审议决定重大事项,促进我县经济和社会全面发展。常委会要紧紧围绕县委重大工作部署以及我县经济和社会发展的工作大局和人民群众最关心、最直接、最现实的问题,认真审议决定重大事项,督促和支持"一府两院"更好地开展工作。要加强审议前的调查研究,进一步加大对审议意见的督办力度,督促"一府两院"限期报告办理结果,把常委会审议意见的办理工作真正落到实处,推进审议决定重大事项工作进一步深入开展,为我县经济建设和社会发展创造一个良好的社会环境。二是以贯彻实施监督法为契机,加强和改进人大监督工作。要加强学习宣传,为贯彻实施监督法营造良好氛围。常委会要把学习好、宣传好、贯彻好、落实好党的十七大和十七届三中全会精神作为一项重要的政治任务抓紧抓好,并与学习贯彻实施《监督法》紧密结合起来,始终保持人大工作正确的政治方向。要严格按照《监督法》的立法宗旨和要求,进一步加强和改进人大监督工作,围绕中心,突出重点,努力增强监督工作的针对性和实效性,确保《监督法》得到全面、正确实施。要强化监督职能,促进依法行政和公正司法。三是坚持原则和程序,依法做好选举任免工作。要坚持党管干部原则和依法选举任免的统一,要发扬民主,并积极探索任后监督的途径,为改革和发展提供强有力的组织保证。坚持党管干部和人大依法任免干部原则,严格按照《山阳县人大常委会任免国家机关工作人员办法》的规定,认真履行人大常委会的人事任免权,做好人事任免工作,按照"德才兼备、注重实绩、群众公认"原则,对"一府两院"提请任命的人事任免事项认真审议,严格把关,在对似任命人员民意调查、民主测评、法律知识考试、作供职报告的基础上严格任免工作程序,全面了解拟任命人员的基本情况,保证人事任免工作顺利进行。

发扬四种精神。一要发扬敬业爱岗的精神。充分认识人大工作的价值,增强光荣感和自豪感,干一行爱一行,尽职尽责,在人大这个岗位上真正干出一番事业,以出色的成绩回报人民、回报社会;二要发扬求真务实的精神。大兴求真务实之风,坚持处处说实话、办实事、求实效,吃透上情、掌握下情、了解民意、集中民智,善于把上级的决策同山阳县的实际结合起来,创造性地开展工作。工作中把为人民服务作为最大追求,把为人民谋利益作为最高目的,认认真真访民情,诚诚恳恳解民忧,实实在在帮民富,兢兢业业保民安。做到唯实、务实、真实,努力促进县人大常委会各项工作取得实实在在的成效。围绕人民群众关心的热点、难点问题开展监督。站在"群众利益无小事"的立场上,把人民群众关心的热点、难点问题作为重点内容,人民群众反响强烈、矛盾尖锐的问题以及社会困难群体的利益保护等问题,依法进行监督,努力为群众排忧解难。三要发扬与时俱进的精神。要把与时俱进、实现观念创新、工作创新、制度创新,作为开创人大工作新局面的重要动力。实践证明,坚持不断创新,与时俱进,是人大工作的不竭动力。加强人大工作,建设政治文明关键在于制度建设和制度创新。胡锦涛总书记指出,人大制度要充分发挥优越性,人大及其常委会要依法履行好职责,就必须以与时俱进的精神不断推进组织制度和工作制度建设。因此,人大及其常委会要积极探索,勇于实践,不断总结经验,把一些成功的做法形成制度,实现制度创新,实现人大工作的制度化、规范化、程序化。四要发扬激情做事的精神。坚持弘扬"激情创业、跨越发展"的精神,以激情的工作给自己更多的智慧、勇气,促使自己牢记肩负的责任,以忘我的工作热情,用心想事,用心谋事,用心干事,为实现经济社会又好又快发展的新跨越作出努力。

强化五种意识。一是强化党的意识。必须坚持党的领导,自觉把坚持党的领导、人民当家作主和依法治国有机统一起来。党的领导是人民当家作主和依法治国的根本保证,坚持党的领导,主要体现在两个方面:一方面使党的主张经过法定程序成为国家意志;另一方面是遇到重大问题及时向党组织请示报告,在取得党组织原则同意后按照法定程序办理。在人大工作的党员，要牢固树立党的观念，模范贯彻党的路线方针政策。人民当家作主是社会主义民主政治的本质要求。人民代表大会制度是我国的根本政治制度，是人民当家作主的重要途径和最高实现形式。人民通过民主选举产生的人民代表大会行使国家权力，组织政府、法院、检察院，并且监督“一府两院”依法行政、公正司法，这是人民当家作主的一项最重要的权利。依法治国是党领导人民治理国家的基本方略。把坚持党的领导、人民当家作主和依法治国有机统一起来，有利于坚持和完善人民代表大会制度，更好地发挥这一制度的特点和优势，有利于健全人大监督机制，有利于促进依法行政、公正司法；二是强化大局意识。必须坚持围绕中心，服从和服务于党和国家的工作大局。发展是党执政兴国的第一要务。紧紧抓住重要战略机遇期，更好更快地发展，是党和国家的工作中心和坚定不移的方针。人大工作必须立足大局，自觉地服从和服务于经济建设这个中心。要牢固树立和落实科学发展观，切实把科学发展观贯彻到人大实际工作中，实现全面、协调、可持续发展，认真依法行使各项职权，积极推进民主法制建设，为全面建设小康社会创造良好的法制环境；三是强化民主法制意识。县级人大常委会作为一个县的国家权力机关，在贯彻依法治国基本方略，推进依法治县进程中负有重要职责。要发挥人大常委会在推进依法治县进程中的重要作用。依法实行民主选举，民主决策，民主管理和民主监督，真正实现党提出的人民当家作主的执政目的。并坚持按照宪法和法律要求，依法行使职权，依法监督“一府两院”的工作；四是强化以人为本意识。在新形势下，加快推进以改善民生为重点的社会建设，对全面建设小康社会至关重要。关注民生、体贴民生、改善民生是时代赋予人大工作的历史使命，把人民群众关心的重大问题、热点难点问题、民生问题等作为人大监督工作的重要，人大的监督才能有坚实的基础，人民群众才能有力地支持和拥护人大的监督工作。我们要本着“以人为本”的理念，不断加强事关发展大局、解决民生问题、为民办实事、解决群众关心的热点难点问题方面的监督工作，深入了解民情，悉心倾听民生，把解决群众最关心、最直接、最现实的问题同推进经济发展结合起来，同加强法治建设结合起来，运用人大工作机制，发挥人大工作优势，真心实意地解决群众的实际困难，真正把人民群众的根本利益代表好、维护好、实现好，努力促进社会和谐；五是强化监督意识。人大干部要树立“人民至上，法律至上”观念，增强做好监督工作的责任感和使命感，不断探索和运用监督的方式和手段，努力做到敢于监督和善于监督，促进依法行政、公正司法。提高监督实效，加大法律监督力度，改进工作监督形式，加强对选举、任命人员的监督，进一步完善监督制度，创新监督机制，增强监督实效。要密切联系代表和群众，探索在新形势下做好代表工作的新途径、新方法，提高代表工作的水平和质量，保障人大代表依法行使职权，充分发挥人大代表作用。同时，要自觉接受广大人民群众的监督，使人大的工作真正经得起群众和实践的检验。

县级人大常委会对“三农”工作应既要搞好监督，又要搞好服务

湖南省桑植县人大常委会农工委　李保成

县人大农工委是同级人大常委会的工作机构，她的工作职责是监督所辖行政区域内有关涉农法律、法规的贯彻与落实。其工作职责、监督内容十分广泛。如何把涉农的法律、法规监督到位，使之有一定成效，根据自己多年来从事人大工作实践认为人大常委会对“三农”问题不仅要搞好监督，同时还要搞好服务，要充分体现在监督中服务，在服务中监督，只有这样才能把监督落实到实处。要使监督和服务工作做到有机结合，应着重从以下几个方面努力。

一、从法律上保护“三农”使之不受侵害

按照选举法和地方组织法的有关规定，各级人大常委会依法对“一府两院”及其工作部门进行监督，这是法律赋予人大常委会的权力和职责，在行使监督权力的过程中，应该说各级人大常委会做了大量的卓有成效的工作，特别是对涉农方面的相关

法律、法规监督是比较到位的，因为近年来，党中央、国务院把三农工作放到全党的头等大事，相继几年的中央一号文件都是讲的三农问题。由此县人大常委会把“三农”问题作为监督工作的重点。如我县从十四届一次会议以来，县人大常委会每年均有两次例会专门研究“三农”问题，对涉及到国计民生的一些重要内容：如国土整理与开发，矿山资源与开发保护、森林资源保护与利用，水资源保护与开发、农产品质量安全生产与保护、畜牧防疫等。县人大常委会经常组织代表视察，专题研究，向政府提出整改意见，县人民政府对人大建议高度重视，认真研究，采取得力措施加以整改。如：对矿山管理问题，原我县煤矿开采、运输管理混乱，乱开矿、乱涨价、逃税费的现象很严重，县人大常委会根据代表们的批评意见，及时建议县人民政府要加强管理规范运输销售市场，县人民政府对人大的建议高度重视，安排专人到外地考察，到县内矿山调研，然后出台了《桑植县矿产资源税费征收管理办法》报县人大常委会审议通过。以县人民政府名义文件下发，文件出台以后，县人民政府组织有关职能部门联合行动，开展“打击非法小煤窑，清理规范收费行为”的专项行动，通过清理，关闭51家，整改50家，保留31家，同时，对涉煤收费单位也进行了清理规范。经查，涉煤收费单位有13家，其中有合法收费的，也有违规收费的。凡属于合法的税费，按照《办法》规定都由县矿产资源管理办统一征收，实行多家费用一家收，多次费用一次收，未清理规范前全县232家煤矿一年只能收到398万元。2006年按照《办法》统一由县征管办征收后；共收各种税费1029万元。同时，县国税部门利用统征平台补征了600多万元。通过对煤炭市场的清理整治，我县煤矿安全生产形势大有好转，不安全的隐患大大降低。同时，矿产资源得到了有力的保护和合理的开发，国家行政性收费行为得到了规范，地方财政收入也大幅度增长。又如，在贯彻实施《森林法》的工作中，其成效也是很显著的。我县既是国家级重点生态公益林保护县又是省级退耕还林试点县。同时，我县八大公山原始森林被列为国家级原始次生林自然保护区。全县有林地面积206万亩，加上近几年来退耕还林33万亩目前，我县有林面积已达到300万亩，占全县总面积521万亩的60%，人平有林面积达7亩，国家累计对林业的补助达2个亿，惠及27万人占全县总人口43万的63%，人均达740元，年均木材收入达3千万元。桑植是一个典型的林业大县，所以说加强林政管理，促进林业经济的发展显得尤为重要。由此，县人大常委会把对《森林法》的贯彻实施作为工作重点。县人大常委会每年都把《森林法》的贯彻实施情况列入审议和视察的内容。重点对林木保护、退耕还林的管护、木材的运输和销售作为重点，特别是去年以来，我县木材市场较为混乱，林木采伐加工比较严重，我们发现这个问题后，及时下去调研。通过调研发现造成以上问题的原因主要是上级林业主管部门对我县的商品材指标分得较多。如2006年就下达商品材指标70912立方，比2005年多24626立方。由于商品材指标一多，加之县内的木材加工厂也不断增加，如木材卷皮加工厂就达29家。调研后，我们及时向县人大常委合作了汇报，常委会通过审议，向县人民政府提出了具体整改建议：一是要严格控制商品材指标，不能上面分多少，下面就完成多少，要根据本县实际，并规定以后每年的商品材只能控制在2－3万立方；二是对木材加工和运输市场要进行清理整顿，严格控制木材加工厂的数量和用材量。在2007年6月底要减少20家木材卷皮厂；三是对现有林木要加强管理，按照有关法律，严励打击破坏森林的行为。县人民政府根据县人大常委会的建议，认真研究积极采取措施，由此发出了《进一步规范木材经营加工秩序的通告》，县林业主管部门按照通告要求对全县183家木材加工厂进行清理整顿和年检年审，依法取缔88家木材加工厂。同时，对八大公山超计划毁林烧碳案件依法进行查处。

二、从工作上监督“三农”，使之服务工作落实到位

为推动政府各项工作，我委在开展法律法规监督的同时，还适时开展工作监督，客观的讲，工作监督的内容和范围要比监督法律的内容多、范围广，都是关系到国计民生的重大项目和重要项目；这些项目实施起来也没有规范性，没有可比性。实施中也可能出现随意性，因此我们把监督的重点放在工作监督上。为规范政府行为，2004年县人大常委会还出台了《桑植县人大常委会讨论决定重大事项的规定》，规定指出：凡属县本级财政投入在100万元以上的工程，事先必须向县人大常委会报告；凡引资在1000万以上，在我县境内施工的工程，也必须事先报告，特别是对每年年初，县人民政府向县人民代表大会承诺要办的重大实事，重点进行监督，在监督中实行事前报告，事中视察、事后审议。

同时还规定：每次常委会例会前，县人民政府必须汇报上一次常委会议所提建议的整改情况。对其工作进行有效的监督。如2003年，我县进行产业结构调整，县人民政府重点发展黄姜生产，当年全县就发展到1万多亩，而且大面积是种稻田里的。如谷罗山乡就在稻田里连片种了3000多亩，我委在调研时发现，群众对此认识不高，乡村干部也有顾虑，长势也不是很好。2004年12月，县人民政府在县十四届二次全体会议上，在向代表的报告中又提出扩大种植面积26000亩的计划。我委在讨论时大胆提出反对意见，并找到书记、县长陈述不能再发展黄姜生产的理由。在主席团会议上，我委对发展黄姜生产又提出了反对意见，最后在通过县人民政府工作报告决议时，硬是将发展黄姜的计划砍了下来。2005年，我县的黄姜生产终因销路和价格问题导致失败。如果不是我委认真调查研究，掌握一定的真实情况，并有针对性的提出不同意见，群众的损失可能会更大。由此而带来的负面影响更严重。

三、从资金上倾斜“三农”，使经费投入有基本保障

县人大常委会对“三农”问题不仅仅是站在法律的角度进行监督，还要站在全面的角度予以关注；也就是说县人大常委会除了法律意义上的监督外，还要从建设社会主义新农林的角度关注农业、支持农业、重视农业、发展农业，要处理好发展中的监督，监督中的发展的关系. 这几年来，我县对农业的投入也不断加大，逐年增多。从2003年县第十四届人民代表大会一次会议以来，本级财政向农业投入1447万元，占本级收入的24%。2004年投入2450万元，占本级收的53%。2005年投入3074万元，占本级收入的64%。2006年投入3277万元，占本级收入的52%。4年来，本级财政收入增加1.5倍，而农业投入增加了2.5倍，这说明县委、县政府对三农问题是很重视的。县人大常委会对三农问题是高度关注的。每次审议财政预决算和调整预算时，县人大常委会先看农业投入是否重点保证了。由于县人大常委会高度重视和关注农业，所以说桑植的“三农”问题，是解决得较好的，落实得是比较到位的。

四、从政策上扶持“三农”，使农业充满生机与活力

人大常委会对“三农”问题除了从法律上保护，工作上监督，资金上倾斜以外，还要从政策上给予扶持：因为，农村是偏远山区；农业是薄弱行业，农民是弱势群体，需要得到全社会的关注。近年来，党中央制定了一系列惠农政策，各级政府也采取了一系列措施，农民也得到了不少的实惠。农民的生活、生产条件也有一定的改善，但这只是短期的、照顾性的、表面性的，如果要从根本上改变农业落后，农业滞后、农民后富的这种状况，就必须从政策上给予扶持。我说的政策不完全是惠农政策而是能充分调动他们建设社会主义新农村积极性的政策，能调动农民的内在潜力的政策。例：在农村信贷方面，信贷部门贷款对象只注重条件好的大户，公司之类的，而真正有困难也有一定技术想发家致富的农民不能贷款，没有法人为其担保。如：养猪就是一个例子，我认为作为人大来讲，就应该注重做一些这方面的调研，也就是说要使党的富民政策，使广大农民都能平等的享受，不能因会说、会跑、会要有一定经济势力的全额享受，不跑、不要的一分也享受不了，这样会导致富裕的越富，贫困的越贫，贫富的差距越来越大，作为地方一级的人大常委会应该加强这方面的调研和监督。

五、从情感上融入“三农”，使监督和服务溶为一体

县级人民代表大会及其常委会在一个地域，她是最高权力机关，也是基层人民群众的代言人。她的权力来源于人民，而又要还原于人民，所以说县级人大机关必须和人民群众打成一片。要心想群众、置身群众、服务群众。我委始终把紧密联系群众作为自己的根本宗旨，每年3－4月对农村的省、市、县人大代表开展一次“心连心、送温暖、求意见、促作风”活动，上门看望代表与他们促膝谈心。一是了解代表家庭中的生产生活情况；二是代表工作情况；三是征求他们对人大工作的意见，征求他们对政府各部门的工作建议，通过走访，他们对做好人大代表工作充满了信心。同时对人大代表这个职务有了光荣感、责任感和使命感。认为人大代表不是摆设也不是待遇，而是一种职务，更是一种责任，纷纷表示：人大常委会这样关心我们，我们一定要认真履行职责，充分发挥代表的作用，不辜负人大的期望和老百姓的重托。通过定期开展这样的活动，也使我们从事人大工作的同志，贴近了群众、贴近了基层、转变了作风，使人大工作充满了生机和活力。

监好源头水　督出发展来

贵州省余庆县人大常委会　韦继军

余庆县人大常委会积极发挥人大在依法治县中的主导作用,支持和督促"一府两院"依法行政、公正司法,努力构建和谐社会的良好法治环境。

——**积极推进依法行政**。监督政府职能部门加强队伍建设,强化内部管理,完善执法程序,促进行政执法人员严格执法、公正执法,文明执法。为确保合理利用和开发土地,余庆县人大对土地法的贯彻落实情况进行了检查,县人民政府对县人大检查中提出的违法用地、失地农民生计困难等问题高度重视,严格用地审批,加大保护力度,进一步提高了土地的保护和开发利用水平。针对人民群众普遍关心的退耕还林项目综合生产能力较弱等问题,县人大开展森林法执法检查,督促政府迅速编制完成了《余庆县巩固退耕还林成果专项规划》,出台了《余庆县林地林木流转管理办法》等政策法规,进一步巩固了国家级生态示范区的牌子。为保住青山绿水,建设美好家园,县人大开展环境保护法执法检查中,结合市人大开展的"环保世纪行"活动,组织人大代表对县城饮用水源及屠宰场、华闽电冶公司、瑞安水泥厂、余庆中学污水排放情况等进行视察,针对代表视察中提出的城区饮用水源污染、企业污染等问题,督促政府健全完善长效管理机制,加大对企业排污行为的监管力度。政府环境保护部门印发了《环境保护法律法规选编》,重新划定县城饮用水源保护区,制定饮用水源保护办法,同时加大对华闽电冶、瑞安水泥等企业的督促检查力度,经市环境监测中心监测,两家主要排污企业均已实现达标排放

——**努力促进司法公正**。加强执法队伍建设是保证公正司法的关键措施。余庆县人大在审议县人民政府关于社会治安综合治理工作情况汇报后指出,"个别干警特权思想严重,政治素质和为民服务的素质急需提高",审议要求要对政法干警加强教育,强化管理,相关部门快速整改,严查违纪干警,提高了干警整体形象。在依法治国不断推进的背景下,地方行政审判工作逐渐成为各界关注的热点。县人大听取并审议县人民法院关于行政审判工作情况的汇报,对该院既依法保护行政相对人的合法权益,又依法支持和监督行政机关依法行政的做法给予肯定。在听取县人民检查院关于反贪污贿赂工作情况报告后认为,该院积极查办大要案件和关系民生的案件,为国家挽回经济损失 80 余力元,在创造良好的法治环境、促进国家工作人员廉洁勤政方面发挥了积极的作用。

——**依法任免国家干部**。余庆县人大坚持党管干部原则,把党委推荐、"一府两院"提请和人大常委会依法任免有机统一,对拟任国家机关干部实行任前学法考法。一年来,共开展法律知识考试 2 批次,任免国家机关工作人员 33 人。加强任后监督,促进勤政廉政。县十五届人大二次人代会上,人大代表对县人大任命 13 个政府组成部门开展了工作评议,对县人大任命干部作出全面、客观、公正的评价。在十五届第 11 次常委会上,对卫生局开展了工作评议,有效增强了被任命干部的法律意识,促进其依法行政、公正司法。

——**大胆探索个案监督**。抓住群众关注的涉法要案开展监督,是余庆县人大加强法律监督的积极探索。原县种子公司相关人员涉嫌贪污、私分国有资产一案,犯罪嫌疑人不服县人民法院判决,市中级人民法院两次发回重审,全县干部群众议论纷纷,成为社会关注的重要焦点。县人大专题召开由县政法委、县法完、县检查院参加的联席会议,认真听取了两院对案件侦查,诉讼和审理情况汇报后,要求县人民法院与市中级人民法院加强沟通,依法快审快结,既维护了法律尊严,又维护了群众的合法权益。同时,大胆探索以重点信访对象为主的个案监督,取得积极成效。对龙家镇一群众来访反映公安干警办案思维简单,致使犯罪嫌疑人逍遥法外的信访案,县人大调查组调阅公安卷宗后,邀请检察院、法院、政法委等有关部门召开案件分析座谈会。要求有关部门查明真相,尽快结案。经过重新侦查,该犯罪嫌疑人已被抓捕归案,当地群众拍手称快。

——**推进主体经济加快发展**。县城河东新区基础设施建设,是完善县城基础设施建设、拓宽县城发展空间的重要举措,由于县财源有限,投入困

难，县人大根据实际情况，依法作出了将河东新区基础设施建设项目贷款590万元的还本付息资金纳入财政预算的决定，新区基础设施建设已基本完成。为进一步发展农业产业，规范农产品交易，县人大依法作出决定，同意县人民政府贷款660万元，新建余庆县果蔬批发市场，该建设项目进展顺利。县人大先后3次组织人大代表视察基础教育、二级公路建设等情况，提出进一步及时拨付资金、加快工程进度等建议，县人民政府均已认真研究处理。"十一五"规划事关全县发展大局，县人大按照《监督法》规定，认真听取了"十一五"规划中期实施情况的报告，要求加强调度，保证进度，确保各项指标全面完成。县人大领导还积极投身经济建设一线，认真做好"四在农家"帮扶，整脏治乱、茶文化节、吏志编撰、城镇规划建设、烟水配套工程等工作，寓支持于监督之中，促进了县域经济持续发展。

——**推进财政经济健康发展**。常委会专门出台《余庆县人大常委会财政预算监督办法》，就政府部门在预算编制、审批，预算调整、决算和县人大在审查、批准，执行监督中各自的职权和义务进一步规范，有效增强了对财政预算约束力，在听取和审议县人民政府关于2008年1—6月财政预算执行情况的报告后，针对上半年非均衡入库、未全额将财政预算批复到单位（乡镇）等问题，约谈了财政局主要领导同志，提出了严格按预算指标并定额批复到单位（乡镇）、规范拨款程序、简化拨款手续等审议意见。促进了政府加强财政管理，达到了集财有方、用财有效，收支合法、纳税人满意的目的，把人民的"钱袋子"置于人大的监督之下。

——**推进城乡经济统筹发展**。坚持以民为本，把实现好、维护好、发展好最广大人民群众的根本利益，作为人大工作的出发点和落脚点，使人大工作更好地贴近民生，反映民意，须应民心。余庆县人大先后组织人大代表对政府承诺实事、二级公路建设、职业教育、城镇规划，经济适用房和廉租房等群众关注的热点问题进行视察，推进了一批重点工程的进展。听取并审议了县政府关于春耕备耕及现代农业建设、畜牧业发展、退耕还林及林权制度改革、社会治安综合治理、兑现"三农"补贴、城乡居民社会保障等政府专项工作报告。提出了加快农业结构调整，加大农民培训力度，加强农村基础设施建设等可行性建议。这些建议得到了较好的落实，保障了中央政策的贯彻落实，确保了农业增效、农民增收和农村稳定，促进了全县农村改革和经济发展。

——**代表活动内容丰富**。总结推广了代表工作"123456"新举措，即：一个机制，两个载体，三个联系，四个专题，五项制度，六个结合。开展代表述职活动，增强了代表的履职责任感，密切了代表与选民的联系。开展代表交流活动，引导代表相互学习，相互启发，拓展履职思路。坚持邀请代表列席常委会会议，参加执法检查、工作调研、旁听庭审等重要活动，在拓宽代表知情知政渠道的同时，增强了代表活动的针对性。以"五亮一箱"为主要内容，开展代表示范选区创建活动，引导基层代表带头勤劳致富，带领群众共同致富，多数代表已成为群众致富的带头人。这一成功经验被《人民代表报》登载。加强阵地建设，建立了3个"代表活动交流中心"，66个"代农小组活动室"。一年来，全县共开展代表小组活动366次，代表集中视察活动3次，各级人大代表自发为民办实事好事2000事件。通过各种活动的不断开展，代表参政议政、执行职务的水平不断提高。

——**代表履职热情高涨**。在开展执法检查、调研、视察和审议"一府两院"专项工作报告时，鼓励代表大胆发言，直陈调查过程中发现的问题，提出好的意见和建议。要求相关部门认真对待，有则改之，无则加勉，绝不允许打击报复。在物质上加大保障力度，将代表活动经费列入财政预算，按时拨付到代表小组，并为代表小组长争取了每年600元的岗位补贴，鼓励各代表小组踊跃开展活动。小腮镇春景代表小组出台代表履职奖励办法、龙溪镇人大为代表制发"履职积分卡"、花山乡人大代表发放"选民连心卡"、龙家镇人大根据代表情况分类设岗，并出台代表小组工作考评办法等成功做法，有效激发了代表的履职热情。一些执法执纪部门主动邀请人大代表担任行风监督员，部门召开的各种听证会注重听取人大代表意见，一些重大活动注重邀请人大代表参与，营造了良好的代表履职氛围。县人大在审议县人民政府关于兑现"三农"补贴情况的报告时，列席会议的代表根据调研情况当场指出，现行的种粮补贴变成了土地补贴，与中央"三农"补贴政策不符，建议县人民政府及时改进。闭会期间，代表向"一府两院"提出建议意见80多条，为进一步鼓励先进，树立典型，县人大共评选产生履职较好的优秀人大代表10名、先进人大代表小组21个，将在会议结束后进行表彰。

——**代表建议督办有力**。余庆县人大把督办代表建议作为一项重要工作。交办时，联合县政府召开建议办理工作会议，落实承办责任，明确办理要求；办结后，普遍征求代表意见，听取并审议县政府关于办理情况的汇报。为提高建议的办结率和代表的满意率，县人大把解决难度比较大、群众呼声比较高的问题列为督办重点，领导牵头负责，相关委室具体督查，年初落实任务，年中汇报情况，年底检查评比，促进了有关问题的解决。县十五届人民代表大会第二次会议期间，代表共提出建议、批评和意见141件，已办理93件，作解释说明12件，列入规划解决的36件，落实率和满意率均有提高。

——**基层工作指导到位**。余庆县人大精心指导乡镇人大工作，切实加强同乡镇人大的沟通和联系，印发了《代表工作按排意见》、《乡镇人大工作目标管理考评办法》、《代表活动资料汇编》等，实行常委会领导及兼职委员分片联系制，指导建立学习、视察、调研、评议等工作规则和代表活动等制度，规范了乡镇人大工作。县人大指导乡镇创建了金桔园、刺桑坳、黄金榜、下堰等13个示范选区，有效推动乡镇人大工作平衡开展。在松烟镇召开全县人大代表小组活动交流暨代表培训会，小组间进行了经验交流，选任联委针对代表活动进行了专题培训。坚持邀请乡镇人大主席列席常委会，参加县人大组织的执法检查、视察，调研、考察学习，让其在实践中提高业务水平和依法办事能力。

突出监督工作重点加快项目建设发展和民生问题的改善

黑龙江省孙吴县人大常委会副主任　吴伟

近三年来，孙吴县人大常委会以科学发展观为统领，紧紧抓住贯彻落实监督法的契机，紧扣县委工作中心，突出发展这个第一要务和以人为本的核心，重点加强了项目建设和民生问题的监督，常抓不懈、紧盯不放，取得了良好效果。

项目建设是一个县经济发展的牛鼻子，只有抓住了项目，县域经济的发展才有动力；只有抓住了项目，县域经济的发展才有后劲。三年来，我们县人大常委会紧紧围绕县委确定的“沙棘立县、牧业强县、工业富县”的奋斗目标，通过视察、检查、调查和听取专项工作报告，促进了全县项目建设大发展、快发展。

一是加强了大果沙棘产业的监督。大果沙棘产业是孙吴县的一个特色产业、朝阳产业。从1998年开始引进大果沙棘以来，历经3届县委、政府班子的推进，初步形成了基地＋农户＋公司的产业化经营模式。这几年，我们县人大常委会紧紧围绕沙棘产业做深做精，投入重兵，坚持不懈的开展监督，促进了大果沙棘产业的迅猛发展。2007年，我们县人大常委会针对大果沙棘栽植面积少、管理不到位的现状，组织代表深入到栽植基地和农户进行视察，提出了标准化生产、园式化管理的建议。县政府高度重视，采取先搞示范点，以点带面，再逐步推开的措施办法。经过几年的发展，目前，沙棘园式化管理面积由原来不足的几百亩增加到现在1.2万亩。2008年，我们县人大常委会又针对沙棘饮品销路不畅、档次不高的问题，组织代表到生产加工企业进行调查，提出了建立营销网络，加快饮品提档升级的建议。政府部门认真研究，成立了专门的销售队伍，四面出击，相继与北京、上海、沈阳等大城市建立了营销关系，沙棘饮品销售量成倍的增长；政府部门又针对我们提出的饮品档次不高的问题，广泛开展招商引联活动，通过与青海青华生物科技有限公司合作，上马建设了大果沙棘冰酒生产线。大果沙棘冰酒投入市场以来，深受消费者的青睐，呈现了产品供不应求的局面。这几年，通过我们县人大常委会的跟踪监督、跟踪问效，我县的大果沙棘产业已经步入了快发展、大发展的黄金期。

二是加强了畜牧业龙头企业的监督。“茂田牧业”是我县畜牧业发展的龙头企业。三年来，县人大常委会紧紧围绕企业的做大做强，积极开展视察、检查和调查。按照企业“前店后厂”的发展模式，县人大常委会提出了扩大生产规模、延伸产业链条的建议。县政府积极响应，协调争取资金，帮助企业上马了2条牛羊加工生产线，实现了当年收回成本，当年见效益的目标。2008年，县人大常委会又组织人大代表到企业调查，就如何发展壮大鹅产业提出了意见和建议。县政府认真研究，帮助企业立项，争取专项资金，投入5000万元，上马了鹅加工和羽绒加工项目。已经成为全市最大的商品鹅加工企业。2008年实现产值3000万元，带动农民增收2000万元。预计今年实现产值6000万元，直接带动农民增收4000万元。

三是加强了制药业的监督。三精儿童大药厂是我县招商引资企业。该项目始建于2005年，由哈药集团三精制药有限公司出资建设。为了扶持企业发展，县委、县政府给予了方方面面的优惠政策。但企业效益却不尽人意，始终在低谷中徘徊，销售收入和上缴税金少得可怜。2007年，县人大常委会针对企业的现状，及时地把视察三精儿童大药厂列入全年“三查(察)”活动重点。人大常委会通过召开座谈会，进驻企业调研，组织相关部门及专家进行会诊把脉，向县政府提出了要加大推进力度，增加药号，扩大销售量的建议。政府主要领导非常重视，专门召开了政府常务会进行研究，成立了由主管县长为组长，经委、经济计划局等相关单位为成员的专项工作推进组，进行专题专项推进。在这期间，人大常委会又组织省、市、县人大代表进行跟踪督办，跟踪问效。2008年企业效益止跌回升，销售收入和上缴税金较2006年翻了一番，预计今年，工业总产值将突破2000万元。

几年来，通过人大常委会对已建项目和在建项目的监督，取得了企业发展、财政增收的双赢效果。2008年，在项目建设的拉动下，全县生产总值、工业增加值、固定资产投资、财政收入均实现了两位数增长，分别达到5.06亿、2784万元、2.28亿和3523万元。人大常委会坚持监督寓支持之中，班子成员分别牵头，参与县委、县政府的大项目建设，马铃薯精淀粉深加工项目、热电联产项目、二战遗址遗迹旅游开发项目、吉黑高速公路建设项目和大果沙棘综合加工园区项目已经落地和开工建设。

民生问题关乎到人民群众的切身利益，关乎到党的执政基础，关乎到国家的长治久安。三年来，我们县人大常委会始终把人民群众最直接、最关心、最现实的利益问题作为监督工作的重点，抓在手上，紧盯不放，通过跟踪督办，重点督办，专项督办，促进了民生问题的解决和改善。

*一是加大了对教育事业发展的监督。*教育落后问题一直是孙吴县民生发展的短腿。人大常委会紧紧抓住上学难问题，进行专项监督。2007年以来，人大常委会组织省、市、县人大代表先后深入到一中、二中、一小、三小进行视察和检查，就加强投入，改建、新建教学楼等方面提出建议。并多次召开“一府两院”联席会议，研究资金筹措问题。县政府通过向上争取、财政投入、部门减免等措施办法，累计投入5000余万元，新建了一中、二中、一小、三小教学楼。为解决教育资源分散，农村办学条件差，教学质量不高的问题，人大常委会组织成立专题调研组，就农村中学到城里集中办学进行调查研究，提出了整合全县初中教育资源，集中办学，让农村初中生到城里就学的建议。此建议一出，得到了县委、县政府主要领导的认可。县政府在财力十分困难的情况下，又投入3000万元资金，兴建了全市最大的一所农村寄宿制学校，解决了农村中学生上学难的问题。为解决农村初中毕业生无技能，就业难的问题，2008年，人大常委会在检查职业教育法时，提出了中职校异地新建的建议。政府认真办理，把中职校异地新建项目列为全县重点社会事业发展项目之一，强力推进，投入1500万元，建设了集教学、实训、培养实用型、技能型人才于一身的中等职业技术学校。经过几年来的跟踪监督，我县教育事业呈现出了教育教学质量明显提高，学生失学率、辍学率明显下降，职业教育蓬勃发展的良好局面。

*二是加大了饮用水安全的监督。*饮用水安全问题一直是群众反映强烈的热难点问题。三年来，县人大常委会始终把水源地保护纳入日程，盯住不放，以一本经念到底、一件事抓出头的劲头，先后5次深入到水源地进行视察，3次听取专项工作报告，采取重点督办、跟踪督办等方式，进行全程监督和问效。2008年，县政府把水源地保护工作列入政府12项利民工程，制定出台了保护水源地的10项措施，先后投入20余万元资金，设置了围栏、告示牌。今年，县政府把水源地保护工程进行立项，争取专项资金进行综合保护治理。目前，水源地乱垦乱挖、垃圾乱扔乱倒、非法取土取沙的问题已得到遏止。人大常委会为焕发全社会关注水源地、保护母亲河热情，在全县率先组织省、市、县人大代表去水源地植树。用自身的实际行动，影响和带动全社会保护水源地意识。通过人大常委会的监督和带头参与，水源地生态逐步得到恢复，饮用水质量明显改善。

*三是加大了食品安全的监督。*食品安全关系到人民群众的切身利益。几年来，我们县人大常委会始终坚持把食品安全做为人大监督的重点。

2008年，也就是在"三鹿奶粉"事件之前，人大常委会组织代表到县城内东、西两个市场进行视察，提出了上食品安全检测设备、定期检验食品质量的建议。县政府认真研究，决定由县财政出资购置食品检测箱，定期到东、西市场进行检测；县工商局积极配合，在市场的醒目位置设置了电子显示屏，滚动公布检测信息。今年上半年，我们又组织人大代表到东、西市场进行检查，提出了食品检测向农村延伸的建议。政府积极办理落实，责成卫生局、药监局、工商局密切配合，定期巡回到农村市场进行食品安全检测。通过人大监督，食品安全问题得到解决。

全面落实科学发展观　充分发挥人大职能作用

湖南省汝城县人大常委会办公室副主任　廖功强

落实科学发展观是贯彻"三个代表"重要思想的本质要求，是构建和谐社会、推进社会民主法制建设的重要途径。作为地方国家权力机关的地方人大及其常委会，应充分发挥职能作用，促进科学发展观的全面落实。

一、认真行使决定权力，为落实科学发展观提供决策基础。重大事项决定权是地方人大最重要、最能体现人民当家作主的核心权力。人大工作服务经济社会发展，关键一点就是要通过行使重大事项决定权，依法规范本行政区域的重大事项，为落实科学发展观提供决策基础。一要打破传统思维。当前，地方人大及其常委会对重大事项决定权的行使，存在认识误区，甚至觉得人大依法行使决定权是向党委要权，同政府争权，怕承担责任，不能有效地行使决定权。地方人大及其常委会必须以积极的态度，以改革和与时俱进的精神，积极争取党委的重视和支持，理直气壮地行使重大事项决定权，使党的主张通过法定程序上升为国家意志。二要完善决策机制。要建立重大事项决策调查研究制度，推行重大决策事项公示、听证和专家咨询制度，完善新闻发布制度和信息公开制度，坚持重大事项集体决策制度，形成决定之前重调查、决定过程讲民主、决定内容求实效的工作机制，确保所作出的决议决定符合客观实际，体现科学发展观的要求。三要加大督办力度。人大的决议、决定一经付诸实施，人大常委会必须建立一个有检查、有反馈、有责任追究的督促机制，切实加强对实施情况的跟踪、督促检查。通过听取汇报、视察检查、专题调查等方式，及时了解掌握实施情况，总结经验，发现问题，纠正错误，保证人大决议、决定的正确贯彻执行，并取得应有的实效。

二、强化人大监督职能，为落实科学发展观提供法治环境。人大工作必须紧紧围绕地方经济发展战略，坚持"抓重点、议大事、求实效"的原则，认真贯彻监督法，充分发挥监督作用，不断提高监督水平，真正把科学发展观贯穿于监督工作的全过程。一要突出监督重点。要积极探索、完善并综合运用依法监督的各种有效形式，围绕改革发展稳定的大局、人民群众切身的利益、社会普遍关注的热点难点问题开展监督，进一步规范执法检查，审议报告等工作方式和程序，增强监督的针对性和实效性，确保到位不越位，尽职不失职。二要完善监督机制。要建立监督公开制度，通过各种形式向社会公开人大监督的内容、方式和过程，使人大监督工作得到社会各方面的了解、支持和帮助，扩大人大监督的社会效果；建立跟踪机制，保证监督的连续性，加强整改督办，实行跟踪问效；强化监督反馈机制，健全执法检查情况通报、重大监督事项的约见、答复、报告以及监督落实整改等制度，督促"一府两院"建立相应的反馈机制。三要增强监督实效。凡列入人大常委会监督范围的事项都要敢于监督、善于监督，对人大常委会决议决定不落实、不执行的，要果断运用询问、质询、特定问题调查、罢免等刚性措施，加大监督力度，增强人大监督的权威性。

三、规范人事任免程序，为落实科学发展观提供组织保障。落实科学发展观，关键在人。地方人大及其常委会在选举任免国家机关工作人员的过程中，要不断规范人事任免程序，确保将政治强、业务精、作风硬、纪律严、潜力大的干部选拔充实到领导岗位。一要搞好任前考察。要采取多渠道的考核方式，对拟任人员进行严格考察，广泛听取和征求意见，客观真实地掌握被考核对象的德才表现等各方面的情况。同时,对提请拟任人员进行必要的法律知识考试、经济离任审计等,对不合格者,坚决不予提请,从源头上把好任命关。二要规范任免程序。要在充分尊重同级党委意见的同时,严格按照法律法规规定的人事任免程序,全面推行任前发言、任前答辩、面对国徽宣誓、颁发任命书等人事任免程序和方法,认真组织审议,把那些德才兼备、群众信赖、能够担负改革发展稳定重任的优秀人才选拔任命为国家机关工作人员,实现党管干部与人大依法任免干部的有机统一。三要强化任后监督。为防止出现"一纸任命书,五年太平官"的现象,常委会要围绕任命人员遵守宪法法律、执行决议决定、履行职责、勤政廉政等内容,通过抽查工作计划、半年工作督查、年度工作报告等方式,强化任后监督。对履职较差、无所作为、虚报浮夸、腐化堕落、无视群众利益的不称职干部,要坚决依法进行罢免,努力营造"支持改革者、鼓励创业者、鞭挞空谈者、惩治腐败者"的用人环境。

新时期强化法制建设　规范行政行为的思考

四川省射洪县人大常委会党组书记、副主任　邓祖华

近年来,随着普法的深入开展和依法治国方略的大力实施,我县有计划、有步骤、有措施地贯彻落实国家出台的行政法律法规,国务院《全面推进依法行政实施纲要》,进一步强化法制建设,着力规范行政行为,依法行政工作取得了明显成效。但通过最近对县直相关部门、企事业单位的调查了解,发现与完善社会主义市场经济体制、建设社会主义政治文明及依法治国的客观要求相比,目前工作还存在一些不足,强化法制建设、规范行政行为的任务还十分艰巨,特别我县在川中丘区示范县的基础上又被省委、省府列为全省27个扩权强县试点县,对我县各项工作提出了新的更高要求。为进一步强化依法治县,严格依法行政,使我县各项工作全面迈上法治轨道,现结合射洪实际,谈几点个人看法和认识,以供参考。

一、规范行政行为、严格依法行政中存在的一些问题

(一)思想认识不到位,法律意识较淡薄。在工作中,一些行政机关的工作人员特别是领导干部对于普法和依法治县认识不到位,依法行政的观念还比较淡薄。依法行政工作,责任在政府,关键在领导。但是少数领导干部工作上喜欢凭主观臆断下命令,行政行为不规范,不愿依法办事,致使有些政策不合法,处理问题无依据,造成工作失误。有些经济主管部门则认为,依法行政只是行政执法部门的事与已无关或关系不紧密,因此,学法图形式,走过场,缺乏自觉性,对依法行政工作不深入细致地研究,工作安排缺乏周密部署,仍凭经验按"老办法"行事,依法行政工作仍停留在过去的水平上。另外,还有个别干部群众法律意识淡薄,学习法律满足于一知半解,理解断章取义,遇事只要求享受权利,不自觉履行义务,缺乏全局观念、整体意识,在征地、拆迁等工作中未吃透政策文件、法律法规精神,动辄到省进京信访,致使全县依法行政工作整体推进难度增大,政府及行政部门苦不堪言。

(二)行政执法目的利益化。行政执法的目的是为了维护人民群众的根本利益,为了保障国家行政事务的正常管理,维护社会的正常秩序。虽然,经过多次学习整顿活动,绝大多数行政机关行政行为愈加规范,不慎不法行政行为减少,但至今仍有些行政机关,其执法目的是一味追求经济利益,行政执法带有强烈的利益色彩,可处罚可不处罚的坚决处罚,罚款数额可高可低的就高不就低,甚至以罚代刑。近年来,虽然政府对行政部门预算经费有所增加,但由于各级财政仍不宽裕,一些基层执法队伍普遍反映经费不足,加上机构膨胀、人员超编等因素,使少数执法单位本来就奇缺的经费更加紧张,导致了"执法养人、养人执法",行政执法与执法者的自身利益直接挂钩,造成执法行为与执法目的严重背离。

(三)行政执法重实体、轻程序。有的执法部门及执法人员在行政执法中只重视实体法,不注重程序法,认为只要结果是正确的就可以,至于手段和方法如何在所不论,忽视行政权力的规范运作。有的只处罚,不收集证据或收集证据不足,发生行政官司,举不出证据;有的不履行事先告知义务,不

听取行政管理相对人的陈述、申辩；有的不告知，滥用自由裁量权，执法不严，显失公正。

（四）行政执法人员素质亟待提高。规范行政行为的核心是依法行政，依法行政对于行政执法人员来说最基本的要求是知法、懂法，然而事实并非如此。目前部分行政机关工作员的素质不高，不适应当前依法行政要求。有不少行政执法人员接受系统的专业培训不够，不能胜任行政执法工作，在执法中不宣传、不讲解、不调查、不取证、不亮证、不告知、甚至不立案就处罚现象时有发生。一些执法人员在执法活动中动辄就野蛮执法，僵化了同管理相对人的关系，降低了执法效率，不但本次执法活动难以收到预期的效果，也给今后的执法工作设置了障碍，增添了麻烦。

二、强化法制建设，进一步规范行政行为的对策措施

（一）深入开展法制宣传教育，大力增强法制观念。一是严格按照《射洪县“五五”普法规划》的要求，采取多种形式学习法律，对所有的领导干部、执法单位负责人和拟提拔干部及后备干部进行系统的法律知识教育。二是建立法律法规培训制度。特别要注重组织行政人员学习好《行政处罚法》、《行政许可法》、《行政复议法》、《行政诉讼法》、《公务员法》、《国家赔偿法》等法律法规，加强对执法技巧的培训，使他们在执法过程中，讲究方法、文明执法，从而收到事半功倍的效果。同时，要加强人民群众的法制宣传教育，增强自觉运用法律武器保护自己合法权益的意识和能力，逐步营造一个行政法制建设的良好社会氛围。

（二）深化行政管理体制改革，进一步转变政府职能。要继续推进行政管理体制改革，加快建设行为规范、运转协调、公正透明、廉洁高效的行政管理体制。要进一步合理界定和调整政府职能，集中精力抓好经济调节、市场监管、社会管理和公共服务。要认真贯彻《行政许可法》，深化行政审批制度改革，进一步清理、取消妨碍市场开放和公平竞争以及实际上难以发挥作用的审批事项。目前，非行政许可类行政审批制度存在很多弊端，有必要探索开展对非行政许可类行政审批制度的改革试点，力争予以规范。

（三）建立健全科学民主的行政决策机制。建立健全科学民主决策机制既是《纲要》的重要内容，又是行政机关依法行政的目标之一。为防止行政决策上的主观性、任意性，甚至随意性，保证重大行政决策符合“必要性、可行性和合法性”的要求，应当尽快建立健全科学民主的行政决策机制。如制定县、乡镇政府和行政部门《决策程序规定》、《重大行政决策事项专家咨询论证暂行办法》、《重大行政决策公示办法》等。

（四）完善公共财政体制，健全公共服务体系。加快公共财政体制改革，把生产投资型财政转变为公共服务型财政，是政府履行公共服务职能的根本基础。要调整财政支出结构，加大对公益性、基础性领域的投入。建立严格、高效的财政支出管理体系，建立政府统一预算，增强预算的透明度和约束力。规范政府投资行为，合理界定政府投资主体和投资领域。规范政府收支管理。完善政府采购制度。改革政府投资体制，提高政府资助的公开性、公正性和经济社会效益。建立规范的转移支付制度，完善社会保障特别是社会救济、社会福利机制。

（五）大力推行政务公开，实行阳光行政。推行行政执法公示制度，规范行政执法行为是实现依法行政的一条重要途径。各类行政管理活动，除法律、法规要求保密的之外，都必须依法向社会公开。政务公开的范围包括行政审批、行政收费、行政处罚、行政确认等各方面。行政执法机关要将本机关行政执法的依据、权限、程序、结果、相对人享有的权利等内容全面公开。要大力加强政务服务中心建设，要使大多数行政事务可以在该中心集中办理，要继续坚持实行开放式、透明式、一站式服务，加快政务服务中心开办网上审批业务步伐，完善政务大厅的设备设施，要让群众切身感受到中心真正起到了为民、便民、利民的服务，努力打造“透明政府”、“阳光政府”。

（六）加强行政执法队伍管理。一是要健全行政执法人员的准入机制。要明确规定进入行政执法队伍的基本条件，切实落实行政执法人员考试制度，采取公平竞争的方法，择优录用，把好进人关。二是要健全行政执法人员的淘汰机制。对一些不具备基本的政治、法律素养，不符合执法资格的执法人员，以及严重违法违纪人员，必须及时清理，调出行政执法队伍。

（七）加大行政法制监督力度。完善监督机制，加强行政执法监督，是推进依法行政的根本保证。一是要开展经常性行政执法监督检查，加强事前监督和事中监督。要把行政处罚行为作为监督检查的重点。要定期进行抽查，搞好年度检查，促进和保障行政处罚严格按法律规范和法定程序进行。二是要加强规范性文件制定、备案审查工作，要对规范性文件的合法性、合理性全面审查，出台前要广泛征求意见，认真组织调研，防止问题文件的出台和实施，使政府的抽象行政行为合法。如按规定需报县人大备案的就要及时报送。三是要推动决策权、审批权等重要行政权力的规范运作。要实行严格的决策责任追究，防止“拍脑袋决策、拍屁股走人”现象的发生。如对该作为不作为或乱作为的都要依法追究责任，该曝光的要及时曝光。四是建立重大行政处罚案件、行政许可备案制度。行政机关作出的重大行政处罚案件必须及时上报上一级或者同级政府法制机构备案。如积极探索建立规范自由裁量权行使的相关制度，严格控制防止其其滥用，使之更加公正合法。五是认真总结完善通过推行多年的行政执法责任经验，结合新时期新要求找差距，进一步落实好行政执法责任制和评议考核制。要依法界定执法职责，科学设定执法岗位和每一名执法依据，将执法责任层层分解，落实到每一个执法岗位和每一名执法人员身上。建立公开、公平、公正的评议考核制和执法过错或者错案责任追究制。

（八）进一步加强政府法制机构建设。政府法制机构在强化法制建设，规范行政行为中有举足轻重的作用。首先要加强县级政府法制机构建设，要着力解决法制机构设置与人员配备同其所承担的任务不相适应的问题，健全机构，增加配强人员。其次要延伸法制机构工作网络。县政府各行政执法部门、各乡（镇）人民政府都必须设立相应的专门的法制工作机构，配备综合素质较高的专业人员。同时，要充分发挥法制工作机构的参谋、助手和法律顾问作用，树立政府法制机构的权威。法制机构工作中的一些实际困难和问题，政府和部门应当及时帮助解决，为他们开展工作创造必要的条件。

（九）党委要切实加强对强化法制建设、规范行政行为工作的领导，政府及行政机关出台涉及全局性的规范性文件或对全局有重大影响的行政案件要主动向党委请示汇报，征得党委意见后方可出台或进行处理。人大政协要定期听取政府依法行政工作报告，对规范行政行为工作加强监督，司法机关要认真指导、依法规范行政行为，政府及其职能部门要主动接受党委、人民群众和社会舆论对其依法行政的监督。

总之，省委提出的“坚持科学发展观，构建和谐四川”目标和把射洪确定为全省27个扩权强县给我们带来了千载难逢的发展机遇，同时，也对我县强化法制建设，规范行政行为，推进依法治县提出了更高的要求。我们只有深入学习贯彻邓小平民主法制建设理论，高举建设有中国特色社会主义伟大旗帜，认真践行科学发展观，坚持不懈地开展“五五”普法教育，切实规范行政行为，全面强化法制建设，不断深化依法治县，才能进一步提高行政执法水平，顺利实现打造法治射洪的目标，经济迅速腾飞才有法制保证，省委、省府赋予我县的示范、试点使命才能圆满完成。

用科学发展观“武装”代表

四川省眉山市东坡区人大常委会党组书记、常务副主任　黄怡

科学发展观是我们党提出的重要战略思想。人大代表肩负着代表人民当家作主、管理国家事务的神圣使命，以科学发展观为统领，充分发挥代表作用，才能更好地代表人民的意志和利益，不断推进中国特色社会主义民主政治建设。人大代表怎样贯彻落实科学发展观呢？笔者认为要做到以下几点：

一、必须坚持促进发展，围绕中心服务大局

人大代表要紧紧围绕本区域事关全局、事关根本、事关长远的重大问题，了解宏观经济形势，知晓全面实现小康社会目标要求，分析当地发展面临的矛盾和困难，深入思考、调研、论证，提出高质量的建议、批评和意见。在这方面，我们区人大常委会以代表活动为载体，充分发挥代表作用。今年根据年度工作重点和人民群众普遍关心的问题，我们邀请代表参加视察、调查、执法检查65人次，占代表总数的24%；组织各代表小组、各片区人大代表通过听取汇报、实地调研、召开座谈会等方式，了解情

况,发现问题,并填写代表小组活动卡,书面提出各自的建议、意见,汇总整理后反馈给相关部门。上半年,复盛乡还召集本区域区乡两级40余名人大代表就如何推进农业产业结构调整,实施“一村一品”,有效促进农业产业化进程和农民增收进行专题讨论,对做好“一村一品”工作提出了可行的措施。全区农村、企业、科技界代表在发展现代企业、“一村一品”建设中,在企业管理、技术创新、扩大规模中,在科技创新、科技创业中大显身手,带动了周边群众创业的积极性。

二、必须坚持以人为本,牢固树立群众观念

以人为本是科学发展观的实质和核心。人大代表要牢固树立群众意识,既要善于把群众的意见带上来,又要积极为群众排忧解难,增强依法行使职权的主动性和创造性。我们区人大常委会积极组织代表征求选民意见、建议,对涉及民生发展稳定的热点问题开展调研活动。近期深入选民开展了“社会治安综合治理”、“改善发展软环境”等专题调研,提出了相关的建议,代表根据选民意见提出的建立和完善“投资者服务(投诉)”机制,改善发展软环境奖励机制受到区委、区政府的重视并被纳入区委、区政府决策。我们还不断健全和创新办理工作制度,加强办理工作的协调配合、督促检查、沟通回访,使办理工作制度化、规范化、科学化。截止目前,去年区人代会议上代表提出的91件建议、批评和意见全部在规定的期限内办理完毕,办复率达100%,代表满意率达100%。

三、必须坚持统筹兼顾,促进社会全面进步

要实现经济社会的全面、协调、可持续发展,要求人大代表在行使职权时做到统筹兼顾。要统筹考虑经济增长、文化发展、城乡建设、环境保护、生态建设、社会保障、提高人民生活水平以及财政预算等各个方面。用更多的精力关注节约资源、保护环境等直接影响经济社会可持续发展的问题,将环境保护与转变经济增长方式、调整和优化产业结构相结合,促进经济社会与资源环境,人与自然的和谐发展。我们在上述代表活动中都贯穿了这样的思想。

四、必须坚持民主法制,推进构建和谐社会

人大代表必须始终把推进社会主义民主法制建设、加快和谐社会建设作为自己工作的根本任务,积极推动民主法制建设。充分发挥人大代表的工作特点,对和谐社会建设中遇到的各类社会矛盾进行深入调查、研究、分析和解决,防止和化解社会利益关系的失衡和矛盾。通过履行人大代表的职责,促进政府更加注重统筹兼顾,更加重视以人为本,更加注重改革创新,加快和谐社会建设步伐。

找准履职着重点　践行科学发展观

陕西省山阳县人大常委会主任　李开仕

科学发展观是新世纪指导我国发展的科学世界观和方法论,是发展中国特色社会主义必须坚持和贯彻的重大战略思想,也是新时期地方人大工作的根本指导方针。人大及其常委会作为国家权力机关,必须以科学发展观统领各项工作,充分发挥人民代表大会的制度优势,不断创新和改进人大工作。县级人大及其常委会在学习实践活动中,要围绕实践载体,找准履职着重点,积极为县域经济社会科学发展献计献力。

一、议定重大事项,为科学规划当好参谋

人大及其常委会要充分运用自身的政治资源、社会资源和信息资源,讨论、决定本行政区域内政治、经济、教育、科学、文化、卫生、环境和资源保护、民政、民族等方面的重大事项,推动经济社会科学发展。决定重大事项,对地方政治、经济、社会建设关系重大。因此,它是地方人大及其常委会工作落实科学发展观的着重点。用科学发展观审视人大在重大事项决定的内容上,应高度关注发展的均衡协调。科学发展观的要义是发展,离开发展就无所谓科学发展观。“发展才是硬道理”,这是全党的共识。地方人大及其常委会的工作必须一切为了发展、一切保障发展、一切推动发展。发展必须是科学发展,这在重大事项决定中首先应得到体现。我们要坚持做到“三性”:第一,协调性发展。随着政治经济结构调整的改革深化,出现城乡二元化经济结构突出、区域发展不平衡、经济快速发展对环境资源的压力不断增大等诸多矛盾。科学发展观要求的发展，是统筹兼顾的协调发展。这就要求地方人大决定重大事项，必须关注发展的整体协调和发展要素的有效整合，正确处理城市与农村、经济发展与社会发展、经济效益与生态效益的关系，真正实现协调发展。第二，全面性发展。科学发展观的实质是实现经济社会又好又快发展。发展要以经济建设为中心，对此必须坚定不移。发展又不仅仅只是经济发展，同时也应是政治、文化、社会的发展。经济发展较快，社会发展滞后，这不符合科学发展观的要求。为此，地方人大审定重大事项，必须统筹平衡，促使经济发展与社会发展相适应。第三，可持续性发展。地方人大及其常委会决定重大事项，必须高度重视人口、资源、环境问题，正确处理眼前利益与长远利益、局部利益与全局利益的关系，各项发展都要顾及环境资源的影响，坚持走可持续发展之路。

二、依法选贤任能，为科学用人当好伯乐

法律规定人大具有选举任免国家机关工作人员的权力，实质上是人民把国家权力交给了可以信赖的“公仆”。一个地区究竟能不能落实科学发展观，全面实现小康目标，关键是把人选好。地方人大及其常委会应不负人民的重托，把“一府两院”的领导成员选好，为科学发展提供组织保证。按照科学发展观的要求，人大选举任免工作，必须加以改进和创新。当前，改进的主要之点是如何把对上对下负责更加一致起来。为此，第一，进一步扩大推荐权，让更多人大代表和人民群众参与推荐，由少数人选人变为由多数人选人，充分尊重民意，防止和改变“眼睛向上的人上了，眼睛向下的人下了”的怪现象，真正把那些群众认同度高的想干事、能干事的人选拔出来。第二，进一步改进任免办法，真正做到坚持党管干部原则、充分发扬民主、严格依法办事有机结合。推荐人选，人大应与党委组织部门同时介入；任命之前，应进行任职法律知识考试；任命之时，应由被任命人发表任职演讲承诺，并在国徽下宣誓，做到选举任免工作公开透明，程序规范。第三，进一步完善任职考评监督机制，增强国家机关工作人员“公权民授”意识和服务责任感，激励其真干事、干成事、干好事。

三、增强监督实效，为科学施政充当靠山

落实科学发展观，地方人大及其常委会工作最主要的着重点，就是依法实施法律监督和工作监督，其实质是防止行政、司法机关滥用权力，其职能是保证法律、法规的实施，保障人民的利益和意志，促使国家机关切实把科学发展观贯穿于工作的全过程，落实到各个环节。要不断加强监督和大力支持政府转变职能，优化经济发展环境，把主要精力转到加强社会管理和公共服务上来，放到加强宏观调控和解决长远发展的根本性问题上来。要重点督促和支持政府解决社会反映集中的热点难点问题，切实维护人民群众的利益。人大工作本质上是体现人民意志、维护人民利益的工作。人大工作要坚持以人为本，以民为本，重视民生、保护民利、维护民权，必须从群众最关心、最直接、最现实利益的事情做起。通过专题审议、执法检查、视察调研等多种方式，督促政府及有关部门，严格依法行政，执政为民，解民忧愁，为民谋利。同时要把人大监督与社会监督结合起来，将人大监督工作的年度计划和听取、审议政府、“两院”专项工作报告的审议意见及其处理情况，及时向社会公布，扩大公民对人大监督工作的有序参与，以增强人大监督的活力和实力。

四、深入调查研究，为科学发展供应资源

学习实践科学发展，最终效果是让人民群众得实惠。切实解决好人民群众的反映的热点难点问题，才能真正提高人大工作实效，才是践行科学发展观的最终归宿点。地方人大是基层人民的代表机关，要肩负深入调查研究、掌握群众实况、反映人民意愿的重要使命。因此，县人大及其常委会要发挥好职能作用，提高履职能力，充分发挥人大作为民意机关的优势，切实抓好调查研究，以广泛地听取民声、吸纳民意来检验科学发展的成效，通过大量的亲民、爱民、为民工作实践，为促进科学发展提供充足的资源和依据。

人民群众是科学发展的力量源泉，最大限度地了解民意、反映民意、实现民意，是人大及其常委会的本质任务和基本职责。及时地解决热点难点问题，就能促进科学发展取得实效。人大调查研究要创新征求民意的方式，增设人大代表专线电话、网站投诉信箱等多种形式，进一步畅通民意诉求渠道。同时运用新闻媒体、听证会等，让群众直接表达意见；办好群众来信来访，使反映的问题件件有着落；发挥代表的联系选民的作用，真正把民意转化为代表的议案、建议、批评、意见；对群众反映较为集中的意见要尽可能融入人大有关决定决议之中，通过人大履行法定职权的行为，反映和体现民意。人大及其常委会还要对“一府两院”加强跟踪督办,加强对人大审议意见和人大代表建议的办理工作,确保民意真正能落实。

人大代表是人民群众的代言人,是人大工作的主力军。为此,要不断完善代表活动机制和激励机制,以激发人大代表反映民意、集中民智的责任性。通过积极开展代表小组活动、组织代表培训、代表述职、经验交流等形式,凝聚人大代表,提高人大代表参与管理地方国家事务的积极性。同时组织人大代表视察调研、对"一府两院"部分组成人员进行述职评议、定期向人大代表通报政情、办理人大代表建议等,活跃代表工作,激发代表参政议政督政的热情。只有充分发挥人大代表的作用,增强人大代表的推动力,才能加速科学发展的进程。

地方人民代表大会制度恢复才短短30年,宪法和法律对地方人大职能有着明确规定,但进一步完善原则性规定和操作层面任务还很繁重。这就要求地方人大及其常委会要在法律规定的基本原则框架内,针对地方人大在行使决定权、任免权、监督权中遇到的新情况,积极探索具体操作的新方法,按照"坚持党的领导,人民当家作主和依法治国"有机统一的原则,落实科学发展观,借鉴人类文明的先进成果,用战略的眼光、全新的理念指导地方人大工作,提高运用理论解决新问题的能力,建立和完善组织制度和工作制度,依法履行好人大工作职责,为促进我国经济社会发展和建设社会主义法治国家而作出更大贡献。

试析劳动者主张加班工资的举证责任分担

江苏省淮安市清河区人民法院　尹建军

《劳动合同法》施行后,劳动者的维权意识突发性地增强,劳动争议案件数量呈现"井喷"状,2008年,我院受理的劳动争议案件近600件。劳动者主张要求用人单位支付加班工资案件,几乎涉及每个劳动争议案件。如何运用证据规则认定劳动者是否存在加班事实,进而确定劳动者的加班费。审判实践中,对举证责任的分配出现分歧意见,从而制约着劳动争议案件审判效率的提高。笔者将试图通过本文分析,提出解决问题的方法,从而达到正确运用证据规则,以提升审判效率之目的。

加班,也称延长劳动时间,是指用人单位经过一定程序,要求劳动者超过法律、法规规定的最高限制的日工作时数和周工作天数而工作。加班费,亦称延长工作时间的劳动报酬,是指劳动者在法定的标准工作时间之外超时劳动所获得的额外的劳动报酬。劳动者主张的加班费,包含两个法律事实,一是加班事实,二是加班费事实。认定劳动者主张的加班费,首先应当认定劳动者是否具有加班事实;其次,在认定劳动者具有加班事实的前提下,进而认定加班费事实,以及用人单位是否发放加班费事实。

审判实践中,劳动者与用人单位对加班工资的争议集中表现在:劳动者主张加班事实,而用人单位则否认劳动者存在加班事实。进而要求法官对劳动者主张的加班事实进行认定,法官应当根据民事诉讼证据的规定加以分析与认定,最终确定劳动者是否存在加班的法律事实。在双方当事人除自己陈述之外,都未能提交证据证明,那么法官不能因为没有证据,拒绝裁判。法官必须作出劳动者是否存在加班事实的认定,法官靠什么来认定呢?靠的是民事诉讼证据规则中明确的谁负举证责任来确定,也就是在双方当事人都不能提交证据,或者提交的证据不能够证明加班事实存在与否的情况下,法官应根据"谁主张,谁举证"的原则,分配举证责任,由应当负有举证责任的一方当事人,承担举证不能的证明后果。为此,在劳动者、用人单位所举证据材料,均不能达到证明劳动是否存在加班事实的情况下,正确分配给一方当事人对加班事实的举证责任,是决定事实认定的关键,并决定着双方合法权益的保护。

对此,目前存在两种观点:第一种观点认为,"劳动者主张加班工资,有关劳动者考勤记录情况的举证责任由用人单位负担;用人单位不能就加班具体时间举证的,应采信劳动者主张的时间,但劳动者主张明显超出合理范围的应作出相应调整。”①第二种观点认为，“根据《劳动争议司法解释》第13条的规定及民诉法的原理中“谁主张，谁举证”的基本原则，是否存在加班的举证责任应由劳动者承担。”②

笔者赞同第二种观点，即是否存在加班的举证责任应由劳动者承担。理由为：

第一种观点将加班和加班费两个法律事实相混淆，在对争议的法律事实不加区分的情况下，武断的将是否存在加班事实的举证责任，分配给用人单位，违反“谁主张，谁举证”的基本原则，无法律依据。我国《民事诉讼法》第64条规定，“当事人对自己提出的主张，有责任提供证据”。《民事诉讼证据规定》第6条和《最高人民法院关于审理劳动争议案件适用法律若干问题的解释》第13条均规定，在劳动争议纠纷案中，“因用人单位作出开除、除名、辞退、解除劳动合同、减少劳动报酬、计算劳动者工作年限等决定而发生劳动争议的，由用人单位负举证责任”。以上立法和司法解释的规定确立了目前我国劳动争议诉讼举证责任的分配规则，即一般情况下是“谁主张，谁举证”，提出某一主张的当事人负有举证责任。但因用人单位作出单位行政管理上的决定而发生劳动争议的情况下，由用人单位承担举证责任。

(1)因用人单位作出行政管理上的决定而发生的劳动争议，用人单位负举证责任。在劳动争议诉讼中，如果纠纷是因为用人单位作出开除劳动者、除名劳动者、解除与劳动者之间的劳动合同、减少劳动者的劳动报酬以及计算劳动者工作年限等单位行政管理决定而引起的，那么就由用人单位承担举证责任。用人单位有义务向人民法院提供证据证明其作出的这些决定是合法决定的事实，否则用人单位将承担败诉的法律后果。

(2)其他劳动争议案件，实行“谁主张，谁举证”。劳动争议诉讼中，如果纠纷不是由用人单位对劳动者作出某种单位行政管理上的决定而引起的，则一律实行“谁主张，谁举证”的证明责任分配规则。比如，如果劳动者诉用人单位拖欠其劳动报酬，劳动者就必须提供证据证明用人单位确有拖欠其劳动报酬的事实③。笔者注意到持第一种观点的法律依据，主要是受到证据规则和司法解释中关于“减少劳动报酬”，由用人单位应负举证责任的规定的影响。“减少劳动报酬”，核心词是“减少”，何为减少，起码要有一个固定的标准或数额作为衡量依据，如用人单位与劳动者约定月工资数额，而用人单位决定少发给劳动者一定数额，即为减少。而加班费的多少，是基于加班事实而确定的，在加班费确定的情况下，用人单位少发给的数额，即为减少数额。加班费本身是不确定的，没有固定的数额作为标准的。加班多，加班费就多；加班少，加班费就少；不加班的，就没有加班费；这完全是取决于加班事实。因此，加班费不适用证据规则和司法解释的“减少劳动报酬”的举证分配原则。

在受理的劳动争议案件中，劳动者基本上都主张其一年没有休息日、并且法定节假日都没有休息，用人单位没有安排补休，并没有发给加班费；而用人单位则以“我们就没有安排其加班”进行抗辩，不同意支付加班费。如果没有其他证据能够证明劳动者是否存在加班的事实，按照第一种观点，用人单位应当提供考勤簿，如不能提供，或者不能证明的，用人单位将承担举证不能的责任，那么就要认定劳动者所主张的加班事实，但是法官根据自己审判经验与生活经验，内心确信让法官不能确信。因为一年内就没有休息，连法定假日都在加班，有违生活常理，肯定有假，那么法官就要合理的确定，而这个合理究竟达到什么程度，才能真正达到合理，没有一个可以参考的标准。另外，法官要求用人单位提供考勤表，不少用人单位，尤其是一些机关法人单位，则提出自己都是正常休息的，对休息日没有考勤，而表示没有考勤簿提供。基于第一种观点，法官又如何是好。特别是一些机关法人，实行是双休日作息制度，正常的是双休日不上班，既然不上班，难道还强求用人单位对每一个职工进行考勤，这是一个违背常理的做法。这也是法官之所以不能顺理成章的支持确认劳动者所主张的加班事实的关键所在。

为此，笔者有必要对考勤制度作简单的分析，《劳动法》第4条规定：“用人单位应当依法建立和完善规章制度，保障劳动者享有劳动权利和履行劳动义务”。考勤制度即应属于用人单位应当建立和

① 吴坚、郑有培、张士光著《劳动法－焦点、难点、指引》中国法制出版社，第303页。 ② 北京市劳动和社会保障法学会编《劳动争议－新型疑难案例解析》，法律出版社，第257页。 ③ 李国光主编《劳动合同争议的仲裁与诉讼》，人民法院出版社，第385页。

完善的规章制度的范畴。《劳动法》第 36 条规定，国家实行劳动者每日工作不超过 8 小时，平均每周工作时间不超过 44 小时的工作制度。也就是说，在国家法律规定的正常工作时间内，用人单位应当有相应的考勤制度考察、记录并约束劳动者的出勤情况。加班时间是在 8 小时标准工作时间之外，不在用人单位通常的考勤记录之中。因此，在发生劳动争议时，用人单位如主张劳动者存在缺勤的情况，则应承担相应的举证责任，因该单位考勤制度的缺陷造成其无法证明所持主张的，则应承担举证不能的法律后果。

通过以上分析，第一种观点是不妥当的，同时也反证第二种观点符合证据规则的举证基本原则，也是解决司法实践中在证据不足以或没有证据证明的情况下，法官如何确定加班工资争议的法律事实问题。勿容置疑，第二种观点，看起来是保护用人单位，不利于维护劳动者的合法权益。加之现实生活中，很多劳动者在实际履行劳动合同的过程中都存在加班的情形，在很多劳动争议案件中，劳动者会因其不能举证证明其加班的事实而得不到法院的支持，以及一些劳动者因为其自身对法律规定的不了解、平时的维权意识谈漠，很少留存加班的相关证据，结果在与用人单位发生劳动争议后，劳动者要求加班工资的诉讼请求因无法提供相应证据而得不到法院的支持。也有可能劳动者为了不丢掉好不容易找到的一份工作，迫于生计，而不敢要求用人单位出具有关证明等等。这些事实都可能存在，甚至有的是很普遍的事实。但是为了法律制度的构建，建立法治社会的目的，一味地迁就劳动者，破坏一个制度，破坏一个原则，到底孰轻孰重，这不是明显的吗。劳动者应加强劳动法律的学习，增强平时的维权意识，而不是在发生矛盾后，才想到维权。这不是立法的本意，如果我们一味地无原则的迁就，只能给和谐劳动关系的建立设立障碍。

充分发挥代表作用的几点思考

贵州省赫章县人大常委会主任　徐仁德

坚持和完善人民代表大会制度，做好新形势下的人大工作，涉及的问题很多，当前迫切需要解决的问题之一，应把重点放在充分发挥人大代表作用方面。

一、人大代表发挥作用的现状分析

近年来，各级人大常委会认真学习贯彻中央《若干意见》精神，在加强代表联系，做好代表工作，充分发挥代表作用方面，作了不少的努力和探索，一些好的作法和经验，有力推动了人大工作的开展。但由于历史、体制、机制等多方面的原因，在充分发挥代表作用方面，仍然存在一些需要研究、探讨和解决的问题。

1、*部分代表的素质不高，履行职务的能力不强*。主要体现在：有的代表对法律法规、党和国家的方针政策学习了解不够；应该履行的权利和义务不清楚；对代表的法律地位认识不足；对代表执行职务的一些基本常识不熟悉。有的代表履行职务的责任感不强；积极性、主动性不高，认为代表“有职无权，说话没用”，“代表代表，会完就了”；有的代表不积极参加调查研究，不主动参加代表活动，不主动联系选民；不了解政情政务和社情民意；有的代表文化水平低，认识问题能力差，表达能力不强，没有自己的见解和观点；还有少数代表把代表职务看成是一种荣誉，甚至当成实现自己利益的跳板和护身符。

2、*代表构成不合理，影响代表作用的发挥*。一是从上个世纪五十年代沿用至今的人大代表界别划分方式已经不能全面囊括各类社会团体。要确保国家权力机关利益代表的全面性，必须根据新情况确定代表的界别、构成。二是“一府两院”的领导干部本是人大的监督对象，当选代表后又成了人民代表大会的组成人员，是监督者，既当运动员，又当裁判员，带来许多麻烦，代表和选民对此不理解。三是党政机关领导人比例偏高。一方面，乡镇党委书记、乡镇长既是乡镇人大代表，又是县人大代表。按省的有关文件规定，乡镇党委书记兼任乡镇人大主席，在五年任期之内，乡镇党政一把手的变动频率比较高，一旦工作变动，乡镇人大代表的资格自然终止，同时失去了县人大代表的代表性。新任乡镇党委书记要兼任乡镇人大主席，必须首先取得乡镇人大代表资格，县、乡镇人大代表的选举是直接选举，补选县、乡人大代表法律性强，涉及面广，程序复杂，选举成本高，工作难度大。另一方面，领导干部事务繁忙，不能自始至终参加人大组织的活动和会议，影响代表作用的发挥。

3、代表与选民的联系不紧密，代表接受监督难到位。在市场经济条件下，代表流动性很大，一些农民代表忙于生计，跨县、跨省务工，客观上自觉不自觉地逐步淡化和失去了与选民的联系，有的很难回到选举单位参加一年一度的人民代表大会。处于基层一线机关、企事业单位代表，忙于自身本职工作，认为代表联系选民没有明确的任务和目标，联系的内容、方式、程序没有具体的规定和要求，干好本职工作，就履行了代表职责。关于下选的人大代表，都是领导干部，工作很忙，一届任期内，能参加一至二次选举单位召开的会议或组织的活动就很不错了，同样存在联系不到位、不紧密的问题。代表要接受选民的监督，但由于监督制度不完善，监督机制未形成，代表联系选民不紧密，选民对代表工作不了解，使选民监督代表工作难到位，影响了代表作用的发挥。

4、代表职权行使不充分，影响监督作用的发挥。我国宪法和有关法律赋予人大代表享有审议权、提案权、选举权、表决权、询问权和质询权、建议批评权、罢免权、闭会期间活动权等等。目前主要存在以下问题：一是审议权行使不充分。一些代表参加会议一贯保持沉默，对大会提出审议的相关报告不作任何审议发言；有的代表只作表态式发言，说些好话、套话、提不出实质性的批评、意见和建议。二是提案权和批评建议权行使不到位。代表提议案的数量不多、质量不高，所提议案立案率偏低，不少代表在一届任期从未提过议案，也未提过批评、意见和建议；三是质询、罢免等项职权基本上没有行使；四是代表闭会期间的活动效果不明显，主要是缺制度、缺规范、缺载体，活动形式简单老套，重形式不重效果，缺乏针对性，方式亟待创新。

5、代表执行职务的保障没有完全落实。一是全社会对代表的法律地位和权力认识不高，尊重不够，一个有利于代表充分发挥作用的社会环境还远远没有形成；有的行政机关工作人员缺乏人大意识、公仆意识、不重视人大代表的法定权利；有的单位和群众受传统权力意识的影响，习惯用党政领导职务来衡量权力和地位，轻视人大代表的作用；有的单位在办理人大代表提出的批评、建议、意见时，推诿扯皮，强词夺理，挫伤了人大代表的积极性。二是代表都是兼职，在本职工作与代表工作时间抵触时，往往代表工作让位于本职工作，在机关、企事业单位工作的代表更为明显；三是代表经费十分有限，开展调研、视察、走访选民、了解社情民意、政情政务难以保障。四是县乡人大自身的工作条件有限，很难为代表开展活动、执行职务提供必要的物质条件保障和工作便利。

二、充分发挥代表作用的几点思考

人民代表大会制度是我国的根本政治制度，人大代表是人民代表大会的组成人员，是人民代表大会的主体。充分发挥人大代表的作用，是坚持完善人民代表大会制度，建设社会主义政治文明的必然要求，是贯彻落实党的十七大精神、密切党和政府同人民血肉联系的必须要求，也是增强人大工作的生机与活力、不断开创人大工作新局面的必然要求。如何做好代表工作、充分发挥代表的作用，结合县人大常委会代表工作的实际，谈以下几点思考。

1、提高代表素质，是充分发挥代表作用的前提。

一是坚持人大代表的代表性。要根据新情况重新确定代表的界别构成，要特别重视增加新的代表成分，使外资企业、民营企业、中介组织经营者等新阶层人员，尤其是农民工等弱势群众人员，在国家权力机关中能有人代表他们充分表达各自的利益诉求。二是坚持人大代表的先进性，要严格组织考察、完善民主推荐程序、积极探索通过公示等进一步增强代表候选人确定过程的透明度和选举中引入公开竞争机制，实现好中选优，确保当选代表的质量。三是优化代表结构。优化代表的职业、知识、文化、年龄、民族结构，数量，提高基层代表比例，严格控制乡镇党政一把手的调整比例，确保任期内稳定，乡镇党委书记最好不兼任乡镇人大主席。四是加强代表培训，要采取多种形式，对人大代表进行政治、经济、法律、人大理论、代表工作等知识的培训，增强代表职责意识，正确、依法、全面履职和行使权力，提高参政、议政、督政的能力。

2、保证代表知情知政，是充分发挥代表作用的基础。

人大代表每年通过在人民代表大会上审议和表决相关工作报告和各项决议案来决定一个地区

经济发展大计，责任十分重大。代表审议的质量直接决定代表大会的工作质量，一个重要的前提和基础是保障代表对国家和社会事务的知情权，只有知情知政，才能更好地履职。代表的知情知政，既要知上情，也要知下情，既要知政情，也要知民情。就是要了解本地区在一个时期工作中心、工作重点和主要发展思路以及本级国家机关主要工作进展情况，又要了解各项政策措施在基层的贯彻执行情况，人民群众有什么意愿和要求。通过知情知政，抓住普遍性、倾向性的问题，形成议案、建议和审议发言，更好地议大事、谋大局。

保证代表知情知政，各级人大具有重要责任。重点要抓好三个方面的工作：一是组织好代表活动，使代表通过闭会期间参加视察、调查、检查知情知政。二是及时向代表寄送人大、"一府两院"重要工作信息，订阅有关学习资料。三是安排好上级和本级人大代表列席本级人大常委会议，使代表直接了解本级国家机关工作情况，或采取上下联动的各种方式组织代表深入基层、直接听取人民群众的意见和呼声，使代表作用的发挥更加切合实际，体现社情民意。

3、组织代表活动，是充分发挥代表作用的有效载体

发挥代表作用，必须为他们搭建平台，提供载体。人民代表大会闭会期间的活动，是人大工作的延续和会议活动的延伸，对发挥代表作用具有十分重要的意义。人大常委会要进一步加强对闭会期间代表活动的组织和指导，一是抓好代表小组活动，按照便于组织和就近开展活动的原则，合理划分代表活动小组，民主推荐正、副组长，从组织上保证代表活动的顺利开展。二是建立健全代表活动的各项制度，不断规范代表活动的行为，改进方式，注重实效。三是进一步探索和创新闭会期间代表活动的新途径，如：每年围绕经济和社会发展，参加一次视察或调研，提出一条有价值的建议；围绕"五·五"普法的实施及法律法规在当地贯彻执行情况，参加一次执法检查；围绕新农村建设，为群众办一件好事、实事；围绕履职为民，联系走访一次选民，切实了解社情民意；围绕提高素质，参加一次集中学习培训。通过组织开展活动，把人大代表履行职责、发挥作用的使命感和责任感体现在自己的日常工作和生活中，用实际行动来实现"人民选我当代表，我当代表为人民"的诺言。

4、建立激励机制，是充分发挥代表作用的关键措施

要通过建立监督激励机制，使人大代表始终接受人民监督，切实对人民负责，从而保证国家政权体系和人民群众保持紧密联系，防止政权体系终端与人民群众的弱化；要通过建立监督激励机制，使人大代表认真履行职责，充分发挥作用，保证国家权力机关的高效运行，保证人民群众能够真正通过自己的代表有效地行使管理国家和社会事务的权力。一是建立健全代表执行职务情况通报制度，以代表小组为单位对每一位代表参加会议、视察、调研、评议、提议案、建议、批评和意见、为人民群众办实事情况逐一进行登记，定期进行通报。二是建立健全代表奖励制度，对执行代表职务较好的人大代表，可由本级人大常委会给予表彰和奖励。三是建立代表辞职制度，对辞职内容、步骤、程序等进行修改完善，严格操作程序，对"无为"、"不为"的代表进行有效监督，切实畅通代表"进出口"机制。四是要加强对代表先进事迹的宣传报道，在人大代表中形成崇尚先进，学习先进，赶超先进的良好氛围。开展不定期、不间断地宣传人大代表的先进事迹。五是建立代表述评制度，代表每届任期内，必须向选民汇报一次执行职务情况，回答选民提出的问题，以便接受选民的监督。

5、创造履职条件，是充分发挥人大代表作用的重要保证

要充分发挥人大代表的作用，必须为代表创造履职条件。一是要营造一个有利于人大代表履职的社会环境。要在全社会坚持不懈地宣传人民代表大会制度，要采取多种形式，经常向广大人民群众进行宪法、地方组织法、代表法等法律法规的宣传；要在党报、党刊、电视台开辟专栏、专版、专刊，宣传人民代表大会制度，宣传人大工作，宣传人大代表行权履职的事迹；各级人大常委会要定期组织对代表法的实施情况进行检查，督促国家权力机关及有关单位认真学习贯彻代表法，通过这些措施，使全社会提高对人大代表地位、性质、作用的认识，在全社会树立尊重代表、支持代表依法行权履职的氛围。二是要认真办理代表提出的议案、批评、建议和意见。代表在人代会提出的议案、建议以及在闭会期间提出的建议，是代表执行职务的重要形式，代表议案、建议办理的质量如何，直接关系到代表作用的发挥。除积极办理人大代表对人大及其常委会提出的议案外，还要认真督促"一府两院"承办的议案和建议，要突出重点，跟踪问效，对代表

不满意的批评、意见和建议要退回承办单位重新办理，对不重视建议办理的单位，要有制约规定。三是要优化常委会组成人员的知识结构和年龄结构，在逐步实现委员比较年轻化的同时，逐步实现人大常委会委员的专职化。四是保障代表的活动经费。要把代表活动经费纳入法制保障，列入同级财政预算，并随国民经济的发展而逐步提高，要建立农民代表的岗位津贴制度、误工补贴制度。要逐步实现人大代表的专职化，在过渡期内，专职代表与会议代表共存，逐步减少会议代表数量，特别是减少政府和两院代表，直到取消政府和两院官员在人大中的席位，最后完全取消会议代表席位，实现人大代表的专职化。四是要逐步改善人大机关的办公条件，认真解决人大机关人员编制、工作经费等问题，人大机关各工委、特别是负责代表工作的机构和人员，要勤于学、敏于思、善于行，要具有默默无闻、乐于奉献的工作精神，及时了解代表情况，反映代表心声，关心代表疾苦，为联系代表、做好代表工作，充分发挥代表作用，积极营造良好的人文环境。

加强和改进代表建议督办工作的思考

贵州省赫章县人大常委会副主任　文治军

加强和改进代表建议督办工作，积极引导代表依法履行职责，不断提高代表建议的提出和办理质量，确保代表建议真正落到实处取得实效，既是尊重代表权利，支持代表履职，发挥代表作用的必然要求，也是人大及其常委会的一项重大的政治责任。

（一）深入调查研究，提高代表建议质量。

《代表法》对代表建议和意见的提出有明确具体的规定。但在实际操作中，代表建议的提出仍存在不少问题，如有的代表所提建议涉及全局性的工作很少，要求解决具体行业、部门、乡村问题的多，起不到促进和推动“一府两院”工作的作用；有的代表由于调查研究不够，所提的建议缺乏针对性和可操作性，影响了办理的质量和效果；有的代表提的建议没有做到一事一议，内容重复，要求不明确，不便于办理等。因此，必须着力解决和提高代表的自身素质，深入调查研究，切实保证代表建议质量。

1、加强自身学习，不断提高代表履职的能力。在建设社会主义政治文明的今天，人大代表要把学习能力的培养，提高到坚持和完善人民代表大会制度的高度，深刻领会和准确把握科学发展观的深度来看待，善于用全面的、科学的、发展的观点认识和提高解决本行政区域内经济社会发展中存在的重大问题，不断提高人大代表依法履行职责能力。

2、深入调查研究，及时反映人民群众的呼声和要求。人民管理国家事务的权力是通过人大代表集体来行使的，这就要求人大代表要经常深入选区和选民，广泛听取意见，了解社情民意，提出有针对性、可操作性的建议。要通过视察、专题调研和代表小组活动等，深入第一线，深入基层，及时反映人民群众的呼声和要求。

3、强化履职理念，努力提高代表建议提出的质量。一是树立大局意识。要从改革发展稳定的大局，政治、经济、文化、社会生活中的重大决策的贯彻实施，人民群众普遍关心的热点、难点问题和切身利益的重大问题入手。二是树立全局观念。要处理好整体利益与局部利益的关系，不要局限于当“地区代表”、行业代表、部门代表。三是树立责任意识。要善于抓住人民群众关心的热点、难点问题开展工作，增强提出建议和意见的实效性。四是依法议政，严格按照程序办事，做到有情况、有分析、有具体意见，使代表反映出来的问题既符合法律规定，又合乎民意要求。

（二）创新办理机制，增加办理实效，保证代表建议办理落到实处。

1、提高认识，进一步强化各承办单位的政治意识。各承办单位要充分认识人民代表大会制度是我国的根本政治制度，人大代表对“一府两院”各方面工作提出建议，是宪法和法律赋予代表的权力和代表依法参与管理国家事务、行使民主权利的重要形式。

2、创新工作机制、增加代表建议办理工作的效果。我们要创新工作机制，延升办理链条、形成工作特色，提升办理水平的思路，并借鉴外地人大工作的经验。通过“五率”量化考评指标,达到代表建议办理工作的实际效果。一是上会率达100%,对每一件承办建议都要上领导办公会议,10件以上要召开专题承办会议。二是沟通率达100%,要通过走访、座谈、电话、信函等方式,进行办理中,答复前,答复后情况的沟通,共商良策。三是见面率要达100%以上,通过“走出去、请进来”的方式与代表面谈,达到集思广益、相互理解支持的目的。四是办结率要达100%,把“件件有回音”变为“件件有落实”,真正将代表建议落到实处。五是满意率达90%以上,代表不满意的,要重新办理,直到满意为止。

3、规范办理程序。各承办单位要建立健全代表建议办理工作的质量,要建立健全代表建议办理制度,使建议办理进一步规范化、程序化和制度化。在具体工作中,要进一步建立完善收取登记、来人承办、规范答复、领导审签、督促落实、汇集归档等制度,保证办理工作规范有序、运转流畅。努力把好办理意见关,股(室)拟写答复文稿关,职能部门核稿关,分管领导审核会签关、主要领导审签关。这样在程序、内容、文字、格式等方面都做到从严把关,确保代表建议办理质量。

4、加强建议分析、提高代表建议办理工作的效率。人大代表提出的建议都是与群众生活密切相关的热点,群众普遍关心的难点、急需解决的重点问题。我们要通过分析代表建议,搞清楚代表建议的本质、抓住问题的关键、明确办理的方向,理清工作的思路,为办理好、答复好建议奠定坚实的基础。对一些承办单位存在的人员变换频繁、办理业务不够熟悉、责任人不够等问题,要通过以会代训等形式,提高代表建议办理工作的效率。

(三)加强沟通联系,实行限期督办、形成代表建议办理整体合力。

办理代表建议是一个综合性、系统性、协调性很强的工作,随着新时期新形势的要求,代表提出建议数量多、内容广、范围大,许多建议涉及全县各领域,涉及民生大事,需要多个承办单位共同研究办理。因此,加强与代表的沟通和联系,实行限期督办,解决好各承办单位对代表建议答复渠道不畅通,办理制度和办理机制滞后等问题,从而形成代表建议办理工作的整体合力。

1、搞好协调配合,强化代表建议办理的服务意识。为代表发挥作用提供服务是县人大常委会的责任和义务。一是对承办数量较多或共同承办建议的单位,县人大各专门委员会要搞好协调配合,有计划、准确把握代表建议的真实意图。二是对一些敏感性强,处理难度较大的建议,要耐心细致地做好解释和沟通工作,主动加强与代表的联系。三是要牢固树立全心全意为人民服务的理念和全局观念,督办办理一批代表年复一年提出的相同建议,对当年未办理落实的建议,实行跨年度限期督办,以产生积极的社会影响。

2、严格审查反馈、保证建议办理工作有章可循。县人大常委会和各专门委员会要密切与代表、承办单位的联系,组织代表与承办单位人员进行反馈和沟通。同时,要适应新时期新形势的要求,建章立制,明确责任,并按照“定任务、定领导、定主办单位和协办单位,定时间、定要求”的“六定”要求,提出具体办理工作计划,切实保证建议办理工作有序进行。

3、抓住重点建议,采取各种形式加大督办的力度。县人大常委会要结合工作实际,从2007年起,每年选择若干综合性强、涉及面广、代表反映集中的重点、难点问题作为重点督办建议,并列入当年常委会的监督工作内容,由县人大常委会主任、副主任亲自参与研究督办,集中解决一批关系群众切身利益,对全县改革发展稳定产生长远影响的重大问题。常委会领导督办重点建议的实效纳入任期内政绩考核的重要内容之一。2008年,经县人大常委会主任会议研究,对10件代表重点建议由常委会主任、副主任进行督办,狠抓落实、确保办结实效。

4、结合当前工作,形成推进办理工作的整体合力。常委会将办理代表建议与当前人大工作结合起来,随时与应邀参与视察、调查和检查的代表交流沟通,听取意见,了解建议办理的真实提法,并把听取审议“一府两院”办理代表建议情况报告列入每年常委会议题。帮助承办单位及时总结经验,提出有针对性的审议意见。同时,要把“一府两院”办理代表建议情况书面向每年年初人代会报告,接受人民群众的监督。县人大常委会对各承办单位办理工作进行满意度评估,对满意度高的承办单位给予表彰,推动和促进“一府两院”不断改进办理代表建议的方式、方法,推进代表建议办理工作再上一个新台阶。

丰富代表活动载体　为区域发展注入新活力

山东省东营市河口区人大常委会办公室　孙华强

东营市河口区地处胜利油田腹地，济军生产基地位于河口行政区域内，人大代表成为联系地方、油田和济军生产基地的重要桥梁。换届以来，东营市河口区人大常委会立足油区特点，以人大代表为纽带，不断丰富代表活动载体，加强油地军人大代表互动，促进油地军大融合，奏响了油地军联袂携手共促发展的和谐乐章。

定期走访通报情况，拓宽代表知情渠道

区人大常委会组成人员每季度都结合中心工作和审议议题，深入到生产和工作第一线，登门走访驻油田、济军生产基地的人大代表，通报区人大常委会重要工作和活动的安排情况，区人民政府的重要工作部署和重大项目建设情况，区人民法院和区人民检察院的重要工作和影响较大的案件处理情况等，拓宽代表知情知政的渠道。同时，深入了解代表们的思想、工作、生活和履职情况，并就进一步做好当前和今后一个时期各项工作，征求他们的意见，帮助代表解决在履职过程中遇到的困难和问题，为代表依法履职创造有利条件。区人大常委会还及时把走访过程中人大代表提出的建议和意见转交有关部门研究办理，并限期答复，及时解决了一些人民群众普遍关注的热点问题。走访活动在人大常委会与代表之间架起了一座感情桥梁，一方面，使代表们感受到人大常委会对自己生产生活和履职情况的关心；另一方面，也有效地激发了代表们的履职热情和工作积极性，为顺利开展代表工作打下了坚实的基础。

组织代表联谊互察，促进油地军共建共荣

为了便于油地互相沟通、互相了解，除了视察、调查、召开会议邀请油田、济军生产基地人大代表参加外，河口区人大常委会每年还专门组织两次联谊互察，即年中组织驻油田和济军生产基地各单位的人大代表视察地方有关工作，年底组织部分驻地方各单位人大代表视察油田和济军生产基地企业经营、管理工作。换届以来，区人大常委会组织油田和济军生产基地人大代表视察了河口开发区建设、城市建设、冬枣生产、大棚种植、特色养殖、社会保障等工作；组织地方人大代表视察了油田企业经营、存续企业改制、社区管理、教育资源利用等情况。通过互访联谊，一方面，让代表更加全面地了解区情，开阔了视野，提高了管理地方国家事务的能力；另一方面，油地军代表结成了联谊对子，在联办企业、联享资源、联融资金等方面达成多项协议，推动油地军在项目联办、生产联营、治安联防、设施联建等方面进行多层次结合，促进了油地经济协调发展，推进了和谐社会建设。经过油地代表牵线搭桥，河口油田7个二级单位分别与河口区的7个乡镇结成了帮扶对子，帮助推进社会主义新农村建设。去年以来，共实施帮扶项目50多个，总投资近1000万元。通过整合济军生产基地和胜利油田工业资源，实现了以存量吸引增量，以增量激活存量的发展格局，增加了全区经济发展后劲。换届以来，油地军联合实施重大建设项目54项，总投资达20多亿元，相继建成了黄河广场、银河公园、城南生态园、西湖公园等标志性建筑，构筑了“四纵七横”的中心区路网，改造建设黄河路、海盛路、海昌路等主次干道32条，新增道路面积94.54万平方米；新增绿化面积48.4万平方米；新增道路照明26.7公里，设置路灯2000余套，河口城区面貌焕然一新。

定期召开代表联席会，学习交流履职经验

每年5月份，区人大常委会都要召开部分驻油田、济军生产基地人大代表和地方人大代表参加的联席会，沟通信息，交流履职情况，探讨新形势下如何结合本职工作，进一步密切代表与选民的联系，真正做到更好地倾听群众呼声，反映群众诉求，使人民群众的意见和要求通过代表的渠道得到及时有效的反映和解决；如何抓住具有普遍性和倾向性的问题形成议案、建议和审议发言，更好地议大事、谋大局；如何切实履行好代表职责，把“人民选我当代表，我当代表为人民”的承诺，转变为履职过程中的实际行动，为建设富裕和谐文明的新河口作出应有贡献。在联席会上，区人大常委会还对提出优秀代表建议的人大代表进行集中表彰。针对油地军各方劳动就业压力日益严峻的问题，根据油地军港劳动力资源现状，在联席会上，多名代表提出“油地

军三方要加大联系沟通，提高全区劳动就业率”的建议，区政府给予高度重视，迅速研究出台了关于加强油地军劳动就业服务工作的意见，突出抓好就业服务、职业技能培训和劳动用工管理三个体系建设，建立了油地军联动就业服务中心，初步构建起了油地军共享共用的就业服务平台，为全区经济社会又好又快发展提供了人力保障。

同时列席常委会会议，为区域发展积极建言献策

区人大常委会每次召开常委会会议，都分别邀请2名地方人大代表、2名油田人大代表、2名济军生产基地人大代表，同时列席区人大常委会会议。列席代表要提前学习相关法律法规，调查会议议题涉及的有关情况。针对常委会会议的审议议题，列席代表可以提出书面建议意见，由办公室反馈给常委会组成人员。会后，列席会议的代表及时向广大群众和油田、济军生产基地干部职工宣传区人大常委会的有关决议、全区经济运行情况、社会发展情况和民主法制建设情况，拓宽人民群众的知情渠道，调动了人民群众参与管理国家事务的积极性。在今年审议全区治安工作时，一名来自油田的人大代表提出要尽快构建油地军区域治安联防联治网络的建议。区政府认真采纳了这一建议，以维护油区和济军生产基地生产、生活秩序为切入点，探索实施了一系列联防联治的办法。针对不同时期的治安状况，每季度召开一次油地军综治办联席会议、油地公安联席会议和油地军维护社会稳定联席会议，通报情况，研究治安整治措施。区乡普遍建立了区域治安领导机构和办事机构，层层落实了责任制，创造了“企业出资、政府组织、工农携手、联防联治”的成功经验，形成了油地军区域治安联防联治网络。油地军人大代表同时列席人大常委会会议，增强了人大代表对人大常委会性质、地位、职能的认识，加大了对全区全局性工作的监督力度，也利于更好地宣传人大常委会的工作实效，提高全社会对人大工作的关注程度，为区人大常委会顺利开展工作创造出良好的社会氛围。

增强代表工作实效　充分发挥代表作用

广西省梧州市长洲区人大常委会主任　黄自忠

梧州市长洲区人大常委会深入贯彻落实自治区党委《关于进一步加强和改进人大工作的决定》和全区人大工作会议精神，高度重视代表工作，积极探索新形势下更好地开展代表工作的方式方法，认真组织代表开展学习和培训，提高代表素质，增强代表履职能力，为代表依法履职提供优质高效服务，充分发挥代表作用，促进了人大工作的开展。

一、增强服务意识，确保代表履行职责

1.加强学习培训，提高代表履职能力

为了提高代表的履职能力，长洲区人大常委会每年采取集中和分散相结合的方法，加强对代表的学习和培训。每年开例会前，安排代表视察时利用一定时间组织代表集中学习和培训。我们组织学习和培训的方式主要有：一是印发有关资料。几年来我们先后印发了《人大代表学习手册》和宣传人大的挂历以及为代表订阅人大有关刊物。二是专题讲座，由人大常委会领导和邀请有关方面的专家讲课。几年来先后为代表们安排了《人民代表大会制度建设》、《如何当好人大代表》、《如何选写高质量议案》等专题。三是播放有关光盘资料。区人大常委会购置了一套多媒体设备，专门播放有关资料。先后播放了《民主法制建设》、《监督法》等有关资料片。通过上述措施，代表的履职意识和素质得到提高。

2.落实工作经费，保障代表工作开展

提高代表的履职能力，经费保障是基础。长洲区党委一贯以来重视人大工作，尤其是在经费上给予保障。2006年以来，从财政预算中每年安排代表人均经费450元，主要用于为代表征订人大刊物，印发宣传资料，解决无固定收入代表履职活动和视察、调研等经费开支。

去年全区人大工作会议后，我区坚决贯彻落实自治区党委关于《进一步加强和改进人大工作的决定》，区委常委会专门研究了人大工作，并根据实际将代表工作经费提高到人均600元。区人大常委会专门为无固定收入的60名人大代表落实履职补助，2008年以前每年为200元，2009年提高至300元，同时，无固定收入代表参加会议、视察活动的误

工补贴也由原来每天15元提高至30元，用实际行动支持代表履行职务，更好地调动代表履职积极性。促进了人大工作的开展

二、开展述职活动，自觉接受选民监督

人大代表产生于基层，服务于群众，代表的责任感和履职能力强不强，工作做得好不好，人民群众最清楚。选民对代表的监督是最有效的监督。我区人大常委会从2007年底开始在龙新村进行了代表向选民述职试点。在试点开展前，我们首先向区委作了专题汇报，并得到了党委的重视和支持，党委组织部门派员参加试点工作。其次，制定周密的试点工作方案。

2007年12月，在龙新村召开代表述职大会，由该村选民选出的6名区人大代表向30名选民代表进行了述职，并接受了选民代表的述职评议。每个代表的选民满意率达到95%，试点取得圆满成功。

试点结束后区人大常委会召开了有两委干部、选民代表和人大代表参加的小型座谈会，对试点进行了总结，大家普遍认为，代表向选民述职是一个与人民群众沟通、接受监督的好形式，应当全面推开。需要改进的是代表述职的内容应更加突出代表履行职务方面，更加利于选民的监督。此外在选民代表方面应更具广泛性和代表性，据此区人大常委会将试点的情况向区委作了全面汇报，并作出全面推开的决定。

2008年底，我们在两个镇、两个办事处、27个村委会和8个社区居委会全面推开。146名区人大代表除个别外，都参加了述职，述职率达98%，选民代表对代表的满意率达96%以上。

代表向选民述职活动取得了显著成效，一是促进了代表与选民的联系和沟通；二是增强了自觉履行职责意识，变“要我履行职责”为“我要履行职责”；三是促进代表深入了解社情民意，为解决群众一些实际困难，并把维护和实现群众根本利益作为代表的重要职责，代表作用得到充分发挥。通过开展代表向选民述职活动，增强了代表的责任感和事业心，拉近了代表与选民的距离。代表们认为，代表述职既增加了压力，又增加了责任。市直机关选出的区人大代表主动走进社区，征求人民群众的意见。区人大代表中四大班子领导成员也走下基层，倾听群众的意见和呼声，帮助解决实际困难。据不完全统计，开展代表述职以来，人大代表为基层群众办实事好事达50多件。人民群众认为代表向选民述职是一种新形式，增加了人民群众向上级反映诉求的渠道。

三、服务项目建设，充分发挥代表作用

近年来随着梧州市城市中心的西移，全区和全市性的重点工程在我区开工建设，如：长洲水利枢纽、洛湛铁路、马梧高速公路和城市建设工程等。这些重点工程建设上马开工，给梧州市带来了前所未有的发展机遇，但是同时也带来了挑战，尤其是征地拆迁的难度也随之加大。为了配合重点工程建设，圆满完成征地拆迁等任务，区人大常委会组织重点工程所在地的12个村、19名人大代表主动参与为重点工程服务，并带领人民群众从大局出发，服务于重点工程建设，配合市国土、建规和区政府等部门在短期内完成重点工程建设项目征用土地1万多亩，拆迁房屋7万多平方米的任务，为重点工程的顺利开工建设创造有利条件和良好的投资环境。到目前为止，长洲水利枢纽已建成发电，洛湛铁路通车在即，马梧高速也将于年底前建成，城市建设也如火如荼地进行中。通过组织代表参加重点工程建设，充分发挥了代表的作用，做到群众、政府、业主三满意。

四、提高议案质量，解决热点难点问题

代表履职能力的高低，在一定程度上体现在代表议案的质量上。组织好人大代表写出高质量的议案，推动政府工作，成为区人大常委会的一项重要的工作。近年来我们从长洲区的实际出发抓住民生为重点、热点、难点问题，引导代表正确地选题，精心组织材料。为了保证代表选写议案有足够的时间，每年的区人大例会前。区人大常委会都会组织人大代表进行专门调研和视察活动。通过调研和视察活动，代表围绕解决民生问题共写出了7篇专项调研和视察报告，提出了10多条意见和建议，这些意见和建议，大部分得到了政府的重视。如黄云燕等代表写的“关于解决河西新建城区适龄儿童入学难问题”的议案，被市人大常委会列入一号议案，所提问题正在得到落实；又如部分代表提出要求解决农村道路交通出行难的议案，得到了区人民政府的高度重视，区人民政府共筹集了2636万元资金，完成了11条共92公里的村级道路的硬化，解决了农民的出行难问题。为了保证代表议案、建议、意见得到重视，区人大常委会加强对代表议案和建议、意见办理过程的督办，直至落实为止。通过上述的措施，我区人大代表的议案质量逐年有所提高，所反映的热点、难点问题也逐步得到解决，

人民群众对政府的满意度也逐年提高,从而推进了政府的工作。

五、坚持列席制度,提高代表参政水平

为了便于人大代表监督人大常委会的工作,提高人大代表的履职能力,我区人大常委会作出了一项决定,在本届任期内每名区人大代表至少列席一次区人大常委会。区人大常委会都会根据会议议题提出列席代表的名额,由各代表团根据代表的实际去进行落实。为了保证代表列席常委会有发表意见和机会,在常委会召开前一个星期把会议需要审议的有关材料送到列席代表手中。在会议中,充分尊重代表的民主权利,主他们充分发表意见。比如在一次审议新农村建设议题时,列席会议的代表提出,新农村建设除了加强基础设施建设外,还要加强村组的集体资产管理,确保农村集体资产安全,这个意见得到了常委会的重视。会后要求政府有关部门迅速采取措施,坚决打击非法侵占集体资产行为和规范承包合同及管理办法,维护了集体资产的安全,代表比较满意。到目前为止已经有80多名代表列席区人大常委会。

浅谈做好代表工作与发挥代表作用

贵州省赫章县人大常委会代工委主任　马明光

做好代表工作是发挥代表作用的前提条件,发挥代表作用是做好代表工作的根本目的。只有代表工作做好了,才能发挥代表作用,只有代表发挥作用,才能证明代表工作做好了。做好代表工作,意义深远而重大,人大机关必须切实履行职责,抓好代表工作。本文就调查了解的情况,结合工作实际,拟从代表综合素质入手,谈谈做好县、乡镇人大代表工作,发挥代表作用的重要性。

一、代表综合素质状况

我国人大代表按从上到下分为全国、省、设区的市、县、乡镇五个层级,乡镇处于最低层级。

据调查了解,赫章县241名十五届人大代表中,高中(中专)以上文化的代表占61.4%,年龄55岁以下的占92.1%,农民占44%;乡镇1520名六届人大代表中:高中(中专)以上文化的占33%,年龄55岁以下的占94.5%,农民占72%。

以上数据可以看出,按照代表层级的高低,层级越往下,代表的文化程度所占比例越低,农民所占比例越高。这是符合客观实际的。但带来的一系列问题一是由于代表文化素质偏低,综合素质差;二是代表意识不强,履职能力弱;三是开展代表活动不规范,发挥代表作用差;四是代表提出议案、建议不规范,质量不高。虽然这些问题存在于少数代表中,但却影响了人大整体功能的发挥。

二、提高代表综合素质的途径

人大代表是国家权利机关的组成人员,是人大的主体,是人民派往各级国家权力机关行使国家权力的光荣使者。代表素质的高低,直接关系着代表作用的发挥,影响到国家权力机关工作的效率和质量,提高代表素质意义重大,势在必行,其主要途径是:

1、狠抓学习培训,提高代表综合素质。人大机关,各工作部门、社会团体,要积极为提高代表素质创造条件,多给代表学习培训提供必要的条件和机会,并形成制度。一是集中培训。每次人大会议召开之前,要以乡镇或代表小组为单位,集中县、乡镇人大代表进行代表议案、建议、批评和意见的写作方法、审议报告等方面的培训,为代表在会议期间的工作作准备,提高代表人民利益和意志的能力;二是以会代训。要利用以会代训的方式,充分利用党委、人大、政府的各种会议和活动,组织代表学习党的路线、方针和政策,提高代表的政治思想素质,增加知情知政面,多了解社情民意,便于代表参政议政;三是定期开展活动。要定期开展代表小组活动,组织代表学习宪法、代表法和有关法律法规,使代表了解其地位、作用、权利和义务,增强法律意识和代表意识,带头遵纪守法,积极履行代表职责;四是倡导个人自学。要引导代表树立终身学习的理念,发扬钉子精神,挤出时间学理论、学法律、学业务、学科学文化,全面提高综合素质。

2、增强代表意识,提高履职能力。人大代表的性质、地位、作用、权利和义务都是法定的,这就决定了代表人民的利益和意志也是法定的。要引导代表树立"人民选我当代表,我当代表为人民"的代表意识，努力提高履职能力。一是要组织和引导代表在人大会议期间的工作，发挥参与决策作用。每次人大会议前，要对代表进行集中培训，教育代表依法积极出席会议，并作好提出议案、建议的书面准备，便于处理和办理；会中，要认真审议被列入会议议程的各项议案和报告，如有选举事项，要积极参加各项选举和决定人选，充分发挥代表的参与决策作用。二是开展好代表在人大闭会期间的活动，充分发挥监督协助作用。人大依法行使职权，讨论和决定重大事项，都必须通过举行会议集体行使职权，这就需要代表积极地、集体地参加。代表行使职权、执行职务、既不能失职，也不能越权。因此，在人大闭会期间，要定时开展好代表小组活动。要围绕法定的人大及其常委会会议和乡镇人大及其主席团会议，开展好代表视察调研和执法检查等活动，为审议相应的工作报告作准备，这样，既监督，又协助了本级人大范围内法律法规和决议决定的实施，促进"一府两院"依法行政和公正司法。三是密切联系群众，发挥代表的桥梁纽带作用。人大代表是一种法定职务，是兼职代表，没有专职的，终身的代表。人大代表有着各自的个人职业和生产、工作的环境，但始终来自人民、服务人民、扎根于人民，与人民群众有着天然的血肉联系，体察民情最直接，反映民意最直观。人大代表要通过法定的方式，积极主动地、集体地通过人大的法定程序，反映社情民意，努力代表人民的利益和意志，发挥党和国家同人民群众的桥梁和纽带作用。四是率先垂范，发挥人大代表的模范带头作用。人大代表在自己的日常工作和社会生活中，除了干好自己的本职工作外，还要积极主动地做好代表工作，为代表人民的利益和意志履职尽责，更要模范地遵守宪法和法律，自觉接受人民群众的监督，积极主动地向选民或选举单位作代表工作述职，在选民或代表中树立起人大代表的形象和威信。

3、规范代表小组活动，充分发挥代表作用。人大代表作用的发挥，除了人大会议期间的工作外，更多的是代表在闭会期间的活动。代表依法积极参加代表小组的定期学习，开展调查视察、执法检查等活动，既能提高代表的综合素质，提高履职能力和水平，又能具体地体现代表作用的发挥。一是开展代表活动要形成制度，始终坚持；二是代表要积极参与，改变"代表代表，开会完了"的观念，不要认为参加代表小组活动是一种麻烦、多事；三是开展代表小组活动，内容要具体，要紧紧围绕属于本级人大职权范围内的关系经济社会发展的重大问题，老百姓关注的热点难点问题开展活动，及时反映社情民意，提出建议、批评和意见。

4、规范代表议案、建议，在提高质量上下功夫。代表提出议案、建议，是法律赋予的职权，但要在质量上下功夫。一是要严格区分议案和建议的本质，它们的本质是不同的；二是要严格把握议案、建议提出的范围、时间和条件。议案的提出受范围和时间限制，即必须属于本级人民代表大会职权范围；必须在人大会议期间，且有具体的截止时间；必须代表10人以上联名提出。建议的提出则只受范围限制，而不受时间和条件限制，即会议期间可以提出，闭会期间也可以提出；联名和个人都可以提出；三是写作规范，必须一事一议。

综上所述，代表素质是发挥代表作用的条件，发挥代表作用是提高代表素质的结果；代表素质是代表活动的基础，代表活动是代表素质的体现。做好代表工作必须从提高代表综合素质入手，注重通过代表实践活动提高代表综合素质，从而更好地发挥代表作用。

不断开创人大代表工作新局面

山西省太原市杏花岭区人大常委会主任　李树结

山西省太原市杏花岭区人大常委会人事代表联络工作委员会主任　韩书萍

太原市杏花岭区人大常委会以党的十七大精神为指导，全面贯彻落实科学发展观，围绕中心，服务大局，把人大代表工作作为一项基础性、经常性、全局性的工作来抓，着重在抓深化、抓提高上下功夫，不断拓展代表工作的内涵，进一步激发代表履职的积极性，充分发挥代表的主体作用，代表工作迈出了新的步伐。

一、夯实基础，加强和改进了代表工作

规章制度进一步深化和完善。区人大常委会非常重视代表工作的制度建设,不断健全和完善代表工作的各项制度,从07年以来,先后制定了《关于加强和改进代表工作的若干意见》、《人大代表建议批评和意见处理办法》、《关于加强人大街乡工作的若干意见》等工作制度。这些制度内容包括了会议期间的代表工作和闭会期间的代表活动,接待和联系代表,代表的培训,代表建议的提出、处理、督办,代表履职的监督与考核等。各街乡人大代表小组从各自工作的实际出发,制定和完善了一系列的代表工作制度和工作台帐。这些制度、规定的出台和实施,加强了代表联系,拓宽了代表知情、知政、履行职责的渠道,调动了代表执行职务的积极性,有力地保障了代表工作依法、有效地开展。今年5月,以全区12个街乡"人大代表之家"全部挂牌为标志,代表联系选民和向选民述职制度的落实有了更好的载体。

学习培训进一步强化。我区坚持采取以小组学习培训与常委会集中培训相结合的方式,不断强化代表素质。常委会针对不同时期代表履行职责情况,每年进行集中培训。一是对新当选的人大代表进行"人大代表怎样依法履行职责"的初任培训;二是就"如何撰写人大代表议案、建议"进行专题培训;三是召开代表工作会议,以会代训,交流代表履职的经验做法。区人大办公室每年编印数期《学习资料》和《杏花岭人大》内刊,结合形势和任务,将统一的学习内容发给代表小组和全体代表;为每位代表订阅人大报刊,并组织开展了"读、用、登"人民代表报等活动。各代表小组根据代表组成情况和形势任务的需要,采取了多种形式的培训与学习。如敦化坊代表小组,通过"互教、互学、互动"的方式开展了一系列的学习;杏花岭代表小组开展以代表自学谈体会,进行代表之间的交流从而促进了学习,提高了代表依法履职的能力与水平。

二、丰富内容,依法开展了形式多样的代表小组活动

依法开展代表在闭会期间的活动。区人大常委会非常注重把开展闭会期间的代表活动同区委的中心工作和全局性的重大工作以及人大常委会的重要工作结合起来,搭建代表履职平台。一方面,积极开展代表参与常委会工作,每次常委会都要根据议题安排数名代表列席,现场听取"一府两院"的专项工作报告并了解常委会履行职责的情况。另一方面常委会各工委组织的执法检查、视察、调研也都安排代表参加,扩大代表参与常委会的活动和工作,使代表能有更多的机会管理地方国家事务和社会事务,为代表正确行使职权提供保障。

充分发挥代表小组活动主阵地的作用。代表小组活动方式日益丰富,规范化、制度化程度在逐步提高。各代表小组认真选题,根据本地区的特点,采取不同的方式,开展了形式多样的活动,取得了较好的成效。各街乡普遍开展了代表进选区、进社区活动,向选民公开代表联系电话和地址,定期接待;每年春节前后集中开展"代表联系走访选民月"活动,做到"零距离"倾听选民意愿,"零距离"为选民排忧解难,密切了代表与选民的关系,有效地维护了社会稳定。如:三桥代表小组通过召开选民代表座谈会、入户走访选民、发放征求意见表等形式,广泛听取选民意见;涧河代表小组定期召开代表听证会,向代表汇报本地区的工作情况;大东关代表小组活动坚持做到了"五个有",代表参加活动热情高涨;中涧河乡代表小组为乡政府把脉,将绿色转型和保护环境作为企业准入的必要条件。

三、选好议题,深入开展集中视察和专题调研

区人大常委会每年都要组织安排一、两次以代表小组为单位开展的关注民生,为民解忧的集中视察调研活动。如07年开展了百名代表"新农村建设百日视察调研"和配合全国首届煤博会召开的"创建文明和谐城市"集中视察;08年在全市开展"城乡清洁工程"伊始,进行了为期一个月的"关注民生事,治理脏乱差"的集中视察调研活动;今年7月,我们又用十五天的时间,开展了学习实践科学发展观,"为群众解忧"的集中视察调研活动。通过组织代表开展视察调研、评议政风行风等活动,使人大代表密切了与人民群众的联系,提出了对政府及有关单位工作的建议、批评和意见,形成了有序参与国家事务管理的渠道,从而更好地表达民意,了解实情,同时也监督解决了一些困扰人民群众的小街巷治理、占道经营、脏乱差等实际问题,进一步推进了政府的工作。

四、强化督办,切实提高代表建议办理实效

区人大常委会努力加大代表建议意见的督办工作力度,使代表建议办理工作有了新进展。一是抓住了统一交办、催办、督办、协办四个环节,形成了登记交办、检查督办、调查走访、结果反馈等工作程序,办理代表建议意见的"见面率"、"解决率"、"满意率"逐年提高。二是实行常委会审议制,每年代表建议办理完结后，要求“一府两院”按规定写出办理情况的报告提交常委会审议，形成审议意见，既肯定办理工作的成绩，又指出存在的问题，并提出改进的意见。这项制度的实施，特别是08年经两次常委会会议专题听取并审议区政府关于代表建议意见办理情况及改进情况的报告，有力地促进了办理工作质量的提高。区政府及各承办单位对代表建议办理工作的认识不断提高，制度逐步完善，工作方法不断改进。如规划分局，非常重视代表建议办理工作，在办理前认真研究、分解，对建议意见内容到现场察看；在办理中，主动邀请提建议意见的代表到局里进行面对面地座谈，令代表非常满意。再如区建设局，积极改进代表建议办理工作，加大了对意见反映较多的小街巷治理工作力度，并初见成效。各承办单位努力按照区人大的要求，积极地将办理工作做好、做实，创造了面对面答复、实地察看办理、加强与代表沟通等经验做法，使代表建议办理工作有了显著进步。

五、增强意识，建立代表履职的监督机制

为进一步增强代表的责任意识，提高代表的履职水平，一是创新编制了《人大代表履职手册》，每位代表人手一册，并将各自出席大会、提出建议意见、参加视察和调研活动、联系走访选民等情况逐年逐项记录，以促进代表认真履职。二是区人大代表以书面述职与向选民述职相结合的形式，主动接受选民的监督，不断增强履职意识。到去年年底，全区有近百名代表向本选区选民进行了述职，受到了群众的一致好评。如敦化坊代表小组召开人大代表述职大会，组织辖区内20名人大代表向本地区的200余名选民代表集中述职，每位代表都将各自执行职务的情况认真做出汇报。涧河代表小组根据代表所在选区分别组织人大代表向各选区选民代表进行述职，并请选民代表对代表履职情况进行了测评。全区人大代表在与选民保持密切联系，听取和反映人民群众意见和要求的同时，积极为全区经济和社会发展献策出力，为社区、村和居民办好事实事，得到选区选民的拥护和好评。在汶川地震中216名区人大代表为灾区捐款206万元。

回顾近年的代表工作，我们有五点体会：一是必须坚持党的领导、人民当家作主和依法治国的有机统一，紧紧围绕党委和全区工作大局，才能开创代表工作新局面。二是必须把依法履行代表职责和有所作为相结合，紧紧抓住会议期间的代表工作和闭会期间的代表活动，才能发挥好人大代表的主体作用。三是必须调动区和街乡两级的积极性，依法行使代表视察并提出建议、批评和意见的职权，才能组织和开展好代表小组活动。四是必须把关注民生问题和社会经济发展作为代表活动的重点，听民生、聚民意、代民言，才能提高代表视察监督的积极性和实效性。五是必须有“一府两院”的高度认识和密切配合，认真办理代表建议意见并积极推动工作，才能做到人民满意和代表满意。

作者简历：

李树结；职务：太原市杏花岭区人大常委会主任；1973年参加工作，历任教师，区政府办秘书，区委常委、宣传部长、副书记，区人大主任。

韩书萍；职务：太原市杏花岭区人大常委会人事代表联络工作委员会主任；1976年12月参加工作，太原市五金炊具厂统计，原北城区工业交通局统计，区人大常委会办公室科员、副主任、区人大常委会人事代表联络工作委员会主任。

浅谈地方人大常委会在保障实施《监督法》方面应注意研究解决的几个问题

黑龙江省青冈县人大常委会主任　王国栋

《监督法》是规范人大常委会监督程序和监督行为，保障监督权有效行使，将宪法关于国家权力机关监督职权原则规定具体化的一部重要法律。《监督法》已经颁布实施了，当前摆在各级人大常委会面前的首要任务就是如何保障这部法律的有效实施。我们以为要保障其有效实施，应注意研究解决好以下几个方面的问题。

一、应注意监督意识的提高

就目前来说，人们的法律监督意识还不是很高，特别是人大对一府两院的监督，人们的意识还比较模糊，而保障实施好《监督法》，最重要的前提就是全社会都要有较强的民主法律意识，每一个公民都要有对一府两院的监督意识。我们认为，当我们的社会和公民的这种监督意识与理想的情形还有较大距离，还有待于进一步养成的时候，一是应重点解决我们人大常委会自身这个监督主体的监督意识。在人大常委会工作的同志应认识到，我们的工作是代表人民的，"中华人民共和国的一切权力属于人民"，"两个人民"的转承表明，我们的监督权是真实而厚重的。特别是近些年，随着我国社会主义民主与法制进程的加快，尤其是《监督法》的颁布，监督权的行使环境得到了很大的改善。为此，只要我们紧紧依靠党的领导，认真履行好宪法和《监督法》赋予我们的职权，就一定能完成好我们的监督职责。二是一府两院被监督对象的监督意识的提高，同样是保障实施好监督法的重要条件。虽然宪法和监督法赋予了人大常委会对一府两院监督的职权，但受各方面因素的综合影响，个别被监督部门，还不同程度地存在着只重视党的监督、司法监督以及上级主管部门的监督，而忽视接受人大常委会监督的问题，甚至在有的极个别部门，还存在着规避人大监督的现象。前几年我们有一个局的局长就以自己是二类局局长，其职务不是人大常委会任命的为由，打电话给人大常委会有关工作人员，反对对其工作进行评议监督，当时还是人大常委会主要领导出面，对其进行了严肃的批评教育，才勉强同意对其评议。那以后，该人并没有从中接受教训，自警、自醒、自律，依然放纵自己，我行我素，最终因在工作中玩忽职守，给国家和群众财产造成重大损失，涉嫌犯罪，被公安机关羁押。

二、应注意监督队伍的强化

事在人为，人大常委会如果没有一支高素质的队伍，保障实施好监督法就是停留在纸面上的一句空话。今天的人大常委会监督，由于监督法的颁布已有别于已往，那就是《监督法》对人大常委会监督工作制定了较为严格的监督方式、监督程序，对有些方面，做了硬性规定。为此，就要求我们从事人大常委会工作的同志，要有较高的政治思想水平；政策法律水平；要具备较强的调查研究能力、分析综合能力、文字表达能力以及沟通协调能力。应当肯定，目前我们人大常委会队伍在整体上是好的，但实事求是地讲，要高质量地完成好《监督法》规定的各项监督任务，其队伍建设仍任重道远。目前存在的主要问题，一是在常委会主任会议成员一级的调配上，选配的大多是在党政领导岗位工作多年的老同志，一些地方往往是把人大常委会当作这些老同志"软着陆"的场所，退休前的最后一站。为此，这部分同志大多有"船到码头车到站"，"多栽花，少栽刺"的思想。工作实践中我们注意到，他们讲成绩多、谈问题少；讲建议多、谈意见少。前几年我们常委会会议审议一个部门的工作时，就有一位老同志连讲了十个没想到这么好，而对缺点不足只字未提，把被审议部门的一把手表扬得脸都红了，这样的审议意见确实不妥。二是在常委会其它组成人员的配备上考虑政治素质、代表界别多，而考虑懂法律、懂市场经济、熟悉地方经济社会发展的少。这就形成了有的常委会组成人员对一府两院提交的报告看不明白，提不出意见。

解决好上述两个问题，前者主要是靠我们国家政治体制改革的不断深化，这是一个渐进的过程，但其脚步已明显加快。后者主要是靠我们人大常委会自身的努力。人大常委会在组成人员的选择上，在各工作机构、办事机构人员的选调上，还是有建议权的，只要我们以优异的工作业绩赢得各级党组织的支持，总是能把一些优秀的中青年选进来，使用好。

三、应注意监督程序的把握

《监督法》从一定意义上讲也是一部监督程序法，按法定程序开展监督工作是我们特别应引起注意的问题。

一是要注意把握监督的方式。由于《监督法》实施还不足一年，一些地方人大常委会在开展工作时还没有及时把监督方式调整过来。主要是惯性使然，认为用已经熟悉了的监督方式（比如调查、检查、视察、工作评议、个案监督等）简易、顺手，所以迟迟没有采取监督法规定的监督方式进行工作。我们认为，应及时予以改正。依法开展工作这本就是我们人大常委会的天职。

二是要注意把握监督的程序。这里有三个注意。第一，要注意集体行使监督职权。这也是监督法规定的原则之一。第二，整个监督过程要向社会公开。它包括审议议题的公开，审议意见的公开，办结情况的公开。公开的主要途径就是通报代表，向媒体公布。第三，基于法制原则，对法、检的监督要慎重。对涉及的上访案件应以转办、督促为宜，尽量由法、检部门通过内部监督机制自行解决。但对于社会影响大、群众反映强烈而其部门迟迟不予纠正的，可考虑提起"质询案"，对其形成威慑，促其尽快解决。

四、应注意监督内容的拓展

广义地说,人大常委会监督的内容包括了对一府两院方方面面的监督。具体地说,人大常委会监督主要还是指向一府两院在执法时社会普遍关注、群众反响比较大的问题。我们认为,社会关注、群众反响较大的问题在不同时期、不同地域会有不同的表现形式。比如就全国来说,社会财富分配不公问题、住房、医疗、教育发展滞后问题、环保问题是比较集中的问题。就黑龙江乃至我们绥化市来说,近几年除了存在上述问题外,农民土地问题则是一个比较集中的问题。国家近几年新的农村政策出台后,大量弃地农民纷纷回来要地,而一些地方早已将这部分弃耕地长期租了出去,为此一些乡村与要地农民矛盾尖锐,甚至激化,出了一些问题。所以,在监督的内容上,地方人大常委会要深入实际,深入群众,多作调查研究工作,及时地发现可能出现的社会矛盾,注意监督内容的拓展,哪里有问题就指向哪里,出现什么问题就解决什么问题,支持一府两院做好工作。

五、应注意监督结果的实效

监督就要有效,流于形式的监督不如不监督,甚至会有负效应。实事求是地说,在《监督法》出台前,各地人大常委会对一府两院的监督做了大量的卓有成效的努力,这也是《监督法》能够出台的主要原因。但我们还应看到,在一些地方,确实存在着人大常委会不愿监督、不敢监督和个别部门不接受监督的问题。其表现形式有很多,归根结底就是监督流于形式,看不到监督效果。为此,我们就应严格按《监督法》的规定,抓住监督效果不放松。一是人大常委会监督的程序一经启动后,就要组成一个强有力的监督队伍,要深入实际,深入群众,切实作好调查研究工作,要通过调研整理起草出一份有理、有据、实事求是、充满意见、建议的调查报告提交人大常委会,使常委会组成人员能得到真实信息并提出有针对性的审议意见。二是对提交的处理情况报告不满意的,人大常委会要坚决采取作出决议的办法,甚至是提起质询的办法来保障监督效果的实现,这是保障监督效果的钢性动作。不如此,不足以实现有效的监督,不足以维护人民的根本利益。

有为才有位,有位才有威。"有为"对人大常委会来说就是对一府两院的有效监督,"有位"是由于有为,我们人大常委会才不再被冠以"政治二线"、"橡皮图章";"有威"是"有为"和"有位"的必然结果,是人民群众的根本利益通过人大常委会的有效监督得以保障和实现后而自然形成的认可和威望。由此而言,"有为"是前提,"有位"和"有威",只能从这个前提,即从人大常委会对一府两院的有效监督中得以实现。

关于对履职承诺评议工作的认识和思考

陕西省略阳县人大常委会主任　冯新涛

依法监督"一府两院"工作,是《宪法》和法律赋予人大及其常委会的一项重要职能。如何行使好监督职权,提高监督实效,促进区域经济社会又好又快发展,是各级人大及其常委会研究和探索的重要课题。去年以来,我县人大常委会拓展工作思路、创新监督形式,依据《宪法》、《组织法》和《监督法》的有关精神,结合实际,出台了《略阳县人大常委会关于对选举任命的"一府两院"国家机关工作人员实行履职承诺评议暂行办法》。今年是该办法实施的第一年,为了推进工作顺利开展并取得良好成效,为此谈几点意见:

一、开展履职承诺评议的现实意义。

(一)开展履职承诺评议,有利于把任免权与监督权结合起来,增强国家机关工作人员的公仆意识。地方人大及其常委会作为地方国家权力机关,对其选举任命的"一府两院"国家机关工作人员开展履职承诺评议,是在我国当前的监督机制条件下,把任免权与监督权相结合的有效形式,是对人大监督工作的深化和对监督方式的创新。通过组织"一府两院"国家机关工作人员年初向县人大常委会及社会公开承诺,年中组织常委会组成人员及县人大代表对承诺事项进行视察,年底向社会公布承诺事项完成情况并开展评议,可以对"一府两院"国家机关工作人员形成一定的压力,促使他们进一步改进工作方法,提高工作水平,积极履行职责,切实增强公仆意识、法律意识和人大意识,把对党负责与对人民负责有机统一起来。

(二)开展履职承诺评议,有利于提高"一府两院"工作透明度,体现人民当家作主。宪法规定"国家行政机关、审判机关和检察机关都由人民代表大会产生,对它负责,受它监督"。组织"一府两院"国家机关工作人员采取向常委会承诺,通过广播、电视等新闻媒体向社会公开承诺,对承诺事项完成情况还要通过新闻媒体等形式向社会公布,从而拓宽了人民群众的知情知政渠道,提高了"一府两院"工作的透明度。同时,县人大常委会组织常委会组成人员和县人大代表深入了解承诺事项完成情况,广泛征求有关部门的意见建议,形成视察报告提交主任会议审定,并在常委会会议上结合履职承诺报告开展评议,从而使工作具有广泛的民主性和群众基础,是党领导人民当家作主的体现。

(三)开展履职承诺评议,有利于转变工作作风,提高工作效能。县人大及其常委会选举任命的"一府两院"国家机关工作人员,都是社会主义现代化建设的组织者和实施者。开展履职承诺评议就是解决部分国家机关工作人员履职不到位,工作缺乏创新和为民办事效能低下等问题。通过履职承诺评议,可以激发国家机关活力,帮助"一府两院"高效运转,切实保障改革开放和经济社会各项事业又好又快发展。

二、正确把握开展履职承诺评议的目的、范围、内容和方法

一是要正确把握好开展履职承诺评议与党委考察、政府考核国家机关工作人员的关系,明确履职承诺评议的目的。我认为:党委考察国家机关工作人员的目的,就是了解其所具备的整体素质和工作能力,然后决定适合担任什么职务,为今后提拔和使用提供依据。政府考核国家机关工作人员的目的,就是了解其完成年度目标任务的实绩,以激励先进、鞭策后进。而县人大常委会开展履职承诺评议的目的,就是代表人民群众察看国家机关工作人员履行职务情况,肯定成绩、发现问题、督促纠正,保证其手中的权力在法制轨道上运行。

二是要正确把握开展履职承诺评议的范围,着力体现人大工作的公开性。办法规定,履职承诺评议的人员:①县人民代表大会选举和县人大常委会任命的县人民政府副县长、县人民政府组成部门主任、局长;②县人民法院副院长;③县人民检察院副检察长。县长、县法院院长、县检察院检察长每年向县人民代表大会作工作报告,不再进行履职承诺评议。其他部门负责人的履职承诺评议实行专项工作评议,由县人大常委会主任会议根据具体情况确定。

三是要正确把握开展履职承诺评议的内容,着力体现人大工作的法律性。履职承诺评议的内容应围绕宪法和法律赋予的职权,从监督权角度来确定。办法规定,履职承诺的主要内容:①部门年度工作目标任务;②分管或负责工作中关系全县改革发展稳定大局的目标任务;③关系群众切身利益,社会普遍关注的重大问题;④人大代表提出的议案和建议、批评及意见等。履职评议的主要内容:①履职承诺事项完成情况;②贯彻执行上级和本级人大及其常委会决议、决定情况;③依法履行职责情况;④任期经济责任情况;⑤思想工作作风情况;⑥办理代表议案和建议、批评及意见情况。

四是要正确把握开展履职承诺评议的方法,着力体现人大工作的民主性。履职承诺评议的方法,要严格按照出台办法规定的程序进行操作。办法规定:履职承诺人员要书面向县人大常委会作出承诺,还要通过广播、电视等新闻媒体向社会作出承诺;履职评议必须在县人大常委会会议上进行,评议人员经主任会议确定并向社会公布。在履职评议前,要组织常委会组成人员及县人大代表组成视察评议小组,运用视察调查等手段,广泛了解被评议人员的履职情况,形成视察报告并提交主任会议审定。在履职评议中,常委会组成人员及县人大代表要充分运用听取履职情况报告、分组讨论评议、集中评议发言及询问等方式进行,在此基础上对其工作完成的满意度开展民主测评,并将评议结果和常委合组成人员的意见建议报县委及组织部。通过这些程序,就能更加有效地发挥监督作用。

三、开展履职承诺评议应坚持的基本原则

一是要坚持以科学发展观为指导。科学发展观是我国经济社会发展的重要指导方针,是发展中国特色社会主义必须坚持和贯彻的重大战略思想。人大监督工作要坚持把发展作为第一要务,牢牢抓住经济建设这个中心,自觉围绕党委工作中心进行,对于在履职承诺评议中发现的问题也要用科学发展观去衡量。

二是要坚持党的领导。坚持党的领导既是宪法确定的我国政治生活的根本原则,也是做好人大各项工作的根本保障和基本准则,开展履职承诺评议更离不开党委的领导和支持。县人大党组就履职承诺评议的有关问题要主动向党委请示,实施方案经党委同意后实施;要经常向党委汇报工作开展情况,及时反馈评议结果,为党委科学决策提供重要依据。

三是要坚持实事求是、客观公正。县人大常委会组成人员及人大代表要以事实为依据,依法律为准绳,出于公心开展评议,不以评议谋私利、不以评议泄私愤,坚决杜绝把个人因素及好恶参杂其中,从而影响履职评议的客观公正性。

在玉田县经济建设中发挥人大职能

河北省玉田县人大常委会主任　王善强

玉田县委、县政府以科学发展观为指导,紧紧围绕加快工业化进程,扎实推进项目建设工作,固定资产投资稳步增长,经济发展后劲明显增强,项目建设取得了较好成绩。主要表现在以下几个方面:一是项目建设取得新进展。目前,县政府全年续建、新建亿元项目16个,千万元项目72个,累计完成投资33亿元。二是特色集群经济快速发展。2008年,全县紧紧围绕"四大基地"建设,突出特色产业培育,加快产业链经济发展。钢铁深加工产业进一步壮大,工业重型化程度明显提高,电子、装备制造、服装等优势产业规模日益扩大。三是园区经济进一步壮大。玉田县坚持依托园区建设加快项目建设,目前"一园三区"入区企业达到69家,园区经济成为全县经济发展的重要支撑。

县人大常委会组织部分委员调研后认为,虽然玉田县的项目建设取得了一定成绩,但依然存在一些亟待解决的问题。一是项目建设规模不够大、科技含量不够高,还缺少支撑县域经济发展的龙头骨干企业,纳税大户集群尚未形成。二是产业结构面临较大调整压力,节能减排任务艰巨。三是资金、土地、电力、环境等制约项目建设的问题依然存在,影响了企业的提档升级。四是企业家的视野、思路不够开阔,企业人才短缺。

针对项目建设中存在的问题和不足,为促进项目建设的更好发展,做大做强项目建设,委员们提出如下建议:

1、统一思想,坚持做大做强企业。要以规范企业建立现代企业制度为切入点,坚持扶优扶强,引导企业实施资本扩张、外向拓展,增强行业优势地位,提高市场竞争力和带动辐射作用,提升企业实力。要注重围绕优势产业、支柱产业,围绕大项目抓好招商引资,努力培育对县域经济发展具有支撑作用的大企业。

2、创新观念,加大结构调整力度。要进一步强化产业集群观念,把完善产业链条、培育产业集群作为产业结构调整的重点来抓。一要科学规划,合理布局,形成较完善的工业经济发展规划体系。当前及明年要尽快制定和完善电子、机械制造、服装加工、橡胶等支柱产业规划和相关上下游产品开发计划,要在做大做强传统优势产业的同时,着力淘汰落后产能和工艺,鼓励高新技术产业和先进制造业的发展。二要加快园区建设,提升产业集聚合力。坚持政府主导、市场运作、多元投入的原则,加快园区的基础设施和企业员工生活设施建设,完善园区的服务功能,不断提升园区的承载力和集聚力。制定更加优惠的政策措施,吸引支柱产业上下游配套项目和有利于产业链形成的关键项目落户我县。通过发展配套产业,把单一产业变成产业集群,把产业链条变成产业板块,促进产业集群化发展。要进一步创新和完善园区的管理机制,努力营造亲商、安商的良好氛围,让园区真正成为项目建设的更好平台。

3、拓宽思路,着力解决项目发展瓶颈。一是拓宽融资渠道,用活金融资源。要进一步促进银企合作,建立投融资会商制度,定期开展银企对接活动,为具体企业、项目做好融资服务。二是加强土地供应与监管,对大项目保证优先安排。对已审批的项目用地,要加强监管,限期开发,逾期不开发的要依法收回土地使用权,并依照有关规定追缴相应的土地闲置费。三是加强电力调度,保证大项目用电需要。

4、搞好服务,进一步优化项目建设环境。县政府及有关部门要继续加强机关作风建设,不断提高机关服务水平和办事效率,突出抓好项目建设服务，力争实现项目审批零投诉；要提高依法行政水平，规范行政审批行为，对行政审批事项、办理程序、办理服务时限都要公开承诺，接受社会各界的监督。通过不断优化发展环境，变坐等服务为主动服务，变滞后服务为超前服务，用足用活有关政策，妥善解决项目建设中的问题。

5、着眼长远，提升企业管理者素质。一要加强对企业家的知识培训，开阔企业家视野，提高企业家经营管理水平，着力解决我县企业家队伍在科学管理、技术创新、市场营销等方面存在的不足。二要加强行业管理体系建设。三要鼓励各类企业积极引进人才，并为引进人才施展才华提供广阔舞台。四要建立激励和约束机制，积极为企业家队伍成长壮大提供宽松环境，努力打造优秀企业家团队，带动我县工业经济又好又快发展。

关于人大代表依法履职的调研与思考

陕西省略阳县人大常委会人事代表工作委员会干部　温大庆

略阳县人大及其常委会坚持把学习实践科学发展观与人大及代表工作紧密结合在一起，近年来，他们在贯彻落实科学发展观方面作出了不懈地努力，发挥了科学发展观对人大工作，特别是代表工作的重要指导作用，尤其是在代表履职方面进行了大胆地探索与实践，增强了代表的履职意识，提高了代表的履职积极性。为了促进代表更好地履行职责，笔者结合学习实践科学发展观活动和从事的代表工作，对全县人大代表的履职情况，进行了深入地调研。

一、人大代表的履职现状

略阳县共有各级人大代表1151人，其中省人大代表2人；市人大代表23人，县人大代表总数为160人，2007年10月换届后，有4人因工作变动调离本行政区，现实有县人大代表156人（其中有不脱产农民代表59人）；乡镇人大代表总数为976人，实际选出970人。

近年来，县人大及其常委会始终把人大代表作为人民代表大会的主体和基础、作为国家机关联系人民群众的桥梁和纽带、作为经济社会全面发展的实践者、作为依法行使职权的力量源泉，把增强依靠代表、服务代表的意识，切实加强和改进代表工作，充分发挥代表作用，作为落实科学发展观“以人为本”的核心。县人大常委会根据中央9号文件精神，结合本县实际，从三个方面入手，促进代表作用的有效发挥。

（一）建阵地，为代表营造良好的履职环境。为了确保县人大代表学习有场所、活动有阵地，县人大常委会在换届后，以乡镇为单位组建县人大代表活动小组21个，指导乡镇人大以村、组组建乡镇人大代表活动小组235个，并推选了正副组长，完善了代表小组活动制度，建立了代表活动室，做到每季度至少活动一次，为了扩大代表活动的参与面，县人大常委会本着便于组织和开展活动的原则，将全县156名县人大代表按照地域分布划分为7大片，分别组建县人大代表中心活动组7个，确定了正副组长，不仅为代表分片进行学习、培训和视察、检查提供了便利，而且也使代表活动有了组织保证。

（二）抓培训，努力提高代表素质和履职能力。一是抓好代表履职业务培训。县人大常委会始终把提高代表和履职能力作为强化人大监督工作的重要举措，坚持每年对县人大代表进行1－2次培训。2008年，县人大常委会针对换届后新当选代表多、代表履职业务不熟的实际情况，分两期对全县基层104名县人大代表进行了履职业务培训，从代表的性质、地位、作用、基本特征以及如何当好人大代表和代表履职应把握的原则，代表应具备的业务能力素质等内容进行了系统、全面地辅导，重点对如何提好代表议案、建议、批评和意见，从议案、建议的准备，到填写格式和程序化、规范化要求方面，进行了深入、系统地讲解，使代表进一步明确了代表议案的概念、范围和议案、建议案的区别，为提高议案、建议案质量奠定了良好的基础。二是让代表走出去开阔视野。县人大常委会一方面利用培训代表的机会，专门安排时间组织代表参观县内的优秀民营企业、集镇及基础设施建设，现场介绍典型经验，启发代表为本地经济建设出谋划策，做出贡献。另一方面,组织农村基层县人大代表走出去到临近省、市、县考察学习,力求用先进经验引导代表、用典型事例启发代表、用超前思维来改变代表的陈旧观念。2009 年 4 月,县人大常委会组织了 30 名农村基层县人大代表赴重庆、成都等地考察新农村建设、农业示范园区和重点集镇建设。通过这些活动,增强了代表的履职意识,激发了代表的履职热情。三是提供履职平台,让代表在履职过程中得到提高。近年来,县上关于城市建设规划方案、县一中建设、县体委改建等重点项目建设;党风廉政建设、行风建设等,都邀请省、市、县人大代表参加,广泛听取代表的意见和建议,给代表提供了发表意见,履行职责的机会。据不完全统计,每年都有 40 余名代表参加县上的各种听政会、议政会、座谈会。同时,在对政府工作进行视察检查、代表议案和建议案督办检查时都邀请部分代表参加,并邀请代表分期分批列席县人大常委会会议,听取和审议“一府两院”专项工作,为代表提供了更多的履职机会。

(三)勤履职,充分发挥人大代表作用。通过对代表的培训和组织代表开展活动,使代表增强了履职的积极性和主动性,代表履职能力和水平也进一步提高。特别是 5.12 特大地震发生后,全县各级人大代表在第一时间奔赴受灾现场和灾民家中,夜以继日地苦战在抗震救灾和恢复重建工作第一线,为妥善安置好灾民、搞好恢复重建工作立下了汗马功劳。同时,还积极响应县人大常委会的号召,踊跃向灾区群众捐款 545.42 万元,交纳特殊党费 14.76 万元,部分代表还专程看望受灾农户,给他们送去了米、面及衣物、棉被等,把代表的关心和党的温暖带到了灾民家中,体现了人大代表的高尚情操。

二、存在问题和不足

一是少数代表文化水平低,履职能力较差。这类代表生活、居住在最基层,生活圈狭小,对外面的事情了解少,尽管县人大常委会每年都采取不同形式对代表进行履职培训,但这部分代表的履职能力仍然较差,甚至有个别代表开会一言不发,成为“挂名代表”。

二是个别代表用代表职务作“王牌”,言行放纵,在经营活动中有克扣民工工资、殴打民工的现象,还不接受公安人员调解,认为自己有人大代表这道“护身符”,谁也不能把他怎么样。

三是个别代表不注意代表形象,有酒后做出违背政策法律的事情,在群众中造成不良影响。

对于这些问题,在今后的工作中,应进一步加强对代表的培训、教育和管理,使代表的履职意识进一步增强、代表素质进一步提高、代表工作进一步规范。

三、几点思考

一是要继续加大对代表的培训、教育和管理力度。采取多种形式经常组织代表学习《代表法》、《监督法》等有关法律法规,让他们进一步明确代表的权利和义务,从而增强代表的光荣感、责任感和使命感,增强代表意识、法律意识和履职意识;与广大人民群众保持密切联系,坚持从群众中来,到群众中去,把人民群众的利益放在第一位,多为群众办实事、办好事,努力塑造人大代表在群众中的光辉形象。

二是要继续拓宽代表的知情知政渠道。如建立和完善人大常委会组成人员联系代表、代表联系选民、代表列席人大常委会会议,向代表通报政府工作、征求代表意见、代表参与人大常委会有关活动等制度,为代表履职创建良好条件。

三是要进一步增强代表的履职意识。如建立代表履职登记制度,代表向选民述职制度、常委会组成人员审议发言制度、评选优秀代表议案和建议制度等,切实改变代表履职中的“无为”现象,增强代表履职的责任感。

四是要体现代表履职的价值。如建立完善代表议案和建议、批评、意见的办理制度,通过抓好代表议案、建议、批评和意见的办理,加强对代表议案、建议、批评和意见的督办落实,维护和发展好人民群众的根本利益,同时也增强代表“为民代言”的责任感、自豪感。

五是要综合激发代表履职的积极性。如建立代表平时履职的经费保障制度、代表出席会议经费补贴制度、评选优秀人大代表、人大代表优先提拔使用制度等,使人大代表的政治行为与个人利益联系起来,最大限度调动代表履职的积极性。通过充分发挥代表“来自人民、为了人民”的政治优势,团结和带领广大人民群众为当地经济建设出谋划策,为推动略阳经济社会又好又快发展作出更大贡献。

我国人大代表豁免法律制度初探

广东省深圳市罗湖区人大常委会法工委　刘迎晖

(一)

豁免(IMMUNITY)原是国际法上的一种制度,包括公法上的豁免和私法上的豁免。关于豁免产生的原因,众说纷纭,莫衷一是,如国家尊严说、国家礼让说、主权国家的独立与平等说、职务需要说、治外法权说等等。豁免的本质含义是"免除"之意。《牛津法律辞典》对豁免的解释是:"一种不受某种法律后果约束或不受某种法律规范管辖的状态。在罗马法中,豁免的含义是不受法定义务的支配,也就是说,不承担任何产生于法律、习惯或权力的义务。与之相关的概念是无行为能力。在国内法中,出于某种的原因,特定种类的人在某些特定的情况下,可以不负民事责任或刑事责任。从而幼童不负刑事责任,受到绝对特权保护的人不负诽谤的责任。"

议员的豁免来源于英国。议会是英国的最高权力机关和最高立法机关。它是世界上最早建立的终议制机构,堪称世界议会制的发源地,对其他国家的代议制在重大影响,因而被称为"议会之母"。组成议会的议员享有特权,而豁免权,便是特权之一。英国当14－16世纪期内,有议院议员在院内所提出的议案,或在院内所发表的言论,有时经行政机关认为妨及国王权利,或认为非法,而予以控诉,甚至对于议员的表决亦有加以控诉者,当时众议员虽曾抗议,然多归无效。1688年革命后,英国议会遂于其权利宣言中,规定了议院以内一切言词辩论与讨论手续,任何法院与议院以外任何其他机关,不得过问。这样,议会中的言论、表决豁免慢慢得到了承认。而1454年发生的索普案(THORPC'SCASE)(索普担任议院议长和财政法院法官,因不交罚款而遭监禁,他是因非法侵占约克郡公爵的某些财物而被罚款的。下议院向国王和上议院提出抗议,要求释放索普议长。法官同上议院协调之后,拒绝宣布议会具有此项特权,但认为索普有权获释,然而上议院却拒绝释放索普,并命令下议院选举新的议长。)则是确立议员不受逮捕的特权的一个重要阶段。

议会制度现已成为大多数资本主义国家的一项最基本的政治制度,议员制度作为这项制度的一个重要内容,在国家政治生活的作用越来越重要。为了保证议员的作用的发挥,大多数国家都通过立法,对议员的特权和豁免权作了规定,主要有:①不受逮捕的特权,即议员除在法定的场合外,在议会会期中不受逮捕,会期前受逮捕的议员,如在其议院的要求下,必须在会期中释放。②发言、表决不受追究其责任。当然,这次特权并非纵容议员言论上可以肆无忌惮、不负责地去演说。各国的议会法和议会议事规则都作有类似规定,议员言论中不得使用诽谤侮辱性语言,无礼或破坏秩序的语言以及乱说别人私生活的言论,如有此言行,议长可以对该议员行使处罚权(包括禁止其发言、驱逐出会场等)。

当然,赋予议员的言论免责权并不保护那些不负责任、肆无忌惮的言论。一些国家法律对议员发言的时间、次数、内容等都有限制,违反了要受到制裁。波兰、英国、日本、菲律宾等国议会和美国众议院规定,同一议员就同一议题只能发一次言。美国众议院规定,对议案或法案进行辩论时,限1小时,新西兰和加拿大众议院限20分钟。日本、英国、前联邦德国和美国众议院都明确规定,发言内容必须与议题有关,不得超出议题范围。英国下院规定,发言不许涉及当届会期所没有讨论的问题,不许利用其发言的权利,企图达到阻碍下院议程的目的;不许对任何议员进行人身攻击;不许使用挑衅性、煽动性言词等;法国规定,禁止任何的人身攻击;禁止任何扰乱秩序的呼喊、示威或插话。美国众议院规定,不能有诽谤参议院的言词,或者批评总统人格的言论。前联邦德国规定,不得有诽谤性言词。对于违反发言的处理:前联邦德国规定,发言人超过规定时间,议长催告一次后可停止其发言,如议员严重违反程序,可将其逐出会议大厅,并不让他参加会议,最多可达30日;法国规定,议员如不经允许而发言,或要求他结束发言后而仍继续辩论或宣读讲稿,议长可取消他的发言资格,他的发言不得载入会议记录,并可对他实行纪律制裁。美国参议员的发言既无时间限制,也无内容限制,所以有的议员作漫无边际的冗长发言,以阻扰议案的表决,对于这种冗长的发言,经16名参议员动议,三分之二多数表决,就可以停止其发言,为迅速结束讨论,让其他议员每人发言一小时后将议案提付表决。

(二)

西方国家的议会与我国人民代表大会虽有本质的区别,但有许多问题是共有的,如两者都属代议制范畴,有许多议事方式是共有或相似的,主要共同或相似点是:一是组成人员均由选举产生并有一定的任期;二是会议均为主要的工作活动方式;三是实行少数服从多数的表决制;四是以立法和监督作为重要职责;五是均制订了代表或议员制度;六是都规定了议事规则;七是都下设有委员会等内部工作机构等等。

我国国内法上,很少使用豁免这一法律概念(如我国公布实施了《中华人民共和国处交特权和豁免条例》、《中华人民共和国领事特权与豁免条例》、新刑法第十一条也有豁免的内容等)。但并非没有这一内涵,与其他领域相比,我国人大代表豁免制度的内涵是较为丰富的。

根据我国人大代表制度的理论和实践,我国人大代表的豁免可以分为言论表决豁免和刑事豁免。言论、表决豁免是一种完全、充分的豁免,而刑事豁免并非指凡是人大代表触犯刑法都免于追究刑事责任,而是在法律程序上给予他们的一种特别保护,有些人称之为人身特别保护权,这种豁免是一种不完全、不充分的豁免,因此,也是一种有限的豁免。

新中国成立后,国家十分重视对人大代表权利的保障。我国《五四宪法》第三十七条规定,全国人民代表大会代表非经全国人民代表大会许可,在全国人民代表大会团会期间非经全国人民代表大会常务委员会许可,不受逮捕或者审判。《七五宪法》由于受"左"倾思想影响,民主从中央到地方遭到严重破坏,宪法保障公民的基本权利也受到极大的损害,较《五四宪法》,缩小了公民权利和自由的范围,这一切都严重动摇了宪法的基础,所以不可能规定保障人大代表权利的条款。《七八宪法》由于是在我国十年"文革"后修改的,"文革"造成的政治思想上的混乱还没有得到清除,"左"的干扰依然存在,因此,《七八宪法》不可避免地受到历史条件的限制,残留了一些缺陷。《八二宪法》是我国在完成政治上的拨乱反正后修改的,是我国建国以来较完善和科学的一部宪法,是民主基础上的产物。《八二宪法》第七十四条规定,全国人民代表大会代表,非经全国人民代表大会会议主席许可,在全国人民代表大会闭会期间非经全国人民代表大会常务委员会许可,不受逮捕或者刑事审判;第七十五条规定,全国人民代表大会代表在全国人民代表大会各种会议上的发言和表决,不受法律追究。较《五四宪法》这一条是新规定的,是言论、表决豁免的法律规定,这样,就更能保证人大代表能更好地履行自己所肩负的职责,无后顾之忧。

言论和表决豁免指人大代表在人民代表大会各种会议上的发言和表决,不受法律追究。"人民代表大会各种会议"包括大会全体会议、代表团体会议、代表小组会议、预备会议、大会主席会议,代表团团长会议、各专门委员会会议,以及人大的其他会议,还包括人大常委会的各种会议、包括常委会全体会议、分组会议、联组会议、以及常委会的其他会议。发言,包括代表在审议议案和工作报告的口头发言以及会议期间提出议案、质询案、罢免案和对各方面工作的建议、批评、意见等。表决,是代表对各种议案的表决和投票选举等。法律之所以这样规定,主要是为了便于代表依法执行代表职务。法律规定,全国人大代表是最高国家权力机关的组成人员,地方各级人大代表代表人民的利益和意志,依照宪法和法律赋予本级人民代表大会各项职权,参加行使国家权力。为了保证人大代表正常参加人大的工作和活动,依法执行代表职务,在讨论国家大事的时候能够讲真话、讲实话,实事求是地反映社情民意,使人大制定的法律和作出的有关重大事项的决定真正代表人民的利益和意志,必须给予法律上的保障。这里面有几个问题需要加以说明。第一,根据法律规定,人大代表只有在本级人大的各种会议上的言论、表决不受法律追究,但人大代表在参加本级人大各种会议期间会下的言论,也应当不予追究;第二,"不受法律"追究,指不受任何法律规定的处分,既包括全国人大及其常委会制订的法律,也包括国务院和省级人大制定的法规和其他规章,任何单位和个人都不得引用任何法律、法规、规章来处理代表在人大代表在人大会上言行和表决;任何制定追究人大代表在人大会上言行和表决的法律和规范性文件都是违法的;第三,人大代表的发言和表决不受法律追究,既包括刑事、民事责任追究,也包括党纪、政纪的追究。在这个问题上,有一种看法是,不受法律追究,不包括党纪、政纪的追究,因为我们党是有铁的纪律的党,党员必须服从党的指示,若有违背,理应追究责任,在实际工作中，个别地方曾发生过，因有的党员人大代表在人大会议上对党组织推荐的国家机关领导人员的人选提出不同意见，或者投了反对票，就以违反党纪为由，追究代表的党纪的现象。我们认为，这种做法是不符合宪法精神的，因为法律规定言论、表决豁免的目的，是为了保护代表在各种会议上能独立地、自由地、充分地发表言论，如实地反映群众的意见和要求，同时在表决时自主地决定赞成、反对还是弃权，不受任何机关、组织、党派、团体或个人的干涉。既然追究代表责任的行为是与宪法相悖的，其他规范性文件和以行政命令追究代表责任的行为，也是违法的。还有一种看法认为，西方的党派议员要受党纪约束，我国也应该效法，追究党员代表的责任。这种观点也是站不住脚的。众所周知，西方议会的政党纪律是以两党制或多党制为前提的，不同政党在议会中角逐，议员靠政党支持当选，而政党依靠少数财团操纵，所以，议员不得不跟着后台财团老板的笛音跳舞，而我国国情则不一样，党员是代表人民、服务人民，没有自己的根本利益，所以，党员代表根据人民的利益和意志言行，是自己活动的最高准则。当然，作为双重身份的党员人大代表，更应模范遵守宪法和法律，若对党组织的人选有不同意见，可以通过正常的途径反映自己的意见，也可以在投票选举时，对候选人表示反对或者弃权。人大代表代表人民，肩负人民的重托，应真实地反映群众的呼声，若不敢发言，不讲真话，则有负人民的重托。我国法律虽没有对人大代表在各种会议上的发言内容、时间、次数等作出限制，但并不意味着人大代表可以不负责任随便乱说，人大是国家权力机关，不是清谈馆，所以人大代表在各种会议上的发言和表决必须负责任，做到有理、有据、合法，这样就要求人大代表平时要深入基层，多作调查研究，而不能道听途说。

言论和表决豁免在我国宪法和法律中有如下实践：

宪法第75条规定，全国人民代表大会在全国人民代表大会各种会议上的发言和表决，不受法律追究。《中华人民共和国全国人民代表大会和地方各级人民代表大会代表法》（下称代表法）第29条规定，代表在人民代表大会各种会议上的发言和表决，不受法律追究。全国人大组织法第43条规定，全国人民代表大会代表，全国人民代表大会常务委员会的组成人员，在全国人民代表大会和全国人民代表大会常务委员会各种会议上的发言和表决，不受法律追究。全国人大议事规则第49条规定，全国人民代表大会代表在全国人民代表大会各种会议上的发言和表决，不受法律追究。地方组织法第34条规定，地方各级人民代表大会、常务委员会组成人员，在人民代表大会和常务委员会会议上的发言和表决，不受法律追究。

刑事豁免是指县级以上的人大代表非经本级人民代表大会主席团许可，大会闭会期间，非经本级人大常委会许可，不受逮捕或者刑事审判；如果是现行犯被拘留，执行的公安机关应当立即向该级人民代表大会主席团或常委会报告。刑事豁免在我国的实践主要有：宪法第74条规定，全国人民代表大会代表，非经全国人民代表大会主席团许可，在全国人民代表大会团会期间非经全国人民代表大会常务委员会许可，不受逮捕或者刑事审判。代表法第30条规定，县级以上的各级人民代表大会代表，非经本级人民代表大会主席团许可，在本级人民代表大会闭会期间非经本级人民代表大会常务委员会许可，不受逮捕或者刑事审判。如果因为是现行犯被拘留，执行的机关应当立即向该级人民代表大会主席团或者人民代表大会常务委员会报告。全国人大组织法第44条规定，全国人民代表大会代表非经全国人民代表大会主席团许可，在全国人民代表大会闭会期间非经全国人民代表大会常务委员会许可，不受逮捕或者刑事审判；全国人民代表大会代表如果因为是现行犯被拘留，执行拘留的公安机关应当立即向全国人民代表大会主席团或者全国人民代表大会常务会报告。地方组织法第35条规定，县级以上的地方各级人民代表大会代表，非经本级人民代表大会主任许可，在大会闭会期间，非经本级人民代表大会常务委员会许可，不受逮捕或者刑事审判。如果因为是现行犯被拘留，执行拘留的公安机关应当立即向该级人民代表大会主席团或者常务委员会报告。法律之所以这样规定，体现了我国国家人民民主的本质，是发扬民主、加强法制的需要，是与“法律面前人人平等”精神相一致的，其主要理由是：1、人民代表大会是我国的国家权力机关，其他一切国家机关，都必须向人民代表大会负责并报告工作，人民代表大会有权监督他们的活动；人民代表是国家权力机关的组成人员，而同级司法机关是由国家权力机关产生的，因而当司法机关逮捕、审判国家权力机关组成人员时，应经同级国家权力机关许可；2、人民代表是人民派往国家权力机关管理国家事务的光荣使者，他们身负人民的重托，组成各级人民代表大会，参与国家重大事务的决定，监督决定的执行，为了保证其履行代表光荣职责，避免错捕、乱捕等情况的发生，法律这样规定是完全正确和十分必要的；3、对县级和县级以上的人大代表，司法机关要经过人民代表大会或者常务委员会同意，才能进行逮捕或者审判，如果现行犯已拘留时，要经过上述机关批准。这种同意和批准是为了防止错案，以免影响代表开展工作和在政治上带来不良后果，并不是人大代表是"特殊公民"，犯了罪不该逮捕、审判或者拘留，经过上述机关审查批准而不予同意，只是在程序上的特别保护，因此说，刑事豁免是一种有限的豁免。

有人认为，给予人大代表刑事豁免权或人身特别保护权，与"法律面前人人平等"这一法治精神有冲突。张友渔在一九八二年四月二十日第五届全国人大常委会第二十三次会议《关于修改宪法的几个问题》的讲话中，对上述规定的解释是：有人提出，这种"法律面前人人平等"有矛盾，其实是不矛盾的。"法律面前人人平等"是指已制定的法律，在适用时应当人人平等。而在制订法律时，是可以对不同的人、不同的情况有所区别的。如选举法规定，十八岁以上的人才有选举权，那么对于十七岁的人是不是就不平等了？当然不是，又如规定有政治权利的人才有选举权，是不是对于被剥夺了政治权利的人不给予选举权就不平等？当然不是。所以，保护人大代表的规定，不涉及"法律面前人人平等"或不平等的问题，而是因为他是人民的代表，需要加以保护，使他能够充分行使职权，不致由于触及某个行政机构或某个人，而遭到报复。如果某个代表真的犯了罪还是会受到逮捕或审判的，但要经过人大主席团或常委会的批准。当然批准是根据查明确实有犯罪事实，然后才予以批准逮捕，但如果是现行犯罪怎么办？不及时抓起来就会跑掉。那也有办法，公安部门可以暂时拘留，报请人大常委会批准，再正式逮捕。

近年来，司法机关侵犯各级人大代表权利的个案时有发生。这一方面说明了某些执法人员的法制意识较差，另一方面，说明我国法律对人大代表的特别保护还需加强。刑法第256条虽然新规定了破坏选举罪，但离人大代表的要求还有一定的差距。随着我国改革的不断深入，人大代表肩负的任务也越来越重。另外，我国的人大代表与西方的议员不同，西方的议员是专职的，而我国的人大代表大多数是非驻人大常委会的，平时除在各自的工作岗位上完成本职工作外，还要同时兼顾为人民的利益奔走，倾听群众的呼声，反映人民的要求，这就更要求我国要从法律上对他们加以特别保护，以便更好地让他们无忧无虑地为人民服务，认真履行自己肩负的神圣职责，所以，进一步从法律上加强和完善我国人大代表的豁免权制度显得十分迫切和必要。

学习贯彻科学发展观必须坚持三个结合

广西省梧州市长洲区人大常委会　黄自忠

胡锦涛总书记指出："科学发展观，是对党的三代中央领导集体关于发展的重要思想的继承和发展，是马克思主义关于发展的世界观和方法论的集中体现，是同马克思列宁主义、毛泽东思想、邓小平理论和"三个代表"重要思想既一脉相承又与时俱进的科学理论，是我国经济社会发展的重要指导方针，是发展中国特色社会主义必须坚持和贯彻的重大战略思想。当前在全党、全国范围内开展的深入学习实践科学发展观活动，正是按照党中央的要求，旨在提高广大党员干部的思想理论水平，提高驾驭市场经济能力，促进我国社会又好又快发展的思想教育活动。深入学习实践科学发展观，就要全面准确地把握科学发展观的科学含义、精神实质，并用于指导实践，真正做到"党员干部受教育，科学发展上水平，人民群众得实惠"。本人认为，深入学习实践科学发展观，必须坚持"三个紧密结合"。

一、紧密结合个人思想实际。科学发展观是关于发展的世界观和方法论的集中体现，我们学习贯彻科学发展观，就是要理清在发展问题上不符合、不适应科学发展的思想观念和理念。树立正确世界观、人生观、价值观，是学习实践科学发展观的思想基础。当前在我们的一些党员干部特别是领导干部中普遍存在浮躁的现象。就是不从本地的实际情况出发,盲目地上项目追求所谓政绩的短期效应,缺乏可持续发展的理念,三五年后,原来视为辉煌政绩的工程,都是"人去楼空",甚至成为了沉重的包袱,这些教训还是十分深刻的。科学发展观所要求的是求真务实,需要的是脚踏实地。有一句话说得好:"金奖银奖不如老百姓夸奖,金杯银杯不如老百姓的口碑"。我们能理解领导干部想干事业的激情与冲动,但切记,正确的政绩观才是最重要的。

二、紧密结合本地区、本部门、本单位的实际。从实际出发历来是我党的优良传统。我国幅员广大,政治、经济、文化、风俗以及地理环境的影响和人们的思维方式的影响都不尽相同,加上在漫长的社会发展进程中带来的不平衡状态,更彰显了社会的多元性。因此从实际出发才是最根本的。从我们长洲区而言,我们既有面临千载难逢的发展机遇和快速发展的有利条件。随着全市政治、经济文化中心的西移和洛湛铁路、马梧高速公路、长洲水利枢纽和环市高速的建成,确实给我们区的发展注入了强劲的活力。同时我们也应清醒地看到发展不利的另一面。我们面临的是"总量小、底子薄、后劲弱、制约多的这一区情。经过多年的发展,我们虽然有了一定的基础,但是缺乏大发展的底气,制约我们发展的因素很多,需要找到突破的关键点,区委今年提出的"工业主导、项目拉动,商业繁荣,城乡协调、和谐发展"的工作思路,就是从长洲区的实际出发,贯彻好这一发展思路是能够促进长洲区又好又快发展的,目前最紧要的是抓好落实,把每一件事都办好,细节决定成败。

三、紧密结合人大工作实际。学习实践科学发展观,每一个干部概不例外。就人大工作而言,人民代表大会制度,依法治国和人民当家作主的有机统一,体现了中国的特色。作为地方国家权力机关和对"一府两院"实施监督的主体,对实践科学发展观有着极其重要的意义。人大常委会对"一府两院"实施监督不是一般的监督,必须是有重点和有效的。把监督的过程寓于科学发展的伟大实践中。所谓重点就是以"民生"为重点,以人为本是科学发展观的核心,抓好这方面的监督,实际也是实践科学发展观。所谓有效,就是把每一件事都落实到实处。政府兑现了承诺,人民群众就得到实惠。人大常委会在监督中始终做到履行职责不越权,不包办、不越位,少干扰。让"一府两院"放开手脚做自己职责范围内的事情,实现:在支持中监督,在监督中支持"的双赢目标。"打铁就得自身硬"在实践科学发展观过程中,做好人大常委会各项工作,首要的是提高人大常委会组成人员的履责能力、理论水平和素质修养,为长洲区的科学发展作出应有的贡献。

县级人大督办涉法涉诉信访案件要做到"四要"

福建省顺昌县人大常委会主任　王崇荣

县级人大督办涉法涉诉信访案件,是实施法律监督,促进公平公正的一项具体工作。对化解当事人与司法机关之间的矛盾纠纷,维护社会稳定具有重要的现实意义。在实际工作中如何做好这项工作,我认为要做到"四要"。

一要按司法程序受理涉法涉诉信访案件。人大有关工作机构对每个来信来访涉法涉诉案件的处置,工作要从受理开始就按司法程序展开,了解其当事人反映问题的来龙去脉,分析案情的关键特征,在交办、转办信访件的过程中,要向司法机关提示应该反馈的内容,督促司法机关做到依法释案,依法裁判,有错就纠,无错善待,认真对待每一涉法涉诉案件,还当事人一个明白,力求做到反馈一件能够息访息诉一件。

二要监督司法机关提高办理涉法涉诉信访案件的质量。在督办涉法涉诉信访案件的工作中,要督促司法机关发挥"审委会"、"检委会"的集体把关作用,努力做到司法认定、法律裁判与案件客观事实、案情个别特征相一致,法律条款适用准确,法律文书表述科学,有效遏制因工作的疏忽导致执法不公的现象。同时,要督促落实办理涉法涉诉信访案件的回避制度,保证办案过程的公正性。

三要督促承办单位依法依程序办理涉法涉诉信访案件。人大有关工作机构要坚守处理涉法涉诉信访案件的法定时间和时限，督促司法机关依照《信访条例》和有关法律法规的要求，严格办理程序，维护执法过程的严肃性和法律手续的完整性、合法性，以诚相待，防止和避免当事人由暂时的不同意见和看法上升为缠诉缠访的现象。

四要维护司法机关办理涉法涉诉信访案件的独立“审判权”、“检察权”。人大有关工作机构要在法理上积极支持司法机关依法调处涉法涉诉信访案件。既要督促司法机关处理好涉法涉诉信访案件，又要积极营造社会主义民主法制氛围。如遇当事人对司法机关的答复、反馈一时不理解时，人大有关工作机构有义务做好当事人的息访息诉工作，必要时可依照法律的有关规定和程序与司法机关沟通协调，在不干予司法机关独立“审判权”、“检察权”的情况下，积极探讨处置涉法涉诉有关凝难申诉案件的法律依据和方法，促成有关问题的妥善解决。

坚持五个统一　树立五种意识 开创人大工作新局面

湖南省湘潭市岳塘区人大常委会主任　张茂希

在新的历史条件下，地方各级人大及其常委会要以科学发展观为指导，牢固树立立党为公、执政为民的理念，坚持以人为本，为构建和谐社会和全面建设小康社会作出努力，需要坚持五个统一，树立五种意识，不断开创人大工作的新局面。

一、坚持党的领导、人民当家作主和依法治国的有机统一，牢固树立党的意识

建设中国特色社会主义的政治文明，关键是坚持党的领导、人民当家作主和依法治国的有机统一。坚持党的领导，是实现人民当家作主和推进依法治国的根本保障。在政治文明建设中，任何把党的领导同人民当家作主、依法治国割裂开来、对立起来的思想行为都是极端错误的。在新的历史时期，各级人大要推进民主政治建设，要在全面建设小康社会中发挥自己的优势和作用，靠的就是党的领导。坚持党的领导，是人大各项工作必须始终不渝坚持的基本原则。在人大工作中坚持和依靠党的领导，就是思想上自觉增强党的观念，强化党的意识，善于用“三个代表”重要思想和科学发展观的立场、观点和方法分析判断形势，想问题、做工作，要站在全局的立场上，以科学发展观为指导，注重把握事物之间的内在联系，把握事物发展的趋势和方向，坚定不移地贯彻党的基本路线，紧紧围绕党的中心工作，推进人大整体工作上水平，使人大及其常委会的各项工作体现时代精神，适应全面建设小康社会和实施“三步走”战略的需要。要始终把人大工作置于党的领导之下，把主动争取党委的支持与发挥人大作用统一起来，人大及其常委会要通过审议和决定重大事项，把党的正确主张转变为国家意志进而转化为人民群众的自觉行动。要通过监督工作，保证党的路线方针政策的贯彻落实，要坚持人大任免干部和党管干部统一的原则，使党组织推荐的人选成为国家机关的领导人员，同时要加强人大常委会党组和机关党组织的建设，不断提高党组织的凝聚力和战斗力。

二、坚持依法履行职权与服务党的中心任务的统一，牢固树立大局意识

人大及其常委会要围绕党的中心工作来履行职权，要立足当前，着眼长远，坚持以人为本，把满足人的全面需求和促进人的全面发展作为经济社会发展的根本出发点和落足点；按照“五个统筹”的要求，正确处理好人与自然的关系，物质文明与政治文明、精神文明建设的关系，改革、发展、稳定的关系，局部与全局的关系，坚持以经济建设为中心，自觉地服从服务于经济的发展，同时要把社会发展和社会管理放到重要位置，加强对社会管理和公共服务的研究与决策。要关注民生，督促政府解决好劳动就业，改善教育和公共卫生条件，加强公共卫生的基础设施建设，健全公共的服务系统，增强社会的安全管理、加强防灾减灾的能力、建立健全突发事件应急处理机制等问题，促进和保障区域经济的持续、快速、协调、健康发展和社会的全面进步。要发挥人大在民主决策、法制监督、汇聚人才、凝聚人心、反映民意、协调关系等方面的作用，服从服务好全党工作大局，找准、抓住发挥人大工作的优势与促进经济社会发展的结合点和切入点。积极推进民主政治建设，最大限度地凝聚民心、民智、民力，确保安定团结的政治局面。要促进政府职能的转变，理顺各方面的关系，搞好工作监督和法律监督，为深化改革和推进社会进步创造良好的体制环境和法制环境。要充分发挥人大代表的作用，不断强化人大代表的社会责任感、参与感、群众观和民主观，使他们认真履职，同时不断拓宽人大工作的监督渠道，有计划地开展调查研究工作，发挥好人大代表在管理国家事务中的作用。

三、坚持党性与人民性的统一，牢固树立宗旨意识

要坚持立党为公、执政为民的思想，坚持以人为本，人大及其常委会必须牢固树立宗旨意识，把依靠群众、相信群众、一切为了群众，体现在人大工作的各个方面。一方面要坚持并自觉接受党的领导，围绕党的中心任务积极开展工作，认真学习贯彻党的大政方针；另一方面要善于把党的主张和人民的意愿统一起来，把上情和下情结合起来，通过人大的工作，使党的各项主张成为国家意志，成为广大人民群众追求和奋斗的目标，充分调动广大人民群众的积极性、主动性和创造性，保证党的路线、方针、政策的贯彻落实。立党为公、执政为民，以人为本，说到底就是一切从人民的利益出发，一切为了人民。要以人民群众拥护不拥护、赞成不赞成、高兴不高兴、答应不答应、满意不满意作为衡量人大工作得失的根本标准。要深入基层，调查研究，倾听群众的呼声，了解民情，发挥人大联系群众的优势，成为党同人民群众联系的重要桥梁和纽带。在新的历史条件下，人大工作必须把维护好、发展好和实现好人民群众的根本利益，作为全部工作的出发点和落足点，牢固树立群众观点和公仆意识，深入实际，了解群众在想什么、盼什么、拥护什么、反对什么，把群众关心的热点和难点问题作为我们工作的重点，确实做到思想上尊重群众，生活上关心群众，工作上依靠群众，感情上贴近群众。

四、坚持发扬民主与健全法制的统一，牢固树立法治意识

推进依法治国，加强社会主义民主政治建设，是各级人大及其常委会的重要职责。依法治国，建设社会主义法治国家是一项系统工程，它包括有法可依、严格执法、保证法律的实施和提高全体人民的法律意识和法制观念。当前，在人大工作中，一要深入持久地加强法制宣传，积极开展普法教育，提高全民的法律素质和意识；二要坚持有法必依、执法必严、违法必究的工作方针，加强立法和法律监督工作；三要坚持积极支持和促进“一府两院”采取有力措施，加强领导干部和执法队伍建设，提高执法水平和依法办事的能力，推进依法行政，公正司法；四要积极推进基层民主政治建设。

五、坚持改造客观世界与主观世界的统一，牢固树立自律意识

马克思主义认识论告诉我们，改造客观世界和改造主观世界是彼此联系、相互统一、不可分割的。人大及其常委会是代表人民行使国家权力的机关。因此，人大代表、人大常委会组成人员，包括所有从事人大工作的同志，必须以对党和人民高度负责的态度，不断改造自己，提高自己，全面提高自身素质。现在形势发展很快，各种矛盾错综交织，纷繁复杂；全面建设小康社会的任务不仅繁重，而且十分艰巨，新情况、新问题不断涌现。这一切都对我们的领导水平和执政能力提出了更新、更高的要求。要加强理论学习，努力掌握马克思主义的科学内涵，特别要联系自己的思想实际，学习好“三个代表”重要思想和科学发展观，坚定共产主义信念，提高思想水平，加强道德修养，牢固树立马克思主义的世界观、人生观、价值观。同时要广泛联系人大代表，为他们执行职务搞好服务，创造条件，接受他们对人大常委会工作的监督。要廉洁自律，增强自律意识，坚持立党为公、执政为民，就必须讲廉洁、讲奉献、讲作为，正确认识和处理奉献精神和利益原则、党的事业和个人价值、全局利益和局部利益的关系。要牢记“两个务必”，发扬艰苦奋斗的作风，要在艰苦奋斗的实践中加强党性修养，不断地使自己的思想得到升华，达到一个新的境界。要按照“三个代表”重要思想和学习实践科学发展观的要求，不断地加强主观世界的改造，不断地加强人大及其常委会的自身建设，不断开创人大工作的新局面。

深入贯彻落实科学发展观　推动人大工作创新发展

河北省隆化县人大常委会副主任　谢笑德

科学发展观是我们党指导发展的世界观和方法论的集中体现，是推进社会主义经济建设、政治建设、文化建设、社会建设必须长期坚持的指导方针。人大工作涉及政治、经济、文化和社会生活各个方面，担负着保障宪法和法律实施，推动物质文明、政治文明、精神文明与和谐社会建设协调发展的重任。因此，我们必须牢固树立和落实科学发展观，自觉地用科学发展观指导人大工作，推动人大工作实现创新发展。

一、创新人大工作　促进科学发展

科学发展是我们党执政兴国的第一要务。人大工作是党的工作的重要组成部分。深入贯彻落实科学发展观，对于人大及其常委会坚持和完善人民代表大会制度，保障和促进地方经济和社会事业协调发展具有极其重要的意义。隆化县人大常委会自觉把科学发展观贯穿于服务经济社会发展的全过程、落实到经济社会发展的各个环节，按照全县经济社会发展的总体思路、既定目标和工作重点，围绕招商引资、项目建设、环境治理、民生工程等一系列事关全县未来发展的重大问题，予以关注，加快了全县重点项目建设步伐；如隆东韩麻营中关钒钛铁工业园区、隆西郭家屯铅锌铜等稀贵金属工业园区、隆北以肉牛养殖以及水稻和特色蔬菜种植为主的农牧产品深加工园区、县城以机电产品加工和农副产品加工为主的中心工业园区的建设等，为全县经济社会又好又快发展提供了有力保障。

二、创新人大工作　提高监督实效

行使监督权是人大及其常委会的重要职能。隆化县人大常委会深入贯彻落实科学发展观，按照监督法的要求，不断提高监督质量和监督实效，推动人大监督工作创新发展。一是进一步提高对监督的认识。在工作中不断突出监督重点，改进监督方式，力求监督实效，工作中做到“三个不”即监督不代替，支持不添乱，工作不争功。例如常委会对县财政全年计划预算，年初提前介入，支持政府编制好年度计划和预算。此后，针对运行中的问题及时提出意见和建议，不断推动政府努力培育和壮大财源基础，构筑多元支撑的财政格局；二是进一步提高监督质量。按照监督法的要求，隆化县人大常委会根据全县工作大局、代表审议意见和群众普遍关心的热点难点问题，确定监督工作选题。听取和审议“一府两院”专项工作报告之前，对审议议题进行深入研究，实地察看、广泛座谈、综合分析。审议中，紧扣主题、突出重点、精心审议。审议后，认真归纳整理审议意见，经常委会议研究后，及时转交“一府两院”办理，跟踪问效，提高了监督质量；三是进一步提高监督实效。监督法的颁布实施，对人大及其常委会的工作提出了新的更高的要求。为此，隆化县人大常委会不断调整工作思路，改进工作方式和工作方法，确立了“寓监督于支持之中，寓支持于监督之中”的监督工作原则，取得很好效果。如针对我县节能减排和环境整治工作，根据《承德市2008年节能减排暨环境保护目标管理考核办法》和《承德市“22221”环境整治工程节能减排目标考核实施方案》的要求，按照承德市人大常委会的安排部署，常委会组织对韩麻营镇、中关镇和隆化镇三个重点乡镇所属的企业和矿山的节能减排责任目标履行情况进行了视察。听取了县政府、相关部门及被视察乡镇落实“22221”节能减排目标承诺情况的汇报。加大了对重点耗能企业的监察力度和对落后生产工艺的更新改造力度，强化了节能管理队伍培训和节能宣传。为全面推进我县节能减排工作，促进我县经济增长方式转变和结构调整，提高经济质量和效益，实现经济社会又好又快发展起到了重要作用。

三、创新人大工作　坚持以人为本

坚持以人为本要求我们各级人大牢固树立群众意识，坚持走群众路线，进一步完善科学有效的工作机制，拓宽人民群众直接参与人大工作的渠道，自觉地把人大工作置于人民群众的监督之下，保障人民依法当家作主的权利。隆化县人大常委会始终坚持民主集中制原则，每年人代会提交的议案、建议、批评和意见，既符合党的路线方针政策和国家的法律法规，又真正代表了人民群众的根本利益。常委会为充分调动人大代表依法履行代表职责的积极性，发挥他们在构建和谐社会和三个文明建设中的模范带头作用，做出了关于开展争创“五好”代表活动的决定，加强代表建议、批评和意见的督办工作。今年人代会期间共收到代表建议、批评和意见64件，对这些建议、批评和意见，人大常委会高度重视，采取整理归类、予以交办、限期督办、反馈了解、听取报告等措施，一个环节一个环节地抓好落实。促进了县政府对代表建议的办理和解决。从人大常委会对各乡镇人大了解的情况看，代表满意率达到98%；常委会以关注民生为重点，紧紧围绕事关人民群众的政治权利、财产权利和生命权利的问题，对农村新型合作医疗、全县城乡居民低保、就业再就业工程、治理教育乱收费、建设用地项目审批、广播电视卫星地面接收设施管理等方面的工作予以高度关注，对公路网络建设、县城集中供热、伊逊河橡胶坝、县城“两路一街三巷”建设及县城管理等进行视察，保护、发展了人民群众的根本利益。

四、创新人大工作　构建和谐社会

社会主义和谐社会必然是民主法制健全、政治文明发达的社会。隆化县人大常委会深入贯彻落实科学发展观，始终把推进社会主义民主政治建设、加快和谐社会建设作为自己的根本任务，自觉把坚持党的领导、人民当家作主和依法治县有机结合起来，通过健全和完善民主选举、民主监督、民主参与、民主决策和民主管理等政治制度，不断满足广大人民群众参政议政的要求，维护公民的政治权利，努力促进社会和谐。常委会充分发挥人大的工作优势，探索建立利益协调机制和利益表达、对话机制，防止和化解社会矛盾。常委会还不断拓展公民参与社会治理的空间，引导各个利益群体以理性、合法的形式表达利益诉求，处理好各种利益关系，使公民在参与社会管理过程中建立新的和谐关系。例如常委会把接待群众来信来访与开展法律监督紧密结合起来，依法办理群众权益诉求，对233件群众来信来访，认真研究，加强协调，转交“一府两院”办理131件，直接协调办理21件，做通工作、息诉罢访64件，维护了群众利益和法律的公平、正义，促进了社会和谐稳定。

五、创新人大工作　加强自身建设

加强常委会自身建设，是做好人大工作的前提和基础。隆化县人大常委会不断强化学习意识，努力提高整体素质。一是认真学习邓小平理论、“三个代表”重要思想和党的十七大精神，深刻领会坚持落实科学发展观、构建社会主义和谐社会、加强党的执政能力建设和先进性建设等一系列重大战略思想，提高思想政治水平。二是认真学习宪法、法律尤其是监督法，学习人民代表大会制度基础知识、基本理论和工作制度，努力探索和掌握新形势下人大工作的特点和规律，不断提高业务素质；不断强化责任意识，始终保持奋发进取、昂扬向上的精神状态，恪尽职守、团结奋进，尽心竭力地做好人大工作；三是不断强化效能意识，注重加强作风建设。把密切联系群众、接受群众监督作为做好人大工作的基础性工作来抓，经常深入基层，倾听群众呼声，反映群众意愿，维护群众利益，使人大常委会真正成为人民的权力机关，成为发扬社会主义民主的主渠道。常委会还围绕我县经济社会又好又快发展中的重大问题，有计划、有目的地开展调查研究，努力提高人大工作的决策水平，以实际行动维护了人大的地位和形象，推动了我县人大工作的创新发展。

地方人大及其常委会行使重大事项决定权刍议

湖北省武汉市新洲区人大常委会办公室副主任　刘世平

重大事项决定权是地方人大及其常委会的重要权力之一，是宪法和地方组织法赋予地方人大及其常委会的基本职权，必须认真行使。从本质上说，决定权是人民主权原则和我国民主政治国家性质的现实反映，是人民当家作主，对地方国家事务进行管理的重要体现。认真总结研究分析地方人大及其常委会行使决定权方面存在的问题及其原因，探讨与创新，确保决定、决议的贯彻落实，对于推进依法治区，建设社会主义法治国家，全面发挥地方国家权力机关的整体功能，促进本行政区域政治、经济和社会发展具有十分重要的意义。

一、地方人大及其常委会行使重大事项决定权存在的问题及原因

县级以上地方人大常委会设立以来尤其是近

几年来,在依法行使重大事项决定权方面进行了积极探索,作出了很大努力,取得了一些进展和成效,一些地方人大常委会还制定了关于讨论、决定重大事项的试行办法和规范性文件,但从整体上看,行使得不够充分,程序不够完善,困难比较多,同法律规定还有较大差距,使重大事项决定权的行使还很不到位,存在的主要问题和原因,笔者认为有以下几个方面:

(一)认识不到位的问题。宪法和地方组织法虽然明确规定,地方人大及其常委会"讨论、决定本行政区域内的政治、经济、教育、科技、文化、卫生、环境和资源保护,民政民族等工作的重大事项"(以下简称"重大事项决定权"),但这一规定太原则、太抽象,哪些事项属重大事项应由县级以上人大及其常委会讨论决定,县级以上人大及常委会怎样讨论、决定重大事项,具体程序是什么等都缺乏明确的界定和规范,在实践中难以操作,很多同志一谈到人大工作,往往就是立法、监督、人事任免,很少涉及到决定权,对人大行使决定权是不是越位争权,会不会影响区委的领导权等问题认识不清,了解不透,致使县级以上人大及其常委会在行使重大事项决定权过程中与同级人民政府发生分歧时无所遵循,使地方人大及其常委会的重大事项决定权处于认识上不到位的境地。

(二)操作上难的问题。长期以来,很多同志认为,同属重大事项一般都由党委决策,或由政府决策、党委批准,或由党委和政府共同决策的思维定势的影响根深蒂固,尤其是一些领导干部对于宪法和法律规定的,地方各级人大及其常委会"讨论、决定本行政区域内各方面工作的重大事项"(《宪法》第10条)、"地方各级人民政府是地方各级国家权力机关的执行机关"(《宪法》第105条)。地方人大及其常委会与同级人民政府的关系是决定与执行、监督与被监督的关系缺乏应有的正确认识;一方面,一些在党委、政府工作的领导同志习惯于传统的权力运行方式,对人大及其常委会依法行使重大事项决定权,在认识和实践上仍处于认可又不习惯的状态,每遇重大事项,往往采取党委决策,政府执行或党委、政府联合决策、联合发文贯彻落实的方式,把人大及其常委会的重大事项决定权抛到了一边,使之处于十分尴尬的境地,无法作为。另一方面,也有一些从事人大工作的同志错误地认为,重大事项由党委决策、政府执行、人大监督就行了,或者怕行使重大事项决定权被说是与党委争权,与政府分权,影响关系,自身就缺乏依法行使决定权的胆略和主动性,哪些重大事项需要地方人大及其常委会讨论并作出决定,往往抓不准,有的也不愿意抓,致此长期由地方人大及其常委会决定的有实质内容的重大事项很少。

(三)效果上不明显的问题。当前每年一次的地方各级人代会,往往就是听取审议一下"一府两院"的几个报告,作出几个年年类同,内容表述大同小异的程序性的"决议"外,极少或者根本没有讨论、决定过本行政区域内的某一具体重大事项。每两个月一次的地方人大常委会会议,虽然安排听取和审议了区政府的一些专项工作报告,作出了一些决议或决定,但这些决议、决定多数比较原则,可操作性较差,执行机关执行起来较为困难,同时对决议、决定的执行情况的监督检查也不够,缺乏必要的制约反馈机制。这样,虽然看起来地方人大及其常委会也在行使重大事项决定权,而实际上重大事项决定权的行使处于一种例行公事的状态,并没有产生法律赋予地方人大常委会重大事项决定权的应有效果和作用。

从目前我区运行的情况看,每年财政预算草案、决算、国民经济计划草案、城市规划及年中调整,需要人大常委会作出的决定外,一般的重大事项不是区委常委会研究,就是区委、区政府联合发文,然后组织实施。棘手的事情,工作难度大的事情,政府才向人大常委会提交议案,如筹措资金、街镇综合配套改革、拆迁补偿费标准、殡葬改革方面的管理等,为了借助人大及其常委会的权威,却主动提交人大及其常委会请求作出相关决议、决定。结果使人大及其常委会成了借助力量管了不该管的事情,影响了地方国家权力机关的尊严和权威。

二、地方人大及其常委会依法行使重大事项决定权的探讨与创新

针对行使重大事项决定权方面存在的上述问题,要保障重大事项决定权的有效行使,笔者认为可从以下几个方面探讨与创新:

(一)提高思想认识。决定权最能体现国家权力机关的本质特征。地方人大及其常委会讨论决定本行政区域内的重大事项,不仅是宪法、法律的规定,是人民代表大会制度的重要内容,是人民当家作主,依法管理国家事务的具体体现,也是将党的意志转化为国家意志的重要方式,是实现决策民主化、科学化、制度化的必然要求。地方人大及其常委会讨论决定重大事项,有利于广泛集中民智,充分反映民意，最大限度地反映人民群众的根本利益，避免可能出现的片面性和重大失误。离开了决定权，权力机关将不成为其权力机关了。决定权行使不好，将使国家权力机关的形象和作用严重受损，所以，必须从坚持和完善我国根本政治制度的高度，从贯彻落实“三个代表”重要思想的高度，进一步认识依法行使重大事项决定权的重大意义，因此，我们必须进一步完善人民代表大会制度，确立人民代表大会崇高的法律地位，县级以上地方人大及其常委会尤其要积极主动地认真行使重大事项决定权。

（二）正确处理三个关系。地方人大及其常委会行使重大事项决定权，既不是与党委“争权”，也不是与政府“分权”，而是依法行使职权。首先应重视处理好三个关系：1、与党委领导的关系。我们在实践中注意在区委的领导下，正确行使决定权，努力在决定、决议中体现区委的主张和意图。一是区委向区人大常委会建议的重大事项，区人大常委会党组认真进行研究，召开人大常委会通过法定程序，作出决定、决议，保证区委决策的贯彻落实；二是对区委没有提议而人大常委会认为需要作出决定的事项，区人大常委会党组事先将准备作出决定的草案报区委，经区委同意后，再作出决定；三是常委会拟作出决定的内容，要紧紧围绕区委的中心工作。近几年来，我们根据区委提出的着力打造“三区”建设的要求，区人大常委会审议、决定的内容，多数都与“三区”建设有关，保证了区委的决策通过法定程序得以贯彻落实。2、与政府行使行政权的关系。依照我国法律规定，地方人大及其常委会是地方国家权力机关，同级人民政府是它的执行机关，由它产生，对它负责，受它监督。但在当前的实践中却存在由于对国家权力机关的性质、地位和作用缺乏认识，区政府不习惯把属于人大及其常委会讨论、决定的重大事项提交人大及其常委会讨论决定，如机构改革“三定”方案，投资超过几千万元的区委党校会议中心建设等，都是自行决定、或与党委共同决定。因此，正确处理人大及其常委会依法行使重大事项决定权与政府行使行政权的关系，一方面区政府要依法行政，该由人大及其常委会讨论、决定的重大事项主动提交审议，做到不越位。另一方面，人大及其常委会要增强依法行使决定权的主动性，对属于自己决定范围的重大事项要要求、督促区政府提请审议，做到不失职。如2007年4月，为了切实有效地开展好政府投资重点项目的审议监督工作，新洲区人大常委会专门召开主任会议研究制定《关于区级投资重点项目计划审议监督的暂行办法》，5移其稿，在2007年6月26日新洲区第三届人大常委会第五次会议上，经过认真审议，正式通过了这个暂行办法，这个暂行办法中规定了政府投资重点项目计划审议监督的范围、程序、跟踪监督等方面主要内容，区政府决定从2008年开始，今后所有投资重点项目计划依法提请区人大常委会审议后再实施，为区人大常委会依法开展审议监督工作创造了条件。3、与审判机关和检察机关的关系。宪法和法律规定，人民法院、人民检察院既要独立行使审判权和检察权，又要接受同级人大及其常委会监督，但地方组织法对县以上地方人大及其常委会行使决定权的规定，没有司法方面的内容。因此，我们在行使决定权时，既依法支持司法机关独立行使职权，又大胆行使监督职能，并可就人民法院、人民检察院的重要工作作出决定，但是不得撤销人民法院、人民检察院的法律文书。

（三）规范运行程序。地方人大及其常委会讨论、决定重大事项，是一个民主、科学决策的过程，必须有严格的程序，规范进行操作。笔者认为，地方人大及其常委会行使重大事项决定权的程序包括：1、议案提出。法定提出议案的主体依法以书面形式向人民代表大会或常务委员会提出有关重大事项的议案，在人代会期间向人民代表大会提出的议案由大会主席团决定列入大会议程，向人大常委会提出的议案，经人大常委会主任会议决定列入常委会会议议程。2、调研论证。由主任会议决定提交常委会会议审议的议案，应由人大常委会有关工作委员会组织常委会组成人员和专业人员进行专题视察、调查，广泛听取各方面的意见，全面了解掌握情况，向常委会提出内容翔实的视察、调查初审意见。3、讨论审议。在人代会或常委会讨论审议时，议案提出单位或领衔人应报告议案的内容及有关说明，人大代表和常委会组成人员要畅所欲言，各抒已见，在充分讨论审议的基础上，由工作人员集中大家的意见，起草决议或决定草案，经大会主席团或主任会议审定后交代表或常委会组成人员讨论审议，进一步修改、完善后提交全体会议表决。4、表决通过。在表决之前，人大代表或常委会组成人员还可对决议或决定草案进一步提出修改意见，而后以按表决器或无记名投票的方式进行表决，由人大代表或常委会组成人员总数的过半数通过生效。5、公布实施。讨论、决定重大事项的决议或决定通过后，要及时在本级人大常委会公报和新闻媒体上刊播公布，进行有关的新闻报道和宣传，营造实施的良好舆论氛围和社会环境，促进决议或决定的贯彻落实。

三、注重实效，确保决定、决议的贯彻落实

如何作出一个切实可行的决定，并保证它的贯彻落实，这是发挥人大常委会决定权作用的重要环节，我们在实践中重视抓好三个方面的工作。

（一）重视决定、决议的针对性和可操作性，提高其执行的效果。人大常委会作出决议、决定不在于数量，关键在于质量。我们在对重大事项作出决定前，坚持事先组织调查研究，并通过分析研究搞清楚决定的重要内容、需解决的主要问题，使决定的内容切合实际，具有较强的针对性和可操作性。如2007年6月，新洲区人大常委会根据区委"改软管理年"的总体要求，组织辖区内部分省、市、区、镇四级人大代表对水务局、环保局、土地局、供电公司等10个部门改善投资软环境工作进行工作评议。为了搞好工作评议，区人大常委会多次召开主任会议，研究工作评议实施方案，报区委常委会研究，经批准同意后，区人大常委会召开会议，作出了"关于组织部分人大代表开展对政府有关部门投资软环境工作进行评议"的决定，区人大常委会按照方案要求，分3个阶段，成立6个工作专班，组织112名人大代表，在全区范围内开展了为期4个月的工作评议。在评议中，人大代表坚持以事实为依据，以法律为准绳的原则，都能放下情面，敢于直言，既充分肯定了被评议部门在软环境建设中所做的工作和对新洲经济发展所做出的贡献，又毫不留情地指出了他们在领导班子建设、执法队伍建设、服务大局、服务基层等方面存在的问题和不足。在"面对面"地评议后，人大代表按照"满意、基本满意和不满意"三个档次，对被评议部门进行了"背靠背"地测评，区工商分局等4个单位被评为满意单位，区公安分局等4个单位被评为基本满意单位，区国土局被评为不满意单位。这次工作评议动真格，不护短，真正评出人大常委会的威信，使评议工作能够促进经济发展软环境的改善，在全区上下引起了强烈震撼，效果非常明显。

（二）采取多种形式，加强对决定、决议贯彻落实的监督检查。决定、决议作出后，我们重视运用听取和审议贯彻执行情况报告、执法检查、工作评议、视察等形式，督促决定、决议的贯彻实施。如在推进审议监督工作和评议工作中，把贯彻执行人大及其常委会的决定、决议作为一项重要内容，不仅要求被评议对象报告落实决定、决议的情况，还对他们进一步贯彻决定、决议提出意见和要求。如2005年8月，新洲区为了加快推进阳逻开发区基础设施建设，新洲区人民政府先后2次向区人大常委会提出批准向国家开发银行申请贷款的议案。这类问题法律没有明确规定是属谁的职责范围，而实际操作中，国家开发银行要求此贷款申请需经同级人大常委会作出决议。为此，新洲区人大常委会从实际出发，及时组织常委会组成人员，先进行调查，后召开常委会议进行认真审议，作出决议批准区政府向国家开发银行贷款的议案，支持阳逻开发区利用开发银行贷款加快基础设施建设。为了督促决议的贯彻落实，区人大常委会先后2次组织区人大常委会组成人员对阳逻开发区"三纵四横"道路基础设施建设进行视察，听取了区人民政府关于利用国家开发银行贷款，加快开发区基础设施建设情况的报告，使区人大常委会作出的决议得到了贯彻落实。

（三）建立督办制度，加大决定、决议的督办力度。人大及其常委会就重大事项作出决议或决定，并不是行使重大事项决定权全过程的完成，更重要的是要保证行使决定权成果的落实，确保行使决定权的实效。我们在工作中先后制定了督办工作制度，明确了督办工作分管领导和工作委员会，规范督办程序，要求区"一府两院"要根据区人大常委会《议事规则》，建立完善的办理落实制度，增强依法行政、依法办事的意识，将决议、决定的落实工作明确责任，目标到单位到人，并及时向人大常委会报告落实情况和落实结果。区人大常委会和有关工作委员会通过组织代表和常委会组成人员对办理工作进行视察、调查，及时提出改进工作的意见建议，对办理落实不力的可采取提出督查询问等方式，加强对讨论、决定重大事项的办理落实工作的跟踪监督，同时要求区人民政府及有关单位将办理结果在规定时间内向区人大常委会反馈，维护人大及其常委会依法行使重大事项决定权的权威和严肃性，真正把行使决定权的成果落到实处。

作者简介：

刘世平，男，生于1964年11月，1982年7月参加革命工作，1992年6月加入中国共产党，大学文化程度，政工师、经济师，现任湖北省武汉市新洲区人大常委会办公室副主任。1982年7月—1988年

12月在新洲县城关镇李林中学教书，1989年1月—1998年4月任新洲县政府扶贫开发办秘书、股长；1998年5月—2001年5月任新洲区人大常委会教科文卫工委任主任科员；2001年6月—2002年3月任新洲区人大常委会办公室秘书科科长；2002年4月至今任新洲区人大常委会办公室副主任。

“亮新招”推进代表工作

广西省梧州市长洲区人大综合工委　李程

长洲区二届人大常委会不断探索和创新代表工作的方式方法，取得了良好的效果，有力推进了代表工作的开展。

一、开展代表向选民述职活动，代表履职积极性更高了。为了进一步拓宽代表与选民的沟通渠道，密切代表与选民的联系，加强选民对代表执行职务的监督，充分发挥代表的桥梁纽带作用。2007年9月，该区人大在龙新村选区进行了代表向选民述职试点，在试点取得经验的基础上，2008年在各个选区全面铺开。每个代表都向所在选区的30名选民代表面对面述职，述职后由选民代表当场评议，对人大代表的履职情况按照满意、基本满意、不满意三个等级进行了投票，选民的投票评议情况当场反馈给每个代表，经选民评议，每个代表的选民满意率达80%以上。在发言征求意见中，选民代表还向代表提出密切联系选民、及时反映民情民意、多为选区群众办实事好事等建议。通过述职评议活动，加强了代表与选民的沟通和联系，拉近了代表与选民之间的距离，增强了人大代表的责任感、使命感和服务意识，使代表们充分认识到“当代表不是一种荣誉，而是一种责任”。他们表示要努力做到“人民选我当代表，我当代表为人民”，加强学习，认真履行职责，把人民群众的意见和要求表达好、实现好。

二、表彰优秀人大代表，代表的荣誉感增强了。2007年11月，该区人大组织开展评选优秀人大代表活动，按照5条评选条件：认真贯彻执行国家法律法规和区人大决议、决定；遵纪守法，在群众中有较高威信；依法行使代表职权；积极参加代表活动，带领群众致富；热心公益事业，为群众办好事实事。先由各代表团推荐并在选区公示，然后经区人大常委会评比审批，评选出优秀代表21名，并在2008年人大例会上进行表彰奖励。通过评选表彰活动，增强了代表的荣誉感，大大调动了代表履职的积极性。

三、编印代表风采刊物，展现了代表履职为民的风采。为更好地宣传代表履职为民做好事办实事的事迹，该区人大将代表履职为民做好事办实事的事迹编印成《代表风采》刊物发送给代表阅读，代表们普遍认为这种形式新颖、效果好，代表如何履职、做了什么、有何成绩大家都知道，是加强代表之间联系和相互学习相互促进的新尝试。该区人大将在本届任期内将每位人大代表履职为民做好事办实事的事迹都刊登在《代表风采》上。通过编印《代表风采》刊物，展现该区人大代表履职为民做好事办实事的风采，更好地推进代表工作的开展。

四、落实无固定收入代表履行职务经费，代表的执行职务补助权有保障了。代表法规定，无固定工资收入的代表执行代表职务，根据实际情况由本级财政给予适当补贴。为了落实无固定收入代表履行职务经费，该区人大每年年初就把这项经费纳入本级财政预算，对社区、农村无固定工资收入的本级人大代表给予每人每年200元的履职经费补助，为代表履职提供了必要的物质保障，解除了无固定工资收入代表的后顾之忧，代表们履行代表职务更安心了。

解放思想 服务大局
开创人大工作新局面

湖南省益阳市赫山区人大常委会主任 李中保

近年来,赫山区委、区政府抢抓沿海地区产业转移和“3+5”城市群开发等新一轮发展机遇,充分发挥本地资源、区位、产业等优势,以园区建设为重点,创新思路,积极作为,构建了龙岭工业园、龙泉经济开发区等同区的建设框架,培育了包装、高新技术等产业集群,经济总量,运行质态、对外知名度不断提升,逐渐成为全市乃至全省开发的前沿阵地。进入了新的发展时期。这是赫山解放思想、勇于创新的结果。为促进赫山区经济社会又好又快发展,我们区人大常委会紧跟形势,与时俱进,开拓创新,在解放思想上着重做好以下几方面的工作:

一、围绕中心,着眼大局,坚持在促进发展上解放思想

我们自觉地接受党的领导,坚决贯彻党的路线方针政策,紧紧围绕经济建设这个中心,不断增强大局意识,牢固树立全区“一盘棋”思想,主动把人大的工作融入全区经济社会建设工作的大局之中,既树立服务大局的政治觉悟、坚持发展的思想观念,又练就纵观大局的宽广眼界、把握大局的过硬本领,对照区委的总体思路、目标任务、工作重点,选择性的开展工作,认真履职,努力把各项工作主动融入到全区的经济建设中去,着眼大局,落到实处,抓出实效。认真开展调研,积极建言献策。围绕全区经济社会建设中的重大问题开展调研,认真分析,集体研讨,形成凝聚集体智慧的调研报告,为区委、区政府搞建设提供参考,坚持走四家合力兴区之路。

二、依法履职,牢记职责,坚持在服务发展上解放思想

地方人大拥有重大事项决定权、人事任免权和对“一府两院”的监督权。我们不断增强做好人大工作的责任感和使命感,正确行使宪法和法律赋予的权力。积极行使重大事项决定权,坚持把区委的重要决策和主张,通过法定程序,变为全区人民的意志。认真行使人事任免权,坚持把党管干部与人大依法任免干部结合起来,不断提高人事任免工作水平,建设一支高素质、高水平、服务赫山经济建设的干部队伍。在行使监督权时。既监督,又支持,寓监督于支持之中,主要是支持,促进“一府两院”依法开展工作。

三、反映民意,以人为本,坚持在实践宗旨上解放思想

发展不仅仅是经济增长,还应包括不断满足人民群众多方面的需要和促进人的全面发展,积极维护人民群众的合法权益。为此,我们积极发挥人大代表的权力主体作用、模范带头作用、桥梁纽带作用,广泛集中民智,切实维护人民群众合法权益。进一步疏通民主渠道,坚持和探索实现民主的有效形式,主动抓住人民群众密切关注的热点、难点问后进行监督,认真做好代表议案、建议、批评和意见的交办和督办工作,通过依法履行自身的法定职权,自觉维护人民群众的合法权益。通过信访渠道收集人民群众的意见,做好人大信访工作,发现“一府两院”依法行政、公正司法中存在的问题,对症下药,有的放矢,有针对性的进行监督,认真维护好人民群众的切身利益。

四、与时俱进,开拓创新,坚持在自身建设上解放思想

时代在前进,我们的工作也必须与时俱进。我们要努力适应改革开放和现代化建设的新形势,适应社会主义民主法制不断进步的新要求,在严格依法办事的前提下,积极探索人大行使职权的方式方法,拓宽工作渠道,提高工作实效。继续坚持并改进执法检查、听取专项工作报告、代表视察等形式,大胆探索推进民主法制建设的新思路、新办法,使人大工作在探索中前进、在开拓中发展、在创新中提高。进一步加强代表工作,充分发挥代表的作用,积极为代表履行职责创造条件。进一步转变作风,勤奋工作,廉洁奉公,不断塑造人大公正、高效、为民的良好形象。

浅议增强专项审议的效力

湖南省芷江侗族自治县人大常委会主任　唐成云

监督法第二章对人大常委会听取和审议人民政府、人民法院、人民检察院的专项工作报告作出了比较具体的程序性规定。人大常委会听取和审议本级“一府两院”的专项工作报告，是促进依法行政、公正司法，推动经济社会和谐发展，保证人民当家作主地位的重要监督方式。同时，专项审议监督与计划、财政监督、执法检查监督等方式相比，更能体现出人大常委会监督工作的自主性、灵活性和地域特色。抓好专项审议，有利于增强人大常委会监督的实效。当前，学习和贯彻监督法，提高基层人大常委会听取和审议专项工作报告的质量，要着重从细节入手，不断完善专项审议的各个工作环节，切实提高专项审议工作的效力。

一、科学选择审议议题，切实开展调查研究

选准选好审议议题是提高人大常委会专项审议质量的首要前提。全面深入地对审议议题进行调查研究是提高专项审议质量的基础环节。

1、要依法建立健全“议题库”，恰当选择和安排议题。为了使人大常委会专项审议有议题可选，重点议题不被遗漏，避免确定审议议题的盲目性和临时忙乱，必须加强“议题库”建设。人大常委会要在平常工作中注意组织精干力量并合理分工，通过合法途径，运用现代信息化手段，随时收集人大常委会组成人员提出的问题，人大代表提出的建议、批评和意见，人民群众来信来访反映的问题，整理执法检查、调查研究和视察中发现的问题，并责成他们(主要是人大常委会各工作机构及工作人员)定期写出书面材料向主任会议汇报，主任会议每个季度或每半年要对议题收集情况进行研究，确保把监督法规定的“关系改革发展稳定大局和群众切身利益、社会普遍关注的重大问题”都放到“议题库”中，由专人负责日常管理，不断对专项“议题库”进行充实、更新、完善，使专项审议工作随时有备选议题，使正式确定议题能够优中选优。专项审议“议题库”建设好以后，要本着抓大事、议大事、求实效的原则，从中确定若干议题列为专项审议的内容。确定正式议题，我认为要坚持四个原则：一是坚持工作目标一致原则，要围绕党委的工作重点和政府主抓的大事，力求所选议题与本地工作大局在时间上同步，在目标上合拍。二是要坚持有所作为的原则，在既不失职，又不越权的前提下，确定议题内容不能过多，多了精力有限干不过来，但也不能太少，少了体现不出人大常委会的实际作为，有损国家权力机关的形象。三是坚持依法办事的原则，确定议题要符合监督法的要求和人大常委会行使职权的规定，要严格按照法律程序，集体行使职权，充分体现常委会组成人员的集体意志。四是坚持突出重点的原则，要对专项审议工作在年度时间安排上、行业分布上作出合理的总体计划，每次常委会会议只审议一到两个中心议题，使组成人员有充足的时间和精力深入调研，在会上充分发表审议意见，围绕中心议题议深议透。

2、要周密地部署专项调研，切实改进调研方法。对专项审议议题进行会前调查研究，是搞好专项审议的基础。因此，人大常委会要高度重视对专项议题的调研工作。过来人大常委会审议效力没有完全发挥的原因，主要是调研还不够深入，只讲求形式，不注重实质，调研工作还没有集中用力，人大常委会各工作机构只就与本机构相关的审议议题进行调研，各唱各的调，各吹各的号，人员不够(县人大常委会每个工作机构一般1－2人)，用时不多(一般就1－2天)，收效甚微，有时起草的调查报告成了“一府两院”专项工作报告的复印件或简化版。由于经费、车辆安排或其它方面的原因，也没有组织好人大常委会组成人员特别是兼职委员参与调查研究，委员们没有掌握情况，就容易产生发言比较少的现象。所以，为了提高人大常委会专项审议的质量，我认为，专项调查要象过来搞执法检查、述职评议调查那样，精心设计调研方案，合理安排调研进程，并把全部(至少是大部分)人大常委会组成人员和各工作机构主要工作人员组织起来，甚至可以邀请部分人大代表和专业人士参加，发挥整体功能，对人大常委会每次会议要审议的议题，分组展开调查研究。同时，要注意改进专项调研的方式方法，力戒走马观花、蜻蜓点水等形式主义，要指导调研人员树立正确的调研理念，围绕审议议题，在调查的深度和广度上作文章，实现“五个结合”，摸出真情实况：即做到听取有关部门

汇报、开座谈会和随机抽样调查相结合，实地看“好”与看“差”相结合，调查群众与专家论证相结合，定性分析与定量分析相结合，分组调查与集中研究相结合，力求从多个角度多个层面了解和掌握调查对象的有关情况，为进行专项审议提供准确具体的事实依据。

二、改进审议发言制度，大力推进投票测评

完善审议发言制度，促使审议更加充分，是提高人大常委会专项审议质量的中心环节。改进表决方式，积极推行投票测评，是提高人大常委会专项审议监督力度的重要举措。

*1、要合理制定和完善审议发言制度，营造畅所欲言的审议氛围。*完善的审议发言制度有利于人大常委会科学决策、民主决策。由于人大常委会的审议发言制度不完善或者由于制度没有得到认真执行，人大常委会审议不热烈、“议员不议”的现象在基层人大常委会工作中仍比较普遍的存在，较大地影响了人大常委会的审议效果。要改变这种现状，一是要进一步健全法制。目前，宪法只规定了全国人大代表在全国人代会各种会议上的发言不受法律追究，没有对各级人大常委会组成人员的发言免责权作规定，地方组织法对地方各级人大常委会组成人员的发言免责权规定的也还不具体，因此，法律应该对各级人大常委会组成人员发言的免责权统一作出完整的规定，即规定人大常委会组成人员出席本级人大常委会各种会议、列席上级或下级人大常委会会议，参加本级、上级或下级人大或其常委会组织的活动时的发言，一律不受法律追究。二是要制定人大常委会审议发言制度。对专项审议的组织以及人大常委会组成人员发言的要求作出具体规定。比如，在组织专项审议时，在时间上要给予保证，不要把时间安排得过紧，要使时间服从审议的需要，让人大常委会组成人员有充裕的时间详细阐述观点；在人员安排上，要使中心发言与即兴发言、调查汇报与组成人员自选题目发言、分组审议与集中审议、人大常委会领导总结发言与“一府两院”领导表态发言穿插进行，相互衬托。对于人大常委会组成人员的审议发言，首先，也要在发言免责权上作出明确的规定，打消其发言顾虑；其次要对发言的次数和时间的长度作出规定，既要鼓励积极发言，又要防止发言“跑题”；最后，要实行人大常委会组成人员履职情况登记，必要时对其审议发言情况予以通报。三是要注意营造良好的发言气氛。进行专项审议时，必须要求“一府两院”主要领导和相关部门的“一把手”参加，让人大常委会组成人员讲的话有人听，发生疑问可以问。要完善列席人员的发言制度和公民旁听制度，让列席人员也有发言的机会和权利，让普遍公民也适当参与到专项审议中来。还要加强人大常委会工作经费的财政保证力度，尽可能减少人大常委会及其工作机构对政府及其部门在经费上的依赖性，不断增强专项审议监督工作的独立性。

*2、要加大投票测评工作的力度，用好用活专项审议的“紧箍咒”。*没有实际权威的监督是无力的监督，无力的监督是耗费资源没有效果的监督。为了提高人大常委会监督尤其是专项审议监督的质量，必须尽量减少举手表决方式的运用，防止“一府两院”个别领导同志和个别部门因为人大常委会好“过关”而马虎应对专项审议工作，要采取工作评议（根据全国人大常委会法制工作委员会副主任李飞对监督法的解释，听取和审议专项工作报告，也就是工作评议）“一评二测三交办”的方法，改进专项审议的表决程序，用好用活人大常委会监督的“紧箍咒”。“一评”就是对专项报告在肯定成绩指出问题的基础上进行定性评价；“二测”就是对专项报告进行测评表决，将测评票分为满意、基本满意、不满意三个档次，测评票70%达到基本满意程度以上的，专项报告即可通过，否则要求被审议的部门重新向人大常委会报告；“三交办”就是要在汇总人大常委会组成人员发言情况的基础上，制作高质量的审议意见或决议文件，明确办理目标、要求和时限，由主任会议或人大常委会领导采取独特的形式，郑重地交给“一府两院”及有关部门办理。实践表明，加强投票测评工作的力度，使人大常委会在没有动用质询、撤职、罢免等刚性监督手段的情况下，达到刚性监督的效果，有利于提高人大常委会组成人员依法履职的积极性，改善人大常委会的整体工作面貌，也有利于“一府两院”及其部门重视人大常委会的专项审议，进而落实和改进专项工作。

三、强化会后跟踪督办，严格实行监督公开

加强会后跟踪督办工作，是提高专项审议质量的关键所在。公开专项审议监督情况，是人大常委会对人民负责的重要体现。

*1、抓好会后跟踪督办工作，确保专项审议开花结果。*根据监督法十四条之规定，人大常委会组成人员对专项报告的审议意见，人大常委会对专项工作报告的决议，“一府两院”应当研究处理或执行，

并要向人大常委会提出关于审议意见的研究处理书面报告,或在限期内将决议执行情况向人大常委会报告。也就是说,人大常委会在听取和审议专项工作报告以后,还必须抓好会后的督办和办理结果的反馈工作。那么,如何具体地做好该项工作呢?我以为,一是要明确督办责任,规范督办程序。人大常委会关于专项工作的决议和审议意见交办以后,人大常委会各工作机构要根据各自的工作范围,分工负责,对口跟踪督查"一府两院"及部门的办理工作,切实做到责任明确,任务具体,工作到位。主任会议、人大常委会要在督办期限内,运用听取汇报、实地察看和代表视察等方式,了解办理落实情况,及时提出建议意见,协调解决一些实际困难,促进有关部门提高办理效率,争取在人大常委会召开会议听取和审议落实情况之前把应该解决的问题都解决好。二是要搞好两审监督,把好专项审议质量关口。人大常委会对于专项审议形成的决议和审议意见,要一抓到底,抓出成效,要求"一府两院"及有关部门在规定期限内以书面形式报告审议意见办理落实情况,以会议形式报告决议执行情况,并对办理结果和执行情况再次进行审议,对办理及时、执行认真、落实效果好的予以肯定,对办理不及时,落实不到位的提出批评和整改意见。第二次审议的情况,要向"一府两院"及有关部门反馈,以进一步促进专项工作的改进和落实。三是要形成问责机制,解决久拖不决的问题。一般情况下,人大常委会关于专项工作的决议和审议意见都能得到较好的执行和落实,但实际工作中,因为各种原因,也难免有久拖不决的现象,使问题很久得不到解决。因此,对于办理结果仍然要实行表决,未获全体组成人员半数以上通过的,限期再报告;对再报告仍未获通过的,要大胆运用约见、询问、质询、撤职、罢免、组织特定问题调查委员会等刚性的监督方式,保证人大常委会关于专项工作的决议和审议意见最终落实并取得圆满效果。

2、认真公开专项审议监督工作,让权力运作处于"阳光"之下。监督法规定,人大常委会听取的专项工作报告及审议意见,"一府两院"对审议意见研究处理情况或执行人大常委会决议情况的报告,应当向本级人大代表通报,并向社会公布。这体现了监督主体与监督对象都要向人民负责和一切权力属于人民的宪法精神。将专项审议情况进行公开,一方面增强了人大常委会组成人员搞好专项审议的责任感,另一方面也促使"一府两院"必须以务实的态度接受人大常委会的专项审议监督。只有人大常委会(作为监督主体)与"一府两院"(作为监督对象)增进"良性互动",方可使专项审议监督收到事半功倍的效果。为此,人大常委会要做好四个方面的工作:一是要增强依法履职的责任感和使命感,坚持和完善专项审议监督公开制度。对人大常委会专项审议监督如何公开,在何种范围公开何种内容都要作出具体的规定,做到能公开的要全面公开,不能公开或限制范围的(如涉及国家秘密、商业秘密、个人稳私、未成年人保护的)不公开或限制范围公开。二是要加强常委会自身建设,从法律法规、业务知识和语言及文字表达能力等方面不断增强常委会组成人员的素质,提高专项审议监督的能力。三是要在财政预算中增列监督公开工作经费,从财力上保证专项审议监督公开工作得以具体落实。四是要加强人大常委会机关与相关部门、单位的日常联系,让"一府两院"及相关部门、新闻单位主动配合,形成强大的合力,使专项审议监督公开切实走上规范化的轨道。

加强县级人大监督工作推动基层民主政治建设

四川省南充市顺庆区人大常委会副主任　淳定清

十七大报告在部署社会主义民主政治建设时,引人注目地把发展基层民主作为一项重大任务,要求将其作为发展社会主义民主政治建设的基础性工程重点推进。在我国的政权体系中,县级政权处于党和国家工作的第一线,是法律法规和各项政策的执行者,相对直接地管理各个领域的公共事务,是联系国家政治与社会民众之间的实质性纽带。充分发挥县级人大职能作用,加强监督工作,增强监督实效,对于推动基层民主政治建设,无疑将发挥积极的示范和带动作用。

坚持党的领导
切实把握县级人大监督工作的方向

吴邦国委员长指出："坚持和完善人民代表大会制度，根本的是坚持党的领导、人民当家作主、依法治国有机统一，核心是坚持党的领导。党的领导是人民当家作主和依法治国的根本保证，也是坚持和完善人民代表大会制度、做好新形势下人大工作的根本保证。"坚持党的领导，这是人大工作保持正确方向的政治原则，同样也是基层民主政治建设应坚持的基本原则。坚持党对人大监督工作的领导，一方面，人大要把党的领导贯穿于依法监督整个过程。要坚持监督与支持并重的原则，把监督的出发点放在促进"一府两院"依法行政和公正司法上，做到在思路上与党委同步、在目标上与政府同向、在工作上与法律同轴、在归宿上与群众同心；要坚持重大事项报告制度，年度监督计划、监督中发现的重大问题和将要采取的措施等事前向党委汇报，听取党委的意见，取得党委的支持。另一方面，党委要发挥总揽全局、协调各方的领导核心作用，支持人大依法开展监督工作。一是要向人大及时传达上级的决策部署，对区域内的重大决策、重要干部的推荐事前都应征求人大意见，并以建议或议案的形式提交人大作出相应的决定、决议，将党委意图依法转变成为国家意志。二是要求党组织和党员增强民主法制意识，模范地遵守宪法、法律，严格依法办事，认真落实人大及其常委会通过的决定、决议、审议意见。三是要把人大监督工作列入议事日程，关注重大事项监督工作进展情况，支持人大开展各项视察、检查、调查活动。四是加强人大及其常委会中党组织建设，充分发挥党员代表和党员委员的作用，支持他们依法履行职责。只有理顺各方关系，确保各方协调一致地开展工作，才能充分发挥社会主义政治制度的特点和优势，有序有效推动人大监督工作和基层民主政治建设，为经济社会持续健康发展提供政治和法律保障。

发挥主体作用
牢牢夯实县级人大监督工作的基础

人大代表是人民代表大会的主体，是人民群众选派到权力机关的的使者。但在大多数代表非专职化的背景下，充分发挥代表从群众中来的优势，准确及时了解法律法规和党的各项政策在基层的贯彻落实情况，对于增强监督实效、推进基层民主至关重要。一是大力营造代表依法履职的良好氛围。各级党委、人大要经常性地宣传人大制度和宪法、地方组织法、代表法等法律法规，宣传人大工作和人大代表行权履职的事迹；人大常委会要定期组织对代表法贯彻实施情况进行检查，督促"一府两院"认真办理代表所提议案、建议、批评和意见，及时向代表通报工作情况，从制度上和行动上维护代表的合法地位。二是有效地组织代表活动。坚持把监督工作同代表活动结合起来，围绕常委会审议议题，组织代表开展视察与专题调研活动；相关办事机构要及时广泛地收集代表意见，为常委会会议审议和决定问题提供参考；邀请基层代表、学有专长的代表列席常委会会议，增强人大监督与代表之间的透明度。三是加强和改进代表培训工作。要增强培训的针对性、系统性和实效性，重点学习人大知识、法律知识和代表工作方式方法等，努力提高代表履职能力。四是加强对代表履职情况的监督工作。建立代表履职情况流水帐，将代表行权履职情况一一向选民和所在单位公布。以设立人大代表公示牌和群众意见箱等措施，进一步密切代表与选民的联系。畅通代表出口，对于群众不满意、不能反映群众意见的代表，可劝其辞去代表职务，必要时，可启动罢免程序；对于调离原选区的代表，可劝其辞职，另选他人，畅通基层民意诉求渠道。

加大监督力度
努力增强县级人大监督工作的实效

监督工作只有取得让群众看得见、摸得着的实实在在的效果，才能让基层群众相信法制，才能树立起法制的权威，也才能对基层民主起到带动和示范作用。为此，应做好三个方面的工作：

一是突出监督重点。作为权力机关，人大对"一府两院"进行的监督，是代表国家和人民进行的监督，是具有法律效力的国家最高层次的监督。因此，人大监督的范围应当是对国家和地方事务中那些带有根本性、长远性的重大事项。这就要求在制定监督计划时要做好调查研究工作，既要深入基层、深入群众，了解下情；又要研究新政策、新情况，吃透上情，将事关经济社会发展全局的重点工作，涉及人民群众所急所愿所盼的经过努力又能解决的难点、热点问题作为监督重点，确保监督工作既能紧扣当前社会热点，又能符合法律法规和党的政策要求，努力增强监督工作的针对性和实效性。

二是综合运用监督手段。对于已经确定的重点议题，既要加强对事的监督，又要加强对人的监督，在运用视察、检查、调查、听取和审议工作报告等主要和常规监督手段的同时，也要敢于和善于运用质询、撤职、罢免、特定问题调查等刚性监督手段。如在开展专项工作、经济和预算、执法监督中，可以就有关问题向"一府两院"提出询问和质询，也可以就久拖不决的问题实施特定问题调查。对于人大代表议案、建议和常委会决议、决定、审议意见可建立督办机制，提出办理要求，进一步明确办理程序、时限和责任追究等办法，在此基础上，综合运用视察、召开协调会、听取办理情况汇报等方法，开展跟踪督查，直至问题彻底解决，真正做到议而有决，决而有行，行而有果。为增强监督工作的威慑力，还要坚持监督法规定的公开原则，在常委会的主导下，将人大监督和舆论监督有机结合起来，充分利用网站、报刊、电台等宣传阵地，及时报道常委会开展监督工作和"一府两院"接受监督的情况，保障人民群众的知情权、参与权与监督权。

三是提高监督水平。"打铁先要自身硬。"只有站位高，凡事具有前瞻性，有深刻的综合、分析和判断能力，才能够发现问题，提出有针对性和操作性的审议意见。人大常委会组成人员和机关的同志，要经常学习政策理论、法律法规和人大业务知识、市场经济知识、现代科技知识，做到专业知识"精"和"深"，成为人大工作的行家里手；常规知识"广"和"博"，成为各方面知识兼具的"杂家"。当前，尤其要准确地理解监督法，按照监督法的规定和各自的职责分工，发扬实事求是的作风，深入调查研究，了解基层的真实情况，提出有见地的意见和建议，为人大常委会增强监督实效当好参谋助手。

加强工作指导　大力支持基层民主政治建设

一是加强乡镇人大建设。首先，要建议有关方面按照法律法规的要求，配齐配强主席团成员，确保乡镇人大工作有人干；其次，要求有关部门和乡镇落实相关政策，明确人大干部的职级、待遇，改善办公条件，解决办公经费，确保乡镇人大工作有人愿意干；第三，要以专题培训、参观考察、邀请列席常委会会议等方式，加强培训工作，着力指导例会召开程序和代表活动组织方法，建立激励机制，提高人大干部履职能力和工作积极性，确保乡镇人大工作能够干、干得好。

二是大力督促实施村（居）民委员会组织法。首先，要经常性地组织执法检查。督促县乡两级政府强化宣传，增强基层干部群众的法律意识，着力纠正不依法依程序办事，以权谋私，损害群众和集体利益的行为。其次，督促依法开展换届选举工作。对选举过程中出现的不符合法定程序的现象，特别是以不正当手段威胁、贿赂、伪造选票等行为，要督促政府严格依法处理。最后，指导和督促建立健全基层民主制度。要充分利用自身民主实践中积累的经验，发动群众民主制定符合本村（居）委会实际的村（居）务公开、民主议事决策、财务管理等规章制度，规范程序、明确范围、细化内容，实现全体村（居）民自我管理、自我服务、自我教育、自我监督，真正做到还权于民。

人大建设三题

安徽省寿县人大常委会　王安泽

胡锦涛总书记指出：坚持和完善人民代表大会制度，是全党全社会的共同责任。人大处于依法治国、建设社会主义法治国家的第一线，不断提高执政能力，贯彻落实科学发展观，早日把人大机关建设好、干部培训好、代表作用发挥好，既是坚持和完善人民代表大会制度的一项强基固本之策，又是当前乃至今后人大建设面临的一项长期而艰巨的任务。笔者认为：面对新的形势、新的任务、新的要求，人大当务之急须强化人大干部培训、人大文化建设和奖惩制度建设三项工作。

（一）人大干部培训

2005年中央9号文件下发后，人大代表培训工作已经引起各级人大及其常委会的高度重视，仅以全国人大常委会为例，两年多来，至今已举办全国人大代表培训班10期，地方人大代表培训工作也呈现前所未有的好势头。但笔者认为：各级人大及其常委会仅抓代表培训还不够，代表培训工作仅是人大培训工作的一部分，必定代表任职是有届期的，人员变动快。提高代表履职能力，提升人大工作质量，不可忽视人大常委会机关干部的决定性作用。因此，花大气力抓好各级人大常委会组成人员、工作机构、办事机构干部教育培训工作，是当前最为紧迫的工作之一。新颁布的《公务员法》已将人大系统纳入国家公务员范畴，2006 年中共中央印发的《干部教育培训工作条例》已对干部培训工作提出了新的要求，人大作为国家权力机关、人民代表大会的工作机关、人大代表的服务机关，理应走在创建学习型社会的前列，带头把人大机关打造成学习型机关，把人大干部培训成学习型干部。

为此笔者建议：一要及早制定一个周密的培训计划。地方人大应依届次逐年有计划安排好人大干部、人大代表培训工作，以制度确保每一名人大干部、人大代表培训到位，以制度确保每一期培训内容普及到人。二要精心编制培训教材。人大系统应及早组织精通宪法、法律和人大制度理论，熟悉人大工作、代表工作的专家学者、人大工作者编写一套适合人大工作、代表工作、机关建设需要的培训教材，新教材应体现人大制度的本质特征、民主法制鲜明个性、人大代表的履职需要、人大工作者实际需求，适用于各级人大的工作需要。三要采用灵活多样的培训形式。地方人大的培训工作要克服等、靠、要思想，可采用与各级党校联办、邀请专家、学者作专题辅导、人大自办等多种形式办好每期培训工作，并在具体工作中，逐步培养出一支适应人大培训需要的师资队伍，探索出一套适应人大干部培训的管理办法。四要不断扩大培训面。培训不能仅限于人大代表、常委会领导、常委会组成人员、工作机构、办事机构负责人，应多培训人大工作一线干部、代表小组组长和从事人大宣传工作的记者、通讯员，不应只重视理论、法律知识培训，也应重视综合办事办会能力培训。让每一期盼学习的人大工作者都能获得学习的机会。同时，笔者认为，要尽快建立人大任命干部教育培训制度。人大任命干部不能一任了事，也应该建立起长期的教育、培训机制，以确保人大任命干部更好地履行人大及其常委会赋予的使命。这样有利于培养人大任命干部的三大意识：一是服务意识。接受人大教育，懂得手中的权力是人民赋予的，而不是某些人恩赐的，就会想到要用好手中的权力，增强服务意识；二是人大意识。接受人大教育，懂得人大是国家最高权力机关，是代表人民行使权力的，耳濡目染，就会自觉增强人大意识；三是法律意识。接受人大教育，懂得人大及其常委会是通过制定法律来保障人民群众利益，她的另一个重要职责也是监督法律法规的实施，作为人大任命干部，就会增强法律意识，重视依法行政和公正司法。五要建立自学评估制度。地方人大要逐人建立培训档案，积极引导干部自学，倾力创造条件，为自学者提供学习方便，对自学成才者多给鼓励、奖励，同时建立科学的自学评估制度，将自学情况、自学成果加以细化、量化，纳入公务员年终考评，作为公务员提拔晋升的重要参照依据。

（二）人大文化建设

人大文化是社会主义新中国诞生以来最具特色的新生文化，随着依法治国、建设社会主义法治国家进程加快，如今人大文化日益受到社会各界和广大人民群众的认同和喜爱，成为人民大众文化、民主法制文化的精华，正在成长为中国先进文化的重要标志之一。

同时，我们不能不清醒地看到：我国的人大文化建设现状不容乐观。在我国虽然人民代表大会制度已经建立 50 多年，地方人大常委会建立已近 30 年，但从全国看，人大文化建设滞后是不争的事实，至今尚未形成具有人大特色的、独立的人大文化。首先，从纵向看。尽管十五大以来，全国人大常委会办公厅创办了《中国人大》半月刊杂志，人民日报开设了民主法制周刊，法制日报开设了人大专版等，人民网开设了中国人大新闻、全国人大常委会办公厅开设了中国人大网，地方人大及其常委会相继创办了人大报刊，与建国前 40 年比人大文化建设有了较大发展，但人大文化建设仍远远不够适应人民代表大会制度的发展要求，落后于民主法制建设的发展形势，不够满足人民群众和人大工作的实际需要；其次，从横向看。人大从人民政协分离出来以来，尽管当今人大与人民政协比，他们在国家的地位、性质、职能、作用迥然不同，但人大的文化建设落后于人民政协也是不争的事实，且也落后于人大的监督对象——人民法院、人民检察院，令人不解的是全国人大系统至今没有一份属于自己的报纸，而人民政协、人民法院、人民检察院三家都有各自的报纸。再次，从机构设置看。人大自下而上有五级人大机构，比以上任何一家都完备，就干部队伍人数讲比以上任何一家都多，若加上各级人大代表，人大可谓一支宠大的队伍，但是这样一支担负重要职责的队伍的文化建设却远远落后于人大工作的实践。

为了改变人大文化建设落后的现状，笔者建议：一要尽快创办一份《中国人大日报》。人大制度、人大工作、代表工作等都是一门科学，积极创办这份报纸，有利于在人大系统营造干什么、学什么、钻什么的良好氛围，有利于提升人大工作内涵，有利于推进人大工作理论创新，有利于对地方人大及其常委会加强工作指导、业务辅导，促进工作交流。在知识日益更新的时代，人大系统若不善于学习，就不可能提高执政能力，保证工作高质量，履行好宪法、法律赋予的职责。在全党号召创建学习型社会的今天，人大系统必须改变以往机关数周不学习、数日不看报的落后局面，切实把学习放在首位，把学习视为工作的重要组成部分，让每一名人大干部真切感受到：不学习就无法工作。二要积极开展人大理论课题研究。人民代表大会制度在我国历史上是一项前无古人的崭新制度，她是中国共产党领导人民在执政实践中的一大创新，这一制度从诞生之日起就无现成的做法、经验可供借鉴、效仿，全靠亿万人民在参与民主法制建设、管理国家事务的实践中不断探索，不断完善。人大不仅平时在报刊上要开设人大理论栏目，常年对人大制度、人大理论、代表工作等进行探讨、创新，而且应向自己的监督对象法院、检察院系统学习，每年举行一次“人大理论年会”，年初精心研拟课题、适时公布、限时报送、年终评选，逐级给人大工作者交任务、压担子，这样做，一方面有利于在人大系统营造尊重知识、尊重人才、重视研究、追求创新的工作氛围，激励那些热爱人大工作、重视理论研究的人倾心钻研人大理论，竭力推动人大制度理论创新；另一方面有利于做好理论研究成果的转化，地方人大务必克服理论研究与己无关的错误认识，在共同参与中形成互动同振，更好地把坚持党的领导、人民当家作主和依法治国有机统一起来，更好地用创新理论指导人大工作实践，促使人大制度在坚持中完善，在创新中发展，从而实现全国人大系统理论研究同步、工作整体推进、发展总体平衡。三要开设“文学园地”。人大系统是各类人才的汇集之地，然而，许多人到了人大机关之后就找不到用武之地了，分析原因故然很多，但人大至今缺少“文学园地”，缺少文化氛围，无不是原因之一。各级人大机关应多为丰富人大干部文化生活着想，积极创造条件，鼓励人大干部、人大代表拿起笔来，畅谈人大工作感悟，书写人大工作人生。早日实现用人大事业凝聚人，用人大文化鼓舞人，用人大文化吸引人。让一代代有理想、有追求、热爱人大工作的人大工作者、人大代表，在人大工作岗位上同样能找到施展才华、实现价值的平台。

（三）奖惩制度建设

长期以来，由于地方人大及其常委会上下级之间不存在领导与被领导的隶属关系，只是法律上的监督关系、工作上的联系关系、业务上的指导关系，数十年来，地方人大及其常委会很少象党委、政府及“两院”那样，采用表彰、奖励等措施激励本系统的干部职工勤奋学习、努力工作，不仅本级人大不表彰、奖励同级人大常委会组成人员，办事机构工作人员，而且上级人大也不表彰、奖励下级人大工作人员；地方各级党委、政府也很少表彰人大系统的干部，仅从2005年媒体刊发的2977名入选的全国劳动模范、先进工作者名单看，人大系统仅有河北省邯郸市人大常委会办公厅信访处处长一人；从2006年“7·1”表彰的500个“全国先进基层党组织”、50名“优秀共产党员”和200“优秀党务工作者”中也找不着人大。数十年来，在人大工作的同志几乎与表彰、奖励无缘，整个人大系统缺少激励机制，不少老人大私下议论“进了人大门、表彰奖励不可能”。让人产生一种错觉：人大工作弹性大，干好干差一个样；人大干部无人考察，能力强弱都一样。加之，人大具有集体行使职权的本质属性，在人大工作岗位上，个人能力难以发挥，个人价值难以实现。长期以来，导致人大机关学习缺少热情和积极性，工作缺少创新和主动性，有的地方暮气大于朝气，作为意识明显褪化，致使宪法、法律赋予地方人大及其常委会的职权难以行使到位；有的地方“决定权”被搁置，“监督权”被软化，“任免权”走程序，人民群众呼声强烈。

为此笔者建议：一要改革现状，创新管理体制。完善立法，强化管理，明晰责任，尽快改变各级人大及其常委会之间互不干预、无人管理的无序现态，首先，上一级人大及其常委会每年至少应对下一级人大及其常委会每年内履行法定职责情况逐项加以量化检查，全面、真实掌握其履职情况，让他们感到肩上有担子，尽快改变不作为现状；其次，上一级人大常委会每年至少对下一级人大常委会组成人员、工作机构和办事机构工作人员的工作进行检查和考评，尽快将竞争、激励机制引入人大机关，让他们感到干好干差不一样，在各自的岗位上争当讲政治、程序熟，懂法律、业务精的行家里手；二要抓住机遇，主动争取。地方人大及其常委会必须正视人大工作现状，站在提高执政能力、完善人民代表大会制度的高度，切实加强人大系统奖惩制度建设，抓住新修正的《公务员法》和中共中央《干部教育培训工作条例(试行)》颁布实施的机遇,主动争取同级党委支持,将人大系统考评工作纳入党委考评范畴,尽快在人大机关健全激励机制,尽快实现人大干部与党政干部同一制度管理,同一标准要求,同一办法奖惩;三要规范人大考评制度。在实践中地方人大及其常委会应对考评对象、考评内容、考评步骤、奖惩办法作出具体规定,并在具体运作中逐年加以修改完善,使人大的考评制度早日步入科学化、制度化、规范化,使人大的表彰奖励与党委、政府表彰奖励具有等同的含金量。

县级人大常委会对人大代表受邀参加履职活动要把握好四项原则

福建省顺昌县人大常委会主任　王崇荣

人大代表在闭会期间参加原选区的一些活动,了解民意,反映公民的呼声与要求,是法律赋予的职权。随着我国社会主义民主公开制度的推进,地方一些部门为了推行工作或接受上级的各种考评、检查,不时出现未经县人大常委会及有关工作机构的批准同意,邀请所在地的各级人大代表以人大代表的身份参加其部门的座谈会、考评会、测评会或聘任为"党风监督员"、"行风监督员"、"监督评审员"、"人民监督员"、"特约检察员"等,无序地扩大了人大代表的职权,混淆了人大代表工作性质与其它社会组织成员的根本区别。笔者认为,这种现象的存在,有以下几个方面的弊端:

1、不利于《中华人民共和国全国人民代表大会和地方各级人民代表大会代表法》和《中华人民共和国各级人民代表大会常务委员会监督法》的正确贯彻实施。

2、不利于人大代表或人大常委会组成人员依法履职,正确行使职权。

3、不利于权力机关及时掌握代表履职的情况。

4、不利于人大工作必须坚持民主集中制,集体行使职权制度的落实。

如何理顺人大代表依法履职与受邀参加监督工作的关系,规范执法行为,作为县级人大常委会要注意把握好四项工作原则。

一要把握好代表依法履职的原则。依照法律规定,人大代表依法履职一般分为出席本级人民代表大会会议和参加由同级人大常委会组织指导下开展闭会期间活动的两个方面。在实际工作中,人大代表参加同级人民代表大会,履行代表职权比较有序规范。而在闭会期间,由于代表的界别、身份、工作性质、文化水平、选区的不同以及各代表小组活动方式方法的差异等特殊情况,不时出现代表对履职的范围、活动的形式以及语言的表达超出法律规定界限的现象。要克服这种状况,把代表思想、行为引导到依法履职的轨道上来。首先,要认真组织代表学习《代表法》,明确法律对代表在闭会期间的工作要求,规范代表的履职行为。其次,要制定适应本级人大代表闭会期间活动的规范性文件,明确本级人大代表闭会期间活动的操作规程,做到按章办事。第三,要指导各代表小组安排好闭会期间代表活动的内容,提出代表开展活动的工作要求,避免代表在履职过程中出现违规行为。

二要把握好就地活动的原则。《代表法》规定,"县级以上的各级人民代表大会常务委员会组织本级人民代表大会代表开展闭会期间的活动"。"在本级或下级人民代表大会常务委员会协助下,可以按照便于组织和开展活动的原则组织代表小组,可以参加下级人民代表大会的代表小组活动"。上述法律条款说明,县级以上各级人大代表闭会期间的活动,要以所在区域人大常委会指导安排为主,活动范围要以原选区为主,活动形式要以集体组织为主。克服代表未经同级人大常委会及有关工作机构批准或联系而跨选区、跨部门、跨行业无序分散履职的现象。

三要把握好请示报告的原则。代表依法履职是代表的职权。按法律规定,"代表可以根据本级人大常委会的统一安排,对本级或者下级国家机关和有关单位的工作进行视察,可以提出约见本级或者下级有关国家机关负责人,可以持代表证就地进行视察,可以向被视察单位提出建议、批评和意见,但不得直接处理问题。"代表行使法律赋予的职权,必须坚持请示报告制度,在同级人大常委会的统一安排或联系之下进行,并接受同级人大常委会对代表履职行为的监督,除此之外,一般不宜以人大代表的身份出面干预不属于代表职权范围的事项。如因同级党委、"一府两院"及其组成部门工作的需要,邀请各级人大代表对有关工作进行监督或担任有关监督工作职务,有关部门须与同级人大常委会及其工作机构联系,便于同级人大常委会加强对代表工作的指导,统一组织协调,按不直接处理问题的原则引导代表依法履职。县级人大常委会要建立各级人大代表履职活动的请示、报告、登记、反馈制度,做到代表受邀履职人大要知晓,开展活动由人大协调安排,履职情况要向人大报告,便于同级人大常委会及有关工作机构及时掌握代表活动的情况。

四要把握好接受监管的原则。代表受邀参加监督工作,反映社情民意,提出有关部门改进工作的意见和建议,是代表增强履职实效的表现。如何处理好代表个人意见与人大权力机关集体行权的关系,县级人大常委会要从加强对人大代表管理的角度出发,引导代表自觉依照法律和人大制度的规定,并主动接受五个方面的监管。

1、主动接受同级人大常委会及其工作机构的监管,按同级人大常委会及其工作机构的统一安排和协调参加活动。

2、主动接受原选区选民的监督,客观充分地反映选民的意见与呼声。

3、主动接受国家颁布各项法律法规的制约,反映工作情况或提出工作建议,必须实事求是,符合法律法规依据。

4、主动接受人民代表大会制度对代表工作有关规定的要求,代表个人意见要服从全局或整体的利益,不宜强求己见。5、主动接受当事人的回避制度,对涉及代表自身利益或亲属利益的问题,代表在执行代表职务时应当回避,减少社会负面影响,维护人大代表在人们心目中的形象。

提高县级人代会审议质量之我见

湖南省茶陵县人大常委会教工委　刘文

人民代表大会制度是我国的根本政治制度。《地方组织法》第十一条规定"地方人民代表大会会议每年至少召开一次",听取和审查"一府两院"和计划、财政工作报告是县级人民代表在会的重要议题之一,代表们审议工作报告的质量如何,直接影响县级人代会会议的质量。

当前,县级人民代表大会在充分发扬民主,保证人民的意愿得以真正实现,推进社会主义民主法制建设,建立和谐社会方面发挥了重要的作用。但是,也存在许多不尽人意的地方,特别是在保障人大代表审议权力的充分使用,提高对"一府两院"、计划、财政工作报告的审议质量,进而提高地方各级人民代表大会的会议质量方面还有待进一步改善。会议组织不严,代表不明情况,审议方式不科学,这些都有损于人代会的应有权威,有悖于选民的积极要求,有失于人民代表的职责,不利于推进"一府两院"工作。

如何提高县级人代会的审议质量,更充分地发挥人大监督国家行政机关、审判机关、检察机关的法定职能,更好地决定本行政区域重大事项,保证社会主义民主和法制落在实处,我认为可以从以下几个方面着手:

一、明确提高人代会审议质量的重要意义是前提

提高人代会审议质量的重要意义应该让所有的人大代表了然于心。参加人代会会议、审议决定本行政区重大事项是人大代表参与国家管理的重要方式。提高人代会审议质量直接关系到人大代表能否不辱使命,正确行使职权,促使"一府两院"严格依法行政,保障本行政区域内经济社会和谐发展,人民生活进一步改善。审议好相关工作报告不是评功摆好,更不是歌功颂德,而是要帮助"一府两院"查找工作中存在的问题和不足,分析问题产生的根源,提出解决问题的方法,从而达到科学决策、依法行政、严格执法以惠及人民大众的目的。这是人大代表的职责所在,是广大选民对人大代表寄予的厚望。每一个人大代表都要以高度负责的态度,以饱满的政治热情,积极参与,认真审议好"一府两

院”的工作报告，提出最好的建议，为县域经济发展和社会进步服务。

二、充分发扬民主，改进会议组织工作是基础

会议的组织工作是提高会议质量的一个基础性的工作。这项工作应本着方便人大代表充分表达真实意愿的原则，营造民主气氛。会议的组织领导者一定要有民本思想，平等地对待每一位人大代表，要坚持法律面前人人平等，人大代表不论地位高低都是人民派往国家权利机关的使者，其权利和义务是一样的，应彻底打破等级观念，鼓励代表知无不言，言无不尽。

1、打造民主氛围，简化党的领导。民主与法制是地方各级人代会必须始终坚持遵循的原则，县级人代会要充分发扬民主。首先要科学提名主席团成员，精简主席台就座人员。主席团对大会起着领导、组织作用。目前，县级人代会主席团一般是由是代表的县级领导、人大常委会组成人员、各代表团团长组成，这些人大多数是国家公职人员，主席团的选举是在大会的预备会议上。这样一来，会议一开始就让代表产生误会，认为人代会与县里的其他会议没有差别，是其他会议的翻版，不利于调动代表审议的积极性。主席团成员应该要有广泛的代表性，要涵盖社会的各个阶层，尤其是社会的主流阶层要有相应的名额，特别是要有广大劳动群众如普通工人、农民的代表。主席台就座人员要精简，我们现在通行的做法是将所有的县级领导甚至一些已离职的县级领导，代表小组长也就是乡镇人大主席或县直机关县代表活动召集人都安排在主席台就座，开起会来台上坐三分之一，台下坐三分之二，甚至出现台上台下各半的怪现象，把行使国家权利的人代会开成了普普通通的县、乡、村三级干部会或工作安排会，给代表们造成人代会名不符实，不民主的错觉。主席台应以只坐主席团成员为宜，不应将其他人，不管是否是人大代表都囊括其中。其次，要简化党对大会的领导。取消大会期间各代表团成立的临时党支部，只成立大会的临时党委来把握大会的正确方向。《代表法》第二十九条规定“代表在人民代表大会各种会议上的发言和表决，不受法律追究。”要实现法律的有关规定，应有相应的措施作保证。在目前的选举机制下，选出来的代表中绝大多数是共产党员，各代表团成立临时党支部，临时支部书记用党纪来约束是共产党员的人大代表的言行，这种身份的人大代表又怎能畅所欲言，独立表达自己的意见呢？这些代表只能用一个声音说话，按一个标准举手。参加人代会议是党员的人大代表，其第一身份只能是人民代表，代表人民说话、反应民情民意是其应尽的义务和本职责任，此时，党性应让位于代表性。

2、缩短大会会程，充实审议时间。人代会时间太长安排不合理一则加重了财政负担，二则由于目前绝大多数代表是兼职代表，时间太长了，代表们难免会有这样或那样的事要去办，很难保证开会时人员能到齐，会议质量就要大打折扣，县级人代会应以三到四天为宜。另外，只听大会的口头报告，代表们一般很难在短时间内对报告内容有理性的思考，进而提出自己独立的见解。大会六个工作报告中，计划报告、财政报告专业性太强，一些名词和数据一般代表一时难以弄懂。这两个报告全国人大已改为只用书面形式发给代表阅读，县级人大可以效仿，节省下来的时间可以分代表团组织代表学习有关计划、财政知识，或邀请专家对这两个报告进行解读，让代表们心中有数，准确审议。

3、邀请公民旁听，落实代表审议意见。宪法规定：“中华人民共和国的一切权力属于人民。”“人民依照法律规定，通过各种途径和形式，管理国家事务，管理经济和文化事业，管理社会事务。”邀请公民参加旁听人代会，扩大了公民有序的政治参与，增强了地方人大工作的开放性和透明度。同时，公民参加旁听人代会对人大代表和“一府两院”都有监督作用，有利于督促代表积极审议，也有利于人大代表审议意见的贯彻落实。人大代表的审议意见不“打水漂”，得到真正落实，是审议质量得到提高的一个重要表现。县级人大的此项工作可由负责选举任免联络的工作委员会担任。公民只要年满十八岁，没有被剥夺政治权利都可以参加旁听。

三、改进会议审议方式，充分表达民意是关键

人代会审议方式科学与否是提高人代会审议质量的关键一步。审议方式的每一步改进往往是审议质量的一次升华。审议方式的改进应简便化、多样化、灵活化和实效化，以提高大会审议质量为第一要着。

1、把住报告起草关，开展报告的预审工作。要审议好工作报告，工作报告本身必须是一个好报告。报告的起草要严谨缜密，科学可行，实事求是，既讲成绩又讲问题，订规划要科学有据，订目标要有措施保证。人大常委会办公室要提前介入精心指导，以准时、高质量地完成起草工作。报告征求意见稿应在大会前一个月印发所有代表，由代表进行预审。这，一方面可以有效地解决人大代表在人代会期间审查工作报告因时间不足而走马观花仓促审议的问题。另一方面报告提前与代表见面，让代表有一个“预热”的过程，代表们可以选择报告中熟悉或与群众利益息息相关的问题做一些调研工作，广泛地联系选民，听取选民的意见，做到心中有数，在大会审议时就能有的放矢，切中肯胫。

2、分团审议与分界别审议相结合。分代表团审议工作报告是目前县级人大较传统的做法。这一审议方式便于组织，一般由代表团团长召集既可，有利于代表就本团所在的行政区域提出一些意见建议，但不利于代表提县内全局性的建议和意见，而且由于团内代表成分复杂，很难找到一个有深度能对“一府两院”工作有较大帮助的共同话题。一但组织得不好，代表们审议时往往要么就是歌功颂德，一片声叫好，要么就热衷于凑凑热闹、收取“活动费”之类与大会无关的事情。要提高审议质量，可以在按代表团审议工作报告的基础上，安排一定的时间，组织代表按照工业、农业、科教文卫、司法、城建……等界别，针对工作报告中涉及相应界别的内容进行审议。由于同一战线的代表具有较好的专业知识、对行业情况熟悉，不会说外行话，因此能够提出针对性强，具有可操作性的审议意见。这种分团审议和专题审议并存的形式，具有较明显的互补作用，可进一步提高会议审议的针对性和实效性。

3、热点焦点问题专题审议。群众特别关心或关注的热点焦点问题，往往就是民意的反映，解决了这些问题，一般来说就是解决了民之所急，民之所忧，民之所困。人代会上，可以把代表们关心的热点焦点问题分成几个专题，分别安排在不同的地点进行审议，代表参加哪个专题由自己选择，大会秘书处可以适度平衡。这样，代表们自然会选择那些自己有兴趣有研究的专题参加，从而激发了代表参政议政的热情。由于集中审议专题，智者见智，仁者见仁，就能够深层次揭示事物的规律和本质，触及工作的要害，想出可行的对策，从而推动工作的开展。

四、加强会议服务，方便代表审议是保障

服务出质量，大会会务处要为代表畅所欲言提供必要的物质条件。要全方位，多角度，为代表的审议工作搞好服务，特别要加强会议信息方面的服务。

1、为代表知政议政创造条件。要督促“一府两院”及时向代表报告反馈工作情况，准确提供各种工作信息。会议期间，大会秘书处要认真收集编写好信息参阅，及时地将各种有价值的会议信息提供给人大代表。让人大代表大范围、多角度地获取大量的第一手资料，以保证代表们审议发言时有备而言，言之有物，更好地参政议政。有条件的地方还可以在会场内设置网络视频点播，充分利用现代科技手段，为代表全面了解会议审议情况提供了信息化支持。

2、设立法律咨询台。人代会是依法依规依程序办事，人大代表要依法履职行权。法律是代表们必须认真掌握并能适当运用的，法律咨询在人代会期间就显得很有必要。应设在大会会场之外紧靠会场的地方设立法律咨询台，由大会秘书处聘请有经验、责任感强的律师或其他法律工作者担任讲解员，特殊情况还可以随时上门服务，为代表解答法律方面的疑难问题。法律咨询台的设立，方便了代表依法审议工作报告，使审议报告的工作有法可依，有规可循，更科学，更规范，更能见成效。

3、规范会议资料发放。每年人代会期间，各有关部门总会以各种看似“充足”的理由发放五花八门的宣传资料，甚至一些商家也瞄准了人代会很旺的“人气”，将商品广告打了进来。这些宣传资料和广告使原本非常紧凑的会议时间显得捉襟见肘了，对此，代表们颇有微词。所有人代会必须的参阅资料，应在会前就列入“大会文件一览表”，除此之外的资料、广告应一律不得发送，以免扰乱视听，冲淡会议主题，挤占代表们宝贵的审议时间。

五、提高代表素质，增强审议能力是保证

高素质的代表才能有高质量的审议。素质是人大代表参与国家事务管理，高质量地审议“一府两院”工作报告的一个重要保证。要提高人代会审议质量，人大代表应在以下几个方面提高素质：

1、培养强烈的代表意识。强烈的代表意识，是每一个人大代表必须具备的基本条件，也是人大代表之所以能够自觉地积极主动地履行代表职责的动力所在。人大代表只有具备强烈的代表意识，才能时刻想到自己是人民所选，肩负着人民的重托，必须为人民说话办事，把人民的事业放在第一位，全心全意当好人民群众的代言人。

2、具有较强的法律素质。人大代表必须带头学法，守法，用法。必须熟悉和掌握与代表行使职权相关的法律法规知识，而且，只有熟悉和掌握了法律才能站在依法办事，依法行政的高度审议“一府两院”的工作报告，增强审议实效，提高审议水平。作为人民代表大会的主体—人大代表，应依法认真履行职责，严格依法办事，大胆对“一府两院”的工作实施监督，做维护法律尊严的带头人。

3、保持较强的履职能力。人大代表的能力主要来源于社会实践和多方面知识的学习。人大代表必须具备多方面的知识，仅仅了解本行业，本专业的知识是远远不够的，对党的路线、方针、政策和国家法律、法规及财经、科学、教育、文化、卫生、城建、环保等诸方面知识都要有所了解和掌握，没有较宽的知识面，就不可能对行政区域经济建设和民主法制建设等方面存在的问题提出高质量的意见和建议，对群众普遍关心的热点、难点问题，只能人云亦云，审议质量也就无法提高了。

提高十种能力　做好办公室工作

河北省隆化县人大常委会　黄淑芳

参与政务、管理事务、搞好会务是人大常委会办公室的三大基本职能，其承上启下、协调左右、联系内外的地位，决定了从事人大常委会办公室工作必须做到博识、能事、善谋，不断提高组织协调、文字处理、财务集散和事务管理的本领。而要做到做好这些，就需要不断提高十种能力。

学习能力。人大常委会办公室是为人代会、常委会及主任会服务的，要做好服务工作，就要求办公室工作人员必须具备运筹帷幄的政治素养、通晓法规的法制素养、刚正仗义的权力素养和奋发有为的创新素养。如果作为办公室工作人员不知、不懂、不具备这些素养，就很难担当好服务的重任。而上述素养不断的获得、更新并与时俱进，除了学会学习、有能力学习、持之以恒的学习，别无他途。

适应能力。办公室与人大常委会、办公室工作人员与人大常委会机关领导是主从关系、服务与被服务关系，这种关系不因形势的变化和人员的更替而改变。因此，无论任何时候、任何情况下、发生任何变化，办公室人员都必须尽快适应新的环境、新的条件、新的领导风格和工作思路。

适度能力。办公室工作的性质是服务，而不是决策。办公室参与政务但无权决定和处理政务，而管理事务的本身就是服务。所以，办公室工作必须找准服务领导的对接点，找准参谋与尽职的融合点，把握适度原则，力争使工作到位而不越位。办公室人员必须找准自己的位置，发挥好自身作用，不失职、不越权、不出风头、不拖后腿，履职尽责，协力工作。

主动能力。给领导当好参谋和助手必须不断增强主动能力。办公室工作人员要学会主动思考问题，主动调查研究，主动了解情况，主动把自己的观点和意见完整的反映给领导，以便领导决策时参考。同时，还要主动围绕领导的思路开展工作，正确领会领导意图，并全面地体现在材料中和其他方面。

预见能力。办公室工作人员要不断强化预见性思维，无论是筹备会议，还是开展活动，不能被动地等待领导的批示和意见，必须树立超前意识，要做到超前谋划、未雨绸缪。在工作中对重点而又敏感的问题，要尽量想得深一些、细一些、全一些，及早动手准备第一手资料，确保各项工作的顺利进行。

应变能力。办公室工作人员必须具有果断处理临时性工作和突发事件的能力，做到遇事沉着，办事干练，处事不惊，有序工作，将各种缺乏依据性、操作性、参照性的事情和问题积极主动地解决在萌芽状态。

传递能力。办公室人员必须做到耳聪目明，在工作中既要吃透上情，明了下情，又能熟悉内情，知晓外情，做到上情下达，下情上达，内外沟通，从而使领导决策更能贴近群众，贴近实际，反映民意，符合国家法律和政策要求。

交往能力。办公室工作人员要学会与各行各业、方方面面的有关人士广交朋友，增进友谊，以诚相待，互相帮助。要形成办公室工作的“关系网”，及时了解和掌握各方面的情况，为常委会各项工作的顺利开展和领导正确决策创造有利条件。

创新能力。办公室工作要不断开创新局面，要坚持与时俱进，锐意创新；要不断改变那些同新形式，新任务不相适应的思维方式、思想观念和工作方法。办公室工作人员要富于进取精神，要敢于打破旧的工作模式，善于超前思维，发掘新点子，探索新思路，取得新成就。

审美能力。办公室工作人员要具备积极的美学观点和一定的审美能力，在自己所从事的各项服务工作中尽力去渗透和体现美，反对和消灭丑，让美观、大方、合理、朴实体现在工作的方方面面、时时处处。

不断创新代表工作　充分发挥代表作用

广西梧州市长洲区人大常委会办公室　黄云燕

人大代表是国家权力机关的组成人员，代表人民的利益和意志，依法参加行使国家权力。做好代表工作，充分发挥代表作用，是各级人大及其常委会的一项基础性工作。本届人大成立之初，区人大常委会十分重视发挥代表作用，采取多方面的措施，密切与代表的联系，充分发挥代表作用。特别是近年来，区人大常委会不断推出代表工作新举措，创新代表工作并呈现出勃勃生机。

一、三个“首次”加强与代表联系工作

（一）首次人大调研和组织代表视察，突出以民生问题为重点。区人大常委会调研和代表视察突出以民生问题为重点，先后开展了因建设高速公路和修路占地影响道路交通、以水上养鱼为生的266户1000居民因建设长洲水利枢纽影响生活、农村教育资源配置、农村公路交通建设等问题专题视察或调研，并写出7份视察报告和调研报告，向政府提出10多条建设性的意见和建议，收到了良好效果。有的已得到政府采纳，有的已初步得到改进，有的已向上级反映。

（二）首次开展代表向选民述职活动。区人大常委会于2007年9月份在龙新村进行了代表向选民述职试点。该村选民选出的6名区人大代表，都向选民代表进行了面对面述职。在述职前，区人大常委会向30名选民代表以书面形式征求意见，每个代表的选民满意率达95%以上。2008年1月开始，在27个村铺开。通过代表向选民述职，增强人大代表的责任感、使命感和服务意识，选民与代表直接接触，拉近代表与选民之间的距离，发挥桥梁和纽带作用。目前，长洲区二届人大代表中已向选民述职的代表有98名，占代表总数的66.21%，满意率为96.58%。

（三）首次在长洲区人大代表展开评选优秀代表活动。在评选前，区人大常委会提出5条评选条件：认真贯彻执行国家法律法规和区人大决议、决定、遵纪守法；在群众中有较高威信；依法积极行使代表职权；积极参加代表活动，带领群众致富；热心公益事业为群众办好事实事。2007年12份，先由各代表团推荐，然后人大常委会审批，评出21名，并向全体代表公布，给予奖励。通过评选活动，大大调动了代表履职自觉性。

二、做好人大代表建议办理工作

在代表建议的督办工作中，采取相应措施，保证了代表建议的办理质量。

（一）严格程序，及时交办、督办。代表大会结束后，依照法律规定，及时地将代表建议进行了编号、登记、分类，确定承办单位，认真交办、转办，并对承办单位提出办理要求。在日常工作中与区政府、各承办单位及提建议的代表保持密切联系，及时了解办理情况，掌握办理进度。

（二）努力把好质量关。在形式上要求承办单位按照统一的格式答复代表；在内容上，要求承办单位实事求是，力求解决实际问题。区人大常委会组成了3个督办组，分别由区人大常委会领导挂帅和常委会委员组成成员，对代表建议、意见办理进行实时跟踪督办。如对政府答复代表不满意的平浪村到仁义村的公路建设问题督促政府重办，最后政府以每公里补助一定资金的办法重新办理建议，调动了农民积极性，使代表和群众满意了。目前，这条10公里长8米宽的公路已基本开通。

（二）加强反馈，确保办理质量。印发代表建议、意见办复征询表给每个提建议、意见的代表向其征询办复意见，对于代表不满意的建议、意见，原则退回承办单位重新办理，直至代表满意为止。

三、充分发挥人大代表的桥梁和纽带作用

（一）密切常委会与人大代表的联系。区人大常委会采取走出去、请进来的方式，加强了与人大代表的联系和沟通。一是区人大常委会组织开展调查、视察活动时，邀请所在地人大代表参加，并在形成的调查、视察报告中吸纳代表意见。二是区大常委会建立健全了联系代表制度。人大常委会主任、副主任每人都有联系乡镇、办事处定期到联系点指导代表活动，听取代表对人大常委会和"一府两院"工作的意见和建议，帮助代表解决生产生活中遇到的问题。

（二）形成制度化的代表联系工作。为使代表建议办理工作规范化、制度化、法制化，制定了《长洲区人民代表大会代表建议、批评、意见办理办法》、《区人大代表述职办法》等。办法的制定，使区人大代表执行职务有了一个规范性的操作方法，为区人大常委会全面开展好代表工作和活动迈出了扎实的步伐。

（三）坚持代表活动经常化。通过走访代表、召开代表座谈会、向代表通报常委会工作开展情况等形式，集中联系代表，听取和收集代表对各方面工作的意见和建议。经过主任会议研究表知情知政的渠道，也较好地发挥了闭会期间的代表作用。、梳理、归纳形成专题报告，并将共性问题提交政府办理。既畅通了代

（四）坚持邀请人大代表参加常委会活动。常委会在监督工作中，十分注重吸收人大代表参加和公民有序参与，体现了人大监督公开透明的要求。常委会坚持邀请人大代表列席常委会会议和参加各类检查、视察调研等活动，组织召开专题情况通报会，提供"一府两院"工作信息，推荐代表担任法院、检察院的监督员，为代表知情知政提供了保障，畅通了代表反映社情民意的渠道。

四、抓经费保障，改善联系代表条件

（一）开展联系代表工作，创造条件，落实人大经费。督促有关部门对开展联系代表工作的物质保障作出明确、具体的规定，并保证做到专款专用。落实资金来源，保证视察活动、考察活动和学习活动顺利进行。

（二）切实保障代表权益。解决无固定收入的代表履职经费，纳入财政预算，对社区、农村无固定工资收入的本级人民代表给予每人每年200元的履职经费补助，至今，常委会已兑现了无固定收入代表的履职经费44人共8800元，为代表履职提供了必要的物质保障。

五、认真抓好学习培训，努力发挥代表作用

（一）构建代表学习的长效机制。常委会明确将人大代表的学习作为一项重要工作来抓，研究制定了学习的方案，如制定了《区人大代表集体学习计划》、《年度学习计划》等，明确了学习目标和阶段性学习内容，使学习活动有计划有步骤、循序渐进地开展，用表格形式体现了学习计划的时间、地点、内容，做到人手一份。

（二）搭建平台，形造良好的学习氛围。为了给人大代表学习创造良好条件。常委会拨出专款15多万元装修学习室，配备投影仪等多媒体设备，自建成以后，运用多媒体先后组织学习了《代表法》、《监督法》、《构建社会主义和谐社会决定》等多部专题讲座。

（三）抓好代表培训。组织区人大代表参加市举办的学习培训班，促使代表对相关人大业务知识的学习；邀请市人大有关法律专家到我区为人大代表讲课，组织部分区人大代表参加全国人大法律知识培训班，开展如何当好人大代表的专题学习，并组织部分区、镇人大代表赴柳州市各城区人大学习考察，开阔他们的视野和思路，以提高代表们活动的水平，促进了我区代表工作的开展。

六、加强代表宣传工作，营造良好的舆论氛围

（一）宣传工作取得了可喜的成绩。在2008年的市人大宣传工作表彰会上，由于我区成绩显著，市级用稿有95篇，省级用稿有15篇，国家级用稿有3篇，共113篇，较好地完成了市人大交给我们的任务。在梧州各县（市）区排名第三，是历史上最好的成绩。在市人大宣传工作会议上，我区人大有4人获得奖励，其中1人获特等奖，1人获一等奖。区人大机关获市人大被表彰先进单位一等奖。

（二）"长洲区法制宣传文艺演出"效果好。为了广泛深入地宣传贯彻宪法和人民代表大会制度，在全区上下形成认真学法的热潮，常委会举办了"长洲区法制宣传文艺演出"，这次文艺演出，主要宣传宪法、人民代表大会制度和有关法律、法规，通过群众喜闻乐道的形式，提高了人民群众学法、用法的热情，并逐步树立起遵纪守法、严格依法办事的良好风尚。通过首场演出，群众反映良好。下一步将在各社区、农村等地作20场演出。

（三）编印《代表风采》刊物。为了宣传人大代表的先进事迹，进一步激发代表履职的积极性和主动性，常委会组织编印了《代表风采》刊物，发到每

个代表的手中,该刊物出版后,在社会上产生了良好的反响。通过宣传人大代表典型,大大激发了代表履行职责的责任感和光荣感。及时向区人大代表发放《广西人大》和常委会印发的《代表风采》等材料,为代表知情知政创造条件;向代表公开常委会年度工作要点、听取专题工作报告计划、执法检查计划和对"一府两院"审议意见,自觉接受代表、社会对常委会工作的监督。

(四)组织代表向灾区人民献爱心。四川汶川特大地震发生后,长洲区辖区内的市、区人大代表个人和所在单位共向四川地震灾区捐款捐物价值总计200多万元,展示了代表们的先进性和代表性。如丰业房地产公司董事长陈军向灾区捐款100万元。港泰房地产的董事长李桂新,以个人名义捐款2万元,郭家万、许俊龙、陈冠荣等,分别捐款2—6万元不等。5月23日,长洲区人大常委会发出了《向地震灾区人民捐款献爱心倡议书》,全区各级人大代表已陆续向受灾群众捐款捐物60余万元,充分展示了代表们的先进性和代表性。发动人大机关全体党员交一次特别党费常委会机关5名党员共交特殊党费1300元,一些在外地出差的同志专门打来电话,委托别人代交。这些先进事迹还在《广西日报》上发表。

通过实践,我们深刻地认识到,人大代表在构建社会主义和谐社会的伟大实践中不仅可有为,而且可有大为。各级地方人大及其常委会应从提高代表履职能力、拓展代表知情主政渠道、督促解决好代表反映的民情民意着手,充分发挥人大代表在构建和谐社会中的作用,为实现党的主张和人民的利益而不懈奋斗。

代表活动:只有"动"起来,才能"活"起来

安徽大学08级数学科学学院研究生　王立人

自2005年中央9号文件下发以来,我国的各级人大代表工作空前发展,各地代表活动蓬勃开展,人大代表队伍显示出前所未有的生机和活力。尤其自去年下半年全国开展县、乡同步换届选举以来,一批批由选民直接选举的新一届县、乡人大代表相继产生。那么,在依法治国、建设社会主义法治国家,构建社会主义和谐社会的新形势下,如何按照代表法和中央9号文件要求,将约占代表总数90%的新一届县、乡人大代表的积极性调动起来,更好地发挥人大代表的政治优势和作用呢?笔者认为:只有让代表"动"起来,代表活动才能真正"活"起来。

怎样才能让人大代表"动"起来呢?笔者认为应从以下四方面入手。

一是县级人大常委会应"动"起来。我国《代表法》第十九条规定:"县级以上的各级人民代表大会常务委员会组织本级人民代表大会开展闭会期间的活动。""……受上一级人民代表大会常务委员会的委托,组织本级人民代表大会选举产生的上一级人民代表大会代表开展闭会期间的活动。"县级人大常委会作为人民代表大会的常设机构,必须义不容辞地承担起对本辖区内人大代表教育、培训和管理的职责,有责任、有义务把他们组织起来,让每位代表在闭会期间忙乎起来。具体讲,一要制定学习培训规划。在届初,县人大常委会应制定新一届人大代表培训五年规划和年度计划,按照全国人大办公厅出台的《关于全国人大代表学习培训工作的若干意见》要求,对本级人大代表培训的基本内容、组织安排和实施保障作出明确规定,可采用"请上来集中培训"、"走下去分片培训"、"走出去参观学习"等多种形式培训代表,把提升代表法律政策水平和履职能力作为常委会首要任务来抓;二要组建代表小组。常委会应对闭会期间的代表小组组建形式、活动方式提出明确要求,对乡镇代表活动开展加以具体指导,把开展好丰富多彩、效果明显的代表活动,作为常委会基础工作常抓不懈;三要开展代表活动。各地可采用视察、检查、调查、评议、走访选民和列席人大常委会会议等多种方式,积极为代表提供履职平台,倾力拓宽代表知政知情渠道,让他们在参与互动中形成合力;四要提供经费保障。常委会在为代表做好服务的同时,切实将代表活动经费列入本级财政预算,并以制度保证该经费全额用于代表活动。

二是乡镇人大主席应"动"起来。《地方组织

法》第十四条第三款规定："乡、民族乡、镇的人民代表大会主席、副主席在本级人民代表大会闭会期间负责联系本级人民代表大会的代表，组织代表开展活动……"乡镇人大主席在最基层国家政权中担任重要角色，对一个地方的民主法制建设和人大工作起着决定性作用。当前对大多数镇人大主席来讲首要任务是：一要正确认识乡镇人大的性质、地位和作用，真正热爱人大工作；二要走出乡镇人大"没有地位不想干，没有权力不敢干，不包村包片没事干"的误区；三要改变乡镇人大工作干多了会影响政府中心工作的认识偏见。其次，在闭会期间人大主席不能"只顾种别人田，荒了自己的地"，要把主要精力、大量时间用于代表工作上，要在精心组织代表活动，发挥代表作用上多思考、做文章。目前我国乡镇人大未设常设机构，大多乡镇人大仅有主席一人，开展工作难是不争的实事，作为人大主席必须知难而进，学会运用法律赋予的权力，充分发挥人大代表的主导作用。至少应做到：一要勤于联系代表，善于做代表的知心人，用真情把代表联系起来；二要结合党委、政府中心工作和人民群众关注的热点、难点问题，精心组织代表活动，用激情把代表组织起来；三要注重发挥代表联系群众的桥梁和纽带作用，善于将党的主张、政府的重要工作变为人民的意志和自觉行动，用共同目标把代表凝聚起来。

三是代表小组应"动"起来。《代表法》第二十条规定：县级以上的各级人民代表大会代表，在本级或者下级人民代表大会常务委员会协助下，可以按照便于组织和开展活动的原则组成代表小组。县级以上的各级人民代表大会代表，可以参加下级人民代表大会代表的代表小组活动。"第二十八条规定："乡、民族乡、镇的人民代表大会代表分工联系选民，依法组成代表小组，反映群众的意见和要求，协助本级人民政府推动工作。"中央[2005]9号文件及全国人大常委会制定的配套文件明确规定：代表在大会闭会期间的活动以集体活动为主，以代表小组活动为基本形式。作为县、乡两级人大必须重视代表小组组建工作，努力实现以制度规范代表活动、促进代表小组工作、制约代表行为、保障代表履职。在起步之年应做好以下工作：一是组建好代表小组。本着选区相邻、居住就近、容易组织、便于活动的原则，各地可采用联合编组，专业编组等不同形式组建代表小组；二是选配好代表组长。推选热心代表工作、熟悉人大业务、精通法律政策的代表当组长；三是建设好活动室。确保每一代表小组有活动场所、有桌椅、有学习资料。四是制定好活动制度。对代表学习、参加活动、联系选民、向选民述职、评先评优等做出具体规定，确保每个代表小组年初有计划、分月有活动、年中有检查、年底有总结。各地应因地制宜，采用县、乡联动或代表小组单独活动等形式，有计划地开展各代表小组活动，力戒形式主义、摆花架子，确保每次活动取得实实在在的效果。

四是人大代表应"动"起来。《代表法》第二十五条规定："代表应当采取多种方式经常听取人民群众的意见，回答本选区选民或者原选举单位对代表工作和代表活动的询问，协助本级人民政府推动工作。"第三十一条规定："代表在本级人民代表大会闭会期间，参加由本级人民代表大会或常务委员会安排的代表活动……"常言道："知屋漏者在宇下，知政失者在草野"，县、乡人大代表约占我国代表总数90%以上，他们不仅生产、生活在人民群众之中，而且对我国现阶段社会转型期、改革攻艰期出现的新矛盾、新问题认识最深刻，对人民群众的呼声、要求了解最直接，人大代表作为人民代表大会的主体，不能只把代表当作政治荣誉，要认识宪法、法律赋予代表特殊的权利和职责，增强执行代表职务、履行代表义务的自觉性，时刻不忘"我当代表为人民"的承诺，敢于为民代言，反映群众的呼声，善于在参与管理国家事务中发挥积极作用，时刻牢记参加人民代表大会会议期间的工作、闭会期间的活动都是执行代表职务。不仅在会议期间要认真履职，而且在闭会期间也要积极参加县人大及其常委会、乡镇人大、代表小组安排的各种活动，主动走访联系选民，自觉接受选民评议，在实践中努力打实执行代表职务必备的基本功，学会真"代"善"表"的真本领，争做一名名副其实的人大代表。

综上所述，"动"起来是法律赋予县乡人大、代表小组和人大代表一项法定职责和应尽义务；"动"起来，也是新形势、新任务对县乡人大工作者和人大代表提出的新要求、新考验。我们有理由相信，只要县乡人大真正"动"起来了，人大工作者真心诚意为代表活动提供优质服务了，代表小组活动、代表履职必将出现新的局面；只要代表小组"动"起来了，县、乡人大代表作用得到真正发挥，县乡人大工作必将展现新的生机和活力；只要县乡代表"动"起来了，广大选民就能看到自己选的代表在为他们说什么、做什么，人民代表大会制度在基层就会得到更广泛、更深入的宣传,真正实现民意畅达,社会和谐。

人大监督　民主政治建设的有效途径

四川省仁寿县人大常委会党组书记、副主任　郭火儒

到县人大工作已近两届,对县级人大的工作,有一些初浅体会。我认为,人大的三权实际就是人大工作的三大内容。细细品味,县级人大最现实、客观的就是监督权。因此,人大工作的多数的话题,是研究监督。在这里,对于人大监督的对象、性质、内容、形式、途径以及法律依据不作具体研究,而是就人大监督对民主政治建设的影响以及如何将人大监督落到实处进行探讨,抒个人愚见。

人大监督的含义是什么?站在不同的角度也许有不同的理解。我的理解是:其一,凡是有权力的人都有可能滥用权力而导致不公,导致腐败,导致权力的权威受到损伤。即使有权力者最初也是品德高尚的人,也有可能在物欲面前,在阿谀奉承面前无法抗拒利诱,逐渐变坏而放弃坚守公道的为官准则,这是万古不易的经验。人大的监督就是要用人民大众赋予的权力来约束有权者的个人权力,以确保权力的良好运行。其二,凡执政者都有可能非故意而失职、渎职或主观判断错位铸成失误,给主管工作造成政治经济以及其它方面的损失。人大的监督就是用法律和政策的准绳,对执行者或当事者的言行、工作实效、政策水平等给予观评,一旦发现问题苗头,或善意提醒,或严肃指出,或批评指正并督促其改正,以确保执政的正确航向。

监督是一个历史的话题,监督的地位和作用被历代统治者和仁人志士所肯定。在我国两千多年的封建时代,开明君主十分重视对执政者的监督,养谏士,设机构,派钦差,有的帝王还微服私访,对于提高执政水平,巩固封建统治确实起到了非同小可的积极作用。历史上的几个康乐盛世,重视监督,接受监督是重要原因之一,试想,如果没有魏征、房玄龄等多嘴多舌之士,对唐太宗实施监督苦谏,而唐太宗虽然反感但开明地接受监督和苦谏,最终形成协调的君臣关系,造就百官勤奋的工作机制,是很难想象会出现贞观盛世的。但是,封建社会表面强大的监督,实际是苍白无力的,因为除少数几个开明的国君外,绝大多数的皇权是不受监督的,帝王金口玉牙,诸权集于一身,永远正确,为所欲为,不受任何制约。上行下效,使得整个封建体制下的大大小小的皇室官员,地方官员,在本辖区内不受监督,权力不受约束,大有“小国之君”的风范,朝庭虽然采取了许多措施,但收效甚微。正因为如此,使得历代封建王朝都由盛变衰,最终改朝换代,从而使国力的发展受到巨大影响,兴盛的帝国逐步落伍了。而西方资本主义国家,从资本主义制度建立之初就充分的认识到了权力必须受到监督和制约的道理。法国思想家孟德斯鸠在《论法的精神》一书中指出:“要防止滥用权力,就必须以权力制约权力”。因此,西方普遍认同和采用的是分权制。其目的是对权力进行监督制约,特别是“对政府的严密监督”,就是王权也必须受到监督与制约;其手段是实行立法权、行政权、司法权的“三权分立”,互相制衡,确保权力的公正应用和运行,从而使社会达成一种平衡,国力的发展也就有一种均衡均速的效果。从历史的角度来讲,中国封建社会也有过辉煌,泱泱大国,“四方来朝”,八面威风。两千多年的发展,不及西方资本主义三百多年的发展,这与我国封建王权不受监督制约产生权力腐败,权力腐败导致改朝换代,改朝换代影响社会经济发展是密不可分的。今天我们研究民主政治建设,研究人民对权力的监督,确保社会经济的长足发展,必须认真吸取历史的经验,应从监督体制上来防止公众权力的异化,特别注重制止个人权力高于公众权力,杜绝各种封建皇权的产生。

中国的民主政治建设的思想萌芽和体制雏形,甚至可以追溯到商鞅变法,无数的民主政治建设失败的重要原因之一,就是对权力缺乏监督制约。孙中山推翻封建帝制,建立中华民国,但在很短时间里,孙中山培植和扶持的权力集团很快走向了自己的反面,权力异化的速度令许多政治家和史学家惊憾。毛泽东、邓小平等老一辈革命家对如何建立权力监督体制进行了卓有成效的探索。在西方弹劾制度尚未健全的时候,议会对政府的监督和控制,

虽然是“以权力制约权力”，但其核心是维护资产阶级利益，监督和控制权力不在人民手中。所以，列宁把它叫作清谈馆，曾构想要把它“由清谈馆变为工作机构”，建立真正的无产阶级民主制度，真正实现人民权力机关对其它国家机关的监督，这样，就能防止马克思担心的“公仆”变为“主人”现象的发生。毛泽东继续和发展了马克思、列宁的监督理论，创造性地提出了建立人民代表大会制度并由它来监督政府活动的思想理论。还在中国处于民主革命时期，毛泽东在《新民主主义论》中指出：“中国现在可以采取全国人民代表大会制度”，并对省、县、区、乡人民代表大会的体系进行了设计，要求“由各级人民代表大会选举政府”，并由人民来监督政府。他指出：“只有让人民来监督政府，政府才不敢松懈；只有人人起来负责，才不会人亡政息”。邓小平发展和完善了毛泽东的监督理论，强调人民要通过人民代表大会去监督国家机关的工作，明确指出：要“让群众和党员监督干部，特别是领导干部。凡是搞特权、特殊化，经过批评教育而又不改的，人民有权依法进行检举、控告、弹劾、撤换、罢免，要求他们在经济上退赔，并使他们受到法律、纪律处分”。毛泽东、邓小平创造性的构建和完善了人大监督理论，对我国的权力监督制约体制提供了有力的理论基础和实践指导，为人大行使有效监督打下坚实基础，为民主政治建设提供了制度保证。

几十年来，县级人大监督工作取得了可喜成就，创造积累了许多经验。但是，从目前的情况来看，人大监督工作无论在认识上、体制上、制度上或法律规定上都还存在着一些问题、差距或误区。单就认识上而言，人大自身存在着两个误区。误区之一：认为人到人大事业向下，少管事，少说话，随随便便搞点视察，免得惹人生厌遭人骂。误区之二：认为人们重视两办督查，害怕纪检监察，应付人大视察。这些误区影响了人大工作者的监督自信心和工作积极性，是当前人大监督效果欠佳的内因之一。我们应该走出这些误区，要认识到人大监督是国家权力机关的基本职能，这种监督不能等同于其它监督，具有法律上的强制性，具有本级国家机关的最高效力，它与群众意见、舆论批评、社会评论以及纪检监察等监督形式具有本质上的区别，从而树立搞好监督的信心和雄心，把法律监督和工作监督落到实处。作为县级人大的监督工作，目前应致力于建设好几个制度：一是审议工作制度，听取和审议“一府两院”某方面工作的情况，审议的基础是人大组织视察、调研，获得大量的第一手材料；审议的质量是要客观、准确地找准问题，提出整改意见；审议的效果是“一府两院”对人大的整改意见限期落实。审议意见要向代表、群众公开，落实情况接受常委会，代表和群众监督。二是述职评议制度。凡由人大选举产生或任命的干部，届内必须向人大述职一至二次，报告届内所做工作，接受人大评议监督，人大将评议结果转呈组织部门纳入干部考评系统，作为评先评优和晋级的重要依据，以此促进“一府两院”组成部门负责人勤政爱民、恪尽职守、廉洁奉公，不断提高依法行政、公正司法的能力和水平。三是回访选民制度。选民选举出了他们的公仆，给予了他们执政执法的权力，公仆是否异化，手中的权力是否腐败，选民心中最清楚，县人大每年应适当组织力量回访选民，征求选民意见，听听群众评说，这种方式无论是对选举产生的干部还是对选举产生的人大代表都是适用的。用这种方式可促进干部和代表勤奋工作，为民办实事。四是跟踪监督制度。人大常委会对它所任命或选举产生的干部实行跟踪监督，特别监督一把手，这是新形势下的培养干部、使用干部、爱护干部的基本要求。根据平时跟踪监督所掌握的领导干部，特别是一把手工作和生活情况，每年度进行一至二次法律法规法纪的教育培训，使人大选举或任命的领导干部永保公仆本色，让人民赋予的权力为人民服务。五是依法行使罢免权制度。人大意义上的监督，依法启动罢免程序才是真正意义上的监督，监督权的真正落实是依法行使罢免权，虽然其它方式的监督是有强制性，但受监督者受到的约束效力不强。所以，列宁同志强调指出：“罢免权，即真正的监督权”。因此，人大应对它选举或任命的犯有严重错误，失职渎职造成巨大损失的，违法违纪和经济问题严重的领导干部依法启动罢免程序，让选举者来撤换被选举者，任命者来撤换被任命者，使我们的干部找准对谁负责和为谁服务的位置。这项工作，目前虽然仍有许多具体困难，但民主已经迈开了脚步。六是重大经济活动的合议制度。经济是基础，经济势力是税源的聚集。政府及其部门的经济活动本质上是在经营人民群众聚集的资金，就象董事会在经营股东的资金一样。因此，人大监督必须把经济活动的合议纳入制度范畴，对财政预决算、国民经济发展规划和执行、预算外资金管理使用，大型经济建设项目的确定和实施等等，人大都应参与合议。

人民代表大会制度，是具有中国特色的根本政治制度，宪法和法律赋予人大监督权，是中国民主政治建设的根本保证。通过人大有效的监督，确保行政权和司法权不滥用、不腐败，从而最大限度的保护广大人民的合法权益不受侵害。由此可见，人大的监督权非同一般，而是重任在肩，我们必须尽全力把这项工作做好、做实、做出成效来。要搞好监督工作，人大工作者首先是要加强学习，熟悉法律法规、党的方针政策和联系部门的工作内容，提高自身的素质，说内行话办内行事，使监督工作能收督导的功效。二是具备丰富的工作经验，深入实际，调查研究，掌握实情，总结成绩不言过其实，寻找问题不牵强附会，批评建议不指东道西。三是人大工作者应有较高的人生修养，己身正才能正于人，身正才能为师，德高才能为范。

我国的根本政治制度是人民代表大会制度，它的重要民主政治原则是一切权力属于人民；人大的监督过程是一切权力属于人民的具体体现，因此，我们要搞好人大监督工作，为推进我国民主政治建设进程作出应有的贡献。

关于履行人大职责　促进法治进程的思考

湖南省汉寿县人大常委会　田明时

地方人大及其常委会是依法行使监督职能的国家权力机关，担负着推进法治进程的重要任务。历史进程选择法治，因为和人治相比，法治的意志更坚强，处置更公平，监护更有力。法治，作为一项宏大的系统工程，从来都不是一朝一夕之功。在新形势下，发挥人民代表大会及其常委会在民主法制建设中的作用，认真履行人大职责，促进法治进程，为加快建设社会主义法治国家作出贡献，这方面还需要进一步研究与探索。本文作者拟就这方面的问题提出几点肤浅的思考：

一、成功的实践与启示

建设社会主义法治国家是中国人民孜孜以求并坚持不懈为之奋斗的伟大事业。60年前新中国的诞生，特别是1954年第一部宪法的制定，为建设社会主义法治奠定了政治基础；30年前开始的改革开放，特别是中国特色社会主义道路的开辟，开启了我国社会主义法治建设的新时期。

30年来，党领导人民不懈探索，成功开创了中国特色社会主义法治道路。20世纪70年代末至80年代，我们党深刻汲取"文化大革命"中法制建设遭到严重破坏的惨痛教训，明确提出和贯彻有法可依、有法必依、执法必严、违法必究的社会主义法制原则，制定公布了我国现行宪法和刑法、民法通则、刑事诉讼法等一批基本法律，在社会主义法治建设上迈出了重要步伐；20世纪90年代，适应我国发展社会主义市场经济的迫切需要，适应广大人民对发展社会主义民主政治的迫切期待，党中央又明确提出了依法治国基本方略，并将其载入宪法，揭开了我国社会主义法治建设的历史新篇；进入21世纪，适应全面建设小康的社会的新形势、新任务，我们党又再次明确提出要全面落实依法治国基本方略，加快建设社会主义法治国家，开创了我国法治建设的崭新局面。

30年来，我国社会主义法治建设取得了伟大的历史性进步。人大立法工作成就巨大，以宪法为核心的中国特色社会主义法律体系基本形成；人大监督法治政府建设稳步推进，依法行政能力不断增强；司法体制和工作机制改革逐步深化，中国特色社会主义司法制度不断完善；普法教育深入开展，全民法治观念、法律意识和社会法治文明程度不断提高；社会主义法治思想日益丰富发展，社会主义法治理念逐步深入人心。

30年来，随着改革开放的步伐加快，各级人大及其常务委员会认真履行宪法和法律赋予的职权，始终把民主法制建设作为自己的重要职责，从加强法制宣传教育着手，人民群众法制观念，促进依法行政、公正司法，深入推进依法治理工作；始终把改革发展的难点问题和人民群众关心的热点问题作为重点，开展工作监督和法律监督，促进和支持"一府两院"开展上和；始终把服务代表作为人大工作的重心，保障人大代表和人民群众参与管理国家和社会事务的民主权力，促进基层民主政治建设；始终把加强自身建设放在重要位置，坚持学习法律法规，不断探索实践，为人大常委会依法、规范、有效地履行职责提供了有力保障。三十年人大工作实践告诉我们,只有坚持人民代表大会制度,关注民生,服务大局,紧紧依靠人大代表,依法行使职权,勇于开拓创新,才能使人大工作充满活力,才能使民主法治的进程得以顺利发展。

在一个拥有13亿人口的发展中大国进行社会主义法治建设,是一项前无古人的伟大实践。几十年来法治建设的经验表明,我们既要遵循人类法治文明发展的一般规律,又要体现社会主义的本质特征;既要继承发扬我国优秀的法律文化传统,又要借鉴吸收世界优秀的法律文明成果。在实践中,人民代表大会制度是我国的根本政治制度,充分发挥各级人大作用,已经形成了一条符合我国国情、反映人民意愿、顺应时代潮流的中国特色社会主义法治道路。只有坚持依法治国基本方略不动摇,充分发挥各级人大及其常委会的作用,加快建设社会主义法治国家,我们国家才有光明前途,人民才有美好未来。

二、面临的问题与矛盾

依法治国是党领导人民治理国家的基本方略,它的实质是法治,这对于一个曾经有着两千多年封建历史,至今仍然是一个人口众多、经济欠发达的发展中大国,无异是一场没有硝烟的“战争”。当前,我国的民主法治建设进入了一个新的重要的快速发展时期。然而,由于受政治、经济、文化、社会等各种条件的制约,我国的民主法治建设还比较滞后,在民主法治方面还存在一些“不和谐”的现象和矛盾。

(一)当前面临的深层次问题

1、**依法治国与党的领导体制的关系**。表现在党的组织与立法的关系尚未理顺,党的组织与执法机关、司法机关的关系尚未理顺。

2、**依法治国与现行国家权力结构的关系**。表现在人民代表大会作为权力机关其实际权力并未完全到位;行政权对立法权的干预过大,立法中的部门利益严重,司法权的独立程序较低,抗干预能力较差。社会主义民主制度还不够完善,人民代表大会的作用发挥不够充分,民主实现程度总体上还不高,社会有序运行所需的法律、体制、机制、秩序、规范、组织、管理等还不够完善。

3、**依法治国与现阶段政府角色的关系**。与西方国家不同,在我国,市场经济的启动,法治国家的提出是国家和政府,而不是来自社会。这一特点,就使我国的法治从一开始就具有双重任务:一方面要保证政府实施有效管理,赋予权力;另一方面又要对政府的权力进行监督。在某种意义上,前者的重要性要大于后者。(二)法制建设的内部矛盾

1、**立法数量民立法质量之间的矛盾**。民主立法和科学立法还不够,我国现有的法律与社会主义法治国家的目标还有差距,特别是立法的领域有待拓宽、数量有待增加、质量有待提高。表现在:重立法速度,忽视立法的质量。(1)法律体系内部不协调。如:法律规范内容重复;出现立法空白造成无法可依;法律规定过于原则,执行人员不好操作;法律规定不严谨,用词用语不准确、不规范等;(2)法律之间不配套。有实体法没有程序法,或有程序法没有实体法;(3)法律之间相冲突;(4)立法的效率不高。立法不适应市场经济的要求,该出台的法律不能及时出台,社会生活所急需的法律还没有到位;(5)有些部门在立法时对自己的利益进行保护,扩大自己的权力范围,破坏了法制统一,有损于法律的权威。

2、**严格执法与执法机关能力之间的矛盾**。目前,执法机关的执法能力不适应执法工作的要求。(1)执法体制不顺。执法机构之间权限划分不清,执法重复、执法空白严重;(2)执法队伍力量薄弱;(3)执法手段落后;(4)执法人员素质不高。

3、**法律监督没有到位,监督机制没有真正形成**。上对下,下对上,同级之间的监督,事前、事中、事后的监督机制没有形成,监督在某种程度上还没有发挥作用。尤其表现在民主法治对权力的制约和监督力度不够,部分单位和部门内部监督制约机制不全,监督不到位,制约不得力,导致有的地方和有的人权力失控,滋生腐败。部分行政机关和行政执法人员法治观念淡薄,依法行政、依法决策水平不高,司法不公、徇私枉法、执法犯法的现象仍不同程度存在。此外,人口资源环境问题、非法用工、虐待民工、“公路三乱”、教育乱收费、招商承诺不兑现等一些“不和谐”的现象依然存在,有些对社会影响还比较严重。

4、**法律工作者素质不高,不适应法治的要求**。法律专业人员少,一些人大代表的素质还有待提高,参政能力有待加强;司法人员的素质和律师队伍素质有待提高和加强。

5、**公民的守法观念与加强法制的社会要求之间还存在着很大的差距**。一方面就社会成员对法治的希望而言,加强法制的社会要求从来没有像现在这样迫切;另一方面从人们遇到具体的法律问题

和利益冲突所选择的解决方式来看,规避法律的社会行为又大量存在。对一些现有的制度不遵守,法律还没有权威,老百姓还不信法,当发生纠纷时,不找法律找关系。因此,全民的法律意识有待于强化。要合理解决这些问题,都有赖于民主制度的健全和法治手段的完善。因此,履行人大职责,促进法治进程,各级人大任重道远。

三、思路与对策

面临上述法治进程中存在的一些问题与矛盾,人大怎样认真履行职责,促进法治进程呢?笔者认为:

(一)履行人大职责,促进法治进程,必须充分发挥人大依法监督的职能作用

江泽民同志曾经指出,在我们国家生活的各种监督中,人大作为权力机关的监督是曾经最高层次的监督。人大监督是代表国家和人民的具有法律效力的监督,目的在于确保宪法和法律得到实施,确保公民的合法权益得到切实尊重,保障行政和司法权力得到正确行使。因此,作为地方国家权力机关的人大及其常委会,必须充分发挥其监督职能作用,进一步增强监督意识,敢于善于运用法律规定的形式,用足用好权力机关特有的、较为严厉和具有强制性的"硬性"监督方式增强监督的力度,以确保法治进程的顺利进行。要认真履行地方人大及其常委会监督职能,保证严肃执法、公正司法,促进法治进程。首先,加强对人大监督职能的认识,这是法治的前提。在现阶段,由于人们的民主法制意识还较淡薄,认为大政方针是党委定,具体工作是政府抓,人大行使职权是多余的。由于舆论和环境的影响,人大自身也不同程度地存在着重程序轻实质、重决定轻监督、怕越权、难依法等问题。因此,进一步提高对地方人大监督职能的认识,是推进法治的前提,这个问题不解决,人大监督不可能到位,人大监督职能就不能充分发挥,人大依法监督就是句空话;其二,增强各级领导成员的法律意识是法治关键。法治的落脚点是依法办事,严格执法。有法不依,则从根本上损害了法治的基石,贬斥了法律的尊严。从当前社会现象看有法不依,执法不严的现象时有发生,除了中国几千年来的"人治"观念和队伍素质不高的因素外,确有部分领导成员法制观念薄弱,虽然守法的主体是普通公民,但执法的主体则是各级领导和执法、司法队伍。他们的法治意识强弱,直接影响到法治的进行,因此,切实加强各级成员的法律意识,是法治的关键。确切地讲,对法律权威和法律实效,最大的阻力,不是来自一般公民,而是来自某些领导干部和国家工作人员。如果把法治片面作为"治民"的手段,这就是对法治的亵渎。"法之不行,自上犯之"就是说,依法治理必须首先依法治"官"。只有先治好了"官",只有加强了党的各级领导成员的法治意识,才能有一个良好的法治环境,才能确保法治的顺利进行。

(二)履行人大职责,促进法治进程,必须增强人大监督工作的实效

"法治"是实现需要强有力的监督,依法治理更需要行之有效的监督和制约。一是要加大法制宣传教育力度。人大对"一府两院"干部任前法律知识考试是法制宣传教育,提高干部的法律意识和法制观念的重要措施和手段,是增强人大监督工作实效的基本保证。要实行依法治理,人大及其常委会就要建立起对"一府两院"干部任前法律考试制度,加强和完善这项制度。二是要进一步完善执法责任制。抓好以推行执法责任制为核心的执法制约机制的运行,督促"一府两院"严格执法,充分发挥人大常委会在促进法治进程中的监督保证作用,促进政府依法行政、司法机关公正司法。在推行部门执法责任制过程中,实行党委领导、人大监督、"一府两院"组织实施,确保执法责任制的整体推进,是增强人大监督工作实效的中心环节。三是要建立和完善错事、错案追究制度,对不依法行政、不公正司法和贪赃枉法的人和事必须严肃查处。抓好司法评议、述职评议为重要内容的执法监督,保证法律的有效贯彻实施,充分发挥人大常委会在依法治理中的促进作用,把人大的监督职能落到实处。只有这样,才能增强国家机关工作人员的法制观念,促进一府两院依法行政、严格执法,全面推动依法治理工作的深入开展,收到良好的效果。

(三)履行人大职责,促进法治进程,必须加大贯彻实施监督法的力度

其一,加大人大贯彻实施监督法力度,是促进依法行政、维护司法公正的重要举措。依法行政、公正司法是推进社会法治化需要解决的核心问题。从我国的法律体系看,我国经济社会领域80%左右的法律法规都是由行政、司法机关执行的,督促"一府两院"严格执法,对于依法行政、公正司法,维护公民合法权益至关重要。监督法是一部加强对"一府两院"监督的重要法律,它明确了监督的主体、对象和内容,规范了监督程序。各级人大常委会应严格执行监督法，进一步增强监督工作的实效；每年选择若干关系改革发展稳定大局和群众切身利益、社会普通关注的重大问题，有计划地听取和审议“一府两院”的专项工作报告，加强对审议意见的督办，确保国家的方针、政策得到正确贯彻；加强执法检查工作，完善工作机制，改进检查方式，推进法律法规在本行政区域内有效实施；加强计划和预算审查监督，实现从程序性向实质性监督转变，推进公共财政建设；适时运用质询、特定问题调查、撤职等手段，增强监督的刚性。各级人大应充分发挥这些监督方式的法定职能作用，督促政府及其工作人员在宪法和法律规定的权限范围内行使管理权，提高行政管理法治水平，防止行政机关及其工作人员滥用权力，推进依法行政和法治政府建设；促使司法机关严格依法办案，按照公平、正义的法律原则行使司法权，规范司法行为，促进司法公正，维护司法权威。

其二，加大人大贯彻实施监督法力度，是培育法治理念、弘扬法治精神的重要实践。法治精神的培育是一项艰巨的系统工程，需要遵循其固有的规律去积极推进。法治精神不是天生的，它来源于人们长期的社会实践，尤其是人们的法律实践。正是人类无数次的法律实践的成功经验和失败教训才共同凝结成了对法治的精神追求和向往。因此，法治精神的培养，不仅需要开展法律宣传教育，更重要的是要充分重视法治实践的基础性作用。人大监督，既是国家权力机关的重要职能，同样也是法治宣传教育和法治实践教育的重要载体。第一，监督法的制定颁布过程就是一次生动的法治实践教育过程。监督法草案历经20年出台，它是随着我国民主法制建设的进步而适时出台的，同样见证了民主法治的艰辛历程，开展监督法宣传教育，能进一步提高公民的民主法制意识。第二，推进监督法贯彻实施，有利于在全社会确立权力必须接受监督和制约的理念，有利于强化行政权、司法权接受监督的意识。实施监督法，能促使“一府两院”充分认识对人大负责、受人大监督是法定的义务和责任，充分认识权力不受监督必然导致滥用和腐败，进而不断增强接受人大监督的自觉性和主动性。第三，贯彻实施监督法，有利于培育人民追求和遵循公开、透明的法治精神。监督法规定，年度监督工作计划，相关报告及审议意见，“一府两院”关于审议意见的研究处理情况报告等，都应向代表通报，并向社会公开，这是监督法的一大特点，充分体现了现代法治社会公开、透明及权力必须接受人民群众监督的原则和要求。各级人大要按照监督法要求，做好相关工作。在公开过程中，既注重宣传相关法律知识，又坚持以案释法，使人民群众“润物细无声”地达到对法律的认同，被法律同化，形成法律习惯，逐步提高法律素养、培育法治精神，在全社会塑造知法守法、推崇法律、维护法治的新型公民。

（四）履行人大职责，促进法治进程，必须坚持用科学发展观指导人大监督工作胡锦涛总书记曾在2004年9月19日《做好当前党和国家的各项工作》一文中指出：树立和落实科学发展观，要把坚持党的领导、人民当家作主和依法治国有机统一起来，进一步发展社会主义民主政治，着重加强法制建设。科学发展观是党在新世纪新阶段的执政理念和执政方略，是推进社会主义经济建设、政治建设、文化建设、社会建设和生态文明建设必须长期坚持的指导方针。人大工作是党的工作的重要组成部分，担负着保障宪法法律实施，推动物质文明、政治文明、精神文明与和谐社会建设协调发展的重任。人大要依法行使好监督权，必须以科学发展观为指导，以贯彻实施监督法为契机，坚持与时俱进，不断取得新进展，促进法治进程。

一要坚持宏观监督与微观监督相结合。坚持抓大事、管大事、议大事，是人大履行监督职权的原则。要充分认识到，人大监督针对的是“一府两院”带根本性、全局性的问题，而非个体的、事务性的具体工作。要善于通过具体工作发现宏观的、重大的问题，善于从机制和制度层面上去解决问题，善于解决一些具有代表性、规律性的问题，对重大原则问题要敢于较真，对具体工作则不加干涉。二要坚持全面监督与重点监督相结合。按照“五个统筹”的要求，既要对涉及地方科学发展与和谐社会建设的工作全面实施监督，防止顾此失彼，又要坚持少而精，增强监督的针对性。三要坚持监督事与监督人相结合。人大监督既包括法律监督，又包括工作监督，既对宪法和法律的实施情况进行监督，又对其产生的国家机关工作情况和由其任命的公职人员工作情况进行监督、考核。因此，要加强对工作情况、执法情况监督以及建立奖惩制度等形式，切实增强监督的权威性。四要坚持监督与支持相结合。人大在监督过程中，要加强与“一府两院”的沟通与联系，取得彼此信任，相互理解，对他们的工作，到位不越位，参与不干预，支持不代替，肯定正确的行为，纠正失误的作法，对于“一府两院”具有开拓性的改革举措要予以充分的支持。只有这样认真履行人大职责，才能极大促进法治进程，为建设社会主义法治县、法治市、法治省、法治国家作出巨大贡献！

小“家”显现大舞台

江苏省淮安市楚州区人大常委会常务副主任　殷长干

2006下半年开始，我们淮安市楚州区人大常委会根据上级人大常委会的要求，开展了“代表之家”的创建工作。所谓“代表之家”，即根据区域上的便利，以较小的范围内的代表，通常以两至3个代表小组为单位，设置一个代表活动的场所，作为代表定期不定期进行学习、交流、讨论、视察、接待选民等各项活动的基地。这是江苏省基层人大代表近年来在工作实践中的一个创举。经过二年多的努力，目前我区共建“代表之家”149个，其中多级代表合用的“代表之家”31个，市级人大代表的“代表之家”2个，区级人大代表的“代表之家”4个，乡镇人大代表的“代表之家”112个。在创建过程中，我们在加强“代表之家”制度规范和硬件建设的同时，着重在把握“家”的特点、彰显“家”的特色、挖掘“家”的优势上进行了一些探索，使小小的“代表之家”成了代表履行职务的新天地、大舞台，在经济建设、社会进步的各个方面发挥出越来越重要的作用。

一、注重“代表之家”的自主性，更好地调动了代表参与活动的积极性。既然是“代表之家”，“家”政大权就应由代表自己掌握，使之真正成为代表的“家”。在部署、指导“代表之家”的创建中，我们只对“代表之家”有场所、有桌椅、有联系人、有台账、有活动计划、有学习刊物等作原则要求，但对于代表具体的活动内容、活动时间、活动方式，不定框框，不画圈圈，完全由代表们自行选择，自主决定。这样“代表之家”的活动内容代表们比较关心，活动时间代表们比较方便，活动方式代表们比较欢迎，有效地调动了代表参加活动的积极性。如在活动内容和方式上，各“代表之家”都体现了很大的灵活性，安排得丰富多彩。他们有时开展学习，有时进行视察讨论，有时由代表轮流接待选民，有时组织代表向选民述职，有时还安排代表进行联谊娱乐活动。博里镇是我区远近闻名的诗歌、农民画之乡，很多人对诗歌、绘画有着浓厚的兴趣。该镇几级代表合用的“代表之家”每两个月进行一次格律诗词、农民画的培训和创作活动，很受代表欢迎。据统计，去年，我区2155人参加了“代表之家”的活动，占代表总数的89%，其中参加六次以上活动的代表为2059人，占代表总数的85%。这些数据表明，代表参与“代表之家”活动的热情明显高于参与其它方式代表活动的热情。

二、注重“代表之家”的组合性，更好地发挥了各级人大代表的优势。一般地说，上级人大代表对上级机关的工作情况、全局情况和上级政府的工作方针了解较多，而基层的代表接触选民较为广泛，对基层情况比较熟悉，能够更多地掌握群众的要求和愿望。过去的代表活动，一般都是各级代表分别进行，不同层级的代表之间较少沟通交流，较少共同研究讨论问题。在“代表之家”的创建中，我们要求各乡镇至少建立一个市、区、乡三级代表合用的“代表之家”，不仅使各级代表都有了自己的活动阵地，而且使各级代表能够经常地共同活动，优势互补。茭陵乡建乡较迟，小城镇建设滞后，面貌较差，历任领导均在小城镇建设上作了一定的努力，但收效不大。去年初，该乡几级代表一起活动时根据群众的一致呼声，对此进行了讨论。多数代表认为，小城镇建设事关人民生活质量，事关经济发展环境，是区委区政府大力提倡、一贯要求的重要工作，政府应予充分重视。其中一位曾列席市人大常委会会议旁听市建设规划审议的市人大代表，介绍了会议审议的情况，对大家启发很大。经讨论代表们一致认为，茭陵乡城镇建设上不去，固然有全乡经济较为落后的原因，但更主要的是长期以来小城镇建设没有科学的、一以贯之的规划，以致工作没有连续性，浪费较大，弯路较多。他们向乡党委政府正式提出了以科学的规划加快推进小城镇建设的建议，受到了党委政府的充分肯定和高度重视。上半年该乡聘请河海大学设计院的专家为全乡中心村、中心镇进行了认真规划，规划方案经向全乡公布修改后，现已付诸实施。

三、注重“代表之家”的开放性，更好地畅达了群众与代表和政府的沟通。“代表之家”要最大限度地面向选民，贴近群众，使“代表之家”在一定程度上也成为“选民之家”、“群众之家”。根据这一想法，全区各乡镇的“代表之家”一般均设于群众居住较为密集的村部、条件较好的农家大院，有的还设在群众往来十分频繁的农民文化大院。代表的活动对群众完全开放，群众可以自由出入，随意旁听，甚至可以就代表讨论的话题自由插话，发表意见。有的“代表之家”有时还就近邀请一些群众旁听活动，有的群众干脆不请自到，只要对代表的活动内容感兴趣，就事先打听好代表活动的时间，早早地坐在“代表之家”等候。这样极大地提高了选民对代表活动的关心度和参与度，也大大增强了代表履职的自豪感和责任感，使代表活动所形成的建议和意见更能吸收和顺应选民意愿，更能代表和合乎选民利益。流均镇的一“代表之家”活动时，旁听的群众向他们反映沿河村的村级财务有许多疑点，代表非常重视，立即建议政府对该村财务进行了清查，澄清了所有问题。群众说，到“代表之家”不仅有听头，而且能说话，说了还有用。事实上，目前我们的“代表之家”已普遍成为所在地群众来访的场所，通过“代表之家”深入细致的有效工作，化解了大量的社会矛盾。去年3月，马甸镇因侯梁片7个组的群众被少数人挑唆，激烈反对市里开展的农业保险工作，要“代表之家”帮助评理，还要集体上访。代表们不厌其烦，没日没夜地上门做说服解释工作，终于化解了矛盾，平息了事态。全区“代表之家”去年全年共接待群众来访3400多人次，解决群众之间的纠纷2200多起，化解干群矛盾1500多起。“代表之家”在稳定社会秩序、构建和谐社会中发挥着日益重要的作用。

四、注重“代表之家”的能动性，更好地发挥了代表活动的效能。代表为选民民主选出，在社会上、在群众中具有较高的威望和较大的影响力，是帮助党委政府开展工作、推进本地经济社会发展的重要力量。然而，平时代表个人开展工作比较困难，作用有限。由人大常委会或人大主席团组织的代表活动，其内容一般具有全局性，不一定与局部地区的实际情况完全吻合，代表在参与活动时，一般也仅限于走一走、看一看、议一议，难以发挥更多的作用。在我们的引导下，许多“代表之家”的活动努力突破这些局限，常常自发地根据本地实际情况，选择群众最为关注的问题，能动地集体开展一些公益活动，为政府分忧，为群众解难，一呼百应，影响突出，效果明显，受到了人民群众的普遍好评。南马厂乡中片是早熟西瓜基地，该片群众普遍反映，这里虽是西瓜之乡，但总是一家一户长、一家一户卖，形不成规模，卖不出好价钱。为此，参加该片“代表之家”活动的14名代表一起商议，组织群众向上争取注册了“南马厂”和“甜港”两个早熟西瓜品牌，还由代表发起成立了南马厂乡西瓜专业协会，统一购置资料，统一品牌价格，统一对外销售。这个举措对本地西瓜种植业起到了很大的推动作用。如该片三联村去年的西瓜种植面积由前年的1200亩猛增到3600多亩，每亩收入由前年的3000多元增加到5000多元，瓜农总收入增加了3倍多，涌现了年西瓜业收入超8万元户5个、超万元户28个。

五、注重“代表之家”的民主性，更好地集思广益，提高了代表建议的质量和影响力。“代表之家”的代表都是“家”的主人，代表之间理应遇事商量，充分民主，宽松和谐。我区各个“代表之家”较好地体现了这一特点，代表活动时总能就自己关心的问题不拘一格地展开充分讨论。代表谈论的话题不一定拘泥于事先拟定的内容，代表发言的方式一般不挨个儿推磨，发言可以，不发言也可以，长篇大论地发表演讲可以，一边插话敲边鼓也可以，无领导到场，无言论追究，可以争论，也可以争吵，有时还吵得面红耳赤，代表们能够在“家”中无拘无束地倾诉思想、释放情绪，毫无保留地发表各种意见。这一方面使“代表之家”成了代表们表达意愿、放松心灵的港湾，一方面使通过充分讨论形成的意见，更能体现代表的集体意愿和集体智慧，往往更加准确、更为科学，更能受到政府的重视，产生更大的社会效益。季桥镇近年来招商引资的势头比较强劲，土地用量激增，引起了代表的关注。一“代表之家”活动时，代表们对此纷纷发表看法，并产生了激烈的争论。有的代表认为，目前发展不足、发展不快是季桥镇的主要矛盾，要因势利导，继续降低门槛，放手招商引资，只要有能够产生效益的外商投资，就要不惜扩大土地用量。有些代表则不同意这个看法，他们认为，土地毕竟是有限的，必然越用越少，必须从长远出发，着眼于可持续发展，慎用土地，惜土如金。要尽可能地选择科技含量高、投资密度大、经济效益好的项目落户，千方百计地提高土地使用效率，并给子孙后代留出足够的发展空间。经反复认真地讨论研究,大家逐渐认同了后者的意见,并向政府提出了严格控制工业用地,努力提高土地使用效益的建议,受到了政府的高度评价和充分重视。政府立即组织人员认真修订了项目准入标准,并对工业用地进行了新的规划。该镇代表的这次争论,以及该镇项目准入标准的修订在全区也引起了一定的反响。去年以来,全区经“代表之家”讨论提出的建议共2346条,被政府采纳的达1666条,占建议总数的71%,明显高于代表个人建议的采纳率。

完善人大制度的几个根本性问题

四川省仁寿县人大常委会办公室主任　刘俊辉

改革开放以来,我国人大在法制建设方面发挥了重要作用,但其自身构造方面的缺陷也日渐突出。这个世界上人数最多、被宪法称为“最高国家权力机关”、被老外称为“中国的议会”的部门,它具有许多重要的权力,却从不行使;它具有极高的宪法地位,却遭人轻视。邓小平曾清醒地指出:我们“原来的政治体制都是从苏联模式来的。看来这个模式在苏联也不是很成功的。”因此,在实行了半个世纪后的今天,我们十分有必要认真反思人大制度的利弊得失,并进行相应的重大改革,使之成为名副其实的最高国家权力机关。

一、人大代表的人民性问题

人大制度是我国的根本政治制度,人民通过选举自己的代表组成国家权力机关,管理国家事务和社会事务,行使自己当家作主的权力。但是,广大选民对此几乎没有什么热情,这与村委会的选举形成了鲜明的对照;当选代表也热情不高、责任感不强,参与管理国家事务和社会事务的能力也不如人意。要改变这种现状,应从以下几方面入手:

1、*减少代表数,以专职代表制取代兼职代表制*。目前我国各级人大代表名额是其他任何一个国家议会的议员数难以相比的(当然,我国人口也是最多的)。全国人大代表有3000多人,100万人以上人口的县有400人左右,并且都是兼职。人大代表的人数过多的一个直接后果就是代表的发言机会较少,导致其表达民意的机会也就少了,代表自身的政见也难以表达。兼职的代表,绝大部分没有精力或没有足够精力去调查研究,于是就成了“举手代表”、“按表决器的代表”。因此,应大幅度压缩人大代表名额。根据国外经验,一院制议会一般在五百人左右。我国人口较多,又有民族自治地区、特别行政区,各地经济、政治、文化发展不平衡,全国人大代表可适当多一些,但应控制在一千名以下,县级人大代表最多的可控制在200名左右。同时,人大代表肩负的责任重大,除了应有一定的智力条件外,还必须有时间条件和身份单一的条件,才能够履行好自己的职责。我国人民代表大会的代表制与外国议会的议员制应该是一样的,议员制的专职化程度相当高。我们不能照搬议员制,但有些做法是可以借鉴的,可以提高代表专职化程度,以使人大代表成为一种专门职务,真正落实人大代表执行职务的司法保障、物质保障和时间保障。实行人大代表专职化后,代表们有大量的时间进行社会调查研究,这样才能了解民情,表达民意,提出的议案就会有广泛的社会基础,对政府工作报告以及计划、预算等进行审查时才能作出正确客观的评价,使得能够批准的才批准,不能够批准的就不批准,从而真正发挥管理国家和社会事务的作用,实现人民当家作主。

2、*建立竞选制度,激发选民热情*。长期以来,我们总是有意无意地回避竞选这种在西方国家比较通行的做法,似乎社会主义国家不适合竞选。凡有竞选苗头的,特别是老百姓拥护的,就予以封杀。在直接选举的初提候选人名单公布后,不少地方没有广泛征求选民的意见,有的甚至在确定时将多数选民所提候选人刮下,担心由于该候选人的确定影响了干部或其他候选人的当选。例如,在某县县人大代表的选举中,一名候选人在该选区有多个村都提到他,但在确定正式候选人时没有根据多数选民的意见而把其刮下,选民们对此非常不满。并且,由于代表不是竞选产生,或曰不是选民的积极参与产生,代表的选民意识自然不强,他为选民服务、负责的思想就差。同样,市以上人大代表由下级人大选举产生,由于都是间接,或曰间接的间接的间接,人大代表与人民群众就隔了很远的距离，这就使他们对老百姓服务的信念大打折扣。笔者认为，竞选作为选举的一种方法和手段，本身并不必然与社会意识形态或阶级性相联系，正如市场经济体制也可为社会主义国家所利用一样，我们不应把选举的技术性和程序性问题意识形态化。杨海坤教授早在20世纪80年代就指出，“竞选不是资产阶级的专利品，我们要创造出比资产阶级更先进、更完善的民主选举制度”。作为一种政治人才资源的配置手段，竞选机制可以使对参政、议政有浓厚兴趣，并有较强参政、议政能力且个人品质得到公众认可的社会精英脱颖而出，使这类人才充分发挥他们的特长。同时，对一些专业技术人才或其他各行各业的杰出人士，如果他们没有参政议政的浓厚兴趣或者没有一定的议政能力，完全可以通过行使选举权的方式，选举出他们信任的、确实有促进其利益实现之能力的人去参政议政，大可不必像现在这样，被动当选，消极议政，既浪费了人才资源，又使我们的民主政治水平难以提高。同时，改革我国现行行政管理体制，实行中央、省、县三级行政管理体制就足够了，撤去市和乡镇，逐步实现代表直至政府领导的全部直选，从而使代表和政府真正成为人民的代表或政府。

3、规范代票，严格依法组织选举。选举法规定，经选举委员会同意，选民可以书面委托信任的人代票，但代票不能超过三张。但是，现在比较普遍的情况是，为了追求参选率，既没有书面委托，也没有经选举委员会同意，每一到会选民几乎都代票三张以上，更有甚者，有的不知一人填了多少票。实际上，严格按照选举法的规定，参加过半数的选民投票，选举有效，这个要求是比较高的。从笔者多年从事选举工作的实践来看，代票太多，参加选举大会的人数普遍是全体选民四分之一，从有些反映来看，还达不到这个比例。代票多，参选率高，基本上都在98%以上，极不真实。因此，必须严格代票制度，最好是不代票，达不到过半数参加投票的选举无效。要提高选民的参选热情，只是宣传是不行的，必须把选举与选民的切身利益挂钩。实践证明，只要是真正让选民自己充分行使选举权利，他们是有极大热情的。

二、人大及其常委会的民主权力问题

人大及其常委会的民主权力，是宪法赋予的，任何组织和个人都不能剥夺这个权力。保护这个权力，就是贯彻党的十六大和十六届四中全会精神，就是“坚持和完善人民代表大会制度，保证人民代表大会及其常委会依法履行职能，保证立法和决策更好地体现人民的意志”的具体反映，也是加强党的执政能力建设的迫切需要。

1、改革人大及其常委会的组织构成，逐步实现常委会的职业化和年轻化。我们人大制度在实践中有一个尴尬的局面，就是不少地方有50%以上的代表是各级干部。有人作过调查，在全国人大代表中的干部代表，九届800多人，十届1200多人，占1/3强；工人、农民代表，九届分别有80多人，十届分别只有50、60多人。以前比较突出的市长才能当代表，现在市长、市委书记几乎无一例外是全国人大代表。在地方人大有过之而无不及，特别是在一些县，区乡镇长、区乡镇书记，县长副县长，县委书记副书记都是人大代表，仅安排的乡镇以上干部就约占总数的70%。干部代表多，选民们认为，他们根本不是经过严格程序选出来的，绝大多数是安排的，根本不能代表他们的利益。他们既是权力机关成员，有的又是执行机关要员；既参与决定，又对其负责实施；既要代表选民，又要站在政府立场上。这种角色混淆严重地妨碍了代表性的体现，也模糊了监督者与被监督者的关系，这种组织构成对人大制度建设十分不利。必须优化和改革。今后，“一府两院”组成人员不仅不能参加同级人大常委会，而且要逐步减少其参选人大代表的比例，使监督主体与对象彻底分开。要把熟悉法律、法规，熟悉本地区、本行业情况，作为人大代表特别是常委会委员履行职责的基本条件。改变事实上把人大常委会当作“二线机构”的做法，逐步实现人大常委会组成人员的职业化和年轻化。选拔一些年富力强，德才兼备、忠于宪法和法律的干部进入人大领导班子和常委会各工作机构担任领导职务。

2、扩大代表、委员的知情权，加快实现选举与任免权利的民主化。人代会，是讨论该行政区域内大事的大会；人大常委会是人民代表大会的常设机构，在闭会期间处理人民代表大会的日常事务。但是，这“两会”在审查政府报告的时间太短，对政府提出的计划、预算是否合理，代表、委员们普遍基本上搞不清楚，他们不知政，不知情，即使提出意见，大会主席团或人大常委会也很难采纳。特别是计划、预算的审查，人大没有专门的工作机构，且大部分代表不懂，所通过的报告和作出的决议基本上都是走形式。同时，在各级人代会、常委会上，代表、委员都没有开展辩论，甚至发言都少，有的连发言的机会都没有。例如某市有的代表团100多人，代表团讨论时没有进行分组，使得代表们难以表达自己的主张，难以对一些有争论的问题进行充分讨论。各级人大常委会，仍然是沿袭首长负责制，主任或常务副主任说了算，安排的会议时间极为有限，审议发言都非常简单，往往是工作机构的一个委员发言后，就没有谁再发言，一个小时一个议题，会议开得死气沉沉。要改变这种状况，人代会和人大常委会的会议文件至少应提前一周送达，让代表、委员有充裕的时间阅读，提出问题。特别是计划和预算，要有充分的时间调查，这样他们在人代会、常委会上才能有充分的发言。如果减少了代表数，可以适当延长人代会会期，从而保证人代会代表的审查报告的时间，保证会议质量。对一些重大问题还应开展辩论，使代表和委员对问题了解更深入、透彻，会议开得更活跃一些。

人大的选举和人大常委会的任命，是我国民主政治建设的重要体现，忠实于法律精神和加强这项工作，是人大制度完善与发展的前提和基础，也是加强民主政治建设的必然。在现阶段，各级人大的选举，普遍曲解选举法的规定，正职都实行等额，副职都取最低限。而且，从全国人大到省市县的人大会议中，各代表团都实行团长控制，团长绝大多数是各行政区域的一把手，一个团把别的团的人拒之门外。团长对该团代表思想的掌握是有力的，他会使该团的绝大多数代表服从他，从而与主席团保持一致。代表中的绝大多数是很听话的，因为从最基层开始，就没有竞选，选举如一潭死水，代表都是“劳模代表”、“好人代表”，多事者很少。因此，国家机关领导人员的选举，要改进候选人的提名方式和完善候选人的介绍办法，尤其是在正职的选举问题上，应忠实于法律。地方组织法第22条规定，正职选举的候选人数“一般应多一人，进行差额选举；如果提名的候选人只有一人，也可以等额选举。”这实际上是说，正职选举也是差额原则，让人大代表有选择的权利。在代表团的组建问题上，实践证明，凡是不以行政区划组成的代表团，代表可以不受一把手的制约，不怕受打击，思想活跃，民主性要高，如S省的某县届届都要选出非组织安排的人员，相反，有的县却从来没有出现过这样的迹象。代表团的组建可以以界别或混合编团，这样可以推动代表的思维前进一大步，也可能是民主政治建设上的一大进步。

3、改革表决方式，保护代表、委员的民主权利。表决方式，是保证民主权利的前提条件。目前在我们国家，地方各级人大及其常委会在通过决议上普遍采取的是举手表决方式，财政预算、决算审批上也不例外；在选举和任免上采用的划票方式。采用举手表决通过的决议、决定及预算、决算是苍白无力的；划票选举和任免也存在一些弊端。据用机读卡填票的地方的代表反映，投赞成票的不动笔，投反对票的才动笔，只要你动笔，就是投反对票，很容易被人发现并可能会受到打击。在有的地方为了控制代表的投票，设立若干票箱。而在人大常委会的表决中，绝大多数的县的常委会委员都是一张桌子两个人，距离很近，且没有实行投票，而是收票，谁没有同意基本上都是清楚的。这些做法，实际上是违反了法律，破坏了代表、委员的秘密投票权，破坏了选举、任免的原则，使人大及其常委会的民主性受到极大挑战。地方人大及其常委会以法规、决议规定的表决方式有四种：鼓掌通过、举手表决、无记名投票、电子表决。鼓掌通过、举手表决确实简便、高效，但有点强迫民意，实际上侵犯了代表的权力。沈阳市铁西区的一位市人大代表说，“举手表决时左顾右盼，不好意思不举手，有时真是违心的。”2001年2月9日，沈阳市第十二届人大四次会议首次使用表决器代替沿用多年的举手表决方式，市中级人民法院工作报告被否决。当宪法学家把沈阳市人大否决誉为“中国民主政治和宪政建设的标志性事件”时，我们不能忘却电子表决器的功劳。有人称，表决方式改进的一小步，意味着民主政治来之不易的一大步。人大及其常委会无论是行使立法权、重大事项决定权，还是行使撤职、罢免、撤销等职权，最后都是通过表决来实现，通过表决形成具有法律约束力的国家意志。因此，表决制度改革对保护代表、委员的秘密权，对人大监督乃至完善人大制度无疑具有实质性意义。各级人大常委会都有固定的会议室，安装电子表决系统也容易。对于人代会来说，逐步采用电子表决方式也是可能的。

三、共产党的领导和执政方式问题

共产党的领导和执政方式，是决定人大制度走向的根本问题，也是我们党在取得政权后一直都在认真研究的重大课题。党的领导、人民当家作主和依法治国三者的有机统一，根本的是要改革和转变党的领导和执政方式。

1、认清党的领导的范围，促进宪政建设。长期形成的权力过分集中、以党代政等问题，在一些地方党委尤其是基层党委特别突出，包揽政务，无论大事小事都由党委出面，把纯属政府职权范围内的事项拿到党委会研究、决定，直接介入经济和社会具体事务，削减政府的法定职权；对政府职权范围内的重大问题通过召开“党政办公会”讨论、决定，取代了《地方组织法》赋予“政府常务会议或者全体会议”讨论决定“政府工作中的重大问题”的法定职权；对政府单项重要工作成立“领导小组”或“指挥部”，而“组长”或“指挥长”常常由党委领导担任，取代了行政首长对政府工作的指挥权。领导成了管理，执政成了代政。这些现象，使党委处在各种矛盾的焦点上，实际上削弱了党的领导作用，影响了党的自身建设，也妨碍了我们党依法执政原则的落实，给人大及其常委会对政府实施法律监督和工作监督带来了极大困难。作为执政党，“党的领导主要是政治、思想和组织领导”。十七大报告在谈到改革和完善党的领导方式和执政方式时，其中重要的一条就是“支持人大依法履行国家权力机关的职能，经过法定程序，使党的主张成为国家意志，使党组织推荐的人选成为国家政权机关的领导人员，并对他们进行监督”。这就把党组织和人大的职能及其相互关系建立在科学的基础上，把党的领导和发挥人大的作用统一起来。党和人大性质的不同，决定了各自职能的不同。早在抗日战争时期，邓小平同志就指出：党对政权要实现指导的责任，使党的主张能够经过政权去实行，党对政权要实现监督的责任。党的领导责任是放在政治原则上，而不是包办，不是遇事干涉，不是党权高于一切。党不是行政组织、生产组织，也不是国家权力机关，而是政治组织，党的性质决定了党不能代替国家意志，不能干预国家权力机关职权范围内的工作，而是要通过提出路线方针政策，通过思想教育，通过向国家机关推荐重要人选，来实现自己的领导。邓小平在五届全国人大二次会议党内负责人会议上指出：党委领导的作用第一条就是应该保证法律有效、生效。没有立法以前，只能按政策办事；法立了以后，就要坚决按法律办事。”要保证宪法和法律的有效实施，最重要的是党的各级组织和全体党员模范地遵守宪法和法律，严格按照宪法和法律办事，自觉地在宪法和法律的范围内活动。因此，地方各级党委要把主要精力放在“通过制定大政方针，提出立法建议，推荐重要干部，进行思想宣传，发挥党组织和党员的作用，坚持依法执政，实施党对国家和社会的领导”上，对行政机关的法定职权，要大胆让其依法独立行使。要支持行政机关严格按照《地方组织法》的规定处理政务、讨论决定政府工作中的重大问题。不能以“党政办公会”、“领导小组会”等形式代替政府常务会议或全体会议；不能安排党委领导直接担任政府设立的各种“领导小组”、“指挥部”之类的临时机构负责人；不能对涉及与人大监督“一府两院”工作有关的事项采用“党政联合行文”办法处理，以便让政府及其领导人员的工作完全置于人大及其常委会的监督之下，这是宪政的要求。

2、把权力交给人大，真正实现权力属于人民。有的地方党委无视人大及其常委会的法定职能，对所辖区域内的各项事务“一竿子插到底”，包办、代替了地方国家权力机关职权，致使人大及其常委会成为党委的“附庸和摆设”。有的地方党委领导个人或党委领导集体对地方国家权力机关依法行使职权进行违法干预，如在地方人大选举国家机关领导人员时，压制代表联名推荐候选人，对代表联名进行追查，通过外部压力迫使代表联名推荐的候选人放弃被选举权；有的在人大常委会任免国家机关工作人员时搞强行通过，等等，把党委权力甚至是党委领导个人权力凌驾于国家权力和人民权力之上。执政党本身没有一种使本党的决定转化为全体公民的决定的机制，即使在我们这样的社会主义国家里，也不能把党直接管理国家与人民管理国家、人民当家作主等同起来。换言之，党直接管理国家，不等于人民管理国家、人民当家作主。彭真说：“虽然党是代表人民、全心全意为人民服务的，但党员在十亿人民中只占少数，绝大多数是非党员。”一般地说，国家机关也是由一部分人组成的，但是，这部分人有着一种代表全体人民的机制，这就是这部分人是由全体具有选举权的公民直接或间接选举产生的，或者委托代议机构及其他国家机关决定产生的。因此完全可以说，民主制度下的国家机关作出的决定是全体人民同意的，必须由国家机关行使职权、管理国家。刘少奇说：“我们党是国家的领导党，但是，不论何时何地都不应该用党的组织代替人民代表大会和群众组织。”

在战争时期，虽然我们党在根据地建立了人民政权，但没有全国性的人民政权，因此，那时只能是党说了算。周恩来说：“由于过去长期战争条件，使我们形成了一种习惯，常常以党的名义下达命令，尤其在军队中更是这样。现在进入和平时期，又建立了全国政权，就应当改变这种习惯。”彭真说，新中国成立以后,我们不仅有党,还有国家。党和国家要做的事,讲内容,当然是一个东西,讲形式,那就不仅有党,还有国家的形式。凡是关系国家和人民的大事,光是党内作出决定不行,还要同人民商量,要通过国家的形式。党不直接指挥国家各方面的工作,更不代替国家机关行使职权。因此,这就要求党应将属于国家的权力交人大,真正实现宪法规定的中华人民共和国的一切权力属于人民,将党的主张通过人民代表大会及其常务委员会的法定程序变为国家意志。特别是在选举和任免问题上,党委只能向人大及其常委会提出建议,作为人大中的党员,要努力实现党委意图,但只要是代表依法提名,会议依法选举或任免,党委就不应干涉;只要党委人事安排大格局实现了,也就实现了党委意图。

3、*发挥书记兼任人大常委会主任的优势,推进依法治理进程*。在现行体制下,书记要过问的事太多,党内的工作,政府的工作,本行政区域内的所有工作,书记都要过问,都要管,书记兼任人大主任,不可能把心思放在人大工作上,根本顾不上人大工作。书记作为人大常委会主任,在人大开会时,进入角色的主任还会动一些脑筋,主持会议时会结合所审议议题作一些强调;没有进入角色的主任,程序进行完后,不讲任何意见即宣布散会,有的宁愿去参加其他普通会议或去做非常普通的事都不参加人大常委会。笔者以为,书记兼任人大主任,也有其积极的意义和极大的优势,主要取决于书记的民主政治建设意识。如果是开明的书记,处理得好,党委可以在政治、思想、组织领导上多加研究,减少直接干预政府具体事务的工作;有利于转变党的领导方式和执政方式,党委的重大决策,可以直接通过人大转变为国家意志,有利于政府的依法行政。但是,如果处理不好,书记把兼任作为一种多事,不把兼任放在心上,根本不过问人大工作,人大工作则受到削弱,民主政治建设则后退。如果既不改变直接干涉政府事务,又充分行使主任职权,那又有可能形成书记的绝对权威,阻碍民主政治建设的发展;如果是这样,那将是民主政治建设的大倒退,则趁早不要兼任。因此,各级各地应充分发挥书记兼的优势,认真实施依法治国,建设社会主义法制国家的基本方略,努力推进依法治国进程,只有这样,坚持和完善人大制度才能落到实处。

工作纪实

一次富有成效的拓展培训
——陕西省人大常委会机关厅处级干部延安集中培训侧记

陕西省人大常委会研究室宣传处处长　张守安

“延安”，在许多共产党人的心中，是一个神圣的地方，人们把她称之为中国革命的“圣地”。到这里来的人，总要怀着一种“朝圣”的虔诚。的确，凡是到过这里的人，都会感到心灵被净化，境界得到升华，理想信念更加坚定。

7月28日至8月2日，省人大常委会机关厅处级干部培训班一百多名学员怀着同样虔诚敬仰的心情，来到这片圣洁的红色土地，置身国家级干部培训基地—中国延安干部学院，接受为期5天的以“弘扬延安精神，拓展领导能力”为主题的集中培训。通过短短5天的集中培训，使大家对延安精神有了新的认识，增强了发扬党的优良传统，做好人大工作的责任感。许多同志深切感到，这是进入人大机关以来参加学习培训感受最深、收获最大的一次。

用“抗大”精神组织学习培训

常委会党组书记、常务副主任杨永茂在培训班开班式上讲话指出，开展集中培训，是我们党的优良传统，是顺应时代发展的客观要求，是干部成长进步的重要途径，是加强机关建设的需要。组织机关一百多名厅处级干部放下手头工作到延安参加学习培训，常委会党组是下了很大决心的。他要求大家要倍加珍惜这次难得的机会，既然来这里学习，都是普通学员，要放下架子，认真听讲，深入思考，认真研讨，全身心投入学习培训，力求多学一点，学深一点，收获大一点。为确保培训收到实效，常委会机关党组早在两个月前就开始酝酿筹备，本着“弘扬延安精神，拓展领导能力，提升干部素质”的目的，从确定参加培训的人员、培训内容设置、外请教员以及培训的组织方式等方面，都做了精心的设计和安排。

参加这次培训的机关厅处级干部在抗大精神的鼓舞下，人人都以普通学员身份，自觉遵守学习纪律，一课不拉地虚心听讲，踊跃参加讨论发言。在现场教学点、在安塞的候沟门村、工业新区和设施农业示范园，你都会看到从党组成员到每个学员，大家一边聚精会神地听讲，一边认真作着笔记；课间休息时，学员们争相与老师进行着课外交流；夜已经很深了，许多学员的宿舍仍然亮着灯光，认真撰写心得体会，准备发言提纲，处处体现和洋溢着团结、紧张，严肃、活泼的“抗大”校风和浓厚的学习气氛。

置身革命圣地—庄严的责任感涌上心头

在分组讨论会上，在互动交流中，许多同志感到，过去曾多次来过延安，但这次延安集中培训由于常委会机关党组的精心安排，延安干部学院周密科学的教学组织，其感受之深、收获之大，超过以往任何一次。

这次集中学习培训内容丰富，形式多样。延安干部学院杨菲蓉、李世明，省委党校王心起、省行政学院丁军等几位教授丰富生动、深入浅出的课堂讲授，引领大家重温了我们党的优良传统和作风，领悟了延安精神与科学发展观的内涵；在杨家岭、枣园和张思德追悼会现场等革命旧址，专家教授精彩的现场教学点评，仿佛使学员们一下子进入了那辉煌的延安岁月，面对着生产糜谷的土地和产生过中国化马克思主义的土窑洞，面对那夕阳辉映的宝塔和月色映照的延河，一种庄严的责任感涌起在大家的心头。短短5天的培训，同志们从延安精神的实质以及我们党在延安时期培育和形成的“三大作风”中得到启示，着重对拓展领导能力、提升沟通能力、提高执行力、增强自身综合素质方面进行了深入思考和探讨，大家纷纷表示，要把弘扬延安精神体现在具体工作中，不断提高自身的能力和素质，努力做好人大工作。

拓展互动活动穿插培训全过程

培训班注重为同志们搭建拓展能力的互动平台，从增长知识、提升素质、加强交流沟通、增进相互了解、促进和谐友谊等多方面强化培训学习效果。分组讨论会上，大家不论年资高低，都以普通学员身份争先恐后发言，谈感受、交流体会收获。穿插全过程的拓展互动活动，大家踊跃参与其中，时而表演节目，展示形象；时而沟通见学，显示自我；时而促膝谈心，交流学习心得。桂维民、何少林、翟志峰、李小平4位机关党组成员带头登台或演唱革命歌曲、或朗诵贺敬之的《回延安》，唤起了大家对延安峥嵘岁月的无比敬仰。人事代表选举工作委员会副主任文力还朗诵了自己创作的《延安学习组诗》，抒发自己赴延安学习的心得感受。围绕常务副主任杨永茂在开办仪式上讲话提出的树立"六种观念"、提升"五种能力"要求，环资工委办公室主任刘宝林在讨论中深有感触地说：人生走到哪一步不是自己所选择的，走到哪里就要安心在哪里工作。人的能力不可能达到顶峰，但能力又是实实在在的。作为一名领导干部，职务和权力不等于能力，要注意向方方面面学习，尤其要通过调查研究向群众学习。只有这样，才能不断提升领导能力和自身素质。秘书处副处长杨沂联系思想实际谈到：从学校到机关工作，条件非常好，但有时也抱怨工作压力太大，想想革命先烈，想想延安时期的艰苦环境，我们还有什么不知足的。因此，作为年轻干部尤其要牢记自己肩上的责任。

大家普遍感到，短短几天的培训，从延安精神的历史启迪中，找到了多年来所没有的激情和感觉。正如秘书长桂维民在培训总结讲话中所说：这次教学相长、学学相长、互动见学的生动教学方式，为我们机关今后的学习教育活动提供了有益的启示和借鉴。

沈阳市人民代表大会常务委员会工作报告

2009年1月7日在沈阳市第十四届人民代表大会第二次会议上

沈阳市人民代表大会常务委员会主任　赵长义

各位代表：

我受市人民代表大会常务委员会的委托，向大会报告工作，请予审议。

一、2008年工作回顾

2008年是市第十四届人大及其常委会任期的第一年。市人大常委会在中共沈阳市委的正确领导下，坚持以邓小平理论和"三个代表"重要思想为指导，深入贯彻落实科学发展观，紧密围绕全市振兴发展大局，认真履行宪法和法律赋予的职责，以奋发有为的精神状态、求真务实的工作作风，推动人大各项工作的创新发展，实现了新一届人大及其常委会工作的良好开局。

（一）坚持突出地方特色，注重提高立法质量，为经济社会发展提供法律保障

加强地方立法是实现振兴发展和构建和谐社会的重要保证。常委会根据我市经济社会发展的需要，认真总结立法工作实践，从发挥地方立法的规范、引导和保障作用出发，扎实推进地方立法工作，召开了全市立法工作会议，明确提出今后五年立法工作的指导思想、工作原则和主要任务，进一步确立了注重管用有效、突出地方特色的立法理念，为做好地方立法工作奠定了基础。

在立法工作中，常委会围绕提高立法质量，不断推进科学立法和民主立法。坚持按条件成熟、急需为先的原则选择立法项目，积极探索了法规草案联合起草、委托起草等方式，对法规草案审议，坚持常委会审议和专门委员会审议相结合，提高了审议质量和水平。在加强民主立法上，通过公开征集立法项目、公布法规草案、聘任立法顾问、组织立法座谈和专家论证等措施，广泛听取各方面意见，使立法更加符合客观实际和人民意愿。

一年来，共完成地方立法项目5件，其中制定2件、修改1件、废止2件。为推进节能减排，制定了《沈阳市危险废物污染环境防治条例》、《沈阳市民用建筑节能条例》，确定了防治危险废物污染的执法主体、措施和责任，对新建建筑节能、既有建筑节能改造等方面作出明确规定。为推进创新型城市建设，对《沈阳市科学技术进步条例》做了修订。对地方法规进行了清理，废止了《沈阳市村庄和集镇规划建设管理条例》、《沈阳市产品质量违法行为处罚条例》，体现地方立法的与时俱进，维护了法制统一。

（二）坚持围绕全市工作大局，增强监督工作实效，着力推进科学发展与社会和谐

常委会认真贯彻实施监督法，坚持在监督中体现支持、在支持中实现监督，不断完善监督机制，改进监督方式，使人大监督工作更有深度、更富实效。

第一，加强了计划和预算执行情况的监督。听取审议了市政府2008年上半年计划和预算执行、2007年决算和审计工作报告以及"十一五"规划实

施中期评估报告。在计划执行监督中，从健全规划实施机制、抓好工业重大项目建设、加快县域经济发展等8个方面提出了意见建议。针对预算执行中的问题，提出了加强财源建设、确保重点支出、严格预算执行、完善预算编制、防范政府债务风险等方面的审议意见，促进政府提高依法理财水平。针对预算执行情况审计中发现的问题，提出了制定完善相关规章制度、认真查处违规违纪行为等5项整改意见，市政府认真采取措施加以整改，并向常委会作出了整改情况的报告。

第二，加强了对法律法规实施情况的监督。对我市劳动合同法的贯彻实施情况进行了执法检查，听取了执法专项工作报告，就强化劳动合同管理、规范劳务派遣行为、加强劳动监察力量、完善相关配套法规等方面提出了改进意见，推动了劳动合同法的深入贯彻实施。在执法检查过程中，采取了事先学习相关法律、市区人大联动、邀请代表全程参与和随机抽检等方式方法，增强了执法检查实效。围绕推动教育优先发展战略的落实、发挥侨界在经济建设中的优势和作用，听取审议了我市贯彻实施义务教育法、归侨侨眷权益保护法情况的报告。为推进档案法的贯彻实施，对我市档案工作进行了视察。配合全国和省人大常委会对农产品质量安全法、未成年人保护法、妇女权益保障法在我市的贯彻实施情况进行了检查。开展了规范性文件备案审查工作，对政府提报的10件规章、区县（市）人大报送的19件决议决定，进行了备案审查。

第三，加强了对经济社会发展重点工作的监督。为推进生态市建设，常委会将水环境污染治理列为监督工作的重要内容，听取审议了我市污染减排专项工作报告，倡导发起了辽宁中部七城市人大常委会依法推进辽河流域水污染治理的协调行动，以"协同治理水污染，联手保护母亲河"为主题，以"依法监督、整体推进、协调联动、合作共赢"为原则，对上下游城市人大联手推进流域水污染治理做了积极探索，同时也促进了七城市人大之间的相互学习和交流，得到了全国人大、国家环保部的充分肯定和社会各界的积极评价。常委会结合"协调行动"的实施，组织了对淮河流域城市治污经验的学习考察，对我市水污染治理工作进行了视察，并多次组织专题工作研究，针对实施城市排水雨污分流、污水处理厂建设与运营管理、保证资金投入、加大对污染严重企业的关停整治力度、建立健全监管体系等方面，提出具体意见建议，推动了市政府加快水污染治理工作进程。

常委会高度重视并积极推进"三农"问题的解决，听取审议了我市加强农业基础建设，促进农业发展和农民增收，推动新农村建设情况的报告，主任会议听取了我市农业农村工作安排以及推进农业产业化、加快现代农业发展等方面的情况汇报，提出了培育龙头企业、发展高效特色农业、建立完善农民专业合作组织、加大农业投入等方面的意见建议。对农产品质量安全、防汛等工作进行了视察，适时对春耕生产情况进行专项调研，督促政府采取措施解决农民余粮销售难等问题，保证了春耕生产顺利进行。

对我市举办奥足赛这一重大任务，常委会给予了高度关注和积极推动，听取了我市奥运安保、奥足赛筹备工作情况的报告，开展了视察和专项工作检查，推进了平安奥运各项措施的落实。

第四，加强了对人民群众普遍关注的民生问题监督。围绕就业、住房、医疗、老龄事业等民生问题，常委会开展了一系列的视察、检查和调研，听取审议了我市就业促进等专项工作报告，对重点民生工程实施了连续跟踪监督，使城市低收入家庭住房困难、医疗卫生服务体系建设等一些事关群众切身利益的民生问题得到逐步解决。物价波动一度成为群众关注的焦点，主任会议及时听取了全市物价工作情况的汇报，督促政府加强市场监管，维护市场物价稳定。

第五，加强和改进了司法工作监督。主任会议听取了行政审判工作、侦查监督工作情况的汇报，就加强司法队伍建设、规范侦查监督程序、提高行政审判质量等方面提出了具体建议，支持和推动"两院"改进工作，提高公正司法水平。常委会领导深入司法机关进行调研，推进了涉诉涉法案件办理。组织代表对重点民事抗诉案件开展旁听庭审，监督和推动司法机关进一步规范庭审工作，促进程序公正、实体公正和形象公正。

常委会重视加强信访工作，将受理来信来访作为密切联系人民群众、做好监督工作的重要渠道，全年共接待群众来访4322人次，受理群众来信794件，督促"一府两院"依法按政策处理和解决了一批群众反映的重点问题。

（三）坚持依法按程序办事，认真行使决定权和人事任免权，保证和促进全市重大决策的贯彻落实

常委会依据宪法和地方组织法的规定，认真讨

论决定重大事项，将全市经济社会发展的大事和人民群众关心、关注的重要问题，及时纳入常委会议题，全年共举行8次常委会会议，审议议题57项，分别提出了审议意见或作出了相应决议决定。为更好行使重大事项决定权，先后就四大发展空间建设、重大工业项目建设、沈阳经济区建设、防范政府债务风险、发展现代服务业等重大问题开展调查研究，形成专题调查报告，提出了相应对策建议。常委会高度关注国际金融危机对我市经济发展的影响，组织专门委员会利用半个多月时间，就积极应对危机挑战、保持经济平稳较快发展问题，进行了全面深入的调研，提出了要对工业增速趋缓的走势给予高度关注，千方百计保持工业的较快增长，切实增强工业对全市经济发展的支撑作用；要进一步活跃房地产市场，确保房地产投资规模，发挥房地产在全市经济增长中的引擎作用；要深化农村改革，抓好各项强农惠农政策措施的落实，提升县域经济对全市发展的贡献力等8个方面的对策建议，向市委做了全面汇报、向市政府进行了通报，为推进科学决策、民主决策、依法决策，促进全市经济社会发展发挥了积极作用。

常委会正确把握党管干部与人大依法任免的关系，坚持党的领导、发扬民主和依法办事的有机统一，不断加强和改进人事任免工作。针对换届后人事任免工作量大的实际情况，通过多种形式落实常委会组成人员在干部任用上的知情权、参与权和监督权，严格按照人事任免规则和程序，积极稳妥地开展工作，顺利完成了各类人事任免事项。全年共依法任免了186名国家机关工作人员，为"一府两院"开展工作提供了组织保障。

（四）坚持加强和改进代表工作，注重发挥代表主体作用，进一步增强人大工作活力

常委会认真贯彻中央9号文件精神，坚持把支持、规范和保证代表依法履职统一起来，积极为代表执行职务提供服务和保障。

围绕发挥代表作用，加强了代表培训工作，通过多种形式对284名新当选的市人大代表进行了履职基础知识培训，对全体市人大代表进行了系统培训，对80多名省、市人大代表小组组长进行了专题培训。拓宽代表的知情悉政渠道，及时向代表通报有关重大事项，帮助代表了解常委会工作和全市大局。完善代表工作机制，组建了代表活动小组和专业代表小组，建立了四级代表联系网络，活跃了代表在闭会期间的活动，同时在媒体设立代表视窗、专访等多种形式宣传代表事迹，支持和激励代表依法履行职责。扩大代表对常委会各项活动的参与，全年共有80名代表列席常委会会议，组织500多人次全国、省和市人大代表参与常委会执法检查、工作视察和调研活动。代表们以对人民高度负责的精神，妥善处理本职工作与执行代表职务的关系，做了大量富有成效的工作，提出了许多高质量的意见建议，为推动我市各项事业发展作出了积极贡献。

为加强代表议案、建议的督办力度，常委会对市十四届人大一次会议主席团交付的关于优先发展城市公共交通、加强历史文化名城保护和应对我市人口老龄化等三个方面14件议案，组织工作视察和专项检查，听取审议市政府和市法院关于议案办理情况的报告，并邀请议案领衔代表直接参与督办，使各件议案得到较好落实。对市十四届人大一次会议以来代表提出的756件建议、批评和意见，加强了督查督办，并建立了主任会议组成人员重点督办代表建议制度，认真解决代表建议反映比较集中的问题。经过各承办单位的共同努力，代表建议已经解决或基本解决465件，占61.5%；列入计划解决的233件，占30.8%；因受政策或客观条件所限暂不能解决、已向代表说明的58件，占7.7%，代表反映集中、群众普遍关注的一些重点工作和难点问题得到了推进和解决。

（五）坚持打造学习型机关，加强自身建设，不断提高依法履职能力和水平

常委会根据新形势、新任务的要求和换届后组成人员构成的变化，围绕提高机关干部队伍素质和能力，加强了思想、作风和制度建设。从打造学习型机关入手，大兴学习之风，认真学习贯彻党的十七大、十七届三中全会精神，增强了促进科学发展的大局意识、责任意识和使命意识。结合人大工作实际，先后邀请全国人大、国务院有关部委领导和专家学者就人大理论、监督法、立法法、劳动合同法及宏观经济形势作了5次专题辅导，使常委会组成人员、机关干部的理论和业务水平明显提高。

坚持深入实际、深入群众，认真开展调查研究，形成了一批有价值的调研成果，对提高常委会的审议质量发挥了重要作用。加强了专门委员会和工作机构建设，健全了工作职责和议事规则，促进了常委会各项工作的规范化、程序化和制度化。通过办好市人大常委会公报、沈阳人大刊物，利用沈阳日报、电台、电视台等新闻媒体，加强对人大工作的

宣传，增强常委会工作的透明度，为人大工作营造了良好的舆论氛围。

加强了与区县（市）人大常委会工作联系，形成了协调联动的工作机制，先后3次召开市与区县（市）人大常委会主任座谈会，并对区县（市）人大常委会主任、乡镇人大主席进行了培训，各专门委员会也加强了对口联系和业务指导。市人大常委会的立法工作、执法检查、工作视察、代表活动等一些重要工作，两级人大常委会密切配合，共同推进。加强了与兄弟城市人大的工作联系和信息交流，为推动常委会工作提供了有益借鉴。开展与波兰、匈牙利、捷克、韩国、希腊、俄罗斯等外国友城议会的友好交往，宣传我国人民代表大会制度和沈阳改革发展成就，促进了友城之间的合作与交流。

总结过去一年的工作，在充分肯定成绩的同时，我们也清醒看到，常委会工作与代表和人民群众的要求还有一定差距，监督工作的方式方法还需改进，在依法行使重大事项决定权方面还要加强探索，在加强与代表联系方面还要努力，常委会自身建设还要不断加强。对这些问题与不足，常委会将采取有效措施，认真加以解决。

各位代表：市十四届人大一次会议确定的常委会工作任务已全面完成。常委会一年来所取得的工作成绩，是在市委的正确领导下，全体市人大代表、常委会组成人员、各专门委员会以及机关工作人员共同努力的结果，也离不开区县（市）人大及其常委会的大力支持，离不开市人民政府、市中级人民法院、市人民检察院的密切配合，离不开社会各界及新闻媒体的关心和支持。在此，我代表市人大常委会，向大家表示崇高的敬意和衷心的感谢！

二、2009年主要工作

2009年是深入贯彻党的十七大精神的重要一年，也是我市面对严峻挑战，加快振兴发展的关键之年。市人大及其常委会在新形势和新任务面前，要以更加积极的态度，综合运用各项法定职能，全力推动经济社会又好又快发展；要更加关注民生，体恤民情，充分发挥人大在表达、调节、平衡社会利益方面的作用，为振兴发展凝聚民心；要更加重视社会主义民主法制建设，支持和监督“一府两院”依法行政、公正司法，促进社会和谐稳定；要更加重视发挥代表的作用，积极围绕战胜困难挑战、破解发展难题广纳民智；要更加重视推进和保证全市重大决策部署的贯彻落实，依照法定程序，将党的主张变为全市人民的共同行动。

市人大常委会今年工作的指导思想是：以邓小平理论和“三个代表”重要思想为指导，以科学发展观为统领，认真贯彻党的十七大精神和市委十一届六次全会精神，全面落实市十四届人大二次会议的各项决议，紧紧围绕完成“五大任务”、实现“三大目标”，认真履行宪法和法律赋予的职责，坚持与时俱进，开拓创新，积极在保增长、促和谐中有所作为，努力把人大常委会各项工作提高到一个新的水平。

（一）扎实推进地方立法工作，不断提高立法质量

从我市实现科学发展、和谐发展、率先发展的需要出发，坚持立、改、废并重，突出地方特色，注重立法质量，把全市立法工作提高到新的水平。将重点围绕改善民生问题，做好农产品安全、防御雷电灾害等方面的立法工作；围绕加强城市建设和管理问题，做好城乡规划、公用事业特许经营等方面的立法工作；围绕社会事业和文化建设问题，做好义务教育、专利和历史文化名城保护等方面的立法工作。继续做好现行地方法规的清理工作，使地方立法更加适应经济社会发展需要。

要发挥人大在立法工作中的主导作用，认真落实年度立法计划，把握立法方向和重点，提前介入法规草案起草与论证，防止和克服部门利益倾向。要抓住立法选项、法规草案起草、审议等重要环节，积极采取有效工作举措，确保立法质量。要深化立法工作研究，探索完善法规草案起草的多元化模式，广开民主立法渠道，充分发挥各方面的立法积极性，不断提高科学立法和民主立法水平。要加强立法计划的组织实施和沟通协调，健全和完善有效的工作运行机制，保证地方立法工作的扎实推进。

（二）深入贯彻实施监督法，进一步增强监督工作实效

要准确把握人大监督的定位、职责和原则，在监督内容上突出保增长、促发展，保稳定、促和谐，努力在推动全局工作上发挥积极作用。

围绕促进经济平稳较快发展，加强对经济工作的监督。要把推进保增长作为人大监督工作的首要任务，推动政府加快发展方式转变和经济结构调整，围绕推进解决“三农”问题、加快先进装备制造业三大聚集区建设和发展壮大高新技术产业等重点工作，开展调研和视察工作。听取审议国民经济和社会发展计划执行情况报告，加强对经济运行情况的研究分析，推动全市保增长、促发展的各项政

策措施有效落实。认真审查和批准2008年财政决算,听取审议预算执行情况和审计工作报告。加强对2009年财政预算执行情况的审查监督,听取预算执行情况报告,依法做好对重大政府债务举借、预算超收收入使用、预算执行调整、非税收入管理的监督工作。尤其是在财政收支矛盾突出的情况下,要加强对预算刚性约束的监督,以确保法定和民生等重点支出。加强对国有资本经营预算和国有资产管理的监督以及对重点专项资金使用情况的监督,听取我市城市建设和支农资金的使用情况汇报,促进政府进一步提高依法理财水平。要加强对农业农村工作的监督,听取审议我市农村改革发展情况的专项报告,听取农产品质量安全、农业产业化发展等情况汇报,开展相关工作视察,推动强农惠农政策措施的落实。

围绕中心城市建设,加强对城市建设管理以及污染整治工作的监督。针对金融发展环境、重点商贸街区建设、发展现代服务业等内容,适时进行视察调研活动,听取我市打造大沈阳旅游圈的情况汇报。要加强对城市规划管理工作的监督,督促政府维护规划制定的科学性和执行的严肃性,提高城市管理水平。要关注和推进城市重大项目建设,对地铁工程及地铁装备产业化进展情况进行调研和视察。要加强对生态环境建设的监督,适时安排对工业、交通、建筑三大领域重点节能工程、重大减排项目、重点污染治理工程建设情况的视察检查,听取审议市政府关于水污染治理工作情况的专项报告,保障和促进我市水环境的加快改善。要把环保世纪行活动与七城市人大的“协调行动”结合起来,不断将活动引向深入。支持司法机关积极探索设立环保法庭、开展公益诉讼,为我市资源环境保护工作提供司法保障。

围绕推进依法行政和公正司法,加强对法律法规实施情况的检查监督。常委会将对水污染防治法和农民专业合作社法在我市的贯彻实施情况开展执法检查,听取审议我市加强社会治安管理,推进“平安沈阳”建设的专项报告,听取审议职业教育法、国务院和省宗教事务条例的贯彻实施情况报告。主任会议将听取我市贯彻实施人口与计划生育法、“两院”贯彻执行民事诉讼法的情况汇报。加强对审判工作的监督,继续组织开展代表旁听庭审活动。加强对社会稳定和金融生态环境的监督。认真做好人大信访工作和规范性文件备案审查工作。

围绕改善民生,推进解决人民群众普遍关注的问题。要对就业、养老、医疗、食品药品安全、城市公交、城乡困难群体生活保障等民生问题给予关注。主任会议将听取我市养老事业发展和医疗保障体系建设、解决城市低收入家庭住房困难、新型农村合作医疗等工作情况汇报。根据人民群众对规范家政服务业的呼声,将适时听取我市家政服务业发展情况的汇报。要对政府已确定的6所医院等重点民生工程,加强跟踪监督,督促政府确保年内全面竣工。

(三)健全和完善工作机制,认真行使重大事项决定权和人事任免权

在市委的领导下,坚持依法抓大事、议大事和集体行使职权,认真审议和决定重大事项。针对事关全市经济社会发展、民主法制建设和人民群众切身利益等方面的重大事项,统筹安排常委会会议议题,及时进行审议并提出意见,必要时作出决议决定。要加强对依法行使重大事项决定权的研究探索,以范围界定、程序规范为重点,健全讨论决定重大事项的选项机制,完善落实重大事项决议决定的监督机制,不断推进此项工作的规范化、程序化和制度化。

在人事任免工作中,要贯彻党管干部和民主集中制原则,坚持依法按程序审议和表决人事任免事项。修订完善人事任免制度和规则,不断推进人事任免工作的规范化、程序化。加强与“一府两院”的沟通衔接,保证任免工作协调一致。进一步落实常委会组成人员对干部任用的知情权、参与权和监督权,积极探索对依法任命人员进行执法监督和工作监督的有效形式,完善任后监督机制,提高人事任免工作质量和水平。

(四)加强和改进代表工作,充分发挥代表作用

人大工作的开展靠代表,人大工作的水平看代表。要深入贯彻落实中央9号文件精神,充分发挥代表作用,不断提高代表工作水平,努力增强代表工作实效。要进一步加强和规范代表在闭会期间的活动,制定有关制度和措施,明确代表活动的载体和方式,切实提高代表活动质量。坚持代表列席常委会会议和专门委员会会议制度,扩大代表对立法、监督、专题调研等各项工作的参与。不断改进信息工作,及时向代表通报市情、政情、社情,保障代表的知情权。围绕代表依法正确行使职权和提高代表议案、建议质量等课题,认真开展有关专题

培训。建立健全代表依法履职的激励机制，引导代表自觉接受人民群众监督，增强代表依法履职的责任感。加强对代表小组活动的组织指导，坚持和完善代表接待制度，重视解决代表履职中遇到的困难和问题，为代表发挥作用创造有利条件。不断加强和改进代表议案、建议的办理和督办工作，努力提高办结率，让代表和人民群众满意。

（五）加强常委会自身建设，不断提高依法履职能力

要把加强自身建设摆在重要位置，努力形成全面加强思想、组织、制度和作风建设的长效机制。要结合深入学习实践科学发展观活动，深化科学理论、法律法规、专业知识等方面的学习培训，不断提高贯彻实施科学发展观的自觉性和坚定性，增强依法履职本领。要拓宽与人大代表和人民群众的联系渠道，努力使人大工作更加贴近实际，更加符合代表意愿和人民群众要求。要不断创新工作机制，完善工作方法，规范工作程序，为常委会依法履职提供有效保证。要深入开展调查研究工作，深化人大理论研究活动，不断提高人大工作质量和水平。要继续加强与区县（市）人大常委会的工作联系，发挥市人大的指导、示范、引领和带动作用，协调一致推进全市人大工作。继续加强与兄弟城市人大的工作交流，开展与国外友城地方议会的友好交往。

各位代表：沈阳的振兴发展正处于关键时期，保持经济持续快速增长的任务异常繁重艰巨。困难和挑战考验着我们，责任与使命激励着我们。让我们高举中国特色社会主义伟大旗帜，紧密团结在以胡锦涛同志为总书记的党中央周围，在中共沈阳市委的正确领导下，全面贯彻落实科学发展观，充分发挥人大及其常委会作为地方国家权力机关的重要作用，紧紧依靠全体代表和全市人民，振奋精神，凝聚力量，开拓进取，扎实工作，为加强社会主义民主法制建设、推进我市经济社会又好又快发展，作出新的更大贡献！

东风鼓浪正扬帆

——陕西省人大常委会机关巩固学习实践活动成果扎实推进“四型”机关建设纪实

张守安　朱绍萍　王亮

今年1月5日，陕西省人大常委会党组副书记、常务副主任杨永茂在省人大常委会机关关于建设学习型机关的一份情况汇报上作出批示：“创建学习型机关是一项长期任务，必须持之以恒抓下去。今年如何深入，要及早谋划，具体安排，努力把创建活动提高到一个新水平。”省人大常委会机关党组认真贯彻常委会领导同志的批示精神，将创建活动进一步引向深入并赋予新的内容，研究提出了《关于建设学习型、服务型、和谐型、节约型机关的实施意见》。几个月来，机关上下认真落实建设“四型”机关建设的各项措施，切实在更新观念、转变作风，不断提高履职能力和服务保障水平上下功夫，使常委会机关的自身建设如同东风鼓浪，扬起了开拓进取、稳步发展的风帆。

建设学习型机关——用党的创新理论武装干部头脑

早在2008年初，陕西省委书记、省人大常委会主任赵乐际在省十一届人大常委会第一次主任会议和第一次常委会会议上就提出，要加强省人大常委会机关建设，加强自身学习，提高工作效能，实现新一届人大常委会良好开局、高点起步。随后，省人大常委会党组副书记、常务副主任杨永茂在新一届常委会召开的第一次机关全体干部职工大会上又进一步提出，要把新一届省人大常委会的开局之年定为学习年，努力把常委会机关建设成为学习型机关。一年多来的实践证明，省人大常委会机关注重从科学发展观的理念要求中寻找加强自身建设的突破口，破解机关建设的发展思路和措施，凭着对科学发展观的深刻理解、热情追求和积极实践，创造了机关工作效能不断提升、机关自身建设稳步推进、干部职工精神面貌焕然一新的可喜变化。这些欣喜变化的背后，凝聚着常委会和机关党组“一班人”在科学发展观的指引下，从抓学习、强素质入手，推动机关建设稳步发展的生动实践。

陕西省人大常委会党组和机关党组深深感到，建设学习型机关不仅需要机关广大干部职工的积

极响应并参与其中，更需要机关各级领导干部率先垂范，起表率作用，才能把建设学习型机关不断推向深入。从这一认识出发，常委会和机关党组切实加强了建设学习型机关的领导，充分发挥两个党组中心学习组的示范作用，坚持每两个月组织一次中心组集体学习，每次围绕一个专题深入学习讨论，总结学习成果，机关坚持每月举办一次学习报告会，每逢常委会举办一次法律知识专题讲座等学习制度，推动了整个机关的学习。

2月4日上午，省人大机关一楼多功能厅座无虚席，常委会机关举行春节上班后的首场学习报告会，邀请具有丰富农业和农村工作经历的省人大常委会农工委主任刘忠良作题为《学习<中共中央关于推进农村改革发展若干重大问题的决定>的体会和思考》的辅导报告，这是省人大常委会机关为更好地服务于我省经济社会发展，今年选取的与经济社会发展内容密切相关的系列讲座之一。刘忠良内容详实、举例生动的辅导，使干部职工对党的十七届三中全会和中央1号文件精神有了深刻的理解和认识，进一步增强了大家做好人大工作，服务我省农业和农村经济发展的自觉性。

常委会机关不断创新学习方式，开设了机关干部"学习论坛"，2月29日下午，外出参加培训学习的4名同志走上首期"学习论坛"讲台，分别从"领导干部学习实践科学发展观"、"国内外经济发展新态势"、"中德地方财经预算审计工作对比"以及"如何加强党性修养"等方面，向大家交流汇报学习情况和收获体会。办公厅秘书处着眼提高全处人员综合素质，紧密结合本处业务工作，采取每人讲一课的方式促进了本处的政治理论和业务学习。机关各处室、支部之间自发开展联合互动，相互学习交流，相互启发提高，激发了干部职工自觉用党的创新理论武装头脑的热情和兴趣。年初以来，机关干部在《中国人大》、陕西日报和《法治与社会》杂志等刊物上发表理论和调研文章11篇，财政经济委员会办公室副主任戴毅力撰写的《关于对部分企事业单位实施<中华人民共和国劳动合同法>情况的调研报告》荣获2008年度全省党政领导干部优秀调研成果二等奖。

建设服务型机关——着力增强机关工作整体效能

在4月27日召开的省人大常委会秘书长会议上，讨论并原则同意了省人大常委会办公厅《关于改进会风的意见》、《关于精简文件提高文件质量的意见》和《关于加强和改进机关综合协调工作的意见》的讨论稿。这三个意见都是为贯彻常委会领导同志关于建设"四型"机关指示精神而制定的措施性文件。按照建设"服务型"机关的要求，常委会机关党组注意从发挥秘书长会议的综合协调职能入手，对提请常委会主任会议讨论的有关议题，秘书长会议先进行充分沟通，提出决策咨询的意见建议，抓住重点，搞好服务。建立健全了秘书长班子与办公厅、研究室和各委员会的工作协调机制，及时就搞好为常委会立法、监督、代表工作和"三会"服务保障进行研究，不断改进工作措施，提升服务水平。

为了进一步做好为代表在闭会期间开展履职活动的服务保障工作，常委会57名组成人员每人分工联系4－5名基层人大代表，及时了解代表在履职过程中遇到的困难，帮他们牵线搭桥解决问题。成立了由两级人大代表混合编组的165个代表小组，使代表在闭会期间的履职活动做到了组织健全，制度完善。代表集中视察和专题调研的选题选点，直接关系到代表提出议案、意见和建议质量的优劣。对此，人事代表选举工作委员会办公室紧密结合全省中心工作和人民群众普遍关心的问题，每次都要认真进行先期深入调研，精心选择被视察单位和行业，为代表体察民情、集中民意，更好地发挥作用搭建了平台。

建设服务型机关的实践，使常委会机关上下牢固树立了"事按法规办，人按职责干"的意识。省人大教科文卫委员会办公室围绕常委会领导提出的"建设学习型、服务型、和谐型、节约型机关"的要求，结合自身工作实际，于年初研究制定了《省人大教科文卫委员会办公室服务保障规范暂行办法》，对该委员会各个工作节点办公室应该提供的服务保障事项和质量要求作出了明确规定；办公厅秘书处编印的《秘书处工作实务手册》，含盖了处内每一项工作的具体流程，即使是一位刚来的新同志，按照实务手册的要求做，也能够很快胜任工作。这些都体现了围绕中心、服务大局和务实创新的举措，受到常委会领导和秘书长桂维民的肯定。

为使人大宣传工作更好地服务于民主法制建设和常委会中心工作，常委会机关积极着手对内部新闻宣传机构进行整合，加强了人大新闻宣传和"一报一刊一网"建设。常委会机关党组十分重视加强机关后勤工作的科学化、规范化管理，不断挖掘后勤保障潜力，增强了服务保障能力。针对干部职工改善住房条件的迫切愿望,常委会领导同志和机关党组积极协调联系,组织专门班子具体抓落实,市场运作、个人自愿,很快落实了机关团购房建设项目;建起了机关无公害蔬菜基地并已初见成效,改善了机关的物质生活条件。

建设和谐型机关——营造风清气正的良好环境

"把教育人、引导人、鼓舞人与尊重人、理解人、关心人结合起来,把解决思想问题和解决实际问题结合起来",是陕西省人大常委会机关在建设和谐型机关过程中始终遵循的基本原则。常委会机关党组注意及时了解干部职工意愿,把握机关思想动态,妥善处理机关干部职工普遍关注的热点问题,加强干部职工的思想教育,正确处理机关干部之间的矛盾纠纷,着力做好思想引导、凝聚人心的工作,增强了思想政治工作的亲和力和感召力,使机关形成了干事敬业、风清气正的氛围。

今年2月初,机关两名处室领导干部因工作上的意见分歧发生口角,进而发生了肢体冲突。机关党组高度重视对这一事件的调查处理,从常委会分管领导到机关党组书记、秘书长、副秘书长以及该部门的主管领导,先后与当事人个别谈话,既提出了严厉的批评和严肃的处理意见,又耐心帮助他们深刻认识自已的错误,及时化解了双方的矛盾。机关党组以此为鉴,在全机关开展了作风纪律教育,各处室、支部结合自身实际举一反三,开展自查讨论,切实从中吸取教训,抓好作风纪律教育,强化组织纪律观念,促进了团结、文明、和谐处室建设。

在机关党组"一班人"的带动下,机关处及处以上领导干部带头顾大局、讲党性、重品行、做表率,用领导班子和领导干部的示范作用带动了机关的和谐进步。着力加强和改进机关与常委会组成人员和人大代表之间的联系,认真听取人大代表、服务对象以及社会各方对机关建设的意见建议,及时改进工作,较好地维护了常委会机关的良好形象。重视加强与全国人大和兄弟省市区人大机关、省级其他机关以及市县人大机关的联系,构建了协调顺畅的内外关系。结合干部队伍结构的实际,积极推行干部内部轮岗、竞争上岗、双向选择和对外交流,增强了干部队伍的活力。干部职工家庭遇有重大困难,机关都要及时给予精神和物质上的帮助;每逢干部职工生日、直系亲属生老病死和婚丧嫁娶,都要及时送去组织的关怀。

建设节约型机关——培养厉行节约节俭办事意识

今年是陕西省人大常委会机关实行定额经费包干使用的第二年。按照建设节约型机关的要求,年初以来,常委会机关认真贯彻中办、国办关于党政机关厉行节约的八条要求,认真落实党风廉政建设的各项制度和机关各项管理规章,坚持用制度管人管权管事,严格控制一般性支出,精简会议文件,压缩车辆维修费、文印费、差旅费等办公费开支,有效降低了行政成本。据常委会办公厅最近通报的机关定额金费使用情况显示:一季度,机关定额金费实际支出为120.78万元,占当年指标的11.13%,季度支出控制比例为25%,实际支出比例为12%,大大低于控制比例。机关实行定额金费包干制度后,充分调动了各部门厉行节约、勤俭办事的自觉性。许多部门和处室结合本单位实际制定了定额金费使用管理办法,确定专人记帐、报帐,定期公布本部门经费使用情况,在实际开支过程中,力求体现勤俭节约、精打细算的原则。机关车队自5月份实行新的管理办法后,仅油料消耗一项,每月下降了3-4吨,节约经费7万多元。机关采取强化服务、提高效能、精减会议、缩短人代会、常委会会期,加强对出国、出省考察调研的通盘协调,严格执行公务接待标准等多项措施,上半年共节约经费120多万元。

创建节约型机关,进一步培养了机关干部职工艰苦奋斗、勤俭节约意识,机关全体人员养成了厉行节约、节俭办事习惯。大家自觉从我做起,从点滴做起,把节约一度电、一滴水、一张纸、一分钱的"细微小事"自觉贯穿到日常生活和工作中的每个细节,公务消费中大手大脚、铺张浪费的现象得到有效克服,精打细算、减少浪费的意识有了普遍增强;机关的公共场所和办公室常明灯、常流水的现象少了,大家自觉降低能耗、节约用水用电的人和事多了。"人人讲勤俭,事事讲节约"在省人大常委会机关已蔚成风气。

机关广大干部职工们感叹:常委会机关建设发生的这些新变化,让我们真切地体验到了建设"四型"机关所带来的扑面清风。

环环紧相扣　步步促落实

——通州市人大扎实推进“五五”普法工作

江苏省通州市人大常委会研究室主任　蔡行一

4月29日，经过前期调查、视察等充分准备，通州市第十四届人大常委会第九次会议听取和审议了市政府贯彻执行《关于进一步推进法制宣传教育第五个五年规划实施的决议》情况的报告，在充分肯定成绩的基础上，就争创“五五”普法工作一流业绩，提出了建议和意见。这是通州市人大常委会在近三年内围绕“五五”普法工作采取的第三次具有较大力度的跟踪问效。这一连串的监督举措，有效地促进了全市“五五”普法工作的扎实开展，提高了法制宣传教育的效果。

抓起步，强化组织实施要求，督促“五五”普法工作开好局

通州市是全国普法办确定的“五五”普法全国普法依法治理工作联系点，是“四五”普法江苏省先进县(市)，市人民政府是“四五”普法全国先进单位。针对普法工作涉及面广、任务繁重、实施难度较大等特点，在全市“四五”普法工作刚结束，通州市第十三届人大常委会安排相关工作机构提前介入，配合市政府及其有关部门深入调查研究，广泛征求意见，制定了《关于在全市公民中开展法制宣传教育第五个五年规划》，对“五五”普法的指导思想、工作原则和目标任务等作出了明确规定。2006年9月，以确保“五五”普法工作在高点定位的基础上起好步、开好局为出发点，市十三届人大常委会第二十五次会议听取和审议了市政府关于组织实施法制宣传教育第五个五年规划的报告，重点审查了组织开展“五五”普法工作的实施措施、主要方法和时序安排，并作出了《关于认真实施“五五”普法规划，深入开展法制宣传教育的决议》。决议强调，要在“四五”普法基础上，高起点、高要求、高目标组织实施好法制宣传教育第五个五年规划，要求全市上下充分认识深入开展法制宣传教育的重要意义，认真抓好“五五”普法各项任务的落实；坚持法制教育与法治实践相结合，紧紧围绕“法治通州”建设开展法制宣传教育工作；加强对领导干部学法用法的督查，促进法制宣传教育的深入开展；狠抓协调配合，把法制宣传教育融入管理和服务的每一个环节，努力增强工作合力。根据常委会这一决议提出的要求，市政府强化了法制宣传教育工作的组织程度，制定了年度普法工作计划，并针对不同对象学法的特点，组织各专业法主管部门制定了具体的法制宣传教育实施计划；从完善制度入手，积极组织开展公务员法律学习培训活动，着力推动领导干部学法工作规范化、制度化；在全市各级各类学校聘请兼职法制副校长(法制辅导员)，实施每学期为在校生作2次以上法制讲座制度；围绕社会主义新农村建设和全面实现小康目标，结合全市副科职领导干部集中驻村入户调研，组建万人法制宣传队，发放十万份(册)法制书籍(资料)，宣传教育群众百万人次；依托通州商会建立“企业家学法沙龙”，在外来人员集中地创办“新市民法制学校”，开展法制宣传教育和法律咨询服务；针对全市有10多万在外务工建筑工人的实际情况，组织开展了“普法万里行”活动，赴南京、苏州、北京等地建筑工地，行程1.3万公里，普及各种法律、法规、条例25项，发放各类教材3.4万册。

抓推进，督促解决薄弱环节，提高法制宣传教育的渗透力和覆盖面

2007年底，市十四届人大常委会选举产生后，接过上一届人大常委会的接力棒，把“五五”普法工作继续摆到重要议事日程，高度重视，定期了解情况，进行督促和支持。2008年5月份，常委会组成人员在赴市政府职能部门详细了解“五五”普法工作进展情况后，又深入到部分镇村、企事业单位，听取基层干部群众的反映和意见，检查“五五”普法工作资料台帐，视察法制宣传教育队伍、载体建设等工作。在调查视察中，常委会组成人员欣喜地看到，全市“五五”普法工作紧锣密鼓、有序推进、成效显著，但也发现存在着一些薄弱环节，主要是企业、农村普法工作还不够深入细致，宣传教育的形式还不够丰富新颖，实效还需要进一步提高。为促进“五五”普法工作深入开展，2008年8月，市十四届人大常委会第四次会议听取和审议了市政府关于贯彻实施《在全市公民中开展法制宣传教育第五个五年规划》情况的报告，作出了《关于进一步推进法制宣传教育第五个五年规划实施的决议》。

决议强调，要突出重点，分类指导，全面推进，着力提高法制宣传教育的针对性和实效性；要重点教育企业经营管理人员笃守诚信准则，增强社会责任意识，提高依法经营和依法管理的能力；要结合社会主义新农村建设，加大农村普法工作经费和设施的投入，提高法制宣传的渗透力和覆盖面，切实增强农民依法参与农村事务民主管理和维护自己合法权益、解决矛盾纠纷的能力；开展形式多样、生动活泼的法制宣传教育活动，努力实现法制宣传教育工作主体的多元化、内容的专业化、方式的协同化、效益的最大化；各级领导干部要做到精力到位、责任到位，常过问、常督查，及时研究解决“五五”普法工作中遇到的新情况新问题，推动法制教育工作深入开展。

决议作出以后，市人大常委会相关工作机构加强与市政府及其职能部门的联系，及时了解情况，督促认真抓好贯彻落实工作。市政府建立了法律顾问制度和重大决策合法性论证制度，在全市全面推行行政执法“四个一”规范管理模式，规范性文件报送备案率达到100%。同时，出台了《关于推进法治通州系列创建活动的意见》，将“五五”普法工作作为法治通州建设的重点内容，纳入目标管理绩效考核体系，与各镇区、各部门主要负责人签订了责任书，下发了考核标准和细则，确保“五五”普法各项工作落实到位。为扩大普法工作的渗透力和覆盖面，在《中国通州普法网》开辟了公务员学法通道，在城乡广泛开展了法律咨询服务，并积极组织职能部门联手合作，把法制宣传教育工作送到工厂商场和农户田头门前。举办了全市村委会主任培训班，200多名村主任接受了《民主法治村建设》的知识培训。市普法办与发改委、工商局、劳保局等10多个部门联合开展了“送法进企业”情况的调研，深入了解企业的普法现状和需求，有针对性地改进宣传教育方式方法，进一步增强了企业普法教育工作的针对性和实效性。为帮助企业化解国际金融危机带来的负面影响，市司法局组织司法干警、法律服务人员开展送法进企业“十个一”活动，受到企业的普遍欢迎。市总工会、妇联、共青团结合各自的特点，分别开展了《劳动合同法》和江苏省“一办法五条例”的学习培训、“百万妇女学法律，家庭平安创和谐”的学法知识竞赛和“青少年维权教育行动”等活动。依托新闻媒体、法治文化平台，采用创办“以案说法”电视专栏、组织法制文艺演出以及普法讲师团巡回宣传演讲等形式，进一步丰富和拓展法制宣传教育的内容和形式，强化了普法宣传教育的效果。去年，全市共组织法制文艺专场演出180多场次，受教育群众达6万多人。全市“五五”普法工作顺利通过了省“五五”普法中期检查组的现场检查考核，得到了充分肯定和高度评价。

抓深化，要求打造法治文化品牌，赋予普法工作新的特色和内涵

跨进2009年，通州市人大常委会又把“五五”普法工作作为监督的一项重点，作出了具体安排。从3月份开始，常委会相关工作机构就进行调查研究，听取市政府职能部门的工作汇报，召集市政府法制办、教育局、公安局、人事局、社保局、文化局、广电局、建管局、工商局等10多个部门，就贯彻执行市人大常委会《关于进一步推进法制宣传教育第五个五年规划实施的决议》情况进行座谈，并认真听取了部分市人大代表和基层干部群众的意见。在此基础上，市十四届人大常委会第九次会议又听取和审议了市政府贯彻执行《关于进一步推进法制宣传教育第五个五年规划实施的决议》情况的报告。常委会组成人员对市政府认真贯彻落实决议要求，锐意进取，抓重点攻难点，推动“五五”普法工作不断取得新进展、新突破、新业绩，给予了很高的评价。同时要求市政府认真总结经验，大力表彰先进，积极推广普法宣传教育的创新举措，高质量地做好“五五”普法后期的宣传教育工作；把创建法治文化建设作为今后两年甚至更长时间的一项创新任务抓紧抓好，把法制宣传的内容、理念和精神融入弘扬通州城市精神、构建廉政文化和基层文化建设等活动之中，积极打造法治文化的新品牌新亮点，努力赋予普法工作新的特色和内涵，实现法制宣传教育在更高平台上的新跨越；提前考虑，切实做好“六五”普法规划的研究论证准备工作，为“六五”普法打好基础。常委会以会议纪要的形式，将这些审议意见交由市政府研究处理，并初步确定，在“五五”普法工作一结束，即听取和审议市政府关于“五五”普法工作情况的报告，对“五五”法制宣传教育工作进行一次全面、全过程的督查，以确保这项工作有始有终，一抓到底，达到预期的目的和效果。

吉林省地方人大工作三十年实践的几点启示

吉林省人大常委会研究室主任　陈杰

1979年全国人大通过的修正宪法若干规定的决议和地方组织法规定，县和县以上地方人大设立常委会。1980年4月，吉林省第五届人民代表大会第二次会议选举产生了吉林省人民代表大会常务委员会。这是我省政权建设和人民代表大会制度建设史上具有里程碑意义的大事。1982年，全国人大通过的现行宪法，成为新时期治国安邦的总章程。这部宪法，极大地促进了我国政治经济社会各方面的发展，也使我省地方人大工作步入一个快速发展的新时代。从省五届人大到目前的省十一届人大，我省的民主法制建设和地方人大工作得到了很大的发展，有力地推动了全省的社会主义民主政治建设进程，为促进改革开放与现代化建设事业的发展做了大量工作，发挥了不可替代的重要作用。

光阴荏苒，转瞬已是近30年。30年来，经过两三代人的探索实践、艰辛耕耘，培育出民主法制和人大制度建设的丰硕成果。一是推动了民主法制建设；二是促进和保证了人民当家作主愿望的实现；三是巩固了党对地方国家事务的领导。自1980年省人大常委会建立起，截至2008年3月，省人大及其常委会审议制定和批准的现行有效的地方性法规、自治条例、单行条例572件；讨论决定了近50项重大事项；听取审议各类专项工作报告384项，执法检查报告120项；选举和任免国家工作人员2400多人次。以上数字有力地证明了省人大及其常委会在我省政治、经济和各项社会事务活动中所起到的巨大作用。

胡锦涛总书记在党的十七大报告中指出："当今世界正在发生广泛而深刻的变化，当代中国正在发生广泛而深刻的变革。""全党必须坚定不移地高举中国特色社会上义伟大旗帜，带领人民从新的历史起点出发，抓住和用好重要战略机遇期，求真务实、锐意进取，继续全曲建设小康社会，加快推进社会主义现代化，完成时代赋予的崇高使命。"这一号召，对我们地方人大工作提出了新的任务、新的要求。站在这新的历史起点上，如何继续地方人大工作的辉煌，30年来的地方人大工作实践给了我们一些重要的启示。

一是地方人大工作必须始终坚持党的领导。人民代表大会制度是我国根本政治制度，是党领导人民当家作主的最好的政权组织形式。坚持和完善人民代表大会制度，做好地方人大工作，必须坚定不移地坚持和依靠党的领导。只有在党的领导下，才能充分发挥人民代表大会制度的作用；而人民代表大会制度的加强和完善，可以更好地实现党的领导。过去的近30年中，中共吉林省委一直很关心支持省人大常委会的工作，先后在1985年、1987年、1988年、1994年、2001年和2006年6次召开省委人大工作会议，不断地从组织上、制度上、工作上加强对人大工作的领导，支持人大依法行使职权。人大及其常委会在履行职责过程中，认真贯彻落实党委的重大决策和工作部署，保证把党的主张经过法定程序变为国家意志，实现党的主张与人民意志的统一。30年来，我省人大工作能够不断发展，最重要、最宝贵的一条经验就是始终不渝地坚持在党的领导下开展工作，自觉地把人大工作置于党的领导之下，保证与党中央和省委的高度一致。实践证明，坚持把党的领导、人民当家作主和依法治国有机结合起来，这是地方人大工作必须坚持的政治方向，也是地方人大工作永远充满生机和活力的政治保证。

二是地方人大工作必须始终坚持服从服务于经济建设这个中心。党的十一届三中全会以后，党的工作重心转移到经济建设方面。30年来，省人大常委会紧紧围绕经济建设这个中心，牢牢把握改革、发展、稳定的大局，依法行使各项职权。早在1984年，省六届人大常委会为推进我省的经济体制改革，在第十次常委会会议上作出了《关于学习贯彻<中共中央关于经济体制改革的决定>，进一步搞好我省经济体制改革的决议》。1989年，为了进一步打击贪污、受贿犯罪活动，保障改革的深入和经济的发展，省七届人大常委会第九次会议作出了《关于深入开展打击贪污、受贿犯罪斗争的决议》。特别是省八届人大以来按照建立社会主义市场经济体制的要求，加快了经济立法步伐。省八届人大及其常委会在任期内制定的135件地方性法规中，属于经济方面的84件，占法规总数的62.

2%。省九届人大常委会在发展基础产业、促进科技成果转化、规范市场主体、开发人才及推动非公有制经济发展等方面制定了一批地方性法规，有力地保障和促进了全省国民经济的持续、快速、健康发展和社会进步。省十届人大常委会通过视察、检查、听取专项工作报告等，积极促进振兴吉林老工业基地和建设社会主义新农村两大重点战略任务的实施。为此，积极提出意见和建议：进一步解放思想，强化组织领导，加强资源整合、加大结构调整力度，推进体制机制创新、加快国企改革步伐，大力发展民营经济；同时针对吉林是农业大省的特点，以建设社会主义新农村为目标，加快发展农业和农村经济。这些工作的开展，对振兴吉林老工业基地和建设社会主义新农村两大重点战略任务的实施，起到了强有力的支持和促进作用。省十一届人大常委会认真总结我省地方人大常委会近30年的工作实践，深刻认识到，只有从人大的性质和工作特点出发，紧紧围绕中心，坚持实践科学发展观，服从服务于大局，坚持依法集体行使职权，才能在省委提出的科学发展、加快振兴、富民强省的发展战略的实施中发挥积极作用，再创地方人大工作的辉煌。

三是地方人大工作必须始终坚持以人为本，维护广大人民群众的根本利益。地方人大作为代表人民行使管理地方国家和社会各项事务的权力机关，必须代表人民群众的意志，维护最广大人民群众的根本利益。近30年来，历届省人大及其常委会都以维护人民群众的利益为己任，凡是人民群众普遍关心的事情，就是人大关注的事情，凡是人民群众迫切需要解决的问题，就是人大工作的重点。在立法方面，首先在立法理念上，常委会牢固树立以人为本、关注民生的立法理念；在立法过程中，坚持从维护全局和人民根本利益出发，坚决防止、克服部门利益倾向和地方保护主义，注意倾听人民的呼声；在立法内容上，注意保护人民群众的合法权益。先后制定了消费者权益保护、母婴保健、散居少数民族权益保障、预防和制止家庭暴力等上百部地方性法规。在监督和行使重大事项决定权方面，常委会紧紧围绕人民群众关心的热点问题，抓住突发事件，依法行使职权。30年来，就减轻农民负担、解决教育乱收费、城市棚户区改造、加强药品广告管理、加强职业教育、提高农村教育水平和解决东辽河水污染防治等问题以及我省发生多次严重洪涝灾害和特大洪水灾害，在2003年、2004年，连续发生非典型性肺炎和高致病性禽流感等严重疫情等突发事件，常委会都及时采取组织代表视察、执法检查、听取专项工作报告及时作出有关决定或决议等多种方式，向有关机关或部门提出建议或意见，使一些影响人民群众生产生活的急迫问题得到较好的解决；同时加强对“一府两院”及其具体部门行政行为和执法行为的监督和规范，促进了执政为民，维护了人民群众的合法权益，使人大工作得到了广大人民群众的真切拥护和支持。

四是地方人大工作必须进一步加强制度建设。30年来，省人大常委会在工作制度建设上取得了显著的成效。共制定规范常委会工作的地方性法规18项，规章制度10项；规范常委会机关内部的各项管理工作的规章制度30项；规范各专门委员会和办事机构工作的规章制度108项，这对保障常委会的议事质量和工作水平，充分发挥地方国家权力机关的作用，推进我省的改革开放和现代化建设起到了重要的作用。站在新的历史起点上，人大工作面临的新形势、新任务，对常委会制度建设提出了新的要求，为了进一步提高常委会议事水平和质量，在工作实践中我们还要继续探索总结，切实解决“重实体、轻程序”的观念，进一步细化、完善会议程序，按照严肃认真、依法规范的原则，建立一系列配套的会议规章制度，用一定形式把为实践所证明的程序和好的做法固定下来。同时，为保证和制约组成人员尽职尽责，应该制定明确的工作职责，建立必要的学习培训制度，建立有关的制约性工作制度以及有关的监督制度，形成一套对组成人员履行职务有驱动力的制约性规章制度，加强对组成人员履职的有效监督。同时，还要解决地方人大常委会组成人员安排工作的政策性倾向，加快优化常委会组成人员构成的法律化、制度化建设，推进地方人大常委会组成人员专职化的进程。

深化公共预算改革　增强预算监督效果

——关于浙江省温岭市参与式预算的实践与思考

浙江省温岭市人大常委会主任　张学明

预算是政府管理社会经济事务,实现宏观调控的重要手段。审查批准本级预决算并监督其执行,是宪法和法律赋予人大及其常委会的一项重要职权,也是人民行使管理地方国家事务权力的具体体现。从2005年开始,温岭市在新河、泽国两镇率先"试水"公共预算改革,积极运用民主恳谈为基层人代会审查预算服务,不断强化对预算的审查和监督,形成了对预算进行实质性审查监督的"参与式预算"模式,在国内首开先河,曾高票入选"十大地方公共决策实验"。2008年以来,温岭又将参与式预算从两个镇推广至五个镇,从镇一级提升到市一级,进一步将参与式预算引向深入。

一、温岭参与式预算的改革实践

由温岭首创的"参与式预算",是指公民以民主恳谈为主要形式参与政府年度预算方案讨论,人大代表审议政府财政预算并决定预算的修正和调整,实现实质性参与的预算审查监督。

1、改革初期阶段(2005年至2007年)

——新河模式。新河镇先后进行了5次年度预算审查和中期预算调整的参与式预算改革,内容主要分会前初审、大会审议和会后监督。一是会前初审。在人代会召开之前,由镇人大主席团领导下的人大财经小组组织召开预算初审民主恳谈会,分工业、农业、社会事业三个专门小组进行讨论,参与者除人大代表主体外,各协会、社会团体、各界代表和公民自愿参与,会后各小组形成预算初审报告。二是大会审议。在人代会召开期间,人大主席团组织代表进行预算报告集中审议,镇政府负责人回答代表提出的询问。随后,镇人大主席团和镇政府召开联席会议,根据代表提出的意见形成预算修改方案。联席会议之后,大会通报预算修改方案,代表进行分组审议。在这个阶段,5名以上代表联名可以提出预算修正案。最后,大会投票表决预算修正案和已经修改的预算草案,代表联名提出的修正案若获得全体代表半数以上支持,则通过成为预算的一部分。三是会后监督。人代会闭会期间,由镇人大财经小组作为财经监督常设机构,对政府预算执行情况实行监督,并参与下一年的财政预算编制。

——泽国模式。泽国镇建立了参与式预算的民众协商模式,由民众直接参与城镇建设项目资金预算安排决策过程。主要做法为:政府首先选出一批属于本级行政范围且事关民生问题的城建项目(譬如30个),由专业人员组成专家组对这些项目的可行性方案进行研究,同时提出每个项目的资金预算,形成预算项目民意调查问卷。采用乒乓球摇号的随机抽样方式,按照千分之二的比例,从全镇18岁以上的人群中随机产生民意代表,参与预算民主恳谈。参加恳谈活动的民意代表还要就这些项目的重要程度填写民意调查问卷,对优先投入的项目进行排序,表明自己的意见。通过数轮分大小组讨论和协商的方式不断地交流后,民意代表再次填写排序的调查问卷。之后,镇政府召开办公会议,讨论恳谈会上民意代表提出的建议和第二次调查问卷的预选结果,根据财力情况按顺序形成一份优先方案。在随后召开的镇人代会上,镇政府将上述方案提交大会审查讨论并票决通过。

2、改革推进阶段(2008年)

在新河镇、泽国镇试验的基础上,2008年,温岭市将参与式预算改革进一步引向深入。一方面,从镇一级延伸到市一级,开展了交通局部门预算民主恳谈;另一方面,从两个镇推广到五个镇,即在新河、泽国、箬横、滨海、大溪等地相继开展,比例已占全市乡镇财政资金的三分之二。

——实施交通部门预算民主恳谈。率先在市交通局探索实施2008年部门预算民主恳谈,让部门预算审查监督逐步进入实质性监督轨道。民主恳谈之前,由市政府有关部门编制交通局2008年部门预算(草案),市人大常委会财经工委对此进行初审。随后在2008年1月13日,市人大常委会举行交通部门预算民主恳谈,来自社会各个层面的市人大代表、普通公民、老干部、镇(街道)人大负责人、相关部门负责人或专家、常委会有关委办负责人及财经工委议事委员会成员等七类对象共80余人参加恳谈活动。与会人员先集中听取市发改、财政、交通部门有关情况和财经工委初审情况的汇报,然后采取分组恳谈与集中恳谈相结合的方式,就交通局2008年部门预算进行深入恳谈，充分发表意见和建议。分组恳谈活动根据与会人员的身份、地域分布状况分成四组进行；集中恳谈活动先由各组组长汇报分组恳谈情况，再让部门与代表、公众进行面对面恳谈，市政府领导最后作表态发言。恳谈结束后，常委会及时跟踪督促政府部门落实恳谈意见，完善预算编制工作，半年度时再举行部门（交通）预算执行民主恳谈，确保部门预算民主恳谈的质量和效果。同时，以电视专栏、报纸专版、温岭人大网专题的形式，对恳谈活动进行公开深入报道，让公众了解部门预算民主恳谈的全过程。

——五镇相继开展参与式预算。2008年年初的镇人代会上，新河、泽国、箬横、滨海、大溪相继开展了参与式预算。各个镇在开展的时候，并不是一个模式，而是各有侧重、各有创新、各有特色。如新河镇在原有基础上进一步深化，在大会最后一次全体会议票决预算修正案前，增加了大会辩论程序，让人大代表围绕两件预算修正案开展充分辩论，然后进行票决。泽国镇将以往的城建预算项目拓展为整个财政预算，第一次围绕全镇年度预算进行会前民主恳谈。为便于代表审议，泽国镇还首次编制长达48页的《泽国镇2008年财政预算支出测算表》，对泽国镇24852.3万元的财政预算列出极为详细的预算开支清单，完全透明地呈现给代表。箬横镇“三审预算”，先是在人代会召开之前，邀请人大代表和公众代表搞了两次预算初审会，第一次是按地域为单位进行分片审议；第二次是在组织代表进行财政预算审议和人大代表履职知识培训后，按功能分经济、社会、城镇建设三个专门小组进行初审民主恳谈会。两次初审间隔开来，让代表和公众有充分时间熟悉和讨论预算。最后在镇人代会上进行第三次审议，并在二次全体会议上进行集中会审。

二、参与式预算改革的成效

其一，促进了公共预算。一方面，通过几年的参与式预算改革，促使政府预算编制更为详细、更为科学。几年前，不同层级政府及其部门的预算草案都还只是个粗略的框架，仅列出十几个没有具体内容的支出大项，而没有将这些支出项目细化、具体化，代表能看到的只是预算数字的汇总或堆砌，往往造成“外行人看不懂，内行人搞不清”的结果。因此，在审查和表决预算时，只能是形式上的表决通过，缺乏实质性的审查。现在，参与式预算的基本要求是政府制定预算时必须要详细，为人大代表和公众代表提供更清晰、更明了的预算草案，与会者方能理解并提出意见。这样就促使政府投入更多的时间和精力去编制预算，进一步提高预算编制水平。另一方面，促使预算进一步走向公共化。通过邀请社会各界民众广泛参与预算审议，体现了公众参与预算的广泛性和有效性，也进一步促进了预算的公开化。从参与式预算实践来看，不仅详细公开了预算报告和草案，使得公众对政府在本年度怎么花钱、钱花在哪里都清清楚楚，而且还公开了预算审议过程，无论是对每一个预算项目的审议，还是审议的每一个环节，都是在完全公开、透明的状态下进行。

其二，激活了人大作用。以往，法律赋予的人大职权特别是乡镇人大的职权好多并没有真正到位，尤其是审查和批准本乡镇财政预算和执行情况往往流于形式。现在，从实践来看，人大预算审查与监督中既有公众的参与，又从制度上完善了人大审查批准预算与监督预算的执行，使人大在公共预算中发挥越来越重要的作用。无论是增加人代会的会期和会次，设立人大财经小组，还是对代表进行履职能力培训，代表可以提出预算修正议案等，都是围绕着预算而展开，不仅极大地丰富了人大和代表工作内容，而且也使得人大在监督预算时行使职权更加到位。

其三，改进了政府工作。对政府而言，参与式预算是一个接受代表、公民参与决策的过程，是一个吸纳“民意”的过程，是一个得到公众认同的过程。通过这样一个人大、政府、代表和民众互动的过程，减少了政府“拍脑袋”决策，使得决策更加科学化、民主化和规范化。进而使政府领导逐步确立这样的观念：必须对本区域内经济社会发展的进程有全面的掌握，必须对真正的民意有清晰的了解，必须对有限的财力用在刀口上有准确的把握。只有这样，才能使政府工作更加贴近实际，更加得到民众的理解支持。同时促进政府及部门依法理财、科学理财和民主理财，积极控制财政赤字，努力建设节约型政府。并且通过预算民主恳谈，一定程度上改善了干部的工作作风，消除了滋生腐败的部分体制根源，促使政府树立服务意识，提供让民众满意、认同的公共产品和服务。

其四，推进了民主进程。从参与式预算实践来看，扩大了公民有序政治参与，赋予了人大代表和民众充分的知情权、参与权、表达权和监督权，处处绽放出民主的光彩。各个层面围绕预算进行公开的、面对面的、有理有据的恳谈，为公民自由、广泛、直接、真切地参与社会公共事务决策、管理和监督提供了新的渠道，也为公民监督政府预算的权力行使提供了新的方式，增强了民意的表达和公民在决策过程中的影响力。一定意义上来说，参与式预算在丰富民主形式、拓宽民主渠道上提供了很好的样板。同时，参与式预算也是一所很好的"民主学校"，通过这样一种民主操练，培育了公民意识，使公民的民主意识和民主观念不断增强、民主习惯不断形成、行使民主权利的能力不断提高，有利于形成一种更加民主的政治文明。

作为公众参与下的公开透明的预算编制、审查和监督，参与式预算增强了预算的刚性，有效克服了政府随意性花钱和预算"软约束"问题，代表了公共预算改革的方向。但是，从进一步推进的实践来看，还面临着一些问题。如，政府的预算编制水平及公开化程度仍需进一步提高；参与式预算尚游离于制度框架之外；后续监督环节需要进一步加强；参与者的素质特别是人大代表的素质有待进一步提高；公众参与的广泛性不够等，尚需进一步推进完善。

三、深化参与式预算改革、增强预算监督效果的几点思考

党的十七大报告提出要完善公共财政体系，深化预算制度改革，强化预算管理与监督，同时强调要"保障人民的知情权、参与权、表达权、监督权。支持人民代表大会依法履行职能"等。这些方面，不仅为我国公共财政体系的建设和预算制度改革设立了目标，也为加强和完善人大预算审查监督指明了方向。

首先，必须始终坚持党的领导。民主恳谈是中共温岭市委直接领导下的原创性基层民主形式，参与式预算自始至终得到市委的高度重视和全力支持。改革的实践充分证明，正是始终坚持党的领导，人大工作创新才能始终保持正确的政治方向，才能与时俱进，充满活力。参与式预算的深化完善，更要始终坚持党委的总揽全局、协调各方的核心领导作用，合心合力合拍地有序推进。

其次，将参与式预算导入人大制度框架。寻求参与式预算与法律、法规和现行人大制度的有效对接，由人大常委会制定出台具体的办法意见，用制度形式将参与式预算固定下来，让参与式预算成为人大预算审查监督的常态。同时，注重统一性与灵活性的有效结合，对各地的一些创新性做法，制度中可以不作硬性规定，保留各个地方的特色，或者待时机成熟后再予以统一，对诸如会前适当增加初审次数、拉长初审时间，会中增加辩论、询问环节，预算实行票决，会后设立人大财经小组等行之有效的做法，必须在制度中作出硬性规定并予以统一。另外，还要对参与式预算的改革走向作出规划，科学排定近几年需推开的镇和部门，保证参与式预算稳步向前推进。

第三，强化人大预算监督职能。应充分运用法律赋予的职责和权利，强化人大及其常委会对预算全过程的审查监督。在当前县一级人大常委会没有预算专门工作机构的情况下，探索一些方式和方法，弥补预算监督工作的不足。如在市一级建立人大财经工委议事委员会的基础上，聘请熟悉预算审查监督业务的有关专家或专业人士，专门从事人大预算审查监督工作。在镇一级，探索建立了人大财经小组，要进一步加强力量，优化人员结构，使其真正担负起预算监督的责任。除此之外，还要强化预算刚性监督措施，真正发挥人大监督预算的有效作用。如督促政府改革预算编制，细化预算项目和深化部门预算；及时掌握财政运行情况，建立政府重要财经情况报告备案制度和重大支出行为的审查批准制度，增强预算的约束力等。只有人大的强力监督，参与式预算的成效才能真正体现。

第四，提高人大代表参与的能力和水平。一般而言，人大代表对预算方面的知识相对比较缺乏，理解和掌握预算草案、政府财政收支报告等有一定的困难，这就需要我们加强对人大代表的预算知识培训，以提高参与式预算的质量和效果。特别要采取有效的方法措施，加强对人大代表如何撰写预算修正案、怎样合理争取自己所代表的民众利益等方面的培训引导。通过预算培训和实践，使人大代表能掌握某些技巧，有效解决看不懂预算草案、听不懂财政报告、监督无从下手等问题。

第五，扩大公众参与的广泛性与代表性。探索有效的途径和方法，提供更多的机会和渠道，吸纳更多的公众参与到预算改革过程中来，进一步扩大公众的参与面，激发公众的民主参与热情。可以设计一定的程序，引导社会中介组织、行业协会、社会团体等一些非政府组织参与，或者邀请社会各界中对政府预算感兴趣、懂预算的人参与，表达意见建议，反映利益诉求，使人大审查批准预算具有更加坚实广泛的民意基础。

风雨同舟三十年

——遵义市人大制度建设概览

贵州省遵义市人大常委会副秘书长、研究室主任　肖勉

改革开放已30周年。30年来，遵义在经济、政治、文化等社会各个领域、各个方面都取得了巨大的进步和辉煌的成绩。遵义市人大为地方经济发展和社会的全面进步发挥了不可替代的作用。

遵义GDP从1978年的8.84亿元到2007年的540.54亿元，增长61.5倍；财政收入从78年的0.93亿元到34.07亿元，增长36.6倍；城镇居民可支配收入从325元到11340元，增长34.9倍；农民人均纯收入从144元到2819元，增长19.6倍；在经济持续快速发展的同时，我市民主政治建设领域也发生显著的变化，一个突出的表现：人民代表大会制度建设取得重大进展。"有事找人大"正在成为社会政治生活中的风向标。人大意识已基本确立，人大理念逐渐深入人心，人大权威初步形成。

一、地方人大组织体系基本健全，自身能力不断增强

国家组织形态，总的是一个民族在自己发展道路上的选择。选择什么样的组织形态，什么样的政体，走什么样的道路，总是由这一国家国情，特定的历史、文化以及经济基础所决定的。我国的人大制度，确立于"54宪法"，完善于改革开放时期。"54宪法"以后地方人大特别是其常设机关——地方人民委员会，既是地方权力机关的常设机关，又是行政机关；权力机关的常设机关与行政机关合一，所以人们常说人大是"议行合一"机关。"十年文革"中，地方人大和行政机关均被"三结合"的革命委员会所替代，地方国家组织形式被蹂躏成一团乱麻。改革开放以后，理顺了地方政权机关组织体系。从1980年起，全市13个县(市)相继恢复了人民代表大会，并且在县级设立人大常委会，县人民代表大会开始有自己的常设机关，以处理大会闭会期间的人大事务。地方国家权力机关的常年性工作由此正常运转。地方人大常委会成为权力机关的常设机关，有立法权的地方又是立法机关，同时还是代表机关、亦是民意机关。四机关集于一身，"人民主权"原则在社会主义国家地方政权建设中得以充分体现。经过近30年的艰辛努力，民主选举、民主决定，成为我市各级政治生活中的根本途径，也是几百万民众学习政治参与的重要途径。从上世纪90年代末期遵义撤地设市后，市级政权机关从上级派出机构到民主选举产生后，我市民主政治建设特别是人大制度建设得以长足的发展。地方国家政权的选举产生，遵义才从根本意义上产生具有现代政权性质的权力机关及其常设机关，行政机关和司法机关。

与各县、市人大及其常委会同步，从80年代起，遵义各乡镇恢复人民代表大会，会议期间有主席团主持会议，闭会期间有专职主席负责代表联络工作。现代民主政治意义的基层政权得以巩固完善。

各级人大代表在闭会期间按照代表职责，采取视察，调查等形式，分别与选民、选区展开联系，代表主体作用得到发挥。迄今为止，全市14个县、区(市)230多个乡(镇)都有自己的权力机关。市、县两级都有权力机关的常设机关，常设机关内部都有工作机构。市人大常委会有财经、农业、教科文卫、城建环资、内务司法、选举任免联络等6个市人大专门委员会和市人大常委会工作机构办公室、信访办、研究室等共9个正县级机构，县级人大常委会对应有4—6个内设机构。大会闭会期间，围绕常委会年初工作要点，各工作机构开展广泛调研、视察、检查活动，为常委会议题审议作准备工作。

人大常委会组织机构的健全，使市、县人大特别是人大常委会职权行使更加程序化和规范化。随着社会节奏变化，为提高地方人大常委会职权行使的有效性，人大常委会组织建设正朝着更加专业化趋向发展。

组织机构的健全，培养造就了一批既熟悉民主政治、又熟悉经济建设、还有较高法律水准的人大工作者，这批干部是我市社会主义政治文明建设的排头兵。在地方政治文明建设中，创造出选民评议代表、常委会评议任命干部、个案监督、人代会代表专题发言审议"一府两院"报告等新形式、新方法，促进了人大制度的进一步巩固和完善。

二、人大及其常委会工作规范化、程序化、制度化

职权的法定化，行使职权的程序化，是现代民主政治的普遍要求。近三十年来，遵义市人大工作在各级人大常委会和广大人大工作者的努力下，建立起一套职责明确、行为规范的与国家根本政治制度相适应的配套规范制度。做到了行使职权有规定，处理事务有制度，内部管理有规章。权力机关行使职权的程序化、规范化和制度化，既保障权力的有效行使，同时又防止权力的滥用。既体现社会主义国家人民当家作主的本质，又给适应社会变化预留调整空间。在法治与民主、改革与秩序、发展与稳定之间寻找制度的契合点。

各级人代会是各级地方国家权力机关，是各级地方国家事务的议事机关。他通过会议形式行使职权，决定该地方重大国家事务，选举法律规定的该地方国家机关工作人员，是代表行使职权的重要场所。因此，遵义市三级人代会都订立了自己的《议事规则》。《议事规则》明确规定代表大会举行的程序、代表大会各项法定职权的行使程序以及人大代表的言论权保障和表决权的规定。有选举任务时都要事先通过《选举办法》，再进行候选人提名、酝酿、选举。《选举办法》是人代会选举的纲，引导着民主选举价值朝向。

各级人大常委会是市县人民代表大会的常设机关，大会闭会期间，行使除代表大会专有权力之外的权力。因此，遵义市、县两级人大常委会都有规范自身行为的如《议事规则》、《常委会组成人员守则》等规定；有履行职权的如重大事项决定、监督、人事任免等办法；有服务人大代表的如联系代表、办理代表建议等规定。

为了便于更好行使职权，切实承担宪法赋予的使命，市、县人大常委会对“三权”的认识正在深化，制度建设的着力点进一步明晰，有待于实践的检验。随着遵义市、县两级人大及其常委会工作制度的完善，人大常委会工作部门职责进一步明确，人大常委会机关工作制度进一步完善，一个组织严明、结构井然、管理有序、充满生机和活力的社会主义地方国家权力机关正在形成。

三、人大及其常委会职能得到发挥

职能的发挥，是社会得以正常运转的必要条件。遵义各级人大及其常委会按照法律规定的职能权限，结合地方实际，广泛开展对“一府两院”的法律监督和工作监督，对“一府两院”的人事任免工作，对地方重大事项的决定工作；民族自治地方结合地方实际，开展地方立法活动。人大常委会的职能的发挥，保证了宪法和法律在全市的贯彻执行，促进全市经济发展、社会和谐。

（一）监督权的行使

法律监督是人大常委会的经常性工作。市人大常委会和县级人大常委会每年都要围绕改革开放和地方建设的重大问题以及人民群众反映强烈的问题确定执法检查的重点进行执法检查。多年的执法监督工作，使人大常委会的该项工作上升提炼出一套有效的办法。概括为“一听二查三评四议五督”。听：听取执法单位被查对象汇报，听取行政管理相对人的情况介绍；查：检查执法主体执法情况，考察执法范围、执法效果。检查中注意把握执法主体与行政管理人的动态变化，更注重执行法律的进程。评：针对主要问题、现状进行有主管部门、有执法主体、有相关社会阶层参与的评议，以听取民声、集中民智、反映民意，为常委会的审议提供科学翔实而又完整的调研报告；议：审议，人大常委会会议期间，人大常委会组成人员以工作机构的报告为基础，结合议题报告进行审议，为形成常委会的决议、决定或审议意见提供思路，为通过常委会决议、决定或审议意见奠定良好的基础；督：督查。常委会的决议、决定具有强制性质，“一府两院”必须遵令执行。常委会的审议意见具有权力机关集体意见的公信力，“一府两院”应当认真研究处理，督就是通过督催、督办、督察形式把常委会决议决定落到实处，把审议意见的办理落到实处。

多年来，市级人大常委会连续开展上下联动，社会广泛参与，多种监督齐上的“环保世纪行”活动，以水、大气、环境等为主题，在法律监督中，注意了监督与行政的关系，探索经济发展与生态环境保护的动态平衡点，收到了较好的社会效果。14个县、区（市）饮用水源得到不同程度的保护，自来水质量明显提高，环境质量明显改善，特别是长期困扰我市的中心城区北部地区伤寒频不断的顽症得到根治。法律监督过程是权力机关的行权过程，同时又是促进干部特别是领导干部和广大人民群众法治理念形成的过程，是法治遵义的形成过程。通过这一漫长过程，遵义市贯彻执行宪法和法律水平得到很大提高。遵义市人大常委会因此而获取“全国四五普法先进单位”称号。工作监督，是人大常委会的职权，也是人大常委会的一项经常性工作。遵义各级人大常委会成立以来，每年都要选取涉及到遵义各地经济发展、改革开放的重大问题，关系群众生产、生活的焦点问题，社会关注的热点问题进行专项工作审议。地方行政、司法活动在人大及其常委会监督下，经过多年不懈努力，依法行政从口号逐步成为各级行政机关的行动，法制政府正在逐步形成。司法公正从理论正在成为实践，社会公正的最后一道闸门基本筑成。遵义社会正在悄然转型之中。

一级政府一级财政，管住纳税人的钱袋子是现代民主社会中代议制政府的基本要求。多年来，各级人大常委会在如何加强财政预算审查和预算调整监督工作上作了大量探索。从80年代保工资、保基本运转到逐步理顺事财关系；从简单的追求收支平衡、部门预算到建立公共财政框架。近几年，随着地方财政收入不断增长和预算外收入的大幅增长，各级人大常委会加大对预算资金超收大额支出和预算外收入的支出监督，保证地方经济持续快速的发展。同时，各级人大常委会根据各地实际情况，在广泛征求意见的情况下，对事关地方根本大局的教育、交通等基础设施建设，纷纷作出贷款建设的决议或决定，对于全市提前实现“普九”，提高道路交通状况，加快城市建设都起到极大推动作用，为地方又好又快发展注入新的活力。

每次专项工作审议，除了议题本身的认真筛选外，各级人大常委会还关注到有关议题可能带来的联动效应。在审议中，不简单就事论事，而是从遵义发展改革的路径选择、制度改善着眼；不简单从政府管理水平而论，而是从民本、民生、民权的根本点出发；运用人大常委会集体智慧解剖麻雀，既提出深层次的问题，又有现存问题的解决方案；既把握现状，又有产生问题的根源所在；既有成绩的肯定，又有对不足以及缺点的批评，社会主义特色的人大制度优越性得到充分发挥。人大常委会工作监督权的有效行使，对防止行政权任意扩张，司法权任意滥用，起到较好效果，促进了“一府两院”工作水平，为引导遵义始终迈着改革开放的步子走向和谐遵义之路起到不可估量的作用。

（二）任免权的行使

路线确定之后，干部就是决定的因素。用什么人、靠什么样的人行使职权、管理社会，这是人大常委会的又一项职权。市、县两级每届人代会都要选举出新一届人大常委会组成人员和“一府两院”领导班子。每年人大常委会都要依法任免一批国家机关工作人员。这些干部的当选和任命，给遵义改革开放和发展带来新的力量。30年改革开放进程中，形成一大批既有奉献精神，又特别能战斗，既有世界眼光，又了解市情的遵义干部队伍，这支队伍是法制遵义、和谐遵义建设的中坚，是社会主义事业的宝贵财富。

选举任免国家机关工作人员作为人大及其常委会的重要职权，人大及其常委会严格遵循法律规定，恪尽职守。不越位、绝不失职；不专权、却不弃权。几十年来，市、县两级人大及其常委会对于选举、任免形成一套完整的，行之有效的制度规定。人大及其常委会都在制度框架内进行活动，为遵义政治生活有序进行作出了自己的贡献。选举任免权是地方国家权力机关最重要的权力，也是地方国家机关其他权力的“权源”。如何发挥选举任免权作用，正成为权力机关下步认真探讨和实践的重大课题。

（三）重大事项决定权的行使

在社会急剧变化过程中，将会出现若干新情况、新问题。我国宪法把这一应对的责任和职能交给地方人大常委会，即重大事项决定权。这是一切权力属于人民的根本体现。多年来，遵义各级人大常委会在重大事项决定权上作了认真探索，理论上取得了一些突破，实践中取得了一些实效。由于重大事项涵盖面广，包括地方国家生活中政治、经济、教育、科技文化、卫生、环境和资源保护、民族等方面，地方国家生活中各个方面的重大的价值取向又是因时空转换而变化。因此，各级人大常委会都制定有行使重大事项决定的规定或办法，主要从程序上解决党委决策权、人大常委会决定权和政府执行权的关系；部分地方从预算内超收资金支出额度、可能影响地方环境气候质量的重大工程、影响城市总体规划的建筑物或构筑物入手，作出较为明晰的规定。这些规定的执行，或多或少为地方健康发展起到应有的作用。但如何从实体入手界定重大事项，还需要在实践中继续探索。

30年的改革开放，见证我市人大制度的变化发展，见证人民当家作主的演进历程。历史的前进，社会的进步始终在昭示着中国特色社会主义的政治文明，这需要一代又一代中国共产党人坚韧不拔的探索、实践；经济发展的成就，必然催生与之相应的政治发展，尽管二者不具有同步性，但二者天然的联系是不可斩断的。一个具有中国特色的社会主义民主政治建设的蓝图正在绘就，人大制度建设就是其中最绚烂的一幅。

立足地方科学发展推动基层人大建设

——关于加强平度市基层人大工作情况的调查研究

山东省平度市人大常委会主任　徐韶功

乡镇人民代表大会,是我国政权建设中处在最基层的一级权力机关,在服务科学发展,推进基层民主法制建设,建设社会主义新农村,构建社会主义和谐社会中,起着十分重要的作用。当前,新形势、新任务对基层人民代表大会工作提出了新的更高要求,需要认真总结,查找不足,注重创新,改善制度,以使乡镇人大工作做得更加到位,在当地经济、政治文化与社会建设中发挥更好作用。

一、平度市基层人大存在的主要问题

近几年来,随着民主法制建设的发展,平度市基层人大工作得到不断加强,在推动经济、政治、社会发展方面发挥了重要作用,但也存在一定的问题,影响了基层人大工作的更有效开展,主要集中在以下几个方面:

一是基层人大缺乏统一的工作规范。目前,除《山东省乡镇人民代表大会工作若干规定》对乡镇人民代表大会的职权范围进行规定外,还没有专门的法律对乡镇人大工作进行具体的规范,乡镇人大工作缺乏规范性的运行程序,从而造成了基层人大开展活动的随意性,致使基层人大工作发展的不平衡。

二是基层人大监督工作实效不够。基层人民代表大会要保证宪法、法律、行政法规和上级人大的决议在本行政区域内的贯彻实施,但镇一级人大并未建立相应的监督机制,在选择监督议题、制定监督计划、视察调研、执法检查等方面的计划性、针对性不够强,视察检查提出的意见建议有时得不到较好落实,影响了基层人大参政议政、民主监督作用的发挥。

三是基层人大代表工作质量不高。镇一级人大代表是镇人民代表大会的"组织细胞",发挥好他们的作用,对于提高人民群众民主法制意识,密切党群干群关系共谋科学发展,具有不可替代的作用。但镇级人大代表工作存在一定的不足,主要表现在:代表培训力度不够,对代表进行代表意识、履职方法、联系选民等方面的培训做得较少,部分代表的履职主动性不高,代表作用发挥不够好;代表活动开展不够,活动内容、活动方式比较简单,活动效果不够明显,影响了代表作用发挥;镇人大开展工作和组织代表活动所需的经费并没有按要求列入本级财政预算,影响了镇人大工作和代表活动的正常开展。

四是代表建议办理工作不够理想。镇一级人大代表建议办理工作未建立统一的规章制度,造成了办理工作的随意性。同时,对代表提出的建议意见交办督办重视程度不够,存在着交办不及时,督办不到位、办理效果不明显的问题。有些代表建议只是由人大主席在镇党委会议上提一下,没有确定如何办理。还有些部门和单位对代表建议重答复轻办理,代表建议的满意率和落实率都难以保证,挫伤代表履职积极性。

五是基层人大工作力量不足。目前,平度市各镇的人大工作主要依靠镇人大主席组织实施,只有少数镇配备了其他人大工作人员。而在实际工作中,镇普遍安排人大主席分工经济、稳定、党群、民政、教科文卫等诸多方面工作,牵涉精力较大,影响了基层人大工作的正常开展。

二、做好基层人大工作的基本原则

在新的形势下,基层人大工作者要准确把握好镇人大工作的性质、特点,结合本地区的实际情况,使人大工作更好地服务地方的中心工作。

(一)要坚持和依靠党的领导。自觉坚持和依靠党的领导,这是人大工作不可动摇的政治原则,也是做好人大工作的根本保证。镇人大要积极主动争取党委的领导。主动向党委请示汇报工作,以便党委及时了解人大工作情况。人大拟订的全年工作计划要征求党委的意见;平时的工作情况,上级人大作出的决定、决议或有关会议精神,要主动及时地向党委汇报;在行使职权过程中,凡是作出重要决定、决议应事前征得党委同意;各项重大活动和政策法规的执行情况,及时向党委汇报,争取党委的重视与支持;人大工作中遇到的困难要直接向党委反映,争取党委的帮助和解决,同时要善于把党的主张通过法定程序变成政府和人民群众的行动。

（二）要坚持依法办事。地方组织法规定：乡镇人民代表大会“在本行政区域内，保证宪法、法律、行政法规和上级人民代表大会及其常务委员会决议的遵守和执行”。这是法律赋予乡镇人大的权利和职责。镇人大在开展各项工作时，要坚持依法办事，严格依照法律法规的规定，行使好决定权、监督权和选举权。凡是法律规定的职权，镇人大就要用好、用足，使每项职权都能得到充分发挥。如果人大不能完全行使法律所赋予的职责，或者职责履行不好，那就是失职。反之，如果随意扩大镇人大的职责，事无巨细地过问政府的工作，那就会越权。要做到既不失职又不越权，在职权范围内选择重大事项、重大问题开展工作。

（三）要坚持执政为民。坚持执政为民，实现和维护最广大人民的根本利益，是用科学发展观统领人大工作的本质要求。镇人大要把人民群众的根本利益作为一切工作的根本出发点和落脚点，要敢于为民执言，抓住人民群众普遍关心、迫切要求解决的重大问题，认真行使各项职权，为人民群众办实事、办好事，这样才能代表人民，同时也提高乡镇人大在群众中的威望。

三、做好基层人大工作的对策

做好乡镇人大工作是基层人大工作者的职责，也是全面密切党群干群关系的重要桥梁和纽带。做好基层人大工作，需要抓住三个关键：

（一）要加强监督工作。要进一步健全监督机制，完善监督制度，改进监督方式，增强针对性和实效性，努力做到在监督中体现支持，在支持中实施监督，切实有效地监督和支持政府依法行政，督促司法机关公正司法。一是科学选择议题。监督工作要依照宪法和法律的规定，把改革发展稳定中的重大问题，关系人民群众切身利益的热点、难点问题，本行政区域内带有根本性、全局性、长远性的问题作为监督重点。二是加强法律监督。要突出抓好与人民群众生产生活密切相关的法律法规贯彻实施情况的监督，对法律法规的贯彻实施情况进行视察或执法检查，发挥法律法规在维护人民群众合法权益中的重要作用。三是开展评议工作。把评议工作作为促进依法行政和公正司法的有效形式，每年选择几项与经济社会发展密切相关的工作进行评议，促使有关单位进一步改进工作、转变作风。

（二）要做好代表工作。人大代表是乡镇人大与人民群众进行沟通的纽带，也是人民群众反映民情民意重要渠道，乡镇人大要努力为代表履行职责服好务。一要重视并加强代表培训工作，不断提高代表的素质。镇人大要把加强代表培训、提高代表素质作为代表工作的一个重要环节来抓，夯实镇人大的工作基础。同时，要定期或不定期地向代表通报重大问题和人大、政府工作情况，拓宽代表知情知政渠道。二要认真开展闭会期间的代表活动。一方面，要围绕党的方针、政策、国家法律法规、上级和本级人大的决议决定的贯彻情况以及人民群众反映强烈和普遍关心的问题，组织代表开展视察、执法检查和调查活动。另一方面，要加强代表与人民群众的联系。组织代表开展联系选民和接待群众的活动，使代表了解社情民意，及时反映群众的呼声；要结合农村特点发动代表带头致富，对口帮扶贫困户脱贫致富，为建设社会主义新农村，发展农村经济献计献策，贡献力量。三要组织好代表小组的活动。要指导各代表小组因地制宜地结合群众关心的热点、难点问题和乡镇人大的工作安排开展代表活动，使代表小组活动增强时效性，让人民群众满意。四要加强对代表议案和建议、批评、意见办理工作的检查督促。要把督促检查代表议案和建议、批评、意见的办理工作，作为一项重要职责，以高度负责的态度，督促有关部门认真办理，并把办理情况逐件答复有关代表。五要组织好代表向选民述职工作。组织代表述职是认真贯彻落实科学发展观，加强民主政治建设的需要，通过述职可以进一步加强代表与原选举单位的联系，增强代表自觉接受原选举单位和人民群众监督的自觉性，提高代表依法执行代表职务的素质和能力。

（三）要切实加强自身建设。面对新的形势和任务，乡镇人大必须坚持不懈地抓好自身建设，适应形势发展对乡镇人大工作的需要。一要突出抓好学习。人大是监督者，要监督好别人，首先要提高自己。人大及其主席团讨论、决定本行政区域的重大事项，也必须在法律允许的范围内进行，不能与法律法规相抵触。要持之以恒地抓好代表的学习，利用培训班、开展小组活动等形式，组织代表学习政治和业务知识，提高参政议政水平和履行代表职责的自觉性。二要始终保持开拓进取、奋发向上的良好精神状态。多年来的实践证明，要想人大有权威，首先自己要有作为，“等靠要”是不行的。镇人大工作具有很强的开拓性，没有成套的经验可循，要在工作中不断探索，在探索中不断前进，不断创出镇人大工作的新路子。三要努力转变工作作风。一方面，要善于研究新情况，解决新问题，使人大工作水平随着历史的前进、社会的发展和实践的深入不断得到进步。另一方面，要密切与代表和人民群众的联系。地方人民代表大会的基础是代表和人民群众，只有与之保持密切的联系，才能真正代表人民行使好权力，才能做好人大工作。

关于延安市乡镇人大工作情况的调研报告

陕西省延安市人大常委会秘书长、办公室主任　张杰

乡镇人民代表大会是我国最基层的地方国家权力机关，是我国民主政治制度的基础，是中国特色人民代表大会制度的重要组成部分。目前，深入开展的学习实践科学发展观活动，对于加强基层民主政治建设，推动全市人大工作科学发展具有重要意义。根据市人大机关学习实践活动的安排，近日，我深入到黄陵县及部分乡镇，就全市乡镇人大工作的现状、共性问题和改进意见进行了调查研究。

一、基本现状

近年来，在县区、乡镇党委的领导和县区人大常委会的指导下，乡镇人大工作取得了新进展、新成效。主要表现在以下几个方面：

（一）对乡镇人大的性质、地位和作用的认识逐年提高。随着社会主义民主法制建设的不断加强和人大宣传工作力度的不断加大，越来越多的人已经认识到乡镇人大是人大工作的重要组成部分，只有乡镇人大工作加强了，人民当家作主的民主权力才能从根本上得到保证。乡镇党委和人大在实践中体会到，乡镇人大及代表依法履行职责、发挥职能作用是实现基层民主政治的重要途径，对保护当地人民群众利益，监督政府依法行政都是非常有利有效的。由于各级党委和人大在认识上的提高和工作上的重视，使乡镇人大工作不断取得了新进展。

（二）乡镇人大组织建设不断加强。近年来，乡镇人大组织建设得到了县区委的高度重视。在去年进行的全省县乡人大同步换届中，各县区委按照“四化”标准和德才兼备原则，把乡镇党委、人大、政府班子建设统筹安排，同等考虑，配备到位。黄陵县所辖的10个乡镇和1个街道办事处，均配备了1名专职人大主席和1名副主席，平均年龄34岁，部分乡镇还配备了兼职工作人员，这对于开展好乡镇人大工作提供了组织保证。

（三）按照法律赋予的职能，积极履行职责。乡镇人大积极行使法律赋予的职权，每年依法召开乡镇人代会，审议决定事关乡镇发展的重大事项，积极开展代表小组活动。黄陵县桥山镇人大组织代表视察、检查、评议了基层单位“七站八所”、带头宣讲党的十七届三中全会精神，有力地促进了乡镇经济和社会各项事业的发展。乡镇人大代表也积极履行各自的职责，反映社情民意、支持促进工作，得到了群众的充分肯定。

（四）代表素质不断提高，制度建设进一步完善。从调查情况看，本届的乡镇人大代表结构比往届更趋合理，素质逐届提高。黄陵县共有乡镇人大代表464名，其中高中以上文化程度272名，妇女、非党代表人数比例分别为25%、35%，均达到了规定比例的要求。各乡镇普遍对代表进行了培训，组织代表学习科学发展观和有关法律法规，使代表的政治素质和履职能力不断提高；制定了人大主席和副主席工作职责、代表小组活动制度、联系代表制度、办理代表建议意见制度等，使乡镇人大工作逐步走向制度化、规范化。

二、存在的主要问题

从调查的整体情况看，乡镇人大工作虽然取得了长足发展，发挥了一定作用，但与科学发展观的要求，与法律法规的规定，与人民群众的期望相比，还存在一些不足，主要表现在：

1、乡镇人大的自身体制和职能不明确。按照地方组织法第十五条、乡镇人大工作条例第二十二条规定，乡镇人大主席团不是常设机构。由此，给许多工作带来了概念上的模糊和实践操作上的难度。概念模糊主要表现在：一是牌子印章还没有规范。1995年乡镇人大工作条例修改后，市县人大常委会为更换牌子和印章专门发了文件，但是目前仍有个别乡镇人大还挂着主席团的牌子，不少乡镇人大的印章还没有更换；二是理解含糊。实践操作

的难度表现在：乡镇人大主席团在闭会期间不再常设，因而就没有直接的监督权、决定权，缺乏刚性监督措施；乡镇人大主席、副主席在闭会期间的行为只是个人行为，不符合人大集体决定问题、集体行使职权的原则。

2、乡镇人大工作机构不健全。目前，各乡镇人大都配备了专职主席和副主席，这对开展工作奠定了组织基础，但由于没有设立专门的办事机构，没有配备专职的工作人员，使日常人大工作得不到根本保证。这种状况，与法律法规对人大的职能要求不相适应，与开展人大工作的要求不相适应。

3、乡镇人大工作缺乏生机与活力。由于种种因素，普遍存在乡镇人大主席的工作本末倒置的现象，大部分时间和精力忙于政府具体工作，很少有时间和精力钻研人大业务、考虑人大工作，对如何行使人大职权感到力不从心。一些乡镇人大主席从党委、政府的领导职位调整过来后，产生失落感，认为到了政治生涯的终点，因而工作缺乏信心，使乡镇人大工作缺乏开拓创新精神，没有体现出生机和活力。

4、乡镇人大日常工作活动缺乏经费保障。有关法律法规明确规定，乡镇人民代表大会和闭会期间代表执行职务、开展活动的经费应纳入同级财政预算。但由于乡镇财政实行包干，财力紧张，难于保证人大工作活动的经费，影响了人大工作的正常开展。

5、人们对乡镇人大工作的认识还有一定的偏差。由于宣传教育及乡镇人大体制等方面的原因，不少人对乡镇人大工作的性质、地位和作用认识不够。有的在实际工作中重人治、轻法治，重政策、轻法律，研究、关心乡镇人大工作不够，有的认为决策有党委、执行有政府，乡镇人大可有可无，甚至把乡镇人大与群众团体划等号。

三、加强和改进乡镇人大工作的对策

乡镇人大在社会主义民主政治建设中具有特殊的、不可替代的作用，进一步明确乡镇人大的性质，理顺体制，强化职能，发挥应有的作用，是新形势下贯彻落实科学发展观的需要，是搞好乡镇人大工作的需要。因此，我们应本着发现问题、分析问题、解决问题的原则，着力加强和改进那些与科学发展观不适应、不符合、不协调的问题，使乡镇人大的各项工作更加符合科学发展观的要求，符合人民群众的期盼。

1、充分认识乡镇人大的性质、地位和作用。各级领导一定要深入学习实践科学发展观，从建设中国特色社会主义、坚持和完善人民代表大会制度、加强基层政权建设和依法治国的战略高度，认识乡镇人大的性质、地位和作用，增强做好人大工作的自觉性和主动性。党委组织部门要把那些年富力强、热爱人大工作，有一定经验的中青年干部选拔到乡镇人大工作岗位上来，增强人大工作的后劲；乡镇党委要重视和加强对乡镇人大工作的领导，积极支持乡镇人大依法行使职权，帮助解决工作中存在的困难与问题；乡镇政府要依照宪法和法律规定，尊重乡镇人大的职权，贯彻执行人大的决议、决定，认真办理代表的议案、建议和意见；乡镇人大主席要克服困难，开拓进取，努力把人大工作做好，以自身的作为树立起人大的权威和地位，赢得人民群众的信任。

2、进一步明确和理顺乡镇人大的职责。建议全市没有更换牌子和印章的乡镇人大应尽快完成，进一步树立乡镇人大的形象。同时，可参照法律对县级人大常委会的规定，建立健全各项工作制度和工作规则，重视发挥闭会期间监督权的有效行使，避免实质性监督的虚化和乡镇的基层单位形成“管得着的看不见，看得见的管不着”的局面。

3、健全乡镇人大工作机构，保证人员编制。机构和编制不仅关系到工作能否正常开展，而且直接关系到经费、办公设施等一系具体问题的解决。为了加强乡镇人大组织建设，各乡镇人大除配备专职主席、副主席外，可协调同级党委配备1—2名专职工作人员，保证乡镇人大日常工作的开展。

4、加强对乡镇人大干部的培训和提高。市、县区人大采取了列席有关会议、集中培训、召开乡镇人大工作会等方式，加强对乡镇人大干部的培训和提高；乡镇人大工作人员也要注重各方面的学习，掌握有关法律和人大业务知识，熟悉乡镇人大开展工作的内容、程序和方式，提高业务水平，增强搞好人大工作的信心，为开展乡镇人大工作创造条件。

5、加强对乡镇人大工作的宣传。由于乡镇一级人大建立时间比较短，不少人对这一级地方国家权力机关的性质、地位和作用认识不够。因此，应加强对乡镇人大工作的宣传，提高全社会对乡镇人大工作的认识，为开展工作创造良好的舆论环境。

6、加强对乡镇人大工作的指导。市、县人大常委会要把指导乡镇人大工作开展作为一项重要任务列入议事日程，定期调查研究，提出指导意见。县人大常委会可邀请乡镇人大主席、副主席参加县人大常委会会议或其他有关的重要会议，适当安排其参与县人大常委会组织的视察、调查、执法检查、评议等活动。市、县人大常委会要有计划地召开乡镇人大工作会、座谈会，交流工作情况，总结推广经验，推动乡镇人大工作的开展，使乡镇人大充分发挥地方国家权力机关的作用。

依法履行法定职责　强力推动科学发展

——呼伦贝尔市人大常委会工作综述

内蒙古呼伦贝尔市人大常委会　王涛　金培南

从2002年3月呼伦贝尔市第一届人民代表大会第一次会议召开至今，7年多来，市人大常委会坚持以邓小平理论和"三个代表"重要思想为指导，深入贯彻党的十六大、十七大精神，全面落实科学发展观，自觉坚持党的领导、人民当家作主和依法治国有机统一，紧紧围绕加快发展时代主题，认真履行宪法和法律赋予的各项职责，积极服务全市经济社会发展大局，为推动科学发展、促进社会和谐做出了积极贡献。

积极决定重大事项，自觉落实市委决策部署。市人大常委会围绕加强呼伦贝尔草原保护建设、促进科技成果转化、城市总体规划、加快旅游业发展、生态环境保护、"五五"普法教育、市树市花市歌、授予荣誉市民、批准年度财政决算、财政预算调整等重大事项，作出了51项决议、决定。市人大常委会在讨论决定重大事项过程中，注意深入了解民情，充分反映民意，广泛集中民智，特别是在讨论决定事关呼伦贝尔发展全局、具有长远影响以及与广大人民群众利益密切相关的重大事项中，注意深入调研论证，充分反映各方面群众的意愿和要求，努力使市人大常委会作出的决议、决定符合实际，切实可行。

认真开展执法检查，不断加强法律监督。通过代表视察、执法检查、执法调研和环保世纪行等方式，对劳动合同法、就业促进法、水法、草原法、森林法、水污染防治法、传染病防治法、矿产资源法、住房公积金管理条例、民事法律等80多部法律法规的实施情况进行了监督检查，有力地推动了这些法律法规的实施。在对住房公积金管理条例进行检查监督后，市政府按照市人大常委会提出的审议意见，狠抓了有关工作的落实，并取得了令人满意的成果。截止2006年末，有6个旗市提高了公积金征缴率，5个旗市区拓宽了住房公积金覆盖面，5个旗市归还了违规挪用款，有8个旗市区财政补贴全额到位。对市中级人民法院开展的民事法律执法检查，有效地增强了审判人员的法律意识，进一步提高了民事案件的审判质量，为构建良好法制环境和促进社会和谐发挥了积极作用。

听取审议专项报告，工作监督不断深化。围绕非典防治、环境保护、行政执法、义务教育、城市规划管理、农村土地承包、矿产资源管理、生态示范区建设、海拉尔河和雅鲁河污染治理、整顿房地产市场秩序、为民办实事、查办和预防职务犯罪、生效判决执行等重点工作，听取和审议了"一府两院"79项专题报告，并及时提出了有关意见和建议。加强对国民经济与社会发展计划和财政预算的执行情况的监督，审议通过了市人大常委会审查监督本级预算暂行办法，加强了对预算执行和决算情况的监督。强化预算执行的监督，支持审计部门依法开展对同级财政的审计工作，加大对财政预决算、预算外资金及国民经济与社会发展计划执行情况的监督力度。进一步增强了政府依法理财意识，纠正了个别违规行为，提高了资金的使用效益。

切实做好信访工作，加大司法监督力度，高度重视群众信访反映的问题。市人大常委会主任、各位副主任通过主任信访接待日共接待上访群众412人，受理案件263件。做好重点信访和群众集体上访案件的受理工作，及时与"一府两院"沟通和协调，及时进行转办和交办。7年来，共受理人民群众来信来访6300多件(次)，办复率达93%。为提高依法接访水平和案件审查质量，近几年来还坚持常年聘请法律顾问制度，收到很好的效果。认真开展全市人大系统信访工作情况调研，及时就人大信访机构和人员编制存在的问题向市委进行汇报，积极争取市委的理解和支持。2008年，市编办为常委会机关信访处增加了2个行政编制，除满洲里市以外的12个旗市区人大常委会各增加了1名行政编制,全市两级人大信访专职队伍建设取得了突破性进展。

依法行使任免权,人事任免不断规范。正确把握"党管干部"与"人大依法任免干部"的关系,严格按法律和干部任免条例办事,不断规范人事任免事项,共任免国家机关工作人员494名。一是制定了常委会任免国家机关工作人员程序等人事任免工作制度,进一步规范了人事任免工作;二是实行拟任命人员任前法律学习和考试制度,把拟任命干部是否具有一定法律知识作为任命的重要条件之一;三是逐步改进对拟任命人员的考核工作,要求提请任命的有关材料要详细介绍拟任人员的有关情况,为常委会组成人员审议被任命人员提供依据;四是坚持拟任命人员到会与常委会组成人员见面作任前供职报告制度,任命后由市人大常委会主任向被任命人员颁发任命书,增强了被任命人员的责任感和接受人大监督的法律意识。

深入学习贯彻代表法,代表工作取得新进展。一是认真贯彻中央[2005]9号文件和自治区党委、市委关于进一步加强人大工作的决定、意见精神,作出了关于提高市级人大代表活动经费标准的决定,市级人大代表活动经费从600元提高为1200元。二是积极组织代表开展各项活动。按照便于组织、便于开展活动的原则,自上而下建立代表活动网络,不断健全完善代表工作制度,实现了代表活动的经常化和规范化。先后组织开展代表活动32次,具体参与的代表达380人次。三是密切市人大常委会与代表、代表与人民群众的联系。市人大常委会组成人员相对固定联系代表306人,占代表总数的92%。四是认真办理代表提出的议案和建议、批评、意见。召开代表建议交办会,就办理工作提出要求,在规定的时限内,各有关部门全部办理完毕,并答复了代表本人。对代表不满意的答复意见,要求承办单位进行再答复。五是高度重视代表的培训工作。通过邀请专家举办专题讲座、巡回讲座、开展专题培训等形式,集中培训了全市各级人大代表4200多人次,有效地提高了代表的履职意识和综合素质,涌现出了一批积极履行代表职务的模范代表。

深入学习实践科学发展观,切实加强自身建设。自觉坚持党的领导、人民当家作主和依法治国有机统一,按照"学习建设、创新发展"的要求,深入开展保持共产党员先进性、"继续解放思想,推动科学发展,全力打造自治区新的经济增长极"大学习大讨论等活动,用科学理论武装头脑、指导实践,推动工作的能力不断增强。不定期举办专题法制讲座,每年召开全市人大工作交流研讨会,强化人大制度理论和法律法规知识的学习运用;改进调研、视察方式,试行公民旁听常委会会议制度,增加工作透明度;建立完善工作制度六大类57项,常委会工作水平有了提高。机关建设全面加强,集体参谋助手和服务班子的职能作用较好发挥。

建阳:与代表"攀亲"

福建省建阳市人大　　郑恒春　陈良添

我们只有始终保持同人大代表和人民群众的密切联系,努力为人大代表执行职务提供服务、创造条件,积极支持和保证人大代表充分发挥主体作用,人大的工作才能始终富有朝气,充满活力……"2008年6月17日建阳市第十四届人大常委会第九次会议,市人大常委会主任马建东对常委会组成人员联系代表小组和代表工作提出了建议。

去年,建阳市第十四届人大常委会第一次会议审议通过了《关于进一步完善建阳市人大代表工作的意见》,强调落实好常委会组成人员联系代表小组制度和联系代表制度,要求常委会组成人员年终向常委会汇报一年来联系工作的情况,力所能及地为代表、选民解决生产、生活中遇到的困难和问题。

市人大常委会加强代表工作意见出台后,所有常委会组成人员积极响应,及时行动,深入代表小组,与所联系的代表"攀亲"。

2007年6月19日,市人大常委会主任马建东首先来到水吉镇走访该镇的市人大代表陈春旺、李大贤、邓年青和何文义。在邓年青向马建东反映群众对本市新型农村合作医疗试点工作的意见和要求后，马建东与随行人员走访了当地群众，认真听取群众对改进“新农合”工作的意见和建议。2007年7月市人大常委会组织开展了“新农合”工作情况调研，并召开了“新农合”试点工作情况座谈会。通过与农民、医疗机构、乡镇村、就治对象和医保部门广泛深入座谈，了解“新农合”试点工作存在的问题和人民群众对“新农合”工作的要求。市十四届人大常委会第五次会议听取和审议了市政府关于农村医疗保障情况的报告，作出了完善农村医疗保障工作的审议意见。今年市政府完善了“新农合”的有关政策，调低了乡镇卫生院住院的起付线，简化市外就医人员报销手续，对原政策九个方面内容进行了调整和改进，同时把乡镇卫生院医务人员的工资全额纳入市财政拨款，招聘充实乡镇卫生院医务人员，保证了“新农合”方便农民看病，受到了农民的拥护和支持。

在马建东的带动下，建阳市人大常委会其他组成人员纷纷开展了联系代表活动。2008年2月，市人大常委会副主任王国治了解到群众对本市农村客运存在沿途过路客车不能在被承包线路的公路沿线村庄接收旅客，票价不统一、服务态度差、垄断经营、欺行霸市等问题反映强烈。市人大常委会在组织人大代表深入调查了解的基础上，要求市政府采取有效措施整顿农村客运市场。今年又将市十四届人大二次会议上代表提出的“关于要求整顿农村客运市场”的建议案作为市人大常委会重点督办件。市政府对此高度重视，市委常委、常务副市长于2008年6月2日召开了由政府办、交通、公安、物价、安监等部门领导参加的农村客运市场整顿工作会议，制定了整治工作方案。

开展市人大常委会组成人员联系代表活动后，及时解决了代表和群众一些生产生活中的困难，拉近了代表与人大之间的距离，代表履职的积极性高涨。

“当人大代表，不仅仅是一种荣誉，更重要的是一种责任。我当选人大代表要架起选民与政府间的桥梁，倾听群众的呼声，积极为选民履好职，决不辜负选民的期望。”2007年12月6日童游街道水东社区的市人大代表江德铭说道。他当代表一年多的时间，先后深入到1500多位选民家中了解社情民意，向人代会提交议案、建议、批评和意见6件，使选区内的道路整修、设立垃圾中转站等6个老大难问题得到解决，为街坊邻居解决了不少困难。市人大代表建阳市青松化工有限公司副总经理陈尚和走访选民时，了解到社区内有些特困户及老年人活动缺少经费，于是在春节前给几位特困户送去慰问金500元，还捐助1000元给社区老年人开展活动。

监督在于创新　创新在于实效

——湖北省武穴市人大常委会监督工作亮点回眸

湖北省武穴市人大常委会办公室主任　夏松池
湖北省武穴市人大常委会法工委主任　张春友

武穴市第六届人大常委会自去年初选举产生以来，认真贯彻落实监督法，坚持继承与发展并重的工作思路，积极围绕人民群众关注的热点难点问题开展监督，不断探索增强监督实效的工作方法，使常委会各项监督亮点频出，促进了“一府两院”工作，维护了经济社会又好又快发展，发挥了人大常委会应有作用。

听百姓呼声，办利民实事

武穴市地处湖北东部，长江中游北岸，北部是山区，沿江是平原，逢灾之年北旱南涝十分严重，农村实行税费改革以后，由于上世纪50年代末和60年代初，修建的农田水利设施老化失修，有的地方人为损毁严重、加之地方财力有限，投入不足，使全市旱涝灾害加剧，严重制约了农业发展，农民增收。对此，社会各界反映强烈。在连续两年的人代会上，与会代表向大会提得最多的议案、建议就是农田水利建设问题。面对百姓的呼声，代表的建议。市人大常委会立即组织调查组深入基层开展调研，发现全市102座中小型水库有2/3存在不同程度病险隐患，灌溉渠系工程完好率不足50%，渠道漏水渗水严重，灌区灌溉面积只有原设计能力的2/3。为此，常委会结合调查情况和政府专项工作报告,形成审议意见,要求市政府把握国家水利投资政策,积极向上争取国家投资,另一方面督促市人民政府恢复设立中断了10多年的小农水资金。市政府认真落实常委会的审议意见,近两年,共向国家争取专项资金共计8780万元,全部用于农田水利基础设施建设,并从2006年开始恢复设立小农水资金100万,2007年、2008年将小农水资金分别增加到150万元、180万元。由于这笔资金采取的是"以奖化补","民办公助"的方式,极大地激发了全市兴建农田水利设施的积极性,自去年以来,全市小型农田水利建设开工261处,完工233处,累计完成土石方210万方,完成标工105.4万个,建成农村饮水安全工程14处,铺设各种管道83.2公里,全市掀起了农田水利基础建设的高潮,农业生产条件得到了较大改善,为农业增产、农民增收提供了保障。

"五保户"是一个特殊的弱势群体,他们的生活状况如今怎样?时刻牵挂着人大代表的心。在2008年的人代会上,基层代表带着广大群众的呼声,要求将农村五保户供养工作纳入常委会的监督计划。为了把这一专项工作审深审透,常委会在听取市政府专项工作报告之前,广泛深入到全市8个镇、25个行政村、6所福利院、3个五保集中居住点和50多个五保户家中进行调查,调查情况显示:我市农村五保老人生活状况令人堪忧,由于分散供养的对象每天只有2.19元生活标准,使他们过着"食难饱腹、住难防灾、穿难蔽身、病难医治"的穷困生活。在2008年6月份召开的第10次常委会会议上,常委会组成人员怀着真情实感,听取和审议市政府专项工作报告。常委会主要领导当场提出常委会机关要带头关注、关爱这个势弱群体。在主任们的公务费中,每人挤出2000元送给民政部门用于改善五保对象生活,常委会委员、广济药业董事长何谧同志当即表示,在其企业的福利费中拿出10%捐给五保对象。会议对我市五保供养情况报告形成审议意见,呼吁全社会重视、关心、支持农村五保供养工作,政府和各界加大投入,努力提高农村五保供养水平,创新管养方法,使我市五保老人过上幸福生活。市委书记、市人大常委会主任张社教对常委会调研报告作出批示,并要求印发市四大家领导参阅。市政府在会议一结束就召开专题会议落实常委会审议意见。决定将集中供养的标准由每年每人1200元提高到1600元,分散供养的标准由每年每人800元提高到1200元,并就五保户日常服务管理等工作进行了具体部署安排,体现了党和政府对这个特殊群体的重视和关爱。

为人民服务,由人民评判

对国家机关工作人员的监督是人大监督的着力点,也是实现人民当家作主最有效,最广泛的途径。新的形势下,采用什么方式进行监督是值得探讨的课题。换届以来,我们学习借鉴外地经验,结合我市实际,在全市开展评选表彰"优秀人民公仆"和"优秀人民法官、优秀人民检察官"活动,将全市政府系列局级单位一把手全部纳入优秀人民公仆评选范围。评选前召开动员大会,市委书记作动员讲话,常委会主要领导带领有关工作机构负责人深入全市14个代表组进行动员,并将所有局级单位工作情况印发代表。全市276名省、黄冈市、武穴市三级人大代表参加推选、测评和座谈。这次测评不同寻常。一是276名代表经过较长时间的深入联系选民,广泛收集意见,对每位公仆的情况均做到心中有数。二是投票时,常委会领导以一名普遍代表身份亲临乡镇代表组一同参加测评。投票时采用无记名方式,背靠背填写,互不干扰;三是当场密封选票。四是邀请部分人大代表、乡镇人大主席、市直各单位政工科长在市人大常委会机关会议室公开集中折封计票,并当场宣布计票结果。五是表格设计科学,既定性又定量,给予参评者充分发表意见的空间。在回收的测评表上,有指名道姓的批评,有事实俱在的例子,真刀真抢,直言不讳。主任会议根据代表推选、测评的结果,确定22名优秀人民公仆和4名优秀人民法官、3名优秀人民检察官的人选。常委会会议最后票决出10名优秀人民公仆、3名优秀人民法官、2名优秀人民检察官。会后,将评优的情况和结果,专题报告市委,并送市委组织部备案,函告黄冈市相关主管部门,将代表反映的具体事例和意见以内参形式送市委、市政府主要领导参阅。在今年召开的人代会上,对获得"三优"的对象公开进行表彰。通过评"三优"活动,位次靠后的单位坐不住了,位居中游的单位也被深深的触动了,市直机关呈现出争先进位、不甘落后的良好局面。今年我们将在去年的基础上,将评选的范围扩大到优秀行政执法单位和优秀公共服务单位以及"优秀人民警察"这个层面,并有序扩大广大群众的参与,科学运用好评选成果,不断扩大评优实效。

跳进矛盾漩涡,敞开大门接访

随着民主政治的推进,人大地位、权威的树立,人民群众对人大的期望值也越来越高，随之到人大反映涉法涉诉方面约信访问题也在急剧上升。面对这种新的形势和情况，我们不是被动应付，而是主动出击。把办理人民群众反映的涉法涉诉问题，作为监督"一府两院"工作的重要途径。经过长期酝酿，建立主任信访接待日接待涉法涉诉信访事项制度，从今年3月份开始，每月26日由主任会议组成人员轮流在市信访局带领法院、检察院、公安局、监察局、政府法制办、信访局等10多个部门主要负责人，共同接待人民群众的涉法涉诉信访。

对于为什么要开展这项工作，武穴市人大常委会党组书记、常务副主任吴昌发深有感触地说：我们开展主任信访接待日不是权宜之计，从某种意义上说，不是单纯的为了做息访息诉工作而接访，而是由市人大常委会牵头，整合监督资源，集人大的宏观监督，检察、监察机关和政府法制办的具体监督于一体的高层的监督，把对事和对人的监督结合起来的一种新的监督举措。其目的，是借助主任信访接待日这个平台，促进行政机关依法行政，司法机关公正司法，推进全市的民主与法治进程。

为了将每件信访事项落到实处，常委会制订了《武穴市人大常委会受理人民群众涉法涉诉信访事项的规程》，对交办环节、办理环节，回复环节、督办环节都作出了详细的规定。我们还主办了《人大信访办理情况通报》简报，每月通报主任信访接待日受理信访情况、回复情况、以及落实情况，对未按规定办理的信访事项及时予以通报，激发了各承办单位的工作责任感。最近我们又召开主任会议对3月26日以来受理的信访事项办理情况全面听取汇报、总结成绩、分析问题及原因，并提出下一步工作的具体要求。

通过市人大常委会的宏观监督，检察、监察、政府法制办的具体监督到启动承办单位的内部监督程序这个链条，使对每件信访事项的监督从抽象化到具体化，保证了件件有着落，事事有回音。

武穴市人大常委会主任信访接待日制度经过10个月的运行，共接待涉法涉诉信访事项115件193人次，其中当场解释的27件。交办的88件中已到期的79件，全部按要求报告了办理结果。据统计，共执结案件36件，执行回案款10万余元，对12件超审限的案件迅速下达了判决书，2件案件提请上级检察机关抗诉，侦破刑事案件4起，上网追逃2人，撤销土地二轮延包证1个，调解结案24件。

近期，武穴市人大常委会还要组织各成员单位负责人、部分人大代表和法律顾问对交办信访事项进行公开听证、公开评议，把这项工作纳入评优的重要内容。对执法过错者，将责成相关单位按错案责任追究制度追究责任，必要时常委会将采取刚性监督手段，撤销其法律职务。

滕州市人民代表大会常务委员会工作报告

——2009年1月4日在滕州市第十六届人民代表大会第二次会议上

山东省滕州市人大常委会主任　刘全君

各位代表：

我代表市十六届人民代表大会常务委员会，向大会报告2008年的工作和今年的主要任务，请予审议。

二〇〇八年工作回顾

2008年，是全面贯彻落实党的十七大精神的第一年，也是新一届人大常委会的开局之年。换届后，常委会确立了"坚持党的领导，服从服务大局，监督支持一体，为民代言办事"的工作思路，紧紧围绕党委重要决策、政府着力推进、人民群众普遍关心的事项，突出监督工作、代表工作、自身建设三个重点，认真履行宪法和法律赋予的各项职责。一年来，共召开14次主任会议、8次常委会会议，听取审议市政府、法院、检察院8部法律实施和20项工作情况的汇报，依法作出13项决议、决定和审议意见，组织开展12次视察调研活动，依法任命地方国家机关工作人员99名，免职52名，较好地发挥了地方权力机关的职能作用。

一、监督工作突出重点，在推动发展、关注民生上实现新作为

监督为了支持,支持需要监督,寓监督于支持之中,是人大履行监督时必须坚持的工作方法。常委会抓住关键,突出重点,依法对经济发展、民生问题、稳定工作实施监督,努力增强监督实效。

(一)围绕重大事项,关注科学发展问题

突出对计划、财政执行情况的监督。严格按照法律规定,加强对计划和财政预算的审查监督。常委会先后听取审议了市政府关于2007年财政预算执行与2008年财政预算安排情况、关于审计法和审计2007年财政预算执行情况、关于全市上半年计划和财政预算执行情况等工作的汇报,充分肯定了市政府认真贯彻执行国家宏观调控政策、努力培植壮大财源、依法加强收入征管、不断加大财政预算执行审计和延伸审计的做法,就进一步加强计划和财政预算执行、优化财政结构、扩大民生支出、加大财政监督,向市政府提出了一些富有建设性的意见和建议,促进了我市财税工作的健康发展。常委会第八次会议,专门听取审议市政府关于2008年财政预算调整情况的报告,审查并批准了这一报告。10月,常委会听取审议了市政府关于实施政府采购法情况的汇报,在肯定工作成绩的同时,针对存在的问题,提出了审议意见。

突出对新农村建设的监督。建设社会主义新农村是全党的重要任务,根本是增加农民收入、增强村级实力。常委会高度重视"三农"问题,不断加大监督力度。听取审议了市政府关于新农村建设及农业农村工作的汇报,提出了培养典型、抓好示范、帮助经济薄弱村转化的建议。同时,常委会组织6个组,深入到各镇街开展视察活动,形成了《关于全市新农村建设及农业农村工作视察的情况与建议》和《关于推进我市特色专业村发展的调查与建议》。上报市委后,市委主要领导同志作了重要批示。市政府积极采纳和认真落实人大建议,及时调整沼气建设奖励兑现政策,加快土地流转有形市场建设,出台了《关于发展特色专业村、壮大村级经济的实施意见》,并确定对特色专业村予以重奖,对经济薄弱村实行帮包转化,有效推进了新农村建设步伐。

突出对环境保护和节能减排工作的监督。环境保护是国策,节能减排是重点。常委会听取审议了市政府关于开展环境保护、节能减排工作情况的汇报,提出了针对性较强的意见建议。为掌握真实情况,促进建议落实,6月,又组织专题视察组,深入部分重点企业,详细调研节能降耗和治污排放情况。在充分肯定市政府工作措施和成绩的同时,要求进一步强化领导、抓好重点企业节能减排、加强执法和目标考核。市政府成立环境监控中心,对重点工业污染源实行在线监控;关闭了22条单线10万吨以下立窑水泥生产线,取缔一批粘土砖窑生产,使重点耗能企业产品单耗显著下降;立案查处违法项目,有力促进了环境保护和节能减排工作。

突出对经济发展措施落实的监督。常委会以促进经济发展为己任,始终关注招商引资、项目建设、经济环境治理等工作,多次组织视察调研活动。先后听取审议了市政府关于招商引资、民营经济、重点项目、经济开发区建设工作情况汇报。关注经济发展环境建设问题,组织代表对市政府行政执法部门进行工作评议。面对企业用电紧张形势,开展对供电工作的专项视察,帮助企业解决用电困难。积极参与招商引资和企业帮包工作,引进二、三产业项目3个,总投资近5亿元,超额完成了市委、市政府下达给人大机关的招商引资任务。下半年,出现国际金融危机后,常委会态度明确,积极行动,专门召开主任会议,认真落实市委常委(扩大)会议和全市经济工作会议精神,加大对市政府应对措施的监督力度,听取审议市政府应对当前国际金融危机、保持我市经济平稳较快发展情况的汇报。常委会组成人员在市委召开的经济工作座谈会上提出的意见建议,得到了市委主要领导同志的肯定、重视和采纳。视察调研金融工作,要求金融部门认真执行国家适度宽松的货币政策,扩大信贷投放,改进金融服务,支持好企业发展。

突出对城市规划、建设和管理的监督。2008年,是实施城乡规划法的第一年,也是我市城市建设投资最大、旧城改造力度最大、建设规模最大的一年。常委会围绕人民群众普遍关心的热点问题,就实施城乡规划法和城市建设与管理工作,进行了多次审议和视察,把市十六届人大一次会议上代表提出的加强城市建设与管理的近40条建议,作为监督落实的重点,进行跟踪督办。市政府加大对背街小巷的升级治理,积极实施城中村改造,强化城市执法,提高管理水平。常委会围绕创建省级文明城市,提出了加强设施建设、提高市民素质、倡导城市文明的建议,推动了文明城市的成功创建。加强对湿地保护和景区开发、文化旅游工作的监督,积极督促市政府搞好规划、加大投入、科学管理、扩大宣传。

(二)围绕民生工作,关注社会热点问题

强化对食品药品管理工作的监督。食品药品关系千家万户，直接影响着广大群众的身体健康和生命安全。常委会在深入调研的基础上，4月份听取审议了市政府关于实施食品卫生法、药品管理情况的汇报，提出了加强食品药品管理的意见建议。市政府及有关部门对全市餐饮单位依法进行规范，实行卫生监督公示制度，开展奶粉市场拉网式检查。严格药品、药械检查制度，全年出动2600余人次，检查涉药涉械单位1560余家，办理案件321件，查处不合格药品71批次，涉案金额18万元，保证了全市人民用药安全。

强化对水源地保护工作的监督。为继续落实好上一届常委会作出的《关于进一步加强荆泉水源地保护的决议》。新一届人大常委会不断加大对水源地保护工作的监督。年初，在听取审议市政府关于水源地保护工作情况汇报后，又组织各级人大代表30多人，到荆泉、羊庄两个水源地进行视察调研，提出了加强水源地保护的具体意见和建议。市政府采取得力措施，认真落实人大建议。组织执法人员依法查处水事违法案件，清理取缔、迁出一批废旧塑料收购加工点；加大资金投入，进行荆河支流水系调整和水质检测站建设。目前，两个水源地的保护工作已引起市政府的高度重视，但由于任务艰巨、工作量大，一个阶段内还需进一步加大投入，继续推进。常委会将继续关注和监督水源地保护工作。

强化对困难群众救助工作的监督。4月，常委会第三次会议听取审议了市政府关于农村低保工作情况的汇报，要求加大农村低保投入、提高低保标准。去年，市政府发放农村低保金2196万元，比上年增长63.7%。21个镇街全部建起了标准较高的中心敬老院。实施爱心助残、朝阳助学、夕阳扶老、情暖万家等慈善救助工程，发放救助金600余万元，比上年增长21%，受益群众4万余人。常委会机关、人大代表积极参与慈善一日捐、为四川地震灾区捐款捐物等活动，奉献一片爱心。

强化对人口和计生工作的监督。人口和计划生育工作是一项功在千秋、利在当今的工作，控制出生人口性别比是计生工作的重点。常委会7月份组织了对全市控制出生人口性别比工作的专项视察，提出了创新宣传方式、加大奖励力度、打击违法行为的建议。市政府组织有关部门，编排戏曲作品巡回演出，大力开展关爱女孩活动，完善女孩家庭奖励扶助政策，对困难家庭进行特殊救助，严肃查处破坏出生人口性别比平衡的违法案件，使综合治理出生人口性别比工作取得了明显成效。

（三）围绕社会稳定，关注平安建设问题

“平安滕州”建设是市委确立的维护社会稳定、建设和谐社会的一项重大决策，直接关系到我市改革发展稳定的大局和人民群众的切身利益。常委会先后组织了对全市“平安滕州”建设的审议、视察和调研活动，客观地指出了存在的问题和不足，建议在“严打”、“防控”、“疏导”上下功夫。市政府及职能部门开展打击“两抢一盗”、打击盗窃“三车”、打黑除恶等专项斗争，健全完善电子防控城、治安查报站等科技防范体系。抓基层，打基础，狠抓矛盾纠纷排查调处，及时做好群体性、突发性事件的化解处置工作，确保了全市社会、尤其是奥运会期间的安全稳定。8月，常委会听取审议了市政府关于安全生产法实施情况的汇报，提出了加大宣传教育力度、完善应急预警机制、加强安全生产监管、配齐配强执法队伍的建议。

常委会积极推进依法治市进程，听取审议了市政府“五五”普法“四五”依法治市情况的汇报，就普法的方式方法、工作效果、经费落实提出了意见建议。为保证法律法规的正确实施，先后听取审议了劳动合同法、公务员法等法律实施情况的报告。配合枣庄市人大开展了未成年人保护法、法官法、检察官法等执法检查活动。常委会聘任6名法律咨询员，为依法行使职权提供法律服务。

信访工作是人大密切联系人民群众的重要渠道。常委会坚持领导接访和批阅群众来信制度，通过督促办理信访案件，化解社会矛盾，维护了群众利益。一年来，受理人民群众来信203件，直接参与市委、市政府信访部门接访286起、417人次。

二、代表工作注重实效，在促进履职、发挥作用上又有新突破

人大工作的主体是代表，人大工作的开展靠代表、水平看代表、潜力在代表。常委会积极搭建代表履职平台，支持代表依法履职，认真办理代表议案、建议、批评和意见，代表作用进一步发挥。

一是着力办好代表议案、建议。市十六届人大一次会议代表提出的《关于加强“村村通”硬化道路完善、修复和管理的议案》，常委会高度重视，多次研究议案落实措施。4、5、6三个月，先后采取听取审议市政府专项工作报告、召开代表座谈会、到道路施工现场视察调研等方式，不断加大对议案办理的督促力度。市政府认真落实人大建议，加大资金投入,在316万元预算资金的基础上,按照常委会审议和视察意见的要求,又追加资金200万元,用于“村村通”道路修复、管理和减免村级养护负担。市政府积极实施农村公路管理养护体制改革,成立了正科级事业编制的农村公路管理处,负责监督指导日常养护工作。全市配备养护专管员148人,养护员985人,配齐养护机具,实现了“村村通”道路养护工作的日常化巡查和专业化管养。12月,常委会第七次会议又听取审议了市政府关于议案办理情况的报告,认为议案得到了较好落实。要求市政府建立农村公路养护长效机制,继续抓好议案落实办理。常委会从提高代表建议办理实效出发,围绕规范办理程序,落实办理措施,提高办理质量,形成了办理、监督、激励环环相扣的工作机制。对市十六届人大一次会议代表提出的103件建议、批评和意见,分类整理,集中交办,限期办理。对12个承办建议较多的市直部门进行检查、催办,保证了代表建议办理工作落到实处。

二是着力增强闭会期间代表活动实效。常委会根据新一届人大代表的构成和分布情况,重新编排代表小组和代表联络组,确定了代表小组召集人和代表联络组联络员。8月,枣庄市人大在我市召开代表小组建设暨“双联”工作现场会。11月,常委会又专门召开全市代表小组建设现场会。通过典型示范,以点带面,稳步推进,进一步规范代表小组建设,丰富了代表小组活动。常委会利用多种途径,努力打造代表履职平台。吸收部分人大代表列席常委会会议,参与视察、调研等活动,切实发挥代表在闭会期间的作用。坚持一年两次审议政府工作报告制度。市政府将上半年重点工作完成情况形成书面报告,以代表组为单位组织审议,让代表在了解政府工作的同时,监督政府工作,支持政府工作,宣传政府工作。进一步完善“双联”活动机制。常委会组成人员深入各镇街、市人大代表深入各选区,征求代表和选民对全市各方面工作的意见建议60条,全部转交市政府及相关部门落实办理。

三是着力为代表履行职务提供良好服务。市镇人大通过举办法律知识培训班,组织代表集中学习宪法、代表法、地方组织法、监督法、人民代表大会制度等知识,不断提高代表素质,努力提升履职水平。为代表订阅《人民权利报》、《山东人大工作》等报刊,及时发放《滕州人大工作》、《滕州市人大常委会公报》等文件资料,让代表知情知政,依法行使职权。

三、自身建设不断加强,在转变作风、提升水平上取得新成效

换届后,常委会从实际出发,提出要认真履行法定职责,必须努力提高推进社会主义民主法制建设的能力,实现党委意图和主张的能力,依法搞好法律监督、工作监督的能力,使人大及其常委会的工作体现时代性、把握规律性、富有创造性。

一是宣传工作讲求实效,多出精品。按照上级人大要求,常委会高度重视宣传工作,把宣传人大制度、宣传人大代表、宣传滕州经济社会发展,贯穿于人大宣传工作的全过程。一年来,在市级以上报刊发表新闻作品660篇。其中:国家级118篇,省级259篇。在山东新闻奖评选中,我市作品《滕州人大实行开放式面对面监督》荣获二等奖;在山东省“宣传人民代表大会制度好新闻”评选中,我市有3篇作品分别荣获一等奖和三等奖,其获奖等次和数量均居全省县级第一名,被评为全省、全国人大宣传工作先进单位。6月,枣庄市人大在我市召开宣传工作会议,全面推广滕州经验。紧紧瞄准国家级、省级重要报刊,实施精品战略,突出工作重点,讲求新闻特色,在《人民权利报》头版头条发表的《亮点,在创新中闪烁——滕州市新一届人大常委会改革创新人大工作纪实》等文章,在省内外引起很好反响,十几个省、市、县人大来我市考察学习。市“一报两台”和滕州党政信息网在正常宣传人大工作的同时,开辟《人大代表风采》、《人大制度宣传》等栏目,拓宽了人大工作和民主法制建设的宣传领域。

二是机关建设求真务实、团结和谐。加强学习培训,建立学习日制度,举办法制讲座,组织机关干部集中学习,进一步提高了机关人员的政治业务素质,工作相互支持,生活相互关爱,形成了工作效率明显提高、机关作风明显转变的良好局面。加强制度建设,对常委会主任、副主任活动规则和主任会议、党组会议议事规则进行重新修订,对会议考勤、机关学习等10项规章制度进行完善。换届后,对委室负责人进行调整和重新任命,成立民族侨务外事工作委员会,健全机关党总支班子。各委室工作积极主动,每次常委会审议前,都组织搞好前期调查研究,为常委会组成人员依法履行职责提供依据,提高了常委会工作质量。常委会加强与全国、省、枣庄市人大的联系,配合全国人大代表专题调研组,对资源型城市转型工作进行调研;配合省人大开展立法调研等活动12次;配合枣庄市人大开展工作视察、检查等活动15次。常委会建立主任、副主任、委员联系镇街人大工作制度;坚持邀请镇街人大负责人列席会议;采取多种形式向镇街人大通报工作情况,征求工作意见;开展视察调研活动,注重吸收镇街人大参加,共同推动人大工作开展。常委会通过组织人员外出参加研讨会、培训班、接待外地人大来我市考察等形式,加强与外地人大的交流。

各位代表,过去的一年,市人大常委会发挥了应有的作用,取得了一定成绩。这是市委坚强领导的结果,是全市各级人大代表积极努力的结果,是镇街党委、人大大力支持的结果,是"一府两院"密切配合的结果。在此,我代表市人大常委会表示衷心的感谢!

在肯定成绩的同时,常委会工作还存在一些薄弱环节和不足。主要是:监督工作如何加大刚性力度,增强实效,有待探索和改进;代表履职能力有待提高;调查研究还不够深入;自身建设有待进一步加强。我们要高度重视这些问题,在今后的工作中认真加以解决。

二○○九年工作任务

2009年,是深入落实科学发展观、全力推进和谐社会建设的重要一年,也是积极应对经济形势变化,保增长、促发展的关键一年。新的一年里,常委会要紧紧依靠市委的坚强领导,用科学发展观统领人大工作,认真落实党的十七届三中全会和市委经济工作会议精神,坚持党的领导、人民当家作主和依法治国的有机统一,牢记使命,增强责任,围绕中心,服务大局,依法行使职权,奋力拼搏有为,使人大工作更加体现党的主张,更加符合客观实际,更加代表广大人民群众的根本利益,为促进全市经济社会又好又快发展,做出积极的贡献。常委会将重点做好以下五个方面的工作:

一、坚持党的领导,把重点放在贯彻市委意图和服务中心工作上

人大工作是党的工作的重要组成部分,坚持和依靠党的领导,是做好人大工作的政治保证。要把坚持党的领导作为做好人大工作的根本,把握住人大工作的正确方向,自觉接受市委领导。特别是在当前确保全市经济平稳较快发展的关键时期,更要围绕市委工作思路和重大部署,安排人大工作;在行使各项职权中,必须服从服务全市发展大局,结合人大自身特点,选准工作的切入点和结合点,通过法定程序,保证党的主张和人民意愿的实现,使人大各项工作与党委中心工作合拍。重大活动和重要会议要及时向市委请示报告,征得党委的支持。努力完成市委安排的招商引资和企业帮包任务。

二、加强监督工作,把重点放在关系发展大局和维护群众利益的重大问题上

监督权是宪法和法律赋予人大的重要职权,加强监督是人大的一项重要工作。面对国内外经济形势发生的深刻复杂变化,人大要有新作为,做出新贡献。通过对促进农民稳定增收、农村土地流转、特色专业村发展和农民专业合作社法实施情况的审议、视察,推动社会主义新农村建设;通过对计划、财政、审计和国际金融危机应对措施的监督,推动市委经济工作会议精神的落实;通过对环境保护、教育发展、计划生育等工作的审议视察,推动民生问题的解决和社会各项事业的发展;通过对普法依法治理、道路交通安全法的检查视察,推动"平安滕州"建设。

三、创新代表工作,把重点放在建立工作机制和增强活动实效上

人大代表是地方国家权力机关的组成人员,代表人民行使管理地方国家事务的权力。常委会将继续深化"双联"活动,组织代表开展一年两次审议政府工作报告、工作视察、执法检查、调查研究等活动,充分发挥代表在闭会期间的作用。创新代表建议督办工作,开展优秀人大代表建议、办理代表建议先进单位和先进个人评选活动。组织企业界代表围绕国际金融危机进行座谈调研,分析形势,坚定信心,破解难题,化危机为良机,确保企业效益稳定增长。

四、拓展宣传工作,把重点放在扩大社会宣传和提升宣传质量上

人大宣传不仅是对国家权力机关的宣传,而且是对公民进行社会主义民主和法制教育的社会系统工程。要全方位、多渠道对民主法制、人大工作、人大代表进行宣传,积极构建全市人大"大宣传"格局。要坚持不断创新,注重宣传实效,用力打造精品,提升宣传质量,继续保持我市在全省、全国的领先位置,扩大滕州及滕州人大工作的知名度和影响力。同时,对市镇人大开展的各项活动,进行全面、深入、系列报道,深化全社会对人大制度和人大工作的认识,推进社会主义民主法制建设进程。号召全体代表在经济社会发展中，带领群众，积极践行"兼爱包容、诚实守信、开放创新、敢为人先"的新时期"滕州精神"，为滕州发展建功立业。常委会将组织开展"践行滕州精神优秀人大代表"评选活动。

五、完善自身建设，把重点放在提高履职能力和依法办事水平上

人大及其常委会要正确行使人民赋予的权力，富有成效地开展工作，必须强化机关自身建设，讲求工作方式方法，切实提高人大工作效能。要以抓好常委会各项组织制度和工作制度实施为重点，进一步理顺关系、明确职责、规范程序，不断促进常委会各项工作的规范化、制度化。要大力加强常委会机关思想、组织和作风建设，重视政治理论和法律业务知识学习，切实做到言不离党、行不离法、心不离民，为人大代表和常委会组成人员依法履职提供更好地服务。要进一步解放思想，更新观念，拓宽思路，创新方式，切实增强工作的针对性和实效性，推动人大工作不断创新发展。要围绕支持"一府两院"工作，围绕广大人民群众的愿望要求，围绕人大工作的开展，深入实际，深入基层，调查研究，切实增强监督工作实效。要重视加强人大老干部工作，注意发挥老干部在人大工作和人大机关建设中的作用，让老干部老有所为、幸福安康。

各位代表，新的任务已经确定，新的目标催人奋进。神圣的使命在召唤着我们，全市人民在期待着我们。让我们在市委的坚强领导下，坚决落实"不动摇、不懈怠、不折腾"的要求，依靠全体代表，团结百万人民，以更加饱满的政治热情，更加昂扬的革命斗志，坚定信心，开拓进取，同心同德，扎实工作，为加快建设繁荣昌盛、文明富裕、安定和谐的幸福滕州，做出新的更大的贡献！

围绕大局谋发展　关注民生谱和谐

————达州市人大常委会2008工作回顾

四川省达州市人大常委会　陈绪科　孙济民　段昌林

2008年，达州市人大常委会坚持以邓小平理论和"三个代表"重要思想为指导，全面落实科学发展观，认真学习贯彻党的十七大和十七届三中全会精神，按照省委和市委总体工作部署，依法行使宪法和法律赋予的各项职权，圆满完成了市二届人大五次会议确定的各项任务，为加强民主法治建设，推进达州加快发展、科学发展、又好又快发展做出了积极的贡献。

大力促进经济持续较快发展

听取经济工作专项报告。一年来，围绕经济工作重点，常委会听取和审议了经济运行、财政支农投入、房地产管理、城乡规划等13项经济工作专项报告，并将审议意见交市政府及相关部门研究办理。针对经济运行中存在的问题，常委会加强对经济运行过程的监督，多次听取市政府相关部门关于经济运行情况的报告，要求市政府充分运用国家宏观调控政策和密切关注物价走势，强力推进工业提速增效和项目建设，不断拓展消费市场，确保全市经济持续快速增长。为保持房地产业的健康有序发展，常委会组成人员对全市房地产开发用地、权属登记和交易等情况进行了专题调研，并听取和审议了市政府关于房地产管理法贯彻执行情况的报告。在此基础上还组织开展了城乡规划法执法检查，促进城乡经济社会协调发展。

加强计划和财政预算审查监督。为确保国民经济和社会发展计划的顺利实施，常委会听取和审议了上半年全市国民经济和社会发展计划、"十一五"规划《纲要》中期评估报告，作出了《关于批准达州市"十一五"规划纲要中期评估报告及部分目标调整方案的决议》。为强化预算监督，更好地发挥公共财政的职能作用，常委会听取和审议了预算执行情况及其它财政收支审计工作报告，作出了《关于批准达州市2007年市级财政决算的决议》，批准了2008年财政预算的部分调整。特别是加强了对市级预算的监督，建立了部门预算上人代会和预算审查监督联络员制度，成立了市级预算审查监督咨询组，提前介入预算编制工作。常委会在对市委政法委等10个部门的预算草案进行初审后，指出了存在的问题，对部门预算草案的编制提出了明确要求，进一步规范了市级部门预算工作。

视察调研重点工程。去年7月，常委会组成人员深入达州钢铁集团二甲醚、达州电厂230万千瓦火电和城市基础设施建设等重点工程建设地调研，要求市政府及相关部门大力推进发展方式的转变，积极开展自主创新，继续调整产业结构，不断提升企业综合竞争力，解决好相关要素对重点项目的制约问题，在抓好现有重点项目的同时力争再上一批新的重点项目，并切实抓好项目储备工作。去年下半年，常委会两次组织省、市人大代表专题调研天然气资源开发和市天然气能源化工产业园区建设情况。省、市人大代表对存在的问题给予了高度关注，建议加快天然气资源转化进度，进一步完善天然气能源化工基地配套基础设施，坚决杜绝高污染项目进驻园区，积极引进高科技、高附加值的项目，切实解决好失地农民的安置问题，加快园区工业经济发展。

促进农村经济发展。常委会始终把支持农村改革发展作为工作的重点，组织常委会组成人员先后到开江、宣汉、大竹等县对财政支农资金投入情况开展了专题调研，针对存在的突出问题，要求加大支农投入，加强支农资金监管，努力改善农业生产条件，积极推动农村经济发展。为确保农产品质量，增加农民收入，常委会重点听取和审议了市政府贯彻实施农产品质量安全法情况的报告，并作出了审议意见，要求加强农产品监测监管，逐步推行农业标准化生产，确保农产品质量安全。为推动农民专合组织发展，常委会组成人员先后深入到万源、达县、开江和渠县的部分乡镇了解农民专合组织发展情况，并配合省人大农业与农村委员会开展了视察调研，建议进一步完善利益联结机制，加大扶持力度，加快产业培育，营造农民专合组织良好的发展环境，增强发展活力。

保护好生态环境。为切实改善达州生态环境，常委会连续8年开展了达州环保世纪行活动，通过舆论监督，曝光了污染比较严重的单位或企业，并督促市政府相关部门对违法典型进行了立案查处。为有效保护州河，常委会视察了《达州市人大常委会关于保护州河的决定》的贯彻落实情况，指出农村面源污染对州河流域影响较大等问题，要求市政府及相关部门切实加以解决，实现经济与生态环境协调发展。市政府对此采取了积极有效的措施，大力植树造林，加强沿河城镇水污染治理及垃圾处理，使州河保护工作取得了新的成效。

扎实推动社会事业全面进步

推动劳动就业和社会保障工作。达州市人大常委会执法检查组先后深入宣汉县、通川区和部分市属用人单位，检查全市贯彻执行劳动合同法的情况，针对发现的问题，要求市政府进一步提高全社会的劳动合同意识，加强劳动执法监察，规范用人单位用工行为，并跟踪监督整改落实情况，有效保护了劳动者的合法权益，推动了和谐劳动关系的建立。常委会还十分关注养老、医疗、生育、工伤和失业等社会保险基金收支及统筹管理的情况，通过听取相关部门的工作汇报，开展专项视察调研，有针对性地提出意见和建议，促进了社会保障事业的不断发展。

推动教育文化卫生事业发展。去年5月，常委会组成人员和市人大代表深入到万源、宣汉的11所山区农村义务教育学校实地调查后，向市委提交了专题报告，建议优化配置教育资源，增加教育经费投入，加快农村教师队伍建设，保障农村义务教育的质量，得到了市委充分肯定。常委会组成人员还先后专题听取了全市文化发展情况报告，促使市政府采取有力措施规范文化市场经营秩序，加快文化阵地和执法队伍建设，确保全市文化事业健康有序发展。常委会期跟踪检查全市新型农村合作医疗制度试点和城市社区卫生服务体系建设以及职业病防治情况，着力解决城乡居民看病难、看病贵问题，切实保障人民群众身体健康。

同时，常委会还听取审议了市人民政府贯彻实施计划生育法专项报告，对民族宗教事务、社区建设、群众性体育设施建设等工作开展了视察调研，并对各项工作提出了合理的建议。

切实加强民主法治建设

加强法制宣传教育。常委会充分利用网络宣传平台，改版升级了达州人大网，开辟了决议决定、选举任免、监督纵横、法律文献等专栏，方便群众了解我市民主法治进程和查阅相关法律资料。同时，通过编发《达州人大》、《达州人大信息》、常委会公报，并组织新闻媒体广泛宣传人民代表大会制度、法律法规知识和人大工作，取得了较好的社会效果。

推动依法行政和公正司法。常委会强化建设“法治政府”工作监督，按照监督法和《达州市人民代表大会常务委员会规范性文件备案审查办法》的相关规定，按程序依法对市人民政府的《达州市征地拆迁补偿办法》、《达州市住房公积金提取管理实施细则》等4件规范性文件进行了备案审查，维

护了法制统一，促进了政府依法行政。为严厉惩治职务犯罪，常委会组成人员深入到通川区、达县和市级检察机关就惩治和预防职务犯罪情况进行了视察，听取和审议了市检察院的专项工作报告，充分肯定全市检察机关紧紧围绕我市改革发展稳定大局，认真贯彻落实“教育、制度、监督”并重的预防职务犯罪和惩治腐败的方针，扎实有效地开展个案预防、专项预防、系统预防等工作，在遏制和减少职务犯罪，促进党风廉政建设等方面发挥了积极作用。针对存在的问题，建议继续深入开展反腐败斗争、提高查办职务犯罪案件的质量，切实维护司法公正。

促进社会稳定。一是进一步加大了信访工作力度。一年来，按照“分别受理，综合分析，统一交办，定期反馈，严格督查”的办理原则，共受理群众来信524件，接待来访421批619人次，为及时化解社会矛盾，维护人民群众的合法权益和社会稳定，作出了积极努力。如万源市花楼乡村民谭某某财产损害赔偿一案，常委会十分重视，督促市中级人民法院依法判决，维护了受害人的合法权益。二是视察和调研治安管理处罚法实施情况，要求进一步提高民警队伍的法律素质和执法办案水平。三是协助省人大内司委开展监狱法执法检查，对各监狱今后如何依法治监、保障罪犯合法权益、维护监管安全、稳步提高罪犯教育改造质量，提出了意见和建议。

积极开展抗震救灾工作

汶川地震发生后，常委会视人民利益高于一切，迅速作出反应，紧急召开主任会议，向各县（市、区）人大常委会发出紧急通知，号召立即行动起来，在党委领导下，充分履行职能，坚持轻灾支持重灾的原则，积极为全市抗震救灾和加快发展多做贡献。按照达州市委统一安排，常委会领导带领市级有关部门负责同志到广元市青川县、绵阳市平武县，慰问灾区人民和达州抗震救灾人员，并看望了在达州接受治疗的地震灾区受伤群众和奔赴一线抗震救灾的部分官兵家属代表。市、县两级人大常委会动员省、市人大代表向灾区人民献爱心，大力支持抗震救灾，全市各级人大代表向灾区捐款及捐物折资逾100万元。同时，市人大常委会机关干部职工也踊跃向灾区献血，并积极捐款和交纳“特殊党费”，共计10万余元。

常委会高度重视灾后学校安全和群众生产生活问题。及时组织省、市人大代表就达州边远山区学校的校舍安全进行现场调研，指出了学校安全工作存在的问题，同时向省人大常委会建议对学校安全工作进行立法，并在资金投入上对革命老区、贫困山区予以倾斜，切实保障中小学生的生命安全。为稳定灾后物价，常委会组织了3个执法检查组，先后深入7个县（市、区）和部分医院、农贸市场、企业，重点对农业生产资料价格、中小学收费、药品医疗服务价格、电信资费、公益性服务收费进行了检查，指出了全市价格管理中存在的主要问题，督促市政府及相关部门强化价格监管，有效地平抑了物价，维护了灾后正常的生产生活秩序。

努力做好人事代表工作

依法组织选举任免和履职考核。市人大常委会根据省、市委要求，及时筹备召开了市二届人大六次会议，选举了达州市人民政府市长。按照相关规定，依法任免了国家机关工作人员15人（次），终止或确认了部分市二届人大代表资格。为进一步加强对被任命干部的监督，常委会在报请市委同意后，于去年12月，对市发改委、市经委、市公安局等11个市政府组成部门的主要负责人开展了履职考核，促使市政府组成部门主要负责人牢固树立科学发展观，真正做到权为民用、情为民系、利为民谋。搞好代表服务工作。一是抓好代表学习和情况通报工作。坚持及时向代表寄送“一报三刊”及有关学习资料，向代表通报常委会的重大活动和重要工作情况。二是组织代表集中培训。去年，除安排代表参加省上的培训外，还举办了第三期市人大代表培训会，邀请了有关专家就进一步坚持和完善人民代表大会制度以及人大会议期间如何行使职权、闭会期间如何开展活动作专题辅导。三是加强代表闭会期间活动，不断拓展代表知情知政的途径。四是深入开展组成人员联系代表活动。五是及时划拨省、市人大代表的活动经费，为代表执行职务提供保障。

认真办理代表议案和建议。达州市二届人大五次会议主席团交付常委会审议的议案共3件，经主任会议研究对这3件议案分别提出了办理意见，对“关于加强饮水资源管理，确保城市饮水安全”和“高度重视罗江库区水资源保护，确保达城未来180万人饮水安全”2件议案的办理，市政府高度重视，编制了《达州市饮用水水源地环境保护规划》，制定和完善了饮用水源突发事件应急预案，取缔了饮用水源保护区内的一些排污口，进一步加强了罗江库区水源保护工作，确保达城人民饮水安全。关于“请求市人大常委会督促市人民政府建立完善失地农民安置、补偿、保障实施办法”的议案，市政府专题研究，制定了《达州市征地拆迁补偿安置办法》，已于去年7月1日正式实施，同时，配套的《达州市被征地农民社会保障实施办法》已广泛征求社会各界意见，即将颁布实施。为提高代表建议、批评和意见办理实效，常委会主任会议确定了“关于维护农民工合法权益的建议”等5件建议为重点督办件，多次召开督办会，制定督办计划和措施，及时了解办理进度，研究解决办理过程中的问题，有力地推动了办理工作。市二届人大五次会议以来收到的91件建议、批评和意见已办理完毕，代表满意和基本满意率达98%。对代表不满意的3件建议，要求重办至满意为止。

不断强化自身建设

坚持抓好理论学习。常委会始终把学习放在重要位置，采取中心组学习、组成人员和县市（区）人大主任集中学习、外出考察学习及专家辅导等方式，不断强化组成人员和机关干部职工的自身素质。在中心组学习活动中，常委会党组确定了八大专题，深入学习中央、省委和市委的重大会议精神，常委会组成人员和工作机构主要负责人都联系实际作了专题发言，收到了明显效果。通过深入学习，为确立新思路、树立新形象、争取新作为、开创新局面，奠定了坚实的思想基础。

切实加强制度建设。按照监督法的规定，常委会认真总结实践经验，借鉴外地好的作法，制定了《达州市人民代表大会常务委员会市级预算审查监督办法》、《达州市人民代表大会常务委员会听取和审议专项工作报告暂行办法》。常委会机关也制定了《关于深入学习实践科学发展观争创全省一流人大工作的意见》，修改完善了首问责任制、责任追究制、限时办结制和考勤考核制等各项工作制度。

深入开展调查研究。一年里，常委会组成人员先后36次到城镇、农村、企业、社区、学校倾听基层和群众意见呼声，了解和认真研究经济社会发展中存在的问题，向市委提出了《关于社区建设工作情况的调查报告》等6篇有价值的调研报告。常委会还对国有资产管理法、国家赔偿法、民办教育促进法和防震减灾法等7件法律法规开展了立法调研，向省人大常委会提出了修改意见。

武夷山：旁听带来效应

福建省武夷山市人大常委会　卢颐星

今年4月10日，原告福建省顺昌文华生物研究所、武夷山文华茶叶科技研发中心与被告中国人民银行武夷山支行、第三人武夷山市农村信用合作联社金融行政许可、行政赔偿一案在武夷山市人民法院6号法庭公开开庭审理。原告认为被告故意违反行政许可法第74条第2款有关规定，对其将武夷山市农村信用合作联社临时户改为基本户的申请不予行政许可，行政限制与违法要求原告履行税务机关出具证明的义务，属超越和滥用职权，并造成原告及合作单位直接经济损失130万元，将被告及第三人诉上法庭。

在旁听席上，来自市国土、建设、规划、计生、工商、经贸、水利、交通、国税、地税等十个行政执法机关的负责人特别引人注目。他们在武夷山市人大常委会内司委的组织下，集体旁听了这一行政诉讼案件的审理过程。休庭后，市人大常委会内司委还组织这些人员进行座谈，他们以该案为例对如何促进依法行政，提高行政执法队伍素质畅谈了各自的看法。

武夷山市人大常委会为了推动“一府两院”进一步加强依法行政、公正司法，从2004年开始，组织部分代表和行政首长到人民法院旁听案件庭审；2005年7月又把参加旁听人员的范围扩大到市、乡（镇）人民代表大会选举的市长、副市长，乡镇长以及是市人大代表的乡镇街道党委书记。旁听的案件包括刑事诉讼、民事诉讼和行政诉讼三大类，重点是涉及全市稳定和发展的重大案件；涉及群众切身利益，在本市有重大影响的案件；人大代表关注的重大案件。采取定人员、定案件、定时间、定制度的办法，不断创新完善监督工作方式。几年来，共组织旁听庭审活动20多场，所有由市人大及其常委会选举和任命人员都按要求旁听了案件庭审。

旁听案件庭审，对“一府两院”负责人的触动是很大的。

“此举有利于增强行政机关工作人员的法制观念，对促进依法行政，支持人民法院依法公正审判具有特别重要的意义。”武夷山市政府的一位副市长在一次旁听案件庭审后说。

市水利局局长金烽认为：“人大组织旁听庭审的做法非常好，使大家对行政案件的审判有了更加直观的感性认识，有利于发现自身执法中存在的不足和问题，有助于提高行政执法的质量和水平。市建设局局长刘建斌认为旁听庭审的机会很好，能直观感受法庭举证和质证过程，对行政执法机关依法行政有很大作用，并建议将审判的结果书面告知他们。

一些行政机关负责人参加旁听后，依法行政的意识明显提高了。市环保局局长晏聪敏在旁听之后，立即组织本局中层执法人员参加旁听一起农业行政诉讼案件的审理。市计生局局长林一雄参加旁听后，亲自组织应诉并出庭参加了7月3日公开审理的一起计生行政案件的庭审。

人大代表和人大及其常委会选举和任命的人员旁听案件庭审，武夷山市人大常委会副主任陈闽对此是这样评价的：“通过旁听，以案析法，既能增强领导干部的法律素养，又有利于加强人大的监督工作，提高了选举、任命人员的法制观念，提高了被诉行政机关首长出庭应诉率，促进‘一府两院’公正司法。”

“确保一江清水送北京”

——丹江口市人大监督全市水土保持工作记略

湖北省丹江口市人大常委会教科文卫工作委员会　王兴

2002年4月3日，时任国家副总理的温家宝，前往位于南水北调中线水源地的湖北省丹江口市调研，明确提出了“保护一江清水送北京”的历史任务。“决不辜负党中央、国务院的重托！”丹江口市掷地有声，肩负着经济发展和南水北调水源保护的双重历史任务。

丹江口市是一个集老区、库区、贫困区为一体的山区县级市。曾经为了国家的重点建设做出过巨大贡献和牺牲。特别是丹江口水利枢纽一期工程——丹江口大坝建成蓄水后，素有“铁打的均州”之称的县城沉入水底，沿汉江两岸近30万亩肥沃的耕地被水淹没。南水北调中线工程控制性工程——丹江口大坝加高蓄水后，又将有大片的耕地被水淹没，全市的人多地少矛盾更加突出，如何保护好现有的耕地，如何保护好这一库清水，水土保持工作显得尤为重要。几年来，丹江口市人大始终高度重视水土保持工作，通过监督市政府办理市人大议案、市人大代表建议，开展专项工作监督等形式，加大了对此项工作的监督，取得了明显的效果。

代表建议，政府办理

丹江口市土地面积3121平方公里，受多种因素影响，全市水土流失面积1600多平方公里，占土地总面积的52.7%，年侵蚀总量为693.51万吨，流失的氮、磷、钾肥达2万余吨。特别是近年来的高速公路、复线铁路、乡村公路建设，南水北调中线工程建设，矿产资源开发等，都不同程度地削减了部分治理效果，虽没有对丹江口水库水质带来影响，但不能不引起高度重视。这些问题同样也引起了市人大代表的关注，代表们在基层调研、搜集社情民意、了解市情时，都不约而同地把目光聚焦在“保护一江清水”上，每年在市里召开的人代会上，代表们都要谈“生态立市”、议“生态环境”、谋“水土保持”。据不完全统计，自该市十五届人大一次会议到十六届人大二次会议召开了五次人代会（十五届人代会共召开三次），共收到有关水土保持方面的代表议案、建议46件，占议案、建议件总件的12.2%。有建议市政府“加大向上争取力度，抓好水土保持项目实施工作”，有建议市政府“狠抓农业技术推广、农村能源建设，努力改善农村农民生产生活条件，实现高效生态农业”，有建议市政府“把新农村建设与水土保持工作结合起来，确保生态环境得到明显改善”，有建议市人大加强监督，置监督于水土保持工作始终，确保“生态立市”战略得到有效实施。

该市政府十分重视这些议案、建议的办理工作,把水土保持和生态环境建设放在科学发展、可持续发展的高度上,确立了“生态立市”战略,成立了水土保持委员会,并把原来水务局的一个科升格为水土保持局,负责全市的水土保持工作,同时,与长江委的有关单位合作,承担了“丹江口水库水源区水土流失规律”等四项专题研究。工作中科学规划,分区防治,建管并重,有效遏制了水土流失,涵养了水源,保护了生态。先后对全市境内15条小流域进行了综合治理,累计完成退耕地还林17.2万亩、荒山造林20.9万亩、坡地种草7645亩,年均减少水土流失8.2万吨;水土流失治理完成投资1757.8万元,退耕还林完成国家投资2.2亿元,农业综合开发项目完成17个,总投资达6503.47万元。初步建成了一批生态治理示范区,全市的生态环境、农业生产效益、农村环境面貌都得到了明显改善,为今后的可持续发展奠定了基础。

专项监督,意见中肯

对于代表的建议,市人大也非常重视,每年都要把此项工作纳入视察和调研范围。今年初,在制定监督工作计划时,更是把听取和审议市政府关于水土保持工作作为4月份第十六届人大常委会第9次会议的议题之一,纳入专项工作监督范围。

市人大农村工作委员会的同志们在深入农村的调研中了解到,从上世纪末,全市依据国家政策,先后开展了“长治”第三、第五、第七期工程、创建大示范区、预防保护工程等项目建设,对15条小流域实施了综合治理,经国家验收达标小流域11条,其中蛤蟆口小流域被国家水利部、财政部命名为全国水土保持生态环境建设“十百千”工程示范小流域。先后在水土流失较为严重的地区建设了板桥、五龙池、新店等高效水保科技园和锅底山、凉水河自然修复区等一批示范工程,在重点治理区创建了“长治”大示范区,在丹江口水库区营造了北京、天津、石家庄、郑州、武警奥运林等五个生态纪念林基地。全市生态环境明显改善、农业发展不断推进、农民稳步增收、农村面貌明显改观、水土流失得到有效控制。

尽管全市水土保持工作取得了不少成绩,但也存在一些不容忽视的问题,主要表现在对已建水土保持工程项目的管理不够到位,对在建项目的监管还有薄弱环节等问题。

会上,市人大常委会会议提出审议意见,要求市政府在“制止、监管、争取”上抓落实。一是坚决制止辖区内破坏生态植被的行为。要经常开展专项整治行动,重点打击在辖区内的各种毁林毁草、破坏植被和污染环境的行为,对已经造成植被破坏和水土流失的单位和个人,要责令责任人限期进行治理补救,恢复植被和环境;二是要加强对开发性建设项目水土保持工作的监管。对各类开发性建设项目,要督促项目法人按照要求完善相应的手续,要监督项目施工单位按照水土保持方案认真抓好落实;三是要加大水土保持项目的向上争取力度,打好“南水北调中线工程核心水源地”这张牌,积极向上争取项目,把我市更多的水土保持项目纳入到国家扶持投资的范围,确保“一江清水送北京”。

跟踪督办,取得实效

建议办结了,审议意见提出了,不等于人大的监督工作结束了。要确保“一江清水送北京”的目标,该市的任务还很艰巨。市人大常委会本着对人民负责的态度,以督办市政府办理代表建议和落实常委会审议意见为抓手,通过组织视察、定期督办等形式,把监督予以此项工件始终。

2007年8月,市人大在组织视察时,发现个别乡镇存在非法采矿和非法采石,毁坏植被现象,当即建议市政府采取措施,责令业主整改,限期恢复植被。市政府立即组织专班,在全市范围内开展了专项整治,截止目前,绝大部分业主已整改到位。常委会组成人员在听取每年的审计报告时,都不忘详细了解全市的水土保持项目资金使用情况,以及其他项目向水务部门依法申报、科学编制水土保持方案的资金所占比例。市人大其他专门工作委员会在农村调研工作时,结合“生态立市”战略的实施,经常了解全市新农村建设情况,农村能源建设情况,把监督工作经常化、平时化。“国家水利部将从2008年5月开始对长江中下游流域开展水土保持监督执法检查,我市将接受检查,市人大将进一步加强监督,确保全市的水土保持工作再上台阶!”面对下一步的工作,该市人大常委会充满信心!

为民撑起一片温暖的天空

——《太原市城市供热管理条例》修订综述

山西省太原市人大常委会副秘书长、研究室主任　王瑾
山西省太原市人大常委会研究室　米睿民

立法工作必须真正体现对人民群众最关心、最直接、最现实的利益问题的表达。近年来,煤炭价格屡创新高,热煤价格严重倒挂,供热企业不堪重负,一方面是供热温度不达标,百姓意见很大;另一方面则是部分企业明确表示退出供热市场。面对日益严峻的供热形势,太原市人大常委会审时度势,将《太原市城市供热管理条例》的修订纳入了2008年的立法议题。历时近一年的时间多次调研,先后经四次常委会会议审议,于10月29日正式通过,这在太原市人大常委会的地方立法历史上是前所未有的。这不能不说是太原市十二届人大常委会从全市实际出发,落实科学发展观,情系百姓、关注民生的一次生动的立法实践。

供暖形势日趋严峻
法规修订迫在眉睫

太原市是一个典型的北方城市,四季分明,冬季气候寒冷,一年有长达五个月的供暖周期。因此,供热一直是老百姓非常关心的问题之一,也是历届政府必须高度关注的民生问题。为了依法保障供热工作的安全稳定运行,早在1995年10月27日太原市第九届人大常委会第二十八次会议就通过了《太原市城市供热管理条例》,但时隔四年直到1999年11月30日,山西省九届人大常委会第十三次会议才予以批准颁布施行,可见对于《太原市城市供热管理条例》的出台,省、市两级人大常委会都是十分慎重的。

条例实施九年来,对加强供热管理、制定供热发展规划,有计划地推进供热基础设施建设,维护全市供热工作的安全稳定运行,提供了强有力的法制保障。但时过境迁,随着市场经济的发展,太原市的供热形势发生了很大变化。特别是近年来,由于煤炭价格的不断上涨,热煤价格倒挂等原因,太原市的供热企业出现了严重的政策性亏损,部分区域供热状况不理想,室内温度不达标的现象屡屡发生,给百姓的冬季取暖带来了极大不便,老百姓反应强烈。同时,相当一部分供热企业明确表示要退出供热市场。面对日益严峻的供热形势,常委会领导深深意识到要从根本上解决新形势下太原市城市供热管理中出现的新问题,当务之急是要尽快修订《太原市城市供热管理条例》,依法建立热煤价格联动机制。2007年,市十二届人大一次会议期间,部分市人大代表联名提出了尽快修订《太原市城市供热管理条例》的议案,与常委会领导的意图不谋而合。经常委会主任会议专题研究,将《太原市城市供热管理条例》的修订工作纳入了2008年的年度立法计划,并要求相关专门委员会及早动手,修订工作从年初就紧张有序地展开了。

关注民生为民谋利
多方协调数易其稿

针对修订工作时间紧、协调任务重的实际,市人大常委会明确了由法制、城建两个专门委员会和市政府法制办、供热主管部门建管委组成法规修订工作组,在深入调查研究的基础上形成了初步修改稿,提请到今年四月召开的市十二届人大常委会第八次会议审议。常委会组成人员从不同的方面提出了许多意见和建议。《太原市城市供热管理条例》的修订在社会上也引起了较大反响,许多市民通过各种渠道纷纷向市人大常委会提出修改的意见。

为了使常委会组成人员对全市的供热工作有更深的了解,确保条例的修订更有针对性,经主任会议研究,市十二届人大常委会第九次会议增加一项议题,听取和审议了市人民政府关于太原市供热情况的报告。通过审议,把对条例的修订过程寓于对政府贯彻实施《太原市城市供热管理条例》的监督之中,进一步澄清底子,理清思路,明确修订的方向,并将条例修订的重大难点问题定格在七个方面:一是供热管理体制的问题;二是供热计量问题;三是供热设施的管理责任的界定问题;四是关于确定采暖温度和供暖期问题;五是关于供热收费的问题;六是关于政府对供热企业的补贴问题;七是对已交费用户的用热保障问题。与此同时,常委会就这七个方面的问题专题向市委进行汇报,得到了市委的支持。

修改后的修改稿(草案)经市十二届人大常委会第十次会议审议,常委会组成人员就收费方式、计费面积、供暖期间以及供热设施的维护四个焦点问题又提出了不同的意见和建议。根据常委会组成人员的意见和建议,有关专门委员会又进行了大量调研,多次组织召开了有关方面参加的协调会,围绕上述四方面的问题集中进行研究讨论,基本达成了共识,最近召开的市十二届人大常委会第十一次会议上,在供热设施的维修养护问题上依然存在一些不同的意见。根据主任会议精神,修订工作应从太原市实际出发,解决太原市城市供热的实际问题,进一步统一了常委会组成人员的认识,通过了《太原市城市供热管理条例(修订草案三次审议稿)》。至此,《太原市城市供热管理条例》的修订工作终于尘埃落定,画上了一个圆满的句号。

完善供热链条
规范供热行为

供热行为,是一种政府领导下的特许经营行为。一方面,它具有公共服务的性质;另一方面,又极易受到市场上煤炭价格上下波动的影响。太原市的供热方式既有集中供热,也有企业以及社会力量参与的区域供热,甚至还有分散的燃煤小锅炉供热。供热工作涉及到的利益相关群体十分复杂,要从根本上规范供热行为,确保安全稳定供热,首先要完善供热链条、规范供热各方行为。

1995年通过的《太原市城市供热管理条例》只规范了热用户和供热单位的权利和义务,而对热源单位的权益并未在条例中体现,而热源单位是整个供热链条上极为关键的一环。热源单位提供热能质量的高低直接决定着整个城市供热的质量。本次修订明确了热源单位、供热单位以及热用户三方的职责,为规范供热行为,确保供热链条的正常运转提供了充足的法律依据。

计热收费区分情况
最大限度让利于民

计热收费是供热工作中的重要环节,也是百姓十分关注的焦点问题。随着市场经济的发展,许多住宅用房被改建为经营性用房,有的新建建筑特别是别墅以及楼中楼等,设计建设层高远远超过规定的标准。对这些特殊建筑的计热收费若与普通住宅用房同等计费显然是不科学、不合理的。因此,在新修订的条例中,明确了"居民热用户热费按使用面积计收,非居民热用户按建筑面积计收,对于已安装分户用热计量装置的,实行计量收费,对于特殊层高建筑热费的标准,本条例没有做详细规定,授权市人民政府规定",这样既最大限度的让利于居民热用户,又维护了供热单位、热源单位的合法权益和正当利益,使计热收费更加合理。

供热管网维护起纷争
产权划分一锤定音

对于供热管网的维护责任究竟如何划分,是此次条例修订争论最激烈、最难达成一致的问题。特别是实行间接供热的供热设施,从热力站出墙一米至热用户室外的二次管网、庭院网的维修养护是一块"烫手山芋",谁也不愿意接手。一方面,随着城市集中供热的大力推进,许多供热设施已经由产权单位移交给热力公司统一管理和维修养护,热力公司的维修养护面积日益扩大,加之许多供热管网由于建成时间较长,长期运行导致管网生锈老化日趋严重,加重了维修负担,热力公司无力承担;另一方面,由于供热管网维修成本高,加之缺乏专业的技术人才和设备,加之许多管网本身产权单位就不清晰,由当地居民维修供热管网显然不现实。考虑到这些实际问题,新修订的条例明确规定"(一)热源单位厂区内的供热设施由热源单位负责维修、养护;(二)实行间接供热的供热设施,从热源厂出墙一米至供热单位所属热力站出墙一米,由供热单位负责维修、养护;热力站出墙一米至热用户室外即二次管网、庭院网,有单位的由单位负责维修、养护,无单位的由供热单位维修、养护或者由政府责成有关方面维修、养护;(三)实行直接供热的供热设施由供热单位负责维修、养护;(四)居民热用户室内的供热设施由居民维修、养护。"同时增加了"维修养护费用标准按照价格主管部门的规定执行,并在价格调整中计入热价成本"的内容。这样规定,无论是集中供热还是采用间接供热的热用户,供热管网的维修、养护都明确了责任单位和责任方,为整个城市的安全、稳定供热奠定了良好的基础。

建立煤热价格联动机制
确保供热安全稳定运行

2007年以来,煤炭价格屡创新高,造成热源单位、供热单位供热成本急剧增加,处于负债经营的不利局面,供热矛盾加剧。面对日益高涨的煤价,许多供热企业由于资金紧张,无力储存供热用煤,更无力对日益老化、问题频出的供热管网进行及时维修和养护,许多居民热用户为冬季取暖忧心重重。建立煤热价格联动机制,加大政府对供热企业的补贴已势在必行。针对太原市实际情况，在新修订的条例中，增加了“政府应当建立供热应急保障制度，确保城市供热”和“政府应当建立供热煤炭价格联动机制和供热煤炭价格监测系统，供热单位有权向价格主管部门或者供热行政主管部门提出调整供热价格的书面建议，因不能及时调价导致供热企业亏损的，政府应当对供热企业进行成本核算后给予临时补贴”的内容，明确规定以“政府补贴”的方式，实行煤热价格联动，最大限度地让利于民，不能不说是以人为本、立法为民的一种很好的体现。

兼顾供取双方利益

及时缴费实现双赢

在实际供热过程中，由于还没有完全实行分户计量，供热费用无法按时收缴齐的问题成为供取双方集中的矛盾，供热单位要么采取整栋楼全部停供，要么采取先供后补收。采取前一种措施，已交费的热用户的合法权益得不到保障，采取后一种措施，供热单位的经营压力增大，供热单位和热用户都颇多怨言。面对这个矛盾，在新修订的条例中增加了“对已交纳热费的热用户，供热单位应当及时供热；对逾期未交纳热费的热用户，由供热单位向热用户发出限期缴费通知书，通知书发出十五日内仍不缴费的，供热单位可以向人民法院提起诉讼”的规定，同时，为了从根本上解决这个矛盾，条例还规定了政府应当大力推进分户计量用热的内容，这样既维护了缴费热用户的正当权益，又维护了供热单位、热源单位的合法权益，达到了了双赢的效果。

供热质量是前提

不达标准可退费

供热质量的高低是衡量供热效果的重要标准，也是确保热用户按时足额缴费的重要前提。在供热实际工作中，特别是在实行间接供热的热用户用热过程中，因供热质量不达标引发的矛盾纠纷层出不穷。为了从根本上规范供热单位的供热行为，确保供热质量和效果，营造良好和谐的供热环境，新修订的供热条例增加了对供热单位的规定“居民热用户室温应保持在18±2℃，非居民热用户的室内温度执行国家规范标准或者由供用热双方在供热合同中约定”。对于因供热温度达不到规定而引起的纠纷，作了“供用热双方均可委托法定的计量机构对供热温度进行测定”的规定，并明确了测定的方式和标准。对于测定温度不达标的，除规定“属于供热单位原因的，供热单位应当及时采取措施，保证供热温度达到规定标准”外，还规定“供热温度不达标与达标的期间，为室温不合格天数，供热单位应当按照供热天数和计费面积退还热用户热费”，“供热单位在采暖期内未供热的，应当在每年5月31日前，按照实际未供热天数向热用户退还热费”。通过上述规定，一方面，从法律上进一步明确了供热单位依法高质量地供热的义务，最大限度的保障了热用户的合法权益；另一方面，对于由于供热不达标引发的纠纷也提出了切实可行的解决方案，维护了社会的和谐稳定。

围绕改革发展依法履职　彰显人大工作地位作用

——改革开放三十年昆明市人大常委会工作回顾

云南省昆明市人大常委会研究室　　赵谊　陈卫芳

三十年前，伴随着改革开放的春风，昆明市人大常委会诞生了。三十年来，沐浴着改革开放的春风雨露，昆明市的人大工作随改革开放和社会主义民主法制建设的强劲步伐，不断发展完善。

1954年7月2日，昆明市第一届人民代表大会成立，至1966年5月，由于“文化大革命”而停止活动。1978年12月，党的十一届三中全会吹响了中国改革开放的号角，根据关于修正宪法若干规定的决议和地方组织法的规定，1981年6月21日至30日，昆明市召开了第七届人民代表大会第一次会议。这次会议选举产生了昆明市人民代表大会常务委员会，作为市人民代表大会的常设机关。从此，昆明市人民代表大会得以恢复工作并进入全新的发展时期。

依法履职　人大工作成绩斐然

改革开放的三十年，是我市社会主义现代化建设取得巨大成就的三十年，也是我市社会主义民主法制建设取得长足发展的三十年。在中共昆明市委的领导下，市人大常委会坚定不移地贯彻党在各个时期的基本路线和方针政策，围绕改革开放和经济社会发展，认真履行宪法和法律赋予的职权，以推进社会主义民主政治建设，促进经济社会发展为根本任务，以最广大人民的根本利益为出发点、立足点，为坚持和完善人民代表大会制度，促进我市的改革发展稳定和社会全面进步发挥了重要作用，取得了显著的成绩。

发挥地方立法优势，为昆明的改革发展稳定提供法制保障。昆明作为省会城市，依据宪法和法律的规定，拥有部分地方立法权，这是我市人大工作的一大优势。改革开放以来，市人大常委会依据《地方组织法》和《立法法》的规定，坚持国家法制统一和"不抵触、有特色、可操作"的地方立法指导原则，从昆明改革发展稳定的实际需要出发，科学制定立法规划和年度立法计划，做到了地方立法工作与经济社会发展战略目标有机结合。建立健全了法规（草案）起草、论证、听证、公开征求意见、审议等制度，形成了科学立法、民主立法的新机制，地方立法在保障人民群众切身利益，维护社会公平正义中的积极作用得到更加充分的发挥。改革开放以来，市人大常委会先后制定地方性法规57件，内容涉及经济、政治、文化、社会各个方面，这些地方性法规的施行，有效地保证了国家法律、法规在本行政区域内的贯彻执行，使我市经济社会各项事业纳入了依法治理的轨道，为全市的科学发展、和谐发展提供了有力的法律支持。

增强人大监督实效作用，促进昆明经济社会又好又快发展。市人大常委会始终坚持党的领导、依法监督、集体行使职权、不包办代替的人大监督原则，紧扣发展主题，以全市人民最关心、最直接、最现实的利益问题为重点，以确保宪法和法律法规在全市范围内的有效实施，确保行政权、审判权、检察权得到正确行使，确保公民、法人和其他组织合法权益得到尊重和维护为目标，围绕提高监督实效，科学运用听取专项工作报告、执法检查、工作视察、调查以及询问、质询等形式，积极开展对"一府两院"的工作监督和法律监督。围绕经济建设中心，加强对全市经济运行的监督，通过审查计划及财政执行情况、听取专项工作报告、开展专项视察检查，保障和促进了全市经济健康有序运行。注重营造依法治理环境，推进依法治市进程，通过组织执法检查组、听取和审议执法检查报告、跟踪督办审议意见等，保障了法律法规在我市的贯彻实施，促进了依法行政、公正司法。高度关注民生问题，加强对各项社会事业发展的监督，综合运用集中视察、代表专题视察、开展专业代表小组活动以及办理代表议案、建议等形式，督促和协助政府解决涉及人民群众切身利益、社会普遍关注的热点难点问题，促进了和谐昆明建设。维护社会公平正义，不断强化司法监督工作，从解决人民群众最关心、最直接、最现实利益问题出发，找准司法监督工作切入点，有针对性地开展视察检查，促进全市司法机关不断完善内部监督机制，为维护社会稳定与和谐提供了良好的法律保障。常委会把信访作为反映和保护公民合理诉求，了解民意、倾听民声的重要渠道，适应改革开放新形势、针对社会转型期各种矛盾凸显，不断加强和改进信访工作，建立并坚持常委会主任接待日和信访法律咨询日制度，及时处理、转办、交办群众来信来访件，督促有关部门及时调查核实，依法按政策秉公处理，有效化解了社会矛盾，维护了人民群众的合法权益。

依法决定重大事项，为改革开放与现代新昆明建设作出积极贡献。市人大常委会在行使重大事项决定权中，始终坚持党的领导、充分发扬民主与严格依法办事有机结合，不断完善行使重大事项决定权的工作制度和程序。为适应现代新昆明建设的需要，更好地发挥地方国家权力机关在改革开放和经济社会发展中的服务作用，2006年，市十二届人大常委会在总结实践经验基础上，依据宪法和地方组织法的规定，制定了《昆明市人大常委会讨论决定重大事项办法》，明确了常委会行使重大事项决定权的范围、方式、程序。这个"办法"入选全国人大常委会办公厅和人民日报·民主与法制专栏当年的地方立法十大新闻。在具体工作中，常委会紧紧围绕全市改革开放、经济社会发展、现代新昆明建设中急需解决的重大问题和人民群众普遍关注的热点难点问题，及时作出决议决定，实现了党的主张与人民意志的有机统一，有力地保障和促进了我市改革开放和现代新昆明建设的顺利进行。

改进和完善人事任免工作，为昆明的改革与发展提供有力的组织保障。市人大常委会坚持民主集中制原则，认真贯彻中央关于干部队伍建设的方针和昆明市委的意图，正确处理党管干部与人大依法任免的关系，严格依照法定任免程序审查、决定。为保证人事任免工作的顺利进行，常委会不断改进和完善人事任免工作，制定常委会人事任免办法，规范了任免程序，形成了一套行之有效的方法。一是先由党组会议听取市委有关部门对拟任免人员的情况介绍，统一思想。二是召开主任会议研究"一府两院"提请审议的人事任免事项，决定提请常委会依照法定程序审议表决。三是建立了对拟任命人员进行任前法律知识考试和与人大常委会组成人员见面制度、颁发任命书制度。四是对被任命人员提出依法履职要求，促进了国家工作人员增强政治意识、法律意识、人大意识和公仆意识，为全市的改革开放、经济建设和社会发展提供了有力的组织保证。

努力做好代表工作，代表在人大工作中的主体作用得到充分发挥。市人大常委会始终把做好代表工作，发挥代表作用作为人大工作的基础，认真贯彻《中共中央关于转发〈中共全国人大常委会党组关于进一步发挥全国人大代表作用，加强全国人大常委会制度建设若干意见〉的通知》和《中共云南省委关于转发〈中共云南省人大常委会党组关于进一步加强人大代表工作的意见〉的通知》，以及省、市委关于人大工作的文件精神，建立和完善了常委会组成人员联系代表、代表小组活动、代表持证视察等制度，常委会与人大代表和人民群众的联系不断加强。人大代表依法提出议案和建议，是代表人民管理国家和社会事务，监督国家机关工作的重要形式。常委会高度重视议案和建议办理工作，制定并多次修订完善了《昆明市人大常委会办理市人大代表建议、批评和意见的办法》。对"一府两院"代表建议办理工作的检查由每年一次增加到两次，从2001年起又每年确定一批重点代表建议加强督办，推动了代表建议办理工作"落实率"、"解决率"的不断提高，一批事关全市改革与发展、涉及人民群众切身利益的热点难点问题得到有效解决。为做好代表服务工作，2006年，市人大常委会在人事代表工委增设了代表联络处。为提高视察检查和代表活动的质量，由市人大各专委和常委会各工委牵头组建了有163名人大代表参加的12个专业代表小组。为密切代表与人民群众的联系，市人大常委会在全市设立了110个"市人大代表联系人民群众信箱"，总结并推广了代表进社区活动。同时，市人大常委会还增加列席常委会会议、参加视察活动的人大代表人数，代表的主体作用得到了更加充分的发挥。

创新人大宣传形式，人大制度理论研究和宣传工作成效显著。人大制度理论研究和人大宣传工作是总结人大工作实践经验，让人民群众了解和监督人大工作，促进人民代表大会制度发展与完善的重要方面。改革开放以来，市人大常委会在理论研究和新闻宣传方面做了大量的工作，为扩大公民有序的政治参与，动员和组织人民依法管理国家事务和社会事务、管理经济和文化事业发挥了积极的作用。一是创办了《昆明人大》双月刊和《昆明人大信息》，在电视和报刊上开办了每月一期的《人大之窗》专栏专版，建立和完善了昆明人大网站，与新闻媒体的联系不断加强，人大新闻报道越来越受到社会各界的关注。监督法颁布后，常委会依法向社会公开行使监督职权情况，自觉接受人民群众对人大工作的监督。二是紧密结合新形势下人大工作实际，开展对经济社会发展和民主政治建设有重要意义的课题研究，形成了一批具有理论性和指导性的研究成果，并用以人大工作实践，对做好新形势下的人大工作，加强常委会及其机关建设产生了积极影响。三是开展了宣传人民代表大会制度好新闻评选活动，到目前为止已经连续举办了十六届，人大新闻宣传工作质量不断提高，社会影响力不断扩大，多次在全国和省人大常委会举办的好新闻评选活动获奖。

加强常委会和机关自身建设，履职能力和服务水平不断提升。以与时俱进的精神不断推进人大及其常委会的组织制度和工作制度建设，是保证人大及其常委会依法履行职责的基础性工作。一是组织建设不断加强，常委会的工作机构由七届人大常委会时的四处一室，经过调整充实，到十二届人大常委会时，共设八委一厅一室10个工作机构，人员编制由40人增加到现在的83人。二是制度建设成效显著，先后制定了《昆明市人民代表大会议事规则》、《昆明市人大常委会议事规则》、《昆明市人大常委会主任会议议事规则》等一系列规范人大及其常委会履职的制度。特别是2005年中央提出加强人大代表工作和常委会制度建设以来，常委会从人大工作的实际需要出发，先后制定了《昆明市人大常委会讨论决定重大事项的规定》、《昆明市人民代表大会代表约见国家机关工作人员办法》等一批工作制度。目前，市人大常委会共有21项制度，常委会机关共有27项制度，各委员会和工作部门都制定了工作职责。制度的建立和完善，促进了常委会工作的制度化、法制化、规范化，保证党对人大工作的领导，对人大及其常委会依法履行职权起到了积极的作用。

人民代表大会制度作为我国的根本政治制度，是党领导和支持人民当家作主，实现党对国家和社会事务领导的政权组织形式。知古可以鉴今，知古更当惜今。总结回顾改革开放三十年来我市人大常委会从创立起步、探索、发展、完善而逐步走向成熟的历程，历届人大常委会都坚持在继承中学习、学习中实践、实践中完善和提高，务实创新求突破，形成了一套切实可行的工作制度，我们应当倍加珍惜我市民主法制建设的取得成果和积累的丰富经验。

坚持党的领导，牢牢把握人大工作的本质要求，是做好人大工作的根本保证。中国共产党是中国特色社主义事业的领导核心，坚持和完善人民代表大会制度，最根本的就是坚持党的领导。只有在党的领导下，人大工作才能沿着中国特色社会主义道路的正确方向前进，人大及其常委会的职能作用才能得到充分的发挥。市人大常委会作为我市地方国家权力机关的常设机构，必须坚决维护和自觉接受党的领导，认真贯彻执行市委的决议决定。这既是人大工作必须遵循的基本原则，也是党领导人大工作的根本要求。实践充分证明，坚持党的领导、人民当家作主和依法治国有机统一，保证常委会工作与市委思想同心、目标同向、工作同步，是做好人大工作的本质要求，是人大工作的正确政治方向。这样做，有利于加强和改进党的领导，有利于发挥社会主义制度的优越性，有利于维护全市的政治安定、民族团结、经济发展、社会进步。

加强民主法制建设、促进改革与发展，是人大工作的根本任务。高度完备的社会主义民主和法制，是建设中国特色社会主义，实现小康社会目标，建设和谐社会的重要保证。人民代表大会制度的性质、地位和作用，决定了人大及其常委会的根本任务是加强社会主义民主和法制建设，保障和促进本行政区域内的改革开放和经济社会发展。实践证明，只有把加强社会主义民主和法制建设作为人大工作的根本任务，放在人大工作的首要位置，建立和不断完善民主决策和监督机制，加强法律监督和工作监督，促进“一府两院”依法行政、公正司法，才能不断推进依法治市进程，有效保障人民民主权利的实现，保障人民依法管理国家和社会事务、管理经济和文化事业，调动各方面积极性，促进昆明的改革开放和经济社会又好又快发展。

实现好、维护好、发展好广大人民群众的根本利益，是做好人大工作的出发点和落脚点。人大的权力来自于人民，它由人民民主选举产生，代表人民依法管理国家事务。人大及其常委会要真正代表人民行使好权力，发挥国家权力机关应有的作用，就必须切切实实将“一切为了人民”落到实处，将权为民所用、情为民所系、利为民所谋贯穿于人大的各项工作之中，将实现好、维护好、发展好广大人民群众的根本利益，作为人大工作的出发点和落脚点。实践证明，贴近民生、反映民意，了解和掌握人民群众最关心、最迫切、最现实、最需要解决的热点难点问题和利益问题，并将其作为人大关注的重点，人大工作才能真正做到围绕经济建设中心、服务改革发展稳定大局，促进各项社会事业发展，维护社会安定和谐。

坚持和依靠人大代表，密切联系群众，是做好人大工作的重要基础。人大代表是国家权力机关的主体。人大及其常委会要履行好宪法和法律赋予的各项职权，就必须充分发挥人大代表的作用，依靠人大代表进一步密切联系人民群众，倾听民声、反映民意、集中民智，使人大各项职权的行使体现“三个代表”重要思想和科学发展观的基本要求，具有广泛的群众基础。实践证明，人大工作的主体是代表，人大工作的开展靠代表、人大工作的水平看代表、人大工作的潜力在代表。只有始终紧紧依靠代表开展工作，充分发挥人大代表密切联系群众的作用，建立和不断完善密切联系代表和人民群众的工作制度和办法，多渠道、多形式的联系代表和人民群众，形成了深入基层、深入实际的良好工作作风，才能使市人大常委会的工作反映最广大人民的根本利益，真正代表人民行使好权力。

坚持解放思想、与时俱进、开拓创新，是推动人大工作不断向前发展的动力。解放思想，开拓创新是中国共产党保持先进性和增强创造力的决定性因素，也是人大工作适应时代要求，不断发展进步的决定性因素。市人大常委会从设立之初的探索前进，到现在的职权明确、制度完备、程序规范，倾注了历届市人大常委会解放思想、与时俱进、开拓创新的心血。可以说改革开放的三十年，是人大工作在实践中不断探索、总结、完善、提高和创新发展的三十年。实践证明，只有认真研究不断变化的新形势，从昆明改革发展稳定的实际出发，总结新经验、提出新思路、采取新措施，创造性地开展各项工作，常委会的工作才能与时俱进，充满生机与活力，取得让人民满意的工作业绩。

与时俱进　努力开创人大工作新局面

党的十七大报告指出："人民民主是社会主义的生命。"回顾改革开放以来市人大常委会工作取得的成绩和经验，我们深深体会到，把人民代表大会制度坚持好、完善好，做好新形势下的人大工作，开创人大工作新局面，必须始终把发展社会主义民主政治，推进依法治国作为人大的根本任务，坚持党对人大工作的领导，高举中国特色社会主义伟大旗帜，坚定不移地走中国特色社会主义道路，以中国特色社会主义理论体系指导人大及其常委会的工作。

要进一步深化对人民代表大会制度的认识。中国特色社会主义政治发展道路是中国共产党带领全国各族人民，经过长期奋斗和实践找到的正确道路。人民代表大会制度是我国的根本政治制度，是党领导和支持人民当家作主、管理国家和社会事务的基本组织形式。坚持和完善人民代表大会制度，做好人大工作，是昆明经济社会又好又快发展的一条基本经验，也是我市改革开放和现代化建设事业顺利发展的重要保证。当前，昆明正进入工业化加速、城市化提升、市场化转型、国际化拓展的重要时期，坚持和完善人民代表大会制度，对于深入贯彻落实科学发展观、发展社会主义民主、健全社会主义法制，推进富强昆明、活力昆明、文化昆明、生态昆明、和谐昆明建设，具有重大意义。要通过广泛深入的宣传教育，使各级组织和广大干部群众牢固树立宪政观念，增强民主法制意识，深刻认识坚持和完善人民代表大会制度的重大意义，深刻认识市人大及其常委会作为地方国家权力机关、工作机关和代表机关的性质、地位和作用，从而更加自觉地坚持和完善人民代表大会制度，努力推进昆明的民主法制建设。

要进一步加强地方立法工作。要按照党的十七大"坚持科学立法、民主立法"和树立科学发展观、构建社会主义和谐社会的总要求，在市委的领导下，充分发挥昆明作为省会城市拥有地方立法权的优势，以现代新昆明建设为主题，把"完善体系，适应需要，应有尽有，需要一个立一个，缺什么立什么"作为地方立法目标，用足用好地方立法权。要坚持以人为本，把解决人民群众最关心、最迫切、最现实的问题作为立法工作的重点。要认真贯彻立法法，进一步完善地方立法程序，建立适应时代发展需要的民主立法新机制，推进地方立法工作的科学化、民主化、规范化，不断提高地方立法质量。

要进一步提高监督工作实效。要按照党的十七大"完善制约和监督机制，保证人民赋予的权力始终用来为人民谋利益"的要求，认真贯彻落实监督法，进一步规范和完善监督工作制度，加强和改进人大监督工作。坚持法律监督抓重点、工作监督抓大事，紧紧围绕我市"十一五"规划提出的发展目标，紧紧围绕社会普遍关注、人民群众普遍关心的事关人民群众切身利益的热点难点问题，开展监督，促进"一府两院"依法行政、公正司法，确保权力得到正确行使，维护好广大人民群众的合法权益。要依法公开人大监督工作情况和"一府两院"整改情况，增强人大监督工作的透明度和实效性，保障人民群众的知情权、参与权，自觉接受人民群众对人大工作的监督。

要进一步做好代表工作。要按照党的十七大"保障人大代表依法行使职权，密切人大代表同人民群众的联系"的要求，进一步探索支持、服务代表依法行使职权的方法和措施，努力拓宽代表知情知政渠道，确保代表的知情权和参与权。要充分发挥人大代表密切联系群众的优势，反映群众意愿，集中群众智慧，提出更多的带有普遍性、倾向性、有价值的意见和建议，促进"一府两院"工作，促进全市经济社会发展，使人大工作更好地体现人民的愿望，更好地体现实现好、维护好、发展好人民群众根本利益的要求。

要进一步加强常委会和机关自身建设。要按照党的十七大对发展社会主义民主政治和加强人大常委会制度建设、加强人大工作提出的新要求，进一步解放思想，努力在工作思路上有新观念，在工作方法上有新创造，在工作落实上有新举措，在工作成效上有新提高。要坚持用党的最新理论武装头脑，不断强化常委会组成人员和人大机关干部政治理论、法律知识、经济知识和业务知识的学习，不断提高政治理论素养和业务水平，准确把握人大工作的特点和规律，自觉服从和服务于全市改革发展稳定大局。要不断加强常委会和机关制度建设，按照合法性、程序性、实效性的要求，创新制度，规范程序，提高工作效率，使市人大及其常委会的工作更好地适应时代发展的需要。

回首过去，我们为昆明改革开放、经济发展、社会进步和民主法制建设作出了应有的贡献感到自豪；展望未来，高举中国特色社会主义伟大旗帜，夺取全面建设小康社会新胜利，努力再创新昆明建设的辉煌，我们信心百倍。在新的历史时期，我们一定进一步解放思想，与时俱进，开拓创新，围绕中心，服务大局，行使好宪法和法律赋予的各项职权，为推进我市的社会主义民主法制建设，保障和促进经济、政治、文化、社会建设全面发展，实现富民、强市两大目标，夺取全面建设小康社会新胜利作出新的更大的贡献。

夜巡工作成效明显　人大代表高度评价

——兴宁市公安局年创新举措护平安受好评

广东兴宁市人大常委会　邹新茂

兴宁市公安局积极探索在新形势下社会治安综合治理的新举措，以兴田派出所为试点，实行城区夜间专业巡逻，取得了明显成效。

去年10月，兴宁市公安局兴田派出所招聘了一批素质较高的人员为辅警，组成一支专业巡逻队，主要是对城区范围进行夜间巡逻。此举得到人大代表等各界人士的大力支持，特别是梅州市人大代表李保桓，做了大量细致的组织发动工作。自实行城区夜巡工作半年以来，巡逻队发现伺机作案动机的团伙36起，协助民警抓获入室盗窃、强迫卖淫、银行卡盗窃等案犯12名，起回被盗车辆7辆，帮助群众办好事实事60多件。如今年1月19日凌晨5时许，巡逻队发现“丽华发厅”起火冒浓烟，便及时报告有关部门，成功救出被困在屋内的母女四人，广东公安报等媒体予以报道，社会反响甚好。

通过各级各有关部门的共同努力，兴宁城区治安形势有了较明显的好转，社会各界对此表示满意。同时，得到了梅州市委常委、市公安局局长黄伟闻的高度肯定，并于3月4日专门到该所进行调研，提出了具体要求。希望认真总结推广夜巡工作，把此项工作做得更好。在4月8日上午召开的夜巡工作情况通报会上，参会的人大代表、政协委员、企业老板一致认为，夜巡工作对打击和震慑犯罪、保障人民群众生命财产安全，创建“平安名城”起到了积极的作用，成绩大，效果好，今后应继续加强。为加强和推广夜巡工作，参会的省人大代表徐毅坚等20多名人大代表、企业老板慷慨解囊，积极支持夜巡工作。据不完全统计，两次共捐款近30万元。其中梅州市人大代表刘绍聪2.6万元、省人大代表徐毅坚2万元（另捐2辆警用摩托车，价值1.5万元）、梅州市人大代表陈远思2万元、兴宁市人大代表钟伟强1.5万元、陈均耀1万元、梅州市人大代表李保桓1万元。许多人大代表说：当前我市受金融危机的影响，下岗失业人员增多，社会治安形势出现了许多新问题，广大人民群众最关注的就是治安稳定，人民安居乐业。希望公安机关创新举措多想办法，加大打击力度，为构建和谐社会、建设平安兴宁作出新的努力。

“幸福水”欢腾了荆楚门户

——荆门市人大监督农村安全饮水工程建设纪实

湖北省荆门市人大常委会副秘书长、研究室主任　魏先贵

湖北省荆门市人大常委会研究室调研科副科长　高胜前

“过去要到2里外的沟里去挑水，一大晌午才挑3趟，天天爬坡，有哮喘病的我受够了挑水的罪，喝的水是又苦又咸。现在好了，甜甜的自来水直通到锅沿，洗脸洗澡干净了。有水有票子，人也精神了……”这是湖北省荆门市东宝区栗溪镇一位王姓老汉的村民告诉笔者的话，他的肺腑之言道出了农村安全饮水项目给农村群众带来的巨大变化。这也正是荆门市人大常委会连续两届跟踪监督农村安全饮水工程建设工作的一个缩影。

其实，在荆楚门户——湖北省荆门市，享受到

农村安全饮水实惠的不只是王老汉一家。据了解，自从该市启动农村安全饮水工程以来，在市人大常委会的有力监督下，全市绝大多数农村群众已经幸福地喝上了洁净、放心的自来水。

农村安全饮水：引起人大关注

水是生命之源。近年来，农村人口安全饮水问题成为荆门市人大代表和人民群众始终关注的焦点话题之一。"虽然2004年我市开始启动农村人口安全饮水工程，但由于多年来积累的问题和种种原因所致，全市农村安全饮用水问题仍较为突出，形势十分严峻，严重制约了农民群众的生产生活和农村经济发展。一些乡镇的部分群众饮用的是高氟水、苦咸水、污染水，群众因水而苦，因水而贫。"在2006年2月召开的荆门市六届人大四次会议上，市人大代表刘鸿的发言引起了与会代表的强烈共鸣，一时间竟成了各代表团讨论中的"共同关注"。

市人大代表邱扬贵在谈到这个话题时，更是一针见血：农村饮水安全关系到群众的生命健康，也是一件关系子孙后代幸福的大事。饮水不安全，就是对群众和子孙后代的犯罪。他提出：市政府工作报告明确了要做好民生工程，搞好农村安全饮水工程建设，就是当今最大的民生工程。市人大常委会今后要加大监督力度，督促政府切实抓好这项工作。

肖乃金，原荆门市人大常委会分管农村工作的副主任。一封封农民群众反映饮水安全问题的来信时常摆在了他的案头。他看在眼里，急在心里。……

市人大代表和农民群众的强烈呼声，引起了市人大常委会的高度关注。2006年初，市人大常委会将农村安全饮水纳入工作议题，成立调查组对全市农村安全饮水工作情况开展调查。调查组通过实地察看工程建设情况，走村入户，开展问卷调查，召开乡镇有关领导、部分市、县、镇（乡）人大代表和村干部参加的座谈会，听取汇报，了解情况。征求他们对农村安全饮水工作的意见和建议。

此次初步摸底调查情况令人堪忧。市人大常委会下定决心把监督农村安全饮水工程建设作为关注民生的头号工程摆上议事日程。

视察调研：为饮水工程建设"把脉"

为了让各级领导和部门对安全饮水工作时刻保持警醒，2007年，新一届市人大常委会以贯彻实施监督法为契机，顺应群众呼声，工作上坚持"换届不断档"，紧盯"生命水"不放松，在制定年度监督工作计划时，将农村安全饮水列为头号监督议题，并决定在2007年10月召开的常委会会议上听取和审议市政府专项工作报告。

同年7月，全市人大农村工作座谈会召开，会议组织学习了中央、省、市有关领导关于农村安全饮水工程建设的讲话，传达了省人大农村工作座谈会精神，并重点研究部署了农村安全饮水工作。一个月之后，新一届分管农村工作的市人大常委会副主任徐生教，带领市人大常委会农工委、市水利局有关负责人对全市农村安全饮水工程建设情况专题进行视察调研。调研组实地重点察看了沙洋县五里铺镇五里水厂，十里铺镇建阳水厂管网延伸工程；京山县石龙水厂供水工程，雁门口镇新建雁门口水厂工程；钟祥市胡集镇大竹园水厂，冷水镇郭刘村分散供水工程；东宝区漳河镇新建村供水工程和八庙村饮水现状。视察后，调研组成员心情十分沉重。

调查发现，全市农村安全饮水工作中存在不安全饮水的人口数量还较大，地方配套资金到位难，少数地方工程建设质量不够高，工程建设形式单一，政府每年安排解决农村安全饮水人口数量少，饮用水源地水质污染严重等问题。有的群众悲观地说："按照现在这样的建设速度，我们子孙几代人饮用安全水是没有希望了。"调研组深深体会到，农村安全饮水的任务还十分艰巨，离人民群众的要求差距很大。

针对调研发现的问题，调研组要求各县市区进一步抓好农村饮水安全工作，切实加强领导，尽快成立县级领导机构和落实工作专班；千方百计落实配套资金和专班工作经费，加快建设进度，保征工程质量，加强建后监管，确保农村饮水安全工程长效运行。同时还特别强调要加强水源地保护，禁止污染和危害水源的开发活动，积极探索出长期保护水源的有效办法。

为使调查工作进一步深入，市人大常委会还委托县（市、区）人大常委会农工委协助本区域内的市农业界代表，重点对10个行政村的农民饮水安全情况进行问卷抽样调查；收集市级新闻媒体、市信访工作机构有关农民群众反映农村人口安全饮水工程建设方面的意见，市人大常委会将各方有关建议和意见整理汇总后，向市政府和水利部门进行反馈。并印发常委会组成人员参阅，以便审议时增强针对性。

专项审议:为造福百姓"开良方"

2007年10月24日,市七届人大常委会第七次会议如期召开。会上,市水利局局长代表市政府向市人大常委会专题报告了农村安全饮水工程建设情况。分组审议时,整个会议室庄严肃穆,气氛热烈。常委会组成人员在充分肯定安全饮水工作取得阶级性成效的同时,本着对人民群众高度负责的精神,直言不讳,纷纷发言,并针对调查反映的问题和不足,提出了许多中恳意见:

"目前我市农村人口安全饮水工作压力很大,任务十分艰巨。做好这项工作,需要各级领导高度重视,深化认识,形成共识,把安全饮水工程作为一项民心德政工程,让广大群众喝上干净、放心的水。"

"政府要把安全饮水工程摆在突出位置,坚持综合考虑,统筹兼顾,采取向上争取资金、地方政府投资、农民筹资、对外引资等方式进一步加大资金投入,特别是地方政府要加大配套资金落实力度,坚持高标准、高质量,抓好工程建设。"

"工程建设要科学规划,因地制宜,不能搞一刀切;要突出重点,分步实施,扎实推进,不能搞重复建设和无效投入;要严格工程建设"四制"管理,强化后续监管,对现有饮水工程以市场化模式进行运作,切实发挥工程应有的效益。"

"政府及有关部门要密切协作,严格执法,督促有关企业切实增加对节能减排的资金投入,搞好企业排污治理;要教育引导农民增强安全饮水意识;要明确饮用水源水库的责任领导,加强监管,对投肥养鱼行为坚决查处,决不能手软,避免饮用水源受到污染。"

……

市人大常委会常务副主任陈永贵听了大家的发言后,强调指出:"市政府和有关部门要高度重视农村安全饮水工程中的问题,进一步提高认识,统一思想,切实帮助农民解决实际困难,把这项工作纳入政府年度考核目标重点督办,促进工作平衡;要进一步加大投入,加快工程建设,力争早日解决全市农村人口安全饮水问题;要坚持建管并重,强化工程经营管理,确保农村安全饮水工程可持续利用。"

常委会组成人员的发言铿锵有力,一语中的。会后,市人大常委会及时发出了审议意见,要求市政府及相关部门要高度重视,认真制定整改措施,确保常委会审议意见落到实处,并在规定期限内反馈审议意见的落实情况。

强力整改:审议意见发挥功效

市人大常委会的审议意见引起了市政府和有关部门的高度重视。很快,一场市政府和有关部门加快农村安全饮水工程建设的大会战在全市正式拉开帷幕。

——强化领导,明确责任。市政府充分认识到饮水安全工程建设的重要性,继续把加强农村饮水安全工程建设作为"民心工程"和"德政工程"来抓,将其摆上重要议事日程,列入考核各级政府及有关部门的重要内容,明确市发改委、财政、水利、卫生、环保等相关部门的责任,并与各地签订责任状,层层分解落实任务,形成强有力的组织网络和责任体系。

——多方筹资,加大投入。市政府责成有关部门继续加强与省有关部门的衔接沟通,加大争取国家和省投入的力度;要求各县市区调整财政支出结构,将农村饮水安全工程配套资金纳入公共财政范畴,予以重点倾斜;市政府下发通知,鼓励法人、公民和其他组织参与工程建设与管理,支持民营资本进入农村供水市场,鼓励农民投资投劳,参与工程建设。

——建章立制,明确主体。市政府建立了产权清晰、管理主体明确、责权利相统一、工程长效运行的管理体制和运行机制。坚持走农村供水工程企业化经营的路子,对集中供水工程引入竞争机制,其它供水工程推行股份制、股份合作制、农村供水协会等经营管理形式,使每处工程经营管理落到实处。同时,兼顾农民承受能力和供水成本,由物价部门合理确定农村水价体系和标准,实行有偿供水,以水养水,良性运行,确保农村饮水安全工程可持续利用。

——大力宣传,加强监管。水利部门积极宣传水法,科学界定水体功能,依法划定水源保护区和饮水工程管护范围。环保部门认真搞好水源勘测论证,建立和完善水质监测中心,分区域定期对供水工程进行水质监测。同时,环保、卫生、水利等部门密切配合,加大水行政执法力度,严肃查处乱排乱放污染水体、兴建项目破坏水环境、非法侵占水资源等行为,坚决禁止在饮水水源投肥养殖,逐步取缔网箱养殖。市政府也适时出台管理办法,把农村饮水水域、水工程、水环境纳入规范化管理轨道。

今年初,市人大常委会就审议意见的落实情况进行了一次"回头看"式的检查验收。检查结果表明，整改工作收到了令人满意的效果。2007 年，在各方的共同努力下，全市解决了 21.56 万人的饮水安全问题。2008 年市政府已将其列入年度十件实事之一，再解决 15 万人的饮水安全问题，力争用 5 年时间，以乡（镇）为单位实行整村推进，逐户解决，不留死角，让全市 96.42 万农村人口饮上安全水。

人大连续两届跟踪监督，推动了全市农村安全饮水工程建设进度越来越快，喝上“安全水”的农民群众覆盖面越来越大。荆门市人大常委会决定将一如既往地关注农村安全饮水工作，将该项工作一抓到底。

新会风赢来一片赞誉

湖北省黄石市人大　　万金光　胡欣荣

黄石市十二届人大二次会议闭幕已经好些天了，黄石人大网仍络绎不绝地收到人大代表和网友对本次会议的评价和赞誉。代表和网友如此评价今年该市人代会：

拓宽沟通渠道——让百姓声音直达大会

“好事”网友在大会结束后的第一天评价说，“让人民的声音成为大会的主旋律，这样的大会，才是真正意义的人民代表大会会议。本次人代会做到了这一点。”为了倾听民声，集中民智，开好会议。大会秘书处决定在原有沟通渠道的基础上，进一步拓宽与群众的联络途径。

开通“两会热线”。组织该市人大常委会和市政府及 9 个组成部门的负责人、“两院”领导，现场接听群众来电，与群众开展互动。倾听群众的呼声，回答群众的询问。据统计，短短 5 天时间，共接听电话 534 个，16 个关系民生的重要问题被带到大会，群众反映的 16 个急、难问题得到现场解决，60 多个问题被有关部门列入 3 个月内研究处理并答复的事项。

开辟“我有问题问市长”论坛。政府门户网站“中同黄石”每天收到网友发帖近百个，政府信息中心当天汇总整理，直送主席团成员，5 天时间共整理网友意见 307 件。

实行“开门接访”。大会秘书处信访保卫组 24 小时受理各类上访，接待上访群众 49 批 89 人次，其中集体访 5 批 39 人次。对群众反映的问题。大会秘书处当场与市“一府两院”进行了“面对面”交办

与此同时，该市各新闻媒体新招频出，黄石日报开办“代表议案建议点击”专题栏目，黄石电视台设置了《梁晶看“两会”》节目，黄石电台开辟“两会传真”，将会议进展情况进行详细报道，把代表关注“三大战略”宣传出去，让群众了解；将百姓关注的焦点热点问题带入会场，把群众的智慧吸纳进来，促进了人代会与人民群众互动。黄石声屏网的“兴黄”网友说，如此广泛地倾听群众的声音，与百姓进行沟通和互动，这样的人代会才是真正的“人民盛会”。

会前调研——将民声带进大会

市人大代表欧阳镁说，本次大会虽然只打短短几天，但会前的准备早在一个多月前就开始了、该市人大常委会组织市直机关 40 多名市人大代表分别回到原选举单位，走访选民，倾听群众呼声，收集百姓意见，据统计，收到原始意见 267 条，涉及住房、医疗、教育、社保、食品饮水安全、新农村建设、经济发展等多个方面，代表们对这些意见建议进行梳理，通过《人大代表之声》提出议案建议等途径，或向大会提出或向有关部门反映。李世敏代表说，大会通过的政府工作报告中的 10 件实事，如：解决农村 8.88 万人饮水安全，完成 10 个社区环境综合整治及背街小巷环境治理。改造城市公厕 47 座，筹集廉租房房源 700 套。改造农村中小学 75 所等，件件背后都能看到代发表身影。6 个专工委根据各自的职能分工，会前深入基层，调查研究，根据群众反映的突出问题。组织起草了 8 件议案。其小 5 件交付常委会闭会期间进行审议。内务司法委员会针对金融危机对该市就业带来的巨大压力，起草了《以创业带动就业的议案》，经过大会充分审议，作出了《支持自主创业、促进就业增长的决议》，赢得了市民特别是返乡务工人员的高度评价。一位叫“吴路”的网友留言说：“这个决议，让我在寒冬里听见了春天的脚步声！”

节俭办会——按群众要求办好大会

大会秘书处行政组的刘志军说，在金融危机背景下节俭办会，既是群众的要求，也是评价同家机关是否与人民群众同舟共济的窗口。本次会议采取有力措施，精打细算，压缩开支，收到了良好的效果。一是实行"走会"。对家住市区的代表，一般都不安排住宿和进餐，适当给予补贴；大会工作人员91%在机关办公，在食堂就餐。食宿费用明显减少。二是尽量实行办公无纸化。主席团大部分会议材料和各代表团报送的简报全部采用电子文本。三是想方设法压缩开支。与去年相比。会议用车、工作人员以及办公用品均有不同程度的减少。

严格纪律——开个风清气正的大会

在党员大会上，市委书记王建鸣对代表们提出了明确纪律要求。会议期间，实行严格的请假报批程序，因上级机关公务、因病须请假的。必须履行严格的书面批准手续。主席团还成立巡视组，每个代表团均设有考勤人员，每天对各代表团到会情况进行检查，考勤情况随大会简报发送到代表手中。此外，还将代表在大会期间的履职情况记入代表履职档案，作为评选优秀人大代表、推荐拟任代表候选人的依据之一。由厂采取了严格的措施，大会到会率达到99%；各代表团全体会议和分组会议迟到、早退的现象大幅减少，无故缺会的没有，严禁会议期间相互请吃，发现违纪的予以通报批评。在严格管理的同时。大会秘书处认真做好各项服务工作，邀请常委会法律咨询组进驻大会。为代表审议报告，提出议案、建议提供法律咨询服务；成立工作联络组，选派联络员进驻宾馆，及时处理代表遇到的困难和问题，为代表聚精会神开好会议提供有力的保障，得到了代表的交口称赞。

为了那一波碧水

——通州市人大常委会监督支持水污染治理工作纪实

江苏省通州市人大综合科科长　张蔚华

"企业有污染不治理，产生污染治理不了。凡属此类，必须关停。""随着区域经济的快速发展，人民群众的生活水平在提高，但生活质量在下降。""水环境质量严重污染问题，必须解决，必须尽快解决。"……

出"诊断"不留情面，下"医嘱"当机立断

开篇所言，句句在理，字字铿锵。但它不是演讲词，而是通州市第十三届人大常委会第二十三次会议与会委员的共同心声。心声来自人民群众的呼声：位于通州市南部的通海地区，是通州市板块经济起步较早、发展较快的地区。区内的中国南通家纺城全年家纺服装类产品的销售额约占全市出口创汇总量的70%。每年销售总量以20%～30%增长速度发展。整个产业的外向度达70%以上，已融入世界经济。统计显示，中国南通家纺城家纺服装类产品年销售总量已位居亚洲第一位，世界第三位。

随着该地区产业集聚的规模增强、速度加快，区域经济的发展速度也明显加快。纺织行业的染、漂、洗以及钢丝绳行业的化学分解物，都带来了不可忽视的水环境污染问题。通海地区内河道的水质，已经超过地表水V类标准，失去水体使用功能，整个地区大小水体基本上不能养殖、不能浇灌、不能游泳，更谈不上饮用。对此，人民群众呼声强烈，迫切要求迅速治理。

2006年初，通州市第十三届人大常委会在制定年度工作实施计划时，将听取和审议市人民政府《关于通海地区水污染治理工作情况的报告》作为当年5月份常委会主要议题。5月上旬，市人大常委会分管领导带领城建环保工委的同志，对通海地区水污染治理情况进行了全面深入的调研，分别在区域内各镇召开了座谈会、重点排污企业法人代表座谈会，并与市环保局疏理了调研意见。5月18日，通州市第十三届人大常委会第40次主任会议确定，提请常委会议听取和审议市政府《关于通海地区水污染治理工作情况的报告》后，作出决议，交由市政府重点办理。会议结束的当天上午，人大常委会主要负责同志立即约请市政府市长，通报了主任会议意见，共同会商，迅速达成共识。

人大与政府认识一致，步调协调，形成了良性互动。5月22日，市人大常委会组织常委会组成人员和部分市人大代表对通海地区水环境污染情况进行视察。5月24日，市政府召集各相关部门，就通海地区水污染防治问题专题进行了讨论。5月26日通州市第十三届人大常委会第二十三次会议经过认真审议，作出了《关于加快实施通海地区水污染综合治理项目建设的决议》，并交由市政府办理。决议的出台，开出了治理通海地区"水污染"的"良药"，吹响了再造通海地区碧水、清水、甜水的嘹亮号角。

用"猛药"招招出彩，求"疗效"齐心协力

决策出台，决心下定，工程必须快速上马，但不能走弯路。为了进一步吸取教训，借鉴经验，2007年5月份，市十三届人大常委会主任、分管副主任带领城环工委、市政府办、市环保局负责同志等一行7人对浙江省绍兴市、嘉兴市、吴江市盛泽镇、无锡红豆集团和南通开发区等地区的污水统一收集、集中处理、达标排放情况，尤其对管网与污水处理厂建设、运行、管理等方面进行了考察。根据掌握的一手资料，与政府及其相关部门一起，研究了下一步的动作。6月，市政府召开专题会议讨论研究并确定了通海地区废水收集管网与污水处理厂建设"一揽子"工程方案。随即，市政府组建了相应的领导班子和工作班子，通海地区水污染治理"一揽子"工程全面展开。

沿线群众的翘首期盼，全力配合；企业争先恐后入网，大力支持；政府相关部门齐心协力，和谐运作。8.4公里的污水收集主管于2007年5月18日动工，2007年12月15日铺设完毕。项目建设中的重头戏污水处理厂，于2007年初经过多方考察及多轮竞谈，最终由皇宝（香港）国际发展有限公司及南通大恒环境工程有限公司联合体以7500万元总投资额一举中标。并在较短时间内完成立项、土地报批、项目公司注册、土地移交、工程设计等前期工作。

通州市人大常委会时刻关心着通海地区的水污染治理工作。时隔一年，市第十三届人大常委会第51次主任会议又听取了市人民政府贯彻执行《市人大常委会关于加快实施通海地区水污染综合治理项目的决议》落实情况。会议要求，加大组织力度，加快推进速度，加强工程质量监督管理；强化整体联动，密切配合，确保工程按时序进度顺利推进；市人民政府要向南通市人民政府积极呼吁，尽快启动南通开发区小海地区的污水处理工程，提高通启河上游水环境质量；要积极与省水利部门沟通，尽快完善长江排口的批准手续；要定期向南通市人民政府汇报工程进展情况，争取南通市人民政府及其相关部门和各相关市、区的配合和支持。围绕主任会议的意见，通州市人民政府召开专题会议，作出了具体部署和安排，进一步加快了这项工程的施工进度。

应对"变数"步步为营，咬定"青山"一着不让

2007年底，依照法律规定，通州市人大、政府进行了换届选举。市人大常委会的领导班子成员变化了，但是，推进通海地区水污染治理工作力度依然不减。市人大常委会主要负责同志多次了解工程进度，察看有关施工现场，针对出现的新情况新问题，提出建议和要求。市人大常委会环资城建工委把关心、支持和监督该项工程，作为2008年工作的重头戏，给予高度关注，积极做好服务工作。运用自己多年担任通海地区镇党委书记、区委书记，熟悉基层工作，在区域内威信较高的优势，市人大常委会环资城建工委主要负责同志多次亲临施工一线，面对面地开展疏导，做好群众思想说服工作，保证了污水处理厂及其配套的污水管网的顺利施工。

进入2008年，随着国家提高了COD排放指标，物价指数上升等等变化。项目建设遇到了更改设计标准、增加投资成本等新的问题。市人大常委会明确提出，困难再大，变化再多，治理污染的决心不能动摇。市政府聘请咨询机构，对COD指标提高后的投资概算进行了评估，就污水处理厂的投入成本增加，提出了合理处置意见，与皇宝公司签订了补充合同。工程指挥部建立了每月1号和15号召开工作例会的制度，及时研究和解决项目建设中遇到的困难和问题，强化组织协调，进一步适应了工程施工的需要。

今年8月，省水利厅领导来通州视察工作，市人大常委会和政府的领导抓住这一难得的机会，面对面报告了项目中遇到的尾水排口的问题，共同呼吁，得到省厅的认可和支持。现在该项工程的10公里污水排放主管道线路已经完成地形测绘，管道及节制闸设计报告正在编制中。污水处理厂自今年3月22日破土动工以后，施工顺利。配套污水管网的4个提水泵站也分别于今年5月和8月开工。目前，整个工程有序推进，进展迅速，正在加快施工。

落实科学发展观　做好代表工作

——汨罗市人大常委会加强和改进代表工作侧记

湖南省汨罗市人大常委会　彭旭光

今年来，汨罗市新一届人大常委会班子上任后，高度重视代表工作，把加强代表工作、发挥代表作用作为基础工作来抓，坚持以科学发展观为指导，采取得力措施，不断做细、做实、做深代表工作，拓宽代表活动领域，丰富代表活动内涵，扎实有效地推动了代表工作向前发展。

围绕"三心"　把握代表工作方向

在代表工作实践中，常委会紧紧围绕党委的工作中心、人大及其常委会的工作重心和改善民生的工作核心问题开展代表活动。一是围绕党委的工作中心。常委会紧扣开展代表工作与促进经济社会发展的结合点和着力点，先后围绕循环经济发展、节能环保工作、工业团区建设等涉及科学发展的重大问题。组织代表开展视察调研活动，推动市委中心工作又好又快发展。二是围绕人大及其常委会的工作重心。代表调研、视察及代表小组的各项活动主题，都围绕常委会的重点议题来确定。三是围绕改善民生的工作核心。今年的代表活动，突出抓了教育、医疗、住房、社保、食品卫生等涉及民生的核心问题，常委会先后组织代表调研视察了义务教育收费、新型农村合作医疗、住房公积金收支管理、《食品卫生法》实施等工作，督促有关部门认真解决了一批人民群众生产、生活中的实际问题和困难，从各方面维护了人民群众的切身利益。

坚持"三高"　创新代表工作机制

为充分发展代表主体作用，常委会积极创新工作机制。首先是高规格培训。2008 年是县乡人大换届后的第一年，为保证代表及常委会成员依法履职，提升代表整体素质，市人大常委会狠抓代表学习培训。3 月份，请来了省人大常委会原委员傅学俭对全体代表就如何履职作了专题培训，4－5 月份组织全体乡镇人大主席（均为市人大代表）赴岳阳党校学习培训两个月；10 月份全市分五个片区召开代表工作交流会。通过这些措施，切实增强了代表们的履职意识和履职能力，其次是高质量督办。去年十届人大一次会议上，代表们共提出议案 1 件、建议、批评和意见 190 件，闭会期间又收到建议 2 件。这些议案和建议涉及 50 多个单位，常委会对建议进行了认真研究分析，并积极认真督办。5－6 月份专门到各承办单位召开了办理推进会，常委会第五次会议还专门听取了市人民政府办理议案和建议的工作汇报。最终，办理结果代表满意率达 98.4%，其中督办《进一步保护森林资源，打击毁林犯罪，掀起造林高潮》的议案，在常委会第四次会议上向市人民政府下达了常委会近十年来的第一份督办意见。第三是高水平服务。常委会健全了服务保障机制，从多方面为代表更好履行职责服好务。把代表活动经费纳入财政预算，保障必备经费；进一步充实了选举任免联络工作委员会的力量，方便办理代表工作；积极与各有关部门联系，为代表履行职务提供时间、待遇及司法等方面的保障；做好代表及人民群众来信来访工作，认真解决所反映的困难和问题，全年受理信访事件 100 多件，全部做到了事事有答复，件件有回音。

突出"三多"　搭建代表履职平台

其一是密切联系多。健全联系机制，畅通人大常委会和"一府两院"与代表、代表与选民联系渠道。坚持每季度在全市分片区召开人大工作会议，由市人大常委会牵头，"一府两院"及人大工委都参加，将有关工作向代表汇报，听取代表的意见和建议。10 月份在全市大规模开展了市级领导走访代表活动，11 月份市委书记、市长亲自组织部分代表召开座谈会。通过密切联系让代表们充分认识到人大代表不仅是一项职务，更是一种职责。其二是开展活动多。今年来，市人大常委会及各委办开展的调查研究、执法检查，述职评议、视察等活动，都要组织部分代表参加，3 月份组织代表视察了土地整理项目，4 月份专门下发了在全市人大代表中开展"行权履职、争先创优"活动的文件，5－6 月份组织代表积极参与协助奥运圣火传递活动，10 月份组织代表视察了全市林业工作，视察后，市林业局还聘请了 10 位人大代表为林业工作监督员。其三是提供信息多。常委会采取多种形式，为代表依法行使职权提供信息，切实保障代表的知情知政权。除组织开展活动外，还免费为全市每位人大代表赠送《人民之友》、《人大导刊》等刊物资料，常委会的每期《公报》都及时发送给代表。同时，坚持邀请代表列席常委会会议，使人大代表充分了解当前省、市的重要政策信息，更好地推进依法履职，也有效地推进了全市人大工作迈上新台阶。

出"组合拳"，擂战鼓，努力开创人大宣传工作新局面

——咸宁市人大宣传工作会议侧记

湖北省咸宁市人大常委会研究室副主任　杨忠柳

寒潮至，冬意浓。然而，2008 年 12 月 31 日的这一天，咸宁市人大常委会所在地温泉，云开雾散，阳光明媚；该市人大会议室内更是暖气洋溢，全市人大宣传工作会议正在这里隆重召开。来自该市六个县市区人大常委会分管宣传工作的主任们、党委宣传部的部长们，还有市委宣传部、市直各新闻媒体的负责人和市人大各专工委室负责人，欢聚一堂，总结交流经验，座谈未来打算，力争做好新形势下的人大宣传工作。会议期间出现了一些值得回味的"亮点"。

会议：出重拳，擂战鼓，壮士气

成立时间较晚的咸宁市人大常委会，认识到人大宣传工作的不足和差距，常委会领导认为要改变这种状况，必须出重拳，擂战鼓，动员全市上下做好人大宣传工作，而是出台了一套"组合拳"，恰是重拳擂战鼓，壮士气。

市人大常委会办公室、市委宣传部联合下发了《关于加强和改进人大宣传工作的意见》，从深化认识到加强领导、从把握重点到工作职责、从工作考核到激励机制，虽然《意见》只有十余条，但条条是硬措施。

为了使《意见》能够落到实处，专门成立了由常委会、宣传部、各新闻媒体负责人组成的市人大宣传工作领导小组，切实强化领导。会议还明确要求各县市区人大常委会主要领导作为新闻宣传的第一责任人，亲自抓好宣传工作。

壮士气只有口号不行，而是制定出台了《咸宁市人大新闻宣传奖励办法》，奖励人大新闻宣传有功人员，为人大宣传工作者搭建一个干事的平台，让通讯员想写稿、多写稿、写好稿，形成浓厚的人大宣传工作氛围。

市人大常委会办公室还专门下文，聘任了 22 名人大宣传专职通讯员，还有一大批新闻工作者和兼职的人大新闻报道宣传员，形成了一个"横到边、纵到底"的宣传网络，建立起了一支阵营强大的人大宣传队伍。

宣传部长：表硬态，添措施，强合力

该市市委常委、宣传部长陈树林自始至终参加会议，并在会议上明确表态。他不只是个人的态度，而是代表市委宣传部、代表市直的新闻媒体、宣传单位，还有县市区的宣传部的同志，他表态时情真意切，表的是"硬"态。他说"第一，我们要进一步深化对人大宣传工作的认识。人大宣传工作是党的宣传工作的重要组成部分，我们咸宁市的人大宣传工作，是我们咸宁市委思想宣传工作的重要组成部分，我们整体宣传咸宁、推介咸宁，其中应有之义应该有人大的宣传工作。今后，我们宣传部门、新闻媒体的同志，要有更多的精力，更多的时间来抓好、来重视人大的宣传工作，并作为自己的工作职责，义不容辞、责无旁贷。第二，切实推动人大宣传工作在现有基础上再跨一个新的台阶。要把人大宣传工作作为市委宣传部整个思想宣传工作的重要内容，列入年度的思想宣传工作要点，作为年度目标考核的重要内容。同时，力争做到每年研究一至两次人大的宣传工作，确定一至两个重点专题，抓住我们咸宁人大工作的特色，树立咸宁人大工作的品牌。市里的五家媒体，一定要明确专门的记者，来跟踪报道宣传人大工作，并取得更大的成效。我们五家媒体除在"两会"期间，开辟专版、专栏进行宣传报道外，还要把开辟专栏、专版、专题，作为一种常态，坚持下去，要定期不定期的报道好、宣传好人大工作，使我们经常能够看到人大开展的一系列活动，看到方方面面的代表在经济社会发展上取得的成绩，特别是在建设鄂南经济强市、深入

实践科学发展观中展示我们代表的风采。”宣传部长的表态，不仅是认识上的升华，更是一条条硬措施，必将推动咸宁人大宣传工作顺利开展。

常委会领导：找差距，查原因，再鼓劲

该市人大常委会党组书记、副主任余泗林在充分肯定人大宣传工作取得了长足进步的同时，认真查找存在的问题。问题主要表现在宣传层次浅，缺乏深度；宣传形式比较单一呆板；宣传内容格式化、宣传面较窄等。并剖析原因，主要是人大常委会本身对人大宣传的策划、组织、协调、服务不到位，认识不到位。认识不到位是最根本的。一方面我们主动争取和自觉接受党委及宣传部门对人大宣传工作的领导、支持不够；另一方面社会各方面对人民代表大会制度建设和人大工作不了解，认识有待进一步提高。他查摆问题，是为了“对症下药”。他说“要解决好这些问题，既要依靠党委及宣传部门的高度重视和新闻单位的大力支持配合，也要求各级人大常委会自身提高认识，加强领导，采取有力措施，不断推进人大宣传工作实现新突破。”所以要做好新形势下的人大宣传工作，他要求必须进一步提高对人大宣传工作重要性的认识，必须明确人大宣传工作的主要任务，必须采取得力措施，增强人大宣传工作实效。要加强组织领导，增强宣传工作实效；要健全工作制度，增强宣传工作活力；要壮大宣传队伍，拓宽宣传领域；要提高宣传质量，争取多出精品；要加强沟通联系，提供周全服务；要崇尚奉献精神，致力宣传事业。

举杯鼓劲，再加油。这一天的午餐成了再一次动员鼓劲的会场。只见余泗林、陈瑜两位常委会领导频频举杯，向各县、市、区领导敬酒，并反复叮咛要认识到位、领导到位、措施到位、保障到位，共同开创全市人大宣传工作新局面。

认真开展立法工作　营造良好法制环境

——黔东南苗族侗族自治州民族立法工作30年回顾

贵州省黔东南州人大民族与法制委员会　张昌学

改革开放30年来，黔东南苗族侗族自治州人民代表大会十分重视民族立法工作，根据《中华人民共和国民族区域自治法》第十九条关于：“民族自治地方的人民代表大会有权依照当地的政治、经济和文化的特点，制定自治条例和单行条例”的规定。结合自治州的政治、经济和文化的特点，认真制定立法规划，积极开展立法调研和起草、论证条例的工作，民族立法工作取得了一定的成效。

一、民族立法成果

〈一〉公布施行的条例

1、**制定《黔东南苗族侗族自治州自治条例》**。1978年12月中国共产党第十一届三中全会提出了健全社会主义民主和加强社会主义法制的任务。1980年，在中共黔东南州委的领导下，成立了黔东南苗族侗族自治州自治条例起草领导小组，开始州自治条例的起草工作。1987年4月，黔东南苗族侗族自治州第八届人民代表大会第二次会议通过了《黔东南苗族侗族自治州自治条例》。1987年7月16日，贵州省第六届人大常委会第25次会议经过审议，认为《黔东南苗族侗族自治州自治条例》符合宪法、民族区域自治法的基本原则，反映了黔东南自治州特点，决定予以批准，自1988年1月1日施行。

2002年，根据修订后的民族区域自治法的规定，自治州第十一届人大常委会第七次会议作出了关于修改《黔东南苗族侗族自治州自治条例》的决定，成立了修改工作领导小组，开展州自治条例的修改工作。这次修改的重点放在经济建设和财政管理方面，同时，对教育事业的发展、对科技、文化、卫生、体育、人口与计划生育、劳动和社会保障等事业的发展按相关法律法规的规定重新进行了规范。2006年3月自治州第十一届人民代表大会第七次会议审议通过。2006年5月26日贵州省第十届人大常委会第二十一次会议决定：批准《黔东南苗族侗族自治州人民代表大会关于修改〈黔东南苗族侗族自治州条例〉的决定》。自治州人大常委会2006年7月19日公布施行。

2、**制定《黔东南苗族侗族自治州立法办法》**。为了进一步履行宪法和法律赋予自治州的立法权，有效地规范和指导自治州的立法工作，维护国家法制的统一，提高民族立法质量，促进依法治州进程。在认真总结自治州多年的立法工作经验的基础上，结合黔东南实际，州人大常委会调研起草、论证、会议审议，2002年12月7日州第十一届人民代表大会第3次审议通过《黔东南苗族侗族自治州立法办法》。立法办法对自治州立法工作应遵循的基本原则、立法权限、立法程序和报批程序以及法规的解释作了规定。

3、**制定出台的单行条例是：《黔东南苗族侗族自治州个体工商户私营企业条例》、《黔东南苗族侗族自治州档案管理条例》、《黔东南苗族侗族自治州农村消防条例》、《黔东南苗族侗族自治州舞阳河风景名胜区管理条例》、《黔东南苗族侗族自治州里禾水库水资源保护条例》、《黔东南苗族侗族自治州城镇建设管理条例》、《黔东南苗族侗族自治州民族文化村寨保护条例》《黔东南苗族侗族自治州镇远历史文化名城保护条例》等。自治条例的制定、修改，施行，单行条例的制定和颁布实施，为自治州经济社会发展奠定了良好的基础。**

（二）正在论证、修改、和起草中的单行条例（草案）

本届任期还有两年多的时间，按照本届任期内的立法规划要求，民族立法任务还有：①要制定出台《黔东南苗族侗族自治州农村公路条例》；②起草《黔东南苗族侗族自治州三板溪库区管理条例》等。其中农村公路条例（草案）已经省人大有关专委领导和专家学者论证；三板溪库区管理条例正在起草中。

二、民族立法工作的做法和体会

在开展民族立法实践中，对如何提高立法质量，加快立法步伐，促进民族自治地方经济社会发展，我们的做法和体会是：

（一）立法工作要有前瞻性。立法工作要做到有前瞻性，就必须解放思想、转变观念，使立法工作更好地体现时代性，把握规律性，富有创造性。这就是在维护法制统一的前提下，以科学发展观统领立法的全过程，积极大胆探索立法工作。在具体立法工作中必须克服"怕、等、靠"的思想意识，要冲破旧的传统观念，牢固树立与改革开放相适应的立法新思维、新思路和促进民族地方经济社会发展相适应的观念。如针对我州农村居住集中，且多为木房，农村火灾事故频发的情况，我州制定出台了《农村消防条例》，该《条例》自2002年8月1日实施以来，我州各级政府全力协作，齐抓共管，截至目前为止，全州已完成消防寨改236个，房改47041栋开辟防火线1760条，使农村消防工作步入有法可依的法制化轨道。

（二）立法要突出民族自治地方的政治、经济和文化特点。当前，从民族立法的共性来看，民族自治地方的立法都是以《宪法》和《民族区域自治法》为依据，把调整社会各种关系，促进经济社会发展作为立法的重点。我州立法工作在认真把握国家法律法规和上级地方性法规的前提下，从本州的实际情况和客观需要出发，积极探索立法工作的规律性和特殊性。如我州的民族村寨风情浓郁，房屋建筑考究，建筑工艺精湛，不但独具民族文化的特征，而且具有发展民族文化旅游的价值，为保护好和开发利用好这个资源，我州制定了《黔东南苗族侗族自治州民族文化村寨保护条例》，较好地体现了突出当地民族特色和地方特点的要求。

（三）立法要服从和服务于改革发展稳定大局。立法工作必须始终紧紧围绕党委的中心工作，与改革开放和经济社会又好又快发展相适应，必须同党的重大决策相结合。在这样的前提下，坚持"突出重点、急用先立，统筹规划，注重实效"的原则，把立法的重点放在经济社会发展上。我州制定出台的8个单行条例中，直接规范和调整经济社会发展大局的条例就有7个。这些单行条例的施行，对于促进自治州经济社会又好又快发展起到了十分重要的作用。如《舞阳河风景名胜区管理条例》、《民族文化村寨保护条例》、《镇远历史文化名城保护条例》等都是紧紧围绕州委关于"建设原生态民族文化旅游大州"的战略制定的。

（四）立法要注重质量。我们在立法中坚持走科学立法、开门立法和民主立法的路子，各项立法都经过深入调查研究，反复进行论证，既广泛征求全州上下的意见，又多次征求上级主管部门的意见，力争上级主管部门的大力支持和理解。如我州制定民族文化村寨保护条例就用了17年的时间，上下征求意见10多次，征求到的修改和意见建议多达100多条，充分凝结第九、十、十一、十二届人大的集体智慧和心血汗水。由于起草工作充分、细致，追求质量，2008年5月份提请省人大常委会审批时，作了修改的地方不多。已经制定出台的8个单行条例中，经法规清理机构认真清理，都尚未发现有与上位法和WTO规则相抵触的地方，目前不需立即修改，都还在有效施行。

（五）立法工作必须坚持党的领导。立法工作与其他工作一样，必须在党的领导下开展，立法必须贯彻党的路线、方针和政策。法律是党的主张和人民意志的体现，只有坚持党的领导，体现党的意图，立法工作和立法项目才不会发生偏差。因此，我们在立法活动中，坚持党的领导作为第一职责，人大常委会审议通过的立法规划，法规草案都必须提请党委常委会议讨论同意后，才提交人民代表大会审议表决。如我们在修订《州自治条例》中，州委明确4位州委常委参加修订领导小组任组长或成员，先后4次向州委汇报修改工作情况，州委召开三次常委会讨论自治条例修订案，州委书记亲笔修改修订案的条款达10多处，使党委的意图在条例中得到充分体现。坚持党对立法工作的领导和争取党委对立法工作的支持，是做好立法工作的根本保证。

三、民族立法工作存在的困难和问题

我州完成了《州自治条例》的修订工作，制定出台了8个单行条例和立法办法，工作中积累了一些经验，取得了一定的成效，但还存在一些困难和问题。主要是：

（一）对自治地方法律法规的贯彻落实不够到位。一方面，民族区域自治法对上级国家机关帮助支持民族自治地方的职责很明确，但上级国家机关在实际工作中没有把民族自治地方与非民族自治地方区别对待，在项目、资金的安排上，有的上级部门多把项目和资金投入到经济条件较好的地区，民族自治地方得到的照顾不多。比如，在安排"整村推进"扶贫工程资金时，没有专门考虑到民族自治地方的差异，在标准上搞"一刀切"；在决定全国合并小学教学点时，没有考虑到民族自治地方的特殊性，造成一些边远贫困地方的适龄儿童上学难；在录用公务员工作中，实行准入标准"一刀切"，致使民族自治地方公务员补充困难、司法人员不足的矛盾突出；在民族医院制剂审批和管理中，没有考虑其特殊性，存在审批内容过多，程序过于复杂，审批费用偏高，致使一些民族医药制剂尚未得到药监部门的审批文号，受到限制使用。另一方面，自治州制定出台的自治条例和单行条例，虽然报经省人大常委会审批，并报全国人大常委会备案，至少同省人大常委会制定出台的法规具有同等的法律效力，但在施行中上级国家机关往往不考虑民族自治地方法规的特殊性，仍就依照红头文件按照条块规定办事。由于这两个方面的原因，在一定程度上影响了民族自治地方法律法规的效力和立法进程。

（二）立法的民族特色和地方特点不够突出。在立法中，我们力争突出民族特色和地方特点，但实际上做得很不够。主要表现在，如何准确地把握国家法律法规与本州实际的内在联系上突出民族特色和地方特点，使制定的条例确实对民族自治地方经济社会发展产生较好的保护、促进作用方面不尽人意，民族立法的民族特色和地方特点没有得到应有的体现。

（三）对立法重要性的认识上还不够到位。人大及其常委会对立法工作十分重视，但执法机关对立法工作还缺乏统一的认识，重视不够。因此，工作中往往出现一头冷，一头热，甚至认为立法是人大的事，是人大要立法，而不是执行机关要立法的现象。另外，执行机关对已经颁布施行的自治条例、单行条例的宣传、学习不够重视，执行得不力，没有完全发挥条例应有的作用。

（四）部门提交的法规草案质量不高。多年来，自治州人大和政府都没有专门的条例起草班子，起草工作都是由政府相关部门指定一两个人负责。条例草案难免存在着强调部门利益、扩大部门权力的倾向，有时还发生部门之间争执管辖权、审批权、发证权、收费权、处置权等问题。如在制定《黔东南苗族侗族自治州舞阳河风景名胜区管理条例》中，对风景名胜区的规划管理、开发利用权就出现了城建部门与旅游部门的争议。政府部门起草法规草案质量不高还表现在：除了争执管理权，利用合法的程序扩大部门利益外，法规草案有的重点不突出，用语不规划，惯用拟写政府法规性文件语言和形式来起草法规草案等，给立法机关审议法规草案时带来很多困难。

（五）缺乏高素质的专门立法队伍。在我州立法队伍中，不但缺乏从事立法、行政、司法两个以上岗位实践的人员，而且也没有兼具城乡工作领导、知识涵盖政治、经济、法律、文学、历史、科学的人员。加上负责立法工作人员参加学习培训的机会不多，视野不宽等，影响了民族立法步伐。

四、今后民族立法工作打算

（一）以经济建设为中心，为经济社会又好又快发展创造良好的法制环境。根据胡锦涛总书记关于进一步突出经济立法这个重点，着眼于确立制度、明确权责、保障权益，全面推进经济法制建设的批示精神。在今后的立法工作中，必须紧紧围绕经济建设这个中心，继续突出经济立法的份量，把促进我州经济社会发展和全面建议小康社会作为民族立法的根本目的。我们州有自己的特殊性，我们要突出地方特点，发挥地方优势，建立起具有民族自治地方特色的法律保障制度，在本届起草制定的三个条例(草案)中设置自然资源利用、环境资源保护、公民权益保护等方面的条款，为我州的经济社会又好又快发展创造良好的法制环境。

(二)解放思想，更新观念，齐心协力把民族立法工作推向前进。一是要提高各级各部门领导对民族立法重要性的认识，切实更新立法观念，在思想上、组织上、措施上注重民族立法工作，并从编制上、人员配备上加强立法干部队伍的建设，如仍然按惯例平均地规定各专委的人员编制，是难以做好这一重要工作的。二是要认真解决"一头热一头冷"的问题。多年来，人大要立法而不是执法机关主动要求立法的思想观念一直没有消除，认为法多法滥的思想观念仍然存在。因此，政府及其主管部门的领导也应当充分认识依法治州重要性，切实依法规范行政行为，切实依法行使职权，实现有法可依的法制原则，主动地参与民族立法工作。

(三)认真贯彻科学立法精神。随着社会主义法律体系的不断完善和改革开放的深化，立法涉及的范围越来越广，工作难度越来越大，要求越来越高，这给民族立法工作提出了新的、更高的要求。因此，在今后的民族立法中，我们必须认真贯彻执行党的十七大关于科学立法的要求，坚持以人为本，把人民大众的利益作为出发点和落脚点，同时，要善于把民族立法与西部大开发的各项优惠政策进行有机结合，通过条例的形式体现出来，使民族立法更加适应我州经济社会发展的需要。

(四)认真贯彻民主立法精神。在民族立法工作中，要认真贯彻执行党的十七大关于民主立法要求，坚持走开门立法路子，深入开展调查研究工作，广泛听取各方面的意见，不断增强立法的民主性和透明度，逐步建立健全向社会公开征求立法项目建议制度、重要条例草案公示制度、立法听证制度、审议条例草案时公民旁听制度。扩大群众立法参与权。把听取人民群众的意见贯穿到草案的立项、起草、审议、修改等全过程，特别要听取各级人大代表和广大人民群众、基层单位、执法人员的意见，确保人民群众通过多种途径参与立法活动，使人民的意志和智慧通过各种渠道汇聚、体现在条例中。去年，在讨论修改《黔东南苗族侗族自治州镇远历史文化名城保护条例》中，为更加广泛的听取方方面面的意见，我们组织召开了立法听证会，效果很好，在今后的民族立法中要进一步完善立法听证制度，把草案交给更多的人讨论修改。

(五)要提高立法队伍素质。一方面要加大对人大代表审议条例草案知识的培训，让代表们了解审议条例草案的基本程序和审议条例草案的基本常识，把代表们真正列入立法队伍中来，真正成为立法机关的一员。另一方面，要加大对州人大常委会组成人员审议各项条例草案知识的培训。根据《立法法》的规定，条例草案必须在人大常委会实行二次审议后才能提交代表大会审议表决，如果条例草案在人大常委会审议中马虎，不但影响条例的质量，也会直接影响到立法的进程。因此，常委会组成人员应当有一定的法律知识和业务素质，应当认真审阅条例草案及其相关材料，进而认真审查立法的必要性、合法性和可行性，才能对条例草案涉及到焦点问题、重点问题、难点问题和分歧意见提出有效的解决办法。在立法工作中我们认为，常委会组成人员审议条例草案的质量高，提请代表大会审议的条例草案就容易通过，如果常委会审议的质量不高，提请代表大会审议时提出问题就会增多，甚至不能通过。

(六)进一步完善立法顾问制度，充分发挥立法顾问在立法工作中的作用。为了更加体现立法的科学性、民主性和公开公正原则，我州从2007年起在大专院校和司法机关聘请了10名有法律专业学历或者从事法律工作多年、经验丰富的专家学者为州人大常委会立法顾问，我们要充分发挥他们的作用，让专家学者们为加快我州的立法步伐，提高立法质量出力。

(七)稳步开展经济立法，更加注重民生立法。改革开放30年来，国家的经济立法以及配套措施基本健全完善，但我们经济立法还很滞后，我们将继续努力开展经济立法，同时，认真贯彻执行十一届全国人民代表大会精神，更加注重民生立法工作。今年，我们采取了向全社会公开征集民生立法项目建议，力争将更多的民生立法项目纳入州人民代表大会的立法规划，把民生立法摆在突出的位置。

(八)要行使法律赋予的权力，在"变通"上下功夫。民族立法是国家立法的重要补充，是国家法律法规的重要组成部分，起到"拾遗补缺"的作用。因此，在今后立法工作中要根据国家法律法规的授权和规定，切实从我们州实施出发，在"变通"上积极实践，在实用上花大力气，对不适合我们州实际和不具备可操作性的上位法作出变通规定，同时做到能立几条就立几条，不追求“大而全”或面面俱到，按照科学发展的要求作用唯一的标准，树立“小而不精”和“真正管用”的思路，在制定变通规定或补充规定上下功夫。

（九）加大对自治条例和单行条例的监督检查力度，充分发挥其应有的作用。自治条例和单行条例一经颁布施行就需要大力宣传和认真贯彻实施。一方面各级政府及工作部门要把它作为管理我州地方国家机关事务的重要法规依据抓落实，扎实有效地推进依法治州进程；另一方面，各级人大及其常委会要加大对自治条例和单行条例实施工作的执法检查，督促政府及其部门切实执行好自治条例和单行条例，使其做到有法必依、违法必纠、执法必严，真正发挥自治条例和单行条例对促进我州经济社会发展应有的作用。

总之，我们州的立法工作虽然取得了一定的成绩，但与经济社会发展的需要还有很大的差距，今后要深入学习实践科学发展观，贯彻落实科学发展观，认真开展立法工作，加快立法步伐和提高立法质量，为我们州经济社会又好又快发展营造良好的法制环境。

不用扬鞭自奋蹄

——市人大常委会代表工作亮点纷呈

广东省揭阳市人大常委会办公室宣传科　陈宏鑫

过去一年，揭阳市人大常委会多渠道探索提高人大代表履职水平，不断加强和改进代表工作。一项项人大工作制度的与时创新，一件件代表工作的经典回放，无不让人深切感受到，我市的人大代表工作亮点纷呈，成效显著。如今，不当只会“举举手，划划圈”的“名誉代表”，已成为人大代表们的共识。

健全制度，首设代表联络工作室

如何发挥好人大代表在闭会期间的作用？一直以来，是市人大常委会思考和重视的问题，特别是中央9号文件下发以来，常委会把代表工作列上重要议事日程，认为加强代表工作，必须先从代表工作机构和有关制度着手，以保证代表工作的规范化。市人大常委会代理主任陈石波对创新代表工作极其重视，他说：“人大代表是民意表达的代言人，代表履职如何，对人大工作的开展关系很大。市人大常委会要切实加强代表工作，做好创新代表工作机制这篇文章。”去年年初，市人大常委会分工的副主任熊梅华组织常委会相关工委和办公室，进行了为期近二个月的深入调查研究，起草了包括继续加强代表培训、加强代表小组活动、开展“争先创优”活动、建立联系代表制度、设立代表接待日制度等方案，并将这些方案提交常委会会议审议，全面付诸实施。

这些制度的出台和实施，极大地激发了代表的工作热情，保证了代表工作规范、务实、长效。

如果说，制度的完善给本届市人大常委会代表工作带来新气象的话，那么设立代表联络工作室，就是本届常委会加强代表工作的一大亮点。

代表联络工作室主任由市人大常委会副主任熊梅华兼任，常委会选联任免工委主任、1位常委会委员任副主任，常委会6位专职委员担任联络委员。联络室的主要职责是，围绕市委的重大决策和市人大常委会的审议、决定内容，每季度组织开展一次主题鲜明的联系代表活动，广泛收集和听取市人大代表的意见和建议，拓宽本级人大代表反映社情、表达民意的途径。同时，总结交流代表活动经验，组织代表考核、表彰活动，宣传代表履职的好典型、好经验。去年，代表联络工作室的联络委员围绕基础教育、农村合作医疗、城镇建设和企业科研等经济社会热点问题，深入各县（市、区）进行调研，广泛听取人大代表和人民群众的建议，汇集各方意见，撰写建议文章，交市政府有关部门办理，受到人大代表和人民群众的好评。

“代表联络室的设立，为人大代表知情知政、参与管理国家事务，提供了很好的平台，进一步提高代表参政当政的能力和水平，这将架起一座市人大常委会与人大代表沟通、联系的‘连心桥’，是一个真正的‘代表之家’。”提起代表联络工作室，许多人大代表感慨地说。

主题活动——激发代表履职热情

去年是监督法颁布实施的第一年。为搞活人大代表在闭会期间开展活动的方式,激发代表工作热情,让代表"动起来",市人大常委会决定在市四届人大代表中开展"讲正气、谋发展、创和谐、树形象"的主题活动。在去年的八、九月间,"我为揭阳跨越发展献一策"征文活动、人大代表书画摄影作品展、人大代表乒乓球赛等活动,在市人大常委会的组织下,如火如荼地进行,这使得我市的人大工作在这个夏季显得格外火热而忙碌。

翻开那摞厚厚的人大代表征文活动资料,社会治安、教育、市政建设、农村卫生问题等民生课题,一一映入眼帘。许多人大代表积极地建言献策,提交了一篇篇高质量的献策文章。市人大代表林运光的献策文章《关于加快30亿工程建设进度的建议》,针对30亿工程建设的现状、存在问题,分析得很透彻,对解决问题提出切合实际的建议。市人大代表方琪的献策文章《关于我市镇通行政村公路硬底化改造建设工作的意见》,针对我市目前的现状,深入分析存在的问题,提出了扎实完成公路硬底化工程的对策和建议。杨洪生、陈哲勉、黄建兴、蔡少芬、庄少琼等代表不约而同选择了教育问题,提交了献策文章。

在此次征文活动中,市人大常委会代理主任陈石波几次就如何精心组织、充分发动、认真评选等做出了明确的指示,市人大常委会副主任熊梅华深入调研,撰写献策文章,多次听取汇报,了解活动进展的情况。代表联络工作室的同志们深入各县(市、区)进行调研和检查,促进活动的顺利开展。各县(市、区)人大常委会的负责同志积极支持活动的开展,在活动的宣传、发动、组织等方面做了大量的工作。广大代表热情参与,他们冒着高温酷暑,深入田间地头、工厂企业、居民小区,听取民声,了解民意,结合我市的实际,从体制和机制上谈问题,写出了许多代表群众心声、切实可行的献策文章。据统计,全市选举单位共收集到市人大代表的献策文章130多篇,推荐上报市人大常委会的有81篇。许多评委都暗暗赞叹,那是一篇篇过得硬的"论文",是一件件针对性、操作性强的"好点子"。

"人大代表利用各自的专业优势和工作优势,结合实际开展代表工作,不仅关心本单位、本地区的社会问题,还拓宽视野,积极关注揭阳全市经济社会发展的大局大势,以小见大,以点带面,为揭阳的发展出谋献策。"市人大常委会代理主任陈石波做出这样的总结。

事实上,充实闭会期间代表活动内容,激发代表履职热情,一直是市人大常委会代表工作创新的重点。除征文活动外,去年市人大常委会还开展了人大代表书画摄影作品展和乒乓球比赛,活跃了人大代表的文体生活。

活动中,许多人大代表在繁忙的工作之余,踊跃参与。他们当中有年届古稀的老同志,有日理万机的党政领导,有业绩丰硕的企业界精英,有风华正茂的青年一辈,有"不让须眉"的女代表,他们的热情参与,展示了我市的人大代表能文善武、多才多艺的整体阵容,展示了人大代表奋发向上,热爱揭阳,建设揭阳,共创和谐文明新揭阳的精神风貌。

参加活动的许多人大代表由衷地说:"平时我们只是在开会和视察等活动中见见面,代表之间的交流较少,参加这样的活动,不仅加强了沟通和联系,增进了感情,而且还陶冶了自己的情操,非常有意义。"

创新考评模式——首建代表履职登记制度

长期以来,尽管法律赋予广大选民对人大代表履行职责予以监督的权利,但由于缺乏必要的监督手段,人大代表履行职责,只能靠人大代表的自觉行动,在机制缺乏的情况下,选民对人大代表监督不到位,难以保证所有人大代表都尽心尽职。如何保证人大代表有效履行宪法和法律赋予的法定职责,真正代表人民行使监督管理国家事务的权力,新一届市人大常委会对此进行不懈的探索。

经过充分的考察调研,市人大常委会认为,要制定一套完备的规章制度,并在制度的要求和规范下,监督和评价人大代表履职表现,将代表一时的工作激情转化为长久的工作动力。为此,2007年5月16日,市人大常委会决定建立代表履职登记制度,统一印制了市人大代表履职手册。这标志着市人大常委会创新代表工作的又一项举措脱颖而出。

代表履职手册写明了人大代表的本职工作及基本情况变动记录、代表大会期间代表履职情况、闭会情况代表履职情况,规定了履职记录和考核的内容和要求,主要考核代表密切与选民的联系,领衔或参与提出的议案、建议情况,闭会期间参加视察、调查、执法检查、专题调研、代表培训和代表小组活动等情况。代表履职手册每年一册由代表个人如实填写,每年年终,分别由代表小组组长、选举单位负责人填写阅签意见后,由选举单位收集,同时将本选举年度代表履职情况综合成书面材料,一并送交市人大常委会代表联络工作室保管,换发新一年代表履职手册。代表联络工作室每年对代表履职情况进行考核检查,于届中和届末将代表履职综合情况通报各选举单位,并将考核情况作为评选优秀代表和推荐连任代表的依据。

代表履职登记制度,使代表开展活动有计划,出席有考勤,效果有评价。对长期认真履职的代表而言,登记制度是一种支持和鼓励,会使他们更加坚定理想和信念,充分履行代表职责;对工作缺乏主动性、积极性的部分代表来说,这一制度是鞭策和压力,会使他们自觉转变工作作风,提高履职热情。

"代表履职手册里面一项项列得清清楚楚,就等着你去做,如果不去做或做不好,手册上一片空白,就不好交代。这不仅是记录履职情况的形式,更承载着人大代表沉甸甸的责任。"许多人大代表们深有感触地说。他们纷纷表示,决心要在5年的任期内不辱使命,不负重托,依法履职,用自己的实际行动在人大代表的岗位上做出应有的贡献。

让居者有其屋

——河北省秦皇岛市人民代表大会监督落实群众住房纪实

河北省秦皇岛市人大常委会　宋海斌

2008年3月28日,秦皇岛市第十二届人民代表大会第一次会议作出《关于加大经济适用住房和廉租住房建设力度的议案的决议》。2009年2月6日,2008年河北省城市住房保障工作目标考核结果揭晓,秦皇岛市位居第一位,被评为全省城市住房保障工作先进城市。这一结果说明秦皇岛市十二届人大一次会议这一牵涉群众切身利益的议案取得了良好的办理效果。

议案:想民生之急

2008年1月3日,秦皇岛市对海政里经济适用住房首次采取公开摇号销售,符合购房条件的7569户参与摇号,有2260户幸运地取得了购房权。此举在全省首创,受到广大市民的普遍赞许。出人意料的是,有幸取得购房权的2260户中,却有880户弃购。经过第二次公开报名,取得购房权的708户又有286户弃购。经过调查,很多急切盼望经济适用住房的购房者反映,因住房面积过大、高层公摊面积大、生活成本高、家庭经济条件差无力购买等原因,不得不放弃来之不易的购房权。

在2008年3月23日至28日召开的市十二届人大一次会议上,弃购经济适用住房的反常现象引起了市人大代表的热议。在会议期间,沈广、乔殿义、杜秀芝等13名市人大代表提出了关于加大经济适用住房和廉租住房建设力度的议案。2008年3月28日,市十二届人大一次会议第四次全体会议表决通过了《关于加大经济适用住房和廉租住房建设力度的议案的决议》。这是秦皇岛市第十二届人民代表大会第一次会议通过的惟一一件议案。议案从维护群众利益,解决低收入家庭住房困难出发,所提六条内容直陈要害:制定经济适用住房和廉租住房建设规划,扩大建设规模,逐年增加供应量;由政府有关部门负责承担经济适用住房和廉租住房建设项目,降低成本,保证质量,确保低收入家庭在价格上能够承受;鼓励具备条件的建筑企业参与经济适用住房和廉租住房建设;推行经济适用住房、廉租住房与商品住房开发联动运作建设模式;避免经济适用住房和廉租住房只建在偏远郊区,按国家有关规定,控制单套建筑面积,并做到设计合理,功能完善;严格经济适用住房和廉租住房的审批标准,做到公开、公平销售。

议案:谋民生之策

新产生的市十二届人大常委会把十二届人大一次会议议案作为2008年工作监督的重点内容,切实加大监督力度。2008年6月23日,市人大常委会副主任蔡运国与提出议案的部分代表到市住房保障和房产管理局听取了议案办理进展情况的汇报。

2008年10月6日至13日,市人大常委会主任訾瑞亭结合市委组织开展的"树创促"主题实践活动,围绕经济适用住房建设与销售问题进行蹲点调研。通过为期一周的调研、走访、座谈,訾瑞亭主任积累了大量一手资料,向市委、市政府提交了题为

《加大经济适用住房建设力度为低收入家庭提供住房保障》的破解难题建议书。

2008年10月16日至17日，市人大常委会副主任王文钊带领市人大常委会建设环保工委和部分代表就经济适用住房建设与销售暨落实市十二届人大一次会议议案决议情况进行了专题调研，实地查看经济适用住房建设项目，召开了社区居委会主任和房地产企业座谈会。

2008年10月28日，市十二届人大常委会第五次会议听取和审议了市住房保障和房产管理局局长受市政府委托所作的《秦皇岛市人民政府关于经济适用住房和廉租住房建设与销售暨落实市十二届人大一次会议<关于加大经济适用住房和廉租住房建设力度的议案的决议>情况的报告》。

市人大常委会三楼会议室，审议气氛异常热烈、活跃。兰波代表说："让居者有其屋，就是要保证每个居民都要有房住。应进一步扩大廉租住房保障范围。"白焕新代表建议，政府可以回购部分商品房作为经济适用住房。刘秀英代表建议，从政策调整入手解决制约经济适用住房和廉租住房建设的瓶颈问题。当日，针对在调研中发现的经济适用住房建设总体规模小，统建比例低；建设成本加大，购买能力降低；建设用地储备少，项目征地拆迁难；建设启动资金短缺，办理抵押贷款难；"内循环"转让政策制约经济适用住房的建设与销售等问题，市人大常委会下发了《关于经济适用住房和廉租住房建设与销售暨落实市十二届人大一次会议议案决议情况的审议意见》，向市政府提出扩大经济适用住房和廉租住房保障范围、降低经济适用住房价格、规范经济适用住房收费、允许经济适用住房上市转让等8条具体建议。

议案：解民生之忧

秦皇岛市政府认真落实市十二届人大一次会议《关于加强经济适用住房和廉租住房建设与销售力度的议案的决议》，作出年内开工40万平方米经济适用住房的承诺，并将其列为2008年民生工程37件实事之一。

2008年10月10日，市委常委、副市长李洪卫在市政府二楼会议室召开的建设系统一把手会议上强调："在房地产市场低迷的大环境下，政府就是要把困难户的住宅解决好，必保完成经济适用住房和廉租住房建设目标！"2008年10月17日，市政府召开全市房地产形势分析座谈会。30余家房地产企业与20个市直有关部门进行了政策对接和业务衔接。2008年10月27日，安居东里经济适用住房建设项目举行奠基仪式。2008年11月13日，市住房保障和房产管理局召开县区住房保障工作调度会。局长安宝忠说："住房保障是第一任务，我们要争分夺秒地工作。落实人大议案，我们出手要快，出拳要重，抓得要准，做得要实。"2008年11月25日，市长朱浩文在研究《促进房地产市场健康发展的若干意见》时强调："保障性住房建设是拉动内需的重要内容，是民心工程，要把好事办好。要通过建购并举，收到一石多鸟的效果。"

2008年12月31日，秦皇岛市首批实物廉租住房入住仪式在东环北里举行。市委书记王三堂、市长朱浩文、市委常委、副市长李洪卫亲手把钥匙发给首批实物廉租住房入住家庭。据统计，截至2008年底，秦皇岛市对符合廉租住房保障条件的6104户、15753人提供了货币补贴，发放配租资金965万元。采取竞争性谈判的办法收购了400套实物廉租住房，不仅完成了省政府下达的目标任务，解决了部分低收入家庭住房困难，还收到启动房地产市场、加速房地产企业资金流转、增加税收等效果。此外，秦皇岛市实际开工经济适用住房项目11个、43.56万平方米，超额完成了市政府确定的年内开工40万平方米经济适用住房的目标任务。

2008年12月，秦皇岛市政府根据河北省人民政府《关于促进全省房地产市场健康稳定发展的若干意见》（冀政[2008]101号），结合市十二届人大一次会议议案和市人大常委会审议意见，研究制定出台《关于促进我市房地产市场健康发展的若干意见》（秦政[2008]196号）和《保障性住房筹集工作实施方案》（秦政办[2008]174号），对经济适用住房和廉租住房有关政策作出重大调整。一是自2009年1月1日起，秦皇岛市在全省率先将廉租住房保障条件和经济适用住房保障条件并轨，符合保障条件的家庭可自主选择租赁、购买实物廉租（经济适用）住房或货币配租。已经租赁的住房也可以购买。此举解决了保障对象无力购买经济适用住房难题，以及原来不符合廉租住房条件又无力购买经济适用住房的"夹心层"住房保障难题。二是2009年至2011年3年内将对并轨后2万多户保障对象实现应保尽保。逐步扩大实物廉租住房比例，三年内实物配租比例达到50%。三是调整了"内循环"政策，购买经济适用住房满5年，可以按国家有关政策规定上市转让经济适用住房，以提高保障对象购买经济适用住房的积极性,并增加其财产性收入。四是廉租(经济适用)住房建设以国有房地产公司为主、商业地产公司为辅。直接委托国有房地产公司进行开发建设,市政府全额投资,企业零利润。商业房地产公司全额自行投资,按照政府指定的户型、面积、配套标准进行开发建设,政府按成本价收购,分年度付款(含利息)。此举将解决国有房地产企业建设经济适用住房自筹资金不足问题,提高商业房地产企业建设经济适用住房的积极性。这些政策的执行,将进一步加大政府资金投入力度,扩大住房保障面,为住房保障工作的健康发展奠定更坚实的基础。

让居者有其屋。秦皇岛市十二届人大一次会议议案落实办理取得阶段性成果。秦皇岛市人大常委会将进一步加大跟踪监督力度,让住房保障制度惠及更多的低收入家庭。

监督,代表人民利益

——湖北省钟祥市人大常委会听取专项工作报告纪实

湖北省钟祥市人大常委会　黄明顺　陈红霞　尹海峰

听取专项工作报告,是《监督法》赋予人大常委会的重要职权。湖北省钟祥市人大常委会坚持依靠人民、植根人民之中,创造性地履行听取和审议专项工作报告的职责,取得了较好效果。2007年12月29日,该市人大常委会主任会议听取了7个专项工作报告单位《关于落实市人大常委会审议意见情况的报告》,主任们对办理结果表示满意,决定提请下次人大常委会会议备案审查。

报告对象　由人民决定

2007年市人大常委会工作要点提出,本年度要听取市"一府两院"和市直单位的专项工作报告。这是《监督法》实施后该市第一次采用这种监督措施,怎样确定报告对象和报告内容呢?市人大常委会党组书记、常务副主任颜昌成在主任会议上提出:"要充分相信和依靠人民群众,集中民智,体现民意,请他们为听取专项工作报告唱大戏、演主角。"他建议,听取专项工作报告的单位和主题,由人大代表票决确定。他的建议得到了主任们的认同。

按照主任会议的意见,今年9月,常委会办公室向全市328名人大代表发送了专项工作报告单位和报告内容的征求意见推荐表,广泛征求人大代表意见。根据汇总结果,得票较多的报告单位和报告内容分别是:市公安局报告社会治安工作;市水利局报告农村饮水安全工作;市发展和改革局报告项目建设工作;市司法局报告司法基层基础工作;市物价局报告物价监管及稳定物价工作;市食品药品监督管理局报告药品市场监管工作;市工商局报告培育市场主体工作。这些报告单位和报告内容,都是全市人民关注的热点。9月29日,市五届人大常委会第6次会议通过了主任会议提出的议案。结果向社会公布后,人民群众普遍反映较好。一位常委会组成人员说:"由人大代表票决报告单位和报告内容的方式好,选择的对象准,人民满意度高。"

调查走访　请人民说话

调查走访,掌握第一手材料是听取专项工作报告的基础性工作。市人大常委会主任、副主任分别带领7个调查组对7个报告单位深入开展调查走访,请人民说话,听取他们的意见和诉求。

各调查组主要从4个方面听取了意见和建议。一是听取报告单位一般公民的意见。根据专项工作报告的内容,找一般干部职工了解情况,听取他们对报告内容的意见、建议,与知情人员了解相关工作的具体情况,核实有关具体细节,把存在的问题查清查实。二是邀请所在单位的老同志座谈情况。调查组分别组织报告单位的离退休老同志开展座谈会。一些老同志尽管不在工作一线,但对本单位的事业极为关注。他们根据多年的工作经验,提出了一些很有建设性的分析意见,对工作切中时弊,很有说服力。三是收集报告单位服务对象的反映。7个报告单位的服务对象各不相同,调查组都坚持到服务对象单位找干部职工了解情况,向不同层次的人员收集反映,掌握真实情况。四是深入工作一线实地走访调查。基层群众最有说话权。只有"沉入"一线,"融入"民众才能掌握真实情况。

在开展农村饮水安全工程调查时，常委会副主任宋育昉带领调查人员先后到5个乡镇13个村，实地查看了17个饮水安全工程项目，到60多个用水户了解情况，“打开龙头看水量，深入农户拉家常”，听取他们的反映和诉求。为听取和审议报告掌握了素材。同时，向媒体公布市人大常委会民情热线电话，欢迎社会各界提出批评、意见和建议，为听取专项工作报告打基础。

审议发言　听人民心声

经主任会议研究，12月3日至4日，市五届人大常委会召开第7次会议，听取和审议7个专项工作报告。市“一府两院”主要负责人，市政府组成部门、市政府直属机构、市垂直管理单位主要负责人和乡镇政府主要负责人共200多人参加会议。会前7天，市人大常委会组成人员收到了7个专项工作报告的原本。

在报告单位主要负责人作专项工作报告后，常委会组成人员分组进行了认真审议发言，推选了中心发言人。大会集中审议发言时，7位常委会委员分别对7个专项工作报告作了审议发言。刘大伟委员说，市公安局的专项工作报告比较真实，成绩明显，但问题也很突出：农村恶势力招头，城区吸毒者上升，农村人口办理户籍不规范、罚款较多，执法人员乱作为，甚至出现四名上路执法的交警无一人能出示证件的现象，公安部门对这些问题应引起高度重视。樊乐成委员说，司法局在基层基础工作上存在的问题是：基层司法所建设不规范，司法人员工作不专业，作用发挥不充分，少数律师缺乏职业道德和社会公德，偏离法律服务原则，诉讼当事人意见很大。周志祥委员在审议工商局培育市场主体的专项工作报告时说，工商人员存在服务主体意识不强，执收执法行为不规范，净化市场力度不大，培育地方名优商标工作做的不够等问题，需要及时改进。钟家斌委员对食品药品监督管理局的报告审议发言说，药品市场监管存在盲区，药店布局不合理、硬件不达标，执法人员水平不高等问题，应注意加以解决。常委会组成人员的发言事实充分、针对性强，对报告单位触动很大，对参会者教育很深。一位参会的单位负责人深有感触地说，“人大常委会听取专项工作报告监督力度大，报告单位负责人听了审议发言有‘心发颤、脸发红、身发汗’的感觉，我们参加会议也有启发大、触动大、责任大的感受。今后只有把工作做好了，听取专项工作报告才好过关。”

跟踪督改　让人民满意

市人大常委会对7个专项工作报告分别形成了审议意见，要求报告单位限时整改到位，并将整改报告报市人大常委会，以确保整改效果。

市人大常委会7个调查组根据审议意见的要求，跟踪督改。听取专项工作报告启动后，7个报告单位就积极着手整改：一是闻风而动谋整改。市人大常委会调查组将调查情况与报告单位交换后，7个报告单位闻风而动，积极整改。市公安局针对反映的突出问题，提出三个“进一步”的整改措施：即，进一步增强驾驭社会治安的能力，坚持“警力围绕警情走”的要求，优化警力配置，整合社会资源，努力变被动打击为主动防控；进一步深入严打整治，营造良好社会治安环境。抓住严重影响群众安全感的命案、黑恶案件不放，抓住影响经济发展的案件不放，抓住人们关心的热点、焦点案件不放，加大侦破力度，形成震慑力量，营造良好的治安环境；进一步提高人民群众对公安的信任度，努力为人民办实事办好事。过去农村办理户籍收取滞纳金、罚款，老百姓意见很大。现在公安机关主动进村入户免费办理。同时增加窗口办公人员，延长办公时间，受到人民群众好评。二是立竿见影抓整改。在整改中，7个单位本着先易后难的原则，力求做到让人民群众看得到、摸得着的实实在在效果。市物价局采取上门督促、提醒告诫、限期整改等措施，规范一些单位和部门的价格行为。针对有线电视变相涨价收费的问题，物价局主要领导上门与广视网络公司负责人沟通思想，提出限期整改意见：对用户申请几台电视机串联的，迅速派人上门免费服务，需购电视解码器的，按物价部门核准的价格提供。明确收视费只能执行一户一费的标准，严禁一机一费收取，违者查处。仅此一项，为全市320多户节省收视费6万多元；三是努力工作促整改。市水利局负责全市农村饮水安全工程建设，柴湖镇移民饮水安全工程是全省最大的农村饮水工程，总投资4697万元。为加快工程进度，市水利局派一名副局长专职负责工程建设，吃住在工地，节假日不休息。工程进展顺利，水厂过滤池、清水池、沉淀池等土建工程全部完工。为使春节前10万移民能吃上清洁卫生的自来水，加班加点建设，主体工程12月底前完工，126公里的主管网已基本铺设完成，1260公里长的进村入户支管网以每天50公里的速度推进。一位柴湖的移民说：“市人大常委会采取听取专项工作报告的监督措施，促进了农村饮水安全工作的建设速度，老百姓能提前吃上清洁卫生的自来水，我们对水利部门的工作表示满意。”

学生建议变为人大常委会决定

——石家庄市人大常委会决定每年3月和11月为全市植树月

河北省石家庄市人大常委会农经委干部　何金录　周向飞

2008年8月22日上午，在石家庄市第十二届人大常委会第四次会议上，出席会议的47名市人大常委会组成人员，齐唰唰地举起手，表决通过了《关于设立石家庄市植树月的决定》。至此，每年的3月和11月，就成为石家庄市的植树月。谁会想到设立植树月的建议是由初中学生首先提出的，并且由学生建议变为人大常委会决定，在石家庄市是第一次。

事情是这样的。2008年3月，石家庄市第二十七中学初二启化四班举办了“共创绿色家园”主题班会，准备在植树节参加义务植树活动，为改善生态环境贡献一份力量。同学们通过诗朗诵、小品表演、新闻播报、知识竞答等形式阐述生态恶化对人类家园的威胁，宣传植绿护绿对恢复生态的重要性。此时却猛然发现，3.12植树节是一个星期三，之后的3.21世界森林节是一个星期五。大家因上课都不能参加活动，心里不免有些遗憾。同学们七嘴八舌地讨论该怎么办时，有的说，我在网上看到，国外和我国的一些城市设立了“植树月”，我们能否建议在石家庄市设立“植树月”？最后，大家形成共识：作为石家庄市的小主人，我们有权利、有义务向政府提出建议，在3.12植树节的基础上，追设3月份和11月份为两个植树月，使义务植树活动有宽松的时间，也为植绿、护绿提供更多的机会。于是，石家庄市第二十七中学初二启化四班的全体同学向石家庄市人民政府市长冀纯堂发出了《关于“将3月份和11月份设为两个植树月”的建议》信。

冀纯堂市长收到学生的建议后，非常高兴。他批示分管农口的张发旺副市长组织研究，同时向学生写了回信，对他们关心石家庄市的生态建设，积极提出意见建议的行为给予了充分肯定和鼓励。张发旺副市长接到冀市长批示后责成市绿化办和林业局组织相关专家和人员对该建议进行调研、论证。专家们经过对我市气候特点的分析，认为每年3月和11月是我市适宜栽植树木的月份，过早或过晚大地封冻不便挖坑，也不利于林木成活，此建议切实可行。市政府得到专家的意见后，召开政府常务会议研究决定以市长议案的形式提请市人大常委会审议，并迅速责成相关部门与市人大常委会联系，首先得到了市人大农村经济委员会的大力支持，石家庄市人大农村经济委员会及时对该议案进行了初审。初审报告称：“设立植树月，既是对每年3.12植树节的完善和深化，也是植树造林，绿化祖国、保护生态环境的务实之举，对于进一步贯彻落实科学发展观，实现我市‘三年大变样’，塑造省会新形象，保持今后的可持续发展，必将起到十分重要的促进作用。同意将这项议案提交主任会议研究，建议列入市第十二届人大常委会第四次会议审议后作出相应的决定”。

市人大常委会主任会议研究认为，设立植树月符合全市人民的要求，也与我市提出“做好三篇大文章，实现三年大变样”，恢复当前生态环境的决策相一致。一致同意在马上召开的石家庄市第十二届人大常委会第四次会议上增加审议关于石家庄市设立植树月的议题。

2008年8月21日，石家庄市第十二届人大常委会第四次会议与会人员认真听取了市人民政府关于设立石家庄市植树月的议案及说明，并在分组会议上进行了认真审议。大家认为，设立我市植树月既有必要，也符合我市实际。“建议市政府，在市人大常委会做出决定后，一定要认真研究并制定植树月活动的详细规划，积极组织实施，加强工作督导，确保每年植树月活动取得实实在在的效果”。委员们的这些意见，均写入了人大常委会的决定稿中。因而，在8月22日的全体会议上，与会的市人大常委会组成人员一致表决通过了这一决定。同时号召，“全市各级国家机关、各人民团体、各部门及各企事业单位和广大人民群众，都要积极投入造林绿化之中，栽绿、爱绿、护绿，保护生态环境，为建设繁荣、文明、和谐的新石家庄做出应有的贡献”。

这一决定的作出意义深远而深刻。表面上看，是初中学生的建议得到市政府的认可和市人大常委会的支持，最终变成了人大常委会的决定；而深入去看，这一过程正是深刻地体现了中华人民共和国的一切权利属于人民的宪法精神。人民作为国家的主人，可以依法通过多种渠道表达、反映自己的意见、建议和要求，参与管理国家事务；也充分体现了我国人民代表大会制度在集中民智、反映民意、发扬民主等方面的无比优越性。由初中学生提出建议而最终变为市人大常委会决定，在我市是第一次，但决不是最后一次。这将在石家庄市人大的历史上写下光辉一笔，也将激励更多的人为建设更加美好的石家庄提出意见和建议。

开局之年谋新篇

——巴彦淖尔市人大常委会2008年工作综述

内蒙古巴彦淖尔市人大常委会办公厅副调研员兼综合调研处处长　李挺
内蒙古巴彦淖尔市人大常委会办公厅综合调研处主任科员　许春江

2008年，是市二届人大常委会任期的开局年。一年来，市人大常委会紧紧围绕全市工作大局，认真履行职责，实现了新一届人大工作的良好开局，发挥了地方国家权力机关的重要作用。

不断提高监督水平，努力增强监督实效

2008年，市人大常委会严格按照监督法的规定，注重把工作监督与法律监督结合起来，通过多种监督方式，不断加大监督力度，监督水平进一步提高。

一、法律监督方面

2008年，常委会组织了4次执法检查、4项执法调研，重点督办了3例典型案例，备案审查了9件规范性文件，有效促进了相关法律法规的贯彻实施，切实维护了公民、法人及其他社会组织的合法权益。

认真组织开展了执法检查活动。2008年，市人大常委会开展了对职业教育法、气象法、城乡规划法、自治区旅游条例的四次执法检查。在对职业教育法的执法检查中了解到，市政府高度重视职业教育，在优化资源配置、完善职业教育体系、改善办学条件、深化教学改革、提高办学质量等方面做了大量富有成效的工作。同时，针对执法检查中发现的职业教育投入少、专业师资缺乏、专业设置不合理、就业渠道不畅通等问题，提出了营造良好的职业教育环境、加快重点职业学校建设、加强师资队伍建设、畅通就业再就业渠道等意见和建议。在开展对气象法执法检查过程中了解到，市政府积极开展了宣传教育，增强了广大干部群众的气象法制意识，制定了配套规章制度，大力发展地方气象事业，不断拓展服务领域，气象服务保障水平不断提高。针对检查中发现的气象探测环境和设施保护问题比较突出、双重计划财务体制落实还不到位、人工防雹固定作业点基础设施建设滞后、防雷减灾安全意识淡薄等问题，提出了加大学习宣传法律力度、依法保护气象探测环境和设施、提高防灾减灾能力、认真做好防雷减灾管理工作等意见和建议。

积极组织开展了执法调研工作。2008年，市人大常委会开展了对残疾人保障法、科学教育普及法、物业管理条例、天然林保护条例等法律法规的四项执法调研。在对残疾人保障法的执法调研中，针对法律贯彻实施中存在的残疾人工作发展不平衡、社会保障措施不够完善等问题，调研组建议政府认真落实对残疾人优惠政策、进一步加大对残疾人事业的扶持力度，切实保障残疾人的合法权益。通过对科学教育普及法的执法调研，针对调研中发现的科普组织不够健全、科普设施不够完善、科普经费投入不足、科普服务能力不高等问题，调研组建议市政府确保科普事业健康发展，全面提升科普工作水平。

认真做好信访接待工作。常委会充分发挥人大密切联系人民群众的优势和作用，把重点案件督办与一般案件的转办、交办、催办结合起来，认真办理接待人民群众的来信来访。2008年，常委会进一步整合信访工作资源，调整信访办理工作思路，建立了信访部门牵头，各工作机构共同办理的工作机制，并充实了2名信访工作人员，加强了信访工

作力量。年内共接待群众来访1100余人(次),受理来信来访250多件,经过梳理、分析和释法明理,其中30多件已经息诉,其余的219件向有关部门单位做了转办、交办,并加强了督办,促进信访案件的有效办理。目前,得到落实或已经办结的占72%,其余正在办理中。

开展了规范性文件备案审查工作。2008年,市人大常委会规范了审查工作程序,逐步推开了规范性文件审查工作。年内,共对市政府报送的9件文件进行了认真的备案审查,确保了宪法、法律、法规在本地区的统一。

二、工作监督方面

2008年,市人大常委会针对社会各界普遍关注的重点、热点问题和与人民群众切身利益密切相关的问题,听取和审议五项专项工作报告,开展了三项专题调研。同时,对"一府两院"贯彻落实常委会监督意见情况进行了跟踪检查。

听取和审议了市政府关于民族工作情况、贯彻落实城市最低生活保障条例情况等5个专项工作报告。听取和审议市政府关于民族工作情况的专项报告时,市人大常委会组成人员认为,市政府高度重视民族工作,认真开展民族区域自治法宣传教育活动,积极改善少数民族聚居地区生产生活条件,认真落实贯彻民族政策,蒙古语文工作进一步加强,少数民族干部队伍建设有了新提高,少数民族聚居地区社会事业取得长足进步。对民族工作中存在的草原生态日趋退化、牧区社会事业发展相对滞后、民族教育投入仍然不足等问题,要求市政府全面落实民族地区经济政策,进一步重视和加强民族教育工作,进一步继承、保护和发展民族文化,加大对牧区卫生事业的扶持力度,继续加强少数民族干部队伍和专业技术人才队伍建设,促进少数民族聚居地区社会经济发展。在听取和审议贯彻落实城市最低生活保障条例情况的专项报告时了解到,在低保工作中,市政府健全相关制度,强化组织领导,低保审批和管理工作进一步规范,动态管理和分类施保制度更加完善,保障水平不断提升,对低保对象的专项救助不断加强。针对存在的低保标准总体水平偏低、城乡低保补助差距过大、基层低保工作不够规范等问题,提出了加强低保法规和政策的宣传、进一步提高救助标准和水平、进一步健全工作机制、推动基层低保工作规范化建设等意见,督促市政府加以解决,切实保护弱势群体利益。

组织开展了三项专题调研。一是开展了对食品安全工作的专题调研,提出了进一步做好学校食堂卫生监督管理、做好校外寄宿点的日常管理、探索食品卫生安全长效机制等建议。二是开展了对全市口岸工作的专题调研,提出了进一步完善口岸规划、增强口岸经济辐射带动和过埠增值能力等建议。三是开展了对地税征管工作的专项调研,提出了加强税源监管力度、积极培植税源、科学匹配征管力量等建议。

组织进行了六项跟踪检查。为了进一步增强监督工作的实效性,2008年,市人大常委会先后对市一届人大常委会开展过的民族区域自治法、劳动法、动物防疫法、住房公积金管理条例执法检查以及新型农村牧区合作医疗工作和法院执行工作中存在问题的整改情况进行了6项跟踪督查,解决了这些方面存在的民族职业教育发展缓慢、法院执行工作机制不健全、农村牧区医疗卫生基础设施差、企业欠缴社保费、动物疫情监测体系不健全、公积金交缴比例过低等问题。

科学决定重大事项,依法进行人事任免

市人大常委会严格工作程序,认真履行工作职责,保证重大事项决定权的有效行使。

2008年,市人大常委会审议了市政府关于2007市本级决算、2008上半年财政预算执行情况和市本级预算调整及超收情况、2008市本级预算第二次超收安排情况三个报告,并提出了审查意见,规范了市政府财政预算执行和超收安排工作。常委会审议并原则同意了市政府关于调整临河西区部分土地使用性质的报告,并就规划调整提出了具体意见,要求市政府始终要以科学发展观统领规划工作,在深入调查研究、召开论证会广泛征求各方面、尤其是广大人民群众意见的基础上变更城市规划,使规划更趋合理、完善,保持规划的连续性、长期性和严肃性。

努力创新代表机制,充分发挥代表作用

突出抓好代表工作是2008年市人大常委会打开工作局面的一个主要抓手。常委会通过多种途径和方式,为代表履职提供服务,促进代表工作的创新发展。

积极组织开展代表视察活动。2008年,常委会组织全国、自治区和市三级人大代表对全市经济社会发展情况和市二届一次人代会上代表所提议案、建议的办理情况进行了为期三天的集中视察活动,为代表了解社情民意、知情知政搭建了平台,提高了代表议案,建议、批评和意见的办理质量,就如何扩大内需，推动全市经济平稳较快发展，提出了切合实际的意见和建议。

认真为代表履职提供服务。常委会积极为代表依法履职提供服务。起草印发了《市人大代表活动小组的安排意见》，组建新一届人大代表活动小组8个。起草印发了《市人大常委会组成人员联系市人大代表的意见》，建立新一届人大常委会组成人员联系代表制度，组织开展了常委会组成人员联系原选举单位和代表活动，将征求到的基层代表意见及时反馈市政府及有关单位。继续坚持代表列席常委会会议制度，先后组织代表参加市委、组织部和其他部门各类评议活动和座谈会122人次，定期向代表寄送《内蒙古人大》、常委会公报等，保障代表知情知政。

努力做好代表培训工作。常委会积极组织开展对代表的培训工作，提高代表的依法履职能力。一是举办了部分市二届人大代表培训班，培训班上特别邀请了江苏南京和镇江市人大人事代表委的两位主任，为代表讲授了代表工作的有关理论，介绍了代表履职的实践经验。二是按照自治区人大要求，先后组织部分自治区十一届人大代表参加了自治区举办的三期人大代表培训班，交流了我市开展代表工作的做法。

积极做好代表议案，建议、批评和意见的办理工作。市二届人大一次会议期间，代表们共提出议案5件、建议153件。市人大常委会、“一府两院”及各相关单位高度重视代表议案和建议的办理工作，人代会闭幕后不久，市人大常委会就召集“一府两院”领导和相关部门负责人及时召开了代表议案、建议交办会，对议案、建议办理工作进行了详细部署，提出了明确要求。为了确保办理实效，市人大常委会将以前由人事代表委独自承担的议案、建议办理督查任务分解到了各工作委员会，形成了各工作委员会具体督办、人事代表委总体督办的新机制，进一步加强了督办力量，增强了督办效果。

不断加强自身建设，继续提高履职能力

加强常委会自身建设，始终是常委会工作的重要抓手。常委会加强学习培训，完善规章制度，不断提高履职能力和机关的服务水平，全面加强自身建设。

一是继续加强思想政治建设。常委会坚持党组中心组学习制度，把中共十七大、市二次党代会以及中央9号、自治区党委22号、市委5号文件精神作为重点内容学习贯彻，按照科学发展观和构建社会主义和谐社会的要求，进一步统一思想，用科学的理论武装头脑，使全体党员干部特别是领导干部在思想上、政治上与党中央保持高度一致。坚持党对人大工作的领导。认真执行重大事项及时向市委请示报告制度，监督、决定重大事项、干部任免等工作中的重大问题，常委会及时向市委汇报，经市委同意后再进入法定程序。及时传达市委重要会议及文件精神，使常委会组成人员和人大机关工作人员了解市委的重要决策和工作部署，保证党委的决策和重大部署得到贯彻落实。

二是继续加强制度建设。坚持在常委会会议期间举办法律和人大知识讲座制度，不断提高常委会组成人员的法律水平和业务能力。坚持常委会领导列席自治区人大常委会会议制度。坚持民主集中制原则，严格依法履行程序，依法集体行使职权，努力实现决策的民主化、科学化、法制化。坚持以制度规范工作，修改了《市人大常委会接待来信来访办法》，制定了《市人大常委会党组向市委请示报告制度》、《市人大常委会党组会议议事制度》，制定了《市人大常委会组成人员在召开常委会会议期间请假的规定》、《市人大常委会主任会议议事制度》、《市人大常委会机关各部门联系协调制度》、《市人大常委会机关请销假制度》等制度，进一步促进了常委会工作的制度化。

三是继续加强干部队伍建设。常委会每周五下午组织机关干部集中学习，每次常委会上举办人大工作知识培训班，还组织了机关干部赴外地进行了两次学习考察活动，开阔了视野，拓宽了思路，交流了经验，解放了思想，增强了做好人大工作的信心。

四是继续加强宣传信息工作。2008年，全市人大信息宣传工作在报送数量和报送质量两方面都取得了较好的成绩。截止目前，共编发《人大工作》简报110多期，向自治区人大专报信息66条。信息报送工作连续三年走在全区前列。

五是继续加强机关党建工作。调整了机关党委成员，建立了三个支部，配齐了支部委员，进一步健全了组织。建立了一整套组织、宣传、廉政、作风、学习等项党建工作制度。2008年以来，机关党委组织机关全体人员先后3次向四川地震灾区累计捐款62030，捐献衣物90件，还有部分党员干部参加了义务献血活动。组织了市直机关工委开展的党员“心连心，献爱心”活动。机关全体干部参加了临河工业园区义务植树活动、社会主义新农村新牧区建设和扶贫帮困工作。

新一届的新意

——无锡市人大常委会积极践行科学发展观

江苏省无锡市人大常委会研究室主任　祁际平
江苏省无锡市人大常委会研究室宣传处副主任科员　张弘

5年内制定地方性法规24件，相当于以往20多年历届市人大常委会立法总数的50%；

每次于上午九点开始的主任会议，差不多都要到下午近一点才结束；

应当到会汇报工作的副市长因故缺席，会议宣布休会，等其到会后复会；

学习实践科学发展观活动中，汇集意见、建议达132条，逐条提出整改方案；

……

新一届无锡市人大常委会以崭新的姿态依法履行职责，各项工作充满新意和活力。

在三者结合上找准切入——有机统一思路新

明确的指导思想和清晰的工作思路，是开创人大工作新局面的前提。

在第一次常委会会议上，新任主任周解清充满热情地作了题为"当好人民公仆，履行神圣职责，不断开创人大工作新局面"的讲话，明确指出"人大工作是推进社会主义民主政治建设的第一线"，要求全体组成人员争做政治坚定、执政为民、服务大局、勤学善谋、勤政廉洁等五个方面的表率。首先在思想认识上对大家提出了新的要求。紧接着，围绕"人大要干些什么"的问题，常委会组织了认真学习和广泛调研。

通过深入思考和热烈讨论，大家一致认为，人大工作是党和国家工作的重要组成部分，必须坚持正确的政治方向，必须坚持党的领导，围绕中心、服务大局、突出重点、务求实效。通过提炼推敲，常委会将"三个结合"作为新一届人大常委会工作的指导原则，即以"党委决策和支持的、政府通过努力可以做到的、老百姓赞成和拥护的"这三条原则作为切入点，筛选和确定常委会的工作重点。

在"三个结合"原则的指导下，新一届人大常委会根据无锡经济社会发展的实际，进一步明确了本届人大工作的重点内容，即围绕"推动经济转型、关注民生民情和重视生态建设"三大重点，切实履行好人大各项职权，为无锡实现新一轮的优化发展、科学发展、率先发展和可持续发展献计出力。

"三个结合"原则、三大工作重点，归根到底就是一点，就是一切以民生为重。这在新一届人大常委会各项工作中得到了充分的体现。特别是从五年立法规划来看，本届人大常委会不仅加快了立法步伐，而且高度关注民生，在24个立法项目中，与人民群众切身利益密切相关的有18件，占项目总数的75%。《无锡市水环境保护条例》、《无锡市房屋登记条例》、《无锡市物业管理条例》、《无锡市人口管理服务条例》等多项地方性法规，都紧紧贴近了民生，并富有新的创意。三结合工作原则、三大工作重点，彰显出新一届人大常委会的履职理念和智慧，在工作实践中，得到了党委的支持、政府的配合和群众的认可，取得了事半功倍的工作成效。省委常委、市委书记杨卫泽多次肯定了新一届人大工作对全市经济社会又好又快发展所起到的促进保障作用；市政府各有关部门纷纷邀请常委会和人大代表视察检查工作；广大市民对人大工作的关注度越来越高。

在原有基础上延伸到位——勇于拓展举措新

创新是人大工作永葆生机与活力的源泉。去年11月份以来，常委会以开展学习实践科学发展观活动为契机，在系统学习和开展讨论的基础上，深入调查研究，坚持群众路线，通过各种形式查找存在问题，分析深层次原因。根据汇总的132条意见和建议，分别归类梳理，逐条提出整改方案，为创新人大工作打下了扎实基础。

人大工作如何体现创新呢？周解清主任有着自己独特的见解。他认为，在现有宪法和法律规定的框架内，人大工作还是有很大创新空间的，许多法律上早已明确的内容，实践上还远远没有做到位。在这个大框架内，切实处理好坚持党的领导、依法治国和人民当家作主三者之间的关系，把已经规定的职权用足，把该做的工作做到位，对一些方面的工作有完善、有突破、有提高、有加强，就是开拓创新。也就是说，创新要为工作实践服务。正是在这一理念的指导下，新一届人大常委会积极进取，采取了一系列新的工作举措，并在人大工作史上出现了许多第一次。

——第一次召开全市立法工作会议。2008 年 9 月 2 日，无锡市委、市人大、市政府联合召开全市立法工作会议，就加强改进全市地方立法工作、推动五年立法规划的实施进行动员部署。省委常委、市委书记杨卫泽同志作了题为“强化立法保障，促进科学发展”的讲话，指明了地方立法工作对无锡全局工作的重要意义，并就进一步加强新时期全市地方立法工作提出了要求。这次会议，成为了无锡地方立法工作进入新阶段的一个助推器。相关方面的立法积极性得到了极大的提高，立法意向明显增多，对加快地方立法进程产生了深远的意义。

——第一次聘请立法专家顾问。2008 年 8 月 5 日，13 名长期从事法学研究、教学的专家、学者和富有实践经验的法律实际工作者从市人大常委会领导手中接过鲜红的聘书，成为无锡首批立法专家顾问。受聘的立法咨询专家顾问将通过列席常委会会议或者法制委会议，参加座谈会、论证会、听证会和有关调研活动，以及个别访谈咨询等多种方式对地方立法，特别是对涉及经济社会发展的重大立法和专业性较强的立法提出意见建议，提供专业支持。

——第一次召开专题立法理论研讨会。2008 年 8 月 6 日，市人大法制委员会和市中级人民法院联合举办环境公益诉讼理论研讨会，共同为《无锡市水环境保护条例》修订和环保案件审判工作出谋划策。与会专家们围绕是否将环境公益诉讼写入地方性法规进行了激烈的辩论，一些前沿的观点令大家耳目一新。最终，“环境公益诉讼”的表述并没有出现在新修订的条例中，但专题立法理论研讨会这种形式在之后的立法工作中得到了沿用。——第一次对一个议题开展五次视察。2008 年四五月间，市人大常委会先后五次组织全体驻会组成人员及部分市人大代表对历史文化街区（名镇）的保护建设情况进行视察。视察人员先后走进清明桥沿河街区、惠山古街、荡口古镇、小娄巷、荣巷等历史文化街区（名镇），听汇报、看现场、提建议，向全市人民彰显了市人大常委会推进名城保护建设的决心和信心，并对相关工作的实际进展起到了极大的推动作用。

常委会还先后组织召开了人大宣传、信访工作等方面的专题座谈会，各项工作都出现了新的起色。在作风效能上加快一拍——精神饱满面貌新

新一届人大常委会履职不到半年时间，跑人大的记者们开始叫苦了，他们私下议论：新一届人大的工作节奏快、要求高，连吃饭都没个准点。正如记者们议论的那样，上午的会开到下午一点，下午的会开到晚上六七点，这在新一届常委会召开相关会议时几乎形成了一种常态。起初，政府的一些同志，包括人大的一些老同志还颇不习惯，有的甚至私下议论：新一届人大还真拿自己当一线了。

人大是一线，还是二线？周解清主任给出了坚定而响亮的回答：“人大工作，就是一线，是推进社会主义民主政治建设的第一线。”新一届人大常委会认识到，人大工作要有新起色，就必须树立起正确的人大意识，首先是人大自己的同志，必须杜绝“退居二线”的观念。周解清主任在不同场合、几乎是不厌其烦地强调正确认识人大岗位使命的重要性，要求常委会全体组成人员和机关干部以“一线”岗位工作的态度、精神和标准来做好人大工作，履行好人大各项职权，不辜负党和人民的期望。市人大常委会主要领导的坚定态度、执着精神，极大地激励着常委会组成人员和人大机关的全体同志，一些年纪较大的同志似乎又找到了一线的感觉，连休息日还常常来机关加班加点。现在，会议时间再长，也不再有人埋怨，会议质量不断提高。

情绪是会相互感染的，从一个人到几个人，到许多人；从做一件事到几件事，到许多事。现在，从一把手主任到各工作机构和普通的工勤人员，都以较快的节奏全身心投入自身职责内的工作；从积极参政督政的大事到会议不迟到、自觉关闭手机的细节，都悄然发生着变化。整个机关展现出前所未有、积极进取的工作状态。

在提高自身素质的同时，常委会还对“一府两院”加强了联系和沟通，既注重在监督中寓以支持，又在日常工作中提出严格要求。特别是在召开各类会议时，明确要求“一府两院”应当到会的同志必须按时全程出席会议，不得擅自缺席。

此外，新一届人大常委会在健全制度上倡导规范，按照“用制度管事、用制度管人、用制度管权”的原则，切实加强和完善人大的运行和管理制度。按照监督法的要求，及时制定、修订各项工作制度，

并编印了《无锡市人大常委会制度汇编》。为了加强和规范代表工作，常委会先后制定了3个相关工作制度，内容不乏新意。如《无锡市人大常委会关于加强和规范闭会期间市人大代表活动的若干意见》中规定，市人大常委会将建立与市人大代表、市人大代表与人民群众联系的长效机制，通过开展联系群众"见面周"活动和统一印制、发放专用信封及"代表联系卡"等方式，畅通联系渠道，充分发挥市人大代表在经济社会发展和民主政治建设中的作用。

思路新、举措新、面貌新，新一届人大常委会工作新意盎然。面对这个"新"字，我们强烈地感受到它的背后是一份情，一份"一切以民生为重"的真挚感情；更是一份责任，一份"为人民用好权"的神圣责任。我们坚信，新一届无锡市人大常委会将饱含这份感情，担负起这份神圣责任，通过扎实有效的工作，为实现无锡新的跨越作出自身应有的贡献。

为了洪湖的碧水蓝天

——湖北省洪湖市人大常委会开展《环境保护法》执法检查侧记

湖北省洪湖市人大常委会办公室主任　蔡建华

被誉为"中南之肾"的洪湖系全国第七、湖北省第一大淡水湖泊，更是江汉平原一颗璀璨的明珠。保护好洪湖的碧水蓝天，不容置疑地成为全国乃至全人类的共识。

直面环境现实　关注热点难点

由于洪湖地处"四湖"流域的下游，是有名的"水袋子"，因而也最容易受到来自上游和周边地区的污染。洪湖及周边地区的环境污染成为关注的热点和焦点。

——2005年，内荆河洪湖城区段污染2，污染水质属五类和劣五类，形成了一条纳污河；"四湖"总干渠洪湖境内8次发生"水华"现象，投诉至省、中央。这一年，洪湖市有180余人次因环境污染上访。

——2006年，提前完成省委、省政府大湖拆围任务，洪湖生态环境有了较大改观。但据洪湖市环保局对洪湖大湖8个点位常规监测，全年达到国家二类或三类水质标准的点位却为25%，四类水质标准的点位为50%，五类或劣五类的点位为25%。其主要污染来源为洪湖周边地区和上游地区的工业、生活、旅游和农业等点源或面源污染。

面对近些年洪湖大湖及周边地区的环境不同程度遭到破坏的现实，洪湖市将提高全民环保意识，加大环境执法整治力度，提到了重要的议事日程。然而，贯彻落实《环境保护法》的效果怎样？还存在哪些不足？洪湖市新一届人大常委会组成以后，便一直关注着这一广大人民群众也十分关注的热点和难点问题。

早在2007年年初，洪湖市第六届人大常委会第一次会议审议通过了"2007年洪湖市人大常委会工作要点"，作为全年二项执法检查活动中的一项，开展对全市的《环境保护法》执法检查受到高度重视。而《中华人民共和国各级人民代表大会常务委员会监督法》（以下简称《监督法》）也在2007年开始实施，于是常委会主任会议决定严格按新颁布实施的《监督法》去规范这次执法检查活动。

规范执法检查　形成高压态势

2007年6月，按照《监督法》的有关要求，在洪湖市人大常委会组成执法检查组对全市贯彻实施《环境保护法》的情况进行检查之前，各乡镇区办主席团（联络处）和市直人大联络处相继组织了辖区内各级人大代表，按照市人大常委会办公室的统一部署，对辖区内的环保工作进行了前期检查。

随后，市人大常委会执法检查组带领市公安局、工商局、监察局、环保局等单位的负责人对全市各地100多个单位进行了一次全面检查，历时两个多月，涉及环境地影响的各个领域和相关执法单位。市人大常委会也掌握了第一手资料，也对各地贯彻《环境保护法》取了较好地推进作用。

9月初，正是炎热季节，为了对前段执法检查工作来个"回头望"，市人大常委会执法检查组分别由6个副主任带队，花了一个多月时间，对全市97个涉及到经济和社会发展的单位和部门的情况采取实地察看、找百姓座谈等多种形式进行了检查,检查的内容涉及到饮用水源保护和集中供水安全,医疗机构废水处理和固体废弃物管理,新建项目环保评估,工业企业、农产品加工企业和农业面源污染防治,以及污水集中处理运行等多个领域,此前,检查组还专门听取了市环保局贯彻执行《环境保护法》的情况汇报,还3次召开有关专家和部门负责人会议,广泛听取各方对这次执法检查的意见和建议。

检查中了解到,近些年,洪湖市对"十五小"企业的打击力度加大,全市取缔了柏枝颗粒加工、艾尔生化等23家企业;取缔和封堵了20个多个群众反映强烈的油烟排污口。一些重点污染源治理取得了积极进展,如洪江水泥厂安装了粉尘回收设备、三民化工厂建设了驰放气回收和废水处理在线监控系统、明达矿业公司拆除了制酸车间、闲置了近2年的洪湖城市污水处理厂在与天津创业环保股份有限公司合作经营后迅速启动治污效果明显等。

在龙口镇,检查组来到了关门大吉的维维矿石厂,原先热气腾腾的景象不在,几口大型的炉灶被实施拆除,唯见高高的烟囱孤独的伫立着。分管工业的镇领导说:"这个厂关了,尽管我们镇每年少了几十万的收入,但也减少挨了老百姓的骂,对今后子孙后代也有个好的交代了。"

在洪湖大湖西岸瞿家湾镇,镇人大主席万永华说:"自从洪湖籍的荆州代表针对洪湖湿地现状提出了《关于加强洪湖湿地保护的议案》后,荆州市人大常委会听取并审议了荆州市人大调查组关于洪湖湿地保护情况的调查报告,并作出了相应的决议。省长罗清泉、副省长周坚卫专程来洪湖督促检查四湖流域水污染。如今,洪湖上游的污染源少多了,监利一家污水直排汉沙河的造纸厂也关闭了,进入洪湖大湖的污水少多了。"

然而,检查组也发现在洪湖大湖的阳柴湖村,存在住在洪湖岸边无水吃的现象,由于加大了生态保护,该村四周水草丛生,沼泽化严重,给百姓吃水带来诸多不便。此外,调查组惊讶地发现,全市近半数乡镇饮水水源保护不够,饮水安全堪忧,饮用高砷水现象较严重。

落实审议意见　呵护碧水蓝天

2007年9月底,市六届人大常委会召开了第五次会议,会议听取和审议市人大常委会执法检查组检查《环境保护法》实施情况的报告,并表决通过了对该报告的审议意见。为了注重会议的实效性,推进环保法的贯彻落实,会议还通知了3名副市长和5名科局长和企业代表列席。会上,有企业代表现场表态,回去要加大环保投入,环保设备该花的钱再多也要花。

会议表决通过的审议意见明确指出:一要加大《环境保护法》宣传力度。提高全民环保意识。要全面实施环境法督查制度,责令关停万全天马合成材料有限公司、汉河亚荣纸厂等小企业。二要结合新农村建设和血防整县推进工作,大力抓好农村饮水工程改造。三要加强建设项目的环境管理,从源头防止污染源的产生。四要落实国家有关政策,加大对环保工作的财政支持力度,积极争取国家环保项目投入。拓宽筹资和融资渠道,加大社会资本参与环保治理和环保基础设施建设的力度。五要调整产业结构,努力实现节能减排目标,促进洪湖经济又好又快发展,呵护洪湖的碧水蓝天。

10月中旬,市政府给市人大常委会汇报了整改方案。不久,市政府继续向市人大常委会报告了好消息:市政府对近些年相继出台的规范性文件进行了清理,修订或废止了3个不答合环保法法律法规的规范性文件;市直单位和各乡镇政府依法取缔了近10个不符合环保法法律法规的土政策和土办法。长江石化是地处洪湖市西北部的工业重镇府场的一家压力容器制造企业,伴随着三类压力容器车间的投产,一条先进的污水处理设施同步建成,现已投入运行。在贯彻《环境保护法》的高压势态下,洪湖岸边的花园村,一外地客商想在此兴办化工厂的项目被坚决拒绝了;洪湖开发区又一个投资将上亿元的造纸厂项目被无情地拉下马来。此外,又有3家企业被责令关停;10家排污单位完善了环境污染的应急预案;洪湖浪米业等企业投资520万元对污染源排放进行了阶段性的治理;乌林、龙口等符合条件的乡镇已将水厂改造纳入全市农村"水改"项目一并解决。

至此,洪湖市六届人大常委会第五次会议关于《环境保护》执法检查活动已取得较好成效,会议通过的"审议意见"基本落实或正在落实中。常委会委员也深知,要让洪湖的水更碧,天更蓝,《环境保护法》宣传力度还要加大。环境保护工作任重而道远……

人大开清单 一府两院照单办

——广安市人大常委会贯彻实施监督法有新招

邓林 龚德军

3月4日,在广安市人大常委会工作安排通报会上,一份醒目的《市人大常委会2009年度听取和审议专项工作报告报送清单》摆在“一府两院”以及有关部门参会人员面前。这是该市人大常委会为规范“一府两院”报告报送工作,贯彻落实监督法又一新招。

地方人大常委会听取和审议专项工作报告,监督法有明确的时限要求。但是实际工作中,能严格按监督法规定时限报送报告进行初审和印发常委会组成人员的甚少,报告不按要求报送初审,迟迟不报送报告,有的甚至在常委会会议召开前几个小时才报送报告。如何贯彻落实监督法,督促“一府两院”按时限要求报送专项工作报告?一直是广安市人大常委会着力思考解决的问题。2008年10月,该市人大常委会专门就贯彻监督法情况,深入到五区市县人大常委会调研,问计于基层。在充分了解和借鉴基层人大常委会经验基础上,该市人大常委会党组书记、副主任刘凤成认为严格实施监督法关于报送时限的要求,是完全能做到的。为此,他明确要求从2009年起“一府两院”的专项工作报告务必按法定的时限报送,市人大常委会办事机构务必按法定时限印发常委会组成人员。为落实这一工作要求,该市人大常委会2009年工作要点出台后,迅即召开市人大常委会2009年工作安排通报会,专题向市“一府两院”及与年度议题相关的市级部门负责人通报人大常委会工作,将2009年度要听取和审议的15项专项工作报告制成清单,列出听取报告的时间和报送报告的时限,规定初审报告的市人大专委会为催收单位,明确与议题相关的“一府两院”相关部门为报送的承办单位,指定市政府办为督办单位。并学习监督法相关规定,讲清报送的工作流程及各单位的职责。同时,为让报送单位有充足的时间做好报告起草和征求意见工作,常委会还决定提前1个月召开主任会议,研究确定常委会召开的时间和议程。

“制作清单的目的就是指明报送报告的路径和时限,要保证常委会组成人员及时得到报告,有充裕的时间调查了解实情,充分审议报告,提出具有前瞻性、可操作性和针对性强的建议和意见,以此提高常委会会议质量”。常委会委员、副秘书长刘习飞一席话道出了实情。拿着清单,市政府秘书长易铭珅高兴地说:“有了这个清单,今年向人大常委会报告的工作一目了然,照单早准备,工作更主动,我们接受人大监督的自觉性也增强了。”市人大常委会办公室的小张也乐开了怀:“再也不会为催收报告着急了,也不会深夜加班加点分发材料了!”

积极探索 勇于实践 努力开创人大内务司法工作新局面

——太原市人大常委会副主任郝小军谈人大内务司法工作

问:郝副主任,人大内务司法工作涉及法院、检察院、公安局、司法局等政法机关,又有政府的民政局、监察局、人防办等内务机关,还有工会、共青团、妇联、残联等群团组织,与群众切身利益和整个社会的民主法制建设息息相关。在我市政治文明建设进程中,人大内务司法工作应该发挥什么样的作用?

郝小军:人大的内务司法工作坚持把维护党的利益、国家的利益和人民的利益贯穿于工作始终,以认真负责、一丝不苟的态度,履行宪法和法律赋予的职责,肩负着办理人大及其常委会交办的发展社会主义民主政治、加强社会管理、保障司法公正、维护群众切身利益的有关事宜。人大内务司法工作作为人大工作的重要组成部分,其成效如何不仅影响人大及其常委会的形象和权威，更直接影响着政治文明建设的进程，进而影响着整个社会的全面协调发展。

问：请您谈谈换届以来我市人大内务司法工作开展情况。

郝小军：太原市十二届人大常委会及市人大内务司法委员会自2007年6月换届以来，正确认识和处理全局与局部、当前与长远、继承与发展、数量与质量、监督与支持、参与与服务、分工与合作、实践与理论等关系，确立社会主义法治理念的新观念、找准关注民生的新着力点，积极探索搞好新形势下人大内务司法工作的新方法，努力发挥依法履行职权和服务全局的作用，认真履行各项职权，致力于提高内务司法工作的实效性，不断完善执法检查、专题调研等多种监督形式，在协助常委会搞好监督工作中，发挥了积极的作用。

一是贯彻监督法，开展专项视察审议。监督法实施后，我们在履行监督职能方面投入了更多的精力，改进了监督工作制度和流程，在规范监督程序、增强监督效果方面作了新的探索。2007年，根据监督法的工作流程，围绕常委会监督工作重点和内司委年度工作计划，先后集中对创建平安省城维护社会治安工作、全市法院民商事审判工作、依法治市工作、全市检察院机关的法律监督工作和太原市第三届社区居委会换届选举和城市低保工作进行深入视察和审议，监督过程中，努力实现“两个转变”，即由一次性监督向连续性监督转变，由注重监督形式向形式与效果并重转变，并对市“一府两院”专项报告的审议意见的整改落实进行了跟踪监督，收到较好成效，有力推动了全市经济社会的和谐发展。特别是我市公安经费列入市级财政预算的问题，按照常委会审议意见会同市有关部门多次协商沟通，跟踪督办，促进了这一长期制约全市公安办公经费保障的老大难问题的根本性解决，受到了相关方面的赞誉。今年我们将继续围绕我市政法系统开展的七个创新课题，组织对太原市人民政府关于开展“四打四整治”、城乡综合社会救助体系建设工作及太原市人民检察院关于推进刑事和解工作情况、太原市中级人民法院关于建立联动执行机制工作情况进行视察和审议，以期进一步促进我市经济、政治、文化和社会建设的协调发展。

二是认真开展执法检查，促进法律法规的有效实施。为了保护弱势群体，妥善解决我市近20万各类残疾人的教育、康复、就业等一系列问题，去年以来与市残联一道两次对《太原市残疾人保障办法》的执行情况进行执法检查，有力地维护了残疾人的合法权益，促进了保障办法的进一步有效实施。同时，积极做好省人大内司委来我市对《山西省职工劳动权益保护条例》、《全国人大常委会关于司法鉴定管理问题的决定》和《山西省司法鉴定条例》实施情况进行执法调研的接待准备工作，有效地配合了省人大常委会的执法检查。

三是加强立法调研，确保立法质量。2007年，承办废止《太原市人大常委会对市中级人民法院、市人民检察院工作实行监督的办法》审议工作和修改《太原市保安服务业管理办法》的调研工作，为常委会审议提供充分的事实依据和法律依据。结合工作中了解的情况，完成了对国家《民事诉讼法（修订草案）》、《律师法（修订草案）》、《劳动仲裁条例（草案）》等法律法规的征求意见工作。2008年3月，精心组织、认真准备，顺利完成了配合省人大来我市开展的《山西省预防职务犯罪条例（草案）》立法调研工作。

四是认真审议督办代表议案，加强代表建议督办。2007年我们认真审议办理了关于“尽快制定地方法规，构建平安交通”的议案，引起了市政府有关部门的高度重视，迅速在全市范围内掀起了对违法驾驶无牌、假牌、套牌车和无视生命安全，酒后驾车行为的查处，收到了良好的社会效果。此外，对市十二届人大一次会议上代表提出的涉及内务司法方面的16件意见、建议，进行认真研究，制定督办方案，与相关代表和涉及到的市“一府两院”有关部门多次协调，督促落实办理意见，尽最大努力使代表得到满意、及时的答复。这既促进了“一府两院”有关部门的工作，也调动了代表履行职责的积极性。

五是尽职尽责，努力完成其他工作。其一、抓案件转办，促进公正司法。2007年，共收到各类信访事项41件，接待来访群众50余人次。为确保督办的准确性，我们亲自接待来访群众，阅批重大申诉、控告材料，听取有关方面对案件的汇报，共同分析材料反映的问题，并向司法机关提出有效的督办意见。针对在转办案件过程中存在的程序不顺、环节过多、效率低下的问题，与市中级人民法院就转办案件工作进行了沟通，规范了人大司法监督工作程序，提高办理效率和质量。在太原市十二届人大三次会议上市人大内司委和常委会信访局联名提出《关于对市中级人民法院应进一步加强办理市人大及其常委会转交的信访事项的建议》，下一步工作中我们将重点督办这件建议的办理。从而进一步加强和规范司法监督工作。其二、对文明和谐城市的创建工作进行督察。组织部分驻会常委会组成人员和代表组成视察组分赴市、区两级公安、司法、民政、综治办、行政执法、公安局交警支队等单位和部门，通过走访社区居民，发放调查问卷，召开座谈会，查阅资料，随机抽查娱乐场所、棋牌馆等方式，就我市社会治安、法律援助、社区居委会民主法制建设、城市低保、人民调解委员会建设、交通安全畅通、公共场所卫生及文明状况等涉及法制环境方面的工作进行了详细了解，提出很多有价值的意见建议，反馈市文明和谐创建工作领导组，进一步促进了我市的文明和谐创建工作。其三、组建代表(内务司法)小组。认真贯彻落实中央9号文件精神，根据《代表法》和太原市人大常委会《关于加强和改进闭会期间市人大代表活动的若干意见》的有关规定，制定了代表(内务司法)专业小组活动制度，组成了20人的代表小组，努力为代表发挥作用搭建平台。去年底，组织部分代表小组成员参加了"太原市政法创新面对面"大型电视新闻对话节目，为太原市政法创新课题的进一步完善提出了宝贵意见，推动了人民群众反映强烈的热点、难点问题的解决，同时，进一步密切了与代表的沟通和联系，增强了代表活力，激发了代表履职热情。其四、配合省人大代表视察基层民主政治建设工作。2007年10月，常委会组织我市出席省十届人大代表组成专题调研组，对太原市农村基层民主建设情况进行调研。我们积极参加调研活动，认真综合代表们的意见和建议形成调研报告。报告对成绩的估价准确，问题分析到位，建议富有建设性，符合我市的实际，得到参加视察的省人大代表、常委会领导、市政府领导的肯定，推动了基层民主的制度化、规范化建设。

问:您认为在目前内务司法工作中，还存在哪些问题需要我们作进一步的研究和探索?

郝小军:虽然人大内务司法工作有组织法、监督法等法律法规和中央9号文件精神规范，但是，在工作实践中还是遇到一些问题，应该引起我们的思考。比如，1、如何认识专门委员会的工作不是"敲钟"、不是应景。2、内务司法工作如何正确运用法律规定的几种刚性监督手段，增强人大常委会监督工作的实效。3、监督法实施后，如何更好就人大常委会对涉法案件进行监督的形式和内容加以调整。在形式上，以人大常委会集体名义的个案监督不搞了，除此之外，用常委会信访处理涉法涉诉上访的问题仍然可以继续使用。4、如何有效解决人大司法监督存在的局限性、监督程序缺乏规范性、监督缺乏专业性支持、少数司法人员片面强调司法独立原则消极对待人大监督等问题。5、人大监督怎样更有效地从个案监督上升到类案监督。根据监督法的规定，现在人大司法监督的重点是类案监督，而不是个案监督，即人大司法监督应侧重于通过对重大典型案件的监督，发现、解决带有共性、普遍性等机制、体制上的问题。6、人大司法监督与司法机关内部监督，检察院法律监督如何有机结合。7、如何规范人大司法监督的工作程序。8、如何提高人大代表以及各委组成人员和机关工作人员的法律素质等。

问:内务司法工作涉及面广，头绪繁多，要做好这项工作需要从哪些方面进行着手?

郝小军:要做好人大内务司法工作，首先要增强意识，创新观念，充分认识做好内务司法工作的重要意义。在政治文明范畴内做好人大内务司法工作，不但是实现富强、民主、文明、和谐的发展目标，深入贯彻落实科学发展观的必然需要;更是坚持以人为本，以民为先，实现经济社会又好又快发展，建设现代宜居新太原的客观需要和重要保障。结合当前内务司法工作实际，要强化做好人大工作对促进全社会文明进步重要性的认识，树立"监督就是履职、不监督就是失职"的认识，树立进取观念和作为意识。要注重培养超前发展的意识。大胆探索，大胆尝试，创新工作思路，更新工作观念。强化工作措施，靠实工作责任，狠抓工作落实，充分发挥工作的积极性和主动性，从维护和实现人民群众根本利益的高度切实履行监督职责。

第二，要围绕中心、创新形式，加强内务司法监督工作。人大开展内务司法监督工作，要从实际出发，既要指出问题、纠正错误，又要因势利导、以理服人，真正做到既不失职，又不越权。凡是经过努力可以解决的问题，就要督促有关单位抓紧解决;条件暂不具备的，要多商量，多协调，积极提出具有操作性、可行性的意见建议，达到增进理解，互相支持，解决问题的目的。当前，在开展监督工作时要注意综合运用宪法、法律和我省地方性法规规定的监督制度和手段，在宪法和法律的框架内正确把握和处理不断开拓创新与依法行使职权的关系。内务司法工作不直接处理社会经济发展中的具体问题，但对当前社会的诸多问题和矛盾，如在妇女儿童和青少年、老年人和残疾人、农民工等弱势群体利益的保障方面，还一定程度地存在着制度侵权、法律不公、政策不对称、城乡歧视等现象，对此类侵犯群众合法权益的事件，内务司法工作必须予以高度重视，从而进一步维护弱势群体利益，关注民主法制建设。同时应更多地关注那些制度侵权、法律侵权、体制侵权问题，这样在立法调研、执法检查和工作监督中，就不会只是就事论事、因人论事，而是多从宏观的和全局的角度、多从法治的角度，抓住社会和群众关注的热点、难点问题进行监督，研究提出解决问题的对策，达到举一反三的效果。

第三，要突出重点，提高水平，增强内务司法监督实效。内务司法工作点多、面宽、量大，应突出监督重点。要按照中央关于推进司法体制和工作机制改革的要求，加强和改进对司法工作的监督，推动司法机关内部完善审判监督和法律监督机制，维护司法公正。要根据调查研究和群众反映的情况，选准一些事关建设和谐社会大局、人民群众普遍关注的议题，建议人大常委会听取和审议专项工作报告。要抓住法律法规实施过程中的事关全局、群众关注的突出问题，有针对性地进行执法检查。在工作中，坚持以事实为依据、以法律为准绳，加强对申诉案件的分析研究，注重对倾向性问题进行监督。同时，注重区分不同情况，做好上访人的息诉工作。中央提出的和谐社会总体要求第一句话就是“民主法治”，民主法治的前提之一是普法，人大内司工作要更加注重法制宣传教育，推动“五五”普法工作全面开展，重点要落在效果上，就是要看政府是否依法行政、司法权运行是否公正、公民是否依法维护权利，而不单是看过程，看多少人参加了学习、发了多少文件、写了多少文章，重过程但更要重效果，以进一步提高全民法律素质，为贯彻实施法律法规，推进依法治市创造良好的法制环境。

第四，要密切配合，形成合力，推动内务司法工作实现开创性的局面。内务司法工作的政治性、法律性、业务性都很强，对口单位比较多、涉及面广，需要协调方方面面的关系，因此，内务司法工作不仅仅是人大内司委的工作，而且是一个整体，是一项系统工程。要做好内务司法工作，不仅需要我们人大各部门各司其职，还需要我们全省和各市内务司法工作部门的密切配合。心往一处想，劲往一处使，才能形成一个上下一心，部门联动，协调一致，齐抓共管的良好局面，才能推动内务司法工作实现新的飞跃。

为社会稳定撑起一片蓝天

——杭锦旗检察院“立检为公、执法为民”的生动实践

吴外信

控告申诉接待是检察机关“立检为公，执法为民”的重要窗口，认真接待每位来访群众，妥善处理每件来访线索，切实维护好人民群众的合法利益，是检察机关义不容辞的光荣职责。

近来年，杭锦旗人民检察院党组高度重视群众来信来访工作，检察长亲自分管，坚持检察长接待日，为维护社会稳定工作做出了积极的贡献，得到了上级检察机关和广大人民群众的高度赞扬，在老百姓心中树起了一杆公平秤，现已连续三届九年被自治区评为区级“文明接待室”、“文明接待示范窗口”、2004 年“依法解决农民李二女上访案”被评为 2001－2006 年全市十大法制事件，全旗“公正执法树形象”先进集体，原控申科科长吴外信、刘永祥二同志分别被评为全国检察机关“计财调研宣传工作先进个人”、全区“人民满意的检察干警”、“全区信访先进个人”、全市检察机关“优秀接待员”等殊荣。

一、发挥检察职能，维护社会秩序稳定

加强批捕、起诉工作，严历打击各类刑事犯罪活动，全力维护社会稳定。批捕、起诉准确率长期保持 100%。加强查办和预防职务犯罪工作，推动党风廉政建设和反腐败斗争。自侦部门坚持了以“保持办案规模、改善办案结构、提高办案质量”的工作目标，加大了办案力度。目前，在全旗范围内已经形成了党委统一领导，社会各界齐抓共管，人民群众积极参与的社会化大预防格局。

二、立检为公办实事，执法为民树形象

（一）、依法办事，主持公道。原阿门其乡村民王子仁是从1988年开始与邻居杨三迷因地界和财产补偿打官司的，后经旗一审、盟中院二审、再审都判杨支付他补偿费1500元，但款迟迟拿不到手，到杭锦旗检察院首次投诉时干警认真接待后，及时调查取证，调阅案卷，与盟、旗两级法院、人大交涉，仅用5天时间就办结这起长达十年之久的案件。事后王子仁满含热泪，向该院送来“十年冤案几日结，秉公执法人民官”的锦旗，以示感谢。

（二）、为来访者着想，不论职位高低，案质大小都一视同仁。原阿门其乡右手截肢的残疾村民薛玉喜来我院投诉说，乡电工多收了自己的电费一事。他多处投诉没人管，经了解发现电业部门有可能存在侵权行为。此后干警们亲自领着投诉者找电业局负责人，经与运电科协商，通过查帐查出移交帐务时实属超收，电管部门当即退还电费76元，此投诉案质虽小，但属于上告无门类案件。通过协商解决的方法为民办实事，对于一个严重残疾人、生存和生活已经存在着很大的困难，又面临再交电费的农民来说是件大事。事后村民们都表示非常感激。

（三）、化解矛盾，将不稳定因素处理在初访中。独贵特拉镇农民白金保因地界损害赔偿问题，来检察院说他要在人代会上找领导闹事时，通过接待发现投诉者情绪不稳，有上访闹事苗头，干警们在办理中一边热情接待，一边与旗、盟法院、乡政府联系，了解到二审调解处理时，乡政府领导答复，案外照顾其一千元的资金，多年来未能落实，为此本人抗税5年，影响了周围的征税工作，通过对白做耐心细致的解释工作，白对干警们认真办案的工作态度表示感谢，愿意息诉回家。

（四）、重视集体性投诉，解决疑难性问题。旗人大信访部门交办了伊克乌素镇村民联合投诉该镇1996年起的集资上电问题，经过两个月的初查，对历时六年四届领导没有清理，涉及二百多万元的收支帐务进行了核查，先后对65个应收户头，91笔资金进行跟踪查对，理顺和确定多方帐务关系和数额，查获三起串案，挽回经济损失75876.28元。实实在在地为基层解决了一起棘手的老大难问题。还有杭锦旗公共事业管理局多名职工集体投诉原单位地方公路段，扣收职工3万多元养老保险金去向不明的问题后，经查该单位的前任领导确实存在挪用固定工养老金为合同工代交养老金和给退休职工发工资的问题。澄清事实后，进行追缴所欠款项和案后协调等工作。该院控申部门就是注重抓案件质量，所办理的首次投诉都事事有落实，件件有交待，没有出现一起涉检上访事件。

三、创新解决涉法上访，保护农民利益

2005年1月19日，人民日报、光明日报分别刊登了题为《杭锦旗检察长彻查上访申诉案》、《上访申诉小窗口，执法为民大舞台——内蒙古杭锦旗检察院为一农民翻了“冤案”》的文章，对我院2004年初，以听证会形式妥善解决的一起农民涉法申诉案给予充分肯定，对检察机关的公正高效予以颂扬，引起了社会普遍关注。

1998年，塔然高勒乡为农户上电，乡政府便以李二女丈夫刘来成名义办理贷款2400元，收入乡政府上电集资款内。后来由于刘来成无法拿出交款收据，乡政府又以其名义申请了2500元的低息贷款。这样，银行以刘来成名义发放了两笔贷款，乡政府多收了李二女家一笔上电集资款，而李二女已于当年向乡政府还清了上电贷款。2003年初，杭锦旗农业银行以“贷款逾期不还”为由起诉刘来成。法院一审判决刘来成交清贷款，刘家限期归还贷款还本带息3000元并加诉讼费721元。李二女不服判决，提起上诉。同时，她一次次地跑到村委会、乡政府找证人、证据。由于时间已过去几年，一时找不到当年交款的收据，从此，李二女一家开始了长达14个月的艰难“告状”路，这一期间，为了应诉和上访花去了路费、诉讼费5000元，使原本贫困的家庭更是雪上加霜，因此其上高中的儿子因交不起学费辍学。法院二审调解后，李二女意外地找到了交款收据，当得知还要重新起诉时，经济困难的她再也无力起诉，经乡亲的指点，来到检察院申诉。接访后第二天，检察院便派员着手调查，在短短18天里，两次下到塔然高勒乡和红旗村，审查了乡、村两级的每一笔帐目，查清了事实真相。于2004年3月5日，该院主持召开了乡政府、银行和李二女等人参加的简易公开听证会，乡政府当场向银行支付3000元贷款，一次性补偿李二女诉讼费、代理费、车宿误工费2000元，并赔礼道歉。妥善处理了这起损害农民利益的上访申诉案。

杭锦旗人民检察院历年来对所有来信来访都能及时予以分流、处理，所办理的首次投诉都能够做到事事有落实，件件有交待，并实现多年无越级上访事件。

作者简介：

吴外信，男，汉，杭锦旗人，生于1957年，本科学历，四级高级检察官，正科级检察员，1974年参加工作，1975年加入中国共产党，借干三年后，先后在旗团委、旗委办工作，1984年调入杭锦旗人民检察院至今，曾任助检员、检察员、副科长、科长、办公室主任、党组成员。先后三十多次评为旗、市、区级优秀党员、先进工作者、办案能手等先进个人，2007年还被最高人民检察院评为全国检察机关信息宣传调研工作先进个人。三十多次被旗、市、区、国家级新闻媒体评为优秀通讯员、调研员，部分论文被有关部门评为优秀论文奖和优秀学术成果一、二、三、特等奖。

创新工作机制　激活代表作用

——瑞丽市人大常委会代表工作开展得有声有色

云南省瑞丽市人大常委会副主任　童国斌

瑞丽市人大常委会以科学发展观统领人大代表工作，在创新工作机制上下功夫，在激活代表作用上做文章，使全市人大代表工作开展得有声有色，成为德宏州人大代表工作的亮点，得到云南省人大常委会常务副主任晏友琼的充分肯定。

——抓好制度建设，促进代表工作规范化发展。瑞丽市人大常委会非常重视人大代表工作的制度建设，将其作为做好人大代表工作的基础性、先导性工作来抓。换届以来，根据《宪法》、《代表法》、《地方组织法》、《监督法》和《德宏州自治条例》的相关要求，对原有的制度进行了清理、修改和完善，先后制定和修定了人大常委会议事规则、人大常委会主任会议议事制度、人大工作向党委请示汇报制度、人大常委会走访联系人大代表制度、代表小组活动制度、人大代表联系选民制度等。经过努力，目前我们在人大代表学习、联系、评价、管理、服务保障等方面已基本建立了一整套制度和规定，代表工作基本实现了制度化、法制化、规范化，为我市人大及代表工作的全面发展夯实了基础。

——抓好代表培训，努力提升人大代表的整体素质。市人大常委会采取多种形式培训人大代表。一是专题培训。换届选举后，针对新当选代表较多的实际情况，邀请了相关的法律专家对代表开展《宪法》、《代表法》、《地方组织法》、《监督法》、《德宏州自治条例》等法律法规的培训，培训市级人大代表2次285人次，指导乡镇开展人大代表培训5次323名。二是召开经验交流会。在开展代表小组活动时，邀请资深的老代表以谈感受、讲经验的方式，开展代表履职经验交流，让新当选的代表从中得到启发，达到培训的目的。三是进行会前培训。在召开人代会时，利用一定的时间组织代表进行培训学习，使代表进一步掌握如何审查报告，如何提议案、建议、批评和意见等会议履职方面的本能。四是组织代表开展自学。为满足各级代表平时的自学活动，市人大常委会给每一个代表小组和部分代表订购了《云南人大》、《人民代表报》等报刊杂志；给每一个代表订购了《人大代表履职手册》，还给每个乡镇订购了《地方人大公文写作》等工具书籍。五是进行专题培训。对市人大常委会组成人员进行了财政预算审查方法和常委会组成人员如何履职方面的专题培训，提高了人大常委会组成人员的履职水平。

——抓好闭会期间的代表活动，加强代表与群众的密切关系。一方面，围绕党的方针政策、国家法律法规、上级和本级人大决议决定的贯彻情况，以及人民群众反映强烈和普遍关心的问题，组织代表开展了对民营橡胶、冬农开发、柠檬鲜果销售工作、职业教育发展情况、林改工作等方面的视察；开展了《体育法》、《劳动合同法》、《就业促进法》的执法检查和农民收入问题等方面的调查活动。另一方面，积极组织人大代表开展联系选民、结对扶贫困难户、为选民办实事、向选区选民述职等活动，拉近了代表与选民的关系。2008年，全市有6个选区作为试点开展了代表述职工作，参加述职的代表共12名，通过述职让代表自觉接受了选民的监督，从而增强了人大代表为民代言、为民办实事的履职意识和责任，参加述职的代表普遍感到若平时不认真履行代表职务，述职就无法向选民交待，也愧对选民的信任。

——抓好代表小组活动，让代表充分履职。瑞丽市人大常委会历来重视代表小组的活动，人大常委会组成人员和各委室都按要求挂乡、联组分别指导各乡（镇）人大主席团和代表小组开展活动，代表工作做到了机构落实、人员落实，有力地促进了我市代表工作的开展。我市共有各级人大代表514名，其中：省级代表2名，州级代表39名，市级代表150名，乡（镇）级代表323名，按照就近、就地、便于工作、便于活动、结构合理的原则，采取单独或混合方式编成36个代表小组，每个代表小组推选具有较高理论水平、责任心强、有一定威信和号召力的代表担任组长、副组长，平时就由代表小组为单位组织代表开展活动，每个代表小组均制订了活动制度，做到年初有计划、年终有总结，每年都能保证开展活动2至4次。自2008年换届选举以来，通过各级代表小组开展学习宪法、法律、法规和党的方针政策78次，组织代表联系选民54次，开展持证视察22次，组织代表参观57次，结对扶贫36户，扶贫资金25万元，组织代表捐款捐物为山区学校办实事5件，解决学生住床24张、棉被86床、课桌60张。

——抓好代表建议的督办工作，注重提高办理实效。两年来，瑞丽市建立起一整套交办、承办、督办、反馈等行之有效、严格规范的办理程序，使办理工作逐步走向规范化、制度化。首先是提高建议质量。代表建议的“办理”是重要环节，如何“提出”则是重要前提。为了把好质量关，我们把议案建议的有关规定和要求列入代表必学课题，并作为人代会会议准备的常规工作安排。会中针对代表提出的议案、建议工作人员进行严格把关，对不按议案、建议格式要求提交的不予受理，从源头把好质量关。二是筛选重点，直接督办。每年市人大常委会主任会议都专题研究代表建议办理工作，从收到的代表建议中，筛选确定一批有关全局的建议作为督办的重点。在2008年、2009年，全市共确定了6个重点督办的建议。通过重点督办，使一些与人民群众生产生活密切相关的农田水利复修、通乡通村公路建设、农村饮水安全、职工住房公积金等建议得到了较好落实。三是利用多种形式，反复督办。采取了会议督办、现场督办、上门督办、跟踪督办和反复督办的方法，有力地加快了办理工作的节奏与效率。除了暂不具备条件办理的建议外，每年的办结率均在70%以上。四是在闭会期间认真收集和办理代表意见。每年常委会组成人员都要集中走访人大代表1至2次，倾听人大代表对“一府两院”和人大及其常委会工作的意见。常委会注重对意见收集整理，邀请市政府领导专题研究或是对政府发放办理函件，市政府均明确办理的责任单位、责任人和责任时限，做到了件件有人抓，事事有着落。

——抓好人大代表之家创建，构建代表活动新平台。为了解决好各级人大代表特别是基层人大代表议事无场所、活动无场地的老大难问题，为代表履职提供服务，促进人大代表联系选民、交流经验，更好地履行职责，瑞丽市人大常委会在2008年初启动了人大代表之家创建工作，共筹措了10多万元经费，分别在市、乡两级人大建立了“人大代表之家”，每一个代表之家都有专用会议室，并都配齐了桌椅、档案柜、电视等设施，订购了书刊、杂志和相关的学习资料；把代表简介、代表的权利义务、代表小组职责、代表活动、常委会组成人员和乡（镇）人大主席团成员联系代表、代表联系选民等制度用版面形式，陈列于室内；建立了代表活动登记簿、代表联系选民登记簿、代表来信来访接待登记薄、人大常委会和主席团成员名册、代表花名册、人大常委会和人大主席团成员联系代表名册等。使各级人大代表在闭会期间开展各种活动有了一个固定的场所，同时在开展活动时也有了一个相对规范的模式，真正发挥了阵地堡垒作用。通过近一年的运行情况看，各人大代表之家都能按照要求组织开展活动，积极为各级人大代表和辖区内的选民服务，一年来各级人大利用“人大代表之家”这一阵地开展代表小组活动56次，联系选民450次，向“一府两院”及有关部门反馈意见100多条，接待选民和代表来信来访25件（次）。

——抓好服务保障，优化代表履职环境。首先是畅通代表知政知情渠道。通过采取会议培训，坚持邀请代表列席常委会会议和其他有关会议，组织代表学习考察和视察，提高了代表履行职务的能力。二是督促“一府两院”及其工作部门实行政务公开，增强行政、司法工作的透明度。全市在开展行风评议和考察干部时都坚持邀请人大代表座谈征求意见。三是积极为代表履职提供保障。通过采取有力措施，基本做到了代表执行职务时，时间、工资待遇和活动经费得到保障，言论、人身自由等方面受到保护。从2004年以来，瑞丽就很好地贯彻落实云发［2003］8号和德发［2003］22号文件精神，把市、乡（镇）两级人大代表活动经费纳入了财政预算，今年又把人大常委会组成人员和各乡镇人大主席团成员履职费也纳入了财政安排。目前，我市市级人大代表活动经费为600元/人.年，乡级人大代表活动经费为400元/人.年，市人大常委会组成人员和乡镇人大主席团成员的履职费为每人每年1200元和600元，无工资收入代表在参加代表活动时给予每人每天15元的务工和交通补助。各项经费的落实为人大代表履职提供了必要的物质保障。

——抓好乡镇人大主席团工作，实行年度目标管理。市人大常委会为了加大对乡镇人大主席团的指导力度，规范代表小组的管理，比较全面地反映和评价乡镇人大主席团和代表小组的工作，总结和推广好的做法和经验，实现共同促进、共同提高。2009年3月底，市人大常委会和各乡镇人大主席团之间、各乡镇人大主席团与辖区内代表小组之间都签订了《人大代表工作目标管理责任书》。考核的内容主要有：机构和人员设置、工作计划、工作总结、制度建设、代表工作、代表培训、经费管理、议案办理、意见建议督办、代表工作创新、代表工作宣传等方面。年底，通过听取汇报、查看记录和民主测评等方式评定出优秀、合格、基本合格、不合格四个等次，召开表彰大会，对开展人大代表工作较好的乡镇人大主席团和代表小组按不同等次给予400至3000元不等的奖励。此项工作的开展，极大地调动了各乡镇人大及代表小组开展代表工作的积极性，各乡镇人大主席团、代表小组开展活动的次数和质量方面都有了很大的提高。

六大关注谱写为民新篇章

——陕西省子长县人大常委会工作述略

陕西省子长县人大常委会　李振武　吕小明

2008年，子长县人大常委会紧紧围绕全县经济社会发展目标任务和总体部署，把改善民生作为一切工作的出发点和落脚点，关注民生、关注项目、关注财政、关注执法、关注教育卫生、关注代表工作，创新工作思路，改进工作方法，依法履行职责，为构建稳定、发展、和谐的新子长做出了新的成绩。

——关注民生，促进社会和谐。民生是社会和谐之本。在专项工作视察中，子长县人大常委会先后对事关群众切身利益的公安队伍建设、城乡最低生活保障、林业六大工程建设、以草畜业为主导的农业产业体系建设、乡村道路建设管理、农村能源建设管理等六方面的工作进行了视察，通过视察，有力地促进了各项工作的开展。

针对部分民警缺乏群众观念、服务意识淡薄，特别是在户口和身份证办理上责任性较差、态度生硬、警务室作用发挥不佳等问题，县人大常委会进行专项工作视察，有力地促进了干警作风转变，增强了为民服务意识。各基层派出所在法律及政策允许的范围内，在户籍、身份证等与群众日常生活密切相关的工作中采取了不少便民、利民措施，减少办事环节和手续，让群众不跑冤枉路、不花冤枉钱。在城乡最低生活保障工作中，民政部门抽调24人组成6个工作队，用一个月时间对城区低保户进行了全面核实，通过核查，取消了104户356人单职家庭的低保资格，取消了301户低保家庭中有劳动能力、身强力壮364人的低保资格。同时对符合分类施保条件的2330人进行施保，确保了城低保能高能低、有进有出，应保尽保，动态管理。

信访接待工作是各级人大及其常委会倾听人民群众呼声、维护人民群众合法权益的一条有效途径。为此，子长县人大常委会把信访接待工作当作维护全县工作大局的一项重要工作来抓。热情接待每一个来访者，认真对待每一个信访案件，积极化解矛盾和纠纷。特别是针对群体性涉法上访案件，坚持做耐心的疏导教育工作，引导他们依靠法律手段来解决问题。2008年，常委会共受理群众来信来访25件，交办督办22件，答复率为100%，群众满意度为90%以上，消除了不少不稳定因素。

积极组织党员干部参与给农村困难群众帮济活动，单位全体党员为帮扶对象捐助4800元，向子长中学三名贫困生各资助500元助学金。

——关注重点项目，劲推建设进程。2008年，子长县人大对县政府确定新建和续建的建设项目实施了重点监督，适时安排代表进行视察，了解项目进展情况，及时向县政府反馈项目建设中存在的问题。

秀延中、小学校建设问题，曾在县十五届人大三次、四次会议上两次列为唯一议案提到重要议事日程，2007 年，被确定为重点建设项目并开工建设。为了督促政府将这一事关民生的实事急事办好办快，县人大常委会四位主任仅 2008 年在学校建设过程中，围绕工程进度和质量，先后 4 次深入工地现场视察和听取汇报。针对工程建设缓慢的症结，县人大常委会及时向政府及其主管部门反馈情况，要求增加施工人力和时间，把校舍建设与设备选购同步实施，加快建设进度，确保下半年按期投入使用，从根本上解决城区中小学校班额过大的问题。通过常委会的力挺督促，两所学校终于 2008 年秋季按时开学。

常委会坚持把促进发展作为第一要务，围绕事关全县经济建设社会发展的重大问题，依法履行法定职责，认真审议发展大事，倾力推动科学发展。县十六届人大常委会第六次会议听取了县政府《关于 2008 年 1－6 月份国民经济和社会发展计划执行情况的报告》和《关于 2008 年十大重点项目和城乡二十件惠民实事进展情况的报告》。县十六届人大一次、二次会议期间，代表共提出建议、批评和意见 43 件，常委会及时将具体建议、批评和意见转交到县政府，要求尽快落实承办。并于 9 月份对县政府办理代表所提建议、批评和意见的情况进行了全面视察、督办，有力地促进了办理工作。

——关注财政建设，推动科学发展。按照《监督法》和《子长县人民代表大会常务委员会审查监督财政预决算办法（试行）》的规定，2008 年，县人大常委会重点从关注财政预算入手，依法听取和审议了《子长县 2008 年 1—6 月份财政预算执行情况的报告》，审查批准了县政府《2007 年财政决算的报告》，两次审查批准了《2008 年财政预算调整方案的报告》。加强了同财政部门的联系，抓好预算执行监督和预算调整审查批准工作，进一步深化了对财政预决算的监督审查。通过审议，常委会要求县政府加强年度预算编制工作，细化预算科目，提高预算的准确性、可靠性和严肃性，切实降低预算的调整幅度；要求预算调整前要报县人大常委会通过后方可调整，杜绝预算调整的随意性和缺失人大审议的现象。同时建议县政府应将新增财政收入优先用于解决教育、卫生、城乡基础设施建设等事关民生的社会事业，促进县域经济持续、协调、稳定发展；坚持依法理财，依法治财，加强财政监督、审计力度，规范财经秩序，提高资金的使用效益。

——关注规范执法，维护社会公平正义。子长县人大常委会以贯彻落实《监督法》为主线，进一步完善监督机制，规范监督程序，以保障宪法和法律法规在本行政区域内的正确实施，促进依法行政、公正司法，着力解决群众最关心、最直接、最现实的利益问题。一年来，共进行执法检查 4 次，听取和审议专项工作报告 8 个，组织视察 7 次，调查研究 2 次，形成报告 20 篇，向“一府两院”及相关部门提出建议和意见 84 条。

县人大常委会先后两次对“一府两院”组成人员和乡镇人大主席进行了《监督法》和《行政许可法》培训会，常委会各主任分别作了专题讲解，参训人员都撰写了学习体会，使听讲和思考得以结合，增强了他们贯彻《监督法》和接受人大监督的自觉性。为了进一步增强人大监督工作的透明度，设立“人大之窗”橱窗栏，定期向社会公布常委会视察、执法检查活动安排及审议意见，自觉接受人民群众监督，增强了人大工作的透明度。

2008 年，县人大常委会重点对《中华人民共和国动物防疫法》、《中华人民共和国道路交通安全法》、《中华人民共和国食品卫生法》、《广播电视管理条例》四部法律法规实施情况进行了执法检查。同时，配合省、市人大常委会对《劳动合同法》、《行政复议法》、《未成年人保护法》进行了检查。通过执法检查，提高了依法行政、依法办事的自觉性，促进了民主法制建设。

——关注教育卫生，促进社会事业发展。2008 年，县人大常委会对“三教统筹”工作和创建平价医院工作开展了专题调研活动。

通过对“三教统筹”工作进行调研，常委会提出有针对性的建议意见。在“三教统筹”协调发展方面，提出必须继续解放思想，创新教育理念，优化教育资源配置，引导学生就近入学，逐步化解城区学校空间小、生源多，农村学校空间大、生源不足的矛盾的意见；扩大子长中学高中年级招生量，使更多的初中毕业生能进入子中就读；切实加强对各级各类学校的管理、监督，重视教师的师德修养和业务培训，全面提高教育教学质量；加速职业中学办学模式转型，使之真正成为职业技能培训的基地；加强成人教育，提高公民素质。

创建平价医院，是子长县为解决群众“看病难、看病贵”问题，通过财政补贴、医院让利，从而达到患者受益的一件惠民实事。常委会在开展调研和听取县政府专项工作报告后，要求县政府学习借鉴外地经验，积极探索创建平价医院的新机制，真正把实事办好，让人民群众满意；卫生行政主管部门要充分发挥职能作用，加强对医院的日常行政监管，确保创建平价医院的工作顺利进行；县医院要完善制度建设和加强内部管理，用制度管好人、财、物和医务人员行医行为；引入竞争机制，创建更好的医疗卫生事业发展环境。

——关注代表工作，发挥代表作用。人大代表是人民代表大会的主体，代表工作是人大工作的基础。搞好代表档案建设，是代表工作的基础。县十六届人大二次会议期间，常委会组织专人收集代表基本情况，建立了代表电子档案、文字档案和检索卡册。给县、乡人大代表统一制发了《人大代表手册》，为代表履职和工作记事提供了方便。

提高代表素质，增强履职能力是人大代表为人民的基础。在联系代表方面，以乡镇代表团为单位，通过召开代表座谈会、以会代训和走访等方式，对人大代表进行了代表权利、义务、职责和议案、建议、批评和意见填写等方面的培训，从而增强了代表们的职务意识和履职能力。

做好代表联系工作、充分发挥代表作用是本届人大常委会的一项重要工作。2008 年，继续实行常委会组成人员联系代表制度，23 名常委会组成人员每人联系两名基层一线的县人大代表，年内普遍联系代表 2 次，向代表通报常委会工作，听取代表对常委会工作的意见和建议，自觉将常委会工作置于代表的监督之下。先后邀请 32 名基层人大代表参加常委会视察、执法检查活动、列席常委会会议，多层次、多渠道为代表知情议政提供平台。

指导乡镇人大开展工作，是县级人大常委会的一项重要职责。实行乡镇人大主席轮流列席县人大常委会会议制度，使所有乡镇人大主席都有机会见习人大工作，把基层的意见和建议带到常委会上，也有利于常委会工作更加贴进实际、贴进群众、贴进民生。2008 年，常委会通过下乡走访、召开乡镇人大工作座谈会等形式，对乡镇人大工作进行调研，适时听取乡镇人大的工作汇报。安定镇组织人大代表就养畜产业发展、新农村建设、中小学教育等进行视察。热寺湾乡实行人大代表联系产业大户，并组织全体县乡人大代表视察草畜产业、特色种植、新农村建设，有力地促进了该乡经济社会发展。

与此同时，子长县人大常委会坚持党管干部和依法任免的有机统一，规范了人事任免工作，逐步完善了任前调查了解、法律考试、表态发言、投票表决的任免程序，体现了人大人事任免工作的严肃性。重视和加强了对人大常委会任命的领导干部的工作监督，要求政府职能部门年初报送工作计划，年终报送个人履职报告和部门工作总结，增强了人大常委会任免人员的责任感和自觉性。按照“创建学习型机关”的要求，加强政治理论、法律法规和人大业务的学习，着力提高全员素质。实行“四委一室”分工与协作相结合的工作运行机制，通过每周定期“大碰头”回顾和谋划工作。推行全员首问负责制，制作机关工作人员手册，在机关醒目位置设立群众来访导引图，方便群众办事，促使按工作守则和办事程序有效开展工作。

淮上胜境总如春

——盱眙县人大常委会跟踪督办城区采石企业决议纪实

江苏省盱眙县人大常委会办公室　汪玉奎

“滔滔淮水东逝奔，十里青山全入城。绝胜风光满目是，万紫千红总如春。”时任淮安市委书记丁解民的一首即兴诗把一座秀色怡人的山水县城尽现在人们的眼前。走进这座青山绿水点缀的秀美小城，可以倾听潺潺的河水声，凝望淮上落日的晚霞余辉，品味人生难得的惬意；从那苍翠的古柏以及那刻入青石的苍劲文字里切身体味着历史古韵，独享“休闲王国”的安宁；伴随着盱眙龙虾的脚步，这秀丽的淮上胜境已名扬四海……

然而谁都不会相信，十多年前同样是这千里长淮之畔，同样是十里青山之间，却是灰尘满天、机器轰鸣，以磨盘山为代表的十几个山头、几十个采石塘口被炸得满目疮痍、支离破碎。由于八十年代人们受"靠山吃山"的思想影响以及眼前经济利益的驱使和当时城市建设缺乏长远科学的规划，二十多个采矿企业、几十个采石塘口便日以继夜地疯狂地吞噬着这淮水岸边的十里青山，不可挽回地破坏了闻名遐迩的"盱眙十景"。1997 年的县城，整个城区的采矿企业每天都要引爆 400 个雷管、240 公斤炸药，爆破山体 2406 立方米，产生 1840 吨废渣，释放几十公斤的灰尘，不仅无情地夺走了山城的宁静，更不可挽回地破坏了上苍赐予的山水相依的灵气与美景！

然而轰隆的机器声、震耳发溃的爆炸声早已震动了盱眙县人大常委会全体领导班子以及全县 260 多名人大代表的心，引起了他们的高度重视。1997 年的春天，冬雪还没有来得及融化尽，县人大常委会便把这个问题摆上了重要议事日程，专题听取了县政府关于县城区采石业情况的汇报，成立了由常委会主任为组长，人大代表参与的 10 个专题调查小组。他们翻山越岭，深入到城区所有矿区进行了为期近三个月的调查了解，并通过召开采矿业主和工人座谈会、城区居民座谈会，集思广益，在座谈中做好各方面的思想工作，并专题讨论。1997 年 8 月，县十二届人大常委会第 42 次会议作出了《关于整治县城区采矿业的决议》。《决议》从统一认识、合理规划、强化领导、严明纪律和实施时间等方面提出了明确要求。县人大常委会强调，政府要始终立足把盱眙建成山水旅游城市的总体要求，经济发展决不能以破坏环境为代价，要有效保护山清水秀的自然风光和生态环境，并要求县政府当作重中之重的大事来抓。

《决定》作出以后，在县人大常委会长期跟踪监督下，逐渐关闭了城区所有的 24 家企业，30 个采石塘口。1998 年、2000 年、2002 年、2004 年、2006 年、2008 年连续多年，县人大常委会先后多次组织人大代表进行大视察、大调研、大讨论。在有力的监督和敦促下，盱眙县先后关闭了 154 个采石塘口，极大地保护了绿水青山。然而盱眙人大常委会并没有满足于此，审时度势地向县政府提出岩口修复建议，要求政府投资改造这些废弃的塘口，还这里迷人的秀色。县人大常委会的建议引起了县政府的高度重视，1998 年底就开始着手规划，科学制定了长远的改造方案。位于城区都梁山东侧的杨大山采石场共有 5 个塘口，刚刚停采的时候一片荒凉、没有人迹。2000 年县政府开始设计规划，2001 年初便开始动工建设，2002 年，这里摇身一变成为了全国最大的山地广场——中国龙虾节广场，刚建成后就成了第二届中国·盱眙龙虾节文艺演出的露天大剧场，迎来了 60000 多名闻声而来的四海宾朋。紧接着的第三届、第四届，一直到 2009 年的第九届中国·盱眙国际龙虾节，大型演出都在这里举行，一次次地向世人展示着盱眙人博大的胸怀和卓绝的远见！这个累计投资 3000 余万元的山地广场目前已经成为了一处融动物园、盱眙龙虾博物馆、古泗州图腾展等数个景点的旅游休闲胜地，每天都有上万市民来到这里晨练，呼吸清新的空气、享受生活的宁静。

与此呼应的盱眙象山建材矿区是个百年老矿，自 20 世纪 30 年代开始进行规模化石料开采，1956 年先后成立国营盱眙县采石公司、马坝采厂、十里营采石厂、交通采石厂等机械化、规模化的采石企业。2001 年 9 月，在县政府的督促和引导下矿区内全部采石企业停产关闭。关闭后的象山矿区山体破损十分严重，矿山开采所遗留的地形十分复杂，高差悬殊，有山峰、陡壁、平台和凹塘，开采残留边坡断面平均坡度 80 度。山体断面上存在许多裸露危岩体，边坡失稳，开采断面上悬石、险石随处可见，特别是小断裂产生的危岩体，易发生滑坡、崩塌安全隐患，极易诱发地质灾害；矿区内沿淮河滨十多个石料加工区和大片的废弃地上，遗留下大量的弃渣堆、废料堆，已成为城区最大的污染源，大风一起，沙粒、粉尘飞扬，袭击周边居民小区，污染环境，危及居民身体健康。

2002 年初，县人大常委会再次来到了这里视察矿区关闭与整体修整情况，要求政府尽快启动治理程序。县政府采取"谁投资谁收益"的原则招引客商进行改造建设。目前已经先后投入了 5000 余万元，一个以矿山生态恢复工程和淮河风光为依托，以保护和展示地质、采矿遗迹为主体，按照"一心一馆五区"总体规划布局的主题公园已初显雄姿。

走进这里您可以尽观塑石假山、欣赏大峡谷水景、剑门雄关，畅游地质遗迹廊、叠水荷湾、山水诗廊等 40 个景区、景点。昔日的荒山废塘如今已成为一个集"矿业文化、科普体验、观光游览、休闲度假"于一体的省内外有鲜明特色的主题公园，一个江苏乃至全国露天废弃矿山治理和开发利用的成功典范，每天来此休闲、旅游的县内外人士络绎不绝。

面对废弃塘口的改造，盱眙县人大常委会坚持不断创新的思路，积极为政府“开方”支招。该县官滩镇的正根采石场所遗留的废弃塘口便是通过招引客商侍立峰投资建设成为旅游景点的又一个典范。该景点规划建设1.2平方公里，绿化面积200余亩，集垂钓、休闲、娱乐、住宿、餐饮为一体的旅游休闲胜地，并且还能复垦荒山1200余亩，带动地方群众100余人就业。站在这多层的宝塔上西眺充满帝王灵气的明祖陵、南视龟山、北眺洪泽湖任何人都会因这迷人景色而心旷神怡。

2009年7月，盱眙县人大常委会主任柳怀玉与副主任李汉成带领60余名人大代表冒着滂沱的夏雨视察了城区及部分乡镇的塘口改造的现场，并与7月24日的十五届十一次常委会上提出五条改进意见，又一次力促了该县塘口改造向更快、更高、更美的发展方向前进。目前全县共有124个废弃塘口，已经改造完毕的有20多个废弃塘口，正在改造的有30多个废弃塘口，剩余的废弃塘口已经全部纳入规划之中！改造成功的废弃塘口不仅美化了环境，也创造了越来越多的旅游经济价值。

当人们步履在绿树如茵、曲径通幽的都梁公园里，享受着晨练广场上的悠闲自得，取乐于休闲胜地时，谁都不敢相信这些人间仙境数十年前尽是些碎石满地、灰尘满天的废弃塘口。然而在这数十年的时间里，盱眙人大常委会几届领导不知有多少个日日夜夜奔走在这杂草丛生的废弃塘口；组织多少次的视察、调研，提出过多少赋有价值的建议。如今山城荣获的“省级历史文化名城”、“文明卫生城市”、“苏北最佳旅游城市”等等数十项荣誉中，又不知倾注了盱眙人大常委会及代表们多少的心血与汗水。我们在惊叹这翻天巨变之时，若不是盱眙县人大常委会充分发挥监督职能，认真组织调研、视察、审议，提出无数的真知灼见，或许今天的景绣山城还离我们很远。

全面落实科学发展观　努力实现人大工作的良好开局

——吴起县人大常委会2008年工作综述

陕西省吴起县人大常委会　贺建军

2008年是我县本届人大常委会任期的第一年。也是人大常委会工作不断改进、不断加强、不断突破的一年。一年来，县人大常委会在县委的正确领导和市人大常委会的精心指导下，按照县十五届人大一次会议确定的目标任务，坚持以邓小平理论和“三个代表”重要思想以及党的十七大、十七届三中全会精神为指导，深入贯彻落实科学发展观，紧紧围绕县委的中心工作，认真履行职责，有效地发挥了地方国家权力机关的职能作用，为“打造绿色吴起、构建温馨家园”作出了应有的贡献，开创了本届人大常委会工作的新局面。

一、围绕吴起发展大局，依法履行监督职能

对“一府两院”实行工作监督和法律监督是宪法和法律赋予人大常委会的一项重要职权。一年来，县人大常委会在全面学习宣传《监督法》的基础上，坚持“抓大事、议大事”的原则，根据年初的工作安排，围绕全县工作大局，突出工作重点，紧紧抓住执法中的薄弱环节和人民群众普遍关心的热点、难点问题，特别是事关民生、民权的问题，有针对性的开展了听取审议、调查研究、执法检查和集中视察工作。

认真听取并审议专项工作报告，依法做出相应的审议意见和决议。常委会分别听取和审议了县人民政府关于2008年1—9月份财政预算执行情况的报告和县人民政府关于2007年财政预算执行和其他财政收支审计情况的报告。常委会组成人员在充分肯定县政府财政、审计工作的同时，针对存在的问题提出了加强和改进财政和审计工作的具体意见：一是继续抓好财政收入的征管工作，实现财政收入可持续增长；二是优化支出结构，强化支出管理；三是做到财政监管有力、监管有效；四是严格执行预算法的有关规定，在预算执行中未经审查批准的不能调整预算方案，确需调整要报县人大常委会审查批准；五是加强审计回访工作，将审计意见落到实处。并在实际工作中大力支持财政、审计部门依法有力开展工作，增强了监督的实效。

大力开展调查研究，促进全县经济社会更快更好发展。开展调查研究是常委会的主要工作之一，也是行使监督权的重要形式之一。本届常委会大兴求真务实之风,积极开展了六个方面的调查研究。1、对县人民法院完善审判机制,促进公正司法进行了调研;2、对县人民检察院完善检察监督机制,促进公正司法进行了调研;3、对全县乡镇人大工作进行了调研;4、对全县农村主导产业发展情况进行了调研;5、对全县教育"双高普九"工作进行了调研;6、对全县社会治安状况进行了调研。代表在肯定以上几方面工作成绩的同时,针对存在的问题,重点就加强法院执行工作力度、加大对干警的教育培训力度、提高干警的整体素质和业务能力、加强乡镇人大依法开展工作、严格规范文化市场管理、加大教育投入、改善教育基础设施,以及适当调整农村主导产业等方面提出了17条意见、建议,并形成了6个专题调研报告。这些调研活动,了解了实情,寻找了差距,提出了对策,有力地推动了这几项工作健康快速发展。

积极开展执法检查,保证各项法律法规的贯彻执行。按照常委会年初工作安排和省、市人大常委会的要求,去年重点对《食品卫生法》、《传染病防治法》、《治安管理处罚法》、《未成年人保护法》和《劳动合同法》这5部法律法规的贯彻执行情况,集中在5、6、7三个月内组织部分市、县人大代表进行专项执法检查。通过听取汇报、实地察看、个别走访、查阅档案以及检查与自查相结合等多种方法的检查,代表充分肯定了我县在这5部法律法规贯彻执行方面取得的成绩,同时就加大法律宣传力度、增强防范意识、打击个别违法犯罪、加强执法队伍建设、改善执法条件、提高执法水平以及经常性地开展执法工作等方面,提出了25条意见、建议。这些意见和建议引起了县政府及相关部门的高度重视,及时召开专门会议,进行研究部署,督促相关部门查处违法案件,解决了一些突出的问题。通过执法检查,使一些相关部门和单位的法律观念有所增强,安全意识有了新的提高,净化了文化市场,关闭了一批黑网吧,校园周边环境脏、乱、差的现象得到有效治理。

精心组织代表开展视察工作,充分发挥代表参政议政的作用。一年来,人大常委会围绕人民群众普遍关心的热点、难点问题,组织市、县两级人大代表进行了两次集中视察。6月份,结合推进我县"双创"工作的开展,人大常委会组织部分市、县人大代表对全县的新型民居建设情况进行了为期3天的视察;12月份,根据市人大常委会的安排,又组织部分在吴的市人大代表就我县的社会保障工作情况进行了视察。通过实地视察和县政府的专题汇报,大家普遍认为我县在新型民居工程建设和社会保障工作方面投入了大量的人力、物力和财力,取得了令人鼓舞的成绩,走在了全市、全省的前列。特别是新型民居建设取得了历史性的突破,共同的感觉是思路清、规划新、政策好、标准高、规模大、投资多、措施实、办法活、亮点多。在充分肯定成绩的同时,也明确的指出了工作中存在的问题,提出了不少建议。要求在今后的新型民居工程建设中要注重搞好宣传教育、精心做好规划设计、产业配套、土地流转、公用设施建设等方面工作。在社会保障工作方面:宣传工作做的好,制度建设抓的细,各项措施落的实,社保工作的开展为维护社会稳定、促进社会和谐起到了积极作用。并要求相关部门加大此项工作的力度,真正使全县上下形成学有所教、劳有所得、病有所医、老有所养、住有所居的良好局面。这两次视察受到了县委的赞同和广大人民群众的好评。

二、严格依照法律程序,行使好人事任免权

一年来,常委会坚持党管干部和干部"四化"的方针,依法任免国家机关工作人员21人次(其中任职16人次,免职5人次)。在人事任免工作中,常委会按照《吴起县人大常委会人事任免暂行办法》的规定,严把任命关。一是坚持法律考试制度。拟任人员必须通过法律考试,考试合格后常委会才能任命,增强拟任人员的法律知识和法律意识;二是坚持任前初审制。常委会对拟任人员的德才表现、廉政建设等方面进行考察考核,把掌握相应法律知识、有依法办事能力以及清政廉洁作为必备的任职条件;三是坚持拟任人员做供职表态发言制度,保证任免工作顺利进行。今年常委会还接受了2名人大常委会委员的辞职。因工作调动终止了3名县人大代表的代表资格。

三、认真做好代表工作,充分发挥代表作用

密切与代表及人民群众的联系,充分发挥人民代表的作用是做好人大常委会工作的基础。也是实践"三个代表"重要思想,全面贯彻落实科学发展观的具体表现。常委会从完善制度入手,采取多种形式,改进服务工作,支持和保证代表依法履行职责。一是建立代表小组活动制度和法律培训制度。各乡镇人大对人大代表提出了明确的培训计划和培训目标,加强了代表培训工作,提高了人大代表充分履行职责的能力;二是坚持常委会组成人员联系代表制度。常委会组成人员定期不定期的深入基层,走访代表,认真听取代表、群众的意见和呼声,注重解决实际问题,为密切党和人民群众的联系发挥了作用;三是坚持委员、代表参与人大各项工作的制度。每次的执法检查、视察、工作评议都要吸取部分代表参与,既拓宽了代表知政、参政的渠道,又发挥了代表参政议政的作用;四是加强和改进信访工作。县人大常委会始终把热情接待和认真办理群众来信来访工作,作为密切联系人民群众、努力践行"三个代表"、拓宽监督渠道的一项重要工作来抓。为做好信访工作,人大常委会配备了专职信访工作人员,完善了信访制度,对重大信访案件人大常委会领导亲自接待处理。一年来,共接待来信来访68件105人次。对每起上访案件,都给予认真解释、转办,督促有关部门解决了群众反映和关注的一些实际困难和问题,化解了社会矛盾,密切了国家机关同人民群众的联系,促进了社会稳定;五是加强和改进代表意见和建议的办理工作。一年来,代表委员共提出意见、建议70件,其中在县十五届人大二次会议上,提出意见建议28件,人代会闭会期间,代表委员提出意见、建议42件。县人大常委会十分重视对代表意见、建议的督办工作。为了加快办理进度,县人大常委会于今年5月初专门召开了意见、建议交办会,县人大常委会主管主任、县政府主管县长及政府相关的职能部门负责人参加了会议,并就部分具体意见、建议的办理进行了座谈讨论,推进了办理进度,提高了办理质量。目前,大多数的意见、建议已办理完毕并答复代表。充分行使了人民代表当家作主的权力。

四、不断加强自身建设,努力提高工作水平

我县新一届人大常委会选举产生后,常委会组成人员多数来自不同岗位、不同行业,对人大的性质、地位和作用认识的还不够。因此,人大常委会首先加强学习,利用人大常委会和机关全体会议,先后学习了《监督法》、《代表法》、《选举法》、《地方组织法》等法律法规。同时,还加强政治理论学习,学习了党的十七大、十七届三中全会精神和中央1号文件精神,通过学习,常委会组成人员及人大工作者适应人大工作能力增强,工作效率明显提高,政治理论和业务素质不断提升。其次,常委会在调查研究、反复讨论的基础上,修定和审议通过了《县人大常委会议事规则》、《县人大常委会主任会议议事规则》、《县人大常委会组成人员守则》等12项规范性文件,形成了《吴起县人大及其常委会议事规则汇编》。并且按照《监督法》的要求,结合人大机关的实际,先后修订和完善了关于机关内部学习、生活、财务等25项管理办法和规章制度。使新一届人大及其常委会的工作有章可循,进一步走上了制度化、规范化的轨道。

为了更好地适应新形势下民主法制建设和人大工作的新要求,新一届常委会在加强学习、修订制度的基础上,进一步提出了建设学习型、创新型、服务型机关的目标,并以建设学习型机关为基础,制定实施方案和目标管理实施意见,组织开展多种形式的主题实践活动,有效地提升了常委会机关干部的政治、业务、文化素质,增强了常委会机关的凝聚力、向心力和战斗力,形成了以学习推动创新,以创新提高服务,以服务巩固学习成果的良好工作机制。

常委会在加强自身建设,搞好本职工作的同时,按照县委的统一安排,认真做好联乡包村工作,积极开展了"千名干部进万家"活动,常委会办公室负责一个村的包扶工作,并选派一名干部常驻所包村组开展工作。去年共协调筹集资金20余万元,为该村修路、拉电、发展主导产业。还健全了村支部、村委会班子,改善了基层组织阵地建设,取得了较好的成绩。

回顾过去的一年,人大常委会的工作虽然取得了一定的成绩,但也存在着问题和不足。常委会的工作离科学发展观的要求、离宪法和法律的要求、离全县人民和各位代表的期望还有差距,主要是监督工作的针对性和实效性不够强,特别是对常委会审议意见的整改落实情况的跟踪监督不够;代表作用需进一步发挥;常委会机关自身建设仍需不断加强等。这些问题和不足有待于在今后的工作中不断加以改进和完善。

2009年是全面落实科学发展观,推进全县经济社会又好又快发展的重要一年,我们将迎来建国60周年。在新的一年里,县人大常委会工作的指导思想是:以邓小平理论和"三个代表"重要思想以及党的十七大和十七届三中全会精神为指导,全面落实科学发展观,坚持党的领导、人民当家作主和依法治国的有机统一,紧紧围绕全县中心工作和改革、发展、稳定大局,深入贯彻实施监督法,积极探索监督工作新思路、新举措,为推动科学发展,促进社会和谐,"打造绿色吴起,构建温馨家园"做出新的贡献。围绕这一指导思想,县人大常委会将积极应对全县经济社会发展中的新情况、新问题,认真履行职责，推动县人大常委会工作再上新台阶，再有新突破，在实践中重点做好以下工作。

一、始终做到一个坚持。就是始终坚持党的领导。坚持党的领导是人大工作的灵魂和核心，只有坚持了党的领导，才能真正履行人大工作职责。只有坚持党的领导，人大常委会工作才能取得实效。县人大常委会始终坚持和贯彻落实重大事项向县委请示汇报制度，围绕县委的工作大局，行使好人大的重大事项决定权、人事任免权和对"一府两院"的监督权，确保县委重大决策、决定的贯彻落实。同时对县委安排的经常性工作，也要认真抓好贯彻落实。在坚持党的领导中，始终遵守党管干部的原则，在这个前提下，依法行使人事任免权。

二、牢固树立两个观念。一是牢固树立科学发展观。县人大常委会在新的一年里，要紧紧围绕发展这个第一要务开展工作，把为经济建设、社会发展服务放在头等重要的位置，把工作着眼点和着力点放在经济社会发展中的薄弱环节上，放在协调解决经济社会发展的矛盾上，紧紧抓住县内涉及国计民生的重大事项和关系人民群众利益的热点、难点问题开展工作，及时作出决议、决定，提出意见建议，促进经济社会全面、协调、可持续发展。二是牢固树立为民执政观。人大常委会和各级人大代表是党和政府联系群众的桥梁和纽带。县人大常委会将进一步深入基层、深入群众，体察民情、了解民意，广泛听取人民群众的意见和呼声，全面准确把握好社情民意，努力开展工作，以实现党的主张，真正做到人民当家作主。

三、重点做好四项工作。在新的一年，县人大常委会一定要在县委的领导下，始终把发展吴起、富裕吴起做为工作的出发点和落脚点。

一是认真贯彻落实《监督法》，进一步做好监督工作。调查研究、执法检查、集中视察，是人大常委会依法监督的主要形式。今年要正确分析和积极应对复杂的金融危机对我县经济带来的严峻挑战，抓住发展这个第一要务，围绕党中央提出的保增长、扩内需、调结构、增活力、促和谐的方针政策，一要继续听取审议国民经济和社会发展计划、财政预算执行情况以及对财政审计等情况的专项工作报告，提出应对性的意见、建议，确保全县经济平稳较快发展；二要高度关注新农村建设、社会治安、城镇居民最低生活保障、就业和再就业等民生问题，维护和保障人民群众的根本利益，促进社会全面进步；三要重点对《水污染防治法》、《药品管理法》、《环境保护法》、《道路交通安全法》等法律法规进行执法检查，听取和审议执法情况汇报，保证法律法规在我县的有效实施；四要搞好对全县重点项目建设情况和农村产业发展情况进行集中视察，进一步推进我县经济社会更好更快发展。在监督中，要正确处理监督与被监督的关系。人大监督"一府两院"，督促"一府两院"依法行政、公正司法是宪法和法律赋予的职责。人大常委会和"一府两院"首先都要牢固树立监督意识，人大常委会要做到主动进行监督，"一府两院"要自觉接受监督，在具体的工作中要做到以监督促发展，围绕发展加强监督。

二是不断加强和改进代表工作，充分发挥代表作用。这是做好人大常委会工作的关键所在。继续坚持常委会组成人员分工联系代表制度，提出安排意见，做到经常化、规范化；继续坚持代表参加常委会工作的制度，根据常委会的工作要求，安排代表参加；继续坚持人代会闭会期间代表活动的指导和服务，充实代表小组活动内容，做到有专题、有深度、有实效；继续坚持规范和改进代表建议、批评和意见的办理工作，坚持反馈回访、跟踪办理等制度，加大督办力度，努力提高办理工作实效；继续做好群众来信来访。要进一步规范信访工作程序，加强信访制度建设，认真受理人民群众的来信来访，积极督促有关部门认真解决群众来信来访中反映的突出问题，做到事事有回应、件件有着落。

三是努力做好宣传工作。要充分认识人大常委会宣传工作的重要性，以纪念建国60周年为契机，严格按照省、市人大常委会有关宣传工作的文件精神，探索和把握人大常委会新闻宣传工作的规律与特点，拓宽宣传渠道、丰富宣传内容、创新宣传形式，提高宣传质量，增强宣传实效，努力开创人大新闻宣传工作新局面。人大机关要主动邀请通讯、广播等新闻媒体参与人大各项工作的宣传报道，同时，人大机关内部也要把宣传工作当作一项重要工作来抓，早安排、早部署，把工作量化到各委室，年内争取形成几篇质量较高的调研文章，并争取在相应的刊物上发表，进一步增强广大干部群众对人大常委会工作的认识。

四是全面加强自身建设。按照"政治坚定、业务精通、务实高效、作风过硬、团结协作、勤政廉政"的要求，进一步加强自身建设。一是加强政治理论和法律法规的学习。要围绕创建"学习型机关"这一主题，强化学习。把提高政治素质与业务素质结合起来，把理论学习与深入实践结合起来，牢固树立科学发展观，认真制定学习计划，坚持学习制度。同时，加强法律、法规和业务知识培训，计划今年上半年召开一次培训会，就《公务员法》、《代表法》、《监督法》以及《陕西省实施监督法办法》等相关内容，重点对乡镇人大主席、县人大机关全体工作人员、部分县人大代表和被人大任命的"一府两院"全体组成人员进行培训，增强做好人大工作的使命感、责任感，增强"一府两院"组成人员的责任意识和自觉接受人大监督意识，不断提高工作水平；二是加强作风建设。按照"两个务必"的要求，进一步转变作风，围绕常委会审议议题深入基层，深入群众，广泛听取人民群众的意见，反映人民群众的呼声和要求，维护人民群众的利益，切实增强以人为本，执政为民的观念。三是坚持不懈地抓好人大机关的组织建设、制度建设、廉政建设，努力建设一支紧张有序、团结和谐、求真务实、开拓进取的人大工作队伍。四是进一步加强对乡镇人大工作的指导，支持乡镇人大依法行使职权，积极探索新形势下搞好乡镇人大工作的新路子，适时召开乡镇人大工作座谈会，指导其依法开好人代会，开展好评议、执法检查、视察调研等活动，不断推动乡镇人大工作迈上新台阶。

关于《武汉市青山区循环经济发展规划》落实情况的调研报告

湖北省武汉市青山区人大常委会副主任　余茂林

2007年，作为重化工业集聚区的青山区，获批全国第二批循环经济试点单位，这为全区循环经济迎来了前所未有的机遇和挑战。前期，区人大及其常委会成立调研专班，学习和研究了循环经济的相关知识，深入调查研究，区第十三届人大常委会第十三次会议认真听取审议了《武汉市青山区循环经济发展规划》，决定批准《规划》，并作出了统一思想，进一步增强发展循环经济的责任感和紧迫感等五项决议。通过行使重大事项决定权，以人大合法权限，积极调动社会各界参与，为我区循环经济跨越发展、科学发展、和谐发展提供坚实的法治保障。为进一步促进循环经济发展，结合深入学习实践科学发展观活动，区人大常委会党组把《武汉市青山区循环经济发展规划》(以下简称《循环经济发展规划》)实施情况作为调研课题，进行了专题调查研究。通过开展武钢、石化、电厂、一冶、461、471等驻区大企业座谈调研，与市人大财经委联动，开展推进循环经济发展的地方立法建议调研，走访了区发改委、环保局、开发区和部分地区大单位，向驻区国有大型企业领导、人大代表、职能部门和有关专家学者征求意见，形成意见和建议。现将有关情况报告如下：

一、《循环经济发展规划》实施情况及主要做法

成为全国循环经济试点区一年来，区政府立足区情，按照"政府主导、企业主体、政策推动、市场运作、项目支撑、社会参与"的方针，以循环经济为主体和重点，抢抓循环经济试点机遇，明确发展定位，编制了《循环经济发展规划》和《武汉市青山区循环经济试点实施方案》，其中《武汉市青山区循环经济试点实施方案》于10月28日通过国家发改委组织的专家评审，《循环经济发展规划》从全局角度、战略角度统筹规划循环经济发展的总体目标和实现手段。区政府通过大力推进工业企业资源开发、清洁生产和废弃物综合利用，引导企业结合技术改造、工艺结构调整以及设备等，加快全区废气、废水、废渣以及高炉余压余热综合利用，地区环境质量不断改善。2008年前三季度，主要污染物化学需氧量削减15.7%，二氧化硫削减9.2%。青山区空气质量优良率为79.5%，同比提高8.9个百分点，空气污染指数平均值为79，同比下降8个点。空气质量优良天数达185天(其中优的天数达33天)，同比提高6个百分点。

(一)领导重视，完善循环经济工作机制

全区成立以区直部门负责人、驻区大企业相关部门负责人参加的青山区发展循环经济协调工作领导小组和青山区"两型社会"建设综合配套改革试验工作领导小组，统一领导，形成合力，共推循环经济工作。编制了《生态城区建设规划》、《循环经济发展规划》、《循环经济试点实施方案》等，设立了500万元的循环经济发展专项资金，出台了鼓励和促进清洁生产审核、建设中水回用设施等8个政

策性文件,建立了固废资源综合利用、节能环保、公用工程一体化等8大类、80个、投资206亿元的循环经济项目库。同时,与相关责任单位、职能部门签订了节能工作绩效目标责任书,与所有污染减排责任单位和部门签订了《“十一五”环保目标责任书》,将节能减排目标任务分解下达,层层落实。真正做到了目标到位、任务到位、措施到位、责任到位。

(二)企业配合,大力提升资源综合利用率

武钢、石化、青山热电厂等驻区大型国有企业发挥龙头示范作用,努力转变发展方式,大力推进节能降耗、清洁生产、循环利用等项目建设,实现“三废”减量化和资源化。实施了钢电股份公司烟气脱硫、武石化6万吨/年硫磺回收及尾气处理装置,青山热电厂1-5号机组改造、武钢高炉、转炉布袋除法等重点项目,关停了武汉叠峰水泥厂、三磊水泥厂、金誉水泥厂等5家重点污染企业,建成了武钢北湖污水处理厂、武石化污水回用装置,利用BOT(建设—管理—移交)、DBO(设计—建设—管理)等投融资模式,启动了工人村都市产业园和青山船厂两座污水处理项目等一批重点工程,启动了工业港、焦化公司水循环利用等一批项目,地区环境质量不断改善。

(三)政府协调,促进企业间资源循环利用

按照循环经济发展要求,我区积极拓宽企业合作发展领域,逐步实现从固体资源综合利用等领域,向废气、余热等循环利用环节延伸,实现了跨行业、跨企业循环经济发展合作。构建耦合产业链,实现物质和能量的循环利用。着力建设都市工业园、环保产业园和高新技术孵化园,并充分发挥三大园区上下游企业的前后向一体化带动作用,围绕武钢、热电厂、武石化等大型企业工业废渣、污泥、粉煤灰、废弃工业橡胶等资源,不断延伸闭路循环产业链、延伸硅钢加工产业链;2008年,在区政府的牵线搭桥下,青山热电厂与武石化签订了热电联供意向协议,计划以青山热电厂在建的2台300MW级热电联产机组建为武石化提供生产用气,取代武石化新建的2台锅炉规划,仅以一项每均减排二氧化硫580吨,烟尘60吨。计划将青山热电厂余热蒸汽集中供应都市工业园,以取代都市工业园现有20台燃煤锅炉。武石化利用武钢富余氮气合作事宜,目前正在积极协调中。

(四)社会参与,助推区域绿色消费

青山区立足区情,按照“先试先行、突出重点、示范推广、惠及民生”的原则,积极倡导绿色消费。通过加大基础设施投入,完善循环经济配套建设,财政全额补贴和专项经费等方式,实施了高效照明产品推广计划,钢都花园2个社区、76家党政机关、63所中小学校开展了垃圾分类收集,启动新建小区垃圾生化处理和中水回用试点。启动“绿色公务出行项目”,在区直机关中实行公务车“限行规定”,鼓励机关办公人员“绿色公务出行”等一批惠及民生的“两型”社会建设项目,不断提高了干部群众的环保意识、循环意识和节约意识。

二、《循环经济发展规划》实施过程中存在的主要问题及困难

区政府、驻区大企业在发展循环经济过程中做了大量工作,取得了明显的成效。但是,通过调研发现,在实施《规划》过程中还存在一些问题和困难,主要表现在:

(一)企业循环经济发展不平衡

青山作为武汉市老工业区,以钢铁、石化等为优势产业的重化工特色明显,发展循环经济的难度大、压力大,作为国家级循环经济试点单位,具有典型性和唯一性,通过调研,发现驻区部分企业发展循环经济的积极性还没全面调动起来,影响因素主要有:

一是投资成本大,运行成本高,经济收益小。目前所实施的循环经济节能减排技术主要依靠进口,技术及设备成本较高。以武钢为例,目前烧结烟气脱硫投资大、运行维护费高(1台360m2烧结机烟气脱硫设施投资大约在8000~10000万元,运行费用高达33元/吨矿以上,按武钢目前年产烧结矿1430万吨计,武钢烧结烟气实现全脱硫后,烧结工序将增加4.7亿元),而我国是石膏富矿区,作为脱硫后可综合利用的石膏,所产生的经济收益较小,部分企业认为循环经济技术更新很快,加上循环经济项目投入后短期内收不到好的效益,存在着投资风险,因而紧迫感不强,积极性不高。

二是受土地资源的限制越来越大。青山地区国有大型企业密集,可供开发的工业用地紧缺,加上循环经济项目一般需要建在主体厂区,由于场地限制,存在着新上循环经济项目用地困难。

三是为促进两型社会建设,国家出台了一系列优惠政策,但是,仍然存在促进循环经济发展的优惠政策不配套情况。主要表现在以下几方面:首先,目前专用设备税收优惠范围较窄。2008年,在财政部、国家税务总局与国家发展改革委员公布的与节能节水、环境保护和安全生产专用设备所得税优惠政策中，与钢铁行业有关的专用设备相对较少。过去电煤灰作为废弃物不存在缴税问题，现在废物利用后，电厂和春笋集团都要缴税。其次，扶持政策存在盲区。国内对脱硫燃煤电厂上网电价按每千瓦时0.15分加价扶持，钢铁企业烧结烟气脱硫缺乏相应的政策扶持。第三，二次资源综合利用政策有待进一步完善。国办发［2006］77号规定：资源综合利用机组（如武钢TRT发电、干熄焦发电和低温余热烟气发电）须向电网企业支付系统备用费，根据《销售电价管理暂行办法》（发改价格〔2005〕514号）文规定：这部分费用已包含在大工业企业所交的基本电费中，属重复交费，这在一定程度上制约企业二次资源综合利用的积极性。第四，清洁生产激励政策有待进一步细化。清洁生产优惠政策只针对企业整体而言，对拥有多工序、多工厂或多个下属企业的企业集团而言，享受优惠和奖励的难度太大。目前环保优惠目录中涉及钢铁行业项目较少。清洁生产优惠政策只针对企业整体而言，而对生产环节多的钢铁企业，往往有些生产环节达标了，但是因为技术等问题，整体达标困难，因此享受不到优惠和奖励。

（二）发展循环经济的保障机制还不够配套

一是促进循环经济发展的激励机制不够，在税费上面，过去电煤灰作为废弃物不存在缴税问题，现在废物利用后，电厂和春笋集团都要缴税；二是促进循环经济发展的制约机制不够，目前，各国有大型企业完成的主要是中央各部委下达的指标，区政府缺乏对区域企业发展循环经济缺少必要的技术支撑和考核评价体系，对于区政府的指导意见，企业重视不够；三是循环经济科技创新体系尚未完善。以环境工程技术、废物资源化技术、清洁生产技术等为特征的绿色技术支撑体系还处于研究、试点阶段，尚未得到普遍的推广；四市场化运作模式尚未成熟。市场的推动应该是建设循环经济的主要力量，我区循环经济尚处于政府推动阶段。

（三）区域循环经济发展联动有待加强

主要表现在：一是企业间联动不够，循环经济产业链链接不够。调查中了解，由于行业不同，企业对可循环利用的资源、市场现状、如何最大化循环利用等问题缺乏全面了解，加上各企业出于自身成本和收效等因素，审批部门间协调难度大，政策存在瓶颈等原因，企业往往有合作的热情，但是实际实施起来难度大，青山地区企业间能源的综合利用耦合出现断链、短链现象；二是政企联动不够。政府《循环经济发展规划》与企业的《循环经济发展规划》沟通衔接不够，资源共享不够，区发改委和环保部门对驻区大企业实施节能减排协调能力有限，一些有利于地区节能减排的跨行业、跨企业循环经济耦合项目推进落实难度较大。例如：青山热电厂民用供热项目是一项惠民工程，但因为该项目投资大，供热管网铺设涉及市区规划、城管、电力等部门，以及多家企业，协调难度较大，造成项目很难推进；三是市区联动不够，武汉市至今无循环经济发展规划，武汉地区间资源共享不够。在试点深化进程中，行政职能与市场功能目标有时不完全一致，地区之间横向协调难免不一致；四是循环经济信息平台尚未建立。信息畅通是发展循环经济的重要保证，而我区在发展循环经济过程中却存在着众多的信息不对称状况，比如政府与公众对循环经济认识的不对称、主管部门与产生废弃物单位之间的信息不对称、循环型企业与产生废弃物单位对废弃物内在信息的把握不对称、循环型企业与科研院所对循环型技术的要求不对称等，由于缺乏必要的信息交换平台，这些不对称现象无法彻底解决，所有这些都不利于循环经济的健康发展。

（四）环保体制不顺造成覆盖面不够

青山地区是全市环境监管的重点区域，区域内国有大中型企业密集，是典型的“大企业、小政府”。由于企业分属不同的行业，对口上级管理部门较多，市区两级环保部门按权限划分，实行分级管理，存在着职责交叉、管理分散、工作重复、权责不统一等问题，导致同一区域内环境监督管理措施和执法行动无法统一实施、统一步调，客观上制约了我区环保部门对企业的监管处罚力度。目前，部分企业依然存在着超标排污、违法偷排等现象，我区执法队伍数量不足，技术力量薄弱，环境监测仪器设备落后，导致企业偷排取证难，难以做到及时发现和查处。

三、落实《循环经济发展规划》的几点建议

为把青山区建设成为国内一流循环经济示范区和生态宜居城市，为我国重化工聚集区的发展提供新模式这一总体发展目标。区政府要根据区人大常委会关于批准《循环经济发展规划》的决议，落实《武汉市青山区循环经济试点实施方案》要求，科学调整《循环经济发展规划》，围绕“三个结合”，“三个循环”，“三个转变”的指导思想，遵循“减量化、再利用、资源化”原则，贯彻实践科学发展观，开创重化工聚集区发展循环经济的青山模式，争当武汉城市圈“两型”社会建设的开路先锋。

(一)创新环保监管体制，提高监管实效

为进一步加强环境监管，不断改善区域环境质量，促进青山地区循环经济发展，建议贯彻实践科学发展观，按照强化职能、转变方式、提高效能、整合资源的原则改革青山地区的环境管理体制。探索改革现有市区环保部门二级管理体制，实行市区垂直管理，青山区环境保护局更名为武汉市环境保护局青山分局(以下称青山分局)，由市环保局、青山区对其实行双重领导，采取授权管理方式开展城市环境管理，从而避免人员、资金、设备的重复投入和机构的重复设置，同一区域内收费不统一、执法力度不统一的现象发生，解决区环保部门管理人员不足、技术力量薄弱等问题，统一了执法口径，合理、充分地利用现有人力、物力和财力资源，促使环保部门总体能力的升级提高，进一步加强城市环境保护工作。在排污费征收方面，建议由青山分局征收排污费除按规定上交国家、省、市外，统一交区财政管理，由青山分局报市环保局立项，使用上优先考虑促进青山区循环经济建设的重点污染源防治、区域性污染防治和污染防治新技术、新工艺的推广应用等。

(二)加快推进循环经济项目，促进循环经济发展

项目建设是发展循环经济的依托和载体，发展循环经济，最终都要靠项目来推进。始终坚持项目立区的发展理念，用争上大项目、促进大发展的办法来解决试点过程中的矛盾和问题。

一是做好区域内循环资源普查工作。建议区政府加强调查研究，以企业为主体，对全区企业可循环的资源情况，认真组织普查，编制资源循环利用线路图，建立全区循环资源信息动态数据库，为实施循环项目提供真实准确的资料来源；

二是强势推进项目。在国家大举措扩大内需这一机遇，积极争取省市支持，实施武钢烟气脱硫，青山热电厂“关小上大”等一批重点工业循环利用项目建设，大幅度降低废气排放量。深化生活垃圾分类处理工作，加快落布咀生活污水处理厂建设步伐，新建北湖生活污水处理厂、武钢工业港工业污水处理厂，在全区范围内推广中水回收利用，基本实现污水零排放。

三是严格审核项目。进一步建立和完善环境优先的市场准入机制。在项目选择上，应坚持数量服从质量、效益服从环保，立足于节能降耗减排，着眼于资源循环利用，建立更严格的环境保护标准，实施更严格的排污总量控制。对新建企业及其项目，作为主体的环保部门要提前介入，各相关职能部门要积极配合，严格执行《环境影响评价法》和建设项目环境影响评价审批制度，坚决杜绝污染企业“进城”、“入区”，真正实现由“末端治理”向“源头控制”的根本转变。

(三)加大机制创新力度，保障循环经济持续发展

发展循环经济是一种新生事物，需要不断探索和完善，要充分利用先行先试的机遇，大胆实践，勇于创新。必须建立健全“决策科学、分工合理、执行流畅、运转高效、监督有力”的促进循环经济发展的行政管理体制和市场运行机制。

一是协调机制。发挥政企共驻共建优势，坚持和完善区领导挂点大企业、大项目跟踪服务制度，定期召开政企联席会、座谈会、协调会，共同研究项目策划、产业布局等问题，做好企业合作的策划和牵线搭桥工作，积极推进驻区大企业间资源合理配置和有效利用。

二是投资融资机制。积极搭建融资平台，组建区循环经济经营投资公司，+鼓励和支持民间资本、外来资本以独资、合资、投资循环利用、节能环保、产业配套等领域，运用CDM(清洁发展机制)，采取BOT、DBO等方式，投资建设循环经济项目，增强循环经济的发展活力，实现投资主体多元化，运营主体企业化，运营管理市场化，形成开放式、竞争性的建设运营格局，推进全区循环经济上水平。

三是探索税收减免等鼓励机制。建议政府和企业联动，从资金、土地、信贷、财税、项目扶持、排污费等方面积极争取国家支持积极争取省市支持。区政府运用税收、价格、专项补贴等经济杠杆，采取对治理环境污染、发展循环经济的项目和企业，减半征收行政事业性收费，物价补贴、企业亏损补贴、财政贴息、税前还贷、减免增值税、所得税和土地使用税等政策鼓励企业实施产业转移和改造升级，引导项目建设，进一步拉长循环经济产业链。

四是设立发展循环经济专项基金，对关键项目进行直接投资或给予资金补助、贷款贴息的支持，并利用该基金开展相关的科学和工程技术研究。

(四)鼓励技术创新，构建循环产业链

循环产业链就不完整，就很难取得预期的经济效益，因此，循环型技术路线必须创新。首先，要建

立专家人才库聘请国家级的专家教授和高层领导成立青山区环经济试点区专家咨询委员会和专家工作小组，对我区循环经济系统的物流和能流进行分析，研究开发出适合区情的资源节约和替代技术、相关产业链接技术、固体废弃物回收处理技术等循环型关键技术，指导全区循环经济发展；其次，划拨专门的研究经费，对循环经济发展过程中遇到的技术难点进行攻关；第三，成立由区循环经济办公室牵头，利用武科大、安环院等高等院校和科研单位多、技术力量强的优势，组织企业、高校、科研院所结成循环经济产学研合作联盟的循环经济技术服务中心，开展循环经济技术研究、帮助相关企业、事业单位编制循环经济规划、计划和进行清洁生产、节能减耗、废品综合利用等工作，承接有关循环经济项目的专门课题研究，在清洁生产、工艺改造、环境无害化、废弃物回收利用、节能、节水等领域选择一批共性技术进行重点攻关，突破发展循环经济的技术"瓶颈"；第四，培养一批循环经济示范企业、示范项目、示范工程和示范技术，进而带动循环经济试点区的健康发展。打造"三园"循环经济示范园区，实现园区内循环型的资源流、物质流、能量流、信息流和技术流的高效耦合系统，通过分析区内现有企业的能源、水和原料利用状况入手，引进关键链接项目，形成企业间共生和代谢的生态网络关系，试点示范，总结工业园区实施循环经济的经验，提炼出区域可持续发展的基本模式，做到以点带面，认真借鉴国内外发展循环经济的做法，及时总结循环经济试点单位的经验，推进全区循环经济发展。

（五）提高监测手段，加大环保监管和处罚力度

一是建立健全完善能源资源节约与促进循环经济发展的标准体系，区统计、发改、环保等部门积极采取市区联动，政企联动，先试先行的方式，组织研究并提出《青山区循环经济综合评价指标体系》，健全能源计量、能源统计和能源利用状况分析制度，进一步规范标准。

二是各职能部门要依据职责，加强各部门间横向协调，形成合力，严肃查处超标排污、偷排行为。不断提高监测手段，建立先进的环境监测预警体系和重点污染源在线监测体系，形成包括企业、园区、社区、政府机构在内的循环经济监测网络，及时掌握企业和社会循环经济的运行状态，定期公布企业排污情况、地区环境质量状况，全面真实地反映环境质量状况和排污状况，实现企业环境行为公开透明化。

三是加强队伍建设，不断提高监管水平，充实专业技术人才，打造一支素质高、业务精、能力强的管理执法队伍，不断提高执法力度和服务水平。

（六）大力发展循环经济中介组织，搭建循环经济平台

一是转变政府职能，继续改善经济发展软环境。政府要为发展循环经济创造制度环境、法律环境、政策环境和科技创新的环境。建立政府和重点企业、园区之间的循环经济服务促进中心，依托区政务中心资源，组建由各相关部门组成的循环经济服务促进中心。成立循环经济研究室、打造集循环经济政策研究、项目行政审批综合性循环经济服务集合体，简化项目审批程序，加快项目效率，整合部门资源，充分发挥协调作用，并寓协调于服务，在企业、园区和公众之间架起桥梁。

二是建立循环经济信息交换平台，通畅的信息渠道。整合废弃物的性质及来源、循环型企业、循环型技术等信息，规范信息的收集、合成、传输、反馈等机制，以电子政务、企业信息资源共享为重点与切入点，建立循环经济信息交换平台，及时发布各类循环经济市场信息，实现资源共享，为各企业间实现废弃物、能量等交换提供信息帮助。

三是大力发展循环经济中介组织。把循环经济发展中相关的服务和协调职能交给各类中介组织，采取政府积极引导和市场推动并进，通过完善促进中介组织发展的机制和政策，建立激励机制和政策（如税收优惠政策、奖励政策等）提供针对企业和公众的信息服务和物资回收服务，提供技术咨询服务等措施培育循环经济中介组织体系，逐步建立咨询（法律咨询、技术咨询、政策咨询等）、社会服务（如社区和工业园区资源环境服务等）、技术服务（如循环经济技术的开发和设计）、信息（如废旧物资交换的信息）、物资回收统以及培训和管理等各种类型的中介组织体系，同时，规范中介组织的市场行为，促其健康迅速发展，发挥在政府与企业和公众之间、社会各类组织之间的沟通和桥梁作用。

（七）强化监督力度，优化发展环境

一是强化人大监督力度。《中华人民共和国循环经济促进法》自2009年1月1日起施行，从立法的角度保证了提高资源利用效率，推进循环经济的发展，保护和改善环境，实现可持续发展。作为人

大机关大工作要按宪法和法律赋予的职能，并结合科学发展观的要求，依法履行职权，紧紧围绕保证《循环经济促进法》实施，在法律监督的工作方式上有所创新。将一府两院组成人员任期内发展循环经济，推动绿色 GDP，推动生态社会建设的政绩纳入各级人大监督考核的内容；进一步加强的执法检查工作，监督政府及有关部门依法行政。以科学发展观为指导，依法监督国家《循环经济促进法》等有关环境和资源保护、可持续发展方面法律法规在本行政区域的贯彻实施情况，关注并督促政府认真解决群众关心的有关环资保护的热点难点问题，针对区域突出的环境问题，经常性地组织常委会组成人员、人大代表认真进行视察、调查和检查；定期听取和审议区政府循环经济工作的情况报告，将构建资源节约型社会的相关议题纳入每年政府向本级人大汇报审议的内容，并对重大环境资源保护事项要及时做出决议或决定。形成政府倡导、人大监督、企业自律、社会公众积极参与的良好局面，确保资源节约型社会发展战略沿着法制化、制度化、科学化的轨道顺利实施。

二是应切实发挥新闻媒体的舆论监督作用，及时发现和披露对构建资源节约型社会形成负面影响的事件或行为，对应报不报、隐瞒事件真相、造成严重后果的应追究相关责任者的责任，促使新闻媒体以客观真实的报道作自然资源的坚强卫士。

三是建立健全社会监督机制。通过招募环保社会监督员，建立环保举报基金完善环保监督举报奖励机制等方式，充分调动群众参与环保监督的积极性，通过政府网站、热线电话、接待群众来信来访等手段建立健全社会公众话语表达机制和监督机制，及时答复和处理人民群众提出的问题及合理化建议，把保护资源和节能降耗纳入社会公众的监督视野，进一步增强监督实效。

（八）加强宣传教育，营造循环经济舆论氛围

发展循环经济是实现可持续发展的重要途径，既关系当代发展，又惠及子孙后代，利国利民，需要政府、企业和社会公众共同参与。我们要以明年国家《循环经济促进法》实施为契机，牢牢抓住我国大力加强生态文明建设的契机，通过电视、报刊、杂志和印发宣传品等手段，开展形式多样的宣传活动，大力普及循环经济相关知识，广泛宣传发展循环经济的政策，提高对发展循环经济重要性的认识。要通过广泛的宣传教育活动，使各级领导干部树立科学的发展观，把发展循环经济的理念贯穿到各项经济工作中去，走可持续发展道路；使企业领导树立循环经济的新观念、新思维，创新发展思路，开拓性地经营企业；使公众树立自觉的环境保护意识和绿色消费意识，自觉抵制浪费行为，把节能、节水、节材、节粮、垃圾分类回收及减少一次性产品的使用逐步变成每个公民的自觉行为，逐步形成节约资源和保护环境的生活方式和消费模式。

评议，以人民满意为尺度

——武汉市蔡甸区对“一府两院”进行工作评议侧记

陈雪娇

对“一府两院”进行工作评议，是实施监督法的一项重要内容。

“本次工作评议发出测评表 25 张，收回 25 张。区经贸委满意票 22 张，基本满意票 3 张，不满意票没有；区农业局满意票 24 张，基本满意票 1 张，不满意票没有；区环保局满意票 20 张，基本满意票 5 张，不满意票没有。”主持人刚宣读完毕，台下便响起了热烈掌声。这是 2008 年 9 月 28 日武汉市蔡甸区人大常委会组织对区经贸委、区农业局、区环保局进行工作评议后区人大常委会组成人员投票测评现场的一幕。

为贯彻落实监督法，进一步增强“一府两院”的民主意识，法律意识和公仆意识，促进“一府两院”更好地依法行政、公正司法，促进蔡甸各项事业的发展，区人大常委会研究确定今年对“一府两院”有关部门开展工作评议。

启动评议　反复酝酿显慎重

区四届人大常委会第 30 次主任会议确定今年在听取和审议专项工作报告议题中选择部分议题作为工作评议的内容，安排在常委会会议上进行评

议。区人大常委会副主任、党组书记冯启才在会上说:“选择评议单位时,要广泛听取广大代表和人民群众的意见,充分体现民意,选择的单位要具有代表性。”

主任会议后,区人大常委会分成6个调查组分别深入13个街、乡镇走访。听取人大代表的意见。以代表推荐的单位为依据,区四届人大常委会第31次主任会议经过反复研究,考虑到区经贸委,区农业局,区环保局的职责与区经济济发展,与区“两型社会”建设以及社会普遍关注的问题关联度大,于是今年安排这三个单位9月份在区四届人大常委会第十五次会议上进行工作评议。

3月20日,区四届人大常委会第十一次会议审议通过了关于对政府有关部门开展工作评议的实施方案,正式启动整个评议。4月,区人大常委会办公室将被评单位在区电视台,蔡甸通讯和蔡甸政务网上予以公布。“工作评议就是在着重监督‘一府两院’工作的同时,可以紧紧抓住关系改革发展稳定大局和群众切身利益,社会普遍关注的重大问题,人大常委会通过听取和审议有关机关的专项工作报告,并把主管领导干部的工作业绩和存在的问题寓于其中,把对工作的监督和对人的监督有机结合起来进行评议和跟踪监督。”区委书记,区人大常委会主任李忠在“一府两院”工作动员会强调,在工作评议的实践中,要把维护广大人民根本利益作为评议工作的出发点利落脚点,在宪法和法律的范围内开展工作评议,坚持寓支持于监督之中,形成良性互动局面。要通过客观、公正地评议,促进被评议单位进一步发扬成绩,认真解决存在的问题,做到让人民群众满意。

调查走访　百份问卷显民意

“工欲善其事,必先利其器”。调查先行是这次评议工作的一大特点。

区人大常委会组成3个调查组,由分管的副主任带队,从6月15日开始至9月中旬开展了3个月的调查工作,采取个别走访、集中座谈与测评、查看现场,问卷调查等方式。对区经贸委,区农业局、区环保局近两年的工作进行了全面调查。整个步骤是被评议的单位召开动员会——部门自查——走访调查——收集意见整改——再调查——集中评议。6月中旬,被评议单位分别召开动员会,单位主要领导作工作报告并进行了评议的:工作安排,三个单位的全体干部、局属二级单位党政主要负责人参加了会议。区农业局的一名干部说:“动员会使我们对人大工作评议有了全新的认识,人大评议是动真格的,我们还要进一步改进工作作风,做好三农工作。”

在3个月的时间里,三个调查组在系统内召开9次座谈会,听取领导班子成员、中层干部意见;各部门负责人亲自带队,俯下身子。深入各乡村、企业以及服务对象中征求意见和建议,联系各自工作实际分多个专题采取走访、座谈等形式,听取了226名基层干部群众、人大代表、龙头企业对区经贸委、区农业局,区环保局依法行政、工作效率、服务态度、廉洁从政等方面的意见,听取了部分街、乡镇、有关部门共28个单位的意见,共征求人大代表和人民群众意见200多条。

调查组广泛听取各街、乡镇人大负责人和人大代表的意见,向全区100名人大代表、13个街办主任、乡镇人大主席发出测评表13份,对三个单位依法行政、勤政廉政、目标管理、作风建设、办事效率、服务态度、服务质量等方面的情况开展了满意、基本满意、不满意的测评。搜集意见60多条。随后,各调查组将搜集的意见和建议原汁原味的反馈给被评部门。调查组充分肯定了成绩,中肯指出了问题。“区经贸委在政务公开方面做得不够,群众对经贸委职能不太了解。”“非法加油点的存在损害了有证加油点的利益,并不能保证油的质量,应该加强管理,坚决取缔。”“造纸厂欠我们近百名职工的工资,过去我们为厂尽职尽责奉献了青春,现在我们年龄大了,厂改制了,政府不能不管。”“我区的中小企业多,但普遍存在缺乏扶持资金的问题,要掀起创业热潮,一定要设立中小企业专项扶持资金。”“对农民的技术指导还要加强,要加速农业信息的传递。”“对贫困农民的扶持力度不够,农药、种子、肥料售假现象存在。”“农业龙头企业发展不快,规模太小,加工转化农产品能力不强。”“梅山水泥公司的粉尘到处飞扬,我们住在附近的居民白天都不敢开窗户。”“汉阳大街、文昌街夜晚烧烤摊点多,油烟熏眼睛、呛喉咙,简直不能走路。”“运柁公园有几家卡拉OK厅声音太大,夜里12点还在唱,附近居民不能休息。”……对每一条意见被评部门都认真记下,调查组要求马上督办。

列出清单　边整边改显决心

对搜集的意见,被评单位立即整改,解决了一些群众反映较多的问题。

区经贸委针对政务公开做得不够的问题,加强法制宣传,在全区组织有关中小企业法律法规的大型宣传活动。引导企业合法经营,督促企业遵纪守法,帮助企业依法维护自己的合法权益。针对非法加油点的问题,进行依法打击和取缔非法加油点,在工商、公安、石油等部门的配合下,全区查处关闭了38个无证加油点、针对造纸厂拖欠职工工资的问题,经贸委负责人多次到造纸厂开展协调,反复向厂方和工人做工作,终于使近百名职工的工资、补贴30多万元落实到位。

区农业局针对技术指导不够的问题,实施新型农民科技培训、绿色证书培训,培育了一批种养业能手、科技带头人和专业合作组织领办人等农村实用人才。针对农资存在假冒伪劣物资的问题,组织6次联合执法,检查种子、农药、肥料等经营门点494家,查处违规农药157公斤,未经审定种子200公斤,过期肥料20吨。针对龙头企业发展不快的问题,2008年新引进农产品加工和流通企业4家,其中2家公司已投产,支持莲藕深加工基地建设,安装罐装藕汤、藕粉生产线5条。

区环保局针对梅山水泥公司的粉尘排放问题,督促梅山水泥公司投入300万元,对工业粉尘进行了有效回收治理,既减少了粉尘的排放,又增加了企业的经济效益。针对几条街道油烟过多的问题,进行集中整治,督促安装排烟设备,使汉阳大街、文昌街的油烟排放得到有效控制。针对噪声扰民叫题,组织执法人员200多人次,对城关噪声进行巡查,查处20余起。

评议发言　字字句句显心声

9月28日,区人大常委会召开工作评议大会。"一府两院"和政府组成部门、工作部门、区管局级单位、部分市管垂直单位的主要负责人,人大代表共140人参加了会议。

三个被评部门汇报了近两年的工作和未评先改情况,做到查找问题严肃,整改措施实在。大会集中审议发言时,14名常委会组成人员、5位人大代表对3个专项工作报告作了审议发言。袁宏俊委员说,区经贸委两年来加强宏观经济管理的调查与研究,经济运行提质增效,搭建平台服务企业,招商引资模式创新,但存在一些薄弱环节:服务企业面有待进一步拓宽;服务企业的方式需要进一步创新。中小企业中存在融资渠道不多,信息渠道不畅等问题;招优商,寻求新的经济发展支撑点有待进一步突破。李金山代表说,区农业局大力推广瓜——篙、藕——荸荠等高效模式,特别在西甜瓜方面全程服务,实行种植的指导,解决生产、销售问题,农业局干部职工冒着酷暑收瓜,把瓜送到超市,无积压瓜现象发生。群众说:"没有农业局的服务,就没有我们的好效益。"但农业发展还面临许多有待解决的问题:农业基础设施薄弱,抵御自然灾害能力有待提高;以农户为单位的小生产制约了农业规模经营发展;特色主导产业发展面临新问题,新型补充主导产业有待加速培植。王体大委员说。区环保局突出重点,在"管"字上下功夫。落实环境监管措施,立案查处环境违法行为53起,取缔了3家死灰复燃违法排污企业。刘素娥代表说。加快城关及工业园区环保基础设施建设,要把水污染治理作为系统工程抓,尽快建污水处理厂;进一步加大环境监控能力建设的资金投入,增强全区环境的监控能力;加大宣传绿色环保理念,保护环境……

人大代表和列席的单位负责人普遍认为,这次评议效果很好,被评部门增强了公仆意识依法行政意识,也增强了为人民服务的责任感和使命感。

区长谢宗孝说,政府部门要正确对待人大的评议工作,把评议作为动力,努力为民办实事、办好事;以评议为契机,全面提高政府部门的工作水平。

下一步,被评单位将制订整改方案,3个月内落实整改措施,区人大常委会将对工作评议的整改工作进行跟踪监督,督促整改措施的落实。

实施"安家工程"为人大代表搭建活动平台

湖北省宜昌市猇亭区人大常委会代工委主任　余芝柱

宜昌市猇亭区四届人大一次会议以来,区人大常委会针对长期以来人大代表在闭会期间活动无阵地、学习无场所,工作无目标的状况,大力实施"安家工程",搭建了人大代表活动的平台。

安家,让人大代表活动有阵地

2007年年初,区人大常委会把人大代表小组阵地建设纳入重要议事日程,采取得力措施,积极开展人大代表小组阵地建设。一是按照人大代表便于组织和开展活动的原则,对市,区两级人大代表实行混合编组,合理组建虢亭区四届人大代表小组12个,使全区120多名市区人大代表安了“家”。每个人大代表小组分别确定一名组长和一名联络员,负责代表小组活动的组织、协调和联系。二是坚持“十有”标准,促进“人大代表之家”规范化建设。这“十有”是:有场地、有牌子、有办公桌椅、有制度、有计划、有资料、有考核、有记录、有档案、有公示栏。并将代表姓名、照片、单位职务、联系方式等资料和代表权利,义务,代表活动的主要制度公布上墙。目前全区12个代表小组按照“十有”标准,全部建起规范的“人大代表之家”,为人大代表活动创造了条件。三是根据代表法的规定,加强人大代表活动制度建设。结合实际,制定了人大代表小组活动计划,人大代表活动制度,人大代表学习制度、人大代表视察调查制度、人大代表联系选民制度、人大代表述职制度等,明确了代表的工作职责,活动范围和活动要求,促进了代表的活动逐步向规范化,制度化迈进。

明责,让人大代表活动有目标

为了确保人大代表在闭会期间履行职责有位,开展活动有序,建言献策有效,区人大常委会不断改进代表活动方式,丰富活动内容,找准工作着力点。一是实行“人大代表履职挂牌”。各人大代表小组以选区为单位,分别在公示栏中悬挂了“人大代表联系选民责任牌”,全区12个代表小组共挂责任牌45个。责任牌公布了本选区人大代表姓名、照片、职务,联系电话等,通过实行“人大代表联系选民责任牌”,畅通了人大代表与选民之间的联系渠道,人大代表普遍感到电话多了,选民反映实际问题多了,了解社情民意的途径多了,增强了“人民选我当代表,当好代表为人民”的责任感、紧迫感、使命感和关注民生、反映民意、传达民情,为群众排忧解难的主人翁意识。二是实行人大代表领衔调研制度,各人大代表小组根据本组实际情况,围绕辖区政治、经济、社会等方面的重大问题和群众普遍关心的热点、难点问题,列出调研计划,确定每个代表领衔一个课题,进行调查研究。通过深入村组企业和选民,听取群众的意见和建议,提出解决问题的办法和措施,为推动政府工作积极建言献策。三是实行争先创优活动。区人大常委会下发了《关于在全区人大代表中开展“争创先进代表小组,争创优秀人大代表”活动的意见》,在人大代表小组和人大代表中开展评先创优活动。

建档,让人大代表活动有规范

为了保证人大代表依法履职取得实效,在人大代表中全画推行了代表履职档案管理制度。去年年初区人大常委会制定了《人大代表履职工作手册》。《人大代表履职工作手册》记载的主要内容包括:人代会前走访选民、听取选民意见和建议情况,会议期间审议报告发言情况,提出议案建议情况和依法提出询问质询情况,闭会期间参加区人大常委会组织活动和代表小组活动情况,接待群众来信来访情况和解决群众困难,为群众办实事情况等。《人大代表履职工作手册》由人大代表所在的代表小组负责填写并向选民公布。建立人大代表履职档案,有利于规范代表履职的行为,调动代表履职的积极性和主动性,较好地解决了代表履职好坏一个样、发挥作用好坏一个样的问题。

用心谱写和谐的乐章

——常德市鼎城区人大常委会创新人大工作纪实

湖南省常德市鼎城区人大常委会委员、办公室副主任　阅圣昀

“和谐是个好东西,从国运昌盛到个人幸福,没有他一切都是镜花水月。构建社会主义和谐社会是党中央顺时应势提出的重大战略决策,是人人憧憬的理想境界,也是人大工作的题中应有之义。要通过各种有效的方式和途径营造人大代表、人大工作者内心的和谐、人大机关内部的和谐、人大机关内部与外部环境的内外和谐来推进我区人大工作在高起点上继续向前发展。”2007年11月18日,高票当选为鼎城区人大常委会主任的向阳同志对“和谐”二字作了形象而生动的诠释,清晰勾画了

新一届人大常委会依法行使"三权"的基本路径，令人大代表耳目一新、精神振奋，他那掷地有声的就职演讲，博得了经久不息的掌声，也拉开了鼎城区十五届人大常委会创新人大工作的序幕。

思路的敲定，源于换届选举的圆满成功

2007年全省区、乡两级人大换届选举，是人民群众普遍关心的热门话题，是宪法、地方组织法修改后区、乡第一次同步换届选举，政治性、法律性、程序性都很强，涉及的人员多、工作量大，各级党组织的要求也很高，如何确保换届工作依法、有序推进，已经责无旁贷的摆在区人大常委会党组面前。党组一班人反复研究，一致认为：要想换届选举圆满成功，必须紧紧依靠区委的坚强领导，营造风清气正的换届选举环境，来实现党的领导、人民当家作主和依法治国的有机统一。中共鼎城区委十分重视区人大常委会党组的意见和建议，多次召开区委常委会专题研究区、乡人大换届选举工作，区委主要领导、区换届选举委员会主任李秋葆定期不定期主持召开会议调度换届工作，鼎城区委从组建班子到宣传发动，到方案制定到组织实施都自始至终加强对换届选举工作的领导，政府及财政部门对换届选举经费及时足额拨付，真正做到了在人力、物力、财力上全力支持，一路绿灯。

针对以往开"两会"时，个别与会人员趁机找借口"敲"区级领导、各类候选人、当选者及相关单位的"杠子"，叫他们买烟、请吃请舞请洗脚，常德江南为之烟贵、代表就餐地大多人去桌空，浪费了钱财，败坏了会风，影响了"两会"的形象，搞得天怒人怨等不正常现象，为防范于未然，区人代会临时党组未雨绸缪，在"两会"召开之际研究出台了"不准敲烟、不准请吃、不准找企业拉赞助、不准借走访慰问代表之名慷公家之慨送钱送物"等六不准。区委、区人大常委会主要领导王昌义、向阳在召集人会上重点强调要"勤俭节约开'两会'，清清白白搞选举"。会场贴出了安民告示，区纪委监察局和大会秘书处还组织了专人成立督查组明察暗访，发现苗头，及时纠正。有几名市人大代表候选人想买几条芙蓉王香烟到各代表团讨论会场表表诚心，督查组知道后立即出面制止。据悉鼎城区人大、政协"两会"期间，没有一个单位拿钱物看望慰问代表，没有一个单位负责人请吃请喝请跳，没有一个代表团找人敲烟，也没有一个代表找企业拉赞助，有效预防了拉票贿选现象，严肃了会议纪律，端正了会风，确保了会议的效果，维护了鼎城的和谐与稳定，选举工作均是一轮成功，既充分发扬了民主，又实现了党委的人事意图，组织提名的各类领导人选全部高票当选，群众公认的市代表候选人大多如愿以偿，体现了大会和谐奋进的主旋律。通过一年后的工作，这些依法当选的人员口碑好、素质高，工作也卓有成效。以后的二、三次人代会，敲竹杠的现象基本销声匿迹。

代表视察，百姓的事儿牵着走

2008年7月1日，常德市鼎城区人大常委会在市人大常委会支持配合下，组织驻区的8名省人大代表、30多名市人大代表和20多名区人大代表进行了为期一天的视察活动。由于选题紧扣区委的工作中心，贴近民本、民生，组织策划严谨、科学，调查研究认真、深入，代表的建议、意见出了品味、上了档次，使本次活动收到了上上下下都满意的效果。

为组织好换届后第一次大型视察活动，区人大常委会十分重视。5月9日上午，区人大常委会副主任马本慧在区教育局会议室主持召开市、区代表小组正副组长会议，学习有关规章制度，并收集群众最关注的重点议题26个，其中"如何推动灌溪工业园科学发展"的议题是许多代表小组都涉及到了的重点问题。引起了区人大常委会主任向阳的浓厚兴趣，他刚从中联重科总部长沙参加协调会回来，按捺不住心中的喜悦，当天下午他迅速主持召开主任会议认真研究，大家一致认为：灌溪工业园是鼎城经济飞速发展的一大亮点，灌溪镇目前享有"中国塔吊第一镇"的美誉，而中联重科灌溪配套生产基地又是灌溪工业园的一张名片，省领导张春贤、戚和平、蔡力峰、刘莲玉先后考察评价很高，中共中央政治局常委李长春视察后赞叹不已。于是省、市、区人大代表整体联动视察灌溪工业园的方案迅速形成。5月23日，区人大常委会副主任潘端明主持召开视察前调研工作预备会，区人大常委会副主任马本慧对调研工作进行全面安排部署。随之，参加视察的人大代表分成两个大组若干个小组，分别由马本慧、潘端明同志带队到灌溪工业园及周边进行了为期半个月的调研，通过看现场、听汇报、查资料、开座谈会、个别走访等有效形式，掌握了大量详实的第一手资料。调研后，确定了省代表毛恩友、陈兆前，市代表李润初、李南孝、匡长楼5名中心发言人。7月1日，中央候补委员、市委书记武吉海从百忙之中挤出时间以一个普通人大代表的身份参加视察，市委常委、常务副市长陈文浩，市计委、市经委、市国土局、市交通局、市城管局、市建设局、市规划局等相关单位主要负责人应代表之邀参加视察活动，面对面虚心倾听代表心声，零距离认真答复代表建议，使这次活动收到了意想不到的效果，营造了代表和群众，监督者与被监督者之间的和谐，又促进了工作。

整章建制，力促人大工作的规范化、制度化、程序化建设

以整章建制为重要抓手，坚持在做好“规定动作”的同时，不断创新“自选动作”，力促人大工作规范化、制度化、程序化建设，是提升人大工作效能的原动力。新一届人大常委会在开局之年就提出了“营造三个和谐，提升人大工作水平”的思路，并号召区内各级人大代表围绕区委“二次创业”工作大局“多搞有深度的调查研究，多提合理化的意见和建议，多做推动性的工作”。在处理人大与区委的关系上，坚持同心、同向、同力，自觉与区委保持高度一致，在与“一府两院”的关系上，牢固树立寓支持于监督之中的理念，互相尊重，加强联系，密切配合，凝心聚力，在与人民群众的关系上，关注民生，尊重民意，倾听民声，维护民权，着力解决人民群众最关心、最现实、最直接的利益问题。在多方征求意见的基础上，印发《常委会机关干职岗位责任制》，建立了纵到边、横到底、深到位，“人人有事做，事事有人做”的内部运行机制，明确了机关各项服务工作的责权利、工作程序和工作目标，有效地解决了职责不清、标准不高和相互推诿扯皮等问题。修订完善了常委会和机关建设的50多项规章、办法、制度，基本形成了功能齐全、规范有序、结构合理、操作性强，具备人大特点的工作制度体系。

区人大常委会经常组织常委会组成人员和人大代表开展调研、视察、执法检查、旁听法院案件庭审、政情通报会、经验交流会等活动，人大机关内部也组织了慰问老干部、“迎奥运、爱鼎城”登太阳山活动、参观灌溪解放思想教育基地，下花岩溪农家进行思想解放大讨论的调研，出市、出省考察学习人大工作的经验，使相关人员在活动中增强弘宪护法的底气，效民尽责的本领。通过向区委汇报寻求支持，鼎城人大干部双向交流已成为常态，形成了优秀人才进得来、留得住、推得出的良性循环机制，营造了想干事的人有环境，肯干事的人有机会，能干事的人有舞台，干成事的人有前途的良好舆论氛围。由于区人大机关的各方面工作做到了实施主体明确化，任务职责具体化，标准要求高档化，工作程序规范化，督促检查经常化，一个优质服务、优美环境、优良秩序的人大机关新形象已初具雏形。

独山县三条措施提高人大常委会会议质量

贵州省独山县人大常委会主任　黄永健

近年来，独山县人大常委会围绕提高常委会会议质量，立足结合县情实际，围绕新形式新任务的要求，着力把握好“会前、会中、会后”一个阶段的工作重心，做到“有话说、人人说、说到位、不白说”，主要体现在三个方面：

会前准备充分、调研深入细致，做到“有话说，说行话”

会前充分的准备工作是会议取得实效的前提和基础。近年来，我县在不断的学习、总结、借鉴的基础上，逐步建立了会前准备工作机制，把各项准备工作做细、做实、做好。

一是突出重点，科学选好议题。“一府两院”的工作涉及地方经济社会发展的方方面面，人大常委会不可能也没有必要对“一府两院”的所有工作都听取审议，但也不能随便选个题目听听就了事，因此如何选择议题就显得尤为重要。我县人大常委会把选准选好议题作为开好会议、提高会议质量的前提。在选择程序上，每年末由各工委先提出下年度需要听取专项报告的题目，经常委会办公室汇总后，征求人大代表、人民群众和“一府两院”的意见，形成听取和审议专项工作报告的年度计划草案，由主任会议初审后，提请常委会会议审议通过，并通过新闻媒体向社会公布，接受社会监督。在选择重点上，我们坚持“三个围绕、三个突出、三个结合”即在选题时坚持围绕党委政府的中心工作、重点工作，围绕地方经济、政治、文化和社会建设的重点，围绕群众反映强烈的难点、热点；突出法律法规的实施情况，突出国计民生的工作情况，突出地方经济社会发展的重大事项;找准人大依法监督与政府依法行政的结合点、与“两院”公正司法的结合点、与人民群众关心关注的结合点。做到议题选择与党委安排同调,与政府工作同步,与百姓要求同心,使常委会会议的议题更加贴近全县的工作实际,会议审议的事项更加突出重点,会议提出的意见、建议,作出的决定、决议更具有针对性、可行性,促使会议质量进一步提高。例如,针对我县农业产业结构调整中面临的机遇和挑战,专门听取“九万工程”实施情况报告,提出了9个方面的建议和意见,推进了政府及其工作部门服务“三农”的工作,促进了农业、农村经济的健康稳步发展和农民增收。又如,人大常委会高度重视全县经济社会发展中的重大问题,听取县人民政府关于重点项目建设贷款及项目建设实施情况汇报。作出关于批准县人民政府贷款建设麻万、麻尾两个火车站站前广场及新建民族中学、扩建职业技术学校和解决四个国有和集体企业改制资金等决定,对这些重点工程和工作进行视察,提出了建议和意见,促进了重点工程和工作的开展。

2007年换届以来,依据《中华人民共和国各级人民代表大会常务委员会监督法》和《独山县人民代表大会常务委员会关于听取和审议“一府两院”工作报告的有关规定(试行)》,始终把经济和社会发展计划、财政预算、工业发展和工业聚集区建设、农业产业结构调整和农民增收、灾后重建与发展、草地生态科技扶贫山羊养殖项目、农村公共卫生、新型农村合作医疗、人口与计划生育、劳动就业和社会保障、城镇道路建设、社会治安综合治理、禁毒、安全生产、林权制度改革、社会主义新农村建设、重大项目投资等方面作为重点工作进行监督。先后听取和审议了“一府两院”工作报告65个,作出决定(决议)9项,提出审议意见207条,切实履行了人大的监督职能,为促进我县经济社会的发展和保持社会稳定发挥了积极作用。

二是重视会前培训,加强调查研究。没有调查就没有发言权。人大常委会组成人员来自社会的各个方面,受知识面和认知程度的制约,要让每个委员都能对议题提出真知灼见的意见。必须做足会前准备的“功课”,为会议发言提供依据,确保常委会组成人员在会上“有话说”。一是有针对性组织会前的法律知识学习。在会议议题确定后,做到会前就议题所涉及的法律知识,组织常委会组成人员学习,同时注重政策学习,每次会前组织常委会成员和部分代表,学习中央和省、州相关政策规定,吃透政策精神,提高政策水平;学习相关业务,进行相关业务知识培训,鼓励常委会成员每年记学习笔记2万字以上,提高专业水平。二是围绕确定的议题调查研究。为让常委会组成人员了解情况,确保会上发言合法、讲问题有依据,提建议可行。会前我们按照调研方式力求活、对象力求广、面力求宽、程度力求深的思路,认真制定调研方案,明确方法、步骤、时间要求及重点了解的问题,准确把握会前调研的切入点;调研中邀请部分人大代表和相关专业人士参加,听取汇报、察看现场、查阅资料、召开会议、深入一线,调研力求深,力求细。调研后对搜集来的资料认真分析研究,找出规律性的东西,弄清楚问题的症结所在,提出解决问题的办法和对策,形成高质量的调研报告。这样常委会人员做到了对所议之题知根知底,使常委会组成人员“有话说”,说“行话”。

会中审议认真、有的放矢,做到“人人说、说到位”

人大常委会会议的主要任务是议事,议事水平的高低直接关系到整个会议的质量。因此,在会上不仅要听好,更要议好。在实践中,我们进一步完善了《独山县人大常委会议事规则》,倡导议中民主,要求常委会组成人员积极参加会议,并且要“人人说,说到位”。一是“人人说”。人大常委会是集体行使职权。首先要保证参会人员的参会率,这是做到“人人”的第一步。我们建立了常委会组成人员和列席人员出列席会议的考勤、请假、登记和通报制度,要求应到会人员原则上不准缺席,使会议在出席人数上得到保证。在程序上会前7日把议题相关材料发放给常委会组成人员,使他们能提前阅读、做好发言准备,撰写发言提纲。在发言上,完善常委会成员审议发言制度,要求与会人员都要围绕主题,作好发言,会后整理好发言记录;在议题安排上,力求少而精,每次例会安排2-3个议题,使常委会组成人员有足够时间把问题议深议透;同时规定发言时间,保证常委会组成人员和列席人员都能有时间围绕主题发表自己的意见,避免漫无边际的谈天说地。二是“说到位”。人大常委会组成人员由于会前组织学习和调研,对所议问题都进行了较为深入的思考,在会上的发言一般都能做到依法、有据、客观和公正;分析问题时都能找准主要矛盾,揭示出问题的实质;所提的意见建议能富有建设性,切合实际,便于操作;阐述自己的观点意见思路清晰,能说清、说白、说透。

会后跟踪督办、抓好审议意见的落实,做到“不白说”

常委会会议质量的高低,归根结底要体现在行政成效上。因此必须加强会后的督办落实工作,才能确保会上正确的意见建议“不白说”。会后我们着重抓好四个方面的工作:一是精心整理高质量的审议意见。认真整理常委会组成人员的审议发言,集中归纳形成明确具体、具有较强操作性的审议意见,以常委会《审议意见》转交“一府两院”办理。二是实行两次“满意度”测评。对向常委会会议的报告,按照“满意”、“基本满意”、“不满意”进行无记名投票表决并将“满意度”测评结果向社会通报。所评议工作报告,凡是满意票达不到常委会组成人员60%以上的要进行整改,并将整改情况向下一次常委会会议报告。对审议意见的落实情况还要在下一次常委会上作报告,并进行第二次满意度测评。三是做好跟踪督办工作。根据内容,按照常委会办事机构的分工,明确跟踪督办的单位。对一些重大问题,我们采取主任会议专题听取办理情况汇报,督促其进一步整改,并组织常委会机关相关人员深入基层,实地察看,了解办理情况是否真实,办理效果是否满意。由于跟踪到位,“一府两院”及其相关部门也十分重视,不仅对意见办理进行认真研究,而且能按常委会规定的时限要求,以文件形式向常委会报送审议意见的办理情况。四是及时反馈督办结果。对审议意见办理情况,我们采取多种方式,向社会公开,接受社会监督。常委会每半年或一年对“一府两院”及其有关部门贯彻落实常委会会议精神的情况,予以通报,公布办理落实情况。这样,使常委会提出的建议、批评和意见落到实处,树立了人大的权威。

一条建议激活一大产业

——泸州市纳溪区代表建议批评意见办理侧记

孙桂平

粮农的惊喜

2008年深秋10月的凉风,却吹不冷泸州市纳溪区大渡口镇光明村区人大代表朱基德心头的丰收喜悦。他指着自己地里2亩多已经成熟的沉甸甸的高粱说:“我第一季打了1300公斤,这一季比第一季多打200公斤高粱没有问题,亩产随便达到1000公斤! 亩产值2500元不得少! 起码比种粮食多收入1500元!”朱基德介绍,他们村一共种了区上推广的再生高粱60多亩。

“我种了几十年高粱都没见过这么肯结的高粱,能连收两季,一季比一季好,这两天大家收起高粱来可以说是走路都带风哦!”60多岁的村民张大爷脸上写满惊喜。

主动要来的“麻烦事”

“这是我自己给自己找来的‘麻烦事’!”纳溪区农业局局长李模远谈起“建议区政府加大对红粮发展的扶持力度,促进纳溪白酒生产”这条建议时,幽默地说。

原来,在年初的人大会议上,他跟陈如珍等几个熟悉的农村代表摆谈时,希望他们给农业局提点工作建议,大家拉起白酒生产这个话题,觉得泸州要打造酒业白酒原产地品牌,纳溪要建立酒业发展基地,酿制高品质的纯粮白酒,就应该大力发展高粱种植,用富有川南土壤、气候等地方特色产出的高粱来酿制。大家谈得高兴,李模远就说:“要得,你们提出来我就干!”于是,106号建议就这样诞生了。纳溪有过种植高粱的辉煌历史,支撑过大大小小60多个酒厂。但现在要重新让农民再种,在粮食价格不高、农村劳力不足、种子原料涨价的情况下,不拿出点真格的办法来,恐怕难以办成。农民出身、在乡镇干过领导、深知农村现状的李模远也很明白这一点。季节不等人,高粱四月份就要种下去,错过了季节办理这条建议就是一句空话。“人大会议一结束,虽然办理任务还未分办下来,但由农业局来办,肯定是铁板上钉钉子了。我必须作好办理准备。”他说。

考察高粱种植现状,调查高粱市场行情,摸清农民对种植高粱的想法……比较,分析,综合,一系列扎实的基础工作后,一份关于激活高粱产业、促进白酒发展的实施意见呈报给区政府——引进最优质的再生高粱进行推广，免费提供种子，集中进行育苗，开展技术培训，免费集中治虫。农民们听说今年这样种高粱，潜藏在心里多年的辉煌回忆又被激发了，这样紧锣密鼓而又有科技保证的3000亩试种目标顺利分到10个镇。另外，还有1万多亩传统的高粱种植也被带动种植起来，全区2万余亩。

“抢”高粱“抢”指标

粮农们的惊喜不仅仅是丰收，还有厂家来“抢”购。上马镇太平村的邓大爷就吃了点亏：“开头，我把第一季高粱晒干以后的100多斤高粱拿到市场，按照一块钱一斤的价格就卖了，以为高粱比谷子卖得还贵，划算！没想到后来古蔺郎酒厂来收，其它厂家也来收，都涨到一块七八两块了。幸好没卖完，我也卖了300多斤高价。”

纳溪区酒管局的同志介绍，纳溪区自身就需要10万吨高粱以上，6000吨的产量远远不够，加上这两年来全市大力发展酒业，全市规划种植30万亩优质高粱。

甜头效应反应很快。10月份召开的全区农业工作会上，种高粱成了大家谈论的热门话题。大渡口镇镇长雷文强发言说：“大家对收两季的高粱很感冒，产量高、效益好、销路好，各村明年都要求种，所以明年我们镇要3000亩再生高粱。”护国镇不甘落后：“我们是大镇，也要5000亩！”李模远看大家抢起来，有点着急地说：“哎呀，规划的面积才22000亩，你们两个镇就要了三分之一……”话未说完，各镇负责人就争起来，“啥子？2万2的面积，他们要那么多不得行，我们也要扩大种植……”

勤为“三农”鼓与呼

——武汉市黄陂区人大常委会监督“三农”工作二三事

湖北省武汉市黄陂区城环工委主任　刘忠明

一

2009年新年第一天，武汉市黄陂区三里镇长堤村农民李翠梅早早起床，试用新买的洗衣机洗衣。看着清澈的自来水哗哗地流进洗衣机，她的脸上洋溢着开心的笑意。

截至2008年底，黄陂区像李翠梅这样用上自来水的农民已有21.8万人，他们都得益于市十二届人大二次会议《关于加快农村安全饮用水上程建设决议》在黄陂区的落实。

黄陂区是传统农业大区。发展农业和农村经济，增加农民收入，一直是全区工作的重点和难点。2008年，黄陂区人大常委会把“三农”工作纳入监督视野，紧紧围绕促进农业和农村发展的问题。依法实施有效监督，将人大监督的力量化作为民造福的春雨，滋润着广袤的乡村原野。

为推动市人大决议在黄陂区的落实，区人大常委会将其列为2008年重点监督内容。通过调查，黄陂区共有28万农村人口存在饮水不安全问题，饮水工程建设任务艰巨、责任重大。为此，常委会多次组织人大代表进行视察，听取和审议区政府的专项工作报告，要求区政府将安全饮水工程建设纳入重要议事日程。科学规划方案，加大资金投入，确保工程质量，使安全饮水工程建得成、用得起、管得好、长受益。区政府及其相关职能部门认真落实区人大常委会的审议意见。全面推进农村改水工程。按照三年解决28万农村人口饮水安全的目标，引进武汉凯迪水务集团，实行BOT战略合作，在北部9个街乡镇相对集中建水厂。在南部10个街乡镇建设大管网集中供水工程2008年全区农村安全饮水工程建设进展顺利，总人数达到21.8万人，占总任务的78%。

二

《中华人民共和国种子法》是我国农业方面的一部重要法律，对加强农业基础地位、调整农业结构、发展农业生产、维护农民权益，都发挥着重要作用。2008年3月至4月，常委会成立执法检查组，采取实地调查、座谈、暗访等方式，对种子法在全区的贯彻实施情况进行了检查，全面了解种子法实施中存在的问题，研究解决的办法和措施、在区人大常委会会议上，执法检查组提出了改进意见。要求区人民政府加强对种子市场的监管，加大对种子产业的扶持力度，为种子产业发展营造良好的法治环境。区人民政府及相关职能部门认真落实常委会的审议意见，扎实推进种子产业向规模化发展。一是用订单指导生产。实行区内龙头加工企业与农民签订收购订单，以最低保护价保障农民利益，以高出市场价促进农民增收，较好地解决了农民“卖难”问题。二是用保单化解风险。由政府出资120万元免费为种业生产办理农业政策性保险，使种业生产的市场风险得到化解，让农民吃了“定心丸”，放心大胆发展制种产业，深得农民欢迎黄陂区罗汉街大兴村制种面积发展到2000亩，成为武汉“种业第一村”，农民一季制种亩均收入2000元以上，相当于3亩水稻的收益。

三

2008年初，罕见的冰冻雪灾来袭，给黄陂农业生产造成较大损失。区人大常委会组成人员分工深入到受灾村组进行视察后，要求政府及具相关职能部门科学应对。强化措施，加大对抗灾救灾和恢复生产的指挥调度力度，做好农业基础设施重建和受灾农产的帮扶工作，努力将灾害造成的损失降至最低。区政府出台一系列应急措施，组织万名干部进村入户开展核灾救灾，动员广大农民积极开展生产自救。出资100万元补贴菜农抢收蔬菜供应市场平抑菜价，支持597户受灾农民重建和维修住房。在全区上下干部群众的艰苦奋战下，黄陂区农业和农村经济继续保持良好发展态势，农村路网和农田水利设施建设成效显著，农业抗御自然灾害的能力得到加强，农业产业结构调整效益明显。2008年黄陂区农民人均纯收入突破6000元，增幅让18.8%。

“老百姓心中的事　就是咱人大常委会要管的大事”

——龙安区人大常委会在全区范围内开展城乡规划执法检查活动小记

河南省安阳市龙安区人大常委会　邓鸿　赵海凤

2008年6月30日，在安阳市龙安区人大常委会主任会议听取了区规划、建设部门对区规划现状及规划编制情况的专题汇报，区政府对全区整体规划编制计划的安排是：决定将城乡一体化总体规划编制资金纳入本级财政开支；对4个小城镇规划编制资金，区政府将补贴50%，其余资金各辖区自己筹措；对91个村庄规划编制资金由村级分担。至此，安阳市龙安区人大常委会在全区范围内开展的城乡规划执法检查活动搞一段落。

事情回溯到2007年3月16日这一天。

在龙安区人大的会议室里，人声沸扬，座无虚席，来自全区各乡、镇的党委书记、乡（镇）长、26个村村民代表及辖区内的十余家重点企业主要负责人参加区人大常委会召开的城乡规划执法检查座谈会，会议在热烈而严肃的气氛中进行。“我们村的宅基地长达十几年不能办理审批手续，导致部分村民私搭乱建，引起了许多因宅基地等方面的纠纷，请区人大常委会对这件事给予关注。”这是龙安区龙泉镇的几位农民代表向区人大常委会提出的建议。区人大代表、马投涧乡乡长刘全生说：“马投涧乡地处建城区域外，因企业用地无法办理正常审批手续，好不容易引过来的企业为此不能入驻，我们都非常着急，建议区人大常委会能尽快给协调解决。”针对全区规划滞后的现状，龙安区人大常委会决定开展这次城乡规划执法检查活动。

专题视察　了解情况

为了能够更全面真实的了解目前我区城乡规划中存在的问题，区人大常委会专门召开了主任会议，决定开展一次以规划为主题的代表视察活动，视察采取大、小视察相结合的办法。大视察主要了解面上的工作，常委会全体领导、有关工委和部分委员参加；小视察主要针对代表反映的几个热点问题有针对性较为深入的视察。2007年5月16日至25日，由区人大常委会主任石林栓、副主任李彦廷、姬玉江、郑保昌带队，分为四个小分队，每队3人，深入到各乡（镇）办事处和不同类型企业及47个村庄进行实地视察调研，不下通知，入门入户，调查走访，不要新闻，个别走访，消除代表、企业人员顾虑，深入到各乡（镇）、办事处和不同类型企业及广泛征求人大代表、企业负责人、干部群众等各界人士对我区城乡规划工作的意见和建议。这种小视察，由于针对性、随机性强，听到许多真实的意见和情况。召开座谈会25个、走访企业52家、个别走访区乡人大代表153人和干部群众146人，共收集意见建议106条。

箭指问题　找出“症结”

2007年6月14日下午，区人大再次召开主任会议听取各小组的汇总情况，从收集到的问题情况看，与会的常委会领导立即意识到，规划滞后问题，目前严重影响到人民群众的生活、社会的稳定和经济发展的“症结”，已迫在眉睫。在会议上，区人大主任石林栓表情异常严俊，手里的笔在纸上不停地写记着。在听过大家反映的情况和意见后，严肃指出：“老百姓心中的事，就是咱人大常委会要管的大事，这些问题必将作为人大重点工作来抓，跟踪监督到底。”随后，他向区委进行了汇报，并将情况通报给区政府。由于此问题涉及局、委较多，同时还涉及到市规划、市土地局等市直部门，区人大财经委专门写出书面报告，向市人大常委会领导进行汇报，引起市人大常委会领导高度重视，及时将此问题反馈给市规划局，要求市规划局协调办理，快速解决群众和企业的燃眉之急。

7月25日，区人大常委会召开了一次由市规划局副局长卢留军和区建设局、区规划分局、区土地局及部分人大代表参加的专题座谈会，会议采取一问一答的形式进行。对于提出的问题，卢副局长一一做了解答，他说：“为了方便远郊群众办理续，正在进行试点，拟把审批权限下放到乡镇一级。建议区政府借建设新农村的东风，尽快组织编制村级规划。对于较为急用的招商引资的企业用地，如果符合城市总体规划，可以随时到市局办理批准手续”。他的回答引起全场热烈的掌声。与会人员感谢区人大为此作出的积极工作。会上，区人大常委会主任石林栓在总结发言中说：“区人大开展的这项活动目的就是为群众解决问题，想群众之所想，急群众之所急，为老百姓办实事，为群众创造良好的生活生产环境。市规划局为我区所做的这些工作有利于我区经济和各项事业的发展，将起到积极的推动作用。”他说，规划工作很重要，没有规划，经济就不能快速发展；没有规划，农民就不能安居乐业；没有规划，企业就没有一个良好的发展环境，总之，规划就是龙头，规划就是先导，规划就是生产力，想发展，就必需规划先行。他同时指出，土地规划是一项复杂的系统工程，人大将一路参与、跟踪监督。

整改问题　规划先行

区人大常委会主任石林栓在一次政府有关会议上讲：“查找问题的目的就是要整改，不落实，就等于没有查。”区人大常委会向区政府提出建议：“2008年新《城乡规划法》已经出台，建议区政府尽快协调规划等有关部门，抓紧编制龙安区乡（村）规划，力争早日使地方各类建设项目手续畅通，保证地方经济可持续发展，以便有效进行堵疏结合，以防止产生新的问题”。区政府高度重视，对区人大提出的问题和意见逐一进行研究；成立了规划编制工作领导小组；召开了全区城乡规划编制工作会，提出了具体目标和要求；制定了龙安区城乡一体化、村庄和小城镇规划编制实施方案以及具体的实施意见，区规划建设局制定编制了三个规划编制目标：一是龙安区“城乡一体化”总体规划；二是龙泉、马投涧、田村、彰武4个小城镇规划；三是93个村庄的村庄规划，计划年底完成“城乡一体化”总体规划的编制，完成70%村庄规划的编制，明年将完成剩余30%村庄规划编制任务。

跟踪督办　促进落实

龙安区人大把督查督办全区实施《城乡规划法》作为一项重要工作来抓，先后召开主任会议18次，集体听汇报，集体研究，集体决定，每次活动都由区人大常委会领导挂帅，从而保证了活动扎实有效的开展。

2008年，区人大进一步加大了对《城乡规划法》贯彻实施情况的监督力度，6月17日至26日，利用十天时间，由区人大常委会领导带队深入到我区马投涧乡、龙泉镇、彰武办事处、区建设分局、国土资源局等进行回头看，看一看全区规划编制进展进度及存在问题，同时走访了部分市区人大代表，全面了解了情况，收集了第一手资料。6月30日召开主任会议，专题听取区规划建设局对我区规划现状及规划编制情况的汇报，特别邀请5名基层人大代表和规划编制工作联系比较密切的区国土资源局、区规划分局的主要负责人列席了会议。对会上反映的我区规划存在的资金问题，区人大常委会有针对性提出：区政府要协调解决好村庄规划编制的资金问题，确保全区整体规划编制计划按期完成。为此，区政府作出认真安排：决定将城乡一体化总体规划编制资金将全部纳入本级财政开支；对四个小城镇规划编制资金区政府将补贴50%，其余资金各辖区自己筹措；对93个村庄规划编制资金由乡（镇）办、村共同分担；在规划编制资金使用上，由区会计结算中心统一收费，专用帐户管理，按各辖区规划编制进度审核拨付。此外,区人大还提出,对村庄的一些农民违规建房的问题,因由于法律、体制的原因,多年只堵不疏,导致村民私搭乱建,造成一大批农民违规建房,借此次规划编制工作采取补救措施。建议区政府在不违反规定的情况下,全面合理地解决好这些问题,稳定民心,促和谐发展。要依据《城乡规划法》、《河南省村庄和集镇规划建设管理条例》的规定,严格按照"一书两证"的标准,对区规划外的93个村庄进行规划管理,抓紧制定龙安区乡村规划建设管理实施办法,使龙安区乡村规划建设管理工作,更规范化、程序化、制度化,目前,区政府正在组织认真落实。

创新形式　激励履职

——贵州省思南县代表工作一瞥

贵州省思南县人大常委会　杨文安

加强和改进代表议案以及建议、批评和意见的办理工作,提高办理质量,建立健全人大代表议案和建议制度,规范提出程序,完善办理工作责任制,是思南县人大代表工作的着力点。去年12月,中共思南县委出台了《关于进一步加强和改进人大工作的若干意见》规定;每年召开人代会时,由人大代表对上次人代会提出的议案和建议、批评、意见办理的承办单位进行测评,满意票达不到全体代表50%以上的,第一年给予"黄牌"警告,连续两年满意票达不到全体代表50%以上的,人大代表十人以上联名可以向承办单位提出质询案,由受质询的单位负责答复。受质询单位的答复经代表再次测评,满意票仍达不到全体代表50%以上的,属于人大常委会任命的。免去其承办单位主要负责人的职务;不属于人大常委会任命的,建议任命机关免去其承办单位主要负责人的职务。在今年召开的思南县第十五届人民代表大会第四次会议上,首次对办理代表建议案单位进行了满意度测评。我们的做法是:由大会秘书处重新搜集各承办单位最新办理情况,以答复代表原件的格式汇编成册,装人大会资料袋,让每位代表充分了解各承办单位的办理和答复情况,为代表对各承办单位作出客观、公正的评价提供参考,在大会预备会议上由主持人提醒各位代表要进行测评这样一个议程,请大家认真察看办理答复情况资料汇编。经过测评。思南县畜牧局办理情况满意率为49%,县人大常委会给予了黄牌警告。测评激发了代表提建议案的积极性,本次会议共收到代表议案和建议、批评、意见196件,比去年多43件。

在办件过程中,思南县人大常委会将一批关系改革发展稳定大局、人民群众切身利益的建议案,作为主任会议督办件和代表跟踪督办件,督促承办单位认真办理。每年的下半年,常委会要听取和审议县人民政府关于代表建议、批评和意见办理情况的报告,发出审议意见,要求承办单位对代表所提的建议、批评和意见在法定期限内及时办理并全部答复代表。在每年的人代会上对办件先进单位和个人进行表彰,换届以来,共表彰了16个先进办件单位和24名办件先进个人。通过加强过程跟踪监督,促进承办单位转变工作作风,把办理代表建议案过程作为解决实际问题的过程,认真听取代表意见,解决代表提出的问题。

思南县人大代表在闭会期间的活动,以集体活动为主,以代表小组活动为基本形式,以开展人大代表"三带头"、"五个一"活动为载体,创新视察方式,积极组织代表进行专题调研,评议和执法检查,使代表在闭会期间的活动有声有色,活动实效明显增强。一是坚持组织代表开展"三带头","五个一"活动。在全县229名县人大代表和1462名乡镇人大代表中,共组成137个代表活动小组,建立了县乡人大代表活动档案。活动中,人大代表在调整农业产业结构、发展特色农业产业、保护生态环境建设等方面发挥了代表模范带头作用,为县域经济社会又好又快发展作出了应有的贡献。三年来,表彰了324名优秀人大代表和108个先进代表活动小组。二是创新视察方式。思南县人大常委会开创了联合县政协视察的方式,整合了视察资源,提高了视察实效。2005年,县人大代表、政协委员首次联合视察塘头镇穿洞、邵家桥镇边江两个移民安置点和思林电站协调指挥部以及县移民局工作开展情况，形成联合视察报告，引起了县委县人民政府的高度重视，使“乡镇移民干部专职专用”等建议得到县委采纳；2006年联合视察县车管所，解决了200万元建设资金缺口；2008年联合视察思南县城城北新区建设情况，进一步加快了该新区的建设速度。乡镇人大开创了人大代表跨区域视察方式，丰富了代表视察的内容，增强了代表视察的积极性，拓展了代表视察的成果。三是积极开展专题调研活动。换届以来，思南县人大常委会组织代表对“农村义务教育经费保障机制改革两免一补情况”、“农村沼气池建设情况”等进行专题调研，向省人大常委会呈报了调研报告。组织各乡镇人大主席团开展专题调研，常委会办公室下发了《关于组织县乡人大代表进行专题调研的通知》，要求各乡镇人大主席团组织辖区内的县乡人大代表就农村最低生活保障工作开展情况，城镇基础设施建设情况等11个专题开展调研，完成了上级人大交办的“凝冻灾后重建工作”、“新型农村合作医疗工作”、“农村初级中学校舍建设工作”、“文化市场规范与整治工作”等四个调研课题。四是积极组织县乡人大代表参加常委会开展的工作评议活动。2008年经常委会会议票决，决定对县公安局、县国土局、县畜牧局自2007年以来的工作开展评议。思南县人大常委会根据《中华人民共和国各级人民代表大会常务委员会监督法》、《贵州省各级人民代表大会常务委员会监督条例》，结合历年工作评议经验，制定了《思南县人大常委会2008年工作评议方案》，常委会成立三个评议工作组，由三名副主任分别担任组长，常委会组成人员、县人大代表为成员，分别对三个部门2007年以来的工作开展情况进行深入调研。评议工作组深入各部门和18个乡镇采取明查暗访、召开座谈会、听取工作汇报，发问卷调查表、网上征求意见等形式搜集人大代表对被评单位的意见，并形成书面调查材料上报常委会。常委会第十五次会议听取和审议了县公安局、国土局、畜牧局工作开展和边查边改情况的报告，并以无记名投票方式进行民主测评。县公安局、国土局被评为“满意”，县畜牧局被评为“基本满意”。会议通过了对三个部门工作情况的评议意见，要求三个部门对照评议意见，认真进行整改，限期将整改情况向常委会报告。通过评议，增强了人大代表与部门的联系。五是坚持实行邀请人大代表列席常委会议或参加活动制度。在法定每两个月一次的常委会例会，坚持每次邀请27名乡镇人大主席或副主席列席会议。根据会议的议题，有针对性地邀请有关方面的人大代表参加会议，让人大代表更多地了解和监督常委会的工作情况。2007年以来，共有代表425人次列席了常委会会议。

抬匾送人大浓浓干群情

——纪红花岗区人大常委会督办国企改制信访件

贵州省遵义市红花岗区人大常委会信访办　高德涛

贵州省遵义市红花岗区，这座秀外慧中的山城，犹如镶嵌在黔北高原一颗耀眼的明珠。闻名中外的“遵义会议会址”就坐落在这里。代代相传的红军精神更加熏陶了革命老区人民勤劳、善良、热情的性格。

2008年12月12日，红花岗区人大常委会第十五次会议如期召开，这时遵义大宏商贸有限责任公司100余名职工相约结队，队伍前面，由两名职工抬着一块1.8X1米，写着“监督执法正本清源不辞辛劳回应民声”刚劲雄健楷体书法的匾牌，在鼓乐队的伴奏下，一路吹吹打打，送到了常委会会场。随着送匾职工的陆续踊进，经信访办工作人员介绍，常委会组成人员才明白是怎么回事。至此会议暂时中断，常委会领导起身迎接，在聆听了该公司吴大宏经理代表全体职工言简意赅的感谢信后，掌声顿时响起，会场内外气氛热烈，感人的场面体现了浓浓的干群和谐情，犹如春风纷至，驱散了初冬干冷的寒意。职工为何给人大送匾牌，事情源于红花岗区人大常委会督办的一起上访件。

遵义大宏商贸有限责任公司（以下简称大宏公司）前身是遵义市医药公司，是一家国有企业。1998年经当地政府批准改制为股份制企业，更名为现在的大宏公司。改制前有1620平方米的国有资产，包括库房和营业房。经评估作价，量化处理，作为该公司一百多名职工参股的唯一财产。2000年10月,该公司响应当地政府旧城改造,与当地的三达房开公司和泰安房开公司联建开发,并约定还房安置,拆迁任务和过渡费补偿一并由泰安公司承担。2002年,三达公司以泰安公司未按进度完成拆迁任务违约起诉至法院,红花岗区法院受理后,以(2002)红民二初字302号民事判决:解除了这两家房开公司的联建开发协议,该案经二审(遵义市中级法院)维持原判。这一判决结果对谁承担大宏公司还房义务等没有认定,大宏公司找三达公司论理,一无希望,二无结果,三被拒之门外。

2005年6月,大宏公司将三达公司和泰安公司一并告上法院,同时追加后来与三达公司新的联建合伙人(兴宇房开公司)为本案的第三人。历时20个月,2007年2月大宏公司收到区法院(2005)红民一初字426号民事判决:一、泰安公司早在2000年10月因未参加年检被吊销经营执照,无开发资格和拆迁资格。大宏公司未审查泰安公司的资质承担缔约过错责任;二、拖欠的过渡费由泰安公司偿还;三、三达公司和后来参与联建的兴宇房开公司不承担责任。这次判决结果对由谁来承担大宏公司的还房和被拖欠的过渡费责任仍然没有认定,后经法院审理查明,泰安公司实际是由一个叫曾兴华的个人挂靠泰安公司的名义与大宏公司、三达公司实施的联建开发,实际并无经济偿还能力和拆迁联建资格。大宏公司对这次判决依然不服,认为:泰安公司与自己签协议时持有当地政府颁发的《拆迁许可证》,获得此证的前提是必须经过当地政府房管、建设等部门的严格审查批准才能获得。是泰安公司持政府的《拆迁许可证》欺骗了我们,我公司不应当承担缔约过错的责任。法院的判决结果使我们公司一百多名职工赖以生存的房产化为乌有。并于当月上诉至市中级法院。

2007年4月起大宏公司职工连续到红花岗区人大上访,有的职工一家几人或一家几代人都在该公司靠基本生活费生活,谈到伤心处痛哭失声,不能自持,并扬言要上街堵路讨说法。面对如此强烈的集体上访,正在参加会议的常委会主任何曼抽身接访。为进一步了解案情真相,约定第二天上午由区法院分管副院长和有关人员到人大汇报,经过和法院的同志座谈后,要求法院的同志回去认真研究处理,切实做到司法为民,一定要保护好人民群众的根本利益。做顺民心,合民意的事。应将人民群众的合法利益通过司法程序还利于民,不能让群众失去司法保障的最后一道防线。

大宏公司上诉后,担心市中级法院维持原判对自己不利,又反复到区人大上访,根据《地方各级人大常委会和地方各级政府组织法》四十四条第(六)项之规定,监督市中级法院不是区人大及其常委会权力范围的事。但区人大常委会一直关注本案的审理,一方面继续对上访职工做耐心的维稳工作,一方面向市人大常委会分管信访和司法工作的郭建一副主任和市人大内务司法工委的同志进行汇报,并呈送了请求市人大对市中级法院在审理本案时进行监督,既要坚持法律效果,又要充分考虑社会效果的专题报告。

“曲径通幽,峰回路转”。2007年6月19日市中级法院以(2007)遵市法民一终字336号民事裁定:撤消(2005)红民一初字426号民事判决,本案发回重审。

区法院重新受理后,于2008年元月以(2007)红民一初字739号民事判决:一、由三达公司和泰安公司挂靠人曾兴华赔偿大宏公司2002年5月以来所拖欠的过渡费66万余元。二、遵义三达公司和泰安公司应安置还给大宏公司的房屋共1620平方米由兴宇公司在2009年6月前代为安置还房。面积误差按现行市场价互补。三、三达公司和泰安公司赔偿大宏公司从2008年起,以每月9720元的过渡费计算,由兴宇公司每半年支付一次,至上述第二项判决的还房义务履行完毕时止。

三达公司接到判决后,认为自己不应对大宏公司承担66万余元的过渡费,而上诉至市中级法院。2008年9月遵义市中级法院以(2008)遵市法民二终字225号民事判决:驳回三达公司上诉,维持原判。至此大宏公司至1998年改制以来拆迁还房纠纷历经十年,终于划上了句号。“磅礴娄山气势雄,蜿蜒乌江调头东”。在市、区两级人大的监督和市、区两级法院法官认真、全面、慎重审理的共同努力下,如今该案“本正了,源清了”,大宏公司一百多名职工心里踏实了,露出了久违的笑容,为感谢人大的关怀,以送匾牌的特殊方式,对红花岗区人大常委会关注民生的执著精神表达自己深深的谢意。

据悉,大宏公司已在判决生效的时限内依法向区法院提出了执行申请,大宏公司应获得的过渡费赔偿,法院执行人员拟组织双方债权债务人调解。法院对兴宇房开公司代为安置给大宏公司的一楼营业房和二层写字楼1620平方米的房屋予以查封。以保障生效判决的落实。

林区百姓心中的"公平秤"

——通北林区基层法院工作小记

黑龙江省通北林区法院　李安林

通北林区基层法院地处风景秀丽的小兴安岭布伦山脉南麓,丰富的森林资源和百万亩耕地养育着辖区十四个林场所的近五万林区百姓。在近几年的工作中,在法院党组的正确领导下,时刻高举邓小平理论伟大旗帜,以"三个代表"重要思想为指导,落实科学发展观,严肃执法,公正为民,从让人民满意的角度出发,做好每一项工作,为林区社会稳定与发展做出了积极的贡献。近些年,该院先后获得了省森工系统文明单位标兵、"四文明"兴林杯大赛金杯单位、政法系统兴林卫士"五星级"单位、省级爱国卫生先进单位、省级文明法院、省级档案管理标兵单位、省委政法委授予的"学东莱"群众满意政法基层单位、森工总局党委政法委授予的"为经济建设服务"先进单位、林区法院系统"人民满意的好法院"。"全省十佳法院"等荣誉称号。2006年全林区目标管理考评中获得二名、2007年获第一名、2008年获第二名的好成绩,回望荣誉构筑的辉煌,我们不难体会到,他们靠的是:公平、公正、无私、信誉、实实在在的为百姓服务和执着的敬业精神,被林区百姓誉为是心中的"公平秤"。

通北林区法院在执法工作中时刻以"公正与效率"为主题,公正司法,一心为民,在案件的审理和执行中,干警们遇到阻力,院领导会大力支持:只要是依法办案,院党组是你们坚强的后盾。在立案环节中,为方便当事人诉讼,法院投立了立案和咨询专线,为行动不便的当事人上门立案,及时为来电咨询的百姓解答疑难问题,仅08年就上门立案25件,解答来电咨询828人次。在审理民事纠纷案件中,为了化解一场积怨很深的土地纠纷案件,审判法官竟能用一瓶矿泉水冲饥,穿着雨靴步行九个小时测量土地,袜子磨露了,脚磨出了大水泡,但是审判法官看到握手言和的双方当事人也是从内心的高兴。在执行案件中,执行局局长虽说是1.82米的大个,可他因在执行案件中被被执行人在胸部连刹两刀,(刀留在胸部的一半是在哈尔滨211医院做了近八个小时的手术才取出的)现在胸部还留有一条33厘米的疤痕,平时上楼都直喘粗气,他与同事在冒雨驱车前往100公里外执行一赔偿案时,经过一个被水冲毁的五十米桥时,他二话没说背着手柱双拐的申请人下了齐腰深的水里……到被执行人家时,不但没有执行回钱,还给被执行人的孩子120元学费,他的行动感动了双方当事人,他们达成了和解协议,被执行人用自己的劳动积极凑齐了申请人盼望的救命钱,达到了"一次执行,三方满意"的社会效果。执行法官还凭借娴熟的法律功底,在短短的90天内异地执结了一起省法院指定执行的长达八年的执行回转积案,受到了省法院和申请执行人的高度评价。在审理刑事案件中,该院一直坚持从重、从快、从严、惩罚与教育相结合的原则,公开审理、公开宣判,为林区社会的稳定和发展提供了司法保障,审理了五件上级法院指定的刑事案件,坚持公正执法,严肃执法,社会效果良好。行政案件审理方面,无论涉及企业债权、债务纠纷时,他们不偏不倚,坚持公正、严肃执法的办案作风和以事实为依据的办案原则,极大地维护了企业和公民的合法权益。深受林区人民的好评。

为了提高案件质量,该院从切实保护双方当事人合法权益的前提出发,制定了《关于进一步规范"十一率"标准,提高案件质量和效率的若干规定》,这"十一率"包括"开庭率、调解率、结案率、审限合法率、法律文书合格率、服判息诉率、上诉率、申诉抗诉率、更审改判率、执结率、执结标的率"。并制定了相应的奖惩标准,极大的鼓舞了干警的工作热情。

工作中,他们切实把人民群众的利益放在首位,时刻想百姓之所想,急百姓之所急,牢记党的全心全意为人民服务的宗旨,受到了百姓的拥戴。在2008年受理的400多起案件中,一步到庭率100%,调解率92%以上,真正做到了零上诉、零改判。

通北林区法院在上级法院的正确指导和本院党组的正确领导下,经全体干警的共同努力,为百姓做了实事,得到了辖区百姓的大力支持和高度评价,现在他们更时刻牢记服务宗旨,向更高的目标迈进，相信通北林业局、通北林业局百姓、通北林区法院一定会有一个辉煌的明天。

工作评议，助推政府依法行政

——湖北省沙洋县人大常委会开展政府部门工作评议侧记

湖北省沙洋县人大常委会办公室　马立志

为有效推进沙洋县政府部门依法行政、勤政为民，促进全县经济社会又好又快发展，经县委同意，沙洋县三届人大第10次常委会通过了《沙洋县人大常委会评议工作实施方案》，决定从2008年起，县人大常委会将连续3年对政府组成部门、部分政府直属机构及事业单位、垂直管理部门的工作进行评议。今年5月至10月，县交通局、县人事劳动和社会保障局、县国土资源局、县环保局、县供电公司、县卫生局、县民政局、县物价局、县房地产管理局等9个部门首批参加评议。

在历经动员准备、评议调查、督查整改三个阶段后，10月24日，县人大常委会组织82名县人大代表对9个被评部门的工作进行了会议评议，9个被评部门均被评为“人民满意单位”。

一、在工作过程中突出“五个到位”

今年的评议工作启动后，县人大常委会精心组织，评议工作取得了圆满成功。6个月来，9个被评部门共召开各类动员会议100余场次；印发宣传手册3000余本；开办专栏60余期；刷写宣传标语100余条；召开座谈会200多场次；发放征求意见表4000余份；发送征求意见短信4000余条；走访代表、群众1000多人；收集到意见建议1200多条，解决群众关心关注的热点问题100多个。综合今年的评议工作，其特点主要体现在以下五个方面，归纳来讲就是“五个到位”。

（一）组织到位。从工作机构上看，各被评部门都成立了评议工作专班，形成了一把手亲自抓、分管领导协助抓、相关股室具体抓的工作格局。从工作安排上看，各部门都把评议工作摆上了重要议事日程，制定了评议工作实施方案，班子会定期研究评议工作，将日程安排到天，将责任落实到人，将目标明确为具体数据，做到了针对性、操作性、实效性的有机结合。从工作态度上看，各被评部门一把手和班子成员做到了带头重视评议工作，带头参与评议工作。特别是在评议调查和整改阶段，各部门一把手和班子成员始终做到带头查找自身问题，带头深入乡镇征求意见，带头负责问题整改，始终做到指挥在前、行动在前、示范在前，充分调动了单位内部干部职工参与评议工作的积极性。

（二）宣传到位。为营造浓厚的评议工作氛围，评议工作领导小组办公室和各被评部门采取多种形式进行了宣传。一是会议宣传。单位一把手把每次部门召开的动员会和评议工作会议作为宣传评议工作的载体，深谈认识、细讲方法，严明要求。二是简报宣传。县人大评议工作领导小组办公室编印了工作简报，宣传评议工作动态，交流评议工作经验。三是标语、条幅宣传。各部门在醒目位置刷写标语，悬挂条幅向社会进行宣传，为评议工作造势。四是专栏宣传。各部门都开办了评议工作专栏，交流心得体会，公示整改进展情况，展示评议工作成果。五是媒体宣传。县供电公司等部门都在《沙洋周刊》上开辟专栏，宣传本系统的法律法规知识和政策，答疑解惑；在电视台公开服务承诺，接受社会监督。六是读本宣传。9个被评部门都编印了宣传读本，方便人大代表和社会各界了解本部门的行业特征和法律法规。通过大力度、多层面、广角度的宣传，形成了本部门干部职工全员参与评议工作，人民群众高度关注评议工作，社会各界大力支持评议工作的浓厚氛围。

（三）认识到位。评议工作的每个阶段，县人大常委会都召开工作会议进行思想发动和安排部署（5月6日、6月5日、7月11日分别召开了三次动员会），被评部门都及时召开会议层层进行宣传发动。一是召开党委（组）会，统一思想；二是召开中层干部会，研究措施；三是召开全体干部职工大会，提高认识。各镇人大、各代表小组一方面通过召开党委会、辖区人大代表座谈会等形式，宣传贯彻会议精神，统一思想；一方面组织人大代表开展了有针对性地调查走访活动，广泛收集对被评部门的意见和建议，并对各部门的整改工作进行了有效监督。通过强有力的宣传发动,全体参评部门干部职工充分认识到,人大评议工作是加强自身建设的重要手段,是提升系统形象的极好机会,是推动事业发展的有效途径。广大代表做到了认真履行监督职能,慎重对待评议工作。各被评部门做到了虚心接受意见,正确看待问题,消除畏难情绪,把人大评议当成凝聚人心的载体、推动工作的契机、加快发展的动力,全力抓好整改。

(四)措施到位。为拓宽评议工作参与面,县供电公司、县国土局、县卫生局等部门将评议工作面延伸到乡镇基层站、所、院;为畅通诉求渠道,县环保局、县交通局等部门开通了投诉电话或用群发短信的方式向县人大代表、社会各界征求意见;为提升部门形象,县民政局牵头在城区组织了赈灾晚会,为四川灾区现场募捐3万余元;为认真搞好自查,各被评部门分别召开班子会、中层干部会、民主生活会以及各种形式的座谈会查找问题;为广泛收集意见建议,县房产局、县物价局、县人事劳动和社会保障局等单位由班子成员带队,分片负责,深入县直各单位和乡镇,走访群众,与代表进行面对面的交流。

(五)整改到位。为切实抓好整改,9个被评部门都针对本部门自查情况和人大评议工作领导小组办公室反馈的意见制定了整改方案,明确整改事项、整改方法、整改时限和整改责任人,并分别成立了整改工作专班,强化整改。截止目前,对代表反映以及自身查找出的能在短期内解决的问题,已整改100多个;对因受体制机制和政策经费等制约,一时难以整改到位的问题,各被评部门均制定了整改计划,分布实施,逐步整改,并通过向人大代表汇报工作等多种形式与广大代表进行了沟通,得到了代表们的理解。

二、在评议成效上突出表现为"五新"

(一)民生问题有了新突破。各参评部门集中力量解决了一些涉及民生的突出问题,受到了广大人民群众的好评。如:县民政局针对代表提出的低保政策执行不规范的问题,核准取消了不符合低保标准的304户611人。县卫生局针对代表们反映的农村卫生院(所)环境差、条件差的意见,投入项目资金380万元对县人民医院以及后港、马良、毛李等3所镇卫生院进行了改造。县供电公司针对代表提出的农村配网结构不完善的意见,投资2500多万元的农网完善工程和风灾恢复工程已经建设完工。县物价局针对群众关注度比较高的价格热点问题开展了早点价格、集贸市场、农资价格专项整治检查活动。县房产局针对群众反映办事程序繁琐的意见,对行政审批流程进行了再次简化,办证时限由原建设部规定的30个工作日缩短为5个工作日以内。县环保局针对群众反映的环境污染问题,对原沙洋县特种油品厂院内一家小炼油厂彻底关停取缔,依法对五里镇杨集村两家塑料废品加工厂下达了停产通知书。县国土局针对代表提出的新上工业企业用地入住难的意见,灵活运用土地政策、合理调配用地指标,先后为县工业企业项目安排用地375亩。县交通局针对群众关注的沙马路损坏问题,投入100多万元对该路进行了维修。

(二)人大形象有了新提升。评议工作中,县人大常委会严明了"六不准"的工作纪律,要求所有常委会组成人员严格要求自己,严格依法履行职能;人大代表本着实事求是的原则,深入调查研究,敢于为民代言,敢于指出问题,敢于较真碰硬,敢于监督部门整改。严明的工作纪律、端正的工作态度、务实的工作作风,提升了人大在人民群众中的信誉度,树立了人大的良好形象。

(三)上下联系有了新平台。各镇人大普遍反映,评议工作中,9个被评部门一把手和班子成员多次主动深入到各镇征求意见,对代表提出的问题做到不争不辩,诚恳接受,并及时向代表报告整改落实情况。被评部门积极主动的工作态度和敢于面对问题的勇气深得广大代表好评。被评部门的同志也普遍反映,通过深入各镇走访调查,加强了与各镇、与代表的联系和沟通,既宣传了政策、又增进了理解,为部门工作赢得了更多支持。

(四)责任意识有了新加强。半年来,各被评部门干部职工通过走访调查,听到了很多平时听不到的意见,发现了很多平时难以发现的问题,深切感受到了人民群众对本部门工作的期望,进一步理清了工作思路,增强了做好本职工作的紧迫感和责任感。

(五)部门工作有了新起色。评议工作中,大多数被评部门都摈弃了搞形式、走过场的错误认识,跳出了就评议而抓评议的圈子,真正做到了接受评议与其它工作的有机结合,不断转变工作作风、创新工作方式、提高工作效率,各项业务工作均有不同程度的提高。

三、本次评议工作得出四点启示

(一)领导重视是前提。一方面,县委的重视坚定了开展工作评议的信心。今年的评议工作启动前，县人大常委会党组专题向县委汇报了评议工作方案，得到了县委的高度重视。县委书记亲自参加评议工作动员会并作重要讲话，县长多次过问评议工作的进展情况，县委的重视与县政府的支持，是搞好这次评议工作的前提和基础。另一方面，被评单位主要负责人的重视确保了评议工作顺利推进。评议工作中，各被评单位主要负责人高度重视，坚持把评议工作拿在手上亲自抓，为评议工作的有序推进提供了组织保障。

（二）精心组织是关键。评议工作要想取得成功，与县人大常委会、各镇人大、各代表小组的精心组织和辛勤工作是分不开的。没有县人大评议工作领导小组办公室的努力工作，没有各联络督办组的精心指导，没有各镇人大的周密安排，没有广大代表的积极参与，评议工作必然一盘散沙。半年来，县人大常委会和各镇人大坚持把评议工作作为中心工作在抓，先后召开有关评议工作的会议30多次。正因为精心组织、科学安排，才使得评议工作环环相扣、层层推进，才保证了评议工作的规范性和可操作性。

（三）形成合力是保障。评议，需要各方面的支持与配合，离不开代表的力量，离不开群众的力量，离不开社会的力量。在评议过程中，各被评单位态度端正，正确对待人大评议，自觉接受人大监督，主动汇报部门工作，走出机关，沉到基层，主动上门，征求代表和群众意见，认真对待群众反映的问题，扎实整改。各镇人大，各代表小组、广大代表和群众大力宣传评议，热情支持评议，积极参与评议，对评议调查工作给予了热情的帮助和支持。坚持依靠各方力量，加强配合，上下一心、形成合力是确保评议工作成功的有力保障。

（四）解决问题是根本。只有扎扎实实地解决一些问题，人民群众才会欢迎、拥护、支持评议工作，才能让评议工作具有持久的生命力。今年的评议工作，该县在工作方案中进行了大胆创新，将会议评议放在最后一个阶段进行，其目的就是想留出足够的时间让各被评单位整改，切实增强评议工作的实效性。整个评议过程中，始终把强化整改、解决问题作为评议工作的出发点和落脚点，坚持要求各被评单位将未评先改，边评边改贯穿始终，着力解决了一大批人民群众广泛关注、社会各界反映强烈的突出问题，推动了部门工作，改进了部门形象，提升了政府公信度。

悠悠富民心　殷殷热土情

——衡水市人大常委会倾力监督农业工作纪实

河北省衡水市人大常委会　田文芷

衡水市人大常委会认真贯彻落实科学发展观，把促进农业增效、农民增收、农村发展作为工作的重中之重。通过扎实有效的监督，使党的富民政策化为温暖的春风，拂进农民兄弟的心田；化为一股清澈的甘泉，滋润着衡水这片炙热的土地。近年来，衡水农村经济保持了良好的发展势头，形成了瘦肉型猪、蔬菜、奶（肉）牛、林木果品农业特色产业。市人大常委会研究分析农业经济情况，找准影响持续发展的难题。对症下药，把优化农业产业结构，发展现代农业，促进农民增收确定为监督工作重点。通过综合运用听取审议市政府工作报告，开展执法调研，组织视察、专题调研等监督形式，促进农村经济社会又好又快发展。

促龙头企业腾飞

2008年7月的衡水，烈日炎炎。市人大常委会农经工委调查组，在常委会副主任王秀珍的带领下，怀着如天气一般的热情，轻车简从，直赴深州市、安平县对农业产业化龙头企业建设情况进行调查。在长城木业发展有限公司闷热的车间里，伴着隆隆的机器声，调查组一行人仔细询问生产经营情况。得知上年企业收购7000多万元的木材作原料，进行精细生产加工。王秀珍副主任高兴地说，“发展农业产业化龙头企业不仅能够增加税收，也能带动农民增加收入。”并鼓励企业提高科技含量，提升产品质量，求得更大发展。深州市有136家花生加工企业，辐射带动着周边200公里范围内870万亩的花生种植，形成了华北最大的花生交易市场和集散地，曾被省政府、国家相关部委命名为“花生之乡”和国家级优质花生基地。栽下梧桐树，引得凤凰来。依托花生特色产业优势，引进了山东鲁花集团投资10亿元、年产10万吨浓香花生油项目。头顶烈日，风尘仆仆的调查组来到工厂施工建设现场，详细了解企业厂房建设、运营计划及科学管理情况，倾听企业发展存在的困难，掌握了翔实可靠的第一手资料。

8月28日，国徽高悬的会议室内，正在召开市四届人大常委会第三次会议。常委会组成人员神情专注，认真听取市政府《关于全市农业产业化龙头企业建设情况的报告》。分组审议讨论中，委员们踊跃发言，肯定市政府及相关部门的工作卓有成效。指出了龙头企业规模比较小，总体竞争力较弱，精深加工度不高，附加值较低，产业链条短，组织化程度较低，资金紧缺、企业家思想保守等问题。对此，委员们提出了针对性很强的意见和建议，一是真正把农业产业化龙头企业建设当作提升农业综合生产能力、实现农业强市的重要举措，加大领导扶持力度；二是完善联结机制，实现龙头企业与农户利益双赢；三是延伸产业链条，提高产品附加值；四是进一步提高企业企业家素质，加强企业的生产经营管理。通过市人大常委会的跟踪监督，促进了农业产业化龙头企业建设的发展。全市已建成投资百万元以上规模的农业产业化龙头企业260多家。经过认定的农业产业化重点龙头企业，国家级的有3家，省级的30家，市级的150家。

助农民增收致富

11月由市人大常委会主任孙志人、副主任王秀珍带队的蔬菜基地建设调查组，冒着凛冽的寒风，深入到饶阳、武强两县，对蔬菜基地建设情况进行了专题调研。

饶阳县西沿湾村，成立了蔬菜生产合作社，成为“全市温室蔬菜第一村”。村里90%以上的劳动力都从事与蔬菜相关的产、销活动，村民人均纯收入达到5500多元。温室里，西红柿已结满了红红绿绿的果实，一派丰收在望的喜人景象。孙志人主任与菜农们亲切地谈起了收成，听到朴实的农民保守的数字，孙主任风趣地说，“现在政策好了，你们别怕露富，你们越富裕，我们越高兴。党的政策就是让百姓致富。如果全县、全市的村都像你们一样富起来，我们的工作的才算做好了”。得知资金问题始终是困扰农户的首要问题后，他建议，要想方设法大力发展农民专业合作经济组织，壮大蔬菜基地规模，促进蔬菜产业发展。调查组兴志勃勃地参观了饶阳瓜菜果品交易市场的交易大棚、物流配送封闭大厅及结算中心、无公害检测中心。2008年市场交易量30亿公斤，交易额30.6亿元，旺季日交易量高达800万斤，是河北省重要的瓜菜果品流通集散地，全国“百强蔬菜批发市场”。孙志人主任与菜农亲切交谈，询问蔬菜生产、销售情况，倾听群众呼声。王秀珍副主任详细了解检测设备情况，她语重心长地说：“民以食为天，食以安为先，蔬菜的质量安全关系到群众的身心健康。”并提出要抓住当前国家加强农业基础设施建设、拉动内需的有利时机，进一步加强检验检测体系建设，为蔬菜产业发展提供有力的技术支撑和技术保障。调研组深入到绿洁食品有限公司的生产冷冻车间，了解公司原料供应及生产、销售等具体情况。了解到菜花、青椒等不易贮存的蔬菜经冷冻加工，延长了保存时间，提升了产品档次的情况后，孙主任提出，要积极发展蔬菜加工和贮藏保鲜业，提高蔬菜综合效益。调查组形成了专题调研报告，经主任会议研究通过，转发市政府及相关部门研究落实，促进了蔬菜产业发展。

谱平原绿化新篇

“绿树装点蔽沙尘，如网翠幔绿幽荫，连天秀木无穷碧，纵览通衢别样新。”衡水的平原绿化工作取得了突破性进展，生态效益、经济效益和社会效益成效明显。全市林地面积由2002年的150万亩发展到344万亩，实现了农业人口人均1亩林，林木覆盖率达到了26%。衡水市先后荣获“全国林业生态建设先进市”、“全国平原绿化建设先进市”“全省农田林网建设先进市”等称号。

为进一步推进《森林法》和《河北省全民义务植树条例》的贯彻实施，促进平原绿化工作深入开展。市人大常委会组织了对平原绿化工作的代表视察。代表们一路奔波，实地察看了速丰林、农林林网建设及村庄绿化、沙荒地绿化现场。每到一处，代表们都聚精会神倾听林农意见，认真思考进一步发展林业建设的对策。

夜幕降临，听取林业部门的工作汇报后，代表们纷纷发表了意见和见解。对市政府及林业部门所做的深入细致、卓有成效的工作深表赞同，普遍感到通过深化林业经营改革，加强森林资源保护，加快林业产业化进程，使林业步入了良性发展轨道。石恩云代表率先提出，要把发展林业与建设社会主义新农村结合起来，与调整优化产业结构、改善生态环境结合起来。高令福代表提出，要依托资源优势,做大做强木材加工产业。王霞、王红梅等代表提出,要组织引导农民群众,搞好林畜、农林复合经营,提升林地综合效益。继续加强对《森林法》和环境绿化政策的宣传,使全民全社会真正增强绿化衡水、建设美好家园的观念,搞好城市绿化,促进人与自然和谐发展。市林业局对代表们提出的意见深表赞同,并在工作中加以落实。

增农业节水活力

众所周知,衡水的水资源极度紧缺。全国人均水资源2128立方,衡水人均水资源只有120立方,仅相当于全国的十七分之一。在生机盎然的5月,省人大常委会水法综合执法调研组来到衡水。市人大常委会主任孙志人、副主任王秀珍陪同调研组,深入到节水示范区、咸淡混浇井组、农田水利工程现场,实地考察衡水市农田水利建设现状,特别是节水情况。省人大执法调研组就衡水贯彻实施《水法》讲了具体意见,指出节水的重点在农业,农业节水的重点在麦田灌溉。衡水加强节水设施建设,推广抗旱品种等做法值得肯定。并提出进一步增强水危机意识,加强水资源管理,推行水务一体化建设,健全执法机制的意见。市政府及水利部门认为省人大执法调研组提出的意见针对性强,找准了衡水水资源管理的症结,对提出的意见逐条研究,制定了加大宣传力度,加强依法管理,加快改革步伐,推进农业用水综合管理等具体的整改措施。通过改进工作,为衡水的水资源管理特别是节水工作注入了新的活力。

回顾2008年的工作,衡水市人大常委会将“三农”工作排在全年工作的首位,按照“抓重点、求实效、上水平”的工作原则,坚持把发展作为第一要务,把维护好、实现好、发展好广大农民群众的根本利益作为工作的出发点和落脚点,积极履行职责,扎实开展工作,促进了衡水农业的发展,赢得了农民群众的赞誉。

依法履行监督职能　促进经济社会和谐发展

——亳州市人大常委会工作纪实

安徽省亳州市人大常委会研究室副主任　苏维峰

今年是地方人大常委会设立30周年,地级亳州市也走过了10年的风雨历程。我市各级人大常委会认真贯彻党的十六大、十七大精神,全面落实科学发展观,紧紧围绕全市工作大局,忠实履行宪法法律赋予的职责,保障和促进经济社会发展,在实践中取得了新成绩,创造了新经验,作出了新贡献。

(一)围绕中心,服务大局,监督工作扎实推进。

围绕经济社会发展实施监督,服务科学发展。各级人大常委会抓住事关经济社会发展全局的重大事项,着重围绕经济发展环境治理、整顿和规范市场经济秩序、新农村建设、涡河近期治理工程、重大项目引进和建设等开展监督,促进党委中心工作的落实;抓住事关改革发展稳定的重大问题,着重围绕农村社会治安管理、土地征收、税收征管、安全生产、法院执行工作、检察院公诉工作等开展监督,推动有关问题的解决;抓住事关科学发展、可持续发展的突出问题,着重围绕环境保护、农产品质量安全、水污染防治等开展监督,积极落实科学发展观。涡河治理工程事关亳州经济社会发展全局,也一直是市人大常委会监督的重点。工程开工以来,市人大常委会主任会议先后听取市政府关于涡河近期工程进展和涡河城区段治理规划情况的汇报。市二届人大常委会第四次会议、第七次会议专题听取市政府关于涡河近期治理工程建设情况的汇报,两次组织常委会组成人员和部分人大代表对工程建设情况进行视察,提出9条意见建议,督促政府把涡河治理工程建成一流工程、民心工程、廉洁工程和德政工程。

围绕群众普遍关注的热点难点问题实施监督,促进社会和谐。全市各级人大常委会把群众关注的热点难点问题作为监督重点,通过听取和审议报告、开展执法检查和调研、组织代表视察等方式,督促解决民生问题,推动和谐社会建设。市人大常委会高度关注我市义务教育的健康发展,深入开展调研,听取专项报告,进行认真审议,针对我市义务教育中存在的经费投入不足、教育资源配置不合理、城区学校"大班额"突出等问题，提出建设性意见，促进了我市义务教育的均衡发展。

围绕规范监督程序，不断提高监督质量。2007年1月，监督法正式施行。全市各级人大常委会以贯彻实施监督法为契机，规范监督行为，提高监督质量。市人大常委会制定了听取和审议专项工作报告工作流程图、执法检查流程图、监督计划和预算执行情况工作流程图及计划、预(决)算草案等审查工作流程图，规范各项监督工作。各级人大常委会严格按照监督法要求，认真落实会前调研、会后及时整理和转办、督办审议意见制度；严格规范程序和办理时限；认真落实监督公开原则，自觉接受人大代表和人民群众的监督。监督法实施两年来，各级人大常委会更加注重程序、更加注重规范、更加注重实效，监督工作水平明显提高。

(二)创新方式，强化措施，代表工作明显加强。

创新代表工作方式。各级人大常委会从完善制度入手，探索代表工作的长效机制。一是加强代表初任培训，建立和完善代表培训、代表小组组长培训制度；二是建立和坚持代表列席常委会会议、参加有关调研、视察和执法检查制度；三是健全代表联络机构；四是完善向代表通报情况、主任会议成员接待和走访代表、代表建议办理等制度；五是建立和完善代表小组活动制度。

积极开展代表培训。各级人大常委会开展多种形式的代表培训，不断提高代表履职能力和水平。2006年换届以来，市人大常委会连续举办5期市人大代表培训班，截止2008年8月，全面完成市二届人大代表的初任培训。各县区人大常委会采取举办培训班、专题讲座、以会代训等灵活多样的方式，开展代表培训，收到很好效果。

认真督办代表议案建议。各级人大常委会高度重视代表议案建议的落实，及时将代表在大会期间提出的议案建议转交有关机关，统一交办，限时办结；定期组织提议案的人大代表对议案办理情况进行分组视察，召开代表议案办理工作汇报会，听取办理单位负责人的专题报告，推动议案办理工作。市人大常委会每年上半年和下半年分别组织提议案和重点建议代表开展议案和重点建议办理情况视察活动，代表的责任意识明显增强。

丰富闭会期间代表活动。各级人大常委会积极组织开展代表视察和专题调研活动，邀请人大代表列席常委会会议，为代表知情知政创造条件。在市人大常委会指导下，三县一区成立了34个市人大代表小组，建立了代表活动室。蒙城县人大常委会按"六有"标准建立代表活动室，即有房屋、有桌椅、有制度、有记录、有资料、有计划，积极开展"五个一"活动，即：每位代表每季度走访一次选民，年度接受一次法律培训，提出一条有价值的建议、批评、意见，帮扶一个困难户，为选民办一件实事。谯城区人大常委会狠抓组织、阵地、制度三项建设，努力为代表履职提供良好的保证。利辛县、涡阳县人大常委会也都建立了代表活动室。

(三)规范程序，科学决策，人事任免和重大事项决定工作不断完善。

人事任免工作有新成效。各级人大常委会坚持党管干部原则和依法任免原则的有机统一，制定并完善了任免地方国家机关工作人员办法，坚持被任命人员任前法律知识考试、作供职发言和颁发任命书等制度，对"两院"提请任命的部分人员开展任前知情调查和公示，增强了被任命人员的法律意识和公仆意识。利辛县人大常委会在严把任命关的同时，更加注重任后监督，实行"建帐"承诺制。政府职能部门负责人年初向人大常委会作出工作目标书面承诺，县人大常委会年中检查督促，年底对承诺单位负责人进行全面评议，组织人大代表进行集中测评。这一做法，既规范了职能部门的工作行为、推动了工作，又为依法任免提供了第一手资料。

讨论决定重大事项工作有新进展。各级人大常委会紧紧围绕党委决策部署，就经济社会发展的重大事项，在深入调研的基础上，依法行使决定权。2004年，市人大常委会制定了《亳州市人大常委会讨论决定重大事项的若干规定》。几年来，市人大常委会就国民经济和社会发展、市级财政决算、城市发展规划、旅游发展规划、生态市建设规划、利用国家开发银行贷款等重大事项作出35项决议决定，促进了我市国民经济和社会事业的发展。2006年，市二届人大常委会三次会议听取和审议了《亳州生态市建设规划》，作出批准亳州生态市建设规划的决议。其后，开展水污染防治法、环境保护法等相关法律的执法检查和调研，检查决议的落实情况，亳州市的生态环境明显改善。

(四)提高素质，改进作风，自身建设成效显著。

加强思想建设。各级人大常委会坚持用中国特色社会主义理论武装头脑、指导实践、推动工作。

把加强学习放在突出位置，通过常委会会前学法、举办专题讲座、召开交流座谈会等，开展形式多样的学习活动。坚持理论联系实际，把加强学习与调查研究结合起来、与提高履职能力结合起来，更好地推动常委会各项工作。

加强组织建设。各级人大常委会建立健全了人代会、常委会议事规则和常委会会议工作程序，民主集中制原则在人代会和常委会议事和工作中得到较好落实。市县区人大常委会组成人员结构日趋合理，常委会的整体优势得到增强。人代会期间，人大代表和常委会组成人员中党员先锋模范作用得到充分发挥。

加强作风建设。认真开展反腐倡廉制度建设推进年活动，切实加强党风廉政建设。深化效能建设，提高履职水平。深入开展调查研究，广泛听取群众意见。各级人大常委会把信访工作看作体察民情、反映民意的重要工作，建立并坚持主任会议成员接访制度。市人大常委会完善信访制度，规范信访交办程序，公开信访电话，保证群众顺畅表达合理诉求。2006 年以来，市人大常委会共办理群众来信 2286 件，接待群众来访 5800 多人次，督办解决了一大批群众反映强烈的信访案件。

“四满意”是这样选来的

——隆化县韩麻营镇党委、人大指导第八届村级“两委”班子换届选举走笔

河北省隆化县人大常委会　池永生　黄淑芳

迅速崛起的隆化县第一经济重镇、2008 年一年的财政收入相当于几年前全县财政收入 3 倍多的隆化县韩麻营镇的第八届村级“两委”班子换届选举，在镇党委的正确领导下，在镇人大的指导、组织、培训、监督下，于隆冬时节一次选举成功：全镇 21 个行政村的 20 名村支书和 10 名村主任连选连任，1 人新当选为村支书，11 人新当选为村主任，10 个村实现书记、主任“一人兼”，1 个行政村的书记、主任全部新任。韩麻营镇圆满地组织了换届选举工作，不仅实现了“上级满意、参选者满意、落选者满意、当选者满意”的既定目标，还促动了包村镇干部农村工作经验的大提升、当选的村“两委”班子成员发展意识的大提升、全体村民民主素养和当家作主自觉性的大提升。

指导换届，提升全镇干部农村工作领导力

经济越发展，参选竞争会越激烈。全县村级“两委”班子换届选举大会上，韩麻营镇受到上级领导的关注，镇党委书记被确定为该镇换届选举的第一责任人。

政治上加强领导，思想上正确引导，工作上全力指导。全镇村级“两委”班子换届选举大会上，按照上级“五选七不选”的要求，从程序、步骤、方法等各个方面对换届选举工作进行了全面的部署。镇委书记单洪斌强调指出：选举好本镇最基础的民主政权，是保持本镇经济社会科学、健康发展和新农村建设等快步推进的组织保障，要紧紧依靠党组织和选委会，紧紧依靠包村领导组织，选准、选好，一次成功。要求包村镇干部做到“三防止三要”：一防“身在基层便了知基层情”的自满意识的滋生，要扑下身子搞调研、求事情；二防自以为是、简单了事的官僚作风的滋生，要做到周全运筹，息事兴事；三防教条主义、脱离实际作风的滋生，要实事求是、依规合法。并把衡量包村镇干部业绩的标准概括为四看：看谁掌握村情最全面、准确，看谁预见潜在问题的能力最强；看谁防微杜渐和解决突出问题的招数最灵效果最佳，看谁所包村的选举结果令各方最满意。

韩麻营镇党委、人大切实加强换届选举工作的领导、组织和监督。一是按照上级有关安排部署，及时成立领导、监督、办公室等各相关组织，并对所有人员进行深入的培训；二是选配工作方式、方法与村情相适应的干部，组成 7 个工作组，每组负责 3 个行政村包村开展工作；三是对每一个换届选举步骤都制定出详尽的运行程序，由办公室印发至各村和包村镇干部遵行；四是安排驻镇各级人大代表在选举的各个环节充分发挥自身优势和独特作用；五是在海选、正选前连续多次召开包村干部调度会。会上，各包村干部谈村情、谈问题、谈措施、谈进展，相互启发，相互借鉴，据此，镇党委一一安排部署推进工作开展的具体意见。六是以思想工作

为主并严厉打击承诺向村交几十万元参加竞选等贿选和其他各种违法行为。

连续半月吃自带的方便面，踏雪地赶冰天，连续半月披晨星奔赴包村开展工作，闯夜幕回镇汇报或参加调度会议，包村镇干部在与选民真实心理的零距离接触中，在化解纷纭问题的工作中，在推进政治文明的倾情引导中，爱民之心得到进一步树立，富民之策得到进一步明晰，亲民之举得到进一步落实，农村工作的经验得到进一步的积累，掌控复杂局面的能力得到进一步增强。镇干部能吃苦，能办事，高素质，得到全体村民的一致赞誉。

竞选"村官"，推进政治文明、民主建设步伐

基于对镇情、民情、村情的准确把握，韩麻营镇决定该镇村级"两委"班子换届先选村主任后选村支书。其优势，一是原任村支书对各方面的关系都比较理顺且经验丰富，绝大多数都有很强的凝聚力，便于选举的协调、组织；二是可有效减少竞选者之间不稳定因素的产生；三是几百名党员选支书的宣传、发动、教育等诸因素已暗含于几万名选民选村主任的程序中，有利于提高工作效率、降低选举成本和选举难度；四是有利于提高"一人兼"的比例。

韩麻营镇在严格按照"一法一例"和相关文件的规定指导换届选举中，突出狠抓了竞选者素质的培养和全体选民当家作主意识的提升。

以"竞"代训。韩麻营镇要求竞选者在演讲中，必须有贯彻落实党和国家各项有关法律法规、方针政策方面的安排意见，不能发表与法律法规和各级党委政府工作部署相抗衡的言论；必须有三年治村规划，其保障措施要条分缕析、有依有据，不能放大话、空话；届内为选民所办实事必须一一列举，不能搞违法承诺。"三必须三不能"促使竞选演讲者必须集中精力深入学习党和国家的方针政策法律法规，深入了解、研究农村经济社会发展的规律，深入学习外地治村经验，深入分析本村的自然资源优势和人力资源优势，谋求开展本村工作的更强本领。对村主任自身素质要求的切实明确，不仅使当选者明确了奋斗目标，也使落选者明白了自身的差距，落得心悦诚服。

以"选"代训。随着党和国家惠民政策带给百姓越来越多的福祉，人民群众更加真切地感受到当家做主人的光荣感和使命感。韩麻营镇紧紧抓住这个大力推进民主政治文明建设的有利时机，以换届选举为契机，通过广播、横幅、标语、榜报、明白纸等各种有效形式大力开展宣传活动，着力引导农民从面对黄土背朝天的汗泡五谷的饱腹劳作向着机械化生产经营性种植的现代"智力"农业的发展中，深刻认识党和国家科学发展、小康建设、新农村建设等重大决策部署于国于民的重要意义，以及每一个人肩负的责任；引导农民从只关注一己利益、家族利益的狭隘圄囿中解放出来，从"谁干都一样"的事不关己的漠然中解放出来，从了悟"大河有水小河满"的俚语所蕴含的哲理中，开阔眼界，明亮目光，认识选举出本村真正的能人，对于全村发展、农民发达的切实意义，感受手中一票的重要分量；引导农民懂得我们需要的是什么样的发展，应该怎样去发展，应该选举什么样的人带领大家去发展，从而珍惜手中的权利，投好属于自己的这一票。

成功秘诀：严、细、实

严，就是严格依法依规依方案依程序操作运行。坚决做到一步也不少走，一点也不截留。一是时间上雷打不动。每一步骤都严格序时进行，决不允许因雪阻寒侵或其他任何个别情况而擅作前提后拖。比如委托投票应在选举3日前办理，那么，选举前2日、1日或当日以任何形式达成的委托都一律无效；再如各次公告必须按时张贴等等。二是办事上循规蹈矩。凡涉及换届选举每一个环节的每一件事情的办理，都必须有依有据，凡是不合规矩的事项不论大小一律作废，不得存行。例如选民资格的确认，规定非本村户口、在本村居住2年以上经个人申请和批准后可以获得选举权，那么，没有个人申请或未经批准者均不得拥有选举权。三是组织上强大力量。依法建立强有力的各相关组织。抽调公安、法庭、司法、综治、公司保安人员成立应急队。必要时，在重点部位、重点环节加强警力，依法保障秩序正常和选民个人意愿的自由表达。

细，就是要做到细致入微。不仅要做到把握选举趋势细致入微，把握选民心理动向细致入微，每一个关键环节更要细致入微。一是委托代投票环节。比如规定每名选民只能接受2名选民的委托代投票，运行中除了要注意一人委托多人代投票、多人委托一人代投票的情况外，还要注意委托他人代投自己又领票再投、未被委托乱代投等情况。韩麻营镇经征求各村选举委员会意见，统一安排全镇委托代投票必须将委托人身份证号和被委托人名字以电报、短信或信函等形式报选举委员会，口头的、电话直接打给被委托人的一律无效。这样，有效避免了因无法取证引发乱代投等纠纷的发生。二是投票环节。这是选民表达个人意愿最为关键的环节，把握不细就有可能被“钻空子”，造成违背选民意愿甚至违法选举的恶果。韩麻营镇规范秘密划票室建设。划票室入口安排工作人员，监督领取一张票划去该票选民的名字；每次只许一名选民进入秘密划票室；划票室内安排镇政府高素质工作人员，所有不识字需要带划票的，均由镇政府工作人员依照选民意愿代划。秘密划票室出口设置投票箱，安排镇政府工作人员监督所有选票必须投入票箱，防止把空票带走转送他人填划的现象发生。秘密划票的有效组织，切实保障选民的选举权益不受干扰。其他如对重名候选人如何划票、女性候选人填写成男性、现用名字与身份证不符以及填写小名外号的、画“√”、划“○”如何确认等等细节也都要事前想到，并由选举委员会研究做出规定。

实，就是要真正做到实事求是。这里主要是指一旦在操作运行中出现些许纰漏，就要有勇气真正从实际出发，以最低的工作成本，令各方都满意的结果予以化解之。韩麻营镇兴隆岭村在计票过程中发现，一名外出打工选民委托他人投票后，自己回来又投了一票。选举委员会立即研究决定与两位竞选人员谈话，很快达成和谐共识：如果两人得票只差两张进行重新选举，如果相差不是两张则选举有效。统计结果为两人相差70张票，得票少的竞选者对选举结果没有异议，选举一次成功。

韩麻营镇用发展的眼光指导村级换届选举，不拘一格选人才，将有经济头脑、会当家、会管理的能人选到村干部职位上来，并注重拓宽他们的视野，激发他们带领村民求发展的责任感和自觉性，为村级经济社会发展注入了新的力量，收获了令各方满意的换届成果。

凡议必决　引人问责

——山东省沂源县人大常委会强化审议“刚性”

山东省沂源县人大常委会研究室主任　孙万波

换届后，沂源县人大常委会采取多种监督方式，不断增强审议意见的“刚性”，提高了审议专项工作报告的质量，确保了审议实效。审议意见缺乏“刚性”，是影响监督质量的重要原因。提高审议意见质量，是提高整个听取和审议工作报告质量的重要环节，也有利于增强常委会组成人员的履职意识和履职能力。一是保障组成人员有充分发表意见的会议氛围。每次常委会会议召开前三天，我们将有关会议材料印发给各位组成人员，并合理安排常委会会议时间，尽量保证组成人员都能参加会议，保证组成人员有充足的审议时间和发言机会，避免因为时间紧张而使审议草草收场；注重会议主持艺术，正确引导审议发言，既鼓励组成人员畅所欲言，又引导组成人员紧扣主题，切中要害，避免审议变成纯粹的评功摆好。二是切实抓好审议意见的综合草拟工作。每次常委会审议意见的拟定，都由相关工作室在全面分析的基础上对审议发言进行综合，并经主任会议认真修改完善后印发给相关单位。从而，既保证了能够原汁原味地反映审议情况，又保证了审议意见的客观、合法，具有指导性、针对性和可操作性，全面体现常委会的工作水平。

听取和审议专项工作报告的质量如何，归根到底取决于审议结果能否得到真正有效的落实。没有落实和反馈的决定、决议、审议意见只不过是一纸空文，非但于事无补，反而影响人大常委会的威信。因此，该县人大常委会在工作中始终不渝的强化跟踪督办。一是坚持凡“议”必“决”。凡人大常委会听取和审议的工作报告，都要根据审议情况，分别作出决议、决定；对不宜作出决议决定的，都根据审议情况向报告单位提出书面审议意见，使报告单位的整改落实和常委会的跟踪督办有一个明确的标准和依据。二是落实责任，跟踪检查。常委会统一安排各工作室依据职责分工，跟踪督查办理审议结果的有关工作。对因有关工作机构不便或落实协调有难度的，由常委会分管主任或者常委会主任会议出面协调解决落实审议意见过程中遇到的困难和问题，督促报告单位进行整改，切实改变了以往对决定、决议和审议意见落实不够的现象。三是健全办理情况的反馈报告制度。对审议结果，常委会要求报告单位在规定时限内办理完毕并报送，相关工作室及时向常委会主任会议或分管主任报告跟踪督办情况，由主任会议根据督办情况作出相应处理。

工作中，该县人大常委会将问责制引入听取和审议工作报告的程序。一是把票决制引入审议，把票决结果作为评价工作成绩的重要标准。县十六届人大常委会将对“一府两院”的工作报告实行票决制，在听取和审议专项工作报告并对报告进行无记名投票表决时，凡被评为“不满意”的，必须在下次常委会上重新报告。票决制的实行一方面为常委会评价工作报告提供了一个客观标准，使其成为对报告机关进行跟踪问责的依据；另一方面，也有利于消除由于组成人员“拉不下面子”而使审议流于形式的问题。二是把对人的监督引入审议。只有把对事的监督与对人的监督结合起来，把对事的问责与对人的问责结合起来，才是最为直接有效的监督方式。在工作报告连续两次向常委会报告均被评为“不满意”时，充分说明报告单位执行法律法规和政策不到位，或是缺乏足够的人大意识、法制意识、责任意识，也意味着其负责人的失职和失责，该县人大常委会将对报告单位的相关责任人依法作出处理。

隰县人民代表大会常务委员会工作报告

——2009 年 6 月 18 日在隰县第十四届人民代表大会第三次会议上

山西省隰县人大常委会主任　王兰生

各位代表：

我受县十四届人大常委会的委托，向大会报告工作，请予审议，并请县政协委员和其他列席人员提出意见。

过去一年的主要工作

十四届人大二次会议以来，常委会在县委的正确领导下，以科学发展观为指导，以《监督法》为依据，紧紧围绕县委中心工作和上级人大的安排部署，认真履行宪法和法律赋予的职责，各项工作均取得重要进展。对垂管部门的监督、信访工作、人大报刊订阅、网站建设、文明和谐单位创建等单项工作分别获得省、市人大的肯定和表彰，为推进我县民主法治建设做出了积极的贡献。

一、工作监督围绕大局，突出重点

人大的工作监督，主要是支持和督促“一府两院”依法行使职权，促进县域经济和社会事业又好又快发展。一年来，常委会紧紧围绕县委中心工作，以经济建设和人民群众切身利益为重点，共举行常委会议 14 次，主任会议 28 次，听取“一府两院”专项工作报告 15 个，加强了对“一府两院”的工作监督。

一是强化了对计划和预算的监督。计划和预算事关全县经济社会发展的整体和全局，是国民经济和社会发展宏观决策的体现，常委会十分重视做好这方面的监督工作，从年初计划和预算的编制入手，经过广泛深入的调查研究和论证，提出具体意见，增强编制草案的广泛性和科学性。在计划和预算的执行上，先后听取和审议了县政府关于国民经济计划执行情况的报告、财政预算执行情况的报告、财政预算调整情况的报告，对执行中存在的困难和问题进行了客观深入的分析，提出了强化预算资金管理，培植主体税源，一保吃饭、二保建设，增收节支等建议，并批准了 2008 年财政预算调整。在对计划和预算决策的审查和执行情况的监督中，常委会还注重发挥审计监督的作用，通过听取审计局关于 2007 年度财政预算执行和其他财政收支情况的审计工作报告，督促存在违法违纪问题的单位认真整改，维护了财经纪律的严肃性和预算执行的规范性。

二是强化了对重点项目工作的监督。重点项目工作是全县经济和社会发展的基础和关键。常委会高度重视，持续监督，跟踪问效。去年年初，围绕县上确定的 10 个方面的利民实事和 37 项重点项目工程，要求承担重点项目的单位逐一建帐，电视承诺；同时，通过听取县政府关于重点项目工程启动建设情况的工作报告，对行动迟缓、资金到位差的单位下发了整改建议，限期启动。年中，常委会分四组对承担重点项目工程的单位进行了视察督查，对未达到项目进度要求的单位进行了口头问责。年底，常委会在人大网站开辟重点项目承担单位满意度测评，项目单位在电视台公开向全县人民交帐，接受全县人民的监督；对未完成项目建设任务，又说不清理由的单位，进行了戒勉谈话；对完成年初建帐任务好、群众满意度高的单位，常委会经过按键表决，决定授予30个单位"人民满意单位"荣誉称号。

三是强化了对条管单位的监督。为强化条管单位更好地服务于当地经济建设，去年8月份，常委会制定工作评议方案，对供电支公司的工作进行了视察评议。评议通过走访用户、民意调查、听取专项工作报告，提出强化队伍建设、提高服务质量、加强电网改造、突出服务新农村建设等四项建议。供电支公司强化领导、高度重视，争取项目、加大投入，及时反馈、反复整改，在年底人大网站开展的用户满意度测评过程中，群众满意度达95%。

四是强化了对"热点"问题的监督。城乡环境综合整治是常委会一直持续关注的问题。去年6月份，常委会分两组对城乡环境综合整治工作进行了视察，并在十四届人大第九次常委会议上听取和审议了县政府的工作报告，提出加强硬件建设、建立长效机制、严格督促检查等一系列整改建议。县政府强化措施，加大投入，强化整改，落实责任，从严问责，城乡面貌大为改观。教育乱收费也是全县人民反响强烈的热点话题，常委会派出专门督查组，多次深入教育主管部门及部分学校，调查研究，掌握实情，提出建议，跟踪监督，从而使乱办班、乱收费的歪风得到了有效遏制。

二、法律监督纵深推进，效果明显

法律监督是人大监督工作的重点，其目的就是要保证宪法、法律的全面贯彻执行。常委会通过听取和审议"一府两院"执法情况的汇报、推行执法责任制、强化执法检查等工作，确保了各项法律法规在我县的顺利实施。

1、以贯彻落实《纲要》和《决定》为契机，全面提升政府依法行政水平。国务院发布的《全面推进依法行政的实施纲要》和《关于加强市县政府依法行政的决定》是全面推进依法行政的法律准绳。去年以来，常委会听取了县依法治县领导组办公室《关于依法治县规划及依法治县工作情况的报告》，并做出决定。县政府强化领导，高度重视，把推行行政执法责任制作为统领政府工作的一项重要工作来抓，从规范政府行政行为出发，修订完善了《政府工作规则》，建立健全了行政执法制度，组织全县45个行政执法单位的390名行政执法人员进行了集中培训，命题考试，审核发证，政府的依法行政能力得到进一步加强。

2、以维护司法公正为切入点，提高法检"两院"的履职水平。法、检"两院"肩负着维护公平正义的职责。针对群众上访反映的突出问题，常委会组成人员先后两次深入法院、检察院，采取听汇报、召开座谈会、问卷测评等形式，对班子建设、队伍建设、审判工作、案件执行工作等方面存在的问题进行了全面调查了解，指出了法院、检察院工作中存在的5个方面的问题和3个有异议的案件，并提出4条具体要求，限期整改。法、检"两院"班子对常委会提出的问题和意见认识到位，落实有力。对5个方面的问题查找了原因，制定了整改措施，总结了教训；对3个有异议的案件，有的提起再审，有的限期结案，有的在执行中予以纠正。

3、以村民委员会换届为抓手，提升全民法治意识。去年是我县第八届村民委员会换届年，常委会以此为契机，把宣传贯彻《中华人民共和国村民委员会组织法》和《山西省实施＜中华人民共和国村民委员会组织法＞办法》作为工作重点，派员深入8个乡镇指导第八届村委会换届选举工作。通过宣传指导，全县97个村委能在换届选举中以"一法一办法"为武器，严格遵循法定程序，选出的干部整体素质较前几届有了很大提高，群众较为满意。同时，常委会还组织开展了安全生产"一法一例"、《食品安全管理条例》、《住房公积金管理条例》等多部法律法规的执法检查，保证了相关法律法规在我县的全面贯彻和执行。

4、以决定重大事项为突破口，为县域经济和社会事业发展提供法律保障。常委会紧紧围绕全县大局，抓住带有长远性、根本性、全局性的重大事项和事关人民群众切身利益的重大问题，依法行使决定权。一年来，常委会先后作出《关于在全县实行封山禁牧的决定》、《关于深刻汲取"问题奶粉"事件教训，加强食品安全工作的决定》、《关于进一步推进依法治县的决定》、《关于批准＜县政府关于新建路基础设施配套工程项目委托代建模式的议案＞的决议》等4个决定决议，为县政府依法开展工作提供了法律保障。同时，依法任命副县长1名，政府组成人员1名，任命人大常委会委室副主任2名，罢免市代表1名，接受常委会委员辞职1名，圆满实现了县委意图、群众意愿和依法办事的有机统一。

三、代表活动形式多样，注重实效

人民代表大会是由全体代表组成的，人民代表大会的职权是由全体代表共同行使的，代表作用发挥如何，直接关系到人民代表大会的整体效能。常委会牢固树立对代表负责、为代表服务、受代表监督的理念，积极为代表履行职责创造条件。

*一是加强同代表的联系。*常委会制定出台了《关于加强常委会组成人员同人大代表联系的实施意见》和《关于进一步引深和规范人大代表活动的实施意见》，为代表履职搭建了平台。完善了常委会组成人员分工联系代表制度，通过同代表见面座谈、收集意见建议，解决代表和群众的疾苦；举行会议和进行视察活动，都要邀请有关代表参加，让他们发表意见，反映人民群众的呼声；想方设法让代表外出学习考察，增长见识，增强本领；为县、乡人大代表订阅“一报两刊”，提供学习资料；规范代表活动小组制度和活动要求，为代表在闭会期间参政议政提供平台。

*二是认真办理代表意见建议。*常委会把办理代表意见建议作为调动代表履行职责积极性的重要措施。十四届人大二次会议上提出的65件建议意见，常委会以隰人发第1号文件转交县政府办理。县政府高度重视，科学分类，责成专人，跟踪督办，均在规定时间内办理完毕。去年11月份，常委会组织开展了代表对建议意见办理答复满意度测评工作，对代表不满意的7件建议意见，常委会向县政府及有关部门下达了反馈意见书，要求承办单位面对面再次答复代表，直到代表满意为止，收到良好效果。

*三是妥善办理代表和群众的信访案件。*常委会把人大信访工作作为民主法制建设的窗口工作，坚持专人坐班接访、主任会议研究信访、对口工委督办信访的形式，热情接待、妥善处理信访案件。一年来，共接待群众来访68件、300多人次，就地解决9件，转交有关部门办理59件，其中已办结40件，19件正在办理当中。龙泉镇贾东爱拆迁补偿案件、张小平伤害赔偿案件、阳头升乡张林爱土地纠纷案件等一批久拖未决和有失公正的案件得到妥善解决，切实维护了司法公正，维护了当事人的合法权益。

*四是丰富代表议政活动。*议政活动是发挥代表闭会期间作用的一种有效形式。去年以来，常委会制定出台了《关于乡镇人大工作的考核办法》，对议政活动提出了具体要求。各乡镇人大认真落实《办法》规定，议政活动丰富多彩，扎实有效。下李乡代表议政活动形式多样，档案健全，常委会为此在下李乡召开了县乡人大工作座谈会，对下李乡在代表议政方面的好经验、好做法进行了交流学习。陡坡乡、阳头升乡、龙泉镇组织县乡（镇）人大代表对全乡（镇）的重点工程、新农村建设进行了视察，参与讨论议定本区域的重大事项，积极建言献策。寨子乡人大积极督办代表建议意见办理工作，督促有关部门完成了马家至定国的油路铺设。黄土镇人大充分发挥人大代表宣传政策和化解矛盾纠纷的桥梁和纽带作用，确保了黄土村村委换届选举工作的圆满完成。午城镇人大组织召开了由政法委、司法局等部门人员组成的听证会，解决了习礼村的果园纠纷。城南乡通过开展议政活动，解决了千家庄村上塬路的安全隐患问题。据不完全统计，一年来，全县通过开展代表议政活动，解决与群众生活、生产密切相关的问题近百件，极大地调动了广大代表参政议政的积极性。

四、自身建设力度加强，稳步推进

常委会高度重视组成人员和机关干部自身建设，始终坚持把加强机关人员思想、政治、作风建设作为常委会重点工作来抓，努力提高全体人员的整体素质，树立了人大机关的良好社会形象。

*一是学习实践科学发展观活动取得明显成效。*常委会按照“党员干部受教育、科学发展上水平、人民群众得实惠”的总要求，以“履行人大职责，促进科学发展”为载体，坚持把开展活动与文明和谐单位创建结合起来，与开展学习型人大机关结合起来，与加强机关效能建设结合起来，与促进常委会工作任务的完成结合起来，与推动广大党员讲党性、重品行、作表率结合起来，突出解决学习不够认识不深、能力不强作风不硬、监督力度不大监督实效不明显、体制机制不活机关效能偏差四个问题，通过学习实践，机关人员对科学发展观的认识得以提高，工作思路更加明晰，创新能力得到加强，监督实效逐步增强。机关学习实践科学发展观活动的自选动作、办实事好事、网络宣传等多项工作均得到了市、县学习实践科学发展观领导小组办公室的充分肯定。

*二是广大群众得到更多实惠。*常委会坚持把机关作风建设作为建设服务型机关的出发点，无论是开展监督工作，还是决定重大事项，都坚持深入基层、深入群众进行视察调查，积极为群众办实事、

办好事。去年，常委会积极组织开展扶贫救助工作，协调县公路部门为城南乡千家庄解决了该村大桥的路基加固和桥面上油问题，排除了安全隐患；先后为汶川特大地震、部分乡镇雹灾、贫困大学生就学捐款3万多元；全县各级人大代表积极响应常委会号召，累计参加扶贫济困捐款20余万元，为全县人民做出了榜样。

三是机关社会形象得到提升。常委会带领机关全体人员以马克思主义为指导思想，以中国特色社会主义为共同理想，以改革创新为时代精神，以“八荣八耻”为道德观，按照新时期人大工作的要求，切实加强机关思想作风建设，进一步健全和完善了常委会各项工作制度，提高了工作效率和监督实效，顺利通过了山西省文明委的检查验收，并予以挂牌，在全省人大系统继续保持创建省级文明和谐单位的领先位置。

在充分肯定成绩的同时，我们也清醒的看到，常委会在工作中还存在一些差距和不足。主要是：监督的力度还需要进一步加大；指导乡镇人大工作的方法还需要进一步创新；常委会的自身建设还需要进一步加强等等。对于这些差距和不足，需要常委会在今后的工作中认真研究，努力加以改进。

今后一年的主要任务

2009年，是新中国成立60周年，是地方人大常委会设立30周年，也是实现我县经济平稳较快发展的关键之年。作好今年的人大工作，对于积极应对金融危机的严重冲击，维护我县改革发展稳定的大好局面，彰显人民代表大会制度的优势和特点，具有十分重大的意义。根据县委十一届五次全委会议提出的工作任务，今年常委会工作的总体要求是：高举中国特色社会主义伟大旗帜，以邓小平理论和“三个代表”重要思想为指导，全面贯彻落实科学发展观，在中共隰县县委的领导下，坚持党的领导、人民当家作主和依法办事的有机统一，紧紧围绕强力实施“366”发展战略这个中心，以关注民生为出发点和落脚点，以加强社会主义民主法制建设为根本任务，认真履行宪法和法律赋予的各项职责，为实现富裕文明、平安和谐、山川秀美的新隰县做出新的更大贡献。

贯彻落实好这个总体要求，必须坚持三点：一是坚持以科学的发展观统领人大工作。要从我县经济社会发展的县情实际出发，以正在进行的学习实践科学发展观为契机，做到人大工作与党委同向、与政府同步、与法律同轴、与人民群众同心，切实解决发展和建设中存在的突出问题和主要矛盾，不断改进和规范人大常委会工作。二是坚持以人为本，关注民生。这是人大工作能够取得实效、得到人民群众支持和拥护的根本所在。我们要及时了解和掌握群众的所思、所想、所盼，努力解决人民群众最关心、最直接、最现实的利益问题，实现人民群众的安居乐业和社会的和谐与稳定。三是坚持解放思想，开拓创新。要不断总结和探索地方人大工作的规律和客观要求，努力解决工作中不符合、不适应科学发展观的突出问题，增强人大工作的生机和活力，使人大的工作更顺应时代发展的要求。

落实这个总体要求，今年要着力抓好以下工作：

一、围绕推动科学发展履职，为构建和谐隰县提供物质基础

保增长、保民生、保稳定是今年党和国家的大局。对此，县委十一届五次全委会已提出了“大力实施‘366’发展战略”的总体要求。常委会要围绕中心，服务大局，突出重点，扎实工作，全力推进经济社会科学发展。一方面，要从全局和战略高度，充分认识当前国际和国内经济形势的复杂性、严峻性，充分认识当前我县促进经济又好又快发展的重要性、紧迫性，增强责任感和使命感，切实把思想和行动统一到中央和省、市、县委的战略部署上来。另一方面，常委会行使的各项职权，都要围绕推动经济社会又好又快发展这个中心任务，重点对城市长远规划、旅游事业发展、和谐隰县建设等事关长远和全局发展的综合性、战略性、前瞻性问题，适时作出决议决定。特别是要紧紧围绕今年全县实施的60个重点项目，树立必胜的信心，采取超常的举措，加强对项目工程实施情况的监督。要创新监督方式，变间断性监督为跟踪监督，拿出监督方案量化目标要求，持续监督不间断，常抓不懈求实效。要强化刚性监督，综合运用听取专项工作报告、视察调研、组织执法检查、询问和质询、特定问题调查等各种监督手段，敢抓敢管，敢于碰硬，真正使县委意图、政府的决策、人民的意愿变为现实。

二、围绕推动民主法制建设履职，为构建和谐隰县提供政治基础

和谐社会是民主、文明、法治的社会，民主是政治文明的核心内容，也是和谐社会的重要标志。常委会要在认真抓好常规性工作的同时，重点抓好以下工作。一是围绕安全生产、环境保护、教育事业发展、农民增收、城市基础设施建设等,听取和审议政府专项工作报告。二是要对行政诉讼法、环境保护法、食品安全法、促进旅游业发展条例等开展执法检查。三是要根据群众来信来访反映的突出问题,进一步强化司法监督,维护社会公平正义。四是鉴于今年我县城市建设任务繁重,对县城乡建设局进行工作评议,以推动城市建设健康有序发展。与此同时,常委会要着力增强监督实效,对执法检查和视察调研中发现的突出问题、常委会的审议意见、决议决定要及时转交"一府两院"办理,并要求其限期报告办理和整改情况,采取多种方式向社会公布,主动接受代表和人民群众的监督。落实执法责任制,推进政务公开、审判公平、检务公开,促进"一府两院"依法行政、公正司法和文明执法,为构建和谐隰县提供良好的法律保障。

三、围绕改善民生履职,为构建和谐隰县提供广泛的群众基础民生问题始终是社会和谐的晴雨表。党中央多次指出,越是在经济困难的时候越要关注民生。常委会作为人民群众的代言人,关注民生责无旁贷。县委十一届五次全委会把改善民生列为今年强力实施"366"发展战略的重要内容,提出了高度重视教育事业、大力发展医疗卫生事业、加快推动文化事业的繁荣与发展、进一步健全社会保障体系等一系列具体的工作任务。按照县委的部署,常委会要把保障民生、改善民生作为今年监督工作的重中之重,监督和支持县政府实施好关乎民生的重点项目工程,为大力推进"改善民生"战略做出积极的贡献,让人民群众共享改革发展的成果。要高度重视信访工作,善于疏导群众情绪。切实加强对议案、建议的督办力度,积极解决群众反映强烈、呼声较高的热点难点问题。要经常深入迫切需要解决问题的群众中,深入矛盾困难较多的地方,深入生产生活的第一线,体察民情,倾听民声,反映民意,为构建和谐隰县积聚力量。

四、围绕加强自身建设履职,为构建和谐隰县提供精神基础

做好新时期的人大工作,必须坚持不懈地抓好代表工作和自身建设。常委会要继续深入贯彻落实中央9号文件精神,从坚持和完善人民代表大会制度出发,坚持尊重代表主体地位,坚持为代表服务的思想,加强自身建设,扩大代表对常委会工作的参与,认真听取代表的批评意见,拓宽代表知情知政渠道,开展代表专题培训。继续开展"人民满意单位"、"优秀人大代表"、"优秀人大代表小组"、"优秀人大代表建议"评比活动,进一步调动人大代表履职的积极性。对办理人大代表意见、建议的先进单位进行表彰,鼓励先进,鞭策后进。以庆祝地方人大常委会成立30周年为契机,加强和改进人大宣传工作,充分利用广播电视、报刊杂志和网络媒体,深入宣传中国特色社会主义政治发展道路和人民代表大会制度,普及法律知识,增强全社会法律意识。深入学习宪法,增强宪法意识,维护宪法权威。坚持依法按程序办事,完善常委会议事程序和工作规则,改进工作作风,加强调查研究。加强与乡镇人大联系,共同推进社会主义民主法制建设。抓好文明和谐单位创建工作,确保通过省文明委的检查验收。加快《人大志》的编纂步伐,力争年底完成初稿。县人大机关要扎实开展深入学习实践科学发展观活动,不断完善工作体制机制,全面提高干部队伍素质能力,搞好服务保障,当好集体参谋助手。

各位代表,责任和使命激励着我们,困难和挑战考验着我们。让我们在中共隰县县委的正确领导下,高举中国特色社会主义伟大旗帜,深入贯彻落实科学发展观,同心同德,艰苦奋斗,扎实工作,以优异的成绩迎接新中国成立60周年!

广安:人大代表与奥运美丽约会

四川广安区人大常委会办公室副主任　张洪林

在电视屏幕前欣赏着精彩奥运会赛事的时候,广安市广安区的唐燕子、陈志德、李良国等几位人大代表始终心潮澎湃,十几天前在家门口传递奥运圣火的那一幕仍历历在目。

8月3日早上7点30分,北京奥运祥云驾临广安市。广安区各级人大代表,在圣火传递中成为一道亮丽的风景，向世界展示了小平家乡人大代表期待和平、传递梦想的美好心愿。

全国人大代表、四川广安伟业绿色园艺有限公司法人代表兼董事长唐燕子今年3月在参观国家体育场和国家游泳中心时就萌生当一名点燃激情、传递梦想的火炬手的念头。很快，她真的接到了成为奥运火炬手的通知。当时她兴奋得跳了起来："我与奥运火炬前世有个约会，到时要给它千年一吻。"传递结束，她果然深情地亲吻着火炬。

今年43岁的广安区人大代表、广安区协兴镇翰林小学校长陈志德在北京申奥运成功后，就一心扑在奥运知识的宣传、普及中。为了在火炬传递中跑出最好的精神状态，这几个月来，他带着家人，不畏酷暑，迎着晨曦，沿着广安城北人工湖跑步排练。火炬接力前夕，得知自己将进行第五棒接力，接力时间最长不超过1分钟时，他感到有些遗憾，希望脚步放慢些、再慢些，让幸福的感觉持续得更久一些。

去年6月，因带领小平故居所在地、广安区协兴镇牌坊村村民致富奔小康的协兴镇人大代表李良国听到要在广安招选奥运火炬手的消息后，当即向有关方面表达了自己渴望成为一名火炬手的愿望。去年10月，当他获悉自己被北京奥运会火炬接力组委会批准成为广安片区40名火炬手之一后，高兴极了，天天坚持沿着牌坊文体广场跑步锻炼。

8月3日凌晨，李良国得知自己是第10棒，上一棒是雅典奥运女排冠军陈静，他们相互交接火炬的地点是在邓小平铜像前时，他与陈静磋商，确定了火炬交接方式。8月3日早上火炬交接的一瞬间，他们一起向小平铜像鞠躬，以这一简单而不失庄重的方式告慰小平同志。

岂容水库安全隐患重重？

——广东省江门市新会区实施广东省人大解决小型水库安全隐患议案纪事

广东省江门市新会区人大常委会研究室　陈焜宁
广东省江门市新会区人大常委会农村工作委员会　梁社棠

建国后，新会区先后建成小型水库77宗，其中小(一)型水库24宗，小(二)型水库53宗。由于这些小型水库大多建于上个世纪五、六十年代，限于当时的条件，工程建设标准低，施工质量差，配套设施不完善，加上几十年的运行，出现了不同程度的安全隐患，影响了水库效益的发挥，并对库区下游人民生命财产构成威胁。1997年2月，省八届人大五次会议提出《关于解决小型水库安全隐患问题议案》，为解决小型水库安全隐患带来了机遇。1998年-2002年间，新会区圆满完成了35宗小型水库议案工程的除险加固任务。2003年1月，新会区仍存在安全隐患的35宗小型水库被列入省人大继续解决小型水库安全隐患问题的议案中实施。目前，计划任务已经全部完成。

人大跟踪督办

议案实施过程中，区人大常委会狠抓议案的督办工作。一是组织专题视察调研，推动政府抓落实；二是发挥人大代表的监督作用，视察检查促落实；三是工委加强检查，发现问题督促政府抓整改、抓协调。在督办中，区人大常委会及农村工委先后十多次听取政府相关部门办理情况汇报，了解施工进展情况，发现问题及时提出具体意见和建议。如小型水库除险加固工程用地补偿、农业用水、自筹资金到位等问题，区人大常委会做到及时和有效地督促政府抓落实。又如，2006年2月，仍有14宗小型水库除险加固工程任务未完全落实。当时只有3宗水库正在施工，另外3宗刚完成招投标手续还未开工，其余8宗仍停留在施工招投标的等待阶段。因春节假期在即，按时间推算，议案将无法如期完成。因此，农村工委了解情况后，及时向人大常委会有关领导作了汇报，并约请水利局的领导及技术人员深入到各镇进一步检查，对原因进行了分析排查。建议区政府及时召开相关部门的协调会议。尽管春节在即，2月12日(农历十二月廿五)，由区政府办牵头，召集水利局、财政局、监察局、政府采购中心等部门，召开了紧急协调会议。会后，仅在两天时间(2月13、14日)就发出了6宗小型水库的邀请招标公示，避免了因春节假期延误工程招标的出现，从而加快了招投标的进程，确保了2007年3月15日前全部开工的时间要求。

政府狠抓落实

区政府狠抓议案办理措施的落实。首先，完善领导责任机制。按照“主要领导亲自抓，分管领导负责抓，部门领导落实抓”的原则，成立了新会区实施省人大小型水库议案协调领导小组，由副区长任组长，负责重大问题的协调沟通，统一部署，统一指挥，层级抓落实。其次，完善办理工作机制。水利部门形成了“局长亲自抓，分管副局长负责抓，业务股室落实抓”的工作机制，协调各有关镇做好议案工程的前期工作及议案实施工作，安排专人帮助各镇开展建设管理和验收工作，使人大议案办理工作走向规范化、制度化。第三，完善考评机制。把人大议案办理纳入水利局领导和科室负责人年终考评的内容。第四，建立激励机制。对积极性高、工程进度快、依时完成议案的镇（街、站）给予提高下年度水利工程补助资金，对进度不理想的镇（街、站）减少或取消下年度水利工程补助资金，并取消当年水利先进奖评比资格。第五，建立督促机制。组成一个由区人大常委会、区府办、区水利局、区财政局等组成的督查小组负责对省人大小型水库议案工程进行督查，确保议案依时完成。第六，职能部门主动配合。水利局作为政府职能部门，议案的前期工作、实施过程、验收和结案等各环节都安排专职股室和专人负责跟踪，并经常向政府领导汇报情况、反映问题、提出建议，主动与相关职能部门及有关镇（街、站）沟通、联系，探索解决问题等一系列扎实有效的举措，切实做好议案实施的工作。区财政局下拨资金时做到早下拨，使每个工程开工前都有启动资金到位，确保工程能提早开工如期完成。区财政投资评审中心对议案工作全力支持，通过加快对议案工程预算和结算的审核进度，加快议案实施进度。

为强化办理议案目标责任，区政府分别与相关镇（街、站）签订了责任书和自筹资金保证书。并明确镇长（主任、站长）是议案实施的第一责任人，明确责任。相关镇（街、站）成立项目经理部，由镇长（主任、站长）任经理，下设工程管理组、财务组和拆迁补偿组，做到层层落实，抓好建设管理、资金筹集等工作，确保议案顺利实施和结案。在议案的实施过程中，区水利局认真履行职责，经常到项目现场检查、督促议案的实施工作，并帮助各业主做好议案的实施、建设管理及验收等方面的工作。为确保议案顺利实施，区水利局按照“先重后轻、先急后缓”的原则，制订各年度的实施计划，并将工程各个阶段的任务分解，要求各镇按倒计时计划的要求加以落实，保证了议案实施的进度。另外，还通过每月上报工程实施进度，及时掌握议案的实施情况，对一些进度较慢的镇，区水利局落实专人进行督促，确保议案如期结案。

区政府及其职能部门高度重视议案办理质量，在施工过程中健全例会制度，研究解决工程中存在的问题。建立健全质量监督、质量检查、质量保证三大体系，落实工程质量终身责任制，将工程质量落实到法人、分解到建设、监理单位和建设者。建立和健全各项管理机制，重点是严格执行项目法人制、招标投标制、建设监理制、质量监督制、合同管理制。另外，所有列入年度计划的工程在办理招投标和签订所有合同后，还要办理开工申请，由区水利局负责审批工程的开工申请，区水利局批准后，再由监理签发开工令才能开工。为切实加强议案工程结案工作的领导，新会区成立议案结案工作验收小组，负责本级省人大小型水库议案验收有关工作。议案总体任务完成后，严格按照省人大小型水库议案结案工作方案的要求和程序办理，并做好立卷归档工作。通过强化质量管理，新会区列入议案的35宗小型水库施工质量良好，全部工程顺利通过竣工验收。

安全隐患终整治

由于小型水库得到了全面加固，隐患得到了排除，社会、经济和生态等综合效益得到了发挥。

——水库防洪抗灾能力有较大提高。据统计，本期议案小型水库捍卫人口10.95万人，捍卫耕地18.95万亩，确保下游水库工程、旅游区、工厂企业、农业生产和人民生命财产的安全。

——水库灌溉、供水和发电等工程效益得到充分发挥。全区列入议案的35宗小型水库担负着2.31万亩农田的灌溉任务，通过除险加固后，提高了水库蓄水能力，改善灌溉条件，促进了农业和农村经济的发展。

——改善了当地的生态环境和投资环境。工程防洪安全有了保证，从而改善了当地投资环境和生态环境，吸引了外资、民资前来投资办厂设场，也促进了当地农业产业化和旅游资源的开发。

——水库加固造福于民。水库除险加固后，既保证了人民群众的生命财产安全，又促进了当地农村经济发展，给群众带来了实惠，群众称之为“德政工程、民心工程”。

让监督的阳光洒向“人民钱柜”

——邻水县人大常委会助推部门预算改革纪实

四川广安市邻水县人大常委会办公室主任　王习全

在邻水县十六届人大常委会第11次会议上，县政府提请常委会审查批准的厚达96页的《县公安局等8个深化部门预算改革试点单位2008年预算草案》，以总票281票赞成、3票反对的绝对多数获得批准，一个完全意义上的部门预算终于在该县首次出炉。自此，邻水县人大常委会加强预算实质性监督，打造阳光财政的历史翻开了崭新的一页！

直面落后：敢问路在何方

拥有百万人口的邻水县，自2003年起就开始进行部门预算改革，但改革的步子不大，部门预算的准确性差。据县审计机关对县国土资源局等5个部门2006年预算执行情况的审计，5个部门年中追加预算达1601.25万元，为年初预算的178.6%。其中，有个单位追加预算竟是年初预算的8.1倍。另据该县人大常委会对县公安局等8个单位2007年预算执行情况的调查，8个单位当年追加预算167笔，总额达2542.9万元，为年初预算的134.8%。其中，追加预算超过年初预算3倍的单位4个，占50%。由于部门业务经费预算不足，致使一些单位挤占挪用专项资金，截留预算收入保机关工作运转的现象较为突出。究其原因，就在于部门预算改革不到位，预算编制粗糙。两三张纸，十多行数字构成的部门预算草案，干群不满意，社会反响大。对此，县人大常委会极为关注。

经过反复的思索与讨论，他们确立了治本之策：“依法加强对预算的实质性监督，下决心助推政府及其财政部门深化部门预算改革，全力打造阳光财政”。

探索前进：勇借东风扬帆

深化部门预算改革是一场革命，对于经济不发达、财力薄弱的邻水县，更是一场难革的命。摆在他们面前的是“两难”。其一：怎样监督部门预算，法律无具体的操作性规定。其二：要克服部门预算的习惯思维和传统做法的阻力并非易事。怎么办？他们借党的“十七大”关于“深化预算改革，强化预算管理和监督”的精神之强劲东风，扬起了助推深化部门预算改革的大帆：

——借它山之石攻玉。去年隆冬，人大常委会的领导梅可明、鄢学国，先后分别带领县人大财经工委、财政、审计等单位的负责人，赴宣汉、威远等县考察学习部门预算审查监督的经验。开阔了眼界、解放了思想，又学得了真经。他们结合邻水实际，依法制定出台了《邻水县人大常委会预算审查监督暂行办法》，使预算监督走上规范化轨道。

——争取“尚方宝剑”。要使深化部门预算改革监督工作顺利实施，必须坚持党的领导，取得党委支持。为此，党组书记、副主任梅可明，多次向县委书记、人大主任曾长东汇报监督政府深化部门预算改革的具体思路，赢得书记的首肯与赞赏。今年2月，他又就人大常委会研究制定的《关于在县公安局等8个单位开展深化部门预算改革试点工作的建议方案》向县委常委会作了专题汇报，得到县委的充分肯定与支持：要求政府及财政部门按照《方案》先行试点，规范运作，总结经验，逐年扩面，力争三年内全面推行。县委的坚强领导与鼎力支持，使他们斗志昂扬。

严格把关：反复审查草案

为确保试点工作圆满成功，他们主动把监督的关口移到深化部门预算改革的前沿阵地，强力推进。他们组织专门力量，于今年3月，先后深入到8个试点单位，采取“听、看、查、访”和发放调查表等形式，对其职能职责、人员及车辆编制、2008年特殊工作项目等情况和近三年，特别是2007年的预算执行情况以及2008年收支变化因素等进行详细调查，广泛听取和征求各方面的意见和建议。同时，又主动去财政部门了解全县财力状况。一大摞调查表和相关资料使他们心中有了底，牢牢掌握了预算审查把关的主动权。

为确保部门预算审查质量，他们从有关部门抽调了3名熟悉预算专业的骨干，组成预算审查小组，以《预算法实施条例》第十七条之规定为依据，对财政部门提交的部门预算草案，进行初审把关。严格审查其合法性、真实性、合理性和准确性。为此，他们不畏艰难曲折，先后对8个试点单位2008年预算草案进行了三次审查。

第一次初审，建议财政部门动“大手术”。针对预算草案公用经费12个项目预算标准都低，与试点单位上年度实际执行数差距过大（有7个单位的公用经费预算数低于上年度实际支出的30%，最低的仅占8.6%。），项目支出预算不全且不足，严重脱离试点单位工作实际，预算缺乏完整性等问题，审查小组主动与财政部门交换意见，口头向其提出了“大幅提高公用经费预算标准；合理确定项目且足额预算经费；坚持收支两条线，确保预算的完整性。”等方面的具体审查建议35条。

第二次初审，审查小组不满意。财政部门第二次提交的预算草案虽然根据审查小组的建议进行了部分完善，提高了试点单位公用经费预算标准，但对试点单位申报的，审查小组认为应列入或调增预算的23条项目支出预算建议基本未予采纳。其中，有15条是关系农业增产、农民增收，关系全县经济建设重点工作，关系改革发展与稳定的项目。这些项目，有的未纳入预算，有的预算不足。致使8个试点单位的支出预算与上年度实际执行情况比，仍存较大差距。面对这样的草案，他们勇往直前，监督到底。梅可明带领预算审查办公室的同志，向县委主要领导汇报了试点工作的进程、存在的突出问题和确保试点工作健康进行的建议，再次得到县委主要领导坚决支持。这使他们信心倍增，继而迎难而上，开展了第三次审查——召开主任会议，听取县政府《关于2008年部门预算编制情况及深化部门预算改革8个试点单位预算草案的报告》，集体审议预算草案。与会人员踊跃发言，一针见血，直指预算草案存在的问题和不足，语重心长地提出修改建议。主任会议综合与会人员的发言，形成了《邻水县人大常委会主任会议对县公安局等8个单位2008年部门预算草案的修改建议意见》，送政府及财政部门研究处理。对此，县政府高度重视，责成财政部门按照人大主任会议建议意见，及时修改完善了试点单位预算草案。县人大常委会主任会议所提的七大项31条具体建议意见得到全面落实。完善后的预算草案，共新增项目支出预算项目12个，增加预算总额215万元，调增项目支出预算10个，调增额达118万元，同时，取消不合理的支出预算项目2个，调减支出预算项目2个，调减预算金额32万元。使草案实现了既符合本县财力实际，又贴近试点单位的工作和事业发展实际所需的目标。8个试点单位的公用经费和项目支出预算总额达到了上年度实际支出的89.26%，为上年度年初预算的223.7%，其中还有4个单位的预算额达到上年度实际支出的105%以上。

尾声

三部监督曲，奏响了人们期盼已久的深化部门预算改革的强音。出席会议的常委会组成人员们，在翻阅8个试点单位厚厚一叠的预算草案时，露出了欣慰的笑脸，因为它是该县人大常委会历史上首次审查批准部门预算；在审议县政府提交的8个深化部门预算改革试点单位2008年预算草案时，道出了满意的衷肠。在分别票决8个试点单位的预算草案时，赞成率达98.37%。据此，该县人大常委会作出了《关于批准县公安局等8个深化部门预算改革试点单位2008年预算的决定》，要求政府财政部门必须严格按照批准的预算执行，切实维护预算的严肃性。增加支出或减少收入的预算调整，必须提请县人大常委会审查和批准。

为民分作顺心流

——孝昌县人大常委会监督保护城乡饮水安全纪略

湖北省孝昌县人大常委会　朱建国

走进孝昌县王店镇何砦村何云峰家，拧开手压井旁边的水龙头，一股清流奔涌而出，老何的妻子笑着说：“自来水干净、卫生，自从通上自来水，就没用手压井了”。“今年全县有40个村通了自来水，城乡7万人喝上了‘放心水’”，在场的水务部门负责人说，“这些成绩离不开人大常委会的持续监督和支持。"

一次执法检查:催萌饮水安全议题

2005年新春伊始,孝昌县人大执法检查组对《水污染防治法》进行检查,饮水安全问题浮出水面:承担着9个乡镇人畜饮水和城区饮水补充水源的观音湖和金盆水库,因为旅游开发,局部水质恶化,部分水域的水质已从一类水质转为二类水质。县自来水厂取水水源晏家河,大肠菌群等部分水质指标超出国家饮用水源水标准。作为国家贫困县,充分利用山水资源发展旅游业,无疑是带动群众脱贫致富的一条重要途径,而饮水安全事关城区居民和沿线群众的切身利益。面对群众渴望脱贫的眼神和饮水安全隐患,检查组深入思考后,将提交给常委会审议的执法检查报告的重点锁定在保障人民群众的饮水安全上。强烈的责任感和忧患意识促使县人大常委会迅速展开了后续行动。

一份决议:催生"护源行动"

2005年7月26日,孝昌县三届人大常委会第10次会议专题审议政府关于观音湖旅游开发与管理工作情况的报告。常委会调查组在会上摆出一组数字:观音湖(含金盆水库)景区内已建成大型度假村2家、"农家乐"旅馆23家,在建项目3个,每年向湖中排放污水8.5万吨,作为静水型水库,观音湖水体轮换一次需要40多年,而按照目前的排污速度,观音湖将很快失去饮用水源水功能,直接威胁到城乡30万人口的饮水安全。一石激起千层浪。代表和委员审议的矛头直指旅游开发的利弊。会议通过的《关于加强观音湖旅游开发管理的决议》,要求政府加强景区管理和生态环境保护,加大防污治污力度。会后,一场声势浩大的"护源行动"开始了:对景区内的污染源进行拉网式排查;搬迁库区的养猪场;责令在建的报刊碑林项目停工整改;两家度假村按照环保要求,改造更新了污水处理设施设备,实现了污水达标排放;集中收集处理"农家乐"的污水;兴建固体垃圾处理场;定期对湖水进行取样检测。两个月后,县人大常委会对《决议》落实情况进行了专项调查,县人大党组向县委汇报了调查情况。人大常委会第11次会议听取了县政府落实《决议》的报告和人大调查报告,督促政府建立健全长效机制,确保治理成效。县委常委会专题研究景区环保工作,要求正确处理发展旅游与保护环境的关系,坚持保护第一、开发第二的方针,责成各职能部门依法履职、依法办事,确保饮水安全。"护源行动"再掀高潮:《观音湖景区管理办法》等三个规范性文件迅速出台;景区发展规划进行了修订,禁止在景区内直排污水和使用含磷洗涤用品,将金盆水库定为一级一类饮水水源保护区,禁止新增排污口;封山育林的范围扩大,景区内的31座柴窑被全部关闭;建立了环保岗位责任制,每月向人大报送一次景区环境质量监测报告。同年11月,县人大常委会对环保局和卫生局工作进行评议,两单位工作均以高票获得通过。

一部专题片:催熟"引水项目"

2007年12月18日,总投资3500万元的金盆水库引水管道工程正式动工兴建,这是孝昌建县以来最大的一项饮水工程,将建设一条20公里长的封闭取水管道直达县自来水厂,建成后将充分保证城区及周边乡镇54个村共17万人的饮水安全。谈起这项工程,县水务局工会主席刘继明直言:人大常委会摄制的专题片起了"催化剂"作用。

2006年5月12日,县人大常委会审议政府关于保护城区安全饮水的报告时,播放了一部关于晏家河水体污染的专题片。画面中,县自来水厂取水口附近漂浮的生活垃圾,沿河成群的猪牛鸡鸭,数目众多的排污管口,河畔正在喷洒农药的村民,解说员报出的一组组污染数据,让与会人员直呼:触目惊心。代表和委员踊跃发言:晏家河作为县自来水厂的取水水源,全长52公里,流域面积385平方公里,沿途污染源面广、线长、点多,依靠我县财力、物力进行大面积有效治污,既力不从心,也难以在短期内达到明显效果。会议形成的审议意见,要求政府将县自来水厂取水口设在金盆水库,通过封闭管道取水。

建议能否落实?资金从哪里来?人大没有坐等政府的答复,而是主动进行调研和思考。副主任梁庆国主持召开了三次主任会议,分别听取县发改局、财政局和水务局的专题汇报,形成一致意见:建设取水管道势在必行,通过向上级争取项目支持和县内自筹可以解决所需资金难题。县政府召开专题会议,研究部署此项工作,水务、发改、财政、建设等部门各司其职,紧锣密鼓地开展引水工程项目的筹建工作。2007年初,上任伊始的县委书记、县人大常委会主任高楚元明确要求:金盆引水管道工程是功在当代,惠及子孙的实事好事,要克服一切困难,加大力度,加快步伐,争取早日建成引水管道。并亲自带领项目专班上武汉、进北京,争取项目及资金支持。县人大常委会先后召开2次代表座谈会,征求人大代表的意见建议,为工程规划建设鼓劲加油。

一份调查报告:催热“饮水工程”

“现在农村富了、道路宽了、楼房高了、腰包鼓了,但水变黑了、病变多了、老百姓心里害怕了。”一位来自农村的人大代表在列席常委会会议时道出了群众的心里话。2005年10月,县人大常委会组织农村饮水安全专题调查,15名人大代表应邀参加。调查结果令人震惊:全县12个乡镇,有8个乡镇集镇存在饮水困难,全县448个村中有442个村不同程度地存在饮水安全问题,涉及26.54万人。解决农村群众饮水难,保障农村饮水安全迫在眉睫、刻不容缓。11月26日,县人大常委会第18次会议在审议政府关于农业农村工作的报告时,要求加大农村饮水解困力度,保障农民饮水安全。2005年12月,孝昌县农村饮水安全工程规划制定,农村“人饮工程”正式启动,陡山乡金鸡坡村等9个村成为首批受益村,通过打深井、建水塔,投资近400万元,解决了9300人的饮水安全。人大代表反映:这种模式投入大,工期长,后续管理难,引起人大常委会的重视,各位副主任分别带队深入乡镇进行调研,主任会议建议相关部门要结合孝昌实际,因地制宜推进“人饮工程”建设。新的建设思路很快付诸实施:城区及乡镇周边村,通过延伸现有自来水管网,扩大供水能力和覆盖范围进行解决;远离城区和集镇的村实行联村或单村集中供水;高海拔的山区则引山泉入户。

2006年12月,县人大常委会换届,监督的接力棒顺利交接。县四届人大常委会首次审议政府专项工作报告,主题即为保护城乡饮水安全工作,要求政府统筹使用资金,加强项目管理,加快农村饮水解困步伐。政府从善如流,主要领导亲自抓落实,将解决农村饮水难,列入2007年度承诺为民办的六件实事之一,捆绑使用涉农资金,健全项目工作机制,成立饮水项目办,抽调专人负责农村饮水工作,在全县12个乡镇全面推开“人饮工程”建设,群众热烈响应。两年内,累计投入资金1600余万元,带动农民投资投劳500余万元,解决了49个村、9万余人的饮水安全问题。

2007年12月7日,参加全省农村安全饮水现场会的30多名代表来到孝昌丰山镇参观学习该镇农村安全饮水“四化”建设(规模化建设、规范化管理、企业化经营、专业化服务)经验,省水利部门称之为“丰山模式”,在全省予以推广。

12月下旬,面对60多名视察农村“人饮工程”的省市县人大代表,县政府负责人表示:县政府有责任、有信心、有办法,在人大的监督和支持下,用三年左右的时间,彻底解决城乡饮水安全问题。

有勇气就会有奇迹

——四川省邻水县政府研究处理人大审议意见的前前后后

四川省邻水县人大常委会办公室主任　王习全

人民权力报总编室主任　钟德波

《北京欢迎您》这首唱响祖国大江南北的歌曲中,有句颇富哲理的歌词:有勇气就有奇迹!不是吗?四川邻水县政府就是用正确面对人大“不满意”的勇气,创造了民营企业社保扩面的奇迹:短短55天,全县民营企业的参保率就由6.9%猛增至21.5%,增长210.8%,结束了该县近5年来民营企业社保扩面徘徊不前的历史。

事情是这样的:为推动社会保障法律法规的全面贯彻实施,维护企业职工合法权益,今年3月下旬,邻水县人大常委会组织调查组,深入政府有关部门和部分民营企业,采取明查暗访等形式,对民营企业参加社会保险的情况进行了为期半个月的专题调研。调查发现:近些年来,由于社保法律法规宣传的弱化和劳动保障监察执法乏力,部分民营企业重经济效益,轻职工权益保障的问题突出:据统计,该县拥有2万多名职工的537户民营企业,参加社会保险、为职工缴纳社保费的仅37户,占6.9%。企业职工的合法权益受到严重侵害。对此,他们看在眼里,急在心头。为促使政府高度重视,彻底扭转民营企业参保率低的局面,他们于4月底听取和审议了县政府《关于全县社会保险工作情况的报告》,并作出了既中肯又具体的《审议意见》。要求县政府采取过硬措施,扎实有序地分步推进民营企业社保扩面工作,确保在今年10月底前全县高危行业和规模以上骨干企业的参保率分别达到50%和80%以上,力争在本届政府任期内实现应保尽保目标,以保障民生,促进社会和谐。为追踪县政府落实《审议意见》的效果,该县人大常委会又于今年8月底听取和审议了县政府研究处理人大审议意见情况的报告,并进行了满意度测评。由于县政府研究处理《审议意见》的措施不力,扩面效果不好,测评结果为"不满意",县政府的报告被否决。

面对人大的"不满意",是怨天尤人,消极待之;还是鼓足勇气,正视差距,重新扎实整改,还人民一个真正的满意?该县政府毅然决然地选择了后者,且雷厉风行。刚上任不久的县长尹黎明,得知人大测评结果的第二天,就带领分管副县长深入远翔机械、川东麻纺和部分煤矿等民营企业调查研究、了解实情。9月5日又亲自召集分管副县长和相关部门负责人,专题研究民营企业社保扩面工作,逐条对照人大提出的审议意见,查找差距,分析原因,制定整改方案。同时,针对邻水实际,制定出台了《邻水县2008年-2010年社保扩面规划》,及时向全县各级各部门和企业单位发出了《关于2008年在全县集中开展民营企业社保扩面征缴工作的通知》,并采取了一系列过硬措施保障《通知》精神落到实处:成立了以分管县长为组长,劳动保障部门和行业主管部门负责人为成员的社保扩面工作领导小组,集中精力抓扩面;召开全县民营企业社保扩面动员大会,对企业业主进行社保法律法规的再培训、再教育;组建流动宣传队深入乡镇和企业巡回宣传,发放宣传资料2900多份;与劳动和社会保障部门和行业主管部门签订社保扩面征缴工作目标责任书,限期完成任务;加大政府督查督办力度,每旬通报一次进展情况;强化劳动保障监察执法,维护法律尊严,县劳动保障监察机构检查企业68户,发出限期整改通知43份。全县上下形成了"县长亲自挂帅抓,分管县长具体抓,相关部门配合抓"的齐抓共管新格局,极大地推动了扩面工作的顺利进行。出现了企业踊跃参保的可喜局面:据调查统计,截止10月25日,该县民营企业参保单位由37个猛增到115个,增长210.8%;新增参保职工3846人,新征缴养老、工伤、医疗、失业、生育等保险费178万多元。其中,全县煤矿、非煤矿山、危险化学品、建筑施工等高危行业和规模以上骨干企业的参保率分别达51.9%和85%,增长了4.6倍和1.8倍。

企业踊跃参保,职工心花怒放。该县幺滩煤矿业主今年9月一次就为本矿130名民工缴纳了4个月的工伤保险费52440元。职工闻讯后,赞不绝口:"企业把我们当主人,我们就应好好干!"

该县政府实实在在的惠民行动,赢得了社会各界的赞赏和人民的满意。在10月30日召开的邻水县十六届人大常委会第17次会议上,民主测评县政府再次研究处理《审议意见》情况的报告的满意率达100%。

日新月异的东河区

张立坤

包头市东河区位于大青山南麓,黄河西岸,有近300年的发展历史。历史上曾有"水旱码头","塞外通衢"的盛名。今天的东河区,沧桑巨变,老城新姿。全区总面积90平方公里,辖一个镇,12个街道办事处,94个社区居委会,人口近50万。境内旅游资源丰富,有王若飞的革命旧址——泰安客栈、福徵寺、妙法寺、清真寺、转龙藏、市委旧址和素有"塞外西湖"之称的南海湖等景点景区。

东河区地理位置优越,具有航空、铁路、公路等多种运输功能,有飞往北京、上海、西安、武汉、广州等地的班机;京包、京兰、京石、包神等铁路干线和110国道、丹拉高速公路经过东河区,交通发达,是包头市连接西北地区的重要枢纽。

东河区也是包头市地方工业的集中地。包头铝业集团、东华热电、华资实业有限公司、鹿王羊绒集团及骆驼酒业有限公司座落其中。以铝业为龙头,电力为基础,重点抓好"精铝——光箔——腐蚀箔——化成箔"的铝深加工产业链和"电解铝——

铝板带——铝合金轮毂、铝型材、铝铸件”延伸产业链的项目引进建设,壮大铝产业集群。同时,依托资源优势和现有工业基础,重点发展大中型建材深加工、牛羊肉深加工和糖酒食品等轻工业,有力带动了全区工业经济的快速发展。

东河区商业贸易繁荣发达,在豪德贸易广场、太平寺批发城、红星美凯龙全球家居生活广场、北京大红门服装批发城、远大蔬菜批发市场、国美电器、盘古大酒店等的带动下,商贸餐饮服务业继续保持了快速发展的良好势头,在自治区乃至我国西部地区的商业流通中占有重要地位。

近年来,东河区按照“十一五”期间所制定的“五大特色经济区域”发展战略规划,东部定位为新型生态工业区,西部定位为蒙西地区重要的物流中心,南部定位为蒙西地区著名的具有现代时尚风格的生态旅游度假区,北部定位为体现历史文化与现代化文明有机融合具有老城特色的民族文化旅游区,中部定位为新型商贸服务中心区。经过四年多的扎实推进,五区联动发展的趋势和效果日渐显现。以铝业产业园区建设为载体,立足铝电优势,延长铝产业链条,壮大铝产业集群,铝产业在全市乃至自治区的重要支柱地位和新的经济增长点基本形成。以包头豪德贸易广场落地为起点,推进包头医学院、内蒙古监狱项目建设,对铁西地区3.1平方公里范围内的市政基础设施进行改造,集物流配送、商贸信息、科研教育为一体的区域初步显现。以南海湖及周边地区改造建设为突破口,完善市政基础设施,推进城中村拆迁开发,集湿地生态观光和旅游休闲度假为一体的区域建设全面铺开。以北梁0.53平方公里旧城改造为着力点,挖掘晋商文化和民族宗教文化底蕴,实施“乔贵发旧址”和“乔家金街”项目建设,集旅游、商住、文化为一体的区域正在形成。以东河综合治理为切入点,坚持整合、改造和提升并举的原则,优化商业结构,引导扶持现有市场做大做强,引进发展五星级酒店、信息等新型商业形态,实现与传统商业的有机结合,提升商贸服务业整体水平,再造东河区商贸经济新辉煌。全区经济社会发展活力明显增强,呈现出速度快、效益好、质量高、亮点多、后劲足、重民生的良好态势。

邢台县白塔村:求真务实推进新农村建设

邢台县白塔村在党支部书记、村委会主任刘培志带领下,两委班子讲团结、抓经济、促稳定、求发展,有力推动了新农村建设的开展。

抓村班子建设,做好核心领导。大力加强核心自身建设,建立学习制度,以核心为主导,组织两会、党员会和村民代表会学习不少于22次,进一步增强班子整体的凝聚力和党员党信观念,加强班子政治素质学习教育,认真履行“任职一届、致富一方”的责任。同时强化农村两会,抓好党员教育管理,坚持做好党员“三会一课”制度,上好党课,开好党员生活会,学习新知识创立新观念,坚持村民代表会议是村级民主决策的基本制度,做到每季度召开一次代表会,充分发挥村民代表的职责,一年来做到了支部会13次,两委会26次,党员会9次,上党课7次,村民代表会7次,理财小组会和监督会18次,做到了以程序化的工作运行取得良好的效果。

发展农村经济,搞好新农村建设。树立人民群众是主人的思想,相信群众,依靠群众,又要严格要求自己,敢抓敢管,坚持民主,提升规范管理,在对村情分析研究讨论的基础上,果断向外招引投资.向内利用本地优势,大力兴办二、三产业和农业结构调整。为村民投资30多万元搞二、三产业,兴起了蔬菜种植206户,林果种植130户,牛、羊、猪养殖26户,农产品加工服务业27户,经商户6户,小型建筑队2个,10辆小拖运输队1个,货物转运站1个。并吸纳彩印厂、汽车改装厂、气销服务站、天然气站、长江机械制造加工厂企业6家,在村辖区内投资达到年集体增收30万元,人均集体收入420元,务工经商劳动力占全村劳动力70%以上,在村民中掀起了抓经济、争星级文明家庭户的高潮。

搞好党务村务工作。在党务村务运作中,该村建立健全了党务村务公开制度,把公开当作重大事项来抓,在村民会议和村民代表大会上的决议和议定的内容公开,相互结合和促进,在农村工作中做到了年初召开村民会议,向村民公开,使工作给予群众监督之中;认真落实周二接访日制度,搞好矛盾排查,解决好苗头性问题,加大显性问题解决力度,达到群众满意,重点抓好村财公开,该村制定了会计员和出纳员两项职责和9项农村财务管理制度,设立每月26日为理财监督例会日,把理财的内容、意见和建议记在监督笔记中,做到了群众想不通的事不办,手续不合格的不办,理财小组不审的发票不入帐不出钱,实现了有计划、有收入的去办理,有计划性的支出。为此该村财务被市农业局授予"农村财务管理先进单位",被省农业厅农村合作经营管理总站授予"全省农村集体财务管理规范化示范单位"。

认真行使"三权" 努力开创县级人大工作新局面

——陕西省富县人大常委会履职综述

陕西省富县人大常委会 丁明贵 何艳玲

讨论决定本行政区域内的重大事项,监督本级人民政府、人民法院和人民检察院的工作,任免地方国家机关工作人员,是宪法和地方组织法赋予县级人大及其常委会的三项主要职权。依法行使这"三项职权",是县级人大及其常委会代表人民管理国家和社会事务的基本形式,也是县级人大工作的核心内容和根本任务。去年换届以来,富县人大常委会坚持以邓小平理论和"三个代表"重要思想为指导,全面贯彻落实科学发展观,紧紧围绕全县工作大局和县委的总体工作部署,突出关乎国计民生的大事和群众关心的热难点问题,按照"拓宽工作层面,推进工作深度,注重工作成效,提高工作水平"的思路,在行使"三权"方面进行了积极的探索和实践,较好地发挥了县级国家权力机关的作用,为全县经济社会发展和民主法制建设做出了应有的贡献。

一、加强制度建设,努力构建行使"三权"的良好平台

制度建设是实现工作科学化管理、规范化运作的有效途径,同时也是人大及其常委会行使"三权"的有力保障。为了更好地行使"三权",本届人大常委会坚持把制度建设作为切入点,根据宪法和有关法律法规规定,通过认真提炼、总结和应用上届工作中的成功做法,积极学习借鉴各地的先进经验,不断健全完善各项工作制度和工作程序。去年以来,陆续建立健全了学习、调研、审议、信访、各委室工作职责等21项机关工作制度,重点修订和完善了《党组议事规则》、《常委会议事规则》、《主任会议议事规则》、《国家机关工作人员任免办法》、《议案处理办法》、《常委会联系代表及代表联系选民制度》等6个规范性文件。通过这些制度的健全和落实,既使常委会自身建设不断得到加强,又为行使"三权"创造了条件,构建了良好的平台,同时也规范和加强了"一府两院"与人大工作的有效衔接,较好地保障和推进了人大常委会行使职权的制度化、科学化和规范化,更加突出法律性,把握规律性,富于创造性,从而使人大各项工作不断出现新亮点,开创新局面。

二、围绕重大事项,正确行使决定权

适时审议决定重大事项,是县级人大及其常委会发挥地方国家权力机关作用的综合体现。只有紧紧围绕经济建设、社会发展、民主法制建设和人民群众普遍关注的重大问题,在充分调查研究、广泛征询和听取意见的基础上,作出符合实际、便于操作和利于落实的决议决定,才能使广大群众的共同意愿得到集中和反映,才能使"一府两院"在工作中有所遵循和落实。为此,县人大常委会坚持抓大事、议大事的原则。一是通过每年一次的人民代表大会审议批准县政府工作报告、国民经济和社会发展计划、财政预算及法、检两院的工作报告,分别作出决议,使经济社会发展的战略目标、重点任务和主要工作以法律形式固定下来,促使"一府两院"认真组织落实。二是每年分两次听取和审议县政府关于财政预算执行情况的报告,分别形成关于批准上年度财政决算的决定和关于批准预算调整方案的决定,加强财政监管,落实积极稳妥的财政政策,做到"两个确保"、"两个保证",促进了县级财政规范运行。三是适时对经济社会发展中的重大事项作出决议决定。去年以来,先后作出了《关于修编富县县城总体规划的决议》、《关于加强法制宣传教育的决议》,审议批准了《富县城区大气污染防治办法》等,为解决发展中的突出问题,改善城乡民生环境,推进民主和法制建设起到了重要作用。

三、贴近经济社会大局,有效行使监督权

行使监督权,开展监督工作,是县级人大及其常委会的中心工作和关键任务。我县人大常委会始终遵循坚持党的领导、体现民意、依法办事、集体行使职权的原则,正确处理与同级党委、"一府两院"、上下级人大的关系,明确职责,合理定位,抓住重点,选准议题,坚持工作监督与法律监督、事前监督与事后监督,监督事与监督人相结合,逐步实现由程序性监督向实质性监督转变,不断创新监督机制,拓宽监督渠道,加大监督力度,增强监督工作的针对性和实效性。

(一)结合县情,合理确定议题。每年年初,县人大常委会按照人代会工作报告的总体部署,在常委会组成人员充分酝酿的基础上,坚持召开有县委和"一府两院"负责人参加的联席会议,征求各方面的意见和建议,确定监督工作议题。所确定的议题力求紧紧围绕县委总体工作部署,与科学发展观及以人为本、关注民生等理念相结合,突出重点,符合实际,贴近民生,城乡统筹,达到推进发展求跨越、改善民生求和谐的目的。如2008年确定的重点项目建设、水利网络化建设、新农村建设、法院执行工作视察,《代表法》调研,《劳动法》、《义务教育法》执法检查等议题都体现了科学性和前瞻性。

(二)深入贯彻依法治国基本方略,全面加强法律监督。为了保障法律法规在全县的贯彻实施,常委会先后对"一府两院"贯彻《食品卫生法》、《药品管理法》、《环境保护法》、《农业法》、《法官法》、《检察官法》等法律法规开展了执法检查。在分别听取"一府两院"的汇报和执法检查组的报告后,经组成人员认真、客观、公正的审议和主任会议讨论,形成审议意见。通过"一府两院"限期整改,促进了依法行政和公正司法,确保了上述法律法规在全县的有效贯彻实施。县人大常委会把信访件督办工作作为联系群众、畅通信息的重要渠道,不断健全工作制度、规范处理程序,认真受理督办涉法涉诉案件。对群众申诉,社会有一定反响的案件,采取常委会分管领导与司法机关沟通、主任会议听取专题汇报、组织专人跟踪督办等形式,在遵循司法机关依法独立办案的前提下,认真审慎地实施司法监督。在一起交通肇事案件审理中,县法院因超时限扣押当事人机动车,致使该车报废,当事人提起赔偿并上访,县人大常委会责令县法院启动内部监督程序,依法予以办理,使当事人得到了相应赔偿。在常委会的监督下,县法院认真落实错案责任追究制度,及时纠正了5件错案,依法重新作出裁决,并对办案人员进行了责任追究,维护了群众的合法权益和执法机关的形象。

(三)紧扣加快发展主题,不断深化工作监督。常委会坚持服从、服务于全县工作大局,紧紧围绕经济建设中心,把监督工作的重点放在事关经济社会又好又快发展的重大事项上,放在人民群众普遍关心、直接受益的重点问题上,坚持把促进发展作为工作监督的出发点和归宿,对"一府两院"的工作实施有效监督。一是加强对人大及其常委会审议通过的决议、决定贯彻实施情况的监督。对每年人代会批准的经济社会发展计划草案和财政预算草案,在闭会期间常委会组织有关机构全面调查了解其具体编制和措施落实,要求重点项目建设安排要明确包抓领导、承办部门、协办单位、投资规模和完成时限,财政预算编制要细化到项目、单位和科目,避免出现一些重大支出项目先拨付、后调整的现象。对常委会作出的其他决议决定的落实情况随时进行调查督查,听取进展落实情况的报告,做到监督有举,推进有数。二是加强对经济社会发展中的重大事项和重点工作的监督。常委会把重点项目建设、主导产业开发、县乡村道路建设、水利网络化建设等关乎经济社会发展中的重点工作列为主要监督内容,开展专题调查,进行重点审议,实施有效监督。如在大棚菜产业开发中,县政府针对县人大常委会提出的"加强调研,解决大棚菜生产中干部垫支、土地流转等深层次问题的审议意见",调整了开发思路,明确了重点乡村,使土地流转、干部垫支等问题得以解决。在县乡村道路建设中,县政府及主管部门倾听群众意见,重视代表建议,使道路规划更趋科学合理,建设等级质量不断提高。在市政建设中,县政府根据常委会的审议意见,更加重视科学规划,合理布局,完善了城市功能,提升了城市品位。三是加强对群众普遍关注的热、难点问题的监督。城区居民饮用水源保护、农村新型合作医疗、新农村建设等问题,是广大群众在不同时期普遍关注的热点,常委会从全力维护人民群众根本利益和促进全县稳定发展的大局入手,紧抓这些热点、难点问题的解决进行跟踪监督。如先后两年连续对新型农村合作医疗制度推进和水源保护工作进行调查和审议。根据县人大常委会的审议意见，针对城区用水紧缺、饮用水质量不达标等问题，县政府认真落实工作责任，采取措施实施了大申号水源水库除险加固工程、水源保护区调查划定、库区移民搬迁和城区自来水净化厂建设，彻底解决了城区居民生产生活用水问题。针对合疗资金存在沉淀、定点就医面窄的问题，县政府及时调整了合疗报销比例，增加了定点医院，群众方便了，满意度提高了。实践证明，人大常委会加强对重点项目、重点工作的监督，有利于及时发现问题，及时整改，既是对具体工作的促进，又是对政府工作的支持。

（四）注重实效，狠抓督办落实。审议意见办理落实得如何，直接关系到监督工作的质量和实效。为此，县人大常委会在抓好议题选定、会前调研和会中审议的基础上，把审议意见的办理落实作为重中之重，坚持两个月内由“一府两院”报告整改情况和办理结果，每年年底对审议意见的办理落实情况进行一次集中检查，并择其重点进行跟踪督办，一督到底，突出实效。如针对张家湾镇部分村组存在的照明用电与工业用电不分，城区居民照明用电与商业用电不分，电损摊派大，农户、居民电价过高和塬区机井抽水用电电费标准高的问题，在对县电力局的工作评议中，常委会将此列为督办重点，先后三次安排人员深入实地进行现场跟踪督办，通过多方督促使该问题得到及时解决，仅此两项每年可为农户和居民节省费用近40万元。

四、严格工作程序，依法行使任免权

县人大常委会按照干部德才兼备原则和“四化”标准，不断规范人事任免工作。在坚持党管干部的前提下，严把任前三个关口，强化任后四个监督，使人事任免工作取得一定成效。

（一）搞好任前资格审查，严把入口关。县委在考察干部时，抽调常委会人事代表工作委员会工作人员参加，全面了解掌握拟任干部的基本情况，为任免工作打下良好基础。在每次人事任免前，都要求提请任免单位提供提请任命文件、考察材料、个人简历、现实表现等信息资料，并对提请任免人员的年龄、学历、任职年限、是否需要任职回避等进行严格审查，切实把好入口关。

（二）搞好任前法律知识考试，严把素质关。县人大常委会把知法、学法、懂法、用法作为一项重要工作来抓，通过严格的法律知识考试，促进拟任人员学法用法，提高他们的法制意识、法律水平和依法行政的工作能力。换届后，县人大常委会根据组织法的规定于去年12月份召开了第一次常委会，决定任命了人大委室负责人11人，政府工作部门负责人21人，法检两院副职5人。凡提请县人大常委会任命的人员，均参加并通过了任前法律知识闭卷考试。

（三）搞好任中审议，严把任命关。重点抓住供职表态发言这一环节，凡被提请任命的人员都在常委会上作供职表态发言，拟任人员对今后的工作思路、任期目标、工作措施、廉洁自律都作出郑重承诺，使常委会组成人员对拟任人员有了进一步了解。在审议时，各组成人员详细听取拟任人员的简历介绍、任前考试成绩、现实表现及表态发言，在对拟任人员知人知情的情况下进行认真审议、投票表决，体现了公平、公正的干部任用原则。

（四）建立长效机制，强化任后监督。为消除一些干部存在的“任命一毕，万事大吉”的偏激认识，县人大常委会不断强化任后监督。任后监督最基本的方式是听取专项工作报告和进行工作评议。注意把人大监督、法律监督、群众监督和社会舆论监督有机地结合起来，使任后监督更加完善。一是强化工作监督。通过听取专项报告和工作评议加强人大监督，使对工作的监督与对领导者个人履职情况的监督相结合。二是强化法律监督。执法检查和司法监督是实现法律监督的有效途径。通过扎实细致的执法检查，促进被任命人员提高依法行政的能力。在对“两院”司法监督中，除听取和审议工作报告外，积极开展个案监督工作。三是强化群众监督。常委会充分利用调查视察、接待群众来信来访、督查人民代表议案办理等渠道，倾听人民呼声，了解群众对被任命人员的意见和反映，重视群众监督。四是强化社会舆论监督。对任前审议、调查视察、工作评议、执法检查等重大活动进行跟踪报导，公开评议审议过程与结果，注意收集分析社会反响，充分发挥社会舆论监督的作用，使监督事与监督人有机结合，努力完善任后监督体系。

总之，县人大常委会在履行“三项职权”工作中，做了积极的探索和实践，取得了一定的成效。但与《监督法》的要求和兄弟县（区）相比，还有较大差距，还存在一些薄弱环节。在今后的工作中，我们将不断借鉴和总结各方面的经验和好的做法，扬长避短，大胆探索，不断开创新形势下人大工作的新局面。

监督及时到位　整改雷厉风行

——乐至县人大常委会2008年监督工作一瞥

郑冬梅　王三贵

2008年初，乐至县人大常委会在确定对"一府两院"实施专项工作年度审议中，根据社会普遍关注的热点、群众信访和执法检查、调查中发现的突出问题，决定对"一府两院"产品质量和食品安全、计划生育、畜牧业发展、农村低保、新型农村合作医疗、侦察监督、林权制度改革和林木间伐等25项专项工作实施重点监督。听取和审议这25项工作报告的年度计划向社会公布后，社会各界反映较好。通过对25项专项工作实施监督，县政府狠抓落实，取得了显著的成效，促进了25项专项工作深入扎实开展。

监督　让山更青

24年前，乐至县境内全是荒山秃岭，县第八届人大常委会第三次会议依据《四川省绿化暂行条例》，作出了《植树造林绿化乐至的决定》，要求县政府三年换届时交青山不交荒山。面对立下的"军令状"，县政府迅速动员全县人民植树造林，通过三年打歼灭战，荒山秃岭在乐至彻底消失。经国务院林业部验收，乐至成为全国首批绿化先进县之一。20世纪90年代，县政府及林业主管部门，各乡镇强化管护，封山育林，幼树迅速成林，山山岭岭成了森林海洋。近几年，不少群众向县人大反映，一些乡镇因管理松懈，致使林木砍伐过度，造成毁林现象严重。根据县人大常委会年度工作计划，4月份，县人大常委会组织5个调查组，深入17个乡镇和部分村、组，对森林管护和林木间伐情况进行调查。调查组在去乡镇途中，随时可见大货车装载着满车的新鲜木材在公路上飞驰。去回澜镇调查的一个组在路上拦下一大车新鲜木材进行询问，砍伐者竟没有砍伐证。由常委会主任刘云春率领的一个组去天池镇调查，步行至林区现场查看，发现成片成片的森林被一扫而光，平时遮天蔽日不见天的林区竟然开了天窗，形成森林局部断裂带。其他几个组也发现批少砍多、批劣砍优、先砍后批、成片砍伐等问题，县人大常委会十分震惊。在举行的常委会会议听取和审议林业专项工作中，各调查组依据调查掌握的真实情况，纷纷发表意见，提出建议，要求县政府高度重视森林管护工作，严格砍伐审批程序，正确采伐，严厉惩处乱砍滥伐行为，对造成毁林行为的要依法追究管护人员和当事人的责任，以确保20多年来的造林成果。根据会议形成的审议意见，县政府高度重视，多次召开会议反复研究，为尽快制止乱砍滥伐行为，对森林管护、采伐工作开展了集中整治活动，县政府分管领导及林业局人员分组深入25个乡镇进行突击检查，并迅速制发了乐府发[2008]36号文件《关于进一步加强林木采伐管理的通知》，强调了林木采伐的原则和审批程序，重申了采伐更新造林制度，严格砍一栽三。为保证县内林业企业生产，研究制定了发展短期工业原料林、改造低效林、加强造林速度计划。建立了森林资源合理利用机制，确保森林资源消长平衡。同时，制定了森林资源监管制度，充实了林业管护力量，形成县、乡、村三级共管网络。在县政府的严密组织下，主管部门和各乡镇政府狠抓落实，乱砍滥伐现象迅速得到遏制，工作失职的个别专职林业管护人员受到了严厉查处，被砍伐的成片林荒地栽上了小树苗。

监督　让水更绿

6年前，全县22座城镇人民饮用水水库均由个体户承包并实施肥水养鱼。城镇人民饮用水质遭到严重破坏，市民反响强烈。2003年，县第十三届人大常委会开门办公第一件事，就是要让人民喝上干净水。5月，在县第十三届人大常委会第三次会议上，经过认真审议，作出了《关于加强饮用水源保护的决定》。要立即终止22座水库租赁承包合同，困难、阻力都相当大。然而，县政府坚决贯彻执行人大常委会的决定，通过做艰苦细致的工作，先后取缔了县城人民饮用水源的八角庙等16座饮用水水库的承包合同，使大部分饮用水水质得到了保障。剩余张家沟、盐井凼等6座饮用水库因租赁承包期长达15年，承包投入过大，要求赔偿高，且县财力不足，终止租赁承包合同难度大。为此，县政府及主管部门与6个承包户再次签订和完善了剩余承包期内的水质管理合同，并加强监督。但是，饮用6座水库的城镇市民仍有反映，强烈要求尽快解除租赁承包合同。为使这6座饮用水水库的市民早日喝上放心水，县人大常委会再次跟踪监督。9月份，县人大常委会组织部分人大代表视察后，对彻底终止6座水库承包合同问题进行了专题审议，要求县政府及主管部门克服一切困难，千方百计终止承包合同，确保全县人民都喝上放心水。县政府反复召开专题会议进行研究，决定由水利部门牵头，环保、卫生、司法、公安及相关乡镇配合，共同做工作，同时，制发了《关于全面禁止饮用水水库养鱼致污的通知》，并成立了解除6座饮用水水库租赁承包合同领导小组。按照一库一策的原则，迅速终止了4座饮用水水库的租赁承包合同。最后剩余两座饮用水水库的租赁承包合同将在2009年内终止。为保证人民喝上干净水，县政府先后拿出194.4万元用于解除饮用水水库的租赁承包合同。对至今尚未解除合同的两座水库，县政府采取了强硬措施，要求水利局加强水源保护监督管理，完善监督制度，确保各项保护措施的落实；县卫生防疫部门定期监测水质并向社会公布，一经发现两座饮用水水库承包者实施肥水养鱼，网箱养鱼，投饵养鱼，导致水质恶化，环保、卫生等部门要坚决查处，决不手软。对县政府及主管部门所采取的这些切实可行的措施，两座水库的饮水市民表示赞同。

监督　关爱妇女

2008年3月份，县人大常委会组织4个调查组，就贯彻实施国务院《计划生育技术服务管理条例》情况分赴16个乡镇进行专题调研。经听取乡镇汇报和广泛座谈了解，各乡镇普遍存在非医学性别鉴定和非法终止妊娠的行为，一些育龄妇女怀孕后经B超等医学仪器检测，若所怀胎为女性，即行打胎或引产，造成新生儿性别比例失调；外出务工人员超生突出，造成社会抚养费征收难度大等问题。县第十四届人大常委会第十三次会议，听取和审议了县政府关于贯彻实施国务院《计划生育技术服务管理条例》的情况报告，针对存在的实际问题，会议作出了审议意见，要求县政府和主管部门加大监管力度，打击和防范非医学性别鉴定和非法终止妊娠行为，切实保护、关爱女孩；加强对流动人口的管理，依法征收社会抚养费。县政府召集卫生、公安、药监、人口和计划生育局等部门专题研究，迅速进行整改。为强化领导干部、管理人员、执法人员和技术服务人员的依法服务意识与法制观念，县、乡分别组织进行了一次系统学习和宣传培训；卫生及相关部门加强了对B超监测胎儿性别设备、技术和流引产药物的管理，对城乡个体医疗点和社区卫生院实施重点监管，查处了非医学需要的胎儿性别鉴定、选择性别人工终止妊娠和违法使用终止妊娠药品器械、贩卖、残害、遗弃女婴的违法犯罪行为；制定了有利于女孩及其家庭发展经济的政策和社会保障制度，用每年征收社会抚养费总额的2%建立“人口和计划生育公益金”，重点奖励优秀独生女和救助困难独生女家庭，把独女户和计划生育双女户纳入计划生育“三结合”重点帮扶对象，让她们在经济上得实惠，政治上有地位；加强了对流动人口的管理服务工作，利用全国流动人口信息网络交换平台及时反馈流动人口生育、节育等情况，搞好流出源头管理和互动管理，为流动人口提供优质服务；制发了《关于完善出生人口入户登记手续的通知》，规范了出生人口入户登记的管理办法，进一步加强了公安、计生局等部门的协调配合；组织进行了生育清理，查处历年违法生育人员700多人，对未缴纳社会抚养费的，督促依法缴纳社会抚养费。通过县政府及主管部门卓有成效的工作，促进了计划生育技术服务管理工作深入扎实开展，有效遏制了歧视女孩和违法生育势头，强化了流动人口管理，使计生工作严峻局面得到较大改善。

邕宁区森林资源保护和林业生产发展存在的主要问题与对策

广西南宁市邕宁区人大法制工作委员会副主任　韦寿权

随着社会的文明进步和全球气候变化趋势，人们对大自然，特别是对森林资源的保护和发展意识越来越强，积极采取各种应对措施加以保护并推动持续发展。邕宁区人大常委会积极履行宪法和法律赋予的职权，通过开展代表视察、执法检查、专项调查等方式，督促城区人民政府及有关部门认真贯彻《中华人民共和国森林法》(以下简称《森林法》)和国家有关方针政策，加大对森林资源的保护力度，并通过各种渠道大量植树造林，进一步扩大林业生产，使森林覆盖率不断提高，且呈现良好的发展态势，变林业优势为经济优势，走出了一条林、粮、钱全面丰收的新路子。然而，从近期检查情况看，还存在一些制约着森林资源保护和林业生产以致经济社会进一步发展的新情况新问题：

1、森林法等林业法律法规的宣传力度不够，部分群众的林业法制意识还不够强。对林木乱砍滥伐、少办证多砍伐、无证砍伐、无证运输、偷伐林木等现象时有发生。一些群众特别是山区的群众还尚未受到或较少受到宣传教育，对林业政策法规和林木的深层次作用认识不足，认为土地承包了，山是自己的山，木也是自己的木，爱砍就砍；有些群众为追求一时经济利益，借改造低产林、疏残林之机，随意毁林开荒。有的为了逃避国家有关费税，而采取少办证多砍伐的不当行为；有些不法团伙，采取游击办法，偷砍盗卖林木，侵害国家和群众利益。

2、林业公安管理机制不够健全，管理不到位。邕宁撤县设区后，林业公安股划归市林业公安局管理，林业公安出警办理手续烦锁，程序复杂，迟迟不能出警，对林业违法犯罪现象打击不力，给一些不法分子有可乘之机。几年来，林业部门报送的案件未能处理一件，当地政府和林业部门又没有执法处理权，林业案件不断发生，给国家和人民带来严重损失。

3、林业部门办公经费紧缺，林业基础设施简陋落后。一是财政拨款非常有限，基础设施落后。二是由于实行收支两条线，林业罚没收入几乎没有返还，林业部门办公经费非常紧张，许多工作无法展开，出现一些管理上的真空地带。

4、林业队伍素质不高，积极性发挥不够。一些工作人员的思想政治和专业技术水平不够高，不适应现代林业管理要求，无法开展相关的林业规划、设计等工作。

5、山界林权纠纷和山林承包合同纠纷依然存在，不仅给林业工作造成影响，而且给社会稳定留下隐患。大多数村民没有山界林权证，集体山林证也很粗糙、模糊；山林承包合同条款不详，经常出现村民之间、村民与承包商之间的争议，给森林资源保护和林业生产、社会稳定工作带来诸多不利因素。

为解决上述存在问题，人大常委会委员和部分人大代表提出以下一些主要对策：

1. 加大对森林法等法律法规的宣传普及力度。人大及其常委会要加强督促各级政府及有关部门继续运用各种有效宣传形式，广泛宣传森林法及国家有关林业的政策法规等，使林业政策法规广泛深入人心，提高广大人民群众的法律水平，依法护林造林，运用法律武器维护自己的合法权益，与各种违法犯罪行为作斗争，推动森林资源保护和林业生产发展。

2、加强领导，明确职责，多渠道发展林业生产。城区各级人民政府及有关部门要把森林资源保护和林业生产发展工作，摆到政府的议事日程，认真制订森林资源保护和林业生产发展中长期规划和近期发展的目标任务、措施办法等，要与各乡镇、各部门签订工作责任状，明确职责任务，列入年度考核内容。继续运用义务植树造林、退耕还林、合股造林、农民自造林等形式，大量植树造林，发展林业生产，推动林业经济发展。

3. 要理顺林业公安管理机制的障碍问题。市人民政府及有部门要协调好林业公安与林业部门的关系，简化出警手续和程序，给当地林业公安部门以一定的灵活性，配合当地林业部门，及时打击和处理各种林业违法犯罪行为，保护森林资源和林业生产的正常发展。

4. 加大经费投入，加强林业基础设施建设。一是加强预算安排。要安排林业部门办公经费和基础设施建设经费；对林业罚没收入经费，按一定的比例返还林业部门，保障林业各种工作正常开展，不断完善林业基础设施建设，使之逐步适应现代林业管理要求。

5、要加强山界林权纠纷调处工作力度。政府及各有关职能部门，要本着对党对人民对子孙后代高度负责的精神，依法加大对山界林权纠纷和山林承包合同纠纷的调解处理力度，切实维护人民群众的合法权益，搞好安定团结，促进森林资源保护和林业事业和谐发展。

6. 要切实推进集体林权制度改革。政府及林业管理等部门要认真贯彻中共中央、国务院《关于全面推进集体林权制度改革的意见》，及时组建有关工作机构，划拨经费，开展宣传、调查、勘测、设计、登记、发证等工作，把依法治林工作提高到一个新水平。

7、要大力加强林业队伍的思想、作风、组织和业务建设。一是要积极引进高、精、尖实用人才到城区工作。二是要利用多种有效形式，加强对现有林业工作人员的培训，不断提高林业工作人员的思想政治和业务水平，把林业队伍建设成为森林资源保护和林业管理工作的主力军，为促进经济社会全面协调可持续发展作贡献。

深情的关怀　殷切的期望

——中共福建省永泰县委重视和支持永泰人大工作纪实

福建省永泰县人大常委会人事代表工作室主任　林孝桂

永泰县委历来高度重视人大工作，2006年以来，县委书记黄忠勇多次在全县大会上强调：做好新时期新形势下的人大工作是坚持、巩固和完善我国社会主义制度的必然要求，是发展社会主义民主，建设社会主义政治文明的根本保证，是贯彻依法治国基本方略，推进依法治县的客观需要，是提高党的执政能力，巩固党的执政地位的重要途径，是落实科学发展观，全面建设小康社会和构建和谐社会的重要保障。

三年来，县委从五个方面支持和加强县人大及其常委会的工作：

一是积极支持和保证人大行使重大事项决定权、监督权、选举任免权。支持保证人大代表依法履行职能，切实维护他们的民主权利和合法权益。支持人大积极开展对外交往，尊重人大的法律地位，支持人大及其常委会对同级政府、法院、检察院依法进行监督，督促“一府两院”自觉主动接受监督，及时改进工作中的问题。坚持人大领导参加县委有关重要会议制度，建立和完善重要情况通报制度。2007年10月，当县政府把投资额4000多万元、总建筑面积21000多平方米的县电影院地段改造方案上报县委时，黄忠勇书记没有直接提议召开县委常委会研究，而是批示请县人大常委会组织人大代表对方案进行讨论。县人大常委会主任林睦祥亲自组织，认真调研，之后又多次召开代表座谈会，广泛征求意见。最后县委尊重人大的意见，取消了县政府上报的改造方案。

二是切实解决好人大机关建设的实际问题。为人大履行职能创造良好条件，特别是在经费问题、政治生活待遇、加强干部交流使用等方面，都给予大力支持，努力提高人大机关的工作质量和实效。三年来，县委支持人大常委会机关搬迁，添置了办公设备，大大改善了办公条件。2007年以来，有13名乡镇人大主席调任乡镇书记或乡镇长；县人大常委会机关提拔了2名干部；从乡镇和县直机关中选调了6名年富力强的干部充实到县人大常委会机关，优化了人大常委组成人员的年龄结构、知识结构和专业结构，增加了年轻干部，形成了梯次结构，保证人大工作的有效开展和工作的连续性、稳定性。

三是站在履职兴县的高度，切实加强人大自身建设。新形势、新任务，给人大工作提出了新的更高的要求，也为人大发挥作用提供了更广阔的舞台。县委常委会每年都安排2次听取县人大常委会党组汇报。今年7月，在听取县人大常委会党组书记、县人大常委会主任林睦祥的半年工作汇报后，县委书记黄忠勇强调了三点意见，一是县委要从讲政治的高度，充分认识人大工作的重要性和必要性，自觉增强人大意识；二是县委要大力支持人大依法履行职责，充分发挥人大及其常委会的职能作用；三是县委要继续加强和改进党对人大工作的领导，不断开创我县人大工作的新局面。

四是重视乡镇人大工作。为加强乡镇人大工作，2008年8月县委下发了《关于加强乡镇人大工作的意见》，批转了县人大常委会党组关于在全县开展“六个一”和“一簿二卡三带头”活动的意见。要求各乡（镇）党委要从全局和战略的高度充分认识人大工作的重要性，把人大工作纳入党委工作的总体布局，按照总揽全局、协调各方原则，改革和完善党的领导方式，发挥党委对同级人大的领导核心作用，牢固树立代表至上，人民至上的观念，做到四个“强化”：强化素质建设，坚持学习面向基层，贴近群众；强化制度建设，创新工作机制，提高办事效率；强化作风建设，保持人大与人民群众的紧密联系；强化宣传工作，为人大工作创造良好的社会舆论环境。

五是高度重视人大宣传工作。县委把人大宣传工作作为党的宣传工作的重要组成部分，按照党的宣传工作指导思想和要求努力抓好人大宣传工作，让广大人民群众加深对人民代表大会制度的了解，进一步提高对人大的性质、地位、作用的认识。每到换届选举、人大会议等重大活动，县委宣传部门就从人大及其常委会行使职权和开展工作中寻找特点、亮点，遵循新闻工作的特有规律，努力把人大新闻宣传的作用和效果发挥好。经常把县人大常委会的视察、座谈、人事任免、重要公告、重大活动等履职过程以电视新闻的形式向全县宣传。

在县委高度重视和支持下，永泰县人大及其常委会针对我县实际情况，连续多年在全县认真开展“六个一”和“一簿二卡三带头”活动，主动听取并征求群众的意见和反映，及时把握百姓所关注的难点、热点和焦点，积极依法履行人大职权，在各项工作中都取得了新成绩，为发展社会主义民主政治，推进永泰改革开放和现代化建设作出了新贡献。

作者简介：

林孝桂，男，福建省永泰县人，1957 年 11 月生。1980 年参加工作，先后担任过乡长、乡党委书记，县人大常委会办公室主任、教科文卫委主任、人事代表工作室主任。

小小表决票　发挥大作用

——沂源县人大常委会“票决制”激发监督工作新活力

山东省沂源县人大常委会研究室主任　孙万波

常委会会议听取审议“一府两院”工作报告，是地方各级人大及其常委会实施监督的重要形式。

换届以来，沂源县人大常委会认真回顾总结历年来常委会会议听取审议“一府两院”工作报告这一程序性监督工作的实施和效果等情况，特别分析了存在的问题和缺陷，常委会多数组成人员认为，过去那种由政府或部门负责人在会上读一下报告材料，常委会与会组成人员议一议，而往往是摆“功”多，评“过”少，对促进政府及部门所起到的作用不明显，尤其是政府及部门所做的工作到底好不好，汇报实不实，单靠讨论难以定论，使监督工作打了“折”，失去了听取审议政府及部门工作报告的本来意义和应有的作用。为改变这一状况，换届后，沂源县人大常委会在召开常委会会议听取审议县政府及部门工作报告时，在听取报告、进行审议的基础上，采取常委会与会组成人员无记名投票的方式，实行“以票定音”——获得常委会组成人员过半数满意票时，始得通过；通不过的，报告部门须在下次或以后的常委会会议上重新汇报，直到通过为止。

硬招出真功，真功生实效。此项举措，引起了社会各界的强烈反响，并在实践中得到了广泛的认可，呈现出勃勃的生机和旺盛的生命力，实现了常委会会议听取县政府及部门报告这一监督形式的常做常新，增强了监督实效，使监督工作得以深化、强化、量化。有的组成人员深有感触，以往总觉着常委会会议听取审议政府或部门负责人所做的工作报告，是一种“走场”的形式，多数组成人员象征性地发发言应付一下，对报告满意与否，特别是不满意时，个人不好表态，会议上也没有明确的结论。尤其是部分委员在审议时心里存有“三怕”：一怕担心发表了不正确的意见被人嘲笑；二怕即使发表了正确的意见，报告单位也未必就能听得进去；三怕当面提意见会引起报告单位领导的不满意。通过“票决”的形式，人大常委会组成可以坦然地表明自己的态度。汇报单位也能认识到，对常委会组成人员个人意见甚至是常委会集体意见，本着褒奖不骄、批评不恼、有则改之、无则加勉的态度来对待。

实行“票决制”以来，沂源县人大常委会会议尚未出现汇报“搁车”的情况，其本身就足以说明这一监督形式的实际效果。“票决制”的实施起到了强化监督、促进政府及部门工作的双重功效，对报告单位来讲是“紧箍咒”，更是“助推器”，有利于规范行政行为，促进工作；对常委会自身来讲，既是监督的“抓手”，也是“催化剂”，可以促进自身作风的转变，迫使自己经常深入基层了解情况，增强能见度，切实做到会监督、能监督。

洛南办理一号议案惠民十万

陕西省洛南县人大机关总支书记、办公室副主任　马孟山
陕西省洛南县人大机关干部　赵建华

本报讯(马孟山赵建华)“县城的饮用水现在变清了,水压增大了,我们居住在高层也能吃上自来水,这多亏了水利部门为群众办实事,解决了大伙的饮水难题。”春节期间,家住洛南县城西利民小区五楼的王桂芳不再为用水发愁了。

始建于上世纪50年代的洛惠渠工程,为解决洛南县城居民和四十里梁塬人畜用水难题,加快县域经济社会发展做出了巨大贡献,但由于运营时间太长、干渠年久失修、渠道破烂不堪,加之供水管网陈旧老化,管道直径小,水压低,破裂渗水,已不能满足洛南城市建设和居民用水需要。2007年10月,在县十五届人大一次会议上,12名代表联名提出的“关于加强城区饮用水渠道管理、管网建设的议案”,得到了与会代表的一致响应,最终被确定为1号议案交由县政府进行办理。

人代会之后,洛南县政府迅速成立了由主管副县长任组长,水保局局长任副组长,洛惠渠沿线乡镇长和有关部门负责人为成员的议案办理工作领导小组,先后4次召开协调会,讨论制定议案办理实施方案,研究解决办理工作中的具体困难和问题。为切实提高议案办理的工作质量,给代表一个满意的答复,县人大先后两次分别召开常委会和主任会议,就1号议案的办理方案进行了认真审议,提出了在3年内办结该议案的具体要求。为保质保量地完成办理工作任务,县水利部门进一步加强水政执法监管工作,严肃查处破坏供水设施的违法行为,切实加大项目前期工作力度。组织专业技术人员加班加点编报工程项目和规划,县政府主管领导和水保局负责人10多次赴市上省进京跑项目、争资金,经过多方努力,洛惠渠节水改造工程和李村、辛岳、鼓楼河三座水库的除险加固项目先后通过省上批复,共争取项目资金3000余万元。

2008年5月,洛惠渠一期节水改造工程正式动工,到当年7月完成主干渠道的防渗、修复、加固19.7公里,完成投资300万元。从当年9月份开始,水利部门又对北干渠被毁的19处532米渠道进行了修复更新,采用砌石加拱和砼板封盖等措施,封闭主供渠道8处1260米,对李村水库周围采取裹塑围栏封闭720米,铺设铁丝网4300米,共投资83万元。2007年10月以来,县自来水公司多方筹资130余万元,先后安装城区供水管网8300米,解决了城郊柳林、西寺塬、利民小区等区域高层建筑内1.5万人的用水水压不足问题,发展新用户0.7万人。在工程实施过程中,县政府制定了严格的建设和资金管理制度,加强工程运行管理,严格招投标制度,加强工程监理,严格技术要求,确保了议案办理工作取得了阶段性成果。

为进一步加快议案办理工作进度,在去年完成工程招投标的基础上,李村水库除险加固工程又于今年2月中旬动工,预计到5月底可完成投资480万元。从5月下旬开始,辛岳、鼓楼河两座水库的除险加固项目以及洛惠渠中段21.3公里的节水改造工程也将陆续动工,计划今年10月底完工,可完成投资1500万元。同时,剩余的4.8公里渠道封闭工程也将在年底前完工,县城供水管网改造项目现已完成编报方案,正上报省上待批,力争进入城市基础设施建设项目大盘子。据悉,今明两年洛南县自来水公司将继续筹资150余万元,进一步搞好新建居民小区的管网建设和老城区管网更新改造工程,以增加县城供水压力,逐步解决居住在高层建筑内的市民用水难题。通过认真办理人大代表1号议案,目前,洛南县城和四十里梁塬10万余人民的生产生活用水秩序安全正常,在2月初召开的县十五届人大三次会议上,代表们对该议案的办理工作满意率达95%以上。

汉寿县人民检察院自觉接受人大监督切实维护司法公正

湖南省汉寿县人大常委会　　田明时　陈运亚

近几年来，湖南省汉寿县人民检察院自觉接受人大及其常委会监督，积极建章建制，倾听群众呼声，认真落实人大代表提出的意见与建议，办理好人大交办的各类案件，使该项工作形成了规范化、制度化的良好格局，有力地促进了全县检察工作的开展，维护了司法公正，真正实现了"人民检察为人民"的检察宗旨。

作为为民执行的检察机关，主动接受人大的监督是永恒的主题，是维护司法公正、司法为民的一项重要举措。汉寿县人民检察院以靳湘辉为首的领导班子审时度势，精心策划。从2004年开始，检察院专门成立了以检察长靳湘辉为主要负责人的代表联络机构，下设办公室并责成专人负责与人大代表的日常联系、沟通工作，从而在组织上有了保证。办公室成立之后，立即扎实开展起了工作。县人民检察院在充分调研的基础上，为充分尊重人大代表的权利，促进检察工作及队伍建设全面创新发展，制定了《汉寿县人民检察院关于进一步加强与人大代表联系工作的意见》。该《意见》从组织保证、工作内容、工作方式及意见反馈等四个方面共十五条做了详尽的规定；对县人大代表交办的案件，一般在两个月内办结；加强对人大代表的意见、建议、转办案件等具体事项，作为督办案件及时催办，并将办结的案件及事项向院领导汇报后，及时向有关人大代表及机关反馈情况，这些规定都体现出了与人大代表联系工作的可操作性和时效性；同时，《意见》还规定，除与代表保持经常性的联系之外，每年至少两次走访人大代表，直接听取代表对检察工作的批评、意见、建议；办公室还定期编发《汉寿检察》、《检察信息》逐期报送县人大领导及各乡镇人大主席团。及时通报一个时期全县检察工作的重大部署、重要工作情况，主动接受人大的监督与指导。

为了使检察院与人大代表联系更细化，采取了以检察长靳湘辉为组长，各副检察长为副组长实行分组包干的办法，将与人大代表的联系作为一项经常性工作常抓不懈，规定每年联系至少四次。从而形成了一套较为完备的工作制度，有力地保证了与人大代表联系工作的正常化、制度化、规范化，夯实了工作基础。

主动询访，开门纳言，千方百计，采取多种形式征求人大代表意见，请求人大代表监督，这是汉寿县人民检察院近年来又一新工作的举措。2004—2009年，汉寿县人民检察院开展了不定期地走访人大代表活动，特别是2008年9月，为配合"规范执法行为，促进执法公正"专项整治活动，检察院专门下发通知，安排党组成员和中层干部共21人分头走访了120名县人大代表。为确保走访质量，他们在走访前主动与人大联系协调，请各位代表广泛收集社会各方面的意见与建议214条，经过办公室成员认真梳理、归纳、汇总，形成了包括队伍建设、履监督职能、宣传工作、业务工作、接受人大监督等5个方面的内容和意见、建议。与此同时该院还通过平时上门走访、发征求意见函等形式，近3年来共走访人大代表1000余人次，发放征求意见函800余份，达到了广泛征求代表意见、倾听群众呼声的目的。

在"走出去"的同时，汉寿县人民检察院又辅之以"请进来"的方式积极征求代表意见。两年来该院共召开人大代表座谈会4次，认真听取人大代表对检察工作的意见与建议。今年4月，县检察院主动邀请湖南省十一届人大代表、县人大常委会主任杨开政和主任会成员14人到县检察院视察工作，当面听取人大的意见与建议。今年，县检察院还开通了"绿色通道电话"，直接惯听人民群众的意见与建议，使人大代表对检察工作有了更加深入的了解，也提出了许多中肯的建议与意见。

近年来，汉寿县人民检察院针对人大代表提出的方方面面的意见和建议高度重视，及时地责成分管领导根据分工逐条列项地制定整理措施。如针对队伍建设方面的问题，该院决定开展了经常性岗位练兵活动，从2006年开始每年举行了业务知识考试，极大地激发了干部立足岗位、刻苦钻研业务的热情；针对查处贪污渎职案件力度不够的问题，开展了反贪局量化责任，并动态跟踪问责，每人每年必须完成一件贪污贿赂案件的立案查处工作，要办大案、办铁案，并且顺应形势，抓住核心与焦点，切实打击了5起经济领域里的商业贿赂行为，为汉寿的经济转型和“项目立县、工业强县、品牌兴县”保驾护航。

对于人大代表交办、督办的案件,该院本着切实维护广大人民群众的权利和利益的原则,坚持“立检为公,执法为民”的宗旨,确保件件有着落,事事有回音。2009年4月,该县检察院接到市人大常委会转县人大关于刘某涉嫌贪污问题的检举材料和督办函后,立即组织人员对此案进行初查,经依法初查查明,没有证明刘有贪污的犯罪事实,同时根据刑事诉讼法的规定,对刘某做出了不予立案的决定,并将结论及时向县人大常委会进行了局面报告,并于今年4月20日由县人大将情况及时反馈给市人大。今年以来,该县检察机关共办理人大转办、交办的案件13件,都按照有关规定及时地做出了处理,并将办理情况及时反馈给转办、交办机关。去年以来,全院还根据县人大意见严格评查案件85件,杜绝了违规违法案件发生,确保了办案质量,深受人大好评。

以科学发展观为指导　加强任命干部的监督

——云龙县人大常委会强化干部监督工作纪实

云南省云龙县人大常委会办公室　施帆

加强对国家机关工作人员的有效监督,这是宪法和法律赋予各级人大及其常委会的一项重要职能,也是树立国家权力机关的权威,实现人民当家作主的重要途径。近几年来,云龙县人大常委会以科学发展观为指导,以行使人事任免权为抓手,在认真落实现有人事任免制度的基础上,不断完善人事任免程序,创新工作机制,把任前教育监督和任后跟踪监督紧密结合起来,走出了一条借助程序制度强化监督力度的工作路子。

任前法律考试——是考试,更是一次“充电”

2008年10月,云龙县第十五届人大常委会第六次会议审议通过了修订后的关于任命国家机关工作人员法律知识考试办法。该办法第三条明确规定:“凡县人大常委会拟任命的干部,任前必须参加法律知识考试,考试分数作为干部任职的重要依据。无故不参加考试或考试分数低于80分的,暂缓任命或不提请任命”。刚开始,一些同志对此不以为然,但常委会认为,实行任前法律考试,这既是对拟任命人员法律知识水平的一次检测,更是促进他们强化法律意识,自觉坚持依法行政、依法办事的一次思想“充电”。因此,几年来他们始终坚持这一制度不动摇。为了把落实制度同贯彻县委人事意图有机统一起来,实践中,县人大常委会注意做好两个环节的工作。一是在每次考试前10天就将考试的时间和范围通知提请任命的机关,并编印了《国家机关工作人员任前法律知识考试复习提纲》,提前发给拟任人员学习;二是做好深入细致的思想宣传工作。2008年4月,县人大换届时,“一府两院”组成人员须依法重新任命,两位在政府部门任职多年的局长因公差外出,一时不能回来参加考试,要求予以免试。常委会领导认为,有了制度就一定要严格执行,不管对谁应该一样,制度面前人人平等,因此决定不同意两位同志免试。通过做工作,最后这两位同志连夜从外地赶回来,及时地参加了第二天的考试。2008年4月该县人大换届后的第一次常委会会议上,一次任命了20名政府组成部门负责人。由于宣传深入,准备充分,拟任人员不仅全部参加了任前法律考试,而且都取得了良好以上的成绩。

供职报告——履职能力的必要“面试”

过去,云龙县人大常委会在任命干部时,对拟任人员的了解主要凭借党委组织部门提供的材料,知情渠道单一,有些组成人员对个别拟任人员甚至只闻其名,不识其人。为了改变这种被动局面,近几年来,县人大常委会采取“谈话”和“面试”的做法,把供职报告作为一个重要程序,引入到任命工作全过程。即在任命前进行“谈话”。谈话内容包括由被任命的干部谈自己的工作成绩、存在问题和今后打算;由人大领导讲明谈话的目的,指出其存在的缺点和今后努力的方向;要求每一位被任命干部要增强人大意识、法律意识和公仆意识,自觉接受人大监督。同时,要求拟任命人员到会作5至10分钟的供职发言。看起来只是“纸上谈兵”,但作为一种“谈话”和“面试”,实践证明很有必要。

首先，对拟任人员而言，“谈话”和“面试”是对人民的郑重承诺，有利于增强他们的公仆意识和责任意识。其次，也是更为重要的，“面试”为常委会组成人员提供了一条对拟任命对象的直观认知和考察的渠道，是落实人大常委会对干部选拔使用的知情权、选择权和监督权的重要保证。正因为有了这一程序，如今云龙县人大常委会在审议人事任命议案时，组成人员的发言不再是形式主义的盲目表态，而是有了可供分析评鉴的具体内容。

颁发任命书和就职宣誓仪式——在庄严中感受权力的神圣

在我国，一切权力属于人民这一宪法原则，决定了权力本质上的神圣性。然而，如果权力的授予有了与其本质相适应的庄严形式和环境，则这种神圣将会通过当事人的强烈感悟而在其意识中得到有效凸显和升华。正是基于这一认识，云龙县人大常委会“不以善小而不为”，刻意在人事任命程序中增加了对通过任命人员当场颁发任命书和举行就职宣誓仪式这两个环节。几年来，凡是接触过这一场面的同志普遍反映，实行这一新举措，意义重大。县政府一位新任局长曾告诉笔者，在他手捧任命书，面对国徽郑重宣誓那一刻，感觉上是在经受一次思想的洗礼，脑子里一切杂念全无，想到的只有权力的不可亵渎和肩头责任的沉重。

年度履职报告——让公仆们不敢懈怠

目前，人大常委会对国家机关工作人员的任后监督，通行的主要做法是开展任期述职评议。其积极作用有目共睹，毋庸赘述。但一些地方出现的“一次过关，5 年平安”的说法，也从另一个方面暴露了这一制度的缺陷。有鉴于此，从 2003 年开始，云龙县人大常委会作出了对任命人员实行年度履职报告的决定。要求“一府两院”组成人员每年底向县人大常委会写出履职报告，由主任会议进行认真评议，最后作出书面评鉴意见，作为人大了解干部的重要依据，同时将评议结果分别报县委和送政府并反馈本人。从 2005 年开始，还将年底报送履职报告范围扩大到政府有关职能部门，将过去 5 年一次的评议改为每年一次的测评，其目的显而易见，就是要通过加大监督频率，促使被任命的国家机关工作人员自觉克服懈怠之心，更好地做到自尊、自重、自励、自强，永葆人民公仆应有的进取精神和严谨作风。2004 年，政府一位局长因评为不称职被县人大常委会免职，在社会上引起了强烈反响。

鲜活的政治舞台

——岳池县人大及其常委会扩大公民有序政治参与的实践

四川岳池县人大常委会党组书记、副主任　雷允树

人民代表大会制度是我国的根本政治制度，是我国人民当家作主的重要途径和最高实现形式，是我国社会主义政治文明的重要载体。岳池县人大及其常委会在坚持和完善人民代表大会制度的实践中，为使人大及其常委会的履职过程成为表达民主、改善民生、维护民利的过程，积极探索运用各种途径和形式，进一步扩大公民有序政治参与，保障人民的知情权、参与权、表达权、监督权，发挥了人民代表大会制度在实现人民当家作主中的保证作用。

开放“会门”公民走进民主殿堂

人民代表大会会议及其常委会会议（简称“人大两会”），它既是汇聚各方智慧力量、共商国事的会场，又是民意交流表达、民主政治的殿堂。岳池县人大及其常委会为了发挥人大“两会”在传播民主精神、培育民主意识、创新民主形式方面的作用，大胆开放会门，让公民由民主的“旁观者”转变到民主的“参与者”，构成了人大“两会”的一道新风景。

增加公民旁听人数，允许公民发表意见。近两年来，除个别特殊会外，岳池县人代会和常委会会议一般都设立旁听席，按规定邀请公民到会旁听会议，在邀请旁听的人数上，人代会由原来的 5——10 人扩大到 10——20 人；人大常委会议也由原来的 3——5 人扩大到 5——8 人。旁听会议的公民既可旁听全体会议，也可旁听分组讨论，他们如对审议议题有意见或建议，可口头或书面向大会秘书处或办公室反映，经允许可在会中和会上发表意

见，每次大会能收到旁听公民近10件的建议和意见。这种打开会门允许公民旁听会议，让公民“知晓庙堂事，又参庙堂言”的作法，既增加了会议的透明度，又新添了会议的一个亮点。

会议内容紧扣民生，会议风气贴近民众。民主政治不是抽象的，深不可测的，它应该与广大百姓的日常生活有关。岳池县人大及其常委会紧扣以人为本的时代特征，把关系百姓生产生活的工业经济发展，环境保护，农业产业结构调整，农村公路、水利等基础设施建设，城镇居住环境改善，社会治安整治等问题作为人代会审议重点，同时，还把群众关心的物价上涨，城镇农村医疗、养老保障、农民征地拆迁补偿、农村留守妇女儿童、城镇学校大班额、游戏网吧整治、社会道德滑坡等热点难点问题作为人大常委会会议的审查监督重点，从日常生产生活的角度来设计议题，践行民主。会议审议发言，常委会成员带头弃官腔、讲真话、道实情，人大代表发言的空话也少了，实话多了，老百姓说：“这样的话我们爱听。”这种民主聚会，不仅贴近民众，而且使民主也变得生动，对民众有较强的吸引力。

搭建平台　公民登上政治舞台

党的十七大指出：“坚持国家一切权力属于人民，从各个层次、各个领域扩大公民有序政治参与，最广泛地动员和组织人民管理国家事务和社会事务、管理经济和文化事业。”岳池县人大及其常委会按照党的十七大精神，把发展人民民主、保障人民享有更多更切实的民主权利作为发展社会主义民主政治的基础性工程来抓，积极运用网络互动、公民论坛、人民监督员、信访直通车等重要平台，有效地扩大了公民的有序政治参与。

互动网络。网络技术在给人们工作生活带来极大便利的同时，又能催生出一种新型的民主方式——网络民主。岳池县人大常委会利用网络技术开办了“岳池人大”网站，将本县人大及其常委会的重大决定、工作监督、代表活动、人事任免等内容公之于众，并在网上设置了主任对话、网民建议、群众来访等栏目，就百姓关注的一些问题在网上开展对话讨论。目前，有不少网民就农村合作医疗建设、治理城市噪音污染、发展岳池农家文化、廉政建设等问题与人大有关人员进行了网络互动，表达自己的意见和建议。网络使“人民当家作主”变得前所未有地贴近自己，成为民众参与“政事”的一条便捷通道。

公民论证会。岳池县人大及其常委会在履行重大事项决定权时，除了坚持民主集中制、集体行权决策外，还广泛吸收老百姓参与决策讨论，充分尊重群众意见。如县城弹簧厂片区拆迁补偿；取缔翠湖网箱养鱼，保护县城饮用水源；修改城区管理办法等重大事项决定时，就分别召开不同层次的群众座谈会，举行不同意见交锋辩论，在充分论证的基础上作出科学合理的决定。这就避免了过去由部门提方案、政府提议案、人大作决定的单一封闭决策程序，减少了因部门利益而损害群众利益的现象。

人民监督员。岳池县人大常委会为加强对司法机关查办职务犯罪案件工作的监督，提高执法水平和办案质量，维护社会公平和正义。除组织代表开展庭审活动外，从2007年开始在检察机关试行人民监督员制度，今年又在上级有关单位的指导下，积极推进人民监督员体制外试点，试点工作刚开始，全县就有100多人自荐报名作人民监督员，经试点小组按相关规定比选，筛选出30名人员报县人大常委会进行了确认。这批人民监督员责任心强，素质好，现已就检察机关办理中的三类案件进行了多次评议监督，收到了良好效果。人民监督员制度的试行推广，既保障了公民的监督权，又增强了公民政治参与的积极性。

另外，岳池县人大常委会还建立了使用人大常委会设制的专门信封，反映本地区重大问题和广大人民群众普遍关心的热点、难点问题，需要领导及时批阅并迅速回复给来信公民的“信访直通车”。

健全制度　公民步入时代潮流

社会主义民主越发展，越需要健全的民主制度作支撑；社会主义民主制度越完善，越能激发人民参与民主政治的热情。岳池县人大及其常委会高度重视扩大公民有序政治参与的制度建设，先后探索建立了扩大公民有序政治参与的公开告示制度、诉求表达制度、联系群众制度，充分调动了公民参与民主政治的积极性和主动性，激发和增强了公民的政治认同感和责任感。

公开告示制度。县人大常委会于去年初就作出规定，把常委会的年初工作计划、年中执法检查、工作评议、会议作出的各项决议决定和审议意见、人大代表建议、批评意见的办理情况、人事任免人员情况通过新闻媒体、人大公报、公告向社会公布，使人大工作“阳光化”。对“一府两院”提请人大及其常委会审议决定的事项，要事先召开各类座谈会、论证会告之于众，征求群众意见。要全面推行政务公开，凡是制定与群众利益相关的行政规章、办法，原则上要公开草案，向社会征求意见。"一府两院"要定期开展公民议政活动，向公民通报工作，接受群众评议。

诉求表达制度。县人大及其常委会鼓励公民运用电话、网络、群众信箱等形式反映情况，提出批评与建议。对群众的来信来访，努力做到登记、分析、交办、回复"四个百分之百"。制定完善了来信来访接待制度、信访定期分析制度、重要信访领导阅批督办回复制度、信访工作联系会议制度及信访工作目标考核奖惩制度。今年，又在乡镇、社区、村选聘了群众诉求代理员，建起了县、乡(镇)、村三级群众诉求网。实现了公民参与民主政治和利益表达的制度化。

联系群众制度。密切联系群众，不仅是法律对人大和人大代表的基本要求，也是发展社会主义民主政治的需要。岳池县人大常委会始终坚持"为人民服务"这一宗旨，在发展社会主义民主政治实践中，探索健全了人大常委会成员分组联系群众、听取群众意见、人大代表每年开展1-2次回原选区走访选民、每年向选民述一次履职情况的三项制度和在全县人大代表中广泛开展组织群众学习一次法律知识、带领群众发展一项产业、帮助群众解决一个困难、协助党委政府化解一个矛盾的"四个一"活动。切实加强了人大与人民群众的联系，更加密切了人大与人民群众的关系，就近方便了公民的民主政治参与。

各级国家权力机关是各个层次民意的集合体，是各方利益表达的政治大舞台。岳池县人大及其常委会积极探索、勇于创新、不断扩大公民的有序政治参与，使人大这一政治舞台更加鲜活了起来。

巍山县人大常委会切实做好人大代表工作

云南省巍山县人大常委会选联工委　吴开玺

第一、努力推进代表工作制度化

去年以来，巍山县人大常委会采取措施切实抓好人大代表工作，不断夯实人大工作基础。

县乡人大换届后，巍山县产生了州县乡各级人大代表839名(其中州人大代表29名，县人大代表187名，乡镇人大代表623名)，为便于开展代表工作，我们把各级人大代表混合编为83个代表活动小组，聘请了89个人大代表活动小组长，建立和健全了县、乡、村三级代表工作网络和服务代表的工作平台。

我们认真贯彻执行代表法和中央9号、省委8号文件精神，按照贯彻科学发展观、构建和谐社会的要求，围绕全县经济社会建设的目标任务，加强和完善各项制度建设，努力推进代表工作的制度化。一是制定了巍山县人大常委会组成人员联系走访基层人大代表制度。二是进一步健全完善了代表小组工作制度。三是制定了巍山县常委会关于加强与代表联系的办法。四是制定了巍山县人大常委会关于人大代表视察活动的办法。五是建立县对乡镇人大代表工作考核制度。六是积极推进民主政治建设制度化。同时，为进一步做好代表服务工作，密切人大代表与人民群众的联系，我们对10个乡镇的人大代表工作进行了全面的考核，总结一年来的人大代表工作，树立典型，查找差距弥补不足，以便促进今后的代表工作。

第二、努力抓实代表的学习培训

为提高代表素质，巍山县人大常委会一是在召开代表大会前，对所有县乡人大代表进行10场次的培训；换届结束后，为提高代表履职能力，我们又组织80名人大代表和人大工作者进行了为期3天的培训，邀请州人大常委会有关领导讲授人大代表工作知识和人大其他知识，请老代表介绍履职经验。二是组织好代表小组的学习活动。我们把代表小组活动作为代表学习培训的重要阵地，把学习作为代表小组活动的重要内容，每次活动都有明确的内容和要求，在学习活动中，注重与代表小组视察农村经济社会活动相结合，事后向乡镇人大主席团汇报情况。这样，不仅能提高人大代表对党和国家方针政策、法律法规以及当前形势和任务的认识和理解，也促进了人大代表的活动水平和质量的提高。三是组织县人大代表外出学习考察。先后两次组织86名县人大代表到洱源县和临沧市考察学习，通过学习考察，代表们普遍开拓了视野，增长了知识，学到了工作经验和方法。

第三、认真督促办理人大代表建议、批评和意见

县人大常委会十分重视代表建议的办理工作，拟定了《巍山县人民代表大会代表建议、批评和意见处理办法》，进一步完善了代表建议制度，规范了代表建议办理工作。一是做到了认识提高，领导重视，认真听取代表对办理工作的意见和要求。二是把督办代表建议列入代表活动的重内容之一，对代表不满意的建议，一律重新办理。三是坚持"先面商，后答复"的原则，四是组织对"一府两院"代表建议办理工作的检查，督促代表建议的办理工作，使代表建议办复工作做到事事有交待，件件有落实，代表建议的解决率和代表满意率逐年提高。

第四、努力在代表活动上有所创新

县人大常委会围绕全县经济社会的工作重点和人民群众关心的热点难点，积极开展代表活动。一是发挥代表小组的主阵地和基础网络作用，利用各自的优势和群众关心的热点，开展各项代表小组视察和学习活动。二是发挥乡镇人大主席团在代表活动中的中坚作用，分别组织辖区内所选举产生的各级人大代表开展学习、培训等活动。三是认真组织部分县人大代表对小湾水电站库区移民安置工作情况进行了视察，视察中所提出的问题引起了省、州移民局的高度重视，部分建议已成为移民工作的措施；根据州人大常委会的安排，组织了我县选举产生的29名州人大代表，视察巍山县农村公路建设情况，形成了有一定质量的视察报告上报州人大常委会。四是积极探索代表持证视察工作。在分管副主任的带领下，部分县乡人大代表持证视察了县城网吧管理情况，通过视察，确实发现少数网吧接纳未成年人上网和通宵上网、上网未实行实名制等情况，代表们有对关管理部门对提出了批评和意见，要求进行整改和督查，促成网吧管理情况的好转，受到了人民群众的好评。五是通过各种渠道，让代表广泛参与各项社会事务的管理。先后有14名县人大代表列席县人大常委会会议，8名县人大代表列席政府常务会议；组织5名和4名人大代表参与对法院的审判工作和检察院的监督工作；组织76名县乡人大代表对县内重点事项、县城规划建设、公务员和事业人员招录工作进行监督。通过这些活动，拓宽了代表活动渠道，促进了经济社会的发展。

第五、努力为代表履职提供必要的保障

县人大常委会按照代表的要求，努力为代表履职提供保障，方便代表履职提供服务。一是按省委8号文件的要求，2008年起县人大代表闭会期间的活动经费从原来的每人每年100元提高到400元，要求乡镇人大代表每人每年闭会期间的活动经费不少于200元；二是通过县人大常委会组成人员联系代表的方式，对无供给的人员补助100元，作为代表联系选民的活动经费；三是积极协调各方面的关系，为代表履职提供有关方面的保障。

第六、努力推进其他代表活动

一是继续坚持和完善人大代表来信来访接待制度，努力使这一制度成为沟通联系人大常委会和人大代表的桥梁和纽带。二是激发人大代表干事创业，带头示范的积极性，展示代表在群众中先进性、代表性和充满生机和活力的风采。三是继续加强和完善乡镇人大代表活动室建设，并尝试开展代表小组活动室创建工作，为基层开展人大代表工作搭建了平台。

抓热点　促重点　破难点

——井研县人大常委会三大举措推动基础设施建设

四川省井研县人大常委会　　刘凤鸣　李建强

井研作为丘区农业县，基础设施薄弱，长期制约县域经济发展。近年来，井研县人大常委会通过抓热点、促重点、破难点，督促政府强立推进基础设施建设，着力改善发展硬环境，为县域经济发展提供强力支撑。

专题调研抓热点

大佛水库是井研水利基础设施中的大型枢纽工程，总库容5500万立方米，占全县工程蓄水的

46%，集防洪、农业灌溉、人畜饮水、工业用水功能为一体。但由于开发规划滞后，管理体制不顺，库区周边污染源不断增多，水质污染日趋严重。加强大佛水库水资源保护成为广大群众和人大代表关注的热点。去年人代会期间，部分人大代表提出的“关于加强大佛水库水源保护，科学开发和合理利用水资源的建议”引起了县人大常委会高度重视，将此建议列为重点建议进行督办。人代会闭会后，及时成立了由县人大常委会党组书记、副主任张祝清任组长，县人大常委相关办事机构、县政府职能部门主要负责人和有关专业技术人员为成员的大佛水库饮用水水源保护专题调研组，历时半个月，深入大佛水库库区，先后召开了地方党政、人大、工程管理处负责人和部分人大代表、库区村、组干部、村民代表、养殖户代表、餐饮经营业主近百人次参加的座谈会，广泛听取个方面意见，形成了《关于大佛水库饮用水水源保护的调查报告》，从面源污染、点源污染、内源污染三个方面进行了综合分析，提出了“科学规划，综合开发利用；明确职责，形成监管合力；综合执法，迅速治理现有污染源；调整结构，改善保护区生态环境；尊重历史，妥善解决移民遗留问题；加强宣传，增强保护意识”等6条对策和12条具体措施，得到了县委的充分肯定。目前，大佛水库水质治理和保护工作正有序展开。

代表视察促重点

交通、水利、电力、城市建设是基础设施建设中的重点。县人大常委会坚持组织人大代表对相关建设项目开展视察，提出建议，推进项目实施。近年来，先后组织市、县两级人大代表对国道213线和省道305线改造、乐井快速通道建设、乐井引水工程建设、大佛水库左干渠建设、农村交通建设、电网改造、城市干道等一批基础设施建设中的重点项目进行视察，对建设质量、资金管理、安全生产等提出建议，推动重点项目的顺利实施。目前，省道305线改造和乐井快速通道建设顺利竣工，建成乡通村水泥路60条111.8公里，村通组水泥路22.5公里、碎石路40公里；乐井引水工程投入运营，大佛水库左干渠建设即将竣工；完成城配网建设项目13个，农网改造稳步推进，电力主网建设杨家河110KV变电站即将竣工投入使用；县城迎宾大道二期工程顺利完成立项、规划、设计等招标前期准备工作，城市污水处理厂项目设计进入招投标阶段；全县顺利启动重点基础设施建设项目9个。这些重点基础设施建设的启动和建成使用，将进一步改善全县交通、水利、电力等基础设施条件，增强经济发展潜力，为改善民生、优化产业结构，推动县域经济加快发展、科学发展、又好又快发展提供强力支撑。

专项审议破难点

投入主体单一，项目资金不足和项目征地拆迁难度大是基础设施建设中的两大难点。去年上半年，县人大常委会组织专门力量对全县基础设施建设进行了为期一周的调查研究，在此基础上，县第十六届人大常委会第十六次会议听取审议了县政府关于基础设施建设的专项工作报告，提出了“加大基础设施建设投入财政预算比例、努力争取上级专项资金；积极探索，深化投资体制改革，建立和完善政府推动与市场推动相结合的多元化的基础设施建设投融资体系，形成建设资金稳定增长的长效机制；按照科学发展观和可持续发展的要求，坚持适度超前、量力而行、突出重点、循序渐进的原则，集中有限财力，着力抓好一批关系全县经济社会发展全局的重大基础设施项目的建设，实现社会效益、生态效益与经济效益相统一；坚持依法行政，把工作机构、工作责任、工作任务落到实处，严格执行征地拆迁补偿政策规定，依法依规进行补偿，保证征地拆迁的顺利进行，切实维护群众利益和社会稳定”等审议意见。县政府认真落实审议意见，直面困难，以敏锐的视角和抢抓的意识，超前谋划，主动出击，积极作为，进一步加大了政策对接、项目衔接和向上争取项目资金的力度，全县重点基础设施建设投入呈现良好增长态势。去年1－8月，全县完成重点基础设施建设项目投资额28072万元，占年度目标任务的90.66%，重点项目征地拆迁和建设顺利推进。

栽得梧桐树，频引金凤凰。随着一批重点基础设施项目的建成使用，井研发展硬环境进一步改善，吸引了更多的企业落户井研，县域经济发展呈现出勃勃生机。去年上半年，全县签订投资协议10个，投资总额13.2亿元，到位内资2.39亿元；成工公司铸件基地、九寨沟天然药业公司等企业项目落户井研；30万吨重质纯碱、100万吨真空制盐、30万吨PVC等项目已进行有效对接。

祥云县人大常委会办公室积极做好服务工作

云南省祥云县人大常委会办公室副主任　杨会琼

人大常委会办公室是人大常委会的综合协调、服务和管理机构，既是承上启下、协调各方、联系内外的纽带，又是传递信息、辅助领导决策、为本级人大及其常委会作出的决议、决定的贯彻执行提供服务的参谋助手，承担着办文、办会和处理机关日常事务的重要工作。几年来，祥云县人大常委会办公室工作人员在抓强学习、强化服务、科学管理和搞好协调上下功夫，认真履行办公室办文、办会、办事的工作职责，努力做好新时期人大常委会办公室工作，保障地方国家权力机关职权的有效行使和人大机关各项工作的有序开展。

一、认真加强学习，不断提高政治理论水平和工作能力

围绕建设学习型机关的目标，几年来，县人大常委会办公室全体工作人员，一是全面加强政治理论学习，努力提高从全局分析解决实际问题的能力，放开视野、开阔思路，立足当地改革发展稳定大局，主动服务常委会中心工作。二是切实加强人民代表大会制度理论和业务知识的学习，不断提高发展社会主义民主政治的能力，牢固树立宗旨意识、民主法制意识和服务意识，进一步增强做好人大工作的事业心、责任感，激发工作热情。二是注重政策理论和法律法规的学习，努力提高严格依法按程序办事的能力。四是自觉加强社会主义市场经济理论和科学文化知识的学习，努力提高综合素质，不断提高服务水平和服务质量。五是抽时间进行调查研究，把理论和实践有机结合起来，善于向实践学习，不断积累经验，改进工作方法，做好服务工作。

二、努力做好和不断改进服务工作

几年来，县人大常委会办公室牢固树立“服务至上”的理念，不断增强服务本领，努力为领导服务、为“三会”服务、为基层群众和代表服务、为机关全体人员服务。一是充分发挥参谋助手作用。紧紧围绕常委会的工作要点，当好领导的参谋助手，做好服务和协调工作。在具体工作中，我们善于突出重点、克服难点、把握关键环节，做到细心服务、严谨办事，力求一丝不苟，认真做好各项服务工作，二是着力改进服务方式，提高服务质量。注重在主动服务和跟踪问效上下功夫，从单纯执行领导指示、上传下达、被动接受任务，向积极动脑筋、主动提建议、超前拿方案、全面搞服务方向转变。在办事过程中，认真做好常委会组织的视察、执法检查、专题调研和机关活动的服务工作，确保常委会和机关工作的有序运行。三是牢固树立民本意识，努力提高服务水平。坚持开展常委会领导接待人大代表和人民群众来信来访日制度。几年来，常委会办公室积极为人大代表和基层群众做好服务工作，通过办理来信来访了解人民群众的意见和要求，了解“一府两院”工作中存在的问题，为常委会实施监督提供信息服务。

三、建章立制，不断规范办公室工作

几年来，常委会办公室按照人大工作需要，不断完善规章制度，坚持按制度办事、按程序办事，积极推进人大工作的制度化、规范化、程序化。一方面我们抓了规章制度的制定与修改，在上几届人大常委会制度建设的基础上，系统地制定和完善了《祥云县人大常委会工作规则》、《祥云县人民代表大会议事规则》、《祥云县人大常委会机关工作制度》等。为创建学习型、创新型、团结干事型的常委会机关和政治坚定、业务精通、务求实效，作风过硬、团结协作、勤政廉洁的干部职工队伍，排进机关各项工作的开展起到了积极作用。另一方面，认真落实各项制度，坚持以制度管人、按制度办事，机关工作走上了规范化轨道，办公室工作质量和水平得到提高。

四、认真做好对内外的协调工作

一是注重加强机关内部的综合协调，形成整体合力。几年来，常委会办公室做到及时向领导汇报情况、通报信息、听取指示；同时加强与各工委的协调，认真落实工作目标责任制，促进机关各委室各司其职、各尽其责；牢固树立“一盘棋”的思想，对常委会的重大活动和重要任务实行统一安排，相互协作；办公室内部同志之间以诚相待，互相尊重、互相关心、互相支持、互相理解、团结共事，积极调动办公室人员的工作积极性。二是加强与各级人大之间的联系与沟通。一方面，积极主动地向上级人大常委会办公室汇报反映工作情况，争取上级人大

常委会办公室的支持；另一方向，处理好与乡镇人大主席团之间的关系，经常通气交流工作方法，加强工作指导和联系。三是切实搞好与“一府两院”及其他部门的工作协调。通过建立健全工作联系制度，形成勤联系、常交流、多协商的工作机制，营造融洽和谐的内外部工作环境。

德州市首个社区村委会诞生

——坊子乡叶庄社区村委会选举大会实录

山东省平原县人大办公室　金吉鑫　徐建华

8月30日平原县坊子乡叶庄社区村委会选举大会，会场设在叶庄村蔬菜交易市场大院内。

上午8点，千余名群众陆续分成7个“选民座区”坐好。选举大会前，由该乡党委副书记、乡长邹曰亮说明此大选的重要意义，并强调需要注意的事项，邹乡长高声对在座的选民们说：“这次选举，是在全面推行农村基层行政管理体制改革大背景下进行的，按照集约资源、壮大经济、富裕农民的原则，将叶庄、杏仁店、王楼、宁庄、前杜、后杜、姜庙共7个原行政村进行合并，新组建成一个社区，即叶庄社区，今天请乡亲们投上神圣一票，选出您心目中合格的社区村委会主任和委员，相信这次选举能取得圆满成功！”

整个选举过程，由坊子乡社区村委会选举领导小组成员魏德军主持。他首先公布在这之前的预先结果，然后宣布选举办法和候选人名单。并实行了2名候选人差额带职选举办法，在9名候选人中选出1名村委会主任和6名村委会委员

很快，就进入了令人眼前一亮的“竞选演讲”，没想到候选人的演讲个个都有特色。“我自1980年开始担任村党支部书记，为群众服务、带领群众致富，这是我的梦想，实践证明，我已经实现了这个梦想，但愿意继续给大伙服务”，“经过预选，我被推选为叶庄社区村民委员会成员候选人，感谢大家对我的信任”，“我自已家里搞了3个蔬菜大棚，有种植绿色蔬菜的实用技术，我愿意在村委会主任或委员这个平台上为大伙提供更好的服务”，“如果这次我被选进村委会，我将更加勤奋地创业、扎实帮助困难户致富，如果落选，我将认真查找不足，继续努力，不辜负父老乡亲对我的期望！”……

除一位候选人因身体原因没能参加，其余8位候选人个个讲得带劲，台下不时爆出阵阵掌声。

接下来，进入了发票、划票、投票阶段。1841张选票发下去，配带工作证的工作人员负责引导选民到“秘密填票处”填写选票。有不识字或写字不便的，由工作人员根据其口述进行代填。姜庙村72岁的老汉陈连收领到票后非常激动：“这是一张沉甸甸的票啊，一定要选出一个好当家人！”宁庄村村民宁光磊投完票后感到很满意：“这次选举搞得真公平公正又公开，准能选出一个好班子！”“下发1841张选票，收回1816张，其中有效票1739张，废票77张。”主持人宣布。选民们投完票后，都回到原位。监票人、计票人开始忙了起来，分三个组进行唱票、计票。

2个小时后，选举结果“出炉”：陈汝德以1396票的绝对优势当选为叶庄社区首届村委会主任，李付强、宁光成、杨士明、陈连红、张全生、杜清平6人当选为村委会委员。广大选民满意而高兴地散去。

最后，坊子乡党委书记张荣河对这次成功的选举总结道：“依法依规对原村委会进行撤销，为今天新的社区村委会选举打下了良好基础。公开、透明、严格程序、充分让群众参与，是搞好这次村官选举的关键。”

据市农办和民政部门负责人介绍，叶庄社区村委会的成功选举，开创了德州市农村基层行政管理体制改革以来的社区村委会第一选，为全市各地开展此项工作带了一个好头、创造了经验。

议案建议办理效果代表说了算

——阳江市江城区人大常委会坚持办前先访、办中走访、办后回访

广东省阳江市江城区人大常委会　梁杨文

阳江市江城区六届人大常委会第十三次会议前夕，一份《关于江城区六届人大三次会议代表建议办理情况简表》寄到了区人大代表手中，征求提建议代表对建议办理结果的意见，表中的一组数字让代表一目了然：23件建议，已解决的有8件，占总数的34.8%；正在解决的有12件，占总数的52.2%。江城区人大常委会在审议建议办理情况报告前收集了代表的意见反馈，绝大部分代表对政府的办理工作表示满意，对正在办理和未能完全解决的表示理解。随后召开的常委会会议高票通过了政府的建议办理情况报告。会议作出这样的评价：承办单位对代表议案建议办理工作，打破了“重答复、轻办理”的旧模式，开拓了代表参与办理全过程的新举措，实现了办理成效评定由人大主导型向代表广泛参与型转变、答复范围由限于向个别代表答复的狭隘型向社会公开的阳光型转变、督办主体由人大层次单向型向联合互动型转变，办理质量明显提高。

办理建议马虎就得重来

代表对区六届人大一次会议议案建议办理工作记忆犹新，在区人大常委会审议政府办理报告时，由于两件城建城管类的建议办理效果不够理想，事前未有很好地征求代表意见，答复解释不规范，代表和群众意见较大。会后，常委会向区政府送达了办理工作整改意见书，责成政府及有关部门作专项重新办理，并及时会同政府有关人员，组织代表对这两个建议进行视察，现场办理。后经各方努力，建议才得到了较好的落实。对此，区政府分管人大代表议案、建议办理工作的副区长感触很深：“办理人大代表议案建议马虎不得。要提高议案建议的办理效果，必须重视人大的督办，坚持与代表充分沟通。让代表说了算，是决定办理效果的重要依据。”从此以后，区政府吸取经验，主要领导多次过问建议办理工作，多次召开区长办公会议，深入研究部署办理工作。各承办单位也成立了办理工作领导小组，实行一把手负总责，建立和完善了办理沟通协调机制。

一环紧扣一环　代表方能说了算

让代表说了算，不是一个形式，更不是一个简单的程序，而是一环紧扣一环的代表履职平台。从制订方案到解决问题再到成效评定，都充分体现代表有序参与，保障代表权利。

坚持“办前先访”，保障代表的表达权。在办理议案建议前将办理方案全盘端出来，组织代表同步研究，对个别问题逐项协调，让代表将提议案建议的初始意愿表达出来，既提高了代表的履职热情，也提高了办理的可行性。如代表提出《取消低产田海滩使用费的建议》，在办理前，承办单位根据有关法律法规及时向代表诚恳地提出，该建议不符合海域使用管理法和《广东省农业填海造地等使用海域使用金征收标准的通知》的有关规定，暂时未能列入解决范围，及时消除了一些代表因政策法规了解不深而造成的误解，得到了代表的理解和支持。

坚持“办中走访”，保障代表的参与权。在办理《关于发挥阳江刀具城应有功能的建议》和《关于完成白沙街道通岗华等3个行政村公路硬底化》等建议过程中，承办单位和有关代表及时沟通，共同研究解决问题的办法，组织代表深入调查研究，综合代表意见，向有关部门提出了具体的解决措施。

坚持“办后回访”，保障代表的监督权和知情权。建议办结后，通过常委会开展的专项工作监督、执法检查、代表集中视察等和政府开展的工作督办、绩效考核两个层次，组织或邀请代表对办理效果进行评估，并将办理情况公示，征求社会意见，让代表知情知政，让每一件议案建议的办理工作都经受代表的检验，让代表满意，让群众受惠。

代表说了算还体现在规章制度的保证上，区政府制定了《江城区人民政府办理人大议案、建议和政协提案工作暂行规定》，建立健全了议案建议联合办理制度、签收制度、复文审核制度、联系沟通制度、督查评定制度和存档备查制度，明确办理程序，落实工作责任，让代表说了算成为评定议案建议办理效果的重要标准和常规举措。

点灯不用电　做饭不烧柴　种地生态肥

——山东省临沭人大办理代表一条建议催生百个无烟村

山东省临沭县人大　袁均鸣　季德山

“点灯不用电，做饭不用柴，种地生态肥，使用沼气确实是好”，这是在临沭县农村广大农民中经常听到的一句话。去年，临沭县十五届人大一次会议上，青云代表团徐会社、刘晗、刘明顺等代表提出了“关于加快以沼气建设为主要内容的新农村能源建设的建议”，建议指出，近年来农村沼气建设的好处日益彰显，对于改善人居环境，消除农村三堆，节省农户的公共燃料费用，增加农村有机生态肥的使用有很大的好处，政府要加强宣传，争取资金以加快农村沼气建设的力度。临沭县人大办理代表一条建议催生百个无烟村。

近年来，临沭县在社会主义新农村建设中，不断强化对人大代表所提建议的办理力度，坚持生态环境与农村经济和谐发展，积极推广新能源建设，着力抓好人大建议中针对农村沼气池的建设情况的落实，给老百姓带来了看得见、摸得着的实惠。截止目前，该县共建设沼气池40113个，其中，仅今年就新建沼气池1002个，完成“一池四改”503户，催生环保无烟村近百个，让20万农民过上了“烧饭不用柴，点灯不用电，种地生态肥”的新生活。

人大深入调研摸实情

为加大对沼气池建设的推广力度，不断提高惠民政策的落实进程，临沭县人大常委会在对意见建议分类督办过程中，发现加快农村沼气建设这一建议具有代表性和普遍性，安排有关人大代表到全县12个乡镇和20多个村到村入户，调研农村沼气建设情况。调查发现目前农村沼气建设不同于七十年代沼气建设情况，沼气技术已大大的改进和成熟，使用的沼气好处也一一明显，但由于宣传政策引导不到位，致使全县的沼气推广进程较慢。写出了“关于落实代表建议，加快农村沼气建设的调研报告”及时有效的提出了加快沼气建设的切实可行的意见和建议，为加快全县农村沼气池建设的进度，促进社会主义新农村新能源的利用提供了依据。调查报告中指出，要把农村沼气建设与生态循环农业、农村住房和危房改造、新农村建设等结合起来，建议坚持因地制宜、因村制宜的原则，积极发展“一池四改”、“畜一沼一果(菜)”、生态家园、“四位一体”、生态农业园区、生物质秸秆气化集中供气、大型沼气工程等七种以沼气为纽带的生态循环模式，合理选择，科学引导，确保新能源建设取得明显成效。

政府办理建议出实招

临沭县政府为办理好代表建议和落实好县人大的调研报告，推动农村沼气建设，于2008年初出台了《关于加快以农村沼气建设为主要内容的农村新能源建设的意见》。县成立了农村能源建设领导小组具体抓好这项工作，并把农村沼气建设列入对乡镇的千分制考核，多次召开全县沼气建设现场会议加以推进。同时，加强政策扶持力度，在上级财政建设一个沼气池补助800元的基础上，县财政拿出200元予以扶持。各乡镇也都成立农村沼气建设领导组织机构，安排专人抓好这项工作，并都成立了专业施工队伍，县农业局也抽调专业技术人员派驻各乡镇予以技术指导，力促全县农村沼气建设健康顺利的发展。

人大监督办理落实处

临沭县人大在完善意见建议办理同时，多次组织各级人大代表到沼气建设现场实时实地视察指导，提出改进的意见和建议，助推了全县沼气建设的进程。在视察过程中，采取既看好的现场又看存在问题较多、建设进程较慢的现场，视察代表有针对性提出整改的建议和意见，以促进政府对这项工作的改进和落实。

在视察中，县人大代表曙新村支部书记董自兴介绍说，“小小沼气池”如今扛起了农家节能减排的大旗，它不仅使农民节约了开支，促进农业发展，而且保护了生态环境，增强了农村可持续发展的能力。目前，大多农户普遍采取的是“一池四改一利用”的模式，即建一个沼气池，配套改厕、改圈、改厨和改院，利用太阳能，重点推广“畜—沼—果”、“畜—沼—粮”、“畜—沼—菜”生态循环模式。他对笔者算了一笔帐：一个10平方米的沼气池，产生的沼气点灯做饭可节省液化气费用600元，电费200元，如果是"畜—沼—菜(果)"模式，可节省化肥1400元，果菜增产2000元，一年能为农民增收节支4200元。

洋县人民法院保稳定促发展

陕西省洋县人民法院　孙建武　刘旭

洋县人民法院，是名符其实的执法为民的先进集体。多少年以来，曾被市委、市政府表彰为"平安单位"。被市中院表彰为"调研工作先进集体"。被市中院表彰为"党风廉政建设先进集体"。被省委、省政府授予"省级文明单位"。被省委解决人民法院执行难问题工作协调领导小组表彰为"全省解决人民法院执行难及清理执行积案工作先进单位"。被省委政法委表彰为"人民满意政法单位"。被省高院表彰为"执行工作良性循环法院"。被省高院表彰为"清理执行积案工作先进集体"。

这个先进集体的代表人物，就是该院的院长、优秀共产党员周晓平，他在2008年工作回顾中谈到以下九点，是对洋县人民法院业绩的诠释。

1、刑事审判。法院正确执行宽严相济刑事政策，确保法律效果和社会效果的有机统一。受理各类刑事案件154件，审结149件，同比上升10%和9.55%，结案率为96.75%。其中受理公诉刑事案件110件，审结107件；受理自诉案件44件，审结42件。加强刑事附带民事诉讼案件调解力度，调解结案36件，兑付受害人现金104.51万元，有效化解了当事人之间怨恨，实现了法律效果与社会效果的有机结合。

2、民商事审判。法院高度重视与民生有关案件的依法审理，及时有效化解矛盾和纠纷。受理各类民商事案件1335件，审结1288件，结案率96.47%，收结案同比上升13.61%和12.88%。坚持"能调则调、当判则判、调判结合、案结事了"的审判原则，把诉讼调解贯穿于案件审理全过程，调解结案690件，调解率为53.57%。受理破产案件32件，终结8件，通过拍卖企业资产变现1.24亿元，促进了企业资产重组；审结中核二一建设公司等劳动争议案件24件，依法支持了企业改制。

3、行政审判。法院认真落实县委、人大关于依法治县的有关决定，受理行政案件14件，审结。13件，结案率92.85%。受理非诉行政执行案件112件，执结107件，执结标的47.12万元。

4、执行工作。法院进一步加大执行力度，提高执行效率。受理执行案件949件，执结899件(含非诉行政执行96件)，执结率97.13%，执结总标的676.87万元。按照中省市政法委和上级法院安排部署，深入开展冬季集中威慑执行和集中清理执行积案活动，成功执结历史积案18件，执结标的41.85万元，基本实现了清积的预期目标。

5、审判监督与管理。法院认真审查办理群众来信来访和申诉，加强信访接待、立案、申诉等工作。成立解决涉法信访案件领导小组，实行领导包案、责任落实、措施到位，结案期限明确，切实做好涉法信访人员息访工作。共受理涉法信访案件36件，处结36件，有效化解了不安定因素。加强案件质量检查，案件评查率达100%。

6、法官队伍建设。法院加强领导班子建设，发挥示范带头作用。加强法官队伍建设，深入开展"大学习、大讨论"及"改进作风、树立形象"活动，并通过"实干创新争一流、公正高效侏平安"主题实践活动，将"社会主义法治理念"教育活动进一步引向深入。加强司法能力建设，充分利用政治业务学习会和月中的民事例会，组织开展法律、法规，审判业务知识学习，组织开展"庭审观摩竞赛"、"法官论坛"等活动提高了司法能力和水平。

7、化法院改革。制定了洋县人民法院《关于印发重大事项应向县人大常委会报告的规定》，进一步增强了人大意识；制定了《人民陪审员管理办法(试行)》，支持激励人民陪审员积极参与案件审理，将审判民主化落到实处，全年人民陪审员参审案件233件。改革完善《洋县法院司法绩效管理实施办法》，对办案任务、岗位职责、案件质量、调解结案率、考核奖惩等进一步具体量化，使责、权达到统一。认真落实审判工作进农村、进社区、进企业、进学校、进军营"五进"活动，全面开展巡回审理，方便群众诉讼。

8、党风廉政建设。法院狠抓党风廉政建设，建立完善内外监督制约机制。制订《党风廉政建设实施意见》，实行党风廉政一票否决制。继续推行公正司法监督员制度，定期召开廉政监督员、民主监督员、人民陪审员、法院离退休干部、干警家属座谈会，形成了监督制约网络。坚持对干警实行警示提醒、诫勉督导，加大"八小时"以外的监督制约，加大对违法违纪错案责任的查处追究力度。党风廉政工作受到中院表彰。

9、基础设施建设。法院投资40余万元对谢村人民法庭进行了整修；西水人民法庭工程主体完工，马畅、龙亭两个人民法庭新建的前期工作基本准备就绪；装修了一个标准化审判庭，更换了全院各审判庭办公设施；新建了一个多功能会议室，完善了院机关网络建设，改建了图书室、党员活动室；新购置业务警车5辆，电脑16台，各人民法庭实现了办公自动化；院机关安装了安检门、闭路监控设施，确保机关安全。

一切为了人民的利益

——汝城县代表议案办理工作回眸

湖南省汝城县人大常委会办公室主任　何大春

人大代表是人民行使管理国家权力的使者，是人民利益和意志的忠实代表，他们肩负着人民的重托，不负众望，不辱使命，围绕本行政区域内重大事项和热点难点问题，积极向人代会建言献策。近30年来，在汝城县人民代表大会上，代表们从本地实际出发，就全县政治、经济、文化等各个方面先后提出了《关于加强农田水利基本建设的议案》、《关于加快发展"一优两高"农业的议案》、《关于大力发展乡镇企业的议案》、《关于建立"110"报警服务台的议案》、《关于将濂溪书院产权收回文化部门管理的议案》、《关于修建汝城体育运动场的议案》、《关于调整城区中小学校布局的议案》、《关于加大历史革命文物保护开发力度，打造旅游品牌的议案》等142件议案，有力地促进了全县改革、发展、稳定和社会热点难点问题的解决，在人民群众心中树起了一座座闪光的丰碑。

30年来，汝城县人大常委会高度重视办理工作，每次人代会闭会后，及时召开议案建议交办会议，人大常委会主任慎重向县长交办议案和建议，并提出具体要求，明确办理任务、办理时限、办理责任。同时，不断完善办理制度，加大督办力度，常委会出台了议案建议办理工作办法，创新了上门督办、会议督办、现场督办、约见督办、跟踪督办等督办工作方式，采取常委会领导带领政府领导及部门负责人深入现场，约见代表，征求意见，面商办理工作；组织代表视察项目，听取议案建议办理工作情况报告等办法，进一步提高了办理工作水平，增强了办理工作实效。

30年来，汝城县人民政府把办理议案建议作为尊重代表民主权利，落实人民当家作主地位的大事来抓，倾心尽力，积极办理。为办理好《关于县乡广播电视联网的议案》，他们克服困难，迎难而上，共筹资900多万元，战酷暑，斗严寒，奋战30个月，超额完成任务，实现了全县23个乡镇广播电视全部联网，极大地丰富了全县人民的精神文化生活。

汝城是一个全省的林业大县，绿色资源丰富，生态环境良好。但由于近些年乱采滥挖、森林火灾频发等原因，导致和加剧了生态危机。对此，在汝城县十五届人大二次会议上，朱灵庚等10名代表提出了《关于加快林业生态建设，推进环境保护步伐的议案》。为办理好该议案，县政府筹资1021.12万元，对县级生态公益林进行了规划，组织造林绿化2.14万亩，幼林抚育1.7万亩；争取省级生态公益林24.4万亩，巩固发展国家级生态公益林57.34万亩；认真落实生态公益林管理办法，加强了林政管理，建立了生态公益林防护体系，并力争将九龙江省级森林公园纳入国家级森林公园。现在汝城正向"生态文化山城、休闲养生之都"的目标阔步迈进。

作为革命老区的汝城，2007年被湖南省人民政府批准为省级历史文化名城。为打造好这块金字品牌，李伟光等35名代表在县人代会上联名提出了《关于加大历史革命文物保护开发力度，打造旅游品牌的议案》。县政府和相关部门承办后，认真研究，狠抓办理，相继建立汝城历史文物保护开发项目库，编制以县城历史文化名城为主的全县文物古迹及红色旅游保护性详规，出台汝城县历史文化名城管理办法等相关制度，对200多处文物古迹进行登记并挂牌保护；投资120万元，对仿宋古建筑群——濂溪书院进行了抢救性维修；投资40多万元对烈士公园进行了提质改造，充实烈士公园内涵，添置烈士雕像和宣传石碑；对朱德等老一辈无产阶级革命家在汝城一系列革命活动的场所以及开国上将朱良才、李涛旧居等进行维修，向公众开放，供游人参观。充分利用革命老区和文物古迹众多的资源优势，全面开发红色旅游品牌，使汝城这一省级历史文化名城得到保护和开发，为旅游兴县奠定了坚实的基础。

为办理落实好《关于在云头书院兴建汝城敬老院、光荣院、福利院四院合一的议案》，县政府及民政部门非常重视，积极向上争取，千方百计筹措资金。四年来累计筹资507万元，对省级文物古迹——云头书院进行了全面维修和扩建，新建了一幢854m2的福利院，修通了水泥公路，完善了设施配套建设和环境绿化美化，建立了管理制度。自2005年完成敬老院建设后，共吸收五保户和孤寡老人78人次入住。这样，既保护了省级文物，又为孤寡老人筑起一个温馨的家。现在又计划通过招商引资筹建老年公寓，充分体现了党和政府对弱势群体的关爱。

豹中窥斑片，浩海撷浪花。30年来，每一件议案的提出，都凝聚了人大代表的心血；每一件议案的落实都得益于县人大常委会的有力督办、县政府及相关部门的积极承办，他们用自己的实际行动谱写了一曲曲执政为民动人乐章，必将为实现汝城科学跨越发展发挥极大的推动作用。

鹤庆县人大监督工作呈现三个亮点

云南省鹤庆县人大常委会教科文卫工作委员会主任　刘秀根

2008年，鹤庆县人大常委会紧紧围绕发展和民生两大主题不断创新监督方式，突出监督重点，深化监督内容，完善监督制度，监督工作呈现三个亮点：

一、围绕发展和民生主题突出监督重点。一年来，县人大常委会按照县人大常委会按照县委的工作部署、代表提出的意见和建议、群众反映集中的热点和难点问题，紧紧抓住事关全县经济社会发展的重大问题和人民群众最关心、最直接、最现实的利益的问题，先后听取和审议了县人民政府关于2008年1至8月国民经济和社会发展计划执行情况、2007年地方财政预算执行情况和其它财政收支审计工作情况、畜牧业发展情况、血吸虫病防治工作情况、农村公路建设情况、县十五届人大一次会议以来代表提出的建议办理情况以及贯彻实施归侨侨眷保护法等专项工作报告；听取和审议了县人民法院关于贯彻落实法官法、县人民检察院关于贯彻落实检察官法的工作报告；主任会议还专题听取了县人民政府关于贯彻实施伙理白族自治州流动人口计划生育管理条例》、《云南省民族乡工作条例》以及金沙江龙开口电站建设移民搬迁、公安系统"抓基层、打基础、苦练基本功"工作情况的专题汇报。并对上述工作提出了53条有针对性的审议意见，促进了行政机关和司法机关的工作。

二、坚持刚性监督和韧性监督结合力求监督实效。县人大常委会依法大胆行使监督权，坚持敢于监督与善于监督的统一、刚性监督与韧性监督并举，收到了令人满意的监督实效。一是针对全县种子（种苗）市场正处于开放经营的起步阶段，市场生产和经营中存在良莠不齐的情况，县人大常委会组织代表开展了对《中华人民共和国种子法》贯彻实施情况的执法检查，切实维护了种子（种苗）生产者、经营者、使用者的合法权益，保障了农民增收，促进了农村经济发展；二是针对全县农村安全饮水工程建设中碰到的困难多、工程建设进度缓慢的问题，及时组织代表进行专题视察，县人民政府对县人大常委会和代表在视察中提出的意见、建议高度重视，采取了切实有效的措施予以回应，并加大了工程建设和管理力度，实现了让7万多群众喝上放心水的目标；三是对听取和审议专项工作报告所提的意见和建议，重在反映真实情况，提出中肯可行的意见，力求每项监督都能解决几个实际问题，并注重由个性问题推及具有长远意义的制度安排，促进建立起解决问题的长效机制；四是始终把调查研究作为深化监督内容、提高监督质量的一项重要工作来抓，深入基层开展调查研究，了解经济社会发展情况，广泛听取人民群众对人大工作、民主法制建设的意见和建议，先后组织开展了对教师队伍建设与管理、残疾人工作、人民调解工作、城乡居民最低生活保障、农业机械化发展工作的专题调研，形成了有情况、有分析、有建设的调研报告，促进了人大机关作风建设，提高了民主建言能力，也更好地体现了寓监督于支持之中的人大工作理念。

三、不断规范和完善制度，不断推动监督工作。一年来，县人大常委会结合监督法的贯彻实施，大胆探索监督工作的形式和程序，并在认真总结工作经验的基础上，健全和完善了《鹤庆县人大常委会关于认真履行地方人大常委会职责的若干制度》、《鹤庆县人大常委会工作委员会工作职责》、《鹤庆县人大常委会机关工作制度》、《鹤庆县人大常委会与鹤庆县人民政府工作联系制度》、《鹤庆县人大常委会组成人员守则》、《鹤庆县人民代表大会常务委员会工作规则》等一系列规章制度，为加强和规范监督工作提供了有效的制度保障，进一步推进了人大监督工作的制度化、规范化和法制化建设。

严惩飞贼赢来万民歌颂

——河北省魏县人大常委会依法监督保平安

周学峰　韩瑞星　卢力明

2008年5月28日，魏县剧院门口人山人海，9时许，大喇叭里传出审判长的宣判声，魏县人民法院在这里召开公捕公判大会。

“被告人李增印、王玉明多次抢夺他人财物，数额巨大，盗窃他人财物数额较大，其行为已构成抢夺罪、盗窃罪，检察机关的指控成立。被告人李增印、王玉明的辩解意见，理由不足，不能成立，不予采信。被告人李增印、王玉明均系累犯，应当从重处罚。根据二被告人的具体犯罪情节，依照《中华人民共和国刑法》第二百六十七条、第二百六十四条、第二十五条第一款、第五十五条第一款、第五十六条第一款、第六十五条、第六十四条之规定，判决如下：

被告人李增印犯抢夺罪，判处有期徒刑六年，剥夺政治权利一年，并处罚金1万元，追缴赃款9700元；犯盗窃罪，判处有期徒刑一年零六个月，并处罚金5000元，追缴赃款2000元；两罪并罚，决定执行有期徒刑七年，剥夺政治权利一年，并处罚金1.3万元，追缴赃款1.17万元。

被告人王玉明犯抢夺罪，判处有期徒刑六年，剥夺政治权利一年，并处罚金1万元，追缴赃款7500元，追缴飞利浦9A9C手机一部；犯盗窃罪，判处有期徒刑一年零六个月，并处罚金5000元，追缴赃款2000元；两罪并罚，决定执行有期徒刑七年，剥夺政治权利一年，并处罚金1.3万元，追缴赃款9500元，追缴飞利浦9A9C手机一部。

如不服本判决，可在接到判决书的第二日起十日内，通过本院或者直接向邯郸市中级人民法院提出上诉。”随着审判长宣判的结束，李增印、王玉明随即被法警押上刑车送往服刑监狱，现场的群众欢呼声一浪高过一浪。

作案累累　多行不义

2007年3月26日，李增印、王玉明骑摩托车窜至邱县，在邱县县城振兴街与富强路交叉口，看见侯女士一人独自在街上行走，便骑着摩托车跟着她，猛追上去，伸手把侯女士的包抢走了。侯女士随即追赶，但是二人却逃离的无影无踪。他们抢得现金1.4万元和价值400余元的手机一部，李增印分的赃款7500余元，王玉明分得赃款6500余元。

同年9月22日，李、王二人在魏县县城街上游荡，发现王女士从银行里出来，骑了辆电动车向东行驶，他们骑着摩托车在后面跟着，当跟到魏城镇东关村时，李增印伸手把王女士的包抢了过来，随即加速逃窜。他们抢得价值570元的手机一部，公章一枚，手机被二人卖后平分。

2008年4月5日17时30分许，李增印、王玉明骑摩托车在魏县县城寻找作案目标,银行门前是他们经常出没的地方,这天下午,他们照旧守候在魏县某银行门口,此时,马女士恰好从银行里取钱出来,也被他们盯上了。当跟踪到魏城镇东关村时,他们见周围路人稀少,便趁机抢走了马女士放在自行车筐里的提包,抢走现金1000元、存折等财物,所抢来的赃款被二人平分。

在李、王二人抢夺马女士之后,他们不但没有就此停手,反而愈加猖狂。6日下午16时左右,被告人李增印、王玉明依旧骑着摩托车在大街上闲逛,寻找机会作案。在窜至县教育局南100米时,他们发现了尹女士左肩膀上挎了一个包。尹女士边走边不时地用手摸一下肩膀上的挎包。这些看似不起眼的动作,却引起了李、王二人的注意,他们凭借多年的作案经验,感觉尹女士包里肯定有贵重的物品或财物,就趁尹女士打电话没有防备之时,抢走了她的挎包。

民之所呼　依法督办

此案一出,引起了市民的极大恐慌,带包上街的人少了,市民去银行取钱,也不敢独自一人去取了。女士们更是谈"抢"色变,不敢独自一人在偏僻的小路上行走。这件案子也成了市民们茶余饭后谈论的焦点,大街小巷议论的话题,整个县城笼罩着一种恐怖的气氛。同时,此案也引起了县人大常委会的高度关注,县人大常委会召开主任会议,邀请部分人大代表和人民群众,听取他们对此案的呼声和要求。

县人大常委会在了解了案情之后,召集公安局、检察院、法院等司法部门,组织召开协调会,会上,县人大要求县公安局在10日内必须速破此案,并把此案列为县人大督办案件之一。县人大常委会主要领导多次调度有关部门,听取案件侦破进展情况。同时,魏县人大常委会也要求人大代表积极向公安机关提供线索,帮助破案,在审判时还要进行旁听,全程督办案件的抓捕和审理,尽快给市民创造一个安全、和谐的社会环境。

魏县公安机关在接到该案后,迅速组织干警,抽调精干力量,对此案进行全力侦破,经过周密部署,县公安局民警在犯罪嫌疑人的老家将其抓获。在案件审理过程中,魏县人民法院检察院起诉指控被告人李增印、王玉明犯抢夺罪、盗窃罪,于2008年8月2日向魏县人民法院提起公诉。魏县法院于当日立案,并依法组成合议庭,公开审理了此案,鉴于被告人李增印、王玉明均系累犯,根据《中华人民共和国刑法》第六十五条之规定,应当对二被告人从重处罚。被告人李增印、王玉明对起诉书指控他的犯罪事实供认不讳,无辩解意见,魏县法院仅用15天就审结了此案。

当前,在梨乡大地,百姓安居乐业,县公、检、法机关履职尽责、司法为民,为构建和谐魏县,促进魏县"三年大变样"的顺利开展,保障人民的生命财产安全,提供了强有力的"后盾"。

前郭县人大视察校园安全工作侧记

吉林省前郭尔罗斯蒙古族自治县人大常委会　李国安

校园安全问题一直是全社会高度关注的问题之一。对于校园安全,义务教育法在学校治安、住宿饮食、建设经费标准等方面都作出了相应的规定。为了进一步加大对全县中小学生的安全保护力度,不断提高学校的安保能力,针对目前校园安全方面存在的突出问题,前郭县人大常委会先后组成视察组就全县中小学校舍和接送学生车辆等安全情况开展了视察。通过视察,校舍改造、接送学生车辆、住宿生食宿等方面作为当前校园安全工作的基本框架,已经被县政府提升到了新的高度。

一、校园危房维修与改造成绩斐然。义务教育法明确规定,学校的建设经费标准已经纳入了国家财政预算,要求县级以上地方人民政府对学校校舍进行检查,需要维修、改造的,及时予以修补。按照这一规定,前郭县从2001年开始实施校舍危房改造工程,8年来共完成投资2.6亿元,新建、改建、维修校舍22万平方米,其中改造危房10万平方米,农村学校砖瓦化比例基本达到100%,校舍安全系数明显提高,实际意义上的"危房"已经不复存在。由于我县属于8度抗震设防地区,且处于地震活动期,在汶川大地震发生后,我县于2008年7月在全省率先完成了对全县所有校舍进行抗震安全排查。根据鉴定结论,目前全县存在安全隐患的校舍面积为85914平方米,需要改造建设资金10521万元。为了尽快完成危房维修与改造任务,给全县师生创造一个安全舒适的环境,在县人大常委会的关注下,县政府决定从今年开始,按照轻重缓急的原则,利用两年时间将全县存在抗震安全隐患的校舍全部改造完成。2009年主要建设项目有三类,总建筑面积65000平方米,预算投资9360万元。一是实施教学楼改造项目。拟拆除重建县蒙中高三教学楼等7栋教学楼和宿舍楼总建筑面积近40000平方米,预算投资6400万元;二是实施农村初中校舍改造项目。向上级部门申报了长龙乡中学等8个农村初中校舍改造工程项目,新建校舍总面积15292平方米,总投资概算2046万元,目前已经开工,计划9月末全部竣工;三是实施农村校舍维修项目。通过争取国、省专项资金完成白依拉嘎中心校等17个农村校舍维修项目,维修校舍面积9682平方米,总投资概算916万元。这些项目完成后,将全面提高全县校舍的安全系数,同时城镇学校"大班额"问题也能得到有效缓解。

二、住宿学生食宿安全得到保障。随着学校布局调整的不断深入,教育资源的重新整合,越来越多的学生需要住宿来完成学业。为了满足这一需求,县人大多次开展了专题调研,督促政府加大投入力度,截止目前,全县已建成寄宿制学校15所,宿舍面积38796平方米,食堂面积11363平方米,容纳食宿生6077人。这些寄宿制学校都能够坚持把学生安全放在首位,购置配备了消防、卫生等防护措施,建立健全了各项安全规章制度,并抽调精干教师加强宿舍管理,使之达到制度化、规范化。学生食堂管理有序,从业人员一律持证上岗,食品卫生和餐具消毒均达到卫生部门要求的标准。目前全县中小学共有校外住宿生4935人,主要分布在各学校附近群众家,这些住宿点消防、卫生条件相对较差,学生食宿安全无法保障。针对这一实际情况,县人大及时与政府有关部门进行了沟通,要求县政府组织安监、教育、公安、卫生等部门进行执法检查,对存在严重安全隐患的坚决予以取缔,对影响较小、短期内即可纠正的住宿点,签订责任书,提出整改意见,责令限期整改,为学生食宿安全提供保障。此外,为了便于统一管理,提高掌控能力,年内正有10所寄宿制学校陆续开工,建成后可容纳食宿生5100人,能够实现所有食宿生在校园内食宿。

三、接送学生车辆管理工作成效显著。为了加强和规范接送学生车辆的管理,消除学生往返途中的安全隐患,前郭县出台了《前郭县接送学生车辆管理暂行办法》,本着"依靠民间自主经营、驾乘双方自愿合作、职能部门加强监管、政府给予适当补助"的原则,进一步理顺了责权利之间的关系,明晰了各相关单位的工作职责,实行层层包保,层层监管。一是各乡(镇)政府成立了接送学生车辆管理办公室,由分管安全工作的副乡(镇)长任组长,制定出台了《接送学生车辆安全运营奖惩办法》,落实完善安全责任,签订三级责任书:即乡政府与村委会签订责任书;村委会与接送学生车辆车主签订责任书;接送学生车辆车主与学生家长签订责任书;由安全员负责本辖区内接送学生车辆运营安全的日常监督管理和申报工作。二是交通运管部门经过实地踏查,在存在交通隐患的必要路段和路口设立了安全交通警示100块、设置减速带110处、750延长米,为校车安全营运创造了条件。三是公安交警部门对接送学生车辆及驾驶人员进行审核,对无牌无证、报废车辆及超载、客货混载等违法违章行为进行查处,对不符合条件或违法违章的驾驶员按照相关规定进行处罚,截止目前已检测车辆200多辆。四是安监部门负责校车审批、管理和标识粘贴工作,并于每月月初召开由相关部门参加的联席会议,调度对接送学生车辆的集中检查,对检查中发现的问题提出整改意见,并监督抓好落实。目前安监部门已经对150台合格车辆粘贴了统一标识。此外,安监局、教育局、公安交警大队、交通运输管理所多次组成联合检查组,针对全县接送学生车辆车况、驾驶员资质、超载、非法营运等问题进行了专项检查,对存在问题的车辆和人员进行了严肃处理,截止目前,检查组共扣押处理车辆119辆,拘留13人,为接送学生车辆营造了良好的运营环境。

四、学校安全工作长效机制常抓不懈。一是严格落实学校安全管理责任制。建立学校安全工作一级抓一级、层层抓落实的安全管理机制,做到安全工作警钟长鸣。二是坚持开展经常性的安全教育和应急演练。经常对学生开展有针对性地安全教育和安全演练工作,让广大学生掌握安全防范的基本知识和方法,提高学生安全防范意识和能力。今年5月12日在全县范围内组织学生进行了防震知识与方法演练。三是建立边查边改工作制度。坚持检查的经常性,发现问题,及时整改,确保学生生命安全。四是严格落实责任追究制度。坚决实行安全工作"一票否决制",因学校安全工作领导组织和安全制度不健全,责任落实不到位,保障体系不规范或对安全工作敷衍塞责导致安全事故发生的,要严格追究相关人员的责任,给全县师生创造一个安定和谐的学习生活氛围。

源于对人民高度负责

——紫金县人大常委会大兴调研之风侧记

广东省河源市紫金县人大常委会　马火林　黄志新　黄志敏

紫金县第十三届人大常委会自从成立以来,牢记党和人民的重托,始终把实现好、维护好和发展好人民群众的利益作为一切工作的出发点,把深入调查研究作为该县常委会一项重要工作,让调查研究之风渗透到人大工作的每一个环节之中,卓有成效地开展工作,真正做到有为有位有威。

调研让政府筹建的县农贸市场"改弦易辙"

2003年9月3日,该县十三届人大常委会三次会议否决了县政府关于建设县城农贸专业市场的实施方案,作出了《紫金县人大常委会关于责成县政府尽快作出建设县城农贸专业市场议案实施方案的决定》,这是该县人大常委会首次否决县政府的议案办理实施方案。

据了解,紫金县是一个贫困山区县,种植水果是当地农民增加收入的重要途径,全县种有40多万亩水果,但由于没有销售平台。一直以来,该县每年水果丰收后出现果贱伤农的现象,人大代表们为解决这锹心的问题,提出了在县城建设农贸专业市场的议案。关系到全县几十万农民的利益问题的议案,办理工作要慎之又慎,县人大常委会审议县政府的议案办理实施方案前,派出调研组对方案进行了深入调查研究,经过反复论证,得出结论:将县城农贸专业市场建在交通不便的偏僻地方,选址不科学。于是县人大常委会行使决定权,责成县政府重新选址,并尽快作出具体实施方案。一位参加调研的人大常委会委员说:"我们敢于否决县政府的实施方案,作出科学决策,凭的就是深入的调查研究。"

随后,该县政府根据县人大常委会的决定,结合县城总体规划,多次召集有关部门研究,筛选证论,最后确定在交通便利的县城过境大道旁建设县城农贸专业市场。同年12月9日,县十三届人大常委会再次听取和审议议案的具体实施方案,同时作出了关于批准议案实施方案的决定。为确保决定落到实处,县人大常委会在深入开展调查研究的基础上,多次进行依法督办。2005年3月,为借鉴外地建设农贸专业市场的经验,县人大常委会调研组还专门组织县政府有关部门领导到海丰、惠东等地参观学习。同年9月县城农贸专业市场建成投入使用,给全县40多万亩水果在销售渠道上提供了一个很好的平台,大大解决了卖果难的问题。广大果农都说:"县人大常委会、县政府又做了一件大好事"。

每一项重大事项的决定,县人大常委会都是这样以对人民高度负责的精神,进行深入调查研究,反复论证,确保决策科学、正确。

调研让委员投下放心票、明白票

"你已经高票通过,顺利当选为审判员"。2007年的一天,紫金县法院一名干部接到这个报喜电话,他一颗悬着的心总算落地。这是他第二次被提请任命为紫金县人民法院审判员。原来他在第一次被提请任命为人民审判员时,连县人大常委会主任会议都没有通过,所以有点担心。在第一次被提请任命前,县人大常委会派出调查组,深入县人民法院了解情况,调查组了解到该同志存在不少缺点,在干部群众中公认度比较低,县人大常委会主任会议根据调查情况,作出该同志不向县人大常委会提请任命决定。后来,这位法院干部,根据调查组反馈的问题,认真整改,并主动到基层法院锻炼。一年过后,县人大常委会调查组第二次调查该同志,了解到该同志虚心改正,工作业绩突出,在干部群众中树立了威信,公认度很高,于是该同志很顺利地高票通过任命。

让该县人大常委会组成人员正确行使任命权,选准人,选好人,既应让他们知其人,明其情,晓其绩,更应让他们知道拟任人员在干部群众中公认度。一位委员投票后说:“知人才能善任,调查组让我们对拟任同志有了比较全面的了解,我投下的是放心票、明白票”。通过调查研究,选准选好人民的公仆,同时让人大任命的干部清醒地认识到自己的权力是人民赋予的,要对人大负责、对人民负责,从而让人大的任命权充实起来,树立了人大权威。

通过调研成果的成功转化,该县人大常委会先后制定了任前调查、任前法律考试、供职演说、任后每年向人大述职、工作评议等一系列规范的人事任免制度,从而使单薄的人事任免权变得厚重起来,为该县经济社会又好又快发展提供可靠的人才保证。

调研平息了电站承包商和村民“争水”纠纷

2007年2月的一天下午,紫金县南岭镇庄田村民与榴石坑电站因水事纠纷,对峙升级,一触即发,一件重大群体性事件就要发生。当天下午,县人大代表范灵俊立即以“代表直通车”方式向县人大常委会提出“关于解决南岭镇庄田村水事纠纷的建议”。针对这宗县人民政府及其职能部门花了近两年时间仍没有解决的水事纠纷,引起县人大常委会的高度重视,当天下午立即召开主任会议督办此代表建议,决定派出由常委会领导带队的调研组深入调查,详细了解整个事件的起因、经过,找出问题的症结所在,督促县政府妥善解决。随即调查组走访了双方当事人,深入到榴石坑电站拦河陂现场察看,发现电站承包人钟某于2005年在拦河坡上浇筑截水墙和砌筑三面光引水渠道,把河水全部引走发电,导致拦河坡下游群众的生产生活用水受到严重影响,老百姓出现用水难问题。为此,建议县政府及其职能部门调整解决方案,通过科学测算来水流量和充分考虑拦河坡下游人畜用水量,兼顾双方利益,确保群众不出现用水难,合理制定用水分配方案,并要求有关单位各负其责向群众做好宣传工作,确保用水分配方案及早顺利实施。3月下旬,县政府作出处理决定书,由县水务局负责在榴石坑电站拦河陂放置一条2.5寸口径的排水管,以保证拦河陂下游群众的生产生活用水。至此,这矛盾尖锐的水事纠纷终于得到圆满解决。当地群众纷纷寄来感谢信,称赞县人大常委会关注民生、纾解民困、促进和谐。

参加调研的县人大常委会选举联络任免室的负责同志介绍说:“实现好、维护好、发展好人民群众的根本利益是调研工作的出发点和归宿,自县十三届人大常委会开通代表直通车以来,在闭会期间收到反映人民群众热点、难点、焦点问题的建议,每年至少有有十多件,对每一件代表直通车建议,常委会都派出调研组,深入现场调查了解,找出最佳解决办法,督促县政府及其职能部门妥善解决。”现在,“有问题找代表,有问题找人大”已成了紫金县人民群众的共识。

调研催生全县镇级人大规范化建设

早在2004年,为指导镇人大工作,县人大常委会每年都组织人员深入到全县各镇人大进行专题调研,在调研中发现,一些镇人大或多或少地存地着位置不当、职责不明以及工作人员精神不振、业务不熟、工作不力等问题,很大程度上制约了基层人大工作的全面发展。根据调研成果,县人大常委会决定在全县开展镇级人大规范化建设工作,按照“位置得当、职责明确、组织健全、制度落实、业务精通、场室独立、运作规范、作用明显”的总体要求,认真抓好镇级人大规范化建设工作,以使镇级人工作逐步走上制度化、规范化、法制化轨道。

2005年,该县以古竹、义容镇为示范点,积极探索镇级人大规范化建设这一全新工作。经过一年的试点工作,也经过一年的调查研究,摸索和总结出一套成功的经验和做法。

2006年,县人大常委会在全县铺开镇级人大规范化建设工作,同时给合调研成果,引入竞争激励机制,对镇级人大规范化建设的各项工作进行量化评分,对全县各镇人大进行考评,在每年年终进行总结表彰,树立榜样,鞭策后进,从而一个比、学、赶、超、创的镇级人大工作竞争态势形成。

去年,该县人大常委会开展镇人大专题调研中,发现凡是党委重视、人大主动、政府支持的镇,人大工作都开展得有声有色。于是县人大常委会决定将镇三套班子的积极性都调动起来,2008年初,县人大常委会建议县委将镇人大工作列入县委对各镇工作综合考评的一项重要内容,并以文件形式下发,至此,又将竞争激励机制提高到一个新的高度。如今镇人大工作亮点纷呈,真正肩负起基层权力机关的重任。“镇人大工作创新发展的过程,就是人大调研工作不断深入的过程”,县人大常委会领导在总结镇级规范化建设工作时指出。

调研是提高履职能力的法宝

“没有调查,就没有发言权。调查研究是人大最重要的一项基础性工作,是每一位人大工作者必须掌握的基本功。我县人大工作开展得有声有色,得到人民群众的肯定,其中一个重要的成功经验,就是时刻注重调查研究，把调查研究贯穿于履行各项职责的全过程，调查研究是我们不断提高工作水平的法宝。”该县人大常委会领导在2007年年终人大工作总结会议上如是说。

县十三届人大常委会成立伊始，为规范各项工作，建章立制，健立健全了各项规章制度，学习调研成为每位人大工作者的必修课，长抓不懈，大兴学习思考之风，大兴调查研究之风，大兴狠抓落实之风，精神面貌焕然一新，县人大常委会组成人员和人大干部在长期的学习调研中，不断提高素质、增长才干。

如今，该县人大常委会更是创新调研工作，做到开门搞调研，一改过去调研中，参加人员大多局限于常委会组成人员和机关干部内部，重新调整调研队伍组成人员的构成，注重扩大一线基层代表和基层镇人大干部参与比例，提高人大代表和基层人大干部参与调研活动的积极性。会前调研是人大代表必做的功课，每年人代会召开前，全县1500多位各级人大代表组成的调研大军走村入户，倾听群众心声，广泛征求选民意见，成为紫金人大工作一道亮丽的风景线。

作者简介：马火林系广东省河源市紫金县人大常委会党组书记、常务副主任，黄志敏系广东省河源市紫金县人大常委会办公室副主任

从“一步到位”到“分步到位”

——福建省永泰县人大常委会完善财政预算决定权运作程序纪实

福建省永泰县人大常委会人事代表工作室主任　林孝桂

重大事项决定权是人大及其常委会的职权，也是人民管理国家事务的重要表现形式。其中财政预算方案必须经过人大审议和通过，这是法律规定的。县级人大如何切实行使好这一职权，永泰县人大常委会近几年来一直在积极探索并付诸实践。

预算是政府为了实现其职能的需要，在一定时期内（通常为一年），筹集所需资金以及如何使用这些资金，经法定程序审核批准，具有法律效力的政府财政收支计划。前几年，永泰县财政预算方案从财政局制定草案到人大会议通过，表面上看，这一程序的运作最终的决定权还是在于人大，但代表仍有意见，因为在这决定权运行过程中，人大对预算方案仅作程序性的审批，审查监督流于形式。从财政局制定预算方案——政府常务会议研究——政府提交党委常委会讨论研究——政府提请人大审议——人大会通过，人大行使财政预算决定权是“一步到位”，但这“一步到位”意味着人大行使的是形式决定而不是实际的决定权。所以有些代表认为“不说白不说，说了也白说”。

我们知道，由于现行的政治体制决定了党委必需居于领导地位，县级大多重大事项早在政府提交人大前就已经党委常委会讨论研究决定了，党委批准虽然也是形式，但具有国家机关所不具有的实际权力。因此，探讨解决问题的根本出路在于完善决定权的运作程序。2007年1月，永泰县十五届人大换届后，常委会主任林睦祥高度重视决定权“一步到位”的程序问题，带领有关人员着手调研，提出了人大决定权要“分步到位”的新思路。

2007年10月，在县十五届人大二次会议召开前的三个月，为认真落实《监督法》，切实做好2008年度县级财政预算收入的审查工作，常委会组织有关人员对财政预算收入工作开展调查。围绕2007年收入预算执行情况召开多场座谈和讨论，深入开展财政增收潜力和减收因素分析，并对2008年度县本级财政收入预算目标进行预测。同年11月，林睦祥主任带领常委会组成人员到县财政局调研，听取财政局长关于2007年财政运行情况和2008年财政预算安排思路。座谈会上，林睦祥主任提出要求：一是要加快发展，科学拟定2008年收入预算目标；二是要紧抓主体税源不放松，千方百计把第二、第三产业搞上去；三是要加强具体工作的落实力度，积极争取项目和资金；四是创新方式，细化基础性工作。

县人大常委会在调查、调研的基础上，在县政府常务会议研究后、政府提交县委常委会讨论研究前，县人大常委会主任会议进行了一次初审查。在

初审查中，主任会议又提出了一些具体建议，使财政预算更加突出民生权益保障，之后由县政府将修改后的方案提交县委常委会讨论研究。在2008年2月召开的县十五届人大二次会议上，代表们看到2008年财政预算考虑周到，安排科学，都比较满意。

永泰县人大常委会在行使财政预算方案的重大事项决定权时，提出的人大决定权"分步到位"的新思路，实际上就是在原来运作程序上加了二道程序，即在原来程序：财政局制定预算方案——政府常务会议研究——政府提交党委常委会讨论研究——政府提请人大审议——人大会通过，加上人大常委会调研和主任会议初审两步，其新的运作程序为：人大常委会调研——财政局制定预算方案——政府常务会议研究——人大主任会议初审查——政府提交党委常委会讨论研究——政府提请人大审议——人大会通过。人大决定权从"一步到位"变成"三步到位"。虽然整个决定权流程只是发生两个变动，但这个变化却使整个程序更加趋于顺畅。由于县政府认真吸收主任会议的初审意见，提交县委常委会决定的方案就更加完善，而后由县政府提请人大审议的议案所要修改的幅度就很小、所要修改的地方就很少，科学化程度将大大提高，其代表性也将更加广泛。完善后的决定权运作程序，提高了人大的权威性，体现人民的意志。

2008年，永泰县财政工作取得良好成效，财政总收入比增26%，其中地方财政收入比增28%，创历史最好。在2009年县十五届人大三次会议召开前，永泰县人大常委会又一次认真总结经验，不断完善调研、初审机制，进一步完善财政预算决定权的运作程序。

作者简历：林孝桂，男，福建省永泰县人，1957年11月生。1980年参加工作，先后担任过乡长、乡党委书记，县人大常委会办公室主任、教科文卫委主任、人事代表工作室主任。

情系民生　权为民生　利在民生

——湘潭县人大常委会工作突出民生主题

湖南省湘潭县人大常委会　朱修良

十四届湘潭县人大常委会在开局之年，全面贯彻落实党的十七大精神，以人为本，把关注民生、重视民生、保障民生、改善民生作为履职的出发点和归宿。

在2008年1月召开的县十四届人大常委会第一次会议上，主任黄忠德对全体组成人员提出要求：新一届湘潭县人大常委会要把关注民生、保障民权、实现民利作为履职工作的重中之重，从解决全县人民群众最关心、最直接、最现实的利益问题入手，切实加大保障和改善民生的工作力度，让改革发展的成果惠及广大民众。

建议意见贴近民生

锦石乡胜利桥是锦石乡胜利村、洄水村和排头乡辰山村村民的交通要道，桥与坝合建，桥坝两用，灌溉下游9个村。桥建于上个世纪70年代，由于设计简陋，加上年久失修，自行车、摩托车、拖拉机等过桥非常困难。近三年来，有近20人次连车带人摔下桥，其中摔死2人，给当地群众的生命财产安全造成巨大威胁，乡村干部多次开会研究，终因财力有限等原因未能解决。在2007年12月召开的第十四届湘潭县人民代表大会第一次会议期间，县人大代表、胜利村委会主任杨伏秋牵头提出改造胜利桥的建议。2008年7月，县人大常委会主任黄忠德率县交通局、水利局、锦石乡政府负责人及县代表现场督办，从规划设计、资金筹措、组织施工等方面进行了认真研究和详细安排，目前该桥的改造正在施工之中。

2008年9月4日，代县长张束林、副县长王永红、唐剑恒率农业、国土、旅游、财政等14个县直部门负责人来到河口镇现场办理县人大代表提出的有关基层组织建设、土地整理、防汛抗旱、企业发展、基础设施建设等方面的问题，能办的当场办理，不能办的，进行认真解释说明，代表十分满意。

县十四届人民代表大会一次会议以来，共收县人大代表提出的建议、批评和意见378件，其中342件是涉及到教育、卫生、农村基础设施建设等民生方面,占总数90%。县人大常委会对此类建议均进行跟踪督办,根据代表反馈的信息,截止11月20日,建议办理的"见面率"达到100%,"解决率"达到55%,"满意率"达到95%以上。

专项审议切入民生

2008年2月29日召开十四届湘潭县人大常委会第二次会议,听取和审议县人民法院信访工作专项报告时,部分委员对法院的信访工作表示不满,有的甚至提出了尖锐的批评。会后,县法院党组多次召开专题会议,制定和完善了一系列信访工作制度,妥善处理了一大批多年重复上访的案件,从而使县法院的信访量大幅下降。2007年,涉及县法院到县人大的信访160余件,占到县人大全年信访总量的30%,2008年,全年涉及县法院到县人大的信访量仅76件,同比下降45%。

经国务院批准,1995年8月,湘潭县治移址易俗河镇,为了加强县城管理,2007年5月县十三届人大常委会第30次会议审议通过了《湘潭县县城管理办法》,2007年6月1日开始实施,经过一年的实践,执行情况怎样。2008年9月,县人大常委会采取听取汇报、组织座谈、实地察看、发放调查问卷等形式进行调研。10月29日,第7次常委会听取和审议县人民政府关于《湘潭县城管理办法》执行情况报告,常委们根据调研到的情况,竞相发言。

"县城已被列入长株潭'两型社会'核心区,提升县城品位、创建文明县城,要从县委、人大、政府、政协四大家做起,每一个机关干部都要成为遵守交通秩序、讲究公共卫生、言行文明的模范。"

"从这次收回的几百份调查问卷来看,有61%的居民认为县城违章建设严重,有42%的对县城交通秩序不满,有61%的居认为占道现象严重,而认为《办法》执行效果好的只有24%。"

"政府的各个职能部门要从强化部门职责入手,27个部门各自负什么责任,必须进一步分解明确,坚决杜绝相互推诿现象。"

"对城区公共厕所布局不合理、垃圾中转站偏少、临街店铺'门前三包'卫生责任落实不力等问题,需尽快解决"。

2008年,县人大常委会还先后听取和审议了县人民政府关于农村公路建设,落实国家惠农政策和支农资金、幼儿教育、敬老院建设、县城公园建设等10余个有关民生方面的工作报告,并向政府提出许多切实可行的交办建议,并已基本上得到落实。

执法检查直击民生

《中华人民共和国动物防疫法》从1998年9月1日开始实施,依照法律要求,从实施之日起,各地必须实行动物强制免费免疫,所需费用由省、市、县三级财政按比例分摊,由于湘潭县财政困难,一直把本应由县财政负责的部分转嫁到了养殖户身上。对此,乡村干部和广大养殖户反响十分强烈。

湘潭县年出栏生猪280万头左右,是湖南生猪生产第一县,全国生猪大县,103万农民的收入主要来自于养殖业,大力发展生猪生产是促进广大农民增收的重要途径。所以,新一届县人大常委会把《动物防疫法》的执法检查列入2008年工作的重点。从4月份开始,由常委会正副主任带队,并邀请部分市县人大代表和有关部门专家,分成三个组对全县22个乡镇的《动物防疫法》落实情况进行了认真的检查调研,历时两个多月,接着还到省内动物防疫工作做得比较好的新邵、湘乡等县市取经,后经主任会、常委会反复讨论修改,向县人民政府提出交办建议。县政府接到交办建议后,专题召开县长办公会议,制定了《湘潭县重大动物疫病免费强制免疫方案》。根据方案,从2008年秋季防疫开始,全县实施强制免费免疫。虽然,县财政每年将为此多付出600万元左右,但对全县的动物养殖事业将起到巨大的推动作用。

"行政不作为,行政乱作为,借行政许可索、拿、卡、要等现象是阻碍全县经济又好又快发展的一道屏障,各级各部门一定自觉接受人大的监督,针对这次人大执法检查中发现的问题制定具体整改措施,并认真整改到位。"2008年8月26日第6次常委会听取和审议《行政许可法》执法检查报告后,列席会议的代县长张束林作最后表态。

"新闻媒体要严格遵守有关医药广告管理方面的规定,坚决杜绝违规广告,药监、卫生、公安、工商、物价等部门要加大联合执法力度,依法严肃查处医药方面的的违法案件,净化医药市场,维护人民群众的利益。"

这是10月29日,召开的第七次常委会会议审议关于《中华人民共和国药品管理法》执法检查报告时,常委们的发言。

2008年,湘潭县人大常委会以人为本,通过提出建议、批评和意见,开展执法检查,进行专项审议等形式,围绕改善人民群众生活条件,提高生活质量,促进社会和谐发展,督促政府大力解决有关民生方面的热点、难点问题,并取得了人民群众满意的效果，人大的作用得到了进一步发挥。

大风起兮云飞扬

——吉林市昌邑区新建街人大工委组织代表开展活动纪实

吉林省吉林市昌邑区人大常委会副主任　杨元成

吉林市昌邑区新建街位于辖区北部，人口1.8万，主要由中钢吉林铁合金厂职工和家属构成。街道本身既没有工业企业，也没有商业网点。

面对全市上下齐心协力实现经济总量翻番的新形势和新任务，如何完成区委交给的经济工作指标，为驻街企事业单位和人民群众创造良好的工作和生活环境？新建街道党委高度重视人大代表工作，指导人大工委认真组织代表开展活动，积极调动各种积极因素，为实现全区经济总量翻番和各项事业发展做出了贡献。

突出重点：经济工作春潮带雨

2009年1月20日，在昌邑区经济工作会议上，新建街道经济工作因成绩突出，获得了经济工作基础奖、招商引资先进单位奖。王永鹏书记手捧奖状，激动地说："街道经济工作获大奖，人大代表立了头功！"

座落在新建街的中钢吉铁是全国闻名的大型国企，也是昌邑区的纳税大户，公司党委书记、工会主席等主要领导都是区人大代表。新建街道党委和办事处领导利用人大代表的特殊关系，加强与企业的联系，定期走访代表，征求意见；组织代表视察企业生产经营情况，为企业发展服务。

2007年8月，一些不法分子与企业个别人内外勾结、猖狂盗窃工厂原材料。街道领导在走访中了解到这一情况，向区政府汇报。区政府责成公安分局，协调铁合金厂周边的3个派出所，召开联席会议，部署开展联合打击盗窃违法犯罪活动，有效地遏制了偷盗活动，维护了企业正常生产秩序，企业周边治安有了明显好转，为发展生产创造了良好的环境。

新建街道人大工委认真组织代表围绕经济建设开展活动，极大地调动了人大代表参与全区经济建设的热情。他们在努力做好本职工作的基础上，积极为区、街经济发展献计出力。2008年1月、区人大代表、中钢吉铁党委书记刘国清获悉鸡西市恒源造纸厂欲在吉林市投资建厂后，及时将信息通报给街道领导，并积极牵线搭桥，努力促成该企业在昌邑区落户。区人大代表、地税昌邑分局兴华所副所长王求宏积极协助街道收缴税款，为街道事业发展提供资金保障。

在线色谱测试仪是一种高科技、高附加值的新产品，主要应用于国家大型输变电、军工等行业，具有广阔的市场前景。2007年10月，得知林立峰想投资3000万元，兴建吉林市贝斯康通讯科技有限公司，生产在线色谱测试仪，街道人大工委主动与企业联系，帮助解决困难，从征地、建厂，到设备安装，跟踪服务，并列为昌邑区招商引资重点项目。该项目将于2009年5月投产，公司拟将昌邑区作为总部，2年内在全国设5个分公司，覆盖全国市场。由于林立峰在全区经济发展中做出了突出贡献，2008年11月，桩依法补选为昌邑区十六届人大代表。

抓住热点：社区建设风生水起

如今，人们走进新建街道社区，整洁的社区活动室展现在面前：宽敞明亮的学习室里，人们有的在看书，有的在看报，有的在上网；热热闹闹的活动室里，有的在下棋，有的在打乒乓球，有的在器材上做各种健身动作；托老服务站里，空闲老人们有的做按摩，有的做理疗。大家有说有笑，尽情享受着改革开放带来的美好生活。

前几年，新建街道没有社区活动室，居民们茶余饭后只能在街边巷尾做一些简单的体育锻炼。随着人民生活水平的提高，群众对文化体育需求更加强烈。2005年，街道提出兴建社区活动室，活跃群众文体生活的设想，得到了包括人大代表在内的辖区群众的积极响应。代表们说："社区活动的受益者是企业职工和家属，我们是人大代表，就应该有钱出钱，有力出力。"

区人大代表、中钢吉铁总经理刘国清和铁合金北方联营公司水泥厂厂长宫静海出钱、出人、出水泥钢材等材料，无偿提供赞助；区人大代表、中钢吉铁工会主席王靖晖为社区活动室捐赠5000册图书，并经常赞助社区开展活动；区人大代表、铁合金北方联营公司总经理赵晓光时刻牵挂社区组织建设，从公司退休人员中选择优秀干部推荐给社区，成为社区活动的骨干和中坚力量，为社区活动无偿提供赞助。在街道和人大代表多方努力下，2005年8月，包括服务站、活动室、学习室在内的2000米社区办公用房建成了。区人大代表、铁合金吉冶实业公司经理李可达提供楼房，作为街道办公楼，并减免街道办公楼和社区办公用房供热费。

打造亮点：军民共建花好月圆

2007年8月3日，解放军65307部队营区内。绿色草坪上，战士们赤手格斗刚刚结束，一条条军犬在训犬员的指挥下，时而奔跑追逐，时而跳跃障碍，时而寻找“毒品”，敏捷的反应、灵活的动作赢来了一阵阵热烈的掌声。这是部队分区人大代表在区人大常委会主任邵世文带领下，视察部队建设时的情景。

新建街辖区内驻有人民解放军65307部队，团长王朝辉是区人大代表。多年来，街道和驻军团结互助，军爱民，民拥军，连续6次被省政府评为军民共建先进单位。部队大力支持地方建设，主动承担急难险重任务。首长带领官兵，每年春秋两季为地方植树种草，冬季为居民小区刨冰除雪、清理垃圾，深受人民群众的好评。

军民共建也是代表工作的亮点。人大代表热情关心子弟兵成长，大力支援部队建设。每逢年节，人大代表和区、街领导一起，到部队走访慰问。2006年8月，部队300余名官兵在利比亚完成“维和”任务归来，街道和人大代表牵头，全区文化、教育系统精心编排一台文艺节目，热烈欢迎子弟兵胜利凯旋。

为解决战士退伍后就业问题，街道成立了军地两用人才培训基地。区人大代表、迎宾路小学副校长林春艳主动请缨，将基地设在自己工作的学校，无偿提供教室、电脑等设备。战士们在培训基地学习计算机知识，还在中钢吉铁学习车、钳等技术，深受子弟兵欢迎。

零距离接触

——临洮县人大常委会首次邀请公民旁听常委会会议

甘肃省临洮县人大常委会　张学东　杨正财　吴祺

公民旁听创先河

2009年6月26日，甘肃省临洮县站滩乡云谷村村民杨林远一大早就赶往60公里外的县城。对他来说，这是个不寻常的日子，因为这天他要旁听县十六届人大常委会第十七次会议。

为了密切地方国家权力机关与人民群众的联系，进一步了解民意，加强公民对人大常委会依法行使职权的监督，今年以来，临洮县人大常委会在学习借鉴外地人大工作经验和充分调研的基础上，于2月28日在召开的县十六届人大常委会第十四次会议上通过了《临洮县公民旁听人民代表大会和常委会会议制度》。该制度规定，县人大常委会会议内容确定后，在举行常委会会议15天前在县电视台发布旁听会议公告，公布会议的时间、地点、内容和旁听人员报名须知。

6月26日上午，县十六届人大常委会第十七次会议如期召开，首次接纳了包括杨林远在内的5位普通公民旁听。

“这个会议，和想象中的不一样。”第一个报名申请旁听会议的曹克勤感触颇多：“这次会议最明显的不同在于，常委会组成人员们发言很有针对性，不像此前我参加过的一些会议，仅仅是简单地听听报告、念念文件。”

八易其稿始成形

普通公民能够旁听会议这是杨林远等5位公民想都想不到的，而这得以实现，有一个起了促进作用的人，这个人就是人大代表史维亮。

2008年初，临洮县召开十六届人大三次会议，市县两级人大代表史维亮提出了“要进一步扩大民主范围，邀请公民旁听县人民代表大会和县人大常委会会议”的建议。史维亮提出，邀请公民旁听县人大常委会会议已在全国一些地方实行，我省部分县(市、区)也有了经验。此举对树立人大形象、加强人大同人民群众的联系,对于政务公开、扩大人民群众的知情权、推进民主政治的建设,构建和谐社会有积极意义。为此,他建议县人大常委会将此作为一项制度在全县范围内实行。

2008年3月,县人大常委会组织召开代表意见建议交办会,该建议由县人大常委会办公室负责办理。办公室很快作出答复:将结合今年学习实践科学发展观活动,研究制定《临洮县公民旁听县人民代表大会和常委会会议制度》,推行公民旁听人民代表大会和人大常委会会议。

由于达成了"公民旁听人大常委会会议,是扩大公民有序政治参与的新途径"的共识,县人大常委会从今年1月起便开始了《临洮县人大常委会公民旁听县人民代表大会和常委会会议制度(草案)》的起草工作。起初,有常委会组成人员认为,实行公民旁听关系重大,不可贸然行事。应该在确保会议秩序的前提下,再搞公民旁听。也有人认为,常委会会议十分严肃,对旁听者的要求应该较为严格。由于意见分歧较大,该《制度》前后经历了四次主任会议、两次多方征求意见以及两次常委会会议的6次讨论,最终于今年6月得以通过。

就这样,从代表建议的提出到旁听的首次实行,前后经历了近6个月时间。

积极申请掀热潮

首次实行公民旁听,县人大常委会高度重视。在举行常委会会议15日前,常委会办公室在当地新闻媒体和临洮县政府网站发布公告,向社会各界公告了会议时间、地点和旁听议题,以及公民申请旁听的办法等有关事项。

"起初,我们都有点担心。"负责接听咨询电话、接待申请者的常委会办公室工作人员说:"毕竟第一次搞旁听,公民对旁听的了解有多少,会有多少人来报名申请都还是个未知数。"

可让县人大常委会办公室工作人员没想到的是,该县广大群众都对旁听十分感兴趣,申请积极性很高。

工商联的曹克勤是第一个申请者,他说,以往对人大常委会的认识都只停留在理论层面上,这次有机会旁听常委会会议,可以真切地体验一下人民的权利是如何行使的。

团县委干事钱珺是这里面年龄最小的一位申请者。她说:"我参加工作时间不长,有这个机会参加规格这么高的会议,我一定不能错过。"

报名截止的最后一天,云谷村农民杨林远从站滩乡跑到县人大常委会填写申请。他激动地说:"现在人大的大门向公民敞开了,我想看看人大是怎么行使监督权的。有这个机会能让我了解这些事情,我不能错过。"

短短几天时间,十多位申请者从各乡镇、各单位赶来了。

首次旁听常委会会议的这5位公民包括工人、农民、干部,民主党派、社会群团代表,年龄最小的25岁,最大的48岁。

"公民对旁听如此热情,说明公民的主人意识、民主意识、参政议政意识都在提高。同时也说明广大群众对人大制度了解还不多,这方面的沟通较少。'知情不足'才导致如此渴望能够亲历首次撩开人大常委会的'神秘面纱'。"临洮县人大常委会副主任张成发说。

敞开大门促和谐

首次旁听常委会会议,旁听者感觉既兴奋又自豪。而首次面对旁听者的人大常委会组成人员认为这是一种压力。临洮县人大常委会一位工作人员说:"我们在会前调研时本着广泛充分的原则,审议时也特别认真,不敢有丝毫的马虎。尽管旁听者没有在会上发言,但是我能感觉旁听公民的目光时刻注视着自己。这5双眼睛背后,还有54万临洮人民的关注。如果我们工作没做好,实在是无颜面对老百姓。"

谈及县人大常委会制定的旁听制度,临洮县人大常委会副主任王耀洲认为:"公民旁听带来的压力,能够促使人大常委会组成人员本着对人民负责的态度,提高审议质量,加强学习,提高素质。"

县人大常委会主任张学东则表示:"首次实行公民旁听后,县人大常委会还将更进一步加快民主建设步伐,进一步广开言路,听取各面的意见和建议,以便改进工作。对于旁听公民提出的多条意见和建议,常委会将做到民有所呼,我有所应,高度重视这些来自群众的声音。"

(作者:张学东系临洮县人大常委会主任
杨正财系临洮县人大法工委副主任
吴祺系临洮县人大常委会办公室秘书)

春风化雨景色新

——吉林市昌邑区人民法院落实人大代表建议积极开展多元化调解工作纪实

吉林省吉林市昌邑区人大常委会副主任　杨元成

2008年12月23日,吉林市昌邑区十六届人大三次会议上,区人民法院王玉堂代院长向大会报告开展各项审判工作情况,赢得了全体代表们一阵阵经久不息的掌声。这是全区人民对人民法院工作的热情褒奖,饱含着对一年来工作的充分肯定,凝聚着对今后工作的殷切期望。

那么,人们不禁要问:人民法院的工作为什么会在人代会上引起这么强烈的反响?人大代表为什么对法院工作给予这么高的评价?

吉林市昌邑区是全市最大的城区,常住人口多,城区繁华,工、商业兴旺。近年来,随着经济发展,群众法律意识不断增强,诉讼成为解决矛盾纠纷的重要方式,大量的民间纠纷涌入基层法院,昌邑区法院年平均受理案件4000－5000件,使本来应该成为维护社会公平正义最后一道防线的人民法院成了第一道防线。然而,诉讼得到的判决结果往往与民众基于传统道德、伦理而形成的价值取向严重脱节,大量判决得不到当事人的认可,不但不能平息社会纠纷,反而加剧了矛盾和对抗,导致申诉多、执行难等问题日趋严重,加之民商事诉讼解决纠纷机制程序复杂、成本高、周期长等弊端,在一定程度上削弱了法制的权威。

2007年11月28日,昌邑区十六届人大二次会议上,人大代表在讨论全区2008年工作时,建议区人民法院以科学发展观为指导,积极探索建立多元化调解机制,主动化解社会纠纷和矛盾,努力促进社会和谐,充分发挥审判机关的职能作用。

代表们的建议给区人民法院一班人很大震动。他们认为,这个建议反映了全区人民的愿望,符合上级院的精神,抓住了当前审判工作的症结。经过研究,决定将开展多元化调解工作做为2008年全院工作重点,以“定纷止争”为目标,按照“能调则调,多调少判,调判结合,案结事了”的要求,建立诉前、庭前、庭中调解机制,努力探索新形势下人民法院依法解决纠纷的新路径。一年来,昌邑区人民法院在立案厅设立调解室,举办了3期培训班,培训人民调解员183人(次);反聘了一名经验丰富、责任心强的退休法官进驻人民调解室,指导整个多元化调解过程;开通了法律援助窗口,形成了区、街(乡、镇)、社区(村)三级调解网络,实现了人民调解与诉讼调解的有效衔接。多元化调解的范围由传统的婚姻家庭、邻里关系、损害赔偿等常见性、多发性矛盾纠纷到城乡建设、土地承包、环境保护、劳动争议、拆迁征地等社会热点、难点问题,涵盖了社会生活方方面面。人民调解如春风化雨,润泽着广袤的昌邑大地,幻化出一道道靓丽的风景。

风景之一:没花分文,70户农民喜得种子代培款

通过诉讼解决纠纷,需要当事人付出一定的经济成本和精力。如何既解决纠纷,保护当事人的合法权益,又不使其承受太大的经济负担,耗费更多精力,让困难的当事人打得起官司?多元化调解机制做到了。

2007年春季,吉林市鼎吉公司与本市70户农民签订种子代培合同。约定鼎吉公司2007年11月25日前回收稻种,农民不得私自买卖。农民按合同耕种、管理和收割,至2008年1月8日,鼎吉公司仍未回收。农民无奈,只得来法院告状,同时表示交纳诉讼费有困难。

立案庭收到当事人起诉状后,将纠纷转入人民调解室。调解员初步了解案情,摸清双方当事人争议的焦点,对当事人能做出让步的最高限度和最低限度进行初步判断后,开始深入细致调解工作。调解员与鼎吉公司取得联系,有针对性地讲解法律,告知违反合同应承担的法律后果;向农民讲解诉讼需要成本和时间,希望双方最好协商解决问题。最后,双方达成协议:鼎吉公司上门收购合格稻种,不合格的由农民自行处理。至此,没花一分钱,在很短时间里,纠纷得到了圆满解决。

风景之二:求同存异,业主物业桌前握手言和好

对簿公堂是当事人双方矛盾不可调和的最后选择,有时判决的效果也未必理想。如何既解决矛盾,又不伤双方和气?多元化调解机制的运行,使之成为了现实。

吉林市鸿博物业公司因业主不交纳物业费,遂将其告上法庭。经调查了解到,物业公司与业主之间的利益冲突主要是物业服务不规范,双方关系没有理顺造成的。对于这类事实清楚、标的不大的案件，如果立案厅发出支付令，强行其执行，效果不会理想。

人民法庭采取“诉前提示”的方式，将业主与物业公司拉到了调解桌前，由法官和调解员共同进行诉前调解。最终，双方达成了协议，纠纷得到了圆满解决。物业公司负责人说：“经过调解，业主表示如数交纳物业费，支持了我们的工作。以后我们一定要提高服务质量，让业主满意。”业主们表示：“法官和调解员对我们拒绝交费的理由给予了充分的考虑，而且将物业公司的义务也写进了调解协议中，使我们的权利得到了保障。”

风景之三：灵活调解，一天办结3个遗产纠纷案

推行诉前调解机制，分流了审判工作的压力，使接案量大大减少，以便把有限的审判资源投入到重大疑难案件的审理中去，提高审判质量和效率。

昌邑区居民刘桂丽和于国福系再婚夫妻。2007年，于国福因病死亡后，刘桂丽与其7名子女因遗产继承发生纠纷，向昌邑区法院提起诉讼。在该案审理期间，案外人白俊莲、孙迎化（均系刘桂丽同事）称于国福生前向她们借过款，有借据为凭，要求参加诉讼。于国福的姐姐于国华也手持借条，称于国福生病期间，向其借钱治病，主张以遗产优先偿还债务。

此案如果进入诉讼程序，不仅需要专门机构对借条进行科学鉴定，花费时间和财力，还要分3个案子来审理。立案庭将这起纠纷分流到人民调解室，调解员将3个案子一起办，仅用一天时间就结了案，当事人都非常满意。

风景之四：多方协调，母为女讨公道最终得善果

许多民事案件涉及的不仅是单纯的财产关系，而且涉及到当事人的感情世界。庭中调解抓住当事人之间矛盾症结，直达诉争双方的思想根源，从事实上、思想上和心理上彻底解决问题，一般无须启动二审程序，对调解达成的协议，大多当事人能自觉履行。从而，减轻了法院执行环节的压力。

昌邑区居民胡淑环因女儿白云晶车祸致残未能得到有效治疗，欲要回34万元赔偿金为女儿治病未果，与女婿刘建勋发生激烈纠纷，互相打骂，险些酿成刑事案件。胡淑环上诉到昌邑区法院，人民调解员详细了解情况后，认为白云晶应由其母亲胡淑环监护，在白云晶全部赔偿金由刘建勋转移给胡淑环后，双方解除婚姻关系。这样，既能解决胡淑环给女儿看病的费用，便于对其进行监护，又能使刘建勋今后的生活有新的希望。刘建勋申请其妻白云晶为无民事行为能力人，昌邑区法院下达了判决书，社区指定胡淑环为白云晶的监护人。

调解员将双方当事人传到法院调解室，经反复调解，最后达成离婚协议，并经立案庭速审确认，刘建勋将剩余30万元当即交付给胡淑环，其他财产也得到顺利执行。双方当事人都非常满意，被告还向立案庭赠送了一面锦旗。

昌邑区人民法院多元化调解纠纷，截止到2008年11月末，共调解各类案件1011件，调解成功率达78.1%，进入诉讼程序的民商事案件比上年同期减少1102件，诉讼案件下降52.5%，执行案件下降38%，收到了当事人诉讼成本极大降低、解决纠纷时间极大缩短、当事人精力极大减少、司法资源极大节省、和谐氛围极大增强的良好社会效果。

和风拂柳绿，细雨点花红。昌邑区人民法院积极调解工作，主动化解矛盾和纠纷，促进了社会和谐、繁荣和进步。人们有理由相信：昌邑区的明天会更美好！

人大代表张平——

用爱心谱写辉煌人生

张平，男，1963年出生，中国共产党员，大专学历，工程师。1995年5月至今任延安治平建工集团董事长兼总经理、陕西省第十一届人大代表、延安市第三届人大代表、延安市人民代表大会制度研究会副会长、延安市房地产协会副会长、延安市慈善协会名誉副会长、延安市扶贫协会副会长、宝塔区第十五、十六届人大代表延安市工商联副会长、延安市建筑业商会会长、李渠镇碾庄党委书记。近年来荣获：中华慈善事业突出贡献奖暨第二届中华慈善人物奖、全国建筑安全先进个人、陕西省劳动模范、陕西省为公益事业做出突出贡献的十大民营企业家、陕西省关爱员工优秀民营企业家、三秦慈善奖、圣地慈善奖、延安市为慈善事业做出突出贡献的优秀民营企业家、中国经济百名杰出人物。

张平引领的治平集团公司先后承建道路工程500多公里，房建工程50多万平方米和大量市政工程，完成建设投资20多亿元。向社会捐助累计达4229万元。近年来被中央文明委授予“全国创建精神文明建设工作先进单位”，省委、政府授予“省级文明单位”，“省级安全生产先进企业”，“陕西省质量服务信誉AAA级单位”等；被延安市委、市政府授予“文明单位标兵”、“优秀民营企业”、延安市希望工程“爱心企业”、“重合同守信用企业”等；被宝塔区委、区政府授予“明星私营企业”、“纳税大户”“热心社会公益事业先进民营企业”。

省市领导在张平投资建设的张新庄调研

治平集团办公大楼

中国·普宁国际服装城
CHINA INTERNATIONAL CLOTHING PUNING CITY
建设大市场 ● 搞活大流通
提升大产业 ● 繁荣大经济

品牌进驻：雷伊、群豪、名鼠、堡狮王、柏堡龙、乐士、名鳄、路易王子
数百家知名服装品牌，强势入驻中国普宁国际服装城，齐心打造一商贸名城，衣被天下！
世界眼光打造商贸名城
做到“衣被天下”
争5年内再造一个
新“义乌”！
地址：广东省普宁市环城北路与池揭公路交汇处
电话：0663—2699888

新农村建设的领头雁——刘清灵

——记梅州市劳动模范、兴宁市坭陂镇陂宁村党支部书记刘清灵

刘清灵，中共党员，兴宁市坭陂镇陂宁村村党支书记兼主任。在带领广大村民奔康致富探索过程中，他充分发挥党员模范带头作用，认真贯彻落实科学发展观，在社会主义新农村建设过程中，以领跑者的姿态走在全市的最前列，如今，陂宁村成为兴宁市社会主义新农村建设示范点。由于成绩突出，他多次评为优秀共产党员受到了上级的表彰奖励。

回顾走过的路，刘清灵感慨万千。他于1977年兴宁五·七大学毕业后，1978年1月回乡任陂宁村生产队长、村团委书记，他就开始寻找脱贫致富的门路，1980年当选兴宁县人大代表，搞过大队企业厂长，从事过畜业、保险等工作。为了改变贫穷落后的困境，他想过很多，做过很多，更吃苦很多。通过起早贪黑的辛勤劳动，他的个人事业逐渐走上平稳发展道路，日子过得红红火火。2005年，他当选为村委会主任，于是他毅然辞去工作，带领家乡百姓一起谋发展，共致富。几年来，乡村建设成绩突出，屡获嘉奖；多次受到上级表彰，2006年当选为市人大代表。近年来，他着重从改善村容村貌、完善基础设施等方面大力开展新农村建设。一是美化、亮化、净化、绿化村级环境。投资20万元用于绿化村委小公园和主村道旁绿化，整治毛公寨崩岗，聘请了保洁员，定期修剪花草，定期收取和清运垃圾，确保村内环境卫生，安装路灯146盏，亮化村级环境。二是解决民生热点问题，完善基础设施。多方投资300万元兴建了高标准规划建设的陂宁文化广场，为村民提供了一个集休闲、集会、娱乐、健身于一体的好场所；投资50万元兴建了一栋村民活动中心；投资120万元，兴建陂宁山庄，进行集饮食、种茶、种果山区立体开发，发展村级经济；投资140万元改造了陂宁小学，改善学校教育教学环境；投资20万元改建了村卫生站，改善了村医疗卫生条件；投资100万元，修筑了水泥村道4.5公里，投资6万元兴建了友谊篮球场，为村民提供了良好的活动场所；利用省农综开发的契机，全村共修筑“三面光”水渠4800米，排洪沟1000米，为全村1195亩农田提供了较好的灌溉条件，同时三条水泥硬化公路已顺利建成，一条是长约3公里的又宽又平的陂宁大道，另二条是通往其他村长8公里的水泥硬化路。不仅有效的促进了陂宁村生产建设，而且极大的方便了乡亲们的生活。现在陂宁村境内，到处是一片生态优美、繁荣和谐发展的景象，村民收入持续增加，生活条件不断改善。这一切，都是陂宁村推进新农村建设的丰硕成果。同时刘清灵又是一位关爱群众、乐施好善的好支书、好代表。多年来，他以一颗赤诚的情怀，尽心尽力为群众做好事实事。2005年至今，他带头捐资为300多名有困难的农民解决农村合作医疗等问题；2005年至今，他连续4年春节时为全村100多户困难的农民送上慰问金和慰问品；2008年“5·12”四川汶川特大地震发生后，他带头捐款，并发动村里群众积极捐款，筹得捐款3.2万元，献出了殷殷爱心。

光阴似箭，日月如梭。刘清灵几十年的人生经历，经历过许多彷徨，许多艰辛。凭着他敢想敢做敢闯的大无畏精神，为民请命的满腔热情，在平凡岗位上做出了不平凡的业绩，受到了广大村民的爱戴和上级好评。我们相信，在今后征途上，在他的带领下，陂宁村定会走出一条勤劳致富、开拓进取的康庄大道，在社会主义新农村建设中，必将谱写下新的篇章。

欣欣向荣的直罗采油厂

延长油田股份有限公司直罗采油厂（原延长油矿管理局直罗钻采公司）成立于1987年6月。

油区位于鄂尔多斯盆地南部陕甘交界的斜坡带上，可开发资源面积4182平方千米，目前勘探控制面积2274.6 平方千米，探明地质储量3744.93万吨。现有直罗采区、张家湾采区和大东沟、直罗、张村驿、牛武四个探区。现有生产油井1094口，职工1109人。

近年来，在延长石油集团、油田公司的正确领导下，在县委、县政府的大力支持下，在涉油部门、乡镇的全力配合下，党委书记、厂长任东意带领采油厂全体员工，加大开发力度，加快了发展速度。2008年完成投资34952万元，完钻生产油井327口，探井42口，生产原油8万吨，实现销售收入22116万元，上缴财政税费合计6072万元；2009年计划完成投资 23808万元，原油产量突破10万吨大关，达到11万吨。

多年来，曾先后获得“陕西省经济明星企业”、“市特级资信企业（AA）”、“全面质量管理（TQC）验收合格企业”、“企业管理先进单位”、“保稳定求发展先进单位”、“陕西省诚信经营企业”等荣誉称号，为县域经济发展做出了积极贡献。

直罗采油厂领导班子研究制定发展规划

县委书记刘天才在油田检查指导工作

诚信仁爱，敬业创新，杏林秀色展新姿

——前进中的兴宁市第二人民医院

兴宁市第二人民医院（前身是工人医院），创建于1958年，是一间非营利性的二级综合性医院。近年来，新的领导班子带领全院干部职工，与时俱进，开拓创新，励精图治，锐意进取，取得了良好的社会效益和经济效益，多次被评为市“文明单位”、“先进单位”。

医院坚持“以病人为中心”，提供优质服务。大力抓好医德医风建设，坚决纠正收受“红包”、“回扣”、“开单提成”、乱收费等医疗活动中的不正之风。严格执行物价政策，控制医药费用，减轻群众负担，为病人提供合理、低廉、透明的医疗服务。廉洁行医，文明行医蔚然成风。

医院坚持“质量第一，保证安全”的医疗准则。不断加强科学管理，建立和健全各项规章制度。加大人才培养力度，不断提高人员素质。大力抓好基础理论学习和基本技能训练，狠抓全员质量教育，强化质量意识。定期邀请专家来医院坐诊、会诊、讲学，使全院医护人员业务素质有了明显的提高，医疗质量跃上了一个新台阶。

医院坚持走“科技兴院”发展之路，积极开展科研活动，推广应用新技术，开展新项目。有9个科研项目被梅州市批准立项，有3项科研成果获“兴宁市科技进步三等奖”。先后引进了美国全身螺旋CT、日本阿洛卡彩色B超、日立黑白B超、德国西门子X光机、全自动生化分析仪等一大批先进的医疗仪器设备，使医院的诊疗水平大大提高。

展望未来，医院全体干部职工将以崭新的面貌迎接新的机遇和挑战。把最好的技术、最优的服务献给广大患者，为保障兴宁市人民的身体健康作出更大的贡献。

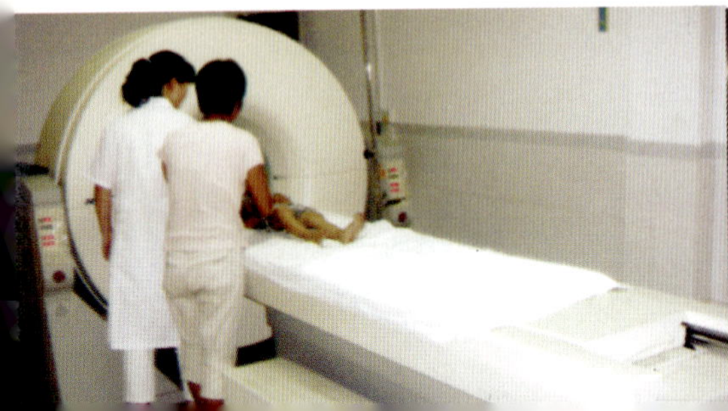
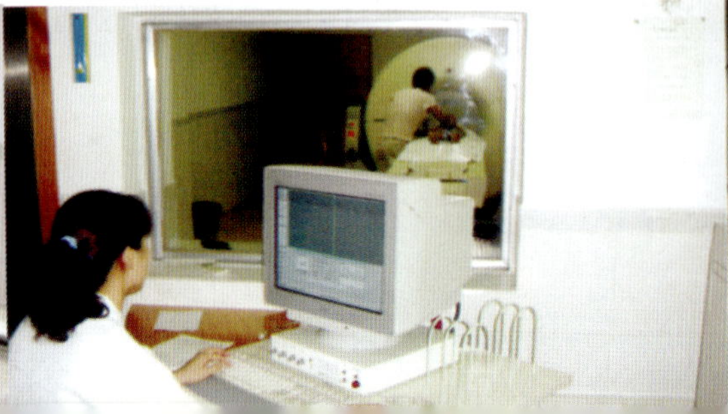
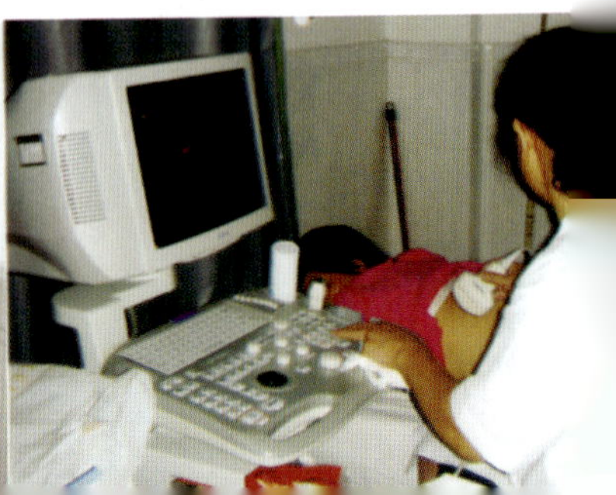

代表风采

天高九重"聚金龙"

——记山东省诸城市人大代表李政国和他的聚金龙汽车发展有限公司

高彦青　王培强　王东泰

在山东诸城建材城北侧，一座总投资2.5亿元，占地10余万平方米的大型汽车配件市场正在迅速崛起，宏大的规模初见端倪，这是山东聚金龙汽车发展有限公司高起点投入、跳跃式滚动发展的又一神来之笔。由此，山东聚金龙汽车发展有限公司凭借自身的实力跻身于潍坊地区乃至山东汽车业界的佼佼者之一，他从拼搏进取中走来，创造着齐鲁大地汽车行业的经典品牌。

李政国是聚金龙汽车发展有限公司的创始人之一。李政国，男，1967年6月出生，高级经济师、高级技师职称，诸城市人大代表，现任山东聚金龙汽车发展有限公司董事长、总经理。十几年来，李政国带领公司员工，植根沃土，锐意进取，先后经历了创建企业、改革开放、迅速成长、资源整合……数十年的风风雨雨，播种收获，在激烈的市场竞争中不断发展壮大，创造出辉煌的历史篇章，被誉为创业路上的带头人。

1989年，诸城市武装部组建机关实体——兴武汽修厂，李政国被任命为该厂的负责人，一切都是白手起家，当时的汽修厂只有两件简陋的旧房子，十几名工人，在一没资金二缺技术的条件下，凭着东拼西凑借来的一点工具带领全厂职工开拓创新，真抓实干，企业逐步发展壮大，取得了良好的经济效益和社会效益，到1994年底，企业净资产就达到600多万元。

为筹建新厂，李政国付出了全部的心血和精力，在整个建厂的过程中，白手起家，困难重重，李政国亲自担任建厂总指挥，战胜了工作中的无数困难，无私的奉献了自己的一切。为搞土建，他披星戴月，日夜奋斗，有时几天几夜不合眼，把工地当成了自己的家；为筹资金、设备、他劳苦奔波，南下北上，没早没晚的干，就这样，他以创业的巨大决心和牺牲个人一切的实际行动，指挥和带领广大职工战胜无数困难，建起了一个新兴的汽车维修厂——诸城市市直机关汽修厂、诸城市兴武汽车修配厂，属广州标致、北京213、一汽奥迪、日产系列、丰田系列、美国通用公司指定的专修厂家，并承接上海大众及各种轿车维修，这在当时，在诸城是首屈一指的。十几年来，兴武汽修以其雄厚的技术，现代化的管理，高技术的设备，使兴武汽修厂一跃成为诸城汽修行业的龙头企业，并带动了诸城汽修行业的迅猛崛起。现在，兴武汽车有限公司已拥有注册资本金660万元，职工180余名，总资产6300万元，年汽车维修达到10万多台次，成为诸城市汽车维修、配件销售行业的龙头企业。

历史的脚步坚实向前。在激烈的市场竞争中，李政国认识到，企业如逆水行舟，不进则退。他积极带领全厂干部职工大胆改革，不断创新工作思路，积极抓合资、办公司、拓展业务的辐射领域和规模，使企业由一个裂变成五个企业，使企业的规模进一步壮大。1997年诸城市农机局机关加油站因管理混乱面临倒闭，盘给了兴武汽修厂，接手后，公司着重在提高油品质量、增加油料种类，狠抓客户管理等方面下功夫，终于使加油站起死回生，并发展成为现在拥有固定资产3400多万元的大型油料公司。

1998年原诸城市人保公司修理厂因经营管理不善破产倒闭，形成了大量的不良资产，李政国果断决策，买断破产企业，在原有基础上建立了集配件物流、汽车销售、技术培训于一体的全国唯一的福田汽车服务中心，业务覆盖上百家服务网点和客户群体，不单盘活了原有的资产，而且创造了可观的经济效益和社会效益，现在，福田品牌服务中心已发展成为天舜汽车服务有限公司，拥有国际领先的先进设备60多台套，员工120余名，总投资5200多万元。

作为一个企业的"掌舵人"，李政国深知，把握了市场的主动权就等于把握了企业的前途和命运。2001年他在掌握了大量市场信息的基础上，瞄准汽车行业发展的趋势，抢抓机遇，适时成立了兴国安汽车销售有限公司，销售各种进口和国内轿车，形成大型汽车超市，成立了哈飞、长安、东南4S店，成为县级市中汽车销售的一个亮点，同时也是企业的一个新的经济增长点，该公司现已有员工60多人，总资产达到9968万元。

2003年，本着稳步发展和产业互补的市场格局，公司组建了诸城市兴武汽车出租有限公司，投资500多万元，购置出租车100余辆，并提供各种高中低档汽车品牌的租赁业务，使企业在汽车服务业发展道路上迈出了坚实的一步，企业的发展链条进一步完善。现在，该公司发展为拥有员工队伍200多人，总资产5800多万元的大型汽车出租租赁公司。

2006年底，由于不断攀升的原油价格和不断加大的环境负担，汽车使用天然气的意义越来越重要。公司为适应市场需求，在西外环路交通要道处投资建设成天然气供应中心。该中心建成后向广大顾客提供天然气燃料，据测算，不管是专用车型还是改装车，至少都可以节省50%的能源支出，从而填补了诸城市天然气加气站的空白。该项目现已投资1200万元，按诸城汽车保有量20万辆计，项目建成后，年收入可达3000万元。

母体裂变产生了巨大的经济效益和社会效益，为山东聚金龙汽车发展有限公司的腾飞插上了翅膀，2006年7月，在诸城市委、市政府的大力支持下，公司进一步扩张规模，新上了诸城市配件汽车专业市场项目，成立了山东聚金龙汽车发展有限公司，总公司下辖兴国安汽车销售公司、兴武汽修公司、兴武汽车出租公司、天舜汽车服务有限公司、永邦汽车服务有限公司等七个子公司，固定资产达到3.6亿元。

大气度决定大格局。这座由山东聚金龙汽车发展有限公司投资2.5亿元兴建的大型配件汽车专业市场，以恢弘的气势伫立在诸城西部，他紧靠206国道，地理位置优越，交通便利，位于连接临沂、潍坊、日照的咽喉之地。该项目2006年3月开工兴建，经过两年多的努力，目前工程接近尾声，项目总投资2.5亿元，其中固定资产总投资1.5亿元，流动资金1亿元，项目面积104083平方米，据测算，项目建成后预计年总收入12.42亿元，年实现利税9270万元，投资利润率21.6%，其中配件市场55800平方米，建成后收入5亿元，年实现利税4800万元，该项目市场前景非常广阔，具有良好的经济效益和社会效益。

该项目是诸城市招商引资的大项目之一，建设项目气魄宏大，共分十大板块，分别是汽车配件市场、汽车专卖市场、旧车交易市场、福田汽车服务项目、油气站、综合服务区、仓储物流区、汽车养护维修美容市场、一汽大众4s店。项目建成后，将成为山东省一流的、东部地区大型高档的汽车销售市场和汽车集散地，对促进诸城汽车贸易与服务行业的跨越式发展具有举足轻重的作用。

该项目的开工建设得到了诸城市委、市政府的高度重视和支持，对审批用地、项目规划建设等方面给予了大力支持，市领导多次亲临现场进行视察调度，帮助解决实际困难，使项目建设得以顺利进行。现在美好的蓝图已化为现实，为诸城经济的发展再添新亮点。企业的快速发展，不仅为全市开辟了新税源，而且增加了上千人的就业机会，为政府分忧解愁，减轻了社会就业负担。

在担任人大代表期间，李政国同志认真履行人大代表职能，积极参政议政，建言献策，为全市的经济发展和社会稳定提出了许多意见和建议，引起了市委市政府的高度重视，多次被评为市优秀人大代表。近几年来，企业获得了大发展，取得了高效益，李政国常说，这是党的好政策和社会各界大力支持的结果。企业做大了，做强了，不能只是股东和职工受益，而是要致富思源，回报国家和社会，造福全市人民，反哺诸城这方热土。多年来，企业不但守法经营，依法纳税，而且积极支持社会公益事业，奉献爱心。在社区建设中，企业捐资40万元，为贾悦镇朱家官庄硬化路面3500平方米，多次为抗震救灾和抗洪救灾捐款、捐物，长期捐助失学儿童继续接受教育，优先安排下岗职工和转业军人就业，等等。一滴水折射出太阳的光辉，聚金龙人对社会奉献的每一份情，体现了他们服务大社会无止境的追求，从而树立起企业的良好形象。

不甘落后，自强不息，奋发图强的胸怀，孕育了聚金龙"不断创新、追求卓越"的企业精神，从创立伊始到汽车业界的领军品牌，山东聚金龙人一路走来，一步一个脚印，一段一个梦想，一个梦想一段辉煌，在激烈的市场竞争中独占鳌头，翩然起舞，在龙的故乡不断创造着新的神话。

人大代表的追求

——记巴彦淖尔市人大代表徐寿平

李挺　许春江

徐寿平是内蒙古临河徐三水产公司的经理，徐寿平在他们弟兄中排行老三，人们都叫他徐三。九十年代初，徐寿平开始从事水产零售，像滚雪球一样越滚越大，从一个个体商户发展成今天有员工四十多人，固定资产500余万，集水产、肉食、调运、冷藏、批发零售于一体的综合公司。

我们认识徐寿平是在一次募捐活动中。2003年8月的一天，临河新华办事处在天龙社区设立了一个募捐点，为辖区五名贫困大学生募捐，一个30多岁的中年人路过募捐点停下了车，他边走边从衣兜拿出一个钱夹，将1000元现金投入募捐箱，正要离去时我们叫住了他，"你叫什么名字？在哪里工作？请您填写这张大额募捐登记表"。他看了看，在登记表上填下了这样的内容：徐寿平，住新华办事处防讯办家属楼，希望贫困大学生能顺利入学，学好本领，报效社会。

2003年底，临河区十四届人大换届选举，徐寿平被社区推荐为人大代表侯选人，在激烈的竞争中，徐寿平脱颖而出，成为人大代表正式侯选人，此时我们对徐寿平有了更多、更深的了解。徐寿平小的时候家境并不富裕，兄弟姐妹四个，他排行老三，高中毕业后，他就因家境贫寒辍学在家，他失去了上大学继续深造的机会，却立志要挣很多钱，为社会上的贫困人们排忧解难。他先后学过徒，当过饭店采购，做过买卖。实践中让他学到了很多经营方面的知识，也进一步理解了人生的真谛。90年他开始经销水产，通过十几年的探索，有成功的甜蜜，也有失败的痛苦，今天他终于成为临河地区最大的水产经销商。自己富裕了，他没有忘记自己的诺言，每年都要拿出一部分钱，救济大学生或扶助贫困户，受到了社区广大群众的高度赞扬和爱戴。人大代表选举投票结束后，徐寿平高票当选临河区人大代表，成为辖区群众的代言人。2004年撤盟设市后，徐寿平被选举为市一届人大代表，2008年初，市人大换届，他又连任市二届人大代表。

2008年春节即将来临，水产和肉食品涨价，直接影响到居民的日常生活质量，水产、肉食品销量聚减，弱势群体更是望洋兴叹，只能素食过年。徐寿平看在眼里，急在心上，经过走访调查，他明显感到低保户每月100多元的低保金只够买几斤肉，日常生活难以维持，他经过思考，决定拿出1.3万元让困难群体在春节期间吃上肉，过个好年。他通过九个办事处，筛选了100户贫困户，每户资助100元。活动中他还亲自将肉食品送到贫困户家中，当贫困户从徐寿平手中接过肉食品时，眼里都含着泪花。2009年春节之前，徐寿平又一次拿出1万元肉食品，资助了临河地区100户贫困户和残疾人。

就业是民生之本，消除零就业家庭是地方政府就业工作的重中之重。2005年，城镇居民的失业率明显增加，企业职工下岗，政府机构精简，一部分人失去了相对固定的收入，群众的就业愿望非常强烈。徐寿平在民情调查中察觉到这一情况后，他想，我是一名人大代表，有责任为政府分忧，为百姓解愁。他积极与相关企业联系，通过办事处就业平台为50多人解决了就业问题，他自己的公司就一次性安排了9人，职工李某从那时进入徐寿平的企业，一干就是4年，工作中得到了徐寿平不少的关心和生活上的帮助，每月有一笔可观的稳定收入，逢年过节还给发红包，他感动的说："是徐寿平帮助了我，不然我这四口之家，老的老小的小，这日子可怎么过啊！"

2008年5月12日，四川省汶川地区发生强烈地震，人民的生命和财产遭受了巨大的损失，全国人民在党和政府的领导下"万众一心、众志成城"，抗震救灾重建家园。徐寿平想："我不能亲自前往灾区为群众解除痛苦，但灾区重建需要资金"。他在第一时间前往市红十字会捐款5000元现金。同时，他积极组织自己企业里的职工为灾区人民捐款捐物献爱心，先后有30多名企业职工为灾区捐款3800余元、衣物150余件、被褥7件，为灾区人民送去了一份爱心、一份温暖。

徐寿平是一个普通的企业负责人，从他当选人大代表开始，就忠实地履行着"人民选我当代表，我当代表为人民"的承诺。在他当选人大代表的五年中，先后走访了200多户居民征求并向政府反馈意见、建议23条，向人大提出建议11条，其中3条被市人大评为优秀建议。建议内容包括民生、就业、扶贫、交通等诸多方面。绝大部分是反映社情民意和与群众息息相关的问题。他急群众所急，想群众所想，为社区居民实实在在做了很多好事。据不完全统计，五年来，他共为社区建设捐资25000元，用于扶贫济困捐款27000元，资助贫困大学生10000元，其它公益事业捐款13000元。有人说徐寿平有点傻，徐寿平却说："我愿意当这样的傻子，一个人不能只为自己活着，只为钱活着，那才真是傻子"。这就是一个人大代表的追求。

用行动书写使命　用执着践行职责

——记满洲里市人大常委会主任周吉良

在满洲里市，有这样一位人大工作者，在领导眼里，他是人大工作的行家里手；在同事眼里，他是谦虚谨慎的良师益友；在群众眼里，他是为民请命的好代表、好领导。他就是现任满洲里市人大常委会主任的周吉良。他是呼伦贝尔市第二届人民代表大会代表、常委会委员，满洲里市第十、十一、十二、十三届人民代表大会代表。他几十年如一日，无论在什么工作岗位上，总是以他那求真务实的工作精神，雷厉风行的工作作风，赢得人们的尊敬和爱戴。作为一名人大代表，他时刻和不忘党和人民的重托，以实际行动谱写了一曲奉献之歌。

履行职责，甘当人民公仆

"人大代表，肩负着人民的重托，理应代表人民的利益、反映人民的意愿。"周吉良如是说，在实际生活中他也是这样要求自己的。为了真正了解民意，掌握实情，他经常深入基层，了解社情民意，掌握和收集第一手材料。正因如此，多年来，他所提出的建议大都与群众利益息息相关，并且得到了市政府的高度重视。今年，为尽早采取有效应对措施，化解金融危机带来的不利影响，更好地发挥人大常委会在促进经济社会发展、促进社会和谐方面的作用，他亲自带队就外经贸发展金融环境情况、房地产业发展情况、国税收入基本走势情况开展专题调研，形成了内容全面翔实、分析实事求是、问题客观准确、建议切实可行的调研报告，字里行间，都浸透了他辛勤奔波的汗水。

身体力行，为民排忧解难

初见周吉良，你一定会被他大度而自信的性格所吸引，睿智而不失幽默的谈吐中折射出他的真诚、从容和淡定。熟悉周吉良的人都了解，他不仅是一个优秀的人大工作者和人大代表，也是一个好人。"解决群众困难，是我们应尽的职责"，这是周吉良常说的一句话。他经常带钱带物走访贫困群众、孤寡老人，关心他们的生产生活，让群众实实在在地感受到党的温暖和关怀。据不完全统计，自当选为人大代表以来，他累计捐款捐物数万元。在他亲自关注和努力下，满洲里市最低生活保障标准已由170元提高到240元，社区工作人员生活补贴标准人均每月提高了350元，百姓普遍关心的公厕问题得到了解决。

率先垂范，铸就人生风范

"严于律已，宽以待人"，同事们这样评价周吉良。人们都说，满洲里市人大常委会是一个非常和谐团结的集体，是周吉良以他谦虚谨慎、与人为善、率先垂范的人格魅力，感染了每一名工作人员。在他的带领下，满洲里市人大常委会形成了团结进取、活力迸发、奋发向上的工作氛围，各项工作正在步入一个市委坚强领导、"一府两院"配合支持、人大常委会奋发有为的和谐发展的崭新阶段。

清白做人，是周吉良对自己一贯的要求。这些年来，他担任过许多重要岗位，始终能够自觉抵制不良社会习气，以身作则，从不乱花公家一分钱，不乱用公家一次车。公出时，为节省经费，经常与司机住一个标间；工作人员和老干部生病住院时，自己花钱买水果看望……"扬帆力排千重浪，迈步更上一层楼"。成绩面前，周吉良并没有满足，面对新的形势，面对新的困难，又满怀豪情地抒写着更新更美的篇章。

新试验区里的守望者

——记十一届全国人大代表姜玉泉

湖南省株洲市人大常委会　李文波

他是一位工作在新国家试验区里的全国代表，第一次向全国人民代表大会提交的《关于设立农村剩余劳动力转移培训整体改革实验区的建议》，就受到了大会议案组的特别关注，认为“很有新意”。

我国目前1.5亿外出务工农民中没有接受任何培训的占45.3%，接受不超过15天简单培训的占25%，接受过正规培训的仅占13.1%。一方面是企业空岗以待，招不到技能工；另一方面是农民技能不足，找不到新工作。

十一届全国人大代表、湖南省株洲市人大常委会主任姜玉泉2007年年初从市委常委、政法委书记岗位来到市人大常委会主任岗位，2008年初当选为十一届全国人大代表。在这个岗位上，他敏锐地发现，在我国总体上已进入以工促农、以城带乡的发展阶段，工业化中期劳动力大转移的背景条件下，“转移培训”却是一个薄弱环节，成了制约城乡发展的“瓶颈”。

“改革开放以来，尽管已有大量农村剩余劳动力转移到非农部门，但由于历史和现实原因，目前全国农村剩余劳动力的就业压力依然很大，剩余数量高达2亿之多。随着城市化进程的加快以及农业生产力水平的提高，剩余还将进一步扩大。《国务院关于进一步加强农村教育工作的决定》指出：‘积极实施劳动力转移培训，每年培训2000万人次以上，使他们初步掌握在城镇和非农产业必需的技能，并获得相应的职业资格或培训证书。’而我国目前1.5亿外出务工农民中没有接受任何培训的占45.3%，接受不超过15天简单培训的占25%，接受过正规培训的仅占13.1%。一方面是企业空岗以待，招不到技能工；另一方面是农民技能不足，找不到新工作。据2007年初原劳动和社会保障部对全国25个城市2655家企业调查显示，有15.1%的企业甚至一半用工都没有招到。”

基于此，姜玉泉提出建议“国家批准设立农村剩余劳动力转移培训整体改革实验区，建设职业教育城，整合职业教育资源，大力开展新时期农民转移培训……”目前，国家有关部委正在积极办理该建议，农民转移培训有望取得突破。

“只有用改革的手段才能破解发展中的难题，要敢破敢弃敢立敢为。”

2007年12月14日，国务院批准长株潭城市群为全国资源节约型和环境友好型社会建设综合配套改革试验区。这次姜玉泉将目光定格在了“改革试验”。

“‘两型’要求是科学发展的应有之义，作为经济相对落后的中部地区特别是老工业基地能否处理好老企业的污染问题，是改革试验的第一步。”比如作为“一五”时期全国八大重点建设工业城市之一的株洲，工业污染历史欠账多、包袱重，一些污染企业隶属省或中央，地方无权将其关闭。姜玉泉认为“只有用改革的手段才能破解发展中的难题，要敢破敢弃敢立敢为。”株洲市政府在他的建议下，加大改革试验工作力度，并积极向上请示汇报，争取支持。在国家能源局支持下，前不久，对株洲城造成严重粉尘污染的华银电力株洲电厂两台12.5万千瓦机组的巨大烟囱被爆破拆除。对城市造成严重空气污染的明珠选矿药剂有限责任公司和天成化工有限责任公司也被成功关闭。市政府颁布实施《株洲市湘江流域水污染综合整治实施方案》，决定3年时间内取缔关闭、停产治理和限期搬迁132家排污企业。截至目前，其中15家严重污染企业已关闭到位。与此同时，一批新型工业化项目如期开工，如“北汽控股”南方生产基地落户株洲，进展顺利。

姜玉泉在调研中了解到，据原国家环保总局委托湖南进行的调查数据显示，株洲市区土壤重金属污染较为普遍，其中镉污染严重，治理任务紧迫。为此，他向十一届全国人大一次会议递交了《关于株洲市区重金属污染土地处理的建议》。“对受到重金属污染的土地进行应急处置措施治标不治本，无法从根本上切断居民通过食物链摄入重金属的渠道，因此，宜采取土地变性方式，整体搬迁居民、异地安置，然后实施生物修复工程彻底解决污染问题。”目前，这一建议引起了国务院的重视，国家发改委、国土资源部、环保总局等部门密切配合，正在积极办理代表建议。

2008年2月14日三水港花炮仓库发生爆炸事故，日益显现出传统的出港模式对花炮产业发展的严重制约。

烟花爆竹是我国的传统产业和璀璨瑰宝，深受世界各国人民的喜爱。湖南的浏阳、醴陵，江西的万载、上栗四县市紧紧相邻，是全国最大的出口花炮生产基地，花炮生产和出口总量占到了全国总量的80%以上。但一直以来，花炮主产区生产的花炮仓储、验关、封柜基本上是在广东的三水、南沙，上海的黄埔，福建的厦门等港口进行，出产地与出港口相距甚远，中间环节多，不仅增加了成本而且增加了隐患，特别是2008年2月14日三水港花炮仓库发生爆炸事故，日益显现出传统的出港模式对花炮产业发展的严重制约。2008年3月，姜玉泉向十一届全国人大一次会议递交了《关于在烟花爆竹主产区湖南省醴陵市建立花炮出港基地和花炮出口安全通道的建议》。"醴陵地处湘赣花炮基地核心区，也是中部地区唯一一个拥有海关、商检机构的县级市，大型花炮检测试放场正在建设中，建议国家发改委、国家安监总局批准在此建立符合国家标准的花炮出港基地，采取'基地检验，集中监装，就地封柜，直接通关'新模式，让湘赣主产区的花炮在基地监装、封柜，货柜运到港口后直接装船，通江达海，走向世界。"据悉，截至目前，海关总署已先后2次派出调查组赴醴陵开展可行性调研分析，制约湘赣两地花炮产业的出口通道问题有望得到解决。

梅花香自苦寒来

——记吉林省人大代表、北华大学校长助理温春阳

温春阳是北华大学校长助理、医学部常务副主任、教授、主任医师、医学博士、硕士生导师、农工民主党党员、吉林省人大代表。同时，他还兼任日本溃疡学会理事、中国医疗保健国际交流促进会胃病专业委员会理事、吉林省肝病学会常务委员、吉林省消化内镜学会委员、世界胃肠病学杂志英文版（World Journal of Gastroenterology）编委、吉林市侨联常委。

1978年，温春阳同志以优异的成绩考入吉林医学院临床医学专业。在校学习期间，他勤奋好学，刻苦专研，多次获得学校奖励。1983年，他作为毕业生中的佼佼者留校任教，工作在吉林医学院附属医院内科科室。凭借踏踏实实的工作态度、一丝不苟的工作作风和勤奋好学的拼搏精神，温春阳于1988年晋升为主治医师，并于1993－1994年获取中国协和医科大学、北京医科大学、美国－中华医学基金会（CMB）医学师资奖学金，在中国协和医科大学北京协和医院著名消化病专家陆星华教授指导下学习。在此期间，他出色地完成了"色素内镜在消化道疾病诊断中的应用，表皮生长因子在结肠良恶性病变中的表达"等课题，参于编写了"消化内镜学"等专著。

1996年10月，温春阳同志远赴日本长崎大学留学。留学期间，他刻苦铭志，潜心专研，成绩优异，多次作为优秀中国留学生代表受到国家访日领导人接见，并于1998年4月考取了博士研究生，2002年3月获得医学博士学位。2002年4月，温春阳凭借学业上出色的表现，以文部教官、助教授的身分受聘于日本国立长崎大学医学部，兼任独立行政法人国立病院机构长崎医疗中心研究员。

尽管温春阳当时已有较高的经济待遇和资深的学历，但他仍想早日归国，为祖国建设做贡献。2006年3月，他毅然决定放弃国外较好的工作环境和生活条件，回到祖国。

温春阳回国后工作在北华大学，在学校的发展建设方面发挥了重要作用。他积极参与到学校医学教育管理体制改革之中，作为医学部常务副主任，团结班子成员、带领医学部教职工，顺利实现了医学教育管理体制由旧体制向新体制的平稳过渡，成功地整合了医学学科资源。同时，他发挥自己的专业优势，经过不懈努力，使北华大学内科学成为"吉林省十一五重点学科"。在科学研究方面，他继续围绕"消化道肿瘤的早期诊断与治疗和血管新生与消化道肿瘤的关系"开展工作，从事消化病学

及消化病病理学的相关研究。他带领的课题组分别申请到了"留学归国人员基金"、"吉林省教育厅十一五规划项目"、"吉林省科技厅十一五规划项目"等课题,争取科研经费约30余万元。温春阳还积极促进国际交流与合作。在他的努力下,北华大学已经与日本一些大学和医疗中心建立了学术交流与合作关系,并签定了相关协议,为北华大学医学教育国际化做出了贡献。

繁忙的工作之后,温春阳没有忽视自身的学习和进步。他坚持学习,不断丰富自身的知识底蕴。一年来,他多次参加全国性学术会议,在"中国消化内镜杂志"发表学术论文3篇,并被遴选为第二批吉林省拔尖创新人才工程第三层次人选。

"路漫漫其修远兮,吾将上下而求索"。面对奋斗的人生之路,他正充满着锐气与豪气,充满着自强与自信。

信任　诚信　信心　"三信"铸辉煌

——记永吉县人大代表、吉林市天茂家禽养殖有限公司董事长项伟

陈国君　阿华

2008年,身为吉林市天茂家禽养殖有限公司董事长的项伟,先后被授予"吉林市劳动模范"、"时代先锋——第五届全国改革创新百佳人物",还被选举为永吉县第十六届人大代表和吉林省牧业协会理事。与此同时,他所领军的吉林市天茂家禽养殖有限公司被评为"中国AAA级信用企业"和"全国改革创新百佳单位"。在短短的一年内获得多项殊荣,这是组织上对他的认可,是人民群众对他的信任,是他多年改革创新成果的具体体现。

——为创业,项伟从饲养200只肉鸡起步。1984年,项伟高中毕业回到农村后,从事过多项种植经济项目的尝试,虽然没有成功,但一直没有放弃过努力。1996年,他看准了肉鸡养殖这个项目,于是从长春购进200只鸡雏,一头扎进养鸡产业当中,他刻苦钻研养鸡技术和经营管理知识,依靠科技创新和规范化管理,使养殖规模不断扩大,到2003年单批饲养量已达到2万只,年出栏肉鸡近10万只。通过长期的磨练,他在市场经济的大潮中,经受了洗礼,获得了商机,坚定了信心。2003年,他组建了吉林市天茂家禽养殖有限公司,先后出资2000多万元,建起了一个可存栏4万套的肉种鸡舍和年孵化700万只鸡雏的孵化场,同时配套建成了饲料公司和兽药械分公司。目前公司资产已发展到3000多万元,年创经济效益500多万元。

——为合作,项伟拿出500万元让利于民。在"公司+农户"的经营模式中,他始终践行"最大限度地保证养殖户的利润"和"竭诚为养殖户提供优质服务"的经营理念,公司为所有合作养殖户签订了保价回收的饲养合同,在肉鸡市场价格极不稳定的情况下,能够保证养殖户每只鸡最低获得2元钱的利润。2003年以来,国内爆发的禽流感疫情给养鸡业带来了沉重的打击,养鸡户几乎全部亏损,为了支持养殖户的积极性,为了坚定养殖户继续养殖肉食鸡的信心,公司先后拿出500多万元,弥补了合作养殖户的亏损,保证了合作养殖户的利润。

——为发展,项伟投资新建年屠宰2000万只肉鸡食品项目。公司在发展,产业链条在延伸。2008年,项伟提请董事会做出决定,新建年屠宰2000万只肉鸡食品深加工项目。该项目预计总投资5785万元,占地25000平方米,计划年生产优质绿色无公害肉鸡产品4万吨,年计划产值52909万元;年计划利润2736万元。该项目可直接安置就业人员300人,拉动间接就业人员1500人,同时可带动农民专业合作社社员和更多的农户从事规模养鸡,可为养户创收3000多万元。2009年4月21日,永吉县天茂肉食品有限公司厂区建设正式奠基,预计年末可投入使用。在规划公司长远发展上,项伟充满信心,他认为尽管世界金融危机的影响还没有结束,但只要我们充分把握国家产业调整的契机,走可持续发展的道路,全面践行科学发展观,就一定能够将"天茂公司"打造成为吉林地区标准较高、规模较大的肉鸡生产龙头企业,为吉林经济全面振兴做出积极的贡献。

努力打造优秀郑州公交

何庆国

近年,郑州市公共交通总公司在党委书记、总经理巴振东的带领下,致力于公交企业发展和为市民提供良好出行服务,秉承"服务为本、乘客至上、市民满意、政府放心"的企业理念,坚持发展、创造满意,实现了郑州公交又好又快的发展。截至2008年底,郑州公交现有职工9374人,运营车辆4218台,运营线路208条,线路长度3208.1公里,运营总里程2.22亿公里,年客运量7.24亿人次。

——深化改革,创新经营,适应市场,促进发展。

巴振东带领公司干部职工,按照改革、发展、造势的总体战略布局,以"三项制度"改革为突破口,调整了用工结构、工资结构,创新管理体制,转换经营机制,实现了公交企业运行机制再造;建立职工能进能出、干部能上能下、工资能高能低,岗位靠竞、收入凭贡献的劳动用工制度、干部聘用制度和工资分配制度;按照现代企业制度的要求,通过科学的产权制度安排和产权结构设计,改革产权制度,形成以公有制经济为主体的多元产权结构,有力地促进了企业发展。

通过改革,郑州公交建立了以运营为核算中心的运、修、供、后勤保障等单位之间既相对独立又相互关联的企业内部市场经济关系,使之成为企业内部的经营主体和核算主体。在公交企业内部确立了以契约形式规范和运作各经营、核算主体间的经济合算关系,形成了比较完善的结算价格体系,实现了生产组织和管理组织的高效运行。2009年,郑州公交将单一的计划指标考核调整为以增长值为主的综合考核指标体系,实行月度、季度、年度考核,以目标管理为主旨、以过程控制来保证目标实现,充分调动了各方面的积极性。

——以市场需求为导向,坚持发展、创造满意,扩大经营规模,提高公交服务能力。

公交事业要做大、做强,单靠政府投入是不现实的。在巴振东的带领下,郑州公文变"等、靠、要"为"抓住机遇、争取政策、多方融资",平均年购新车500台,年开辟新线路20条。2008年,通过扩大融资渠道,新购公文车辆760台,价款总计约2.13亿元。目前,城市公交分担率达23%;中心城区公交线网密度4.01公里/平方公里,主干线路平均发车间隔3分钟—5分钟,市内一般不超过500米就可以坐上公交车,基本上做到了"有路就有公交车"。

——加快科技进步,提升公交科技含量,让市民充分享受科技发展的成果。

打造全国一流公交,关键是科技创新。在巴振东带领下,郑州公交积极与科研院所合作,致力于建设智能化交通管理系统。公司自主研制开发了公交线路综合管理系统软件,为提高公交运营生产决策和经营管理提供了技术支撑,进一步提升了核心竞争力;自主研制开发了报站器软件升级和无人售票箱IC卡锁。这两项新技术产品还在其他部分城市得到推广。投资900多万元,于2001年8月建成并启用了公交IC卡电子收费系统,开始发售内层镶嵌着电子芯片的电子车票——"郑州公交商行世纪卡"。电子车票同时兼具电子月票和电子钱包功能,省时、方便、保值、文明、时尚,深受广大市民的认可与青睐。与银行合作,积极发展开通140个IC卡充值网点,方便市民乘车付费和充值。投资建设了内部自动化办公平台,计划、运营、机务、物资等各项管理工作均实现了微机管理,各项自动化信息管理系统已开始正式运行。采用GPS卫星定位系统、智能性电子信号牌等,及时向乘客及时提供班车间隔、等候时间、换乘途径等信息,使调度更合理化,市民乘车更方便、快捷。

——坚持城市公共交通优先、公交企业优秀,引领行业新风。

近年,郑州公交深入开展"四规范"、"三达标"、"三无线路"、"精品线路"、"品牌车组"等一系列服务活动,缩小发车间隔,减少乘客候车时间;加大高峰发车密度,强化行车秩序,倡导文明行车;规范站位、站牌设置,方便乘客换乘;规范车厢服务用语,净化车厢环境;强化职业道德和服务技能培训,提高服务技能,积极推进公交服务规范化、标准化、程序化。2008年起,空调车首次对老年乘车证开放,全年办理老年乘车卡22万张。经市物价部门批准，自当年6月10日起开始发售5折公交卡。与公交月票卡相比，5折公交卡更有价格便宜、充值灵活、使用更方便等特点。

在巴振东的带领下，郑州公交的快速发展，不仅受到了政府和群众的充分肯定和一致好评，也引起了全国公交同行的广泛关注。2005年11月，全国“优先发展城市公共交通战略研讨及公交场站建设经验交流会”在郑州召开，郑州公交场站建设优先经验作为“郑州模式”被大会推广；由公司发起签署的“公交优先在中国，让我们做得更好”的《郑州宣言》，已成为全国公交行业的行动纲领。2008年11月17日－18日，由中国城市公共交通协会、中国市长协会、郑州市政府主办，郑州公交承办的“实施公交优先、打造公交优秀、践行《郑州宣言》”3周年大会在郑州举行，为郑州公交打造公交优秀进一步开拓了思路。

在巴振东的带领下，郑州公交先后荣获全国城市公共交通文明企业、中国信誉示范单位、中国诚信企业示范单位、全国管理创新示范单位、全国公交系统先进企业、全国职工教育培训先进单位、全国服务质量AAA认证(最高级)、河南省文明单位、河南省卫生先进单位、河南省五一劳动奖状等荣誉称号，并成为全国第一家被授予“中国用户满意鼎”的公交企业。2008年，郑州公交又荣获中国城市公交科技创新优秀企业、全国首批“国家级诚信企业认证”等多项殊荣。巴振东也先后获得全国用户满意杰出管理者、中国经济百名优秀人物、优秀企业家、河南省劳动模范等荣誉称号。

永　昌——龙头高昂产业兴

春林

当前，生猪价格大幅下跌，市场销售下降，许多养殖户发展步履维艰。然而，近日，笔者在地处边远山区的乐安县金竹畲族乡花猪养殖基地采访时却发现，基地内呈现出一派红红火火的景象。猪舍内，一头头毛色黑白相间，形体肥胖、憨态可掬的花猪欢蹦乱跳，煞是喜人。基地负责人邓淼告诉笔者：“虽然现在生猪市场不景气，价格下跌，但由于年初与永昌公司签订了订单，公司按每公斤20元的合同价统一收购花猪，比普通生猪价格高一倍。今年，我们基地预计可出栏花猪200头，除去开支，纯收入可达14万元。这多亏了永昌公司的扶持带动。”邓淼的话道出了许多养殖户的心声。

乐安永昌饲料有限公司是由该县戴坊镇红光村返乡农民工江海荣于去年投资创办的。早在2008年企业还没有投产时，永昌公司就高薪从江西农大聘请了2名教授担任公司技术顾问，还聘请了13名大学生从事生产、财务、营销、质检等专业技术工作。今年，该公司又以年薪12万元和技术入股的优厚待遇聘请了一名江西农大毕业的博士生担任公司技术部总经理，并成立了‘产品研发部’和‘品质监控中心’，还引进了国际先进的HACCP(危害分析及关键控制点)管理体系，狠抓产品质量管理。科技人才为企业发展提供了坚强的支撑。投产不到一年，该公司就顺利开发出拥有自主知识产权的“嘉豪”、“嘉昌”、“嘉辉”、“嘉兴”等四个品牌的10多种包括猪、鸡、鸭、鱼、牛等系列饲料产品。

为了自身的发展壮大，永昌公司采取“公司＋基地＋农户”的发展模式，在本县的罗陂、戴坊、金竹及崇仁、新干、永丰等县建立了9个养殖示范基地，与1500多户养殖户签订合同，并采取“统一供种(苗)、统一供应饲料、统一技术指导、统一回收、统一销售”等“五统一”的办法，大力推行规模化生产、标准化养殖、集约化经营，着力发展现代养殖业。

公司董事长江海荣说：“农企合作的模式，不仅使公司具有稳固的销售群体，大大地促进了企业的发展，也解决了农户技术、销售、资金等难题，降低了农户养殖风险，带动了广大养殖户发展，实现了农企双赢。”

对此，乐安县罗陂乡坪下村养殖户陈美祥深有体会。早在前几年，陈美祥就开始从事鸡、鸭饲养，但由于受到资金、技术、销售等因素的制约，养殖规模一直徘徊在3万羽左右。2008年10月，他与永昌公司签订合同，成为该公司的一个养殖基地，规模迅速扩大。目前，他每月养殖量达4万多羽，每月纯收入达1.5万元，年收入可达15万元以上。

和陈美祥一样，该县花猪养殖户邓焱也有同感。2008年12月，邓焱与永昌合作在金竹畲族乡建立了花猪养殖基地，从事花猪的繁育和肉猪饲养，他说："以前，仅靠我个人的力量，资金、技术、销售等都很困难，花猪发展缓慢。去年与永昌公司合作后，公司先后投入近200万元资金兴建厂房、猪舍和添置设备，并专门根据花猪生长特点开发出了'嘉豪'牌花猪专用配方饲料，还统一收购销售。目前，花猪存栏量由原来的200余头迅速发展到现在的800多头。"

"有了永昌公司这个'龙头'的带动，目前，全县养殖业发展迅猛，猪、鸡、鸭、鱼等饲养料比去年增加了20%以上，全县1500多户养殖户预计每户可年增收4500元以上。"县农业局副局长邹凤祥介绍说。

龚财章——泥瓦匠的创业传奇

平相

龚财章是乐安县龚坊镇南边村人，六兄妹中他排行老四。由于父母早亡，家境贫困，初中毕业的他不得不放弃学业，跟师傅学起了泥瓦匠手艺。他脑子灵、手脚快，三年学徒期未满，就能独挡一面。在走村串户的过程中，他不仅靠自己扎实的手艺赢得了建房人的口碑，也因其出色的组织才能赢得了同行们的信任。随后，镇里成立了基建队，年轻的龚财章不负众望，成了这群手艺人的"头儿"。

1995年，随着小城镇建设步伐的加快，各地农民纷纷"洗脚上岸"，聚集到城镇从事非农产业，龚坊镇决定在镇政府所在地建一个全新的"农民城"。消息传开，各地承包商纷至沓来，龚财章和他的基建队也不甘示弱，勇敢地参与竞标，最后依靠自己的实力，如愿拿下了这项工程。经过一年多的艰苦努力，"龚坊农民城"成为该县小城镇建设的"样板工程"，龚财章也掘得了他创业生涯的"第一桶金"。

1998年，龚财章决定到县城发展。当时，县里决定拉大城市框架，在县城北郊建商贸北大道，以带动将来的房地产开发。龚财章敏锐地嗅到了其间隐藏的商机，毅然决定投资300万元在大道起点处建一座商住大楼。当时许多亲友劝他不要冒险，因为商贸北大道两边都是荒地，房子建成后可能没人买，但龚财章没有动摇。就这样，一座七层高的商住楼拔地而起。由于他采取分期付款的销售策略，再加上房价低于市场平均价格，店面和住房不到一年就销售一空。龚财章不仅为国家贡献税金30多万元，自己也赚了个盆满钵满。

2002到2003年，可以说是龚财章创业的低谷时期。2002年6月，他挂靠的永丰石城房地产开发有限公司决定投资3000万元，开发县城东郊一片15.4万平方米的荒地建居民住宅小区。合同签下后，尽管他们投入巨资进行了"五通一平"，但由于当年下半年连续的阴雨天气，造成道路泥泞，运输困难，一些欲在此建房的人纷纷望而却步，打起了退堂鼓。尽管他手头资金十分吃紧，但仍不忘按期纳税，对已建的住房坚决如期办好各种手续。由于他讲诚信、守信誉，一些建房户纷纷动员其他亲友来此购地建房。

2004年，龚财章注册成立了"乐安县财茂实业发展有限公司"，居民住宅小区开发也焕发出勃勃生机，资金回笼1500多万元，年纳税100多万元，县委统战部和县工商联授予龚财章"优秀建设者"称号。

龚财章富了不忘回报社会。他的公司不仅解决了60多人的就业问题，还积极为当地的社会公益事业出力。龚坊镇南边村门前员村小组在新农村建设中碰到了大难题，龚财章得知此事后，慷慨捐资30万元资助家乡建设。当问起他为什么这样做时，龚财章激动地说："我也是一名农民，深知农民生活还不够宽裕。现在国家有这么好的政策，帮助农民建设美好家园，我们理应感到高兴。在国家扶助资金有限的情况下，农民群众应该发挥主体作用，特别是像我这样先富起来的人更应为家乡建设出力。"

今年，龚财章的事业又有了新的拓展，投资100多万元在新余加盟了台湾"永和豆浆"国际连锁店，迎来了新一轮的创业挑战。

李锡宏和他的慈善事业

广东省潮州市人大常委会办公室　余朝粤　吴小丽

不久前，在北京人民大会堂举行的中华慈善事业突出贡献奖颁奖盛典上，潮州市人大代表李锡宏被评为第二届“中华慈善人物”。

“慈善事业的发展需要税收政策的支持，慈善公益捐赠的免税机制不仅要面向企业，而且要面向个人，鼓励和支持每个公民都来参与这项造福社会的事业。对善款应实行税收优惠政策，以激发社会开展慈善捐赠的热情，推动慈善事业的发展。”这是潮州市人大代表、广东永金兴集团有限公司董事长李锡宏在潮州市十三届人大一次会议上审议政府工作报告时提出的建议。他的建议引起了代表们的共鸣。

乐善好施　扶危济困

“每个人都必须有爱心，爱慈善。作为一名人人代表，更应该不为自己求安乐，只为人家求和谐”，“企业发展了，应该帮助别人，尤其是失学学生、贫困家庭和残疾人。今天你我他献爱心，明天你我他更辉煌。帮助别人，快乐自己。我是一个快乐的阿‘李’巴巴！”这是李锡宏的慈善理念。

李锡宏说，激发他乐意做慈善事业的，是发生在1995年的一件小事。那年的一天，他和妻子坐在电视机前看电视，电视荧屏上出现了一个镜头：新桥居委一户4口人家，爷爷年迈在家，父亲下岗，母亲是环卫工人，读小学的儿子患脑瘤，动了一次手术后还需再动一次手术，但因经济困难无法再做第二次手术。他看后深表同情。立即拨打电话表示关心，可电话总是占线。第二天一大早，他迫不及待地骑着摩托车带着妻子和女儿到医院探望那位患脑瘤需救治的小朋友并送去慰问金。从这件事开始，李锡宏就没有停止过他的慈善事业。

同时，这件事也让他深深地体会到：帮助别人、做好事善事，如果有心无钱，就像巧媳妇难为无米之炊一样。要想帮助更多需要帮助的人，做大自己慈善事业，就必须努力拼搏，创造更多的财富。他把献爱心爱慈善的理念融入到企业的文化建设当中。企业在“以人为本，构建和谐社会”的理念指导下，从刚创业以加工型为主的家庭小作坊，逐步发展为初具规模的集生产、科研、制造、销售于一体的现代化集团公司。2006年总产值24631万元，出口创汇3055万美元，上缴国家税费1375万元。

随着企业的发展，李锡宏的慈善事业也“萌壮成长”。连年来，支持修桥造路、捐资助学、抗洪救灾、助残扶弱、希望工程、拥军优属、支援国防建设等各项慈善公益事业都有他的身影。从2000年起，李锡宏开始有计划地开展助学活动。每年他都挑选出100名家庭经济困难，无法完成学业而需要救助的学生进行资助。这些人中有小学生、中学生，也有大学生。李锡宏每年给每位受资助的小学生500元，每位中学生1000元，每位大学生3000元，加上一些“计划外”的捐赠，每年用于救济扶贫和公益事业的捐款就有60多万元。2005年，我省一些地区自然灾害严重，为了及时把钱捐给灾区人民重建家园，他连夜驱车7个多小时，冒雨从潮州赶到广州，捐了5万元。支持国防建设，帮助军区通讯营建设地下电缆，他捐了50万元；省十项民心工程，他捐资30万元支持修建倒塌校舍民房；支持公安干警见义勇为基金会10万元；慰问遭受碧利斯、格美台风袭击的受灾户；捐资修建倒塌校舍14.5万元资助特困家庭残疾儿童康复活动20万……据不完全统计，李锡宏代表连年在慈善事业上已捐资捐物达500多万元，受到社会上一致好评。

传递爱心　倡导慈善

李锡宏代表除了自己做善事，还十分重视慈善事业的可持续发展，注重培育继承人和传承载体。作为家长，他十分注重对女儿的教育。两个女儿从懂事开始，李锡宏便以各种方式培养他们乐善好施的优良品质。每次捐资捐款，只要条件允许，他都带女儿们一起参加，让她们参与献爱心活动，弘扬功德，体味做慈善的感受。每当学校有组织捐献活动，他都支持和鼓励女儿们踊跃参加。员工、亲戚、朋友、同学遇到什么困难，他都提醒、引导女儿们如何帮助他们，并给予必要的物质支持。孩子们在父亲的言传身教中，把慈善无限、奉献爱心的理念潜移默化地根植于心中。女儿李冰现在也积极投身慈善事业，在2008年全市“巾帼文明岗”与农村妇代会“岗村联创，共建新农村”活动中，她是广东永金兴集团巾帼文明岗负责人。目前,送扶贫物资、慰问贫困户的活动正紧锣密鼓地筹备着。作为企业的董事长,李锡宏动员广大员工弘扬慈善文化,积极加入慈善行列中。2007 年,他积极响应市委市政府提出的构建和谐社会"春风暖人心"号召,在本集团公司举办了四次"春风暖人心"活动,在活动中涌现不少可歌可泣的事迹:员工小陈休产假在家主动捐款,吴师傅生病住院主动捐款,业务员许先生出差在外也打电话来公司参加捐款……

互相帮助,扶贫济困,参加公益活动,发展慈善事业的理念已与企业文化连成一体,深深扎根于每位员工心中。去年,广东永金兴集团有限公司被中华慈善总会授予首届"中华慈善事业突出贡献奖"。

除了把女儿们和公司引导到慈善事业中,李锡宏代表还组织其他民营企业家和社会团体,经常在社区开展慈善活动,激发公众的人文爱心,弘扬团结互助的良好风尚,倡导营造全社会投入到慈善事业的氛围中。在汶川发生大地震之后,他不仅于 5 月 14 日向全体员工发出了《抗震救灾捐款倡议书》,自发组织了"心系灾区情牵你我,奉献爱心,我们在行动"的抗震救灾捐款活动,还倡议员工自发到红十字会、慈善总会等募捐机构现场捐款、捐物、献血并参加义工,做到有钱出钱,有力出力,而且于 5 月 18 日晚集团公司联合潮州市爱心福利会、潮州集德福利会等 15 个单位在广场进行捐款义演,观看演出的市民都纷纷为四川灾民投下爱心善款。李锡宏代表在参加此次活动之前已经通过市县区有关部门、各镇、街道办事处或慈善机构多次捐款,部分还以个人名义通过红十字会奉献爱心。集团公司及员工向地震灾区捐款共 40 多万元。

仁者博爱　兼得共享

"致富不忘报国,爱心奉献社会。伸出你援助的手,献出你的爱心,让社会多一份温馨,多一张笑脸,多一个梦想。建设和谐社会要依赖物质基础,作为企业家,要为社会创造更多财富,也要树立'兼得共享'的理念,努力改善民生,尽力为所需民众解囊相助,送上一份温暖,奉献一份关爱。"李锡宏代表再次阐述他的慈善理念。他深情地说:"财富可以计数,爱心永远无限。你为公益事业捐赠,你会得到更多的快乐和尊重;你为扶贫济困捐赠,你将播下善良的种子,收获爱的果实。我们每个人献出的爱心,将给困境中的人们带来生命的温暖、生存的勇气和生活的希望,也必将使自己的心灵得到升华,身心更加愉悦!用我们博大的胸怀和无私的爱心参加慈善活动,营造一份'您的爱心,我的行动,他的希望'"。挂在办公室墙上的座右铭高度概括了李锡宏的为人和他的爱心事迹——"仁者之风貌,为之勘正己"。他无愧于办公室里一块块耀眼的奖牌——"中华慈善事业突出贡献奖"、"中华慈善人物"、"光彩之星"、"爱心天使","爱心大使"……

"所有的荣誉和成绩来之不易,我深感荣幸。我将以此为动力,继续向社会奉献爱心。"在荣誉面前,李锡宏如是说。

矢志追求　真情奉献

——记梅州市人大代表、兴宁市宁中煤气有限公司总经理陈俊炎

辛心

人生的价值在于对事业的执着追求和不懈进取;在于平凡岗位上踏实做事有所成就;在于用一腔真情奉献社会。——题记

在广东省兴宁市,人们一提起宁中煤气有限公司总经理、梅州市人大代表陈俊炎,都会予以啧啧赞许。称他是一位事业有成、乐于奉献的企业家,一位依法履职的人大代表。2008 年深秋的一天,笔者专程采访了他。

宁中煤气有限公司坐落于环境优美、偏僻雅静的洋岭村的山坡上。这里绿树成荫,花草茂盛。笔者看到,工人们正在各自的岗位上忙碌着,一切显得那么有序,那么和谐协调。陈俊炎见到我们,显得十分热情。他是个处事低调、不喜欢张扬的人。他略显得有些腼腆地对笔者说:"我十分平凡,没有做出什么成绩,对社会也没有多大贡献,今后还要继续努力……"廖廖数语,体现了他质朴无华、为人

谦逊的情怀。

一、创业篇:不畏艰难矢志追求

陈俊炎出生于1949年,也许是属"牛"的性格使然,他有老黄牛般的吃苦耐劳和执着追求精神,只要认准的事情,不论有多大的困难,都从不畏缩,勇往直前,迎难而上,排除阻力把它做好,力求完美。他从小就养成吃苦、勤奋、好学的精神,有一股不服输的劲头。这一点,是人们所认可的。

陈俊炎在农村出生,在农村成长,在他的身上,有着农民质朴、和善、厚道的品德。在九个兄弟姐妹中,他排行第四。他的父母都是老实厚道的农民。由于农村生活的贫穷,加上兄弟姐妹多,陈俊炎从小就吃了不少苦。吃不饱、穿不暖的艰苦生活,锤炼了他的意志、毅力,懂得了人活着怎样去奋斗,怎样去克服困难,怎样去培养坚强向上的性格。正如一位哲人说过的:苦难和逆境是一笔财富。陈俊炎为人真诚,思维活跃,勇于吃苦,做事扎实。务农、打砖、当杂工、经营布匹、摩托销售、音像……不论做什么工作,他都用心去钻研,虚心学习,不耻下问,从不放弃,这种认真劲,使他在人生的事业上获益匪浅。丰富的人生阅历,使他对人生有了更加深刻的认识和理解。有人说,人生长河浪涌,澎湃中蕴含着理想,奔涌里充满着希冀;也有人说,人生如一首歌,豪情凝重,深沉高亢。而陈俊炎的人生则是在艰苦中成长、在逆境中发展奋进的一部隽永瑰丽的华彩乐章。他是靠勤奋、靠真诚、靠拼搏来谱写人生之歌和体现人生价值的。

今年59岁的陈俊炎,中等个子,稍发福的身材显出"老板相",看上去比他的实际年龄显得年轻得多,他说话有板有眼,很有条理。这位在当地颇有名气的农民企业家,是改革开放的春风,使他扬起奋进的风帆。1987年,他以超前的眼光看准了燃气这一关系到千家万户群众生活的必需品,开始筹办燃气供应站。开办时资金不足,他便约定与一位合作者共同经营,但由于出现一些困难,对方信心不足,中途打退堂鼓。面对各种困难,他义无反顾,决定背水一战,多方筹措资金独自办起燃气供应站。那时,偌大的兴宁仅有2家,一家是国营的,一家是他自己办的。刚开办之时举步维艰,加上当时好些干部职工经济仍不宽裕,市场燃气价格较贵,因此,销售量不是很大。为了打开局面,他四处奔走,亲自书写大红纸广告到大街小巷张贴,宣传用煤气的好处,终于逐渐被人们认可。

1998年,陈俊炎付出很大的努力,完成了储灌站扩建工作,经梅州市有关部门验收合格投入使用。为了尽快改变储灌站面貌,陈俊炎提出加快库区规范化建设进程的目标,确定了"一年打基础、二年上轨道、三年一变样"的储灌站发展蓝图。同时,进一步解放思想,转变观念,走出了一条运用市场经济融资建设库区的新路子。这些年来,共投资700多万元完善库区各项建设,修筑了一条长500米的安全路道,库区总占地面积一万多平方米,总建筑面积二千多平方米,目前设有职工生活区、办公大楼、库区业务楼等。现有储灌站储气容量250立方米,下属燃气销售点11个,年供气量一万多吨,用气户近2万户,占兴宁市市场份额的一半左右。公司燃气事业的快速发展,不仅改变了全市的生产生活燃料结构,而且为促进全市经济和社会发展,加快城市化进程起到积极作用。

美国著名物理学家爱因斯坦曾说过:"只有把整个身心都奉献给自己事业的人,才有希望成为名符其实的大师,因此大师的高超能力需要一个人的全部心血"。现代伟大的文学家、思想家和革命家鲁迅说:"伟大的成绩和辛勤的劳动是成正比例的,有一份劳动就有一份收获,日积月累,从少到多,奇迹就可以创造出来。"20年来,陈俊炎就是这样把全部身心和汗水献给燃气事业,以博大的胸怀,不凡的魅力,带领全体员工审时度势,开拓创新,聚精会神搞建设,殚精竭虑为发展,使公司取得了社会效益、经济效益的"双丰收",成为兴宁市燃气企业的一面旗帜。

二、管理篇:强化安全诚信服务

燃气是个风险性较大的特殊行业,稍为疏忽就会带来不可估量的损失,陈俊炎深知这一点。多年来,他把加强燃气安全管理,规范燃气经营行为,作为头等大事抓好抓实:

——*加强教育,防微杜渐*。陈俊炎一是切实加强对广大员工的安全教育,组织广大员工认真学习中央领导同志对安全生产的重要讲话,学习《安全生产法》,牢固树立"安全第一预防为主"的观念,把安全生产放在首位。2001年,公司成立了学习教育领导小组,陈俊炎任组长,指定一名同志专门负责抓好落实。每天坚持班前对安全生产有布置,班后有检查有纪录,每月安全生产有评比,年终有总结表扬,对安全生产工作起模范带头作用的班、组长和优秀员工给予奖励。二是加强安全知识宣传,定期邀请公安消防等相关职能部门的领导到公司给广大员工宣讲安全知识,每年开展安全周活动，公司在兴城建立咨询点，向广大用户宣传燃气管理和安全使用知识，印发燃气管理和安全使用小册子发给广大市民。公司建立安全生产宣传栏，及时表扬安全生产工作的好人好事。三是逐级落实安全管理责任制，公司与市建设局、储灌站以及所属销售点分别签订安全管理责任书。加强岗位培训教育，公司选送员工参加省、市培举办的业务培训班，通过考核合格后发给上岗证。

——健全机构，完善制度。陈俊炎进一步建立健全了各项安全制度，以制度管人管事，严格操作规程。比如储灌站建立健全了储灌站站长工作制、储灌站工作人员守则、充装工岗位责任制、值班保卫制度、义务消防员守则、十不准充气规定、压缩机和烃泵工操作规程等多项行之有效的岗位职责，实行定人定岗，优化劳动纪律，把责任落实到各班、组长，从而形成了人人讲安全、处处讲安全的良好局面。

——强化管理，狠抓落实。陈俊炎在安全工作上敢动真格，强化管理，毫不含糊。他常说："安全出效益"、"安全是企业的生命线"。公司严格执行如下规定：(1)值班人员必须对进入库区的外来车辆及人员办理登记手续，设立收存火种点。(2)进入库区车辆必须戴上防火罩。设置摩托车熄火、起火线。(3)安全员做到每天对储灌站巡回检查，将检查情况按有关表格内容要求如实填写。(4)机械检修工对设施、设备运行检修情况如实填报并做好存档工作。(5)消防用水、备用电源每月进行二至三次演练。(6)组织安全员定期和不定期对库区内各种设施设备进行检查，查温度表、压力表、液位计是否正常，查管道、罐体、阀门及其接头是否正常，水池是否保持满水，电机水泵是否完好正常。(7)坚持每天上午八时及下午二时巡回检查罐区、泵机系统各一次，并做好检查记录，保证各种设施设备正常运转。2001年，公司购置了泄漏浓度测报器、紧急切断阀等设备，进一步完善了基础设施硬件建设。同时，投资200多万元购买七部车辆，成立一个危险品运输车队，完善了危险品货物的运输管理，确保了企业安全生产。

通过加强安全工作，取得了较好的成效，公司多年来未发生安全事故。2002年4月，梅州市召开燃气安全管理工作现场会，陈俊炎在会上作了《搞好安全管理，规范燃气经营行为，促进燃气事业健康发展》的经验介绍，受到了广泛好评。与会人员还专门到该公司参观。这些年来，梅州市市长李嘉，兴宁市委书记、市人大常委会主任江理达等领导多次到该公司视察检查，对公司的安全管理工作给予充分肯定。认为该公司高度重视抓安全，管理到位，措施有力，成效明显，值得总结推广。

作为一名人大代表，陈俊炎坚持依法经营，依法办事，诚信服务。他常说，一个人没有诚信，就没有良好的口碑；一个企业没有诚信，就没有好的形象，因此，诚信是企业发展的根本、是做人做事的准则。

陈俊炎把诚信服务贯穿于公司日常业务之中，从点滴做起。2001年，该公司以全面贯彻《广东省燃气管理条例》为动力，向广大市民作出如下郑重承诺：1、液化石油气价格保持合理有序竞争；2、不参与扰乱市场的不正当竞争行为，杜绝短斤缺两、掺假掺杂；3、所销售的液化石油气质量和售后服务均有保证，一经发现公司内销售的短斤缺两、杂质多、烧不尽的劣质气或使用残旧钢瓶超期未检测钢瓶，加倍补偿，请广大市民及时监督。4、燃气运输车辆向有资质的销售点送气和按划分区域供气。陈俊炎一诺千金，力求做到最好，让市民满意。2003年3月间，兴宁市质量技术监督局突击检查了该公司所有燃气供应站。经检查，该站所属11个门店的100瓶燃气罐每瓶都保证了规定的质量和重量，受到了通报表扬。这些年来的每次检查，该公司都获得了好评。在众多燃气供应站的激烈竞争中，该公司由于讲诚信，讲质量，因而赢得了顾客，赢得了市场，业务不断扩展，燃气供应占了兴宁市市场份额的一半以上，为兴宁的燃气事业作了积极贡献。公司连续多年被评为兴宁市"先进企业"，多次被评为兴宁市"文明经营户标兵"。2002年至今，陈俊炎当选为梅州市燃气协会副会长。

值得一提的是，多年来，兴宁市的燃气价格在梅州市各县（区）中是比较低的，作为供气份额占兴宁市燃气市场一半的公司"当家人"，陈俊炎认为，企业投资当然要讲赚钱，但更重要的是不能赚昧心钱，要取之有道，讲良心，讲职业道德，顾及长远和消费者的利益。他对一些企业乱涨价、甚至是变相涨价是很反感的。他的良好职业操守已在多年的实践中为社会各界所认可。

为了让职工在公司工作舒心，陈俊炎舍得投入美化绿化公司的环境，使之成为花园式的场所。并添置了彩电、乒乓球台、羽毛球用具，供职工开展文体活动。2007年，专门兴建了一栋房子作为公司乒乓球俱乐部的活动场所，在工作之余，员工们既切磋球艺，锻炼身体，又活跃了企业的文化生活。陈俊炎着力改善公司员工的生活福利。每逢节日发加菜费以及价格不菲的物品，每年中秋节对每个员工发高档的月饼，一买就是几百盒。对驻公司的员工每人每月还补助150元生活费，每年多发一个月的工资，每天的伙食都是鱼、肉、蛋俱全，员工们都吃得十分满意，称赞比自己家里吃得还好。公司员工遇有喜事，公司都有贺金以示祝贺；遇有不测，则送上慰问金。公司气氛融洽，亲密无间，员工们都不想离开公司，有的一干就是十多年。有一位在公司做饭的妇女，在公司工作了十多年，直到当了奶奶家里确实需要她照顾时，她才恋恋不舍告别公司。离别时，热泪盈眶地握住陈俊炎的手，对陈俊炎多年的关心体贴一再表示谢意。

三、奉献篇：热心公益　回报社会

陈俊炎致富不忘报党恩，不忘回报社会。多年来，他以一颗赤诚的情怀，热心社会公益事业，尽心尽力做好事办实事，体现了一名人大代表、一名企业家的可贵品德。他说："是改革开放的政策让我走上致富的道路，我有今天，应该感谢党和政府，我应该以实际行动报党恩。"他言行一致，付诸行动。宁中镇有一段到宁江中学550多米长的泥土路，原来路面狭窄，坎坷不平、"行路难"问题突出。2000年，在镇党委、政府的组织下，决定整修这段路面。陈俊炎知道后，毅然捐资22万元支持铺设水泥乡道。当时有一户人家不肯搬迁，他亲自登门做说服工作，并拿出6千多元帮助对方解决搬迁的有关问题，使这段坑洼不平的泥土路变成了平坦的水泥路，在铺路的半个月时间里，所用水电费全部都由陈俊炎支付。2003年，他捐资28万元修筑一条600多米长的乡道。2003年至今捐资为200多名有困难的农民解决农村合作医疗的费用，并于2003年开始连续三年为兴宁市特殊学校捐款，该校送来"关爱残疾人，热心助教育"的锦旗。2005年4月间，洋岭村一位女村民遭受不测之祸，住在市人民医院，急需医疗费。但她家生活比较困难，一时无法筹措资金。陈俊炎得知后，主动拿出五千多元给她治疗，安慰她早日痊愈，康复出院。2004年至今连续5年春节时为全村30多户生活困难的农民送上慰问金和慰问品。2007、2008年连续两年捐资2万元帮助嘉应学院的四名贫困生。2008年"5·12"四川汶川特大地震发生后，陈俊炎带头捐款1万多元，并发动公司员工捐款，献出了殷殷爱心。

陈俊炎热心文化体育事业，他本人从不打麻雀，从不赌博，但对文体事业十分热心，乐于捐资。2002年，捐资5万元举办全市乒乓球友谊赛；2004年、2005年，连续两年捐资举办兴宁市青少年足球赛；2007年，捐资举办兴宁市第一届青少年乒乓球赛。此外，还捐资3万元为市乒乓球协会购买乒乓台、凳子、桌子等。此外，还积极为社会治安、交通建设等捐资，献出了他的一片爱心。他说："一个人如果没有爱心，那么这个人的生活是没有意义的。"爱心无价，大爱无疆，从陈俊炎身上体现了其闪光的心灵，令人敬佩！据不完全统计，这些年来，陈俊炎为社会公益事业共捐款一百多万元，赢得了各级领导和社会各界的好评。

四、履职篇：不辱使命　当好代表

2002年，陈俊炎当选为兴宁市十二届人大代表，2006年，陈俊炎当选为梅州市五届人大代表。他经常说，"人民选我当代表，是对自己的信任，也是我工作的动力，当选人大代表不仅是光荣的，更重要的是多了一份沉甸甸的责任！一定要依法履职，不负人民的重托！"

怎样才能当好一名人大代表呢？这是陈俊经常思考的一个问题。陈俊炎深知，打铁先要本身硬，增强素质是关键。为此，他认真学习《宪法》、《地方组织法》、《选举法》、《代表法》等法律法规，了解有关人大制度及人大代表的基本内容，不断熟悉掌握人大代表履行职务的要求、注意的问题和工作程序。同时善于向老代表学习，不耻下问，在实践中学习，不断提高自己的观察力、分析力。他善于以人之长，补己之短，勤于思考。对于发表在报刊上一些人大代表的先进事迹，他更是认真研读，对重要的内容记在本子上。他时刻以人大代表的要求约束自己的言行，做到身在企业不忘为民执言，不当"挂名代表"、"特殊代表"。他经常利用出差、开会等机会了解社情民意，了解群众对政府有什么意见、建议，对确有价值的、具有一定普遍性的建议，他认真收集整理后向政府及有关部门反映；对不够正确的意见，他耐心向群众做好解释工作；对新颁布的法律法规，他采取各种方式，及时做好宣传教育，当好政策法律的"宣传员"，发挥人大代表的应有作用。

陈俊炎的代表观念很强，牢记职责，不辱使命。当代表以来，他按时出席市人民代表大会会议和相关代表视察活动，从不缺席。有几次他本来要外出处理公司业务，但接到了市人大有关组织代表开展视察、执法检查的通知，当公司业务与履行代表职务发生矛盾时，陈俊炎主动服从代表活动的需要，按时参加了相关视察、检查。还有一件看起来事小但不容易做到的。他家里与市人代会安排的代表团驻地直线距离也不过千米，会议期间，他每天三顿饭都坚持在所在代表团就餐，有人认为他太认真了，但他却认为一年就开一次人代会，时间不长，多抽点时间和代表们沟通接触，交流意见，对提好案、建议很有好处。人代会期间，他中午很少休息，晚上认真研读大会工作报告，收集整理有关群众对政府的反映和要求；真正把精力放在开好会议上。

人民选我当代表，当好代表为人民。陈俊炎牢记代表的职责，6 年的人大代表工作，他始终依法履职，关注民生，反映民意，走访选民 150 多人次，并提出了“加强城市建设，提高城市品位”、“加强社会治安综合治理保障群众安居乐业”、“切身加快民营企业发展”、“减轻企业负担要动真格”等 20 多条议案、建议，得到了政府的重视采纳，产生了较好的作用。

陈俊炎认为，人大代表来自人民，应当把群众冷暖疾苦放在心上，乐为他们排忧解难。他为人真诚，和蔼可亲，每天都和公司职工同吃一锅饭菜，经常和员工们促膝谈心，了解他们的思想、家庭生活情况，员工们都被他的充满人情味的真诚所感动。许多员工都说，在宁中煤气公司上班，工作舒心，心情舒畅，而陈俊炎对此认为，如果一个企业内部不和谐，员工没有积极性，就没有凝聚力和向心力，企业是不能长期生存发展的，企业的当家人应该设身处地关心员工、爱护员工，尊重员工，尽心尽力为他们解决实际困难，使他们爱企业如爱家，安心工作，发挥作用。在现实生活中要做到这一点不容易，而陈俊炎却真正做到了，20 多年如一日，始终坚持对员工以诚相待、以情动人、以情联心，从不摆架子，不闹特殊，不训人骂人，他严于律己，要求员工做到的，自己首先做到；要求员工不能做的，他带头不做。

陈俊炎视公司员工为自己的亲人，在工作上、生活上给予无微不至的关心体贴，真诚助人，处处体现了以人为本的人性光辉和高风亮节。燃气供应站站长柴丛雄，是湖南省人，起初在兴宁一家酒店当杂工。陈俊炎发现他诚实肯干，便调他到公司工作，派他参加业务培训，使他的素质不断提高。听说他的未婚妻在深圳打工还未完婚，陈俊炎便派出车辆把她接来在燃气供应站举行婚礼。婚后，为解决他们夫妻两地分居的问题，还把他的妻子调来燃气供应站工作。2002 年 7 月间，小柴患了肠伤寒病，陈俊炎马上把他送进医院治疗，并解决了住院费、医药费等全部费用。小柴非常感动，积极钻研技术，提出不少合理化建议。小柴在这里工作几年，有了一笔可观的积蓄，在湖南老家建起了一幢新楼。小柴逢人便说，陈俊炎是个大好人，他的恩德我终身铭记。陈崇湘是一名下岗工人，1994 年，陈俊炎把他安排到公司工作，使他十分感激。2008 年 7 月，老陈的妻子患了癌症，急需做手术，而手术费是要好几万元，一家人为此十分焦急。陈俊炎得知后，急为其所急，想为其所想，一方面叫女儿在网上寻医问落；另方面慷慨资助 1.2 万多元，亲自登门亲切慰问，鼓励他树立信心战胜病魔。目前老陈的妻子在广州做了手术，病情稳定，其一家人对陈俊炎的大力帮助甚为感激。

陈俊炎，作为一名普通的人大代表，就是这样用实际行动履行法律赋予着人大代表的神圣职责，践行着自己的崇高理想；作为一名民营企业家，他用执着追求和真诚谱写了一曲动人的人生乐章，展现当代企业家的亮丽风采！

大忙人“李二嫂”

——记南充市第四届、仪陇县第十五届人大代表李琼瑶

四川省仪陇县人大常委会办公室　赵权

上班的路很短，只有几百米，可她早上 7 点半出门，一路上刚迈出东家的门，又跨入西家的院，用了一个小时才走进社区办公室。

她的手机是社区的热线电话，24 小时开通，深夜里她还在接听群众的倾诉。

群众遇到困难，她尽心解忧；社区干部提出建

议,她认真采纳;选民有了呼声,她及时代言——她就是南充市第四届人大代表、仪陇县第十五届人大代表、仪陇县新政镇南门社区党支部书记李琼瑶。因她在家排行老二,老少居民都亲切称之为“李二嫂”。

“居民不就业,那我就失业”

2004年,52岁的李琼瑶不顾家人的反对和亲朋好友的劝说,毅然担任新政镇南门社区党支部书记,面对社区困难群众多、矛盾纠纷多、无业人员多的复杂局面,她全身心投入社区工作、关心群众疾苦、改善居民生活,一路匆忙的身影留下串串爱的足迹。

“上任的第一天,就遇到了从棉转站下岗的张某因无钱给长期卧病在床的妻子治病,绝望地跳入了嘉陵江,这一悲剧的发生,深深地震撼了我。”李琼瑶说,“社区要发展,首先得解决下岗失业人员的再就业,解决不了他们的就业,我就只有‘失业’。”

李琼瑶对社区的下岗失业人员全部建立了台帐,把他们的特长、爱好、年龄熟记在心。自己每天则穿梭在各单位、各部门和各营业网点,在社区开办信息专栏,组建维修服务队、宣传队,帮助下岗失业人员建基地、办实体。据了解,几年来,她组织本社区内的砖工、木工、装修工、园林工等具有专业技术的失地农民成立了“失地农民维修服务队”,解决60多户失地农民和居民温饱问题。同时,社区文艺爱好者组成“文体宣传队”,走上街道,深入社区,宣传党的方针政策。

“要不是李书记帮助我成立信息部,也许我至今还没有走出困境。”在杨克蓉的“利民信息部”,前来了解信息的走了一拨又一拨,每年收入都在3万元左右。下岗职工刘金昌至今还清楚记得,当时为了帮助他争项目、跑贷款,建成獭兔、母猪养殖场,李琼瑶是每天来回跑几个单位。目前,该社区建成了下岗就业一条街,兴办实体15个,安排新增就业下岗失业人员再就业783人,新增外出务工623人,为社区提供了1800多人次的就业。

“群众过得好了,我心里才舒坦”

“群众过得不好,我心里就闷得慌”,“群众有困难,首先应去解决”。这是她时常挂在嘴边的两句口头禅。

李琼瑶的家离社区办公室只有几百米远,每天早上7点半,她就出门,一路上居民不断与她搭讪。她有时刚迈出东家的门,又跨入西家的院,嘘寒问暖,社区居民的情况她第一时间掌握。

商贸街秦治夫妇患有痴呆症,无户口、无土地、无收入,平时仅靠做小生意来维持生活。2006年末,夫妻二人生病无法做生意,没有收入,几天没有生火做饭。“李二嫂”拿着200元现金和自家的腊肉、香肠送到秦治家中,秦治接过钱时双手发颤,夫妇激动得热泪盈眶。

社区有个七十多岁的老人张素清,靠捡破烂为生。“李二嫂”得知情况后,发动社区干部随身带上一个塑料包,随时将路边垃圾桶、办公室的空矿泉水瓶和废纸捡起带去交给她,为张素清老人增加了经济来源。

嘉陵路居民龚怀友,2006年高中毕业考上重庆工商大学,由于家庭无收入来源,他利用暑假假期到一家火锅店打工,准备挣一些钱作为上学学费。可是,在店中他不慎将全身烫伤,在医院治疗半个多月,被迫放弃学业。“李二嫂”得知情况后,拿着龚怀友的入学通知书和住院病历,到镇政府、县民政局反映,找上级领导争取助学金和困难补助。龚怀友最终得到了帮助,挺过了难关。

李琼瑶说:“群众过得好了,我心里才舒坦。”

“有啥烦心事,找我李二嫂倾诉”

2008年3月,李琼瑶在社区成立了“李二嫂”聊天室,把自己的电话号码“7215337”作为聊天热线,24小时接听群众的电话。她公开向居民表示:“聊天室就是一个和谐大家庭,有什么建议、有什么烦心事儿都可以找我李二嫂倾诉,都可以打电话来反映。”

今年4月,由于受到金融危机的影响,返乡农民工周学明兄弟从外地回到了家乡。周学明来到“李二嫂”聊天室,向李琼瑶讲出了他们的创业想法,希望得到社区的帮助。李琼瑶询问了他们的技术特长,随后帮兄弟俩购回了彩色豆腐加工机,还帮其联系了经营门面。几天下来,李琼瑶都瘦了一圈,却毫无怨言。看到周家兄弟日益红火的豆腐生意,她心里特别高兴。

今年7月下旬,持续的强降雨造成仪陇新县城低洼地带积水。居民黄照仪电话来反映,说水淹没了街道,流进了他家住房,请求帮助解决。李琼瑶马上与社区主任黄天伦一起来到现场查看,并组织其他居民一起排水。第二天,李琼瑶打电话给建设和规划部门反映居民楼建设当初没有修建下水管道的情况,请求协调解决。现在,该处居民楼的下水管道已动工兴建,居民将摆脱雨天的烦恼。

“选我当代表,我就要代好言”

李琼瑶所做的都是群众日常生活最希望、最迫切解决的小事。正是这一件件小事提升了她在群众中的威望。她连续当选为南充市和仪陇县人大代表。

“群众反映的事在一些人看来不可谓不小,但那却是群众最希望、最迫切解决的事情。这就是群益利益无小事。”“群众遇到困难,他想到你能为他解忧,才来找你。这就是群众对人大代表的信任。”“人民相信我,选我当代表,我就要认真为人民群众代好言,反映群众的心声。”李琼瑶说。

去年6月,新政中学教师吴应贤向李琼瑶反映,新政镇市场上食品价格飙高,副食店、超市等商品价格混乱,商家漫天喊价现象严重,严重损害群众利益。她及时向县政府和县物价局反映,希望尽快得到解决。县物价局加大物价监管力度,组织在新政镇每个社区内挂上了市场蔬菜水果、肉类、禽、蛋以及牛奶、米、油等食品价格的公示栏,每日更换,接受群众监督,保证了群众对农产品市场价格的知情权,维护了群众的根本利益。

南门社区失地农民何西林向李琼瑶诉苦:他家失去土地后,无经济来源,生活十分拮据。她得知情况后,通过仔细调查,联名部分县人大代表在县十五届人大三次会议上提出了“关于切实解决失地无业农民生活保障问题”的建议,大会作出了“关于切实解决失地无业农民生活保障问题的决议”。县委、县政府和县级有关部门高度重视,失地农民就业、低保等工作得到了大大加强,失地农民的生活得到了保障,解决了后顾之忧。

去年3月,一名学生家长向李琼瑶反映,学校周边一些小店销售过期变质食品,小孩吃了拉肚子、发烧现象不断,影响小孩身心健康。她联名10名人大代表在县人大会议上提出书面建议,督促卫生、工商、城管、食品监督等执法部门加大了食品安全整治力度,人民群众的食品安全得到了切实保障。

去年2月,社区居民反映在新政镇商贸街、嘉陵路和文昌巷等地方,乱搭乱建现象十分严重。去年5月,李琼瑶作为市人大代表,将此情况在市四届人大一次会议分团审议发言时专门提出,引起了市、县领导的高度重视,县人民政府及时加大了违规建筑的整治力度,确保了新县城建设的顺利推进。

“这几年,我没能好好照顾年迈的父母和生病的丈夫,没尽到一个家庭主妇的责任,多少次想到家人的支持和鼓励,我就觉得愧对他们,但我从不后悔自己的选择。”李琼瑶说到此处不禁潸然泪下。如今,李琼瑶已年近60岁,患有严重的风湿病和颈椎骨质增生,发病时疼痛难忍,但面对社区繁杂而琐碎的工作,她仍是每天早出晚归,走街串户。由于工作出色、群众认可,她被评为“全国敬老爱老孝敬之星”、“双学双赛”先进个人、“四川省优秀妇女工作者”等光荣称号。今年6月底,李琼瑶被评选为四川省优秀村(社区)党组织书记。

面对所取得的成绩,“李二嫂”平静地说:“服务于民是我的职责,热心为民是我的天性”。

足　迹

——记大庆市第八届人大代表,高级政工师,大庆新友谊建筑装饰材料有限公司董事长吴莹

高玥

今天的吴莹。站在鲜花和奖状的前面,略显矜持的脸上透着时代女性特有的坚毅和执着,明眸中诠释着一位优秀企业家的自信和激情,就是这些抽象的支撑着她勇往直前的源动力,成就了她由逆境一步一步迈向了成功之路。

吴莹的故事要追溯到上世纪90年代,从那时说起……

1996年8月,吴莹接过了大庆市百货纺织品公司的领导权。上任伊始,正值百货纺织批发业处于全面滑坡之际。由于销售不畅,库存商品积压,负债高达1900多万元,负债率324.9%,企业濒临破产。

面对200多名即将下岗的干部和职工,吴莹心急如焚,殚精竭虑,勾勒了一幅企业二次创业的蓝图:

第一步是剥离经营,破产重组。吴莹凭着睿智

的经商头脑意识到,如果继续按照原来的经营模式经营,企业是没有发展前途的,只能是死路一条,然而职工们已对企业失去了信心,面对怀疑、冷嘲热讽、排斥的情绪,她一面苦口婆心做职工思想工作,一面克服种种困难,从实际出发,依法破产,在盘活企业资产上,大胆地进行了改革。通过认真学习借鉴其它商业企业改革的成功经验,成功地完成了企业破产,将百纺公司历史遗留下来的沉重包袱全部甩掉,轻装上阵,为企业二次创业奠定了基础。

第二步是建立现代企业经营机制。进行股份制改造,巩固完善改革成果,推行企业内部三项制度改革。新企、新制、全员持股,风险共担、利益共享,不但没有把破产后的职工推向社会,而是妥善安置了200多名职工重新就业,还承担了13名遗属的生活费和住房取暖费、物业费等。

第三步是另辟蹊径,开创新业。改革不仅是体制上革命,更是一场思想、观念上的革命。在政府各部门的大力扶持下,吴莹不失时机地充分利用给破产企业的各项优惠政策,充分发挥企业自身优势,组建了大庆友谊建筑装饰材料市场,并于1997年7月18日正式开业。

接着,吴莹坚持实行了一系列经营战略,外引内联,由外向内,逐步扩大,规模发展。五年之内,企业发展速度惊人:第一年,企业改造营业面积2.2万平方米,引进132家业户入场经营,引资额达1.2亿元,营业额达到3亿元,企业的资产也由1996年的439万元增至1,040.9万元;第三年,企业营业面积达到3.5万平方米,业户增至176家,引资额增至1.5亿元,营业额达到5亿元,企业的资产增至1400万元;第五年,企业营业面积达到4.2万平方米,经营业户达到197家,引资额达到2.6亿元,营业额已近10亿元,企业的资产也增至到3000多万元。

目前,企业的发展建设已进入成熟时期,整体布局已非常合理,环境整洁、管理规范、服务功能齐全,内部设有银行、工商、税务、公安、防火等办公室,水、电、气、通讯等基础设施完备,现已成为一个具有良好发展前景的规模大、专业化强、绿色环保型建材企业。

随着装饰材料市场的发展,特别是加入WTO后,竞争日趋激烈,使企业面临着更大的挑战,迫使企业必须要摆脱集贸摊位式的经营模式,向专业化、连锁化、大型超市、大型仓卖等新型经营业态方向发展,尽快同国际贸易接轨。在这种形势下,吴莹凭着多年丰富的实践经验和经商本领,能够从实际出发,直奔效果。她在认真分析国内外建材行业发展趋势的同时,为了进一步提高市场的知名度和竞争力,2003年投资400多万元,建成了6300平方米的板材仓卖批发广场。先后改造了1000多平方米的门市房,集中规范了门业一条街。为整合市场资源、规范管理、提升品位,成立了友谊品牌地板城,引进业户50多家,形成了强大的竞争力。2005年又引进了东方家园大庆连锁店,它的成功落户,为我市民营经济的发展增添了新亮点,为建材行业的"超市化"经营起到了示范作用,为广大消费者带来了真正意义上的一站式绿色服务,并且对今后市场建设的全面提档升级提供了宝贵的经验,这种新型的经营业态为市场发展注入了新的活力。目前,专业街、专卖店、超市、仓卖批发广场等新型经营业态已为广大业户和消费者接受,创新的思维、全新的理念,使企业在日趋激烈的市场竞争中永远高出一筹、领先一步。

为了企业的可持续发展,吴莹正积极谋划着企业的未来,她善于抢抓机遇、应对挑战,不断研究新情况、解决新问题,坚持发展的办法解决改革和建设实践中出现的新情况、新问题。结合市、区两级政府改造友谊大街的有利契机,对临街门市房分期进行改造,并准备对市场西南侧的家属住宅平房区进行改造,将富臣家居、友谊两市场联通,形成规模经营效应,而且可将院内原有需要拆迁的业户搬进新区。改造后将新增建筑面积1.5万平方米,引进入场经营业户100多家,能增加销售额3亿元。

吴莹是一个有着30多年党龄的优秀共产党员,大庆市商业战线多年的劳动模范,她始终保持清正廉洁,自觉抵制歪风邪气,带头弘扬社会主义道德风尚,筑起了拒腐防变的牢固思想防线,自重、自省、自警、自励,经受住权力、金钱的考验,在拜金主义、享乐主义和极端个人主义的侵蚀面前一尘不染、一身正气。十年来,市场的业户为了表达对有关领导的谢意,送上几万元红包者有之,送上珍贵礼品者有之,都被她直截了当地拒绝了,她说,群众选我当领导,是因为对我信任,我没有任何理由辜负他们,现在的局面来之不易,企业再也经不起折腾了。领导的一尘不染、两袖清风深深地打动了业户的心,温暖了职工的心,增强了市场的凝聚力、向心力和感召力。在先进性教育活动中,她以独特的经营风格和人格魅力带出了一个一流的企业和一流的职工队伍。她常说作为一个共产党员,一个企业的领导，我既要维护企业的利益又要维护职工的利益，一个人可以搞垮一个企业，但要搞好一个企业需要一批人，下岗职工不是包袱是财富，我们的企业兴旺发达，就会带动相关产业的发展，就会创造更多的就业机会，这才是我们搞好企业，发展企业的初衷，这才是实实在在地实现"三个代表"。下岗职工们由此产生了一种强烈的归属感和责任感，他们由衷地说："我们都经历过失业的痛苦、再就业的艰难，所以更珍惜再就业的机遇，如果今天工作不努力，明天就要努力找工作，企业就是我们安身立命的场所，我们要尽心竭力的为其努力工作"。然而，谁都知道，国企改造难，而闯出一条新路，既要保200多名职工吃饭，又要使企业逐年发展更难。吴莹董事长，一个弱女子，在这十年当中，为了企业员工和市场业户，不知流了多少伤心泪，生了多少冤枉气，踏遍了层层主管部门及大企业的门，更有为保住初建市场的下跪之举。这超乎常人的一跪，既感动了外人，更深深打动了员工及业户，使员工、业户与领导的心贴的更紧了，形成了相依为命、共谋发展的良好氛围。

作为一名人大代表，吴莹呕心沥血、始终不渝地实践"人民选我当代表，我当代表为人民"的诺言。她是两届区人大代表，一届区人大常委，2005年又被补选为大庆市人大代表。在上级人大的关怀下，在选区单位和群众的信赖下，认真履行人大代表职责，积极参政、议政、主政，做了一些人大代表应该做的工作，代表了人民群众的心声，在人民群众眼里，她是大家伙值得信赖的贴心人。

自当选为人大代表，她深感自己肩负的责任，对如何做一名称职的人大代表，吴莹有自己精辟的见解和深刻的体会。无论工作有多忙，她总要抽出时间学习法律知识和人大基本理论知识，对宪法、组织法、代表法和人大的有关业务知识，她已通读过多次，对其中重要的条款和章节，都要记在本子上。为了广泛联系群众，她不管多忙、多累总是挤时间参加人大的各种会议，从不放过每一次人大组织的代表活动。她深知，人民代表来自人民、代表人民、服务人民，要依法履行代表职责，就得体现百姓的意愿，尤其要关注社会的热点、难点，体察民情，倾听民声，时时想着群众，事事服务群众，就必须时刻把群众的安危冷暖放在心头，真正为民代言，为民直言，这样，才能赢得群众的信任，群众才会讲实话，道实情，也只有这样，才能更好地集中民智。所以，她经常深入基层、深入群众，体察群众疾苦，关注百姓呼声。她还时刻关注身边发生的事，利用一切可利用的机会广泛征求群众意见，到各个部门、单位调研。

吴莹当人大代表10年来，时刻不忘人民的重托，在人代会上提交的建议议案不仅数量多，而且质量高，内容广泛，每年的建议多数被采纳，有的还被列为重点建议。

不懈的追求，忘我的工作，使吴莹取得不平凡的业绩，得到社会和各级政府的赞誉和认可。先后荣获黑龙江省商业厅优秀政工干部、黑龙江省商业系统劳动模范、黑龙江省三八红旗手、大庆市下岗女职工再就业带头人、大庆市劳动模范、大庆市优秀共产党员、萨尔图区优秀民营企业家、萨尔图区优秀人大代表、萨尔图区巾帼建功十佳创业标兵等荣誉称号。

这就是吴莹创业的足迹。这足迹记录着辛酸、豪迈和成就，它将载着吴莹永不言败的精神描绘出一页华彩乐章！

赤诚作奉献　奋进写新篇

——记梅州市人大代表、兴宁市工商局局长周志彬

心声　乐群　远中

周志彬同志出生于1966年4月，1984年学校毕业后到工商部门工作，1998年提拔为副局长，2006年3月担任局长、党组书记。上任以来，他满怀对工商管理事业的一片赤诚，以锐意进取的精神，开创了兴宁工商工作的新局面，实现了硬件建设、队伍管埋、执法水平、服务质量"四大新变化"。该局被省评为"四五"普法先进单位，被国家工商总局确定为全国工商行政管理法制工作基层联系点。周志彬因成绩突出，2006年被评为梅州市工商系统优秀公务员、梅州市打私先进个人，当选为

梅州市五届人大代表、兴宁市十二届政协常委、市十一届党代会代表,2008 年被评为"全国优秀工商管理人员"、"兴宁市精神文明建设先进个人"。

一、爱岗敬业,恪尽职守,锐意开拓创新

周志彬从事工商管理工作至今已 25 年。多年来,他情系工商工作,默默奉献,他最大的特点是勇于进取,事业心强。一年到头,他几乎没有节假日,把精力都放在工作上,每天最早到办公室,时常忙到晚上七、八点才回家。曾于 1995 年、1997 年、1998 年被评为"梅州市工商系统先进工作者";1998 年,被兴宁市委评为"优秀共产党员"。

2006 年周志彬担任局长后,面对新的形势和本单位的实际情况,他迎难而上,采取得力措施,促进了各项工作的全面开展。

加强制度建设。为使工商管理工作尽快走上规范化、制度化的轨道,他广泛听取意见,先后制订了《财务管理规定》、《办公用品购置维修规定》等十多项规章制度。当他发现以往局里设立的摩托车修理所存在的种种弊端后,经集体研究决定,果断撤掉了修理所,同时加强对用水、用电、车辆维修等日常管理。2008 年 4 月,对各工商所实行经费包干,从而解决了多年来历任领导想解决又不能解决的问题,节约了经费开支,把经费倾斜到基层工商所,调动了基层一线同志的积极性。由于制度比较完善,从而使全市工商管理工作有章可循,日趋规范。

加强硬件建设。周志彬克服各种困难,切实加强硬件建设。2007 年,想方设法购买了 14 辆执法车,57 台电脑,19 部扫描仪,使各基层所配有执法车辆,并有电脑、照相机、传真机、扫描仪等,大大地提高了办事效率。他关心干部职工的生活,尽力解决他们的实际困难,2007 年初投资近 30 万元对 17 个工商所的厨房、饭厅、浴室进行改造,同时在局机关开办了食堂,每逢工作日机关工作人员在食堂用餐,提高了干部职工的生活质量,增强了凝聚力。日常接待来人基本上也在食堂,方便了工作,节省了开支。周志彬除了外出外,上班时间都在饭堂与干部职工一同用缮,密切了干群关系。

加强思想业务建设。为了培养一支思想素质高、办事能力强、执法过得硬的工商执法队伍,周志彬把强化干部素质作为大事来抓。一是积极开展"三个走在前面"为主题的排头兵实践活动和纪律教育月活动,不断增强广大干部职工的事业心和责任感。二是抓好岗位技能培训。举办了办案业务、办公自动化操作、财务上线等培训班。2007 年,全年共举办各类培训班 18 期,参加培训人员达 1200 人次,同时组织 9 位同志参加全省工商系统青年公务员培训班学习。三是开展创先争优评比活动。组织人员参加梅州市局"四大"活动竞赛,取得了较好的成绩;在 2006 年梅州工商系统评优评先活动中,有 3 个单位被评为梅州市工商系统先进单位,3 人被评为工商所长标兵,15 人被评为优秀工商公务员,1 人被评为省优秀信息员。同时积极鼓励干部职工参加大专、本科学历学习,对取得证书的给予报销学费的奖励。周志彬带头参加学习,刻苦钻研,已取得了本科文凭。目前,全局取得大专学历的有 148 人,占全局 281 名公务员总数的 53%,本科学历的 45 人,占 16%,较好地提高了工商执法队伍的整体素质。

周志彬勇于开拓,强化管理,使工商管理工作年年有新举措,年年有新变化,走在梅州各县(区)前列,受到了上级领导的充分肯定。2006 年,他积极争取上级的支持,解决了 106 万元的历史债务问题,从而实现了零负债。

二、一身正气,秉公执法,树立良好形象

作为一名人大代表,周志彬严于自律。他常说,工商行政部门的良好形象,不是喊出来的,而是靠实干干出来的,关键在于严格秉公执法,廉洁行政。为此,他多管齐下,狠抓各项措施的落实。

加强监管,依法查处案件。局领导班子形成共识,加大监管力度,认真查处行业垄断、商业贿赂和无照经营等案件,使查处案件实现了历史性突破。2006 年上任以来,查处各类经济违法违章案件 1817 宗,罚没入库 353.32 万元,居梅州各县(区)前列。其中查处无照经营 636 户,烟花爆竹案件 233 宗,逾期年检案件 46 宗,商标广告案件 116 宗,不正当竞争案件 83 宗,查处"黑网吧"52 间,查获假冒伪劣产品一大批,没有出现一宗行政复议和行政诉讼败诉案件。每逢执法检查,周志彬总是亲自带队,深入现场检查。2007 年 10 月期间,在开展产品质量和食品安全专项整治行动中,他连续奋战了一个多月,因过于劳累病倒了,感冒发高烧,打针输液,但病情稍好些后,又投入了工作。在他的以身作则带领下,全市专项整治工作取得了显著成绩。省政府督察组和省工商局督察组 2007 年 11 月间先后到该局检查专项整治工作后给予高度评价,认为该局认识到位,工作扎实,措施有力,成效显著。

一身正气，秉公执法。周志彬深知，“打铁先要本身硬”，“喊破嗓子不如做出样子”。他要求局领导班子成员、工商所所长要做秉公执法的带头人，而他本人更是身体力行，做好表率。2008年初，该局查获了1300多件涉嫌虚假宣传的100%纯正花生油，货值达46.3万多元。这批花生油被依法查扣后，经销商赖某自恃有背景，态度蛮横，极不配合，一再声称自己的货没问题，是工商部门无事找事，并扬言要上告工商部门，谁要处理就给谁颜色看！周志彬了解案情后，面对压力，毫不畏缩，敢于碰硬。当即表明态度，不论其后台有多硬，只要是违法行为，就一定要严格执法、一查到底。他多次听取有关工作情况汇报，细阅有关材料，并派专人到外地质检部门进行检测。经检测，这批花生油确为非纯正花生油。赖某为免除处罚，一方面托周局长的亲戚朋友说情，另一方面又亲自带着贵重礼品和几万元“红包”找到周志彬家里，请求通融一下。面对软硬兼施，周志彬坚持原则，不为所动，严辞拒绝。赖某又通过有关领导出面给周志彬打电话说情。但他顶住种种压力，严格按照有关法律规定办案，作出罚款16万元的决定，并严肃批评赖某要守法经营，诚信经营，发财要走正道，不能搞邪门歪道！赖某被周志彬的一身正气而感动，诚恳表示心服口服，接受处罚，今后一定守法经营，再不做违法的事了！由于周志彬处处以身作则，带头秉公执法，从而影响和带动了全局执法人员依法行政、依法管理，坚持原则，不徇私情，“吃拿卡要”的歪风大大减少了，工商部门良好形象在社会上进一步树立。在2007年全市机关作风民主评议中，得分一跃上升为第三名，评为“先进单位”。

三、热诚服务，提升效能，力促经济发展

周志彬身为工商局局长，他时刻牢记自己的职责，增强服务意识，积极为加快个体私营经济，促进地方经济发展献计出力。

致力扶持企业发展。他带领全局干部认真落实便民利民措施，对外来投资企业、农业龙头企业、获得驰名或著名商标的企业均开设绿色通道，免费提供工商法规和企业登记注册咨询服务，优先快速高效办理各类登记注册业务，预约上门解决企业在生产经营过程中遇到工商业务的疑难问题。2006年初，他积极协助广东富兴摩托车有限公司的“豪豹”商标申报广东省著名商标并取得成功，增强了该企业在兴宁加大投资的信心。2007年3月，该公司在兴宁成立了广东省云山汽车制造有限公司，总投资10亿元，成为兴宁市迄今为止最大的招商引资项目。项目建成后，必将为兴宁市的经济发展发挥重要的作用。该公司总经理徐毅坚逢人便说：“我们企业能不断发展壮大，多亏有了兴宁工商局和周志彬局长的大力帮助支持！”到目前为止，兴宁已有广东省著名商标5件，注册商标903件，其数量居梅州市各县(区)之首。

处处关注民生。周志彬作为一名人大代表，牢记“人民代表为人民”的神圣职责，情系百姓，把做好“红盾护农”工作、维护广大消费者的合法权益作为自己的应尽职责。2006年在全市设立100个红盾服务维权工作站，有重点地对农村消费者投诉的热点难点问题，特别是对经营假劣种子、化肥、农药等农资产品，作为整治对象和打击目标，对不合格的农资产品依法查处。今年3月19日，该局接群众举报后快速出击，查获假冒生产许可证编号水稻复混肥料22.05吨，他顶住各方压力，依法予以没收销售收入和罚款2.5万多元，深受群众好评。二年来，该局为消费者解决维权案72宗，为消费者挽回经济损失29万元。该局的做法分别在2006年、2007年全省红盾护农服务维权工作会议上作了经验介绍。该局还荣获“全国红盾护农先进单位”称号。

提高服务效能。周志彬认真贯彻梅州市委、市政府提出的“崇商重企”理念和有关精神，积极配合地方政府做好招商引资工作，做到急事急办，特事特办，为企业提供优质、高效的服务。如广东泰山钙业有限公司申请冠省名称，登记注册人员进行初审后认为该企业符合冠省名称的条件，他便派出业务骨干协助其做好材料完善工作，一起到省工商局办理了冠省名的登记手续，使该企业的负责人深受感动。周志彬十分重视指导帮助国有、集体、私营企业以及个体工商户排忧解难。2007年，该局协助经营工商户办理商标注册申请3件，经济变更转让、补证10件，高效的服务加快了个体私营经济的发展。2007年，新发展内资企业36户、私营企业84户、个体工商户4460户。2008年1—5月份，新发展内资企业71户、私营企业52户、个体工商户815户，至目前全市实有内资企业1927户，私营企业797户，个体工商户16937户。许多个体户称赞说：“兴宁工商部门办事效率快，能力强，态度好，我们很满意！”

周志彬同志一片真情系工商，依法履职作奉献，在本职岗位上忘我工作，奋进拼搏，提升了兴宁工商管理工作的整体素质，树立了工商新形象。他依法行使人大代表职责，正确处理“当局长”与“当代表”的关系，积极参加人代会和代表活动，体察民情，听取民意，集中民智，提出了不少积极中肯的建议意见，得到市政府及职能部门采纳，产生了较好作用。正如许多干部职工和企业界人士所说：“他不愧为一名人民好代表，人民好公仆！”

关于加强对长白山林区生态环境保护的建议

全国人大代表、吉林省延边州人大常委会主任　金硕仁

长白山区是松花江、图们江、鸭绿江三大水系的发源地，是整个东北，乃至整个亚太地区的重要的生态屏障。多年来，延边朝鲜族自治州乃至吉林省始终坚持“严管林”的方针，深入实施天然林保护工程、退耕还林、生态林工程建设，使林区的生态建设有了长足的发展。但是长白山林区由于日本侵略时期对长白山森林进行掠夺性开发和解放后计划经济时期对森林的过度砍伐，长白山生态系统至今并未得到实质性恢复。尤其是发源于长白山的松花江、图们江、鸭绿江三大水系的流量和水质因此受到严重影响，其产生的后果直接威胁到松辽平原400万公顷商品粮基地乃至整个东北平原的粮食安全。

长白山林区生态恶化和松花江、图们江和鸭绿江流量逐年减少，其原因是多方面的，但主要有以下几点：一是长白山林区生态环境缺乏统一的管理机制。涉及部门权益相互抢着管，出现问题谁都不管，管理上的空档和部门间矛盾十分突出。二是林业生态建设方面投入少，天保工程补助标准低。天保工程方案是以1997年度职工平均工资为标准编制的，原补助标准已不能满足工程实施的需要，加之地方财政配套资金始终落实不到位，每年森工企业垫付大量资金，严重影响了正常的生产经营活动。三是育林资金严重缺乏。在现行的林业经营中，木材采伐量与育林基金是成正比的关系。育林资金严重短缺，造成育林上的恶性循环。四是林区居民耗薪炭材数量巨大。五是蚕食林地的现象比较普遍。六是小流域治理和沟系管理滞后。鉴于此，我们提出：国家应立法保护长白山生态环境和三江水系的生态环境。尽快制定长白山林区生态保护条例或保护决定，依法保护长白山林区的生态环境，维护发源于长白山的松花江、图们江、鸭绿江三大水系的生态安全。

(一)做好天然林保护工作，进一步加大资金投入。国家应提高天保工程补助标准，取消延边州和其他长白山地区的配套资金，由国家全额补助并承担木材生产量减少而带来的育林基金短缺部分。用20年至30年时间，进一步恢复长白山林区生态系统。对安图、抚松县内的原始森林采取“全封闭”方式，不仅严禁木材采伐，而且严禁破坏区内任何植被，区内动物禁止猎捕，区内河流禁止捕鱼，严格控制新公路的建设，除旅游居住地外尽量减少人类居住和生产痕迹，撤离在一类区域的全部从业人员及家属，在未来五年内达到绝对天然的标准。由国家承担移民费和解决银行债务，需投入10亿元的迁移安置资金。二类过渡区，主要分布在延边州、白山市、通化市、吉林市部分县(市)，涉及9个林业局和林场，森林面积约570万公顷，占长白山森林面积的78.4%。对此类区域采取“半封”方式，采取分两步走的办法。第一步用10年左右的时间，减少和停止商业性采伐。第二步再用10至15年间，将职工逐步转移到植树造林和发展接替产业上。

(二)向国家转移支付和天然林保护基金注入资金，解决长白山林区职工转产后的生活问题。国家要在今后5年的时间里注入15亿元资金扶持延边州及白山地区的新兴产业发展，创造新的就业机会，吸纳劳动力，同时用天保资金解决林区职工的生活问题，为长白山林区生态保护和三江水系的生态恢复取得长期成效走出关键一步。

(三)严格执法，加大长白山林区生态环境的管理和治理。要明确长白山林区生态保护工作的牵头部门为林业部门；要加大水土流失的管理和治理，不得破坏生态环境和造成水土流失为代价进行开发；要加大牧业用地的管理，加强对蚕食林地行为的治理，禁止蚕食林地的现象继续漫延；建立城

乡一体的垃圾处理体系,保护长白山和三江水系的生态环境。

(四)建立国有森工企业法人林业生态保护责任制。要建立森工企业法人林业生态保护任期责任制,不但要承担企业的生产经营,而且要承担林业生态环境保护的责任,履职评价与奖惩挂钩,鼓励他们尽量少采或不采,为林业生态环境的保护多做贡献。

做代表就要成为社会的标杆

——访全国人大代表、宝丽华新能源股份有限公司董事长宁远喜

广东省梅州市人大常委会研究室　　罗金良　范耀文　钟宇鸣

年轻而有着传奇色彩的宁远喜是众多上市公司中的“少帅”,他倡导代表的社会标杆化,倡导企业家的产业理想,倡导奉献自己回报社会。他提出做企业固然要赢利,但赢利要符合科学发展观,创造有品质有价值受尊重的财富

十一届全国人大代表、广东宝丽华新能源股份有限公司董事长宁远喜对自己当选为人大代表最深的体会,就是“做一个称职的人大代表就要做社会的一根标杆”。他对记者深有感触地说,作为一名人大代表,一个企业家,要服务人民,对社会负责,对股东负责,不仅要努力创造企业的经济效益、社会效益和生态效益,不断地回报社会,而且要履行职责,创造有品质、受尊重的财富,以自己“实打实”的言行去践行“推动绿色崛起,实现科学发展”的宏伟目标。

1970年出生的宁远喜是目前中国上市公司最年轻的董事长,他领导的上市公司宝新能源名列“中国上市公司综合绩效百强排行榜”、“上市公司整体价值百强排行榜”。他领导的董事会,被《董事会》杂志评为“中国上市公司董事会金圆桌奖”最佳董事会十佳之一。其所在的企业宝丽华集团公司是梅州市的支柱性企业之一。中共中央政治局委员、广东省委书记汪洋同志最近视察宝丽华集团时,对创造了奇迹的“宝丽华现象”大为赞赏,赞扬宝丽华的老板叶华能“做农业,农业最好;做旅游,旅游最好;做工业,工业最好。”肯定宝丽华集团错位发展,走出了一条绿色崛起的路子。汪洋同志的重要讲话,不仅激励了宝丽华人,而且让世人对“宝丽华现象”有了更深的认识,记住了两个杰出企业家的名字:叶华能和宁远喜。

宁远喜这个中国资本市场的“弄潮儿”,以自己独特的理念、开阔的视野,在宝丽华释放着激情、追逐着梦想,一次次在宝丽华集团有限公司董事局主席叶华能的领导下、扶掖下,不断创新企业运营方式和成长方式,成功将企业的核心主业转向潜力无穷的新能源,并迅速占据龙头企业位置,打造着一个新能源王国。对自己取得的成绩,宁远喜对宝丽华集团董事局主席叶华能不仅心存感激,而且充满敬畏,“不是叶总当初给我一个机会,就没有我的今天。”宁远喜动情地告诉记者:“宝丽华集团之所以能有今天的良好发展局面,自己能当选为全国人大代表,除了叶总的提携,还都得益于梅州市委、市人大、市政府多年来的鼎力支持和信任。”

当代表要怎样才能成为社会的标杆?宁远喜认为要做好三件大事:一是要忠实履行代表职责,做好表率;二是要做大做强企业,以产业报国、报效社会;三是要有社会责任感,积极以多种形式回报社会。

忠实履职做好表率

为了做到忠实履行代表职责,做好表率,宁远喜时时刻刻都以代表的角色去思考问题,在工作中、生活中努力提高自身素质,增强代表意识,认真做好代表工作,行使代表职权。

宁远喜虽然工作繁忙,但他从不缺席人大组织的各种视察活动和有关会议,他把参与代表活动视为一个代表最根本的职责。他不仅积极代表大会会议,而且高质量地提交意见、建议,反映人民群众的意见和要求。今年召开“两会”期间,他对大力扶持中国新能源产业发展方面的工作提出建议,他建议建立和完善包括非公有经济在内的社会资本开发建设可再生能源的政策机制,鼓励地方政府和社会资本合作利用海洋资源、海岸线资源及风力资源,促进革命老区和贫困地区区域经济协调发展。他指出在可再生能源中,风力发电是世界上公认的

最接近商业化的可再生能源技术之一。而我国风能资源丰富,开发潜力巨大,因此要进一步完善风电行业有关政策,促进风电行业又快又好发展。该建议被全国人大常委会作为重点办理建议,交由国家能源局主办,其本人也应国家能源局邀请参加了十个部委参加的对该议案办理的座谈会,并在会上作了主题发言,获得国家能源局等与会部门的认可和好评。

"责任重大,使命光荣"是宁远喜最常说的一句话。他为了做好代表的表率,树起标杆,经常到基层调查了解情况,臬积极反映社会热点、难点问题。闭会期间,他能积极参加代表小组活动和本级人大常委会安排的视察等其他代表活动。纵使在企业,他在自己参加的生产、工作和社会活动中,模范地遵守宪法和法律,树立良好形象,在企业团队中做好表率。

做好企业创造效益

宁远喜认为做好自己的企业是一个代表义不容辞的职责,做好了企业,更能发挥代表的作用。

宁远喜是个创业的奇才,从宝丽华到宝新能源,上市12年以来,他经历了董事会搭建和建设的过程,也见证了宝新能源的净资产由原来的1个亿到现在30多亿的成长历程。股市有句名言:投资企业实际上就是投资企业的掌门人。此言道出了企业董事长之于企业的核心灵魂作用,也道出了投资者对于自己所投资企业的掌门人的关注程度。所以宁远喜有自己的名言,那就是"伟大的公司需要伟大的董事会"。宝新能源董事会在其公司治理和决策、执行、监督方面都发挥了重要的作用。它所倡导的理念是善待资本、珍惜资源、敬畏事业、回报股东。这也是宝新能源董事会的行为宗旨。"追求股东和公司价值最大化、员工和公司共同成长,这是我们董事会工作的价值取向。"宁远喜一再强调。

正因为宁远喜有雄才大略和锲而不舍的拼搏精神,有这种做企业要"坚持做强做大、做精做深、做优做特"的理念,让宁远喜10多年来一手策划了宝丽华公司的一个又一个知名品牌。2000年9月,宁远喜履新宝丽华实业股份有限公司董事长,"当家"后,他考虑如何将上市公司发展壮大,他认为企业虽在服装、建筑施工和房地产三块产业具备了较强的市场竞争力,却缺少足以支撑企业长远发展的核心主业。经过详尽的市场调查和慎重的决策,2003年,宝丽华"华丽转身",确定了以差异化竞争进军新能源电力的发展思路,从当初思考企业转型到梅县荷树园电厂一期工程资源综合利用技术改造2135MW煤矸石劣质煤发电机组项目获准立项,宁远喜与他的团队花了短短3年时间;而从2003年11月梅县荷树园电厂一期工程动工到2005年9月一期工程两台机组分别通过整套启动试运行、正式进入商业运营,则不到2年时间,创造了业内建设最快、效益最佳、环保最好及连续稳定运行220多天的奇迹,标志着宝新能源成功完成了核心主业向新能源电力的战略转型。据权威媒体报道,宝新能源是国内上市公司率先建立独立董事制度、并发挥作用最好的公司之一,是国内资本市场上股票期权激励计划第一批获得中国证券监督委员会批准的八家公司之一,是深沪两市第一家股票期权激励计划实施行权的公司,是深沪两市唯一一家同时入选三大重要指数——深证100指数、泰达环保指数、深证红利指数样本股的公司。

在"做企业"这一方面,宁远喜把企业做成了社会的一个标杆。不仅如此,宁远喜还非常强调一个企业家的产业理想,他认为企业创造利润应该创新行业发展模式,履行社会职责,包括商业主张、经营模式、产业结构、增长方式,对同行树立一个很好的范例、标杆,那就是企业发展必须是环境节约型、环境友好型的,其赢利方式是符合科学发展观的,创造的财富是有品质的受尊重的。宝丽华集团勇于做"循环经济尖兵",正是有这样的产业理想。公司通过控股方式,大力建设坑口电站,有效控制了成本,提升了竞争优势。通过运用资源综合利用技术建造梅县荷树园电厂,并采用当前国家重点鼓励发展的循环流化床锅炉等洁净煤燃烧发电技术。同时充分利用当地低质煤和煤矸石混合燃烧发电,具有环保、高效等特点,走出了一条全新的发展之路。可以说,宝丽华集团的运作模式,不仅体现了企业把节约资源、发展循环经济作为发展之道的产业理想,而且体现了一个企业家的社会良知和社会责任。

奉献自己回报社会

宁远喜说过,一个企业一定要重视自己的社会责任感,特别是一个全国人大代表更应如此,不仅要给社会奉献自己的聪明才智,而且要奉献创造的财富。他认为一个人如果要想登上成功之梯的最高阶,就得永远保持回报社会的心理,这样,他才能在社会上树起一根标杆,才能受到真正的尊重。

对于一个企业家来说,做大企业、缴纳税收,创造更多的就业机会，与做慈善之间是相通的，也是回报社会的一种形式。多年来，宝丽华集团年纳税总额在4000万元以上。“宝新能源”股票体现了其回报社会的价值。一般来说，本地人一般不买本地的股票，然而，宝丽华在梅州却拥有众多的拥趸，每年股东大会，不少本地的投资者从梅州的大街小巷涌入宝丽华的会场，其执着令其管理层感念不已。俗语说，没有无缘无故的爱，也没有无缘无故的恨。同乡人对宝丽华的追捧也许正从另一侧面印证着宝新能源的潜质和优质。

回报社会在于一点一滴，从细微之处做起。宝丽华集团在不断发展壮大的过程中，为当地创造了上万个就业机会，其中很多为下岗再就业人员；在建设荷树园电厂一期工程的过程中，公司先期招收了250名山区贫困学生免费送到广东省电工技术学校培训学习，学成合格后，由公司择优录用。2004年，在北京召开的全国再就业工作表彰大会上，宝丽华集团荣获“全国再就业工作先进企业”光荣称号。2008年5月12日，四川地震自然灾害突如其来，为了帮助同胞战胜灾害，宝丽华新能源股份有限公司在公司董事长宁远喜的积极倡导和支持下，公司和全体员工捐赠善款人民币100万元，帮助灾区人民重建家园。至目前为止，宝丽华集团共向社会捐款达7000多万元。

沉甸甸的责任

——记全国人大代表姚绍斌

群安　向帅

在武陵山脉鄂西南边陲的鹤峰县八峰村，一位苗家汉子扎根山区20余年，带领八峰人发奋图强，艰苦奋斗，把昔日的一片荒山穷岭建成了今日武陵地区的一颗“明珠”，让八峰人摆脱了贫困走向了富裕。他就是湖北省恩施土家族苗族自治州鹤峰县八峰村党支部书记，全国人大代表——姚绍斌。

“人大代表就是要带领人民群众走向富裕”

姚绍斌连任第七届至第十一届全国人大代表。从他当选人大代表的那天起，他就深知肩上沉甸甸的责任，发誓“要带领人民群众走向富裕”。于是，从那时起，开始了他带领群众奔向致富之路的奋斗历程。七届时，他敢为人先，引进资金，引进人才，引进技术，克服重重困难，在八峰山上建起了八峰村的第一个化工制药厂。工业强村的雄心壮志，冲破了千山万水的阻隔，在海拔1200米的高山上生产出符合美国、日本、英国药典标准的氨基酸产品，八峰药化一举成为全国规模最大的氨基酸国产化、产业化生产基地，并成为全国氨基酸行业的领头羊，实现了八峰村由农业经济向工业经济的转变。八届时，他扩大对外开放，引进日本三江物产株式会社，共同组建了中日合资湖北峰江氨基酸有限公司，使八峰生产的氨基酸系列产品走出了国门，走向了世界。九届时，他实施跨地区的资产重组，与九届全国人大代表福星实业董事长谭功炎合谋把八峰药化与福星实业一起捆绑上市，顺利融资5250万元；他利用国家科技部和人事部授予八峰药化企业博士后科研工作站的这个平台，大力引进国内从事氨基酸研究的院士、博士、研究生从事氨基酸大产业的研究，先后承担和完成了国家和湖北省重大科技攻关项目30多项，获湖北省科技进步一等奖4个、星火计划一等奖3个，拥有自主知识产权的核心技术达20多项，开发出氨基酸系列的一个又一个新产品，取得了一个又一个引人注目的科研成果，使公司进入了发展的快车道，创造了很好的经济效益和社会效益。十届时，他与同为全国人大代表的三江航天工业集团的总经理冯志高一拍即合，八峰与三江集团结成战略合作伙伴，实施强强联合，共同完成氨基酸示范工程这个国家重点工程项目，把八峰药化建成了全国最大的氨基酸系列产品国产化产业化基地，为迈向“东方氨基酸王国”的殿堂奠定了坚实的基础。

如今，姚绍斌带领八峰人走上了小康之路。从1995年到2006年，八峰村累计实现经济总收入25.23亿元，自营出口创汇8686万美元，上缴国家税金1.52亿元，完成固定资产投资4.74亿元。八峰富裕了，公园式的村庄，园林式的工厂，别墅式的农家小院，和谐的社会环境，呈现出了一片社会主义新农村的景象。2006年，八峰村被评为“全国十佳小康村”。

当改革开放的热潮又一次向山里扑来的时候，当沿海产业转移的浪潮向内地涌来的时候，姚绍斌“全身而退”，把八峰村的龙头企业——湖北省八峰药化股份有限公司交给了三江航天工业集团经营。他要腾出手来，在八峰村拓展新的产业。经过反复考察论证后，八峰村2007年又多方集资2600多万元，利用本地得天独厚的中草药资源和苗族传统配方，运用现代生物技术，研制、生产中成药和发展白酒产业。姚绍斌的下一个奋斗目标是力争在3年内实现销售收入过亿元，再造一个“八峰药化”。

“人大代表就是要带头扶贫帮困”

鹤峰县燕子乡的朝阳村，地处海拔1600米的高山上，距八峰村70多公里，是个不通路、不通电，经济水平十分落后的地区，也是全县最边远最贫穷的一个村。20世纪末，姚绍斌积极响应县委县政府的号召，带着已经富裕起来的八峰人民的委托，来到朝阳村。经过实地考察后，在燕子乡和县直有关部门的配合下，制定了朝阳村的发展规划和八峰村帮扶朝阳村的具体方案。

首先是改善基础设施条件。姚绍斌多方筹措资金，与有关部门联系，从八峰村带来工程技术人员，组织施工队伍，先后帮助朝阳村建起了村委会办公大楼和教学大楼，村干部有了办公的场所，80名学生有了宽敞明亮的教室；帮助朝阳村把电和自来水送到了家家户户，结束了朝阳村群众无电缺水的历史；帮助朝阳村修通了从主干道到村委会、村委会到5个村民小组的公路，全长29.5公里，其中道路硬化15公里，使朝阳人彻底从肩挑背驮中解放了出来；帮助朝阳村建信号铁塔两座，解决了朝阳村的通信问题。

其次是实施产业调整。姚绍斌请来专业技术人员，对朝阳村的山水林田和地下矿藏进行了详查和规划，在完善土地承包责任制和发放林权证后，先后帮助朝阳村组建起朝阳经济开发公司，帮助朝阳利用自己的资源合理规划，建起了符合安全规范的煤矿矿井等产业；帮助朝阳村集体造林5000亩，其中经济林3000亩，封山育林3万多亩；帮助朝阳村在五组建起500亩反季节蔬菜基地，年产蔬菜200万公斤，使该组人平现金收入达3万多元。

在姚绍斌的带领下，经过10余年的努力，八峰村帮扶朝阳村取得了显著的成绩：朝阳村的经济总收入由1996年25.71万元上升到2006年的359.51万元，村民人均纯收入由1996年的240元上升到2006年的3265元，朝阳村的综合实力也从全县的倒数第一上升到前十位。

2007年，姚绍斌对继续帮扶朝阳村又有了新的思路。他请来专家，对朝阳的地下铁矿进行了初探，并把朝阳的铁矿石送到科研机构化验，得出的结论是：朝阳村的铁矿储量在2800万吨左右，且矿石的含铁量达51%。取得了第一手资料后，他又积极招商引资，很快与港商签订了共同开发朝阳铁矿的投资意向合同。在县委县政府召开继续支持朝阳村发展的现场会上，姚绍斌提出的开发朝阳铁矿，拓展朝阳村致富途径的建议，得到了县委县政府的赞同。

朝阳铁矿的开发，必将为朝阳村的经济建设插上腾飞的翅膀。

“人大代表就是要向政府建言当群众的代言人”

姚绍斌当了20年全国人大代表，出席过几十次代表大会会议。每次会议前，他总是深入基层认真调查研究，广泛听取意见，把参加会议当作自己履责的机会，代表大山区、少数民族地区、西部地区的人民提出意见和建议。内容涉及民主政治建设、经济体制改革、社会主义新农村建设等等。为国家制定治国安邦的大政方针建言献策。

姚绍斌所在的恩施土家族苗族自治州，是全国最年轻的一个自治州，也是一个物产丰富的少数民族地区。但是，山大人稀的地理环境，十分不便的交通，制约了恩施地区经济的发展，延缓了该地区人民群众生活水平的提升。在全国人代会上，姚绍斌和湖北团的代表提出的加快恩施地区的铁路和高速公路建设的建议，变成了国家加大西部地区开发力度的决定。同时在他与其他代表共同建议下，使地处中国中部的恩施自治州的八个县，被国家列入西部地区予以扶持。从2004年开始，经过恩施的沪蓉高速公路和宜万铁路正式动工。大动脉的贯通，将使恩施连通全国各地，使美丽的恩施更加开放地展现在全国人民的面前。

“当人大代表，就是要代表群众的利益，倾听他们的呼声，反映他们的要求。”2001年，姚绍斌针对鹤峰县检察院由于基础设施建设较差，已严重制约检察工作发展的实际情况，积极展开相关调研工作。他先后实地考察了省内外21个基层检察院的基础设施建设情况，在召开的九届全国人大四次会议上，他和78名全国人大代表联名向大会提出了

"关于加大对贫困地区检察机关基础设施建设的扶持力度的建议",呼吁各级政府加大投入,从根本上改善贫困地区基层检察院基础设施落后的面貌。在姚绍斌和其他代表的努力下,国家在安排西部开发资金的时候,考虑了县级政法机关的基础设施建设,其中仅给鹤峰县检察院就安排了国债资金350万元,改善了办公、办案条件。

针对城市房价居高不下,开发商漫天要价,城市居民难以承受的现实,在十届全国人大五次会议上,姚绍斌和部分人大代表提出了"出台新的地方税收政策,进一步调控城市房地产价格"的建议引起国家有关部委的重视。2007年6月国家财政部答复:"……根据十六届三中全会决定和国家'十一五'规划纲要确定的税制改革任务,将稳步推进物业税改革,待条件成熟适时开征物业税。……以引导合理消费,遏制房价过快增长的势头……"作为全国人大代表,姚绍斌有大量的群众来信来访。对每一件来信他都认真阅读。对每一个来访者他都认真接待,并根据来信来访者的诉求,或向有关部门反映,或依据国家政策进行解释。对来信来访者中反映的问题确属国家机关工作人员行政不公的,他就到有关部门了解情况。若属有错就敦促纠正,1999年,太平乡的几个农民找到姚绍斌,反映县法院在执法的过程中捆绑吊打老百姓的事情。姚绍斌听了以后,立即赶到太平乡了解情况,随后又向有关部门领导反映,要求县法院严肃处理执法人员在执法中的违法行为。在姚绍斌的督促下,县法院认真调查处理违法人员,并向受害人道了歉,赔了款,在群众中重塑了执法部门的良好形象。

当好人民群众的知心人

——记十一届全国人大代表夏绩恩

王再奎　廖明清　廖安林

时刻想人民之所想,急群众之所急,当好人民群众的知心人,这是十一届全国人大代表夏绩恩的真实写照。自1997年当选人大代表以来,他已经当了12年的人大代表,从东坡区人大代表到眉山市、四川省、全国人大代表。作为四川省眉山市人民医院副院长、中国农工民主党四川省委委员、眉山市总支主委、眉山市人大常委会委员,夏绩恩每一次依法履职的点点滴滴,都是一名优秀人大代表的真实写照。他对学习和履职有清醒的认识

"深入调研、敢说真话、能提出高质量的建议是夏绩恩代表最大的特点"。与夏绩恩同是上届省人大代表的四川省十一届人大代表、眉山市人大常委会副秘书长黄玲这样说。然而,提出高质量的建议背后是夏绩恩刻苦钻研的辛勤汗水和对人大工作的执着热情。

在他心中,一名人大代表,要认真学习法律法规和人大业务知识,多向其他代表学习,不断地提高自身素质,为执行代表职务打好基础。不仅要认真学习宪法、地方组织法、代表法、选举法等与人大业务相关的法律知识,还要了解和熟悉相关法律法规和边缘学科知识。"比如说提出建议、批评和意见,作市人大代表、省人大代表、全国人大代表的素质要求就不一样,因此当选高一级的人大代表后,我都要认真学习和钻研,便于站在更高的高度提出建议意见,克服单纯为地方争利的现象。"

"人大代表要依法履职,首先要当好群众的知心人,随时调查、了解人民群众所想、所盼、所急,抓住群众关注的热点问题,积极建言献策;其次要当好群众的贴心人,心中装有群众,把知民、爱民、为民变为实际行动,真心实意地为群众办实事、做好事;再次要当好群众的代言人,代表群众的根本利益,敢为群众讲真话,吐真言。"

他是个民意代表

夏绩恩代表始终牢记人大代表职责,经常深入到群众中去了解社情民意,积极参加人代会和闭会期间的活动,认真执行代表职务。每次人代会前两个月他就开始调研,结合闭会期间收集的资料,认真撰写代表建议、批评、意见和发言提纲,全面反映民意。

12年来,夏绩恩代表单独或领衔提出了60余件建议、批评、意见。其中关于建立医疗垃圾废弃物处理场的建议被作为四川省政府2006年的主要

工作写进《政府工作报告》;关于促使住房价格合理回归的建议、关于规范征收社会抚养费的建议、关于规范征收证券交易印花税的建议、关于人大代表向选举单位和选民述职的建议、关于鼓励大学生到农村创业的建议等被中央电视台焦点访谈、《新华网》、《新华每日电讯》、《京华时报》、《羊城晚报》、《华西都市报》等近百家新闻媒体采访和刊载。他还撰写了关于加强党的执政能力和政府自身建设的建议、认真解决“三农”问题暨切实解决“进城务工农民工”的劳动待遇和劳动保障问题等社情民意近20余条。其中《关于加强党的执政能力和政府自身建设的建议》被中国农工民主党中央研究室2005年信息专报第3期采用,并专报全国政协办公厅信息局;另外2条社情民意的主要内容被农工党中央采用,同期另有8条社情民意被农工党四川省委会采用;《关于发展眉山旅游经济的调研与管见》2005年被眉山市人民政府办公室《工作调研》第14期刊用。

近年来,夏绩恩代表还以人大代表的身份参加了眉山市物价局关于电视收视费、城市垃圾处理费、城市污水处理费、天然气价格、医疗服务价格、城市居民生活用水实行阶梯式计量水价等方案的听证会。在听证会前,夏绩恩代表都要认真调研、积极准备,在听证会上认真分析、阐述观点,为市政府调整相关价格和收费提供决策参考。2006年他在天然气价格调整方案听证会上的发言被中共眉山市委统战部《眉山铮友之声》全文刊载。2008年12月,夏绩恩列席了十一届全国人大常委会第六次会议,他先后在小组审议发言八次,发言均被收入会议简报或被中国人大网刊载,审议侵权责任法草案的发言受到中央电视台社会与法频道的关注。

“5.12”汶川特大地震后,他已着手调研和查阅资料,写出了关于进一步加强建筑抗震设防和建筑安全质量的建议、关于医药卫生体制改革的建议、关于规范和完善中央财政转移支付制度的建议、关于进一步保障粮食安全的建议、关于采取更加积极政策扶持农村太阳能利用的建议等7件建议,在十一届全国人大二次会议期间提交。

他是市人大常委会重点约请发言的对象

眉山市人大常委会实行重点约请与普遍发言相结合的审议方式后,作为市人大常委会委员的夏绩恩是重点约请次数最多的委员。他说:“市人大常委会通知我参加视察、调查和执法检查,每次议题审议,相关工作委员会都提前约请我在会上发言;市人大常委会组织的会议和活动我从不出缺,不然会耽误了人大常委会的工作。”对议题调查和视察、执法检查,他每次都要写出发言材料、填写审议意见卡,反映群众的诉求和呼声。

去年市人大常委会听取和审议市人民检察院关于审判监督工作的专项工作报告时,他说,虽然法院组织法第11条规定:“各级人民法院审判委员会会议由院长主持,本级人民检察院检察长可以列席。”但实际上审判机关并不主动接受检察机关的监督,审判委员会会议不主动邀请检察长列席会议。因此,他认为法律的这条规定刚性不够,应提出立法建议,将本条的“可以列席”修改为“应当列席”,以增强约束力;在法律修改前,两院应建立检察长列席审判委员会会议制度。为此,眉山市法、检两院高度重视,积极配合,在审议后就联合出台了《检察长列席审判委员会会议办法》,明确了检察长列席审判委员会的具体操作方法、步骤,成为全省该项制度中最具可操作性、最详细、最规范的制度。

他是个跨行业的专家

夏绩恩广泛涉猎、深入钻研,使他成为卫生、文教、经济、法律等方面的行家。

在十一届全国人大一次会议上,他提出了关于促使住房价格合理回归的建议、关于规范征收证券交易印花税的建议。现行证券交易印花税率太高,犹如一部大型抽血机,如果不进行法律层面的规范,对证券市场的发展极其不利。因此,他建议规范征收证券交易印花税,将其下调到0.5‰,还印花税“本来面目”。该建议被相关媒体报道后,受到业内人士的好评。

为将代表法关于“代表受原选区选民或者原选举单位的监督”的规定具体化,夏绩恩还在十一届全国人大一次会议上提出了关于建立人大代表向选举单位和选民述职制度的建议。他建议代表在任期内至少应向所在选区选民或者原选举单位述职一次,代表述职的内容应包括:出席人代会会议的情况;提出议案、建议、批评和意见的情况;闭会期间参加人大常委会及原选举单位组织的学习、视察、执法检查、代表小组活动的情况。

昌　达——真情催生的工业“小巨人”

春林　国华

乐安是个工业小县，境内企业少，没有一家投资规模在5000万元以上、年产值过亿元的大企业。今年，随着乐安昌达有色金属加工有限公司的投产，这一历史被改写。

昌达公司的老板谢国昌先前已在乐安投资创办了一家企业，为何又再次相中乐安？目前公司生产状况如何？带着这些问题，8月13日，笔者来到昌达公司进行采访。

2002年，在乐安县领导的热情邀请下，谢国昌投资1200多万元在该县创办了博林化工厂，主要生产松脂油。企业从创办至今，县里的主要领导及挂点领导经常深入企业现场办公，从征地、办手续到原材料供应、生产销售，不管大事小事，只要一个电话，县领导都会及时为企业排忧解难。良好的投资环境以及优质高效的服务，让谢国昌增添了在乐安投资创业的信心。2006年，谢国昌决定投资5280万元，在乐安工业园区征地108亩，创办昌达有色金属加工有限公司，主要加工钨、钼等有色金属。整个项目分两期建设，一期工程投资1500万元，于2006年10月正式开工建设。在企业建设的三个多月时间里，县主要领导和挂点领导几乎每天都要到企业现场办公。在征地时，当地村民意见不统一，致使工作受阻。得知此情后，县领导立即召集镇、村、组干部和村民代表现场办公，仅用两天时间就顺利签订了征地协议。在水电安装时，有关单位负责人到现场督办，仅用一天时间就将水电安装完毕。谈起这些，谢国昌深有感触地说：“乐安交通、地理位置都没有优势，是乐安干部务实的工作作风让我对乐安情有独钟。”

周到细致的服务使企业建设顺风顺水，仅用3个多月就完成一期工程建设。据了解，今年以来，该公司已实现产值1亿元，上交税金234.8万元。预计到年底，该公司可实现产值2亿元，创税800万元。

在企业建设过程中，该公司注重绿色环保。目前，该公司已投入100多万元对厂区进行绿化、美化。时下，走进昌达有色金属加工有限公司，你会仿佛置身于一座花园内，厂区内绿草如茵，厂房、办公楼、职工宿舍等错落有致，亭台、楼阁、小桥、湖水相得益彰，厂区绿化率达50%以上。据了解，在二期工程中，该公司还将投入几百万元新上一套污水处理设备。

谈起企业未来的发展，谢国昌说，待一期工程各项目标全部实现后，就将进行二期工程建设，引进2条现代化的钨、钼等有色金属深加工生产线。整个二期工程建成投产后，企业年产值可达20亿元。届时，该公司将整合全县的有色金属资源，建成全省重要的有色金属加工基地。经过几年的发展，力争使昌达公司跻身全市工业企业十强行列，成为全市的工业“小巨人”。

释放源源能量

——记吉林市人大代表、吉林市源源热电有限责任公司董事长赵斌

东方田野

固守着梦想，坚定着信念，承载着责任，追寻着成功，他从遥远的霍林河畔来到了松花江边，他就是吉林市源源热电有限责任公司董事长赵斌同志。

2000年11月份赵斌来到吉林市接管原西关热电厂，组建源源热电，当他迈进这个几乎破产的工厂，面对大部分已经瘫痪的设备和几百人低迷的神情时，他就深深地知道今后脚下的路有多艰难、多漫长，即便如此，他不但没有退却，却义无反顾地留了下来，这一留就是八年，这八年是激情的燃烧，是奉献的燃烧，是岁月的燃烧，也是这八年赵斌用他那质朴、诚信和他的果敢、睿智造就了源源热电，同时也把源源能源人敢于创新、敢于开拓、敢于拼

博的精神带给了吉林市人民。

寄托着领导的厚望，承载着沉甸甸的责任，带着原电厂400多名职工们的期盼，他知道身上的担子有多重，但他已经在心中勾画出公司今后的发展蓝图。

记得他刚刚进厂时，他围绕厂区转一圈，不由得心里就“咯噔”一下凉了大半截，一幅衰落的场景展现在他的面前，诺大的厂区荒凉得显现不出半点生机，机器的“合奏曲”仿佛已成为久远的历史，只有一台破旧的锅炉疲惫不堪的维持着运行，形影相吊，茕茕孑立，断壁颓恒的厂房四处结满了厚厚的灰网，嵌起的墙皮斑驳地打着卷，看不到工人们忙碌的身影，看到的只是人们无奈和期盼的眼神。一个千疮百孔、摇摇欲坠的企业在风雨中飘摇。

一堆堆困难，实实在在摆在了赵斌面前，可他没有退缩，而是挺起腰杆直直地撑了起来，因为他有勇气和信心，加之对热电厂运行的熟悉和管理企业的经验，他也是做好了心理准备来迎接挑战的。但他更深地知道，艰辛与泪水同样重要，微笑将属于敢于面对艰辛的人，“风雨中这点痛算什么，擦干泪，不要怕，至少我们还有梦……”郑智化的歌声隐隐从远方句句飘进他的耳中，飘进他的心里。是的，我们还有梦，源源热电还有梦，圆这个梦要靠公司全体干部员工同心协力往前冲，这样默默的想着，他的一颗创造一流企业的心更加坚定了。

一颗坦诚的心放到事业的火种里尽情燃烧，会释放出巨大的热能。

终于，他用一颗火热的心和满腔的赤诚感染和感动了广大员工，真诚的付出换来了真诚的回报，员工们封闭的心灵打开了，畅所欲言，各抒己见。

于是，企业正常的发展了，工人工作热情空前高涨，曾经濒临破产的企业如今又再现了生机，犹如一只彩蝶，在烈火中得到涅磐，获得了新生。

企业走向了正轨，步入了可持续发展的道路，带着希望和憧憬向前迈进，这一切，源于领头人赵斌卓越的领导才能和他的聪明睿智，源于班子成员的精诚合作，源于公司上下同心协力一致的步调。

走进公司，聆听人们最直接的心声，捕捉人们对赵斌的真实评价，你会惊奇地发现，人们谈论最多的是赵斌有领导才能，让你感受最深的是他的人格魅力。

那么，他的领导才能源于何、人格魅力又源于何呢？源于他的工作磨砺和对自身素质的培养，源于他正统、正气、正人的修养。

男儿有志绘春色，一路风尘一路影。

这一路，赵斌走得很坎坷，但却很成功，每一步行进的里程都留下了他敢于开拓、敢于创新的足迹。他把自己的魂根植于所倾注的事业之上，根植于广大员工心中，他心系着员工，情牵着员工，因此企业的发展便有了牢固的根基。

他时刻不忘老员工和有技术的工人，他说：老员工和技术人员是企业的宝贵财富，是企业发展的基石，他经常与老员工探讨企业的发展和有关技术难题，征求他们的意见和建议，让他们为企业发展献计献策。

他把员工的冷暖放在心上，员工家里有困难他会自己掏腰包为员工解决困难，公司成立八年中，他共安排员工子女就业近60人，为员工解决了后顾之忧。员工有病住院，他都会亲自到医院看望病人，送去亲情般的问候，员工家里有了遭灾为难之事，他就组织捐钱、捐物，帮助解决燃眉之急。员工们感动的说：我们老总对我们那个爱护劲真没的说，他心紧紧贴着我们的心呐！

听了这话，赵斌笑了，他笑的并不是满足于员工对他的赞扬，而是悟出了一条真理“协力山成玉，同心土变金”。

赵斌做事非常讲原则，重修身，他对班子成员“约法三章”：嘴不馋、心不贪、身不懒，以此约束自己，不为个人名利所累，他带头执行，班子成员都遵守。

为了企业的发展、如何改善和提高员工的待遇，他曾有过多少个难眠之夜，多少日风霜雪雨，他的步履留在了公司每个角落，留在了广大员工的心里……

汗水湿润脚下的沃土，收获在人们的殷切希望中走来。

终于，源源热电在赵斌和广大员工的辛勤汗水浇灌下不断地向着理想的巅峰攀跃，创造了一个又一个奇迹，带来一个又一个质的飞跃，员工们也从公司逐年的发展变化中看到了希望，看到了美好的未来，也增添了信心和力量。

岁月无声无息地滑行，时光年轮在春绿秋黄中稍纵即逝，蓦然回首，赵斌伴着他一手建立的源源热电在吉林市已经走过了八个春秋。八年中，他把一个濒临倒闭的企业经营成现在花园似的工厂，这其中他付出的心血是不言而喻的也是有目共睹的。公司成立后，首先是筹措了1200万元的资金完成了三台锅炉、三台汽轮发电机组及其他辅助设备的大修工作,使原来近于瘫痪的设备焕发了新的生机和活力,达到乃至超出了设计生产能力;接着又投入了近800万元的资金完成了主要设备的技术改造更新和配套完善工作;然后,运筹帷握,拓宽思路谋发展。自筹资金8000余万元完成了公司的三期扩建工程,新增两台75吨/时的循环硫化床锅炉、供热能力300万平方米的热力首站一座、供热能力100多万平方米的水网管线一条和其他配套设备等,由原来的单一汽网供热实现了水网和热网供热并举的供热模式;使两条联网线的载流能力由原来600A提高到现在的800A;公司的供热面积由原来的60万平方米增加到现在300万平方米;公司的年供电量由原来的最大4300万千瓦时增加到去年的14500万千瓦时。

随着吉林市蓝天工程建设的逐步深入市场,吉林市西部房地产业的迅猛发展,他更加踌躇满志、憧憬未来。根据发展和把企业做大做强之需要他又在谋划着公司的四期扩建工程,这期工程拟上220吨/时的循环硫化床锅炉两台、25MW的供热机组两台、供热能力600万平方米的热力首站一座及其他配套设备等。工程总投资预计4.5亿元人民币。此项工程的前期准备工作正在紧锣密鼓地进行中,立项工作已得到环保部的批准。预计该工程明春可开工,最迟2010底前可全面竣工。届时一个规模性供热企业将出现在世人面前,他将为吉林市西部蓝天目标的实现,推动房地产业更快的发展、改善"民生"做出更大的贡献!

八年中,只要他在吉林,每天都是第一个到单位,最后一个离开公司,每天他都会到现场转上一二圈,对现场的情况了如指掌,他还经常深入基层和员工交流、沟通,极时了解员工情况,为员工排忧解难。他这种敬业精神深深地感动和感染着几百名员工,同时也凝聚了员工的心,使公司员工始终保持高昂的工作热情,也正因为如此,在这八年中公司在生产中没有发生人身和设备二级以上重、特大事故。为了提高各专业人员的水平,他分期分批地向外地派遣员工学习和考察,这一做法有效地提高了员工的素质,从而也保证了安全生产和经济运行的需要。

八年中,公司每年都被评为先进供热单位,其中有四年为省级先进供热单位。先后被评为区级、市级和省级文明单位荣誉称号。目前是省、市两级重合同守信誉单位,是吉林市重点保护企业。总之,八年中,赵斌创造了很多第一,很多数字,枯燥的数字在这里并不乏味,这其中蕴藏着源源热电人的拼博精神,演绎着奉献的真情与和谐,此时枯燥的数字在这里就像一组组跳跃的音符,在源源热电人心头激情地跳跃和歌唱……

事业如同一个陡峭而光滑的斜坡,攀登的艰难将成为一个永恒的主题。

赵斌在通往事业成功之路上像登山运动员一样,一步一步向上攀登,从一座高峰攀向另一座更高的山峰,他也把源源热电的事业从一座高峰攀向另一座更高的山峰。

开拓进取　履职为民

——记诸城市人大代表、山东亿泰农牧科技发展有限公司总经理杨金相

王东泰

在他办公楼的门厅里,醒目地标注着这样一组奇特的方程"0+0.1+0.01+0.001+……=∞,1-0.1-0.01-0.001--……=∝"。他这样向我们解释,"一个人如果每天取得一点进步,时间长了总会取得成功,相反,如果有一点松懈,就会功亏一篑,企业也是如此"。他就是诸城市第十六届人大代表、山东亿泰农牧科技发展有限公司总经理杨金相。

一、以创新谋求发展,不断壮大企业规模

1998年12月,杨金相凭着过人的胆识和魄力,自筹资金,成立了山东亿泰农牧科技发展有限公司,以经营畜禽产品为主。在他的带领下,短短十年间,公司发展成为一家集饲料研发、生产、销售和种鸭养殖、鸭苗孵化、商品鸭放养于一体的股份制民营企业,占地面积93240平方米,总资产1.3亿元,固定资产2685万元,职工130人。是潍坊市农业产业化重点龙头企业,潍坊市畜牧行业唯一的一家省级高新技术企业,承担国家星火计划项目定

点企业，先后荣获山东省畜牧行业（饲料）十大知名品牌、中央电视台上榜品牌等荣誉称号。由于业绩突出，2007年，他光荣地当选为诸城市第十六届人大代表。

2008年，席卷全球的金融危机不期而至，给公司的生产经营带来了很大的冲击，企业面临前所未有的考验。面对危机，杨金相苦思对策，立足企业自身特点，果断调整企业发展战略，使公司迅速摆脱了困境，重新步入良好的发展轨道。一是及时修正公司的市场定位，主动延伸生产链条。投资1000多万元建设了“肉猪生态养殖良种纯繁场”和现代化父母代种鸭饲养场一处，下设孵化厂、商品鸭养殖基地等。种鸭场现存养种鸭20000套，孵化设备30台，全部采用微机化管理，孵化技术处于国内领先水平。猪、鸭养殖基地所用饲料全部由公司研发提供，保证了饲料生产流水线满负荷运转，职工收入不仅未降反而大幅提升。二是积极开拓市场，不断拓展企业生存空间。公司在牢牢占据本市肉鸡市场的同时，由精干销售人员组成，采取统一供苗；统一供料；统一供药三统一战术，主动出击，使公司鸡料市场由诸城本地逐步辐射到日照、胶南、高密、五莲等地。三是突出拳头产品，提高主业的竞争能力。公司及时调整销售政策，对主导产品采用促销刺激销售，因为主导产品市场稳定，忠诚客户较多，销量也最大，加上合同签订、有奖销售、年底提成等有效措施，调动了经销商的积极性，纷纷打款订货，市场占有率大幅提升。四是加大科技投入，不断增强企业的核心竞争力。牢固树立以人为本观念，不断加强公司的技术力量，建立了一支30多人的科研队伍，先后开发出畜禽及特种动物饲料系列产品120个，特别在微生态复合生物饲料研究上，自主开发出“富酶活性生物酵素”生物饲料，走在了同行业前列，市场需求旺盛。五是严把质量关，以质量求市场。不断完善公司的质量控制体系，投资500多万元建起了检测中心、生化室、电脑中控车间，引进了一批先进仪器设备，形成了一套以总经理为首的质量保证体系，产品从原料采购－初检－化验检验－生产加工－成品出厂，各环节、各流程均能保证产品零缺陷、操作无差错、质量无事故。2006年9月公司全面通过ISO9001国际质量体系认证，赢得了客户的信赖和市场的认可。

二、凭信念履行职责，始终牢记代表职责

两年多的代表工作使杨金湘认识到，作为一名企业界人大代表，要履行好人民赋予的神圣职责，关键在于牢固树立代表意识和职务意识，认识和处理好本职工作和代表工作的关系。

一是自觉加强学习，不断提高自身素质。人大代表作为地方国家权力机关的组成人员，要履行好人大代表的职责，首要的一条就是要讲政治。杨金湘结合学习实践科学发展观活动，深入系统地学习了马列主义、毛泽东思想、邓小平理论、“三个代表”重要思想、科学发展观，认真学习党的路线方针政策，切实增强了自己的政治素养。人大代表要模范地遵守宪法法律，带头推动宪法法律的贯彻实施，必须做到“法言法语、言出法随”，杨金相认真学习宪法、选举法、代表法等法律法规，学习人大业务知识，自觉宣传贯彻上级人代会精神，执行人大及其常委会决议决定，积极参加上级组织的各种培训，提高了执行代表职务的能力。作为一名企业家，他还自觉用现代企业知识武装自己的头脑，为企业经营奠定了扎实的理论功底。

二是按时参加活动，积极建言献策。每年一度的人代会，是人大代表执行职务的重大时刻。两年来，杨金相通过认真听取审议各项报告、参与行使重大事项决定权和选举权、提出代表议案建议等各项活动，逐步加深了对代表各项职权的直观认识和对人民代表大会制度的理解，增强了人大意识和代表意识。先后领衔或参与提出了“鼓励发展私营企业”、“用社会力量关心弱势群体”以及“规范城市交通秩序”等7件议案建议，得到政府及有关部门的高度重视。平时，对市人大常委会和街道人大工作室组织开展的各项活动，他都积极参加，从未请假，两年来先后参与了2次执法检查、5次视察、7次专项调查，受到了市人大及街道人大工作室领导的充分肯定。

三是密切联系选民，反映群众心声。2008年8月份以来，杨金相响应市人大常委会号召，积极开展了代表活动进社区工作。他不仅根据街道人大工作室的安排，按时参加选民接待日活动，参与社区代表活动站组织的各项活动，还经常深入社区选民，听取群众的意见呼声，了解社区各方面的情况，为辖区建设提建议、想方法，并妥积极反映群众提出的热点、难点问题，力所能及地帮助群众办实事、解难题。去年以来，在房屋撤迁、街道整治、环境卫生、治安联防等方面，共帮助解决群众难题7个，反映群众意见13条，受到了社区选民的普遍欢迎。

三、用行动回报社会，积极构建和谐企业

杨金相认为，企业界人大代表应该更多地考虑到肩负的社会责任，自觉维护人大代表形象。面对金融危机给企业带来的冲击，他积极响应上级“保民生、保稳定、保增长”的号召，想方设法维持正常的生产经营，做到了生产不停顿、员工不裁员、收入不降低，收到了良好的经济效益和社会效益。为扩大内需，开拓农村市场，他坚持让利于民，对公司投放到农村市场的产品全部实行赊销，对公司投放的鸭苗，实行统一供料、供药，并及时提供优质、快速、高效的技术服务，使养殖户均能得到可观的利润收入，受到了广大养鸡户、养鸭户的热烈欢迎。

他严格守法经营，带头贯彻执行劳动法、合同法等法律法规，对内维护职工的合法权益，对外打造企业的诚信品牌。他不断推进和谐企业建设，切实改善职工的劳动生活条件，为职工建起了高标准的食堂、宿舍；增设了娱乐休闲设施，丰富了职工的精神文化生活；加强人文关怀，在职工的生日送上鲜花蛋糕，在职工生病时送去慰问，在职工遇到困难时尽力帮助解决。在他的带领下，企业的向心力和凝聚力大大增强，诚信、奉献成为企业文化的核心。去年四川发生特大地震后，他在最短的时间内组织公司职工捐款，自己带头捐出 10000 元，公司职工捐出 30000 多元，在第一时间内送到了有关部门，为灾区人民奉献了一片爱心。

“人民选我当代表、我当代表为人民”，对杨金相来说，这绝不是一句空话，多年来，他不仅用智慧和汗水，带领企业走向了成功，还用自己的实际行动证明，人大代表，能行！

富而思进　致富思源

——记哈尔滨市第十三届人大人大代表、阿城区富氏隆集团董事长付立君

黄荣学

付立君，哈尔滨市第十三届人大代表、哈尔滨商会副会长、省私营企业协会副会长、黑龙江省经济开发建设促进会理事、黑龙江省中小企业融资促进会副会长、黑龙江省广告协会常务理事、阿城区富氏隆集团董事长。多年来，他恪尽职守，辛勤工作，用自己的实际行动诠释着人大代表的意义。

积极创业，安置下岗职工。

在上世纪 80 年代，在发展经济的大环境中，私有经济还处在“必要补充”的从属地位。付立君毅然舍弃了铁饭碗，带几个人创办了开发房地产的兴厦实业公司。自从他创业开始，就一直把安置下岗职工作为自己事业开展的一项重要支撑进行着。1995 年，成立富氏隆房地产开发公司，安置下岗职工 223 人。在激烈的市场竞争中，他靠信誉揽活、靠质量取胜。富氏隆房地产开发公司先后开发和建设了和平住宅楼、科委住宅楼、延川大街等商业住宅和道路建设项目近百万平方米，合格率达 100%，为城区的发展建设增添了亮丽的风景，为提高城市品位做出了积极的贡献。

有多高的目标，就有多大的动力，有多大的雄心，就有多宽的舞台。2001 年，随着改革的进一步深化，以构建多元市场投资主体为内容的市场产权制度改革在全国悄然兴起。阿城原有的中心市场只有两层楼，很多个体业户在露天里经营。条件落后，环境脏乱，消防隐患突出。市政府决定把陈旧的中心市场转让给民间投资者。他投资 6000 万元人民币购买、新建、改造了金京商贸城（又称中心市场），组建了富氏隆商贸城，仅消防系统便花费了 900 余万元。营业面积 20000 平方米，安置 1500 多名业户，5000 多人。从业人员他从下岗职工中优先选择，共有近 3000 名下岗职工在此创业，同时付立君还为他们减免各种费用，每年近 150000 元，有效地维护了社会稳定。目前，富氏隆商贸城年商品交易额二亿元左右。以环境整洁、设施完备、经营多元、服务到位、诚信文明、管理规范被社会各界和广大消费者所认可，被省、市主管部门树为民营企业的典范。

富而思进，繁荣地方经济。

为繁荣阿城经济提供信息服务，2003 年，他成立了富氏隆广告策划有限公司，全权代理阿城电视台新闻、文艺、影视三个频道广告业务，组织专业人员从事广告策划、设计、制作和发布，达到了经营效益、社会效益双赢。

2005 年 10 月，付立君随人大组织的代表到社

会各界视察调研，发现社会上下岗职工大多数因缺少流动资金不能重新就业。他果断决定创办信用担保公司。2005年，富氏隆信用担保有限公司成立了。是黑龙江省唯一一家民营信用担保公司，注册资金1.2亿人民币。现已为409件中小型企业、个体工商户、下岗再就业职工提供贷款担保3100万元。从而，壮大了集团经济，促进了区域个体私营经济发展。

经过长时间的市场调研，他发现阿城的建材和家具市场很不成形，急需繁荣和发展。经过四个月的紧张筹建，阿城家居业第一品牌"富氏隆家居购物广场"于2007年1月28日隆重开业。这里具备时尚化的购物环境、高品位的家居商品、合情合理的商品价格、人性化和谐的服务，让消费者切切实实地感受到了在富氏隆家居购物广场购物实惠、放心，为繁荣阿城经济贡献了自己的力量。

为改善百姓的购物环境，他又投资1560万元建设了金街购物广场，在阿城区中心地带落成即将开业。届时，将会有150多个品牌商在这里开展经营活动。这对阿城的经济繁荣将是一个更大的促进。

致富思源，回报社会。于平凡中彰显伟大，在困难中表达真情。作为一名人大代表、民营企业家，他饮水思源，不忘对社会回报。企业不断发展壮大的同时，始终不忘回报社会。他乐善好施，扶危济困，在希望工程、慈善事业和社会公益事业上做了大量的工作。他经常深入选民、了解民情，积极捐款捐物，向贫困人群奉献爱心。2003年7月至2005年7月，每年出资32000元捐助黑龙江大学的贫困学生王崇利、怀雪；为全国知名的捐献眼角膜第一人阿城电视台身患癌症的好记者闫阿红生前治病捐2万元2003年至2005年，每年"八一"建军节为阿城消防官兵捐助10000元。2005年，为阿城慈善助教基金捐资100000元。2008年五月，累计向四川地震灾区捐款30000余元……几年中，他为社会公益事业捐款累计达70多万元。

付立君代表荣获"2006年度哈尔滨(首届)经济风云人物评选活动"社会责任公益奖。

关注百姓生活，同情弱势群体。

付立君有着骄人的业绩和显著的社会地位。而过去他也曾是社会中普通一员，所以他十分关注平民百姓生活，同情弱势群体。

2008年，付立君走访选民来到舍利街道，看到几家贫困户房屋破旧，心情很沉重。他问街道领导，"像这样的贫困户，能有多少?"领导说："有30户吧。"付立君当即决定拿出30万元给贫困户建房及购置家电。2008年底，30户贫困户如期住进新房。乔迁的鞭炮在各处相继炸响，似乎新的一年提前到来了。

2009年春节前夕，付立君特意去看望了10户贫困户。送去了猪肉、面粉、豆油，让他们好好过个年。并给每户送去一台彩电，感动得贫困户老泪纵横……

认真履职，积极献言进策。

代表的职责是反映群众呼声，付立君作为连任两届的市人大代表，信守人民代表为人民的诺言和责任，他受命于民，听命于法，体察民情，为百姓仗义执言、关心群众疾苦，认认真真地履行自己的职责。作为人大代表，在参政议政的过程中，他努力学习宪法、代表法等各项法规，不断丰富自己，提高履职能力。把百姓关心的诸多问题进行深入的了解，在参加代表活动和日常走访选民过程中，付立君发现由于区划调整，阿城已经成为了哈市的一个新区。但是，由于各种原因，哈阿高速和哈阿老道均为收费公路，阿城至哈市往返车费很高。群众交通出行仍然是原来的票价。公交车费很高，群众们并没有享受到相应市区的待遇，反应强烈。因此，他连续两年提出了《关于建设香阿快速干道的建议》，建议得到有关方面的重视，目前，这个项目已进入压覆矿产资源地质灾害评估、环境保护评估和水土保持评估阶段，并向省发改委申请立项。这条路的建设已得到哈市政府的批复，这项计划投资4.8亿元，全长34.6公里的香阿快速干道建设工程即将实施。2007年提出的"关于尽快解决哈尔滨和兴路与林兴街平交道口行车难的建议"，已得到哈尔滨市公安局的答复。

"冲天黄鹤有奇翼，拔地青松多远枝。"付立君正像一颗枝干挺拔的参天大树，屹立在金源大地上。

一名人大代表的情怀

——记黑龙江省佳木斯市人大代表、三江温州批发城董事长王友谊

黑龙江省佳木斯市人大常委会研究室副主任　王加斌

"当一名人大代表,是一种荣誉,更是一份责任,与做企业一样,要倾注爱心,投入感情,用心去做,用情去做,实实在在地去践行。"王友谊是这样说的,也是这样做的,他用自己实实在在的行动,诠释了一名人大代表的情怀。

勇创大业,做促进经济发展的带头人

1998年,佳木斯市委、市政府提出"五年再造一个佳木斯"的奋斗目标,而作为一名离家二十多年在外创业的游子,王友谊无时无刻不在想如何为家乡经济的发展做些贡献。恰好这时候佳木斯市工商部门与他联系,希望他能够回乡投资,王友谊出让了自己亲手创建"黄金空车配货"线路和生意红火、日见增值的吉林公主领批发市场,放弃了"商界名人"等优厚的经商条件,毅然返回家乡投资。在市委、市政府的一系列优惠政策和各职能部门的帮助下,王友谊自筹资金5500万元,仅用108天就完成了商城的选址、前期拆迁,并建起了占地面积1.1平方米的三江温州批发城。十年磨一剑。凭借着"诚信经营、物美价廉"的理念,"想客商、亲客商、富客商"的服务宗旨,"商城靠我发展,我靠商城生存"的精神力量,王友谊创造了一个个商业奇迹与辉煌,三江温州批发城家喻户晓,誉满三江。王友谊深知,把企业做强做大是自己的首要职责,但作为一名人大代表,应为全市"十大重点工程"作点什么贡献?正是在这种激情和责任的感召下,促使他在2008年6月份提笔向市委主要领导写信,把自己蕴藏多年的事关佳木斯未来发展的想法进行汇报,建议应该着重发展"四大批发市场"集散地,即:蔬菜批发市场、建材装璜批发市场、小商品市场和轻工产品批发市场。此建议得到了市委主要领导的充分肯定,并责成相关部门进行专题调研,2009年市委、市政府将三江温州批发城二期扩建工程列为全市"十项重点工程"中的"打造商服高瑞服务工程"。日前,商城"二期扩建工程"已在紧锣密鼓运行中,扩展后的商城营业面积将达到4万平方米,业户4000户,成为我省东部地区最大的服装、轻纺综合批发市场集散地。

致富思源,做报效社会的感恩人

"在人生的旅途上,我常怀感恩的心,没有这样好的时代,就没有我王友谊的今天;我当选人大代表是人民对我的信任。我乐善好施、扶危扶困就是为了回报社会、回报佳木斯百姓"这是王友谊常说的一句话。他认为,所谓私营企业,应该是没有私心的企业,企业做大做强,不是为了个人,而是为了更好地反哺社会,回报社会,担当起一个民营企业应当承担的社会责任。佳木斯三江温州批发城从无到有、从小到大、从弱到强,不仅体现在经济效益上,更体现在社会效益上。从商城成立的第一天起,王友谊始终没有忘记回报佳木斯人民,恩泽佳木斯百姓。商城先后安置下岗人员近千人;每年献爱心、捐助贫困大学生10多人;九年间向市红十字会连续捐款。在2008年市人大常委会倡导开展的"代表活动推进年"中,王友谊一次又一次的热情捐助,一次又一次的慷慨解囊,他的爱心也在不断地升华、延伸——"五八"献爱心活动中,王友谊向市红十字会捐款2万元;响应富锦市人大常委会号召,为解决特困家庭子女上大学难捐款1万元;向四川省地震灾区捐款5万元;为新农村建设捐款10万元……

商城经营童装员工屈树山的家人常常提起王友谊对他们关爱的感激之情……

年初,屈树山去郊区大来看望生病的岳母,在返回途中不幸发生车祸当场遇难。王友谊得知后,立即送去一万元,并亲自帮助家属处理安葬事宜。考虑到员工屈树山家境比较困难,为了供遗属孩子上学,他又拿出两万元现金送给到屈妻手中,并告诉为其在商城租赁2个摊位管理费给予减免三年照顾,达三万元。王友谊的举动,不仅使屈树山的妻子感激的泪水在眼眶里打转,而且也使在场的业户深受感动。用从商城开业就在此从事服装经营的辽宁海城业户李佳龙的话说:"王总裁,真是大善人、大好人,从我认识时候起他就是这样,总是积德行善,播洒爱心,时时处处替人着想,帮人所需,令人敬佩!"

在商城从事经营的高国青等10余名业户时常提起王友谊对他们的帮助之恩……

在他们最困难、最失望的时候得到了王友谊的鼓励和帮助,无偿地为他们资助了近3万元,使他们摆脱了困境,走向了希望之路。每当人们谈及此事,高国青总是深有感慨地说:“王总裁有着朴实的人格魅力,他常到我们身边,倾听我们的苦恼,了解我们的困难,给予我们帮助,他是我们的好总裁,更是帮我们解决困难的好代表。”

用王友谊自己的话说:一个人的能力有大小,只要他心中有百姓,就应该尽自己最大的能力多为百姓排忧解难,多为弱势群体行善举,没有比人更高的山,没有比脚更长的路。

履行职责,做人民群众的代言人

王友谊认为,当好一名人大代表,最关键的是履行职责,关注发展,关注民生,替百姓当好代言人。为了履行好代表职责,每次人代会前,王友谊除了参加集体组织的会前视察,还主动参加一些座谈会和现场调研,广泛征求百姓的意见,掌握第一手材料。不管是调研视察,还是执法检查,我都认认真真参加,把每次活动当作自己履行代表职责的最佳途径,倍加珍惜。会议期间,王友谊认真听取报告,细心逐句推敲,审议时积极发言,力求使自己提出的意见、建议都具有针对性和操作性,既能列出问题症结所在,又提出解决问题的对策建议。同时在行使表决权、选举权以及审议报告时,王友谊都十分认真和慎重。会后,自己总是千方百计促成问题的解决,办了很多实实在在的事,受到人们的赞扬。此外,王友谊围绕全市中心工作和人民群众普遍关注的热点、难点问题撰写意见和建议,近年来,他经过调查研究撰写的《加强社区建设,提升居民整体素质》、《全社会多关注青少年犯罪》、《加强弱势群众社会保障》等十多项意见和建议,引起了社会方方面面的重视,一些问题得到了合理解决,促进了市政府和法检两院工作。

用王友谊自己的话说,作为一名人大代表,人要奉献自己的聪明才智,为社会做贡献,回报家乡父老乡亲,我还有更加高远的事业设想,履职尽责,造福社会,恩泽百姓。

咬定问题不放松

——记呼和浩特市人大代表崔逢德

呼和浩特市《城市中小学幼儿园规划建设条例》正式出台,呼市政府投资超亿元改建、扩建、新建15所中小学,一直以来脏乱差的“西口子”肉食品市场终于得到整治,这些大事件都和一位人大代表锲而不舍的监督、提出议案、建议分不开。他就是呼和浩特市人大代表、呼和浩特市人大常委会教科文卫委员会主任崔逢德。

与群众“零距离”接触　征求意见和建议

为了更多更真实地体察民情,反映民意,了解群众心声,崔逢德所在的教科文卫委员会采用了公开登报邀请各界人士座谈的方式,对中小学收费等群众反映的教育热点问题广泛征求意见和建议。

崔逢德怎么也不会忘记2003年3月13日,这天风雪交加,交通不便,但恶劣的天气并没有影响市民参与座谈的热情,当天,从媒体上得到消息前来反映情况、提出意见的群众让市人大常委会247会议室“人满为患”。呼市义务教育阶段当时存在的问题成为大家共同关注的焦点:“许多中小学班容量严重超标”、“学校收取外来学生借读费过高”、“教师利用休息日为学生补课”等问题被纷纷提出。座谈会上崔逢德听到了外来打工者的真实想法;听到了学生家长的真心话;听到了学校教师的具体建议;听到了政府工作中还存在的问题,为今后的监督、视察工作和在人代会上提出议案、建议作好准备。

促进法规出台

就呼和浩特市部分中小学校班容量超标问题,崔逢德于2003年牵头组织部分市人大常委会委员和市人大代表对呼市中小学班容量情况进行了视察。视察中了解到,新城区是呼市中小学班容量超标的“重灾区”,有的学校班容量竟达到90多人,有的学校把教师的办公室、音乐教室等改成学生教室也满足不了学生的入学要求。究其原因,主要是呼市在城区快速拓展、人口加倍增加的情况下,却没有相应地新建中小学校。当时呼市城区面积已由2000年的83平方公里扩展到140多平方公里，城区人口由1998年的71.23万增加到2003年的140万，城市建设快速发展，城区面积不断扩大，人口数量急剧增长，却没有按照规定配套建设中小学校，以新城区为例，几年间建起大型住宅小区28个，海天花园、紫藤花园、丽苑小区、联建小区、仁和小区、幸福小区等住宅小区已经连成一片，而当时在这些新建小区中却几乎没有配套建设一所中小学，群众意见很大。

为了解决上述问题，崔逢德组织力量，每年都要对学校班容量情况进行监督视察，连续几年在人代会上提出要按国家规定、人口比例在新建小区中配套建设中小学幼儿园的议案，并提出了要尽快出台中小学幼儿园规划建设条例，以及建立和完善中小学建设投入机制、保障机制以及配套政策等建议。

通过几年的不懈努力，2006年12月1日，《呼和浩特市城市中小学幼儿园规划建设条例》正式出台，保障了首府中小学校的配套建设问题。为了解决市区中小学上学难问题，两年来呼市政府投资超亿元改建、扩建、新建了15所中小学，使市区中小学生上学难问题基本得到了解决。

让首府市民吃上放心肉

凭借着距离原食品公司屠宰一厂、二厂较近，交通便利，收费低廉等优势，西口子地区肉食品批发市场成为呼市最大、最集中的生熟肉及下货加工批发市场，呼市大部分大、中、小餐馆餐厅的下货、杂碎都来自这里，但这里的食品卫生、食品安全问题却一直没有得到彻底解决，牲畜屠宰还是最原始的"地打滚"方式，"脏、乱、差"几乎成了这里的代名词，彻底解决西口子地区的卫生状况成为市民最关心的问题，自然也成为人大代表关注的热点。

从2005年开始，崔逢德代表对西口子地区肉食品批发市场的食品安全和食品卫生问题进行了连续不断的督察，督促相关部门进行整改，为市民能够吃上真正的放心肉进行着不懈的努力。

经过连续四年不间断的多次督察和锲而不舍地在人代会提出建议、批评和意见，西口子肉食品市场脏、乱、差的问题得到了呼市政府的高度重视。2007年年初，市委副书记、市长汤爱军亲自带领相关部门负责人对西口子地区进行了实地调研，并于2007年2月1日主持召开了市政府常务会议，专门就西口子地区肉食品市场的建设规划问题进行了研究，会议决定把整治西口子肉食市场及周边环境，规范全市肉食品加工企业作为为民办实事之一，并成立了西口子地区肉食品市场整治工作领导小组，决定将北亚和瑞天隆两家屠宰厂整体迁出，在原址建设大型的现代化肉食品物流交易中心。

2007年12月28日，迁建到鄂尔多斯西街以北、西化纤厂以东，总投资1.4亿元的北亚肉食品屠宰厂和瑞天隆生猪屠宰厂两大现代化屠宰企业如期竣工投产，实现了屠宰企业与肉食品销售的分离。这标志着呼和浩特市肉食品生产、管理走上了规范化轨道。两家现代化屠宰企业的运营，改善了西口子地区的市容市貌和人民生活环境，推动了呼市的肉食品屠宰和加工业向科学、安全、环保和标准化方向发展。

谈起自己做人大代表的最大感受，崔逢德说，做人大代表就要有锲而不舍的精神，要敢于为百姓的利益鼓与呼，遇到问题要紧盯不放，跟踪问效，只要不放弃，通过不懈努力，问题一定会得到有效解决。崔逢德当市人大代表的七年，共提出议案、建议近百件，其中大部分议案、建议在他的坚持下得到相关部门的高度重视并得到有效落实。

廿三载不懈开采人大新闻富矿

——记广东省江门市十三届人大代表林鹤鸣

广东省新会区人大常委会研究室　陈焜宁

林鹤鸣，广东省江门市十二、十三届人大代表，江门市新会人民广播电台副台长，一位资深的开采人大新闻富矿的挖掘者。

林鹤鸣于1985年开始从事新闻工作负责人大制度宣传的采访报道至今23载，不断在人大新闻富矿中努力开采，为坚持和完善人民代表大会制度鼓与呼。他于2003年当选江门市人大代表至今连任两届,在履行人大代表职责中,为推进政府的工作积极建言献策。

人大新闻富矿的开采者

林鹤鸣从接触人大制度宣传的工作中,悟出了人大宣传内容丰富,涉及到社会、经济、民生等方方面面,题材广泛,新闻储量大,又是人民群众所关注的问题,新闻价值高,是新闻报道富矿的道理。为开采人大新闻的富矿,一方面,林鹤鸣加强学习有关人大工作的法律法规,提高对人大工作的认识,熟悉人大工作情况,把握好报道宣传人大工作的分寸。他从多形式、多角度,千方百计加大对人大的宣传报道份量,增大人大工作新闻信息量。如区人大常委会每次会议,他都对每项议程分别作单篇新闻报道,增加报道量。“一府两院”向人大汇报工作时,在报道成绩的同时,注重把人大的监督和支持写进去,体现人大对“一府两院”的工作既监督又支持,树立人大的权威。对重点题材的报道,则通过消息、录音报道、录音通讯、新闻评论等多个角度进行报道。他担任新闻部主任后,把人大宣传工作作为重点宣传任务来抓,做到动态与常规报道宣传相结合,形成多样化。每年的人代会之前,紧密配合人大办,开展宣传攻势,设立专题专栏,营造良好的舆论氛围。会议期间,进行深入详细报道,使人大宣传形成高潮。2006年,他把区镇人大换届选举作为全年的重点来抓,按照区换届选举委员会及区人大常委会的部署,严格按照每个阶段的工作程序,全方位地开展宣传工作。采写播发新闻稿件15篇,让群众了解整个换届选举全过程的情况,对宣传我国人民代表大会制度,提高群众的民主意识,推进民主法制建设起到积极作用。为使换届选举工作宣传更广泛、更深入,他安排电台一连45天,在每天播出的《新闻专辑》节目中设立了《区镇人大换届选举》专栏,围绕换届选举四个阶段的工作要求,突出重点,有针对性地进行宣传,让听众对人大代表有更深刻的认识,对开好区、镇新一届人民代表大会第一次会议营造了舆论氛围。通过加大宣传份量,增大了人大工作的宣传覆盖率,对提高人大的地位、性质、作用和权威起到了积极作用。另一方面,林鹤鸣在工作中,突出“勤”字,做到勤跑、勤采、勤写,只要是人大有关活动他都基本上采访报道,每年采写报道人大题材的新闻上百篇。他当选为江门市十二、十三届人大代表后,更是将人大宣传工作作为份内事,利用一切时机,加强人大宣传工作。每年区的人代会,他既要列席会议,又负责会议的报道工作,一身兼两职。他在自觉履行代表职务的同时,不失时机地采访报道整个会议,中午和晚上加班加点赶稿件,及时播发新闻信息。每次人代会期间,他播发的新闻稿件近20篇。

人大新闻富矿的开掘者

作为人大新闻富矿的开掘者,林鹤鸣注意通过抓典型,突出人大监督工作的实效性。如,早在1997年2月17日,新会睦洲镇一退休干部向省人大常委会投信反映七东精细五金厂排放的污水污染西江,严重威胁位于下游6公里处的新会饮用水源新沙汲水点。经新会区人大常委会调查核实,引起关注。从1997年9月开始至1999年3月新会区人大常委会先后邀请新会籍的省、江门市人大代表及组织本级人大代表先后5次深入现场视察,目睹了该厂工作人员把未经处理的污水直接排入西江的事实。每次视察都从废水的出水口采集水样,经环保部门检测,其结果大同小异,废水呈酸性,含有多种有毒成份,各项指标均超过《广东省水污染物排放标准》,其中一类污染物镍超标18倍,氰化物和铜超标10多倍,PH值大大低于6。省环保局关于整治七东精细五金厂排放不达标污水时就提出:“应由江海区人民政府作出限期搬迁决定,但期限控制在两年内。”江海区人民政府也于1997年12月5日发文,责成该厂必须在1999年12月31日前搬迁,并在未搬迁期间必须做到达标排放。但是,这些处理意见根本不落实,污染情况依然十分严重。他意识到新闻价值高,是人民群众关心的热点问题。三年来,从代表视察、质询案的提交、质询会的召开、电镀厂的搬迁等进行了跟踪报道。全面反映了人大代表为民请命的高度负责精神,使人大及其常委会的监督实效得到充分体现,在社会产生积极的宣传效果。又如,新会区十一届人大一次会议代表提出《关于制定并颁布新会会城城区市政和交通管理办法》的议案,在办理的整个过程中,他从议案的提交、政府的办理进展、人大常委会多次会议审议意见、议案最终办结、代表对办理的意见等都作了跟踪报道,体现了人大及其常委会为了人民的利益,实事求是促使政府八易其稿办理的实效,增强了人大监督力度的宣传报道。近年来,他围绕群众关心的热点难点问题,对人大代表提出的《关注弱势群体,解决金牛头渔民村饮水难问题的建议》、《关于公交汽车直通各镇的建议》、《关于兴建我区污水处理厂的议案》、《关于充分利用古兜优质水库水资源实现城市分质供水造福市民的议案》等进行跟踪报道，反映了这些议案、建议的办理进展情况和结果。通过对议案和重要建议的办理，彰显了人大及其常委会为维护人民群众的根本利益作出的不懈努力和成效，对树立人大的威望，塑造代表的形象，起了积极作用。

人大新闻作品的提炼者

在人大新闻报道中，他注意发挥广播传播迅速、先声夺人等优势，运用音响素材进行报道，使内容充实，真实自然，增强了报道的可信性、可听性、吸引力和感染力从中提炼人大新闻作品。如，在报道区人大常委会审议涉及民生问题时，运用了组成人员的踊跃发言，反映民意，表达民情，使之有较强的说服力。在报道人大代表视察工作时，采访代表对问题的看法和见解，表现了代表的认真负责态度。在人代会期间，通过代表审议各项报告、对"一府两院"工作的意见和建议的录音，真实地反映人大代表当家作主，积极参政的表现和能力。在报道中，他还根据不同的新闻事件，善于运用多种新闻体裁，从不同角度对人大工作进行宣传，并围绕新闻事实，运用音响素材，深化报道主题，提高宣传质量。23 年来，有 10 多篇作品分别获得广东省和江门市宣传人大制度好新闻奖。其中消息《县人大常委会推迟会议，全力支持抗旱保丰收》获得广东省第一届人大宣传好新闻二等奖。新闻特写《睦洲镇人大宣传有声有色》获得江门市第二届人大宣传好新闻一等奖。2000 年采制的录音通讯《坚持十载咨询选民，做好意见督办工作》运用了丰富的音响素材，把人大代表小组的活动形式、人大代表的做法、群众的评价等录音与十年来代表小组的工作实效有机地结合起来，真实地反映了会城河南街道人大代表小组十年来坚持选民咨询日活动所取得的显著成效，该作品获得广东省人大宣传好新闻三等奖。2007 年采制的《办理人大代表建议岂能开"空头支票"》，他抓住了代表普遍反映建议的办理质量不高，效果不明显，影响了代表积极性的发挥，不利于民主政治的发展这条主线，较好地运用了广播音响特点，以采访对象的谈话录音为事实，以点带面，剖析了人大代表建议办理质量存在的主要问题，并提出了今后办理工作的有效措施。作品播出后，人大代表表示赞同，对督促承办单位认真负责办理落实代表建议起到约束作用。该评论以典型的广播特点编发，人物的谈话录音精辟有力，新闻事实充分，分析到位，提出的整改措施有力促进办理质量的提高，获第十七届广东人大好新闻二等奖。

名　都

——一切为了老区人民全力打造大都市的居家和购物天堂

安福金雁房地产开发有限责任公司董事长　郭友平

乐安县是典型的边远革命老区，全县有 40 多万老区人民。为彻底改变老区人民的居住和购物环境，让老区人民也享受大都市的居家和购物天堂。安福金雁房地产开发有限责任公司本着"和谐、诚信、务实、质量、品位、满意"的宗旨，在乐安开发建设了"名都商业广场"商住城，赢得了用户的称赞，得到了社会的广泛好评。

名都商业广场地处人口密集、交通便利、人群活跃的繁华地段。名都商业广场用地面积为 23400 平方米，建筑面积 54600 平方米，拥有 7400 平方米大型超市 1 个，分别有 840 平方米、1191 平方米写字楼 2 个、商铺 97 个，拥有住宅 263 套，可容纳人口 3200 余人。设有中心圆形广场、6 米宽的步行街、6 米宽的车行道，广场口端设有音乐喷泉，名都商业广场设计别具一格，其建筑密度、容积率、绿化率达现代城市设计要求。

名都商业广场是乐安大型购物广场、百货、服装休闲的跨省零售企业。公司积极推行现代化企业制度和规范化管理，始终坚持"顾客至上，服务第一"的经营理念，以迅猛的增长态势在激烈的竞争中崛起。名都商业广场，经营面积达 10000 多平方米，是乐安县经营规模最大、品种最全、设施最完备的集百货、服装、食品、日用、生鲜、休闲、娱乐、餐饮为一体的大型综合性购物广场。

公司坚信科技是第一生产力，不断引进现代化的超市专用硬件设备，建立了完善的 POP 电子结算系统,引进了大批先进电子设备,并设立了岛柜、立柜、风冷柜等一系列现代化设施。

“以人为本,科技为辅”是公司在艰苦创业的实践中沉淀下来的宝贵资产,是公司的灵魂,管理的精髓,凝聚全体员工的粘合剂,规范员工行为的准则。企业理念是企业文化的核心价值观,是我们最高的理念和信任,是凝聚公司各个部门及员工长期为目标而奋斗的动力和源泉。也是企业精神和我们所倡导的理想氛围,企业理念具有统一性和权威性。公司倡导员工正大光明做人,要求员工对待事物、对待工作始终要有正确的认识,胸怀宽广、以德服人、作风正派、光明磊落。公司的核心理念是公正平和,公正是企业管理的基础,我们谋求共同发展的同时,倡导心态平和,公正平和是我们待人与事的态度。经营宗旨是为顾客节约每一分钱,降低营运成本,提高商品周转率,为顾客提供优质的平价商品。“服务乐安老区人民,创造乐安财富”是乐安老区人民的美好愿望,也是我们孜孜以求的目标。

公司要求员工的责任是良好的品质、积极的态度:1、有责任感、使命感;2、不敷衍塞责,阳奉阴违;3、协调合作,无本位主义;4、遵从上级领导。言谈举止要求:1、严禁在公司内粗言秽语;2、严禁在公司内大声喧哗、嬉戏追逐等不检行为;3、严禁隐瞒或不理会顾客的投诉及询问;4、严禁和客户发生争执;5、待人诚恳、热情,举止庄重、得体;6、面带微笑、讲普通话;7、常用礼貌用语:“早”、“早安”、“您好”、“谢谢”、“晚安”、“再见”、“请多多关照”、“拜托”、“欢迎光临”、“请”、“对不起”、“让您久等了”等。商品经营道德规范:1、不卖伪劣商品;2、商品明码标价;3、坚持依法经营;4、搞好售后服务。三个“一个样”:买与不买一个样,买多买少一个样,外地顾客与本地顾客一个样。文明服务十要求:1、顾客进店,主动招呼,不冷落人;2、顾客询问,详细答复,不讨厌人;3、顾客挑选,诚实介绍,不欺骗人;4、顾客少买,同样热情,不讽刺人;5、顾客退货,实事求是,不埋怨人;6、顾客不买,自找原因,不挖苦人;7、顾客意见,虚心接受,不报复人;8、顾客有错,说理解释,不指责人;9、顾客伤残,关心帮助,不取笑人;10、顾客离店,热情道别,不催促人。

认真履行代表职责　积极发挥代表作用

石家庄北国人百集团有限责任公司董事长　王印行

2008年1月24日当人大代表以来,时刻不忘自己是桥东区选举出来的市人大代表,在一年多的工作中,我认真履行代表职责,积极发挥代表作用,其做法是:

一、坚持四项基本原则,认真学习和宣传贯彻党的路线、方针、政策,模范遵守执行法律法规

2008年以来,我市发生了“三鹿奶粉”等重大事件,在我国甚至国际上造成十分严重的恶劣影响,我作为一名国有控股企业的法人代表,作为一名市人大代表,一方面积极响应市委市政府的号召,认真学习有关法律法规,深入研究“三鹿奶粉”等事件发生的原因及根源,深刻吸取“三鹿奶粉”等事件的教训。另一方面认真贯彻有关法律法规,确保企业在安全生产和食品安全等各项措施落到实处。

今年以来,我们根据中央的统一要求,认真开展学习贯彻实践科学发展观活动,按照市委市政府提出的强化省会意识,转变工作作风,优化发展环境,调整经济结构,推动科学发展的统一部署,结合企业的实际情况,认真学习贯彻实践科学发展观的有关内容,深刻理解党中央提出的实践科学发展的重大意义,进一步提高了贯彻实践科学发展观的自觉性。

二、积极参加人民代表大会,认真审议各项报告和议案

在2008年和2009年召开的石家庄市第十二届人民代表大会第一次和第二次会议期间,我作为一名大会正式代表,大会主席团成员,大会资格审查委员会委员、财经委员会专题审议的参会代表,能够正确处理会议和企业工作的关系,能够认真遵守会议纪律,严格按照会议安排,准时参加会议上安排的各项活动,做到不迟到、不请假。在参加大会按排的各项活动中,能够认真履行自己的职责,积极认真地参与讨论、研究和表决。特别是在听取和审议市政府工作报告，市人大常委会工作报告，市法院、检察院工作报告以及市人大财经委专题审议会议等活动中，能够认真听取和阅读相关资料，实事求是地发表个人意见。

三、能够结合工作实际，深入基层了解民情，认真负责地向国家机关和组织反映人民群众的意愿和要求

作为桥东区人民代表大会选举的市人大代表，时刻关注我市及桥东区的经济发展，环境保护，城市管理，国有企业改革及华北重要商埠建设等方面的问题。由于工作关系，我工作的北人集团在全市流通行业中网点较多、业态较全、涉及范围较广，因此，了解基层的民情、民意比较方便。对了解到的民情民意，利用自己身为石家庄市第十二届人大常委会委员参加各项活动多、会议多的有利条件，采取不同方式积极认真地向国家机关和组织反映人民群众的意愿和要求，特别是在市十二届人大一次、二次会议期间，能够做到积极带头或参与其他代表联名书面提议案，建议。两次大会期间，我作为议案牵头人组织起草和提交了关于加快华北重要商埠建设和关于加强城市广告管理两项议案。这两项议案全部被大会确定为重点建议。

四、能够正确处理执行代表职务和做好本职工作的关系

我作为一名市人大代表，现任石家庄北国人百集团的董事长，虽然北国人百集团的经营网点遍布全市，但总部设在桥东区，家庭居住在桥东区，作为在桥东辖区设立的大型商业集团的法人代表，作为居住在桥东区辖区的居民，自己始终把桥东区的社会发展事业放在第一位，按照桥东区提出的打造省会核心商业区的目标，我们一方面努力把北国商城做大做强，进一步提升北国商城、北国超市和北国家电的品质，为打造省会的核心商业区多做贡献，增光添彩。另一方面，我们积极争取统一纳税，集中更多的税源统一交纳桥东区，仅 2008 年北人集团所属企业向桥东区的国地税交纳各种税收 10874 万元，比 2007 年增长 28.46%，成为桥东辖区的利税大户，受到了桥东区委、区政府的表彰。

总之，我作为桥东区人民代表大会选举的石家庄市第十二届人民代表大会代表，应该说做了一些人大代表应该做的工作，履行了一个人大代表应尽的职责，并取得了一定成绩，但与党和人民的期望相比还有一定差距，需要在今后的工作加以改进、完善和提高，为石家庄市经济发展和社会全面进步做出更大贡献。

以兰的品格履行代表职责

——记福建省龙岩市人大代表、武平县实验幼儿园园长兰兰

福建省武平县人大常委会办公室　刘梅富

题记：沅有芷兮醴有兰……——《离骚》

梁野山——国家自然保护区，武平山峰之最，自古就是武平的象征。

梁野山人素有养兰育兰的雅兴。如今，他们已栽培 200 多个兰花品种。

“叶立含正气，花妍不浮华”（朱德《咏兰》）。兰，美的化身，德的代称。

在龙岩市二、三届人大代表中，有位姓兰名兰的年轻女子，她就是福建省武平县实验幼儿园园长兰兰。她，名符其实，就像兰花一样，不浮华、不张扬，纯正、高洁、朴雅、温馨……

王　者　之　香

兰花是大自然进化的杰作。孔子盛赞兰为“王者香”，后人称之“国香”、“香祖”、“天下第一香”。人如其名。兰兰，就是一个干什么事都想争一流的人。2002 年 3 月，当选龙岩市二届人大代表后，她的这种个性更加凸显。

“当好人大代表，首先要成为做好本职工作的表率，这样才有说服力”。兰兰从当代表的那天起，就立志做事业的“王者”，以无限的激情、韧劲履行园长职责。她根据由原实幼、机幼合并而成的新实幼一园两址、班生规模居全市第一且遗留债务沉重等实际，以特有的“以心换心、以诚结友、以情感人”的凝聚力和感召力，带领全园教职工攻坚克难，多方协调努力，积极筹措资金，坚持勤俭办园，使园

里的基础设施得到很大改善，园容园貌焕然一新。同时，带领全园教师积极尝试幼儿园课程改革，探索美术特色教学，全面推行素质教育，促进儿童全面和谐发展。近年来，武平县实验幼儿园多次承担国家、省、市级研究课题，2003—2007年连续五届在"星星河"全国少儿美术书法摄影大赛中分获集体一、二、三等奖，在"%%"成长的足迹·2007年第三届世界华人幼儿创意美术大赛中获集体三等奖，2000—2007年连续8年被评为县"实施素质教育一等奖"，师生500余人次在国家、省、市、县级各类比赛中获奖，较好地发挥了实验园的示范性作用，推动了全县幼教事业的发展。该园先后被授予"省级文明学校"、"市教育系统先进集体"、"市教育科研先进集体、"市三八红旗集体"、"市先进女职工集体"等荣誉称号；省、市电视台、《闽西日报》等媒体多次对该园进行专题报道；2004年该园入选《福建年鉴》。

面对这些荣誉，兰兰深有感触地说："正是人大代表这个崇高的称号，赋予我巨大的精神动力，逼着我尽心竭力做好幼儿园工作。"

幽 香 似 德

"虽无艳色如娇女，自有幽香似德人"（明朝余同麓《咏兰》）。兰所代表的含蓄而旷达、柔美而坚劲，清耿廉洁，自尊自持的素养，正是中华民族所崇尚的优秀品德。人如其名。在兰兰的身上，就体现了这么一种素养。当选市人大代表以来，她就立下誓言：不负人民重托，不辱代表使命，不计个人得失，立志做个一身正气、敢于主持公道的法律卫士。

2003年初，兰兰了解到：一度时期武平县城抢包夺包恶性案件频频发生，而且犯罪分子专抢妇女的包，给姐妹们的安全带来极大的威胁。类似事件在其他县市也不时发生。于是，她专程向当地公安部门反映情况，督促他们尽快组织警力侦破，把犯罪分子的嚣张气焰压下去。并奋笔疾书，写下《关于加大打击惩处飞车抢夺案件力度的建议》，在市二届人大三次会议中提出。此建议引起了市公安部门的高度重视。2004年2月19日《闽西日报》读者热线版面"人大代表议案建议回放"栏中，对此建议的办理情况作了报道。

2005年春，许多家长向兰兰反映：一些商家、老板唯利是图，见利忘义，违反规定整日整夜接纳未成年人上网，使一些中小学生成了"网虫"，荒废了学业。兰兰知道这件事后，做了许多调查，发现不少青少年犯罪与上网有关。她全然不顾可能招致打击报复，毅然郑重地向政府建议：加大对网吧的整治力度，加强对未成年人合法权益的保护和预防犯罪工作，动员全社会共同关心未成年人的健康成长。她的建议促成公安、文化、教育等部门联合开展一场网吧专项整治行动，共依法处罚网吧6家，查处违规网吧11家，取缔无证网吧1家，处罚金额13090元，并建立加强网吧管理的长效机制，取得了良好效果。2006年年初，许多家长还向兰兰反映：不少学生使用固定电话或小灵通直拨电视互动娱乐点拨热线，沉溺于互动娱乐之中，影响了学生的学习和身心健康，而且点拨热线收费偏高，有消费陷阱嫌疑。在市二届人大七次会议上，兰兰提出《关于要求设置电话限制呼叫电视互动娱乐点拨热线功能的建议》。市电信部门收到"建议"，及时与合作方协商，督促点播系统设备提供商开发了一套限制呼叫电视互动娱乐点拨热线的程序，方便家长对孩子的监督；同时，下调资费。

去年11月，兰兰参加武平县人大组织的公安"三基"工程建设情况视察，针对群众反映的一些民警特别是协警人员依法、公正执法意识淡薄等问题，要求公安部门切实加强和改进队伍建设。武平县公安局对兰兰反映的问题进行调查，于今年初出台民警召回培训制度，规定对民警执法不公、群众投诉多等11种情形，经核查属实后予以召回，进行为期1个月的随岗培训，培训期满后进行考试、考核，不合格者培训时间延长1个月，合格者经有关组织程序后重新上岗。同时，对所有协警人员重新进行政审，并每周三次组织他们学习法律法规、业务等知识，不定期进行测试。这一制度实施，该县公安队伍的整体素质有新的提高。

兰兰深知，要减少犯罪，必须高度重视普法教育。她不仅模范学习、遵守法律法规，主动报名参加中央广播电视大学法学专业的本科学习并于2007年1月毕业，而且利用空余时间深入农村、学校、机关宣传各种法律法规。在市法、检两院工作征询意见座谈会上，她建议"两院"为媒体提供案例素材，在媒体开辟普法栏目，通过本市发生的典型案例深入浅出地向人民群众普及法律知识，同时起到警示告诫作用。"两院"当即表示赞同，并很快落实到位。现市法院定期在《闽西日报》开辟的法官说法栏目深受读者喜爱，市电视台播出的法制专栏收视率也很高。

构筑地方民主大厦——让民主与法制的大旗高高飘扬，这是兰兰代表的理想。几年来，她以维护法律、伸张正义的实际行动，一砖一瓦地构建着心中的民主大厦。

与众为伍

伟大的教育家孔子晚年曾喟然长叹："夫兰当为王者香，今乃与众草为伍"。兰花清雅淡素，与众草为伍，不与群芳争艳，这也许是人们独钟于兰的一个缘故吧。人如其名。兰兰就是这样想的：人大代表由人民群众选出，就必须融入人民群众中，了解他们在想什么、盼什么、说什么，才有资格充当人民群众的代言人。

每年一度的人代会，兰兰都看得很重。为准确反映民意，会前，她都要集中一段时间，深入农村、厂矿企业及政府机关，了解当地经济、社会发展和群众的需要，收集有关情况，积累各种材料；对会前寄来的政府工作报告，她不但认真审阅，对于一些问题还征求各方面人士的意见；平时在调查中收集到的一些应当向有关部门反映的问题，她都梳理成条，整理成章。因此，在大会审议各项议题时，兰兰不仅积极发言，还能提出有价值的见解；在大会上提出的议案、建议也有较强的现实性和可行性。在一次会前走访选民中，城乡居民纷纷反映：时下养殖业盲目发展，造成水资源污染严重，城区居民饮用水超标，一些村庄村民吃水也很困难。兰兰在充分调查的基础上，在市人代会提出《关于加大饮用水资源的治理和监督力度的建议》，得到市、县有关部门的高度重视和落实。武平县政府迅速组织环保、水利、城管等部门和有关乡镇开展饮用水源污染整治大行动，把治污责任分解落实到单位和个人，有效地遏制了养殖业污染的蔓延，保护了城乡饮用水源，赢得了广大群众的称誉。在市人代会提出的《关于中小学教师职称评聘的几点建议》、《关于要求尽快解决初等教育师资断层、结构不合理问题的建议》，市人事局、教育局认真研究，出台相关政策措施予以解决，有力推动了教师队伍建设。

"人大代表不仅要做好'开会代表'，更要做好365天的'常务代表'"。几年来，兰兰克服教师职业圈子小、调查时间上的局限，充分利用周末和假期时间，深入基层，深入群众，倾听民众心声，了解真情实情，平时更是处处留心，甚至连教师家访、走亲访友、上街买菜、出门乘车等都是她了解社情民意的机会。她在一次家访中了解到：县教育路聚集着二中、实小、实幼三所学校，学生达3000余人，由于道路狭窄，每到学生上学、放学时段，人流、车流拥挤，常出现交通堵塞现象，存在着较大交通安全隐患。为此，在全市安全工作视察座谈会上，她提出"重视教育路交通安全，在学生上学、放学特定时段进行交通管制并迁建部分学校的建议"。会后，有关部门采取相应措施，加强对教育路的不定期巡查，并着手迁建部分学校。实验小学于去年春搬迁，实验幼儿园的迁建工作也已启动，教育路交通拥挤的状况得到明显改善。

牵肠挂肚为百姓，一事一议总关情。兰兰对代表职务的认识每加深一分，就觉得肩上的责任加重一分。在她看来，事情无论大小，只要是老百姓所思、所想、所盼，都是她心中不可推卸的责任。

香盈十步

一生与兰结下不解之缘的开国领袖朱德写诗云："初放红英株露坠，香盈十步出庭来"。一些花儿的香气散不开，而兰花却清馥幽远，馨香四溢。人如其名。兰兰不仅关注当地教育特别是幼教事业，还把更多的精力放到关系国计民生、关涉群众利益的事业上。

作为教育界的代表，兰兰难以割舍的是关系千家万户的教育和千千万万的孩子。与此同时，她对关乎宏观经济建设中的大事也倾注一片痴心。为此，在平时的工作生活中，她如饥似渴地学习掌握市场经济知识，虚心向企业家请教，不断开阔自己的视野，提高"代言"的含金量；还十分关注民营经济的发展，经常走到民营企业中间，了解情况，为企业发展鼓与呼。近年来，她积极参加市人大代表武平小组开展的视察省、市重点工程"永武"高速公路（武平段）、省道205线武平县永平至城关路段公路、武平捷文水库、武平300万吨旋窑水泥生产项目和武平工业园区、岩前工业园区、十方工业园区建设情况，考察上杭紫金矿业集团、中堡悦洋银多金属矿等20多家企业及狮子山、梁野山旅游景区开发情况，参观毗邻广东、江西部分市、县的工业园区、脐橙基地、旅游开发区等等。每次参加代表活动，她都一样的认真，积极想问题，大胆提建议，正确用权力。针对群众反映强烈的省道205线永平至城关路段改建工程开工近五年仍未完工成半拉子工程的问题，兰兰积极联络代表，在市二届人大五次会议间，联名向大会提交了《关于要求重点扶持省道205线武平县永平至城关路段改建工程建设的建议》。大会期间，市交通局长林康福亲临武平代表团听取意见并积极表态，会后还到武平认真抓落实。2007年11月，省道205线永平至城关路段全线通车。

在履行代表职务中，兰兰先后向龙岩市人大、政府提出议案、建议50多件，其中有两件建议被全国人大代表章联生"看中"而成为2006年的全国人民代表大会代表建议，一件建议被市人大常委会确定为2007年重点督办建议。这些议案和建议都倾注着她大量的心血，反映的全是与经济发展和社会进步息息相关的热点、难点问题，因而引起市、县领导重视，许多问题很快得到妥善解决，让老百姓得到了实惠。代表捧出一颗心，人民回报一片情。2004年12月，龙岩市人大代表武平小组组织市代表向原选举单位述职，兰兰的述职报告引起全场关注，并得到参加观摩的市人大领导的高度评价。在最后的满意度测评中，兰兰被评定为"优秀"。2007年2月，在武平县十五届人大一次会议中，兰兰高票当选为龙岩市三届人大代表。2005年2月、2009年1月，兰兰被龙岩市人大常委会评为"优秀人大代表"。兰兰有不少"头衔"：中国学前教育研究会会员、龙岩市美术教育研究会常务理事、武平县妇联第15届执行委员会委员……但她最珍视的还是人大代表这个职务，在她的名片上，排在第一、赫然醒目的是"龙岩市二届、三届人大代表"。

"路漫漫其修远兮，吾将上下而求索。"对履行代表职责，兰兰总是以之为乐，而且乐此不疲……

了不起的卢吴增代表

福建省顺昌县人大办公室主任　余刘生

"这个村的集体经济管理得这么好，真是了不起！这样的典型要好好宣传宣传！"这是今年春节前夕，南平市人大常委会副主任魏林钦到顺昌县双溪街道城东村走访慰问市人大代表卢吴增时说的一番话。

双溪街道城东村，地处顺昌县城区，总人口1060人。现村集体资产总值达2000多万元，其中拥有商住楼、商业店面等固定资产1580万元，存款360万元，2008年村集体收入152.44万元。村集体经济逐年增长，村民福利也得到不断提高。村民子女从幼儿园到高中毕业的学费全部由村里支付；村民在村卫生所看病一律免费，在县以上医院看病报销50%药费。村民年满55至59岁的每月发给100元；60岁以上的村民由村里办寿终保险，并每月发200元养老金（每增加10岁再分别增发10元）；老党员、老村干部、老退伍军人、老村民代表等根据任职年限每月可享受80—230元不等的补贴金。村里基本实现"小有教、病有医、老有养"的目标。城东村先后被评为"闽北村星"、南平市"脱贫致富奔小康"先进单位、"市级文明村"，以及获得省、市"先进基层党组织"等表彰。

该村集体经济是如何发展壮大，并使村民走上富裕之路的呢？村民感慨地说，正是因为有了卢吴增这样一位难得的带头人。

三十多年前，卢吴增初中毕业被村里选任农技员，为弥补农技知识的不足，1980年3月，中央农业广播学校在全国招生首批学员，他积极报名，一边发奋学习、一边认真实践，成为自学成才的农技专家，先后取得全县首批农民技师、高级技师职称，并被聘为农业函授大学的兼职教师。他创办了全县第一家民办农业科技研究所，所承担的早熟温州密柑选育、利用草甘磷防治果园杂草、浙密一号杂交西瓜引种栽培、特早熟水密桃引种栽培、果园速效育猪等农技推广项目分别获得县科技成果二、三等奖。同时，他也先后获得县先进科技工作者、县科普工作先进个人、县科协先进工作者，南平市农林科技先进工作者、南平市农村科普先进工作者、中国农村致富技术函授大学南平地区分校优秀教师、南平市农村乡土拔尖人才，福建省农业技术承包先进工作者、福建省百名农村党员"学科技用科技"标兵、福建省农村致富技术函授大学优秀教师等表彰。农民信赖的夸奖他为科技"财神"。

1994年6月，正值不惑之年的卢吴增被推选为村党支部书记和村主任。15年来，他始终把发展壮大村集体经济，不断提高村民福利为己任，带领村两委班子民主决策、民主管理、科学发展，使城东村成为全县首屈一指的先进村，城东村民也成为令人羡慕的"都市农民"。

卢吴增上任之初，城东村集体收入每年只有5万多元，村里修一段水渠，都要反复掂量。手头拮据，迫使“当家人”卢吴增痛下决心：一定要把村集体经济搞上去！那年，位于城区“三优街”属于村集体的利群旅社，旧城改造因街道拓宽需要拆迁。当时村两委干部持有两种意见，一种是由村集体按建设规划自行投入房地产开发，建设集娱乐、酒家、办公、旅社和商住楼为一体的城东大厦，至于100多万元的资金缺口可以采取市场运作的方法解决，但这有风险；另一种是拿出去让房地产商开发，由房地产商拆迁安置，所得资产有限，经济效益低，但无投资风险。卢吴增认为拆迁安置费只是一次性买卖，所得款项总会花光用光，这之后村集体就没了可持续发展的后劲，他虽然支持第一种方案，但村两委干部意见不一。怎么办？所有村干部都分头下到各自小组召开村民代表会，将两种意见交给群众商议。经过从上到下，又从下到上的反复讨论，大家纷纷支持第一种方案，至于资金缺口大家表示愿意共同集资。统一思想后，村委作出了向全体村民集资兴建城东大厦的决策。

卢吴增说：“实行村务公开民主管理，是加强村基层组织和勤政廉政建设的重要举措，也是防止村务腐败，促进村务透明，给群众一个明白，还干部一个清白的有效方法。”该村坚持村务公开民主管理八项制度。一是村务监督制度。经村代表大会推荐，由3名村民代表组成村务监督小组，对村务公开、民主管理工作进行监督。同时，每月底对村务、村财支出情况进行审查。二是公示制度。村务、村财收支情况采取流水帐式每月上墙公示，接受村民的监督。三是民主决策。重大村务、决策大事，召开党员、村民代表联席会议进行审议表决，增加了村务公开的透明度，防止决策失误。四是招投标制度。村集体经济项目建设、资产处置等事宜，采取公开招投标的方式进行阳光操作。五是建立村财收支预决算制度。年初将一年的村财收支计划提交党员、村民代表联席会议进行审议表决，年终进行决算、审计和公开，让村民清清楚楚，明明白白。六是实行村民户代表会议制度。凡涉及土地征用、经济收益分配等与村民利益相关的大事，召开村民户代表大会进行讨论、表决。七是实行年度村财审计制度。每年由街道办事处经管站对村财收支、账册进行审计。八是实行民主评议村干部制度。每年年终召开由全体村民代表、党员、村民小组长、村务监督小组成员、人大代表、群团组织负责人参加的大会，对村两委干部的德、能、勤、绩、廉方面进行民主评议。

村民说，村里实行这些制度，使群众了解村两委及村干部每年都在想什么、干什么、做了什么，是否在为村民办实事。街道办事处干部说，该村通过落实这些制度，密切了村干部与村民间的关系，村两委及村干部的工作也得到了村民的信任和支持，提高了村两委在党员和村民中的向心力和凝聚力。

前些年，村两委曾提出筹办木梭加工厂、碳化硅厂的设想，虽经村民代表的反复酌商，但也未能通过，最终将方案搁置。事后通过其它村开发此项目的事实证明，群众的意见是正确。在正确的决策下，卢吴增充分发挥该村位于县城区的地理优势，在属于村集体的旧房宅基上、在国道旁的荒山上开发房地产，除了出售部分房产偿还债务外，回收资金再进行资本运作买下国营公司的商场，以及房地产开发商的店面后收取租金增加集体收入。如今城东村拥有建筑面积2107平方米的综合大楼一幢、商场一个建筑面积292平方米，店铺6个建筑面积250平方米、商住楼一幢1246平方米、厂房及场地二处4075平方米等集体房产，仅村集体房产年租金收入就达50万元。

城东村集体经济实力雄厚，但在非产性开支方面总是厉行节约，精打细算。村里公务招待非常抠门儿，年接待费从来没有超过1万元。该村有一条规定“凡500元以上开支需经村两委研究决定，5000元以上开支需经村民代表大会通过”。卢吴增还向村干部“约法三章”，采购村集体财产时，必须三人同行，而且要“货比三家”；对于招标及建设工程等项目，村干部一律不参加对方的宴请……在他的带领下，城东村两委干部养成了自觉接受监督，兢兢业业为村民谋福利的“公仆”意识。

金杯银杯不如百姓口碑，金奖银奖不如百姓夸奖。卢吴增的作为，赢得了村民的信任和爱戴。至今，卢吴增已连续15年连任村党支部书记和村主任，连续3届被选为县人大代表，2007年又被推选为南平市第三届人大代表。卢吴增向选民述职时说：“人大代表是一种职务，不是荣誉称号，当选代表就要牢记选民的重托，切实履行法律赋予的职责，充分发挥代表作用，为选民行使好权力。”他是这么说的，也是认真这么去做的。他虽文化学历不高，但深知知识的力量。为更好地履行人大代表的权利和义务，以及开展依法治村工作，他努力学习法律知识，提高依法治村的水平和为村民办实事的能力。他除了认真学习宪法、代表法、地方组织法等代表应知方面的法律知识外，还重视学习村委会组织法、民法通则、合同法、土地法、土地承包法、物权法等法律法规。国家有新的法律法规及司法解释出台,他都要从网上阅览一遍,并下载到电脑文件夹中备用。在村部阅览室的书橱里,建国以来的法律全书30多卷,还有不少农业科普等方面的书籍,琳琅满目。一位法官说"城东村的法律全书有我们县法院齐全。"2003年初,一所民办学校在富州开发区立项,涉及到集体以及禾口组150户农民30多亩土地的征地问题,可起初对方提出只给每亩2万元的征地补偿金,为维护村集体和村民的合法利益,卢吴增以村书记、村主任和人大代表的身份,按《福建省实施土地法管理办法》向县国土资源局提出书面异议,最终以每亩4万元敲定补偿方案,使集体和村民增收60万元。征地之后,禾口组在征地补偿款分配上经过村民代表表决,提出外嫁女不予补偿的方案。对这一违反法律条文的表决,卢吴增坚决投了反对票,但禾口组仍坚持原订方案。为此,卢吴增帮助武雪英等撰写申诉材料,最终通过法律诉讼程序使3户村民拿到了1.5元征地补偿款。这一既实现村集体固定资产的保值增值,又保护了全体农民共同利益的做法,后来成为涉及征地村民补偿、分配的标准、方案。作为人大代表的卢吴增,除应邀参加林业、计生、教育、城市建设等人大常委会组织开展的视察、调研和执法检查外,还为群众提供涉及房产、权益等民事纠纷的法律咨询100多例。城东村还有一个特点就是从来没有村民越级到县以上机关上访,村民有什么诉求,总是信任地向卢代表反映,并通过正常渠道把问题解决在基层。

"有难村里帮",困难村民激动地说。计生独女户肖金凤,丈夫前些年去世,女儿正是在卢吴增的帮助下念完高中,并靠村里每学年1000元的资助就读于泉州师范大学。俞陈兴一家5口,靠拉板车维持生活,卢吴增帮助引进"荸荠1号"杨梅早熟品种,并出资帮他改造柑桔低产果园,帮助俞家走出贫困。去年四川汶川地震,在卢吴增的带领下,城东村人心系灾区,村、组两级集体,以及村两委干部、党员和村民共捐款4.5万多元。

"说实话,要不是我亲自去采访,去聆听村里老少发自内心的声音,我还真不敢相信在当下,还有这么一位深受群众拥戴的品学兼优的人大代表、村党支部书记、村主任。我虽然是位公务员,但从内心里同样羡慕城东村的村民以及他们的子女,并非他们生在一个好地方,而是他们遇上了一个能人,一个好管家,"顺昌县文联主席廖承泉这样说。

用汗水和爱心创造卓越

——记福建省永泰县建筑工程公司董事长兼总经理李智平

福建省永泰县人大常委会人事代表工作室主任　林孝桂

今年2月17日下午,在永泰县人大三次会议的预备会上,李智平走上主席台,从永泰县人大常委会主任林睦祥手中接过"2008年度优秀人大代表"的荣誉证书,顿时,会场响起了热烈的掌声。这是永泰县人大常委会开展"六个一"和"一簿二卡三带头"活动以来李智平连续两年获得"优秀人大代表"的称号,这在永泰县201名县人大代表中是少见的。

48岁的李智平在建筑行业奋斗了30个春秋,在永泰县建筑界也算一个"资深"的建筑企业家。2005年以来,他带领一支建筑队伍驰骋在祖国大地的沃土上,成为业内一支庞大的精锐之师。他给别人的第一印象是:谦虚和蔼、平易近人、没有一点老板的架子。跟这位老总在一起谈话,丝毫感觉不到商人的精明,更没有成功者的优越感,如同老朋友在一起喝茶聊天,轻松、惬意又受益匪浅。每问及一些关于个人的问题时,他总是说"我个人没什么好谈的";而当问起一些与企业、项目、市场有关的问题时,他的话语则是如"滔滔江水,绵绵不绝"。虽然他个人不好张扬,但是他的项目、企业却使他始终成为行业的焦点。他,就是福建省永泰县建筑工程公司董事长兼总经理李智平。

在自强不息中崛起

永泰县建筑业历史悠久。特别是党的十一届三中全会以后,全县建筑业得到蓬勃发展。1997年,永泰县被省政府评定为全省第一批"建筑之乡”,2006 年又被省政府评定为“优秀建筑之乡”。

由于永泰县建筑业发达,全县年富力强的男劳动力有一半以上从事建筑业。1979 年,高中毕业的李智平很幸运,他没有象大多数人那样到建筑工地从学徒工做起,而是直接到永泰第一建筑工程公司三明工程处学习施工管理。3 年后,他就被另一家建筑工程公司聘去当任工程处主任。他坚持边干边学,之后的几年,他取得了大专文凭,工程师、高级经济师职称。1996 年后,他先后担任过 4 家建筑工程公司、路桥公司、市政公司经理,对公司管理有十分丰富的经验。在永泰县建筑业的龙头骨干企业遇到困难的时候,从县领导到建筑界行家,人们自然会提起他。2005 年,他被任命为福建省永泰县建筑工程公司董事长,2008 年又兼任公司总经理。

福建省永泰建筑工程公司是永泰县的龙头骨干企业,公司创建于 1957 年,1998 年经建设部批准为工民建施工一级企业。2005 年,刚刚接手公司董事长的李智平为了渡过难关,做大做强企业,他常常夜以继日,没有节假日,深入工地和基层管理、技术人员一起生活和工作。在李智平的执着和努力下,公司主要经济技术指标都创企业历史之最:2008 年,企业总产值达 46.6 亿元,比上任前增长 60%;创利税 1.75 亿元,比增 35%;创利润 2550 万元,比增 39%;建筑业增加值 2.5 亿元,创造社会贡献额 2.3 亿元。企业连续实现安全年。还创鲁班奖 1 项,省优工程 3 项,省级文明工地 5 项、市级优良工程 15 项。公司的综合实力连续 2 年步入全省建筑行业 20 强,连续四年获省建设厅授予“先进建筑业企业”和多次荣获省、市“重合同、守信用”等荣誉称号。2006 年以来,李智平也多次荣获福建省、福州市建筑业企业“优秀经理”等称号。

在锐意改革中成长

市场竞争不进则退,李智平从没有停下探索的脚步。几年来,他以敏锐的视角,带领公司一班人锐意改革,使企业焕发出新的活力和生机。

为了确保改革的顺利,李智平首先以身作则,公开诺廉,要求别人不做的,自己坚决不做,引导公司领导班子成员树立正确的权力观、地位观和利益观。凡是企业重大事项,坚持集体研究,互相签字把关,防止不规范和违纪违规行为的发生。之后,他对公司的管理模式进行了一次“彻底改革”:第一,制定业绩考核和奖惩制度,建立层层选聘、竞争上岗、多劳多得的竞争机制。其次,改革财务制度,明确企业各分支机构和各职能部门权限和义务。在严格财务管理的同时,对下属公司和项目部实行在公司财务监督审计下进行独立核算,扩大下属公司和项目部的自主权,激发其生产积极性。第三,将不断提高企业的人才、科技含量确立为企业管理的重中之重。近年来,公司择优选择了 10 名全日制大专、本科生进公司工作。第四,改革强化工程质量、安全责任奖惩制度,规定每个工程项目开工前都必须签订质量、安全目标责任状,达标的按规定重奖,反之按同比例重罚。第五,强力打造工程质量品牌,在企业管理中自觉引进并严格执行 ISO9001 质量管理标准、ISO14001 环境管理标准和 HSAS18001 职业健康安全管理标准三项国际标准,坚持“以质量求生存,以信誉求发展”的经营宗旨,承建的一大批各类学校、工业和民用建筑及援外项目工程合格率 100%,优良率 80% 以上,获“闽江杯”优质工程和国家、省“用户满意”工程。

在爱的旋律中回报

过硬的质量和良好的信誉使公司越做越大,实力不断增强。此时,李智平没有忘记关爱员工、造福家乡、回报社会。他认为,党和政府的支持,社会的关爱培养了企业,促进了企业发展,企业和企业家应义不容辞地承担社会责任,应当更多地回报社会。

李智平崇尚以人为本、奉献社会的经营理念。在企业做大做强的同时,他不忘善待职工,回报社会。近年来,公司员工收入逐年递增,月平均工资在 2000 元以上,一直居全县同行业领先水平。他对重要岗位的技术员工节假日上门慰问,先后为 100 多名优秀项目经理和 600 多名职工办理了养老、医疗保险和住房公积金。他总是要求下属分公司,每到发工资时,无论工程款是否到帐,一定要千方百计的筹措资金,确保员工工资按时发放。

近年来,企业参与永泰同安镇至梧桐公路建设等三个光彩事业投资项目,累计到位资金 25 万元,企业为各项公益事业捐款 40 多万元;安置农村就业人员 3300 多人,带动 6 个行政村一千多人脱贫致富;企业与 5 个乡镇(村)结对帮扶,增加农民收入 100 多万元,促进农村产业化的发展。

在真心履职中为民

1998 年以来,李智平先后担任过福建省建筑业协会理事会常务理事;福州市建筑业协会理事会副会长、政协福州市委员、青联委员;政协永泰县委员、常委,永泰县企业与企业家联合会荣誉会长、工商联合会副会长、青联副会长；永泰县机关效能建设、政风行风廉政建设、检察院廉政监督员等各项职务。2006年12月，李智平当选为永泰县第十五届人大代表，2007年1月，他又被选为县人大常委会委员。可想而知，他的工作是很忙的，但从他当选为人大代表的那一刻起，他就时时在想：人大代表不仅是一种荣誉，更是一种职责。在二年多的代表履职中，李智平坚守着“乐为民之乐，忧为民之忧”的信念，把对人民的诺言化作实际的行动，常常告诫自己要心中装着人民，办事想着人民，努力为民排忧解难。2008年10月，李智平从群众口中得知永泰城关有一座大桥从1996年竣工通车以来，既无任何限载措施也从未进行过检查和养护，他立既到大桥上检查。曾经当过路桥公司经理的李智平，一眼便发现问题：个别洪水孔堵塞，有的系杆端部裸露生锈，桥面局部磨损严重等等。他由眼前大桥的安全问题想到全县几百座大桥可能也存在类似的情况，感到事态的严重。经过几天的调研，他写出了《应当重视地方桥梁的检查和养护》的建议，交给县人大常委会，引起常委会主任林睦祥的高度重视，立即指示转交县政府办理。县政府接到闭会期间的人大代表建议后，马上通知相关乡镇和有关部门对全县大桥进行一次认真检查，对损坏严重的桥梁进行了维修和加固，确保全县桥梁的正常使用，保证了人民群众的生命和财产的安全。

由于李智平经常倾听人民呼声，满腔热情解民忧，所以得到了选民和领导的肯定与赞扬。但李智平却谦虚地说：如果说，在这二年多的代表履职中，我为人民做了点有益的事，那源于人民对我的信任，从人民信任的眼光中我看到更多的是期盼和鼓励。而我所做的一切，只因肩负着“人大代表”这个神圣的职责。

“刘姥姥”的履职故事

——记顺昌县十三、十四届人大代表刘凤珠履职二三事

福建省顺昌县人大办副主任　林龙娇

9月23日上午早早的，顺昌东门社区会议室里座满了选区里各单位、企业、居民小组的选民代表，他们今天是来听社区的县人大代表、居委会主任刘凤珠述职的，会议还没开始，大家就在欢声笑语中谈起“刘姥姥”代表的履职故事。

2000年东门居委会成立，42岁的刘凤珠从双溪街道民政办下派到居委会担任主任，被选举为县十三届、十四届人大代表。社区工作被喻为“大妈”工作，婆婆妈妈的，什么都要管，不管是平安创建、城市低保、困难救助、计划生育、老人认证、精神文明，还是环境卫生、金秋助学、各类普查等等，按她们的话说是，上头是千条线，下面就一根针，社区工作的辛苦可想而知。但在东门社区，一说起“刘姥姥”，社区的居民就会告诉你，她是我们社区的好代表，好主任，并如数家珍地说起这几年来，她为社区的发展，为社区的贫困孤寡老人，为下岗失业人员，做得许许多多实实在在的好事实事。

“刘姥姥”她性格开朗，为人豪爽，嗓门也高，走到哪里，哪里就能听到她那欢快的笑声，就像大观园里的“刘姥姥”，常常成为人们的“开心果”。“刘姥姥”这个称呼，不知从何时起，社区的老老少少喊她“刘姥姥”、“姥姥”，街居的干部喊她“刘姥姥”，连县领导见到她也叫“姥姥”。有人说，社区里再困难的事，到了她这里，也常常在她朗朗的笑声中被解决。

说起“刘姥姥”，就要说说她的“走百家”经。她说，作为人大代表、居委会主任，“走百家”是硬功夫，要走到哪，说到哪，做到哪。只有走下去，才能了解社区的动态，才能听到居民的真心话，才能真切地感受到贫困人群的疾苦。说到哪，就是要能说会说，做好法律法规的的宣传，做好党和政府惠民政策的宣传，做好社会矛盾的化解。做到哪，就是要关心社区居民的生活，实实在在为她们解决一些生活上的疾苦和困难。作为人大代表，还要积极反映百姓的合理诉求，促进社区生活环境的改善。她说，走百家不仅拉近了代表与选民的距离，更拉近了党和政府与居民的感情。如果说，社区里有多少富人、大款她可能说不清楚，但是，社区里哪个角落里有孤寡老人、小孩，她知道的一清二楚。2006年，省里综治检查组到社区检查，检查组领导突然

问了好几组数据，汇报材料里没有准备，县领导都捏了把汗，但这个"走百家"的代表轻轻松松地脱口而出。会后，省调研组的人对她说，你刚才说的几个数字，我都核算过了，一点都没错。

2007年9月7日凌晨，中山东路12号一处民宅发生火灾。当许多人还沉浸在甜美的梦乡，她已在第一时间赶赴火灾现场参加救灾。在消防队员和群众的奋力扑救下，大火被扑灭。在对灾情进行详细了解后，考虑到受灾户居民损失惨重，生活陷入困境，为稳定灾民的情绪，她一方面立即打报告向有关部门反映，申请救济资金，另一方面腾出社区用房安置灾民，并在当日及时为九户受灾居民送上大米、食用油等生活急需品和2400元救济金，帮助他们渡过难关，受助居民群众非常感动。

居民孙宗英患有智障，2006年，她8岁儿子夭折，丈夫又与她离婚，生活陷入绝境。了解这一情况后，她主动上门关心问候，鼓励她顽强地生活下去，并立即为她申请了低保，鼓起了她生活的信心。事后，孙宗英感激地将一面"感激党恩，勤政为民"的锦旗送到了居委会。货场路居民刘伯力身患侏儒症，妻子高位截瘫，一家三口生活非常困苦，在调查落实实际情况后，她主动地为他们办理了最低生活保障，使其每月可领取350元低保金。还根据他的就业能力和意愿，积极与有关单位联系，以优惠的价格为其提供一个门店，让他经营一些日用品，贴补家用。刘伯力逢人便说，是"刘姥姥"代表让我的家庭生活充满阳光。几年来，东门居委会共为114户困难居民申请了低保救助。

东门社区老企业倒闭多，下岗职工也多，她挨家挨户走访下岗职工，了解他们的职业技能、就业愿意、工资要求等情况，宣传政府对下岗职工再就业的优惠政策，帮助他们分析就业形势，转变再就业的观念。要求居委会全体成员要把下岗职工当作自己的兄弟姐妹一样来看待，尽量帮助他们实现再就业。社区居民胡某夫妻双双下岗，孩子在校读书，还领养了一个亲属的遗孤，家庭生活十分窘迫，根据他们的实际情况，她推荐他们从事社区的家政服务行业。现在夫妻二人，丈夫在社区为居民提供房屋修缮服务，妻子为他人看护小孩，通过家政服务获得了报酬，家庭生活得到了改善。每年高考结束后，"姥姥"都会组织对辖区下岗职工特困家庭子女大学入取情况进行摸底，并且多方争取助学资金。几年来，为10多位考取大学的特困生争取助学资金近20000多元，帮助他们圆了大学梦。每年寒暑假，这些大学生们都会不能约而同地来看望关心她们的"姥姥"代表。考入安徽财经大学的杨毅每年不忘给"姥姥"阿姨寄来名信片，向她表示感谢。

"刘姥姥"的快人快语，敢于说话，敢于说真话，也是出了名的，也是经常被县人大邀请参加视察、执法检查的代表之一。去年底，县政府向代表征求政府工作报告意见时，她就提出，社区工作是政府工作的组成部分，社区作用越来越重要，政府工作报告应提到社区工作。同时，针对我县居委会受工作条件的限制，好几个居委会办公场所设在三、四楼，不方便服务老年群众的问题，提出县政府应出面协调，解决好居委会办公场所的建议。引起县政府领导的高度重视，列入政府的议事日程。10月底，东门、中解居委会将搬入沿街一楼门面一站式的办公服务场所。这几年来，她先后在人代会上提出了加强城区环境卫生，延长公交车行走路线，加强城区道路建设，高考期间加强对娱乐场所噪声的治理等十几条建议，为民生问题的解决作出积极的贡献。她先后被县人大授予"优秀人大代表"、县委授予"优秀共产党员"的称号。

郑致绍：从乡村走向国际市场的成功之道

福建省永泰县人大常委会人事代表工作室主任　林孝桂

筷子的出现不仅是中华饮食文化的革命，更是一种人类文明的象征。经过岁月的磨练和时间的洗礼，筷子不但没有被历史淘汰，而是越发的散发出历久弥香的气息。如今，有一个人正在筷子王国里辛勤地耕耘着，并从中悟出人生的真谛。

来到福建省永泰县振兴木制品有限公司的陈列室里，一排一排包装精美的筷子，有竹制的、木制的，花色众多，造型各异；配套的筷架更是色彩斑斓造型不一。真是让你爱不释手,不禁感叹——小小的筷子原来也可以有一个如此美丽的世界!

郑致绍,永泰县振兴木制品有限公司经理。这位从田埂上走出来的民营企业家很有福相,这是一种内敛了勇气和梦想的精神气质,展现到了那张国字型脸庞上,已经化为宠辱不惊、沉稳持重的神情。见过他的人都难以忘记他的笑容,同样具有嘲弄困难、善解人意的魅力。

在充满风雨的人生之路上,郑致绍用智慧和胆识,打拼出一个崭新的筷子产业新天地:2002 年以来,他的企业先后荣获县委、县政府授予的"重点企业"、"纳税大户"、"诚信单位"、"文明单位"等称号;2003 年 3 月荣获市消费者委员会"诚信单位";同年 10 月至今连续三届获得市政府授予"龙头企业"的称号。2002 年和 2007 年,他连续两届被选为福州市第十二、十三届人大代表。2007 年 8 月,他被县委、县政府评为"十佳农民",同年又被永泰企业与企业家联合会推选为副会长。

郑致绍的成功之道成了许多人探寻之谜。而郑致绍却能把成功之道的深澳道理提炼得通俗易懂近似格言。因为精辟且浅显,又是大实话,所以很受人欢迎。

宁为鸡首,不为牛后

上世纪 60 年代初出生于永泰县梧桐镇的郑致绍,过着艰辛的日子。他刚读完小学三年就下地劳动,挑起照顾家人的生活重担。但穷并没有浇灭出人头地的梦想。17 岁那年,生性爱拚的郑致绍就远离家乡到三明地区煎松油打工。后来,又去加工木材,跑去上海经营土特产……

有人说,郑致绍的头发都是空心的,无孔不入,无洞不钻。郑致绍的独立性和自主意识很浓,创业欲望很强,不甘心打工,从小都想当老板。"宁为鸡首,不为牛后",是郑致绍老板情结的最好写照。他常有一个普通人所没有的想法,宁愿做 1 万元的董事长,不愿做 10 万元的副总经理。1998 年,积累了一定资金的郑致绍,回自己家乡创办了振兴木竹制品有限公司。

郑致绍天生有一种傲骨,这傲骨就是自强自力,自强不息。他经营企业不光精明,其强烈的超前意识和自信也让他在市场经济中大受其益。筷子产品出来了,质量、价格、款式与众不同,拿到市场被一抢而光。

既能当老板,又能睡地板

"能做老板,能睡地板。"是郑致绍常说的一句话。创业时期,郑致绍常常睡过地板。就是当了老板以后,必要时照样能够脱下西装睡地板。

郑致绍吃苦精神,是从小就养成的。由于兄弟姐妹多,他小时候生活很苦:不到过年,吃不上肉;不到寒冬,穿不上鞋。14 岁,他就参加生产队劳动,由于能吃苦,生产队给他每天记 9 个工分;15 岁,他就能犁田耙地插秧,拿着全劳力的 10 个工分。

人生如筷子一样,每天都在品尝着生活的甜、酸、苦、辣、咸。而吃苦精神是构成创业成功的基础。郑致绍常说,他的成功没有什么秘密,之所以取得成功,不过是比别人多偿了许多酸、苦、辣、咸。日本客商对郑致绍最佩服的——那就是吃苦的精神。郑致绍就凭着那种勤劳、孜孜不倦地干活、赚钱,不断积累财富。攒够了"第一桶金"他就自己办厂。机会总是青睐肯吃苦的人。他就这样在筷子王国里成为一个成功的企业家。

不怕吃亏,就怕损人

何谓吃亏?郑致绍把它概括为两种精神:全心全意关注消费者需求、宁可自己吃亏也不可损害别人的精神。凭借这种融入血脉的"吃亏精神",郑致绍企业和产品赢得了越来越多的外商们的喜爱。在这种精神的指导下,每一双筷子在设计前都必须经过长期、缜密的市场调查,设计时站在用户的角度,尽最大努力满足用户实际和潜在的全方位需求。而每一双筷子在出厂前必须在具有国际领先水平的实验室里过五关斩六将,从方方面面确保送到用户手中的产品具有普通品牌难以比拟的优异品质。

一双简单的筷子,却体现着合作、和谐、共赢的精神。这种精神被郑致绍注入企业经营的理念中。在与客户打交道时,他不是先算一算这笔生意自己能赚多少,而总是先为对方的利益考虑。浙江的一位客户,与他合作了五、六年,郑致绍每次把对方需要的筷子寄过去,对方就立即把资金汇过来,每年总有几十万的业务来往,但双方从未见过面,他们的合作靠得是诚信,但更多是郑致绍不计较小亏,使双方的合作总是和谐共赢。

商海弄潮,风险无情,有的被淹灭,有的会在浪潮中展现英雄气概。郑致绍曾经有过失败,但他一贯坚持的"不怕吃亏,就怕损人"的精神总是让他从绝处逢生。前几年,一个开发商以高利润项目来吸引郑致绍参与开发土地,他经过认真调研后,认为这个项目有损害农民利益和违法的倾向,于是他坚决放弃这次做大做强企业的机遇。后来的事实证明他的思路正确——开发土地项目因为没有得到法律保障而成“半拉子”工程,而郑致绍的企业却躲过了“一劫”。

要做大业,不做小业

在郑致绍身上,我们很难看到一些民营企业家常有的“小富即安”思想。他的企业经过十多年的打拚,厂地从不到200平方米扩大到8900平方米,厂房从近百平方米扩建到6900平方米;工人由14人发展到200多人;年产值从50多万元增加到1000多万元,企业规模不断发展壮大。

今天的筷子,已经不单作为一种就餐工具,而是成为一种独特的文化形式,代表着一种文明气息。“人可以没有钱,但不能没有情趣”。郑致绍对雕塑、装饰等艺术十分兴趣。为了让筷子成为日新月异的艺术品,公司几年来先后投资1000多万元,对企业进行技术改造和扩容。郑致绍的眼光盯着未来,盯着国际市场,他精心研究不同客户的筷子消费观念。日本人注重环保、卫生,他就设计出可拆卸、随身带的筷子;有的客户注重原生态,他就设计出带有木纹和树皮的筷子。郑致绍经多年的努力,自己发明制造了三台微机自控一条龙制筷生产机器,提高了工人劳动生产率;新增的激光雕刻生产线,用高科技光电一体化来绘图、雕刻,图样逼真,产量翻了3番。他还自行设计创新出精致筷子一千多种,高质量的产品赢得了日、韩、台、印尼等国家和地区客户的青睐。

不比家业,只比事业

宋代文人程良规有首诗:殷勤向竹箸,甘苦乐先尝,滋味他人好,乐空来去忙。这就是对筷子那种奉献精神的生动描绘。

郑致绍说过,“公司是属于社会的企业,不是我个人的家业”,带领群众共同致富和为社会发展多做贡献始终是郑致绍的人生理想,特别是2002年当上了福州市人大代表以后,这个愿望更加强烈。十多年来,他先后对社会孤儿、因重病而贫困的20多名群众和四川汶川大地震灾民、县人大代表救助基金会捐助过10多万元。为了增加当地农民收入,郑致绍利用本地农民果园里大量的柑、橘、桃、李、梅等果树枝,做为筷子的原料。这些看似不起眼的木料经过精细的加工后,最贵的一双可卖80多元。企业每年为当地农民增收200多万元,为当地农民脱贫100多户。

郑致绍担任着市人大人大代表、县企业和企业家联合会副会长、人民监督员等多项社会职务,不敢说他日理万机,但他的工作繁忙可想而知。他积极参加各项社会活动,认真履职。在2009年的市十三届人大四次会议上,他就环境保护等问题提出了三个建议。

郑致绍觉得自己的事业还刚起步,为社会要做的事还很多很多,因此他丝毫不敢懈怠,而是只争朝夕,以求更多更好地回报社会、回报人民。

用实际行动践行代表职责

——记杭州市江干区人大代表、丁桥镇大塘社区党总支书记姚招娣

姚招娣是一名江干区区人大代表,也是一名社区党总支书记。自当选人大代表以来,她在狠抓集体经济发展,努力推进社区建设的同时,积极收集民情,反映民意,向“一府两院”提出建议、意见,受到了广大群众的一致好评。

狠抓集体经济发展,当官一任就应造福一方,带领广大群众走上共同富裕的道路

大塘村原是江干区“五联”村之一,人口多,底子薄,历史遗留问题比较多。2002年,为了大家共同富裕,姚招娣主动放弃民营企业主的身份,走上了大塘村党总支书记的岗位。面对这样一个乱摊子,她深感责任沉重。党和政府的期望,父老乡亲的希望,给了她极大信心和力量。在就职宣誓大会上,她面对所有居民说“我要让你们过上城里人的生活”。话很朴实,没有任何修饰,但份量很重,实施起来难度也很大。为实现自己的诺言,7年来,姚招娣以社区为家,带领班子人员认真筹划发展思路,紧紧抓住大项目建设契机,四处奔波,积极争取项目,先后完成2万7千平方米标准厂房、3千5百平方米商铺、加油站建设和招商引资工作。社区可

收资金从2002年的60多万元/年增加到现在的560万元/年,并顺利地朝着1000万元/年迈进。

积极投身大项目建设,作为社区家长就应以身作则,时刻想着社区的建设

2004年,丁桥大型居住区征迁推进,按照城市规划,农居安置房必须建造多层公寓,不能造联体房,导致部分群众抵触情绪相当大,动迁工作难以开展。而姚招娣作为2003年临丁路拓宽和天然气管道工程拆迁户,可建两户联体房,但她积极做通家人思想工作,主动放弃联体房建造,带头要求住多层公寓。正是这种以身作则的表率作用和无私奉献的牺牲精神,打动了广大居民,拆迁工作十分顺利,大塘社区被区、镇评为"征地拆迁先进集体"。2007年,根据上级党委和政府要求,丁桥大型居住区一期的回迁安置试点工作安排在大塘社区。试点成功与否,直接影响到整个丁桥的回迁安置工作。姚招娣带领班子成员认真学习安置法规政策,摸清房源、每户人口数量及安置面积,采取分片包干制度,挨门逐户做思想工作,使得大唐社区230户回迁户一次回迁率达到98.6%,圆满完成了回迁试点工作,为整个居住区1100多回迁户的安置工作开好了头。大塘社区党支部被镇评为2007年度"先进基层党组织"。

尽心尽职为民排忧解难,作为一名人大代表就应认真履行职责,积极建言献策

作为一名基层人大代表,所听、所看都是与普通老百姓紧密联系的日常生活问题。姚招娣充分利用代表身份,切实起到政府与群众的纽带和桥梁作用,深入一线走访、了解,先后在区人代会上提交建议12条:如笕丁路拓宽;三义路整治;备塘河整治改造;保护丁桥历史遗址问题;要求增加丁桥公交线路;失土农民的保障医疗问题,特别是50、60周岁劳动年龄段以上老人的退休养老金、医保,少年儿童医保问题等这些建议和意见都受到了人大、政府及有关部门的重视和采纳。作为一名社区党总支书记,姚招娣十分关心民生工程,积极投入资金改善居民生活品质,丰富居民文化生活。按"五室四站一家一校一场所"要求,投入资金80万元,完成社区配合用房装修;投入资金60万元,完成庭院改善工程,既解决了小区的环境卫生问题,也提供了治安保障。2008年,大塘社区被市评为"文明社区"。

随着经济社会发展,大塘社区的居民收入有了明显提高,人均纯收入从2002年的5200元提高到2008年的12500元,社会更加安定、有序,人们的生活水平正逐步接近城市居民。姚招娣个人努力也得了组织和居民的认可,先后被评为市"三八红旗手"、区"优秀党员"、区"人大代表积极分子"。面对这些成绩,姚招娣说:"这些不是荣誉和称号,而是责任和鞭策,将时刻激励我为百姓多做事、做实事、做好事"。

传奇代表周家贵

——记十届全国人大代表、钟祥市金汉江纤维素有限公司董事长、总经理周家贵

湖北省荆门市人大常委会　　朱新富　韩军

周家贵,一个普通的名字,一个为实现理想而孜孜以求的民营企业家,一个忠实履职为民代言的人大代表。他从不言奋斗历程的艰辛,从不计爱心付出的回报,也不因功成名就而懈怠;面对未来,他为打造民族工业品牌,为社会和谐百姓利益仍在执着追求;不图安逸享受,但求无愧于天,无悔于心……

龙不会游出虫的轨迹,是金子总会闪光发亮。人唯有奋发进取,才能有所作为,彰显其自身的价值

1980年初冬,一封关于镇办企业经营管理的"匿名信",展现在钟祥郢中镇时任党委书记马文明的眼前。"抓好企业管理就是一项不投资的基础建设"……这封文思缜密的万言书信分析透彻,切中该镇企业经营管理的要害。马文明对此极为关注,逐字品读,细细揣摩,感到信中所提的建议很有见地,便当即批转给分管企业的副镇长,没曾想到,其他几位镇领导也都收到了这样一封复写的"匿名信"。有这么好的建议,为什么要隐姓埋名呢?对此,大家百思不得其解。周家贵这个爱动脑、有思

想的年青人,就这样隐隐约约地跃然于大家的视线。

他头脑灵活,精明能干。年纪虽然不大,但经历丰富,1973年上山下乡,76年招工进城,先后过磨工、车工、钳工、政工员、推销员、采购员和出纳。那时的周家贵尽管小不起眼,但在大家印象中,却具有犹如泰山仰压群雄的志向。

"这封信,一定是出自周家贵之手。"后来,人们从功成名就的周家贵口中,验证了当初的推断。"当时,我人微言轻,怕说出的话没人听,才没落自己的姓名",周家贵事后才道出了他当时的疑虑。

当时,马文明对这位富有开拓精神的年青人,确有提拔重用之心,然而,由于诸多原因,这位伯乐的心愿却未能实现,但在他眼里,这个初生的牛犊是注定要做出一番大事的。

是龙就不会游出虫的轨迹,是金子总有闪光的时候。1983年,经过民主选举,他当选为表带厂分管生产副厂长。官衔虽然不大,但这对周家贵来说,可谓是如鱼得水,束缚多年的拳脚终于可以放开了。他到任后,第一件事就是进行分配方式改革,将原来的固定工资改为计件工资。这一招立竿见影,表带产量逐月递增,由过去的5000条跃升为18000条、23000条、30000条。职工们数着成倍上涨的工资,绽开了久违的笑脸,纷纷投来由衷佩服的眼光。初战告捷,他感到无比兴奋,由此步入了艰辛的创业历程,迈向一个又一个辉煌。

3个月后,周家贵又一次受命于危难之际,镇里调他到已停产一年多的镇棉织布厂任副厂长,又一次将这个濒临倒闭的企业起死回生,并跃入了全县的红旗单位。传奇般的经营管理,赢得了大家的赞誉和信任。1987年2月,人们还沉浸在新春佳节的喜庆里,正月十四这一天,周家贵家来了几个不速之客。"周厂长,救救我们羊毛衫厂吧,我们厂也快要跨了!"望着这种信任和期盼的目光,周家贵倍感信任无价,二话没说答应了。上任后,他不懂就问,不会就学,带着大伙一起搞设计,跑市场,促营销。一个不懂羊毛衫技术的门外汉,硬是把这个厂子整活了。当年,这个小小镇办企业的羊毛衫曾风靡一时,畅销全国,并获得过省优产品、部优产品的殊荣。

能者多劳,智者多忧。也许,创业者生来就要托负更多的期望,承担更重的责任,付出更多的艰辛。

精制棉厂是钟祥县永兴镇的一个镇办企业,也是金汉江的前身。1984年该厂从银行贷款600多万元,四年过去了,贷款分文未还,亏损640万元,负债500多万元,工厂停产2年多,498名职工等米下锅。企业濒临倒闭,像一艘即将沉入海底的破船,待救迫在眉睫。县里召开专题会议,为其生存发展拿脉号诊。会上,大家各抒己见。时任银行行长的陈道友一语切中要害:救活精制棉厂不仅仅是缺少资金,更重要的是要有懂经营,会管理的领头雁。他极力举荐周家贵来出任厂长。理直气壮地说:"如果周家贵搞不活这个厂,我这个行长立马引咎辞职。"1990年初,县委还是决定派这位"扭亏能手"去横刀立马,再显"神功"。

天下事有难易乎,为之,则难者亦易矣;不为,则易者亦难矣。开弓没有回头箭,周家贵暗下决心,决不能做遇难而退的孬种,一定要不负重望,把精制棉厂盘活。上任后,他在全厂职工动员大会上,分析企业亏损的症结,阐述企业应当克难奋进,向特高粘与特低粘两头发展。并庄重承诺:一定要把精制棉厂办成一流的企业。话音未落,有些人不以为然,哄堂大笑:"又是一位吹牛的厂长!"

虽说企业经营项目各异,但管理的模式则一脉相同。他依然采用盘活前几家企业的成功经验,第一步就是恢复生产。上任不久,精制棉厂就鸣响了机器,工厂顺利开工了!然而,令周家贵没想到的是,机器一响,不仅预示着企业有了转机的希望,而且也招来了讨债的烦恼。债权人一听说工厂开工了,便蜂拥而至上门讨债。那时他办公室里几乎每天都是"高朋满堂"。为了尽早讨回拖欠已久的债务,要债的人几乎使出了浑身解数。有谩骂的、有赖着不走的、有拿刀要拚命的……面对这种比开工还难的局面,他镇定自若,坦然相待,以情感人,以诚取信。他耐心说服一批批前来讨债的人,郑重承诺:"三年内,我保证分文不少地将大家欠款还上。"

逼债未平,退货又起。一封从北京发来的电报,这对于本来就已头晕脑涨的周家贵来说,无疑是雪上加霜。精棉厂以前发给客户的货物中,掺有石头、布绒等。客户指名道姓要求原厂长带人速到北京处理此事。俗话说:"新官不理旧事。"他完全可以暂时搪塞一阵,厂里百废俱兴,有多少事要等着他去做啊。可他却把处理此事作为建立企业客户,塑造诚信企业形象的良好机遇。他带着业务员北上进京,诚恳向对方道歉,承诺将所有产品运回,重新组织发货,并承担往返运费和相关的损失。不打不相识，周家贵豁达的性格，诚信的品质，诚恳的态度，不仅化解了质量问题带来尴尬，而且赢得了客户信任，彰显了企业崭新形象。

刚平息完讨债退货，他又面临催税的心酸。由于企业不景气，一直无力交税。恢复生产后，税务部门也多次上门催交所欠的税费。刚刚恢复生产，生产周转资金都相当困难，哪有钱去交税啊。一天，收税员再次来到周家贵的办公室，提出原来的欠税可以缓交，执意要他先把当月的3000元税款交上。他的确力不从心，反复向收税员们说明困难。并承诺：等厂里效益好了，一定全部补上。他没说大话，仅用3年时间就实现了他的诺言，所有债务还清了，历年的欠税全部补交了。而今，企业每月向国家上交的税款达200多万元。

一份耕耘，就有一份收获。经过二十多年的拚搏，一个当年人们嗤之以鼻的乱摊子，如今已打造成为年产值过亿元的全国生产精制棉龙头企业。主导产品特高粘M1000、5号特低粘精制棉填补了国内空白，分别被认定为1999年和2002年国家级重点新产品。还拥有制造精制棉多项关键技术的国家专利，曾先后十余次纳入科技型中小企业技术创新基金、国家火炬计划等国家科技计划，产品行销广东、上海、重庆等二十多个省市，远销捷克、瑞士、意大利、南斯拉夫、印度等十多个国家。企业的发展壮大，也带动了湖北农副产品棉短绒及盐化工的发展。

人大代表既是崇高的政治荣誉，更是一种神圣的社会责任。当代表，就要上对政府谏言献策，下为百姓代言谋利

他自1987年起，从镇人大代表、市人大代表到十届全国人大代表。20多年来，他心系党和国家工作大局，情系群众冷暖安危，积极谏言献策，忠实履行代表职责，为构建和谐社会做出了积极贡献。

2003年，周家贵当选第十届全国人大代表。他做的第一件事，就是谏言献策，为柴湖移民脱贫鼓与呼。会前，他专程前往柴湖镇进行调研，走遍了柴湖镇所有村庄。移民过来已经40年了，还住着摇摇欲坠的土壁房，人均只有7分地，人均年收入仅600元、痴呆傻人口竟然高达1500多人的现状，为移民如此贫困而震惊和痛心。一种无形的责任驱使着他要为柴湖移民代言。在当地移民看来，他的这次调研也只不过是走走过场，做做秀而已。因为这些年，到这里调研的领导不计其数，都是怀着同情心而来，最终却无力解决而去。面对乡亲们疑惑的目光，周家贵眼里噙着泪花，咬紧失血的嘴唇缄默着，他没有承诺，可他深信只要不懈努力，柴湖移民总有一天会过上舒心的日子。

十届全国人大第一次会议期间，他时时留心，寻找汇报机会。3月6日早上，周家贵见省委俞书记进了电梯间，为了不失时机，他等不及电梯，便一口气跑到14楼，向俞正声同志汇报了他会前调研了解掌握的情况。提出了改善移民生存环境，降低移民密度，实现移民二次转移的设想，得到了省委俞书记赞同。当晚，他彻夜未眠，向十届全国人大一次会议提写了《关于加大柴湖扶贫工作力度的建议》。建议："由单项扶贫转向综合扶贫、由输血式扶贫转向造血式扶贫、由钱物扶贫转向智力扶贫"，引起国务院和有关部门的高度重视。2004年1月9日，省委书记俞正声、省长罗清泉带领10多个省直部门史无前例地在柴湖召开扶贫现场会，决定投入5700万元资金，实施"二次移民"等14个扶贫开发项目，终于拉开了5年内实现柴湖移民整体脱贫的序幕。

扶贫重在扶智。随后，连续三年，他利用参加全国人代会机会，向省教育厅领导谏言献策，反映柴湖教育扶贫问题，争取重视和支持。省教育厅路钢厅长连续三次到柴湖进行调研，倾力解决柴湖教育遇到的困难。2003年新建改造了学生食堂，2004年建起了旧口高中学生宿舍楼，2005年下拨教育扶贫专项资金，解决特困家庭孩子读书问题。

柴湖移民没有忘记为他们四处张落、跑前忙后的周家贵。他们敲锣打鼓，送来了"心系移民疾苦，代表民情民意"的牌匾。2006年《中国人大》杂志曾以"三进大柴湖"为题报道了周家贵情系柴湖移民的感人事迹。

汉碾盘山水利枢纽地处南水北调工程中线，是汉江综合治理工程的组成部分，具有发电、灌溉、航运等综合效益。1995年国家计划兴建碾盘山水利枢纽工程。为此，当地政府耗费人力和财力，做了大量的前期准备工作。由于种种原因，工程一直未能立项。2003年周家贵当选全国人大代表后，为了使这项百万钟祥人民关切的工程尽快得以实施。他深入实地进行调查，他先后向省委、省政府省水利厅、长汉水利委员会和水利部等领导汇报碾盘山工程情况，并约请有关领导到钟祥实地察看，积极争取各级领导的重视和支持。十届全国人大一次会议审议发言中，他据理力争，阐述该工程地处汉水的中游的重要地位置，承上启下，对上游40－50

万亩农田灌溉所发挥的巨大作用,并向大会提交了《关于增列碾盘山水利枢纽工程作为南水北调中线一期工程补偿项目的建议》。经过多方努力终于得到了水利部的认同,这项国家总投资25亿元的重大项目敲定下来,为拉动地方经济增长起到了巨大作用。周家贵为此倾注的真诚情感,在群众中传为佳话。

2004年农村税费改革,周家贵围绕三农问题进行了深入基层调研。从调研中,他感到近些年来,农民增收主要是得益于政策好、天帮忙。而制约农业、农村发展的深层次矛盾没有根本消除。随着时间的推移和国际农产品的冲击,惠农政策的空间将会越来越小,"三农"问题的难度不能低估。为此,在十届全国人大二次会议上,他提出了"从法制法规制度上规范、激活三农,保证农民持续增收"的建议,引起了领导和相关部门的重视,关于保证农民"持续增收"的问题写进了2005年中央1号文件。

他思维敏捷,分析精辟,说理透彻,敢于谏言献策,多次出现中央、省、市媒体上,给人们留下的印象非常深刻,去年6月25日,他应邀列席全国人大常委会会议,参加《物权法》草案的审议。为了充分反映社会各界对《物权法》草案的修改意见,专门召集有关部门进行座谈,广泛收集各方面对《物权法》草案修改的意见和建议。在十届全国人大第16次常委会议上,他从物权法的普及与其它法规的相容性、农户代表的法律地位等6个方面提出了修改建议,其中4条建议得到采纳。"如何完善土地承包经营权的建议"成为全国《物权法》草案讨论的"十大热点"之一;在十届全国人大三次会议上,他作的《强化政府行政能力,构建和谐社会,从根本上解决三农深层次的矛盾》大会发言,被中央电视台新闻频道全程转播;今年以《强化政府治理能力,加快新农村建设是解决"三农"问题的根本之重》为题的的审议发言,在新闻30分和国际频道中播出;针对我国城市化进程加快中出现了城肥乡瘦的现象,他提出了"应统筹城乡规划,严格城市扩张准入机制,形成城乡规划一体化"的建议,对《城市规划法》的修订具有重要的参考价值;他提出的"确保惠农政策惠农"的建议,受到了人民日报、新华每日电讯、人民网和媒体广场等国内各大新闻媒体的关注,二十多家新闻媒体予以转载和报道。几年来,他向全国人民代表大会共提交建议35件,受到了与会代表和新闻媒体的特别关注。

爱心和责任是做人做事的关键。只有充满爱心,拥有责任,才能做到不懈于内,忘身于外

人大代表倍受社会尊重,在别人眼里是耀眼的光环。可他却没有丝毫的特殊,而是更加以身作则,严于自己,不懈于内。1998年,他宁可公司办公楼缓建,也要先把企业环保控污设施建好。投资160万元率先建造了一座日处理废水3000吨的废水处理站。2002年,又投入150万元,对碱法蒸煮技术进行创新,成功地开发出活性催化煮炼技术,既使废水处理质量达到国家二级排放标准,每年还可节约用碱近600吨,节水13万吨。有人笑他傻,治水还那么顶真?环保设施开机欢迎,关机欢送就行了。你既是有名气的民营企业家,又是全国人大代表,即便是环保不够到位,谁还会跟你较真呢?"企业要做强做大,百姓更要碧水蓝天。"周家贵是这样说的,也是这样做的,他始终把个人利益同国家利益和群众利益紧密联系在一起。去年5月,又拿出80多万元建立了ISO14001国际环境管理体系,成为荆门市率先通过ISO14001环境认证企业之一。

去年2月,十届全国人大三次会议前夕,沙洋监狱管理局10多名职工慕名前来找周家贵反映他们退休手续得不到办理的问题。当时,周家贵正在柴湖调研。这些职工从早上七点多钟一直等到晚上七、八点钟,情绪非常激动,联名要到北京上访。周家贵耐心劝阻,稳定他们情绪。同时,积极向省司法厅、省监狱管理局写信反映他们意见和要求,妥善解决了他们反映的退休手续、医疗保险等5个方面的问题。多年来,先后接待群众来信来访几百人次。人们称他是"上访人员的出气筒,政府部门的传声筒,是非争端的和事佬,和谐社会的调解员"。他充分发挥代表的桥梁纽带作用,为民代言,排忧解难,履职到位而不越位,在构建和谐社会中焕发着光和热。

扶贫帮困,倾情奉献。2003年8月,钟祥市客店镇的孔祥金考取中国地质大学,由于家庭贫困,无法筹齐学费,全家老小都很焦急,孩子父亲又病又急之下,也离开了人世。周家贵得知这一消息后,专程赶到客店,送去5000元。面对一家老小感激的目光,周家贵却感触很深。一个贫困学生的背后,就是一个贫困的家庭。为了帮助这些贫困家庭,他从2005年秋开始,与钟祥市职业高中联合举办"零元入学"班。这个班的学生的学费、书本费、住宿费全部由公司承担。毕业后既可在外自谋职业,也可以在金汉江实习。实习3个月后,愿意到金汉江公司上班的学生,可以正式聘用;实习期间,除免交住宿、生活费外,每月还有900元的实习工资。他计划将这个扶贫班连续开办10年,解决550户贫困家庭学生的就学问题。他为什么要帮助贫困学生时,周家贵说,帮助别人就是帮助自己,这样做不仅资助了那些渴望读书的特困学生,也为自己培养了一批优秀的员工。

"感恩的心,感谢有你,伴我一生让我有勇气作我自己,感恩的心感谢命运,花开花落我一样会珍惜……"第一批扶贫班的孩子们毕业后走进金汉江公司带薪实习的时候,他们饱含深情地唱起这首《感恩的心》。

名利是人生的附属品,而人生决不能做名利的附属品。民营企业也要在民族工业的振兴发展中有所作为

周家贵始终坚持"规模不图大,只求强;产品不图多,只求精;发展不图快,只求实"的经营理念。他将一个濒临倒闭的企业从小变大,从弱变强,从全国同行中脱颖而出,摘取第一家国家级和湖北省高新技术企业,第一家省级企业技术中心,第一家通过ISO9001质量管理体系认证,第一家国家级新产品,第一家产品进入国家级科技攻关计划。他成功了,获得省"优秀乡镇企业家"、"全国乡镇企业家"、"中国优秀企业家"等众多的殊荣,又当上了十届全国人大代表。可以说,功成名就,引起了广泛的关注。教育部副部长、中国工程院院士周济,湖北省委书记俞正声,荆门市委书记、市人大常委会主任傅德辉等先后到金汉江视察。中央电视台、人民日报、经济参考报和省、市等多家新闻媒体对他作过多角度报道。面对这些成绩和荣誉,他没有趾高气扬,仍旧是日出而作,日息不落。

有人也曾劝过他:"你现在要钱有钱,要关系有关系,不妨乘现在房地产红火的时候,搞搞地产,赚它一大笔。还守着这个企业干什么呢?"对此,周家贵不以为然,在他看来欲望过高就是贪婪。钱,也只是数字而已,是人生的附属品,而人生并不能做金钱的附属品,他不愿做金钱的奴隶,而是做一个对社会有所贡献的人。

他没有沉迷于昔日的成就和辉煌,而是依然深深地爱着他多年精心培植起来的企业。他深知我国精制棉产业还远远跟不上世界先进水平。作为一个民营企业家,他深感振兴民族工业的任重道远。去年8月周家贵应邀出访美国。徜徉在美丽的密西西比河畔,面对世界经济的迅速发展,科技进步的日新月异,身临其境,思绪万千……思索着如何构建企业核心竞争力,使金汉江公司尽快进入全球经济一体化的游戏圈,尽快适应国际经济大家庭制定的游戏规则,并在游戏过程中成为赢家。出访期间,他胸怀迈向世界的远大抱负,致力于打造与国际接轨的发展平台。积极与美国同行BucKeye公司高层管理人员交流探讨,大胆地提出了两国企业在精制棉生产上战略合作意向和构想,得到美国同行的极大关注。BucKeye公司表示双方要尽快考察、论证,以谋求达成精制棉生产战略合作的框架式协议;全球最大的硝化棉公司泸州北方公司看好金汉江公司发展,其公司高层领导多次到钟祥考察,目前正在商议合作协议,将与金汉江公司合作投资1亿元建设1.5万吨硝化棉,如果合作成功,将进一步促进我市棉花产业的发展。

大江入海天地宽,而今迈步从头越。站在新的历史起点上,他没有丝毫懈怠,带领着他的企业,以远见、卓越、创新、责任的企业精神,加快精制棉技术改造,打造金汉江品牌,提升和发展棉纤维素产业。将棉纤维素总体规模扩大到10万吨,把金汉江公司建成中国精制棉生产基地和全球知名的现代化、专业化的棉纤维素制造企业。

用爱心谱写辉煌人生

——记省、市人大代表、延安治平集团董事长张平

陕西省延安市老年协会副会长、延安市慈善协会、办公室主任　刘春玉

2008年的春节前后,治平集团董事长张平格外忙碌,元月,他作为新当选的省人大代表,参加了陕西省第十一届人民代表大会,在会上提交了"鼓励民营企业家积极参加社会主义新农村建设,为构

建和谐社会贡献力量”的提案，会议期间还赶赴四医大住院部，为患重病手术的延大学子李冬莉捐资5万元。1月26日，他因2007年为慈善事业捐款951.9万元荣登“2007陕西慈善榜”季军，在大唐芙蓉园举行的首届陕西慈善名流之夜盛会上，从副省长李堂堂手中接过奖杯，他表示要更好地回报社会。1月31日，张平委托集团副总张明生和市慈善协会负责人一起到李渠镇，为500位农民送去了面粉、大米、食用油，还为5户特困老人送去了慰问金。捐赠款物共15.2万元。春节后，2月20日张平在市人大三届二次会议上又提交“企业家积极参与社会主义新农村建设”的提案，会后不久即捐资120万元，购买16万株各类苗木，组织70人技术队伍，与村民一起在张新庄展开植树造林活动。又出资860万元和大型机械，建设基本农田和养鸡厂，为家乡产业发展，致富奔小康创造条件。望着一排排成行的小树苗，张平格外激动，眼前又浮现出家乡父老们渴望而信任的眼神。正是这一双双眼神激励着他用爱心谱写人生，矢志不逾，全身贯注，一步步走向辉煌。

至诚立业　让精品工程见证城市的进步

张平20多年前，由于家境贫寒，辍学打工，从山村走进延安城。当过搬运工、拉过架子车，从提泥包起步，到执起瓦刀修建几间简易的瓦房，张平在磨练自己的同时，已经为自己的事业开始“练笔”。即就是盖三间瓦房，修一个平台，他都要拿出全部身心，将这件事干得像模像样。在修缮这个小打小闹的行当里，没出三两年，张平就有了一个好名声。当初是自报家门去寻揽活路，到后来找他干活的人络绎不绝。几年后，他成为一个施工队队长，敢打硬仗、善打恶仗、能打胜仗；公司领导对他非常赏识，凡是急、难、险工程项目，总是派张平的施工队冲在前面。他能够在初春时节下到刺骨的河水里抢修堤坝，能够在风餐露宿中连续苦战五天五夜抢修道路。丁泉砭河堤建造工程，攻难克艰，如期完工，更使他悟出了一个道理：干任何一项工程，必须要以诚信为本，按既定工期和高标准质量建造的任何一项工程都是建设者自我形象的一种展示。随后的五年里，他率队转战南北，修桥铺路建高楼，为圣地延安的新形象倾注智慧，挥洒汗水。在创业的艰辛中体味拼搏的乐趣，以此作为人生向上的不懈动力。

1998年，随着建筑体制和市场格局的变化，张平毅然辞去公职，创建了治平机械化施工公司，将施工的机械化、现代化作为立身之本，显示出他的一种超前的眼光。以往搞一栋普通楼的地基开挖，至少需要20－30天的时间，而大型挖掘机投入施工后，挖掘一栋楼的地基，只需要四五天的时间。据统计，近些年延安市区的建筑，有相当部分地基都是由治平公司开挖的，万丈高楼平地起，建造之功的第一乐章由他指挥谱写。

随着延安城市建设的发展和业务领域迅速扩大，张平提出建制集团化、投资多元化、经营专业化、管理规范化的思路，先后投资大量资金，不断增加机械设备，培养引进专业技术人才，将6个独立法人企业进行了资源整合和公司控股，成功地组建起延安治平建工集团。目前，集团注册资金8060万元，拥有大型工程机械60多台，建筑安装设备齐全，实现了挖、填、碾、压、建一条龙配备的机械化施工能力，是全市机械化施工装备实力最强的企业。成为集房地产、建筑安装、公路桥梁、市政建设、水泥构件制安、轻质隔墙板制安、工贸物流和房屋出租等多元化组合的建筑企业集团。承揽道路、桥梁工程400多公里，房建工程40多万平方米，完成建设投资20多亿元，工程合格率100%，15项工程被评为省优工程。为圣地延安建造出一批靓丽的建筑，以自己的作品见证这座城市、这个时代的发展与进步，追求着他建筑人生的“精品工程”。

2006年延安火车站改扩建和洛川扬舒化工新区建设是我市两项重点工程。2月17日，治平集团接到负责延安北站道路的施工通知，便道路线只有1公里长，12米宽，在当时气温下，保温是施工质量的关键，顶着料峭寒风，张平把全部家当搬到工地，无论白天、夜晚，24小时随时都进行质量检查，严格把关。奇迹出现了，9天时间全体员工硬是完成了土方量14500立方米的工程。再说扬舒新区18公里的三种道路整治工程，也是一块硬骨头。市政府安排治平集团承担，要在20天时间完成9公里的新铺油路，3公里的路基补坑槽和6公里的罩面，无疑是一种挑战，一个非同一般的考验。张平在领受任务的当天，就在工地召开动员会，他说：“我们经常讲，集团要有大的发展，要为集团树立形象，现在机会来了，能够抢工期高质量地完成这些道路的修建，就是为我们集团树立起良好的品牌形象。”张平立下的“不挣钱也要落个好口碑”的口号，成为治平集团全体员工心中默默的誓言。400多名筑路工人吃住在工地，100多台机械昼夜施工，张平每天都召开质量进度会议，大家都知道张平检查的仔细，质量意识这根“弦”都绷的紧紧的，通过技术创新、管理创新，治平集团用心血和汗水奋力拼博，工程到4月15日全部完成，向政府和人民提前4天交出了一份满意的答卷，为扬舒化工新区按时开园奠基立下头功。

作为企业领军人物，张平不仅以诚信对待客户，对待员工更是充满关爱。他常讲：企业的人、财、物，一切以人为本，始终要把员工的利益放在第一位，通过他的努力，形成了富有特色的治平文化。一是政治上关注员工，成立企业党支部、工会和“职工之家”，培训提高员工思想觉悟和专业技能；二是生活上关爱员工，保障员工合法权益，严格按照劳动用工制度、工资分配制度和员工签约，从未拖欠人工工资，从未发生过重大劳动争议事件；为部分员工交纳了养老、医疗、失业、工伤、生育五项保险，个人出资部分由公司全部支付，解决职工后顾之忧；三是行动上调动员工，通过组织优秀员工出外学习考察、双节慰问等活动，充分调动职工的积极性，为员工们创造出一个完全人性化的工作空间，搭建一个没有“天花板”的发展舞台。让每一个人与公司的命运紧密相连，与企业共同进步，并在工作中找到归属感和取得进步、实现人生的自我价值和追求，员工们知道这样的企业难得，在这样的企业有干头、有希望。

拼搏奋进，硕果累累。公司被授予“西部开发优势企业500强”、省市“文明单位”、“市级优秀民营企业”、“重合同、守信用企业”、“精神文明建设先进集体”、“纳税大户”等荣誉称号。张平亦获“全国建筑安全先进个人”、“陕西省劳动模范”、“省级党务工作先进个人”、“延安市劳动模范”、“陕西省关爱员工优秀民营企业家”多项殊荣。

质朴尽善　让真情奉献见证胸怀的博大

在为延安经济社会发展作出突出贡献的同时，张平始终怀着高度的社会责任感，以慈心为民，回报社会的为已任，弘扬中华民族“一方有难、八方支援”的优良传统，积极参加各类慈善公益活动，看看张平一连串的善举、一笔笔的捐款让人肃然起敬。

1996年创业之初，他就捐助20万元为宝塔区碾庄乡修乡村道路7公里；1998年，捐助6万元新修基本农田100亩；1999年，他几次捐助共17.5万元，为张新庄实施引水上山，“普九”教育，兴建学校等项目。2000年，捐助5万元为老家横山县南塔乡高林庄村修路拉电，使全村100多人告别了祖祖辈辈点油灯、走土路的落后境况。2000年到2003年，他给找上门来、寻找帮助的10名考入大学的贫困学生共资助5万元，使他们圆了大学梦。这些学子有的已走上工作岗位，至今还念念不忘张平改变他们人生道路的善举。时常向张平写信汇报思想、生活，感恩之情溢于言表。

“再苦不能苦孩子”，也许是由于当年家庭贫穷，过早辍学的境遇，使他对“教育决定民族素质”有着深刻感受，对兴教助学格外上心，2003年到2006年，他为市慈善协会和市总工会捐款9万元，资助9名贫困大学生4年的学费；2004年到2005年他两次为延安实验中学捐款20万元，资助品学兼优的贫困生；2004年至2006年，他和延安市贫困生救助领导小组办公室签定协议，两次捐助60万元，设立“治平助学基金”，每年向品学兼优的贫困学生发放6万元，其中：小学生每人300元，初中生每人600元，高中生每人1000元，连续发放10年；2005年至2006年，他给宝塔区教育局捐助10万元，设立“治平杯”教师技能大赛和学生学科竞赛奖，促进教育再上新台阶；“六一”儿童节时，又向延师附小等几个小学捐款6万元，为孩子们送去节日礼物。2006年，他还给延安中学捐助10万元，资助成绩优秀的贫困生，8月为市慈善协会捐款7.5万元，资助当年考入大学的12名贫困学生和10名高中生。2007年8月，他捐资22.4万元，再次为56名贫困学生圆了大学梦。还指定专人对受助学生进行后期联系，在资助的同时，他不断教育、引导学子们自强自立，回报社会。以上罗列了一笔笔数据，每个数据背后都是他用真心、真情、真爱编织的一个个动人故事。他的兴教助学善举将坚持做下去，为托起明天的太阳，他格外尽力。

市、区政府号召企业帮扶建设小康村，张平积极响应，主动请缨，与临镇任家塘、村结为帮扶对子，三年共捐助33万元。从2002年到2007年，他共捐资102万元，在临镇修建了治平希望小学、修乡村路，帮助农村改善基础设施建设，开发特色产业。

2006年8月，他给市慈善协会捐款60万元，用于宝塔区碾庄乡17个村的老年人生活补助金发放，每年标准是：70岁－79岁的老人每人600元，80－89岁的老人每人700元，90岁以上的老人每人800元，确定先发放5年，动态管理，以后逐步扩大。在捐款仪式上，中华慈善总会荣誉副会长赵治辉动情地说，慈善是一种传统美德，值得弘扬，而热心慈善事业，更值得弘扬。延安是个山区，经济并不发达,但能有张平这样的企业家参与到慈善事业中,是难能可贵的,也是令人感动的。他希望张平的慈心善举,能唤起更多的企业家和社会有识之士参与,奉献爱心,扶危济困,携手慈善,共建和谐。重阳节时,拿到生活补助金的许多老年人高兴的说:张平真是大孝子、大好人。

2007 年春节前,他带着两辆满载米、面、油的车辆亲赴李渠镇碾庄乡,看望孤老、孤儿和村里的老百姓,为 5 户老人送钱、送慰问品,为一个患病青年送去 5000 元医药费,为 25 户村民送去面、米、油。先一天还为万花罗崖村民每人赠送一袋面粉,共捐资 5 万元。他说:1 月 9 日在人民大会堂,我从国家领导人手中接过"中华慈善事业突出贡献奖"荣誉牌,成为第二届"中华慈善人物",我很激动,对这份荣誉也格外珍惜,我办企业讲究一个诚信,我作人,就讲究一个善良,临近春节为贫困户办点实事,我要努力做好。

2007 年 8 月,他在市慈善协会捐资 400 万元,设立冠名慈善基金,每年以 8% 的占用费即 32 万元用于抚老助学,协议一定就是 5 年,为延安慈善事业的长足发展作出贡献。

在张平心里,慈善更是一种责任。建设和谐社会是每个人的责任,更是一个企业家应该负起的更多更大的责任,张平是这样说的,也是这样努力去做的,他的许多捐款都不搞仪式或报道,甚至公司里的员工和身边的朋友都不知道,许多新闻媒体更是事情过了许久以后,才陆续得到消息。

由于张平坚持不懈、全神贯注的倾情慈善事业,10 余年间,已捐款 2120 万余元。他获得了崇高的荣誉,2004 年,市慈善协会授予他"慈善助学之星"称号;2006 年 9 月,他荣获陕西省首届"三秦慈善奖";2007 年 1 月,他荣获"中华慈善事业突出贡献奖",参加了在人民大会堂隆重举行的颁奖盛典;2007 年 8 月,他荣获首届"圣地慈善功勋人物奖",在颁奖晚会上,从省人大常委会副主任、省慈善协会名誉会长陈再生手中接过奖杯。这次评选活动是对 5 年来从事、推动和影响延安慈善事业蓬勃发展的时代典范、慈善人士及其业绩的集中展示和崇高褒奖。

造福乡梓　让山村重建见证感恩的赤诚

张平祖籍陕西省横山县,祖辈迫于贫困,逃荒落户到宝塔区碾庄老虎山沟,垦荒定居,遂起名张兴庄。张平自幼家境贫寒,村子里的大多数乡亲与他家一样,过着苦日子。于是在艰苦的环境里,大家相互帮助、相互接济,这一切自然地如同天经地义,这就成了父母教诲他任何时候都不能忘记的恩德,这一切也潜移默化地印在了他的心底。所以他懂事后就暗下决心,一定要以自己的努力改变自己的境遇、改变家庭的状况,改变家乡的面貌,当他拥有了帮助别人、回报社会的能力后,他开始持之以恒地"感恩"和"回报"家乡。上个世纪 90 年代,他创办公司不久,就为村里修了砂石路,引水上山,修建了崭新的村办小学,为了解决村里群众退耕还林后口粮田问题,他出资雇用机械为该村新修基本农田 100 亩,人均 1 亩。困扰该村的行路、吃水、通电、上学、种地的"五难"初步得以解决,这些捐资达 50 万元,这些资金,在他 90 年代创业之际的确是一笔不小的数字。

以后的几年里,村里的能人、年轻人大都加入到他公司的施工队,开机械、跑运输、测量施工,企业管熬培养锻炼了一批专业人才,亦为村里群众致富开辟了财路,90% 以上的村民过上了好日子。

进入新世纪,党中央号召构建和谐社会,工业反哺农业,城市支援乡村,颇有远见卓识的张平感到实施家乡社会主义新农村建设的机遇来了。2005 年冬他回到村里,和支部一班人进行了认真的讨论,广泛征求了各方面的意见,制定了 2006 - 2010 年五年规划,出资 1500 万元进行张新庄社会主义新农村建设,并请区设计院进行了工程设计,规划以"生产发展、生活宽裕、村容整洁、乡风文明、管理民主"为指导思想,坚持结合实际,高点起步,总体规划,分步实施。

第一步为村委、支部修建标准办公场所,为每户村民修建 4 孔砖窑及基本配套设施,楼门院墙,各自家居。同时修建村上至碾庄 8 公里柏油路;第二步打土坝蓄水,环山公路一条,道路两旁种植花草树木、山体山坡植树造林,堤坝蓄水养鱼,营造生态景观;第三步,在山体绿地建设养鸡场,实行山地放养和现代孵化相结合,发展养殖产业,为该村和周边乡里群众实施"一村一品"、致富奔小康创出一条新路,同时加强基本农田建设,人均口粮田达到 1.5 亩;第四步,开发旅游产业,建成休闲旅游村。规划一经审定,张平和治平集团一班人分头负责落实,从 2006 年 6 月以来,历时 480 多天,已修好通乡油路 8 公里,环村道路蜿蜒盘旋,引水通电,美化绿化。广场上休闲娱乐设施配套,凉亭、牌楼怡然天成,砖窑 30 院 121 孔全部建成,壮观气派,猪圈、地下仓库、厕所、浴室等设施配套齐全,还为每户添置了太阳能热水器、电视机、沙发、茶几等器具。堤坝筑成,鱼已放养。为了发展符合当地实际的养鸡产业,张平总经理带队,冒着酷暑炎热,风尘仆仆,亲赴宁夏、榆林、西安等省内外养鸡场参观考察,确定建设项目。所有这些,捐资达1000多万元,2007中秋佳节,群众欢天喜地的乔迁新居,齐声说:张平为了全村人的幸福生活,真是操尽了心,我们要感谢党的好政策,更感谢张平这样的大好人。半年间,闻讯前来参观考察的各级领导和周边群众络绎不绝,据不完全统计,约有1.5万人,省委常委、市委书记、市人大常委会主任李希考察后大为称赞,大家共同的感想是,张平实实在在地为老百姓谋幸福。

一位作家说过:"真正的感恩应该是真诚的,发自内心的感激,而不是为了某种目的,迎合他人而表现出的虚情假意。真正的感恩是自然的情感流露,是不图回报的。对于个人来说,感恩代表人生的丰富,是个体对生命的一种深刻的体验,它能拓展个人的魅力。感恩是一种习惯和态度,是对人生的一种提升和历练"。在默默无闻的慈善行为中,张平享受着无尽的快乐。

科学管理上水平　化"危"为"机"促发展

江西山高制药有限公司董事长　付松山

江西山高制药有限公司紧密结合企业特点和当前经济形势,理清发展思路,创新发展举措,积极应对金融危机,达到了化"危"为"机"的良好效果,促进了企业平稳较快发展。今年1－7月份,公司完成工业总产值3076.6万元,同比增长12.6%;实现主营业务收入2911.7万元,同比增长17.3%;上交税金106.8万元,同比增长14%。现将我公司开展深入学习实践科学发展观活动情况向各位领导汇报如下:

一、加强舆论宣传引导,营造浓厚学习氛围

在学习实践活动中,我们从三个方面认真做好舆论宣传工作,营造了浓厚的宣传氛围。一是丰富宣传载体。充分利用本企业的学习实践活动工作简报、内部报刊、网站以及板报墙报、橱窗、标语等宣传载体,开辟了学习实践活动专栏进行宣传,在企业网站开设"山高动态"、"科学发展观之声"等栏目,发现亮点,培育典型,树立榜样。公司每季度评选先进员工,对其先进事迹进行宣传,号召全厂员工以先进员工为榜样争做企业主人。二是突出宣传重点。把应对国际金融危机和国际国内经济形势及市场变化,以及学习实践活动各阶段、各环节所取得的成效作为宣传重点,开展"化危机、练内功、强队伍、保发展"主题活动,有效解决各种影响制约科学发展的突出矛盾和问题。三是注重宣传效果。广泛运用企业案例交流和企业文化故事会、活动演讲会、座谈会、主题活动会等多种党员职工喜闻乐见的形式开展宣传,在润物无声中使广大党员干部职工加深对科学发展观的认识和理解。每周六上午公司开展党员干部交流活动,做到每周有事,每周解决,不将问题拖拉和推后。

二、精心开展学习活动,巩固提高学习效果

公司党支部精心制定学习方案,做到"严"学、"紧"学和"活"学。一是"严"学。要求所有党员、管理干部、员工紧密结合自身工作的实际,在学深学透上下功夫,努力做到学有所得、学以致用,把学习的效果转化为推动工作、生产的动力,并在县招投标交易中心会议室先后举办了2期专题知识辅导培训,发放科学发展观理论知识手册160余份。二是"紧"学。党支部每周开展1次集中学习,广大员工充分利用下班时间进行自学,各科室、各车间负责人不定期对个人自学情况认真检查,进行通报。三是"活"学。组织中层以上干部、优秀员工赴广州、桂林等地参观学习,将学习实践活动与学习他人的成功经验有机结合起来,极大地激发了干部、员工学习的主动性,调动了员工生产、管理的积极性。

三、找准问题进行整改,提升科学管理水平

在学习实践活动中,切实把解决影响和制约企业长远发展的深层次问题、企业当前存在的突出问题和事关员工切身利益的现实问题作为开展学习实践活动的重要载体,努力使学习实践活动的过程成为不断为企业增强发展活力的过程,让员工切身

感受到新变化新气象。一是从外部聘请高级讲师为公司员工进行管理培训，同时把技术人员送往省、市、县药监局进行技术培训，提高员工整体素质。如:2009 年 1－7 月公司质检部送到省药检所培训人员达到 20 人次。二是加大员工食宿投入，改善员工伙食，建设员工娱乐活动室，切实为员工办实事、办好事，激发了员工投身生产经营的积极性。三是设立总经理信箱，畅通员工意见和建议表达渠道，解决了员工对企业生产经营管理意见和建议表达渠道欠缺的问题，积极引导员工为帮助企业提高效益、降低成本、节约资源等方面献计出力，形成“厂兴我兴、厂衰我耻”的主人翁意识，提升企业职工的思想凝聚力和企业整体的竞争力。

四、建立健全发展机制，保障企业科学发展

通过学习实践活动，从增强企业活力机制入手，深入分析检查影响和制约科学发展的根源，积极寻找解决问题的途径和办法，制订了一系列既符合科学发展观要求又体现自身特点的制度。一是对《企业规章制度汇编》部分内容进行了修订，增加了《探访慰问职工工作暂行规定》等 5 项制度，调动了员工的生产积极性。二是从提升企业管理水平着手，修订了涉及产品安全、质量、进度管理的 3 个办法，进一步加强了对重点岗位、重点设备、关键工序的监控，确保了安全生产。三是积极探索新形势下企业党建工作服务、保障、促进企业生产经营的新制度，对既有党建工作制度进行了修订，有效发挥了党员的先锋模范作用和党组织的战斗堡垒作用。

五、齐心应对金融危机，促进企业和谐发展

在学习实践活动中，我们实行“三管齐下”，通过学习化“危”为“机”，促进企业发展。一是扩规模增效益。为满足不断扩大的市场需求和公司发展的需要，在原有仓储设施的基础上，投资 100 万元新建 1 栋仓库。同时，投资 1、2 亿元在前坪工业新区创办新的生产基地，目前已购地 200 亩，预计用三年的时间竣工投产。二是抓技改降成本。今年投资 150 万元投入技改，改进生产工艺，提高生产效率。在技改的推动下，公司产品胶囊剂、片剂、颗粒剂的年生产能力逐渐提高，分别为颗粒剂 6800 万袋、胶囊剂 4.5 亿粒，片剂 1.5 亿粒。三是建载体稳员工。公司倾注关爱，提出“两不一免”承诺，即不裁员、不减薪、免费食宿，与员工共克时艰。同时，注重丰富员工的业余生活，增建员工文体活动场所 2 个，通过这些举措，让员工进得来，留得住，过得好。今年以来，公司没有 1 人辞职，不少周边企业的员工还慕名而来求职，企业效益不断攀升。

创新才会有出路，我公司将以科学发展观引领企业自主创新，加快经济结构的调整，真正做到促进我公司各项工作的快速健康发展。

党建与企业发展的互动

——记湖南省临武县民营企业家周作飞

在临武，人们只要一提到周作飞，个个都会赞不绝口，这位民营企业家，长坪岭煤矿董事长兼矿党委书记，无论是创办实业，还是回报社会，都始终以饱满的热情和无私的奉献精神，谱写出一幅幅动人的篇章。

一、力求改革，创办民营企业新途径

为把濒临倒闭的麦万矿复苏过来，1993 年周作飞舍弃铁碗端泥碗，走马上任该矿矿长起，便对矿山进行了大刀阔斧的改革，人才是关键，他在全矿积极推行“能者上，平者让，庸者下”的竞争机制，并从外地高薪聘请专业人才，全力打造一支技术精湛、作风过硬并具有极强奉献精神的高素质职工队伍。同时，坚持“以人为本”的管理模式，不断激发职工的创新活力，争创一流的拼搏精神。他还大力投入资金更新设备和新矿体的掘采。短短几年里，麦万矿迅速扭亏为盈，由亏损严重迅速转变为当年平均产值过千万的企业。2000 年该矿被市委、市政府评为“市发展乡镇企业先进单位”，2001 年又被评为“省乡镇企业协会理事单位”。2002 年事业上成功的周作飞并不满足于已取得的成绩，毅然离开了蒸蒸日上的麦万矿，他和村民投入巨资兴办长坪岭个体私营煤矿。长坪岭煤矿从开办以来，他坚持"以人为本、安全为天"的办矿思想,加大对安全生产的投入,该矿总投资3000多万元中投入到安全生产的就达1200多万元。为保护职工的合法权益,该矿还为每位职工投了份2100元的保险,总保险额达20万元,让矿内职工无后顾之忧。2003年5月,长坪岭煤矿经过一年的开办,完成投入近1000万元,达到了采煤条件。但周作飞为了确保矿下兄弟生产的安全,把采煤创收的时间足足推迟了6个月,减少收入1200万元。由于经营管理到位,在该矿迅速壮大,仅3个月时间就完成采煤2.6万吨,总产值910万元,上缴税费80余万元,成为麦市乡规模最大、档次最高、生产效益最好的民营大煤矿。

二、壮大企业,抓住党建不放松

周作飞在发展企业,创造社会财富的同时,自觉投身党建工作。在长坪岭煤矿民营企业率先开展党建工作中,成立党支部。亲自担任党支部书记。他利用开座谈会、个别交淡、交流访问等形式,向职工宣传党的路线、方针、政策和党发展非公有制经济的政策与举措提高煤矿职工的思想政治觉悟,增强煤矿员工拥护党的领导、支持党的事业和向党靠拢的自觉性与坚定性。同时虚心听取煤矿员工的要求和建议,尽力解决职工的生产、生活条件待遇等问题,外对煤矿困难职工进行援助,特别是对职工的子女入学、重大病疾事故以及"7·1"和"8·1"洪灾的倒房户、搬迁户从组织上给于物质、资金方面的援助,援助物资和资金达4万多元,解除了他们的后顾之忧。

三、致富思源,自觉回报社会和人民

富裕之后,周作飞始终不忘回报社会和人民。一是加强社会公益事业建设,他号召矿里股东捐资60万元为麦市下庄、长庄、茶冲等村委修筑公路,修通和拓宽了麦市乡至嘉禾县塘村镇、袁家镇总长13公里的公路,去年8月底,麦市乡启动通乡公路沙改水泥路工程,周作飞又慷慨捐款10万元,为麦市小学、麦市中小、下庄小学危房改造捐资6万余元。二是大力提倡济困扶贫的良好风尚,在每年帮助贫困户和安排420余名剩余劳动力的同时,他还积极救济孤寡老人,每年拿出3万元资金,为当地的特困户、老党员、老干部发放慰问金,并分别为矿里贵州籍职工家属治病捐资1.3万元,为矿里困难职工治病捐资1.3万元,为贫困学生捐助学费2400元,为五保户解决燃眉资金600元。为灾民生活捐款2万元。目前,周作飞已筹集500万元资金,个人出资200万元,建好涉及7个村委,覆盖8000多人口,总长为9公里的麦市至长庄村通村水泥公路,力争早日竣工通车,周作飞就是这样一直为人民默默地播撒着自身的光与热。

爱心演绎的故事朴实无华

——冯毅、黄晓琴夫妇收养孤儿纪事

陕西省延安市老年协会副会长、延安市慈善协会、办公室主任　刘春玉

2007年8月27日,延安市首届"圣地慈善奖"颁奖晚会在延安电视台演播大厅隆重举行,当主持人请市人大常委会副主任冯毅上台领奖,他从颁奖嘉宾市政协主席韩烨手中接过"圣地慈善功勋人物奖"奖杯时,全场爆发出热烈的掌声。他是获此殊荣的唯一一位领导干部,之所以获奖是由于他和爱人黄晓琴夫妇收养了4个孤儿,十几年如一日,像亲生儿女一样的照料他们学习、生活、成长。正如我在撰写评奖组委会给他们夫妇的颁奖词中所说:"四千多个日日夜夜里,你们俩口子时时都在操心,孤儿不孤,四个姐弟尽情享受着亲情的阳光,健康而快乐的成长,爱心演绎的故事朴实无华,真切动人,让我们向冯毅、黄晓琴夫妇道一声:你们辛苦了"。

故事还得从上个世纪的九十年代说起。

那时由陈慕华担任主席的全国妇联正在开展一项"春蕾助学"活动,动员热心人参与帮助失学女童重返校园。1996年9月的一天,延安地区司法局干部黄晓琴因参加"春蕾助学"活动,和宝塔区妇联的同志来到解家沟,看望失去双亲的张云娜姐弟。当四个灰眉土脸、衣衫不整的孩子站在黄晓琴面前时,黄晓琴的心里发酸,眼泪止不住流了下来。黄晓琴了解到张云娜姐弟苦难的日子是从1993年开始的。这一年,母亲患急病去逝,不久多

病的父亲也于1995年留下几千元债务撒手而去。当时,最大的云娜只有16岁,最小的云涛才7岁。帮忙的亲戚邻居都走了,哭干了眼泪、喊哑了嗓子的四个孩子缩在炕角。此后,漫长而艰难的日子使这四个孤儿抬不起头。

起初,黄晓琴参加“春蕾助学”计划,只是打算帮助其中一个孩子上学。但当第一次看到四个孩子无助的眼神,黄晓琴就下定决心要帮助他们。回到家里,她把自己的想法告诉了丈夫冯毅,冯毅不仅支持她,还动员自己的母亲、老干部李凡一也帮扶一个孤儿,这样除了老大云娜已在家务农外,由冯毅一家帮扶三个孩子都重新走进了学堂。

1997年春节是四个孤儿度过的失去双亲后最幸福的第一个春节。

腊月28日,张云娜姐弟四个和村里人一样匆忙地准备着过年。可面不多了,菜也没有什么,至于肉,他们已是三个年关都没有吃上了。姐弟四人愁苦地坐着,想着过世的父母,泪水止不住的流。

窗外风雪交加,天寒地冻……

门被推开了,时任宝塔区副区长的冯毅扛着面,黄晓琴提着油、肉等过年用的东西,浑身风雪地进来了。四个孩子一下子都跑了过去,接过东西,笑容在孩子们的脸上灿然绽放,那孔几年里充满着愁苦与泪水的小土窑里,顿时传出了朗朗的笑声。临走时,冯毅夫妇还特意给孩子们发了压岁钱。

回到家里,冯毅夫妇一合计,尽管给孩子们把过年的年货都办好了,可毕竟只是四个孩子啊。于是,从第二年即1998年开始,四个孤儿每年都被接到冯毅夫妇家过年了,家的温馨温暖着四个孩子的心。

春天到了,孩子们该上学了,冯毅夫妇来了,把上学需要的钱、物都带给他们,同时送来了化肥、农药、种子,还送来了一对猪娃:夏天到了,他们又来了,送来了换洗的衣服。只要有时间,冯毅夫妇就会一同来到解家沟看望孩子们,了解孩子们生活有没有困难,学习情况如何,悉心周到,像待自己的孩子一样。1998年8月的一天,当夫妇俩来到解家沟看望孩子时,一声声亲切的呼喊:“妈妈、爸爸!”像一股暖流涌上了他们的心头。这一声真诚的呼喊,喊出了孩子们久压在心头的渴望,也更激发了冯毅和黄晓琴心中的责任!

十几年来,在黄晓琴、冯毅夫妇的呵护中,四个孤儿快乐的成长,老大、老二相继工作、成家,老三考上了汉中职业学院高护班,老四光荣参军。

从学习、工作,到结婚、生子,衣、食、住、行,冯毅、黄晓琴夫妇俨然严父慈母,样样考虑地周详,精心地照看着每一个孩子。当别人再在这些孩子面前说他们是孤儿时,这些孩子都异口同声地说:不!我们不是,我们有爸爸、妈妈!在他们心里,认为冯毅夫妇就是最亲最亲的人,而且一辈子都不能忘。

老大云娜要结婚了,冯毅、黄晓琴夫妇像亲生父母一样为她操办好一切:老二该成家了,冯毅、黄晓琴夫妇跑前跑后,比谁都用劲;老三选择了汉中职业技术学院医学专业,冯毅、黄晓琴夫妇亲自送到学校,为孩子办理好一切手续;老四要当兵了,时任安塞县委书记的冯毅出差在外,黄晓琴早上5点多就起床拉着孩子去排队体检。后又专程到部队去看望孩子。

亲情像一条河,冯毅、黄晓琴夫妇无微不至的关爱温暖着四个孩子的心,四个孩子则像四棵美丽的白杨,尽情享受着亲情的阳光,健康快乐的成长。

在四个孩子成长过程中,冯毅夫妇倾注了大量的心血,他们不仅在生活上无微不至的关爱着这些孩子,后来干脆把这些孩子全部接到自己的家里,和自己的亲生女儿一样对待,给同样的生活费。而在学习、教育做人上则投入了比自己亲生女儿更大的精力。

四个孩子上小学时在本村读书,学习基础较差。冯毅、黄晓琴夫妇看在眼里,急在心头,多次到学校了解情况,请老师吃饭、座谈,千嘱咐,万叮咛。老二云宁后来上了延师班,每到周末,冯毅、黄晓琴都接孩子回家。有一天晚上,他们夫妇又来到学校,几经打问,来到教室前,从窗口观察老三娜丽,看到她认真地学习,他们才放心地离去。

老四云涛是四个孩子中最淘气的一个,学习不努力,迷恋了上网。有时甚至逃学上网玩游戏。黄晓琴东家网吧进西家网吧出,好不容易找到了他。回到家里,冯毅、黄晓琴夫妇一批评,他就哭。孩子一哭,黄晓琴也跟着落泪,俩口子常常为教育这些孩子操心。

高中毕业没能考上学,云涛没事可做。正好老大云娜有了孩子,就让弟弟帮自己带看孩子。可云涛今天三十,明天二十的向姐姐、姐夫要钱,拿着钱就去网吧,恋上了抽烟、上网、乱花钱。有时候把孩子丢在一边,自己去了网吧。实在没有办法,他们又找到了冯毅夫妇。冯毅二话没说,叫来了四个孩子,当面把云涛狠狠地教训了一顿,并严厉说道:你已经十八岁了,已经该自立了,你应当自己靠自己生活。同时告诉他的两位姐姐再不许给一分钱(老三正在上学,只有老大、老二工作)。

训走了云涛,冯毅、黄晓琴心里很不是滋味。他们知道出去自己闯是多么的不容易。于是,他们暗中派人关注云涛的生活,不时让人关照。当他们了解到云涛去打小工、提泥包,吃苦受累有一股扛劲的时候,打心眼里高兴。而那时云涛在打工的日子里还一直觉得爸爸心太狠,误会了冯毅很长一段时间。后来冯毅夫妇合计,决定让云涛当兵,在部队上经受锻炼。于是,俩口子东跑西奔想办法,征兵开始了,黄晓琴叫回了云涛,因为报名人多,早晨5点多,黄晓琴就拉着睡眼朦胧的云涛去排队,前前后后折腾好几天。

送孩子走了,黄晓琴心里难过了好几天。每当收到孩子的来信,夫妇俩都要看好几遍,他们只有一个希望:把立功受奖的喜报送回来。后来,他们又专程到部队去看望孩子。云涛终于理解了冯毅夫妇的良苦用心,看到爸爸、妈妈,他再也忍不住泪水。2007年夏天,部队送云涛去郑州培训,冯毅夫妇怕孩子手头紧,先后又两次汇去了1600元。

说起这段往事,冯毅还告诉我:帮扶这件不能终止,在做人的道路上,我们有责任帮他们走上正道,学校的教育是学知识,做人的教育靠谁呢,我们最大的责任就是在这方面。

2007年盛夏,我和市电视台记者一起去采访冯毅夫妇,其实这次采访也颇费周折。在决定开展"圣地慈善奖"评选活动后,我一直有着采访、了解冯毅的冲动,就是缘于他们夫妇俩十几年如一日的扶养4个孤儿,这种精神太感人了。

而当我们征求意见时,冯毅夫妇都一再推托、谢绝采访,谢绝评选。后来还是请示了分管慈善协会的市委常委、纪委杨鑫书记,杨鑫书记认为这是一件很有意义的事情,通过冯毅夫妇爱心奉献、扶养孤儿事迹的宣传,使大家受到教育,对促进社会和谐具有不可估量的作用。冯毅夫妇终于同意采访了。就在他们家里,那天,除了云涛当兵在外,4个女儿都回到家里,还有两个女婿,一个外孙女,一大家子人,好不热闹。亲切的呼喊,舒心的笑意,屋子里充满快乐,温馨。冯毅告诉我:最大的收获就是给社会做了这么一点点小小的贡献,人们都说要献爱心,我总算把这一家人放在爱心之中,我不敢说成就了他们,但至少让他们有了今天,我也得到了一个大家庭。

原市人大常委会副主任张连义,退休后即从市慈善协会创立,就一直担任着常务副会长,就是他精心筹划"圣地慈善奖"评选和协会成立五周年庆典活动,就是他力主宣传褒奖冯毅这样的慈善人物。在他即将出版的慈善诗书集中专为冯毅题写了一首诗,颂扬其爱心奉献的义举,其中的两句是:"冯君优俑有任德,体恤贫弱堪称贤"评价十分中肯。

爱心、亲情演绎的故事还在延续,而且会越来越美丽。

热血豪情向天歌

——记市人大代表、延长油田股份有限公司直罗采油厂党委书记、厂长任东意

陕西省富县县委通讯组　樊宏义

对于一个负债逾亿元的企业,他不离不弃地选择了坚强和执着。因为,他用青春和热血艰辛拼搏,使企业起死回生重振雄风。对于父母和妻儿,他愧疚家人太多。因为,他深知自古忠孝两难全。这就是他,一个舍小家顾大家为国家的——市人大代表延长油田股份有限公司直罗采油厂党委书记、厂长任东意。

开弓没有回头箭　背负青天无悔怨

1994年1月,任东意以其果敢刚毅和显著业绩被组织上从富县钳二乡副乡长的位置调任直罗钻采公司(现直罗采油厂)担任副经理,分管企业管理工作。

初来乍到,他如饥似渴地对企业进行摸底,对专业知识进行学习和探究的基础上,在全厂推行以采油为中心的"目标成本控制"管理模式,并取得良好的效益。当时,延安地区有关部门专门组织全区工交行业数十家企业前来参观学习,交流经验,并号召在全区大力推广。此项管理模式与邯钢的

“成本倒推法”原理相近，但时间提前了两年。随之，他又分管全公司生产经营工作。在经常深入生产实践中，他潜心研究低渗透油田开采工艺，把全厂每口油井产能产状熟记于心，对长庆移交的旧井实施挖潜技改，使得全厂原油产量逐年上升。

直罗钻采公司是陕北地区成立最早的钻采公司之一，虽经近二十年的发展，风风雨雨几经沉浮；但由于技术、工艺及管理决策等原因，一直未有大的突破。到1998年，由于当时公司管理层经营决策上的失误，将大部分高产油井和生产重要设备卖给私人老板，国有资产大量流失，仅剩下40余口低产油井。加之由于拖欠电费，富县电力局停止供电，致使油井全部停产达半年之久。职工因生活无着落，只能回去自谋职业。公司资信不高银行拒绝贷款，使之完全陷入瘫痪状态。

危难困惑之时，富县县委、县政府将直罗钻采公司的领导班子进行重新调整，任命懂生产、精管理、口碑好的原公司副经理任东意同志出任经理。

1998年10月，当他把直罗钻采公司这份重担挑在肩上时，眼前的景象就使他为之心酸，满院的黄蒿长的有一人多高，窑洞的门窗全都是破破烂烂，天黑了，没有电；肚子饿了，没有灶房。那一夜，就着被风吹动得晃动的烛光，面对实际资产已不足2000万元，而负债却高达1.2亿元之多，资产负债率高达360%；一连九个月未给工人发工资，人心异常涣散，职工四处流落；实乃内无凝聚力、外无信誉度的“空壳”企业，他没有一点睡意。如何重振旗鼓？如何不负组织的信任与厚望？任东意，这位朴实憨厚的汉子没有退缩，他清醒地认识到必须打一场与当年的直罗战役一样的一场“硬仗”、用直罗战役的精神、用红军不惧任何困难的精神、打一场直罗钻采公司二次创业的攻坚战！于是，他挑起了这副千钧重担，踏上了艰难的征途。

作为一名刚刚就任的当家人，又长期奋斗在采油一线，他能够读懂工人们脸上的各种表情。无须抱怨，无须指手画脚，也没有任何的豪言壮语。一声“干”后，自己先甩开膀子干起来。

就这样，他出面召集工人，使工人们陆续返回。于是，他带领大伙除草、清理、安门钉窗、铺地刷漆。经过二十天的收拾，总算清理出一个办公环境。就在这样一个简陋的办公环境下，任东意带领广大干部职工开始了艰难的二次创业。

开源节流抓管理　挖潜改造钻机鸣

有了简单的办公环境，接着，任东意开始建立健全管理体制，将两名懂技术、会管理的二十多岁的年轻人选拔为公司副经理，使中层领导逐步实现知识化、年轻化、管理的科学化，达到了全公司上下团结一致，共渡难关的良好氛围。

1998年的最后两个月时间，也是任东意走马上任的前两个月。这是公司生死攸关的时刻，任东意清醒的认识到这一点，无论如何，必须争分夺秒，尽快恢复生产。一是他们齐心合力，紧咬牙关，最终拿出一套办法，硬是打开一道恢复生产的大门。二是通过私人关系，千方百计向亲戚朋友借款，先后凑了29万元，支付了供电局部分欠款，先让电通了。三是再给每位职工兑付补发了两个月的工资，稳定了人心。四是生产急需材料，燃料告急，他便采取付一半、赊一半的办法，购回部分急需材料，恢复了剩余低产油井的生产。

就这样，凭着实干敢干的一股无畏的气概，一道道似乎无法逾越的屏障，被这位硬汉子一一踩在了脚下。当年11月，70%的油井恢复了生产，12月底前全部恢复正常生产。

生产恢复后，紧接着进行内部管理的强化，降低成本费用，以提高效率为核心，合并机构，压缩人员，减少非生产性开支。同时，堵塞以往管理漏洞。一系列强化措施落实之后，偷卖原油现象得到遏制，各种财务审核逐步正规化，劳动纪律得以加强，招待费和用车费得到了控制，5个月的招待费开支不足1000元，用车费比原来降低了38%，燃料、材料消耗降低了40%。

生产的尽快恢复，生产成本和招待费用的降低，连续4个月工资的发放，各项改革的成功，终于让人们看到了希望，大大增强了干部职工的信心。

这时，公司在县委、县政府领导的大力支持下，先后缓和了与延炼、市中行、建行，市经贸委、市中院，县税务局、县征稽所及电信局等单位的关系。在其后的几年发展过程中逐步解决了外欠债务和关系职工切身利益的养老统筹等五大类200多件历史遗留问题，从而稳定了职工情绪，为企业专心致力于发展奠定了基础。同时，注重资本运作，抓住国家有利的金融政策的契机，积极与各资产管理公司磋商，以极小的代价购回了原钻采公司在四大专业银行的不良贷款七千余万元，进而优化了资本结构，消除了不良影响，扫除了与金融机构合作的障碍，使公司的外部环境有了根本性好转，重塑了公司的良好形象。

从2001年后季开始，依照中、省、市有关精神对县境内石油开展秩序进行清理整顿，先后回收外协油井70余口，进一步净化了油区生产开发秩序，促使县域石油开发迈向规范化、科学化轨道。

从此，公司的喜讯不断传来。1999年成功实现了减亏目标！2000年在沉寂两年后钻机重新鸣响了直罗油田开发的号角，年底，一举扭亏为盈！从1999年到2004年的六年二次创业历程中累计生产原油5.84万吨，实现利润196.3万元，上缴财政1027.67万元。企业逐步步入良性发展的轨道上来，从而迎来了县域石油工业发展的春天。

重组拓宽发展路　重振雄风创辉煌

2005年11月，省委省政府关于陕北石油企业重组的决定，总集团公司组建成立了延长石油集团公司。直罗钻采公司并入了延长石油集团公司下属单位延长油田股份有限公司，名称变更为延长油田股份有限公司直罗采油厂，由任东意继续担任该厂党委书记、厂长。

面对组织的信任和重托，任东意不骄不躁，不停不歇。他以一个真正共产党人的情怀和胆略，他带领直罗采油厂全体干部职工，在延长油田股份有限公司的大力扶持下，紧紧围绕"石油强企"的战略目标，按照"内强管理、外树形象、探采并举、增产提效、以油养油、滚动发展"的经营思路，在管理上认真落实"严、细、实、高"的四字管理方针，发扬埋头苦干、顽强拼搏、艰苦创业的石油精神，加快石油工业发展步伐，大力推进油田管理正规化、科学化进程，使得2006年的各项工作均取得了较好成绩。

2006年，全年生产原油20360.72吨，较上年的7151.06吨，增长了13209.66吨，占年计划2万吨的102%。销售原油19295.9吨，实现税金982.6万元，上缴税金466万元；上缴财政1300万元，较上年的30万元增加了1270万元。完钻各类油井253口，其中开发井235口，投产196口，探井18口，试油8口，形成了建厂以来新的高潮。

在陕北石油企业重组的第一年，取得的显著成绩的同时，2007年，任东意带领直罗采油厂广大干部职工按照"上投资、上规模、上技术、上管理、上基础"和"高标准、高起点、高要求、高质量、高效益"的工作目标，落实科学发展观，加快勘探开发步伐，实施精细开发，调动一切积极因素，一举完钻各类油井388口，其中开发井355口，探井33口，原油产量已攀升至5万吨；实现销售收入13862万元，上缴税金137万元，上缴财政2720万元，实现了历史性的突破，跨越式的大发展！

2008年，直罗采油厂正在向着10万吨原油生产任务的宏伟目标迈进，十一五末，直罗采油厂将要达到年产30万吨原油产量的整装油田的宏伟目标。

与此同时，任东意在担任市、县人大代表期间，积极发挥人大组织的优势，多年来，充分利用提案、反映社情民意等形式，不断发挥人大联系广泛的突出的优势，主动开展建言献策团结联谊活动，积极为社会兴办得一件件实事、好事，赢得了上级组织和社会各界的广泛赞誉，为维护安定团结的社会政治局面，为富县和谐社会贡献出了自己的青春年华。

多年来，任东意为国家和人民创造了沉甸甸的财富和希望。面对成绩，任东意总是淡然一笑。他说，这是各级组织、社会各界、全厂职工和家人支持的结果，他们才是自己今后放心大胆搞好工作的永动机。

他，以代表群众利益为己任

——记广东省韶关市十二届人大代表、马头镇岭头村村委会主任许武松

潘英化　李达欧

市十二届人大代表、马头镇岭头村村委会主任许武松，是一位对党和人民群众高度负责任的农村基层干部。他在积极带领群众发展生产、提高生活水平的同时，密切联系群众，注重了解社情民意，乐于充当党和政府与人民群众之间的桥梁，积极反映人民群众的合理要求、正当愿望，代表人民群众当家作主，使当地人民群众反映的一些实际问题及时得到妥善解决，受到上级领导的肯定和人民群众的赞扬。1962年出生在岭头村的许武松，高中毕业后回乡务农。得益于改革开放的政策，他通过自己

的拼搏，成为远近闻名的农民企业家，年收入数十万元，拥有自己的楼房和汽车。作为先富起来的许武松，并不是满足于自己的滋润日子，而是想着怎样使更多的人过上富裕、安康的生活。2005 年春，许武松参与岭头村村委会换届竞选，并以高票数当选村委会主任。岭头村的年集体经济收入大约在 4 到 5 万元，在粤北山区来说不算低，但仅相当于许武松私人企业一个月的收入。

新官上任三把火。许武松调整了他自己企业的管理方式，以腾出更多的时间来办村里的事业。岭头村地处新丰县的偏远山区，许武松认为，村里的经济和各项事业的发展要靠全村干部群众共同努力之外，更多的还要有赖于上级的大力支持。于是，他带领村干部积极向县各部门反映情况，仅一年多的时间，就得到上级部门支持资金 40 多万元，为村里办成了几件实事：

村里有 100 多亩农田是“望天田”，常常因干旱而失收，30 年前就有群众提出修筑灌溉水渠，但修筑灌溉水渠要经过邻村的农田，如何得到邻村村民的支持，解决占用水田以开通水渠的问题一直困扰着岭头村的干部。许武松上任的第二天，就有农民上门来提这个问题，并说换届选举这张试卷我们都把答案写上你的名字，算是答对了，现在我们把试卷交给你这个新村官，看你是不是真心把答案交出来！听了这番话，许武松约上其他干部三天两头往县城跑，争取到修筑 800 米长灌溉水渠的工程款，并从自己家里先拿出现金到邻村协商解决修水渠占用农田的问题。解决了工程款、与邻村村民协商好占用农田的问题，村里的干部群众积极投工投劳，2005 年 12 月，拖了 30 多年的灌溉水渠终于修成了。新村官解决了老、大、难问题，“望天田”变成了丰收田。

2005 年初，由于行政区划的调整，大席镇合并到马头镇，原来大席镇下辖的岭头村、寨下、坪山、水背和塘尾几个村共同的公共设施如何进一步完善？新上任的许武松主动与其他村的干部多次联系、协调，形成统一意见，争取到上级的支持，安装大席片的有线光纤电视，使 4000 多群众能看到清晰的电视画面和丰富的节目，解决了历史以来群众看电视难的问题；此外，他还与其他村协商筹集资金把这几个村的村道都安上了路灯，使偏僻的小山村在黑夜里灯火明亮，象一道道绚丽的彩虹。

2006 年春，结合新农村建设的规划，许武松多方奔走呼吁，筹集到 20 万元建设岭头村自来水工程，完善地下管道，使 120 多户 600 多人用上洁净卫生的自来水，投入 10 万元解决新村街道几年来污水横流、排泄不畅的问题；

作为市人大代表、村委会主任，作为农民企业家，许武松怀着宽厚、仁爱之心，热心于公益、慈善事业。近几年来，他个人捐资公益、慈善事业近 20 万元，其中仅今年 10 月捐款建大席学校就达 10 万元。

市人大代表许武松任岭头村村委会主任已有三年多，由于他日夜操劳，夜以继日，呕心沥血，连续为村里办了几件好事实事。群众见他为了村里的事人也变得又瘦又黑，就心疼地说：许主任你为村里面及群众的事情那么辛苦，该休息休息一下吧！许武松响亮地说：“能为村里和群众做点有益的事情，就算是累死我也心甘情愿！”

许武松，一个市十二届人大代表、村委会主任，用自己的实际行动实现了他竞选村委会主任时的庄严诺言，谱写了人生中一首首脍炙人口的壮丽诗篇！

驾驭一城开源节流

——记哈尔滨市人大代表、双城市财政局长张世义

黑龙江省双城市人大常委会办公室主任　赵双全

张世义，清秀的面庞，儒雅的风度，长相颇似京剧舞台上的“小生”，一看其年龄在“不惑之年”与“知天命之年”之间，举手投足“书生气十足”。是的，哈尔滨工业大学“产业经济”研究生毕业，在市场经济的大舞台上，发挥了才干，可谓“兵来将挡”，游刃有余、胸有成竹，驾驭哈尔滨市所辖双城市的全城财政工作——财政局长，是领导一城开源节流的一代名将，在双城市改革开放、经济发展新

的增长点的史册上，载下了辉煌的一笔。

张世义的阅历丰富，这对他担任市的财政局长颇有益处。他在上世纪70年代当知青，当味精厂的工人，80年代当食品公司车队的司机，对交通业务熟悉，在交通监理所工作，90年代直至世纪之交任交警大队的教导员、队长、公安局副局长，2001年始任双城市财政局长至今。外人乍一看，他似乎不懂财政管理，实际上，他当农民、工人、司机，从底层做起，了解社会，了解民情，又在公安交通管理督察方面有一定的经验，哈工大产业经济研究生毕业，通才加专才，这么一剖析，就不难理解张世义的领导管理能力的源泉了。更重要的是任过交通监理所、交警大队的领导、公安局的领导，他注重于依法行政，率先垂范、清政廉洁，这对于他抓好财政管理工作大有裨益。他走得正，行得正，两袖清风，正应了民间所说的“文官不爱财，武将不怕死”，兢兢业业为百姓理财，真正做到了“权为民所用，利为民所谋”，从严治局。所以他这位共产党员，本着“为民理财，造福一方”的信念，首先从全市的财政扶本清源做起。

扶本清源

张世义在深钻苦研产业经济阶段，苦读了大量的经济管理方面的著述，他任市的财政局长，正可谓如鱼得水，掌管国家财源枢纽，才华得以施展，抱负得以实现，当然，这得感谢党和国家改革开放的好政策。要想完善财政制度的改革，必须先从反腐倡廉这一得民心的源头抓起，扶本清源，重点推进完善财政国库集中支付和政府采购制度改革任务，“采购”可是个财源进出的关键问题之一，就如“兵马未动，粮草先行”一样，采购供应的多与少，财源的进与出，这一重要关卡，政府有《政府采购法》颁布，关键是张世义局长一丝不苟地推进实施。

张世义注重理论与实践的结合，他深谙明代政治家张居正的理财名言：“取之有制，用之有则裕；取之无制，用之不节则乏”。意思就是索取有限制，使用有限制，财富就会很充裕，索取无限制，使用无节制，财富就会匮乏。清代的中堂、注重“洋务运动”的李鸿章也说过：“欲自强必先理财”。意思是国家要想自强，必须先管理好财用。张世义在深化、强化完善财政制度、加强源头治本体系建设方面，多有建树。古代汉高祖刘邦得天下有个“约法三章”，张世义任双城市财政局长后，在强化财政国库集中支付制度改革方面，来了个“约法六章”。

其一是建立和完善财政国库单一账户体系，是财政国库集中支付制度改革工作的一项重要内容。它包括：财政国库单一账户（即国库存款账户）、财政预算外资金专户、财政零余额账户、财政特设专户和预算单位零余额账户，所有财政性资金账户和各种专项资金账户，这次要一律撤销，全部纳入财政国库集中支付管理，扩大国库集中支付范围，进一步规范基本建设资金和各种专项资金管理，完善国库单一账户体系，逐步实现财政资金集中管理分账核实统一调度。

其二是做好国库集中支付制度转轨工作。财政厅和哈尔滨市财政局的要求，要全面启动国库集中支付制度转轨工作。财政部门通过国库单一账户和预算外资金财政专户与零余额账户代理银行进行资金清算。

其三是要强化对工资统发、养老保险和享受低保等财政供养人员的管理工作。全面实施《双城市财政统发工资单位指纹鉴别管理暂行办法》，定期对工资统发人员、养老保险人员和享受低保人员进行指纹采集，严格履行人事、编制、财政和主管单位在日常监管中的各项职责，从制度上阻塞“吃空饷”问题的发生。通过工资软件的升级，逐步做到人事、财政部门和主管单位人员工资信息数据上的对接，实现数据共享。

其四是用“一卡通”，资金不再拨付到各个主管单位，减少资金拨付中间环节和大量现金发放，充分发挥财政动态监督作用，逐步完善财政资金规范管理。

其五是根据《国务院办公厅转发财政部关于深化收支两条线改革，进一步加强管理意见的通知》精神和省财政厅的安排部署要求。制定市非税收收缴制度改革方案，在2007年试点的基础上，2008年把全部执收扫罚单位纳入非税收入收缴制度改革的范围。非税收入收缴制度改革是建立以统一非税收入的综合管理为核心，利用计算机网络等先进信息手段构架“单位开票、银行收款、财政统管”的非税收入管理模式。

张世义在完善政府采购制度改革工作中，结合双城市政府采购工作特点，一是舆论先行，利用各种传播煤介，让社会各界了解与掌握政府采购法，增强法制意识，营造一个良好的社会氛围。二是对违法行为，进行严肃处理，从而规范各单位的采购活动，逐步将各乡镇及擅自采购的单位贪污纳入政府采购范畴。三是通过下发专门性文件，明令执行，不能让政府采购出现“死角”。四是凡符合集中采购目录或达到政府采购限额标准的(单件5000元、批量10000元),都必须编制本部门(单位)的政府采购预算,只有编制采购预算,才能有效控制化整为零的违规采购行为。五是做到所有的采购信息,按照管理部门和规定公开发布,在招标文件中公开政府采购项目资金预算、采购项目评标原则和评分细则,按照管理部门的规定及时公布中标结束。六是建立考评问责制度。

拓宽财路

建国后任过最高法院院长的谢觉哉说:“领导的任务,在于要工作前进,而尤在于创造条件使人们能跟着前进。”张世义懂得,扶本清源固然重要,做为一座城市的财政局长,更重要的使命还在于不断地拓宽财路,城市的财源滚滚来,万不能成为“无源之水,无本之木”。张世义领导的财政局,坚持“借助外力,拓宽渠道、巩固基础,壮大主体,盘活存量,增加总量”的财源建设总体思路,优化财源结构,发展税源经济,财政收入实现较快发展。

首先,他们通过实施大集团、大项目战略,瞄准世界和国内500强企业,向大集团进发,抢占制高点。从张世义自2001年任财政局长,加之前任前三年的1998年始,全市共引进投资100万元以上的项目93个,投资1000万元以上的项目6个,投资总额达25亿元。几年来,在张世义的不懈努力下,市财政局引进资金21800万元。二是扩大现有企业规模,增加财源。三是嫁接改造关停企业。

挖掘税源。他们充分利用现有资源,变废为宝,在成功创造大玉米——大奶牛——大乳品产业化模式的基础上,全面提升产业化经营层次,初步形成了大农业——大畜物业——大加工业——大市场格局,壮大了基础财源。他们通过土地、资产、环境、品牌、项目、基础设施六个重点领域的经营,每年政府5000万元的基础设施融资,拉动20万平方米的建筑市场,增加商服、加工业共1000户,增加4000人就业机会,新增加800万元税收,拉动3.2亿元市场内需,拉动国民经济增长1.5个百分点,成为全市经济发展的新兴财源。加工打造开发区平台,扶持龙头企业,扩大对外开放,拓宽融资渠道,大幅增加了财政收入,努力培育新的经济增长点,初步构建了效益型财源结构体系。

值得一提的是,旺旺集团、娃哈哈集团等一大批大项目顺利建成投产,此举受到市委、市政府的嘉奖,他本人也被评为市招商引资功臣。

解农之急

身为双城市财政局长,广大农村的百姓,是张世义关切之重要方面,并给予倾斜照顾。他主动包扶全市贫困村,为村民引资立项,从治本上下工夫,与农民共谋致富之道。

2001年3月,当他闻知市第五小学贫困学生多,辍学现象严重时,就亲自到学校了解情况,带头捐款资学,救助特困学生21名,并为学校投资2万元,用于学校教学设施建设,为学校打井,解决了师生吃水难的问题。

张世义同志对农村的卫生医疗状况忧心忡忡,为使广大农民的身体健康有所保证,他积极向上争取资金,用于改善农村卫生医疗条件,先后筹集资金80多万元,改善了乐群、青岭等乡镇卫生院的医疗条件,从根本上改变了当地卫生条件差,群众就医难的问题。

2001年,他主动承担了投资较多,难度较大的双城镇至糖厂白色路面修筑任务,解决了西北部几个乡镇入城道路不畅的问题。同年,他又对新兴、团结、乐群几个乡镇给予了资金上的倾斜和支持,解决了村屯通路不畅问题,当地群众拍手称快。2004年,双城市开展市直单位与乡镇捆绑包扶活动,市财政局与双城市幸福满族乡结成包扶对子,张世义同志站在推动农村经济社会发展、促进农民增收致富的高度,急基层所难,帮农民所需,在乡村生产资金紧缺的情况下,认真筹划,果断决策,多方协调,及时给予大力扶持,先后帮助幸福满族乡解决200多万元资金,极大地促进了生态农业开发生产、乡村道路修建、改善办学条件和牧业小区建设等方面的完善和提高。

2005年春,张世义同志又同包扶工作队一起协调资金4万余元,购买玉米种子4000多斤,化肥10吨,为幸福满族乡的70多贫困户解决了种地难的问题,幸福乡的农民兄弟们都说财政局包扶工作队真是我们的贴心人啊。

2005年2月25日上午,在得知市急救中心一个身患重病、左腿截肢的东官镇东升村农民吴忠波病情严重、急需帮助的情况后,张世义同志当即提议,号召全局党员干部捐款急救,以实际行动奉献爱心。张局长带头捐款400元,并将全局党员干部的5000元捐款亲自送到病人手中。吴忠波的亲人紧紧地握着张世义的手连声感谢财政局的领导和全体党员。张世义局长对他们说:“关心群众疾苦,解决急难问题,是我们党员干部应尽的责任和义务,要感谢就感谢我们的党好了。”

2002年10月，张世义光荣地当选为哈尔滨市人大代表。他深知这不仅仅是一种荣誉，更是一项神圣而光荣的职务，肩负着代表人民行使国家权力的重任。几年来，他始终坚持以一名合格的人大代表标准来严格要求自己，在工作中敢于坦诚直言，如实反映民情民意，努力实践当好人民群众的代言人。他先后就加强城市基础设施建设，加强国有资产管理、建立保障机制和服务体系、加快教育改革、减轻中小学生负担、健全城乡社会保障制度等方面，向政府提出了许多可行性建议。2004年，针对城乡环境保护工作需要重视和加强这一问题，提出了关于改善城乡环境卫生需要重点解决的几点建议，引起有关部门的高度重视，并很快得到落实。

从张世义担任市财政局长的2001年起，财政收入连续四年跨越式发展，2003年财政收入一举突破5亿元大关，张世义获“全市十佳机关工作者”奖，市优秀国家公务员三等功臣奖励等。2004年财政收入实现60128万元，连续二年列居全省县级市的第二位，哈市第一位，双城市连续四年在全市“为经济建设树行业新风”双评工作中获得第一名，获招商引资功臣奖，连续四年被评为双城市文明单位标兵，建立荣获省县级财源先进单位称号，张世义本人多年获得市级城市建设功臣奖、优秀党员和先进工作者等荣誉奖励。

荣誉加深，功成名就，成绩显赫，但张世义还是那么孕育于平凡之中。他深知“千里之行，始于足下”，这只是更丰硕成果之一滴。“路慢慢其修远兮，吾将上下而求索”。

心怀人民抗雪凝　抢险救灾报民恩

——记贵州省盘县人大代表黄书华

盘县人大常委会选任联工委

（一）

2008年1月，盘县和全国很多地方一样，遭遇了50年一遇特大雪凝灾害。在这次雪凝灾害中，盘县的高速公路、国道、省道、县道以及城区道路全部中断，严重影响了抢险救援物资的运输；大量旅客滞留……

作为保障公路畅通以及道路运输的主管部门的主要领导，六盘水市盘县第九届人大代表、盘县交通局局长黄书华组织发动盘县交通局全体干部投入到抗灾救灾第一线，保障重要通道畅通、确保电煤运输、旅客运输、抗灾物资运输有序进行。

针对雪凝天气以及交通工作实际，黄书华要求全局人员雪凝期间不讲报酬，不讲代价，不讲回报，团结一心保畅通。从他自己做起所有工作人员节假日正常上班，不休假，中层干部和应急分队工作人员移动电话24小时开机。

（二）

由于雪凝天气，导致多条道路交通中断。为确保重要道路畅通，特别是电煤运输通道、农产品运输通道、生产生活物资通道以及抢险救援通道畅通，黄书华采取各种措施，带领干部职工通过除冰、铺撒工业盐和防滑沙等方法确保上述道路畅通。由于工业盐需求量较大，黄书华想方设法，四处联系，与相关部门做好协调工作，确保工业盐和防滑沙及时到位。

在除冰、铺撒工业盐和防滑沙过程中，黄书华发扬了不怕苦、不怕累的精神，每天工作十几个小时。他亲自带队，亲自指挥，亲自除冰撒盐。由于天气较冷、气温较低、道路较滑，温度都在零度以下，天空中还飘散着大量雪花，寒风凛冽中，除冰和撒盐人员头上结满了冰，手冻得红肿，但他没有休息，第二天依然坚守在岗位上。

为了让大家过上一个团圆祥和的春节，在春节期间，黄书华同志始终在撒盐车上坚持指挥和参加撒盐工作，他自己就动手撒了十几公里。全体人员在他的带领下忍受着饥饿和严寒，通过十几个小时的努力，终于将盘县境内高速公路疏通，圆满完成了抢险任务，让许多家庭在春节团圆了。

在困难面前，在艰苦面前，作为一名人大代表，黄书华心想的是人民，没有畏缩，没有叫苦，没有喊累。饿了，在寒冷的公路上吃点饼干、方便面，累了，靠在铁锹上休息一会接着干；在抗灾中他经常连续在公路上奋战10几个小时，待各条道路除冰和撒盐完成后才回家休息，休息几个小时后又接着开始第二天的工作。正是他无私的奉献，辛勤的工作，保障了重要道路的畅通。

（三）

抗击雪凝灾害正值春运期间，公路运输客流量大幅度上升，而多年不遇的雪凝天气，严重影响了旅客运输。

为了确保公路旅客运输安全，黄书华要求专人值守辖区汽车客运站，对因雪凝天气导致封闭的路段坚决不发车，对开通的路段，发车前认真做好各项检查工作，严把经营资质关、车辆技术关、驾驶员资格关、认真检查各项经营手续，禁止“三危品”进站上车，禁止超员出站，对不符合条件的一律不准发车。对开通的客运班线，要求出站车辆必须安装防滑链，带好三角木；对危险路段、易滑路段安排人员前面开道，缓慢前行。由于雪凝天气，导致多条线路停发，每天均有部分旅客滞留客运站。为此，他在雪凝灾害来临之初就有预见性地要求新启用的红果汽车站购置电视机、取暖炉具等设备，确保了客运车辆驾乘人员和滞留旅客不冻坏一人，还组织购进了大量的方便面和食品，提供了大量的棉被和棉衣，免费提供给客运车辆驾乘人员和滞留旅客，解决了客运车辆驾乘人员和滞留旅客的吃住问题。

雪凝期间，时值外出民工返乡大潮，每天数以千计的返乡民工被滞留在车站，在此关头，盘县交通部门能否应对困难重重的交通运输现状成了一个棘手的问题。2月1日，民工返乡潮达到高峰期，县委县政府高度重视，迅速启动应急预案，黄书华陪同县委书记刘剑、常务副县长付国祥、副县长吴仕泽等领导亲自到客车站看望被滞留的民工。之后，黄书华又与县委、县政府两办主任在红果汽车站组织疏散和安置被滞留民工，同时，与高速公路管理处联系、协商，征得同意后，会同公安交警组织运管、路政、客运企业采取垫防滑砂、洒工业盐的方式组织客运车辆组队集中运输旅客，由公安交警带队，公路运输管理所人员护送，利用高速公路低速运行的方式输送被滞留旅客，当晚，他一直在车站现场工作到发完最后一班车。在红果车站客运车辆运送被滞留旅客过程中，最大运输量达到一天60余辆车次，运送旅客2200余人次。

在抗雪凝灾害中，黄书华心系人民，情结大众，在他的带领下，盘县抗雪凝组织得力，工作有序。雪凝灾害期间，盘县境内没有发生一起重大交通安全事故。

从荒山上走出来的人大代表

——记雷山县郎德镇人大代表李世陆

贵州省雷山县郎德镇人大　李芳品

李世陆，今年34岁，是雷山县郎德镇南猛村一位朴实厚道的农民。几年来，他凭着勤劳的双手和智慧，大胆承包荒山开发种养殖业，不仅成为远近闻名的致富能手，还带领更多村民走上致富路，为此光荣地当选为郎德镇人大代表。

回老家发展更有希望

了解李世陆的都知道，他今天的成就并不容易。1992年，李世陆高考落榜，1993年补习一年再考，仍然没有考上，于是在当年10月，他打起背包跟别人上北京打工去了。开始在石场搬运石头，后来经人介绍到北京市内一家有线电视公司当技术员，月工资800元，在当时来说是一份不错的工作，但是好景不长，1997年3月，公司偷税漏税被揭穿，老板怀疑是他举报，就将他炒了鱿鱼。1997年5月，几经波折的李世陆转到广州一家私人工厂当雕刻工，月工资1000元。

1999年，中共雷山县委、县人民政府发动全县开发果品基地，李世陆得知这一消息后，心想：“打工每个月能挣几百块，勉强能够维持家庭生活，但是总不能一辈子打工。现在全县大力发展果品生产，这不是发家致富和体现一个高中毕业生人生价值的好机会吗？回老家发展更有希望。”于是他就决心回老家谋求发展。

李世陆回到家乡后，他想，村里有得天独厚的山地优势，为什么村民增收的路子这么窄？村里种养殖业的都有不少啊，为什么经济收入不高呢？

这不仅是李世陆的困惑，也是乡亲们的迷茫。1998年以来，全县新开大大小小的果品基地，绝大多数都没有产生经济效益，有的甚至已经荒芜。一些人看李世陆搞果品基地就冷嘲热讽，李世陆笑着说，党和政府为我们营造了宽松的创业环境，现代科学为我们提供了先进技术，持之以恒，吃苦耐劳，我不相信干不出点样子来。

在荒山上大做文章

带着困惑，带着勇气，李世陆进行了积极的探索。他多次到本县的脚尧村参观考察，取经学艺。通过深入的调查研究，李世陆逐渐理清了发展思路，找到了症结——很多村民都种有果树和喂有牛羊，但由于都是零散种养殖，所以效益不好。要提高经济效益，就要提高种养殖的科技含量，选好名优品种，扩大种养殖规模。

思路理清后，李世陆决定在山上大做文章。他把目光锁定了本村送朵散这一片荒山，虽然这片荒山离本村比较远，但是这里离公路比较近，且山势比较平缓，非常适宜种植梨子。于是他与村里协商，签了三十年的土地承包合同。1999 年 9 月开始开挖梯带，2000 年春季全部种下了梨子、板栗、杨梅、桃子、枇杷等果树，其中以金秋梨为主。金秋梨这个品种挂果特别早，2001 年就结果 2000 多斤，李世陆看在眼里，喜在心头，干劲更加足了。2002 年 4 月，他看到基地的草特别多，又特别茂盛，心想："请人割草也得花两三千块，何不喂牛呢？喂牛既可以割完基地的草，又可积农家肥培育果树，而牛本身还会增值呢。"于是，他就去凯里买来 3 头水牛，2003 年又买了 3 头，2005 年又引进 7 头黄牛，2008 年，发展 9 头，今年累计销售 11 头。

经过几年的艰苦努力，李世陆基地收入逐年上升，2001 年结果 2000 斤，收入 1000 多元；2002 年结果 8000 多斤，收入 6000 多元；2003 年结果 16000 多斤，收入 12000 多元；2004 年开始进入盛果期，收入 50000 多元；2005 年，出售梨子、牛、鸡、猪、魔芋等收入达到 80000 多元，2008 年，虽受特大雪凝灾害袭击损失严重，但还能保持了 30000 余元的收入，成了全镇乃至全县名副其实的种养殖大户。今年，李世陆代表响应县委县政府的号召，又大力发展茶叶，种植了 321 亩，预计第三年产茶。每当与人们谈到茶叶时，他那辛劳的脸上又堆满了笑容。

当代表为百姓办实事

在 2002 年 9 月以来，李世陆连续被选为镇人民代表，从当选为镇人大代表的那一刻起，他知道肩上的责任重大，既勤勤恳恳地在荒坡上守业，又尽心尽力地履行代表职责，时时刻刻把群众的安危冷暖放在心坎上，铭记"人民选我当代表，我当代表为人民"的神圣使命，积极主动地为人民做实事、办好事，以实际行动来践行"代表为民为荣"的宗旨。

近几年来，李世陆积极参加代表小组活动，利用一切时间走访选民，了解人民群众心里想什么、盼什么、要什么，倾听选民意见，为提出的议案保证质量。他还经常向选区的人民宣传镇党委镇政府工作重点和镇人代会议精神，使选区人民群众及时了解掌握党委政府的工作重心，确保了党的决策意图在广大人民群众中得到贯彻落实。为了能真实地反映社情民意，真实地反映群众的呼声、要求和愿望。李世陆通过联系群众，掌握社情民意，成为政府和群众之间的桥梁。在 2008 年 9 月召开的镇第三季度人大例会上，李世陆提出《关于要求立项"民族歌舞之乡"南猛村扶贫开发整村推进项目的建议》和《关于要求修建报德至南猛公路的建议》的议案，都是群众关注的热点、难点问题，都受到镇县两级领导的高度重视，今年落实了"民族歌舞之乡"南猛村扶贫开发整村推进项目，项目资金 28 万元，目前，正组织施工之中，修建报德至南猛公路项目县交通局已立项。对此，广大人民群众非常满意。

在代表工作的实践活动中，李世陆把服务人民，为民办实事当作一项义不容辞的义务，积极主动地为群众排忧解难，为群众做好事办实事，他还发动富裕户开展帮扶活动，李世陆帮扶的有 3 户，经常为他们解决生产生活上的实际困难。南猛村困难户文流虾，2006 年其丈夫去世，家里 2 个小孩，大的 10 岁，小的 5 岁，生产生活非常困难，李世陆主动到她家，帮助犁田栽秧，拿出 300 元钱解决生活上的困难。文流虾居住的房子，年久失修，属于危房，李世陆主动为她申请危房改造，在李世陆的帮助下，今年，镇里将她家纳入危房改造对象户。此外，李世陆还积极主动参加募. 捐活动，在 2008 年的四川汶川抗震救灾期间的募捐活动中，李世陆代表为灾区群众捐款 600 元，为构建和谐社会贡献了一份力量。

没有理由不搞好家乡发展

近日，中共郎德镇党委书记周广、镇长罗永超到李世陆的基地调研，为他解决发展中的困难。李世陆说，国家拿出大笔扶贫资金贷款给我们种植果树，贴了大笔的利息，我才有今天。今后还要把我们家乡建设成为社会主义新农村，党的农业政策越来越好，我们有什么理由不去搞好家乡的发展呢？

致富不忘带乡亲，有了盼头的李世陆不改初衷，积极动员乡亲们发展种养殖业，为他们指点致富迷津，他逐家逐户深入田间地角传授经验，做示范，保证带一家富一家。在他的鼓舞和带动下，杨柳村的李奇青、李世洲也在杨柳村发展种植业。2006年，李世陆被贵州省人事厅评为“贵州省拔尖乡土人才”，2007年，他的“弟子”李奇青获得了雷山县人事劳动和社会保障局颁发的乡土人才技术资格证，李世陆被誉为郎德镇境内种养殖业的“一代宗师”。

有的群众老乡问他，你不是共产党员，来回忙碌，图个啥？他说，虽然我还不是党员，但是，我是人大代表，帮助群众脱贫致富是我应尽的义务和职责。

几年来，李世陆带领村民群众一道发展种养殖业，不仅得到了群众的好评，也得到了镇人民政府的肯定，2008年7月被郎德镇人民政府评为“十大新兴致富能手”之一，也被镇人大评为优秀人大代表。

群众的贴心人
——记水城县人大代表张凌

贵州省水城县人大常委会选任联委

张凌，水城县第六届人大代表，水城县红岩乡党委书记、人大主席，作为一名党的基层干部，他时刻牢记党的宗旨和人民赋予的使命，始终把群众的利益放在首位。作为一名人大代表，他的工作平凡而崇高，用他自己的话说：“我们当代表是为了什么呢？就是反映社情民意，了解群众的困难和问题，思考能够为群众做些什么，虽然个人的力量微不足道，但只要尽力做了，总会有效果”。他的谦虚和坦诚，积极乐观的工作和生活态度，使他在实际生活中从不悲观，在琐碎的工作中更加从容。特别是在红岩乡遭受罕见的雪凝灾害中表现更为突出。

2008年元月中下旬至2月初，罕见的雪凝灾害无情的侵袭着大地，给全县人民造成了巨大的经济损失，红岩乡农作物受灾面积250公顷，绝收面积50公顷，受灾群众达0.85万人，因灾返贫人口415人，因灾倒塌房屋23间，死亡牲畜1800余头（只），损坏电路15公里，冻坏洋芋种10万斤，直接经济损失达319万，他一边安抚灾民，帮助受灾群众进行生产自救，一边积极联系上级有关部门，争取救灾款物的援助。窑上村是红岩乡种草养羊项目点，该项目点已有1700余只基础母羊，开垦种植了2000余亩草地，工作成效得到了省、市、县的高度肯定。但是在这场雪灾中，由于凝冻导致基础母羊尤其是小羊羔大量死亡。为此，张凌将乡内的各项事务安排妥当后，在春节期间与村干部、工作人员吃住在窑上村，慰问养羊户，帮他们想办法、出点子，积极协调上级有关部门，采取行之有效的方法，减少羊只死亡，努力将损失降到最低点。

正当张凌带领全乡干部群众抗击雪灾的时候，元月30日，他接到了78岁的母亲因颅内出血已送市人民医院抢救，准备作开颅手术并下一级病危的消息。他仅仅用电话嘱托家里的亲属要照看好母亲，便继续坚守在抗灾一线，还是在同事们的再三劝说之下，才连夜赶往医院。看着躺在病床上呻吟的母亲，作为孝子的他热泪盈眶，焦急、愧疚、矛盾一并涌上心头。在基层工作以来，因工作繁忙，家庭问题已来不及顾及，有时甚至周末也不能回家与母亲、妻儿团聚，更不用说母亲年事已高，作为儿子更应尽孝于床前了！一旦母亲因此有个三长两短，这将是一生中都不能原谅自己的事。然而，国家有难，匹夫有责，更何况作为红岩乡党委书记、肩负着全乡16000多人民群众的衣食住行，在灾害面前，乡内正有多少事情需要他去处理，有多少决策需要他去落实。于是，当晚他将母亲住院的相关手续办理完毕后，含泪与母亲告别，第二天一早又匆匆赶回乡里与同事们一道投入到紧张的救灾抗灾工作中。

灾害过去以后，对以农业为主导产业的红岩乡来说，搞好农业生产是灾后重建的重要内容。张凌抓住重点，突出难点，集全乡之力，搞好春耕备耕工作。在他的精心组织和协调下，全乡完成马铃薯总播种面积8000亩，创办示范点3个，总面积1000

亩;积极组织调运了8.5吨两杂良种,春耕播种完成4000亩(其中旱地玉米2500亩、蔬菜500亩、生姜1000亩),示范种植点落实6个,3个玉米示范点500亩,2个水稻示范点500亩,1个蔬菜示范点10亩;以果梨套作模式,完成金秋梨套种玉米,马铃薯150亩;努力争取茅草房改造400栋,农业农村工作成效明显。

为帮助灾民渡过难关,张凌积极牵头组织全乡干部职工开展捐赠活动,共捐赠资金达18000元,救助群众80余户,360余人,有效缓解了灾民的燃眉之急。同时他往返于县直各单位,积极协调有关部门争取救灾款物,努力寻求各单位的资助。雪灾前后,向县民政局协调了50000元救灾资金,25件御寒军大衣,30床棉被,向县农业局争取了80吨洋芋种,督促农户进行规范化种植,在雪灾期间倒塌的26户农户住房重建工作进展顺利。

在窑上村种草养羊项目中,为尽快恢复项目建设,他明确了保证项目恢复正常实施的总体思路,一是立即采购基础母羊,弥补雪凝灾害期间死亡的羊只,二是尽快修复垮塌羊圈,三是对草地进行复种,以达到羊、草、圈的合理配套。完成种草4320亩,购进基础母羊700余只,完成羊圈建设82栋。

作为一名普通的人大代表,张凌吃苦耐劳,勇于奉献,急群众之所急,想群众之所想,哪里有困难,哪里就有他身影,坚守在平凡的工作岗位上,在雪凝灾害面前用自己的实际行动诠释了一个人大代表全心全意为人民服务的崇高宗旨。

抗雪凝　保民生

——记六枝特区堕却乡人大代表金鑫

贵州省六枝特区人大常委会选任联委

"如果我被选举为乡人大代表,我将不辜负选民的希望,竭尽全力为选民办好事,为群众办实事。"没有华丽的的词藻,没有豪言壮语,在选区选民代表会上,金鑫如是说。

2008年1月中旬以来,堕却乡作为六枝特区海拔最高的乡镇,遭受了50年最为严重的雨雪、低温、冰冻灾害,给人民群众的生产和生活带来了巨大的困难,抗凝救灾已成为全乡的当务之急。

作为乡六届人大代表和分管农业的副乡长,持续出现的凝冻天气让他坐立不安。他一方面建议乡党委、政府及时组织全乡干部分赴各村和田间地头对灾情进行调查摸底,一方面积极协调和组织救灾物资,筹集救灾资金。就在救灾工作全面开展时,全乡出现了更为严重的凝冻灾害,电杆倒塌,近一半的村停电,道路冻上了一层厚厚的冰,人们无法出行。群众的生活怎样,是否有断粮户,这些就象一块沉重的石头压在金鑫的头上。

为了把党和政府的温暖及时送到灾民的手中,他带上农业服务中心的同志,毅然踏上滴水成冰,呵气成霜的条条冰雪路上。从郎世坝村到方朗树根村,从龙潭村到左坝村,一路查看灾情,一路慰问受灾群众。这一去在冰雪中往返整整5天。在前往左坝村的路上,冰冻达5公分以上,他就用草缠鞋,草绳断了,改用布带,一路上,摔倒,爬起来,再摔倒,再爬起来,十多公里的路程,整整走了8个小时,到左坝村时,已是晚上7点,此时他并未休息,带领随行的同志挨家挨户查看群众生活情况,向困难户发放慰问金和衣被。

1月28日,在前往海拔近1700余米的朗树根村时,金鑫感到眼前一黑,重重地摔倒在地上,久久不能爬起来。在同志们的搀扶下,半响才回过神来,随行的黄学伦说:"今天的路实在太滑,不行回去算了"。"不行,必须把救灾物资及时送到灾民手中,"金鑫以坚定的口吻答道。当70多岁的灾民郭应祥接过救灾款物时,连声说道:"感谢党!感谢政府!冰雪无情、人有情。凝冻期间,在乡党委、政府的领导下,由金鑫具体组织实施,将13.5万斤大米、5万多元的救助款及时发放到了灾民的手中,困难群众没有断粮的现象发生。

冰雪融化之后,面临灾后重建任务,在乡党委、政府布署后,金鑫及时组织全乡干部职工召开会议进行安排布置。由于油菜绝收,马铃薯种冻坏上百万公斤,给灾后重建带来了巨大困难,铲掉油菜,及时种上马铃薯已成为当务之急。在听说贵烟公路已开封的当天，金鑫放弃周末休息时间，立即赶到威宁组织马铃薯种调运。通过全乡的不懈努力，不到半个月时间，全乡已种植马铃薯近6000亩，使灾后重建工作取得了阶段性成果。

冰雪中，他牵挂群众，困难面前他无所畏惧，灾后重建，他四处奔走，彰显了人大代表关注民生的博大情怀。

带领渔民共同富裕的“阳江船王”

——记阳江市四届人大代表林进栈

项国锋　钟友梅

林进栈科技兴渔，其船队经营规模日益扩大

近年来，南海渔业资源日趋减少，近海捕捞业宛如步入“万花纷谢一时稀”的隆冬，而广东省阳西县顺兴海洋渔业公司却一枝独秀，在商海激烈竞争的风浪中，扬起科技风帆，勇往直前，产值效益年年上台阶，跃居全国渔业领头羊地位。目前，该公司拥有钢壳渔船91艘，功率2.2万千瓦，另外合股经营渔船133艘。2005年公司海洋生产总值达1.36亿元，创利税4100万元，取得了可喜的社会效益和经济效益。

顺兴海洋渔业公司是一家从事海洋捕捞生产和销售的企业，创始人是阳江市四届人大代表林进栈。一位普通的渔民，为何能从几万元到创造资产超亿元，且能“任凭风浪起，稳坐钓鱼船”？林进栈成功的法宝，用他自己的话概括就是：“诚信做人，科技兴渔”。更难得的是，他不仅自己勤劳致富，还不忘带领家乡渔民奔康致富，是一位认真履行代表职责，带领渔民科技兴渔、共同富裕的“阳江船王”，他的事迹在我国东南沿海广为传颂，成为美谈。林进栈也荣获“2006年度阳江市劳动模范”称号。

勤学苦练，敢于拼搏，从学徒到“船老大”

林进栈生长在阳西县织篢镇风景秀丽的鸡乸朗村，从小就“听惯了艄公的号子，看惯了船上的白帆”，与大海结下了不解之缘。18岁时独自到邻村一艘小渔船当学徒。别看他平时话不多，可从小脑瓜灵活，吃苦耐劳，很快便将海洋捕捞技术学到手，成为打渔的行家里手，并获得船东的信赖，当起年轻的船长。经历了大风大浪的林进栈认准发展海洋捕捞是渔民脱贫致富的好门路，于是他动员同村的伙伴，合伙筹资购买了一艘较大马力的旧船，在近海从事捕捞作业。由于技术好，人心齐，不到一年，林进栈便拥有了自己的渔船。当了船主的林进栈对待船工与众不同，一般船主总是不愿意让勤劳能干的船工离开自己的渔船，而林进栈总是鼓励和帮助船工买船当船主，甚至贴钱为他们办理有关手续，借钱给他们，为渔船增加补给。他经常鼓励员工：“路是人闯出来的，只要敢于拼搏，就能开辟海洋捕捞新天地！”在他的扶持下，跟他打工的船工绝大多数都先后当上了船主，而林进栈也成了名副其实的“船老大”。

随着船队经营规模的扩大，捕捞范围的进一步拓展，林进栈想起了家乡的伙伴。于是他便利用船队招收船工的时机回乡，发动乡亲们出海作业，共同耕海致富。几年来由林进栈发动带出去或介绍进其他船队耕海的当地乡亲有3000多人，其中鸡乸朗村就有180多人在浙江近海作业。在他的带动和扶持下，不少乡亲还独立作业，当起了小船主。目前鸡乸朗村全村69户有渔船143艘，户均2.1艘，是全市户均拥有渔船最多的。剔除顺兴公司，村民户均年纯收入28.98万元，人均纯收入5.48万元，去年底，家庭资产超过500万元的达20户。其中，在浙江省近海生产的大马力钢壳渔船就达33艘，总价值4000多万元，鸡乸朗村渔民年均总收入成倍增长，成为远近闻名的“小康之村”。在今年“五一”前夕召开的全市新农村建设座谈会上，市委副书记邹继海说，阳西县的鸡乸朗村，肯定是全市最富裕的村，甚至可能是全省最富裕的渔村。

多种经营，延长渔业产业链，带动渔民共同致富

近年来，林进栈在发展海洋捕捞生产的同时，注重抓好相关配套产业的发展，以“一业为主，多种经营”方式来推进渔业产业化发展步伐：开展跨省海上贸易,在浙江省舟山市注册成立广荣渔业有限公司,投资4000多万元给浙江等地130多艘渔船,为渔船代销渔货。利用该公司渔船长期在东海渔场生产,并毗邻日本海域的有利条件,入户浙江省的60艘渔船挂靠舟山市兴业渔业公司,在海上将渔船捕捞的优质渔货直接运销日本。在省内沿海重点渔港建立水产品供销部,收购优质海产品,运销港澳和内陆大都市。配套后勤企业,开办渔网加工厂,为渔船提供后勤保障服务,既及时解决渔船补给需要,又解决了不出海作业的120多名村民及其子女就业,每月收入过千元。发展水产品精深加工,目前,总投资4500多万元的阳西县顺兴水产品加工厂正在建设中,占地面积5.4万平方米、建筑面积16万平方米的大型厂房,已矗立在阳西县工业区内,已安装对虾、罗非鱼、鱿鱼鱼糜3条生产线。第一期工程已投入2000万元。第一条鱼糜生产线近期已竣工投产,这将使公司船队捕捞的鱼加工成精品,提高产品附加值,使公司逐步发展成为生产、加工、销售一体化经营实体,可带动更多的渔民致富。

常年在外奔波,始终履行人大代表职责

林进栈的船队从开始资产只有几万元起点扬帆,通过增加投入,以滚雪球的方式滚动发展,以信促销的营销方式发展壮大,成为今天超亿元的私营企业。他公司的发展壮大,从始至终离不开"诚信"两个字。熟悉他的人都这样说:"林进栈的名字不仅是个品牌,而且是一张信用卡!"林进栈在广东、海南、浙江等沿海城市做鱼货购销生意一般不用带现金,凡是他要的鱼货凭着他的名字就可交易。这种信誉度在沿海一带真是无人可及,他的人格魅力使人不得不由衷地信服和敬佩。

凡与林进栈接触过的人,无不为他强烈的社会责任感和浓厚的人情味所感染。作为一名市人大代表,他不但积极履行代表职责,更处处显示出他对社会弱势群体的一片爱心。随着顺兴海洋渔业公司日益发展壮大,林进栈眼光放得更远。他和省人大代表关纪芬一道,多次联名向省、市有关部门提出建议,加强沿海红树林建设和人工鱼礁建设,为保护我省海洋渔业资源献计出力。他多次协助省、市海洋与渔业部门在南海阳西双山鱼场投放了人工鱼礁,使省人大有关加强人工鱼礁建设的议案逐步得到落实。林进栈身在渔船,情系渔业,与渔民休戚与共,积累了丰富的渔业生产经验。为落实好阳江市委市政府关于打好"海洋牌"的发展战略,他和其他人大代表一起,经常就如何减少海水污染、减轻渔民负担、提高渔民地位、加快渔港建设、疏浚渔港航道、改进捕捞网具、稳定渔货购销价格、维护码头治安秩序等问题开展调研视察,与分管部门和渔民切磋,为阳江市打好海洋牌提供了不少有价值的建议和意见,被渔民称为"尽职尽责的人大代表"。

为人诚信,情连乡亲,致富不忘回报社会

林进栈富了,但他还保持着那种助人为乐、扶贫济困的品格。2003年"伊布都"台风来临时,他得知溪头镇有三条渔船来不及回港避风,正等待着救援,他二话没说连夜派出自己公司船队两艘抗风力强的钢壳渔船,冒着强风巨浪前往援救,使受困渔船顺利脱险,安全回港。平时,他经常要求他的船工碰到遇险渔民,要不惜代价,救人为先。多年来,在他的带动和感召下,他和他的船队在海上救起了无数遇险渔民,受到渔民们的广泛称颂和爱戴。那些被林进栈救援过的渔民,逢年过节都不会忘记他救命之恩,纷纷前来探望他。另外,林进栈还一直扶贫济困,平时接济的贫困户就有30多户。他还拿出10万元,帮助村中身体残疾的贫困户陈运建起了一幢120平方米的新楼。

林进栈富了,但并没有改变他那尊老爱幼的朴实品质。每次返乡,见到老人在乡道上行走,他总会停下那辆崭新的小车,拉上老人,送到家门口。当他看到村子离学校有3.5公里路程,儿童上学难时,就出资长年租借当地一辆小客车,每日3次搭送村中40多名儿童上学。

林进栈富了,但他还时刻关注着家乡的建设。多年来,他省吃俭用,从不乱花钱,连抽烟都保持着抽水烟筒的习惯,而每年都捐资帮助家乡的泥砖房改造、建校等硬件建设。他捐资建好鸡𪂹朗村至织溪公路3公里长的水泥硬底化村道,帮助鸡𪂹朗村建好渔港码头和避风港,捐资建好村中的水塔,资助村委会建设办公大楼,资助阳西净业寺风景区建设等等。在他的带领下,家乡群众共同致富了,全村90%以上村民都建有二层以上的混凝土楼房,村容整洁,社会治安良好。近几年村中没有一人吸毒,也没有偷窃、抢劫、赌六合彩等现象发生。作为市人大代表的林进栈更是不负使命,认真履行职责,带领村民以实际行动响应党中央关于建设社会主义新农村的号召,筹划建设村中公园、运动场,绿化美化村中环境,开展"建生态村,做文明人,告别陋习,走向文明"活动,增强村民文化素质,提高村民生活质量，实现村中道路硬底化，家院净化，村道亮化，村庄绿化。

秋天是一个收获的季节，林进栈正和乡亲们一道，以丰硕的成果，不懈的努力，为建设一个生态型、园林型的社会主义新农村，继续奋力拼搏，添砖加瓦！

（作者单位分别为：广东省阳江市人大常委会、阳西日报社）

胸中有爱天地宽

——记市人大代表、佳木斯畅通汽车配件制造有限公司董事长兼总经理高文刚

黑龙江省佳木斯市人大常委会研究室　王加斌

“一个人活着不能光图物质享受，精神追求更重要，作为一名人大代表必须胸中要有爱！”高文刚是这样说的，也是这样做的。用企业员工的话说：“高总就是一个把爱洒向大家的好代表。”

“企业是职工的家，把家办好是我最大的追求，我有责任和义务把企业办得兴旺发达！”

1995年12月，高文刚担任佳木斯市内燃机配件厂担任厂长、党总支书记。当时由于受负担沉重、设备老化、退休职工多、技术力量薄弱、产品单一等多种原因的制约，企业已步入濒临倒闭的境地。面对如此困境，面对三年没有发生活费的237名退休职工和275名在岗职工那一双双渴望企业生存和发展的眼神，高文刚感到了一种沉重压力，也产生了一种强烈的责任感和使命感，那就是：我一定要上对得起组织的信任，为党和政府分忧，下对得起职工群众，为职工群众解难。职工的幸福就是我最大追求！绝不能让一名企业的职工吃不上饭，绝不能让一名职工生活不下去！

改革是生产力，改革是企业发展的引擎。高文刚说：“只有亏损的厂长，没有亏损的企业！”经过反复调查研究，多次与企业领导班子、同职工代表认真讨论研究，决定深化改革，实施破产改制，积极寻求合作伙伴。在这过程中，高文刚多次诚恳地表示：“只要企业能够发展，广大职工有业可就，退休职工生活有保障，我当不当总经理都无所谓”。精诚所至，金石为开。1997年重新组建成立了佳木斯市畅通汽车配件制造有限公司。高文刚就是这样的人，凭着睿智的经营头脑，勇敢的探索精神，执着的追求意志，顶着重重的压力，战胜了一个又一个困难，走出了一次又一次困境，特别是在提升企业核心竞争力过程中的每一步、每一个环节都彰显着高文刚高超的市场预见能力和卓越的领导胆识，他就是一个善于从战略的高度把握企业发展大局的人。他坚持把产品创新、市场创新作为主攻方向，大力发展主导产品——汽车发动机进排气管，以其为主体，同时，也开发生产一些其他汽车配件，还有非汽车机械配件，如挖掘机的轴承座等产品，作为产品方面的重要补充。近年来，企业每年新产品开展数量都在30多种，满足了主机厂汽车更新换代的需要。企业先后与沈阳铸造研究所、清华大学汽车研究所、哈尔滨工业大学等科研院所紧密合作，招聘高级科技人才、管理人才，筹措资金，调整产品结构，进行技术改造，不断加大新产品开发力度。企业先后通过了ISO9002:1994标准质量管理体系认证、ISO9001:2000标准质量管理体系认证、ISO/TS16949:2002国际汽车质量管理体系认证。企业在技术创新上的质变带来了由小到大的量变式发展，一举成为东北地区最大的汽车发动进排气管专业化生产企业，成为为长春一汽、北京福田、沈阳新光、沈阳金杯、沈阳三菱、天津雷沃、柳州五菱等20余户大型企业配套，企业被认定为省级高新技术企业。

“人大代表是人民的代言人，为百姓鼓与呼是我义不容辞的职责，为职工谋利益是我最大的快乐！”

为了不负人民重托，担任市人大代表十多年来，高文刚积极参加市人大组织的执法检查、视察、调查和考察等活动，经常深入群众，聆听百姓之想，反映百姓之声，和他们唠家常，谈心里话，将群众的要求和愿望反映给市人大。十年间，他围绕全市经济发展、工业生产、城市管理、环境保护、综合治理、投资环境、发展环境、职业教育、文教卫生等方面提

出了40多项意见和建议，有些被市委、市政府有关部门列为重点解决的问题。

针对我市装备制造业技术人才缺乏、高级技工“青黄不接”等问题，高文刚在深入企业调查研究的基础上，提出了关于解决技工短缺和技工教育等多项意见建议。佳木斯技师学院成立以来，整合了全市的技工教育资源，为解决我市技工短缺和高级技工“青黄不接”问题创造了条件。

为使自己的意见、建议落实同企业的实际工作紧密结合起来，在他的倡导下，企业于2008年6月，与佳木斯技师学院实现了校企联合，当年8月份将进排气管机械加工生产线改造搬迁到学院第一实训基地，创新了校企合作的新平台，实现了教学过程共管、实训基地共建、教育资源共享、校企文化共融。通过整合校企双方的人员、设备、厂房、资金、技术等资源，实现了互惠互利共同发展，不仅增强了学院的社会影响力，而且也为企业的长远发展奠定了基础。为了更有利于学生的学习和就业，凡是到生产线实训的学生，企业支付相应的报酬，从而减轻了学生在学习期间的经济负担，同时，他对贫困学生还给予了经济上的资助。

高文刚心里始终装着职工，时刻不忘急职工之所急，想职工之所想，企业每走一步，每做出一项决策，他不但考虑企业的发展，而且还把职工生活保障和提高列入重要议事日程来通盘考虑。对关系职工利益的事，根据不同问题、不同矛盾，高文刚区别对待，切实解决。每当职工家里有红白喜事他都必到场，亲自主持；职工生病住院，他都带上钱物送上温暖和安慰；逢年过节，他都走访慰问。对退休职工和贫难职工他更是关怀备至，生活上体贴入微。每逢企业的重大决策都向退休职工说明情况，征求意见。退休职工杜吉兰是一位无儿无女，又身患重病的孤寡老人，高文刚得知后，对老人格外呵护，不仅经常看望，还不时送钱送物、送米送面放在老人的床头，送去了一个企业领导者对退休老职工的一份爱心。细微之处见精神。在常人眼里，高文刚为老人付出的实在是太多、太多了，可在高文刚眼中，他天天看着老人快快乐乐安度晚年，这就是他自己最大的幸福。高文刚常说，没有纳百川的宽宏大量和体察民情的眼光，难成一凡大业。近年来，先后安置其他企业的下岗职工150人次重新就业，包括30多名残疾人就业。

人心换人心，黄土能变金。在高文刚的带领下，当企业遇到困难时，企业的领导班子成员和职工都自发地树立起“千方百计求发展，再苦再难也要拼”的坚定信念，在企业技术改造过程中，高文刚倡导为把有限的资金投放到最急需的地方，职工长达6个月没开工资，大家谁也都没有怨言，一线职工顶严寒、冒酷暑，日夜奋战在生产一线上，许多人带病工作，没有退缩，技术创新使企业获得了长足的进步。近年来，企业没有一个犯罪的，没有一个上访的，没有一个下岗的，整个企业风气顺，人气旺，事业兴。

一位老人大代表的社区情怀

——记荆门市东宝区人大代表吴富强二、三事

周学成　何远林

2008年元旦刚过，荆门市东宝区石桥驿镇委书记钟守华来到盐池社区主任吴富强家，提前为其祝寿，还有二个月老吴就满60周岁了。老吴清楚，书记连续三次上门，为的是半个月后的居委会换届选举的事儿。望着钟书记期盼的眼神，老吴忘记了儿女的反对和患糖尿病的身体，不由自主地答应了：继续干吧！我确实也舍不得社区主任岗位和居民。

“让老吴去救火”

盐池社区是一个比较特殊的农村社区，是原盐池镇人民政府所在地，面积2平方公里，常住人口3000人，有两所中学，每天有5000人在社区活动，曾经是城北山区中心。2001年4月因行政区划调整盐池镇撤并到石桥驿镇，在当地引发了一场不小的地震，很大一部分干部群众情感上难以接收，老干部集体上访，集镇管理一度失控，垃圾堆了半边街道，小青年提着刀在街上追人，群体小事件时有发生。半年了，盐池集镇“脏乱差”局面没有改观。

镇党委会研究:盐池集镇的管理要走自治的道路,关键要配强社区领头人。与会同志提出:"让老吴去救火"。吴富强进入了领导视野,他担任过镇委副书记、人大主席和综治办主任,有群众基础和维稳经验,在当地有较高的威信,于10月办理了退养手续。领导一谈话,老吴爽快答应了,当时他已患上了糖尿病,作为老同志,看到盐池集镇现状也急在心里,2001年11月28日,53岁的退养国家干部吴富强当选为盐池社区主任。

吴富强走马上任"三板斧"。一是建组织。建立了联防队、调解会、理财组、低保评议组等协助党总支、居委会工作。二是收人心。在社区建立老年人活动中心、业务体育队、剧团、腰鼓队、居民娱乐中心等,由社区干部带队开展各种活动,丰富居民文化生活,增强社区凝聚力。三是化矛盾。老吴对社区工作立下规矩:有求必应,不产生矛盾;公开公正,不引发矛盾;耐心工作,不增加矛盾;解决问题,不遗留矛盾。这三招稳定了民心,化解了矛盾,促进了社区向和谐有序发展,老吴也逐渐赢得了居民的信任和尊重。

2003年11月,他当选为东宝区第五届人大代表。社区稳定后,老吴带领社区一班人,着手实施集镇改造"六大工程";建和谐宜居社区。一是兴建一个市场;二是硬化主要街道路面3300米;三是修建远离集镇的垃圾场;四是改建集镇电网;五是维修自来水厂;六是更换集镇下水管道。六项工程完工,盐池集镇面貌焕然一新,彻底改变了过去路面不平、污水横流、臭气熏人的状况,引来200多户居民来社区落户。不知不觉中作为"救火队长"的老吴一直干到了退休,成了领导放不下、居民舍不得的社区老干部。

"吴主任算盘打得精"

2007年9月1日,盐池社区办公地点迁到装修一新、面积600多m2的原盐池镇国税办公楼。居委会干部说:"居委会过去负债10多万元,四处打游击办公,现在未花钱搬进宽敞的办公楼,吴主任算盘打得精呀。"老吴则笑着说:"这是当代表的一大收获,也是我资本运作的结果。"

实际上自从乡镇的国税机构改革后,老吴就看上了国税办公楼和宿舍楼,他不露声色,等待时机。2006年12月,老吴在荆门参加人大代会,利用会议期间隙几次上门联系国税局长,让他支持社区建设,合理处置资产。国税局觉得房子长期闲置也不是办法,双方议定了16万元成交。其实老吴作过调查,盐池集镇几年发展,治安良好、环境优美、配套完善,有些村民愿意到集镇购房。会议结束后,老吴马上发布宿舍楼分户出售消息,结果售出20多万元!多出4多万元将办公楼装修一新。

七年来,据不完全统计,盐池集镇建设和改造投入资金300多万元,其中政府投入资金占较小比例,老吴说:"政府有困难,我们要善打资产牌,既要打有形资产牌,也要打无形资产牌。"老吴说的"无形资产"就是"盐池"品牌和本人的人大代表身份。盐池作为老乡镇,走出了很多成功人士,老吴一一上门拜访,听取建议,争取支持,七年争取外界资金140多万元。老吴没有在社区领工资,没有公费外出,百多万元经费没有乱花一分。老吴他们懂得既要输血又要造血的道理,充分盘活现有资产。招引港商投资千万元振兴荆门市第三酿酒厂,打出盐池老窖品牌,招引浙江老板兴办食用菌示范基地,招引市里两大商场在盐池兴办合作和连锁超市,招引仙居客运公司定居盐池。为社区提供就业岗位数百个,进一步促进了集镇的繁荣。

"我提建议有决窍"

吴富强是东宝区第三届、五届和六届人大代表,十年来,仅个人单独提出大会建议就有20条,被称为"建议大王",不少建议列为重点建议,所有的建议都得到了圆满解决,令选民高兴,令许多代表惊奇。这也是老吴非常得意的一点,他说:"我提建议有决窍",他有一个著名的"两点论"——当代表上为政府分忧,下为百姓解愁,有"两提两不提"原则,即提带共性的建议,提民生建议;不提超越本级政府能力的建议,不提投入巨大的建议。老吴解释说:既要代表群众心声,又不要让政府太为难,基层政府运转都困难,集中财力搞建设不容易,我们要参到点子上,从群众最需要、最现实的要求提起。看一看近年来,吴富强提的建议:加强林业管理、教育危房改造、建立社区警务室、改建集镇下水道、及时发放"五五"普法课本、更换集镇自来水管道、加强户籍管理。过境道路建设等等,都符合他的"两点论"。

老吴提建议还有一个特点就是:不当看客,自己也投身到建议的办理中,2005年2月东宝区五届人民代表大会第二次会议上,老吴提出了设立农村社区警务室的建议,因为乡镇撤并,政治中心转移,部分农村集镇成了治安混乱地区。老吴想到借鉴城市社区的做法,设立警务室。他把想法与镇委政法委书记、派出所所长进行了沟通,认为可行。

于是在代表大会上提出建议。此建议被列为当年的重点建议,区政府分管领导和公安分局局长两次上门找老吴了解情况,与当地政府商讨办理工作,老吴参与,现场拿出了办理方案。当年7月警务室挂牌,第二年所有被撤并的乡镇集镇均设立了警务室。盐池社区七年来无一起刑事、治安案件,无一起群体性事件。老吴说警务室功不可设。

老骥伏枥,志在千里。吴富强不同于城市社区主任只是"小巷总理",只要是集镇上的事他都要管,每天七点钟不到就到了办公室,早就没有国家干部按时上下班、休假的意识了。七年了,老吴将一个混乱地区带成了全区先进社区,自己糖尿病却愈发严重,左眼几近失明,右眼视力降至0.3以下,但他却没有放弃热爱的社区工作,仍在满腔热情为居民们工作着。

秉承传统　锐意进取

——记吉林市人大代表、阿拉伯饭店总经理赵祺

松水

赵祺,1966年出生,回族,1985年毕业于吉林省商业学院。他从一名普通的烹饪专业毕业生做起,在1991年终于开办了自己的小饭店——阿拉伯饭店。经过了17年的苦心经营、勇于开拓、不断创新,他先后获得了多项殊荣:1994年沈阳市全国烹饪大赛获得了银奖;同年晋升为国家特二级厨师;2001年被评为吉林市民族团结先进个人;2002年被市精神文明办公室授予全市精神文明先进个人;被选为吉林市船营区第十五届、第十六届人大代表;2005年获得船营区五一劳动奖章;2007年被选为吉林市第十四届人大代表(吉林市人大民族外事侨务委员会委员)。2006年阿拉伯饭店成为百万市民评选的百家诚信企业之一;2007年阿拉伯饭店被市工商局、江城晚报社评为江城市民喜爱的消费品牌;2007年阿拉伯饭店被市商务局、江城晚报社评为江城人喜爱的地产消费精品。

在赵祺总经理的带领下,阿拉伯饭店创造的利税由过去每年5万元发展到现在的50多万元,固定资产也已达到了2000多万元。赵祺一直都很关注弱势群体,关注全市扶贫工作,先后安排下岗人员及再就业职工110人。这十几年的风风雨雨,让赵祺体会到了创业的艰辛,经营的甘苦,更让他懂得了珍惜,懂得了感恩,更知道了该如何来回报社会。多年以来,他一直保持着和善助人的心态,用一颗感恩的心对待亲人,对待顾客,对待员工,对待朋友,并且资助了一名特困的中学生,该生现已在北大中文系就读。通过自己不懈努力和全身心的付出,赵祺总经理为政府和社会做出了突出的贡献。

阿拉伯饭店始建于1991年,经过几次扩大经营,从最初的200平方米营业面积及40名员工,发展到今天1800平方米的营业面积,员工也达到了110名。赵祺通过自己的勤奋努力,使阿拉伯饭店由小变大,由弱变强,由不知名到今天发展成为江城人心中的民族品牌饭店。作为饭店的管理者,赵祺始终相信:想要致力长远就必须将顾客的意愿和需要放在首位,童叟无欺,以诚待人,发挥独创优势,永远是服务行业的立足点。提起阿拉伯牛肉、手把羊肉,江城人会想到阿拉伯饭店;提起总经理赵祺,江城人会想到他的人品,他的厨艺和他那不断进取、自强不息的劲头。

赵祺始终坚持的品牌理念:"通过餐饮让生活更美味,让道路更宽广,这是阿拉伯饭店永远的立场——永远不低估餐饮的力量!"

地理位置:阿拉伯饭店位于吉林市松江中路,南临澄澈悠远的松花江,春看初柳娥黄,夏见花满枝桠,秋望天高云淡,冬观雾凇琼花,地理位置优雅而有韵致。

经营理念:清洁优雅的饮食,真挚温暖的服务,这是阿拉伯饭店作为一家清真饭店,对"清真"二字的真实诠释。

管理理念:餐饮业注重服务,所以员工的素质就成了至关重要的因素,而阿拉伯饭店人性化的管理模式让员工不但可以接受到职业培训,更可以在其中收获到生活上的关怀和照顾,阿拉伯饭店有魅力留得住十几位在此工作十年以上的服务人员,其

中更有十对夫妻员工。

饭店寄语：做餐饮，不仅仅是在经营企业与树立品牌，更是在构建一方人与人交往的空间，是对一份渊远文化的领悟与传承。

履职尽责　为科学发展创造良好人口环境

——记承德市劳动模范、隆化县第十四届人大代表刘海明

于福年　杨延军

计划生育基本国策的成果不仅是全国少生了4亿人，实现了人口再生产类型的转变，更重要的意义在于为我国改革开放和社会主义现代化建设创造了良好人口环境。

2001年春，曾经在基层学校、县委宣传部、县交通局等多个岗位担任过领导职务的刘海明，被任命为隆化县计划生育局党组书记、局长，走上了被称为“天下第一难事”也是“天下第一要事”的计生工作岗位。

上任伊始，他带领局班子成员，深入田间地头，走村串户，广泛了解人口计生工作现状，掌握广大育龄群众各种需求，带领股站长走出去到先进县市参观学习。从满足群众最需要的服务、解决基层最实际的问题、提高专干队伍素质、树立良好形象等四个方面提出了新时期人口计生工作思路和方法，使全县人口计生工作不断跃上新台阶。

履职尽责　廉洁高效

刘海明以强烈的事业心和责任感带领班子成员，严格落实人口政策、生育政策、相关法律法规和国家、省、市各项工作部署。把权力公开、规范行为、提高效率作为创建一流工作队伍的根基。一是全面推行政务公开透明运行。他依据法律法规授权，认真清理行政权力，实施了权力职能、权力运行对外公开；建立监督平台，利用遍布城乡的宣传阵地，长期公开育龄群众应享有的权力和义务，引发社会关注，接受群众监督；二是坚持用制度管人、用制度管事，最大限度提高行政效能。机关内务管理十二项制度较好体现了“提质、提速、为人民、促发展”理念，严格规范了队伍的行政行为；三是坚持带头执行廉洁自律规定。运用多种形式在职工中经常开展“三德”教育，打造了群众信赖、组织肯定的诚信队伍。

以人为本　关注民生

刘海明任局长九年来，坚持不懈体察民情，服务民需。一是全面实施“民心工程”服务。2005年起，积极整合全县计划生育技术资源，为农村育龄妇女大规模开展了B超、乳透、妇科检查服务，连续五年共免费检查35.97万人次，查出有病妇女14.47万人次，都及时给予治疗或转诊，农村妇女生殖健康水平不断提高，仅此为群众节省交通费、检查费300余万元，深受群众欢迎；二是积极解决育龄妇女并发症痛苦。唐三营镇即墨营村村民杨玉兰60多岁了，多年感觉身体不适，影响了生产生活，到县技术服务站检查才发现有两个节育环。刘海明得知情况后，立即派技术站人员陪同前往承德市附属医院检查并摘取了节育环，结束了杨玉兰20余年痛苦。三是积极开展计生贫困大学生救助工作。截止2008年度，全县3年已累计救助农村独生子女、双女计生贫困大学生33名，发放救助金9.9万元，圆了寒门学子大学梦；四是建立计生特困家庭救助公益金制度。积极协调社会、政府力量，通过募捐和财政投入等渠道筹措资金百余万元，建立了隆化县计划生育公益金。2004年以来，累计救助农村计生特困家庭357户，发放救助金17.28万元；五是全面实施少生快富工程和幸福工程。积极协调扶贫部门向计生贫困家庭倾斜政策，2006年以来，累计争取政府贴息小额贷款222.7万元，398户计生贫困家庭将资金用于种、养、加工业，加快了脱贫步伐；2005年开始争取上级幸福工程专款10万元，先后在5个村中滚动救助计生贫困母亲140户。2004年国家奖励扶助制度全面推开后，4687人次享受奖扶金281.22万元，曾经为计划生育做出贡献的困难群众及时得到了政府资助。

创新工作　注重实效

“十一五”以来，中央对做好新时期人口计生工作提出新目标新要求，刘海明带领全县计生专干队伍开拓创新，破解难题，多项业务工作在省、市乃

至全国创造了亮点。一是深入开展婚育新风进万家活动。在全县建生育文化大院25个,成为河北省唯一的全国示范县。成功探索实施的"八有、七送、六到位"工作模式被推广到全国;二是全方位开展"关爱女孩行动"活动。构建浓厚宣传氛围,为女孩户提供尽可能多的优先、优惠、优待,提高了女孩家庭的社会地位;三是以"文明生育村、文明幸福家庭"创建工作为载体,积极推进生育文化建设,不断促进生育观念转变。近几年来,隆化县农村年均申请二胎生育的夫妇由原来的3000多对,下降到1500对。

2002年至2008年隆化县两次被评为婚育新风进万家活动全国先进县;两次被省政府授予人口计生工作先进县;五次被市委、市政府授予优胜县、先进县。刘海明个人先后被评为婚育新风进万家活动全国先进个人,抗非典人口计生系统全国先进个人,全国人口文化工作先进个人,承德市先进工作者。

站在国家和人民利益的高度出色履职,自会得到人民的拥戴。2007年春,刘海明光荣地当选为隆化县第十四届人大代表。他坚持高标站位,勤于调查研究,多角度全方位倾听民意,积极反映民声。尤其在业务工作中,他经常深入农村了解育龄群众对计划生育服务的愿望与需求,以此不断推进人口计生工作重点改革,提出了一系列符合当前政策、贴近百姓需要的工作思路、方法和措施,拉近了党群、干群关系,塑造了以人为本服务人民的良好形象。

"铁检察长"的风范

——记湖南省汉寿县十五届人大代表、县检察院检察长靳湘辉

田明时　陈运亚

"检察官有了一身'铁',就能不为权势所迫,不为金钱所为。这样,才能为人民掌好权、执好法。"这是湖南省汉寿县第十五届人大代表、县人民检察院检察长靳湘辉的格言。是的,在生活、工作中,他是这样做的。于是,他被人们称为"铁检察长"。

忠于法律　秉公办案

靳湘辉在查办职务犯罪过程中,坚持每案亲力亲为,与干警一道奋战在一起,为案件查办科学调度、出谋划策,注重加强对重大案件、群体性事件及敏感案件的办理与指导。

2008年4月,汉寿县检察院得到线索:沧港镇血吸虫防治站前后两任站长袁某、肖某滥用职权,县劳动和社会保障局就业管理处失业保险股原股长廖某、原副股长杨某贪污挪用公款,案情严重,关系网很复杂。如果案件查处稍有不慎,将会给社会和国家造成不良影响与损失。面对这块块烫手的山芋,靳湘辉最终果断决定:"查!坚决迅速查!"

由于案件牵涉人员较多,取证范围广,靳湘辉同干警一起奔赴一线展开调查。经过一个多月的奋战,两个案件终于有了突破。袁某、肖某、廖某、杨某四名犯罪嫌疑人在铁的事实和证据面前相继认罪。

2008年7月,汉寿县检察院立案侦查的汉寿县某单位刘某贪污案被法院一审判决无罪,社会反响强烈,一些不明真相的群众纷纷质疑和指责检察机关办案出了问题。靳湘辉认为该案事实清楚,证据确实充分,被告人构成犯罪确凿无疑。于是,他顶住压力作出抗诉决定,并及时将案件向常德市检察院作出汇报,得到了市检察院的支持。

得知检察机关要抗诉,个别法官托人向靳湘辉说情,一些领导善意劝他说:"算了,不要为了工作而伤了大家的和气。"靳湘辉坚定地说:"罪与非罪是一个原则性的问题。我要对法律和人民负责,舍得一身剐,我也要把这个案查个明白!"最终常德市中级人民法院在确凿的证据面前,依法进行了改判。

严于律己　清白做"官"

金钱只能腐蚀志短的,吃喝只能拉拢嘴馋的。靳湘辉常以共产党员、人民检察官的尺子自量其身,不让自己沾上铜臭。在金钱物质与人民利益面前,他坚定地选择了后者。作为一院之长,常常会有人敬奉他,但他却吃请不到、送钱送礼不要,仅今年以来就拒礼8次,回绝请吃13次,平时一些人送

钱、送烟酒到他办公室的,无不一一退回,或主动上交纪检政工部门。他常常告诫自己:"人民给我权力,决不能滥用。"今年3月,汉寿县某公司张某为了求靳湘辉办一案件,有一天晚上想通过他打通"关节",便以送"证据"来到靳湘辉的住房,悄悄将一包东西放在靳湘辉的床头。张某去后,靳才发现送来的根本不是什么证据,而是2000元现金和两条高档烟,他马上意识到了什么,赶紧追出门外,可送东西的人走远了。事后靳湘辉只好写了一封信连同钱、烟一并送去。他在信中这样写道:"……对不起,我不能接受你送来的钱物,因为,我是人民的检察官,是一个检察机关的主要负责人,党和人民给我权力,我不能依仗这个向人民伸手沾便宜,如果违纪,贪赃枉法,我还够当检察官?希望你今后不要再这么做了。你诉的案子,我一定会与检察机关同志一道以事实为依据,以法律为准绳,秉公办理。请理解我这个检察机关干部的心吧!"后来,那个案子得到了公正处理,当事人深受感动。

心系群众　为民执言

靳湘辉自诩为"炮手",因为他心系群众,为民执言。他作为人民选出的人大代表,在人代会上,他坚持为民众利益呼吁,在日常工作中,他为民众到处奔走,切实帮助群众解决实际问题,在依法开展民事审判和行政诉讼监督中,他总是带领检察院班子成员实行情法交融,促进和谐。如去年,全院共受理不服法院已生效判决民事、行政早诉案件10件,立案审查6件。靳湘辉带头牢固树立息诉与抗诉并重的理念,对其中3件不服正确裁判的申诉案件,释法说理认真做好双方当事人的息诉工作。同时注重保障弱势群体合法权益。下岗职工郭梅漆因工伤事故导致伤残,法院一审认定郭与湖南逐鹿苎麻纺织有限公司劳动关系不成立,驳回其要求公司支付医疗费的诉讼请求。靳湘辉与县检察院的同志受理该案后,积极提请抗诉,在法院再审过程中促成双方和解,由公司一次性补偿郭医药费1.5万元,有效维护了下岗职工的合法权益。

在加强对刑罚执行和监管活动的监督中,靳湘辉领导县检察院干警严格审查判刑、假释、暂予监外执行案件,依法纠正不当呈报,检察发现并纠正脱管漏管罪犯14名。办理执行期间又犯罪案件2件2人,全部被批捕起诉,无新途径有罪判决。对驻所检察中发现的违法意见5件次,保障了监管场所的安全,维护了羁押人员的合法权益。

2008年1月,在汉寿县十五届人大二次会议上,针对汉寿县某单位官员因"争资跑项"行贿受贿而被查处的现象,靳湘辉建议,政府财政资金分配和项目立项应建立合理机制,从实际需要和科学统筹角度出发,合理分配。针对一些地方出现的"瞌睡官员被免职"的现象,他认为政府管理和官员考核任免应当建立科学机制,不能头痛医头、脚痛医脚。针对这一政法部门和行政执法机关为了弥补经费不足,或纯粹受利益驱动,把执法权当做牟利的工具,把"执法"变成了"执罚",以致老百姓怨声载道,靳湘辉建议,各级财政应全额保障基层政法机关的工作经费,杜绝以收定支,坚决执行收支两条线的有关规定。

靳湘辉在主持检察院的工作中,善于管理,科学决策,勇于抗诉,使该院的业务和队伍建设呈现出良好的发展态势。2008年,全院年终执法质量考评位于常德市第二名,查办职务犯罪案件数量和批捕起诉刑事案件数量再创新高,该院在常德市政法委组织的"创群众满意活动"中荣获先进单位称号。

新牧区建设的"领头羊"

——记鄂尔多斯市人大代表王有成

王乐平

天上白云地上羊,伊和乌素野茫茫。高原牧草丰而劲,"钻石纤维"细又长。这是一首赞美杭锦白绒山羊羊绒品质的小诗。王有成就是让杭锦白绒山羊走向品牌化、并带领周边牧民致富的带头人之一。王有成因出色表现当选为鄂尔多斯市二届人大代表。对此,他既感到骄傲,又感到责任重大。他一方面千方百计经营好自己的企业,以优异的经营业绩助推地方经济发展。另一方面,他积极履行代表职责，充分发挥代表的桥梁和纽带作用，全心全意当好人民群众的代言人。

立足选区　致力于经济发展

从上世纪80年代起，王有成立足伊和乌素苏木土地条件，决心在杭锦绒山羊养殖上下功夫，走一条品牌化、效益化的路子。他认为搞绒山羊养殖，必须打破传统养殖的旧框框，夯实养殖基础，提高科技含量，既要提高经济效益，又要保护好生态环境。他还确定了一个目标，就是将伊和乌素绒山羊打造成知名品牌，向周边地区销售种羊，不能光靠卖绒、毛、皮、肉等畜产品赚钱，改变经营观念，提高科技养殖，绒山羊产业一定会兴旺起来。

多年的养畜经验，让他充分认识到饲草料对养殖业的重要性，为了能够实现饲草料的自给，他筹资开发了900多亩饲草料基地，不断完善种植结构，首倡科学配方饲喂，以提高羊绒品质。经过精心的培育，白绒山羊的个体产绒量从800克达到了1250克，2006年在鄂旗举办的全市伊吉汗杯白绒山羊产绒大赛上，他的公羊以2500克的产绒量获得了成年公羊一等奖的好成绩。

王有成的养殖规模不断扩大，由原存栏500多只发展到现在的2000多只，成为全旗名副其实的养羊大户。现在主要以销售绒山羊种羊为主，每年销售收入可达100万元，为地方经济社会的发展做出了重要贡献。

密切联系选民　带领选民致富

王有成在经营自己的事业的同时，毫无保留地将自己总结出的科学有效的养殖经验传授给周围的牧民群众。2005年，王有成发起成立了伊和乌素苏木杭锦白绒山羊养殖育种协会，并任会长。在王有成等养殖大户和致富能人的带动下，全苏木的白绒山羊养殖业不断发展壮大，已形成了品牌效应，并初步形成了产业化、集约化、高效化、生态化经营的良好局面，为促进牧民增收、推动社会主义新牧区建设起到了带动和示范作用。特别是在销售上，王有成特别注重宣传，充分利用各种媒体，利用客商前来考察的机会，发放宣传资料，介绍产品优势。由于绒山羊产品质量高，受到国家有关部门的重视，去年，科技部就王有成的白绒山羊养殖做了专题报道，在央视国际网站、中央台致富经栏目进行报道，伊和乌素绒山羊品牌知名度空前的提高。经过协会的运作，白绒山羊销售渠道十分广阔，有来自辽宁、陕西、甘肃、新疆、河北等省区的客商前来购买，现已形成以伊和乌素为中心，遍及我国北方地区的销售网络。

随着白绒山羊销售渠道的拓宽，协会内的养殖户迅速地富了起来，协会引导农牧民靠这个产业赚了钱，苏木初步完成了畜牧业由粗放型生产到集约型生产的跨越。王有成积极引进优质白绒山羊，大力淘汰劣质畜种，鼓励养殖户种植紫花苜蓿、沙打旺等优质牧草，带领农牧民走科学养殖的路子。

牢记职责　充分发挥代表作用

王有成作为人大代表，始终不忘自己的代表职责，为了履行好代表职务，先后认真学习了宪法、地方组织法、选举法、代表法等相关的法律法规。在参加人代会期间，他认真听取和审议人大常委会以及“一府两院”的工作报告，积极建言献策。当选代表以来，他共提交议案、建议、意见20条，被采用15条。其中《在伊和乌素建设白绒山羊养殖小区》的建议，受到市、旗人民政府的高度重视。他还结合实际，提出了一些合理化建议、意见，如在伊和乌素增设中国石油加油站、新建炒货站、加大禁休牧力度、打击乱垦草原、加强民族地区教育事业发展、扩大饲草料加工基地、建立货站以及降低外地客商的绒毛收购成本等，建议意见均引起了当地政府和有关部门的高度重视。

平时王有成严格要求自己，积极参加代表活动。杭锦旗十五届人大常委会组建以来，邀请市旗乡三级人大代表参加培训、视察、调研、旁听法院庭审等代表活动比较多。王有成积极参加杭锦旗人大常委会的各类活动。他本身是一名牧民经纪人，又是白绒山羊种羊场的经理，事务繁忙，只要通知他参加代表活动，他总是克服困难，到会踊跃发言，成为杭锦旗三级人大代表的楷模。他说：“我是人大代表，职责重大，一定要珍惜群众对我的信任，充分用好每一个可以表露人民心声的机会。”

王有成热心公益，在带领乡亲发展白绒山羊养殖共同致富的同时，还积极投身社会事业。从10年前自己还不算富裕时开始向陶楞民校捐款3000元算起，他自己也记不清向社会捐赠了多少款物。2005年他向伊和乌素小学捐了3000元。非典期间他捐款抗击疫病，2008年带头向四川地震灾区捐款。平时他还经常向当地的失学儿童捐款，有人劝他，把这些数字记下来，王有成一笑了之，因为他心里知道，作为一名人大代表，只要心里装着群众，名和利都不重要。

尽职尽责当好人大代表

李志贞

五年的省人大代表履职经历,使我深深体会到,要当好一名省代表,最重要的是要忠实地代表人民的利益和意志,真实地履行人民代表的职责。现在我结合自己的履职经历,谈谈我在履行省第十届人大代表职务期间一些初浅的体会。

一、提高认识,明确履职内涵

做代表与做好代表是二个不同的概念,要做好代表,必须要对代表履职的内涵有一个全面的、准确的认识,要弄明白应该怎么样才是真正地履行代表职责,怎样才能忠实地履行好代表职责。我的体会是首先必须做好二个到位:

第一是责任到位,这是当代表的出发点和原动力。人大代表不能只当荣誉,更要把它当成一种特定的责任。必须从观念上和认识上解决好责任制到位的问题,才有动力和主动性来认真履行人大代表职责。每个省代表至少代表10万人,省代表的每一次发言,每一次表决时都要想到我们所肩负的责任。仁化有22万人,但只有我一个省代表,我时常感到肩上责任重大,深恐做不好,唯有尽已所能,尽心尽力地履行职责。

第二是精力到位。人大代表是各行各业选出来的精英,有些甚至是重要部门或大企业的主要负责人,且绝大多数代表是兼职的,平时工作就很忙。要履行好职责,必须要科学安排时间,甚至要挤出时间来履职,只有这样才有精力既做好工作又能履行好代表职责。省代表每年的履职时间在30天左右,在履职时常遇到与工作相冲突的情况,通常遇到这种情况,我的做法是计划性活动,提前安排好工作;临时性的活动,则尽量利用业余时间来保证。只有这样,才可以做到两者兼顾。

二、加强学习,提高履职能力

做为一名省人大代表,要关心国家大事、关注社会民生、反映社情民意,必须要较全面的知识积累,较高的当政素质,才能善于分析把握社会的热点、难点和焦点问题。才能履行好代表职责。因此必须加强学习,努力提高自身的综合素质和分析解决实际问题的能力。要认真学习宪法、选举法、地方组织法、代表法等法律法规和相关政策,学习中共中央9号文件,广泛学习科学文化知识,来拓宽自己的知识面。要积极参加省市人大举办的各种培训班,系统地学习履行代表职务的相关知识,不断深化对人民代表大会制度的理解和对人大代表性质、地位和作用的认识,通过学习,不断培养自己的政治敏锐性和政治原则性。

三、准确定位,找准履职方向

省代表来自不同的行业、不同的层次,有工人、农民和知识分子、领导干部、企业老总等等。每个代表的实际情况不同,代表要根据自己的情况,找准位置,准确定位,找到适合自已的履职方向。我的体会是:

1、立足本行业。作为一名省人大代表首先要反映自己所代表的行业里热点、难点和焦点问题,要把自己所代表的行业里所存在的热点、难点和焦点问题做深做透,从自己所熟悉的行业和专业入手进行履职,这其实也是做好代表的基本条件。因为不同的代表,代表不同的行业,做为某个行业的省代表,必须反映这个行业的热点、难点和焦点问题,否则所代表的行业就会少一个代表为他们呼吁。我在履行省第十届人大代表期间所提的第一个议案是关于小水电发展中存在的问题,这是我的本行,我当时是科技人员代表,多年从事水电站的安装、建设与管理工作。

2、关注本选区。作为韶关选区的省人大代表,应该关心韶关经济社会各项事业的发展,要把韶关全市范围内群众所关心的热点、难点和焦点问题且又是全省普遍性的问题,和一些虽然只存在于韶关但属于省里解决范围的问题,忠实地反映上去。代表在履职时,有些问题可能是自已不熟悉的行业,可以采取2个办法:一是如果有时间、精力和能力,则可以在深入调查研究并经过仔细的分析和周密的思考后,及时向上反映;二是若没有时间精力或超出自己能力范围,则可以向熟悉了解该问题所涉及到的行业的其它代表反映,请他将问题反映上去。

3、着眼全广东。省人大代表要站在全省的高度来履行职责,要积极反映制约我省经济社会各项事业全面协调发展所存在的问题，正确行使好当家作主的权力，为推动全省民主法制建设、实现全省科学发展协调发展、构建和谐广东作出积极的贡献。

作为一名人大代表，不管你来自哪个部门、哪条战线，不论你身在哪个位置，只要能够认真、用心地履行代表职责就是一个称职的代表。履职方式有多种，关键是要选择最适合自己的方式。比如有些代表由于时间关系或其它原因不能或不方便写建议和议案，只要能积极参加活动，反映本选区的热点、难点和焦点问题也是在认真履行职责。

四、把握方法，依法履行职责

代表参政议政，目的是为了推动一府二院的工作，反映社情民意，目的是为了化解矛盾，促进社会安定。因此，履职时，一定要依法办事、讲究方法，要注意站的高度和选题的角度，既要敢于说，更要善于说。只有这样，才能让人听得进去，觉得你言之有理，才能达到为政府排忧，为群众解难目的。五年的履职经历，我感到要使所提议案和建议被采纳，要多为群众办好事实事，最难把握的是方法问题。这个需要我们在履职中不断地探索和实践。我的体会是：

（一）关注民生，善于总结。做为一名人大代表，要积极参加省市人大组织的各项活动，经常深入实际，深入现场，参与各种形式的社会活动，来倾听群众的呼声和了解群众的需求。关注和思考攸关民生的重大问题，如医疗卫生、教育、就业、社会保障、"三农"、生态和资源保护等问题。并且针对有关问题（关注的问题）深入开展调查研究，积累和掌握详实的第一手材料，用数据和事实说话，并仔细分析，善于总结。只有这样，在参加每年省人大召开的例会审议"一府二院"的报告时才有发言权，说话才能说到点子上。所提的议案和建议也就具备较强的针对性。

在五年的履职工作中，由我领衔提出的议案建议共11件，内容涉及到农业农村工作、山区小水电、乡村公路、煤炭关闭、财政转移支付、开发丹霞山旅游和加强公检法建设等多个领域，其中关于"加快对死刑犯终审复核"的建议得到省高院的高度重视，并引起媒体的关注；关于"落实山区小水电优惠政策"的议案在今年七月份已得到解决，其它议案和建议多数得到相关部门的重视、采纳。

（二）百折不挠，锲而不舍。由于种种原因，代表所反映的社会焦点、难点和热点问题，并不是每件都能得到尽快解决，有些问题在本届任期内不能解决，需要下一届甚至再下一届代表继续努力，这就需要代表的有一种百折不挠，契而不舍的精神，同时要充分利用集体的力量。比如：落实山区小水电发展优惠政策的问题，是八届、九届省人大代表一直所关注和关心的热点问题，省八届、九届人大常委会先后通过二个决议，但是由于种种原因，全省许多山区小水电站没有享受到优惠政策，省八届、九届人大代表一直不懈地呼吁，仍然没能得到解决。到了我们第十届省代表，我们接过接力棒继续呼吁，要求落实省人大决议，扶持山区小水电站的建设和发展。在本届人大第一次会议期间，本人领衔提出"关于落实小水电站优惠政策"的议案，第二次会议时由原市政协副主任杨筠再一次提出，第三次会议时结省电力体制改革，电价调整时又一次提出来。第四年闭会期间，省人大组织专题社察，以代表小组的方式进行，当时我向市人大提议以社察"我市小水电站现状"为内容进行专题视察，得到市人大的高度重视，并很快批准同意，我们视察小组先后去了全市相关部门和一些存在问题较典型的县，与当地政府有关部门、小水电站业主、小水电行业协会等进行座谈，形成详细的专题调研报告经市人大上报省人大。在今年的省人大例会上，由朱思宜代表在经过深入的调研和思考后，再一次领衔提出加快落实小水电站优惠政策的建议和尽快制订小水电站管理条例的议案。就这样，经过我们韶关市团全体代表的共同努力，在第八届、九届代表呼吁的基础上，落实全省山区小水电优惠政策的决议，终于在今年七月份得到较好地解决，我市所有县级供电局全部实行省电网公司直管，小水电站上网电价不低于全省电网综合平均收购价的政策，也得到省物价局的认可，并已在今年8月份在全省执行。这一政策实施后，我市小水电站每年可增加售电收入近3亿元。

（三）坚持原则，以理服人。代表在履行职责时要坚持原则，以理服人。尤其在处理有关部门答复代表的议案和建议时，更要注意。有些部门在答复代表建议、议案时会出现复衍的现象，代表对部门的答复不满意，一定要坚持原则，只有这样，建议办理部门不得不重视，若勉强答复满意或基本满意，则我们所呼吁的群众所关心的难点问题就难以得到解决。

比如，2006年省人大第四次会议期间，由我领衔提出的"关于解决山区检察院编制问题"的建议,一开始并没有得到建议承办部门的重视,由于我坚持原则,最终引起省人大和建议承办部门的高度重视,使建议所提的问题得到较好的解决。因为解决编制问题是老大难的问题,再加上仅省检察院一家也难以解决,因而,当时的承办单位省检察院在答复我提建议时,讲了许多的客观原因,然后说短期内难以解决。我对省检察院的答复非常不满意,在经过慎重考虑之后,我在代表反馈意见表上写了"不满意",并陈述了不满意的理由。我的意见经省人大反馈给省检察后,引起了省检察的高度重视,省检察院分管后勤装备的梁德标副检察长带领办公室政治部等几个部门负责人在市检察院杨剑检察长的陪同下两次约见本人。第一次亲自见来仁化约见我,第二次与省人事厅领导一起约见,我还邀请了参与本建议的其它代表参加约见。主动与我及其它代表沟通,并且详细向我们解答短期内不能给山区检察增加编制的原因。在06年检察系统纳入公务员管理重新核定编制时,全省检察系统还要大面积再裁员1040人,但由于我们的据理力争,省检察院与省人事厅的领导考虑到韶关市检察院有监狱管理所,检察任务重,民刑案件多,办案环境差等实际情况,承诺在这次全省检察系统重新核定编制数大面积减编(全省减编1040人,平均每年减编51人)时,不减少韶关市院的编制数。今年下半年检察院的领导告诉我,省检察院和人事厅说话算数,在这次全省法院和检察系统大面积减编时,只有韶关检察院没有减少编制数,相当于在这次大面积减编时,为韶关检察院争取了几十个编制数。

事后总结时,我分析若当初反馈给省人大的意见时,不是坚持写不满意,则建议的承办部门就不会由应付代表转变到主动与代表沟通,建议的办理也不会收到这么好的效果。

(四)反映民意,依法办事。人大代表要积极参加人大会议和闭会期间的活动,在每年一次的省人大会议期间要认真履职,闭会期间履行好代表职责同样重要。因为每年省人大召开会议的时间通常在十天左右,因而代表活动绝大多数是在闭会期间。代表要关注民生,反映民意,积极参加闭会期间的活动。坚持依法办事,在本职工作岗位上和履行代表职责时,要严格法律程序和要求办事。在闭会期间,对群众主动向你反映的问题要及时真实地向有关部门反映,积极为群众呼吁,努力为群众做好事办实事。2005年闭会期间,我协助省市二级法院成功地化解一起因国有企业破产安置职工时所引发的群体性上访事件的隐患。事情的经过是这样的:2005年5月份,曲仁矿务局几个下岗职工主动找到我反映该矿在企业破产安置职工时,不承认48名大学生的职工身份不发给安置补偿金,也不作任何其它安置的情况。他们通过法律途径来维护自身权益已近3年都没有结果,请我帮助协调解决,否则他们只好通过互联网公布曲仁矿在企业破产时不依法安置职工的情况。我意识到这关系广东省政府和我省人民法院形象,曲仁矿为省属企业,是我省国资公司广晟公司的下属企业。我在详细了解情况后,安抚好这些职工,承诺他们一定帮助反映问题,起好协调作用。之后,我多次与韶关市中院及曲仁矿破产法清算等相关单位多方奔走,反映问题,充当中间人协调联系,经过近一年的努力,终于使这一事情得到圆满解决。48名职工一次性领取生活补助6000-7000元。这件事情的处置结果相关的各个方面都很满意,48名职工也很满意,表示接受安置方案,不再上访。市中院对此事也给予了很高的评价。

我当代表为人民

——记自治区人大代表、大新县县长雷多荣先进事迹

广西崇左市大新县人大常委会主任 黄增生

雷多荣,男,汉族,1961年11月出生,中共党员,现任中共大新县委副书记、县长。作为一名人大代表,县政府主要领导,他始终牢记代表职责,自觉接受人大监督,依法行使代表职权,在真实反映社情民意,推动社会经济健康快速发展,切实改善民生等方面作出的突出的贡献,向人民群众交出了一份满意的答卷。

一、履行代表职务,增强代表意识,履行代表职

责

当选自治区人大代表以来，雷多荣同志始终把"人民代表"作为一种最高的荣誉、一种最大的责任来对待，努力把人民的利益体现好、维护好。一是广泛联系群众，深入了解县情民意。作为大新县政府主要负责人和一名人大代表，不论工作多么繁忙，他都经常挤出时间深入乡（镇）、村屯进行调研，主动听取并征求广大干部职工和群众的意见和反映，获取第一手的资料。近年来，他在深入基层调查研究，获取第一手材料的基础上撰写了《建设生态文明促进科学发展》、《做强做大优势产业和特色产业》、《围绕促进农民增收推进现代农业建设》、《依托资源优势积极融入泛北部湾区域合作推进县域经济又好又快发展》等二十几篇理论文章在《广西日报》、《桂海丛论》、《广西经济》、《左江日报》等刊物上发表，为科学决策提供了依据。同时，他热心接待群众来信来访，做到件件有落实，事事有回音。例如，因企业改制遗留的大新县桂丰制糖有限公司未按时缴纳退休职工医疗保险老大难问题，由于案情复杂，涉及人员多，一直未能妥善解决。了解到此事后，雷多荣县长亲自召集相关部门和桂丰制糖有限公司负责人共同进行研究，提出了切实可行的解决方案，督促桂丰制糖有限公司及时补交退休职工的医疗保险费，案件得到了圆满解决。二是反映群众意愿，当好人民代表。雷多荣同志始终以反映人民的意愿，实现人民的权力为己任。他认真贯彻落实党的十七大、十七届三中全会精神和党在新时期的方针、政策，经常从为民负责的角度出发，对经过深入调研所掌握的情况进行深入的思考和分析，特别是对关系国际民生的问题力争站得更高一些、看得更远一些、想得更深一些，并提炼成议案，积极向区、市人大会议提出建议和意见。例如，2008年他在充分调研的基础上，自治区十届人大二次会议上提出了将硕龙口岸升格为国家一类口岸、尽快规划建设钦州至富宁高速公路钦州至崇左大新段的议案，并得到了采纳。自治区人民政府已于8月19日把硕龙口岸升格问题上报国务院，建设钦州至富宁高速公路钦州至崇左大新段的规划也被补写入了今年的自治区政府工作报告。三是廉洁自律，作好表率。不论在工作或生活中，雷多荣同志都始终牢记"两个务必"，始终做到慎权、慎欲、慎微、慎独，坚持做到严于律己、以身作则、以俭为荣，堂堂正正做人、踏踏实实做事、清清白白做官，体现了一位共产党员和人民代表的良好风范。

二、立足本职工作，真抓实干，全力推进科学发展

作为大新县三十几万人的父母官，雷多荣同志以开拓创新、争创一流的精神，始终立足本职工作，自觉接受人大监督，今年以来，带领政府一班人马沉着应对国内外不确定的宏观经济环境以及罕见的冻灾、洪灾带来的影响。坚定不移的实施"生态立县、工业强县、开放活县、民营富县、旅游旺县、科教兴县"六大战略，在加快大新经济社会发展过程中夜以继日的忘我工作。在他的带领下，大新县全县干部职工真抓实干，在荣获"2007年广西经济发展十佳县"的基础上抢抓机遇，乘势而上，以创建"国家级生态示范区"为契机，推进农业产业化实现新进展；以工业强县战略为核心，推进工业化实现新突破；以创建"中国旅游强县"为动力，推进旅游业实现新飞跃；以打造国内优秀旅游名城为目标，推进城镇化实现新发展；以抢抓中国－东盟自由贸易区蓬勃发展带来的发展机遇为突破口，推进重大项目建设和招商引资工作创造新佳绩。2008年，大新锰业、蔗糖、电力等三大工业支柱产业飞速发展，锰加工业方面，全县规模以上企业达30家，其中超亿元企业就占12家。锰加工业预计完成总产值32亿元，大新经济脊梁进一步夯实。电力业预计完成全年产值3.5亿元，锰电结合发展模式更加明显。蔗糖业方面，"公司＋农户"的产销模式更加突出，2007/2008年榨季全县入厂原料蔗总量为220万吨，同比增加73.4万吨，全县蔗农销售原料蔗总收入为6.04亿元，同比增加2.02亿元。生态旅游区建设稳步推进，"中国旅游强县"活动创建工作扎实开展。2008年，大新全县共接待游客突破100万人次，旅游综合收入达3.94亿元，同比增长37.28%，旅游业迈上新台阶。雷多荣同志牢固树立"大开放"的观念，在县财政并不宽裕的情况下挤出资金建设硕龙口岸新联检楼、出入境通道，不断完善硕龙口岸基础设施建设；同时，积极与越方沟通联系，亲自带领代表团出访越南，与越南高平省、下琅县商谈了硕龙－里板口岸升格等有关事宜，签订了共同加快双边合作、促进口岸升格的会谈纪要，口岸经济获得了飞速的发展。一年来，大新经济建设成绩斐然，预计全县完成地区生产总值43.33亿元，同比增长8.1%；财政收入完成5.033亿元，同比增长23.27%；城镇居民可支配收入12713元，同比增长15%；农民人均纯收入4011

元,同比增长15.8%;全社会固定资产投资额完成23.09亿元,同比增长26.2%,经济社会不断跨越发展。

三、关注民生,奋力抗洪救灾,切实保障群众的生命财产安全

雷多荣同志始终把为人民办实事、谋利益作为履行代表职务的出发点和归宿点,坚持改善民生,深入为民办实事好事。2008年,在充分征求意见和调研的基础上,雷多荣同志带领全县干部职工集中力量实施城乡医疗惠民工程、农村人口饮水安全工程、教育惠民工程、农村最低生活保障工程、廉租房保障工程、困难归侨和农村特困户住房改造工程、村镇教师安居工程等十三件为民办实事工程,着力解决群众最关心、最直接、最现实的问题。2008年,全县完成沼气池建设2008座、完成农村人口饮水安全工程139处、完成危房和茅草房项目1133户。同时,为715户困难归难侨进行危旧房改造,建设33条共83公里通屯道路,建设廉租住房500平方米、发放租赁租金补贴286户543人和补贴金41425.09元,划拨19.6万元为计生二女困难户、五保户、低保户、残疾群众交纳参合费,扎实推进24所乡镇中小学的村镇教师安居工程,使广大人民群众真正享受到了党和政府的温暖和关心。2008年9月24－27日,受第14号强台风"黑格比"影响,大新县遭遇了特大洪涝灾害,给全县人民的生命财产带来极大威胁。在抗洪抢险战斗中,哪里最关键,他就出现在哪里;哪里险情大,他就奋战在哪里。2008年9月26日上午11:00,雷多荣同志得知桃城镇依门水库发生险情,危及下游1500多名群众的生命财产安全之后,立即前往现场,指挥处理险情。26日晚上23时,他听取了县自来水厂正在抢修供水系统的情况汇报后,马上组织县水电局、建设局等部门主要领导赶赴自来水厂抢修现场进行指导,指挥调拨维修设备,经过连夜奋战,到27日凌晨5点钟成功恢复了县城居民供水后他才离开现场。29日上午,全茗镇配偶村谷山山塘水位急剧上涨,压力过大导致坝体出现3道裂缝,正在福隆乡平良水坝抢险现场指挥的雷多荣同志在该水坝险情得到有效缓解的情况下,又马不停蹄的奔赴偶村谷山山塘现场坐镇督战,工作人员提醒他山塘水坝裂缝较大,随时有崩决的可能。雷多荣同志果断地说:"我是共产党员、人民代表在这关键时刻决不能退缩",在他的带领下,抢险队伍气势高涨,水涨坝高,有险即除,维护了大坝的安全。在整个抗洪救灾工作上,雷多荣同志全部心血都凝聚在救灾工作上,连续5天没有进过距离办公室仅2000米的家门,累了就地一歇,困了打个小盹,饿了一口快餐,在他的带领下,全县干部群众克服种种困难,确保了全县整个救灾工作的高效运行。在他的带领下,全县广大军民团结奋战、顽强拼搏,全县河流无一溃决、水库无一垮坝,群众情绪稳定,社会秩序井然,洪灾带来的影响被降到了最低。

身先士卒,鞠躬尽瘁。雷多荣同志正是用这种"人民选我当代表,我当代表为人民"的精神,牢记三个代表宗旨,全心全意的为人民服务,体现着一名共产党员光辉形象,无愧于人民代表的荣誉称号。

情系交通

——记内乡县人大代表、交通局局长王洪湍

河南省内乡县人大　　苗长庚　李新涛

昔日"山高石头多,出门就爬坡,要想走出去,绕道十里多"的内乡县师岗镇江家、东坪等村,如今是"路到门口车到家,石头变成金疙瘩"。其实,这只是内乡县村村通公路的一个缩影。若谈起这脱胎换骨的变化,人们不禁想起敢代民言、乐解民忧的好代表、县交通局局长王洪湍。

似乎有点过于突然,2003年3月20日,曾当过兵,时任城建局副局长的王洪湍被县人大常委会任命为县交通局局长。这一消息立刻成了爆炸性新闻,人们在议论中又满怀着期待。但也有人提出疑问:"交通行业虽'死'不了也'活'不好,王洪湍有多大能耐?"是的,内乡县地处山区,长期以来,由于地理环境特殊,资金缺乏,县境内的国道、省道坑凹

不平，县乡公路失修，特别是全县289个行政村的道路都没有“硬”起来，村民无不饱受“晴天一身灰，雨天一身泥”之苦。再说，交通系统各单位人满为患，职工工资难以维计，要想治好，谈何容易，可军人的果敢、人大代表的使命感，促使他不敢懈怠。他决心厉兵秣马，涉水前行，打一场“振兴‘内交’，实现转机的背水之战。”

为此，王洪湍一头扎到了公路局、县乡运管所调查了解情况，走乡串户征求群众意见，请各级人大代表把脉支招。经过10多天的走访调查，王洪湍看清了交通局的出路。

当年4月10日，王洪湍在全局干部职工大会上动情地说：“党和人民把我放在县交通局局长这个位置上，就是让我和同志们一道克服困难，共谋发展。我向同志们立下‘军令状’，一年改革打基础，二年拼搏上台阶，三年进取大发展，彻底扭转交通局‘死’不了也‘活’不好的局面，保证让干部职工的工资每年都有不同程度的提高，让县乡村道路‘硬’起来。如果做不到这几点，我自动下台！”王洪湍掷地有声的发言，鼓舞了干部职工的斗志。

二

“当一名人大代表，尽职尽责地为人民办实事是我最大的乐趣。”王洪湍自任县交通局局长那一天起，就一门心思要把公路建设这块蛋糕做大做强，展示公路建设为经济发展的先行作用。

有人说，公路是用人民币一捆捆垫起来的。这话一点不错，没有资金，巧妇难为无米之炊。当时国家和省开始大规模压缩干线公路投资，而且全省公路建设项目审批也由省交通厅一家掌‘勺’分为由省发改委、交通厅和财政厅三家共同把关，这为争取项目、资金增加了一定难度。在那些日子里，身为交通局局长的王洪湍没有过过节假日、星期天，每天只有5个小时休息时间。他东奔西走，求厅长、拜省长，谈优势、要项目，人累瘦了，腿跑细了，诚心换来理解和信赖。上任两个多月，他先后争取到312国道内乡段大修、内乡至乍岖及瓦亭、七里坪至湍源、赵店至庙岗、马山至高丘、灌涨至罗庄公路改建及村村通工程建设等一大批干线和农村公路建设项目。在跑项目过程中，他得知杨店至七里坪的公路改建拟定纳入国家计划，就迅速召集公路局、县乡所工程技术人员，经过10多天的测绘，王洪湍带着申请报告，跑北京驻郑州，争取该线路70公里提前施工的批复，总投资1.5亿元，这是内乡县有史以来争取到的最大的道路基础建设项目。在此，他还紧紧抓住村村通公路建设大好契机，多次去南阳赴郑州要计划，使全县289个行政村率先在南阳市实现村村通水泥路工程。近年来，王洪湍共向上争取重大公路建设项目10余个，资金3亿多元。

2007年3月，王洪湍向内乡县第十三届人民代表大会第一次会议提交了“加快旅游公路建设，尽快打通内乡——夏馆——宝天曼旅游线路，实现旅游带动，富县富民的建议”，引起县政府高度重视，经县长办公会研究，要求交通部门以最快速度拿出设计方案。报省市批准。这条公路将在海拔一千多米的悬崖峭壁上施工，是内乡建路史上最难最苦的工程。以雷厉风行著称的王洪湍二话没说，欣然接受了任务。他先后五次带着同志们踏上布满荆棘、山石磷峋的悬崖峭壁，行程200多公里。手划破了，脚跑肿了，衣服挂烂了，谁也没有一句怨言，终于拿出了最佳的设计方案，绘制出了该条旅游公路图纸，获省批准修建。

三

质量是公路的生命。为确保公路建设质量，王洪湍始终强调把工程质量放在首位，制订了工程管理的具体办法，健全了各项管理制度，明确了工程施工的项目、技术、监理三项负责人，强化了责任。同时，引进竞争机制，实行工程招标制度，严格审查投标单位的资质，对其技术力量、管理水平、机械设备、经济实力进行严格的调查和把关。针对工程任务大、时间紧和施工单位的规模有限等实际，采取化整为零，多招施工队、多开工作面的办法，使工程的进度和质量都有明显提高。

为了工程质量，王洪湍的多数时间都是在工地上度过的。一次他在公路上发现施工队使用某厂的水泥不合格，当场决定退掉该厂的40吨水泥。在瓦(亭)虎(巴嘴)公路上，他发现部分路面断板超过省标要求，经当场测试检查是水泥热量过大的原因所致。当王洪湍帮助他们拿出解决办法时，已是月明星稀了。

强烈的质量意识和行之有效的措施，使内乡县的公路建设质量达到了国家规定的标准，村村通工程被南阳市政府确定为“工程质量先进县”。省市领导在验收内乡公路质量时由衷地说：“把资金投到内乡，我们放心。”

四

交通系统路线长、人员多，如何管好这支队伍是王洪湍一直思考的问题。他在广泛听取干部、职工和群众意见、建议的基础上，结合县交通局的实际情况，从改革人事制度入手，对局机关采取合并岗位的方法，将40名工作人员精减至20余人，并实行半年初评、年终总评、末位淘汰管理体制，改变了过去那种当一天和尚撞一天钟的懒散作风；对运管所按照市场需要重新设置内部股室，采取“挑兵挑将”的方法，即中层竞位聘用职工，职工竞岗选择中层，极大地调动了干部职工的积极性；对其它单位通过改革收入分配制度，体现多劳多得，引导行政管理人员到一线建功立业。

通过改革，交通局先后投资1000万元，开办了汽车修理销售业务；投资600万元，兴办了鑫达石材加工厂；成立了永安保险内乡销售服务部；投资1030万元建起了车辆检测线项目；发展了淅川汽车驾驶员培训分校；争取了一批跨省客运班线。年创税利达120万元，安排下岗职工60余人。

王洪湍为交通事业流出的汗水和心血，结出了累累硕果。五年间，累计筹措资金5.2亿元，改建国道、省道36公里，新改建县乡道路10余条200余公里，新建农村公路1770余公里，修建大中小桥及涵洞400余座1000余延米，全县289个行政村全部实现了村村通水泥路。五年间，共征收各种事业规费2.5亿元，累计完成货运量1900万吨、客运量4200万人次。职工工资由原来的400余元增长到600余元。从而使内乡公路交通的牌子在全省、全市响亮起来，连续四年被市评为先进集体。面对成绩，王洪湍和同事们没有沾沾自喜，正以十七大精神描绘着内乡公路交通的宏伟蓝图。

用行动诠释人大代表的职责

广东省人大代表、广东东明股份有限公司董事长　王东明

我于1998年当选为韶关市第十届人大代表，至今已连任三届。2003年1月当选为第十届全国人大代表，2008年又荣幸地当选广东省第十一届人大代表。当了10多年的各级人大代表，总的感受是：要想当一名人民满意的代表，就要做到讲学习、讲政治，讲正气，有心、用心，花功夫、花心血，同时，又要深入实际，下到基层，向群众学、向实践学，善于探索和总结，从而不断提高执行代表职务的能力。尽职尽责当好代表，代表好、维护好、实现好最广大人民的根本利益，是摆在每一位人大代表面前的神圣职责。下面我结合10多年来当人大代表的经历和个人对人大工作的认识，谈一下我的感受。

一、增强责任感、使命感

有强烈的代表意识，是当好人大代表的前提。群众选你当代表，委托你代表他们去行使权力，参政当政，这对代表而言是极大的信任和肯定。我们心中要时刻牢记这一点，并树立起强烈的代表意识。有了这种意识，就有了一种无时无处不在的责任感、使命感，有了这种责任感、使命感，才能不辜负人民群众对你的信任和重托。往往有这样的情况，有些代表选举的时候想当代表，当了代表又惰于履行代表职责。出席人代会和参加代表活动，有的的确是因工作忙走不开，有的则是借口工作忙而缺席，这就缺乏强烈的代表意识，没有使命感和责任感。

强烈的责任感和使命感在具体的工作中体现为，要勇于面对各种问题、困难，找到合理的、有效的解决问题的方法和途径，使人大代表真正成为联系群众、反映民意、解决矛盾的主要民主渠道。

二、提高自身素质，增强履职能力

（一）人大代表应具备的素质。人大代表的综合素质状况，直接关系到执行代表职务的质量，影响着国家权力机关职能作用的发挥。我认为人大代表应当具备的素质是多方面的，最主要的有三方面素质，即基本素质、专业素质和职务素质。

1.基本素质。人大代表在国家政治生活中的地位和作用，要求我们人大代表必须具备三个方面的基本素质，即：思想政治素质（爱国、爱人民、拥护中国共产党）、文化素质、表达能力和活动能力的素质。（1）思想政治素质。人大代表来自社会的方方面面，具有广泛性。无论是哪个方面的代表，思想政治素质都要达到一定的要求，对党和国家的大政方针有比较清醒的认识。在思想政治上，代表要有自觉地遵守国家的法律法规，热爱祖国，拥护社会主义，执行党的路线、方针、政策，公道正派，敢于仗义执言，为人民谋取利益等。例如，政府工作报

告的审议、对公务员团队的客观评价。(2)文化素质。人大代表要履行好自己的职责,需要一定的文化素养,有较好的基本功。过去,一些地区可能过分强调人大代表所代表的界别,而忽视了人大代表的文化素质,导致少数人大代表在5年任期内,没有在人代会上发过一次言,没有独立地提出过一件建议、批评和意见,参政当政能力比较弱。之所以会出现这种状况,很重要的一个原因,就是文化素质不高,叫做有心无力,无法表达。所以,一方面我们自己当选后,要认认真真地学习,不断提升自己的文化素养,从而提高履行代表职责的能力。另一方面,各级人大代表在选举时,在坚持广泛性的前提下,应当充分考虑代表的文化素质。(3)表达能力和活动能力的素质。能够清晰、准确地将自己的观点、意见、建议表达出来,是人大代表参政当政的基本要求。我们的想法再好、再切合实际,如果不能准确表达出来,也将失去意义。人大代表的职责决定每位人大代表要经常参与各种社会活动,参与视察和调研等,更要与人民群众接触联系,与当地党和国家机关及社会各阶层沟通交流,这就要求我们人大代表要具备一定的社会活动能力。

2、**专业素质**。人大代表来自社会各行各业,担负着重要的使命,不但要具有代表性、广泛性,还要具有先进性。这就要求人大代表应当是本行业的优秀分子,专业上应具备较高的素质,是行家里手,是较为顶尖的人物。只有这样,人大代表在参与管理国家事务中,才能发表真知灼见,提出切实可行的解决问题的办法。例如,从事管理工作的人大代表,应当熟悉管理理论,有管理能力和经验,是管理的内行;从事经济工作的,是驾驭市场的能手;从事社会工作的,就应该熟悉科教文卫体等方面的工作;从事法律工作的,就应该通晓法律,熟悉司法运作,等等。如果不是这样,那么各方面的代表就显示不出特色,显示不出专业的优势,就不能发挥其专业作用,势必影响参政当政的质量。

3、**职务素质**。人大代表是代表人民管理国家事务、行使当家作主权力的代表,也就是说,要参政当政。因此,在具有基本素质和专业素质的同时,还应当具备职务素质。人大代表履行职务,主要任务有两项,一是在大会期间,审议和表决列入会议议程的各项报告和议案,提出议案、建议、批评和意见,即参与行使国家权力。二是在闭会期间,联系选民和原选举单位,参加视察、调研、代表组活动等,反映人民群众的要求和呼声,监督政府依法行政,司法机关公正司法,做好工作,廉洁高效地为人民服务。人大代表的这两项主要的任务,决定了人大代表必须具备较高的参政当政水平和能力。简单地说,就是熟悉人大规则和议事程序,懂得从事代表工作所必需的业务知识,懂得怎样联系群众,表达民意,懂得分析归纳问题,懂得审议和提出议案、建议、批评、意见,等等。这就是人大代表的基本功,是职务素质的主要体现。这里我和大家交流一下我个人对意见、建议、议案几种参政当政途径的理解:人大代表的意见主要是对个别性、点上的问题向政府相关部门提出自己的意见,并要求政府相关部门解决;人大代表的建议主要是把一些有代表性、区域性的问题,依据一定的程序向相关部门提出;人大代表的议案主要是把社会上具有普遍性、全局性的重大问题,通过议案的形式提交,并通过立法和法定程序予以解决。

(二)提高自身素质的途径。1、多学习。

人大代表是地方权力机关的组成人员,责任重大。我认为,现代社会是法治社会,当今时代是知识经济时代,只有不断熟知法律法规和人大工作业务知识、掌握一定的专业知识,才能更好地履行代表职责,不负人民嘱托。当代表10多年,我认真向书本学习,先后学习了《宪法》、《代表法》、《地方组织法》和其他相关的法律法规,认真研读人大寄送的学习资料。人大机关组织的专题学习和讲座,我都积极参加。同时,我在这10多年来坚持到北大、清华等各高校交流、学习。通过学习,我对人民代表大会制度有了更深刻的认识,更加坚定了自己的政治方向,对市场经济理论有了更多的了解。同时通过学习,也使我更深刻地感到我还有许多事情要去做,而且,作为一名人大代表,应该有所作为。

2、多交流。无论是参加全国人代会和省、市人代会,还是参加代表活动我很注意和人大代表们交流、学习,对不懂的问题虚心请教。通过交流,既学习他们的工作方法,也学习他们求实的精神,以提高自己的履职能力。利用参加视察调研活动的机会不断开阔自己的视野,用心在实际中学习经济知识、科技知识,了解相关的政策和法规,扩大知识面,夯实自己为履行代表职责的基础。

3、多调查,多与基层群众交流。人大代表要经常"进群众门、听群众言、知群众心",调查了解人民群众的所思、所想、所盼、所急,帮助解决人民群众最关注的问题,努力去架设好人民群众与政府沟通的桥梁。

三、增强服务意识，发挥带头作用

人大代表既是荣誉，更是责任。我们作为人民选出来的代表，应当模范带头践行服务人民的宗旨，时时处处以实际行动履行代表职责。人大代表，来自各行各业，我们要充分发挥自身的优势服务人民、服务社会。我作为一名民营企业代表，企业有今天的成绩得益于党的好政策，我始终坚持致富思源，把回报社会作为自己的责任。作为人大代表，我应尽自己的微薄之力，回报人民对我的信任。在企业经营中我不但自身坚持做到守法经营、照章纳税，讲诚信、求质量、树形象，努力提供优质服务，还积极向本行业及社会其他企业宣传党和政府的各种法规、政策、影响、带动其他企业守法经营，积极回报社会。

例如，企业积极响应党和政府关于解决就业难问题的号召，企业创造就业岗位3000多个，在企业招聘中优先考虑下岗职工、“4050职工”及就业困难人员，为社会缓解了一定的就业压力。

针对贫困家庭子女上学困难的社会问题，我公司已经连续10多年坚持举办爱心助学活动，资助中小学生近500名，资助大学生近100名。加上其他形式的教育捐助，总金额达500多万元。另外，公司还积极参加各类慈善救灾活动，如向韶关慈善总会捐款，2007年韶关7.15洪灾后主动捐款捐物等等。在10年多来的公益活动中，我们累计捐款、捐物总金额达2000万元。对社会回馈的多少，是我们能力大小的问题，最重要的是我们要把回报社会作为神圣的社会责任和使命。在社会需要的时候，带头站出来，尽自己的努力为社会贡献自己应有的力量，从而带动社会更多的企业和组织参与进来，大家群策群力，共同解决问题，战胜困难。

四、开拓创新，求真务实

在市场经济不断发展，社会变化日新月异的今天，作为人大代表，我们要适应新的形势，要跟得上时代步伐。首先要在观念上与时俱进。善于学习，做学习型代表，用正确的世界观和科学知识武装自己。在致富观念、就业观念、教育观念等方面，要适应新形势，为广大群众作表率。其次，工作上要与时俱进，在本职工作中要开拓创新，不断创造新业绩。第三，在发挥代表作用上要与时俱进，要为推动科学发展、构建和谐社会多做作贡献，要在遵循法律规定的前提下，积极探索为民代言、为民谋利的新途径和新举措。

在创新的同时，更要务实。我们要坚持勤政廉洁，绝对不能以代表的身份谋取个人的私利。我们每一位人大代表都要把受人民委托、为人民代言作为自己庄严而神圣的使命，按照“三个代表”的要求，洁身自好，廉洁奉公，无私奉献，认真履行人大代表的职责，切实做一个让党放心、让人民满意的称职代表。

邓焱：乐安花猪的守护者

国珍　文才

走进乐安花猪原种繁育场，大老远就听见有人在猪圈里“啰、啰、啰”地哄猪进食，此人叫邓焱，刚迈入不惑之年。邓焱的人生角色曾发生三次转变：部队战士、民办教师、养殖户。前两种角色，在他的人生当中只是短暂的体验，而作为养殖户，用邓焱自己的话说：为守住乐安花猪这个地方品牌，再苦再累，下半辈子都不会改行了。

邓焱和花猪结缘，还要追溯到2004年。邓焱曾在广东惠州的一家现代化养殖企业打工，从不懂养殖技术到成为企业的技术骨干，他一干就是10多年。2004年，因生猪市场不景气，邓焱打工的那家企业宣布倒闭。俗话说三十而立，而此时的邓焱在经历多年的闯荡之后，却重新回到了起点。那年冬天，邓焱带着失落回到了家乡。

也许是机缘巧合，一天，邓焱翻看一份江西地图时，惊奇地发现在乐安行政区域那一块上，赫然印有“江西著名地方猪种——乐安花猪”的字样，这让他眼前一亮，打算利用自己在外学到的养殖技术，自主创业，搞花猪养殖，把乐安花猪这个地方品牌重新树立起来。

说干就干。2005年下半年，邓焱开始为从事花猪养殖业而四处奔波。要繁育乐安花猪，必须找到花猪母本和父本。然而，经过一番调查，结果让邓焱倒吸了一口凉气——花猪母本在该县还存有

80多头,而花猪父本却不见踪迹。为寻到花猪父本,他一个人骑着摩托车,辗转于该县谷岗、南村、金竹等乡镇的偏远山村。由于长时间奔波于山区农村,他的摩托车已磨破了五六个轮胎。功夫不负有心人,那年冬天,邓焱在金竹畲族乡半坪村找到了当时全县唯一一头花猪父本。他一刻也不敢耽误,马上冒着寒冷赶回县城,连夜请人拉着一头正处于发情期的母本直奔半坪村,为母猪配种。"配种后没过多久,那头公猪就死了。幸亏赶得快,否则乐安花猪就真的绝种了。"邓焱回忆说。

2006年开春,邓焱在有关部门的扶持下,在鳌溪镇赖村建起了乐安花猪原种繁育场。当年3月,这头成功配种的母猪顺利产下6头小花猪。在邓焱的精心饲养下,其中一头健康的小公猪成了新一代花猪的种公猪。

由于花猪的生长速度太慢,要10个多月才能出栏,而且体重仅有90-100公斤。邓焱的乐安花猪原种繁育场在繁育花猪的同时,也搞起了商品猪养殖。2006年冬天,生猪蓝耳病大面积传播,邓焱饲养的商品猪全军覆没,一下子损失了几十万元。擦干眼泪的邓焱惊喜地发现,在他的精心防治下,花猪在这场病疫中只是受到轻微的感染,乐安花猪的高抗病力更增强了他保护花猪品牌、发展花猪产业的决心。

阳光总在风雨后。在政府有关部门的帮扶下,邓焱的乐安花猪原种繁育场现有能繁花猪母本20头、父本3头,今年已产猪崽190多头。从保品牌到推广品牌,乐安花猪又一次赢得了人们的青睐。不久前,一位南昌的客户在邓焱的花猪繁育场看到花猪后,激动地说:"跑了那么多地方,我终于在这里看到了真正的花猪。"这位客户一下子买走了12头小猪崽。

邓焱告诉笔者,目前,他与合伙人正在筹资扩大生产规模,使繁育场每年能繁育花猪1000头。同时,建立乐安花猪养殖合作社,采用"公司+农户"的形式,带动农民共同把乐安花猪的品牌做大做强。相信在不久的将来,乐安花猪这一优质地方猪品牌一定会在市场上重现昔日风采。

远见卓识谋机遇　匠心独具侍农桑

——记省、州人大代表,安图县明海生态有限责任公司总经理段贵明

吉林省安图县人大常委会　　李殿臣　王洪胜

2004年3月,安图县松江镇文昌村的村民段贵明经过多年的艰苦创业,成立了安图县明海生态有限责任公司,该公司注册资金500万元,资产评估总计1604.397万元(注:延边经纬资产评估有限责任公司评估)。从一名普普通通的农民到资产超千万企业的总经理,段贵明以他远见卓识、敢于开拓的精神,一步一个台阶地攀登,在平凡中创造着财富,在辛勤耕耘中实现着自我。2005年,明海生态有限责任公司被安图县人民政府评为"全民创业优秀民营企业";2006年,段贵明被中共安图县委、安图县人民政府授予"安图县十大优秀青年"、"安图县党员致富能手"荣誉称号。

青山环抱、绿树掩映的明海生态园,山上的果树基地、药材基地已经初具规模,山下的无公害养殖基地场房错落有致、功能完备。生态园内垂钓鱼池、农家饭庄点缀其中,让初来的你感觉这里更象是一个休闲度假的山庄。短短几年,段贵明靠他独具匠心的思维,善抓机遇、把握市场的睿智,硬是把一个穷沟沟变成了聚宝盆,使传统的养殖、种植业在这里焕发了勃勃生机,体现了科技的力量、生态的文明。

2000年4月,安图县松江镇增谊村村委会实行集体林地改制,面向社会进行林地使用权拍卖,段贵明筹集45万元拍得了一块林地50年的经营使用权。他以这块林地作为发展基地,依托自然资源,采用复合经营、综合开发的模式,建立起了一个生态农业综合开发园区。他大力发展林地产业和林下经济,如今,他的生态园区拥有果树基地30公顷,林下参46公顷,人参、西洋参、穿龙薯蓣等中药材留存面积近40公顷,林地产业总价值已达到455万元。

段贵明经常说的一句话就是:光想不干那是空想,只做不想那是蛮干。面对蓬勃发展的林地经济,段贵明并没有安于现状。2004年,在生猪市场

非常低迷的情况下，他便看准了生猪市场潜藏的巨大商机，卓有远见地谋划起无公害养猪产业。当初，他大规模兴建养猪基地时，很多人都说他傻，人们不理解，很多老养猪户都因为亏损严重，转产不干了，他还大张旗鼓地张罗着养猪。面对人们的质疑和不解，面对当时生猪市场面临的困境，他深知要想在动荡的市场中站稳脚跟，必须跳出传统的养殖模式，走"规模发展，生态养殖"之路，向规模发展要效益，以生态养殖求生存。在建设养殖基地时他坚持高标准、严要求，投入巨资兴建了标准化无公害的猪舍，花重金聘请了2名高级畜牧师、2名防疫师，硬件的大投入和人才的强支撑，使他的无公害养猪项目一上马就显现出了不同寻常的优势。善抓机遇使他赢得了市场，辛勤的耕耘必有丰硕的回报，到2007年，他的生态园养猪基地年出栏生猪1.5万头，已经发展成为全州最大的无公害养猪基地。为了更好地走生态强园之路，提高产品附加值，他加大了农业综合开发力度，积极寻求与其他企业的合作，使明海生态有限责任公司的生态农业项目不断增多，生态农业发展势头逐步增强。明海生态有限责任公司与朝阳川酒业联合投资500万元，设计年产500吨白酒的生产线正在筹建之中。新建的污水处理系统、消毒站、水塔等基础设施已经投入运行。生态旅游渡假项目也已经按照发展规划逐步走入正规。到目前，他的生态园累计总投资达到了2800多万元。天道酬勤，在段贵明的带领下，明海生态园农业开发项目不断增多，经营规模不断扩大，明海生态有限责任公司逐步成长为集种植、养殖、休闲娱乐为一体的生态科技示范园区。

段贵明富裕了，他没有忘记回报社会，没有忘记带领群众共同致富。他投资16万元整修了通往生态园的村道，方便了自己企业的同时，也极大的方便了当地居民的生产生活；他的生态园安置了周边村屯的大量剩余劳动力，在招聘工人时他优先考虑城镇下岗失业人员；他利用自己的无公害养猪技术，扶助带动周边4个村屯，100多户村民发展无公害养猪产业，单此一项就使这些村民户均年增收近2万元，；他热心公益事业，积极扶助当地贫困家庭搞好生产，使他们告别了贫困，走向了生产发展的富裕路。

段贵明的艰辛创业历程和他的无私奉献精神感动了民众、赢得了民心。2006年，他当选为安图县第十六届人大代表，在安图县第十六届人大一次会议上当选为州第十三届人大代表，并于州第十三届人大一次会议上当选为省第十一届人大代表。作为一名人大代表，他牢记重托、不辱使命，用自己的实际行动践行着"人民选我当代表，我当代表为人民"的誓言。

办一所高水平的眼科专科医院是我毕生的追求

——访西安古城眼科医院院长孟永安主任医师

（一）

他自幼生长在山西省文水县一个贫困的农民家庭里，为读书投靠亲戚，四易学校。一九六四年以优异成绩，被西安医学院录取。一九七0年八月毕业后，先后到陕北子长县的公社卫生院、县人民医院、四川三线医院工作。一九七二年在陕西省人民医院眼科进修时就对眼科产生了极大的兴趣，一九七九年正式调入陕西省人民医院眼科工作。

一九八六年十一月，以优秀的考试成绩获得了国际卫生组织奖学金，赴美国田纳西大学医学院，在世界著名的孟菲斯白内障人工晶体手术中心学习。他的导师是"世界白内障人工晶体基金会"主席Freeman和Gettelfinger医学博士，孟永安的刻苦学习精神，受到导师的充分肯定和赞赏。短短八个月时间就掌握了当时世界上先进的白内障囊外摘除合并人工晶体植入手术，被美国白内障屈光手术学会吸收为会员，还被孟菲斯市市长授予"荣誉市民"称号。一九八七年七月，取得了美国工作许可证的孟永安决定放弃国外优越的科研及生活条件回国工作，他的这种精神深深地感动了他的导师。为了帮助他开展工作，导师将价值十多万美元的手术显微镜、眼科检查及手术器械和人工晶体赠送给他。孟永安带着这些设备回到陕西省人民医院后，迅速率先在陕西省乃至西北地区开展了白内障囊外摘除合并人工晶体植入手术。

一九九0年九月，具有不断进取精神的他，通过了EPT考试，被国家教委派送美国，再次深造。先在孟菲斯市，后又赴亚特兰大EMORY大学医学院进修学习一年。从师于著名角膜病和屈光手术专家GeorgeO. WaringIII，掌握了白内障超声乳化和准分子激光矫治近视等新技术。

回国前，Freeman主席对孟永安说“我在多次访问中，了解到中国有大量的白内障盲人等待复明。虽然你已经掌握了白内障治疗的新技术，但现在中国的体制不利于发挥你的能力。我希望你能办一所独立的眼科医院，优质高效地为中国盲人服务，帮助他们重见光明。让全世界的盲人重见光明是世界白内障基金会的宗旨。如果你同意，我们将给予大力支持。”孟永安当即答应。一九九一年十月他带着Freeman主席给卫生部部长陈敏章和省、市政府的亲笔信再次回国，踏上了创办眼科医院的道路。

（二）

正在办院无门之际，一九九二年春天，中国改革开放的总设计师邓小平同志的“南巡谈话”给他指明了方向。孟永安在“谈话”精神的激励下，经过艰难的过程，终于辞去省医院眼科副主任的职务，打破“铁饭碗”开始了他追求目标的长征之路。这年的十月十八日，在他的导师世界白内障人工晶体基金会主席、世界著名眼科专家Freeman的支持下，经西安市卫生局批准，在陕西省商业医院（现省第二人民医院）院内正式挂牌，成立了“西安古城眼科医院。”

办一个什么样的医院？导师Freeman主席的教导和榜样的力量使他有了清晰的思路和信念，那就是为“光明事业”办院。Freeman主席领导的世界白内障基金会是一个慈善机构。为世界多个国家培养了大批眼科专家，主席本人到过许多发展中国家为贫困的患者义务做复明手术。虽然经济是基础，但如没有坚实的社会效益为基础，就不会得到长远的经济效益。所以，孟永安在办院伊始就确立了“把社会效益放在第一位”，“如果有了积蓄，将全部投入到医院发展上”的理念。事实上，自从建院以来，还没有一位投资人从医院的收入中分到红利。他对工作人员交待了接待患者的原则：“现在日子比过去好了，但还有一些老百姓很穷，要尽量想到残疾人、困难户的难处苦处，帮助他们重见光明。”虽然是一所民营营利性医院，但始终要坚持医疗的公益性质。

多年来经常组织医护人员下工厂、走社区，不间断地到县、乡、村为农民免费诊治眼病。到陕南秦岭深处给孤寡老人送医送药，为陕北革命老区的白内障患者免费手术，为基层医院免费培养眼科医生，到基层医院会诊、手术等，足迹踏遍三秦大地。

自建院以来，积极参加省、市政府、残疾人联合会、红十字会、盲人协会等组织的各项公益活动共减免各种费用200多万元。仅2008年为解决农民看病贵、看病难的问题，在长安区、未央区开展“扶贫帮困光明行动”活动，为300多位农民免去白内障手术费42万多元。开展“抗震救灾捐资助学”活动，为灾区因困难上不起大学的学子赠学费10万元。2009年在西安市红十字会的倡导下，西安古城眼科医院计划用100万元为1000名城镇困难居民白内障患者减免手术费。

由于热心做公益事业，医院和孟永安受到各级政府、广大群众的表彰和赞许。先后获得“千名白内障复明工程先进单位”、“百名盲童复明工程先进单位”“全市残疾人康复工作先进集体”“残疾人康复工作先进工作者”“西安市红十字会慈善捐助爱心人士”“西安市抗震救灾先进单位”等荣誉称号。

（三）

精益求精，荣誉面前不停步。

2006年秋，当地最具影响力的新闻媒体《华商报》组织开展百万读者评名医活动，孟永安被评为百万读者心目中的“十大名医”。他的高知名度是他诚信为人，勤奋敬业得来的。17年来，他工作没有时间限制，只要病人需要，他就满足要求，经常连轴转，在同行中有口皆碑。近三万例白内障手术，耗去了多少时间和精力，放弃了多少节假日，放弃了多少休息时间，恐怕谁也算不清楚。

17年来，他没有因工作忙而减少学术活动和科研工作。先后在《中华眼科》《中国实用眼科学》等专业杂志发表学术论文40余篇。被中华医学会、中华眼科杂志编委会列入中华眼科杂志1978——1999年发表论文最多的前百名作者名录。1990年在中华眼科杂志首先发表了“球周麻醉和压迫降压”，“囊袋内白内障摘除合并人工晶体植入术”等文章。“晶体前囊连续圆形撕开的延伸度和挽核的研究”至今仍为国内唯一研究报道。在国内较早开展了反弧形小切口白内障摘除术和小切口白内障超声乳化摘除合并人工晶体植入手术，该术式经专家组鉴定，达到国内和国际先进水平。世界白内障基金会颁发给孟永安“白内障手术大师”证书及奖金。他获得西安市卫生系统新项目奖、科研成果奖等多项。两次获得西安市人民政府科学技术进步奖。曾任陕西省和西安市眼科学会常委。

每项奖励证书都浓缩着一个眼科专家不断探索的心路历程，艰辛的劳作。荣誉和艰辛没有放缓他继续前行的步伐。

（四）

为创建西北最大的民营眼科医院不懈努力。

一九九二年孟永安创建的眼科医院是在当时政策的倡导下，以“一院两制”的形式成立的。随着国家卫生方针的调整，孟永安清楚地认识到，必须独立办院。二00三年始，在西安市卫生局的批准下，在西安市尚勤路九号，创办了“西安古城眼科医院视光中心”，著名眼科专家、硕士生导师、国务院特殊津贴专家、全国劳模、西安市有突出贡献专家、原西安市第四人民医院眼科主任朱赛林主任医师加盟进来。此次创业，不仅改变了“单打独奏”局面，而且在技术上、资金上、经营体制上迈出了新的一步。技术上，从主抓白内障手术，向后节手术延伸，向屈光手术发展，资金上由独资向合资过度，经营上更注重市场的开发。期间，积极寻找新院址，积极筹措资金，向既定目标前进。

2005年抓住机遇，兼并了破产企业“未央饭店”，对医院进行股份改造，不仅弥补了资金不足还吸引了一批专业人才。接着按卫生部三级眼科专科医院的要求和标准，对旧饭店进行了装修改造。层流手术室、供应室、病房、污水处理、消防安全、通讯网络、治安监控等一次到位。

2007年8月18日西安古城眼科医院在新址——西安市自强西路59号隆重开业。

目前医院占地3.6亩，建筑面积6800平方米，总资金达5000万元。在编员工130名，其中，高级技术专业人员20人（正高13人，副高7人），中级职称人员13人，护理人员47人。专业技术人员有退休的老专家，有辞去公职的和新招聘的中青年医护人员。在“诚信、敬业、求精、创新”的办院方针指导下，又经过多年的培养和临床锻炼，技术水平有了明显的提高，形成了一支可继续发展的专业队伍。他们在工资不高的情况下，勤奋工作，为医院的发展默默贡献。医院的所有股东都感谢他们。随着医院的全面发展，经济状况会有明显好转，相信他们的劳动一定会得到应有的回报。

医院十分注重专业设备的装备、投入资金已达1600万元。先进的设备有：国内首台美国博士伦Zyopx217z——100 + APT多功能准分子诊断治疗系统（含ZDW整合式诊断系统、Zyopx217z——100个体化激光手术系统）、世界领先的美国爱尔康InfinitiOzil扭动式超声乳化仪、Accurus400三维高速玻切机、博士伦高级Millenium3000超声、玻切一体机、Premere超声、玻切一体机、Protege超声乳化仪等。瑞士“徕卡”、德国“自乐”、日本“拓普康”等高级手术显微镜（6台）。法国BVI眼底激光机、西北地区首台日本拓普康三维光学相干断层扫描仪（3D—OCT）、高级超声生物显微镜（UBM）、日本拓普康眼底照相机、角膜内皮细胞计数器等各种眼科检查设备。还配备了美国GEB型彩色多普勒成像仪、美国500MAX光机、韩国12导心电图机、全自动化生化分析仪、血球计数仪和香港雅士手术室净化系统等配套设备。

主要临床科室有：眼科、内科（门诊）、外科（门诊）、麻醉科等。眼科又设置有：眼急诊科、白内障科、青光眼科、眼底病科、视光学科、角膜病科、儿童弱视斜视科、综合眼病科、眼预防保健科等9个专科。

已开展的手术项目有：1、各种白内障超声乳化合并人工晶体植入术。2、各种疑难眼底病的诊断治疗、视网膜脱离复位术、玻璃体切割术等。3、准分子激光近视，远视及散光手术。4、各种角膜病的诊断治疗、角膜移植术等。5、各种泪道手术、斜视矫正手术、眼美容术等。6、儿童弱视斜视治疗。7、各种抗青光眼手术。8、各种外眼手术、眼肿瘤切除、义眼台植入术。9、医学验光配镜。

2005年以来，医院与全俄眼病中心合作，采用世界上最先进的显微再生外科手术，治疗四大疑难眼病：1、视网膜色素变性2、黄斑变性3、视神经萎缩4、进行性高度近视，取得了良好效果。

2005年，陕西省卫生厅组成专家组对我院的医疗水平等级进行了鉴定，认为“能够完成三级医院技术诊疗项目，眼科整体水平基本达到三级医院眼科水平。”陕西省医疗机构等级评审第二轮检查验收即将在今年开始。西安古城眼科医院正在按照三级眼科医院的标准强化人才队伍建设，强化诊疗常规、诊疗流程建设，欢迎有识之眼科人才加盟到西安古城眼科医院来，为创建西北最大的股份制三级眼科专科医院共同努力，实现我们共同的理想。

医院存在的困难：

民营医院，“营利性质”的帽子给医院带来政策性的制约因素。除税收负担外，难以成为“农合”等定点医院，限制了很多患者前来就医。人才队伍建设受到大环境的影响，一是吸引拔尖人才难，二是稳定骨干队伍也难。其中，具有核心战略地位的科研领域技术力量薄弱。我们是专家办院，非企业家，财团建院，资金不厚，营销手段有限。

孟永安深信：困难是暂时的。一个政府认定、同行认可、患者信任的三级眼科专科医院一定会办成，而且会越来越好。

领潮发展写春秋

——记湖南常德市第五届人大代表、汉寿泰尔顺投资有限公司董事长兼总经理陈军

湖南省汉寿县人大常委会　田明时

人生应该有怎样的追求？

常德市第五届人大代表、汉寿泰尔顺投资有限公司董事长兼总经理陈军作出了很好的回答。人生的追求在于扎扎实实为社会作贡献，全心全意为人民办好事。16年来，陈军正是凭着这种坚定的信念和无悔的追求一步一步地探索，艰苦创业，搏击市场扬风帆，领潮发展写春秋，以自己的聪明和才智、胆量和勇气领办创办了多业并进的综合型企业。以一个人大代表和年轻企业家的博大胸怀在汉寿县创造出一个又一个经济增长的新亮点，奏响了一曲又一曲青春之歌的新乐章。

上个世纪九十年代初，陈军还是一个刚年过二十满脸稚气的学生，他踌躇满志跨上了赴沿海广东打工、学技术的征途。1992年2月，陈军在广东东莞苏杨电器有限公司打工，当了一名学徒，那时，他只有一个考虑：虚心向师傅学习，练就一身过硬本领，以便将来回报社会，为家乡事业发展作出成绩。多少个日日夜夜的苦心耕耘，多少个日日夜夜的艰苦磨炼，他迅速成长成一名技术精湛的能手，受到了公司老板的信任和重用，当上了公司的领班、主管。光阴荏苒，陈军一天天成熟，又很快成了公司里的骨干、主任、经理、副总经理。1995年1月，陈军成为了广东东莞泰尔灯饰有限公司的总经理，勤奋打拼，实干发展，一干就是6年，终于成为了闻名遐迩、腰存数百万的富翁。陈军开始富起来，就想着要让更多的人共同富裕，他初步成功了，就想着要回报社会，回报这方滋养他的山山水水，回报勤劳善良的父老乡亲。陈军常说：“如果说我在致富的道路上已经迈开了第一步，也是党和乡亲们培育的结果。一人富不算富，只有大家共同富才是真正富。因此，我要牵着乡亲们的手，像兄弟姐妹们一样，共同奔向富裕路。”2001年秋天，陈军凭着在沿海一带打拼10余年所积累的数百万资本和经验，怀着对家乡的热爱、眷恋之情回到家乡汉寿发展。7年多来，他先后领办创办了汉寿县通达房地产开发有限公司、汉寿县泰顺食品冷冻有限公司、汉寿龙池实验中学、湖南泰尔顺投资有限公司，担任四个公司的董事长兼总经理，四个公司的产业涵盖文化教育、水产养殖及加工出口、粮食收购及销售、建筑行业、物业管理等10多个方面，先后解决了当地近500人的就业问题。目前资产总额逾亿元，年创税收上百万元。近些年来，他先后参与了汉寿旧城改造的开发建设，打造了花园广场、龙池书香一品等精品楼盘。创建了汉寿泰顺食品有限公司，是全市唯一一家拥有对欧盟、美国、日韩、俄罗斯等国家出口资质的加工出口企业，湖南省农业产业化龙头企业。尤其是他斥资逾亿元投资建设的汉寿龙池实验中学，已成为当地优秀教育的典范，2008年本科上线率达95.4%，位列全市前茅。

有耕耘就会有收获，有奉献就会有敬重和信赖。2007年12月，陈军被高票当选为常德市第五届人大代表，面对庄严的国徽，陈军激动的泪水夺眶而出。他感到肩上的担子沉甸甸的，暗暗发誓一定要认真履行人大代表的神圣使命，绝不能辜负人民群众对自己的殷切期望。为了提高自身素质，增强执行代表职务的能力，近年来，陈军总是不断为自己“充电”。在学业务的同时，特别注意学习有关法律法规，阅读省、市人大常委会的各种报刊文件，从中了解和熟悉各级人大工作动向和党的方针政策，为日常工作中认真履职打下良好的基础。

一年一度的人民大会是人民代表当家作主、代表人民参与国家事务,行使职权的"大舞台"。为了抓住这一有利良机,充分利用这个"大舞台",发挥人大代表作用,依法行使好自己的职权,陈军在十分繁忙的情况下,经常挤出时间,参加市、县人大常委会组织的各项视察、调查和检查,他还注意在接待选民、走访选民以及日常的工作和生活中,认真搜集广大选民关心的重点、难点和热点问题。无论群众反映的什么问题,他都详细记录,而且还同时把报刊上刊登的相关资料剪摘下来,分门别类、整理、分析,以便在撰写建议时参考。近年来,他先后将群众的带全局性的重大问题,整理成5条建议在市人代会上向主席团提出,尤其是《关于优化经济发展环境,促进民营企业上新台阶》、《关于解决居民困难的建议》等引起了市、县政府及有关部门的高度重视,有的得到了及时解决,有的及时给予了回复,有的被提上了政府工作的议事日程。

"当人大代表就要像个人大代表的样子,就要竭尽全力为群众排忧解难,奉献社会,助贫济困!"这是陈军履行人大代表职责的肺腑之言。近5年来,他每年捐献2万元资助5名贫困学生就读,在去年5月汶川大地震时,他组织单位职工捐款5万多元,个人单独捐款11万多元,及时给灾区人民献上了一份爱心。

为了企业的辉煌,为了汉寿经济的发展,为了履行代表职责,陈军付出了多少辛劳,谁也说不清。但是党和人民没有忘记他。先后5次为他记功,评其为常德市第二届优秀中国特色社会主义事业建设者,市、县十大杰出民营企业家,常德市优秀人大代表、常德市劳动模范……。

面对一尊尊奖杯、一本本荣誉证书,陈军仍保持平凡,不骄不躁,继续敬业创业,倾心为民,谱写新的篇章,以自己的实际行动诠释人大代表的深刻内涵。

深入调研献良策　奉献爱心促和谐

河北省石家庄市永通化工有限公司董事长　魏洪波

2008年1月24日,我被当选为石家庄市第十二届人民代表大会代表,作为一名市人大代表,我感到光荣和自豪,但更感到责任重大。因此,我下定决心,一定要当一名让人民群众满意的人大代表,不辜负选区人民对我的期望。回顾当代表一年多来的情况,我能够认真学习党的十七大精神,学习党的路线方针政策,学习国家的法律法规,坚持四项基本原则,不断加强自身修养,认真履行代表职责,积极反映人民群众的意愿和要求,积极参加市、区人大常委会及代表小组组织的各项视察活动,较好地发挥了代表作用。作为一名企业界代表,我能正确处理当代表与企业发展的关系,自觉承担社会责任,参与社会公益事业,做好下岗失业人员的安置工作和对口扶贫村的扶贫工作,为促进石家庄市和桥东区的经济社会发展做出了积极贡献。

一、加强学习,不断提高自身综合素质

作为市人大代表,只有学习和了解掌握党和国家的方针政策、法律法规,才能为地方经济社会发展建良言献好策。因此,我非常注重加强自身的学习和修养。一是认真学习党的路线方针政策,学习各级领导的重要讲话精神,保持清醒的政治头脑和正确的政治方向,做到政治坚定,与党中央和省市区委保持高度一致。二是认真学习国家的法律法规,学习各级政府制定的条例规定,做到遵纪守法、依法履职、依法办事。三是认真学习与职责有关的业务知识和相关知识,学习市人大常委会的决议、决定,为更好地履行代表职责做好准备。一年多来,我参加了市、区人大常委会和代表小组组织的学习和视察活动,并坚持集中学习和自学相结合,学习党的路线方针政策,学习了《宪法》、《组织法》、《代表法》等法律法规。学习了党的十七大文件汇编、胡锦涛总书记关于科学发展观的论述和省市区领导的重要讲话精神。通过学习,综合素质有了明显提高。

为使学习更有成效,结合工作实际,我参加了区有关部门组织的学习教育活动,听取了西柏坡纪念馆副馆长所作的"两个务必与思想作风建设"的报告,使我对西柏坡精神的形成与发展有了全面深刻的了解,增强了我用"两个务必"和西柏坡精神

指导企业发展的自觉性。我还参加了有关部门举办的“国学应用智慧”讲座,对我运用传统文化加强企业文化建设起到了促进作用。

二、深入调研,为经济社会更好更快发展建言献策

人大代表的重要职责是能及时反映群众和企业的意愿和要求,能代表和维护他们的合法权益,能为石家庄市和桥东区的建设与发展献策出力。去年以来,每当市人大会议召开之前,我都到人民群众和有关企业中调研了解情况,围绕人民群众关心的难点、热点问题,围绕个体民营企业发展中出现的困难和问题,围绕如何促进我市和桥东区的经济社会更好更快发展等问题,通过参加征求意见座谈会,走访个体民营企业等形式,深入开展调研,听取人民群众和个体民营企业的正确意见和合理要求,认真撰写建议。人代会期间,积极参加会议,认真审议“一府两院”和市人大常委会的工作报告并提交建议。闭会期间,积极参加市、区人大常委会及代表小组组织的会议、集中学习、视察调研、征求意见座谈会等活动。在去年市人大会议召开之前,我到区工商联了解情况,当了解到休门北人字街400多户2000多拆迁居民,多年奔走呼吁要求加快建设回迁楼,一直未能解决的问题后,我主动深入调研,进一步了解情况,在人大会议期间提交了建议。去年以来,在人代会上我提交了涉及群众利益的建议共4件,其中关于尽快解决休门北人字街拆迁居民回迁问题的建议得到了落实,较好地发挥了代表反映民意、参政议政的作用。

三、承担责任,为构建和谐社会做贡献

作为一名企业界的人大代表,在企业管理中,我坚持以人为本的科学发展观,实行人性化管理,尽力为员工提供较好的待遇和工作环境。逢年过节,对困难员工进行慰问;员工有了家庭困难,我都尽力帮助解决,给予补贴;建立健全了各种规章制度,对优秀员工进行表彰奖励,形成健康向上的工作氛围;认真听取员工的意见和建议,不断改进工作方法;为骨干员工参加各种社会保险,努力构建和谐的劳动关系。实践经验告诉我们,构建和谐社会首先要从构建和谐企业和和谐家庭开始。

我充分发挥企业能大量安置就业的优势,积极安置下岗失业人员和贫困地区青年就业。去年以来,我的企业积极参加桥东区组织的民营企业招聘周、桥东区拆迁失业人员就业洽谈会和2009桥东区就业洽谈会等招聘活动,企业安置100多名下岗失业人员和贫困地区青年就业,为促进就业、维护社会稳定做出了积极贡献。我还积极参与社会公益事业和光彩事业,出资3万多元帮助赞皇县贫困农村修建学校。去年,荣获桥东区委、区政府授予的优胜帮扶企业荣誉称号。去年5月12日,四川省汶川地区发生了严重的地震灾害,给人民群众的生命财产造成重大损失,灾情就是命令,我积极参加桥东区组织的捐款活动,捐款1万元,支援地震灾区人民抗震救灾、恢复生产、重建家园。

我在一年多的履行市人大代表职责过程中,做了一点应该做的工作,并取得了一定成绩,但离人民群众的期望和要求还有很大差距。今后我要用更高的标准要求自己,加强学习,不断提高自身素质,深入调研,积极参政议政,热心公益事业,勇于承担社会责任,为建设繁荣、文明、和谐、宜居的新石家庄和新桥东,做出新的更大贡献,以优异的成绩向新中国成立60周年献礼。

诚信经商　努力创业

吉林省白山市人大代表、白山市江源区百泉超市董事长　滕维强

我于1973年出生,牛的属相和家庭教育给予我坚韧和勇于挑战的性格。大学毕业后,国家已取消了工作包分配的政策,迫于生活的压力,我做过临时工,当过司机……每月五六百元的收入,令我的生活捉襟见肘,入不敷出。

面对现实的困窘,创造自我价值的冲动一直在脑海中翻滚,摆在自己面前两条路:一是继续打工,二是抛舍一切旧的观念,下海创业。我毅然选择了后者,也选择了艰辛和激情的创业历程。

万事开头难。经过市场调研,我选择了超市生意,虽然心中的伟大抱负和美好的前景蓝图,让我充满了激昂的斗志,可现实的困难还是让我倍感艰

辛和困难，先是“四无”的困难：没有资金，没有场所，没有资源，没有人员。四大困难如四座大山，压得我也曾彷徨和退却过，而我坚信，既然选择了这条路，就要义无反顾地走下去。

在这“四无”困难中，需要解决的第一个困难就是资金的问题。全家凑，哥们投，总算凑了数百万元，有了开业的资金，接着就是场地的问题。虽然投入的成本很大，但在亲友团的帮助下，先租用了3000平方米的场地，经过努力终于在前年买了下来。

企业的竞争是人才的竞争，在人员方面我采取骨干自带，一般人员在当地招聘，全员进行系统培训和学习。我努力坚持以人为本的经营理念，全力倡导人文管理，让员工有充分的归宿感、认同感和成就感。

为了诚信经营，更为了企业的长远发展，在部分超市采取拖欠货款等非公平竞争手段时，我们百泉超市坚决对欺诈说“不”，资金的风险和困难可想而知。但在我们的诚信和辛勤努力下，先后建立了吉林、辽宁、长春、沈阳等两省六市百县的供货渠道，商品源源不断地满足供应，使超市货源充足，越卖越好，销售额大增猛增。

百泉超市在经营中，坚持以市场为导向，以消费者利益为中心，以建设和谐社会和建设小康社会为理念，认真履行社会责任，坚持“三品”（品格、品质、品位）。经营大宗商品数十种，小种商品上万种。这么多的商品，坚持“无假货”说起来容易，办起来很难。经销中坚持廉价，宁可少挣，让利于民。唯有真正的利民、惠民，企业才有真正的支撑，才有真正久远的发展。我相信，只有站得更高才能看得更远。在服务方面，坚持热情优质服务，真正做到宁让一人来千次，不让千人来一次。取信于民，搞好营销，达到盈利的目的。

由于坚持这些经营理念，百泉超市在白山地区创造了“市场占有第一、消费者满意第一、销售额第一、社会影响力第一”的佳绩。这些成绩，充分证明，百泉超市已成为白山地区商业界龙头民营企业，现有固定资产和流动资金两千多万元。每年上缴税费十多万元。与此同时，安排解决劳动力就业人员120多名，而且给大部分职工交了养老保险金，使其没有后顾之忧，极大地激发和调动了全体员工工作积极性。

百泉超市从2002年8月至2008年8月，五年的发展使企业走上了规模经营和多样化发展的轨道。在积累了丰富经验的同时，更为企业明天又好又快的发展打下了良好的基础。

倾情为民谱华夏

——记原富锦市宏胜镇党委书记，现任富锦市政府党组成员、市长助理、市招商局长李振波

“人民代表为人民”这是一句再简单、朴实不过的话。但市人大代表李振波同志正是以自己的实际行动来实践着这句话。

李振波，现年43岁。原富锦市宏胜镇党委书记，现任富锦市政府党组成员、市长助理、市招商局长。2007年被选为佳木斯市第十四届人大代表。无论是作为乡镇领导，还是人民代表，李振波始终坚持为民、爱民，始终情系民众，关爱民生。

一、为党分忧，树立公仆形象

作为人大代表，不仅要尽职尽责做好代表工作，更要做好本职工作，在本职岗位上有所作为，有所贡献，不断创造出新的业绩。这既是对人大代表的本质要求，也是人大代表使命感、责任感的客观反映，同时也是实践“三个代表”重要思想的具体体现。

从2003年9月25日任宏胜镇镇长的第一天开始，李振波面向宏胜镇全体三职干部和一万多宏胜人民所做出的一个庄严的承诺：那就是，农民的事情就是我的事情。几年来，在乡镇领导的岗位上，他一直在努力地践行着这个承诺。不辜负组织嘱托，不辜负人民的希望，把汗水洒在宏胜镇这块沃土上，使宏胜镇旧貌换新颜。

抓项目富民，建设中国腐竹第一乡

项目建设是强镇富民之源。宏胜镇属于人少地多的乡镇，村民们小富即安，一直是靠种植大豆、小麦、玉米“老三样”过日子。多年来，宏胜镇一直

处于说穷不穷，论富不富的尴尬状态。

怎样带领群众走上致富的高速路？宏胜镇的优质大豆具有独有的天然绿色原料优势，高蛋白的品种优势，产量大的规模优势，十分适宜发展豆制品的深加工。在他的带领下，从2004年春天开始，宏胜镇全面启动腐竹项目建设。作为镇长，他亲自带着村民到郑州、许昌等地购置设备，为了压缩成本开销，他和村民一样，在购置设备期间吃的是小粥馆，住的是十五元一天的小旅店。作为腐竹建设项目的具体负责人，他从厂房设计、规模设计、技术员聘请等各方面风尘仆仆、马不停蹄，为项目的建设和落成殚精竭虑，茶饭不思。在产品试制阶段，在整个产品试制过程中，他和技术员一起摸爬滚打攻克技术难关，运用现代化手段改造原有传统工艺。亲自为产品申办了“北豆香”商标，实施统一品牌、统一原料、统一包装、统一销售。2006年6月，“北豆香”牌腐竹在十七届哈洽会上获得产品创新成果奖，被评为全省仅有的四个“产品畅销奖”之一。为了打响产品品牌，他多方奔走，克服腐竹产品难以申办绿标的实际难题，成功申办了全国腐竹产品的唯一绿标。在开发市场方面，他带着农民背着产品到哈市开拓销售市场，走大街串小巷，到哈市各区的大小型超市上门营销，使北豆香腐竹登上超市的货架，拓开了哈尔滨的市场，如今和沈阳的经销商签订了总经销的合同，产品供不应求。在他的不懈努力下，腐竹项目在宏胜镇瓜熟蒂落，32000平方米的示范园区已粗具规模，一期工程发展腐竹加工用户30户投资800万元建设腐竹专业生产线15条，是目前东北生产规模最大、企业标准最高、产品质量最好的腐竹加工企业，产品已销往哈尔滨、沈阳、山东、佳木斯、双鸭山、建三江等地，户均年实现利润近10万元。成为推动地方经济的龙头企业。到三期工程的时候，宏胜镇腐竹生产线将发展到1000条，形成航母型腐竹产业集团，宏胜镇将成为全国最大的腐竹之乡，年实现加工大豆7万5千吨，带动生猪饲养8万头，带动劳动力转移5000人。还有每年15万吨的运输量。届时，宏胜镇将形成以1000户腐竹加工户、1000个畜牧养殖户、1000个劳动力转移户为主体的强势产业经济格局。

抓现代农业，夯实富民强镇之本

现代农业是富民强镇之本。2006年接任镇党委书记以来，他将发展现代化农业促进农民增收作为工作的重点紧紧抓在手上。在市委、市政府搭建了与建三江农管局场市共建平台后，他坚持把创新土地流转体制机制，实现土地规模化经营作为发展现代农业，推进农民增收致富的总开关。在2007年在农场村、兴东村成功实施土地规模化经营试点的基础上，2008年在全镇选择农场村、永兴村、北桥村3个不同规模的村整村推进土地流转，三个村分别采取了“五统一分”、“四统三分”和“春预付秋分红”等不同模式，使现代化农业生产格局在宏胜镇成功构建。一是土地经营实现了规模化。三个村共计实现土地流转面积近千公顷，通过实施土地规模化经营，打破了农业“小而全”和种“花花田”的生产格局，实现了农业生产的“大兵团作战”。二是农业生产实现了标准化。通过实施土地规模化经营，人力资源、物力资源得到优化配置，由于连片种植，规模经营的都是精选的优良单品种，为农产品拓宽市场渠道，增强品牌效应，买上好价钱创造了良好环境。九阳集团豆业公司与该镇合作，把宏胜镇作为集团的高蛋白豆浆专用豆生产基地，真正意义上实现了企业+基地+农户的现代农业新模式。三是生产全程实现了机械化。使农户的耕种模式从繁琐走向简单，10天搅浆整地，10天播种，15天的田间管理，10天收获，10天秋翻地，全年的农活，50天左右就全部干完。劳动强度大大减轻，规模化的大生产，还实现了农场先进农业适用技术和栽培模式向3个村的整体移植。农业科技贡献率不断提高，目前已经超过60%。四是农村经济实现了产业化。劳动力结构的优化，改变了农民的传统观念，使农民发挥自己的生存潜能和发展空间，在政府的引导下，农场村先后创办了奶牛养殖协会、绒山羊养殖协会、白鹅养殖协会、特畜（野猪）养殖协会，全村有13户农民专门饲养绒山羊，现已发展绒山羊3000多只。有4户农民建百头养牛场。6户农民外出到大兴农场承包土地2400亩，在耕种土地面积上等于又新增了一个村。到省外辽宁、山东等地打工20多人。预计到年底，农场村人均纯收入可增加3500元以上。在李振波的带领下，宏胜镇成为佳木斯镇市现代农业发展的领头羊。先后获得省级场镇共建先进乡镇、佳木斯市现代农业综合示范区核心区建设先进乡镇、佳木斯市农业农村工作先进镇等荣誉称号。

抓民生改善，提高人民群众的幸福指数

在工作中，他把民生作为一切工作的出发点和落脚点。着力解决人民群众最关心、最直接、最现实的利益问题，办成了一批利民惠民的实事工程、民心工程。一是加快发展社会事业,满足群众公共需求。强化教育优先发展的战略地位,切实加大教育投入。几年来,先后投入资金150余万元,为新建的寄宿制中小学修建围墙、大门、操场、甬路、校园绿化等基础设施,改善了校园环境。宏胜镇的农村娃在接受义务教育方面实现了与城市孩子的“零距离”。全镇小学生巩固率100%,初中生巩固率98.2%,加强公共卫生和医疗服务体系建设,全面实施农村合作医疗工作,全镇新型农村合作医疗应保人数10363人,参加人数达到10322人,参合率达到99.6%,连续两年被富锦市委、市政府授予“农村合作医疗标兵镇”。二是加强基础设施建设,改善群众生产生活条件。近年来,先后投入资金200万元,加大了小城镇基础设施建设力度,改造了镇中心大街,修建了排水沟和花坛,安装了路灯,建设了出租车停车场和公厕,镇内其它7条土路全部铺上了砂石。争取资金近千万元,全镇已有9个村铺上了砂石路,修筑了砂石路共计20公里,修建了东岗村到育林村22公里的白色公路,结束了宏胜镇内没有一条等级公路的历史,被省政府授予“支持通乡公路建设先进镇”。三是加强生态环境保护,创优人居环境。按照花园式乡镇建设的高标准,开发了镇东小区,投资60多万元,利用原镇小学校址建起了面积达3.2万平方米的佳市首家镇级农民休闲广场——宏园广场,引导村民们大力改陋习、树新风,宏林、南林、农场、永丰、育林等五个村建立起了村级农民休闲广场和已规划村级广场用地,安装了路灯。如今,宏胜镇24个村的牲畜全部实行了圈养,全镇共设卫生箱804个,6个村完成了改厕工作,80%以上村屯的柴草全部出村,95%的农户通上闭路电视,90%的农户用上手机或安装上了固定电话,民居砖瓦化率达45%,全镇逐渐实现了绿化、美化、亮化和净化,2007年成为富锦市唯一的“省级优美乡镇”。四是坚持执政为民,维护群众合法权益。把维护民利融入到改善民生的每一个方面和每一个环节之中,重点解决损害群众利益的突出问题,人民群众的安全感明显增强。切实做好信访和矛盾排查化解工作,实施镇村干部陪访制,减少群众上访环节,少走上访弯路。近年来上访量每年递减20%以上,连续三年被富锦市委、市政府授予“信访工作先进镇”称号。干群关系和谐,为经济社会发展创造了和谐安定的社会环境。

二、为民请命,履行神圣职责

人大代表不只是一个光荣的称号,更是一种神圣的职务。在市人大代表岗位上,他致力为民谋福祉,坚持以反映人民的意愿,实现人民的权力为己任,把参加市人大组织的各项活动和人大会议作为参政议政,履行职责,反映人民意愿、要求的重要渠道和途径。按时参加市人大组织的代表视察等各种活动,认真当好人民的代言人,在今年市人代会议期间,他向市人代会提交了《加大整村土地流转力度,推进现代农业进程》议案,受到了佳木斯市人大的高度重视,得到了佳木斯市农委的专门答复。为加快全市土地流转进度作出了贡献。

在发展现代农业过程中,他认真履行人大代表的职责。不断围绕方便农户们发展生产做文章,积极倡议在省级新农村建设试点村育林村利用“六位一体”办公室创办了以村两委班子为主体,以扩大为农服务为内容,以提升为农服务水平为宗旨,以提供质优价廉农资、先进适用农技、准确权威信息为准则,增加农民收入为目的,实现农民农业生产不出村的“‘六农’服务超市”,架起了助农增收的“金桥”,服务超市包括“农资、农技、农贷、农机、农情、农畜”等六项服务内容,并与市内相关单位和部门建立了业务联系,超市服务项目做到与市内同质同价,保证了农民农业生产不出村。今年以来,“六农服务超市”共计开办农技讲座4个,培训农民500人次,为群众提供贷款120万元,集中购买农资317.5吨(化肥240吨、农药2.5吨、种子75吨),为农户开展农机修理服务6次,发布农业信息576条,农户们说:“发展生产不用愁,六农超市来分忧。”,为农村经济发展和农民增收提供了有力的支撑。

几年来,为维护镇政府和村民的利益,他先后到省政府、省高院、哈市中院和佳木斯中院,以及佳市人大等部门反映情况和进行法律援助,仅为解决“半拉林子”案件就去省城7次,西河案件去佳市人大3次。经努力,这些案件得到了上级部门的认可,集体和群众的利益得到了保护。

勇于为民鼓与呼,善于为民办实事。他常说,作为一名人大代表,是一种荣誉,是一种责任,同时也是一种压力;维护人民利益,促进社会和谐,不辜负党和人民的信任和重托,是每一个人大代表应尽的义务和职责。

民心是碑,民心是秤。2008年11月初,当李振波调离宏胜镇党委书记岗位的消息传开以后,宏胜镇上千的群众自发的聚拢在宏盛镇党委、政府为他送行。原来的上访户红星村村民程学贵得知他调离的消息后，顶着寒风，骑摩托车赶赴近百公里到市区专门制作了题为“人民公仆、胜似亲人”的锦旗赶在他离任之前送到镇党委。

近年来，李振波同志先后被授予全省“十佳乡镇党委书记”、省级“支持通乡公路先进个人”、佳木斯市“农业农村工作先进个人”、佳木斯市“优秀共产党员”、佳木斯市“优秀党务工作者”、富锦市第五届、第六届“十佳公仆”、富锦市优秀共产党员标兵、富锦市信访工作标兵等荣誉称号，成为代表富锦市出席佳市第十一次党代会的党代表。

情系百姓的白衣天使

——记赫章县哲庄乡六届人大代表王桂芬

贵州省赫章县人大常委会代工委主任　马明光

赫章县哲庄乡，有这样一位情系百姓的白衣天使，她就是乡六届人大代表、医院院长王桂芬。王桂芬生在农村，从小聪明伶俐，常陪多病的母亲到医院就诊。次数多了，逗得一女医生的喜爱并经常和她逗乐取笑。这位女医生和蔼可亲，视病人如亲人的举止令她折服。就这样，一边是多病的母亲，一边是受人尊重的医生，两位平凡而又彼此关联的女姓，深深地影响着她：“长大后我也要当一名医生。”这是王桂芬的梦想。

1991 年，她如愿以偿地考入贵阳中医学院中西医结合专业。1994 年，母亲一句：“孩子，回来吧，农村老百姓需要你”的召唤。她到了哲庄乡医院。

她到了医院，开始一点点地履行白衣天使的职责，为小时梦想奋斗。以精湛的医术，视病人如亲人，塑造白衣天使的形象。一次，一个病人来医院就诊，王桂芬凭借“望闻问切”中医诊断法，判断为脾破裂，建议到上级医院诊治。患者到华康医院诊断确系脾破裂得到及时治愈。一名打架伤者佯装瘫痪，她以中医针灸刺探，迫使其说出实情。经情感开导，对症治愈，双方自行合解，避免了事后纠纷。再一次，离哲庄乡 4 公里处新益村的一八旬刘老太生病，家人力劝老人住院治疗，可说啥老人也不肯。刘老太的儿孙只好到医院恳请王桂芬到家为其诊治。她牺牲休息时间，带着医疗器械和相关药品步行到刘老太家。刘老太拉着她的手说：“姑娘，我这是老病，你曾给我诊治过。我都 80 多岁了，这次又犯，没想到你会来为我诊治。你真是个好姑娘，老百姓的好医生啊！”一女患者来到医院，经她诊断为宫外孕，须马上手术。为抢时间，拯救患者，她一边组织护送患者，一边电话联系县医院作好手术准备。不到 2 小时，手术在县医院进行，拯救了这名宫外孕患者。还有一次，王桂芬忙碌在医院过道与病房间，为住院病人量体温、问病情、打针、输液，忙个不停。突然接到拖拉机肇事电话，她迅速带领医护人员赶赴距乡政府 3 公里的事故现场。见受伤人员多，她一边指挥医护人员施救，一边为伤者清脉、测血压、洗伤口、包扎、滴注急救药液，直到把受伤者处理安排完毕。这时已是中午 12 时 30 分。王桂芬疲惫地说：“从凌晨 3 点起床处理一个急诊病人到现在没有合眼，接下来还要处理相关住院病人和拖拉机事故伤者。”

为增长知识，提高医疗技术，最大限度救死扶伤，2003 年王桂芬参加了成人高考，被录取到遵义医学院学习临床医学 2 年，去年 5 月，经组织批准，又到广西南宁解放军 303 医院进修妇产科腹腔镜半年。她与丈夫和女儿过着远隔千里的分居生活，却无怨无悔。“是党和人民培养我学得了知识和技能，我应该还给党和人民，为人民服务。在 14 年的工作学习中，我深深地感动，农村老百姓太需要我了。”王桂芬如此说。

王桂芬以她崇高的敬业精神和职业道德，治学、钻研业务、提高技能、舍小家、顾百姓，真不愧为救死扶伤、服务人民，情系百姓的白衣天使，人民的好代表。

"漆"彩人生倾心于民

——记湖南常德市第五届人大代表、汉寿县特种涂料厂厂长梁文华

湖南省汉寿县人大常委会　田明时

在洞庭水乡汉寿,只要提起常德市第五届人大代表、特种涂料厂厂长梁文华,人们就会交口称赞:"他呀,是俺百姓的好代表、优秀的农民企业家"。

梁文华四十出头,穿着朴素,貌不惊人,但他以一个人大代表和企业家的真诚,心为百姓想,利为百姓谋、权为百姓用。他犹如一棵洞庭湖畔的春柳,深深地植根于人民百姓的土壤之中,以春柳的独有清香回报着哺育他的父老乡亲和阳光雨露。

梁文华认为,作为一个企业厂长和人大代表,要代表人民的利益,最重要的是要千方百计把企业搞好,推动企业不断向前发展,引领百姓致富,才不会辜负百姓的重托与希望。但是要搞好一个企业,特别是振兴民营经济,并不是一件十分容易的事情。这些年来,梁文华面对市场经济的强烈冲击,凭借他长期从事油漆生产、技术研究与产品开发的实践经验与胆量,勇于开拓创新,一步一步地闯过了一道道难关。

1984年的初秋时节,满脸稚气的梁文华,以优异的学业成绩,从湘潭大学化学系毕业后,带着人生的远大理想,带着对父老乡亲进行回报的远大抱负,回到了当时的汉寿县化工厂当上了一名普通的技术员。那时,他只有一个考虑:虚心向师傅学习,练就一身过硬本领,以便将来为开发油漆事业,造福家乡,富民利民作出成绩。一千个日日夜夜的苦心耕耘,一千个日日夜夜的艰苦磨练,他迅速成长为一名技术精湛的能手。厂里提拔他当了技术副科长。光阴荏苒,梁文华一天天成熟,又很快成长为厂里的骨干、科长、技术厂长、总工程师。当初出茅庐的他正想干出一番事业的时候,但所在的汉寿化工厂2001年改制,他无奈地离开了为之奉献过的工厂,离开了倾注过心血的实验室。当时心里非常难受,惘然之极。但伤心困惑之后,他开始思考着如何振兴汉寿的化工业,为家乡下岗职工就业、创富致富,筹划着利用自己掌握的专业知识和管理经验创业一个新的化工企业。

要创业办厂,谈何容易。当时,他一无资金、二无场地、三无设备,招商引资条件又不成熟,要办厂简直是"天方夜潭"。然而,生性倔强的他偏不信这个邪。2001年底,梁文华千方百计筹集资金,租赁龙阳镇护城村闲置厂房,购进了基本的化工生产设备,办起了湖南省汉寿特种涂料厂。就这样到2002年,他靠着自力更生,艰苦创业的信念,使得企业从无到有,慢慢有一个雏形。企业的初步成功使他尝到了创业的甜头,激起了他发展壮大企业的雄心壮志。2002年底他多方筹措,融资300万元,扩大企业规模,增加生产品种,拓展营销渠道。2003年底,企业年生产能力已达到1000吨,成为国内最大的特种涂料生产基地。所生产的文美牌涂料技术性能好、科技含量高,被国家认定为重点新产品。产品质量合格率达100%,深受广大客户的欢迎。经过几年奋斗,企业由成立之初不足30万元资产,成为现有资产总值1000多万元,年销售收入5000多万元的省级高新技术企业。

梁文华始终秉承"科技兴厂"这个宗旨管理企业,非常重视智力的投入和管理水平的提升。先后派送5名员工到中南大学、湘潭大学深造;建立了湖南文美涂料研究所,在上海、武汉、长沙等地设立3个重实验室、2个生产基地、1个博士、硕士实习基地;拥有几十家代理商,形成了从产品设计开发、生产销售售后服务一套完善的现代企业管理体系。

为了使企业在强手如林的市场竞争中立于不败之地,梁文华坚持高科技兴厂之路,创品牌、创名牌,抢占科技"制高点",寻找市场生机。一是革新工艺、降低提效;二是治理"三废",变废为宝;三是瞄准前沿,研发新品;四是加大投入,创立品牌,从而使企业越做越大越强。

梁文华常想:作为化工企业家和人大代表,不能只盯着企业的生存与发展,而且还要认真履行所承担的社会责任。这些年来,梁文华所领办的厂及文美涂料研究所已成为省级涂料研究所,与中南大学联合,创办了博士硕士实习基地,为国家"863"、"973"计划攻克了许多技术难题,培养出博士6名、硕士11名、工程技术人员106名,为中国涂料工业的发展作出了巨大贡献。

"一花独放不是春,万紫千红春满园"。这些年来,梁文华所研究开发的70多项新产品,90%转

化生产力，其中大部分新技术无偿转让。利用这些科技新成果在国内创建了长沙富邦漆业有限公司、长沙唯一化工有限公司、湘潭高新区华天工贸有限公司、湖南三鼎科技有限公司、武汉家美漆业有限公司等几个上万吨级的涂料厂，为社会提供了1000多个就业岗位，年销售收入数亿元，创利税近亿元。

一份耕耘、一份收获。梁文华"漆"彩人生二十多年，逐步成长为一名省内外知名的化工高级工程师，现任汉寿县特种涂料厂厂长、文美涂料研究所所长、中国化工学会会员、质量检验协会会员、涂料工业协会会员、湖南防腐协会副理事长、湖南安监局、中国质监局技术专家。所在的企业先后荣获"中国诚信示范单位"、"全国保护消费者权益重质量守诚信示范单位"、"中国创新学习型优秀单位"、"全国优秀化工企业"、"湖南高新技术企业"等荣誉称号。所生产的文美牌油漆、涂料系列产品，先后被国家省市相关部门评为"国家权威检测质量合格产品"、"中国著名品牌""中国产品质量名优精品"、"中国驰名品牌"、"重点保护品牌"、"全国质量服务信誉双保障产品"。他本人也多次获得"中国创新知识型专家"、"中国诚信企业家"、"中国化工行业著名专家"、"市优秀专业技术人才"等殊荣，并光荣出席了2006年11月10日在北京人民大会堂举行的中国新型化工业化工与工业国际合作高峰论坛会议，受到了孙浮凌、万国权等国家领导人的亲切接见，这一串串头衔、一座座奖杯、一顶顶桂冠的确来之不易，凝聚了他20多年的心血和汗水。他品味着创业艰辛，也享受着成功的欢乐。

创业有成，梁文华心里仍然装着父老乡亲，因为厂里的职工大多都是乡里乡亲，所以他有一个"心愿"，就是致富不忘乡里人，要为改善乡亲们的生活、为构建和谐社会尽自己一份力。

他是这样说的，也是这么做的。在油漆厂我们可以深切地感受到这一点。几年来，他自觉地按照相关规定善待员工，先后制订完善了劳动用、职工工资发放、工伤医疗等制度，确保职工的利益；遇到工婚丧、嫁、娶或生病住院这些法规外的事，他总是及时送去温暖和关怀，他还不忘在高温期间为职工发改啤酒、西瓜等冷饮，在过年过节发放慰问金和慰问品……由于把"关爱职工"放在突出位置，视职工为自己的兄弟，因而职工们觉得这家企业没有"梁厂长"，只有"梁大哥"，都很愿意在厂里工作。

2007年当选为市人大代表后，梁文华的"心愿"更是超越企业向社会辐射、拓展。作为厂附近村的"经济顾问"，多次到村里调查了解情况，与干部群众共同探讨致富的新途径，并尽自己的能力给予物质上的帮助。近年来，他先后为村里的新农村建设提供近10万元的补助资金，主要用于村庄绿化、道路建设等。同时，他还积极参加全社会的帮困扶贫、捐资助学活动。莘莘学子是梁文华倾注爱心对象，为资助贫困地区的失学儿童完成学业，促进贫困地区基础教育事业的发展，梁文华建立了文美涂料希望工程基金会，决定每销售一吨产品提取100元作为基金会专项基金，到目前为止，资助的贫困学生有93名，2004年被授予汉寿希望工程"爱心大使"的荣誉称号，2005年又被授予汉寿希望工程"突出贡献奖"。

作为企业家的梁文华，尽管厂里的事务缠身，但执行代表职务仍然尽职尽责，不负众望。每次参加市人大会议和调查、视察活动前，总要抽出时间到工厂、机关、学校、卫生院和百姓之中调查，认真听取群众意见。民营企业对政府工作的建议，他了解得更详细，在大会上提出的建议具有较强的针对性。当选市人大代表以来，他先后提出过关于治理白色污染、优化经济发展环境、保护民营经济等10多条建议，这些建议引起了市政府及有部门的高度重视，有的被列入了市政府议事日程。

主持正义，不畏邪恶，为老百姓打抱不平，这是梁文华代表身上的闪光点。今年2月的一天，梁文华出差归来，在319国道看到一伙路霸正在抢一农民司机货车上的东西，梁文华一边报警一边去阻止抢劫行为。歹徒凭借人多壮势，欲对他施暴，梁文华巍然正气，毫不胆怯，立即亮出闪闪发亮的"常德市人大代表证"，警告歹徒停止犯罪行为。不久，"110"干警及时赶到，农民货车司机免受损失。后来，货车司机连连感谢梁代表，并将一面书有"不畏邪恶，为民正义"锦旗赠送给不畏邪恶代表。

一心为民履天责

——记湖南常德市第五届人大代表、汉寿县地税局局长熊文中

田明时　杨栎

熊文中,常德市第五届人大代表、汉寿县地税局局长,年方四十,正值生命旺季,浑身上下充溢着旺盛的精力,白皙的脸膛显出几分英俊。与之三言两语,儒雅的言辞流露出和善与睿智,颇给人一种坚强而不失文雅、精明中蕴含纯朴的厚重感觉。他情系选民关爱百姓普通平凡的事迹乏人感动。选民们称他是“绝对可以信赖的代言人”,领导说他是“极有见识、为民聚财的好代表”,同行们纷纷议论:他是勤奋工作的人,贫困村民不倦地夸:他比亲人还要亲。

熊文中,在笔记本的扉页上写着这样一句话:一切为了人民,一心为民履天责——除此之外,人大代表还有什么?这朴实但蕴含哲理,浅显却注满深情的话语,展示了熊文中激情翻滚的内心世界,勾勒出一位人大代表、县地税局长执着人生的闪光轨迹。

熊文中是农民的儿子,他对人民群众、对工作怀着一种与生俱来的深情。当上人大代表和县地税局局长之后,这种深情找到了一种独特的表达方式:为党争光,为民仗义执言,为民聚财履天责。他参加地税工作近20年,先后到桃源县地税局、德山地税局、汉寿县地税局任职,每到一地他总是以民为本,务实创新,把“本色做人,用心做事”作为自己一直以来为人民做事的基本信条。他一贯对上级尊重维护,但决不阿谀奉承,对同级坦诚相待而不独断专行,对下级始终做到“真爱、善待、严管、实帮”,力求履行干事有所作为。2005年他在担任德山区地税局副局长期间,他带头着力抓征管、强基础,征管质量上新台阶。2006年,他担任汉寿县地税局局长以来,带头以身作则,坚持多管齐下;着力打造和谐团队,强化机制平台建设,狠抓税务管理创新,结合当前地税工作的重点和难点,大胆创新高收入个人所得税管理。2006年底,熊文中与局班子成员认真研究,集思广益,反复论证,率先在全市地税系统推行了个人所得税纳税信用等级评定,此举对推动个人税自行申报、提高公众的纳税意识起到了有力的促进作用。与此同时,2007年1月熊文中还带头带着调研课题,走出税务大门,顶着寒风大雪,深入到全县300多个纳税对象、企业部门走访座谈,从企业的经营状况、赋税能力,到企业面临的困难、存在的问题及企业对税务工作的意见、建议等一一询问。一个又一个工作日过去了,一个又一个工作周过去了,几十个休假日也过去了,熊文中为了地税工作而忙碌,人疲倦了,头脑也更加清晰了,他结合当前地税收费工作重点和难点,大胆提出建成社保费“点对点”信息交换平台,有效地防范了社保费管理的责任风险,规范了社保费的征收管理,促进了社保费收入大幅增长,两项创新都被常德市地税局确定为“2007年工作创新奖”。

为了地税工作履天责,熊文中有一股真抓实干,科学调度,对症下药,勤征细管的韧劲。去年以来,他带领全局一班人坚持组织全局同志有效挖潜、切实加大集贸税收征管,切实加大车辆税收的挖管力度,切实加大个体砖厂等中小企业税收专项清理,扎实开展高收入个人所得税系列管理,切实加大税务稽查力度等,共挖潜增收800多万元。在2006年地方税收收入增长21%的高基数、高增幅的基础上,2007年全局地方税收收入大大突破,达到7400万元,比2006年完成数增长25%以上,增长额和增长幅度二项均超历史。今年上半年,入库各项收入5597万元,占年计划的57.91%,同比增收1361万元,收入规模与增长幅度均创历史新高。从2006年开始,一道道年轮转过,人们惊回首——不留意间,熊文中领导的汉寿县地税局竟淌金流银、溢出飞彩,连年被县委、县政府评为“目标管理红旗单位”;荣获“省级文明单位”,“全省地税系统十佳文化建设先进单位”,“省级模范职工之家”等,局长兼党组书记熊文中连续三年被评为市、县优秀党务工作者、“优秀局长”、“优秀人大代表”等。

“我作为一名人大代表、一局之长,手中掌握了一定权力,要时刻心眼正、身手硬,决不利用权力玷污自己的清廉”。这是熊文中的口头禅。这些年来,他坚持严格自律,力求做好表率。在用钱上,坚持民主理财,依法理财;在为税上,坚持为税之德,

常思贪欲之害，始终做到了红包礼金坚持不收，影响公正执法的吃请坚决不到。2007 年夏天，有位和熊文中认识多年的朋友承包了一个矿点，听说他当上了汉寿县地税局长，便邀他入股，条件很简单，只要挂个名就可以分红。熊文中说："国家严禁机关干部经商办企业，如果你真心为小弟着想，就按照政策依法纳税"。来人摇了摇头，无可奈何地走了。仅 2007 年 11 月至 2008 年 6 月，熊文中就拒绝了 200 多次"拜访"和"赴宴"，在廉政建设中起了表率作用。对待其他同志，他也一样严格要求。不仅如此，他还定期向纳税户征询意见，请纳税户"揭短"、"亮丑"，以此督促每一位同志秉公收税，克己奉公；同时定期主持召开民主生活会、思想作风整顿会，采取各种自查自纠形式，增强税务干部的廉洁自律意识。

"是老百姓选我当代表，我就要替老百姓积极建言献策"。近年来，熊文中在人大代表和局长的岗位上，时刻心系百姓，倾听群众意见和呼声。8 小时工作之余，他不是到群众中征求意见、了解情况，就是在家里接待素不相识的来访"客人"，或整理群众反映的意见和要求。去年以来，他共接待来访群众 400 多人次，收到、接、转、回复各种信件 200 多封，向市、县人大、政府反映群众呼声 60 多次。他从不同层面关注民生疾苦，反映百姓生活，仗义执言的行为，令人折服。

一年一度的人民代表大会正是人民当家作主和人大代表人民行使国家主人翁参与国家事务管理职权的"大舞台"。为了抓住这一有利良机，尽心投身这个"大舞台"，充分发挥好人大代表作用，依法行使好自己的职权。熊文中平时积极参加各种代表视察、检查，将了解的情况写成议案与建议，在每次参加人大会之前，他都要准备一至两个议案文件，3—4 条建议、批评和意见。当代表以来，他领衔或参与向市人民代表大会提出建议、批评、意见 15 条，大多被采纳，体现了他参政议政能力已达到相当高的水平。

一方山水养一方人，熊文中是喝着洞庭沅水、沐浴着沅水河畔父老乡亲的关怀和爱护一步一步成长起来的，对沅水汉寿老百姓怀有一种深深的关切和体贴之情。近年来，他先后带领局机关干部走访慰问贫困户 80 多户，捐款 5 万多元，捐衣物 480 多件。尤其每年春节，熊文中总是要到扶贫帮困联系点住上 1—2 天，走访 10—20 户困难户、五保户、孤寡老人，几年来，他个人向这些人捐款 1 万多元，群众说："熊代表是俺的贴心人！"

为民理财勤耕耘　枣乡盛开文明花

——记石家庄市行唐县财政局

河北省行唐县财政局　　米志斌　张旭光　戴占群

"枣乡财苑绽春风，山花烂漫相映红。"近年来，行唐县财政局这颗财苑之星耀眼夺目，文明之花竞相怒放，长盛不凋，连续 8 届 16 年蝉联省级"文明单位"殊荣，党组书记、局长米志斌同志被评为省、市、县优秀党务工作者，2009 年"五一"前夕被省政府命名为"河北省劳动模范"。

文明创建的高位持续推进带动了财政事业的跨越发展。2008 年该县完成财政总收入 2. 18 亿元，一举跨过两亿元大关，一般预算收入 1. 24 亿元，分别增长 17% 和 23. 3%，财政收入持续高速增长，为改革发展提供了可靠的财力保障。

强力推进综合治税费，创新收入征管机制。一是建设综合治税信息化网络。搭建覆盖 15 个乡镇、10 个县直涉税部门的城域网，依托"税源测算监控系统"构建了税收征管新机制，累计清理补征税款 1012 万元，全县 7287 个纳税点全部纳入财政监控范围之内。二是治理整顿房地产行业税费。联合纪监、建设、国土、发改、检察、法院、工商、国地税等 12 个执法执纪部门，集中力量对 2000 年以来房地产行业的税费进行清理，累计清理征缴税款 409 万元。三是全面实施契税联网征收。从房地产交易环节入手，立足于公平税负，开发契税征管软件，2008 年实行与房管所合署办公、联网征收、先税后证、以税控证，2009 年进行升级改造，进入行政服务大厅征缴，上半年征收房产契税 57 万元，彻底杜绝了人情税费。四是加强非税收入征管。

35个县直收费单位全部进驻行政服务中心，开设窗口41个，实现了开票、缴款、打票、办理“一条龙”服务。由于非税收入征管的规范，在国家削减收费项目的情况下上半年仍增收100多万元。

落实支农惠农政策，服务农村改革发展。一是加大财政支持乳业力度。积极实施整合财政资金支持奶业项目，新建改扩建标准化奶牛养殖小区达到114个、奶牛存栏7.5万多头，2年内预计投资1000万元，带动社会投资将在2亿元以上。二是全面落实各项惠农政策。兑付粮食直补、良种、奶牛、能繁母猪等涉农补贴7600多万元；“三鹿奶粉事件”期间积极落实政策，发放补贴近2000万元，降低了奶农损失，为奶业这一立县产业持续发展奠定了基础。三是支持农村公益事业发展。落实新农合政策，全年补偿参合农民2100多万元，缓解了农民群众因病致贫、因病返贫的问题；实施革命老区项目130个，组织实施村级“一事一议”财政奖补项目230多个，很大程度上改善了农民群众吃水难、行路难、就医难、入学难、养老难等热点难点问题，生产生活条件明显改善。

深化财政管理改革，提高科学理财水平。一是改革县乡财政体制和乡级收入考核办法。合理调整了乡级收入范围，加强了一般预算收入考核，乡镇组织收入积极性和收入质量大大提高。二是推进财政投资评审改革。上半年评审教育采暖、养牛小区改扩建等20项工程1544万元，审减资金314万元，综合审减率19.7%。三是扩大政府采购范围。推动采购范围向革命老区、财政支农等项目拓展，上半年完成采购额1149万元，同比增加459万元，增长66.5%，节约资金104万元，节支率为8.3%，提高了财政支出效益。

加强政治思想教育，锻造一流干部队伍。一是抓实政治业务学习。每周二晚上组织“财政夜校”学习，扎实开展“业务培训月”、“调查研究月”活动，18篇调研文章在《河北财政》《石家庄日报》发表，12篇被评为石家庄市优秀调研成果奖。二是推进党风廉政建设。深入开展廉政文化进机关活动，编印《反腐倡廉宣传手册》，贴挂廉政警示牌30多块，党组书记、局长米志斌同志作词创作了廉政歌曲《财苑清风》，在全市财政系统“颂党倡廉”歌咏比中荣获一等奖。三是加强思想道德教育。干部职工向地震灾区踊跃捐款76000多元，被市政府授予“抗震救灾捐助特别奖”；扎实开展“迎保促”工作，为分包村上变压器、硬化道路，成功化解了一批影响发展稳定的问题，一名同志被评为省“保促迎”先进个人；加强“三德三做”道德教育，两名同志被县文明委评为首届“感动行唐”十大孝子、孝道模范，被省会文明办授予“石家庄市文明公民标兵”称号。

激浊扬清荡尘埃

——记枣阳市审计局党组书记、局长苏洪明同志

湖北省枣阳市审计局　高广双

在山清水秀、桃园胜境的汉光武帝刘秀的故里，有这样一位为审计事业默默做出无私奉献的人——枣阳市审计局党组书记、局长苏洪明同志。他是一位平凡的人，但有着不平凡的事迹。2007年以来，他领导下的枣阳市审计局先后被省委、省政府评为“省级文明单位”、被省审计厅、襄樊市审计局评为“审计通联先进单位”，荣获枣阳市“机关建设”、“计划生育”先进单位等荣誉6项。润物无声胜有声，细微之处显本色。他以扎实地工作作风、求真务实的工作态度，为审计事业的发展书写了新的篇章。

内抓建设：辛勤为审计

去年4月，随着市直单位领导班子调整，苏洪明同志带着市委的重托、人民的信任走马上任了。上任伊始，他没有慷慨激昂的就职演说，更没有信誓旦旦地豪言壮语，而是深入细致地调查研究，掌握干部职工的思想状况，把握了解审计局整体情况。在此基础上，苏洪明同志提出了“加强作风建设，构建和谐审计”的治局思路。

“打铁须先本身硬”。审计人员要想搞好审计工作，必须要有扎实过硬的工作作风和较高的审计业务素质。他把加强审计干部教育培训工作摆在

突出的位置,坚持内抓建设,外树形像,进一步强化审计干部政治思想和业务技能的教育培训。学习中,他带头授课,分层次组织中层干部、年青审计干部相互学习交流,教育引导审计干部摆脱酒桌、牌桌,把业余时间更多的用到学习上来。他经常说:"审计人员唯有不断的学习充实自己,才能更好地完成审计工作任务"。他针对新形势、新任务、新要求,在局机关开展了"建设新枣阳,审计怎么办"大讨论和"创建文明机关,争做满意公仆"等活动,努力培养审计干部依法审计、服务大局、客观公正的职业道德,让审计在促进经济社会发展中发挥更大作用。在他的倡导下,局里建立了学习制度,计算机管理制度和图书借阅制度,成立了审计理论研讨组、审计信息写作组、青年学习组、计算机审计攻关组等多个小组,制定了学习方案和考勤、考核办法。在工作经费十分紧张的情况下,只要是职工学习需要的他总是优先保证。一年多来,局里共投入10多万元添置了10台计算机,兴建了图书阅览室,构建了计算机局域网络,为审计干部提供了必要的学习场所和工作交流平台。辛勤耕耘换来丰收硕果。目前,全局共有4名审计人员通过了审计师考试,有6名审计人员通过了助理审计师考试,有5名审计人员被上级审计机关评为"优秀审计工作者",有10名审计人员通过了"计算机审计能手"测试,全局上下呈现出一片学习忙、练兵忙的可喜景象。

"公正、廉洁、团结、奉献……"一个个警句镶嵌在"形象牌"中,摆放在每一位审计人员办公桌前。这是苏洪明同志努力营造文化氛围、树立文明执法形象的一个真实写照。他强调要审计创新,提出了"要以全新思维思考问题,要以全新的方法处理问题,要敢想敢干,为今后的审计事业打造出一片新天地"。他始终把理想信念教育放在精神文明建设首位,认真开展精神文明学习,组织观看爱国主义影片,参观考察工厂、城建和火青村革命教育基地,增强责任意识,坚定理想信念,他把坚持严格执法与文明建设结合起来,开展了创建"文明科室"、"文明家庭"和"文明个人"等活动,努力促使审计干部追求"清廉从审、客观公正;求真务实、开拓创新;积极进取、无私奉献"的良好风尚。与此同时,通过设置板报、宣传栏,开展书画、演讲比赛等丰富多彩的文体活动,营造良好的文化氛围,全局协作意识进一步增强。他一直把解决审计思想问题同解决生活工作实际问题结合起来,通过座谈、走访、交心谈心,与干部职工建立了良好的信任关系。职工有病他必上门看望,家中有事他必亲自过问帮忙,让大家感受到了组织的关怀和审计大家庭的温暖。

履行职能:勤政为大局

苏洪明多次强调:"审计作为政府综合经济监督机关,严肃财经法纪、维护经济秩序、促进廉政建设和经济发展是我们的职责,我们一定要抓紧抓好抓落实!"在工作中,他始终站在审计一线,即当好指挥员,又当好协调员,坚持解决新疑难问题到现场、审计终结到现场、落实审计决定到现场,遇到大案必到,以自己的实际行动带领审计人员围绕全市中心工作和群众关心的热点、难点问题开展审计工作,较好地完成了上级审计机关和市委、市政府交办的各项任务。

他常说:严肃财经纪律,维护经济秩序是审计机关的重要职责。只有认真履行好自己的职责,才能不辜负市委、市政府对我们的重托,才能不辜负人民对我们寄予的厚望。去年,他带领审计人员深入市财政局、税务局等被审计单位核实审计查出的问题,帮助分析存在问题的原因,研究改进工作的办法。对待在预算执行审计中查出的问题如何处理和如何向市人大常委会报告,有人认为:凡涉及预算执行的单位一般都是市直单位,在级别上与审计部门一样,都是政府组成部门,领导和同志们都是早不见晚见,对查出的问题不必太较真,能大事化小、小事化了就大事化小、小事化了。对此他并不这样认为,他说"责任大于天"。2007年9月,他代表市政府将查出的截留挪用应交财政收入、虚列财政支出等问题如实向市人大常委所作了报告。市人大常委一致认为:今年的《审计报告》是历年来披露问题最全面,反映问题最真实,分析问题最深刻的一次,为维护我市财政经济秩序发挥了重要作用。后来,他根据人大常委会的要求,对一些违纪违规单位进行了经济处罚,有力地维护了财经纪律,规范了行政部门的经济行为。

对领导干部经济责任审计是一项关系人民群众切身利益和审计部门在人民群众心目中威信的工作,也是市委比较关注的一项工作,如何为市委提拔任用发挥参谋作用,成为他上任以来摆在案头的一件重要事情。2007年,在接受市委组织部门委托后,苏洪明及时抽调思想素质高、业务能力强的人员组成7个审计小组,对16个镇党政主要领导和32个市直行政事业单位党政"一把手"离任经济责任进行了审计。在审计中,他提出了"从财务收入审计入手,在查清单位资产、负债及权益的基础上,向绩效审计和管理审计延伸"的新方法,在他的指导下,为单位理清了债务,为个人分清了责任,做出了公正客观评价,为市委宏观决策提供了重要参考依据。

从群众反映最强烈的、最关心的、领导最关注的问题入手,开展系列审计,是审计局审计工作的重点。针对一些单位或项目经营管理混乱,个别领导干部有经济问题的反映,苏洪明同志总是及时抽调力量,坚持在财务收支审计基础上,对单位各项收入的完整性、各项支出的合理性、合法性进行审计。2007 年 9 月,部分群众对某村土地开发情况有疑虑,苏洪明同志带领审计小组,对该村财务收支情况进行了一次全面审计。通过采取座谈走访与帐面审计相结合,支出的效益性与合理性相结合的办法,摸清了情况,问题的关键在村委会工作透明度不高,造成了部分群众产生误解。该村在接受审计建议后,对土地开发的政策、政务、财务三公开,及时地化解了矛盾,解除了部分村民在思想上的疑虑。

他说:审计人员要像一只天空中的苍鹰、森林中的啄木鸟,勇往直前,不知疲倦地作好经济卫士。2007 年 6 月,根据群众举报:某镇供销社 2000 年以来,基本没有开展业务,仅靠出让地皮和变卖房产维持生计,至 2006 年底,累计亏损 264 万元,财务收支手续不全,财务管理混乱,要求审计部门查处。接到举报后,苏洪明立即召集审计人员研究审计方法,制定审计方案,并亲自带头前往审计,通过走访座谈和对账证、账表的审计,一举查获该单位原副主任刘某仅 2006 年一年就挥霍公款 20 多万元。事情查清后,及时将审计结果向群众公布,并将案件移交司法机关,群众拍手称快。

上为政府分忧,下为群众解难。一年来,在他的带领下,枣阳市审计局共完成 60 多个审计项目,审计查处各种违纪违规金额 7000 多万元,提出审计建议 182 条,促进提高经济效益 1800 万元,移交经济案件两起,有力地震慑了犯罪,维护了财经法纪和经济秩序、促进了廉政建设和全市经济发展,为净化经济环境,构建和谐枣阳做出了应有的贡献。

严于律已:保持真本色

如果说,牢记宗旨、埋头苦干是苏洪明同志勤政的真实写照,那么,工作过程中,在细微之处严以律已律则是他清政廉洁形象的生动反映。

"没有规矩就不成方圆",这是苏洪明同志逢会必讲的中头禅。

2007 年,在苏洪明的主持下,一方面制定和完善了《党风廉政建设责任制》,明确了局长与分管局长、分管局长与科室主要负责人、科室主要负责人与科员之间的责任范围,并层层签订了责任状,从而形成了一级抓级、层层抓落实的齐抓共管的可喜局面;另一方面,还结合审计署颁布的"审计纪律'八不准'"规定,制定了六条廉政措施:一是成立了以他为组长,党组成员为副组长,各科室主要负责人为成员的廉政建设领导小组;二是将审计署颁布的"审计纪律'八不准'"打印成册,由各业务科室在审计时分发到被审计单位;三是实行审计组长廉政问责制。审计组长对审计过程中的廉政建设负全责,出现问题首先要追究审计组长的责任;四是成立了以他为组长,纪检书记为副组长,办公室主任为成员的"审计回访"小组,深入被审计单位了解审计组成员在审计过程中执行廉政情况;五是从纪检监察等部门和单位聘请了 18 名审计廉政监督员,定期听取他们对审计工作的意见和建议,了解社会各界对审计工作和他个人的反映;六是设立了举报箱,开通举报热线电话,通过新闻媒体向社会公布了电话号码,自觉接受社会监督。

审计工作中,他既依法审计,秉公执法,又严格遵守"八不准"审计纪律。在一些外人看来微不足道的小事上,严格要求自己,从细微之处体现着无私的敬业精神。不知有多少次,被审计单位或出于拉关系、搞变通地需要,或出于真心诚意的感谢,邀请他吃一顿饭,都全被他婉言谢绝。2007 年,局里安排审计组到某单位审计。审计结束后,被审计单位在审计人员临行前送来礼物,表达谢意,他一一向被审计单位申明纪律,当面退还礼品、礼物。他就是这样以自己的实际行动树立了廉洁自律的良好形象,给被审计单位留下了深刻印象。在这类小事上严格管理、严格要求,是他一年来坚持的惯例,不为别的,只因为这些小事关系着自身清廉形象。

在事关全局的大事上,他敢抓敢管,不怕得罪人。他认为审计人员的行为好坏,直接影响到整体审计形象。搞审计是一个得罪人的事,但是为了全市廉政建设,他甘愿做一名"铁包公"。2007 年 10 月,苏洪明在对某单位主要领导经济责任审计报告审查时,发现审计组未将影响个人前途的廉洁问题列入《审计报告》中,他立即对这个审计组组长提出了严肃批评,责令其立即纠正错误。期间,被审计对象曾多次找到他，请求他看在老相识的份上放过一码，被他一口回绝。事后，犯了错误的审计组长在做自我批评时无不感慨的说：在以往的审计中，凡查出涉及个人廉洁问题，一般由被审计对象出面找一找，大事化小，小事化了，如今不行了。有这样不怕得罪人的领导为我们撑腰壮胆，我们还有什么理由不好好工作呢?

苏洪明同志处处严格要求自己，严格管理队伍。他响亮地向审计人员提出了“廉洁自律，从我做起，向我看齐”的口号。要求审计人员做到的，他自己首先做到，要求审计人员不做的，他自己首先不做，以身先率人，以律己服人，以轻财聚人。他从不搞特殊化，活动身先士卒，学习带头参加，车辆、计算机等优先保证同志们的工作需要。经常见到的上班第一个是他，下班最后一个是他，夜晚办公时间最长的也是他。在他的感召下，枣阳市审计局风正气顺，团结友爱，战斗有力。2007 年，他被市委评为“党风廉政建设先进个人”。

春满百花园，勤奋铸辉煌，枣阳市审计局在苏洪明同志影响和带领下，将以过去成绩作为前进的动力，一如既往地苦练内功，提高拒腐防变能力，立清正之志，树廉洁之风，认真履行审计职能，为枣阳市经济建设谱写新乐章。

林业发展“领头雁”

——记湖南省汉寿县林业局局长、党委书记梅碧球

湖南省汉寿县人大常委会　　田明时　周先锋

在悠悠沅水河畔，苍翠龙阳山乡，只要提起湖南省汉寿县林业局局长、党委书记梅碧球的名字，人们就会交口称赞：“他呀，是真情为林献丹心的好局长，林业发展的‘领头雁’。”

梅碧球，一个地地道道的农民的儿子。二十九年来，先后在县直机关、乡镇工作任职，担任过乡党委副书记、乡长、乡党委书记、县委宣传部常务副部长。2007 年 12 月，受命来到汉寿县林业局任局长，初一上任，梅碧球面临该局干部职工思想波动大，纪律涣散，欠帐多，资金运转难，社会形象差等现状。在困难面前，梅碧球没有退缩，而是以惊人的毅力与勇气敢于面对，扭转被动局面彰显身手。

梅碧球认为，一个人可以一生一世不做官，但是无时无刻不在做人。做个坦诚的人、清白的人，不仅是“德”的要求，也是工作的需要。正是这种为人的理念，他在林业局长、党委书记的工作岗位上处处身先士卒，严于律已，率先垂范，着力从“三个方面”带头，强素质，树形象。一是在勤于学习中明道理，辩是非。到任后，他认真学习党的十七大文件精神，学习党在林业方面的各项方针政策、法律法规和林业专业知识。同时，虚心向林业系统的专家、同仁学习，借鉴兄弟县市发展林业的成功经验，努力提高执政能力，尽早进入角色。做到了每月带头组织一次干部职工集中学习，坚持写心得日记，带头写调研报告，去年来共写调研报告 6 篇，分别在国家、省、市、县刊物刊登，如《加强生态文明建设，促进汉寿林业发展》的调研文章在国家级《中国林业》杂志 2008 年第 9A 期登稿，同时在中央党史研究中心编辑出版的大型纪念文献《掘起中国》录入。二是在遵循民主中讲原则，重团结。坚持重大事项民主决策制度，如林业系统建设项目安排和资金使用、机关内务管理、组织人事调整等，都由局党政班子集体决定，不搞“一言堂”，不搞“暗箱操作”，提高办事透明度，树立班子威信。三是在恪守廉洁中高标准，严要求。近两年来，他坚持高标准做人，低调子生活，做到自省自律，自尊自爱，自觉维护班子形象，不随意接受吃请，不伸手要这要那，不收受不义之财，不该去的地方不去，不能做的事情不做，较好地把握了分寸，守住了做人的基本底线。坚持了凭职责办事，凭觉悟办事，凭良心办事。与局班子成员一道创新机制，提升领导班子工作水平。梅碧球作为单位“一把手”，着力在“强制度、定机制、重考核、整作风”上下功夫。以他为首强制度。制订了《汉寿县林业局年度目标管理责任制及考核奖惩办法》、《工作汇报制度》、《首问责任制度》、《财务管理制度》、《廉政建设制度》、《自觉接受人大监督，认真办理人大代表建议制度》等 17 项制度，做到了用制度管人，用制度管事，坚持用目标

统揽工作,用责任连接工作,用机制推动工作。定机制。为尽快理顺管理体制,针对过去存在的问题,按照"利于工作、责任明确、不增人员"的原则,重新设置股室站,将营业工作站和业务股合并,又将林政执法站从资源站分离出来,理清了"运动员"与"裁判员"的关系,并根据每个人的特点和"人尽其才、才尽其用"的原则,安排相应的岗位,从而形成了人人有事做,事事有人管的新机制,出现了由原来的"不想事、不做事"变成了"想做事、会做事、做好事"的新气象。重考核。局里成立了以局长梅碧球为组长,其他班子成员为副组长的考核领导小组,制定了严格考核奖惩办法,分项负责考核。办公室负责会议制度、工作汇报制度、考勤制度、卫生监督的考核与登记;政工股负责政治学习制度、党员民主生活会议制度、工作日志调阅制度、廉洁自律制度及各股室站和个人受奖励的考核与登记;计财股负责经济股室完成进度和资金按月及时入库的考核与登记。所有考核都建立了台帐,然后由政工股综合汇总。每月一次局务会汇报本月工作、布置下月工作和通报当月的考核情况。通过实行这种每月一考核,每季一初评,半年一小结,年终总兑现的考核办法,做到了目标细化、任务量化、责任硬化、进度时段化。整作风。从去年年初开始,梅碧球领导全局"一班人"在全局组织开展机关干部作风整顿、争先创优、解放思想大讨论等活动,极大地转变了机关干部作风,增强了服务意识,勤政务实开始形成。基本上杜绝了过去的"上班只报到、开会只点卯,遇事绕弯走"的现象,有不少干部职工原来是"公事不关己,公务高挂起,问题成了堆,只往领导推",现在主动给领导当参谋,出主意,全体干部职工都开始想事、装事、做事了。而且有了"无事不踏实,做事怕落后"的压力,工作中都争做主角,真正做到了"精心安排每一天,扎实做好每件事"。

梅碧球常说:要实现林业又好又快的发展,必须靠一支思想上与时俱进,业务上娴熟精干的高素质队伍来支撑。近年来,梅碧球与"一班人"把加强干部队伍政治理论学习和专业技能培训作为基础工作来抓,着力培养具有发展潜力、素质全面、适应潮流的人才。局党委坚持党委中心组学习制度,为了把理论与实际结合起来,梅碧球领导林业局在全县林业系统举行了森保、林改、森防、法制、计财等各种各样的培训班,坚持选用综合素质比较高的同志讲课,既突出了社会主义新农村的主题,又让干部职工到基层得到锻炼,在实践中积累经验,增长才干,保证了学习的实效性。

梅碧球领导全局通过完善学习机制,使学习不仅成为全局干部职工解放思想、科学决策、改造世界的重要过程,而且成为干部职工提高整体素质、提升政府机关效能的重要手段。全局51人,去年以来完成本科函授、自考的有10人,还有3人在继续中,先后有40人次参加国家、省、市林业主管部门组织技术培训,参学率达80%以上,而在县内的参学率更是达到了100%。全面提高了全县林业队伍的整体素质与水平,适应了新形势下林业发展的要求。

梅碧球在林业工作岗位时间不长,但他始终以开拓者的精神与姿态很快进入角色,引导全局干部职工奋发努力,使全县林业工作呈现出一派崭新局面,佳绩频传,一组组可观的数据就是最好的例证。去年,全县完成植树造林面积5.8万亩,是任务5.6万的104%。其中:完成杨树更新造林32306亩,是任务3万亩的108%,对比上年增加7306亩;新增花卉苗木65850亩,是任务6000亩的110%,比上年增加2000亩;新增花卉苗木大户35户,是任务20户的175%;更新改造杉树、楠竹8000亩,比上年增加4000亩;完成经济用材林改造8000亩;完成油茶低改4000亩。同时完成了1.8万亩血防造林工程任务。继续搞好了全县3.38万亩退耕还林国家补贴资金的管理,确保了补足按时足额到位。招商引资,争取国家投资1400万元,是任务1000万元的140%,超40%。其中:退耕还林工程736万元,林业血防抑螺防病林270万元,油茶低改375万元,林业抗灾补损18万元,洞庭湖区杨树有害生物无公害防控工程8万元等,引进县外境内资金1500万元植树造林。林改工作有序推进,县政府确定林地林权登记换发证任务5万本,已完成7.5万本,是任务5万亩的150%,有效控制森林病虫害的发生。林业有害生物灾率控制1.2‰以下,下降了2.4‰。无公害防治率达到65%以上,灾害测报准确率达到85%以上,种苗产地检疫率达到96%,对松材线虫病的监测覆盖率达到100%、对松木及产品的复检率达到100%。年森林火灾受害率控制在1‰以内,森林火灾案件的依法查处率达80%以上。减轻债务负担,完成消赤减债20多万元。推广林业生产新品种,对县林业局退休干部彭自主研制发明的"一种杀灭杨树柱干害虫的药棍及其生产方案"的使用,并于2008年10月15日由中华人民共和国国家知识产权局颁发了证书。同时组织资金3万元在坡头、大南湖、岩汪湖、龙阳镇进行了试点。按照省厅求，推广了桉树新品种，去年在崔家桥新栽桉树500亩。

自觉接受人大和人民群众的监督，坚持依法行政，突出形象的改变，又是梅碧球局长领导的"一班人"的工作举措。梅碧球上任以来，领导林业部门实行公开承诺。在去年5月6日《常德日报》公开承诺优化经济环境内容，进行政务公开。优质服务。服务态度体现一个"诚"字。服务内容体现了一个"实"字。服务效率体现了一个"快"字。勤政为民，初步形成了"六种作风"，即：开拓进取，思变创新之风；艰苦奋斗，求真务实之风；民主集中，团结协作之风；艰苦朴素，勤政廉洁之风；调查研究，联系实际之风；学无止境，知识更新之风。树立了林业行业的良好形象，形成了一支思想作风过硬、工作认真踏实、组织纪律严明的和谐林业队伍。

在取得显著成绩，全局形象逐步改变的基础上，梅碧球引导"一班人"并不满足，而是乘势而上，勇于开拓求得新的发展。梅碧球在2009年初，局班子成员会上提出了全局争先进、建亮点、创特色、促发展的总体目标。提出了团结"一个中心"，抢抓"二个投资"，强化"三个重点"，抓好"四大产业"的工作思路，使全县林业发展得到了又好又快的发展。

一份耕耘，一份收获。梅碧球领导的汉寿县林业局近年来取得了可喜的成绩，受到省、市林业部门的充分肯定与表彰，县林业局先后被评为省、市林业工作先进单位，汉寿县委、县政府目标管理先进单位。梅碧球本人被评为市、县先进工作者，优秀共产党员。

心系群众　情注医院

——记崇左市人大代表罗发军先进事迹

广西崇左市大新县人大常委会副主任　农忠贵

罗发军，男，39岁，中共党员，外科主治医师，大学毕业，现任广西大新县人民医院院长兼院党总支部副书记、崇左市第二届人民代表大会代表、县十五届人大常委会委员。自2006年十月份当选为市人大代表以来，罗发军认真履行人大代表的职责，模范执行国家的法律法规，积极参政议政。作为一名医生，他对技术刻苦钻研，精益求精，十几年如一日，心系群众，时时刻刻"以病人为中心"，把无限的激情倾注在热爱的医学事业中，治病救人，医德高尚，着力解决人民群众看病难看病贵的难题，赢得了人民群众的交口赞誉，堪称医生的楷模。作为一名院长，他锐意改革，实现科技创新，励精图治，克己奉公，十几年如一日，勇当医院改革的急先锋，把智慧奉献给了钟爱的事业。

一、履行职责不辱使命，做人民群众的代言人。

作为一名人大代表，罗发军始终牢记代表职责，积极联系选民，反映民意，依法履行职责。在市人代会期间和历次县人大常委会会议时，他都积极参加会议，认真审议各项报告和决议决定，为提交高质量的议案、建议，每次人代会前，他都广泛走访和联系群众，深入基层开展调研活动，倾听群众的呼声和意愿，关心群众疾苦。在市二届人大一次、二次会议期间他共提交5条文教卫生方面的建议，其中《关于要求建立城镇贫困职工大病救助专项基金的建议》和《关于重新启动机关事业单位养老保险业务的建议》得到有关部门的高度重视并得到落实。为我市有关部门进行科学决策提供参考依据，同时也在政府和群众之间架起一座联系的桥梁。

二、建设惠民医院，救助弱势群体。

"作为一名卫生行业的人大代表，必须把弱势群体的呼声反映上去。"罗发军代表在多次深入选区征求选民意见、调研农村医疗卫生情况中，了解到许多农民因药品价格过高而看不起病，因病致贫、因病返贫时，心里很不是滋味。为解决"低保、五保、特困"人群看病难、看病贵问题，2006年3月28日，在罗发军的多方努力下，大新县成立了广西第一家惠民医院，罗发军兼任院长。医院成立以来，对"低保、五保、特困"人群实施"十免十减半"及药品费用按10%给予减免等优惠政策。对于惠民对象以外的特困人员，该院也尽可能予以救助。

截止2008年底，惠民医院共惠民6000多人次，惠民总金额258566元，惠民医院让弱势群体得到实实在在的实惠。如今大新县惠民医院不仅成为解决困难群体医疗问题的基地，也成为医患和谐建设的一个亮点。

三、强化人性化服务，构建和谐医患关系，打造医院服务品牌。

2005年3月，罗发军在全院启动了以“六个一”为核心内容的人性化服务竞赛活动。活动中，罗发军制定了一系列可操作性强的制度、措施和评价标准、奖励办法，同时先后向每位职工推荐了《把信送给加西亚》、《细节决定成败》、《于丹论语心得》三本书，要求每看完一个章节写一篇心得体会，开展一次讨论。通过读书学习来端正职工的工作态度和服务理念，提高员工队伍的综合素质和执行能力，活动开展以来医院的医疗服务质量是得到了明显的提升，受到社会各界的广泛赞誉，各种感谢信、表扬信纷至沓来。在2006年7月，为一进一步深化人性化工作，罗院长又成立了客户服务部，客户服务部执行首问负责制（由我来办、马上就办、负责办好），真正做到“客户想到的，医院保证做到，客户想不到的，医院要替客户想到”，客服部的工作包括：接受健康咨询、预约专家、预约检查、预约居家医疗护理、邮寄检查单、客户电话回访、为特别需要客户分发各种检查单、协助办理各种诊断证明书、负责入院顾客的全程服务和协助科室或病人家属办理出院手续等等。截止2008年底，医院客户服务部共接受病人咨询5983人次，电话预约618人次，陪同病人检查治疗2832人次，帮助病人办理入院手续5030人次，发放问卷调查3275份，回访出院病人7416人，受到了患者及人民群众的欢迎及高度评价。

2007年的一天，榄圩乡农民马某因腹泻来就诊，门诊医生给他开了“阿莫西林、克拉霉素分散片、头孢羟氨苄胶囊”三种抗生素三天的药，药费合计63元。回家后，马某只服用几粒约6元左右的药，病就好了。马某纳闷，医生为何给他多开药？经人指点，马某得知医生多开药有“奥妙”。他气愤地打电话向院长罗发军质询：“我是个农民，得的是普通的病，你们为什么多开药赚钱？”这件事让罗发军和院领导班子其他成员深感震动，罗发军决定向本院一些滥开大处方等可能涉及商业贿赂的行为“开刀”，对全院100多位有处方权的医生执行不良处方点评公示，让“家丑”曝光，由此制定出台了《不良处方点评公示制度》，把纠正医生不当处方，减轻患者负担作为解决群众“看病难，看病贵”的一项重要工作狠抓落实。该院组织了一批经验丰富的医生对门诊、急诊医生开具的诊断与用药情况不相符的处方、滥开大处方等进行不定期抽查，凡是发现有不合格处方的，立即给予点评并在医院公开栏上进行公示，指出不合理原因，提出整改意见，并及时告诫和查处。同时规定，对病人要求购药金额较大的处方，要求病人在处方背面签字同意，以此对内监督医生操守职业道德，对外接受群众监督，取信于民，从而规范了医务人员的临床诊疗服务行为，树立了医院新形象。近年来，县医院从未出现因医患关系而受患者投诉。2007年2月初，在大新县召开的全区廉政建设现场会把该院作为“医患和谐”示范点。

四、注重医院发展，勇当改革“领头雁”。

2003年8月担任医院院长以来，罗发军坚持和落实科学的发展观，勇当改革“领头雁”，满怀豪情地带领全院职工进行第二次创业，努力谱写医院发展的新篇章。5年来，医院资产总额从上任初期的2302万元增加到现在的5060万元；业务年收入由1950万元提高到了4258万元；医疗设备总价值从583万元增加到1978万元；职工人员由280人增加到400人，其中高级职称人数由5人增加到8人；临床医技科室由13个增加到18个。继被国家卫生部授予“国家二级甲等综合医院”称号后，县医院还荣获2005年度崇左市“绿色环保社区”、2004年度崇左市先进基层党组织、2005年度县“科技创新先进单位，2003至2008连续六年荣获县先进党支部等荣誉称号。医院各项建设取得长足发展。

一是加大硬件投入的力度。在罗发军的主持下，2008年9月10日，县医院800多平方米的传染科病房和3800多平方米的东门诊综合楼建成投入使用。同时，近年来县医院购置了进口多排螺旋CT机、CR机等高科技设备，其中引进的冷极射频肿瘤治疗仪填补了崇左市肿瘤治疗技术的空白，创建了崇左市唯一的PCR实验室。

二是加快人才培养步伐，使全院的整体医疗技术水平全面提高。罗发军注重在职培训，通过请省内、外有关大医院的专家来院讲学、带教，将有培养前途的中青年医务人员送到上海、北京、武汉等大医院进修学习，加大在职培训的力度，迅速培养一批中青年人才梯队。

三是采取与省内外大医院“联姻”、“结对”的方式，几年来先后与广州军区武汉总医院及中国人民解放军三0三医院结成技术协作医院，促进医院发展。

从医10多年来，罗发军在平凡的岗位上呕心沥血、默默奉献，党和人民先后给了他“崇左市抗击非典优秀共产党员”、“崇左市优秀共产党员”和“大新县优秀党务工作者”等各级各类荣誉。罗发军用实际行动把自己锻造成大新乃至崇左市的名医，赢得了广大患者的信任和同行的尊敬。同时，罗发军锐意改革，积极带领全院职工，投身于医疗改革，坚持不懈地加强医院两个文明建设，始终贯彻“以病人为中心”的服务宗旨，医院“两个效益”不断提高。如今，罗发军正满怀信心地团结和带领全院职工向“人民满意医院”阔步前进。

营销文化的谱曲人　营销凯歌的弹奏者

——记中国蓝星哈尔滨石化有限公司供销经理孟宪忠

邱凤香

孟宪忠，中国蓝星哈尔滨石化有限公司供销经理，他十几年如一日，把自己的全部精力都倾注在公司的营销工作上，大胆创新做营销文化，无私奉献谱营销凯歌，使哈石化从扭亏到盈利、从盈利到高额利润、从利润到机会效益，并创造了不平凡的业绩：2006年实现销售收入13.4亿元、实现利润4852万元，同比增长310%，获得哈尔滨市财源骨干企业、AAA级诚信企业、哈尔滨市十强企业；2007年实现销售收入14亿元，实现利润1.4亿元，同比增长209%；2008年实现销售收入14.5亿元，节约采购资金2000余万元，三年时间使哈石化产品销售工作实现了一个质的飞跃。

面对成绩他总是那句话——千镒之裘非一狐之白。但深谙内情的人都知道，这一成绩的取得，方方面面都得益于他的精心策划、运筹帷幄。

中国蓝星哈尔滨石化有限公司主导产品苯酚、丙酮，在这个行业中有四大家族，分别是上海高桥、北京燕山、吉林石化、哈石化，但哈石化的规模最小，地域又位于东北的边远地带，但其销售业绩却一直处于领先地位，不仅是零库存，而且没有应收账款，连续三年实现了全产全销全回款。

孟宪忠是靠什么招数使行业龙头中的小老弟有着如此突出的业绩呢？让我们带着这个疑问一起走近孟宪忠，了解孟宪忠，更加清晰的感受他对营销工作的全新演绎……

2005年哈石化苯酚丙酮装置由4.5万吨/年扩产至12万吨/年，面对翻了近二倍的产量，面对竞争日益激烈的市场，孟宪忠给自己定下了一条规矩，说是规矩，其实就是一个字——“勤”。他要求自己在营销工作中一定要做到眼勤、脚勤、嘴勤。眼勤就是要善于观察事物、发现问题、寻找商机、寻找目标客户；脚勤就是在找到目标客户之后，要实地拜访，一次不行两次，两次不行三次——直到成功为止；嘴勤就是要多和客户沟通，聆听客户的要求和抱怨，仔细解释自己的服务、宣传自己的文化。

一次，孟宪忠得知吉林的一家树脂厂不但需要苯酚而且用量大、生产稳定时，他再也坐不住了。但大家都知道吉林的厂家，离吉林石化是最近的，无论从人情关还是位置关，哈石化想谈下这笔生意那就是“天方夜谭”。但为了让这家企业使用自己的产品，孟宪忠便连续数月20多次登门拜访客户，不厌其烦地向客户讲解自己产品的优点，介绍哈石化的服务，宣传蓝星的文化。凭借着“跑断了腿、磨破了嘴”的精神，最终付出换来了回报。他不仅把与这家企业的首次合作“搞定”，而且使该企业成了哈石化的黄金客户，每年都达成数千万元的合同成交额。

嘴勤、脚勤不难做到，但要真正实现眼勤可不是一朝一夕的事。眼勤要求有敏锐的市场洞察力，丰富的营销经验，敢抓机会效益的魄力，孟宪忠做到了。去年，当他在湖南地区走访客户时，了解到当地短期内丙酮市场价格远远高于国内其它地区，且市面上存在着“有价无货”的状况。因此，他果断的决定以高价卖给当地经销商丙酮数百吨，为公司获得额外利润50余万元。同时，他巧打价格战，利用增加价格尾数法，将产品单价定价时多出10

元,也许客户不曾留意单价尾数的10元钱,但对于该公司12万吨的产品而言,所创造出的价值却是120万元。也许在有些人眼里,面对一年几千万元的利润,这区区百八十万算不了什么,但在孟宪忠眼里为公司创造价值没有多少之分,他就是这样一个永远将公司利益放在第一位,紧抓机会效益不放松的营销经理。

孟宪忠的"勤"不仅体现在亲自跑市场上,而且也体现在营销团队的服务上。他意识到周到优质的服务是拉近企业与顾客之间距离、增进友谊、赢得顾客青睐、促进营销工作的重要手段。为此他大力推进企业营销文化建设,为规范营销工作,他制定了各种管理制度和考核办法,提出了"一条龙"服务的理念,顾客不用到现场就可以办理完一切手续并按要求将货装好;实行365天24小时不间断付货、跟踪服务的工作方式。尽量消除提货过程中影响最大的顾客成本,努力避免交货不及时、手续繁琐和文件过多等问题的出现。积极建议和帮助客户减少成本较高的桶装发货,增加运费较低的槽车发货量。一切从顾客的利益出发,想顾客之所想,急顾客之所急,以高效、优质、专业的服务让顾客满意而归。从而将交易营销转变成关系营销,为公司建立了长期稳定的忠诚客户群。

赢得了客户就是赢得了市场,这句话在2008年孟宪忠身上得到了充分地证实!2008年对于中国来说是个多灾之年,同时2008年也再一次考验了孟宪忠。5月12日汶川大地震,使交通设施严重损坏,所有工厂停产、停工。同时四川更是哈石化苯酚丙酮产品主要销售地之一,占销售量的10%以上,就在发生地震的当天,该公司站台上还备好了发往四川的产品,受影响数量达2000余吨。

一波未平,一波又起。为确保北京奥运会及残奥会顺利进行,政府相关部门决定对257种化学品实施管制,哈石化苯酚丙酮产品被列入其中。即自5月1日,对管制化学品进行登记,且5月1日—10月17日对管制化学品实施定点许可销售制度。期间运输管制化学品车辆将不得进入北京、天津等城市市区。此项制度实施,将严重影响产品销售,河北、山东地区是苯酚产品"主战场",在这两地区苯酚产品运输及销售将极为艰难。

对于本身就没有储备能力的哈石化来说,销售出这大量的积压产品成了供销公司的首要任务,这些大量积压的产品成了孟宪忠"烫手的山竽"。为了将这种影响降到最低,销出积压产品,保证正常生产,孟宪忠说服其他地区的老客户加大提货量,并亲自拜访,凭借多年来孟宪忠的为人、日积月累的良好关系,山东几家企业立即增加提货量,解决了哈石化燃眉之急。之后,孟宪忠及时调整营销策略,减少南方销售力度,加大北方市场的再度开发。在同行业上海高桥苯酚丙酮库存居高不下的情况下,哈石化始终保持着合理库存,又打了一场漂亮的营销仗。

能够从更深的层次理解营销,从创新的角度产生营销新思路才是营销的最终获胜者,孟宪忠深深的意识到了这一点。因此他在做好简单意义的卖出产品做好营销工作的同时,将营销向纵深拓展。当他发现来自日本、韩国、美国的苯酚;来自日本、新加坡、韩国和台湾地区的丙酮数量不断上升,市场份额占据相当大的比重,促使国内苯酚丙酮产品价格明显下降时,他以召开行业分析会为契机,同国内其他三家生产企业协商,申请反倾销,在国家商务部立案,并最终获得胜诉。使国内苯酚丙酮产业市场更加规范。同时,孟宪忠也靠着这份智慧和胆识为自己赢得了国内相对宽松的市场,其销售业绩遍布全国25个省、市、自治区,成为业内有口皆碑的销售王牌。

销售业绩提升了,承担更多的社会责任便成为了孟宪忠回报社会的方式之一。不但自己主动与弱者结帮扶对子,他还于2006年初创建了蓝星阳光基金,影响和带动了同事、客户、朋友等数百人加入到捐资助学、帮贫济困队伍中。在沙兰镇小学、东风小学、宣庆小学、哈理工、哈工大、哈交大、四川地震……都有他们捐助的身影。

一个以公司利益为第一位的企业家,一个朴实果敢的营销经理,一个勇于承担社会责任懂得奉献的爱的使者,用自己的言行赢得了职工,赢得了群众,赢得了事业,更赢得了党和人民的信任。党和人民给予了他很高的荣誉:2005年哈尔滨市劳动模范、2006年、2007年市人大代表、2008年黑龙江省五一奖章。

面对这些荣誉,他淡淡一笑:"成绩只代表过去,未来才属于自己!路虽远,行必至;事再难,干必成!"2009年已经开始,百年一遇的金融危机给哈石化、给苯酚丙酮产品的销售工作又带来的前所未有的困难,他是在用这句话激励自己在营销的道路上继续阔步前行!

为了大地的丰收

——记市人大代表、黑龙江省农业科学院水稻研究所所长、党委书记、国家级水稻育种专家潘国君

黑龙江省佳木斯市人大常委会研究室　王加斌

“当一名人大代表就要敢于为老百姓说话，为老百姓谋利益，这是人大代表应尽的职责！”潘国君常把这句话挂在嘴边。他不仅是这样说的，也是这么做的。潘国君时刻牢记“人民选我当代表，我当代表为人民”的宗旨，忠实履行代表职责，积极反映群众呼声，主动为地方经济发展出谋划策，参政议政。带领自己的科研团队在科技创新、成果推广、科技服务等方面实现了新的突破。

作为黑龙江省农业科学院水稻研究所所长、国家级水稻育种专家，黑龙江省水稻育种学科带头人的潘国君，熟知我市农业生产现状，对我市农业未来发展充满希望，为了大地的丰收，在市十四届人民代表大会第三次会议分组审议市政府工作报告时，潘国君精心准备，通过广泛调研，结合我市农业发展现状及潜在优势，前瞻性地提出“我市应发挥自然资源得天独厚的优势，大力加快农业产业化步伐，率先走规模化经营和集约化发展之路”，这一建议得到了政府农业主管部门认可和与会代表积极响应，对我市农业经济的快速发展起到了重要的推动作用。

在我市开展的农业科研单位与县（市）区共建活动中，他积极教育和引导科研人员树立农业科研为生产、为地方经济发展服务的观念，亲自主抓与桦川县、汤原县“所县共建”科技帮扶合作共建工作，深入基层，进村入户，了解掌握制约农业发展的障碍因子，探讨科技引领农业发展新途径，形成调研材料200余页。组织建立农业科技示范园区、农业科技专家大院、推广致富项目和开展农业科技培训，他既是组织者，也是参与者，实现了“论文写在大地上，成果留在农民家”的目标，发挥了农业科技的引导、示范、辐射和带动作用，有效地促进了桦川、汤原两县县域经济的快速发展。

潘国君是研究所的主要领导，肩负着全所生存发展的责任，又是黑龙江省水稻项目首席专家，承担着全省水稻产业发展的重任，他在国家级、省级科研学术部门任多项兼职，但他从没忘记身为人大代表的那份职责，积极参加市人大常委会和农林委员会组织的各项“三查（察）”活动。今年春天，为维护农作物种子市场秩序，保护农民合法权益不受侵害，他提出了应加大《种子法》执法监督力度的建议，此建议得到农林委的高度重视，立即组织人大代表会同农业行政主管部门对市区及各县种子市场进行了为期一周的执法大检查，潘国君也自始至终地参加了这次活动。在检查中，潘国君积极发挥自身水稻育种专家的技术专长，对市场中销售的种子，特别是水稻种子的真假伪劣、是否符合我市的生态条件以及是否存在侵权经营等方面进行检查，要求经营业户守法经营，以农民的利益为重，对农民一年的收成负责，并对购买种子的农民所提出的问题进行认真的解答，这充分地体现了人大代表的爱民风范。在与当地政府和农业主管部门进行意见反馈时，潘国君积极发言，不回避问题和矛盾，提出有针对性和可操作性的建议和意见，为进一步规范种子市场、维护农民合法利益，保证这次种子执法检查取得预期的效果起到了重要的作用。

为了推动“全市十大重点工程”的实施，发挥人大代表的谏言献策、服务经济社会作用，市人大常委会组织全国、省、市三级人大代表就农业科技园区的建设和发挥作用情况进行了专题视察。作为省农业科学院水稻研究所的主要领导和市人大代表的潘国君，他不顾刚刚做过手术，在还没有完全康复的情况下，组织全所的科研人员，认真准备，亲自讲解，把水稻研究所最新的科研成果展现给三级人大代表，展现给全市广大稻农。潘国君还全程参加了其他农业科技园区的视察，提出了很多有建设性的建议，获得了参加视察活动的领导和代表的赞许和认同，作为这次视察的正式建议转交市政府和农业主管部门研究落实。

作为人大代表的潘国君积极联系选民，为群众着想，反映群众呼声。看到我市城镇居民住房公积金比例较低，没有充分考虑随着经济社会的发展而逐年提高的实际情况，通过走访东风区选民，征求群众意见，在市第十四届人民代表大会第三次大会上提出了“应适当提高城镇居民住房公积金投入比

例，以加快市民住房条件改善”的建议。此建议得到了政府有关主管部门的高度重视，目前正在调研测算。对于东风区东部居民普遍反映的东风区与辖区内建国乡路段不通市区公交车、出行不方便的问题，潘国君先后两次在人代会上提出“关于延伸市内公交车至建国乡的建议”，并积极联系有关部门予以尽快落实。多年来，潘国君始终是想职工之所想，急群众之所急，大到住房环境条件改善，小到职工群众衣食冷暖，都铭刻在心。他以真心为大家办好事办实事的优良作风赢得了单位职工的广泛赞誉，也得到了东风区选民的拥护。2008 年潘国君被授予全市十佳优秀人大代表。

潘国君以其对水稻科研的深深热爱和对事业的执着追求，在本职岗位上取得丰硕成果。从事水稻育种工作 28 年，共取得获奖科研成果 20 余项，其中水稻品种合江 19 获国家发明三等奖，省重大科技效益奖和省长特别奖，水稻品种龙粳 14 获省科技进步一等奖。发表学术论文 20 余篇，先后选育水稻新品种 24 个，累计推广 8000 万亩，创社会经济效益 30 亿元。育成超级稻品种 3 个，从而实现了寒地超级稻品种零的突破，使黑龙江水稻育种再上新台阶。作为学科带头人，多年来，一直在精心打造他的创新团队，和谐共进，加快发展，现已形成了一支学术思维活跃、年富力强、结构合理、团结奋进、求真务实的创新团队，他们的创新成果撒满佳木斯这块沃土，给全市农民带来了致富的金钥匙。

科技引领现代农业的快速发展，这意味着科技工作者的责任将更加重大，作为人大代表的潘国君始终坚信这样的信念：人民利益高于一切，发挥自身专长，加强科技创新，提高生产效益，实现规模化和标准化，依靠科技进步，促进农民增收，农业增效，为社会主义新农村建设做更大贡献！

我为农民当好代表

——内蒙古自治区第十一届人大代表、土右旗人大常委会委员吕志强

李金莲

吕志强是土右旗沟门镇威俊村农民。这位普通的农民先后担任土右旗七至十届政协委员、自治区九、十届人大代表，2007 年再次当选为自治区十一届自治区人大代表。多年人大代表的经历，吕志强感慨良多，他说：“连续几年当选为人大代表是党对我多年培养教育的结果，是广大人民群众对我的厚爱和信任。”

人大代表是广大人民群众的“代言人”，是上情下传和下情上达的桥梁纽带。当好人大代表就要当好人民和党之间的纽带，就要为人民鼓与呼。吕志强在当选人大代表的几年，正是用这样的标准要求着自己。

1996 年秋季，吕志强在村内听一些村民议论，过磷酸钾肥料施在地里几乎没有什么效果，又了解到木旗的朱儿圪岱村一些农民也遇到同样的问题。于是他立即找工商部门了解情况，但没有结果。这可是关系到农业生产的大事，吕志强知道不能简单放过。1997 年元月他在政协八届四次会议上提交了《加大劣质化肥查处力度》的提案。土右旗政协领导高度重视，并派出了由政协、工商、农牧林业局组成领导小组进行督查，堵住了进货渠道，并销毁了 34 吨劣质磷肥，有效地保护了农民的切身利益。

1999 年，几个村子的养猪户向吕志强反映，农民农作物加工电费收费标准不一：有的 0.70 元/度，还有的村是 0.62 元/度、0.42 元/度。个别村照明电价也各不相同，特别是葫芦头村达到 1.00 元/度，15W 灯泡每个月竟得交 10 元的电费。他带着这个问题向管农电的领导反映，得到的回答是：“各村线路亏损不一样，等线路整改完成后，才能降下来”。于是他在 2000 年自治区九届三次会议上提出《降低农村综合电价，切实减轻农民负担》的建议。自治区政府责成自治区发改委转回土右旗农电公司解决，仍然没有得到满意答复。他继续向自治区人大反映，终于三个村每个月 1.00 元/度的照明问题在一个月内得到有效解决。他说：“实实在在为老百姓解决了生活中的实际问题，对我这个农民代表来说也感到十分欣慰，为农民办了一件实事。”

吕志强家从事养殖业，条件比较优越。但他深知自己一个人富起来后，应该带领全村村民奔向致富路。

2004 年，土右全旗奶牛养殖头数大幅增加，然而奶牛的实际经济效益并不乐观。他自己饲养的 30 头奶牛也杂病多、产奶量少。面对这种情况，他自己首先购买了《奶牛饲养技术指南》、《饲养小母牛》等书籍学习，并参观了一些饲料厂和养牛公司，找出问题的症结并大力改革。经一年多的实验，他养的奶牛实现产奶量稳定，毛病减少。虽然比别人多投入 500 到 800 元，但整个泌乳期比别人多产 800 到 1000 公斤牛奶，总体算账每头牛多收入 400 到 700 元。他将自己的经验广泛传播，并在 2006 年科技下乡中举办讲座向养殖户传授，受到广泛好评。同时他还在自治区十届二次会议上提出延长奶牛贷款期限建议，帮助奶农走出困境，得到了自治区政府的重视，最终奶牛贷款延期 2 年。

近年来由于饲料涨价，人工费用增高，饲养奶牛无利可图，卖奶牛的农户有增无减。2005 年他又在十届人大三次会议提出《右旗广大奶户强烈要求伊利、蒙牛两大公司提高奶价》的建议，得到了自治区人大、政府高度关注。2005 年 4 月，呼市地区每公斤涨 0.06 元，包头地区每公斤涨 0.03 元。尽管涨幅不高，但稳住了奶农的心。2007 年他又在自治区十届五次会议为奶牛养殖户再次呼吁，得到自治区党委副书记岳福洪关注，各大新闻报刊做了全面报道。为促进对奶牛业下一步发展，制定扶持养殖业政策，增加奶农收入发出一个信号，增加了农户养奶信心奠定了一个基础。

不仅如此，吕志强还经常慷慨解囊帮助生活困难的群众脱贫致富。与他同村有一户叫闫文宽的家庭生活困难，吕志强主动垫资 1200 多元帮助购买了 5 头猪，一年下来，养猪的纯收入 2300 多元，他还帮助购买了寒羊，现在已发展到 100 多只；村民张美君购牛困难，他出资 5000 元援助；村民张成成家饲养的牛病了，他主动拿去 200 元帮助治好了病，还出资 500 元帮忙建起了牛舍。这样的事例不胜枚举。在他的帮助下，大多数村民走上致富之路。

十几年来，吕志强在人大代表这条战线上奉献着，忠实地履行了一位农民人大代表的职责，以实际行动发挥了一名基层人大代表应有的作用。他也因此先后多次获得市、区、乡多项荣誉称号。1994 年吕志强被包头市评为特别贡献奖，1995 年 6 月被内蒙古团委评全区星火带头人，同年 10 月、12 月被土右旗人民政府评为养殖能手、民族团结先进个人，1996 年 – 2007 年连续被评为土右旗优秀政协委员，2003 年 5 月评为包头市劳动模范，2006 年 6 月被评为市优秀党员，同年 10 月荣获中华农业科教基金会 2006 年度神内基金农技推广奖，2007 年 9 月获得自治区专业技术资格证，养殖业高级技师。

熊楚江的创业三级跳

平相　春林

随着生活水平的不断提高，人们越加注重穿着打扮。而一件普通的服装配上千姿百态、做工精美的饰品，更有一种锦上添花的感觉。上世纪 90 年代初，一个偶然的机会，乐安县增田镇青年熊楚江被一本服装杂志里面各色精美的服饰图案吸引住了。他了解到日本及欧美一些国家对饰品的需求非常大，而我国当时的饰品企业主要集中在广东等沿海一带。怀着追求美、创造美，让美改变自己生活强烈愿望的熊楚江，按图索骥来到深圳一家饰品厂打工，从一个流水线上的普通工人到分管生产的副厂长，这一干就是十年。十年间，他不仅练就了娴熟的饰品制作手艺，还通过同各种人打交道，学习了现代企业管理知识。

2000 年，熊楚江敏感地意识到，随着高新技术产业的发展，靠手工精细制作的饰品产业在当地立足的空间越来越小。他果断地决定跳槽，从家乡带着 7 个民工，怀揣 3000 元资金，来到全国小商品集散地浙江义乌，和一位美国商人合作，创办了楚江饰品有限公司。当时，那位美国商人手头有一批数十万美元的订单，急于寻找合作伙伴，他看中了熊楚江丰富的生产和管理经验，于是两人携手合作，掘得了第一桶金。一年后，美国商人回国发展，熊楚江独资注册成立了美亚饰品有限公司，聘请了一批高学历的设计人才，招了100多个工人。由于他生产的饰品品种繁多，做工精细，再加上他多年来建立起的广泛的客户网络，他的饰品企业像滚雪球一样不断壮大。

去年，熊楚江再次敏锐地意识到，随着沿海一些产业的梯度转移，饰品产业也将逐步向内地转移。他果断地决定移师乐安，在家乡拓展这项美丽的产业。仅仅几个月的时间，占地4000多平方米，集厂房、员工宿舍及其他附属设施为一体的江西美亚饰品有限公司就落户乐安县南门工业园区。目前，该公司员工正加班加点生产一批销往日本的饰品。谈及未来的打算，熊楚江说："我是乐安人，我要用自己创造的财富回报家乡。我的公司用工需求量较大，今年准备再招收100多个工人。"

如今的美亚饰品厂，已经成为一个致力于打造世界级儿童饰品品牌的专业儿童饰品生产企业，集设计、生产、进出口贸易为一体，主要生产中高档儿童头饰品，各种法国钢夹、迷你圈、头带、头箍和发束以及服装辅料等。工厂拥有配套的生产基地和完整的生产线，配备先进的生产设备及专业技术人员，并建立了完善的管理体系。

美亚品牌宣言：把真诚注入每件儿童饰品，让它们成为全世界少年儿童善良、富于幻想的内心世界里最好的贴心礼物。

企业宗旨：以人为本、以质取胜、客户至上。生产理念：用一流的生产设备和精湛的专业技术队伍，精心打造符合国际标准及流行趋势的"绿色·环保·舒适·可爱"的系列儿童头饰品。

企业文化：用热情、进取、创新创造一个儿童之家、人才之家、客户之家！

做称职代表　创一流企业

河北中基房地产开发有限公司董事长　韩建军

2008年1月24日，我被当选为石家庄市第十二届人大代表，一年多来，按照人大常委会的要求，能够依法行使人大代表的权利，认真履行人大代表职责，充分发挥人大代表作用。为石家庄市和桥东区的经济发展做出了一份贡献。

一、加强学习，提高认识，严格遵守法律法规

当选人大代表以来，我一直这样认为：人大代表要牢记人民重托，切实履行法律赋予的各项职责，充分发挥人大代表的作用，认真听取和积极反映群众的意愿和要求，勇于提出议案及建议、意见和批评。为了能更好地履行代表职责，提高法律知识水平，我认真学习了与人大工作关系密切的《宪法》、《代表法》、《地方组织法》，结合本职工作，还系统地学习了《民法》、《公司法》、《消费者权益保护法》等法律法规，尤其是加强了对党的路线、方针、政策的学习。通过系统地学习，激发了当好人大代表的责任感、使命感，增强了人大意识、法制意识，明确了人大代表必须把依法办事作为开展企业活动、履行职责的重要前提，多年来，我一直坚持依法诚信经营，按照法律法规办事。

二、深入群众，体察民情，为百姓谋最大利益

作为来自基层的人大代表，为最大限度地发挥自己应有的作用，我扎扎实实从小事、从实事做起。我公司开发的项目是城中村改造项目，我们从全市"三年大变样"的大局出发，竭尽全力，克服一切困难抓质量、抓工期，使回迁户能够尽早住进新房。同时本着为老百姓着想，多为他们做好事的思想原则，许多情况下是在牺牲公司利益的基础上，让利老百姓。今年3月我们是全市首批回迁楼交房，公司对所有回迁户给予了特殊照顾，不但交房时减免了回迁户两年物业费和一个冬季的采暖费，而且对回迁房还进行了简单装修，门窗齐全，厨房、厕所贴上了瓷砖，客厅、卧室墙壁进行了粉刷，地面进行了处理，总之，老百姓搬进来就能入住。虽然公司的利益受到了损失，但得到了老百姓的认可。艾市长在百忙之中亲临交房现场，当看到大家兴高采烈，对分到的住房十分满意时，艾市长高兴地说："你们满意我就放心。"当看了居民宽敞明亮的大房子和听取回迁户的问答后，盛赞承担回迁楼建设任务的河北中基公司信守承诺。艾市长称赞我们说："你们按时交了房，老百姓也十分满意，你们的考卷答得不错。全市的开发企业要向你们学习……"。艾市长对我们的交房工作给予了高度评价,并且石家庄各大新闻网及石家庄日报都做出了报道。在这里,我同时也感谢桥东区领导及各部门对我们工作的大力支持与帮助,我们决心想方设法再加紧施工,年底前让所有拆迁户全部回迁新居。

作为人大代表,我特别注意收集关系广大群众切身利益的问题,并且尽可能多的利用空余时间深入到群众中,与他们进行面对面地交流和沟通,认真听取他们的意见和要求,及时掌握百姓所关注的难点、热点和焦点等第一手资料。我还通过政府部门的领导来我公司考察、调研的机会,把群众的心声反映给政府、人大。每次人民代表大会会议召开前,我就会根据人民群众特别关注、反映强烈的问题,集中利用一段时间进行调研,弄清问题来龙去脉,写出有问题、有解决办法的建议、批评和意见,提交给人代会。

三、立足本职,开拓创新,为社会打造一流企业。

作为人大代表,又是河北中基房地产开发有限公司的带头人,我在认真履行人大代表职责的同时,用真诚和友谊创建良好的公司氛围和社会关系。始终注重维护员工切身利益,使员工生活得到不断提高,去年根据公司效益给员工普遍增加了工资,并提高了员工的福利待遇,我还每年组织员工旅游及体检,以关心员工增强企业的凝聚力。

我注重坚持不懈地创业、创新、创优。作为企业,最重要的就是推动社会发展。为此,河北中基房地产开发有限公司始终紧紧围绕石家庄市的建设而努力工作。公司本着为社会提供高质量的楼宇,为企业员工提供充分的个人发展的宗旨,以房地产开发为立足点,不断提高企业竞争力,逐步向集团化的目标迈进。公司按照石家庄市政府关于“一年一大步,三年大变样”总体目标要求,为加快石家庄市旧城改造步伐,为进一步改善石家庄市的整体形象,毅然持巨资30亿元投入任栗村的整体改造。中基地产秉承“以诚待人,以诚做事”之理念,逐步形成了公司精神“用心、创新、诚信”即“3X精神”。公司被石家庄市国土资源局评定为“石家庄市房地产开发用地二十佳企业”;荣膺“石家庄十大诚信地产企业”;“石家庄地产文化十大品牌企业”;“最具品牌影响力房地产企业”。目前我们开发的“中基·礼域”项目先后被联合国人类居住区中心信息办公室、建设部建筑文化中心授予“石家庄科技生态示范楼盘”;“最具典范人文大盘”;第九届中国住交会(河北区)“精品楼盘”;2007年度中国(石家庄)楼市总评榜之“2007年度精品楼盘”。获得“绿色节能社区大奖”;2007年度中国房地产业“建筑创新卓越楼盘”。被建设部评为“最具文化魅力社区”。是《国家住宅性能评定技术标准》2A级项目。建成后的“中基·礼域”项目将成为石家庄新都市的全新品牌社区。

今后我要继续带领中基人全力响应市政府的号召,坚定信心,不懈努力,打造石家庄人性化之居住社区,创“中基”之品牌,实现政府、企业、市民之共好!我决心要为建设繁荣、文明、和谐新石家庄做出新的更大贡献。

心血铸就桃李香

——记黑龙江省佳木斯市人大代表、向阳中学校长殷春霞

黑龙江省佳木斯市人大常委会研究室　王旭斌

有人这样说过:就像一部精彩的电视剧,她是编导之一又领衔主演;就像众人参与创作的瑰丽画卷,她是监制人又是挥毫泼墨者,但她一直保持沉默,就像这些惊人之作不属于她。也有人这样称谓:她不是那种张扬自己和追逐名利的人,她的成功恐怕就在于她懂得辩证的人生真谛:付出与收获同行!

“献身教育,辛勤耕耘,以德立身,清正廉洁,开拓进取,敢为人先”这就是黑龙江省佳木斯市人大代表、向阳中学校长殷春霞从教育近三十年的真实写照。

近年来,这所学校已在三江大地上誉满佳城,在全市的十多所初级中学当中,已连续八年在中考升重点高中的比赛中居全市第一。学校先后荣获全国中学生英语能力竞赛特等奖、数学竞赛团体一等奖、培养学生“自主学习能力”科研课题一等奖,

省级一类学校、全国"三育人"先进单位、现代教育技术实验学校、市示范初中、师德师风建设先进集体,2005年又被国家教育部确定为佳木斯地区唯一一所"青少年科学技术实验基地"。2007年荣获"全国红十字模范学校"、2008年荣获"全国首批未成年思想道德教育先进单位",这也是黑龙江省教育战线唯一获此殊荣的学校。名声鹊起的向阳中学就像一块无形的磁石,吸引着众多莘莘学子,纷纷找门路,不惜花重金往这里挤。面对如此之多的荣誉和斐然业绩,任何一位佳木斯人或佳木斯以外的人都会如此肯定的说,没有殷春霞校长的呕心沥血,没有殷春霞校长的勇于进取和执着改革的决心,决不会有向阳中学辉煌的今天。

伟大来自平凡。教育是基础,教育是根本,教育是生产力,教育更是关系到国家富强,民族兴旺的首要问题,这是殷春霞一生都在追求的真谛。1979年大学毕业的殷春霞就步入了人民教师的行列,拿起教鞭,殷春霞精神十足;辅导学生,殷春霞信心百倍,二十多年的教学生涯将她磨炼成一个年富力强的巾帼俊杰,她先后担任过班主任、教研组长、学年组长、教务主任、教学校长,2000年任向阳中学校长。担当重任,不只是一种荣耀,更多的时候是一种使命,一种责任,是对一个人胆识、能力及意志品质的考验。千秋兴国基业,百年树人大计。殷春霞深感自己肩上的责任重于泰山。

人格是一种力量,是一种精神,但它却如同深藏于磁体内部一样,殷春霞是一位具有崇高人格魅力的人。正如她自己所说的那样:"校长的人格应是校长的最高学历,人格魅力最本质的是从校长的心灵来,心是生命再现的核心,心能焕发人的生命活力,从而创造人的生命价值。"她深知:事业要成功,学校要办好,总得靠人。一个合格的管理者应最大限度地调动手下每一个人的积极性,所谓人心齐,泰山移。在经过一番调研后,以殷春霞为首的向阳中学新班子提出了具有前瞻性的办学方针:"以德弘校,质量立校,科研兴校,依法治校"及三年晋升市级规范化初中,五年晋升省级示范初中的办学目标。

四年在人类历史的长河中,不过是暂短的瞬息,然而殷春霞校长却在这有限的时间里创造出骄人的业绩,向阳中学实现了四个历史跨越:

——学校办学条件实现新跨越。搬迁了新校舍,面积翻了一翻;

——教师队伍、学生数量实现了新跨越。二者均翻了一翻,教师由原来的43人增至现在的90人;学生由原来的600人增到现在的1200人;

——教学水平和质量实现了新跨越。教师实现了"135"五年培训计划(要求教师一年胜任工作;三年渐见所长;五年成为骨干教师)和"5393"名优工程(三年内把教师培养成为区级名师9人,市级名师5人);

——学校发展实现了新跨越。三年内学校实现了市级示范示初中、省级一类学校的目标。

身教重于言教。她深知:孩子是国家的未来,教育是人类的希望,教师在学校中的作用举足轻重。当校长后她所作的第一件事就是尊师爱师,对他们付出的每一滴心血都高度肯定,对他们每一丝不足都诚心帮助;她爱师尊师,给教师创造提高素质的条件,给他们充分展示才华的舞台,而要教会学生如何做人,老师必须做人的楷模。确切地说,校长领导的工作作风和教师的师德风范是校风建设的座标、灵魂、精髓。为此,殷春霞以身作则爱岗敬业铸师魂,她时刻不忘以高尚的精神凝聚人,以完美的形象激励人,以真挚的感情启发人,以表率的作用鼓舞人,以正确的思想引导人,以科学的制度规范人,以多彩的活动塑造人,以丰富的成果吸引人,构筑做人基石,培养优良品质。

作为一名人大代表,她在注重以德治校的同时,也注重依法办学,以法治校,以法管理。他提出"四化"标准。科学化:尊重规律,依靠教师,教学为主,全面发展;民主化:坚持校务公开,定期召开教工代表大会、学生代表大会、家长代表大会;规范化:规范管理机制、过程、方式,依法管理;人文化:注重良好情感态度的营造,注重事业心、价值观的培养。在殷春霞的带领下,学校实施一系列民主化管理的新举措,体现出了很强的时代感和可贵的超前意识,收到了良好的效果。如率先在学校推行了改革发展规划、财务收支情况、基建维修项目、招生情况、大型物资采购、职称评聘、住房分配等八项校务公开,置于群众监督之下,充分调动了广大教职工的积极性和参与学校管理的热情,受到了社会的好评。工欲善其事,必先利其器。要提升学校形象,首先在硬件设施和美化环境上下功夫。2001年,为了改进办学条件,学校先后投入100多万元对教学楼进行修缮改造,殷春霞在工程开工之前就组织相关人员制定了"一监督、二透明、三把关、四公开"的一整套工程招投标程序,完善了工程监理制度,在充分征求了区政府和广大教职工意见的基础上，向全社会公开招标。工程开工后，定期在校教工大会上通报工程进展情况、预算和支出情况，避免和防止了工程承包中的腐败问题的发生，被教师称为“阳光”工程；她高举科教兴校的大旗帜，建设高素质的教师队伍，这是教育改革与发展的根本大计。被省教科院称为专家型校长的殷春霞在用人方面，她也有强烈的民主意识，力求招聘过程公开、公平、公正，实行被招聘教师必须过领导班子、教研组、学生“三关”的考察办法，每次听完应聘教师讲课后，都广泛征求班子成员、教研组成员和学生的意见，实行民主推荐，通过这种严格的民主考核办法，使一大批既无钱又无背景的乡村骨干教师进入了向阳中学。近两年来，先后派出30多人次去外地学习，还公派别一名教师去美国进修英语，这在全市一百多所中小学尚属首例。与此同时，还对教师实施全员聘任制，在全市范围内和师范学院中选拔优秀人才任教。现在，全校在编教师中在职研究生2名，本科生58人，进修即将得到本科学历的30名，其余全部为大专学历，其中省级优秀教师2人，省教学能手3人，省科研骨干6人，获省级优质课28人，市级优秀教师17人，市教学能手22人，市优秀班主任17人，获得市级优质课41人，全校平均年龄34岁，平均教龄14年。一切正如殷校长常说的：“只有以人为本，把教师和学生装在心里，求真务实才有保证。”“殷校长治校，政通人和。”这是一位年轻的年级组长对向阳中学现状的高度概括，也是对殷校长最好的民意评价。

德高为范，爱心无价。作为一名人大代表，殷春霞校长时刻不忘将自己的爱心播撒向急需社会资助的贫困学生。向阳中学学生毕宇博，父亲病逝，生活的重担一下子无情地压在了她母亲柔弱的肩上，而性格内向的他却悄悄隐瞒下了家庭入不敷出的经济窘况。细心的殷春霞在得知了这一情况后，立即向他伸出了援助之手。她不仅个人出资帮助他渡过难关，还建议学校免去了他在校的部分学费，同时，在思想上、精神上给予他鼓励。“你一定要好好学习，向着自己的目标不断奋进。”三年的爱心传递终于换来了丰硕的成果，这名学生以优异的成绩被佳二中录取。在殷春霞校长的带动影响下，全校老师和同学们也纷纷参与到捐资助困活动中来，向阳中学已有70多名品学兼优的贫困学生受到了全校师生的不同程度的关怀与资助。在殷春霞的倡导下，向阳中学于2005年初，在全省独创了“博爱教育园”，这是促使师生从理性认识到感性、到实践感悟博爱教育的内心精神升华的重要措施，旨在真诚为贫困学生献爱心。园内陈设了社会各界募捐的博爱教育的做人篇、博爱篇、和谐篇、八荣八耻篇等各种书籍和宣传资料，摆放社会各界捐赠的学习、生活用品。制定一切为了学生、特困学生优先、救助教育与激励相结合的八项管理原则，实施了物品流动管理七项制度。设立了博爱积分卡，制定了积分细则，通过积分卡，对特困生实施关爱，对能够很好的完成学校交给的各项任务、活动中获得奖励、拾金不昧等好人好事、在班级和学校建设方面有突出贡献的学生实施奖励。通过博爱教育园各种物质对学生的不断奖励，环保小卫士、爱心大使、孝敬父母、尊敬老师和好孩子，团结同学、助人为乐的好学生等等层出不穷。体现了“进出均是奉献教育，来去都有爱心”的运营思维，使“博爱教育园”成为展示人性之美，塑造学生灵魂，关注青少年健康成长的平台。据统计，“博爱教育园”创立以来，社会各界和师生共捐款捐物20多万元，资助特困学生381名。此外，学校自2004年全市率先创办成立的减免特困生学费的“宏志班”的第一届学生今年已经毕业，80%的同学升入重点高中，周天阳同学还荣获全市数学状元。几年来，该校收到社会、家长赠送的锦旗12面、感谢信96封、表扬信205封。2007年3月7日的《中国教师报》以“在博爱教育中感受生命力量”为题，较全面地介绍了该校“博爱”特色教育经验，刊称“向阳中学是国内博爱教育实践一个典范”。由于该校博爱教育的影响不断扩大，国家、省、市及兄弟省、市红十字会领导150多人到校参观指导。正如殷春霞常说：“关心我们的学生，就是关心我们的教育事业，就是关心祖国的明天。”

历史的长河奔腾不息，大浪淘沙留下的是沉甸甸的真品。在人生的道路上，殷春霞始终用大教育家陶行之的一句话“要捧着一颗心来，不带半棵草去。”来激励自己献身党的教育事业，向着太阳腾飞，将丰碑刻在学生和学生家长的心中。向阳中学升入重点高中率在全市连续8年获得第一名。2002年全国数学、物理林克竞赛中，全市有11人获一、二等奖，而向阳中学就占了3名，并都保送到了本市重点高中。特别是原三年一班的刘冠乔同学，经学校推荐，市教育局、省教育厅和全国“宋庆龄奖学金办公室“批准，成为第五届宋庆龄奖学金获得者，成为全市几十名推荐者中唯一的代表和全省仅有的8名之中的佼佼者，2009年向阳中学学生赫艺取得全省高考文科状元优异成绩，这些都为向阳中学增添了荣誉，这里也饱含着殷春霞校长为之所倾注的大量心血啊！

春风着意艳桃李。殷春霞校长数十年如一日地奋斗在教育战线在许多个岁月里，她放弃了假日休息的权利，心甘情愿地把自己全部身心都倾注到钟爱的教育事业上，把更多的爱奉献给了学生，给了更多的孩子们。然而，殷春霞校长用爱心托起明天的太阳的事迹人们将会永远铭记，历史不会抹去她辉煌的人生业绩，近年来，殷春霞先后荣获全国自学辅导教学改革实验优秀教师，省创新教育实验学校先进校长、优秀教育工作者、课改工作先进个人，市“十佳优秀公仆”、市优秀校长，向阳区第四届“十佳公仆”、“十大名师”、等荣誉称号。

闪光的足迹

——记湖北省第十一届人大代表曾凡亚

湖北省安陆市人大　　刘永华　高绍敏

在首都建筑业百万外来务工人员中，有一个人备受关注，他就是荣获北京市劳动模范称号的湖北省第十一届人大代表、湖北远大建设工程有限公司三公司总经理曾凡亚。为什么一名湖北省人大代表在北京受到如此关注？笔者慕名采访时，用一组组真实的镜头记录了曾凡亚闪光的足迹，从中找到了答案。

乐当代表尽职责

农民工出身的曾凡亚透彻了解农民工的艰辛，十分重视农民工的利益。当选人大代表后，他更是尽职尽责，关注人民群众的切身利益。

在2009年元月中旬召开的湖北省第十一届人民代表大会第二次会议上，曾凡亚审议政府工作报告说：“众多的农民工在城市中面临的工资保障、工伤救治、子女上学、医疗保障、住房等五大难题，已经成为一大社会问题。20多年来，农民工的所有困难我都经历过，他们最关心的莫过于保险问题。流动性较强的农民工群体，享受“三险”更难，尤其是养老保险。现在大家还年轻，问题不大，将来老了，没有工作能力了，没有养老保险，无论是留在城里还是回老家，感觉心里没底没保障。还有一个重要问题就是子女上学，很多农民工都将老人和孩子留在老家。老人辅导力不从心，学生缺少父母关爱，个性受到压抑难伸展，学习难有理想成绩，有的甚至不能受完九年义务教育。教育上不去，孩子长大了还是成为农民工，这个基数很大，关系到国民素质问题。总之，维护和保障农民工的合法权益，政府要纳入重要议事日程。”

曾凡亚一面鼓与呼，认真倾听和反映农民工的心声，一面为农民工做一些力所能及的事情。几年来，曾凡亚提前支付工人家中应急费用达100多万元，先后抢救6名突发病工人，支付全部医疗费用20多万元。在家乡给公司中层以上管理人员和老员工，每人解决了一套150平方米的中高档住房。他们的子女上幼儿园、学前班和小学，公司安排专车专人接送。让农民工放心、踏实，让子女们安全、舒畅。为解决家乡特困户困难，曾凡亚照顾安排近300户特困人员进京务工。先后介绍安排家乡劳务人员2万多人次。为使这些人能安全上岗操作，熟悉所需技术，曾凡亚在安陆不定期开办劳务人员培训班，传授“打工思想”，传授应用操作技术，传授安全生产知识，让他们进得了门，上得了岗，挣得到钱，留得住人。他把他的人生感悟作为培训第一课，让农民工认真仔细揣摸：“有饥饿感的人消化好；有紧迫感的人效率高；有危机感的人进步快”。很多农民工已经把这句话当作了“座右铭”。2007年4月，在“西山新村”项目部，曾凡亚组织成立了“农民工夜校”，积极开展专业技能培训，开展岗位创新，岗位成才活动。在“奥运会”及“残奥会”期间，重视开展奥运知识普及活动，全面落实“平安奥运”的各项要求，切实做好赛前重点整治工作和赛事期间的安全保障工作，加强建设工程安全生产管理，及时排除安全生产隐患，有效地防止了安全事故和群体事件发生。曾凡亚认为：培训看起来费时间费资金，只见花钱，不见效益，但它的反作用力产生的经济价值将无法估算。他还开展岗位练兵活动，开展官教兵、兵教官、兵教兵的练武活动，使农民工的综合素质和劳动技能得到显著提高。随着农民工待遇的大幅提高,公司的经济效益也不断攀升。

人民选他当代表,他常把代表职责挂心上。人们对他如此评价。曾凡亚积极参加各级人大常委会组织的活动,参与视察、检查和调研,善于建言献策。2008年12月3日参加孝感市人大常委会组织的城市建设视察时,针对城市园林绿化存在的不足和问题提了很好的意见和建议。2008年12月16日曾凡亚在安陆市就民营经济发展状况调研。调研中,他听到有的业主对民营企业发展环境有想法:"在全球金融危机影响下,地方一些外向型企业正面临着生死存亡。生产订单锐减,产品大量积压,资金周转困难,企业严重亏损,举步维艰。企业正期盼着政府和有关部门伸出援手,大力支持。然而政府却没能调度足够的资金"救市"。即使安排一点,也只是让企业办个手续,认个数额,资金根本没进企业帐户,就当作税款给划拨走了,没能给企业周转解困,没能收到救市的效果。企业本来就块头小,抗御风险能力低,政府如果不级及时救助,随时都有破产的可能"。了解真实情况后,曾凡亚认为,优化民营企业发展环境,拓展融资渠道不容忽视,遂以《关于优化民营企业发展环境的调查》为题,撰写了调查报告并送交有关方面,受到了重视。他还十分注重收集人民群众的意见和要求,总是利用一切机会向他的选举单位反映,向省人民代表大会反映。两年来,他向省人大提交了《采取切实措施解决农民工保险问题》等4条建议。这些建议分别受到省人大常委会、省人民政府的高度重视,李鸿忠省长几次找曾凡亚代表座谈,当面征求意见。

建设首都铸辉煌

曾凡亚为京城建设添砖加瓦,流血流汗,京城也没有忘记他并赋予他崇高的荣誉。这正是他当选为湖北省人大代表的坚实基础。熟悉他的人都这么认为。

曾凡亚1963年出生于人情淳朴、偏僻贫穷的湖北省安陆市辛榨乡高店村。作为家中排行老大,17岁的他早早地挑起了生活重担,高中一毕业就到当地一家建筑企业学"抹灰",先后到过武汉、宜昌、乌鲁木齐,一干就是6年,练就了一身过硬的手艺。1987年曾凡亚所在的建筑企业倒闭了,为养家糊口,他便和几个同乡北上哈尔滨,开始了艰辛而漫长的打零工生涯。凭借苦干和诚信,曾凡亚逐渐拉起了一支自己的建筑劳务队。

1998年,经好心朋友推荐,曾凡亚到北京参与天通苑住宅小区建设。就这样,曾凡亚带着一份参与首都建设的光荣和责任,带着百余人的建筑劳务队闯进了北京。

天通苑住宅小区项目是北京市解决低收入市民住房的折子工程和重点工程,社会关注度极高。曾凡亚默默发誓:一定要在这儿树起创业的招牌!1999年正月十五那天,曾凡亚带领施工队伍进驻还是一座垃圾场的天通苑施工现场,挖开3米多深的垃圾,打下了第一根桩基,正式拉开了天通苑一期5万多平方米建设的序幕。

施工初期,现场市政设施不完备,吃水要到好几里外去挑,而一间不到20平方米的小平房,白天是曾凡亚和十几位施工管理人员的办公室,晚上却是他们的休息室。春天,风刮起的塑料袋和尘土让人睁不开眼;夏天,蚊蝇滋生,臭味熏得人透不过气来。面对从未有过的困难,工人们还向曾凡亚提出了每天12点结算当天工钱的要求,当工程进行到二个多月时,工钱发完了,曾凡亚急忙四处借钱,由于晚回来半小时,20多位瓦工拿上当天的工资就走了。一位施工主管因无法承受现场施工管理的巨大劳动强度,也悄悄地走了。

按照合同工期要求,工人必须24小时轮流施工才能保证工程进度。曾凡亚全天盯在工地上,困了,就地打个盹。一个月下来,400多根桩基打完了,曾凡亚虽然瘦了20多斤,但赢得了甲方管理人员的连声称赞。1999年9月天通苑一期三栋漂亮的2万多平米的住宅楼率先亮相,并被甲方确定为样板工程。曾凡亚带领的湖北远大劳务队从此一炮打响,从劳务分包迅速扩展到施工总承包。

2005年7月,曾凡亚与中建八局合作参建首都机场T3号航站楼主体工程。为保证按时完工,曾凡亚带领班组发扬青年突击队的拼搏精神和团结协作精神,组织全体职工积极开展"奥运立功竞赛"活动,日夜奋战,硬是把半年的工程压缩到二个月保质保量地完成了,为奥运工程建设作出了突出贡献。

几年来,曾凡亚在北京完成建筑面积150余万平方米,先后完成了"天通苑经济适用房住宅小区"、"森林大第小区"、"顺义鸿城大厦"、"良庄家园住宅小区"、"北京百邑纪元房地产公司办公楼"、"新世纪城"、"北京慧聪集团办公楼"、"华耐种子有限公司实验基地"、"朝阳公园园林绿化工程"、"金宝花园小区"、"北京科技职业学院学生公寓楼"、"西山美墅馆小区"等建筑工程。

一份耕耘，一份收获。随着为首都建设越来越多的付出，曾凡亚和他的公司收获的荣誉也与日俱增。曾凡亚所承建的施工项目全部获得北京市优质工程。他所带领的劳务队连续5年荣获“优秀工程队”和“先进施工单位”称号。2005年4月曾凡亚获“北京市劳动模范”称号，成为首都首批荣获这一殊荣的外来务工人员中的一员。2006年4月曾凡亚带领的湖北远大建设工程公司三公司被中华全国总工会和北京市总工会分别授予“全国五一劳动奖状”、“首都劳动奖状”等荣誉称号。2007年12月曾凡亚当选为湖北省第十一届人大代表；2009年4月荣获“全国五一劳动奖章”；2008年5月曾凡亚当选为中国工会第十五次全国代表大会代表；同年11月曾凡亚被评为全国优秀农民工代表，出席了在人民大会堂召开的表彰大会，受到党和国家领导人的亲切接见。

回报桑梓献真情

面对企业经营规模的不断扩大以及接踵而至的荣誉，曾凡亚没有忘记他是一名人大代表，没有忘记养育他的乡亲。他常对人讲：“我是一个从农村出来的孩子，能够在首都北京有这么大的发展，能够当选为湖北省人大代表，这是家乡人民的支持，是无数人的关心和帮助，是国家和时代给予的机遇。我应该尽绵薄之力报效他们。”怀着这样的感恩之心，曾凡亚投入到了家乡建设。

带着精美的设计样式，带着精湛的建筑工艺，带着雄厚的建设资金，2005年曾凡亚在湖北孝感投资兴建了孝感市广电局技术楼和综合楼；在安陆与人合资兴建的近30万平方米的“金榜名城”小区住宅楼正在建设中。2008年11月投资1.2亿元在孝感兴建“亚飞广场”。曾凡亚的回乡投资建设，一下子提高了家乡的建筑档次，提升了城市品味，优化了人居环境。

2008年，曾凡亚积极投身于安陆市“回归创业工程”建设，成立了他本人任董事长的“湖北亚飞养殖有限公司”。已投资5000万元在安陆市陈店乡九冲村与刘店村交界处的九冲水库旁建起了一家大型工厂化、现代化生猪养殖基地。该基地占地375亩，已建成75栋正大“150”标准化猪舍，引进美国冠军种猪1560头，并实现全电脑监控。2008年5月9日正式投产，首期可出栏生猪3万头。二期工程拟投资4400万元，建5万吨饲料加工厂和3万头猪场，以“环保养殖、生态养殖、效益养殖”为理念，以建设“环境友好型、资源节约型”社会为目标，力争打造湖北省最大生猪养殖基地、仔猪繁育基地和科技研发基地。并以生猪养殖为龙头，大力拓展水产养殖业，使生猪养殖和水产养殖在资源上循环利用，在效益上整体提高。为循环有序利用资源，2008年曾凡亚以高出现有承包费60%的价格，先后转包水产养殖效益一直不好的百花水库、古煜寺水产、林业基地，从事现代农业生产，引领农业潮流。

不仅如此，曾凡亚还修桥铺路，尊老爱幼。

“要致富，先修路”。这是人们的共识。曾凡亚几次回乡看到泥泞难行的路时，仿佛看到淳朴善良的村民在向他求援。他主动找到村干部请缨，愿意为改善村基础设施尽一份力。据村民记载：几年下来，他为村修水泥路8公里，建公共厕所三座，修下水道8公里，建村自来水厂一座；对曾家大塘清淤治污；为17个困难户免费改建危房；建村休闲广场……2001年以来，曾凡亚先后发动在京务工的亲属、同乡筹集近千万元支援家乡改造旧房，修路架桥，建设学校。

“再穷不能穷教育，再苦不能苦孩子”。穷苦人出身的曾凡亚对教育情有独钟。前几年村里有几个学生因家庭条件差，几度险些辍学。曾凡亚知道后，三五百、三五百地捐助。后来看到读不起书的学生不止一、二，就发动大家伸出援助之手。2006年8月，他倡导成立了“湖北省安陆市辛榨乡扶贫助学基金会”，每年组织捐献几十万元，并带头捐资，已向该基金会捐献38万元，为就学难的家庭及子女解决了后顾之忧。到2008年9月，受助学生达390人次，扶助资金达24.9万元。他还每年到贫困学生家中走访，为品学兼优的特困生另行捐助。2007年考入华中科技大学的牌楼村学生周俊就是其中之一。周的父母身体差，家庭经济拮据。2006年9月曾凡亚了解情况后，主动承担了其从高三到大学的学费，已出资1.4万元。他还每年为本湾学生发压岁钱，每人1000元。

曾凡亚敬重老人，大孝感天。人们有口皆碑。乡福利院是曾凡亚常去的地方。每年定期不定期到福利院去慰问院民两次，每次不少于3000元慰问金。2008年2月20日到乡福利院看望老人时带去慰问金1万元。每年春节前还给乡福利院送一百多斤鲜肉鲜蛋，二三百斤鲜鱼等物资。对福利院的重病老人还格外照顾。2006年曾庆舜老人患病，开始患疝气，治好后不久又患胃癌，2007年初老人医治无效去世。住院期间，曾凡亚还为老人请了一位护理员，共支付近3万元医药护理费用。

曾凡亚每年大年初一在湾里拜年时，总是给老人发压岁钱。他的标准是：65岁以上的每人发500元，70岁以上的每人发2000元，80岁以上的每人5000元。

到底捐资多少？曾凡亚没有统计。有据可查的是，2005年12月在北京市总工会举办的“献手足情，暖职工心”募捐仪式上，曾凡亚向北京市职工送温暖捐资1万元；为辛榨乡“孝心爱心”捐款10万元。2008年5月又先后组织公司员工及本人向四川汶川地震灾区捐款100余万元。

曾凡亚凭借诚实和踏实，靠着一双勤劳智慧的双手在城市建设这个领域纵马驰骋，取得了骄人业绩；凭借一颗赤子之心，楚天主人之情，上传下达着社情民意，尽心尽力履行着一个代表的职责，在人生这个大舞台上一步一个脚印，奋力前行。

服务“三农”一面旗　为民谋利好代表

——记云南省巍山县牛街乡人大代表张宏修

云南省巍山县人大常委会选联工委主任　吴开玺

张宏修，男，彝族，1976年8月出生，中共党员，现任巍山县牛街乡爱民村委会党总支部书记、村委会主任，于2007年11月当选为巍山县第十五届人大代表和巍山县牛街乡第十一届人大代表。他担任人大代表时间虽短，但深知自己能当选为县乡人大代表，是人民群众的关心和信任，就应该立足代表岗位，多做些服务“三农”、为民谋利的工作。他是这样想的，也是这样做的。

一、服务“三农”，是义不容辞的责任

针对村委会，基础建设薄弱，发展后劲不足的实际，他带领村两委一班人，积极带领群众夯实发展基础。抓住扶贫开发整村推进、小湾水电站移民安置、烟水工程建设等重大项目实施机遇，从水、电、路、村容村貌等方面夯实发展基础。2008年，先后争取资金581万元，组织实施完成中大河水库的水闸出险加固工程；新建老黑棚“三面光”输水沟渠7.5千米；完成木耳寺、老黑棚两个村组的人畜饮水工程；建设烟水管网200千米和新建小水窖200口；建成弹石路2条21公里；新修村组公路28公里；完成了大密喜和利皮两个村组的村间道路硬化工程；完成了8千米的电网改造工程；新建节柴灶815口，使节柴灶的进户率达100%；由村委会投资10.7万元，帮助群众无偿购置1070部致富通座机电话，使这个信息闭塞的偏僻山村农户座机电话使用率达97%。

积极宣传贯彻落实国家粮食安全政策，正确引导群众落实各项农业科技措施，确保粮食稳定增长，经济支柱产业逐步壮大。发展烤烟生产中，鼓励群众大力栽种和烘烤“红大”优质品种，2008年实现烟农收入200多万元。大力发展泡核桃为主的林果业，2008年发展泡核桃3500亩，种植华山松1800亩。积极扶持发展畜牧业，为盘活集体资金，经村两委班子研究，决定为村内9个养殖大户提供每户2万元无息借款，帮助养殖大户有效解决扩大养殖规模带来的资金不足困难，从而通过养殖大户的示范带动，促进了全村畜牧业的健康发展。积极发展采矿业，充分发挥股东作用，派出一名村党总支部副书记到牛街矿业公司担任副总经理职务，积极参与矿山管理。

努力发展文化体育等社会事业，关心、关注社会弱势群体。大力支持教育事业，为改善办学条件，投资近7万元村级集体资金，对爱民小学学生宿舍设备进行了更新，教室和学生食堂进行了改造，对分校点排除了危房；为提高教育教学质量，对聘请的代课教师实行考核奖励；为鼓励家乡子弟读书成才，对考取二本以上的大学生进行奖励，还对考取大学的特困家庭学生给予补助。积极帮助发展群众文化事业，在条件较成熟的开度、底把两个片区新建设标准农民篮球场各一个；七一期间组织全村男女老少举办了大型打歌晚会，组织篮球爱好青年举办了高规模的“迎奥运·庆七一”篮球比赛，丰富了群众的文化生活，凝聚了民心，振奋了精神。关心关注弱势群体，每年都要拿出一定村级集体资金帮助因病因灾的弱势家庭解决生产生活困难，逢年过节都要对村内60岁以上的老人、特困家庭、五保人口进行慰问。

切实加强村级集体资金的管理，用活用好每一笔村级集体资金。建立完善了集体资金的集体研究制度，500元以上的支出必须经“两委”班子讨论通过，1000元以上的支出必须提交村民代表会议讨论通过，并进行张榜公布，每年的收入也将及时向群众反馈，张榜公布到每个村民小组。

加强党的建设，不断增强基层党组织的凝聚力。将党的建设涵盖到农村工作的方方面面，抓实党员干部培训工作，强化党员队伍管理，注重培养优秀青年人才，慎重培养吸收新的组织成员，高度重视基层组织示范建设，年内投资8万元，完成开度、底把、大湾子3个党小组活动阵地建设，投资35万元正在组织扩建村党总支部的办公及活动阵地用房。由于他工作成绩突出，成为服务“三农”的好村官、农村基层党员干部的一面旗和为民谋利的好代表，2008年底被中共云南省委授予优秀农村党支部书记称号。

二、为民谋利才是好村官好代表

作为人大代表，又是村官，全村4600多村民都指望着他为主的一班人来帮助他们脱贫致富。当看到遇灾难需要救济的群众，当看到那些一心想致富而找不到致富门路的群众、当看到那些不把心思放在致富上的群众…他的心也很沉重，心里也曾经退缩过，徘徊过，能扛起群众和组织交给的这面大旗吗？然而，作为共产党员的堂堂七尺男儿，他没有选择退缩。

时时把“我在群众眼里是什么，群众在我心里是什么”说在嘴上，放在心上的他，为了兑现承诺，多少次总是带领村“两委”班子成员翻山越岭进村入户，深化对村情民意的认识，充分倾听群众的诉求和愿望，挖掘地方的潜在优势。致贫先治愚，每到一个村庄，都以走访家庭拉家常的形式，从心灵上与群众沟通思想、交流感情；以召开群众会议的形式，向群众灌输一些新思想，新观念，帮助群众打开心结，走出认识误区。群众提出的急需帮助解决的实际困难，都认真帮助分析调查研究，积极向上争取项目，发动群众力量，逐一给予解决；遇到暂时难以解决的问题，都充分向群众作解释说明，避免群众误解。哪家遇灾后子女上学困难了，住房有问题了，揭不开锅了，哪个“老五保”病了，哪两家因土地或财产等发生纠纷了，哪家在发展种养业方面技术上遇到困难了等等群众的大事小事，都急在心里，及时带领村“两委”班子亲自给予帮助指导解决。2008年，为三个“老五保”重新修建了住房，为28户受灾患病群众安排受灾救济资金，帮助群众正确向上反映问题并给予解决41件，调解群众矛盾纠纷13件，带着科技人员到田间地头、猪棚圈舍，进行技术指导培训33场次…所有这些，都只是它作为人大代表为人民的一个缩影。

三、认真履职是代表的根本义务

作为人大代表，又是牛街乡第十一届人大主席团成员，他对履行职务，从不敢懈怠。积极参加乡人大主席团会议，认真听取和审议政府相关工作，大胆提出意见，带着思考参加视察活动，本着负责参加执法检查，针对问题参加调查研究，依法决定重大事项。同时，通过开展代表走访联系工作，将主席团的会议精神传达到本代表小组的所有代表之中，真正让代表知情知政、当家作主。根据主席团的安排，认真开展以“五个一”为重点的代表小组代表活动。组织代表进行学习讨论，并在辖区内开展视察、调查研究、执法检查等活动，安排个别代表进行述职评议，引导代表向人大及政府提出合理化建议，并创造条件组织代表外出参观考察学习。

本着对选民负责，为地方经济社会发展服务的指导思想，随时深入群众倾听他们呼声，了解他们的意愿，尊重他们意见，通过集中民意，正确向县、乡人民政府提交建议、批评和意见。所提交的建议、批评和意见站在事关全村经济社会发展的基础设施建设、产业发展培植、社会热点难点的解决，同时，还积极引导爱民代表小组的代表认真提交建议、批评和意见。分别向县、乡人民代表大会提交建议、批评和意见7条，都通过县、乡两级政府的大力支持，得到圆满答复解决。特别是针对矿山开采中，矿区植被破坏大，水土流失严重，影响矿区群众生产生活安全等突出问题，他联络本选区其他代表，分别向县、乡人民代表大会提交议案，得到了县、乡两级人民代表大会高度重视，作为重点、建议、意见给予办理，通过县、乡两级人民政府的多方协调，由牛街矿业公司每年拿出销售收入的0.5%作为整治矿区水土流失和恢复矿区植被基金。

四、干事创业，为群众做榜样

他是一名农民，深知群众疾苦，自费到医院深造，毕业回乡后靠父母资助，投资10万元，在牛街综合市场新建个体诊所从事起乡村医疗卫生服务工作。在几年的医疗服务生涯中，他时常对家人说，从医虽然是为了解决一家人的生计问题，但也不能仅仅停留在赚钱上，更重要的是把救死扶伤作为自己的天职，把服务群众作为自己的宗旨。为了方便群众，解决山区群众缺医少药等实际困难，凡是到诊所治病的人热情接待，精心治疗，有时遇老人小孩病了需要上门治疗服务的，他们就背上药箱亲自给予治疗。面对困难群众，很多时候都只收取一点医药成本费，甚至对特困群众有时都给予免费治疗。多数老百姓都称赞诊所服务，都乐意来到诊所看病抓药，由于群众信赖，促进了诊所的进一步发展，既方便和服务了群众，同时，也成为了干事创业的好青年、好代表。

真情托起半边天

——记巴彦淖尔市人大代表张萍

李挺　许春江

张萍是巴彦淖尔市光宇酒家总经理，多年来，她凭着踏实苦干的作风和对工作认真负责的态度，由一名普通员工成长为一名优秀女企业家、致富女能人，并以其诚实守信的经营风格和乐于助人的优良品格赢得了群众的信任，先后当选为临河区和市人大代表。在当选为人大代表的 8 年当中，张萍始终坚持学习中国特色社会主义理论，学习党的路线、方针、政策，学习人大制度理论和宪法法律，切实履行代表职责，认真执行代表职务，依法行使代表权利。

她在自己致富的同时，不忘关心他人疾苦，积极参与公益事业，尤其关心下岗失业人员，不仅为他们解决生活中的困难，还积极帮助下岗失业人员就业创业。几年来，她先后为 600 多人解决了就业岗位，资助困难员工 100 多人(次)，大家都说她不象一个生意人，倒象一个众望所归的家长。当了解到辖区下岗职工沙改凤生活十分困难的情况后，她不仅经常为沙改凤送去生活用品，还安排沙改凤到自己的酒店打工，考虑到沙改凤身体不太好的情况，她还特意为其安排工作量小，但月工资达 800 元的就业岗位，为沙改凤彻底解决了后顾之忧。2006 年，原来经营的穆斯林饭店拆迁，跟随她十几年的回族员工面临失业，为了帮助下岗员工重新就业，她给陈广军、刘文法等十几人慰问资助款共计 1.5 万余元帮他们另谋职业，使他们消除了顾虑，增强了创业就业的信心和勇气，走上了自主创业、自谋职业的道路。同时，她还规定自己的酒店招聘员工时优先录用下岗女工，并多次推荐下岗失业妇女到她朋友的企业打工。另外，她还在工作之余经常宣传就业政策，动员下岗失业姐妹们积极参加区就业局举办的劳动技能培训和创业培训，并现身说法鼓励姐妹们自信、自强、自立，积极配合办事处劳动和社会事务保障所组织、推荐有创业和再就业意向的下岗女工到她自己的酒店及朋友的企业参观学习。她的热心受到了下岗女工的称颂，姐妹们说：“在张经理的鼓励和帮助下，我们不仅学到了技能，也从她身上学到了自强不息、百折不挠、奋发向上的精神，从而转变了就业观念，增强了创业的信心、勇气和能力”。在她的帮助下，先后有 10 多名下岗女工创办了自己的门店、摊点，100 多名下岗失业妇女先后在她的酒店打工，实观了再就业。

当选人大代表后，她不仅自己积极参与街道社区组织的各项公益事业，还经常联系身边的亲朋好友开展捐资助学、扶贫助困等活动。2006 年她给临河三中赵小宇、王海军等 16 名同学资助 2000 余元，购买了表演赛服装及体育器材；了解到先锋派出所职工路广福因患糖尿病生活困难的情况后，她与辖区代表王永华为其捐款 1000 元；同年 8 月出资 800 余元同几名人大代表慰问卖番茄农户。2007 年元月份，了解到辖区居民刘源女儿因患白血病无钱救治的情况后，她联系辖区代表为其捐资 2000 元帮助其解决燃眉之急。当了解到辖区老年大学因资金短缺活动受制约的情况后，她先后两次联系辖区人大代表集资 10000 多元，为老年大学购买了电视机、音响、功放、电子琴，并给老年大学的所有成员赠送了爱心背心及凉帽，邀请老年大学的所有成员到镜湖生态旅游区观光游玩，使老年朋友们度过了愉快的一天。汶川地震发生后，张萍在第一时间通过市人大向灾区人民捐款 2000 元，并在酒店设立募捐箱，动员前来就餐的顾客和酒店员工捐款 1586 元，当看到民政局为地震灾区紧急募集衣被的通知后，她再次慷慨解囊，为灾区人民购买毛巾被等生活用品。

一份耕耘，一份收获，张萍不仅以其助人为乐的精神向人们展示了人大代表的风彩，同时也以其自强不息、百折不挠、奋发向上的精神为广大下岗女工树立起自主创业、自谋职业的女强人形象。

把群众满意当作至高荣誉

——记山东省枣庄市、滕州市人大代表、龙泉街道党委书记、人大工作室主任马冀

山东省滕州市龙泉街道研究室　任燕俐　费文锋

马冀，男，38岁，硕士研究生，山东省滕州市龙泉街道党委书记、人大工作室主任。自1990年参加工作以来，历任滕州市城郊乡团委副书记、滕州市团市委工农青年部部长、官桥镇副镇长，龙阳镇镇长，界河镇镇长，界河镇党委书记、人大主席。透过这平凡的人生履历，可以看出他清晰而厚实的人生底蕴，在基层工作十几年来，无论在哪一个岗位，他都兢兢业业，恪尽职守。自1998年当选为人大代表那一天起，他就坚定了"人民选我当代表，我当代表为人民"的信念，把人大代表作为一种责任，结合本职工作，充分发挥代表作用，积极依法履职，体现了一名人大代表服务经济社会发展、造福人民群众的公仆本色。

作为街道党委书记、人大工作室主任，马冀同志认为，只有干好工作才是最好的履职，而干好工作的前提就要建立一支作风过硬、知识过硬的干部队伍。如何打造一支坚强的干部队伍，马冀同志在他近十年的主要领导岗位任职过程中，积极探索出了一条用先进的企业管理模式加强机关行政管理的新路子。先后在界河镇、龙泉街道组织开展了以"培训是最大的福利"为出发点，以"提升学习力、打造执行力、激发创新力"为目标的"学习型街道建设年"和"执行力建设年"活动，用成功企业的管理模式来提高政府行政管理的实效性，并把管理与考核有效挂钩，提高了政府管理的绩效，提升了行政机关的执行力和可信度，增强了行政机关为民生服务的公信力。同时，也极大地激发了广大干部的学习自觉性和积极性，有力地推动了干部作风的转变，鼓舞了士气，凝聚了人心，集聚了加快科学发展的强大合力。

在学习型组织创建中，马冀同志响亮地提出了"四个看"，即群众看党员、党员看干部、干部看班子、班子看"班长"，营造了严守纪律、依法行政、坚守岗位、恪尽职守的良好氛围。同时，在他的倡导下，建立了科级领导干部联系点和联系户帮扶措施，实行领导干部了解、发现、安排、解决、督查、具结等"六个一线"工作法，并率先垂范，深入联系群众、了解社情民意，利用工作优势，及时解决群众关心的热点难点问题。他心系群众，两年多来，他以"路水电气医学"为重点，实施了投资2000余万元的管道煤气和天然气建设、村村通自来水、背街小巷整治等众多的"民心工程"，健全完善了居民最低生活保障制度、社会救助救济制度、完善就业再就业保障制度、完善零就业保障制度，真正使城乡居民共享经济社会发展的成果。同时，他本人与辖区2家困难户，2名特殊家庭子女建立了结对救助关系，每年个人支出救助金6000余元。

马冀同志始终认为，履行好人大代表职责的标准是群众拥护不拥护、满意不满意、赞成不赞成，而这种满意和肯定更多地体现在经济社会的发展上，体现在能否使人民享受到经济社会发展成果，能否使人民生活更加安逸、家庭更加幸福、社会更加和谐。他在广泛调研的基础上，提出了"一二三四五六"的工作思路和"一手抓城市型经济、一手抓城市建设管理和服务"的工作理念，为龙泉谋划了美好的发展蓝图。他紧扣保持经济平稳较快发展这一首要任务，坚持"打基础、利长远"的工作标准，狠抓招商引资和重点项目建设，不断优化调整产业结构，转变发展方式。尤其是立足机械机床、童车制造、工艺礼品等优势产业项目，实施了在3—5年内打造10个投资过亿元、利税过千万元大项目的工业经济发展"双十"工程，梳理落实了90多个投资50万元以上的项目并全部落实了责任，这些项目全部投产达效后，将彻底改善龙泉街道房地产税收占本级财政收入70%的税源结构，形成以"工业经济为核心、重点企业为支撑、三产服务业为基础"

的科学合理的经济架构。为鼓励全民创业，马冀根据民营经济发展的实际，提出了“高举现代家庭工业旗帜，坚定不移地推进全民创业”的要求，以主动服务为推动力，以扶优扶强为重点，以实施“双培双争”工程为抓手，严格落实扶持民营经济发展的有关规定，积极为民营企业牵线搭桥，帮助有创业意愿的居民选项目解决实际问题，掀起了民营经济发展的热潮。目前，龙泉街道建成了郭庄手套加工、冯西机械机床、程堂的童车制造等20余个现代家庭工业发展特色居，规模企业发展到27家。对此，他并不满足，他深知龙泉的发展与城市化发展息息相关，城市化才是龙泉发展的必由之路和希望所在。为此，他坚持城市化发展方向不动摇，积极引导广大干部群众增强大局意识、责任意识、执行意识和共惠意识，全方位、无条件服从城市发展大局，支持、参与、服务城市建设。2007年，街道先后配合实施了“两河”治理、龙泉南路升级改造等40余个市属重点工程的建设，投资1000余万元实施了以北辛路、龙泉路等8条城市交通干道的美化亮化，整治了20余条背街小巷；2008年，实施市属城建项目27个，收储用地1429.36亩，完成拆迁面积39.8万㎡，街道用于城市基础设施建设的投资达1141万元，仅投入环境综合整治的资金就达200余万元；2009年，他又主持规划了碧水云天中央城、实验中学南开发区等8个投资32.5亿元的新建房地产开发项目，同时明确了“三个突出”：突出抓好京福高速公路24号出口北移、学院东路、两河治理工程、解放中路东段、文昌路升级、至善学校、二中东扩、奥林匹克中心、博物馆、鲁班纪念馆等24个投资8.1亿元的城市基础设施和公共建设项目的服务配合支持；突出抓好滨江五星级大酒店、府东市场、鲁南休闲娱乐美食城、鲁南花卉大世界三期、大润发超市、五金市场搬迁等8个投资18.2亿元的城市服务业发展项目；突出抓好七彩湿地森林公园、城市大绿化等生态建设项目，仅绿化一项就投入资金600余万元，极大地提升了城市建设的品位和档次。

在马冀的工作词典里，使用频率最高的就是“创新”二字。他认为，只有创新才有进步，只有创新才有发展。他创新行政管理模式，以开展“学习型街道建设年”和“干部执行力建设年”活动为抓手，以实施全方位的绩效考核为总纲，通过建立健全学习教育、绩效考核、工作保障、督查具结“四大机制”，重塑了干部理念，提高了干部素质，打造了一支能干事、会干事、干成事、不怕事的干部队伍；创新基层办公模式，在全市率先实现了市、街道、社区、居委一条龙政务办公模式；创新基层监管模式，在全市率先建立了一套严密的监管制度，成立了公章管理中心，让公章在阳光下为民行权，从源头上杜绝了腐败和信访矛盾隐患滋生；创新基层平安创建模式，建立健全了城市治安群防群治体系，开创了城市平安创建工作的新局面。此外，他坚持以人为本，创新组建了龙泉社区文艺演出团，积极实施了以100场文艺演出和100场电影消夏晚会为主要内容的“双百工程进社区”活动，丰富了社区居民群众的文化生活；创新建立了社区居党支部、居委会、业主委员会、物业公司“四位一体”的社区工作新模式，开辟了和谐社区建设的新途径；创新成立了城市管理协调办公室，组建了61人的城市管理员队伍，形成了城市建设、管理的长效机制；创新提出了“办名校、树名师、育名生”的办学理念，提升了教育教学工作的整体水平；创新信息化应用方式，在全市率先建成了中小机床网站，为优势产业发展提供了信息交流平台，并且投资近10万元，在全市率先开通使用了PDA网上办公系统……。

按照既定的目标，马冀同志团结带领党政一班人，牢固树立和落实科学发展观，紧紧团结依靠各级干群，勇于创新开拓，积极奋发进取，实现了龙泉经济社会发展新跨越。2008年，全街道国内生产总值实现25.73亿元，增长28%；本级财政收入实现7569万元，增长20.5%；固定资产投资完成7.1亿元，增长45%；居民人均纯收入达到7412元，增长18%。街道先后获得“全国小城镇综合发展水平千强镇”、“2008年中国乡镇投资潜力500强”、“农业普查全国先进集体”；山东省“社区建设示范街道”、“最具有投资价值的地方”、“特色产业镇”、“平安山东先进单位”、“乡镇决算编审工作先进单位”、“第四批城市体育先进社区”；枣庄市“经济十强乡镇（街道）”、“平安枣庄建设先进街道”、“五好党委”；滕州市“综合考核先进镇（街）”等荣誉称号。“桃李不言，下自成蹊”。马冀同志以扎实的工作和辛苦的付出得到了上级领导的肯定和居民群众的高度赞誉，其本人连续四届当选为滕州市级人大代表，被山东省委命名为“全省优秀乡镇（街道）党委书记”，先后多次被评为市优秀共产党员、优秀党务工作者，多次被嘉奖记功。而他自己却始终坚守着作为人大代表的神圣使命感，无怨无悔地履职为民，在人民群众的笑容里收获喜悦。

心系发展 情系民生

——记山东省枣庄市、滕州市人大代表、西岗镇党委书记、人大主席朱晏辰

山东省滕州市西岗镇人大 马士林 马文珍

他是一名镇党委书记，更是一位尽职的两级市、镇三级人大代表。

作为党委书记，他统揽全局，居高望远；作为人大代表，他恪尽职守，为民代言。

他对事业充满激情，他对百姓心怀感情。人生的天平上，一头是事业，一头是群众。

开发、开放、开拓，他昼思夜想，身体力行；农村、农业、农民，他魂牵梦萦，牵挂心头。

他就是枣庄市、滕州市人大代表、西岗镇党委书记、人大主席朱晏辰同志。

推进富民强镇，是人大代表的立身之本

朱晏辰同志始终认为，当干部就要让群众满意，当代表就要为群众代言，当书记就要带领群众走上小康路。2007年11月任西岗镇党委书记、人大主席以来，他针对部分干部、群众存在的小富即安、墨守陈规的心理，以解放思想为先导，组织班子成员及部门、村居"一把手"先后赴三元朱、南山、西霞口等胶东先进地区参观学习，还组织开展了新一轮"解放思想大讨论"活动，把铿锵的誓言变成无声的行动、行之有效的举措。他秉承新时期滕州精神，在广泛深入调研的基础上，提出了"打响煤化工基地、小城镇、特色农业三大品牌"的目标。2008年西岗镇实现地方财政收入13237万元，增长32.33%。群众都打心眼里说："俺摊上了一个好领导、好代表，真有福气！"

强根固本抓工业。朱晏辰反复说过："工业是强镇之本，项目是富镇之源。"抓大项目、大抓项目是他最为繁忙也最为关注的工作。针对西岗煤炭资源富集的优势，他积极邀请上海同济规划设计院专家来镇实地查看，规划建设了8平方公里的煤化工基地，为招商引资和项目建设搭建了腾飞的平台。他亲自带队，先后数次赴东莞、福州等地招商引资，新引进过亿元项目3个，过千万元项目18个。他全程帮包了投资15亿元的16万吨苯加氢项目，坚持至少每周到建设现场调研一次，发现问题，及时解决，有力推进了项目进度。去年8月份，该项目一期工程顺利投产，二期工程年内可投料生产。

小城镇是西岗的品牌。如何进一步擦亮品牌，提升建设品味和档次，是朱晏辰始终萦绕在心头的课题。他牢固树立"镇村一盘棋、规划一张图"的理念，站在推进镇村统筹发展的高度，大气魄大手笔提出了"三点布局，两线拓展，五大组团"的"325"发展模式，把全镇72个村居全部纳入规划范围，将逐步整合成5个大的组团式社区。在他的主持和推动下，全面启动了投资2000余万元、总长近20公里的外环路建设工程；投资额在2000万元以上的三家大型超市先后开业运营；城镇主干道路新型太阳能路灯、无障碍人行道正在紧张有序的施工；同上海客商签订了协议，将投资2.1亿元，在城区中心位置建设一处高层商务中心；正在着手规划实施3个村的搬迁整合……一张张靓丽的城镇"新名片"，使西岗正一步步接近"现代化中小城市"的宏伟目标。

朱晏辰以"农民增收、农业增效"为着眼点，在坚持不放松粮食生产的前提下，敏锐的认识到：土地的适度规模经营是农业现代化、产业化的发展趋势。他以全国首家土地流转交易平台为载体，积极带领干部群众探索土地流转的新模式、新路子，培植壮大了肉牛养殖、蔬菜种植、莲藕种植等特色农业，推进了土地向种养植大户、农业龙头企业和农业合作社集中。目前，全镇累计流转土地1.5万亩，占土地总面积的23.1%，形成了30余处规模化种养殖基地，亩均效益在7500元以上。西岗镇已成为全市最大的肉牛养殖基地和大棚蔬菜生产基地。

关注社会民生，是一名人大代表的职责所在

随着西岗经济的发展，财政反哺三农的力度加大了，社会保障体系完善了，朱晏辰认为，经济发展了，要让广大农民更多地享受到看得见、摸得着的发展成果，发展也才会更加和谐。"手里有了钱不乱花，要把每一分来之不易的钱用在为群众办好事实事上"。朱晏辰是这样说的，更是这样做的。今年以来，借助全镇工农业生产飞速发展，镇财政收

入大幅度增长的良好机遇，朱晏辰带领党政一班人乘势而上，以敢为人先的精神，一口气办了10件人人看得见、摸得着的好事实事，深受群众赞扬。建立健全了各项惠民工程的以奖代补机制，发放各类奖补资金800余万元。扩大了农村低保范围，全镇贫困家庭实现了应保尽保；农村新型合作医疗参合率达到95%以上；投资40余万元，13个未吃上自来水的村全部实现了户户通；投资40余万元，为13个村新建了办公场所；新建沼气池1800余个；新创文明生态村11个；田岗小学办公楼、镇卫生院病房楼、镇综合文化站相继建设……这一系列的惠民措施着实融洽了党群、干群关系，使群众深切体会到老百姓的利益是人大代表、党员干部心中的牵挂。

西岗镇是全市人口第一大镇，又地处矿区，各种利益矛盾复杂，维护社会稳定的任务异常艰巨，素有“东平西静、滕州稳定”之说。朱晏辰同志始终对维护社会稳定给予高度关注。对村居支部书记、村主任创新实行“信访专项基金”制度，每人每月设立100－180元不等的基金，对照信访情况按月奖惩兑现，既提高了村干部工资水平，又激发了他们维护稳定的积极性，今年以来，全镇信访总量下降40%，实现了信访“三无”目标。对于突发性事件和重大矛盾隐患，他总是坚持亲临一线，协调沟通，共同寻求解决办法，群众利益受到损害的，就引导他们依靠法律维护利益，并通过民政救济，为家庭困难群众提供救助。在他的努力下，多年没有解决的6起上访积案有5起成功调处，另一起当事人表示依靠法律手段解决，不再上访。世纪通泰二期化产工程建设因土地问题群众上访，企业工程进度一度受到影响，他得知后，带领人员，深入企业、村了解情况，吃透有关政策，靠上协调，很快解决了问题。

作为镇人大主席、市人大代表，浓浓的“百姓情结”是朱晏辰的真实写照，深入群众，关心群众疾苦，把维护好人民群众的利益落到实处是他工作的出发点和落着点。每到一处调研，他首先问到的就是群众生产生活有没有什么困难。田间地头、房前屋后，他都和群众热烈交谈，悉心倾听群众反映的问题，征求意见和建议，及时整理归类，有针对性地解决实际问题，明确解决目标、制定解决方案、确定解决时限，得到了广大群众的信任。朱晏辰有个习惯，那就是不论走到哪里，都随身携带一个笔记本，随时把群众反映的问题记录下来，在短短的不到一年的时间里。他就记了满满4大本“民情日记”。在一次对个体工商户的调研中，一位经营户无意中说出了近两天自来水停水的问题。朱晏辰同志立即打电话询问相关负责同志，当得知是水泵维修后，又向经营户说明了情况，并承诺在24小时内供水。经营户们都说：朱书记对我们这么一点小事都放在心上，我们打心眼里感动。

如果说，作为人大代表，为民代言还仅仅是履职的一个方面，那末，有效地发挥监督作用，才算让人大代表的职能得以充分体现。他提出，人大代表要参与信访接待，要开设“代表信箱”，让人大代表在信访接待中更直接倾听民声民意，及时化解百姓矛盾；他要求，人大代表要参与对干部作风的监督，让各级干部更多更及时听取广大选民的意见和建议，更密切与人民群众的血肉联系。

如今，西岗镇的经济发展势头迅猛，各项经济指标位居全市前列，朱晏辰同志也以优良的品格、骄人的业绩，被枣庄市委、市政府记嘉奖，被枣庄市委、市政府记“平安建设”二等功。面对荣誉，朱晏辰同志并没有显出一丝沉醉与自豪，他说，自己面前的路还很长，还是那句话，但求能为老百姓多办些实事。

一片赤诚报桑梓

——记山东省枣庄市人大代表、滕州市汇立建筑安装工程有限公司总经理郑立泉

山东省滕州市级索镇宣传科　俞桂河　吕亚军

2002年4月初的一天，对于郑立泉来说，是人生路上一个具有里程碑意义的日子。

这天，滕州市级索镇领导和经委的负责同志约他在办公室进行了长达两个多小时的促膝谈心。谈到最后郑立泉才听出门道：领导准备让他出任级索镇建筑安装工程公司经理。郑立泉当时就惊呆

了:“我能行吗?我会辜负领导的重托吗?”“当然能”,“恰恰因为你在公司工作多年干得很好、很出色,同志们对你的期望很高,党委政府才决定把这条重担交给你,让你把企业重新搞起来,去施展你的才华!”

是代表,就要无条件挑起重担

2002年4月,郑立泉接过了建安公司的“接力棒”,成立了滕州市汇立建筑安装工程有限公司,当时公司家底薄,人员少,在外工程竞标难度很大,形势特别严峻,发展一片渺茫。“今后公司如何发展,职工如何生活”?不断在郑立泉脑海中“徘徊”,给他背上了沉甸甸的“思想包袱”。经过多日的思考,郑立泉决定,要从改制入手,克服以前“换汤不换药”的做法,大刀阔斧搞起了制度建设。就这样,他外出学习各大建筑公司成功的管理经验,回来后,修改完善和制定出台了《工程项目管理办法》、《工程结算支付管理办法》、《工程项目内审管理办法》等一系列的加强管理、控制工程成本的规章制度和办法等一系列管理制度,使工程建设管理工作更趋科学化和制度化。同时,制定了“以工程质量,辟公司发展之路”的发展理念,不断规范和完善各项工程记录,制定严格的检查、考核、奖惩制度,促使公司干部职工树立“精品”意识,并严格按照工期执行,级索煤矿、留庄煤矿等工程捷报频传,信誉和形象不断提升。队伍建设,严格制定职工培训制度、奖励制度等,让每个人都成为公司的“栋梁”,重新调动起了职工的工作积极性,成为公司发展的坚强“堡垒”。短短几年时间,公司就发展成为拥有固定资产2000多万元,从业人员1000多人,职工年均收入1万多元,具有二级房屋承包资质施工企业,年完成产值5000多万元,效益800多万元,实现利税160多万元,企业也彻底走出了困窘。

使命感,使他不断拓展发展新空间

沧海横流,方显英雄本色。良好的开端更激发了郑立泉的发展信念。“家门口的‘风光’,只是小圈子,要走出去,创造更好的发展空间。”新的思路在郑立泉心里“诞生”,他又一次走出家门,考察建筑业的发展。这次和前一次不一样,以前是学习,而这一次是“开辟市场”,“我也没想到会成功,当时我只是想去试一试”。郑立泉回忆当时的情形,“那些公司负责人都排挤我,问他们问题,他们都是无可奉告,每次都碰‘冷屁股’”。一气之下,郑立泉想到了直接和建筑部门联系,第一个走进的是威海建筑委员会,可出乎郑立泉想像的是,他们很乐意的答应了他的请求,并把他的联系地址方式记录下来,果然不错,他参与了当地工程的竞标,在威海建委领导的帮助下成功取得了施工权,他欣喜若狂,立即回来找到镇领导汇报,商议具体事项,领导对他的思路和做法给予充分肯定,并表示全力支持,这也更坚定了他的信心。工程顺利施工,他以科学的规章制度和一流的建筑队伍为坚强保障,工程质量受到当地政府的充分肯定和多次表扬,工程按期交付,完成郑立泉在建筑行业向外扩展的第一步,为他公司的进一步扩大,拓展扩宽了空间。到今天为止,他的公司工程队伍已发展到陕西、威海等10多个地市,使原来弱小的企业逐步发展壮大,企业积累逐步增加,不仅稳定了职工队伍,而且,信誉远播“四海”。

责任感,使他不断用激情奉献社会

发展起来的公司,富裕起来的他,没有忘记自己是地地道道的级索人,就像郑立泉所说:“这片热土养育了我,我又是一名人大代表,我既不能愧对当地的老百姓,也不能愧对人大代表这一称号”。特别是在社会弱势群体救助中始终充当“领先者”,他先后资助级索镇前牛集村、级索村的两名白血病患者5000多元。同时,为滕州市南沙河镇的一名患者捐款2000多元,为级索第二中学捐助10000多元,用于解决贫困生的上学和生活问题。

2004年的一个晚上,在和同事谈话中郑立泉得知东龙岗村的孤儿王青生活极度苦难,面临辍学,他深感痛心,彻夜未眠,第二天一大早就驱车来到王青家,为她送来了生活用品和1000元钱,并表示愿意充当她的“代理妈妈”,王青当时就涕不成声。每周郑立泉都坚持到王青家中走访一次,鼓励她要好好学习,将来学有所长报效祖国,服务社会。王青每次都满眼泪花地说:“我一定会好好学习的,一定不会辜负您的希望。”2003年以来,郑立泉先后向镇关工委、慈善协会捐款达8万多元。去年5月12日汶川发生地震后,郑立泉每天晚上都守在电视机前到凌晨三四点钟,一幕幕感人至深的国人的患难之情不知让他流了多少次眼泪,他也多次通过手机等方式向灾区捐款2000多元。在级索镇党委、政府组织的为灾区捐款的活动中,郑立泉带头为灾区捐出25000元,表达对灾区人民患难与共的真挚情谊。

送人玫瑰,手有余香。郑立泉以勤奋和智慧实现了人生价值,以爱心和责任赢得社会的赞誉。他连续两届当选为枣庄市人大代表,去年被滕州市委、市政府授予"爱心公民"的荣誉称号,今年获得文明市民道德标兵荣誉称号。面对企业的迅猛发展和一个个耀眼的荣誉,郑立泉没有满足,他从做大、做强企业这一思路出发,又在谋划汇立建筑安装工程公司更加灿烂美好的明天。

从种、养大户印贵仁的小康示范之路看桑植县农业产业结构调整的前景及需要注意的问题

湖南省桑植县人大常委会农工委　李保成

随着农村各项改革的不断深入,产业结构调整的步伐不断加快,贫困落后,封闭保守的老少边穷地区,也荡起阵阵耕种项目改革的春潮。一些祖祖辈辈靠种田饱肚子的农民也在思考如何发家致富,如何实现从温饱到小康的转变,有的通过一段时间的探索和努力已尝到了甜头。桑植县上洞街乡麻山村土家青年,张家界市人大代表印贵仁就是他们中的典型代表。这几年他乘改革的东风,靠党的富民政策,靠自己的聪明才智和艰辛努力,在改革传统的耕种项目、耕作制度和经营模式等方面进行了大胆的探索和实践。在项目上走种、养结合之路,实行立体开发、综合利用,在运作方式上采用公司建基地、联农户模式,扩大生产规模,经过几年的努力,并已初见成效、不仅自己迈上了小康之路,而且还带动周围的部分群众摆脱了贫困。群众称他为产业结构调整的带头人,脱贫致富奔小康的启明星,由于他的事迹突出,去年被评为全省劳动模范,省农村科技示范户、张家界市优秀共产党员……。

一、立足本地资源优势、走种养平衡发展之路

印贵仁在产业结构调整中,立足本地资源,利用自己的一技之长,搞山地开发,成功的探索了一条发展绿色农业,保护生态平衡的种、养之道,创造了公司+基地联农户的经营模式。

公司建基地,扩大规模生产

土地承包到户前,麻田村是一个荒山多,耕地少、一年到头吃不饱的特贫村,人平不到5分田2分地,人均收入只有800多元,大多数群众一直在贫困线上挣扎。95年县乡政府号召村民进行产业结构调整,搞山地开发,毛头小伙印贵仁初生牛犊不怕虎,利用自己畜医和水果种植技术,在荒山上做起了文章。经过一番深思熟虑,决定以自己的名字成立了一个公司即"桑植县贵仁种养开发公司"开始搞水果开发。土地不够,他就采取三种形式集扩土地:①、租赁,将周边集中连片的荒山实行租赁,每亩500元,租赁期30年。②、买断荒山经营权,每亩补偿700元。③、以田换荒山,以地换荒山,以林地换荒山,(稻田每亩换5亩,耕地每亩换3亩,林地每亩换2亩)。通过以上形式共集扩荒山200余亩,然后整成梯地,并栽下前景看好的柑橘苗18000株。经过精心培管,三年后开始挂果,2002年,椪柑产量就达60万斤,收入30万元。他在柑桔地里还套种黄豆、花生、红茹。一是适当保留粮食产量或作饲料粮。二是配合加强柑桔培管。为了扩大规模,2002年他在基地上建了椪柑苗甫,培育幼苗60万株,现在已开始嫁接,这样既为今后扩大椪柑规模节省了购苗资金,又为其他农户提供了种苗。

种、养并举,实现生态开发

印贵仁椪柑的开发给他带来了回报,使他尝到了甜头,他想把家业做大,产业做强。经过一翻思考,他又办起了养猪厂,实行以桔养猪,以猪保桔,综合开发,充分利用。97年他在柑桔山的最高处建了3000平方米,106间猪舍,从外地引进瘦肉型二元良种猪80头,经过几年的发展,现已繁殖到1280头,自存栏627头,不仅解决了柑桔所需的肥料,而且还利用猪粪建了沼气池、挖了鱼塘,投放5000尾草鱼,200只鸭子,还根据市场需要饲养了400只珍珠鸡。初步形成了复式、高效、互补、生态型农业体系。印贵仁的二元种猪共有两条产销渠道:一是向周边农户投放种猪。2000-2002年,先后将425余头种猪(九母一公为一组)赊给105户喂养,两年内每头母猪给猪厂返回4只小猪,母猪就送给该农户了,这种饲养方法双方都实惠合算,每头母猪成本价300元(市场价1000元),猪仔每只175元,4只700元,每头母猪可赚400元,两年内农户不仅得一头母猪还可产四窝猪仔。印贵仁

所投放的户实行"三包三免"即包免费指导和培训,包免费专车运送,包免费赠送饲料配方。二是向市场销售商品肉猪。二元瘦肉型猪、生长快、周期短、脂肪少、瘦肉率高,如饲养200斤本地猪要8－10个月,二元猪只要4个月,二元猪肉在市场上最畅销,是张家界各大宾馆指定和定销肉类。这种猪肉每1公斤8.4元,本地猪每公斤6.6元,差价1.8元,每头猪要多200－300元,所以,群众乐意饲养。

基地联农户,带动一方产业

印贵仁在种、养项目中不满足于小打小敲,而是根据市场的需求做大文章,两笔生意使他萌发了做大文章动大手笔的念头。2001年10月,长沙曹老板找到印贵仁提出一次性调运瘦肉型肉猪100头,而价格每市斤要高出本地价0.8元,当时肉猪存栏只有20头,这笔生意未做成,他感到很遗憾。再就是2000年,哈尔滨庹老板要优质椪柑,有多少要多少,当时印贵仁基地只有1万多斤,后来东拼西凑才搞到2万斤(一车)。以上两件事,深深触动了他,使他得出这样一个结论,要搞就要成规模,以适应市场的需求,所以他千方百计,把种、养业做大做强,做出自己的品牌。如在椪柑生产上,除经营好基地以外,积极向周边农户发展,实行农户生产、基地指导、公司销售的运作方式。本村向佐能、印贵生等7户与他达成山地开发协议,并鉴定合同。老百姓自己整地、栽种、培管,印贵仁负责种苗、技术指导和销售,按8:2的比例分成,农户得八,公司得二。如向佐林一家5口,原无钱送小孩上学,在印贵仁的帮助下,开发6亩柑园,现在仅椪柑收入一年上万元,2002年他用柑桔收入,修建了2层的小楼房,银行里还有存款,一跃成为当地的富裕户。在养殖方面,印贵仁不仅在县内推广,而且发展到湘西自治州、永顺、张家界、湖北鹤峰等地,其宗旨一是帮助贫困户脱贫。二是扩大养殖规模,实行肉猪、猪仔回收以扩大市场需求。印贵仁给本县上河溪乡上河溪村15户贫困户赊种猪150头,现已回收小猪225头。赊猪农户,靠卖猪仔和肉猪修了新房,购了彩电、音箱、VCD,山里人过起了城里人的日子。

二、看印贵仁公司+基地联农户的模式,谈对农业产业结构调整的启示

农村实行土地承包责任制后,农民有了土地使用权,掌握了种植的主动权和选择权,所以一度爆发出爱农、恋农、热农的激情,使农业得到了较大发展,基本解决了吃饭问题,然而,随着改革开放的不断深入,人民生活水平的提高,市场经济、商品经济的建立和完善,农民想的、盼的不再是保肚子的问题了,而是如何发家致富奔小康,有的做起了小卖买,有的干脆抛弃田地,打工去了,有的则按照政府的号召进行产业结构的调整,搞山地开发,印贵仁就是典型的代表,他根据土地承包到户以后的实际采取租赁、买断、交换的形式解决了土地不足不成片的问题,采取公司+基地联农户模式带动一方产业解决了市场供求矛盾的问题,采取种植业带动养殖业,滚动发展实行优势互补,解决资金不足的问题,他的经验和做法对我们很有启示:

启示一:产业结构调整也要以点带面。印贵仁的公司+基地+农户的模式实际上是以点带面的形式,采取这种形式,可以使产业结构调整克服盲目性,防止随意性。过去有的群众有这样一种认为,政府号召的我们就不搞,政府未号召的可以大胆地去搞。这实际上是农民盲从政府,加之政府指导、服务工作不到位,使少数人失败后产生的一种错误心态。印贵仁只所以能够成功,是他能在政府的引导和帮助下,因地制宜瞄准市场,选准了项目,加之自己有一定的技术基础,自己搞成功以后,再带动农户,在搞的过程中又采取一些优惠措施,如"三包三免"群众便自愿与他合作。

启示二:土地承包到户以后,采取租赁、料换、卖断、联营等方式,使荒山集中连片,是产业结构调整上规模的成功之路。印贵仁租赁、卖断荒山主要是解决规模生产面积不足和不集中连片的问题,采取这种经营方式,不仅大面积绿化了荒山,保持了水土,而且使农民的荒山升了值,得到了实惠。稻田每租一亩500元,如种粮食亩收1000斤,也只能卖到500元,如除去生产成本300元,实际收入只有200元,相比之下,农民何乐而不为呢,况且现在有很多农户外出打工,几年不回家田地荒了,但每年还得承担土地承包费,乡村干部收承包费又收不上来,在收费过程中可能还会诱发一些矛盾,所以,干部群众希望有印贵仁这样的大户把他们的田土承包起来。

启示三:产业结构调整在项目上要优势互补、综合开发、合理利用。印贵仁的产业结构调整之所以能够成功,致富之路越走越宽,主要是他思路宽,眼光远,瞄准旅游市场,搞综合开发。在选项目上,不吊死在一棵树上,而是立足在本地资源,搞综合开发。他的桔柑——养猪——养鱼——养鸡——

养鸭。桔柑——花生——花生——黄豆——红薯——马铃薯是连环形、滚动型、立体型、互补型的耕作模式,既有经济效益,又有社会效益,更有生态效益,他不仅为自己聚集了财富,同时也为子孙留下了财富,为社会奉献了财富。

启示四:产业结构调整,可与退耕还林结合起来。我县近两年来大规模开展的退耕还林工作。主要是绿化荒山保持水土流失。据统计,全县共退耕还林20.68万亩,其中荒山造林10多万亩,20多万亩中生态林19.15万亩,经济林1.53万亩,据了解:群众对退耕还林积极性较高,因为有钱粮补助,但后期管理工作不到位,有的地方是有草没有苗,有的是有苗没有人管,导致死苗荒芜较多。相比较经济林就管理得好一点,其主要原因是生态林,周期长经济效益不高,所以不被重视,经济林则周期短3—5年就可受益,所以管理得相应好一点。鉴于印贵仁的经验和做法,林业部门可以组织大户联营,搞山地开发,主要是营造经济林,将退耕还林的钱粮补给大户,我认为采用了这种办法,对推动退耕还林工作、特别是后期管理工作效果要好得多。

三、我县产业结构调整,需要注意的几个问题

鉴于印贵仁的经验和做法,我县产业结构调整是大有文章可做的,全县10万亩荒山,可容纳成千上万个印贵仁这样的大户去开发,虽然所有的荒山在"三山变一山"时已分到了农户,少数农户栽上了树,但99%的农户只认主、不管业,更谈不上开发。如果都象印贵仁那样去开发,去利用,全县将会产生多大的经济效益,绿化面积不知增加多少,但遗憾的是政府没看到这一点,群众也未认识到这一点,我认为要把产业结构调整做大做强,贫困山区还是要依托荒山资源来做文章,要做好这篇文章,必须注意和解决以下四个问题。

1、产业结构调整,必须解放思想,认识到位。这个认识包括各个方面的认识,但最主要的要解决好农民的认识问题,很多农民想发家致富奔小康,苦于没有门路,只局限于卖苦力(打工)做小生意,而忽视了山地开发这个大舞台。毛泽东同志说得好:农村是一个广阔的天地,在那里是大有作为的。印贵仁同志就认识到了这一点,看准了这个大有作为的舞台,他原来也开过拖拉机,虽然有点收入,但要交这费用那费用,一年到头捞不到多少钱,所以他才下决心搞山地开发、搞种养业,走就地生财,劳动致富之路。

2、产业结构调整,必须因地制宜,选准项目配套到位。选准项目是产业结构调整成败的关健,我县在产业结构调整中选准项目有:烟叶、反季节蔬菜、干水果、棕叶、绿色食品开发等,但也有极少数项目没有选准,有的是被新产品所淘汰。如前几年流行的无核密桔,在我县也有一定的规模,除陈家河、利福塔、刘家坪等几个大一点的园艺厂以外,海拔低的农户均有几十株左右,全县年产量约1100万斤,但由于该品种皮薄、水份多,不好保管。在运输、储藏方面也有一定的困难,丰收时只有几分钱一斤,自己吃又吃不了多少,卖又卖不出,烂掉不少、为此不少群众将桔树砍了。椪柑则皮厚、果大、水份多、口感好,存放4—5个月不变味,好吃,好销,好保管,如长潭坪乡赤石坪村小气候的椪柑在省内省外是很有名气的。如我县两河口乡阳冬梨也有一定规模,约千余亩,该梨果大、皮溥、水份多,口感细腻销路好,很有发展前景。选准项目不是一味追求新、特、名、优、稀,而主要是要立足本地资源,要产得好,销得出,市场大,前景广、成规模,这样的产品才久盛不衰。

3、产业结构调整,必须政策配套,资金到位。产业结构调整,不是农民单方想干就能干好的问题,涉及到方方面面。但主要是资金问题。我县有很多很好的项目,由于缺乏资金不能实施。就说印贵仁他虽然有300万元的固定资产,100多万元的流动资金,但他已滚动式的发展了7年,开始起步时靠拖拉机和畜医的收入垫底,发展中有县有关部门的支持,否则他就无法起步和发展。笔者采访他时,他说,我只有小钱没有大钱,想把规模再扩大一点,但由于资金缺乏发展不了。张家界是旅游城市,流动人口多,销售量大,每天需瘦肉猪约200头,而我的猪厂一个月只能出栏20多头肉猪,如果要适应市场需求,我要把猪厂扩大10倍。我去农行贷款时,农行说要拿资产作抵押,我用猪厂抵押,他们不同意,说猪厂的土地是集体的不能抵押,国家的才能作抵押,所以农行的扶贫代款按政策不能给我贷,其他养猪户由于资金缺乏,也发展不了。

4、产业结构调整,必须政府引导,服务到位。产业结构调整选项目是农民自己决定的,不是靠政府的行政命令,群众不愿干的,你强迫他们去干,肯定干不好。如前几年,有的乡镇搞杂交水稻制种,有的群众不愿干(技术性强智力低下的农民干不好),但政府非得要他们干,由于技术和责任性问题,导致制种失败了,不仅没有制出种子,政府反而要解决因制种而造成的生活困难问题。烟叶是我

县的支柱产业,90%以上的烟农已掌握了一定的技术,并已形成自觉种植的行为,但少数农户因技术、劳力和资金问题,不愿种烟,而种上了玉米,住村乡干部为了完成烟叶栽种面积在多次做工作不通的情况下,将玉米苗扯了,导致农民上访告状。最终的结果是,该乡干部因工作作风粗暴造成损失而受到处分,乡政府还要给该农户解决吃饭的问题。在群众中造成了很不好的影响,此事说明农民种什么由他自己作主。为了形成支柱产业,需要种什么,提倡种什么,政府先要讲清道理,做好工作,做好示范,不能强迫,同时在生产过程中,政府要派员给予技术指导和资金的支持,特别是贫困户要给予重点帮助。只有这样才能把政府的意图和号召变成群众的自觉行为,千万不能一味为追求面积,完成任务,而损害农民的生产积极性,更不能损害农民的利益,否则就失去了产业结构调整的本来意义。

我要对得起代表这个称呼
——记临洮县十六届人大代表桑育雄

李青广　吴祺

以前的甘肃省临洮县漫洼乡,总给人留下贫穷落后,交通不便的印象,现如今,随着洋芋产业大发展和油路通到家门口,漫洼乡的变化可以说是巨大的。要说在这短短几年中漫洼乡变化怎么这么大,乡亲们都会说:“这多亏了我们的桑代表。”

乡亲们所说的桑代表,是临洮县十六届人大代表、漫洼乡政府乡长桑育雄。2006年,桑育雄当选县人大代表时,他深感自己肩负的是全乡人民的信任和期望,于是暗下决心,要尽心尽力,依法履行代表职责,全心全意,为老百姓服务,做一名合格的人大代表。

心系百姓　善为民言

作为一名农民的儿子,老百姓选出来的“代言人”,桑育雄心中时时刻刻装着大家。多年来,洋芋一直是漫洼乡群众增收致富的主导产业,是农民收入的主要支撑,但由于当地干旱少雨,自然条件严酷,尽管全乡洋芋种植面积不断扩大,但洋芋品种单一,疫病严重仍时常困扰着广大农民。桑育雄看在眼里,急在心中。于是他亲自带领农技干部,星夜兼程从外县调运来洋芋良种,为群众解了燃眉之急。经过充分调研,桑育雄认为漫洼乡洋芋播种已成规模,要想增加收入,就必须在当地建设洋芋贮藏窖,根据洋芋市场价格分期上市,并在漫洼乡境内建立农产品(洋芋)交易市场,解决大部分产品要拉运到数十公里外的安定区内官镇进行销售的困难,降低拉运的费用,消除运输中的安全隐患。在掌握了充分的资料后,桑育雄在2008年1月召开的县十六届人大二次会议上领衔提出了“关于对洋芋贮藏设施建设给予补助资金的建议”和“关于筹建东部农产品(洋芋)交易市场的建议”。

建议提出后,受到了县人大常委会的重视。目前,他所提的两条建议已经得到办理,漫洼乡已经建成洋芋市场一座,大型洋芋储藏窖11座,乡村主干道得以拓宽、油化,群众的洋芋品种改良了,产量上去了,销售不愁了,效益更好了,大家都亲切地称桑代表是他们的“洋芋代表”。

桑育雄走到哪里,总是带着个小笔记本,听到群众的怨言,他记下;看到群众的困难,他记下。当他在小学里看到有的两名学生挤在一张课桌上上课,有的桌凳破旧不堪时,他在小笔记本上记录下了这样一段话:“再困难也不能苦了孩子们,要为他们创造好的学习环境。”随后,桑育雄与漫洼乡其他几名县人大代表沟通,在县十六届人大三次会议上提出了“关于解决漫洼学区课桌凳紧缺的建议”。目前,该建议正在承办单位县教育局积极协调办理过程中。

提高素质　积极履职

作为人大代表,桑育雄始终铭记着“集中民智、反映民意,为民解忧”就是他的职责。于是他不断学习相关法律法规,主动走访群众,参加代表活动。每次县、乡组织代表培训,他都带头参加,认真记下笔记,并撰写体会文章。乡人大每年组织的执法检查、代表视察、工作评议中也都少不了他的身影。他不仅把每次活动看作是督促提高政府工作水平的手段,更看作是自己作为人大代表应尽的职责。

2009年春天,乡人大组织部分县、乡人大代表专题视察了部分村抗旱生产自救及广丰坝系设施建设情况，当听到视察组成员指出当前旱情仍在不断加重的时候，桑育雄在本子上记录道：“要加大全膜双垄沟播技术在全乡的推广力度，大力调整种植结构，积极组织劳务输出，科学调度安排，切实解决部分群众的饮水困难，加强旱情监测。通过努力，确保农民生产生活的有序进行。”调研结束后，他马上召开乡镇干部会议，根据视察组的建议，部署工作，逐一落实。

作为漫洼乡政府的一把手，桑育雄把群众冷暖放在心头，当他看到自己提的建议得到办理，群众的困难得到解决时备感欣慰：“能为乡亲们办些实事，我才对得住他们的信任，对得起代表这个称呼啊。”

（作者：李青广系临洮县人大常委会办公室主任 吴祺系临洮县人大常委会办公室秘书）

王发龙的创业“三宝”

中等的身材，朴素的穿着，果敢坚毅的性格，睿智而又健谈，这是初见乐安县吉祥彩印包装厂厂长王发龙给人的印象。

今年43岁的王发龙是乐安县湖坪乡汗上村人，他眼光敏锐，敢闯敢干。1990年，高中毕业的王发龙不愿像祖辈一样过着面朝黄土背朝天的生活，而是跟着别人学做木匠。后来，他又在亲戚的介绍下，进入原721矿当了一名合同制工人。要知道，在九十年代，要找一份稳定工作多么不容易，更别说是进入像721矿这样的国有大企业，他也一时让村里人羡慕不已。

然而，王发龙并不安于现状，1994年，当了二年工人后，在亲戚朋友的反对与不解中，他又主动辞去了合同制工作，毅然下海创业，成为全县最早一批“吃螃蟹的人。”经过反复市场调查，他发现，当时整个抚州市彩印包装行业的企业只有一二家，市场发展潜力巨大。于是，他与人合伙投资20万元在公溪镇创办了全县首家印刷包装企业－－乐安吉祥彩印包装厂。2002年，为了企业更大发展，他又将企业搬迁到乐安县工业园区创业园内。如今，经过10多年的发展，企业由小到大，由弱到强，企业年产值由2002年的80万元，猛增至去年的1000万元，今年预计可达1500万元。

是什么使吉祥公司由一家小作坊发展壮大成为一家资产数百万元，年产值达1500万元的彩印行业的大企业？“一个企业要发展壮大，要立足市场，我觉得最重要的有三点：一是要舍得科技投入，提高效益；二是要诚信经营，产品质量要过硬；三是售后服务要周到，要让客户满意。这三点可以说是我10多年来创业的最大感受，也是我的‘创业三宝’。”谈起创业经历和感受，王发龙快人快语。

加大投入增效益

走进位于乐安县工业园区创业园内的吉祥彩印包装厂，只见干净整洁的厂房内一台台胶印机、切纸机、晒板机、复膜机、压痕机、薄刀分纸机等现代化机器设备排列有序，偌大的厂房内却见不到几个工人。见笔者深感困惑，陪同的王发龙笑着说：“我现在设备是越变越先进，工人越来越少，而企业生产规模和效益却越变越好。这些都是科技投入带来的变化啊！”

2002年，企业刚从公溪搬到县城工业园区时，没有厂房，工厂设备又比较陈旧落后，产品也只有纸箱这单一品种，企业要发展，怎么办？在企业资金十分有限的情况下，是先建厂房，还是先更新设备，进行技术改造？此时，有些人劝他说，先把厂房建起来，企业有个“窝”，才像点样。而王发龙却敏锐地意识到，市场竞争越来越激烈，企业要发展壮大，就必须要进行技术改造，更新设备，扩大产品品种，提高生产效益，否则，企业只能在激烈的市场竞争中被淘汰。而没有厂房可以先租赁创业园内的厂房。

于是，他租赁了县创业园内的厂房，把厂子迁过来，而后，将企业所有的资金全都投入到企业技术改造、添置设备中，还向银行贷款。王发龙介绍说，自2002年以来，企业已先后筹集资金300多万元，全部投入到固定资产投入中，分期分批购置了国际、国内先进的双色胶印机、切纸机、晒板机，复膜机、分纸机等21台机械设备，并将以前落后的设备全部淘汰掉，使企业的科技含量大大提高。

科技出效益。企业进行技术改造和设备更新后，生产的产品由以前的单一纸箱迅速增加到胶印、彩印、纸箱三大类别20多个品种。产量和产值都比以前翻了10多倍，而所需的工人反而削减了不少，工人数由以前的三四十人减少到现在的20多人，这样企业的生产效益大幅度提高。据了解，2008年，企业生产销售收入由2003年的100万元攀升到1000万元，上交税金由3万余元增加到20多万元，纯利润由30多万元增加到200多万元。

诚信经营树形象

诚实守信是做人的基本准则，也是企业生存发展之道，王发龙深谙其中的道理。在企业生产经营中，他始终信奉诚信经营这一基本准则。他严把产品质量关，从不掺杂使假，从不让不合格产品出厂。一旦发现产品质量问题，立即召回或销毁，以维持企业的形象。

2007年11月，公司生产给堆花酒厂的一批价值5000余个2万余元的纸箱，由于仓库内潮湿，致使产品松软变质。而当时，由于出货时时间仓促，再加上质检人员把关不严，厂里的业务员便将不合格的纸箱运给堆花酒厂。等客户验货时，发现产品潮湿变质，便打电话给王发龙。而王发龙正出差在外，接到电话后，他及时赶到堆花酒厂，当场决定将这批纸箱当作废纸出售，并重新给客户发货。此事，虽然使厂里损失了2万余元，却换来了客户"王发龙真讲信誉，吉祥彩印厂重视质量和诚信经营。"的称赞。

2005年的一天，王发龙到乐安兽药厂结算货款。出纳在支付货款时，由于一时疏忽，多付了1000元钱。王发龙在清点现金时发现多给了1000元，便当场将多给的1000元钱主动退还给出纳员，让那位出纳员感动不已，连声称赞说："王老板做人真讲诚信。"

优良服务赢客户

良好的服务是吉祥彩印包装厂一贯坚持的原则。不管在什么时候，不管是什么问题，客户只要一个电话，企业都会派人上门服务，而且绝大多数情况下都是王发龙亲自上门服务。

2008年春节前夕，当时，南方遭受了百年未遇的大雪灾。积雪和冰冻使许多地方的交通中断。一天，王发龙接到吉安制药厂的一个电话，称由于要赶出货，要厂里迅速送一批纸箱过来。接到电话后，王发龙焦急万分，怎么办？这边客户在等货，而这边大雪纷飞，交通中断？经过大家想办法，最后，确定采取多车少载自带稻草和铁铲等工具和为汽车轮胎安装防滑设施等多种办法来及时将货物运给客户。于是，5000个纸箱本一辆汽车就可以装完，而王发龙却请了三辆汽车来装，并且在每辆汽车轮胎上安装了专业防滑设施，同时，每辆车上派了四五个工人带好稻草、铁铲等工具。一路走走停停，缓慢行驶，遇到冻雪厚的地方就派人下车先铲掉冰雪再过车。就这样，本来只需2个多小时的行程却足足用了5个多小时。最后，终于在规定时间前将货物运给客户。而这趟，吉祥彩印包装厂却花费了三倍的运费。而且，10多工人在冰雪中被冻得手脚红肿。看到这种情况，堆花酒厂的许多人都感动不已。该厂负责人握着王发龙的手激动地说："发龙，这次真太感谢你们了。你们也帮了我们的大忙。"

正是凭着这种诚实守信的品质和优良的服务，让王发龙在业界的声誉与日俱增，也让他结识了一批批大客户，为他带来了一笔笔大订单。10多年来，吉祥彩印厂先后与江西振邦集团、临川酒厂、堆花酒厂、吉安制药厂、抚州新安公司等几家大企业结成了友好合作关系，而且通过一些老客户的宣传介绍，他又结识了一些新客户。如今，他拥有了10多家固定的大客户，企业产品始终供不应求。

情系交通心系民

——记常德市第五届人大代表、汉寿县交通局局长杨长富

湖南省汉寿县人大常委会　田明时　周绍华

他，一双眼睛目光深邃，闪烁着睿智与慈祥；他沉着、稳重、干练、豪放；他，时刻不忘人大代表的神圣职责，情系交通，心系人民，为了洞庭沅水、汉寿大地道路的畅通，交通事业的辉煌，倾注了一腔心

血，奉献了一片真情。他就是常德市第五届人大代表、汉寿县交通局局长杨长富。

杨长富，40出头，血气方刚。一涉及人民交通事业，言语就特别多，情绪就亢奋，内心丰富的感情溢于言表。在人生短暂的岁月里，他从普通农民的儿子逐步成长为一名乡镇国家干部、团县委副书记、镇党委副书记、镇长、乡镇党委书记、县交通局局长，在平凡的工作岗位上为人民敬业，他执著地追求了20多个年头。2007年12月，他被县人大常委会任命为县交通局局长，并当选为常德市第五届人大代表，他的内心十分激动。在他看来，人大代表职务是特别神圣而崇高的，它代表着人民群众的信任与嘱托。他常说："是人民选我当代表，我就要倾心为人民"。在实践中，他是这么说的，也确实是这么做的。一年一度的人民代表大会，正是人民当家作主和人大代表代表人民参与国家事务管理职权的"大舞台"。为了抓住这一有利良机，尽心投身这个"大舞台"，充分发挥人大代表的作用，依法行使自己的职权，杨长富坚持认真学习宪法和法规，不断提高自己的参政议政水平，认真参加各种视察、调查、检查，接待选民和走访选民活动，并在日常的工作和生活中，十分注重搜集老百姓反映和关心的重点、难点及热点问题，而且还注重把报刊上刊登的有关资料摘录下来，等到每次大会召开之前，再把这些资料加以整理分析，看哪些是人民群众最迫切需要解决的，然后分门别类，或在审议"政府工作报告"及其他有关报告时提出意见和建议，或领衔写成"议案"，征得一些代表签名后，向大会提出。由于准备比较充分，针对性强，每份议案都按照代表法规定写清了案由、案据和建议性的实施方案，特别是案由所反映的情况，提供的数字和法律、政策等依据都是实事求是，真实可靠的，有的还附有从实际调查中得到的附件，因而，杨长富牵头提出的议案、建议，其数量和立案率，在近两年的市人民代表大会上都是比较高的。近几年来，他共搜集各种意见、建议20余条，并督促有关部门答复解决；向常德市人大、政府反映的《农民要致富，交通要先行》、《关于尽快加大断头路建设的建议》等10余条老百姓关心的热点、难点问题，都被提上了政府议事日程。

杨长富当选为常德市五届人大代表、县交通局长后，更觉得自己肩上的担子更重了。近年来，他一心为了汉寿的交通建设，长年累月，战酷暑，冒严寒，深入基层调查了解情况，倾听人民群众的意见与呼声。他先后带领县交通部门的工程技术人员深入到全县29个乡镇、工业园区、180多个村组调查和80多条国、省、市、县、乡公路地段勘察，现场办公，重点研究解决公路修建中的疑难问题100多个。

该县沧儿总沅水大桥花木兰接线工程，是连接新建的汉寿沅水大桥的重点建设项目，对全县经济发展有着举足轻重的作用。由于建设资金问题，迟迟得不到省交通厅的建设批复。倘若还不抓紧时间建设，将会形成桥建成了，但无路可走的尴尬局面，到时也无法向全县人民交待。为了服务全县人民，替县委分忧，为政府解难，上任不到10天，杨长富便带领有关人员放弃休息时间，往返省城30多次，寒冷的冬天凌晨5点多钟从县城出发，清晨7点多钟赶到省交通厅，为的是多争取一点时间，多向省厅主要领导请示汇报。他并不怕丢面子，厚着脸皮讲小话，讲好话，反复汇报，终于感动了省厅领导，取得了省厅的大力支持，使得该项目建设所需1270多万元资金全额由省交通厅投资。该项目很快完成，于去年底与沅水大桥同步建成通车。与此同时还争取到了省厅由原来给该县通村公路路面宽4.5米的补助标准16万元/公里，提高到了30万元/公里。去年一年通过杨长富带领全局班子成员多方努力，积极争取，共争取上级竞争性项目投资2200多万元，减轻了县财政压力，服务了全县经济建设。

"作为一名人大代表、交通局局长要有民之所忧、我之所思，民之所思、我之所行的公仆情怀。有了这样的情怀，就会充满感情、生出热情、迸发激情，把工作转化为一种责任，时刻放在心上、抓在手上、落在实处。"这是杨长富代表经常说的一句话，也是他深入学习实践科学发展观的切身体会。近年来，他始终不渝地按照自己真实诺言与实践，一步一步地把职责尽好，把工作抓实。交通工作线长面广，繁多而杂，任务重。杨长富勇于面对，2007年他上任后，首先率先垂范，带领局党政"一班人"从抓作风建设入手，规范各种制度，认真进行了局机关干部作风整顿。注重从小事细节严于律己做起，自觉抑制拜金主义。他到交通局工作两年来，全县交通基础设施建设有上百个项目，他从来没有利用职务之便"关心"亲朋好友，"照顾"、"同情"老乡，私自安排他们参工参料。所有建设项目一律实行公开招投标，打造阳光工程，自觉将交通工作置于社会监督之下，让权力在阳光之下运行。经上级部门考核验收,全县农村公路建设项目合格率100%,优良率95%以上,真正做到了建一条,成一条,受益一条。

每到逢年过节,有些企业,施工队为了感谢杨长富对他们工作的支持与关心,还有一些朋友,想托他或通过他介绍参工参运而送红包、礼品,但都被杨长富退回。有时碍于客人朋友的面子,实在难以当面婉言谢绝,他便等客人和朋友转身离去后将所有礼品,红包转交办公室和账务室及时登记人账。在杨长富的带领下,近年来,局机关干部职工遵纪守法更严、工作热情和效率更高。他上任局长不到两年,就完成通村公路硬化里程200多公里,通乡公路硬化里程13.1公里。五美桥危桥改造、接线、阁金口路面硬化等一批交通基础设施建设项目建设进展顺利。他上任交通局长以来,每年全局交通规费征收任务仅半年时间就全面超额完成了市局下达的任务指标,名例全市前茅,创历史新高。去年,他领导的汉寿县交通局通过实行财务目标管理,一年实现了消赤减债68万元。尤其是全县其他科局津补贴已发放后,而该局暂未发放的情况下,全局234名干部职工没出现一名上访,没有给领导为难,给政府添乱,维护了干部职工队伍的思想稳定与社会安定,全局上下呈现了一派团结和谐、奋发向上的局面。

杨长富对工作的勤勉是交通系统广大干部职工众所周知的。忙,是他工作和生活的写照。为了工作,他忘记了下班;为了人民的交通事业,他经常放弃节假日休息。跑上面,争项目,争投资;跑下面,到基层搞调研。为确保全县公路畅通,作为总指挥,杨长富始终坚持战斗在第一线,哪里路况最差,哪里就有他;哪里困难最大,哪里就有他。对工作、对人民群众他总是有一股独特的深情,翻开杨长富的履职笔记本,字里行间洋溢着他联系选民群众,反映社情民意的真情。担任人大代表、交通局长以来,他走访群众480多人次,接受群众来访320多人次,为群众做好事、办实事100多件次。

杨长富忠实地履行着一个人大代表、县交通局长的职责,得到了党和人民的认可。他先后多次被评为市、县优秀共产党员、人大代表活动积极分子、优秀党政干部等荣誉称号。

"渐平两岸阔,风正一帆悬。"杨长富迎着改革开放的春风,为了人民的交通事业,正在用自己的辛勤努力继续开创美好的未来。

"因为我是人大代表"

——记霞浦县十五届人大代表水门村党支部书记李炳祥

福建省霞浦县人大常委会办公室副主任　张伏金

2009年5月11日,笔者来到距霞浦县城18公里的水门畲族乡水门村,只见宽敞的街道、排排整齐靓丽的房屋……好一派社会主义新农村的景象。

一位村民告诉笔者,"这全亏了我们的人大代表、好书记啊!"村民口中说的"人大代表",是水门村党支部书记李炳祥。自1999年8月以来,他先后任村委会主任、村党支部书记,连续三届当选县、乡人大代表。在他的带领下,水门村先后被评为宁德市社会治安综合治理先进村、县先进基层党支部、新农村建设示范点等,他个人也先后荣获县、乡"优秀共产党员","县人大代表争当'五员'活动积极分子"等荣誉称号。

李炳祥现年35岁,身材不高,常年日照,皮肤显得有些黝黑。然而,就是这样一个其貌不扬的人,自从当选人大代表起,一心一意为民履职。他说,"当人大代表是一份荣誉,更是一份责任。"

李炳祥说到做到。他刚上任,就遇到棘手的事情。因该村地处山区,夹在两座山的中间,是水门乡所在地唯一的行政村,沙吕线公路贯穿村街,大街脏、乱、差,与新农村建设极不相称。面对群众最关心的建房问题,他决心先从整治村容村貌开始。于是,他向乡十届人大一次会议提出关于乡所在地规划的议案和整治乡容村貌的建议,得到了乡党委、政府的重视,挤入县政府开展小城镇新村建设的试点。新村建设第一期,就要从荒芜的山涧填出8360平方米,仅土方量就6万方,整个工程需千万元的资金投入,而村财仅有万元,对于一个贫困的乡村来说,谈何容易。他广泛征求选民意见,集中干群的智慧，按照经营集镇的思路，运行现代融资形式吸引外来资本、民间资本来投资建设。2003年融资1200万元的利民新村第一期工程80榴新房竣工。2006年启动二期工程建设，安置全乡造福工程搬迁户、地质灾害点、住房困难户106户。并开发了赤甲里、鸭池路、麻纺厂等小区。乡所在地人口从不足1500人，集聚到目前4000多人。

由于新村建设，人口的集聚，水门村成为全乡人流、物流、资金流中心。然而，按照新村规划要求，水门村只设一个农贸市场。当时，乡政府急于筹建，选址在大街上段瓠头洋地段。大街下段人口众多的地方群众意见强烈，上下街群众抢建市场的纠纷顿时激化，一场一触即发的斗殴事件如火烧眉毛。一些村干部打退堂鼓，他处在进退两难的境地，这时，一位老党员拉着他的手说："你不能回避矛盾，逃脱困难，群众信任你，党员支持你。"信任与支持，给他增添了信心和勇气。他先后组织召开调解会20多场。同时，争取乡政府改变初衷，上县城邀请县领导到村现场办公，聘请县建设部门重新调整乡所在地规划设计，向县、乡人代会提出建议意见。精诚所至、金石为开，赢得县政府和乡人大的批准，街上段建茶叶集散市场、街下段建农贸市场。一场纠纷化解了。

村务监督员林仕川告诉笔者，从前水门村叫石门坑，因缺水，经常发生火灾，才改名的。为了解决缺水问题，他与村两委成员想尽办法筹资20万，争取上级支持60万元，从8公里外的大坝村铺设供水管道，为了节约开支和保证工程质量，从开工到竣工的8个月工期内，都在施工现场，没有拿一分酬劳。村里的五保户蔡乃居、陈昌平，陈昌友、王定碧、柯定苍等，是他帮助盖起了新房。同时，他还向县人大提出要求解决五保户用电问题的建议，得到县供电公司办理，全县五保户全部用电开户费和每月5度电费减免得到落实……林仕川如数家珍。

陪同采访的县人大代表、乡人大主席卓强介绍，李炳祥是水门乡县、乡人大代表中在每年县乡人代会期间提建议意见最多的。他提出《关于弘扬畲族文化，开发畲乡半岭村风情旅游的建议》、《关于增加老区村道路硬化补助款的建议》、《关于架设村级主村路灯的建议》等，引起了办理单位的重视，有的得到了解决。

采访中，李炳祥告诉笔者。为民办实事是人大代表的应尽职责。随着新农村建设的不断深入，水门村建起了农贸市场和文化站，架设有线电视，道路全部硬化、兴建了停车场和村委办公楼等各项基础设施，村容村貌涣然一新。目前，村里组织村民发展"名优特"茶叶1200亩、兴建1个野兔养殖、6个麻鸡养殖场；组织实施"农村青年就业培训工程"，开展"清洁家园"、"平安水门"等活动。水门村经济建设和社会各项事业不断发展。

当笔者问李炳祥，当选人大代表有哪些体会时，李炳祥说，只有为民"鼓"与"呼"，才无愧于"代表"这神圣而光荣的职责。他例举了一些事例。体会最深的是：作为人大代表，要懂得法律法规，才能依法去维护群众合法权益，促进"一府两院"依法行政、公正司法，这要比为民办些实事、好事困难得多了。2006年，水门乡墩后村原村委委员林某林地赔偿一案，林某因林权不明晰，缺乏有效证据证实自己贪污数额不大，被法院量刑。当时，李炳祥知道林某无法主张举证，自己却不知怎样为林某维权。他闵思苦想，查阅相关法律，时过多月，会同部分县、乡人大代表要求林业部门重新对林地产权进行论证和确认。法院最后作出改判。通过这一案例，认为有的群众不懂法，才会触犯法律，农村普法工作任重道远。每年，李炳祥都邀请司法干部到村举办法律知识讲座，让村民知法、懂法、守法、用法。如今，他又是人民陪审员，经常抽空学习法律知识，善于注重民事纠纷调解。如，因国家建设需要在群众中征地172亩，涉及村民34户。他到选民家中了解情况，解疑析惑，协助建设单位理赔，无一例越级上访，村里社会安定稳定，得到了用地单位和选民的好评。

采访中，李炳祥动情地说："有人说我胆子大，如同初生的牛犊不怕虎。这几年，我不知道是如何顶过来的。当新村建设进入关键时期，也是最困难的时期，资金缺口大，工程进入半拉子状态，恰逢妻子生孩子，无暇照顾，年迈的家父患白血病住进省城医院，无法尽孝，留下父亲逝世的遗憾。当我看到一排排新房、一件件实事办成，心中感到殷实，感到欣慰"。

采访结束时，笔者得知李炳祥是个鞋匠。问他，当人大代表和村干部每月乡里补贴200元，一心赴在履职上，常常顾不上家中的活儿，图个啥。他说"因为我是人大代表。"

艰苦创业　成就辉煌

——记乐安县创业能人邱四明

春林

他出身贫苦农家，由于家境贫困，只读了初一便辍学了。迫于生计，他十七岁便只身一人闯荡深圳，凭着吃苦耐劳、敢闯敢干、诚实守信的品格，经过10多年的打拼，他终于从一名身无分文的“流浪汉”摇身变为拥有数千万元资产的“千万富翁”，演绎了一段创业传奇。他就是乐安县万崇镇池头村无头村小组农民邱四明。

近日，笔者慕名采访了这位颇负传奇色彩的创业能人。

家境贫寒，只身闯荡深圳

邱四明共有六兄弟，父母都是老实巴交的农民。由于家里人多，家境贫寒，是村里出了名的贫穷户。“当时，我家里住的是土坯房，一年到头常常是吃了上顿没下顿。因为穷，初一还没读完，我便辍学回家了。”回想起以前的生活，邱四明感慨万千，“与其在家过穷日子，还不如在外面去闯荡一番。”

1991年春节后的一天，年仅17岁的邱四明瞒着家人，偷偷地搭乘村里装运生猪的货车来到广东揭阳市，然后，又爬上了运煤的货车从揭阳到达了深圳。在深圳，由于身无分文，又没有身份证、暂住证，再加上人生地不熟的，他除了忍饥挨饿之外，还整天要东躲西藏，生怕被巡防人员抓住。

“没有吃的，我就跑到水果批发市场捡一些扔掉的烂水果充饥；没有住的，我就独自一人溜到坟山上，躲在坟墓边睡。多少个漆黑的夜晚，我躲在墓地，饥饿、寒冷、恐惧、蚊叮虫咬一齐袭来，简直让人无法入睡。那时，我简直就是一个‘流浪汉’”谈起刚来深圳时的情景，邱四明深有感触地说，“当时，我是初生牛犊不怕虎，心里只有一个愿头，再苦再累也要撑下去。”

为了生计，邱四明四处找工作。然而，因为年龄小，个子瘦弱，再加上文化程度又低，找了许多厂都碰壁。无奈之下，他就到建筑工地捡破烂卖。一天下来，能卖个七八元钱，勉强度日。半年后，手头有了一定积蓄，他就改行卖起了冰棒，从批发市场批来冰棒拿到建筑工地上去卖。由于人勤快，肯吃苦，嘴巴又甜，他一天能收入四五十元，日子开始渐渐好起来。

披荆斩棘，涉足房地产业

由于经常在建筑工地捡破烂、卖冰棒，慢慢地，邱四明与工地上的老板和工人们混熟了。1992年冬天，他认识了一个叫彭少华的广东本地建筑老板。看到他能吃苦，头脑活，人又勤快，彭少华就带他到汕尾市陆河县建筑工地去做事。由此，他也踏进了建筑行业。刚开始，邱四明在工地上当学徒工，跟着工人师傅学做泥工、扎钢筋、搭脚手架、室内粉刷装修……样样都干。为了熟悉掌握各种建筑技术和内部管理经验，他一边虚心向工人师傅们学习请教，一边留心观察，细细揣摩。多少个日日夜夜，他顶着炎炎烈日，冒着寒风雨雪，忍着蚊叮虫咬，在建筑工地拼命地干活。由于长时间风吹日晒地在户外劳动，他手掌磨起了厚厚的老茧，皮肤晒得黝黑发亮，人也变得又黑又瘦。

一份耕耘，一份收获。经过一年多的艰苦磨练，他很快熟练掌握了各种建筑工种的技术和建筑行业的管理经验，由一名“门外汉”迅速成为一名建筑行业的“行家里手。”他也能够独立地负责整个工程的施工管理。

历经风雨，事业如日中天

看到邱四明精明能干，做事踏实，为人实在，老板彭少华对他越来越赏识和信任。渐渐地，老板开始放手让他独立负责一些项目建设。这为邱四明的发展提供了良好的平台。

1993年6月，老板让他负责当地一所小学的教学大楼和县邮电局家属宿舍楼工程的施工，这也是邱四明单独负责的第一个大工程。为了搞好这二项工程建设，他亲自吃住在工地上，全身心地投入到工程建设中。有一次，由于劳累过度，他生病了，但放心不下工程，他干脆请医生到工地上为他看病，一边输液，一边在工地上指挥。在管理上，他大胆创新，推行“一级抓一级，一级对一级负责”和管理体制，并加强工程监督、调度，实行“一天一汇报，三天一大会”的工作制度，并制定了一系列内部管理考核奖励制度，奖优罚劣；他还坚持摒弃宗亲观念，在工作中，人人平等，不搞特殊化；同时，他注重以人为本，关心手下员工工作生活，从不拖欠工人工资，逢年过节，工地都要进行聚餐，既改善了员工生活，又凝聚了人心。他善于处理工人之间的和谐的人际关系，及时化解矛盾纠纷，工人之间从未发生过斗殴械斗事件，创造了和谐融洽的工作氛围。一系列举措，确保了工程进度和工程质量。1996年，这二项工程如期完工，并顺利通过验收，而且还创造了良好的经济效益，令发包方和老板都大加赞赏。

此后，邱四明又陆续负责承包了陆河县麦卡工厂厂房、宿舍基建工程，并先后与富士康集团、万亨达科技有限公司、七0三地质工程、惠州再生源有限公司等几家世界知名的大公司建立了固定的业务关系。

回报社会，乐善好施受称赞

邱四明富了，但他致富不忘家乡，不忘回报社会。他常常说："我出身贫穷，我能有今天，全靠党的改革开放好政策和许多好心人对我的关心帮助。现在我个人富了，我要尽我所能，回报社会。"他是这样说的，也是这样做的。

从上世纪九十年代开始，他就经常将家乡一些年青人带到广东从事建筑行业。多年来，凡是家乡人到广东遇到困难，只要是他能帮上忙的，他都乐于相助。如今，在他的帮扶带动下，万崇、湖坪、牛田等附近乡镇的100多位村民都先后到广东从事建筑行业，其中不乏有许多人成为小有名气的"小老板"。万崇镇桐山村农民曾远华对此深有体会。曾远华原先家中贫穷，1995年，他跟随邱四明到广东建筑工地做事，在邱四明的帮扶下，他也由一名建筑小工成为一个小包工头，现在，他已在广东陆河安家，购了房，买了小车。谈起这些，曾远华感激地说："多亏了四明的帮助，才有我的今天。"

在帮带他人的同时，邱四明还十分热心社会公益事业，经常为公益和慈善事业慷慨解囊。2008年，汶川大地震时，他又向地震灾区捐款2万元，他每年都要向广东揭西县棉湖镇乐心扶助基金会捐款2000元。像这样的事例层出不穷，难怪许多熟悉他的人都会由衷地称赞他说："四明乐善好施，是个热心肠人。"

当人大代表就要为群众谋利益

——记湖北省远安县人大代表汪家俊

湖北省远安县人大常委会　刘建全

湖北省远安县第十六届人大代表、旧县镇洪家村党支部书记汪家俊，自1992年起先后担任五届镇、县人大代表。他说："我当人大代表就是要为群众谋利益，再苦再累心也甘，决不辜负选民对我的信任和期望。"

汪家俊说到做到，十多年来如一日，为民谋利，尽职尽责，带领全村农民群众加速致富奔小康。现在全村666户，2002人。90%的农户建起了二层预制结构的新楼房，40%的村民有了手扶拖拉机，36%的农户家里有电脑网络设备，有线电视、广播和程控电话覆盖率达100%，每户都有摩托车，每人都有50000元以上的存款。

千辛万苦，为群众谋利跑断腿

人大代表，既是一种至高无上的荣誉，更是一种义不容辞地为选民谋利益的责任。

桥梁是千家万户农民与市场经济对接的快速捷径。1995年前，洪家村农民与外面的世界总是被一条沮河所阻隔，要用船摆渡过河，出门十分不便，在一定程度上极大地制约了村级经济的发展。汪家俊便马不停蹄地跑县委、县政府，跑县交通局、县发改局等有关部门，为建桥争取资金31万元，终于在1996年底在沮河上建起了一座水泥桥，开设了前往城镇市场的快速通道，真正解决了全村农民出行难的问题。

村级硬化公路是农民致富奔小康的大道。要致富，先修路。先前洪家村通村通组的道路都是弯弯拐拐的羊肠小道，晴天是尘土飞扬、雨天是泥浆四溅。村里农民的生产生活资料、农副产品运输很不方便。汪家俊一趟又一趟跑到镇里县里争取项目争取资金，跑的最多的地方是县交通局，为村里争取到资金200万元，于2007年6月修建完成了18公里的通村通组硬化公路。现在这条路已成为全村农民加速致富奔小康的幸福大道。

洪家村地处山区,没有矿产林木资源优势,农民仅限于种几亩水旱田粮食作物,只能解决吃饭问题。作为一名县人大代表、村支部书记的汪家俊,寝食难安,反复思索,决定首先带领群众在发展经济上实现突破。根据本村实际情况,他先跑出去到湖南省华容县永久村实地考察学习种桑养蚕的经验技术。回来后决定带领全体村民调整农业产业结构,将种水稻改为种桑树,发展养蚕产业。接着就到县、市、省有关部门跑项目、跑资金。为村里争取来资金种桑费31万元,青苗补偿费12万元,小蚕共育费6万元。

为了使全村群众解放思想、更新观念,转变传统种植模式,大力发展桑蚕业,汪家俊买回书籍认真学习种桑养蚕技术。1993年他先把自家4、7亩水稻田改成桑园,在家里养蚕率先垂范,当年养蚕纯收入15000元。榜样的作用是巨大,见到如此好的经济效益,村里群众纷纷自觉地将水稻田改成桑园,从事发展养蚕产业。群众的积极性调动起来了,汪家俊就又跑出去请来4个技术员来村培训技术。在养蚕的关键时段,他总是带领技术员深入每个农户不分昼夜地跑进跑出,有次骑摩托车把腿就摔坏了,他仍然忍着伤痛坚持逐户辅导"蚕食蚕具消毒、蚕子收蚁、小蚕喂养和病菌防治"等养蚕技术,这样确保了全村养蚕农民每年都有一笔可观的收入。到2007年全村已发展桑园面积990亩,有460户养蚕,每年纯收入300万元。先前种水稻每亩收入仅1200元,改成种桑每亩收入达到了3500元。在年底表彰会上农民高正忠对汪家俊高兴地说:"你真是为我们跑断腿,才有我们今天的生活美。"

千言万语,为群众代言磨破嘴

提出议案建议,是人大代表履行职责的重要手段。能否提出高质量的议案和建议,也是反映人大代表素质的高低。

汪家俊说:"为人民群众当好忠实的代言人,是自己当人大代表的神圣职责,哪怕是磨破嘴,也决不能辜负选民的重托。"为了解更多的社情民意,让议案建议能反映百姓的真实呼声,平时特别注重在实际工作中调查研究,认真倾听群众意见,了解群众愿望,积极反映群众呼声。每次人代会上,总是积极向大会建言献策,建议每次不少于3条,一批重点建议,得到县人大、县政府及相关部门的高度重视,都得到了及时办理落实。

他提出的《关于修建安鹿陈家堡沮河堤护岸工程确保人畜安全的建议》,县政府及有关部门及时办理,2005年至2006年共投资180万元修建完成了护岸工程,解决了7组400多人的出行交通难问题,消除了对该村1200亩农田的洪水危害。2006年他提出的《关于安石公路硬化建设的建议》,到2007年底共投资826万元完成了26公里硬化公路,不仅解决了6个村群众通行难的问题,而且使丰富的煤、磷、硅等矿产可以顺利运出大山,从此山村里有了风雨无阻的致富路。去年他提出的《关于改造旧县集镇自来水供给工程的建议》,到去年底共投资78万元,完成了提水站、净化池、主管网道设备的更新改造,解决了集镇12000人饮水卫生安全问题。他还先后提出加大对我县桑蚕生产扶持力度、解决旧县集镇闲置资产加速发展集镇经济等多项议案建议,政府及有关部门都认真办理落到实处。他不惜千言万语,既敢于又善于为广大人民群众代言鼓与呼,他付出了不少心血,真正使广大人民群众得到了实惠。

千方百计,为移民致富心操碎

当人大代表、支部书记,只有用全部的心血千方百计为人民群众着想,使广大人民群众享受到大家庭的温暖,才能受到群众的拥戴。这是汪家俊十多年来当人大代表、当书记的深刻体会。

"你们三峡移民为国家做出了贡献,顾大家舍小家来到洪家村,我们一定要使你们引得进、稳得住、能致富。"这是汪家俊对三峡库区移民入住洪家村时的承诺。针对全村移民的实际情况,汪家俊千方百计地为移民解决住房、耕地和生活中的各种困难,确保他们搬得进、住得好、能发展,使移民们真正享受到了大家庭的温暖。

为使移民尽快致富,汪家俊费尽心血想了不少办法。对移民在技术上,采取送出外县学习参观、党成校培训、本地村民相互传授技术等方法;在资金上,他在近7年来先后向上各个部门争取移民扶持资金达110万元;在建房上,选好宅基地,千方百计为移民弄到价廉物美的原材料,村里农民无偿提供帮工;在发展经济上,村里给予各种优惠扶持政策,无偿提供生产场地和技术服务。三峡移民宋秀兵,从2006年开始学办养猪场,村里给他无偿提代供养猪基地,并帮助他接通了电和水,汪家俊又帮他争取贷款3万元,当年喂养规模就达到了100头,2007年养猪纯收入7万元,今年喂养规模达到200头猪,可实现纯收入14万元。

洪家村共有40户137个移民,有的种桑养蚕;有的种植柑橘;有的种水稻;有的办养殖场;有的办沙场;有的经营小商店;有的买车跑运输。现在每户都建起了新房子,每个移民都有事干有钱赚,同洪家村当地农民一齐安居乐业,共同致富奔小康。移民向发现握着汪家俊的手激动地说:"你不辞辛劳,为我们移民操碎了心,实现了你的诺言,不愧是我们的好代表、好书记!"汪家俊十多年来多次受到了县市省党委、政府、人大部门的表彰奖励,荣获"先进工作者"、"优秀人大代表"、"优秀共产党员"、"全省科技标兵"等多种荣誉称号。

编织和谐乐章的"女管家"

——记杭州市人大代表林国庆

袁蕙婷　汤桂珍

如果说杭州是中国最富有幸福感的城市,那么,劳动路社区就是最拥有和谐美的家园。因为那里有一位50岁,在小巷里弄忙了20多年,为叠加幸福而辛劳的"女管家",她就是杭州市第十一届人大代表、市人大常委会委员、上城区清波街道劳动路社区党委书记、社区居民委员会主任林国庆。

为失业女工安翅膀,组建编织社——9年前的劳动路社区有2591户人家、近万居民,其中老年人2210人,残疾人140人,在册失业人员近1200人。林国庆针对当时现状与有关人员进行了调研筹划,为下岗失业人员寻找创新业之路。一次,林国庆在走访下岗居民的简陋居室内,眼球立即定格在挂于墙中的编织物上,得知琳琅满目的精品出于女主人之手,便萌发了"主动找岗位,自开幸福门"的大胆设想。当一个个"4050"失业女工来到编织社,用自己的双手展示出自己的劳动成果时,林国庆和姐妹们的脸上挂着兴奋和开心。杭州市市长连续2次到劳动路社区考察,对社区"上为政府分忧,下为百姓解愁"的举措给予充分肯定:"这是帮助失业工人创业的一条好路子,要大力培植,好好扶持。"劳动路社区生产自救的信息传出,得到了各方的支持,阿里巴巴网络有限公司为社区免费设立了网站,制作了网页,开通了编织社业务直通车,从此业务直销世界各地。浙江兽王集团有限公司、杭州金楼服饰有限公司、杭州美艺制衣有限公司、杭州轻工业进出口公司伸出援手,和编织社签订了长年供货意向。经过努力,解决"4050"弱势群体的设想变成了事实,至今安置下岗女工500余人,产品小到手套围巾,大到大衣开衫,营销市场近在河坊街,远销德、日、美等国家,编织手艺由一般的技能在短期内转化为能自给自救的生产力。

抓社区建设谋稳定,诚信促和谐——社区的工作事多繁杂,有时仅为个别老信访户要做多次乃至艰辛的劝访工作,有年冬天,她为了阻止一个老信访进京,前后5次踏上火车,寒冷、饥饿、缺眠,别人见了都说她瘦了一轮。而她却说,"社区是社会稳定的最基础,只要社区搞好了,整个国家才能兴旺。"即使一天天的忙碌会给她带来许多的疲惫,但她始终把微笑送给别人。编织社业务打开销路上了台阶,业务量与日俱增,从当初的加工场发展到姐妹编织苑,如今又成立了清波编织总社,设立了编织产品展示中心,还成立了劳动路社区编织社党支部和编织社工会,编织社不仅增长了姐妹们的收入,还增长了姐妹们求进步信心。女工们信任这位身为人大代表的社区当家人,不少女工写了入党申请书,在她们看来,相信林国庆没错。林国庆代表看到姐妹们的生活和思想的变化真比得到任何褒奖都开心。一个90岁叫陈彩莲的孤寡老太,常年在社区的照顾下,过着安逸的晚年生活,为了报答社区的关爱,老人办理好房产过户证明,准备自己去世后把房子送给社区,她把社区当成了自己的家。

帮残疾人员求自立,解困扩家园。一天,编织社的门口来了一辆手摇车,车上坐着一位高位截瘫的肢残人员,她叫陆彩珍,每当经过编织社,里面热热闹闹的气氛便会强烈地感染她。"想找份工作的愿望日渐强烈,但因为残疾,她想说又不敢讲。"编织社要我吗?",几次她到了门口,又转回家。林国庆发现陆彩珍在编织社门口徘徊,就主动问候,当她知道陆彩珍也想进编织社,心里也嘎噔了一下,

"我腿脚虽然残疾了,可我还有一双手",陆彩珍表达了迫切的意愿。"编织社的大门是向最困难者开放的,陆彩珍身体有残,双手不残,不在家里吃闲饭,这志气应当鼓励。"林国庆这样对姐妹们说。从此,陆彩珍有了新生活,她在编织社找到了自己。当陆彩珍拿到500多元第一个月的工资时,她紧紧握着林国庆的手,热泪盈眶地说:"残疾人找工作多困难,没想到编织社能收下我,给了我生活的希望"。林国庆还帮陆彩珍办了低保手续,解决了陆彩珍的后顾之忧。由此,编织队伍从下岗女工又延伸到残疾人员,家园越来越大,至今被安置解困的残疾人有4人。

为社区再上新台阶,善小而为之——为了使老人服务项目有新的突破,2007年1月,林国庆的社区建立了以点线圈为基础的社区服务产业链——"幸福驿站",小到为老人理发、洗衣,修脚,大到让居民休闲上网、电子阅览,了解时政信息,参与国家大事的关心讨论。2009年年初,市、区两级连续召开人代会,在会议期间仍收到许多群众打来的求助电话,林国庆并不因为开会推诿,"只要群众开口,我有求必应。"于是,她利用休息空余时间去处理社区杂事,把写代表议案的时间放在深夜。她认为自己是社区基层的人大代表,更应该带头把社区居民群众的利益放在第一位,在那间不大的办公室里,她硬是在靠近办公桌的墙上,开辟了一块履职园地,上面粘贴着一张张办事的小纸条,记着什么人、什么地方、需要解决什么问题,一事一记,同时留下对方的电话号码或联系方式;然后根据自己的工作日程穿插解决这些群众需要解决的问题,事情落实一件,纸条就消失一张,纸条不断更新,事情一件件办好,9年"当家"所用的纸条,无以用数字来统计。林国庆为社区付出点点滴滴的辛劳,终于得到了耕耘后的收获,社区先后荣获全国青年文明社区、全国再就业先进单位、全国社区服务先进单位、全国和谐社区创新奖、浙江省巾帼文明示范岗、浙江省老龄工作规范化社区、浙江省示范社区居委会等荣誉;林国庆个人也获得全国社区服务先进个人、浙江省50家创业新星、杭州市优秀妇女干部等荣誉,成为北京2008奥运会杭州地区的火炬手。

有人写了首歌谣称赞编织社:我是小树,你是土,我是船儿,你是渡,聚在一起创新业,相约了多少个朝朝暮暮;走累了,大家伸手搀扶;走远了,大家一起回顾;今世这份缘啊,创业才叫真幸福。"姐妹编织社"的发展历程和社区居民群众受益的工作成果,见证了女工们的自强不息,也显示了社区女管家编织美好生活的热乎心肠,更昭示了林国庆代表的由衷心愿:"大家的幸福才是我真正的幸福。"

树高千尺不忘根

——记贵州省十一届人大代表张明富

董健　丁鹏

张明富是一位来自遵义市汇川区团泽镇大坎村的农民工代表。早年他曾为了挑起一家人的生活重担,离开家乡到遵义、贵阳、广东等地打工。通过多年的努力,他用积累的200多万元回到家乡办企业,带领乡亲共同致富。

梦想腾飞润泽故里

遵义市汇川区团泽镇大坎村距市区27公里,是汇川区最边远的农业村寨。1980年9月,由于家庭贫困,刚读了一个月高中的张明富只得离开了心爱的学校,外出打工挣钱。他曾在建筑工地挖过土,拉过车,当过漆工,做过小商贩,干过批发生意……

一次偶然的机会,在他的供货商当中有一个香港老板出于对他的信任和着重,主动提出将一个品牌化妆品的生产专利转让给他。经过了大量的市场调查,1998年,张明富、李润开夫妻俩在香港梦多娜化妆品公司的支持下,回到家乡投资250多万元,成立了贵州梦丽雅化妆品有限公司。为了给化妆品生产提供一个极好的生态环境,他特地将公司建到了远离都市喧嚣、人烟稀少的家乡——团泽镇大坎村凉风村民组。

到1999年,梦丽雅化妆品公司已经能生产"梦润"系列的10个高档产品,还买了20多辆车,广泛招募当地农村青年,吸纳了100多名大中专毕业生组成了14个组的销售队伍,通过多种形式在一些县市开设专卖店,在全省各地建起了销售网络。2003年,张明富的公司被贵州省工商局评为"守合同、重信用"单位;2006年"梦润"系列化妆品和贵州梦丽雅化妆品公司同时被国家科技质量监督促进委员会评为"全国质量信得过产品和全国重点宣传单位"。

把小小鸟做成大产业

2004年,团泽镇在发展鹌鹑养殖产业上遇到了困难和挫折。鹌鹑是一种小鸟,有很高的食用及经济价值,但是养殖很不容易。镇领导找到张明富,希望他办一个鹌鹑公司,走"公司+标准+农户"的路子,引领该产业的发展,更好地带领当地农民群众增收。

张明富经过再三思考后,决定接过这副重担。他到江西、四川、福建等地考察,逐一走访养殖农户,甚至上北京拜访大学里的专家学者,研究养殖知识技能。2005年1月,他筹集500多万元资金注册了贵州梦润鹌鹑有限公司。在经营上延长了产业链,走循环经济良性发展的道路,把公司打造成了一个集饲料生产、种苗孵化、蛋肉加工、有机肥生产、优质玉米基地建设和技术服务为一体的循环经济龙头企业。到2008年底,公司带动农户养殖鹌鹑350多万羽,产值达3000多万元,带动5000多户农民种植鹌鹑饲料玉米,农民直接增收1000多万元。

多年的拼搏,成绩显著。张明富被评选为"全国创业之星"、"贵州省优秀春晖使者"、"贵州省乡土拔尖人才"、"贵州优秀农民工"、"遵义市十大杰出建设者"、"遵义市劳动模范"、"遵义市创业之星"、"遵义市返乡创业优秀人员"等等。

民生大事挂心头

致富后的张明富始终不忘家乡的父老乡亲,时时把关注民生大事作为自己的任务。

近年来,大批农民涌进大城市务工,一方面给城市经济建设注入了新鲜活力与生机,另一方面也带来了城市拥挤、农村土地荒芜、留守儿童和空巢老人增多等弊端,而不少人员有心回乡创业却普遍存在着"资金不足、软环境条件差、缺乏优惠政策扶持"等问题。张明富看在眼里急在心上。

2007年春节那天,张明富以"外出务工、回乡创业对建设社会主义新农村和构建和谐社会的作用"为题,给国务院温家宝总理写了一封信。信中不仅有他自己打工和创业的亲身经历和对农村经济的观察和思考,还剖析了目前回乡创业的困难。他建议:1、政府及相关部门发挥其主导作用培训、引导富余劳动力有目的地外出,使他们懂得在学习中打工,为将来回乡创业或参加新农村建设而准备。2、建立覆盖农村的信息服务网络,为供需双方提供信息共享平台,减少劳动力盲目流动,降低劳动力转移成本。3、希望国务院制定鼓励回乡创业的政策,帮助解决回乡创业中遇到的问题和困难,尤其在发展资金上加以扶持。

2007年3月14日,温家宝总理就此信作重要批示:"鼓励农民工回乡创业,对于农村经济、社会发展具有重要意义,政府应予鼓励和支持。张明富的建议值得重视。"同年5月,劳动和社会保障部有关负责人专程到遵义调研。2008年12月,农业部及国家有关部门在贵阳举办了"全国首届农民工回乡创业高层论坛"会议,与会代表前往遵义张明富的公司参观学习,并授予企业"回乡创业光荣"的匾牌。

群众呼声就是自己行动

2008年元月,张明富光荣地当选为贵州省十一届人大代表。在人民代表大会召开前,他总是要走村串户,倾听群众的呼声,了解群众的意见和要求,并在人代会期间作为建议提出。

2008年贵州省十一届人民代表大会一次会议期间,张明富提出了《关于进一步加大农村小(二)型病险水库治理经费中省级补助的建议》(2008年27号建议)和《关于设立专项资金扶持回乡创业的建议》(2008年39号建议)。其中,针对39号建议,省有关部门派人专程到团泽镇梦润公司召开现场办理座谈会,因客观原因贵州省没有制定、出台专项资金扶持回乡创业的相关政策,无法设立专项资金。

在今年贵州省十一届人民代表大会二次会议期间,张明富又提出《关于尽快制定出台政策措施扶持返乡创业的建议》(2009年114号建议)和《关于对农村重点扶持农业产业化经营的建议》(2009年203号建议)。他说"群众呼声就是人大代表的行动",希望能为农民工返乡创业争取到实际的帮助,以促进贵州农业迅速健康发展。

一枝一叶总关情

——记湖北省宜昌市人大代表王旭新

湖北省远安县人大常委会　刘建全

“如果说农村是一片森林，那么每个乡镇就是一棵大树，每一个农民就是构成大树的枝叶。森林要繁茂，这就需要我们用真情去关爱滋润，才能让每一缕枝叶都在阳光照耀下熠熠夺目！”这是宜昌市人大代表、远安县荷花镇党委书记王旭新的体会。他为民言、解民难、使民富，坚持从小事做起，从身边的事做起，在平平实实中给人温暖，在一点一滴中传递着温情。

“情”，是对人民的忠诚

如何将群众的“苦口”良药和“逆耳”忠言化为便民利民的实际行动，是王旭新当上了人大代表后着力思考和解决的问题。动真情把人民群众心声及时反映上去，动真格解决好人民群众最关心、最直接、最现实的利益问题，让人民群众得到更多的实惠，才是对人民的忠诚，才无愧于人大代表称号。

荷花镇境内磷矿资源十分丰富，有25家拥有采矿权的企业对磷矿资源开发。为了更好地发挥本镇磷矿资源优势，促进科学发展，取得更大的经济效益，王旭新多次深入矿山企业调查研究，他认为光靠采挖卖出矿石经济效益不高，如果发展磷化工企业深加工，把磷化工企业做大做强，既保护和延长了境内磷矿资源的开采期，又通过深入加工系列开发大幅度提高磷矿资源开发利用效益。于是他在人代会上大胆地提出了《关于加大对发展磷化工重点企业支援配置的建议》。同时他日夜不断地奔走在省市县政府各部门、金融机构和企业之间，为矿山企业的加速发展排忧解难。王旭新的建议得到了县人大常委会的高度重视，被列为重点督办的建议，县政府及时将建议办理落实到位。县政府专门出台了《关于实施磷矿资源可持续开发利用战略的若干意见》，对布局不合理的矿山进行了全面整顿，使拥有采矿权的磷矿由原来的25个整合为15个，使企业矿山开采量均达到了20万吨以上的规模。同时从资金、政策、人才、技术、环保等多方面给予本镇磷化工重点企业东圣化工集团大力支持，帮助该企业发展壮大。东圣化工集团从一个小矿粉厂发展成为一个集开采、加工、包装、运输、销售、检测服务为一体，总资产过8亿元，解决了5500余人的就业问题。2008年实现产值13亿元、销售收入达12亿元，上缴税金4500万元，一举成为湖北省100家重点企业之一。

湖北东圣化工集团董事长黄昌炳高兴地对笔者说：“去年我们又投资11亿元新上了年产80万吨硫酸、30万吨磷酸、60万吨磷酸二铵的“836”工程，在今年底将全部建成投产，新增就业岗位2000余个，将实现年销售收入过50亿元，实现利税过5亿元。东圣集团能有今天，我要感谢县委、县政府正确领导和全力支持，更要感谢王旭新这位好代表、好书记。”

“情”，是对人民的关爱

“些小吾曹州县吏，一枝一叶总关情。”莫当父母官，要做好公仆；关注百姓苦，要解百姓痛；群众利益无小事，处处关爱显真情；扶贫济困、解囊相助，作为一名人大代表和领导干部既是责任，又是义务。这些都是王旭新平时的口头禅，他把对人民群众浓厚的关爱之情，融入一件又一件日常小事之中。

其实王旭新家庭并不富裕，加上妻子儿子一家三口人，儿子正在读书，妻子在企业改制时就下了岗，经济十分拮据，但他们平时省吃俭用，一次又一次地挤出资金慷慨解囊，扶危济困，毫不吝啬。去年汶川大地震后，王旭新带头捐款捐物，他缴纳1000元特殊党费，一家三口人先后挤凑出1800元钱捐献给汶川地震灾区人民。去年荷花镇苟家垭村八组村民黄德民，在农田水利基本建设中脚被砸伤，王旭新为他送去1200元钱。今年二月分水村70岁的老党员向德浩，患重病，王旭新从自己工资中拿出500元送给他，以解燃眉之急。

真金村二组玲玲，她两岁时父母就因病先后离她而去，与60多岁的爷爷相依为命，前年玲玲在放学途中遭遇车祸腿脚受伤，因无钱进行彻底治疗，她爷爷在万般无奈之下，就把玲玲丢弃在镇办公大楼里。这时刚好被下乡回来的王旭新碰见，玲玲痛哭不已，腿上绑着厚厚的石膏绷带不能走动，王旭新立即把她送到荷花镇医院。当他听到医生说，如不及时救治，玲玲就会落下终身残疾，他心急如焚，在第二天他就亲自倡议动员全镇机关干部职工、企业老板和各界人士为玲玲捐款治病，当天就收到捐款58000元。接着王旭新就将玲玲转送到宜昌市医院进行治疗，经过两个多月时间玲玲全部治愈康复，蹦蹦跳跳高高兴兴地回家上学了。就这样，王旭新和玲玲一家结成了帮扶对子，三年来，王旭新经常上门为玲玲爷孙俩解决生活中的许多困难。一些受过帮扶救助的村民激动地称赞：王代表真是解决百姓疾苦的“及时雨”！

“情”，是对智慧的追求

“天下大事必作于细，古今事业皆成于实”。王旭新扎根基层，求真务实，发挥自己的聪明才智，坚持从一件件小事、实事做起，以农促工，以工扶农，工农和谐发展，有力推进了社会主义新农村建设。

为了大力培植镇内东圣化工集团龙头企业，项目建设需要征地，涉及到64户163人要异地搬迁安置，做好群众思想工作难度大，安置方案一直落不到实处。为此，王旭新直接到村召开群众会议，当时会议室气氛有些紧张，到会村民坐得很分散。王旭新用他江陵特有口音亲切地说：“大家都坐拢一点吗，我的普通话说不标准，怕你们听不清楚，你们提得意见，我也怕听不到。”几句话就缓和了气氛，与村民座谈长达五个多小时，详尽了解到搬迁群众的许多实际困难。接着，王旭新连夜召开镇党委班子会，研究决定兼顾群众和企业利益，制定配套优惠政策，在集镇上统一规划建设居民一条街，妥善安置移民。并再次到村征求群众意见，群众都表示赞同马上搬迁。

在群众搬迁时，王旭新又动员机关干部腾出政府宿舍楼，让移民暂住，机关干部都两人挤在一间房。群众被深深地感动，搬迁工作很快就顺利完成了。该村老支书含着眼泪说：“我们有这样的好代表、好领导，荷花镇理所当然发展地快。”2008年，全镇共完成工业总产值4.2亿元，实现营业收入3.8亿元。仅磷化产业2008年就提供税费达到1.4亿元。磷化工产业得到了长足发展，较好地解决了农民工就业问题，促进了产业结构的调整，优化了资源配置，实现了社会效益和经济效益的双赢。

王旭新注重统筹兼顾、大力促进荷花镇科学发展，积极推行“工业反哺农业”的发展思路，把工业企业反哺农业发展作为新农村建设的一项重要举措来抓，将20家镇工企业与全镇16个村结对帮扶，企业拿出人力物力财力为村排忧解难，支持村级经济发展。近两年来，这些镇工企业不仅多次派出运输车辆、推土机、挖掘机帮助村里修路架桥，还帮扶新农村建设资金达100多万元。通过工业反哺农业，实现工农互补，工农利益双赢，有力加速了社会主义新农村建设进程。2008年，全镇农民人平纯收入达到4660元，比上年增长了32.6%。现在全镇人民群众发家致富逐渐鼓起了钱袋子，更增添了信心，努力奔向小康。

“谁言寸草心，报得三春晖。”王旭新用辛勤的汗水和无私的奉献，圆了荷花镇人民群众的富裕梦，换来了千家万户的和谐安乐！换来了人民群众的广泛赞誉。他近三年来多次荣获市县“优秀共产党员”、“先进工作者”、“勤政廉政楷模“等称号。荷花镇多次荣获“全省文明单位”、“全省五好乡镇党委”、“福星工程先进单位”、“先进党组织”、“小康建设先进单位”等称号。

让农民群众走上等级路

——记石家庄市人大代表张恒谦

河北省辛集市人大常委会农经和科教文卫工委　杨占祥

“五一”劳动节前夕，石家庄市人大代表、劳动模范张恒谦同志再次戴上大红花，走上领奖台，又被评为河北省劳动模范。这一刻，他百感交集，心潮起伏。

科学发展求突破

2004年10月，张恒谦同志担任辛集市交通局局长，面对历史原因造成的几千万元沉重债务，面对市政府郑重承诺的482公里的乡村公路改造升级和38公里的县级公路、20.2公里的省级公路改建等繁重任务，经过反复调研，科学论证，确定了“一手国省干线改建，一手抓农村公路改造，逐步由国省干线向农村公路转移”的发展规划。资金是公路建设的关健所在，为解决这一难题，他认真分析形势，科学谋划发展的新思路、新方法，提出了“用足用好国力、聚齐民资民力、充分借助外力、科学调动内力”的多渠道、多形式、多元化筹资思路，有效解决了建设资金这一瓶颈制约，使每个项目资金都有着落，每笔资金都能用在刀刃上。近年来完成交通基础设施投资3亿多元，不仅没有增加新债，还弥补了部分旧欠，破解了“干的多、负债多”这一困扰项目建设多年的大难题，从而实现了又好又快发展。

不辱使命作贡献

“领导把咱放在这个岗位，咱就得豁出点啥干出个样子”，是这样说的，也是这样做的。在公路建设中，他经常深入施工现场，前期抓协调促进度，中期抓管理保质量，后期抓管护树形象，实现了进度、质量和形象三赢。在他的日程中，没有八小时以内和以外，每峰建设硬仗，他总是亲自坐阵指挥，组织协调，确保每个项目都能高标准完成。2005年投入资金1.85亿元，圆满完成了省道衡井线、县道回新线和辛赵线的拓宽改造，建设里程33.37公里；2006年投资1970万元完成307国道2552米大修工程和县道赵宁线16公里的改建工程；2008年投资5753万元，完成县道西小线、故前线19.2公里改建工程，使干线好路率达到100%，县道好路率达到97.6%，实现了城市四环相互连接，形成了从市区到最远乡镇的40分钟交通圈。

牢记宗旨办实事

为使全市每个村都有一条好路，每个农民都能走上一条好道，2006年，他冒着严寒带领技术人员深入到每个乡镇、街村，对每条乡村公路进行实地勘察，经过反复测算和充分论证，确定了两年改造318公里，实现村村通等级公路的建设规划。在工艺上，他大胆将国省干线的冷再生技术应用于乡村公路改建，使旧路得以再生利用，不仅减少了占地，缩短了工期，提高了质量，还有效地解决了占地拆迁难题。三年时间利用冷再生技术改造乡村公路179公里，比传统工艺节约用土11.1万方，减少取土占地165.8亩，节省工期60%。利用旧路资源改造，对交通的干扰和对环境污染最小，深受沿线群众好评。06、07、08三年与乡镇共同完成投资7000余万元，改建乡村公路275条399公里，使辛集市全面实现村村通一条等级路，让全市农民群众都走上了好路。

改革创新解难题

搞好农村公路发展必须破除体制障碍。张恒谦同志审时度势，布局谋篇，针对现有公路管理体制存在的政企合一、事企不分、责任不明、顾此失彼的种种弊端和乡村公路失管失养状况，现有公路管理体制进行大胆改革。一是将公路工程公司与地方道路管理站分开，加强了农村公路的管理地位，及早化解了公路工程公司119名企业化管理的事业人员面临改制、身份变更所隐含的不稳定因素。二是成立了农村公路质量监督站，加强农村公路建设质量监督和监理，使新建的所有农村公路经验收均评为合格工程。三是将路政执法大队从公路管理站独立出来，把乡村公路纳入路政管理范围，实现了市域公路路政管理全面覆盖。

养护管理闯新路

张恒谦同志深知公路建设“三分靠建、七分靠养”。通过认真研究政策，积极探索创新，走出了一条养护组织规范化，养护作业市场化的新路子。截止目前，已有294条505公里的乡村公路纳入列养范围，推向了市场，以每年36万元的标的承揽给16个有营业执照的养护作业队，取得非常好的养护效果，有效破解了乡村公路管养难题。该经验分别在《河北日报》、《河北工人报》、《河北交通报》、《河北电视台》及省政府办公厅《政务情况交流》主要版面和时段进行了刊播，在2008年全省交通工作会上做了典型发言，经验做法得到了广泛认可。

在张恒谦同志的带领下，辛集市交通局连续保持“石家庄市文明单位”，2005年被省政府评为“国省干线公路建设先进集体”，2006年省交通厅、人事厅、省交通工会评为“河北省交通系统先进集体”，局领导班子连续三年被市委、市政府评为“实绩突出领导班子”。他本人2004年被石家庄市政府评为“农村公路建设先进个人”，2005年被省交通厅评为“国省干线公路建设先进个人”，并被评为辛集市优秀共产党员，荣立市政府二等功，2007年被评为石家庄市劳动模范，2009年被评为河北省劳动模范，连年被评为“石家庄市交通系统双文明建设先进个人”。

天涯赤子龙江情

——记海南弘庄投资有限公司董事长、哈尔滨神州物流市场有限公司董事长庄程春

邱凤香

如今的庄程春，也许连自己也没有想到当初的艰苦创业经历，真正得到了回报：截至2008年，他麾下已有了五家大型公司，拥有的固定资产近亿元，年创产值超亿元，利税千万元。

特别引人注目的是，他的“神州物流”已成为东北三省最大的专业物流市场，连同去年组建的哈尔滨物流商会，深刻地改变了哈市空车配货业的混乱无序局面，同时还安置了5000多名下岗职工200多名复员军人，一定程度缓解了社会就业压力。为国分忧，为民解愁，人们不会忘记庄程春给我们这个时代涂抹的夺目光彩……

10月的海南和风送爽，碧海蓝天，长空如洗，椰林飘香，2008年海南房展会拉开了帷幕。首度现身的位于琼海万泉河边的“御河·观景台”受到了人们极力的追捧，赞誉不绝。如此热爆的场面，在海南房展会的历史上是空前的。参观者无不赞叹，庄程春掌控的公司给海南吹去了一阵清新可人的东北风。

而此时的庄程春颇具“待到山花烂漫时，她在丛林笑”的那种淡定、浩然、坦荡、豪迈的气概。他目光如炬，表情凝重，作为海南弘庄投资有限公司董事长，他深感房地产业面临的形势具有不可确定的未知因素，特别是出现的金融危机，极有可能波及实体经济，而房地产作为整个国民经济较为敏感的一个方阵，前景令人堪忧。然而，毕竟是“人高一等，技高一筹”。庄程春已是信心饱满胸有成竹了。

庄程春是“超人”——超人的意志，超人的毅力，超人的精细，超人的气度，超人的谋略。他曾在三亚海南投资合作开发了几座大型酒店，对住宅开发，他持谨慎从容的态度。对于开发住宅庄程春有自己独到和不同凡响的见解。他认为，开发住宅与开发供旅游客商短期度假的酒店确有不同，最起码的要求是“宜居”。他坚信，无论如何不能让消费者在头脑发热之后懊恼不已，终生遗憾，只有这样才能对得起企业家的良知。

所以当琼海市政府投资两亿多元，改造带状公园边的一块土地，引起了庄程春的注意，他运筹帷幄，指挥若定，一锤定音：“我就在这里建一个适宜人居的，尤其是适合冰城人养老渡假的新社区。”

到底是“大家手笔”，气魄宏阔，目光远大，因为他的重大举措，冰城人才有了到海南颐养天年，怡得永乐的福地。

作为神州物流市场有限公司的董事长，庄程春的物流业也异常火爆，特别是他倡导创建哈尔滨物流商会，将资源整合优化配置，达到了最大限度开掘物流最佳资源的效果。

2008年，他当选为黑龙江省人大代表，这使他能够更直接地反映社情民意，建言献策，也正因此，庄程春感觉肩上的担子更重了，因为他挑起的是人民的殷殷重托。

蓝天飘白云，海岛寄丹心，精明的庄程春以龙江人特有的豪迈气概，在经济大潮中奋勇搏击，努力实践着一个优秀企业家人生信条，认真描绘着一个成功者的精彩的人生轨迹……

诚信开发　与爱同行

——记省人大代表、吉林省东兴建设开发有限责任公司董事长田金运

吴英琦　阿华

吉林省东兴建设开发集团有限公司自1992年9月成立后，在董事长田金运的领导下，坚持以诚信为本，16年如一日，只要是有利于社会和谐、有利于社会发展的事，他们都说到做到，因此，赢得了广大业主、同行业以及政府相关部门的充分肯定和认可。

2001年,长春市主管城建的副市长找到田金运,想把“红旗新区”改造项目交给东兴集团。这块地地处红旗街附近,建筑全部都是老式的楼房,年久失修,有很多老百姓生活没有自来水,冬天没有暖气,而且各种排污管线全都破损了,住户苦不堪言,是远近闻名的“龙须沟”。这个改造项目可以称得上是政府的老大难问题,因为该区域面积小、建筑密集、人口过多,市政府找了很多开发公司协商,最后经过测算,他们都撤出了。东兴集团本着为政府分忧、为百姓造福的理念,毅然接受了这个项目的改造任务。这个项目共投资6000余万元,小区内500多住户全部实现当年动迁当年回迁,工程质量全部达到优良。时至今日,仍有近20户困难户和低保户出于家庭困难,没有向东兴集团缴纳一分钱的房费,免费居住在属于东兴集团产权的房子里。

东方之珠小区一期319户居民的住房当初被拆迁时,经过评估机构和政府相关部门进行核订,对被拆迁居民的拆迁住宅给予每平方米1300元的补偿,当时这个价格已经超出了市场其他同类地段的拆迁补偿价,很多住户都纷纷签约并搬家。就在这个时候,与东方之珠小区临近的一家开发公司,为了在东方之珠小区之前建成他们的小区,抢占市场先机,便将此区域拆迁价每平方米提高了300元。鉴于这种情况,田金运果断决定,决不能让老百姓吃亏,不能让他们心里感到不平衡,东兴也要给住户每平方米1600元的补偿,已经搬完家的、领完补偿款的老百姓也要按这个标准给补偿。在这一政策的激励下,东力之珠小区的被拆迁居民全部实现了当年动迁当年回迁。

2004年,为了缓解资金上的压力,东兴集团准备向某金融机构运作贷款,通过接触,双方达成了共识。同时为了解决银行职工住房问题,由东兴公司在东方之珠小区为其解决247套职工住房,每平方米按1300元低于开发成本的价格给予优惠。到了2006年下半年,由于银行的贷款指标没有批下来,贷款一事搁浅。当时该银行的员工都以为这次住房问题成了泡影,因为按照当时的市价,东方之珠小区的住宅已经达到每平方米2800元的价格了,而且市场还处于抢购状态。银行的领导亲自打电话给田金运,在深表歉意的同时,也对职工住房的问题而感到难以开口。田金运却主动表态:东兴集团承诺的事就要兑现,虽然我们损失很多,但不能背信弃义,房子按原价卖给你们,请你们不要有顾虑。为了履行这一诚信,让东兴集团损失了3000多万元。

2004年,东兴集团开发的东方之珠小区由于拆迁问题致使55栋1、2单元无法在年底交工。根据合同约定,东兴集团可以承受银行利率微小的代价下,退还客户的购房款。但是东兴集团毅然将这部分损失转移到自己身上,按照一期的价格将这部分客户安置在二期房源中,而二期的销售价格要比一期每平方米高出近500元,仅此一项,东兴集团就损失了200多万元。不仅如此,鉴于二期竣工时间较晚,东兴集团还主动安排公司财务部门为每个客户支付了5000元的租房款。

打造产业特色　力促赶超发展

江西省乐安县山砀镇党委书记、镇长　杨绍鹏

2009年以来,在县委、县政府的正确领导下,山砀镇突出“做大农业、做美农村、做富农民”这一主题,紧紧围绕“烤烟兴农”的发展战略,实现了全镇经济和社会各项事业快速、协调、健康发展。主要表现在:

一是产业结构不断优化。今年全镇种植烤烟4200亩,预计收购量可达1.6万担,产值1300万元,仅此一项可创税286万元,农民户均增收3000元;帮助高氏集团落实油茶面积1.5万亩;特色水果种植3600亩;水产养殖2800亩;鸡鸭鹅养殖20万羽,生猪养殖1.2万头;优质稻种植2.8万亩,逐步形成了烤烟、特色水果、畜禽水产养殖、油茶、优质稻等五大农业主导产业。

二是城镇建设快速发展。切实加强城镇环境卫生整治和管理,强力推进集镇及各类基础设施建设,自来水厂扩建工程、敬老院工程等一批重点项目全面完成,集镇由原来的1平方公里扩大到现在的2.5平方公里。累计投资200余万元用于安装

高效节能灯80盏、新建和改建排水沟2470米、新增绿地面积1800平方米,镇区面貌焕然一新。

三是工业项目不断增多。今年上半年相继引进江西海丰塑业、宏伟实业(金尾矿深加工)和友谊农业综合开发有限公司落户山砀,3家企业共计投资8000万元。友谊农业综合开发有限公司的入驻,填补了全市无年出栏生猪2万头养殖企业的空白。

四是经济实力明显增强。全镇综合经济实力明显增强,各项经济指标稳步增长。今年上半年完成财政收入330万元,同比增长56%,干部工资、津贴全部足额发放。

山砀镇将乘势而上,化危机为生机,化经济波动期为发展机遇期,努力促进全镇经济和社会各项事业再添新亮点。

1、继续加快产业结构调整。依托高氏集团经济实力强,开发力度大的优势,把油茶产业做强做大。继续抓好明年烤烟面积的落实,力争突破6000亩,打造两万担烟叶乡镇。加大对养殖大户扶持力度,提供必要的服务和技术,大力发展养殖业。

2、继续加大项目带动力度。继续强化对企业服务,实行一个投资项目或重点企业确定一名领导联系,及时为企业排忧解难。以创建"和谐山砀"为载体,努力形成"亲商、安商、富商"的社会风尚,努力营造公开透明、公平高效的投资环境。积极抢抓国家对"三农"投入的契机,重点改造农村基础设施和建立农村保障体系。同时,充分挖掘各方面的资源,积极争资金引项目。

3、扎实推进新农村建设。重点抓好口前泥石岭、桐江田村、龙义万坑3个新农村点建设,搞好村庄规划,抓好"六改四普及",着力整治农村环境卫生,建好垃圾焚烧炉和垃圾处理场。同时注重抓好老点的管理和环境卫生整治,建立健全长效管理机制,构建村容整洁的农村新面貌。

4、统筹发展社会各项事业。继续保持对教育的投入,加大对困难家庭的扶持力度,严格规范教育收费,对家庭有困难学生在生活上予以补助。以二女户结扎和"两非"案件查处为重点,狠抓"四术"到位率,确保人口计生率达98%以上。认真落实综治责任,大力开展平安创建工作,继续开展"严打"斗争,积极排查社会不稳定因素,及时化解群众矛盾。切实抓好安全生产,杜绝重特大事故发生,努力为全镇人民创造一个安居、安全、安心的社会环境。

为了人民的嘱托

——记湖北省远安县人大代表谭思海

湖北省远安县人大常委会　刘建全

"始终坚持为人民说话,忠心耿耿为人民办事,人民群众就会更加信任我、支持我,我就能从这种信任与支持中获得巨大的履行人大代表职责的力量。这样就使'我当代表为民生'的愿望得以真正实现。"这是湖北省远安县人大代表、县国土资源局局长谭思海的体会。

为民代言:创新模式强化矿产资源管理

国土资源作为最重要的生产要素之一,直接关系到经济社会的发展。远安县的国土资源何以科学发展上水平,发挥出最大最好的效益?远安县人大代表、县国土资源局局长谭思海,忠实履行职责,深入基层调查研究,近三年来先后向县人大提出了关于强化矿山资源管理、推进矿业经济可持续发展方面的多条建议,引起县人大常委会的高度重视,并把这些建议列为县人大常委会领导重点督办的内容,县政府将建议及时办理落实到位,并取得了显著成效。

县政府认真办理关于要加强矿产资源管理和地质环境保护等项建议,县委县政府践行科学发展观,于2005年6月12日专门出台下发了《关于实施磷矿资源可持续开发利用战略的若干意见》,若干意见的实施,有力地推动了远安磷化工产业快速、持续、健康发展,加速推进了"工业立县"战略的实施,实现了磷矿资源的科学规划、规范管理、有序开采、综合利用,大幅提高了磷矿资源开发利用效益。

依据《中华人民共和国矿产资源法》、《地质灾害防治条例》,县政府制定了关于《远安县矿山地质环境治理备用金征收管理暂行规定》,提请县人大常委会审议并作出决议。县人大常委会专门组织调查组深入矿山进行调查研究,矿山现状安全形势不容乐观,县人大常委会于2006年9月16日审议通过批准了县人民政府关于《远安县矿山地质环境治理备用金征收管理暂行规定》,该项规定的实施,备用金的征收和启用,有力地保障了矿山地质环境的保护和地质灾害的治理,促进了矿业经济的健康发展。

远安县委、县人大、县政府高度重视国土资源管理工作,尤其把加强矿产资源管理摆在了全县经济发展的重要位置,为国土资源部门依法管理资源、全面履行职能创造了良好的环境。国土资源工作政策性强、涉及面广,为了切实加强资源管理,县委、县政府先后成立了磷矿资源管理、整顿和规范矿产资源开发秩序、地质遗迹保护、地质灾害防治、土地规划等13个专门领导小组,分别由县主要领导和分管领导挂帅,县直相关部门负责人为成员,负责组织、协调和督办相关工作,从根本上强化了对国土资源工作的领导。远安县成立了磷矿资源可持续开发利用办公室和"双低"改造工作办公室,分别由两位分管副县长任办公室主任,从相关部门抽调精兵强将组成专班在国土资源局办公,负责这两个涉及全县工业和农业两大核心工作的组织、协调和督办工作,有力地推动了工作开展,受到上级部门高度赞扬,并誉称为"远安模式"。

为民解忧:创新方法标本兼治保护资源

矿山资源保护的好,才能实现矿产资源可持续开发利用,真正落实科学发展观,促进县域经济又好又快的发展,才能使广大人民群众得到更多的利益。谭思海心系人民群众,带领局党组一班人,开拓创新,不断加大力度进行标本兼治,从源头上依法治理乱采滥挖、盗采盗挖、越界开采等违法开采行为,矿产资源开发秩序得到明显好转。

——*加大矿业法律法规宣传力度*。充分利用广播、电视、报刊、网络等新闻媒介,多种形式,多种渠道深入持久地宣传《矿产资源法》、《国务院关于整顿和规范矿产资源开发秩序的通知》等法规政策,营造了良好的舆论氛围。近年来,县国土资源局共印发政策法规汇编、宣传画册15000余册,发放到县乡各级领导、县直相关部门、矿山企业及广大人民群众手中;在全县主要矿区设立固定宣传标语350条;开展国土资源法规送戏下乡10余场次;制播专题片3部,重点宣传国土资源法规政策及矿产资源县情;坚持每月开展一次送国土资源法规为主体的"五送"(即送法律、送政策、送项目、送服务、送科技)活动。通过宣传活动,使矿产资源法规政策深入民心,增强了矿山企业、广大干部群众依法办矿、保护资源的意识。

——*加大联合执法打击非法采矿力度*。近年来,县国土资源局会同公安、工商、乡镇政府等单位,组成联合执法组,对矿区开展了多次专项整治行动,重点查处了无证开采、越界开采、非法贩卖磷矿石等行为。在整治行动中,对盗采盗挖的矿石予以没收,对有关人员进行法制教育,对盗采硐口实施彻底封闭,对无照经营的非法货场依法取缔。经整治,全县共查处违法开采案件10起,非法运销案件22起,依法处理30人,封闭硐口33处,拆除矿仓8处,取缔非法货场6处,没收矿石300余吨,依法处理相关企业4家。同时,在矿区聘请信息员和监督员,委托思想觉悟高的村干部为协管员,督促矿山企业建立护矿队,有效遏制了偷采、盗采行为。

——*加大矿区环境规范整治力度*。远安县现有各类地质灾害点223处,其中矿区地质灾害点120处。为抓好矿区地质环境保护工作,一是制定规划。按照"预防为主、防治结合、长效治理"的原则,制定了矿山地质环境治理实施规划,申报和实施了盐池河矿区矿山环境恢复治理项目,项目总投资达100万元。二是加强整治。近年来,全县磷矿企业投入矿山环境整治资金500余万元,搬迁险区居民230余户750人,人工清理5处危岩体,清理了8公里长的矿区河道。三是群测群防。报请县政府与各乡镇政府签订地质灾害防治责任制,对各地质灾害点进行监测预警,健全地质灾害监测预警网络。四是建立长效机制。出台了《远安县矿山地质环境治理备用金征收管理暂行规定》,从2007年1月1日执行以来,已征缴矿山地质环境恢复治理备用金1300余万元。2006年至2008年,远安县国土资源局连续三年被省厅评为"全省整顿和规范矿产资源开发秩序先进单位"及"矿政管理工作先进单位"。

为民节源:创新思路合理开采减少浪费

远安县已探明磷矿资源储量4800万吨,其中P2O5含量28%以上的富矿1400万吨,多呈"两贫夹一富"状态,中低品位矿石多,富矿比例少。过去由于没有选矿企业,矿山企业磷矿石回采率不高,普遍存在采富弃贫行为。谭思海认为:合理开发矿产资源,减少资源浪费,为民节省矿产资源,就是为人民群众多谋福利。因此决定把开发利用中低品位磷矿资源作为磷矿管理的工作重点,全力实施全层开采,充分合理利用磷矿资源。

——增强忧患意识,转变思想观念。谭思海多次召集全县磷矿开采企业法人代表及技术人员召开全层开采动员会,进行认真座谈、交流。他着重给企业算了一笔资源帐。即:按照过去的开采方式,每开采1吨富矿,就损失浪费3-7吨贫矿。若实行全层开采,这些贫矿可全部销售给选矿厂,既节约了大量资源又增加了经济效益。按前几年的年开采能力计算,我县保有的高品位磷矿资源顶多10余年就要开采殆尽,矿山企业将面临资源枯竭、设备浪费、矿井闭坑。而实行全层开采后,矿山服务年限可延长到40多年。通过宣传,磷矿采矿权人增强了忧患意识,实现了"要我全层开采"到"我要全层开采"的思想转变。

——增强节源意识,实现全层开采。越早实现全层开采,就越能减少资源浪费。为此,国土资源局报请县政府制定下发了《关于进一步加强磷矿资源管理,促进磷化产业健康发展的通知》,县局也专门下发文件,要求各磷矿开采企业将原来只开发利用P2O5含量28%以上的方案,全部改为全层开采方式的开发利用方案。对方案修改不及时,不按时实行全层开采的,给予通报批评,核减磷矿开采指标,责令停产整顿,直至吊销采矿许可证。同时,在调查摸底的基础上,将低品位磷矿石生产任务下达到磷矿开采企业,并将低品位与中高品位磷矿石开采运销计划挂钩,定期督查。2008年全县高中品位磷矿石实际开发114.5万吨,低品位磷矿石运销总量为76.3万吨,磷矿石开采总量严格控制在县委、县政府限定的范围内。国土资源局还安排采矿技术人员深入矿山,现场指导已制定全层开采方案的磷矿企业实行分层爆破、分级存放,对全层开采出的矿石进行化验,确保中富矿、下贫矿分类准确,销售规范,利用合理。

——增强竞争意识,政策激励扶持。为了增强磷矿企业竞争意识,积极开发利用中低品位磷矿资源,由国土资源局报请县政府制定了奖励措施,对开发利用中低品位矿石的企业,地方税收留成部分前5年全额返还,后5年减半征收。目前,除3家磷矿企业正在进行巷道调整外,其余12家对中富矿、下贫矿实行了全层开采,采出的中低品位矿石全部销售到选矿企业,确保了选矿企业的用矿需求。

为民谋利:创办基地拓宽资源综合利用

为了实现资源利用效益最大化和产业可持续发展的目标,谭思海和班子成员认真研究决定,及时转移资源管理工作重点,报请县委、县政府出台了《关于实施磷矿资源可持续开发利用战略的若干意见》等7个操作性很强的文件,对磷矿资源的开发利用实行严格的政策调控和引导,力争通过3—5年的努力,把远安建设成为全省重要的磷化工产业基地。

——优化资源配置,以推进资源整合为切入点。一是调整磷矿布局。按照《磷矿专项规划》和《远安县磷矿资源整合方案》要求,对磷矿资源开发布局进行调整,对布局不合理的矿山整改提高一批、整合集中一批、关闭吊销一批,使磷矿采矿权由原来的25个整合为15个,力争整合到7个以内,矿山开采规模均达到20万吨以上。二是促进厂矿联合。按照"四个结合"(采选加工结合、矿肥结合、矿化结合、肥化结合)的原则,积极引导县内磷矿开采企业和探矿企业与县内磷化工企业进行股份合作或股权转让,组建厂矿联合体。目前,国内大型上市公司西部矿业集团与远安县政府达成了三年内投资30亿元的战略协议,年处理中低品位磷矿石90万吨的综合开发项目已于2007年建成投产,由宜昌广原矿业公司与湖北祥云集团共同投资4亿元,新上了60万吨选矿和磷复肥加工项目,这些厂矿联合体的实现,将有效解决我县中低品位磷矿石综合利用难的问题。三是打造产业聚集平台。按照节约、集约用地原则,规定所有磷化工项目必须进入规划的工业园区,形成产业聚集效应。

——加快产销对接,以实施总量调控为着力点。根据省、市给远安县下达的开采计划,结合县内骨干磷化工企业的用矿需求,从2005年起,将富矿年开采总量限定在100万吨左右。综合考虑各矿山企业的资源储量、矿石品位、开采规模等因素,将开采计划合理分配到矿山企业,各矿山企业严格按计划实施开采。2005年至2008年,全县高品位磷矿石运销量年平均比2004年下降32%。

——促进厂矿联合,以强化用矿监管为平衡点。按照"矿随单走、单随合同走、合同随优强企业走"的要求,矿山企业与磷化工骨干企业签订供矿合同,按合同兑现情况滚动发放准运单,每月定时公布准运单的发放依据、发放数额以及各磷矿开采、加工企业税费缴纳情况,确保磷化工企业生产需要。目前,昌盛、宜洲、扬发等9家矿山企业已与县内磷化工骨干企业顺利对接,厂矿联合体格局初步形成。

——营造发展环境,以强化政策扶持为支撑点。在上级国土资源部门的支持下,远安县国土资源局制定了相关激励政策。一是在矿业权授予上给予支持。对年加工磷矿石规模在15万吨以上的磷化工企业,或者吸纳有年加工磷矿石15万吨以上规模的磷化工企业40%以上股权的采矿企业,优先授予探(采)矿权。二是在后备资源配置上给予保证。我县高峰－杨柳磷矿勘查项目已进入勘探阶段,为我县磷矿深加工企业提供了资源保障。三是在综合服务上给予倾斜。对新办的中低品位磷矿选矿企业,在建设用地、资源配置、减免地方行政事业性收费、地方税收留成返还等方面给予政策支持。

为民护财,创新机制强化国土资源管理

谭思海带领班子成员认真贯彻落实党的十七届三中全会精神,以科学发展观为统领,按照"保护资源、保障发展、维护权益、服务社会"的总要求,落实严格土地管理的各项政策,创新机制提高国土资源管理水平,当好人民群众财富的守护神。

——优化国土资源管理体制,由"松散管理"转变为"依法管理"。一是成立矿产品运销监督管理站。2003年,省政府批准远安县设立天福庙、盘古两个磷矿监督管理站。为此,谭思海积极争取县委县政府的重视和支持,县编办发文设立了"远安县矿产品运销监督管理站",明确为国土资源局二级事业单位,共核定财政全额供给、事业编制16人。二是成立了磷矿监督管理股。为实现磷矿资源的长效管理,在国土资源局增设了磷矿监督管理股,增加行政编制5个,从全县公务员中择优选调了5名大学毕业生。三是成立了国土资源执法监察大队。明确为副科级事业单位,核定财政编制10人,依法履行地矿、土地、地质环境行政执法职能。机构编制人员的配套到位,为严格依法管理夯实了基础。

——强化国土资源管理领导,由"局部管理"转变为"全面管理"。县政府成立了由县长任组长,分管国土资源工作的常务副县长任副组长,相关部门负责人为成员的磷矿资源可持续开发利用领导小组,领导小组在国土资源局设立办公室,分管国土资源工作的副县长任主任,国土资源局局长任副主任。以国土部门执法人员为主体,从相关部门抽调15名人员集中办公。磷矿办开展的各项日常工作,一律同国土资源工作协调配合。同时,充分利用磷矿办对相关部门的统筹协调作用,建立信息交流、联席会议制度,定期通报工作,协调解决磷矿资源管理中的有关问题。

——硬化国土资源管理手段,由"人工管理"转变为"数字管理"。一是加强管理站的基础设施建设。两年来,县政府已安排资金300多万元改建了盘古、天福庙管理站值班房,高标准新建综合楼,开发安装了磷矿资源运销监管网络系统,在监督管理上实现了"四个转变",即:票据防伪变加盖印章为防伪形码、验票审批变手工填写为电脑打印、登记检测变人工汇总为电脑汇总、监督管理变现场抽查为远程监控,使磷矿运销监督管理全面迈向数字化时代。二是加强管理制度建设。该局先后印发了《远安县磷矿产品准运凭证管理暂行办法》《远安县磷矿运销网络系统管理规定》等文件;建立了工作人员轮岗、违纪举报奖励、票证条码管理等制度;建立了准运单领用、发放台帐,落实专人管理,专柜存储,做到发放、领用、使用、缴销结果"四相符";建立多级监督制度,实行值班室—站内机房—局总监控室三级监控体系。三是加强矿管人员培训。经常对矿管队伍进行岗位培训、警示教育和封闭式军事集训,增强了矿管人员的责任意识和主人翁意识,增强了反腐倡廉的自觉性,使他们在各种利益冲突的风口浪尖能够耐得住寂寞,守得住清贫,经得起考验,切实为广大人民群众保护好财富。

远安县委、县政府始终坚持以科学发展观为指导,认真贯彻落实党的十三中全会精神,大力实施磷矿资源可持续开发利用战略,采取得力措施强化国土资源管理,使矿产资源管理开发利用进行良性循环轨道。远安矿业经济提供的税费以每年翻一番的速度增长,在全县财政收入中所占比例由原来的20%上升到70%,仅磷化产业2008年就提供税费1.3亿元,比2004年翻了两番。磷矿开采企业由原先的25家整合为8家,磷矿深加工企业由5家增至7家,全县磷化工产业得到了长足发展。远安县国土资源局被湖北省国土资源局评为"全省2008年度目标管理工作先进单位"。在2008年度全国县乡村级干部国土资源法律知识宣传教育培训活动中,谭思海成绩突出,被中组部、国土资源部等六部委评为先进个人通报表彰。

谭思海自担任远安县人大代表、县国土资源局长以来，坚持以邓小平理论和“三个代表”重要思想为指导，认真贯彻落实科学发展观，带领远安县国土资源局全体干部职工，精诚团结、求真务实、开拓创新，坚持依法行政，坚持从严管理，坚持服务大局，切实履行了“保护资源、保障发展、维护权益、服务社会”的职能，敢于为人民群众鼓与呼，善于为人民群众谋利益，扎扎实实履行了县人大代表和局长双重职责，为促进全县经济社会平稳快速发展和全县国土资源事业的进步发展作出了积极贡献。今年5月19日湖北电视台专题宣传报道了谭思海的先进事迹。谭思海在近三年来多次受到了县市省国家的表彰奖励，荣获“先进工作者”、“优秀共产党员”、“党风廉政建设先进个人”、“小康建设先进个人”等多种荣誉称号。

为老区人民打造高品位的人居环境

江西福荣投资有限公司总经理　胡龙福

江西福荣投资公司是个人才密集，资金雄厚，理念先进，管理优秀的股份制房地产投资公司，公司名下具有规划、建筑设计、施工、市场营销、物业管理等多方面高学历、高职称的工程技术优秀管理人才。乐安县是革命老区，公司到乐安县投资得到了县委、县政府及各级领导的大力支持和关怀。几年来，公司以十足的信心，营造优质楼盘，为老区人民打造高品位的人居环境。

一、精心设计，以人为本，生态宜居，可持续性的原则理念

着手规划起我们就本着“以人为本”的理念，从整体布局、空间组织、建筑形式、环境品质的把握，本着优中取优、精中选精的原则，筛选方案，综合了多个方案之长，具有标志性又有独创性，只为力争成为现代宜居社区典范。精心设计，处处考虑住户的切身利益和居住感受，使得人人都能享受到宝贵的景观资源，旨在营造人人安居乐业的现代宜居典范，与环境和谐共处，体现出生态规划理念，根据基地的地理气候条件，最大化地利用原有地形，创造优美的自然生态环境，减少对环境的破坏和能源的浪费，因地制宜，对建筑形态进行推陈出新，引进先进理念，创造出符合当代需求的建筑形态特点。

二、建设用地现状分析及楼盘功能设计和目标

小区的主入口设计地块的东侧，与中心景观和道路对面的行政广场组成了一条轴线，使入口处显得格外大气、美观、气度非凡，设计采用了现代建筑手法，融合了当地文脉特点，创造出了生动和谐的建筑特点。该入口结合了步行和车行体系的统一，与内部景观和沿街商业融为一体，细节处更体现了以人为本的设计理念。具体体现：(1)以中心景观为“点”，环行路网为“线”，分区明确的住宅区为“面”，形成“点、线、面”结合的总体效果。(2)因地制宜，以自然地形布局错落有致，充分考虑宜居的舒适朝向，营造出“画卷”般的居住环境。(3)营造个性化的环境气氛，结合地形的自然坡度，营造出与自然环境协调的跌落起伏的建筑形态。

住宅以6层多层住宅为主，在北面设置了18层高层和11层小高层住宅，建筑风格以现代为主，也结合了当地传统建筑元素符号，营造出平坡结合、丰富生动、具有品味、有内涵的建筑形象，充分体现了尊重文脉的设计原则。

建筑色彩采用了端庄大方、淡雅的暖色调，基部采用颜色较深的面砖，显现出端庄稳重，中间部分采用了淡雅的柠檬黄，显出了秀丽雅致，顶部采用了白色显现了永恒的高洁，经典的组成三段分明的建筑形象。

小区中的“点”和“线”形成了本小区的“动”各种户外活动和交流，运动与休闲，闹中有静，既有举家茶余饭后的清闲漫步，尽享天伦、浪漫之乐，又可亲近自然，愉悦精神。工作一天，辛苦劳碌，家就是最好的港湾，“面”就成为各自充满温情的港湾。“点、线、面”的结合，组成了有动有静，动静交融的格局，使整个小区体现了人文、和谐，并引入规范的物业管理，推出业主至上的服务理念，显现出高品位的生活质量。

三、拉动经济，增加就业，促进当地经济发展

房地产业是个依赖性十分强的行业，我国建筑成本中70%都是消耗材料，由其他部门和行业出售产品配合，发展房地产业需要国民经济中的建材、设备、机械、冶金、陶瓷、仪表、林业、化塑、玻璃、五金、燃料动力等许多物资生产部门和服务行业的产品生产和劳务提供配合，从而波及、拉动了相关行业的发展。然而开发营建出的房屋，又能为商业、家具业、家电业、房屋装修业、园林花木业、家庭通讯业、搬家公司、房屋金融保险业、物业管理、家政服务业等等行业提供了发展空间。

御景城整个楼盘总建筑面积153000㎡，成本投入约需2.5亿元，土建、水电投资1.5亿元，还有市政、园林、网络通讯、消防、供水设备、排水排污、电力变压、道路照明、景观亮化、物业设施等等的配套工程，这2.5亿资金要拉动23个相关产业，就土建一块，将消耗钢材：6000－7000吨，水泥：30000吨，砂：80000m3，碎石：45000m3，砖4000万块，木材：5400m3，还有相关的机械设备等等。房地产的消费是种综合性消费，能波及吃、穿、用、住、行、娱乐、健身、学习、社交等等发展人们生活的方方面面。

正因为房地产业发展有着强烈的“波及效应”具有多方面拉动经济发展的作用，有国家统计说明，房地产业每增加1个亿的投资，能带动相关产业1.5－2个亿的投入，所以既拉动了经济，从而又增加了就业，邓小平同志在改革初期就指出，要将我国房地产业发展为国民经济的支柱产业。我国正面临一场国际性的金融危机，波及到全球的经济发展，世界经济放缓，但我国的国情有所不同，由于我国的金融政策仍然是存在一定的资本管制，但只是对我国的出口业会受一定影响，对房地产来说就不那么大，我国房地产总体需求还有较大的空间，大众对住房的需求仍呈增加的趋势，从国家大手笔的拉动内需，确保了整个国民经济的稳步发展，大众的消费心理并没有受到冲击和压抑，大众的需求信心在不断增强，楼市回暖指日可待，我国目前虽说是80%的财富掌握在20%人的手中，但这80%的房产需求量已饱和，这20%的财富的人对房产的需求还远远不足，随着我国经济的稳步发展，房地产业的“平民时代”以不可逆转的趋势增需求，所以我们在此地的投资并没有调整和压缩，我们坚信，有党和政府的好政策，有我国经济的持续增长，随着我国就业率的增加，大众收入的提高，房地产业将迎来一个崭新的春天。

从逆境中崛起

——一个基层人大代表的执着人生

张晟

20年前高考落第，20年后被评为湖南省农村十大女状元；9年前借钱办猪场被嘲讽成“蠢人做蠢事”，9年后被评为全国“双学双比”女能手。她由乡进城、由城回乡的创业佳话，湮灭了农家女“头发长、见识短”的谬论。她就是湘潭县十四届人大代表、县人大常委会委员、湘潭县亿丰种猪场总经理胡小毛。

胡小毛是从穷山沟里苦大的。11岁的胡小毛先后痛失母爱与父爱，童年的记忆写满了窘迫，每期的学费来得都十分艰难。1979年7月，17岁的胡小毛高考落榜。捏着成绩单，她哭了一整夜。抹干泪，胡小毛发誓要改变这一切。18岁的她离开只身出外闯世界，从摆地摊开始学起了生意经。风餐露宿近两年，除解决温饱她所剩无几。胡小毛调整方向盘，做起了湘莲生意，三年下来竟小有盈利。

1983年，胡小毛与同村青年胡国政牵手，丈夫家同样是家徒四壁。蜜月刚过，小两口双双外出打工，可起早贪黑一整年，只剩下区区几百元。胡小毛想：长期打工不是办法，要干就干点像样的事来。几经选择，胡小毛跑到信用社贷款4000元，成为了杀入湘潭市布匹市场的一匹黑马。布生意一做就是12年，胡小毛不仅在龙口和花石建起了高楼，在市区购买了商品房，家里还另有积蓄。

造化弄人，1997年元月，一张肝硬化晚期的诊断书将胡小毛拽入人生的最低谷，家人无奈地为她准备了棺材。苦难是性格的催化剂，不甘居弱的胡小毛再一次从逆境中崛起！她以常人难以想象的毅力，打破了医生“最多活三个月”的预言，硬是从死神手里夺回了自己的命！在老家日华养病的日子里，胡小毛看到一些老乡年年养猪却仍生活拮据,心存疑惑。原来,市场青睐瘦肉猪已多年,而当地村民仍在喂养土猪品种,销路打不开,价钱上不去。村民也想改喂良种猪,无奈猪仔贵,又难买到。

通过详尽的市场调查,她决心甩开膀子,回农村办个良种养猪场。消息刚传出,泼冷水的就是一箩筐:兄妹批评她"有两个钱就乱花",乡邻预言她投资办猪场是"肉包子打狗"。四面楚歌中,胡小毛挥起了女人罕见的大手笔:拿出全部家当!贷款50万元!从城市返回农村!如火的激情让胡小毛在创业路上所向披靡:资金不足,找人合伙;场地不够,到外面去租;缺技术,她聘请高级畜牧师。1999年12月,湘潭县亿丰种猪场在易俗河镇青狮村成立了!

养猪最重要的是防疫和防治,连注射器都不会拿的胡小毛从零开始。一次,一只怀孕母猪突然高烧不退,她一边为母猪输液,一边拿冰袋为猪散热降温,用黄泥拌鸡蛋清敷在猪肚上。折腾了三天三夜,母猪保住了,一窝猪仔全胎死腹中。痛定思痛,胡小毛如痴如醉地学起了防疫、防治技术。几个月里,她几乎天天蹲在猪栏里,观察记录下每一头猪的精神状态、毛色、饮食、粪便等情况,再对照书本一点一点分析。她像母亲抚养孩子一样呵护着生猪,员工们戏称她为"猪妈妈"、"猪司令"。对"猪司令"的名号,胡小毛觉得很受用。"猪司令"调遣的不仅是成千上万头猪,可供调遣的更有一笔不菲的盈利!目前,该猪场已拥有能繁母猪500头规模的扩繁场,种猪远销云南、广西、江西等地,占据了该县种猪市场的半壁江山。

穷则思变,富则思民。富了的胡小毛忘不了儿时那钻心的贫困与无助,忘不了当年丢下现成的福不享的初衷。她常在思考,对于生她养她的那片土地,她能做点什么?从自己的创业史中,她更明白穷人最需要的,不是"输血"是"造血"。这些年来,已逾不惑的胡小毛常奔走于村民家中,倾其积累为生猪养殖户"传道、授业、解惑"。对穷得买不起猪种的,她用实在的优惠扶一把;对缺乏科学养猪技术的,她多次通过妇联组织义务授课;对忙不迭跑来求救的,她医治好猪病却不收钱;猪场所在地修路,即使路不从猪场过,她捐出2万元……龙口乡九如村村民吴田昭,2006年受高治热蓝耳病影响蒙受巨大损失。在吴情绪极度低落时,胡小毛主动提出赊欠20头母猪帮其渡过难关。现在,吴的猪场已拥有能繁母猪上百头的规模。

最初只是想帮帮他人的胡小毛,竟不经意中赢得了村民的选票,被选为湘潭县14届人大代表兼人大常委会委员。她深深懂得:人大代表不是她的新荣誉,而是她的新职责。她定将那如火的创业热情,挥洒于她深深热爱的乡村。

用爱心诠释和谐的理念

——记湘潭市、县两级人大代表马国强

湖南省湘潭县人大常委会　朱修良

在湖南湘潭建筑大军中有一支劲旅——湘中建筑有限公司,国家二级资质企业,1300多名员工,每年上缴税收700万元以上。该企业成立于2000年,领头人叫马国强。

马国强出身贫困,家里六兄妹,他排行老三。9岁时父亲去世,12岁辍学外出,到株洲学木工,15岁开始带徒弟,从此成了家里的顶梁柱。改革开放后,渐渐走上富裕之路的马国强毅然挑起了长岭乡工程公司的重担。1990年,他带领一帮农民兄弟走南闯北搞基建。在他的不懈努力下,公司得到长足的发展,2000年组建成县内一流的湘中建筑有限公司,并成为省、市的优秀企业。

2003年,马国强在老家谭家山镇选区以最高票当选为湘潭县十三届人大代表,2007年以最高票当选为湘潭县第十四届人大代表,2008年1月当选为湘潭市第十三届人大代表。据谭家山镇党委书记赵炳炎介绍,马国强当选代表,完全出于选民的自觉。谭家山的父老乡亲熟悉他、了解他、感激他。

马国强对待自己的员工亲如兄弟,无论什么原因,从不拖欠员工一分钱工资。员工家庭有困难,他总是尽力而为。1300多名员工,分成若干工地,他在每个工地设立食堂,派厨师,配冰箱,每餐每个员工补助5元伙食费,保障员工吃饱吃好,还经常

杀猪会餐打牙祭,难怪员工们都叫他“马大哥”。

马国强生于农村,长于农村,对农民有着特殊深厚的情感。当中央提出加快社会主义新农村建设以后,他义不容辞地加入其中。近三年,他的工程队参与硬化乡村公路数百公里,垫付工程款多时达到700多万元,目前仍垫付200多万元。除此之外,他还为村组硬化公路捐资让利。2006年,高塘村硬化村道3.8公里,全部由他出资。2008年,谭家山镇28个村有5个村未硬化村道,所有路基由他的工程队义务筑压,仅此一项,每个村节省开支1万余元。谭家山镇28个村的村道都是由他的工程队承包,承包价格平均每立方米混凝土低于市场价30元左右,工程质量却是最好。镇内各村要建村部,他免费为其设计施工。镇内修建学校,他带资且优惠承建,特别困难的村,他就捐资。2007年,坪塘中心小学要创建省合格学校,建设投资达135万元,筹资只有96万元,余下的由他捐助了。花门中心小学建设,他捐了现钱5万元,尚欠他5万元工程款,也只能作捐的打算。近三年,他用于乡村道路硬化和学校建设的捐助款达100万元以上。

前年,50多岁的高塘村村民罗菊不幸病故,由于家境十分困难,无钱处理后事。马国强得知后,从外地赶到罗家,送去6000元安葬费。去年冰灾期间,他不仅捐1万余元,而且多次出动铲土机等设备在107国道上破冰扫障。春耕时,他又牵头组织全镇的市、县人大代表捐资12.2万元,购买化肥送到590户受灾农户家中,其中自己捐资1万元。今年,马国强带工程队在花门中心小学做工程,得知有三名特困学生交不起学费,他当即掏出3000元。实行农村新型合作医疗以来,高塘、花门等四个村的农民自筹部分全部由马国强包交了。类似扶贫济困的事迹,数不胜数。

木工出身的马国强用他朴实的情怀和广博的爱心诠释着和谐的理念。

青春在奉献与追求中闪光

——记宁德市二届人大代表霞浦县西关社区党支部书记俞丽冰

福建省霞浦县人大常委会办公室副主任　张伏金

说起宁德市二届人大代表、霞浦县十五届人大代表、松城街道西关社区党支部书记俞丽冰,人们都会说她是“爱心使者”、人民群众的“代言人”。她先后荣获福建省“新长征突击手”、“巾帼建功标兵”,2008年被评为宁德市“优秀共产党员”、宁德市“十佳青年志愿者”荣誉称号。

“作为一名人大代表,要有助人为乐的品质”

俞丽冰出生于1970年,年纪轻,又心存善良。她说,“作为一名人大代表,要有助人为乐的品质”。只有急群众之所急,办群众之所需,才能回报选民的信任和支持。在平时,俞丽冰总是利用工作的间歇时间,走东家跑西家,在社区群众家中拉家常,了解他们的想法和存在困难,掌握困难群众的实际情况。对社区内的下岗人员、妇女儿童、孤寡老人、流动人员等方面的情况俞丽冰更为关心,帮助社区居委会建档立册,细致掌握社区内各家各户的具体情况,哪一家有困难,哪一家需要帮助,她都了如指掌,及时予以帮助解决。

俞丽冰的家庭并不富裕,甚至还很拮据。她在社区工作每月只有420元工资,丈夫每月收入不过1000多元。为了帮助别人,多年来,她总是省吃俭用,省下每一分钱,帮助比她困难的群众。

关于俞丽冰为群众排忧解难的事迹,在霞浦县广为流传。现住西关社区光明弄151号的特困户杨伏济,妻子患有严重的皮肤病,儿子患有精神失常症,一幢破旧不堪,木制结构的房子四面漏风,生活极为困难。为使这一破碎的家庭得以“修复”,俞丽冰当时倾其所有,将多年来省下的仅有2000元积蓄全捐献给了杨伏济家,让杨家的两个病人治病。同时组织捐助,帮助杨家修缮房子。还有居民张春来患脑瘤、特困户林淑平女儿患先天性心脏病,缺少手术费而一筹莫展。于是,俞丽冰多次带头捐款,并发动社区党员、干部、群众伸援手,献爱心,及时为患者弥补了缺口的手术费,赢得了手术时间。

俞丽冰牵头和组织了西关社区“爱心志愿者服

务队”。尽管她身兼多职，工作繁忙，仍然挑起队长的重担。她制定服务队活动计划，定期组织队员学习政治时事，开展向助人为乐，无私奉献的典型先模学习，让队员们牢固树立“服务群众，奉献社会”的宗旨意识，坚持助人为乐奉献爱心的理念，积极开展为社区群众排忧解难等活动。

低保户谢石金，年事已高，孤苦伶仃一人居住在崇儒乡溪边村后山一座茅草屋。俞丽冰得知后，把老人作为“志愿者行动”的服务对象，并带领队员们每月定期为老人送钱、送粮和生活用品，还经常帮助修房子、打扫卫生、洗衣缝被。尽管翻山越岭，路途较远，但风雨无阻，一如既往，让老人感受到家庭的温暖，分享晚辈的关爱。

居民俞美琴的女儿缪巧霞考取北京民族学院，因父亲长年多病，无经济来源，家庭困难，无法凑足学费，俞丽冰得知此事，自己捐助了300多元，又跑了很多部门，为缪巧霞争取2000多元，使她能够顺利地进入大学的校门。还有进城户农民工毕建全的孩子，是她帮助圆了大学的梦……。象这样的例子不胜枚举

几年来，俞丽冰共组织开展爱心服务活动22次，为特困户、五保户、二女结扎户、贫困学生、残疾人、病患者捐款捐物排忧解难100多人次，捐款金额达6万多元。

“作为一名人大代表，要有为民办事的情怀”

俞丽冰认为，“作为一名人大代表，要有为民办事的情怀”。她把一片真心倾注到为民办实实在在的好事、实事上，真情体现了“人大代表人民选、人大代表为人民”的神圣职责。

群众的利益无小事。俞丽冰从细微入手，处处关心群众，为群众办好事。进城农民俞老伯，因房子简易搭盖，地处高势，多次向广电部门申请安装闭路电视线路未可，是她进行交涉，解决了这一问题。陈某因兄弟房子分割问题，大打出手，是她调解，平息纠纷。老人张某因偏见，与儿媳不和，是她斡旋，使老人安度晚年。居民赖世清因溺水身亡，穴山里搬迁户不让尸体直接上岸，是她妥善处理……。如今，社区里的居民一旦遇到难事，就想到俞丽冰。她总是尽最大努力帮助解决。

俞丽冰不仅勤于为群众办好事，而且还善于为群众办实事。随着，城市化进程的加快，农民工的潮涌，也伴生着富余劳动力。为了解决就业问题，她多次在县进修校组织开展富余劳动力的电脑、车工技能培训，想方设法联系用工单位，促使60多位富余劳动力走上工作岗位。

俞丽冰常忙于筹资，加强西关社区的基础设施建设。硬化了西关河尾街水泥路段，加宽了罗公亭至西山洋路面，建设西山洋人饮工程，架设了连接社区南北的主干桥，并对河沿进行绿化，人居环境得到了进一步改善。

俞丽冰还重视社区居民文化素质能力建设。组织成立了社区普法夜校，开展“廉政文化进社区”和“平安社区建设”等活动，丰富社区居民的文化活动内容，促进了社区精神文明建设。

“作为一名人大代表，要有忠诚履职的追求”

俞丽冰的座佑铭是“作为一名人大代表，要有忠诚履职的追求”。凡涉及人民群众利益的事情、问题，她都积极向有关部门反映，提出意见和建议，积极争取帮助解决。三年来，她提出的议案和建议6件，而且质量之高，均引起办理单位的重视，甚至得到落实，真正发挥人大代表的应当作用，成为政府与人民群众之间沟通的桥梁和纽带。

俞丽冰注重从选民中了解情况收集问题，及时提出建议和解决问题的方法。群众反映网吧接纳未成年人成为痼疾。她连续几个晚上到十几家网吧进行察访，在市、县人大会议上提出《关于加强整治网吧接纳未成年人的建议》，得到了市、县人大的重视，均列入了当年执法检查项目，一定程度上促使这一问题的妥善解决。

俞丽冰坚持从日常工作、生活的点点滴滴中发现问题，依法履行代表职责。她身为社区干部，了解宁德市不少社区无址办公、经费缺乏、工作人员待遇偏低等问题，在宁德市二届人大一次会议上领衔提出《关于加强社区基础性设施建设，加大社区各项经费投入，解决社区工作人员待遇的议案》，得到采纳。随后，市人大常委会作出《关于加强社区工作的决定》。

俞丽冰参加代表活动从未缺席，而且敢于履职、善于履职。去年，在松城街道人大工委组织代表开展迎奥运、安全隐患大排查的视察活动中，她直言不讳，对本辖区内129家公共场所符合开业条件的仅29家，有的改变用途或超范围经营，有的多头管理职责不清或根本不管等存在不安全隐患提出批评。如对一些楼堂饭店，不按规定排污、排烟，造成环境污染。她以人大代表的身份，直接询问相关部门领导，直到问题解决。并在多次会议场合，要求环保部门提高执法水平，为经济发展，严把环境保护关。

让科学发展观为企业发展助力

河北北方汽车商城股份有限公司党支部书记　曹美华

当今，在中国大地上，有一个词语为大家耳熟能详、备受关注，那就是—科学发展观。现在，以此为主题的学习实践科学发展观活动正在全党、全国有序开展。我们作为河北省民营企业思想政治工作先进单位、石家庄市桥东区先进基层党组织，是如何开展“学习实践活动”的呢？就请大家与我来共同感受！

思想上真重视，措施上严落实

我们按照“提高思想认识、解决突出问题、创新体制机制、促进科学发展”的要求，根据企业特点，明确提出了要“把握科学发展四个规律、增强科学发展五种意识、提高科学发展四种能力”的目标要求。为使学习有保障，企业投资近3万元设立了党员电教室，购置了投影仪，开辟了学习园地，使学习活动落到实处。

行动上攻难关，经营上促发展

席卷全球的“金融危机”使世界经济进入了冬天，北方汽配城作为省会龙头汽配市场，也同样感受到金融危机的凛凛寒风。2008年是汽配城开业11年来最困难、最不景气的一年！市场300家商户，月均营业额还不足1000万元，仅占历史同期的20%！面对这一现实，我想化用列夫.托尔斯泰的一句名言，“危机中的困难是相似的，应对的策略会各有不同。”危机、危机，危中有机，如果一味地强调危险，就可能错失机遇。“冬天已经来了，春天还会远吗?”于是，我们采取了以下措施：一是增强信心添动力。温家宝总理说，应对危机最关键的是要有信心！于是，我们召开党员商户座谈会，认真学习中央出台的应对政策，帮助商户分析市场需求，调整经营品种，树立商户的信心。二是加强协作融资金。我们主动与金融机构联系，帮助商户解决资金周转的困难。经过努力，中国民生银行准备为市场80家商户发放由北方汽配城作担保、总金额为1000万元的应急贷款。三是维护形象讲诚信。在今年的“3.15”消费者权益保护日，我们联合石家庄市工商局经检支队到市场开展诚信教育，使商户树立“诚信经营不是成本而是效益”的观念，营造了诚信经营的市场环境，经济效益也明显提升。3月份，市场交易额达到了3000万元。

面对逐渐好转的市场，面对商户的笑脸，我们已经感受到——北方汽配城即将拥抱经济的春天！

管理上以严为先，情感上以人为本

科学发展观的核心是以人为本，我们作为市场管理者，更应体现人文关怀。党支部发动全体党员开展一系列帮扶活动。积极帮助外地商户的子女入学、入托、找家教，同时向生活中有困难的商户伸出友爱之手。在汽配城有一位特别的商户，他既没钱，身体又不好，不幸的是他20多岁就患上了糖尿病，父母身体也不好。有幸的是一位生产厂商同情他，给了他一个品牌代理，使他有了固定的生活来源，使他成为北方汽配城的一个小老板，然而生活依然困难，这时党支部发扬“一方有难，八方支援”的精神，发动全体员工与市场商户为其捐款，当我们把收到的13000多元捐款交到他的手上时，这位一米八的大个子“涮”地一下子流下了眼泪，他说：“都说同行是冤家，可在咱们汽配城不是冤家是亲人！”。

北方汽配城虽然没有惊天动地的壮举，也没有太多催人泪下的感人事迹，但是，我们愿用平凡去书写全心全意为商户服务的理念，我们愿用真情来践行科学发展观以人为本的核心要义。

发展上全面协调，责任上统筹兼顾

在科学发展观的指导下，企业在重视经济发展的同时，也重视文化建设与环境建设，肩负起我们的社会责任！

我们把“文化兴商，生态旺业”作为企业科学发展的重要理念。建立了2000平方米的企业文化展厅，我主动担当起讲解任务，先后为各级领导、企业代表、学校师生等社会各界上万人作了讲解，为弘扬石家庄历史文化做了一点努力。由我们公司筹建的“中山战国文化艺术研究院”已正式成立，这将为桥东区先进文化建设锦上添花。

兵家讲：“有必胜之心，才有谋胜之道，谋略于前，才能取胜于后。”用科学发展观指导企业大发展，就是我们企业的谋胜之道！今后，北方汽配城将以科学发展观为指引，在“激情创业、和谐共事、主动作为、奋勇争先”的桥东精神鼓舞下，全体干部职工愿与时代激情飞扬，愿与广大商户同呼吸共命运，愿投身到繁荣、文明、和谐、宜居现代化新城区建设的洪流中，去贡献我们民营企业者的一份力量！

智信赢天下　情义动地来

——记白城市人大代表、洮南市粮食局党委书记、局长付刚

张春辉

付刚，在洮南粮食企业经营困难、步履维艰的低谷时期，肩负着全系统600多名干部职工的期盼和上级组织的信任从库主任走上局长岗位。这位有口皆碑的粮食“老兵”，首位民主选举产生的粮食局长，在近两年半的时间里，破解了一道又一道难题，扭转了洮南粮食企业的困难局面。从中我们能感受他的智慧、创新和人格魅力。

工作千头万绪，问题纷繁复杂。上任伊始，付刚就把发展作为解决问题的根本，把改革作为解决问题的突破口，把解放思想作为解决问题的原动力，明确提出了“一业为主、多元经营、公司化管理”的发展思路，不久便扭转了粮食企业的困难局面。一是改革取得显著成效。在“附强图强，挂靠大型粮食企业，搞活粮食经营”的思想指导下，付刚积极与中储粮接洽商谈。在省政府21号粮改文件下达时，成功地将全系统15个粮库整体上划中储粮公司，成立了洮南粮食中心库，实现了粮食企业不出售、不破产、不兼并重组的目标。全省643个粮库参加改制，整体上划的只有洮南、镇赉两个市县。产权制度改革的成功，为粮食企业的生存发展、发挥国有粮食购销企业主渠道作用、保障粮食安全、服务“三农”打下了坚实基础。二是主业重现生机。2007年，在贷款“双结零”和粮食收购面临经营风险的双重压力下，粮食经营实现了“五个转变”；2008年，在改革成功的基础上，争取四批临时储备粮指标47万吨，通过多措并举，保质保量地全面完成收购任务，库存粮食达50多万吨，创历史新高。三是招商引资和多元经营取得新突破。安徽小刘食品股份公司、北京古船米业集团成功落户洮南，与北京客商达成在市工业园区投资5000万元，建成年加工葵花20万吨的加工项目；整合高油葵花加工资源，组建葵中宝有限公司，完成了“葵中宝”省级商标注册。葵中宝油达到国家二级油标准，企业被评为省级农业产业化重点龙头企业；奶牛存栏达到651头，逐步向规模化、效益化方向发展。

付刚深知人是生产力的第一要素。为此，他把加强队伍和自身建设同抓业务工作同等对待。他注重学习，讲求民主，重品行、讲操守、作表率，用人格的魅力影响人、鼓舞人、带动人。按照理论水平高、业务能力强、作风过得硬的要求，加强局企两级班子和干部队伍建设，造就出了一支甘于奉献、勇于创新、善于经营的粮食队伍，形成了“团结、诚信、廉洁、高效”的粮食精神。

付刚心系职工，想职工之所想，急职工之所急。上任伊始，面对职工焦灼的神情、历史遗留下来的疑难问题和矛盾、改制并转资金缺口高达550多万元的压力，他不推不拖，想方设法，协调关系、筹措资金，将经贸公司等10户破产粮办工业450多人的养老统筹、经济补偿金、欠发工资全部解决，职工激动得用大红纸写了一封感谢信。付刚重情重义。四川汶川发生大地震，他始终沉浸在悲痛之中。在全系统捐款动员大会上，他泪流满面，哽咽得说不出话……

一分耕耘，一分收获。付刚得到了职工的爱戴和组织的认可。两年来，洮南粮食局被省有关部门和市委、市政府评为先进党委、先进单位，付刚连续两届被选为洮南和白城市人大代表，先后被评为全国安全保粮先进个人、吉林省共建单位先进个人、市级先进工作者、优秀共产党员……

付刚在两年多的时间里创造了不菲业绩，但他并没有止步。面对新的形势和任务，付刚带领一班人，又勾画出了洮南粮食系统发展的新蓝图。我们坚信，在他的带领下，洮南粮食系统的明天会更加美好。

让孩子们茁壮成长

——记省人大代表、吉林市第二人民医院院长庄庆媛

杨元成

吉林省人大代表、中国老年肿瘤专业委员会常委、中国抗癌协会会员、吉林市第二人民医院院长庄庆媛是一位专家学者型的人大代表。庄庆媛自当选为人大代表以来，八年如一日，对教育事业倾注了极大的精力。她的理念是：认真履行职责，发挥代表作用，创建普惠和谐教育，让每一个孩子都受到良好的教育，在蓝天下茁壮成长。

让城市学校学生走上宽阔平坦的道路

2004年5月，一条宽阔平坦的柏油路展现在人们面前，从吉林市昌邑区第一实验小学门前一直延伸到中兴大街，为城市增添了光彩。这个学校近2000名师生走在这条路上，心情像大路一样宽敞明亮。

原来，昌邑区第一实验小学门前至中兴街一段约500米长的道路，年久失修，坑洼不平，晴天灰尘飞扬，雨天泥泞难行，给师生和附近居民带来不便，也影响城市形象。2004年4月，庄庆媛在参加区人大常委会组织的全区学校校园周边环境视察时，向区政府提出了维修这条道路的建议。区政府非常重视这个建议，城建部门积极组织人力，仅用了一周时间，就填平了坑洼，铺上了砂石，修成了平整的柏油路。

让农村学校学生在崭新的教室里安心学习

2007年1月，吉林市昌邑区教育局收到了省政府拨付的第一笔农村中小学危房改造资金52万元。至此，全省市辖区农村中小学一并纳入全省农村中小学危房改造工程，每年都可以和县属农村中小学一样，享受到国家和省拨付的危房改造资金。

为加快农村学校危房改造，自2000年开始，国家和省每年都给县教育部门拨付专款，用于农村中小学危房改造。由于历史原因，吉林市下属昌邑、船营、龙潭、丰满4个城区都有乡镇，市辖区也有农村。昌邑区有5个乡（镇）中小学共65所，却得不到这笔资金。尽管区政府多方筹集资金，但仍有一些学校校舍年久失修，墙壁裂缝，门窗破损，存在安全隐患。2005年10月，庄庆媛在参加区人大常委会组织的、对区政府贯彻义务教育法情况视察中了解到这些情况后，决心为农村学校解决这个问题。

2006年3月，在吉林省十届人大四次会议上，庄庆媛提出了“将全省市辖区农村中小学纳入危房改造工程”的建议。吉林省政府高度重视这个建议。同年6月，省教育厅副厅长王青逯亲自带领相关人员深入吉林市，走访庄庆媛代表，召开基层教育部门负责人座谈会，到乡、镇中小学调查研究，深入了解市辖区农村危房改造情况。之后，省教育厅对包括市辖区在内的全省农村中小学危房改造情况进行摸底调查，建立了全省农村中小学危房改造数据库。省政府决定从2006年起，全省每年统一拨付专项经费，用于改造包括市辖区乡镇在内的农村中小学危房。

让民办学校学生沐浴和谐教育的阳光

今年1月20日，吉林省副省长陈晓光在《关于给予民办学校学生以公办学校待遇，落实免除其义务教育阶段学杂费政策的建议》上批示：“请省教育厅调查研究，提出解决办法”。吉林市唯一一所全日制民办教育学校——吉林江城中学5000多名师生看到这个批示后，无不欢欣鼓舞，他们高兴地说：“这回落实免除义务教育阶段学杂费有希望了！”

近年来，吉林省各级政府以科学发展观为指导，认真贯彻落实义务教育法，加大了对公办教育的投入，广大师生欢天喜地，享受着改革开放的成果。与公办学校红红火火的情形相比，一些民办学校却显得有些冷清：由于经费不足，有的学校教师工资仍是十多年前的标准，这导致教师队伍不稳定；有的义务教育阶段学生享受不到国家免除学杂费待遇，影响学生的积极性；有的学校校舍陈旧，设备落后，不利于教学质量的提高；教职工养老保险、医疗保险等支出增加，民办教育在发展中面临重重困难。

2008年12月，庄庆媛在参加区人大常委会组织的对区政府贯彻民办教育促进法视察中了解到

这些情况后，忧心如焚。今年1月16日，在吉林省十一届人大二次会议上，她建议省政府贯彻落实有关文件精神，免除民办学校义务教育阶段学生学杂费，给予民办学校学生以公办学校待遇，把民办教育促进法赋予民办学校的权益落到实处，促进全省教育事业和谐均衡发展。省政府高度重视该建议，予以研究落实。

奉　献

——记湖南省洞口县人大代表张小平

杨大庭　刘豪智

洞口县人大代表、洞口县黄桥镇丰产村党支部书记张小平，致富不忘百姓，踊跃捐款修路，垫资修电排，带领村民共同致富的事迹在村民们中广为传颂。

修路

2005年4月，张小平在组织和群众的信任下，挑起了丰产村党支部书记的重担。他看到村民们为出行皱紧眉头，心里极为不安，一上任，他就承诺把路修好。他一边谋划修路，一边自己慷慨解囊，掏出一万元钱运来修路的原材料，带领党员、村民做义务工、修路当中，他因劳累过度，几次晕倒，村民们含着眼泪要送他去医院输液，他都毅然谢绝，支撑着一次次爬起来，带领党员、群众继续干。经过近半个月的苦战，一条长1.5公里的平坦的砂石路终于开通了。村民们无比感激地说："张书记既出钱又出力，真是我们的领路人和开路人。"随着形势的发展，砂石路已远远不能满足需要。为了搞好村里的通畅工程，也为了兑现心中那份承诺，张小平乘着国家通村公路这股东风，积极建议，出谋划策，多次组织召开干部、党员和村民代表会议，研究上马公路砂改油工程。为使修路资金尽快筹集到位，张小平带头捐款5000元。筹款过程中，他几次跑市县、奔广东，每天要步行几十里路，找熟人、老板，登门做细致的捐款动员工作。脚板磨起了泡，讲得唇干舌燥，夜深了就睡在朋友家的沙发上，饿了就随便啃几口干粮充饥。在他的模范带领下，从今年元月开始筹款，4个多月时间筹集资金20余万元。目前，通畅工程已交押金立项，预计9月份可开工，10月底可全面完成任务。

引水

2007年8月IO日早晨，黄桥镇丰产村3组村民肖谋庭站在自家责任田的田埂上，望着原本要枯萎现在却返青的禾苗，紧紧握住张小平的的手激动地说："张书记，若不是你垫资修好了电排，我家几亩水稻田早就枯黄了。"

丰产村有干旱死角田500多亩，7月下旬干旱严重。村民们望着日渐枯萎的禾苗，唉声叹气，心急如焚。张小平看在眼里，急在心上。他只有一个意念：为老百姓排忧解难，是我这党支部书记应有的作为，我要用我的承诺让村民们转忧为喜、破涕为笑。于是，他赶紧找其他村干部一起协商，达成一致认识：想方设法让早已废弃的电排抽水。村里没有一分钱，资金从哪里来，张小平把为儿女读书准备好的学费4000多元全垫出来买电表、电表箱、电流表，水泵、进水管等。因原电排灌溉的水圳早已被3个农户修屋占用，张小平又带领村民绕道挖圳，并自己掏钱支付民工工资。8月6日、7日两天，天气异常炎热，张小平头昏脑胀，呕吐不止，瘫在了维修电排的机械旁。他强撑起身体，吞了两支藿香正气水，感觉身体稍有好转，又投入到紧张的维修与安装电排的工作中。经过13天的日夜苦战，废弃的电排终于在8月11日抽水了，全村500多亩禾苗得救了。村民们笑逐颜开，齐声赞扬张小平带领一班人为他们解了燃眉之急。

助人

帮助村民尽快脱贫致富，是张小平永远的承诺。张小平承包工程，为村里解决了近20名剩余劳力的就业问题。五组村民侯自木，家有四口人，因找不到就业门路，家里很穷。张小平发现后，从多方面鼓励引导他脱贫，于2005年协助他承包子村里的退耕还林面积60亩，每年可得收入6000余元。从2006年元月开始，张小平又请他在承揽工程中当助手，每年收入一万多元，侯自木逢人就说；"若不是张书记，我不知要穷到哪一天。"

张小平始终心系着特困户，不断为特困户献爱心，几年来他共为特困户爱心捐款万余元。2组村民张绍朋，从2005年开始生重病一直卧床不起，张小平每年要为他捐出1000余元。张绍朋每一次接到捐款时都感动得热泪盈眶，哽咽着说："张书记，是你与我们特困户心连心，我才能活到今天。"

天堂山下的铿锵玫瑰

——记省人大代表、常宁市人大常委会主任刘志湘

赵桂文　褚书禧

在常宁，有一座高山叫天堂山，在天堂山下传颂着一个响亮名字，她就是省人大代表、常宁市人大常委会主任刘志湘。自2007年11月30日上任以来。她丝毫没有沉迷在自己手上的权力中，也没有陶醉于自己头顶的光环里，在新的工作岗位上，在人生新的转折点，一步一个脚印从头做起，改革创新，真抓实干，为人民群众鼓与呼，忠实履行着一名人大常委会主任的光荣职责，全力肩负起一位省、市、县三级人大代表的神圣使命。

敢向传统挑战

人大代表提出建议、批评和意见，是代表依法行使职权的一种重要方式。过去，"一府两院"在承办代表建议时只是通过"文来文往"地简单答复就了结，甚至对一些涉及部门利益的建议件有抵触情绪，明答暗拖，办理不见成效。针对这一情况，如何确保代表建议落到实处，代表权力得到凸现，百姓利益得到保护，成为刘志湘上任伊始的工作重点之一。经过一番调查和琢磨，地大胆创新，积极推行"六改"：一改无重点一揽子交办为有重点分类交办，增强办理工作的针对性。2008年从市十五届人大二次会议上的代表建议中，市人大常委会主任会议筛选确定了10件重点建议，分别由市人大常委会主任，副主任领衔督办，市政府市长、副市长牵头承办，推行"一个建议，一个领导、一套班子"，实行重点建议领导督办；其他一般建议实行归口办理，由市人大常委会分管副主任和联工委负责人专门督办。二改办后答复为办前答复，让代表了解各承办单位的办理方案、办理措施和预计办理成效，增强代表监督。三改单一书面答复为书面答复和"面对面"答复相结合，充分征求代表意见。四改一次办理为多次办理，直到事情解决为止。五改不定期督办为全程督办，确保每一所段、每一环节、每一建议，都能够措施到位、落实到位、办理到位。六改目标办理为责任办理，进一步将责任明确到单位、到个人、到股室、到具体建议。"六改"一出，立即在全市引起轰动，各承办单位再不敢拖拖拉拉、抵触不办，办理工作效率得到切实提高。市十五届人大二次会议上代表提出的149件建议已基本办结，实现了"三个100%"，即面对面办理率为100%、书面答复率为100%、代表满意率为100%。

代表满意了，而人民群众如何呢？刘志湘针对过去人事任免存在的一些问题，在法律允许的范围内积极探索、勇于创新，果断提出了"四必须、四统一"：即必须任前了解，必须任前考试，必须任前询问，必须任前经济责任审计；统一颁发任命书，统一宣誓就职，统一廉政谈话，统一递交目标监督书。她不但这样说，而且立即付诸实践。2008年所有的人事任免都按"四必须、四统一"要求认真落实，取得了很好的社会效果。2008年9月10日召开的人大常委会第八次会议上，36位拟任人员面对常委会组成人员虚心接受询问，认真接受挑选。这次任命有两名局长拟任人员未予通过，震动很大，反响强烈。正如参会的人员说："人大常委会'四必须、四统一'的任命方式，不仅为党和人民把好了关，为我们的政治前途把好了关，而且让我们亲眼目睹了人大创新、为民作主的真正风貌。"

敢与司法较真

在担任人大常委会主任后。刘志湘对人民群众和多名人大代表反映的一桩司法不公的案件进行了监督和纠正。2006年，因事实认定不清，适用法律不当，常宁市法院、检察院在办理袁某盗窃案件时，一审判决其有期徒刑三年，缓刑四年。刘志湘在调阅案卷和调查实情后，认为量刑轻，原判对袁某涉案金额、投案自首认定显然错误，依法应从重处罚。她迅速向市法院、检察院交办了人大常委会会议意见，要求立案再审，从严处罚。市法院接

到意见后，认为初审合法，而且再审有损法院“面子”，久拖不决。刘志湘了解情况后，为促使法院纠正原判错误。她搬来一大堆有关的法律书籍认真钻研，有疑问时就向法律界人士咨询，并同他们进行磋商。在事实清楚、法律确凿的情况下，刘志湘再次向法院交办了意见，市法院随后启动审判监督程序，依法再审，几经交锋，2008年3月，市法院依法改判袁某有期徒刑十年，罚金2.5万元，一锤定音，恢复了法律平等的本来面目，维护了司法公正，人民群众拍手称快。

敢为百姓作主

群众利益无小事，这是刘志湘坚持为民执权的工作理念。一年来，在关注全市改革、发展、稳定大局的同时，她时刻不忘普通百姓的衣、食、住、行等“小事”，她常言道，个人的事再大也是小事，群众的事再小也是大事。2008年4月的一天早晨，一位名叫朱书田的老人气喘吁吁地来到市人大常委会机关，找到刘志湘主任反映：在文革初期，经县人民委员会同意，商业局为兴建一旅社，将他在司前街（现友谊服饰）一栋二层楼房强行调换到解放南路74号的一间财政公房，但他至今还没有办到房屋产权证。自己为此事奔波了几十年，经历了几届领导，向有关部门反映了上百次，一直没得到解决。百般无奈之际，朱书田老人抱着试试看的心情，恳请刘主任为他作主，给房子办个证，让自己吃颗定心丸。刘志湘听完老人诉说后，立即作出批示，成立调查组，并亲自深入现场调查，召开座谈会研究会商，全程督查督办。历经两个月，这起历时42年的遗留问题得到圆满解决。2008年6月26日，朱书田老人拿到了市房产局依法为其办理的房屋产权证。第二天一大早，朱书田老人带领全家举着一张鲜红的感谢信，送到了刘志湘主任面前，老泪纵横，激动不已。刘志湘动情地说：“我是人民选出来的，不为百姓作主，不如回家卖红薯。”朱书田老人紧紧攥住她的手，久久说不出话来……

尽管刘志湘年过半百，但在她的身上水远感觉到一种激情，一股活力，正如一朵历经风雨雕饰的铿锵玫瑰傲立天堂山下，飘香常宁大地，造福常宁人民。

为了不负那份重托

——记河南省内乡县优秀人大代表王宜蛇

河南省内乡县人大常委会　朱浩记　于飞　曹金伟

素有“内乡屋脊”之称的夏馆镇，相传因三国名将夏候惇在此屯兵设馆而得名。这里文化积淀深厚，历史上还是闻名遐迩的中药材集散地。近年来由于种种原因，致使发展滞后，村级经济无积累，工业经济呈空白，农业经济无支柱，农户增收渠道窄。但自一位中年汉子的到来，短短几年间，旧貌换新颜。路通了、厂建了、集镇大了、民富了、人欢了，财政收入达到2008年的1196万元，跃入全县乡镇经济排行榜前5名，人均纯收入超过2800元。镇里人人清楚，这一切都是蝉联两届的县人大代表，镇党委书记王宜蛇带领镇村干部开拓进取，辛勤耕耘的结果。

调研谋出发展新篇章

2005年12月，王宜蛇被调整为夏馆镇党委书记的第一件事就是先深入镇、村、组进行调研。披星戴月，栉风沐雨，不足两月，他跑遍全镇19个行政村、近3/4的村民小组，并走访了300多户村民。找到当地落伍的症结。首要因素是干群思想解放不够，对想发展、谋发展的思路不宽、办法不多。为此开山之作就是实施“换脑工程”，变“闭门教育”为“开门引导”，组织干部到先进地区寻经问宝，创新理念。然后确立了以建设“北部工业强镇、豫西旅游名镇、山珍特色集镇”的目标，全力抓好矿产品开发、旅游、食用菌、林果业、石材建材、劳务输出六大产业的发展思路，为镇域经济的腾飞谋划了新篇章。

匠心育出经济强镇

“目标要靠实干来实施”。他与镇村干部一道多轮驱动，多措并举，使干群对致富的渴望变成现实。

借招商引资，强工业实力。立足矿产资源丰富的优势，他四面出击，找关系，抓信息，上项目，借招商引资之力,使其转化为商品优势。“功夫不负有心人”,2006年7月首次走出工业园区零的尴尬,成功引资800万元,建成了内乡世纪力诺生物科技公司,当年投产,当年收益。尔后又有外地客商投资4000余万元的德鑫多金属选矿厂和投资6000万元的鑫博聚多金属选矿厂等落户夏馆。目前,全镇矿产品开发企业20余家,各类工业企业已达32家,对财政的贡献达800余万元,成为经济支撑的航母。同时又拉动了就业,为富裕劳动力提供了用武之地。

做山水文章,搞旅游开发。“河南有个宝天曼,宝天曼在夏馆。”抓住宝天曼这张省、市的旅游名片,诚邀专家论证挖掘当地人文资源,加快桃花源、楚长城遗址、牡珠琉溶洞等旅游项目开发。如今,桃花源景区的开发,为当地打开了通往世界的一扇经济和旅游文化之窗。农家乐宾馆每天可接待游客2000人以上,带动了北山七村的经济发展。为完善景区服务功能,先后投资1800万元用于旅游配套设施建设,并成功招引海南京都汇银投资有限公司和湖北龙腾公司先后注入资金共同开发,建起了度假中心和特色旅游宾馆。使葛条爬民俗村、东沟服务区、桃花源景区都成为游客青睐的地方。

育特色经济,拓宽富民路。在炒热山水游的同时,他独具慧眼,把生态旅游开发与特色经济发展相结合,引导群众发展以山茱萸、香菇为主的特色经济。首先与北京同仁堂联姻,采取公司+基地+农户模式,使山茱萸基地增加到3万亩;又嫁接板栗1.8万株,植柿树7000棵,夯实了林果药业基础,实现了人均100棵经济林,年增600元的目标。其次对食用菌等农副产品进行精深加工,拉长产业链条,扩大对外出口贸易,增加了收入渠道和份额。为确保林区经济的可持续发展,又与韩国客商合作开发了羊肚菌等新品种,增强市场竞争力,提高产品附加值。并投资兴建了功能完备的山珍市场,以人大代表为主力,扶持发展起一批山珍交易经纪人,架起了农民对接市场的金桥,使大部分山珍漂洋过海,远销西欧等国,年交易额达1.8亿元。如今,特色经济既成为农民增收的重要渠道,又带动了第三产业的发展。

甘心服务系民生

关注民生是代表使命,改善民生是公仆职责。他注意收集民情,初到夏馆,当看到镇敬老院破烂不堪,当即提出了“宁穷政府、不穷五保”的口号,筹资120万元,买断原夏馆高中所有资产,建成了功能齐全的省级文明敬老院,使五保老人住有其室,吃有其源,乐有其乐。同时积极发挥代表作用,采用议案、建议形式向上争取资金和政策扶持,竭力改善民众生产生活条件。投入100余万元建成自来水供应网络,使集镇近3000人吃上了清甜水;人代会上又联合赵金惠等10余名代表提出了《解决水质含氟高,让群众喝上放心水》的议案,争取水利资金75万元,使栗园、吴岗、师家湾三村近5000余人吃上了安全水。修“村村通”50余千米,并在12个组建起了山涧爬河桥,彻底解决了出行难的问题;为了产业发展和方便群众生产生活,他围绕“小城镇大战略”的思路,完善集镇建设,打造一街一品一景,实现了“绿、洁、畅、亮、美”的目标。目前,该镇先后被评为“南阳市四星级集镇”和“省文明村镇”。

脚踏实地铸辉煌,丹心一片作奉献。面对成绩和接踵而来的荣誉,他只是淡淡地说,“只有使群众更多分享到发展惠及的硕果,让口袋鼓起来,这才算没辜负公仆和代表的那份重托。”

大云山下红旗飘

——记湖南省邵东县人大代表堡面前乡大羊村党支部书记李建中

湖南省邵阳市人大常委会研究室　　羊宏斌　申晓平　许小波　李佑军　刘超

李建中,湖南省邵东县十五届人大代表,邵东县堡面前乡十六届人大代表、主席团成员,堡面前乡大羊村党支部书记、村民委员会主任。他以“誓教穷村换新颜,披肝沥胆抒人生”的豪迈气概,默默耕耘,无私奉献,奏响了一曲曲美妙动人之歌……

带民致富“引路人”

巍巍大云山位于邵东、衡阳、祁阳三县交界处,海拔996.8米,是邵东县境内最高山峰,大云山脚下的堡面前乡是邵东县有名的省定贫困乡，而大羊村更是该乡有名的贫困村。

2004年以前，渴望发家致富的大羊村村民被高耸的大云山压抑着，过着清淡宁静贫困的日子，村民们日夜期盼村里能有一位脱贫致富的带头人。2005年2月，一直在外经商办厂的李建中回到家乡。这位在外打拼了半辈子的汉子，耳闻目睹父老乡亲过着并不富足的生活，他内心很不安然，决心改变穷山村的落后面貌，带领村民群众迈上小康之路。于是，他忍痛割爱，舍弃一年能给他带来几十万元效益的厂子，毅然回归故里带领村民挑战落后，挖掉穷根。是年，村支两委换届，李建中高票当选村党支部书记。上任伊始，他就积极与村支两委成员、当地经济能人、率先致富的村民群众探讨将山林、楠竹自然资源转变为经济优势的问题，确定以"楠竹低改、生猪养殖、招商引资、桃花产业、生态旅游"作为村里经济发展思路，走"特色兴村，产业富村，发展旺村"的强村富民之路。

凭着在外经商积累的丰富经验，李建中深谙"无农不稳，无工不富"的道理，决定围绕"山"字做文章，培育发展绿色农业，走地方特色的发展路子。近几年来，该村投资50万余元进行1000亩楠竹低改，新造楠竹200余亩。2006年，李建中千方百计引进一浙江老板在村里投资60多万元创办竹器加工厂，年产值达100多万元。该厂与农户签订楠竹收购合同，收购价从前几年的每百斤13元上升到30元。该厂的成功引进，不仅解决40余人就业，而且促进当地群众每年增加收入30万元。

李建中带领村民群众以建好一幢高标准猪舍、打好一批沼气池、种好一片药材、育好一山森林的"四个一"工程建设为目标，大力推进"强村富民"工程。他率领村民自筹资金50万元建设养猪场，现全村共有养殖专业户12户，年出栏生猪达1000余头，创利润30多万元。为充分利用有机肥料，开发种植药材及果树200余亩，年创利润20万元。为加强生态能源建设，他按照统一标准施工，全部达到改厨、改厕、改栏的"三改"要求，投入12万多元新建沼气池27口。对200亩松林进行幼林抚育，对3000亩山林进行育林建设，打造造福子孙后代的"森林氧吧"和"绿色银行"。现今，村里形成了"猪—沼—果—林"的生态农业立体种养模式。

李建中的开拓创新、务实奋进之精神，改变了大羊村千百年来陈旧落后的生产观念，如今的大羊村村域经济正朝着康庄大道迈出坚实的步伐。

为民求实"好村官"

大羊村是邵东县最偏远的山村，距县城63公里，与衡阳县井头江镇毗邻。该村176户，696人，8个村民小组，全村仅有耕地300亩。地处偏僻，经济发展滞后，群众生活水平较低，是大羊村曾经多年的境况。

为大力改变山村落后面貌，推进社会主义新农村建设，李建中率领村组干部多方筹资30余万元兴建村活动中心。活动中心占地面积760多平方米、建筑面积达320余平方米，设置办公室、远程教育室、会议室、图书室、老年活动室、综合治理室、计划生育室和卫生医疗室等，并修好了村活动中心大坪，完成100米道路绿化。筹资85万元硬化通组公路2.2公里，水泥公路通至各家各户。投资20余万元兴修三条总长4600米的高标准水渠；投资20多万元进行农网改造，变压器从50千瓦扩容到80千瓦，又新增一台50千瓦变压器。投资30多万元修建自来水蓄水池150立方米，完成6500米的自来水管道架设，90%的村民喝上清洁卫生的自来水。通过水、电、路等基础设施建设，大大改善了村民生产、生活条件。他按照新农村建设农村居民城镇化的要求，村里筹资30余万元，老百姓自筹500万元，兴建猴子冲居民小区，现已安置20户入住。

为了进一步推进新农村建设，依托山地资源优势开发新的农业特色产业。在李建中的倡议下，2009年2月28日–3月2日，乡领导、村支两委成员、组长等18人专程前往广西桂林，参加第七届桂林恭城桃花节，并在桂林市恭城县大岭山村参观桃花产业及生态农业园。中国共产党第十七次全国代表大会代表、桂林市第二届青年联合会副主席、广西桂林恭城县大岭山村党支部书记邹存亮热情接待、亲自陪同并介绍经验。大岭山村的桃花产业的发展，村民人平纯收入由1992年的200元增至现在的5000元，桃花产业已成为该村的旅游资源和主要经济来源。他们参观学习回来之后，3月11日，李建中组织召开全体村组干部、党员、群众代表大会，开展讨论，统一思想，大家一致同意确定在村里开发桃花产业。4月3日，在李建中的精心组织下，又召开了有史以来盛况空前的大羊村新农村建设督战动员大会。这天，500多村民与在村里帮扶的邵东县教育局干部，乡党委、人大、政府、政协领导以及专门从外地赶回家的老板、工作人士等一道热议村里的发展大计。大家现场捐款近10万元，并确定新的发展目标：实施一个公约，开发两大资源，坚持三个一律，遵照四个统一，激活五大产业，壮大六支队伍，强化七个建设。促进大羊村的大发展、大繁荣、大跨越。

子规夜半犹啼血，不信东风唤不回。近几年来，大羊村先后荣获“邵东县先进基层党组织”、“邵东县基层党建示范点创建单位”、“邵东县新农村建设示范先进村”、“邵东县以村为主推进农村工作先进单位”、“邵东县人口和计划生育先进村”、“邵东县‘生育关怀行动’先进村”等10多项县乡荣誉。李建中本人多次荣获县乡“优秀共产党员”、“优秀人大代表”、“优秀村干部”和“先进工作者”等光荣称号，其家庭被评为“邵阳市‘平安家庭’示范户”。2008年4月，村支两委换届，李建中又满票当选大羊村党支部书记、村民委员会主任。

帮民舍己“痴心汉”

李建中组织兴修水渠和建设居民小区时，他自家的房子正在建造之中，但是他却管不了这些，全身心为村里的基础设施建设，外出跑资金、调运器材、与村民一道上工地背水泥，忙得喘不过气来。和谐是社会发展的崇高目标，李建中深知这个真谛。他围绕“和谐”两字，同村民一道制定《乡风文明公约》。公约中包含封山育林、不准抛荒弃耕、不准打人骂人、爱护公共财产、加强森林防火等制度。此外，他还主持制订了《会议制度》、《村务公开制度》、《民主理财制度》、《文明卫生制度》、《规划建房制度》、《自来水使用管理制度》等一系列制度。为了加强教育和培养人才，他组织成立了大羊村教育基金会，与村民共同制定了《教育基金会章程》，其中对考入清华大学、北京大学、中国人民大学的学生，每人奖励10000元。同时，李建中还组织成立了义务治安巡逻队、龙灯队、腰鼓队、森林防火队、红白喜事理事会等。2009年4月24日，邵东县人大常委会领导、部分常委会委员等30余人专程前往大羊村参观，对该村发生的巨变，大家赞不绝口。的确，如今的大羊村已成为远近闻名的和谐村、文明村、小康村。

李建中曾是个老板，是一个精明的管理者。在岳阳有自己创办的工厂，有与他一起奋斗几十年的亲兄弟。李家兄弟四人在岳阳的事业如日中天的时候，李建中却离开了他的兄弟，回到了生他养他的大羊村。他舍弃了小家，为了大羊村这个大家。他说自己富了不算什么，关键是如何让大家都富起来。近五年来，为了村里发展、村民富裕，他没有睡过一个囫囵觉，没有与家人吃过一餐团年饭。一年365天，他在为村里和村民忙碌着。在岳阳办厂的侄子一次听说他为村里谋事操劳累倒了，特意打来电话：“叔叔，你回来给我管厂子，每月不少于5000元。”一次他的妻子因他苦干傻干说了几句，李建中觉得委屈，就坐车到妹妹家里住了两天，两天后他坐不住了，又匆匆忙忙回到了大羊村，因为他放不下大羊村的事业。

近五年来，大羊村的村级事业搞起来了，可这需要钱，除了上级支持和村民自筹外，还有120多万元的资金缺口。大家都说李建中会搞钱，但钱又从什么渠道来呢？除了他自己，恐怕没有人说得清，群众只知道村里建设没钱了，他就从自己腰包里掏，从岳阳的哥哥那儿要，但到底要了多少呢？李建中从来就没有告诉别人，这几年他到底为公家垫付了多少钱？也没有人知道。大家只知道村里的财务每一笔都是公开的透明的，一个小小的大羊村帐上余额还有18万多元。这就是舍小家为大家的“痴心汉”！如今，他仍在痴心地绘制着新的蓝图，希望在自己的努力下将大羊村建设成为真正的和谐富裕、美丽富饶的新农村。

人生易老天难老。五载春秋，李建中老了，瘦了……但他却像大云山下大羊村村级活动室前那面鲜艳的五星红旗一样高高地飘扬，飘扬在老百姓的心中……

弄潮时代写忠诚　倾力“三民”建新村

——记荆门市第七届人大代表邵言红

湖北省京山县钱场镇人大办公室　李甫斌

山不在高，有仙则名；水不在深，有龙则灵。座落于京山县南部，省道汉宜公路和正在兴建的随岳、武荆高速公路纵横互通处的钱场镇桥河村，因为有了一个弄潮时代写忠诚、倾力“三民”建新村的返乡能人邵言红,这个名不见经传的小村庄从此闻名遐迩,誉享荆楚大地。

2002年,时年34岁的邵言红在村"两委"换届选举中被全村党员、村民以高票推举到村党支部书记、村委会主任的位置。当时摆在他面前的村况是:干群矛盾多,工作难度大,经济发展慢,债务包袱重。而他在武汉的经商生意正十分红火,好友黄陂商人孙家华也以极丰厚的待遇力劝他合伙经营(如今孙家华已拥有6家分公司,年收入过千万元)。面对家乡来汉诚请自己出任而久久不愿归去的20多位党员、村民代表期待的目光,手捧已密密麻麻签满家乡父老乡亲姓名并盖满红印的殷殷信函,想到家乡急需改变面貌的现实,这个正踌躇满志编写经商致富梦的青年农民,以一个新时代青年舍小我顾大我的高尚情操和一个共产党员赤诚为民的高贵品质,毅然放弃难遇商机,义无反顾地回乡挑起了这副重担。

回乡六年来,邵言红始终牢记党的宗旨,不负村民们的重托,凭着忠诚的信念和坚强的意志,立志学南街、赶华西、变面貌,以一颗赤子之心,一步一个脚印地带领全村人民奋力打造共建共享和谐新桥河,使之发生了翻天覆地的变化。如今他所在的桥河村人和气旺,工作顺畅,经济发展,民富村强,病有所医,老有所养,学有所助,贫有所帮,一派社会主义新农村和谐共建共享新气象。2007年,全村人平纯收入达6580元,比他上任前增加3900余元,五年翻了一番多。这个村共有农户361户,其中存款3万元以上的就有340多户,占总农户的80%还强。近年来,桥河村多次被上级党委、政府评为"五好党支部"、"十佳党组织"和"红旗单位",又被省政府确定为全省新农村建设七个试点村之一。邵言红本人连续被选为京山县第十五届、十六届人大代表,还当选为荆门市第七届人大代表、荆门市第七届人大常务委员会委员,多次被上级党政组织评为"优秀共产党员"、"优秀人大代表"、"综治工作先进工作者"、"京山县农村乡土拔尖人才"、荆门市第四届"十大杰出青年"等,并被人民日报等媒体确定为时代精神定点跟踪采访新闻人物。

倾力民主　凝聚民心

邵言红说:"民心是无价之宝,是一切工作的动力之源。"针对村里当时实际,他认为打造共建共享和谐新桥河必须首先凝聚民心。因此,上任伊始,他就带领村"两委"一班人深入农户家中调查走访,召集村党员、村民代表促膝谈心,了解情况,认真查找桥河村存在问题的根源。在走访座谈中,他发现影响桥河发展的最主要原因在于村干部不民主,特别是在村级事务决策、管理上存在着严重专权独断现象,同时监督机制也不健全,上级的惠农政策得不到很好落实,群众反映的问题得不到及时解决,以致伤了民心,失去了凝聚力。找准症结后,他以决策、管理、监督三个民主建设为突破口,以重聚民心为目标,创新建立健全了"三大机制":一是建立健全村民议事机制,改干部专断为群众作主,确保决策民主。他与村民们共同讨论制定了《桥河村民主恳谈会制度》、《桥河村"一事一议"制度》等十多项规章制度,以此规范村"两委"的工作行为,有效杜绝了原来的不良现象;二是建立健全村务公开机制,改暗箱操作为阳光作业,确保管理民主。他们成立了由有威信的老党员、老干部、村民代表和现任村干部组成的"四合一"村务活动管理小组,这个小组负责对整个村务活动的全程监管,并对村务活动实行"六个规范",严格保障村民的知情权、管理权、监督权,提高了村务活动的透明度,加强了管理力度,增强了村民的信任度;三是建立健全村党员干部量化责任考核奖惩机制和村民评议"村官"机制,确保监督民主。村"两委"成员每年参照参选时的竞职演讲和分管工作任务开展自查,进行公开述职,接受村民代表的咨询,并回答村民代表提出的问题,由村民代表采取无记名投票方式对村干部测评,根据测评满意率确定干部绩效,并与工资挂钩。同时,他们还对全村党员应发挥作用进行量化考评。通过这些办法,有效拉近了党员干部与群众之间的距离,形成了心与心之间的沟通和共鸣,从而奠定了坚实的民心基础。

倾力民富　发展经济

邵言红认为,发展是硬道理,打造共建共享和谐新桥河仅有民心凝聚是不够的,必须倾力民富,发展经济。只有这样,和谐共建共享才有丰厚的物质基础。为此,他实施了两大突破性措施:一是带头富。他要求全村党员干部人人都要有自己的产业,而且要有可观的产业。要别人做到的,他自己首先做到。近几年来,邵言红同志大力发展养猪、养鸡、养鱼、养鸭,兴办采石业,去年出栏肥猪500余头,笼养蛋鸡5000只,养鱼25亩,全年纯收入达70余万元。在他的带头带动下,全村有41户党员干部拥有了自己的产业,占党员干部总数的80%。二是带领富。他整合资源,建立联合公司,壮大集体经济。这个村有丰富的矿石资源，且有着30多年的开采历史，但村集体经济一直停滞不前，原来9家个体、集体投资者也都不见起色，有的亏本转产、停产，有的只能勉强养家糊口，更严重的危害是分散经营、无序开采，导致资源浪费，环境破坏。面对这种状况，他通过反复调查、座谈、思考，提出了整合资源、做强做大的构想。在村民们积极支持下，2002年底，他们成立了“京山县桥河石料有限责任公司”。公司成立5年来，有效地提高了资源利用率，确保了产品质量，提升了市场竞争力，实现了国家、集体、联营业主三赢。仅每年上交国家税收就达20万元，集体年增收60万元，分别比整合前年增14万元和50万元。他引导发展规模经济，形成特色产业，实现货卖堆山，增加村民收入。近6年来，他们通过党员干部以身示范带头富，强化责任带领富，典型引路带动富等方式，积极引导村民面向市场发展种植业、养殖业和加工业，全村已形成五大集约化致富特色产业。

倾力民享　惠民利民

邵言红担任村党支部书记、村主任、市、县人大代表以来，他多次向全村人民坦言：我是桥河人民的儿子，是桥河人民的乳汁将我养大，村集体经济壮大了，村积累增加了，我决不能因此夜郎自大，胡乱花钱。我不仅要为桥河人民用好每一笔钱，而且要为全村人民谋取更多的福利，建立人民利益共享的新桥河。他是这样说的，也是这样做的。近年来，他和村“两委”一班人充分征求村民意见，利用发展积累起来的村集体资金为村民们办了“八大”实事。一是投入80余万元将村里的主要道路铺成油渣路，并修建3处路桥，改善组级道路，不仅使村容村貌得到很大改观，而且实现了村组湾子处处通公路；二是投入20多万元修建近10处水渠涵闸，有效改善了水利设施，提高了农业抗御风险的能力；三是投入5万元实施电话、电脑、宽带网入村入户工程，加大了通讯及各类科普信息畅通力度；四是建立长寿老人生活补助金制度，全村已有188位老年人按月领取养老金，从2005年至今已发放6万余元，充分体现了“百善孝为先，人间重晚情”的养老善老观念，确保了老有所养、老有所乐；五是建立“村民子女就读育才基金”，鼓励村民培养子女成才。目前，全村已有156名学生享受育才基金3万余元；六是协办合作医疗，关心村民健康。他们除改善村医务室设施和环境外，还对全村村民实行免费参与合作医疗，由村集体直接上缴参合医疗费4.7万余元；七是设立扶贫济困救灾基金，对身体有残疾、精神有障碍以及遭遇天灾人祸的家庭实施救济。现在每年发放的扶贫济困救灾基金都在6000元以上；八是投资50余万元对全村新农村建设进行修编、布点，目前已完成第一期道路改造和居民点筹建，通水、通电、通路等基础设施已完工，居民点房屋也正在建设中。

弄潮时代写忠诚，倾力“三民”建新村，邵言红在全市社会主义新农村建设中树立起了一面和谐共建、利益共享新村模式的鲜艳旗帜。新的坦途上，他决心更大，信心更足，表示要进一步以南街人的精神、华西人的气魄贴近村民，加快发展，以一个时代青年无私奉献的精神再写忠诚，创造无愧于时代，无愧于党和人民的业绩，使桥河的明天更美好，事业更辉煌！

牢记重托　不辱使命
充分发挥人大代表作用

河北省石家庄市新华区卫生队队长　武晓峰

我叫武晓峰，现任石家庄市新华区卫生队队长，先后当选为石家庄市第十届、十一届、十二届人大代表。当选代表以来，我牢记人大代表的神圣使命，积极参加市、区人大组织的各项代表活动，深入开展调查研究，认真听取和反映群众的意见、建议，扎实履行代表职责，较好地发挥了人大代表的职能作用。自己先后荣获“省特等劳模”、“全国劳动模范”和“全国五一劳动奖章”，受到胡锦涛总书记等中央领导的亲切接见，还多次被评为“市优秀人大代表”、“市优秀共产党员”、“市优秀人民公仆”。下面，我就履行代表职责过程中的一些体会，向各位领导和同志们作一简要汇报。

一、加强学习，提高认识，不断增强自身综合素质

在履职过程中，我深深感到只有不断加强学习，丰富和完善知识结构，才能成为政治上成熟、行为上严谨、业务上精通、作风上务实的典范，才能提出更有价值、更具针对性的意见和建议，真正代表人民行使好管理国家社会事务的权力。

（一）加强政治理论的学习。理论是思想的基石，只有用科学理论武装头脑，才能保持正确的政治方向。在日常工作中，我结合代表履职和本职工作实际，深入系统地学习邓小平理论、“三个代表”重要思想、党的十七大和十七届三中全会精神以及党和国家的各项方针政策，重点加强对人民代表大会制度等理论知识的学习。“书山有路勤为径，学海无涯苦作舟”，通过坚持不懈的学习，进一步提高了对坚持和完善人民代表大会制度重要性的认识，明确了人大代表的职责，政治觉悟和理论水平得到新的提高，运用马列主义观点分析解决问题的能力不断增强。

（二）加强法律知识的学习。人大工作法律性、程序性和专业性很强。要想充分发挥好人大代表的法律监督和工作监督职能作用，首先自己要学法、懂法、用法，如果自己不懂法律，就难以发挥代表法律监督和工作监督的重要职责。为此，我努力钻研，苦练内功，认真加强对《宪法》、《代表法》、《监督法》等法律法规知识的学习，努力做到虑必及法、言必循法、行必合法。同时，坚持向领导学、向代表学、向同事学、向书本学，不断加强对代表工作知识的积累，做到了熟悉代表工作的内容和方式，掌握代表工作的规则和程序，为更好地履行代表职责打下了坚实的基础。

（三）深入学习科学发展观。无论是新代表还是老代表，面对新的形势和任务，要做到与时俱进，都面临着一个再学习、再认识、再提高的问题。在这次“深入学习实践科学发展观和干部作风建设年”活动中，我紧密结合本职工作和代表工作实际，坚持做到真正学，达到理论上贯通；真正懂，达到思想上认清；真正信，达到行动上落实；真正用，达到工作上创新。同时，积极克服各种思维定式和陈旧观念的束缚，认真剖析思想观念、管理方式、工作作风等方面的突出问题，创新发展理念、创新发展思路、创新发展举措、创新领导方法，以科学发展观为指导，开展工作的能力和水平得到进一步提高。

二、牢记重托，深入调研，认真履行人大代表职责

人大代表担负着法律赋予的重托，饱含着群众殷切的希望，即是崇高的使命，更是沉甸甸的责任。当选代表以来，我自觉加强同人民群众和选区的联系，深入调查研究，了解民意，体察民情，提出涉及经济建设、城市管理等方面的意见、建议40余项，做到了上为政府建言献策，下为百姓排忧解难。

（一）根据政府工作的重点，发挥代表作用。牢固树立大局意识，中心意识，以高度负责的精神，积极围绕改革发展稳定大局，围绕政府工作的重点，提出有建设性的意见和建议，促进科学执政、民主执政、依法执政，是人大代表的一项重要职责。随着我市“三年大变样”工作的深入开展，市容市貌得到大幅改观，城市品位得到进一步提升。但一些建设单位对施工工地渣土运输车辆管理不严，造成遗洒污染道路的情况却日趋严重，仅新华区平均每天就有三、四条道路被遗洒渣土污染，这在一定程度上影响了我市的整体形象。为此，我提出了“关于加强渣土运输管理避免道路污染”的建议，该项建议引起了市政府相关部门的高度重视，有关部门采取渣土运输车辆加装顶盖、加装GPS定位系统，建筑工地路面硬化等措施，对全市渣土运输管理情况进行了专项集中整治，使我市的渣土运输车辆遗洒现象得到有效治理，有力地推进了我市“三年大变样”工作的顺利开展。

（二）围绕群众关心的热点，发挥代表作用。保持与人民群众的密切联系，围绕人民群众关心的热点、难点问题，及时提出意见和建议，发展好、维护好、解决好人民群众的根本利益，促进和谐社会建设，是人大代表义不容辞的责任和义务。在深入基层调研中，我了解到许多群众反映红星街杂乱不堪，晴天一身土，雨天一身泥；赵陵铺大街道路坑洼不平，行人车辆路难行；朝霞路长年失修，没有下水管道，排水不畅。为此，我向市人大提出了“关于整修红星街和赵陵铺大街的建议”和“关于改造朝霞路下水管道”的建议。市人大及时将两项建议转交市政府有关部门进行了办理。在建议办理工程中，我先后四次到有关办理部门，询问了解办理情况。在市人大的督办下，市政府有关部门对红星街和赵陵铺大街两条道路进行了彻底整修，对朝霞路下水管道进行了升级改造。问题的妥善解决，得到了辖区群众的一致肯定。

（三）结合本职工作的难点，发挥代表作用。人大代表来自于社会的各个方面，对本行业工作有着深刻的体会和认识,反映和解决好本职工作和本行业中存在的问题,促进本行业工作的顺利开展,也是发挥代表作用的一个重要方面。我在环卫部门工作20余年体会颇深,环卫工人的辛勤劳动和默默奉献换来了我市环境卫生质量的全面提升,但是,与之相对的是环卫工人社会地位低、福利待遇低、劳动条件差。为切实维护环卫职工的合法权益,激励环卫工人在创建优美清洁城市的工作中发挥出更大的劳动热情。在市第十二届人大会议期间,我向大会提交了“在我市设立环卫工人节”的议案,建议把前国家主席刘少奇同志接见“时代楷模”——掏粪工人时传祥的纪念日10月26日定为我市的环卫工人节。市人大对此高度重视,目前已把此项议案作为重点议案进行督办。该项议案的落实,将对我市环卫工作健康开展起到积极地促进作用。

(四)通过开展好代表活动,发挥代表作用。组织开展好闭会期间代表小组活动是发挥代表作用的一个重要形式。作为一名市人大代表小组组长,我始终坚持把开展好代表活动作为一项重要任务来抓。一是努力加强代表培训。我们制定了“双月代表学习”活动制度,坚持学以致用,学用结合的原则,积极加强代表学习,使代表不断用新思想、新知识充实自己,代表的履职能力得到明显提高。二是精心选择活动主题。为增强代表小组活动的创新性,我在深入调研,广泛听取人民群众的意见的基础上,与代表小组成员紧紧围绕政府工作的重点和社会关注的热点、难点问题,精心选择代表小组活动的主题,增强了代表活动的针对性和实效性。三是周密做好组织工作。为确保小组活动出席率,代表活动内容、时间和地点确定后,我坚持提前一周通知代表,保证了小组活动的顺利开展。对没能参加活动的代表,主动进行走访,及时向他们通报有关活动情况,较好地发挥了代表小组组长的组织协调作用

三、立足本职,扎实工作,自觉发挥模范带头作用

新华区卫生队负责新华区的城区道路清扫保洁、垃圾清运、粪便清掏和环境卫生设施的设置、维护及修理工作。作为卫生队队长,我坚持立足实际,高标准、严要求,积极改革创新,逐步摸索出了一套规范、合理、高效的卫生管理工作方式,并主动公开监督电话和“三清”工作保洁标准,自觉接受社会舆论和人民群众的监督,开创了各项工作新局面。

(一)提升道路清扫保洁质量。道路清扫保洁是“三清”工作的重中之重。为提高道路清扫保洁质量,形成长效管理机制,我积极把信息化管理手段引入到道路清扫保洁作业中,建立了清扫上岗登记制度和道路清扫考勤刷卡制度,大大降低了道路清扫保洁工作中的随意性和散漫性,道路清扫保洁速度和卫生质量得到明显的提高。同时,充分发挥扫路车、洒水车的作用,大力提高道路清扫机械化程度,对洒水路段严格按照标准每天喷洒4次,全天候喷雾降尘,降低了辖区扬尘现象的发生。针对晚上7点半以后,沿街商户将生活垃圾随意倾倒在路边,甚至树池、绿化带中,形成二次污染的问题,我积极推行24小时保洁制度,组织成立了省会第一支“夜间环境卫生清理小分队”,并在重点路段设立了专职保洁员,对辖区主次干道沿街商店生活垃圾进行上门收集,有效地避免了环境的二次污染,各项措施的实施得到了市政府有关部门的充分肯定

(二)狠抓城市垃圾清运管理。为加强城市垃圾清运管理,提高卫生管理工作的精细化程度,我们以开展“双创双树”活动为契机,对垃圾清运管理制定了更加严格的工作标准,进一步健全和完善了车辆使用管理、垃圾站卫生管理和工作奖惩等各项规章制度,使我队的垃圾清运质量和管理服务水平得到明显提升,车辆出勤率达到了95%以上,确保了垃圾清运工作任务的圆满完成。为更方便居民和单位倾倒生活垃圾,我们主动延长垃圾转运站工作时间,并将垃圾站开、关门时间及责任人、监督电话公布于众,主动接受社会监督。我还亲自主持制定了垃圾站维修改造方案,对辖区25座垃圾转运站进行升级改造,使垃圾转运站站容站貌焕然一新。

(三)坚持深化公厕管理质量。虽然我队的公厕管理工作多年来一直在全市名列前茅,但是为了给人民群众提供更加舒适、更加整洁的入厕环境。经过深入走访调研,我对多年来公厕保洁一次性清扫的工作模式进行了积极探索改革,首创了每天分两班全天候保洁的“二步制”保洁法,做到了定时、定点巡回保洁一个不漏,使辖区公厕保洁质量明显提高。在保持公厕设施齐全有效的情况下,我们对一些老化的基础设施进行整修,对沿街40多座公厕进行了升级改造,使辖区公厕管理工作迈上了一个新的台阶。

在全队同志的共同努力下，新华区卫生队的“三清”工作在全市五区名列前茅，连续13年被市环卫处命名为“三清工作”先进单位，连续5次荣获市级文明单位称号，05年荣获新华区集体三等功，03、08年两次荣获省“五一”劳动奖状，04、09年两次荣获河北省先进集体荣誉称号，08年被省总工会命名为“AAA”级劳动关系和谐单位。自己也先后荣获了“全国劳动模范”、“市优秀共产党员”、“市优秀人民公仆”等多项荣誉称号，充分发挥了在本职工作中的模范带头作用。

在市、区人大常委会的帮助指导下，虽然自己在发挥代表的参政议政作用、监督协调作用、桥梁纽带作用和模范带头作用等方面，做了一些工作，取得了一些成绩，但与新时期代表工作的要求，与人民群众的期望相比，仍然还有不小的差距。在今后的工作中，我将进一步加强学习，提高认识，更好地履行代表职责，以自己的实际行动践行“人民选我当代表，我当代表为人民”的庄严承诺。

爱洒人间写春秋

——记湖南省邵阳市人大代表邵东县灵官殿镇双河口村村民委员会主任刘长庚

湖南省邵阳市人大常委会研究室　　羊宏斌　申晓平　罗国良　宁建华

中国神话中有一个叫后羿的大力士，是射箭神手，为解决百姓受十个太阳炙烤的苦难，毅然选择射掉九个太阳为终身的追求，历经磨难，他实现了自己的追求。

人世间有没有为了人民的利益、百姓的疾苦，象后羿这样对事业执着，对理想追求的人，答案是肯定的。湖南省邵阳市第十四届人大代表、邵东县灵官殿镇双河口村村委会主任、衡阳市衡宝物资贸易有限公司董事长、邵阳市海外联谊会理事、湖南省著名非公有制经济人士、衡邵慈善企业家、中国市场协会民营企业家风云人物刘长庚，就是诚信经商、善举济世，情系民众、助人为乐，甘洒热血、无私奉献的千千万万个先进典型中的突出代表。

走出大山：谱写人生新乐章

在邵东、衡阳、邵阳三县交界处，海拔996.8米的巍巍大云山下，有一个偏远而美丽的小山村——湖南省邵东县灵官殿镇双河口村，1955年3月，刘长庚出生于这里。

刘长庚从小家境贫寒，读书不多。曾经种过地，理过发，修过锁，到桂林卖过橘子，做过手工业和商品供销，为当时的人民公社办过企业，又组织农民干过建筑业，承包过公司。常年在外漂泊，什么苦都吃过。20世纪80年代末，风华正茂的刘长庚与妻子龙志元一道来到“青山翠似黛，江水碧如蓝”的雁城——衡阳，艰苦打拼，开拓事业。他们夫妻俩开始给别人打工，省吃俭用存下了第一笔钱。后来，刘长庚和几个老板承包基层工程和物资公司，但是没有赚到钱。在这个时候，一直陪伴丈夫打拼的妻子劝他干脆自己办工厂，开公司。2001年6月，刘长庚创办衡宝有色金属加工厂，经过不懈努力，凭借敏锐的眼光、灵活的头脑和执着的精神，他一手创办起来的衡宝有色金属加工厂一步一步地做大做强，逐将加工厂更名为衡阳市衡宝物资贸易有限公司。刘长庚也慢慢地走向成功之路。2006年8月，他应邀到北京人民大会堂参加“中国民营企业家高峰论坛会”，受到了党和国家领导人亲切接见。

刘长庚衣着朴素，平易近人，让人很难将他与成功的民营企业家联系起来。在他的厂子里，整座厂房建设很简单，办公和生活条件也只是追求实用。但在厂子的实验室里，各种仪器和实验设备一应俱全。公司是一个技术含量比较高的企业，他对实验室相当重视，因而实验室的仪器设备配置也很完善。刘长庚说，做一个老板是很难的，酸甜苦辣都尝过，也有最苦恼的时候。期间，他承包衡洲物资有限公司，东拼西借32万元要了两个车皮的“铜渣”，但对方发来的货全部是假货，32万元全部被骗走。后在妻子的支撑下，终于缓解了资金上的燃眉之急，渡过难关。同刘长庚交谈，能够处处感受到他“老实做人、诚信经商”的精神理念和人格魅力。

正因为如此，2006年，他荣获“中国市场协会民营企业家风云人物”光荣称号；2007年，他荣获“全国工商联金奖”；2008年，他荣获“邵阳市抗冰救灾先进个人”、“邵东县抗震救灾捐助爱心天使”、“邵阳市助人为乐道德模范”；2009年3月，他被邵东县人大常委会评为“优秀人大代表”。

扶贫济困：慈善义举美名扬

在邵东县灵官殿镇，刘长庚并不是最富有的老板，但他却是一个非常热心家乡公益事业、关爱穷苦民众的好老板。刘长庚说话很实在：“人，做一件好事并不难，难的是做一辈子好事。我愿尽微薄之力回报社会！”20多年来，他为家乡的各项捐款捐物突破130多万元。慈善赤子心，感动故乡人。省、市、县主要领导对他的善举深表肯定和赞赏。

助学，不遗余力。1986年，原由祠堂改为学校的双河小学因属D级危房而急需翻修，总资金需6万元，除了教育拨款2万元和全村当时1100多人人平集资10元及部分残值外，资金缺口达万元。当时正在新晃县搞基建的刘长庚挤出全年的基建带班收入3000元，还出售家中两头肥猪、一辆永久牌自行车，凑齐4000元捐献给双河小学，确保了学校保质如期完工。此后，学校篮球场建设和绿化等一些附属工程均由他“买单”。2005年初，他还为学校送去了电脑和一些教学设备。23年来，由于他的无偿资助，双河小学的学生没有一个因家庭贫困而辍学的，都是他无偿地资助每一位困难学生完成义务教育。石桥村村民罗丹贵的小孩上大学是他的接济，才顺利完成学业。

修路，率先捐资。邵东县灵官殿镇灵堡和灵茶两条通乡公路列入2004年邵东县通村通乡公路水泥硬化计划，但缺乏资金，灵官殿镇党委政府只要刘长庚捐助1.5万元到2万元就可以了。当镇干部赶到衡阳时他二话没说就捐款3万元，并去电去函协助政府联系一些商界仁人，组织动员大家捐款30多万元，确保了这两条公路的正常施工和水泥硬化。石桥铺至邵东铅锌矿1.6公里的乡级公路，路况不好，坑坑洼洼，老百姓出入很不方便，近10年里，他每年拿出10000多元用于公路维修。2007年，他又带头捐资90000元将该路拓宽并硬化。

火厂坪镇双井村是邵东县偏远旮旯山村，环境地理位置非常差，大部分村民群众生活仍然贫困。虽然早在20世纪70年代农业学大寨时，为开发千亩石头山——岩门山，拉通了一条连接老衡宝路的砂石公路，然而由于养路护路资金严重不足，已是“晴天一身灰，雨天一身泥，大车颠簸走，小车无法行”的境况。要想富，先修路。2007年，双井村村支两委发动沿线10余个村的村组干部、党员群众，决定扩宽改造和水泥硬化这条长5.82公里的公路。可预算资金需130万元，虽然上级拨款和群众自愿集资90万元，但缺口达40万元。刘长庚闻知后，2008年7月，他亲自送去20000元为双井村修路。是年12月，此路竣工通车，10余万老百姓欢呼雀跃。横江村是邵东县三个省定贫困乡之一的堡面前乡的一个偏僻山村，自去年以来，该村开始着手拓宽、硬化村里长达2.5公里的村级公路。但资金缺口巨大，村支两委一筹莫展。有村民说曾与刘长庚先生有过几面之缘，他的善举人所皆知，不妨联络一下。刘长庚知道此事后，1月12日，立即送上5000元。现该路已全部竣工，成为山村群众的致富大道。

支农，有求必应。双河口村有400多亩耕地，山塘水渠较多，2005年他捐款5000元给毛坪组修田间渠道。村里的龙头坑水库涵洞翻修及加固，他出资13000多元。本村山塘的加固及河堤渠道维修，只要村里去一个电话，一切材料费用都会全部捐助。村民刘云华养猪缺少资金，他资助5000元；村民刘冬山养鱼缺少资金，他资助8000元……只要是村民搞农业牧业所需资金，刘长庚都会大力帮助。

敬老，持之以恒。灵官殿镇敬老院经常居住着20多位五保老人，10余年来，每逢端午节、中秋节、重阳节和春节，刘长庚都要为老人送去节日物资、日常生活用品和几百元不等的零用钱。对于双河口村60岁以上的老人，在每年的重阳等节日，他与妻子都登门慰问。据了解，刘长庚为济困和敬老每年不少于30000元。

在公司坐落所在地的周围村里，刘长庚积极帮助他们修路、打井，村里的重大建设项目，他主动捐献部分资金。在公司附近居住一户80多岁的老人家，老两口生活相当困难，还在外面砍柴、捡废品来维持生计。有一次，刘长庚回公司，亲眼目睹老人家确实很可怜，二话没说，便将身上剩下的200元钱拿给老人家，又走到厨房，把猪肉、鲜鱼都送给老人家。

如今，刘长庚这个大善人的名字不但在灵官殿、堡面前、石株桥三个乡镇的10多万人中妇孺皆知，而且在衡宝大地广为传颂。中央电视台、阳光卫视、中国教育电视台、《湖南日报》、《邵阳日报》、《邵阳人大》、《邵东人大》、三湘统战网等多家新闻媒体相继报道过他的优秀事迹。2007年，邵东电视台“天下邵东人”栏目对他进行了专题采访并连续报道。

情系桑梓:率领百姓奔小康

双河口村,耕地面积400多亩,山林2100亩,18个村民小组,612户,2016人。虽距邵东县城58.5公里,属典型的偏远旮旯山村,但有美丽神奇的大云山,有历史悠久的邵东铅锌矿坐落于此,有一个20世纪50年代修建的神前洞小Ⅰ型水库,山林、水资源相当丰富。刘长庚思索:要利用党的好政策,利用天然资源,发动村民群众大力搞好基础设施建设,彻底改变贫困落后的山村面貌,真正让全体村民迈上小康之路。

2007年9月,他将公司交给家人打理,自己回到家乡决心带领村民致富,为村里多办实事、为村民多做好事,他的义举得到灵官殿党委政府领导的首肯,得到广大村民群众的一致拥护。2007年12月,刘长庚光荣当选邵阳市第十四届人大代表;2008年4月,村级班子换届,他高票当选双河口村村民委员会主任。

近三年来,刘长庚同邵东县十五届代表、村党支部书记刘冬阳一道带领村支两委成员、党员组长、村民群众掀起修建村组公路的高潮。2008年,他出资27万元,修建了1.6公里的白沙冲公路、2.5公里的双仁公路、700米的永双公路。现路基工程全部完成,今年,他计划筹资130万元,将这几条公路全部水泥硬化。他投资10多万元,并带领村民在田垅中打造了一口自来水井,村民群众告别了过去饮用洪水、山塘水的历史,现都饮用了清洁卫生的自来水。为搞好农网改造,他筹资50多万元,亲自从衡阳运回电杆、电线、变压器等设施设备,解决了村里用电负荷超重的难题,为村里发展工业打下了坚实的基础。他还出资20000余元建好了村办公室、建起了老年活动中心。2008年8月,刘长庚专程请来邵东县农办领导、邵东县设计院专家绘图制订了《双河口村新农村建设规划》,争取在三至五年内将双河口村打造成为"邵东第一村"。

刘长庚确定了"发展山林产业,实施改造战略,彰显资源特色"的发展思路。筹资数百万元改造了村级活动中心周围的土砖瓦房,建成"村级中心花园区";通过论证规划已将邵东铅锌矿废弃的工业厂房,改造成为集居住、休闲、娱乐、旅游融为一体的"双河广场",此处即将实现绿化、美化、亮化;正在实施蒸水河两岸的绿化植树和加固改造,建造成"蒸水风光带"……现今,双河口村新农村建设如火如荼,一派热闹场景。

当新闻媒体争先报道这位诚信经商、善举济世、赤诚丹心、情系家乡的慈善企业家、人民的好代表、义务"村官"的先进事迹时,生活中、工作中、创业中的他依然那么朴实、自然,依然那么执着、坚毅,人们仿佛总能听到他真心为民、造福桑梓时奏出的生命最强音,久久萦绕在人们的心中。

真情谱写亲民曲

——记湖北省蕲春县十佳人民公仆许正清

裴志明　吴祖平　吴仲生

2006年11月17日,蕲春县十四届人大常委会19次会议上,县广播电视局局长许正清被授予"十佳人民公仆"。2008年1月31日,他当选为蕲春县"十大贴心人物"。他担任局长四年来,勇于创新,兢兢业业,无私奉献,在平凡的岗位上,践行着一位人民公仆的责任和使命,用大爱无私的真诚和奉献,谱写出爱民、亲民、为民三部曲。正如该县广播电视系统职工所言:"如果说许正清是一部书,那么书的扉页上一定会写着八个大字:务实、创新、廉洁、亲民。"

爱民曲:一心一意总关切

2004年3月,38岁的许正清从蕲北的大同镇调到县广电局任局长,他深知,组织上交给的这副担子不轻!面对当时广电系统3702.85万元的债务和"摊子大、关系杂、网络差"的实际,他不气馁、不畏惧、不怕难。

怎样改变现状?怎样服务群众?许正清在思考,广电人也在思考。要改变现状,走出困境,必须以人为本,更新观念,抢抓机遇,加快发展。很快,一个切合实际的"强县、壮乡、通村、入户、富民"的事业发展战略被提出,并确立了"围绕三贴近,唱响主旋律,辛苦我一人,换了千万家"的行业服务主题和“村村通”、“组组通”、“户户通”的建设目标。

许正清深知,搞好团结、服务群众是一个单位发展的关键。多年来,不管在哪个岗位,他都善于摆正自己的位置,正确处理上下左右关系,履行工作职责,给系统创造了良好的发展环境。他真诚待人,关心他人,对人对事,坦诚相处。多年来,他即使工作再忙,组织党员干部学理论、学业务、学先进始终如一. 被市委评为“十佳学习型干部”。

“脑中有政治、胸中有市场,手中有实力、心中有群众”是许正清的为政之要。广电要发展,必须内强素质,外树形象,工作中,他十分注重发挥群体功能。坚持民主集中制,集体“拍板”,不搞“一言堂”,充分发挥每个人的潜能。做到各尽其能,目标到人,责任分工,奖惩分明,把干部的工作任务转化为干部的自觉行动。

“群众盼什么,我们就干什么;群众厌什么,我们就‘变’什么,真正把广电事业做在群众的心坎上。”许正清在“创建学习型单位、构建和谐广电”动员大会上掷地有声地说。

围绕百姓“盼点”,形成工作“干点”。广电局建立了为民、务实、精干、高效的群众工作机制,积极做好群众来信来访、社会治安综合治理、扶贫济困、新闻宣传及和谐文化建设。成立了“加强群众工作联系,促进广电工作稳定”领导小组;以维护好群众利益为依托,组建了群众来信来访办公室、维护社会稳定办公室、解决群众困难办公室及和谐广电建设办公室;以各乡镇站为运作载体,设立了15个群众事务,广电服务工作站,建立了民意表达、问题排查、矛盾化解,服务督办、责任追究等五大机制,坚持周六例会,变上防为下访,把问题解决在矛盾之前,把矛盾消灭在萌芽之中。营造了“广电事业专人抓,群众事务专人管,公益活动大家办。一心一意谋发展”的良好服务氛围。

“坚持一主三化,构建四大格局”,是县委、县政府的工作方略;“和谐蕲春话平安,服务建设新农村”。是蕲春百姓的呼声。为了打造地方强势媒体,他找准党和政府工作与人民群众现实需求的结合点,把最广大人民群众的根本利益作为出发点,把落实“三贴近”作为宣传工作的落脚点。做到统筹规划、精心策划、全面谋划,结合实际组织开办了《蕲春新闻》,《百姓生活》,《法治在线》等14个广播电视专题节目,还先后在《蕲春新闻》中开办了《坚持一主三化,构建四大格局》、《阳光政务》等8个专栏节目,特别足《阳光政务》栏目。以体现县委、县政府“为民、务实,清廉、高效”的执政新风,突出“百姓利益无小事”的报道准则,设立了“感受干群零距离”、“部门服务零障碍”、“连接县长信箱”、“聚焦经济110”等7个小板块,每天一期,办出了特色,办成了精品,影响大,收视率高,被群众誉为蕲春百姓的“吉祥三宝”。2006年11月,中央电视台、光明日报、湖北日报,黄冈日报等多家媒体纷纷在重要时段和显著位置,报道了该栏目的作法。许正清不仅组织完成30多场次中心重大活动的现场直播,而且经常为中心工作撰写电视评论和广播杂谈。2006年播出587件信访热线,现场答复解决41件,县长督办解决59件、转交部门办理487件,做到了件件有落实,事事有回音。2007年初,他组织开办了“百姓局长面对面”专栏,构建了民众与政府心贴心的平台,备受百姓喜欢。从宣传中为百姓现场解决难题288件次。化解群众矛盾61件次。

为民曲:一枝一叶总关情

为加快广电事业发展,服务新农村建设,许正清按照县委、县政府交办的“三个10实事”目标任务,大力推进“强县、壮乡、通村、入户、富民”的发展战略,全面实施有线“村村通”、“户户通”工程建设。为让全县人民更好地收看电视,他将各乡镇有线网络全部进入广电主干网,实现了统一规划、统一投入、统一论证、统一施工、统一维护,统一管理的“六统”大融合。抢抓第三期广播电视“村村通”工程建设机遇,先后滚动投入1380万元扩大城乡光纤有线覆盖网,促进了城乡网络一体化的配套扩张。3年架设乡村光纤杆路2000公里,光节点413个,光纤有线信号通村519个,通村率达95%。全县的HFC网也形成规模效应,广电宽带业务集团联网28家,个体用户已发展到2000余户,集中收回原私营社会网点58个,全县实现有线电视用户11万户。

2006年6月初,他接到青石镇群众来信反映电视信号差,为了及时解决问题,他亲自到青石站督办,组织专班,集中人力,用4个月时间开展技术标准化规模整网,先后筹措资金30多万元搞整改,使过去信号长期差的桐梓、高溪等10个村4000多户农家能看上高清晰的电视节目。

为了解决与武穴市交界的方铺村农民收看电视难,他调拨专杆、专线,指导刘河站立杆架线45公里,把有线电视光纤信号送到槽岗山脚下,100多个农户安装了有线电视。

2006年初,局信访室接到边远山区狮子镇群众来信反映:社会网点服务态度差、有线信号质量差。为尽快解决百姓看电视难,他多次下乡调查研究,听取群众意见,召开专题会议,调配新站长,筹措资金30万元,对社会网点实行光纤联网,并将15个社会网点依法依规全部收回管理,规范服务要求,加大整网力度,确保了网络质量达标,电视信号清晰。

"不以善小而不为"是许正清的座右铭。商业大楼70岁的方昔忠老人,因家里电视机坏了3天,每天晚饭后望机兴叹。2007年4只13日晚上8时许,他抱着试试看的心里。托人给许局长打了个电话。许正清立刻联系有线台值班员当晚上门将老人的电视机修好,未收一分钱。看上了清晰的电视节目,老俩口逢人便感激地说:"没想到,广播局的许局长这么负责任,一个电话解决了我的心病"

2006年12月4日上午9时许,县运管所67岁的退休老人田光生,在家门口的马路上拾到一个装有5803.20元现金的皮包,在找不到失主的情况下,找到许正清。他立即通知电视台,委托记者寻找。经过电话多方联系,电视字幕寻物,一掉一还,追寻两县,次日下午,终于在浠水县散花镇找到失主涂新荣。捧着失而复得的钱物,小涂感动的泪水夺眶而出……

亲民曲:一朝一夕总关心

尽管有线电视信号"村村通"推进很快,但全县农村的一部分"五保户"、"特困户"无钱购买电视机,无钱支付有线电视安装材料费,成为"村村通"中的一个特殊"盲点"。

为保障社会弱势群体也能收看电视节目,2006年6月,广电局在民政部门的配合下,对全县15个乡镇办,逐村开展"五保户、特困户、低保户"为主要对象的弱势群体调查,并通过信方贷、集体筹,站里贴等多种途径。对全县境内1768个五保户和1300个贫困户,减、免有线电视初装费和收视费98.5万元。

接上有线电视信号,缤纷多彩的电视节目顿时让狭小的房间里亮堂起来。2006年7月27日,大同镇何铺村71岁的五保老人田祥兵望着刚摆上桌的彩色电视机,激动不已:"看到这样好的电视节目,就像在做梦!"当天,与田祥兵一样。该县北部山区青草坪、流芳等13个村,田中国、刘友志等30十五保户、特困户在炎热的夏日里收到了这份特殊礼物,一个个脸上写满了笑容。许正清说:"落实党的政策,体现社会的关爱,让贫弱者分享社会发展成果,广电人义不容辞!"

"善待用户,常怀感恩之情"是许正清做好社会服务的理念;"诚对群众,常葆责任之心"是许正清做好群众服务的准则。为了让用户满意。他指导建立了部门服务的长效机制,坚持领导围绕基层转、后勤围绕前勤转、工作围绕目标转、服务围绕用户转。实行窗口服务全天候,行业服务零距离,上门服务零障碍,执法服务人性化。他在全系统推行"首问制",建立了"行为规范十不准"、"优质服务十做到"。通过窗口服务、上门服务、温情服务、零距离服务,真正做到了"用户有难我热心,用户急躁我细心,用户批评我虚心,用户烦恼我耐心"全县城乡实现了"同网同频同价同质效、加网加台加时不加价"的网络传输新格局。据统计,仅2006年,投入348万元,为边远山区群众安装了有线电视13679户,解决了农民收看电视难;捐资3万元,捐书近1000本,为扶贫住点的大同村建起了图书室:减免了98.5万元,为全县1768个"五保户"和1300个贫困户安装了有线电视:拿出30万元,向蕲北山区的檀林、大同等13个村的"五保户"、"特困户"赠送彩电37台;在关爱女孩行动中。捐赠1万元;对38件来信来访和1.3万次热线电话,做到了件件有落实,事事有回音。

他待人真心,做事细心,时刻关心职工疾苦。每逢干部职工及家属生病,干部职工家里婚丧嫁娶,他都要亲自上门慰问……,3年间,许正清为贫困户和困难职工家属解决实际困难100余件,组织献爱心活动13次,救助贫困学生3人。

3年来,许正清在广电事业建设和发展的道路上,用创新铸就了事业的辉煌,用真诚谱写出和谐的篇章。实现"三增一减":有线电视发展用户11万户,净增5.1万户;营业收入总额6358.2万元,比2003年净增5089.4万元;职工人平年均收入由2003年的800元增长到1.5万元。资产负债总额由2003年3702.85万元,减少到1750万元。

情系广电撷明珠,发展硕果满枝头。近年来,县广电局先后被中宣部,国家计生委等八部委授予"婚育新风进万家活动先进单位",被省政府授予"全省广播电视村村通先进单位",被市委、市政府授予"全市文明单位"、"全市广电系统先进单位"、"全市创建学习型单位先进集体"、"全市卫星电视管理先进单位";连续3年被县委、县政府授予"先进基层党组织"、"宣传思想工作先进集体"、"党风廉政建设先进单位”、“最佳服务满意单位”等。许正清个人也被黄冈市委授予“优秀党务工作者”，被县人大常委会授予“十佳人民公仆”，当选为蕲春县“十大贴心人物”。在中共蕲春县第十三次党代会上，当选为县委委员；在县人大换届选举中，当选为县十五届人大代表。

珠光熠熠映民心

——记湖南常德市第五届人大代表、汉寿县天湖珍珠有限公司董事长向远德

湖南省汉寿县人大常委会　田明时

20多年前，他是湖南省汉寿县水利系统一名普通职工。

上个世纪80年代，随着改革开放的号角吹响洞庭沅澧大地，他丢下铁饭碗，致力于水面开发，大力推进珍珠养殖技术的探索和创新，闯出了一条康庄大道——他就是常德市第五届人大代表、汉寿县天湖珍珠有限公司董事长向远德。

面对市场经济的强烈冲击，向远德凭着长期从事珍珠养殖与加工、销售的实践与胆识，勇于开拓创新，带领着当地老百姓养珠致富。

尤其近几年，他投资2000多万元在县城、省里建成珍珠养殖基地8个，养殖面积近万亩，存池珍珠蚌800万只，年生产水珍珠100吨以上，养殖面积和吊蚌数量已占全县的1/10，在常德乃至湖南省均名列前茅。

同时，他的公司聘请12名经验丰富、管理能力强的技术骨干，起草了《湖南省淡水无核珍珠养殖技术规范》地方标准，并已由省标准计量局颁发。公司还创造了四龄蚌12只产珠500克的高产，粒在3毫米以上的奇迹，居全国同行领先水平。

近年来，向远德又领导全公司本着诚信经营的宗旨，先后与美国珠宝商、香港珍珠商会等建立联系，达成珍珠及其饰品产销的意向性协议。2006年，公司购进现代加工设备40台(套)，总投资上千万元，建起一栋集珍珠加工、营销和办公于一体的综合珍珠大厦。

目前，向远德所创办的珍珠公司已成为我省集珍珠养殖、产品加工及销售较大的珍珠引进的民营企业，也成为了该行业的一面旗帜。

向远德常常想，人民选我当代表，是对我极大的信任，那么，我能拿出什么实际行动来回报广大人民群众呢？把珍珠民营企业办好，带动群众致富奔小康这是一方面。如果我仅仅只从这一个方面作出努力，显然是不够的呀，我还应积极为民代言谋事，积极参加代表小组活动，切实履行人大代表的神圣职责才是啊！

向远德是位说一不二，说到就要做到的人。不管是在人代会期间，还是在人代会闭会期间，他都认真行使自己的民主权利，维护人民群众的利益。

向远德在十分繁忙的情况下，经常挤出时间，参加人大常委会组织的多种视察、调查和检查。他还注重在接待选民、走访选民以及日常的工作和生活中，认真搜集广大选民关心的重点、难点及热点问题。无论群众反映什么问题，他都详细记录，而且还注意把报刊上刊登的有关材料剪摘下来，分门别类、整理、分析，分清哪些是广大人民群众最迫切要求解决的，哪些又是上级政府必须向群众答复解释的，然后在人大会上提出建议与意见，或写成代表议案向大会提出。因此，他提出的《关于做好环境保护，发展珍珠产业》、《关于优化经济发展环境，促进民营企业》等建议向市人代会提出后，都引起了市人大、市政府及相关部门的高度重视，有的及时解决，有的及时给予回复，有的被提上了政府的重要议事日程。

“当人大代表就要心系群众，竭力为群众排忧解难！”这是向远德近年来履行人大代表职责的肺腑之言。向远德的家经常客来客往，除公司同事外，还有不少周边的人民群众，他们都是向向远德代表反映问题的，要求向远德代表替他们呼吁解难。

今年初，乍暖还寒的时候，本县龙阳镇的10多名居民前来反映，镇农民街有段路路面破烂，街道两边的下水道淤积堵塞，污水横流，车辆行人不便。向代表听后，抽时间实地察看，继而以一个人大代表的名义，分别向县、镇政府建议，呼吁解决部分资金，然后自己还拿出上万元资金，仅一个半月将这

条路修葺一新,重现了昔日洁净的面貌。事后,当地居民说:“向代表为咱百姓办事,是俺信得过的好代表。”

致富不忘回报社会,是向远德最大的心愿与崇高的品格。这些年来,他先后捐资40多万元,为1200多户农民发展珍珠养殖,捐资80多万元,修筑乡村小学和铺设水泥村道,捐资5万多元,逢年过节慰问五保户、贫困户。

这些年来,党和人民没有忘记向远德无私的奉献。他的公司先后被评为省、市农村经济明星大户,他本人被选为汉寿县珍珠协会会长,省、市珍珠协会副会长,第四届常德市政协委员,常德市第五届人大代表,湖南省和常德市劳动模范、常德市优秀中国特色社会主义事业建设者等荣誉称号。

明星代表润民心

——记湖南常德市第五届人大代表、汉寿县春华轩餐饮服务有限责任公司总经理吴明星

湖南省汉寿县人大常委会　田明时

在洞庭水乡汉寿,一提起常德市第五届人大代表,汉寿县春华轩餐饮服务有限责任公司总经理吴明星,人们便啧啧称赞:他呀,确是俺平民百姓的好代表、人民群众的贴心人。

吴明星四十出头,血气方刚,头脑机灵,善抓机遇,敢想敢干。上个世纪七十年代末,高中刚刚毕业的吴明星,带着满脸的幼稚,跨进了汉寿县春华轩酒楼的大门。春去秋来,一干就是30年。2000年在春华轩酒楼推行“两个置换”的关键时刻,他义无反顾地留了下来,与员工们一道克服重重困难,在全县率先进行了股份制改造,成立了春华轩饮食服务有限责任公司,为汉寿这个“百年老店”重振雄风,苦心思索,经营创业。针对春华轩酒楼设施陈旧老化,市场竞争日益弱化这一现实,他带领员工们采取招商引资、扩股集资、多方融资等办法,先后投入500多万元经过4次扩建改造,现已建成餐饮住宿、休闲娱乐、食品加工为一体的六层楼的综合营业大楼,其中有3个气派的宴会大厅,17个豪华餐饮包房,高档的配套设施样样齐全。营业面积由改制前800多平方米扩大到现在的3000多平方米,国家税收较改制前增加了10多倍,安置下岗职工130多人,为了把酒店做大做强、品牌提升,他审时度势,果断决策,于2006年成功托管了京天大酒店餐饮部。在搏击商海的历程中,由于吴明星的开拓创新,春华轩不仅成为汉寿餐饮行业的龙头,而且固定资产净增300多万元,累计上缴税利200多万元。

严格管理是酒店发展的根本,只有严格管理酒店才能立于不败之地。在管理方面,吴明星始终坚持两手抓,一手抓菜品质量的提高,一手抓服务质量的提升。首先严格把住“三不关”,即不合格的原料不入库,不合格的半成品不转入下道工序,不合格的菜品不上桌。从产品质量这个源头抓起,保证了菜品质量的标准化和规范化。其次,广开门路纳贤才。人才是酒店发展的根本,学习是酒店发展的源泉。他通过各种渠道引进高素质管理人才,坚持任人唯贤的用人原则,采取“走出去,请进来”的方式,有重点的组织员工进行学习培训,先后到衡阳、岳阳、长沙的同行业学习取经,请湘菜大师许菊云、聂厚忠,常德优秀服务技师彭敏丽等来酒店指导工作以提升企业员工的综合素质。在他的带领下,2004年,酒店“传统炒粉、黄焖芦鳝、手撕小鳖”荣获“常德名菜”称号。2006年,配合县三产办成功举办了“龙阳十大名菜”评选活动。2007年,参加常德市“三名一星”评选活动,春华轩酒店被市政府授予“常德餐饮名店”称号,并取得了二道名菜、一个名师、三个服务名星的佳绩。2008年5月,在首届湖南国际湘菜文化美食展览活动中,春华轩被评为“湖南湘菜名店”。2008年11月,参加“第六届全国烹饪技能竞赛”获银奖,“龙阳一品甲鱼”获湖南“牡丹卡杯”第二届创新菜大赛金牌菜。

吴明星经常说:“当人大代表容易,当称职的人大代表很难,特别是我们这些企业负责人,在经营、忙管理、忙服务的情况下,要当个合格的人大代表很不容易,必须经常认真学习,牢固树立代表意识,不断提高自身素质,增强执行代表职务的能力。”近些年来,他总是不断为自己“充电”。在学业务的同时,特别注意学习有关法律法规,阅读省、市人大

常委会的各种刊物,从中了解和熟悉各级人大的工作动身和政策方针,为日常工作中认真履行代表职责打下良好的基础。

吴明星懂得,当人大代表就是要以替人民说话、为人民办事为己任。因此,他不管怎么忙,只要县人大常委会或代表小组召集他开会或开展活动,他总是积极参加。这些年,他除了按时参加每年召开的市、县人民代表大会外,还20多次积极参加代表调查、视察和代表小组活动。他还坚持挤出时间走街串户、走访选民1800多人次,对广大居民群众的意见和建议进行筛选、集中,先后把那些重大的、带全局性的问题,整理成了20多条议案、建议、批评和意见,由大会主席团交给政府及其有关部门办理后,大部分都产生了良好的效果,有的还为政府领导决策提供了依据。如2008年1月,在常德市第五届人民代表大会第一次会议上,他单独或和其他代表联名提出关于优化经济发展环境、大力扶持发展民营经济等5条建议与意见就获得了大会主席团好评。

吴明星作为一名地地道道的平民百姓的儿子,对人民群众怀着一种深沉关切和体贴之情。当上总经理和人大代表之后,倡导人性化管理,提倡关爱员工、与员工沟通、尊重了解员工个性、内心需求。员工工作上有什么情绪就主动找他谈心,生活上有什么困难就积极帮助解决,家里有什么红白喜事他总是亲自到达,技术上有什么难题他手把手的教,就连员工子女上大学都给予奖励并派车送达。他用自己的宽厚与仁慈善待每一个员工,用自己的实际行动与优秀品德感染着每一个员工,赢得了全体员工的信任与拥护。

明星代表润民心,一份耕耘一份情。这些年来,吴明星致富思源,富而思进,具有较强的社会责任感。他情系社区,关心弱势群体、下岗职工,积极参与新农村建设。以一个企业家的胸怀谱写了一曲曲乐于奉献,感恩社会的乐章。近六年来,为社会培养和输送了餐饮技术人员100多名,支持社区和新农村建设捐款9.5万元,为原航运公司特困职工史道美发动员工资助2万元,结对资助两名贫困学子上学,支持毓德铺、岩汪湖等乡镇村级公路建设和产业发展捐款上万元,向四川汶川大地震灾区捐款一万多元。每年春节,他总是自己掏钱上千元,带着礼品物资与居委会负责人到五保户、贫困户家里走访慰问。2002年地,走访调查了解到下岗职工刘建华的女儿无钱上学,妻子体弱多病,家里负责1万多元,便上门到他家里送上500元钱,解决了他女儿上学的费用,后来又把他安排到酒店做事,每月工资800多元。第二年,还帮助他还清了历史老欠债,治好了妻子的病。刘建华万分感激,逢人便夸吴明星真是他们的贴心人。

厚德载物创伟业,领潮发展写春秋。这些年来,党和人民没有忘记吴明星无私的奉献。2002年11月和2008年1月,他先后被当选为汉寿县第十四届人大代表和常德市第五届人大代表,近年来又被授予"汉寿县十佳优秀党员"、"常德市劳动模范"、"湖南省优秀民营企业家"等荣誉称号,10多次受到市、县政府表彰与奖励。

一尊尊奖杯,一块块匾牌,一本本荣誉证书,凝聚着吴明星的执着追求,浸透着他的辛劳和汗水,记载着他的敬业和创业精神。面对荣誉,他仍保持着平凡,他固步自封,不骄不躁,不满足,他将以更加饱满的工作热情,崭新的工作姿态,求实务实的工作作风,敬业奉献的创业精神带领公司的全体员工高举旗帜,紧紧围绕党的十七大提出的各项目标和任务,苦干、实干、同心干,搏击市场扬风帆,继往开来写新篇。

立足沃土创伟业　扎根桑梓献爱心

——记枣庄市人大代表、西岗镇栾庄村党支部书记、村委会主任满孝广

马文珍

满孝广,一位扎根基层、干事创业、回报社会、强村富民的农民企业家.在市场经济中他是勇立潮头、不畏风雨的弄潮儿,在村官这个位置上,他又是强村富民惠及百姓的群众贴心人。多年来,他札根农村,始终以一名共产党员的标准严格要求自己;人大代表的身份回报社会。不断创新经营,做大做

强自己的企业，不断创新管理水平，带领一方群众发家致富，凭着个人的创富经历和工作成效赢得了一方人民群众的拥护、依赖和党委政府的充分肯定。先后获得奖项省、市 38 项荣誉奖。多次被滕州市西岗镇党委政府授予纳税先进个人、优秀共产党员、先进工作者等荣誉称号。把一个远近闻名闭塞落后的穷村先后转变成枣庄市文明生态村、枣庄市经济强村。

一、解放思想，锐意进取，勇做市场经济的弄潮儿

在西岗提起满孝广，最令人折服的首先是他创办民营企业、个人创富的传奇经历。满孝广所在的栾庄村，紧靠枣矿集团蒋庄煤矿，早在上世纪九十年代，头脑灵活的满孝广就围绕煤矿做起了文章，先是购买车辆跑运输，随着客户的增加和自身信誉度的提高，他又做起了煤炭加工、营销生意，由于他本着“诚信经营，质量第一”的原则，又迅速赢得了广大客户，个人积累了一定的资金，在市场经济的大潮中掘起了第一桶金。

进入 2000 年以来，随着各级解放思想、加快发展步伐的加快，满孝广捕捉到了党的富民政策和市场经济的先机，不断解放思想，大胆创新，认为围绕煤炭单纯营销思路太窄，他开始试着进行煤炭深加工。他经过考察，发现市场对煤炭需求的等级和标准也不一样，随后萌生了创办煤炭深加工企业的想法。经过酝酿，于 2001 年注册成立了广大洁净煤有限公司，生产洗精煤、洁净煤，同时还组建自己的运输车队，招收工人 60 余人。公司一成立，迅速以质优价廉的煤炭新产品占领了市场。公司效益连年攀升。满孝广深知，创办一个民营企业，特别是深处农村基层的民营企业，要想在竞争激烈的市场经济勇立潮头，必须奉行四个字“守法、诚信”，为了做到这一点，他不惜引进人才，花重金聘请资深律师为公司法律顾问，使公司的各项生产经营都置于国家法律的范围内。几年来，没有发生一起违法违规经营的现象，聘请大学生担任企业的中层管理人才。在管理中注重以人为本。虽然在他的企业中不少是本村、本族的父老乡亲，他并没有陷入“家族”管理的弊端，而是大胆启用外来应聘人员，他招收乡邻进公司务工的最大心愿是能够解决他们的就业问题，尽快发家致富。在管理中，他多表扬少惩罚，每天上班，他都到每个岗位检查询问一遍。公司为职工设立了健康房、图书室、娱乐室等丰富职工的文化生活。在企业中成立党支部，积极发展党的组织，教育广大党员团结带领员工一心一意抓经营，聚精会神促发展。目前，该支部党员已发展到 13 人，在先进性教育活动中还取得了良好效果。目前，他所创办的广大洁净煤公司固定资产达 1000 余万元，自卸车队车辆 50 余辆，年创产值 4000 万元，为镇域经济的发展做出重要的贡献。

二、勤政爱民，锐意进取，争做人民群众的贴心人

满孝广同志自身经营企业的同时，一直还参与与村级的管理工作，1996 年至 2000 年任栾庄村主任，2002 年起任支部书记，在今年的换届选举中他又支部书记、村主任一兼挑，“一兼挑”不仅仅是责任的重大，更是人民群众对他的足够信任，自他任村干部以来，对自己约法三章“一不徇私情、二不拿工资、三不畏邪恶”，他是这样说的，也是这样做的，保持一名农村基层干部的本色。

上级号召创建文明生态村以来，满孝广认为这是为村民办实事、好事的一大体现，及时召开两委会，确定了创建文明生态村的方案，村两委按照“建设美好家园，提高农民素质，实现强村富民”的工作思路，整治村容村貌，大力发展经济，推进社会事业，创建工作取得实效，投资 120 万元（其中大部分资金是满孝广从企业经营利润中无偿提供给村集体），对村内 22 条道路全部实施硬化，达到了“户户通”硬化路标准，投资 4 万元，在村内主干道两侧栽植行道树及各类花卉 4200 余棵，围村林 15 亩，全村林木覆盖率达 41%。投资 3 万元安装路灯 132 盏，让村庄的夜晚亮了起来；投资 26 万元打深水井一眼，建水塔一座，让村民吃上了清洁水，电话普及率达 78%，有线电视入户率达 65%，实现拨号上网。依托紧靠矿区的地理优势和村内种植大棚的产业优势积极发展煤炭加工营销，交通运输和各村养殖产业。发展壮大民营企业 3 家，发展运输户 20 余家，10 吨自卸车 50 余辆，巩固发展蔬菜大棚基地 2 个，建设大棚 60 余个，年创产值 30 多万元，培植规模养殖户 8 家，年出栏生猪 400 余头，肉鸡 20000 余只。

栾庄村地处矿区，村民受经济利益冲击较大，过去村风时常出现打架斗殴和群众纠纷事件。满孝广任支部书记后，从夯实基础抓起，重抓了党员队伍管理，带领村两委干部纠风治乱，不畏邪恶，极大地维护了村级稳定，在整治的同时，他带注意精神文明创建活动，以此促进村民素质的提高。投资建成村级文化大院一处，配备了图书馆、阅览室、党员电教室和村民夜校，投资建成占地15亩的花园式文体活动场所。发掘传统文化，重新组建10余人的小柳琴剧团，每年冬闲定期演出，丰富了村民的文化生活，五保户及60岁以上的老人老有所养。全体村民办理了农村新型合作医疗，适龄儿童入学率达100%，全村呈现出积极向上的良好局面。

三、无私奉献，回报社会，甘做扶危济困的热心人

近年来，满孝广同志兢兢业业，无私奉献，全部的精力都投入到了企业发展和强村富民上。日夜奔波，不辞劳苦，创建文明生态村之初，硬化街道遇到了几名不配合村民的阻挡，他白天忙完公司的事情，晚上深入农户挨家做工作，最终用真情打动了村民做通了思想工作，使这项工作得以顺利展开。

在10余年的创业历程中，他用自己的一言一行、一举一动忠实地实践着入党誓言，用创业建功，奉献社会的追求升华着自己的人格魅力，“敬业、诚信、守法”的人生信条，亲身实践了“三个代表”重要思想，由原来一名普通村民不断成长为搏击商海的优秀青年企业家，为西岗镇物质文明、精神文明和政治文明建设做出了突出贡献。满孝广同志把“生命是一团火，只要燃烧就要放出光和热”作为自己的人生座佑铭。几年来，矢志不渝地把“实施民心工程，积极回报社会”，当成促进企业良性发展的重要源泉和自己奋进的航标。在搞好公司发展的同时，热心支持兴办公益事业。2000年三秋生产，他出资8万元为栾庄村300余户村民购买了化肥等农资。2001年，他个人出资40万元硬化了从村到外界的路面，为全村200多名学生外出就学提供了方便。连续多年中秋、春节两大节日为全村孤寡老人、失去单亲、双亲的家庭给予平均在500元以上的无偿资助。一年来，个人慈善捐款，捐资助学达30万元，每年为村驻地学校南孔学校捐款达1-2万元不等。他选定村内10名贫困女童表示从2003年起，每年捐款3000元和学习用具帮助他们完成九年义务教育，并且愿意资助他们中的优秀学生一直到大学毕业。同时，还为失去双亲的葛文文捐款5000元。他的义举带动了西岗镇其他个体私营企业主加入到捐资助学、报效社会的行列中来，他的义举善事已经成为栾庄及附近村民街头巷尾的美谈，在2008年的镇慈善一日捐中又一次性捐出10000元，被镇党委政府授予“爱心公民”荣誉称号。

满孝广同志用他搏击商海的智慧和为党的农村事业无私奉献的忠心，无声地诠释着新时期一名共产党人、一名青年企业家、一名优秀村干部的真正风采，深刻地实践着三个代表重要思想，以实实在在的创业成就和工作业绩，赢得了一方百姓和党委政府的普遍赞誉。

孜孜不倦为民谋利

——记宜昌市和长阳土家族自治县人大代表赵运红

湖北省长阳土家族自治县人大常委会办公室　刘光红　杨祖勋

素有“巴人故里”之称，集“老、少、山、穷、库”于一体的长阳土家族自治县地处云贵高原东延尾部向江汉平原过渡地带，地势西高东低悬殊。鄂西巫山余脉和湘西武陵山余脉由西北、西南方向切入县境，构成了一系列山体，致使境内丛峦叠嶂，绵延起伏，举目所见，遍地皆山。为让“沉睡千百万年的大山”醒过来，成为土家农民的“金山”，宜昌市第四届人大代表、长阳土家族自治县第五至七届人大代表、湖北省长阳土家族自治县龙舟坪镇龙舟坪村党支部书记、村委会主任赵运红同志以满腔的热情和朴实的作风，在平凡的工作岗位上干出了一项项骄人的业绩，赢得了土家山寨群众的口碑，她先后受到镇、县、市各级21次表彰，被市委授予“十佳村党组织书记”、土家“十大女杰”、全县“优秀人大代表”等荣誉称号。

“作为一名人大代表，只有心系百姓，时时关注农村发展，让百姓走上致富路，才对得起村民百姓的信任和重托。”

2002年，赵运红担任县城脚下龙舟坪村的村主任，2005年村组合并被选举为该村历史上第一位书记、主任一肩桃的女“村官”，先后被选举为自治县五、六、七届人大代表，2006年被推选为宜昌市第四届人大代表。

作为一名人大代表和村支部书记、村委会主任的赵运红，面对党和全村土汉儿女的殷切期望，一种强烈的使命感和责任感由然而生，她觉得只有村级经济富裕，才能带来全村群众致富。上任以来，她团结依靠村委会这个强有力的核心，紧紧抓住农业增效、农民增收这个重点，确立了“依托城区强民营，突出发展抓重心，改善设施强基础，城乡互动共发展”的总体思路，使城郊经济发展迅速，基础设施建设全面加强，村民的生活水平显著提高。全村经济年收入递增速度达25.5%以上。2007年全村社会总产值达4.88亿元，人平纯收入年递增8%以上，达到4858元，城郊经济得到迅猛增长。截止2007年底，全村个体经营户发展到1335户，从业人员1450人；民营企业12家。引导农民建起了环城北路大通道餐饮经营服务行业，餐饮经营服务达20多家。同时以清江奇石苑为窗口，以“白山”公路为依托，建起了清江奇石加工销售“一条龙”经营服务，现已发展到20多家。她针对该村人口众多，土地极为稀缺，农村剩余劳动力规模巨大的实际，确立了“北上南下”的劳务输出路子。以村劳务输出办事处、劳务基地为依托，对外出务工人员实行全程跟踪管理服务，全村现已输出劳动力近1800多人，年创收入500万多元。

“农业发展了，农村经济就发展了，农民小康了，龙舟坪村就进入小康了”，这是赵运红的心里话，这些年，为了使全村人民的日子过得富裕，作为市县人大代表、龙舟坪村的支部书记、村委会主任，她感受到一方百姓对她的期待，感受到一份沉甸甸的责任。

针对龙舟坪村人多土地少，农业结构不合理的实际，她带领村党支部一班人，深入研究，集思广益，提出了“依托县域调结构，多业并举共致富，齐心协力富农户”的发展思路。至此，龙舟坪村在农业结构向合理化调整的过程中迈出了坚实的一步。如今的龙舟坪村桔柑面积已达1050亩，常年产量150万斤，城郊低山蔬菜面积500亩，其中精细蔬菜100亩，总产量达150万斤。农业养殖初具规模，2007年出栏生猪7000多头，家禽100000多只，特种养殖大户1家，生猪100头以上2家，养鸡大户1家。为确保农产品优质、优价，她采取对每个农户留一个联系电话，按“种、养、加”分类，定期发送自然灾害、防病、治病、疫情播报等信息，受到广大村民的高度赞颂。目前，该村已形成了“山坡栽花果，平地种蔬菜，空房搞养殖，处处是银行”的致富格局。

“作为人大代表，就要为民代言，积极为村民排忧解难，尽力为群众做些力所能及的事情。”

龙舟坪村位居县城区，有4条村级小区公路由于没有实行硬化，“下雨走路一身泥，天晴走路一身灰”，被当地群众戏称“光灰”大道，群众行车走路极不方便。近两年，赵运红和村支部一班人，采取实干、苦干和巧干的办法，在采取向有关部门争取扶持一点、尽量压缩村级开支挤出一点、发动群众投工投劳再节省一点办法的同时，向上级请示汇报，抓住全镇通村道路硬化工程建设机遇，集资100余万元将这几条近5公里的公路铺成了水泥路，许多村民动情地说：“赵代表修通了‘光灰’路，树起了党的‘光辉’形象，这样的代表才是我们的贴心人”。

赵运红时刻关心群众疾苦，处处为民解难排忧，用一个平凡女子的真情感动着当地老百姓。该村五、六组位居么磨岭，有260个农户，由于山高，1000余人饮水困难，尤其是水价要比同城区的高出3倍多，人民群众反映强烈。赵代表及时会同县直有关代表提建议、写提案，多次到县直相关部门求援。2004年，在县直有关部门的大力支持下，投资68万元，建水池400立方米，架设管道9620米，不仅解决了这两个组农户的饮水问题，还一同解决了县直5个单位和清江中学近8000人的饮水困难。

赵运红深入群众了解其热点、难点问题，排查疏理各类矛盾，做到好事办成功，件件有着落。身为村支部书记、村委会主任的赵运红，最牵挂的是居住在本村的困难群众和弱势群体。这些人一有困难就找她，成为全村特困群众的“主心骨”。她要求每一名村委会干部要联系特困户、新灾户2户以上，贫困户不脱贫，联户就不脱钩，她经常带领村委会成员到组入户了解情况，并结合实际，制定一系列扶贫帮困措施。她自已带头联系本村最困难的组、最困难的户。该村二组农户沈宏军家庭特别贫困，由于沈宏军妻子是智障人，且常年生病，一家生活全靠沈宏军做零工度日，且居住房屋多处漏雨。赵运红了解情况后，多方面帮助该户争取资金，向有关部门反映情况。2004年下半年，得到了各级部门的大力支持，村委会自筹了一部分资金，给沈宏军把房屋改造成混凝土居住房，下雨下雪都不怕了。2005年上半年，赵运红帮助该户发展生产，为该户送去仔猪，鼓励他自力更生，走科技致富之路。目前，沈宏军家庭生产生活有了一定的发展。一组特困生胡肖，父亲因家庭困难大，2004 年自缢身亡，母亲与父亲长期不和，跑到很远的地方去打工，2004 年下半年，胡肖无人管，没有学费上学，即将辍学，赵运红得知情况后，迅速和清江中学联系，并垫付了胡肖的学费。胡肖受助及时入学，随后她又和该组组长一起，联系胡肖的母亲和主要亲属回来，研究胡肖今后的上学问题。赵运红对胡肖母亲教育孩子不负责的态度进行了批评，并和她进行了思想沟通，胡肖的母亲被她的真情所感动，感激地说：赵主任，你才是我心目中真正的好干部，今后我要当好一名母亲。近年来，龙舟坪村每一个特困家庭都有她的足迹。“少一个特困户，让村民都过上富裕生活”是她任期目标之一。该村二组农户李书爱是一个贫困户，赵运红把他作为自己长期的帮扶对象。去年，在她的帮助下，李书爱开始做起了蜂窝煤，年底还杀了两头年猪，年前，赵书记还给他家送去了过年钱。这一桩桩、一件件实事，无不诠释着赵运红高度的工作责任感，更体现出她亲民、爱民、为民的崇高思想境界。

“我能当选为人大代表，走上村级领导岗位，是人民群众对我的信任，既然老百姓选了我，我就要为全村人民负责。”

近年来，中央连续出台了一系列惠农政策，给新农村建设带来了前所未有的大好机遇。但合村并组后，村组范围扩大，村组干部大量减少，如何巩固党在农村的执政基础，实现对农村的有效管理？赵运红以农村公民思想道德建设为突破口，从2005 年开始，坚持在全村广泛开展公民思想道德建设“三建一创”（建道德规范、建道德档案、建道德理事会、创和谐民风）活动，找到了密切干群关系、巩固村级执政基础的有效管理模式。2006 年，“三建一创”获得全市宣传思想工作创新奖；2007年，“三建一创”被省委宣传部在全省推广。

赵运红常说：“我能当选为人大代表，走上村级领导岗位，是人民群众对我的信任，既然老百姓选了我，我就要为全村人民负责。”她上任后，一是健全完善片区管理制度。每个片区一般辖 20－30 个农户，由群众推荐当地威望较高、群众信得过或主持红白事的人担任片区负责人，即片区理事，由片区理事负责组织农户开始活动。全村共划分片区 20 多个。“三建一创”活动以片区为单位对农民实施教育和管理，极大地提高了农民的参与热情。全村有 2000 多农户参与创建活动，参与率达 98% 以上。二是健全完善学习整改制度。将每周的周一定为“三建一创”活动“学习日”，在学习日期间，以片区为单位组织群众集中学习，展开讨论，查摆问题，并针对存在的问题落实整改措施，扎实进行整改。三是健全完善道德档案制度。为每位农村公民建立了道德档案，按照县统一设计和印制的文本，一户一档，一人一联，一管五年，主要记载每个公民遵守《长阳土家族自治县思想道德行为规范》16 条（爱党爱国、遵纪守法、顾全大局、勤劳朴实、诚实守信、与人为善、邻里团结、讲究卫生、爱护公物、保护环境、文明礼貌、奉献社会）和村规民约的状况，道德档案由片区理事根据群众评议结果进行填写，经村党组织审核认定后，村委会统一集中保管。四是健全完善理事述职制度。由片区理事组成村级道德理事会，制定道德理事会章程，其职责是化解农村干部矛盾和纠纷，维护农村稳定。建立“公民道德理事会活动室”，挂牌开展工作，建立道德理事会工作记录和理事述职制度。道德理事会一季度召开一次碰头会，半年一次述职，一年一次总结评比，为增强村民对村班子的沟通、理解和支持，每年以“龙舟村务”报的形式，总结全村上年度的工作，明确下一年度工作计划，公开年度财务情况，收到了“公开、公正、便民、快捷”的良好社会效果。五是健全完善成果运用制度。为创建和谐民风，通过开展农村公民思想道德建设活动，解决了农村思想道德领域存在的突出问题，实现了村风民风的明显好转，达到了“五无”目标（即无封建迷信、大操大办、聚众赌博；无虐待老人、遗弃子女、家庭暴力；无政策外生育、鉴定胎儿性别、遗弃婴儿；无违法乱纪、粗鲁言行、邻里纠纷；无集体上访、越级上访、无理缠访）。

一份耕耘一份收获，赵运红的付出收获了土家山寨群众和百姓对她的认可和信赖，也受到了上级的肯定和表彰。她共获得镇、县、市的 21 次表彰。

稳把方向盘的人

——记安陆市优秀人大代表李念松

湖北省安陆市人大办公室　刘永华

他无论是当司机、当厂长、当经理,还是当代表小组长,只认一个理:向着既定的目标,稳把方向,一往无前。他就是年逾五旬的优秀市人大代表、安陆市汽运总公司总经理李念松。

他1971年1月参加工作。先后任安陆(县)市汽车站货运站站长、客运站站长、汽运公司副经理,汽修厂厂长、汽运公司经理、汽运总公司总经理。安陆市第五、六届人大代表,2006年被评为优秀人大代表。2000年、2002年、2006年先后被评为安陆市、孝感市、湖北省劳动模范。

(一)

李念松16岁到县汽车站工作。他"文明行车、安全礼让",稳把方向盘,获得一致好评,1980年被提升为县汽车站车队队长兼调度,1987年5月被提升为汽运公司副经理。

1993年底,一纸调令将李念松调到资不抵债、濒临破产的汽修厂任厂长。上任后,他把脱困作为工作目标。他大刀阔斧,裁减冗员,实行按劳分配;改善服务态度,提高维修质量,降低收费标准,很快赢得了市场。汽修厂当年创产值48万元,实现利润4.9万元。重新树立了企业形象,被交通局评为"双增双节"先进单位。

汽修厂盘活了,老李盘红了,但新的挑战又来了。在李念松离开的三年半里,汽运公司的50多台车已全部卖给内部职工,财务帐面只有300多万元的固定资产,净负债100多万元!买到车的人自己跑运输,赚得哈哈笑。没有买到车的人生活无依无靠,准备找政府请愿要饭吃。面对如此局面,李念松再次临危受命:到汽运公司任"一把手"。交通局领导找老李谈话时,正好有一外地老板拟高薪聘请他。李念松考虑再三,服从了局党委的安排。

(二)

1996年5月,李念松回到了汽运公司。他力排众议,大胆提出了振兴企业的发展思路:转换经营机制,调整运营结构,一主多元发展企业。为使企业走出困境,增加效益,李念松扎实抓了几手。

改卖为联。就是改变公司将车辆卖光,撒手不管为公司以线路经营权控股,以经营线路为纽带的联营管理模式,让企业与职工"风险共担,利益均沾"。由于职工从公司所购车辆陆续进入报废期,公司决定贷款更新车辆,出资60%控股,逐步将一些车型老化、车辆破旧、吨位大、速度慢、耗油高的车辆报废和淘汰,用速度快、性能好、耗油低、舒适性强的影视空调车、豪华卧铺车取而代之,形成了大、中、小型车辆齐全,高、中、普级客车的配套格局,提高了市场竞争能力,夺回并巩固了安陆客运行业的"大哥大"地位。

整合资源。对营运汉口线路车辆过于集中的问题,李念松决定压缩部分车辆改营孝感、大悟等其他线路,将部分车况相对较差的长途车辆改营短途。同时,开辟宜昌、信阳、广水、云梦、广东等新线路。在开辟广东线路时,李念松四下广东,历尽艰辛,办回了9块线路牌手续,开辟了13个站点。广东线路的开通,极大地方便了数十万打工人员的出行,为当地劳务输出作出了重大贡献。2004年、2005年又相继开通了北京线、上海线和浙江温州线。据不安全统计,仅营运广东一条线路的产值,每年就达800多万元。

利益驱动下的无序竞争最容易导致营运市场混乱。对此,李念松对长途、短途营运车辆实行同线路、同车型,对省内各线实行大联营:统一票价、统一排班、统一结算、统一分配,有客大家拉,有钱共同赚,大大降低了营运成本,规范了营运秩序,提高了经济效益。

扩张主业。"加快发展城市公交步伐"既是安陆市三届人大代表建议,也是汽运公司长远发展的一部分。李念松和他的一班人以此为契机,扩张主业,很快取得了市内公汽营运资格,1996年成立了孝感市首家由汽运公司经营的公汽公司。目前公汽已开通7条线路,营运车辆60台。

在全国上下旅游业迅速升温的情况下,李念松又一次抓住机遇,于2000年8月成立了旅游出租车公司。

为适应公司的快速发展需求,汽运公司于2000年10月升格为安陆市汽运总公司。总公司下辖9个单位。2001年与孝感等8家客运公司实行联合资产重组,成立了孝感客运集团安陆涢安汽车运输有限公司。该公司被交通部评为公路运输二级企业,成为一家集长、短途客运、公汽营运、旅游出租、车辆维修、驾驶培训、洗车加油、停车住宿、购物休闲、饮食娱乐为一体的综合服务型国有运输企业。总公司现有在册职工923人,各类参营车辆200余台,其中30万元以上中高档客车126台,营运线路57条,网络除本省外,还辐射北京、上海、广东、温州、河南等地。公司拥有资产3500万元,年创产值5000万元,上缴税金60万元,跻入全省客运企业20强,各项指标在全省县市同行业中名列前茅。

兼顾副业。为盘活闲置资产,着力发展副业,走主业精,副业兴,一主多元之路,李念松和他的一班人,依托修理厂的固有优势,进一步加大硬软件建设投入。2001年该厂以绝对优势在全市公务用车定点维修招标中夺标,被孝感市运管处指定为安陆市唯一的机动车辆定点检测厂家,成为安陆市机动车辆定点"二保达标"厂家。

随着招商引进力度的加大,汽运总公司的副业欣欣向荣,蒸蒸日上。他们先后开发了驾驶员培训、洗车加油、停车住宿、移动通讯专营等项目。2002年底,引进武汉红太阳酒店管理公司。由其投资100余万元将公司所属的原交通大酒店进行装修改造;2003年3月引进中百仓储集团公司。由其投资5000万元在短途客运站建成中百仓储安陆购物中心;2004年8月招回安陆籍老板,由其投资100余万元对长途客运站剩余房屋进行改造,建成惠隆购物中心;2007年4月,引进武汉老板,建成了龙锦大酒店。这些实体不仅吸纳近500名员工就业,还为公司每年创收上百万元。

(三)

作为公司总经理,李念松准确地把握着企业的发展方向,作为人大代表、代表小组组长,他仍然把握着一个方向:那就是依法履行代表职责,组织代表活动。

2003年底,李念松当选为安陆市第五届人大代表,不久,又被开发区、综合第二代表小组代表推选为小组组长。如何当好人大代表和组长?面对这一全新的课题,李念松向书本学,向人大请教。他把代表法、湖北省实施代表法办法等书如获至宝,抽挤时间,潜心钻研。2004年初,安陆市人大举办法律知识培训班。面对春运尚未结束的压力,他提前作好工作安排,坚持了培训。

"代表小组要有活动阵地,要建活动室。"李念松按照市人大常委会的要求,腾出一楼的一间办公用房,建起了高标准的代表小组活动室。活动室里有桌椅,有各项制度,有档案柜。档案柜里有《代表履职手册》、《小组活动记载》、《代表基本情况》等资料以及有关法律书籍、《楚天主人》和其他一些人大代表读物。

为开展闭会期间的代表活动,李念松创新工作思路,除注重抓好每年的5—6次小组活动外,每年年底还开展一次小组代表述职。就是让每一位代表将自己当年依法履行代表职责,发挥代表作用的情况书面总结,在小组会上述职。述职材料一份存档,一份送市人大。2005年、2006年孝感市人大赵定炼、湖北省人大邓道坤等领导查看该活动室和翻阅各种档案后,给予了一致好评。2006年6月在市委人大工作会议上,李念松被表彰为优秀人大代表。

连任安陆市第六届人大代表和代表小组组长后,李念松热情依旧。市人大考虑到本届城区代表小组组长大多为新手,决定让李念松开展一次小组示范活动,让城区其余四个组长观模。老李爽快地答应了:"这是一次难得的学习机会。一是通过现场指导、及时指导,规范小组活动行为,提高组织能力和水平;二是借助外力,促进本组活动扎实开展。"2007年4月10日,市人大分管代表人事工作的副主任周俊萍、代表人事室主任、城区其余代表小组组长参加了观模活动。李念松按照拟定的活动议程,组织代表学习了市人大有关文件,讨论制定了本组活动制度,讨论通过了五年小组活动规划和本年度活动计划。活动结束时,预告了下次的活动地点、活动内容,要求大家提前准备。

当代表小组组长,李念松尽职尽责,让代表活动有序开展,当代表更是履行着"我当代表为人民"的诺言。"台渠倒,渠道窄,塘堰塞,农业抗旱没得辙"。针对水利设施年久失修,农业抗灾能力下降的状况,李念松深入几个农业大乡镇调研,向市六届人大一次会议提交了"全面维修水利设施,确保农业稳产稳收"的建议。他认为,要维修水利设施,提高抗灾能力,可以通过"向上争一点,政府补一点,社会捐一点,群众出一点(自愿)"的途径筹资解决。该建议观念新,可操作性强,已被市政府留作工作参考。城南琉璃瓦厂近年随着生产线的日益增加,在给地方增加税收的同时,也给316国道南城段造成了大量的烟尘污染,群众颇有微词。李念松调研时，有好心人建议他，不要向上反映，怕弄不好得罪一圈人。李念松说："作为代表，反映社情民意是自己的职责，不说，是失职。"李念松在人代会讨论发言时直陈其害：经济发展不能以牺牲环境为代价，要求重点治理，及时治理。由于准备充分，事实详实，在座的代表产生了强烈共鸣，纷纷就此发言。同时，李念松向大会提交建议。仅在市六届人大一次会议上，李念松就领衔提出了四条建议。四年来，李念松领衔和附议提交建议近30件，发挥着一个人大代表的桥梁和纽带作用。

李念松就是这样执着：认准的路，稳把方向，百折不回，尽管荆棘丛生，崎岖坎坷。但愿他一路走好。

真情为民履职　彰显代表风采

——记西安市未央区人大代表东长吊村村委会主任于正平

陈明

在未央区汉城街办有这样一个人，他性格豪爽，为人谦和，忠厚善良，内心无私，勤奋好学，乐于助人，在新农村的经济发展和经济建设中，凭借着全心全意为民办事的浓浓真情，带领着大家艰辛工作，勤劳致富，使村民的生活越来越好，近年来，他又带领着群众，抓住了千载难逢的"城北"开发的大好历史机遇，使东长吊村在这次西安火车站及郑西客运专线综合建设工程中，开辟出一块属于村民们的一块自己的天地，使东长吊村的经济发展驶向腾飞的快车道。

在于正平的血液中流淌着关中人敢于拼搏，勇于创新，决不言败的坚定信念，他永不满足的精神，才使东长吊村有着今天的经济发展大好形势。于正平1966年9月18日出生于东长吊村一个普通的善良的农家，受家庭教育的影响他从小聪明好学，尊敬长辈。1985年他从学校毕业，为了改变自己贫穷落后的家庭面貌，为了体现自己的人生价值和理想，怀着"兴办企业"壮志独自踏上了艰苦创业的历程。他打过小工，做过生意，一次次的失败，让他加深了对现实状况的认识，增强了他吸收知识的能力，他边学边干，不断的总结自己的人生经验，使自己的视野不断的开阔，精神在不断的磨炼，具备了应付各种突发事件和解决事件的应急能力，这也为他今后事业成功奠定了坚实的基础。

1988年，于正平他以超前的理念涉入了又一个新的领域——建筑行业。经过多年的艰苦努力拼打，他的事业一帆风顺，如鱼得水，使企业不断发展，不断壮大，给自己带来丰厚资金积累。同时，也产生了良好的社会效益。"天行健，君子以自强不息，地势坤，君子以厚德载物"。于正平是一个有良知的企业家，他把奉献社会，回报社会做到了最大化，在发展事业的同时，也关心着村里的发展，关怀着长吊村父老乡亲们的困难，对家里收入不好的困难人群，不管是急需看病，还是筹钱盖房的村民只要他们提出，于正平就会尽最大努力借钱给他们。他致富不忘大家致富不忘帮扶贫困村民，不忘捐资助教，关爱弱势群体，这在他身上已不是什么新鲜事了，他在村民心中有着很高的威信，他多次受到了政府和有关部门的高度表扬。

2005年9月，于正平被深爱他的村民选为村委会主任，上任后他深知自己的责任重大，要完成时代赋予的使命，要使东长吊村村民富起来，村经济强起来，建设好社会主义新农村，让村民满意，只凭自己的力量是不够的，必须依靠群众，团结好"两委会"干部，大家齐心协力才能完成。他首先狠抓"班子"自身建设，搞好基层干部团结，提高"村班子"的自身素质，不断学习，端正作风气，树立干部在群众中的威信。他还制定了一系列严格的各项管理制度，要求每位村干部，定期的汇报出学习和工作中的心得体会和交流感受，并针对村上的实际工作情况制定出相应的解决办法。在他的带领下，村里迅速、果断的帮助和协调解决了很多群众急需解决的重大问题，于正平自筹资金使东长吊村的道路得以硬化。解决了多任领导难以解决的问题，使村民盼望几十年的道路得以畅通，给村里安装了有线电视，进行了电网改造，大幅提高了群众的生活质量。受到了村民们的一致拥护和支持。

于正平任村主任后，深入细致走访群众，了解贫困户和困难户的实际问题，在他的努力下，使村上长期的遗留问题得以圆满解决，村民们个个都为他竖起了大拇指。于正平常说："只要我们干部带头，真心实意的为群众办实事，办好事，群众就会支持我们拥护我们，跟着我们干，我们就会得人心，就会越干越好！"

在党中央关于建设社会主义新农村政策精神指导下，在市委，市政府关于加快"新农村建设"重要精神指引下，于正平清醒的认识到想从根本上改变农村面貌和经济发展，帮助村民，建立稳定的收入来源，逐步的富裕奔小康，就必须有新的思想，新的理念，新的措施，随着西安新行政中心的北迁，"地铁"的兴建，城北客运的开工，给东长吊村带来了千年不遇的发展机会，特别是今年元月，市长陈宝根冒雪，对西安城北火车站及郑西客运专线建设情况调查时，还亲临东长吊村对村民们嘘寒问暖，了解民情。市长要求各级政府及相关部门，全力配合工程进展，妥善做好解决好失地农民的安置工作，在改善他们的居住环境的同时，帮助村民寻找新的谋生手段，使他们的长远生活得到保障。陈市长对大家亲切的说："你们的任务很重，压力很大……"。陈市长的话语对于正平触动很大，但这项重点工程能够顺利实施，他多次组织"两委会"论证，学习，征求群众意见，听取专家建议，依据西安市的最新城市规划，结合东长吊村的实际情况，制定出了西安城北站周边及东长吊新村社区建议的发展规划，得到了政府及有关部门的认可和批准，于正平在向有关部门汇报新村建设方案时表示，"借助村里的独特区域优势，决心把东长吊村打造成为陕西的第一村！新村社区的建设会使村民们的生活方式发生脱胎换骨的变化，这也是城市化进程中的一个系统工程，是财富，利益的再分配过程，也是村民重新定位自己的过程"。于正平坚定的带领"两委会"成员用自己的聪明才智和艰辛工作有力的支持"工程进展"，也最大程度争取了村民们的利益，使群众非常高兴。

于正平作为人大代表，忠实履行着自己的职责，认真的完成党和政府与人民群众交给自己的神圣使命，处处发挥着人大代表的模范带头作用，积极的参政、议政，向政府建言献策，为群众办实事、办好事. 更让群众高兴的是，他把区域内关于"城北站"周边建设群众的建议和村民们的心声，反映在区人代会上，很快就得到了政府和有关部门的重视和解决，他的这一举动在人民群众中产生了很大的震动，村民们非常的满意，齐声称赞于正平才能过人，是真心为民办事的"好代表"。于正平还为村里自筹资金，盖起了两委会办公楼和村民健身娱乐广场，加强了农村组织的阵地建设，使共产党牢牢的占领了农村阵地。使精神文明建设有了场所。如今的东长吊村拥有了前所未有的变化。村风正，村事兴，民心顺的和谐新貌已然出现，于正平在用自己的实际行动诠释着自己的诺言……。

煤炭企业发展的贴心人 "358"跳跃式发展的"急先锋"

——记七台河市人大代表、市煤炭调运征收办公室主任周学忠

高艳

七台河市委、市政府紧紧抓住黑龙江省建设东部煤电化基地的有力契机，大力发展煤炭循环经济，不断延长煤炭循环经济链条，让"乌金"变成推动经济列车快速飞奔的强大动力。作为七台河市人大代表、市煤炭调运征收办公室主任周学忠，找准服务经济发展和加强煤炭管理的最佳结合点，让调运办成为支持煤炭企业发展的"服务办"，为助推全市"358"跳跃式发展做出了突出贡献。

七台河市煤炭调运征收办公室始建于2001年，负责全市煤炭计划审批，煤炭货场发运管理，全市煤炭资源配置，重点企业用煤协调，公路、铁路煤炭运输，全市煤炭市场执法稽查和煤炭市场清理整顿，向煤矿征收采煤塌陷补偿费和物价调节基金等工作。

周学忠具有十分超前的市场经济意识、政治意识、大局意识和服务意识，他一开始就给下面的人吃下"定心丸"并定下严格的"规矩"：征收和管理是为了发展，服务更是为了发展，因此，决不能把煤炭调运征收办公室办成"收费局"或者"征收办"，而是要紧紧围绕全市经济社会发展这个中心，把煤

炭调运征收办公室办成“服务办”，办成支持企业发展的“娘家人”，主动奏响服务企业和经济社会发展曲，和其他部门单位唱响跳跃式发展同一首歌。

服务发展不商量：企业享受服务得到实惠

服务无极限，服务无界限。服务在周学忠领导的这支团队的头脑中深深扎了根，成了他们工作中的导航标。对内服务上，真正想企业所想，急企业所急，解企业主忧，主动向重点煤炭经营企业派驻厂员和驻矿员，当企业的“靠山”，成为企业的“主心骨”，分析研究市场现状，帮助解决运输难题，成了企业离不了的“穆桂英”。对外服务上，他发挥煤炭协会、交易中心展厅、七台河煤炭网站等载体的立体宣传作用，发挥信息，提供市场动态，宣传七台河煤炭资源优势和政策优势，提高七台河知名度，吸引外商前来投资发展。市煤炭调运征收办公室时常牵线搭桥，做企业走向市外的“红娘”，组织煤炭企业参加各地的煤炭订货会，扩大了市场辐射面，提高了煤炭品牌的知名度，拓宽了和域外用户的联系渠道和发展空间，可谓一举多得。

缸窑沟路段坑坑洼洼，愁坏了运煤车司机，也影响企业销售。周学忠得知这一情况后，特意组织职工集资数万元，及时修好了这一坑洼路段，为企业解决了一大难题，也为附近百姓出行创造了便利条件。在大唐七台河发电公司煤源红灯频闪后，周学忠得知后立即组织办里相关科室找东家问西家，几十吨、几百吨的一点一点的凑了40多万吨，解决了煤源之急，让百姓过上了一个暖和的寒冬，过上了一个愉快的春节。

随着生产煤矿数量的减少，煤炭企业所需的煤源问题成为影响和制约煤炭企业循环发展的一大瓶颈。去年，当得知七台河市各焦化企业有300万吨的煤炭缺口这一现状后，周学忠看在眼里，急在心上，不等不靠，采取内紧外联的政策，即对内实行不让一吨精煤炼焦煤外出，对外采取开协调会的方式，将外煤引进到我市各焦化企业，并且清理整顿无证经营煤炭行为，在公路验票所和铁路站所加强管理，限制精煤炼焦煤外运，解决了焦化企业用煤需求难题，保证了焦化企业正常生产运行，使得七台河市煤炭循环经济仍然在东部煤电化基地中一路高歌、领跑前行。

铁路运输对企业至关重要。为保证各企业能够及时把生产出来的产品运输出去，周学忠加强了与哈尔滨铁路局和七台河火车站、缸窑沟火车站的密切联系，每月他都亲自率领办里副主任及相关科室领导到哈尔滨铁路局走访，协调增加七台河市地方煤炭车皮运量，确保了七台河市煤焦炭等产品销售运输渠道的畅通，为企业扩大生产创造了有利条件。

近年来，周学忠领导七台河市煤炭调运征收办公室不断加大煤炭市场管理力度，致力于打造高效快捷的服务型煤炭管理部门，建成使用了煤炭产量需求信息管理系统：每月各矿产量质量和煤化工企业所需煤炭数量及时进入该系统，及时掌握煤炭供需情况；铁路运输计划装配车系统：及时掌握各发煤货场装车数量及煤炭车皮需求量；公路运输收费管理系统：公路运输车量监控设备及收费量统计系统。不仅使各煤化工企业煤炭销售快捷、便利，还大大简化了业务环节，便于煤炭资源配置更加高效和收费工作的透明，有力地支持了企业发展，成为服务企业、推动企业发展的三大“助力器”。

强管理深挖潜：收费过亿为发展“添薪助燃”

“一费一金”如何做到应征尽征应收尽收？这既是履职尽责任的现实需要，更是为发展做贡献。七台河市煤炭调运征收办公室主任周任周学忠站在全局和发展高度，强化全办干部职工牢固树立征收观念，强管理，深挖潜，使得征收任务连年递增。征收缴费十分复杂，为做好这项工作，他从完善机制，堵塞漏洞工作入手，对内管理实行了“四统一”，即统一标准、统一制度、统一管理、统一检查。对于票证管理，他严格要求，做到手续完备，严防票证流失。对外管理实行“五统一”，即统一计划审批、统一销售价格、统一煤源配置、统一订货管理、统一税费上缴。他们严格建立起划区分片、分户包保的责任体系，切实做到横向到边，纵向到底，面广点全，疏而不漏，解决了少收、漏收、人情照顾收的问题。他组织建成26个基层站所，基本实现了征收全覆盖。采取设置固定站和临时所相结合的形式，在交通要道按法规建立验票所，在有临时费源的区域建立收费所，并派驻区域工作人员进行日常管理。建立七台河火车站、缸窑沟火车站两个驻办事处，这在全省也是独一无二。办事处负责全市铁路运输计划的审批、批复和外运量的统计，全面掌握装车、请车情况，对无计划、串计划装车的进行严格控管，防止费金漏收。建立公路货场，实行准运证明制度，凡是通过公路运输经营煤炭的企业，都要经过严格资格审查，防止税费流失，确保征收到位和逐年提高。周学忠始终教育全办职工坚决克服“家大业大,丢点没啥”的观念,加大监督检查力度,防止跑冒滴漏现象发生,让税费全额征收入库。他建立了领导抽查、部门定期检查、基层站所自查的“三位一体”的监督稽查体系,使得检查无处不在。他率先垂范,深入基层了解并解决实际问题是每天的首要工作,使全办领导班子成员并不是喝喝茶、看看报了事,而是随时随地深入到各个站所进行“微服私访”,一旦发现问题,立即解决。各基层站所每月进行三次自查,查漏补缺,并及时向有关部门反馈情况。服务促发展,管理出效益。几年来,在周学忠的正确领导下,七台河市煤炭调运征收办公室征费过亿元,成为一个名副其实的“好管家”,为七台河经济社会发展做出了实实在在的贡献,成为推动经济社会发展的“急先锋”。

学习型管理机关　文明之花节节高

人是生产力中的决定因素,只有人的素质上去了,只有队伍整体实力提高了,那么,事业才会干好,辉煌才会铸就,未来才会创造。周学忠积极倡导市煤炭调运征收办公室努力创建学习型单位,坚持‘一周一学,一月一评,一季一比、一年一考的“四个一”学习制度,请专家、走出去,增长知识,开阔视野,提高能力。主任周学忠多年来一直资助两名困难失学儿童和一名残疾人,体现了一名特等劳模的风范,也展示了一名共产党员的风采。在他的影响下,市煤炭调运征收办公室形成了人人思进、干事创业的氛围,无私奉献成了一种追求。

在学习实践科学发展观活动中,周学忠严格按照要求,认真搞好规定动作。他把学习活动同帮助企业解决实际问题结合起来,诚心诚意帮助企业排忧解难,受到企业一致好评,成为企业发展的“及时雨”。

在周学忠的带领下,市煤炭调运征收办公室实现了无刑事案件、无治安案件、无重大灾害事故的“三无”目标,创造了行风建设零投诉的佳绩;新农村建设与庆云村结对,筹集10多万元帮助庆云村进行乡村道路改造,解决了这个村村民行路难的问题;加强诚信建设,实施“阳光工程”,透明度进一步增强,服务档次进一步提高。市煤炭调运征收办公室先后获得市级综合治理先进集体、先进基层党总支、精神文明标兵单位,在七台河市第十一届劳动模范表彰大会上被授予市级先进集体。2009年4月七台河市煤炭调运征收办党总支也晋升为党委。

发展无止境,服务无极限。市煤炭调运征收办公室主任周学忠带领全办干部职工们,仍然跟随着太阳的脚步,不停地东奔西跑,进企业,跑省城,联系车皮,解决煤源。这一切的付出,这一切的奉献,都是为了更好地履职尽责,都是为了更好地为推动“358”跳跃式发展。

当人们为成功而喜悦,当人们为辉煌而干杯,谁也不会忘记市煤炭调运征收办公室的引路人周学忠:他如同乌金一样,那样默默无闻,也那样热烈燃烧,为七台河市经济的腾飞辛勤地耕耘着,奉献着……

广信茧丝

——有效应对金融危机保护蚕农利益

国珍　文才

近日,在乐安县罗陂乡棠溪村,笔者看到,许多蚕农正忙着搭建新蚕房,为今年更好发展蚕桑产业做准备。蚕农罗凤祥高兴地告诉笔者:“尽管遇上了金融危机,但由于广信茧丝有限公司实行以每公斤21元的鲜茧保护价收购,我家去年仅养蚕一项,纯收入就达5.5万元。”该县大部分蚕农表示,今年,他们将逆势而上,继续扩大蚕桑种植规模,努力争取更好的经济效益。

据有关资料显示,受金融危机的影响,去年三季度以来,国际生丝价格从当初的20万元/吨跌到13万元/吨,鲜茧的收购价也随行就市,大多数地区的鲜茧收购价跌至每公斤10元左右,许多生产生丝的企业停业、倒闭。丝贱伤农,部分地区已出现了蚕农砍伐桑树、改种其他作物的现象。据了解,在我市,鲜茧的收购价也大多数在每公斤10－12元之间。那么为什么乐安不但未出现丝贱伤农的现象,全县2700多户蚕农种桑养蚕的信心反而更足了呢?

广信茧丝有限公司是一家以生产生丝为主的市级农业产业化龙头企业。为保护蚕农的利益,坚定蚕农发展蚕桑生产的信心,该公司主动兑现当初的承诺,以每公斤21元的保护价收购鲜茧,高出目前市场价格近一倍,此举为蚕农撑起了一把挡风避雨的“保护伞”。公司老总汤小平告诉笔者,蚕农和市场是企业赖以生存的两个基本条件,没有了蚕农向企业提供原材料,企业也不必谈什么发展,公司这样做是为了以后的发展,因为他相信,阳光总在风雨后。

而公司敢于独自面对市场风险的背后,当然与政府的帮扶和公司自身挖掘内需、苦练内功是分不开的。汤小平告诉笔者,去年9月,公司的订单就开始减少。面对严峻形势,公司果断对产品结构进行调整,减少生丝出口转而生产蚕丝被,从挖掘内需潜力入手,变主攻外销为扩大内需。公司投资100多万元,新增了一条蚕丝被生产线,每月生产蚕丝被4000多床。同时,在上海、广州、南昌等地的大商场建立销售专柜,派出40多位业务骨干到各地推销。去年11月,国家茧丝办在浙江杭州举办中国丝绸交易会,该公司抓住这一契机,成功与台湾客商签订了160多万元的蚕丝被销售订单。去年四季度,该公司蚕丝被销售额达300多万元。

在广信茧丝有限公司,笔者看到,技术人员正在忙着培训员工。汤小平告诉笔者,针对生丝市场行情不好的情况,公司在由外销转为内销的同时,苦练内功,着力在促进产品升级、提升市场竞争力上做文章,给随时可能到来的市场复苏做准备。去年11月,该公司投入100多万元资金,引进设备和进行技术改造,购置了一台锅炉和水处理设备,把生丝产品由原先的4A级提高到5A级。同时,还加大对员工的培训力度,提高员工的业务素质。

为有效化解市场风险,防止可能对蚕农和企业造成的伤害,让蚕桑产业更加健康地发展。乐安县一方面加大了对蚕农的帮扶力度,对新建蚕房、新添蚕具的农户给予500元的资金扶助,对养蚕30张以上的蚕农按每户3000元的标准提供信贷支持,并加大对蚕农的技术培训力度。目前,该县已举办蚕桑种养技术培训班2期,召开蚕桑生产现场会3次,印发技术资料2000余份。另一方面,加大了对企业的扶持力度。该县蚕桑局负责人告诉笔者,今年县里安排了50万元的科技扶贫项目和200万元的“东桑西移”后续项目给广信茧丝有限公司,并充分发挥相关职能部门的作用,积极为企业提供信息咨询、贷款融资等服务,帮助企业解决信息、技术、资金等方面的难题。

和合共赢,谋利为民。政府和企业联手为蚕农筑起了一道抵御金融危机的“铜墙铁壁”,在这道“铜墙铁壁”的保护下,乐安蚕桑产业必将迎来又一个春天。

汉江河畔的奇女子

——记丹江口市人大代表王家荣

都说王家荣是一位奇女子。当我们走近王家荣,对其生世有了比较详细地了解,并对其周围的人进行了广泛地走访后,方知此言一点不假。她原本是一位渔家女,而今却是丹江口市渔业公司的老总;她1984年当选为丹江口市第十届人民代表大会代表,这一当就是连续六届,时间长达23年;她乐善好施,扶贫帮困,受过她帮助的人何止上千;她先后50多次受到过上级表彰,获得过“全国优秀女企业家”、“湖北省劳动模范”、“三八红旗手”等荣誉称号,11次被评为“丹江口市优秀人大代表”。她身为女人,却有着男人一样刚强地性格,只有在面对遭遇困难的人时,她那作为女人特有的柔情才得以充分的展示;一位普普通通的企业干部,在70岁生日那天竟有多位市领导出面为她过生日……。

艰苦创业　渔家女当上了总经理

1936年11月,王家荣出生在汉江河畔的湖北省襄樊市一个穷苦渔民的家庭,自幼随父在汉江上以捕鱼为生。1956年她和父亲一起离开老家襄樊,沿江而上,在均县扎下根来。20年闯荡江湖,风餐露宿,使她品尝了人世间几乎所有的苦与累,也塑就了她那刚强果敢、豪爽泼辣,见困难就上、见弱者就帮,公道正派、无私无畏的性格。当年在成立渔业大队推举大队长的时候，放着许多男人不选，人们却把信任的目光共同投向了这位渔家女的身上。最初的渔业大队也就是几十户渔民带着各自简陋的捕鱼船组织在一起，真正是上无片瓦，下无立足之地。就连大队部的办公地点也只能设在王家荣自家的小船上，其困难程度可想而知。王家荣是一位傲强的女人，从那时开始，她就暗暗地下定决心，一定要干出个样来。在创业之初，王家荣带领大家一边下河捕鱼，一边想着法(儿)发展壮大渔业大队的经济。在王家荣看来，渔业大队不能只在汉江河里捕鱼，还应该把“生意”做到岸上，要走育、养、捕和加工为一体的综合发展经济的路子。为了创建养渔场，她曾经先后八次下武汉、到仙桃、去天门购买鱼苗，引进优质种鱼。没有资金，她把自己多年积攒下来为儿子结婚准备的5000元钱拿出来买鱼苗。确保为了把鱼苗安全运回丹江，每次都是亲自负责押运。有一次，她从武汉运鱼苗回丹江的途中，患了重感冒，高烧不退，同事们劝她到附近医院看一看再走，她坚决不同意。她想的是如果不及时把鱼苗运回丹江，闷死在路上，那损失就大了，自己的渔业大队是承受不起这个损失的。直到凌晨五点鱼苗安全运抵丹江，放进鱼池，她才如释重负。当丈夫和孩子们还在苦苦地等待她归来的时候，又饿又累又病的王家荣已经被同事直接送到了医院。

为了事业，王家荣忙得顾不了家，经常是起早贪黑，披星戴月。晚上她回家时孩子们已经睡下，早上她离家时孩子们还没起床，一连几天孩子们见不到妈妈是常有的事。1983年夏季的一天，她为了筹建办公楼，当她跑完征地等各种手续，傍晚时分拖着疲惫的身子回到家，发现小儿子不见了，四处寻找不见踪影。三天后被人发现小儿子的尸体漂在江面上。刚强的王家荣再也忍不住，撕心裂肺的痛哭起来。

哭过之后，王家荣又全身心地投入到自己的事业中。1984年她把渔业大队改建成渔业公司，业务也由过去单一的只搞捕捞，拓展到集捕捞、养殖、销售为一体的综合经营的格局上。80年代初，渔业公司在库区凤凰山下投资兴建了一个百亩养殖场。为了提高养殖场的经济效益，她们引进全雌鱼、武昌鱼和淡水虾等优质鱼种，推广科技养鱼。每年产鲜鱼20多万斤，创产值50余万元，盈利10万元左右，公司经济效率蒸蒸日上。但是进入90年代后，丹江口库区因受上游干旱影响，水位连续多年居低不涨，以养殖、捕捞为主的渔业企业几乎都陷于瘫痪，王家荣的渔业公司眼看也到了停业的边缘。面对这种状况，王家荣鼓励公司员工坚定信心，组织召开公司“诸葛亮”会，让大家都来出主意，最后把员工的思想统一到内部挖潜和多元化经营的思路上。一方面对公司进行了改革，实行联产承包责任制，包船到户，责任到人，先稳定捕捞、养殖这一块；另一方面，她把公司领导班子成员和后勤人员组织起来，开始搞起了房地产开发。搞房地产开发，一没有经验，二没有本钱。但王家荣却说：“没有经验可以学，本钱不足想法凑。”王家荣硬是凭着对事业的那份执着和对待困难无所畏惧地乐观态度，带领公司一班人，克服了一个又一个困难，一路劈荆斩棘，抢关夺寨走到今天，硬是把一个不到20只小船的渔业大队弄成了现在有员工100多人，开发房地产1万多平方米，年产值近300万元，年利润27万元的综合性企业。当年的“渔家女”成了企业的董事长兼总经理。

尽职尽责　乐为人民鼓与呼

1984年底，王家荣当选为丹江口市第十届人民代表大会代表，但谁也没有想到，她这一当就是23年，这在丹江口市的历史上是前所未有的。是什么原因能让选民在每次人大代表换届选举中将自己神圣的一票投给王家荣呢？采访中，王家荣所在选区的选民几乎是异口同声地告诉我们：“选王家荣当代表我们放心，因为她能替我们老百姓说话。”替老百姓说话，也正是王家荣当人大代表23年来对自己最基本的要求。王家荣的傲强是出了名的，用她自己的话说，就是“凡事都喜欢争第一”。当人大代表也是一样，她追求的目标是做一名称职的人大代表。为了这份追求，她坚持做到在每年市人代会召开前，至少用半个月的时间深入到自己所在的选区走访一遍，广泛接触选民，搜集人民群众的意见和要求，并把这些意见和要求带到人代会上。在人代会审议讨论的时候，她总是踊跃发言，积极反映人民群众的意愿和呼声。同时，还积极向大会提交议案和建议。作为渔业公司的“一把手”，有一大摊子事需要她操心，但是她从来没有因为工作忙而缺席代表大会和代表小组的活动。23年来，她除了按时参加一年一度的代表大会以外，还参加市人大常委会和代表小组组织的视察、执法检查、评议、调研等活动80多次，走访选民5000多人次，搜集、整理并向上反映选民各方面的建议和意见120多条。

前几年，丹江大坝下游违章捕鱼活动一度十分猖獗，特别是电打鱼和炸鱼的问题，人民群众深恶痛绝。王家荣听到这些反映后，立即深入到周围群众中对这一情况进行了详细调查，很快提出了《丹江大坝下游渔业资源破坏严重，亟待保护的建议》，引起了市人大常委会和市政府的高度重视。市政府迅速组织有关部门在坝下水域开展了联合执法行动。使坝下正常的捕鱼秩序迅速得到恢复，滥捕乱炸和电打鱼等破坏渔业资源的行为得到有效遏制。

丹江口市水产渔业资源十分丰富，改革开放以来，水产养殖企业如雨后春笋般迅速发展。但是，由于体制和隶属关系不同，企业在享受项目申报、资金扶持、税费减免等优惠政策方面不平等，在一定程度上阻碍了水产养殖的均衡发展。王家荣经过一番调查，提出了《关于打破所有制观念，让所有水产养殖企业平等享受优惠政策的建议》，引起了市委、市政府的高度重视，2004 年市委、市政府出台了《关于加快发展优势产业，推进农业产业化经营的决定》，把水产业确定为我市五大支柱产业之一。规定凡在我市从事水产养殖的企业、个体经营者平等享受税收、信贷、土地、供水、供电、市场准入等一系列优惠政策，进一步加快了全市水产企业的发展。

王家荣长期工作在一线，对基层干部群众所关注的“热点”、“难点”问题了解的多，有些甚至是她的切身经历。凭着强烈地责任心和使命感，20 多年来她在广泛调查研究的基础上，先后单独或者与其他代表一道，向市人代会提出了“关于切实解决社区建设的有关问题”、“关于加强流动人口计划生育管理”、“关于加强社会治安综合治理”、“关于妥善解决下岗失业职工安置问题”、“关于提高居委会干部待遇问题”等议案和建议过百件，其中绝大部分被市委、市政府采纳。

王家荣就是这样以自己对工作、对事业高度负责的精神和卓有成效的工作，认真地履行一名人大代表的应有的职责，兑现了一名人大代表对选民的承诺，赢得了广大选民对她的信任。2005 年她已是 69 岁的高龄，而且因身患重病做了手术，在接受化疗期间，当她听说自己所在的选区组织代表开展向选民述职活动的消息后，不顾术后伤口痛疼，仍然坚持参加述职评议会。会上，王家荣就近几年自己在履行代表职责、执行代表职务以及为人民群众办实事等方面向到会的选民代表作了述职报告。她的报告催人泪下，一次又一次被掌声打断。评议中，到会选民代表对王家荣的工作给予了很高的评价，在最后进行的无记名投票测评中，王家荣得满意票高达百分之百。

当我们由衷地称赞这位年迈的“妈妈”代表的时候，不能不提到已经流传了三年的一段佳话。2003 年 12 月 28 日是丹江口市第十五届人民代表大会代表法定选举日。这一天对王家荣来说无疑是一个难忘的日子，不仅自己连选连任，第六次当选为人大代表，而且在市化医行业协会当会长的儿子李国元和在均州路办事处任党委副书记的女婿何金华也在各自的选区当选为市人大代表。一时之间“母亲、儿子、女婿三位人大代表同堂议政，共谋丹江口市发展大计”的佳话被广为流传。

扶贫帮困　该出手时就出手

毛泽东同志曾经说过：“一个人做点好事并不难，难的是一辈子做好事，不做坏事。”王家荣就是一位一辈子做好事的人。王家荣这一生究竟做过多少好事，出手帮助过多少人，资助过别人多少钱，花费了自己多少精力？别人无法统计，恐怕她自己也说不清。这位在困难面前天不怕地不怕的刚强女人，一旦遇到生病住不起医院的病人、上学交不起学费的孩子、下岗生活无保障的困难职工和遭灾需要援助的人，眼泪就刷刷直掉。用她自己的话说，“是看不得别人苦，听不得别人难”。每逢遇到这些情况，她都会毫不犹豫地出手给予帮助。在这方面用钱她历来出手大方，少则几十元的路费、学费，多到上百上千元的医药费，她都慷慨解囊。有时候在外出差，身上的钱不凑手，她宁可向同事们借钱，也不放过资助人的机会。2004 年，她听说牛河一位学生考入市一中，因家庭困难交不起学费面临辍学，就立即驱车 30 公里找到这位学生家中，送上 300 元的学杂费，并承诺这个孩子的学费她包了，截止我们采访时，她在这孩子的身上已经花费了 2000 元。前年有一位妇女被人骗到丹江，无家可归又举目无亲，被王家荣碰上，她立即将其领回家中，找出自己的衣服给这位妇女换上，并帮助她购买了车票送其踏上返家的征途。受她资助过的人说她那双手洒向自己的是“甘露”，同事们说她那双手捧出的是“爱心”，老伴却幽默地称她那双手是“漏斗”。几十年来，从这个“漏斗”里“漏”出的钱到底有多少？实在无法统计清楚。

从钱上帮并不是王家荣帮助人的唯一方式。几十年来她先后与三个村建立了扶贫联系关系，把二十几户作为自己长期扶贫联系对象，主动与困难户结对子。经常为他们出主意、跑项目，争取“低保”，争取民政救济，甚至帮助说媳妇，张罗酒席。需要什么帮什么。1987王家荣了解到大坝办事处王家巷居委会有位老人洪易秀，自己体弱多病，儿子是聋哑人，媳妇是弱智，两个孙子尚小，生活极端贫困。王家荣主动将其列为自己长期帮扶对象。她首先把洪易秀的儿子安排到公司渔场看场子，每月给180元的工资，然后又经过多方奔走为洪易秀和儿媳及两个孙子争取到民政部门的定补，一家人的生活基本有了着落。平时她经常到洪易秀家中，亲自帮助安排一家人的生活琐事。逢年过节上门问候，甚至还炒几个好菜送到老人家中。洪易秀一家的生活在王家荣的帮助下，逐步得到改善。去年她又为洪易秀的大孙子找了个对象，结婚时她亲自张罗了三桌酒席。办喜事这天，72岁的老人洪易秀颤巍巍的端起一杯酒，流着泪，硬要敬王家荣，感谢王家荣十几年来对自己一家人的关心和照顾。王家荣帮助人有两条原则，一是只要遇到她认为该帮的人从不放过机会，否则，该帮没帮自己会后悔。二是帮人帮到底，凡是经她联系的帮扶对象，不脱贫不脱钩。如今已年过古稀的王家荣，又身患重病，但她不仅没有就此罢手，反而以更加饱满的热情投入到新一轮扶贫帮困活动中。前段时间我们采访她时，正赶上王家荣为她新建立的联系点——三官殿村跑项目，她要实现为该村办三件看得见摸得着的实事的承诺。我们衷心地祝愿她许下的承诺都能顺利完成，祝愿这位老人的身体像她的事业一样蒸蒸日上。

屹立商海潮头的人大代表

——太原市十二届人大代表苏俊秀的人生追求

山西省太原市人大常委会研究室　徐俊凯

苏俊秀，太原市十二届人大代表、山西崇康食品集团有限公司董事长，是近年来我市在市场大潮中脱颖而出的一位杰出民营企业家。在各级领导和政府的大力支持下，她于2002年注册投资5080万元，创建了山西崇康食品公司，短短几年的发展，目前已成为拥有六个控股子公司、在职员工260人的集团公司。近年来，面对激烈的市场竞争，她带领全体员工始终坚持“两手抓”、“两促进”的原则，发扬“团结、实干、创优、争先”的企业精神，深化企业改革，谋求创新发展，使企业各项工作都得到了持续、高效、健康、协调发展，主要经济指标位居山西省同行业前茅。2008年，公司资产总额达27576万元，销售收入19145万元，预计2009年销售收入达2.1亿元。

民营企业家的典范

一、坚持主业突出，多元发展。

公司针对太原市经济的迅速发展以及居民消费水平的提高，结合消费者消费观念向营养、健康、卫生趋势的转变，以苏俊秀为核心的领导班子果断决策，抢抓机遇，自筹资金仅用1年时间就完成了50万头生猪的养殖、屠宰、分割建设工程，从而确定了企业发展的规模优势，并上市了高档次的无公害冷却肉，现年产量达15330吨，成为目前山西最大的猪肉生产加工企业。先后被命名为省示范养殖基地、国家生猪活体储备基地、省建设畜牧强省带头人、省民营畜牧明星企业、省带动贫困地区基地建设龙头企业等称号。公司本着“与您携手共创健康生命”的宗旨，于2005年10月出资5300万元对小店区奶牛场进行了兼并，介入了乳制品行业。兼并后，苏俊秀通过科学的管理和经营，充分调地动每个员工的积极性，经济效益大大提高，不但补发了原企业多年来拖欠的工资、住房、取暖以及医疗保险金等，而且员工月工资从原来的300－400元提升到现在的800元以上，使一个建厂50多年、困难重重的老企业重新获得生机，得到快速发展，同时也为保持社会稳定、建设和谐社会做出了积极的贡献。2008年三鹿奶粉事件发生后，对奶年养殖户产生了较大的打击，苏俊秀在自己企业承受巨大损失的情况下，首先想到的是奶牛散养户，以代表的身份深入一些有代表性的散养户，了解情况，想对策，力将损失降到最低。

二、利用公司发展优势，实施扶贫战略。

公司从组建开始就坚持以“建设一个企业，振兴一方经济”为宗旨，先后在左权县、和顺县和阳曲县的一些贫困地区投资建立了生猪育肥基地，实施“公司＋基地＋农户”与农民共同发展的方针，通过与当地农民签定生猪育肥合同，给当地农户提供饲养技术等服务，制定收购价等措施，有效拓宽了农民收入增长源。被省、市各级政府授予产业结构调整先进单位，省农业产业化龙头企业，太原市十强农业产业化龙头企业和带动贫困地区共同致富龙头企业以及十大规模养殖大户、畜牧业养殖明星企业等荣誉称号；荣获农业部“农业扶贫龙头企业”，并被国家九部委评为国家级“农业产业化重点龙头企业”。

三、注重科学管理，大胆改革创新。

作为我市优秀的女企业家，苏俊秀长期从事企业经营活动，具有丰富的商业理论知识和经营理念。她积极响应太原市的经济发展号召，以改革为动力，围绕“内抓管理降成本，外拓市场增效益，项目建设促发展”的总体思路，创新实干，奋力拼搏，使企业在机制创新、管理创新等方面取得了较大成效。一是进一步深化企业改革，大胆进行人事制度改革，在中层干部中实行竞争上岗责任制，使她们端正了工作态度、改变了工作作风，增强了工作责任心，提高了工作效率。二是为了加强企业资源管理力度，大力推行“节能降耗”管理方式并重新修订和完善了对各子公司的经济责任考核制度，制定了生产中每个环节的物料消耗标准，通过对各项消耗费用的严格把关，成效显著。

四、加强产品质量管理，积极实施名牌战略。

产品质量直接关系着企业命运，关系着消费者权益。苏俊秀非常重视产品质量管理工作，坚持“以质量求生存，以科技求发展，铸消费者心目中名牌”的质量方针，成为山西唯一通过“无公害猪肉”绿色认证的猪肉生产企业，并严格按照国家质量管理标准规范产品质量，严格执行《质量手册》及各种工艺流程操作标准，对在生产中违反规定的实行“质量一票否决”制，以工序为线，以管理为网的办法进行质量监督、考核，形成了班组、车间、公司三级质量管理网络。随着名牌战略的实施，销售市场不断扩大，“崇康”牌猪肉的知名度与日俱增，成为目前太原市无公害冷却猪肉市场的第一品牌。

五、坚持以人为本，创建和谐企业。

苏俊秀认真贯彻全心全意依靠职工办企业的方针，关心职工生产及业余文化生活。首先从环境建设入手，塑造企业形象。每年坚持做好厂区、职工生活区绿化美化工作；加大企业文化设施的建设力度，为企业的发展奠定了浑厚的文化基础。

她始终认为，一流的员工造就一流的企业，一流的企业需要一流的员工，企业的发展最终要靠人，以人为本，拥有一支优秀的员工队伍，是企业发展的根本。在实现企业持续健康发展的过程中，她用自己的仁爱和智慧打造了一支团结拼搏、求真务实的团队。在苏俊秀的带领下，以生产经营为中心，开展了人人为公司献计献策及鼓励创新活动，充分发挥每位员工的才智。为了减轻社会就业压力，在她的号召下，公司每年都从人才市场招聘会上招录一些大中专毕业生充实到各部门，同时，为了提高员工的整体素质，每年都要聘请有关专家到公司培训员工，为企业的发展储备了人才资源。

人民群众的“贴心代表”

“人民代表为人民”这是一句再简单、朴实不过的话。作为一名市人大代表，苏俊秀正是以自己的实际行动来实践着这句话。她经常说：“当代表不只是荣誉，更多的是责任和义务，要牢固树立人大代表意识。”

苏俊秀当选市十二届人大代表后，心中始终装着一份对人民的沉甸甸的责任。她以自己的实际行动实践着“人民选我当代表，我当代表为人民”的神圣职责。2007 年以来，她在繁忙的工作之余，积极参加人大组织的各种活动，尽心尽力履行代表职责。当年，她先后参加了代表法培训、代表履职培训、十七大精神专题培训、在鑫上海滩商务有限公司和东方航空公司太原分公司举行的市人大代表小组活动。2008 年，她先后参加了在梅苑山庄、山西大学、大昌集团、山西财经大学举行的一系列活动。2009 年，柴俊秀先后参加了在小店区交通局举行的汇报代表拟在市人代会上提意见、建议计划，参加了视察治理超限、超载工作活动；在山西财经大学举办的主题为“晋商文化和晋商精神的传递”培训活动；参加了在黄河大酒店召开的太原市中级人民法院与人大代表座谈会。

要当好人大代表，首先要不断加强学习，提高自身的业务素质，掌握参与管理国家事务的本领，为此，在繁忙的工作之余，她总是认真、多次学习宪法、代表法、监督法等法律法规知识，对于《中国人大》、《山西人大》、《太原人大》等人大杂志是每期必看，她的意见和建议案都是将自己的学习与社会现实相结合而提出的。通过学习，她认为，要进一步发挥人大代表的作用，就要建立政府与人民群众的联系渠道。因此，她所关注的都是从经济发展和社会进步最迫切需要解决的实现问题入手，是百姓关注、上级关心的焦点，又符合和体现了国家的方针政策。

苏俊秀一边肩负着为社会、为企业创造财富的重任，一边肩负着一名人民代表强烈的社会责任感。在办好企业的同时，她始终不忘人大代表职责，积极围绕民生、民情建言献策，经常深入农户家中，关心农民生活，了解社情民意，倾听群众呼声，尽自己最大能力解决农民的实际困难。针对群众反映一部分家庭圈养奶牛，给消毒、防病、挤奶、售奶等带来诸多不便，不利于环境卫生等问题，2007年她在市十二届人大一次会议上提出的"关于太原市小店区优势乳产品示范基地建设的建议"的议案，建议政府对奶牛养殖进行宏观调控，采取措施鼓励养殖户从一家一户家庭作坊式向集中饲养、集中管理的养殖示范基地转变，得到了有关部门的高度重视。

作为一名人大代表，不但要做好上传下达的工作，更要承担下情上传的使命，只有深入群众、了解民情、体恤民苦、反映民意，向有关部门提意见才能提到关键处，出点子才能出到要害上。为此，苏俊秀经常深入群众调查、接待群众来访，她提出的很多建议、提案和意见都是人民心声的反映。而上情下达、下情上传的最终目的是为了维护人民利益，解决与人民生活密切相关的实际问题。苏俊秀深知，作为人大代表应当说实话，求实效。为此，她从维护人民利益的高度，始终抓住"实"字做文章。

她是一个顺应时代潮流的民营企业家，在物欲横流的社会中却依旧坚持着为社会创造价值的理念；她是一个称职的人大代表，几年如一日，她诺守着自己的神圣职责，为公众利益奔走，为百姓疾苦而鼓与呼。

躬身谱写为民曲

——记常德市第五届人大代表、汉寿县发改局局长夏吉平

杨志林　田明时　刘帆

几年来，汉寿县发展改革物价局获得省、市、县授予的荣誉称号年年是满堂红，提起来全县上下无不交口称赞。了解情况的人都说，这些成绩的取得，离不开团队的共同努力，发改局长夏吉平更是功不可没。的确，常德市第五届人大代表、汉寿县发展改革物价局局长夏吉平同志以一流的水准定目标，用钉子精神做工作，用和谐理念带团队的作风已经演化为一种人格魅力，时刻带动着大家，感动着大家。人们热情的称颂他是一位躬身履职的好代表，倾情为民的好公仆。

胸怀全局　倾心为民谋大计

2003年3月，夏吉平同志临危受命，走马上任县发展计划物价局局长。当时该局是由计划和物价两家刚组合的新局，人心涣散，一大摊子人望着"当家的"，一大堆事等着领头人。万事开头难，夏吉平同志响亮提出，用事业凝聚人，用感情团结人，积极为县委、县政府当好参谋，倾心为民众谋利益求发展。

思路决定出路，发改工作对于他本人来说是一个全新的课题，要使汉寿的发展速度赶超全市、发展质量优于全市、发展效益高于全市必须高起点谋划。他拿出大量精力，研究全县重点建设规划、谋划重点建设思路，力求高起点引导全县重点工程建设。每次编修关系全县的发展规划时，他总是亲自参与制定方案、重点调查、起草提纲，形成初稿后，与大家共同讨论，有的章节，他还字斟句酌，逐一推敲。然后征求各级部门的意见，数易其稿。在他的主持下，调整了全县"十五"规划、制定了全县"十一五"规划、巩固退耕还成果林规划、水库移民后期扶持规划、主体功能区规划，为我县今后上项目、争取政策扶持打下了坚实的基础。其中，在全县"十一五"规划中，规划重点项目64个，总投资65.5亿元。目前，汉寿沅水大桥、县自来水厂已竣工，县污水处理厂、县城垃圾处理厂等一大批项目正在建设。

夏吉平同志多年来养成了读书、看报、上网等多种形式、多条渠道获取知识和信息的习惯，他对政策、信息接受迅速，运用灵活，在执行产业政策与

用活产业政策上总能找到最佳结合点。重要政策他总是组织全局干部学习，及时向县级领导汇报，随时向有关部门通报。近几年连续几个“中央一号”文件出台后，他总是在第一时间主持组织全局研读，积极撰写文章解读，并以内部刊物《决策参考》为阵地，刊登分发相关单位，规划引导。随着农机补贴、沼气建设、改水改厕、林业血防、动物血防工程体系建设、机埠建设、中小水库除险等一大批农业项目的推进，全县农业现代化水平日益提高。在国家发改委、交通部联合下发《关于加快农村公路发展的若干意见》后，针对全县交通道路现状及早开展调研。2004年，在全市仅拿到项目投资计划数80%的情况下，汉寿却争取到计划数的130%。

夏吉平同志把常调研作为干好工作的第一起点，熟悉了汉寿的山山水水，他善思考，心里有本项目账，存贮着无数个承载汉寿发展的项目。水情是汉寿最大的县情，根据这一实际，在他的主持下，“十五”规划执行调整时期和“十一五”规划编制时期，就狠抓谋划，从战略上解决汉寿的水患，当时提出的防洪工程、蓄洪安全建设、排灌建设、抗旱建设、水利灭螺建设等陆续得到实施，全县防洪抗旱保安能力大大提高。怎样把汉寿这个农业大县变成经济大县，如何使第三产业成为拉动汉寿经济增长的重要力量，是他这个局长心头的重要课题。他在主持编写全县服务业“十一五”发展规划时提出了改造提升传统服务业、培育壮大现代和新兴服务业、加快生产性服务业的战略，以抓项目、扩投入、上品牌为举措大力发展第三产业。三年来，全县三产业增加值增幅一步一个台阶，从以前的10%左右，去年已达到16%以上。

锲而不舍　竭力为民争投资

为了全县人民的利益，他有股“拼命三郎”的精神，敢于担重责，勇于挑重担，积极围绕国家投资政策跑项目、争投资，勇当全市各兄弟县、市的领跑者，是他不舍的追求。在他任县发改局长以来，无论是争资额度还是幅度，在全市几乎年年都是第一，6年内全县争取上级资金20多亿元。

项目开发是经济社会建设的载体，是经济社会发展的主要动力。近几年来，他主持牵头编制了规划，在项目开发上，突出了工业项目、大项目和亮点项目，以“无中生有”的开发精神开发了有承接产业转移工业园、汽车贸易城、无公害蔬菜基地建设等大项目。今年在全县项目年建设大会上他又立下军令状，在本年内将牵头组织开发2000万元以上的项目100个，目前，已着手开发的项目有80多个，其中65个项目已入库，达到可研深度的有15个，总投资超过40亿元，部分已达到招商说明书的开发程度。其中，总投资约10亿元以上的风力发电项目已与中广核风力发电有限公司签订合作开发汉寿沿洞庭湖一线风力资源协议书。

对于国家投资项目，他带领一帮人以“闻风而动”的精神申报项目，做到了有政策口子的敢于上，无政策口子的敢于钻，争取一批大项目挤入国家计划“笼子”。为使全国仅60个的经济示范镇落实到太子庙镇，他多次邀请省市领导来太子庙考察，终于被确定，此项目总投资5000万元，将使太子庙镇和经济开发区的基础设施建设提高到一个新的水平。去年国家实施扩大内需政策以来，共争取资金近亿元，占全市争资总额的22%，占全市各区县比例超过了30%。

他任局长以来，在局内建立了争取上级投资例会制度，以“十指弹琴”的协调精神，与水利、电力、交通等部门多方协作，形成合力，通过召开例会，及时了解上级政策动向，认真钻研，收集信息，瞄准投资重点，设计项目“笼子”。自从去年底国家提出扩大内需以来，他建议或牵头组织召开全县争资例会不下30次。沅水大桥、S205改线升级、蒋家嘴电排改造、人民医院综合大楼等项目从立项到报批自始至终都凝聚了相关县直兄弟单位的智慧和汗水，也得益于他不辞辛苦的协调。

项目批复后，他不是坐等待建，而是以“锲而不舍”的钻研精神积极主动地找上级主管部门衔接，特别是一些大项目，为争取资金早到位，项目早动工，他硬是跟着文件跑省市、上部委。S205挤入全省“十一五”规划笼子后，他多次找省发改委、省交通厅主要领导汇报，目前资金有缺口，他又是不厌其烦的利用各种机会向上级领导汇报争取资金，现有前期工作基本完成，可望近期开工。为了提高行政效能，更好地为业主服务，促进项目快建快投，他创造性地提出了“2小时办结制”，在资料齐备的情况下，优质高效地为服务对象办结诉求，来该局办事的人无不感到宾至如归。

认真履责　躬身为民建良言

作为单位的“一把手”的人大代表，夏吉平深知责任重大，不敢有丝毫懈怠，他始终把组织与群众的信任作为工作的动力，坚持在重点、难点、热点问题上动脑子，紧紧围绕为人民办实事、求实效上下功夫，认真履行人大代表和发改局长职责，躬身为民建言献策，着力为民分忧排难。

前一个时期，由于种种原因，社会存在各种各样的乱收费现象，夏吉平同志看在眼里，急在心里。在实践中，他深入调查了解民情民意，和同志们一道在创造性地提出来了涉企收费“一费制”，通过调查研究，从2005年起，与有关部门一道对涉企收费进行了规范，开始尝试推行“一费制”，对收费项目进行了清理，向规模企业发放《费负卡》，规模企业按《费负卡》上规定项目和标准到县政务中心按时缴费。此项工作在我县进展顺利，“多家费，一家收，分头拨”的收费机制已经建立，与前几年收费相比，每年可为企业减少负担100多万元。近几年来基本建设逐渐成为了县域经济中的“重头戏”，商品房的价格对老百姓的影响也越来越大，他感到理顺这块价费的关系是发改和物价部门的神圣职责。他硬是和同志们进工地、跑部门调研，出台了全县基本建设项目报建一费制管理办法，将基本建设项目报建环节必须缴纳的行政事业性收费、政府基金等项目全部纳入基建项目统一征收范围，从整体水平上来看，收费额度比以前大幅度降低，商品房价也得到进一步规范。中小学义务教育收费涉及到千家万户，他心里想的也是这千家万户的利益。从2004年起，他和同志们不断完善“收费明白卡”并向全县中小学生及其家长发放，坚决落实中小学义务教育收费“一费制”，有效地遏制了中小学教育乱收费现象，切实减轻了学生及其家长的负担。开展三个“一费制”工作，很大程度从源头上遏制了乱收费现象，得到了上级物价部门的充分肯定。其中，涉企“一费制”受到了企业老板、政府各部门的普遍欢迎，在全市推广，其收费办法通过《中国纪检监察报》、《湖南日报》、红网等多家媒体向省内外推介，一些县市纷纷到汉寿取经。

药品价格和医药服务收费贵曾是全县市民，也是近期人代会代表反映强烈的热点、难点。夏吉平深深地感到，要让有限的医疗保障资金发挥最大作用，就必须加强对医疗机构的各种价费监管。他带头到医药市场、医院、药品超市调研，亲自出马与有关部门协调，积极向政府建议，出台管价方案，限期监管到位。从2007年起，汉寿率先完善和健全药品价管理制度、常用主要医疗服务项目价格管理制度、医疗机构医药价费目标管理责任制，认真评价各医疗卫生单位执行医药价费情况，有近2000种(项)药品、医疗服务收费进一步明确统一。目前，全县各医院基本上做到了因病施治，合理用药。全县乡镇卫生院医疗服务价格下降了20%，药品价格在省定价的基础上下浮了10%，每年为全县患者减负近300万元。如今，切实减轻了患者就医负担，群众反映“看病贵”的问题得到了好转，他感到由衷的高兴。

夏吉平敏锐地感到市场上存在的价格欺诈等价格违法、损害群众利益的行为若不加以整顿、规范，或任其发展，必将成为我们建设和谐社会的不和谐音符，开展价格诚信测评是当前市场经济新形势下的规范市场价格行为的一种有效途径之一，必须狠抓不可。近年来，他带领发改局“一班人”积极努力，在全省县一级率先开展价格诚信评比活动。根据自愿原则，通过宣传、动员各收费单位报名参评。在全县第二届价格诚信测评前，他又提出，与老百姓切身有关的水、电、气、通讯、医疗等垄断行业单位又要求必须参评。就这样，通过民意调查、民主测评、网上投票、集中评比等形式，将执行价格政策到位、明码标价规范、消费者满意的企业和事业单位评为价格诚信单位。两年一评，对评上的价格诚信单位实行动态管理。如今价格诚信测评在汉寿举行了三届，他看到全县经营者不断规范自身价费行为，消费者自我保护价费权益意识的氛围越来越浓，他感到非常的欣慰。

作为一个农民的儿子，人民群众选出的人大代表夏吉平扶持弱势群体是他不舍的牵挂。为了让群众了解国家扶持弱势群体的价费政策，经济上真正得实惠，他一直琢磨，探索新路子，创新工作方式。在每年召开的市、县人民代表大会上，他总是根据自己平时调查了解的情况和人民群众的呼声，积极发言，认真撰写代表议案，向市、县政府领导郑重提出。近年来，他先后撰写各种建议10多件，5000多字。在他和其他代表的积极努力建言下，扶持弱势群体的优惠政策与方案逐步出台。近年来，汉寿在全省率先推行扶持弱势群体价费优惠证制度。依据国家政策，把优惠的项目、优惠金额、落实的部门、经办人、价格部门监督举报电话等内容精心制成表格，印在证上，按照民政、劳动等部门提供的弱势群体人员名单，逐一核实，对生活确实困难的对象，及时免费办证，各有关单位认真执行国家扶持弱势群体的价费优惠政策，凭证优惠，严格遵守。2007年以来，共扶持弱势群体4000多户，每年减免他们的自来水费、电费、有线电视收视费等费用近50万元。特别是2007年底，液化气价格剧增，影响了居民的生活，他向县政府主要领导汇报后，动用县政府价格基金10多万元，补贴县城弱势群体，缓解因价格上涨费给他们带来的生活困难。了解这些情况的人都说，夏吉平为缓解弱势群体生活难又做了一件大好事。一份耕耘，一份收获；几滴汗水，几份业绩。正是夏吉平躬身为民，认真履职履责，实干与创新，向人民交上了一份满意的答卷，组织和人民没有忘记他，在他任县发改局局长的6年里，他5次立二等功受到市委、市政府的嘉奖，1次被评为全省固定资产投资管理先进个人受省发改委表彰。多次被评为市、县人大代表活动积极分子和市、县优秀共产党员。

认真履行人大代表职责

——记太原市人大代表、常委会委员曹福全

李力　李德荣

人民代表大会是国家的权力机关，代表人民统一行使国家权力，决定全国和各级地方一切重大事务，而人大代表是国家权力机关的组成人员，由人民选举产生，必须代表人民的利益和意志，努力为人民服务，依照宪法和法律行使职权，履行义务。曹福全2003年被选为太原市十二届人大代表和市人大常委会委员以来，一直坚持这样一种理念："人民选我当代表，我当代表为人民"，他担当使命，不负重托，认真履行人大代表职责。

一、认真学习，努力提高自身素质

曹福全说：人大代表能否担当起人民的重托，发挥好桥梁与纽带作用，履行好人民赋予的权力，很大程度上取决于自身的代表意识、社会责任感和综合素质，因而必须加强学习。几年来，他积极参加市人大代表的培训、参加太原市名校长培训，认真学习《代表法》《选举法》以及教育管理的法律、法规，联系工作实际写出心得体会25篇，读书笔记28万字，从而丰富了知识，提高了代表意识，增强了履行职责的能力和水平。

二、密切联系群众，反映群众意愿

群众在想什么，希望政府干什么，一直是他关注的一个重要问题。平时他以一名普通群众的身份生活在群众中间，和群众保持密切联系，时刻倾听群众的呼声。每次参加人代会前，他都要走访社区，走访群众，收集第一手材料，或者写出反映社情民意的建议上交大会；或者写成提案要求有关部门解决；或者在大会讨论发言时大声疾呼，为群众说话。近几年有患病家属向他反映看病难、看病贵、索要红包等问题；有老年人向他反映太原市老年活动中心少，雷雨冰冻天气无处锻炼等问题；有青年学生向他反映太原市爱国主义教育基地不健全和违规收费的问题；有购买新房者向他反映居民新区学校短缺，影响孩子受教育的问题；有汾河公园游人向他反映防护栏存在安全隐患的问题；有家长向他反映节假日学校需要适当补课的问题；也有学生向他反映上下学时校门外车辆堵塞，无法行走，甚至有人向学生索取钱财的问题……他耐心听取意见，竭力通过各种途径反映民情，帮助群众解决问题。目前，他向人代会和有关部门反映的许多问题已得到妥善解决，如太原市宣传部和文化局已完善了爱国主义教育基地管理制度，山大三院整顿了医德医风，学校大门和临近街道有了巡逻警察等。

三、依法治校，维护家长和学生的利益

他是一名人大代表，更是一名教育工作者。任太原十二中校长以来，他依法治校，依法治教，依法维权，使体现人民意志的国家法律在学校得到更好的贯彻实施。他和校级领导亲自给师生作有关教育法律、法规的讲座，并组织教师进行法律常识考试，使师生对《教育法》《义务教育法》《未成年人保护法》《学生伤害事故处理办法》等法律法规有了深刻的理解。曹福全根据教育法规制定了《太原十二中师德考核办法》，对违反法律和考核办法的教师给予师德扣分或警告处分；又出台了《太原十二中学生伤害事故责任追究制》，对因失职造成学生伤害的相关教职工给予罚款与行政处分。他在视察学校宿舍区时，发现个别初中教师强制学生在自家宿舍收费补课，家长不满。他责令校纪检书记亲自摸底调查处理此事，相关教师已全部交出了补课学生的名字，全额退还了补课费。从此，学校严格规定今后如有此种现象发生，当即解聘教师。目前

学校教师依法执教，学校工作在法治的轨道上进行，学校先后被评为“太原市依法治校先进单位”、“山西省文明学校”、“山西省普通高中示范学校”等。他个人曾荣获“山西省教育系统先进个人”、“太原市特级劳动模范”、“太原市直属学校十佳优秀干部”、“07 年度太原市教育局综合考核优秀领导干部”等荣誉称号。

人大代表的任期是有限的，但为人民服务是无限的，他将把毕生的精力奉献于养育他的人民。

情系群众肩负职责的人大代表

——太原市人大代表郝左明的人生轨迹

山西省太原市人大常委会研究室　徐俊凯

2008 年末的一天，迎泽区老军营街办，人大代表走进社区听取民意。

在新建南路一社区，低保边缘户张明生反映自己遇到的难题：由于身患重病无法工作，妻子下岗，一家人的生活仅靠妻子打临工维持。自己想申请低保，但由于个别手续不完善，不能申请。张明生说：“我们家的这点收入根本入不敷出，希望政府部门能给低保边缘户一些优惠政策。”

听着张明生的诉说，代表中有一人在认真地记录，并答复将对此问题向有关部门进行反映。这位代表叫郝左明，是太原康达商城有限公司董事长兼党委书记，也是一位连任两届的市区两级人大代表。

人大代表是责任

“人大代表不仅是荣誉，更重要的是责任”，这是郝左明常说的一句话。

他这样说的，也是这样做的。在任职期间，视责任重如泰山，认真履行一名人大代表的职责。从当选人大代表的那一天起，郝左明就按时参加所有人大召开的各项会议，从未因公或因私请过假，更未迟到早退过。会议期间认真审议大会议程的各项报告和决议，主动发言。

郝左明的发言从来不是泛泛表态或不考虑客观实际虚以应付，总是遵循社会发展进程，结合“一府两院”实际工作和自己接触的大量实际情况提出建议和意见，言之有物。

太原市十一届人大四次会议上，郝左明作了精彩发言。他说，商业兴市，这句话一点也不假，因此，政府工作报告说，今年的重要工作之一是发挥省城集聚辐射功能，大力发展商贸服务业。需要注意的是应科学地发展商贸业，加强商业网点规划建设。目前，市内商业网点规划滞后，一些规划缺乏科学性、预见性。在平阳路这一地区，有华宇、田森等超市还有新卖场，加上正在兴建的，相互间距不超过 200 米，这样的商业前景令人担忧。今后在规划布局时，要多方论证，公开透明，同地方实际情况相结合，符合市场经济的发展规律，防止造成不必要的浪费。

这就是深入调查，科学论证后才能有的言论，反映了人民群众的心声，也为解决改革发展中的实际问题提供了科学依据。

深入调研提议案

不仅仅是参加会议，郝左明更多的是参加人大组织的各项活动，深入基层，与群众面对面，了解他们的真实需要，充分发挥代表职能，帮他们解决问题。

当选代表多年来，他参加了人大代表视察城市建设整治活动，视察残联活动，参加了人大组织的对迎泽区社保和再就业工作的视察等活动。作为太原市人大内司委专业代表参加了“法制创新”课题活动，参加了对法检两院的视察活动，并直接参加了庭审活动。

通过大量调研活动，郝左明提出了很多有质量的议案和建议，如“关于加快推进退休职工社会化管理的建议”、“减免学费再完善的建议”，“公交车应全面优惠老年人的建议”等。尤其是关于国企改革的一些调研和意见为太原市进一步深化国有企业改革，更好的解决下岗职工再就业等方面的决策提供了具有一定价值的参考和借鉴意见，引起有关方面的高度重视。

关心群众办实事

不仅说到，还要做到，更要做好。这是人大代表郝左明履职的一个理念。他深知,人大代表不了解民生就当不好代表,就不能替群众说话,“问题不会自己跳出来,观察和思考才能抓住本质”,因此平时他总是尽可能挤出更多时间,自命专题调研提纲,深入社区、企业,大量走访调研,了解群众的生产、生活情况,倾听他们的意愿和要求。

同时,郝左明还担任一些社会职务,如太原市企业家对外交流协会副会长、太原市体改研究会副会长、太原市商经学会副会长,连续两届中共太原市委联系的高级专家、山西财经大学研究生院客座教授等。通过参加丰富多彩的社会活动,从多角度、多层面上了解社会,服务社会,参政尽职,充分发挥代表作用。

就这样,几年以来郝左明接待了群众60多人次,收集整理群众反映情况50多条,如南沙河环境治理问题,疾控中心职工亲属被刑拘652天未有结论一事,集中供热质量问题等等。属于对政策不了解的他都当场做答,属于有关部门工作失误的,他积极按程序向上反映汇报。只要在自己能力所及范围内他都积极主动予以解决。据了解,多年来,郝左明在康达商城先后安排了600余名下岗职工,解决了他们的再就业难题。被省委省政府授予“山西省再就业功臣”。

真情服务最基层

郝左明这种关注民生、扶危济困的强烈责任感早已融入到日常工作中。在他担任企业领导多年里,始终将以人为本、构建和谐企业作为忠实理念和实际行动。

在康达商城,郝左明一贯倡导做好细节,服务基层。

一个星期天的上午,郝左明准备陪爱人外出办事,路过商城保安部,碰上两位山西医科大学的学生正在就商品问题投诉。他当即耐心细致地询问了有关情况,并与经营户取得联系,直至圆满解决了问题时,爱人也办事回来了。30多岁的王某已在康达商城经营了近十年,这两年,每当他遇到孩子入托、入学的问题,商城的管理人员都会伸出援手。谈起商城为经营户提供的服务,他深有感触地说:“商城为我们解决了后顾之忧,我们在这里经营既安全又放心。”事实上这样的事情,郝左明时时在做。员工生病,他会到家里探望,员工工作上有情绪及时化解,每逢“三八”、“六一”及员工生日,他都会送上亲笔签名的贺卡和礼物。

商城的巨大转变,跟他的这种真情服务分不开。康达打造出了享誉并州大地的“康达”经营模式,以至于引起不少商业单位的效仿。

临危受命救企业

此前康达商城并非如此,改变正是从郝左明开始。

太原康达商城有限公司的前身是太原小商品批发总公司,这个曾是我省唯一专营小商品的老牌国有批发企业,在1993年时正面临着破产困境,企业累计亏损近百万元,外欠资金高达1260万元,总负债1900余万元,在太原商贸系统排名倒数第二。郝左明就是这时受命出任总经理。

郝左明出生于干部家庭,从小受父辈的熏陶和英雄人物的激励,立志报效祖国,干出一番事业。遗憾的是,在他高中毕业之后,正赶上下乡插队、接受再教育的浪潮。于是这位品学兼优的高才生就到了“广阔的天地”里经了风雨、见了世面,还当了干部、入了党。回城之后又进了工厂、住过学校。领到了大学毕业证书,担任了太原市商业局的专职理论教员。1981年,担任太原小商品批发公司团委书记,后担任党委副书记、副经理。企业“濒危”之时,郝左明挑起了“扛旗人”的重担。他曾主动对上级立下军令状,三年内将企业由倒数第二达到正数前三名,否则自动下台。不足两年,他果然做到了。

卓越成就铸辉煌

上任以来,郝左明带领全体员工与时俱进,开拓创新,闯出了一条以改革为龙头,以建设市场为突破口,带动企业全面发展的经营新路。通过“八字”改革战略,即更新思想观念、转换经营机制、调整经营结构、创新企业管理、建设康达商城、优化资本结构、实行资产经营、实施股份制改革,实现了“六个”率先,即率先推倒仓库建市场,率先新老划断单位独立户、率先实施兼并重组、率先实行股份制改革、率先成立市场质检站、率先成立流动党支部和联合工会。

成功永远属于不懈努力的追求者,大胆的改革和一系列的规范管理和服务措施使企业扭亏为盈,并达到了“四个唯一”:企业连续14年成为太原商贸批发企业(包括改制后)唯一盈利单位,销售总额近20亿元,利税总额7000万元;唯一实施“员工学习、企业买单”制度,为员工全额报销学费几十万元;唯一成为职工全员享受到住房福利的单位;唯一成为无下岗职工,从未发生过职工上访的单位。郝左明也多次荣获省市劳动模范、优秀党务工作者，太原市功勋企业家、杰出企业家等荣誉称号，省市职工职业道德“十佳”标兵、新晋商企业家、中国商业服务业改革开放三十周年卓越人物等。

真情付出为大家

一个优秀的企业家，不仅要为企业职工谋福利，还要勇担社会责任。这是郝左明一切行为的出发点。

在建设康达商城7个多月的日日夜夜里，郝左明没白天没黑夜地干，实在瞌睡地熬不过去了才睡上一会儿。繁重的日常工作，施工现场的昼夜奋战，使这位硬汉子病倒了。但他坚持上午输液，下午继续上班。女儿骨折、岳母去世他都顾不上照料和安顿。尽管他亲自抓商城建设，但自家封闭阳台还是花钱请人做的。商城火爆，柜台供不应求，他从没有吃过经营户的一顿饭、抽过一盒烟，更没收过礼。他一心只想职工过上好日子，改制中没有让一名职工下岗，按时为职工缴纳“五险一金”，为40名在外购房的员工全部发放了购房补贴。

当选人大代表后，郝左明关注的不再单单是本企业，还把社会大事、百姓疾苦、社区困难都纳入自己的视野。他坚持从身边事做起，在搞好企业的同时勇于承担社会责任。2007年对阳曲县希望小学捐资12000元，2008年向汶川地震灾区捐款八万多元，帮助社区改善办公条件，积极支持驻地派出所加强“一所三队”建设等等。

勤奋学习为履职

人大代表是人民行使国家权利的使者，是国家政治生活的直接参与者和决定者。履行好这一神圣职责必须具备一定的政治素养、政策法规水平和综合协调能力。基于这个认识，郝左明始终把学习放在重要位置，并从多方面加强自身学习，提高履职能力。

首先是学习党和国家的大政方针，关注当前国际、国内政治形势和经济、文化发展，努力做到知情知政。其次是学习国家的法律法规，结合工作实际，做到学法、懂法、用法。第三是认真学习优秀代表事迹，见贤思齐，不断改进自己工作。以赤子之心为人民服务。同时他结合工作实际先后撰写了《关于提高人大代表视察工作实效的几点建议》、《构建和谐社会是群众的共同愿望，促进和谐发展是人大代表的职责》等论文。

郝左明从当选人大代表那天起，就将“代表人民、服务人民”作为自己的责任、职责和义务。他给自己提出了四个目标：一是争当表率，成为国家法律法规和党的路线方针政策及人大决议、决定的模范执行者；二是积极参加视察调研等，认真做行使权利的活动者；三是密切联系群众，做社情民意的反映者；四是坚持从身边事做起，做构建和谐企业的模范实践者。如今，这些他都一一实现并继续实践。

我们祝愿他一如继往认真履行代表职责，扎实有效做好代表工作，不负党和人民的重托，情系群众，造福百姓，在人生的征程上取得更大成就。

上为政府分忧　下为居民解愁

——记自治区人大代表、包头市府东路阿尔丁1号社区党支书李翠兰

李金莲

李翠兰，包头市市府东路街道办事处1号社区党总支书、居委会主任，自2001年担任党总支书以来，她不仅及时将党的路线方针落实到居民中，更重要的是她心为居民，牢牢将百姓的利益系于胸中。2007年当选为自治区十一届人大代表后，她觉得肩上的担子更重了，身负的责任更加神圣。“我就是要真正把为人民服务落到实处”，这是李翠兰最坚持的一句话。在工作中，她也确实是这样做的。

阿尔丁1号社区是一个超大规模的社区，现有党员1643人，搞好党建工作十分困难，身为党支部书记的她在这方面下了很大功夫，并取得了良好效果。仅去年一年，在李翠兰的组织下，就举行了几次大型的党员学习和民主生活会。在今年的结对共建和保持共产党员先进性教育的活动中，她积极争取到妇联捐赠的办公用品、报刊杂志等，大大改善了社区办公条件并为居民了解时事和国家政策开了一扇窗。当得知社区一位建国前入党的老党

员没有工作生活困难时，她广泛联系、积极争取，为老人申请到了内蒙古党委、包头市委、昆区区委资助的2000元慰问金。

在为政府分忧的同时，她时刻不忘自己是人民选出的代表，为民代言是自己义不容辞的责任。密切联系群众，深入社区收集意见，为群众排忧解难，关心帮助弱势群体，成为她工作的目标和方向。

社区中居住着一对年迈的老人，他们由于楼上小孩的吵闹影响休息与楼上邻居关系不和，并经常向居委会反应。有一次，老人来找李翠兰时她正在吃晚饭，老人情绪非常激动，吵闹着要上告、要拼命。李翠兰急忙放下手中的碗筷进行安抚，并承诺尽快解决。第二天一早，她便和另一位主任前去调节，解决了一个棘手的矛盾。还有一次，一位居民因买房与同街坊开信息部的另一位居民发生矛盾，信息部竟到居民家中把锁眼用木棍钉上，双方闹得不可开交。李翠兰苦口婆心的劝说，摆事实、讲道理，终于达成了双方都满意的结果。当调节完矛盾回到家时，已经是晚上九点多了，她才开始吃晚餐。这样的事情在李翠兰工作中司空见惯，她总是不辞辛苦，不怕琐碎，尽力帮居民排忧解难。她常说，社会是一个小社区，一些平常的琐事也可能导致大矛盾，我要做的就是把矛盾压缩到最小，使小区和谐。

李翠兰心中装着人民，对那些生活困难、残疾、下岗等弱势群体人员，她总是尽力帮扶，协调有关部门为群众解决实际困难，把党的温暖送到他们身边。她说："我管的事情多，但真正的权力有限，我可以尽力协调上级部门，照样为人民服务。"社区有一名孤儿，与爷爷奶奶相依为命，生活困难。李翠兰得知情况后，不仅在平常生活中处处照顾他们，而且还多次与妇联联系，在开学前为她落实了400元的学费。另外，她还为其他三名贫困女童争取到"春蕾计划"扶助款每年每人400－800元，为社区贫困大病人群争取到市委办公厅下发的900元救助。这些实实在在的行动加深了居民对党的信任，增强了他们对社会的信心，平添了他们对人大代表的信任。

在关心社区居民的同时，李翠兰也在为构建一个干净、整洁的社区努力着。她以社区为家，为居民营造整洁、有序的居住环境而尽心尽力。

今年五月，以"创城迎会"为契机，李翠兰带领社区居民进行了全面的环境卫生清理。刚开始的时候，她带领居委会领导班子，在物业的配合下，每天亲自捡拾居民丢弃的塑料袋、废纸等白色垃圾。可他们每天捡，居民每天扔，于是她又通过小喇叭向居民进行宣传。终于，社区居民被她的行为所感动，不仅不乱扔垃圾还主动维护社区环境卫生。此外，在她的带领下，又将社区75栋楼内的小广告全部铲除，将楼栋底楼的墙壁全部粉刷。现今，人们走进阿尔丁1号社区，看到的是粉刷一新的墙壁，干净清洁的道路；没有白色垃圾，没有非法小广告，到处绿草茵茵。

由于兢兢业业、勤勤恳恳的工作，她赢得社区居民的信任和赞扬。2003年被选为区第13届人大代表，2007年，被选为自治区十一届人大代表。虽然取得了多项荣誉，获得多项奖章，但她不骄不躁，继续扎根基层、为人民服务。她说，"人民给了我当代表的权力，给了我荣誉，我就要真正把为人民服务的承诺落到实处，为居民办实事、办好事，这才不辜负国家和人民的重托。我要做的就是上为政府分忧，下为居民解愁！"

发扬军人传统　致力地方建设

——记太原市十二届人大代表李向华

太原市人大常委会研究室　徐俊凯

在一年一度的太原市人大代表工作座谈会上，一位平时精神矍铄的代表一脸倦容，满眼血丝，我上前问道："李主任，今天怎么没有点军人的形象了？""不说了，一宿没休息，林业厅家属院的供暖管道出了问题，组织后勤人员抢修了一整夜，咱作为一名后勤工作者，又是一位人大代表，怎能不关心份内的事情，又怎能不执行颁布不久的《太原市城市供热条例》呢？"是的，与他同院而居，我深知他是一位实在的基层干部，《供热条例》明确了"二次管网有单位的由单位负责维修养护……"他有句口头禅:“代而不表,不做代表。代表就得干些代表的事情,代表就得代言,表现……”

自1998年开始,李向华先后当选为迎泽区第一、二、三届人大代表和太原市十一届、十二届人大代表。在担任人大代表,履行代表职责的十年中,他认为,立足工作岗位,结合工作实际,只要做一个有心人,时时触发为民代言的灵感,就会处处发现为民代言的题材。

李向华是一名部队转业干部。当选代表前,20余载军旅生涯,献身于国防事业,共筑钢铁长城,建设现代化军队,履行了一名军人的职责。1993年10月从27军转业到省林业厅后勤工作岗位,无论是任行政处长、公安处长,还是后勤中心主任,保障机关,服务职工是他工作的目标,共建绿色家园,改善生态环境,很快进入了务林人的角色。当选代表后,在倍感光荣的同时,他开始认真思考怎样才能在人大代表的岗位上依法行使好代表职权,为民代言,做点实事,不辜负选民的信任和期待。多年来,一方面努力学习代表工作的知识,另一方面积极参加代表活动,逐步明确了自己肩负的责任和使命,围绕着工作实际,通过提出建议的形式来行使代表职权,并取得一些成绩和经验。

关心社区建设,积极为民代言

人大代表是人民群众,人民利益的维护者,也是党和政府联系群众的桥梁和纽带,代表要切实履行好职责,一定要树立“人大代表为人民”的理念,广泛联系群众,深入调查研究,知群众之所知,想群众之所想。

省林业厅机关办公区和职工住宅区分别联系着太原市老军营街道办事处第一社区、庙前办事处桃园一社区,两社区多年来没有固定的办公场所,并且临时办公用房面积均不达标,社区干部办公、召开会议,条件极差。他看在眼里,急在心上,为了将两社区办公场所得以改善,达到市政府要求的标准面积,他结合林业厅住宅小区改造的实际情况,千方百计想办法,拿出规划,经请示厅领导先后投资20多万元,为两社区分别建起了60多平方米的固定办公用房,并添置了部分办公设施。社区干部高兴地说:“有这样的办公条件,还得感谢李代表。如果都像他这样关心社区,建设社区,社区的作用就会发挥的更好。”2007年12月11日山西省委常委、太原市委书记申维辰在老军营小区第一社区调研时,表扬了社区工作搞得好,赞扬了林业厅住宅区居民素质高,该住宅区被太原市评为十佳绿色小区之一。他还经常深入社区,和选民面对面,了解民情,集中民智,反映民声。如暖气不热、煤气不足、有线无信号等与居民生活相关的事情,及时向有关部门反映,并监督落实。人大代表应当及时地为人民群众代言,反映他们的意见和利益诉求。同时也要积极做工作,帮助化解矛盾,解决实际问题。2008年9月桃园一社区一居民因小孩上学和校方领导因为收费问题,产生了误解,他得知此事后,三番五次转走在学校、家长两者之间做工作,最终双方消除了误解,问题得到了妥善解决。

联系群众,走访群众是履行代表职责的前提和基础。李向华始终认为,要写出高质量的建议,必须把自己置于人民群众当中,深入调研,问计于基层,求教于百姓。几年来,他结合工作经验,在公共设施完善和城建方面,认真提写了“建设安装供热计量表”、“推广插卡式高灵敏度水表”、“提高城市品味,建筑物规划设计需求多式样”等建议。在反映基层干部意见和公益性事业方面,提写了“提高社区干部待遇问题”、“关于老年人乘坐所有公交车免费的建议”、“关于降低公交票价的建议”等。2008年,桃园三巷改造过程中,周围群众在街头巷尾议论,大树会被大风吹倒后给居民带来不安全的隐患。他听到后,及时给有关部门写信反映并做了必要的解释工作。

妥善处理本职工作与代表职务的关系

他既是庙前街道人大工作委员会委员兼区人大庙前第二代表小组组长,又是迎泽区人大财经委委员,还是市人大内务司法专业代表小组成员。而在林业厅从事后勤管理工作,整个厅机关保障服务工作非常繁忙。如何兼顾两者就成为面临的现实问题。在工作中他从三方面着手:一是要安排好人大代表活动和单位的工作时间。根据人大通知的代表活动时间,提前安排好要做的工作或调整开会时间,实在调整不开要参加的会议,派人参加,事后了解会议精神做好落实。保证代表活动次次参加,因为每参加一次自己又多了一次学习机会,李向华为有这样的机会感到光荣,也倍加珍惜这样的机会。二是将代表工作和单位工作有机结合,使之相互促进。他的工作是后勤管理和服务,为了使辖区内的居民、职工有 个舒适的生活环境,上门服务排除故障的过程,也是了解民意的过程,便于向有关部门提出操作性强的建议,使人大代表的职责落到实处,切实解决问题。同时,把一切想法建议梳理后向有关部门反映,被有关部门采纳。三是借助平台，参观林业，提高行业地位。他每年都要提议并承担市、区人大代表到全省绿化先进县、林业生态示范基地和国家级自然保护区进行参观、视察。使代表们享受了天然氧吧，感受到在我省实施六大绿化造林工程的必要性，充分理解了林业人的艰辛和伟大。2007年、2008年连续两次迎泽区人大常委会采纳了他的建议并组织部分人大代表专门赴右玉县、夏县学习植树造林精神，参观生态绿洲和村镇绿化的示范典型。通过学习，林业行业部门的位置在代表们心中提高了，太原市城市绿化、环城林带建设在代表们心中支持监督力度加强了。

虽然在工作中取得了一些成绩，但李向华深知这些工作成绩的取得，得益于各级领导的关爱，得益于有关部门的协作和支持。他说："在今后的工作中，我一定珍惜人民赋予自己的权利，增强公仆意识、法制意识、人大意识，加强学习，提高自身综合素质，以更加饱满的热情面对新的挑战，进一步发挥好人大代表的表率作用、骨干作用，发挥联系群众，反映民意的主渠道作用。"有理由相信，在未来工作中，李向华能做好肩负的各项工作，尽职尽责地完成人大代表的使命，把人民群众的利益实现好、维护好、发展好，做到在其位、谋其政、尽其责、办其事。

漫漫花卉路　殷殷百姓情

——记湖南省"十佳花卉苗木种植模范"、常德市五届人大代表王立初

田明时

洞庭沅水之滨，苍翠金牛山下，人们广泛地传颂着一位苗木花卉辛勤耕耘者的优秀事迹。他，就是湖南省政府颁发的"十佳花卉苗木种植模范"称号获得者、常德市第五届人大代表、汉寿县花卉苗木产业协会会长王立初。

艰苦创业　民营经济领头雁

王立初，上个世纪六十年代初期出生，是汉寿县朱家铺山区一个地地道道农民的儿子，年幼时就对苗木花卉情有独钟。1985年高中毕业后，他怀揣父母积攒的1100元血汗钱走沅陵、下云贵，干起了木材贩卖。由于他不怕苦、不怕累，几年的时间不但赚到了些钱，还增长了他对木材经营的见识、逐渐熟悉了市场。1985年下半年，他倾其所有，长途贩运木材在汉寿县城杨旗咀安营扎寨、坐场经营。由于他对木材的采购、经营轻车熟路，生意越做越大，到1987年就成为汉寿县有名的木材经营大户。

随着经济实力逐步增强，王立初在1995年开始与人合伙创办了杨旗花木场，以盆花销售为主。由于花卉市场需求不大，不便于批发销售，利润空间较小，不久合伙人就纷纷退出。王立初冷静分析，看准了城市绿化、道路建设蕴含着绿化苗木的大市场需求商机，于是王立初大胆的把场子承包下来，调整经营方式，长度摈弃盆花销售单一模式，把发展方向确定在种植绿化苗木上，开始他的花卉苗木事业，走上了花卉苗木的经营之路。

调整经营方式，确定发展方向后，王立初购买了有关花卉苗木市场的书籍，订阅《中国花卉报》、《湖南日报》等报刊，向书本学习技术，了解市场信息。1997年，他自费到北京林学院园林专业学习，一年的学习使他熟练的掌握了花卉苗木生产的各种技术，还使他看到了花卉苗木生产的光明前景。有了这些他还不满足，他又花费数万元，走遍了全国各地一些主要花卉苗木生产基地和花木大市场，了解了市场信息，把握市场动向。特别是长沙、浏阳等地花农成功的喜悦让他产生了把杨旗花木场做大做强的强烈愿望。

1998年下半年，在取得爱人的支持后，王立初由盆花生产转向生产绿化苗木为主，县城基地由2亩扩大到17亩。又在朱家铺镇党委政府的支持下，承包荒山300亩，水田10亩，投入资金150万元，雇佣民工8人开荒栽培绿化苗木，由于投资较大，王立初把家搬到了荒山上，与民工同吃住，从播种到培育成小苗，他整天都呆在圃地里，倾其所学，精心呵护每一粒种子，每一棵小苗。功夫不负有心人，他所培育的小苗存活率当年就在95%以上。1999年初就销售小苗7万余株，收入4万多元，经营状况逐渐好转，销售渠道逐步稳定，效益日益看

好。

2000年他和爱人彻底放弃了木材经营，共同致力于花卉苗木种植。几年的苦心经营，生产规模逐步扩大，杨旗花木场现有基地4处，总面积近3000亩，长年雇用民工54人，种植香樟、雪松、桂花等75个苗木品种近3000亩，近600万元，年均销售额逾500万元，利税100万余元，产品主要销往上海、江浙、武汉、重庆、成都、昆明等省市。目前，杨旗花木场的规模越做越大，效益越来越好。

在杨旗花木场的示范带动作用下，朱家铺现有花卉苗木积木种植大户120多家，种植面积8000多亩，绿化大苗存圃200余万株，年销售额过千万元。王立初成为了一个名副其实的发展汉寿民营经济的领头雁。

赤诚奉献　扶贫济困热心肠

身为人大代表，王立初坦诚相告："人大代表只是一个暂时的光荣称号，但他能鞭策我更努力、更认真地创业。为人民多做实事、多办好事，为社会多做贡献，这应该是一个永远不变的主题。"

对于家乡的父老乡亲，他有一种深沉的爱。他常说"一个人致富不是富，春色满园才是春"，王立初在自己致富的同时，时时不忘父老乡亲，积极帮助周围的群众从事花卉苗木种植致富。一是发挥示范带动作用。到目前为止他为本镇和外地村民上门做技术指导160多次，送技术资料3000多份。他还采取与农民合资合作的形式帮助农民发展花卉苗木生产，由他提供种苗、化肥、农药、技术、负责销售，农民提供土地和人力，产品销售后利润五五分成。在他的带动下全镇有200多个农户种植花卉苗木，有近70户农户靠花卉苗木种植发家致了富。二是提供资金和物质帮助，几年来他为朱家铺和外地农民提供了十几万元的周转金，无偿资助周边群众5.8万元。三是无偿为周边乡镇花农供应树苗，特别是2006年香樟树苗紧缺，他硬是自己掏钱3万多元从长沙购进了10多万株树苗，无偿的分发给了周边的花农。近年来，他无偿为周边群众供应苗近50万株，价值近20万元，为汉寿县花卉苗木产业的发展做出了巨大的贡献。四是献爱心资助失学学生。2002年，曹庭、曹蓉姐妹因父亲去世，母亲无力供她们姐妹上学，王立初知道后把姐妹两个接到家中长期吃住，并承诺负责他们一直上完大学的所有费用，现在姐妹俩都上高中，且成绩优异，王立初为贫困学子撑起了一片绿荫。

对于家乡的社会公益事业，社会主义新农村建设，王立初虽然商务缠身，但他却格外关注。近年来为家乡修公路，为村里修学校，他先后捐资10多万元。从2004年起每年为慰问困难户、五保户捐资1800多元，不愧为扶贫济困的热心人。

建言献策　群众利益的代言人

王立初常说，能够当选常德市和汉寿县人大代表，是群众对我的信任，是组织对我的看重，是荣誉更是责任。因此，他常怀着一颗爱民之心，把目光和热情更多地投向社会和民生。他收集了一本厚厚的精致的《王立初所提议案、建议、批评和意见装订册》就是对人大代表这一神圣职责的最好诠释。

近几年来，王立初不忘肩上承担的责任，不忘人民群众的重托和期待，常常深入选民群众中，访贫问计，调查研究，抽出时间积极参加市、县人大组织的代表调查视察活动。积极参政议政，倾洒真诚，为民立言。

2007年12月，大雪纷飞，天寒地冻。王立初利用一个多月深入朱家铺、丰家铺等8个乡镇的近70多个村组，上100家农户调查了解花卉苗木生产发展情况，倾听群众意见与呼声，整理了《关于大力发展花卉苗木，引导群众致富奔小康的建议》，于2008年元月在召开的常德市第五届人大一次会议上向大会主席团提出，立即引起了市政府领导的高度重视。会后，市政府领导还带着有关部门负责人专程来到王立初代表所在乡镇进一步了解情况，共商发展花卉苗木发展的大计。当地群众赞誉："王立初这样的人大代表真心为人民，难得啊！"

王立初很明白，当选上人大代表，那就是人民群众的充分信任，自己就绝不能只做一名"挂名代表"、"会议代表"、"名誉代表"。他是这样想的，也是这样做的。他当代表以来，注重收集社情民意，关注热点、难点问题。近几年，由他领衔或提出的诸如"营造宽松私营经济发展环境"、"治理污染环境"、"整顿农村社会治安"、"加快乡村公路建设"、"建设新农村要注重实效"、"打击赌博歪风"等议案、建议和意见20多件，内容涉及农业、林业、水利、交通、环保、司法、公安等11个方面，大部分都得到了有关部门的重视和落实。同时，他还接待来访群众300多人次，被选民称为"贴心代表"。

漫漫花卉苗木路，殷殷选民百姓情。王立初，践行了一位人大代表的神圣职责，诠释了人大代表的深刻内涵。他用自己的实际行动和片片真情赢得了上级组织和人民群众公证和信任。近年来，他先后获得了不少荣誉称号，前不久被湖南省政府评为"全省十佳花卉苗木种植模范"，自2002年以来连续五年被常德市政府评为"科技示范户"，连续6年被县直部门评为"守法文明经营户"、"全县杰出青年企业代表"、"人大代表活动积极分子"。

从"蔬菜专家"到"人大代表"

——访市人大代表、小店区蔬菜办主任王美玲

山西省太原市人大常委会研究室副主任　秦原平

2007年3月，现任小店区蔬菜办主任、党支部书记的王美玲，当选为太原市第十二届人大代表，她深刻地认识到，作为人大代表中的一名新兵，这既是一种政治荣誉，更是一份沉甸甸的责任。只有时刻牢记人民的重托，认真履行代表的职责，发挥代表的桥梁纽带作用，把人民的要求放在心上、把群众的冷暖放在心头，才能成为人民群众所信任的代表。

默默耕耘，无私奉献　成为群众高度信赖的"蔬菜专家"

王美玲自1982年参加工作以来，已默默无闻地为蔬菜事业奋斗了25年。25年来，小店区的蔬菜产业发生了很大变化，由大路菜基地发展为稀特菜基地，由以大田菜生产为主发展为以日光温室、塑料大棚、小拱棚、地膜覆盖和相配套的周年生产体系；无公害蔬菜的发展从无到有，从有到优；现代农业——无公害蔬菜观光采摘示范园项目已初见成效，全区蔬菜事业发展的每一步历程都倾注了王美玲的全部心血。从一名区农业基层办公室技术员成长为如今负责全区蔬菜产业管理的领导干部，王美玲25年如一日默默耕耘，无私奉献的精神，深深打动了周围的每一个人。

1984年，小店区保护地蔬菜生产刚刚起步，菜农们无从下手，作为农业部门的蔬菜技术员，她也是只明白理论知识，实践经验也不是很足。在这种情况下，王美玲主动要求出去取经并下乡蹲点指导。她一头扎入大棚认真观察蔬菜的生长情况，在菜农的大棚里一呆就是20多天。哪个村适宜盖什么规模的温室，适合生产哪类蔬菜她都了如指掌，经过努力，终于摸清了全区18个乡（镇）100多个自然村的情况；谁家的蔬菜最近时期易发什么病害，她总会及时上门指导用药。十几年来，她用实际行动感染了每一位菜农，以至如今即使成了蔬菜办主任，每次下乡，菜农们还是习惯问候她"王老师来了"。

立足本职，致力发展现代蔬菜产业

自担任蔬菜办主任以来，她每年都能圆满完成各项任务指标。2007年全区蔬菜面积达到9.37万亩，其中无公害蔬菜面积达6万亩，无公害蔬菜标准化生产基地1万亩，全区蔬菜总产3.1亿公斤，年收入2.18亿元，全区发展新菜田9964亩，新建、改建节能温室塑料大棚253亩，打井31眼，防渗4万米，引进展示新品种300余个，推广实用技术资料1.5万余份。到目前，全区已有九个蔬菜品种获得了国家农业部颁发的无公害农产品证书。

着眼于建设社会主义新农村、增加农民收入的宗旨，王美玲带领菜农大力调整蔬菜种植结构。通过广泛宣传，认真调研，入村培训，狠抓了"五落实"即：区落实到乡（镇）、乡（镇）落实到村、村落实到户、户落实到田、田落实到品种，经过一个多月调查核实，在全区耕地面积逐年萎缩的情况下，全年新扩张菜田面积9964亩，农民增收15%。以发展现代农业、绿色农业为思路，王美玲鼓励菜农大力发展蔬菜观光采摘园，提升蔬菜基地品质。她计划用2到3年时间，在小店区东蒲、孙家寨、贾家寨、杜家寨、良种场等"四村一场"，建成集观光、休闲、娱乐、教育为一体的无公害蔬菜观光采摘园，形成"可游、可采、可居"的现代农业景观，构筑"城市－郊区－乡间－田野"的空间休闲系统。优化、协调运用旅游资源和无公害蔬菜生产技术，使菜农通过观光旅游增加蔬菜产业的附加值，提高经济效益，促进农业增效、农民增收。目前，良种场绿保园区的科技种植园已建成；孙家寨益丰蔬菜品种示范园已引进美国、韩国、北京、西安等各类中外蔬菜新品种300余个进行蔬菜品种展示，孙家寨蔬菜观光采摘园三栋日光节能温室和一栋大棚已建成。2007年9月，省委常委、太原市委书记申维辰到蔬菜示范园区视察时，对她们的工作给予了充分的肯定。

增强代表意识,坚持履行人大代表职责

在履行人大代表职责中,王美玲深深地体会到,不能把人大代表仅仅当作一种荣誉,更要有高度的政治责任感。作为一名市人大代表,必须要有较高的思想理论水平、政治水平和科学知识,多学习,多思考,不断提高履行代表职责的能力。她积极深入学习邓小平理论和党的十七大精神,加强对政治理论和业务知识的学习,学习宪法法律和人大制度知识,增强政治意识、责任意识、服务意识,不断增强贯彻党的路线、方针、政策的自觉性,提高自己依法履行人大代表职责、管理调控行业发展的能力与水平。

在市十二届人大一次会上,她针对新农村建设问题,提议新农村建设不仅是村民生活条件的改善,同时也应该是生产条件的改善。如田间道路的硬化、田间电网的架设,这些基础设施的改建,不仅可以便利农民田间劳作,同时也为发展现代农业奠定了基础。王美玲是一个闲不住的人,当选代表一年来,她走访了全区4个蔬菜生产重点乡镇42个村,把人民群众关心的热点、难点问题,及时反映给党委和政府,密切了党和政府与人民群众的血肉联系,实践了“人大代表人民选,选好代表为人民”的庄严承诺。

周代表的“三个关系”

河南省内乡县人大常委会　朱浩记　苗长庚　李娜琴

“咱是人大代表,还是人民公仆,只有为群众多干点高兴事,为社会多干点正经事,为党多干点光彩事,我的使命就完成了一大半。”这是河南省内乡县乍曲乡党委书记周晓峰经常鞭策自己的话。十余年来,正是怀着这样强烈的责任感和使命感,他牢记重托谋发展、甘心服务情系民,用自己的实际行动赢得了选民的信赖,受到了选民的欢迎。

关系为民服务的水平,不能不努力

人大代表是人民的使者,应站在人民利益的高度,为人民办好事、办实事。常言说自身强硬好打铁,要真正履行好这一职责,更好地为人民服务,就必须加强学习,提高自身政治业务素质,增强为民服务的本领。为此,他自当选代表的那天起,就坚持把学习放在首位,注重学习党的路线、方针、政策和代表应知应会的各种法律法规,做到办事按法、想事扣法、行动依法,不断提高自身素质。在强化自身素质的基础上,他积极参加市、县人大组织的各项活动,搞好执法检查、社会调研、工作评议等活动。他常说:“人大代表应是个多面手,只有努力学习,依法履行职责,才算够格!”

关系民情民意的落实,不能不说话

“人大代表应是群众的贴心人、代言人和领路人”,为此他切实履行代表职责。一是当好调研员。他给自己规定每星期至少要有三天时间深入田间地头和厂矿企业,了解民情民意,倾听群众呼声,接受方方面面反馈,记录民情日记,认真分析研究,为党委、政府的决策提供更加科学的依据。2004年底任乍曲乡党委书记后,他第一件事就是到16个村进行排查摸底,了解乍曲乡的资源状况和民风民俗,同时,虚心向老干部、老党员及群众代表取经,集民之智,制订了“八个在”的工作思路:即出路在工,重点在矿,希望在田,潜力在畜,后劲在旅,开发在镇,基础在路,关键在人。重点搞好水泥、石材、石料、冶金、木材、林牧、旅游、小集镇等八项开发,并提出了“建材工业园,绿色食品园,民俗休闲园”建设目标,使乍曲乡的发展驶入快车道。同时在调研过程中,他注意从全局的高度发现问题,把局部问题放到全局中考虑,把眼前问题放到长远中权衡,如按照建设“文化名市”、“文化强市”的要求,他立足南阳市南水北调的大环境和该线的文化底蕴,撰写了《建设石堂山省级地质公园的建议》和《关于把乍曲景点纳入市、县旅游线的建议》,在市三届人大六次会议上产生了很大反响,并作为“代表心声”在《南阳日报》上有很好反映。由于他经常深入村组,与群众打成一片,至今全乡几乎没有他不认识的群众,人们亲切的称他为“平民书记”、“草根书记”。二是当好代言人。他积极参加市、县人大常委会组织的各类活动,广泛收集群众的意见和建议,对群众关心的热点、焦点问题充分调查研究,力求提出的建议有针对性、可操作性。如

2006年,在视察全县公路发展过程中,他看到老内淅路(师岗－彭营－淅川)坑坑洼洼,凹凸不平,成为制约当地经济发展的瓶颈。他忧心如焚,亲自走访调查,掌握大量第一手资料后,在市三届人大五次会议上,他提交了《关于恢复建设老内淅路的建议》,得到了市政府的高度重视,该路段的建设方案很快批复,现老内淅路已建成通车,极大地方便了两个乡镇、7个村、1万余人的生产生活,受到了当地群众的热烈欢迎。2007年又提出了《关于尽早动工建设内邓高速路的建议》。为加快县域经济发展,实现"洼地崛起",他撰写的《招商引资工作应做到七个一》、《民营经济发展之我见》得到了县委领导的赞许和肯定,并在全县付诸实施。正是代表这份责任,使他常怀为民代言、为公分忧的使命,五年来共提交议案、建议20余份,内容涉及三农、经济、文化等。这些建议多数被市、县人大常委会采纳,进入党委、政府决策过程,为推动地方经济和社会事业的发展发挥了重要作用。

关系区域经济的发展,不能不尽心

作为人民公仆,他把发展区域经济,实现群众富裕作为自己最大的政治,以"衣带渐宽终不悔,为伊消得人憔悴"的实干精神,不断创新工作方法,使乍曲乡呈现出全盘皆活的开发态势,团结干事的工作态势,安定和谐的社会态势。

乍曲乡虽然距离县城近,但却是全县最穷的乡镇。过去有句顺口溜:"能上七板夏,不去瓦庙乍",就是这个缘由。全乡山多地少、干旱缺雨,到处是光秃秃的山崖,成为老百姓永远无法摆脱贫困的"拦路虎"。而他不等不靠,在找专家调研论证后,那些"拦路虎"成为他眼中金灿灿的宝贝。他带领机关干部围绕石头做文章,大力发展石材、石料产业,实施以"优"招商战略,使企业从无到有,从小到大,从有到优。目前,乍曲境内各类企业共19家,其中投资在3000万元以上的企业就3家,企业对乍曲经济发展的贡献越来越大。财政收入连年翻番,工业税收占财政收入的70%多。同时坚持用市场化理念发展劳务产业、调特调优农业、鼓励自主创业来实现群众发家致富,做群众致富的带路人。2008年农民人均纯收入由他初到乍曲时的840元增加到现在的3280元,全乡的财政收入也由当初的不足400万元突破1000万元大关。

为改善群众的生产生活环境,乡财政投资130多万元高标准建设了龙泉路、府前大道,拉大了集镇框架,净化了集镇环境。修"村村通"公路26.2千米,彻底改变了乍曲晴天一身灰,雨天一身泥的历史。这一些实实在在的事情,受到了群众的广泛好评。他本人也连续多年被评为市、县先进工作者。2008年又被授予"优秀市三届人大代表"。

长路漫漫无穷期,人生能有几回搏!在今年市人大换届中,他再次被当选为市人大代表。面对殊荣,他动情地说:"新的起点又开始了,只有倍加努力,恪尽职守,勤勉工作,才能不辱使命,才能把代表的牌子擦得更亮!"

十佳校长热心社会公益

——记吉林市江城中学校长,全国十佳校长,全国五一劳动奖章获得者、吉林省特级教师薛宝库

杨元成

薛宝库,吉林省第十三届人大代表,吉林市人大教科文卫委员会委员。吉林市江城中学校长,全国十佳校长,全国五一劳动奖章获得者、吉林省特级教师。

民办教育发展的问题让他忧心如焚,于是他连续3年建议制定《吉林市民办教育促进条例》,终于有了结果

5月24日,吉林省十届人大常委会第三十五次会议批准了《吉林市民办教育促进条例》(以下简称条例)。8月1日,该条例将正式实施。薛宝库一直盼望的,连续3年在市人代会上提出的建议终于有了结果。

薛宝库从1993年起自筹资金办起了民办学校。14年来,随着学校规模的不断扩大,他对民办教育发展之艰难也有了更深切的体会。他发现,有些问题仍在制约着民办教育的长远发展:民办教育的地位还没有得到应有的重视,政府扶持民办教育的措施还不够有力;一些民办学校自身产权不清,

教师队伍不稳定等，这些都是阻碍因素。国家《民办教育促进法》和《民办教育促进法实施条例》是面对全国民办教育的宏观情况制定的，某些规定对吉林市而言可操作性不强。薛宝库觉得，吉林市应制定一部符合吉林市实际情况的民办教育促进条例。

为了使建议提得更有分量，自2004年冬天起，薛宝库利用业余时间，深入民办高校、中小学校、幼儿园，征求意见、调查研究，最终写出了内容翔实的调查报告，从民办教育的管理、财务制度，到教师的地位和待遇等都作了详细的阐述，在此基础上提出了有针对性的建议。

2005年1月，在吉林市十三届人大三次会议上，他提出了制定条例的建议。接下来的两年中，他锲而不舍，同样的建议又连续提了两年，建议内容也越来越细，提出了给民办学校教工核定自筹自支事业编、制定民办非企业单位工作人员保险政策等建议。最终，薛宝库提出的允许公办、民办学校的教师合理流动、公办学校教师在民办学校期间的工龄连续计算等建议被《吉林市民办教育促进条例》采纳。

广场上200盆鲜花一夜间不翼而飞，让他萌生了开展评选文明市民的想法。历经半月调研，他写出了4万字的调研报告

1997年12月，薛宝库当选为吉林市第十二届人大代表。当时的吉林市，经济进入快速发展期，但与此不相称的是，相当一部分市民的文明素质较低：在公共场所乱扔乱吐、邻里间打架斗殴、居民楼空中抛物等不文明现象时有发生。更令人意想不到的是，在1997年的国庆节期间，江城广场上摆放的200盆鲜花，竟在一夜之间不翼而飞。

这件事给了薛宝库不小的触动。他觉得，吉林市想获得长足发展，必须得有良好的社会环境，而良好的环境亟须市民整体素质的提高，薛宝库决定建议开展评选“文明市民”活动。

为了充实建议内容，他冒着严寒，骑着自行车，从工厂到街道，从机关到学校，一个单位一个单位地走访调查。手冻僵了，暖和一下接着写；脚冻坏了，回家上点药继续奔走。代表的使命感给了他无穷的动力，就这样，历时半个多月，跑遍了全市4个城区后，他写出了4万多字的调查报告。

1998年1月5日，在吉林市第十二届人大一次会议上，薛宝库提出了“在全市开展评选‘万名文明市民’活动”的建议，获得了与会代表的赞成。代表们纷纷联名，建议将此项建议作为议案，提交大会主席团，经过表决，“开展评选‘万名文明市民’活动”作为议案获得通过。

很快，以“做文明市民，创优良环境，兴江城经济”为主题的“万名文明市民”评选活动，在吉林市开展起来。市民们参加文明市民学校，学习文明市民守则；参与文明市民报告会，学习先进人物事迹；走上街头，张贴、宣传文明规定等。这项活动从1998年起，持续开展了5年，不仅提高了市民的素质，也创造了吉林市文明和谐的氛围，改变了城市面貌。2004年10月，吉林市被评为全国魅力城市。

经常有群众来找他反映问题，每次他都认真接待。他把握的原则是，该办的事尽力办，不符合政策法律的事，则要耐心解释

薛宝库当代表出了名，经常有群众来找他反映问题。每次他都认真接待。他的态度是，该办的事一定尽力去办；不符合法律和政策的，则要耐心向群众解释。“人大代表不可能什么问题都能解决，做到尽职尽责，群众便会谅解的。”

去年12月的一天，吉林市某厂技校的4位退休教师找到了薛宝库，他们觉得自己应随该厂子弟中学、小学一起，划归地方管理，提高工资标准，希望薛代表能把这个问题带到市人代会上反映一下。教师们言辞激烈，越说越激动。

薛宝库一面劝慰他们不要着急，一面开始着手帮助联系有关部门。几天后，他找到省政府相关文件，得知按照规定，这几位教师不属划归地方管理范畴，现行工资标准正确无误。于是，薛宝库把几位老师请到自己的办公室，一面拿出省政府文件的复印件给他们看，一面向他们耐心地讲解。几位老师看他这样认真负责，很受感动：“虽然按规定，我们的工资不能增加，但是我们还是觉得很温暖，因为我们看到了代表对老百姓的一片诚心、爱心。”

10年来，薛宝库共提出议案、建议56件，解决了很多老百姓反映强烈的问题，得到了大家的好评。

永葆淳朴作风

——记梅河口市人大代表、通化龙宝酒业有限公司和梅河口市宝宗糖酒总汇董事长杨忠礼

谢丽娜

“别人有钱了，开名车，住洋房，穿带名牌，吃山珍海味，您怎么一点都不在意呢?”当问及通化龙宝酒业有限公司和梅河口市宝宗糖酒总汇董事长杨忠礼时，他说：“穷苦人家出生的孩子，就应该保持富不骄奢，贵不张狂的作风。”是的，作为在梅河口市生意做的风声水起、但知名度较低的人大代表。56岁的杨忠礼一直处事低调，作风纯朴，为人谦恭，经商诚信，经常吃的是粘酱菜，开的是老式捷达车，穿着平常衣，住的房子也是近一年才买的最普通的民宅。有人说：“他一定很吝啬”，但就是这样一个对自己异常吝啬的人，却时时不忘自己作为人大代表应该履行的职责，同时不忘记带给他人无偿的帮助。

在别人口中提到的，从别人眼里看到的杨忠礼是一个善良、乐于助人、为人厚道、不善言辞的大好人，但当问到他这么多年来所做的好事时，他总说：“也没什么啊，有些事情都是自己应该做的，再平常不过。只要是有能力的人都会去帮忙。”做好事不愿留名、做善事不愿留声的风格一直是杨忠礼最纯朴的作风。从他企业的内部员工那里才了解到，他在去年四川发生大地震时，分批以不同名义向灾区捐赠了几万元。

诚如他所说：“为别人帮点忙就要留名，不是太‘那个’了吗!”，从年仅十三岁就当家以来，杨忠礼从一个穷苦的农村娃，白手起家，做过多种苦力活，经历无数风雨，一路走来，到日前拥有多家公司，并解决众多农民工就业问题的民营企业家，用他自己的话说：“虽然不容易，但比别人幸运多了。”

在商业领域里打拼一辈子的杨忠礼，从他的脸上也能看到风霜刻下的深深的痕迹，但他自己却将之轻描淡写的一语带过，好像那么多年苦难的日子只是一晃过去而已。

当问及当了人大代表以后有何感触时，他说：“当人大代表说起来容易，做起来难啊，作为人大代表的一员，要时时刻刻怀有为民请愿的思想，要处处为老百姓着想，以前是个普通商人，没什么压力，当了代表以后，才有了压力，当不好，那就愧对这个身份了。”

巾帼不让须眉

——记松原市人大代表、前郭县司法局局长候丽君

孟祥武

候丽君是松原市二、三届人大代表，去年又光荣地被选为松原市第四届人大代表。多年来，她在完成本职工作的同时，认真履行代表职责，充分发挥代表作用，得到了领导和同志们的认可，受到人民群众的拥护和赞扬。

今年47岁的候丽君，先后在县人大、县妇联等单位工作。二十几年的风雨历程，练就了她恪尽职守、敢为人先的性格，唱响了一曲巾帼不让须眉的赞歌。先后被省、市妇联评为“优秀女干部”、“三八红旗手”，“巾帼建功女能手”等称号。

2007年9月，对于她来说，是一个刻骨铭心的年月，当时县委、县政府慧眼识珠，任命她为司法局局长。作为司法局局长，候丽君深深知道：“打铁自须本身硬，任何时候都不能轻视自己，作为一名人大代表要像一块金子，放到哪里都要发光。”首先她从抓局班子建设和干部思想转变入手，同时，深入到全县22个乡镇司法所进行工作调研，确定了全县司法行政工作的基本思路：“以改革创新为思路，以创优争先为主线，以夯实基层基础为重点，以队伍素质建设为根本，抓队伍、抓基层、抓宣传、抓服务、抓保障，切实发挥司法职能作用。”没过多久，局里的各项工作都位于全市县区首位，受到上级领导

的好评。局机关先后被省司法厅评为“奥运安保先进单位”和“走进基层、服务民生先进集体”，她本人被评为全市司法行政先进个人。

“作为一名人大代表，不但要做好自己的本职工作，还要履行好代表职责，更要把权力用在为人民服务上。”她是这样说的，也是这样做的。

自从当上人大代表的那天起，荣誉感、使命感驱使候丽君在完成好本职工作时，不忘履行好代表职责，不辜负党和人民的重托。连续三届代表大会，她共提出代表建议、批评和意见8件。积极参加大会期间的分组讨论活动并积极发言，阐述自己的观点，受到与会领导和同志的赞许。在本届全市人民代表大会闭会期间，她积极响应号召，投入到“解放思想”大讨论活动、“队伍专项教育整改”活动和代表培训、调研、检查活动中，充分发挥代表作用。在她的带领下，本单位先后开展了扶贫济困、救灾募捐、助残助学等一系列公益活动。

侯丽君不但在日常工作中履行一名代表的职责，而且在生活中严格按照代表的要求做人做事。她坚持依法办事，不徇私情，堂堂正正做人。在全局干部职工心中树立了良好的形象。她以局为家，节假日很少休息，局里的事大到项目的建设、管理措施的出台、大型活动的安排，小到司法行政信息的发表她都深思熟虑，亲自过目，尽量减少失误，不影响机关形象。单位同志谁家有红白事，她都亲自到场，帮助解决困难。单位同志谁要是生病住院，她都亲自看望，送去关心，送去温暖，送去友情。她的一言一行深深影响和感染着广大干部职工，激励着干部职工努力工作，团结向上。

侯丽君白手起家，用较短的时间理顺了全局工作，当人们刮目相看司法局的时候，她倍感责任重大。这是她把人大代表工作和本职工作看得同等重要的结果，是当代表和做公仆同等重要的结果。如今，作为女强人的她正带领全局上下辛勤耕耘在司法战线上，当人们问她下步工作打算时，她引用一句名言说：“路漫漫其修远兮，吾将上下而求索。”

汗水浇开科技花

——记贵州省赫章县十五届人大代表王天英

贵州省赫章县人大常委会法工委副主任　文向琼

作为一名农艺师，应该为农业科技作出应有的贡献。这是赫章县农业局农艺师、县十四届、十五届人大代表王天英同志的诺言。在她20多年的农业科技工作中，不断实践着自己的诺言，为农业科技的推广、应用潜心竭力、不懈努力、取得显著成绩、曾多次受到省、地、县的表彰。

——为种地养地、推广麦——苞——肥套作

上世纪80年代中期，时任六曲河区农技站站长的王天英同志看到那大片肥沃的土地因长期施用尿素而板结，肥力等级降低、不便耕作，粮食产量有减无增。她看在眼里、痛在心头。毕竟土地是老百姓的命根，解决温饱是老百姓的目标。她选择了沿212省道的中心地块先进行麦——包——肥套作的规范性试验示范，然后大面积推广。85年，六曲河区的麦——包——肥套作面积达3万亩，并逐年递增。在操作过程中，狠抓一年之际在前秋的农作物种植规范规划，每年秋播时严把小麦播幅关、留足玉米绿肥带，做到一根绳子拉到底，一把尺子量到底，一个样子做到底，其规格目标为“五尺下线双套双，小麦苞谷各两行、中间套行绿肥籽、亩产超过千斤粮。”通过这一农业科技的推广，使板结的土壤逐步变得疏松，培肥了地力，方便耕作，粮食产量大幅度上升。区委、区公所也因此多次受到省、地、县的科技兴浓奖励。王天英同志也多次受到省、地、县农业部门的奖励。

——为绿肥留种而奔忙

麦—苞—肥套作的大面积推广、大面积的绿肥种植，需要大量的绿肥种子，而大量的绿肥种子都是靠省外调进，供给不足，价格过高。这对于贫困山区来说、无疑要给群众带来沉重的经济负担。为解决绿肥留种问题，减轻老百姓的经济负担，王天英同志根据绿肥生长的习性、留种所需的土壤条件、海拔高度、种植的稀密、阳光照晒的程度，土壤温度、湿度等要求，选择了距住地3公里，符合绿肥留种条件的拉乐乡林场搞起了绿肥留种观察试验。这可忙坏了:分期分批播种、出苗情况观察记载,开花结夹观察记载等,都要用常规工作的业余时间,也就是早晚、周末、步行到点上观察、数花数夹、分析测算记载。经过连续3年的试验,找到了绿肥留种的规律、所需的条件、写出了绿肥留种的可行性分析报告全县推广。近年来全县符合绿肥留种条件的地方,已有了大面积的自留种,亩产在80—100斤之间,大大减轻了老百姓的经济负担。

——为探索杂交玉米的适应性不辞辛劳

种植杂交玉米是粮食增产的重要措施,但也不是盲目的千篇一律,必须根据不同杂交玉米品种的生活习性,生长特点,因地制宜。必须根据不同品种所需的海拔高度、小区气候、土壤条件等因素使用杂交玉米品种。否则,就会造成不应有的损失。王天英同志自参加工作那年起,十分重视良种良法,长期承担杂交玉米和小麦的不同区域的品比试验,先后在海拔高度1800米至2000米的古基乡着多村、白果镇的大山营搞杂交玉米高山组合试验;1300米至1500米的磨石,乌木、城关搞小麦品比试验,为不同杂交玉米适应不同区域的种植,优化小麦品种,提供指导依据,为群众的增产增收作出了应有的贡献。搞各种试验,行外人是难以想象的。从种到收都贯穿着观察长势,分析特点、测量记载。对那些株高、株径、穗位、穗粒等一系列的数据,都要测量记载,粒粒数清。这一系列的工作,没有强烈的事业心、责任感,一丝不苟的精神态度,是难以完成的,稍有不慎,推广出去就会给良种的更新换代及推广造成损失。对此,王天英同志却从不马虎、懈怠,以严谨的、科学的态度认真对待,一丝不苟地工作。

——为解决白色污染寻找路子

从80年代末到90年代初,全县科技兴农主要以地膜玉米种植为主,开初,增产效果特别明显,但忽视了科学的种地养地措施和残膜的检出,使土地养分被掠夺性地利用和残膜的白色污染。为了解决这一矛盾,80年代末,王天英同志在六曲河先搞了露地麦——包——肥、地膜覆盖、杂交玉米营养袋、营养坨育苗定向移栽的对比试验,找到了杂交玉米营养坨育苗定向移栽解决白色污染,提高粮食产量的最佳途径,提出了降低化学肥料的使用,提高农家肥的使用比例、大面积种植绿肥,推广杂交玉米营养坨育苗定向移栽的建议,并全面推广,还总结出了便于指导老百姓操作的顺口溜:营养坨是粪巴巴,背到地里再制它,一坨一粒播下种,移栽定向不复杂。

——为杂交玉米制种潜心竭力

王天英同志调到县种子公司工作后,一直承担着杂交玉米的制种工作任务,且一直坚持承担省、地农作物科研的各种试验示范课题。1999年以来,一直蹲点达依乡杂交玉米制种基地,规范种植,采用营养坨单株育苗移栽,在提高制种数量和质量上下功夫。在老百姓得到制种带来实惠的基础上。面积不断增加,甚至将稻田也改为地。9年来,杂交玉米制种基地每年以3万斤以上的合格种子递增,去年杂交玉米制种基地产合格种子40余万斤,为全县杂交玉米的种植作出了应有的贡献。她认真负责,吃苦耐劳,扎实工作的精神深受制种基地群众的好评。

王天英同志凭着强烈的事业心、责任感、严谨的工作态度,工作兢兢业业、任劳任怨,识大体,顾大局,是赫章农业科技战线的姣姣者。她以实际行动不断地实践着她的诺言,不愧于县十四、十五届人大代表的光荣称号。

情注航空为人民

——记常德市第五届人大代表、常德桃花源飞机场总经理何学君

田明时

他敦实的身材,直爽的性格,粗犷的外表下掩藏着一颗侠义之心;他那张面带微笑的脸上,皱纹和汗水记载着他一生的奉献与劳累;他曾有军旅生涯经历,至今仍保持着军人的风范。他有一颗经常和群众连在一起的火热的心,有一股倾注人民航空事业的殷殷深情,对人们产生着强烈的魅力。他就是湖南省常德市第五届人大代表、常德桃花源飞机场总经理何学君。

立志航空显身手

上个世纪五十年代中期，何学君出生于常德市鼎城区一个普通农民的家庭，少年学时他就怀揣一个美丽的梦想，立志要为祖国的航空事业作出一番贡献。也就是这个梦想，给他在53年人生的道路注入了激情与动力，一直激励着他立志、成才、创业、贡献。在那曲曲折折、风风雨雨的岁月中，他勤奋好学，敢于拼搏，奋勇前行。

1976年初，满脸稚气的何学君带着对人生远大理想，对祖国、对人民航空事业的不懈追求，光荣地参加了中国人民解放军空军，成为了空军唐山场站一名气象台战士。那时他只有一个想法：虚心学习，刻苦钻研，练就一身过硬的本领，以便将来为祖国和人民的航空事业作出巨大贡献。1977年9月，他终于成为南京空军气象学校的一名学员，两年后回到唐山场站气象台，很快成为了一名优秀的预报员、副台长。1985年秋，他又以优异成绩考入南京空军气象学院，终于实现了他梦寐以求的夙愿。他多少个日日夜夜刻苦攻读，他多少个日日夜夜勤奋钻研。功夫不负有心人，何学君很快成为一名空军气象学院的高材生，1987年被部队安排在空军西藏日喀则场站气象台任台长，后不久他被授予空军中校。1995年8月，何学君转业到民航湖南省局常德航空站，他时刻保持着部队的光荣传统和军人的风范，兢兢业业地工作，顽强拼搏显身手，在地方航空站处处以异的成绩赢得领导和同志们的好评与赞赏，逐步被提升为航行科副科长、科长、航空站副站长。2004年初，他出任湖南省机场管理局集团常德桃花源机场分公司总经理及空港实业公司监事会监事。职务高了，地位变了，何学君仍始终保持谦虚谨慎、勤奋努力的一股热情，积极带领机场“一班人”，与时俱进，开拓进取，不断推动机场长足发展，不断提升机场服务水平，创建机场文明形象，加强机场内部管理，奋力开拓航空市场，稳打稳扎，促进机场扩建，使机场运输生产、经营指标、安保工作、航班、航线逐年增多，取得了辉煌的成绩，机场很快迈入了全省航空系统的先进行列。2008年，何学君所领导的机场共安全保障航空起降近2000架次，同比增长9.58%，完成旅客吞吐量157789人次，同比增长12.25%，完成主营业务收入490多万元。今年来，多项工作又有新的发展，支线机场优势进一步发挥，在稳定和加密现有航班的基础上，争取了多飞航班，多开航线，现有正常航班为常德—北京、上海、深圳、昆明、广州航班；今后拟开通常德—温州、西安、成都、海口等航线，有力地推动了常德航空事业快速发展。为了人民航空事业不懈努力，人民不会忘记何学君，2007年12月，何学君被高票当选为常德市第五届人大代表，他开启了进一步为民履责谱写辉煌篇章的新征程。

认真履职表民意

作为企业界的市人大代表，何学君在发展航空事业、履行社会责任的同时，以自己的实际行动实践着“人民选我当代表，我当代表为人民”的信念，坚持从人民权力使者的高度和代表人民当家作主的角度，认真履行代表职务，为民执言，依法用权，努力发挥人大代表应有的作用。

何学君克服航空企业工作繁忙的困难，积极参政议政，按要求出席一年一度的市人民代表大会。近两年来，他在履职中坚持“三勤三多”，即：勤学习、多宣传，做民主法治的志愿者；勤走访、多联络，做人民群众的知心人；勤参与、多建议，做社情民意的代言者。平时，他很重视对宪法、代表法、组织法、选举法、监督法等法律法规的学习，增强了人大意识和法治观念，同时也通过《中国人大》、《人民代表报》、《人民之友》、《常德人大工作》等报刊，学习代表履职的先进经验和其他知识。另外，他积极参加了代表小组组织的各类法律知识培训。通过多方位的学习，他对人大代表的责任意识、公仆意识、法律意识明显增强，履职能力逐步提高。在联系选民的工作中，他总是采取定点联系、定期联系、重点联系的三种方法，为倾听民声、了解民情、做人民群众的知心人打下扎实的基础。闭会期间，他积极参加常德市人大联络工委和汉寿县人大常委会组织的视察、评议、调查、座谈活动。在每次会议上，他都结合民航工作、机场建设、经济发展、群众困难等问题积极发表意见和建议。他发言中所提的建议，都能从全局高度和行业角度出发，充分体现了一名基层人大代表真实反映情况、善于传达民意的责任感。在常德市第五届人大一、二次会议上，他提交的《关于进一步尽快扩建常德桃花源机场，促进常德经济又好又快发展》、《提升航空服务水平，优化经济发展环境》、《关爱困难群众，共尽一份责任》等建议，引起了大会主席团和常德市政府及社会各界的广泛关注，有的列入了市政府议事日程。何学君常说：“是人民选我当代表，我就要为人民认真履职，建言献策表民意”。

光明磊落作表率

"人民航空事业是一项光明的事业,作为一个人大代表、航空企业负责人就要处处光明磊落严于律己作表率,清清白白做好人。"何学君代表是这样说的,在实践中更是这样做的。这些年来,常德桃花源飞机场的服务项目、扩建工程项目大大小小几十项,大到大型设备,小到零星工程、备品备件,凡是造价3000元以上的工程项目,额度2000元以上的批量物资采购,没有一项不是经过公开招标的。有些人为了某项业务想请他吃饭喝酒,他总以没有时间为由推托;有些人托关系说情,他就耐心介绍机场里"项目招标制度"。这些年来,的确有人为了某一目的送来礼品礼金,都被他一一拒绝了。去年10月,曾有一个工程队想要承接机场建设某个项目,其负责人拿着1万元礼金送到他家里,何学君代表当场严厉地批评那位负责人说:"如果你要这样做,我就不要你参与招标!"

在大小工程项目和物资采购中,何学君带头坚持亲友回避制。刚开始,有个别亲友找他,想承包机场一项工程建设,推销航空物资器材、油料,都被他一口回绝了。他想,今天给了某个面子,明天也许就要为更多的人开绿灯;今天自己不坚持原则,明天也许其他班子成员就会难以把关。这么多年来,何学君没有一个亲戚朋友在单位包工程、销物资。去年初,何学君有位很好的朋友因病去逝,剩下妻子和两个未成年的孩子,生活的确艰难,想找他在机场销售一批物资。他当时很矛盾,但想来想去,觉得还是应该坚持制度,在耐心地做了解释工作后,婉言拒绝了。后来何学君从自己的工资中拿出2000元送给那位朋友的两个小孩作了上学费用,那位朋友的妻子很受感动。

在工作、生活的诸多细节中,何学君从不放松对自己的要求,从未为自己的私事用公车。每次出差,除接待客人外,一般都是在招待所吃便餐,有时还吃方便面;住也只是住普通招待所。虽说电话联系业务比较多,而每个月的话费,他都是按标准报销,超支部分自己掏腰包。更让人肃然起敬的是,他非但加班不拿加班费,还把上级发给他个人的奖金悉数用来奖励本单位业绩突出的员工,累计金额达8万多元!每次,他都是说:成绩是大家的,荣誉也是大家的……。

近几年来,由于何学君严于律己作表率,带动了全体干部职工,进一步加强了财务管理,保障公司正常运转。不断加强收支预算、资产、工程项目资金和大额资金的管理;制定公司固定资产和低值易耗品管理办法、财务控制制度;建立固定资产台帐及资产信息库;清查盘点公司资产、往来款项,保证了资金的安全,确保公司各项生产经营活动的正常开展。去年全年共申报固定资产投资计划1800万元,完成投资1450万元,申请扩建项目资金130万元。

心系民安献真情

爱,是永恒的主题,蕴含着博大精深的内容。在人生的旅途中,在人大代表、机场总经理的岗位上,何学君用他对工作的责任心和对人民乘客及百姓群众深沉的关切和体贴之情,阐述了他对人民群众深深的爱和心系人民生命安危的浓浓情意。

近些年来,他带领机场"一班人"心系民众安全,拧紧安全一根绳,全面展开各项工作,严格规章制度落实和风险隐患排查,积极推广SMS。制定具体工作方案,对全员进行《民用航空安全法》、《国际民航公约附件17》、CCAR－396部《安全信息管理规定》等民航法律法规培训。去年共培训14次(受训人数达1100余人次),考试3次,举办1次安全知识抢答赛,1次航空保安知识演讲赛。

根据风险隐患排查治理的要求,何学君组织采用体系管理,引入信息驱动、风险控制、闭环管理和应急处理,建立详尽的安全生产隐患档案,逐月自查自纠,及时制定应急措施并落实整改。去年共查出重大隐患18条,一般隐患22条,全部落实整改到位。同时,成立了SMS建设小组,下发了《机场安全管理体系建设指南》,进行了全面地学习,强化了岗位操作规程。

为确保公司保安审计顺利通过,在去年的航空保安审计中,他领导的公司成立了保安审计领导小组、航空安全保卫委员会,筹建了保安审计办公室,制定了奖惩制度和工作方案,下发了《保安审计知识手册》、《保安审计法律法规汇编》、《应急救援预案》和《应急处置预案》,制作了《机场航空安全保卫区域图》和各部室《工作手册》,建立各部室安全管理台帐5000余本,上墙制度342块,进行了一次应急救援综合演练。去年以来,争取保安审计投资项目48个,资金1800万元。加装围界蛇蝮网、一米防小动物密网、警示牌和现场监控系统、候机楼窗户密网;改造控制区中门道口,设置安全门、防冲撞设施、货运X光机;封闭值机、油料、机务、猪圈等道口;改造货运现场和行李分拣区,增设进出港货运、危险物品和超大超限24小时存放仓库;启用中门道口,强化安全检查;重新换发控制区通行证;

在航管楼、塔台、中变站等重点安全部位加装了门禁系统；扩增600平方米侯机大厅，改造安检、公安、医救现场，保障了公司保安审计顺利通过。

去年湖南省遭遇50多年来罕见的冰冻天气，何学君带领班子成员日夜奋战，组织员工加班加点。面对灾害，他总是身体力行，带头值班，顶雪打扫机场，排除障碍，确保乘客群众安全。他多次主持召开专题会议，成立“常德桃花源机场抗冰雪保安全保春运工作指挥部”、“应对强降雪降温天气应急领导小组”，启动应急预案，取消各种休假，在人员、设备紧缺的情况下，想尽一切办法，抗击冰雪保障航班。共安全保障航班63个，输送旅客10202人，帮助旅客解决实际困难100多次，被集团公司、常德市委市政府评为“抗击冰雪先进单位”、“春运先进单位”。随后，何学君又组织灾后及时查损报损，争取资金积极重建：维修更换供水供电灯光系统；修理购置电脑、空调及各种必备车辆；维护更换飞行区受损设备设施；改善改造候机楼及其他破损房屋；重置机场绿化设施等等，尽快恢复了生产。

为了加强内部保安与反恐，力保奥运在我国顺利举行，何学君带头对公司员工的背景及证件进行了一次全面的清理调查；争取地方武警部队支持，定期、不定期地对机场内重点要害部门进行武装巡逻；制定了反劫机、炸机和处置不明物品等各类应急预案，并进行及时的演练，增强应急处置能力。

为确保奥运安全，公司先后成立了“常德桃花源机场航空安全委员会”、“常德桃花源机场安全保卫部”、“常德桃花源机场应急办公室”，制定了航空安全保卫方案、内部治安保卫规定和保卫部工作职责。奥运期间本场航班正常率92%，旅客服务满意率99%，没有发生一起有效投诉，顺利地完成了奥运安全保障。

在坚持以人为根本，切实关心职工生活中，何学君作为人大代表注重积极发挥工、青、妇组织的积极作用，关爱关心员工，组织开展各项有意义的活动，提高企业凝聚力。如：参加股份公司组织的“迎国庆职工排球赛”、“文明迎奥运、励志保安全”主题团队竞技活动、购买意外伤害保险、进行定期身体检查等等。

去年四川汶川地震发生后，何学君带头捐款1800余元，并发动公司党、工、团组织号召员工捐款、奉献爱心，共为灾区人民四次捐款27000余元，衣物300余件。

一份耕耘，一份收获。何学君为党和人民积极工作，为人民航空事业积极奉献，创造了辉煌的业绩，得到党和人民的认可，他多次被评为常德市及湖南省民航系统先进工作者、优秀共产党员，市人大代表活动积极分子，2008年评为常德市抗冰救灾先进个人，被常德市政府记二等功。他领导的企业连续三年被湖南省机场管理集团授予目标管理先进单位。

60岁的老人　“19岁”的代表

河南省内乡县人大办公室　苗长庚　马彦虎　李玉芳

在河南省内乡县余关乡东王沟村，年满六旬的崔卷业已连续六次当选县人大代表，掐指算来已有19个年头。选民们选他，是因为他有深深的为民之责和爱民之心，尽心竭力地为民办事。

1986年，崔卷业刚当选为县七届人代表，从此，他时刻把法律赋予的责任和人民的重托挂在心上，扛在肩上。他在走访选民，开展调研、倾听群众的意见和建议时，针对村办小学房屋破旧，设施落后的状况，建议支村两委从致富先治愚，治愚先兴教抓起。支村两委对此非常重视，就在村委别说改善办学条件，就连千儿八百修补村部几间破土坯房都没钱而苦恼时，崔卷业争得家人的同意，把为儿子办婚事的2000元钱拿出了来，在他的带动下，村民们纷纷捐款，捐物，积极出工，总筹资50余万元，很快一座两层48间的教学楼拔地而起。2000年他还多次跑省、市、县，争取资金10万元，为学校配置了10台电脑，实现了电化教育，大大提高了教师工作的积极性，其教学质量及管理水平跃入全乡前茅。

1998年，他在调查中发现许多村民学文化、学科技意识不断增强而又读书无门时，他自费购买图书1000多本，还动员社会捐书，成立了王沟村图书室，制作科普宣传，法制教育板面10余块，并将科普知识，道德民俗教育编成“三字歌”，除在板面、宣传栏张贴外，还印成小册子发给村民。

2002年春节刚过，当别人家还在走亲串友，沉浸在节日欢乐气氛中的时候，他为把村民的呼声、意见、建议带到人代会上，利用走亲访友的机会，倾听民意。一次，他在王沟村民小组与村民座谈时，一位村民对他说：“我们选你当代表，就是想要你替我们说话，可你公事家事忙，我们不知啥时找你才好”。他把这话铭记在心。随后，崔卷业向村民们发了《致选民一封公开信》：“为广泛听取选民的建议和意见，我将每月的15、25日定为接待选民日”。同时还公布了他家的电话、手机号码。

于时，群众生产生活遇到啥难处，有啥想说的话，只要一个电话，他都不辞劳苦，抽出时间去劝说应酬，对找他咨询法律、反映情况的，无论手头的事再忙，他都要停下来认真听、认真记、依法解答。2001年，村里有一位姓冯的小伙子和本村一位血缘关系较近的女孩外出打工，有了感情，准备结婚，双方家长听说后，对子女又训又骂，面对训骂，使两个青年成婚思想更加坚定，商量着要私奔。姓冯小伙子的父亲急忙向崔卷业打了个电话，崔卷业感到事态严重，立即赶到冯营村民小组找到两个青年，拿出婚姻法讲给他们听，经过耐心细致的说服教育，使他们认识到近亲结婚在法律上是不允许的，对后代是有害的，便同意分手。说到这，两位青年家长感慨万千：“当家长光凭老一套不行了，也得依法治家才能跟上趟”。

“在市场经济条件下，我们究竟种什么？”这是崔卷业刚当选代表时，一心想致富的老百姓经常问他的一句话，也是各级干部想帮助但又难以解决的一个棘手问题。面对群众的问话，崔卷业利用闲暇时间下邓州、去方城、赴襄县参观考察，看到当地群众种烟效益好，发了财，蒙发了引领农民走种烟致富路。为了使广大农民在种烟中少走弯路，减少风险，崔卷业一方面自筹资金购种，免费送给30多户群众和他们一起试种。另一方面聘请技术员作指导。到了年终一盘称，烟叶亩收入是粮食收入的两倍多。第二年，许多群众争着种烟，有的因缺乏种植技术，加上经济上比较困难，有点举棋不定。崔卷业知道后，就及时给他们打气鼓励，他对这些农户说：“技术不懂由我教，经济困难由我扶，只要有我崔卷业在，你们就放心大胆地种吧！”

随着种烟的发展，该村还办起了砖厂、地毯加工厂等，全村年社会总产值达1750万元，人均纯收入2500元，村委全年纯收入20万元，存款35万元，集体经济积累达300多万元，成为全乡集体经济收入最高的村。破旧的村部早已换成楼房，电灯电话，楼上楼下这种五、六十年代的共产主义神话已是再普遍不过的农村景象了。现在，该村的农用机械超千台，卡车、小轿车、手机、电脑不断落户农家，贫困对于该村已不是缺吃少穿这样的概念了。

崔卷业当代表并不轻松。19年来，他为民奔走呼吁的脚步始终没有停歇，共提出各种建议61条，领衔提出议案8个，件件得到落实，被选民称为“民意代表”，多次被县、乡人大评为优秀人大代表。

心底无私天地宽，回报社会赢民赞

——记邢台县人大代表、全国优秀乡镇卫生院院长王道明

河北省邢台县人大常委会　王会平　杨青云

主人公小档案：王道明，男，1956年5月出生在太行山深处——邢台县白岸乡一个偏僻的小山村，高级职称。1972年高中毕业后回乡当赤脚医生，1984年邢台地区卫生学校毕业后分配到邢台县路罗中心卫生院当医生，1990年至今任路罗中心卫生院院长。连续18年被评为“十佳院长”和“优秀知识分子”，多次受到市政府、县委和县政府的表彰。2006年10月28日，被国家人事部、卫生部授予“全国优秀乡镇卫生院院长”的光荣称号，2007年3月当选为邢台县第十三届人大代表。

河北省邢台县人大代表、全国优秀乡镇卫生院院长、路罗中心卫生院院长王道明，30多年来，勤勤恳恳，兢兢业业，一直扎根在太行深山区，为数万名群众防病治病，解除病痛。被群众亲切的称为

"大山里的医生"和"山里一把刀"。他所在的路罗卫生院1995年被卫生部命名为"一级甲等医院",2000年被世界儿童基金会授予"模范爱婴医院",连续18年名列邢台市县卫生系统前茅。

努力建造一流"平民医院"

1990年,全院职工全票推举他担任路罗中心卫生院院长,上任时他只说了三句话:"如果我不能带领大家建成一流的乡镇卫生院,如果我不能扎根山区为群众服务一辈子,如果我不能和大家同甘苦共命运,你们就罢我的'官'!"

路罗中心卫生院地处太行山深山区,距邢台市60公里,是个穷乡僻壤的小卫生院。当时,仅有13个人25间破旧房,查病靠的是"老三件":听诊器、体温表、血压计,每年的业务收入还不够人头费,账面上只有52元。家人朋友都劝他:"依你的技术,自己干吧,别当这个穷家了。"可他一门心思想的是如何改变卫生院面貌,如何给老百姓创造一个"能治得起病,能治好病"的"平民医院"。他的家人被他的诚意和执著所打动,拿出家里仅有的6000元积蓄作为医院流动资金,迈开了他上任后艰难的第一步。

多年的经验使他认识到,建设一流的卫生院,离开先进的医疗设备和完备的基础设施是不行的。然而这些都需要钱。钱从何来?卫生院每年财政补贴不足20%,靠政府给钱不行,靠职工集资力不从心。最后,他只好进省跑市和骑着自行车到周边乡镇"化缘"。一份辛苦一份收获,他终于赢得了社会各界对老区卫生事业的支持,筹资620多万元,建起了近4000平米的门诊楼和病房楼,购置了CT扫描机、50OMA遥控透视机、B超、半自动生化仪等大中型医疗设备60余台(件),新建了高标准手术室、重症监护室、病理室、检验室、放射科、心电工作站等职能科室16个,逐步开展了普外、胸外、妇科、骨科、开颅等手术业务,成为深山区能做大手术的乡镇卫生院。目前,该院拥有职工80多名,业务科室20多个,病床60多张,固定资产800多万元,年业务流水500多万元。服务面积5000多平方公里,涉及周边两省三市十一个县。

让山区老百姓都能看得起病

为尽快掌握日新月异的医学新知识,最大限度地解除患者的痛苦,减轻农民负担,他除了多次到大医院进修学习外,还利用工作之余,刻苦钻研,写了近10万字的医学笔记,在国家和省级学术刊物上发表医学论文20多篇,4项科研课题被评为省级科研成果,5项临床课题获地市级科技进步奖,熟练掌握了多种外科手术的基本技巧,填补了卫生院不能做外科手术的空白。

为解决山里老百姓"看病难、看病贵"的问题,早在上世纪90年代,他就开始在路罗卫生院实施免处方费、挂号费、体检费、出诊费、接送病人用车费,减治疗费、住院费、功能检查费等。如今,在该院辖区内1—7岁儿童的基础免疫,妇女、儿童体检普查费一律全免,住院产妇还能得到一定的补助。仅此一项,每年就为当地老百姓减轻负担几万元,相当于有些基层卫生院全年经费。前些年,山区的老百姓不富裕,有的没钱了只好停止治疗。每当这时,他总是慷慨相助。10多年来,他至少帮助过300多病人,为他们垫付医疗费27000多元,现在仍有8000多元没有着落。逢有出诊,不管严寒酷暑,还是雨雪风霜,也不管白天黑夜,他总是随叫随到,从不提任何条件。在附近的三里五乡,方圆几十公里,无论走到那个村,都有他的"亲戚"和"朋友",可以随便吃住。被群众亲切地称为"咱山里人自己的医生"。

2006年,邢台县开展新型农村合作医疗试点工作,多数卫生院对垫付医疗费都心存疑虑。而他却第一个跑到县里要求带头开展。他认为,农村新型合作医疗是党中央、国务院为解决群众看病贵、看病难而出台的一项重大惠民政策,是一件深受老百姓拥护的大好事、大事实。何乐而不为呢?但是,医院个别职工却想不通,转不过弯,认为,这样做社会负担减轻了,医院负担加重了,利润减少了,职工福利、收入下降了,可能会影响同志们的生活和工作积极性。他得知这些情况后,首先找个别职工谈心,讲事实、摆道理,耐心细致地做思想政治工作,指出其危害性,尔后又在医院全体会上非常明确的说,做为一名医务人员,能让老百姓看起病,是我们最大的心愿。新农合这项工作,虽说眼前我们经济上受到了一点损失,并且还承担一定风险,但这样一来,老百姓看病就能得到实惠,政府就能轻松一大块,于国于家都有利,要舍小家为大家。在他的感召下,原来那些持有异议的人马上改变了看法,积极投身到新农合试点工作中去。在收到的许多感谢信中,有一封这样写道,这是咱山里人做梦也没想到的大好事,感谢党!感谢政府!感谢卫生院!感谢王院长!

待患者如亲人

在医院的宣传栏里,醒目地写着这样一行大

字:“扎根山区,服务山区,奉献山区,做山区群众健康的保护伞”,这便是他们的院训,也是他扎根山区、从医三十多年来的真实写照。他明确规定,只要病人一踏进医院门坎就是自己的亲人,首诊第一人不管是谁,都要把病人负责到底。遇到暂时没有亲属陪护的重伤、重病患者,他总是第一个带领医护人员给患者喂水、喂饭。为了医院的声誉和患者的利益,他把病人当亲人,对每一台手术都精心准备,精益求精,所做的几千例普外、脑外、胸外、骨科手术没有出现一例意外,近万例绝育手术无事故。老百姓亲切称赞他是“山里一把刀”。青家沟村有这样一位患者,名叫王庚辰,被某大医院判了“死刑”的他,硬是王道明妙手回春,把他从死亡线上拉了回来。王庚辰当时患的是化脓性阑尾炎,因为家里穷,没有及时治疗,造成弥漫型腹膜炎。病了三年,跑了不少大医院,病却一直没治好。当时的主治医生说:“你的病没法治了,回家养着吧!”家里本来就穷,几年里看病花了不少钱,已经没钱再治了,再住下就是在家等死。当王道明得知这些情况后,他说,“不怕穷,就怕没法治。想啥法也要治好你的病。”为治好王庚辰的病,王道明每天都要从他肚子里抽出两大腕血水,还经常拿自己的钱给他开方抓药,最后,还是小医院、王道明把他的病治好了。

记得有一回,是大年三十,雪下得很大,当别人都在家暖暖和和、围着电视机观看春节联欢晚会时,他却被叫到离卫生院6公里远的一个小山村出诊。夜里二点,在返回的路上,一脚踏空从半山腰滚到了沟里,昏迷了2个多小时。是山里的老百姓打着手电筒把几乎冻僵的他抬回了医院。住院期间,山货、鸡蛋、补品堆了一大堆,来看望的群众络绎不绝,此情此景让他永生难忘。他对着看望他的群众说,我只不过是尽了点一个医生应该尽的职责,可你们却给了我太多太多的关爱,面对如此厚重的爱戴,我没有理由不去尽心尽力地工作,没有理由去考虑自己的得失,只有努力工作才能对得起你们对我的关爱。他是这样说的,更是这样做的。为减轻住院群众的经济负担,他在卫生院病房楼后面,专门盖了一间屋子,让病人家属自己做饭,想吃什么就做什么,既减轻了他们的经济负担,又方便了他们生活。患者及其家属逢人便说,王院长真是把我们当成了他的亲人,替我们想的真周到!

人活着不能只为自己,应该多为别人想想

为了山区卫生事业的快速发展和群众的身体更健康,他几乎把所有的精力都放在了工作上,即便是妻子在2003年做手术的时候也没能在妻子身边照料一天,全部由孩子负责照看。孩子因此耽误了上学。每当提到这些,他的眼角总是闪动着一些泪花和难过。他说,每想起这事,我觉着挺对不住老伴和孩子,欠她们太多了。

当初,他的家境非常贫困,日子过得十分拮据、艰辛,粮食时常不够吃,常常背着小麦走三四十公里的山路到山西换玉米。由于那里不产小麦,所以每斤小麦能换三四斤玉米。正是由于自己吃过苦、受过罪,所以他对山里人有着一种非常深厚的感情。于是他从小便立志当一名医生,为老百姓治病解痛。由于工作出色,县卫生局领导想把他调到县级某医院担任领导职务,却被他婉言谢绝了。他说,“说实话,我也想离开大山,到外面寻求更大的发展空间,那样对我、对家庭都有好处,但对山里的老百姓却没有益处,我觉着那样做,对不起生我养我的父老乡亲们。在这些年行医中,我悟出一个道理,那就是,人活着不能只为自己,应该多为别人想想。作为一名受党培育多年的医生和党员,我不能因为我而让老百姓骂共产党,我要让老百姓因为我而感谢共产党。如果是这样的话,我就心满意足了。我现在不仅是一名医生,将来也永远会是一名医生,因为我是大山的儿子。”

办好企业　富乡惠民

——记长春市人大代表、长春市双阳区长岭煤炭有限责任公司董事长王兴成

沙莎

1959年王兴成出生于九台市波泥河镇黄家甸村,1979年至1980年任该村生产队长,实行分产包干后开始搞农机运输,1988年正式组建车队,经营运输行业,1998年成立长春市瑞赢经销有限公

司,经销木材、煤炭。2006 年当选九台市人大代表,同年到双阳投资,该年 8 月投资控股长春市双阳区长岭煤炭有限责任公司(统一管理双阳区长岭煤矿、双阳区石溪煤矿),2007 年当选为长春市人大代表,2008 年 7 月扩大经营规模、增加投资,控股经营长春市双阳区双鑫煤矿、双阳区丁家煤矿。2009 年 1 月开始控股经营双阳区二道矿南山井。五个矿井总生产能力为年产 31 万吨。其中:长焰煤为 19 万吨、无烟煤为 12 万吨。公司对五矿实行统一管理,现有行政管理人员 22 名、员工 755 名,其中具有中专以上学历人员 140 多名、各类行政技术职称人员 51 名、高级工程师职称 5 名、工程师职称 15 名、政工师职称 3 名,企业总资产已达 9000 万元。预计年上缴税金 300 万元以上。

面对世界性金融危机,王兴成进行了全面、客观的分析,采取了一系列的相应措施,稳定了企业、稳定了社会,表现了一位企业家的远见卓识,体现一位人大代表的社会责任。

首先,从稳定市场入手:1、严把质量关:要求生产一线必须做到分采、分装、分运、分储。井上加强筛选工作,做到煤碴彻底分离,高质量与低质量彻底分开,确保用户不同需求。2、增加产品种类:利用本企业优势(长焰煤、无烟煤双料生产),严格分化产品种类,机选、手选、粉煤、块煤、精选煤及原煤。种类齐全,价格各异,以满足不同用户需求。3、加强对老客户的售后服务工作,指导其燃煤的最佳方法,并根据不同情况适当调整价格,在付款上予以放宽,在运输上予以帮助,让客户省心、放心、宽心。

其次,在维护职工权益上下功夫:职工队伍稳定,企业生产稳定,则社会稳定。1、在市场压缩的情况下,不缩产,反而要增产,扩大就业。2、采取补贴方式、奖金方式提高工人工资。3、加大投入,改善工作环境。4、增加福利待遇。5、实行奖励制度,对出勤好的职工予以奖励。6、增加设备投入,利用机械作业,降低工人劳动强度。

再次,进行大量设备维检、更新,确保机械设备正常运转率,对能正常运行的设备,进行系统性维护,对老化设备予以更换,大到提升机,小到电机开关,同时投入大量资金购入掘进机、扒斗机、牵引车、装载机、运输机械等,从而稳定生产能力,提高企业竞争力。

通过一系列努力,企业生产稳定,产量有增无减,产品质量提高,种类齐全,销售渠道扩大,市场稳定,资金回笼率高,企业保持着良性循环的局面,呈现蓬勃发展的态势。

放心水的“源”和“渠”

福建省云霄县第十五届人大代表　周坤和

云霄县东厦镇荷步村位于漳江出海口,人口万余,有云霄“粮仓”的美誉,划分为荷东、荷中、荷西三个村。荷步村位于水源丰富的梁山脚下,按理说饮水是不成问题的,但由于水库年久失修,水管严重破损,这个不成问题的问题却成了我的一件心事。

几年前,如何解决荷步村的饮用水问题,像是一块千钧巨石一直悬在我心头。

荷步村远离县城,村里的饮用水系统是一套独立的自给自足的供水工程,由梁山上的供水水库和自来水管网两部分组成。建于上世纪 50 年代的坡内水库和内石窟水库,一直是荷步三村万余名村民生产、生活的主要水源。2004 年,我曾和村里几名人大代表到水库实地调查,发现这两座半个多世纪水库,由于长年失修,水库不能正常运行,不能充分发挥效益。由于是早期农民投劳修建的水利工程,防洪标准偏低。近些年台风、强雨频至,水库的安全隐患日益显现。一旦出现险情,不但水源不保,还严重威胁到荷步村饮用水系统及山下万余名村民的生命财产安全。

自来水管网则更棘手些。由于十几年前兴建的时候资金没能全部到位,也没有制订一套行之有效的管理制度,自来水管网系统一直不尽完整、无人管理。随着经济的快速发展,新村建设的步伐加快,村民富了,建房多了,自来水用量也随之增加了。许多村民图方便,自己动手破管取水,有些养殖户为了个人私利,在自来水主线上方破管引水到渔池,短的几百米,长则几千米。可怜的大小自来水管任人宰割，加上原来的水管已破损严重，千疮百孔，好不容量从梁山上引下来的水就白哗哗任其自流，看得让人心痛，每逢下雨天，清澈的自来水总要变成浑浊的黄泥水。许多因此用不了自来水的村民只好另布水管，有的打井取水，有的装上水泵加压，费用少则几百元，多则几千元，经济条件较差的村民只能到梁山脚下去挑水饮用。据不完全统计，村民每年在这方面浪费的资金达数十万元，而且，饮水卫生根本得不到有效保障。

要解决荷步村的饮水问题，既要顾“源头”，又要管“渠道”。如果要两部分一起同时解决，牵扯面广，工程浩大。思量再三，我决定化整为零，先易后难，把“源头”和“渠道”分开来解决。

下山后，我们立即找到三个村负责人共同商量，一起向有关单位反映先解决水库的问题。大伙在向县建设部门反映的同时，我也利用代表身份在闭会期间向县人大常委会相关部门反映了情况。另一方面，对于更棘手的水管问题，我和村里的部分县代表经过认真调研思考，于2005年元月19日向县十四届人大四次会议提出《关于解决荷步村自来水管道改造项目的建议》。

两座水库的除险加固问题很快得到解决。在县人大常委会的跟踪督促下，28万元的水库除险加固资金很快得到落实。随后，我邀请水利工程技术人员抓紧时间开展外业测量，加班加点进行内业设计工作，针对水库存在的病险问题优化设计方案。

为尽量利用好有限的资金，2006年初，经过一段时间的准备后，我带领部分人员发动村民投工投劳，心往一起想，劲往一处使，对水库大坝进行全面灌浆，对护坡、坝墙、溢洪道等进行大规模维修。为赶在台风季节到来之前完成主要工程，我撂下自己企业里的事，和主要技术人员一连二十几天吃住在山上，倒排工期，压茬进行，加快工程进度，保证了工程按时保质完成。

2006年5月的强台风“珍珠”不期而至，正面袭击闽南沿海，引发的大风和降雨，是漳州有气象记录以来六十年一遇的，梁山上破记录一天降下400mm的豪雨。村民们的心都提到嗓子眼，值守在大坝上的我几天几夜不敢合眼，所幸两座水库安然无恙。

水库问题解决了，我的心情却仍然无法轻松。因为在水库修好大半年后，水管问题依然悬而未决。经专家论证，要彻底改变现状，需重建荷步水厂，更换水管或重新布管，至少需要资金120多万元。资金需求太大，我也知道政府有难处。

见这个问题多年未决，有村民偷偷地劝我，“还是放弃吧，你有自己那么大的企业要管，用不着去扛这座大山，搞好了又不会给你什么好处，搞砸了全村人都会怨你”。但我想，作为一名人大代表，为民办事乃天职、是己任，一定要用心干，半途而废还不如不干。我不放弃，抓紧一切机会向上反映。

坚冰终于被打破了。22万元荷步村自来水管道改造专项资金终于批下来了，同时社会各界也及时送来了不少捐款、建筑材料。但由于三个村经济能力有限，只能拿出少量资金，余下的只有靠贷款，但村里也没什么像样的财产可以抵押。为了不让这件好事办不成，我想出了一个“没有办法的办法”——在自己捐款的基础上，再以个人财产作抵押向农信社贷款30万，这样总算勉强补足了资金缺口，工程终于全面铺开。

好事总是多磨。为了珍惜有限的水资源，同时完善系统配套，加强自来水的卫生管理，维护自来水厂及管道的持续正常运作，让村民喝上干净、安全的水，三个村村民经过商议后制订相关制度，并定出收费标准：每户只收50元的安装费（包括水表、水管），每户每月缴纳1元管理费，免费用水3度，3度以上部分按每度0.5元收取。起初，这一点遭到了部分村民的反对，个别人甚至阻挠施工队作业。他们认为靠山吃山，靠水吃水，我们祖祖辈辈喝梁山上的水都不用交钱，现在却要受限制，还要交钱，想不通……了解到这个情况，我建议三个村详细公布工程设计、原料采购、资金使用等方面情况，并请三村广播室加大宣传，向村民解释；而自己白天跑工地，晚上挨家挨户上门，做村民思想工作。渐渐地，这个制度得到全体村民的理解和支持，改造工程也继续顺利进行。

2007年底，经过数百个日日夜夜的努力，荷步三村的饮用水系统改造工程全面竣工，悬在我心上的石头终于落地了。如今的荷步万余名村民天天都能喝上放心水。

（方铭志　施春声　整理）

认真履行代表职责 积极发挥代表作用

石家庄市三洋工贸有限公司总经理 王强

当选为石家庄市人大代表以来,我始终感到这既是荣誉,更是责任;既是动力,更是压力。荣誉是党和人民对我的信任,压力是肩上的担子重了,责任重了。但我不辜负人民的重托,加强学习,认真履行代表职责,积极发挥代表作用,其做法是:

一、不断加强学习,提高自身素质

自当选为市人大代表后,我深感肩负的责任重大。在日常的工作中,我努力提高自己参政议政的能力,增强自己的责任心和使命感,用实际行动履行了人大代表的职责。为了做一名合格的人大代表,我从加强学习,提高自身素质开始,注重对《宪法》、《代表法》、《组织法》、《选举法》、《监督法》等法律法规的学习,增强人大意识和法制观念,同时也通过《石家庄人大》等刊物,学习一些代表履职的先进经验和做法等相关知识。积极参加市及区人大常委会组织的法律知识培训。通过多方位学习,增强了人大代表的责任意识、公仆意识和法制意识,提高了对人大制度性质、地位、作用的认识,履行代表职务的能力得到锻炼和增强。

二、以实际行动履行人大代表的职责

在人代会期间,为了向国家机关部门反映人民的意愿和要求,我把深入社区征询的群众意见进行了认真思考,针对我市正在进行大规模的城市形象建设,在“拆”字当头,“建”字随后,“治”字贯中的稳步推动下,按照预定目标,三年后石家庄定将容颜焕发,靓妆出镜。但是,在“拆”、“建”、“治”的过程中,造成了一部分人下岗,他们的生产生活不容忽视,针对这一问题,深入调查研究,我归纳总结后,在市十二届人大二次会议上,向市政府提出了三点建议:一是积极开辟新的经营场所,如灯光夜市、早市、星期日市场、扶贫市场,帮助下岗职工再就业。二是在市场摊位安排上,对下岗职工予以优惠和照顾。三是扶持下岗职工从事个体工商户、私营企业。收到了很好的效果。

2008年我市进入了有线电视数字化整体转化阶段,这大大地提高了市民的视听质量,然而收视维护费主终端执行标准为每月26元,费用提高了一倍,这是一个非常高的上涨幅度。针对这一情况,我提出了三点建议:一是现行的数字化电视收费标准过高,建议在原来有线电视收费的基础上适当的增加收费标准。二是对于一户多台电视的家庭,应降低机顶盒的价格。三是对于没有能力安装数字化电视的低收入家庭,应保证他们能够看到原有线电视的所有节目,不应减少到现在只能看6个台。

另外,在调研中还发现,很多地方社会停车位爆满,而交管局咪表停车位闲置,造成资源浪费。咪表停车也给广大开车群众带来很大不方便,群众意见很大。还有,公安局治安服务处,将有些单位的门前地,强行划成停车场进行收费。而收费人员根本没有经过任何培训,他们只管收费不管其它。由于管理职能欠缺,收费人员经常与司机发生冲突。停车场本身为公共资源,被公安这样的权力部门强占收费,使社会资源变为公安小团体创收来源,社会影响很坏,反映很大。对此,我向市政府提出了加强城区经营环境治理,严厉查处影响区域发展的行为的建议,收到了很好的效果。

作为驻桥东区市人大代表,不仅要为全市的经济发展积极提出议案和建议,而且也非常关注桥东区的经济发展,针对桥东区经济发展环境存在的问题,我向区委、区政府提出了重点抓好以下工作的建议:一是抓领导,确保政令畅通。二是抓服务,着力提高工作效能。三是抓落实,营造良好的社会氛围。四是抓教育,努力提高执法队伍的执法水平和业务素质。

三、敢于监督,大胆举报

在人代会期间,我不仅能积极建言献策,闭会期间,还能认真履行代表职责。2009年3月中旬,有企业反映,劳动监查大队审查2008年度用人单位劳动保障情况,要求企业到鹿泉市敬业大酒店开会,会期2天,费用500元,企业自理。我认为不符合当前国际金融危机的大形势,应该减轻企业的负担,急企业之所急,想企业之所想,为企业发展保驾护航。当天我向市政府效能行政执法中心举报此事,得到市政府、市劳动局有关领导的高度重视,在市政府效能行政执法中心主持下,当即召开了有关负责人的会议,研究我所反映的问题以及当前的形势下如何减轻企业负担,经过研究一致认为,作为劳动部门年检继续进行，但作为政府职能部门应以为企业服务为主，在当前形势下应尽可能地减少企业负担，今后也应如此，因此，会议决定取消了到鹿泉敬业大酒店的会议，企业直接到劳动监查大队进行年检，方便了企业，同时减轻了企业负担。

在履行代表职责的同时，在日常工作中，我也能对本职工作尽职尽责，在服装行业努力将最新的产品及最先进的服务带到实际工作中来，让石家庄人民在充分享受精神文明的同时，也能享受到物质文明，为省会的服装市场增光添彩。

作为一名市人大代表，我深知自已的责任之重。虽然我能做到及时向上级领导反映群众的建议，并及时向群众传达上级领导的精神，但是我深知自己在履行代表职责方面，离党和人民的要求相比还有一定差距，比如：工作联系群众还不够广泛，理论学习欠深入，用理论指导实践还不够，在思想上还不够成熟等，这些问题，我将会在今后的工作中加以改进，努力克服，争取把人大代表工作做得更加完善，真正做到及时反映人民群众的意愿和要求，依法执行代表职务，行使好代表的职权，发挥好代表作用。

认真履职　尽责为民

——记广东省十一届、罗定市十四届人大代表黄俭

“当一名人大代表既光荣又责任重大。要履行好代表的职责，就必须情系民生，关注民情，把维护好实现好发展好最广大人民群众的根本利益作为履职的出发点和落脚点，办好群众关注之事。”罗定市人民医院院长、省第十一届和罗定市第十四届人大代表黄俭是这样说，又是这样做的。

人大的活动从未缺席过

黄俭代表既是医院的第一把手，又是内科主任医师，工作有多忙是可想而知的。但是，他认为，人大代表是国家权力机关的组成人员，肩负着代表人民行使国家权力，管理国家事务的重任，会议期间和闭会期间的一切活动，都是依法履职的重要途径，决不能因工作忙缺席。他自当选为人大代表后，以赤诚为民之心处理好医院工作与履行代表职责的关系，从未缺席过任何一次人大会议和闭会后由省、云浮市人大常委会组织的循环经济、地质灾害防治、农村医疗卫生等专题调研和省人大举办的代表培训班等任何一次人大的活动。特别是2008年6月中旬，云浮市人大常委会受省人大常委会委托，组织云浮辖区的全国和省人大代表就加强农田水利基本建设和加强地质灾害防治工作的专题开展调研活动。当时正值筹备医院新住院大楼竣工启用事宜，但黄俭代表意识到，此次专题调研活动，正是察民情，收集和反映民意的好机会，自己又是第二小组的组长，如果因筹备庆典活动而缺席，就会错过一次为民呼的机会。为此，他把筹备启用工作托付给在家的班子成员，毅然带领第二组深入到云安县开展地质灾害防治工作的调研活动，并针对调研中发现的存在问题，在撰写的调研报告中提出了相应的意见和建议，为加强地质灾害防治工作提供了真实可靠的决策材料。

情系民生敢为民呼

黄俭当选为人大代表后，他牢固树立“人民选我当代表，我当代表为人民”的履职宗旨，时刻关注着民生、民情、民意，做人民群众的忠实代表。他认为，要履行好代表的职责，就要掌握好履职的本领。他除积极参加省、云浮市组织的代表培训班外，还自觉地认真学习有关法律法规和党的方针政策，着力提高依法履职的综合素质；他利用自己与病人和人民群众接触机会较多的有利条件，向他们宣传人民代表制度的性质、地位和作用以及有关方面的法律法规，认真倾听、收集人民群众的意见和要求，并把群众反映的意见综合整理成建议，在会议上提出来。在省第十一届人大一次会议上，他领衔提出了《关于完善农村村道管理的建议》(1203号)，参与提出了关于广州至高明高速公路(延长线)接江门至云浮高速公路新兴段提前实施、关于要求省政府适当增加农村合作医疗补助经费、关于加强对新型农村合作医疗定点单位监管等涉及民生问题的建议。这些建议都得到有关部门的重视，并制定切实

可行的措施付诸实施，有力地促进了相关工作的开展。

扶贫济困　破解看病贵之难题

当前，看病贵的问题仍然是群众普遍关注的热点问题，着力破解此一难题，是维护好实现好发展好人民群众根本利益的具体体现。为减轻患者负担，黄俭代表采取四项措施，破解群众看病贵之难题。一是进一步健全和完善“院务公开”、查询、公示、一日清单、处方管理、程序报批、责任追究和重大经济事项领导负责等制度，规范医院各项管理，降低患者医药费用。二是严格执行政府采购招投标规定，100%参加全省药品网上阳光采购，医疗器械招标均比市场报价低了不少；坚决贯彻执行新的医疗服务收费价格，并在云浮市规定的执行价上自行下调32项检查收费标准，每年可为患者减轻负担超过百万元。三是加强对乡镇医疗机构的业务培训和指导，着力提高乡镇卫生院医护人员的医护水平。2007年以来，共为乡镇卫生院培训或进修医生24批25人；捐助了一批医疗器械给对口扶持的附城镇医院，使该院的业务和管理上了一个新的台阶；组织医疗队9批150多人次深入到全市10多个镇开展义诊活动，为群众送医送药送温暖。四是积极开展扶贫济困活动，自2007年以来，共为“三无人员”和贫困患者减免医疗费近百万元；在黄俭代表带动下，全院干部职工共捐资助学23000多元，为本市灾区群众捐款11000多元，为四川汶川地震捐款70000多元。

科技兴院创佳绩

黄俭代表自2007年4月接任院长后，把实施科技兴院、兴医战略作为改善患者住院环境、解决患者住院难、提高医疗水平的大事来抓，着力搞好医院的软硬件建设。随着总建筑面积为20000多平方米，设有五官科、妇产科、胸外科、神经外科、骨科、泌尿外科、影像科、手术室和IUC等病区的医院新住院大楼全面竣工投入使用，医院增设了三个病区和危重症监护中心，新增床位312张，使医院床位增加到500多张，基本上满足患者住院就医的需要，较好地解决了患者住院难看病难的问题。为提高医护人员的综合素质，黄俭代表积极实施人才战略，通过走出去，请进来的办法，先后争取到省人民医院、中山三院、中山一院、中山大学肿瘤医院、珠江医院等医疗机构在技术、医疗设备等方面的大力支持，有力地促进了科技兴院、兴医工作的深入开展。自2007年以来，中山三院分批派出专家到医院进行讲学，培训医护人员，并派出骨科副教授、医学博士、硕士研究生导师卢华定到医院挂任副院长，引进美国ArthroCare冷消融等离子手术系统，开展了目前世界上先进的微创疗法消融技术治疗颈椎病、腰椎间盘突出症，为大批患者解除了病痛。省人民医院先后为医院培训了多批ICU骨干和护理人员。与此同时，医院先后与省医院建立“双向转诊”合作关系，与中山大学附属第三医院建立技术协作关系，添置了彩超、DR、CR等大型医疗新设备，还争取到中山三院免费支持了一台数字减影血管造影机，使医院的临床检查及介入治疗迎来了一个大发展、大变化的春天。2007年以来，先后有2项科研项目获云浮市科技局立项，有10个科研项目获云浮市医药卫生立项；发表论文70多篇，其中国家级5篇，省级65篇；获罗定市优秀论文奖7篇，获云浮市科技进步成果三等奖1项，获罗定市科技进步成果奖4项，医院开展新技术4项。2007年和2008年上半年，门诊与出院诊断符合率分别达到97.5%；入院与出院诊断符合率分别达到98.7%；住院危重病人抢救成功率达84.1%和93.7%；急诊危重病人抢救成功率分别达94.79%和96%。

黄俭代表以爱岗敬业，乐于奉献的实际行动展现着尽责履职，赤诚为民的风采，取得了“四个文明”建设同步协调发展、上级满意、群众称赞、社会肯定的实效。经问卷调查，群众的满意率达96.3%，在2007年罗定市开展的行风评议中获得97分的高分。近年来，医院先后荣获省先进单位和罗定市党风廉政建设先进单位等荣誉称号；其本人也先后荣获云浮市岗位排头兵等荣誉称号。当谈到今后的设想时，黄俭代表对笔者说，成绩只能说明过去，不能代替现在，更不能代替将来，只有把成绩作为进一步落实科学发展观的新起点，认真学习好贯彻好落实好党的十七届三中全会精神，高标准、严要求履行好所负的职责，做到情为民所系，利为民所谋，权为民所用，继续维护好实现好发展好最广大人民群众的根本利益，才能无愧于人大代表这一光荣而又责任重大的荣誉称号。

“护法使者”宋志武

蒋卫华　王义

在宜昌市夷陵区，有一位频频穿梭于政府机关、司法机关和人民群众之间的法律“保护神”，他就是市人大代表、湖北龙禧律师事务所主任宋志武，多年来，凭着执着的敬业精神，优质的法律服务和朴实的代表本色，先后被评为第二届“湖北省十优律师”、被省司法厅荣记个人二等功。

善于运用法律手段　推动依法行政

多年来，宋志武担任着宜昌市、区，乡镇等多级政府及其行政部门的法律顾问，为政府依法行政决策提供法律依据，保证了政府行为的实体和程序的合法，也解决了一大批涉及地方经济发展、群众生活稳定的棘手问题。

山东大同宏业水泥项目是2004年夷陵区政府招商引资引进的项目，项目总投资3.5亿元。是全省在建的最大水泥熟料生产线在项目征地拆迁、厂房基础设施建设等前期工作完成后，由于投资方山东大同宏业公司资金出现问题，对方撤走了公司人员，致使后期工作无法开展，企业处于停顿状态，产生大量遗留问题，而大同公司又不想轻易放弃这一项目。始终不愿与当地企业和政府协商解决办法。项目的搁置、设施的闲置、遗留问题的留置严重影响着全区的招商引资工作和经济发展。新的投资伙伴如何接手成了招商引资成功与否的关键。2006年宋志武受命于危难之际，用法律手段妥善解决了双方的利益矛盾分歧，使新的投资伙伴宜昌弘洋水泥有限公司顺利进入。目前该项门已竣丁投产，效益良好。通过处理大同宏业水泥项目遗留事件，该区的弘洋集团企业加深了对宋志武的了解，欣然聘请其担任集团的法律顾问。

为使政府工作人员能从身边的事例受到教育和启发，注意工作中容易出现问题的细小环节和增强依法行政的意识，宋志武花费大量叫间和精力到宜昌中院和各县市区法院。走访收集了近3年来全市范围内行政部门败诉的10例有代表性的行政案件，编辑成一个专题，进行法制讲座，在市区产生了良好的社会反响，为推动市区行政机关依法行政起到有效的促进作用。

不断创新仲裁方式　搭建调解平台

仲裁是解决民商事争议的一种省时间、省费用、简便灵活的方式、相对于法院的司法审判，仲裁活动更能有效地化解争议，避免矛盾激化。宋志武作为宜昌仲裁委员会的一名仲裁员，牢固树立和谐仲裁理念，不断创新仲裁方式，最大程度地力求调解结案，促使双方当事人和解，达成和谐互利双赢的结局。如在仲裁上海宝钢公司申请三峡大学工程建设合同工程款结算纠纷一案，三峡大学提起反诉要求赔偿，案件标的涉及700多万元。双方争议很大。在开庭过程中，宋志武细心发现双方对立情绪大，其中一个重要的原因是双方在办理结算过程中缺乏沟通。休庭后，宋志武和另两位仲裁员一道分别与双方的代理人进行沟通，有效缓解了双方的对立情绪，促使双方心平气和地坐下来理性地解决问题，使看起来没有调解基础的案件有了调解的平台。

主动帮扶弱势群体　注重社会效益

作为一名律师，宋志武不仅仅看重的是经济效益，他更看重的是社会效益。关注社会弱势群体，增强农民法律维权意识。维护农民工切实权益，一直是宋志武长年奔波和加倍付出的动力和原因。宋志武作为全区“三五”、“四五”，“五五”普法宣讲员，常年坚持到各村巡回讲课。在社会主义新农村建设中，宋志武主动将该区的乐天溪镇朱家湾村作为自己的联系点。捐资4000多元购买300多本法律书籍为村委会建立了法律阅览室，印发了农民工打工手册和常用法律宣传资料，为全村村民开通了24小时的“法律维权阳光热线”电话咨询服务，使无论在家种田还是出门打工的村民，都随时随地享受到及时的法律解答。他还购买彩电等电教设备赠送给该镇最为贫困的石洞坪村，使村民能够及时掌握到政策、法律及致富信息，深得政府和村民的好评。

近4年来，宋志武用于助学、助残、扶贫、救灾等社会公益活动的捐款达5万多元。

花都浓情洒汶川

——花都区各级人大代表为灾区献爱心纪事

广州市花都区人大常委会办公室副主任　李远

汶川大地震残酷地摧毁了山河，可也塑造了一座座灵魂的丰碑。在灾难的日子里，有很多的事迹让我们感铭肺腑，有很多的感动让我们热泪盈眶。在远隔千里的广州，花都，感人事迹就一直在发生、在流传，在感召民众。

他们是人大代表

5月13日，广州街头，热气袭人。一群志愿者手捧募捐箱，接纳过往行人投入的颗颗爱心。志愿者当中，有一位女士格外引人注目，因为她面带笑容，疾步如风，尽管早已汗湿衣衫，却不愿小憩一会。她就是广州市丽菲儿手袋有限公司董事长朱汉珍女士。她组织白云区个体劳动者协会三元里分会和白云皮具分会会员为四川灾区的募捐活动，这一天，才刚刚是震灾发生的第二天……

5月17日，花都新世纪广场，团区委正在这里组织募捐活动。身着义工衣帽的志愿者们顶着烈日，面含微笑，向前来参加活动的市民们募捐。其间有一位文质彬彬的中年书生，一会儿分发宣传单，一会儿抱着募捐箱走来走去。如果不是他带来的员工喊他一声“徐总”，如果不是步步紧跟他的小女孩喊他一声“爸爸”，谁也不会想到这位质朴的中年书生竟是名誉花都的“广州市花都科苑企业有限公司”总经理、党支部书记徐迎宾博士，他带着女儿一起来当志愿者，为的是要给女儿上一堂生动的爱心课……

广州市花都区信晟帆布织造有限公司在花都工商界是无人不知，无人不晓。董事长骆鼎先生在地震发生期间，就想要亲赴汶川抢险救灾，但继而又想到这样实在帮不了什么大忙，于是决定送书包到汶川，他要让汶川所有的少年儿童都能背上既美观大方又结实耐用的“广东产”书包。经过近半个月的连夜加班，价值50多万元的书包生产出来了……

地点不同，事迹不同，但有一点是相同的，那就是他们都是人大代表，他们的心都是滚烫滚烫的。像这样的感人的例子，我们还可以扳着指头数出一大串：东风日产乘用车公司总经理任勇，广州骏悦投资管理有限公司董事长李励，花都区赤坭镇乌石村第三经济社黄启东，广州市成昌水产养殖有限公司董事长、花都区炭步镇新太村党支部书记黄家成，广东美奇经贸有限公司董事长兼总经理赵刚，广州市棠溪综合市场有限公司董事长赵福联……

用爱履行社会责任

朱汉珍、徐迎宾、骆鼎、任勇、黄家成、赵刚、赵福联等都是由花都区选举产生的市人大代表，李励、黄启东分别是花都区花东镇、赤坭镇选举产生的区人大代表，尽管身份不同，工作岗位不同，但当灾难来临的时候，当人民群众的生命财产受到摧毁、威胁的时候，他们的想法是不约而同的，那就是：倾尽所能，代表花都人民、广州人民，把爱心传递过去，把温暖传递过去。

骆鼎董事长开始时并不愿意因此接受记者的采访，他认为他做的还不够，他说：“我所做的，只是在尽一名人大代表应尽的职责和义务。”骆鼎的这句话，确实是许多人大代表想说的心里话。

党和人民无论什么时候都是血肉相连的。汶川发生地震后，花都区委书记、人大常委会主任潘潇，人大常委会副主任范记珍，利用多种场合，号召全区各级人大代表为灾区献一份爱心，尽一份责任。区人大常委会领导身体力行，数次带头捐款。

一时间，在花都的省、市、区、镇人大代表们纷纷行动起来，参加各种场合的捐款活动，有的捐款，有的捐物，有的还到血站要求献血。

据不完全统计，我区的各级人大代表总共捐款373.0861万元、捐物包括逍客车10辆、帐篷600顶、书包10000个，折合人民币350万元。其中省人大代表捐款3.67万元；市人大代表捐款213.2882万元，捐物包括逍客车10辆、帐篷600顶、书包10000个；区人大代表捐款93.6130万元；镇人大代表捐款62.5149万元。

用爱践行神圣的使命

朱汉珍所到之处，年轻人都亲切地叫她“珍姐”。珍姐在接受记者采访时说，他们组织人员上街募捐，开始是为了要尽一点社会责任，后来则完全是因为被市民们的爱心所感动，他们是带着感动去募捐的。

那天下午，烈日当空，广州街头又热又闷，从活动现场走过的市民，只见他们纷纷向募捐箱里投下钱钞，100元，50元，10元，他们没有留下自己的名字，他们留下的只是一棵心。他们当中有教师、医生，有公务员，有本地市民，有外来工，有老的，有小的，钱钞投进箱子，他们一个个仿佛夙愿得偿，满心欢喜。珍姐告诉记者说，现场有不少打工者，他们捐出来的钱皱巴巴的，还带着体温呢，也许，他们好不容易能放半天假出来走走，连公交车都舍不得坐，连一根冰棍都舍不得吃，可他们却将这几块快捏出汗来的钱毅然投进了募捐箱。当天，细心的珍姐发现，人群中有一名民工模样的小伙子，穿着陈旧，面带倦容，约有40分钟，他一直都在盯着募捐箱，眼神很复杂。见到珍姐注意他，他不好意思地走过来，怯生生地说："我实在没有钱，我可不可以献血？"小声的一句话，让珍姐的眼泪唰地就流了下来。她立即叫来公司的一名员工，带小伙子前去血站了他心愿。仅当天一天，珍姐一行就募捐到180多万元。这是多少颗爱心凝结而成的啊！

"有人说我们的义举感动了别人，可在我们看来，是别人的爱心感动了我们。"珍姐说。

珍姐的这句话，同样出自徐迎宾的口中。

徐迎宾是广州市花都科苑企业有限公司总经理、党支部书记，但鲜有人知道他还是花都区志愿者协会会员。他不但自己当了志愿者，而且也把小女儿带了进来。他说："有感动的世界才是和美的世界，我常被别人的爱心所感动，也希望能通过我的善举去感化另外的人。这回我有机会当义工，为四川灾区作点贡献，心里觉得很充实。"

据了解，地震发生后，徐迎宾在不同的场合以个人名义共捐出了6万多元，他的公司更是慷慨解囊。看到电视上那些惊心动魄的画面，徐迎宾直想赶到灾区，亲自挖开废墟，救出受灾同胞，朋友们劝他说："你一个大老总，肩不能挑，手不能提，你去到那里能帮上多大的忙？"怎样才能为灾区献出更多的爱心呢？一个人的能力毕竟有限，要是大家都动起来，众人拾柴……于是徐迎宾决定抛开一切事务，前往募捐现场，当一名普通的募捐义工，同时把女儿带上，让她从小就在心田上种下一棵爱心树。

徐迎宾想前往灾区，骆鼎又何尝不是？这条热血汉子是广州市花都区信晟帆布织造有限公司的董事长。到灾区抢险救灾，不止是这个想法出现在念头里，他都已经收拾好了行囊准备出发了。后来同样是朋友们的提醒，他才打消这个念头。思来想去，他最后觉得为灾区儿童送去书包最实用。开始他想买现成的书包送去，可是他对其质量不放心，因为这是代表花都人民的心意，要送就送最好的。于是他执意要用自己工厂生产出来的帆布制作书包。他的工厂不生产书包，他就拿出上好帆布，抽出部分人员到他亲自挑选的厂家去，监督他们制造出来。至于书包的设计，骆鼎也是费了很大的心思，除确保耐用外，还充分考虑汶川地区的地理、气候、儿童生活习惯等等。

经过近一个月的加班加点，价值50多万元的书包终于生产出来了。7月11日，在区政府举行的捐赠仪式上，骆鼎把书包全部捐给灾区的孩子。

爱心是无限的，感人的事迹也是书不尽言的。一个个的人大代表，他们的善举并非只有这一次的，洪灾，雪灾，希望工程，哪一个可歌可泣的事迹中没有我们人大代表的身影？他们始终都在践行着他们神圣的使命，他们说：人民的利益高于一切！

执着著华章　赤诚谋民利

——记常德市人大代表童自正

汪淑梅　李海波

说起汉寿县的劳动保障工作，许多人都夸赞局长童自正是个"有公心、有爱心、把群众利益真正挂在心上的人"。在基层摸爬滚打整整25个年头，担任乡镇党政正职12年，连续当选为常德市第四届、第五届人大代表，他每主政一方，就搞活一方，造福一方。特别是主政县劳动和社会保障局以来，他带领全局干部职工兢兢业业干事业，全心全意谋民利，情系社会弱势群体，健全就业服务体系，推进社会保险扩面，构建和谐劳动关系，实现了劳动保障事业与全县经济社会的协调发展。2008年，就业再就业、社会保险费征缴、争取上级转移支付等各项工作指标再创历史新高,名列全市前茅,同时被市、县评为"目标管理红旗单位",一举扭转了多年来在全市排名靠后的被动局面。

"当好领头雁,阔斧改革强内功"

2007年12月,童自正受命调任汉寿县劳动和社会保障局党组书记、局长。上任之初,就遇到了个别工作人员因违法违纪受到处分的现实,社会各界对劳动保障队伍和工作也开始有些议论。面对这样的局面,如何带好这一支队伍,他深感责任重大。为彻底改变被动境地,在全局干部职工大会上,他郑重承诺要把劳动保障局打造成为"人人满意、人人称赞"的局,围绕这一目标,他深入调查研究,亲自拟定了18项内部管理制度,提出了"用制度化的方法和功能来解决劳动保障工作现实问题"的新主张,坚持把制度建设融入到每一件工作、每一项措施、每一个环节,靠制度管事、靠制度管人、靠制度规范运作。特别是在财务管理上,取消局系统二层法人单位经费独立核算的模式,实行工作经费统筹管理,打破了劳动保障系统多年以来各自为政的格局,实现了真正意义上的全局统一,消除了同一部门不同待遇的"顾虑",极大地调动了工作人员的积极性,凝聚了人气,增强了合力,此举作为一大创新亮点,得到上级部门的充分肯定,在全市劳动保障系统进行了宣传推介。

童自正始终坚信和实践这样一句信条,即"身教重于言教"。因此,任局长以来,他事事处处对自己高标准,严要求,无论是公事还是私事,该自己做的事,绝不让工作人员代劳。为进一步改进干部作风,他又积极倡导"优质服务窗口"、"文明服务标兵"的评选,并将2008年定为"工作创新年",通过开展"工作再创新、事业求突破、作风树品牌,团结增凝聚、学习强素质"五项教育活动,切实营造了"少说空话、多干实事"的工作氛围,使工作人员的工作热情空前高涨,一种强素质、比奉献、讲团结、办实事的风气蔚然形成,各项业务即时办结率达到了100%,真正让服务对象没有多跑一次路,没有多花一分钱,群众满意度明显提升。

"干一流的工作、创一流的服务、树一流的形象",是童自正在劳动保障系统的工作定位。童自正对工作对事业的执著在县里上上下下是出了名的,熟悉他的人无不感慨地说:"他对工作就是这么认真,做事就是那么执着,他这个局长当得实在有点累"。身为汉寿劳动保障系统的"领头雁",在他看来,一个具有开拓精神、团结奋进而又充满活力的集体是战胜一切困难的保证。为带好头、树好样,他与局班子成员"约法三章":不取非份之钱,不上人情工程,不搞暗箱操作。注重调动班子成员的积极性和创造性,工作决策中坚持民主集中制原则,重大问题、重大项目、重大事项一律集体研究。在他的影响带动下,班子成员有事能商量,有意见敢提,有问题敢讲,干部队伍活力焕发,主动关心群众的多了,无事闲谈的少了;为民办实事的多了,流于形式的少了;深入基层调研的多了,浮在上面的少了,用实际行动重塑了劳动保障系统的良好形象。

通过苦练内功,有力推进了劳动保障事业的健康发展,2008年实现城镇新增就业6003人,下岗失业人员再就业3303人,劳动力转移就业新增12041人,同比分别增长21.3%、28.3%、31.3%;征收各类社会保险费1.38亿,同比增长21.6%;争取上级就业和社会保险补贴资金7313.5万元,同比增长53.5%,从2007年常德市劳动保障工作目标管理考核排名靠后跃升到了全市第一。

"当好服务员,关注民生倾真情"

"领导就是服务",童自正对此有着自己的理解,"是党和人民把我安排在这个位置上,为人民服务是我义不容辞的责任。"他是这样说的,也是这样做的。劳动保障工作牵涉面广、政策性强,面对的大多数都是弱势群体,项项关乎劳动者的切身利益。特别是新形势下,劳动保障部门要肩负起以改善民生为重点的社会建设大任,就必须真正在促就业、抓社保、保权益、建和谐上力求更大作为。为当好人民群众的服务员,他始终保持谦虚谨慎的工作作风,坚持用真心实意的付出,换实实在在的工作成效。他多次强调:"要切实把解决人民群众的实际困难视为工作的出发点和落脚点,努力增强责任感和使命感,做到在用好政策中关注特殊群体,在用活政策中救助社会弱者,在用足政策中体现人文关怀。"为抓好就业这一民生工程,他坚持以扩大就业为己任,将就业工作摆在突出位置,创新工作方法,激活创业机制,推进充分就业。尤其是为把"4050"人员、城镇"零"就业家庭等就业困难群体的就业帮扶落到实处,他借助外部力量,依托集体智慧,力求实事实办,确保年年有招,通过开展"一对一"指导,"一带一"服务,"一帮一"救助等形式,大力拓宽公益性岗位安置渠道,亲自带队深入困难职工家庭进行走访调查,积极协调相关单位提供岗位,逐个落实上岗,让困难人员真正感受到了党和政府的关心与温暖,仅今年就有595名就业困难对象在劳动保障部门的援助下顺利走上了工作岗位。现在每当帮扶上岗的困难对象提起劳动保障局童局长,都会毫不犹豫地竖起大拇指。他是用真心和真情,换来了群众的爱戴和赞许。

去年下半年,受金融危机的影响,劳动力大举返乡,为积极应对危机,确保返乡农民工重返就业岗位,童自正提出了"稳定原有岗位,多方开辟新渠道"的工作思路,并亲自安排工作组,南下广东沿海、北上江浙一带,全面开展汉寿民工情况调查,把家乡的关怀送到民工的心坎上,为5万多名输出劳动力发放了联系卡,积极协调200多家企业不裁员或少裁员3000多人,与20多家用人单位建立了长期劳务合作关系,带回工作岗位2000多个。通过不懈努力,全县返乡农民工就业率达到了95%,稳定劳动输出规模12万人以上,年可创劳务收入11.8亿元。为了对近年来汉寿城乡统筹就业工作进行一次全面提升,他又亲自主持编撰了《统筹就业、惠及汉寿》一书及光碟,为今后发展指明了方向,被市、县领导高度评价为"探索出了一条关乎民生、促进就业、确保稳定、实现和谐的务实之路。"

"让上岸渔民有业可就,是我们劳动保障部门不可推御的责任。"这是他对渔民解困工作立下的"军令状"。在今年全省启动的渔民解困工作中,汉寿作为四个渔民解困工作重点县之一,需转产就业的对象达2900多人。当县委、县政府把这一重任下达给劳动和社会保障局时,他二话没说,坚决受领任务,随即召开局党组会议进行研究部署,主张通过实施素质提升、劳务输出、自主创业等三大工程,确保渔民上岸一人、跟进一人、培训一人、转产就业一人。为把培训真正落到实处,他又亲自调度,要求工作人员把培训场地搬到上岸定居渔民的家门口办班,送资料上门,送技能到户,送岗位到人、送政策到家。家住坡头镇群英村的周运红曾是一名普通渔民,"洗脚"上岸后,一心想通过水产养殖班学到的技术搞养殖,但苦于无开办资金,曾一度陷于迷茫。童自正得知此事后,安排工作人员为他申请了小额贷款,并积极牵线搭桥,与他人合伙承包了300多亩水面,红红火火地搞起了水产养殖,从门外汉变成技术能手,从没有启动资金的渔民变成年产值过百万的创业者,他用一句质朴的话道出了自己的心声:"是县劳动保障局和童局长给了我事业的第二次青春!"截止目前,全县92%以上有劳动能力的渔民在劳动保障局送信息、送技能、送岗位、送资金、送保险、送政策的帮助下成功实现了转产就业。

"做事不作秀、办事不怕难"是童自正对"求真务实"精神的执着追求。2008年初,汉寿作为试点单位,全面启动城镇居民医疗保险,并列为县政府为民办实事之首。由于群众对新险种持观望态度,加之受新农合政策冲击,全年要完成6万人的参保任务,其难度实在不小,就连负责具体工作的同志都感到压力过大,纷纷打起了退堂鼓,向他提出建议,请求市、县核减任务指标。面对此情,他语重心长地对大家说:"实事工程是县委、县政府向全县人民作出的庄重承诺,我们的工作决定着县委、县政府的形象,容不得我们打半点折扣,只能实事实办,好事办好。"说到做到,他亲自带队跑乡镇,入社区,进家庭,深入宣传发动,与居民面对面沟通,层层落实责任,全面激发和调动工作人员的积极性,通过4个多月的艰难攻关,硬是将这一"几乎不可能完成的任务"拿了下来。

"当好贴心人,造福于民履职责"

身为人大代表就必须与人民群众心贴心。担任市人大代表7年来,童自正时刻关注社情民意,积极为群众排忧解难,先后提出建议和意见20多条,得到了相关部门的高度重视,切实履行了人民群众代言人的职责。为真正把"人大代表为人民"的作用发挥出来,他把当好代表的关键放到想方设法为民造福上。"群众利益无小事",这是童自正常挂在嘴边的一句话,他经常叮嘱工作人员:"对来办事的群众一定要做到微笑多一点、言语甜一点;性格柔一点、忍耐强一点;服务优一点、效率高一点。"正是凭着这种为民谋利的执着和赤诚,他带领和要求工作人员以"假如我是下岗失业人员、假如我是离退休人员、假如我是受伤职工"等为题,开展换位思考,以真心换真情,做到了劳动就业"真情相助",社会保险"有情操作",执法监察"情系维权"。

近年来,下岗失业人员、改革分流人员、涉军人员等特殊群众诉求增多,要求落实政策待遇的上访呈上升趋势。对找上门来的上访人对象,童自正从不回避,坚持开门接访,每周固定一天为"局长接待日",不管多忙总是先热情接待,问清原由,只要时间允许,就会立即召集有关人员核实情况,并按政策规定马上给予答复。对于情绪过激的上访人员,他也总是表现出宽容和大度,从不与来访人员叫真,未曾红过一脸。时间久了,外界也给他了一个公正的评价，称他为“三不领导”，即不回避、不索取、不推托。两年来，全局对群众来信来访、领导交办件的办结率和满意率均达到了100%，凡来劳动保障局上访的人都愿意找他，困难对象不再来局里上访了，基本也都是童自正帮他们把问题解决好了。

他深知要彻底解决困难群众的问题，仅靠一股热情远远不够，还必须为他们积极寻求政策支持。为此，他充分履行人大代表的职责，在上级未出台正式政策情况下，提请县政府专题研究，将1167名二轻大集体破产企业未参保人员纳入了财政代发生活费范畴，对4127名老工伤人员进行了摸底登记，建立了动态管理机制，为今后落实政策打下了坚实基础。同时，为确保改革的平稳推进，对分流人员安置和社会保险的落实情况，他都坚持亲自把关，妥善解决了县挖泥船队、湖洲局等单位破产改制过程中的遗留问题，不仅让特困人员得到了基本生活保障，而且满足了一批边缘群体的社会保险诉求，及时平息了矛盾，维护了社会稳定。

随着社会保险缴费基数的逐年提高，续交保费成了下岗失业人员一大经济负担，他深感下岗失业人员的苦衷，为切实解决这一难题，他积极向上反映实情，多次找主要领导“软磨硬缠”，最终得到了县委、县政府的大力支持，出台了《汉寿县下岗失业再就业社会保险补贴实施细则》，让全县1万多名下岗失业人员享受到了政策带来的实惠，激发了下岗失业人员续保热情，确保全县破产改制企业置换身份人员接续保率达到了95%以上。为进一步完善社会保险体系，扩大社会保险覆盖面，真正实现“应保尽保”，无论是站在人大代表角度，还是站在部门负责人的立场，都有责任与义务维护企业和职工的共同利益。为此，他多次强调：“扩面工作要建立在企业可持续发展的基础上，更加注重方法的灵活性，平衡企业发展与参保的关系，确保企业老板从内心里接受。”在他的号召下，全局坚持把宣传好政策作为参保突破口，在不影响企业生产经营的状况下，积极推进扩面工程，做到一套班子搞征收，一个标准抓稽核，主动上门出主意，力尽所能解难题，用真诚的服务换来了企业老板的充分信任，参保认同感明显增强，“要我保”真正变成了“我要保”。

劳动保障部门天天与钱打交道，并且掌握着一定数量的资金，在县内可谓是名符其实的“实权单位”。为让工作人员守住清廉，抵住诱惑，耐住寂寞，他时常告诫全局工作人员：“要慎用手中的权，时刻保持如履薄冰、如临深渊的清醒和警惕。”两年来，无论是帮扶困难职工上岗、确定扶助对象、落实优惠政策，他都坚持了公开、公平、公正的原则，从不打一个招呼，了解的人都这样评价他：是个光明磊落，站得端、行得正的人。正因如此，他也得罪了不少亲朋好友，成了“太不讲情面的人”。在他的影响下，全局近两年来未发生一起违纪违法事件。

激活科学发展的兴奋点

——记潍坊市人大代表、诸城市检察院检察长宋修栋

山东省诸城市人大常委会　高彦青　徐秀荣

这是一组让人惊叹的数字：一个入院不到三年的检察长，在他的精心呵护下，一年内新提升副科级干部19人，中层干部轮岗7人，3人脱岗攻读研究生，10人实现了学历升级，拥有在省市检察院叫响的业务拔尖人才10多名，有效盘活了人力资源的最佳效能；一个在中等位次徘徊的基层院，在他率先发展理念的引领下，探索出一条检察机关服务新农村建设的工作模式，打造出一批在高检院、省市检察院叫得响的控申、民行、反贪、反渎为主要内容的诸检工作品牌，三年内跨进了全国先进基层检察院的行列。潍坊市委政法委和诸城市委分别作出了关于开展向该院学习的决定。

他，就是潍坊市人大代表、诸城市人民检察院党组书记、检察长——宋修栋，一个按照科学发展观要求建院兴检的带头人。

让学习成为科学决策的“点金术”

“困难困难，困住思想才最难”，作为一名人大代表、党员干部，这是他逆境中做好检察工作的坚定信念。2006年12月，宋修栋上任诸城市检察院检察长，面对始终在中等位次徘徊的基层院，他感

到要让单位建设走出困境，就必须按照科学发展观的要求，激活班子成员和干警队伍的思想。

为让科学发展观的要求默化为党组一班人的自觉行动，他把学习贯彻十七大精神作为自己的首要任务，围绕科学发展这个主题，专门召开了党组研讨会、中层干部会，对十七大报告进行深入研读，每名党组成员和中层干部都结合自身工作实际，谈对落实科学发展观、构建和谐社会、服务经济发展等方面的认识，并鲜明地提出党组成员要争做“讲政治顾大局、讲原则守纪律、讲党性尽职责、讲学习求发展”四个方面的表率，并规范完善党组学习制度、重大事项报告制度。生活中，他始终用一种学习至上的理念引领着党组一班人的思想方向，在要求班子成员学习的同时，自己往往学在最前头。为提高班子成员整体素质，他要求班子成员要结合分管工作开展情况总结经验，每周写一篇心得体会，每季度召开一次党组会，结合工作讨论交流用科学发展观指导工作的经验做法，每半年在省级以上报刊上发表一篇文章，并把学习成果与工作考评和工作创新挂钩，很好地保证了学习实效。工作中，他认真贯彻民主集中制原则，对院里的重大问题，始终坚持集思广益，按照公开、公平、公正的处事原则，认真听取中层和全院干警的意见，让党组真正成为单位建设的领导核心。

在大家看似平淡的工作中，他能用理性思维的浪花激起开拓创新的层层波浪。农村社区建设是诸城市委、市政府统筹城乡发展的重大举措，早在2007年市委市政府进行区划调整时，他就把检察工作保障新农村建设的目光投向了农村社区，在全市政法系统中率先在社区设立检察服务站，成立了由反贪、反渎、控申、民行、公诉等业务科室骨干力量组成的社区共建工作小组，选派40名德才兼备的检察官，每月定期两次下社区，进一步明确了社区检察官的工作职责及方法，形成全院干警参与、重点科室依托的服务社区工作的新模式，省检察院国家森检察长到该院调研察看后，称此举是检察机关贯彻十七届三中全会精神建设社会主义新农村的一项伟大创造……

让人才成为科学发展的“助推器”

人才是制约单位建设持续发展的核心问题，对此，宋修栋有其独特的见解。刚上任时，面对前一年党组推荐的两个正科级干部人选民主评议时没过半数，在全院引发的不同争议，他认为此问题现象在干警、根子在党组培养使用人才方面的工作不够好，为此他紧紧围绕“挖潜能、强技能、促职能、增效能”这条主线，及时确立了“抓练兵、强素质、促工作”的思路，建立健全了合力运作的潜能引导、适应岗位要求的素能和公正履职的执法监督三项机制，扎实搞好业务竞赛和岗位练兵活动，并采取送去学、请进来讲、学历升级和政策倾斜、物质奖励等方式，积极为优秀人才脱颖而出搭建平台。在搞好人才培养的同时，他采取伯乐相马和赛场选马的方法，今年3月份新提拔8名年轻干警担任中层正职，有效激活了全院干警的思想。

作为一院之长，他有识才的慧眼、聚才的方法和用才的胆识。2004年8月入院的选调生杨儒，三年创造出三个奇迹，第一年刷新了诸城市检察院选调生当年通过司法考试的记录，第二年成长为潍坊市优秀公诉人，第三年便以过硬的素质跨入诸城市检察院副科级干部行列，为此他以超人的胆识让这位入院刚三年的干警担当起公诉科副科长的重担，重责下的她带领女子公诉组激情工作，先后摘取了省市级优秀青少年维权岗等殊荣。

济济的人才助推了诸城市检察院的快速发展。2007年、2008年因工作成绩突出，先后被省检察院和高检院表彰为“全省先进基层检察院”、“全国先进基层检察院”。现在，宋修栋经常掰着手指对大家说：我院现有研究生学历5人，8人参加人才进修班归来，20人实现了学历升级，拥有在省市院叫响的业务拔尖人才12名……那悠然的神态源于他对拥有人才的自豪和珍爱。

让率先成为科学发展的“主题词”

“短板不补心不安”。让检察工作始终在科学发展的轨道上阔步前行，始终是宋修栋的重要职责。到位后，面对与科学发展观要求不适应、不符合的检务保障、基础设施落后的短板，党组会上，他明确地提出三个月完成办公楼选址、六个月实现办公楼开工，两年内实现办公楼竣工的工作目标，并将落实方法责任化具体化，自己把最棘手的经费问题扛在肩上，与党组成员一道向市领导和上级院汇报协调，凭着他这股恒心和韧劲，多方筹措资金2000多万元，提前完成了他上任前提出的目标。两个月时间里完成了办公办案用房的选址和规划工作，五个月办公办案技术大楼破土开工，一年内新添办案用车8部，更换液晶台式电脑36部，目前面积13000余平米办案技术综合办公大楼已全面建成并投入使用，短时间内使院里以前的短板成为现在的亮点，前来参观学习的外地检察院对宋修栋检察长科学决策、率先发展所创造的“诸城速度”发出了由衷地赞叹。

为让队伍建设获得常抓常新动能，面对该院副科级干部达不到上级配备比例而挫伤了干警工作积极性的现状，他多次向市委反映情况，积极争取支持，于2008年1月一次性提拔了19名副科级以上干部，这一举措有效整合了人力资源，展现出党组关爱干警和创先创优的信心和决心。正是在这种真抓实干、只争第一氛围的感召下，全院干警奋力进取、忘我工作。去年3月份，由于工作连续运转，先后有三名反贪干警因体力透支，累倒在办案一线；为让业务工作始终走在潍坊市院的前列，他进一步健全完善了公开、平等、竞争的绩效考核奖惩机制，采取比武竞赛等方式大力营造能力至上、业务第一的氛围，先后打造出在省市检察院叫得响的民行、反贪、控申、监所等业务品牌；为让干警感受到“大家庭”的温暖，他坚持定期为干警全面检查身体，为参加司法考试的干警放假两个月复习，并给予通过考试的干警一定的政策支持和经济奖励；在“三八”妇节、“五四”青年节、“八一”建军节，分别组织妇女、选调生、军转干部采取与党组照合影相、吃工作餐、励工作志、交工作心等方式凝合队伍的向心力。正如全院干警对他的评价：“他不是用鞭子赶着我们，而是在用一种和谐的理念引领着我们，这理念汇聚着力量、凝聚着感情，让我们激情工作、愉快从容。”

让履职成为科学发展的“催化剂”

作为一名人大代表，宋修栋致力于行使好代表职权，在求真务实中切实发挥好代表作用，使代表工作与本职工作互相促进，共同发展。一是做群众的贴心人。宋修栋结合检察工作实际，经常深入基层，通过走访、举行座谈会等方式，认真倾听群众的呼声，了解群众疾苦，力所能及地帮助解决一些困难和问题。在具体工作中，他把控申接访作为联系群众的有效途径，严格坚持每周一检察长接访日，对来访群众文明接待，热情服务，去年以来共接待群众来访48次，均做到了事事有结果，收到了良好的社会效果和政治效果。二是当好群众的代言人。宋修栋始终把当好群众的代言人作为履行职责的重点，为加强与群众的联系，结合检察实际，在主要乡镇街道和城区繁华地段安装了部分检察官信箱，公布了民生服务热线电话，及时将群众的呼声和关注的热点难点问题收集起来，认真搞好调查研究。两年来共提出建议意见12条，均引起了有关部门的重视，有的已被采纳，有的列入了全市规划。三是做工作上的带头人。宋修栋始终用人大代表的标准来严格要求自己，时时处处当好表率，积极参加人代会、代表小组活动和各级人大常委会组织的视察、评议、学习等活动，坚持做到会前搞好调研，会中认真审议，会后全面落实；工作中身先士卒，亲临一线，靠前指挥，以人格魅力带动检察工作创新发展。并自觉主动地接受党委的领导和人大的监督，在工作的一些重大问题上，都能及时向党委、人大请示报告，保证了各项检察工作始终不偏离正确的方向。

认真履职　关注民生　倾心奉献

石家庄天元发展有限责任公司董事长　杨立新

我于2008年当选为石家庄市人大代表。一年来的代表历程，感想很多，体会颇深，收获很大。面对组织和人民的信任，既感到无比的光荣，又感到肩负的重任。我深深明白，作为人大代表，就要对人民负责，要做到真心实意为人民做好事、办实事，我的具体做法是：

一、认真学习，与时俱进，提高履行代表职责的能力

作为石家庄市人大代表之一，我充满光荣感、责任感和使命感，人大代表是人民赋予的责任。因此，我不断要求自己充电学习，学习《宪法》、《代表法》等有关法律法规，自觉用《代表法》规范自己的工作、言行、生活。并深入学习邓小平理论以及“三个代表”重要思想，精研细读了党和国家的方针政策，订阅了多种报刊书籍，坚持读书读报，对于重点资料进行摘抄和研究。结合自身工作实际，深入贯彻落实科学发展观，在学习和实践中，努力提高履行代表职责的能力。通过全面学习使我吸收了许多新知识、新观念，提高了理论水平的同时也加深了我对党和政府各项方针政策的了解，使自己的政治敏锐性、分析处理问题的方法、决策能力都有一定程度的提高，履行代表职务的能力得到锻炼和增强。

人大代表，既是一种政治荣誉，更是一个代言的重要通道。当选以来我按时参加市人民代表大会会议，会上预先阅读、认真听取、专心审议各项报告。特别是大会召开之前，我积极主动地深入群众、深入选民，与他们交流、沟通，及时了解了群众关心的热点问题，了解各方面意见建议。围绕服务石家庄经济发展、石家庄区域性服务行业建设广泛听取和征求人民群众的意见和反映，精心准备议案和建议，与我区代表共同研究讨论，针对三年大变样拆迁工作民众的反应提出了《关于全市社区型商业网点建设和发展的建议》的提案。在履职过程中，我认真参加人大组织的调研、视察活动，努力拓宽视野，学习相关材料，努力提高议案和建议质量，使每一次活动都有新的收获。

二、关心时事，关注民生，用真心真情履行代表职责

人大代表，肩负人民的重托，理应为社会的发展尽心尽责，理应在困难面前迎难而上。2008 年 5 月 12 日，四川汶川突如其来的灾难牵动着亿万人民的心，灾难当头，爱心无限，我公司先后三次组织集团上下所有干部职工、党员、优秀员工进行捐款，除在岗的天元职工热情参与外，天元的内退老干部、老党员、都主动来到了捐款现场，共募集善款 221418.4 元。此后又组织供商及商户在天元名品北广场举办了义卖活动，将义卖所得的款项全部捐献给灾区人民。我只有一个信念，汶川人民受到如此大的灾难，作为一个企业，我们有着义不容辞的责任，我们要发动能够发动的一切力量来募集资金支援灾区，并取消了当年的每年一次的优秀员工旅游活动，将这部分旅游经费全部捐献灾区。进入冬季后再次为在省会就读的 53 名来自四川平武县学生捐献了过冬的棉衣，又一次向灾区同胞伸出援助之手，用实际行动帮助灾区人民渡过难关。

一年来，我把自已的心血倾注到了工作中，努力把办实事、做好事作为履行代表职务的出发点和归宿。在履职过程中始终用爱心、用良心、用真心、用细心、用恒心去工作，时刻将人大代表的责任铭记于心，真正做到了用真心真情去履行自已的职责。

三、面对困难，积极应对，在保持社会稳定中发挥代表作用

邓小平同志曾经说过："什么时候问题都不会少"，要奋斗就会有困难有风险，关键是我们如何认识和应对。企业改制后的几年中，我们不仅合理安置了在岗内部职工，还承担了内退职工和以前企业的工程款和员工医药费。每年要为老企业的 500 名内退员工支付工资和各种保险。在市场竞争激烈的情况下，积极开发新的市场，保持了企业的良好发展态势，努力履行了一个企业的社会责任。我公司所属子公司天元名品现有商户千余家，服务员 2000 多人，其中下岗职工近 600 人，近两年我们一直合理的控制铺位租金上涨，从而解决了这两千余人的就业问题，也极大地解决了下岗人员的再就业，维护了社会的稳定。

2008 年对于企业来说是艰难的一年，严峻的经济形式和不容乐观的企业生存环境给公司的生存和发展带来很大的不确定性，公司的各项工作都面临着巨大的挑战。为此，我经常深入店铺，了解部组经营情况，关心职工生活，全力支持工会工作，听取职工的合理化建议，努力营造和谐的工作环境，从而充分调动了广大职工的积极性，增强了企业的凝聚力、向心力。"以人为本"是我一直倡导的办企方针，它不会因为企业的性质和时间的转变而转变，所以我始终把"企业发展，职工增收"做为工作的出发点，去年初，为了提高员工生活质量，在企业效益还不是很好的情况下，克服了各种困难，大幅提升了全体员工的工资。公司还设立了帮扶基金，开展扶危济困活动，为困难家庭送去企业的温暖。这些工作的进行为建立和谐社会、和谐企业做出了贡献。

"三年大变样"拆迁工程，对于我超市分公司的影响巨大，店铺骤然减少、上百名职工面临失业。由于网点拆除、经营停滞、职工失去岗位，致使部分职工情绪波动到市政府集体上访，对社会稳定、企业稳定造成诸多隐患。为了妥善安置因客观经营环境变化而形成的富余人员，本着对职工负责、对企业负责、对社会负责的原则，我们积极想办法，组织部分待岗职工参加由市劳动和社会保障局组织的拆迁失业人员专场招聘会，积极为待岗人员寻找出路、帮助待岗人员走出困境，缓解待岗带给职工的压力。针对这一情况公司还适时出台了《鼓励富余人员进行自主择业的实施意见》，多方筹措资金对富余人员进行安置，共有 123 名富余职工申请享受此政策办理了失业手续，企业累计支付各项经济补偿及扶持基金约564万元，有效化解了企业冗员的现状，同时极大的稳定了人心。

四、深化改革，勇于创新，为企业的持续发展倾心奉献

我不但是一名市人大代表，还是天元发展有限责任公司董事长兼总经理，因此更应该立足本职，尽心尽力，努力奉献，为推进石家庄经济发展出一点绵薄之力。

2008年相继发生的金融危机、三鹿事件、三年大变样拆迁等一系列事件，给企业带来了巨大的冲击，生产经营受到重大影响，但是我们并没有等停靠，而是审时度势、积极应对，及时修正和调整了经营计划和工作目标，保证了各项工作的正常开展和预算指标的稳步完成。

三鹿事件给了我们深痛的教训，给我们企业敲响了警钟。作为涉及民生衣食问题的商业企业，商品质量就是企业的生命，诚信经营就是企业发展的根基，我们始终以“正直做人，用心做事，诚信经商”作为企业核心价值观，并以此来指导经营管理活动。为了给消费者创造一个放心的购物环境，我们相继出台了“严把质量进货关、无障碍退货、食品安全责任追究制度”等一系列规章，保证了消费者的合法权益。2008年天元集团荣获国家级首批AAA信用企业，在全国商业系统内得到表彰，并获得中国商业联合会授予的奖牌和证书。几年来我公司连续荣获河北省商业名牌企业、河北省AAA级商业信用企业、石家庄市维护消费者权益工作先进单位、重质量守信誉单位、石家庄市第八届、第九届消费者信得过单位、石家庄最具影响力零售企业、河北省食品安全诚信单位等荣誉，得到了社会和有关部门的认可。

回顾一年来的工作，我的感悟是：要想当好一名称职的人大代表，全心全意为人民服务是前提，树立强烈的代表意识，不断增强责任感和使命感是基础，提高自身素质掌握和履职能力是工作的保障。虽然我对代表权利义务有了一定的了解，但远不能适应新时期新任务的要求，因此在今后工作中更要经常学习，不断提高，切实做到“人民选我当代表，我当代表为人民”。

围绕发展　履职尽责

——记诸城市人大代表、皇华镇后寿塔村党支部书记丁向富

王东泰

丁向富，皇华镇后寿塔村党支部书记、富仁机械厂经理，已连续二届当选诸城市人大代表。他积极响应诸城市人大常委会号召，踊跃投身代表主题活动，被评为上届人大代表“奔小康、比速度”先进个人。换届以来，他总结经验，发扬成绩，又在新一届人大常委会组织开展的人大代表“率先发展五年行”主题活动中做出了突出贡献。

一、创造成功经验，发挥表率作用。丁向富认为，人大代表要成为选民信赖满意的代言人，要成为选民中具有说服力、感召力和影响力的人民的使者，必须带头发展、创造经验，充分发挥示范引导、辐射带动、模范带头作用。2003年，他千方百计筹措资金，投资100万元，建成了富仁机械厂。主要以机械加工、车辆配套为主，年创产值400多万元，同时解决了全村近50人的就业问题。今年，他又投资300万元，进一步扩大了厂子的规模，建成了近3000平米的生产车间，主要开发制造刨花生机械。经过三年的艰苦努力，企业由原来的小门头、小作坊发展到固定资产500万元，员工近100人的民营企业。在丁向富的带动下，群众的创业热情日渐高涨，目前全村已发展起石材加工、食品加工、机械制造等20多家私营企业，经济总产值达到了2000多万元。仅此一项人均年增收1000多元，2007年全村人均纯收入达到6600元。

二、调整种植业结构，转变发展方式。人大代表不仅要带头谋发展、抓发展、促发展、快发展，而且要在率先发展的实践中引导选民发展、帮助选民发展、带动选民发展，积极抓好项目建设、带头调整产业结构、带领群众增加收入，实现共同发展、共同富裕。丁向富抓住寿塔老镇驻地和桃寿路横穿该村的优势，积极发展二三产业，制定了“一靠一伸”的发展规划，“一靠”即靠桃寿路兴办服务业，“一

伸"即沿桃寿路向东延伸建设工业项目区。并制定了切实可行的优惠措施,鼓励村民投资办项目,到目前为止,全村共有36户在商业街上开起了商店、饭店等服务网点。并采取走出去、请进来等措施,积极实施招商引资,几年来共引进机械、铸造、食品、养殖、工艺品等10多个项目,总投资3000多万元,吸纳本村劳力200余人。同时,狠抓种植业结构调整,号召群众大力发展经济作物,全村发展黄烟、大桑、花生、林果面积660亩,发展大棚菜、大棚果120多亩,基本上实现了"无粮村"的目标。

三、率先优化发展环境,带头为民谋利。发展需要稳定来作保证。良好的治安环境是助推发展的前提。作为一名人大代表,丁向富牢固树立社会主义法治理念,积极寻找当好支部书记与履行代表职责的结合点,以发挥自身优势,促进法制村庄建设,作为自己的履职重点,组织开展了各种行之有效的法制宣传活动,提高了全体村民的法律意识和法律素质,全村形成了安居乐业,和睦相处的和谐氛围。多年来未发生一起刑事案件。他始终坚持为为群众办好事、办实事,帮助群众排忧解难,优先安排村里的5名困难群众到自己的工厂上班,实现人均年收入1万元左右,解决了他们的基本生活保障问题。同时,他还积极投身新农村建设,先后出资10多万元,对村容村貌进行了改造,清除了村里的"三大堆",对道路重新进行了整平、压沙,村内主街安装了路灯。今年以来,他还在镇党委政府的大力支持下,投资30多万元,利用原村委办公室进行改造,建设了寿塔社区服务中心,为社区群众实行"一门式"服务。自社区运行以来,已为社区群众提供计划生育、社会保障、房屋建设、治安调处等服务200多件,受到了社区村庄群众的好评。

在丁向富的带领下,近几年,后寿塔村先后被诸城市评为五好村党支部、百家荣誉村,被潍坊市评为社会治安先进村,他本人也多次受到市镇的通报嘉奖,连续被潍坊市、诸城市评为先进个人,2003年被评为潍坊市优秀共产党员。

"群众的信任是我的责任"

——记松桃苗族自治县人大代表陈启维

贵州省松桃苗族自治县人大常委会　龙大同

金秋时节,凡是到苗王城访古寻幽的观光客,无不为水竹坪地头山间一树树挂满枝头的金秋梨所吸引。这个昔日缺水少粮、满眼荒凉的穷山村,如今已是省级新农村建设示范村——发展经果林2000余亩、多种产业立体发展、人均收入2100多元。谈起山村的变化,村里群众无不自豪地夸赞省劳模、县人大代表、村支部书记陈启维,亲切地称他为带领乡亲们致富的"拖拉机"。

改写村寨历史的"陈代表"

水竹坪,原本叫做"水走坪",表达了当地人对水的渴望和无奈。到上世纪九十年代中期,水竹坪人均收入还不足500元。为了生计,陈启维忙完农活,长期活跃在湘黔边区集镇赶"转转场"。他赶过马车,贩过粮食,杀过猪,开过三轮摩托,一年辛苦下来也能挣个一万两万元,到后来居然买回一辆七成新的中巴车跑运输。思路活络、见多识广的他给群众留下深刻的印象,1995年村里换届,他自己还在乡场上卖肉,乡亲们却在家里高票把他选为村委会主任。当时他顾虑不少,更担心自己从没当过村干部,干不好辜负了乡亲们。经乡领导多次做工作,看着乡亲们期盼的目光,他最终忍痛卖掉中巴车,挑起了村长这副担子。上任后,陈启维多方征求意见,不等不靠,1996年下半年发动村民集资10万余元,带领群众没日没夜奋战半年多,从几十里外的河界营电站牵来了电。接着,他又多次到县文化局软磨硬泡,利用剩余的集资款安装了电视差转台,乡亲们坐在家里也能看上小"电影",一下子拉近了山村和外面大世界的距离。

陈启维的付出得到了乡领导和村民的认可。1998年他光荣地当选为自治县十二届人大代表。这为他打开了一扇上达民意、为民办事的方便之门。作为水竹人,他深知缺水之苦,当代表后他通过不同渠道多次向有关部门反映,1999年从县扶贫办争取到1万元的人畜饮水经费,给家家户户接通了清甜的自来水,结束了水竹人"喝水要靠牛脚凼"的历史,乡亲们高兴地称他为"我们的陈代表”。

近年来，“陈代表”积极反映群众的意见和困难，先后争取项目十多个，资金60多万元，组织群众投工投劳修建村委办公室200余平方米，修通了通村公路，硬化村里主要道路500多米、联户道路4000米、院落3060多平方米，修花台68个、屋脊亮化57户，新修农田灌溉沟渠1200米、人畜饮水工程2000米、经果林小水窖6口、经果林公路3000米，使村里生产生活基础设施得到了根本性的改善。生活条件改善之后，村里还专门组建了一支文艺表演队，农闲时节自编自演节目，丰富了群众文化生活，村里赌博、无所事事的现象减少了。2004——2006年，水竹坪村先后被地、县评为“文明村寨”，列入省级新农村建设试点村。

带领群众致富的“拖拉机”

如何让乡亲们的钱袋子鼓起来呢？陈启维一直思考这个问题。1999年，他从县里争取到了200亩美国黑李的扶贫项目，实施后带来的丰厚效益，让他找到了“开发上山”的致富路。

2000年一个偶然的机会，陈启维来到湖南麻阳县的拖冲村，看到600亩成片的金秋梨基地，他眼界大开。金秋梨果大味甜口感好，市场前景不错，在了解到当地气候、土壤条件与水竹差水多后，他立即回村召开群众会，说出了发展金秋梨的打算。没想到这次有人提出了反对意见，理由是93年村里栽植的20亩梨树到现在还没挂果。陈启维深知那是不懂管理技术造成的，第三天就自己掏出400多元钱，带领I4名干部群众到拖冲村观摩学习。为彻底打消群众疑虑，当年8月梨子收获时节，他又自家掏出600多元钱，包了部中巴车，带领干部和村民代表再次来到拖冲村实地感受、学习，又买回300多斤梨子让在家的乡亲们品评。他的诚心和决心打动了大家，当年村里就与拖冲村达成协议，由拖冲村提供种苗和技术服务、培训，约定挂果后再付款，发展金秋梨100余亩。苗树栽下后，陈启维吸取教训，十分重视技术管理和技术人员的培养，先后从湖南基地、自治县农业局、地区职业学院请来技术员和专家培训指导，并掏钱购买农业技术书籍组织村里年轻人自学。几年下来，不仅在村里普及了果树栽培管理技术，有了自己的技术骨干，还形成了一批栽植大户。种植大户陈启抛2004年参加县里举办的果树修剪技术大赛，取得了第二名的好成绩。

“我带领群众发展了经果林，就得带领群众闯市场”。陈启维这样说也这样做。几年来，每到瓜果成熟，他自掏腰包近到怀化、重庆，远到广西、广东，考察市场，联系推销本村的水果，建立了相对稳定的销售渠道，使水竹的西瓜、梨子有了一定的知名度。现在村里对产品实行统一标准、统一包装、统一销售。一到瓜果收获季节，名片一掏、手机一响就成交。陈启维家既是产品的包装车间，又是发货仓库，村里80%的水果都是通过“陈代表”家这个庭院，发往全国各地的，因此乡亲们半是感激半是诙谐地为他取了个致富“拖拉机”的外号。目前，水竹人梨树品种发展到金秋梨、黄花梨、翠冠梨、爱宕梨、水晶梨等6个品种，面积1200多亩，仅2007年，全村产梨90多万斤，产值近60万元，仅此一项就让农民收入人均增加1100元。

为了增强应对市场风险能力，水竹人立足本地资源，大力实施“开发上山”战略，目前已发展美国黑李200多亩，水晶葡萄100多亩，西瓜300多亩，并掌握了成熟的生产管理技术，产品远销广西、广东等省市。此外，木竹村还大力发展林业产业和生态畜牧业，初步形成了立体开发的现代生态农业模式。2007年被中共松桃自治县委自治县人民政府列为“农业产业结构调整示范村”，“党员干部教育培训基地”，铜仁职业教育学院列为“教育教学实践基地”，2008年4月被中共铜仁地委列为“党员干部教育实践基地”。

践行政策法现的“活标杆”

作为人大代表，陈启维时时事事处处都十分注意自己的形象。计划生育是“天下第一难”的工作，上世纪九十年代中期他只有一个女儿，按政策还可以再生一个。但他不顾老父亲绝食的威胁，顶着村里的白眼和流言，硬是说服妻子去办了独生子女证。这在“儿多人不欺”、“传宗接代”思想盛行的苗族地区，承受的压力可想而知。也正是他的果敢与无畏，为乡亲们树起了一根遵纪守法的“标杆”，在松桃计划生育工作压力较大的年代，水竹坪没有一户超生超育，而且最早实现了村民自治。

过去，水竹村小偷小摸的事情屡屡发生，陈启维组织制定了村规民约和群防群治制度，负责解决矛盾、处理纠纷，使村里社会治安有了明显好转，村民们对此无不拍手叫好，水竹坪为此被铜仁地区及自治县评为2001——2005年的社会综治工作“先进村”。

陈启维经常对村班子成员说：“吃别人的嘴短，拿别人的手软，我们不能让群众失望”。2001年改任支部书记以来，村里的各项工作坚持阳光操作，实施村务、财务公开，村务每季向村民公开．给村民一个明白。作为村支书和自治县人大代表，陈启维做好本职工作同时，还充分发挥模范带头作用，牢记自己是一名党员，一名基层人大代表，把履行好人大代表职责当成重要任务，并在自己参加的生产、工作和社会生活中，积极向广大群众宣传党的路线、方针、政策和国家的法律法规，切实履行好代表职责，充分发挥好代表作用。

陈启维认真履职尽责，全心全意为群众服务，赢得了群众的信任和上级党委政府的肯定。他的辛苦和所办的事村民们都看在眼里、记在心上，在他外出开会、考察，或村里工作忙不过来的时候，村民们宁愿自家的农活晚几天，也自发地组织起来先把支书家的农活干完。从1998年起，陈启维已经连续三届当选自治县人大代表，2003年7月被中共铜仁地委授予"优秀村支部书记"，2005年被中共贵州省委、省人民政府评为"省劳动模范"，2006年被中共松桃自治县委评为"优秀共产党员"。

在一连串的荣誉面前，陈启维没有停下自己的步伐，去年乡政府把空桐、薅菜和水竹三个村合并建为苗王城村，他又被任命为村支书，责任和担子都更加重了。并村后，苗王城村"两委"和县有关部门成功地把苗王城推向了市场，通过招商引资打造旅游品牌。现在，陈启维带领一班子人完成了村级规划，准备借助苗王城旅游发展的东风，加快农业结构调整，要用自己代表的责任和作为，写好"开发上山"这篇大文章。

推着轮椅写春秋

——记湖南第十一届人大代表、汉寿县宏达家电、通讯超市总经理吴和枝

湖南省汉寿县人大常委会　田明时　童成立　李亚

她是一位坚强的女人，推着轮椅上的丈夫，踏平生活的坎坷，把一贫如洗的家打造成拥有近千万资产的现代企业；她是一个善良的女人，在拥有一份令人艳羡的资产时，捧出一颗赤诚的心，关爱着周围那些身处逆境的人们；她是一名群众信赖的人大代表，仗义执言，为民请命，用实实在在的行动践行着"人民选我当代表，我当代表为人民"的庄严承诺。她——就是湖南省第十一届人大代表、汉寿县宏达家电、通讯超市总经理吴和枝。

为了一个美丽的梦，她苦苦求索了22年……

1981年3月，一个春光明媚的日子，美丽贤淑的鼎城姑娘吴和枝通过朋友介绍，结识了因患类风湿性关节炎下肢瘫痪的汉寿残疾青年陈宏坤。陈宏坤聪明好学，身残志坚，凭着自己坚强的毅力自学了无线电专业本科的所有课程，掌握了无线电修理的一手绝技。吴和枝被他深深感动，决意冲破世俗偏见，与他共同创造一片崭新的天地。这年9月，她力排家庭阻力，无怨无悔地走进了残疾青年陈宏坤的家———一间半是猪栏半是住房的小土屋。

结婚三年，两个孩子相继出生，给夫妇俩带来了难得的喜悦，也给这个贫困的家庭带来了沉重的经济负担。一边是嗷嗷待哺的幼子，一边是起身要扶、走路要推的丈夫。为了生计，文静孱弱的她勇敢地承担起挣钱养家的重担，1983至1987年的四年中，她先后生过木耳、种过苎麻、炸过米花、卖过茶水和冰棒、帮别人代销过小百货和南货，4年干6行，行行以失败而告终。面对一次次的失败，吴和枝陷入了沉思，通过反复比较分析，她悟出了一个道理：在激烈的市场竞争中要想立于不败之地，必须充分发挥自身独特的优势，而他们的优势就是家电维修。

有一些资金，1987那年头，她东借西挪租了间门面，买了一只烙铁、几把镙丝刀，让躺在床上的丈夫开始小型家电维修。由于技术过硬，服务热情，生意很快红火起来。1990年，他们的小店由单纯修理转为修理与配件经营相结合，1993年，扩大到以家电经营为主，步入家电产品销售、维修一条龙服务阶段。一份耕耘一份收获，几年下来，他们积累了数十万元的资产。

几年的经营实践使吴和枝深深地体会到，办企业要有大的发展，必须勇于到大风大浪中去搏击。1997年，她抓住全国家电行业瞄准农村市场、开设专营网点的契机，主动与海尔、康佳、长虹等20多家家电生产企业联系，取得1000多种商品在汉寿

的特许经营权,营业收入开始成倍增长。2002 年元月,位于县城中心繁华地段的供销商场公开拍卖,以 200 万元标金买下占地达 1000 平方米的经营门市,将其改造成豪华气派的宏达家电超市,成为全县家电经营行业的“大姐大”。2003 年 8 月,吴和枝抓住农村移动通讯器材需求剧增的市场趋势,果断决策,投资 100 多万元,在县城十字街建立了一家大型移动通讯器材超市。如今,拥有近 1000 万元资产的宏达家电、通讯器材超市,已成为汉寿家电、通讯产品销售的主要市场,年营业额 5000 多万元,每年向国家上交税金 30 多万元,安置下岗职工近 200 人。

过硬的商品质量,是经营成功的一大要诀。吴和枝把产品的质量看得比企业生命更重要。一次,一位外地商贩找她推销一批“金 X”牌的电视机,价格比正规渠道低 30% 以上,她查看产品标识和证件之后,发现是冒牌产品,毫不留情地对推销人员大声痛斥“请记住,假冒伪劣产品在宏达永远没有市场!宏达公司不会为多赚几个黑心钱,坑了顾客,砸了自己的牌子”!商贩吓得灰溜溜的跑了。为了保证产品质量,商场每次引进新产品,吴和枝都要亲自到厂家考察,到工商技监部门咨询,并对产品性能进行反复检验,商场进货,她更要亲自到现场验收。为了让顾客购买放心,她最先向社会作出了“两包一送”的服务承诺,即:产品出现质量问题两个月内包退包换、一年内包免费维修、大件产品负责送货上门。吴和枝的服务承诺不是说说而已,而是说到做到。有一次,桃江三堂街一名顾客给孩子结婚置买彩电、冰箱、洗衣机,这天恰逢大雨,送货车辆因乡间道路泥泞滑到田间,吴和枝听到情况后,亲自乘车赶到现场,退换了受损商品,并将货物按时送到客户家中。总经理亲自退换货物、送货上门的消息迅速被顾客传开,也使一个企业的信誉永远在顾客心中扎下了根。尔后,桃江三堂街一带的顾客接踵而来。

优质的售后服务是宏达公司创业成功的一大法宝。为了解除顾客购买家电的后顾之忧,该公司设立了由她丈夫陈宏坤亲自负责,拥有 10 多名技术人员参与的售后服务部,凡在该公司购买的家电,在保修期内发生故障,只要电话联系,保证城区 12 小时、城外 48 小时内上门服务。正是吴和枝时时刻刻奉行“诚信经营”的服务宗旨,宏达公司不仅赢得了顾客的信任,也赢得了厂商的青睐。全国各地的家电、手机生产厂家和经销商纷纷与其结成了“特许专营”、“指定维修”等合作关系,超市连续五年被市县工商局授予“消费者信得过单位”,县城周边方圆百里之外的群众也把宏达超市作为购买家电、通讯产品的首选商场。

苦尽甘来,她把真情奉献社会……

爱,是永恒的主题,蕴含着博大深厚的内涵。通过自己的艰苦创业,吴和枝富了,但她从未忘记和她曾经一样贫困的人们。这些年来,她始终把尊老爱幼、扶残帮困作为对社会的一种回报。

在残疾人眼里,吴和枝是他们的自家人。十多年来,吴和枝对残疾人来店维修家电,一律免收维修费和小型元件配套费,对到店里拜师学艺的残疾人也尽力照顾。1998 年,西湖农场有一名叫武爱云的小青年,因患小儿麻痹症落下残疾,家人带着他慕名而来,吴和枝夫妇很热情地接纳了他,免费教他技艺,无偿提供食宿。出师时,夫妇俩还为他赠送全套修理工具,教他为社会多做贡献。小武依靠从师傅那里学来的技术在德山开发区开了一家家电维修和电器经营部,不仅生活过得很充实,而且也把师傅奉献社会的传统发扬光大。坡头镇年仅 17 岁的青年袁政,母亲是残疾人,并患有癌症,父亲难以接受生活的现实离家出走。生计艰难的袁政在外婆带领下找到吴和枝夫妇,夫妇俩爽快地收下了他,免费提供食宿,手把手地教他学习空调安装与维修技术,学成之后,又把他安排在超市售后服务部工作,月平均工资 1000 多元。当另一家公司想用高薪挖走袁政时,这个生性内向的孩子讲了一句感人肺腑的话:“我是吴总一手拉扯出来的,再多的钱也比不上吴总对我的恩情,我要永远跟着吴总!”近几年来,先后有 24 名残疾人和残疾人家庭的子女在吴和枝夫妇的店里拜师学艺,成为社会有用之材。

在员工的眼里,吴和枝是他们信赖的大姐。也许是慈爱的本性,也许是历经了种种磨难的原因,吴和枝对她的员工就象对自己的亲人一样,在她的记录本里,细心的吴和枝详细地记载着每名员工的生日和家庭情况。当员工过生日的那一天,吴和枝都会亲手把一张由他们夫妻俩签名的贺卡和一份礼品送到员工手中。员工们说:“在我们心中,吴总是慈爱的大姐,在吴总的心里,我们就是她的家人”。当员工遇到困难的时候,吴和枝是他们最信赖的靠山。2002 年 12 月,员工曾宪英的母亲因停船不慎被竹篙戳破内脏,危在旦夕,曾宪英想到自己来公司工作不到一个月,不便向吴总求助。她得知这一情况后，立即安排副总经理带3000元现金到医院联系抢救，并表示“钱是小事，救命要紧”。尽管因伤势过重，曾宪荣的母亲不幸去世，但在临终前，这位母亲走得很幸福、很安详，她对曾宪英说：“把你交给吴总这样的老板我很放心，希望你记住‘滴水之恩要涌泉相报’”。吴和枝的这些举动，员工们都看在眼里，记在心里，直至转化为报效宏达的强大动力。

在下岗职工眼里，吴和枝就是亲人。吴和枝没有到企业单位工作过，但历经坎坷的她能够理解下岗职工的那份艰辛。当她的企业每次有新的就业岗位时，她首先想到的是下岗职工，在宏达公司招收员工的公告栏里总少不了“下岗职工优先录用”那句话。在宏达超市200多名员工中，除个别重要技术岗位之外，绝大多数是下岗人员，吴和枝就是用这种力所能及的方式帮助下岗职工。

在孤寡老人眼里，吴和枝是孝顺的女儿。每年重阳节和春节，吴和枝的宏达公司都要组织扶贫帮困活动。去年重阳节，她主动与县直有关部门联系，出资15000元，主办全县老年人书法大赛，并对城区孤寡老人进行慰问；今年春节前，她又出资5000多元，购置棉被、菜油、大米，慰问城区50多户残疾人、孤寡老人和下岗职工。救助贫困学子也是吴和枝的一大心愿。2001年8月，汉寿一中学生吴佳平考上华中科技大学后，因筹不齐学费无法上学。吴和枝得知这一消息后，立即打电话与学校联系，并承诺每年为吴佳平捐献学费2000元，在吴和枝等一批企业代表的热情捐助下，圆了这个孩子的大学梦。近几年来，夫妇俩共救助失学儿童14人次，捐助学费近4万元。她扶贫帮困、热心公益事业义举得到了各级各部门的高度赞扬，中央电视二台、湖南经视台、《湖南日报》、《三湘都市报》、《常德日报》都先后报道过她的事迹。2003年12月，吴和枝创办的汉寿宏达家电超市被湖南省文明办、湖南省公共关系协会授予“公益形象示范单位”称号。面对这一殊荣，吴和枝说：“帮助更多的人过上幸福生活一直是我的梦想，作为一名人大代表，在往后的日子里，只要有能力，我将为社会奉献更多的爱心……”

凭借这个支点，她不负使命勇往直前……

人民群众是最公正的评判，吴和枝真心奉献社会，情系父老乡亲，在龙阳大地有口皆碑。2002年11月，市、县人大换届时，吴和枝以高票当选为常德市第四届人大代表，消息传来，这位孱弱的女人热泪盈眶。当记者采访时，她说：“在我最困难的时候是人民群众帮助了我，当我取得一点成绩的时候，人民群众给予了我最大的信任，我将竭尽全力报效人民，履行好代表职责”。当选常德市第四届人大代表之后，她凭借这个凝聚了人民群众伟大力量的支点，用自己的实际行动，履行着一名人大代表的神圣职责。

作为人大代表，吴和枝敢于维护公平正义，打击歪风邪气。2003年5月，汉寿城区一家超市下乡搞宣传促销活动，途径太子庙集镇时，当地一名同行业主纠集社会闲散人员把车拦住，撕掉了车上广告宣传单，并通过在当地工商所工作的亲戚出面，以扰乱经营市场，非法进行广告宣传为由，将宣传车强行扣押。无奈之下，超市老板只好回到县城找市人大代表吴和枝商量。为了捍卫民营企业的合法利益，她一面打电话向县人大常委会咨询有关法律，一面向县政府主管领导汇报情况，她的反映引起了领导的高度重视，县工商局主要领导立即前往现场处理问题，对当事人给予了严厉的批评。对敲诈勒索的现象，她更是毫不妥协。她经常对工商业主说“邪不压正，得道多助、失道寡助，只要我们合法经营，党和政府就会保护我们、支持我们”。2003年正月初四，几名街头浪子以拜年为名到城区各店铺搞敲诈，来到金湾超市时，超市老板看到小青年人多，顿时乱了方寸。吴和枝闻讯赶到现场，出示了自己的代表证，义正辞严地对这些小青年说：“你们今天的行为已经触犯了刑法，如果你们再抢东西或者打人，将构成抢劫罪，那可是要重判的，不信你们试试”。几名青年被她的一身正气镇住，顿时软了下来。吴和枝把他们叫到一边，进一步规劝他们说：“小伙子们，你们这样年轻，有很多正当事可以干，为什么要做这种违法而又不光彩的事呢？如果你们就业有困难，我可以帮助你们联系，就是到我宏达干也行……”一番和风细语的教导感动了几位青年，他们低着头离开了。

参政议政是人大代表的神圣使命。吴和枝被当选代表之后，工作再忙，每个月都要挤出2—3天时间参加代表小组活动，深入到选区群众中调查走访，了解群众心声，倾听群众意见，为群众利益奔走呼吁。两年来，她围绕民营经济发展、城镇建设、扶持弱势群体等群众反映强烈的问题，单独或与其他代表联名向市人民代表大会提出议案5件，建议、批评和意见10余件，达1.5万字。这些建议都引起了市委、市政府的高度重视。2003年，在市四届人大一次会议上,她向市政府提出《规范收费行为,促进民营经济发展的建议》,市政府派出调查组专题来汉寿作调查,出台了优化民营经济发展环境的专门文件,在市县两级建立了政务服务中心,汉寿县人民政府还对民营企业实行了一卡收费收税制,对重点企业实行县长挂牌督办制,使民营经济发展环境得到了较好地改善。

作为人大代表,吴和枝注重为政府分忧解难。今年,县委、县政府为创建文明县城,实施取缔"慢慢游"行动,有一部分"慢慢游"车主认为政府端了他们的饭碗,抵触情绪很大。4 月 3 日早晨,有三十多辆"慢慢游"在县城十字街静坐,眼看城区交通就要堵塞,交警十分焦急。风霜雪雨中走过来的吴和枝能够体会车主们的心情,但作为一名人大代表,她更能理解县委、政府的决策。于是,她深入车主内部作细致入微的思想工作,认真宣讲政府取缔"慢慢游"的道理,并表示她将作为市人大代表向县政府反映"慢慢游"业主的实际困难,呼吁政府解决他们的再就业问题。车主们对吴和枝早有敬慕之情,被她一说,心里的气顺了,抵触的人少了,不到半小时,十字街堵塞的车辆就得以有序疏散。当天,她向县政府提出了"适当增加补偿费,千方百计解决'慢慢游'业主就业问题"的建议,在她的呼吁下,政府提高了对"慢慢游"的补偿标准,使取缔"慢慢游"活动得以顺利实施。

吴和枝不但积极为政府分忧解难,而且乐于为群众代言办事。2003 年元月,她到城西居委会调查走访,正好遇上一场大雨,只见巷面上浊水横流,路人要淌水才能通过,一种强烈的责任感使吴和枝寝食难安,回到家里,她立即向市人大常委会提出了《加强城区小街小巷路面建设、解决居民行路难问题的建议》,这一建议得到市政府领导的高度重视,市政府加大了县级城镇小街小巷建设投入。在上级拨款不足的情况下,吴和枝又积极配合城关镇政府做民营企业的工作,并带头捐资 5000 元,支持小街小巷路面硬化。在她的带动下,城区工商企业和人民群众纷纷捐钱捐物,县城关镇共收到捐款 15 万多元,完成了近 5 公里的小街小巷路面硬化。

二十二个秋冬,吴和枝作为贤妻良母、商界的女强人,推着轮椅上的丈夫铸就了宏达超市今天的辉煌;二十二年后的今天,作为一名民营企业主和市人大代表,她用滚烫的爱心谱写了一首人大代表真诚为民、奉献社会的人生赞歌。

为了不负那份重托

——记内乡县城关镇人大代表、书院村党支部书记杨运涛

河南省内乡县人大　苗长庚　朱浩记

内乡县城关镇书院村是全县闻名的富裕村。走进村会议室,映入眼帘的有市、县授予的"无信访先进村"、"企业强村"、"五好党支部"、"小康村"……问及这 30 多个奖牌的获得,村民都说:"这功劳是镇人大代表、村党支部书记杨运涛胸怀人民重托,践行'三个代表',履行代表职责的结果,我们才过上连国家工作人员都羡慕的生活!"

"两边"经济筑起富路

2000 年初,书院村党支部换届时,接过村"令旗"的杨运涛面对如何带领群众脱贫致富,心中百感交集。夜里,他辗转反侧:"党组织信任我,党员群众支持我,说啥也要干出个名堂来"。

书院村地处县城,近年来由于城市建设步伐的加快,人均不足 2 厘地被征用后,一些村民大事不能做,小事不愿做,一天到晚"垒长城"、"斗地主",日子过的很紧巴。对此,杨运涛在村组、党员干部会上提出:立足住城优势,引导村民在发展街边门店,路边地摊两边经济上下功夫、做文章,帮助村民选择适合本人本家实际的经营项目。为带着群众干,干给群众看,他投资 5 万余元办起一个烧鸡店。开始,他有意识地到店里杀鸡、端盘子、洗碗,这一做法,把街边办店,路边设摊的火给点起来了。哪些对开铺、办店感到挣钱少,失面子的村民纷纷告别了麻将、扑克场。第三村民小组常年围着锅台转的郑秋月,东借西凑 300 多元,在县城北夹道蔬菜市场办起一个蔬菜摊点,年收入达 2 万多元,成为全村致富户。前年他家推倒了三间旧瓦房,盖起了一座像模像样的小楼房。至去年底,全村共有街边

门店320个，路边地摊390个，从业人员1500余人，分别从事烟酒、服装、电器、日用百货和水果、蔬菜、饮食、修理、运输等业务，年成交额800多万元，仅此人均收入达1800多元。

死企业变成摇钱树

1998年，城关镇冶金保温材料厂投资510万元，租赁书院村38亩村荒坟地，兴办的饰面革投产一个多月，因流动资金不足，银行银根抽紧被迫停产，成了个死企业。

2002年，杨运涛通过考察，认为启动停产的饰面革厂生产PU革产品，既不需用征地、建房，还可减少设备投资，又能壮大集体经济，安排部分剩余劳力就业。他的想法，得到支村两委一班人的赞同和镇党委、政府的支持。然而，亲朋好友和家人都劝他说："那是判了'死刑'的企业，你就是有三头六臂也难起死回生，算了吧，别逮不住黄鼠狼惹得一身臊"。杨运涛却说："我是书院村的娃娃，只要能为村民造福，豁出命来我也认！"

为筹集办厂所需资金，他说服家人把自己烧鸡店的流动资金取出20万元入了股，同时，为使村组征地的钱增值，他争得群众同意，拿出80万元入股。2003年农历整月十五，许多人还沉浸在节日的气氛里，杨运涛便踏上列车，北上河北、新疆库尔勒，南下广州、福建、浙江等地考察市场，购设备，整整半月，从来没住过高级宾馆和招待所。在唐河油田拆迁设备时，他和厂里工人自带被褥、锅灶，睡的是水泥地，吃的是家乡饭，当地的人们见了都风趣地说："现在都啥年代了，你们还这样抠。"而他却说："办企业不抠就无高效益。"在安装机器时，他和几十号工人，昼夜奋战在现场，一连几个星期都不回家，络腮胡蓄得老长老长，脸膛晒得又红又黑，妻子见了十分心痛，可他却说这是男子汉难得的潇洒。为了建厂，他付出了比一般人多几倍，甚至十几倍的艰辛。2003年8月企业正式投产至年底，4个月生产PU皮革200万平方英尺，实现产值800万元，税利15万元，进厂的30名村民每人拿到1200元的薪水，村组的股金和场地分红7.8万元。对此，村民们都说："运涛这娃中！"

杨柯东圆了办厂梦

"俺能圆办厂梦，多亏了杨运涛的支持和帮助。"这是杨柯东在接受笔者采访时说的一句话。杨柯东是书院村四组村民，他因家庭经济拮据，1999年经人介绍到村办橡胶密封垫厂跑业务，杨柯东十分珍惜这个机遇，不管领导分配他到哪里，在完成任务的同时，注意收集有关技术信息。2001年秋，他从山东一家公司了解到软木粒深加工的瓶塞、地板等产品国内外市场前景看好。回来后向杨运涛诉说了想在家乡兴办软木粒深加工厂的想法。杨运涛当场表示，你办厂我支持，你有难我帮助。没场地，杨运涛亲自召开村组干部和群众代表会议，把停产的村办制氧厂租给杨柯东，没资金，深知在市场经济条件下，靠行政命令集不来，靠银行贷款没有实物作抵押贷不来的杨运涛把自己的房屋作抵押，借贷民间资金30多万元，还亲自帮助柯东办理有关证照，不到两个月，柯东的厂办起来了。开业哪天，杨运涛带领支村两委一班人前去祝贺。杨柯东激动地说："我就是脱几身皮也要把厂办好，报答干部群众对我的支持和帮助，争取早日脱贫致富奔小康！"

为使该厂产品冲出河南，走向全国，杨运涛托亲戚朋友为柯东推销产品。2003年冬，杨运涛到山东考察参观乡镇企业时与青岛一家公司签订了向澳大利亚、美国出售价值80万元的葡萄糖瓶塞，软木粒地板供货合同。杨柯东按销售规定要给杨运涛2万元的报酬，杨运涛却说："我吃的是村民的奉禄，为村民办事是应该的，你的心意我领了"。目前，该厂产品畅销西安、青岛、福建等10多个大城市，年创产值300万元，实现利税10万元，去年杨柯东被镇政府和县政府授予"私营企业家"和"纳税先进单位"。

大雨无情人有情

大雨无情人有情。家住书院村三组村民张东林对这句话已经有太深的理解。

2003年夏季的一天，倾盆大雨从变黑了的天空里，倾泻下来，在大小街道上汇成了急流，经过墙角，树根和粪堆，涌进张东林的屋内，不一会，两间瓦房被泡塌，屋内的电视机、箱子、柜子和锅碗等家具被砸得稀巴烂。面对突入其来的横祸，一家人失声痛哭。

此时，正在巡视水情的杨运涛赶到了现场，掏出手机不停的拨打，20分钟后，全村30多名党员干部纷纷赶到，挖的挖，扒的扒，抬的抬，排走了张东林院内的积水，扒出了砸在房内的东西，搭起了临时居住的工棚。一家人感动地说："还是共产党好啊！"

事后，杨运涛亲自主持召开党员干部会议，动员大家伸出援助之后，帮助张东林早日恢复家园。说罢，他顺手从衣袋里掏出500元，大家在他的带动下，你30，他50，共为张东林捐款1350元。杨运涛自当选人大代表，村支部书记以来，为群众办的实事，解决的实际问题，资助的款额连他自己也说不清，可清楚的是党群，干部关系密切了，人大代表的威望，村支部的凝聚力和在群众中的威信提高了。

如今三个春秋过去了，杨运涛以扎实地工作，向全村1696名老少爷们交了一份满意的答卷：群众的提留村里拿，不向群众摊派一分钱，硬化了28条4300米的巷道，兴办村组企业4个，个体私营企业33个，人均纯收入由1999年的2080元增加到3150元。群众腰包的钱袋子一鼓再鼓。说起这些变化，村民们都说："杨运涛这个人大代表、支部书记没有白选！"

跃上新的高度

——记山东省诸城市第十六届人大代表刘会华

山东省诸城市人大常委会　　高彦青　王培强

市场经济的大潮，给每个人的发展都提供了广阔的空间。山东省诸城市寿华商贸有限公司总经理刘会华，就是一个在时代大潮中善于抓住机遇，眼界开阔，不断跃上新的高度的人。

一、不断加强学习，提高履职能力

刘会华2007年当选为诸城市第十六届人大代表。作为一名新当选的人大代表，他在工作之余加强学习，努力提高自己的素质、提高履职能力和发展能力。首先加强政治学习。牢固树立和落实科学发展观，自觉进行主观世界改造，用先进理论武装自己的头脑。其次，认真学习宪法、代表法、监督法、地方组织法等法律法规，学习掌握人大工作知识，熟悉人大工作程序，明确了人大代表的地位、权利、职责和义务，提高了法律政策水平，不断增强代表意识和职务意识。同时，作为一名从事企业经营管理的人大代表，刘会华在自己学好的基础上，还经常组织企业职工进行学习，提高职工的法律意识和整体素质，为做好做强企业打下基础，三是努力学习科技知识，不断提高驾驭企业发展的能力和水平。为搞好新型建材的生产，发展循环经济，刘会华通过向专家请教、上网查询，到外地进行参观考察等学习方法，不断更新、丰富知识水平，为企业发展助添动力。

二、着眼率先发展，实现共同富裕

刘会华曾担任诸城市建筑公司二分公司项目经理，1998年他回家创业，建起了建材厂，逐步走向了发家致富的道路。随着社会的发展和人们环保意识的增强，为减少对资源的浪费和对环境的污染，刘会华多次外出考察，将建材厂改造成为烧页岩的新型建材厂。现在建村厂已拥有260名工人，每人的月收入都超过了1500元。每到中秋节和春节，他都把职工福利考虑周到，每人每年都发五六百元的福利。既消化吸收了农村剩余劳动力，又增加了他们的收入。2008年公司实现销售收入1000万元，利税100万元。企业发展有了一定的经济基础，已成了一名人大代表的刘会华，着眼于率先发展，并带动周边群众共同致富。2007年，镇里在刘会华的老家寿塔村建社区，刘会华听说后，主动和社区对接，投资660万元建起了寿塔社区超市。超市共六层，地下一层，地上五层，总建筑面积4000万平方米，主要经营农资和百货，是一座大型综合超市。超市的建起方便了群众购物，深受社区群众的欢迎。由于商品品种多，服务周到，方圆三四十里的百姓均慕名前来购物，他们一致反映："这个社区超市办得好，办到俺老百姓心坎里了"。超市的年营业额300多万元。今年9月，中央电视台新闻联播和山东电视台新闻频道都进行了报道，11月潍坊市电视台聚焦栏目又做了专题报道。

社区超市方便了群众购物，但刘会华又发现家乡的农村妇女大多在家闲着没事，特别到农闲时节，街上站满了人。为此，他又投资300万元建起了服装厂，吸引本村和周边村庄闲散妇女50多人。这些人月工资均超过1000元，真正实现了在家门口当工人的愿望。

三、致富不忘群众，积极回报社会

刘会华成为一位远近闻名的企业家，但他没有忘记养育他的这片热土，他用实际行动诠释着自己的信念：致富不忘群众，积极回报社会。

刘会华是皇华镇前寿塔村人，去年村里进行新农村建设，要硬化村内道路，他听说后，立即捐款5万元进行支持。后郝戈庄安装自来水、硬化村内道路缺少资金，支部书记杨彦新找到他，他二话没说，立即让会计送去了4.5万元给予支持。现在后郝戈庄村村民吃上了放心、干净的自来水，走上了整洁的水泥路。

郝戈庄社区建成后，缺少体育器材，刘会华知道后，主动帮社区购买了体育健身器材。社区村庄清理“三大堆”有难度，无人无车。他又从自己的企业内抽调职工，按排挖掘机、运输车等帮助村庄进行清理，到现在已累计无偿投资6万多元。

今年5.12四川大地震发生后，刘会华组织企业职工向灾区群众献爱心，捐款1.8万元；他自己又捐款8000元。

每到教师节、六一国际儿童节，为改善办学条件，给孩子们办实事，刘会华主动进行捐助，每年捐助额都在5000多元。

由于刘会华工作成绩突出，积极为社会做贡献，他和企业荣获了多种荣誉称号。2006年、2007连续二年被诸城市委、市政府授予百佳工会干部称号；企业先后荣获诸城市百家示范工会、诸城市劳动关系和谐企业、诸城市水土保持治理开发先进示范单位、党建工作先进单位、尊师重点先进单位称号。荣誉属于过去，未来责任更重。作为人大代表，刘会华紧紧抓住发展不放松，以更加饱满的政治热情、更为昂扬向上的斗志和更加奋发有为的精神状态，以履职尽责、发挥作用的具体行动，投身于科学发展、和谐发展、率先发展的伟大实践，努力在物质文明、政治文明、精神文明和和谐社会建设中当楷模、做表率，不断跃上新的高度。

不负重望当代表　率先发展做模范

——记潍坊市人大代表、皇华镇后郝戈庄村党支部书记杨彦新

王东泰

杨彦新，诸城市皇华镇后郝戈庄村党支部书记，已连续两届当选潍坊市人大代表。几年来，他在潍坊市和诸城市人大常委会的正确指导下，认真贯彻执行党的路线、方针政策以及法律法规和各级人大及常委会的决议、决定，协助政府推行工作；在工作和社会生活中，发挥模范带头作用，带领全村农民共同致富；积极履行代表的职责，密切联系群众，反映人民群众的意见和要求，较好地发挥了代表作用。

一、不断加强学习，切实强化代表意识。作为人大代表和农村党支部书记，肩负着维护广大群众的利益和依法参与行使地方国家权力的重任。要胜任代表职务，就必须加强学习，不断提高自身素质。为此，杨彦新把学习党和国家的大政方针、法律和法规作为首要任务，自觉用科学发展观武装自己，牢固树立大局意识、国家意识和代表意识，做到心里时刻想着人民的重托，工作中始终把群众利益放在首位，努力当好人民群众的代言人。学习中注意坚持理论与实践相结合，积极参加代表活动，在实践中加强学习，不断增强自己执行代表职务和履行代表职责的能力。同时坚持群众路线，经常密切联系群众，多做调查研究，听取民意，集中民智，注重向群众学习。

二、积极建言献策，充分发挥代表作用。“人民选我当代表，我当代表为人民”。杨彦新认为，当代表就应该认真履行代表职责，积极参政议政，努力对人民负责，为群众代言，实现和维护好群众的切身利益。每次人代会前，他都积极参加会前集中视察等代表活动，并深入群众，密切联系广大选民，注意听取和搜集群众的意见和呼声。坚持按时参加人代会，认真听取审议大会的各项工作报告，积极提出代表议案和建议批评意见。几年来，共领衔和参与提出代表议案建议11件。闭会期间，他正确处理好本职工作和代表工作的关系，对各级人大和代表小组组织开展的各项代表活动，都积极参加，从不请假。坚持固定联系选民10名，与本镇的金巴沟村结成帮扶对子，并帮助本镇王家柏戈庄村建起了肉鸡养殖小区一处。平时，他还根据群众反映和自己了解的实际情况，有重点地开展调查研究。如2005年在参加了镇里组织的生态林建设、小城

镇建设与管理、村容村貌与路域治理等一系列视察活动后，围绕如何建设生态环保旅游小城镇进行了专题调研，向有关部门提出了3条建议意见，得到了重视和采纳。2005年皇华镇被山东省环境保护局评为山东省环境优美乡镇，2008年，又被评为全国第七批环境优美乡镇。

三、采取得力措施，带领群众共同致富。发展是科学发展观的第一要义。作为人大代表和村党支部书记，杨彦新将带领群众共同致富作为实现和维护群众的切身利益的根本途径。为优化发展环境，他投资40多万元，统一全村的规划，栽植绿化树木600棵，对村大街进行整平、硬化，砌上排水沟，通了自来水，大大改善了村容村貌。在种植业上，他突出黄烟、花生，在畜牧业上，重点发展肉鸡和特种动物，如今全村种植黄烟和花生面积1200多亩，发展肉鸡8个棚，特种动物养殖户16家。他还抓住镇驻地这一优势，立足实际，克服困难，积极发展二三产业。规划了“一横三纵”四条商业街，新建沿街商品房60多间。同时制定了切实可行的优惠办法，鼓励村民投资办项目，全村共有100多户在商业街上开办了商店、饭店等经营项目，仅此一项人均年增收1000多元。他积极落实招商引资优惠政策，采取走出去、请进来等措施，几年来共引进烧砖、机械、铸造、食品、木器、工艺品等10多个项目，总投资6000多万元，吸纳本村劳力400余人。通过这几项措施，村里的面貌焕然一新，农民收入有了显著提高，去年全村实现经济总收入8600多万元，人均收入7900元。

四、宣传贯彻法律法规，努力实现法治村。依法治国是基本方略。作为人大代表，杨彦新在模范学习遵守宪法法律的同时，积极搞好全村依法治理工作，收到了明显的社会效果。一是抓宣传教育。为增强村民的法治意识，提高遵纪守法的自觉性，坚持每年两次邀请镇讲法团到村讲法，结合实际对村民进行法制教育。近年来，根据全村二三产业发展迅速的情况，还邀请讲法团做了关于合同法的辅导报告，使重合同守信用，讲文明，讲诚信的观念深入人心。二是抓建章立制。根据村里的实际情况，建立健全了村规民约，使村民自觉遵纪守法，减少了矛盾纠纷。同时为搞好村民自治，设立了党员议事会和村民议事会，民主理财小组，设立了政务公开栏，对群众关心的财务收支、水电费等项目定期公开，实行民主理财、民主选举、民主监督，党群干群关系得到进一步改善。三是关心弱势群体。村民杨桂义，因患脑血栓失去劳动能力，老伴也体弱多病，生活十分困难。三个儿子都成家另过，不愿赡养老人。了解情况后，杨彦新就经常找这三个人谈心，指出赡养老人是法律要求当儿女们的应尽的义务，通过摆事实讲道理，最终做通了他们的思想工作，自觉履行了赡养义务，解除了老俩口的后顾之忧，受到了群众的好评。

几年来，在杨彦新的带领下，经过全村干部群众的共同努力，村里的各项工作都走在了全市的前列。先后被诸城市委市政府评为“五好村党支部”、“百家荣誉村”、“村民自治先进单位”、“抗洪救灾先进单位”，被潍坊市委市政府评为“社会治安先进村”。杨彦新本人也多次受到市镇的通报嘉奖，连续被诸城市委市政府评为“社会治安先进个人”、“普法先进个人”、“山区开发先进个人”、“优秀共产党员”。2009年3月份，还被镇政府聘为挂职副镇长。

一切为民

——专访省人大代表、伊春市政府市长王爱文

澜涛

“自踏上这块土地，我就把自己的前途命运和这里的132万人民紧紧连在了一起，我要和伊春人民一起，做祖国绿色长城的坚定守护者，做资源枯竭型城市转型的勇敢开拓者，做改善民生的积极推动者，做科学发展观的忠诚实践者。”

2008年2月28日10点58分，在庄严的国徽下，在神圣的伊春市十二届人大常委会第八次会议的讲台前，刚刚当选的伊春市副市长、代市长王爱文在出席会议的常委会组成人员面前，发表着他的供职发言。

没有华丽的辞藻,没有虚浮的空谈,有的只是切合伊春市实际的实干感召力和不负132万伊春市人民众望的市长发自肺腑的强烈心声。供职发言结束,掌声雷动。

近日,我们专访了省人大代表、伊春市市长王爱文。

2008年5月,伊春市政府通过了《伊春市人民政府办理人大代表建议和政协委员提案工作规则》(以下简称《规则》),《规则》进一步明确了建议办理责任、范围、程序、时限和要求等,为确保代表建议的办理提供了更详实,具体的依据。

政府作为国家权力的执行机关,担负着管理经济社会的具体事务,其工作直接关系到人民群众的根本利益。要正确履行职责,防止决策和工作失误,确保行政行为公正公平,需要各方面的有效监督,特别是人大的法律监督和工作监督。履职伊始,王爱文便将接受人大监督,落实代表建议作为一项工作重点。为进一步办好人大代表建议,努力使政府工作更加体现民意、集中民智、为民办事,伊春市政府专门组织召开了人大代表建议办理工作专题会议,并于2008年5月5日通过了《伊春市政府办理人大代表建议和政协委员提案工作规则》,《规则》进一步明确了建议办理责任、范围、程序、时限和要求等,确保代表建议件件有着落,桩桩有回音,事事有结果,切实让人大代表满意。在新规则的指导下,代表建议办理工作得到进一步加强。

2008年年初,伊春市第十二届人大二次会议主席团交付的《审议市政府三项报告的审议意见》转到伊春市政府后,王爱文立刻组织相关部门研究,并对审议意见中"在改善民生中应切实抓好防洪防汛抗灾工作"一项十分重视,在全市农村工作会议上,对伊春市的防汛工作进行了部署。经过多次深入检查防汛工作,听取防汛和防洪工程建设情况汇报,伊春市政府组织有关部门先后修订完善了《伊春市城市防洪应急预案》、《伊春市防汛工作方案》、《伊春市防汛抗旱指挥部成员单位职责》,编制了《伊春市防汛抗旱规章制度汇编》,制定下发了《城市防洪应急预案》、《山洪灾害防御预案》等防汛预案。

伊春市第十二届人大二次会议上,李万林代表提出"红星区富民兴区拳头产品平贝,目前仍停留在本地卖原料水平,市政府应大力扶持投资建厂,把平贝生产由粗加工引向精深加工,提高其科技含量和附加值,让其更好地造福红星百姓"。平贝是伊春市北药开发的龙头品种,目前种植面积已达1237万平方米,其中仅红星区就种植500万平方米,年产平贝600多吨,但是,近两年平贝经济发展步入了低谷。为了破解发展平贝经济中遇到的困难和问题,有效规避市场风险,做大做强伊春市的平贝经济,伊春市政府及红星区着手筹划平贝精深加工龙头企业建设,依托伊春北药祥锋植物药有限公司,与天津大学天然药物学院合作,对平贝精深加工产品进行研制与开发,项目计划总投资5000万元。该项目的开发建设,将对伊春市平贝经济的可持续发展产生巨大的推动作用,也将对伊春市北药业的发展起到一定的拉动作用。

在王爱文的执政理念中,依法、规范、高效开展工作有着极其重要的位置。他说:"《规则》的制定和实施是为更好的办好代表建议,办好代表建议实际就是在为百姓谋福,为百姓谋福,才能得到百姓的信赖和拥戴。"

"本届政府即使少上一个项目,也不能发生新的民生欠帐,必须做到,老帐想办法还,新帐坚决不欠。"在市长就职发言中,王爱文庄严承诺。

2008年6月25日,伊春市第十二届人大常委会第十一次会议。

会议听取了伊春市政府《关于伊春市改善城镇居民条件情况的报告》,在肯定伊春市政府在城市建设、基础设施建设和房地产开发中做了大量工作,提高了居民的居住质量,改善了居民的居住环境的同时,指出还存在的一些问题:个别区(局)对上级有关文件精神落实的还不够到位,住房保障制度不够完善,对低收入家庭住房保障对象的底数不清,与"应保尽保"的要求还有一定差距;棚户区改造量大面广、市政府财政紧张;有关拆迁政策宣传工作还不够深入,依法拆迁工作做的还不够细致;对产权不清、弃产权等旧有住宅楼房无人管理……同时,会议提出"建立和完善住房保障制度,拓宽融资渠道,加强政策宣传和依法拆迁工作,加强监管保证质量,加强对旧住宅楼房的维修和管理"等审议意见。

身为伊春市市长的王爱文,还有另外一个头衔:伊春市林业局局长。这种伊春特有的林政合一的管理体制已经沿袭多年。随着森林资源的锐减,国家推出保护生态、科学发展的新定位,早年重生产、轻生活遗留下来的问题开始一一浮现。基础设施建设薄弱、落后,城市建设先天不足等一系列问题导致欠帐较多。以至于,在市长就职发言中,王爱文庄严承诺:“本届政府即使少上一个项目,也不能发生新的民生欠帐,必须做到,老帐想办法还,新帐坚决不欠。”为了实现这一承诺,王爱文时刻把解决民生问题摆在更加突出位置,集中财力、物力、人力,着力解决人民群众最关心、最直接、最现实的问题,让人民群众从改革发展中得到更多实惠。

棚户区改造是黑龙江省省委、省政府确定的2008年十大民生工程之一。2008年4月16日,伊春市的棚户区改造工程正式启动,随着工程的进展,问题也逐一暴露出来。伊春市人大常委会审议伊春市政府《关于伊春市改善城镇居民条件情况的报告》的第二天,王爱文亲自主持召开棚改专题会议,就审议意见提出的问题和建议,逐项进行研究解决,要求主管部门要增强责任意识,对照审议意见提出的问题拿出有针对性的落实措施,把落实审议意见的过程作为接受人大监督、改进棚改工作的过程。伊春市政府各主管部门根据审议意见,充实完善了《棚户区改造工作实施意见》、《棚户区改造相关政策补偿规定》等多项相关制度,并向社会公开,加大宣传工作力度,提高棚改工作透明度,保证了审议意见的有效落实。

一个建立在人民监督之下的“阳光政府”,必将是最值得期待的。随着棚改工程的不断深入,王爱文的名字伴随着伊春市政府,赢得越来越多的当地百姓赞誉。

同样是在伊春市十二届人大常委会第十一次会议上,伊春市人大常委会在审议政府《关于全市城乡社会救助工作情况的报告》时,充分肯定了伊春市城乡社会救助工作取得的成绩同时,就救助工作中存在的问题提出了三个方面的审议意见:加强领导,统筹协调,进一步提高救助救济能力和水平;增强对上争取意识,加大投入,逐步提高救助标准;完善低保工作制度,强化监督,努力提升规范化管理水平等。

社会救助工作与困难群众的民生问题息息相关。解决民生是政府的根本职责。社会救助是政府解决困难群众民生问题的重要任务,社会救助能力的强弱,也是对各级政府执政能力的一种检验。审议意见转到伊春市政府后,王爱文和主管副市长李伟东多次听取工作情况汇报后,明确指示:“全市各级政府要高度重视社会救助工作,保证‘低保资金绝不欠帐,不留缺口’。”围绕审议意见中提出的保障和落实救助资金问题,加大了对上争取和对内配套工作力度,取得了突破性进展,争取到1.7亿元,超出上一年同期8000万元,已到位医疗救助金539万元,已到位城乡困难群众一次性生活补贴资金678.8万元,廉租住房国家补贴资金将超出去年一倍以上。

地方财政匹配上,也有了新的突破。

伊春市自建立城市低保制度以来,资金主要靠国家、省转移支付。但是,按照国家改善民生、提高低收入家庭生活的总体要求,低保标准和补差水平将大幅度提高,加上由于受居民消费价格指数的影响,低保资金需求量一直呈上升趋势。同时,由于伊春市森工企业职工及家属纳入低保比例占到70%多,森工企业转产下岗职工、分流职工陆续要求享受低保,伊春市低保提标扩面压力很大。而过去伊春市在救助资金的匹配上,市及绝大部分县(市)区处于“空白”。面对困难,伊春市政府积极调整财政支出结构,在预算中安排配套了1000万元资金。资金配套额度之大,态度之坚决是前所未有的。

“政府就是为群众服务的,从群众的小事入手,小事就是大事。群众对政府的信任度越高,政府的工作就越有动力,群众就会更有生产力。”为了切身了解最基层百姓的民情民意,王爱文一直坚持着一种特殊的“走访”方式——网络“走访”。

为了进一步拓宽人大监督和社会监督渠道,伊春市政府把办好政府网站作为主动接受人大监督和社会监督的有效途径,并加强市长信箱和市长专线电话建设。王爱文觉得,了解群众意愿,才能洞察社会变化,才能正确把握工作的着力点和努力方向,才能为改进政府工作、科学决策提供可靠的依据,真正做到权为民所用,情为民所系,利为民所谋。

为了切身了解最基层百姓的民情民意,王爱文一直坚持着一种特殊的“走访”方式——网络“走访”。

2008年11月3日夜,王爱文难得有了休息一下的时间,他打开电脑,登陆“伊春帖吧”。网络贴吧是一种新兴的自由抒发情感,发表言论的网络载体,可想而知,内容杂乱无章。但王爱文十分认真、耐心的浏览着。很快,一个帖子吸引了他的注意:“伊春市的公共汽车早晨6点半才发车,等车开到我家这里,都快7点了,可我儿子的学校要求每天7点到校,如果坐公共汽车肯定迟到,只能打车去。公共汽车估计是不想让学生坐……”一个带着几分怨言的帖子,却看得王爱文眉头深锁。如果帖子内容反映的情况属实，伊春市将有多少中小学生需要打车上学？第二天，王爱文便召集会议，了解情况。

伊春市区主要线路的公共汽车为早6点半发车，晚17点收车。如果将发车、收车时间分别提前、延后，势必增加公共汽车司机工作时间，而公共汽车司机因为工资本来就不高，都表示反对。了解了实际情况后，王爱文立刻批示公用事业管理局研究解决："政府就是为群众服务的，从群众的小事入手，小事就是大事。群众对政府的信誉度越高，政府的工作就越有力度，群众就会更有生产力。"

公用事业局立即召开专题会议进行研究，结合伊春市客流及公交企业的实际情况，在既考虑满足群众要求，又考虑企业效益的前提下，对公交车运营时间予以调整，伊春市区主要线路的公共汽车发、收车时间调整为早6:00时发车，晚18:00时收车。鉴于公交企业职工工资偏低问题，由伊春市财政每年按每人200元的标准对汽车公司职工给予补贴，同时，伊春市政府积极与省社保部门沟通，拿出2000多万元资金（企业参加社保的企业应缴部分由市政府负责）为汽车公司职工参加了养老保险，解除了职工的后顾之忧。

11月10日，伊春市区内各主要线路公共汽车按照新规定发车、收车后，市民纷纷称赞。却鲜有人知，这是因为身为市长的王爱文的一次网络浏览促成。

事无巨细，一个市长的爱民之心在王爱文身上表现得淋漓尽致。伊春市市民邱玉梅的话应该最能代表伊春市百姓的心里话："有这样一位市长，是伊春市老百姓的福气。"

"伊春市广大群众加快发展、人心思富的强烈愿望，时刻激励我、鞭策我，我一定恪尽职守，以富民强市的实绩，来回报人大代表的信任、接受人民的评判。"王爱文说得极为诚恳。

公仆情　创业歌

——记诸城市人大代表、密州街道北朱解村村支部书记胡学奎

高彦青　王培强

诸城市北朱解村是一个645户，2318口人的大村，总经济面积1746亩，人多地少，村集体经济发展缓慢，曾一度使这个村陷入困境。在建设社会主义新农村的创新实践中，诸城市人大代表、村支部书记胡学奎带领支部一班人，不断创新发展，使村集体经济不断发展壮大，农民经济收入年年提高，2007年农民人均纯收入已达到6800元，村经济总收入过亿元。各项事业的蓬勃发展，更是现出一派欣欣向荣的新风貌。

招企业进村，促经济发展

胡学奎曾是一个有着六载部队生涯的军人，军旅生活使他养成了办事利落、雷厉风行的性格。改革开放初期，他被选进了村支部班子，历任民兵连长、村主任，1995年被推上了村党支部书记的位子。他凭着自己素有的超前意识和雄才胆略，带领支部一班人，解放思想，开拓创新，充分利用土地资源，先后引进大众木器、渔业机械、宝龙食品、新水管道、鸿兴木器、和生养鸡场、红日家具、源泰纺织等企业项目15个。解决村男女劳力就业600余人，年增加村农户经济收入650万元。

投资教育事业，造福子孙后代

胡学奎也是一个土生土长的平凡人，17岁初中毕业时，本应继续读高中、上大学，但因家庭缺劳力，却被拽下来挣工分养家糊口。19岁应征入伍后，本应提干留队，只因文化基础差而复员重返故土。他深知知识和人才对人类社会发展的重要，他经常念叨着："穷不能穷教育，苦不能苦孩子"这句话，他舍得为教育投资。在胡学奎刚上任支部书记不久，建中心小学教学楼和建中心幼儿园，需要占用村土地60亩，村可收入土地使用费近百万元，但村竟一分钱未收，将60亩土地作为对学校幼儿园的无偿奉献。在此期间，胡学奎反复做了与自己意见不同的其他两委成员的思想工作，召集了全体党员干部和村民代表会议，并发动党员干部群众向学校集资捐款，他自己带头捐了500元，在他的感召下，全村个人共向学校捐款达3万余元。同时，他每年都亲自或指派专人给中心小学和幼儿园送过节费、买教学器材。每当冬季来临，他都是提前安

排为两处学校准备烤火煤。

巩固村办企业，壮大集体经济

在胡学奎上任村支部书记前，村有三个企业，其中标准件厂、木材加工厂中途倒闭，只有村建筑公司还勉强维持着，但只能维持工人工资，经济效益很差。2007年初，胡学奎亲自出马，对该建筑公司进行了清理、整顿，对个别公司管理人员进行了调整，为使公司重新振作起来，他不分昼夜忙在工地上，脸也晒黑了，人也消瘦了，不到一个月的时间，原本不易减肥的他，体重竟降了3.5公斤。从此，村办公室里很少见到他的身影。经他精心策划、严格管理的村建筑公司，去年圆满完成了薛馆路辅路的铺设工程，获得了较好的经济效益。今年，该公司又增加投资400万元，在原木材加工厂开发四层楼房一栋，添加塔吊一台，挖掘机一台，混凝土搅拌机三台。胡学奎在全体党员干部大会上做出承诺：建筑公司今年要突破利润50万元。

认真履行职责，积极参政议政

作为一名市人大代表，胡学奎始终把“权为民所用、情为民所系、利为民所谋”作为自己的行动准则，坚持经常走访联系选民制度，深入群众，倾听群众意见，了解群众心声，对群众反映的热点难点问题，或积极帮助解决，或认真分析，以议案建议形式向上反映。例如去年他通过走访了解到，部分选民反映驻地中小学校周围有违规开网吧，他及时反映到有关职能部门，与他们一起研究措施，帮助解决了这个问题，净化了学校周边环境，得到了全体选民特别是学生家长的一致好评。在市人代会上，他提出的加强农村道路建设、电力基础设施建设、农村群众缴纳电话费、支取合作医疗费用等方面不便等问题多次提出建议意见，均被各级政府采纳并得到较好地落实。

胡学奎担任村支部书记十三年来，工作勤勤恳恳，兢兢业业，为振兴农村经济和农村其他各项事业的发展立下了汗马功劳，曾受到各级党委政府的表彰奖励。所在村曾被潍坊市司法局、人事局授予：“调解工作先进单位”；先后被诸城市委市政府授予：“基层先进党组织、乡镇企业工作先进村、计划生育模范村”；被市委组织部、市科协授予：“党员电教实用技术示范村”；被市政府、市人武部授予：“先进民兵连”；被市妇联授予：“先进妇代会、优秀妇代会”等称号。村党支部书记胡学奎，曾被潍坊市人民政府授予：“尊师重教先进个人”；先后被诸城市委市府授予：“社会治安综合治理先进个人、农业农村工作先进个人、全市防非典型肺炎工作优秀共产党员、尊师重教先进个人、诸城市优秀共产党员、平安诸城建设先进个人”等荣誉称号。

“小巷总理”的民生情怀

——记安庆市人大代表杨基凤

安徽省安庆市人大研究室　丁益民

社居委主任事无巨细，被人们形象地比喻“小巷总理”。杨基凤在菱湖新村社居委主任的位置上一干就是14年。她在社居委这个不大的舞台上，做出了骄人的业绩。她所在的菱湖新村社居委是省、市响当当的先进集体，是省级文明社区。她本人获得荣誉无数，2001年以来，被全国妇联授予全国社区优秀妇女思想政治工作者，被省妇联授予“江淮十大女杰”、省“三八”红旗手，被中央组织部和民政部授予全国优秀社区工作者，获得省、市劳动模范等称号。2004年当选市人大代表和市人大常委会委员，2007年年当选为党的十七大代表，2008年当上奥运火炬手，2009年连任市人大代表和市人大常委会委员。

和谐社区竞风流

“敬业奉献是我的诺言，务实创新是我的追求”，这是杨基凤的座佑铭。杨基凤所在的菱湖社居委地处市中心，辖区人口9089人、1724户。已迈入中年的她，待人热情爽朗，办事风风火火。她带领社居委一班人，各项工作多年保持先进，近几年又围绕和谐社区建设创出了四大亮点。

1、创爱心超市、建星光老年之家。

菱湖社居委自2005年1月创办以救助社区特困群体为主要对象的“爱心超市”以来，接受社会各界捐赠款物近14万元，发放《爱心领物券》2647

张,对262户次的特困家庭进行了生活物质帮助,捐资助学80人次,送医送药16人次,法律援助8人次,为下岗职工提供就业信息20人次,帮扶82人次贫困大学生7万多元,救助大病特困家庭13户1万多元。

近年又筹资85万元建成570平方米三层楼的"星光老年之家",先后入住40多位老人,安置了6名就业人员,取得了较好的社会效益和经济效益。

爱心超市工程和星光老年之家成为社区创办公益性实体的典型,中央、省、市多家新闻媒体对此进行了报道。

2、开展"五助"、"四百"、"三面向"活动。"五助"就是助医、助残、助学、助困、助教,"四百"就是串百家门、访百家情、解百家难、暖百家心,"三面向"就是面向老年人、面向弱势群体、面向下岗职工。这"五四三"就是社区民生工作的着力点,做到了长期坚持,丝毫没有懈怠。

3、建立社区文化活动中心。近几年菱湖社区在文化建设方面的投资每年不少于2万元。建立了社区文化活动中心,多功能综合活动室集老年大学、市民素质教育学校、电化教育、图书阅览、读书看报、文化娱乐、体育建设为一体;建立了科普文化长廊、老年大学习作园地、法制专栏等宣传阵地;建成了近2000平方米的体育广场,搭建了近80平方米的演出舞台,修建了三条全民健身路径等设施,开展了形式多样的群众性文体活动,被评为全省基层宣传文化工作示范点、国家级社区体育健身俱乐部试点单位。

4、社区环境治理实行"四管"、"三清"、"二保"、"一化"。"四管"即封闭式管理、宠物圈养管理、噪声监控管理、违章施工管理;"三清"即清卫生死角、清污水杂草、清"牛皮癣";"二保"即卫生保洁、环境保护;"一化"即生活垃圾和建筑垃圾袋装化。在全体居民中形成建设美好家园、和谐社区的共识,社区居民之间人际关系和睦、友爱。该社区被评为安徽省环境综合整治优胜单位、安徽省社会治安综合治理示范小区、安徽省级花园式单位等。

代表履职展风采

"人民选我当代表,我当代表为人民"这句常挂在杨基凤嘴边的话,确实成了她的信念。她自从2004年当选为市人大常委会委员、市人大代表以来,认真履行委员和代表的职责,人大常委会组织的视察、检查和工作评议她从未出缺,在常委会有关民生议题的审议发言中有的放矢、铿锵有力。在每年举行的人代会上杨基凤更是发挥了一个来自基层的市人大代表作用,连续提出议案和建议。

1、加强社区建设、解决实际问题。2004年新当选的市人大代表杨基凤结合自己的工作实际,向市第十四届人大第一次会议提出了加强社区建设的议案。她从两个方面叙述了案由,一是随着改革和市场经济的深入发展,更多的人由"单位人"变成"社会人",二是随着工作重心下移,政府的一些社会管理和公共服务职能下到社区,出现了"百事进社区"现象,而相对应的社区建设却很薄弱,社居委普遍存在人员年龄偏老、文化素质较低、工资待遇过低、设施落后等问题,建议市人大和市政府要加以重视,解决社居委建设中的实际问题。这项议案引起了市人大常委会重视,将社区建设列入了当年常委会议题,并开展了检查和调研,调研的结果和杨基凤在议案中反映的情况基本一致。市人大常委会听取和审议了市民政部门受政府委托所作的专项工作报告,并发出了《审议意见书》。杨基凤代表的这项议案得到了较好的落实。一是居委会换届采取了公开招聘、择优录用、公开选举、培训上岗的方式,优化了人员结构,提高了人员素质。二是市政府向社居委组成人员每人每月补助生活费100元,并每年拿出50万元做为社居委建设奖励基金,三个城区政府也为社居委成员加强了养老医疗等配套措施。

2、为全民医保建言献策。在2007年的市人代会上,杨基凤领衔,12位市人大代表附议,提出"重视解决特困弱势人群的养老和医疗保障问题"的建议案,她在提案中写道:"随着经济体制改革的不断深入,社会上没有固定收入的人群有增加的趋势,他们当中的特困弱势群体,虽人数不多,但心情浮躁,情绪波动,有可能成为社会不安定因素,同时也增加了社区工作的难度和压力。这部分群体特别需要帮助。建议政府从关注民生入手,为这部分特困弱势群体解决后顾之忧,从多个渠道为他们办理养老和医疗保障。政府应指定一个部门具体负责此项工作,安排资金,统一管理,从根本上解决以上问题。"

杨基凤等代表所关心的问题,正是市人大常委会和市政府重点关注的问题。2007年上半年市人大常委会听取和审议了市政府关于养老、医疗和居民最低生活保障三个专项工作报告,加大了对民生问题的监督力度。市政府将全民医保和养老问题作为2007年20项民生工程加以重点实施。截止7月份,我市这项民生工程在原有的基础上取得了突破性进展,我市社保覆盖率已达到90%以上,全市养老参保人数达到29.5万人、医疗参保人数达31.84万人。其中"城市居民基本医疗保险"是新增的社保项目,惠及城市居民20余万人。仅此一项市财政每年支出超过千万元。特别值得一书的是,7月12日,当城市居民医保工程启动的关键时刻,时任市长朱读稳来菱湖社区调研,杨基凤代表当着市长的面直言相谏:市里的医保方案虽好,但仅顾及60岁以上老人和未成年人,是不够的,中间这部分人群上有老下有小,压力最大,他们不应该成为全民医保的死角。朱市长对杨基凤的直言大加赞赏,当即表示回去认真研究。市政府于第二天就发出通知,凡我市城市居民以前未参加单位医保的从现在起都纳入社会医疗保障的范围。

*3、呼吁关注癌症患者的生存和健康,支持癌症患者康复协会的活动。*癌症目前是人类健康的第一杀手。安庆市有600万人口,据粗略统计全市每年新增癌症患者约1万人左右,市区每年新增癌症患者约千余人再加上历年康复存活期的人数,是一个人数不少的特殊群体。"安庆市癌症患者康复协会"是癌症患者自发成立的组织,成立十年来,开展了一系列有益的活动,尤其是癌友间的交流,对于癌症患者克服恐惧心理,增强康复信心起到了医生和家人所难以起到的作用。由于康复协会座落在菱湖社区,癌症患者向病魔不屈的抗争精神和康复协会在癌友之间发挥的作用,引起了杨基凤的注意。康复协会开展活动的重头戏是每年的最后一个星期日举行聚会,庆祝癌龄生日,唱响生命之歌。杨基凤只要有时间都会参加。为了社会各方面都关心和支持抗癌事业,杨基凤在近几年召开的市人代会上2次领衔提出了"重视和发展我市癌症康复事业"的建议案,她在案由中写道:癌症患者是特殊的弱势群体,一人罹患癌症,身体上、精神上、经济上甚至整个家庭都承受着折磨。如果政府和社会不去关心他们,帮助他们,很可能使他们产生自卑感,成为被人们遗忘的角落。我市化工企业较多,癌症患者比例偏高,建议政府对癌症康复事业的发展提供更多的支持。建议案得到市人大常委会、市政府及有关部门的重视,自2006年以来,癌症患者康复协会每年获得过1-2万元政府资金支持,市卫生局还明确一位副局长负责指导和协调协会工作。每年最后一个星期日癌友们举行癌龄生日纪念活动,扬基凤都前来参加并送上祝福。

人们常说创先进易、保先进难,她如何带领社居委不仅多年保持先进而且还屡有创新?她向人大提出的议案,为何总是切中要害,受到人大常委会和政府的重视,产生良好的社会效益?杨基凤的回答简明而深刻:"和谐社区是和谐社会的基础,关键的问题在于民生。我来自基层,贴近民生,我只做了我应该做的事。"答案也许就在于这位"小巷总理"的民生情怀。

牢记职责　不辱使命　做一名合格的人大代表

石家庄市桥东区平安小区社区卫生服务站站长　张义

我叫张义,34岁,是石家庄市第十二届人民代表大会代表。当代表一年多来,我刻苦学习,积极工作,主动作为,奋勇争先,在积极参加代表活动,深入基层了解民情,反映民意,提议案和建议,为群众办实事、好事等方面,发挥了一个人大代表应发挥的作用。

一、加强学习,提高素质,是我的首要任务

2008年1月24日,我被当选为石家庄市第十二届人民代表大会代表,作为一名来自基层初次当代表的我,虽有满腔的工作热情,但代表知识贫乏,如何才能做一名合格的人大代表,怎样才能为百姓代好言,为群众排忧解难,为党政分忧,我一点经验都没有,但我首先想到的是加强学习,武装自己。因此,我采取四种学习方法提高自身素质。一是向书本学习。理论上的成熟,政治上才能清醒和坚定。工作中,我认真学习了邓小平理论、"三个代表"重要思想和科学发展观等一系列重要论述,用科学的理论武装自己;业务上的熟练,工作起来才能得心应手。为了熟悉代表知识,我自费订阅了《怎样写好议案和建议》、《怎样做一名合格的人大代表》等书籍，边学边用，同时，还认真学习了《宪法》、《组织法》和《代表法》等法律法规。二是向领导学习。每当遇到不懂的问题，就向桥东区人大常委会主任、副主任等领导请教，经常与区人大常委会保持联系，向人大汇报工作，从中受到启发和教育。三是向老代表学习。人大代表来自各行各业，每个人身上都有闪光点，因此，我虚心向他们学习参政议政的技巧，履行职责、发挥代表作用的做法、经验和体会。四是积极参加各种培训。一年多来，我先后参加市、区人大常委会组织培训四次。为尽快提高素质，去年我又自费5万元专门到清华大学参加了为期两周的经理人领导力培训，期间由于表现突出，担任班长并获优秀班委称号。通过学习培训，使我明白了人大代表的职责、义务和权利，提高了理论水平和分析、解决问题的能力。

二、积极参加人大组织的各种活动，认真履行代表职责，充分发挥代表作用

作为人大代表，不仅要按时出席市人民代表大会会议，而且要参加闭会期间人大组织的培训、视察、调查等活动，这是代表履行职责、发挥作用的具体表现，也是作为一名代表起码的要求。因此，凡是市、区人大组织的代表活动，雷打不动，千方百计参加。去年，桥东区人大常委会组织桥东团市人大代表到驼梁学习培训，恰逢我在清华脱产学习，为参加这次活动，我就合理安排补课时间，准时参加了培训会议，虽然紧张之至，但为自己的选择很高兴，因为学到了代表知识。凡是人大交给的任务，不折不扣，不讲条件，圆满完成。去年底，区人大常委会按照市人大常委会通知要求，组织桥东团市人大代表围绕行政执法工作、做好拆迁配套工作和社会就业再就业工作进行了视察。之后，区人大常委会要求我们代表小组两周内完成关于《社会就业再就业工作》情况的调研报告，组长安排我完成此项任务，作为副组长的我深感责任重大，但二话没说，愉快接受。为完成这项任务，我努力克服自己没有经验的劣势，发挥自己年轻、工作有激情、有热情的长处，虚心向区人大常委会有关主任请教，认真征求老代表的意见，组织小组人员召开座谈会，最后达成共识。按照大家确定好的方案，带领部分代表，多次深入到企业、办事处，居委会进行了调查，并亲自参加了桥东区就业局组织召开的下岗失业职工、就业大学生座谈会。通过调查、座谈，掌握了一手材料，加班加点，起草了关于《社会就业再就业工作》情况的调研报告，圆满完成了区人大常委会交给的任务。

一年多的代表工作实践使我清醒地认识到，人大代表既是一种荣誉，也是一种神圣的法定职务，是代表人民管理国家经济、文化和社会事务，依法行使国家权力。人大代表从选民中来，必须到选民中去，体察民情，关注民生，反映民意，做好人民的代言人，把人民的意见和要求，按照法定程序如实地反映到市政府及其有关部门，是我应有的义务和权利。因此，我一直把深入基层、走访群众、调查研究作为履行代表职责、发挥代表作用的前提条件。2008年2月和2009年1月，按照市人大常委会的通知要求，按时出席了石家庄市第十二届人大一次会议和二次会议。会前，围绕报告内容深入基层进行了视察；会上，认真审议各项工作报告，积极参加代表团讨论，踊跃发言。两次人代会共向市政府提出议案及建议、批评和意见13条，为领导依法决策，提供了参考依据。去年，离休干部李大爷找我反映，医保政策变了以后，离退休人员看病费用不仅比以前高，而且就医报销还不方便，请你给市里反映一下。我带着这个问题，深入到辖区其他离退休干部家中做了进一步调查，确保情况属实后，我就把大家的意见进行了归纳整理，在市十二届人大一次会议上，提出了关于恢复离退休人员医保卡个人帐户用完取药看病可到卫生站就医并报销的建议。人大代表不仅要热情接待群众反映的问题，而且还要善于从群众中捕捉有效的信息。有一次，我和几位朋友吃饭，正好有一位朋友是居委会主任，我想，居委会主任直接给居民打交道，居民想什么，期盼什么，需要解决什么，她肯定知道，于是我便问她有没有需要向人大反映的问题，他说："现在退休居民对社保每年两次认证比较反感，居民说'这是政府怕一部分人骗保所采取的手段，认证的最终目的就是看看我们是否还活着，这是对我们的不信任'。同时也给居委会的工作带来一定压力"。带着这个问题，我了解了有关政策，走访了有关部门，进行了调查研究，归纳整理后，在市十二届人大二次会议上，提出了关于取消社保每年对离退休人员进行两次认证的建议。此外，在人代会期间，我接待市电视台采访三次，就社会关注、群众关心的城市建设、市容市貌、环境卫生、医疗改革、教育就业等热点问题，反映了群众的要求，发表了自己的见解。在闭会期间，对群众反映的问题，提出的意见和要求，我都会采取有效途径，及时反映到市政府有关部门，受到人大常委会和市政府有关部门的表扬和鼓励。

三、以人为本，为群众排忧解难，为人民为社会做贡献

作为人大代表，不仅要体察民情、反映民意，当好人民的代言人，还要做群众的贴心人，真心实意为群众排忧解难。只要遇到或知道群众反映的问题，我会以代表的身份站出来帮助解决。今年三月，我到石家庄市槐中路52号院办事时，正好碰见几个居民发牢骚，说小商小贩到院内卖吃的，不仅弄脏了环境，而且叫喊声影响了居民休息，要打市长电话，这时我亮明代表身份，立刻给管辖的桥东区彭后街道办事处打了电话，把情况反映给了相关领导，并得到办事处主管主任高度重视，很快取缔了这些违规商贩。事后我还进行了回访，群众对处理结果非常满意。我辖区有位名叫肖彦花的残疾人，46岁，无工作，无经济来源，生活很困难，我得知后，立即给她送去一些米、面、油，帮她度过难关。为鼓励她生存，我多次到桥东区东风街道办事处与有关领导协调，给她安排了一个摊位。不仅于此，凡是辖区内低保户、孤寡老人等弱势人群，来我站看病，不仅药费减免，而且送医送药上门，每逢过节，带领站内管理人员，带上米、面、油深入家中慰问。这些人都感动地说："你们不仅看病照顾，而且过节还惦记着我们，虽不是亲人，但比亲人还亲"。

作为人大代表，不仅要为群众排忧解难，还要努力做好本职工作，争当行业的标兵，为人民为社会做出一份贡献。自当选代表以来，我在生活、工作、作风、纪律等方面，严格要求自己，模范地遵守宪法和法律。工作中，认真落实科学发展观，本着人无我有，人有我忧，不断创新，持续发展的理念，努力打造"激情、严谨、创新、和谐"服务型团队。在我的影响和带动下，全站员工扎实工作，奋力拼搏，推动了卫生站工作的开展。我深知，人大代表来自人民的信任，因此，报答人民，回馈社会是我的追求和向往。近两年来，我站为辖区居民发放药品共计5万多元，为2000多名居民进行了免费体检，每年定期邀请省市级专家为4000名居民进行了义诊。为保证辖区居民身体健康，今年三月份，我站专门成立了高血压俱乐站，免费为高血压患者进行体检，发放控制食盐小勺500支，健康宣传材料500本，绿色环保袋500个，并建立了高血压患者规范管理档案，这一活动，受到了辖区居民的好评。去年5.12大地震发生后，我迅速号召全站员工为灾区灾民捐款捐物，并将款物及时送到了卫生局。由于人民的信任、领导的支持和广大员工的努力，我单位先后获得十佳社区卫生服务站、新形象主题年活动先进单位和创建国家中医药示范区活动先进单位。我个人获创建国家中医药示范区活动先进个人、全国母亲节促进会先进个人、石家庄市社区卫生服务优秀管理者和市优秀青年等荣誉称号。

各位领导、各位代表，我在工作中虽然取得了一点成绩，但离领导的要求和人民的希望相比，还有一定差距，还需进一步努力。人民选我当代表、我当代表为人民，这两句话已深深地在我心中打上了烙印，它已成为我思想进步的原动力，行动前进的指路明灯。

谢谢。

牢记重托　认真履行代表职责

河北省石家庄市建设工程质量监督管理站总工　杨印胜

2008年1月24日，我当选为石家庄市人大代表，一年多来，我时刻铭记领导的嘱托，牢记代表的责任，认真履行人大代表的权利和义务，虚心接受区人大常委会的监督，具体做法和体会是：

一、加强学习，提高认识

我深知，人大代表既是一种政治荣誉，也是人民的信任的重托；既是法律赋予的权力，更是人民赋予的责任。作为人大代表就要对人民负责，要做到从选民中来到选民中去，充分体察民情，了解民意，反映人民的意见和要求，真心实意地为人民做好事，办实事。为了提高自身素质和履行代表职责的能力，我认真学习了《中华人民共和国宪法》、《中华人民共和国地方各级人民代表大会和地方各级人民政府组织法》、《中华人民共和国各级人民代表大会常务委员会监督法》、《石家庄市人民代表大会常务委员会议事规则和组成人员行为准则》

等有关知识，参加了桥东区人大常委会组织的人大代表培训班，带着什么是我国的人民代表大会制度？为什么人民代表大会制度是适合我国国情的根本制度？如何当好人大代表？如何履行代表职责等问题进行了认真听讲、学习和思考，认识到人民代表大会制度是发展社会主义民主政治、建设社会主义政治文明，构建社会主义和谐社会的重要内容，是全党、全社会的共同责任，充分发挥人大代表作用是落实科学发展观和维护改革发展稳定大局的必然要求。

二、牢记重托，认真履行职责

在石家庄市第十二届人民代表大会第一次和第二次会议期间，认真审议了政府工作报告、国民经济和社会发展计划报告、财政预算报告和市法院、市检察院工作报告。针对我市居民供暖中存在的供热公司热产品质量不高，供热按面积收费，收费多少和供热质量好坏没有关系，居民用热量的多少不受经济利益的约束，不能自由调整需热量，室温低了投诉，室温高了开窗，造成能源很大浪费，不利于节能等问题，提出了《关于加快我市供暖体制改革的建议》；随着我市一体两翼战略和行政中心的确立以及外环路的建设，市区与周边四县市距离缩短，针对我市城区面积过小、人口密度过大，致使我市在城市空间布局上难以优化、交通堵塞不畅、环境污染严重、土地资源紧张、土地价格和房地产价格过高、地下管网等基础设施负荷过重，城市承载力明显不足，城市现代化发展受到影响，提出了《关于调整我市行政区划，促进城市现代化建设的议案》。在闭会期间，积极参加市、区人大常委会组织的视察、调研等活动。在参加桥东区组织的视察南三条市场活动后的座谈会上，建议在市政府全力打造正定国际小商品市场的新形势下，南三条市场应进一步加强管理，整顿交通秩序，调整商品结构，走高端和精品的路子、打造南三条自己的品牌，同时商储分离；在就业与再就业的专题调研活动中，我和小组其他成员一起认真思考、周密谋划，并深入区劳动就业局、阜康路办事处、北国商城进行调研，了解情况、听取意见，按时完成了调研课题。今年还参加了市人大组织的节能减排、三年大变样、矿区城市建设等多次视察活动，站在人民代表为人民的角度和高度，积极地、认真地发表自己的看法和意见。参加了市人大常委会举行的各次例会，认真听取和审议了有关报告，特别是审议《石家庄市节约能源监察条例（草案）》和《石家庄市出租汽车与管理条例（草案）》时，积极负责地发表自己的意见，为会议决策提供了依据。

三、转变作风，做好本职工作

积极参加市建设局和我站组织的各项政治活动。始终坚持马列主义、毛泽东思想不动摇，认真学习邓小平理论和党的方针、政策，深入领会“三个代表”重要思想的精髓，坚持社会主义科学发展观，努力践行社会主义荣辱观，坚决执行党的路线、方针和政策，努力做到“情为民所系、权为民所用、利为民所谋”。结合我市发生的“三鹿事件”，通过学习车俊书记在我市开展的“吸取教训、转变作风、重塑形象、科学发展”主题教育活动上的讲话精神，我深深认识到，要全面贯彻落实“十七大”精神以及实现省委和市委提出的“建设沿海经济强省省会”及“做好三篇大文章，实现三年大变样”、把我市建设成繁华舒适、现代一流省会城市的奋斗目标，我们必须痛定思痛，深刻反思，吸取教训，切实解决党员干部思想作风，工作作风，组织纪律，服务意识，创新精神等方面存在的问题，必须加强领导班子和干部队伍作风建设，必须强化宗旨意识、政治意识、大局意识、责任意识、纪律意识、服务意识、廉洁自律和创新意识，必须坚决整改存在的突出问题，时刻把群众的安危冷暖、喜怒哀乐挂在心上，必须彻底消除“门难进、脸难看、事难办”现象，以较强的责任心实实在在地为民做实事，办好事、解难事。

在业务工作中认真做好自己分管的工作和领导交办的工作。今年进一步完善了我站投诉处理程序，组织相关科室学习了石家庄市建设局建设行政处罚若干规定，理顺了内部关系。对于群众投诉和上级批转下来的信访案件都站在化解社会矛盾、构建社会和谐的高度，积极对待、认真处理，从不推诿。并就一些专业问题向投诉人进行耐心的解释，协调投诉与被投诉方的立场，对于需要进行行政处罚的投诉案件，认真进行调查取证，严格按程序办理，同时要求相关人员在办理群众投诉过程中，要急群众之所急，想群众之所想，要注意态度、方法和注意时效。

为了“迎奥运、保平安、促发展”，按照市建设局“反恐、抢险、求援”领导小组的要求，安排了8名专业人员，配备了专用车辆，检测仪器、防护服等设备，并进行了演练，时刻准备着，圆满地完成了“迎、保、促”工作，在支援灾区建设活动中安排检测人员驻厂监督材料质量，为抗震救灾贡献了一份力量。

为了规范检测市场程序，加强对检测机构的监管，进而保障工程质量，把材料试验的委托合同纳入办理质量监督手续的要件，扭转了长期以来材料试验由施工单位委托的局面。此外在对石家庄市检测机构现状和市场情况调研的基础上，根据法律法规和省建设厅有关文件要求，在听取检测机构意见后，多次修改完善了《石家庄市建设工程质量检测管理规定》，同时根据我市的实际情况，对结构检测报告格式进行了统一；制定了不合格报告的处置程序，规范了检测机构的行为。

我局承担着和平路、裕华路、槐安路建设，由于工期紧、任务重，多次召集有关检测机构开会，研究部署检测事宜，并要求检测机构严肃认真、实事求是、高效快捷、加强服务，绝不能因为检测工作影响进度。同时，为保障质量和工期，对施工单位、商品混凝土生产企业、预制构件厂也提出了具体要求，为我市“三年大变样”工作做出了自己的贡献。

一片丹心系民生

——记2008年度市优秀人大代表、哈尔滨帐篷厂有限责任公司董事长张爱华

“她心里装着全是群众，我们有这样的代表心里踏实”。这是选区群众对市优秀人大代表张爱华的赞扬，也是对人大代表张爱华全心全意为民代言的真实写照。张爱华经常说：“当选市人大代表是我一生难以忘却的事情，人大代表是同级国家权力机关的组成人员，是人民派往国家政权机构的使者，是人民群众的代言人，其职务是何等的荣誉和重要！正是这份沉甸甸的责任，驱使我认真践行人民选我当代表，我当代表为人民的诺言，也正是基于这样的信念和认识，使我在履行代表职责时，没有任何顾虑，只要是人民群众反映的热点、难点和焦点问题，我就会在认真调查研究的基础上，及时的以代表建议、批评和意见形式反映到有关部门，以求尽快得到解决。这样做，一方面是为了维护广大人民群众的利益；另一方面也是为了更好的畅通党和政府与人民群众的渠道，树立党和政府的形象。”

张爱华是哈尔滨帐篷厂有限责任公司董事长。她，受命于危难，毅然担起了重振旗鼓的千斤重担，在企业负债率高达232%，账面没有一分钱的极难困境下，带领平均年龄四五十岁的工人们锐意前行，不让一人下岗，不使一人上访，不逃一分债务，通过改制和艰辛的集体创业自救，终于趟出了一条自主创新的发展之路。如今，面对全球金融危机，她更以科学发展的理念和思路，抓住2009年政府提出的项目年这个机遇，继续秉承不让一人下岗的人本管理，戮力同心再创传奇。

张爱华作为一名恪尽职守的职业女性，成熟、干练有着成功女性特有的聪慧、自信、柔韧和刚强。她当选市级人大代表的几年来，以科学严谨的态度，满腔热忱地投入代表工作，面对党和人民的信任，她深感责任重大，她感言道：“立足工作岗位，结合工作实际只要做个有心人，就会时时触发为民代言的灵感，就会处处发现为民代言的题材”。

一、赤诚奉献　为民立言

从一个改制后的企业经营者成为市级人大代表，这种社会身份的变化使张爱华意识到自身责任和使命的双重化。仅作为企业经营管理者时，关注企业的经营和效益是她工作的第一要务，而她身兼企业管理者和人大代表的双重身份时，就如何正确处理好二者之间的关系进行更理性的深层思考。人大代表是人民群众的代言人，人民利益的维护者，也是党和政府联系群众的桥梁和纽带，代表要切实履行好职责，一定要树立“人大代表为人民”的理念，广泛联系群众，深入调查研究，知群众之所知，想群众之所想，并以此督促自己对一些关系社会大局的、市民普遍关心的问题和现象给予更多关注和思考，并及时提出一些合理的、可行性强的意见和建议，推动人大及其常委会依法开展监督，推动“一府两院”、“依法行政、公正司法”。她深刻地认识到只有更好地反映并代表民意，才能为推动民主法制建设、保障广大人民群众的切身利益，不仅自己要有较强的代表意识，更要遵循人大工作的原则，采取适宜的方式方法。

她说:“人大工作涉及各个领域,只有不断充实自己,才能做到言而有据,议而有理。这些年,我一方面努力学习代表工作的知识,另一方面积极参加代表活动。履职从实际情况出发,在与全局利益不矛盾的前提下,把改善居民群众的生活环境和生活质量作为自己工作的出发点和目标,并为此而努力”。

人大代表在人民代表大会上审议各项工作报告和其他各项议案,是法律赋予的神圣职责。张爱华一直认为,人大代表发挥作用的主要途径就是“立言”,为社会发展贡献智慧。在闭会期间张爱华代表密切联系本区域的人民群众,广泛了解社会各方面的情况,积极反映人民群众的意见和要求,努力维护和实现最广大人民群众的根本利益,做人民群众真正的“代言人”每月10日回选区挂牌履职,和其他代表一起深入群众,聆听百姓之想,反映百姓之声,和他们唠家常,谈心里话,将群众的要求和愿望反映给市人大。为写好《关于市政府所在地松北区世纪花园的居民,世茂滨江几千名居民乘车难的问题的建议》,她连续数日去松北考察,无论天气好坏,她不辞辛劳,每次都几趟往返亲自体验和感受江北百姓乘车难的问题,并且详细地记录了沿途百姓居住和出行情况,及时地把建议反映给了市人大;冬季正是我国北方城市的供暖季节,供暖也是我们这座城市里百姓最最关心的焦点问题,让所有的百姓能够住上暖屋子,是摆在政府面前的一个亟待解决的问题。张爱华了解到很多困难企业职工因报销不了包烧费,住不上暖房子……,她就想,冬季里那些由于各种原因而不能取暖的群众感到的将不仅是身体的寒冷,更是政府在百姓心里的暖与冷。她多次走访信访办,深入调查了解百姓冷暖和所想所愿,提出了《老百姓最关心关注冬季包烧费问题的建议》,并作为焦点、热点、重点建议刊登在2007年12月15日黑龙江省《生活报》第二版上,引起政府相关部门的积极重视。

在哈尔滨市第十三届人大二次会议期间,张爱华提出的意见、建议充分反映了民生、民意,例如:《破产困难企业退休职工医疗参保实施中存在的问题》,她建议政府将医保办理的期限延长,缓解困难职工因资金不足而弃保现象的发生,受到了政府相关部门的高度重视。办理期限由2007年12月31日截止,延期到没有困难职工办理为止,政府的这一惠民政策,深受百姓的拥护;她提的《步道板不防滑的建议》和《改造沿江风景带的建议》分别刊登在市人大的简报上。2007年12月14日、15日黑龙江省《生活报》连续两天分别刊登了她的《步道板不防滑的问题》、《改造沿江风景带的问题》和《困难居民热费补助面要大一些》的建议。在她的呼吁和努力下,许多百姓反映的难题和关系百姓切身利益的热点问题都逐步得到了解决。对政府一时难以解决的问题,她都积极地帮助做解释工作,理顺政府与百姓间的关系,融洽政府和群众的感情,维护了社会的稳定与和谐。百姓说;“代表为民代言,政府执政为民,一心为人民群众办实事,真好”。

在市第十三届人民代表大会第三次会议上她提交了一个议案,四个建议。由于会前做好了充分调研和发言准备,会中积极主动建言,做到言之有理有据,得到了领导和代表们的肯定。其中三次提出的《关于江南到松北市政府这一侧,六年来几十万居民没有直通公交车的问题》的建议引起了广泛重视,哈尔滨电视台还作了专题报道;《为迎接世界大学生冬季运动会呼吁整治沿江景阳广场公共卫生环境和食品卫生环境》的建议得到了市政府相关领导的关注并给予及时的治理;特别是议案:关于供热公司供热不达标,如何处罚供热公司是法律空缺;建议修改《省城市供热条例》及《东北6个月采暖期,高寒费,包烧费问题,呼吁国家财政对东北老工业基地黑龙江省高寒费,包烧费资助政策倾斜》的建议引起了领导焦点关注,其中,议案《关于供热公司供热不达标,如何处罚供热公司是法律空缺,建议修改《省城市供热条例》按议案现已提交到省人代会;《东北6个月采暖期,高寒费,包烧费问题,呼吁国家财政对东北老工业基地黑龙江省高寒费,包烧费资助政策倾斜》的建议将提交到今年在北京召开的全国人代会上,期盼早日解决东北人民关注已久的问题。几年来,张爱华在市人代会小组审议上的发言内容涉及环境,交通,养老,医疗,城建,供热,食品安全等近十个方面,真正践行了她的:民有所呼,我有所应;民有所求,我有所为的履职箴言。

二、关注社会大爱于民

2008年5月12日14时28分,我国四川省汶川县发生了8.0级强烈地震,这次地震灾害损失十分严重。灾情发生后,党中央国务院高度重视,研究部署抗震救灾工作,要求全国人民和各级政府紧急行动起来,把抗震救灾作为目前的首要任务。张爱华在于12晚第一时间没有接到任何通知的情况下,以敏锐的洞察力和极高的政治觉悟,做出了正确的判断和部署，亲自带领全体职工连夜加工赶制帐篷，她与全体职工在这一非常时刻，超条件、超常规、超强度的日夜精心赶制902顶帐篷，用实际行动奉献了爱心，用真情为哈尔滨市市委、市人民政府、为哈尔滨市人民争得了荣誉，为企业树立了榜样。张爱华说："灾难无情人有情。四川灾民的苦难，我感同身受，尽力帮助四川灾民减轻痛楚，是我们企业共同的意愿和应尽的责任"。在抗震救灾那个非常时期，张爱华代表一步都没有离开过她的职工，跟职工们同吃同劳动，每天在高温下支持工作13小时以上，这期间她的亲属去世了，因为抗震救灾生产任务需要她，她没有前去，但职工的亲属在这时也去世了，但张爱华代表坚持要职工前去送行，而且还一直赔着职工的身边，通过这件事在员工中激发出了无限的精神力量。职工们为她们企业有这样的好带头人而感自豪。几年来张爱华代表在真情助学、救济、为困难居民解决生活方面捐款高达20多万元。

由于她为人直率大方、真诚善良、做事透明阳光，职工们拥戴她，百姓信任她，有什么心里话都愿意跟她说，所以几年来张爱华代表的建议，意见都贴进民生，深受百姓的拥护，选区百姓称她是，"百姓信任的贴心人"。

这些年，张爱华一直努力工作，被光荣的评为黑龙江省第十届劳动模范；哈尔滨市31届劳动模范；哈尔滨市第32届特等劳动模范；哈尔滨市三八红旗手；黑龙江省厂务公开民主管理优秀经营者；哈尔滨市抗震救灾优秀组织者；道外区十大先进人物；哈尔滨市人大07年度优秀人大代表等光荣称号。面对取得的这些成绩张爱华代表说："我这些年按着职责做了一些工作，但组织上给了我很高的荣誉，我要把这些沉甸甸的荣誉化做责任，但我深知这些工作成绩的取得，得益于各级领导的关爱，得益于有关部门的协作与支持，更得益于人民群众的信任，在今后的工作中，要以饱满的热情去发挥好表率作用，先进作用，用实际行动来报答党和人民群众对我的培养、奉献，让人生绽放光彩是我一生追求的目标。"

真诚做人　不负使命

——记哈尔滨市人大代表于桂芳

在哈尔滨这座美丽的城市，提起于桂芳这个名字，肯定会有很多人并非熟知，但说起"商委红肠"可就无人不晓了。"商委红肠"因于桂芳而扬名，而于桂芳却默默地为这个享誉全国的知名品牌奋斗了20多年。真的，如果当初不是国家的改革开放，不是吃大锅饭的集体企业转轨改制求生存，不是那一双双期盼的目光投向她。也许，她依旧是那样的朴实，依旧是那样的平淡，依旧那样快乐地做着那份她喜爱的工作。

二十六年前，由计划经济转轨向市场经济迈进，使这个资金欠帐，人员老化，设备陈旧，厂房破败的副食品加工厂濒临倒闭，为了这些工人及家属们的生存，于桂芳临危受命，带领大家乘着这条千疮百孔在改革大潮中漂摇的小船，奋力自救，终于有了今天的胜利彼岸。

回想起二十多年的艰辛自救，一路走过的工人们无不夸赞于厂长——这个慈母般大姐的对事业的厚情、对我们这些兄弟姐妹的厚情。

一分耕耘，一分收获。现在的于桂芳厂长已经荣选了市十一次、十二次党代会代表，市第十三届人民代表大会代表；连续四年被评为区优秀人大代表；她本人也多次被评为各级优秀共产党员，连续六届被评区"三八"红旗手和劳动模范等光荣称号。特别是企业最近获得的中国食品工业首批AAA级诚信企业和食品安全信用A级企业的殊荣，无论是于桂芳个人还是企业，都迈上了一个里程碑式的辉煌。

一、做老百姓的贴心人

在当选市十三届人民代表大会的代表几年里，于桂芳时刻不忘人民的期望和重托，始终按照一名优秀人大代表的标准严格要求自己，坚持权为民所用，情为民所系，利为民所谋，用忠诚坚守着一片领地，呵护一方百姓，以自己一点一滴的实际行动，托起了人大代表应有的责任，诠释了人大代表的光辉本色。她说:“站起来我就用身躯撑起了一把伞,为群众遮风挡雨,俯下身把自己视为一头黄牛,踏踏实实地为群众办实事。”几年来的她先后就城市建设、环境保护、食品安全、农业生产、医疗保障,以及百姓们关注的热点、难点问题,提出的建议和意见多达几十件,涉及面之广,社会影响之大,着实可圈可点。

比如:针对群众和学生家长反映强烈的,校园门前不法商贩向学生出售不卫生、不安全的小食品问题,于代表给予深切关注,她多次深入校区走访,了解周边群众,及时地向有关部门反映情况,在她的督促协调下得到了圆满的解决,不仅清除了校区周围的混乱,也使孩子们有了一个利于身心健康的学习环境。

太平跨线桥是哈尔滨城区的一座多功能的老桥,这里是车水马龙,是进出城区的必经之路,道路窄车流量大,路面年久失修损毁严重,于代表知道后,挤出时间去实地探察测量,把破损程度以及影响交通的情况,积极反映给相关部门。当路面修整好车辆顺利通畅后,老百姓无不夸赞她,于代表大事小事都替百姓着想,真是我们信赖的好代表。

于桂芳常说:“身怀爱民之心,才会多办利民之事”,她这样想也是这般践行的。新一地区的管网问题一直是困扰着这里卫生环境问题,百姓们要求政府解决的呼声很高,于桂芳得知后,她就深入群众当中,了解调查征求百姓意见,撰写了整治该地区管网的建议,多次向有关部门反映并且经常协调督促,直到今日她仍然在为此事奔波。

太平红旗大街路段打通和路面整治后,确实让那里的车辆通畅了,路面也宽敞了。可行人过路却犯了难,尤其是老人和孩子们,常常是人车争抢,险情频发。于桂芳得到选民们的反映后,无论雨天还是烈日灼烤的热天,她都实地去观察,去征求周围路人的整治意见,精确地记录了人车流量的真实情况,写出了更换多位信号的建议,在她的努力下,相关部门迅速的在红旗大街与南四道街交叉口处更换了多位信号,从此这一地区不仅车辆有序,行人也更加安全了。

在选区履职于桂芳从不讲什么豪言壮语,她只是把百姓的厚望化作做好代表工作的动力,诚心诚意地为群众办好事,尽心竭力地为群众解难事,坚持不懈地为群众做实事。

为了保护沿江景观整体形象,展示冰城松花江的独特魅力,于桂芳提出了尽快解决滨洲铁路桥的灯饰彩化、搬迁道外区江畔七道街马头货场、拆除市儿少中心围墙、建设道外区西起铁路桥、东至十九道街沿江景观带,以及关于疏浚江南岸江道等多项一揽子建议。这一多项一揽子建议得到了相关领导和部门的关注,这是一个旁大的整治工程,领导和有关部门给予了统筹考虑,有的已经整治完毕,有的正在整治,不久后,这一沿江景观带将会让百姓享受一个更好的生态环境。

在人大组织的调研中,于桂芳代表发现化工地区周边土地受到严重污染已不适合进行农业种植,她不辞辛劳多次深入该地区考察调研,向当地农业种植户了解第一手资料,写出了关于改变化工地区周边土地使用用途的建议,这一建议的提出,立即引起了我省多家媒体的关注,同时,市政府相关部门也给了高度重视。

特别是在今年召开的市第十三届人民代表大会第三次会议上,于桂芳向大会提交了七个建议.尤其是作为一个土生土长的老哈尔滨人,她时常留恋那些能突出哈尔滨风格特色的艺术建筑,为了哈尔滨的整体城市风格和形象,她反复调研,请示专家,多次到哈站和中央大街与有关领导座谈,精心的撰写了《关于让中央大街“洋”起来》和《关于按欧式风格改造哈尔滨火车站》的建议,在代表大会上得到了领导和相关部门的重点关注。

在日常工作中,于桂芳时刻不忘自己是一名人民代表。有时候代表工作遇到一时难以解决的事情,她也寝食难安,单位的职工和家人们都劝她,单位上的事已经够多了,现在还要为选区百姓操心,你多累呀,况且,有些事涉及到方方面面,弄不好还会带来麻烦。可于桂芳却说:“天下万事,民生为首”,自己身为一厂之长,市人大代表,为百姓排忧解难是自己应尽的责任,老百姓的事不能做视不管,即使遇到再大的困难也决不退缩,就这样朴实的肺腑之言,感动着百姓,赢得着百姓。

二、勤学勤思为履职

对于代表人民愿望,参与决策重大事项的人大代表来说,其整体素质的高低、工作作风的好坏,直接关系到为民服务的能力,关系到发展和大局的稳定,不学习就无法与时俱进,也谈不上为民做主,为党谏言。因此,这么多年无论作为企业领导,还是当选代表,于桂芳始终把学习看成是一种渴求和一种责任常抓不懈,充分利用一切可以利用的时间学习政治、法律、代表工作的相关知识,以及市政市情,于桂芳的学习就向管理企业一样很讲方法,她一是向书本学习，坚持学习《宪法》、《地方组织法》、《代表法》等，掌握法律、赋予人大的各项权利，深刻领会其精神实质，感悟其思想精髓；二是向榜样学，学习先进人物和优秀的人大代表，学习他们的高尚人格、完美情操，崇高的思想境界和默默无闻的奉献精神，用优良的作风勉励自己，鼓舞自己；三是向群众学，多年来，她在履职过程十分注意把自己融入人民群众之中，通过座谈交流，学习他们勤劳朴素，实事求是的优良品行，坚持用群众的观点正视自己，用群众的心声激励自己；四是向实践学，坚持理论联系实际，注意把学到的知识用于履职工作实践，用理论指导实践，用实践丰富理论，努力做一个称职的人民好代表。

三、倾情赢得百姓心

于桂芳多年的履职工作，与基层选区的百姓建立了深厚的感情，企业好了她不忘感恩和回报社会，始终坚持定期走访特困户，每逢年节和春秋换季的时候，都通过办事处向社区困难群众捐资捐物，解决他们生活中的实际困难，很多百姓多年受到这样的帮助深受感动，这些爱让他们深藏于心.每当年节食品销售旺季时，顾客应接不暇，为了让那些消费者们都买到放心食品，选区的百姓都自觉地为企业出工出力，他们相互帮助着，他们相互爱护着，真正地让人们见证了鱼水难分的相依之情。特别是2008年四川汶川大地震发生后，企业上下无不纷纷尽献爱心，在第一时间里她与全体员工，就组织捐款人民币13万余元，于桂芳个人捐款35700元，体现了地震无情，人有情。一方有难、八方援的友爱和奉献精神，在那抗震救灾不平凡的日夜里，于桂芳始终关注着灾区人民，当她从电视里看到灾区缺少棉被时，她立即组织购买100套军用棉被，通过市红十字协会送往灾区。在号召缴纳“特殊党费”中，于桂芳一次就缴纳了5000元，同时，她还组织企业中的党员缴纳“特殊党费”8490元，真诚地奉上了“商委红肠”人对灾区人民的一片深情厚意。

感慨这二十多年的风雨历程，面对个人和企业的诸多荣誉，于桂芳平静地说：“是诚信让我们走到了今天，是诚信让我们出类拔萃，秉承诚信做人，秉承诚信做事，秉承诚信履行人大代表的神圣职责，是人的一个境界，是我的毕生所求”。